Viking bank
Stavanger
NORWAY
Lindesnes
Skagerrak
Fisher bank
John o Groats
Wick
Banff
Fraserburgh
Peterhead
Huntly
Don
Dee
Aberdeen
Balmoral
Stonehaven
Esk
Montrose
Dundee
SCOTLAND
Firth of Tay
St. Andrews
Firth of Forth
Dunbar
Edinburgh
Berwick-upon-Tweed
Holy Isle
Tweed
Melrose
Selkirk
CHEVIOT HILLS
North-
umber-
land
North Sea
Newcastle
Roman Wall
Tyne
Sunderland
Durham
Dogger bank
Penrith
Auckland
Middlesbrough
German bank
Eden
PENNINES
Richmond
York
Scarborough
Harrogate
Lancaster
York
Beverley
Preston
Leeds
Hull
Ouse
Humber
Bradford
Lancashire
Don
Wakefield
Grimsby
Frisian Islands
Bolton
Manchester
Doncaster
Mersey
Sheffield
Cheshire
Lincoln
Skegness
Crewe
Chesterfield
Stoke-on-Trent
The Wash
Derby
Nottingham
Stafford
Wellington
ENGLAND
Norfolk
Trent
Leicester
Stamford
Montgomery
Norwich
Gt. Yarmouth
Wolverhampton
NORTHAMPTON HEIGHTS
Peterborough
Gt. Ouse
AMSTERDAM
Birmingham
Huntingdon
Ely
NETHERLANDS
Coventry
Worcester
Avon
Northampton
Cam
Suffolk
The Hague
Bedford
Cambridge
Ipswich
Hook of Holland
Rotterdam
Cheltenham
COTSWOLD HILLS
EAST ANGLIAN HEIGHTS
Rhine
Gloucester
Harwich
Oxford
Essex
Newport
Windsor
LONDON
W. GERMANY
Reading
Ascot
Margate
Bristol
Bath
Thames
Surrey
Ramsgate
Antwerp
Aldershot
Kent
Canterbury
Dunkirk
Flanders
Winchester
Tunbridge Wells
Dover
Calais
Shaftesbury
Sussex
Strait of Dover
BRUSSELS
Dorset
Southampton
Hastings
Boulogne
BELGIUM
Solent
Portsmouth
Chichester
Brighton
Newhaven
Dorchester
Bournemouth
Weymouth
Axminster
LUXEM-
BOURG
English Channel
Somme
Dieppe
LUXEMBOURG
FRANCE
Cherbourg
Le Havre
Guernsey
Seine

Engelsk-dansk Ordbog

GYLDENDALS RØDE ORDBØGER

Dansk-engelsk
Engelsk-dansk

Dansk-tysk
Tysk-dansk

Dansk-fransk
Fransk-dansk

Dansk-spansk
Spansk-dansk

Dansk-italiensk *under udarbejdelse*
Italiensk-dansk

Latin-dansk
Russisk-dansk
Svensk-dansk

Fremmedordbog
Dansk-dansk
Dansk Etymologisk Ordbog
Dansk Sprogbrug

GYLDENDALS STORE ORDBØGER

Dansk-engelsk bd. 1-2
Engelsk-dansk

Dansk-rumænsk
Græsk-dansk
Latinsk-dansk
Svensk-dansk

Teknisk Ordbog, Dansk-russisk
Teknisk Ordbog, Dansk-spansk

Engelsk-dansk Ordbog

Af JENS AXELSEN

11. udgave

3. oplag

Grundlagt af Hermann Vinterberg

GYLDENDAL

Bogen er sat med Linotype Optima hos GB-sats, København
og trykt hos Nordisk Bogproduktion A/S, Haslev
Printed in Denmark 1990

ISBN 87-00-09312-2

Forord

I nærværende 11. udgave er den typografiske udformning ændret, der er foretaget en del rettelser, og der er tilføjet ca. 5000 nye ord og vendinger. Jeg takker alle der har sendt forslag til rettelser og suppleringer og må især nævne amanuensis Arne Hamburger, Dansk Sprognævn, og professor W. Glyn Jones, Norwich. En særlig tak skylder jeg stud.mag. Henning Bojesen, der har haft et stort arbejde med læsning af korrekturen og givet mange gode forslag til forbedringer og tilføjelser.

Oktober 1987 *Jens Axelsen*

I 2. og 3. oplag er der kun foretaget få tilføjelser og rettelser.

Udtalebetegnelsen

(Udtalebetegnelsen står i skarpe klammer [ ]).

['] betegner tryk (accent); det sættes **foran** den stærke (accentuerede) stavelses begyndelse, fx *city* ['siti] med tryk på første stavelse, *insist* [in'sist] med tryk på anden stavelse. Står tegnet to steder, betyder det ligelig eller vaklende accentuering eller lige stærkt tryk på begge stavelser.

[:] betegner at den foregående lyd er lang; fx *seat* [si:t], medens *sit* [sit] udtales med kort vokal.

[a:] som i *far* [fa:], *father* [fa:ðə].

[ai] som i *eye* [ai].

[au] som i *how* [hau].

[æ] som i *hat* [hæt].

[b] som i *bed* [bed], *ebb* [eb].

[d] som i *do* [du:], *bed* [bed].

[dʒ] som i *judge* [dʒʌdʒ], *join* [dʒɔin].

[ð] som i *then* [ðen].

[θ] som i *thin* [θin].

[e] som i *let* [let].

[ei] som i *hate* [heit].

[ə:] som i *hurt* [hə:t], *her* [hə:].

[ə] som i *inner* ['inə], *about* [ə'baut], *hear* [hiə], *poor* [puə], *area* ['ɛəriə].

[f] som i *find* [faind].

[g] som i *get* [get].

[h] som i *hat* [hæt].

[i:] som i *feel* [fi:l]

[i] som i *fill* [fil].

[iə] som i *hear, here* [hiə].

[j] som i *you* [ju:].

[k] som i *can* [kæn].

[l] som i *let* [let], *ell* [el].

[m] som i *man* [mæn].

[n] som i *not* [nɔt].

[ŋ] som i *singer* [siŋə], *finger* [fiŋgə].

[ou] som i *no* [nou] *el.* [nəu].

[ɔi] som i *boy* [bɔi].

[p] som i *pea* [pi:].

[r] som i *red* [red], *area* ['ɛəriə].

[s] som i *sit* [sit].

[ʃ] som i *she* [ʃi:].

[tʃ] som i *chin* [tʃin].

[t] som i *tin* [tin].

[u:] som i *fool* [fu:l].

[u] som i *full* [ful].

[v] som i *vivid* ['vivid].

[w] som i *we* [wi:].

[z] som i *rice* [raiz], *zeal* [zi:l].

[ʒ] som i *measure* ['meʒə].

[ɛ] som i *hair* [hɛə], *area* ['ɛəriə].

[ɔ:] som i *caught* [kɔ:t], *court* [kɔ:].

[ɔ] som i *cot* [kɔt].

[ʌ] som i *cut* [kʌt].

( ) omslutter tegn for lyd, som kan medtages eller udelades fx *empty* ['em(p)ti].

(:) angiver vaklende længde, fx *across* [ə'krɔ(:)s] med langt eller kort [ɔ].

[fr.] betegner, at ordet udtales som på fransk.

Amerikanske udtalevarianter er anført, hvor det drejer sig om enkelttilfælde, fx [i:] i *leisure*, hvor britisk engelsk har [e], [hə'ræs] for *harass*, hvor britisk engelsk har ['hærəs], mens gennemgående træk som udtalen af *r* efter vokal som i *cart*, udeladelse af [j] foran [u:] som i *student, duty, new*, og udtalen af a som [æ] hvor britisk engelsk har [a:] som i *pass* ikke er angivet.

Vejledende bemærkninger

- ~ betegner, at opslagsordet gentages: **account,** on ~ of.
- \- betegner, at (en del af) et foregående opslagsord gentages uden bindestreg som en del af et sammensat ord: **air|lane, -lift.**
- ~- betegner, at (en del af) et foregående opslagsord gentages med bindestreg: **free|port, ~ -spoken.**
- | betegner, at kun den del af ordet, som står foran stregen, gentages i det følgende ved ~ eller -: **back|fire, -gammon; free|port, ~ mason.**

Fastere sammenstillinger af adjektiv + substantiv og substantiv + substantiv, også de der ikke har bindestreg, er sat på alfabetisk plads; **high road** og **high school** skal således ikke søges under **high** men efter **high-ranking.**

Directions for use

- ~ replaces the word which is at the head of an entry (the head-word): **account,** on ~ of.
- \- replaces the head-word without a hyphen as part of a compound: **air|lane, -lift.**
- ~- replaces the headword with a hyphen: **free|port, ~ -spoken.**
- | indicates that only the part of the headword which is before the stroke is replaced by ~ or -: **back|fire, -gammon; free|port, ~ mason.**

Unhyphened compound words are placed alphabetically, thus **high road** and **high school** are to be found after **high-ranking,** and not under **high.**

Forkortelser – Abbreviations

ɔ:	det vil sige, *i.e.*
T	daglig tale, *colloquial*
S	slang, *slang*
®	indregistreret varemærke, *trademark*
adj	adjektiv, tillægsord, *adjective*
adv	adverbium, biord, *adverb*
agr	landbrug, *agriculture*
alfab	alfabetisk, *alphabetical(ly)*
alm	almindelig(t), *general(ly)*
am	amerikansk, *American*
anat	anatomi, *anatomy*
arkit	arkitektur, bygningskunst, *architecture*
arkæol	arkæologi, *archaeology*
assur	forsikringsvæsen, *insurance*
astr	astronomi, *astronomy*
austr	australsk, *Australian*
bibl	biblioteksvæsen, *library*
biol	biologisk, *biology*
bl a	blandt andet, *inter alia*
bogb	bogbinderi, *bookbinding*
bot	botanik, *botany*
cf	sammenlign, *compare*
conj	konjunktion, bindeord, *conjunktion*
dial	dialekt, *dialect*
ds	det samme, *the same*
dss	det samme som, *the same as*
edb	databehandling, *data processing*
egl	egentlig, *properly, literally*
el.	eller, *or*
elekt	elektricitet, *electricity*

eng	engelsk, *English*
Engl	*England*
etc	og så videre, og lignende *etcetera*
fig	figurligt, i overført betydning, *figurative(ly)*
filos	filosofi, *philosophy*
fk	forkortelse (for), *abbreviation (of)*
flyv	flyvning, *aviation*
fon	fonetik, *phonetics*
forb	forbindelse(r), *connection(s)*
forsk	forskellige, *various*
forst	forstvæsen, *foresty*
fot	fotografi, *photography*
fr	fransk, *French*
fx	for eksempel, *e.g., for example*
fys	fysik, *physics*
geogr	geografi, *geography*
geol	geologi, *geology*
glds	gammeldags, *obsolescent, archaic*
gram	grammatik, *grammar*
her.	heraldik, *heraldy*
hist.	historisk, *historical*
i alm	i almindelighed, *generally*
imper	imperativ, bydeform *imperative*
inf	infinitiv, navneform, *infinitive*
interj	interjektion, udråbsord, *interjection*
jernb	jernbaneudtryk, *railway*
jur	jura, *law*
jvf	jævnfør, *compare*
kat.	katolsk, *Roman Catholic*
kem	kemi, *chemistry*

keram keramik, *pottery*
komp komparativ, højere grad, *comparative*
lat latin, *Latin*
lign lignende, *similiar*
litt litterært, litteratur, *literary, literature*
mar maritimt, søfart, *nautical*
mat. matematisk, *mathematics*
med. lægevidenskab, *medicine*
mek mekanik, maskiner, *mechanics*
merk merkantilt, handel, *commerce*
meteorol meteorologisk, meteorological
mht med hensyn til, *as regards*
mil. militært, *military*
min. mineralogi, *mineralogy*
mods i modsætning til, *in contrast to*
mus. musik, *music*
myt mytologi, *mythology*
ndf nedenfor, *below*
neds nedsættende, *disparaging(ly)*
ogs også, *also*
ol og lignende, *and the like*
omtr omtrent, *approximately*
opr oprindelig, *originally*
osv og så videre, *and so on*
ovf ovenfor, *above*
parl parlamentsvæsen, *parliamentary*
part. participium, tillægsmåde, participle
perf perfektum, førnutid, *perfect*
p gr a på grund af, *on account of*
pl flertal, *plural*
poet digterisk, *poetical*
pol. politik, *politics*
pp perfectum participium, fortids tillægsform, *past participle*
pron pronomen, stedord, *pronoun*
præp præposition, forholdsord, *preposition*
præs præsens, nutid, *present*
præt præteritum, datid, *past tense*
psyk psykologi, *psychology*
radio radioudtryk, *radio*
rel religiøst, *religion*
sb substantiv, navneord *substantive, noun*
sby *somebody*
sg ental, *singular*
sj sjælden(t), *rare(ly)*
sms sammensætning(er), *compound(s)*
spec specielt, *specifically*
spr sprogvidenskab, *linguistics*
spøg. spøgende, *jocular*
sth *something*
sup superlativ, højeste grad, *superlative*
Sydafr Sydafrikansk, *South African*
tandl tandlægevæsen, *dentistry*
teat teater, *theatrical*
tekn teknik, *engineering*
tidl tidligere, *formerly*
tlf telefoni, *telephony*
TV fjernsyn, *television*
typ typografisk, *printing term*
vb verbum, udsagnsord, *verb*
vulg vulgært, *vulgar*
zo zoologi, *zoology*
økon økonomi, *economics*
årh århundrede, *century*

A

A [ei]; *fk Ampère.*

A. *fk Academy; America; Associate;* (i biografannonce) *(omtr)* betinget tilladt for børn.

a [ə, (betonet:) ei], **an** [ən, (betonet:) æn] en, et; (undertiden) én, ét *(fx at a blow* med ét slag); om; pr. *(fx £ 1 a ton); two at a time* to på en gang; to ad gangen; *a pound a day* et pund om dagen.

a- [ə] (forstavelse til *sb,* = *on)* på, i *(fx abed),* til.

a. *fk ante* før; *arrive, arriving.*

A 1 [ei'wʌn] første klasses.

AA *fk Automobile Association; Anti-Aircraft; Alcoholics Anonymous;* (i biografannonce) forbudt for børn under 14 år.

AAA *fk American Automobile Association.*

A. & M. *fk (Hymns) Ancient and Modern* (en salmebog).

aardvark ['a:dva:k] *sb zo* jordsvin.

aardwolf ['a:dwulf] *sb zo* dværghyæne.

Aaron ['ɛərən]. **Aaron's rod** *(bot)* kongelys.

A.A.S. *fk (Fellow of the) American Academy of Arts and Sciences.*

A. B. *fk able-bodied (seaman); (am* form for) *B. A. (Bachelor of Arts).*

aback [ə'bæk] *adv: taken* ~ forbløffet.

abacus ['æbəkəs] *sb (pl -es el. abaci* ['æbəsai]) kugleramme, regnebræt; *(arkit)* abakus (kapitælplade).

abaft [ə'ba:ft] *adv* agter (ude); *præp* agten for; ~ *the beam* agten for tværs.

I. abandon [ə'bændən] *vb* opgive *(fx a plan, hope);* aflyse *(fx a football match);* forlade *(fx one's house, one's wife);* svigte *(fx one's ideals, one's cause);* ~ *oneself to* hengive sig til *(fx vice, despair),* give sig hen i.

II. abandon [ə'bændən] *sb* løssluppenhed, tvangfrihed; *with* ~ løssluppent.

abandoned *pp, adj,* opgivet, forladt; ryggesløs, lastefuld.

abandonment *sb* opgivelse; forladthed; løssluppenhed; impulsivitet.

abase [ə'beis] *vb* ydmyge; fornedre.

abasement *sb* ydmygelse; fornedrelse.

abashed [ə'bæʃt] *adj* skamfuld, flov, forlegen.

abate [ə'beit] *vb* (for)mindske, dæmpe, (om pris) nedsætte, slå af på; *(jur)* ophæve; bringe til ophør; *(uden objekt)* mindskes, aftage, (om vind) løje af.

abatement *sb* formindskelse, dæmpning; (om pris) nedsættelse, afslag; *(jur)* ophævelse; *smoke* ~ bekæmpelse af røgplagen.

abatis ['æbətis], **abattis** [ə'bætis] *sb (mil.)* forhug(ning) (spærring af fældede træer).

abattoir ['æbətwa:] *sb* slagteri; slagtehus.

abbacy ['æbəsi] *sb* abbedværdighed.

abbess ['æbəs] *sb* abbedisse.

abbey ['æbi] *sb* abbedi; *the A. = Westminister Abbey.*

abbot ['æbət] *sb* abbed.

abbr. *fk abbreviated, abbreviation.*

abbreviate [ə'bri:vieit] *vb* forkorte.

abbreviation [əbri:vi'eiʃn] *sb* forkortelse.

ABC [ei:bi:'si:] abc.

abdicate ['æbdikeit] *vb* frasige sig *(fx all responsibility),* give afkald på; (om regent) abdicere, frasige sig tronen.

abdication [æbdi'keiʃn] *sb* abdikation, tronfrasigelse.

abdomen ['æbdəmen; æb'dəumen] *sb* underliv, bughule; (hos insekter) bagkrop.

abdominal [æb'dɔminl] *adj* underlivs- *(fx operation);* bug- *(fx muscle);* ~ *cavity* bughule.

abduct [æb'dʌkt] *vb* bortføre.

abduction [æb'dʌkʃn] *sb* bortførelse.

abductor [æb'dʌktə] *sb* bortfører; *(anat)* abduktor.

abeam [ə'bi:m] *adv* tværs, tværskibs.

abecedarian [eibi:si:'dɛəriən] *sb* begynder; *adj* elementær.

abele [ə'bi:l] *sb (bot)* hvidpoppel, sølvpoppel.

Aberdeen [æbə'di:n]: ~ *(terrier)* ruhåret skotsk terrier.

Aberdonian [æbə'dəunjən] *sb* indbygger i Aberdeen; *adj* Aberdeen-; fra Aberdeen.

aberrance [æb'er(ə)ns], **aberrancy** [æb'er(ə)nsi] *sb* afvigelse; vildfarelse. **aberrant** [æb'er(ə)nt] *adj* afvigende, abnorm; vildfarende. **aberration** [æbə'reiʃn] *sb* afvigelse, vildfarelse; *(astr, fys)* aberration (ɔ: afvigelse fra banen); *mental* ~ sindsforvirring.

abet [ə'bet] *vb (jur)* tilskynde til (forbrydelse); hjælpe.

abetment [ə'betmənt] *sb (jur)* tilskyndelse; meddelagtighed. **abetter, abettor** [ə'betə] *sb* tilskynder, hjælper, medskyldig.

abeyance [ə'beiəns] *sb: be in* ~ stå i bero, stå hen.

abhor [əb'hɔ:] *vb* afsky. **abhorrence** [əb'hɔr(ə)ns] *sb* afsky *(of* for); *hold in* ~ nære afsky for. **abhorrent** [əb'hɔr(ə)nt] *adj* fuld af afsky; afskyelig; ~ *to (ogs)* uforenelig med.

abidance [ə'baidns] *sb* forbliven; afventen; fastholdelse *(by* af); ~ *by the rules* overholdelse af reglerne.

abide [ə'baid] *vb (abode, abode el. -d, -d)* **1.** forblive; **2.** holde stand over for; **3.** underkaste sig; **4.** *(glds)* afvente; ~ *the course of events* afvente begivenhedernes gang; *I can't* ~ *that* det kan jeg ikke fordrage; ~ **by** stå ved *(fx a promise);* rette sig efter *(fx a decision).*

abiding [ə'baidiŋ] *adj* blivende, varig.

abigail ['æbigeil] *sb* kammerpige.

ability [ə'biləti] *sb* evne; dygtighed; *to the best of my* ~ så godt jeg kan, efter bedste evne.

abject ['æbdʒekt] *adj* lav, foragtelig, krybende; ussel; ~ *despair* håbløs fortvivlelse.

abjection [æb'dʒekʃn] *sb* usselhed, foragtelighed.

abjuration [æbdʒu'reiʃn] *sb* afsværgelse.

abjure [əb'dʒuə] *vb* afsværge, opgive.

ablation [æb'leiʃn] *sb* bortfjernelse; *(geol)* ablation (ɔ: bortsmeltning, bortførelse).

ablative ['æblətiv] *adj, sb (gram)* ablativ.

ablaze [ə'bleiz] *adj* i lys lue; *(fig)* strålende, glødende, flammende *(with* af).

able [eibl] *adj* dygtig; *be* ~ *to* kunne; ~ *seaman 1st class* mat; ~ *seaman 2nd class* konstabel.

able-bodied ['eibl'bɔdid] *adj* rask, rørig; *(mar)* helbefaren.

abloom [ə'blu:m] *adj, adv (litt)* i blomst.

ablution [ə'blu:ʃn] *sb* (rituel) afvaskning; *-s pl (ogs)* vaskerum.

ably ['eibli] *adv* dygtigt.

A. B. M. *fk anti-ballistic missile.*

abnegation [æbni'geiʃn] *sb* fornægtelse.

abnormal [æb'nɔ:ml] *adj* abnorm.

abnormality [æbnɔ:'mæləti] *sb* abnormitet.

abnormity [æb'nɔ:məti] *sb* abnormitet, uhyrlighed.
abo ['æbəu] *sb (austr* S, *neds)* australneger.
aboard [ə'bɔ:d] *adv, præp* om bord; om bord på; op i toget; *close* ~ tæt langs siden (af).
I. abode [ə'bəud] *sb (litt, glds)* bolig, *(jur)* bopæl *(fx of no fixed* ~*); take up one's* ~ opslå sit paulun, bo.
II. abode [ə'bəud] *præt* og *pp* af *abide*.
abolish [ə'bɔliʃ] *vb* afskaffe, ophæve *(fx restrictions)*.
abolition [æbə'liʃn] *sb* afskaffelse, ophævelse.
abolitionist [æbə'liʃ(ə)nist] *sb* abolitionist (modstander af dødsstraf, *(hist. am)* af negerslaveriet).
abomasum [æbəu'meism] *sb* kallun.
abominable [ə'bɔminəbl] *adj* afskyelig.
abominate [ə'bɔmineit] *vb* afsky.
abomination [əbɔmi'neiʃn] *sb* afsky; afskyelighed, pestilens, vederstyggelighed; *hold in* ~ nære afsky for.
aboriginal [æbə'ridʒənl] *adj* oprindelig; *sb* = *aborigine*.
aborigine [æbə'ridʒəni:] *sb* indfødt; *(austr)* uraustralier; *-s pl (ogs)* oprindelige indbyggere, urfolk.
abort [ə'bɔ:t] *vb* abortere; slå fejl; (med objekt) afbryde; *sb* mislykket togt; afbrydelse.
abortion [ə'bɔ:ʃn] *sb* afbrydelse; abort; misfoster; mislykket forsøg.
abortionist [ə'bɔ:ʃ(ə)nist] *sb* en som foretager svangerskabsafbrydelser; *(backstreet* ~*)* kvaksalver.
abortive [ə'bɔ:tiv] *adj* mislykket; fejlslagen.
abound [ə'baund] *vb* findes i stor mængde; ~ *in (el. with)* være rig på; vrimle med.
I. about [ə'baut] *præp* omkring, om; omkring i (, på) *(fx walk* ~ *the streets)*, hos, på *(fx I have no money* ~ *me)*; ved *(fx there is sth* ~ *him that I don't like)*; om, angående, i anledning af; *be* ~ handle om, dreje sig om; *he was nice* ~ *it* han tog det pænt; *what* ~ *that?* hvad siger du til det? *what* ~ *it?* hvad skal man gøre ved det? hvad bliver det til? nå, og hvad så?
II. about [ə'baut] *adv* om, rundt; rundt omkring, her og der; i nærheden; T omtrent; ved at være *(fx I'm* ~ *tired of all that)*; *be* ~ handle om *(fx what is the story* ~*)*; kunne fås *(fx not until there is more petrol* ~*)*; *there is a lot of flu* ~ der er meget influenza blandt folk; *be (up and)* ~ være oppe, være på benene; *be* ~ *to do sth* lige skulle til at gøre noget; *I'm not* ~ *to (am)* jeg agter ikke at.
about-face [ə'baut'feis], **about-turn** [ə'baut'tə:n] *vb* gøre omkring; *sb* omkringvending; *(fig)* kovending.
above [ə'bʌv] *adv* ovenover, ovenfor; ovenpå; i (,til) himlen; *adj* ovenanført, ovennævnt; *præp* (oven) over, oven for, oven på; (hævet) over; mere end ; ~ *all* fremfor alt; ~ *oneself* indbildsk; højt oppe, overstadig.
above-board [ə'bʌv'bɔ:d] *adj, adv* ærlig, regulær.
above-mentioned [ə'bʌv'menʃnd] *adj* ovennævnte.
abrade [ə'breid] *vb* afskrabe.
Abraham ['eibrəhæm].
abrasion [ə'breiʒn] *sb* hudafskrabning; afslidning; slid (på tænder).
abrasive [ə'breisiv] *sb* slibemiddel; *adj* slibende; slibe-, ru; *(fig)* irriterende; stødende; ubehagelig, „vanskelig", ufordragelig; ~ *relationship* forhold præget af gnidninger.
abreact [æbri'ækt] *vb (psyk)* afreagere.
abreast [ə'brest] *adv* ved siden af hinanden; ~ *of* på højde med, ajour med; *keep* ~ *of the times* holde sig ajour, følge med tiden; *overtake three* ~ overhale i tredje position.
abridge [ə'bridʒ] *vb* forkorte, sammendrage; begrænse *(fx his power)*. **abridgment** [ə'bridʒmənt] *sb* forkortelse, sammendrag; begrænsning.
abroad [ə'brɔ:d] *adv* udenlands; i (, til) udlandet; ud, i omløb; ude; *publish (el. spread)* ~ udsprede, sætte i omløb; *at home and* ~ ude og hjemme; *from* ~ fra udlandet.
abrogate ['æbrəgeit] *vb* ophæve, afskaffe.
abrogation [æbrə'geiʃn] *sb* ophævelse, afskaffelse.
abrupt [ə'brʌpt] *adj* **1.** brat, pludselig *(fx turn)*; **2.** (om person) studs, brysk, kort for hovedet; **3.** (om stil) springende, usammenhængende; **4.** (om skråning) stejl, brat. **abruptness** [ə'brʌptnəs] *sb* brathed; brysk væsen; mangel på sammenhæng.
abscess ['æbsis, -ses] *sb* byld, absces.
abscissa [æb'sisə] *sb* abscisse.
abscond [əb'skɔnd] *vb* rømme, stikke af.
absence [æbsns] *sb* fraværelse; fravær; udeblivelse; mangel; *(med.)* absence; ~ *of mind* åndsfraværelse.
I. absent [æbsnt] *adj* fraværende, borte; åndsfraværende.
II. absent [æb'sent] *vb:* ~ *oneself* holde sig borte, være fraværende *(from* fra*)*; absentere sig.
absentee [æbsn'ti:] *adj, sb* fraværende, opholdende sig uden for sit distrikt, (godsejer) som ikke bor på sit gods.
absenteeism [æbsn'ti:izm] *sb* forsømmelser; det forhold at godsejeren altid er borte; absentisme.
absent-minded ['æbsnt'maindid] *adj* åndsfraværende.
absinth ['æbsinθ] *sb* absint.
absolute ['æbsəl(j)u:t] *adj* absolut; uindskrænket, enevældig *(fx ruler)*; ubetinget *(fx trust, promise)*; uomstødelig *(fx fact, proof)*; ren *(fx fool, genius)*; *sb: the four -s (rel.)* de fire absolutter; ~ *zero* det absolutte nulpunkt.
absolutely *adv* absolut, ubetinget; fuldstændig, aldeles.
absolution [æbsə'l(j)u:ʃn] *sb* absolution, syndsforladelse.
absolutism ['æbsəl(j)u:tizm] *sb* enevælde.
absolutist ['æbsəl(j)u:tist] *sb* tilhænger af enevælden.
absolve [əb'zɔlv] *vb* løse *(from* fra*)*, fritage; *(jur)* frikende; *(rel)* give syndsforladelse, give absolution.
absorb [əb'sɔ:b] *vb* absorbere, opsuge, suge til sig, optage; (om stød *ogs)* dæmpe; *-ed in* optaget af; fordybet i; opslugt af; *-ed in thought* i dybe tanker.
absorbent [əb'sɔ:bənt] *adj* absorberende; vandsugende; ~ *cotton (am)* (syge)vat.
absorbing [əb'sɔ:biŋ] *adj* spændende; *of* ~ *interest* af altopslugende interesse.
absorption [əb'sɔ:pʃn] *sb* opsugning, absorption; optagethed *(in* af*)*; opslugthed; ~ *centre* (for indvandrere) indslusningscenter.
absquatulate [æb'skwɔtʃuleit] *vb* T stikke af.
abstain [əb'stein] *vb* afholde sig *(from* fra*)*; afholde sig fra at stemme. **abstainer** [əb'steinə] *sb* afholdsmand; en der ikke stemmer.
abstemious [æb'sti:mjəs] *adj* mådeholden.
abstention [æb'stenʃn] *sb* afholdenhed; undladelse (af at stemme); *with 20 -s* mens tyve afholdt sig fra at stemme.
abstinence ['æbstinəns] *sb* afholdenhed.
abstinent ['æbstinənt] *adj* afholdende.
I. abstract ['æbstrækt] *sb* **1.** resumé, referat; **2.** abstrakt begreb (, maleri); **3.** *adj* abstrakt *(fx art)*; *in the* ~ teoretisk set; rent abstrakt; *an* ~ *of the accounts* et kontoudtog; ~ *of title (jur)* ekstrakt af adkomstdokumenter vedrørende fast ejendom.
II. abstract [æb'strækt] *vb* **1.** fjerne; udvinde; **2.** T stjæle, tilvende sig; **3.** abstrahere *(from* fra*)*; **4.** sammendrage, resumere; referere.
abstracted [æb'stræktid] *adj* (om person) adspredt.
abstraction [æb'strækʃn] *sb* **1.** bortfjernelse; udvinding; **2.** abstraktion; **3.** åndsfraværelse.
abstruse [æb'stru:s] *adj* dunkel, uforståelig.
absurd [əb'sə:d] *adj* urimelig, meningsløs, absurd; latterlig, tåbelig. **absurdity** [əb'sə:dəti] *sb* urimelighed, meningsløshed, absurditet; latterlighed, tåbelighed;

the ~ *of the suspicion* det urimelige i mistanken.
abt. *fk about.*
abundance [ə'bʌndəns] *sb* overflod; *out of the ~ of the heart the mouth speaketh* hvad hjertet er fuldt af løber munden over med.
abundant [ə'bʌndənt] *adj* rigelig; ~ *in* rig på.
I. abuse [ə'bju:z] *vb* **1.** misbruge; **2.** skælde ud, rakke ned på; **3.** *(glds)* mishandle.
II. abuse [ə'bju:s] *sb* **1.** misbrug; *-s pl* misligheder, uheldige forhold; **2.** skældsord; **3.** *(glds)* mishandling.
abusive [ə'bju:siv] *adj* grov; fornærmelig; ~ *expressions* grovheder.
abut [ə'bʌt] *vb:* ~ *on* støde op til. **abutment** *sb* støtte; underlag; endepille (til bro); ~ *wall* støttemur.
abysmal [ə'bizm(ə)l] *adj* bundløs, afgrundsdyb.
abyss [ə'bis] *sb* afgrund. **abyssal** *adj* dybvands-.
AC *fk alternating current;* ~|*DC* S biseksuel.
A/C, a/c *fk account.*
A.C.A. *fk Associate of the Institute of Chartered Accountants.*
acacia [ə'keiʃə] *sb (bot)* akacie.
academic [ækə'demik] *adj* akademisk, teoretisk; boglig; *sb* akademiker. **academical** [ækə'demikl] *adj* akademisk. **academicals** *sb pl* universitetsdragt.
academician [əkædə'miʃn] *sb* medlem af et akademi (især af *the Royal Academy).*
academy [ə'kædəmi] *sb* akademi (1. højere skole af særlig art, *fx Royal Military A.;* 2. selskab for videnskab *el.* kunst, især *the Royal A.).*
acanthus [ə'kænθəs] *sb (bot)* akantus.
ACAS ['eikəs] *fk Advisory Conciliation and Arbitration Service* (forligsinstitution).
accede [ək'si:d, æk-] *vb:* ~ *to* **1.** gå ind på, tiltræde *(fx sby's proposal);* imødekomme *(fx a request);* **2.** tilslutte sig *(fx a party);* **3.** overtage *(fx an estate);* tiltræde *(fx an office);* ~ *to the throne* arve tronen.
accelerate [ək'seləreit, æk-] *vb* fremskynde, accelerere, forøge hastigheden af; blive hurtigere.
acceleration [ækselə'reiʃn] *sb* acceleration, hastighedsforøgelse; accelerationsevne; accelerationshastighed.
accelerator [æk'seləreitə] *sb* (i bil) speeder; *(fys)* accelerator.
I. accent [æksnt] *sb* **1.** accent *(fx speak with a foreign accent);* **2.** *(fon)* accent, betoning *(fx the ~ is on the first syllable);* **3.** tonefald; **4.** T vægt, accent.
II. accent [ək'sent, æk-] *vb* accentuere, betone; lægge vægt på.
accentuate [ək'sentʃueit, æk-] *vb* betone, fremhæve.
accentuation [əksentʃu'eiʃn] *sb* betoning, fremhævelse.
accept [ək'sept] *vb* tage imod; sige ja (til) *(fx an invitation);* godkende, godtage; acceptere *(fx a bill* en veksel); *-ed* almindelig anerkendt *(fx the -ed custom).*
acceptability [əkseptə'biləti] *sb* acceptabilitet; antagelighed.
acceptable [ək'septəbl] *adj* **1.** acceptabel, antagelig; tilladelig; **2.** kærkommen, velkommen.
acceptance [ək'sept(ə)ns] *sb* modtagelse; godkendelse, accept; *(merk)* vekselaccept; accepteret veksel; *meet one's ~* indfri sin accept.
acceptation [æksep'teiʃn] *sb* (anerkendt) betydning (af et ord).
acceptor [æk'septə] *sb* acceptant.
access ['ækses] *sb* **1.** adgang; tilkørsel; vej *(to* til); **2.** tilgængelighed; **3.** anfald, raptus; **4.** *(edb)* tilgang; **5.** *vb* få tilgang til; *easy ~ to* let tilgængelig, let at få i tale.
accessary [ək'sesəri], se *accessory.*
access code *(tlf)* international kode.
accessibility [əksesə'biləti] *sb* tilgængelighed; modtagelighed. **accessible** [ək'sesəbl] *adj* tilgængelig; ~ *to* modtagelig for *(fx reason).*
accession [ək'seʃn] *sb* **1.** tilvækst; **2.** *(cf accede)* tiltrædelse; overtagelse; ~ *to the throne tronebestigelse.*
accessory [ək'sesəri] *adj* underordnet, bi-; *(jur)* delagtig, medskyldig *(to* i); meddelagtig, (se også *fact); sb pl accessories* tilbehør, rekvisitter, staffage.
accidence ['æksidns] *sb (gram)* formlære.
accident ['æksidnt] *sb* **1.** tilfælde, tilfældighed; uheld; ulykkestilfælde; ulykke; **2.** *(filos)* accidens, tilfældig egenskab; *by ~* tilfældigt, tilfældigvis.
accidental [æksi'dentl] *adj* tilfældig; uvæsentlig.
accidentally [æksi'dent(ə)li] *adv* tilfældigvis.
accidentals [æksi'dentlz] *sb pl (mus.)* løse fortegn.
accident hospital skadesygehus.
accident-prone *adj :* ~ *person* ulykkesfugl.
acclaim [ə'kleim] *vb* hilse med bifaldsråb, hylde (som) *(fx he was -ed king); sb* hyldest; anerkendelse.
acclamation [æklə'meiʃn] *sb* bifald(sråb), akklamation; *carried by ~* vedtaget med akklamation.
acclimatization [əklaimətai'zeiʃn] *sb* akklimatisering.
acclimatize [ə'klaimətaiz] *vb* akklimatisere (sig).
acclivity [ə'klivəti] *sb* skråning (opad), stigning.
accolade [ækə'leid] *sb* ridderslag, akkolade; *(fig)* anerkendelse; hyldest; hædersbevisning; *(mus.)* akkolade, klamme.
accommodate [ə'kɔmədeit] *vb* **1.** tilpasse, tillempe *(to* efter), (om øjnene) akkommodere; **2.** imødekomme *(fx his wishes);* gøre en tjeneste, hjælpe *(fx a friend);* **3.** give husly, skaffe husrum *(el.* logi), indkvartere; (om hotel *etc)* huse, have plads til; *(fig)* indpasse; **4.** (om strid) bilægge, forlige; ~ *sby with sth* give en noget, forsyne en med noget.
accommodating *adj* medgørlig, imødekommende.
accommodation [əkɔmə'deiʃn] *sb.* **1.** tilpasning, tillempning; **2.** (om øjet) akkommodation; **3.** husly, plads *(fx we have not ~ for so many people), (nat)logi; bolig(er),* indkvartering, *(mar)* aptering; *-s pl (am) faciliteter for overnatning og spisning; siddeplads; køjeplads;* **4.** bilæggelse (af strid), forlig; **5.** *(cf accommodating)* imødekommenhed, forekommenhed; **6.** lån. **7.** *(am)* = ~ *train.*
accommodation | **bill** akkommodationsveksel, tjenesteveksel. ~ **bureau** boliganvisningskontor. ~ **ladder** *(mar)* falderebstrappe. ~ **train** *(am)* bumletog, lokaltog.
accompaniment [ə'kʌmpənimənt] *sb* tilbehør; *(mus.)* akkompagnement. **accompanist** [ə'kʌmpənist] *sb* akkompagnatør.
accompany [ə'kʌmpəni] *vb* ledsage; følge med; *(mus.)* akkompagnere.
accomplice [ə'kɔmplis] *sb* medskyldig *(in, of* i); *be an ~ of* være i ledtog med.
accomplish [ə'kɔmpliʃ] *vb* fuldende, fuldføre, udrette, udføre; (op)nå; (om vej) tilbagelægge.
accomplished [ə'kɔmpliʃt] *adj* **1.** dygtig *(fx musician);* **2.** *(let glds)* dannet, kultiveret *(fx young lady);* **3.** fuldendt; *an ~ fact* en fuldbyrdet kendsgerning.
accomplishment [ə'kɔmpliʃmənt] *sb* **1.** fuldbyrdelse, fuldendelse, fuldendthed; **2.** bedrift; resultat; **3.** *(let glds)* selskabeligt talent, færdighed.
I. accord [ə'kɔ:d] *sb* overensstemmelse, enighed, harmoni; forlig; aftale; *of one's own ~* på egen hånd, af egen drift, af sig selv, uopfordret; *with one ~* alle som en; *in ~ with* i overensstemmelse med.
II. accord [ə'kɔ:d] *vb* **1.** stemme (overens); **2.** tilstå, tildele, lade få.
accordance [ə'kɔ:dns] *sb* overensstemmelse.
according [ə'kɔ:diŋ] *adv:* ~ **as** alt efter som *(fx temperature varies ~ as you go up or down);* ~ **to** (alt) efter *(fx the temperature varies ~ to the altitude),* ifølge *(fx ~ to this author); the Gospel ~ to Saint John* Johannes Evangelium; ~ *to plan* planmæssig.

accordingly [ə'kɔ:diŋli] *adv* **1.** i overensstemmelse dermed, derefter; **2.** derfor, følgelig, altså.
accordion [ə'kɔ:djən] *sb* (træk)harmonika.
accordion wall foldevæg.
accost [ə'kɔst] *vb* antaste, tiltale *(fx be -ed by a stranger).*
I. account [ə'kaunt] *sb* **1.** regning; konto; **2.** regnskab; mellemværende; *(se også I. settle);* **3.** opgørelse; **4.** redegørelse, forklaring, beretning; **5.** grund, hensyn; **as per** ~ ifølge regning; **by** *all -s* efter alt at dømme; *longitude by ~ (mar)* gisset længde, længde ifølge bestik; *business done* **for** *the ~ (merk)* terminsforretninger; *take* **into** ~ tage i betragtning, tage hensyn til, regne med; **of** *no* ~ uden betydning, ligegyldig; *give a good ~ of oneself* klare sig godt, komme godt fra det; *take ~ of = take into ~;* **on** *joint ~ (merk)* for fælles regning, a meta; *on no ~, not on any ~* under ingen omstændigheder; *on our ~* for vor skyld; *on one's own ~* for egen regning; for sin egen skyld; af (, for) sig selv; *on that ~* af den grund; *pay on ~* betale a conto, betale i afdrag; **on ~ of** på grund af; *call* **to** ~ kræve til regnskab; *turn to ~* drage fordel af, gøre brug af; udnytte; *turn to good ~* gøre god brug af; (se også *I. settle).*
II. account [ə'kaunt] *vb* regne for, betragte som; *~ for* gøre rede for, forklare *(fx he must ~ for his conduct);* gøre regnskab for; tage sig af; klare, dække, tegne sig for *(fx 12 p.c. of the oil supplies);* gøre det af med *(fx 3 enemy aircraft).*
accountability [əkauntə'biləti] *sb* ansvarlighed.
accountable [ə'kauntəbl] *adj* ansvarlig.
accountancy [ə'kauntənsi] *sb* revisorvirksomhed, revision; bogholderi, regnskabsføring.
accountant [ə'kauntənt] *sb* revisor; regnskabsfører, bogholder; *chief ~* hovedbogholder.
account| book regnskabsbog. **~ current** kontokurant. **~ sales** salgsregning.
accoutrements [ə'ku:t(r)əmənts] *sb pl* udrustning, udstyr.
accredit [ə'kredit] *vb* akkreditere; *~ sth to him, ~ him with sth* tiltro ham noget.
accredited *adj* anerkendt, anset; godkendt.
accretion [ə'kri:ʃn] *sb* tilvækst, forøgelse.
accrue [ə'kru:] *vb* (til)flyde, tilfalde; (om rente) løbe på; *-d interest* påløbne renter; *advantages accruing from this* deraf flydende fordele; *~ to* tilfalde.
acculturation [əkʌltʃə'reiʃn] *sb* kulturindlæring.
accumulate [ə'kju:mjuleit] *vb* dynge sammen, akkumulere, ophobe (sig), samle (sig). **accumulation** [əkju:mju'leiʃn] *sb* (an)samling, akkumulation. **accumulative** [ə'kju:mjulətiv] *adj* kumulativ; hamstrende, som samler til bunke. **accumulator** [ə'kju:mjuleitə] *sb* akkumulator; (i edb) sumværk.
accuracy ['ækjurəsi] *sb* nøjagtighed, akkuratesse, træfsikkerhed; *an ~ rate of* en nøjagtighedsprocent på.
accurate ['ækjurət] *adj* nøjagtig, præcis, omhyggelig.
accursed [ə'kə:sid] *adj* forbandet, nederdrægtig.
accusation [ækju'zeiʃn] *sb* beskyldning, anklage.
accusative [ə'kju:zətiv] *sb* akkusativ.
accuse [ə'kju:z] *vb* anklage, beskylde *(of* for); *the -d* anklagede. **accuser** [ə'kju:zə] *sb* anklager.
accustom [ə'kʌstəm] *vb* vænne *(to* til).
accustomed [ə'kʌstəmd] *adj* vant; tilvant, sædvanlig; *he is ~ to* han er vant til, han plejer *(fx he is ~ to walking home); get ~ to doing sth* vænne sig til at gøre noget.
ace [eis] *sb* es (i kortspil); ener (i terningspil); fremragende jagerflyver; (i tennis) serve-es; *adj* fremragende, stjerne- *(fx ~ reporter); an ~ up one's sleeve (el. in the hole)* S *(fig)* en trumf i baghånden; *~ of diamonds* ruder es; *within an ~ of* meget nær ved (at); på nippet til (at); *within an ~ of death* i yderste livsfare.
acerbic [ə'sə:bik] *sb* bitter, skarp, ætsende.
acerbity [ə'sə:bəti] *sb* bitterhed, skarphed.
ace-showing (i bridge) esmelding.
acetate ['æsit(e)it] *sb* acetat.
acetic [ə'si:tik] *adj* eddike-; *~ acid* eddikesyre.
acetifier [ə'setifaiə] *sb* eddikedanner.
acetone ['æsitəun] *sb* acetone.
acetous ['æsitəs] *adj* sur.
acetylene [ə'setili:n] *sb* acetylen.
acetylsalicylic acid ['æsitilsæli'silik 'æsid] acetylsalicylsyre.
ache [eik] *sb* smerte; *vb* smerte, gøre ondt; *my head -s* jeg har ondt i hovedet; *be aching for* længes (inderligt) efter; *be aching to* brænde efter at.
achene [ə'ki:n] *sb (bot)* nøddefrugt.
achieve [ə'tʃi:v] *vb* udføre, fuldende; udrette; (op)nå; *(am)* klare sig tilfredsstillende. **achievement** [ə'tʃi:vmənt] *sb* udførelse; præstation, bedrift, storværk.
Achilles [ə'kili:z]. **Achilles' heel** akilleshæl.
Achilles' tendon akillessene.
achromatic [ækrə'mætik] *adj* akromatisk, farveløs.
acid ['æsid] *adj* sur, syrlig *(fx ~ drops, an ~ face); (fig ogs)* skarp, ætsende *(fx criticism); sb* syre; S LSD.
acidhead *sb* S LSD-misbruger.
acidity [ə'sidəti] *sb* surhed; syrlighed; *~ of the stomach* for meget mavesyre.
acid|proof *adj* syrefast. **~ rain** syreregn, sur regn. **~ test** *(fig)* afgørende prøve.
acidulated [ə'sidjuleitid], **acidulous** [ə'sidjuləs] *adj* syrlig.
ack-ack [æk'æk] *sb* luftværnskanon; luftværnsild.
ack emma ['æk'emə] = *a. m.,* om formiddagen.
acknowledge [ək'nɔlidʒ] *vb* indrømme, erkende *(fx a mistake);* vedkende sig *(fx the signature);* anerkende; anerkende modtagelsen af *(fx a letter),* takke for; hilse på.
acknowledgment [ək'nɔlidʒmənt] *sb* indrømmelse; anerkendelse; erkendtlighed.
A. C. M. *fk Air Chief Marshal.*
acme ['ækmi] *sb* kulmination, højdepunkt; toppunkt *(fx the ~ of perfection).*
acne ['ækni] *sb (med.)* acne, filipenser.
acolyte ['ækəlait] *sb* messetjener; følgesvend.
aconite ['ækənait] *sb (bot)* stormhat; *winter ~* erantis.
acorn ['eikɔ:n] *sb* agern.
acoustic [ə'ku:stik] *adj* akustisk; *~ nerve* hørenerve.
acoustics [ə'ku:stiks] *sb* akustik.
acquaint [ə'kweint] *vb: ~ him with* gøre ham bekendt med, meddele ham *(fx the facts); be -ed with* kende, være inde i; *make oneself -ed with* sætte sig ind i, gøre sig bekendt med.
acquaintance [ə'kweint(ə)ns] *sb* **1.** bekendtskab; kendskab *(with* til), kundskab *(with* i); **2.** bekendt.
acquiesce [ækwi'es] *vb* slå sig til tåls *(in* med), indvillige, finde sig *(in* i), akkviescere *(in* ved).
acquiescence [ækwi'esns] *sb* indvilligelse, samtykke.
acquiescent [ækwi'esnt] *adj* føjelig.
acquire [ə'kwaiə] *vb* erhverve (sig), opnå, få.
acquired *pp, adj (biol, med.)* erhvervet *(fx disease); ~ blindness* senblindhed; *~ deafness* døvblevenhed. **acquired | characteristics,** *(am)* **~ characters** *(biol)* erhvervede egenskaber. **~ taste:** *it is an ~ taste* det er noget man skal lære at synes om; det er noget man skal vænne sig til.
acquirement [ə'kwaiəmənt] *sb* erhvervelse; erhvervet dygtighed, færdighed, kundskab.
acquisition [ækwi'ziʃn] *sb* erhvervelse, anskaffelse; *(i rumfart)* genetablering af radiokontakt; *he is a valuable ~ to the firm* han er en gevinst for firmaet.
acquisitive [æ'kwizitiv] *adj* bjærgsom, begærlig.
acquit [ə'kwit] *vb* frikende; frigøre; *be -ted (ogs)* klare

frisag; ~ *oneself well (, ill)* skille sig godt (, dårligt) fra det (, noget). **acquittal** [ə'kwitl] *sb* frikendelse.

acquittance [ə'kwit(ə)ns] *sb* betaling (af gæld); saldokvittering.

acre ['eikə] *sb* (flademål = ca. 0,4 hektar); *God's* ~ kirkegården. **acreage** ['eikəridʒ] *sb: the* ~ *of a farm* en gårds jordtilliggende.

acrid ['ækrid] *adj* skarp, bitter, besk; forbitret *(fx quarrel, strife)*. **acridity** [æ'kriditi] skarphed, bitterhed, beskhed.

acrimonious [ækri'məunjəs] *adj* skarp, bitter.

acrimony ['ækriməni] *sb (fig)* skarphed; bitterhed.

acrobat ['ækrəbæt] *sb* akrobat. **acrobatic** [ækrə'bætik] akrobatisk. **acrobatics** *sb pl* akrobatkunster, akrobatik.

acronym ['ækrənim] *sb* initialord *(fx NATO = North Atlantic Treaty Organization)*.

Acropolis [ə'krɔpəlis] Akropolis.

across [ə'krɔs] *præp, adv* (tværs) over, tværs igennem; på tværs; bred *(fx the river is a mile ~)*; (ovre) på den anden side (af); over kors; (i krydsordsopgave) vandret; (se også *I. board, come, get, put)*.

acrostic [ə'krɔstik] *sb* akrostikon.

acrylic [ə'krilik] *adj* akryl-, acryl-.

I. act [ækt] *vb* (se også *acting)* **1.** virke, fungere; **2.** handle; **3.** *(teat)* spille, optræde; fremstille (på scenen); opføre; **4.** forstille sig;

~ *a part* spille en rolle; *he is merely -ing (a part)* han spiller bare komedie; ~ **as** *interpreter* fungere som tolk; ~ **for** *him* handle på hans vegne; ~ **on** indvirke på; ~ *on your advice* handle efter dit råd; ~ *on the principle that* handle ud fra det princip at; ~ **out** omsætte i handling; *(psyk)* udleve; ~ **up** gøre knuder, spille op; ~ **up to** handle i overensstemmelse med *(fx one's ideals)*, efterleve, svare til.

II. act [ækt] *sb* **1.** handling, gerning; **2.** *(jur)* forordning, lov; aktstykke, dokument; **3.** *(teat)* akt; **4.** *(fx* i cirkusprogram) nummer;

caught in the very ~ grebet på fersk gerning; *get in on the* ~ S få del i rovet; *in the* ~ **of** i færd med at *(fx in the ~ of stealing)*; *the Acts of the Apostles* Apostlenes gerninger; ~ *of faith* handling der skal vise ens tro; *do it as an* ~ *of faith* gøre det i blind tro; ~ *of God* force majeure; forhold man ikke er herre over; *Act of Parliament (,am: Act of Congress)* lov; ~ *of war* krigshandling; **put** *on an* ~ spille komedie.

actable *adj* som kan opføres *(el.* spilles).

ACTH *fk Adrenocorticotropic Hormone.*

acting *sb* skuespilkunst; *adj* fungerende, konstitueret *(fx ~ manager, ~ headmaster)*; ~ *copy* teatereksemplar.

actinic [æk'tinik] *adj* aktinisk (ɔ: kemisk virkende).

action [ækʃn] *sb* **1.** handling; **2.** indvirkning, påvirkning; **3.** mekanisme; **4.** *(tekn)* virkemåde, arbejdsmåde; funktion; **5.** *(jur)* proces, sagsanlæg; **6.** *(mil.)* aktion, træfning, slag; **7.** *(industrial ~)* (faglig) aktion, strejke; *bring an* ~ **against** anlægge sag mod; *bring* **into** ~ tage i brug; sætte ind; *go into* ~ gå igang; gå i aktion; *a piece* **of** the ~ en andel i rovet; *radius* **of** ~ aktionsradius; *put* **out of** ~ sætte ud af funktion; sætte ud af spillet; gøre ukampdygtig; **take** ~ tage affære, skride ind; skride til handling.

actionable ['ækʃ(ə)nəbl] *adj* som kan gøres til genstand for sagsanlæg.

action stations *(mar)* klartskib; T alle mand parat!

activate ['æktiveit] *vb* aktivere, aktivisere, gøre virksom; *(fys)* gøre radioaktiv; *-d carbon* aktivt kul.

activation [ækti'veiʃn] *sb* aktiv(is)ering.

active ['æktiv] *adj* aktiv; virksom, rask, energisk, livlig; adræt; *(fys)* radioaktiv; *on the ~ list* i aktiv tjeneste; ~ *service* fronttjeneste, tjeneste i felten; ~ *tuberculosis* åben tuberkulose; *the ~ voice (gram)* aktiv.

active-minded *adj* åndslivlig.

activism ['æktivizm] *sb* aktivisme.

activist ['æktivist] *sb* aktivist.

activity [æk'tiviti] *sb* virksomhed; aktivitet; raskhed, livlighed; *activities pl* aktivitet(er), virksomhed, sysler; arrangementer.

actor ['æktə] *sb* skuespiller.

actress ['æktrəs] *sb* skuespillerinde.

actual ['æktʃuəl] *adj* virkelig, egentlig, ligefrem; nuværende, aktuel.

actuality [æktʃu'æliti] *sb* virkelighed; *actualities pl* realiteter; ~ *programme* dokumentarisk udsendelse; (i radio) hørebillede.

actualize ['æktʃuəlaiz] *vb* aktualisere, virkeliggøre.

actually ['æktʃuəli] *adv* virkelig, i virkeligheden, faktisk; minsandten *(fx he ~ paid me for it!)*; nu, for øjeblikket.

actuary ['æktʃuəri] *sb* beregner, aktuar.

actuate ['æktʃueit] *vb* sætte i gang, påvirke, drive; tilskynde; (om miner) udløse, få til at eksplodere.

acuity [ə'kjuiti] *sb* skarphed; skarpsindighed.

aculeate [ə'kju:liət] *adj zo* med brod *(fx ~ insects)*.

acumen [ə'kju:men] *sb* skarpsindighed, kløgt, dygtighed.

I. acuminate [ə'kju:minət] *adj* spids, tilspidset.

II. acuminate [ə'kju:mineit] *vb* tilspidse, spidse.

acupuncture ['ækjupʌŋktʃə] *sb* akupunktur; *vb* anvende akupunktur. **acupuncturist** akupunktør.

acutance [ə'kju:t(ə)ns] *sb (fot, omtr)* konturskarphed.

acute [ə'kju:t] *adj* spids; fin, skarp; skarpsindig; heftig, voldsom, akut; ~ *accent* aigu; ~ *angle* spids vinkel.

ad. [æd] *fk advertisement.*

A. D. *fk Anno Domini* ['ænəu 'dɔminai] efter Kristi fødsel, e.Kr., (i det Herrens) år; *Air Defence* luftværn.

adage ['ædidʒ] *sb* ordsprog, talemåde.

adagio [ə'da:dʒəu] *adv* adagio, langsomt; *sb* adagio.

Adam ['ædəm] Adam; *I don't know him from* ~ jeg kender ham slet ikke, jeg aner ikke hvem han er.

adamant ['ædəmənt] *adj: be* ~ være ubøjelig.

adamantine [ædə'mæntain] *adj* diamanthård, ubøjelig.

Adam's | ale gåsevin, postevand. ~ **apple** adamsæble.

adapt [ə'dæpt] *vb* afpasse, tilpasse *(to* efter); indrette *(for* til); bearbejde *(from* efter).

adapt|ability [ədæptə'biləti] *sb* anvendelighed, tilpasningsevne. **-able** [ə'dæptəbl] *adj* anvendelig, bøjelig, smidig.

adaptation [ædæp'teiʃn] *sb* afpasning, tillempning; omarbejdelse, bearbejdelse.

adapted [ə'dæptid] *adj* egnet *(for* til); (se også *adapt)*.

adapter, adaptor [ə'dæptə] *sb (elekt)* adapter (til at forbinde trebenet stik med tobenet); *(tekn)* tilpasningsstykke, mellemstykke.

A.D.C. *fk Aide-de-Camp* adjudant.

add [æd] *vb* tilføje; lægge sammen, addere; komme i *(fx ~ more water)*; ~ *in* tilføje; komme i; ~ *to* forøge, udvide; ~ *up* lægge sammen; stemme; *(fig. ogs)* hænge (rigtigt) sammen; give mening; ~ *up to* blive tilsammen; beløbe sig til; *(fig)* betyde.

added *adj* yderligere *(fx an ~ pleasure)*.

Add. *fk addenda, address.*

addendum [ə'dendəm] *sb (pl addenda)* tilføjelse, tillæg.

adder ['ædə] *sb zo* hugorm.

adder's-tongue *(bot)* slangetunge.

I. addict ['ædikt] *sb* narkoman; misbruger; *he is a jazz* ~ han er jazztosset; *morphia* ~ morfinist.

II. addict [ə'dikt] *vb:* ~ *oneself to* hengive sig til.

addicted [ə'diktid] *adj :* ~ *to* forfalden til *(fx drink)*, misbruger af *(fx drugs)*.

addiction [ə'dikʃn] *sb* forfaldenhed, hang *(to* til); afhængighed *(to* af).

addictive [ə'diktiv] *adj* som skaber afhængighed, vanedannende.
addition [ə'diʃn] *sb* tilføjelse, tillæg; addition; forøgelse *(fx they are expecting an ~ to the family); in ~* desuden; *in ~ to* foruden.
additional [ə'diʃ(ə)nl] *adj* ekstra, ny; *~ expenditure* merudgift; *~ tax* ekstraskat.
additionally *adv* som tilføjelse, som tilgift, yderligere.
additive ['æditiv] *sb* tilsætningsstof, additiv.
addle [ædl] *vb* forvirre; *-d egg* råddent æg.
addle|brain, -head, -pate fæhoved.
I. address [ə'dres] *sb* **1.** henvendelse; **2.** tale; **3.** adresse; **4.** behændighed; takt; måde at konversere på; **5.** optræden; væsen; *you came to the right ~* du er kommet til den rette; *pay one's -es to* gøre kur til.
II. address [ə'dres] *vb* **1.** adressere *(fx a letter);* **2.** henvende *(fx some words to sby);* **3.** henvende sig til; tiltale; **4.** tale til *(fx a meeting); ~* oneself to henvende sig til *(fx the chairman);* give sig i lag med, tage fat på *(fx a task).*
addressee [ædre'si:] *sb* adressat.
adduce [ə'dju:s] *vb* påberåbe sig, anføre.
Aden [eidn].
adenoids ['ædinɔidz] *sb pl (med.)* adenoide vegetationer, 'polypper'.
adept ['ædept] *sb* mester, ekspert *(at, in* i).
adequacy ['ædikwəsi] *sb* tilstrækkelighed.
adequate ['ædikwət] *adj* tilstrækkelig, fyldestgørende, passende, tilfredsstillende; dækkende *(fx definition); be ~ to one's post* være sin stilling voksen.
adhere [əd'hiə] *vb: ~ to* hænge fast til, klæbe til; *(fig)* holde fast ved *(fx a plan);* overholde *(fx the rules);* tilslutte sig *(fx a party, an agreement).*
adherence [əd'hiərəns] *sb* vedhængen; overholdelse; tilslutning; troskab.
adherent [əd'hiərənt] *adj* vedhængende; *sb* tilhænger.
adhesion [əd'hi:ʒn] *sb* sammenvoksning; *-s (med.)* adhærencer; *give one's ~ to* give sin tilslutning til.
adhesive [əd'hi:siv] *adj* vedhængende, klæbrig; *sb* klæbestof; *~ plaster* hæfteplaster; *~ power* adhæsionskraft; *~ tape* klæbestrimmel; hæfteplaster.
ad hoc [æd 'hɔk] *(lat)* til dette formål; lavet for tilfældet.
adieu [ə'dju:] *interj* farvel; *sb* farvel, afsked.
ad inf. *fk ad infinitum* i det uendelige.
adipose ['ædipəus] *adj* fed, fedtholdig; *sb* fedt.
adiposity [ædi'pɔsiti] *sb* fedme.
adjacent [ə'dʒeisnt] *adj* nærliggende *(fx ~ villages);* tilstødende. **adjacent angles** nabovinkler.
adjectival [ædʒek'taivl] *adj* adjektivisk.
adjective ['ædʒiktiv] *sb* tillægsord, adjektiv.
adjoin [ə'dʒɔin] *vb* grænse til, støde op til (hinanden).
adjoining *adj* tilgrænsende, tilstødende, nabo-; *~ risk (assur)* 'smittefare', gnistrisiko; *the ~ room* værelset ved siden af.
adjourn [ə'dʒə:n] *vb* opsætte, udsætte, hæve (mødet); *~ to* forlægge residensen til, begive sig til *(fx ~ to the drawing room); -ed game* (i skak) hængeparti.
adjournment [ə'dʒə:nmənt] *sb* udsættelse; mellemtid mellem parlamentsmøder.
adjudge [ə'dʒʌdʒ] *vb (jur)* tildømme, tilkende *(fx ~ property to sby);* (på)dømme.
adjudicate [ə'dʒu:dikeit] *vb* **1.** (på)dømme; fælde *(el.* afsige) dom om, afgøre; **2.** være dommer (ved konkurrence).
adjudication [ədʒu:di'keiʃn] *sb* dom, kendelse.
adjunct ['ædʒʌŋ(k)t] *sb* tilbehør; supplement; *(gram)* bestemmelse.
adjunctive [æ'dʒʌŋ(k)tiv] *adj* tilføjet, bi-.
adjuration [ædʒuə'reiʃn] *sb* besværgelse.
adjure [ə'dʒuə] *vb* besværge, bønfalde.
adjust [ə'dʒʌst] *vb* ordne, bringe i orden *(fx please ~ your dress before leaving);* bilægge; indstille *(fx a telescope),* justere, korrigere; stille på, regulere, tilpasse; *(am ogs)* vurdere, taksere (skade); *~ oneself to* tilpasse sig efter, indrette sig efter.
adjustable [ə'dʒʌstəbl] *adj* indstillelig; *~ spanner* skiftenøgle, svensknøgle.
adjustment [ə'dʒʌstmənt] *sb (cf adjust)* ordning, bilæggelse; indstilling, justering, regulering, tilpasning; *(am)* vurdering (af skade).
adjutancy ['ædʒut(ə)nsi] *sb* adjudantpost.
adjutant ['ædʒut(ə)nt] *sb* adjudant; *zo* marabustork.
I. ad lib. [æd'lib] *fk ad libitum* efter behag.
II. ad-lib [æd'lib] *sb* improvisation; *vb* improvisere; *adj* improviseret.
adman ['ædmæn] *sb* reklamemand; annoncetekstforfatter.
admass ['ædmæs] *sb* (det publikum som massemediernes reklame er beregnet på).
administer [əd'ministə] *vb* administrere, forvalte, bestyre; uddele *(fx the sacrament);* tildele *(fx a blow);* yde *(fx help),* give, indgive *(fx medicine); ~ an oath to* lade aflægge ed.
administration [ədmini'streiʃn] *sb* administration, forvaltning, bestyrelse, håndhævelse; tildeling; regering, ministerium; *the ~ of justice* rettens pleje, retsplejen.
administrative [əd'ministrətiv] *adj* administrativ, udøvende, forvaltnings-.
administrator [əd'ministreitə] *sb* bestyrer, administrator; *(jur)* skifterettens medhjælper.
admirable ['ædm(ə)rəbl] *adj* beundringsværdig, fortræffelig.
admiral ['ædm(ə)rəl] *sb* admiral (de 4 grader ovenfra: *A. of the Fleet, Admiral, Vice-A.* (viceadmiral), *Rear-A.* (kontreadmiral)). **admiralship** [ædm(ə)rəlʃip] *sb* admiralsværdighed.
admiralty ['ædm(ə)rəlti] *sb (poet)* herredømme på havet; *the Admiralty* admiralitetet (flådens øverste ledelse); *(tidl)* marineministeriet; *First Lord of the Admiralty (tidl)* marineminister.
admiration [ædmə'reiʃn] *sb* beundring *(of* for); *he was the ~ of all the boys* alle drengene beundrede ham; *do it to ~* gøre det udmærket.
admire [əd'maiə] *vb* beundre.
admirer [əd'maiərə] *sb* beundrer.
admiringly [əd'maiəriŋli] *adv* beundrende, med beundring.
admissibility [ədmisə'biləti] *sb* antagelighed; adgangsberettigelse. **admissible** [əd'misəbl] *adj* antagelig; tilstedelig; adgangsberettiget.
admission [əd'miʃn] *sb* adgang; optagelse *(to* på, *fx a school);* indlæggelse *(to* på); indrømmelse; (betaling:) entré *(fx ~ 50 p.); pay (for) ~* betale entré; *~ card (el. order)* adgangskort.
admit [əd'mit] *vb* **1.** give adgang; optage *(to* på, *fx ~ him to the school);* indlægge *(to a hospital* på et hospital); **2.** indrømme; **3.** kunne rumme; *~ of* tillade, give plads for; *~ to (ogs)* indrømme; *children not -ted* forbudt for børn.
admittance [əd'mit(ə)ns] *sb* adgang; *no ~* adgang forbudt.
admittedly [əd'mitidli] *adv* man må indrømme at *(fx ~ he is no fool);* ganske vist *(fx he is ~ rich but);* utvivlsomt.
admixture [əd'mikstʃə] *sb* blanding, tilsætning, iblanding *(fx pure Indian without any ~ of white blood).*
admonish [əd'mɔniʃ] *vb* formane, advare; påminde.
admonition [ædmə'niʃn] *sb* formaning, advarsel; påmindelse.
ad nauseam [æd'nɔ:siəm] til ulidelighed.
ado [ə'du:] *sb* postyr, ståhej; *much ~ about nothing* stor ståhej for ingenting; *without more (el. further) ~* uden videre.

adobe [ə'dəubi] *sb* ubrændt soltørret mursten; hus bygget af sådanne sten.
adolescence [ædə'lesns] *sb* opvækst; ungdom, ungdomstid.
adolescent [ædə'lesnt] *adj* halvvoksen, i opvækst, ung; *(neds)* umoden, ungdommelig; *sb* ung mand, ung pige.
Adonais [ædə'neiis]. **Adonis** [ə'dəunis].
adopt [ə'dɔpt] *vb* adoptere; indføre, tage i brug *(fx a new weapon);* slutte sig til *(fx an opinion);* godkende *(fx a report);* antage; ~ *a neutral position* indtage en neutral holdning; ~ *a tone* anslå en tone; *-ed daughter* adoptivdatter.
adoption [ə'dɔpʃn] *sb* adoption; indførelse; godkendelse; antagelse.
adoptive [ə'dɔptiv] *adj* adoptiv- *(fx father).*
adorable [ə'dɔ:rəbl] *adj* henrivende, yndig.
adoration [ædɔ:'reiʃn] *sb* tilbedelse, forgudelse.
adore [ə'dɔ:] *vb* tilbede, forgude; T elske, holde meget af, synes vældig godt om, finde henrivende *(fx I ~ your new dress).* **adorer** [ə'dɔ:rə] *sb* tilbeder.
adorn [ə'dɔ:n] *vb* smykke, pryde, være en pryd for.
adornment [ə'dɔ:nmənt] *sb* prydelse, smykke.
adrenal [ə'dri:nl] *adj* binyre-; ~ *gland* binyre.
adrenalin [ə'drenəlin] *sb* adrenalin.
Adriatic [eidri'ætik, æd-]: *the* ~ Adriaterhavet.
adrift [ə'drift] *adj, adv* i drift, drivende for vind og vejr; *(fig)* overladt til sig selv; *be* ~ *(ogs)* hverken vide ud eller ind; *turn* ~ jage ud i verden, lade sejle sin egen sø.
adroit [ə'drɔit] *adj* behændig *(at* til), smidig.
adscript ['ædskript] *sb, adj* stavnsbunden, livegen.
adulate ['ædjuleit] *vb* smigre, sleske for.
adulation [ædju'leiʃn] *sb* grov smiger.
adulator ['ædjuleitə] *sb* smigrer, spytslikker.
adulatory ['ædjuleitri] *adj* smigrende, slesk.
adult ['ædʌlt] *adj* voksen; fuldt udviklet; fuldt udvokset; kun for voksne, pornografisk; *sb* voksen person; *for -s only* forbudt for børn.
adulterate [ə'dʌltəreit] *vb* forfalske, opspæde, fortynde.
adulteration [ədʌltə'reiʃn] *sb* forfalskning.
adulterer [ə'dʌltərə] *sb* ægteskabsbryder.
adulteress [ə'dʌltərəs] *sb* ægteskabsbryderske.
adulterous [ə'dʌlt(ə)rəs] *adj* skyldig i ægteskabsbrud.
adultery [ə'dʌltəri] *sb* ægteskabsbrud, hor.
adumbrate ['ædʌmbreit] *vb* skitsere, give udkast til; varsle om, lade ane.
adumbration [ædʌm'breiʃn] *sb* skitse, udkast; antydning; forvarsel *(fx -s of things to come).*
adv. *fk advanced; adverb; adverbial; advertisement.*
I. advance [əd'va:ns] *sb* **1.** fremskridt, fremgang; **2.** *(mil.)* fremrykning; **3.** avancement, forfremmelse; **4.** forskud; lån; udlån; **5.** stigning (i priser *etc), (mht* løn *ogs)* tillæg *(fx a £12 a week ~);* **6.** (på auktion) højere bud *(fx any ~ on three hundred?);* **7. -s** *pl (ogs)* tilnærmelser; *in* ~ på forhånd; forskudsvis; *in ~ of* foran, før, forud for.
II. advance [əd'va:ns] *vb* gå fremad, rykke frem; gøre fremskridt; *(mht* stilling) avancere; (om priser) stige; (med objekt:) føre *(el.* bringe) frem, fremføre, fremsætte *(fx an opinion);* fremme, fremhjælpe *(fx trade and industry);* fremskynde, rykke frem *(fx the date of the meeting);* forhøje (priser *etc);* betale som forskud, låne.
advance copy forhåndsmeddelelse; *(typ)* fortryk, rentryk; forhåndseksemplar.
advanced [əd'va:nst] *adj* fremskreden, fremrykket, viderekommen; avanceret; ~ *course* kursus for viderekomne; ~ *guard = advance guard;* ~ *ignition* (i motor) fortænding; ~ *positions* fremskudte stillinger; ~ *students* viderekomne; ~ *training* videregående uddannelse; ~ *in years* alderstegen, til års.
advance guard *(mil.)* fordækning, fortrop, fremskudt sikringsled, avantgarde.
advancement [əd'va:nsmənt] *sb* fremgang, fremskridt, fremskreden tilstand; forfremmelse, avancement; fremme, ophjælpning; arveforskud.
advance party *(mil.)* forkommando, forspids.
advantage [əd'va:ntidʒ] *sb* fordel, fortrin, nytte; *vb* gavne; *something greatly to his* ~ noget for ham meget fordelagtigt; *take ~ of* benytte sig af; udnytte; snyde; forføre; *have the ~ of* være gunstigere stillet end; *you have the ~ of me* jeg har desværre ikke fornøjelsen (at kende Deres navn); *have an ~ over* have et forspring for; *sell to* ~ sælge med fordel; *to the best* ~ med størst fordel, i det fordelagtigste lys.
advantageous [ædvən'teidʒəs] *adj* fordelagtig.
advent ['ædvənt] *sb* komme; advent.
Adventist ['ædvəntist] *sb* adventist.
adventitious [ædven'tiʃəs] *adj* som kommer til, tilfældig; yderligere; ~ *bud (bot)* biknop.
adventure [əd'ventʃə] *sb* hændelse, oplevelse; vovestykke; eventyr; *(merk)* spekulation.
adventure playground skrammellegeplads, byggelegeplads.
adventurer [əd'ventʃ(ə)rə] *sb* eventyrer; lykkeridder.
adventuress [əd'ventʃ(ə)rəs] *sb* eventyrerske.
adventurism [əd'ventʃ(ə)rizm] *sb* eventyrpolitik.
adventurous [əd'ventʃ(ə)rəs] *adj* dristig, forvoven, risikabel, eventyrlig.
adverb ['ædvə:b] *sb* adverbium, biord.
adverbial [əd'və:bjəl] *adj* adverbiel.
adversary ['ædvəs(ə)ri] *sb* modstander; fjende; modspiller; *the Adversary* Djævelen.
adversative [əd'və:sətiv] *adj (gram)* adversativ, modsætnings- *(fx conjunction* bindeord, *clause* bisætning).
adverse ['ædvə:s] *adj* modsat, som er imod; ugunstig, uheldig *(fx effects);* negativ *(fx publicity);* ~ *effect* (om medicin) (uønsket) bivirkning; ~ *fortune* modgang; ~ *suit* (i kortspil) modpartens farve.
adversity [əd'və:siti] *sb* modgang, ulykke.
I. advert ['ædvə:t] *sb* T annonce.
II. advert [əd'və:t] *vb:* ~ *to* henvende sin opmærksomhed på; hentyde til, henvise til; gøre opmærksom på.
advertise ['ædvətaiz] *vb* bekendtgøre, avertere; gøre reklame (for); ~ *oneself* gøre reklame for sig selv; ~ *for* avertere efter; (se også *advertising).*
advertisement [əd'və:tizmənt, *(am):* 'ædvərtaizmənt] *sb* avertissement, annonce; reklame. **advertisement broker** annonceagent. **advertiser** ['ædvətaizə] *sb* annoncør.
advertising ['ædvətaiziŋ] *sb* reklame; *truth in* ~ ærlig reklame. **advertising | agency** reklamebureau; annoncebureau. ~ **strip** (om bog) reklamebanderole, mavebælte.
advice [əd'vais] *sb* råd; efterretning, *(merk)* advis; *-s (merk)* efterretninger; *a piece (el. bit) of* ~ et råd; *ask sby's* ~ spørge én til råds; *take sby's* ~ følge éns råd; *take medical* ~ søge lægehjælp; *letter of ~ (merk)* advisbrev; *as per ~ (merk)* som adviseret, i følge advis.
advice note følgeseddel.
advisable [əd'vaizəbl] *adj* tilrådelig.
advise [əd'vaiz] *vb* råde; tilråde; advisere, underrette *(of* om); *as -d* som adviseret, i følge advis; *be -d (ogs)* tage imod råd.
advisedly [əd'vaizidli] *adv* med overlæg, med velberåd hu.
advisedness [əd'vaizidnəs] *sb* forsigtighed.
adviser [əd'vaizə] *sb* rådgiver, konsulent; *legal* ~ juridisk konsulent.
advisory [əd'vaiz(ə)ri] *adj* rådgivende.

advocacy ['ædvəkəsi] *sb* forsvar, kamp *(of* for); støtte.
I. advocate ['ædvəkət] *sb* talsmand, forkæmper *(of* for); (ved skotsk ret, samt *fig)* advokat.
II. advocate ['ædvəkeit] *vb* være *(el.* gøre sig til) talsmand for, forsvare, støtte.
advowson [əd'vauzn] *sb* kaldsret.
adynamic [ædai'næmik] *adj* kraftløs.
adz(e) [ædz] *sb* skarøkse.
AEC *fk Atomic Energy Commission.*
aedile ['i:dail] *sb (hist.)* ædil.
A.E.F. *fk Allied Expeditionary Force; Amalgamated Union of Engineering and Foundry Workers.*
Aegean [i:'dʒi:ən] *adj* ægæisk.
aegis ['i:dʒis] *sb* ægide; skjold, værn; *under the ~ of the U.N.* under F.N.'s auspicier, under protektion af F.N., i F.N.'s regi.
aegrotat [i'grəutæt] *sb* sygeattest.
Aeneid ['i:niid]: *the ~* Æneiden.
Aeolian [i:'əuljən] *adj* æolisk; *~ harp* æolsharpe.
aeon ['i:ən] *sb* evighed.
aerate ['eiəreit] *vb* forbinde med kulsyre; gennemlufte; *-d bread* kulsyrehævet brød; *-d water* kulsyreholdigt vand, mineralvand.
I. aerial ['ɛəriəl] *sb* antenne.
II. aerial ['ɛəriəl] *adj* luftig, æterisk; luft- *(fx ~ combat); ~ photograph* luftfotografi; *~ photography* luftfotografering; *~ railway* svævebane; *~ reconnaissance* luftrekognoscering; *~ ropeway* tovbane; *~ shoot (bot)* løvskud.
aerialist ['ɛəriəlist] *sb* luftakrobat.
aerie ['ɛəri] *sb* ørnerede.
aeriform ['ɛərifɔ:m] *adj* luftformig; *(fig)* luftig, uvirkelig.
aero|batics [ɛərə'bætiks] *sb* kunstflyvning, luftakrobatik. **-bic** [ɛə'rəubik] *adj* aerob, iltkrævende. **-bics** *sb* (form for træningsprogram).**-drome** ['ɛərədrəum] flyveplads, lufthavn. **-dynamics** [ɛərəudai'næmiks] aerodynamik. **-dyne** ['ɛərədain] luftfartøj som er tungere end luften. **~ -engine** ['ɛərə'endʒin] flyvemotor. **-foil** ['ɛərəfɔil] bæreplan, bæreflade. **-lite** ['ɛərəlait] meteorsten. **-naut** ['ɛərənɔ:t] luftskipper. **-nautical** [ɛərə'nɔ:tikl] *adj* aeronautisk, flyve-. **-nautics** [ɛərə'nɔ:tiks] *sb* aeronautik, luftfart. **-plane** ['ɛərəplein] flyvemaskine, aeroplan; *-plane service* flyveforbindelse. **-sol** ['ɛərəsɔl] spraydåse. **-space** ['ɛərəspeis] atmosfæren og det ydre rum; (rum)flyvning; *-space industry* flyvemaskineindustri. **-stat** ['ɛərəstæt] luftfartøj der er lettere end luften.
aeruginous [iə'ru:dʒinəs] *adj* irret.
aery ['ɛəri] se *aerie.*
aesthete ['i:sθi:t] *sb* æstetiker. **aesthetic** [i:s'θetik] *adj* æstetisk. **aesthetics** [i:s'θetiks] *sb* æstetik.
aet., aetat. *fk* **aetatis** [i:'teitis] i en alder af.
aetiology [i:ti'ɔlədʒi] *sb* ætiology, læren om sygdommes opståen.
A. F. *fk Admiral of the Fleet; Anglo-French; Air Force.*
afar [ə'fa:] *adv* fjernt, langt borte (fra).
A.F.C. *fk Air Force Cross; Association Football Club.*
affability [æfə'biləti] *sb* venlighed, forekommenhed.
affable ['æfəbl] *adj* venlig, forekommende.
affair [ə'fɛə] *sb* forretning, sag, anliggende, affære, foretagende; kærlighedshistorie; (kærligheds)forhold; T ting, tingest; 'historie'; *that is my ~* det bliver min sag.
affect [ə'fekt] *vb* **1.** påvirke, berøre, ramme, virke på, angribe; **2.** bevæge, røre, afficere; **3.** foretrække, ynde *(fx he -s those colours);* **4.** foregive; *~ ignorance* simulere uvidende.
affectation [æfek'teiʃn] *sb* affektation, påtaget væsen; *~ of kindness* påtaget venlighed.
affected [ə'fektid] *adj* affekteret, kunstlet; angrebet (af sygdom); *the ~ part* det angrebne sted.
affection [ə'fekʃn] *sb* kærlighed, hengivenhed; *(glds)* sygdom.
affectionate [ə'fekʃ(ə)nət] *adj* kærlig, hengiven; *yours -ly* kærlig hilsen.
affective [ə'fektiv] *adj (psyk)* affektiv, følelsesmæssig; affekt-, følelses-.
affiance [ə'faiəns] *vb* forlove (sig); *sb* forlovelse.
affiche [ə'fi:ʃ] *sb* opslag, plakat.
affidavit [æfi'deivit] *sb* beediget skriftlig erklæring.
affiliate [ə'filieit] *vb* optage; tilslutte, tilknytte *(fx a college -d to (,am: with) the university); sb* søsterselskab; søsterorganisation; *~ a child on (el. to) sby* udlægge en som barnefader; *~ oneself to sth* knytte sig til noget, tilslutte sig noget.
affiliation [əfili'eiʃn] *sb* optagelse, tilslutning; tilknytning; *(psyk)* kontakt *(fx need of ~* kontaktbehov); *(jur)* udlægning af barnefader; *their political -s* deres politiske tilhørsforhold; *payment under an ~ order* alimentationsbidrag.
affinity [ə'finiti] *sb* svogerskab, slægtskab; *(fig)* beslægtethed, åndsslægtskab, lighed; *(kem)* affinitet.
affirm [ə'fə:m] *vb* påstå, erklære; bekræfte, stadfæste.
affirmation [æfə'meiʃn] *sb* bekræftelse; forsikring; højtidelig erklæring i stedet for ed.
affirmative [ə'fə:mətiv] *adj* bekræftende; *in the ~* bekræftende.
I. affix ['æfiks] *sb (gram)* affiks, præfiks, suffiks.
II. affix [ə'fiks] *vb* påklæbe *(fx a stamp);* vedhæfte; tilføje; *~ one's signature to* skrive under på, sætte sin underskrift under.
afflatus [ə'fleitəs] *sb* inspiration.
afflict [ə'flikt] *vb* bedrøve; hjemsøge, plage.
affliction [ə'flikʃn] *sb* sorg, lidelse, plage.
affluence ['æfluəns] *sb* overflod; velstand, rigdom.
affluent ['æfluənt] *adj* rigelig, rig; *sb* biflod; *~ society* overflodssamfund.
afford [ə'fɔ:d] *vb* **1.** yde, give; **2.** afse *(fx he cannot ~ the time to go there);* **3.** *: he can ~ (to do) it* han har råd til *(el.* kan tillade sig) (at gøre) det.
afforest [æ'fɔrist] *vb* beplante med skov.
affray [ə'frei] *sb* slagsmål, tumult; *shooting ~* skyderi, ildkamp.
affright [ə'frait] *vb* forskrække.
affront [ə'frʌnt] *vb* krænke, fornærme; *sb* krænkelse, fornærmelse.
afghan ['æfgæn] *sb (am)* slumretæppe.
Afghan ['æfgæn] *sb* afghaner; *adj* afghansk; *~ (hound)* afghansk mynde. **Afghanistan** [æf'gænistæn *el.* -sta:n].
aficionado [əfiʃiə'na:dəu] *sb* beundrer, tilhænger.
afield [ə'fi:ld] *adv* i *(el.* ud på) marken, i felten; *(far) ~* langt bort(e).
afire [ə'faiə] *adj, adv* i brand; *set ~* stikke i brand, sætte ild på.
aflame [ə'fleim] *adj: be ~* stå i lys lue; flamme; *be ~ with (ogs)* være optændt af.
afloat [ə'fləut] *adj, adv (mar)* flot; til søs; drivende om; *be ~* (om rygte) være i omløb; *keep ~ (ogs fig)* holde sig oven vande.
A. F. M. *fk Air Force Medal.*
A. F. (of) L. *fk American Federation of Labor.*
afoot [ə'fut] *adj, adv* til fods; i gang, på benene; *(fig)* på færde, i gære, under forberedelse.
afore [ə'fɔ:] *adv* foran.
afore-mentioned, afore-said *adj* førnævnte, bemeldte.
afraid [ə'freid] *adj* bange *(of* for); *~ for* ængstelig for, bekymret for *(fx I am ~ for his safety); I am ~ (ogs)* desværre, jeg beklager *(fx I am ~ I have not read your book).*
afresh [ə'freʃ] *adv* på ny, igen.
Africa ['æfrikə] Afrika.
African ['æfrikən] *adj* afrikansk; *sb* afrikaner; *~ mari-*

gold (bot) fløjlsblomst.

Afrikander [æfri'kændə] *sb* afrikander (hvid sydafrikaner).

Afro ['æfrəu] *sb* afrofrisure.

Afro-Asian ['æfrəu'eiʃn] *adj* afro-asiatisk.

aft [a:ft] *adj, adv* agter, agterlig, agterud.

after ['a:ftə] *præp, adv* efter; *conj* efter at *(fx I came ~ he had gone); adj* senere *(fx in ~ days);*

~ all når alt kommer til alt, alligevel, dog; jo (fx *~ all,* he is *only* a little *boy); in ~ times* senere hen; *what is he ~?* hvad er han ude efter? *it is ~ six* klokken er over seks; *they were ~ making coffee* (irsk) de havde lavet kaffe.

after|birth efterbyrd. **-care** *(med.)* efterbehandling; *(mht* kriminelle) efterværn. **-cost** senere udgift, *(fig)* efterveer. **-crop** efterhøst. **-damp** grubegas efter eksplosion i mine. ~ **-dinner speech** (svarer til) bordtale. **-effect** eftervirkning. **-glow** efterglød, aftenrøde. **-grass** eftergrøde på græsmark. **-image** *(psyk)* efterbillede. **-life** liv(et) efter døden; *in -life* senere i livet. **-math** ['a:ftəmæθ] efterslæt, *(fig ogs)* eftervirkning. **-most** agterst. **-noon** ['a:ftə'nu:n] eftermiddag; *this -noon* i eftermiddag, i eftermiddags; *-noon tea* eftermiddagste. **-pains** *pl* efterveer.

afters ['a:ftəz] *sb pl* T dessert.

after|shaft *zo* bifane. **-shave lotion** barbersprit. **-thought** senere tanke, eftertanke, noget man først bagefter tænker på; (om barn) efternøler. ~ **-treatment** efterbehandling. **-wards** ['a:ftəwədz] bagefter, senere. **-word** efterskrift.

again [ə'gen, ə'gein] *adv* igen, atter; på den anden side *(fx but then ~ he may be right);* desuden *(fx and ~, you must not forget that ...); as much ~* dobbelt så meget; *half as much ~* halvanden gang så meget; *~ and ~* den ene gang efter den anden, atter og atter; *now and ~* nu og da; *over ~* om igen; *ring ~* give genlyd, drøne; *what's that ~ ?* hvad skal nu det betyde?

against [ə'genst, ə'geinst] *præp* (i)mod; med henblik på *(fx buy preserves ~ the winter); over ~* lige overfor; sammenlignet med; *put a cross ~ sby's name* sætte kryds ved ens navn; *come (, run) up ~* støde på; komme ud for.

I. agape [ə'geip] *adj, adv* gabende, måbende.

II. agape ['ægəpi:] *sb* agape, det oldkristne kærlighedsmåltid.

agar-agar [a:'ga:a:'ga; 'eigə'eigə] *sb* agar-agar.

agaric ['ægərik] *sb (bot)* bladsvamp, paddehat.

agate ['ægət] *sb* agat (en smykkesten).

Agatha ['ægəθə].

agave [ə'geivi] *sb (bot)* agave.

agaze [ə'geiz] *adv* stirrende.

I. age [eidʒ] *sb* alder, alderstrin; alderdom; *(hist. etc)* tidsalder, tid *(fx the Age of Johnson, the Ice Age);* slægtled; generation; T lang tid, evighed;

at my ~ i min alder; *he is (of) my ~* han er på min alder; *be of ~* være myndig; *come of ~* blive myndig; *of an ~* lige gamle; *the present ~* nutiden; *it is -s since I saw him* jeg har ikke set ham i umindelige tider; *under ~* umyndig, mindreårig; *be your ~!* lad være med at opføre dig som et pattebarn!

II. age [eidʒ] *vb* blive gammel, ældes *(fx he had -d);* gøre ældre, få til at se ældre ud *(fx his beard -s him).*

I. aged [eidʒd] *adj: ~ twenty* 20 år gammel.

II. aged ['eidʒid] *adj* (meget) gammel *(fx an ~ man),* alderstegen; *(om ost)* modnet.

age group aldersklasse; årgang.

ageing ['eidʒiŋ] *sb* det at blive gammel, aldring; (om ost) modning; *adj* aldrende.

ageism ['eidʒizm] *sb* diskrimination mod ældre.

age|less *adj* tidløs. ~ **limit** aldersgrænse.

agency ['eidʒnsi] *sb* billetbureau; telegrambureau; regeringskontor, organ; *(merk)* agentur, bureau; (virken:) virksomhed, kraft, indvirkning *(fx through the ~ of water); through (el. by) his ~* ved hans mellemkomst, gennem ham.

agenda [ə'dʒendə] *sb* dagsorden.

agent [eidʒnt] *sb* agent, repræsentant; befuldmægtiget; *(land ~)* godsforvalter; (virkende) kraft; *(kem)* middel *(fx cleaning ~); he is a free ~* han er frit stillet; han er sin egen herre; *be the ~ of (ogs)* være årsagen til *(fx his success).*

I. agglomerate [ə'glɔməreit] *vb* bunke sig sammen; klumpe sammen.

II. agglomerate [ə'glɔmərət] *sb* agglomerat.

agglomeration [əglɔmə'reiʃn] *sb* agglomerering, sammendyngning; sammenhobning.

agglutinate [ə'glu:tineit] *vb* sammenlime; klæbe sammen.

agglutination [əglu:ti'neiʃn] *sb* sammenklæbning, agglutination. **agglutinative** [ə'glu:tinətiv] *adj* agglutinerende *(fx language).*

aggrandize [ə'grændaiz] *vb* forstørre, udvide; ophøje.

aggrandizement [ə'grændizmənt] *sb* forstørrelse, udvidelse; ophøjelse.

aggravate ['ægrəveit] *vb* forværre, skærpe; T ærgre, irritere. **aggravating** *adj* skærpende *(fx circumstances);* T ærgerlig, fortrædelig; irriterende. **aggravation** [ægrə'veiʃn] *sb* forværrelse; skærpelse; T ærgrelse, irritation; provokation; aggression.

I. aggregate ['ægrigət] *sb* totalsum; samlet masse; aggregat; (til beton) tilslag; *(geol) adj* samlet, total; *in the ~, on ~* alt i alt; sammenlagt.

II. aggregate ['ægrigeit] *vb* beløbe sig til; udgøre i alt *(fx the armies -d one million).*

aggregation [ægri'geiʃn] *sb* sammenhobning.

aggression [ə'greʃn] *sb* aggression; angreb.

aggressive [ə'gresiv] *adj* aggressiv, stridbar, udæskende, udfordrende; pågående. **aggressiveness** *sb* pågåenhed.

aggressor [ə'gresə] *sb* angriber, aggressor, (den) angribende part.

aggrieved [ə'gri:vd] *adj* forurettet, brøstholden.

aggro ['ægrəu] *sb* S ballade, optøjer, vold; provokation; aggression.

aghast [ə'ga:st] *adj* forfærdet.

agile ['ædʒail] *adj* rask, adræt, behændig, hurtig.

agility [ə'dʒiləti] *sb* raskhed, adræthed, behændighed, hurtighed.

Agincourt ['ædʒinkɔ:t] *(geogr, hist)* Azincourt.

aging = *ageing.*

agio ['ædʒiəu] *sb* opgæld, agio.

agiotage ['ædʒətidʒ] *sb* valutahandel; børsspekulationer.

agitate ['ædʒiteit] *vb* **1.** agitere, propagandere *(for* for); **2.** debattere, diskutere *(fx a question);* **3.** forurolige; gøre nervøs; ophidse; sætte i oprør; **4.** (om væske) sætte i bevægelse *(fx the wind -s the sea),* ryste.

agitated *adj* (om person) urolig, nervøs *(about* over); oprevet; ophidset.

agitation [ædʒi'teiʃn] *sb* agitation; bevægelse, uro, ophidselse; diskussion.

agitator ['ædʒiteitə] *sb* agitator; (i vaskemaskine) vaskestol.

aglet ['æglit] *sb* dup (på snor *etc).*

agley [ə'gli:] *adj* (på skotsk) skævt, galt.

aglow [ə'gləu] *adj, adv* glødende.

A.G.M. *fk annual general meeting.*

agnail ['ægneil] *sb* neglerod.

agnate ['ægneit] *adj* mandlig beslægtet på fædrene side; *sb* agnat.

Agnes ['ægnis].

agnostic [æg'nɔstik] *adj* agnostisk; *sb* agnostiker.

agnosticism [æg'nɔstisizm] *sb* agnosticisme.

ago [ə'gəu] *adv* for ... siden; *long* ~ for længe siden; *as long* ~ *as 1940* allerede i 1940.
agog [ə'gɔg] *adj, spændt (for* på).
agonize ['ægənaiz] *vb* pines, lide kval; pine; *-d* forpint, ~ *over* være pint af bekymring for; have store kvaler med.
agonizing *adj* pinefuld.
agony ['ægəni] *sb* kval, pine, smerte; dødskamp; *(fig)* heftig kamp; *an* ~ *of joy* voldsom glæde; *be in agonies of pain* lide frygtelige smerter. **Agony Column** (del af avis, hvor bekendtgørelser om savnede pårørende, private meddelelser, anmodninger om hjælp etc indrykkes; svarer omtrent til: „Personlige").
agoraphobia [ægərə'fəubiə] *sb* pladsangst.
agrarian [ə'grεəriən] *adj* agrarisk; landbrugs-.
agree [ə'gri:] *vb* stemme overens, passe sammen; være enig *(with* med; *in* om), blive enig *(on* om), enes; indvillige, samtykke *(to* i); godkende, godtage; ~ *on a day (ogs)* aftale en dag; *I think you will* ~ *that* jeg tror du vil give mig ret i at; ~ *to (ogs)* gå ind på; *let us* ~ *to differ* lad os være enige om at hver beholder sin mening; ~ *with (gram)* rette sig efter *(fx the verb -s with the subject in number); smoking does not* ~ *with him* han kan ikke tåle at ryge.
agree|able [ə'griəbl] *adj* behagelig; indforstået *(to* med). **-ably** [-əbli] *adv* behageligt; i overensstemmelse *(to* med).
agreement [ə'gri:ment] *sb* overensstemmelse; overenskomst, aftale; kontrakt; *come to an* ~ nå til en aftale, komme til en ordning.
agricultural [ægri'kʌltʃr(ə)l] *adj* landbrugs-.
agriculturalist [ægri'kʌltʃrəlist] *sb* landmand, landbruger.
agriculture ['ægrikʌltʃə] *sb* landbrug.
agriculturist [ægri'kʌltʃərist] *sb* landmand; landbruger.
agrimony ['ægriməni] *sb (bot)* agermåne.
agronomic [ægrə'nɔmik] *adj* agronomisk.
agronomics [ægrə'nɔmiks], **agronomy** [ə'grɔnəmi] *sb* agronomi, landbrugsvidenskab.
aground [ə'graund] *adj, adv* på grund.
ague ['eigju:] *sb* koldfeber; kuldegysning.
ah [a:] *interj* åh! ah! ak! **aha** [a:'ha:] *interj* aha!
ahead [ə'hed] *adv* foran, forude, forud; fremad; *go* ~ gå forud, gå fremad; gå i gang; (i sportskamp) tage føringen; *go* ~*!* af sted! klem på! gå videre! fortsæt! *look* ~ være forudseende; ~ *of* foran, forud for *(fx one's time);* ~ *of time* før tiden, for tidligt; *the years* ~ de kommende år.
ahem [m'm] *interj* hm!
ahoy [ə'hɔi] *interj* ohøj! halløj!
AID *(am) fk Agency for International Development; artificial insemination by donor.*
aid [eid] *vb* hjælpe, stå bi; *sb* hjælp, bistand; hjælpemiddel; (om person) hjælper; *what is that in* ~ *of?* hvad skal det gøre godt for?
aide [eid] *sb* medhjælper, assistent; medarbejder; (se også *aide-de-camp).*
aide-de-camp ['eiddə'ka:ŋ] *(pl aides-de-camp* ['eidzdə'ka:ŋ]) adjudant (hos kongen *el.* en general).
aide-memoire ['eidmem'wa:] *(pl aides-memoire* ['eidzmem'wa:]) aide-memoire, memorandum.
AIDS [eidz] *fk acquired immune deficiency syndrome.*
aid station *(mil.)* afdelingsforbindeplads.
aigrette ['eigret] *sb* hejre; hovedpynt af fjer, blomster eller ædelstene; esprit (på damehat).
aiguillette [eigwi'let] *sb* adjudantsnor.
ail [eil] *vb* skrante, være syg; *what ails you? (litt)* hvad fejler dig?
aileron ['eilərɔn] *sb (flyv)* balanceklap; ~ *lever* balanceklaparm.
ailing ['eiliŋ] *adj* skrantende, syg.
ailment ['eilmənt] *sb* sygdom, lidelse.
aim [eim] *vb* sigte *(at* på, til); tragte, stræbe *(at* efter); rette *(at* mod); *sb* sigte, mål, formål, hensigt; ~ *a stone at him* kaste en sten efter ham; *be -ed at* være møntet på; være beregnet for; ~ *to* stræbe efter at, tilstræbe at; have til formål at; *I* ~ *to do it* det er min hensigt at gøre det. **aimless** ['eimləs] *adj* formålsløs, planløs.
ain't [eint] T for *am not, vulg* for *is not, are not, has not, have not.*
I. air [εə] *sb* luft, luftning, brise *(fx a light* ~*); vb* udlufte *(fx a room);* lufte *(fx a mattress, the dog); (fig)* lufte *(fx one's opinions),* komme med, diske op med *(fx theories),* vigte sig med; give luft *(fx a grievance); adj* flyver- *(fx officer);* flyve- *(fx* ~ *trip* flyvetur);
it would be beating the ~ det ville være et slag i luften; *go* **by** ~ rejse med flyvemaskine; **get** *the* ~ S blive afskediget *(el* hældt ud); blive afvist; **give** *him the* ~ S afskedige ham, hælde ham ud; give ham løbepas; *my plans are still* **in the** ~ mine planer er endnu svævende; *castles in the* ~ luftkasteller; *walk (el. tread)* **on** ~ svæve på en lyserød sky; *go* **on the** ~ begynde at sende; blive udsendt i radio *el.* TV, komme 'på; **take** *the* ~ trække frisk luft; T fordufte; *go* **up in the** ~ flyve i flint.
II. air [εə] *sb* melodi.
III. air [εə] *sb* mine *(fx an* ~ *of triumph* en triumferende mine; *an* ~ *of innocence* en uskyldig mine), udseende; *airs (and graces)* vigtighed, affektation, skaberi, krukkeri; *give oneself airs, put on airs* gøre sig vigtig, skabe sig, gøre sig 'til, sætte sig på den høje hest, være fin på det.
air| activity flyvevirksomhed. ~ **attack** luftangreb. ~ **base** luftbase. ~ **bed** luftmadras. ~ **bladder** luftblære, svømmeblære. **-borne** luftbåren; *become -borne* lette; *they were soon -borne* de kom hurtigt på vingerne. ~ **brake** trykluftbremse; *(flyv)* luftbremse. **-brush** luftpensel, sprøjtepistol; *(fot)* retouchepistol. ~ **bubble** luftboble, luftblære. ~ **chamber** *zo* luftkammer; (i pumpe) vindkedel.
air chief marshal (i *R.A.F. omtr)* general.
air|cock lufthane. ~ **combat** luftkamp. ~ **commodore** (i *R.A.F. omtr)* generalmajor. ~ **compressor** luftkompressor. ~ **condenser** luftkondensator. ~ **conditioned** luftkonditioneret. ~ **conditioner** apparat til luftkonditionering. ~ **conditioning** luftkonditionering. ~ **-cooled** luftkølet. ~ **cooling** luftkøling. ~ **cover** flyverbeskyttelse.
aircraft ['εəkra:ft] *sb (pl d s)* flyvemaskine, luftfartøj.
aircraft| carrier hangarskib. ~ **engine** flyvemotor. ~ **engineer** flyvemekaniker. **-man** menig i flyvevåbnet. ~ **radio operator** flyvetelegrafist.
air| crash flyveulykke, flystyrt. **-crew** fly(vemaskine)besætning. ~ **current** luftstrøm. ~ **cushion** luftpude. ~ **defence** luftforsvar. ~ **-dried** lufttørret. **-drome** (især *am)* flyveplads. ~ **duct** luftkanal.
Airedale ['εədeil] airedaleterrier.
air|field flyveplads. ~ **filter** luftfilter. ~ **force** luftstyrke, luftvåben. ~ **force officer** flyveofficer. **-frame** flyskrog. ~ **gun** luftbøsse. ~ **gunner** skytte i flyvemaskine. ~ **hardening** lufthærdning. ~ **heater** luftforvarmer. ~ **hole** lufthul. ~ **hostess** stewardess. ~ **house** boblehal.
airily ['εərili] *adv* luftigt; let, flot, henkastet, ligegyldigt.
airing ['εəriŋ] *sb* udluftning *(fx give the room an* ~*); take an* ~ få lidt frisk luft (ɔ: gå en tur); *give one's views an* ~ lufte sine synspunkter.
air|lane luftrute. **-less** *adj* indestængt, beklumret; *(tekn)* uden lufttilsætning. ~ **letter** aerogram. **-lift** *sb* luftbro; *vb* transportere via en luftbro. **-line** luftrute; flyveselskab; *(am)* fugleflugtslinie. **-line hostess** stewardesse. **-liner** ruteflyver, rutemaskine. ~ **lock** luftsluse; (blokering:) luftsæk. **-mail** luftpost. **-mail pilot**

postflyver.
airman ['ɛəmæn] *sb* flyver; *(am)* menig i flyvevåbnet.
air | marshal (i *R.A.F. omtr)* generalløjtnant. ~ **mechanic** flyvemekaniker. **-minded** *adj* flyveinteresseret.
Air Ministry luftfartsministerium.
air|pipe luftrør, aftræksrør. ~ **piracy** flybortførelse(r). **-plane** *(am)* flyvemaskine, fly. ~ **pocket** lufthul. **-port** lufthavn. ~ **pump** luftpumpe. ~ **raid** luftangreb. ~ **-raid alarm** flyvervarsling. ~ **-raid precaution** luftbeskyttelse. ~ **-raid shelter** beskyttelsesrum, tilflugtsrum. ~ **-raid warden** *(omtr)* husvagt. ~ **-raid warning** flyvervarsling. ~ **route** luftrute. **-screw** propel. ~ **shaft** luftskakt, ventilationsskakt. **-ship** luftskib. **-sickness** luftsyge. ~ **sleeve** vindpose. ~ **sluice** luftsluse. ~ **sock** vindpose. ~ **space** luftrum. **-speed** *(flyv)* egenfart, flyvehastighed. **-speed indicator** *(flyv)* fartmåler, hastighedsmåler. ~ **strike** *(mil.)* luftangreb, bombardement. **-strip** provisorisk start- og landingsbane. ~ **supply** lufttilførsel. ~ **support** flyverstøtte. ~ **surveying** kortlægning fra luften. **-tight** lufttæt; *(fig)* sikker, vandtæt *(fx alibi)*.
air-to-air missile luft-til-luft-raket (der udskydes fra fly mod mål i luften).
air-to-ground missile luft-til-jord-raket (der udskydes fra fly mod mål på jorden).
air| traffic lufttrafik. ~ **traffic control** flyveledelse. ~ **traffic controller** flyveleder. ~ **train** motorfly med svævefly på slæb. ~ **umbrella** luftparaply (flyverbeskyttelse). ~ **valve** luftventil. ~ **vice marshal** (i *R.A.F. omtr)* generalmajor. **-way** luftrute; (i mine) ventilationsskakt; *-ways pl (fysiol)* luftveje. **-way beacon** luftrutefyr. **-woman** kvindelig flyver. **-worthy** *adj (flyv)* luftdygtig.
airy ['ɛəri] *adj* luftig; let *(fx tread)*; sorgløs, letsindig, flot, nonchalant; T affekteret, vigtig; ~ *notions* fantastiske ideer. **airy-fairy** ['ɛəri'fɛəri] *adj* **1.** fantastisk, virkeligshedsfjern; fritsvævende; **2.** spinkel, fnuglet.
aisle [ail] *sb (arkit)* sideskib (i en kirke); midtergang; *(am)* (midter)gang (i teater, bus, jernbanekupé).
aitch [eitʃ] (bogstavet) h; *drop one's aitches* undlade at udtale h i begyndelsen af ord, tale udannet.
aitchbone ['eitʃbəun] *sb* halestykke.
Aix-la-Chapelle ['eiksla:ʃæ'pel] Aachen.
ajar [ə'dʒa:] *adv* på klem.
Ak. *fk Alaska.*
a.k.a. *fk also known as* alias.
akimbo [ə'kimbəu] *adv: with arms* ~ med hænderne i siden.
akin [ə'kin] *adj* beslægtet *(to* med).
Al., Ala. *fk* **Alabama** [ælə'bæmə].
alabaster ['æləba:stə] *sb* alabast; *adj* alabasthvid, alabastfarvet.
alack [ə'læk] *interj* ak!
alacrity [ə'lækriti] *sb* beredvillighed, raskhed.
alarm [ə'la:m] *sb* alarm; skræk, angst; uro, bekymring; vækker (i et ur), vækkeur; *vb* alarmere; forurolige, ængste, forskrække, opskræmme; *-s and excursions* larm og spektakel; hurlumhej; *give the* ~ slå alarm; gøre anskrig; *take* ~ blive opskræmt. **alarm clock** vækkeur.
alarming [ə'la:miŋ] *adj* alarmerende, urovækkende, foruroligende.
alarmist [ə'la:mist] *sb* ulykkesprofet, sortseer.
alarum *(glds)*, se *alarm.*
alas [ə'læs; ə'la:s] *interj* ak; desværre.
Alaska [ə'læskə].
alate ['eileit] *adj* vinget.
alb [ælb] *sb (rel)* messeskjorte, messesærk.
Albania [æl'beinjə] Albanien.
Albanian *sb* albaner; albansk; *adj* albansk.
Albany ['ɔ:lbəni].
albatross ['ælbətrɔs] *sb* albatros.
Albee ['ɔ:lbi:, 'ælbi:].
albeit [ɔ:l'bi:it] *adv (litt)* endskønt, ihvorvel, omend.
I. Albert ['ælbət].
II. albert ['ælbət] *sb* kort urkæde.
albinism ['ælbinizm] *sb* albinisme.
albino [æl'bi:nəu] *sb* albino.
Albion ['ælbjən] Albion *(poet:* England).
album ['ælbəm] *sb* album.
albumen ['ælbjumin] *sb* æggehvide, albumen.
albumin ['ælbjumin] *sb* albumin, æggehvidestof.
albuminous [æl'bju:minəs] *adj* æggehvidestofholdig.
albuminuria [ælbjumin'juəriə] *sb (med)* albuminuri, æggehvide i urinen.
alburnum [æl'bə:nəm] *sb* splint *(mods* kerneved).
alchemic(al) [æl'kemik(l)] *adj* alkymistisk.
alchemist ['ælkimist] *sb* alkymist, guldmager.
alchemy ['ælkimi] *sb* alkymi, guldmageri.
alcohol ['ælkəhɔl] *sb* alkohol.
alcoholic [ælkə'hɔlik] *adj* alkoholisk, alkoholholdig; *sb* alkoholiker. **alcoholism** ['ælkəhɔlizm] *sb* alkoholisme.
alcoholometer [ælkəhɔ'lɔmitə] *sb* alkoholometer, brændevinsprøver.
alcove ['ælkəuv] *sb* niche, alkove; *(bibl)* reolniche, køje; (i have) lysthus.
aldehyde ['ældihaid] *sb* aldehyd.
alder ['ɔ:ldə] *sb* el, elletræ; *common* ~ rødel.
alder buckthorn tørstetræ.
alderman ['ɔ:ldəmən] *sb* (i England: *County Council* eller *City Council* medlem som vælges for en længere årrække eller for livstid); (i *City of London, omtr)* rådmand; *(am)* byrådsmedlem.
Aldermaston ['ɔ:ldəma:stən].
Aldershot ['ɔ:ldəʃɔt].
Aldous ['ɔ:ldəs; 'ældəs].
ale [eil] *sb* øl.
aleatory ['eiliətəri] *adj* tilfældig; præget af tilfældigheder.
aleck ['ælik] *sb: smart* ~ indbildsk fyr, vigtigpeter, blære; *he is a smart* ~ (også:) han er så pokkers klog.
alee [ə'li:] *adv (mar)* i læ.
alert [ə'lə:t] *adj* rask, årvågen; *sb* luftalarm, flyvervarsling; *(mil.)* beredskab; *vb* sætte i alarmberedskab, alarmere, varsko; gøre opmærksom (på); *reinforced* ~ forhøjet beredskab; *simple* ~ almindeligt beredskab; *on the* ~ årvågen, på sin post.
Aleutian [ə'lu:ʃn] *adj: the* ~ *Islands* Aleuterne.
alevin ['ælivin] *sb zo* laksyngel.
alexandrine [ælig'zændrain] *sb* alexandriner.
alfa ['ælfə]: ~ *grass (bot)* espartogræs.
alfalfa [æl'fælfə] *sb (bot)* lucerne.
alfilaria [ælfilə'riə] *sb (bot) (am)* hejrenæb.
alfresco [æl'freskou] *adv* i fri luft.
alga ['ælgə] *sb (pl algae* ['ældʒi:]) *sb (bot)* alge.
algebra ['ældʒibrə] *sb* aritmetik; algebra.
algebraic [ældʒi'breiik] *adj* algebraisk *(fx equation)*.
Algeria [æl'dʒiəriə] Algeriet.
Algiers [æl'dʒiəz] Algier.
alias ['eiliæs] *adv* alias, også kaldet; *sb* påtaget navn; dæknavn.
alibi ['ælibai] *sb* alibi; T undskyldning *(fx what is your* ~ *for being late)*; *establish an* ~ skaffe sig et alibi.
Alice ['ælis]. **Alice band** hårbånd.
alien ['eiljən] *adj* fremmed *(to* for); udenlandsk; *sb* udlænding.
alienable ['eiljənəbl] *adj* afhændelig.
alienate ['eiljəneit] *vb* afhænde, overdrage; (om person) fjerne, støde fra sig; fremmedgøre; gøre fremmed *(from* for); ~ *him from (ogs)* stemme ham ugunstigt *(el.* fjendtligt) til.
alienation [eiljə'neiʃn] *sb* afhændelse; overdragelse; fremmedgørelse; *(mental* ~*)* sindsforvirring.

alienist ['eiljənist] *sb* psykiater; retspsykiater.

I. alight [ə'lait] *vb* stige ned, stige af (hesten), stige ud (af vognen); ~ *on* dale ned på, (om fugl) sætte sig på *(fx a twig)*.

II. alight [ə'lait] *adj* oplyst, antændt; *be ~ with* stråle af.

align [ə'lain] *vb* opstille på linie; stille (sig) op på linie; ~ *(oneself) with them* stille sig på deres side, slutte sig til dem.

alignment [ə'lainmənt] *sb* opstilling på linie; *(tekn)* opretning; (af hjul) sporing; *(fig)* gruppering *(fx the ~ of the European powers)*; tilhørsforhold; *cut across party -s* gå på tværs af partilinjerne; *in ~ with* på linie med; *out of ~* ikke på linie.

alike [ə'laik] *adv* på samme måde, ens, i samme grad, lige (meget).

aliment ['ælimənt] *sb* næring, føde. **alimentary** [æli'mentri] *adj* nærings-; ~ *canal* fordøjelseskanal.

alimentation [ælimen'teiʃn] *sb* næring.

alimony ['æliməni] *sb* underholdsbidrag (til fraskilt hustru).

alive [ə'laiv] *adj* i live, levende; *(fig)* livlig, fuld af liv; virksom; *be ~ to* være klar over, være opmærksom på *(fx a problem)*; *be ~ with* vrimle af, myldre med; *look ~!* skynd dig!

alkali ['ælkəlai] *sb (kem)* alkali.

alkaline ['ælkəlain] *adj* alkalisk.

alkaloid ['ælkəlɔid] *sb* alkaloid.

alky ['ælki] *sb (am S)* alkoholiker.

all [ɔ:l] al, alle, alt; hele *(fx all the time)*; det hele *(fx is that all?)*; helt *(fx he is all alone)*; lutter *(fx she is all ears)*; (i sport) a *(fx 15 ~* a 15);

tell him what it is all **about** fortælle ham hvad det drejer sig om *(el.* går ud på); **above** *all* fremfor alt; **after** *all* alligevel, dog, når alt kommer til alt; **and** *all* og det hele; *one and all* alle som en; **at** *all* i det hele taget, overhovedet *(fx if you go there at all)*; *not at all* slet ikke *(fx I don't know at all)*; å jeg be'r; *nothing at all* intet som helst; *all at once* lige på én gang; *all* **but** næsten *(fx I am all but certain of it)*; *I am all* **for** *staying* jeg synes absolut vi skal blive; jeg vil allerhelst blive;

all **in** alt iberegnet *(fx the prices quoted are all in)*; T udmattet, dødtræt; *in all* i alt *(fx I spent £2 in all)*; *all in all* alt i alt *(fx all in all he is a nice fellow)*; *she was all in all to him* hun var hans et og alt; *lose one's all* miste alt hvad man ejer og har; *all* **of** *it* det hele; *all of us* vi alle; *all of (am)* hele *(fx all of two million dollars)*; *it is all one* det kommer ud på et; *all* **out** i fuld fart *(fx the boat is going all out)*; for fuld kraft; (i kricket) (efter at) alle 10 gærder er tabt; *go all out for* T gå 100% ind for; *go all out to* sætte alt ind på at; *all* **over** forbi *(fx it is all over with him)*; over det hele; alle vegne; helt igennem; *he is his father ~ over* han er faderen op ad dage; *he was trembling all over* han rystede over hele kroppen; *all over the world* over hele verden; *it is you all over* hvor det ligner dig; *she is all over him* S hun er helt væk i ham;

all **right!** all right! godt! meget vel! ja ja da! for mig gerne! så er det en aftale! *be all right* være i orden, være rigtig; (om person) være helt rigtig; have det godt; *I am all right* (efter et fald *etc*) jeg er ikke kommet noget til; *it is all right with me* for mig gerne; *all round,* se *all-round; all the* **same** alligevel; *it is all the same* det er et og det samme; *it is all the same to me* det er mig ligegyldigt; *all* **set** *(am* T) fiks og færdig, startfærdig; *all* **that** alt hvad (der) *(fx all that is mine is yours)*; alt det; *it was not so bad as all that* så slemt var det nu heller ikke; *all* **the** *better (, worse)* så meget desto bedre (, værre); *he is all* **there** T han er vaks; *he is not all there* T han er ikke rigtig vel forvaret; *all* **too** *fast* altfor hurtigt; *it is all* **up** *with him* han er færdig, det er ude med ham; *all up weight* totalvægt, samlet vægt.

all- (forstavelse) som kun består af *(fx an ~-figure telephone number)*, ren *(fx an ~-girls school; ~-wool)*.

Allah ['ælə] Allah, Gud.

allay [ə'lei] *vb* lindre, dulme *(fx the pain)*; dæmpe *(fx his anger)*; ~ *their fears* berolige dem.

all clear, All Clear afblæsning af flyvervarsel, afvarsling; *sound the ~* afblæse flyvervarsel; *(fig)* afblæse en konflikt *etc*

allegation [æli'geiʃn] *sb* påstand.

allege [ə'ledʒ] *vb* påberåbe sig, anføre; hævde, påstå.

alleged [ə'ledʒd] *adj* påstået *(fx the ~ crime)*.

allegedly [ə'ledʒidli] *adv* angiveligt.

Allegheny ['æligeni]: *the ~ Mountains* Allegheny-bjergene.

allegiance [ə'li:dʒns] *sb* troskab, lydighed.

allegoric(al) [æli'gɔrik(l)] *adj* allegorisk.

allegorize ['æligəraiz] *vb* forklare *el* fremstille allegorisk; allegorisere. **allegory** ['æligəri] *sb* allegori.

allegro [ə'leigrəu] allegro.

alleluia [æli'lu:jə] halleluja.

all-embracing *adj* altfavnende, altomfattende.

allergic [ə'lə:dʒik] *adj* allergisk *(to* over for); *be ~ to* T ikke kunne fordrage.

allergy ['ælədʒi] *sb* allergi.

alleviate [ə'li:vieit] *vb* lette, lindre.

alleviation [əli:vi'eiʃn] *sb* lettelse, lindring.

alley ['æli] *sb* gyde, stræde; havegang mellem træer *el* buske; keglebane; *that is up his ~ (fig)* det er lige noget for ham.

alleyway ['æliwei] *sb* gang, passage.

All Fools' Day 1. april.

alliance [ə'laiəns] *sb* forbund, forbindelse, alliance; giftermål; slægtskab, svogerskab.

allied [ə'laid] *pp* forbundet, allieret, beslægtet *(to* med); ['ælaid] *adj* allieret *(fx Allied Nations)*.

alligator ['æligeitə] *sb zo* alligator.

alligator| pear *(bot)* alligatorpære, advokatpære. **~ tortoise** alligatorskildpadde.

all-important *adj* af den største vigtighed.

all-in ['ɔ:l'in] *adj* alt indbefattet *(fx all-in price)*; T udmattet, dødtræt.

all-in wrestling fribrydning.

allis shad ['ælis'ʃæd] *zo* stamsild.

alliteration [əlitə'reiʃn] *sb* allitteration, bogstavrim.

all-mains receiver (radio) universalmodtager.

all-nighter T natkafé.

allocate ['æləkeit] *vb* tildele; fordele.

allocation [ælə'keiʃn] *sb* tildeling; fordeling.

allocution [ælə'kju:ʃn] *sb* tale, henvendelse.

allodium [ə'ləudjəm] *sb (hist)* allodium, fri ejendom.

allot [ə'lɔt] *vb* tildele, uddele, skænke. **allotment** *sb* tildeling; del; lod, tilskikkelse; jordlod, kolonihave.

all-out ['ɔ:l'aut] *adj* fuldstændig, gennemført, total; ubetinget *(fx support)*; *make an ~ effort to* anstrenge sig af alle kræfter for at; (se også *all (out)*).

allow [ə'lau] *vb* **1.** tillade *(fx smoking is not -ed)*; lade *(fx ~ them to pass)*; **2.** lade få, give *(fx ~ him credit; ~ him £25 for expenses)*; give frist *(fx ~ him until Thursday)*; **3.** beregne, regne med *(fx ~ an hour for changing trains)*; trække fra *(fx ~ 5 per cent for cash payment)*;

be -ed have lov til, få lov til *(fx he was -ed to go)*; få lov til at komme ind, få adgang; ~ **for** tage hensyn til, tage i betragtning, regne med; *-ing for (ogs)* når man tager hensyn til, når man medregner (, fraregner); ~ **me!** lad mig! må jeg (hjælpe Dem)? ~ **of** tillade.

allowable [ə'lauəbl] *adj* tilladelig; tilladt; retmæssig.

allowance [ə'lauəns] *sb* ration, portion, tildeling; tilskud *(fx child ~)*, -penge *(fx housekeeping ~, daily ~, weekly ~)*, godtgørelse, tillæg *(fx uniform ~)*; fradrag, *(merk ogs)* dekort, rabat; (i sport *omtr)* handicap; forspring; *make ~ for* tage hensyn til, tage i betragtning; regne med.

alloy ['ælɔi] *sb* legering, blanding, tilsætning; *vb* [ə'lɔi] blande, legere; *(fig)* gøre skår i, forringe.
all-round *adj* alsidig, dygtig på alle områder.
All Saints' Day allehelgensdag, 1. november.
all-seed ['ɔ:lsi:d] *sb (bot)* tusindfrø.
allspice ['ɔ:lspais] *sb (bot)* allehånde.
all-time *adj* T enestående, alle tiders.
allude [ə'lu:d] *vb* hentyde, alludere *(to* til).
allure [ə'ljuə] *vb* lokke; forlokke; *sb* tiltrækning, charme. **allurement** *sb* tillokkelse; lokkemiddel.
allusion [ə'lu:ʒn] *sb* hentydning, allusion; *make ~ to* hentyde til, komme med hentydninger til.
allusive [ə'lu:siv] *adj* fuld af hentydninger.
alluvial [ə'lu:vjəl] *adj* alluvial.
alluvium [ə'lu:vjəm] *sb* alluvialdannelse, alluvium.
all-weather *adj* som kan bruges under alle vejrforhold; *~ fighter (flyv)* altvejrsjager.
all-welded *adj* helsvejst.
I. ally ['ælai] *sb* forbundsfælle, allieret.
II. ally [ə'lai] *vb* forbinde, forene *(to, with* med); *~ (oneself) with (ogs)* alliere sig med; *allied to (ogs)* beslægtet med.
almanac(k) ['ɔ:lmənæk] *sb* almanak; årbog.
almighty [ɔ:l'maiti] *adj* almægtig; S mægtig, gevaldig; *sb: the Almighty* den almægtige (Gud).
almond ['a:mənd] *sb* mandel.
almond paste mandelmasse, marcipanmasse.
almoner ['a:mənə] *sb (hist.)* almisseuddeler; *(glds)* socialrådgiver knyttet til et hospital.
almost ['ɔ:lməust] *adv* næsten.
alms [a:mz] *sb (pl d.s.)* almisse.
almshouse ['a:mzhaus] *sb* stiftelse (for fattige gamle).
aloe ['æləu] *sb (bot)* aloe.
aloetic [æləu'etik] *adj* aloeholdig.
aloft [ə'lɔft] *adv, adj* højt, i vejret; til vejrs; *go ~ (mar)* gå til vejrs, gå til tops.
alone [ə'ləun] *adj, adv* alene, ene; *all ~* ganske alene; *we are not ~ in thinking that* vi er ikke de eneste der mener det; (se også *II. let, II. leave).*
along [ə'lɔŋ] *præp* langs, langs med, ned ad, op ad, hen ad; *adv* af sted, frem; med *(fx take him ~); all ~* hele tiden *(fx I knew it all ~); ~ of* T på grund af, desformedelst; *~ with* sammen med, med; (se også *come, get, go).*
alongside [ə'lɔŋ'said] *præp* ved siden af, langs; *adv* side om side *(of* med); langs *(el* ved) siden *(of* af); *come (el go) ~ (mar)* lægge til.
aloof [ə'lu:f] *adv* på afstand, langt borte; *(fig)* reservert, fjern; *stand ~* holde sig på afstand; holde sig udenfor; *stand ~ from* holde sig uden for.
aloud [ə'laud] *adv* højt; *read ~* læse højt.
alp [ælp] *sb* bjerg; alpegræsgang; *the Alps* Alperne.
alpaca [æl'pækə] *sb* alpaka (slags uld(stof)).
alphabet ['ælfəbet] *sb* alfabet; *(fig)* begyndelsesgrunde.
alphabetic(al) [ælfə'betik(l)] *adj* alfabetisk.
alphabetize ['ælfəbətaiz] *vb* alfabetisere, sætte i alfabetisk orden.
alpha| plus af højeste kvalitet. *~* **rays** *(fys)* alfastråler.
Alpine ['ælpain] *adj* alpe-, alpin *(fx flora); ~ swift (zo)* alpesejler.
alpinist ['ælpinist] *sb* bjergbestiger.
already [ɔ:l'redi] *adv* allerede.
Alsace ['ælsæs] Elsass; Alsace.
Alsatian [æl'seiʃn] *sb* schæferhund; indbygger i Elsass.
also ['ɔ:lsəu] *adv* også. **also-ran** *sb* hest (, konkurrencedeltager) der ikke blev placeret; *(fig)* ubetydelighed, nul.
alt. *fk alternate; altitude.*
altar ['ɔ:ltə] *sb* alter. **altar| cloth** alterdug. **-piece** altertavle. *~* **rail** alterskranke, knæfald.
alter ['ɔ:ltə] *vb* forandre, (om tøj) sy om; forandre sig.
alterable ['ɔ:lt(ə)rəbl] *adj* foranderlig.
alteration [ɔ:ltə'reiʃn] *sb* forandring.
altercate ['ɔ:ltəkeit] *vb* trættes, skændes.
altercation [ɔ:ltə'keiʃn] *sb* trætte, skænderi.
I. alternate ['ɔ:ltəneit] *vb* skifte, veksle, afveksle; lade veksle, skifte mellem *(fx ~ pipe and cigar);* skiftes.
II. alternate [ɔ:l'tə:nət] *adj* vekslende; *(bot)* (om bladstilling) afvekslende; *sb (am)* suppleant; *on ~ nights* hveranden aften.
alternately [ɔ:l'tə:nətli] *adv* skiftevis.
alternating current vekselstrøm.
alternation [ɔ:ltə'neiʃn] *sb* omskiftning, skiften; *~ of generations* generationsskifte.
alternative [ɔ:l'tə:nətiv] *adj* alternativ; *sb* alternativ, valg mellem to muligheder; anden mulighed *(fx that was bad, but the ~ was worse); there was no ~ left to us* vi havde nu ingen anden udvej; *in the ~* subsidiært.
alternator ['ɔ:ltəneitə] *sb* vekselstrømsgenerator.
although [ɔ:l'ðəu] *conj* selv om, skønt.
altimeter ['æltimi:tə] *sb* højdemåler.
altitude ['æltitju:d] *sb* højde.
alto ['æltəu] *sb* alt(stemme), altsanger.
altogether [ɔ(:)ltə'geðə] *adv* aldeles, ganske; i det hele taget, alt i alt; *in the ~* (let *glds)* splitternøgen, i adamskostume.
alto-relievo [æltəuri'li:vəu] *sb* haut-relief.
altruism ['æltruizm] *sb* altruisme, uegennytte.
altruist ['æltruist] *sb* altruist.
altruistic [æltru'istik] *adj* altruistisk, uegennyttig.
alum ['æləm] *sb* alun.
aluminium [ælju'minjəm] *sb* aluminium.
aluminum [ə'lu:minəm] *sb (am)* aluminium.
alumn|us [ə'lʌmnəs] *sb (pl -i* [-ai]) *sb (am)* gammel elev, kandidat.
alveolus [æl'viələs] *sb* tandhule (i kæbebenet); bicelle.
always ['ɔ:lweiz; 'ɔ:lwəz] *adv* altid, stedse, stadig.
am [(ə)m, (betonet:) æm] (1. person *sg præs af be)* (jeg) er.
A.M. ['ei'em] *fk anno mundi* (i året ...) efter verdens skabelse; **AM** (radio:) *amplitude modulation.*
a.m. ['ei'em] *fk ante meridiem* ['ænti mi'ridjəm] om morgenen, før middag, om formiddagen.
amadou ['æmədu:] *sb* fyrsvamp.
amah ['a:mə] *sb* (i østen) barnepige.
amain [ə'mein] *adv* af alle kræfter, af al magt.
amalgam [ə'mælgəm] *sb* amalgam.
amalgamate [ə'mælgəmeit] *vb* amalgamere, sammenslutte; smelte sammen; amalgamere sig, slutte sig sammen. **amalgamation** [əmælgə'meiʃn] *sb* amalgamering, sammenslutning, sammensmeltning.
amanita [æmə'naitə] *sb (bot)* fluesvamp.
amanuens|is [əmænju'ensis] *sb (pl -es* [-i:z]) privatsekretær, amanuensis.
amaranth ['æmərænθ] *sb (bot)* amarant; uvisnelig blomst.
amass [ə'mæs] *vb* sammendynge, samle.
amateur ['æmətə:] *sb* amatør; *(neds ogs)* dilettant, fusker.
amateurish [æmə'tə:riʃ] *adj* amatøragtig, dilettantisk.
amatory ['æmətri] *adj* erotisk, elskovs-.
amaze [ə'meiz] *vb* forbavse, forbløffe.
amazement [ə'meizmənt] *sb* forbavselse, forbløffelse.
Amazon ['æməzn] *sb* amazone; *the ~* Amazonfloden.
ambassador [æm'bæsədə] *sb* ambassadør.
ambassadorship *sb* ambassadørpost.
amber ['æmbə] *sb* rav; (om farve) ravgult; gyldenbrunt; (om trafiklys) gult.
ambergris ['æmbəgri:s] *sb* ambra.
ambidextrous [æmbi'dekstrəs] *adj* ambidekstral, lige god til at bruge højre og venstre hånd.
ambience ['æmbiəns *el. fr]* sb omgivelser; atmosfære.

ambient ['æmbiənt] *adj* omgivende, omsluttende.
ambiguity [æmbi'gjuiti] *sb* flertydighed.
ambiguous [æm'bigjuəs] *adj* flertydig, dunkel.
ambiophony [æmbi'ɔfəni] *sb* ambiofoni, 4-dimensional stereofoni.
ambit ['æmbit] *sb* omkreds, område.
ambition [æm'biʃn] *sb* ambition, ærgerrighed; mål.
ambitious [æm'biʃəs] *adj* fremadstræbende, ærgerrig; begærlig *(of* efter).
ambivalence ['æmbi'veiləns, æm'bivələns] *sb* ambivalens.
ambivalent ['æmbi'veilənt, æm'bivələnt] *adj* ambivalent.
amble [æmbl] *vb* gå, slentre; (om hest) gå i pasgang; *sb* slentren; (om heste) pasgang.
ambrosia [æm'brəuziə] *sb (myt)* ambrosia, gudernes føde; *(fig)* guddommeligt lækkeri; *(am)* dessert af appelsiner og reven kokos.
ambulance ['æmbjuləns] *sb* ambulance.
ambulatory ['æmbjulətri] *adj* (om)vandrende; bevægelig; ambulant; *(om patient)* oppegående.
ambuscade [æmbə'skeid] se *ambush.*
ambush ['æmbuʃ] *sb* baghold, bagholdsoverfald, bagholdsangreb; *vb* ligge i baghold, lægge i baghold; *fall into an* ~ falde i baghold; ~ *sby* lokke én i baghold, angribe én fra baghold.
ameliorate [ə'mi:ljəreit] *vb* forbedre; blive bedre.
amelioration [əmi:ljə'reiʃn] *sb* forbedring.
amen ['eimen; *(rel)* 'a:'men] *interj* amen.
amenability [əmi:nə'biləti] *sb* medgørlighed *(etc,* se *amenable).*
amenable [ə'mi:nəbl] *adj* medgørlig, føjelig, lydhør; ~ *to* ansvarlig over for *(fx the laws);* underkastet *(fx their control);* modtagelig for, tilgængelig for *(fx reason* fornuft).
amend [ə'mend] *vb* rette, forbedre; ændre; blive bedre, forbedre sig.
amendment [ə'mendmənt] *sb* rettelse, forbedring; ændring; *(mht* lov *ogs)* ændringsforslag; lovændring; tillæg; *(am ogs)* forfatningsændring; *move an* ~ stille et ændringsforslag.
amends [ə'mendz] *sb: make* ~ give erstatning (, oprejsning); *make* ~ *for* gøre godt igen.
amenity [ə'mi:niti] *sb* behagelighed; elskværdighed; *amenities pl* bekvemmeligheder; behageligheder *(fx the amenities of town life),* goder; faciliteter; naturværdier, naturskønheder; høfligheder, formaliteter.
amenity group miljøgruppe.
amerce [ə'mə:s] *vb* idømme en bøde, mulktere; straffe.
America [ə'merikə] Amerika.
American [ə'merikən] *adj* amerikansk; *sb* amerikaner(inde); ~ *football* amerikansk fodbold (rugby-lignende spil); ~ *organ* harmonium (med sugebælg); *the* ~ *Revolution* Den amerikanske Frihedskrig.
Americanism [ə'merikənizm] *sb* amerikanisme, amerikansk udtryk (, skik).
americanize [ə'merikənaiz] *vb* amerikanisere.
Amerindian [æmə'rindjən] *sb* (amerikansk) indianer; *adj* indiansk.
amethyst ['æmiθist] *sb* ametyst (en smykkesten).
amiability [eimjə'biləti] *sb* elskværdighed.
amiable ['eimjəbl] *adj* elskværdig.
amicable ['æmikəbl] *adj* venskabelig; fredelig. **amicably** *adv* i mindelighed; *settle* ~ afgøre i mindelighed.
amid [ə'mid] *præp* midt iblandt, under.
amide ['æmaid] *sb (kem)* amid.
amidships [ə'midʃips] *adv* midtskibs.
amidst [ə'midst] *præp* midt iblandt, under.
amino ['æminəu]: ~ *acid* aminosyre.
amir [ə'miə] *sb* emir.
amiss [ə'mis] *adj, adv* urigtigt, forkert, galt; *come* ~ være ubelejligt; gå galt; *it would not be (el come)* ~ det ville ikke være af vejen *(el.* ilde); *nothing came* ~ *to him* han var parat til *(el* med på) alt; *there's something* ~ der er noget i vejen; *take* ~ tage ilde op.
amity ['æmiti] *sb* venskab.
ammeter ['æmitə] *sb* amperemeter.
ammo ['æməu] *sb (mil.)* S ammunition.
ammonia [ə'məunjə] *sb* ammoniak; *household* ~ salmiakspiritus; *powdered* ~ hjortetaksalt.
ammunition [æmju'niʃn] *sb* ammunition.
amnesia [æm'ni:ziə] *sb* hukommelsestab.
amnesty ['æmnisti] *sb* amnesti; *vb* give amnesti.
amniocentesis [æmniəusin'ti:sis] *sb (pl -teses* ['tisi:z]) fostervandsprøve.
amnion ['æmniən] *sb* fosterhinde.
amniotic [æmni'ɔtik] *adj:* ~ *fluid* fostervand.
amoeba [ə'mi:bə] *sb (pl amoebæ* [-bi:]) amøbe.
amok [ə'mɔk] *adv: run* ~ gå amok.
among [ə'mʌŋ], **amongst** [ə'mʌŋst] *præp* iblandt, blandt; *they have not £5* ~ *them* de har ikke £5 tilsammen; *quarrel* ~ *themselves* skændes indbyrdes.
amoral [ei'mɔr(ə)l] *adj* amoralsk.
amorce [ə'mɔ:s] *sb* knaldhætte.
amorist ['æmərist] *sb* erotiker.
amorous ['æmərəs] *adj* (som har) let (ved at blive) forelsket; kærligheds-, elskovs- *(fx songs, sighs);* ~ *glances* forlibte øjekast.
amorphous [ə'mɔ:fəs] *adj* amorf, uden bestemt form; *(fig)* ubestemmelig, forvirret.
amortization [əmɔ:ti'zeiʃn] *sb* amortisation.
amortize [ə'mɔ:taiz] *vb* amortisere, betale ud.
amount [ə'maunt] *sb* beløb, sum; mål, mængde; *vb:* ~ *to* beløbe sig til, løbe op til; *(fig)* (næsten) være det samme som, være ensbetydende med; *it -s to this* det vil sige; *it -s to the same thing* det kommer ud på ét; *it does not* ~ *to much, it is of little* ~ det er uden større betydning; *this* ~ *of confidence* denne store fortrolighed; *a certain* ~ *of courage* et vist mod.
amour [ə'muə] *sb* kærlighedsaffære.
amour-propre *[fr] sb* selvagtelse; selvfølelse; selvrespekt.
amp *fk. ampere;* T forstærker.
ampere ['æmpɛə] *sb* ampere.
ampersand ['æmpəsænd] *sb* (tegnet) & (= og), *et*-tegn.
amphetamine [æm'fetəmin] *sb (med)* amfetamin.
amphibian [æm'fibiən] *sb* amfibium; amfibieflyvebåd, amfibiekampvogn; *zo* padde; *adj* amfibisk.
amphibious [æm'fibiəs] *adj* amfibisk.
amphitheatre ['æmfiθiətə] *sb* amfiteater.
amphora ['æmfərə] *sb* amfora (krukke med to hanke).
ample [æmpl] *adj* vid, stor; udførlig; (fuldt ud) tilstrækkelig; rigelig *(fx you have* ~ *time).*
amplification [æmplifi'keiʃn] *sb* udvidelse; forstærkning.
amplifier ['æmplifaiə] *sb* forstærker.
amplify ['æmplifai] *vb* udvide; forøge; behandle (, gøre) udførligere; forstærke.
amplitude ['æmplitju:d] *sb* vidde, udstrækning; rummelighed; *(elekt, fys)* amplitude, udsving.
ampoule ['æmpu:l] *sb* ampul.
amputate ['æmpjuteit] *vb* amputere.
amputation [æmpju'teiʃn] *sb* amputation.
amuck [ə'mʌk] *adv: run* ~ gå amok.
amulet ['æmjulət] *sb* amulet.
amuse [ə'mju:z] *vb* more, underholde, fornøje; *she was not -d* hun fandt det ikke morsomt.
amusement [ə'mju:zmənt] *sb* underholdning, morskab, fornøjelse; *-s (ogs)* forlystelser; ~ *arcade* spillehal.
amusing [ə'mju:ziŋ] *adj* underholdende, morsom.
amyloid ['æmilɔid] *adj* stivelsesagtig, stivelsesholdig.
an [ən, (betonet:) æn] (ubestemt artikel) en, et.

anachronism [ə'nækrənizm] *sb* anakronisme.
anachronistic [ənækrə'nistik] *adj* anakronistisk.
anaconda [ænə'kɔndə] *sb zo* anakonda, vandkvæler(slange).
Anacreontic [ənækri'ɔntik] *adj* anakreontisk.
anaemia [ə'ni:mjə] *sb* anæmi, blodmangel.
anaemic [ə'ni:mik] *adj* anæmisk, som lider af blodmangel.
anaesthesia [ænis'θi:ziə] *sb* bedøvelse, anæstesi.
anaesthetic [ænis'θetik] *sb* bedøvelsesmiddel; *adj* bedøvende; *be under an ~* være bedøvet, være i narkose.
anaesthetist [æ'ni:sθitist] *sb* narkoselæge; narkotisør.
anaesthetize [æ'ni:sθətaiz] *vb* bedøve, give narkose.
anagram ['ænəgræm] *sb* anagram (ord fremkommet ved omflytning af bogstaverne i et andet ord, *fx mean – name)*.
anal [einl] *adj* anal, endetarms-.
analgesia [ænæl'dʒi:ziə] *sb* smertefrihed, analgesi.
analgesic [ænæl'dʒesik] *adj* smertestillende; *sb* smertestillende middel.
analogic(al) [ænə'lɔdʒik(l)] *adj* analogisk, ved analogi.
analogous [ə'næləgəs] *adj* analog, lignende, overensstemmende.
analogue ['ænəlɔg] *sb* sidestykke; *~ computer* analogdatamaskine.
analogy [ə'nælədʒi] *sb* analogi, overensstemmelse.
analyse ['ænəlaiz] *vb (pl analynes* [ə'nælesi:z]) analysere.
ana|lysis [ə'næləsis] *sb (pl -lyses* [-ləsi:z]) analyse; *in the last ~* i sidste instans.
analyst ['ænəlist] *sb* analytiker; (især *am)* psykoanalytiker; *(pol etc)* kommentator; (i edb) systemanalytiker.
analytic [ænə'litik] *adj* analytisk.
anamnesis [ænəm'ni:sis] *(med)* anamnese, sygehistorie.
anapaest ['ænəpi:st] *sb* anapæst.
anarchic(al) [æ'na:kik(l)] *adj* anarkisk, lovløs.
anarchism ['ænəkizm] *sb* anarkisme.
anarchist ['ænəkist] *sb* anarkist.
anarchy ['ænəki] *sb* anarki.
anathema [ə'næθimə] *sb* band, bandstråle, bandlysning; forbandelse; *it was ~ to them* det var dem en pestilens.
anathematize [ə'næθimətaiz] *vb* bandlyse.
anatomic(al) [ænə'tɔmik(l)] *adj* anatomisk.
anatomist [ə'nætəmist] *sb* anatom.
anatomize [ə'nætəmaiz] *vb* dissekere.
anatomy [ə'nætəmi] *sb* anatomi; *(fig)* indgående analyse; T *(glds)* skelet.
ANC *fk African National Congress.*
ancestor ['ænsistə] *sb* stamfader; *-s pl* forfædre, aner.
ancestral [æn'sestr(ə)l] *adj* fædrene, nedarvet.
ancestry ['ænsəstri] *sb* aner; herkomst, byrd.
anchor ['æŋkə] *sb* anker; (i sport) ankermand; *vb* ankre (op), forankre; *come to ~* ankre op; *put the -s on* T bremse.
anchorage ['æŋkəridʒ] *sb* ankerplads; forankring.
anchor escapement (i ur) ankergang.
anchoret ['æŋkəret], **anchorite** ['æŋkərait] *sb* eremit, eneboer.
anchor man (i sport) ankerman; *(radio, TV)* programvært, studievært.
anchovy ['æntʃəvi] *sb* ansjos.
anchylosed ['æŋkiləuzd] *adj* (om led) stift.
anchy|losis [æŋki'ləusis] *sb (pl -loses* [-'ləusi:z]) stivhed i leddene.
ancient [einʃnt] *adj* gammel, fra gammel tid; *sb: the -s* de gamle (ɔ: oldtidens mennesker el. forfattere); *~ history* oldtidens historie, oldtidshistorie; *that is ~ history now (fig)* det er en gammel historie; *~ lights (jur)* vinduesret; *~ monuments* oldtidsminder.
ancillary [æn'siləri] *sb* (underordnet) hjælper; *ancillaries pl* (hjælpe)udstyr; tilbehør; *adj* hjælpe- *(fx equipment, science); ~ to* underordnet.
and [ən(d), (betonet:) ænd] *conj* og, samt; *there are books ~ books* bøger og bøger er to ting.
Andalusia [ændə'lu:zjə] *sb* Andalusien.
Andes ['ændi:z]: *the ~* Andesbjergene.
andiron ['ændaiən] *sb* ildbuk (til brænde).
Andrew ['ændru:] Andreas.
Andy Capp ['ændi 'kæp] Kasket Karl.
anecdotal [ænik'dəutl] *adj* anekdotisk *(fx style)*.
anecdote ['ænikdəut] *sb* anekdote.
anechoic [æni'kəuik] *adj* ekkofri.
anemia, anemic, se *anaemia etc.*
anemometer [æni'mɔmitə] *sb* vindmåler.
anemone [ə'neməni] *sb (bot)* anemone; *zo* søanemone.
anent [ə'nent] *præp (glds)* om, angående.
aneroid ['ænərɔid] *sb* aneroidbarometer.
anesthesia *(etc), se anaesthesia (etc).*
aneurism ['ænjurizm] *sb (med)* aneurisme, sygelig udvidelse af arterie.
anew [ə'nju:] *adv* på ny.
anfractuosity [ænfræktju'ɔsiti] *sb* bugtning, bugtethed.
angel ['eindʒ(ə)l] *sb* engel; S financier.
angelfish ['eindʒ(ə)lfiʃ] *zo* havengel.
angelic [æn'dʒelik] *adj* englelig, engle-.
angelica [æn'dʒelikə] *sb (bot)* angelik.
angel's trumpet *(bot)* kejserlilje.
angelus ['ændʒiləs] *sb (rel)* angelus, angelusklokke.
anger ['æŋgə] *sb* vrede; *vb* gøre vred, ophidse.
angina [æn'dʒainə] *sb* halsbetændelse, angina; *~ pectoris* angina pectoris.
angiosperm ['ændʒiəuspə:m] *(bot): the -s* de dækfrøede.
I. angle [æŋgl] *sb* vinkel; hjørne; *(fig)* synsvinkel; vinkel; *vb* give en bestemt drejning, fordreje *(fx news)*.
II. angle [æŋgl] *vb* fiske (med snøre), angle *(for* efter).
angle iron vinkeljern.
Anglepoise ® ['æŋglpɔiz] arkitektlampe.
angler ['æŋglə] *sb* fisker (som fisker med snøre), lystfisker; *zo* = **anglerfish** havtaske.
Angles [æŋglz] *sb pl (hist.): the ~* anglerne.
Anglican ['æŋglikən] *adj* anglikansk (hørende til den engelske statskirke); *sb* anglikaner. **Anglicanism** ['æŋglikənizm] *sb* anglikanisme.
anglicism ['æŋglisizm] *sb* anglicisme, engelsk (sprog)ejendommelighed.
anglicize ['æŋglisaiz] *vb* anglisere, gøre engelsk.
Anglo- ['æŋglə(u)] engelsk- *(fx ~-Danish, ~-Irish)*.
Anglo-Catholic *adj* anglokatolsk; (højkirkelig retning i den engelske statskirke).
Anglo-Indian englænder i Indien.
anglophile ['æŋgləufail] *sb, adj* engelskvenlig.
Anglophone ['æŋgleufeun] *adj* engelsktalende, engelsksproget.
Anglo-Saxon ['æŋgləu'sæksn] *sb* angelsakser; *sb, adj* angelsaksisk, oldengelsk.
angora [æŋ'gɔ:rə] *sb* angorauld; angoragarn.
Angora cat angorakat.
angry ['æŋgri] *adj* vred *(at, about* over, *with* på); *(fig)* truende *(fx clouds)*; (om sår) betændt.
anguish ['æŋgwiʃ] *sb* kval, pine, smerte; *be in ~* lide frygtelige kvaler; *-ed* forpint.
angular [æŋgju'læriti] *adj* vinkeldannet; vinkel- *(fx distance)*; (om person) kantet, benet, knoklet.
angularity [æŋgju'læriti] *sb* kantethed.
anhydride [æn'haidraid] *sb* anhydrid.
anhydrous [æn'haidrəs] *adj (kem)* vandfri.
aniline ['ænili:n] *sb (kem)* anilin.
animadversion [ænimæd'və:ʃn] *sb* kritik, dadel.

animadvert [ænimæd'və:t] *vb* gøre bemærkninger; ~ *on* dadle, kritisere.
animal ['æniml] *sb* dyr; *adj* dyrisk; animalsk; primitiv; ~ *food* dyrisk føde; ~ *heat* (legemets) egenvarme, legemsvarme; ~ *husbandry* husdyrbrug; *the* ~ *kingdom* dyreriget; ~ *magnetism* dyrisk magnetisme ~ *spirits* livskraft, livsglæde.
I. animate ['ænimeit] *vb* besjæle, oplive, gøre levende; opildne, animere; *-d (ogs)* ivrig, livlig, oprømt; livfuld, levende; *-d by the best intentions* besjælet af de bedste hensigter; *-d cartoon* tegnefilm.
II. animate ['ænimət] *adj* levende.
animation [æni'meiʃn] *sb* livlighed, liv; (film:) animering.
animosity [æni'mɔsiti] *sb* stærk uvilje, fjendskab, had.
animus ['æniməs] *sb* uvilje, animositet; *(jur)* hensigt *(fx* ~ *lucrandi* berigelseshensigt).
anise ['ænis] *sb* anis. **aniseed** ['ænisi:d] *sb* anisfrø.
anisette [æni'zet] *sb* anislikør.
ankle [æŋkl] *sb* ankel. **anklet** ['æŋklət] *sb* ankelring; *(am)* ankelsok; *(mil.)* gamache.
annals [ænlz] *sb pl* årbøger, annaler.
Anne [æn] Anna.
anneal [ə'ni:l] *vb* (ud)gløde, blødgløde.
annelid ['æn(i)lid] *sb zo* ledorm.
I. annex [ə'neks] *vb* vedføje; vedlægge; (om land) annektere; indlemme *(to* i).
II. annex(e) ['æneks] *sb* anneks, tilbygning; (til skrivelse *etc)* bilag; (til lov *etc)* tilføjelse, tillæg.
annexation [ænek'seiʃn] *sb* indlemmelse, anneksion.
annihilate [ə'naiəleit] *vb* tilintetgøre.
annihilation [ənaiə'leiʃn] *sb* tilintetgørelse.
anniversary [æni'və:sri] *sb* årsdag, årsfest; *wedding* ~ bryllupsdag.
Anno Domini ['ænəu'dɔminai] efter Kristi fødsel, i det Herrens år; *(fig)* alderdommen.
annotate ['ænəteit] *vb* kommentere; *-d (ogs)* annoteret, med noter *(fx an* ~ *edition)*.
annotation [ænə'teiʃn] *sb* note, kommentar.
announce [ə'nauns] *vb* melde, forkynde, kundgøre, bekendtgøre, deklarere; (i radio) annoncere, være speaker.
announcement [ə'naunsmənt] *sb* melding, forkyndelse, kundgørelse, meddelelse, bekendtgørelse; (i radio) annoncering.
announcer [ə'naunsə] *sb* speaker (i radio).
annoy [ə'nɔi] *vb* irritere, ærgre, drille; genere, plage, besvære; forulempe.
annoyance [ə'nɔiəns] *sb* ærgrelse, irritation, plage; besvær.
annoyed [ə'nɔid] *adj* ærgerlig *(at* over; *with* på), irriteret, misfornøjet.
annual ['ænjuəl] *adj* årlig, års-; *(bot)* etårig; *sb* etårig plante; årbog; ~ *consumption* årsforbrug; ~ *cutting (forst)* årshugst; ~ *growth* årstilvækst; ~ *ring* årring; ~ *subscription* årskontingent; ~ *yield* årligt udbytte.
annuitant [ə'njuit(ə)nt] *sb* livrentenyder.
annuity [ə'njuiti] *sb* livrente; årpenge; *(civil list* ~*)* apanage.
annul [ə'nʌl] *vb* tilintetgøre, ophæve, annullere.
annular ['ænjulə] *adj* ringformet.
annulated ['ænjuleitid] *adj* forsynet med (, bestående af) ringe.
annulment [ə'nʌlmənt] *sb* ophævelse, annullering.
annunciation [ənʌnsi'eiʃn] *sb* bebudelse; *the Annunciation* Mariæ bebudelsesdag (25. marts).
annunciator [ə'nʌnsieitə] *sb* nummertavle, signaltavle, nummerkasse.
anode ['ænəud] *sb* anode, positiv pol; ~ *battery* anodebatteri.
anodyne ['ænədain] *sb* smertestillende middel; *(fig)* lindring, trøst; *adj* smertestillende, *(fig)* lindrende, beroligende; afsvækket, uskadelig.
anoint [ə'nɔint] *vb* salve.
anomalous [ə'nɔmələs] *adj* uregelmæssig, afvigende.
anomaly [ə'nɔməli] *sb* anomali, uregelmæssighed.
anon [ə'nɔn] *adv (glds)* straks, snart; *ever and* ~ hvert øjeblik.
anon. *fk anonymous.*
anonymity [ænə'nimiti] *sb* anonymitet.
anonymous [ə'nɔniməs] *adj* anonym, ikke navngiven.
anopheles [ə'nɔfəli:z] *sb* malariamyg.
anorexia [ænə'reksiə] *sb (med.)* anorexi, spisevægring.
anorexic *adj* som lider af anorexi.
another [ə'nʌðə] *pron, adj* en anden, en ny; en til, endnu en; *one* ~ hinanden, hverandre; *one after* ~ den ene efter den anden; *many* ~ *battle* mange flere slag; *you are an Englishman, I am* ~ De er englænder, det er jeg også; *you are* ~ det kan du selv være *(fx 'You are a fool!' 'You are* ~*!'); ask me* ~ T det aner jeg ikke.
anoxia [æn'ɔksiə] *sb (med)* iltmangel.
answer ['a:nsə] *sb* svar; *(fx* af opgave) besvarelse, løsning; facit; *vb* svare (regning); svare på, besvare; svare til *(fx a description, one's expectations);* passe for, passe til, egne sig til *(fx the purpose);*
~ *an advertisement* reflektere på en annonce; ~ **back** svare igen; ~ *the bell* lukke op når det ringer; ~ **for** svare for, indestå for; stå til ansvar for; ~ *the helm* lystre roret; ~ *the telephone* tage telefonen; passe t.; *in* ~ **to** som svar på; ~ *to* svare til; lyde, lystre; blive påvirket af, reagere på; ~ *to the name of* lyde navnet.
answerable ['a:ns(ə)rəbl] *adj* ansvarlig.
ant [ænt] *sb* myre; *white* ~ termit.
antacid [ænt'æsid] *adj:* ~ *tablet* tablet mod for meget mavesyre.
antagonism [æn'tægənizm] *sb* strid, modstrid; fjendskab; fjendtlig indstilling; modstand *(to* mod).
antagonist [æn'tægənist] *sb* modstander.
antagonize [æn'tægənaiz] *vb* støde fra sig, gøre fjendtlig indstillet; *(am)* modarbejde, modvirke
antarctic [ænt'a:ktik] *adj* antarktisk, sydpolar; *sb: the Antarctic* Antarktis, Sydpolarlandene; *the A. circle* den sydlige polarkreds; *the A. Pole* sydpolen.
ant bear ['ænt'bεə] *zo* den store myresluger.
ante ['ænti] *sb* indsats, indskud; *vb:* ~ *up* betale (indskud); *raise the* ~ forhøje indskuddet; sætte prisen op.
ante- [ænti] foran, før.
anteater ['ænti:tə] *sb zo* myresluger; *lesser* ~ tamandua.
antecedence [ænti'si:dns] *sb* gåen forud.
antecedent [ænti'si:dnt] *adj* forudgående, tidligere *(to* end); *sb* forudgående begivenhed; (i logik) forsætning; *(gram)* korrelat (ord *el* sætning hvortil et relativt pronomen henviser); **-s** *pl* antecedentia, forhistorie, fortid; *his* ~*s (ogs)* hans data.
antechamber ['æntitʃeimbə] *sb* forværelse.
antedate ['ænti'deit] *vb* antedatere, opgive for tidlig dato for; gå forud for; foregribe.
antediluvian [æntidi'lu:vjən] *adj* antediluviansk; fra før syndfloden; *(fig)* oldnordisk, antikveret.
antelope ['æntiləup] *sb zo* antilope.
antenatal ['æntineitl] *adj* som ligger forud for fødselen; *-s sb pl* graviditetsundersøgelser; ~ *classes* fødselsforberedelseskursus; ~ *clinic* konsultation for gravide.
antenn|a [æn'tenə] *sb (pl -ae* [-i:]) *zo* følehorn; (radio, *am)* antenne; *-ae (fig)* antenner, (fingerspids)fornemmelse.
antepenult(imate) [æntipi'nʌlt(imət)] *adj, sb* tredjesidste (stavelse).
anterior [æn'tiəriə] *adj* foregående, tidligere *(to* end); foran liggende.

anteroom ['æntirum] *sb* forværelse; *(mil.)* dagligstue i officersmesse.
anthem ['ænθəm] *sb* kirkesang; hymne; *the national* ~ nationalsangen.
anther ['ænθə] *sb (bot)* støvknap; ~ *dust* blomsterstøv.
anthill ['ænthil] *sb* myretue.
anthology [æn'θɔlədʒi] *sb* antologi.
Anthony ['æntəni]: *St. -'s fire (med)* rosen.
anthracite ['ænθrəsait] *sb* antracit, glanskul.
anthrax ['ænθræks] *sb (med)* brandbyld; *(vet)* miltbrand.
anthropoid ['ænθrəpɔid] *adj* menneskelignende; T abeagtig; *sb* menneskeabe.
anthropology [ænθrə'pɔlədʒi] *sb* antropologi.
anti ['ænti] (forstavelse): imod, anti-.
antiaircraft [ænti'ɛəkra:ft] luftværns- *(fx gun* kanon).
antiballistic [æntibə'listik] *adj:* ~ *missile* antiraket-raket.
antibiotic [æntibai'ɔtik] *sb* antibiotikum; *adj* antibiotisk.
antibody ['æntibɔdi] *sb (med)* antistof.
antic ['æntik] *adj* grotesk, fantastisk; *sb* nar; (se også *antics)*.
Antichrist ['æntikraist] Antikrist.
anticipate [æn'tisipeit] *vb* vente sig, regne med *(fx difficulties);* se hen til; bruge på forskud *(fx an inheritance);* tage forskud på; foregribe *(fx his wishes);* komme i forkøbet *(fx one's opponent);* (forudse og) imødegå *(fx an argument);* (uden objekt) foregribe begivenhedernes gang.
anticipation [æntisi'peiʃn] *sb* forventning; foregribelse; forudfølelse; forsmag; forudnydelse; *in* ~ på forhånd; *in* ~ *of* i forventning om.
anticipatory [æntisi'peitri] *adj* forhånds-; forventningsfuld.
anticlimax [ænti'klaimæks] *sb* antiklimaks.
anticline ['æntiklain] *sb (geol)* antiklinal, sadel.
anticlockwise [ænti'klɔkwaiz] *adv* mod uret.
antics ['æntiks] *sb pl* tossestreger, narrestreger, krumspring.
anticyclone [ænti'saikləun] *sb (meteorol)* anticyklon, højtryk.
antidazzle [ænti'dæzl] *adj* som skal hindre blænding.
antidim [ænti'dim] *adj* dugfri; antidug-.
antidotal ['æntidəutl] *adj* som indeholder modgift.
antidote ['æntidəut] *sb* modgift.
antifreeze [ænti'fri:z] *sb* frostvæske, kølervæske.
Antilles [æn'tili:z] *the* ~ Antillerne.
antimacassar [æntimə'kæsə] *sb* antimakassar.
antimatter ['æntimætə] *sb (fys)* antistof.
antimony ['æntiməni] *sb* antimon.
antinomy ['æntinəmi] *sb* antinomi, modstrid, modsigelse.
antipathetic [æntipə'θetik] *adj* antipatisk, fjendtlig indstillet; usympatisk.
antipathy [æn'tipəθi] *sb* antipati, modvilje.
antipersonnel [æntipə:s(ə)'nel] *adj (mil.):* ~ *bomb* sprængstykkebombe; ~ *mine* fodfolksmine.
antiphony [æn'tifəni] *sb* vekselsang.
antipodal [æn'tipədl], **antipodean** [æntipə'di:ən] *adj* diametralt modsat.
antipode ['æntipəud] *sb* direkte modsætning *(of* til).
antipodes [æn'tipədi:z] *sb pl* sted på den modsatte side af jorden *(fx Australia is the* ~ *of England);* antipoder *(fx our* ~ *sleep while we wake); (fig)* direkte modsætninger *(of* til).
antiprohibitionist forbudsmodstander.
antipyretic ['æntipai'retik] *adj, sb* feberstillende (middel).
antiquarian [ænti'kwɛəriən] *sb* oldgransker, antikvitetskyndig; *adj* oldkyndig; ~ *bookseller* antikvarboghandler.
antiquary ['æntikwəri] se *antiquarian.*
antiquated ['æntikweitid] *adj* antikveret, forældet.
antique [æn'ti:k] *adj* fra oldtiden, antik; gammeldags; *sb* antikvitet.
antiquity [æn'tikwiti] *sb* ælde; *Antiquity* oldtiden; *antiquities pl* oldsager, fortidsminder.
anti-Semite ['ænti'si:mait] *sb* antisemit.
anti-Semitic [æntisi'mitik] *adj* antisemitisk.
anti-Semitism [ænti'semitizm] *sb* antisemitisme.
antiseptic [ænti'septik] *adj, sb* antiseptisk (middel).
antiseptics [ænti'septiks] *sb* antiseptik.
antiskid ['ænti'skid] *adj:* ~ *chain* snekæde.
antisocial [ænti'səuʃl] *adj* asocial, samfundsfjendtlig.
antispasmodic [æntispæz'mɔdik] *adj, sb (med)* krampestillende (middel).
antitank ['ænti'tæŋk] *adj (mil.)* antitank-, panserværns-.
antithes|is [æn'tiθəsis] *sb (pl -es* [-i:z]) modsætning, antitese.
antler ['æntlə] *sb* hjortetak; sprosse, gren på en tak; -s gevir.
ant lion *zo* myreløve.
antonym ['æntənim] *sb* antonym, ord med modsat betydning.
Antwerp ['æntwə:p] Antwerpen.
anus ['einəs] *sb* anus, endetarmsåbning, (hos fisk) gat.
anvil ['ænvil] *sb* ambolt.
anxiety [æŋ'zaiəti] *sb* bekymring, ængstelse, uro; iver; *(psyk)* angst. **anxiety neurosis** angstneurose.
anxious ['æŋ(k)ʃəs] *adj* ængstelig, bekymret, urolig *(about* for); ivrig; ~ *for* ivrig efter; ~ *to* ivrig efter at; opsat på at, spændt på at.
any ['eni] *pron* nogen, nogen som helst, hvilken som helst; enhver, enhver som helst; ~ *amount of* så mange (, meget) det skal være; *at* ~ *rate,* se *I. rate; responsible for* ~ *consequences* ansvarlig for eventuelle følger; *give me* ~ *old book* giv mig bare en bog, ligemeget hvilken; *hardly* ~ næsten ingen; *thanks, I'm not having* ~ S tak, jeg skal ikke nyde noget; nej, ellers tak; *if* ~, se *if; in* ~ *case* under alle omstændigheder, i hvert fald; ~ *longer* længere; ~ *more* mere; *he is not* ~ *the wiser* han er ikke spor klogere; *it did not snow* ~ *yesterday* (især *am)* det sneede (slet) ikke i går; ~ *time* når det skal være, når som helst.
anybody ['enibɔdi] *pron* nogen, nogen som helst, (alle og) enhver, hvem som helst.
anyhow ['enihau] *adv* på en hvilken som helst måde, på nogen som helst måde; i hvert fald *(fx he is honest,* ~*),* under alle omstændigheder, hvorom alting er; alligevel *(fx I know you don't like it, but you'll have to do it* ~*);* på bedste beskub; skødesløst *(fx the work was done* ~*).*
anyone ['eniwʌn] se *anybody; any one* en (hvilken som helst) enkelt.
anything ['eniθiŋ] *pron* noget; alt; hvad som helst; ~ *but* alt andet end; *if* ~, se *if; like* ~ af al kraft, så det står efter *(fx work like* ~*); swear like* ~ bande som en tyrk.
anyway ['eniwei] se *anyhow.*
anywhere ['eniwɛə] *adv* nogen steder, nogetsteds, hvor som helst, alle vegne, overalt.
anywise ['eniwaiz] *adv (glds)* overhovedet, på nogen måde.
Anzac ['ænzæk] *fk Australian and New Zealand Army Corps;* -s (soldater af denne hær).
a.o.b. *fk any other business,* (på dagsorden) eventuelt.
A-OK, A-okay *adj (am)* helt i orden, absolut OK.
aorta [ei'ɔ:tə] *sb (anat)* aorta, den store pulsåre.
aoudad ['audæd] *sb zo* mankefår.
A.P. *fk Associated Press.*
apace [ə'peis] *adv* hurtigt, rask.
I. Apache [ə'pætʃi] *sb* apache(indianer).

II. **apache** [ə'pæʃ] *sb* apache (parisisk bølle).
apanage ['æpənidʒ] *sb* apanage, årpenge.
apart [ə'pa:t] *adv* afsides, et (lille) stykke væk; afsondret; (adskilt) fra hinanden; særlig, for sig selv *(fx they belong to a race ~);* bortset fra *(fx these things ~, he has acquitted himself well); come ~* gå fra hinanden, gå itu; *~ from* bortset fra; *joking ~* spøg til side; *tell them ~* skelne imellem dem; skelne dem fra hinanden; *viewed ~* betragtet hver for sig; *he lives in a world ~* han lever i en helt anden verden; (se også *I. set, I. take).*
apartheid [ə'pa:theit; ə'pa:thait] *sb* (sydafrikansk racediskrimination).
apartment [ə'pa:tmənt] *sb* værelse; *(am)* lejlighed; *-s* (møbleret) lejlighed; *~ house (am)* beboelsesejendom.
apathetic [æpə'θetik] *adj* apatisk; følelseskold; kold, sløv.
apathy ['æpəθi] *sb* apati, sløvhed.
ape [eip] *sb zo* (menneske)abe; *(fig)* efteraber; *go ~* gå agurk; blive helt exet; *go ~ over* blive vildt ophidset af; *vb* efterabe.
apeak [ə'pi:k] *adv, adj (mar)* (ret) op og ned, lodret.
Apennines ['æpinainz] *sb pl: the ~* Apenninerne.
apercu [æpə:'sju:] *sb* kort fremstilling, oversigt.
aperient [ə'piəriənt] *sb, adj* afførende (middel).
aperitif [əperi'ti:f] *sb* aperitif, appetitvækker.
aperitive [ə'peritiv], se *aperient.*
aperture ['æpətʃ(u)ə] *sb* åbning; hul.
apex ['eipeks] *sb (pl apexes, apices* ['eipisi:z]) top, spids; toppunkt.
aphasia [æ'feiziə] *sb (med.)* afasi.
aphis ['eifis] *sb (pl aphides* ['eifidi:z]) bladlus.
aphorism ['æfərizm] *sb* aforisme.
aphoristic [æfə'ristik] *adj* aforistisk.
aphrodisiac [æfrə'diziæk] *sb* pirringsmiddel, elskovsmiddel.
Aphrodite [æfrə'daiti].
apiary ['eipjəri] *sb* bigård.
apiculture ['eipikʌltʃə] *sb* biavl.
apiece [ə'pi:s] *adv* pr. styk; til hver person, hver.
apish ['eipiʃ] *adj* abeagtig; *(fig)* efterabende; naragtig, abe-.
aplomb [ə'plɔm] *sb* selvbeherskelse, sikkerhed (i optræden), aplomb.
apocalypse [ə'pɔkəlips] *sb* åbenbaring; *the A.* Johannes' Åbenbaring.
apocarp ['æpəka:p] *sb (bot)* flerfoldsfrugt.
apocope [ə'pɔkəpi] *sb (gram)* apokope, bortfald af slutlyd i ord.
Apocrypha [ə'pɔkrifə]: *the ~* apokryferne, de apokryfe skrifter (til biblen). **apocryphal** [ə'pɔkrifl] *adj* apokryf; *(fig)* af tvivlsom oprindelse; opdigtet.
apod(e)ictic [æpə'daiktik] *adj* apodiktisk, overbevisende, uimodsigelig.
apolaustic [æpə'lɔ:stik] *adj* forlystelsessyg.
apologetic [əpɔlə'dʒetik] *adj* undskyldende.
apologize [ə'pɔlədʒaiz] *vb* gøre undskyldning, sige undskyld.
apology [ə'pɔlədʒi] *sb* undskyldning; forsvar; surrogat; *an ~ for a tie* noget der skulle forestille et slips.
apophthegm ['æpəθem] *sb* tankesprog.
apoplectic [æpə'plektik] *adj* apoplektisk; *sb* apoplektiker.
apoplexy ['æpəpleksi] *sb* apopleksi.
aport [ə'pɔ:t] *adv (mar)* til (, om) bagbord.
apostasy [ə'pɔstəsi] *sb* frafald.
apostate [ə'pɔsteit] *sb* apostat, *(ogs adj)* frafalden.
apostle [ə'pɔsl] *sb* apostel.
apostolic [æpə'stɔlik] *adj* apostolisk.
apostrophe [ə'pɔstrəfi] *sb* apostrof; *(litt)* apostrofe, direkte henvendelse.
apostrophize [ə'pɔstrəfaiz] *vb* apostrofere, tiltale direkte.
apothecary [ə'pɔθikəri] *sb (glds)* apoteker.
apo|theosis [əpɔθi'əusis] *sb (pl -theoses* [-θi'əusi:z]) **1.** apoteose, ophøjelse, forherligelse; **2.** ideal, indbegreb *(fx she is the ~ of womanhood).*
appal [ə'pɔ:l] *vb* forfærde.
Appalachian [æpə'leitʃn]: *~ Mountains* Appalachiske bjerge.
appalling [ə'pɔ:liŋ] *adj* forfærdende, rædselsfuld.
appanage ['æpənidʒ] *sb* apanage.
apparatus [æpə'reitəs] *sb* apparatur, hjælpemidler, instrumenter, instrumentsamling; anordning, apparat; (gymnastik)redskab; *(fysiol)* organer *(fx digestive ~* fordøjelsesorganer).
apparel [ə'pær(ə)l] *(glds) sb* klædning, dragt; *vb* klæde på; *article of ~* beklædningsgenstand.
apparent [ə'pær(ə)nt] *adj* **1.** åbenbar, tydelig *(fx it was ~ to all of them);* **2.** tilsyneladende *(fx the ~ cause); for no ~ reason* uden påviselig grund; *as is ~ from* som det fremgår af. **apparently** *adv* tilsyneladende.
apparition [æpə'riʃn] *sb* syn; spøgelse, genfærd.
appeal [ə'pi:l] *vb* appellere *(to* til); bede, bønfalde *(for* om, *fx ~ for mercy); sb* påberåbelse; henvendelse; appel; tiltrækning; *~ against a judgment* appellere en dom; *~* **to** *(ogs)* tiltale *(fx if the plan -s to you);* interessere *(fx the subject -s to me);* henvise til, påberåbe sig; *~ to the country* (appellere til vælgerne ved at) udskrive valg; *does it ~ to you?* kan du lide det? synes du om det?
appealing [ə'pi:liŋ] *adj* bønfaldende *(fx an ~ glance);* tiltrækkende, indbydende.
appear [ə'piə] *vb* **1.** vise sig *(fx he didn't ~ till the next day);* dukke frem, komme til syne *(fx the ship -ed on the horizon);* **2.** (om skuespiller *etc)* optræde; **3.** *(jur)* møde *(fx ~ in court);* **4.** fremgå *(from* af, *fx it -s from his letter that ...);* **5.** *(fx* i avis) stå; **6.** (om bog) udkomme; **7.** synes, forekomme *(fx he -s happy enough; it -s to me that ...).*
appearance [ə'piər(ə)ns] *sb* **1.** tilsynekomst, (om bog) fremkomst, udgivelse, (om skuespiller *etc)* optræden, *(jur)* møde (for retten); **2.** udseende; skin; **3.** fænomen;
-s are against him han har skinnet imod sig; *-s are deceptive* skinnet bedrager; *keep up -s* bevare skinnet; *make one's ~* vise sig, træde ind, komme til stede; *put in an ~* komme til stede, møde op; *for the sake of -s* for et syns skyld; *save -s* redde skinnet; *to all -s* efter alt at dømme.
appease [ə'pi:z] *vb* fredeliggøre, pacificere *(fx an angry man),* formilde, forsone, dæmpe; stille *(fx one's thirst),* give efter for, tilfredsstille.
appeasement [ə'pi:zmənt] *sb* fredeliggørelse, pacificering, formildelse; given efter, eftergivenhed; *policy of ~* eftergivenhedspolitik.
appeaser [ə'pi:zə] *sb* eftergivenhedspolitiker.
appellant [ə'pelənt] *adj* appellerende, appel-; *sb* appellant.
appellate [ə'pelət] *adj: ~ court* appeldomstol.
appellation [æpə'leiʃn] *sb* benævnelse.
appellative [ə'pelətiv] *sb (gram)* fællesnavn, appellativ.
append [ə'pend] *vb* vedhæfte, tilføje, vedlægge.
appendage [ə'pendidʒ] *sb* vedhæng, tillæg; tilbehør.
appendicitis [əpendi'saitis] *sb* blindtarmsbetændelse.
append|ix [ə'pendiks] *sb (pl -ices* [-isi:z] *el. -ixes)* bilag, tillæg; vedhæng; blindtarm.
appertain [æpə'tein] *vb: ~ to* tilhøre, høre (med) til; vedrøre.
appetence ['æpət(ə)ns] *sb* begær, lyst; tilbøjelighed.
appetite ['æpətait] appetit; begær, lyst *(for* til).
appetizer ['æpətaizə] *sb* appetitvækker.
appetizing ['æpətaiziŋ] *adj* appetitvækkende, tillok-

kende, appetitlig.

applaud [ə'plɔ:d] *vb* klappe (ad), applaudere; billige, prise.

applause [ə'plɔ:z] *sb* applaus; bifald; ros.

apple [æpl] *sb* æble; *the ~ of his eye* hans øjesten; *~ of discord* stridens æble.

apple|cart *sb: upset sby's ~* spolere (*el.* vælte) ens planer. **~ dumpling** indbagt æble. **-jack** æblebrændevin. **~ pie** æblepie. **~ -pie** *adj (am)* traditionelt amerikansk, ærkeamerikansk. **~ -pie bed** seng med lagen lagt dobbelt så man ikke kan få benene strakt ud; seng der er låset. **~ -pie order** mønstergyldig orden. **~-polishing** *(am)* fedteri, spytslikkeri. **~ sauce** æblemos; *(fig)* (overdreven) smiger; *(am)* vrøvl.

appliance [ə'plaiəns] *sb* indretning, anordning, apparat, maskine; redskab, instrument *(fx surgical ~)*.

applicable ['æplikəbl, ə'pli-] *adj* anvendelig.

applicant ['æplikənt] *sb* ansøger; reflektant.

application [æpli'keiʃn] *sb* **1.** anbringelse; **2.** pålægning, påføring, påsmøring; **3.** *(med.)* omslag; **4.** anvendelse *(fx the ~ of these remedies)*; **5.** henvendelse, **6.** ansøgning; **7.** flid; *form of ~, ~ form* ansøgningsblanket; indmeldelsesblanket.

applied [ə'plaid] *adj* anvendt *(fx science)*; *~ art* kunstindustri.

appliqué [æ'pli:kei] *sb* applikation; *vb* applikere.

apply [ə'plai] *vb* sætte (, lægge) på, påføre, påsmøre; anbringe; bruge, anvende; (uden objekt) henvende sig *(to* til); ansøge *(for* om); passe *(to* på), gælde *(to* for, *fx rules that ~ to vehicles)*; *~ a dressing* anlægge en forbinding; *~ a match* sætte en tændstik til; *~ one's mind to, ~ oneself to* lægge sig efter; arbejde flittigt med, koncentrere sig om.

appoint [ə'pɔint] *vb* bestemme, fastsætte, aftale *(fx let us ~ a day to meet again)*; ansætte *(fx ~ sby to a post)*; udnævne (til); nedsætte *(fx a committee)*; *well -ed* godt udstyret, godt indrettet *(fx house)*.

appointment [ə'pɔintmənt] *sb* **1.** bestemmelse, fastsættelse; **2.** udnævnelse; ansættelse; **3.** stilling; **4.** aftale; **5.** *-s pl* (nagelfast) udstyr; *by ~* efter aftale; *by ~ to Her Majesty the Queen tobacconist (etc)* kgl. hofleverandør; *make an ~* træffe en aftale.

apportion [ə'pɔ:ʃn] *vb* fordele; tilmåle.

apposite ['æpəzit] *adj* passende, vel anbragt; træffende, rammende *(fx remark)*.

apposition [æpə'ziʃn] *sb (gram)* apposition, hosstilling.

appraisal [ə'preizl] *sb* vurdering.

appraise [ə'preiz] *vb* vurdere, taksere.

appraiser [ə'preizə] *sb* vurderingsmand.

appreciable [ə'pri:ʃəbl] *adj* mærkbar, kendelig, betragtelig, betydelig.

appreciate [ə'pri:ʃieit] *vb* **1.** vurdere, skatte, (forstå at) værdsætte, goutere; påskønne *(fx I ~ your kindness)*; sætte pris på; **2.** være på det rene med, indse; **3.** *(merk)* stige i værdi.

appreciation [əpri:ʃi'eiʃn] *sb* vurdering; påskønnelse; værdsættelse; forståelse *(fx ~ of poetry; musical ~* musikforståelse); *(merk)* værdistigning.

appreciative [ə'pri:ʃətiv] *adj* påskønnende, anerkendende; *be ~ of* appreciate.

apprehend [æpri'hend] *vb* **1.** pågribe, arrestere; **2.** (be)frygte; **3.** *(glds)* fatte, begribe.

apprehension [æpri'henʃn] *sb* **1. ængstelse;** *-s pl* bange anelser; **2.** forståelse; opfattelse(sevne); **3.** pågribelse, arrestation.

apprehensive [æpri'hensiv] *adj* bange, frygtsom; *~ faculty* opfattelse(sevne).

apprentice [ə'prentis] *sb* lærling, læredreng, elev; *vb* sætte i lære; *~ sby to* sætte en i lære hos.

apprenticeship *sb* lære, læretid.

apprise [ə'praiz] *vb* underrette *(of* om).

appro *fk approbation; approval; on ~* på prøve; til gennemsyn.

I. approach [ə'prəutʃ] *sb* **1.** komme *(fx the ~ of winter)*; **2.** adgang, vej, indfaldsvej *(fx to a town)*, tilkørselsvej *(fx to a motorway)*; tilkørsel; *(mar)* indsejling; *(flyv)* anflyvning, indflyvning; **3.** *(fig)* metode, fremgangsmåde, måde at gribe noget an på *(fx his ~ to the problem)*; indfaldsvinkel; **4.** indstilling; **5.** tilnærmelse; **6.** *- es pl* henvendelser; tilnærmelser.

II. approach [ə'prəutʃ] *vb* nærme sig, komme nærmere (til); gribe an *(fx I do not know how to ~ the problem)*, gå i gang med; henvende sig til *(fx ~ the bank for a loan)*; forsøge at påvirke.

approachable [ə'prəutʃəbl] *adj* tilgængelig; (om person) elskværdig, omgængelig.

approach| buoy *(mar)* anduvningsvager. **~ grafting** (i gartneri) afsugning.

approaching [ə'prəutʃiŋ] *adj* forestående, nær, (let *glds)* tilstundende.

approach| light *(mar)* anduvningsfyr; *(flyv)* anflyvningslys, indflyvningslys. **~ road** indfaldsvej.

approbation [æprə'beiʃn] *sb* bifald, samtykke; *on ~* på prøve, til gennemsyn.

I. appropriate [ə'prəuprieit] *vb* henlægge, bestemme (til et særligt brug), bevilge; tilegne sig, tilvende sig, annektere.

II. appropriate [ə'prəupriət] *adj* passende, skikket, behørig; *be ~ to* passe *(el.* egne) sig for.

appropriation [əprəupri'eiʃn] *sb* tilegnelse; anvendelse; henlæggelse; bestemmelse; bevilling.

approval [ə'pru:vl] *sb* bifald, billigelse; godkendelse; *on ~* på prøve, til gennemsyn; *meet with ~* vinde bifald.

approve [ə'pru:v] *vb* billige; bifalde; godkende, anerkende; *-d by the authorities* godkendt af myndighederne; *~ of* bifalde.

approved school *(glds)* ungdomshjem (for ungdomskriminelle), optagelseshjem.

I. approximate [ə'prɔksimeit] *vb* nærme sig, komme nær til; nærme *(to* til).

II. approximate [ə'prɔksimət] *adj* omtrentlig.

approximately *adv* omtrent, tilnærmelsesvis.

approximation [əprɔksi'meiʃn] *sb* tilnærmelse *(fx to the truth)*.

appurtenances [ə'pə:tinənsiz] *sb pl (jur)* tilbehør; tilhørende rettigheder.

apricot ['eiprikɔt, *(am)* 'æprikɔt] *sb* abrikos.

April ['eipr(ə)l] april. **April fool** aprilsnar.

a priori ['eiprai'ɔ:rai] *adv, adj* a priori.

apron ['eiprən] *sb* forklæde; (skomagers) skødeskind; (på vogn) forlæder; *(flyv)* forplads (foran hangarer); *(teat)* forscene.

apron string forklædebånd; *be tied to her -s (fig)* hænge i skørterne på hende.

apropos ['æprəpəu] *adv, adj* apropos, tilpas, belejlig; *~ of* angående, apropos; *~ of nothing* umotiveret.

apse [æps] *sb (arkit)* apsis.

apsis ['æpsis] *sb* (*pl apsides* [æp'saidi:z]) apsis.

apt [æpt] *adj* skikket, passende, (om bemærkning) træffende; dygtig, flink *(fx be apt at learning)*; *be apt to* være tilbøjelig til at *(fx they are apt to forget)*; *he is apt to come tonight (am)* han kommer sandsynligvis i aften.

aptitude ['æptitju:d] *sb: ~ for sth* talent (, særlig evne) til noget; anlæg for noget; *~ for languages* sprognemme; *have an ~ for learning* være lærenem.

aptitude test *(psyk)* anlægstest.

aptness ['æptnəs] *sb* tilbøjelighed *(fx his ~ to forget)*; evne *(fx his ~ to learn)*; *the ~ of his remarks* det rammende i hans bemærkninger.

aqua ['ækwə] *sb* vand; *~ fortis* [-'fɔ:tis] *(kem)* skedevand.

aqua|lung iltapparat for undervandssvømmere. **-ma-**

rine [ækwəmə'ri:n] akvamarin, beryl. **-plane** *sb* surfridingbræt; *vb* dyrke surfriding; (om bil på våd vej) miste kontakten med vejbanen; *-planing* (på våd vej) akvaplaning. ~ **-regia** ['ækwə'ri:dʒə] *(kem)* kongevand.
aquarelle [ækwə'rel] *sb* akvarel.
aquari|um [ə'kwɛəriəm] *sb (pl -ums, -a)* akvarium.
Aquarius [ə'kwɛəriəs] *(astr)* Vandmanden.
aquatic [ə'kwætik] *adj* vand- *(fx plant); ~ warbler zo* vandsanger.
aqua vitæ ['ækwə'vaiti:] akvavit, brændevin.
aqueduct ['ækwidʌkt] *sb (hist.)* vandledning, akvædukt.
aqueous ['eikwiəs] *adj* vandrig; vandagtig; *(kem)* vandig *(fx solution).*
aquiline ['ækwilain] *adj* ørne-.
A.R.A. *fk Associate of the Royal Academy.*
Arab ['ærəb] *sb* araber; arabisk hest; *adj* arabisk.
arabesque [ærə'besk] *sb* arabesk.
Arabia [ə'reibjə] Arabien.
Arabian [ə'reibjən] *adj* arabisk; *sb* araber; ~ *Nights* Tusind og én Nat.
Arabic ['ærəbik] *sb, adj* arabisk.
arable ['ærəbl] *adj* dyrkelig, opdyrket; *sb* agerland.
Araby ['ærəbi] *(poet)* Arabien.
arachnids [ə'ræknidz] *sb pl zo* spindlere.
Aragon ['ærəgən] Aragonien.
arbiter ['a:bitə] *sb dommer (fx ~ of taste* smagsdommer); herre *(of* over, *fx he was the ~ of their lives); ~ of fashion* modekonge.
arbitrage ['a:bitridʒ] *sb* voldgiftskendelse; *(merk)* arbitrageforretninger.
arbitrament [a:'bitrəmənt] *sb* voldgiftsafgørelse, voldgiftskendelse.
arbitrary ['a:bitrəri] *adj* arbitrær, vilkårlig; egenmægtig.
arbitrate ['a:bitreit] *vb* afgøre, dømme; (lade) afgøre ved voldgift. **arbitration** [a:bi'treiʃn] *sb* voldgift.
arbitrator ['a:bitreitə] *sb* voldgiftsdommer, voldgiftsmand.
arbor ['a:bə] *sb (tekn)* aksel; dorn; *(am) = arbour.*
arboreal [a:'bɔ:riəl] *adj* som lever på *(el.* i) træer, træ-.
arboretum [a:bə'ri:təm] *sb* arboret.
arboriculture ['a:bərikʌltʃə] *sb* trædyrkning.
arborvitae ['a:bə'vaiti:] *sb (bot)* tuja.
arbour ['a:bə] *sb* løvhytte, lysthus.
arc [a:k] *sb* bue.
arcade [a:'keid] *sb* buegang; overdækket butiksgade; *amusement ~* spillehal; *~ game* videospil.
Arcadian [a:'keidjən] *adj* arkadisk; landlig; idyllisk.
Arcady ['a:kədi] Arkadien.
arcane [a:'kein] *adj* hemmelig, mystisk.
arcan|um [a:'keinəm] *sb (pl -a* [-ə]) hemmelighed; hemmeligt middel, arkanum.
I. arch [a:tʃ] *sb* bue; hvælving; (om del af fod) svang; *vb* krumme; hvælve; bue sig, hvælve sig; spænde en bue over; *the cat -es its back* katten skyder ryg; *fallen -es* platfodethed.
II. arch [a:tʃ] *adj* skælmsk, skalkagtig.
III. arch- [a:tʃ] ærke- *(fx liar* løgner; *duke* hertug).
archaean [a:'ki:ən] *adj (geol)* arkæisk; *~ rock* urfjeld.
archaeological [a:kiə'lɔdʒikl] *adj* arkæologisk.
archaeologist [a:ki'ɔlədʒist] *sb* arkæolog.
archaeology [a:ki'ɔlədʒi] *sb* arkæologi.
archaic [a:'keiik] *adj* gammeldags, forældet; arkaisk.
archaism ['a:keiizm] *sb* gammeldags (, forældet) udtryk; arkaisme.
archangel ['a:k'eindʒ(ə)l] *sb* ærkeengel.
arch|bishop ['a:tʃ'biʃəp] ærkebiskop. **-bishopric** ærkebispedømme. **-deacon** ['a:tʃ'di:kn] (gejstlig embedsmand, i rang nærmest under biskop).
archer ['a:tʃə] *sb* bueskytte.
archery ['a:tʃəri] *sb* bueskydning.
archetype ['a:kitaip] *sb* grundtype, (især *psyk)* arketype; mønster, original.
Archibald ['a:tʃib(ə)ld].
archie ['a:tʃi] *sb (fk Archibald)* S luftværnskanon.
archiepiscopal [a:kii'piskəpl] *adj* ærkebispe-.
Archimedes [a:ki'mi:di:z]: ~ *principle* Arkimedes' lov.
archipelago [a:ki'peləgəu] *sb* øgruppe; øhav; *the A.* Arkipelagos, Det græske Øhav.
architect ['a:kitekt] *sb* bygmester, arkitekt; *(fig)* skaber.
architectonic [a:kitek'tɔnik], **architectural** [a:ki'tektʃər(ə)l] *adj* arkitektonisk.
architecture ['a:kitektʃə] *sb* bygningskunst, arkitektur.
architrave ['a:kitreiv] *sb (arkit)* arkitrav; gerigt.
archival [a:'kaivl] *adj* arkiv-.
archives ['a:kaivz] *sb pl* arkiv.
archivist ['a:kivist] *sb* arkivar.
arch support indlæg (i sko).
archway ['a:tʃwei] *sb* porthvælving, buegang.
arc lamp buelampe. **arc light** buelys.
arctic ['a:ktik] *adj* arktisk, nordlig, nord-; nordpols- *(fx expedition); the A. circle* den nordlige polarkreds; ~ *tern* havterne; *the A. zone* Arktis, nordpolarlandene; *-s pl (am)* galochestøvler.
ardency ['a:dnsi] *sb* varme, inderlighed; iver.
Ardennes [a:'denz] *sb pl: the ~* Ardennerne.
ardent [a:dnt] *adj* brændende; glødende, fyrig *(fx lover);* ivrig *(fx sportsman* jæger); ~ *spirits* spirituosa; *an ~ theatregoer* en passioneret teatergænger.
ardour ['a:də] *sb* hede; varme; iver; fyrighed, glød.
arduous ['a:djuəs] *adj* vanskelig, besværlig *(fx work);* ihærdig, energisk *(fx effort); (glds)* stejl.
are [ə, (betonet) a:, (foran vokal) (ə)r, a:r] *(pl* og 2. *pers sg præs* af *be)* er.
area ['ɛəriə] *sb* fladeindhold, areal; område, egn; (af by) kvarter; *(fig)* område, felt; *(arkit,* foran hus) forsænket gård mellem fortov og facade, lysgård.
area| bell klokke til køkkenet. ~ **code** *(tfl, am)* områdenummer. ~ **steps** *pl* trappe ned til køkkenet.
areca ['ærikə]: ~ *palm (bot)* betel(nød)palme.
arena [ə'ri:nə] *sb* kampplads, arena.
aren't [a:nt] *fk are not, am not.*
argent ['a:dʒ(ə)nt] *adj* sølv-; sølvklar, sølvhvid.
Argentina [a:dʒən'ti:nə] Argentina.
I. Argentine ['a:dʒ(ə)ntain] *adj* argentinsk; *sb* argentiner; *the ~ (Republic)* Argentina.
II. argentine ['a:dʒ(ə)ntain] *adj* sølv-, sølvklar.
Argie ['a:dʒi] T *(især neds) sb* argentiner; *adj* argentinsk.
argil ['a:dʒil] *sb* pottemagerler.
argillaceous [a:dʒi'leiʃəs] *adj* leret, ler-.
argle-bargle ['a:glba:gl] *vb* T mundhugges, kævles.
argon ['a:gɔn] *sb (kem)* argon.
argosy ['a:gəsi] *sb (hist. poet)* (rigt lastet) handelsskib.
argot ['a:gəu] *sb* (tyve)slang, argot.
arguable ['a:gjuəbl] *adj* **1.** diskutabel, tvivlsom; som kan diskuteres; **2.** rimelig; *it is ~ that* det kan (med nogen ret) hævdes at. **arguably** *adv (ogs)* muligvis, måske.
argue ['a:gju:] *vb* **1.** drøfte, diskutere, strides om; **2.** skændes; **3.** (be)vise, vidne om *(fx this action -s great courage),* være tegn på; **4.** argumentere, hævde, gøre gældende *(fx he -d that the plan was impracticable),* fremføre; *~ him into doing it* få ham (overtalt) til at gøre det; *~ him out of it* få ham fra det.
argument ['a:gjumənt] *sb* **1.** bevisgrund, argument; **2.** diskussion, drøftelse; **3.** skænderi, strid; **4.** *(litt)* indholdsoversigt, resumé; *let us assume, for the sake of ~, that* lad os gøre det tankeeksperiment at.
argumentation [a:gjumen'teiʃn] *sb* bevisførelse, argu-

mentation; diskussion.
argumentative [a:gju'mentətiv] *adj* polemisk, trættekær, stridslysten.
Argyll [a:'gail]
aria ['a:riə] *sb* arie, melodi.
arid ['ærid] *adj* tør, udtørret; gold; kedsommelig, fad, åndløs. **aridity** [æ'riditi] *sb* tørhed, goldhed; åndløshed.
aright [ə'rait] *adv* rigtig, ret.
aril ['æril] *sb (bot)* frøkappe.
arise [ə'raiz] *vb (arose, arisen)* opstå, fremkomme, dukke op, melde sig; rejse sig, stå op; ~ *from* komme af.
arisen [ə'rizn] *pp* af *arise.*
arista [ə'ristə] *sb* stak (som på byg).
aristocracy [æri'stɔkrəsi] *sb* aristokrati.
aristocrat ['æristəkræt, ə'ristə-] *sb* aristokrat.
aristocratic [æristə'krætik] *adj* aristokratisk.
Aristotle ['æristɔtl] Aristoteles.
arithmetic [ə'riθmətik] *sb* regning.
arithmetical [æriθ'metikl] *adj* aritmetisk; ~ *progression* differensrække *(fx* 1, 3, 5, 7).
Ariz. *fk Arizona.*
ark [a:k] *sb* (Noahs, pagtens) ark.
Ark. *fk* **Arkansas** ['a:kənsɔ:; a:'kænsəs].
I. arm [a:m] *sb* arm; kraft, vælde; *child (el. infant) in -s* skødebarn; *when he was still an infant in -s* før han havde lært at gå; *hold the photo at -'s length* holde billedet ud fra sig i strakt arm; *keep him at -'s length* holde ham på tilbørlig afstand, holde ham tre skridt fra livet; *pay an ~ and a leg* betale det hvide ud af øjnene. *take his ~* tage ham under armen; (se *ogs I. twist).*
II. arm [a:m] *sb* (oftest i *pl: -s)* våben; våbenart; *(her.)* våbenskjold; våben(mærke); *in -s* væbnet, kampberedt; *up in -s (fig)* kampberedt, i krigshumør; rasende; i oprør, oprørsk; *get up in -s (ogs)* komme i harnisk; *under -s* under våben.
III. arm [a:m] *vb* bevæbne, væbne; *(fig)* udruste *(fx -ed with statistics);* forsyne; (uden objekt) gribe til våben, ruste sig; *-ed neutrality* væbnet neutralitet.
armada [a:'ma:də] *sb: the Spanish ~ (hist.)* den spanske armada.
armadillo [a:mə'diləu] *sb zo* bæltedyr.
armament ['a:məmənt] *sb* bevæbning, oprustning; krigsmagt; (flys *etc)* bevæbning; *-s pl* krigsmagt, krigsudrustning; *-s industry* rustningsindustri; *-s race* kaprustning, rustningskapløb.
armature ['a:mətjuə, -tʃə] *sb* anker (i dynamo, til magnet); armering.
armchair ['a:mtʃɛə] *sb* armstol, lænestol; *adj (fig)* skrivebords- *(fx strategist, dramatist); ~ politician (omtr)* politisk kandestøber.
Armenian [a:'mi:njən] *adj* armenisk; *sb* armenier; armenisk.
arm|ful [-f(u)l] favnfuld. **-hole** ærmegab.
armistice ['a:mistis] *sb* våbenstilstand; *Armistice Day* årsdagen for våbenstilstanden 11. november 1918.
armlet ['a:mlət] *sb* armbind; *(geogr)* vig, lille bugt.
armlock ['a:mlɔk] *sb* føregreb; (i brydning) backhammer.
armorial [a:'mɔ:riəl] *adj* våben-, heraldisk; ~ *bearings* våben(mærke), våbenskjold.
armory ['a:məri] *sb* heraldik; (se også *armoury).*
armour ['a:mə] *sb (hist.)* rustning; *(mar, mil. zo)* panser; *(mil.)* kampvogne, panserstyrker; *(elekt)* armering.
armour-clad *adj* pansret; *sb* panserskib.
armoured ['a:məd] *adj* pansret, panser-; *(elekt etc)* armeret; ~ *division* panserdivision; ~ *train* pansertog.
armourer ['a:mərə] *sb (mil.)* bøssemager; våbenmekaniker; *(hist.)* våbensmed.
armour|plate panserplade. ~ **-plated** pansret.
armoury ['a:məri] *sb* tøjhus, arsenal; *(am: armory ogs)* våbenfabrik; våbenværksted.
arm|pit armhule. **-rest** armlæn.
arms race kaprustning.
arm|twisting armvridning. ~ **wrestling** „lægge arm", armbrydning.
army ['a:mi] *sb* hær; hærskare, armé.
army| chaplain feltpræst. ~ **corps** ['a:mikɔ:, *pl:* 'a:mikɔ:z] armékorps; *Women's Voluntary Army Corps* Lottekorpset. ~ **list** liste over hærens officerer. ~ **order** armébefaling.
aroma [ə'rəumə] *sb* duft, aroma.
aromatic [ærə'mætik] *adj* aromatisk.
arose [ə'rəuz] *præt* af *arise.*
around [ə'raund] *adv, præp* rundt, rundt omkring; om; i nærheden (af); omkring, ca. *(fx ~ 5 pounds);* hen *(fx come ~ and see us);* omkring i; til stede; *he has been ~* han har været ude at se sig om, han har prøvet noget; *he is the wisest man ~* han er den klogeste der findes.
arouse [ə'rauz] *vb* vække.
A.R.P. *fk Air Raid Precautions* luftværn.
arquebus ['a:kwibəs] *sb (glds)* hagebøsse.
A.R.R. *fk anno regni regis (, reginae): in the year of the king's (, queen's) reign.*
arr. *fk arrival, arrive, arrives, arrived.*
arrack ['ærək] *sb* arrak (brændevin lavet af palmesaft *el.* ris).
arraign [ə'rein] *vb* stille for retten; anklage; *(litt)* kræve til regnskab; fordømme.
arraignment [ə'reinmənt] *sb* anklage.
arrange [ə'rein(d)ʒ] *vb* ordne, arrangere, bringe i orden (, i stand); opstille *(fx a programme);* aftale, fastsætte, bestemme *(fx a meeting);* bilægge *(fx a dispute); (mus.)* bearbejde, arrangere, udsætte; ~ *about (el. for)* sørge for; træffe aftale om; ~ *for the car to be there* sørge for at vognen er der; ~ *with sby about (el. for) sth* træffe aftale med en om noget.
arrangement [ə'rein(d)ʒmənt] *sb* ordning, arrangement, indretning, opstilling; aftale, overenskomst, forlig, (om skyldner) akkord *(fx make an ~ with one's creditors);* (ting:) apparat, anordning; *(mus.)* bearbejdelse, udsættelse, arrangement; *-s pl* foranstaltninger, forberedelser *(fx make* (træffe) *-s for the reception of the President); come to an ~* indgå forlig.
arrant ['ær(ə)nt] *adj* notorisk, ærke-, topmålt *(fx hypocrite).*
arras ['ærəs] vægtæppe; gobelin fra Arras.
array [ə'rei] *vb* stille i orden, opstille; *(jur)* indkalde nævninger; *(poet)* klæde, smykke; *sb (hist.)* orden, slagorden; *(fig)* (imponerende) række (, opbud, samling); *(jur)* fortegnelse over nævninger; *(edb)* sæt; *(poet)* klædedragt; *in fine ~* prægtigt klædt; *(fig)* i fin stand.
arrears [ə'riəz] *sb pl* restance; *in ~* bagud *(fx he is in ~ with his work); ~ of correspondence* ubesvarede breve; ~ *of work* ugjort arbejde.
I. arrest [ə'rest] *vb* arrestere, anholde, fængsle, (om ejendele) beslaglægge; standse *(fx inflation); ~ sby's attention* tiltrække sig ens opmærksomhed; *suffering from -ed development* udviklingshæmmet; ~ *sby's property* gøre arrest i ens ejendele.
II. arrest [ə'rest] *sb* arrestation, anholdelse, (af ejendele) arrest, beslaglæggelse; standsning; ~ *of judgment* hindring af domsafsigelse (efter juryens kendelse og på grund af fejl); *make an ~* foretage en anholdelse; *put under ~* arrestere; *a warrant for the ~ of* arrestordre imod.
arresting [ə'restiŋ] *adj* fængslende, interessant.
arris ['æris] *sb (arkit)* grat.
arrival [ə'raivl] *sb* ankomst; nyankommen; tilførsel; *he*

was a late ~ han kom sent; *the last* ~ den sidste der kom.

arrive [ə'raiv] *vb* ankomme *(at, in* til), komme, nå *(at* til); indtræffe; gøre karriere, skabe sig en position, komme frem.

arrogance ['ærəgəns] *sb* hovmod, indbildskhed, overlegenhed, arrogance.

arrogant ['ærəgənt] *adj* hovmodig, indbildsk, overlegen, arrogant.

arrogate ['ærəgeit] *vb:* ~ *to oneself* tilrive sig; kræve med urette.

arrogation [ærə'geiʃn] *sb* anmasselse, uberettiget krav.

arrow ['ærəu] *sb* pil; *the broad* ~ den brede pil (statens mærke på dens ejendele, også på fangetøj).

arrowhead ['ærəuhed] *sb* pilespids.

arrowroot ['ærəuru:t] *sb* salep.

arse [a:s] *(vulg) sb* røv; knald; *vb:* ~ *about* fjolle rundt; *my* ~! rend mig i røven! *he doesn't know his* ~ *from his elbow* han har ikke en skid forstand på noget.

arsenal ['a:s(ə)nl] *sb* arsenal, tøjhus.

I. arsenic ['a:snik] *sb (kem)* arsenik.

II. arsenic [a:'senik] *adj* indeholdende arsenik, arsenikholdig.

arson [a:sn] *sb* brandstiftelse, ildspåsættelse.

I. art [a:t]: *thou* ~ *(glds)* du er.

II. art [a:t] *sb* kunst; kunstfærdighed; *-s pl (glds)* list, kneb; *the black* ~ den sorte kunst; *-s and crafts* kunst og håndværk; *the Arts Faculty* det humanistiske fakultet; *the fine -s* de skønne kunster; *she has brought (el. carried) cooking to a fine* ~ hun har udviklet madlavning til en hel kunst, hun er en virtuos på kogekunstens område; *have no* ~ *nor part in it (glds)* ingen som helst andel have deri.

III. art [a:t] *vb:* ~ *up* pynte på, gøre „kunstnerisk".

artefact ['a:tifækt] *sb* = *artifact.*

arterial [a:'tiəriəl] *adj* arterie-; ~ *road* hovedvej, hovedfærdselsåre.

arteriosclerosis [a:'tiəriəuskliə'rəusis] *sb* åreforkalkning.

artery ['a:təri] *sb* pulsåre, arterie; stor trafikåre.

artesian [a:'ti:ʒn] *adj* artesisk; ~ *well* artesisk brønd.

artful ['a:tf(u)l] *adj* listig, snu.

arthritic [a:'θritik] *adj* : ~ *swelling* gigtknude.

arthritis [a:'θraitis] *sb* artritis, ledbetændelse.

artic [a:'tik] *sb* T sættevogn; *(fk articulated lorry).*

artichoke ['a:titʃəuk] *sb* artiskok; *(Jerusalem* ~*)* jordskok.

I. article ['a:tikl] *sb* genstand; vare; (i avis *etc)* artikel; *(gram)* artikel, kendeord; (i dokument, kontrakt *etc)* artikel, punkt, paragraf; *-s pl (ogs)* kontrakt; *-s of apprenticeship* lærebrev, lærekontrakt; *-s of association (of a company)* aktieselskabsvedtægter; *the Thirty-nine A.-s* de 39 artikler i *the Church of England's* trosbekendelse.

II. article ['a:tikl] *vb* sætte i lære *(to* hos); opstille i punkter.

articular [a:'tikjulə] *adj* lede-; ~ *rheumatism* ledegigt.

I. articulate [a:'tikjulət] *adj* tydelig, klar, (om person) artikuleret; som kan udtrykke sig *(el.* formulere sig), velformuleret, veltalende; *(anat, bot)* med led, leddelt.

II. articulate [a:'tikjuleit] *vb* udtale tydeligt, artikulere; ledforbinde; *-d bus* ledbus; *-d lorry* sættevogn.

articulation [a:tikju'leiʃn] *sb* tydelig udtale; *(fon)* artikulation; *(anat)* ledforbindelse, led.

artifact ['a:tifækt] *sb (arkæol)* artefakt, kulturgenstand.

artifice ['a:tifis] *sb* kunstgreb, list, kneb.

artificer [a:'tifisə] *sb* håndværker, tekniker, mekaniker; skaber.

artificial [a:ti'fiʃl] *adj* kunstig *(fx respiration* åndedræt); kunstlet *(fx smile);* ~ *silk* kunstsilke.

artillerist [a:'tilərist] *sb* artillerist.

artillery [a:'tiləri] *sb* artilleri. **artilleryman** artillerist.

artisan [a:ti'zæn, 'a:ti-, *(am)* 'artizn] *sb* håndværker.

artist ['a:tist] *sb* kunstner. **artiste** [a:'ti:st] *sb* artist.

artistic [a:'tistik] *sb* kunstnerisk, artistisk.

artistry ['a:tistri] *sb* kunstnerisk dygtighed.

artless ['a:tləs] *adj* ukunstlet, naturlig; troskyldig, naiv.

art paper kunsttrykpapir.

arty ['a:ti] *adj* (forskruet) kunstnerisk, kunstlet.

arum ['ɛərəm] *sb* dansk ingefær, aronsstav.

arum lily *(bot)* kalla.

A.R.W. *fk Air Raid Warden.*

Aryan ['ɛəriən] *sb* arier; *adj* arisk, indo-europæisk.

as [əz, (betonet:) æz] *adv, conj* ligesom, som; da, idet; eftersom; såsandt; efterhånden som; imens; (lige)så; som, i egenskab af; som for eksempel; *as soon as, as well as etc* så snart som, så vel som osv; *as* **for** hvad angår; *as for me* for min part, hvad mig angår; *as* **from** fra ... at regne *(fx it began as from May 1.); as* **if** som om; *it is not as if* det er ikke fordi; *as if to* som for at; *I thought as* **much** det tænkte jeg nok; *as* **of** *July 1.* (pr.) 1. juli; *as* **per** ifølge, i henhold til *(fx as per agreement* aftale); *as* **to** hvad angår, med hensyn til; *so as to* for at, så at; *be so kind as to* vær så venlig at; *as* **though** som om; *as* **well** lige så godt; ligeledes, også; *as* **yet** endnu, hidtil;

(forb med *vb) old as I am* så gammel jeg er, skønt jeg er gammel; *as is* i den stand som den forefindes; *it is bad enough as it is* det er dårligt *(el.* slemt) nok i forvejen; *as it were* så at sige; *as it were to meet* som for at møde; *as you were!* om igen! *help such as are poor* hjælp dem som er fattige; *as I live* så sandt jeg lever.

ASA *fk American Standards Association.*

asafoetida [æsə'fetidə] *sb (bot)* dyvelsdræk.

asbestos [æz'bestəs] *sb* asbest.

asbestosis [æzbes'təusis] *sb (med.)* asbestose.

ascend [ə'send] *vb* stige (op); hæve sig; stige op ad, gå op ad *(fx the stairs);* klatre op ad; gå (, stige, klatre) op på, bestige.

ascendancy, ascendency [ə'sendənsi] *sb* overlegenhed, magt, herredømme, indflydelse; *gain* ~ *over* få overtaget over.

ascendant, ascendent [ə'sendənt] *adj* opstigende, opgående; overlegen, dominerende, overvejende; *sb* (i astrologi, genealogi) ascendent; *be in the* ~ være på vej op *(el.* frem *el.* til magten); være ved magten.

ascension [ə'senʃn] *sb* opstigen; *(rel)* himmelfart; *A. (Day)* Kristi Himmelfartsdag.

ascent [ə'sent] *sb* opstigen; bestigning; opgang; skråning; stigning; ~ *of sap (bot)* saftstigning.

ascertain [æsə'tein] *vb* konstatere; forvisse sig om *(fx I have -ed that it can be done),* skaffe sig *(el.* få) at vide *(fx whether a piece of news is true).*

ascetic [ə'setik] *adj* asketisk; *sb* asket.

asceticism [ə'setisizm] *sb* askese.

ascorbic acid [ə'skɔ:bik'æsid] ascorbinsyre.

Ascot ['æskət]; hestevæddeløb på *Ascot Heath.*

ascribable [ə'skraibəbl] *adj: is* ~ *to* kan tilskrives.

ascribe [ə'skraib] *vb:* ~ *to* tillægge *(fx* ~ *selfish motives to him);* tilskrive; henføre til.

asdic ['æzdik] *fk Anti Submarine Detection Investigation Control* (undervandslytteapparat).

asepsis [æ'sepsis] *sb* aseptik.

aseptic [æ'septik] *adj* aseptisk, bakteriefri, *(ogs fig)* steril.

asexual ['æ'sekʃuəl] *adj* kønsløs; ~ *reproduction* ukønnet formering.

asexuality [æsekʃu'æliti] *sb* kønsløshed.

I. ash [æʃ] *sb (bot)* ask; asketræ.

II. ash [æʃ] *sb* (oftest i *pl ashes)* aske; *ashes to ashes, dust to dust* af jord er du kommen, til jord skal du blive; *lay in ashes* lægge i aske; *in sackcloth and ashes*

i sæk og aske; *the Ashes* (om sejr i kricketkamp mellem England og Australien); *bring back (el. recover) the Ashes* få revanche over Australien.
ashamed [əˈʃeimd] *adj* skamfuld; *be ~* skamme sig *(of* over).
ash can *(am)* skraldespand.
ashen [æʃn] *adj* aske-; askegrå.
ashlar [ˈæʃlə] *sb* kvadersten.
ashore [əˈʃɔ:] *adv* i land; *run ~* løbe på grund, sætte på grund.
ash|pan askeskuffe. **-tray** askebæger.
Ash Wednesday askeonsdag.
Asia [ˈeiʃə, *(am)* ˈeiʒə] Asien. **Asia Minor** Lilleasien.
Asian [eiʃn, *(am)* eiʒn], **Asiatic** [eiʃiˈætik, *(am)* eiʒi-] *adj* asiatisk; *sb* asiat.
aside [əˈsaid] *adv* til side; til siden; afsides; *sb (teat)* afsides replik; *~ from* bort fra; *(am)* bortset fra; (se også *I. lay, put, I. set).*
asinine [ˈæsinain] *adj* æselagtig, dum, stupid.
ask [a:sk] *vb* spørge; spørge om; bede om; indbyde; bede; forlange, kræve; T fri til;
~ after spørge til *(fx sby's health); ~ sby back* invitere en igen (efter selv at være inviteret); *~ for* bede om, spørge efter, spørge om; kræve; *you have been -ing for it* du har selv været ude om det; den kunne du have undgået; *~ the banns* lyse til ægteskab; *~ sby's leave* bede en om tilladelse; *~ off* bede sig fri; *~ a question* stille et spørgsmål; *~ one's way* spørge sig frem, spørge om vej; *I ~ you!* jeg be'r Dem! jeg ved ikke hvad De føler! *if you ~ me* hvis du vil høre min mening; min mening er.
askance [əˈskæns] *adv* på skrå, til siden; *look ~ at (fig)* betragte med mistænksomme blikke, se skævt til.
askew [əˈskju:] *adv, adj* skævt.
asking [ˈa:skiŋ] *sb: get it for the ~* få det uden videre; *that's ~* det siger jeg ikke! **asking price** prisforlangende.
aslant [əˈsla:nt] *adv* på skrå, på sned; *præp* skråt hen over.
asleep [əˈsli:p] *adv, adj* i søvn; sovende; *fall (fast) ~* falde i (en dyb) søvn; *be ~* sove.
aslope [əˈsləup] *adv, adj* hældende, skrånende.
ASM *fk Acting Sergeant Major; Air-to-Surface Missile; Assistant Stage Manager.*
I. asp [æsp] *sb (bot)* asp.
II. asp [æsp] *sb* giftslange (især ægyptisk brilleslange).
asparagus [əˈspærəgəs] *sb (bot)* asparges.
aspect [ˈæspekt] *sb* udseende; aspekt; side (af en sag), synspunkt, synsvinkel; *(astr)* aspekt; *(gram)* aktionsart, aspekt; (om hus *etc)* beliggenhed; *have a southern ~* vende mod syd.
aspen [ˈæspən] *sb (bot)* asp; *~ leaf* æspeløv.
aspergillum [æspəˈdʒiləm] *sb (rel)* vievandskost, aspergillum.
asperity [əˈsperiti] *sb* barskhed, skarphed.
asperse [əˈspə:s] *vb* bagtale, bagvaske, smæde; *(rel)* bestænke (med vievand).
aspersion [əˈspə:ʃn, *(am)* -ʒn] *sb (rel)* bestænkning; *(cf asperse)* bagvaskelse, nedrakning; *cast -s on* tale nedsættende om, bagvaske, smæde.
aspersorium [æspəˈsɔ:riəm] *sb (rel)* vievandskar.
asphalt [ˈæsfælt] *sb* asfalt; *vb* asfaltere.
asphodel [ˈæsfədel] *sb (bot)* asphodelus, asfodel (symbol på troskab).
asphyxiate [æsˈfiksieit] *vb* kulilteforgifte, kvæle.
aspic [ˈæspik] *sb* kødgelé, sky; aspic.
aspidistra [æspiˈdistrə] *sb (bot)* aspidistra.
aspirant [əˈspaiərənt, ˈæspirənt] *sb: an ~ to (el. for) honours* en der stræber efter hædersbevisninger.
I. aspirate [ˈæspərət] *sb (fon)* aspireret konsonant; h.
II. aspirate [ˈæspireit] *vb (fon)* aspirere.
aspiration *sb [æspəˈreiʃn]* aspiration; tragten, higen.
aspire [əˈspaiə] *vb* hige, tragte, stræbe *(to* efter); *(glds, fig)* stige, hæve sig.
aspirin ® [ˈæspərin] *sb* aspirin.
I. ass [æs] *sb* æsel; *(fig)* fjols, fæ; *(am vulg)* røv; *a piece of ~ (am vulg)* et pigebarn, en lækker tøs, et skår, knald; *make an ~ of oneself* kvaje sig.
II. ass [æs] *vb.: ~ around* fjolle rundt.
assagai, assegai [ˈæsəgai] *sb* assagai (sydafr. kastespyd).
assail [əˈseil] *vb* angribe, gå løs på; overøse *(fx ~ sby with reproaches); ~ sby with questions* bombardere en med spørgsmål; *-ed with (el. by) (ogs)* naget af *(fx doubts).* **assailant** [əˈseilənt] *sb* angriber.
assassin [əˈsæsin] *sb* (snig)morder, attentatmand.
assassinate [əˈsæsineit] *vb* (snig)myrde, forøve attentat mod. **assassination** [əsæsiˈneiʃn] *sb* (snig)mord, attentat.
assault [əˈsɔ:lt] *vb (mil.)* angribe; storme; (om forbrydelse) overfalde; øve vold mod, voldtage; *(fig)* angribe voldsomt, overfalde; *sb* voldsomt angreb, overfald; *(mil.)* storm(angreb); *(jur): ~ and battery* voldeligt overfald; vold; *carry by ~* tage med storm.
assay [əˈsei] *vb* prøve *(mht* lødighed, *fx* guld), probere; *sb* prøve; probering. **assayer** [əˈseiə] *sb* probermester.
assay master møntguardejn.
assemblage [əˈsemblidʒ] *sb* samling, sammenkomst; (af maskine *etc)* samling, montering.
assemble [əˈsembl] *vb* samle; forsamle sig; (maskine *etc)* montere.
assembly [əˈsembli] *sb* forsamling; samling; møde; *(mil.)* samlingssignal; (i skole *omtr* =) morgensang.
assembly| area *(mil.)* beredskabsområde. *~* **language** *(edb)* symbolsk maskinsprog. *~* **line** samlebånd. *~* **plant** samlefabrik. *~* **room** festsal, mødesal; *(tekn)* samleværksted; *~ rooms* selskabslokaler. *~* **shop** samleværksted.
assent [əˈsent] *sb* samtykke, bifald; *vb* samtykke *(to* i); *the Royal Assent* kongelig stadfæstelse (af en lov); *~ to (ogs)* bifalde.
assert [əˈsə:t] *vb* påstå; forfægte, hævde; forsvare; *~ itself* gøre sig gældende; *~ oneself* hævde sig, være selvhævdende, mase sig frem. **assertion** [əˈsə:ʃn] *sb* påstand.
assertive [əˈsə:tiv] *adj* påståelig; selvsikker, kategorisk *(fx statement, tone).*
assess [əˈses] *vb* vurdere, taksere; bestemme, fastsætte, ansætte (bøde; skat *etc);* pålægge skat, beskatte; påligne. **assessment** *sb* beskatning; skatteligning; vurdering; fastsættelse; skat, afgift, bøde.
assessor [əˈsesə] *sb* ligningsmand; *(assur)* vurderingsmand; *(jur, hist.)* bisidder.
asset [ˈæset] *sb (fig)* aktiv, fordel, gode, *-s (ogs)* gode sider; *-s (merk)* aktiver, værdier; *gross -s* aktivmasse; *-s and liabilities* aktiver og passiver.
asset-stripping *(merk)* det at tømme (en virksomhed) for værdier (ved stykvis bortsalg).
asseverate [æˈsevəreit] *vb* højtideligt forsikre.
asseveration [æsevəˈreiʃn] *sb* højtidelig forsikring.
assiduity [æsiˈdjuiti] *sb* stadig flid, ihærdighed.
assiduous [əˈsidjuəs] *adj* flittig, ihærdig.
assign [əˈsain] *vb* bestemme; fastsætte *(fx a day for the meeting);* anvise, overdrage, tildele, (især *am)* give for *(fx work to do at home);* udpege *(fx ~ them to do it);* angive *(fx a reason for it);* tilskrive, tillægge *(fx the importance -ed to it); sb (jur)* person som fordring *etc* er overdraget til, assignatar.
assignation [æsigˈneiʃn] *sb* aftale om at mødes, stævnemøde; anvisning; overdragelse.
assignee [æsiˈni:] *sb (jur)* fuldmægtig; person som fordring *etc* er overdraget til, assignatar.
assignment [əˈsainmənt] *sb* overdragelse; tildeling;

anvisning, forskrivning *(fx of sby's salary)*; opgivelse; (især *am)* opgave, hverv, (i skole) lektie.
assimilate [ə'simileit] *vb* **1.** optage (i sig); **2.** (om føde) optage, fordøje; **3.** tilegne sig; **4.** bringe til at ligne, omdanne i lighed *(to* med); **5.** *(fon)* assimilere; **6.** (uden objekt) assimilere sig, *(fon)* blive assimileret; *(am)* blive optaget i samfundet. **assimilation** [əsimi'leiʃn] *sb* optagelse, tilpasning; *(fon)* assimilation.
assist [ə'sist] *vb* hjælpe; fremme; ~ *at* være til stede ved; ~ *in* assistere ved, hjælpe til med.
assistance [ə'sist(ə)ns] *sb* hjælp, bistand; *lend* ~ yde hjælp.
assistant [ə'sist(ə)nt] *sb* hjælper, medhjælper, assistent; *adj* hjælpende, assisterende; ~ *professor (am,* svarer til) adjunkt (ved universitet).
assizes [ə'saiziz] *sb pl* (retsmøder som holdtes på regelmæssige tingrejser rundt om i England af dommere i *the High Court of Justice;* afskaffet 1971).
I. associate [ə'səuʃieit] *vb* forbinde, forene; henføre, knytte *(with* til) i tankerne; ~ *with* omgås; ~ *oneself with* slutte sig til.
II. associate [ə'səuʃiət] *adj* forbunden, forenet; tilknyttet; med- *(fx editor)*; *sb* kammerat, fælle; kollega, medarbejder; *(merk)* associé; (af forening) associeret medlem; ~ *professor (am* svarer til) (universitets)lektor.
association [əsəusi'eiʃn] *sb* forening; selskab, klub; forbund; forbindelse; tankeforbindelse, idéassociation; *articles of* ~ aktieselskabsvedtægter; *memorandum of* ~ aktieselskabsanmeldelse.
association football fodbold (den i Danmark alm form).
assonance ['æsənəns] *sb* assonans, halvrim.
assort [ə'sɔ:t] *vb (glds)* ordne, sortere; *-ed* blandet *(fx -ed chocolates)*; af forskellig slags; ~ *with* passe sammen med.
assortment [ə'sɔ:tmənt] *sb* sortering; assortiment, udvalg.
assuage [ə'sweidʒ] *vb* lindre, berolige.
assume [ə'sju:m] *vb* tage, overtage *(fx power)*; påtage sig *(fx an obligation)*; tilrive sig; antage, formode *(fx he is -d to be rich)*, (ved logisk slutning) forudsætte *(fx if we ~ the truth of his statement)*; tage på, anlægge *(fx a disguise)*, antage; give sig skin af *(fx ~ piety)*.
assumed [ə'sju:md] *adj* formodet; påtaget, foregivet, simuleret *(fx with ~ indifference)*.
assumption [ə'sʌmpʃn] *sb* overtagelse *(fx of power)*; formodning *(fx this is a mere ~)*, antagelse, forudsætning; foregiven, skin; *the Assumption (rel)* Marias optagelse i himlen; *on the ~ that* ud fra den forudsætning at; *with an ~ of indifference* med påtaget ligegyldighed.
assurance [ə'ʃuərəns] *sb* forsikring, tilsagn; forvisning; sikkerhed, vished; (hos person) selvtillid, *(neds)* selvsikkerhed, suffisance; *(assur)* forsikring, assurance.
assure [ə'ʃuə] *vb* forsikre; forvisse *(fx ~ oneself that it is so)*; sikre, garantere *(fx does hard work usually ~ success? an -d income)*; tilsikre; overbevise; *(assur)* forsikre, assurere.
assuredly [ə'ʃuəridli] *adv* (helt) bestemt, helt sikkert.
assuredness [ə'ʃuədnəs] *sb* (selv)sikkerhed.
Assyria [ə'siriə] Assyrien.
aster ['æstə] *sb (bot)* asters.
asterisk ['æstərisk] *sb (typ)* stjerne.
astern [ə'stə:n] *adv* agter(ud); bak; *go* ~ bakke.
asthenic [æs'θenik] *adj (med.)* astenisk.
asthma ['æsmə] *sb* astma.
asthmatic [æs'mætik] *adj* astmatisk; *sb* astmatiker.
astigmatic [æstig'mætik] *adj* (om linse) astigmatisk; (om øje) med bygningsfejl.
astigmatism [æ'stigmətizm] *sb* bygningsfejl (i øjet).
astir [ə'stə:] *adv, adj* i bevægelse, på benene.
astonish [ə'stɔniʃ] *vb* forbavse, overraske.
astonishment [ə'stɔniʃmənt] *sb* forbavselse, overraskelse.
astound [ə'staund] *vb* forbløffe; lamslå.
astrachan = *astrakhan.*
astraddle [ə'strædl] *adv* overskrævs *(of* på).
astrakhan [æstrə'kæn] *sb* astrakan(skind).
astral ['æstr(ə)l] *adj* stjerneformig; stjerne-; astral-.
astray [ə'strei] *adv* på vildspor; *go* ~ fare vild, komme på afveje; *lead* ~ føre på vildspor; forlede.
astride [ə'straid] *adv, adj, præp* overskrævs (på); skrævende (over).
astringent [əs'trindʒənt] *adj* sammensnerpende; astringe- rende; *(fig)* streng, skarp; *sb* astringerende middel.
astrodome ['æstrədəum] *sb* observationskuppel.
astrologer [ə'strɔlədʒə] *sb* stjernetyder, astrolog.
astrological [æstrə'lɔdʒikl] *adj* astrologisk.
astrology [ə'strɔlədʒi] *sb* astrologi.
astronaut ['æstrənɔ:t] *sb* astronaut, rumpilot.
astronautics [æstrə'nɔ:tiks] *sb* astronautik, rumfartsvidenskab.
astronomer [ə'strɔnəmə] *sb* astronom.
astronomical [æstrə'nɔmikl] *adj* astronomisk.
astronomy [ə'strɔnəmi] *sb* astronomi.
astrophysics ['æstrə'fiziks] *sb* astrofysik.
astute [ə'stju:t] *adj* dreven, snu, snedig.
asunder [ə'sʌndə] *adv* i stykker; adskilt, fra hinanden.
asylum [ə'sailəm] *sb* asyl *(fx ask for political ~)*; fristed, tilflugtssted; *(glds)* sindssygeanstalt; ~ *for the deaf and dumb* døvstummeinstitut.
asymmetrical [æsi'metrikl] *adj* asymmetrisk.
asymptote ['æsimtəut] *sb (mat.)* asymptote.
at [ət, (betonet:) æt] *præp* i *(fx at Brighton, at war, at that moment, at a gallop)*; på *(fx look at, at the hotel, at that time)*, ved *(fx at breakfast, at table)*; til *(fx arrive at, at a low price)*; for *(fx buy at £1 and sell at £3)*; ad *(fx laugh at)*; over *(fx angry at, astonished at)*; med *(fx at intervals)*; løs på, hen imod *(fx run at)*;

at four (o'clock) kl. 4; *at my uncle's* hos min onkel; *what are you at now?* hvad har I nu for? *where it's at* S hvor det foregår; *at it again* tag fat igen; på'en igen; *he is at it again* nu er han minsandten i gang igen; *at best* i bedste tilfælde (*el.* fald); *at that* ved det, derved *(fx let us leave it at that)*; oven i købet; *two at a time* to ad gangen; *that is where it is at* S det er det det hele går ud på; *at worst* i værste tilfælde (*el.* fald).
atavism ['ætəvizm] *sb* atavisme.
atavistic [ætə'vistik] *adj* atavistisk.
ATC *fk air traffic control.*
ate [et, eit] *præt* af *eat.*
atheism ['eiθiizm] *sb* ateisme. **atheist** ['eiθiist] *sb* ateist.
atheistic [eiθi'istik] *adj* ateistisk.
Athena [ə'θi:nə], **Athene** [ə'θi:ni] Athene.
athenaeum [æθi'ni:əm] *sb* litterær (*el.* videnskabelig) klub; læsesal.
Athenian [ə'θi:njən] *adj* atheniensisk; *sb* athenienser.
Athens ['æθinz] Athen.
athirst [ə'θə:st] *adj* tørstig, tørstende *(for* efter).
athlete ['æθli:t] *sb* atlet, gymnast; *-'s foot* fodsvamp.
athletic [æθ'letik] *adj* atletisk.
athletics [æθ'letiks] *sb* atletik, idræt.
at-home [ət'həum] *sb* åbent hus, modtagelsesdag.
athwart [ə'θwɔ:t] *præp, adv* tværs over; tværs for (, af, på); tværskibs.
Atkins ['ætkinz]: *Tommy* ~ (navn for den britiske soldat).
Atlantic [ət'læntik] *adj* atlantisk; *the* ~ Atlanterhavet, Atlanten; *the ~ Charter* Atlanterhavsdeklarationen; *the ~ Pact* Atlantpagten.
atlas ['ætləs] *sb* atlas.
atmosphere ['ætməsfiə] *sb* atmosfære; *(fig)* stemning.
atmospheric(al) [ætməs'ferik(l)] *adj* atmosfærisk; ~

pressure lufttryk. **atmospherics** [ætməs'feriks] *sb pl* atmosfæriske forstyrrelser (i radio).
atoll ['ætɔl] *sb* atol, ringformet koralø.
atom ['ætəm] *sb* atom; *not an ~ of sense* ikke for to øre fornuft; *not an ~ of truth* ikke skygge af sandhed; *blow to -s* sprænge i stumper og stykker.
atom bomb atombombe.
atomic [ə'tɔmik] *adj* atomar; atom- *(fx bomb, clock, energy, theory, war, weapon, weight); the Atomic Age* atomalderen; *~ nucleus* atomkerne; *~ number* atomnummer; atomtal; *~ pile* atommile; *~ power plant* atomkraftværk; *~ research* atomforskning; *~ research plant* atomforsøgsstation; *~ submarine* atomdreven undervandsbåd.
atomism ['ætəmizm] *sb* atomisme.
atomization [ætəmai'zeiʃn] *sb* forstøvning.
atomize ['ætəmaiz] *vb* forstøve. **atomizer** *sb* forstøver.
atom-powered ['ætəmpauəd] *adj* atomdreven.
atomy ['ætəmi] *sb (glds)* fnug; atom; dværg; skelet.
atonal [æ'təunl] *adj* atonal.
atone [ə'təun] *vb: ~ for* bøde for, udsone.
atonement [ə'təunmənt] *sb* soning, udsoning.
atonic [æ'tɔnik] *adj (gram)* ubetonet; *(med.)* slap, atonisk.
atrabilious [ætrə'biljəs] *adj* melankolsk; galsindet.
atrium ['a:triəm, 'ei-] *sb* atrium.
atrocious [ə'trəuʃəs] *adj* oprørende, skændig, grusom; T gyselig, rædselsfuld.
atrocity [ə'trɔsiti] *sb* oprørende grusomhed; *~ propaganda* rædselspropaganda.
atrophy ['ætrəfi] *sb* atrofi, hentæring, svind.
atropine ['ætrəpin] *sb (kem)* atropin.
A.T.S. *fk Auxiliary Territorial Service.*
attaboy ['ætəbɔi] *interj (am)* bravo! sådan skal det være!
attach [ə'tætʃ] *vb* fastgøre, sætte på, fæste; *(fig)* knytte *(to* til), (om person *ogs)* attachere; fængsle, tiltrække, vinde; *(jur)* anholde; beslaglægge; gøre udlæg i *(fx wages);* (uden objekt) knytte (, slutte) sig *(to* til), følge *(to* med); *~ importance to it* tillægge det betydning; *no blame -s to him* der kan ikke rettes bebrejdelser mod ham; *-ed to* tilknyttet *(fx a firm),* attacheret; *be -ed to sby* være knyttet til en, være en hengiven.
attaché [ə'tæʃei] *sb* attaché; *~ case* attachétaske.
attachment [ə'tætʃmənt] *sb* hengivenhed, sympati; forbindelse, bånd; *(jur)* anholdelse; beslaglæggelse; arrest (i fordringer), eksekution.
attack [ə'tæk] *vb* angribe; anfalde, overfalde; *(fig)* gå i gang med, tage fat på; *sb* angreb; anfald *(fx a heart ~),* tilfælde.
attain [ə'tein] *vb: ~ (to)* nå, opnå.
attainable [ə'teinəbl] *adj* opnåelig.
attainder [ə'teində] *sb (glds jur)* tab af ære, liv og gods.
attainment [ə'teinmənt] *sb* evne, talent, færdighed *(fx a man of many -s);* opnåelse; resultat *(fx his scientific -s).*
attaint [ə'teint] *vb: ~ sby (glds jur)* fradømme en ære, liv og gods.
attar ['ætə] *sb: ~ of roses* rosenolie.
attempt [ə'tem(p)t] *vb* prøve, forsøge; *sb* forsøg; (ved eksamen) besvarelse (af eksamensopgave); (forsøg på mord:) attentat; *~ his life* stræbe ham efter livet; *-ed murder* mordforsøg; *~ on his life* attentat på ham.
attend [ə'tend] *vb* ledsage, følge (med), være med, betjene; (patient *etc)* pleje, passe, tilse; (institution) besøge, gå i *(fx school, church);* (begivenhed *etc)* overvære, følge; deltage i; (uden objekt) være til stede *(at* ved; *fx ~ at a meeting);* høre efter, være opmærksom; *~ to* lægge mærke til, passe, tage sig af; ekspedere; *are you being -ed to?* bliver De ekspederet? *~ upon* opvarte *(fx the king); -ed with* ledsaget af, forbundet med.
attendance [ə'tendəns] *sb* nærværelse, tilstedeværelse; besøg, tilhørerforsamling; betjening; *be in ~ on* være tjenstgørende hos; *dance ~ on* stå på pinde for; *medical ~* lægehjælp; *there was a good ~ at the meeting* mødet var godt besøgt.
attendant [ə'tendənt] *sb* tjener; opsynsmand; billetkontrollør; betjent; *adj* tilstedeværende, tjenstgørende; ledsagende, medfølgende; *the disadvantages ~ on it* de ulemper der er forbundet med det; *lift ~* elevatorfører; *the -s (ogs)* betjeningen.
attention [ə'tenʃn] *sb* opmærksomhed; omsorg; tagen sig af; betjening, pasning, pleje, (om patient *ogs)* behandling; *-s pl* opmærksomheder, *(neds)* efterstræbelser; *~! (mil.)* (deling, kompagni *etc)* ret! (i klasse *etc)* hør efter! *stand* **at** *~ (mil.)* stå ret; **call** *~ to* henlede opmærksomheden på; **need** *~* trænge til behandling; trænge til et eftersyn; **pay** *~ to* lægge mærke til; hæfte sig ved; lytte til *(fx his advice);* (om person) vise opmærksomhed; *you should pay more ~ to your work* du må koncentrere dig mere om dit arbejde; *pay no ~ to* ikke tage notits af; ikke tage sig af; *pay one's -s to* gøre kur til; *~* **please!** må jeg bede om et øjebliks opmærksomhed! (i højttaler) hallo hallo!
attentive [ə'tentiv] *adj* opmærksom, agtpågivende; påpasselig, omhyggelig, omsorgsfuld.
attenuate [ə'tenjueit] *vb* fortynde; svække.
attenuation [ətenju'eiʃn] *sb* fortynding, svækkelse; *(elekt)* dæmpning.
attenuator [ə'tenjueitə] *sb (elekt)* dæmpningsled.
attest [ə'test] *vb* bevidne; bekræfte; tage i ed; *~ to* attestere; bære vidnesbyrd om. **attestation** [æte'steiʃn] *sb* vidnesbyrd; attestering, bekræftelse.
I. Attic ['ætik] *adj* attisk; *~ salt* attisk salt, vid.
II. attic ['ætik] *sb* loftskammer; kvistværelse; pulterkammer; *in the ~* på kvisten.
attire [ə'taiə] *vb* klæde; smykke; *sb* klæder, dragt; *(her.)* hjortevi (ↄ: gevir).
attitude ['ætitju:d] *sb* stilling, indstilling, standpunkt, holdning; *strike an ~* stille sig i positur.
attitudinize [æti'tju:dinaiz] *vb* stille sig an, opføre sig affektert.
attorney [ə'tə:ni] *sb* fuldmægtig; *(glds* og *am)* advokat; *power of ~, letter of ~* skriftlig fuldmagt; prokura.
Attorney General *(am, omtr)* rigsadvokat, justitsminister.
attract [ə'trækt] *vb* tiltrække, tiltrække sig.
attraction [ə'trækʃn] *sb* tiltrækning(skraft); tillokkelse, tiltrækkende egenskab; forlystelse; *the chief ~ of the day* dagens clou.
attractive [ə'træktiv] *adj* tiltalende, tiltrækkende, tillokkende; *an ~ offer* et fordelagtigt tilbud.
I. attribute [ə'tribju(:)t] *vb: ~ to* tilskrive, tillægge.
II. attribute ['ætribju:t] *sb* egenskab; attribut; kendetegn.
attribution [ætri'bju:ʃn] *sb* tillæggelse; tillagt egenskab.
attributive [ə'tribjutiv] *adj* attributiv.
attrition [ə'triʃn] *sb* slid; nedslidning; *(teol)* udfuldkommen anger; *(am)* reduktion ved naturlig afgang; *war of ~* opslidningskrig, udmattelseskrig.
attune [ə'tju:n] *vb* stemme, bringe i harmoni; *~ to* afstemme efter.
atypical [ei'tipikl] *adj* atypisk.
aubergine ['əubəʒi:n] *sb (bot)* aubergine, ægplante.
aubretia [ɔ:'bri:ʃə] *sb (bot)* aubretia, blåpude.
auburn ['ɔ:bən] *adj* rødbrun, kastaniebrun.
auction [ɔ:kʃn] *sb* auktion; *vb* sælge ved auktion, bortauktionere; *~ bridge* auktionsbridge.
auctioneer [ɔ:kʃə'niə] *sb* auktionarius, auktionsholder.
auctioneering *sb* auktionsholders virksomhed.

audacious [ɔ:'deiʃəs] *adj* dristig, forvoven; fræk.
audacity [ɔ:'dæsiti] *sb* dristighed; frækhed.
audible ['ɔ:dəbl] *adj* hørlig, tydelig.
audience ['ɔ:djəns] *sb* audiens; tilhørere, tilskuere, publikum.
audile ['ɔ:dil] *adj (psyk)* auditiv.
audio frequency ['ɔ:diəu 'fri:kwənsi] lavfrekvens.
audio | secretary, ~ typist maskinskriver(ske) der skriver efter båndoptager *el.* diktermaskine.
audio-visual ['ɔ:diəu'viʒuəl] *adj: ~ aids* audio-visuelle hjælpemidler (i undervisning).
audit ['ɔ:dit] *sb* revision (af regnskab); *vb* revidere.
audition [ɔ:'diʃn] *sb* hørelse; prøve (før engagement), (i radio) mikrofonprøve.
auditor ['ɔ:ditə] *sb* revisor; tilhører, lytter.
auditorium [ɔ:di'tɔ:riəm] *sb* auditorium, tilhørerplads, tilskuerplads, tilskuerrum.
auditory ['ɔ:ditri] *adj* høre- *(fx nerve); ~ meatus* øregang.
Audrey ['ɔ:dri].
Augean [ɔ:'dʒi:ən] *adj: cleanse the ~ stables* rense augiasstalden.
auger ['ɔ:gə] *sb* (snegle)bor; jordbor.
aught [ɔ:t] *pron (glds)* noget; *for ~ I know* så vidt jeg ved.
augment [ɔ:g'ment] *vb* forøge; forøges; *(mus.) -ed* forstørret *(fx interval; fourth)*.
augmentation [ɔ:gmen'teiʃn] *sb* forøgelse.
augur ['ɔ:gə] *sb (hist.)* augur; *vb* spå, varsle; *it -s well for us* det varsler godt for os.
augury ['ɔ:gjuri] *sb* spådom; varsel; spådomskunst.
I. August ['ɔ:gəst] *sb* august (måned).
II. august [ɔ:'gʌst] *adj* ophøjet, ærefrygtindgydende.
Augustan [ɔ:'gʌst(ə)n] *adj* augustæisk (som angår kejser Augustus); klassisk; *~ age* litterær guldalder (i England: det 18. årh.); *the ~ Confession* den augsburgske bekendelse.
Augustin(e) [ɔ:'gʌstin] Augustin(us).
Augustinian [ɔ:gə'stinjən] *sb* augustinermunk.
Augustus [ɔ:'gʌstəs] August (navn).
auk [ɔ:k] *sb zo: great ~* gejrfugl; *little ~* søkonge.
auld [ɔ:ld] *adj* (på skotsk) gammel; *~ lang syne* ['ɔ:ldlæŋ'sain] de gode gamle tider, de skønne svundne dage.
aunt [a:nt] *sb* tante, faster, moster; *Aunt Sally* (et spil hvor man kaster til måls efter et træhoved); *(fig)* skydeskive.
auntie, aunty ['a:nti] *sb* lille tante.
au pair [əu'pɛə] *adj* som gør husligt arbejde uden andet vederlag end kost og logi og lommepenge; *sb* au pairpige.
aura ['ɔ:rə] *sb* aura; nimbus; udstråling; duft.
aural ['ɔ:r(ə)l] *adj* øre-; *~ surgeon* ørelæge.
aureola [ɔ:'riələ], **aureole** ['ɔ:riəul] *sb* glorie.
auricle ['ɔ:rikl] *sb (anat)* ydre øre; hjerteøre; (ikkefagligt) (hjerte)forkammer, atrium.
auricula [ə'rikjulə] *sb (bot)* aurikel.
auricular [ɔ:'rikjulə] *adj* øre-, høre-; mundtlig; *~ confession (rel.)* privatskriftemål; *~ flutter (med.)* atrieflagren.
Aurora [ɔ:'rɔ:rə] Aurora; morgenrøde; *aurora australis* sydpolarlys; *aurora borealis* nordpolarlys.
auscultate ['ɔ:sklteit] *vb (med.)* lytte, auskultere.
auscultation [ɔ:skl'teiʃn] *sb (med)* auskultation, lytning.
auspices ['ɔ:spisiz] *sb pl: under his ~* under hans auspicier; under protektion af ham; i hans regi.
auspicious [ɔ:'spiʃəs] *adj* gunstig, heldig, lykkevarslende.
Aussie ['ɔzi] *sb* S australier, australsk soldat.
austere [ɔ'stiə] *adj* streng, barsk, strengt nøjsom, asketisk, spartansk.
austerity [ɔ'steriti] *sb* strenghed, barskhed, spartanskhed, streng enkelhed; askese; spareforanstaltning; *~ budget* skrabet budget; *~ programme* spareprogram.
Austin ['ɔstin].
Australasia [ɔstrəl'eiʒə] Australasien.
Australia [ɔ'streiljə] Australien.
Austria ['ɔstriə] Østrig.
Austria-Hungary *(hist.)* Østrig-Ungarn.
Austrian ['ɔstriən] *adj* østrigsk; *sb* østriger.
autarchy ['ɔ:ta:ki] *sb* selvstyre; despoti; se også *autarky*.
autarky ['ɔ:ta:ki] *sb* (evne til) selvforsyning.
authentic [ɔ:'θentik] *adj* autentisk, ægte *(fx signature);* pålidelig *(fx news);* egen; *the ~ words of the prophet* profetens egne ord. **authenticate** [ɔ:'θentikeit] *vb* godtgøre ægtheden af, stadfæste; legalisere.
authenticity [ɔ:θen'tisiti] *sb* ægthed; pålidelighed.
author ['ɔ:θə] *sb* forfatter; ophav, ophavsmand, skaber.
authoress ['ɔ:θərəs] *sb* forfatterinde.
authoritarian [ɔ:θɔri'tɛəriən] *adj* autoritær.
authoritative [ɔ:'θɔritətiv] *adj* autoritativ, som har autoritet, officiel; myndig, bydende.
authority [ɔ:'θɔriti] *sb* **1.** autoritet, myndighed; **2.** anseelse, indflydelse; **3.** vidnesbyrd; kilde, hjemmel; **4.** fuldmagt, bemyndigelse; *on good ~* fra pålidelig kilde; *exceed one's ~* overskride sin kompetence; *those in ~* myndighederne.
authorize ['ɔ:θəraiz] *vb* bemyndige, give fuldmagt; gøre retsgyldig, autorisere; legalisere; berettige; *the Authorized Version* den engelske bibeloversættelse af 1611.
authorship ['ɔ:θəʃip] *sb* forfatterskab; *of unknown ~* hvis forfatter er ukendt.
auto ['ɔ:təu] *sb (am)* bil. **auto-** selv-, auto-.
autobiography [ɔ:təbai'ɔgrəfi] *sb* selvbiografi.
autocade ['ɔ:təkeid] *sb* kortege.
autochthonous [ɔ:'tɔkθənəs] *adj: ~ population* urbefolkning; urindbyggere.
autoclave [ɔ:'təkleiv] *sb* autoklav.
autocracy [ɔ:'tɔkrəsi] *sb* enevælde.
autocrat *sb* ['ɔ:təkræt] *sb* selvhersker, enevoldsherre.
autocratic [ɔ:tə'krætik] *adj* uindskrænket, autokratisk, enevældig; diktatorisk.
autocross ['ɔ:təkrɔs] *sb* bilterrænløb.
auto-da-fé ['ɔ:təda:'fei] *sb* autodafé.
autogamous [ɔ:'tɔgəməs] *adj (bot)* selvbestøvende.
autogamy [ɔ:'tɔgəmi] *sb (bot)* selvbestøvning.
autogenous [ɔ:'tɔdʒənəs] *adj: ~ welding* autogensvejsning.
autograph ['ɔ:təgræf] *sb* autograf; egen håndskrift; egenhændigt manuskript; *(typ)* autografisk aftryk; *adj* egenhændig, egenhændigt skrevet *(fx document, letter); vb* skrive egenhændigt; *-ed by the author* med forfatterens egenhændige underskrift; *-ed copy* dediceret eksemplar.
autographic [ɔ:tə'græfik] *adj* egenhændig.
autography [ɔ:'tɔgrəfi] *sb (typ)* autografi.
autogyro ['ɔ:tə'dʒaiərəu] *sb* autogyro, mølleplan.
autoist ['ɔ:təuist] *sb (am)* bilist.
automat ['ɔ:təmæt] *sb (am)* automat; automatcafé.
automated ['ɔ:təmeitid] *adj* automatiseret.
automatic [ɔ:tə'mætik] *adj* automatisk (fx *pistol, pilot);* *sb* automatisk pistol (, riffel); *~ drive* automatisk gear; *~ (delivery) machine* automat; *~ rifle (am)* automatisk riffel, let maskingevær; *~ ticket machine* billetautomat; *~ transmission* automatisk gear.
automation [ɔ:tə'meiʃn] *sb* automatisering.
automatism [ɔ:'tɔmətizm] *sb* automatisme.
automaton [ɔ:'tɔmət(ə)n] *sb (pl -s, automata)* automat, robot.

automobile ['ɔ:təməbi:l] *sb* (især *am)* automobil, bil.
autonomous [ɔ:'tɔnəməs] *adj* autonom, selvstyrende.
autonomy [ɔ:'tɔnəmi] *sb* autonomi, selvstyre.
autopsy ['ɔ:təpsi] *sb* obduktion.
autosuggestion ['ɔ:təusə'dʒestʃn] *sb* selvsuggestion.
autumn ['ɔ:təm] *sb* efterår.
autumnal [ɔ:'tʌmnl] *adj* efterårs-; efterårsagtig.
auxiliary [ɔ:g'ziljəri] *adj* hjælpe-; *sb* hjælper; *(gram)* hjælpeverbum; *auxiliaries* hjælpetropper.
A. V. *fk. Authorized Version.*
avail [ə'veil] *vb* nytte, være til nytte, gavne, hjælpe; *sb* nytte, fordel; ~ *oneself of* benytte sig af; *of (el. to) no* ~ til ingen nytte; *without* ~ forgæves.
availability [əveilə'biləti] *sb* tilgængelighed; gyldighed; anvendelighed.
available [ə'veiləbl] *adj* disponibel, til rådighed, tilgængelig; anvendelig, gyldig; *be* ~ *(ogs)* gælde *(fx the ticket is* ~ *for a month).*
avalanche ['ævəla:nʃ] *sb* lavine, sneskred; *(fig)* lavine, (pludselig) strøm *(fx of reproaches),* syndflod.
avarice ['ævəris] *sb* griskhed; gerrighed; havesyge; *rich beyond the dreams of* ~ ufattelig rig.
avaricious [ævə'riʃəs] *adj* grisk, gerrig; havesyg.
avast [ə'va:st] *interj (mar)* stop! ~ *heaving!* vel hevet! stå hive!
avatar [ævə'ta:] *sb* en guddoms inkarnation.
avaunt [ə'vɔ:nt] *interj* bort!
Ave Maria ['a:vimə'riə] Ave Maria.
avenge [ə'ven(d)ʒ] *vb* hævne.
avens ['ævənz] *sb (bot)* nellikerod.
avenue ['ævənju:] *sb* vej; allé; (især *am)* boulevard, (bred) gade; *(fig)* vej *(fx new -s for industry); explore every* ~ ikke lade noget middel uforsøgt; ~ *to prosperity* vej til velstand.
aver [ə'və:] *vb* erklære, forsikre, påstå.
average ['æv(ə)ridʒ] *sb* middeltal, gennemsnit; *(mar)* havari; *adj* gennemsnitlig, gennemsnits-; *vb* finde gennemsnittet af; være (, udgøre, blive, få, udføre) i gennemsnit; *on an (el. on the)*~ i gennemsnit; ~ *out* udligne(s), udjævne(s); *strike an* ~ tage middeltallet; ~ *adjuster* dispachør; ~ *statement, statement of* ~, ~ *adjustment, adjustment of* ~ dispache, havariopgørelse; *state -s* dispachere; ~ *stater* dispachør.
averment [ə'və:mənt] *sb* erklæring, påstand.
averse [ə'və:s] *adj* utilbøjelig, uvillig; *be* ~ *to (el. from)* ikke bryde sig om; *he is not* ~ *to* han går ikke af vejen for, han har ikke noget imod.
aversion [ə'və:ʃn, *(am)* -ʒn] *sb* aversion, uvilje, afsky.
aversive [ə'vɛ:siv] *adj* aversiv, aversions-, som skal fremkalde modvilje.
avert [ə'və:t] *vb* bortvende; bortlede *(fx sby's suspicion);* afvende; afværge, afbøde *(fx a blow).*
aviary ['eivjəri] *sb* voliere, flyvebur.
aviation [eivi'eiʃn] *sb* flyvning; flyveteknik; luftfart; flyvemaskineindustri; *(am)* militærfly; ~ *petrol (, am: gasolene)* flyvebenzin.
aviator ['eivieitə] *sb* flyver, aviatiker.
avid ['ævid] *adj* grisk, begærlig *(of, for* efter); ivrig.
avidity [ə'viditi] *sb* griskhed, begærlighed; iver.
avionics [eivi'ɔniks] *sb* elektronik anvendt i luftfartøjer.
avitaminosis ['eivaitəmi'nəusis] *sb (med.)* avitaminose; vitaminmangelsygdom.
avocado [ævə'ka:dəu] *sb (bot)* avocado.
avocation [ævə'keiʃn] *sb* beskæftigelse, dont; bibeskæftigelse.
avocet ['ævəset] *sb zo* klyde.
avoid [ə'vɔid] *vb* sky, undgå, undvige; *(jur)* gøre ugyldig; *-ing reaction (fysiol)* afværgereaktion.
avoidance [ə'vɔidns] *sb* undgåelse.
avoirdupois [ævədə'pɔiz] *sb* handelsvægt; T korpulence, fedme.
Avon [eivn]: *the Swan of* ~ (Shakespeare).
avouch [ə'vautʃ] *vb* erklære; bekræfte; indrømme; garantere, indestå for.
avow [ə'vau] *vb* erklære åbent, tilstå, vedkende sig.
avowal [ə'vauəl] *sb* åben erklæring, tilståelse.
avowed [ə'vaud] *adj* erklæret *(fx their* ~ *aim); the* ~ *author* den som har vedkendt sig forfatterskabet *(of* til).
avowedly [ə'vauidli] *adv* åbent, uforbeholdent.
avuncular [ə'vʌŋkjulə] *adj* onkel-, som onkel *(fx his* ~ *privilege);* onkelagtig, alfaderlig.
await [ə'weit] *vb* afvente *(fx let us* ~ *his arrival; -ing your orders);* forestå, vente *(fx the fate that -s him).*
I. awake [ə'weik] *vb (awoke, awaked)* vække; vågne; *(fig (ogs)* få øjnene op *(to* for, *fx I awoke to my responsibilities).*
II. awake [ə'weik] *adj* vågen; *be* ~ *to* have blik *(el.* vågen sans) for, være klar over *(fx he is* ~ *to his own interest); wide* ~ lysvågen, T vaks.
awaken [ə'weik(ə)n] *vb* vække; vågne.
award [ə'wɔ:d] *vb* tilkende, tildele; tilstå; *sb* kendelse; noget som tilkendes en, pris, præmie, tildeling, stipendium.
aware [ə'wɛə] *adj* vidende *(of* om); *be* ~ *of (ogs)* vide; være klar over; være på det rene med; *become* ~ *of* blive opmærksom på; *I am* ~ *that* jeg ved (godt) at.
awash [ə'wɔʃ] *adj* overskyllet af vand; i vandskorpen.
away [ə'wei] *adv* bort; borte; af sted; væk, løs *(fx fire* ~*);* (i sport) på udebane *(fx they won 2-0* ~*); sb* kamp på udebane; *far and* ~ *the best* langt det (, den) bedste; *right (el. straight)* ~ straks; (se også *I. do, I. fall, get, I. make, I. take).*
away match kamp på udebane.
awe [ɔ:] *sb* ærefrygt, hellig rædsel; *vb* indgyde ærefrygt; imponere; skræmme *(fx they were -d into submission); stand in* ~ *of sby* have dyb respekt for en; frygte en.
aweigh [ə'wei] *adv (mar)* let (om anker).
awe|-inspiring *adj* ærefrygtindgydende, respektindgydende, overvældende. **-some** *adj* = ~ *-inspiring; (ogs)* ærbødig. ~ **-stricken,** ~ **struck** *adj* rædselsslagen, fyldt af ærefrygt.
awful ['ɔ:f(u)l] *adj (glds)* (ære)frygtindgydende, imponerende; frygtelig; T stor, vældig, frygtelig, forfærdelig.
awfully ['ɔ:fuli] *adv* frygteligt; T ['ɔ:fli] meget; ~ *nice* forfærdelig rar; *thanks* ~ tusind tak.
awhile [ə'wail] *adv* en stund, lidt.
awkward ['ɔ:kwəd] *adv* kejtet, akavet, klodset; kedelig, besværlig; ubehagelig; ubelejlig; pinlig *(fx silence, situation);* ~ *age* lømmelalder, tøsealder; ~ *customer* brutal fyr, farlig modstander.
awl [ɔ:l] *sb* syl. **awlwort** *sb (bot)* sylblad.
awn [ɔ:n] *sb* stak (som på byg).
awning ['ɔ:niŋ] *sb* solsejl; markise.
awoke [ə'wəuk] *præt* af *awake.*
AWOL *fk absent without leave* rømmet.
awry [ə'rai] *adv, adj* skævt.
I. axe [æks] *sb* økse; *apply the* ~ bruge sparekniven (i budget); *get the* ~ blive fyret; blive smidt ud (af skole); *he has an* ~ *to grind* han vil mele sin egen kage; han vil hyppe sine egne kartofler.
II. axe [æks] *vb* tilhugge med økse; nedskære drastisk.
axial ['æksiəl] *adj* aksial, akse-.
axil ['æksil] *sb (bot)* bladhjørne.
axillary [æk'siləri] *adj (bot)* akselstillet; ~ *bud* akselknop.
axiom ['æksiəm] *sb* aksiom, grundsætning; selvindlysende sandhed.
axiomatic [æksiə'mætik] *adj* aksiomatisk, umiddelbart indlysende.
axis ['æksis] *sb (pl axes* ['æksi:z]) akse.
axle [æksl] *sb* aksel, hjulaksel.

ay [ai] *sb (pl ayes)* ja; jastemme; *ay ay, sir!* javel! *the ayes have it* forslaget er vedtaget.
ayah ['aiə] *sb* indisk barnepige.
aye [ai], se *ay;* [ei] *(glds) adv* stedse, bestandig.
aye-aye ['aiai] *sb zo* fingerdyr.
azalea [ə'zeiljə] *sb (bot)* azalea.
azimuth ['æziməθ] *sb (astr)* azimut.
Azores [ə'zɔ:z] *sb pl: the* ~ Azorerne.
Aztec ['æztek] *sb* aztek; *adj* aztekisk.
azure ['æʒə] *adj* himmelblå; *sb* himmelblåt.

B

B [bi:]; *B & B fk bed and breakfast.*
B *(mus.)* H; *B flat* b; *B flat major* B-dur; *B flat minor* B-mol.
b. *fk born* født.
B.A. *fk Bachelor of Arts; British Academy; British Association.*
baa [ba:] *vb* bræge; *sb* brægen; *interj* mæ(h).
Baal ['beiəl] Baal (fønikisk gud).
baa-lamb ['ba:læm] *sb* mælam.
babble [bæbl] *vb* pludre; pjadre, skvadre; plapre ud med *(fx secrets); sb* pludren; pjadren, skvadren.
babe [beib] *sb* pattebarn, spædt barn; *(am)* S pige.
babel [beibl] babylonisk forvirring, Babel.
babiroussa [bæbi'ru:sə] *sb zo* hjortesvin.
baboo ['ba:bu:] *sb* (indisk:) hr. *(neds* om europæiseret inder).
baboon [bə'bu:n] *sb zo* bavian.
baby ['beibi] *sb* spædbarn, baby; *(fig)* pattebarn; *(am S)* pige, skat; kælebarn; fyr; *the ~ of the family* familiens Benjamin *(el.* yngste); *I was left holding the ~* det var mig der kom til at hænge på den; jeg stod med håret ned ad nakken; jeg sad tilbage med smerten.
baby| boom opsving i fødselstallet (især: efter 2. verdenskrig). **~ buggy** *(am* T*)* barnevogn. **~ car** mindste type bil. **~ carriage** *(am)* barnevogn. **~ doll** S pigebarn. **~ farmer** person der tager børn i pleje; englemager. **~ grand** kabinetflygel. **-hood** *sb* tidligste barndom. **-ish** *adj* barnagtig.
Babylonian [bæbi'ləunjən] *adj* babylonisk; *sb* babylonier.
babysit ['beibisit] *vb* være baby-sitter.
babysitter *sb* babysitter, aftenvagt (hos børn).
baccalaureate [bækə'lɔ:riət] *sb* (universitetsgrad, graden som *bachelor).*
baccarat ['bækəra:] *sb* baccarat (et hasardspil).
bacchanal ['bækənl] *sb* bakkant; drikkelag, bakkanal; *adj* bakkantisk. **bacchanalia** [bækə'neiljə] *sb pl* bakkanaler, svirelag. **bacchant** ['bækənt] *sb* bakkant.
bacchante [bə'kænti] *sb* bakkantinde.
baccy ['bæki] *sb* T tobak.
bach [bætʃ] *(am* T*) sb* ungkarl, ugift; *vb* leve ugift.
bachelor ['bætʃ(ə)lə] *sb* ungkarl; *~ of arts, ~ of science* (betegnelse for den der har bestået en universitetseksamen som tages efter tre års studium).
bachelor girl ugift, selverhvervende kvinde.
bacillary [bə'siləri] *adj* bacille-, bacillær.
bacillus [bə'siləs] *sb (pl bacilli* [bə'silai]) bacille.
I. back [bæk] *sb* ryg; bagside *(fx of a house);* stoleryg, ryglæn; bagende, inderste del; (i fodbold *etc)* back;
at *the ~* bagest; *at the ~ of* bag(ved); **break** *his ~* overanstrenge ham; *break the ~ of a job* få det værste (af arbejdet) overstået; **excuse** *my ~* undskyld at jeg vender ryggen til Dem; **get** *off his ~* T lade ham være (i fred); *get (el. put el. set) his ~ up* få ham til at rejse børster, gøre ham vred; *the ~* **of** *the neck* nakken; *he is talking through the ~ of his neck* S han vrøvler, han ved ikke hvad han taler om; *be* **on** *his ~* T være på nakken af ham; *he* **puts** *his ~ into it* han lægger kræfterne i; **turn** *one's ~ on sby* vende en ryggen; *when his ~ was turned* når han vendte ryggen til; *sit* **with** *one's ~ to sby* vende ryggen til en; *sit with one's ~ to the engine* køre baglæns (i tog).
II. back [bæk] *vb* **1.** skubbe (, trække *etc)* tilbage, (med hest) rykke, (med bil) bakke *(fx ~ into the garage),* køre baglæns; (i båd) skodde (med årerne); **2.** støtte, hjælpe *(fx his friends -ed him);* **3.** holde på *(fx a horse);* **4.** (merk) skrive bag på, endossere *(fx ~ a bill);* **5.** beklæde på bagsiden; **6.** *(am)* ligge bag ved; **7.** (om vinden) dreje i modsat retning af solen;
~ down bakke ud; trække i land; opgive (et krav); **~ on to** vende bagsiden ud til; **~ out of** trække sig ud af, bakke ud af *(fx an undertaking);* **~ up** støtte, hjælpe *(fx he has no one to ~ him up);* bakke op; *(typ)* vidertrykke (trykke på bagsiden); **~ water** skodde (ved roning); *~ the* **wrong horse** holde på den forkerte hest.
III. back [bæk] *adj* bag-; ubetalt, som man er i restance med *(fx ~ taxes);* (om tidsskrift *etc)* gammel *(fx volume* årgang).
IV. back [bæk] *adv* tilbage *(fx come ~; call sby ~; ~ and forth* frem og tilbage); igen *(fx if anybody hits me, I hit ~);* for... siden *(fx some years ~); third floor ~* tredje sal til gården; *far ~ in the Middle Ages* langt tilbage i middelalderen; *he is just ~ from London* han er lige kommet hjem fra London; *~ of the house (am)* bag ved huset; (se også *answer, go, pay, take etc).*
backbencher *sb* menigt partimedlem i parlamentet.
back|bite ['bækbait] *vb* bagtale. **-board** bagsmække (på en vogn); bagklædning. **-bone** rygrad; *to the -bone* helt igennem. **~ -breaking** *adj* meget anstrengende. **~ burner:** *put on the ~ burner* sætte i anden række, stille i bero. **-chat** *sb* vittigt replikskifte, udveksling af vittigheder; svaren igen, næsvist svar. **-cloth,** bagtæppe. **-comb** *vb* toupere. **~ curtain** bagtæppe. **-date** antedatere; give tilbagevirkende kraft; *-dated to* med tilbagevirkende kraft fra *(fx wage increase -dated to Jan. 1.).* **~ door** bagdør, *(fig* også) bagvej. **-door** *adj* hemmelig, fordækt *(fx -door intrigues).* **-drop** *sb* bagtæppe; *(fig)* baggrund.
backer ['bækə] *sb* hjælper, beskytter; person der (ved væddeløb) holder på en hest; bagmand; kapitalindskyder.
back|fill fylde (opgravet jord) på igen; kaste (udgravning) til igen. **-fire** *sb* tilbageslag (i motor); *vb* (om motor) sætte ud; *(fig)* give bagslag; slå fejl. **~ four** (i fodbold) firbackslinien (de to centerforsvarere og to backer). **~ -formation** *(gram)* subtraktionsdannelse. **-gammon** [bæk'gæmən] triktrak (et brætspil).
background ['bækgraund] *sb* baggrund, miljø; uddannelse, forudsætninger *(fx he has the right -ground for the job);* (hørespileffekt:) contentum.
background count (i atomfysik) baggrundstælling.
backhand ['bækhænd] *sb* baghånd, baghåndsslag; stejlskrift. **backhanded** *adj* bagvendt, med bagen af hånden; *(fig)* indirekte, tvetydig, sarkastisk; *~ stroke* baghåndsslag; *~ writing* stejlskrift. **backhander** baghåndsslag; *(fig)* bagholdsangreb; S bestikkelse.
backhouse retirade, das.
backing ['bækiŋ] *sb* bagklædning; støtte; *(fig)* støtte, opbakning; *(mus.)* akkompagnement.
back|lash *sb (tekn)* dødgang, slør; *(fig)* tilbageslag, voldsom reaktion. **-log** stor brændeknude; *(fig)* reserve; efterslæb, arbejde som venter på at blive gjort; *a*

-log of orders uudførte *(el.* resterende) ordrer. ~ **number** gammelt nummer (af avis *etc); (fig)* en (, noget) tiden er løbet fra; *he is a ~ number (ogs)* han er passe; han følger ikke med tiden. **-pack** *(am) sb* rygsæk; *vb* tage på vandretur (med rygsæk). ~ **passage** T endetarm. **-pay** *sb* forfalden løn; efterbetaling. **-pedal** *vb* træde baglæns, bremse; *(fig)* hale i land. ~ **premises** *pl* baglokale.
backroom boys *pl* (videnskabsmænd der udfører hemmeligt forskningsarbejde; politikere *(etc)* der arbejder 'bag kulisserne').
back seat bagsæde; *take a ~ (fig)* træde i baggrunden.
back-seat driver passager i bil der giver føreren gode råd om hvordan han skal køre.
backshish ['bækʃi:ʃ], se *baksheesh.*
backside ['bæk'said] *sb* bagdel, rumpe, ende.
back|-slang form for slang hvor ordene udtales bagfra. **-slide** *vb* få tilbagefald, svigte; komme ind på forbryderbanen igen. **-slider** *sb* renegat, frafalden. **-stage** *adv* bag scenen, bag kulisserne. **-stairs** *sb pl* bagtrappe, køkkentrappe; *adj* indirekte, hemmelig *(fx influence),* køkkentrappe- *(fx gossip).* **-stay** *(mar)* bardun, agterstag. **-stitch** stikkesting. **-stop** *sb* bagstopper; skydevold; *vb* være bagstopper for; *(fig)* støtte, hjælpe. ~ **street** baggade. ~ **-street abortionist** kvaksalver. **-stroke** rygsvømning. **-talk** *(am) = backchat.* ~ **-to-back** *adv* ryg mod ryg; *sb* rækkehuse (i arbejderkvarter) bygget med bagsiden tæt op mod hinanden. **-track** *vb* gå samme vej tilbage; *(fig)* vende tilbage til en politik man havde forladt; trække i land; kapitulere, opgive.
backup ['bækʌp] *sb* reserve; erstatning; afløser; (især i *edb)* sikkerhedskopi; datasikkerhed; *adj* reserve; (i *edb)* sikkerheds-.
backup light *(am)* (på bil) baklygte.
back vowel *(fon)* bagtungevokal.
backward ['bækwəd] *adj* **1.** baglæns, tilbage, bagud; **2.** langsom, sen (på den), bagud; **3.** som står tilbage (i udvikling), tilbagestående, retarderet *(fx a ~ child);* **4.** tilbageholdende; **5.** *adv = backwards.*
backwardation [bækwə'deiʃn] *sb* (i terminsforretninger) deport.
backwards ['bækwədz] *adv* tilbage, bagud; baglæns; bagfra; *~ and forwards* frem og tilbage.
backwash ['bækwɔʃ] *sb* tilbageslag, tilbagestrømmende bølge; tilbagegående strøm; *(fig)* efterdønning.
backwater ['bækwɔ:tə] *sb* (sø *el.* indskæring med) stillestående vand (som står i forbindelse med et vandløb); *(fig)* stagnation, dødvande; fjern provins, ravnekrog.
backwoods ['bækwudz] *sb pl* urskove (i det vestl. Nordamerika); fjern provins, ravnekrog.
backwoodsman *sb* nybygger i Vesten(s urskove); T landboer som sjældent kommer til byen; overhusmedlem som sjældent deltager i møderne.
backyard *sb* baggård; *(am* ofte) have.
bacon ['beik(ə)n] *sb* bacon; (se også *bring (home), save).*
bacon factory svineslagteri.
bacteria [bæk'tiəriə] *pl* af: *bacterium.*
bacterial [bæk'tiəriəl] *adj* bakterie-.
bacteriological [bæktiəriə'lɔdʒikəl] *adj* bakteriologisk.
bacteriologist [bæktiəri'ɔlədʒist] *sb* bakteriolog.
bacteriology [bæktiəri'ɔlədʒi] *sb* bakteriologi.
bacterium [bæk'tiəriəm] *sb (pl bacteria)* bakterie.
bad [bæd] *adj (worse, worst)* ond, slet, slem; grim, ubehagelig; dårlig; fordærvet; falsk *(fx coin);* skadelig; syg; *~ form* se *I. form; ~ grace,* se *I. grace;* **go** ~ blive fordærvet; *go from ~ to worse* blive værre og værre; *go to the ~* gå i hundene; *be* **in** *~ with* S være på kant med; ~ **language** skældsord; uartige ord, eder; ~ **luck** uheld; *~ luck!* der var du uheldig! *be £50 to the ~* have tabt £50; *that's* **too** ~ det er synd; det var da kedeligt *(el.* en skam); det er for galt.
baddie ['bædi] *sb* T skurk; *goodies and -s* helte og skurke; gode og onde.
bade [bæd] *præt* af *bid.*
Baden Powell ['beidn'pəuel].
badge [bædʒ] *sb* kendetegn, mærke, ordenstegn, emblem; gradstegn, distinktion; skilt *(fx a policeman's ~).*
badger ['bædʒə] *sb* grævling; grævlingehårspensel; *vb* tirre, plage.
bad hat S skidt knægt, slubbert.
badinage ['bædina:ʒ] *sb* godmodigt drilleri; spøg.
badlands ['bædlændz] *sb pl (geogr)* ørkenområder fremkaldt af regnerosion.
badly ['bædli] *adv* slet; slemt; dårligt; *~ wounded* hårdt såret; *I want it ~* jeg trænger hårdt til det; *he is ~ off* det går skidt med ham; han sidder dårligt i det.
badminton ['bædmintən] *sb* (spillet) badminton; (en sommerdrik af rødvin og sodavand).
bad-mouth ['bæd-mauθ, 'bædmauð] *vb (am* S) rakke ned på.
badness ['bædnəs] *sb* slethed, ondskab.
bad-tempered ['bædtempəd] *adj* opfarende; galsindet.
Baedeker ['beidikə].
I. baffle [bæfl] *sb* skærm, afbøjningsplade; (i højttaler) højttalerskærm, lydskærm; (ved vej) lydvold.
II. baffle [bæfl] *vb* **1.** forbløffe; (virke) desorientere(nde på); **2.** hæmme, bremse, dæmme op for; **3.** forpurre; *~ description* trodse enhver beskrivelse; *it -d me completely* jeg kunne slet ikke finde ud af det; *-d (ogs)* magtesløs.
baffling ['bæfliŋ] *adj* forvirrende, desorienterende; uudgrundelig, uløselig; *~ wind* skiftende vind.
bag [bæg] *sb* sæk, pose, taske; kuffert; jagtudbytte; S *(old ~)* kælling, gimpe; *vb* lægge i sæk; skyde (vildt), nedlægge; samle på, få fat i; stikke til sig, snuppe; svulme; pose (sig); (se også *bags);*
his trousers ~ at the knees han har knæ i bukserne; *be left holding the ~* se *baby; in the ~* S sikker; „hjemme"; *be a ~* **of** *bones* kun være skind og ben; *a ~ of nerves* T et nervebundt; *the whole ~ of tricks* T hele molevitten *(el.* balladen *el.* historien).
bagasse [bə'gæs] *sb* bagasse, udpressede sukkerrør.
bagatelle [bægə'tel] *sb* bagatel, småting; fortunaspil.
Bagehot ['bædʒət]
bagel ['beigl] *sb (am)* (ringformet stykke morgenbrød)
baggage ['bægidʒ] *sb* bagage; *(mil.)* tros; *(spøg)* tøs *(fx an impudent ~); bag and ~* rub og stub; med pik og pak, med alt sit habengut.
bagging ['bægiŋ] *sb* sækkelærred; *adj,* se *baggy.*
baggy ['bægi] *adj* poset; *his trousers were ~ at the knees* han havde knæ i bukserne.
bag lady posedame (ɔ:hjemløs).
bagman ['bægmən] *sb (glds)* handelsrejsende; *(am* S) gangsters mellemmand *el.* pengeopkræver.
bag|pipe sækkepibe. **-piper** sækkepiber.
bags *sb pl* T (vide) bukser; *~ I that cake* helle for den kage; *~ of* S masser af.
bag snatcher taskerøver.
bah [ba:] *interj* pyt! snak!
Bahama [bə'ha:mə]: *the -s* Bahamaøerne.
I. bail [beil] *sb* kaution; *break (el. skip) ~, jump one's ~* stikke af når man er løsladt mod kaution; *out on ~* løsladt mod kaution; *give ~* stille kaution; *go ~ for* gå i kaution for; *I'll go ~ for that (fig)* det tør jeg vædde på; *~ out* få løsladt ved at stille kaution; redde (fra fallit; ud af en knibe); (se også *III. bail).*
II. bail [beil] *sb* overligger (på kricketgærde); hank; bøjle.
III. bail [beil] *sb* øse; *vb* øse; *~ out* øse læns; *(flyv)*

springe ud med faldskærm.
bailer ['beilə] *sb* øsekar.
Bailey ['beili]: *the Old* ~ (retsbygning i London).
bailiff ['beilif] *sb* foged, forvalter.
bailiwick ['beiliwik] *sb* område, jurisdiktion.
bairn [bɛən] *sb* (*dial.*, især skotsk) barn.
bait [beit] *sb* lokkemad, madding; foder; *vb* sætte madding på; (heste *etc*) fodre; (på rejse) bede, holde rast; (med hunde) hidse *(fx a bear); (fig)* drille, irritere; plage; *swallow the* ~ *(fig)* bide på krogen.
baize [beiz] *sb* baj (et uldent stof).
bake [beik] *vb* bage; stege; brænde *(fx bricks, tiles)*.
bakehouse ['beikhaus] *sb* bageri.
bakelite ['beikəlait] *sb* bakelit.
baker ['beikə] *sb* bager; *-'s dozen* tretten.
bakery ['beikəri] *sb* bageri, brødfabrik; bagerbutik.
baking| powder bagepulver. ~ **soda** tvekulsurt natron.
baksheesh ['bækʃi:ʃ] *sb* bakschisch, gave til tiggere i Ægypten, drikkepenge, bestikkelse.
balaclava [bælə'kla:və]: ~ *helmet* balaclavahue (ɔ: strikket hjelm), elefanthue.
balalaika [bælə'laikə] *sb* balalajka.
balance ['bæləns] *sb* vægt; ligevægt; balance; *(merk)* overskud, saldo, restbeløb; *(fig)* rest *(fx I shall send you the* ~ *on Monday)*; (i et ur) uro; *vb* (af)veje, opveje; balancere (med), holde *(el.* bringe) i ligevægt; afbalancere; afstemme; *(merk)* afslutte, saldere (regnskab);
he holds the ~ afgørelsen ligger i hans hånd; *the* ~ *in our favour* vort tilgodehavende; ~ *of payments* betalingsbalance; ~ *of trade* handelsbalance; *on* ~ alt i alt, stort set; ~ *oneself* balancere; *strike a* ~ trække en balance; *(fig)* finde en mellemvej (, mellemproportional); *(trembling) in the* ~ uafgjort.
balanced ['bælənst] *adj* velafbalanceret, i ligevægt; velafvejet; *a* ~ *budget* et regnskab der balancerer; *a* ~ *diet* alsidig kost.
balance sheet status(opgørelse).
balcony ['bælkəni] *sb* altan, balkon.
bald [bɔ:ld] *adj* skaldet; nøgen; *(fig)* åben(bar), utilsløret, ubesmykket *(fx a* ~ *statement of the facts)*; (om stil) farveløs, fattig, tør; *a* ~ *tyre* T et nedslidt dæk.
baldachin ['bɔ:ldəkin] *sb* baldakin, tronhimmel.
bald eagle *zo* hvidhovedet havørn.
balderdash ['bɔ:ldədæʃ] *sb* vrøvl.
baldhead ['bɔ:ldhed] *sb* skaldepande.
baldheaded *adj* skaldet; *go at it* ~ S gå på med krum hals; *go* ~ *into* S kaste sig ud i.
baldly ['bɔ:ldli] *adv* uden omsvøb, ligeud.
baldpate ['bɔ:ldpeit] *sb* skaldepande.
baldric ['bɔ:ldrik] *sb* skrårem, bandoler.
Baldwin ['bɔ:ldwin].
I. bale [beil] *sb* vareballe; *vb* emballere, indpakke.
II. bale [beil] se *III. bail.*
Balearic [bæli'ærik] *adj* balearisk; *the* ~ *Islands* Balearerne.
baleen [bə'li:n] *sb* hvalbarde; fiskeben (i korset).
baleful ['beilf(u)l] *adj* fordærvelig, skadelig, ødelæggende; ond, olm.
Balfour ['bælfə].
balk [bɔ:k] *vb* hindre, krydse *(fx his plans)*, skuffe *(fx his hopes)*, narre *(of* for); (uden objekt) standse brat, stoppe op; (om hest) refusere; *sb* bjælke; hindring; *(agr)* agerren; ~ **at** *(fig)* stejle over *(fx the price)*; vægre sig ved *(fx making a speech); the horse -ed at the fence* hesten refuserede.
Balkan ['bɔ:lkən] *adj* balkan-; *the -s* Balkan.
balky ['bɔ:ki] *adj* stædig, genstridig.
I. ball [bɔ:l] *sb* bold; kugle; klode; (garn) nøgle; (i billard) bal; *-s (vulg)* testikler, nosser; bavl, vrøvl; kludder; *make a -s of* S forkludre; ~ *of the eye* øjeæble; ~ *of the foot* fodbalde; *have a* ~ T more sig strålende; *have -s* S have nosser, være et mandfolk; *on the* ~ S vaks, på dupperne; *get on the* ~*!* S vågn op! se at komme i gang! *keep the* ~ *rolling* holde konversationen i gang; *play* ~ *(ogs)* samarbejde, være samarbejdsvillig; *-s to you! (vulg)* jeg vil skide på jer (, dig).
II. ball [bɔ:l] *sb* bal; *have a* ~ S have det vældig sjovt.
III. ball [bɔ:l] *vb* klumpe sig sammen; *(am vulg)* knalde, bolle; *the snow -ed under the shoes* sneen klampede under skoene; ~ *up (am)* forkludre; *get -ed up (am)* blive forvirret, komme i vildrede.
ballad ['bæləd] *sb* folkevise, ballade, gadevise, vise.
ballade [bæ'la:d] *sb* (digt bestående af tre ottelinjede vers samt en slutningsstrofe).
balladmonger ['bælədmʌŋgə] *sb* visesælger, visedigter.
ball-and-socket joint kugleled.
ballast ['bæləst] *sb* ballast; *vb* tage ballast, ballaste.
ball|bearing kugleleje. ~ **cartridge** skarp patron.
ballet ['bælei] *sb* ballet.
ball game boldspil; *(am* især) baseball; *that is another* ~ S det er en helt anden historie; det er noget helt andet.
Balliol ['beiljəl].
ballistic [bə'listik] *adj* ballistisk; ~ *missile* ballistisk missil; T raket(våben).
ballistics [bə'listiks] *sb* ballistik.
ball lightning kuglelyn.
ballocks ['bɔləks] *sb pl (vulg)* nosser; vrøvl.
balloon [bə'lu:n] *sb* ballon; (i tegneserie) boble; *(mar)* ballonfok; *vb* stige op med ballon; svulme op; *when the* ~ *goes up* T når det går løs.
balloon| barrage ballonspærring. ~ **car** ballonkurv, gondol. **-ist** luftskipper. ~ **jib** *(mar)* ballonfok. ~ **pilot** ballonfører. ~ **rigging** ballonnet. ~ **sail** *(mar)* ballonfok. ~ **tyre** ballondæk.
ballot ['bælət] *sb* hemmelig afstemning; stemmeseddel; stemmetal; *vb* = *vote by* ~ stemme hemmeligt.
ballot| box valgurne. ~ **paper** stemmeseddel.
ballpark *(am) sb* baseball stadion; *adj* S omtrentlig, sjusset; *in the right* ~ S omtrent rigtig.
ballpoint (pen) kuglepen.
ballroom ['bɔ:lrum] *sb* balsal.
balls *sb pl*, se *I. ball; vb:* ~ *up (vulg)* spolere. **balls-up** ['bɔ:lz'ʌp] *sb (vulg)* rod, forvirring.
ballsy ['bɔ:lsi] *adj (am* S*)* skrap, hård; frisk, modig.
bally ['bæli] *adj, adv* S fordømt, pokkers *(fx I am too* ~ *tired)*.
ballyhoo ['bælihu:] *sb* S reklamebrøl, larm, ballade.
ballyrag ['bæliræg] *vb* lave gadedrengestreger.
balm [ba:m] *sb* balsam; *(bot)* hjertensfryd.
Balmoral [bæl'mɔrəl].
balmy ['ba:mi] *adj* balsamisk, lindrende; (se også *barmy)*.
balony [bə'ləuni] *sb* vrøvl; *(am* S*)* humbug, bras.
balsam ['bɔ:lsəm] *sb* balsam; *(bot)* balsamin; ~ *fir* balsamgran. **balsamic** [bɔ:l'sæmik] *adj* balsamisk.
Baltic ['bɔ:ltik]: *the* ~ Østersøen.
Baltimore ['bɔ:ltimɔ:]; ~ *oriole zo* Baltimoretrupial.
baluster ['bæləstə] *sb* baluster, tremme i rækværk; *-s pl (ogs)* rækværk.
balustrade [bælə'streid] *sb* balustrade; rækværk.
bamboo [bæm'bu:] *sb* bambus; *the* ~ *curtain* bambustæppet.
bamboozle [bæm'bu:zl] *vb* snyde, bedrage, rende om hjørnet med, narre; forvirre.
ban [bæn] *sb* forbud *(on* mod); *(rel)* band, bandlysning; *vb* forbyde; bandlyse; *be -ned* i Sydafrika:) (have forbud mod at deltage i møder, skrive og bevæge sig frit).
banal [bəðna:l] *adj* banal. **banality** [bə'næliti] *sb* banalitet.

banana [bə'na:nə] *sb* banan; *go -s* S gå agurk (ɔ: blive skør).
band [bænd] *sb* bånd; stribe; (i tøj) linning; *(tekn)* drivrem; (på cigar) mavebælte; (om personer) skare, flok, *(neds)* bande; *(mus.)* musikkorps, orkester; (på bogryg) bind; (i skole, *omtr)* intelligensgruppe; *vb* knytte sammen, forene; (i skole *omtr)* inddele i tre intelligensgrupper.
bandage ['bændidʒ] *sb* bind, bandage, forbinding; bind for øjnene; *vb* forbinde. **bandage-maker** bandagist.
Band-Aid ® ['bændeid] hæfteplaster (med gaze).
bandan(n)a [bæn'dænə] *sb* (broget tørklæde).
B & B *fk bed and breakfast.*
band|box ['bændbɔks] hatteæske, papæske (til modepynt *etc). ~* **brake** *sb* båndbremse. ~ **conveyor** transportbånd.
bandeau ['bændəu] *sb* (hår)bånd, pandebånd.
banderole ['bændərəul] *sb* mastevimpel; lansefane.
bandicoot ['bændiku:t] *sb, zo* punggrævling, pungharе.
banding ['bændiŋ] *sb* (i skole) inddeling i tre grupper efter intelligens.
bandit ['bændit] *sb* bandit, røver. **banditry** *sb pl* røveruvæsen. **banditti** [bæn'diti] *sb pl* røvere, banditter.
bandmaster ['bændma:stə] *sb* dirigent, kapelmester.
bandog ['bændɔg] *sb* lænkehund, blodhund.
bandoleer [bændə'liə] *sb* skulderrem, bandoler.
band|saw båndsav. **-stand** musiktribune.
bandwagon ['bændwægən] *sb* (smykket vogn i optog, til orkester); *jump on (el. climb on to) the ~* T springe på vognen (ɔ: slutte sig til den sejrende part).
bandy ['bændi] *sb vb* kaste frem og tilbage; udveksle; *~ about (fig)* slå om sig med *(fx generalizations);* fortælle videre; *have one's name bandied about* blive genstand for sladder; *~ words* mundhugges.
bandy-legged ['bændilegd] *adj* hjulbenet.
bane [bein] *sb* bane, banesår; ødelæggelse, forbandelse.
bane|berry *(bot)* druemunke. **-ful** *adj* skadelig.
bang [bæŋ] *vb* banke, slå; dundre (med), knalde (med); prygle; *(vulg)* knalde (ɔ: have samleje med); *sb* slag, brag, dundren; *(am* S*)* sjov, skæg; *(vulg) knald; (se også bangs); adv* lige *(fx ~ in the middle); bang!* bum! *~ the door to* knalde døren i; *~ against a tree* brase imod et træ; *go ~* sige bang *(el.* bum); eksplodere *go (off) with a ~* T være en bragende succes.
banger ['bæŋə] *sb* T pølse; (om bil) gammel smadrekasse; (om fyrværkeri) kineser.
Bangkok [bæŋ'kɔk].
Bangladesh ['bæŋlə'deʃ].
bangle [bæŋgl] *sb* armring, ankelring.
bang-on S i orden; *'lige i øjet'.*
bangs [bæŋz] *sb pl* pandehår.
bang-up *(am* S*)* førsteklasses.
banian ['bæniən] *sb* indisk købmand; slags indisk kjortel.
banian day *(mar)* kødløs dag. **banian tree** indisk figentræ.
banish ['bæniʃ] *vb* landsforvise; forvise; forjage.
banishment ['bæniʃmənt] *sb* forvisning.
banister ['bænistə] *sb* gelænderstolpe; *-s pl* trappegelænder.
banjo ['bændʒəu] *sb* banjo.
I. bank [bæŋk] *sb* banke; vold; (i galej) rorbænk; (i havet) banke; (ved sø, flod) bred; *(merk etc)* bank; (i minedrift) væggen i en mine, hvor kullene brydes; jordområdet omkring en skaktmunding; *(flyv)* krængning; *(tekn)* række, batteri (af maskiner *etc); the Bank (of England)* Englands bank.
II. bank [bæŋk] *vb* inddæmme; opdæmme; indestænge; dynge op; drive bankvirksomhed; sætte i banken; *(flyv)* krænge; *~ the fires* bakke fyrene; *~ on* stole på; *I ~ with Barclay's* min bankforbindelse er B.
bankable ['bæŋkəbl] *adj* som kan godtages af en bank; pålidelig, sikker.
bank| account bankkonto. ~ **advances** *pl* udlån. ~ **bill** bankveksel; *(am)* pengeseddel. ~ **deposit** bankindskud.
banker ['bæŋkə] *sb* bankier, bankforbindelse; bankdirektør; (ved spil) bankør; (stenhuggers) huggebænk; *(mar.)* fiskefartøj der fisker på New Foundland-bankerne.
bank holiday almindelig fridag (vedtaget af parlamentet); (i USA) dag hvor bankerne officielt beordres lukket.
banking ['bæŋkiŋ] *sb* bankvæsen, bankforretninger, bankvirksomhed; (i vejbygning) overhøjde; *(flyv)* krængning; *adj* bank- *(fx firm),* bankier- *(fx firm).*
bank|note pengeseddel. ~ **rate** diskonto.
bankroll ['bæŋkrəul] *sb* midler, kapital; *vb* finansiere.
bankrupt ['bæŋkrʌpt] *sb* fallent; *adj* bankerot, fallit; *~ of (fig)* blottet for; *go ~* gå fallit.
bankruptcy ['bæŋkrəpsi] *sb* bankerot, fallit, konkurs; *file a petition in ~* indgive konkursbegæring.
bank vole *zo* rødmus.
banner ['bænə] *sb* banner, transparent; (i avis) flerspaltet overskrift; *adj (am)* vældig fin, fremragende, rekord- *(fx a ~ year for the corporation).*
bannock ['bænək] *sb* (slags flad kage).
banns [bænz] *sb pl* lysning (til ægteskab); *call (el. publish) the ~* lyse til ægteskab; *they had their ~ called* der blev lyst for dem.
banquet ['bæŋkwit] *sb* banket, festmåltid, fest; *vb* beværte; (uden objekt) feste, gøre sig til gode; *-ing hall* festsal.
banquette [bæŋ'ket] *(mil.)* banket (standplads for skytter bag et brystværn).
banshee [bæn'ʃi:] *sb* spøgelse hvis skrig varsler død.
bant [bænt] *vb* gå på afmagringskur *(cf banting).*
bantam ['bæntəm] *sb* dværghøne; *(fig)* lille hidsig fyr, lille kamphane. **bantamweight** bantamvægt(er).
banter ['bæntə] *vb* spøge; spøge med; drille; *sb* skæmt, drilleri.
banting ['bæntiŋ] *sb (glds)* (form for slankekur med meget protein og få kulhydrater).
baobab ['beiəbæb] *sb (bot)* baobabtræ.
B.A.O.R. *fk British Army of the Rhine.*
bap [bæp] *sb* slags blød bolle.
baptism ['bæptizm] *sb* dåb; *~ of fire* ilddåb.
baptismal [bæp'tizml] *adj* dåbs-, døbe-.
baptist ['bæptist] baptist; *St. John the Baptist* Johannes Døberen.
baptistery ['bæptistəri] *sb* dåbskapel; (hos baptister) dåbsbassin.
baptize [bæp'taiz] *vb* døbe.
I. bar [ba:] *sb* stang; tværstang, bom, (i havet) revle, skær; (for dør) slå; *(fig)* hindring *(to* for); *(jur)* retsskranke, *(fig)* domstol; (i kro *etc)* skænk, bar, disk; (aflangt stykke) stang, stykke *(fx of chocolate, of soap);* (af metal) barre; *(mus.)* taktstreg, takt; *(her.:* til orden) bjælke; *the Bar* sagførerstanden; *be at the Bar* være advokat *(ɔ: barrister); be admitted (el. be called el. go) to the ~* blive advokat (ɔ: *barrister).*
II. bar [ba:] *vb* stænge, spærre (for); udelukke; forbyde, sætte en stopper for; undtage, se bort fra; *præp* undtagen; *~ one* på én nær; *~ none* uden undtagelse.
Barabbas [bə'ræbəs].
barathea [bærə'θiə] *sb* barathea, uldstof med silke.
barb [ba:b] *sb* skæg *(fx* på fisk); (på fjer); stråle; (på en krog el. pil) modhage; *(fig)* giftighed.
Barbados [ba:'beidəuz].

barbarian [ba:'bεəriən] *adj* barbarisk; *sb* barbar.
barbaric [ba:'bærik] *adj* barbarisk.
barbarism ['ba:bərizm] *sb* barbari, barbarisme.
barbarity [ba:'bæriti] *sb* barbarisme.
barbarize ['ba:bəraiz] *vb* blive barbarisk; gøre barbarisk; bruge fremmedartede talemåder.
barbarous *adj* ['ba:b(ə)rəs] barbarisk.
Barbary ['ba:bəri] Berberiet.
barbastelle bat ['ba:bəstel'bæt] *zo* bredøre, bredøret flagermus.
barbecue ['ba:bikju:] *sb* stegerist; havegrill; grillfest; *(am)* (fest i fri luft hvor der serveres) helstegt dyr; *vb* stege på stegerist (, havegrill).
barbed [ba:bd] *adj* forsynet med modhager; skarp; *(fig)* skarp, bidende, sårende. **barbed wire** pigtråd; ~ *entanglement* pigtrådsspærring.
barbel [ba:bl] *sb zo* skægkarpe.
barbell ['ba:bel] *sb* vægtstang (til vægtløftning).
barber ['ba:bə] *sb* barber; *-'s itch* skægpest; *-'s pole* barberskilt (en stribet stang); *-'s rash* skægpest; *-'s shop* barberstue.
barberry ['ba:bəri] *sb (bot)* berberis.
barbet ['ba:bət] *sb zo* skægfugl.
barbette [ba:'bet] *sb (mil.)* bænk (bag brystværn).
barbican ['ba:bikən] *sb* porttårn, portbefæstning.
barbiturate [ba:'bitʃurət] *sb* barbitursyrederivat (sovemiddel).
bar code stregkode.
bard [ba:d] *sb* barde, skjald.
I. bare [bεə] *adj* bar, nøgen; ubevokset; tom; blottet *(of* for); blot *(fx the ~ idea)*; svag *(fx possibility, chance)*, kneben *(fx majority)*; *lay ~*, se *I. lay*; *the -st chance* den mindste chance; *in one's ~ skin* nøgen; *~ wire* (glat) ståltråd.
II. bare [bεə] *vb* blotte *(fx one's head)*; *(fig)* lægge blot *(fx one's feelings)*.
bare|back: *ride -back* ride på usadlet hest. **-backed** *adj* uden sadel, usadlet. **-faced** *adj* fræk, skamløs *(fx lie, impudence)*; utilsløret *(fx impudence)*. **-foot(ed)** barfodet. **-headed** *adj* barhovedet.
barely ['bεəli] *adv* knap (nok); med nød og næppe *(fx it was ~ avoided)*; kun lige akkurat *(fx her feet ~ touched the floor)*; *(cf I. bare)* bart, nøgent; sparsomt *(fx furnished)*.
bargain ['ba:gin] *sb* handel, køb, forretning; godt køb, god forretning, noget man har fået billigt, (i butik *ogs)* „tilbud"; aftale, overenskomst; *vb* købslå; tinge; forhandle (om); stille som betingelse *(that* at);

~ *away* sælge, bortbytte (på ufordelagtige betingelser); *make the best of a bad ~* tage besværlighederne med et smil; gøre gode miner til slet spil; *~ for* vente, være indstillet på, regne med; *that is a ~* det er et ord; *a ~ is a ~* bordet fanger; *into the ~* oven i købet; *~ on* blive enige om; vente, stole på, regne med; *I'll ~ that (ogs)* jeg skal garantere for at.
bargain counter disk med „tilbud".
bargaining|chip, ~ **counter** forhandlingsobjekt, bytteobjekt; forhandlingskort.
bargain price nedsat pris.
I. barge [ba:dʒ] *sb* pram; chef-chalup; husbåd.
II. barge [ba:dʒ] *vb: ~ in* mase ind; *~ into* kollidere med; brase ind i.
bargeboard ['ba:dʒbɔ:d] *sb (arkit)* vindskede.
bargee [ba:'dʒi:] *sb* prammand; *be a lucky ~* være svineheldig; *swear like a ~* bande som en tyrk.
barge pole bådstage; *I would not touch him with a ~* jeg vil ikke røre ved ham med en ildtang.
bar iron stangjern.
baritone ['bæritəun] *sb* baryton.
barium ['bεəriəm] *sb (kem)* barium; *~ meal (med.)* barytgrød.
I. bark [ba:k] *sb (mar)* bark (tremastet fartøj); *(poet)* snekke, fartøj.
II. bark [ba:k] *vb* gø, bjæffe; råbe op; råbe (i en skarp tone), „bjæffe"; hoste, „gø"; *sb* gøen; *you are -ing up the wrong tree* din bemærkning har fejl adresse, du er gået galt i byen; *his ~ is worse than his bite* han er ikke så slem som han lader; han har det mest i munden.
III. bark [ba:k] *sb* bark (på træ); kinabark; *vb* afbarke; skrabe (huden af) *(fx ~ one's shin)*; garve.
barkeeper ['ba:ki:pə] *sb* indehaver af en bar; bartender.
barker ['ba:kə] *sb* rekommandør; udråber (på marked *etc)*; S pistol.
barley ['ba:li] *sb* byg. **barley|corn** bygkorn; *(mil.)* sigtekorn; *John Barleycorn* øl, whisky. ~ **sugar** bolsje.
barm [ba:m] *sb* gær.
barmaid ['ba:meid] *sb* barpige, servitrice.
barman ['ba:mən] *sb* bartender.
bar mitzvah [ba:'mitsvə] *sb* (jødisk indvielsesceremoni for dreng når han bliver 13 år.
barmy ['ba:mi] *adj* gærende; skummende; S tosset, gal, skør.
barn [ba:n] *sb* lade; *(am ogs)* stald; remise; *(neds* om hus) kasse, skur.
barnacle ['ba:nəkl] *sb zo* andeskæl, langhals; (til hest) kapsun, næsejern; *(fig)* 'burre' (person som man ikke kan ryste af sig); *-s pl* næseklemmer. **barnacle goose** bramgås.
barn|door ladeport, *(film, TV)* læbe (skærm). ~ **fowl** høne, hane. ~ **owl** *zo* slørugle.
barnstorm ['ba:nstɔ:m] *vb (am)* tage på turné (om skuespiller, valgkandidat).
barnstormer ['ba:nstɔ:mə] *sb* omrejsende skuespiller, foredragsholder etc; fjællebodsskuespiller; *(am)* politiker på valgturné.
barnyard ['ba:nja:d] *sb* gårdsplads; *adj (am)* grovkornet, saftig *(fx humour)*.
barnyard grass *(bot)* hanespore.
barograph ['bærəgra:f] *sb* barograf (til registrering af lufttryk).
barometer [bə'rɔmitə] *sb* barometer.
barometric [bærə'metrik] *adj* barometer-.
baron ['bær(ə)n] *sb* baron (laveste grad af *nobility)*; *(fig)* storfabrikant, magnat.
baronage ['bærənidʒ] *sb* baronstand, baroner.
baroness ['bærənəs] *sb* baronesse.
baronet ['bærənət] *sb* baronet (højeste grad af *gentry)*.
baronetcy ['bærənətsi] *sb* baronetrang.
barony ['bærəni] *sb* baroni, barons rang.
baroque [bə'rɔk, bə'rəuk] *sb, adj* barok.
barouche [bə'ru:ʃ] *sb* (firhjulet kalechevogn).
barrack ['bærək] *vb* huje (ad).
barrack room belægningsstue.
barracks ['bærəks] *sb pl (mil.* og *fig)* kaserne.
barrage ['bæra:ʒ] *sb* spærreild; spærring; dæmning; *(fig)* syndflod, regn *(fx of protests, of questions)*.
barrage balloon spærreballon.
barratry ['bærətri] *sb (jur)* (opfordring til) unødig trætte; forsætlig beskadigelse af skib *el.* ladning.
barred [ba:d] *adj* stribet; spærret, tilgitret.
barrel ['bær(ə)l] *sb* tønde; tromle; cylinder; valse; (på bøsse) løb, pibe; *(fx* af hest) krop; *vb* lægge *(el.* komme) i tønde; *be over a ~ (fig)* være i klemme; *have sby over a ~* have krammet på en.
barrel| bolt *sb* slå. ~ **hoop** tøndebånd ~ **organ** lirekasse. ~ **vault** tøndehvælving.
barren ['bærən] *adj* gold; ufrugtbar; *-s sb pl (am)* øde (, ufrugtbare) områder.
barrette [bə'ret] *sb (am)* hårspænde.
barricade [bæri'keid] *sb* barrikade; *vb* barrikadere.
barrier ['bæriə] *sb* afspærring; bom; barriere; skranke; *(jernb)* billetkontrol(sted); *(fig)* barriere, skranke; hindring *(to* for); *vb* lukke ude (, inde) (med skranke

etc); sound ~ lydmur; *heat* ~ varmemur.
barrier cream kemisk handske.
barring ['ba:riŋ] *præp* undtagen; ~ *accidents* hvis der ikke indtræffer uheld.
barrister ['bæristə] *sb* (procederende) advokat.
bar room skænkestue.
barrow ['bærəu] *sb* trillebør; trækvogn; bærebør; *(arkæol)* gravhøj, kæmpehøj; *zo* galt.
barrowman gadesælger.
Bart *fk Baronet.*
bartender ['ba:təndə] *sb* bartender.
barter ['ba:tə] *vb* tuske, bytte; tinge; *sb* tuskhandel; vareudveksling; ting der gives i bytte; ~ *away* sælge for billigt *(fx one's freedom); The Bartered Bride* Den solgte Brud (en opera).
Bartholomew [ba:'θɔləmju:] Bartholomæus.
bartizan [ba:ti'zæn] *sb* hjørnetårn.
Bartram's sandpiper *zo* Bartrams klire.
baryta [bə'raitə] *sb (kem)* baryt.
barytone ['bæritəun] *sb* baryton.
basal [beisl] *adj* basal, grund-, fundamental.
basalt ['bæsɔ:lt] *sb* basalt.
bascule ['bæskju:l] *sb* broklap; ~ *bridge* klapbro.
I. base [beis] *sb* basis, grundlag; (nederste del *etc)* fundament *(fx of a building),* underlag, (for søjle, statue, møbel) fodstykke, sokkel; *(ogs* for maskine, skinne) fod; (for pudder) underlag; *(geom)* grundflade, grundlinie, (i logaritmesystem) grundtal; *(kem)* base; (i visse boldspil) start, mål; (i baseball) base; *(gram)* rod; basis; *(mil.)* base; *off* ~ *(fig, am)* galt afmarcheret, på vildspor; (se også *first base).*
II. base [beis] *vb* basere *(on* på, *fx* ~ *taxation on income).*
III. base [beis] *adj* lav *(fx motive, action),* tarvelig, ussel; (om metal) uædel; ~ *coin* underlødig (, falsk) mønt.
baseball ['beisbɔ:l] *sb* baseball.
base|board *(am)* fodpanel, fodstykke. **-born** af ringe herkomst.
Basedow's disease ['ba:zidəuz di'zi:z] *(med.)* den basedowske syge.
base|less grundløs, ubegrundet. ~ **line** *(mat.)* grundlinie.
basement ['beismənt] *sb* kælderetage.
baseminded *adj* lavsindet.
base rate (banks) basisrente (som har erstattet den officielle diskonto i England).
bash [bæʃ] *vb* T slå; knalde; *sb* slag; *have a* ~ *at* T forsøge sig med *(el.* i).
bashful ['bæʃf(u)l] *adj* undselig, genert.
basic ['beisik] *adj* grund-; grundlæggende, fundamental; *(kem)* basisk; *sb:* -s grundlæggende principper; basale færdigheder; *Basic English* (forenklet engelsk); ~ *price* grundpris; ~ *research* grundforskning; ~ *slag* thomasslagge.
basil [bæzl] *sb (bot)* basilie(urt); basilikum; ~ *thyme (bot)* voldtimian.
basilisk ['bæzilisk] *sb* basilisk (fabeldyr).
basin [beisn] *sb* kumme; vandfad; bassin; *(geol;* barbérs) bækken.
basis ['beisis] *sb (pl bases* ['beisi:z]) basis, grundlag.
bask [ba:sk] *vb* varme sig; sole sig.
basket ['ba:skit] *sb* kurv; ballonkurv, gondol; T fyr, ka'l; *the pick of the* ~ det bedste.
basket|ball ['ba:skitbɔ:l] *sb* basketball.
~ **case** *(am* S*)* hjælpløst vrag; håbløst tilfælde.
basketry ['ba:skitri], **basketwork** *sb* kurvemagerarbejde.
basking shark *zo* brugde (art haj).
Basle [ba:l] Basel.
I. Basque [bæsk] *sb* basker; *adj* baskisk.
II. basque [bæsk] *sb* skød (på kjole *el.* damejakke).
bas-relief ['bæsrili:f] *sb* basrelief.
I. Bass [bæs] (ølsort).
II. bass [beis] *sb (mus.)* bas; *adj* bas-, dyb.
III. bass [bæs] *sb zo* bars, aborre; *(bot)* bast.
bass clef *(mus.)* F-nøgle, basnøgle.
bass drum *(mus.)* stortromme.
bassinet [bæsi'net] *sb* (kurveflettet vugge el. barnevogn).
basso ['bæsəu] *sb* basstemme, bassanger.
bassoon [bə'su:n] *sb* fagot.
bassoonist [bə'su:nist] *sb* fagotist.
bass viol ['beisvaiəl] viola da gamba; *(am)* violoncel.
basswood ['bæswud] *sb (bot)* amerikansk lind.
bast [bæst] *sb* bast.
bastard ['bæstəd] *sb* barn som er født uden for ægteskab; bastard; S fyr, ka'l, *(neds)* sjover, dumt svin; *adj* uægte.
baste [beist] *vb* dryppe (en steg); ri, rimpe; T banke, prygle.
bastinado [bæsti'neidəu] *sb* bastonnade (prygl under fodsålerne); *vb* give bastonnade.
I. bat [bæt] *sb* boldtræ; kricketbat; (bordtennis)bat; slåer (i kricket) *(fx he is a good* ~*);* (harlekins) briks; S slag; fart, tempo; *(am)* soldetur; *do sth off one's own* ~ gøre noget på egen hånd; *off the* ~ *(am)* øjeblikkelig.
II. bat [bæt] *sb* flagermus; *as blind as a* ~ så blind som en muldvarp; (se også *belfry).*
III. bat [bæt] *vb* slå; (i kricket, baseball) være inde som slåer; (i kricket *ogs)* være ved gærdet.
IV. bat [bæt] *vb:* ~ *the eyes* blinke; *without -ting an eyelid* uden at blinke, uden at fortrække en mine.
batata [bə'ta:tə] *sb* batat, sød kartoffel.
Batavia [bə'teivjə] Batavia.
Batavian *sb* batavier; *adj* batavisk.
batch [bætʃ] *sb* bagning (ɔ: så mange brød som bages i en bagning); sending, parti; bunke, portion; (produktions)serie; hold *(fx of prisoners),* flok; gruppe (af data); S = *bach;* ~ *processing (edb)* gruppekørsel.
bate [beit] *vb* formindske, slå af på *(fx he would not* ~ *a jot of his claims); with -d breath* med tilbageholdt åndedræt.
I. bath [ba:θ] *sb (pl baths* [ba:ðz]) bad; badekar; (især *am)* badeværelse; (i *pl ogs)* badeanstalt, badested; *vb* give bad; ~ *the baby* bade den lille.
II. Bath [ba:θ]: *Order of the* ~ (fornem engelsk orden).
Bath| brick pudsesten. ~ **bun** slags bolle. ~ **chair** rullestol, kørestol.
bathe [beið] *vb* bade, tage sig et søbad; (med objekt) bade *(fx one's eyes); sb* bad, søbad.
bath house *(am)* badeanstalt.
bathing| cap badehætte. ~ **hut** badehus. ~ **machine** badevogn. ~ **suit** badedragt.
bathos ['beiθɔs] *sb* antiklimaks, flov afslutning.
bath|robe badekåbe; *(am ogs)* slåbrok. **-room** badeværelse. ~ **sheet** badelagen. ~ **towel** frottéhåndklæde. **-tub** badekar.
bathysphere ['bæθisfiə] *sb* „dykkerkugle" (til dykning på store havdybder).
batik ['bætik, *am:* bə'ti:k] *sb* (voks)batik.
bating ['beitiŋ] *præp (glds)* undtagen, fraregnet.
batiste [bæ'ti:st] *sb* batist (slags stof).
batman ['bætmən] *sb (mil.)* oppasser.
baton ['bæt(ə)n, -ɔn] *sb* taktstok; marskalstav; politistav; (ved stafetløb) depeche (ɔ: stav).
bats [bæts] *adj* tosset, skør; (se også *belfry).*
batsman ['bætsmən] *sb* slåer, gærdespiller (i kricket).
battalion [bə'tæljən] *sb (mil.)* bataljon.
battel [bætl] *vb* få sin kost på sit *College; -s sb pl* måltider fra ens *College* og betalingen derfor.
I. batten [bætn] *vb* mæske, fede; (uden objekt) mæske sig; ~ *on (ogs)* leve højt på; ~ *on the poor* mæske sig

på de fattiges bekostning.

II. batten [bætn] *sb* bræt; planke, lægte; *(mar)* skalkningsliste; sejlpind; (i teater) rive; *vb:* ~ *down the hatches (mar)* skalke lugerne.

I. batter ['bætə] *vb* hamre løs på; ~ *him about* mishandle ham; ~ *a wall down* bryde en mur ned; ~ *his skull in* slå hjerneskallen ind på ham.

II. batter ['bætə] *sb* slåer (i baseball).

III. batter ['bætə] *sb (omtr)* (pandekage)dej; beignetdej *(fx a semiliquid ~ of milk, flour and eggs).*

IV. batter ['bætə] *vb* skråne (om mur *o.l.); sb* hældning.

V. batter ['bætə] *sb* T: *on a* ~ ude og bumle (ɔ: svire).

battered ['bætəd] *adj* ramponeret, medtaget; mishandlet; ~ *baby (, wife)* barn (, hustru) der har været udsat for mishandling.

battering ram murbrækker.

battery ['bætəri] *sb* batteri, akkumulator; række bure til fjerkræ; række båse til opfedning af kvæg; *(jur)* overfald, vold. **battery| calf** tremmekalv. ~ **chick** fabrikskylling, burkylling. ~ **switch** *(elekt)* celleskifter.

batting ['bætiŋ] *sb* gærdespil (i kricket); pladevat.

battle [bætl] *sb* slag; kamp; *vb* kæmpe; *fight a* ~ udkæmpe et slag; *give* ~ udkæmpe slag; tage kampen op; *that is half the* ~ det er det der tæller; *that is only half the* ~ det er kun et skridt på vejen.

battle| array slagorden. ~ **axe** stridsøkse; *(fig)* rappenskralde, havgasse. ~ **cruiser** slagkrydser. ~ **cry** krigsråb. **-dore** fjerboldketsjer; *-dore and shuttlecock* fjerboldspil. ~ **fatigue** *(med.)* krigsneurose, kamptræthed. **-field, -ground** slagmark, valplads. **-ment** [-mənt] brystværn med murtinder; *(arkit)* kamtakker. ~ **piece** slagmaleri. ~ **plane** (svært bevæbnet) bombeflyvemaskine. ~ **royal** almindeligt slagsmål; forrygende skænderi; (om konkurrence) slagsmål mellem flere, hvor den sidste mand i ringen bliver vinder. **-ship** slagskib.

battue [bæ'tu:] *sb* klapjagt; såt; nedslagtning.

batty ['bæti] *adj* S tosset, skør.

bauble [bɔ:bl] *sb* værdiløst stads, bagatel; narrebriks.

baulk [bɔ:k] se *balk.*

bauxite ['bɔ:ksait] *sb* bauxit.

Bavaria [bə'vɛəriə] Bayern.

Bavarian [bə'vɛəriən] *adj, sb* bayersk; *sb* bayrer.

bawbee [bɔ:'bi:] *sb* (på skotsk) halfpenny.

bawd [bɔ:d] *sb (glds)* koblerske; bordelværtinde.

bawdy ['bɔ:di] *adj* slibrig, sjofel. **bawdyhouse** bordel.

bawl [bɔ:l] *vb* skråle; *sb* skrål, brøl; ~ *sby out (am)* skælde en ud, overfuse en.

I. bay [bei] *sb* rum, afdeling, bås, (i bibliotek) reolniche, *(arkit)* vinduesfordybning, karnap; (afdeling af bygning, bro *etc)* fag; *(geogr)* (hav)bugt; flad strækning der afbryder en bjergkæde; dæmning.

II. bay [bei] *adj* rødbrun; fuksrød; *sb* rødbrun hest, fuks.

III. bay [bei] *vb* gø, glamme, halse; *sb* gøen; *be at* ~ være trængt op i en krog, være hårdt trængt; *keep sby at* ~ holde én på afstand (*el.* fra livet); *bring (el. drive) to* ~ få til at gøre front, bringe til det yderste.

IV. bay [bei] *sb (bot)* laurbærtræ, laurbær; *-s* (også) laurbærkrans; æresbevisninger.

bayonet ['beiənit] *sb* bajonet; *vb* angribe *(el.* stikke ned) med bajonetten.

bayonet joint bajonetled, bajonetfatning.

bayou ['baiju:] *sb* sumpet flodarm (i det sydlige USA).

bay rum bayrum.

bay window karnapvindue; *(fig)* tyk mave, hængevom, S 'udhængsskab'.

bazaar [bə'za:] *sb* basar.

bazooka [bə'zu:kə] *sb* raketstyr, bazooka.

B.B. *fk bed and breakfast.*

BBC, B.B.C. *fk British Broadcasting Corporation.*

B.C. *fk before Christ; British Council; British Columbia.*

B.C.L. *fk Bachelor of Civil Law.*

B.D. *fk Bachelor of Divinity.*

I. be [bi:] *vb (was, been)* være; blive *(fx will he be here long?)* være til; ske, finde sted; (om tidsrum) vare *(fx it was long before he came);* (om pris) koste *(fx how much is this?);*

(foran *pp)* være; blive *(fx this was done);*

(foran *inf)* skulle *(fx where am I to sit);*

(foran *-ing* form) være ved at, være i færd med at *(fx I am reading* jeg er i færd med at læse, jeg sidder *(el.* står, ligger *etc)* og læser);

I am for doing it now jeg er stemt for at gøre det nu; *here you are* vær så god! *here we are* nu er vi der; her er vi; her har vi det; *how is he?* hvordan har han det? *you know how he is (ogs)* du ved hvordan han er; (se også *how);* ~ *in* være hjemme; *I must* ~ *off* jeg må af sted; *that is (to say)* det vil sige; *it was not to* ~ det skulle ikke så være; *he was not to* ~ *found* han var ikke til at finde; *he is a liar and always will* ~ han er og bliver en løgner; (se også *been, being).*

II. be [bi:] *præs konj* af *to be (fx so be it!* lad det så være!).

BEA, B.E.A. *fk British European Airways.*

beach [bi:tʃ] *sb* strand(bred); (strand)grus; *vb* sætte på land, hale i land.

beachboy opsynsmand ved strand; svømmelærer; S strandløve.

beach buggy ['bi:tʃbʌgi] beach buggy (lille åben bil med brede dæk)

beachcomber ['bi:tʃkəumə] *sb* S en der afsøger strandbredden for at finde ilanddrevet gods; (hvid) vagabond *el.* dagdriver (på Stillehavsøerne).

beachhead ['bi:tʃhed] *sb (mil.)* brohoved.

beach-la-mar [bi:tʃlə'ma:] engelsk som det tales på De polynesiske Øer.

beachwear ['bi:tʃwɛə] *sb* strandtøj.

beacon ['bi:k(ə)n] *sb* sømærke; fyr; båke; baun, baunehøj; hellefyr; *(fig)* eksempel, forbillede; *vb* lyse, oplyse, vejlede.

bead [bi:d] *sb* lille kugle; (uægte) perle; *(fx* af sved, fedt) dråbe; (på gevær *etc)* sigtekorn; *tell one's -s* læse sin rosenkrans; *draw a* ~ *on* sigte på.

beadle [bi:dl] *sb (glds)* kirkebetjent.

beadroll ['bi:drəul] *sb* liste, fortegnelse.

beadsman ['bi:dzmən] *sb* fattiglem.

beady ['bi:di] *adj* perleagtig; ~ *eyes* små skinnende øjne.

beagle [bi:gl] *sb* beagle, lille harehund.

beak [bi:k] *sb* næb; spids; (på ambolt) horn; *(hist.* på skib) snabel; S krum næse; dommer.

beaker ['bi:kə] *sb* bæger; *(kem)* bægerglas.

I. beam [bi:m] *sb* bjælke; (til gymnastik, vævning) bom; (i vægt) stang; *(mar)* dæksbjælke; dæksbredde; *kick the* ~ (blive) vippe(t) i vejret, blive den lille; *abaft the* ~ agten for tværs; *broad in the* ~ svær; *on the port* ~ *(mar)* tværs om bagbord.

II. beam [bi:m] *sb* stråle; *vb* stråle; smile stort; (om radio) sende (i en bestemt retning); *off the* ~ ude af kurs; *(fig)* helt ved siden af, galt afmarcheret; *on the* ~ på ret kurs, *(fig ogs)* i orden; ~ *on* smile huldsaligt til.

beam aerial retningsantenne.

beam-ends: *on its (, one's etc)* ~ *(mar)* på siden, krængende over; (om person) i vanskeligheder, på knæene.

beam transmitter (radio) retningssender.

bean [bi:n] *sb* bønne; S skilling; *full of -s* livlig, med fut i; *give him -s* give ham en omgang (kløj); *I haven't a* ~ jeg ejer ikke en rød øre; *come on, old* ~*!* kom så, gamle! *know one's -s (am* S*)* kunne sit kram; *he doesn't know -s about it (am* S*)* han har ikke begreb skabt om det; (se også *II. spill).*

bean|feast personalefest; gilde. ~ **goose** *zo* sædgås.
beanie ['bi:ni] *sb (am)* lille rund hue.
beano ['bi:nəu] *sb* S fest.
I. bear [bɛə] *sb* bjørn; *(merk)* baissespekulant; *vb* baisse, drive baissespekulation i *(fx a stock).*
II. bear [bɛə] *vb (bore, born(e))* bære, bringe; føre; støtte; *(fig)* udholde, tåle; (om barn) føde *(fx he was born in 1914; born of, borne by* født af); bringe til verden; (om kurs) styre, holde;
~ *sby company* holde en med selskab; ~ *a hand* give en håndsrækning; ~ *a part in* tage del i; ~ *witness to* vidne om; ~ *oneself* (op)føre sig;
~ *away* dreje af; *(mar)* falde (af); ~ *away the palm* gå af med sejren; ~ *down* slå ned, kue, betvinge; ~ *down upon* styre henimod; ~ *in mind* huske på, erindre; *it was borne in on me that* det gik op for mig at; ~ *left past the cemetery* hold til venstre forbi kirkegården; ~ *off (mar)* holde klar af; holde klar af land; ~ *on* have indflydelse på, angå; ~ *on a stick* støtte sig til en stok; ~ *out* støtte; bekræfte; ~ *sby out* bekræfte ens ord; *bring to* ~, se *bring;* ~ *up* holde ud, ikke fortvivle *(against* over for); ~ *up for (mar)* holde kurs mod; ~ *up under afflictions* holde sig rank i modgang; ~ *with* bære over med.
bearable ['bɛərəbl] *adj* udholdelig.
bearberry ['bɛəbəri] *sb (bot)* melbærris.
bearbind ['bɛəbaind] *sb (bot)* gærdesnerle.
beard [biəd] *sb* skæg (især om hageskæg; også om stak på aks); *vb* trodse *(fx ~ the lion in his den); udfordre; grow a* ~ lade skægget stå, anlægge skæg.
bearded ['biədid] *adj* skægget; stakket; ~ *tit (zo)* skægmejse.
beardless ['biədləs] *adj* skægløs; ~ *wheat* kolbehvede.
bearer ['bɛərə] *sb* (lig)bærer; overbringer; ihændehaver; *the tree is a good* ~ træet bærer godt.
bearer| bond ihændehaverpapir. ~ **share** ihændehaveraktie.
bear| garden *(fig)* rabaldermøde. ~ **hug** kæmpeknus.
bearing ['bɛəriŋ] *sb* holdning; optræden; forbindelse *(on* med, *fx it has no -s on the question);* betydning; retning; *(mar)* pejling; *(tekn* af maskine) leje; *(her.)* skjoldfigur; *-s* ophæng, lejer på bil; *discuss the question in all its -s* drøfte sagen fra alle sider; *I have lost my -s* jeg har mistet orienteringen; *take the -s* pejle; orientere sig; *it is beyond* ~ det er ikke til at holde ud.
bearish ['bɛəriʃ] *adj* bjørneagtig, plump; *(merk)* med faldende tendens.
bear| leader bjørnetrækker. ~ **operation** *(merk)* baisseforretning. **-skin** bjørneskind; *(mil.)* bjørneskindshue.
beast [bi:st] *sb* (firbenet) dyr, *(fig)* bæst; ~ *of burden* lastdyr; ~ *of prey* rovdyr.
beastliness ['bi:stlinəs] *sb* dyriskhed, bestialitet.
beastly *adj* dyrisk, bestialsk; ~ *drunk* fuld som et svin.
I. beat [bi:t] *sb* slag *(fx heart -s);* taktslag; runde *(fx a policeman's ~);* klapjagt; *(am* S*)* journalistisk kup; *it is off my* ~ det er noget jeg ikke rigtig kender til.
II. beat [bi:t] *vb (beat, beaten)* slå *(fx his heart ceased to ~);* banke *(fx his heart was -ing like mad; ~ a carpet);* prygle *(fx ~ sby with a stick, ~ sby to death);* piske *(fx eggs); (fig)* slå, overvinde *(fx the enemy);*
that's -ing the air det er kun et slag i luften; *to ~ the band* så det står (, stod) efter; *that -s the band!* det var dog den stiveste! nu har jeg aldrig hørt så galt! ~ *one's brain* vride sin hjerne; ~ *a drum* slå på tromme; ~ *it* stikke af, skynde sig; *now then, ~ it!* forsvind så! glid så! *can you ~ it!* hvad giver De mig! *that -s me, it's got me beaten* S det kan jeg ikke klare, det går over min forstand; ~ *the record* slå rekorden; ~ *a retreat* slå retræte, trække sig tilbage, løbe sin vej; ~ *time* slå takt; ~ *a wood (for game)* klappe en skov af, afdrive en skov;
~ *about the bush* komme med udflugter *(el.* udenomssnak), bruge omsvøb; *he did not ~ about the bush* han gik lige til sagen; ~ **down** slå ned *(fx the rain has beaten down the corn);* nedkæmpe *(fx the opposition);* ~ *down the price of sth* bringe *(el.* få) prisen på noget ned; ~ *him down* prutte ham ned; *the sun was -ing down on my head* solen brændte mig lige på hovedet; *I can't ~ it* **into** *his head* jeg kan ikke få det banket ind i hovedet på ham; ~ **off** slå tilbage *(fx an attack);* ~ **out** udhamre *(fx gold);* ~ *out the dust from* banke støvet ud af; ~ **(to windward)** *(mar)* krydse op mod vinden; ~ **up** piske *(fx eggs, cream);* T gennemprygle; ~ *up game* klappe vildt op.
III. beat [bi:t] *præt* af *II. beat.*
IV. beat [bi:t] *adj* S udmattet, udkørt, slået ud; som vedrører *the ~ generation (am)* desillusioneret og nihilistisk forfattergruppe fra 1950erne; *sb: a* ~ et medlem af denne gruppe; ~ *music* beatmusik.
beaten [bi:tn] *pp* af II. *beat;* ~ *silver* hamret *(el.* drevent) sølv; *the ~ track* den slagne vej.
beater ['bi:tə] *sb* klapper (ved jagt); hjulpisker; tæppebanker; (i papirfabr.) heltøjshollænder.
beatific [bi:ə'tifik] *adj* lyksalig; lyksaliggørende.
beatify [bi'ætifai] *vb* lyksaliggøre, beatificere; erklære (en afdød) for salig.
beating ['bi:tiŋ] *sb* banken; bank; dragt prygl, nederlag.
beatitude [bi'ætitju:d] *sb* (lyk)salighed; *the -s* (i Biblen) saligprisningerne.
beatnik ['bit:tnik], se *IV. beat sb.*
beat-up *adj* opslidt.
beau [bəu] *sb (pl beaux* [bəuz]) laps, modeherre; S (en ung piges) ven, fyr.
beau ideal højeste ideal, store forbillede.
beauteous ['bju:tjəs] *adj* skøn.
beautician [bju:'tiʃn] *sb* skønhedsekspert; indehaver af skønhedssalon.
beautiful ['bju:təf(u)l] *adj* smuk, skøn, dejlig.
beautify ['bju:tifai] *vb* forskønne, smykke.
beauty ['bju:ti] *sb* skønhed; *she is a* ~ hun er en skønhed; *isn't he a ~?* (ofte ironisk) er han ikke storartet! ~ *is only skindeep* man skal ikke skue hunden på hårene; *that is the ~ of it* det er netop det fine ved det.
beauty| contest skønhedskonkurrence. ~ **culture** skønhedspleje. ~ **parlour,** ~ **shop** *(am)* skønhedsklinik, skønhedssalon. ~ **sleep** søvnen før midnat. ~ **spot** skønhedsplet; naturskønhed, naturskønt sted.
beaver ['bi:və] *sb zo* bæver; bæverskind; kastorhat (af bæverhår), høj hat; (på hjelm) visir; S (mand med) fuldskæg; *(vulg.)* „mis" (ɔ: kvindens kønsorganer); *vb* : ~ *away* være myreflittig; pukle, morakke; (se også *eager beaver*).
beaverboard ['bi:vəbɔ:d] *sb* fiberplade.
becalm [bi'ka:m] *vb* berolige; *be -ed (mar)* få vindstille.
became [bi'keim] *vb præt* af *become.*
because [bi'kɔ(:)z] *conj* fordi; ~ *of* på grund af.
I. beck [bek] *sb* bæk.
II. beck [bek] *sb* vink; *be at sby's ~ and call* hoppe og springe for en, stå på pinde for en.
III. beck [bek] *vb* vinke, vinke ad.
becket ['bekit] *sb (mar)* knebel.
beckon ['bek(ə)n] *vb* vinke, vinke ad; *(fig)* drage.
becloud [bi'klaud] *vb* overtrække med skyer, formørke.
become [bi'kʌm] *vb (became, become)* blive *(fx ~ a doctor, ~ known; what has ~ of him?);* anstå, klæde *(fx that dress -s her);* passe sig for.
becoming [bi'kʌmiŋ] *adj* passende; klædelig.
becquerel [bekə'rel] *sb* becquerel (måleenhed for radioaktivitet).
bed [bed] *sb* seng; leje; (i have) bed *(fx rose ~); (geol)*

lag; leje *(fx ~ of coal);* (til støtte) underlag, fundament; *(tekn:* af drejebænk *etc)* vange; *vb* plante i bed; fæstne, lægge *(fx bricks are -ded in mortar); ~ down* lave et leje til *(fx a horse); ~ out* plante ud;
in ~ i (sin) seng; *be ill in ~* ligge syg **keep** *one's ~* holde sengen; **make** *a ~* rede en seng; *as you make your ~ so you must lie on it, you must lie in the ~ you have made* som man reder, så ligger man; ~ **of** *ashes* askelag; *a ~ of nails* en hård omgang; (se også *II. rose*); *the ~ of the sea* havbunden; *get* **out of** *~ on the wrong side* få det forkerte ben først ud af sengen; *be brought* **to** *~ of* blive forløst med, nedkomme med; *go to ~* gå i seng; *take to one's ~* gå til sengs, lægge sig i sengen (om en syg).
bedabble [bi'dæbl] *vb* oversprøjte, overstænke.
bedaub [bi'dɔ:b] *vb* tilsøle.
bedazzle [bi'dæzl] *vb* blænde; forvirre, gøre konfus.
bed|bug væggelus. **-chamber** sovekammer. ~ **chart** *(med.)* sengetavle. **-clothes** sengeklæder, sengetøj.
beddable ['bedəbl] *adj* lige til at gå i seng med; let at komme i seng med.
bedding ['bediŋ] *sb* sengetøj, sengeklæder; (for dyr) strøelse; (til støtte *etc)* underlag; *(geol)* lejringsforhold.
Bede [bi:d] Beda.
bedeck [bi'dek] *vb* pynte.
bedeguar ['bedigɔ:] *sb (bot)* rosengalle.
bedevil [bi'devl] *vb* forhekse; plage (indtil vanvid), drive fra forstanden; besværliggøre, forkludre, spolere, forplumre; skabe forvirring i.
bedew [bi'dju:] *vb* dugge.
bedfast ['bedfa:st] *adj (am)* sengeliggende.
bedfellow ['bedfeləu] *sb* (sove)kammerat, *(fig ogs)* forbundsfælle.
bedim [bi'dim] *vb* sløre.
bedizen [bi'daizn] *vb* udmaje.
bed jacket sengetrøje.
bedlam ['bedləm] *sb* galehus; *(glds)* dårekiste.
bedlamite ['bedləmait] *sb (glds)* dårekistelem.
bed linen sengelinned.
bedmaker *(omtr)* rengøringsassistent.
Bedouin ['beduin] *sb* beduin.
bed|pan (stik)bækken. **-plate** fundamentplade, fodplade. **-post** sengestolpe.
bedraggle [bi'drægl] *vb* tilsøle; *-d* sjasket, tilsølet; forfalden, afrakket, ussel *(fx house)*.
bed|ridden *adj* sengeliggende, syg, svag. **-rock** grundfjeld; *get down to -rock (fig)* komme til det væsentlige. **-room** sovekammer. **-side** sengekant; *his -side manner* hans måde at tage patienterne på; *at the -side* ved sengen. **-side story** godnathistorie. **-side table** natbord. ~ **-sitter,** ~ **-sitting room** sove- og opholdsværelse; (ofte =) etværelses lejlighed. **-sore** liggesår. **-spread** sengetæppe. **-spring** spiralbund (i seng). **-staff** sengehest. **-stead** ['bedsted] seng (uden sengeklæder *etc)*, sengested.
bedstraw *(bot)* snerre; *our Lady's ~ (bot)* Jomfru Marias sengehalm.
bedtime sengetid; ~ *story* godnathistorie.
bee [bi:] *sb (zo)* bi; *(am)* sammenkomst til fælles arbejde og gensidig underholdning; konkurrence *(fx a spelling ~); have a ~ in one's bonnet* T have en fiks idé, have en prik. *be the ~ knees* T være det hele store.
Beeb [bi:b] *(spøg.) BBC.*
bee bread bibrød.
beech [bi:tʃ] *sb* bøg.
beech| marten husmår. ~ **mast, -nut** bog, bøgeolden.
bee-eater *sb zo* biæder.
I. beef [bi:f] *sb* oksekød; T kræfter, muskler; S beklagelse, protest; skænderi; *beeves pl* oksekroppe.
II. beef [bi:f] *vb (am)* mukke, gøre vrøvl, brokke sig, være utilfreds; ~ *up* styrke, forstærke.
beef|cake fotografier af muskelsvulmende mænd. **-eater** *sb* opsynsmand (i *Tower*). **-steak** ['bi:f'steik] *sb* bøf. ~ **tea** bouillon.
beefy ['bi:fi] *adj* kødfuld, muskuløs.
beehive ['bi:haiv] *sb* bikube.
bee|keeping biavl. **-line** lige linie, korteste vej; *make a -line for* styre lige imod.
Beelzebub [bi'elzibʌb].
been [bi(:)n] *pp* af *be; have you ~ today?* har du været på wc (, potte) i dag? *has he ~ today?* har har han været her idag? *he has ~ and* han har gået hen og *(fx spoiled it all)*.
beeper [bi:pə] *sb* personsøger.
beer [biə] *sb* øl; *life is not all ~ and skittles* livet er ikke lutter lagkage; (se også *small ~)*.
beery ['biəri] *adj* øllet, ølstinkende.
beestings ['bi:stiŋz] *sb pl* råmælk.
beeswax ['bi:zwæks] *sb* bivoks; *vb* bone.
beet [bi:t] *sb (bot)* bede; *(am)* rødbede.
beet harvester roeoptager.
I. beetle [bi:tl] *sb* **1.** *zo* bille; T kakerlak; **2.** kølle; brolæggerjomfru; **3.** *(am)* asfaltboble (folkevogn).
II. beetle [bi:tl] *vb* rage frem; kravle; pile; ~ *off* sjoske af; ~ *over* hænge ud over; *(fig)* hænge truende over, hænge over hovedet på.
beetle|browed ['bi:tl'braud] *adj* med buskede øjenbryn. ~ **brows** *pl* buskede øjenbryn. ~ **crushers** *sb pl* 'brandspande' (ɔ: store støvler). ~ **parasite** *zo* skarnbasselus.
beet-lifting *sb (agr)* roeoptagning.
beetling ['bi:tliŋ] *adj* fremspringende, ludende.
beet|root *(bot)* rødbede. ~ **sugar** roesukker.
beeves [bi:vz] *pl* af *beef.*
beezer ['bi:zə] *sb* S næse, tud.
befall [bi'fɔ:l] *vb (befell, befallen)* tilstøde, times, overgå, ramme *(fx the fate that befell him);* (uden objekt) ske, hænde.
befit [bi'fit] *vb* passe for, sømme sig for.
befog [bi'fɔg] *vb* indhylle i tåge; *(fig)* tilsløre; omtåge, forvirre.
befool [bi'fu:l] *vb* holde for nar; gøre til nar.
before [bi'fɔ:] *adv, præp* før; foran; i nærværelse af *(fx don't use that sort of language ~ the children);* overfor; over for; fremfor; frem for; førend; inden; forud for; for; ~ *Christ* før Kristi fødsel; ~ *God!* ved Gud! *be ~ the House* være for i parlamentet.
beforehand [bi'fɔ:hænd] *adv* på forhånd, i forvejen; forud; på forskud; *be ~ with the rent* være forud med (betaling af) huslejen; *be ~ with sby* komme en i forkøbet.
before-mentioned *adj* førnævnt.
befoul [bi'faul] *vb* besudle, tilsmudse.
befriend [bi'frend] *vb* vise velvilje imod; hjælpe.
befuddled [bi'fʌdld] *adj* omtåget.
beg [beg] *vb* bede om, anmode om, udbede sig; (uden objekt) tigge; (med *inf)* tillade sig *(fx I ~ to observe that ...); go (a)begging (fig)* være vanskelig at afsætte *(fx these pictures are going (a)begging); these jobs won't go (a)begging long* der bliver rift om disse stillinger; ~ *leave to* bede om tilladelse til at, tillade sig at; ~ *of sby to do sth* bede en om at gøre noget; ~ *off* bede sig fri; ~ *pardon,* se *pardon;* ~ *the question* snakke udenom; bruge det der skal bevises som argument; tage svaret for givet.
began [bi'gæn] *præt* af *begin.*
beget [bi'get] *vb (begot, begotten)* avle; *(fig)* skabe, afføde.
begetter [bi'getə] *sb* fædrene ophav.
beggar ['begə] *sb* tigger; *vb* bringe til tiggerstaven; *poor little ~* stakkels lille fyr; ~ *description* overgå al beskrivelse. **beggarly** *adj* fattig; ussel, luset, sølle.

beggary ['begəri] *sb: reduce sby to* ~ bringe en til tiggerstaven.
begin [bi'gin] *vb (began, begun)* begynde, begynde på; *they don't* ~ *to compare* de kan overhovedet ikke sammenlignes; *well begun is half done* godt begyndt er halvt fuldendt; *to* ~ *with* til at begynde med; for det første.
beginner *sb* begynder.
beginning *sb* begyndelse; *from the very* ~ fra første færd.
begone [bi'gɔn] *interj* forsvind! væk med dig!
begonia [bi'gəunjə] *sb (bot)* begonie.
begot [bi'gɔt] *præt* af *beget*. **begotten** [bi'gɔtn] *pp* af *beget*.
begrime [bi'graim] *vb* tilsøle.
begrudge [bi'grʌdʒ] *vb* misunde, ikke unde; ~ *doing it* gøre det modstræbende.
beguile [bi'gail] *vb* narre, skuffe; fordrive (tiden).
beguine [bə'gi:n] *sb* (rumba-lignende dans).
begum ['beigəm] *sb* (indisk) fyrstinde.
begun [bi'gʌn] *pp* af *begin*.
behalf [bi'ha:f] *sb: in his* ~ til hans bedste; *on his* ~ på hans vegne; til hans bedste.
behave [bi'heiv] *vb* opføre sig; ~ *oneself* dy sig, opføre sig ordentligt; *ill behaved* uopdragen; *well -d* velopdragen.
behaviour [bi'heivjə] *sb* opførsel, adfærd; *be on one's good* ~ gøre sig umage for at opføre sig pænt; *put sby on his good* ~ pålægge en at opføre sig godt.
behavioural [bi'heivjərəl] *adj:* ~ *sciences* adfærdsvidenskaber; ~ *scientist* adfærdsforsker.
behaviourism [bi'heivjərizm] *sb* adfærdspsykologi, behaviorisme.
behaviour pattern adfærdsmønster.
behead [bi'hed] *vb* halshugge.
beheld [bi'held] *præt* og *pp* af *behold*.
behest [bi'hest] *sb (litt): at his* ~ på hans bud *(el.* befaling).
behind [bi'haind] *præp, adv* bag, bag ved, (bag) efter; tilbage; bagpå, bagtil; *sb* ende, bagdel; *be* ~ *sby* stå tilbage for en; stå bagved (ɔ: støtte) en; *what is* ~ *his refusal?* hvad ligger der bag hans afslag? *from* ~ bagfra; *be* ~ *time* være forsinket, komme for sent; ~ *the times* gammeldags, bagud for sin tid; (se også *I. fall, II. leave)*.
behindhand [bi'haindhænd] *adv, adj* tilbage, i restance; bagefter; *be* ~ *(ogs)* stå tilbage for andre.
behold [bi'həuld] *vb (beheld, beheld) (glds el. litt)* se, skue, betragte, iagttage.
beholden [bi'həuldn] *adj* forbunden; *be* ~ *to* stå i taknemlighedsgæld til.
behoof [bi'hu:f] *sb (glds): to (el. for el. on) his* ~ til hans bedste.
behove [bi'həuv] *vb* sømme sig for; påhvile.
beige [beiʒ] *adj* drapfarvet, beige.
being ['bi:iŋ] *sb* tilværelse; væsen; *adj: for the time* ~ foreløbig, for øjeblikket; *in* ~ eksisterende; *come into* ~ blive til.
belabour [bi'leibə] *vb* slå løs på; *(fig)* overfuse; tærske langhalm på.
belated [bi'leitid] *adj* forsinket; lovlig sen, som har ladet vente på sig.
belay [bi'lei] *vb* gøre fast; sikre (med reb); ~*!* hold inde!
belaying pin *(mar)* kofilnagle.
belch [beltʃ] *vb* ræbe; udspy; *sb* ræben, opstød.
beldam(e) ['beldəm] *sb* gammel heks, kælling.
beleaguer [bi'li:gə] *vb* belejre; *-ed (fig)* hårdt trængt, plaget.
belemnite ['beləmnait] *sb* vættelys, belemnit.
Belfast [bel'fa:st].
belfry ['belfri] *sb* klokketårn; *have bats in the* ~ S „have rotter på loftet", være tosset.
Belgian ['beldʒ(ə)n] *adj* belgisk; *sb* belgier.
Belgium ['beldʒəm] Belgien.
Belgravia [bel'greivjə] (kvarter i Londons *West End)*.
Belgravian *adj* fra *Belgravia;* fornem, fin, aristokratisk.
belie [bi'lai] *vb* gøre til løgn, modsige, gøre til skamme; *it does not* ~ *its name* det svarer til sit navn.
belief [bi'li:f] *sb* overbevisning; tro *(in* på); tiltro *(in* til); *beyond* ~ utroligt; *my* ~ *is that* jeg tror at; *to the best of my* ~ efter min bedste overbevisning.
believable [bi'li:vəbl] *adj* trolig.
believe [bi'li:v] *vb* tro *(in* på); ~ *sby* tro en (ɔ: at han taler sandt); ~ *in* tro på, have tillid til *(fx I* ~ *in you);* være en tilhænger af *(fx I don't* ~ *in reading in bed); I don't* ~ *in smoking before breakfast* jeg holder ikke af (, jeg tror ikke det er sundt) at ryge før morgenmaden.
believer [bi'li:və] *sb* troende; (ofte:) kristen.
Belisha [bi'li:ʃə]: ~ *beacon* „fodgængerappelsin" (der markerer fodgængerovergang).
belittle [bi'litl] *vb* bagatellisere, tale ringeagtende om, forklejne.
bell [bel] *sb* klokke; bjælde; *(mar)* glas, halvtime; *vb* hænge bjælde på; ~ *the cat* påtage sig en farlig opgave til fælles bedste; vove pelsen for de andre; *answer the* ~ lukke op (når det ringer); *bear away the* ~ vinde prisen; *saved by the* ~ (ved boksekamp) reddet af gongongen; (se også *II. ring, I. sound)*.
belladonna [belə'dɔnə] *sb* belladonna; *(bot)* galnebær.
bellarmine ['bela:min] *sb* skæggemand (stentøjskrus).
bell|bind *(bot)* konvolvolus, snerle. **-bottoms** *pl* bukser med svaj. **-boy** piccolo. ~ **buoy** *(mar)* klokkebøje.
belle [bel] *sb (glds)* skønhed (ɔ: smuk kvinde); *the* ~ *of the ball* ballets dronning.
belles-lettres ['bel'letr] *sb* skønlitteratur.
bell|founder klokkestøber. **-hop** *(am)* piccolo.
bellicose ['belikəus] *adj* krigerisk, stridbar.
bellicosity [beli'kɔsiti] *sb* stridbarhed.
belligerency [bi'lidʒərənsi] *sb* krigstilstand.
belligerent [bi'lidʒər(ə)nt] *adj, sb* krigsførende (magt); krigerisk, stridbar.
bell jar glasklokke.
bellow ['beləu] *vb* brøle; larme; *sb* brøl.
bellows ['beləuz] *sb* blæsebælg.
bell|pull klokkestreng. **-push** (ringeapparats) knap. **-ringer** klokker; en der optræder med *handbells*. **-wether** klokkefår.
belly ['beli] *sb* bug, mave, vom, underliv; (på violin) dække, bryst; *vb* bugne, svulme.
belly|ache *sb* mavepine, mavekneb; *vb* T beklage sig, brokke sig. **-button** T navle. ~ **dancer** mavedanserinde. **-flop** maveplaster (ved udspring); *(flyv)* mavelanding; *take a* ~ falde pladask på maven. **-ful** *sb* T*: get a -ful (fig)* få mere end nok. ~ **landing** *(flyv)* mavelanding. ~ **laugh** S skraldende latter; komisk scene i bog *etc*.
belong [bi'lɔŋ] *vb* høre til; høre hjemme, have sin plads; henhøre *(under* under); ~ *to* tilhøre *(fx the book -s to me); they* ~ *here* de hører til her.
belongings [bi'lɔŋiŋz] *sb pl* ejendele, sager.
beloved [bi'lʌvd] *pp, adj* elsket, afholdt *(fx* ~ *by all);* [bi'lʌvid] *sb, adj* elsket *(fx my* ~*; his* ~ *wife)*.
below [bi'ləu] *præp, adv* under, neden under, nede; *(down)* ~ nedenunder; i helvede; *here* ~ her på jorden; *mentioned* ~ nedennævnt; ~ *the average* under gennemsnittet; *it is* ~ *him* det er under hans værdighed.
belt [belt] *sb* bælte; livrem; (område) bælte; *(tekn)* drivrem, (i transportør) bånd; *(mil.* til maskingevær) patronbånd; (farvand) bælt; *vb* spænde (med bælte); *(glds)* omgjorde; T prygle; fare, løbe; *hit below the* ~ slå under bæltestedet; *tighten one's* ~ spænde liv-

remmen ind; *get under the* ~ T sætte til livs, stikke under vesten (ɔ: spise); *(fig)* sikre sig; ~ *up!* S klap i! hold mund!
belting ['beltiŋ] *sb* (materiale til) bælte(r), drivremme; *a* ~ T en gang klø, et lag tæsk.
belt|punch hultang. **-way** *(am)* ringvej, omfartsvej.
beluga [bə'lu:gə] *sb zo* hvidhval, hvidfisk (art hval); huse (art stør).
belvedere ['belvədiə] *sb* udsigtstårn, kikkenborg.
B.E.M. *fk British Empire Medal.*
bemoan [bi'məun] *vb* begræde.
bemused [bi'mju:zd] *adj* forvirret, omtåget; åndsfraværende.
Ben [ben] *fk Benjamin.*
Benares [bi'na:riz].
bench [ben(t)ʃ] *sb* bænk; arbejdsbænk, høvlebænk; *(jur)* dommersæde; dommere, domstol; *be on the* ~ beklæde dommersædet; (i sport) være reserve; *be raised to the* ~ blive dommer (, biskop).
bencher ['ben(t)ʃə] *sb* ledende medlem af en af *the Inns of Court.*
benchmark ['ben(t)ʃma:k] *sb* fikspunkt (hvorudfra målinger foretages); *(fig)* udgangspunkt; sammenligningsgrundlag; norm, rettesnor.
I. bend [bend] *sb* bøjning; krumning; bugtning, kurve, vejsving; *(mar)* stik; *round the* ~ over det værste; T tosset; *the -s (med.)* dykkersyge.
II. bend [bend] *vb (bent, bent)* bøje sig *(fx she was -ing over the cradle)*; dreje, svinge *(fx the road -s to the right)*; (med objekt) bøje, bukke *(fx a piece of wire, a bar of iron)*; rette, give retning *(fx* ~ *one's steps towards a place)*; *(mar)* binde; underslå (sejl); ~ *a bow* spænde en bue; ~ *the brows* rynke panden; *catch sby -ing* T overrumple en; ~ *the elbow (fig)* bøje armen, være fordrukken; ~ *one's energies (el. oneself) to* sætte al sin energi ind på; ~ *the knee* bøje knæ; ~ *over backwards,* se *lean.*
bended ['bendid] *adj* bøjet; *on* ~ *knees* knælende, inderligt bedende; på sine knæ.
bender ['bendə] *sb* S druktur; gilde. **bends** *pl* se *I. bend.*
beneath [bi'ni:θ] *præp, adv* under; nedenunder; ~ *contempt* under al kritik; ~ *one* under ens værdighed; *marry* ~ *one* gifte sig under sin stand.
Benedictine [beni'diktin] *sb* benediktinermunk; [beni'dikti:n] D.O.M. (likør).
benediction [beni'dikʃn] *sb* velsignelse.
benefaction [beni'fækʃn] *sb* velgerning; gave til velgørende formål. **benefactor** ['benifæktə] *sb* velgører.
benefactress ['benifæktrəs] *sb* velgørerinde.
benefice ['benifis] *sb* præstekald.
beneficence [bi'nefisns] *sb* godgørenhed.
beneficent [bi'nefisnt] *adj* godgørende.
beneficial [beni'fiʃl] *adj* velgørende, heldig, gavnlig.
beneficiary [beni'fiʃəri] *sb* beneficiar, begunstiget, en til hvis fordel en livsforsikring er tegnet; indehaver af gejstligt embede; *be a* ~ *of* nyde godt af.
benefit ['benifit] *sb* fordel, nytte, gavn *(from* af); ydelse, hjælp, understøttelse *(fx unemployment* ~ arbejdsløshedsunderstøttelse); *(teat)* benefice; *(glds)* velgerning; *vb* nytte, gavne; gøre godt imod; ~ *by* have nytte af, nyde godt af; *daily* ~ dagpenge; *for the* ~ *of* til bedste for; til gavn for; *give him the* ~ *of the doubt* lade tvivlen komme ham til gode; ~ *match* kamp hvor entréindtægten tilfalder en spiller; ~ *performance* beneficeforestilling.
Benelux ['benilʌks] Beneluxlandene (Belgien, Nederlandene, Luxembourg).
benevolence [bi'nevələns] *sb* velvilje; godgørenhed; gavmildhed. **benevolent** [bi'nevələnt] *adj* velvillig, menneskekærlig; godgørende.
Bengal [beŋ'gɔ:l] Bengalen. **Bengali** [beŋ'gɔ:li] *adj* bengalsk; *sb* bengaler, bengaleser; bengalisproget.
benighted [bi'naitid] *adj (glds)* overrasket af mørket; *(fig)* uoplyst, uvidende.
benign [bi'nain] *adj* mild, venlig; gunstig; (om sygdom) godartet. **benignant** [bi'nignənt] *adj* velvillig; mild.
benignity [bi'nigniti] *sb* mildhed, venlighed; *(med.)* godartethed.
benison ['benizn] *sb (poet)* velsignelse.
Benjamin ['bendʒəmin]; *benjamin (bot)* benzoetræ.
bennet ['benit] *sb (bot)* febernellikerod.
I. bent [bent] *sb* tilbøjelighed, lyst, evne; *to the top of one's* ~ af yderste evne, af hjertens lyst.
II. bent [bent] *sb (bot)* stridt græs; hvene.
III. bent [bent] *præt* og *pp* af *bend; adj* bøjet; S uhæderlig, lusket; skør; pervers; ~ *on doing sth* opsat *(el.* besluttet) på at gøre noget.
bent grass *(bot)* (krybende) hvene.
Benthamism ['bentəmizm] nyttemoralen, Benthams lære.
benumbed [bi'nʌmd] *adj* valen, stivnet, 'død' (af kulde); lammet.
benzene ['benzi:n] *sb (kem)* benzol.
benzine ['benzi:n] *sb* rensebenzin.
benzoin ['benzəuin] *sb* benzoe(harpiks).
benzol ['benzɔl] *sb (merk)* benzol.
bequeath [bi'kwi:ð] *vb* testamentere.
bequest [bi'kwest] *sb* testamentering; testamentarisk gave, arv.
berate [bi'reit] *vb* skælde ud.
Berber ['bə:bə] *sb* berber, berbersprog.
bereave [bi'ri:v] *vb (bereaved el. bereft)* berøve; ~ *sby of sth* berøve en noget; *the bereaved* de (sørgende) efterladte; *bereft of* uden, blottet for.
bereavement *sb* smerteligt tab (ved nær pårørendes død); *owing to* ~ på grund af dødsfald.
bereft [bi'reft] *præt* og *pp* af *bereave.*
beret ['berei] *sb* baskerhue, baret.
berg [bə:g] *sb* isbjerg.
bergamot ['be:gəmɔt] *sb* bergamottræ; bergamotolie; bergamot(pære).
beriberi ['beri'beri] *sb (med.)* beriberi.
berk [bɛ:k] *sb* S fjols, fæ.
Berkeley ['ba:kli, *(am)* 'bərkli].
Berks [ba:ks] *fk Berkshire* ['ba:kʃə].
Berlin [bə:'lin, 'bə:'lin].
Bermuda [bə'm(j)u:də]: *the -s* Bermudaøerne; ~ *shorts* bermudashorts.
berry ['beri] *sb* bær; fiskeæg; kaffebønne; *vb* samle bær; sætte bær; *brown as a* ~ brun som en neger.
berserk ['bə:sə:k] *sb* bersærk; *go* ~ få bersærkergang; ~ *fury,* ~ *rage* bersærkergang.
berth [bə:θ] *sb* køje(plads); ankerplads; lukaf; T plads, stilling; *vb* skaffe soveplads til; fortøje; *give sth a wide* ~ gå langt uden om noget, undgå noget; *(mar)* holde godt klar af noget.
Bertrand ['bə:trənd].
beryl ['beril] *sb* beryl, akvamarin.
beseech [bi'si:tʃ] *vb (besought, besought)* bede indstændigt, bønfalde, trygle (om).
beseem [bi'si:m] *vb (glds)* sømme sig for.
beset [bi'set] *vb (beset, beset)* belejre; omringe, omgive; angribe; plage, true; ~ *with (el. by) difficulties* forbundet med store vanskeligheder; *-ting sin* skødesynd.
beshrew [bi'ʃru:] *vb:* ~ *me if* lad mig synke i jorden om.
beside [bi'said] *præp* ved siden af, ved; foruden; *be* ~ *oneself* være ude af sig selv; *it is* ~ *the point* det kommer ikke sagen ved.
besides [bi'saidz] *adv* desuden; *præp* foruden.
besiege [bi'si:dʒ] *vb* belejre; *(fig* også) bestorme *(fx*

with questions); -d (fig) hårdt trængt.
besmear [bi'smiə] *vb* tilsmøre; *(fig)* tilsmudse, tilsvine.
besmirch [bi'smə:tʃ] *vb* plette, besudle.
besom ['bi:zəm] *sb* riskost.
besotted [bi'sɔtid] *adj* omtåget, sløv; forblindet (af kærlighed); *be ~ about* være helt forgabet i.
besought [bi'sɔ:t] *præt* og *pp* af *beseech.*
bespangle [bi'spæŋgl] *vb* overså, besætte (med pailletter *ol).*
bespatter [bi'spætə] *vb* overstænke, tilsøle.
bespeak [bi'spi:k] *vb (bespoke, bespoke(n))* bestille; reservere; betinge sig; tyde på, vidne om.
bespectacled [bi'spektəkld] *adj* bebrillet.
bespoke [bi'spəuk] *præt* og *pp* af *bespeak; adj* syet efter mål.
bespoke| bootmaker håndskomager. ~ **department** bestillingsafdeling (i ekviperingsforretning).
bespoke tailoring syning efter mål.
Bess [bes] *fk Elizabeth.*
I. best [best] *adj, adv* bedst, mest *(fx the ~ hated teacher),* højest; *sb* bedste tøj *(fx dressed in their ~);* **at** ~ i bedste fald, i det højeste; *be at one's ~* være bedst, yde sit bedste; *it was all* **for the** ~ alt føjede sig til det bedste; *I did it all for the ~* jeg gjorde det i bedste mening; **from** *the ~ of motives* i den bedste hensigt; **have** *(el. get) the ~ of it* gå af med sejren; *you had ~ confess* du gør klogest i at tilstå; **like** ~ holde mest af, synes bedst om; **look** *one's ~* se strålende ud; **make** *the ~ of* benytte på bedste måde, få det mest mulige ud af, udnytte *(fx one's talents); make the ~ of one's way* skynde sig alt hvad man kan; *make the ~ of a bad business* prøve at få det bedst mulige ud af situationen (selvom det er gået skævt), tage det med godt humør; *the ~* **part** *of* det meste af; det bedste ved; **to** *the ~ of my ability* efter bedste evne; *to the ~ of my knowledge* så vidt jeg ved; *he can still dance* **with** *the ~ (of them)* han danser stadig så godt som nogen.
II. best [best] *vb* få overtaget over, overvinde.
bestial ['bestjəl] *adj* bestialsk, dyrisk.
bestiality [besti'æliti] *sb* bestialitet, dyriskhed.
bestiary ['bestiəri] *sb* dyrebog (med dyrefabler).
bestir [bi'stə:] *vb: ~ oneself* røre på sig, tage fat, komme i gang; tage affære.
best man forlover (for brudgommen).
bestow [bi'stəu] *vb* overdrage, skænke; give *(upon* til); anbringe. **bestowal** *sb* overdragelse; anbringelse.
bestrew [bi'stru:] *vb* bestrø *(with* med); ligge strøet over *(fx papers -ed the streets).*
bestride [bi'straid] *vb (bestrode, bestridden)* skræve over, sidde overskrævs på; bestige.
best seller *sb* salgssucces, bestseller.
bet [bet] *vb (bet, bet)* vædde; holde, sætte *(fx £5 on a horse), sb* væddemål; indsats; bud, gæt; *it is a safe ~ that* det er bombesikkert at; *your best ~ is to* du gør klogest i at; *you ~* det kan du bande på.
betake [bi'teik] *vb (betook, betaken): ~ oneself* begive sig; *~ oneself to (ogs)* ty til, søge tilflugt hos; *~ oneself to one's heels* tage benene på nakken.
betaken [bi'teikn] *pp* af *betake.*
betaparticle ['bi:tə'pa:tikl] (atomfysik) betapartikel.
betcher ['betʃə]: *you ~* (af: *you may bet your life upon it) (am)* ja det kan du bande på.
betel [bi:tl] *sb (bot)* betel.
bethel [beθl] *sb (omtr)* missionshus; *(am)* sømandskirke.
bethink [bi'θiŋk] *vb (glds): ~ oneself of* komme i tanker om, huske; overveje; beslutte.
Bethlehem ['beθlihem]; *star of ~ (bot)* fuglemælk.
bethought [bi'θɔ:t] *præt* og *pp* af *bethink.*
betide [bi'taid] *vb* times, hænde; *woe ~ him!* ve ham!
betimes [bi'taimz] *adv* i tide, betids, tidligt.
betoken [bi'təukn] *vb* antyde, betegne; varsle.
betook [bi'tuk] *præt* af *betake.*
betray [bi'trei] *vb* forråde; røbe; svigte *(fx my trust, a girl).*
betrayal [bi'treiəl] *sb* forræderi.
betroth [bi'trəuð] *vb* trolove, forlove sig med.
betrothal [bi'trəuðl] *sb* trolovelse, forlovelse.
I. better ['betə] *adj, adv* bedre; mere *(fx ~ than 50 years ago); vb* forbedre, overgå, overtræffe; *sb: one's -s* ens overmænd;

be ~ have det bedre *(fx the patient is ~); be the ~ for it* have godt af det; *for ~ for worse* i medgang og modgang; **get** *the ~ of* besejre, få overtaget over, løbe af med *(fx his kind heart got the ~ of him); you* **had** ~ *go* du må hellere gå, du gør bedst i at gå; *he had ~ not* han gør klogest i at lade være; det kan han lige vove på; *my ~ half* min bedre halvdel; **like** ~ holde mere af, synes bedre om; *be ~* **off** være bedre stillet; ~ **oneself** forbedre sine kår; *be ~* **than** *one's word* gøre mere end man har lovet; *go one ~ than* T overgå, overtrumfe; *no ~ than* ikke andet *(el.* mere) end; *he is no ~ than he should be* han er ikke af vorherres bedste børn; *she is no ~ than she should be (ogs)* hun er løs på tråden; **think** ~ *of it* ombestemme sig, betænke sig; komme på bedre *(el.* andre) tanker.
II. better ['betə] *sb* en, der vædder.
betterment ['betəmənt] *sb* (grund)forbedring.
better-to-do *adj* bedrestillet.
betting shop indskudsbod.
between [bi'twi:n] *præp* imellem, mellem; *~ them* i forening, ved fælles hjælp; tilsammen *(fx they had £5 ~ them); ~ ourselves, ~ you and me (and the gatepost)* mellem os sagt; *it is just ~ us two* det bliver mellem os.
between|decks mellemdæk. **-maid** hjælpepige (pige som hjælper kokke- og stuepige). **-whiles** *adv* af og til.
betwixt [bi'twikst] *adv (glds)* imellem; *~ and between* (sådan) midt imellem; lidt af hvert.
bevel [bevl] *sb* skråkant, smig, affasning; skæv vinkel; (værktøj:) smigstok; *adj* skæv; *vb* skærpe, affase, afskrå, give skrå retning; *-led (ogs)* facetslebet *(fx glass, mirror); ~ gear* konisk tandhjul; *~ pinion* spidshjul.
beverage ['bevəridʒ] *sb* drik; -s drikkevarer.
bevvy ['bevi] *sb (dial.)* drink; drikkegilde.
bevy ['bevi] *sb* flok, sværm.
bewail [bi'weil] *vb* begræde, jamre over.
beware [bi'wɛə] *vb* vogte sig *(of* for); *beware!* pas på!
Bewick ['bju:ik]; *-'s swan (zo)* pibesvane.
bewilder [bi'wildə] *vb* forvirre; *-ed* fortumlet, forvirret, desorienteret. **bewilderment** *sb* forvirring.
bewitch [bi'witʃ] *vb* forhekse; fortrylle.
bey [bei] *sb* bey; tyrkisk statholder.
beyond [bi'jɔnd] *præp* og *adv* hinsides, på den anden side (af), forbi; over, udover, mere end; senere end; uden for (rækkevidden af); *live at the back of ~* bo i en ravnekrog *(el.* uden for lands lov og ret); *~ compare* uforlignelig; *~ all criticism* hævet over al kritik; *~ one's depth, se depth; ~ doubt* hævet over enhver tvivl; *~ example* eksempelløs; *~ expression* usigelig; *~ me* over min forstand; *~ measure* over al måde; *the ~* det hinsidige.
bezique [bi'zi:k] *sb* bezique (et kortspil).
bhang [bæŋ] *sb* indisk hamp.
bias ['baiəs] *sb* skrå retning, skævhed; hældning; *(fig)* hang, tilbøjelighed; fordom; forudindtagethed; ensidighed, partiskhed; *vb* påvirke *(fx we must ~ him in our favour); cut the material on the ~* klippe stoffet skråt *(el.* på skrå).
bias binding skråbånd.
bias(s)ed ['baiəst] *adj* partisk, forudindtaget, ensidig.
bias strip skråstrimmel.

I. bib [bib] *sb* hagesmæk; (forklæde)smæk; ~ *(and brace) overalls* smækbukser; *best ~ and tucker* stiveste puds.
II. bib [bib] *vb (glds)* pimpe; S slå, gokke.
bibelot ['bi:bləu] *sb* nipsgenstand; miniaturebog.
Bible [baibl] bibel. **biblical** ['biblikl] *adj* bibelsk.
bibliographer [bibli'ɔgrəfə] *sb* bibliograf.
bibliographic [bibliə'græfik] *adj* bibliografisk.
bibliography [bibli'ɔgrəfi] *sb* bibliografi.
bibliomania [bibliə'meinjə] *sb* bibliomani, boggalskab.
bibliomaniac [bibliə'meiniæk] *sb* biblioman, fanatisk bogsamler.
bibliophile ['bibliəfail] *sb* bogelsker, bibliofil.
bibulous ['bibjuləs] *adj* drikfældig.
bicameral [bai'kæmr(ə)l] *adj* (om rigsdag) tokammer-, med to kamre.
bicarbonate [bai'ka:bənət] *sb (kem)* bikarbonat; ofte = ~ *of soda* natron.
bicentenary [baisen'ti:nəri, *(am)* bai'sentəneri] *sb* tohundredårsdag.
biceps ['baiseps] *sb (pl bicepses)* biceps (muskel i overarmen).
bicker ['bikə] *sb* skænderi; *vb* skændes, mundhugges.
bicky ['biki] *sb* (barnesprog) kage.
bicycle ['baisikl] *sb* cykel; *ride a ~* cykle, køre på cykel; *~ shed* cykelskur; *~ shop* cykelværksted, cykelhandler; *~ stand* cykelstativ.
I. bid [bid] *vb (bade, bid(den)) (glds)* byde, befale; bede, indbyde; *(bid, bid)* tilbyde, byde, gøre bud; (i kortspil) melde; *(am)* give tilbud (ved licitation); *~ defiance* byde trods; *~ fair to* tegne til at; *~ welcome* byde velkommen.
II. bid [bid] *sb* bud; forsøg; (i kortspil) melding; *make a ~ for* give et bud på; gøre en indsats for at opnå, søge at vinde *(fx sympathy; independence); make a ~ for power* gribe efter magten; *no ~* (i bridge) pas; *say no ~* melde pas.
biddable ['bidəbl] *adj* meldbar (i bridge); medgørlig, lydig.
bidden [bidn] *pp* af *I. bid.*
bidder ['bidə] *sb* en der byder; (i kortspil) (en) melder.
bidding ['bidiŋ] *sb* bud, befaling; *do his ~* adlyde hans befaling; *the ~ was slow (merk)* budene faldt langsomt.
biddy ['bidi] *sb* S kælling.
bide [baid] *vb* forblive; modstå; *~ one's time* vente på sin chance.
bidet ['bi:dei] *sb* bidet (sædebadeindretning).
bid price køberkurs.
biennial [bai'enjəl] *sb* toårig plante; *adj* toårig; som varer to år; som indtræffer hvert andet år.
bier [biə] *sb* ligbåre, båre.
biestings ['bi:stiŋz] *sb pl* råmælk.
B.I.F. *fk British Industries Fair.*
biff [bif] *sb* S slag, gok *(fx a ~ in the eye); vb* slå, gokke.
biffin ['bifin] *sb* (madæblesort).
bifocal ['bai'fəukl] *adj* bifokal, dobbeltslebet; *-s sb pl* briller med dobbeltslebne glas.
bifurcate ['baifə:keit] *vb* spalte sig i to grene; ['baifə:kit] *adj* spaltet i to grene, togrenet, gaffeldelt.
bifurcation [baifə:'keiʃn] *sb* gaffeldeling; gaffelgren.
big [big] *adj* stor, tyk, svær; bred, vid; kraftig; *(fig)* storsindet; vigtig, betydelig; *look ~* se vigtig ud; *that was ~ of him* T det var flot gjort; *talk ~* prale, være stor i munden; *grow too ~ for one's clothes* vokse fra sit tøj; *he is too ~ for his boots (el. breeches)* T han er stor på den, han er indbildsk.
bigamy ['bigəmi] *sb* bigami.
Big Apple New York.
big| brother storebror. ~ **bug** = *bigwig.* ~ **business** storkapitalen. ~ **dipper** rutschebane; *(am)*, se *dipper.* **-horn** *sb* bjergfår (i *Rocky Mountains).*
bight [bait] *sb* bugt, bugtning (på et tov); havbugt.
big noise = *bigwig.*
bigot ['bigət] *sb* blind tilhænger, fanatiker.
bigoted ['bigətid] *adj* bigot, snæversynet, blindt troende, fanatisk.
bigotry ['bigətri] *sb* blind tro, bigotteri.
big| shot = *bigwig.* ~ **stick:** *use the ~ stick (fig)* svinge pisken, bruge magt. ~ **time** succesrig, top-. ~ **top** cirkustelt.
bigwig ['bigwig] *sb* person af betydning; *the -s* de store, 'de store kanoner'.
bike [baik] T *sb* cykel; motorcykel; *vb* cykle; køre på motorcykel.
Bikini [bi'ki:ni].
bikini *sb* bikinibadedragt; ~ *briefs, -s* bikinitrusser.
bilateral [bai'lætr(ə)l] *adj* tosidet.
bilberry ['bilbəri] *sb* blåbær.
bile [bail] *sb* galde.
bilge [bildʒ] *sb (mar)* kimming (overgang mellem skibs bund og sider); T vrøvl, pladder; *vb* gøre læk, blive læk i bunden.
bilge| keel slingrekøl. ~ **water** *(mar)* bundvand.
bilharziosis [bilha:zi'əusis] *sb (med.)* sneglefeber.
biliary ['biljəri] *adj* galde- *(fx ~ duct).*
bilingual [bai'liŋgw(ə)l] *adj* tosproget.
bilious ['biljəs] *adj* galdesyg; galde-; *(fig)* mavesur; ~ *attack* anfald af galdesyge, galdekolik.
bilk [bilk] *vb* snyde; *sb* snyder.
Bill [bil] *fk William.*
I. bill [bil] *sb* næb; *vb* næbbes; kysses; ~ *and coo* kysses og kæle for hinanden.
II. bill [bil] *sb* beskærekniv; *(hist.)* hellebard.
III. bill [bil] *sb* regning; veksel; plakat; program; løbeseddel; fortegnelse; *(parl)* lovforslag; (især *am)* (penge)seddel; *vb* sende regning til; sætte på plakaten (, programmet); sætte plakater op i;
be -ed stå på plakaten; *keep the play on the ~* holde stykket på plakaten; ~ **of** *exchange* veksel; ~ *of fare* spiseseddel; *clean ~ of health* sundhedspas; ~ *of lading* konnossement; *the Bill of Rights* den lov, som sikrede englænderne en fri forfatning efter Stuarternes fordrivelse; ~ *of sale* pantebrev i løsøre; skibsskøde; *find a* **true** ~ *(jur)* finde klagen berettiget, dekretere tiltale.
billboard ['bilbɔ:d] *sb* (især *am)* plakattavle; plankeværk.
bill broker vekselmægler.
I. billet ['bilit] *sb (mil.)* indkvarteringsseddel; kvarter; indkvartering; T stilling, job; *vb* indkvartere; ~ *on* indkvartere hos; *in -s* indkvarteret, i kantonnement.
II. billet ['bilit] *sb* brændestykke; barre (af metal), blok.
billet-doux ['bilei'du:] *sb* billet doux, kærlighedsbrev.
bill|fold *(am)* tegnebog. **-hook** faskinkniv, beskærekniv.
billiards ['biljədz] *sb* billard.
Billingsgate ['biliŋzg(e)it] (fisketorv i London); pøbelsprog, skældsord.
billion ['biljən] *sb* milliard; *(let glds)* billion.
billow ['biləu] *sb* (stor) bølge; *vb* bølge; (om tøj *etc)* flagre, blafre.
billowy ['biləui] *adj* bølgende.
billposter, billsticker plakatopklæber.
Billy ['bili] *fk William.*
billy ['bili] *sb* (politi)stav; kogekar.
billy|can kogekar. **-goat** gedebuk.
billy-ho ['biliəu]: *like ~* som bare pokker.
biltong ['biltɔŋ] *sb* strimler af tørret vildtkød.
bimetallism [bai'metəlizm] *sb* bimetallisme, dobbeltmøntfod.
bimonthly ['bai'mʌnθli] *adj* som sker (, udkommer) hveranden måned (, to gange om måneden).
bin [bin] *sb* kasse, beholder, silo; affaldsspand, skarn-

bøtte.

binary ['bainəri] *adj* binær; dobbelt; ~ *star* dobbelt stjerne.

bind [baind] *vb (bound, bound)* binde; (sår) forbinde; (bog) indbinde; (tæppe *etc)* kante; *(mht* fordøjelse) forstoppe; *(jur)* forpligte; *sb:* S *in a* ~ i knibe; *be bound over (to keep away from public parks)* få tilhold (om ikke at besøge offentlige anlæg); ~ *up* forbinde; (se også *III. bound)*.

binder ['baində] *sb* bogbinder; (til papirer) bind; *(fx* til maling) bindemiddel; *(agr)* selvbinder, bindemekanisme; (på cigar) omblad.

binding ['baindiŋ] *sb* bind; indbinding; bogbind; *(fx* om tæppe) kant, kantning; *adj* bindende *(fx this promise is not ~);* ~ *on* bindende for.

bindweed ['baindwi:d] *sb (bot)* snerle.

binge [bindʒ] *sb* S gilde; *go on a* ~ gå på druktur.

bingo ['biŋgəu] *sb* bingo, tallotteri, bankospil.

binnacle ['binəkl] *sb (mar)* nathus, kompashus.

binocular [b(a)i'nɔkjulə] *adj* til *(el.* med) begge øjne.

binoculars *sb pl* (dobbelt)kikkert.

bint [bint] *sb* S pigebarn, finke.

binturong [bin'tjuərɔŋ] *sb zo* bjørnekat.

biochemistry ['baiəu'kemistri] *sb* biokemi.

biodegradable ['baiəudi'greidəbl] *adj* biologisk nedbrydelig.

bioengineering ['baiəuendʒi'niəriŋ] *sb* medikoteknik.

biographer [bai'ɔgrəfə] *sb* biograf (ɔ: levnedsskildrer).

biographical [baiə'græfikl] *adj* biografisk.

biography [bai'ɔgrəfi] *sb* biografi.

biologic(al) [baiə'lɔdʒik(l)] *adj* biologisk.

biology [bai'ɔlədʒi] *sb* biologi.

bionic [bai'ɔniks] *adj* (om person i fremtidsroman) som har indbygget elektroniske funktioner; T med overmenneskelige evner (, kræfter).

bionics [bai'ɔniks] *sb* bionik.

biopsy ['baiɔpsi] *sb (med.)* biopsi (undersøgelse af vævsprøve fra levende væv).

bioscope ['baiəskəup] *sb (Sydafr)* biograf.

biovular [bai'əuvjulə] *adj* tveægget *(fx twin).*

biped ['baiped] *adj* tobenet; *sb* tobenet dyr.

biplane ['baiplein] *sb (flyv)* todækker, biplan.

birch [bə:tʃ] *sb* birk; ris; *vb* give ris.

birchen [bə:tʃn] *adj* birke-, birketræs-.

bird [bə:d] *sb* fugl; T fyr *(fx a gay ~, a queer ~);* S pige; *do* ~ S sidde den af, sidde inde; *the early ~,* se *early; (strictly) for the -s* S ligegyldig; hen i vejret; *get the* ~ S blive fyret, blive smidt ud; (om optrædende) blive pebet ud; *a* ~ *in the hand is worth two in the bush* en fugl i hånden er bedre end ti på taget; *kill two -s with one stone* slå to fluer med et smæk; *-s of a feather flock together* krage søger mage; ~ *of paradise* paradisfugl; ~ *of passage* trækfugl; ~ *of prey* rovfugl; *a little ~ told me that ...;* -jeg har hørt en lille fugl synge om at ...

bird| cage fuglebur. **-call** fuglefløjt; lokkefløjte. ~ **cherry** *(bot)* hægebær. ~ **fancier** fuglehandler, fugleopdrætter. **-lime** fuglelim. ~ **sanctuary** fuglereservat. **-seed** fuglefrø.

bird's eye fugleøje. **bird's eye | maple** *(bot)* fugleøjetræ. ~ **view:** *a* ~ *view of the castle* slottet set i fugleperspektiv *(el.* fra luften); *get a ~ view of the situation* få et overblik over situationen.

bird's foot trefoil *(bot)* kællingetand.

bird shot fuglehagl.

bird's nest fuglerede; *go birds'-nesting* plyndre fuglereder.

birefringence [bairi'frindʒ(ə)ns] *sb* dobbeltbrydning.

Birmingham (i England) ['bə:miŋəm]; (i USA) ['bərmiŋhæm].

biro ® ['baiərəu] *sb* kuglepen.

birth [bə:θ] *sb* fødsel; herkomst, byrd; *new* ~ genfødelse; *give* ~ *to* føde; *(fig)* afføde; fremkalde; *a man of* ~ en mand af fornem herkomst.

birth| control fødselskontrol, børnebegrænsning. **-day** fødselsdag; *-day honours* titler etc uddelt på monarkens officielle fødselsdag; *in one's -day suit* i Adamskostume. **-mark** modermærke. ~ **pill** p-pille. **-place** fødested. **-rate** fødselsprocent, fødselstal. **-right** førstefødselsret. **-wort** *(bot)* slangerod.

Biscay ['biskei] Biskaya. **Biscayan** [bi'skeiən] *adj* biskayisk.

biscuit ['biskit] *sb* kiks; biskuit; *(am)* kuvertbrød; bolle; (keramik) se *bisque; ship's -s* beskøjter, skonrogger; *take the* ~ S bære prisen.

bisect [bai'sekt] *vb* halvere; dele i to dele.

bisexual ['bai'sekʃuəl] *adj* biseksuel; *zo* tvekønnet.

bishop ['biʃəp] *sb* biskop; løber (i skak).

bishopric ['biʃəprik] *sb* bispedømme.

bismuth ['bizməθ] *sb* vismut.

bison [baisn] *sb zo* bison.

bisque [bisk] *sb* uglaseret porcelæn, biskuit; uglaseret keramik; (i sport) ekstra slag (, point).

bistort ['bistɔ:t] *sb (bot)* slangeurt.

bistre ['bistə] *sb* sodfarve, mørkebrunt.

bistro ['bistrəu] *sb* bistro, lille restaurant.

I. bit [bit] *sb* bid, stykke, stump; (til hest) bidsel; (på nøgle) kam; (af bor) spids; (af skærende værktøj) skær, kortstål; (til borsving) bor; (af skruetrækker) klinge; (mønt) stykke *(fx threepenny ~); (am)* 12½ cent; (i edb) bit; T pige, „nummer"; *-s pl (teat)* småroller;

a ~ lidt; *not a* ~ *(of it)* slet ikke, ikke det bitterste; *a* ~ *of all right* S helt fint; ~ *by* ~ lidt efter lidt; *do one's* ~ gøre sit; *every* ~ *as good* akkurat lige så god; *take the* ~ *between one's teeth* løbe løbsk; kaste sig ud i det; *to -s* i stumper og stykker.

II. bit [bit] *præt* af *bite.*

bitch [bitʃ] *sb* (hunhund etc) tæve; (skældsord) strigle, møgkælling; S beklagelse, protest; *vb* S brokke sig; spolere, lave brok i.

bitchy ['bitʃi] *adj* ondskabsfuld.

bite [bait] *vb (bit, bitten)* bide; (om insekt *ogs)* stikke; (om syre) ætse; (gøre ondt:) svie, brænde; (om fisk og *fig)* bide på; *sb* bid; mundfuld; stik (af insekt); *what is biting you?* hvad går der af dig? *the biter* (underforstået: *has been) bit* han er blevet fanget i sit eget garn; ~ *the dust* bide i græsset; (se også *bullet);* ~ *sby's nose off* T bide ad én; ~ *off more than one can chew,* se *chew.*

biting midge *zo* mitte.

bitt [bit] *sb (mar)* pullert.

bitten [bitn] *pp* af *bite; once* ~ *twice shy* brændt barn skyr ilden.

bitter ['bitə] *adj* bitter; bidende; *sb* (type øl); (se også *bitters).* **bitter cress** *(bot)* springklap.

bitterling *sb zo* blåfisk.

bitterly *adv* bittert, bitterlig.

bittern ['bitən] *sb zo* rørdrum; *little* ~ dværghejre.

bitter orange pomerans.

bitters ['bitəz] *sb pl* bitter, angostura.

bitumen [bi'tju:min] *sb* bitumen.

bituminous [bi'tju:minəs] *adj:* ~ *coal* fede kul.

bivalve ['baivælv] *sb* toskallet skaldyr; musling; ~ *shell* muslingeskal.

bivouac ['bivuæk] *sb* bivuak; *vb* bivuakere.

bi-weekly ['bai'wi:kli] *adj* hver fjortende dag; to gange om ugen.

biz [biz] *sb* S = *business.*

bizarre [bi'za:] *adj* bizar, sælsom.

blab [blæb] *vb* sladre, røbe, plapre ud med (hemmeligheder). **blabber** *sb* sladderhank.

I. black [blæk] *adj* sort, mørk; (om arbejde) blokaderamt; *sb* sort farve, sørgedragt; neger; ~ *in the face* mørkerød i hovedet (af anstrengelse, vrede *etc); he gave me a ~ look, he looked ~ at me* han skulede til mig; *he is not so ~ as he is painted* han er bedre end sit rygte; *in ~ and white* sort på hvidt, skriftligt, på tryk; *in the ~* med overskud.

II. black [blæk] *vb* sværte; (i arbejdskonflikt) blokere; *~ out* mørklægge; slette; miste bevidstheden *(el.* synet) et øjeblik; *(teat)* lave blackout, slukke alt lys på scenen; *he -ed out* (ɔ: kunne ikke huske) der gik en klap ned.

black alder *(bot)* rødel.

black|amoor ['blækəmuə] *sb* morian. ~ **andtan** en art terrier (sort og brun); en drik som består af en blanding af porter og en lysere øltype; *the Black-and-Tans:* engelsk styrke sendt til Irland for at kue *Sinn Fein* (klædt i kaki med sort hovedtøj). ~ **and white** sort-hvid tegning; *(fot)* sort-hvid kopi; (se også *I. black).* ~ **-and-white** *adj* sort-hvid. ~ **-backed gull** *zo: greater* ~ svartbag; *lesser* ~ sildemåge. **-ball** *sb* sort kugle (ved ballotering); nej-stemme; *vb* nægte at optage (i klub). ~ **bear** *zo* amerikansk sort bjørn, baribal. ~ **beetle** T kakerlak. **-berry** *(bot)* brombær. **-bird** *zo* solsort. **-birding** indfangning af negere til slavehandel. **-board** vægtavle. ~ **book** straffeprotokol; *be in his ~ books* være i unåde hos ham. ~ **buck** *zo* hjorteantilope. ~ **cap** sort hue (som dommeren bar når han afsagde en dødsdom). **-cap** *zo* munk. ~ **carpet beetle** *zo* pelsklanner. ~ **-coat(ed) workers** kontorfolk, 'flipproletarer'. **-cock** *zo* urhane.

Black Country: *the* ~ kuldistrikterne (i England).

blackcurrant solbær.

Black Death: *the* ~ den sorte død.

black| dog *sb* melankoli, dårligt humør. ~ **draught** (et afføringsmiddel).

blacken [blækn] *vb* sværte; bagvaske.

blacketeer [blæki'tiə] *sb* sortbørshaj.

black| eye 'blåt' øje. ~ **-eyed Susan** *(bot)* solhat. ~ **fellow** australneger. ~ **fish** *zo* grindehval. **-fly** *zo* kvægmyg.

Black|foot sortfodsindianer. ~ **Forest** Schwarzwald. ~ **Friar** dominikaner, sortebroder.

black frost barfrost. **black grouse** *zo* urfugl.

blackguard ['blæga:d] *sb* sjover, slyngel; *vb* sjofle, udskælde. **blackguardly** *adj* sjofel, gemen.

black| guillemot *zo* tejst. **-head** hudorm. ~ **-headed gull** *zo* hættemåge. ~ **hole** *(astr)* sort hul. ~ **ice** *(omtr)* isslag. **-ing** ['blækiŋ] *sb* sværte. **-jack** sørøverflag; totenschlæger; (slags hasardspil). ~ **lead** grafit. **-leg** *sb* falskspiller; skruebrækker; *vb* være strejkebryder; være usolidarisk mod. ~ **lemur** *zo* sortmaki (en abe). ~ **letter** gotisk skrift. **-list** *sb (fig)* den sorte liste; *vb* sætte på den sorte liste. **-mail** *sb* (penge)afpresning; *vb* afpresse (penge). **-mailer** *sb* (penge)afpresser.

Black Maria 'salatfadet' (vogn til fangetransport).

black| mark anmærkning (i skole). ~ **market** sort børs; *on the ~ market* på den sorte børs. ~ **-marketeer** sortbørshaj. **-out** *sb* **1.** mørklægning; **2.** strømsvigt; **3.** *(teat)* blackout; **4.** midlertidig bevidstløshed; *I had a ~ (ogs)* der gik en klap ned. **-out curtain** mørklægningsgardin. ~ **pudding** blodpølse.

Black Rod: *Gentleman Usher of the Black Rod* kongelig overceremonimester i Overhuset (der har en sort embedsstav).

black| rust sortrust (en plantesygdom). ~ **salsify** *(bot)* skorzonerrod. **-shirt** sortskjorte, fascist. **-smith** grovsmed. ~ **spruce** *(bot)* sortgran. **-thorn** *(bot)* slåen. ~ **tie** sort slips; (på indbydelse) smoking.

bladder ['blædə] *sb* blære *(ogs* om person).

bladder| campion *(bot)* blæresmelde. **-nose** *zo* klapmydse (art sæl). **-wort** *(bot)* blærerod. ~ **wrack** *(bot)* blæretang.

blade [bleid] *sb* blad (på græs, åre *etc);* (på kniv, sav) blad, klinge; *(tekn:* på rotor) vinge; *(glds* T*)* galant fyr; *in the ~ (bot)* som endnu ikke har sat aks; *~ of grass (ogs)* græsstrå.

blah [bla:] *sb* S højtravende vås; *adj* intetsigende, fad.

blain [blein] *sb* blegn, blase.

blame [bleim] *sb* dadel; skyld; *vb* dadle; bebrejde; give skylden; *you cannot ~ him* der er ikke noget at sige til det han har gjort; det kan man ikke fortænke ham i; *who is to ~?* hvem har skylden? *lay the ~ on sby for* give en skylden for; *take the ~* påtage sig skylden.

blame|less *adj* ulastelig, dadelfri. **-worthy** *adj* dadelværdig.

blanch [bla:nʃ] *vb* gøre hvid, blege; blanchere; blegne; *~ almonds* smutte mandler; *~ over (fig)* besmykke.

blancmange [blə'mɔnʒ] *sb* (en slags dessert).

blanco ['blæŋkəu] *vb (mil.)* pibe (med pibepulver).

bland [blænd] *adj* **1.** lidenskabsløs; **2.** karakterløs; intetsigende; **3.** høflig, affabel, forbindtlig.

blandish ['blændiʃ] *vb* smigre; lokke for.

blandishments *sb pl* smiger; lokketoner.

I. blank [blæŋk] *adj* (om papir) blank, ubeskrevet, ikke udfyldt; *(fig)* tom, indholdsløs *(fx future),* (om ansigtsudtryk *etc)* tom, udtryksløs; uforstående *(fx he looked ~); (om væg, mur) tom; (arkit)* blind, blændet *(fx window);* (komplet *etc*) ren (og skær) *(fx stupidity),* fuldstændig.

II. blank [blæŋk] *sb* tom plads, (på papir) åben plads, rubrik; *(fig)* tomrum *(fx his death left a ~);* (i stedet for noget udeladt, skrives som en streg, *fx 189-, eighteen ninety ~* atten hundrede nogle og halvfems; i stedet for ed:) nok sagt; (i lotteri) nitte; (i edb) blanktegn; *(mil.)* løs patron; *(tekn)* råemne; (rundt, udstanset) blanket; *(am)* formular, blanket; *I drew a ~* jeg trak en nitte; *(fig)* jeg fandt intet; *in ~* in blanco; *my mind is a (perfect) ~* jeg er helt tom i hovedet; (se også *blanks).*

blank| cartridge løs patron. ~ **cheque** blankocheck; *(fig)* blankofuldmagt, frie hænder. ~ **cover** bind uden titel.

blanket ['blæŋkit] *sb* uldent tæppe; *(typ)* dækkel; *(fig)* tæppe, dække; *vb dække; adj* almindelig, generel, som dækker alle tilfælde; *toss in a ~* lege himmelspræt med; *born on the wrong side of the ~* født uden for ægteskab; (se også *wet ~).*

blanket term fællesbetegnelse.

blankety blank: *that old ~* den gamle noksagt.

blank| file blind rode. ~ **flight** blindflyvning.

blanking ['blæŋkiŋ] *sb* (i fjernsyn) stråleslukning.

blankly *adv* tomt, uforstående; rent ud.

blanks [blæŋks] *sb pl (typ)* blindmateriale.

blank verse *sb* urimede vers, blankvers (femfodede jambiske).

blare ['blɛə] *vb* gjalde, skingre (om trompet); larme; *sb* trompetstød, skingren.

blarney ['bla:ni] *sb* (grov) smiger; indsmigrende tale; *vb* smigre (groft); *he has kissed the Blarney stone* han har et godt snakketøj.

blasé ['bla:zei] *adj* blasert, blaseret.

blaspheme [blæs'fi:m] *vb* bande og sværge; forbande; bespotte.

blasphemous ['blæsfiməs] *adj* blasfemisk, bespottelig.

blasphemy ['blæsfimi] *sb* blasfemi, gudsbespottelse; eder og forbandelser.

blast [bla:st] *sb* vindstød, luftstrøm; stød (i blæseinstrument); sprængning; trykbølge (fra eksplosion); T opsang, balle; gilde; *vb* svide; ødelægge; sprænge; angribe heftigt; *in full ~* i fuldt sving; *the wireless was going (in) full ~* radioen gik for fuldt drøn; *~ it* pokker tage det.

blasted *adj* T forbandet, satans.

blast furnace højovn.

blast-off ['bla:stɔf] *sb* (raket)start.
blat [blæt] *vb* bræge, snakke (løs), sludre.
blatant [bleitnt] *adj* vulgær; grov *(fx lie)*, tydelig, åbenbar; højrøstet; larmende *(fx radio)*; skrigende *(fx colours)*.
blather ['blæðə] *sb* vrøvl; *vb* vrøvle.
blatherskite ['blæðəskait] *sb* vrøvlehoved.
I. blaze [bleiz] *sb* flamme; ildebrand; flammende lys, glans, strålende skær; *(forst)* mærke (på træ *etc)*; (på hest) blis; *in a ~* i lys lue; *go to -s* gå pokker i vold; *like -s* som bare pokker; *a ~ of fury* et raserianfald.
II. blaze [bleiz] *vb* blusse, flamme; lyse, skinne; (om nyhed) bekendtgøre vidt og bredt, udbasunere; *(forst)* mærke (træer); *~ away* plaffe løs; *~ away!* klem på! *~ out (at)* fare op (over for); *~ a trail* afmærke en sti; *~ a trail (el. the way) for (fig)* bane vejen for; *~ up* flamme op; fare op.
blazer ['bleizə] *sb* blazer (kulørt flonelsjakke).
blazing ['bleiziŋ] *adj* flammende; *(fig)* åbenlys; rasende.
blazing star *(bot)* pragtskær.
blazon [bleizn] *sb* heraldik; våbenskjold, våbenmærke; *vb* male våbenmærke på; pryde; *~ abroad (glds)* forkynde vidt og bredt, udbasunere.
blazonry ['bleiznri] *sb* heraldik; våbenskjold(e); *(fig)* pragtudfoldelse.
bleach [bli:tʃ] *vb* blege; bleges; *sb* blegemiddel.
bleacher ['bli:tʃə] *sb* bleger; blegemiddel; *the -s (am)* 'den billige langside'.
I. bleak [bli:k] *adj* kold, forblæst, trøstesløs, trist.
II. bleak [bli:k] *sb zo* løje, løjert (en fisk).
blear [bliə] *vb* sløre, gøre utydelig.
blear(y)-eyed *adj* rødøjet, med rindende øjne; sløv.
bleat [bli:t] *vb* (om får, ged) bræge; (om kalv) brøle; *(fig)* klynke; *sb* brægen, brølen; klynken.
bleb [bleb] *sb* blegn, blære.
bled [bled] *præt* og *pp* af *bleed*.
bleed [bli:d] *vb (bled, bled)* bløde; årelade; *(fig)* flå, afpresse, blokke (for penge); *(bogb)* beskære for stærkt *(el.* for hårdt); forskære; *~ sby white* plyndre en for alt hvad han har, klæde en af til skindet.
bleeder *sb* bløder; S sjover; fyr; *a ~ of a* ... en rigtig modbydelig ...
bleeding *sb* blødning; åreladning; *adj* blødende; S satans, forbandet. **bleeding heart** *(bot)* hjerteblomst; *(fig)* sentimentalt medfølende person.
bleep [bli:p] *vb* dutte, pibe, dytte (om radiosignal *etc)*; T kalde (med personsøger); *sb* dut, piben, dyt; T personsøger; (se også *blip)*.
bleeper ['bli:pə] *sb* T personsøger.
blemish ['blemiʃ] *sb* lille fejl, skavank; plet; *vb* sætte plet på, vanære; skæmme.
blench [blen(t)ʃ] *vb* gyse tilbage, vige tilbage.
blend [blend] *vb* blande; blandes; *sb* blanding.
Blenheim ['blenim].
blenny ['bleni] *sb zo* slimfisk; *viviparous ~* ålekvabbe.
bless [bles] *vb (pp blessed el. blest)* velsigne; *~ oneself* slå kors for sig; *I'll be blest if* pokker tage mig om; *~ me! God ~ my soul! well, I'm blest!* ih, du store! *he has not got a penny to ~ himself with* han ejer ikke en rød øre; *~ you!* (til en der nyser) prosit!
blessed ['blesid] *adj* velsignet; salig; T forbistret; *(blessed* anvendes undertiden som et jovialt fyldeord, *fx* i: *the whole ~ day* hele den udslagne dag); *the ~* de salige.
blessedness ['blesidnəs] *sb* lyksalighed; *single ~* den lyksalige ugifte stand.
blessed thistle *(bot)* benediktinertidsel.
blessing ['blesiŋ] *sb* velsignelse; *it was a ~ (ogs)* det var en Guds lykke; *ask a ~* bede bordbøn; *count one's -s (omtr)* se på de lyse sider; *a ~ in disguise* held i uheld; *by the ~ of God* med Guds hjælp.

blest *pp* af *bless*.
blether ['bleðə] *sb* vrøvl; *vb* vrøvle.
blew [blu:] *præt* af *blow*.
blewit(s) ['blu:it(s)] *sb (bot)* bleg heksering-ridderhat.
blight [blait] *sb* (sygdom på planter som:) skimmel, pletsyge, meldug, rust, brand; *(fig)* fordærv, ødelæggelse; skamplet; *vb* fordærve, ødelægge, tilintetgøre; (om frost) svide; *cast a ~ on his life* forbitre hans tilværelse.
blighter ['blaitə] *sb* S stodder; fyr, rad *(fx you lucky ~)*.
Blighty ['blaiti] *(mil.)* S hjemmet, England; *a ~ one* et krigssår som bevirkede den såredes hjemrejse til England.
blimey ['blaimi] *interj (vulg, omtr)* gudfaderbevares.
blimp [blimp] *sb* lille luftskib; *(film)* blimp (lydtæt boks).
Blimp: *Colonel ~* (stokkonservativ, snæversynet gammel hugaf).
blimy = *blimey*.
I. blind [blaind] *adj* blind; skjult *(fx turning)*; med dårlige oversigtsforhold; T døddrukken; *sb* drikkegilde, soldetur; *~ area* død vinkel; *~ of* blind på *(fx ~ of one eye)*; *~ to* blind for.
II. blind [blaind] *sb* rullegardin, jalousi; skodde; (til hest) skyklap; *(fig)* skalkeskjul; *do sth as (el. for) a ~* gøre noget for at føre andre på vildspor.
III. blind [blaind] *vb* gøre blind *(to* for), blinde; blænde; binde for øjnene; *(fig)* narre, føre bag lyset; S køre vildt.
blind| alley blindgade, blindgyde. **~ -alley job** stilling som ikke fører til noget, blindgyde. **~ blocking** blindtryk. **~ date** *(am)* (stævne)møde mellem to der ikke kender hinanden. **~ door** blind (tilmuret, tildækket) dør. **~ drunk** døddrukken.
blinder ['blaində] *sb* skyklap.
blind| flying blindflyvning. **-fold** ['blainfəuld] *adv* med tilbundne øjne; *(fig)* forblindet; i blinde; *vb* binde for øjnene. **~ letter** brev med utilstrækkelig adresse. **-man's buff** ['blaindmænz 'bʌf] blindebuk. **~ pig** *(am)* smugkro. **~ side:** *one's ~ side* den side man ikke ser til; ens svage side *(el.* punkt). **~ -side** *vb* overraske, komme bagpå. **~ spot** blind plet (i øjet); *(fig)* blindt punkt. **~ stamp** blindtryk. **~ tiger** *(am)* smugkro. **~ tooling** blindtryk. **~ wall** væg uden vinduer. **-worm** stålorm.
blink [bliŋk] *vb* blinke; glippe (, misse) med øjnene; lukke øjnene for; *sb* blink; glimt; *on the ~* S i uorden; utilpas, dårlig.
blinker ['bliŋkə] *sb* blinklys; *-s pl* skyklapper; (skele)briller.
blinking ['bliŋkiŋ] *adj* S *(omtr =)* sørens, pokkers.
blinks [bliŋks] *sb (bot)* stor vandarve.
blip [blip] *sb* (i radar) glimt; *vb* daske, slå; slette, stryge (på lydbånd).
bliss [blis] *sb* lyksalighed. **blissful** ['blisf(u)l] *adj* lyksalig.
blister ['blistə] *sb* vable, blære, blegn; blase; udbygning på krigsskib til beskyttelse mod torpedoer; blæretrækkende plaster; konverterkobber; *(flyv)* blisterrum; S led fyr; *vb* trække vabler; lægge trækplaster på; hæve sig i vabler; *(fig)* kritisere skarpt.
blister| copper konverterkobber. **~ gas** *(mil.)* blistergas.
blistering *adj* sviende; voldsom; S pokkers.
blithe [blaið] *adj* livsglad, fornøjet; munter, sorgløs.
blithering ['bliðəriŋ] *adj* plaprende; ærke-, komplet *(fx ~ idiot)*.
blithesome ['blaiðsəm] *adj* livsglad, fornøjet.
blitz [blits] *sb* luftangreb; lynangreb; *vb* bombe; *the Blitz* (de tyske luftangreb på England i 1940).
blizzard ['blizəd] *sb* snestorm.
bloat [bləut] *vb* salte og røge (sild).

bloated ['bləutid] *adj* opsvulmet; oppustet; opblæst, mæsket.
bloater ['bləutə] *sb* saltet og røget sild.
blob [blɔb] *sb* dråbe, klat; *score a* ~ T ikke score nogen point.
bloc [blɔk] *sb* (politisk) blok.
I. block [blɔk] *sb* **1.** blok; klods; **2.** byggeklods, billedklods; **3.** plade (chokolade); **4.** hejseblok, trisse; *(typ)* kliché; **5.** huskarré, bygningskompleks; *(~ of flats)* beboelsesejendom, etagehus; **6.** spærring, hindring (af færdsel), trafikstandsning; *go to the* ~ bestige skafottet; komme under hammeren (ɔ: på auktion); *knock his* ~ *off* S slå hovedet ned i maven på ham; *two -s from here (am omtr)* to gader herfra.
II. block [blɔk] *vb* spærre, indelukke, blokere; ~ *in* afspærre, stoppe for; *(teat)* arrangere; ~ *out* gøre udkast til, skitsere; ~ *up* blokere; (om bil) opklodse.
blockade [blɔ'keid] *sb* blokade, blokering; *vb* blokere; *run the* ~ bryde blokaden.
blockade-runner blokadebryder.
block|board bloklimet møbelplade. ~ **book** blokbog. **-buster** *sb* karrébombe; kæmpesucces; sensationsfilm; ordentlig tamp. **-head** dumrian. **-house** blokhus.
blockish ['blɔkiʃ] *adj* tung, klodset, dum, stædig.
block letter blokbogstav.
bloke [bləuk] *sb* S fyr, gut, karl.
blond [blɔnd] *adj* lys, blond.
blonde [blɔnd] *adj* blond; *sb* blondine; blonde; ~ *lace* blonde.
blood [blʌd] *sb* blod; slægt, byrd; T *(omtr)* laps, flottenheimer; *vb* lade (jagthund) smage blod; *(fig)* lade (soldater) få kamperfaring; give blod på tanden; *make bad* ~ sætte ondt blod; *in cold* ~ med koldt blod; *it's in their* ~ det ligger dem i blodet; *his* ~ *was up* hans blod var kommet i kog.
blood-and-thunder *adj* melodramatisk; rabalder- *(fx play)*.
blood| bank blodbank. ~ **brother** kødelig broder; edsbroder. ~ **count** blodtælling. ~ **-curdling** *adj* som får ens blod til at isne. **-flower** *(bot)* barberkost.
blood| group blodtype. ~ **horse** fuldblodshest. **-hound** blodhund. **-less** *adj* blodløs, bleg; ublodig, uden blodsudgydelse. **-letting** *sb* åreladning. ~ **money** blodpenge. ~ **orange** blodappelsin. ~ **poisoning** *sb* blodforgiftning. ~ **pressure** blodtryk. **-red** blodrød. ~ **relation** kødelig slægtning, blodsbeslægtet. ~ **sample** blodprøve. **-shed** *sb* blodsudgydelse, blodbad. **-shot** *adj* blodsprængt. ~ **sports** *pl* jagt (især rævejagt). ~ **-stained** *adj* blodig, blodplettet. **-stock** fuldblodsheste, raceheste. **-stone** blodsten (et mineral). **-sucker** blodsuger; igle. ~ **test** blodprøve. **-thirsty** blodtørstig. ~ **vessel** blodkar.
bloody ['blʌdi] *adj* blodig; *(vulg)* fandens, helvedes, fordømt; faneme *(fx he is a* ~ *genius* han er f. et geni); ~ *fool* kraftidiot; ~*his nose, give him af* ~ *nose* give ham en over snuden.
bloody-minded *adj* kontrær, stædig, genstridig; ondskabsfuld.
bloom [blu:m] *sb* blomst, blomsterflor; blomstring, blomstringstid; (blåligt voksagtigt overtræk på druer, blommer *etc)* dug; *(fig)* rødme, glød, friskhed; *(tekn)* blok (af jern); *vb* blomstre; *be in full* ~ stå i fuldt flor; *in the* ~ *of youth* i ungdommens vår; *come into* ~ springe ud; *the* ~ *of health* sundhedens roser.
bloomer ['blu:mə] *sb* S bommert; *-s (glds* vide damebenklæder).
blooming ['blu:miŋ] *adj* blomstrende; S sørens, pokkers; *it's a* ~ *shame* det er sgu' en skam.
Bloomsbury ['blu:mzb(ə)ri] (kvarter i London); *the* ~ *group* kreds af forfattere der samlede sig om Virginia Woolf i Bloomsbury.
blooper ['blu:pə] *sb (am)* S bommert.
blossom ['blɔsəm] *sb* blomst (især på frugttræer); blomsterflor; *vb* blomstre; *come into* ~ springe ud; ~ *out (fig)* udfolde sig.
blot [blɔt] *sb* klat, plet; skamplet; *vb* klatte; plette; stryge, slette; trykke af med trækpapir; ~ *out* udslette, udviske.
blotch [blɔtʃ] *sb* blegn; plet, klat, skjold.
blotter ['blɔtə] *sb* blæksuger; trækpapir; skriveunderlag; *(am)* (politi)rapportbog.
blotting| pad underlag af trækpapir, skriveunderlag. ~ **paper** trækpapir.
blotto ['blɔtəu] *adj* S fuld, døddrukken.
blouse [blauz] *sb* bluse. **blousy** = *blowsy.*
I. blow [bləu] *sb* slag, stød; *at a* ~ med ét slag; *come to -s* komme i slagsmål; *without a* ~ uden sværdslag.
II. blow [bləu] *vb (blew, blown)* springe ud, blomstre; *sb* blomstring; *in full* ~ i fuldt flor.
III. blow [bləu] *vb (blew, blown)* **1.** blæse; puste; blæse på (et instrument); puste på; **2.** (om elektrisk prop) springe; sprænge; **3.** S spendere, lade ryge *(fx he blew the whole sum on a dinner);* **4.** S spolere, ødelægge, forfuske; **5.** S stikke af; **6.** S *(vulg)* slikke af; **7.** ~ *(it)!* så for pokker!
~ *one's cool (am* T*)* tabe fatningen, gå fra snøvsen; ~ *the expense, expense be -ed* blæse være med udgifterne; ~ *a fuse (el. a gasket) (am)* S få en prop, blive rasende; ~ *the gaff* plapre ud med hemmeligheden; ~ *hot and cold* være vægelsindet; ~ *sby a kiss* sende en et fingerkys; *it -s one's mind* det er helt fantastisk ~ *one's nose* pudse næse; ~ *one's stack (am)* = ~ *one's top; oh* ~ *that!* blæse være med det! ~ *one's own trumpet* rose sig selv i høje toner; ~ *one's top* S eksplodere af raseri; blive skør; ~ *the whistle on (am* T*)* afsløre; angive, stikke;
(med *præp, adv)* ~ away plaffe ned; overvælde; ~ *in* falde ind, kigge indenfor; komme dumpende; ~ *off steam,* se *steam;* ~ *out* puste ud, oppuste; ~ *oneself out* puste sig op; ~ *out one's brains* skyde sig en kugle for panden; ~ *over* drive *(el.* gå) over, fortage sig, høre op; ~ *up* springe i luften; sprænge i luften; pumpe op; puste op *(fx a balloon);* opkopiere (efter fotografi); forstørre *(fx* et fotografi); S eksplodere af raseri; skælde ud.
blow-dry *vb* tørre med hårtørrer.
blower ['bləuə] *sb* blæser, ventilator; S telefon; næse.
blow|fly spyflue. **-gun** pusterør. **-hole** lufthul, blæsehul; åndehul (i isen). **-job** *(vulg)* afslikning. **-lamp** blæselampe.
blown [bləun] *pp* af *blow; adj (ogs)* forpustet; (om blomst) helt udsprunget; ~ *upon* belagt med spy, besudlet, (flue)plettet.
blow-off valve afblæsningsventil.
blow-out ['bləuaut] *sb* udblæsning; punktering; sprængning af sikring; S sold, ædegilde.
blow|pipe pusterør; loddepistol. **-torch** *(am)* blæselampe.
blow-up ['bləuʌp] *sb* forstørrelse; eksplosion; raserianfald.
blowzy ['blauzi] *adj* tyk og grov; sjusket klædt.
BLT *fk (am) bacon, lettuce and tomato sandwich.*
blub *vb* = *II. blubber.*
I. blubber ['blʌbə] *sb* hvalspæk.
II. blubber ['blʌbə] *vb* tude, flæbe, brøle.
bludgeon ['blʌdʒ(ə)n] *sb* knippel; *vb* slå med en knippel; prygle, banke; *(fig)* tromle ned; tvinge.
blue [blu:] *adj* blå; *(fig)* nedtrykt, melankolsk, trist; *(pol)* tilhørende torypartiet; (om film, bog *etc)* uartig, sjofel, pornografisk; (om kvinde, *glds)* lærd, intellektuel; *sb* blåt, blå farve; konservativ; (om kvinde) blåstrømpe; *vb* gøre blå; blåne; S (om penge) formøble, solde op;
-s (i jazzmusik) blues; *the -s* tungsindighed, dårligt

humør; *the Blues* den kongelige hestgarde; *Dark Blues* Oxford studenter; *Light Blues* Cambridge studenter;

be a ~ repræsentere sit universitet ved sportskamp; *in a* ~ *funk* hundeangst; *once in a* ~ *moon* så godt som aldrig; *out of the* ~ som et lyn fra en klar himmel; ganske uventet.

Bluebeard ['blu:biəd] blåskæg.

blue|bell klokkeblomst; (skotsk:) blåklokke. **-berry** blåbær. **-bird** *zo* østlig hyttesanger. **-bonnet** blå (rund) skottehue. ~ **book** blåbog (officiel beretning); *(am)* blå bog (over fremtrædende offentlige personer). **-bottle** *zo* spyflue; *(bot)* kornblomst. ~ **chip** sikkert (børs)papir. ~ **-chip** *adj* førsteklasses. ~ **-coat boy** vajsenhusdreng (især fra *Christ's Hospital)*. ~ **collar workers** *pl* arbejdere *(mods* funktionærer). ~ **devils** *pl* melankoli. ~ **-eyed boy** yndling, kæledægge, protegé. **-fish** *zo* blå pomatomide. ~ **funk** se *blue*. ~ **grass** rapgræs; art *am* folkemusik. ~ **gum** *(bot)* febernelliketræ. **-jacket** sømand. ~ **light** blålys. ~ **murder:** *cry* ~ skrige op, råbe gevalt. **-nose** *(am)* person fra Nova Scotia; streng moralist. ~ **-pencil** *vb* slette.

Blue Peter *(mar)* blå Peter, afsejlingsflag.

blueprint ['blu:print] *sb* blåtryk, lystryk; *(fig)* (gennemarbejdet) plan; rettesnor; *at the* ~ *stage (fig)* på skrivebordsstadiet.

blue| ribbon blåt bånd (tegn for hosebåndsordenen og afholdsforening; højeste udmærkelse på et *el.* andet område). ~**-ribbon** *adj (am)* udsøgt, af højeste kvalitet. ~ **shark** *zo* blåhaj. **-stocking** blåstrømpe (lærd kvinde). **-stone** kobbervitriol. **-throat** *zo* blåhals. ~ **tit** *sb zo* blåmejse.

bluff [blʌf] *adj* stejl; (om person) djærv, bramfri, barsk; *vb* føre bag lyset, narre, bluffe; *sb* klint, skrænt, brink; (i poker) bluff; *(fig)* bluff, svindel; *call his* ~ afsløre hans bluffnummer.

bluff| bid *sb* bluffmelding. ~ **-bowed** *adj (mar)* bredbovet.

bluish ['blu(:)iʃ] *adj* blålig.

blunder ['blʌndə] *sb* bommert; *vb* begå en bommert; forkludre; (gå usikkert:) tumle; ~ *along* famle sig frem, tumle af sted; ~ *into* tumle imod; buse ind i; rode sig ind i; ~ *on* falde over, finde tilfældigt; ~ *out* buse ud med.

blunderbuss ['blʌndəbʌs] *sb* muskedonner.

blunderer *sb* klodrian. **blundering** *adj* klodset.

blunt [blʌnt] *adj* (om kniv *etc)* stump, sløv; (om person) ligefrem; djærv; grov; studs; *vb* sløve; dæmpe.

blur [blə:] *vb* plette; klatte; tvære ud; gøre uklar; sløre, udviske; *sb* plet; uklarhed; *-red (ogs)* uskarp.

blurb [blə:b] *sb* klaptekst, bagsidetekst (på bog).

blurt [blə:t] *vb:* ~ *out* buse ud med; *he -ed out the question* spørgsmålet røg ham ud af munden.

blush [blʌʃ] *vb* rødme, blive rød; *sb* rødme, blussen; *at (the) first* ~ ved første øjekast; *put to the* ~ få til at rødme.

bluster ['blʌstə] *vb* (om vind, bølger) bruse, suse; *(fig)* larme; bralre op, råbe op; *sb* brusen, susen; larmen, råben op. **blusterer** *sb* bulderbasse.

bo [bəu] *interj* bu! *he cannot say* ~ *to a goose* han er et skikkeligt pjok; han kan hverken sige bu eller bæ.

b.o. *fk body odour.*

boa [bəuə] *sb zo* kvælerslange, kæmpeslange; (pelskrave) boa.

BOAC *fk British Overseas Airways Corporation.*

boar [bɔ:] *sb zo* orne; vildsvin.

I. board [bɔ:d] *sb* bræt; bord; (fortæring:) kost; (personer) bestyrelse; kommission; råd; kollegium; *(bogb etc)* pap; (radio) kontrolbord; *the -s* de skrå brædder, scenen;

bed and ~ bord og seng (ægteskabeligt forhold); *above* ~ åbent og ærligt; *across the* ~ *(fig)* over hele linien *(fx they got a wage increase of 10 p.c. across the* ~*)*; over en bank; *go by the* ~ *(mar)* falde over bord; *(fig)* ryge i vasken; blive opgivet; *in -s* i papbind; *on* ~ om bord; ind(e) i tog, sporvogn *etc; be on the* ~ sidde i bestyrelsen; ~ *of directors* (et selskabs) bestyrelse.

II. board [bɔ:d] *vb* beklæde med brædder; sætte i kost, tage i *(el.* give) kost, være i kost; *(mar)* entre, borde, gå om bord i, sætte om bord; (i tog etc) stige ind (, op) i; ~ *out* spise (ɔ: få sin kost) ude; ~ *up* blænde, slå brædder for *(fx a window)*.

boarder *sb* kostelev, pensionær; *(mar)* entregast.

boarding| house pensionat. ~ **kennel** hundepension. ~ **school** kostskole.

board|room direktionskontor. ~ **school** *(glds)* folkeskole. ~ **wages** *pl* kostpenge; kost og logi som vederlag for arbejde. **-walk** gangbro; strandpromenade.

boast [bəust] *vb* prale (med); (have at) rose sig af; kunne opvise; *sb* praleri, stolthed.

boaster *sb* pralhans. **boastful** ['bəustf(u)l] *adj* skrydende.

boat [bəut] *sb* båd; skib; *(sauce* ~*)* sovseskål; *vb* sejle, ro *(fx go -ing); burn one's -s* brænde sine skibe; (se også *II. miss, II. rock*). **boat drill** *(mar)* redningsøvelse.

boater ['bəutə] *sb* stråhat.

boat| hook bådshage. **-house** bådeskur. **-ing** *sb* bådfart, rotur, roning. **-man** bådfører, færgemand, bådudlejer. ~ **people** bådflygtninge. **-race** kaproning. **-swain** [bəusn] bådsmand. ~ **train** (tog, der har forbindelse med skib).

Bob [bɔb] kælenavn for *Robert; -'s your uncle!* så er den klaret!

I. bob [bɔb] *vb* bevæge sig stødvis; hoppe; bevæge (sig) op og ned; rykke (op og ned); nikke; (om hestehale) studse, afstumpe; (om hår) bobbe, klippe kort; (neje) knikse; (i fiskeri) tatte; ~ *for eels* tatte ål; *-bed hair* pagehår; ~ *up* dukke op.

II. bob [bɔb] *sb* lod; stumpet hale; pagehår; ryk; slag; rap; nik; kniks; S *(pl bob)* shilling (som nu svarer til *5 new pence)*.

bobbin ['bɔbin] *sb* spole, rulle; kniplepind.

bobbish ['bɔbiʃ] *adj* rask, kry.

I. bobble [bɔbl] S *vb* bævre; kludre med, bøffe; *sb* smutter, bøf.

II. bobble [bɔbl] *sb* lille ponpon, kvast.

Bobby ['bɔbi] kælenavn for *Robert*.

bobby *sb* T politibetjent.

bobby pin *(am)* hårklemme.

bobby| socks, ~ **sox** *(am)* ankelsokker. ~ **soxer** *(am)* halvvoksen pige.

bobolink ['bɔbəliŋk] *sb zo (am)* risstær.

bobskate skøjte med to jern (til børn).

bobsled, bobsleigh ['bɔb-] *sb* bobslæde; *vb* køre (med) bobslæde.

bobtail ['bɔbteil] *sb* kuperet hale; hest (, hund) med kuperet hale; *adj* med kuperet hale; *vb* kupere; *tagrag and* ~ pak, pøbel.

bobtailed *adj* med kuperet hale.

bobwhite ['bɔbwait] *sb zo (am)* trævagtel, virginsk vagtel.

Boche [bɔʃ] *sb* S tysker.

bod [bɔd] *sb* T fyr; krop.

bode [bəud] *vb* varsle.

bodice ['bɔdis] *sb* kjoleliv, underliv.

bodily ['bɔdili] *adj* legemlig, fysisk; personligt; i ét stykke, samlet; fuldstændig; ~ *harm* legemsbeskadigelse.

bodkin ['bɔdkin] *sb* pren; trækkenål; *sit* ~ sidde klemt mellem to andre.

Bodleian [bɔd'liən]: *the* ~ *library* (bibliotek i Oxford).

I. body ['bɔdi] *sb* **1.** legeme, krop, (død:) lig; **2.** hele, (samlet) masse; samling *(fx of laws; we have collected a large* ~ *of information)*, materiale *(fx a large* ~ *of* *evidence* bevismateriale); **3.** gruppe; forsamling *(fx legislative ~),* korps, (i organisation *etc)* organ *(fx decision- making bodies* besluttende organer), institution; **4.** hovedmasse; (af træ) stamme; (af skib) skrog; (af fly) krop; (af vogn) fading, (af bil) karosseri; (af bog) tekst; **5.** *(typ)* kegel, typelegeme; **6.** *(tekn) hus* (af hane, ventil); **7.** (kjole)liv; **8.** (porcelæns)masse; (om keramik) skærv *(mods* glasur); **9.** stof, substans; (om materiale) tæthed, (om vin *etc)* fylde; **10.** *(glds)* person, (især skotsk): *a ~* man, en, nogen;

only enough to keep ~ and soul together kun nok til at holde livet oppe; *just keep ~ and soul together (ogs)* hutle sig igennem; *in a ~* samlet, i sluttet trop; *in the ~ of* ... inde i selve ...; *heir of the ~* livsarving; *~ of troops* troppestyrke.

II. body ['bɔdi] *vb: ~ forth* legemliggøre, forme.

body| blow (i boksning) træffer, hårdt stød; *(fig)* hårdt slag, skud for boven. ~ **builder** karrosserimager; næringsrig mad; træningsapparat. ~ **colour** dækfarve; grundfarve, dominerende farve. ~ **factory** karrosserifabrik. **-guard** livvagt. **-line bowling** *(kricket)* kastning efter kroppen. ~ **odour** kropslugt, svedlugt; armsved. ~ **plan** *(mar)* spantrids. ~ **politic** *sb* statsorden; statslegeme. ~ **search** kropsvisitation. ~ **shop** karrosseriværksted. ~ **stocking** bodystocking, *(omtr)* trikot. ~ **type** *(typ)* brødskrift, ordinær.

Boer [bəuə] *sb* boer.

boffin ['bɔfin] *sb* S ekspert, videnskabsmand.

bog [bɔg] *sb* mose; sump; S lokum; *vb: ~ down, be -ged down* synke i en mose; *(fig)* gå i stå *(fx work (, the attack) -ged down);* køre fast.

bog| asphodel *(bot)* benbræk. **-bean** *(bot)* bukkeblad.

bogey ['bəugi] *sb* bussemand, skræmmebillede; S strømer; (i golf) én over par; *the ~ of inflation* inflationsspøgelset.

bog-eyed ['bɔgaid] *adj* tung i hovedet, sløj, klatøjet.

bogeyman = *bogey.*

boggle [bɔgl] *vb* blive forfærdet; *~ at* stejle over, vige tilbage for; trykke sig ved.

bogie ['bəugi] *sb: ~ car* bogievogn.

bog iron ore myremalm. **bog oak** moseeg.

bogus ['bəugəs] *adj* forloren, uægte, falsk, humbug(s)-.

bogy se *bogey, bogie.*

Bohemia [bə'hi:mjə] Bøhmen. **Bohemian** [bə'hi:mjən] *adj* bøhmisk; bohemeagtig, sigøjneragtig; *sb* bøhmer; boheme. **Bohemianism** [bə'hi:mjənizm] *sb* bohemeliv.

I. boil [bɔil] *sb* byld.

II. boil [bɔil] *vb* koge, *(fig ogs)* syde; (am) styrte, fare; *sb* kog; *~ down* koge ind, *(fig)* fortætte, sammentrænge; *it all -s down to* T det hele indskrænker sig til, kernen i sagen er; *bring to the ~* bringe i kog; *go and ~ your (ugly) head* du kan rende og hoppe.

boiled shirt *(am* S*)* stivet skjorte; *(fig)* opblæst nar.

boiled sweets bolsjer.

boiler ['bɔilə] *sb* (damp)kedel; varmtvandsbeholder.

boiler suit kedeldragt.

boiling ['bɔiliŋ] *adj, adv* kogende; *sb* kogning; *keep the pot ~* se *I. pot; the whole ~* S hele molevitten.

boiling point kogepunkt.

boisterous ['bɔist(ə)rəs] *adj* støjende, højrøstet.

boko ['bəukəu] *sb* S næse, tud.

bold [bəuld] *adj* dristig, kæk; frimodig; fræk; kraftig, tydelig; *(typ)* fed *(fx headline* overskrift); *make ~ to* driste sig til at. **boldfaced** ['bəuldfeist] *adj* fræk; *(typ)* fed.

bole [bəul] *sb* træstamme, bul.

bolero *sb* **1.** [bə'lɛərəu] bolero (spansk dans); **2.** ['bɔlərəu] bolero (kort dametrøje).

Boleyn ['bulin, bu'lin].

bolide ['bɔlaid, *(am)* 'bəulaid] *sb* meteor, ildkugle.

boll [bəul] *sb (bot)* frøkapsel.

bollard ['bɔləd] *sb* fortøjningspæl, pullert; hellefyr.

bollocks ['bɔlɔks] *sb pl (vulg)* nosser; vrøvl.

Bologna [bə'ləunjə].

boloney [bə'ləuni] *sb* vrøvl; *(am* S*)* humbug, bras.

Bolshevik ['bɔlʃivik] *sb* bolschevik; *adj* bolschevikisk.

Bolshevism ['bɔlʃivizm] *sb* bolschevisme. **Bolshevist** *sb* bolschevik; *adj* bolschevikisk.

Bolshie, Bolshy ['bɔlʃi] T *sb* = *Bolshevist.*

bolster ['bəulstə] *sb* hynde; pølle; langpude; *vb* støtte (med puder); *~ up* støtte, stive af; fremhjælpe.

bolt [bəult] *sb* bolt, nagle; (i gevær) bundstykke; (for dør) slå, rigel; (i lås) falle; (til armbrøst) bolt, pil; *(thunderbolt)* tordenkile, lyn; (bevægelse:) sæt, pludselig flugt; (af tøj, tapet) rulle; *vb* stænge; sætte slå for; sigte (mel *osv);* sluge (uden at tygge) *(fx one's dinner);* styrte frem (, ud); stikke af; løbe løbsk;

a ~ from the blue et lyn fra en klar himmel; *make a ~ for it* stikke af; *have shot one's ~* have sagt hvad man har at sige; have opbrugt sit krudt; have udspillet sin rolle; *~ upright* lodret; lige op og ned.

bolt-hole *sb* smuthul.

boltrope ['bəultrəup] *sb (mar)* ligline (i kanten af sejl).

bolus ['bəuləs] *sb (med)* stor pille.

bomb [bɔm] *sb* bombe; T en masse penge; *(am* T*)* dundrende fiasko; *vb* bombe, bombardere; *(am)* slå; gå i vasken, falde med et brag; *it went like a ~* T det gik strygende; *make a ~* S *skovle penge ind; ~ off* T fare (, stryge) af sted; *~ out* udbombe; *~ up* indtage bombelast; laste (med bomber).

bombard [bɔm'ba:d] *vb* bombardere.

bombardier [bɔmbə'diə] *sb* artillerikorporal; *(flyv)* bombekaster.

bombardment [bɔm'ba:dmənt] *sb* bombardement.

bombast ['bɔmbæst] *sb* svulstighed, falsk patos.

bombastic [bɔm'bæstik] *adj* svulstig, bombastisk.

Bombay [bɔm'bei].

bomb bay bomberum (i flyvemaskine).

bomb-disposal squad sprængningskommando.

bomber ['bɔmə] *sb* bombefly(vemaskine), bombemaskine; bombekaster.

bombing machine, bomb(ing) plane bombeflyvemaskine.

bomb|load bombelast. **-proof** *adj* bombesikker. **-shell** *sb* bombe. **-site** bombetomt. ~ **threat** bombetrussel, telefonbombe.

bona-fide ['bəunə'faidi] *adj* bona fide; i god tro; virkelig, ægte.

bonanza [bə'nænzə] *sb* rigt malmfund; *(fig)* guldgrube; *adj* rig, fordelagtig, lønnende.

bond [bɔnd] *sb* gældsbevis, obligation, forskrivning; *(am)* kautionsforsikring; *(arkit)* forbandt; *(kem)* binding; (i statik) adhæsion; *-s pl (fig)* bånd *(fx -s of friendship);* lænker *(fx in -s; the -s of slavery); vb* lade (varer) lægge i oplag under toldsegl; *goods in ~* varer på frilager; *redeem a ~* indfri en obligation.

bondage ['bɔndidʒ] *sb* trældom.

bonded ['bɔndid] *adj: ~ goods* varer på frilager; *~ warehouse* frilager (bygning under toldvæsenets bevogtning), transitlager.

bondman ['bɔndmən], **bondsman** ['bɔndzmən] *sb* træl, slave.

bone [bəun] *sb* ben, knogle; (i korset) fiskebensstiver, korsetstiver; *-s* S terninger; *(mus.)* (slags) kastagnetter; *vb* udbene, tage benene ud af; T hugge, negle;

it is bred in the ~ det er i kødet båret, det er medfødt, det ligger en i blodet; *I feel in my -s that ~* jeg har på fornemmelsen at; *make no -s about it* ikke nære betænkeligheder ved det, gøre det uden videre; ikke lægge skjul på det, sige det lige ud; *with a ~ in her mouth (mar)* med skum for boven; *near the ~*

(fig) T lige på stregen; ~ *of contention* stridens æble; *on one's -s* T på knæene (økonomisk); *have a ~ to pick with him* have en høne at plukke med ham; *cut to the ~* nedskære drastisk; *I was frozen to the ~* kulden gik mig til marv og ben; ~ *up on* T læse op, terpe; sætte sig ind i.
bone| china benporcelæn. ~ **-dry** *adj* knastør. **-head** dumrian. ~ **-idle** *adj* luddoven. ~ **meal** benmel.
boner ['bəunə] *sb* bommert, brøler.
bone|setter *sb,* se *osteopath; (glds)* benbrudslæge. **-shaker** skærveknuser, dårlig cykel.
bonfire ['bɔnfaiə] *sb* bål, glædesblus; *make a ~ of* brænde af.
bonhomie ['bɔnɔmi:] *sb* gemytlighed.
bonkers ['bɔŋkəz] *adj* T skør.
bonne [bɔn] *sb* bonne (barnepige).
bonne bouche ['bɔn'bu:ʃ] *sb* lækkerbisken; rosinen i pølseenden.
bonnet ['bɔnit] *sb* hue; kyse(hat); hætte; (på skorsten) røgfang; *(tekn)* dæksel, (på bil) motorhjelm, kølerhjelm.
bonnet| box hatteæske. ~ **monkey** *sb zo* hueabe.
bonny ['bɔni] *adj* (skotsk) køn, frisk.
bonus ['bəunəs] *sb* bonus; gratiale, tillæg; ~ *share* friaktie.
bony ['bəuni] *adj* benet, knoglet; fuld af ben.
boo [bu:] *vb* (skræmme *el.* håne ved at) råbe 'boo'; pibe ud.
boob [bu:b] S 1. *sb* fjog, fjols; **2.** *sb* bommert, brøler; **3.** *-s pl* bryster, babser; **4.** *vb* kludre, jokke i det.
boob tube *(am* S*)* tossekasse (ɔ:TV)
booby ['bu:bi] *sb* klodrian; fjog; nr. sjok (den sidste i konkurrence); *zo* sule.
booby| hatch S galeanstalt. ~ **prize** præmie til den der klarer sig dårligst; trøstpræmie. ~ **trap** fælde, ubehagelig overraskelse; *(mil.)* dødsfælde, luremine.
boodle [bu:dl] *sb* S bande, flok; penge (især til bestikkelse).
boogie-woogie [bugi'wugi] *sb* boogie-woogie (jazzstil).
I. book [buk] *sb* bog; hæfte *(fx of stamps; of tickets);* (opera)tekst; *the ~* (i bridge) bogen (ɔ: seks stik); *the Book* Bibelen;
be in sby's bad (el. black) -s være i unåde (*el.* dårligt anskrevet) hos en; *be in the ~* stå i telefonbogen; *by the ~* korrekt, efter reglerne; *in my ~* T efter min mening; *be in sby's good -s* være i kridthuset hos en; *take a leaf out of his ~* følge hans eksempel, tage eksempel efter ham; ~ *of reference* opslagsbog; *swear on the Book* aflægge ed; *be on the -s* stå i medlemsfortegnelsen; *(merk)* være bogført, stå opført i bøgerne; *suit one's ~* passe i ens kram; *bring to ~* kræve til regnskab; *throw the ~ at,* se *I. throw; without ~* efter hukommelsen; uden beføjelse.
II. book [buk] *vb* indskrive, føre til bogs, bogføre; notere, skrive op *(fx an order);* bestille (forud), reservere *(fx rooms, seats);* løse billet *(fx ~ here!);* (om foredragsholder *etc)* træffe aftale med, engagere; (i fodbold) give en varsel; (om politiet) notere; skrive rapport om (en sigtet); *-ed up* overtegnet, udsolgt.
bookable ['bukəbl] *adj* som kan bestilles (forud).
book|binder bogbinder. **-binding** bogbinding; bogbinderi. **-case** bogreol, bogskab. ~ **end** bogstøtte.
bookie ['buki] *sb* S bookmaker.
booking| clerk billetsælger, billettør. ~ **office** billetkontor.
bookish ['bukiʃ] *adj* pedantisk, boglærd, boglig.
book|keeper bogholder. **-keeping** bogholderi. ~ **-learned** boglærd. **-let** ['buklət] *sb* brochure, hæfte, (lille) bog. **-maker** bookmaker, professionel væddemålsagent (ved hestevæddeløb). **-man** litterat. **-mark** bogmærke. **-mobile** ['bukməbil] bogbus. **-plate** eksli-bris, ejermærke i bog. **-seller** boghandler. **-shop** boghandel. **-stall** bog- og aviskiosk. **-stand** bogreol; bog- og aviskiosk. **-store** *(am)* boghandel. ~ **support** bogstøtte. ~ **token** gavekort til bog (, bøger). ~ **value** bogført værdi. ~ **van** bogbil. **-worm** bogorm, læsehest.
I. boom [bu:m] *sb* bom; spærring; (på kran) bom, udligger; (til mikrofon) mikrofonstativ, giraf; (om lyd) drøn, drønen, rungen; *(merk)* opsving, hausse, højkonjunktur.
II. boom [bu:m] *vb* drøne, runge, brumme, bruse, dundre; gøre reklame for; tage et opsving, blomstre, stige voldsomt; (om flod) få tilstrækkelig høj vandstand til at tømmerstokke kan flyde, (om tømmer) flyde.
boomerang ['bu:məræŋ] *sb* boomerang.
boon [bu:n] *sb* gode, velsignelse; velgerning.
boon companion: *his ~* hans gode ven og omgangsfælle; hans bonkammerat.
boondocks ['bu:ndɔks] *sb pl (am): the ~* bøhlandet.
boondoggle ['bu:ndɔgl] *(am) sb* unyttigt nørkleri; molboarbejde; *vb* dyrt og unyttigt foretagende (især for offentlige midler); *vb* nørkle; nusse, gøre overflødigt arbejde.
boor [buə] *sb* bonde; tølper, bondeknold.
boorish ['buəriʃ] *adj* ubehøvlet, tølperagtig.
boost [bu:st] *vb* opreklamere; løfte i vejret; forstærke; øge; få til at stige; sætte i vejret; ophjælpe, hjælpe op; *sb* reklame; stigning; opmuntring.
booster ['bu:stə] *sb* reklamemager; *(elekt)* tillægsmaskine; forstærker (til forøgelse af tryk); (til missil) startraket, starttrin.
I. boot [bu:t] *sb: to ~* oven i købet, tilmed.
II. boot [bu:t] *sb* støvle; bagagerum (i vogn); *vb* sparke; *get the ~* blive fyret; *the ~ is on the other foot (el. leg)* bladet har vendt sig; *put the ~ in* sparke til en der ligger ned; give en et æselspark, skrue bissen på, blive grov. **bootblack** skopudser.
booted eagle *zo* dværgørn.
bootee ['bu:ti:] *sb* støvlet; lammeskindskamik; strikket babystøvle.
booth [bu:ð] *sb* (markeds)bod; *(am)* telefonboks.
boot|jack ['bu:tdʒæk] *sb* støvleknægt. **-lace** snørebånd. **-leg** *vb* begå spritsmugleri; smugle. **-legger** *sb* spritsmugler. **-less** *adj* unyttig; frugtesløs. **-licker** *sb* spytslikker.
boots [bu:ts] *sb* hotelkarl.
bootstrap ['bu:tstræp] *sb* støvlestrop; *adj* selvhjulpen; *pull oneself up by one's -s* hale sig op ved hjælp af sine støvlestropper, løfte sig selv op ved hårene, klare sig uden hjælp; *by the ~ method* ved egen hjælp.
boot tree støvleblok, læst; skostiver.
booty ['bu:ti] *sb* bytte; *play ~* spille under dække med nogen.
booze [bu:z] S *vb* bumle, svire, drikke sig fuld; *sb* svir, drik, sprut. **boozy** *adj* omtåget; fordrukken.
bop [bɔp] *vb (am)* slå.
bo-peep [bəu'pi:p] *sb* titteleg; borte, borte – tit-tit.
boracic [bə'ræsik] *adj* = *boric.*
borage ['bɔridʒ] *(bot)* hjulkrone.
borate ['bɔ:reit] *sb (kem)* borsurt salt.
borax ['bɔ:ræks] *sb (kem)* boraks.
border ['bɔ:də] *sb* rand; kant; grænseområde (især *'the Borders'* mellem Skotland og England); grænse; (på tøj) bort, kantning, bræmme; (om billede *etc)* ramme; (i have *etc)* rabat, smalt blomsterbed; *vb* kante, indfatte; begrænse; ~ *on (ogs fig)* grænse til.
borderers ['bɔ:dərəz] *sb pl* grænsebefolkning (især på grænsen mellem England og Skotland).
borderland ['bɔ:dəlænd] *sb (ogs fig)* grænseområde.
borderline case grænsetilfælde; *(psyk)* grænsepsykose.

border state randstat.

I. bore [bɔ:] *præt* af *bear.*

II. bore [bɔ:] *vb* bore, udbore; plage, kede; *sb* bor, hul; kedelig person *el.* ting, plage; (i skydevåben) løb, kaliber; *it is a ~* det er ærgerligt, det er kedeligt; *be -d* kede sig; *be -d stiff (el. to death el. to tears)* kede sig ihjel; *be -d with* være led og ked af; *look -d* se ud til at kede sig.

III. bore [bɔ:] *sb* flodbølge.

boreal ['bɔ:riəl] *adj* nordlig, nord-.

borecole ['bɔ:kəul] *sb* grønkål.

boredom ['bɔ:dəm] *sb* kedsomhed.

borer ['bɔ:rə] *sb* bor(eapparat); *zo* borende insekt; slimål.

boric ['bɔ:rik] *adj (kem)* bor-; *~ acid* borsyre.

boring ['bɔ:riŋ] *adj* borende; kedelig.

born, borne [bɔ:n] *pp* af *bear; never in my born days* aldrig i mine livskabte dage.

born-again ['bɔ:nəgein] *adj* åndeligt genfødt.

Borneo ['bɔ:niəu].

boron ['bɔ:rɔn] *sb (kem)* bor; *~ hydrate* borbrinte.

borough ['bʌrə] *sb* købstad; valgkreds; *the Borough* ɔ: *Southwark* (del af London).

borrow ['bɔrəu] *vb* låne (af andre); *(mar)* gå tæt ind til (kysten); luffe; *-ed plumes* lånte fjer.

borrower *sb* låntager, låner.

Borstal, borstal [bɔ:stl]: *~ (institution)* (form for ungdomsfængsel).

boscage ['bɔskidʒ] *sb* krat, skovlandskab.

bosh [bɔʃ] *sb* vrøvl, sludder; *vb* ødelægge, spolere.

bosky ['bɔski] *adj* skovklædt, skovbevokset.

bosom ['buzəm] *sb* barm; bryst; *(fig)* skød *(fx in the ~ of the family); (am ogs)* skjortebryst.

bosom friend hjertensven.

bosomy ['buzəmi] *adj* barmfager; barmsvær.

I. boss [bɔs] *sb* T mester, principal, chef; diktatorisk (parti)leder, boss; formand; *adj* mesterlig, mester- *(fx cook); vb* herse med, styre, råde; optræde som leder; *~ the show* stå for det hele.

II. boss [bɔs] *sb* knop, fremspring; nav *(fx* på skibsskrue); *(hist.:* på skjold) knap, bukkel.

boss|-eyed *adj* enøjet, skeløjet. *~* **shot** forbier.

bossy ['bɔsi] *adj* dominerende, diktatorisk.

B.O.T. *fk Board of Trade.*

botanic(al) [bə'tænik(l)] *adj* botanisk. **botanist** ['bɔtənist] *sb* botaniker. **botanize** ['bɔtənaiz] *vb* botanisere.

botany ['bɔtəni] *sb* botanik.

Botany wool (slags fin australsk uld).

botch [bɔtʃ] *sb* makværk; *vb* forkludre; lappe sammen, sammenflikke.

botcher *sb* lappeskomager; fusker.

botfly ['bɔtflai] *sb* bremse.

both [bəuθ] *adj* begge; både; *~ and* både og; *you can't have it ~ ways* man kan ikke både blæse og have mel i munden; *~ of them are here* de er her begge to.

bother ['bɔðə] *vb* plage, genere; gøre knuder; plage sig *(about* med), spekulere *(about* over, på), bekymre sig *(about* om); nære bekymringer; *sb* plage, bryderi, besvær, vrøvl; ståhej; *I can't be -ed* jeg gider ikke; *don't ~!* gør dig ingen ulejlighed! T det skal du ikke spekulere på! *oh ~!* pokkers også! *~ him* gid pokker havde ham.

botheration [bɔðə'reiʃn] *sb = bother sb.*

bothersome ['bɔðəsəm] *adj* besværlig.

Bothnian ['bɔθniən], **Bothnic** ['bɔθnik] *adj* botnisk.

bo tree ['bəu 'tri:] *(bot)* det hellige figentræ.

bottle [bɔtl] *sb* flaske; S gåpåmod, krudt; *vb* fylde på flasker, aftappe; henkoge; *bring up on the ~* opflaske; *~ up* tilbageholde, gemme på; holde i tømme *(fx one's anger); -d up* indestængt *(fx fury); -d beer* flaskeøl; *-d gas* flaskegas.

bottle|-feed give flaske. *~* **green** flaskegrøn. **-holder** (en boksers) sekundant. **-neck** *(ogs fig)* flaskehals. *~* **-nosed** *adj* rødnæset, med drankertud. *~* **-nosed whale** *zo* døgling. *~* **opener** oplukker, kapselåbner, T madonna. *~* **party** sammenskudsgilde.

I. bottom ['bɔt(ə)m] *sb* bund; grund; nederste del *(fx of the garden);* inderste del; (på menneske) bagdel, ende; (af stol) sæde; *(mar)* bund; skib; *adj* lavest *(fx price),* nederst *(fx step* trin), underst *(fx card),* sidst *(fx my ~ dollar); you can bet your ~ dollar on that (fig)* T det kan du bide dig i næsen på; *at the ~* på bunden; ved foden (af en høj); neden for, forneden; *he is at the ~ of it* han står bag ved det; *from top to ~* fra øverst til nederst; *knock the ~ out of* slå bunden ud af, *(fig)* slå grunden væk under; gendrive fuldstændigt; *-s up!* skål! drik ud! *with plain -s* (om bukser) uden opslag

II. bottom ['bɔt(ə)m] *vb* sætte bund (, sæde) i; komme ned til bunden; *(fig)* komme til bunds i; (om priser) nå bunden; *~ out* nå det laveste punkt, nå bunden (og begynde at stige igen).

bottom drawer (nederste) kommodeskuffe (til opbevaring af brudeudstyr).

bottomless ['bɔt(ə)mləs] *adj* bundløs; *(fig)* uudgrundelig; (om pige) nøgen.

bottom line (i regnskab) slutresultat; *(fig)* afgørende faktor, kernepunkt; *the ~* (også) sagens kerne; det springende punkt.

bottomry ['bɔtəmri] *sb* sølån, bodmeri; *~ bond* bodmeribrev.

botulism ['bɔtjulizm] *sb (med.)* pølseforgiftning.

boudoir ['bu:dwa:] *sb* boudoir.

bouffant *[fr] adj* struttende; (om hår) touperet.

bough [bau] *sb* gren.

bought [bɔ:t] *præt* og *pp* af *buy.*

bouillon ['bu:jɔ:ŋ] *sb* bouillon.

boulder ['bəuldə] *sb* rullesten, kampesten.

boulevard ['bu:lva:d] *sb* boulevard.

Boulogne [bu'lɔin].

bounce [bauns] *sb* spring, hop; elasticitet, springkraft; *(fig)* T livlighed, fut; praleri, vigtighed; *vb* springe, hoppe; springe tilbage (, op); *(fig)* narre; prale; S smide ud; (om check) blive afvist (af banken) som dækningsløs; *~ the ball* lade bolden springe tilbage; *~ back (fig)* rette sig hurtigt; *~ into the room* komme bragende ind.

bouncer ['baunsə] *sb* S (i restaurant *etc)* udsmider.

bouncing ['baunsiŋ] *adj* kraftig, struttende af sundhed.

I. bound [baund] *vb* springe, hoppe; springe tilbage; *sb* spring, hop; (se også *II. leap).*

II. bound [baund] *sb* grænse, skranke; *vb* begrænse; *-s* afgrænset terræn uden for hvilket man ikke må komme; *out of -s* forbudt (område); *beat the -s* efterse (og markere) sognegrænserne; *set -s to* sætte grænser for, begrænse.

III. bound [baund] *præt* og *pp* af *bind; adj* bundet, indbundet *(etc cf bind); (mar)* bestemt *(for* til), på vej *(for* til); *(am)* T fast besluttet *(fx I am ~ to go if I can); homeward ~* for hjemgående, på hjemvejen; *be ~* **to** *(ogs)* være nødt til at *(fx admit it);* være sikker på at; *he is ~ to come* han kommer ganske bestemt; *it was ~ to happen* det måtte ske; *be ~* **up** *in* være optaget af, gå op i; *be ~ up with* hænge sammen med, være uløseligt forbundet med.

boundary ['baund(ə)ri] *sb* grænse.

bounden ['baundən] *adj: my ~ duty* min simple pligt.

bounder ['baundə] *sb* fyr (især tarvelig og støjende), plebejer; sjover.

boundless ['baundləs] *adj* grænseløs.

bounteous ['bauntiəs] *adj* gavmild; rigelig, rundelig.

bountiful ['bauntif(u)l] *adj* gavmild; rigelig.

bounty ['baunti] *sb* gavmildhed; gave; præmie.

bouquet [bu'kei] *sb* blomsterbuket; duft, aroma.
bourbon ['bə:bən] *sb* Bourbon whisky.
bourgeois ['buəʒwa:] *sb (pl d s)* spidsborger, person af middelstanden; *adj* (spids)borgerlig.
bourn(e) [buən] *sb (glds)* grænse; mål; bæk, vandløb.
Bournemouth ['bɔ:nməθ].
bout [baut] *sb* omgang, tur; tag, dyst, tørn, kamp; anfald *(fx of fever)*.
boutique [bu'ti:k] *sb* boutique, modesalon.
bovine ['bəuvain] *adj* okse-, ko-; *(fig)* sløv, dum.
Bovril ® ['bɔvril] (kødekstrakt).
bovver ['bɔvə] *sb* S ballade, slagsmål. **bovver boots** *pl* kraftige sømbeslåede støvler.
I. bow [bau] *vb* bøje; bukke; nikke; hilse, tage hatten af; bøje sig *(to, before* for); *sb* buk; ~ *sby to the door (, carriage)* følge en (bukkende) til døren (, vognen); ~ *one's knee to* bøje knæ for; ~ *one's thanks* bukke *(el.* bøje hovedet) til tak; *-ing acquaintance* flygtigt bekendtskab; *make one's* ~ debutere; trække sig tilbage; ~ *out* trække sig tilbage *(el* ud); ~ *sby out* følge en (bukkende) ud.
II. bow [bau] *sb (mar)* bov; *a shot across the* ~ et skud for boven.
III. bow [bəu] *sb* bue; sløjfe; (på saks) øje; *vb (mus.)* bruge buen; *draw the long* ~ overdrive; se også *I. string*.
Bow bells ['bəu'belz] klokkerne i *Bow Church* i London; *he is born within the sound of* ~ han er en ægte londoner.
bowdlerize ['baudləraiz] *vb* rense for formentlig anstødelige udtryk; *-d edition* udrenset udgave; udgave ad usum delphini.
bowel movement ['bauəl'mu:vmənt] afføring.
bowels ['bauəlz] *sb* indvolde, tarme; *the* ~ *of the earth* jordens indre; *have your* ~ *moved?* har De haft afføring?
I. bower ['bauə] *sb* lysthus, løvhytte; *(poet)* kammer.
II. bower ['bauə] *sb:* ~ *(anchor) (mar)* krananker.
bowerbird *zo* løvhyttefugl; *great* ~ kravefugl.
bowfin ['bəufin] *sb zo* dyndfisk.
bowie knife ['bəui'naif] lang jagtkniv.
bowing ['bəuiŋ] *sb (mus.)* bueføring.
bowl [bəul] *sb* skål; bowle, bolle, terrin; kumme; pibehoved; skeblad; kugle (til spillet *bowls); vb* trille; rulle; (i spil) slå; (i kricket) kaste; ~ *sby out* (i kricket) 'kaste' én ud; *(fig)* sætte én ud af spillet, slå én ud; ~ *over* vælte, slå ned; gøre rådvild, forbløffe; tage med storm *(fig)*.
bowlegged ['bəulegd] *adj* hjulbenet.
I. bowler ['bəulə] *sb* kaster (i kricket).
II. bowler ['bəulə] *sb* bowler (rund, stiv hat).
bowline ['bəulin] *sb (mar)* bugline; pælestik.
bowling ['bəuliŋ] = *bowls; (am)* bowling (slags keglespil).
bowling| alley bowlingbane. ~ **green** plæne til *bowls*.
bowls [bəulz] *sb* kuglespil (omtrent som Boccia).
bowman ['bəumən] *sb* bueskytte; *(mar)* [baumən] pligthugger.
bow oar ['bau'ɔ:] *(mar)* pligtåre.
bow saw ['bəu'sɔ:] svejfsav.
bowser ['bauzə] *sb* tankvogn, benzinvogn; benzinstander.
bowshot ['bəuʃɔt] *sb* pileskud.
bowsprit ['bəusprit] *sb* bugspryd, bovspryd.
Bow Street ['bəu'stri:t] (gade i London med en politiret); ~ *officer*, ~ *runner (glds)* opdagelsesbetjent.
bowstring ['bəustriŋ] *sb* buestreng.
bow tie ['bəu'tai] butterfly (slips), sløjfe.
bow wave ['bau'weiv] *(mar)* bovbølge.
bow window ['bəu'windəu] buet karnapvindue; T „mave", „udhængsskab".
bow-wow ['bau'wau] *sb* vovvov; vovhund; *vb* gø; *go to the -s* gå i hundene.
I. box [bɔks] *sb (bot)* buksbom.
II. box [bɔks] *sb* æske, skrin, kasse; kuffert; aflukke, (post-, telefon-) boks; alarmskab; (i stald) bås; *(teat)* loge; (i retssal) vidneskranke; nævningeaflukke; (på vogn) buk, kuskesæde; (til jagt) jagthytte; (til skildvagt) skilderhus; (til bog) kassette; (i sport) skridtbeskytter; *(tekn)* kasse; bøsning; *(typ)* kasse, ramme; rubrik (ɔ: indrammet felt, *fx* på blanket); *Christmas* ~ julegave; *(write el. apply)* ~ *103* (i annonce:) billet mrk. 103; *the* ~ T kukkassen (ɔ: TV); *put him in the* ~ *(jur)* føre ham som vidne.
III. box [bɔks] *vb* lægge (, pakke) i æske (, kasse); ~ *the compass* læse kompasstregerne efter orden; *(fig)* komme hele kompasset rundt; ~ *in* spærre inde, „klemme"; ~ *up* putte i en æske; spærre inde.
IV. box [bɔks] *vb* bokse; bokse med; slå; ~ *sby's ears* give en en ørefigen; *sb: a* ~ *on the ear* en ørefigen.
box| calf boxcalf (slags læder). **-car** *(am)* lukket godsvogn. ~ **coat** kørefrakke.
boxer ['bɔksə] *sb* bokser.
boxing ['bɔksiŋ] *sb* boksning. **Boxing Day** første hverdag efter juledag, (ofte =) 2. juledag. **boxing glove** boksehandske.
box| junction vejkryds med gule striber, hvor man ikke kører ud før der er klar bane. ~ **keeper** logekontrollør (i teater). ~ **kite** kassedrage. ~ **office** billetkontor; billetindtægter; *it is good* ~ *office* det trækker folk til. ~ **pleat** wienerlæg. ~ **room** pulterkammer. ~ **spanner** topnøgle. ~ **stall** boks. ~ **thorn** *(bot)* bukketorn.
boy [bɔi] *sb* dreng; fyr, gut; indfødt tjener; *oh* ~*!* ih du store! *he is one of the -s* han er en frisk fyr.
boycott ['bɔikət] *vb* boykotte; *sb* boykot, boykotning.
boyfriend: *her* ~ hendes ven, den unge mand hun går med.
boyhood ['bɔihud] *sb* drengeår, barndom.
boyish ['bɔiiʃ] *adj* drenget, drenge-.
Boys' Brigade (svarer til) Frivilligt Drengeforbund.
boy scout (drenge)spejder.
boysenberry ['bɔisnberi] *sb (bot)* boysenbær (krydsning mellem brombær og hindbær).
bozo ['bəuzəu] *sb* S fyr.
B.P. *fk British Petroleum*.
B.R. *fk British Rail* de britiske statsbaner.
bra [bra:] *sb* brystholder, bh.
I. brace [breis] *sb* bånd, rem; støtte, stiver; (til bor) borsving; (til tænder) bøjle; *(typ etc)* sammenfatningstegn, klamme som forbinder to linier; (af hunde, vildt, pistoler) par; *(mar)* bras; *-s (ogs)* seler.
II. brace [breis] *vb* styrke; støtte, stive af; binde, stramme, spænde; ~ *up (mar)* brase ind; ~ *oneself (up)* stramme sig op; ~ *the nerves* styrke nerverne; ~ *one's feet against* stemme fødderne imod.
bracelet ['breislət] *sb* armbånd.
bracelet watch armbåndsur.
bracer ['breisə] *sb* T opstrammer.
brachycephalic [brækike'fælik] *adj* kortskallet.
bracing ['breisiŋ] *adj* forfriskende, nervestyrkende, opkvikkende.
bracken ['bræk(ə)n] *sb* ørnebregne(r); bregnekrat.
bracket ['brækit] *sb (arkit)* konsol; kragsten, kragbjælke; knægt; arm; *(typ etc)* parentes, klamme; *(fig)* gruppe, kategori, klasse *(fx the higher income -s); (mil.)* gaffel; *vb* sætte i klammer; sammenstille; *(mil.)* gafle sig ind på; ~ *lamp* lampet.
brackish ['brækiʃ] *adj* brak; *(fig)* som smager ubehageligt, besk; ~ *water* brakvand.
bract [brækt] *sb (bot)* dækblad.
brad [bræd] *sb* dykker (ɔ: søm).
bradawl ['brædɔ:l] *sb* spidsbor, syl.
Bradshaw ['brædʃɔ:] (køreplan for Storbritanniens jernbaner; er nu gået ind).

brae [brei] *sb* (skotsk) bakke, skrænt.
brag [bræg] *vb* prale, brovte; *sb* praleri, skryden; pokerlignende kortspil.
braggadocio [brægə'dəutʃiəu] *sb* praleri.
braggart ['brægət] *sb* pralhals; *adj* pralende.
Brahma ['bra:mə] Brahma. **Brahman** ['bra:mən] = *Brahmin.*
Brahmin ['bra:min] *sb* bramin, braman (medlem af den højeste hindukaste); *(fig)* (ånds)aristokrat; *adj* bramansk.
I. braid [breid] *vb* flette, sno; besætte med snore; *sb* snor, tresse, galon; fletning; *-ed side seams* galoner (på siden af bukserne).
II. braid [breid] *adj* (skotsk:) bred.
brail [breil] *sb (mar)*givtov til gaffelsejl.
braille [breil] *sb* punktskrift.
I. brain [brein] *sb* hjerne; *-s pl* hjerne; *(fig)* hjerne, hoved, forstand; *beat one's -s* lægge hovedet i blød; *blow out one's -s* skyde sig en kugle for panden; *have exams on the* ~ have eksamen på hjernen; *pick sby's -s* udnytte ens viden, stjæle ens ideer; *rack (el. puzzle el. cudgel) one's -s* bryde sit hoved; *turn sby's* ~ gøre en helt tosset, sætte en fluer i hovedet.
II. brain [brein] *vb* slå for panden *(fx an ox);* knuse hovedet på; T give et ordentlig gok i hovedet.
brain| bucket T snublekyse (ɔ: styrthjelm). **-child:** *that is his -child* det er hans opfindelse. ~ **drain** forskerflugt. ~ **fag** hjernetræthed. ~ **fever** hjernebetændelse. **-less** *adj* enfoldig, dum, tankeløs. **-pan** hjerneskal, pandeskal. **-sick** ikke rigtig i hovedet. **-storm** pludseligt vanvid; se også *-wave.* **-storming** *sb* summemøde. ~ **trust** *(am)* hjernetrust, gruppe eksperter. ~ **truster** *(am)* medlem af en *brain trust.* **-washing** *sb* hjernevask. **-wave** god idé, pludseligt indfald, fund. **-work** åndsarbejde. **-worker** åndsarbejder.
brainy ['breini] *adj* intelligent, begavet.
braise [breiz] *vb* grydestege.
I. brake [breik] *sb* bremse; *vb* bremse; *put a (, the)* ~ *on (fig)* bremse, dæmpe, holde igen på.
II. brake [breik] *sb* krat; ørnebregne.
III. brake *sb* hørbryder; (til dej) æltemaskine; *(agr)* harve.
IV. brake [breik] *sb* charabanc; stationcar.
brake shoe bremsebakke, bremsesko.
brake(s)man ['breik(s)mən] bremser (på tog); togbetjent.
brake van (vogn med) bremsekupé.
bramble [bræmbl] *sb* tornet busk; brombærbusk; (skotsk:) brombær.
brambling ['bræmbliŋ] *sb zo* kvækerfinke.
bran [bræn] *sb* klid.
branch [bra:n(t)ʃ] *sb* gren; *(fig)* gren; afdeling, branche; filial; tjenestegren; *(am* af flod) arm, biflod; (i edb) forgrening; *vb* skyde grene; dele sig i grene; ~ *off* bøje af; forgrene sig; ~ *out* udvide (sit virkefelt).
branchial ['bræŋkiəl] *adj:* ~ *cleft* gællespalte.
branch line *(jernb)* sidebane.
brand [brænd] *sb* brand (et brændende stykke træ); *(agr* og *hist.)* brændemærke, (redskab hertil) brændejern; *(fig)* brændemærke, skamplet; stempel; *(merk)* mærke, kvalitet; *(glds)* sværd; *vb* brændemærke; mærke, stemple; *-ed articles, -ed goods* mærkevarer.
brandied ['brændid] *adj* nedlagt i *(el.* blandet med) brandy.
brandish ['brændiʃ] *vb* svinge *(fx a sword).*
brandling ['brændliŋ] *sb zo* brandorm.
brand-new ['brænd'nju:] *adj* splinterny.
brandy ['brændi] *sb* cognac; brandy, brændevin.
brandy|ball (slags bolche). ~ **snap** ingefærkiks.
brankursine [bræŋk'ə:sin] *sb (bot)* akantus.
brant (goose) = *brent goose.*
I. brash [bræʃ] *sb* isstykker, sjapis; afklip (fra hæk); skærver, grus.
II. brash [bræʃ] *adj* overilet, ubesindig; fræk, pågående, fremfusende; højrøstet.
brass [bra:s] *sb* messing, *(glds)* malm, kobberlegering; *(fx* i kirke) messingplade, mindetavle; *(mus.)* messinginstrumenter; *(fig)* frækhed; S højtstående officerer *(el.* embedsmænd); penge, gysser; *as bold as* ~ fræk som en slagterhund; *I don't care a* ~ *farthing* jeg bryder mig ikke en døjt om det.
brassard ['bræsa:d] *sb* armbind.
brass band hornorkester.
brasserie ['bræsəri] *sb* café.
brass hat *(mil.)* S højtstående officer.
brassie ['bra:si] *sb* brassie, messingbeslået golfkølle.
brassière ['bræsiə; *(am)* brə'ziər] *sb* brystholder.
brass monkeys S hundekoldt.
brass plate messingplade, navneplade (på dør).
brass rags *pl: part* ~ S blive uvenner.
brass tacks *pl: get down to* ~ S komme til sagen, tage fat på realiteterne.
brassy ['bra:si] *adj* messingagtig; messingfarvet; (om lyd) skinger, skrattende; (om person) fræk, uforskammet.
brat [bræt] *sb (neds)* unge.
bravado [brə'va:dəu] *sb* udfordrende optræden (der dækker over frygt).
brave [breiv] *adj* modig, tapper; prægtig, skøn; *sb* tapper mand; indianerkriger; *vb* trodse, byde trods; ~ *it out* stå det igennem med oprejst pande, ikke lade sig mærke med noget. **bravery** ['breiv(ə)ri] *sb* tapperhed; pragt.
bravo ['bra:'vəu] *interj* bravo! *sb* bravoråb; bandit.
bravura [brə'vuərə] *sb* bravur, bravurnummer.
braw [brɔ:] *adj* (skotsk) gæv, fin.
brawl [brɔ:l] *vb* larme, skændes, slås; *sb* larm, klammeri, slagsmål. **brawler** ['brɔ:lə] slagsbroder, spektakelmager.
brawn [brɔ:n] *sb* grisesylte; *(fig)* muskelkraft, svære muskler. **brawny** ['brɔ:ni] *adj* kraftig.
I. bray [brei] *vb* støde; støde fint; rive.
II. bray [brei] *sb* skrål; (et æsels) skryden; *vb* skråle; skryde.
braze [breiz] *vb* (slag)lodde; overtrække med messing; *(fig)* forhærde; hærde.
brazen [breizn] *adj* messing-, malm-, bronze-; messingagtig; *(fig)* fræk, uforskammet, skamløs; *vb:* ~ *it out* klare sig igennem ved frækhed. **brazen-faced** *adj* fræk.
brazier ['breizjə] *sb* kulbækken, fyrfad; (håndværker:) gørtler.
Brazil [brə'zil] Brasilien. **brazil** [brə'zil] *sb* brasiltræ, fernambuktræ. **Brazilian** [brə'ziljən] *adj* brasiliansk; *sb* brasilianer; ~ *rosewood* palisander. **Brazil nut** paranød. **brazilwood** = *brazil.*
B.R.C.S. *fk British Red Cross Society.*
breach [bri:tʃ] *sb* brud; breche; *vb* skyde breche i; bryde; *stand in the* ~ tage stødet af; tage en tørn; *step into the* ~ træde til, komme til hjælp (, undsætning); ~ *of the peace* forbrydelse mod den offentlige orden; ~ *of promise* brud på ægteskabsløfte; hævet forlovelse.
bread [bred] *sb* brød; *(fig)* levebrød; T penge; *know on which side one's* ~ *is buttered* kende sin egen fordel; vide hvad der tjener én bedst; *butter both sides of one's* ~ have to indtægter; *have one's* ~ *buttered on both sides* være særdeles velsitueret; ~ *and ...,* se *ndf.*
bread and butter smørrebrød (uden pålæg); *(fig)* levebrød; *quarrel with one's* ~ beklage sig over ulemperne ved sit levebrød.
bread-and-butter *adj* som gøres for at tjene til føden; *(fig)* praktisk, elementær *(fx problems);* som man altid

kan regne med, fast *(fx repertoire)*; (om pige) halvvoksen, skolepigeagtig; ~ *letter* takkebrev (for gæstfrihed); ~ *product* brødartikel (vare som går godt); ~ *study* brødstudium.

bread and cheese ostemad; *(fig)* jævn kost; levebrød.

bread and circuses brød og skuespil.

bread and milk brødstumper i varm mælk, „vovvovsuppe".

bread and scrape brød med skrabet smør.

bread|basket brødkurv; *(fig)* kornkammer; S mave. **-corn** brødkorn. **-crumb** krummen (af brød), brødkrumme; rasp. **-cutter** brødmaskine.

breadline *sb* fattigdomsgrænse, eksistensminimum; *(am)* kø af fattige der venter på at få brød; *be on the* ~ leve på et eksistensminimum.

breadstuffs *sb pl* brødkorn; mel.

breadth [bredθ] *sb* bredde; ~ *of mind* frisindethed.

breadthways *adv* i bredden.

breadwinner ['bredwinə] *sb* familieforsørger.

I. break [breik] *vb (broke, broken)* (se også *broken)* **1.** brække (over), bryde *(fx the seal)*; knække; slå i stykker; ødelægge, knuse; **2.** *(fig)* knuse *(fx his heart)*, få til at briste; ruinere, ødelægge; sprænge *(fx the bank)*; bryde *(fx the silence)*, afbryde *(fx a journey)*; **3.** bryde *(fx an agreement, a contract, a promise)*, overtræde *(fx the law)*, krænke; **4.** afbøde *(fx a blow, a fall)*; **5.** slå *(fx a record)*; **6.** skole, ride til, tæmme *(fx a horse)*; **7.** *(mil.)* degradere; **8.** bryde, forcere *(fx a code)*; **9.** åbne, begynde *(fx a campaign)*; **10.** *(am ogs)* veksle, slå i stykker *(fx a dollar)*;

(uden objekt) **11.** springe, briste, gå itu; knække; **12.** (om stemme) knække over, gå i overgang; **13.** (om skyer, mørke) sprede sig, forsvinde; **14.** (om vejr) slå om; **15.** (om dag) bryde frem, gry;

no bones are broken der er ingen skade sket; ~ *cover* flyve op, springe frem (om vildt); ~ *an egg* slå hul på et æg; ~ *ground* berede jordbunden, bane vejen; ~ *the news to him* meddele ham det skånsomt; ~ *short* standse, bringe til ophør; ~ *step*, se *I. step*; ~ *surface* komme op til overfladen (om undervandsbåd);

(med *præp, adv)* ~ **away** rive sig løs; løbe væk, bryde ud, tyvstarte; spredes; ~ **down** nedbryde *(ogs kem)*; knuse; skille ad; (lade sig) opdele i grupper, (lade sig) analysere; bryde sammen; mislykkes, slå fejl; ~ **even** klare sig uden tab *el* gevinst; få regnskabet til at balancere, få sine udgifter dækket; ~ **in** bryde ind; tæmme, dressere, skole; (om sko) gå 'til; (om pibe) ryge 'til; ~ *the door in* slå døren ind; ~ *in on* afbryde, forstyrre, bryde ind i *(fx a conversation)*; ~ **into** gøre indbrud i; slå over i; bryde ud i; gøre indgreb i; tage hul på *(fx a five-pound note)*; ~ *into a run* sætte i løb; ~ *sby* **of** *a habit* vænne en af med noget; ~ **off** afbryde; bryde af; ~ *off the engagement with* hæve forlovelsen med; *they have broken it off* de har gjort det forbi (ɔ: hævet forlovelsen); ~ **on** *a wheel* radbrække; (se også *butterfly)*; ~ **out** bryde ud; (pludselig) opstå; udbryde; tabe fatningen; få udslæt; ~ *out a flag (mar)* rive et flag ud; ~ **up** slå i stykker; hugge op *(fx an old ship)*; splitte *(fx a band of robbers)*; opløse *(fx a meeting)* afbryde *(fx a fight)*; opdele; opløses; (om skole) slutte af; (om person) bryde sammen; gå i opløsning; gå i forfald, blive affældig; *the frost had broken up* frosten var gået af jorden.

II. break [breik] *sb* brud; frembrud; afbrydelse, pause, standsning, frikvarter; chance; *(typ)* (linie)udgang; (i billard *etc)* serie; *have a lucky* ~ sidde i held, have medvind; *have a bad* ~ sidde i uheld, have modgang; *an even* ~ en rimelig chance, en god chance; *the* ~ *of day* daggry; *make a* ~ *for it* T stikke af.

breakable ['breikəbl] *adj* skrøbelig; *sb: -s pl* skrøbelige sager.

breakage ['breikidʒ] *sb* beskadigelse, brud; itubrudte ting; brækage.

breakaway ['breikəwei] *sb* løsrivelse; udbrud; (i fodbold) angreb; (ved løb) tyvstart; (i boksning) afbrydelse af clinch; *adj* udbryder- *(fx group)*, løsrivelses-.

breakdown ['breikdaun] *sb* sammenbrud; *(tekn)* havari, maskinskade; *(kem etc)* nedbrydning; *(fig fx* i statistik) analyse; opdeling i grupper; specificering *(fx of the expenses)*.

breakdown| gang hjælpemandskab (ved togulykke). ~ **lorry** kranvogn.

breaker ['breikə] *sb* dressør, berider; brodsø; *(mar)* vandanker; *(elekt)* afbryder.

breakfast ['brekfəst] *sb* morgenmad; *vb* spise morgenmad.

breakfast nook spisekrog.

breaking| point brudgrænse; *(fig)* bristepunkt. ~ **strength** brudstyrke. ~ **strain,** ~ **stress** brudbelastning.

break line *(typ)* linieudgang, udgangslinie.

breakneck ['breiknek] *adj* halsbrækkende *(fx* ~ *speed)*; ~ *stairs* (om trappe) hønsestige.

breakthrough ['breikθru:] *sb (mil.)* gennembrud; *(fig ogs)* nybrud, skelsættende opdagelse (, begivenhed); afgørende udvikling *(fx in the negotiations)*.

breakup ['breikʌp] *sb* opløsning, opbrud; årsafslutning *(fx* skoles).

breakwater ['breikwɔ:tə] *sb* bølgebryder, mole.

bream [bri:m] *sb zo* brasen; *white* ~ flire.

breast [brest] *sb* bryst; *vb* sætte brystet imod; *(fig)* byde trods, trodse *(fx the waves)*; arbejde sig op over *(fx a hill)*; kæmpe sig igennem *(fx a crisis)*; *make a clean* ~ *of it* gå til bekendelse.

breast|bone brystben. ~ **-fed child** brystbarn. ~ **-feeding** *sb* brysternæring. ~ **-high** *adj* i brysthøjde. **-pin** brystnål, slipsnål. **-plate** brystharnisk. **-stroke** brystsvømning. **-work** brystværn.

breath [breθ] *sb* ånde; åndedrag, åndedræt; pust; luftning; pusterum; *with bated* ~ med tilbageholdt åndedræt (på grund af spænding, ængstelse *osv)*; *catch one's* ~ snappe efter vejret; *draw one's* ~ trække vejret, *(poet)* drage ånde; *lose one's* ~ miste vejret (*el.* pusten); *a* ~ *of fresh air* en mundfuld frisk luft; ~ *of life* livsbetingelse; *out of* ~ åndeløs, forpustet; *in the same* ~ i samme åndedrag *(fx he corrected himself in the same* ~*)*; *shortness of* ~ åndenød; *take* ~ puste (ud), trække (, få) vejret *(fx we paused to take* ~*)*; *take away one's* ~ tage vejret fra en; *under one's* ~ sagte, dæmpet, halvhøjt; *waste one's* ~ spilde sit krudt (ɔ: sine ord); *a waste of* ~ spildte ord.

breathalyzer ['breθəlaizə] *sb* spritballon (til spiritusprøve).

breathe [bri:ð] *vb* ånde, trække vejret; puste ud, hvile lidt; indånde; blæse på, blæse; lufte; puste *(fx new life into sth)*; give luft; give pusterum, lade puste ud; fremhviske, røbe, give udtryk for; ~ *again (fig)* ånde lettet op; ~ *one's last* drage sit sidste suk; ~ *down sby's neck* T *(fig)* være lige i hælene på en *(fx the cops were breathing down his neck)*; være 'efter en; *not* ~ *a word about it* ikke mæle et ord om det.

breathed [breθt] *adj* (om lyd) ustemt.

breather ['bri:ðə] *sb* pusterum, hvil *(fx take a* ~*)*; motion der gør forpustet.

breathing ['bri:ðiŋ] *sb* åndedræt, ånde, vejrtrækning; luftning; *adj* åndedræts-.

breathing| exercise åndedrætsøvelse. ~ **hole** åndehul (i isen). ~ **space,** ~ **spell** pusterum.

breathless ['breθləs] *adj* åndeløs, forpustet; der tager vejret fra en.

breathtaking ['breθteikiŋ] *adj* som tager vejret fra en; åndeløst spændende; betagende.

breath test åndeprøve, alkotest.
breathy ['breθi] *adj* (om stemme) luftblandet.
bred [bred] *præt* og *pp* af *breed.*
breech [bri:tʃ] *sb* bagdel; *(mil.)* bundstykke; *vb (glds)* give bukser på.
breech|block *(mil.)* kile, bundskrue. ~ **delivery** sædefødsel.
breeches ['britʃiz] *sb pl* (knæ)bukser; ridebukser; *the wife wears the* ~ det er konen der har bukserne på (ɔ: er den overlegne); (se også *big).*
breeches buoy *(mar)* redningsstol.
breeching ['britʃiŋ] *sb* bagrem, omgang (i seletøj).
breechloader *(mil.)* baglader.
breed [bri:d] *vb (bred, bred)* avle; opdrætte; opdrage, uddanne; frembringe; yngle, formere sig; *sb* race, art, slægt, opdræt, afstamning; *born and bred* født og båret; *he is a Dane born and bred* han er født og opvokset i Danmark; *bred in the bone,* se *bone; bred to the law* uddannet som jurist; ~ *true* give konstant afkom.
breeder reactor *(fys)* formeringsreaktor.
breeding ['bri:diŋ] *sb* avl; forædling; tillæg; udklækning, ynglen; uddannelse, opdragelse; dannelse; ~ *ground* yngleplads, udklækningssted.
I. breeze [bri:z] *sb* brise; T skænderi; (fra ovn) slagge, affaldskul.
II. breeze [bri:z] *vb* T fare, stryge (af sted); ~ *in* T komme farende; komme dumpende.
breeze block slaggebetonplade.
breezy ['bri:zi] *adj* luftig; (om person) jovial.
brent goose ['brent'gu:s] *zo* knortegås.
brethren ['breðrən] *sb pl* brødre (især om medlemmer af sekter og religiøse broderskaber); (ordens-, lavs-) brødre; kolleger.
Breton ['bret(ə)n] *adj* bretonsk (ɔ: fra Bretagne); *sb* bretoner; (sprog) bretonsk.
brevet ['brevit, *(am)* bri'vet] *sb* titulær rang; *vb* give titulær rang; *adj* titulær.
breviary ['bri:vjəri] *sb* breviar, bønnebog.
brevier [brə'viə] *sb (typ)* petit.
brevity ['breviti] *sb* korthed.
brew [bru:] *sb* bryg; *vb* brygge; *(fig)* brygge på, pønse på; trække op (om uvejr); være i gære; *mischief is -ing* der er ugler i mosen; ~ *up* lave te; *(mil.)* S brænde; *a -ed-up tank* en udbrændt tank.
brewage ['bru:idʒ] *sb* bryg, blanding.
brewer ['bruə] *sb* brygger. **brewery** ['bruəri] *sb* bryggeri.
brew-up ['bru:ʌp] *sb* (*omtr* =) tepause.
briar ['braiə] se *brier.*
bribe [braib] *sb* bestikkelse, stikpenge; lokkemiddel; *vb* bestikke; købe *(fx* ~ *the child to go to bed).*
bribery ['braibəri] *sb* bestikkelse.
bric-a-brac ['brikəbræk] *sb* nips.
brick [brik] *sb* mursten; tegl(sten); murstensformet blok; (bygge)klods; T 'knop', knag *(fx you are a* ~*); adj* murstensrød; *vb* dække med mursten; *drop a* ~ S begå en bommert, træde i spinaten; ~ *in,* ~ *up* mure til, blænde; *make -s without straw* (arbejde uden tilstrækkelige hjælpemidler).
brick|bats *pl* murbrokker, kasteskyts; *(fig)* skrap kritik; ubehageligheder. ~ **-built** *adj* grundmuret. **-burner** *sb* teglbrænder. **-layer** murer. **-work** murværk.
bricky ['briki] *sb* T murer.
brickyard teglværk.
bridal [braidl] *adj* brude-, bryllups-.
bridal veil *(ogs bot)* brudeslør.
bride [braid] *sb* brud.
bride|cake bryllupskage. **-groom** brudgom.
bridesmaid ['braidzmeid] *sb* brudepige.
bridewell ['braidwəl] *sb* tugthus, fængsel.
I. bridge [bridʒ] *sb* bro; *(mar)* kommandobro; *(elekt)* målebro; (på en violin) stol; (på briller) næsestykke; *(anat)* næseryg; *vb* slå (*el.* bygge) bro over, udfylde *(fx* ~ *the pause); don't cross the* ~ *till you get to it* man skal ikke tage sorgerne på forskud.
II. bridge [bridʒ] *sb* bridge (kortspil).
bridge|head *(mil.)* brohoved. **-work** brobygning; *(tandl)* bro; broarbejde.
bridging loan mellemfinansieringslån.
bridle [braidl] *sb* bidsel; hovedtøj; tømme, tøjle, trense; *vb* bidsle; tøjle; ~ *(up)* knejse, slå med nakken, blive stram i ansigtet; ~ *at* stejle over.
bridle| path, ~ **way** ridevej, ridesti.
bridoon [bri'du:n] *sb* trense, bridon.
brief [bri:f] *adj* kort, kortfattet; *sb* kort udtog af en retssag, resumé udarbejdet af *the solicitor* til brug for *the barrister; (rel)* pavebrev, paveligt brev; *(mil. etc)* instruktion; *vb* give resumé af; give instruktioner; orientere; *(jur)* engagere *(barrister); hold no* ~ *for* ikke se det som sin opgave at støtte eller forsvare; *in* ~ kort sagt; ~ *him on the matter* sætte ham ind i sagen.
briefcase ['bri:fkeis] *sb* mappe.
briefless ['bri:fləs] *adj: a* ~ *barrister* en *barrister* der ikke har noget at bestille.
briefs [bri:fs] *sb pl* trusser.
brier ['braiə] *sb (bot)* vild rose; hybentorn; tornebusk; bruyere; bruyere-pibe, shagpibe.
brig [brig] *sb (mar)* brig.
brigade [bri'geid] *sb (mil. etc)* brigade.
brigadier [brigə'diə], **brigadier general** ['brigədiə'dʒenr(ə)l] *sb (mil.)* brigadechef, brigadegeneral.
brigand ['brigənd] *sb* røver.
brigantine ['brigəntain] *sb* brigantine (tomastet skib).
bright [brait] *adj* blank, klar, funklende; lys; strålende; (om person) opvakt, kvik, munter; (om farve) knald- *(fx blue, yellow); honour bright!* på ære; *for the sake of our* ~ *eyes* for vore blå øjnes skyld; *be as* ~ *as a button* være meget kvik; *be as* ~ *as a new penny* stråle som en nyslået toskilling; ~ *red* højrød; *he is not on the* ~ *side* han har ikke opfundet krudtet.
brighten [braitn] *vb* blive lysere; gøre lysere; pudse blank.
Brighton [braitn].
brightwork ['braitwə:k] *sb* poleret metal; *(mar)* poleret og ferniseret træværk.
brill [bril] *sb zo* slethvarre.
brilliance ['briljəns], **brilliancy** ['briljənsi] *sb* glans, skinnende lys; åndrighed, åndfuldhed.
brilliant ['briljənt] *adj* glimrende, funklende, skinnende, strålende; højt begavet, åndrig, åndfuld; genial; *sb* brillant (diamant).
brilliantine [briljən'ti:n] *sb* brillantine.
brim [brim] *sb* rand, kant; skygge (på hat); *vb* være fuld til randen; ~ *over with health* strutte af sundhed; ~ *over with mirth* være overstrømmende munter.
brimful ['brimf(u)l] *adj* fuld til randen, smækfuld, overfyldt.
brimstone ['brimstən] *sb* svovl.
brimstone butterfly *zo* citronsommerfugl.
brindled [brindld] *adj* spættet, stribet.
brine [brain] *sb* saltvand; salt vand; saltlage, lage; *(fig)* hav; tårer; *vb* lægge i saltlage.
bring [briŋ] *vb (brought, brought)* bringe; skaffe; indbringe; tage med, bringe med, have med; *(fig)* føre med sig, medføre *(fx Fascism brought disaster);* få, overtale *(to* til at); (om argument) fremføre;
~ **about** forårsage, fremkalde, bringe i stand, bevirke; ~ *an action* **against** anlægge sag mod; ~ **back** bringe tilbage; genkalde i erindringen; ~ **down** vælte; nedlægge, skyde ned; *(fig)* ydmyge; sænke *(fx prices);* ~ *down the house* høste stormende bifald; ~ **forth** frembringe, føde; ~ **forward** fremsætte; frem-

føre; overføre; fremkalde; ~ **home** *(mar)* tage hjem; ~ *home the bacon* klare den, klare ærterne; ~ *sth home to sby* overbevise en om noget, bevise ens skyld i noget; ~ **in** indbringe; indføre; bringe på bane; afsige *(fx ~ in a verdict* afsige en nævningekendelse); *the jury brought him in guilty* nævningene kendte ham skyldig; *all that the war brought in its train* alt hvad krigen førte med sig; ~ *sth* **into** *play* tage noget i brug, sætte noget i gang, sætte noget ind; ~ **off** redde; udføre; *he brought it off* det lykkedes for ham, han klarede det; ~ **on** foranledige, fremkalde *(fx ~ on an attack);* påføre; fremføre; ~ **out** bringe frem, få frem *(fx he could not ~ out a word); (fig ogs)* kalde på *(fx it brought out the best in him);* (i kortspil) spille ud *(fx the ace);* (om bog *etc)* udgive, udsende *(fx a pamphlet);* fremføre (for offentligheden); (gøre tydelig:) understrege, fremhæve; ~ *her out* indføre hende i selskabslivet; ~ **over** omvende; ~ **round** bringe til sig selv igen; bringe på benene igen; omstemme, overtale; ~ *sby* **through** *an illness (, a danger etc)* redde en igennem en sygdom (, en fare *etc);* ~ **to** bringe til bevidsthed; *(mar)* standse; dreje bi; ~ *to bear* bruge, anvende, sætte ind *(on* over for, mod); ~ *one's influence to bear* gøre sin indflydelse gældende; ~ *to mind* genkalde i erindringen; ~ *to pass* sætte igennem, gennemføre; ~ **under** kue, undertrykke; ~ **up** bringe op; opdrage; bringe på bane *(fx a subject);* kaste op *(fx one's food);* standse; *(mar)* ankre, komme til ankers; ~ *sby up before the court* fremstille en i retten.

bring-and-buy sale pakkefest.

brink [briŋk] *sb* brink, kant; *on the ~ of war* på randen til krig; *on the ~ of tears* på grådens rand.

brinkmanship *sb* (i politik) den kunst at balancere på randen til krig.

briny ['braini] *adj* salt; *sb: the ~* S havet.

briquet(te) [bri'ket] *sb* briket.

brise-bise ['bri:zbi:z] *sb* trækgardin (for nederste del af vindue); køkkengardin.

I. brisk [brisk] *adj* frisk, livlig, rask.

II. brisk *vb* : ~ *up* kvikke op.

brisket ['briskit] *sb* spidsbryst, tykbryst.

bristle [brisl] *sb* børste, stift hår; *vb* rejse sig, stritte, stå stift; rejse børster; ~ *with difficulties* være fuld af vanskeligheder; *bristling with guns* spækket med kanoner.

bristle worm *zo* børsteorm.

bristly ['brisli] *adj* med børster, strittende; stikkende.

Bristol [bristl] **bristols** *sb pl* S bryster.

Brit [brit] *sb* S brite.

Britain [britn] Storbritannien.

Britannia [bri'tænjə] Britannien; ~ *metal* britanniametal.

Britannic [bri'tænik] *adj* britisk.

British ['britiʃ] *adj* britisk, (ofte:) engelsk *(fx the ~ Navy);* ~ *Rail* de britiske statsbaner; ~ *warm* kort, tyk militærfrakke.

Britisher ['britiʃə] *sb (am)* brite.

Briton [britn] *sb* brite.

Brittany ['brit(ə)ni] Bretagne.

brittle [britl] *adj* skør, sprød; skrøbelig; sensibel, tyndhudet; kold, hjerteløs. *he has a ~ temper* han har et iltert temperament, han er opfarende.

broach ['brəutʃ] *sb* stegespid; *(tekn)* rømmerival; *vb* stikke an (et anker *el.* fad); *(tekn)* (op)rømme, (op)rive (et hul); *(fig)* tage hul på, begynde at bruge; bringe på bane *(fx a subject);* ~ *to (mar)* komme til at ligge tværs i søen.

broad [brɔ:d] *adj* bred, vid, stor; tydelig; frisindet, tolerant; åbenhjertig; grov; vulgær, sjofel; *sb* bredning; *(am S)* pige, kvindfolk, dulle; ~ *awake* lysvågen; ~ *daylight* højlys dag; *Broad Church* (frisindet retning i den engelske kirke); *a ~ hint* et tydeligt vink; *it is as ~ as it is long (fig)* det er hip som hap; *in ~ outline* i grove *(el.* store) træk.

broad|axe *sb* bredbil; *(glds)* stridsøkse. ~ **bean** *(bot)* hestebønne. **-billed sandpiper** *zo* kærløber.

broadcast ['brɔ:dka:st] *vb (broadcast(ed), broadcast(ed))* bredså; udsende i radio, rundkaste; optræde (, tale) i radio; *sb* bredsåning; radioudsendelse; *adj* radio-; *(agr)* sået med hånden; *(fig)* udbredt *(fx discontent).*

broadcasting ['brɔ:dka:stiŋ] *sb* radioudsendelse, radiofoni; *adj* radio-; *the British Broadcasting Corporation, the BBC* BBC, den britiske radiofoni.

broadcloth fint klæde.

broaden [brɔ:dn] *vb* gøre bred; udvide (sig); ~ *one's mind* udvide sin horisont.

broad-gauged ['brɔ:d geidʒd] bredsporet.

broadly ['brɔ:dli] *adv* i det store og hele, stort set.

broad|-minded *adj* tolerant, frisindet. ~ **-mindedness** *sb* tolerance, frisindethed.

Broadmoor ['brɔ:dmuə] (anstalt for sindssyge forbrydere).

broad|ness *sb* bredde. **-sheet** plakat; løbeseddel; avis i helt format *(mods tabloid); (glds)* flyveblad; skillingstryk. **-side** *(mar)* bredside; *(fig ogs)* salve, glat lag; (se også *-sheet).* **-side ballad** skillingsvise. **-sword** pallask. **-tail** *zo* breitschwantz, fedthalefår, persianerfår. **-ways,** *(am)* **-wise** *adv* med den brede side til.

Brobdingnag ['brɔbdiŋnæg] (kæmpernes land i *Gulliver's Travels).* **Brobdingnagian** [brɔbdiŋ'nægiən] *adj* gigantisk; *sb* kæmpe.

brocade [brə'keid] *sb* brokade.

broccoli ['brɔkəli] *sb (bot)* aspargeskål, broccoli.

brochure ['brəuʃuə] *sb* brochure, pjece.

brock [brɔk] *sb zo* grævling.

brocket ['brɔkət] *sb* spidshjort (ɔ: toårig hjort).

brogue [brəug] *sb* dialektudtale, (især) irsk udtale af engelsk; golfsko.

broil [brɔil] *vb* stege, riste; steges; *sb* stegt kød; klammeri, tumult. **broiler** *sb* slagtekylling, fabrikskylling (op til 1 kg's vægt); stegerist; stegende varm dag.

I. broke [brəuk] *præt* af *break.*

II. broke [brəuk] *adj* ruineret, flad; *be stony ~, be dead ~, be ~ to the world* være blanket af, ikke eje en rød øre; *go for ~ (am* S) give den hele armen; sætte alt på ét bræt.

broken ['brəuk(ə)n] *pp* af *break;* brudt, knækket, brækket, knust; *(fig ogs)* nedbrudt; ~ *bottles* flaskeskår; ~ *country* kuperet terræn; ~ *English* gebrokkent engelsk; ~ *heads* brodne pander; ~ *home* opløst hjem, brudt hjem; ~ *meat* (kød)levninger; ~ *numbers* brudte tal; ~ *reed* upålidelig person *(el.* ting); ~ *sleep* urolig søvn; ~ *weather* ustadigt vejr.

broken|-down *adj* nedbrudt, slidt op, i uorden; ~ *-down material* henfaldsprodukt. ~ **-hearted** *adj* sønderknust, utrøstelig. **-ly** *adj* afbrudt, stødvis. ~ **wind** (hos heste) engbrystighed. ~ **-winded** *adj* [-windid] stakåndet; (om hest) engbrystet.

broker ['brəukə] *sb* mægler, kommissionær; vekselerer; marskandiser.

brokerage ['brəukəridʒ] *sb* kurtage.

brolly ['brɔli] *sb* S paraply.

brome grass *sb (bot)* hejre.

bromide ['brəumaid] *sb (kem)* bromid; *(fig)* banalitet, floskel, almindelighed, kliché, fortærsket udtryk; (om person) dødbider, kedsommelig *(el.* åndsforladt) person; ~ *paper (fot)* bromsølvpapir.

bromine ['brəumi(:)n] *sb (kem)* brom.

bronc [brɔŋk] *sb (am* S) = *bronco.*

bronchi ['brɔŋkai] *sb pl* luftrørets højre og venstre gren.

bronchia ['brɔŋkiə] *sb pl* bronkier, luftrørets forgrenin-

ger.
bronchitis [brɔŋ'kaitis] *sb* bronkitis.
bronco ['brɔŋkəu] *(am) sb* utæmmet hest.
broncobuster *sb (am)* hestetæmmer.
Brontë ['brɔnti].
bronze [brɔnz] *sb* bronze; figur af bronze; bronzefarve; *vb* bronzere; blive solbrændt; gøre solbrændt.
bronze handshake T (beskeden) afskedigelsesløn.
brooch [brəutʃ] *sb* broche, brystnål.
brood [bru:d] *sb* unger; afkom; kuld; *adj* ruge-, avls-; *vb* ruge; udruge; ~ *over (fig)* ruge over, gruble over.
brooder ['bru:də] *sb* grubler; *(agr)* rugemaskine.
broodmare ['bru:dmεə] *sb* følhoppe.
broody ['bru:di] *adj* (om høne) liggegal, skruk; *(fig)* grublende, som går og ruger over noget.
I. brook [bruk] *vb* tåle.
II. brook [bruk] *sb* bæk, å.
brook|let ['bruklət] *sb* lille bæk. **-lime** *sb (bot)* tykbladet ærenpris. **-weed** *(bot)* samel.
broom [bru(:)m] *sb* fejekost; *(bot)* [bru:m] gyvel.
broomrape ['bru:mreip] *(bot)* gyvelkvæler.
broomstick ['brumstik] *sb* kosteskaft.
Bros. ['brʌðəz] *sb* Brdr., brødrene (bruges i firmanavne, *fx Smith Bros. & Co.* Brdr. Smith & Co.).
broth [brɔθ] *sb pl* (kød)suppe; *a ~ of a boy* (irsk:) en storartet fyr; *too many cooks spoil the ~* for mange kokke fordærver maden.
brothel [brɔθl] *sb* bordel.
brother ['brʌðə] *sb* broder; *(fig)* kollega *(fx ~ officer* officerskollega); ~ *in arms* krigskammerat.
brother|hood *sb* broderskab, forening. ~ **-in-law** svoger. **-liness** *sb* broderlighed. **-ly** *adj* broderlig.
brougham ['bru(:)əm] *sb* let landauer.
brought [brɔ:t] *præt* og *pp* af *bring.*
brouhaha [bru:'ha:ha:] *sb* opstandelse, røre.
brow [brau] *sb* pande, bryn; bakkekam; brink; *knit one's -s* rynke panden.
browbeat ['braubi:t] *vb* være overlegen mod; hundse, herse med; tromle ned, intimidere.
I. brown [braun] *adj* brun; *sb* brunt, brun farve.
II. brown [braun] *vb* blive brun, brune; *be -ed off* være skuffet, være træt og ked af det; *be -ed off with* være led og ked af.
brown| ale mørkt øl. ~ **bread** brød af usigtet hvedemel, grovbrød. ~ **coal** brunkul.
brownie ['brauni] *sb* bokskamera; alf, nisse; blåmejse (lille pigespejder); *(am)* chokoladekage med nødder.
brownie point *(am)* pluspoint (for god gerning; for fedteri).
I. Browning ['brauniŋ] *sb* browningpistol.
II. browning ['brauniŋ] *sb* madkulør.
brown|-out (delvis) strømafbrydelse. ~ **paper** kardus-papir, indpakningspapir. ~ **rat** vandrerotte. **-shirt** *(hist.)* S. A.-mand. **-stone** *(am)* rødbrun sandsten; hus beklædt hermed. ~ **study:** *in a ~ study* i dybe tanker. ~ **trout** bækørred.
browse [brauz] *vb* afgnave unge spirer; græsse; *(fig)* kigge løseligt (i en bog); gå på opdagelse (i en forretning).
Bruges [bru:ʒ] *(geogr)* Brügge.
Bruin ['bru(:)in] *sb* bjørn, bamse.
bruise [bru:z] *vb* kvæste; forslå, støde; knuse; blive stødt *(fx apples ~ easily); sb* kvæstelse, stød, slag; mærke af slag, blå plet, blåt mærke.
bruiser ['bru:zə] *sb* S professionel bokser; stor tamp, grov ka'l.
bruit [bru:t] *vb (glds): ~ about* gøre bekendt, udsprede.
Brummagem ['brʌmədʒəm] *(vulg* udtale af *Birmingham); sb* tarvelige varer, 'nürnbergerkram'; *adj* tarvelig, uægte.
brunch [brʌn(t)ʃ] *sb* måltid der gør det ud for *breakfast and lunch.*
brunette [bru:'net] *sb* brunette.
brunt [brʌnt] *sb: bear the ~* tage det værste stød, 'tage skrubbet'.
brush [brʌʃ] *sb* børste, pensel, kost; strejf; lunte (rævehale); sammenstød; krat; *vb* børste; strejfe; fare; *-ed* (om stof) opkradset; ~ *aside (fig)* feje til side; ~ *away* børste af; viske bort; jage fra sig; vise af, feje af; ~ *off* = ~ *away;* ~ *over,* ~ *up* pudse op, gøre lidt i stand; genopfriske.
brush| fire brand i krat *(el.* underskov). **-fire** *adj* (om krig) begrænset (og pludselig). **-maker** børstenbinder. ~ **-off:** *give the ~-off* feje af, vise af. ~ **-up:** *give a ~-up* genopfriske. **-wood** krat(skov); kvas(brænde). **-work** malemåde, penselføring.
brusque [brusk, brʌsk] *adj* brysk, affejende.
Brussels [brʌslz] Bruxelles, Bryssel; ~ *carpet* brysselertæppe; ~ *sprouts* rosenkål.
brutal [bru:tl] *adj* brutal, umenneskelig, grov.
brutality [bru:'tæliti] *sb* brutalitet, umenneskelighed, grovhed. **brutalize** ['bru:təlaiz] *vb* forrå, brutalisere; behandle brutalt.
I. brute [bru:t] *sb* dyr; brutal fyr, umenneske.
II. brute [bru:t] *adj: ~ facts* hårde kendsgerninger; ~ *force* (rå) magt *(fx a rule based on ~ force); ~ strength* rå kraft.
brutish ['bru:tiʃ] *adj* dyrisk, grov, rå.
bryology [brai'ɔlədʒi] *sb* læren om mosserne.
bryony ['braiəni] *sb (bot)* galdebær; *black ~* fedtrod.
B. Sc. ['bi:es'si:] *fk Bachelor of Science.*
B.S.I. *fk British Standards Institution.*
B. S. T. *fk British Summer Time.*
BTA *fk British Tourist Authority* (tidligere: *British Travel Association).*
bubble [bʌbl] *sb* boble; boblen; luftkasteller, humbug; *vb* boble; *(fig)* sprudle; ~ *over with (fig)* sprudle af, strømme over af, være sprængfyldt med.
bubble|-and-squeak *sb* (hakket kål og kartoffelmos stegt med kødstykker). ~ **bath** skumbad. ~ **car** kabinescooter. ~ **gum** ballontyggegummi. ~ **memory** *(edb)* boblelager.
bubbling ['bʌbliŋ] *adj* sprudlende, overstrømmende.
bubbly ['bʌbli] *sb* S champagne.
bubo ['bju:bəu] *sb* byld.
bubonic [bju'bɔnik] *adj* bylde- *(fx ~ plague).*
bubs [bʌbz] *sb pl* S bryster.
buccaneer [bʌkə'niə] *sb* sørøver.
Buchan ['bʌkən]. **Buchanan** [bju(:)'kænən].
Bucharest ['bju:kərest] Bukarest.
I. buck [bʌk] *sb* dåhjort; han *(fx* af hjort, hare, kanin); buk; kavaler, modeherre; *(am S)* dollar; *(sydafr)* antilope; *pass the ~ to sby* lade sorteper gå videre til én.
II. buck *vb* gøre bukkespring; *(am)* stange, gå til angreb; stritte imod; angribe; sætte sig op imod; ~ *off* kaste (rytter) af; *that will ~ you up* det vil kvikke dig op; ~ *up!* frisk mod! rub dig!
buck-and-wing *sb* [bʌkən'wiŋ] *sb (am)* (stepdans).
buckaroo [bʌkə'ru:, 'bʌk-] *sb (am)* cowboy.
buckbean ['bʌkbi:n] *sb (bot)* bukkeblad.
bucket ['bʌkit] *sb* spand, *(mar)* pøs; (på kran) grab; (på elevator *etc)* kop; *vb* hale op i en spand; slå vand på; ride (for) hurtigt, fare, piske (rundt); pjaske (ved roning); *kick the ~* S kradse af, dø; *a drop in the ~ (fig)* en dråbe i havet; *it came down in -s* det øsede ned.
bucket| dredger spandekæde(maskine). ~ **seat** (buet) enkeltsæde. ~ **shop** (uhæderlig) outsidervekselerers kontor; rejsebureau der sælger billige flybilletter uden om reglerne.
buckeye ['bʌkai] *sb (bot) (am)* hestekastanje.
Buckingham ['bʌkiŋəm].
buckle [bʌkl] *sb* spænde; *vb* spænde; exe *(fx* om cykelhjul), krølle sig, krumme sig; bule ud, slå buler; (om

plade) folde, (om søjle) knække ud; ~ *down to* tage alvorlig fat (på).
buckler ['bʌklə] *sb* skjold.
bucko ['bʌkəu] *sb (mar)* S slavepisker; *adj* pralende, stor på den.
buckram ['bʌkrəm] *sb* stivlærred; stivhed.
Bucks *fk Buckinghamshire.*
buckshee ['bʌkʃi:] S *adj* gratis; *sb* ekstraration; noget man får gratis.
buckshot ['bʌkʃɔt] *sb* dyrehagl.
buckskin ['bʌkskin] *sb* hjorteskind; *-s* hjorteskindsbukser.
buckteeth ['bʌkti:θ] *sb pl* udstående tænder, hestetænder.
buckthorn ['bʌkθɔ:n] *sb (bot)* vrietorn.
buckwheat ['bʌkwi:t] *sb* boghvede.
bucolic [bju'kɔlik] *adj* hyrde-, landlig; *sb* hyrdedigt.
bud [bʌd] *sb* knop; *(am* T*)* = *buddy; vb* skyde knopper; okulere; *nip in the* ~ kvæle i fødselen.
Budapest ['bju:də'pest].
Buddha ['budə] Buddha. **Buddhism** ['budizm] *sb* buddhisme. **Buddhist** ['budist] *sb* buddhist.
budding ['bʌdiŋ] *sb* (i gartneri) okulation; *(biol)* celleafsnøring; *adj* spirende, vordende; ~ *author (ogs)* forfatterspire.
buddy ['bʌdi] *sb (am* T*)* kammerat; makker.
budge [bʌdʒ] *vb: he could not* ~ *it* han kunne ikke rokke den af stedet; *he would not* ~ *an inch* han veg ikke en tomme, han var ikke til at rokke.
budgerigar ['bʌdʒəriga:] *sb zo* undulat.
budget ['bʌdʒit] *sb* budget; finanslovforslag; *vb* budgettere.
budgie ['bʌdʒi] *sb* T undulat.
bud scale *sb (bot)* knopspor.
Buenos Aires ['bwenəs'aiəriz].
buff [bʌf] *sb* bøffellæder; neglepølle; brungult; *(am* T*)* ivrig dyrker (af en sport), fan; *adj* brungul; *vb* polere; *in the* ~ T nøgen, i det bare skind; *strip to the* ~ klæde sig af til skindet.
buffalo ['bʌfələu] *sb (pl -es el. d.s.) zo* bøffel; bison; *(mil.)* amfibiepanservogn; *vb (am)* bringe ud af det, forvirre; sætte til vægs.
buffer ['bʌfə] *sb* stødpude; *(jernb, kem)* buffer, puffer; *old* ~ (om person) gammel støder, gammel snegl; ~ *state* stødpudestat.
I. buffet ['bʌfit] *sb* puf, stød, slag; *vb* puffe, støde.
II. buffet ['bufei, *(am)* bə'fei] *sb* (jernbane)restaurant; (møbel:) buffet, skænk.
buffet supper ['bufei'sʌpə] stående souper.
buffoon [bə'fu:n] *sb* bajads. **buffoonery** *sb* narrestreger.
bug [bʌg] *sb* væggelus; S insekt; bakterie; skjult mikrofon; dille; *(am* og i edb) fejl (i maskine *etc); (am* S) asfaltboble (folkevogn); *vb* skjule mikrofon(er) i; aflytte, udspionere ved hjælp af skjult(e) mikrofon(er); T genere, plage.
bugaboo ['bʌgəbu:], **bugbear** ['bʌgbɛə] *sb* skræmmebillede, spøgelse.
bug-eyed ['bʌgaid] *adj* med udstående øjne, med øjne der står ud af hovedet.
bugger ['bʌgə] *sb* sodomit; homoseksuel; *(vulg)* fyr, *(neds)* stodder, skid; *vb (vulg):* ~ *about* lalle rundt; ~ *it!* satans osse! ~ *me!* det var som satan! ~ *off!* gå ad helvede til! ~ *up* spolere.
bugger-all S ikke spor, ikke en skid.
buggery ['bʌgəri] *sb* homoseksualitet.
I. buggy ['bʌgi] *adj* fuld af væggetøj.
II. buggy ['bʌgi] *sb* enspænderkøretøj; T bil; barnevogn.
bughouse ['bʌghaus] *adj (am* S*)* skør, tosset; *sb* galeanstalt.
bug-hunting ['bʌghʌntiŋ] *sb* det at samle på insekter, entomologi.
I. bugle [bju:gl] *sb* signalhorn; *vb* blæse i signalhorn.
II. bugle [bju:gl] *sb* aflang glas- *el.* jetperle.
III. bugle [bju:gl] *sb (bot)* læbeløs.
bugle call hornsignal.
bugler ['bju:glə] *sb* hornblæser.
bugloss ['bju:glɔs] *sb (bot)* oksetunge.
bugs [bʌgz] *adj (am* S*)* skør.
buhl [bu:l] *adj* med indlagt arbejde; *sb* indlægning.
build [bild] *vb (built, built)* bygge; bygges; opføre; *sb* bygningsform; (legems)bygning; ~ **in** indbygge; ~ **on** bygge på, stole på *(fx a promise);* ~ **up** opbygge; styrke *(fx one's health);* indarbejde, opreklamere; mure til *(fx a door, a window);* bebygge, omgive med bygninger; *(mil.)* samle tropper og materiel; (uden objekt) gradvis øges, tage til, vokse lidt efter lidt; ~ *him up* opreklamere ham, skabe hans ry.
builder ['bildə] *sb* bygmester; bygningshåndværker; *-'s certificate (mar)* bilbrev; *-'s hardware* bygningsbeslag.
building ['bildiŋ] *sb* bygning; *-s (ogs)* udhuse; ~ *land* byggegrunde; ~ *paper* gulvpap; ~ *owner* bygherre; ~ *society* byggefinansieringsinstitut; ~ *surveyor (omtr =)* bygningsinspektør, tilsynsførende; ~ *trade* byggefag.
build-up ['bildʌp] *sb* opbygning; gradvis vækst; opreklamering; forhåndsreklame; forberedelse (af klimaks); (militær) opbygning, samling af tropper og materiel.
built [bilt] *præt* og *pp* af *build.*
built-in *adj* indbygget *(fx a* ~ *cupboard); (fig)* indbygget, iboende.
built-up *adj* bebygget; ~ *area* område med bymæssig bebyggelse.
bulb [bʌlb] *sb* elektrisk pære; løg, svibel, knold; kugle, rund udvidelse; glaskolbe.
bulbous ['bʌlbəs] *adj* løgformet; kugleformet; ~ *leg* kugleben.
bulbul ['bulbul] *sb* persisk nattergal.
Bulgaria [bʌl'gɛəriə] Bulgarien.
Bulgarian [bʌl'gɛəriən] *sb* bulgarer; bulgarsk; *adj* bulgarsk.
bulge [bʌldʒ] *sb* bule, pukkel; ophovnet sted; midlertidig stigning; *(mil.)* frontfremspring; T overtag *(on over)*; *vb* bulne ud, bule ud, hovne op, svulme; danne en bule eller pukkel; *the* ~ *(in the birth-rate)* 'de store årgange'; ~ *out* bulne ud, bule ud.
bulk [bʌlk] *sb* størrelse, (stort) omfang, volumen, (stor) masse; (krop:) korpus; *(fig)* hovedmasse, hovedpart, størstedel, majoritet; *(mar)* last(erum); ladning; *vb* konstatere rumfanget af; tage plads op, være af vigtighed; *break* ~ *(mar)* begynde at losse; *in* ~ løst, ikke i emballage; en gros, i store partier; *the* ~ *of the shares* aktiemajoriteten; ~ *large* indtage en fremtrædende plads; ~ *out* fylde ud, få til at svulme; ~ *up to* beløbe sig til.
bulk| buying køb i store partier; storkøb. ~ **cargo** *(mar)* bulkladning, massegods. **-head** skot, skod. ~ **price** partipris.
bulky ['bʌlki] *adj* svær, stor, voluminøs, uhåndterlig.
I. bull [bul] *sb* tyr; han; (på børsen) haussespekulant, haussist; *(rel.)* (pavelig) bulle; (ved målskydning) plet, pletskud; *(mil.* S*)* (overdreven) pudsning (, rengøring *etc);* militærpedanteri; S ævl, øregas; *(am* S*)* stridser, detektiv; *like a* ~ *in a china shop (omtr)* som en hund i et spil kegler; (se også *Irish bull).*
II. bull [bul] *vb* spekulere i haussen; S ævle, bruge store ord.
bullace ['bulis] *sb (bot)* kræge.
bulldog ['buldɔg] *sb* buldog; ordensbetjent ved universitet.
bulldoze ['buldəuz] *vb* rydde, planere; *(fig)* kue, tvin-

ge.
bulldozer ['buldəuzə] *sb* bulldozer, rydningstraktor.
bullet ['bulit] *sb* kugle (til riffel, pistol); projektil; *bite the* ~ sluge kamelen; tage det som en mand; *get the* ~ S blive fyret.
bullet-headed *adj* rundhovedet.
bulletin ['bulətin] *sb* bulletin. **bulletin board** opslagstavle.
bulletproof ['bulitpru:f] *adj* skudsikker.
bullfight ['bulfait] *sb* tyrefægtning.
bull|finch dompap; høj hæk (med grøft ved siden af). **-frog** *zo* oksefrø. **-headed** *adj* stædig, stivnakket, stejl. **-horn** *(am)* råber (med forstærker), megafon.
bullion ['buljən] *sb* umøntet guld *el* sølv; *gold in* ~ guld i barrer.
bullock ['bulək] *sb zo* stud.
bull operator *(merk)* haussespekulant.
bullring ['bulriŋ] *sb* arena (til tyrefægtning).
bullroarer ['bulrɔ:rə] *sb* brummer (stykke træ i en snor).
bull's-eye ['bulzai] *sb* **1.** skibsvindue, koøje; **2.** blændlygte; **3.** centrum (i skive), pletskud; **4.** *(omtr)* bismarcksklump.
bullshit ['bulʃit] *sb* S *(vulg)* øregas, bræk, ævl.
I. bully ['buli] *vb* herse med, behandle brutalt, tyrannisere, hundse, mobbe; *sb* storpraler; bølle, voldsmand; tyran; alfons.
II. bully ['buli] *adj (am)* fin, udmærket; ~ *for you!* bravo!
bully beef *(mil.)* henkogt oksekød.
bullyrag ['buliræg] *vb* tyrannisere, overfuse, plage.
bulrush ['bulrʌʃ] *sb (bot)* siv, lysesiv; søkogleaks, dunhammer, muskedonner.
bulwark ['bulwək] *sb* vold, bastion; bølgebryder; *(mil.)* skanseklædning; *(fig)* bolværk, værn.
Bulwer ['bulwə].
bum [bʌm] *sb* S rumpe, bagdel; *(am)* vagabond, bums; nasser, dagdriver; skvadderhoved; fan; *vb* vagabondere; drive; nasse sig til, bomme, tigge; *adj* værdiløs; dårlig; elendig; *go on the* ~ vagabondere; drive om; nasse; tigge; *give sby the -'s rush* S smide en ud, give én et spark.
bumbailiff ['bʌm'beilif] *sb* (pante)foged.
bumble [bʌmbl] *sb* (indbildsk kommunal funktionær); kludder; *vb* kludre, fumle; summe, rumle; ævle.
bumble|bee humlebi. **-puppy** stangtennis; dårlig spiller.
bumboat ['bʌmbəut] *sb (mar)* bombåd, kadrejerbåd.
bumf [bʌmf] *sb* S toiletpapir; *(neds)* papirer, dokumenter.
bummer ['bʌmə] *sb (am)* vagabond, drivert; afskyelig oplevelse, mareridt; fiasko.
bump [bʌmp] *sb* bump, stød, slag; bule; *vb* bumpe, støde, dunke; (om skib) hugge; (om køretøj) skumple; (i kaproning) indhente og røre den foranliggende båd; ~ *of locality* stedsans; ~ *off* S myrde, rydde af vejen.
bumper ['bʌmpə] *sb* kofanger; svingende fuldt glas; *(teat)* fuldt hus; *adj* usædvanlig god *(el.* rig), rekord- *(fx harvest);* ~ *to* ~ klos op ad hinanden.
bumper sticker *(am)* plakat til at klæbe på kofanger.
bumph [bʌmf] = *bumf.*
bumping-race (kaproning på flod, hvor det gælder for hver båd at indhente og røre den foranliggende båd).
bumpkin ['bʌm(p)kin] *sb* bondetamp, klods.
bumptious ['bʌm(p)ʃəs] *adj* skidtvigtig, indbildsk.
bumpy ['bʌmpi] *adj* ujævn, knoldet.
bum steer vildledende oplysninger.
bum-sucker ['bʌmsʌkə] *sb* S spytslikker, fedterøv.
bun [bʌn] *sb* (bagværk:) bolle; (hår:) knude; *have a* ~ *in the oven* S være gravid, „have stær i kassen"; *take the* ~ være nummer et, vinde, sejre; *that absolutely takes the* ~ det er vel nok højden!
I. bunch [bʌn(t)ʃ] *sb* bundt, knippe *(fx of keys);* klase *(fx of grapes),* klynge, gruppe; *(neds)* bande, samling *(fx they are a* ~ *of criminals); the best of the* ~ den bedste af dem alle; ~ *of flowers* buket.
II. bunch [bʌn(t)ʃ] *vb* bundte; ~ *up* klumpe sig sammen; *(fx* om en skjorte) lægge sig i folder.
bunco ['bʌŋkəu] *vb (am* S*)* snyde (især i kortspil).
buncombe ['bʌŋkəm] = *bunkum.*
bundle [bʌndl] *sb* bundt; bylt; *vb* bylte sammen; stoppe *(fx* ~ *clothes into a drawer;* ~ *him into a taxi);* sende i huj og hast *(fx* ~ *him off to school); go a* ~ *on* S være vild med; ~ **out** jage væk, kaste ud; sende (, komme) af sted i en fart; ~ **up** bundte (, bylte) sammen; (i tøj) hylle *(el.* pakke) ind.
bun-fight ['bʌnfait] *sb* teslabberas; støjende (og tætpakket) komsammen.
bung [bʌŋ] *sb* spuns; *vb* spunse; T smide; *-ed up* tilstoppet, tillukket; *(am)* mishandlet, ramponeret.
bungalow ['bʌŋgələu] *sb* bungalow.
bunghole spunshul.
bungle [bʌŋgl] *vb* fuske, kludre; forkludre; *sb* fuskeri, kludder, bommert. **bungler** *sb* fusker.
bunion ['bʌnjən] *sb* betændt hævelse (på tå), knyst.
bunk [bʌŋk] *sb* (i tog, skib) køje, *(mar ogs)* standkøje; S vås; *vb* gå til køjs; ~ *off, do a* ~ stikke af.
bunker ['bʌŋkə] *sb (mil, mar)* bunker; *vb* tage olie (, kul) ind, bunkre.
bunkum ['bʌŋkəm] *sb* floskler, valgflæsk; vrøvl, nonsens.
bunny ['bʌni] *sb* (kælenavn for) kanin; serveringspige i kaninkostume.
Bunsen [bunsn]: ~ *burner* bunsenbrænder.
bunt [bʌnt] *sb (bot)* stinkbrand, *(mar)* bug (af sejl); *vb* stange, støde.
bunting ['bʌntiŋ] *sb* flagdug, flag; kørepose (til baby); *zo* værling; *yellow* ~ gulspurv.
Bunyan ['bʌnjən].
buoy [bɔi] *sb* bøje; *vb* afmærke ved bøje(r); ~ *up* holde flydende, holde oppe; opmuntre.
buoyage ['bɔiidʒ] *sb* farvandsafmærkning.
buoyancy ['bɔiənsi] *sb* evne til at flyde; opdrift; *(fig)* lethed, frejdighed, livsmod.
buoyant ['bɔiənt] *adj* flydende (ovenpå); som bærer oppe; *(fig)* optimistisk, frejdig, livsglad; *(merk)* stigende.
bur [bə:] *sb* burre; (se også *burr).*
burberry ® ['bə:bəri] *sb* vandtæt stof; frakke deraf.
burble [bə:bl] *vb* (om bæk) pludre; (om person) snakke, kværne.
burbot ['bə:bət] *sb zo* ferskvandskvabbe.
burden [bə:dn] *sb* byrde; *(mar)* drægtighed; (i sang) omkvæd; *vb* bebyrde, betynge; ~ *of proof* bevisbyrde; *the* ~ *of* hovedindholdet af.
burdensome *adj* tyngende, byrdefuld.
burdock ['bə:dɔk] *(bot)* burre.
bureau ['bjuərəu] *sb* bureau, kontor, regeringskontor; (møbel:) skrivebord, sekretær, *(am)* kommode.
bureau|cracy [bju'rɔkrəsi] *sb* bureaukrati. **-crat** ['bjuərəkræt] *sb* bureaukrat. **-cratic** [bjuərə'krætik] *adj* bureaukratisk.
burelage *[fr.] sb* (i filateli:) bundtryk.
burette [bju'ret] *sb* måleglas.
burg [bə:g] *sb (am* T*)* by.
burgee ['bə:dʒi:] *sb* lille splitflag, klubstander.
burgeon [bə:dʒn] *sb* knop; spire; *vb* knoppes, spire, spire frem; *(fig)* skyde op *(el.* frem), vokse (, brede sig) hurtigt.
burgess ['bə:dʒəs] *sb* borger.
burgh ['bʌrə] (skotsk) = *borough.*
burgher ['bə:gə] *sb* borger.
burglar ['bə:glə] *sb* indbrudstyv. **burglar alarm** tyveria-

larm. **burglarious** [bə:'glεəriəs] *adj* indbruds-. **burglarize** ['bə:gləraiz] *vb* gøre indbrud (i). **burglary** ['bə:gləri] *sb* indbrudstyveri. **burgle** [bə:gl] *vb* gøre indbrud (i); plyndre; ernære sig som indbrudstyv.

burgomaster ['bə:gəma:stə] *sb* borgmester (i Skandinavien, Tyskland eller Holland).

Burgundy ['bə:gəndi] Burgund; *sb* bourgogne (vin).

burial ['beriəl] *sb* begravelse.

burial| ground begravelsesplads, kirkegård. ~ **mound** gravhøj. ~ **service** begravelsesritual.

burin ['bjuərin] *sb* gravstikke (til gravering).

burk [bε:k] *sb* S fjols, fæ.

burke [bə:k] *vb* kvæle, kværke; *(fig)* henlægge; sylte *(fx* forespørgsel i parlamentet); dysse ned; gå (*el.*vige) uden om; ~ *at* vige tilbage for, stejle over.

burlap ['bə:læp] *sb* hessian, sækkelærred; groft stout.

burlesque [bə:'lesk] *adj* naragtig, burlesk; *sb* parodi, travesti; *(am)* varietéforestilling (især med striptease); *vb* gøre latterlig, travestere, parodiere.

burly ['bə:li] *adj* tyk, svær; stor og stærk.

Burma ['bə:mə].

I. burn [bə:n] *vb (burnt, burnt el. burned, burned)* brænde; gøre solbrændt; *sb* brandsår; forbrænding; brandplet; *his money -s a hole in his pocket* han kan ikke holde på penge; ~ *up* brænde; komme i brand; flamme op; *(fig)* blive rasende; S skælde læsterligt ud; ~ *with enthusiasm* gløde af begejstring; (se også *I. boat, ear, finger etc.).*

II. burn [bə:n] *sb* bæk, strøm.

burnet ['bə:nit] *sb (bot)* kvæsurt; pimpinelle.

burnet rose *(bot)* pimpinellerose.

burning glass brændglas.

burnish ['bə:niʃ] *vb* polere; blive blank; *sb* glans.

burnous [bə:'nu:s] *sb* burnus.

burnout ['bə:naut] *sb* (i raket *etc)* drivstofslut.

Burns [bə:nz].

burnt [bə:nt] *præt* og *pp* af *burn.*

burp [bə:p] *sb* bøvs; *vb* bøvse.

burp gun maskinpistol.

burr [bə:] *sb* burre *(ogs fig);* kastanjes skal; (på træ) knude, udvækst; (på hjortetak) rose; (ru kant) grat; *(tandl)* bor; *(astr)* ring om månen; (om lyd) summen, brummen, *(fon)* tungerodssnurren på r; *vb* summe, brumme.

burro ['bʌrəu] *sb (am)* lille æsel.

burrow ['bʌrəu] *sb* hule, gang (lavet af dyr, *fx* kaniner); *vb* grave *(el.* bore) sig ned; ~ *into (fig)* dykke ned i, udforske.

bursar ['bə:sə] *sb* kasserer, kvæstor; stipendiat.

bursary ['bə:s(ə)ri] *sb* kvæstur; stipendium.

burst [bə:st] *vb (burst, burst)* briste, revne; sprænges, springe, eksplodere; fare, springe, bryde (frem, ud); (om uvejr) bryde løs; (med objekt) sprænge; få til at revne; knalde *(fx a balloon); sb* sprængning, eksplosion; udbrud; brag; salve, byge (fra maskinpistol); sæt, kraftanstrengelse; S druktur;

~ *into leaf (, flower)* springe ud; ~ *into the room* komme farende *(el.* brase) ind i værelset; ~ *in (up)on* (komme farende og) afbryde *(fx their conversation);* ~ *out* fare op; udbryde; ~ *out laughing* briste i latter; ~ *one's sides with laughing* være ved at revne af grin; ~ *up* gå i stykker, ramle; *it suddenly* ~ *upon me* det gik pludselig op for mig; *be -ing with* strutte af, være fyldt til randen med.

burthen ['bə:ðən] *(glds)* = *burden.*

burton [bə:tn] *sb (mar)* håndtalje.

burweed ['bə:wi:d] *sb (bot)* tornet brodfrø.

bury ['beri] *vb* begrave; (se også *sand).*

burying beetle *zo* ådselgraver.

bus [bʌs] *sb* (omni)bus; (især *am* også) rutebil; S bil, motorcykel, flyvemaskine; *miss the* ~ S forspilde sin chance, forpasse det gunstige øjeblik.

busboy ['bʌsbɔi] *sb (am* S*)* afrydder (i restaurant).

busby ['bʌzbi] *sb* bjørneskindshue, chakot af skind.

I. bush [buʃ] *sb* busk; buskads, krat; efeublade som vinhusskilt; (i Australien og Afrika) kratskov, skov med underskov; *good wine needs no* ~ en god vare anbefaler sig selv; *take to the* ~ *(austr)* flygte ud i kratskoven (og leve som forbryder); (se også *II. beat).*

II. bush [buʃ] *sb* bøsning; *vb:* ~ *a bearing* indsætte en bøsning i et leje.

bushbuck ['buʃbʌk] *sb zo* skriftantilope.

bushed [buʃt] *adj* vildfaren; desorienteret; udmattet.

bushel [buʃl] *sb* skæppe (= 36,35 liter); *vb (am)* lappe, reparere, omsy; *hide one's light under a* ~ sætte sit lys under en skæppe.

bushfighting *sb* junglekrig.

bushing ['buʃiŋ] *sb* bøsning.

Bushman ['buʃmən] *sb* buskmand.

bushman *sb (austr)* nybygger.

bushpig ['buʃpig] *sb zo* penselsvin.

bushranger ['buʃreindʒə] *sb (austr)* hård forretningsmand, grisk person; *(glds)* røver.

bush telegraph jungletelegraf.

bushwhack ['buʃwæk] *vb (am)* overfalde, falde i ryggen; rydde en sti i tæt skov.

bushy ['buʃi] *adj* busket.

business ['biznəs] *sb* (se også *busyness)* profession, bestilling *(fx what is your* ~*?);* hverv, opgave, gerning *(fx it is my* ~ *in life to save souls);* pligt, sag *(fx it is the manager's* ~ *to see to that);* ærinde *(fx he is here on* (i) *lawful* ~*);* forretninger *(fx he is here on* (i) ~*);* sager *(fx* ~ *before the committee);* arbejde *(fx* ~ *before pleasure);* (mere ubestemt) affære, sag, 'historie' *(fx I am tired of the whole* ~*); (merk)* forretning *(fx he sold the* ~*);* handel, handelsvirksomhed, forretninger; *(teat)* 'spil' (ud over replikker); T afføring, bæ;

the ~ *of the day* dagsordenen; *current (el. daily)* ~ løbende forretninger; **do** ~ T lave pølser, lave 'stort'; **do** ~ *with* handle med; **get down to** ~ T komme til sagen; **go** *about one's* ~ passe sine egne sager; *go into* ~ blive forretningsmand; *be back* **in** ~ være igang igen; *be in the* ~ *of* beskæftige sig med, give sig af med; *be kept in* ~ holde den gående; **make** *it ones* ~ *to* sætte sig for at; sørge for at; he **means** ~ T han mener det alvorligt; **mind** *your own* ~ pas dig selv; *he has* **no** ~ *to* han har ingen ret til at; *it is no* ~ *of yours, it is none of your* ~ det kommer ikke dig ved; *like* **nobody's** ~ S lynhurtigt; som en drøm; **send** *sby about his* ~ afvise én; bede en passe sig selv; *a good* **stroke of** ~ en god forretning; *what is* **your** ~ *here?* hvad har du her at gøre?

business| double (i bridge) forretningsdobling. ~ **end** den ende (af værktøj etc) man bruger til arbejdet *(fx mods.* skaftet); *the* ~ *end of the nail* sømmets spids. ~ **hours** *pl* kontortid, ekspeditionstid, åbningstid.

businesslike *adj* forretningsmæssig, praktisk, effektiv, målbevidst, saglig.

business suit *(am)* jakkesæt.

busing ['bʌsing] *sb (am)* buskørsel; *(am)* (transport af elever til fjernereliggende skole for at fremme racemæssig lighed).

busker ['bʌskə] *sb* gade- *(el.* gård)musikant; gadegøgler.

buskin ['bʌskin] *sb* koturne; halvstøvle.

buslane busbane.

busman ['bʌsmən] *sb* omnibuschauffør; *-'s holiday* fritid *(el.* ferie) der tilbringes med samme slags arbejde som det man plejer at udføre.

buss [bʌs] *sb* kys, smask; *vb* kysse.

bussing = *busing.*

I. bust [bʌst] *sb* buste; S drikkegilde; *(am)* razzia, arrestation; fallit.

II. bust [bʌst] *vb* S = *burst;* smadre, ødelægge; ruinere; gå i stykker; gå fallit; *(am ogs)* lave razzia i, storme; arrestere, tage.

III. bust [bʌst] *adj: be* ~ være flad (ɔ: pengeløs); *go* ~ gå i brokkassen, være kaput; gå fallit; *go on the* ~ svire, gå på druktur.

bustard ['bʌstəd] *sb zo: great* ~ stortrappe; *little* ~ dværgtrappe.

bustle [bʌsl] *vb* have travlt, fare omkring; skynde på; *sb* travlhed; (i damekjole) tournure.

bustling ['bʌsliŋ] *adj* geskæftig, travl.

bust-up ['bʌstʌp] *sb* skænderi; slagsmål.

I. busy ['bizi] *adj* optaget, beskæftiget *(with, in, at* af, med); travl *(fx he is a very* ~ *man); (neds)* emsig, geskæftig; (om billede) gnidret; overfyldt; (om gade) befærdet; *be* ~ *doing sth* have travlt med at gøre noget *(fx he is* ~ *packing); get* ~ tage affære; gå i gang; *keep sby* ~ holde en i ånde; *the line is* ~ (om telefon, telegraf) optaget.

II. busy ['bizi] *vb :* ~ *oneself* beskæftige sig *(with, in, at, about* med).

busybody ['bizibɔdi] *sb* geskæftig person, en som blander sig i andres sager.

busyness ['bizinəs] *sb* travlhed (se også *business).*

but [bət, (betonet) bʌt] *conj, præp, adv* men; undtagen, uden *(fx he never speaks* ~ *she contradicts him);* kun *(fx* ~ *an hour ago; I can* ~ *ask);* som ikke *(fx not a man* ~ *would);* jamen *(fx* ~ *that is not true!);*

all ~ næsten *(fx he was all* ~ *drowned; he all* ~ *collapsed);* ~ *for him* uden ham, dersom han ikke havde været; *if I had* ~ *known* havde jeg blot *(el.* bare) vidst det; *the last* ~ *one* den næstsidste; *not* ~ *what* (end)skønt; *nothing* ~ intet andet end; ~ **that** at... ikke *(fx I am not such a fool* ~ *that I understand you);* hvis ikke, medmindre *(fx she would have fallen* ~ *that he caught* (havde grebet) *her); I don't doubt* ~ *that he* jeg tvivler ikke om at han.

butch [butʃ] *sb* S stor tamp, hård negl; mandhaftig kvinde.

butcher ['butʃə] *sb* slagter; *vb* slagte, nedslagte; *(fig)* mishandle, radbrække; *-'s bill (fig)* liste over faldne; *-'s meat* kød *(mods* fisk og fjerkræ).

butcher bird *zo* tornskade.

butcher's broom *(bot)* musetorn.

butchery ['butʃəri] *sb* slagteri; nedslagtning.

butler ['bʌtlə] *sb* kældermester, hovmester; *-'s pantry* anretterværelse.

I. butt [bʌt] *sb* **1.** mål; skive *(ogs fig, fx the* ~ *of their jokes);* **2.** skydevold; **3.** fad, tønde; **4.** skaft, *(mil.)* kolbe; **5.** (af træstamme) rodende, rodstok; **6.** stød (med hornene); **7.** *(tekn)* stød (pladesamling); **8.** T lysestump, cigar(et)skod; **9.** *(am* T) ende, bagdel; **10.** *-s* skydebane.

II. butt [bʌt] *vb* støde, stange; (om plader, *tekn)* være i stød; *-ed* stødsamlet; ~ *against (el. into)* rende lige imod *(el* ind i); ~ *in* T bryde ind, mase sig på; ~ *in on* blande sig i; ~ *out over* rage ud over.

butt end = *butt 4, 5, 8.*

butter ['bʌtə] *sb* smør; *(fig)* smiger; *vb* tilberede med smør, smøre smør på; ~ *up (fig)* smøre om munden, smigre, sleske for; *she looks as if* ~ *would not melt in her mouth* hun ser så lammefrom ud; *kind (el. soft el. fair) words* ~ *no parsnips* skønne løfter hjælper ikke stort; (se også *bread).*

butter|boat smørbåd; sauceskål. **-bur** *(bot)* hestehov. **-cup** *(bot)* ranunkel, smørblomst. ~ **dish** smørkrukke; smør-asiet. **-fingered** fummelfingret. **-fingers** fummelfingret person, kludderhoved. **-fish** *zo* tangspræl. **-fly** sommerfugl; *have -flies in the stomach* have sommerfugle (ɔ: kriblen) i maven (af spænding); *break a -fly on a wheel* skyde gråspurve med kanoner. **-fly flower** *(bot)* fattigmandsorkidé. **-fly nut** vingemøtrik. **-fly orchis** *(bot)* gøgelilje. **-knife** smørkniv. **-milk** kærnemælk. ~ **pat** formet smørklump. **-scotch** karamel. **-wort** *(bot)* vibefedt.

buttery ['bʌtəri] *sb* (proviantrum (især i *colleges),* hvor der kan købes brød, smør *etc).*

butt hinge kanthængsel.

buttock ['bʌtək] *sb* balde; *-s* bagdel.

button [bʌtn] *sb* knap; knop; (på kårde) dup; T døjt *(fx I don't care a* ~ *about it); vb* knappe; knappes *(fx the dress -s down the back);* ~ *up* knappe (til), lukke; *be a* ~ *short* være småt kørende (ɔ:dum); *on the* ~ *(am* S) lige i øjet (ɔ:præcis rigtig).

button|hole *sb* knaphul; knaphulsblomst; *vb* hage sig fast i, opholde med snak. **-hook** støvleknapper; handskeknapper.

buttons [bʌtnz] *sb (pl af button)* pikkolo.

buttress ['bʌtrəs] *sb* stræbepille, støttepille; *vb:* ~ *(up)* støtte, afstive; *(fig ogs)* underbygge.

butty ['bʌti] *sb* S kammerat; stykke mad med smør; sandwiches *jam* ~ marmelademad.

butyric [bju:'tirik] *adj :* ~ *acid* smørsyre.

buxom ['bʌksəm] *adj* buttet, fyldig, yppig.

buy [bai] *vb (bought, bought)* købe *(with* for); T tro på, gå ind på, acceptere; *sb* køb, (god) forretning; ~ *in* købe tilbage (om sælger ved auktion); ~ *oneself off* købe sig fri; ~ *him off* købe sig fri for ham; ~ *over* bestikke; ~ *up* købe op; S ordne, klare.

buyer ['baiə] *sb* køber; opkøber; disponent.

buzz [bʌz] *vb* summe; svirre; fare;T ringe til; ringe på; T køre (, flyve) tæt op til (for at chickanere); *sb* summen; rygte; sladder; ~ *off* stikke af; *give him a* ~ S ringe ham op; slå på tråden.

buzzard ['bʌzəd] *sb zo* musvåge.

buzzer ['bʌzə] *sb* fabriksfløjte, sirene; summer, brummer.

buzz|saw *sb (am)* rundsav. ~ **word** slagord; fint fagord til at imponere med.

by [bai] *præp, adv* af *(fx built, loved, written* ~ *);* ved (hjælp af) *(fx* ~ *the help of God;* ~ *lamp light);* efter (norm *el.* standard) *(fx may I set my watch* ~ *yours? never judge* ~ *appearances);* (nær) ved, hos *(fx sit* ~ *the fire);* ad, over, gennem *(fx I came* ~ *the road,* ~ *the fields,* ~ *Oxford Street);* med *(fx* ~ *railway,* ~ *steamer; raise the wage* ~ *10 per cent; he has two children* ~ *his first wife);* for *(fx one* ~ *one; foot* ~ *foot);* forbi *(fx drive, walk* ~ *sby);* senest, inden, til *(fx you must be here* ~ *nine o'clock);* til side, hen, bort *(fx lay, put* ~*); (mar)* til *(fx north* ~ *east);*

(se også *day, hang, heart, little, means etc)* ~ *oneself* alene; ~ *the day (, month)* for en dag (, måned) ad gangen; ~ *the dozen* i dusinvis; ~ *and* ~ snart, om lidt, siden; ~ *and large* i det store og hele, alt i alt; ~ *the by(e),* ~ *the way* i parentes bemærket, apropos, for resten; ~ *twos and threes* to og tre ad gangen; *six feet* ~ *three* seks fod lang og tre fod bred, 6×3 fod.

by-, bye- side-, bi-.

by-blow ['baibləu] *sb* uægte barn.

bye-bye ['bai'bai] farvel; (i børns sprog) ['baibai] visselulle, seng.

by-election ['baiilekʃn] *sb* suppleringsvalg.

bygone ['baigɔn] *adj* svunden, forbigangen; *let -s be -s* lade det være glemt; lade fortiden hvile.

bylaw ['bailɔ:] *sb* vedtægt, statut, lokallov.

by-line ['bailain] *sb* (i avis *etc:* mellem overskrift og artikel) forfatterangivelse; (i fodbold) målstreg. **by-liner** *sb* fast medarbejder.

bypass ['baipa:s] *sb* omfartsvej, sidevej (der aflaster hovedvej), (permanent) omkørsel; ringvej; omløbsledning; *vb* køre uden om; *(fig)* gå udenom, ikke tage hensyn til.

bypath ['baipa:θ] *sb* se *byway.*

byplay ['baiplei] *sb* stumt spil; mindre vigtigt optrin

(der foregår parallelt med et andet).
by-plot ['baiplɔt] *sb* sidehandling.
by-product ['baiprɔdʌkt] *sb* biprodukt.
byre ['baiə] *sb* kostald.
byroad ['bairəud] *sb* sidevej.
Byron ['baiərən]. **Byronic** [bai'rɔnik] *adj* Byronsk.
bystander ['baistændə] *sb* tilskuer, tilstedeværende; *the -s* de omkringstående.
bystreet ['baistri:t] *sb* sidegade.
byte [bait] *sb (edb)* oktet (ɔ: 8 *bits*).
byway ['baiwei] *sb* sidevej, bivej; *(fig)* mindre påagtet (forsknings)område.
byword ['baiwə:d] *sb* mundheld; stående vending, yndlingsudtryk, slagord; *(fig)* fabel *(fx he was a ~ in the village); be a ~ (ogs)* være berygtet.
Byzantine [bi'zæntain] *adj* byzantinsk; *(fig)* snørklet; *sb* byzantiner.

C

C [si:].
C *fk centigrade; central; Conservative.*
c. *fk cent; century; chapter; circa; cubic.*
cab [kæb] *sb* taxi, drosche; *(driver's ~)* førerhus, førerkabine.
cabal [kə'bæl] *sb* kabale; intrige; klike; *vb* intrigere; *the Cabal* Cabalministeriet (under Karl den Anden).
cabaret ['kæbərei] *sb* kabaret.
cabbage ['kæbidʒ] *sb* kål, kålhoved; (tøjrester som stikkes til side) skrædderlapper; T (person der er reduceret til at føre en rent vegeterende tilværelse), (ofte =) hjælpeløst vrag; *(am)* S penge, sedler; *vb* hugge, stikke til side.
cabbage rose *(bot)* centifolierose, provinsrose.
cabbage white *zo* kålsommerfugl
cabby ['kæbi] *sb* T taxichauffør, droschekusk.
cabin ['kæbin] *sb* kahyt, lukaf; hytte; kabine.
cabin | boy kahytsdreng. ~ **class** *(mar)* klasse mellem 1. kl. og turistkl. ~ **cruiser** langtursbåd.
cabinet ['kæbinet] *sb* kabinet, kammer; skab; *(parl)* kabinet, ministerium; *(fot)* kabinetsfotografi.
cabinet | council kabinetsråd. **-maker** *sb* møbelsnedker. ~ **shower** bruseniche. **-work** snedkerarbejde.
cable [keibl] *sb* kabel; trosse; ankerkæde; kabellængde; (kabel)telegram; *vb* telegrafere (pr. kabel).
cable|gram *sb* kabeltelegram. **-laid** *adj (mar)* kabelslået.
cablese [kei'bli:z] *sb* T telegramstil.
cable television kabelfjernsyn.
cableway *sb* tovbane.
cabman ['kæbmən] *sb* taxichauffør, droschekusk.
caboodle [kə'bu:dl] *sb: the whole* ~ S hele molevitten.
caboose [kə'bu:s] *sb* kabys; *(am)* vogn brugt i godstog til jernbanearbejdere og tilfældige passagerer.
cabriolet ['kæbriəlei] *sb* cabriolet (type vogn med kaleche).
cabstand ['kæbstænd] *sb* taxiholdeplads, droscheholdeplads.
ca' canny [kə'kæni] se *canny.*
cacao [kə'ka:əu] *sb* kakaotræ; kakaobønne; *adj* kakao-.
cachalot ['kæʃələt] *sb zo* kaskelot.
cache [kæʃ] *sb* gemmested; (skjult) depot, (skjult) forråd; samling; *vb* lægge i depot; gemme væk.
cachet ['kæʃei] *sb* særpræg, blåt stempel *(fig),* fornemt præg; prestige; (til medicin) oblat(kapsel)
cachinnation [kæki'neiʃn] *sb* skoggerlatter.
cachou [kæ'ʃu:] *sb* (pastil der giver frisk ånde).
cackle ['kækl] *vb* kagle; kvække; grine; *sb* kaglen; snadren, kvækken; sludder; *cut the* ~ hold op med det sludder.
cacophony [kæ'kɔfəni] *sb* kakofoni, disharmonisk larm.
cactus ['kæktəs] *sb (pl cacti* ['kæktai], *cactuses)* kaktus.
cad [kæd] *sb* tarvelig fyr, sjover.
cadaver [kə'deivə] *sb* (især *med.)* lig.
cadaveric [kə'dævərik] *adj:* ~ *kidney* kadavernyre, nekronyre.
cadaverous [kə'dævərəs] *adj* dødningeagtig; ligbleg; udtæret.
caddie ['kædi] *sb* caddie, golfspillers hjælper (som bærer køller).
caddis fly ['kædis'flai] *zo* vårflue.
caddy ['kædi] *sb* tedåse; (se også *caddie).*
cadence ['keidəns] *sb* rytme; kadence.
cadet [kə'det] *sb* yngre søn; yngre gren af familie; *(mil., mar, flyv)* kadet, officerselev.
cadge [kædʒ] *vb* tigge, nasse (sig til).
cadger ['kædʒə] *sb* tigger, en der lever på nas.
cadi ['ka:di, 'keidi] *sb* kadi, dommer.
cadmium ['kædmjəm] *sb* kadmium.
cadre ['ka:də; *(am)* 'kædri:] *sb* ramme; *(mil.)* kadre, stamme; stampersonel; *(pol)* kadre.
caduceus [kə'dju:sjəs] *sb* merkurstav.
caecum ['si:kəm] *sb (pl caeca)* blindtarm.
caesarean [si'zɛəriən] *adj* kejser-; ~ *operation* kejsersnit.
caesura [si'zjuərə] *sb* cæsur (pause i verslinie).
café ['kæfei, *(am)* kæ'fei] *sb* kaffesalon, frokostrestaurant, café (NB uden ret til udskænkning af stærke drikke).
cafeteria [kæfə'tiəriə] *sb* cafeteria.
caff [kæf] *sb* S = *café.*
caffeine ['kæfi:n] *sb* koffein.
caftan ['kæftən] *sb* kaftan.
cage [keidʒ] *sb* bur; elevatorstol; *vb* sætte i bur; indespærre; få (bold) i nettet.
cage | aerial, ~ **antenna** ruseantenne. ~ **bird** stuefugl.
cagey ['keidʒi] *adj* forsigtig, hemmelighedsfuld, forbeholden, snu.
cagoule [kə'gu:l] *sb* nylonanorak.
cahoot [kə'hu:t] *sb: in -s with* i ledtog med.
caiman ['keimən] *sb zo* kajman, alligator.
Cain [kein] Kain; *raise* ~ lave ballade.
cairn [kɛən] *sb* stendynge, stendysse, varde; (hund) cairnterrier. **cairngorm** ['kɛəngɔ:m] *sb* røgfarvet kvarts.
Cairo ['kaiərəu]
caisson [kə'su:n, 'keisn] *sb* sænkekasse; *(mil.)* ammunitionsvogn; ~ *disease* dykkersyge.
caitiff ['keitif] *sb* kryster, usling.
cajole [kə'dʒəul] *vb* lokke *(el* narre) ved smiger, snakke godt for, besnakke.
cajolery [kə'dʒəul(ə)ri] *sb* lokken, snakken godt for.
I. cake [keik] *sb* kage; *the land of -s* ɔ: Skotland; ~ *of soap* stykke sæbe; *you cannot eat your* ~ *and have it* man kan ikke både blæse og have mel i munden; *it is selling like hot -s* det går som varmt brød; *a piece of* ~ S en let sag; *take the* ~ bære prisen; overgå alt.
II. cake [keik] *vb* klumpe sammen; kline (til), sidde i kager (på) *(fx mud -d on his shoes).*
cake slice *sb* kageske, kagespade.
Cal. *fk California.*
calabash ['kæləbæʃ] *sb* flaskegræskar; (beholder; musikinstrument) kalabas.
calaboose [kælə'bu:s] *sb* kachot, fængsel.
Calais ['kælei].
calamitous [kə'læmitəs] *adj* ulykkelig, katastrofal.
calamity [kə'læmiti] *sb* ulykke, katastrofe.
calcification [kælsifi'keiʃn] *sb* forkalkning.
calcify ['kælsifai] *vb* forkalke(s).
calcination [kælsi'neiʃn] *sb* udglødning.
calcine ['kælsain] *vb* udgløde.
calcium ['kælsiəm] *sb (kem)* kalcium, kalk.

calculable ['kælkjuləbl] *adj* beregnelig.
calculate ['kælkjuleit] *vb* beregne; *(am* T*)* formode, antage; ~ *on* regne med. **calculated** *adj* beregnet; velberegnet, bevidst *(fx insolence); -d to* egnet til at; som sikkert vil *(fx a promise -d to win votes).*
calculating *adj* beregnende; ~ *machine* regnemaskine.
calculation [kælkju'leiʃn] *sb* regning, beregning, kalkulation; kalkule.
calculator ['kælkjuleitə] *sb* beregner; regnemaskine.
calcul|us ['kælkjuləs] *(pl -i* [-ai], *-uses) sb (med.)* sten; *(mat.)* regnemetode, matematisk fremgangsmåde; -regning *(fx differential ~, integral ~).*
Calcutta [kæl'kʌtə].
caldron ['kɔ:ldr(ə)n] *sb* stor kedel.
Caledonia [kæli'dəunjə] (især *poet)* Skotland.
Caledonian [kæli'dəunjən] *adj* skotsk; *sb* skotte; *the ~ market* (loppetorv i London).
calefactory [kæli'fækt(ə)ri] *adj* varmende.
calendar ['kæləndə] *sb* kalender; *vb* indføre (i en kalender).
calender ['kæləndə] *sb* (kalander)presse, glattemaskine; (til papir *ogs)* glittemaskine; *vb* presse, gøre glat; glitte.
calf [ka:f] *sb (pl calves)* kalv; (elefant-, hval-)unge; kalveskind; (af et ben) læg; *(fig)* grønskolling.
calf love barneforelskelse, ungdomsforelskelse.
Caliban ['kælibæn] (dyrisk person hos Shakespeare).
calibrate ['kælibreit] *vb* kalibrere; (om måleinstrument) justere. **calibration** [kæli'breiʃn] *sb* kalibrering, justering.
calibre ['kælibə] *sb* kaliber.
calico ['kælikəu] *sb* kattun, sirts, kaliko (slags tæt lærredsvævet bomuldstøj). **calico printer** kattuntrykker.
Calif. *fk California.*
California [kæli'fɔ:njə] Californien.
Californian [kæli'fɔ:njən] *adj* californisk; *sb* californier.
California poppy *(bot)* guldvalmue.
calipers *(am)* = *callipers.*
caliph ['kælif] *sb* kalif. **caliphate** ['kælifət] *sb* kalifat.
calisthenics [kælis'θeniks] *(am)* = *callisthenics.*
calk [kɔ:k] *vb* skærpe (en hestesko), brodde; *(mar)* = *caulk.*
I. call ['kɔ:l] *vb* **1.** råbe, kalde; (om fugl) skrige, fløjte; **2.** *(tlf)* ringe, telefonere; **3.** komme på besøg, aflægge (et kort) besøg, høre ind; henvende sig;
(med objekt) **4.** råbe på, kalde på; råbe an; (om sovende) vække; **5.** tilkalde *(fx a doctor),* alarmere *(fx the police);* (om møde) sammenkalde; **6.** benævne, kalde *(fx they -ed him carrots);* **7.** *(tlf)* ringe op *(fx ~ me tomorrow);* **8.** (i kortspil) melde;
be -ed (ogs) hedde; ~ *witnesses* føre vidner; (se også *day, name);*
(med *præp, adv)* ~ **at** besøge, aflægge visit i; *(mar)* anløbe; ~ **back** kalde tilbage, tilbagekalde; ringe op igen; ~ **down** nedkalde; S skælde ud; ~ **for** (lade) spørge efter; råbe på; hente; kræve, forlange; *to be left till -ed for* poste restante; ~ **forth** fremkalde, kalde frem; opbyde; ~ **in** kalde ind, indkalde; tilkalde; tilbagekalde *(fx an army's outposts);* (om mønter og sedler) inddrage; (gæld *etc)* indkræve, opsige, hjemkalde; ~ *in question* drage i tvivl; ~ **into** *being (el. existence)* skabe, fremkalde; ~ **off** aflyse *(fx a meeting),* afblæse *(fx a strike);* (om forlovelse) hæve; ~ **on** besøge; opfordre; kalde på, påkalde; anråbe; ~ **out** råbe; kalde frem, udfordre; beordre til at gå i strejke; ~ *the watch out* råbe vagten ud; ~ **to** råbe til; ~ *to mind* erindre sig, mindes; ~ **up** kalde til sig, *(ogs mil)* indkalde; *(tlf)* ringe op, (over radio) kalde; (ånder *etc)* fremmane; *(fig)* fremkalde, kalde frem *(fx memories).*
II. call [kɔ:l] *sb* **1.** råb, kalden, (fugls) skrig, sang, toner, (af horn *etc)* signal; **2.** *(tlf)* opringning, opkald; **3.** (i kortspil) melding; **4.** navneopråb; **5.** opfordring, indkaldelse, (til embede) kaldelse; **6.** *(fig)* kalden, dragen *(fx the ~ of the sea);* **7.** kort besøg, visit;
feel the ~ of drages mod; *there is no ~* **for** *you to* = *you have no ~ to; I'll* **give** *you a ~* jeg ringer (til dig); *give an actor a ~* fremkalde en skuespiller; *you* **have** *no ~ to do that* du behøver slet ikke gøre det, der er slet ingen grund til at du skulle gøre det; det har du ikke noget at gøre med; **make** *a ~* aflægge (en) visit; *make a ~ on* stille krav til, lægge beslag på *(fx his time); place* **of** *~ (mar)* anløbssted; *port of ~ (mar)* anløbshavn; ~ *of nature* naturlig trang ([ɔ: til afføring etc); *obey the ~ of nature* træde af på naturens vegne; *be* **on** ~ have vagt, være i beredskab, være klar til at rykke ud; *(merk)* skulle tilbagebetales (, tilbageleveres) på anfordring; **pay** *a ~* aflægge visit; T gå på wc; *he* **took** *five -s (teat)* han blev fremkaldt 5 gange; **within** ~ inden for hørevidde.
call|box telefonboks. **-boy** piccolo.
caller ['kɔ:lə] *sb* besøgende, gæst; *(tlf): the ~* den der ringer op.
call girl (prostitueret der kan kontaktes pr. telefon).
calligraphy [kə'ligrəfi] *sb* kalligrafi, skønskrift.
call-in (show) telefonprogram.
calling ['kɔ:liŋ] *sb* kald, stilling, profession; meldinger (i bridge). **calling card** *(am)* visitkort.
Calliope [kə'laiəpi] Kalliope (muse for episk poesi).
callipers ['kælipəz] *sb pl* **1.** *(med.)* benskinner; **2.** *: inside ~* dansemester, hulpasser; *outside ~* krumpasser.
callisthenics [kælis'θeniks] *pl* calisthenics (skønhedsgymnastik).
call|loan = ~ *money.* **-maker** *(tlf)* nummersender. ~ **money** anfordringslån.
call number signatur (på biblioteksbog).
callosity [kæ'lɔsiti] *sb* hård hud, hårdhudethed; fortykkelse.
callous ['kæləs] *adj* (om hud) hård, (om hånd) barket; *(fig)* hjerteløs, ufølsom, afstumpet.
call-over ['kɔ:ləuvə] *sb* navneopråb.
callow ['kæləu] *sb* bar, nøgen, dunet; *(fig)* uerfaren, uudviklet; ~ *youth* grønskolling, grøn dreng.
call| sign kaldesignal. ~ **slip** *(bibl)* bestillingsseddel.
call-up ['kɔ:lʌp] *sb (mil.)* indkaldelse.
callus ['kæləs] *sb* hård hud; *(forst)* kallus.
calm [ka:m] *adj* stille, rolig; klar; *sb* stilhed, ro; stille vejr, vindstille, havblik; *vb* berolige; ~ *down* blive rolig, falde til ro; formilde, berolige. **calmness** *sb* stilhed, ro.
Calor gas ® flaskegas.
calorie ['kæləri] *sb* kalorie.
calorific [kælə'rifik] *adj* varmeudviklende; varme-, kalorie-; ~ *value* brændværdi.
calorimeter [kælə'rimitə] *sb* kalorimeter.
caltrop ['kæltrəp] *sb* partisansøm; *(glds)* fodangel.
calumet ['kæljumet] *sb* indiansk fredspibe.
calumniate [kə'lʌmnieit] *vb* bagtale, bagvaske. **calumniator** [kə'lʌmnieitə] *sb* bagtaler.
calumnious [kə'lʌmniəs] *adj* bagtalerisk.
calumny ['kæləmni] *sb* bagtalelse, bagvaskelse.
Calvary ['kælvəri] Golgata.
calve [ka:v] *vb* kælve. **calves** [ka:vz] *pl* af *calf.*
Calvinism ['kælvinizm] calvinisme.
Calvinist ['kælvinist] *sb* calvinist.
calypso [kə'lipsəu] *sb* calypso.
calyx ['keiliks] *sb (pl calyces* ['keilisi:z] *el. -es) (bot)* bæger.
cam [kæm] *sb* kam, knast (på hjul).
Cam [kæm]: *the ~* (flod som gennemstrømmer Cambridge).
camaraderie [kæmə'ra:dəri] *sb* kammeratlighed.

camber ['kæmbə] *sb* afrunding; oprunding (af kørebane *etc); (*på bil) hjulstyrt, forhjulenes hældning udefter; *(mar)* bjælkebugt.
cambium ['kæmbiəm] *sb (bot)* vækstlag.
Cambrian ['kæmbriən] *adj (geol)* kambrisk.
cambric ['keimbrik] *sb* kammerdug.
Cambridge ['keimbridʒ].
Cambs. *fk Cambridgeshire.*
came [keim] *præt* af *come;* (se også *cames).*
camel [kæml] *sb* kamel; *break the -'s back* få bægeret til at flyde over.
cameleer [kæmi'liə] *sb* kameldriver, kamelrytter.
camellia [kə'mi:ljə] *sb (bot)* kamelia.
camelry ['kæməlri] *sb* kamelrytteri.
cameo ['kæmiəu] *sb* kamé (relief i ædelsten); *(fig)* kort scene; (litterær) skitse; lille prægnant rolle.
camera ['kæm(ə)rə] *sb (fot)* kamera; *in ~ (jur)* for lukkede døre.
cameraman ['kæm(ə)rəmæn] *sb* (film-, presse-) fotograf; kameramand.
cames [keimz] *sb pl* blyindfatning (om vinduesruder).
camiknickers [kæmi'nikəz, 'kæminikəz] *sb pl* combination (dameundertøj).
camion ['kæmiɔn] *sb* lastvogn.
camisole ['kæmisəul] *sb* underliv (undertrøje).
camlet ['kæmlət] *sb* kamelot (slags tøj).
camomile ['kæməmail] *sb* kamille; *~ tea* kamillete.
camouflage ['kæmufla:ʒ] *sb* camouflage; *(mil.)* sløring; *vb* camouflere; *(mil.)* sløre.
I. camp [kæmp] *sb* lejr; *vb* slå lejr; ligge i lejr; campere.
II. camp [kæmp] *sb* ironisk forkærlighed for det banale, vulgære, naivt opstyltede; banalitet, vulgaritet, naiv opstyltethed betragtet som en kvalitet i sig selv; ting *el.* personer der har disse egenskaber; *adj* kvindagtig, affekteret; opstyltet; camp; T bøsset; *vb (teat* S*): ~ it* overspille, være krukket *(el.* skabagtig).
campaign [kæm'pein] *sb* felttog; kampagne; *vb* deltage i felttog *el.* kampagne. **campaigner** [kæm'peinə] *sb: an old ~* en gammel rotte, en veteran.
campanology [kæmpə'nɔlədʒi] *sb* (læren om) klokkeringning.
camp| bed feltseng. ~ **chair** feltstol. **camper** campist; campingbil. **camp | fire** lejrbål. ~ **follower** civilist som følger med en hær, medløber; soldatertøs.
champhor ['kæmfə] *sb* kamfer.
camping ['kæmpiŋ] *sb* lejrliv; camping.
camping| ground lejrplads. ~ **site** campingplads.
campion ['kæmpjən] *sb (bot)* pragtstjerne.
camp| meeting *(am)* religiøst friluftsmøde. ~ **stool** feltstol, klapstol.
campus ['kæmpəs] *sb (am)* universitets (, skoles) område.
camshaft ['kæmʃa:ft] *sb* knastaksel.
I. can [kæn] *sb* kande; dunk; (især *am)* dåse; *(am* S*)* fængsel; lokum; bagdel, ende; *vb* lægge i dåse, henkoge (hermetisk); *(am* S*)* opgive, holde op med; fængsle; fyre, smide ud; *carry the ~* S få skylden, få balladen; tage ansvaret; *a ~ of worms* (en kilde til) en udendelig række af problemer, en hvepserede (se også *canned).*
II. can [kæn, kən] *vb (præt could)* kan; må (gerne).
Canaan ['keinən] Kanaan.
Canadian [kə'neidjən] *adj* canadisk; *sb* canadier.
canal [kə'næl] *sb* (gravet) kanal.
canalize ['kænəlaiz] *vb* kanalisere; *(fig ogs)* lede.
canard [kæ'na:d] *sb* avisand.
Canaries [kə'nɛəriz]: *the ~* De kanariske Øer.
canary [kə'nɛəri] *sb* kanariefugl.
canary | creeper *(bot)* sommerfuglekarse. ~ **grass** *(bot)* glansfrø. ~ **reed** *(bot)* rørgræs.
cancel [kænsl] *vb* strege ud, stryge, slette; kassere; ophæve, annullere, stemple (frimærke); aflyse; afbestille; afsige *(fx a subscription);* (om brøk) forkorte; *sb (typ)* omtrykt blad; *it -s out* det går lige op.
cancellation [kænsə'leiʃn] *sb* udstregning, annullering; aflysning; afbestilling; stempel *(fx* på frimærker).
cancer ['kænsə] *sb (med.)* kræft; kræftskade; *(astr)* Krebsen; *the Tropic of Cancer* Krebsens vendekreds.
cancerous ['kæns(ə)rəs] *adj* kræft-, kræftagtig.
candelabr|um [kændi'la:brəm] *sb (pl -a)* kandelaber, flerarmet lysestage.
candid ['kændid] *adj* oprigtig, åben, ærlig; uvildig; *~ camera* spionkamera; skjult kamera; *~ picture, ~ shot (fot)* naturligt billede, billede som ikke er instrueret.
candidacy ['kændidəsi] *sb* kandidatur.
candidate ['kændidit] *sb* ansøger, aspirant, kandidat.
candidature ['kændidətʃə] *sb* kandidatur.
candied ['kændid] *sb* kandiseret. **candied peel** sukat.
candle [kændl] *sb* lys (af stearin *etc); vb* gennemlyse *(fx eggs); he is not fit to hold a ~ to you* han kan slet ikke måle sig med dig; *burn the ~ at both ends* ødsle med *(el.* øde) sine kræfter; brænde sit lys i begge ender; *the game is not worth the ~* det er ikke umagen værd.
candle|berry *sb (bot)* vokspors. ~ **end** lysestump. **-light** levende lys.
Candlemas ['kændlməs] kyndelmisse (2. februar).
candlepower ['kændlpauə] *sb* lys (ɔ: lysstyrkeenhed); *fifty ~ bulb* halvtreds-lys pære.
candlestick ['kændlstik] *sb* lysestage.
candour ['kændə] *sb* oprigtighed, åbenhed.
candy ['kændi] *sb* kandis; *(am)* bolsjer, slik; *vb* kandisere; (om sukker) krystallisere.
candy arse, *(am)* ~ **ass** skvat, vatpik.
candy|floss sukkervat. ~ **store** *(am)* chokoladeforretning; T slikbutik.
candytuft ['kænditʌft] *sb (bot)* iberis.
cane [kein] *sb* rør; sukkerrør; spanskrør; stok; *vb* prygle (med spanskrør). **cane| chair** kurvestol, rørstol. ~ **sugar** rørsukker. ~ **trash** sukkerrøraffald.
canine ['keinain] *adj* hundeagtig, hunde-; *~ tooth* hjørnetand.
caning ['keiniŋ] *sb* dragt prygl.
canister ['kænistə] *sb* (blik)dåse.
canister shot *(mil.)* kartæske.
canker ['kæŋkə] *sb (bot)* (plante)kræft; kræftagtigt sår; *(fig)* kræftskade; *vb* æde; fordærve; fordærves.
cannabis ['kænəbis] *sb* cannabis, indisk hamp.
canned [kænd] *adj* dåse- *(fx food);* S fuld; *~ music* mekanisk musik.
cannery ['kænəri] *sb* konservesfabrik.
cannibal ['kænibl] *sb* kannibal, menneskeæder.
cannibalism *sb* kannibalisme, menneskeæderi.
cannibalize ['kænibəlaiz] *vb* adskille ubrugelig maskine og anvende dele deraf som reservedele, 'slagte'.
cannon ['kænən] *sb* kanon; kanoner, skyts; (i billard) karambolage; *vb* karambolere; *~ into* brase ind i.
cannonade [kænə'neid] *sb* kanonade; *vb* skyde med kanoner.
cannon|ball kanonkugle. ~ **bone** (på hest) forpibe. ~ **fodder** kanonføde.
cannot ['kænɔt] *vb* kan ikke; *~ but* kan ikke andet end, kan ikke lade være med at; *~ help doing it* kan ikke lade være med at gøre det *(fx I ~ help laughing).*
canny ['kæni] *adj* snu, sveden; forsigtig; *ca'canny* nedsat arbejdsintensitet (som fagforeningspolitik for at indskrænke produktionen).
canoe [kə'nu:] *sb* kano; kajak; *vb* sejle i kano (, kajak).
canon ['kænən] *sb* kirkelov; lov, forskrift, regel, kanon; fortegnelse over helgener; kanoniske skrifter; skrifter der anerkendes som ægte *(fx the Chaucer ~);* kannik, domherre.
canonical [kə'nɔnikəl] *adj* kanonisk; *~ hours* kanoni-

ske tider; *-s sb pl* ornat.
canonize ['kænənaiz] *vb* kanonisere, godkende; erklære for helgen.
canoodle [kə'nu:dl] *vb* kæle.
can opener dåseåbner.
canopy ['kænəpi] *sb* tronhimmel, baldakin; perrontag; (over dør) udhæng; (over seng) sengehimmel; (om træer) løvtag, *(forst)* kronetag; *(flyv)* skærm (af en faldskærm); tag (over cockpit).
can't [ka:nt] *fk cannot.*
I. cant [kænt] *sb* hældning, bøjning; *vb* give en hældning, bøje; vælte; kaste; hugge en kant af; (uden objekt) hælde, vippe over på siden; svinge rundt.
II. cant [kænt] *sb* hyklerisk tale, floskler, fraser; jargon; *vb* tale hyklerisk, bruge fraser.
Cantab. ['kæntæb], **Cantabrigian** [kæntə'bridʒiən] *sb* Cambridgemand; *adj* som har med universitetet i Cambridge at gøre.
cantaloup(e) ['kæntəlu:p] *sb (bot)* cantaloup (art melon).
cantankerous [kæn'tæŋkərəs] *adj* trættekær, krakilsk, kværulantisk.
cantata [kæn'ta:tə] *sb* kantate.
canteen [kæn'ti:n] *sb* marketenderi, frokoststue, kantine; feltflaske.
canter ['kæntə] *sb* kort galop; *vb* løbe i kort galop; lade løbe i kort galop; *win in a* ~ vinde en let sejr.
Canterbury ['kæntəbri]; ~ *bell (bot)* klokkeblomst.
cantharides [kæn'θæridi:z] *sb pl (med.)* spansk flue.
cant hook tømmerhage, vendekrog.
canticle ['kæntikl] *sb* salme (om visse stykker af *Prayer Book); the Canticles* Salomons Højsang.
cantilever ['kæntili:və] *sb* udligger; *adj* udhængende, fritbærende; ~ *bridge* cantileverbro; ~ *wing (flyv)* fritbærende plan.
canto ['kæntəu] *sb* sang (afsnit af et digt).
I. canton ['kæntɔn] *sb* kanton (i Schweiz).
II. canton [kən'tu:n] *vb* indkvartere (soldater).
cantonment [kæn'tu:nmənt] *sb* kantonnement.
cantrips ['kæntrips] *sb pl* (skotsk) heksekunster; udskejelser.
Canuck [kə'nʌk] *sb (am* S *neds)* (fransk-)canadier.
Canute [kə'nju:t] Knud.
canvas ['kænvəs] *sb* lærred; sejldug; *under* ~ i lejr, i telt(e); *(mar)* under sejl.
canvass ['kænvəs] *vb* drøfte; fremsætte *(fx a plan);* undersøge; *(pol)* agitere, drive husagitation, hverve stemmer; *(merk)* gå rundt ved dørene og tage imod bestillinger, tegne annoncer *etc,* T stemme dørklokker; *sb* agitation, arbejde for ens kandidatur.
canvasser ['kænvəsə] *sb* stemmehverver; agitator; (annonce)agent, akkvisitør.
canyon ['kænjən] *sb* fjeldkløft; dyb flodseng.
caoutchouc ['kautʃuk] *sb* kautsjuk.
I. cap [kæp] *sb* hue, kasket, sixpence, kappe (hovedbeklædning), hætte *(ogs* til fyldepen *etc);* (mælke)kapsel; dæksel; låg; fænghætte; knaldhætte; *(mar)* æselhoved; *(med.)* pessar; hue som tildeles landsholdsspiller; landskamp;
the ~ *fitted* bemærkningen ramte; *if the* ~ *fits you, wear it* du følte dig nok truffet! *she set her* ~ *at him* hun lagde an på ham; ~ *and bells* narrehue; ~ *and gown* akademisk dragt; ~ *in hand* ydmygt, med hatten i hånden.
II. cap [kæp] *vb* sætte hætte (, kapsel, dæksel) på; sætte fænghætte i; tage huen af; *(fig)* overgå; sætte kronen *el.* slutstenen på, krone *(fig);* ~ *anecdotes* søge at overgå hinanden i at fortælle historier; *to* ~ *it all* oven i købet; for at gøre målet fuldt; *-ped with snow* sneklædt, med sne på toppen; *to be -ped* (i sport) spille landskamp.
capability [keipə'biləti] *sb* evne; duelighed.
capable ['keipəbl] *adj* dygtig, egnet, duelig; ~ *of doing it* i stand til at gøre det; *it is* ~ *of several interpretations* det kan fortolkes på flere måder.
capacious [kə'peiʃəs] *adj* rummelig.
capacitance [kə'pæsit(ə)ns] *sb (elekt)* kapacitet.
capacitate [kə'pæsiteit] *vb* sætte i stand (til), kvalificere.
capacitor [kə'pæsitə] *sb (elekt)* kondensator.
capacity [kə'pæsiti] *sb* evne til at rumme *(el.* optage); rumindhold, *(mar)* drægtighed; rummelighed, plads; (om person) dygtighed, evne, kvalifikation; (om maskine *etc)* kapacitet, ydeevne; *load* ~ lasteevne; *in an official* ~ i embeds medfør; *in his* ~ *of* i sin egenskab af; *with a seating* ~ *of 2500* med 2500 siddepladser; *storage* ~ lagerplads; *filled to* ~ helt fuld, fyldt til sidste plads; *work to* ~ arbejde for fuld kraft.
cap-a-pie [kæpə'pi:] *adv: armed* ~ væbnet fra top til tå, væbnet til tænderne.
caparison [kə'pærisn] *sb* sadeldækken, skaberak; *vb* lægge sadeldækken på.
I. cape [keip] *sb* cape, slag; slængkappe.
II. cape [keip] *sb* forbjerg; *the Cape* Kap det gode Håb.
cape jasmine *(bot)* gardenia.
I. caper ['keipə] *sb* kapers, kapersbusk.
II. caper ['keipə] *sb* bukkespring; *vb* danse, hoppe, springe (af glæde), gøre krumspring; *-s* narrestreger; *cut -s* springe, hoppe; lave narrestreger.
capercaillie [kæpə'keilji], **capercailzie** [kæpə'keilzi] *sb zo* tjur.
Cape Town ['keip'taun] Kapstaden.
Cape Verde ['keip 've:d] Kap Verde; *the* ~ *Islands* De kapverdiske Øer.
cap gun knaldhættepistol.
capillary [kə'piləri] *sb* kapillar, kapillær, hårkar; ~ *action* hårrørsvirkning; ~ *plexus* hårkarnet.
I. capital ['kæpitl] *sb* **1.** hovedstad; **2.** kapital; **3.** kapitæl (på søjle); **4.** stort bogstav *(fx the name was written in -s); small* ~ *(typ)* kapitæl; *make* ~ *out of* slå mønt af, drage fordel af, udnytte.
II. capital ['kæpitl] *adj* **1.** hoved-, vigtigst; **2.** T fortræffelig, storartet; **3.** som straffes med døden *(fx crime, offence);* **4.** kapital- *(fx gains* vinding; *goods* goder); ~ *letters* store bogstaver; ~ *levy* engangsskat, formueafgift; ~ *punishment* dødsstraf.
capitalism ['kæpitəlizm, kə'pi-] *sb* kapitalisme.
capitalist ['kæpitəlist, kə'pi-] *sb* kapitalist; *adj* kapitalistisk.
capitalistic [kæpitə'listik] *adj* kapitalistisk.
capitalize [kə'pitəlaiz, 'kæpi-] *vb* **1.** *(økon)* kapitalisere; **2.** skrive med stort bogstav (, store bogstaver); ~ *(on) (fig)* udnytte, slå mønt af, drage fordel af.
capitation [kæpi'teiʃn] *sb* skat på hver enkelt person, kopskat; ~ *fee* gebyr pro persona; ~ *grant* tilskud pr person (, om skole: pr elev).
Capitol ['kæpitl] Kapitolium.
capitulate [kə'pitjuleit] *vb* kapitulere.
capitulation [kəpitju'leiʃn] *sb* kapitulation.
capon ['keipən] *zo* kapun (kastreret hane).
cap pistol knaldhættepistol.
caprice [kə'pri:s] *sb* grille, lune, kaprice; lunefuldhed.
capricious [kə'priʃəs] *adj* lunefuld, kapriciøs.
Capricorn ['kæprikɔ:n] *(astr)* Stenbukken; *the Tropic of* ~ Stenbukkens vendekreds.
capriole ['kæpriəul] *sb* kapriol, bukkespring.
caps (= *capital letters) (typ)* kapitæler.
capsicum ['kæpsikəm] *sb* spansk peber.
capsize [kæp'saiz] *vb* kæntre, kuldsejle, vælte; *sb* kæntring.
capstan ['kæpstən] *sb (mar)* gangspil, spil (med lodret aksel).
capstone ['kæpstəun] *sb* murtag; *(arkæol)* dæksten; *(fig)* slutsten *(fx the* ~ *of his career);* kronen på vær-

ket.
capsular ['kæpsjulə] *adj* kapselformet.
capsule ['kæpsju:l] *sb* kapsel; rumkapsel; *vb* indkapsle; sammentrænge stærkt, koncentrere.
Capt. *fk Captain.*
captain ['kæptin] *sb (mil.)* kaptajn; ritmester; *(mar)* kaptajn, skibsfører; kommandørkaptajn; *(fig)* anfører, leder, førstemand; (i sport) anfører, holdkaptajn; *vb* stå i spidsen for; ~ *of horse* ritmester; ~ *of industry* storfabrikant, industrimagnat.
captaincy *sb* kaptajnsstilling, kaptajnsrang; førerskab.
captainship *sb* kaptajnsstilling; førerskab.
caption [kæpʃn] *sb* overskrift; (billed)tekst, billedunderskrift.
captious ['kæpʃəs] *adj* spidsfindig, kværulerende.
captivate ['kæptiveit] *vb* fængsle, fortrylle, bedåre, besnære.
captive ['kæptiv] *adj* fangen; *sb* fange; ~ *balloon* standballon; ~ *audience* tvungne tilhørere (, tilskuere).
captivity [kæp'tiviti] *sb* fangenskab.
captor ['kæptə] *sb: his* ~ den der tog ham til fange.
capture ['kæptʃə] *sb* pågribelse; tilfangetagelse; bytte, fangst; *vb* tage til fange, pågribe, fange; opbringe *(fx a ship);* erobre *(fx a market);* (i skak) slå.
capuchin ['kæpjuʃin] *sb* kåbe med hætte; kapuciner (munk); *zo* kapuciner(abe), sapaju.
capybara [kæpi'ba:rə] *sb zo* flodsvin.
car [ka:] *sb* bil, vogn; (til elevator) elevatorstol; (på luftballon) gondol; *(jernb, am)* waggon, jernbanevogn.
caracal ['kærəkæl] *sb zo* ørkenlos.
caracara [kærə'kærə] *sb zo* gribbefalk.
caracole ['kærəkəul] *sb* (i ridning) halvsving; halv volte; *vb* (lade) foretage et halvsving; ~ *one's horse (ogs)* tumle sin hest.
carafe [kə'ræf] *sb* karaffel.
caramel ['kærəmel] *sb* karamel.
carapace ['kærəpeis] *sb* (ryg)skjold.
carat ['kærət] *sb* karat.
caravan ['kærəvæn] *sb* karavane; sigøjnervogn, gøglervogn; campingvogn; *vb* feriere i campingvogn. **caravanner** *sb* campist.
caravanserai [kærə'vænsərai] *sb* karavanserai (herberg).
caraway ['kærəwei] *sb (bot)* kommen.
carbarn ['ka:ba:n] *sb (am)* sporvognsremise, (bus)garage.
carbide ['ka:baid] *sb* karbid.
carbine ['ka:bain] *sb (mil.)* karabin.
carbohydrate ['ka:bəu'haidreit] *sb (kem)* kulhydrat.
carbolic [ka:'bɔlik] *adj* karbol-; ~ *acid* karbolsyre.
carbon ['ka:b(ə)n] *sb* kulstof; (i buelampe) kulstift; (ved maskinskrivning) karbonpapir; aftryk, gennemslag.
carbonate ['ka:bənət] *sb* kulsurt salt.
carbon| copy gennemslag. ~ **dioxide** kuldioxid, kultveilte. ~ **filament** kultråd.
carbonic [ka:'bɔnik] *adj:* ~ *acid* kulsyre.
carboniferous [ka:bə'nifərəs] *adj (geol)* kulførende; ~ *formation* kulformation.
carbonize ['ka:bənaiz] *vb* forkulle, karbonisere.
carbon | monoxide kulilte. ~ **paper** karbonpapir.
carborundum [ka:bə'rʌndəm] *sb* karborundum.
carboy ['ka:bɔi] *sb* syreballon.
car breaker autoophugger.
carbuncle ['ka:bʌŋkl] *sb* brandbyld; filipens; (ædelsten:) karfunkel.
carburet ['ka:bjuret] *vb* forbinde med kulstof, karburere.
carburettor ['ka:bjuretə] *sb* karburator.
carcase, carcass ['ka:kəs] *sb* død krop; ådsel, kadaver; slagtekrop; *(mar)* skibsskrog; (af hus) råhus; skrog; (i bildæk) lærredskasse.
carcass meat frisk kød *(mods* konserves).
C.A.R.D. *fk Campaign Against Racial Discrimination.*
I. card [ka:d] *sb* kort, spillekort, visitkort; opslag; T original, sjov fyr; *the* ~ T det helt rigtige; *a rum* ~ T en løjerlig størrelse; *get one's -s* T blive fyret; *hand in one's -s* T søge sin afsked; *hold (el. keep el. play) one's -s close to one's chest* være hemmelighedsfuld, sky offentlighed, ikke røbe noget; *lucky at -s* heldig i spil; *speak by the* ~ veje hvert ord; *tell fortunes by -s* spå i kort; *it is on the -s* det er sandsynligt.
II. card [ka:d] *vb* karte (uld); *sb* karte.
cardamom ['ka:dəməm] *sb* kardemomme.
cardan ['ka:dæn]: ~ *joint* kardanled.
card|board ['ka:dbɔ:d] karton, pap; *-board character (fig)* papfigur. **~-carrying** som har medlemskort; aktiv. ~ **case** visitkortmappe. ~ **catalogue** *(bibl)* kartotek. **-holder** indehaver af fagforeningsbog (, medlemskort til parti); *(am)* låner (på bibliotek).
cardiac ['ka:diæk] *adj* hjerte-; hjertestyrkende, oplivende; *sb* hjertestyrkning; ~ *arrest* hjertestop.
cardigan ['ka:digən] *sb* trøje, cardigan.
cardinal ['ka:dinl] *adj* vigtigst, fornemst, hoved-; kardinal-; afgørende; *sb (ogs zo)* kardinal; ~ *numbers* grundtal, mængdetal; ~ *point* (på kompas) hovedstreg.
I. card index *sb* kartotek.
II. card-index *vb* føre kartotek over; katalogisere.
carditis [ka:'daitis] *sb (med.)* karditis, hjertebetændelse.
cardsharper ['ka:dʃa:pə] *sb* falskspiller.
card vote stemme afgivet gennem delegeret.
I. care [kɛə] *sb* bekymring; sorg; omhyggelighed, omhu; omsorg; pleje, pasning; varetægt, beskyttelse; det man tager sig af; *have a* ~, *take* ~ være forsigtig; *take* ~ *of* sørge for; drage omsorg for; ordne; klare; ~ *of* (på brev forkortet: c/o) adr(esse); ~ *of the skin* hudpleje; *(handle) with* ~*!* (på pakke:) forsigtig!
II. care [kɛə] *vb* : ~ *about* være interesseret i; ~ *for* bekymre sig om, drage omsorg for, tage sig af; bryde sig om; *I don't* ~ *a damn (el. straw, button etc), I couldn't* ~ *less* jeg er revnende ligeglad; *I don't* ~ *if I do* T det kunne jeg godt tænke mig (at gøre); *who -s?* hva' så? *would you* ~ *to* har du lyst til at; *for all I* ~, se *for.*
careen [kə'ri:n] *vb* kølhale; krænge over.
career [kə'riə] *sb* løb; løbebane; karriere, erhverv, levevej; *vb* fare af sted. **careerism** [kə'riərizm] *sb* karrierejag.
careerist [kə'riərist] *sb* stræber, karrieremager.
careers master erhvervsvejleder (på skole).
carefree ['kɛəfri:] *adj* sorgløs.
care|ful ['kɛəf(u)l] *adj* omhyggelig, påpasselig, forsigtig. **-less** [-ləs] *adj* ligegyldig, ligeglad *(of* med), skødesløs; letsindig; sorgløs, ubekymret.
caress [kə'res] *vb* kæle for; kærtegne; *sb* kærtegn.
caret ['kærət] *sb* indskudsmærke (ʌ) i korrektur.
caretaker ['kɛəteikə] *sb* opsynsmand, portner, vicevært; skolebetjent; ~ *government* forretningsministerium; ~ *premier* fungerende premierminister.
careworn ['kɛəwɔ:n] *adj* forgræmmet.
carfare ['ka:fɛə] *sb (am)* billetpris, takst.
cargo ['ka:gəu] *sb (pl -es)* ladning.
carhop ['ka:hɔp] *sb* tjener *(el.* servitrice) i 'drive-in' restaurant.
Caribbean [kæri'bi:ən] *sb* caraiber; *adj* caraibisk; *the* ~ Vestindien; Det caraibiske Hav.
caribou ['kæribu:] *sb* nordamerikansk rensdyr.
caricature [kærikə'tjuə; 'kæri-] *sb* karikatur; *vb* karikere.

caries ['kɛərii:z, *am* 'kæri:z] *sb* caries.
carillon [kə'riljən, 'kæriljən, *am:* 'kærəlɔn] *sb* klokkespil.
Carinthia [kə'rinθiə] Kärnten (i Østrig).
carious ['kɛəriəs] *adj* angreben af caries, cariøs, hul (om tand).
carking ['ka:kiŋ] *adj* besværlig, nagende; bekymret.
carline ['ka:lin] *sb:* ~ *thistle (bot)* bakketidsel.
carling *sb (mar)* kravelbjælke, stikbjælke.
Carlisle, Carlyle [ka:'lail].
carman ['ka:mən] *sb* fragtmand, vognmand, vognmandskusk.
Carmichael [ka:'maikl].
carminative ['ka:minətiv] *sb, adj (med.)* vinddrivende (middel).
carmine ['ka:main] *sb* karmin(rødt).
carnage ['ka:nidʒ] *sb* massakre, blodbad.
carnal [ka:nl] *adj* kødelig; sanselig; ~ *knowledge (jur)* kønslig omgang.
carnation [ka:'neiʃn] *sb (bot)* (have)nellike; kødfarve.
Carnegie [ka:'negi, 'ka:nəgi].
carnelian [kə'ni:ljən] *sb* karneol.
carnival ['ka:nivl] *sb* karneval, folkefest; *(am)* omrejsende tivoli; ~ *novelties* festartikler.
carnivore ['ka:nivɔ:] *sb* kødædende dyr (, plante); rovdyr.
carnivorous [ka:'niv(ə)rəs] *adj* kødædende *(fx plant).*
carob ['kærəb] *sb (bot)* johannesbrød.
carol ['kær(ə)l] *sb* (munter) sang (især julesang); *vb* lovsynge; synge.
Carolina [kærə'lainə] Carolina (i USA).
Carolina allspice *(bot)* bægerkrone, kanelbusk.
Caroline ['kærəlain].
carom ['kærəm] *sb, vb (am)* = *cannon* (i billard); *-s* bobspil.
carotid [kə'rɔtid] *adj:* ~ *artery* halspulsåre.
carousal [kə'rauzl] *sb* drikkelag.
carouse [kə'rauz] *vb* svire, drikke; *sb* drikkelag.
carousel [kærə'sel] *sb (am)* karrusel; *(flyv)* rundkørende transportbånd ved bagageudlevering.
I. carp [ka:p] *sb zo* karpe.
II. carp [ka:p] *vb:* ~ *(at)* kritisere småligt, hakke på.
carpal ['ka:pl] *adj:* ~ *bone* håndrodsknogle.
car park parkeringsplads; *(multi-storey* ~*)* parkeringshus.
Carpathians [ka:'peiθjənz]: *the* ~ Karpaterne.
carpel ['ka:pel] *sb (bot)* frugtblad; småfrugt.
carpenter ['ka:pəntə] *sb* tømrer; *-'s bench* høvlebænk; *-'s square* tømmervinkel.
carpenter| ant *zo* herkulesmyre. ~ **bee** *zo* tømrerbi.
carpentry ['ka:pəntri] *sb* tømrerhåndværk; tømmerarbejde.
carpet ['ka:pit] *sb* (gulv)tæppe; *vb* lægge tæppe på; T (kalde ind for at) give en balle, skælde ud; *be on the* ~ være på tapetet; T få en balle, blive skældt ud; *sweep (el. brush) it under the* ~ *(fig)* lægge det på hylden, undlade at tage stilling til det, feje det ind under tæppet; *the red* ~ *(ogs)* den røde løber.
carpet|bag vadsæk. **-bagger** politisk lykkeridder; en fremmed der optræder som valgkandidat. ~ **beetle** *zo* pelsklanner. ~ **bombing** systembombning. ~ **dance** lille svingom *(egl:* med gulvtæppet på). **-ed** *adj* tæppebelagt. **-ing** *sb* gulvtæppestof. ~ **knight** soldat som holder sig hjemme fra krigen, stuehelt. ~ **rod** trappestang. ~ **slipper** sutsko. ~ **sweeper** tæppefejemaskine.
car|pool *sb* samkørselsordning; samkørselsgruppe; *vb* køre i samme bil, samkøre. **-port** *sb (am)* carport (let garage uden vægge).
carpus ['ka:pəs] *sb (anat)* håndrod.
carr [ka:] *sb* kær.
carrel ['kærəl] *sb (bibl)* studierum.
carriage ['kæridʒ] *sb* (hestetrukken) vogn; transport, befordring; fragt; *(jernb)* personvogn; *(mil.)* (kanon)lavet; (på skrivemaskine) vogn, slæde; *(tekn)* slæde; *(*~ *of the body)* holdning; ~ *and pair* tospænder.
carriage| bolt bræddebolt. ~ **drive** privat kørevej, indkørsel. ~ **forward** fragten betales af modtageren. ~ **-free,** ~ **paid** franko leveret, fragtfrit (fragten er betalt af afsenderen). ~ **horse** kørehest. **-way** kørebane.
carrier ['kæriə] *sb* fragtmand, vognmand, vognmandskusk; drager; overbringer, bærer; (på cykel) bagagebærer; *(mar)* hangarskib; *(med.)* smittebærer.
carrier| bag bærepose. ~ **pigeon** brevdue. ~ **wave** bærebølge.
carriole ['kæriəul] *sb* karriol (tohjulet vogn).
carrion ['kæriən] *sb* ådsel. **carrion| crow** *zo* sortkrage. ~ **flower** *(bot)* dødningeblomst; ådselblomst.
carrot ['kærət] *sb* gulerod; *-s* T rødtop, rødhåret person.
carroty ['kærəti] *adj* rødhåret.
carry ['kæri] *vb* bære, bringe; føre (med sig); gå med; transportere; sejle med; (i regnskab) overføre; *(mil.* og *fig)* erobre, tage (med storm); *(parl etc)* føre igennem, sætte igennem; vedtage *(fx a Bill* et lovforslag); (om skyts, lyd) række, nå, (om stemme *ogs)* kunne høres; *(mus.)* udføre, synge (et parti), dække (en stemme);

~ *one's point* sætte sin vilje igennem; ~ *two* to i mente; ~ *weight* have vægt, have betydning; ~ *oneself* føre sig; opføre sig;

(med *præp, adv)* ~ *away (fig)* rive med, henrive; ~ *away sth (fig)* tage noget med sig hjem; ~ *all before one* overvinde al modstand; gå fra sejr til sejr; ~ *it too far* drive det for vidt; overdrive det; ~ *forward* (i bogføring) transportere, overføre; ~ *into effect* gennemføre *(fx a plan);* ~ *off* bortføre, (om sygdom *etc)* bortrive; vinde *(fx a prize);* klare *(fx a difficult situation);* ~ *it off well* tage det roligt; ~ *on* føre *(fx* ~ *on a conversation);* drive *(fx a business);* fortsætte; T tage på vej; ~ *on with* have en affære med; have noget for med; ~ *out* udføre; gennemføre; ~ *over* overføre, prolongere; ~ *through* gennemføre; hjælpe igennem, bringe frelst gennem.
carryall ['kæriɔ:l] *sb* stor lærredstaske; *(am)* let firhjulet vogn; lukket bil med sæder som i charabanc.
carry cot babylift.
carrying| capacity lasteevne. **-s on** *pl* upassende opførsel, fjasen. ~ **trade** fragtfart.
carry-on *(flyv)* håndbaggage.
carry-out ['kæriout] *sb (am, skotsk)* grillbar, butik (, restaurant) der sælger færdigretter ud af huset; færdigret.
carry-over ['kæriəuvə] *sb (merk)* overførsel; (til næste side i regnskab) transport; *(fig)* videreførelse, bevarelse (af noget forældet); relikt.
carsick ['ka:sik] *adj* køresyg.
carsey, carzey ['ka:zi] *sb* S lokum.
cart [ka:t] *sb* kærre; arbejdsvogn, vogn; *vb* transportere på vogn; fragte; køre (korn *etc)* ind; slæbe, hale; *put the* ~ *before the horse* vende tingene på hovedet; *in the* ~ T godt oppe at køre, i knibe.
cartage ['ka:tidʒ] *sb* kørsel; kørselspenge, transportomkostninger.
carte blanche ['ka:t'bla:nʃ] carte blanche.
carte-de-visite [ka:tdəvi'zi:t] *sb* fotografi i visitkortformat.
cartel [ka:'tel] *sb* kartel; aftale om udveksling af krigsfanger; *(glds)* skriftlig udfordring (til duel).
carter ['ka:tə] *sb* fragtmand, vognmand, vognmandskusk.
Cartesian [ka:'ti:ziən] *adj* kartesiansk (vedr filosoffen Descartes).

Carthage ['ka:θidʒ] Kartago.
cart horse arbejdshest.
Carthusian [ka:'θ(j)u:ziən] *sb* karteuser(munk); elev fra *Charterhouse School; adj* karteusisk, karteuser-; fra *Charterhouse School.*
cartilage ['ka:tilidʒ] *sb* brusk.
cartilaginous [ka:ti'lædʒinəs] *adj* bruskagtig.
cartload ['ka:tləud] *sb* vognlæs.
cartographer [ka:'tɔgrəfə] *sb* kartograf, korttegner.
carton ['ka:tən] *sb* papæske, karton.
cartoon [ka:'tu:n] *sb* udkast, karton (til billede); vittighedstegning; bladkarikatur; tegneserie; *(animated ~)* tegnefilm; *vb* tegne, karikere; ~ *film* tegnefilm.
cartoonist *sb* vittighedstegner, karikaturtegner, bladtegner.
cartouche [ka:'tu:ʃ] *sb* kartouche (ornament i rammeform).
cartridge ['ka:tridʒ] *sb* patron; *(fot)* kassette; (i reaktor) brændselselement.
cartridge| case patronhylster. ~ **paper** karduspapir. ~ **starter** patronstarter.
cartwheel ['ka:twi:l] *sb* vognhjul; vejrmølle; *turn -s* vende mølle, slå vejrmøller.
cartwright ['ka:trait] *sb* vognmager.
carve [ka:v] *vb* udskære, udhugge, mejsle, indskære; (om kød) skære for *(fx the goose);* ~ *out (fig)* skabe *(fx he -d out an empire by the sword).*
carvel-built ['ka:vəlbilt] *adj (mar)* kravelbygget.
carver ['ka:və] *sb* billedskærer; forskærer; forskærerkniv.
carving ['ka:viŋ] *sb* billedskæring; det at skære for; udskåret arbejde, udskæring, billedskærerarbejde.
carving knife forskærerkniv.
caryatid [kæri'ætid] *sb* (græsk *arkit)* karyatide.
cascade [kæs'keid] *sb* vandfald; *(fig)* kaskade *(fx -s of laughter);* brus; *(elekt)* kaskade *(fx relays in ~); vb* strømme, bruse; komme strømmende *(el.* væltende) *(fx the money kept cascading in).*
I. case [keis] *sb* tilfælde; sag; *(jur)* (rets)sag; beviser; *(gram)* kasus; *(med.)* tilfælde; *(psyk)* case;
as the ~ may be alt efter omstændighederne; eventuelt; *that is the ~* det er sandt; det er tilfældet; *that is our ~ my lord (jur)* hermed indlader jeg sagen til doms; *the ~* **for** ... det der taler for ...; *there is a strong ~ for it* der er meget der taler for det; *he* **has** *a strong ~* han står stærkt; **in** ~ for det tilfælde at *(fx take your umbrella in ~ it should rain); in any ~* under alle omstændigheder; i hvert fald; *just in ~* for alle tilfældes skyld; *in ~ of* i tilfælde af *(fx in ~ of fire, ring the alarm bell); if that is the ~, in that ~* i så fald; *in the ~ of* hvad angår; *he is in no better ~* han er ikke bedre stillet; **make out** *a ~ against* skaffe beviser mod; *make out a ~ for* finde argumenter for, finde alt det der taler for.
II. case [keis] *sb* kasse, æske, skrin; hylster, etui, foderal; (til pude) betræk; (til bog) kassette, *(bogb)* løst bogbind, omslag; (i museum) montre; *(fx* til dør) karm; *(typ)* sættekasse; *(suitcase)* kuffert.
III. case [keis] *vb* lægge i kasse (, æske *etc, cf II. case);* stikke i et foderal *(etc);* beklæde, overtrække; *(am* S) udspionere; undersøge nøje; rekognoscere i.
caseharden ['keisha:dn] *vb* gøre hård (på overfladen); hærde; indsatshærde, pakhærde; *(fig)* forhærde.
case history alle nødvendige oplysninger om et bestemt tilfælde; *(med)* sygehistorie, sygejournal.
casein ['keisi:in] *sb* ostestof, kasein.
case|knife skedekniv. ~ **law** *(jur)* ret baseret på tidligere retsafgørelser.
casemate ['keismeit] *sb (mil.)* kasemat.
casement ['keismənt] *sb* (sidehængt) vindue; vinduesramme (om rude).
caseous ['keisiəs] *adj* osteagtig.
case record = *case history.*
case shot shrapnel, (granat)kardæsk.
cash [kæʃ] *sb* rede penge, kontanter; *vb* hæve (penge på), indløse *(fx a cheque),* diskontere; ~ *on delivery* pr. efterkrav; ~ *down* kontant; *be in ~* T være ved muffen; *be out of ~* have tørre lommesmerter, mangle penge; ~ *in* tjene penge; T dø; ~ *in on* slå mønt af, udnytte.
cash-and-carry store (forretning hvor varer sælges mod kontant og uden udbringning).
cash| audit kasserevision. ~ **book** kassebog. ~ **box** pengekasse. ~ **crops** *pl* afgrøder der dyrkes med salg for øje. ~ **desk** kasse (i forretning). ~ **discount** kontantrabat. ~ **dispenser** pengeautomat.
cashew [kæ'ʃu:]: ~ *nut* elefantlus, anakardienød.
cash flow pengestrøm; *cash-flow problems* likviditetsproblemer.
I. cashier [kæ'ʃiə] *sb* kasserer, kassemester; kassedame.
II. cashier [kə'ʃiə] *vb* kassere, afskedige (i unåde).
cash| order ordre mod kontant betaling. ~ **receipt** kassekvittering. ~ **register** kasseapparat.
casing ['keisiŋ] *sb* beklædning; kappe; (ved boring) udforing; (af bildæk) kasse; (af vindue, dør) karm; *(bogb)* omslag, løst bogbind; papbind med lærred; **-s** *pl* tarme.
cask [ka:sk] *sb* fad, tønde, fustage, drittel; *vb* fylde på et fad *(etc).*
cask conditioned (om øl) færdiggæret på fadet.
casket ['ka:skit] *sb* skrin, smykkeskrin; *(am ogs)* ligkiste.
Caspian ['kæspiən] *adj* : *the ~ Sea* det kaspiske hav.
casque [kæsk] *sb (glds)* hjelm.
casserole ['kæsərəul] *sb* ildfast fad, serveringsgryde; gryderet, sammenkogt ret.
cassette [kə'set] *sb* kassette; ~ *recorder* kassettebåndoptager.
Cassiopeia [kæsiə'pi:ə] Kassiopeja.
cassock ['kæsək] *sb (omtr =)* præstekjole.
cassowary ['kæsəwεəri] *sb zo* kasuar.
I. cast [ka:st] *vb (cast, cast)* kaste; fælde *(fx* takker); afkaste; kassere, udrangere; forme, støbe; (om tal) sammentælle, regne; *(teat)* fordele (rollerne i et stykke), udvælge (skuespiller til rolle); (se også *horoscope, sheep('s eyes), vote);*
[med *præp, adv*] ~ **about** *for* lede efter *(fx a reply); be ~* **away** lide skibbrud; ~ *one's mind* **back** *to* prøve på at huske; ~ **down** vælte, ødelægge; nedslå, gøre modfalden; ~ *him* **for** *a role* udvælge ham til en rolle, tildele ham en rolle; *be ~* **in** *damages* blive dømt til at betale erstatning; ~ *in one's lot with* gøre fælles sag med; ~ *it in his teeth* rive ham det i næsen; sige ham det lige op i ansigtet; ~ **off** kassere; forlade, lade sejle sin egen sø; *(mar)* kaste los; (i strikketøj) lukke af; *(typ)* beregne hvor meget et manuskript vil fylde; ~ **on** slå (masker) op; ~ **out** forjage, forstøde.
II. cast [ka:st] *sb* kast; afstøbning *(fx plaster* (gips-) ~); *(fig)* form, præg, ejendommelighed; (om farve og *fig)* skær, anstrøg; *(med.)* gipsbandage, (om øje) skelen; *(teat)* rollebesætning; medvirkende; *zo* noget afkastet; ham; gylp; ~ *of mind* holdning, indstilling.
castanet [kæstə'net] *sb* kastagnet.
castaway ['ka:stəwei] *sb* skibbruden; udstødt, paria.
caste [ka:st] *sb* kaste; *lose ~* blive udstødt af sin kaste; synke i social anseelse.
castellan ['kæstəlæn] *sb* slotsfoged.
castellated ['kæsteleitid] *adj* med tårne og tinder, med murtinder; med (mange) slotte; ~ *nut* kronemøtrik.
caster ['ka:stə] *sb* støber, støbemaskine; (se også *castor).*
caster sugar = *castor sugar.*
castigate ['kæstigeit] *vb* revse, tugte.

castigation [kæsti'geiʃn] *sb* revselse, tugtelse.
Castile [kæs'ti:l] Kastilien.
casting ['ka:stiŋ] *sb* kasten; støbning; stykke støbegods.
casting vote afgørende stemme.
cast iron ['ka:st'aiən] *sb* støbejern.
cast-iron *adj* støbejerns-; jernhård; (om alibi) absolut sikker, uangribelig.
castle [ka:sl] *sb* befæstet slot, borg; herregård; (i skak) tårn; *vb* rokere; *build -s in the air (el. in Spain)* bygge luftkasteller.
castle nut kronemøtrik.
cast-off ['ka:st'ɔf] *adj* aflagt, kasseret.
castor ['ka:stə] *sb* peberbøsse, strødåse, platmenage; møbelrulle; (kastor)hat.
castor| oil amerikansk olie. ~ **sugar** strøsukker, fint melis.
castrate [kæs'treit] *vb* kastrere.
casual ['kæʒuəl] *adj* tilfældig *(fx meeting);* skødesløs, henkastet *(fx remark);* formløs; (især om påklædning) uformel, afslappet; flygtig, overfladisk; ligegyldig *(fx air* mine); *sb* løsarbejder; hyttesko; *be ~ about* være skødesløs med, tage let på.
casual labourer løsarbejder.
casually *adv* tilfældigt, henkastet, skødesløst; *I'll just drop in ~* jeg kigger ind når jeg kommer forbi.
casual shoe hyttesko.
casualty ['kæʒjuəlti] *sb* ulykkestilfælde; kvæstelse; (person:) offer; *casualties* tilskadekomne; *(mil.)* tab; savnede, døde *el.* sårede.
casualty| clearing station hovedforbindeplads. ~ **list** *(mil.)* tabsliste. ~ **ward** skadestue.
Casual Ward afdeling i fattighus for midlertidigt fattigunderstøttede; hjemløseherberg.
casuist ['kæzjuist] *sb* kasuist. **casuistry** *sb* kasuistik.
cat [kæt] *sb* kat; S sladderkælling, 'slange'; fyr; (over ildsted) dobbelt trefod; *(mar)* (anker)kat; *(glds)* nihalet kat; (om spil) pind; *vb* katte (anker); S brække sig; *(vulg)* være ude efter en pige, prøve at få steg på gaflen;
put the ~ among the canaries (el. pigeons) lave stor opstandelse, jage dem *(etc)* en skræk i livet; *see which way the ~ jumps* se hvad vej vinden blæser, afvente begivenhedernes gang; *enough to make a ~ laugh* uhyre grinagtigt; *let the ~ out of the bag* plumpe ud med hemmeligheden; *a ~ may look at a king* ɔ: selv den ringeste har sine rettigheder.
C.A.T. *fk College of Advanced Technology.*
cataclysm ['kætəklizm] *sb* oversvømmelse, syndflod; naturkatastrofe; voldsom omvæltning.
catacomb ['kætəku:m] *sb* katakombe.
catafalque ['kætəfælk] *sb* katafalk (forhøjning til kiste).
catalogue ['kætəlɔg] *sb* katalog, fortegnelse; liste; *vb* katalogisere; *~ of sins (, crimes)* synderegister.
catalysis [kə'tælisis] *sb* katalyse. **catalyst** ['kætəlist] *sb* katalysator. **catalytic** [kætə'litik] *adj* katalytisk. **catalyze** ['kætəlaiz] *vb* katalysere.
catamaran [kætəmə'ræn] *sb* katamaran (type båd); tømmerflåde (lavet af to både); (om kvinde) rappenskralde.
cat-and-dog: *lead a ~ life* leve som hund og kat.
catapult ['kætəpʌlt] *sb* slangebøsse; *(flyv)* katapult; *(hist)* blide, katapult; *vb* katapulte, slynge (ud).
cataract ['kætərækt] *sb* vandfald, fos; *(med.)* grå stær; *black ~ (med)* sort stær.
catarrh [kə'ta:] *sb* snue, katar.
catastrophe [kə'tæstrəfi] *sb* katastrofe.
catbird *zo (am)* kattedrossel.
cat burglar klatretyv.
catcall ['kætkɔ:l] *sb* pift, fløjten, piben; *vb* pifte, fløjte, pibe; *-s* pibekoncert (som udtryk for mishag).
I. catch [kætʃ] *vb (caught, caught)* **1.** gribe *(fx a ball),* tage, gribe fat i *(fx his arm);* fange *(fx fish; a criminal);* opfange, opsamle *(fx rainwater);* **2.** få *(fx ~ a glimpse of sth),* fange *(fx their attention),* gribe *(fx him cheating* ham i at snyde), overraske; **3.** opfange, opfatte, få fat i *(fx I caught a few remarks; I did not ~ what he said);* **4.** få, blive smittet af *(fx influenza, his enthusiasm),* **5.** nå, komme med *(fx the train);* **6.** ramme *(fx the stone (, the blow) caught him on the jaw; the light caught his face);*
(uden objekt) **7.** gribe fat; blive hængende (fast) *(fx his foot caught in a hole; her dress caught on a nail);* **8.** (om mad) brænde på; **9.** (i baseball) være griber;
~ sby a box on the ear stikke en en ørefigen; *~ one's breath* snappe efter vejret; *~ (a) cold* blive forkølet; *~ me (doing it)* T jeg skal ikke nyde noget, du kan tro jeg kan nære mig; *~ his eye* fange hans blik; *~ the Speaker's eye* få ordet (i Underhuset); *~ fire* fænge, komme i brand; *~ it* få en omgang; *you'll ~ it good and proper!* du kan tro der vanker! *the lock has caught* døren er gået i baglås; *~ sight of* få øje på;
(med *præp, adv*) ~ **at** *sth* gribe efter noget; *~ sby at sth* gribe en i noget; ~ **on** slå an, blive populær; *~ on to* få fat i, forstå; *~ sby* **out** gribe en ud (i kricket); *(fig)* gribe en i en fejl; ~ **up** snappe *(fx he caught up his hat and rushed out);* afbryde; indvikle, fange *(in* i); *~ up on (, with)* indhente.
II. catch [kætʃ] *sb* greb, griben; (i fiskeri) fangst, *(fig)* T bytte, godt kup; (til dør, vindue) krog, lukke, klinke, *(fx* til taske) (snap)lås; *(tekn)* pal, spærrehage; *(mus.)* kanon; stump *(fx -es of a song); a ~* **in** *one's breath* et gisp, en snappen efter vejret; *there was a ~ in his voice* hans stemme skælvede; *the question has a ~ in it* spørgsmålet indeholder en fælde; *there is a ~ in it (ogs)* der er noget lumskeri ved det, der stikker noget under.
catchall ['kætʃɔ:l] *sb* universalbenævnelse; generel bestemmelse.
catch-as-catch-can fribrydning.
catchfly ['kætʃflai] *sb (bot)* limurt.
catching ['kætʃiŋ] *adj* smitsom; *(fig)* smittende *(fx enthusiasm);* tiltrækkende; iørefaldende *(fx tune).*
catchment ['kætʃmənt] *sb: ~ area* afvandingsområde; *(fig)* opland; skoledistrikt.
catchpenny ['kætʃpeni] *adj* værdiløs men prangende; billig; *~ show* gøgl.
catchphrase ['kætʃfreiz] *sb* slagord.
catchpole, catchpoll ['kætʃpəul] *sb* (underordnet) retsbetjent.
catch 22 umulig situation (som der ikke er nogen vej ud af); uløseligt dilemma.
catchword ['kætʃwə:d] *sb* stikord; slagord; *(typ)* kustode.
catchy ['kætʃi] *adj* iørefaldende *(fx tune);* iøjnefaldende; drilagtig, lumsk, vanskelig *(fx question).*
catechetic(al) [kætə'ketik(l)] *adj* kateketisk.
catechism ['kætəkizm] *sb* katekismus; udspørgen; *put sby through his ~* forhøre en grundigt.
catechize ['kætəkaiz] *vb* katekisere; udspørge.
categorical [kætə'gɔrikl] *adj* kategorisk.
category ['kætəg(ə)ri] *sb* kategori; gruppe, kreds, klasse.
catenary [kə'ti:nəri, *am:* 'kætineri] *sb (mat)* kædelinie.
catenate ['kætəneit] *vb* sammenkæde.
cater ['keitə] *vb* skaffe mad, levere fødevarer; *~ for (el. to) (fig)* søge at tilfredsstille *(fx ~ to the demands of the masses);* sørge for; henvende sig til, appellere til; være beregnet for.
caterer ['keitərə] *sb* leverandør af mad til selskaber etc.; indehaver af diner transportable-firma.
catering ['keit(ə)riŋ] *sb* levering af mad til selskaber *etc;* restaurationsvirksomhed; *~ staff* restaurationspersonale.

caterpillar ['kætəpilə] *sb* larve, kålorm; (på traktor etc) larvebånd. **caterpillar treads** *pl* larvefødder, bælter.
caterwaul ['kætəwɔ:l] *sb* kattehyl; kattemusik; *vb* lave kattemusik.
catfish ['kætfiʃ] *zo* malle; havkat.
catgut ['kætgʌt] *sb* tarmstreng.
catharsis [kə'θa:sis] *sb* udrensning; revselse; *(lit)* katarsis.
cathartic [kə'θa:tik] *adj* afførende; rensende; *sb* afføringsmiddel.
Cathay [kæ'θei] *(glds* navn for) Kina.
cathead ['kæthed] *sb (mar)* katdavid.
cathedral [kə'θi:drəl] *sb* katedral, domkirke.
Catherine ['kæθərin]; ~ *wheel* sol (i fyrværkeri).
catheter ['kæθitə] *sb (med)* kateter.
cathode ['kæθəud] *sb* katode, negativ pol.
Catholic ['kæθəlik] *adj* katolsk; *sb* katolik. **catholic** *adj* frisindet, liberal, fordomsfri.
Catholicism [kə'θɔlisizm] *sb* katolicisme.
catholicity [kæθə'lisiti] *sb* frisindethed, fordomsfrihed.
cathouse ['kæthaus] *sb* S bordel.
Catiline ['kætilain] Catilina.
cation ['kætaiən] *sb (elekt)* kation.
catkin ['kætkin] *sb (bot)* rakle, 'gæsling'.
catlap ['kætlæp] *sb* pøjt, sprøjt.
catlike ['kætlaik] *adj* katteagtig.
catling ['kætliŋ] *sb* amputationskniv.
catmint ['kætmint] *sb (bot)* kattemynte, katteurt.
catnap ['kætnæp] *sb: get a* ~ få (sig) en på øjet, få en lille lur.
catnip *(am)* = *catmint.*
Cato ['keitəu].
cat-of-nine-tails ['kætə'nainteilz] *sb* nihalet kat, tamp.
cat's| cradle (leg med snor). **~-paw** *sb (mar)* krængestik; blaf, svag vind, vindkrusning; *make a ~-paw of sby* lade en rage kastanierne ud af ilden for sig. ~ **pyjamas** S = ~ *whiskers.* **~-tail** *sb (bot)* muskedonner. **~-tail grass** *(bot)* rottehale.
catsuit tætsiddende hel (ski)dragt.
catsup ['kætsəp] *sb* ketchup.
cat's whisker metaltråd i krystaldetektor; *it's the -s* S det er mægtig fint.
cattish ['kætiʃ] = *catty.*
cattle ['kætl] *sb* kvæg, hornkvæg.
cattle| cake foderkage. ~ **dealer** kreaturhandler. ~ **grid** kreaturrist. ~ **lifter** kvægtyv. ~ **pen** kvægfold. ~ **plague** kvægpest. ~ **rustler** *(am)* kvægtyv. ~ **show** dyrskue. ~ **thief** kvægtyv. ~ **truck** *(jernb)* kreaturvogn.
catty ['kæti] *adj* katteagtig; *(fig)* ondskabsfuld, sladderagtig.
catwalk ['kætwɔ:k] *sb* smal gang; *(mar)* løbebro.
Caucasian [kɔ:'keiziən, *(am)* -ʒn] *adj* fra Kaukasus, kaukasisk; hvid, tilhørende den hvide race; *sb* kaukasier; hvid.
Caucasus ['kɔ:kəsəs] Kaukasus.
caucus ['kɔ:kəs] *sb* forberedende partimøde; (diktatorisk) partibestyrelse.
caudal [kɔ:dl] *adj* hale-.
caudillo [kɔ:'di:ljəu] *sb* statschef, fører, diktator.
caudle [kɔ:dl] *sb* varm drik med vin.
caught [kɔ:t] *præt* og *pp* af *catch.*
caul [kɔ:l] *sb* sejrsskjorte; hårnet.
cauldron ['kɔ:ldrən] *sb* stor kedel.
cauliflower ['kɔliflauə] *sb* blomkål.
caulk [kɔ:k] *vb (mar)* kalfatre, tætte (med værk etc).
causal [kɔ:zl] *adj* kausal; ~ *relation* årsagssammenhæng.
causality [kɔ:'zæliti] *sb* kausalitet, årsagssammenhæng.
causation [kɔ:'zeiʃn] *sb* forårsagen, bevirken; årsagsforhold; årsagsbegreb; årsag.
cause [kɔ:z] *sb* årsag; grund; sag *(fx the ~ of liberty); vb* forårsage, fremkalde, forvolde, bevirke; lade.
causeless *adj* ubegrundet.
causeway ['kɔ:zwei] *sb* vej anlagt på dæmning; hævet vej over fugtig bund; landevej, chaussé.
caustic ['kɔ:stik] *adj* kaustisk, ætsende; *(fig)* ætsende, bidende, skarp; *sb* ætsemiddel.
cauterization [kɔ:tərai'zeiʃən] *sb* kauterisation, udbrænding; ætsning.
cauterize ['kɔ:təraiz] *vb* kauterisere, udbrænde; ætse.
cautery ['kɔ:təri] *sb* kauterisation; kauter, glødenål.
caution [kɔ:ʃn] *sb* forsigtighed, varsomhed; advarsel; *vb* advare; tilråde; *(jur)* gøre (en anholdt) opmærksom på at alt hvad han siger kan blive forelagt i retten; *~!* giv agt! *he is a* ~ T han er til at dø af grin over; *he was -ed (ogs)* han fik en advarsel.
cautionary ['kɔ:ʃənri] *adj* advarende.
caution money *(omtr)* depositum.
cautious ['kɔ:ʃəs] *adj* forsigtig, varsom.
calvalcade [kæv(ə)l'keid] *sb* kavalkade.
cavalier [kævə'liə] *sb* rytter, ridder; kavaler; *adj* flot, overlegen, affejende.
cavalry ['kæv(ə)lri] *sb* kavaleri.
cave [keiv] *sb* hule; *vb* udhule; udforske huler; ~ *in* falde (, synke, styrte) sammen; give efter.
caveat ['keiviæt] *sb* protest; advarsel.
caveman ['keivmæn] *sb* hulebeboer; primitivt menneske, vild.
cavern ['kævən] *sb* hule; *(med.)* kaverne.
cavernous ['kævənəs] *adj* hul; fuld af huller.
caviar(e) ['kævia:] *sb* kaviar; ~ *to the general* kaviar for hoben.
cavil ['kæv(i)l] *vb* komme med smålig kritik, gøre urimelige indvendinger *(at* imod); *sb* smålig kritik.
caviller ['kævilə] *sb* smålig kritiker.
caving ['keiviŋ] *sb* huleforskning (som sport).
cavity ['kæviti] *sb* hulhed, hulrum, kløft, hule.
cavort [kə'vɔ:t] *vb (am* T) lave krumspring, hoppe omkring; boltre sig, tumle (sig).
caw [kɔ:] *vb* skrige (som en ravn eller krage); *sb* ravneskrig, krageskrig, skrig.
cayenne [ke'jen]: ~ *(pepper)* cayennepeber.
cayman ['keimən] *sb* kajman, alligator.
cayuse [kai'u:s] *sb* indiansk pony.
CB *fk Citizens' Band.*
C.B. *fk Companion of the Bath; (mil.) confined to barracks.*
C.B.E. *fk Commander of the Order of the British Empire.*
CBI *fk Confederation of British Industry.*
CBS *fk Columbia Broadcasting System.*
C.C. *fk County Council(lor); cricket club.*
cc. *fk chapters.* **c. c.** *fk cubic centimetre.*
C.C.S. *fk Casualty Clearing Station.*
CCTV *fk closed-circuit television.*
C.D. *fk civil defence;* **CD** *fk compact disc.*
C double flat *(mus.)* ceses.
C.E. *fk Church of England; Civil Engineer.*
cease [si:s] *vb* ophøre, holde op; lade være med, holde op med; ~ *fire* holde inde (med skydningen); *sb: without* ~ uden ophør.
cease-fire ['si:s'faiə] *sb* våbenhvile, våbenstilstand.
ceaseless ['si:sləs] *adj* uophørlig, uafladelig
Cecil [sesl]. **Cecilia** [si'siljə]. **Cecily** ['sisili].
cedar ['si:də] *sb* ceder.
cede [si:d] *vb* afstå *(fx territory);* indrømme *(fx rights).*
cedilla [si'dilə] *sb* cedille (som i ç).
ceil [si:l] *vb (am)* lægge loft over.
ceilidh ['keili] *sb* (skotsk, irsk:) (improviseret underholdning med musik, sang og dans).
ceiling ['si:liŋ] *sb* loft; *(mar)* inderklædning; *(flyv)* stigehøjde, tophøjde; *(meteorol)* skyhøjde; *(fig)* loft *(on*

over, *fx a ~ on wages); price ~* prisstop *(on* for).
ceiling price maksimalpris.
celandine ['seləndain] *sb: greater ~ (bot)* svaleurt; *lesser ~ (bot)* vorterod.
Celebes [se'li:biz].
celebrate ['selibreit] *vb* fejre, højtideligholde; prise; *~ Mass* celebrere *(el.* holde *el.* læse) messe; *-d* berømt.
celebration [seli'breiʃn] *sb* fest, festlighed; højtideligholdelse; lovprisning.
celebrity [si'lebriti] *sb* berømmelse; berømthed, notabilitet, prominent person.
celeriac [si'leriæk] *sb* (knold)selleri.
celerity [si'leriti] *sb* hurtighed, hastighed.
celery ['seləri] *sb* (blad)selleri.
celesta [si'lestə] *sb* celeste (musikinstrument).
celestial [si'lestjəl] *adj* himmelsk; himmel-; *sb (spøg)* kineser; *~ body* himmellegeme; *the Celestial Empire* Det himmelske Rige (Kina).
celibacy ['selibəsi] *sb* cølibat.
celibate ['selibət] *adj, sb* ugift (person).
cell [sel] *sb* celle; *(elekt)* element.
cellar ['selə] *sb* kælder.
cellaret [selə'ret] *sb* barskab, vinskab.
'cellist ['tʃelist] *sb* (violon)cellist.
'cello ['tʃeləu] *sb* cello, violoncel.
cellophane ['seləfein] *sb* cellofan.
cellular ['seljulə] *adj* celle-; *~ tissue* cellevæv.
cellule ['selju:l] *sb* lille celle.
celluloid ['seljulɔid] *sb, adj* celluloid.
cellulose ['seljuləus] *sb* cellulose.
Celt [kelt; især *am:* selt] *sb* kelter.
Celtic ['keltik; *(am* og i fodbold) 'seltik] *adj* keltisk.
cement [si'ment] *sb* bindemiddel; cement; *(fig)* bånd; *vb* sammenkitte; cementere; *(fig)* knytte *(el.* binde) sammen; styrke, befæste, cementere *(fx their friendship).*
cementation [si:men'teiʃn] *sb* cementering, sammenkitning.
cemetery ['semitri] *sb* kirkegård.
cenotaph ['senəta:f] *sb* gravminde (over død(e) der ligger begravet andetsteds); *the Cenotaph* (mindesmærke i Whitehall for verdenskrigenes faldne).
cense [sens] *vb* afbrænde røgelse for *(el.* i).
censer ['sensə] *sb* røgelseskar.
censor ['sensə] *sb* censor; *vb* censurere.
censorious [sen'sɔ:riəs] *adj* dømmesyg, kritisk.
censorship ['sensəʃip] *sb* censorat, censur.
censure ['senʃə] *sb* kritik; dadel; *vb* kritisere; dadle; laste; *vote of ~* mistillidsvotum.
census ['sensəs] *sb* (folke)tælling.
census| paper mandtalsliste, folketællingsskema. *~* **taker** indsamler af mandtalslister ved folketælling.
cent [sent] *sb (am)* cent (1/10 dollar).
Cent. *fk Centigrade.*
centaur ['sentɔ:] *sb* kentaur.
centaury ['sentɔ:ri] *sb (bot)* tusindgylden.
centenarian [senti'nεəriən] *adj, sb* hundredårig (person).
centenary [sen'ti:nəri, *(am)* 'sentəneri, sen'tenəri] *adj* hundredårs-; *sb* hundredårsdag; hundredårsfest.
centennial [sen'tenjəl] *sb* hundredårsdag; hundredårsfest; *adj* hundredårig.
center *(am) = centre.*
centi|grade ['sentigreid] *adj* celsius *(fx ~ thermometer).* **-gramme** [-græm] *adj* centigram. **-litre** [-li:tə] *sb* centiliter. **-metre** [-mi:tə] *sb* centimeter.
centipede ['sentipi:d] *sb zo* skolopender.
central ['sentr(ə)l] *adj* central, midt-; *~ heating* centralvarme; *the Central Powers (hist,* i 1. verdenskrig) centralmagterne; *~ processor* (edb) centralenhed.
centralization [sentrəlai'zeiʃn] *sb* centralisering.
centralize ['sentrəlaiz] *vb* centralisere.

I. centre ['sentə] *sb* midpunkt, centrum; center, station; (i chocolade) fyld; (i fodbold) centring.
II. centre ['sentə] *vb* samle (i et midtpunkt), koncentrere *(on, in* om); (uden objekt) forene sig, være forenet, koncentrere sig *(in, round* om).
centre| bit centrumsbor. **-board** *(mar)* sænkekøl. **-fold** folde-ud-midtersider. **-piece** bordopsats. *~* **punch** *(tekn)* kørner. **-spread** de to midtersider.
centrifugal [sen'trifjugl] *adj* centrifugal; *~ force* centrifugalkraft.
centrifuge ['sentrifju:dʒ] *sb* centrifuge.
centripetal [sen'tripitl] *adj* centripetal.
centuple ['sentjupl] *adj* hundrede gange så stor; *vb* forøge hundredfold.
century ['sentʃuri, -əri] *sb* århundrede; hundrede points (i kricket); *~ plant (bot)* agave.
cephalic [ke'fælik] *adj* : *~ index* hovedindeks.
ceramic [si'ræmik] *adj* keramisk, pottemager-.
ceramics [si'ræmiks] *sb* keramik.
Cerberus ['sə:bərəs] *(myt)* Kerberus (trehovedet hund, *(fig)* streng (dør)vogter).
cere [siə] *sb zo* vokshud.
cereal ['siəriəl] *sb* korn; kornsort; *-s pl* corn-flakes eller lignende kornspise *el.* kornprodukt.
cerebellum [seri'beləm] *sb (anat)* lillehjerne.
cerebral ['seribrəl] *adj* hjerne-; cerebral; intellektuel; *~ hemorrhage* hjerneblødning; *~ inflammation* hjernebetændelse.
cerebration [seri'breiʃn] *sb* hjernevirksomhed.
cerebrum ['seribrəm] *sb* hjerne.
cerecloth ['siəklɔθ] *sb* vokslagen, ligklæde.
cerement ['siəmənt] *sb* voksklæde (til balsamering); *-s pl (ogs)* ligklæder.
ceremonial [seri'məunjəl] *adj* ceremoniel, højtidelig; *sb* ceremoniel.
ceremonious [seri'məunjəs] *adj* ceremoniel; formel.
ceremony ['seriməni] *sb* ceremoni; højtidelighed; formaliteter, omstændigheder; *stand on ~* holde på formerne; *without ~* uden videre.
cert. *fk certificate, certified;* T *certainty; it's an absolute (el. a dead) ~* det er stensikkert; *a dead ~ (ogs)* en sikker vinder.
certain ['sə:tn, 'sə:tin] *adj* vis, sikker *(of* på); bestemt; *a ~ John Brown* en vis John Brown; *I feel ~ that* jeg føler mig overbevist om at; *he is ~ to come* det er sikkert at han kommer; *I cannot say for ~* jeg kan ikke sige det med sikkerhed; *make ~ of* forvisse sig om.
certainly *adv* sikkert, bestemt; ganske vist; *~!* ja vel; ja værsgo; *~ not* nej absolut ikke, nej naturligvis, vist ikke.
certainty ['sə:tnti] *sb* vished, bestemthed, sikkerhed; *for (el. to) a ~* helt sikkert.
certifiable [sə:ti'faiəbl] *adj* som kan bevidnes (, bekræftes, attesteres); T skrupskør, moden til indlæggelse.
I. certificate [sə'tifikət] *sb* bevis, attest, certifikat; *~ of baptism (am)* dåbsattest; *~ of origin* oprindelsescertifikat; *Certificate of Secondary Education* (svarer *omtr* til) tiendeklassesprøven.
II. certificate [sə'tifikeit] *vb* give attest *(el.* certifikat); *-d* eksamineret (ɔ: som har eksamensbevis).
certification [sə:tifi'keiʃn] *sb* bekræftelse, attestering; det at erklære for sindssyg; attest.
certify ['sə:tifai] *vb* bevidne, bekræfte, attestere; give attest; erklære for sindssyg; *this is to ~* herved bevidnes; *certified copy* bekræftet afskrift; *I ~ this to be a true copy* afskriftens rigtighed bevidnes; *certified milk* dyrlægekontrolleret mælk; *certified public accountant (am)* statsautoriseret revisor.
certitude ['sə:titju:d] *sb* vished.
cerulean [si'ru:ljən] *adj* himmelblå; *~ blue* ceruleanblå; cølinblåt.
ceruse ['siəru:s] *sb* blyhvidt.

cervical ['sə:vikl] *adj* hals- *(fx vertebra* hvirvel); livmoderhals-.
cessation [se'seiʃn] *sb* ophør; standsning.
cession [seʃn] *sb* afståelse.
cesspool ['sespu:l] *sb* slamkiste (i kloak); sivebrønd; *(fig)* sump; ~ *of iniquity* lastens hule.
cetaceans [si'teiʃənz] *sb pl zo* hvaler.
Ceylon [si'lɔn].
cf. *fk confer* jævnfør, sammenlign.
c. f. i. *fk cost, freight and insurance.*
C flat *(mus.)* ces.
C.G.M. *fk Conspicuous Gallantry Medal* tapperhedsmedalje.
C.H. *fk Companion of Honour* (medlem af ordenen: *the Companions of Honour).*
ch. *fk chapter.*
cha-cha-cha ['tʃa:tʃa:'tʃa:] *sb* cha-cha-cha (en dans).
I. chafe [tʃeif] *vb* gnide (for at varme); gnave *(fx the collar -s the horse's neck); (mar)* skamfile; *(fig)* ophidse, irritere; (uden objekt) være utålmodig (, irriteret, ophidset), rase; blive øm af noget der gnaver *el.* gnider.
II. chafe [tʃeif] *sb* gnidning; *(fig)* irritation, forbitrelse.
chafer ['tʃeifə] *sb zo* torbist.
chaff [tʃa:f] *sb* avner; hakkelse; T (godmodigt) drilleri; *vb* drille *(about* med).
chaffer ['tʃæfə] *vb* tinge, købslå.
chaffinch ['tʃæfin(t)ʃ] *sb zo* bogfinke.
chaffy ['tʃa:fi] *adj* fuld af avner; *(fig)* værdiløs; T smådrillende.
chafing dish ['tʃeifiŋdiʃ] fyrfad.
chagrin ['ʃægrin,*(am)*ʃə'grin] *sb* ærgrelse; krænkelse; *vb* ærgre, krænke; *-ed* ærgerlig, krænket.
chain [tʃein] *sb* kæde, lænke; kætting; *vb* lænke; spærre med lænker; ~ *of evidence* beviskæde; (se også *I. measure).*
chain|armour ringbrynje. ~ **gang** hold sammenlænkede fanger. ~ **letter** kædebrev. ~ **lightning** *(am)* siksaklyn. ~ **locker** *(mar)* kædekasse. ~ **mail** ringbrynje. ~ **pump** øseværk. ~ **reaction** kædereaktion. ~ **smoker** kæderyger. ~ **stitch** kædesting. ~ **store** kædeforretning.
chair [tʃɛə] *sb* stol; *(fig)* (ved universitetet) lærestol, professorat; *(jur)* dommersæde; (ved møde *etc)* forsæde; dirigentstilling, formandspost, præsidentskab; (om person) dirigent, ordstyrer; præsident; *(jernb)* skinnestol; *(glds)* bærestol; *vb* være dirigent *(el.* ordstyrer) ved, lede *(fx a meeting);* bære i guldstol; *the* ~ *(am)* den elektriske stol; *get the* ~ *(am)* blive henrettet; *take the* ~ (ved møde) være dirigent, overtage formandsposten; åbne mødet; *take a* ~ tage plads, sætte sig; *-ed by X* med X som formand (, dirigent).
chair|man ['tʃɛəmən] *sb* formand; dirigent, ordstyrer, mødeleder. **-manship** formandspost *etc.* **-person,** se *chairman.* **-woman** kvindelig formand *etc.*
chaise [ʃeiz] *sb* fir- *el.* tohjulet vogn.
chalcedony [kæl'sedəni] *sb* kalcedon (smykkesten).
chaldron ['tʃɔ:ldrən] *sb* (kulmål, ca. 13 hl).
chalet ['ʃælei] *sb* sæterhytte, svejtserhytte; 'hytte', feriehus; lille villa; ~ *bungalow* bungalow med loftsværelse(r).
chalice ['tʃælis] *sb* bæger, kalk.
chalk [tʃɔ:k] *sb* kridt; kridtmærke; *vb* kridte; mærke med kridt; *as different as* ~ *from cheese* T vidt forskellige; *you do not know* ~ *from cheese* du kan ikke se forskel på sort og hvidt; *by a long* ~ langt, i høj grad *(fx better by a long* ~*); not by a long* ~ langtfra; ~ *out* skitsere, ridse op; ~ *up* notere; score; *he will* ~ *that up against you* det vil han huske dig for; ~ *up to* tilskrive.
chalk|pit kridtbrud. **-stone** forkalkninger (hos gigtpatienter), gigtknude.
chalky ['tʃɔ:ki] *adj* kridtagtig, kridhvid.
challenge ['tʃælin(d)ʒ] *vb* udfordre; udæske; gøre indsigelse mod; drage i tvivl, sætte spørgsmålstegn ved, angribe *(fx their rights); (mil.)* råbe an; *sb* udfordring; udæskning; indsigelse; anråben; *(hist)* fejdebrev; ~ *attention* påkalde (sig) opmærksomhed; ~ *a juror (jur)* udskyde en nævning.
challenge cup vandrepokal.
chalybeate [kə'libiit] *adj* jernholdig (om kilde, medicin).
chamade [ʃə'ma:d] *sb* (parlamentær)signal.
chamber ['tʃeimbə] *sb* kammer; *(glds)* sovekammer; *(parl)* mødesal; kammer; *(anat, tekn)* kammer *(fx* i skydevåben); rum; T natpotte; *-s pl (ogs)* advokatkontor, dommerkontor; ungkarlelejlighed; *Chamber of Horrors* rædselskabinet (i panoptikon).
chamber|lain ['tʃeimbəlin] *sb* kammerherre. **-maid** stuepige. ~ **music** kammermusik. ~ **pot** (nat)potte.
chameleon [kə'mi:ljən] *sb zo* kamæleon.
chamfer ['tʃæmfə] *sb* (skrå)fas, skråkant, rejfning, affasning; *vb* rejfe, affase; *-ed (ogs)* tilspidset.
I. chamois ['ʃæmwa:] *sb zo* gemse.
II. chamois ['ʃæmi]: ~ *(leather)* vaskeskind.
I. champ [tʃæmp] *sb* S champion, mester.
II. champ [tʃæmp] *vb* tygge, gumle (på); *(fig)* skære tænder *(fx with rage),* stampe af utålmodighed; ~ *the bit* (om hest) gumle (utålmodigt) på bidslet; ~ *at the bit (fig)* = ~.
champagne [ʃæm'pein] *sb* champagne.
champaign ['tʃæmpein] *sb* slette.
champion ['tʃæmpjən] *sb* forkæmper, ridder; (i sport) champion, mester; *adj* førsteklasses, mester-; *vb* forsvare; forfægte. **championship** *sb* mesterskab; konkurrence om mesterskabet; forsvar *(of* for).
chance [tʃa:ns] *sb* tilfælde; tilfældighed; mulighed; chance, lejlighed; risiko; udsigt *(of* til); udsigter; *adj* tilfældig *(fx a* ~ *meeting); vb* hænde, træffe sig; risikere;

by ~ tilfældig; ~ *custom* strøgkunder; ~ *one's arm (el. luck)* tage chancen; vove det ene øje; *take -s* udsætte sig for risiko; *take one's* ~ tage chancen; ~ *it* tage risikoen *(el.* chancen), lade stå til; *I'll call him an old fool and* ~ *it* jeg vil kalde ham en gammel nar og tage følgerne; *I -d to meet him* jeg mødte ham tilfældigt; ~ *upon* støde på.
chancel [tʃa:nsl] *sb* kor (del af kirke).
chancellery ['tʃa:nsləri] *sb* kancelli; kanslerværdighed; ambassadekontor.
chancellor ['tʃa:nslə] *sb* kansler; *(rel)* stiftsfuldmægtig; *(am)* universitetsrektor; (se også *exchequer).*
Chancery ['tʃa:ns(ə)ri] *sb* kanslerretten (afdeling af *the High Court of Justice); in chancery* i kanslerretten; *(fig* og om bokser hvis hoved er under modstanderens arm:) i klemme.
chancre ['ʃæŋkə] *sb (med.)* chanker (sår fra kønssygdom).
chancy ['tʃa:nsi] *adj* T tilfældig, vilkårlig; uberegnelig; usikker, risikabel.
chandelier [ʃændə'liə] *sb* lysekrone.
chandler ['tʃa:ndlə] *sb* høker; (i *sms)* -handler.
I. change [tʃein(d)ʒ] *sb* forandring, ændring, forvandling; skifte(n); afveksling; *(mht* tøj) omklædning; skiftetøj; *(mht* penge) omveksling; byttepenge, småpenge; (om månen) måneskifte; (se også *small* ~*);*

for a ~ til en afveksling; *give* ~ *for* veksle, give tilbage på *(fx a five-pound note); get no* ~ *out of sby (fig)* T ikke få noget ud af en, ikke komme nogen vegne med en; *give no* ~ *(fig)* ikke røbe noget; ikke give sig; *give short* ~ give for lidt for penge tilbage, snyde; ~ *of life* kvindens overgangsalder; *a* ~ *of underwear* et (rent) sæt undertøj; *three -s of water* tre hold vand; *ring the -s on (fig)* tærske langhalm på, variere i det uendelige; *take your ~ out of that!* kan du give igen på den! kan du stikke den! kom så igen!

II. change [tʃein(d)ʒ] *vb* forandre, ændre, forvandle; skifte *(fx trains; one's clothes)*, udskifte; bytte, (om penge) veksle; (uden objekt) forandre sig, ændre sig, veksle, skifte; (befordringsmiddel) skifte, stige om; (tøj) klæde sig om;

~ *the beds* skifte sengelinned, lægge rent på sengene; ~ *down (, up)* skifte til lavere (, højere) gear; ~ *foot (el. step)* træde om, skifte trit; ~ *for* ombytte med; ~ *hands* skifte ejer, komme på andre hænder, handles; ~ *over* skifte om; omstille; ~ *round* bytte om; ~ *the subject* skifte (samtale)emne; (se også *I. mind, I. tune)*.

III. 'Change [tʃein(d)ʒ] børs; *on* ~ på børsen.

changeable ['tʃein(d)ʒəbl] *adj* foranderlig.

changeless ['tʃein(d)ʒləs] *adj* uforanderlig.

changeling ['tʃein(d)ʒliŋ] *sb* skifting.

change-over ['tʃein(d)ʒəuvə] *sb* overgang (til andet system), omstilling; omslag; skifte (i stafetløb).

change-over switch *sb (elekt)* omkobler, omskifter.

changing room omklædningsværelse.

I. channel [tʃænl] *sb* (naturlig) kanal; rende; *(fig)* kanal, vej; *-s (mar)* røst; *the Channel* Kanalen (mellem England og Frankrig).

II. channel [tʃænl] *vb* rifle, kannelere, danne rende i; *(fig)* kanalisere.

chant [tʃa:nt] *vb* synge; messe; besynge; danne talekor; råbe taktfast i kor; *sb* sang; salmemelodi; kirkesang; messen.

chanterelle [tʃæntə'rel] *sb (bot)* kantarel.

chanticleer [tʃænti'kliə] *sb zo* hane.

chantry ['tʃa:ntri] *sb* kapel til sjælemesse.

chanty ['tʃa:nti, 'ʃænti] *sb (mar)* opsang.

chaos ['keiɔs] *sb* kaos. **chaotic** [kei'ɔtik] *adj* kaotisk.

I. chap [tʃæp] *sb, vb* sprække, revne.

II. chap [tʃæp] *sb* kæbe; (se også *chops)*.

III. chap [tʃæp] *sb* T fyr, ka'l.

chaparrel [ʃæpə'ræl] *sb (am)* krat af dværgeg, egekrat; tæt krat.

chapbook ['tʃæpbuk] *sb* folkebog; skillingstryk.

chapel [tʃæpl] *sb* dissenterkirke *(fx* metodist- *el.* baptistkirke); mindre kirke, kirke knyttet til en institution, *fx* slotskirke; kapel; gudstjeneste (i *chapel)*; sammenslutning af typografer (, journalister) på en arbejdsplads; ~ *of ease* annekskirke; ~ *of rest* (lig)kapel.

chaperon ['ʃæpərəun] *sb* chaperone, anstandsdame, ledsagerinde; *vb* ledsage (som anstandsdame).

chapfallen ['tʃæpfɔ:l(ə)n] *adj* lang i ansigtet.

chaplain ['tʃæplin] *sb* præst (ved en institution); feltpræst, skibspræst, fængselspræst; ~ *-in-ordinary* hofpræst.

chaplet ['tʃæplit] *sb* krans (om hovedet); rosenkrans; perlekrans; *vb* smykke med en krans.

chapman ['tʃæpmən] *sb* bissekræmmer.

chapped [tʃæpt] *adj* sprukken.

chappie ['tʃæpi] se *III. chap.*

chaps [tʃæps] *sb pl (am)* (cowboys) læderbukser; lædergamacher; (se også *chops)*.

chapter ['tʃæptə] *sb* kapitel; domkapitel, ordenskapitel; (af forening) lokalafdeling; *give ~ and verse (fig)* give nøjagtig kildehenvisning, give dokumentation.

chapter house kapitelhus; *(am)* klubhus, mødehus.

I. char [tʃa:] *sb zo* fjeldørred.

II. char [tʃa:] *vb* forkulle.

III. char [tʃa:] *vb* (gå ud og) gøre rent (for folk); *sb* rengøringskone.

IV. char [tʃa:] *sb* S te.

charabanc ['ʃærəbæŋ] *sb* turistbil.

character ['kæriktə] *sb* **1.** karakter; natur, art *(fx problems of a different ~)*, beskaffenhed, præg; **2.** særpræg, ejendommelighed; egenskab (især *biol, fx hereditary -s)*; **3.** (hos person) karakter; fasthed, viljestyrke, fast karakter *(fx he is a man of ~)*; **4.** (om person) personlighed *(fx a noble ~ ; a public ~)*; orginal *(fx he is quite a ~)*; **5.** (i bog, skuespil *etc)* person, figur; rolle; **6.** skrifttegn, bogstav *(fx Greek -s), (ogs* edb) tegn; **7.** *(typ)* type, skriftsnit; **8.** *(let glds)* ry, rygte *(fx a woman of good ~)*, skudsmål, vidnesbyrd *(fx he gave the servant a good ~)*;

gain the ~ of a miser få ord for at være en gnier; *in ~* i rollen, i stilen; som passer til personen; *act in ~* blive i rollen; *in the ~ of a friend* i egenskab af ven; *good judge of ~* menneskekender; *list of -s* personliste; *with a ~ of its own* særpræget; *out of ~* ikke i stilen; som ikke passer til rollen (, personen); *act out of ~* falde ud af rollen.

character disorder *(psyk)* karakterdefekt.

characteristic [kæriktə'ristik] *adj* karakteristisk, betegnende *(of* for); *sb* ejendommelighed, særpræg, kendetegn; *(fys)* karakteristik.

characterize ['kæriktəraiz] *vb* karakterisere, kendetegne; betegne; præge.

character part karakterrolle.

charade [ʃə'ra:d, *(am)* ʃə'reid] *sb* karade, stavelsesgåde; ordsprogsleg; *(fig neds)* paradeforestilling, komedie, tom ceremoni; spilfægteri; *do -s* lege ordsprogsleg.

charcoal ['tʃa:kəul] *sb* trækul.

I. charge [tʃa:dʒ] *vb* **1.** pålægge, formane *(fx he -d her to be careful)*; **2.** *(merk)* forlange (som betaling), beregne, tage (betaling); debitere; **3.** lade *(fx a revolver)*; oplade *(fx a battery)*; fylde (et glas); **4.** *(jur etc)* anklage, sigte, beskylde *(with* for); **5.** *(mil.)* angribe, storme, storme løs på; **6.** *(glds)* bebyrde, belæsse;

~ *a book (bibl)* notere et udlån; ~ *the jury* give retsbelæring til nævningerne; ~ *the goods to him (el. to his account)* skrive varerne på hans konto, debitere ham for varerne; ~ *sby with sth* beskylde *(el.* sigte, anklage) en for noget; *(glds)* overdrage *(el.* betro) en noget.

II. charge [tʃa:dʒ] *sb* **1.** ladning (i skydevåben og *elekt)*; **2.** pålæg, formaning, *(jur)* retsbelæring, *(rel)* hyrdebrev; **3.** omsorg, varetægt, ansvarligt opsyn, ansvarlig ledelse; **4.** omkostning(er); betaling, pris, gebyr; **5.** behæftelse; **6.** betroet gods, person(er) i ens varetægt, plejebarn; protegé; **7.** beskyldning, *(jur)* sigtelse, anklage; **8.** *(mil.)* angreb; **9.** *(her.)* våbenmærke;

the ~ was anklagen lød på; *-s forward* omkostninger på efterkrav; *make a ~* angribe; *make a ~ of £5* forlange (en betaling) af £5; *make the ~ that* fremsætte den beskyldning at; *what's your ~?* hvad er Deres pris? *sound the ~* blæse til anbreb;

(med *præp)* **at** *his ~* på hans bekostning; *be* **in** ~ have kommandoen; *in ~ of* under bevogtning *(el.* opsyn, ledelse) af *(fx children in ~ of a nurse)*; som har opsyn med *(fx a nurse in ~ of children)*; *be in ~ of (ogs)* lede; passe, have ansvaret for; *give sby in ~* overgive en til politiet, lade en anholde; *take ~* **of** overtage (ledelsen af), påtage sig at passe på; tage sig af *(fx take ~ of the keys)*; *free of ~* gratis; **on** *the ~ of murder* sigtet *(el.* anklaget) for mord; *return* **to** *the ~* forny angrebet; *(fig)* komme igen, vende frygtelig tilbage; **without** ~ gratis, *(merk)* uden beregning.

chargeable ['tʃa:dʒəbl] *adj* som kan pålægges; som skal betales *(upon* af); som kan anklages.

charge account *(am)* (kunde)konto.

charged [tʃa:dʒd] *adj (fig)* ladet med spænding; følelsesladet; sprængfarlig.

chargé d'affaires ['ʃa:ʒeidæ'fɛə] chargé d'affaires.

charge|hand *(omtr)* formand ~ **nurse** mandlig afdelingssygeplejerske. ~ **plate** kontoplade.

charger ['tʃa:dʒə] *sb* stridshest; fad; *demand his head on a* ~ forlange hans hoved på et fad.
charge sheet liste over sigtelser og sigtede.
Charing Cross ['tʃæriŋ 'krɔs].
chariot ['tʃæriət] *sb* let herskabsvogn; *(hist.)* stridsvogn.
charisma [kə'rizmə] *sb* karisma; *(teol)* nådegave; *(fig)* stærk personlig udstråling, evne til at vinde mennesker for sig.
charismatic [kæriz'mætik] *adj* karismatisk, som har udstråling, som har evne til at vinde mennesker for sig.
charitable ['tʃæritəbl] *adj* næstekærlig, godgørende, barmhjertig; velvillig, overbærende; velgørenheds- *(fx bazaar); put a* ~ *interpretation on it* udlægge (, optage) det i den bedste mening, fortolke det velvilligt.
charity ['tʃæriti] *sb* (næste)kærlighed, godgørenhed, barmhjertighed, medlidenhed; godhed, overbærenhed; kærlighedsgerning; almisse; velgørende institution; ~ *begins at home (omtr* =) hvad du evner kast af i de nærmeste krav.
charivari ['tʃa:ri'va:ri] *sb* kattemusik, spektakel.
charlady ['tʃa:leidi] *sb* rengøringsdame.
charlatan ['ʃa:lətən] *sb* charlatan, fidusmager.
Charlemagne ['ʃa:lə'mein] *(hist.)* Karl den Store.
Charles [tʃa:lz] Charles; *(hist.)* Karl *(fx King* ~ *I); -'s Wain (astr)* Karlsvognen.
Charley, Charlie ['tʃa:li] (form af Charles).
charlie ['tʃa:li] *sb* S fjols; *(am)* nordvietnameser; *-s* S bryster, babser.
charlock ['tʃa:lɔk] *sb (bot)* agersennep.
Charlotte ['ʃa:lət].
charlotte ['ʃa:lət]: *apple* ~ *(omtr* =) æblekage.
I. charm [tʃa:m] *sb* **1.** yndighed, elskværdighed, charme; *-s (ogs)* ynder; **2.** tryllemiddel, trylleformular; trylleri; amulet; **3.** (på armbånd) charm; **4.** *it worked like a* ~ det gik fint, det havde en mirakuløs virkning.
II. charm [tʃa:m] *vb* charmere, henrive, henrykke, fortrylle; trylle; *I shall be -ed to* det skal være mig en stor glæde at; *he bears a -ed life* han er usårlig.
charmer *sb* fortryllende person, charmetrold.
charming *adj* charmerende, henrivende, yndig, elskværdig.
charnel house [tʃa:nl haus] lighus; benhus.
Charon ['kɛərən] *(myt)* Charon.
chart [tʃa:t] *sb* **1.** søkort; **2.** *(geol, meteorol)* kort *(fx weather* ~*);* **3.** diagram; grafisk fremstilling; kurve *(fx temperature* ~*);* **4.** *the -s* hitlisterne; **5.** *vb* kortlægge; *(fig)* planlægge.
charter ['tʃa:tə] *sb* dokument; frihedsbrev, rettighedsbrev, privilegium; kontrakt; *(mar)* befragtning; (om by) købstadsprivilegier; *vb* privilegere; befragte; chartre *(fx an aeroplane);* T hyre *(fx a car); the Great Charter (hist.)* 'det store frihedsbrev' (Magna Carta).
chartered accountant statsautoriseret revisor.
chartered surveyor landinspektør.
charterer ['tʃa:tərə] *sb* befragter.
charter| flight charterflyvning. ~ **member** oprindeligt medlem, medstifter (af forening). ~ **party** befragtningskontrakt, certeparti.
chart house *(mar)* bestiklukaf.
Chartism ['tʃa:tizm] *sb* chartisme (radikal bevægelse efter reformloven 1832). **chartist** ['tʃa:tist] *sb* chartist.
chart room *(mar)* bestiklukaf.
charwoman ['tʃa:wumən] *sb* rengøringskone.
chary ['tʃɛəri] *adj* forsigtig; sparsom, karrig *(of* med).
I. chase [tʃeis] *vb* jage, forfølge, fordrive; fare; *sb* jagt; forfølgelse; jagtdistrikt; jagtret; jaget vildt, jaget skib, bytte; *give* ~ optage forfølgelsen.
II. chase [tʃeis] *vb* drive, ciselere, punsle; skære gevind.
chaser ['tʃeisə] *sb (tekn)* gevindstål; T drik til at skylle efter med; (om film) B-film; (person) ciselør.
chasm [kæzm] *sb* kløft, afgrund, svælg.
chassis ['ʃæsi] *sb (pl chassis* ['ʃæsiz]) chassis, understel.
chaste [tʃeist] *adj* kysk; ren; (om stil) enkel.
chasten ['tʃeisn] *vb* tugte, revse; lægge en dæmper på; gøre mere afdæmpet (, forsigtig, ydmyg); rense, lutre, forædle; *-ing adj (ogs)* afsvalende; neddæmpende.
chastise [tʃæs'taiz] *vb* tugte, revse.
chastisement ['tʃæstizmənt] *sb* tugtelse, revselse.
chastity ['tʃæstiti] *sb* kyskhed; renhed; (om stil) enkelhed.
chasuble ['tʃæzjubl] *sb* messehagel.
chat [tʃæt] *sb* passiar, sludder, snak; causeri; *vb* passiare, sludre, snakke, slå en sludder af; ~ *up* T snakke med for at skabe kontakt; snakke godt for; flirte med.
chatelaine ['ʃætəlein] *sb* borgfrue.
chat show = *talk show.*
chattel [tʃætl] *sb (jur)* formuegenstand; *-s* løsøre.
chatter ['tʃætə] *vb* snakke, plapre; pludre; (om fugl) kvidre, skræppe; (om tænder:) klapre; *sb* pjatten; plapren, pludren; kvidren, skræppen; klapren.
chatterbox ['tʃætəbɔks] *sb* sludrechatol.
chatty ['tʃæti] *adj* snaksom.
Chaucer ['tʃɔ:sə].
chauffeur ['ʃəufə] *sb* (især privat ansat) chauffør; herskabschauffør; *vb* være chauffør (for).
chauvinism ['ʃəuvinizm] *sb* chauvinisme (krigerisk nationalisme).
chaw [tʃɔ:] *vb* tygge; gumle; mase, knuse.
cheap [tʃi:p] *adj* billig; tarvelig; godtkøbs-; *he felt* ~ han følte sig flov, han skammede sig; *hold* ~ ringeagte; *make oneself (too)* ~ udsætte sig for foragt; *on the* ~ billigt.
cheapen ['tʃi:p(ə)n] *vb* nedsætte prisen på; *(fig)* forsimple, gøre billig *(el.* tarvelig); nedsætte, nedværdige.
cheapjack ['tʃi:pdʒæk] *sb* bissekræmmer.
cheapskate ['tʃi:pskeit] *sb* fedtsyl.
cheat [tʃi:t] *sb* snyderi, bedrageri; snyder, bedrager; *vb* bedrage, snyde *(at* i), narre; fordrive *(fx time);* ~ *sby (out) of sth* franarre en noget; snyde en for noget.
I. check [tʃek] *sb* **1.** hindring, standsning; **2.** kontrol; kontrolmærke, hak; **3.** garantiseddel, garderobenummer, pladsbillet; **4.** ternet mønster, ternet stof; **5.** *(am)* check; regning, bon; **6.** *(am)* jeton; **7.** *(am)* revne, sprække *(fx* i maling); **8.** (i skak) ~*!* skak! *be in* ~ stå i skak; *keep him in* ~ *(fig)* holde ham i skak; *hand in one's -s* S tage billetten (ɔ: dø); *keep a* ~ *on* overvåge, holde øje med; holde i tømme.
II. check [tʃek] *vb* **1.** hindre, standse, bremse; **2.** kontrollere, checke, afkrydse, afmærke; **3.** byde skak; **4.** irettesætte; **5.** *(am)* aflevere i garderoben;

~ *in* begynde at arbejde, stemple ind; indskrive sig (på hotel, i lufthavn); (med objekt) indskrive; *(am,* på bibliotek) notere tilbagelevering; ~ *off* afkrydse; checke af; ~ *out* betale og rejse (fra hotel); holde fyraften, stemple ud (på arbejdsplads); T stille træskoene (ɔ: dø); passe, stemme; (især *am)* gå 'efter, checke; (på bibliotek notere et udlån); = ~ *over,* ~ *through* gå 'efter, afkontrollere; ~ *up an account* stemme et regnskab af; ~ *up on* afkontrollere; efterprøve; ~ *(out) with (am)* passe *(el.* stemme) med.
checkbook *(am)* checkhæfte; (se også *chequebook).*
checker ['tʃekə] *sb* kontrollør; *(am)* dambrik; ternet mønster; *vb* chequer.
checkers ['tʃekəz] *sb pl (am)* damspil.
check|girl *(am)* garderobedame. ~ **list** (kontrol)liste; bibliografi, bogliste.
checkmate ['tʃekmeit] *sb* (i skak) mat; *(fig)* nederlag; *vb* gøre skakmat, tilføje nederlag.

checkout ['tʃekaut] *sb* afregningstidspunkt (på hotel); kasse (i selvbetjeningsforretning); efterprøvning.
checkpoint kontrolsted.
checkroom *(am)* garderobe.
check-up ['tʃekʌp] *sb* kontrol, efterprøvning; (læge)undersøgelse.
Cheddar ['tʃedə]: ~ *cheese* cheddarost.
cheek [tʃi:k] *sb* kind; balde; T frækhed, uforskammethed; *vb* være fræk over for; ~ *to* ~ kind mod kind; ~ *by jowl* side om side, tæt op ad hinanden.
cheek pouch kæbepose.
cheeky ['tʃi:ki] *adj* fræk, næbbet.
cheep [tʃi:p] *vb* pibe, pippe.
cheer [tʃiə] *sb* **1.** bifaldsråb, hurra; **2.** opmuntring; **3.** sindsstemning, humør; munterhed; **4.** mad og drikke *(fx good ~)*; **5.** *vb* opmuntre; heppe op; råbe hurra (for); ~ *on* opmuntre, tilskynde ved tilråb, heppe op; ~ *up* fatte mod; opmuntre; heppe op; ~ *up!* op med humøret!
cheerful ['tʃiəf(u)l] *adj* glad, munter, fornøjet; lys, venlig; *-ly adv* muntert *(etc)*; med glæde, glædelig; med godt humør *(fx bear a defeat -ly)*.
cheering *sb* hurraråb.
cheerio ['tʃiəri'əu] *interj* T farvel (med dig); skål!
cheerleader *(am)* leder af heppekor (ved sportskampe *etc)*; hepper.
cheerless *adj* trist, uhyggelig, trøstesløs.
cheers [tʃiəz] *interj* skål! farvel, hej; tak.
cheery ['tʃiəri] *adj* munter.
cheese [tʃi:z] *sb* ost; *the big* ~ bossen; *vb:* ~ *it* S hold op! (se *ogs cheesed)*.
cheese|burger bøfsandwich med ost. **-cake** pin-up billede. **-cloth** ostelærred.
cheesed (-off) *adj* S utilfreds, gal i hovedet.
cheese|monger [-'mʌŋgə] *sb* ostehandler. **-paring** *sb* osteskorpe; gerrighed, karrighed; *adj* gerrig. ~ **spread** smøreost. ~ **straw** ostestang; ostepind.
cheetah ['tʃi:tə] *sb zo* gepard.
chef [ʃef] *sb* køkkenchef.
Chelsea ['tʃelsi] (del af London).
chemical ['kemikl] *adj* kemisk; *sb* kemikalie.
chemise [ʃə'mi:z] *sb* chemise, særk.
chemisette [ʃemi'zet] *sb* chemisette, underbluse, underliv.
chemist ['kemist] *sb* kemiker; apoteker; *chemist's shop* apotek.
chemistry ['kemistri] *sb* kemi.
cheque [tʃek] *sb* check, anvisning.
chequebook checkhæfte; ~ *journalism* sensationsjournalistik der skaffer nyheder ved betaling.
chequer ['tʃekə] *vb* gøre ternet; *(fig)* gøre afvekslende; *sb* ternet mønster; *-ed* ternet, *(fig)* broget, afvekslende; *a -ed career* en omtumlet tilværelse.
cherish ['tʃeriʃ] *vb* værne om *(fx old traditions)*; passe og pleje, opføde; bære på hænder; elske, sætte højt *(fx a few books (, friends))*; nære *(fx hopes, hatred)*.
cheroot [ʃə'ru:t] *sb* cerut.
cherry ['tʃeri] *sb* kirsebær; kirsebærtræ; *(am ogs)* mødom; *adj* kirsebærrød; *make (el. have) two bites at the* ~ (ville) prøve en gang til; gøre et nyt forsøg; få en chance til.
cherry brandy kirsebærlikør.
cherub ['tʃerəb] *sb (pl cherubim* ['tʃerəbim]) kerub, engel, basunengel; *(pl cherubs)* englebarn.
chervil ['tʃə:vil] *sb (bot)* hulsvøb, kørvel.
Cheshire ['tʃeʃə]: *grin like a* ~ *cat (omtr* =) grine som en flækket træsko.
chess [tʃes] *sb* skak; broplanke i pontonbro; *a game of* ~ et parti skak.
chess|board skakbræt. **-man** skakbrik.
chest [tʃest] *sb* kiste; kasse; *(anat)* bryst(kasse); *get it off one's* ~ lette sit hjerte; ~ *of drawers* kommode, dragkiste.
chesterfield ['tʃestəfi:ld] *sb* chesterfieldsofa; lang overfrakke.
chestfoundered ['tʃestfaundəd] *adj (omtr)* bovlam.
chestfoundering *sb (omtr)* bovlamhed.
chest note brysttone.
chestnut ['tʃesnʌt] *sb* **1.** *(bot)* kastanie, kastanietræ; **2.** kastaniebrunt; **3.** kastaniebrun hest, fuks; **4.** T gammel vittighed; *pull the -s out of the fire for sby* rage kastanierne ud af ilden for en.
cheval-de-frise [ʃə'vældə'fri:z] *sb (mil.)* spansk rytter (pigtrådskors).
cheval glass [ʃə'vælgla:s] toiletspejl, drejespejl.
cheviot ['tʃeviət] *sb* (klæde:) cheviot.
chevron ['ʃevrən] *sb* sparre, *(mil.)* vinkel.
chevrotain ['ʃevrətein] *sb zo* dværghjort.
chevy ['tʃevi] *vb* jage, genne, jage med; (*am* T) ['ʃevi] Chevrolet (bil).
chew [tʃu:] *vb* tygge; tygge på, gumle på; (tobak) skrå; ~ *the cud* tygge drøv; ~ *on* (også *fig*) tygge på; ~ *out* S give en skideballe; ~ *over (fig)* tygge på; gennemdrøfte, ~ *up* sønderdele; ødelægge; *bite off more than one can* ~ tage munden for fuld, slå større brød op end man kan bage; (se også *fat, rag*).
chewed(-off) *adj* S udmattet; slået; arrig.
chewing gum tyggegummi.
chiaroscuro [ki'a:rə'skuərəu] *sb* clair-obscur.
chic [ʃi:k] *adj* chik, fiks; *sb* chik.
Chicago [ʃi'ka:gəu, *(am ogs)* ʃi'kɔ:gou].
chicane [ʃi'kein] *sb* kneb; sofisteri, lovtrækkeri; (i kortspil) chikane; (på væddeløbsbane:) sving, forhindring; *vb* bruge kneb.
chicanery [ʃi'keinəri] = *chicane sb*.
chicano [tʃi'ka:nəu] *sb* amerikaner af mexicansk oprindelse.
chichi ['ʃi:ʃi] *adj* T overpyntet, oversmart.
chick [tʃik] *sb* kylling; rolling; S pigebarn, dame, tøs.
chickadee [tʃikə'di:] *sb zo (am)* (fyrre)mejse.
chicken ['tʃikin] *sb* kylling; høne; S tøsedreng, kujon, bangebuks; *feed the -s* give hønsene; *count one's -s before they are hatched* sælge skindet, før bjørnen er skudt; *she's no (spring)* ~ hun er ikke nogen årsunge; ~ *out (vb)* T få kolde fødder.
chicken|feed *sb* kyllingefoder; S ubetydelighed, småpenge, pebernødder. **-hearted** *adj* forsagt, bange, fej. ~ **pox** *sb* skoldkopper. ~ **run** *sb* hønsegård.
chickling ['tʃikliŋ] *sb* lille kylling; *(bot)* agerfladbælg.
chickweed ['tʃikwi:d] *sb (bot)* fuglegræs; hønsetarm; skovstjerne.
chicory ['tʃikəri] *sb* cikorie; julesalat.
chide [tʃaid] *vb (chid, chid(den))* irettesætte, skænde (på).
chief [tʃi:f] *adj* først, fornemst, vigtigst, højest, øverst; hoved-, over-; *sb* høvding, anfører, overhoved, leder, chef; *in* ~ øverst, første-; (først og) især; *his* ~ *competitor* hans nærmeste konkurrent; *Chief Constable* politimester, politidirektør; *Chief Executive* regeringsleder; *(am)* præsident; ~ *inspector (omtr)* politiassistent, kriminalassistent (af 1. grad); *Chief Scout* spejderchef.
chiefly ['tʃi:fli] *adv* først og fremmest, hovedsagelig.
chieftain ['tʃi:ftən] *sb* høvding.
chiffchaff ['tʃiftʃæf] *sb zo* gransanger.
chiffon ['ʃifɔn] *sb* chiffon (et stof).
chigger ['tʃigə] *sb zo* augustmide; (se også *chigoe)*.
chignon ['ʃi:njɔ:ŋ] *sb* nakkeknude, opsat nakkehår.
chigoe ['tʃigəu] *sb zo* sandloppe; (se også *chigger)*.
chilblain ['tʃilblein] *sb* frostknude, frost (i fingrene, tæerne *etc)*.
child [tʃaild] *sb (pl children)* barn; *(fig)* produkt *(fx a ~ of his imagination)*; *this* ~ jeg, mig, 'far her' *(fx not this ~)*; *with* ~ frugtsommelig.

child|bearing barnefødsel; *of -bearing age* i den fødedygtige alder. **-bed** barselseng. **-birth** fødsel.
childe [tʃaild] *sb (poet)* junker.
Childermas ['tʃildəmæs] (d. 28. december).
childhood ['tʃaildhud] *sb* barndom; *be in one's second ~* gå i barndom. **child|ish** ['tʃaildiʃ] *adj* barnlig; barnagtig. **-less** [-ləs] *adj* barnløs. **-like** *adj* barnlig. **-minder** [-maində] *sb* dagplejemor. **-proof** *adj* børnesikker, pillesikker.
children ['tʃildrən] *sb pl* børn; *-'s disease* børnesygdom.
child's play *(fig)* børneleg, legeværk.
child welfare børneforsorg.
child welfare centre børneplejestation.
Chile ['tʃili] Chile; *~ saltpetre* chilesalpeter.
Chilean ['tʃiliən] *sb* chilener; *adj* chilensk.
chill [tʃil] *adj* kold; kølig; nedslående; *sb* kulde; kølighed; kuldegysen; forkølelse; nedslående indflydelse; *vb* gøre kold, få til at fryse; isne; afkøle; *(tekn)* hærde; *(fig)* nedslå, nedstemme; (uden objekt) blive kold; *take the ~ off* kuldslå, temperere; *cast (el. throw) a ~ over (el. upon)* nedstemme. **chill casting** kokilstøbning.
chilli ['tʃili]: *~ pepper* chili (art peber).
chilly ['tʃili] *adj* kølig, kold.
Chiltern Hundreds ['tʃiltən 'hʌndrədz]: *accept (el. apply for) the ~* opgive sit sæde i underhuset.
I. chime [tʃaim] *sb* klokkespil; klang; harmoni; *-s pl* klokkespil; *in ~* i harmoni.
II. chime [tʃaim] *vb* stemme sammen; harmonere *(with* med); ringe (som et klokkespil); ringe med (klokkespil); *~ in* falde ind (i en samtale); give sin tilslutning; stemme i med; *~ in with* stemme med, harmonere med *(fx his plans ~ in with mine)*.
chimera [kai'miərə, ki'miərə] *sb* kimære, hjernespind.
chimerical [kai'merikl] *adj* kimærisk, uvirkelig, indbildt, fantastisk.
chimney ['tʃimni] *sb* skorsten; lampeglas; krater, klipperevne.
chimney|piece kamingesims, kaminhylde. *~* **pot** skorstenspibe; skorstensrør; T høj hat. *~* **stack** gruppe af skorstenspiber; fabriksskorsten. *~* **sweep** skorstensfejer.
chimp = *chimpanzee.*
chimpanzee [tʃimpən'zi:] *sb* chimpanse.
chin [tʃin] *sb* hage; *vb* få hagen op til, hæve sig op til (i armene); T snakke, småpludre; *keep your ~ up* op med humøret; *take it on the ~* T tage det som en mand.
I. China ['tʃainə] Kina.
II. china ['tʃainə] *sb* porcelæn; S makker.
china| clay kaolin *~* **eye** porcelænsøje. *~* **ink** tusch.
China|man [-mən] *(neds)* kineser. **-town** kineserkvarter.
chinch [tʃintʃ] *sb zo* væggelus.
chinchilla [tʃin'tʃilə] *sb zo* chinchilla; haremus.
chin-chin ['tʃintʃin] *interj* T skål.
chin-deep ['tʃin'di:p] *adj* til hagen (i vand *etc); be in ~ (ogs)* være ved at drukne i arbejde.
chine [tʃain] *sb* rygben (på dyr); kam; højderyg, bakkekam; (især ved *Bournemouth)* kløft.
Chinee [tʃai'ni:] *sb* S kineser.
Chinese [tʃai'ni:z] *sb (pl Chinese)* kineser; *sb, adj* kinesisk; *~ lantern* kinesisk lygte; *~ white* zinkhvidt.
I. chink [tʃiŋk] *sb* sprække; *I found the ~ in his armour (fig)* jeg fandt hans svage punkt.
II. chink [tʃiŋk] *vb* klirre; klirre med; *sb* klirren; penge.
III. Chink [tʃiŋk] *sb* S *(neds)* kineser.
chin| music *(am)* snak, sludder. **-strap** hagerem.
chintz [tʃints] *sb* sirts (et bomuldsstof).
chinwag ['tʃinwæg] S *sb* sludder, passiar; *vb* sludre, snakke.

I. chip [tʃip] *sb* flis, splint, spån; skår *(fx a glass with a ~ in its rim)*, hak; (i (kort)spil) jeton; (i elektronik) chip; **-s** *pl* pommes frites; *(am)* franske kartofler; *when the -s are down* når det kommer til stykket; *he is a ~ off the old block* han er faderen op ad dage; *have a ~ on one's shoulder* hele tiden være på vagt (fordi man føler sig miskendt), lide af et mindreværdskompleks; *cash (el. pass) in one's -s* S tage billetten, dø.
II. chip [tʃip] *vb* snitte, hugge (af); slå en flis af, lave skår i; blive skåret, gå i stykker; skalle af; S drille *(about* med); *~ in* bidrage; blande sig i samtalen; *(am)* skyde sammen, slå sig sammen (om) *(fx ~ in to buy a bottle of whisky)*.
chip|basket spånkurv. **-board** spånplade.
chipmunk ['tʃipmʌŋk] *sb zo (am)* jordegern.
chipped beef *(am)* tynde skiver røget tørret oksekød.
Chippendale ['tʃipəndeil] (en møbelstil).
chipper ['tʃipə] *vb* kvidre; *adj (am* T) glad, munter, kvik, kry; *~ up (am* T) kvikke op.
chippy ['tʃipi] *adj* hakket, skåret; utilpas, sløj, med tømmermænd; tør, kedelig; *sb* T fish-and-chip forretning; S (gade)pige. **chips** [tʃips] *sb pl*, se *I. chip*.
chiro|mancer ['kairəmænsə] *sb* kiromant. **-mancy** [-si] *sb* kiromanti, kunsten at spå i hånden. **-podist** [ki'rɔpədist] *sb* fodplejer. **-practic** [kairə'præktik] *sb* kiropraktik. **-practor** [-'præktə] *sb* kiropraktor.
chirp [tʃə:p] *vb* kvidre, pippe; *sb* pip.
chirpy ['tʃə:pi] *adj* munter, livlig.
chirrup ['tʃirəp] *vb* kvidre; sige hyp til en hest; *sb* kvidren; hyp.
chisel [tʃizl] *sb* mejsel; *vb* mejsle; S snyde *(out of* for), bedrage, svindle, nasse; snyde sig til; *-led features* mejslede træk.
chiseller ['tʃizlə] *sb* S snyder, bedrager, nasser; *welfare ~* socialbedrager.
chit [tʃit] *sb* **1.** seddel, note; kvittering (*fx* for mad *el.* drikkevarer nydt på kredit), gældsbevis, skyldseddel; **2.** *(neds)* barn, unge; pigebarn, tøs; *a ~ of a girl* en stump pigebarn.
chitchat ['tʃittʃæt] *sb* lille sludder.
chitin ['kaitin] *sb (biol)* kitin.
chiton ['kaitɔn] *sb zo* skallus.
chitterlings ['tʃitəliŋz] *sb pl (omtr* =) finker.
chivalrous ['ʃivəlrəs] *adj* ridderlig.
chivalry ['ʃivəlri] *sb* ridderskab; ridderværdighed; ridderlighed; riddere; *the age of ~* riddertiden.
chive [tʃaiv] *sb (bot)* purløg.
chiv(v)y ['tʃivi] *vb* jage, genne; jage *(el.* koste) med; plage.
chloral ['klɔ:rəl] *sb* kloral. **chloric** ['klɔ:rik] *adj* klor-.
chloride ['klɔ:raid] *sb* klorid.
chlorinate ['klɔ:rineit] *vb* klore, behandle med klor.
chlorine ['klɔ:ri:n] *sb* klor.
chloroform ['klɔrəfɔ:m] *sb* kloroform; *vb* kloroformere.
chlorophyll ['klɔrəfil] *sb* bladgrønt, klorofyl.
chlorosis [klɔ'rəusis] *sb (med.)* blegsot; *(bot)* klorofylmangel.
choc [tʃɔk] *sb* T chokolade; *~ ice* is med chokoladeovertræk.
chock [tʃɔk] *sb* bremseklods, kile, klampe; *vb* klodse op, fastkile. **chock-a-block** *adj (mar)* klos for; *(fig)* tæt pakket, helt fuld. **chock-full** *adj* propfuld.
chocolate ['tʃɔk(ə)lit] *sb* chokolade; *adj* chokolade-; chokoladebrun; *-s* (fyldte) chokolader, konfekt.
choice [tʃɔis] *sb* valg; udvalg; den (, det) man vælger; elite, bedste del, kerne; *adj* udsøgt; kræsen; *for ~* helst; hvis jeg har (, havde) frit valg; *I do not live here for ~* jeg bor ikke her fordi jeg helst vil; *I have no ~ in the matter* jeg har intet valg; *take (el. make) one's ~* træffe sit valg, vælge.
choir ['kwaiə] *sb* sangkor; kor (i kirke).

choir|master korleder. ~ **organ** kororgel.
choke [tʃəuk] *vb* kvæle; stoppe; være ved at kvæles; *sb* choker (i bil); ~ *down* (om mad) tvinge ned; *(fig)* undertrykke, bide i sig; ~ *sby off* lukke munden på en, bide en af; ~ *sby off from doing sth* få en fra at gøre noget; ~ *up* stoppe, tilstoppe; overfylde, fylde op; kvæle.
choke| chain kvælerhalsbånd. ~ **coil** *(elekt)* dæmpespole. **-damp** grubegas.
choker ['tʃəukə] *sb* stort halstørklæde; (flip:) fadermorder; ~ *(necklet)* tætsiddende (perle)halsbånd; (til hund) kvælerhalsbånd.
chok(e)y ['tʃəuki] *adj* kvælende; halvkvalt; *sb* S fængsel; *in* ~ i spjældet.
choler ['kɔlə] *sb* galde; vrede.
cholera ['kɔlərə] *sb* kolera; *(European ~)* kolerine.
choleric ['kɔlərik] *adj* hidsig, kolerisk.
cholesterol [kə'lestərɔl] *sb (med.)* kolesterol.
choose [tʃu:z] *vb (chose, chosen)* vælge, udvælge, udkåre; (især med *inf)* foretrække; have lyst, finde for godt; *I cannot ~ but* jeg kan ikke andet end; *there is not much to ~ between them* de er to alen af et stykke; de har ikke noget at lade hinanden høre; det er hip som hap.
choos(e)y ['tʃu:zi] *adj* kræsen.
chop [tʃɔp] (se også *II. chap* og *chops) vb* hugge; hakke; *sb* hug, slag; afhugget stykke; kotelet; (i Indien, Kina) stempel; (vare)mærke; kvalitet; S mad; ~ *and change* være ustadig, have syv sind over et dørtrin; *get the* ~ T få sin bekomst, blive dræbt; blive fyret; *give the* ~ T dræbe; fyre; ~ *logic* disputere på en overspidsfindig måde; give sig af med ordkløveri; ~ *words* skændes;
(med *præp, adv)* ~ *about,* ~ *round* (om vinden) pludselig vende sig; ~ *down* hugge om, fælde; ~ *off* hugge af; ~ *up* hugge i småstykker; hakke.
chophouse ['tʃɔphaus] *sb* værtshus, (billig) restaurant.
chopper ['tʃɔpə] *sb* -hugger *(fx wood ~)*; økse; kødøkse, flækkekniv; *(fig)* sparekniv; T helikopter; S pik; *(am* S) (motor)cykel med højt styr; maskinpistol.
chopping board hakkebræt.
choppy ['tʃɔpi] *adj* (om havet) krap; (om vind) skiftende.
chops [tʃɔps] *sb pl* mund, kæft; *lick one's* ~ slikke sig om munden; *the Chops of the Channel* kanalgabet (mod Atlanterhavet).
chopstick ['tʃɔpstik] *sb* (kinesisk) spisepind; -s (musikstykke) prinsesse toben.
choral ['kɔ:rəl] *adj* kor-.
chorale [kɔ:'ra:l] *sb* koral, salmemelodi.
chord [kɔ:d] *sb* streng; *(geom)* korde; *(mus)* akkord; *strike a* ~ anslå en akkord; *(fig)* anslå en streng.
chore [tʃɔ:] *sb* stykke (husligt) arbejde, (huslig) pligt; kedeligt arbejde, kedelig pligt; besværligt arbejde, vanskelig opgave; -s (også:) sysler; *vb* udføre husligt arbejde *(etc)*.
chorea [kɔ'ri:ə] *sb* sankt veitsdans.
choreography [kɔri'ɔgrəfi] *sb* koreografi.
choriamb ['kɔriæm(b)] *sb* korjambe.
chorister ['kɔristə] *sb* korsanger, kordreng.
chortle ['tʃɔ:tl] *vb* le (især drilagtigt *el.* triumferende); klukle; *sb* kluklatter.
chorus ['kɔ:rəs] *sb* kor; korværk; omkvæd; *vb* synge (, råbe) i kor.
I. chose [ʃəuz] *sb* retsobjekt, formuegenstand.
II. chose [tʃəuz] *præt* af *choose.*
chosen [tʃəuzn] *pp* af *choose; the ~ few* de få udvalgte.
chough [tʃʌf] *sb zo* alpekrage.
chow [tʃau] *sb* chow-chow (kinesisk hunderace); S mad.
CHP *fk combined heat and power* kraftvarme.
chrism [krizm] *sb* den hellige olie.
Christ [kraist] Kristus.
Christabel ['kristəbel].
christen [krisn] *vb* døbe.
Christendom ['krisndəm] *sb* kristenheden.
christening ['krisniŋ] *sb* dåb.
Christian ['kristjən] *sb* kristen; *adj* kristen, kristelig; T ordentlig *(fx I have not had a decent ~ meal)*.
Christianity [kristi'æniti] *sb* kristendom.
Christianize ['kristjənaiz] *vb* kristne.
Christian name døbenavn, fornavn.
Christmas ['krisməs] *sb* jul; *a merry* ~ glædelig jul.
Christmas| box julegave (især pengegave til tjenestefolk *etc)*. ~ **card** julekort. ~ **carol** julesang. ~ **Day** første juledag. ~ **Eve** juleaften. ~ **greeting** julehilsen. ~ **present** julegave. ~ **rose** julerose. ~ **seal** julemærke. **-tide** juletid.
Christopher ['kristəfə].
Christ's Hospital (kendt *public school,* opr for ubemidlede).
Christy ['kristi]: ~ *Minstrels* varietésangere maskeret som negre.
chromate ['krəumit] *sb* kromsurt salt.
chromatic [krə'mætik] *adj* kromatisk; ~ *scale* kromatisk skala.
chrome [krəum] *sb* krom; ~ *yellow* kromgult.
chromic ['krəumik] *adj:* ~ *acid* kromsyre.
chromium ['krəumiəm] *sb* krom.
chromium| -plated forkromet. ~ **salt** kromsalt.
chromolithograph ['krəuməu'liθəgra:f] *sb* farvelitografi (billede).
chromosome ['krəuməsəum] *sb* kromosom.
Chron. *fk Chronicles.*
chronic ['krɔnik] *adj* kronisk, langvarig; S kedelig, rædsom, „dødssyg".
chronicle ['krɔnikl] *sb* krønike, årbog; *vb* nedskrive, optegne; *the Chronicles* Krønikernes bog (i biblen).
chronicler ['krɔniklə] *sb* krønikeskriver.
chronological [krɔnə'lɔdʒikl] *adj* kronologisk.
chronology [krə'nɔlədʒi] *sb* kronologi, tidsberegning; kronologisk oversigt *(el.* fortegnelse), tidstavle.
chronometer [krə'nɔmitə] *sb* kronometer.
chrysalis ['krisəlis] *sb (pl chrysalises* ['krisəlisiz], *chrysalides* [kri'sælidi:z]) puppe.
chrysanthemum [kri'sænθəməm] *sb* krysantemum.
chub [tʃʌb] *sb zo* døbel (en karpefisk).
chubby ['tʃʌbi] *adj* buttet, tyk, rund; rundkindet, pluskæbet.
chuck [tʃʌk] *vb* T smide, kaste; smide væk, kassere; opgive; (kærtegne:) dikke under hagen; (om lyd) klukke; (til hest) sige hyp; *sb* patron (på drejebænk); kluk; klap; kast; (kæleord) snut, skat; S mad; ~ *it!* hold op med det! ~ *away* bortødsle; ~ *out* smide ud, T forkaste; ~ *sby under the chin* dikke en under hagen; ~ *up* opgive; *give the* ~ T afskedige, jage bort, bryde med; ~, ~! pylle, pylle!
chucker-out ['tʃʌkər'aut] *sb* udsmider.
chuck-farthing ['tʃʌk'fa:ðiŋ] *sb* klink.
chuckle ['tʃʌkl] *vb* småle, le indvendig, le sagte; godte sig *(at* over); *sb* kluklatter, indvendig latter.
chucklehead ['tʃʌklhed] *sb* dumrian.
chuck wagon *(am)* køkkenvogn.
chuffed [tʃʌft] *adj* S henrykt.
chug [tʃʌg], **chug-chug** *sb* tøffen; *vb* dunke, tøffe.
chum [tʃʌm] *sb* ven, kammerat; (som man deler værelse med) kontubernal, slof; *vb* dele værelse; ~ *together* bo sammen; ~ *up with* blive ven med.
chummy ['tʃʌmi] *adj* kammeratlig, fortrolig.
chump [tʃʌmp] *sb* trækIods, klump; T tykhovedet person, fæ; S hoved; ~ *end* den tykke ende; *off one's* ~ skør, tosset.
chunk [tʃʌŋk] *sb* humpel, tyk skive, luns.
chunky ['tʃʌŋki] *adj* firskåren, tyk.

chunter ['tʃʌntə] *vb* mumle, brokke sig; rumle.
church [tʃə:tʃ] *sb* kirke; gudstjeneste *(fx what time does ~ begin?); be at ~* være i kirke; *go to ~* gå i kirke; *enter (el. go into) the Church (fig)* blive præst.
church|goer kirkegænger. **-ing** *sb* (barselkones første) kirkegang. **-man** tilhænger af statskirken. ~ **mouse:** *as poor as a ~ mouse* så fattig som en kirkerotte. ~ **register** kirkebog. ~ **service** gudstjeneste. **-warden** kirkeværge; lang kridtpibe. **-woman** (kvindelig) tilhænger af statskirken.
churchy ['tʃə:tʃi] *adj* T kirkelig; *(neds)* hellig.
churchyard ['tʃə:tʃ'ja:d] *sb* kirkegård; kirkeplads.
churl [tʃə:l] *sb* tølper; bondekarl.
churlish ['tʃə:liʃ] *adj* ubehøvlet, grov, tølperagtig.
churn [tʃə:n] *sb* mælkejunge; smørkærne; *vb* kærne; piske op; male (rundt); ~ *out* fabrikere på stribe, sprøjte ud; ~ *up* køre op, rode op *(fx a heavy truck had -ed up the road)*.
chute [ʃu:t] *sb* nedløbskanal, nedløbsrør; slisk; rutschebane; (til affald) nedstyrtningsskakt; T faldskærm.
chutney ['tʃʌtni] *sb* chutney (stærkt krydret indisk syltetøj af ferske frugter).
c.h.w. *fk constant hot water.*
chyle [kail] *sb* chylus, „mælkelymfe".
C.I. *fk Channel Islands.*
CIA *(am) fk Central Intelligence Agency.*
ciborium [si'bɔ:riəm] *sb* ciborium, hostiegemme.
cicada [si'ka:də] *sb* cikade.
cicatrice ['sikətris], **cicatrix** ['sikətriks] *sb (pl cicatrices* [sikə'traisi:z]) ar, mærke.
cicely ['sisili] *sb: sweet ~ (bot)* sødskærm.
Cicero ['sisərəu].
C.I.D. *fk Criminal Investigation Department.*
cider ['saidə] *sb* cider, æblevin; *sweet ~* æblemost.
c. i. f. cif, frit leveret *(fk cost, insurance, freight* ɔ: omkostninger, assurance og fragt betalt).
cigar [si'ga:] *sb* cigar.
cigar| case cigarfoderal. ~ **cutter** cigarklipper.
cigarette [sigə'ret; *am:* 'sigəret] *sb* cigaret.
cigarette| end cigaretstump. ~ **holder** cigaretrør.
cigar holder cigarrør.
cilia ['siliə] *pl* øjenhår; *(bot)* randhår; fimrehår, svingtråde.
C.-in-C. *fk Commander-in-Chief.*
cinch [sintʃ] *(am) sb* sadelgjord; T sikkert tag; *vb* sikre; få en klemme på; få sikkert tag i; *that's a ~* S det er ligetil; det er en let sag; det er helt sikkert.
cinchona [siŋ'kəunə] *sb* kinatræ. **cinchona bark** kinabark.
cincture ['siŋktʃə] *sb* bælte.
Cinderella [sində'relə] Askepot; *adj (fig)* forsømt, overset, som ingen tager sig af; *the ~ services* det mindst eftertragtede arbejde *(fx* inden for socialforsorgen).
cinders ['sindəz] *sb pl* slagger. **cinder track** slaggebane.
cine ['sini] *(fk cinema;* i *sms)* biograf-, films-; *sb = cinecamera.*
cine|camera ['sinikæmərə] *sb* smalfilmsapparat (til optagelse). **-film** smalfilm. **-loop** sløjfefilm.
cinema ['sinəmə, -ma:] *sb* biografteater; *the ~* filmen, filmkunsten; *go to the ~* gå i biografen.
cinema| organ kinoorgel. ~ **show** biografforestilling.
cinematic [sinə'mætik] *adj* filmisk; films-.
cinematograph [sinə'mætəgra:f] *sb (glds)* filmsapparat.
cinematographic [sinəmætə'græfik] *adj* filmisk.
cineraria [sinə'rɛəriə] *sb (bot)* cineraria.
cinerarium [sinə'rɛəriəm] *sb* urneniche.
cinerary ['sinərəri] *adj* aske-; ~ *urn* gravurne.
cinerator ['sinəreitə] *sb (am)* krematorieovn.
cinnabar ['sinəba:] *sb* cinnober.
cinnamon ['sinəmən] *sb* kanel; (om farve) kanelbrunt.
cinque, cinq [siŋk] *sb* femmer (om kort og terning).
cinquefoil ['siŋkfɔil] *sb (bot)* (krybende) potentil.
CIO *fk Congress of Industrial Organizations* (en *am* fagforeningssammenslutning).
cion ['saiən] *(am) = scion.*
cipher ['saifə] *sb* nul; ciffer; chifferskrift; kode til chifferskrift; monogram; *vb* affatte i chifferskrift; beregne, regne.
circa ['sə:kə] cirka, omtrent.
circadian [sə:'keidiən] *adj (biol)* døgn- *(fx rhythm).*
Circassian [sə:'kæsiən] *adj* tjerkessisk; *sb* tjerkesser.
circle ['sə:kl] *sb* cirkel; kreds; ring; *vb* bevæge sig i en kreds, cirkulere; kredse (om); gå rundt om; *argue in a ~* gøre sig skyldig i en cirkelslutning; *come full ~* komme tilbage til sit udgangspunkt.
circlet ['sə:klit] *sb* lille cirkel; ring, krans.
circs [sə:ks] T *fk circumstances.*
circuit ['sə:kit] *sb* omkreds; rundrejse, rundtur, runde; rute; kredsløb; omvej; *(elekt)* strømkreds; *(jur)* en dommers rejse i sit distrikt for at holde ret, retsrejse; retsdistrikt; *(teat etc)* kæde af teatre, biografer *etc* (under samme ledelse); *make a ~ of the camp* gå en runde i lejren, gå hele lejren rundt; *short ~* kortslutning.
circuit breaker *(elekt)* afbryder.
circuitous [sə(:)'kju(:)itəs] *adj* som går ad omveje; indirekte, ikke ligefrem, fuld af omsvøb; ~ *road* omvej.
circular ['sə:kjulə] *adj* cirkelrund, kredsformig, bevægende sig i en kreds; rund-; *sb* cirkulære, rundskrivelse; ringvej.
circularize ['sə:kjuləraiz] *vb* sende cirkulære(r) til; ~ *the members (ogs)* rundsende en skrivelse til medlemmerne.
circular| letter rundskrivelse, cirkulære. ~ **plane** *(am)* skibshøvl. ~ **railway** ringbane. ~ **saw** rundsav. ~ **ticket** rundrejsebillet. ~ **tour** rundrejse.
circulate ['sə:kjuleit] *vb* cirkulere, være i omløb; lade cirkulere, bringe *(el.* sætte) i omløb; *circulating library* lejebibliotek; *(am)* udlånsbibliotek.
circulation [sə:kju'leiʃn] *sb* omløb, kredsløb; cirkulation; udbredelse; oplag (af avis *etc); (bibl)* udlån.
circulatory ['sə:kjulətri, -lei-] *adj (fysiol)* kredsløbs-.
circumbendibus [sə:kəm'bendibəs] *sb* S omsvøb, vidtløftighed; omvej.
circumcise ['sə:kəmsaiz] *vb* omskære.
circumcision [sə:kəm'siʒn] *sb* omskærelse.
circumference [sə'kʌmf(ə)rəns] *sb* periferi; omkreds.
circumjacent [sə:kəm'dʒeisnt] *adj* omliggende.
circumlocution [sə:kəmlə'kju:ʃn] *sb* (vidtløftig) omskrivning; omsvøb; *C. Office* omsvøbsdepartement.
circumnavigate [sə:kəm'nævigeit] *vb* omsejle.
circumnavigation ['sə:kəmnævi'geiʃn] *sb* omsejling.
circumnavigator [sə:kəm'nævigeitə] *sb* (jord)omsejler.
circumscribe ['sə:kəmskraib] *vb* afgrænse, omskrive; *(fig)* indskrænke, begrænse.
circumscription [sə:kəm'skripʃn] *sb* afgrænsning, omrids; begrænsning, indskrænkning; (på mønt *etc)* omskrift.
circumspect ['sə:kəmspekt] *adj* forsigtig, varsom; velovervejet. **circumspection** [sə:kəm'spekʃn] *sb* omtanke, forsigtighed.
circumstance ['sə:kəmstəns, -stæns, -sta:ns] *sb* **1.** omstændighed, forhold; detalje; **2.** detaljer, omstændelighed; **3.** skæbnen, tilfældet; **4.** *-s pl (ogs)* formueomstændigheder; kår *(fx strained -s* trange kår); *pomp and ~* pomp og pragt; *-s alter cases* alt er relativt; *in (el. under) the -s* under de forhåndenværende omstændigheder; *in (el. under) no -s* under ingen omstændigheder.
circumstanced ['sə:kəmstənst] *adj* stillet, situeret; ~ *as I was* sådan som jeg var stillet; *be awkwardly ~* være i en ubehagelig situation.

circumstantial [sə:kəm'stænʃl] *adj* omstændelig, detaljeret; som ligger i omstændighederne; ~ *evidence* indirekte beviser, indicier, indiciebevis.
circumvent [sə:kəm'vent] *vb* omgå; overliste.
circumvention [sə:kəmvenʃn] *sb* omgåelse; overlistelse.
circus ['sə:kəs] *sb* cirkus; runddel, rund plads i en by *(fx Oxford ~, Piccadilly ~,* i London).
Cirencester ['saiərənsestə, 'sisi(s)tə].
cirl [sə:l]: ~ *bunting zo* gærdeværling.
cirque [sə:k] *sb (geol)* botn, cirkusdal.
cirrhosis [si'rəusis] *sb (med.)* skrumpning; ~ *of the kidney* skrumpenyre; ~ *of the liver* skrumpelever.
cirrocumulus [sirəu'ku:mjuləs] *sb* makrelskyer.
cirrostratus [sirəu'stra:təs] *sb* slørskyer.
cirrus ['sirəs] *sb (pl cirri* ['sirai]) fjersky, cirrus.
cissy ['sisi] *sb* S tøsedreng.
cist [sist] *sb* skrin, kiste, hellekiste.
cistern ['sistən] *sb* cisterne (beholder).
citadel ['sitədl] *sb* citadel.
citation [sai'teiʃn] *sb* stævning; anførelse (af et citat); citat; henvisning; *(am)* hædrende omtale; *(mil.)* omtale i dagsbefaling; begrundelse ved tildeling af hædersbevisning.
cite [sait] *vb* stævne; citere, anføre (som argument *el.* bevis); *(am): be -d (mil.)* blive nævnt i dagsbefalingen.
citizen ['sitizn] *sb* borger; civil person; beboer; ~ *of the world* kosmopolit, verdensborger.
citizenry ['sitiznri] *sb* borgerskab, borgere.
citizenship *sb* borgerskab, borgerret, indfødsret; borgerpligt.
citric ['sitrik] *adj* citron-; ~ *acid* citronsyre.
citril finch *zo* citronsisken.
citron ['sitrən] *sb* (tykskallet) citron.
cittern ['sitə:n] *sb* (ældre, lut-lignende strengeinstrument).
city ['siti] *sb* stad, (stor) by; *the City* City, det oprindelige London, forretningskvarteret der.
city| council borgerrepræsentation, byråd (i en *city).* ~ **councillor** byrådsmedlem. ~ **editor** redaktør af handels- og børsstoffet (i avis). ~ **hall** rådhus (i en *city).* ~ **man** finansmand, forretningsmand (i *the City).* ~ **page** (i avis) handels- og børsside. ~ **slicker** smart fyr fra byen.
civet ['sivit], **civet cat** *zo* desmerkat.
civic ['sivik] *sb* borger; *adj* borgerlig; by- *(fx ~ orchestra),* kommunal; ~ *centre* bycentrum hvor de offentlige bygninger ligger.
civics ['siviks] *sb pl* samfundslære.
civil [sivl] *adj* borger-, borgerlig; civil; høflig; ~ *aviation* trafikflyvning. **civil engineer** bygningsingeniør.
civilian [si'viljən] *sb* civil person, civilist; *adj* civil.
civility [si'viləti] *sb* høflighed.
civilization [sivilai'zeiʃn] *sb* kultur, civilisation.
civilize ['sivilaiz] *vb* civilisere; *-d (ogs)* dannet, kultiveret.
civil| law borgerlig ret. ~ **list** (den kongelige) civilliste. ~ **list pension** (svarer til) understøttelse på finansloven. ~ **marriage** borgelig vielse. ~ **servant** *(omtr)* tjenestemand inden for civiletaterne, (stats)tjenestemand.
Civil Service: *the ~ (omtr)* civiletaterne, statsadministrationen. **civil war** borgerkrig.
civvy ['sivi] *sb* civil person; *civvies* (S, *ogs)* civilt tøj; ~ *street* det civile liv.
C. J. *fk Chief Justice.*
cl. *fk centilitre; class.*
clack [klæk] *sb* klapren; *vb* klapre; plapre.
clad [klæd] *glds præt* og *pp* af *clothe; adj* klædt; påklædt.
claim [kleim] *sb* **1.** fordring, krav; **2.** påstand; **3.** (grube)lod; **4.** *(assur)* skade(anmeldelse); *vb* **5.** fordre, gøre fordring på, kræve; afhente *(fx a prize; a lost child);* **6.** hævde, gøre gældende; ~ *kinship* påberåbe sig slægtskabet, gøre familieskabet gældende; ~ *to* gøre fordring på; *(fig)* have prætentioner i retning af; *peg out (el. stake) a ~ (to)* afmærke og gøre krav på et jordareal (om guldgraver); *(fig)* gøre krav på.
claimant ['kleimənt] *sb* fordringshaver.
claims inspector skadestaksator, vurderingsmand.
clairvoyance [klεə'vɔiəns] *sb* synskhed.
clairvoyant [klεə'vɔiənt] *adj* synsk.
clam [klæm] *sb* (spiselig) musling; *(am* S) en der er stum som en østers; dødbider; *vb* samle muslinger; ~ *up (am)* klappe i.
clamant ['kleimənt] *adj* højrøstet, larmende; *(fig)* skrigende; påtrængende.
clamber ['klæmbə] *vb* klatre, klavre; *sb* klatren, klavren.
clammy ['klæmi] *adj* klam.
clamorous ['klæmərəs] *adj* skrigende, larmende, højrøstet.
clamour ['klæmə] *sb* skrig, råb; højrøstet misfornøjelse; ramaskrig; *vb* råbe *(for* på); larme.
clamp [klæmp] *sb* skruetvinge; (på værktøjsmaskine) spændestykke; *(fx* på slange) klemme, spændebøjle, forskruning; *(agr)* kule *(fx potato ~); vb* spænde (fast), klemme (fast), presse; trampe; ~ *down on* slå hårdt (, hårdere) ned på *(fx tax dodgers);* gribe kraftigt ind over for; sætte en stopper for; holde tilbage *(fx news).*
clampdown ['klæmpdaun] *sb* pludselig stramning af kursen (, reglerne, bestemmelserne); energisk indgreb; pludseligt forbud.
clan [klæn] *sb* klan, stamme.
clandestine [klæn'destin] *adj* hemmelig; smug-; illegal.
clang [klæŋ] *vb* klirre, klingre, drøne (med metalklang); klirre med; *sb* klirren, klingen, metalklang, drønen.
clanger ['klæŋə] *sb* T*: drop a ~* træde i spinaten, lave en brøler.
clangorous ['klæŋərəs] *adj* klingende, drønende.
clangour ['klæŋə] *sb* (metal)klang, klirren, drøn.
clank [klæŋk] *vb* rasle, skramle, klirre.
clannish ['klæniʃ] *adj* med stærkt sammenhold.
clannishness *sb* familiesammenhold.
clap [klæp] *vb* klappe; klappe ad; sætte (hårdt og energisk), smække *(fx ~ one's hat on); (fig)* T lægge, smække *(fx a higher tax on cigarettes); sb* klap, slag, smæld, skrald; S gonorré; ~ *eyes on* se for sine øjne; få øje på; ~ *them in(to) prison* sætte (, smide) dem i fængsel; ~ *one's hands* klappe i hænderne; ~ *of thunder* tordenskrald.
clapboard ['klæpbɔ:d] *sb (am)* (bræt til) klinkbeklædning; tyndt bræt; ~ *house* klinkbeklædt hus.
clapnet *sb* fuglenet.
clapped-out *adj* T slidt op, nedslidt.
clapper ['klæpə] *sb* klapper, klakør; (instrument) skralde; (i klokke) knebel; T tunge; *-s pl* (film) klaptræ; *they ran like the -s* de løb som om fanden var i hælene på dem.
clapper boards *pl* (film) klaptræ.
claptrap ['klæptræp] *sb* tomme talemåder, tilstræbte åndrigheder, effektjageri.
claque [klæk] *sb* klakke (samling klakører).
Clara ['klεərə]. **Clare** [klεə].
Clarence ['klærəns].
clarendon ['klærindən] *sb (typ)* (en halvfed skrift).
claret ['klærət] *sb* rødvin (især bordeaux); S blod; ~ *cup* (isafkølet rødvin med lemon juice, spiritus *etc).*
clarification [klærifi'keiʃn] *sb* klaring; afklaring.
clarify ['klærifai] *vb* (om væske *etc)* klare; *(fig)* klare, gøre klarere *(fx the matter),* tydeliggøre, præcisere *(fx*

one's views); afklare; (uden objekt) blive klarere, klares.
clarinet [klæri'net] *sb* klarinet.
clarion ['klæriən] *sb (glds)* clarino (trompet med høj, lys klang); ~ *call* trompetstød; *(fig)* fanfare.
clarity ['klæriti] *sb* klarhed, renhed.
clash [klæʃ] *vb* klirre; støde sammen, tørne sammen, kollidere; *sb* klirren; sammenstød, konflikt; *the colours* ~ farverne skriger mod hinanden; ~ *of interests* interessekonflikt; ~ *of opinions* meningsuoverensstemmelse.
clasp [kla:sp] *sb* hægte, spænde, (på perlekæde *etc)* lås; omfavnelse; *vb* hægte; holde fast, omfavne, knuge, gribe fast om; ~ *hands* trykke hinandens hænder; ~ *one's hands* folde hænderne; *he -ed her in his arms* han tog hende i sine arme; han trykkede hende til sit bryst.
clasp knife foldekniv.
class [kla:s] *sb* klasse; (undervisnings)time; kursus; slags; *(mil.* og om studenter) årgang; (ved universitetseksamen) (hoved)karakter *(fx obtain a first* ~ få førstek.); *vb* dele i klasser, klassificere, ordne; *adj* T førsteklasses, fornem; *it is in a* ~ *by itself* den er noget helt for sig selv; den er bedre end alle de andre; *it has got* ~ T der er stil over det, det er fornemt; *no* ~ T ringe, tarvelig; *he takes the* ~ *in French* han underviser *(el.* har) klassen i fransk; *he takes -es in French* han går til franskundervisning.
class distinction klasseskel.
classic ['klæsik] *adj* klassisk *(fx* ~ *literature; a* ~ *example);* fortrinlig; *sb* klassiker.
classical ['klæsikl] *adj* klassisk *(fx* ~ *music).*
classicism ['klæsisizm] *sb* klassicisme.
classification [klæsifi'keiʃn] *sb* klassifikation.
classified ['klæsifaid] *adj* klassificeret *(ogs* om dokument = hemmelig); *(bibl)* systematisk; ~ *advertisements* rubrikannoncer.
classify ['klæsifai] *vb* klassificere, inddele i klasser, systematisere.
classy ['kla:si] *adj* S fin, fornem; overklasse-, burgøjser-.
clatter ['klætə] *vb* klapre; klirre; rasle, skramle; (snakke:) plapre; (med objekt) klapre (, klirre *etc)* med; *sb* klapren; klirren; raslen; skramlen; plapren.
clause [klɔ:z] *sb* klausul, paragraf; *(gram)* (bi)sætning.
claustrophobia [klɔ:strə'fəubjə] *sb (psyk)* klaustrofobi.
clave [kleiv] *glds præt* af I. *cleave.*
clavichord ['klævikɔ:d] *sb* klavikord.
clavicle ['klævikl] *sb (anat)* nøgleben, kraveben.
claw [klɔ:] *sb* klo; *vb* kradse, rive, flå; gribe, fægte (med kløerne, hænderne) *(for* efter); ~ *back (økon)* tage tilbage i skat; ~ *off a coast (mar)* klare en kyst fra sig.
claw feet *pl* løvefødder (på møbler).
claw hammer kløfthammer.
clay [klei] *sb* lerjord; ler (også *fig* om menneskelegeme, lig); kridtpibe; *vb* kline; dække med ler.
clayey ['kleii] *adj* leret.
claymore ['kleimɔ:] *sb* (skotsk tveægget sværd).
clay pigeon lerdue (til skydeøvelse).
clay pipe kridtpibe.
clean [kli:n] *adj* ren; pæn, net; glat; renlig; (om form) velformet, regelmæssig; (om bevægelse) behændig, (om slag) velrettet; *(typ:* om korrektur) god, (næsten) fri for fejl, trykfærdig; *(am* S*)* pengeløs, blanket af; *adv* rent, ganske, fuldkommen, helt *(fx he had* ~ *forgotten it);* lige *(fx hit* ~ *in the eye); vb* rense, udrense; gøre rent (i); pudse *(fx silver plate, windows);*
come ~ S gå til bekendelse; ~ *copy* renskrift; *keep it* ~ S ikke blive sjofel; *a* ~ *record* et uplettet rygte; *he jumped* ~ *over the hedge* han sprang over hækken uden så meget som at røre den; ~ *out* gøre rent i; udrense; tømme; ~ *sby out* blanke en af; ~ *up* bringe i orden; rense, rydde (op i); T tjene *(fx a fortune).*
clean-cut ['kli:nkʌt] *adj* skarptskåren, klar, skarp.
cleaner ['kli:nə] *sb* rengøringsassistent; rengøringsmaskine, renseredskab; rengøringsmiddel, rensevæske. *-s* renseri.
I. cleanly ['klenli] *adj* renlig.
II. cleanly ['kli:nli] *adv* rent.
cleanse [klenz] *vb* rense. **cleanser** rengøringsmiddel.
clean-shaven *adj* glatbarberet.
clean sheet uplettet fortid; *(typ)* udhængeark.
clean-up ['kli:nʌp] *sb* T udrensning; S kæmpefortjeneste.
I. clear [kliə] *adj* **1.** klar *(fx sky, light, fire; day);* (om lyd) klar, lys *(fx note, voice);* **2.** klar, tydelig *(fx statement, meaning);* **3.** fri *(fx the road was* ~ *of traffic);* **4.** hel *(fx six* ~ *days);* netto *(fx profit);* **5.** ren *(fx conscience); I was* ~ *about it* det stod mig klart; **in** ~ (om meddelelse) i klart sprog; *be in the* ~ være ude af vanskelighederne; være renset (for beskyldning *etc),* have klaret frisag.
II. clear [kliə] *adv* helt, fuldstændigt *(fx it went* ~ *through the room); keep* ~ *of* holde sig klar af, undgå.
III. clear [kliə] *vb* **1.** rydde *(fx snow; attics* pulterkamre); tømme *(fx a pillarbox* en postkasse); **2.** rense *(fx it -ed the air;* ~ *him of* (for) *suspicion);* **3.** gå fri af *(fx the car -ed the tree),* klare; **4.** klare, tage *(fx an obstacle);* **5.** (told)klarere *(fx goods);* **6.** sælge ud, realisere *(fx one's stock* lager); **7.** tjene netto; **8.** cleare; **9.** klare (et mål); **10.** (i edb) slette; **11.** (uden objekt) klare op; klares;
(med *sb)* ~ *a bill* indløse en veksel; ~ *a suit* (i bridge) spille en farve god; ~ *the table* tage af bordet; ~ *one's throat* rømme sig;
(med *adv)* ~ *away* tage bort, rydde bort; tage af bordet; trække bort; T forsvinde; stikke af; ~ *off* gøre færdig, få til side; jage bort; trække bort; T forsvinde, stikke af; ~ *out* rense ud; blanke af; T forsvinde, stikke af; ~ *up* rydde op; ordne; klare op *(fx it is -ing up);* opklare, oplyse, forklare.
clearance ['kliərəns] *sb* klaring; oprydning; rydning, (om hus) nedrivning; *(mar)* klarering, toldbehandling; *(fig)* tilladelse; *(tekn)* mellemrum; spillerum, frigang; slør; fri højde, fri profil; *bill of* ~ klareringsbevis.
clearance sale udsalg, realisation, rømningssalg.
clear-cut ['kliə'kʌt] *adj* skarpskåren, klar; skarp *(fx a* ~ *distinction).*
clearing ['kliəriŋ] *sb* rydning; ryddet land; *(merk)* clearing, afregning.
clearing house afregningskontor; clearingcentral.
clear|-sighted *adj* klarsynet. ~ **-starch** *vb* stive (tøj). **-story** = *clerestory.* **-way** vej med stopforbud.
cleat [kli:t] *sb* kile; *(mar)* klampe; (på støvle) jernbeslag, knop, dup.
cleavage ['kli:vidʒ] *sb* spaltning *(fx a* ~ *in a political party);* kløvning; T fordybning mellem bryster, kavalergang.
I. cleave [kli:v] *vb (cleaved el. (glds) clave; cleaved)* klæbe; holde fast *(to* ved).
II. cleave [kli:v] *vb (clove el. cleft; cloven el. cleft)* kløve, spalte, spalte sig.
cleaver ['kli:və] *sb* (slagters) flækkekniv.
cleavers ['kli:vəz] *sb (bot)* burresnerre.
clef [klef] *sb (mus.)* nøgle.
I. cleft [kleft] *præt* og *pp* af *II. cleave.*
II. cleft [kleft] *sb* kløft, spalte.
cleft|-grafting *sb* spaltepodning. ~ **palate** ganespalte.
clematis ['klemətis] *sb (bot)* klematis.
clemency ['klemənsi] *sb* mildhed, skånsel.
clement ['klemənt] *adj* mild, overbærende.

clench [klenʃ] *vb* knuge, klemme sammen; fastgøre; afgøre endeligt; ~ *one's fist* knytte næven; ~ *one's teeth* bide tænderne sammen.
Cleopatra [kliə'pætrə] Kleopatra.
clerestory ['kliəstəri] *sb* klerestorium, lysgalleri over triforium (i kirke).
clergy ['klə:dʒi] *sb* gejstlighed; *30* ~ 30 gejstlige.
clergyman ['klə:dʒimən] *sb* gejstlig, præst; *-'s sore throat* præstesyge.
clerical ['klerikl] *adj* gejstlig; skrive-; kontor- *(fx staff, work);* ~ *error* skrivefejl.
clerk [kla:k, *(am)* klərk] *sb* kontormand, kontorist; fuldmægtig; *(am)* ekspedient; *vb* være ansat på et kontor; *(am)* være ekspedient; ~ *in holy orders* gejstlig, præst; ~ *of (the) works* bygningskonduktør.
clever ['klevə] *adj* dygtig, flink, kvik, begavet, intelligent; behændig, ferm, fiks; *(neds)* smart, snu; ~ *at arithmetic* flink til regning; ~ *with one's hands* fiks på fingrene; *he is a shade too* ~ *for me* han er mig et nummer for smart. **clever|-clever** *adj* oversmart. ~ **clogs** klog fyr. ~ **dick** S: *he is a* ~ *dick* han er så pokkers klog.
clevis ['kli:vis] *sb (tekn)* gaffel.
clew [klu:] *sb (fig)* nøgle; ledetråd; *(mar)* skødbarm; *vb* lede, anvise; ~ *up* vinde (sammen til et nøgle).
cliché ['kli:ʃei] *sb* kliché; forslidt frase.
click [klik] *vb* smække; klikke; *(fig)* falde på plads, falde i hak; *(am S)* passe storartet sammen; gøre lykke; (med objekt) smække med; *sb* smæk; klik; *(tekn)* spærrehage; pal; ~ *one's heels* slå hælene sammen; ~ *into place* falde på plads (med et klik); falde i hak; ~ *with a girl* S finde sammen med en pige.
click beetle *zo* smælder.
clicker *(typ)* faktor; ombryder.
client ['klaiənt] *sb* klient; kunde; *(bibl)* låner.
clientele [klia:n'teil; *fr] sb* klientel; klienter; kundekreds, kunder.
cliff [klif] *sb* klippeskrænt mod havet; klint.
cliff|hang *vb* bryde af på et spændende sted; vente i spænding. **~-hanger** *sb* gyser, åndeløst spændende (fortsat) roman (, film *etc).* **~-hanging** *adj* åndeløst spændende; som afbrydes på et meget spændende sted.
climacteric [klai'mæktərik] *sb* klimakterium; overgangsalder; vendepunkt; *adj* overgangs-; afgørende, kritisk.
climate ['klaimit] *sb* klima; himmelstrøg; egn, egne; *the* ~ *of opinion* stemningen, den almindelige indstilling; *the* ~ *of taste* den herskende smag.
climatic(al) [klai'mætik(l)] *adj* klimatisk.
climax ['klaimæks] *sb* klimaks.
climb [klaim] *vb* klatre; stige (til vejrs); (med objekt) bestige, klatre op ad (, på, i); *sb* klatretur; stigning, opstigning; ~ *down (fig)* stikke piben ind, trække i land; falde til føje; *rate of* ~ stigehastighed; *-ing expedition* bjergbestigning.
climber ['klaimə] *sb* klatrer, bjergbestiger; *(fig)* stræber; *(bot)* klatreplante.
clime [klaim] *sb (poet)* himmelstrøg, egn; klima.
clinch [klinʃ] *vb* fastgøre, klinke; *(fig)* afgøre endeligt, bekræfte; (i boksning) gå i clinch; *sb* clinch; ~ *a nail* vegne et søm.
clincher ['klinʃə] *sb* afgørende argument.
cline [klain] *sb* glidende skala.
cling [kliŋ] *vb (clung, clung)* holde fast *(to* ved, i), klynge sig, klamre sig *(to* til); hænge fast *(to* ved, i); klæbe; *-ing* (om tøj) stramtsiddende. **clingfilm** husholdningsfilm.
clinic ['klinik] *sb* klinik; klinisk undervisning; *adj* klinisk.
clinical ['klinikl] *adj* klinisk; ~ *thermometer* lægetermometer.
I. clink [kliŋk] *vb* klinge, klirre; klirre med; *sb* klang, klirren; ~ *glasses* klinke med glassene.
II. clink [kliŋk] *sb* S fængsel; *in* ~ i spjældet.
clinker ['kliŋkə] *sb* klinke (slags hårdtbrændt mursten); slagge; *adj* T første klasses; *vb* brænde sammen til slagger.
clinker-built *adj (mar)* klinkbygget.
clinking *adv* : ~ *good* vældig god.
clinkstone *sb* fonolit.
clinometer [klai'nɔmitə] *sb* faldmåler, hældningsmåler.
Clio ['klaiəu] Klio (historiens muse).
I. clip [klip] *sb* hårklemme; clip, papirklemme; cykelspænde; *(mil.)* laderamme (til patroner); (på slange) spændebøjle.
II. clip [klip] *vb* klemme sammen.
III. clip [klip] *vb* klippe; beklippe; nedskære; stække; studse; *(fig)* sakse *(fx from a newspaper);* T slå, smække; S fare (af sted), ræse; *sb* klip; klipning; slag, rap; S fart; ~ *his ear* give ham en lussing; ~ *one's words* afsnubbe ordene.
clip hooks *(mar)* dyvelskløer.
clip joint S natklub *(etc)* der tager overpriser.
clipper ['klipə] *sb* klipper; møntklipper; *(mar, flyv)* klipper; S pragteksemplar.
clippers *sb pl* (billet)saks; klippemaskine.
clippie ['klipi] *sb* kvindelig konduktør (på bus).
clipping *sb* klipning; afklippet stykke, stump, udklip; *adj* S storartet, mageløs.
clique [kli:k] *sb* klike; *vb* T slutte sig sammen (i kliker).
cliqu(e)y ['kli:ki], **cliquish** ['kli:kiʃ] *adj* tilbøjelig til at danne kliker. **cliquishness** ['kli:kiʃnəs], **cliquism** ['kli:kizm] *sb* klikevæsen.
cloaca [kləu'eikə] *sb zo* kloak (hos kloakdyr).
cloak [kləuk] *sb* kappe, kåbe; *(fig)* skalkeskjul, påskud; *vb* dække med kappe; *(fig)* skjule, tilsløre.
cloak-and-dagger *adj* melodramatisk; ~ *novel* røverroman, spionroman.
cloakroom ['kləukrum] *sb* garderobe (i teater, på jernbanestation *etc);* toilet. **cloakroom ticket** garderobenummer.
clobber ['klɔbə] S *sb* tøj, kluns, habengut; *vb* slå, banke, tæve.
cloche [kləuʃ] *sb* dyrkningsklokke; solfanger; *(~ hat)* klokkehat.
I. clock [klɔk] *sb* pil (mønster på strømpe).
II. clock [klɔk] *sb* stueur, tårnur, ur, klokke; T ansigt; taxameter; speedometer; kilometertæller; *vb* tage tid på *(fx a runner); registrere;* S slå, gokke; ~ *a car* S dreje kilometertælleren tilbage på en bil; ~ *in (,out)* (på arbejdsplads:) stemple ind (, ud); *put back the* ~ *(fig)* skrue tiden tilbage; *it is two o'clock* klokken er to; (se også *o'clock); all round the* ~ døgnet rundt; ~ *up* løbe; køre; T notere *(fx another victory).*
clock|face urskive. **-maker** urmager. ~ **watcher** arbejder der tit ser på uret (og længes efter arbejdstidens ophør). **-wise** *adv* med uret, med solen.
clockwork ['klɔkwə:k] *sb* urværk; *everything went like* ~ alting gik som det var smurt *(el.* som efter en snor); ~ *toys* mekanisk legetøj.
clod [klɔd] *sb* klump; jordklump; (om person) fjols, fjog; *vb* kaste jordklumper på.
cloddish ['klɔdiʃ] *adj* dum, fjoget.
clodhopper *sb* bondeknold.
clog [klɔg] *vb* hindre; hæmme; tynge ned; bebyrde *(fx one's memory with sth);* forstoppe, tilstoppe, blokere *(fx the pipes got -ged);* (uden objekt) gå trægt, blive tilstoppet; klumpe sig (sammen); *sb* byrde, hindring; klods (om benet); tilstopning; træsko.
cloister ['klɔistə] *sb* klostergang, buegang, søjlegang (mod indre gård); kloster; *vb* sætte i kloster; ~ *oneself (fig)* mure sig inde.

clonk [klɔŋk] *vb* dunke; *sb* dunk.
clop [klɔp] *vb* klapre.
I. close [kləus] *adj* **1.** tæt *(to* ved); **2.** lummer, trykkende *(fx atmosphere)*, beklumret; **3.** omhyggelig bevogtet *(fx prisoner)*; **4.** skjult; **5.** indesluttet, tilbageholdende; **6.** påholdende; **7.** knap, vanskelig at skaffe *(fx money is ~)*; begrænset; **8.** nøjagtig, koncis, sammentrængt, koncentreret; **9.** nøje, grundig, omhyggelig *(fx investigation)*; **10.** næsten jævnbyrdig *(fx fight)*;
there is a ~ resemblance between them de ligner hinanden meget; *it was a ~ shave (el. thing el. call)* det var nær gået galt; det var tæt på; *keep sth ~* holde noget hemmeligt; *~ by* nær ved, tæt ved; *~ on* i nærheden af, lige ved.
II. close [kləus] *sb* indhegning, vænge; lukket plads.
III. close [kləuz] *sb* slutning, ende, afslutning; *bring to a ~* afslutte; *draw towards its ~* nærme sig en afslutning, gå på hæld.
IV. close [kləuz] *vb* lukke; afspærre; afslutte, slutte; (uden objekt) slutte; lukke sig; nærme sig; gå løs på hinanden;
~ an account afslutte en konto; *~ the ranks! (mil.)* slut rækkerne! *~ down* lukke, indstille virksomheden; *~ in* nærme sig; (om mørke *etc)* falde på, sænke sig; *~ in upon* nærme sig fra alle sider, omringe; *the net is closing round him* nettet er ved at trække sig sammen om ham; *~ up* lukke; (om personer) slutte op, rykke sammen; *(typ)* knibe; (om sår) lukke sig, heles; *~ with* komme overens med; gå ind på, antage *(fx ~ with an offer)*; gå løs på, komme i håndgemæng med.
closed circuit lukket kredsløb.
closed-circuit television internt fjernsyn.
closed shop virksomhed der kun beskæftiger fagorganiserede arbejdere, v. der er bundet af eksklusivaftale.
close|-fisted *adj* påholdende, gerrig. *~* **-hauled** *(mar)* bidevind *~* **-grained** *adj* tæt; (om træ) tætåret; (om læder) fintnarvet. *~* **-knit** *(fig)* fast sammentømret. *~* **-lipped** *adj* forbeholden, tilknappet, tavs.
close|ly ['kləusli] *adv* tæt, nøje. *~* **quarters** se *I. quarter.* *~* **season** fredningstid; (i *eng* fodbold) perioden mellem to sæsoner (maj til august). *~* **-shaven** *adj* glatbarberet.
closet ['klɔzit] *sb* lille værelse, kammer, kabinet; (væg)skab; wc; *adj* S hemmelig, skjult, som ikke har givet sig til kende (, bekendt kulør); *come out of the ~* give sig til kende, (om bøsse) springe ud; *be -ed with* holde hemmelig rådslagning med.
close time fredningstid.
closet|play læsedrama. *~* **homosexual,** *~* **queen** skabsbøsse.
close-up ['kləusʌp] *sb* nærbillede.
closing| date: *the ~ date is July 1.* (svarer til) ansøgningsfristen udløber 1. juli. *~* **hour,** *~* **time** lukketid.
closure ['kləuʒə] *sb* lukning; afslutning; lukke; (på flaske *etc)* kapsel, låg; *(fon)* lukke; *(parl)* afslutning af underhusdebat fremtvungen ved afstemning.
clot [klɔt] *sb* størknet masse, klump; T fjols, tåbe; *vb* klumpe sig, løbe sammen; størkne, blive levret; (se også *clotted)*.
cloth [klɔθ] *sb* (se også *clothes, cloths)* klæde; vævet stof; klud *(fx dust ~)*; (til bord) dug; (til bogbind) shirting; (til hest) dækken; *(teat)* tæppe; *(fig)* gejstlig stand; *lay the ~* lægge dug på bordet.
cloth| binding shirtingsbind, hellærredsbind (om bog). *~* **cap** sixpence (kasket); *~* **cap** arbejder-.
clothe [kləuð] *vb* klæde; holde med tøj; beklæde, iklæde; *(fig)* udstyre; dække; udtrykke.
cloth-eared *adj* tunghør; døv.
clothes [kləuðz] *sb pl* klæder, tøj; klædningsstykker; sengeklæder.
clothes| brush klædebørste. *~* **hanger** bøjle (til tøj). *~* **horse** tørrestativ; *(am, fig)* tøjstativ. *~* **line** tøjsnor. *~* **moth** møl. *~* **peg** *(, am* **-pin)** tøjklemme. *~* **press** klædeskab. *~* **tree** stumtjener.
clothier ['kləuðiə] *sb* herreekviperingshandler; klædehandler.
clothing ['kləuðiŋ] *sb* klæder, tøj; *article of ~* beklædningsgenstand.
cloths [klɔθs] *pl* af *cloth* tøjer, stoffer; [klɔ:ðz] duge, klude.
clotted ['klɔtid] *adj* størknet, levret; klumpet; overfyldt, stoppet, blokeret; *~ cream* tyk fløde skummet af kogt mælk; *~ nonsense* det rene vrøvl; *his hair was ~ with blood* hans hår var sammenklistret af blod.
cloud [klaud] *sb* sky; skyer; sværm, vrimmel; *vb* overtrække med skyer; *(fig)* formørke, fordunkle; kaste en skygge over; sætte en plet på; (uden objekt) blive skyet; blive overtrukket; *every ~ has a silver lining* oven over skyerne er himlen altid blå; *be in the -s (fig)* svæve oppe i skyerne; *~ over* blive overtrukket; *under a ~* mistænkt; i unåde.
cloud|berry *sb (bot)* multebær. **-burst** *sb* skybrud. *~* **-capped** *adj* skydækket. *~* **chamber** tågekammer. *~* **-cuckooland** drømmeland. **-less** skyfri. **-let** *sb* lille sky.
cloudy ['klaudi] *adj* overskyet; uklar *(fx liquid)*.
clough [klʌf] *sb* fjeldkløft.
clout [klaut] *sb* klud, lap; lussing; T (politisk) indflydelse; *vb* lappe; lange en ud; (i baseball) ramme. **clout nail** rørsøm.
I. clove [kləuv] *præt* af *cleave.*
II. clove [kləuv] *sb (bot)* kryddernellike; sideløg.
clove hitch *sb (mar)* dobbelt halvstik.
cloven [kləuvn] *pp* af *cleave; show the ~ hoof (fig)* stikke hestehoven frem.
cloven-hoofed *adj* med spaltet klov; *~ animal* klovdyr.
clove pink *(bot)* havenellike.
clover ['kləuvə] *sb (bot)* kløver; *be in ~* have det som blommen i et æg, leve i overflod; være på den grønne gren.
cloverleaf ['kləuvəli:f] *sb* (ved vej) kløverbladsudfletning.
clown [klaun] *sb* bonde; bondeknold; klovn, bajads.
clownish ['klauniʃ] *adj* bondeagtig, bondsk; klovnagtig.
cloy [klɔi] *vb* overmætte, overfylde. **cloying** *adj* vammel.
cloze-test ['kləuztest] *sb* cloze-prøve (prøve hvor der fordres indsætning af udeladte ord i en længere tekst).
club [klʌb] *sb* kølle; (i kort) klør; (forening) klub; *vb* slå med kølle; bruge som kølle; *(= ~ together)* slå sig sammen, skyde (penge) sammen; *be in the ~, be a member of the ~* S være gravid.
club(b)able ['klʌbəbl] *adj* T der egner sig som klubmedlem; omgængelig, selskabelig.
club|foot klumpfod. **-haul** *vb (mar)* vende ved hjælp af et anker. **-land** (kvarteret omkring *St. James's* i London). *~* **law** næveret. **-man** ['klʌbmən] klubmedlem, levemand. *~* **moss** *sb (bot)* ulvefod. *~* **rush** *sb (bot)* kogleaks, dunhammer. *~* **sandwich** *(am)* tredækkersandwich. *~* soda *(am)* (hvid) sodavand. *~* **strip** klubfarve.
cluck [klʌk] *sb* kluk; *vb* klukke; smække med tungen.
clue [klu:] *sb* holdepunkt (for en undersøgelse), nøgle (til forståelse); spor (i en sag), indicium, fingerpeg; løsning; *I haven't a ~* jeg aner det ikke; *the police are without a ~* politiet står på bar bund; *furnish a ~ to* lede på sporet af.
clump [klʌmp] *sb* klump, klods; klynge, gruppe; tyk ekstra skosål; dunk; trampen; *vb* jokke tungt, trampe; dunke, slå, banke.

clumsy ['klʌmzi] *adj* klodset.
clung [klʌŋ] *præt* og *pp* af *cling*.
clunker ['klʌŋkə] *sb (am* S*)* makværk; (om bil) gammel smadderkasse.
cluster ['klʌstə] *sb* klynge; klase; sværm; *vb* samle sig i klynge; vokse i klaser; vokse i klynge; flokkes; ~ *crystal (bot)* krystalstjerne, druse.
cluster pine *(bot)* strandfyr.
clutch [klʌtʃ] *vb* gribe (hårdt) fat i, hage sig fast i (, til), klynge sig til *(fx his arm); sb* (hårdt) greb, tag; (hønes:) redefuld æg; kuld; (i bil) kobling; ~ *at a straw* gribe efter et halmstrå; *get into his -es* falde i kløerne på ham.
clutch| lever *sb* koblingsarm. ~ **pedal** koblingspedal. ~ **slip** *sb* svigtende kobling.
clutter ['klʌtə] *sb* forvirring, rod; dynge; *vb* bringe i uorden; (stå og) fylde op i (, på); *the room was all -ed up with cushions* stuen flød med puder.
Clyde [klaid].
cm. *fk centimetre.*
C.M.G. *fk Companion of the Order of St. Michael and St. George.*
C.N.D. *fk Campaign for Nuclear Disarmament.*
C.O. *fk commanding officer; conscientious objector.*
Co. [kəu] *fk company; county.*
c/o *fk* care of.
co- [kəu] (forstavelse:) med- *(fx coeditor).*
coach [kəutʃ] *sb* **1.** karet; **2.** *(glds)* dagvogn, diligence; **3.** turistbil, rutebil; lille lukket bil med to døre; **4.** *(jernb)* jernbanevogn; **5.** manuduktør; træner, sportinstruktør; **6.** *vb* manuducere; træne; køre; rejse i diligence; *a* ~ *and four* en firspændervogn.
coach| box buk, kuskesæde. **-builder** *sb* karetmager. ~ **house** vognskur, vognport. **-ing** *sb* manuduktion; (i sport *etc)* træning, instruktion. **-man** ['kəutʃmən] kusk. ~ **station** rutebilstation.
coadjutor [kəu'ædʒutə] *sb* medhjælper.
coagulate [kəu'ægjuleit] *vb* løbe sammen, koagulere, størkne; (med objekt) få til at løbe sammen *etc.*
coagulation [kəuægju'leiʃn] *sb* koagulering.
coal [kəul] *sb* kul; *vb* forsyne med kul; tage kul ind; *carry -s to Newcastle* (svarer til) give bagerbørn hvedebrød.
coal| bed kulleje. ~ **bunker** *(mar)* kulbunker.
coaler ['kəulə] *sb* kulbåd, kulvogn.
coalesce [kəuə'les] *vb* vokse sammen, forene sig, smelte sammen.
coal|face det sted hvor brydningen foregår. **-field** kuldistrikt. **-fish** *zo* sej. **-heaver** kulafbærer, kullemper. **-ing** *sb* indtagning af kul.
coalition [kəuə'liʃn] *sb* forening; forbund; koalition; ~ *government* samlingsregering.
coal| measures *pl* kulførende lag. **-mine** kulmine, kulgrube. **-mouse** *sb zo* sortmejse. ~ **oil** *(am)* råolie; petroleum. ~ **scuttle** kulkasse; kulspand. **-seam** kullag. ~ **tit** *sb zo* sortmejse.
coaming ['kəumiŋ] *sb (mar)* lugekarm.
coarse [kɔ:s] *adj* grov; rå; plump.
coarse-grained *adj* grovkornet; (om læder) groftnarvet, stornarvet.
coarsen [kɔ:sn] *vb* forgrove, forrå; forgroves.
coast [kəust] *sb* kyst; *(am)* kælkebakke; kælketur; *vb* sejle langs kysten (af), sejle i kystfart; kælke; køre ned ad bakke; glide (uden motorkraft); køre i frigear; *(ogs fig)* holde frihjul, køre på frihjul; *the* ~ *is clear (fig)* der er fri bane.
coastal [kəustl] *adj* kyst-; ~ *trade* kystfart, indenrigsfart.
coaster ['kəustə] *sb* kystfartøj; (cykel med) baghjulsbremse; (på bord) glasbakke, flaskebakke; *(am)* kælk; legevogn; rutschebane.
coastguard *sb* kystvagt; *-s pl (ogs)* kystpoliti.
coastwise ['kəustwaiz] *adj, adv* kyst-; ~ *trade* kystfart.
coat [kəut] *sb* **1.** frakke; jakke; kåbe; (læges *etc)* kittel; **2.** lag (af maling, cement, puds *etc); overtræk (fx of chocolate);* **3.** (et dyrs) pels; ham; **4.** *vb* beklæde; overtrække; belægge; (med maling) stryge;
~ *of arms* våbenskjold, våbenmærke; ~ *of mail* ringbrynje, panserskjorte; *a* ~ *of paint* en gang *(el.* et lag) maling;
(med *vb) cut one's* ~ *according to one's cloth* sætte tæring efter næring; *wear the king's* ~ være i kongens klæder; være soldat; (se også *dust, I. trail).*
coated ['kəutid] *adj* overtrukket, imprægneret; (om tunge) belagt; ~ *paper* bestrøget papir.
coatee ['kəuti:] *sb* kort jakke.
coat hanger *sb* bøjle (til at hænge tøj på).
coati ['kəuti] *sb zo* næsebjørn.
coating ['kəutiŋ] *sb* beklædning, overtræk, lag, hinde; frakkestof.
coat tails *pl* frakkeskøder.
coax [kəuks] *vb* lokke, (prøve at) overtale, snakke godt for.
cob [kɔb] *sb* klump; lille stærk hest; majskolbe; hansvane.
cobalt [kəu'bɔ:lt, 'kəubɔ:lt] *sb* kobolt.
I. cobble [kɔbl] *vb (glds)* lappe, flikke (sko); ~ *together,* ~ *up* flikke sammen.
II. cobble [kɔbl] *sb* håndsten, rullesten; toppet brosten; *vb* brolægge med toppede brosten; *-s pl (ogs)* større kul; S *(vulg)* nosser; sludder.
cobbler ['kɔblə] *sb* skoflikker; fusker; isdrik *(fx sherry* ~*).*
cobblestone = *II. cobble.*
coble [kəubl] *sb* fladbundet båd.
cobnut ['kɔbnʌt] *sb* (slags stor hasselnød).
cob pipe majspibe.
cobra ['kəubrə] *sb zo* brilleslange.
cobweb ['kɔbweb] *sb* spindelvæv.
coca-cola ['kəukə'kəulə] *sb* ® coca-cola.
cocaine [kə'kein] *sb* kokain.
coccus ['kɔkəs] *sb (pl cocci* ['kɔksai]) kugleformet bakterie, kok.
cochineal ['kɔtʃini:l] *sb* kochenille (insekt, rødt farvestof).
chochlea ['kɔkliə] *sb (anat)* ørets sneglegang.
I. cock [kɔk] *sb* **1.** hane; (fugle)han; **2.** vejrhane; **3.** hane (på en bøsse, på vandrør *etc);* (se også *half-cock);* **4.** viser (på vægt); **5.** bevægelse opad, skrå stilling; **6.** S sludder; **7.** *(vulg)* pik; *that* ~ *won't fight* den går ikke; der bliver ingen bukser af det skind; *old* ~*!* gamle dreng! *the* ~ *of the walk* manden for det hele, den dominerende person.
II. cock [kɔk] *vb* **1.** (om hat) sætte på snur; **2.** (om bøsse) spænde hanen på; **3.** (om øjne, ører) vende, dreje *(at* mod); ~ *one's ears* spidse ører; ~ *one's eye at sth* skotte *(el.* skæve) til noget, kigge på noget; ~ *one's fist* føre hånden tilbage for at slå; ~ *one's nose* stikke næsen i sky; (se også *snook*); ~ *up (vulg)* forkludre, lave kludder i.
cockade [kɔ'keid] *sb* kokarde.
cock-a-doodle-doo ['kɔkədu:dl'du:] kykliky.
cock-a-hoop ['kɔkə'hu:p] *adj* triumferende, hoverende, stolt; *be* ~ *(ogs)* stikke næsen i sky.
Cockaigne [kɔ'kein] slaraffenland; cockneyernes land (London).
cockalorum [kɔkə'lɔ:rəm] *sb* lille vigtigprås.
cock-and-bull story røverhistorie, skrøne.
cockatoo [kɔkə'tu:] *sb zo* kakadue.
cockatrice ['kɔkətrais] *sb* basilisk (fabeldyr).
Cockayne = *Cockaigne.*
cock boat jolle, lille båd.
Cockburn ['kəubə:n].
cockchafer ['kɔktʃeifə] *sb zo* oldenborre.

cocked [kɔkt] *adj:* ~ *hat* trekantet hat; *knock sby into a* ~ *hat* vinde stort over en; være tusind gange bedre end en.
I. Cocker ['kɔkə]: *according to* ~ (svarer til) efter Chr. Hansens regnebog.
II. cocker ['kɔkə] *vb:* ~ *up (am)* forkæle.
cockerel ['kɔkr(ə)l] *sb* hanekylling.
cock|eyed *adj* skeløjet; S skæv; tosset; beruset. **-fight** hanekamp.
cockhorse ['kɔk'hɔ:s] *sb* kæphest, gyngehest; *ride a* ~ *(ogs)* ride ranke.
cockle ['kɔkl] *sb zo* hjertemusling; *(bot)* klinte; rajgræs; rynke, bule; *vb* blive rynket, slå buler; *warm the -s of one's heart* varme en om hjerterødderne.
cockleshell ['kɔklʃel] *sb* muslingeskal; *(fig)* nøddeskal (skrøbelig båd).
cockloft ['kɔklɔft] *sb* loftskammer, kvist.
cockney ['kɔkni] *sb* ægte londoner; londonersprog; *adj* londonsk.
cockpit ['kɔkpit] *sb* hanekampplads; krigskueplads; *(flyv)* cockpit, førerrum; *(mar)* cockpit; *(glds,* på krigsskib) lazaret.
cockroach ['kɔkrəutʃ] *sb zo* kakerlak.
cockscomb ['kɔkskəum] *sb (zo, bot)* hanekam; (se også *coxcomb).*
cockshot ['kɔkʃɔt], **cockshy** ['kɔkʃai] *sb* T kast til måls; mål der kastes efter; *(fig)* skydeskive.
cock sparrow spurvehan; *(fig)* lille vigtigprås.
cocksure ['kɔk'ʃuə] *adj* selvsikker, skråsikker.
cocktail ['kɔkteil] *sb* cocktail; hest med kuperet hale.
cockteaser ['kɔkti:sə] *sb* S narrefisse.
cockup ['kɔkʌp] *sb (vulg)* brøler; kludder; *the film is a total* ~ filmen er noget elendigt makværk.
cocky ['kɔki] *adj* (skidt)vigtig, kry, kæphøj, selvtilfreds.
coco ['kəukəu] *sb* kokos(palme).
cocoa ['kəukəu] *sb* kakaobønne; kakao.
cocoanut, coconut kokosnød.
cocoon [kɔ'ku:n] *sb* kokon (puppehylster).
cod [kɔd] *sb zo* torsk; T parodi; *adj* parodisk; lavet for sjov; *vb* parodiere, gøre grin med.
C.O.D. *fk Concise Oxford Dictionary; cash on delivery* kontant ved levering; pr. efterkrav.
I. coddle [kɔdl] *vb* forkæle, pylre om; kæle for.
II. coddle [kɔdl] *vb* koge (over en sagte ild).
code [kəud] *sb* kode; *(jur)* lovbog, lovsamling, kodeks; *(fig)* kodeks, regler, love; *vb* omsætte til kode.
codfish ['kɔdfiʃ] *sb zo* torsk.
codger ['kɔdʒə] *sb* (gammel) stabejs (, støder, knark, særling).
codicil ['kɔdisil] *sb (jur)* kodicil (tillægsbestemmelse i testamente).
codification [kɔdifi'keiʃn] *sb* kodifikation.
codify ['kɔdifai] *vb* kodificere (samle og ordne).
codling ['kɔdliŋ] *sb* ung torsk; art madæble.
codling moth *zo* æblevikler.
cod-liver oil (torske)levertran.
cod's roe torskerogn.
codswallop ['kɔdzwɔləp] *sb* S sludder, bavl.
co-ed ['kəu'ed] *sb (am)* S kvindelig studerende ved *college* for begge køn.
co-education ['kəuedju'keiʃn] *sb* fællesundervisning (for piger og drenge).
co-educational *adj* : ~ *school* fællesskole.
coefficient [kəui'fiʃnt] *sb (mat.)* koefficient.
coerce [kəu'ə:s] *vb* tvinge. **coercion** [kəu'ə:ʃn] *sb* tvang.
coercive [kəu'ə:siv] *adj* tvingende, tvangs- *(fx methods).*
coeval [kəu'i:vl] *adj* samtidig, jævnaldrende.
coexist ['kəuig'zist] *vb* være til på samme tid, bestå sammen. **coexistence** ['kəuig'zistəns] *sb* sameksistens, koeksistens.
C. of E. *fk Church of England.*
coffee ['kɔfi] *sb* kaffe.
coffee | bean kaffebønne. ~ **berry** kaffebønne; kaffetræets frugt. ~ **grinder** kaffekværn. ~ **grounds** *sb* kaffegrums. ~ **house** kafé. ~ **klatsch** *(am)* kaffeslabberads ~ **maker** espressokande; kaffekolbe; kaffemaskine. ~ **mill** kaffemølle. ~ **morning** morgenkaffekomsammen til indsamling af penge. **-pot** kaffekande. ~ **room** kafferestaurant, kaffesalon (i hotel). ~ **table** sofabord. **~-table book** (stor dyr illustreret bog).
coffer ['kɔfə] *sb* pengekiste; kassette (i loft).
cofferdam ['kɔfədæm] *vb* kofferdam, sænkekasse.
coffin ['kɔfin] *sb* ligkiste; *vb* lægge i kiste.
coffin| nail ligkistesøm; S cigaret. ~ **ship** *(mar)* plimsoller, dødssejler.
cog [kɔg] *sb* tand (på hjul); (i snedkeri) tap; *(fig)* lille hjul i stort maskineri; *vb:* ~ *the dice* snyde i terningespil.
cogency ['kəudʒənsi] *sb* (om argument) slagkraft, overbevisende karakter.
cogent ['kəudʒənt] *adj* tvingende; overbevisende.
cogitate ['kɔdʒiteit] *vb* tænke. **cogitation** [kɔdʒi'teiʃən] *sb* tænken; tænkning.
cognac ['kɔnjæk, 'kəu-] *sb* (fransk) konjak.
cognate ['kɔgneit] *adj* beslægtet; *sb* slægtning; beslægtet sprog *(el.* ord).
cognition [kɔg'niʃn] *sb* erkendelse; viden.
cognizance ['kɔgnizns] *sb* kundskab; kendskab; kompetence, jurisdiktion; forhør, undersøgelse for retten; *take* ~ *of* bemærke, tage til efterretning; anerkende eksistensen af.
cognizant ['kɔgniznt] *adj* bekendt *(of* med), vidende *(of* om). **cognize** [kɔg'naiz] *vb* erkende.
cognomen [kɔg'nəumən] *sb* (efter)navn, familienavn; tilnavn; øgenavn.
cognoscente ['kɔnjə'ʃenti] *sb (pl cognoscenti* [-ti:]) kender.
cogwheel ['kɔgwi:l] *sb* tandhjul.
cohabit [kəu'hæbit] *vb* leve sammen (som ægtefolk), leve i papirløst ægteskab.
cohabitation [kəuhæbi'teiʃən] *sb* samliv; papirløst ægteskab.
cohabitant [kəu'hæbitnt], **cohabitor** [kəu'hæbitə] *sb* (papirløs) sammenlever.
coheir ['kəu'ɛə] *sb* medarving.
cohere [kəu'hiə] *vb* hænge sammen.
coherence [kəu'hiərəns] *sb* (logisk) sammenhæng.
coherent [kəu'hiərənt] *adj* sammenhængende.
cohesion [kəu'hi:ʒn] *sb* sammenhængskraft, kohæsion; sammenhæng.
cohesive [kəu'hi:siv] *adj* kohæsiv; sammenhængende.
cohort ['kəuhɔ:t] *sb* kohorte; gruppe; *(birth* ~*)* fødselsårgang, generation.
coif [kɔif] *sb* tætsluttende hue *(el.* hætte); *(hist)* hjelmhue.
coign [kɔin] *sb:* ~ *of vantage* fordelagtig stilling, sted hvorfra man har godt overblik.
coil [kɔil] *vb* sno (sig); rulle (sig) sammen; vinde op i spiral(form), lægge sammen i ringe; (om tov) rinke op, *(mar)* kvejle; skyde op; *sb* spiral, rulle; (enkelt snoning:) ring, bugt; (om tov) rulle, *(mar)* kvejl; bugt; *(elekt)* spole, rulle; **-s** *pl* (om frisure) frikadeller; *(fig)* net; bånd.
coil aerial rammeantenne.
coiled pottery båndkeramik.
coin [kɔin] *sb* mønt; *vb* præge, udmønte; *(fig)* præge, danne, skabe, lave *(fx a new word);* opdigte; ~ *it in,* ~ *money* T skovle penge ind, tjene store penge; (se også *I. pay (back)).*
coinage ['kɔinidʒ] *sb* møntprægning, udmøntning; mønt; *(fig)* opfindelse; nydannelse (om ord og ud-

tryk).
coin|box mønttelefon. ~ **changer** møntgiver.
coincide [kəuin'said] *vb* træffe sammen, falde sammen (*with* med).
coincidence [kəu'insid(ə)ns] *sb* sammentræf; overensstemmelse; *it was a mere* ~ det var et rent tilfælde; *the long arm of* ~ tilfældets spil.
coincident [kəu'insid(ə)nt] *adj* sammentræffende; samtidig; overensstemmende; sammenfaldende.
coincidental [kəuinsi'dentl] *adj* tilfældig.
coiner ['kɔinə] *sb* falskmøntner.
coir [kɔiə] *sb* kokosbast, kokostaver. **coir rope** græstov.
coke [kəuk] *sb* koks; T coca-cola; kokain; *vb* lave til koks; forkokse; *broken* ~ knuste koks.
cokernut ['kəukənʌt] *sb* T kokosnød.
cokey ['kəuki] *sb* S kokainist; narkoman.
col [kɔl] *sb (geol)* sadel; *(meteorol)* sadelområde.
I. Col. *fk colonel; Colorado.*
II. col. *fk colonial, column.*
colander ['kʌləndə] *sb* dørslag.
Colchester ['kəultʃistə].
cold [kəuld] *adj* kold; *(fig)* kold; koldblodig, rolig; S bevidstløs; *sb* kulde; forkølelse; snue; *I am* ~ jeg fryser; *catch (a)* ~, *take* ~ forkøle sig; *have sby* ~ T have krammet på en; ~ *in the head (el. nose)* snue; *bring in from the* ~ lukke ind i varmen; *be left out in the* ~ *(fig)* være sat udenfor; være ude i den kolde sne; *it leaves me* ~ det rør mig ikke; *give sby the* ~ *shoulder* vise én en kold skulder.
cold|-blooded *adj* (om dyr) koldblodet; *(fig)* kold, følelsesløs; brutal (*fx murder*). ~ **comfort** dårlig (*el.* mager) trøst. ~ **cream** coldcream. ~ **deck** spil kort, som i det skjulte holdes parat for at benyttes til falsk spil. ~ **feet** T angst, fejhed, 'kolde fødder'. ~ **front** koldfront. ~ **-short** *adj* koldskør (om metaller som afkøling gør sprøde). ~ **-shoulder** *vb:* ~ *-shoulder sby* vise én en kold skulder. ~ **storage** opbevaring i kølerum; kølehus; *put in* ~ *storage (fig)* lægge på is. ~ **war** kold krig. ~ **wave** kuldebølge; koldpermanent.
Coleridge ['kəulridʒ].
cole|seed ['kəulsi:d] rapsfrø. **-slaw** [-slɔ:] kålsalat.
coley ['kəuli] *sb* (om forskellige spisefisk, især) sej.
colic ['kɔlik] *sb* kolik, mavekrampe.
colitis [kɔ'laitis] *sb* tyktarmsbetændelse.
collaborate [kə'læbəreit] *vb* være medarbejder; samarbejde. **collaboration** [kəlæbə'reiʃn] *sb* medarbejderskab; samarbejde. **collaborationist** [kəlæbə'reiʃnist], **collaborator** [kə'læbəreitə] *sb (neds)* samarbejdsmand, kollaboratør.
collapse [kə'læps] *vb* falde (, klappe, synke) sammen; *(fig)* falde til jorden; (om person) bryde sammen; (især *med.*) kollabere; *sb* sammenfalden; sammenbrud, fiasko.
collapsible [kə'læpsəbl] *adj* sammenklappelig, sammenfoldelig; ~ *steering column* kollisionssikker ratstamme.
collar ['kɔlə] *sb* krave, flip; (til hund *etc;* smykke) halsbånd; (på seletøj) kumte; (til orden *etc)* ordenskæde; *(mek)* ring, (på bolt) bryst; *vb* gribe i kraven; gribe (, få) fat i; hage sig fast i (og tale til); S hugge, negle; *hot under the* ~ hed om ørerne.
collar | beam hanebjælke. **-bone** kraveben.
collard ['kɔləd] *sb* grønkål.
collarette [kɔlə'ret] *sb* lille damekrave.
collate [kɔ'leit] *vb* sammenligne, konferere, (om manuskripter *etc)* kollationere; (om præst) kalde (til et embede).
collateral [kɔ'lætr(ə)l] *adj* underordnet, bi-; side-; parallel; *sb* slægtning i en sidelinie; ~ *(security)* yderligere sikkerhed, kaution, håndpant; ~ *loan* lombardlån.
collation [kɔ'leiʃn] *sb* kollationering, sammenligning (*fx* af en afskrift med originalen); let måltid, kold anretning; (bogs) udstyrelse.
colleague ['kɔli:g] *sb* embedsbroder, kollega.
I. collect [kə'lekt] *vb* samle, indsamle; samle på; afhente; (om gæld) opkræve, indkassere, inddrive; *(elekt)* aftage (strøm); (uden objekt) samle sig; *adj (am tlf etc)* som betales af modtageren; *call him* ~ ringe til ham og lade ham betale samtalen; ~ *oneself* samle sig, sunde sig.
II. collect ['kɔlekt] *sb* kollekt, (kort) bøn (til særlige lejligheder).
collect call *(tlf)* samtale som betales af modtageren.
collected [kə'lektid] *adj* fattet, rolig.
collection [kə'lekʃn] *sb* indsamling; samling; ansamling; afhentning; tømning (af postkasse); opkrævning, inkasso.
collective [kə'lektiv] *adj* samlet; fælles; kollektiv; ~ *bargaining* overenskomstforhandlinger (mellem fagforeninger og arbejdsgivere); ~ *farm* kollektivbrug; ~ *security* kollektiv sikkerhed.
collectivism [kə'lektivizm] *sb* kollektivisme.
collector [kə'lektə] *sb* samler; inkassator; opkræver; indsamler; *(solar* ~*)* solfanger; *(elekt)* strømaftager; ~ *of customs* toldforvalter; ~ *of taxes* skatteopkræver.
colleen ['kɔli:n, (i Irland:) kɔ'li:n] *sb* (irsk:) pige.
college ['kɔlidʒ] *sb* kollegium; læreanstalt, universitet; højere skole; *(am ogs)* fagskole; ~ *of education* seminarium.
collegian [kə'li:dʒən] *sb* medlem af et kollegium.
collegiate [kə'li:dʒiət] *adj* kollegie-; universitets-; som hører til et *college.*
collide [kə'laid] *vb* støde sammen.
collie ['kɔli] *sb* collie, (skotsk) hyrdehund.
collier ['kɔliə] *sb* (kul)minearbejder; kulbåd, matros på kulbåd. **colliery** ['kɔljəri] *sb* kulmine.
collision [kə'liʒn] *sb* sammenstød, kollision.
collision course kollisionskurs.
collocate ['kɔləkeit] *vb* stille, ordne; sammenstille; ~ *with* (om ord) kunne forbindes med (idiomatisk).
collocation [kɔlə'keiʃn] *sb* sammenstilling, ordforbindelse.
collogue [kə'ləug] *vb* lægge råd op.
colloid ['kɔlɔid] *adj* klisteragtig.
collop ['kɔləp] *sb* skive kød *el.* stegeflæsk; *(fig)* delle.
colloquial [kə'ləukwiəl] *adj* kollokvial, som hører til dagligsproget, som bruges i daglig tale.
colloquialism [kə'ləukwiəlizm] *sb* udtryk fra daglig tale.
colloquy ['kɔləkwi] *sb* samtale.
collotype ['kɔlətaip] *sb* lystryk.
collude [kə'lu:d] *vb* være i hemmelig forståelse, spille under dække. **collusion** [kə'lu:ʒn] *sb* hemmelig forståelse, aftalt spil. **collusive** [kə'lu:siv] *adj* aftalt i hemmelighed.
collywobbles ['kɔliwɔblz] *sb pl* T rumlen i maven; (nervøs) mavepine.
Colo. *fk. Colorado.*
colocynth ['kɔləsinθ] *sb (bot)* kolokvint.
Cologne [kə'ləun] Køln. **cologne** *sb* eau de Cologne.
colon ['kəulən] *sb* (skilletegn) kolon; *(anat)* tyktarm.
colonel [kə:nl] *sb* oberst; *(am* også tom høflighedstitel).
colonelcy ['kə:nlsi] *sb* oberstrang, oberststilling.
colonial [kə'ləunjəl] *adj* kolonial, koloni-; *(am)* fra kolonitiden; *sb (glds)* indbygger i (engelsk) koloni.
colonialism [kə'ləuniəlizm] *sb* kolonialisme.
colonialist [kə'ləuniəlist] *sb* kolonialist.
colonist ['kɔlənist] *sb* kolonist, nybygger.
colonization [kɔlənai'zeiʃn] *sb* kolonisering.
colonize ['kɔlənaiz] *vb* kolonisere; sende til kolonierne; bosætte sig som kolonist.

colonizer ['kɔlənaizə] *sb* kolonisator.
colonnade [kɔlə'neid] *sb* søjlegang, kolonnade.
colony ['kɔləni] *sb* koloni, nybygd.
colophon ['kɔləfən] *sb (typ)* kolofon.
color *(am)* = *colour.*
Colorado [kɔlə'ra:dəu]; ~ *beetle zo* coloradobille.
coloration [kʌlə'reiʃn] *sb* farvelægning, farvetegning; farve(r).
coloratura [kɔlərə'tuərə] *sb (mus.)* koloratur.
colossal [kə'lɔsl] *adj* kolossal.
coloss|us [kə'lɔsəs] *sb (pl -i* [-ai] *el. -uses)* kolos; kæmpestatue.
I. colour ['kʌlə] *sb* farve, kulør; rødme; skin; beskaffenhed; **-s** *pl* fane, flag;
come off with flying -s klare det med glans; *get one's -s* komme på (universitets) førstehold; *give (el. lend) ~ to* gøre sandsynlig; *give a false ~ to* forvanske; *join the -s* melde sig under fanerne; *lose ~* blive bleg; *off ~,* se *off-colour; I have not seen the ~ of his money* jeg har ikke set en øre fra ham; *show one's -s* tone flag; *(fig)* bekende kulør; *show one's true -s* vise sit sande ansigt, vise sig i sin sande skikkelse; *stick to one's -s* holde fanen højt, være tro mod sin overbevisning; *take one's ~ from* efterabe; *under ~ of* under påskud af; *under false -s* under falsk flag; *sail under false -s* tone falsk flag.
II. colour ['kʌlə] *vb* farve; kolorere, farvelægge; *(fig)* farve (ɔ: forvanske; præge); (uden objekt) få farve; *(= ~ up)* rødme.
colourable ['kʌlərəbl] *adj* plausibel, antagelig; bestikkende; falsk.
colour| bar raceskel. ~ **-blind** farveblind. ~ **box** malerkasse. ~ **cast** *sb* farvefjernsynsudsendelse.
coloured ['kʌləd] *adj* farvet; kulørt *(fx light); -s sb pl* farvede; *the -s (ogs)* det kulørte (om tøj).
colourful ['kʌləf(u)l] *adj* farvestrålende, farverig, broget, livlig.
colouring ['kʌləriŋ] *sb* farve; kolorit; teint; skær, anstrøg.
colouring book malebog (til børn).
colour|less *adj* farveløs. **-man** farvehandler. ~ **prejudice** racefordomme. ~ **print** farvetryk (billedet); *(fot)* farvefoto (aftryk). ~ **scheme** farvesammensætning, farvevalg. ~ **vision** farveopfattelse, farvesyn.
colporteur ['kɔlpɔ:tə, kɔlpɔ'tə:] *sb* kolportør.
colt [kəult] *sb* føl (især hingstføl); plag, ung hest; (om person) ung nar, grønskolling; (våben) colt-revolver.
coltsfoot ['kəultsfut] *sb (bot)* følfod.
columbari|um [kɔləm'bɛəriəm] *sb (pl -a)* dueslag; urnehal.
I. columbine ['kɔləmbain] *sb (bot)* akeleje.
II. Columbine ['kɔləmbain] Kolumbine.
Columbus [kə'lʌmbəs] Kolumbus.
column ['kɔləm] *sb* søjle; kolonne; spalte (i avis, bog).
columnist ['kɔləmnist] *sb* redaktør af særlig spalte *(el.* afdeling) i avis.
coma ['kəumə] *sb* coma, dyb bevidstløshed; *(astr)* coma (tågemasse om komets kerne); *(bot)* bladdusk; frøuld.
comatose ['kəumətəus] *adj* comatøs; dybt bevidstløs.
comb [kəum] *sb* kam; vokskage; *vb* kæmme; rede; (om bølge) bryde; *(fig)* finkæmme *(fx the police -ed the town for the murderer);* gennemtrawle; ~ *out* rede ud; finkæmme; *(fig)* sortere fra, skille fra.
combat ['kɔmbæt] *sb* kamp; *vb* [(*ogs* især *am*:) kəm'bæt] kæmpe; bekæmpe.
combatant ['kɔmbətənt; *(am ogs)* kəm'bætənt] *sb* kombattant; *(ogs adj)* kæmpende.
combat fatigue *sb (med.)* kamptræthed, krigsneurose.
combative ['kɔmbətiv; *(am ogs)* kəm'bætiv] *adj* kamplysten, krigerisk.
combat team *(mil.)* kampgruppe.
comber ['kəumə] *sb* kartemaskine; brodsø.
combination [kɔmbi'neiʃn] *sb* forbindelse, forening, kombination; sammenslutning; (til lås) kode, kombination; *(motorcycle ~)* motorcykel med sidevogn; *(a pair of) -s* (en) combination (undertøj).
combination lock kombinationslås, kodelås.
combination pliers *pl* universaltang.
I. combine ['kɔmbain] *sb* mejetærsker; sammenslutning, syndikat, trust, konsortium.
II. combine [kəm'bain] *vb* kombinere, forbinde, forene; forbinde sig, forene sig.
combings ['kəumiŋz] *sb pl* afredt hår.
combo ['kɔmbəu] *sb (am S) fk combination; (mus.)* (mindre jazzorkester på 3-8 mand).
comb-out ['kəumaut] *sb* finkæmning.
combustibility [kəmbʌstə'biləti] *sb* brændbarhed.
combustible [kəm'bʌstəbl] *adj* brændbar; let antændelig; *(fig)* let fængelig, let at ophidse; *sb* brændbart stof.
combustion [kəm'bʌstʃn] *sb* forbrænding.
combustion| chamber forbrændingskammer. ~ **engine** forbrændingsmotor.
I. come [kʌm] *vb (came, come)* komme; ankomme; ske *(fx ~ what may* ske hvad der vil); gå 'til; spille, agere *(fx ~ the great man);* udvikle sig; blive *(fx it will ~ allright in the end);* (om vare) fås *(fx they ~ in a variety of colours);*
come! hør! *come! come!* nå nå! små slag! *he is as clever as they ~* han er noget så klog ; han er noget af det klogeste; *how -s it that* hvordan kan det være at; ~ *it over* S dominere; ~ *it strong* S overdrive; ~ *to pass* hænde; ~ *true* gå i opfyldelse; *in days to ~* i fremtiden; *the years to ~* de kommende år;
(med *adv* og *præp)* ~ **about** hænde; ske, gå til *(fx it came about in this way);* vende; ~ **across** møde; støde på; S punge ud *(fx he will have to ~ across with the money;* ~ **again!** *(am S)* hva' (ɔ: sig det igen); ~ **along** komme frem, komme, vise sig; ~ *along!* kom så! kom med! ~ **at** få fat på; opnå; gå løs på, angribe *(fx he came at me);* ~ **away** falde af, gå af *(fx the handle came away);* ~ **back** komme tilbage, blive populær igen, være med igen; T svare igen; replicere; ~ **by** komme forbi; komme til, få fat på *(fx it is difficult to ~ by);* ~ **down** komme ned; falde ned; blive sat tilbage; (om pris) falde; (om tradition) blive overleveret; ~ *down handsomely* ordentlig flotte sig, punge ud; *he has ~ down in the world* det er gået tilbage for ham; ~ *down on* overfalde, skælde ud; *he came down on their side* han besluttede sig til at støtte dem; han sluttede sig til deres parti; ~ *down to* indskrænke sig til; gå i arv til; *he came down to -ing* han sank så dybt at han; *when it -s down to* når det drejer sig om; ~ *down with the money* betale pengene; ~ **for** hente, komme efter; ~ **forward,** ~ **forth** komme frem; melde sig; tilbyde sig; *it -s strangely* **from** *him* det lyder mærkeligt i hans mund; ~ *home to,* se *home;* ~ **in** komme ind; komme op; komme til nytte; blive mode; (ved væddeløb) slutte, komme i mål; *(parl)* blive valgt; komme til magten; (om frugt *etc)* blive moden; ~ *in for* blive udsat for *(fx criticism);* få; *I came in for a share* der faldt noget af til mig; *where does the fun ~ in?* hvad morsomt er der ved det? *where do I ~ in?* hvad skal jeg lave? hvad er min opgave? *it came in useful* det kom lige tilpas, det kom til nytte; ~ **into** arve *(fx a fortune);* få; gå ind på; ~ *into being* opstå; ~ *into force* træde i kraft; ~ *into money* komme til penge; ~ *into one's head* falde en ind; ~ **of** komme af; nedstamme fra; *nothing came of it* der blev ikke noget af det;
~ **off** komme bort fra; slippe fra (noget); klare sig; foregå, finde sted; gå af, falde ud (godt *el.* dårligt); lykkes; falde af, gå af *(fx the handle came off); it didn't*

~ *off (ogs)* det lykkedes ikke, det blev ikke til noget; ~ *off it!* hold op med det; hold op med at spille vigtig; *she would have* ~ *off worse* det ville have gået hende værre; ~ *off on* smitte af på; ~ **on** komme frem; gøre fremskridt, udvikle sig; nærme sig; *(am)* gøre indtryk af at være *(fx* ~ *on tough, sincere),* (prøve at) virke ...; *(teat)* gøre sin entré; *(jur)* komme for *(fx the case -s on next Thursday);* (om plante) trives; ~ *on!* skynd dig! kom så! (vantro:) åh la' vær'! (bønfaldende:) å hva', nå nå *(fx* ~ *on, don't argue (ogs)* lad nu være med at skændes); *you're coming on!* du kommer dig (ɔ: gør fremskridt); *I've got a cold coming on* jeg er ved at blive forkølet; ~ **out** komme ud, blive bekendt; komme frem, blive opdaget; (om bog) udkomme; (om ung pige) debutere i selskabslivet; (om hår) falde af; *(bot)* springe ud; (om kabale) gå op; T strejke; nedlægge arbejdet; ~ *out No. 1* komme ind som nr. 1; ~ *out against* kritisere, angribe; *he came out in spots* han fik udslæt; ~ *out of* føre til, være resultatet af *(fx what came out of your work?);* ~ *out with* komme frem med; fremsætte; plumpe ud med;

~ **over** blive *(fx he came over queer); what's* ~ *over him* hvad går der af ham; ~ **round** vende sig (om vinden); komme på bedre tanker; komme sig; komme til sig selv, komme til bevidsthed; lade sig overtale; ~ *round here!* kom herom! ~ *round some time!* kig inden for (ɔ: besøg mig) engang! *Christmas soon came round again* snart stod julen atter for døren; ~ **through** *(am)* klare den; blive frelst (ɔ: omvendt); S rykke ud med sproget; ~ *through with* røbe, komme frem med; *the call came through (tlf)* han (, jeg *etc)* fik forbindelse; ~ **to** komme til sig selv igen; beløbe sig til *(fx the bill came to ten pounds);* falde ud, ende; *he had it coming to him* han var selv ude om det; ~ *to grief* komme galt af sted; ~ *to nothing* løbe ud i sandet, ikke blive til noget *(fx his plans came to nothing);* ~ *to that* for den sags skyld, når alt kommer til alt; ~ *to pieces* gå i stykker; ~ **up** komme op; dukke op; rejse sig; komme frem; komme for; ~ *up to* nå op til; stå på højde med; nå; ~ *up with* nå, indhente; ~ **upon** træffe på, (tilfældigt) finde, komme over; falde over; ~ **within** falde ind under.

II. come [kʌm] *pp* af *come.*

come-at-able [kʌm'ætəbl] *adj* omgængelig, let at få i tale; let tilgængelig.

comeback ['kʌmbæk] *sb* tilbagekomst; come-back; S rapt svar, svar på tiltale.

Comecon *fk Council for Mutual Economic Aid* (østeuropæisk „fællesmarked").

comedian [kə'mi:diən] *sb* komiker.

comedo ['kɔmidəu] *sb* hudorm.

come-down ['kʌmdaun] *sb* brat fald; tilbageskridt; skuffelse; ydmygelse.

comedy ['kɔmidi] *sb* komedie; komik; *the* ~ *of the situation* det komiske ved situationen; ~ *of manners* sædekomedie.

come-hither [kʌm'hiðə] *adj* T indladende.

comely ['kʌmli] *adj* pæn, køn; tækkelig, net.

come-on ['kʌmɔn] *sb* S lokken; bagtanke, skjult hensigt; lumskeri.

comer ['kʌmə] *sb* **1.** *(am* T*)* en der er på vej op, en der er fut i; **2.:** *all -s* alle, der melder sig *(el.* indfinder sig); *the first* ~ den først ankomne.

comestibles [kʌ'mestiblz] *sb pl* madvarer.

comet ['kɔmit] *sb* komet.

come-uppance *sb: get one's* ~ T få sin velfortjente straf, få løn som forskyldt.

comfits ['kʌmfits] *sb* konfekt, søde sager (især: kandiserede frugter).

comfort ['kʌmfət] *sb* trøst; (legemligt:) velbefindende, velvære; *(mht* indretning *etc)* hygge, bekvemmelighed, behagelighed; komfort; *(mht* penge) økonomisk tryghed; *vb* trøste, oplive; *too big (, close etc) for* ~ for stor (, nær *etc)* til at man er rigtig tryg ved det; ubehageligt stor (, nær etc).

comfortable ['kʌmf(ə)təbl] *adj* bekvem, magelig *(fx chair),* komfortabel, behagelig, hyggelig *(fx room);* god, pæn *(fx income);* (om person) veltilpas; *be* ~ *(ogs)* sidde godt; ligge godt; (om patient) have det nogenlunde godt; *(økon)* sidde godt i det; *make oneself* ~ hygge sig; *make yourself* ~ *(ogs)* gør Dem det bekvemt.

comfortably *adv* bekvemt, let, behageligt; *be* ~ *off* være velstillet, sidde godt i det.

comforter ['kʌmfətə] *sb* trøster; uldent halstørklæde; (til barn) narresut; *(am)* vattæppe.

comfortless ['kʌmfətləs] *adj* uden hygge; uhyggelig, trøstesløs, trist.

comfort station *(am)* (offentligt) toilet.

comfrey ['kʌmfri] *sb (bot)* kulsukker.

comfy ['kʌmfi] T = *comfortable; (ogs)* hygsom.

comic ['kɔmik] *adj* komisk *(fx a* ~ *song); sb* komiker; tegneseriehæfte; *-s* tegneserier.

comical ['kɔmikl] *adj* komisk, morsom, pudsig.

comic | book tegneseriehæfte. ~ **paper** vittighedsblad; tillæg til avis, med tegneserier. ~ **strip** tegneserie.

Cominform ['kɔminfɔ:m]: *fk Communist Information Bureau; the* ~ Kominform.

coming ['kʌmiŋ] *adj* kommende, tilkommende; *sb* komme; ~ *in* (om post, varer) indgående; ~ *out* udgående; ~ *man* vordende leder, stjerne *etc; the* ~ *thing* fremtidens løsen.

Comintern ['kɔmintə:n] *fk Communist International.*

comity ['kɔmiti] *sb* høflighed; ~ *of nations* venskabelig forståelse mellem nationerne.

comma ['kɔmə] *sb* komma.

I. command [kə'ma:nd] *vb* befale, kommandere, byde; påbyde *(fx silence); (mil., mar)* have kommandoen over *(fx a division),* føre; *(fig)* beherske *(fx one's temper); (mht* beliggenhed) beherske *(fx a position from which the artillery -ed the town),* dominere; have udsigt over; (fortjene:) have ret til; kunne kræve *(fx a high salary);* (få:) opnå *(fx a good price);* fremtvinge, vække, indgyde *(fx respect, admiration);* (have:) råde over *(fx unlimited capital);* nyde *(fx respect* agtelse).

II. command [kə'ma:nd] *sb* befaling, ordre, kommando; anførsel, kommando *(fx under his* ~*);* magt, herredømme, rådighed *(of* over); beherskelse *(of* af, *fx a language); at* ~ på kommando; til disposition *(fx all the money at my* ~*); at (el. by) his* ~ på hans befaling *(el.* bud); *in* ~ kommanderende; *be in* ~ føre kommandoen *(fx who is in* ~ *here?).*

commandant [kɔmən'dænt] *sb* kommandant.

commandeer [kɔmən'diə] *vb* rekvirere; beslaglægge.

commander [kə'ma:ndə] *sb* fører, anfører; feltherre, hærfører; *(mil.)* kommandør; *(mar)* orlogskaptajn; (af en orden) kommandør.

commander-in-chief [kə'ma:ndərin'tʃi:f] øverstbefalende.

commandment [kə'ma:ndmənt] *sb* bud; *the ten -s* de ti bud.

commando [kə'ma:ndəu] *sb* (soldat i) særlig uddannet angrebsstyrke, kommando.

command performance privat forestilling for kongehuset.

Commem [kə'mem] *(fk Commemoration)* stiftelsesfest ved universitetet i Oxford.

commemorate [kə'meməreit] *vb* fejre; minde(s).

commemoration [kəmemə'reiʃn] *sb* ihukommelse; mindefest, stiftelsesfest ved universitetet i Oxford; *in* ~ *of* til minde om.

commemorative [kə'mem(ə)rətiv] *adj* til erindring *(of*

om); ~ *stamp* særfrimærke, erindringsmærke.
commence [kə'mens] *vb* begynde.
commencement [kə'mensmənt] *sb* begyndelse; (eksamens)afslutningshøjtidelighed; dimissionsfest; årsafslutning.
commend [kə'mend] *vb* rose, prise; anbefale; betro, overgive; *it does not ~ itself to me* det tiltaler mig ikke.
commend|able [kə'mendəbl] *adj* prisværdig; værd at anbefale. **-atory** [kə'mendət(ə)ri] *adj* anbefalende; rosende.
commensurable [kə'menʃərəbl] *adj* kommensurabel.
commensurate [kə'menʃərət] *adj: be ~ with* stå i et rimeligt forhold til; svare til *(fx his success was not ~ with his efforts)*.
comment ['kɔment] *sb* (kritisk *el.* forklarende) kommentar, bemærkning; *vb* gøre bemærkninger *(on* om); skrive fortolkning *(on* til); *go beyond fair ~* overskride ytringsfrihedens grænse; *~ on (ogs)* omtale, udtale sig om, anmelde.
commentary ['kɔmənt(ə)ri] *sb* kommentar, fortolkning; ledsagende tekst, speakerkommentar (til film *etc);* (i radio) reportage.
commentate ['kɔmənteit] *vb* referere (i radio).
commentator ['kɔmənteitə] *sb* kommentator; radioreporter.
commerce ['kɔməs] *sb* handel; *(glds)* omgang, samkvem.
commercial [kə'mə:ʃl] *adj* kommerciel; erhvervs- *(fx aviation);* handels- *(fx school; traveller* rejsende; *treaty* traktat); forretnings-; *sb* reklameudsendelse (i radio og TV); T handelsrejsende; *put to ~ use* udnytte erhvervsmæssigt.
commercial| art reklamegrafik, industriel grafik. *~* **artist** *(glds),* se *~ designer.* *~* **designer** grafisk designer, grafisk formgiver (og layoutmand).
commercialize [kə'mə:ʃəlaiz] *vb* kommercialisere; udnytte erhvervsmæssigt; *it has become -d* der er gået forretning i det.
commie ['kɔmi] *sb* T kommunist.
commination [kɔmi'neiʃn] *sb* trussel, fordømmelse.
comminatory ['kɔminət(ə)ri] *adj* truende.
commingle [kə'miŋgl] *vb* blande (sig).
comminute ['kɔminju:t] *vb* findele; *-d fracture (med.)* splintbrud. **comminution** [kɔmi'nju:ʃn] *sb* findeling.
commiserate [kə'mizəreit] *vb* ynke, have medlidenhed (med); udtrykke sin medfølelse med.
commiseration [kəmizə'reiʃn] *sb* medlidenhed, medynk; (udtryk for) medfølelse.
commissar [kɔmi'sa:] *sb* kommissær (i Sovjet).
commissariat [kɔmi'sɛəriət] *sb (mil.)* intendantur; forsyningstjeneste; (i Sovjet) kommissariat.
commissary ['kɔmisəri] *sb* kommissær; intendant; *(am)* udsalg, kantine (i lejr *etc)*.
commissary-general *(mil.)* generalintendant.
commission [kə'miʃn] *sb* hverv; bestilling *(fx a ~ for a portrait); (mil.)* officersudnævnelse, officerspatent, officersbestalling; *(merk)* kommission, provision; (personer:) kommission, udvalg; *(cf commit)* betroelse, overdragelse; forøvelse *(fx the ~ of a crime); vb* befuldmægtige; give et hverv, give i kommission, give bestilling på; (om skib) indsætte i farten, udruste; *get a ~* blive officer; *ship in ~* udrustet skib; tjenstdygtigt skib; *put a ship in(to) ~* indsætte et skib i farten; hejse kommando; *out of ~* ude af drift, i uorden, i stykker; *ship out of ~* skib der har strøget kommando, oplagt skib; *be -ed to write an article* få bestilling på en artikel; *~ of the peace* embede som *(el.* udnævnelse til) fredsdommer.
commission agent kommissionær; bookmaker.
commissionaire [kəmiʃə'nɛə] *sb* (uniformeret) dørvogter, portier, schweizer (ved stormagasin, biografteater *etc)*.
commissioned [kə'miʃ(ə)nd] *adj: ~ officer* officer.
commissioner [kə'miʃ(ə)nə] *sb* kommissær; kommissionsmedlem; kommitteret; regeringsrepræsentant (i koloni *etc);* kommandør (i Frelsens Hær); *~ of police (omtr)* politidirektør; *assistant ~ of police (omtr)* politiinspektør; *Parliamentary ~* ombudsmand.
commissure ['kɔmisjuə] *sb: ~ of the lips* mundvig.
commit [kə'mit] *vb* betro, overgive, overdrage; forøve, begå *(fx a crime);* forpligte, binde; henvise til et udvalg;

~ for trial sætte under tiltale; *~* **oneself** forpligte sig, binde sig *(fx to a certain course);* tage stilling, udtale sig; kompromittere sig; *~ oneself to (ogs)* påtage sig; *~* **to** *the flames* brænde, kaste på ilden; *~ sby to a mental hospital* tvangsindlægge én på et sindssygehospital; *~ to memory* memorere, indprente i sin hukommelse; *~ to prison* fængsle; *~ to writing* nedskrive, sætte på prent.
commitment [kə'mitmənt] *sb* overdragelse; forøvelse; forpligtelse; løfte; *(økon* og *fig)* engagement; *(jur)* arrestordre, fængslingskendelse; *(med.)* tvangsindlæggelse.
committal [kə'mitl] *sb = commitment;* jordfæstelse, begravelse.
committed [kə'mitid] *adj* forpligtet, engageret.
I. committee [kə'miti] *sb* komité, udvalg; (i forening) bestyrelse, forretningsudvalg; (ved kapsejlads) dommerkomité; *the House goes into ~* tinget konstituerer sig som udvalg; *~ of inspection* kreditorudvalg.
II. committee [kɔmi'ti:] *sb* værge (for en sindssyg *etc)*.
commix [kɔ'miks] *vb* sammenblande.
commode [kə'məud] *sb* kommode; servante; pottestol, toiletstol, *(glds)* natstol; *(am ogs)* wc-kumme; *hug the ~ (am* S) brække sig.
commodious [kə'məudjəs] *adj* rummelig.
commodity [kə'mɔditi] *sb (merk)* vare.
commodore ['kɔmədɔ:] *sb (mar)* eskadrechef; kommandør.
common ['kɔmən] (se også *commons) adj* fælles; almindelig, sædvanlig; *(neds)* simpel, tarvelig; (om rang) menig; *sb* fælled, overdrev; *in ~* fælles, tilfælles; *in ~ with (ogs)* ligesom; *out of the ~* ud over det almindelige, ualmindelig.
commonalty ['kɔmənlti] *sb* borgerstanden, den jævne befolkning, almuen.
common avens *(bot)* febernellikerod.
common denominator fællesnævner.
commoner ['kɔmənə] *sb* borgerlig; underhusmedlem; (i Oxford) student hvis universitetsstudium ikke er afhængigt af et legat; *the Great C.* (betegnelse for William Pitt den ældre).
common| gender *(gram)* fælleskøn. *~* **ground,** *se III. ground.* *~* **law** *(jur)* sædvaneret. *~***-law marriage** papirløst ægteskab.
commonly ['kɔmənli] *adv* sædvanligvis.
Common Market: *the ~* Fællesmarkedet.
common| measure fælles mål; *(mus.)* lige takt. *~* **newt** *zo* lille salamander. *~* **noun** *(gram)* fællesnavn *(mods* egennavn). *~* **-or-garden** *adj* ganske almindelig.
commonplace ['kɔmənpleis] *sb* banalitet, floskel; *adj* hverdagsagtig, fortærsket, banal.
common room ['kɔmənrum]: *senior ~* lærerværelse; *junior ~* elevers *(el.* studenters) opholdsstue.
commons ['kɔmənz] *sb pl* **1.** borgerlige, borgerstanden; **2.** *(am)* frokoststue, spisesal (i *college);* **3.** kost; *on short ~* på smalkost; *the (House of) Commons* Underhuset.
common| sense sund fornuft. *~* **time** lige takt. *~* **touch,** *se II. touch.*
commonwealth ['kɔmənwelθ] *sb* stat, republik; *the*

Commonwealth republikken (under Cromwell); *the British Commonwealth of Nations* det britiske statssamfund; *the Commonwealth of Australia* Australien.
commotion [kə'məuʃn] *sb* bevægelse; røre; oprør, tumult.
communal ['kɔmjunl, kə'mju:nl] *adj* fælles, offentlig.
I. commune ['kɔmju:n] *sb* **1.** kollektiv; **2.** (uden for *Engl)* kommune; *the Commune (of Paris)* Pariserkommunen.
II. commune [kə'mju:n] *vb (am)* gå til alters; ~ *with* føre en fortrolig samtale med; have fortrolig omgang med, være ét med *(fx nature).*
communicable [kə'mju:nikəbl] *adj* som kan meddeles (videre); meddelsom; (om sygdom) smitsom.
communicant [kə'mju:nikənt] *sb* altergænger.
communicate [kə'mju:nikeit] *vb* kommunikere; meddele; overføre; videregive, bringe videre; *(rel)* gå til alters; ~ *itself to* brede sig til; ~ **with** (sam)tale med; kommunikere med; stå i forbindelse med *(fx my room -s with the kitchen).*
communication [kəmju:ni'keiʃn] *sb* kommunikation; meddelelse; forbindelse, samfærdsel.
communication cord *(jernb, omtr)* nødbremsegreb.
communicative [kə'mju:nikətiv] *adj* meddelsom.
communion [kə'mju:njən] *sb* fællesskab; forbindelse; samkvem, omgang; (kirke)samfund; altergang; *hold ~ with* rådføre sig med; *hold ~ with oneself* tænke *(el.* grunde) dybt; *Holy Communion* Nadveren; *receive (el. go to)* ~ gå til alters.
communion| cup alterkalk. ~ **rail** alterskranke. ~ **table** nadverbord.
communiqué [kə'mju:nikei] *sb* kommuniké.
communism ['kɔmjunizm] *sb* kommunisme.
communist ['kɔmjunist] *sb* kommunist; *adj* kommunistisk.
communistic [kɔmju'nistik] *adj* kommunistisk.
community [kə'mju:niti] *sb* fælleskab; samfund; (befolknings)gruppe, koloni *(fx the Danish ~ in Paris); (i sms* ofte) fællesmarkeds-; *the C.* (ofte=) Fællesmarkedet. **community | centre** kulturcenter. **chest** *(am)* (privat indsamlet fond til sociale aktiviteter. ~ **home** (børne- og ungdomshjem). ~ **law** fællesmarkedsret. ~ **medicine** samfundsmedicin. ~ **physician** embedslæge. ~ **radio** nærradio. ~ **service** samfundstjeneste (i stedet for straf). ~ **singing** fællessang.
communize ['kɔmjunaiz] *vb* gøre statsejet; gøre kommunistisk.
commutable [kə'mju:təbl] *adj* som kan ombyttes.
commutation [kɔmju'teiʃn] *sb* forandring; ombytning; (om straf) forvandling, nedsættelse; *(spr)* kommutation; ~ *of tithes* tiendeafløsning; ~ *ticket* abonnementskort.
commutator ['kɔmjuteitə] *sb (elekt)* kommutator, strømvender; (i motor) strømfordeler.
commute [kə'mju:t] *vb* ombytte; forandre; forvandle; nedsætte (en straf); regelmæssigt rejse med toget til og fra arbejde, være kortrejsende, pendle; ~ *tithes* afløse tiende.
commuter [kə'mju:tə] *sb* kortrejsende.
commuter| belt det område omkring by der betjenes af nærtrafik. ~ **traffic** nærtrafik.
commuting [kə'mju:tiŋ] *sb* (om trafik) pendling.
I. compact [kəm'pækt] *adj* tæt (pakket); kompakt; sammentrængt; kortfattet; ~ *disc player* compact disc-spiller.
II. compact ['kɔmpækt] *sb* overenskomst, pagt; *(powder ~)* (lille) pudderdåse.
III. compact [kəm'pækt] *vb* sammenpresse, sammentrænge; *(fig)* sammensvejse; sammensmelte.
compact disc compactdisc. **compact disc player** compactdisc-spiller.
companion [kəm'pænjən] *sb* kammerat, ledsager(inde); selskabsdame; (af orden) ridder; (tilsvarende ting:) pendant; (om bog) håndbog; *vb* ledsage, følge; ~ *in crime* medskyldig; *-s in misfortune* lidelsesfæller.
companionable [kəm'pænjənəbl] *adj* omgængelig, selskabelig.
companionate [kəm'pænjənit] *adj:* ~ *marriage* kammeratægteskab.
companion-in-arms våbenfælle, soldaterkammerat.
companion| ladder kahytstrappe. **-ship** kammeratskab. **-way** kahytstrappe.
company ['kʌmpəni] *sb* selskab; *(merk)* (handels)selskab; aktieselskab; kompagni *(fx J.Brown & Co.); (mil)* kompagni; T gæst(er); *(mar): a ship's* ~ et skibs besætning *(el.* mandskab);

he came in ~ with us han kom sammen med os; *get into bad* ~ komme i dårligt selskab; *he is good* ~ han er morsom at være sammen med; *keep* ~ *with* omgås; *(vulg)* være kæreste med; *keep sby* ~ holde én med selskab; (se også *II. part).*
company| car firmabil. ~ **commander** *(mil.)* kompagnichef.
comparable ['kɔmprəbl] *adj* sammenlignelig.
comparability [kɔmpərə'biləti] *sb* sammenlignelighed; *loss of* ~ *(mht* løn) efterslæb.
comparative [kəm'pærətiv] *adj* forholdsmæssig, relativ; sammenlignende; *(gram)* komparativ, komparativisk; *sb (gram): the* ~ komparativ, højere grad.
comparatively *adv* forholdsvis.
compare [kəm'pɛə] *vb* sammenligne *(to, with* med); (kunne) sammenlignes, (kunne) måle sig *(with* med); *(gram)* komparere, gradbøje; *sb: beyond* ~ uforlignelig; ~ *notes* udveksle synspunkter (, erfaringer, indtryk).
comparison [kəm'pærisn] *sb* sammenligning; *(gram)* komparation, gradbøjning; *beyond all* ~ uforlignelig; *make (el. establish) a* ~ *between* foretage en sammenligning mellem.
compartment [kəm'pa:tmənt] *sb* **1.** afdeling; rum *(fx watertight ~);* aflukke; **2.** kupé; **3.** felt (ɔ:del af flade).
I. compass ['kʌmpəs] *vb,* se *encompass.*
II. compass ['kʌmpəs] *sb* omfang; omkreds; rækkevidde *(fx beyond his ~),* begrænsning, (rimelige) grænser; (instrument:) kompas; -es passer; *a pair of -es* en passer.
compass | card kompasrose. ~ **course** devierende kurs.
compassion [kəm'pæʃn] *sb* medlidenhed *(on* med); *have (el. take) ~ upon* forbarme sig over.
compassionate [kəm'pæʃnət] *adj* medlidende; *on ~ grounds* af humanitære grunde; ~ *leave* orlov på grund af dødsfald i familien etc.
compass | plane skibshøvl. ~ **saw** stiksav.
compatibility [kəmpætə'biləti] *sb* forenelighed; *(mht* blod) forligelighed.
compatible [kəm'pætəbl] *adj* forenelig, overensstemmende; *(mht* blod) forligelig; (om udstyr) som kan passe *(el.* anvendes) sammen.
compatriot [kəm'pætriət] *sb* landsmand.
compeer [kɔm'piə] *sb* ligemand; kammerat.
compel [kəm'pel] *vb* tvinge; tiltvinge sig, fremtvinge; ~ *sby's attention* fængsle ens opmærksomhed; ~ *sby's respect* aftvinge én respekt.
compelling [kəm'peliŋ] *adj* tvingende; uimodståelig.
compendious [kəm'pendiəs] *adj* (omfattende, men kortfattet; sammentrængt.
compendium [kəm'pendiəm] *sb* udtog; kompendium.
compensate ['kɔmpenseit] *vb* erstatte, godtgøre; give erstatning, holde skadesløs; opveje; *(psyk)* kompensere.
compensation [kɔmpen'seiʃn] *sb* erstatning, godtgørelse; *(psyk)* kompensation; *pay ~ in full* yde fuld

erstatning.
compensatory [kəm'pensət(ə)ri] *adj* erstatnings-.
compère ['kɔmpɛə] *sb* konferencier; (radio, *ogs)* programleder; *vb* være konferencier (, programleder) for.
compete [kəm'pi:t] *vb* konkurrere *(for* om, til); deltage (i konkurrence).
competence ['kɔmpətəns], **competency** ['kɔmpətənsi] *sb* tilstrækkeligt udkomme; forholdsvis gode kår; dygtighed, kvalifikationer; *(jur)* kompetence, habilitet.
competent ['kɔmpətənt] *adj* kompetent, kvalificeret; dygtig; *(jur)* kompetent, habil *(fx witness)*, tilladelig, lovlig *(fx evidence)*.
competition [kɔmpə'tiʃn] *sb* kappestrid, konkurrence *(for* om). **competitive** [kəm'petitiv] *adj* konkurrerende; konkurrencedygtig; konkurrencepræget, baseret på udvælgelse; ~ *spirit* kappelyst.
competitor [kəm'petitə] *sb* konkurrent, medbejler; deltager (i konkurrence).
compilation [kɔmpi'leiʃn] *sb* kompilation, samlerarbejde, uddrag (af forskellige bøger).
compile [kəm'pail] *vb* samle; kompilere; ~ *an index* udarbejde et register.
compiler [kəm'pailə] *sb* kompilator, udgiver; (i edb) kompilator, oversætter (af algoritmisk sprog).
complacence [kəm'pleisns], **complacency** [kəm'pleisnsi] *sb* selvtilfredshed.
complacent [kəm'pleisnt] *adj* selvtilfreds; selvbehagelig; selvglad.
complain [kəm'plein] *vb* klage; beklage sig *(of, about* over); *(merk)* reklamere (ɔ: klage).
complainant [kəm'pleinənt] *sb* klager, sagsøger.
complaint [kəm'pleint] klage, besværing; lidelse, sygdom; *(merk)* reklamation; *book of -s* ankeprotokol; *lodge (el. make) a ~ against sby* indgive klage over én; indklage en; *I have no -s to make* jeg har ikke noget at klage over.
complaisance [kəm'pleizns] *sb* forekommenhed, imødekommenhed; føjelighed, elskværdighed.
complaisant [kəm'pleiznt] *adj* forekommende, imødekommende; føjelig; elskværdig.
complement ['kɔmplimənt] *sb* fuldendelse, udfyldning; *(gram)* komplement; *(mar)* fuldstændig bemanding; *(mat.: of a set)* komplementærmængde; *(mil.)* (fuld) styrke; ~ *of the engine* maskinbesætning; *ship's* ~ skibsbesætning; *subjective* ~ omsagnsled til grundleddet.
complementary [kɔmpli'ment(ə)ri] *adj* supplerende, udfyldende; ~ *angles* komplementvinkler; ~ *colour* komplementærfarve; *be* ~ supplere hinanden.
complete [kəm'pli:t] *adj* fuldstændig, komplet, hel; fuldkommen, fuldendt; *vb* fuldende, fuldstændiggøre; fuldføre; udfylde *(fx a form)*; ~ *one's twentieth year* fylde tyve år; ~ *works* samlede værker.
completion [kəm'pli:ʃn] *sb* fuldendelse; fuldstændiggørelse, fuldførelse; udfyldning; *(merk)* (handels) afslutning; *day of* ~ skæringsdag.
complex ['kɔmpleks] *adj* indviklet; sammensat; *sb* kompleks; sammensat hele; *(psyk)* kompleks.
complexion [kəm'plekʃn] *sb* ansigtsfarve, hudfarve, teint; udseende; anskuelse, partifarve; karakter; *(glds)* gemyt, temperament; *put a different ~ on the matter* stille sagen i et andet lys.
complexity [kəm'pleksiti] *sb* indviklet beskaffenhed.
compliance [kəm'plaiəns] *sb* indvilligelse *(with* i); eftergivenhed, føjelighed; *in ~ with* i overensstemmelse med.
compliant [kəm'plaiənt] *adj* eftergivende, føjelig.
complicate ['kɔmplikeit] *vb* komplicere, gøre indviklet.
complicated *adj* indviklet, kompliceret.
complication [kɔmpli'keiʃn] *sb* forvikling; *(ogs med.)* komplikation.
complicity [kəm'plisiti] *sb* medskyldighed; meddelagtighed; (se også *fact)*.
I. compliment ['kɔmplimənt] *sb* kompliment; høflighed; hilsen; *my -s to your father* hils din fader (fra mig); *-s of the season* jule-og nytårsønsker; *Mr. X's -s and would you* ... jeg skal hilse fra hr. X og spørge om De ville ...
II. compliment ['kɔmpliment] *vb* komplimentere; lykønske *(on* med).
complimentary [kɔmpli'ment(ə)ri] *adj* komplimenterende; smigrende; rosende; gratis, fri-; ~ *copy* frieksemplar; ~ *dinner* festmiddag til ære for en; ~ *ticket* fribillet.
complin(e) ['kɔmplin] *sb (rel)* komplet, aftengudstjeneste.
comply [kəm'plai] *vb* give efter, indvillige, samtykke; ~ *with* rette sig efter, efterkomme, gå ind på, imødekomme *(fx his requests, his wishes)*.
compo ['kɔmpəu] *sb* bastardmørtel; *(austr* T) erstatning; *adj* som skal vare flere dage *(fx ration)*.
component [kəm'pəunənt] *adj* som er en (bestand)del af, del-; *sb* bestanddel; komponent; del; element; ~ *parts* bestanddele. **compo ration,** se *compo*.
comport [kəm'pɔ:t] *vb* stemme *(with* med), passe sig *(with* for); ~ *oneself* opføre sig; optræde *(fx he -ed himself with dignity)*.
compose [kəm'pəuz] *vb* **1.** sammensætte; **2.** ordne, samle; **3.** tilsammen udgøre, danne; **4.** forfatte; komponere; **5.** berolige; **6.** bilægge; **7.** *(typ)* sætte; ~ *one's features* lægge ansigtet i de rette folder; ~ *oneself* fatte sig. **composed** [kəm'pəuzd] *adj* fattet, rolig; *be ~ of* bestå af, være sammensat af.
composer [kəm'pəuzə] *sb* komponist; forfatter.
composing | **frame** *(typ)* sættereol. ~ **machine** sættemaskine. ~ **room** sætteri. ~ **stick** vinkelhage.
composite ['kɔmpəzit] *adj* sammensat; *(bot)* kurvblomstret; *sb* sammensætning; *(bot)* kurvblomst; ~ *drawing (, photo)* (i politiarbejde) konstrueret tegning (, foto) af en efterlyst.
composition [kɔmpə'ziʃn] *sb* sammensætning; komposition; (i skole) fristil; *(litt)* værk; skrift; *(mus.)* komposition; (især *jur)* forlig; overenskomst, ordning, (ved konkurs) akkord; *(typ)* sætning.
compositor [kəm'pɔzitə] *sb* sætter.
compos mentis ['kɔmpəs 'mentis] *(jur)* ved sin fornufts fulde brug.
compost ['kɔmpɔst] *sb* kompost; *vb* gøde med kompost.
composure [kəm'pəuʒə] *sb* ro, fatning.
compote ['kɔmpɔt] *sb* kompot.
I. compound ['kɔmpaund] *sb* **1.** blanding; sammensætning, *(gram ogs)* sammensat ord, kompositum; *(kem)* forbindelse *(fx water is a ~ of oxygen and hydrogen)*; **2.** lejr; (i Indien og Kina) indhegnet gård med (især europæisk) beboelseshus *el.* fabrik; (i Sydafrika) indhegnet bydel hvor de indfødte (minearbejdere *etc)* er henvist til at bo.
II. compound ['kɔmpaund] *adj* sammensat *(fx word)*.
III. compound [kəm'paund] *vb* **1.** sammensætte; blande; **2.** afgøre i mindelighed; **3.** få en ordning, (ved konkurs) få en akkord i stand *(fx with one's creditors)*; komme overens, forlige sig; **4.** forstørre, øge; ~ *a felony* lade sig bestikke til ikke at forfølge en forbrydelse; ~ *for* indgå forlig om, få en ordning med hensyn til.
compound | **eye** *zo* facetøje. ~ **fracture** *(med.)* kompliceret brud, åbent brud. ~ **interest** rentes rente.
comprehend [kɔmpri'hend] *vb* indbefatte, omfatte; begribe, fatte.
comprehensible [kɔmpri'hensəbl] *adj* begribelig, forståelig.

comprehension [kɔmpri'henʃn] *sb* opfattelse, forståelse; fatteevne; indbefatning; *it is beyond my* ~ det går over min forstand.
comprehensive [kɔmpri'hensiv] *adj* omfattende; hvori alt er indbefattet; vidtfavnende, vidtspændende.
comprehensive school enhedsskole, udelt *secondary school.*
I. compress [kəm'pres] *vb* sammenpresse, komprimere; sammentrænge.
II. compress ['kɔmpres] *sb (med.)* omslag, kompres.
compressed air komprimeret luft, trykluft.
compression [kəm'preʃn] *sb* sammentrykning, fortætning; kompression.
compressor [kəm'presə] *sb* kompressor.
comprise [kəm'praiz] *vb* indbefatte, omfatte; udgøre, danne; *be -d of* bestå af.
compromise ['kɔmprəmaiz] *sb* kompromis, overenskomst, forlig; *vb* bilægge, afgøre i mindelighed, (uden objekt) indgå et kompromis, gå på akkord *(with* med), gøre indrømmelser; (udsætte for skam) kompromittere; (for fare) bringe i fare.
comptroller [kən'trəulə] *sb* tilsynsførende embedsmand (= *controller,* stavemåden bruges i visse titler).
compulsion [kəm'pʌlʃn] *sb* tvang; *(psyk)* kompulsion, kompulsiv trang; tvangstanke.
compulsive [kəm'pʌlsiv] *adj* tvingende; ikke til at modstå; (især *psyk)* tvangs-; ~ *eater* trøstespiser.
compulsory [kəm'pʌls(ə)ri] *adj* tvungen; obligatorisk *(fx some subjects are* ~*);* ~ *education* skolepligt, tvungen skolegang; ~ *pilotage* lodspligt, lodstvang; ~ *purchase* ekspropriation.
compunction [kəm'pʌŋkʃn] *sb* samvittighedsnag.
compurgation [kɔmpəː'geiʃn] *sb: oath of* ~ renselsesed.
computable [kəm'pjuːtəbl, 'kɔmpju-] *adj* beregnelig.
computation [kɔmpju'teiʃn] *sb* beregning.
computation centre regnecentral.
compute [kəm'pjuːt] *vb* beregne, udregne; regne.
computer [kəm'pjuːtə] *sb* datamaskine, datamat, computer.
computerize [kəm'pjuːtəraiz] *vb* lade udføre (, styre) af en datamaskine; databehandle; datamatisere; *-d* datamatiseret, datastyret.
computer|science datalogi. ~ **studies** *pl* datalære.
comrade ['kɔmreid, -rəd, *(am)* -ræd] *sb* kammerat.
I. con [kɔn] *vb* studere nøje *(el.* grundigt), læse omhyggeligt, lære udenad *(fx a lesson);* ~ *over* = ~; ~ *a ship* styre et skib.
II. con [kɔn] *fk contra;* (se også *I. pro).*
III. con [kɔn] S *fk confidence (cf conman); sb* bondefangerkneb; *vb* snyde (ved hjælp af bondefangerkneb), fuppe.
concatenate [kɔn'kætineit] *vb* sammenkæde.
concatenation [kɔnkæti'neiʃn] *sb* sammenkædning.
concave ['kɔŋkeiv] *adj* hul, hulsleben, konkav; *sb* hulhed; ~ *lens* spredelinse; ~ *mirror* hulspejl.
concavity [kɔn'kæviti] *sb* hulhed; konkavitet.
conceal [kən'siːl] *vb* skjule, holde hemmelig; *-ed lighting* indirekte belysning.
concealment *sb* hemmeligholdelse; skjul; ~ *of birth* fødsel i dølgsmål.
concede [kən'siːd] *vb* indrømme.
conceit [kən'siːt] *sb* indbildskhed; *(litt)* søgt sammenligning (, åndrighed); *in one's own* ~ efter sin egen mening, i egen indbildning; *out of* ~ *with* ikke (længere) tilfreds med. **conceited** [kən'siːtid] *adj* indbildsk; *-ed about* vigtig af.
conceivable [kən'siːvəbl] *adj* tænkelig, mulig.
conceive [kən'siːv] *vb* undfange; fatte, forstå; tænke sig, forestille sig; ~ *as* opfatte som; ~ *of* opfatte; forestille sig; ~ *a plan* udklække en plan.

concentrate ['kɔnsntreit] *vb* koncentrere, sammendrage; koncentrere sig, samle sig *(on* om); *sb* koncentrat; kraftfoder.
concentration [kɔnsn'treiʃn] *sb* sammendragning, koncentrering, koncentration; ~ *area* opmarchområde; ~ *camp* koncentrationslejr.
concentric [kən'sentrik] *adj* koncentrisk.
concept ['kɔnsept] *sb* begreb.
conception [kən'sepʃn] *sb* undfangelse, befrugtning; forestilling; opfattelse, begreb, idé.
conceptual [kən'septʃuəl] *adj* forestillings-, begrebsmæssig.
I. concern [kən'səːn] *vb* angå, vedkomme *(fx it does not* ~ *you at all);* ~ *oneself with sth* interessere sig for noget, give sig af med noget; (se også *concerned).*
II. concern [kən'səːn] *sb* anliggende, sag *(fx it is no* ~ *of mine; mind your own -s);* andel *(fx he has a* ~ *in the business); (merk)* foretagende, forretning, virksomhed, firma; koncern; (uro *etc)* bekymring, ængstelse; *what* ~ *is it of yours?* hvad kommer det dig ved? *the whole* ~ hele historien, hele redeligheden.
concerned [kən'səːnd] *adj* bekymret *(fx he has a* ~ *look);* interesseret; *the firm* ~ vedkommende firma, det pågældende firma; *as far as I am -ed* hvad mig angår; *be* ~ *in* være interesseret i; være impliceret i, have (noget) at gøre med *(fx he was* ~ *in the robbery); be* ~ *with* dreje sig om.
concerning *præp* angående, hvad angår, med hensyn til.
concernment [kən'səːnmənt] *sb* vigtighed *(fx it is of vital* ~*);* bekymring.
I. concert [kən'səːt] *vb* indrette, ordne; aftale; samordne.
II. concert ['kɔnsət] *sb* koncert; forståelse, harmoni, overensstemmelse; aftale; *in* ~ *with* i samråd *(el.* fællesskab) med.
concerted [kən'səːtid] *adj* fælles; som sker i fællesskab; samlet *(fx attack); (mus.)* udsat for flere stemmer (, instrumenter); ~ *action* samlet optræden, fællesaktion.
concert grand koncertflygel.
concertina [kɔnsə'tiːnə] *sb* concertina (lille sekskantet harmonika).
concertmaster *(am)* koncertmester, førsteviolinist.
concerto [kən'tʃəːtəu] *sb* koncert, stykke for soloinstrument med orkesterledsagelse.
concert pitch kammertone; *at* ~ *(fig)* i topform.
concession [kən'seʃn] *sb* indrømmelse; bevilling, koncession; *(price* ~*)* nedslag i prisen; *(tax* ~*)* skattelettelse. **concessionaire** [kənseʃə'nɛə] *sb* koncessionshaver.
concessionary [kən'seʃənəri] *sb* koncessioneret.
concessive [kən'sesiv] *adj* indrømmende.
conch [kɔntʃ, kɔŋk] *sb* konkylie.
conchie, conchy ['kɔnʃi] *sb* S *(fk conscientious objector)* militærnægter.
conciliate [kən'silieit] *vb* vinde (for sig); forsone.
conciliation [kənsili'eiʃn] *sb* forsoning; mægling.
conciliation| board forligskommission. ~ **officer** forligsmand. ~ **proceedings** *pl* mægling (ved skilsmisse).
conciliator [kən'silieitə] *sb* fredsstifter.
conciliatory [kən'siliət(ə)ri] *adj* forsonende, mæglende, mæglings-; forsonlig.
concise [kən'sais] *adj* kortfattet, koncis.
conclave ['kɔnkleiv] *sb* konklave.
conclude [kən'kluːd] *vb* ende; afslutte; slutte; *(fig)* slutte *(from* af), drage en slutning; beslutte.
conclusion [kən'kluːʒən] *sb* slutning, ende; afslutning; konklusion; *draw a* ~ drage en slutning; *in* ~ sluttelig, til sidst; *try -s with* prøve kræfter med, tage det op med.

conclusive [kən'klu:siv] *adj* afgørende.
concoct [kən'kɔkt] *vb* udklække; udspekulere *(fx a plan);* finde på, opdigte *(fx an excuse);* sammenbrygge; bikse sammen *(fx a dish* en ret).
concoction [kən'kɔkʃn] *sb* opdigtning; påfund; opdigtet historie; blanding, bryg, drik; rodsammen.
concomitant [kən'kɔmit(ə)nt] *adj* ledsagende; *sb* ledsagende omstændighed; ledsagefænomen; *be a ~ of* følge med *(fx tuberculosis is often a ~ of poverty).*
concord ['kɔŋkɔ:d] *sb* enighed; sammenhold; overensstemmelse; samklang, harmoni; *(gram)* kongruens.
concordance [kən'kɔ:dns] *sb* overensstemmelse; konkordans *(fx a ~ of the Bible).*
concordant [kən'kɔ:dnt] *adj* overensstemmende *(with* med).
concordat [kɔn'kɔ:dæt] *sb* konkordat (overenskomst).
concourse ['kɔŋkɔ:s] *sb* sammenløb, tilløb, stimmel, skare, forsamling; *(arkit)* gennemgangsareal, forhal; *(am)* bred vej; banegårdshal.
concrescence [kɔn'kresns] *sb* sammenvoksning.
I. concrete ['kɔŋkri:t] *sb* beton; *(gram)* konkret, tingsnavn.
II. concrete ['kɔŋkri:t] *adj* konkret.
III. concrete [kən'kri:t] *vb* blive hård, størkne; gøre til en fast masse; gøre (, anvende) konkret, konkretisere.
IV. concrete ['kɔŋkri:t] *vb* støbe (i beton), betonstøbe; udstøbe (med beton).
concrete | mixer betonblandemaskine. ~ **noun** *(gram)* konkret, tingsnavn.
concreting ['kɔŋkri:tiŋ] *sb* betonstøbning.
concretion [kən'kri:ʃn] *sb* størkning; fast masse.
concubinage [kɔn'kju:binidʒ] *sb* konkubinat.
concubine ['kɔŋkjubain] *sb* konkubine, medhustru.
concupiscence [kən'kju:pisns] *sb* lystenhed.
concupiscent [kən'kju:pisnt] *adj* lysten.
concur [kən'kə:] *vb* forene sig, mødes; falde sammen, indtræffe samtidig; være enig; medvirke; virke sammen.
concurrence [kən'kʌrəns] *sb* sammentræf; forening, overensstemmelse; medvirkning; enighed; bifald.
concurrent [kən'kʌrənt] *adj* medvirkende, samvirkende; samstemmende, enig; samtidig; (om linjer) hinanden skærende; *sb* medvirkende omstændighed *(el.* årsag).
concuss [kən'kʌs] *vb* ryste.
concussed [kən'kʌst] *adj* som har hjernerystelse.
concussion [kən'kʌʃən] *sb* rystelse; *~ of the brain* hjernerystelse.
condemn [kən'dem] *adj* dømme; fordømme; kondemnere *(fx a house); the doctors had -ed him* han var opgivet af lægerne; *the -ed cell* de dødsdømtes celle.
condemnation [kɔndem'neiʃn] *sb* fordømmelse, domfældelse; kondemnering.
condemnatory [kən'demnət(ə)ri] *adj* fordømmende.
condensation [kɔnden'seiʃn] *sb* fortætning, kondensation; (af vand *ogs)* nedslag; *(fig)* sammentrængning.
condense [kən'dens] *vb* fortætte, kondensere; fortættes, kondensere sig; *(fig)* sammentrænge.
condenser *sb* fortætter, kondensator.
condescend [kɔndi'send] *vb* nedlade sig; være nedladende. **condescending** *adj* nedladende.
condescension [kɔndi'senʃn] *sb* nedladenhed.
condign [kən'dain] *adj* velfortjent, passende *(fx punishment).*
condiment ['kɔndimənt] *sb* krydderi; krydret tilbehør til ret; *~ set* saltbøsse og peberbøsse (og undertiden sennepskrukke).
I. condition [kən'diʃn] *sb* **1.** betingelse, vilkår; **2.** tilstand, forfatning *(fx in a miserable ~);* **3.** (især i sport) kondition; **4.** (social stilling) stand; **5.** *-s pl* forhold, omstændigheder;
people of all -s folk af alle lag; *change one's ~* (oftest =) gifte sig; *in ~* ved godt helbred, i god kondition; *out of ~* i dårlig form, ikke helt rask; *on ~ that* på den betingelse at; forudsat at; *on no ~* under ingen omstændigheder.
II. condition [kən'diʃn] *vb* betinge; træne op, bringe i form; *(psyk)* indgive betingede reflekser, betinge; 'dressere'; tilpasse; *-ed by* betinget af, bestemt af.
conditional [kən'diʃn(ə)l] *adj* betingende, betinget; *~ on* betinget af. **conditional clause** betingelsesbisætning.
conditionally *adv* på visse betingelser, med visse forbehold.
conditioned reflex *(psyk)* betinget refleks.
condo ['kɔndou] *sb (am) = condominium.*
condole [kən'dəul] *vb* bevidne sin deltagelse; *~ with sby* kondolere en.
condolence [kən'dəuləns] *sb* kondolence.
condom ['kɔndəm] *sb* kondom, præservativ.
condominium [kɔndə'miniəm] *sb* fællesstyre; *(am)* hus med ejerlejligheder; ejerlejlighed.
condonation [kɔndə'neiʃən] *sb* tilgivelse.
condone [kən'dəun] *vb* tilgive; lade gå upåtalt hen.
condor ['kɔndɔ:] *sb zo* kondor.
conduce [kən'dju:s] *vb* bidrage.
conducive [kən'dju:siv] *adj* som bidrager *(to* til).
I. conduct ['kɔndʌkt] *sb* førelse; ledelse *(fx the ~ of the war);* opførsel, adfærd, handlemåde, vandel.
II. conduct [kən'dʌkt] *vb* føre, lede; udføre; *(mus.)* dirigere; *(fys)* lede; *~ oneself* opføre sig; *-ed tour* omvisning; selskabsrejse.
conduction [kən'dʌkʃn] *sb. (fys)* ledning.
conductive [kən'dʌktiv] *adj (fys)* ledende.
conductor [kən'dʌktə] *sb* fører, leder *(fx the ~ of the expedition);* konduktør (på sporvogn, omnibus, *am ogs* tog); *(mus.)* dirigent; *(fys)* leder; lynafleder.
conduct sheet *(mil.)* straffeblad.
conduit ['kɔndit] *sb* vandledning, rør, kanal; *(elekt)* (lednings)rør. **conduit system** ledningsnet.
cone [kəun] *sb* kegle; (til is) kræmmerhus, vaffel; *(bot)* kogle; (i øjet) tap(celle); *be -d (flyv)* blive indfanget af (fjendtlige) lyskastere.
cone|-shaped *adj* kegleformet. ~ **sheet** *(geol)* keglegang.
coney ['kəuni] *sb (glds)* kanin.
confab ['kɔnfæb] T *fk confabulate, confabulation.*
confabulate [kən'fæbjuleit] *vb* snakke, passiare.
confabulation [kənfæbju'leiʃn] *sb* snak, passiar.
confection [kən'fekʃn] *sb* blanding, tilberedning; (stykke) konfekt; færdigsyet (pyntet) dametøj.
confectioner [kən'fekʃnə] konfekturehandler, sukkervarefabrikant; konditor; *-s' sugar (am)* flormelis.
confectionery [kən'fekʃənri] *sb* sukkervarer, konfekt; konfekturehandler; konditorvarer; konditori.
confederacy [kən'fedrəsi] *sb* forbund; sammensværgelse; edsforbund.
I. confederate [kən'fedəreit] *vb* forbinde; forene sig, slutte forbund.
II. confederate [kən'fedrət] *adj, sb* forbundet, forbunds-; forbundsfælle; medskyldig; *(am hist)* sydstats-, hørende til de konfødererede amerikanske sydstater *(the Confederate States of America);* sydstatsmand.
confederation [kənfedə'reiʃn] *sb* forbund.
confer [kən'fə:] *vb* konferere; rådslå; overdrage; give; *~ sth upon sby* skænke en noget; tildele en noget.
conference ['kɔnfrəns] *sb* konference; møde.
conference call telefonmøde.
confess [kən'fes] *vb* bekende, tilstå; vedgå, indrømme; *(rel)* skrifte; tage til skrifte.
confession [kən'feʃn] *sb* bekendelse, tilståelse; ind-

rømmelse; *(rel)* skriftemål, skrifte; trosbekendelse.
confessional [kən'feʃn(ə)l] *sb* skriftestol.
confessor [kən'fesə] *sb* bekender; skriftefader.
confetti [kən'feti] *sb* konfetti.
confidant, confidante [kɔnfi'dænt] *sb* fortrolig (ven, veninde).
confide [kən'faid] *vb* betro; ~ *in* stole på, have tillid til *(fx I can ~ in him);* betro sig til; ~ *to* betro til *(fx he -d his troubles to me).*
confidence ['kɔnfidns] *sb* tillid *(in* til); tillidsfuldhed; fortrolighed *(fx in strict ~);* fortrolig meddelelse; betroelse *(fx I don't want to listen to his -s); in ~* i al fortrolighed; *be in sby's ~* have ens fortrolighed; *take him into one's ~* betro sig til ham, skænke ham sin fortrolighed; *vote of ~* tillidsvotum.
confidence | man bondefanger, plattenslager. **~ trick** bondefangerkneb.
confident ['kɔnfidnt] *adj* overbevist; tillidsfuld; selvtillidsfuld, sikker; ~ *of* stolende på, i tillid til.
confidential [kɔnfi'denʃl] *adj* fortrolig *(fx tone);* betroet *(fx servant);* ~ *agent* hemmelig agent.
configuration [kənfigju'reiʃn] *sb* form; stilling; *(astr, kem)* konfiguration; *(psyk)* gestalt.
confine [kən'fain] *vb* begrænse; indskrænke; indeslutte, indespærre; holde fangen, fængsle.
confined *perf part., adj* begrænset, snæver *(fx* space); *be ~ (ogs)* nedkomme; *she is about to be ~* hun venter sin nedkomst; ~ *to one's bed* sengeliggende; ~ *to barracks (mil.)* i kvarterarrest; *be ~ to one's room* måtte holde sig inde (på grund af sygdom).
confinement [kən'fainmənt] *sb* indespærring; arrest; barselseng, nedkomst; ~ *to barracks* kvarterarrest; *be placed under ~* blive spærret inde.
confines ['kɔnfainz] *sb pl* grænser.
confirm [kən'fə:m] *vb* bekræfte, stadfæste; bestyrke, befæste; *(rel)* konfirmere.
confirmation [kɔnfə'meiʃn] *sb* stadfæstelse, bekræftelse; *(rel)* konfirmation.
confirmed *pp* af *confirm; (ogs)* forhærdet, uforbederlig, indgroet, inkarneret *(fx bachelor);* passionereret *(fx smoker);* uhelbredelig.
confiscate ['kɔnfiskeit] *vb* konfiskere, beslaglægge.
confiscation [kɔnfis'keiʃn] *sb* konfiskation, beslaglæggelse.
conflagration [kɔnflə'greiʃn] *sb* (kæmpe)brand.
I. conflict [kən'flikt] *vb* støde sammen, være i modstrid med hinanden; ~ *with* støde sammen med, være i modstrid med.
II. conflict ['kɔnflikt] *sb* kamp, strid, konflikt; *come into ~ with* komme i modstrid med; komme i konflikt med *(fx the law).*
conflicting [kən'fliktiŋ] *adj* modstridende.
confluence ['kɔnfluəns] *sb* sammenløb; sammenstrømning, sammenstimlen; folkestimmel.
confluent ['kɔnfluənt] *adj* sammenflydende; *sb* biflod.
conflux ['kɔnflʌks] se *confluence.*
conform [kən'fɔ:m] *vb* tilpasse, tillempe; rette sig *(to* efter); være i overensstemmelse *(to, with* med); passe *(to, with* til).
conformable [kən'fɔ:məbl] *adj* overensstemmende, passende; lydig, føjelig.
conformation [kɔnfɔ:'meiʃn] *sb* form, skikkelse, bygning; struktur.
conformism [kən'fɔ:mizm] *sb* konformisme, ensrettethed.
conformist [kən'fɔ:mist] *sb* konformist (tilhænger af den engelske statskirke).
conformity [kən'fɔ:miti] *sb* konformitet; (handlemåde i) overensstemmelse (med givne regler); *(rel)* tilslutning til den engelske statskirke.
confound [kən'faund] *vb* forvirre; forbløffe; komme bag på; (let *glds)* sammenblande, forveksle; *(glds)* gøre til skamme; tilintetgøre; ~ *his impudence!* sikken en uforskammet fyr; ~ *it!* gid pokker havde det! pokkers også! *-ed* forbistret *(fx a -ed long time).*
confront [kən'frʌnt] *vb* stå (, stille (sig)) ansigt til ansigt med; stå (lige) over for; konfrontere *(with* med); *the crisis which now -s the people* den krise som folket nu står over for.
confrontation [kɔnfrʌn'teiʃn] *sb* konfrontation.
Confucius [kən'fju:ʃiəs] Kungfutse.
confuse [kən'fju:z] *vb* forvirre; sammenblande, forveksle *(fx ~ cause and effect).*
confusedly [kən'fju:zidli] *adv* forvirret.
confusion [kən'fju:ʒn] *sb* uorden, forvirring; sammenblanding; forlegenhed, bestyrtelse; ødelæggelse.
confutation [kɔnfju:'teiʃn] *sb* gendrivelse.
confute [kən'fju:t] *vb* gendrive, modbevise; bringe til tavshed.
con game *(am)* bondefangerkneb.
congeal [kən'dʒi:l] *vb* bringe til at fryse; bringe til at størkne *el.* stivne; fryse; størkne, stivne.
congelation [kɔndʒi'leiʃn] *sb* størknen, stivnen; frysen.
congenial [kən'dʒi:niəl] *adj* (ånds)beslægtet; sympatisk *(fx society);* som passer til ens temperament og indstilling *(fx work).* **congeniality** [kəndʒi:ni'æliti] *sb* åndsslægtskab; sympati; passende beskaffenhed.
congenital [kən'dʒenitl] *adj* medfødt *(fx disease).*
conger ['kɔŋgə] *sb zo* havål; ~ *eel* = ~.
congeries [kɔn'dʒiəri:z] *sb* dynge, hob; virvar.
congest [kən'dʒest] *vb* overfylde; *-ed area* overbefolket område.
congestion [kən'dʒestʃn] *sb* kongestion, blodtilstrømning; overfyldning, trængsel; *traffic ~* trafikprop.
I. conglomerate [kən'glɔmereit] *vb* sammenklumpe, sammenhobe.
II. conglomerate [kən'glɔmərət] *adj* sammenhobet; *sb* blandet masse; konglomerat.
conglomeration [kənglɔmə'reiʃn] *sb* sammenhobning; konglomerat.
conglutinate [kən'glu:tineit] *vb* sammenlime, sammenklæbe; sammenføje; (uden objekt) sammenklæbes, vokse sammen.
conglutination [kənglu:ti'neiʃn] *sb* sammenlimning; sammenvoksning.
Congo ['kɔŋgəu]; ~ *snake* slangepadde.
congratulate [kən'grætjuleit] *vb* lykønske, gratulere *(on* med). **congratulation** [kəngrætju'leiʃn] *sb* lykønskning. **congratulatory** [kən'grætjulət(ə)ri] *adj* lykønsknings-.
congregate ['kɔŋgrigeit] *vb* samle (sig).
congregation [kɔŋgri'geiʃn] *sb* menighed; (for)samling.
congregationalism [kɔŋgri'geiʃnəlizm] *sb (rel)* kongregationalisme (den kirkelige retning der gør de enkelte menigheder uafhængige), frimenighedsbevægelse.
congress ['kɔŋgres, *(am)* -grəs] *sb* møde; kongres; *Congress* kongressen (De forenede Staters parlament).
congressional [kɔŋ'greʃn(ə)l] *adj* kongres- *(fx debate);* ~ *district (am)* valgkreds i USA (ved valg til Repræsentanternes Hus).
congressman ['kɔŋgrəsmən] *sb (am)* kongresmedlem, medlem af Repræsentanternes Hus.
congruence ['kɔŋgruəns] *sb* overensstemmelse; kongruens. **congruent** ['kɔŋgruənt] *adj* overensstemmende; kongruent. **congruity** [kɔŋ'gruiti] *sb* overensstemmelse.
congruous ['kɔŋgruəs] *adj* passende; overensstemmende.
conic(al) ['kɔnik(l)] *adj* kegle-; kegleformig, konisk; ~ *section* keglesnit. **conics** ['kɔniks] *sb* læren om keglesnit.

conifer ['kɔnifə, 'kəu-] *sb (bot)* nåletræ. **coniferous** [kəu'nif(ə)rəs] *adj* koglebærende; nåle(træs)-; ~ *forest* nåleskov.
conjectural [kən'dʒektʃr(ə)l] *adj* grundet på gisning.
conjecture [kən'dʒektʃə] *sb* gætning, gisning, konjektur; *vb* gætte, gætte sig til, formode.
conjoin [kən'dʒɔin] *vb* forbinde; *-t* forenet.
conjugal ['kɔndʒugl] *adj* ægteskabelig *(fx happiness).*
conjugate *vb* ['kɔndʒugeit] konjugere(s); *adj* ['kɔndʒugət] parvis forbundet; *(kem)* dannet af flere syrer. **conjugation** [kɔndʒu'geiʃn] *vb* konjugation, (verbal)bøjning.
conjunction [kən'dʒʌŋ(k)ʃn] *sb* forbindelse; forening; sammentræf; *(gram)* konjunktion; bindeord.
conjunctiva [kɔndʒʌŋ(k)'taivə] *sb* øjets bindehinde.
conjunctive [kən'dʒʌŋ(k)tiv] *adj* forbindende.
conjunctivitis [kəndʒʌŋ(k)ti'vaitis] *sb (med.)* betændelse i øjets bindehinde, konjunktivitis.
conjuncture [kən'dʒʌŋ(k)tʃə] *sb* sammentræf (af omstændigheder), forhold, situation; (kritisk) tidspunkt.
conjuration [kɔndʒu'reiʃn] *sb* besværgelse.
I. conjure [kən'dʒuə] *vb* besværge, bede indstændigt.
II. conjure ['kʌndʒə] *vb* lave tryllekunster, trylle, hekse; ~ *up* fremmane; *a name to* ~ *with* et navn der betyder noget (ɔ: er kendt).
conjurer ['kʌndʒərə] *sb* tryllekunstner.
conjuring trick ['kʌndʒəriŋ'trik] tryllekunst.
conk [kɔŋk] *sb* S næse, tud; en på tuden; *vb:* ~ *him* give ham en på tuden (, oven i knolden); ~ *out* (om motor *etc)* sætte ud, bryde sammen, svigte; (om person) besvime; dø.
conker ['kɔŋkə] *sb* T kastanje; *-s pl* (leg med kastanjer i snor, hvor det gælder om at slå modstanderens kastanje itu).
conman ['kɔnmæn] *sb* T bondefanger, plattenslager, fupmager.
conn [kɔn] *vb:* ~ *a ship* styre et skib.
Conn. *fk Connecticut; Connaught.*
Connaught ['kɔnɔ:t].
connect [kən'nekt] *vb* forbinde; stå i forbindelse *(with* med), (om tog *etc)* korrespondere, have forbindelse *(with* med); ~ *with* S slå, ramme; *-ed (ogs)* sammenhængende; beslægtet; *be well -ed* have gode forbindelser.
connectedly [kə'nektidli] *adv* i sammenhæng.
Connecticut [kə'netikət].
connecting rod *(tekn)* drivstang, plejlstang.
connection [kən'nekʃən] *sb* **1.** forbindelse; sammenhæng; **2.** slægtning; slægtskab; **3.** *(merk)* kundekreds; **4.** *(rel)* kirkesamfund; **5.** *-s pl* forbindelser, slægtninge, familie.
connective [kə'nektiv] *adj* forbindende; bindeord; ~ *tissue (anat)* bindevæv.
connexion se *connection.*
conning tower ['kɔniŋtauə] *(mar)* kommandotårn.
conniption [kə'nipʃn] *sb* S: ~ *(fit)* hysterisk anfald.
connivance [kə'naiv(ə)ns] *sb* det at se igennem fingre med (især forbrydelse); hemmelig forståelse, medviden.
connive [kə'naiv] *vb* være medvider; ~ *at* se igennem fingre med; ~ *with* stå i hemmelig forbindelse med.
connoisseur [kɔnə'sə:] *sb* kender, kunstkender.
connotation [kɔnə'teiʃn] *sb* konnotation; bibetydning.
connote [kɔ'nəut] *vb* have bibetydning af; betyde.
connubial [kə'nju:bjəl] *adj* ægteskabelig.
conquer ['kɔŋkə] *vb* erobre; besejre; (uden objekt) sejre.
conqueror ['kɔŋkərə] *sb* erobrer, sejrherre.
conquest ['kɔŋkwest] *sb* erobring; sejr; *the Conquest* især = *the Norman Conquest* (1066); *make a* ~ *of* vinde (for sig); *by right of* ~ med erobrerens ret.
consanguineous [kɔnsæŋ'gwiniəs] *adj* blodsbeslægtet.
consanguinity [kɔnsæŋ'gwiniti] *sb* blodsslægtskab.
conscience [kɔnʃns] *sb* samvittighed; *in all* ~ T sandt at sige, minsandten; med rimelighed; *a matter of* ~ en samvittighedssag.
conscience clause bestemmelse der giver ret til fritagelse *(fx* for religionsundervisning) af samvittighedsgrunde.
conscience| money penge der indbetales for at lette samvittigheden, især med hensyn til tidligere begået skattesnyderi. ~ **-stricken** *adj* brødebetynget; *be* ~ *-stricken* have samvittighedsnag.
conscientious [kɔnʃi'enʃəs] *adj* samvittighedsfuld; samvittigheds-. **conscientious objector** militærnægter (af samvittighedsgrunde).
conscientization [kɔnʃientai'zeiʃn] *sb* bevidstgørelse.
conscious ['kɔnʃəs] *adj* bevidst, ved bevidsthed; genert; *be* ~ *of sth* være sig noget bevidst, være klar over noget. **consciousness** *sb* bevidsthed.
I. conscript ['kɔnskript] *sb* værnepligtig; indkaldt.
II. conscript [kən'skript] *vb* udskrive, indkalde.
conscription [kən'skripʃən] *sb* udskrivning; værnepligt.
consecrate ['kɔnsikreit] *vb* indvie; vie, hellige *(fx his life was -d to the service of his country).*
consecration [kɔnsi'kreiʃn] *sb* indvielse.
consecutive [kən'sekjutiv] *adj* på hinanden følgende; følgende; sammenhængende, følge-; *ten* ~ *days* ti dage i træk. **consecutive clause** følgebisætning.
consensus [kən'sensəs] *sb* enighed, samstemmighed; samstemmende mening.
consent [kən'sent] *sb* samtykke *(fx the parents gave their* ~ *to the marriage); vb:* ~ *to* samtykke i, give sit samtykke til *(fx the parents -ed to the marriage);* indvillige i, billige, gå ind på; finde sig i; *the age of* ~ den kriminelle lavalder; *by mutual* ~ ved fælles overenskomst; *by common* ~, *with one* ~ enstemmigt.
consentient [kən'senʃnt] *adj* samstemmende.
consequence ['kɔnsikwəns] *sb* følge; følgeslutning, konsekvens; vigtighed, betydning; **-s** *pl* (leg der består i at hver deltager skriver en sætning til en historie uden at kende de foregående); *in* ~ som følge deraf, følgelig; *in* ~ *of* som følge af; *of* ~ vigtig; *of no* ~ uden betydning.
I. consequent ['kɔnsikwənt] *sb* følge, virkning; (i logik) følgesætning.
II. consequent ['kɔnsikwənt] *adj* (deraf) følgende.
consequential [kɔnsi'kwenʃl] *adj* (deraf) følgende, deraf betinget; følge-; (om person) vigtig, anmassende, indbildsk; ~ *loss insurance* driftstabsforsikring.
consequently ['kɔnsikwentli] *adv* følgelig, altså.
conservancy [kən'sə:v(ə)nsi] *sb: nature* ~ naturfredning.
conservation [kɔnsə'veiʃn] *sb* vedligeholdelse, bevaring; fredning; *(fys)* bevarelse.
conservatism [kən'sə:vətizm] *sb* konservatisme.
conservative [kən'sə:vətiv] *adj* vedligeholdende, bevarende; konservativ; *(am,* om tal) i underkanten *(fx the distances quoted are* ~*); Conservative (pol)* konservativ; *on (el. at) a* ~ *estimate* efter en forsigtig vurdering.
conservatoire [kən'sə:vətwa:] *sb* musikkonservatorium.
conservator ['kɔnsəveitə] *sb* bevarer *(fx* ~ *of the peace);* beskytter; *(tekn)* konservator; *(am)* værge.
conservatory [kən'sə:vətri] *sb* drivhus, vinterhave; *(am)* musikkonservatorium.
conserve [kən'sə:v] *sb* syltetøj; *vb* bevare *(fx one's health);* sylte.
conshie, conshy se *conchie.*
consider [kən'sidə] *vb* **1.** tænke over, overveje; **2.** betænke, tage i betragtning *(fx we must* ~ *his youth);* **3.** anse for *(fx I -ed him (to be) a fool),* holde for; **4.** mene

(*fx we ~ that he is right*), finde; **5.** tage hensyn til (*fx he never -s others*), være hensynsfuld over for; **6.** (uden objekt) tænke sig om, betænke sig; *all things -ed* når alt tages i betragtning, når alt kommer til alt; (se også *considered, considering*).
considerable [kən'sidrəbl] *adj* anselig, betydelig (*fx a ~ amount*).
considerate [kən'sidrət] *adj* hensynsfuld.
consideration [kənsidə'reiʃn] *sb* **1.** betragtning; overvejelse (*fx under ~*); **2.** hensyn, hensynsfuldhed (*fx he never shows much ~ for her feelings*); **3.** vigtighed, betydning (*fx it is of no ~ at all*); **4.** dusør, vederlag, løn, betaling (*fx he will do anything for a ~*); afståelsessum;
in ~ of i betragtning af; som belønning for, som vederlag for; *take into ~* tage i betragtning, tage under overvejelse; *on (el. under) no ~* under ingen omstændigheder.
considered [kən'sidəd] *adj* velovervejet.
considering [kən'sid(ə)riŋ] *præp* i betragtning af (*fx ~ his age*); T efter omstændighederne (*fx that's not so bad, ~*), alt taget i betragtning.
consign [kən'sain] *vb* overdrage, betro, overgive; (*merk*) sende, konsignere; *~ it to oblivion* lade det gå i glemme; *~ it to the wastepaper basket* smide det i papirkurven.
consignee [kɔnsai'ni:] *sb* modtager; konsignatar.
consignment [kən'sainmənt] *sb* overdragelse; konsignation, adressering; sending, parti; *on ~* i konsignation; *~ note* fragtbrev. **consignor** [kən'sainə] *sb* konsignant, afsender.
consist [kən'sist] *vb* bestå (*in* i, *of* af); stemme overens (*with* med).
consistence [kən'sist(ə)ns] *sb*, se *consistency*.
consistency [kən'sist(ə)nsi] *sb* konsekvens, følgerigtighed; overensstemmelse; (beskaffenhed:) stoftæthed; fasthed; konsistens; pålidelighed, ensartethed.
consistent [kən'sist(ə)nt] *adj* følgerigtig, konsekvent; pålidelig, jævn, ensartet, konstant. *~ with* forenelig med, overensstemmende med; *be ~ with* (også) stemme med.
consistory [kən'sist(ə)ri] *sb* konsistorium, kirkeråd, kirkelig domstol.
consolation [kɔnsə'leiʃn] *sb* trøst. **consolation prize** trøstpræmie. **consolatory** [kən'sɔlət(ə)ri] *adj* trøstende.
I. console [kən'səul] *vb* trøste.
II. console ['kɔnsəul] *sb* (*arkit*) konsol; (til orgel) spillebord; (*elekt etc*) kontrolbord; reguleringspult; (til radio *el.* TV apparat) (større) skab (på ben).
console table konsol(bord).
consolidate [kən'sɔlideit] *vb* konsolidere, sikre, styrke; forene; (uden objekt) antage fast form; blive fast; *-d annuities*, se *consols*; *the Consolidated Fund* det almindelige statsfond som dannes af hovedparten af statsindtægterne og af hvilket renten af statsgælden, kongelig apanage *etc* betales. **consolidation** [kənsɔli'deiʃn] *sb* forening; befæstelse, konsolidering. **Consolidation Act** lovbekendtgørelse.
consols [kən'sɔlz] *sb pl* konsoliderede (engelske) statsobligationer, consols (*fk consolidated annuities*).
consommeé [kən'sɔmei] *sb* (klar) kødsuppe, consommé.
consonance ['kɔnsənəns] *sb* samklang; overensstemmelse; (*mus.*) konsonans.
consonant ['kɔnsənənt] *sb* medlyd, konsonant; *adj* overensstemmende; *~ with* (*ogs*) der passer til, der harmonerer (*el.* stemmer overens) med.
I. consort ['kɔnsɔ:t] *sb* ægtefælle, gemal, gemalinde; (*mar*) eskorterende skib, ledsageskib.
II. consort [kən'sɔ:t] *vb* omgås; passe sammen, stemme overens (*with* med).
consortium [kən'sɔ:tjəm] *sb* konsortium.
conspectus [kən'spektəs] *sb* kort oversigt, resumé.
conspicuous [kən'spikjuəs] *adj* klar, tydelig, iøjnefaldende; fremtrædende; *make oneself ~* gøre sig bemærket; *be ~ by one's absence* glimre ved sin fraværelse.
conspiracy [kən'spirəsi] *sb* sammensværgelse.
conspirator [kən'spirətə] *sb* sammensvoren, konspirator.
conspiratorial [kənspirə'tɔ:riəl] *adj* konspiratorisk; medvidende.
conspire [kən'spaiə] *vb* sammensværge sig; deltage i sammensværgelse; virke sammen, forene sig.
constable ['kʌnstəbl] *sb* politibetjent; *Constable of the Tower* kommandant i Tower; *outrun the ~* komme i gæld.
constabulary [kən'stæbjuləri] *sb* politikorps; *adj* politi-.
Constance ['kɔnst(ə)ns] (*geogr*) Konstanz; *Lake of ~* Bodensøen.
constancy ['kɔnst(ə)nsi] *sb* bestandighed; standhaftighed.
constant ['kɔnst(ə)nt] *adj* bestandig, stadig; uforandret; konstant; (om person) standhaftig, trofast (*fx a ~ friend*), stabil; *sb* konstant (størrelse).
Constantine ['kɔnstəntain] Konstantin.
Constantinople [kɔnstænti'nəupl] Konstantinopel.
constantly ['kɔnst(ə)ntli] *adv* stadig, bestandig.
constellation [kɔnstə'leiʃn] *sb* stjernebillede, konstellation.
consternation [kɔnstə'neiʃn] *sb* bestyrtelse.
constipate ['kɔnstipeit] *vb* virke (for)stoppende; *be -d* have forstoppelse.
constipation [kɔnsti'peiʃn] *sb* forstoppelse.
constituency [kən'stitjuənsi] *sb* valgkreds; vælgere; støttekreds.
constituent [kən'stitjuənt] *adj* grundlovgivende (*fx assembly*); vælgende; *sb* bestanddel; (*parl*) vælger; *~ parts* bestanddele.
constitute ['kɔnstitju:t] *vb* udgøre (*fx seven days ~ a week*); indrette (*fx I am so -d that I need very little sleep*); fastsætte, anordne; udnævne (til); indstifte (*fx divinely -d*); nedsætte (*fx a committee*); *he -d himself her protector* han opkastede sig til hendes beskytter.
constitution [kɔnsti'tju:ʃn] *sb* indretning, beskaffenhed; sammensætning; struktur, bygning; (persons) legemsbeskaffenhed; konstitution (*fx he has a poor ~*); natur; (*jur*) (stats)forfatning, konstitution.
constitutional [kɔnsti'tju:ʃənl] *adj* medfødt, naturlig, konstitutionel; (*jur*) forfatningsmæssig, konstitutionel; *sb* spadseretur for sundhedens skyld, motion; *~ formula* (*kem*) konstitutionsformel; *~ law* forfatningsret; *~ state* retsstat.
constitutionality [kɔnstitju:ʃə'næliti] *sb* forfatningsmæssighed.
constitutive [kən'stitjutiv] *adj* væsentlig; grundlæggende, bestemmende; (*jur*) lovgivende, konstituerende.
constrain [kən'strein] *vb* tvinge; indskrænke.
constrained [kən'streind] *adj* genert, tvungen, ufri.
constraint [kən'streint] *sb* tvang; indskrænkning, begrænsning, ufrihed, hæmmethed; generthed.
constrict [kən'strikt] *vb* sammentrække, sammenpresse, sammensnøre, indsnøre; *-ed* (*ogs*) snæver, begrænset.
constriction [kən'strikʃn] *sb* sammensnøring, sammentrækning; *~ of the chest* trykken for brystet.
constrictor [kən'striktə] *sb* sammentrækkende muskel; *zo* kvælerslange.
I. construct [kən'strʌkt] *vb* opføre, bygge; konstruere.
II. construct ['kɔnstrʌkt] *sb* begreb; (tanke)konstruktion.

construction [kən'strʌkʃn] *sb (cf construct)* opførelse, bygning; konstruktion; udførelse; *(cf construe)* forklaring, mening, udlægning, fortolkning; *put a good ~ on sth* udlægge noget på en gunstig måde, optage noget i en god mening.
constructional [kən'strʌkʃn(ə)l] *adj* bygnings-; konstruktions-; udførelses-; *~ engineer* bygningsingeniør.
constructive [kən'strʌktiv] *adj* konstruktiv; positiv *(fx a ~ proposal);* bygnings-, bygge-; *(jur)* som man kan slutte sig til; *~ total loss (assur)* konstruktivt totaltab.
constructor [kən'strʌktə] *sb* konstruktør.
construe [kən'stru:] *vb* udlægge, fortolke, opfatte; oversætte; *(gram)* analysere, kunne analyseres *(fx this sentence does not ~);* konstruere, forbinde *(fx 'aware' is -d with 'of' or 'that').*
consuetude ['kɔnswitju:d] *sb* sædvane.
consul ['kɔnsəl] *sb* konsul; *~ general* generalkonsul.
consular ['kɔnsjulə] *adj* konsulær, til konsulatet hørende; *~ service* konsulattjeneste.
consulate ['kɔnsjulət] *sb.* konsulat.
consulship *sb* konsulembede, konsulat.
consult [kən'sʌlt] *vb* rådslå, rådføre sig med; konsul(t)ere *(fx a doctor);* slå op *(el.* se efter) i *(fx a dictionary);* tage hensyn til *(fx his feelings); ~ a watch* se på et ur.
consultancy [kən'sʌlt(ə)nsi] *sb* rådgivning; konsulentvirksomhed; overlægestilling.
consultant [kən'sʌlt(ə)nt] *sb* konsulent; overlæge.
consultation [kɔnsəl'teiʃn] *sb* rådførelse; rådslagning; samråd.
consultative [kən'sʌltətiv] *adj* rådgivende; *~ referendum* vejledende folkeafstemning.
consulting *adj* rådgivende *(fx architect); ~ room* konsultationsværelse.
consume [kən'sju:m] *vb* forbruge, opbruge; (mad:) fortære, konsumere; (om ild) fortære; *~ away (fig)* hentæres; *be -d with (fig)* fortæres af *(fx hatred);* brænde af *(fx curiosity); be -d with envy* nages af misundelse.
consumer [kən'sju:mə] *sb* forbruger, konsument.
consumer| durables *pl* varige forbrugsgoder. **~ goods** *pl* forbrugsvarer, forbrugsgoder.
consumerism [kən'sju:mərizm] *sb* **1.** forbrugerbeskyttelse; **2.** forbrugerisme; *~ movement* forbrugerbevægelse.
consumerist [kən'sju:mərist] *sb* forbrugeraktivist.
I. consummate ['kɔnsəmeit] *vb* fuldende; fuldbyrde *(fx the marriage).*
II. consummate [kən'sʌmət] *adj* fuldendt, fuldendt dygtig; *~ skill* overlegen dygtighed.
consummation [kɔnsə'meiʃn] *sb* fuldendelse; ende; fuldbyrdelse.
consumption [kən'sʌm(p)ʃn] *sb* fortæring; forbrug; *(glds)* lungetuberkulose, svindsot, tæring.
consumptive [kən'sʌm(p)tiv] *adj* fortærende, ødelæggende; *(glds)* tuberkuløs, svindsottig; *sb* tuberkulosepatient.
I. contact ['kɔntækt] *sb* berøring, kontakt, forbindelse; *(med.)* mulig smittebærer; *break ~ (elekt)* afbryde strømmen; *be in ~ with (ogs)* holde sig i kontakt med; have føling med; *make ~ with* sætte sig i forbindelse med.
II. contact [kən'tækt] *vb* træde i (forretnings)forbindelse med; kontakte, sætte sig i (, få) forbindelse med; stå i forbindelse med.
contact| flying flyving ved hjælp af jordsigt. **~ lens** *(med.)* kontaktlinse. **~ man** kontaktmand, mellemmand.
contagion [kən'teidʒən] *sb* smitte.
contagious [kən'teidʒəs] *adj* smitsom; smittende.
contain [kən'tein] *vb* **1.** indeholde; rumme; **2.** holde i tømme, beherske *(fx one's anger, oneself);* **3.** *(mil.* og *fig)* dæmme op for *(fx an attack, inflation),* standse; *~ the enemy* binde fjenden; *thirty -s six* seks går op i tredive.
container *sb* beholder, container.
containerize [kən'teinəraiz] *vb* containerisere.
containment *sb: policy of ~* inddæmningspolitik.
contaminate [kən'tæmineit] *vb* besmitte; forurene *(mht* radioaktivitet).
contamination [kəntæmi'neiʃn] *sb* besmittelse; (radioaktiv) forurening; *(gram)* kontamination, sammenblanding.
contango [kən'tæŋgəu] *sb (merk)* contango, report.
contd. *fk continued* fortsættes, vend; fortsat.
contemn [kən'tem] *vb* foragte.
contemplate ['kɔntempleit] *vb* beskue, betragte; overveje; påtænke, have i sinde; vente.
contemplation [kɔntem'pleiʃn] *sb* betragtning; beskuelse; overvejelse, grubleri; forventning; hensigt; *have in ~* påtænke, have under overvejelse.
contemplative ['kɔntempleitiv, kən'templətiv] *adj* eftertænksom, dybsindig; kontemplativ, beskuende.
contemporaneous [kəntempə'reinjəs] *adj* samtidig.
contemporary [kən'tempərəri] *adj* samtidig; jævnaldrende; nulevende, nutids-, moderne; *sb* samtidig, jævnaldrende; blad *el.* tidsskrift der udkommer på samme dag *el.* i samme periode som et andet.
contempt [kən'tem(p)t] *sb* foragt; *beneath ~* under lavmålet, under al kritik; *hold in ~* nære foragt for; ringeagte; *~ of court* foragt for retten.
contemptible [kən'tem(p)təbl] *adj* foragtelig; ussel, elendig. **contemptuous** [kən'təm(p)tjuəs] *adj* hånlig.
contend [kən'tend] *vb* **1.** kæmpe, kappes *(with sby for sth* med en om noget); strides; **2.** påstå, hævde, anføre (som argument).
I. content ['kɔntent] *sb* rumindhold; indhold; (se også *contents).*
II. content [kən'tent] *adj* tilfreds; (ved afstemning i Overhuset) ja; *sb* tilfredsstillelse, tilfredshed; *vb* tilfredsstille; *to his heart's ~* så meget han lyster; *~ oneself* lade sig nøje, nøjes *(with* med); *be ~ with* være tilfreds med, nøjes med.
contented [kən'tentid] *adj* tilfreds *(fx a ~ smile).*
contention [kən'tenʃn] *sb* strid; påstand *(fx my ~ is this).*
contentious [kən'tenʃəs] *adj* trættekær, stridbar; omstridt; *~ issue* stridsspørgsmål.
contentment [kən'tentmənt] *sb* tilfredshed; tilfredstillelse.
contents ['kɔntents] *sb pl* indhold; *insurance of ~* effektforsikring; *table of ~* indholdsfortegnelse.
contents bill 'spiseseddel' (for avis).
conterminous [kɔn'tə:minəs] *adj: be ~ with* have fælles grænse med, støde op til.
I. contest [kən'test] *vb* bestride; rejse tvivl om; kæmpe for, forsvare; *~ an election (, a seat)* stille (sig som) modkandidat ved et valg; *a -ed election* kampvalg; *(am* også) et valg, hvis resultats gyldighed bestrides.
II. contest ['kɔntest] *sb* styrkeprøve, strid; konkurrence *(fx beauty ~).*
contestant [kən'testənt] *adj* stridende, kæmpende; *sb* konkurrencedeltager; modkandidat; en der bestrider et valgs gyldighed; *the -s (ogs)* de stridende parter.
context ['kɔntekst] *sb* sammenhæng, kontekst; baggrund; T uddrag; *quote out of ~* begå citatfusk.
contiguity [kɔnti'gjuiti] *sb* berøring, nærhed.
contiguous [kən'tigjuəs] *adj* tilstødende, berørende, som støder op *(el.* grænser) til hinanden.
continence ['kɔntinəns] *sb* mådehold; afholdenhed; kyskhed; selvbeherskelse.
continent ['kɔntinənt] *adj* afholdende; kysk; mådehol-

den; *sb* fastland, kontinent, verdensdel; *on the Continent* på Europas fastland.
continental [kɔnti'nentl] *adj* fastlands-, kontinental; (for englændere ofte =) fra det europæiske fastland, udenlandsk; *sb* udlænding; *the ~ shelf* kontinentalsokkelen; *the ~ slope* kontinentalskråningen; *the Continental system (hist.)* fastlandsspærringen.
contingency [kən'tindʒənsi] *sb* mulighed; tilfælde, eventualitet *(fx I am ready for any ~); contingencies (ogs)* uforudsete udgifter. **contingency plan** plan for påkommende tilfælde; beredskabsplan.
contingent [kən'tindʒ(ə)nt] *adj* tilfældig; mulig, eventuel; afhængig *(upon* af); betinget *(upon* af); *sb* (fremtids)mulighed; part, andel; gruppe af deltagere; *(mil.)* troppekontingent.
continual [kən'tinjuəl] *adj* stadig (tilbagevendende), bestandig; uophørlig, vedvarende.
continuance [kən'tinjuəns] *sb* varighed; vedvaren, fortsættelse; forbliven; *during the ~ of the war* så længe krigen varer (, varede).
continuation [kəntinju'eiʃn] *sb* fortsættelse; *~ school* efterskole.
continue [kən'tinju:] *vb* fortsætte *(fx the story was -d in the next month's issue);* lade vedvare; forlænge; blive ved med *(fx he -d working);* (uden objekt) (for)blive, vedblive (at være); fortsætte *(fx he will ~ at school);* vedvare, vare; *~ sby in office* lade en blive *(el.* beholde en) i et embede; *to be -d* fortsættes (i næste nr.); *~ to be* blive ved med at være *(fx chairman); he -s to be ill* han er stadig syg.
continuity [kɔnti'nju(:)iti] *sb* sammenhæng, kontinuitet; (til film) drejebog; *(radio)* manuskript.
continuity girl (ved film) scriptgirl.
continuous [kən'tinjuəs] *adj* sammenhængende, vedvarende, fortsat; fortløbende; uafbrudt; *~ performance* uafbrudt forestilling.
continuum [kən'tinjuəm] *sb (pl continua* [kən'tinjuə]) kontinuum, sammenhængende hele (, række).
contort [kən'tɔ:t] *sb* forvride; forvrænge.
contortion [kən'tɔ:ʃn] *sb* forvridning.
contortionist [kən'tɔ:ʃ(ə)nist] *sb* slangemenneske.
contour ['kɔntuə] *sb* omrids, kontur; (på kort) højdekurve.
contour | feather dækfjer. *~* **line** højdekurve (på kort). *~* **map** højdekort (med højdekurver).
contra ['kɔntrə] *præp* imod.
contraband ['kɔntrəbænd] *adj* ulovlig, forbudt; smugler- *(fx goods); sb* smuglergods; *~ of war* krigskontrabande.
contrabass ['kɔntrə'beis] *sb* kontrabas.
contraception [kɔntrə'sepʃn] *sb* svangerskabsforebyggelse, antikonception, fødselskontrol.
contraceptive [kɔntrə'septiv] *adj* antikonceptionel, (svangerskabs)forebyggende; *sb* svangerskabsforebyggende middel; *~ (sheath)* præservativ.
I. contract [kən'trækt] *vb* **1.** trække sig sammen *(fx* om muskel); sammentrække(s), forkorte(s); snøre (sig) sammen, indsnævre(s); indskrænke *(fx expenses);* rynke *(fx ~ one's brows),* rynkes; **2.** pådrage sig *(fx a disease);* **3.** (om aftale) bringe i stand, slutte *(fx ~ an alliance with a foreign country);* komme overens om; slutte kontrakt (om), kontrahere;
~ debts stifte gæld; *~ bad habits* lægge sig dårlige vaner til; *~ a marriage* indgå ægteskab; *~ out* trække sig ud; *credit is -ing* kreditten strammes; *the -ing parties* de kontraherende parter; (se også *contracted).*
II. contract ['kɔntrækt] *sb* overenskomst, kontrakt, aftale; entreprise; akkord; forlovelse, ægteskab; *award (el. give) sby the ~ for sth* give en noget i entreprise; *make the (el. one's) ~* holde kontrakten (i kontraktbridge); *~ bridge* kontraktbridge.
contracted [kən'træktid] *adj* sammentrukket; snæver; afkortet; rynket *(fx brow); (fig)* snæversynet, indskrænket; *-ed to* forlovet med.
contractible [kən'træktəbl], **contractile** [kən'træktil] *adj* sammentrækkelig.
contraction [kən'trækʃn] *sb (cf I. contract)* sammentrækning; sammenskrumpning; forkortelse; indskrænkning; rynkning, rynken; (om sygdom) pådragelse, (om gæld) stiftelse.
contract note slutseddel.
contractor [kən'træktə] *sb* kontrahent; entreprenør; leverandør; *(anat)* sammentrækkende muskel.
contractual [kən'træktʃuəl] *adj* kontraktlig, kontraktmæssig.
contradict [kɔntrə'dikt] *vb* modsige, dementere; stride imod. **contradiction** [kɔntrə'dikʃn] *sb* modsigelse, dementi, uoverensstemmelse; *~ in terms* selvmodsigelse.
contradictory [kɔntrə'dikt(ə)ri] *adj* modsigende, modstridende, uforenelig; modsigelysten; *sb* modsigelse.
contradistinction [kɔntrədi'stiŋ(k)ʃn] *sb* kontrast, modsætning, skelnen; *in ~ from (el. to)* i modsætning til.
contradistinguish [kɔntrədis'tingwiʃ] *vb* skelne.
contrail ['kɔntreil] *sb (flyv)* kondensstribe.
contralto [kən'træltəu] *sb (mus.)* kontraalt.
contraption [kən'træpʃn] *sb* (mærkelig) indretning, tingest.
contrapuntal [kɔntrə'pʌntl] *adj* kontrapunktisk.
contrariety [kɔntrə'raiəti] *sb* uoverensstemmelse, modsætning, modstrid.
contrariwise ['kɔntrəriwaiz] *adv* omvendt, modsat, tværtimod.
I. contrary ['kɔntrəri] *sb* det modsatte; modsætning; *go by contraries* være stik imod hvad man venter; (om ting i drøm) betyde det modsatte; *on the ~* tværtimod; *examples to the ~* eksempler på det modsatte.
II. contrary ['kɔntrəri] *adj* modsat; *~ to* (stridende) imod; i strid med.
III. contrary [kən'trɛəri] *adj* vrangvillig, kontrær.
I. contrast ['kɔntra:st] *sb* kontrast, modsætning.
II. contrast [kən'tra:st] *vb* stille i modsætning *(with* til), sammenligne; danne modsætning *(with* til), kontrastere.
contravene [kɔntrə'vi:n] *vb* handle imod, overtræde *(fx ~ the regulations);* bestride; være i strid med.
contravention [kɔntrə'venʃn] *sb* overtrædelse, (mod)strid; *in ~ of the regulations* i strid med bestemmelserne.
contretemps ['kɔ:ntrəta:ŋ] *sb* (kedeligt *el.* pinligt) uheld.
contribute [kən'tribju:t] *vb* bidrage, medvirke; yde, give, levere; *~ to a newspaper* skrive artikler til *(el.* skrive i) en avis. **contribution** [kɔntri'bju:ʃn] *sb* bidrag; indsats; *(mil.)* kontribution, krigsskat; *lay under ~* brandskatte.
contributor [kən'tribjutə] *sb* bidragyder; medarbejder (ved et blad). **contributory** [kən'tribjut(ə)ri] *adj* bidragende; medvirkende *(fx cause); sb* bidragyder.
contrite ['kɔntrait] *adj* angerfuld, brødebetynget, sønderknust (af anger).
contrition [kən'triʃn] *sb* anger, sønder-knuselse.
contrivance [kən'traivns] *sb* opfindelse; indretning; påfund.
contrive [kən'traiv] *vb* opfinde; udtænke; finde på; finde middel *(to* til at), sørge for *(to* at); planlægge; få pengene til at slå til; *I -d to* det lykkedes mig at.
contrived [kən'traivd] *adj* unaturlig, kunstig, konstrueret.
contriver [kən'traivə] *sb: she is a good ~* hun er en dygtig husmoder.
I. control [kən'trəul] *sb* magt, herredømme; myndig-

hed; kontrol, opsyn; regulering; indskrænkning; kontrolapparat; kontrolforanstaltning; (i orienteringsløb) post; *-s pl (flyv)* styregrejer; *be in ~* have magten.

II. control [kən'trəul] *vb* styre; beherske; kontrollere; regulere; *-led press* ensrettet presse; *-ling interest* aktiemajoritet.

control | column *(flyv)* styrepind. **~ cubicle** kontrolrum.

controller [kən'trəulə] *sb* kontrollør; kontrolapparat; *(elekt)* strømfordeler.

controversial [kɔntrə'və:ʃl] *adj* polemisk, omstridt, kontroversiel. **controversialist** *sb* polemiker.

controversy ['kɔntrəvə:si, kən'trɔvəsi] *sb* strid, meningsudveksling, polemik. **controvert** ['kɔntrəvə:t] *vb* bestride.

contumacious [kɔntju'meiʃəs] *adj* ulydig (mod retten); hårdnakket, halsstarrig.

contumacy ['kɔntjuməsi, *(am)* kən'tju:-] *sb* ulydighed mod retten; genstridighed.

contumelious [kɔntju'mi:ljəs] *adj* fornærmelig, hånlig.

contumely ['kɔntjumili] *sb* hån, fornærmelse.

contuse [kən'tju:z] *vb* kvæste.

contusion [kən'tju:ʒn] *sb* kvæstelse, kontusion.

conundrum [kə'nʌndrəm] *sb* gåde, ordgåde.

conurbation [kɔnə:'beiʃn] *sb* storby opstået ved sammensmeltning af flere byer, bydannelse.

convalesce [kɔnvə'les] *vb* være i bedring, være ved at komme sig; være rekonvalescent.

convalescence [kɔnvə'lesns] *sb* bedring, rekonvalescens.

convalescent [kɔnvə'lesnt] *adj* som er i bedring; *sb* rekonvalescent; *~ home* rekreationshjem.

convection [kən'vekʃn] *sb* konvektion, varmestrømning.

convene [kən'vi:n] *vb* komme sammen; sammenkalde *(fx a meeting);* indkalde.

convener [kən'vi:nə] *sb* mødeindkalder; formand; fælles tillidsmand.

convenience [kən'vi:njəns] *sb* bekvemmelighed; belejlighed; behagelighed; toilet *(fx public ~); at your ~* når det passer Dem, ved lejlighed; *at your earliest ~* snarest belejligt; *marriage of ~* fornuftægteskab; *make a ~ of him* udnytte ham.

convenience | foods *pl* delvis tilberedte madvarer. **~ goods** *pl (merk)* dagligvarer.

convenient [kən'vi:njənt] *adj* bekvem, praktisk; passende, belejlig.

convenor [kən'vi:nə] *sb = convener.*

convent ['kɔnvənt] *sb* (nonne)kloster; klosterskole.

conventicle [kən'ventikl] *sb* konventikel, møde *el.* gudstjeneste, især afholdt i hemmelighed af dissentere; dissenteres forsamlingshus.

convention [kən'venʃn] *sb* sammenkomst, forsamling, møde; konvention, skik og brug, konventionelle regler.

conventional [kən'venʃn(ə)l] *adj* konventionel, bundet af skik og brug, hævdvunden; traditionel; almindelig; *~ weapons* konventionelle våben *(mods* atomvåben); *the ~ wisdom (omtr)* den gængse opfattelse.

conventionalism [kən'venʃnəlizm] *sb* fastholden ved det konventionelle, konventionalisme.

conventionality [kənvenʃə'næliti] *sb* fastholden af det konventionelle; hævdvunden regel, konveniens.

conventionalize [kən'venʃnəlaiz] *vb* stilisere.

conventual [kən'ventjuəl] *adj* klosteragtig, kloster-; *sb* munk, klosterbroder; nonne; konventual(inde).

converge [kən'və:dʒ] *vb* løbe sammen, konvergere.

convergence [kən'və:dʒ(ə)ns] *sb* konvergens. **convergent** [kən'və:dʒ(ə)nt] *adj* konvergerende, sammenløbende.

conversable [kən'və:səbl] *adj* konversabel, underholdende, livlig, selskabelig.

conversance [kən'və:sns] *sb: ~ with* fortrolighed med.

conversant [kən'və:snt] *adj* bevandret, kyndig *(with* i), fortrolig *(with* med).

conversation [kɔnvə'seiʃn] *sb* samtale; konversation; omgang; *make ~* konversere. **conversational** [kɔnvə'seiʃn(ə)l] *adj* samtale-; underholdende; selskabelig.

conversazione [kɔnvəsætsi'əuni] *sb* soiré.

I. converse [kən'və:s] *vb* underholde sig *(with* med), konversere; *~ with sby about sth* samtale med en om noget.

II. converse ['kɔnvə:s] *sb* samkvem; samtale, konversation; *(mat.)* omvendt forhold; omvendt sætning; *adj* omvendt.

conversion [kən'və:ʃn, *(am)* -ʒn] *sb* forvandling, omdannelse; omstilling; ombygning; omsætning; *(rel)* omvendelse; *fraudulent ~* underslæb, uretmæssig forbrug af betroede midler. **conversion table** omregningstabel.

I. convert ['kɔnvə:t] *sb* konvertit.

II. convert [kən'və:t] *vb* forvandle *(into* til, *fx a desert into a garden, a defeat into a victory);* lave om; (om stof og *fys)* omdanne *(into* til, *fx rags into paper, sugar into starch, energy into heat);* (om bygning, skib *etc)* ombygge *(into* til); (om produktion) omstille; (ved beregning) omregne, omsætte *(into* til, *fx inches into centimetres); (merk)* omveksle *(fx pounds into dollars);* omsætte *(into* til, *fx shares into cash),* konvertere; *(rel)* omvende *(to* til); (i rugby) sparke mål efter et *try; (jur)* tilvende sig; (uden objekt) (kunne) forvandles *(etc); (rel)* blive omvendt, konvertere.

convertibility [kənvə:tə'biləti] *sb (økon* om valuta) konvertibilitet.

convertible [kən'və:təbl] *adj* som kan forvandles *(etc* se *II. convert);* (om valuta) konvertibel; *sb* convertible (bil der kan forandres fra åben til lukket); *~ into gold* guldindløselig.

convex ['kɔnveks] *adj* konveks.

convey [kən'vei] *vb* føre, bringe, transportere; befordre; overføre; overbringe; *(fig)* bibringe, give *(fx an idea, an impression);* tilkendegive; gengive *(fx one's meaning); (jur)* overdrage, tilskøde; *it does not ~ anything to me* det siger mig ikke noget.

conveyance [kən'veiəns] *sb* befordring, transport; befordringsmiddel, vogn; overlevering; *(jur)* overdragelse af fast ejendom; overdragelsesdokument, skøde.

conveyancer (advokat med speciale i overdragelse af fast ejendom).

conveyer, conveyor [kən'veiə] *sb* transportør; *~ belt* transportbånd.

I. convict [kən'vikt] *vb* kende skyldig *(of* i); domfælde; *previously -ed* tidligere straffet.

II. convict ['kɔnvikt] *sb* domfældt; straffefange, strafafsoner.

conviction [kən'vikʃn] *sb* overbevisning; *(jur)* erklæren for skyldig, domfældelse; *carry ~* virke overbevisende; *he had no previous -s* han var ikke tidligere straffet.

convince [kən'vins] *vb* overbevise.

convivial [kən'viviəl] *adj* selskabelig; lystig; T i løftet stemning, opstemt.

convocation [kɔnvə'keiʃn] *sb* sammenkaldelse; præstemøde; gejstlig synode (i England).

convoke [kən'vəuk] *vb* sammenkalde.

convolute ['kɔnvəlu:t] *adj* sammenrullet, snoet.

convolution [kɔnvə'lu:ʃn] *sb* vinding *(fx cerebral ~* hjernevinding).

convolvulus [kən'vɔlvjuləs] *sb (bot)* snerle.

convoy ['kɔnvɔi] *sb* eskorte, konvoj; *vb* eskortere, konvojere.

convulse [kən'vʌls] *vb* fremkalde krampetrækninger hos; (bringe til at) ryste; *be -d with laughter* vride sig af latter.
convulsion [kən'vʌlʃn] *sb* krampetrækning; *-s pl (ogs)* rystelser; *-s of laughter* latterkrampe, krampelatter.
convulsive [kən'vʌlsiv] *adj* krampagtig.
cony ['kəuni] *sb* kaninskind; *(glds)* kanin.
coo [ku:] *vb* kurre; (om baby) pludre; *sb* kurren; *interj* ih! orv!
cook [kuk] *sb* kok, kokkepige; *vb* tilberede, lave (mad); koge, stege; (kunne) tillaves; *(fig)* forfalske, lave kunster med; 'pynte på' *(fx the books* regnskaberne); *(am)* ødelægge;
be a good ~ (ogs) være god til at lave mad; *too many -s spoil the broth* mange kokke fordærver maden; *something big was -ing* der var noget stort i gære; *~ up a story* brygge en historie sammen.
cookbook *(am)* kogebog.
cooked [kukt] *adj* T udmattet.
cooker ['kukə] *sb* komfur; koger, kogeapparat; madæble.
cookery ['kukəri] *sb* kogekunst, madlavning.
cookery book kogebog.
cook|-general kokke-enepige. **-house** lejrkøkken; *(mil.)* feltkøkken; *(mar)* kabys.
cookie ['kuki] = *cooky.* **cookie sheet** *(am)* bageplade.
cooking ['kukiŋ] *sb* madlavning; *adj* mad- *(fx apple, sherry); ~ fat* klaret. **cooking top** bordkomfur.
cooky ['kuki] *sb (am)* småkage; S (sød) pige; fyr; *that's the way the ~ crumbles* sådan går det her i livet; sådan er det nu engang.
cool [ku:l] *adj* kølig, sval; afkølet; *(fig)* koldsindig, rolig; fræk; *(am)* S vældig fin; fed, skøn, checket; *sb* kølighed; *vb* køle, (af)svale; *(= ~ down)* kølne, blive kølig, afkøles, afsvales; blive rolig; *a ~ customer* en fræk fyr; *~ one's heels* vente *(fx let him ~ his heels for a while); ~ it* S tage det køligt, tage den med ro; *keep ~* holde hovedet koldt; *keep one's ~* T bevare fatningen; tage det køligt; *lose one's ~* tabe fatningen, tabe hovedet. *a ~ hundred* T ikke mindre end hundrede, hele hundrede.
coolant ['ku:lənt] *sb* kølevæske.
cooler ['ku:lə] *sb* vinkøler; smørkøler; kølebeholder; svaledrik; S fængsel, (isolations)celle; *in the ~* i spjældet.
coolheaded *adj* koldblodig, besindig.
coolie ['ku:li] *sb* kuli.
cooling| jacket kølevandskappe. *~* **plant** køleanlæg. *~* **surface** køleflade.
coolly ['ku:lli] *adv* køligt; koldblodigt; frækt.
coolness ['ku:lnəs] *sb* kølighed; koldsindighed, kulde; koldblodighed; ugenerthed; frækhed; *there is a ~ between them (fig)* der er kold luft imellem dem.
coomb [ku:m] *sb* snæver dal.
coon [ku:n] *sb* vaskebjørn; S *(neds)* neger; *he is a gone ~* S det er sket med ham.
coop [ku:p] *sb* hønsebur, hønsekurv; S fængsel; *vb* indespærre; *~ in, ~ up* indespærre.
co-op [kəu'ɔp] *sb* brugsforening, 'brugs'.
cooper ['ku:pə] *sb* bødker; *vb* gøre bødkerarbejde; reparere (tønder, osv).
cooperate [kəu'ɔpəreit] *vb* samarbejde; medvirke, samvirke. **cooperation** [kəuɔpə'reiʃn] *sb* samarbejde, kooperation, samvirken; medvirken; *in ~ with* i samarbejde med.
cooperative [kəu'ɔp(ə)rətiv] *adj* medvirkende; samvirkende; andels-; samarbejdsvillig *(fx you are not very ~); sb* andelsforetagende.
cooperative| bakery fællesbageri. *~* **creamery,** *~* **dairy** andelsmejeri. *~* **society** andelsselskab; brugsforening. *~* **stores** brugsforening(sudsalg).
cooperator [kəu'ɔpəreitə] *sb* medarbejder; medlem af andelsselskab.
co-opt [kəu'ɔpt] *vb* (om komité, nævn *etc)* supplere sig med; indvælge; optage, opsluge; tilvende sig.
co-optation [kəuɔp'teiʃn] *sb* selvsupplering.
I. coordinate [kəu'ɔ:dinət] *adj* sideordnet; *sb* sideordnet ting; *(mat.)* koordinat.
II. coordinate [kəu'ɔ:dineit] *vb* sideordne, samordne, koordinere.
coordination [kəuɔ:di'neiʃn] *sb* sideordnet stilling, koordination, koordinering, samordning.
coot [ku:t] *sb zo* blishøne; *(am* T*)* fjols; *as bald as a ~* så skaldet som et pillet æg.
cootie ['ku:ti] *sb* S lus.
cop [kɔp] *sb* spole; S stridser (politibetjent); fangst, pågribelse; *vb* S stjæle; fange, gribe; *(am* S*)* købe; skaffe; *it is a fair ~* (ofte =) jeg overgiver mig frivilligt; jeg giver fortabt; *it's not much ~* S der er ikke meget ved det; *~ it* få en omgang; *~ out* T stå af, bakke ud; krybe udenom.
copacetic [kəupə'setik] *adj (am)* S glimrende, helt i orden.
copal [kəupl] *sb* kopal (slags harpiks).
copartner ['kəu'pa:tnə] *sb* deltager, kompagnon.
copartnership *sb* kompagniskab.
I. cope [kəup] *sb* korkåbe; hvælving.
II. cope [kəup] *vb* klare den *(fx he couldn't ~); (arkit)* dække, afdække; *~ with* hamle op med, magte, klare *(fx he could ~ with any situation).*
copeck ['kəupek] *sb* kopek (russisk mønt).
Copenhagen [kəupn'heigən] København.
copenhagen blue lys blå farve.
Copernican [kəu'pə:nikən] *adj* kopernikansk.
copestone = *capstone.*
copier ['kɔpiə] *sb* kopimaskine.
copilot ['kəu'pailət] *sb* andenpilot.
coping ['kəupiŋ] *sb* murtag, dæksten; afdækningssten.
coping| saw *(am)* løvsav. *~* **stone** se *capstone.*
copious ['kəupjəs] *adj* rig, rigelig; righoldig; ordrig, vidtløftig.
cop-out ['kɔpaut] *sb* T påskud, udflugt, undskyldning; bakken ud.
copper ['kɔpə] *sb* **1.** kobber; **2.** vaske- *el.* bryggerkedel, kobberkedel; **3.** kobbermønt; **4.** S stridser (politibetjent); **5. -s** *pl* hals, svælg; **6.** *vb* beklæde med kobber.
copperas ['kɔpərəs] *sb* jernvitriol.
copper| beech *(bot)* blodbøg. *~* **bit** loddebolt. **-bottomed** *adj* kobberforhudet; *(fig)* T solid, stensikker. *~* **handshake** (beskeden) afskedigelsesløn.
copperhead ['kɔpəhed] *sb (am) zo* kobberhoved (en giftslange); *(hist.)* (under borgerkrigen øgenavn for nordstatsmand som sympatiserede med sydstaterne).
copper|plate kobberplade, kobberstik; kalligrafisk skrift, skønskrift. **-plate printing** dybtryk. *~* **pyrites** kobberkis. **-smith** kobbersmed. **-top** S rødtop.
coppice ['kɔpis] *sb* underskov, lavskov, krat.
copra ['kɔprə] *sb* kopra (tørrede kokoskerner).
copse [kɔps] = *coppice.*
copshop S politistation.
Copt [kɔpt] *sb* kopter. **copter** ['kɔptə] *sb,vb* (flyve med) helikopter.
Coptic ['kɔptik] *adj* koptisk.
copulate ['kɔpjuleit] *vb* parre sig.
copulation [kɔpju'leiʃn] *sb* parring.
copulative ['kɔpjulətiv] *adj* forbindende; parrings-.
I. copy ['kɔpi] *sb (mods* original) kopi, efterligning; (af tekst) kopi, genpart, afskrift, (med karbonpapir) gennemslag; (enkelt bog, billede) eksemplar; *(typ)* manuskript; T (i avis) stof *(fx murders are always good ~); (glds)* forskrift, fortegning.
II. copy ['kɔpi] *vb* kopiere, efterligne; (om tekst) skrive af.
copy|book *sb* skrivebog; *adj* banal, fortærsket; *blot*

one's -book spolere sit gode navn og rygte, begå en fadæse. ~ **boy** redaktionsbud. **-cat** T efteraber. ~ **desk** *(am)* del af redaktionssekretariat hvor manuskripter rettes til. **-hold** *(jur)* arvefæste, arvefæstegård. **-holder** *(jur)* arvefæster; *(typ)* manuskriptholder, tenakel.
copying ink kopiblæk.
copyist ['kɔpiist] *sb* afskriver; plagiator.
copyright ['kɔpirait] *sb* litterær *el.* kunstnerisk ejendomsret, ophavsret, forfatterret; forlagsret; *adj, vb* beskytte(t) ved copyright. **copyright deposit** *(bibl)* pligtaflevering.
copywriter *sb* (reklame)tekstforfatter.
coquet [kɔ'ket] *vb* kokettere, flirte, *(fig)* lege *(with* med).
coquetry ['kɔkitri] *sb* koketteri.
coquette [kɔ'ket] *sb* kokette.
coquettish [kɔ'ketiʃ] *adj* koket.
cor [kɔ:] *interj* T ih! næh; orv!
coracle ['kɔrəkl] *sb* lille båd bygget af vidjer beklædt med skind.
coral ['kɔr(ə)l] *sb* koral; koraldyr; (til baby) bidering; *adj* koralrød.
coralline ['kɔrəlain] *adj* koral-; *sb (bot)* koralmos; *zo* koraldyr.
cor anglais [*fr.*] *(mus.)* engelskhorn.
corbel [kɔ:bl] *sb* konsol(sten), kragsten; *vb* støtte med konsol.
corbie ['kɔ:bi]: ~ *gable* trappegavl; *-steps* aftrapning.
cord [kɔ:d] *sb* **1.** strikke; snor; **2.** (om brænde) favn; **3.** jernbanefløjl; **4.** *(elekt)* ledning; **5.** jernbanefløjl; -s *pl* T fløjlsbukser; **6.** *adj* fløjls- *(fx ~ suit, ~ jacket)*; **7.** *vb* binde, snøre.
cordage ['kɔ:didʒ] *sb* tovværk.
corded ['kɔ:did] *adj* snøret sammen; snorebesat; (om stof) ribbet.
cordial ['kɔ:diəl] *adj* hjertelig; inderlig; hjertestyrkende; *sb* hjertestyrkning.
cordiality [kɔ:di'æliti] *sb* hjertelighed, inderlighed.
cordite ['kɔ:dait] *sb* cordit (røgfrit krudt).
cordon [kɔ:dn] *sb* **1.** kordon; kæde; (politi)afspærring; **2.** ordensbånd (over skulderen); **3.** kordontræ (frugttræ med kun én gren); **4.** *vb* danne kæde omkring, omringe; ~ *off* afspærre.
cordon bleu ['kɔ:dɔŋ'blə:] **1.** *sb* gastronomiens højeste udmærkelse; **2.** *adj* af fineste gastronomiske kvalitet.
cordovan ['kɔ:dəvən] *sb* korduan (fint læder af gedeskind).
corduroy ['kɔ:dərɔi] *sb* jernbanefløjl, korduroy; *-s pl* fløjlsbukser.
cordwood ['kɔ:dwud] *sb* favnebrænde.
core [kɔ:] *sb* det inderste, indre del, kerne; kernehus; støbekerne; borekerne; (af tov) kalv, sjæl; (af *elekt* kabel) kore; *(med.)* byldemoder; *vb* udkerne, tage kernehuset ud af; *to the* ~ helt igennem; *shaken to the* ~ rystet i sin sjæls inderste.
C.O.R.E. *fk (am) Congress of Racial Equality.*
coregent ['kəu'ri:dʒnt] *sb* medregent.
coreligionist ['kəuri'lidʒənist] *sb* trosfælle.
corer ['kɔ:rə] *sb* (til frugt) kernehusudstikker.
coresidential [kəurezi'denʃl] *adj* (om kollegium) for begge køn.
corespondent ['kəurispɔndənt] *sb* medindstævnet ved skilsmisseproces.
core|subject fællesfag. ~ **time** fikstid.
corf [kɔ:f] *(pl corves) sb* kurv, hyttefad.
Corfu [kɔ:'fu:].
corgi ['kɔ:gi]: *Welsh* ~ (en hunderace).
coriaceous [kɔri'eiʃəs] *adj* læder-; læderagtig.
Corinth ['kɔrinθ] Korinth.
Corinthian [kə'rinθiən] *sb* korinter; *adj* korintisk.
Coriolanus [kɔriə'leinəs] Koriolan.
corium ['kɔ:riəm] *sb* læderhud.
cork [kɔ:k] *sb* kork; (til flaske *etc)* prop; (ved fiskeri) korkflåd; *vb* tilproppe; sværte med prop; *the wine is -ed* vinen smager af prop. **corkage** ['kɔ:kidʒ] *sb* proppenge.
corked [kɔ:kt] *adj* tilproppet; (om vin) som smager af prop; T plakatfuld.
corker ['kɔ:kə] *sb* S kæmpeløgn; slående argument; *it (, he) was a* ~ det (, han) var helt fantastisk.
corking *adj* S storartet, mægtig (fin).
cork jacket redningsvest.
corkscrew ['kɔ:kskru:] *sb* proptrækker; *vb* sno sig; ~ *stairs* vindeltrappe.
corky ['kɔ:ki] *adj* korkagtig; T livlig, kåd; (om vin) = *corked.*
corm [kɔ:m] *sb (bot)* løgknold (som hos krokus).
cormorant ['kɔ:mərənt] *sb zo* ålekrage, skarv; *(fig)* grådig person, slughals.
I. corn [kɔ:n] *sb* korn; sæd; (især *am)* majs; *(am* T) banalitet(er), sentimentalt pladder, sødsuppe.
II. corn [kɔ:n] *vb* salte, sprænge (om kød).
III. corn [kɔ:n] *sb* ligtorn; *tread on his -s (fig)* træde ham over tæerne.
corn|chandler kornhandler. **-cob** majskolbe; majspibe. ~ **cockle** *(bot)* klinte. **-crake** *zo* engsnarre.
cornea ['kɔ:niə] *sb (anat)* hornhinde (i øjet).
corned beef sprængt oksekød.
cornelian [kɔ'ni:ljən] *sb* karneol (rødlig smykkesten).
corneous ['kɔ:niəs] *adj* hornagtig.
corner ['kɔ:nə] *sb* hjørne, krog; afkrog; *(merk)* opkøberspekulation; opkøberkonsortium, corner; (i fodbold) hjørnespark; *vb* sætte til vægs; bringe i klemme; opkøbe; køre om hjørnet (, hjørner), tage et hjørne;

cut a ~ skyde genvej; *cut -s* T (prøve at) slippe nemt om ved det; *put in the* ~ sætte i skammekrogen; *drive into a* ~ *(fig)* trænge op i en krog; *be just round the* ~ *(fig)* stå for døren; være lige forestående; *have one's -s rubbed off* få kanterne slebet af; *turn the* ~ dreje om hjørnet; *(fig)* komme over det værste, gå bedre tider i møde.
corner| post afviser, afvisersten; hjørnestolpe. ~ **seat** hjørneplads. **-stone** hjørnesten. **-wise** *adv* diagonalt.
cornet ['kɔ:nit] *sb* kræmmerhus; (til is) vaffel; *(mus.)* kornet. **cornettist** ['kɔ:nitist] *sb (mus.)* kornettist.
corn|field kornmark. ~ **flour** majsmel, rismel etc. **-flower** *(bot)* kornblomst; *-flower (blue)* kornblå. ~ **gromwell** *(bot)* agerstenfrø.
cornice ['kɔ:nis] *sb* karnis, gesims.
Cornish ['kɔ:niʃ] *adj* som hører til Cornwall, kornisk.
corn|pone *(am)* majsbrød. **-starch** *(am)* = *corn flour.*
cornucopia [kɔ:nju'kəupjə] *sb* overflødighedshorn; overflod.
corny ['kɔ:ni] *adj* kornet, kernefuld; korn-; T fortærsket; banal; sentimental.
corolla [kə'rɔlə] *sb (bot)* (blomster)krone.
corollary [kə'rɔləri] *sb* logisk konsekvens, naturlig følge, resultat.
coron|a [kə'rəunə] *sb (pl -ae* [-i:]) *(astr)* krone, korona; *(elekt)* korona; *(bot)* bikrone.
coronary ['kɔrən(ə)ri] *sb* = ~ *thrombosis; adj:* ~ *artery (anat)* kranspulsåre, koronararterie; ~ *thrombosis (med.)* koronartrombose, blodprop i kranspulsåre.
coronation [kɔrə'neiʃn] *sb* kroning.
coroner ['kɔrənə] *sb* embedsmand som afholder ligsyn ved mistænkelige dødsfald; *-'s inquest* (retsligt) ligsyn.
coronet ['kɔrənit] *sb* adelskrone; *ducal* ~ hertugkrone; *earl's* ~ grevekrone.
corpora ['kɔ:pərə] *pl* af *corpus.*
corporal ['kɔ:pr(ə)l] *sb* korporal; *adj* legemlig; korporlig *(fx ~ punishment).*

corporality [kɔ:pə'ræliti] *sb* legemlighed.
corporate ['kɔ:p(ə)rət] *adj* forenet (i en korporation); fælles *(fx responsibility)*, samlet; korporativ *(fx State)*; ~ *body* juridisk person.
corporation [kɔ:pə'reiʃn] *sb* korporation, lav; kommunalbestyrelse; *(jur)* juridisk person; *(am)* selskab, aktieselskab; S borgmestermave.
corporeal [kɔ:'pɔ:riəl] *adj* legemlig; håndgribelig, materiel.
corporeity [kɔ:pə'ri:iti] *sb* legemlighed, håndgribelig eksistens.
corposant ['kɔ:pəzænt] *sb* st. Elmsild.
corps [kɔ:] *sb (pl corps* [kɔ:z]) korps.
corpse [kɔ:ps] *sb* lig.
corpulence ['kɔ:pjuləns] *sb* sværhed, korpulence.
corpulent ['kɔ:pjulənt] *adj* svær, korpulent.
corpus ['kɔ:pəs] *sb (pl corpora* ['kɔ:pərə]) samling.
corpuscle ['kɔ:pʌsl] *sb* blodlegeme; *(fys)* partikel.
corral [kɔ'ra:l] *sb* indhegning til kvæg, fold; vognborg; *vb* drive ind i en indhegning, drive sammen; T få fat i.
correct [kə'rekt] *vb* rette, korrigere; indstille rigtigt; irettesætte; straffe; afhjælpe, bøde på; *adj* rigtig, korrekt; *I stand -ed* jeg indrømmer min fejl.
correction [kə'rekʃn] *sb* rettelse; irettesættelse; *(glds)* straf; *house of* ~ *(omtr* =) arbejdshus; *I speak under* ~ jeg siger det med al mulig reservation.
corrective [kə'rektiv] *adj* forbedrende, rettende; korrigerende, neutraliserende; straffende; *sb* forbedringsmiddel, korrektiv; neutraliserende middel.
corrector [kə'rektə] *sb* forbedrer; revser; tugtemester; ~ *of the press* korrekturlæser.
correlate ['kɔrəleit] *sb* korrelat, modstykke; *vb* svare til; være korrelative; sætte i forbindelse (med hinanden); koordinere *(fx the two courses of study)*.
correlation [kɔrə'leiʃn] *sb* gensidigt forhold, korrelation.
correlative [kɔ'relətiv] *adj, sb* korrelativ.
correspond [kɔri'spɔnd] *vb* svare *(with, to* til); veksle breve, korrespondere.
correspondence [kɔri'spɔndəns] *sb* overensstemmelse; korrespondance, brevveksling.
correspondence| column (i avis) spalte for læserbreve. ~ **course** korrespondancekursus.
correspondent [kɔri'spɔndənt] *adj* tilsvarende; korresponderende; *sb* brevskriver; en man veksler breve med; *(merk)* korrespondent; forretningsforbindelse; (til avis) korrespondent, medarbejder.
corridor ['kɔridɔ:] *sb* gang, korridor; ~ *carriage* gennemgangsvogn; ~ *train* tog bestående af gennemgangsvogne.
corrigenda [kɔri'dʒendə] *sb pl* rettelser.
corroborant [kə'rɔbərənt] *adj* styrkende; bekræftende; *sb* styrkende middel; bekræftelse.
corroborate [kə'rɔbəreit] *vb* bekræfte, bestyrke.
corroboration [kərɔbə'reiʃn] *sb* bekræftelse, bestyrkelse. **corroborative** [kə'rɔbərətiv] *adj* bekræftende.
corrode [kə'rəud] *vb* ætse; tære; *(fig)* fortære, ætse, undergrave: (uden objekt) tæres; ruste.
corrosion [kə'rəuʒn] *sb* ætsning, tæring, korrosion.
corrosive [kə'rəusiv] *adj* ætsende, (for)tærende; *sb* ætsende middel.
corrugate ['kɔrəgeit] *vb* rynke, rifle; blive rynket; *-d (card)board* bølgepap; *-d iron* bølgeblik.
corrugation [kɔrə'geiʃn] *sb* rynkning; rynker; rifling.
corrupt [kə'rʌpt] *vb* fordærve, ødelægge *(fx their taste)*; forvanske *(fx a text)*; (person) bestikke, korrumpere, demoralisere; (uden objekt) fordærves, rådne; *adj* fordærvet, rådden; (om person) moralsk fordærvet, lastefuld; bestikkelig; (om tekst) forvansket; *evil communications* ~ *good manners* slet selskab fordærver gode sæder; ~ *practices* bestikkelse.
corruptible [kə'rʌptəbl] *adj* forkrænkelig, forgængelig; (om person) bestikkelig.
corruption [kə'rʌpʃn] *sb* fordærvelse; forkrænkelighed; forrådnelse; bestikkelse; korruption; (om tekst) forvanskning, forfalskning.
corruptive [kə'rʌptiv] *adj* fordærvende, korrumperende.
corsage [kɔ:'sa:ʒ] *sb* brystbuket; kjoleliv.
corsair ['kɔ:sɛə] *sb* sørøver, korsar; sørøverskib.
corselet ['kɔ:slət] *sb,* se *corselette, corslet.*
corselette ['kɔ:slət] *sb* korselet.
corset ['kɔ:sət] *sb* korset.
corsetry ['kɔ:sətri] *sb* korsetfabrikation; korsetter.
Corsica ['kɔ:sikə] Korsika.
Corsican ['kɔ:sikən] *adj* korsikansk; *sb* korsikaner.
corslet [kɔ:slət] *sb (hist.)* brystharnisk.
cortège [kɔ:'teiʒ] *sb* optog, følge, kortege; ligtog.
cortex ['kɔ:teks] *sb (pl cortices* ['kɔ:tisi:z]) bark.
cortical ['kɔ:tikl] *adj* barkagtig; bark-; ydre; *(anat)* vedrørende hjernebarken.
cortisone ['kɔ:tizəun] *sb (med.)* cortisone.
corundum [kə'rʌndəm] *sb* korund (et slibemiddel).
coruscate ['kɔrəskeit] *vb* funkle, gnistre, glimte.
coruscation [kɔrəs'keiʃn] *vb* funklen, gnisten, glimten.
corvée ['kɔ:vei] *sb (hist.)* hoveriarbejde.
corvette [kɔ:'vet] *sb* korvet.
corybantic [kɔri'bæntik] *adj* korybantisk, vild.
corymb ['kɔ:rimb] *sb (bot)* halvskærm.
coryza [kə'raizə] *sb* forkølelse, snue.
cos [kɔs] *sb (bot)* bindsalat; *fk cosine.*
cosh [kɔʃ] S *sb* totenschlæger, kort (gummi)knippel (med metal i); *vb* slå ned.
cosher ['kɔʃə] *sb* pylre om, gøre stads af, forkæle.
cosignatory ['kəu'signət(ə)ri] *sb* medunderskriver.
cosine ['kəusain] *sb (mat.)* kosinus.
cosiness ['kəuzinəs] *sb* hygge, lunhed.
cosmetic [kɔz'metik] *adj* kosmetisk, forskønnende; rent dekorativ; *cosmetics sb pl* kosmetik.
cosmic ['kɔzmik] *adj* kosmisk, som vedrører eller tilhører verdensaltet; ~ *rays* kosmiske stråler.
cosmo|gony [kɔz'mɔgəni] *sb* (læren om) verdens oprindelse, kosmogoni. **-graphy** [kɔz'mɔgrəfi] *sb* verdensbeskrivelse. **-naut** ['kɔzmənɔ:t] *sb* kosmonaut, (russisk) rumpilot. **-politan** [kɔzməu'pɔlitən] *adj* kosmopolitisk; *sb* kosmopolit, verdensborger. **-polite** [kɔz'mɔpəlait] *sb* kosmopolit.
cosmos ['kɔzmɔs] *sb* kosmos.
Cossack ['kɔsæk] *sb* kosak.
cosset ['kɔsit] *vb* forkæle.
I. cost [kɔst] *sb* omkostning, pris; bekostning, skade; *-s pl (jur)* sagsomkostninger; *at* ~ for fremstillingsprisen; *at all -s* for enhver pris; *at the* ~ *of* på bekostning af; *at great* ~ *of life* med tab af mange menneskeliv; *count the* ~ tage alle forhold i betragtning; *I know it to my* ~ det har jeg fået at føle; jeg ved det af bitter erfaring.
II. cost [kɔst] *vb (cost, cost)* koste; beregne omkostninger, lave kalkule; *it* ~ *me dear* det kom mig dyrt at stå; *it -s the earth* det koster det hvide ud af øjnene.
cost | accountant driftsbogholder. ~ **accounting** omkostningsberegning.
costal [kɔstl] *adj* ribbens-. **costal| pleura** brysthinde. ~ **pleurisy** brysthindebetændelse.
cost-benefit analysis rentabilitetsberegning; samfundsøkonomisk analyse.
coster(monger) ['kɔstə(mʌŋgə)] *sb* gadehandler (især med frugt).
costing ['kɔstiŋ] *sb* overslag over udgifter; omkostningsberegning, kalkulation.
costive ['kɔstiv] *adj* forstoppet; træg.
costly ['kɔstli] *adj* kostbar, dyr.
costmary ['kɔstmɛəri] *sb (bot)* rejnfan.
cost of living leveomkostninger.

cost-of-living| allowance dyrtidstillæg. ~ **index** (detail)pristal.
cost price fremstillingspris.
costume ['kɔstju:m] *sb* kostume, dragt; *vb* kostumere.
costumier [kɔs'tju:miə] *sb* dameskrædder.
cosy ['kəuzi] *adj* lun, hyggelig; *sb* tevarmer, tehætte; *make oneself* ~ gasse sig.
cot [kɔt] *sb* hytte; fold, sti; barneseng; (hænge)køje; feltseng, lejrseng; *fk cotangent.*
cotangent ['kəu'tændʒ(ə)nt] *sb* kotangens.
cot death vuggedød.
cote [kəut] *sb* skur, hus, fold.
coterie ['kəutəri] *sb* klike.
cothurn|us [kəu'θə:nəs] *(pl -ni* [-nai]) *sb* koturne.
cotill(i)on [kə'tiljən] *sb* kotillon.
cottage ['kɔtidʒ] *sb* (mindre) beboelseshus, arbejderbolig; feriehus; *love in a* ~ kærlighed og kildevand.
cottage| cheese hytteost. ~ **hospital** hospital efter pavillonsystemet; lille hospital (uden fast lægestab). ~ **industry** hjemmeindustri. ~ **piano** pianette.
cottager ['kɔtidʒə] *sb* en der bor i en *cottage;* husmand.
cottar ['kɔtə] *sb* husmand.
cotter ['kɔtə] *sb* husmand; *(tekn)* kile, split. **cotter pin** split.
cottier ['kɔtiə] *sb* husmand.
cotton ['kɔtn] *sb* bomuld; bomuldstøj; bomuldstråd; *absorbent* ~ *(am)* (vandsugende) vat, sygevat; *vb:* ~ *(on) to* føle sig tiltrukket af, synes godt om; S fatte, begribe; ~ *up to* blive gode venner med.
cotton | gin bomuldsegreneringsmaskine. ~ **grass** kæruld. ~ **mill** bomuldsspinderi. ~**-picking** *adj (am* S) pokkers. ~ **print** mønstret bomuldstøj, kattun. **-seed** bomuldsfrø. **-tail** *(am) zo* (art vildkanin). ~ **waste** bomuldsaffald, tvist. **-wood** balsampoppel. ~ **wool** råbomuld; vat; *wrap sby up in* ~ *wool* overforkæle én.
cotyledon [kɔti'li:dən] *sb (bot)* kimblad.
I. couch [kautʃ] *vb* affatte, udtrykke; *(glds)* fælde (en lanse); (uden objekt) lægge sig, lejre sig; ligge i baghold; ~ *a cataract* operere for stær; ~ *down* krybe sammen; *-ed* liggende.
II. couch [kautʃ] *sb* (hos læge) leje; briks; (møbel) løjbænk, sofa, chaiselong; (af maling) lag, (i maleri) grund.
couchant ['kautʃnt] *adj (her.)* hvilende.
couchette [ku:'ʃet] *sb (jernb)* liggeplads (i liggevogn); ~ *car* liggevogn.
couch grass *(bot)* kvikgræs.
cougar ['ku:gə] *sb zo* kuguar, puma.
cough [kɔf] *sb* hoste; host; *vb* hoste; ~ *out,* ~ *up* hoste op; S rykke ud med; punge ud (med); ~ *it up!* S spyt ud! (ɔ: sig det). **cough drop** hostebolsje.
could [kud, kəd] *præt* af *can.*
couldn't ['kudnt] *fk could not.*
coulisse [ku:'li:s] *sb* kulisse.
coulter ['kəultə] *sb* plovjern, langjern (i plov).
council [kaunsl] *sb* rådsforsamling, råd; kirkeforsamling, koncilium; ~ *of war* krigsråd.
council| board rådsbord; rådsmøde. ~ **house** kommunal (arbejder)bolig. ~ **school** *(omtr)* kommuneskole.
counsel [kaunsl] *sb* råd *(fx give good* ~*);* rådslagning; plan; (person) juridisk konsulent; advokat (i denne betydning uændret i *pl); vb* give råd, råde; tilråde.
keep one's (own) ~ holde tand for tunge; *saner -s will prevail (omtr* =) man vil komme på bedre tanker; fornuften vil sejre; *take* ~ *with* rådføre sig med; *Counsel for the Plaintiff* sagsøgerens advokat; *Counsel for the Defendant* den sagsøgtes advokat; *Counsel for the Crown, Counsel for the Prosecution* anklager (i kriminalsager); *Counsel for the Defence* forsvarer (i kriminalsager); *Queen's (, King's) Counsel* (juridisk titel hvis indehaver optræder som *Counsel for the Crown);* ~ *of despair* fortvivlet udvej; ~ *of perfection (omtr* =) uopnåeligt ideal.
counsellor ['kaunsələ] *sb* rådgiver; (i Irland og USA) advokat; ~ *of embassy* ambassaderåd.
I. count [kaunt] *sb* greve (ikke-engelsk titel).
II. count [kaunt] *sb* tælling, beregning; tal; *(jur)* anklagepunkt; *drop a* ~ frafalde et anklagepunkt; *be out* **for** *the* ~ T *(ogs fig)* være slået helt ud; **keep** ~ *of* holde tal på, holde rede på; **lose** ~ løbe sur i det; *I have lost* ~ *of them* jeg kan ikke holde tal på dem mere; *I had lost* ~ *of the time* tiden var løbet fra mig; **on** *all -s* på alle punkter; **take** *the* ~ blive talt ud (i boksning); *take a* ~ *of eight* (om bokser) tage tælling til otte; *take* ~ *of* tælle; *take no* ~ *of* ikke tage nogen notits af.
III. count [kaunt] *vb* tælle; tælle til *(fx* ~ *20);* medregne; (uden objekt) tælle; anse for; regne for; regnes for *(fx this book -s as a masterpiece);* komme i betragtning, have betydning *(fx that does not* ~*),* veje, tælle *(fx every penny -s);*
~ *it against him* lægge ham det til last, lade det komme ham til skade; *stand up to be -ed (fig)* bekende kulør; ~ *down* tælle baglæns; tælle ned; ~ *for* regne for, anse for; betyde *(fx it -s for nothing);* gælde for; ~ *in* medregne, tælle med; ~ *off* dele ind (ved at tælle højt) *(fx* ~ *off by threes* del ind til tre); ~ *(up)on* gøre regning på, regne med; ~ *out* tælle ud (i boksning); lade ude af betragtning; ~ *out the House* hæve mødet (i Underhuset) som ikke beslutningsdygtigt; ~ *me out* jeg vil ikke være med; ~ *over* tælle efter.
countdown ['kauntdaun] *sb* nedtælling (ved raketaffyring).
I. countenance ['kauntənəns] *sb* ansigt(sudtryk), mine; hjælp; støtte *(fx give* ~ *to a plan);* fatning, kontenance; *change* ~ skifte farve; *keep one's* ~ bevare fatningen, lade være med at le; *lose* ~ tabe fatningen; *put out of* ~ bringe ud af fatning.
II. countenance ['kauntənəns] *vb* gå med til *(fx a fraud),* støtte; billige; tolerere.
I. counter ['kauntə] *sb* (ved spil) jeton; spillemønt; (i butik *etc)* disk, skranke; (i køkken) køkkenbord; *(cf III. count)* tæller; *(mar)* gilling; *under the* ~ under disken; under hånden, hemmeligt.
II. counter ['kauntə] *sb* modstød, parade; *vb* imødegå, parere; svare; *adv* modsat, imod; ~ *to* imod *(fx act* ~ *to one's orders* handle imod sine instrukser).
counteract [kauntə'rækt] *vb* modvirke. **counteraction** [kauntə'rækʃn] *sb* modvirkning, modstand, hindring.
counteractive [kauntə'ræktiv] *adj* modvirkende.
counterattack ['kauntərətæk] *sb, vb* (foretage) modangreb.
I. counterbalance [kauntə'bæləns] *vb* opveje.
II. counterbalance ['kauntəbæləns] *sb* modvægt.
counter|blast ['kauntə-] *sb* modstød; kraftig imødegåelse. **-charge** *sb, vb* (fremsætte) modbeskyldning; (foretage) modangreb. **-claim** *sb, vb* (stille) modkrav. **-clockwise** mod urviserens bevægelsesretning, mod uret. **-espionage** kontraspionage.
counterfeit ['kauntəfit] *vb* efterlave, efterligne, forfalske; hykle; *adj* eftergjort, forfalsket; påtaget, uægte; *sb* efterligning; forfalsket ting; bedrager; *(glds)* bedrageri; kontrafej.
counter|foil ['kauntə-] talon (i checkhæfte). **-fort** *(arkit)* stræbepille, støttepille. **-girl** buffetdame. **-irritant** *(med.)* afledende middel. **-man** buffist.
countermand [kauntə'ma:nd] *vb* give kontraordre, tilbagekalde, afbestille; *sb* kontraordre, afbestilling.
counter|march ['kauntə-] *sb* kontramarch; *vb* marchere tilbage. **-measure** modtræk. **-mine** *sb* kontramine; *vb* [kauntə'main] kontraminere. **-move** *sb* modtræk. **-pane** sengetæppe. **-part** genpart; tilsvarende stykke, sidestykke, modstykke, pendant; (om person *ogs)*

kollega. **-point** kontrapunkt. **-poise** *sb* modvægt; *vb* holde i ligevægt; opveje. **-productive** som har den stik modsatte virkning af den tilsigtede; *be -productive* give bagslag, virke stik modsat. **-revolution** kontrarevolution, modrevolution. **-shaft** *(tekn)* forlagsaksel. **-shaft bearing** *(tekn)* forlagsleje. **-sign** *vb* kontrasignere; *sb* feltråb, løsen. **-signature** kontrasignatur. **-sink** *vb* forsænke (en skrue *etc); sb* forsænker. **-tenor** ['kauntə'tenə] *(mus.)* høj tenor, kontratenor. **-thrust** *sb* modstød.

countervail ['kauntəveil] *vb* opveje, udligne; modvirke; gå i den modsatte retning *(fig); -ing duty* udligningstold.

counter word tomt ord.

countess ['kauntəs] *sb* en *earl's el. count's* hustru; grevinde.

counting | **frame** kugleramme. **-house** kontor, regnskabsafdeling (i forretning), kontorlokale.

countless ['kauntləs] *adj* utallig, talløs.

countrified ['kʌntrifaid] *adj* rustificeret, bondsk, landlig.

country ['kʌntri] *sb* land; egn; land *(mods* by); fædreland; befolkning; terræn; *across* ~ over stok og sten; gennem terrænet; *in the* ~ på landet; *into the* ~ ud på landet; *go (el. appeal) to the* ~ appellere til vælgerne, udskrive valg.

country | **box** mindre landsted. ~ **cousin** et gudsord fra landet; slægtning ude fra bøhlandet. ~ **dance** folkedans. ~ **folk** landboere; landsmænd. ~ **gentleman** herremand, godsejer. ~ **girl** bondepige. ~ **house** landsted. **-man** landsmand; landmand, bonde. **-people** landboere; landsmænd. ~ **seat** landsted. **-side** egn; *in this -side* her på egnen. ~ **town** købstad. **-wide** landsomfattende. **-woman** landsmandinde; bondekone.

county ['kaunti] *sb* grevskab, *(omtr* =) amt; indbyggerne i et *county;* godsejerfamilierne (i et *county); adj* amts-; som tilhører (, vedrører) godsejerfamilierne.

county| **borough** større by som administrativt udgør et *county.* ~ **council** *(omtr* =) amtsråd. ~ **court** (lokal civil domstol). ~ **family** godsejerfamilie, herremandsfamilie. ~ **school** *(omtr)* kommuneskole. ~ **seat** *(am)* = ~ **town** hovedbyen i et *county.*

coup [ku:] *sb* kup; *pull off a great* ~ gøre et godt kup.

coup| **de grâce** *[fr.]* nådestød. ~ **de main** *[fr]* overrumpling. ~ **d'état** *[fr]* statskup.

coupé ['ku:pei] *sb* kupé (lukket topersoners vogn); halvkupé i enden af jernbanevogn.

couple [kʌpl] *sb* par, ægtepar; kobbel ((rem til) to jagthunde); *(fys)* kraftpar; *(arkit)* spærfag; *vb* koble sammen; parre; forbinde; forene; (uden objekt) forene sig; gifte sig; parre sig; *in -s* parvis; to og to.

coupler ['kʌplə] *sb* kobling.

couplet ['kʌplit] *sb* kuplet (to rimede verslinier).

coupling ['kʌpliŋ] *sb* kobling; ~ *box* muffe (om aksler); ~ *lever* koblingshåndtag.

coupon ['ku:pɔn] *sb* kupon; rationeringsmærke; billet.

courage ['kʌridʒ] *sb* mod, tapperhed; *have the* ~ *of one's opinions (el. convictions)* have sine meningers mod; *take* ~ fatte mod; *take one's* ~ *in both hands* tage mod til sig, skyde hjertet op i livet.

courageous [kə'reidʒəs] *adj* modig, tapper.

courier ['kuriə] *sb* kurér; rejseleder.

course [kɔ:s] *sb* **1.** løb; forløb, gang *(fx the* ~ *of events, of life);* **2.** fremgangsmåde, vej *(fx several -s are open to us);* **3.** bane *(fx the planets in their -s);* **4.** (mar og *fig)* kurs; **5.** kursus; studium; uddannelse; (forelæsnings)række; **6.** (ved et måltid) ret; **7.** *(arkit)* (mur)skifte, løb; **8.** *(mar)* undersejl; **9.** *(med.)* række behandlinger, kur; **10.** *-s pl (ogs)* menstruation;

in *due* ~ se *due; in* ~ *of construction* under bygning; *in the* ~ *of* i løbet af, under; *in the natural (el. normal)* ~ *of events (el. things)* hvis det går som det skal, hvis det går normalt; **of** ~ selvfølgelig; *a matter of* ~ en selvfølge; **shape** *a* ~ *for* sætte kursen mod; **stay** *the* ~ gennemføre løbet; stå distancen; *the law must* **take** *(el. run) its* ~ retten må gå sin gang; *take to evil -s* komme på afveje.

II. course [kɔ:s] *vb* jage; løbe, rulle (om blodet).

courser ['kɔ:sə] *sb* hest, ganger; *cream-coloured* ~ *zo* ørkenløber.

coursing ['kɔ:siŋ] *sb* jagt (med benyttelse af mynder).

I. court [kɔ:t] *sb* gård(splads); lille plads mellem huse, blindgade, gyde; (til tennis *etc)* bane, felt af tennisbane; (af museum *etc)* afdeling; (fyrstes) hof; slot; *(jur)* ret; retssal; ~ *of justice (el. law el. judicature)* domstol, ret; *a higher (, lower)* ~ en højere (, lavere) instans;

at ~ ved hoffet; *have a friend at* ~, se *friend; before the* ~ for retten; *hold a* ~ holde hof; *in* ~ i retten; *in the* ~ i retssalen; *the ball is in your* ~ *(fig)* det er dig der har udspillet; *bring into* ~, *take into* ~ bringe for retten; *put oneself out of* ~ forspilde sin ret til at blive hørt; *settle a case out of* ~ indgå (udenretsligt) forlig; ordne en sag i mindelighed; *make (el. pay) (one's)* ~ *to sby* gøre kur til én.

II. court [kɔ:t] *vb* gøre kur til, søge at vinde; *(fig)* indbyde til, pådrage sig; ~ *applause* angle efter bifald; ~ *defeat* berede sig et nederlag; ~ *disaster* udfordre skæbnen.

court| **card** billedkort. ~ **circular** hofnyheder. ~ **dress** hofdragt.

courteous ['kə:tjəs] *adj* høflig, artig; venlig.

courtesan [kɔ:tə'zæn, *(am)* 'kɔrtəzən] *sb* kurtisane, skøge.

courtesy ['kə:tisi] *sb* høflighed, artighed; opmærksomhed; belevenhed; gunst(bevisning); *by* ~ *of* ved imødekommenhed fra; skænket (, betalt) af.

courtesy title ærestitel (især om en *peer's* ringere titel der bruges af hans ældste søn).

court| **guide** hof- og statskalender. **-hand** *(hist.)* diplomskrift, kancelliskrift. **-house** retsbygning, domhus.

courtier ['kɔ:tjə] *sb* hofmand.

courtly ['kɔ:tli] *adj* høflig, høvisk, beleven.

court|**-martial** ['kɔ:t'ma:ʃl] *sb* krigsret; *vb* stille for en krigsret. ~ **plaster** hæfteplaster. **-room** retslokale. **-ship** bejlen, frieri. ~ **shoes** *pl* pumps. **-yard** gård, gårdsplads; *-yard house* atriumhus.

cousin [kʌzn] *sb* fætter, kusine, søskendebarn; slægtning; ~ *german, first* ~ (kødeligt) søskendebarn, kødelig fætter (, kusine); *second* ~ halvfætter, halvkusine; *first* ~ *once removed* fætters (, kusines) barn.

cousinship ['kʌznʃip] *sb* fætterskab; der forhold at være fætre *el.* kusiner.

couturier *[fr] sb* modeskaber.

couvade [ku'va:d] *sb* couvade, mandlig barselseng (hos primitive stammer).

I. cove [kəuv] *sb* bugt, vig; hvælving; *vb* hvælve.

II. cove [kəuv] *sb* S fyr *(fx he is a queer* ~*).*

covenant ['kʌvinənt] *sb* overenskomst; *(jur)* kontrakt; klausul; *(rel)* pagt; *vb* slutte pagt; *the Ark of the Covenant* pagtens ark.

Covent Garden ['kɔvnt 'ga:dn] (tidligere grønt- og blomstermarked i London; opera i London).

Coventry ['kɔvntri] (by i Midtengland); *send to* ~ udelukke af det gode selskab, fryse ud, udelukke fra kammeratskab, boycotte.

I. cover ['kʌvə] *vb* (se også *covered)* dække; tildække; (med stof *etc)* betrække; *(fig)* skjule, dække over *(fx he tried to* ~ *his confusion),* dække *(fx the expenses; a retreat;* ~ *him with a revolver; the book -s the whole subject);* omfatte *(fx the period -ed by these statis-*

tics); (i avis) dække, referere; (i sport) dække op; (om distance) tilbagelægge *(fx we have -ed 50 miles),* (om tid) strække sig over; (i kortspil) stikke; (om væddemål) tage imod; (om dyr) bedække;

~ *eggs* ligge på æg; ~ *a wide field (fig)* spænde vidt; *the amount is -ed* der er dækning for beløbet; *the loan was -ed many times* lånet blev overtegnet mange gange; ~ *in* dække til, fylde op; *-ed in (el. with) snow* dækket med sne; ~ *up* dække til; *(fig)* dække over, skjule, tilsløre, mørklægge.

II. cover ['kʌvə] *sb* **1.** dække, låg, *(tekn, fx* kloak-) dæksel; **2.** (til møbel *etc)* betræk; **3.** (til bog, hæfte, papirer) omslag; **4.** *(bogb)* perm *(fx front ~, back ~);* **5.** kuvert, omslag; **6.** belægning, beklædning, (på dæk) slidbane; **7.** skjul, skjulested (for vildt), krat, tykning; **8.** beskyttelse, *(ogs mil.)* dækning *(fx take ~* søge dækning); *(merk)* dækning; **9.** påskud, skin; **10.** *(agr)* bedækning; **11.** kuvert (på bord); *-s were laid for ten* der var dækket til ti;

from ~ to ~ fra første til sidste side; fra ende til anden; **under** ~ *of* i ly af *(fx darkness),* under dække af; *under ~ of friendship* under venskabs maske; *under plain ~* (svarer til) diskret forsendelse; *under the same ~* i samme konvolut; *under separate ~* separat, særskilt.

coverage ['kʌvəridʒ] *sb* dækning; presseomtale, reportage; (radio) dækningsområde.

cover|alls ['kʌvərɔ:lz] *(am)* kedeldragt. ~ **charge** kuvertafgift. ~ **crop** dækafgrøde.

covered ['kʌvəd] *adj* dækket, tildækket; overdækket *(fx veranda);* med låg; med hat; *remain ~* beholde hatten på; ~ *dish* lågfad; ~ *wagon* prærievogn.

cover girl pin-up pige, forsidepige.

covering ['kʌvəriŋ] *sb* bedækning; dække, beklædning, betræk; ly, skjul.

covering| board *(mar)* skandæk. ~ **letter** følgeskrivelse.

cover|let ['kʌvələt] sengetæppe. ~ **name** dæknavn.

covert ['kʌvət] *sb* skjul, ly, tilflugtssted, dyrestade; tykning; *adj* stjålen *(fx a ~ glance);* skjult, forblommet, tilsløret.

covert| cloth covercoat (et tætvævet stof). ~ **coat** let frakke. ~ **shoot** klapjagt.

coverture ['kʌvətjuə] *sb* bedækning; *(jur)* en gift kvindes juridiske stilling.

cover-up ['kʌvərʌp] *sb* dækken over, tilsløring, mørklægning.

covet ['kʌvit] *vb* begære, hige *(el.* tragte) efter; *-ed* eftertragtet.

covetous ['kʌvitəs] *adj* begærlig *(of* efter).

covey ['kʌvi] *sb* yngel, kuld; børneflok; flok.

I. cow [kau] *sb* ko, hun (af visse dyr); *till the -s come home* S i det uendelige; i al evighed.

II. cow [kau] *vb* kue, forkue, kujonere; virke trykkende på.

coward ['kauəd] *sb* kujon, kryster.

cowardice ['kauədis] *sb* fejhed, krysteragtighed.

cowardly ['kauədli] *adj* fej, krysteragtig.

cowardy custard (i barnesprog) bangebuks.

cow|bane *(bot)* gifttyde. **-berry** *(bot)* tyttebær. **-boy** røgterdreng; cowboy. **-catcher** *(am)* kofanger, banerømmer.

cower ['kauə] *vb* krybe sammen, dukke sig.

cow|herd *sb* røgter(dreng). **-hide** *sb* kohud; pisk; *vb* piske. **-house** kostald.

cowl [kaul] *sb* munkehætte, munkekutte; (på skorsten) røghætte; (i bil) torpedo; *(flyv)* motorhjelm, motorkappe.

cowlick ['kaulik] *sb* strittende hårtot; hvirvel i håret.

cowling ['kauliŋ] *sb (flyv)* motorhjelm, motorkappe.

cow|man fodermester; *(am)* kvægejer. ~ **parsley** *(bot)* vild kørvel. ~ **parsnip** *(bot)* bjørneklo. **-pat** kokasse.

Cowper ['ku:pə, 'kaupə].

cow|pox kokopper. **-puncher** *sb (am* T*)* cowboy.

cowrie, cowry ['kauri] *sb zo* porcelænssnegl.

cow|shed kostald. **-slip** *(bot)* kodriver.

cox [kɔks] *sb* styrmand (ved kaproning); *vb* være styrmand i en kaproningsbåd.

coxcomb ['kɔkskəum] *sb* nar, laps; narrehue.

coxcombry ['kɔkskəmri] *sb* naragtighed.

coxless ['kɔksləs] *adj* uden styrmand.

coxswain ['kɔkswein, kɔksn] *sb* kvartermester; styrmand (i kaproningsbåd).

coy [kɔi] *adj* bly, undselig; koket, påtaget genert; tilbageholdende; *be ~ about* være uvillig til at udtale sig om.

coyote ['kɔjəut, *(am)* 'kaiout, kai'outi] *sb zo* prærieulv.

coypu ['kɔipu:] *sb zo* bæverrotte, sumpbæver.

coz [kʌz] *fk cousin.*

cozen [kʌzn] *vb* narre, bedrage.

cozy *(am)* = *cosy.*

C.P. *fk Charter Party; Book of Common Prayer; Communist Party.*

c.p. *fk candlepower; chemically pure.*

cp. *fk* compare.

c.p.s. *fk cycles per second.*

Cr. *fk credit(or); Crown.*

crab [kræb] *sb zo* krabbe; fladlus; *(bot)* skovæble; vildt æbletræ; *(fig)* gnavpotte; *vb* kritisere, rakke ned på; fiske krabber; bevæge sig sidelæns; *the Crab* Krebsen (stjernebillede); *edible ~ zo* taskekrabbe; *catch a ~* fange en ugle (under roning).

crab apple skovæble.

crabbed ['kræbid] *adj* knarvorn, gnaven, irritabel, sur; (om skrift) gnidret.

crabby ['kræbi] *adj* knarvorn, gnaven, irritabel, sur.

crabgrass ['kræbgra:s] *sb (bot)* fingeraks, blodhirse.

crab louse *zo* fladlus.

I. crack [kræk] *sb* knald *(fx of a gun, of a whip);* brag; smæld; knæk; (brud:) sprække, spalte, revne *(fx the ice was full of -s);* knæk; T (hårdt) slag *(fx on the head);* forsøg *(fx have a ~ at it* gøre et forsøg); spydighed, vittighed; *at the ~ of dawn* ved daggry; *till the ~ of doom* til dommedagsbasunen lyder; *a fair ~ of the whip* en rimelig chance.

II. crack [kræk] *vb* få til at revne; knuse, sprænge; knække *(fx nuts);* ødelægge; (om lyd) knalde med, smælde med *(fx a whip);* (om olie *etc)* krakke; (uden objekt) sprække, revne, briste; knalde, smælde; (om stemmen) knække over, gå i overgang;

~ *a bottle* knække halsen på en flaske; ~ *a crib* S begå indbrud, lave et bræk; ~ *down on* slå hårdt ned på; ~ *jokes* rive vittigheder af sig; *get -ing* S komme i gang, tage fat; ~ *him over the head* slå ham (hårdt) i hovedet; ~ *up* gå i stykker; bryde sammen; ~ *sby up* skamrose en; hæve en til skyerne.

III. crack [kræk] *adj* første klasses, elite- *(fx regiment, team).*

crack-brained *adj* tosset, forrykt.

crackdown ['krækdaun] *sb,* se *clampdown.*

cracked [krækt] *adj* revnet; sprukken; T tosset, skør; ~ *oil* krakolie.

cracker ['krækə] *sb* **1.** (fyrværkeri) kineser, skrubtudse; knallert; **2.** nøddeknækker; **3.** sprød kiks; **4.** piskesnært; **5.** S løgn.

cracker| barrel *adj (am)* jævn, folkelig, hjemmestrikket. **-jack** *sb, (am* S*)* fremragende (person); *adj* (især *am)* fin-fin, storartet, helt i top.

crackers ['krækəz] *sb* nøddeknækker; *adj* T skør, tosset.

crackjaw ['krækdʒɔ:] *adj* vanskelig at udtale, halsbrækkende.

crackle [krækl] *vb* knitre, knase; *sb* knitren; krakeleret overflade.

crackling *sb* knitren; sprød svær (på en flæskesteg); *-s* fedtegrever.
cracknel [krækn l] *sb* (tyk, skør kiks).
crack|pot skør rad. ~ **shot** mesterskytte.
cracksman ['kræksmən] *sb* S indbrudstyv.
crack-up ['krækʌp] *sb* flystyrt; sammenbrud.
Cracow ['krækəu] Krakow.
cradle [kreidl] *sb* vugge; sengekrone (til hospitalsseng); redningsstol; hængestillads; mejered (på le); (telefon)gaffel; *vb* lægge i vuggen, vugge; lægge (telefonen, røret) på; høste med mejered; *the ~ of the deep* havets dyb. **cradle snatcher** T barnerøver.
craft [kra:ft] *sb* fag, håndværk, kunsthåndværk, dygtighed, kunst; *(neds)* list, bedrageri; *(mar)* skib(e), fartøj(er); flyvemaskine(r); *the ~* frimurerne.
craftsman ['kra:ftsmən] *sb* håndværker; fagmand; kunstner. **craftsmanship** *sb* håndværksmæssig dygtighed; håndværksmæssig udførelse; *an excellent piece of ~* et fint stykke arbejde.
crafty ['kra:fti] *adj* listig, snu.
crag [kræg] *sb* ujævn og stejl klippe, fremludende klippestykke. **cragged** ['krægid] *adj* klippefuld; (om klippe) ujævn, knudret. **craggy** ['krægi] se *cragged.*
crag martin *zo* klippesvale.
cragsman ['krægzmən] *sb* bjergbestiger.
crake [kreik] *sb zo* rørvagtel.
cram [kræm] *vb* stoppe, proppe, stuve, presse ind; fylde sig, proppe sig; *(fig)* proppe (med kundskaber), manuducere; drive forceret eksamenslæsning; T lyve; *sb* eksamenslæsning; terperi; løgn; løgnehistorie; *the theatre was -med* teatret var stuvende fuldt; ~ *up* terpe.
crambo ['kræmbəu] *sb* rimleg, rimord.
cram-full *adj* propfuld.
crammer ['kræmə] *sb* manuduktør, terper; skole med manuduktionskursus til en eksamen.
I. cramp [kræmp] *sb* **1.** *(med.)* krampe; **2.** (jern)krampe; **3.** *(arkit)* muranker; **4.** skruetvinge; skruestik; **5.** *(fig)* hindring; indskrænkning.
II. cramp [kræmp] *vb* give krampetrækninger; hæmme, lægge bånd på, indskrænke; gøre fast med kramper; *it -ed his style* det hæmmede ham.
cramped [kræmpt] *adj* trang, snæver; (om skrift) gnidret; *we are ~ for space* det kniber med pladsen.
cramp iron jernkrampe, muranker.
crampon ['kræmpən] *sb* isbrod (på sko); stenklo.
cranberry ['krænbəri] *sb (bot)* tranebær; *mountain ~* tyttebær.
crane [krein] *sb* kran; *zo* trane; *vb* løfte med en kran; strække hals; strække.
crane fly *zo* stankelben.
cranes-bill ['kreinzbil] *sb (bot)* storkenæb.
cranial ['kreinjəl] *adj* kranie-.
cranium ['kreinjəm] *sb (pl crania)* hjerneskal, kranium.
crank [kræŋk] *sb* krumtap, krank; håndsving, startsving; forkrøpning; T forskruet idé; monoman person, særling; *(am* T*)* tværdriver, gnavpotte; *adj* tilbøjelig til at vælte *el.* kæntre; skrøbelig; *(am)* frisk, rask, lystig; *vb* bøje ned *el.* tilbage; forkrøppe; ~ *(up)* starte (en bil) med håndsving; *(fig)* sætte fart i.
crank| bearing krumptapleje. **-case** krumtaphus. **-shaft** krumtapaksel.
cranky ['kræŋki] *adj* forskruet, sær, excentrisk; tvær; skrøbelig; kroget.
cranny ['kræni] *sb* revne, sprække.
crap [kræp] *sb* S skidt, lort; sludder, ævl, pis; *vb* skide; *take a ~* skide.
crape [kreip] *sb* krep, (sørge)flor; *vb (glds)* kruse; kreppe.
craps [kræps] *sb pl (am)* (et terningespil); *shoot ~* rafle, spille terninger.
crapulence ['kræpjuləns] *sb* umådeholdenhed, drukkenskab.
crapulent ['kræpjulənt], **crapulous** ['kræpjuləs] *adj* fordrukken.
I. crash [kræʃ] *sb* brag, bulder; sammenstød; styrt; nedstyrtning af flyvemaskine; *(fig)* krak, fallit; (stof:) grovcretonne.
II. crash [kræʃ] *vb* brage, styrte sammen; støde sammen; (få til at) styrte ned, knuse (flyvemaskine ved nedstyrtning); forulykke; (om firma *etc)* krakke; (mase sig:) brase *(into* ind i, *through* gennem); S sove (primitivt), overnatte (uindbudt) *(fx he -ed on the floor in a sleeping bag; ~ with a friend); (am)* komme uindbudt til, trænge sig ind i, gå ind til uden at betale *(fx ~ a dance); ~ one's way* mase sig frem.
III. crash [kræʃ] *adj* forceret *(fx a ~ programme to produce missiles);* lyn- *(fx course* kursus).
crash barrier autoværn.
crash-dive ['kræʃdaiv] *sb* (om undervandsbåd) brat dykning; *vb* dykke brat.
crash helmet styrthjelm.
crashing ['kræʃiŋ] *adj* T helt igennem, gennemført, ærke-.
crash-landing katastrofelanding.
crash pad S sted hvor man kan få gratis natlogi.
crass [kræs] *adj* tykhovedet, ærkedum; grov.
crassitude ['kræsitju:d] *sb* tykhovedethed, ærkedumhed, sløvhed.
crate [kreit] *sb* pakkurv, tremmekasse; *vb* pakke ned i en tremmekasse.
crater ['kreitə] *sb* krater; granathul.
cravat [krə'væt] *sb* halsbind, slips.
crave [kreiv] *vb* bønfalde om, bede om; ~ *for* have stærk lyst til, hige efter, tørste efter.
craven [kreivn] *sb* kujon, kryster; *adj* fej.
craving ['kreiviŋ] *sb* begærlighed, stærk længsel *(for* efter), stærk lyst *(for* til).
craw [krɔ:] *sb* kro (hos fugle); *stick in the ~ (fig)* være svær at sluge.
crawfish ['krɔ:fiʃ] *sb* krebs.
crawl [krɔ:l] *vb* kravle, krybe; snegle sig af sted; have krybende fornemmelser; *sb* kravlen, kryben; crawl (svømning); ~ *with* myldre af.
crawler ['krɔ:lə] *sb* kryb; kryber, spytslikker; ledig taxi (der kører langsomt for at få passagerer).
crawlers *sb pl* kravledragt; larvefødder.
crawl space krybekælder.
crayfish ['kreifiʃ] *sb zo* krebs.
crayon ['kreiən] *sb* farveblyant; kridttegning, pastel; kulstift; kultegning; kulspids (i buelampe); *vb* tegne med farveblyant etc.
craze [kreiz] *vb* gøre forrykt; (om glasur) krakelere; *sb* mode(galskab), mani; *it's the ~* det er sidste skrig.
crazy ['kreizi] *adj* vanvittig *(fx ~ with pain);* faldefærdig, skrøbelig; ~ *about* helt vild med, skør efter.
crazy|bone *(am)* snurreben. ~ **pavement** belægning med brudfliser. ~ **quilt** *(am)* kludetæppe (uden mønster).
creak [kri:k] *vb* knirke, knage; få til at knirke; *sb* knirken.
cream [kri:m] *sb* fløde; creme; det bedste, det fineste; flødefarve; *vb* sætte fløde, skumme fløde; indsmøre i creme; røre til en creme; *-ed potatoes* kartoffelmos; ~ *off (fig)* skumme af, tage, fjerne.
cream-coloured *adj* cremefarvet.
creamer ['kri:mə] *sb* flødekande; centrifuge.
creamery ['kri:məri] *sb* mejeri.
cream of tartar renset vinsten. ~ **separator** centrifuge. ~ **tea** te og boller med syltetøj og *clotted cream.*
creamy ['kri:mi] *adj* flødeagtig.
crease [kri:s] *sb* fold; pressefold, læg; (i kricket) linie trukket på jorden; *vb* presse (benklæder); krølle; folde; *(am)* (om skud) strejfe.

creaser ['kri:sə] *sb (bogb)* rygstempel.
crease|-resistant, ~ **-resisting** *adj* krølfri.
creasy ['kri:si] *adj* krøllet.
create [kri'eit] *vb* skabe; frembringe; fremkalde, vække *(fx a sensation);* (om stilling *etc)* oprette; (om person) udnævne (til) *(fx ~ him a Peer; new Peers were -d);* T skabe sig, tage på veje; ~ *a part* kreere en rolle.
creation [kri'eiʃn] *sb* skabelse; frembringelse, fremkaldelse; oprettelse; udnævnelse; (det skabte:) frembringelse, værk; verden; (i mode) kreation, model; *the lord of* ~ skabningens herre.
creative [kri'eitiv] *adj* skabende; kreativ.
creativity [kriei'tiviti] *sb* skabende evne, kreativitet.
creator [kri'eitə] *sb* skaber.
creature ['kri:tʃə] *sb* menneske, væsen; dyr; *(fig, neds)* redskab, kreatur; *poor* ~ arme stakkel; ~ *comforts* materielle goder; de gode ting i livet.
crèche [kreiʃ] *sb* vuggestue; julekrybbe.
credence [kri:dns] *sb* tro, tiltro; *(rel)* sidebord (ved alter); *(glds* møbel) kredensbord; *letter of* ~ introduktionsskrivelse; *give (el. lend)* ~ *to* fæste lid til, tro.
credentials [kri'denʃlz] *sb pl* akkreditiver; legitimationsskrivelser.
credibility [kredi'biləti] *sb* troværdighed.
credibility gap troværdighedskløft.
credible ['kredəbl] *adj* trolig, troværdig.
credit ['kredit] *sb* tillid, tiltro; godt navn, anseelse; (ros *etc)* anerkendelse, ære; *(merk)* kredit; *(am)* kildeangivelse (i forord); (i radio, TV) nævnelse af firma der har betalt en udsendelse; (på *college)* point (for gennemført kursus som led i et studium); *vb* tro, skænke tiltro; kreditere;
give sby ~ *for being* tro om en at han er; *(give)* ~ *where* ~ *is due* ære den som æres bør; *letter of* ~ akkreditiv; *on* ~ på kredit; *stand* **to** *the* ~ *of an account* indestå på en konto; *it is a* ~ *to him* det gør ham ære; *he is a* ~ *to his profession* han er en pryd for sin stand; *give* ~ *to* fæste lid til, tro *(fx a story); pass an amount to sby's* ~, ~ *an amount to sby,* ~ *sby* **with** *an amount* kreditere en for et beløb; ~ *sby with sth* tiltro en noget; give en æren for noget.
creditable ['kreditəbl] *adj* hæderlig *(fx attempt),* anerkendelsesværdig, al ære værd; *that is* ~ *to him* det gør ham ære.
credit card købekort, kreditkort; kontokort.
creditor ['kreditə] *sb* kreditor.
credit| rating agency kreditoplysningsbureau. ~ **squeeze** kreditstramning. ~ **titles** *pl* (i film) fortekster. **-worthy** *adj* kreditværdig.
credulity [kri'dju:liti] *sb* lettroenhed.
credulous ['kredjuləs] *adj* lettroende.
creed [kri:d] *sb* trosbekendelse; tro, overbevisning.
creek [kri:k] *sb* vig, bugt; *(am)* å, bæk; *up the* ~ T på spanden; galt afmarcheret.
creel [kri:l] *sb* fiskekurv.
I. creep [kri:p] *sb* kryben; (om skinne) vandring; (om beton) krybning; S listetyv; modbydelig ka'l; *it gives me the -s* jeg får myrekryb af det.
II. creep [kri:p] *vb (crept, crept)* liste sig, snige sig *(upon* over); krybe; have en kriblende fornemmelse, gyse; (om skinne *etc)* vandre; *(mar)* drægge; *make one's flesh* ~ få en til at gyse, give en myrekryb; *an error has crept in* der har indsneget sig en fejl.
creeper ['kri:pə] *sb* kryb; slyngplante; *(mar)* dræg; *-s pl* klatrejern; S gummisko.
creeping ['kri:piŋ] *adj* krybende; *(fig)* snigende *(fx fear).*
creepy ['kri:pi] *adj* uhyggelig, til at få myrekryb af; *be* ~ have myrekryb.
creepy-crawly *adj* kriblende og krablende.
creese [kri:s] *sb* kris (malajisk dolk).
cremate [kri'meit] *vb* brænde. **cremation** [kri'meiʃn] *sb* (lig)brænding. **crematorium** [kremə'tɔ:riəm], **crematory** ['kremətəri] *sb* krematorium.
creme de menthe *[fr.]* pebermyntelikør.
crenated ['kri:neitid] *adj* takket.
crenellated ['krenileitid] *adj* kreneleret, med skydeskår.
creole ['kri:əul] *sb* kreol.
creosote ['kriəsəut] *sb* kreosot (en tjæreolie).
crêpe | de chine ['kreipdə'ʃi:n] *sb* crepe de chine. ~ **nylon** crepenylon. ~ **paper** crepepair. ~ **rubber** rågummi. ~ **rubber sole** rågummisål.
crepitate ['krepiteit] *vb* knitre.
crepitation [krepi'teiʃn] *sb* knitren.
crepon ['krepɔ:ŋ] *sb* crepon (bomuldsstof).
crept [krept] *præt* og *pp* af *II. creep.*
crepuscular [kri'pʌskjulə] *adj* tusmørke-, halvmørk.
crescent [kresnt] *adj* halvmåneformet; voksende; *sb* halvmåne *(ogs* symbol for Tyrkiet, Islam); halvmåneformet plads (, gade, husrække); (bagværk:) horn.
cress [kres] *sb (bot)* karse.
cresset ['kresit] *sb* beggryde, ildbækken (brugt som fakkel).
crest [krest] *sb* kam (på hane); fjerdusk; top; bølgetop; hjelmbusk; *(her.)* hjelmtegn (over et våbenskjold); våbenmærke; *vb* nå op til toppen af.
crested *adj* med våbenmærke; toppet; ~ *lark* toplærke; ~ *newt* stor vandsalamander; ~ *tit* topmejse.
crestfallen *adj* modfalden, slukøret.
cretaceous [kri'teiʃəs] *adj* kridt-; *the Cretaceous (geol)* kridttiden.
Crete [kri:t] Kreta.
cretin ['kretin] *sb* kretiner (vanskabt idiot).
cretinism ['kretinizm] *sb* kretinisme, idioti.
cretonne [krə'tɔn] *sb* cretonne.
crevasse [kri'væs] *sb* gletscherspalte.
crevice ['krevis] *sb* sprække.
crew [kru:] *sb* (skibs)mandskab, besætning; (arbejds)hold; T flok, bande.
crewcut *sb* karsehår; *adj* plysset, karseklippet.
crewel ['kru:il] *sb* konturtråd.
crew-neck sweater sweater med rund hals.
crib [krib] *sb* **1.** krybbe; **2.** julekrybbe; **3.** *(am)* barneseng, kravleseng; **4.** (i mine) skaktforing; **5.** (lille) hus, hytte, lille værelse; **6.** plagiat; (i skole) snydeoversættelse; **7.** = *cribbage;* **8.** *vb* stjæle, rapse; plagiere, (i skolen) snyde, skrive af; S beklage sig.
cribbage ['kribidʒ] *sb* puk (et kortspil).
crib death *(am)* vuggedød
cribriform ['kribrifɔ:m] *adj* gennemhullet som en si.
crick [krik] *sb* hold (i nakken), forvridning; *vb* forstrække, forvride.
I. cricket ['krikit] *sb zo* fårekylling.
II. cricket ['krikit] *sb* kricket; *it is not* ~ T *(fig)* det er ikke ærligt spil; *play* ~ T *(fig)* spille ærligt spil, holde sig til reglerne.
cricketer ['krikitə] *sb* kricketspiller.
crier ['kraiə] *sb* råber; udråber.
crikey ['kraiki] *interj* S ih du store!
crime [kraim] *sb* forbrydelse; ulovlighed; kriminalitet.
Crimea [krai'miə]: *the* ~ Krim.
Crimean [krai'miən] *adj* krim-, krimsk.
crime | fiction kriminalromaner. ~ **prevention officer** kriminalkonsulent. ~ **sheet** *(mil.)* straffeblad.
criminal ['kriminəl] *adj* forbryderisk; kriminel; straffe-; *(fx case; law); sb* forbryder; ~ *abortion* ulovlig svangerskabsafbrydelse.
Criminal Investigation Department (svarer til) kriminalpolitiet.
criminal | justice strafferet; strafferetspleje. ~ **law** strafferet.
criminology [krimi'nɔlədʒi] *sb* kriminologi.
I. crimp [krimp] *sb* hverver; hyrebasse; *vb* hverve (ved

kneb), shanghaje.
II. crimp [krimp] *vb* kruse, krølle *(fx ~ the hair);* S hindre; *sb* krøl, krus; *put a ~ in* S hindre.
crimson [krimzn] *sb* karmoisinrødt; højrødt; *adj* karmoisinrød, højrød; *vb* rødme; *blush ~* rødme dybt.
crimson rambler *(bot)* rød slyngrose, crimson rambler.
cringe [krin(d)ʒ] *vb* krybe sammen; krybe (for en); *~ with embarrassment* vride sig af forlegenhed, krumme tæer.
cringle [kriŋgl] *sb (mar)* (øje af tovværk) løjert; kovs.
crinkle [kriŋkl] *vb* bøje, sno; kruse, krølle; (uden objekt) bøje sig, sno sig; kruse sig; *sb* snoning, krusning; krølle; rynke.
crinoline ['krinəlin] *sb* stivskørt; *(glds)* krinoline.
cripes [kraips] *interj* S gudfader bevares.
cripple [kripl] *sb* krøbling, invalid; *vb* gøre til krøbling; lemlæste; *(fig)* lamme, gøre magtesløs.
crisis ['kraisis] *sb (pl crises* ['kraisi:z]) vendepunkt, krise.
crisp [krisp] *adj* kruset, tæt krøllet *(fx hair);* skør, sprød *(fx lettuce);* frisk *(fx reply);* livlig; klar, skarp *(fx air); vb* kruse, krølle; gøre sprød; kruse sig; blive sprød; (se *ogs crisps).*
crispbread knækbrød.
crisps [krisps] *sb pl* franske kartofler.
criss-cross ['kriskrɔs] *adv* på kryds og tværs; *adj* krydsende; som går på kryds og tværs; *vb* slå linier på kryds og tværs; *sb* netværk; kryds- og tværsmønster.
criterion [krai'tiəriən] *sb (pl criteria* [-riə]) kriterium, kendemærke, særkende.
critic ['kritik] *sb* kritiker, anmelder; kritisk person, streng dommer; *drama ~* teateranmelder; *literary ~* litteraturanmelder.
critical ['kritikl] *adj* kritisk; afgørende *(fx moment);* betænkelig, farlig.
criticism ['kritisizm] *sb* kritik; *be above ~* være hævet over kritik; *be beneath ~* være under al kritik.
criticize ['kritisaiz] *vb* kritisere.
critique [kri'ti:k] *sb* kritik; kritisk artikel (, essay), (udførlig) anmeldelse.
critter ['kritə] *sb* T = *creature.*
croak [krəuk] *vb* kvække (som frø); skrige hæst (som ravn); *(fig)* se sort på det, spå ulykke(r); klage; S dø, krepere; slå ihjel; *sb* kvækken, skrigen.
croaker ['krəukə] *sb* (om person) brumbasse; ulykkesprofet, defaitist.
Croat ['krəuət] *sb* kroat. **Croatia** [krəu'eiʃə] Kroatien.
Croatian [krəu'eiʃən] *sb* kroat; (sprog) kroatisk; *adj* kroatisk.
crochet ['krəuʃei] *vb* hække; *sb* hækling; hækletøj; *double ~* fastmaske. **crochet hook** hæklenål.
crocheting ['krəuʃeiiŋ] *sb* hækling; hækletøj.
crock [krɔk] *sb* lerkrukke, lerpotte; potteskår; T gammelt øg, krikke; skrog, krykhusar; gammel smadderkasse, vrag; *vb* T ødelægge, 'gøre det af med'; blive et vrag; *a ~ of gold* en krukke fuld af guld (som står for enden af en regnbue); *(fig)* rig indtægtkilde.
crockery ['krɔkəri] *sb* lervarer, stentøj, porcelæn.
crocks [krɔks] *sb pl* S service, 'postelin'.
crocodile ['krɔkədail] *sb* krokodille; (pige)skole som går tur to og to; lang hale af børn.
crocus ['krəukəs] *sb (bot)* krokus.
Croesus ['kri:səs] *(myt* og *fig)* Krøsus (rigmand).
croft [krɔft] *sb* toft, vænge; husmandslod.
crofter ['krɔftə] *sb* husmand, boelsmand.
cromlech ['krɔmlek] *sb* stendysse.
Cromwell ['krɔmwel].
crone [krəun] *sb* gammel kælling (, kone *el.* morlil).
crony ['krəuni] *sb* gammel ven, 'kammesjuk', bonkammerat.
I. crook [kruk] *sb* hage, krog; krumstav; hyrdestav; krumning, bøjning; bugt; S svindler, forbryder; *on the ~* S uærligt.
II. crook [kruk] *vb* krumme; bøje; krumme sig, bøje sig.
III. crook [kruk] *adj* T uærlig; *(austr)* syg.
crookbacked ['krukbækt] *adj* pukkelrygget.
crooked ['krukid] *adj* krum, skæv; kroget; *(fig)* uhæderlig, uærlig.
croon [kru:n] *sb* nynnen; *vb* nynne.
crooner ['kru:nə] *sb* refrainsanger(inde).
crop [krɔp] *sb* kro (hos fugle); *(agr)* høst, afgrøde, *(fig)* mængde, samling, (om hår: *~ of hair)* manke; (frisure:) kortklippet hår; (pisk *etc)* piskeskaft; ridepisk; *vb* afklippe, beklippe, beskære; afgnave; (om hår) studse, kortklippe, (om ører) kupere; *(agr)* beplante, tilså *(fx ~ a field with wheat);* give afgrøde; høste; *~ up* dukke op, vise sig. **crop-eared** med kuperede ører.
cropper ['krɔpə] *sb* kropdue; fald; fiasko; *come a ~* falde, styrte; gøre fiasko, gå bag af dansen.
croquet ['krəukei, *(am)* krəu'kei] *sb* kroket; krokade; *vb* krokere; spille kroket.
croquette [krɔ'ket] *sb* kroket (bolle *el.* rulle med indbagt kød *el.* fisk).
crosier ['krəuʒə] *sb* bispestav; krumstav.
I. cross [krɔs] *sb* kors; kryds; (på bogstav) tværstreg; (ved avl) krydsning *(fx a mule is a ~ between a horse and an ass);* raceblanding, bastard, mellemting; *(fig)* kors, lidelse; *make one's ~* sætte sit mærke (om en der ikke kan skrive sit navn); *on the ~* diagonalt; T uærligt; *take up one's ~* tage sit kors op.
II. cross [krɔs] *adj* tvær-; (om person) tvær, gnaven, arrig *(with* på); *as ~ as two sticks* sur og tvær; *~ to* modsat, imod.
III. cross [krɔs] *vb* krydse; gå tværs over *(fx the street);* gå (, køre, ride *osv)* over *(el.* igennem); sejle *(el.* sætte) over *(fx the Channel);* modvirke, modarbejde, hindre; modsige; sætte en streg over *el.* igennem; lægge over kors; skære, krydse; (uden objekt) krydse hinanden; tage (over), sejle (over) *(fx ~ over to England);*

~ one's arms lægge armene over kors; *~ a cheque* crosse en check; *~ the floor (of the House)* skifte parti (i Underhuset); stemme mod sit eget parti; *~ his hand with silver* give ham en sølvmønt; bestikke ham; *~ my heart* på ære! ama'r! *be -ed in love* lide skuffelse i kærlighed; *it -ed my mind* det faldt mig ind; *~ oneself* gøre korsets tegn for sig; *~ off, ~ out* strege ud, overstrege; *~ sby's path* krydse ens vej; *~ swords with* krydse klinge med; *~ one's t's* sætte streger gennem t'erne; *(fig)* være pertentlig.
cross|bar tværtræ, tværstang; (på cykel) stang; (i mål) overligger; *(typ)* middelsteg. **-beam** tværbjælke. **-bench** (plads i Underhuset for uafhængige medlemmer). **-bill** *zo* lille korsnæb. **-bones** *pl* korslagte knogler. **-bow** armbrøst. **-breed** *vb* krydse; *sb* krydsning, blandingskvæg; blandingsrace. *~* **bun:** *hot ~ bun* bolle med kors på (spises langfredag). *~* **-country** tværs gennem landet; gennem terrænet; terrængående *(fx vehicle); ~ -country race* terrænløb. **-current** tværstrømning. **-cut** genvej; (i film) krydsklip. **-cut saw** skovsav. *~* **-examination** *(jur)* kontraafhøring (ɔ: afhøring af modpartens vidne); krydsforhør. *~* **-examine** underkaste kontraafhøring *(cf ~ -examination);* krydsforhøre. *~* **-eyed** skeløjet. *~* **-fade** *vb* (i radio) fade noget ind medens noget andet fades ud. *~* **-fertilize** *vb* krydsbestøve. *~* **fire** krydsild. **-flute** *(mus.)* tværfløjte. *~* **-grained** *adj* vreden (om træ); *(fig)* umedgørlig. *~* **hairs** *pl* trådkors. **-hatch** *vb* krydsskravere. **-head** (i maskine) krydshoved. *~* **-head(ing)** (i avis) underrubrik.
crossing ['krɔsiŋ] *sb* korsvej; (gade)overskæring; overgang (over gade); overfart.

crossing sweeper *(glds)* gadefejer.
cross|-legged *adj* med benene over kors. ~ **-light** lys fra flere sider; undersøgelse fra forskellige synspunkter. **-patch** T gnavpotte. **-piece** tværstykke, tværbjælke. ~ **-purposes:** *be at* ~ *-purposes* misforstå hinanden; komme til at modvirke hinanden; *we are talking at* ~ *-purposes* du taler i øst og jeg i vest. ~ **-question** *vb* krydsforhøre. ~ **-reference** krydshenvisning. **-road** korsvej; tværvej. ~ **-roads** vejkryds, korsvej; *at the* ~ *-roads* på skillevejen. ~ **-rule** kvadrere. ~ **section** tværsnit. ~ **-stitch** korssting. ~**-talk** *sb* hurtigt replikskifte; hurtig humoristisk dialog; *(tlf)* krydstale. **-trees** *pl (mar)* tværsaling, tværstang på masten. **-wise** *adj* over kors. **-word (puzzle)** krydsordsopgave.
crotch [krɔtʃ] *sb* skridt (i benklæder); tveje (gren).
crotchet ['krɔtʃit] *sb* fjerdedelsnode; grille.
crotchety ['krɔtʃiti] *adj* fuld af griller, sær.
croton ['krəutən]: ~ *oil* krotonolie.
crouch [krautʃ] *vb* krybe sammen, ligge sammenkrøben; stå på spring; (om dyr) ligge på spring, ligge på lur; ~ *down (ogs)* sidde på hug.
croup [kru:p] *sb* kryds (på en hest); *(med.)* strubehoste.
croupier ['kru:piə] *sb* croupier (ved roulettespil); vicepræsident (ved festmiddag).
I. crow [krəu] *sb* krage; galen, hanegal; *as the* ~ *flies* i fugleflugtslinie; *eat* ~ *(am)* ydmyge sig, krybe til korset.
II. crow [krəu] *vb (crew el. crowed, crowed)* gale; prale, brovte; hovere, triumfere; (om lille barn) juble, pludre fornøjet.
crow|bar ['krəuba:] koben, brækjern. **-berry** *(bot)* revling.
I. crowd [kraud] *sb* hob, mængde, menneskemængde, masse; trængsel; opløb; T kreds, kor, slæng, sjak; *the* ~ mængden, de brede lag; *collect a* ~ samle opløb; *he might pass in a* ~ han er ikke værre end så mange andre; *go with the* ~ *(fig)* følge med strømmen.
II. crowd [kraud] *vb* fylde (til trængsel), overfylde; presse, mase, sammentrænge; (uden objekt) trænge sig, flokkes, stimle; myldre; ~ *(on) sail* prange sejl, sætte alle sejl til; ~ *out* trænge *(el.* skubbe) ud *(el.* til side), fortrænge; udelade på grund af pladsmangel.
crowded ['kraudid] *adj* (over)fyldt; tæt pakket; sammentrængt; begivenhedsrig.
crowfoot ['krəufut] *sb (pl crowfoots) (bot)* ranunkel; *(mar)* hanefod; *(mil)* partisansøm.
I. crown [kraun] *sb* (konge-, træ-, tand- *etc)* krone; (øverste del) top *(fx of a mountain),* (af hat) puld, (af hoved) isse; (papirformat: 15 × 20 *inches, am:* 15 × 19 *inches);* (især *glds)* (mønt til en værdi af 5 *shillings* (25 *new pence)); (lit)* krans *(fx laurel* ~); *the Crown* kronen, kongemagten, staten, det offentlige, *(jur)* anklagemyndigheden.
II. crown [kraun] *vb* krone; (hædre:) kranse; *(fig)* krone, sætte kronen på (værket), afslutte; (i damspil) gøre (en brik) til dam; *(tandl)* sætte krone på (en tand); S slå oven i hovedet; *to* ~ *all he* det bedste (, værste) af det hele var at han.
Crown| Colony kronkoloni. ~ **Court** (domstol over *magistrate's court;* afløste 1971 *assizes* og *quarter sessions).*
crown| imperial *(bot)* kejserkrone. ~ **land** domæne, krongods. ~ **prince** kronprins. ~ **wheel** kronehjul.
crow's|-feet *sb* rynker ved øjnene. ~ **nest** *(mar)* udkigstønde (ved mastetop); manøvretønde.
crozier ['krəuʒə] *sb* bispestav, krumstav.
crucial [kru:ʃl] *adj* afgørende *(fx at the* ~ *moment).*
crucian [kru:ʃn] *sb zo* karusse.
crucible ['kru:sibl] *sb* smeltedigel; ~ *steel* digelstål.
cruciferous [kru:'sifərəs] *adj (bot)* korsblomstret.
crucifix ['kru:sifiks] *sb* krucifiks. **crucifixion** [krusi-'fikʃn] *sb* korsfæstelse. **cruciform** ['kru:sifɔ:m] *adj* korsdannet.
crucify ['kru:sifai] *vb* korsfæste.
crud [krʌd] *sb* S lort. **cruddy** *adj* lortet; elendig; møg-.
crude [kru:d] *adj* rå; grov; umoden, ufordøjet, ubearbejdet, ufærdig, vag *(fx idea);* naiv *(fx book);* primitiv *(fx hut);* grel, skrigende *(fx colours);* utilsløret, nøgen *(fx facts); sb (merk)* råolie; ~ *birth rate* (, *death rate)* summarisk fertilitetskvotient (, dødskvotient). ~ *oil* råolie.
crudeness ['kru:dnis], **crudity** ['kru:diti] *sb* råhed, umodenhed, ufærdighed, naivitet; grelhed, grel karakter.
cruel ['kruəl] *adj* grusom, ubarmhjertig; frygtelig, forfærdelig. **cruelty** ['kruəlti] *sb* grusomhed, ubarmhjertighed.
cruet ['kru:it] *sb* flacon (i platmenage); platmenage.
cruet stand platmenage.
Cruikshank ['krukʃæŋk].
cruise [kru:z] *vb* krydse, være på krydstogt, være på langfart; køre langsomt på udkig efter hyre (, efter en pige); *sb* sørejse; krydstogt; langfart. **cruise missile** krydsermissil. **cruiser** ['kru:zə] *sb* krydser; patruljevogn, patruljebåd; turbåd, langtursbåd. **cruiserweight** let sværvægt. **cruising speed** marchhastighed.
crumb [krʌm] *sb* krumme; brødsmule; *(fig)* smule; *vb* vende i rasp (før panering).
crumble [krʌmbl] *vb:* ~ *(up)* smuldre; hensmuldre.
crumbly ['krʌmbli] *adj* sprød; som let smuldrer.
crumbs [krʌmz] *interj* S du store kineser!
crumby ['krʌmi] *adj* blød; smulet.
crummy ['krʌmi] *adj* S luset, elendig, billig.
crump [krʌmp] *sb* knasen; T slag; dumpt brag; eksploderende granat; *vb* knase; dunke; eksplodere med et dumpt brag, brage; bombardere.
crumpet ['krʌmpit] *sb* (slags tebrød); S hoved; pige, finke; *barmy on the* ~ 'skør i bøtten'.
crumple [krʌmpl] *vb* krølle, forkrølle; blive (for)krøllet; ~ *up* krølle sammen; gøre kål på; synke sammen; bryde sammen; give efter.
crunch [krʌnʃ] *vb* knase; *sb* knasen; *the* ~ S det kritiske punkt, det afgørende øjeblik; *when it comes to the* ~ S når det kommer til stykket.
crupper ['krʌpə] *sb* kryds (på hest); rumperem.
crusade [kru:'seid] *sb* korstog; kampagne *(fx a* ~ *against crime); vb* være (, drage) på korstog; deltage i en kampagne.
crusader [kru:'seidə] *sb* korsfarer.
cruse [kru:z] *sb* lerkrukke, lergryde.
crush [krʌʃ] *sb* knusen; trængsel, sammenstimlen, menneskemængde; S reception, stort selskab; *vb* knuse, mase; presse; krølle; myldre; knuse, tilintetgøre; overvælde; (uden objekt) knuses, sammenpresses; ~ *down* pulverisere; slå ned, knuse; *get (, have) a* ~ *on sby* S blive (, være) 'varm' på en; ~ *out* presse ud; mase ud *(fx a cigarette);* ~ *up* knuse, støde; pulverisere.
crush hat klaphat, chapeaubas.
crush-room teaterfoyer.
crust [krʌst] *sb* skorpe; S frækhed; (af vin) bundfald, depot; *vb* overtrække med skorpe; sætte skorpe; (om vin) afsætte bundfald *(el.* depot).
crustacea [krʌ'steiʃə] *sb pl* krebsdyr.
crustacean [krʌ'steiʃn] *sb* krebsdyr; *adj* krebsdyr-.
crustaceous [krʌ'steiʃəs] *adj* krebsdyr-; skorpeagtig.
crusted ['krʌstid] *adj* med skorpe; (om vin) som har afsat bundfald; gammel.
crusty ['krʌsti] *adj* med skorpe; *(fig)* fortrædelig, knarvorn, vranten; S elendig.
crutch [krʌtʃ] *sb* krykke; skridt *(fx* i tøj); *(mar)* (åre)gaffel.

crux [krʌks] *sb* vanskelighed, vanskeligt punkt; *the ~ of the matter* sagens kerne.
I. cry [krai] *vb* skrige, råbe; udbryde; græde *(fx ~ oneself to sleep);* råbe med (varer); bekendtgøre; ~ **down** rakke ned på; ~ **for** råbe på; græde for (at få); ~ *for the moon* ønske det uopnåelige; ~ **off** trække sig tilbage *(from* fra); ~ *off a deal* annullere en handel; ~ **out** råbe *(for* på); klage højt; skrige; ~ *out against* protestere højlydt imod; ~ *one's eyes out* græde øjnene ud af hovedet; *for -ing out loud!* S for pokker! hold da helt op! åh hold kæft! ~ **shame** *upon* protestere imod; ~ **up** rose, hæve til skyerne, opreklamere; ~ **wolf** slå falsk alarm.
II. cry [krai] *sb* skrig, råb; gråd, klage; (hunds) halsen; *they had a good ~* de fik sig en ordentlig grædetur; *a far ~* et godt stykke vej; *(fig)* et langt spring; *a far ~ from* meget fjernt fra; *in full ~* i skarp forfølgelse; *much ~ and little wool* viel Geschrei und wenig Wolle; stor ståhej for ingenting; *within ~* inden for hørevidde.
crybaby ['kraibeibi] *sb* flæbehoved, tudesøren.
crying ['kraiiŋ] *adj (fig)* himmelråbende, iøjnefaldende.
cryolite ['kraiəlait] *sb* kryolit.
crypt [kript] *sb* krypt (kapel under kirke); gravhvælving.
cryptic ['kriptik] *adj* hemmelig; gådefuld *(fx remark).*
cryptogram ['kriptəgræm] *sb* kryptogram, chifferskrift.
cryptography [krip'tɔgrəfi] *sb* kryptografi.
crystal [kristl] *sb* krystal; krystalglas; urglas; prisme (i prismekrone); *adj* krystal-, krystalklar; ~ *gazing* spåen ved hjælp af en krystalkugle.
crystalline ['kristəlain] *adj* krystallinsk, krystalklar; krystal-; ~ *lens* krystallinse.
crystallization [kristəlai'zeiʃn] *sb* krystallisation, krystallisering. **crystallize** ['kristəlaiz] *vb* krystallisere; krystallisere sig; kandisere. **crystallography** [kristə'lɔgrəfi] *sb* krystallografi, krystallære. **crystal set** (radio) krystalapparat.
C.S. *fk Civil Service.*
C.S.E. *fk Certificate of Secondary Education, (nu afløst af G.C.S.E.).*
ct. *fk. cent.* **Cttee** *fk committee.*
C.U. *fk Cambridge University.*
cub [kʌb] *sb* unge (især af ræv, ulv, løve, tiger, bjørn); hvalp, knægt; ulveunge (spejder); (se også *cub reporter); vb* yngle, føde; jage ræveunger; *unlicked ~* grønskolling.
Cuba ['kju:bə] Cuba.
cubage ['kju:bidʒ] *sb* kubikindhold.
Cuban ['kju:bən] *adj* cubansk; *sb* cubaner; ~ *heel* officershæl.
cubature ['kju:betʃə] *sb* (udregning af) kubikindhold.
cubbing ['kʌbiŋ] *sb* rævejagt.
cubbish ['kʌbiʃ] *adj* uopdragen, ubehøvlet, kluntet.
cubbyhole ['kʌbihəul] *sb* lille rum, hummer, hyggelig hybel.
cube [kju:b] *sb* kubus, terning; kubiktal, tredje potens; *vb* skære ud i terninger; finde kubiktallet af, opløfte til tredje potens; *x -d* x i tredje (potens); *a ~ of soap* et stykke sæbe.
cube root kubikrod.
cubic(al) [kju:bik(l)] *adj* kubisk; kubik-.
cubic equation tredjegradsligning.
cubicle ['kju:bikl] *sb* (lille) sovekammer, sovekabine; badekabine; aflukke.
cubiform ['kju:bifɔ:m] *adj* terningdannet, kubisk.
cubism ['kju:bizm] *sb* kubisme. **cubist** ['kju:bist] *sb* kubist.
cubit ['kju:bit] *sb* (gammelt længdemål, 18-22 tommer); *add a ~ to one's stature* (bibelsk) lægge en alen til sin vækst.
cub| master ulveleder. ~ **reporter** journalistspire.
cuckold ['kʌkəuld] *sb* hanrej; *vb* gøre til hanrej.
cuckoo ['kuku:] *sb zo* gøg; *(fig)* fjols, skør rad; *adj* S tosset; *go ~* gå fra forstanden.
cuckoo| clock kukur. **-flower** *(bot)* engkarse. **-pint** *(bot)* dansk ingefær, aronsstav. ~ **spit** gøgespyt. ~ **spit insect** *zo* skumcikade.
cucumber ['kju:kʌmbə] *sb (bot)* agurk; *as cool as a ~* kold og rolig.
cud [kʌd] *sb: chew the ~* tygge drøv; overveje.
cuddle [kʌdl] *vb* omfavne, knuse; ligge (, lægge sig) lunt og godt; putte sig; *sb* omfavnelse; ~ *up to* trykke sig (*el.* putte sig) ind til. **cuddlesome, cuddly** *adj* lige til at knuse (ɔ: omfavne).
cuddy ['kʌdi] *sb* kahyt, kabys, lille rum.
cudgel ['kʌdʒ(ə)l] *sb* knippel; *vb* prygle; ~ *one's brains* bryde sit hoved; *take up the -s for* træde i skranken for.
cudweed ['kʌdwi:d] *sb (bot)* (vild) evighedsblomst.
cue [kju:] *sb (teat)* stikord; *(fig)* vink; (i billard) kø; *(glds)* (hår)pisk; *take one's ~ from sby* lytte til én, rette sig efter én, efterligne en.
I. cuff [kʌf] *sb* slag, dask, klaps; *vb* slå, daske, klapse; slås.
II. cuff [kʌf] *sb* opslag (på ærme, *am* også på bukser); manchet; *-s pl (ogs)* håndjern; *off the ~* improviseret; på stående fod; *on the ~ (am)* S på kredit; gratis.
cuff links *pl* manchetknapper.
cuirass [kwi'ræs] *sb* harnisk, kyras.
cuirassier [kwirə'siə] *sb* kyrassér.
cuisine [kwi'zi:n] *sb* køkken, kogekunst, madlavning.
culch = *cultch.*
cul-de-sac ['kuldə'sæk *el. fr.*] *sb* blind gade, blind vej; *(fig)* blindgyde, noget der ingenting fører til.
culinary ['kʌlinəri] *adj* som hører til kogekunsten, kulinarisk; mad-, koge-.
cull [kʌl] *vb* udsøge, udvælge; samle; plukke.
cullender ['kʌlində] *sb* dørslag.
cullet ['kʌlit] *sb* glasaffald (til omsmeltning).
Culloden [kə'lɔdn, kə'ləudn].
cully ['kʌli] *sb (glds)* S kammerat; godtroende fjols; *vb* narre.
culm [kʌlm] *sb* kulstøv; *(bot)* stængel.
culminate ['kʌlmineit] *vb* kulminere.
culmination [kʌlmi'neiʃn] *sb* kulmination.
culottes [kju'lɔts] *sb pl* buksenederdel.
culpability [kʌlpə'biləti] *sb* strafværdighed.
culpable ['kʌlpəbl] *adj* strafværdig, dadelværdig, kriminel.
culprit ['kʌlprit] *sb* forbryder; synder, misdæder; *the ~ (ogs)* den skyldige; gerningsmanden; *(jur)* tiltalte.
cult [kʌlt] *sb* kultus, kult; dyrkelse; ~ *of personality* persondyrkelse.
cultch [kʌltʃ] *sb* underlag på havbunden for østersyngel.
cultivable ['kʌltivəbl] *adj* som kan dyrkes (, pløjes), dyrkbar.
cultivate ['kʌltiveit] *vb* dyrke; opdyrke; opelske *(fx a plant);* udvikle, uddanne; forædle; civilisere, kultivere; ~ *a moustache* anlægge overskæg.
cultivation [kʌlti'veiʃn] *sb* dyrkning; dannelse; kultur.
cultivator ['kʌltiveitə] *sb* dyrker; (redskab:) kultivator.
cultural ['kʌltʃərəl] *adj* kultur-, kulturel; ~ *anthropology* etnologi.
culture ['kʌltʃə] *sb* dyrkning, avl; opdragelse, udvikling; dannelse; kultur. **cultured** ['kʌltʃəd] *adj* kultiveret, dannet. **cultured pearl** kulturperle.
culvert ['kʌlvət] *sb* stenkiste (under vej); gennemløb; afvandingssluse; rør (til kabler etc).
cumber ['kʌmbə] *vb* bebyrde, besvære.
Cumberland ['kʌmbələnd].
cumbersome ['kʌmbəsəm] *adj* byrdefuld, besværlig,

uhåndterlig.
Cumbrian ['kʌmbriən] *adj* cumberlandsk, kumbrisk.
cumbrous ['kʌmbrəs] *adj* besværlig, tung, uhåndterlig.
cum div. *fk cum dividend* iberegnet dividenden.
cumin ['kju:min] *sb (bot)* spidskommen.
cummerbund ['kʌməbʌnd] *sb* indisk skærf.
cumulate ['kju:mjuleit] *vb* opdynge.
cumulation [kju:mju'leiʃn] *sb* opdyngen, sammendyngen.
cumulative ['kju:mjulətiv] *adj* sammendynget, ophobet, kumulativ; som vinder i styrke; ~ *dividend* kumulativt udbytte; ~ *evidence* vidnesbyrd der (alle sammen) peger i samme retning.
Cunard [kju:'na:d].
cun(e)iform ['kju:ni(i)fɔ:m] *adj* kiledannet; *sb* = ~ *characters* kileskrift.
cunning ['kʌniŋ] *adj* listig, forslagen, snild; *(glds)* dygtig; *(am* T*)* sjov, sød, 'nuttet'; *sb* listighed, list, snuhed; *(glds)* behændighed.
cunt [kʌnt] *sb (vulg)* fisse, kusse; skiderik.
cup [kʌp] *sb* kop; bæger, pokal; *(rel)* kalk; *(bot)* blomsterbæger; (præmie) pokal; (skålformet genstand) skål; hulning, fordybning; *(glds med.)* kop (til kopsætning); (drik) kold punch; *vb* hule (hånden); *(glds med.)* kopsætte; *he is not my ~ of tea* han er ikke mit nummer; *be in one's -s* være beruset; *a ~ and saucer* et par kopper; *he -ped the match against the wind* han skærmede tændstikken mod vinden med sin hule hånd; ~ *one's hand to one's ear* holde hånden bag øret (for at høre bedre).
cup and ball bilboquet.
cupbearer mundskænk.
cupboard ['kʌbəd] *sb* skab; *the skeleton in the ~* den uhyggelige familiehemmelighed.
cupboard love madkæresteri, kærlighed som man simulerer for at opnå en fordel.
cupel ['kju:pəl] *sb* prøvedigel, kapel.
Cupid ['kju:pid] *sb* Amor; amorin.
cupidity [kju'piditi] *sb* begærlighed.
Cupid's bow amorbue.
cupola ['kju:pələ] *sb* kuppel.
cuppa ['kʌpə] S = *cup of tea.*
cupping ['kʌpiŋ] *sb (glds med.)* kopsætning; ~ *glass* sugekop.
cupreous ['kju:priəs] *adj* kobberagtig, kobber-.
cupric ['kju:prik] *adj (kem)* kupri-.
cupriferous [kju'prif(ə)rəs] *adj* kobberholdig.
cuprous ['kju:prəs] *adj (kem)* kupro-.
cup tie pokalkamp; pokalturnering.
cur [kə:] *sb* køter; *(glds)* sjover.
cur. *fk current.*
curable ['kjuərəbl] *adj* helbredelig.
curacao [kjuərə'səu] *sb* curacao, likør.
curacy ['kjuərəsi] kapellanembede.
curare [kju'ra:ri] *sb* kurare (giftstof).
curassow [kjuərə'səu] *sb zo* hokko (en fugl).
curate ['kjuərit] *sb* kapellan; *like the -'s egg* ɔ: delvis mislykket, elendig men med enkelte lyspunkter.
curative ['kjuərətiv] *adj* helbredende, lægende.
curator [kjuə'reitə] *sb* konservator; museumsinspektør; museumsdirektør; (på skotsk) værge.
I. curb [kə:b] *sb* kindkæde på bidsel; tøjle, tømme *(fig);* bremse, hindring; brøndkarm; *(am)* = *kerb.*
II. curb [kə:b] *vb* holde i tømme, tøjle, tæmme, styre *(fx one's passions);* bremse, dæmpe, holde nede.
curb| market *(am)* efterbørs; handel med unoterede papirer. ~ **roof** mansardtag. **-stone** kantsten.
curcuma ['kə:kjumə] *sb (bot)* gurkemejerod.
curd [kə:d] *sb* ostemasse, skørost, oplagt mælk.
curdle [kə:dl] *vb* løbe sammen; størkne, koagulere; stivne; (med objekt) lade løbe sammen; bringe til at stivne; *it made my blod ~ (fig)* det fik mit blod til at isne.
curdy ['kə:di] *adj* sammenløbet.
cure [kjuə] *sb* kur *(for* mod); helbredelse; afvænning; *(rel)* sjælesorg, embede; *vb* helbrede, kurere *(of* for); konservere, salte, nedsalte, *(fx* hø, tobak) tørre, (malt) aftørre, *(fx* ost) lagre, (skind) berede, (cement, plastic) hærde, (gummi) vulkanisere.
cure-all ['kjuərɔ:l] *sb* universalmiddel.
curettage [kju'retidʒ] *sb (med.)* udskrabning.
curette [kju'ret] *sb* curette (til udskrabning); *vb* udskrabe.
curfew ['kə:fju:] *sb* aftenklokke; aftenringning; udgangsforbud, spærretid.
curio ['kjuəriəu] *sb* kuriositet.
curiosity [kjuəri'ɔsiti] *sb* nysgerrighed; videbegærlighed; (om ting) sjældenhed; mærkværdighed, raritet, kuriositet, antikvitet. **curiosity shop** antikvitetshandel.
curious ['kjuəriəs] *adj* **1.** nysgerrig, videbegærlig, interesseret; **2.** *(neds)* nysgerrig, nyfigen; **3.** mærkværdig, mærkelig, besynderlig; **4.** *(glds)* kunstfærdig, omhyggelig. **curiously** *adv (ogs)* påfaldende, meget.
curl [kə:l] *sb* krølle; krusning; *vb* kruse, krølle; sno sig, krumme sig; kruse sig; spille curling; ~ *of the lips* hånligt smil; ~ *one's legs under one* trække benene op under sig; ~ *one's moustache* sno sit overskæg; ~ *one's toes* krumme tæer; ~ **up** ligge (, sidde) med knæene trukket op; rulle (, krumme, krølle) sig sammen, S falde sammen; rulle sammen, få til at krumme sig (, falde) sammen; *it makes me ~ up* T det giver mig kvalme.
curled| mint *(bot)* krysemynte. ~ **parsley** *(bot)* krusper-sille.
curler ['kə:lə] *sb* curler (til hår); curlingspiller.
curlew ['kə:lju:] *sb zo* stor regnspove.
curlew sandpiper *zo* krumnæbbet ryle.
curleycue, curlicue ['kə:likju:] *sb* snirkel, krusedulle.
curling ['kə:liŋ] *sb* curling (et skotsk spil på isen).
curling irons, curling tongs *pl* krøllejern.
curlpaper papillot.
curly ['kə:li] *adj* krøllet; buet; ~ *kale* grønkål.
curmudgeon [kə:'mʌdʒən] *sb* gnavpotte, krakiler; gnier.
curmudgeonly *adj* gnaven, krakilsk; gnieragtig.
currant ['kʌrənt] *sb (bot)* ribs; korend; *black ~* solbær; *red ~* ribs; *white ~* hvid ribs.
currency ['kʌrənsi] *sb* omløb, cirkulation; valuta, penge; mønt *(fx in foreign ~);* (om penge) gangbarhed, kurs; *(fig)* udbredelse; *(merk)* løbetid *(fx of a bill* veksel); *gain ~* vinde udbredelse, blive almindelig kendt; *the word is out of ~* ordet er gået af brug.
I. current ['kʌrənt] *sb* strøm; retning, tendens.
II. current ['kʌrənt] *adj* gangbar, gyldig *(fx coin);* gængs *(fx phrase);* almindelig udbredt, i omløb værende, cirkulerende; (som findes nu) indeværende *(fx year, month);* løbende *(fx expenses);* nuværende, dagens, for øjeblikket gældende, aktuel *(fx events).*
current| account kontokurant. ~ **collector** strømaftager.
currently *adv* for øjeblikket, for tiden; til stadighed.
curriculum [kə'rikjuləm] *sb* pensum; undervisningsplan, læseplan; ~ *vitae* data, biografiske oplysninger (i ansøgning *etc).*
curried ['kʌrid] *adj* i karry *(fx ~ eggs).*
currier ['kʌriə] *sb* skindbereder.
currish ['kə:riʃ] *adj* køteragtig; bidsk.
I. curry ['kʌri] *vb* tilberede (skind); strigle (hest); ~ *favour* indsmigre sig *(with* hos).
II. curry ['kʌri] *sb* karry; karryret; *vb* tillave med karry.
currycomb ['kʌrikəum] *sb, vb* strigle.
curse [kə:s] *sb* forbandelse *(to* for); ed; *vb* forbande; bande (over); *the ~ (vulg)* menstruation; ~ *you* gid

fanden havde dig; *be -d with* (have at) trækkes med.
cursed ['kə:sid] *adj*, se *cussed*.
cursive ['kə:siv] *adj* flydende (om håndskrift).
cursor ['kɛ:sə] *sb (edb)* markør.
cursory ['kə:səri] *adj* hastig, flygtig, løselig.
curst [kə:st] *adj* = *cursed*.
curt [kə:t] *adj* mut, studs *(fx a ~ answer)*, kort.
curtail [kə:'teil] *vb* forkorte, afkorte; beskære; nedsætte, indskrænke. **curtailment** [kə:'teilmənt] *sb* afkortning; afstudsning; beskæring; nedsættelse, indskrænkning.
curtain [kə:tn] *sb* forhæng; gardin; portiere; *(teat)* tæppe; tæppefald; slutoptrin; fremkaldelse *(fx he took five -s* han blev fremkaldt fem gange); *vb* forsyne med gardiner; *draw the ~* trække gardinet for *(el.* fra); *draw a ~ over (fig)* skjule, tie stille med; *drop the ~* lade tæppet falde; *~ of fire* spærreild; *fireproof ~* jerntæppe (i teater); *it is -s for him* S det er sket *(el.* nat) med ham, han er færdig; *give a ~* fremkalde; *the ~ rises* tæppet går op; *~ off* skille fra ved et forhæng.
curtain| call fremkaldelse. ~ **lecture** gardinprækken. ~ **raiser** forspil (kort indledende skuespil); *(fig)* indledning. ~ **wall** ikke-bærende ydervæg.
curts(e)y ['kə:tsi] *sb* nejen; *vb* neje; *drop a ~* neje, knikse.
curvaceous [kə:'veiʃəs] *adj* T velskabt.
curvature ['kə:vətʃə] *sb* krumning.
curve [kə:v] *sb* krumning, kurve; *vb* krumme, bøje; krumme sig, bue; *her ample -s* hendes yppige former.
curvet [kə'vet] *vb* (i ridning) (lade) courbettere; *(fig)* gøre krumspring; *sb* (i ridning) courbette; *(fig)* krumspring.
cushion [kuʃn] *sb* pude; (billard) bande; *vb* lægge på puder; lægge puder på, polstre; læne, *(fig)* gøre behagelig; afbøde; udligne; dysse ned.
cushy ['kuʃi] *adj* S let, behagelig, magelig.
cusp [kʌsp] *sb* spids; (månens) horn.
cuspid ['kʌspid] *sb* hjørnetand.
cuspidal ['kʌspidl] *adj* spids.
cuspidor ['kʌspidɔ:] *sb (am)* spyttebakke.
cuss [kʌs] *sb* fyr, karl; ed; *vb* bande; *I don't care a ~* jeg bryder mig pokker om det.
cussed ['kʌsid] *adj* forbandet, forbistret; urimelig, krakilsk, stædig, stivsindet, ondskabsfuld.
custard ['kʌstəd] *sb (omtr =)* cremesovs; (se også *cowardy ~*). **custard pie** (i komisk nummer) lagkage (brugt som kasteskyts).
custodial [kə'stəudiəl] *adj* forvarings-, bevogtnings-; (om behandlig) som mere drejer sig om opbevaring end om helbredelse, *~ sentence* frihedsstraf.
custodian [kə'stəudjən] *sb* opsynsmand, inspektør (i hus); (i museum) kustode; *(fig)* vogter.
custody ['kʌstədi] *sb* forvaring; arrest; opsyn, bevogtning, varetægt; forældremyndighed *(fx he has the ~ of his child); take into ~* anholde.
I. custom ['kʌstəm] *sb* skik, sædvane, brug; *(merk)* kundekreds, søgning; *withdraw one's ~ from* holde op med at handle hos.
II. custom ['kʌstəm] *adj (am)* lavet på bestilling, efter mål *(fx ~ clothes)*.
customary ['kʌstəməri] *adj* sædvanlig, almindelig; vedtægtsmæssig.
custom-built *adj* specialbygget.
customer ['kʌstəmə] *sb* kunde; T fyr *(fx he is an ugly ~)*.
custom|house ['kʌstəmhaus] toldbod. **-house broker** toldklarerer. ~ **-made** *(am)* lavet på bestilling.
customs ['kʌstəmz] *sb pl* told, toldvæsen; *~ check* toldeftersyn; *~ examination* toldvisitation; *~ officer* toldembedsmand.
I. cut [kʌt] *vb (cut, cut)* **1.** skære, snitte, klippe, hugge, save (af, over, op), fælde *(fx trees);* slå *(fx grass);* meje *(fx corn);* **2.** grave *(fx a trench);* **3.** skære (, hugge, klippe *etc)* til; slibe *(fx glass)*, klippe *(fx a film);* **4.** beskære, forkorte, stryge i *(fx a speech);* nedsætte *(fx the price); (bogb, fot* og om planter) beskære; **5.** (i sport, om bold) snitte; **6.** (i kortspil) tage af; **7.** (om linier) skære, krydse; **8.** (om smerte) skære, bide, *(fig)* såre, krænke; **9.** T ikke ville hilse på (, kendes ved), ignorere, behandle som luft; **10.** skulke fra, pjække fra *(fx a lecture)*, stikke af fra *(fx work);* **11.** *(am* S) dele byttet;

(forskellige *forb*, se også *ground, ice) ~ and come again* der er mere hvor det kom fra; *~ and run* stikke af fra det hele; *~ a book* skære en bog op; *they ~ him dead* de lod fuldstændig som om han var luft; *~ a figure* gøre indtryk; *~ a poor figure* gøre en ynkelig figur; *~ it fine* lige akkurat nå det (, klare den); *~ the knot* hugge knuden over; *~ oneself loose* gøre sig fri *(from* af); *~ sby short* afbryde en; *to ~ a long story short* kort sagt; *~ one's teeth* få tænder; *~ sby's throat* skære halsen over på en; *~ each other's -s (fig)* konkurrere hinanden sønder og sammen; *it -s both ways* det er et tveægget sværd;

(forb med *adv, præp)* ~ **across** gå tværs over; *(fig)* gå på tværs af *(fx ~ across party lines);* ~ **along** skynde sig; ~ **at** slå efter; tage kraften af, nedslå; ~ **away** skære væk *(el.* løs *el.* fri); hugge væk; stikke af; ~ **back** skære ned, forkorte; skære tilbage, beskære *(fx a tree);* (i film) gribe tilbage, indskyde tidligere begivenheder (i handlingen); ~ **down** fælde, slå *(el.* hugge) ned; bortrive; nedskære, indskrænke; sy ind; *~ sby down to size* skære en ned, sætte en på plads; ~ **for** *deal* trække om hvem der skal give; *~ for partners* trække om makkerskab; ~ **in** falde ind, afbryde; T (i dans) bryde ind (og danse videre med en andens partner); (om bil) 'skære ind' efter overhaling; *~ him in* T lade ham være med (ɔ: få en andel); ~ **into** falde ind i, bryde ind i; ~ **off** hugge (, skære, klippe) af; afskære; afbryde *(ogs tlf)*, lukke for, standse leveringen af; (om døden) bortrive; *be ~ off (ogs)* blive isoleret (fra omverdenen), få afskåret tilbagetog; *~ him off with a shilling* gøre ham arveløs; (se *ogs I. nose);* ~ **out** hugge (, skære, klippe) ud; skære væk, fjerne, stryge (i tekst); tilskære, klippe (tøj); planlægge; afbryde; udskille (i radio); fortrænge, slå ud, stikke ud *(fx ~ out a rival);* holde op med, lægge på hylden, *(fx you must ~ tobacco right out); (am* T) stikke af; ~ it out! hold op! hold mund! *~ out the engine* slå motoren fra; *~ out for*, se *II. cut;* ~ **to** *pieces* klippe i stykker; *(fig)* kritisere sønder og sammen; ~ **up** skære (, hugge, klippe) i stykker; nedsable; kunne skæres i stykker; T beskadige, såre; kritisere skarpt; S lave ballade; lave skæg; *be ~ up (ogs)* blive forskåret; *he was ~ up by it* det tog stærkt på ham; *~ up rough* T blive gal i hovedet, blive grov, tage på vej; *~ up well* efterlade sig en smuk formue.
II. cut [kʌt] *præt* og *pp* af *I. cut; adj* skåret *(etc);* S fuld, drukken, pløret; *~ and dried* fiks og færdig, klappet og klar(t); kedsommelig; rutinepræget; *~ flowers* afskårne blomster; *you will have your work ~ out for you* du får fuldt op at gøre *(el.* mere end nok at bestille); det er næsten mere end du kan overkomme; *be ~ out for* egne sig til, være skabt til.
III. cut [kʌt] *sb* **1.** snit, hug, skramme, snitsår; (med pisk) slag; *(fig)* hib; **2.** (udskåret) stykke (kød); udskæring; **3.** træsnit, stik; **4.** (i kortspil) aftagning; **5.** mode, snit; **6.** nedsættelse; nedskæring; beskæring, forkortelse, udeladelse, strygning, klipning; **7.** (i film) klip (ɔ: hurtigt skift); klipning; **8.** S andel (i bytte); **9.** (på plade) skæring; *be a ~ above* være en tak bedre end; *be a ~ above the average* hæve sig over gennemsnittet; *give sby the ~* afbryde omgangen med en, ikke (længere) hilse på en; *~ of a whip* (piske)snert.
cut-and|-dried, se *II. cut.* ~ **-thrust** hug og stød; *(fig)*

voldsom meningsudveksling.
cutaneous [kju'teiniəs] *adj* hud- *(fx disease).*
cutaway ['kʌtəwei] *adj, sb:* ~ *(coat)* jaket.
cutback ['kʌtbæk] *sb* nedskæring; *(am,* i film) flashback, tilbageblik.
cute [kju:t] *adj (am* T*)* fiks, nysselig, nuttet, sød.
cut glass slebet glas.
cuticular [kju:'tikjulə] *adj* overhuds-; hud-; hudagtig.
cuticle ['kju:tikl] *sb* overhud; neglebånd.
cutie ['kju:ti] *sb (am* T*)* sød pige.
cutlass ['kʌtləs] *sb* huggert.
cutler ['kʌtlə] *sb* knivsmed, knivfabrikant.
cutlery ['kʌtləri] *sb* knive; skærende instrumenter (knive, sakse *etc);* spisebestik.
cutlet ['kʌtlit] *sb* kotelet.
cutoff ['kʌtɔf] *sb* genvej; afbrydelse, pause; tætningsvæg.
cutout ['kʌtaut] *sb (elekt)* afbryder.
cutout doll påklædningsdukke.
cutover ['kʌtəuvə] *sb* skovningsplads; overgang.
cut price nedsat pris.
cutpurse ['kʌtpə:s] *(glds)* lommetyv.
cut rate nedsat pris. **cut-rate** *adj* som sælger (, sælges) til nedsat pris; *(fig)* billig, tarvelig.
cutter ['kʌtə] *sb* tilskærer; filmklipper; *(tekn)* fræser; klippemaskine; kniv, skær; *(mar)* kutter; *(am ogs)* kane.
cutthroat ['kʌtθrəut] *sb* morder; S 'banditbridge' (hasardpræget form for tremands bridge); *adj* morderisk; ~ *competition* hensynsløs konkurrence.
cutting ['kʌtiŋ] *adj* skærende; skarp, bidende; *sb* skæren, huggen; (af tøj) tilskæring, klipning; (af græs *etc)* slåning; (af træ) hugst, skovning, *(jernb etc)* gennemskæring; (noget afklippet) strimmel; udklip *(fx newspaper -s):* afklip, prøve; (af plante) stikling; ~ *pliers,* ~ *nippers* bidetang; *a* ~ *wind* en bidende kold vind.
cuttle [kʌtl], **cuttlefish** *sb* blæksprutte.
cutty ['kʌti] *sb* tøjte, tøs; kort ske; snadde, næsevarmer; *adj* kort.
cut up *perf part: be* ~ *about* være meget ked af, være helt knust over.
cutwater ['kʌtwɔ:tə] *sb* (på skibsstævn) skæg.
C.V.O. *fk Commander of the Victorian Order.*
cwt ['hʌndridweit] *fk hundredweight (= 112 lbs).*
cyanic [sai'ænik] *adj* cyan-.
cyanide ['saiənaid] *sb:* ~ *of potassium* cyankalium.
cyanosis [saiə'nəusis] *sb (med.)* cyanose, blåfarvning af huden *(fx* ved hjertefejl).
cyanotic [saiə'nɔtik] *adj (med.)* cyanotisk, blåligt farvet.
cybernetics [saibə'netiks] *sb* kybernetik.
cyclamen ['sikləmən] *sb (bot)* alpeviol; (farve:) cyklamen.
cycle ['saikl] *sb* kreds; periode; cyklus; cykel; *vb* cykle.
cycle car lille (3-hjulet) bil.
cyclic ['saiklik] *adj* cyklisk. **cyclist** ['saiklist] *sb* cyklist.
cyclometer [sai'klɔmitə] *sb* kilometertæller.
cyclone ['saikləun] *sb* cyklon, hvirvelstorm.
cyclopedia [saiklə'pi:diə] *sb* encyklopædi.
Cyclops ['saiklɔps] *sb (pl Cyclopes* ['saikləupi:z]) *(myt)* kyklop.
cyclostomes ['saikləstəumz] *sb pl zo* rundmundede.
cyclotron ['saiklətrɔn] *sb* cyklotron.
cygnet ['signit] *sb zo* svaneunge.
cylinder ['silində] *sb* valse, cylinder; gasflaske, stålflaske; (i revolver) tromle. **cylindrical** [si'lindrikl] *adj* cylindrisk.
cymbal [simbl] *sb (mus.)* cymbel; bækken.
Cymbeline ['simbili:n].
cyme [saim] *sb (bot)* kvast.
cymoscope ['saiməskəup] *sb* (radio) detektor.
Cymric ['kimrik] *sb, adj* kymrisk, walisisk.
Cymry ['kimri] *sb pl* kymrere, walisere.
cynic ['sinik] *adj* kynisk; *sb* kyniker. **cynical** ['sinikl] *adj* kynisk. **cynicism** ['sinisizm] *sb* kynisme.
cynosure ['sinəzjuə, *(am)* 'sainəʃuə] *sb* brændpunkt; midtpunkt *(fx he was the* ~ *of all eyes);* ledestjerne. **Cynosure** *(astr)* Den lille Bjørn; polarstjernen.
cypress ['saiprəs] *sb (bot)* cypres.
Cypriote ['sipriəut], **Cypriot** ['sipriət] *sb* cypriot; *adj* cypriotisk. **Cyprus** ['saiprəs] Cypern.
Cyrene [sai'ri:ni]. **Cyrus** ['saiərəs].
cyst [sist] *sb* cyste, blære; svulst.
cystitis [sis'taitis] *sb* blærebetændelse.
cyto|genesis [saitə'dʒenəsis] *sb* celledannelse. **-logy** [sai'tɔlədʒi] *sb* cellelære. **-plasm** ['saitəplæzm] *sb* celleslim.
czar [za:] *sb* zar; T diktator.
czardas ['tʃa:dæs] *sb* czardas (ungarsk dans).
czar|evitch ['za:rivitʃ] zarevitj (zarens søn). **-evna** [za:'revnə] zarevna (zarens datter). **-ina** [za:'ri:nə] zarina (zarens hustru; kvindelig zar). **-itsa** [za:'ritsə] zaritza (zarens hustru).
Czech [tʃek] *sb* tjekker; (sprog:) tjekkisk; *adj* tjekkisk.
Czechoslovak ['tʃekə'sləuvæk] *sb* tjekkoslovak; *adj* tjekkoslovakisk. **Czechoslovakia** ['tʃekəslə'vækiə] Tjekkoslovakiet.

D

D [di:].

d. (før 1971) tegn for *penny, pence (fx 5d. 5 pence); fk date; daughter; died.*

d- *fk damn.* **'d** *fk had, would.*

D. A. *fk District Attorney.*

dab [dæb] *vb* slå let (med noget fugtigt *el.* blødt); duppe; *sb* let slag; klat, stænk; *zo* slette, ising; *-s pl* T fingeraftryk; *be a ~ (hand) at* være dygtig til, være en mester i *(fx he is a ~ at tennis).*

dabble [dæbl] *vb* pjaske (med), plaske; *~ in* fuske med (, i), give sig lidt af med *(fx ~ in politics).*

dabbler ['dæblə] *sb* dilettant, fusker.

dabchick ['dæbtʃik] *sb zo* (lille) lappedykker; *(am)* tyknæbbet lappedykker.

dace [deis] *sb zo* strømskalle.

dachshund ['dækshund] *sb* gravhund, grævlingehund.

dacoit [də'kɔit] *sb* røver (i Indien).

dactyl ['dæktil] *sb* daktyl.

dactylic [dæk'tilik] *adj* daktylisk.

dad [dæd], **daddy** [dædi] *sb* T far.

daddy-long-legs ['dædi'lɔŋlegz] *zo* stankelben; (især *am*) mejer.

dado ['deidəu] *sb* brystningspanel; sokkelflade.

Daedalus ['di:dələs].

daffadowndilly ['dæfədaun'dili], **daffodil** ['dæfədil] *sb (bot)* påskelilje.

daffy ['dæfi] *adj* (skotsk, *am* S) = *daft.*

daft [da:ft] *adj* dum, tosset, fjollet, skør.

dagger ['dægə] *sb* daggert; kors *(typ: †); they are at -s drawn* der er krig på kniven mellem dem; *look -s* se forbitret ud; *he looked -s at me* han sendte mig et rasende *(el.* hadefuldt, gennemborende) blik; han havde mord i blikket.

daggerboard ['dægəbɔ:d] *sb (mar)* stiksværd.

da-glo ['deigləu] *adj* selvlysende (om farve).

dago ['deigəu] *sb (am, neds)* spanier, portugiser, italiener.

daguerreotype [də'gerətaip] *sb* daguerreotypi; *vb* daguerreotypere.

dahlia ['deiljə] *sb (bot)* dahlia, georgine.

Dail Eireann [doil'ɛərən] underhuset i den irske republiks parlament.

daily ['deili] *adj* daglig; *sb* dagblad, blad; *(omtr)* heldagshjælp (pige der bor hjemme).

daily| dozen daglige motionsøvelser; rutinearbejde. *~* **run** *(mar)* distance i etmål.

dainty ['deinti] *adj* fin, elegant; nydelig, T nysselig; (om mad) lækker; (neds om person) affektert; kræsen; *sb* lækkerbisken.

daiquiri ['daikəri] *sb (am)* cocktail af rom, citronsaft, sukker og is.

dairy ['dɛəri] *sb* (is)mejeri.

dairy| breed malkerace. *~* **cattle** malkekvæg. *~* **farm** mejerigård. **-maid** mælkepige, mejerske. **-man** mejerist, mejeriejer, mejeribestyrer, mælkehandler. *~* **produce** mejeriprodukter.

dais [deis] *sb* forhøjning, estrade, podium.

daisy ['deizi] *sb (bot)* tusindfryd, gåseurt, bellis, hvid okseøje; *he's a ~* S han er vældig god; *push (up) daisies* T være død og begravet.

daisy|cutter S jordstryger (om bold). *~* **wheel** skrivehjul (til elektrisk skrivemaskine).

Dakota [də'kəutə].

dale [deil] *sb* dal.

dalek ['da:lek] *sb* (robot i tv-serie).

dalliance ['dæliəns] *sb* fjas, leg, *(glds)* ganten, pjank; smøleri.

dally ['dæli] *vb* fjase, pjanke; lege *(with* med), *(glds)* gantes, kokettere; (være langsom) smøle, drysse.

Dalmatia [dæl'meiʃiə] Dalmatien. **Dalmatian** *adj* dalmatisk; *sb* dalmatiner; *~ pelican zo* krøltoppet pelikan.

dalmatic [dæl'mætik] *sb* dalmatika (katolsk messehagel; kroningsdragt).

daltonism ['dɔ:ltənizm] *sb* farveblindhed.

I. dam [dæm] *sb* moder (især om dyr); *the devil and his ~* fanden og hans oldemor.

II. dam [dæm] *sb* dæmning, dige; *vb* inddige, dæmme *(up* op).

damage ['dæmidʒ] *sb* skade, beskadigelse; *vb* tilføje skade, beskadige; *what's the ~?* T hvor meget skal jeg bløde (ɔ: betale)? *stand the ~* T betale gildet.

damages ['dæmidʒiz] *sb pl* skadeserstatning; *action for ~* erstatningssag; *bring an action for ~ against sby, sue sby for ~* anlægge erstatningssag mod en; *claim for ~* erstatningskrav; *make a claim for ~ against sby* gøre erstatningskrav gældende mod en; *liable to pay ~ to sby* erstatningspligtig over for en.

damaging ['dæmidʒiŋ] *præs part, adj* skadelig; belastende.

damascene ['dæməsi:n] *vb* damascere.

damask ['dæməsk] *sb* damask; (farve:) rosenrød; *vb* damascere. **damask rose** *(bot)* damascenerrose.

dame [deim] *sb* (titel for *knight's* og *baronet's* hustru, samt for indehaverske af en ridderorden); dame; gammel kone; *(teat, i pantomime)* arrig kone (spillet af en mand); S pige. **Dame Fortune** fru Fortuna. **Dame Nature** moder natur.

dame school *(glds)* pogeskole.

dame's-violet *(bot)* aftenstjerne.

damn [dæm] *vb* fordømme; forbande; forkaste; give *(fx* skuespil) en kølig modtagelse; bande; *sb* ed, banden; *~ all* ikke spor; *I don't care a ~* jeg er revnende ligeglad; *I don't give a ~ for it* jeg giver pokker *(el.* fanden) i det; *well, I'll be -ed* det var som pokker *(el.* fanden); *oh ~ (it)* så for pokker *(el.* fanden); pokkers *(el.* fandens) også, pokker *(el.* fanden) tage det.

damnable ['dæmnəbl] *adj* fordømmelig; fordømt, forbandet. **damnation** [dæm'neiʃn] *sb* fordømmelse; (som udråb) så sku' da fanden stå i det. **damnatory** ['dæmnət(ə)ri] *adj* fordømmende; fældende.

damned [dæmd] *adj* fordømt; pokkers, fandens.

damnedest ['dæmdist] *adj* T: *do one's ~* gøre sit yderste; *try one's ~* prøve af al magt.

damning ['dæmiŋ] *adj* fældende *(fx ~ evidence).*

Damocles ['dæməkli:z] Damokles; *sword of ~* damoklessværd.

damp [dæmp] *sb* fugtighed; fugt; *(fig)* dæmper; *adj* fugtig, klam; *vb* fugte; dæmpe; *~ down* dæmpe; *(fx the fire),* (ved brand *ogs)* slukke efter; lægge en dæmper på *(fx their ardour); ~ off* gå ud, drukne (om plante *etc).* **damp course** fugtisoleringslag (i mur), fugtspærre.

dampen ['dæmpən] *vb* blive fugtig; (med objekt) fugte; *(fig)* dæmpe, nedslå, lægge en dæmper på.

damper ['dæmpə] *sb* sordin; dæmper (i klaver; i kedel); spjæld; fugter; *(fig ogs)* 'lyseslukker'; *put a ~ on* lægge en dæmper på.
damp|proof *adj* fugttæt. **-proofing** *sb* fugtisolation.
damsel [dæmzl] *sb* mø, ungmø, ung pige, jomfru.
damsel fly *zo* vandnymfe.
damson [dæmzn] *sb* (dyrket) kræge; damascenerblomme, sveskeblomme; *adj* blommefarvet.
Danaides [dæ'neiidi:z] *pl (myt)* danaider.
I. dance [da:ns] *sb* dans, bal; *the Dance of Death* dødedansen; *join the ~* danse med; *lead the ~* føre op; *lead sby a ~* gøre det broget for en; køre i ring med en.
II. dance [da:ns] *vb* danse; *~ to sby's pipe (el. tune)* danse efter ens pibe; *~ attendance on sby* stå på pinde for en.
dancer ['da:nsə] *sb* danser, danserinde; *the -s* de dansende.
dancing ['da:nsiŋ] *sb* dansen, dans.
dancing master danselærer.
dandelion ['dændilaiən] *sb (bot)* løvetand, fandens mælkebøtte.
dander ['dændə] *sb* skæl (som kan give allergi); *get sby's ~ up* gøre en gal i hovedet.
dandified ['dændifaid] *adj* lapset.
dandle [dændl] *vb: ~ a child on one's knee* lade et barn ride ranke.
dandriff ['dændrif], **dandruff** ['dændrʌf] *sb* skæl (i hovedbunden).
dandy ['dændi] *sb* laps, modeherre; *adj* fin, elegant, lapset; *(am)* storartet, glimrende.
dandy brush kardæsk (børste til hest).
dandyism ['dændiizm] *sb* lapseri; lapsethed.
Dane [dein] *sb* dansker; *(great) Dane* grand danois.
danegeld ['deingeld] *sb (hist.)* danegæld.
Danelaw ['deinlɔ:] *(hist.)* Danelag(en).
danger ['dein(d)ʒə] *sb* fare; *in ~ of* i fare for; *Danger!* pas på! **dangerous** ['dein(d)ʒrəs] *adj* farlig; livsfarlig.
danger| money faretillæg. **~ signal** faresignal. **~ zone** farezone.
dangle [dæŋgl] *vb* dingle; lade dingle; dingle med; holde frem (som lokkemiddel); *~ after* rende *(el.* hænge) efter *(fx she has half a dozen boys dangling after her).*
Daniel ['dænjəl].
Danish ['deiniʃ] *sb* dansk; *(am ogs, omtr)* wienerbrød; *adj* dansk; *~ pastry* wienerbrød; *~ seine* snurrevod.
dank [dæŋk] *adj* klam; kold og våd.
Danube ['dænju:b]: *the ~* Donau.
Danubian [dæn'ju:biən] *adj* Donau-; *the ~ countries* Donaulandene.
dap [dæp] *vb* dyppefiske.
dapper ['dæpə] *adj* livlig, væver; pyntelig, fiks, net, sirlig.
dapple [dæpl] *adj* spættet; *vb* spætte, plette.
dapple-grey *adj* gråskimlet; *~ horse* gråskimmel.
darbies ['da:biz] *sb pl* S håndjern.
Darby and Joan ['da:bi ən 'dʒəun] gammelt ægtepar, der stadig er lige forelskede.
Dardanelles [da:də'nelz]: *the ~* Dardanellerne.
dare [dɛə] *vb (dare(d), (glds) durst; dared)* turde, vove, driste sig til; trodse; udfordre; *sb* udfordring; dristighed; *I ~ say* sikkert, nok, velsagtens *(fx you tried, I ~ say);* jeg tror nok at *(fx I ~ say he will come); don't you ~ to do that* du kan vove på at gøre det; *~ sby to do sth* udæske en til at gøre noget ved at påstå at han ikke tør; *I ~ you to deny it* nægt det hvis du tør.
daredevil ['dɛədevl] *adj* dumdristig; *sb* himmelhund, vovehals.
daring ['dɛəriŋ] *sb* forvovenhed, dristighed; *adj* forvoven, dristig.
dark [da:k] *adj* mørk; *(fig ogs)* dunkel, hemmelighedsfuld; skummel, dyster, uhyggelig; *sb* mørke; mørk farve; uklarhed, uvidenhed;
after ~ efter mørkets frembrud *(fx don't go out after ~); ~ deeds* mørkets gerninger; *be in the ~ about* svæve i uvidenhed om, ikke kunne forstå; *I am in the ~ about it* jeg kender ikke noget til det; *keep ~* holde skjult, holde hemmeligt; *keep sby in the ~* holde en udenfor; *look on the ~ side of things, take a ~ view of things* se sort på det; (se også *II. leap).*
Dark Ages: *the ~* den mørke middelalder.
Dark Continent: *the ~* det mørke fastland (ɔ: Afrika).
darken [da:kn] *vb* formørkes; formørke, gøre mørkere; *if ever you ~ my doors again* hvis du nogensinde sætter dine ben over min dørtærskel igen.
darkey ['da:ki] *sb* neger.
dark horse ukendt hest, sort hest (i væddeløb); *(fig)* ubeskrevet blad, 'ukendt størrelse'.
darkish ['da:kiʃ] *adj* noget mørk, mørkladen.
dark lantern blændlygte.
darkling ['da:kliŋ] *(poet) adv* i mørke; *adj* mørk.
darkness ['da:knis] *sb* mørke; dunkelhed; uvidenhed; *deeds of ~* mørkets gerninger; *the Prince of ~* Djævelen, mørkets fyrste.
darkroom ['da:krum] *sb (fot)* mørkekammer.
darky ['da:ki] *sb* neger.
darling ['da:liŋ] *sb* yndling, skat, øjesten; (i tiltale) min ven; kære; *adj* yndlings-; yndig, henrivende; *the ~ of fortune* lykkens yndling.
I. darn [da:n] se *damn.*
II. darn [da:n] *vb* stoppe (ɔ: reparere); *sb* stopning.
darned ['da:nd] = *damned.*
darnedest ['da:ndist] = *damnedest.*
darnel [da:nl] *sb (bot)* giftig rajgræs.
darner ['da:nə] *sb* en der stopper *(fx* strømper); stoppeæg.
darning ['da:niŋ] *sb* stopning; stoppetøj.
darning needle stoppenål.
dart [da:t] *sb* kastespyd, kastepil; (i tøj) indsnit; spidslæg; *vb* kaste *(fx ~ a look at her);* slynge; (uden objekt = *make a ~)* pile, fare, styrte (løs); (se også *darts).*
dartboard ['da:tbɔ:d] *sb* skive (til *darts).*
darter ['da:tə] *sb zo* slangehalsfugl.
Dartmoor ['da:tmuə, 'da:tmɔ:] (kendt *eng* fængsel); *~ crop* tætklippet hår.
darts [da:ts] *sb pl* dart, pilespil.
I. dash [dæʃ] *vb* **1.** støde, kaste; **2.** sønderslå, knuse, tilintetgøre; **3.** stænke, oversprøjte; **4.** klaske, smække *(fx ~ colours on a canvas);* **5.** (uden objekt) fare, styrte (af sted); (brugt som ed for *damn): ~ it!* gid pokker havde det!
~ away a tear viske *(el.* stryge) en tåre bort; *~ one's hopes* tage håbet fra en; knuse ens forhåbninger; *~ off* jaske af, hastigt nedkradse; *a landscape -ed with sunlight* et landskab med spredte solstrejf.
II. dash [dæʃ] *sb* **1.** stød, slag; **2.** pludselig bevægelse; **3.** fart, liv, fut, raskhed, dristighed; **4.** (af vand) plask; **5.** (med pen) pennestrøg; **6.** *(typ etc)* tankestreg; (i morsealfabet) streg; **7.** (lille kvantum) stænk *(fx coffee with a ~ of brandy),* lille tilsætning, *(fig)* let anstrøg; **8.** *(am) = dashboard;*
cut a ~ gøre en god figur, gøre indtryk; *make a ~* styrte *(at* løs på, *for* hen til).
dashboard ['dæʃbɔ:d] *sb* (i bil, fly) instrumentbræt; (på hestekøretøj) forsmæk(ke).
dashing ['dæʃiŋ] *adj* flot, rask.
dastard ['dæstəd] *sb* kryster, kujon.
dastardly ['dæstədli] *adj (glds)* fej, lumpen.
data ['deitə] *sb;* (videnskabeligt) materiale; data; *~ base* database; *~ carrier* databærer; *~ processing* databehandling; *~ protection* datasikring; *~ safety* datasikkerhed; *~ terminal* dataterminal.
I. date [deit] *sb (bot)* daddel(palme).

II. date [deit] *sb* dato, tid; årstal; *(am)* aftale, stævnemøde; en man har stævnemøde med *(el.* går ud med); *no ~* (om bog) uden år; *out of ~* forældet; *up to ~* moderne, tidssvarende; *bring sth up to ~* føre noget aå jour.

III. date [deit] *vb* datere, tidsfæste; datere sig, skrive sig (*from* fra); T gå af mode, blive forældet; *(am)* aftale stævnemøde med, gå ud med, invitere ud; *~ back to* gå helt tilbage til. **dated** *adj* T forældet.

date|less *adj* tidløs; ældgammel; udateret. *~* **line** datolinie. **-line** linje med datering (i avis, brev). *~* **palm** daddelpalme. *~* **stamp** datostempel.

dative ['deitiv] *sb (gram)* dativ.

datum ['deitəm] *sb (pl data)* kendsgerning, faktum.

datura [də'tjuərə] *sb (bot)* pigæble.

daub [dɔ:b] *vb* tilsmøre, tilkline, oversmøre; smøre (ned), klatte (ned), smøre sammen; *sb* smøreri; dårligt maleri; oversmøring. **dauber** ['dɔ:bə] *sb* smører, klatmaler.

daughter ['dɔ:tə] *sb* datter. **daughter-in-law** svigerdatter. **daughterly** ['dɔ:təli] *adj* datterlig.

daunt [dɔ:nt] *vb* skræmme, gøre bange; *nothing -ed* uforfærdet, ufortrøden. **dauntless** *adj* uforfærdet.

davenport ['dævnpɔ:t] *sb* (slags) skrivepult; (især *am)* stor polstret (sove)sofa.

Daventry ['dævntri]. **David** ['deivid].

davit ['dævit] *sb (mar)* jollebom, david.

Davy ['deivi] kortform af *David.*

Davy Jones('s locker) ['deivi 'dʒəunz(iz 'lɔkə)]: *go to ~* drukne på havet, gå nedenom og hjem.

davy lamp (minearbejders) sikkerhedslampe.

daw [dɔ:] *sb zo* allike.

dawdle [dɔ:dl] *vb* nøle, smøle, spilde tiden, drive.

dawdler ['dɔ:dlə] *sb* smøl, drys.

dawn [dɔ:n] *vb* gry, dages; bryde frem; *sb* daggry, *(fig)* gry, (første) begyndelse; *it -ed upon him* det gik op for ham; *the darkest hour is before the ~* når nøden er størst er hjælpen nærmest.

day [dei] *sb* dag; døgn; tid *(fx my ~ is done* (forbi)); vejr *(fx it was a fine ~; what sort of a ~ is it?);*

by ~ om dagen *(fx we work by ~); ~ by ~* dag for dag; hver dag; *call it a ~* lade det være nok *(el.* godt) for i dag, holde fyraften; *carry (el. gain el. win) the ~* vinde sejr; *for -s* i dagevis; *it has had its ~* det er passé; *in -s of old* i gamle dage, i fordums tid; *lose the ~* tabe slaget, forspilde sejren; *make a ~ of it* få en dag ud af det; fortsætte hele dagen; *it made my ~* T det kastede glans over (,reddede) dagen for mig; *the Government of the ~* den daværende regering; den til enhver tid siddende r.; *the other ~* forleden dag; *the ~ is ours* sejren er vor; *one of these -s* en skønne dag; *~ in, ~ out* dag ud og dag ind; *24 hour ~* døgn, etmål (fra middag til middag); *sufficient unto the ~ is the evil thereof* hver dag har nok i sin plage; *this ~ week* i dag otte dage; (se også *if, II. name, I. order, yesterday).*

day| boarder kostelev. **-book** journal. *~* **boy** dagelev. **-break** daggry. **-care centre** daginstitution. *~* **cream** dagcreme. **-dream** drømmeri, dagdrøm. *~* **fly** *zo* døgnflue. *~* **girl** dagelev. *~* **labour** arbejde der betales pr. dag. *~* **labourer** daglejer.

daylight ['deilait] *sb* dagslys; daggry *(fx get up before ~); by ~, in ~* ved dagslys; *in broad ~* ved højlys dag; *(fig)* i fuld offentlighed; *let ~ into the affair* lade sagen komme frem for offentligheden; *let the ~ into sby* skyde en, stikke en ned; *beat the -s out of* mørbanke, slå halvt fordærvet; *scare the -s out of* skræmme livet af; *we began to see ~ (fig)* det begyndte at lysne.

daylight| robbery T optrækkeri. *~* **-saving** *sb* sommertid.

day| lily *(bot)* daglilje. **-long** *adj* daglang. *~* **nursery** vuggestue, børnehave; legeværelse, børneværelse. *~* **pupil,** *~* **scholar** dagelev. *~* **shift** daghold. **-spring** daggry; *(fig)* gry, begyndelse. **-star** morgenstjernen. **-time** dag; *in the -time* om dagen, mens det er dag.

daze [deiz] *vb* forvirre, fortumle; *in a ~* ør, omtåget, fortumlet.

dazzle [dæzl] *vb* blænde; forblinde; *sb* blændende skin (, glans).

dB *fk decibel.*

DBS *fk direct broadcasting satellite.*

DC *fk District of Columbia; District Commissioner; (elekt) direct current.* **D.C.L.** *fk Doctor of Civil Law* dr. jur. **D.C.M.** *fk Distinguished Conduct Medal.* **D.D.** *fk Doctor of Divinity* dr. theol.

d-d *fk damned.*

D-Day ['di:dei] *sb (mil.) D-dag* (den dag et angreb (etc) skal indledes; (især: 6. juni 1944, da den allierede landgang i Normandiet fandt sted).

deacon ['di:kn] *sb* (underordnet gejstlig); *vb (am)* fuppe.

deaconess ['di:kənis] *sb* diakonisse.

dead [ded] *adj* død *(fx he is ~; ~ capital; ~ languages);* livløs; uvirksom; øde; vissen *(fx leaves);* udgået; flov, mat *(fx market);* dødlignende *(fx sleep; silence); adv* lige, stik *(fx ~ against* stik imod); T fuldstændig *(fx right);* død- *(fx easy, drunk);* smadder-;

as ~ as mutton (el. as a doornail) så død som en sild; *be ~ broke* ikke eje en rød øre; *a ~ failure* en komplet fiasko; *a ~ match* en brugt *(el.* afbrændt) tændstik; *at the ~ of night* i nattens mulm og mørke; *~ on* T (lige) præcis; lige i øjet; *~ on time* lige på minuttet; *stop ~* standse brat; *come to a ~ stop* gå helt i stå; *~ straight* snorlige.

dead|-alive *adj* kedelig; sløv. **-beat** *adj* dødtræt; *sb* snylter, en der ikke betaler. *~* **calm** *adj* blikstille; *sb* havblik. *~* **centre** dødpunkt (i motor *(etc); hit the ~ centre* ramme præcis i centrum. *~* **cert** se *cert.* *~* **drop** død postkasse

deaden [dedn] *vb* afdæmpe, formindske, døve *(fx pain* smerte); afdæmpes.

dead| end blindgade. **-fall** *sb* fælde med en vægt der falder ned og dræber byttet; vildnis af faldne træer. **-head** skvadderhoved; (især *am)* (en som har) fribillet; person der ikke yder nogen positiv indsats; gratist. *~* **heat** dødt løb. *~* **letter** uanbringeligt brev (hvis adressat ikke kan findes); dødt bogstav, lov som ikke (længere) ænses. **-line** (yderste) frist. **-lock** stilstand; *be at a -lock* være kørt fast; *come to a -lock* (om forhandlinger) gå i hårdknude, gå i baglås. *~* **loss** rent tab; *it was a ~ loss* (også) det var den rene tilsætning.

deadly ['dedli] *adj* dødelig, dødbringende; uforsonlig; død-; dødkedelig; *~ dull* dødsens kedsommelig; *~ pale* dødbleg.

deadly| nightshade *(bot)* galnebær, belladonna. *~* **sin** dødssynd.

dead| man T tom flaske; *be a ~ man* være dødsens; *wait for ~ men's shoes* vente på at en skal dø for at kunne overtage hans stilling. *~* **man's handle** dødmandsknap (i *elekt* tog). *~* **march** sørgemarch.

deadness ['dednis] *sb* livløshed.

dead| nettle *(bot)* døvnælde. **-pan** *adj* fuldkommen udtryksløs *(fx face);* gravalvorlig; *~ face (ogs)* pokeransigt. *~* **point** dødpunkt (i motor *etc).* *~* **reckoning** *(mar)* bestik; *longitude by ~ reckoning* gisset længde, længde ifølge bestik; *navigate by ~ reckoning* sejle på bestikket.

Dead Sea: *the ~* Det døde Hav.

dead| set: *be ~ set to* være fast besluttet på at; *make a ~ set against* gå lige løs på; lægge kraftigt an på. *~* **water** dødvande. **-weight** dødvægt. **-wood** visne grene; *(fig)* overflødig arbejdskraft; overflødigt materiale *(etc); (mar)* opklodsningstræ, dødtræ.

deaf [def] *adj* døv (*to* for); *~ as a post* stokdøv; *~ and*

dumb døvstum.
deafen [defn] *vb* gøre døv, døve; lydisolere.
deafening ['defniŋ] *adj* øredøvende; *sb* lydisolerende materiale, indskud.
deaf|-mute ['def'mju:t] *sb, adj* døvstum. ~ **-mutism** ['def- 'mju:tizm] *sb* døvstumhed.
deafness ['defnis] *sb* døvhed; *acquired* ~ døvblevenhed.
I. deal [di:l] *sb* fyrreplanke; fyrretræ; *adj* fyrretræs-.
II. deal [di:l] *sb* del; antal; (i kortspil) kortgivning; tur til at give kort *(fx it is my ~);* T behandling; *(merk)* forretning, handel; *do a* ~ slå en handel af; *a good* ~ en hel del, meget; *(merk)* en god forretning; *a great* ~ en hel del; *he has had a hard* ~ han er forfordelt af skæbnen; *get a square* ~ få en fair behandling.
III. deal [di:l] *vb (dealt, dealt)* tildele, give *(fx* ~ *crippling blows);* give kort; *(merk)* handle; ~ *in* handle med *(fx cars);* forhandle; *(fig)* beskæftige sig med; ~ *out* uddele; (i kortspil) springe over ved kortgivning; ~ *with* handle med *(fx a firm);* have med at gøre *(fx he is easy to* ~ *with);* tage sig af, behandle, drøfte *(fx a subject);* omhandle, vedrøre; behandle *(fx* ~ *justly with him); how shall we* ~ *with the matter?* hvordan skal vi gribe sagen an?
dealer ['di:lə] *sb* forhandler, handlende; kortgiver.
dealfish ['di:lfiʃ] *sb zo* vågmær.
dealing ['di:liŋ] *sb* handlemåde, færd; handel; behandling; omgang; *I advise you to have no -s with him* jeg råder dig til ikke at have noget med ham at gøre.
dealt [delt] *præt* og *pp* af *III. deal.*
dean [di:n] *sb* dekan (leder af fakultet); domprovst, stiftsprovst, provst; *(am)* doyen.
deanery ['di:nəri] *sb* provsteembede, -bolig; provsti.
dear [diə] *adj* kær; dyrebar; sød; dyr, kostbar; *adv* dyrt; *sb* kære, elskede; *yes, (my)* ~ ja min ven; *O* ~, ~ *me!* (ja) men kære! men dog! nej da! *do, there's a* ~ gør det, så er du sød; *she is an old* ~ hun er en elskelig gammel dame.
dear-bought ['diəbɔ:t] *adj* dyrekøbt.
dearie se *deary.*
Dear John *(am* S) brev fra kæreste hvori hun slår op med én; afskedsbrev.
dearly ['diəli] *adv* dyrt; inderligt; *love him* ~ elske ham højt.
dearth [də:θ] *sb* dyrtid; mangel *(of* på).
deary ['diəri] *sb* kære ven, elskede.
death [deθ] *sb* død; dødsfald; dødsmåde; *at -'s door,* se *door; be in at the* ~ være til stede når hundene dræber ræven; *(fig)* se hvordan det ender, være til stede i det afgørende øjeblik; *catch one's* ~ *of cold* få sig en ordentlig forkølelse; *it was the* ~ *of him* han tog sin død derover; *put to* ~ dræbe; ombringe; aflive; *wounded to* ~ dødeligt såret; *a fight to the* ~ en kamp på liv og død.
death|bed dødsleje. **-blow** dødsstød. ~**-dealing** *adj* dødbringende. ~ **duty** arveafgift. ~ **knell** dødsklokke. **-less** uforgængelig, udødelig. **-like** dødlignende. **-ly** dødelig; dødlignende *(fx a -ly stillness); -ly pale* ligbleg. ~ **mask** dødsmaske. ~ **rate** dødelighed, dødelighedsprocent. ~ **rattle** dødsrallen. ~ **roll** dødsliste. ~ **row** dødscellerne (i et fængsel). **-'s-head** dødningehoved. ~ **squad** dødspatrulje. ~ **struggle,** ~ **throes** dødskamp. ~ **toll** antal af dødsofre. **-trap** dødsfælde. ~ **warrant** *(fig)* dødsdom. **-watch** *zo* dødningeur.
deb [deb] T *fk débutante.*
débâcle [dei'ba:kl] *sb* sammenbrud, opløsning.
debag [di'bæg] *vb* S trække bukserne af.
debar [di'ba:] *vb* udelukke *(from* fra).
debark [di'ba:k] *vb* udskibe, landsætte; gå i land.
debarkation [di:ba:'keiʃn] *sb* udskibning; landgang.
debase [di'beis] *vb* forringe, gøre ringere; nedværdige; *(fig ogs)* forsimple; ~ *the coinage* forringe landets mønt.
debatable [di'beitəbl] *adj* omtvistelig, diskutabel; omstridt.
debate [di'beit] *sb* debat, drøftelse, diskussion; *vb* debattere, drøfte, diskutere; overveje.
debater [di'beitə] *sb* debattør.
debating society diskussionsklub.
debauch [di'bɔ:tʃ] *vb* forføre, demoralisere; *sb* udsvævelse; soldetur. **debauchee** [debɔ:'tʃi:] *sb* udsvævende person; svirebroder. **debauchery** [di'bɔ:tʃəri] *sb* udsvævelser, uordentligt liv.
debenture [di'bentʃə] *sb (merk)* (partial)obligation; bevis for ret til toldgodtgørelse.
debenture holder obligationsejer.
debilitate [di'biliteit] *vb* svække. **debilitation** [dibili'teiʃn] *sb* svækkelse. **debility** [di'biliti] *sb* svaghed.
debit ['debit] *sb* debet, gæld; debetside; *vb* debitere; *place it to his* ~, ~ *him with it* debitere ham for det.
debit entry debetpostering.
debonair [debə'nɛə] *adj* munter, sorgløs; venlig, høflig.
debouch [di'bautʃ] *vb* munde ud; *(mil.)* rykke ud i åbent terræn. **debouchment** *sb* flodmunding.
debrief [di:'bri:f] *vb* afhøre, udspørge, samle oplysninger fra.
debris ['de(i)bri:] *sb* (mur)brokker, ruiner; stumper; rester; affald; *(geol)* løse klippestykker *etc* ved foden af et bjerg.
debt [det] *sb* gæld; *bad -s* usikre *(el.* uerholdelige) fordringer; ~ *of gratitude* taknemmelighedsgæld; ~ *of honour* æresgæld; *pay the* ~ *of nature* dø; *be in sby's* ~ stå i gæld til en.
debt| collector inkassator. ~ **-collecting agency** inkassobureau.
debtor ['detə] *sb* debitor, skyldner.
debtor| country debitorland. ~ **side** debetside.
debug [di:'bʌg] *vb* T fjerne skjulte mikrofoner fra; rette fejl (i).
debunk [di:bʌŋk] *vb* T pille ned af piedestalen, berøve glorien.
debur [di:'bə:] *vb (tekn)* afgrate.
debus [di:'bʌs] *vb* stige ud af motorkøretøj, udlade *(fx* tropper) fra motorkøretøj.
début ['de(i)bju:, *(am)* d(e)i'bju:] *sb* debut, første optræden.
débutante ['debjuta:nt] *sb* ung pige der for første gang optræder i selskabslivet.
Dec. *fk December.*
decade ['dekeid] *sb* decennium; tiår, årti.
decadence ['dekədns] *sb* dekadence, forfald.
decadent ['dekədnt] *adj* som er i tilbagegang, dekadent.
deca|gon ['dekəgən] tikant. **-gramme** dekagram.
decal ['di:kæl] *sb (am)* overføringsbillede.
decalcify [di:'kælsifai] *vb* afkalke.
Decalogue ['dekəlɔg]: *the* ~ de ti bud.
decamp [di'kæmp] *vb* bryde op; forsvinde, fortrække, stikke af.
decant [di'kænt] *vb* omhælde (forsigtigt), dekantere.
decantation [di:kæn'teiʃn] *sb* dekantering, omhældning.
decanter [di'kæntə] *sb* karaffel.
decapitate [di'kæpiteit] *vb* halshugge.
decapitation [dikæpi'teiʃn] *sb* halshugning.
decarbonize [di:'ka:bənaiz] *vb* afkulle, befri for kulstof.
decathlon [di'kæθlɔn] *sb* tikamp (i atletik).
decay [di'kei] *vb* forfalde; rådne (bort); visne; svækkes, opløses; *sb* forfald; forrådnelse, opløsning; svækkelse; (om radioaktivitet) henfald; *-ed tooth* hul tand.

decease [di'si:s] *sb* dødelig afgang, død; *vb* afgå ved døden; dø; *the -d* den afdøde.
deceit [di'si:t] *sb* bedrageri, svig, falsk; svigefuldhed, falskhed. **deceitful** [di'si:tf(u)l] *adj* uærlig, løgnagtig, falsk, svigefuld, bedragerisk.
deceive [di'si:v] *vb* bedrage, narre; ~ *oneself* narre sig selv; *be -d (ogs)* lade sig narre. **deceiver** [di'si:və] *sb* bedrager.
decelerate [di:'seləreit] *vb* nedsætte hastigheden (af), sagtne (farten).
December [di'sembə] december.
decency ['di:snsi] *sb* sømmelighed; (vel)anstændighed; *in all* ~ i tugt og ære; *in (common)* ~ anstændigvis; *have the* ~ *to do it* have så meget sømmelighedsfølelse at man gør det; *I cannot in* ~ *do it* jeg kan ikke være bekendt at gøre det; *offence against public* ~ blufærdighedskrænkelse; *for -'s sake* af sømmelighedshensyn, for skams skyld.
decennial [di'senjəl] *adj* tiårs-; som indtræffer hvert 10. år; tiårsdag.
decennium [di'seniəm] *sb (pl decennia)* tiår.
decent [di:snt] *adj* sømmelig, anstændig; passende, rimelig; ordentlig *(fx weather)*, hæderlig *(fx result)*, tilfredsstillende; flink *(fx he is a* ~ *chap)*; pæn *(fx it was very* ~ *of him)*.
decentralization [di:sentrəlai'zeiʃn] *sb* decentralisering.
decentralize [di:'sentrəlaiz] *vb* decentralisere.
deception [di'sepʃn] *sb* bedrag.
deceptive [di'septiv] *adj* skuffende; vildledende.
dechristianise [di:'kristʃənaiz] *vb* afkristne.
decibel ['desibel] *sb* decibel (måleenhed for lydstyrke, strøm, spænding).
decide [di'said] *vb* afgøre; beslutte; bestemme sig, beslutte sig *(on* til); *(jur)* pådømme; ~ *against sth* beslutte sig til ikke at gøre noget; ~ *between* vælge imellem; *he -d that (ogs)* han kom til det resultat at; *that -d him* det fik ham til at bestemme sig.
decided [di'saidid] *adj* afgjort *(fx it is a* ~ *advantage)*; bestemt. **decidedly** *adv* afgjort *(fx he is* ~ *better)*; bestemt.
deciduous [di'sidjuəs] *adj* som falder af (hvert år); løvfældende; ~ *tooth* mælketand; ~ *tree* løvfældende træ.
decimal ['desiməl] *sb* decimalbrøk; *adj* decimal-; *go* ~ gå over til decimalsystemet.
decimal| arithmetic decimalregning. ~ **balance** decimalvægt. ~ **classification** decimal-klassedeling. ~ **currency** møntsystem baseret på decimalsystemet. ~ **fraction** decimalbrøk; (decimalbrøk skrives *fx* 3.5 og læses *three point (el. decimal) five* tre komma fem).
decimalization [desiməlai'zeiʃn] *sb* inddeling efter decimalsystemet; overgang til decimalsystemet.
decimalize ['desiməlaiz] *vb* inddele efter decimalsystemet; gå over til decimalsystemet.
decimal point (svarer til) komma foran decimalbrøk.
decimate ['desimeit] *vb (hist.)* decimere, borttage hver tiende af; *(fig)* tynde ud blandt, reducere stærkt.
decimation [desi'meiʃn] *sb* decimering; udtynding.
decimetre ['desimi:tə] *sb* decimeter.
decipher [di'saifə] *vb* dechifrere, tyde.
decision [di'siʒn] *sb* afgørelse, beslutning; bestemmelse; *(jur)* afgørelse, kendelse; (egenskab:) beslutsomhed; *make a* ~ træffe en afgørelse *(el.* beslutning *el.* bestemmelse). **decision-making** *sb* det at træffe beslutninger *(el.* afgørelser *el.* bestemmelser); beslutningsproces; *participate in* ~ være medbestemmende; ~ *bodies* besluttende organer; ~ *process* beslutningsproces.
decisive [di'saisiv] *adj* afgørende *(fx battle)*; (om egenskab) beslutsom, fast, bestemt.
I. deck [dek] *vb:* ~ *out* smykke, pynte.
II. deck [dek] *sb (mar)* dæk, skibsdæk; (af bro) dæk; (i bus) etage; (på båndoptager) forplade; S stueetage; *(am)* etage; ~ *of cards* (især *am)* spil kort; *below* ~ under dækket, i kahytten; *clear the -s* gøre klart skib; *go off the* ~ S gå på vingerne, starte (med flyvemaskine); *on* ~ på dækket.
deck| cabin *(mar)* dækslukaf. ~ **cargo** *(mar)* dækslast. ~ **chair** liggestol, dækstol. ~ **hands** *pl (mar)* dæksbesætning. ~ **house** *(mar)* dækshus, ruf.
deckle [dekl] *sb* arkform. **deckled paper** imiteret bøttepapir, papir med bøttekant.
deckle edge bøttekant (ujævn kant på håndgjort papir).
deck| light *(mar)* dæksglas. **-line** *(mar)* dækslinie. ~ **passenger** *(mar)* dækspassager.
declaim [di'kleim] *vb* deklamere; ~ *against* ivre mod, protestere kraftigt mod.
declamation [deklə'meiʃn] *sb* deklamation.
declamatory [di'klæmət(ə)ri] *adj* deklamatorisk, retorisk.
declaration [deklə'reiʃn] *sb* erklæring; deklaration; tolddeklaration; (i kortspil) melding; (i kricket) lukning; *the D. of Independence* uafhængighedserklæringen; ~ *of intent* hensigtserklæring; ~ *of war* krigserklæring.
declarative [di'klærətiv], **declaratory** [di'klærət(ə)ri] *adj* erklærende.
declare [di'klɛə] erklære *(fx war was -d)*; bekendtgøre; tage parti *(for* for; *against* imod); (til fortoldning:) deklarere, angive; (i kortspil) melde; (i kricket) lukke;
well, I ~! det må jeg sige! ~ *him (to be) a liar* erklære ham for løgner; ~ *off* trække sig ud af det; ~ *oneself* sige sin mening, afsløre sit sande væsen; erklære sig; *have you anything to* ~? har De noget der skal fortoldes?
declared [di'klɛəd] *adj* erklæret *(fx intention)*, åbenlys; deklareret *(fx dividends)*.
declarer [di'klɛərə] *sb* (i kortspil) melder, spiller.
declass [di:'kla:s] *vb* deklassere.
déclassé [dei'klæsei] *adj* deklasseret.
declassify [di:'klæsifai] *vb* frigive (hemmeligt dokument).
declension [di'klenʃn] *sb* forfald; hældning; *(gram)* deklination, bøjning *(fx of a noun)*.
declination [dekli'neiʃn] *sb* bøjning; afvigelse; (kompassets) misvisning, deklination.
decline [di'klain] *vb* aftage; gå på hæld; forfalde, være i forfald; gå tilbage; afslå; undslå sig for *(fx he -d to do it)*; nægte, sige nej (til); *(gram)* deklinere, bøje *(fx* ~ *a noun)*; hælde; *sb* aftagen; nedgang; tilbagegang, hensvinden, forfald; *on the* ~ i aftagen; på retur.
declivity [di'kliviti] *sb* skråning, hældning.
declutch ['di:'klʌtʃ] *vb* udkoble, frakoble.
decoct [di'kɔkt] *vb* afkoge.
decoction [di'kɔkʃn] *sb* afkogning; afkog, dekokt.
decode ['di:'kəud] *vb* afkode, dekode.
decoke [di:'kəuk] *vb* T afkulle.
décolletage [dei'kɔlta:ʒ] *sb* dekolletage; brystudskæring, nedringet kjole.
décolleté(e) [dei'kɔltei] *adj* dekolleteret, nedringet.
decoloration [di:kʌlə'reiʃn] *sb* affarvning.
decolour [di:'kʌlə], **decolo(u)rize** [di:'kʌləraiz] *vb* affarve.
decompose [di:kəm'pəuz] *vb* opløse, opløse sig; *(kem)* nedbryde(s).
decomposition [di:kɔmpə'ziʃn] *sb* opløsning; *(kem)* nedbrydning.
decompression [di:kəm'preʃn] *sb* dekompression.
decompression chamber dekompressionstank (for dykkere).
decontaminate [di:kən'tæmineit] *vb* rense (for gas, for

radioaktivt støv *etc)*, desinficere.
decontamination [di:kəntæmi'neiʃn] *sb* rensning (for giftgas, radioaktivt støv *etc)*.
decontrol [di:kən'trəul] *vb* ophæve kontrollen med; ophæve hastighedsbegrænsningen for.
décor ['deikɔ:] *sb* dekorationer (på scenen), udstyr.
decorate ['dekəreit] *vb* pynte *(fx the Christmas tree)*, pryde, smykke; dekorere *(fx he was -d for bravery)*; male og tapetsere, gøre i stand *(fx a house, a room)*; *-d style* (engelsk gotik fra 14. årh.).
decoration [dekə'reiʃn] *sb* pynt, udsmykning; prydelse; dekoration; istandsættelse (ɔ: malen og tapetseren).
decorative ['dek(ə)rətiv] *adj* dekorativ; dekorations-.
decorator ['dekəreitə] *sb* dekoratør; *(painter and ~)* maler og tapetserer; *(interior ~)* indretningsarkitekt, boligkonsulent, indendørsarkitekt.
decorous ['dekərəs] *adj* sømmelig, passende.
decorum [di'kɔ:rəm] *sb* sømmelighed, dekorum, anstand *(fx behave with ~)*.
I. decoy [di'kɔi] *vb* lokke; forlokke. **II. decoy** ['di:kɔi] *sb* lokkemiddel; lokkemad; lokkefugl; lokkedue.
decoy duck lokkefugl; lokkeand.
I. decrease [di'kri:s] *vb* aftage, formindskes, blive mindre; formindske, gøre mindre; (i strikning) tage ind.
II. decrease ['di:kri:s] *sb* formindskelse, aftagen, nedgang *(fx a ~ in the population)*; indtagning (på strikketøj).
decree [di'kri:] *vb* forordne, bestemme; *sb* forordning, dekret; kendelse; bestemmelse *(fx a ~ of fate)*.
decree| absolute *(jur)* endelig skilsmissedom. ~ **nisi** ['naisai] *(jur)* foreløbig skilsmissedom.
decrement ['dekrimənt] *sb* formindskelse, aftagen; svind.
decrepit [di'krepit] *adj* affældig; faldefærdig.
decrepitude [di'krepitju:d] *sb* affældighed.
decrial [di'kraiəl] *sb* nedrakning, højrøstet fordømmelse.
decrustation [di:krʌs'teiʃn] *sb* fjernelse af skal *el.* skorpe.
decry [di'krai] *vb* rakke ned på, tale nedsættende om, fordømme.
decumbent [di'kʌmbənt] *adj (bot)* liggende.
decuple ['dekjupl] *adj* tifold; *vb* tidoble; *sb* tidobbelt antal.
decussate [di'kʌseit] *adj (bot)* korsstillet *(fx leaves)*.
dedicate ['dedikeit] *vb* vie *(fx one's life to a cause)*, hellige; indvie *(fx a new bridge)*; tilegne; *-d* som har viet sit liv til et kald (, en sag); som går ind for sin sag; som går helt op i sit arbejde; pligttro; *-d Conservatives* trofaste konservative. **dedication** [dedi'keiʃn] *sb* indvielse; helligelse; tilegnelse, dedikation; pligttroskab; begejstring.
deduce [di'dju:s] *vb* udlede, slutte *(from* af).
deducible [di'dju:səbl] *adj* som kan udledes *(el.* sluttes).
deduct [di'dʌkt] *sb* fradrage, trække fra.
deduction [di'dʌkʃn] *sb (cf deduce)* udledelse, slutning; *(cf deduct)* fradrag. **deductive** [di'dʌktiv] *adj* deduktiv.
deed [di:d] *sb* dåd, bedrift; gerning, handling; *(jur)* aktstykke, dokument; skøde; *take the will for the ~* se på den gode vilje; *in ~* i gerning, af gavn; *in very ~* virkelig; *~ of conveyance* skøde; *~ of gift* gavebrev.
deed poll ['di:dpəul] deklaration; *change one's name by ~* få navneforandring ved øvrighedsbevis.
deejay ['di:'dʒei] *sb* T pladevender *(fk disc jockey)*.
deem [di:m] *vb* tænke, mene; anse for.
deemster ['di:mstə] *sb* dommer (på øen *Man)*.
I. deep [di:p] *sb: the ~* havets dyb.
II. deep [di:p] *adj* dyb; bred *(fx shelf)*; (om farve) dyb, mørk; *(fig)* dyb; dybttænkende, dybsindig; grundig; snedig *(fx a ~ one)*; snu; *adv* dybt; *the ~ end* den dybe afdeling (af svømmebassin); *throw sby (, jump) in at the ~ end (fig)* smide én (, kaste sig) på hovedet ude i det; *go off the ~ end* T blive ophidset, himle op, tage den store tur; *~ in* fordybet i; *~ in debt* i dyb gæld; *they were standing three ~* de stod i tre lag *(el.* i tre rækker bag hinanden).
deep-drawn *adj: a ~ sigh* et dybt suk.
deepen ['di:pn] *vb* uddybe, gøre dyb; gøre bredere; gøre mørkere; blive dybere (og dybere).
deep|fat friture. ~ **freeze** *sb* fryser; fryseboks; *vb* dybfryse, opbevare i fryseboks. ~ **fry** *vb* friturestege.
deepie ['di:pi] *sb* T tredimensional film.
deep|-laid *adj* snedigt udtænkt. ~ **-mouthed** *adj* dybtglammende (om hund). ~ **-rooted** *adj* dybt rodfæstet, indgroet. ~ **-sea** dybhavs-. ~ **-sea lead** dybdelod. ~ **-sea sounding** dybhavslodning. ~ **-seated** *adj* dybtliggende; indgroet; rodfæstet.
deer [diə] *sb (pl deer)* hjort, dyr (af hjorteslægten).
deer|hound (skotsk) dyrehund. ~ **park** dyrehave, dyrepark. **-skin** hjorteskind. **-stalker** pyrschjæger; hue med skygge for og bag (som Sherlock Holmes'). **-stalking** pyrschjagt (på hjorte).
de-escalate ['di:eskəleit] *vb* tage af, formindskes gradvis; nedtrappe. **de-escalation** ['di:eskə'leiʃn] *sb* gradvis formindskelse, nedtrapning.
deface [di'feis] *vb* skæmme, vansire, skamfere; udviske, ødelægge.
defacement *sb* vansiring; beskadigelse, ødelæggelse.
de facto [di:'fæktəu] de facto, faktisk.
defalcation [di:fæl'keiʃn] *sb* underslæb; forbrug af betroede midler.
defamation [defə'meiʃn] *sb* bagtalelse, bagvaskelse, ærekrænkelse.
defamatory [di'fæmət(ə)ri] *adj* ærekrænkende.
defame [di'feim] *vb* bagtale, bagvaske.
defamer [di'feimə] *sb* æreskænder.
defatted [di:'fætid] *adj* affedtet.
default [di'fɔ:lt] *sb* forsømmelse; *(jur)* udeblivelse (fra retten); *(merk)* misligholdelse; mora; (i edb) *fk in default of specification*; *vb* ikke holde sit ord, ikke opfylde en pligt; udeblive; *go by ~* udeblive (og derfor blive tilsidesat); *judgment by ~* udeblivelsesdom; *win by ~* vinde uden kamp (fordi modstanderen ikke møder op); *in ~* i mora; *in ~ of* af mangel på; (i edb) *fk in default of specification*. **default answer** (i edb) normalsvar.
defaulter [di'fɔ:ltə] *sb* en der ikke møder (i retten); bedrager, kassebedrøver; dårlig betaler, fallent; *(mil.)* soldat der har begået en militær forseelse.
default value (i edb) normalværdi.
defeasance [di'fi:zns] *sb (jur)* ophævelse, annullering, omstødelse. **defeasible** [di'fi:zibl] *adj (jur)* som kan ophæves, omstødelig.
defeat [di'fi:t] *vb* overvinde; slå; tilintetgøre; *(parl)* forkaste (lovforslag); *sb* nederlag; overvindelse; tilintetgørelse; forkastelse; *~ one's own end* modarbejde sin hensigt.
defeatism [di'fi:tizm] *sb* defaitisme.
defeatist [di'fi:tist] *sb* defaitist, en der opgiver på forhånd; *adj* defaitistisk.
defecate ['defikeit] *sb* have afføring; rense.
defecation [defi'keiʃən] *sb* afføring; rensning.
defect [di'fekt] *sb* mangel fejl, defekt, brist; *vb* hoppe af (om politisk flygtning); falde fra.
defection [di'fekʃn] *sb* afhopning; frafald.
defective [di'fektiv] *adj* mangelfuld, ufuldstændig (også *gram)*; defekt; *mentally ~* åndssvag.
defector [di'fektə] *sb* afhopper.
defence [di'fens] *sb* forsvar; værn; defensorat; (i kortspil) modspil; *-s* forsvarsværker; *appear for the ~* møde som forsvarer; *in ~ of* til forsvar for.

defence|less [di'fenslis] forsvarsløs. ~ **mechanism** *(psyk)* forsvarsmekanisme.
defend [di'fend] *vb* forsvare *(from* imod).
defendant [di'fendənt] *sb* indstævnte, (den) sagsøgte; (i mindre kriminalsag) anklagede.
defender [di'fendə] *sb* forsvarer.
defense *(am)* = *defence.*
defensible [di'fensəbl] *adj* som kan forsvares; forsvarlig.
defensive [di'fensiv] *adj* forsvars-, defensiv; *sb: the* ~ defensiven; *be on the* ~ være parat til at forsvare sig, være i defensiven.
I. defer [di'fə:] *vb* udsætte; opsætte; (se også *deferred).*
II. defer [di'fə:] *vb* bøje sig *(to* for, *fx I* ~ *to your opinion).*
deference ['defrəns] *sb* agtelse; hensynsfuldhed, ærbødighed; *in* ~ *to* af hensyn til; *pay* ~ *to* vise agtelse *(el.* ærbødighed) for; *with all due* ~ *to* med al respekt for.
deferential [defə'renʃl] *adj* ærbødig.
deferment [di'fə:mənt], **deferral** [di'fɛ:rəl] *sb* opsættelse, udsættelse.
deferred [di'fə:d] *adj* udsat, udskudt, opsat; ~ *annuity* opsat livrente; ~ *payment* afbetaling; ~ *shares* (aktier der først giver dividende når dividenden af selskabets øvrige aktier har nået et vist beløb); *on* ~ *terms* på afbetaling.
defiance [di'faiəns] *sb* udfordring; trods; *bid* ~ *to him, set him at* ~ trodse ham, byde ham trods; *in* ~ *of* til trods for; stik imod.
defiant [di'faiənt] *adj* trodsig; udfordrende.
deficiency [di'fiʃnsi] *sb* mangel; ufuldkommenhed; underskud; deficit; (se også *mental* ~); ~ *disease* mangelsygdom.
deficient [di'fiʃnt] *adj* mangelfuld, utilstrækkelig; ~ *in vitamins* vitaminfattig; *mentally* ~ åndssvag, evnesvag, psykisk udviklingshæmmet.
deficit ['defisit] *sb* deficit, underskud, kassemangel.
I. defile ['di:fail] *sb* snævert bjergpas, defilé.
II. defile [di'fail] *vb* besmitte; besudle; tilsmudse; forurene.
III. defile [di'fail] *vb* defilere (gå i række).
defilement [di'failmənt] *sb* besmittelse; besudling; tilsmudsning; forurening.
definable [di'fainəbl] *adj* som kan defineres *(el.* bestemmes), definerbar.
define [di'fain] *vb* forklare, definere; angive, afgrænse, præcisere; (om egenskaber) karakterisere; *be clearly -d against* aftegne sig skarpt mod *(fx the sky).*
definite ['definit] *adj* bestemt *(fx a* ~ *answer),* afgjort; afgrænset; *the* ~ *article* det bestemte kendeord.
definition [defi'niʃn] *sb* bestemmelse, forklaring, definition; skarp afgrænsning; *(fot, TV)* skarphed.
definitive [di'finitiv] *adj* definitiv, bestemt; afgørende, endelig; ~ *stamps* dagligmærker.
deflagrate ['defləgreit] *vb* forbrænde; afbrænde.
deflate [di'fleit] *vb* slippe luften el. gassen ud af; nedbringe priserne, skabe deflation; *(fig)* gøre mindre opblæst, pille ned. **deflation** [di'fleiʃn] *sb* deflation, prisfald.
deflationary [di'fleiʃn(ə)ri] *adj* deflatorisk, inflationsbegrænsende.
deflect [di'flekt] *vb* afbøje *(fx rays);* give en anden retning; afvige, bøje af.
deflection [di'flekʃn] *sb* afbøjning; afvigelse.
defloration [di:flɔ:'reiʃn] *sb* deflorering (sprængning af jomfruhinden).
deflower [di:'flauə] *vb* deflorere; ~ *a woman (ogs)* berøve en kvinde hendes uskyld.
Defoe [di'fəu].
defog [di:'fɔg] *vb (am)* = *demist.*
defoliant [di:'fəuliənt] *sb* afløvningsmiddel.
defoliate [di:'fəulieit] *vb* afløve; afløves, tabe bladene.
deforest [di:'fɔrist] *vb* rydde for skov *(el.* træer).
deforestation [di:fɔres'teiʃn] *sb* skovrydning.
deform [di'fɔ:m] *vb* misdanne, vansire, deformere.
deformation [di:fɔ:'meiʃn] *sb* misdannelse; vansiring.
deformed [di'fɔ:md] *adj* vanskabt, deform.
deformity [di'fɔ:miti] *sb* misdannelse, vanskabthed, deformitet.
defraud [di'frɔ:d] *vb* besvige, bedrage *(of* for).
defray [di'frei] *vb* bestride, afholde (omkostninger, udgifter). **defrayal** [di'freiəl], **defrayment** [di'freimənt] *sb* afholdelse, bestridelse.
defrock [di:'frɔk] *vb* fradømme kjole og krave.
defrost [di:'frɔst] *vb* afise, afrime; (om madvarer) tø op.
deft [deft] *adj* behændig, fingernem, kvik, rask.
defunct [di'fʌŋkt] *adj* død; *the* ~ den afdøde.
defuse [di:'fju:z] *vb* desarmere *(fx a bomb),* uskadeliggøre; *(fig)* tage sprængstoffet ud af, afdramatisere *(fx the situation).*
defy [di'fai] *vb* udfordre; trodse; *I* ~ *you to do it* gør det hvis du tør *(el.* kan); *it defies definition* det er umuligt at definere; ~ *public opinion* lade hånt om den offentlige mening.
deg. *fk degree(s).*
degauss ['di:'gaus] *vb* afmagnetisere.
degeneracy [di'dʒen(ə)rəsi] *sb* degeneration, den egenskab at være degenereret.
degenerate [di'dʒen(ə)reit] *vb* degenerere, udarte, vanslægte; [di'dʒen(ə)rət] *adj* vanslægtet, degenereret; *sb* degenereret individ.
degeneration [didʒenə'reiʃn] *sb* degeneration, udartning.
degenerative [di'dʒen(ə)rətiv] *adj* degenerativ, degenerations-.
degradable [di'greidəbl] *adj (kem)* nedbrydelig.
degradation [degrə'deiʃən] *sb* nedværdigelse; fornedrelse; *(mht* rang) degradering; *(kem)* nedbrydning. **degrade** [di'greid] *vb* nedværdige; fornedre; *(mht* rang) degradere; *(kem)* nedbryde(s). **degraded** *adj* nedværdiget; ussel, elendig; forsimplet. **degrading** *adj* nedværdigende, lav.
degree [di'gri:] *sb* grad; rang, værdighed; (akademisk) grad, (embeds)eksamen; *(glds)* stand; *by -s* gradvis, lidt efter lidt; *a (certain)* ~ *of, some* ~ *of* et vist mål af *(fx he must show a* ~ *of tolerance);* ~ *of latitude* breddegrad; ~ *of longitude* længdegrad; *people of low* ~ *(glds)* simple folk; *to a high* ~ i høj grad; *snobbish to a* ~ uhyre snobbet; *to the last* ~ i højeste grad.
dehiscent [di'hisnt] *adj (bot)* opspringende.
dehumanize [di:'hju:mənaiz] *vb* umenneskeliggøre.
dehydrate [di:'haidreit] *vb* dehydrere; tørre.
de-ice [di:'ais] *vb* forhindre isdannelse; afise.
de-icer [di:'aisə] *sb* afisningsanordning.
deification [di:ifi'keiʃn] *sb* guddommeliggørelse.
deify ['di:ifai] *vb* gøre til gud, forgude.
deign [dein] *vb* værdiges, nedlade sig til.
Dei gratia ['di:ai'greiʃiei] af Guds nåde.
deism ['di:izm] *sb* deisme.
deist ['di:ist] *sb* deist. **deistic(al)** [di:'istik(l)] *adj* deistisk.
deity ['di:iti] *sb* guddom; guddommelighed.
deject [di'dʒekt] *vb* nedslå. **dejected** *adj* nedslået, modløs.
dejection [di'dʒekʃn] *sb* modløshed.
de jure [di:'dʒuəri] de jure (efter loven).
dekko ['dekəu] *sb* S blik; *take a* ~ se, kigge.
Del. *fk Delaware.*
del. *fk delineavit* har tegnet.
delate [di'leit] *vb* angive.

delation [di'leiʃn] *sb* angivelse, angiveri.

Delaware ['delәwεә].

delay [di'lei] *vb* udsætte; forhale; forsinke; (uden objekt) nøle, tøve; *sb* udsættelse, forhaling, forsinkelse; nølen; *-ed action bomb* tidsindstillet bombe; *-ing action* henholdende kamp; *without* ~ ufortøvet, straks.

del credere [del'kredәri] *(merk)* delkredere; *the agent acts* ~ kommissionæren står delkredere.

delectable [di'lektәbl] *adj* yndig, liflig, herlig.

delectation [di:lek'teiʃn] *sb: for the* ~ *of* til fornøjelse for.

delegacy ['deligәsi] *sb* delegation, repræsentation; udvalg.

I. delegate ['deligeit] *vb* delegere, beskikke; betro, overdrage.

II. delegate ['deligәt] *sb* delegeret, udsending, befuldmægtiget.

delegation [deli'geiʃn] *sb* beskikkelse, udnævnelse, bemyndigelse, overdragelse; delegation; delegerede.

delete [di'li:t] *vb* slette, stryge; lade udgå.

deleterious [deli'tiәriәs] *adj* ødelæggende, skadelig.

deletion [di'li:ʃn] *sb* strygning, udeladelse.

delft [delft] *sb* delfterfajance.

Delhi ['deli].

deli ['deli] *sb* = *delicatessen.*

I. deliberate [di'libәreit] *vb* overveje; drøfte; betænke sig.

II. deliberate [di'libәrәt] *adj* velovervejet; overlagt, forsætlig, tilsigtet; sindig, langsom. **deliberately** *adv* med fuldt overlæg, med velberåd hu.

deliberateness [di'libәrәtnәs] *sb* sindighed, forsigtighed; ro.

deliberation [dilibә'reiʃn] *sb* overvejelse; drøftelse; sindighed.

deliberative [di'librәtiv, *(am)* -әreitiv] *adj* overvejende; rådslående.

delicacy ['delikәsi] *sb* finhed; finfølelse, takt; vanskelighed, delikat beskaffenhed; svaghed, skrøbelighed, sarthed; (om mad) delikatesse, lækkerbisken; *delicacies (ogs)* kræs, lækkerier; ~ *of feeling* finfølelse.

delicate ['delikәt] *adj* fin, fintfølende; sart, svagelig; vanskelig; kræsen; (om mad) delikat, lækker; *in a* ~ *condition* frugtsommelig.

delicatessen [delikә'tesn] *sb* viktualier; viktualieforretning.

delicious [di'liʃәs] *adj* delikat, liflig *(fx smell, taste),* lækker *(fx dinner);* yndig *(fx landscape); (mht* humor) herlig.

delict ['di:likt] *sb* forseelse, lovovertrædelse.

delight [di'lait] *sb* glæde, fryd; *vb* fryde, glæde; glæde sig; *take* ~ *in* finde fornøjelse i; nyde; *to my great* ~ til min store glæde.

delighted [di'laitid] *adj* glad, lykkelig, henrykt; *he will be* ~ *with it* han bliver henrykt over det; *he will be* ~ *to come* det vil være ham en stor glæde at komme.

delightedly *adv* henrykt; med glæde.

delightful [di'laitf(u)l] *adj* dejlig, yndig, indtagende; fornøjelig, morsom, interessant.

Delilah [di'lailә] Dalila.

delimit [di:'limit], **delimitate** [di'limiteit] *vb* afgrænse, afstikke. **delimitation** [dilimi'teiʃn] *sb* afgrænsning.

delineate [di'linieit] *vb* skitsere, tegne; skildre.

delineation [dilini'eiʃn] *sb* skitsering, skitse, tegning; skildring. **delineator** [di'linieitә] *sb* tegner; skildrer.

delinquency [di'liŋkwәnsi] *sb* forseelse, lovovertrædelse; kriminalitet. **delinquent** [di'liŋkwәnt] *adj* som forser sig; *sb* skyldig, delinkvent, forbryder.

deliquesce [deli'kwes] *vb* blive flydende.

deliquescent [deli'kwesnt] *adj* henflydende.

delirious [di'liriәs] *adj* delirerende, fantaserende, uklar; *be* ~ fantasere, tale i vildelse; være i ekstase, være ude af sig selv *(fx with joy* af glæde).

delirium [di'liriәm] *sb* fantaseren, vildelse, delirium; ~ *tremens* [di'liriәm'tri:menz] delirium tremens (drankergalskab).

deliver [di'livә] *vb* aflevere *(fx a message),* overlevere, indlevere; overgive *(fx a fortress to the enemy),* udlevere; *(merk)* levere; udbringe; (om post) omdele, ombære, udbringe; (om fange, nødstedt) udfri, befri *(fx from captivity),* redde; (om fødende) forløse; (mundtligt:) fremsige, holde *(fx a speech);* (uden objekt) opfylde forventningerne; opfylde sit løfte;

~ *a battle* levere et slag; ~ *a blow* rette *(el.* føre) et slag; ~ *the goods* S opfylde forventningerne; give det ønskede resultat; ~ *oneself* udtale sig; ~ *oneself of an opinion* udtale *(el.* fremføre) en mening; *be -ed of a child* nedkomme *(el.* blive forløst) med et barn; *stand and* ~*! (glds)* pengene eller livet! ~ *us from evil* fri os fra det onde.

deliverance [di'livrәns] *sb* befrielse, redning, udfrielse; forløsning; udtalelse. **deliverer** [di'livrә] *sb* befrier, frelser.

delivery [di'livri] *sb (cf deliver)* aflevering, overlevering; overdragelse, indlevering; overgivelse; udlevering; (af varer) levering; udbringning; (af post) ombæring *(fx there is only one* ~ *a day),* omdeling, udbringning; (af missil) fremføring; (af fange *etc)* udfrielse, befrielse, redning; (fødendes) nedkomst, forløsning; (skuespillers) foredrag; (pumpes *etc)* ydeevne; (i sport) kast; aflevering; *take* ~ *of (merk)* aftage.

delivery van varevogn.

dell [del] *sb* lille dal.

delouse ['di:'laus] *vb* afluse.

Delphi ['delfai] Delfi. **Delphic** ['delfik] *adj* delfisk.

delphinium [del'finiәm] *sb (bot)* ridderspore.

delta ['deltә] *sb* delta.

delude [di'l(j)u:d] *vb* vildlede, føre bag lyset, narre.

deluge ['delju:dʒ] *sb* oversvømmelse; syndflod; *vb* oversvømme; *the Deluge* Syndfloden.

delusion [di'lu:ʒn] *sb* bedrag; illusion, vildfarelse; forblindelse, selvbedrag, vrangforestilling; *be under the* ~ *that (ogs)* have det fejlagtige indtryk at.

delusive [di'lu:siv] *adj* skuffende; falsk.

delve [delv] *vb* forske, studere, undersøge; *(glds)* grave; ~ *into (ogs)* fordybe sig i, dykke ned i, kulegrave *(fx a problem).*

demagnetization [di:mægnitai'zeiʃn] *sb* afmagnetisering.

demagnetize [di:'mægnitaiz] *vb* afmagnetisere.

demagogue ['demәgɔg] *sb* demagog.

demagogy ['demәgɔgi, -gɔdʒi] *sb* demagogi.

demand [di'ma:nd] *vb* fordre, kræve, forlange; spørge (om); *sb* fordring, forlangende, krav; begæring; spørgsmål; (især *merk)* efterspørgsel; *it is in great* ~ det er meget efterspurgt, der er rift om det; *this cheque is payable on* ~ denne check betales på anfordring; *meet a* ~ tilfredsstille et behov; *make -s on* stille krav til; *he has many -s on his purse* han har store udgifter.

demand| bill sigtveksel. ~ **note** opkrævning, anfordringsbevis. ~ **pull** *(økon)* efterspørgselspres.

demarcation [di:ma:'keiʃn] *sb* afgrænsning, grænse; faggrænse (på arbejdsplads); ~ *disputes* faggrænsestridigheder; *line of* ~ demarkationslinie, grænselinie.

demean [di'mi:n] *vb:* ~ *oneself* opføre sig; nedværdige sig.

demeanour [di'mi:nә] *sb* opførsel, adfærd; holdning.

demented [di'mentid] *adj* afsindig, vanvittig, gal.

dementia [di'menʃiә] *sb* sløvsind; *senile* ~ alderdomssløvsind.

Demerara [demə'ra:rə]. **demerara** [demə'rεərə] *sb* demerarasukker.
demerit [di:'merit] *sb* fejl, mangel, skyggeside; *(am ogs)* anmærkning; strafpoint; *merits and -s* fortrin og mangler.
demesne [di'mein] *sb* selvejendom; domæne; *hold in ~* besidde som selvejer; *state ~* statsejendom.
demi ['demi] halv.
demi|god halvgud. **-john** syreballon; stor kurveflaske.
demilitarization [di:militərai'zeiʃn] *sb* demilitarisering.
demilitarize ['di:'militəraiz] *vb* demilitarisere, afmilitarisere.
demi-monde ['demi'mɔŋd], **demi-rep** ['demirep] *sb* demimonde, letlevende kvinde.
demise [di'maiz] *sb* død, dødelig afgang; overdragelse; *vb* overdrage; borttestamentere; *~ of the crown* tronskifte.
demisemiquaver ['demisemikweivə] *sb* toogtredivtedelsnode.
demission [di'miʃən] *sb* fratrædelse, demission.
demist [di:'mist] *vb* fjerne dug fra (forrude).
demister *sb* blæser (i bil).
demit [di'mit] *vb* tage sin afsked, fratræde.
demitasse ['demitæs] *sb* mokkakop.
demiurge ['di:miə:dʒ] *sb* verdensskaber.
demo ['deməu] *sb* T demonstration; demonstrationsbånd.
demob [di:'mɔb] *vb* T = *demobilize.*
demobilization ['di:məubilai'zeiʃn] *sb* hjemsendelse, demobilisering.
demobilize [di:'məubilaiz] *vb* hjemsende, demobilisere.
democracy [di'mɔkrəsi] *sb* demokrati.
democrat ['deməkræt] *sb* demokrat.
democratic(al) [deməu'krætik(l)] *adj* demokratisk.
democratize [di'mɔkrətaiz] *vb* demokratisere.
démodé [dei'məudei] *adj* umoderne.
demographer [di'mɔgrəfə] *sb* demograf.
demographic [dimɔ'græfik] *adj* demografisk *(fx problems).*
demoiselle [dəmwa'zel]: *~ crane zo* jomfrutrane.
demolish [di'mɔliʃ] *vb* nedrive, sløjfe; ødelægge; T fortære. **demolition** [demə'liʃn] *sb* nedrivning, sløjfning; ødelæggelse; *~ squad (mil.)* sprængningskommando, rydningshold.
demon ['di:mən] *sb* dæmon, ond ånd, djævel; *~ drink* spiritusdjævelen.
demonetize [di:'mʌnitaiz] *vb* (om penge) sætte ud af kurs.
demoniac [di'məuniæk], **demoniacal** [di:mə'naiəkl], **demonic(al)** [di:'mɔnik(l)] *adj* dæmonisk, djævelsk; besat. **demonology** [di:mə'nɔlədʒi] *sb* lære om dæmoner *(el.* djævle).
demonstrable ['demənstrəbl, di'mɔn-] *adj* bevislig, påviselig.
demonstrate ['demənstreit] *vb* bevise, påvise; forevise, vise, demonstrere. **demonstration** [demən'streiʃn] *sb* bevisførelse; påvisning; bevis; forevisning; tilkendegivelse (af stemning *etc);* (offentlig) demonstration.
demonstrative [di'mɔnstrətiv] *adj* afgørende; demonstrativ; som viser sine følelser; åben; *(gram)* påpegende stedord; *sb* påpegende stedord.
demonstrator ['demənstreitə] *sb* demonstrator, (undervisnings)assistent; demonstrant.
demoralize [di'mɔrəlaiz] *vb* demoralisere.
Demosthenes [di'mɔsθəni:z].
demote [di'məut] *vb* degradere.
demotic [di'mɔtik] *adj* folkelig.
demotion [di'məuʃn] *sb* degradering.
demount [di:'maunt] *vb* demontere, afmontere, skille ad.

demur [di'mə:] *vb* gøre indsigelse *(to* mod); nære betænkeligheder; nøle, tøve; *sb* indsigelse; betænkelighed, tøven *(fx he did it without ~).*
demure [di'mjuə] *adj* ærbar, sat, alvorlig; adstadig; påtaget ærbar *(el.* alvorlig).
demurrage [di'mʌridʒ] *sb (mar)* overliggedage; overliggedagspenge.
demurrer [di'mʌrə] *sb (jur)* indsigelse; *put in a ~* rejse indsigelse.
demy [di'mai] *sb* (papirformat).
den [den] *sb* (dyrs) hule; hybel, „hule" (ɔ: værelse); rovdyrbur; *~ of thieves (el. robbers)* røverrede.
denationalize [di:'næʃnəlaiz] *vb* denationalisere; ophæve nationaliseringen af.
denaturalize [di:'nætʃrəlaiz] *vb* denaturalisere, fratage indfødsretten.
denatured [di:'neitʃəd] *adj: ~ alchohol* denatureret sprit.
denazification ['di:na:tsifi'keiʃn] *sb* afnazificering.
dendrology [den'drɔlədʒi] *sb* læren om træerne.
dengue ['deŋgi] *sb (med.)* denguefeber (tropesygdom).
denial [di'naiəl] *sb* nægtelse, benægtelse, dementi; fornægtelse.
denigrate ['denigreit] *vb* sværte, rakke ned på.
denim ['denim] *sb* denim (kraftigt bomuldsstof); cowboystof.
denizen ['denizn] *sb* udlænding der har opnået opholdstilladelse med visse rettigheder *el.* indfødsret med visse begrænsninger; (især *poet)* beboer.
Denmark ['denma:k] Danmark.
denominate [di'nɔmineit] *vb* benævne, kalde.
denomination [dinɔmi'neiʃn] *sb* benævnelse *(fx liar is the right ~ for him);* klasse; kategori; *(rel)* sekt; (af pengeseddel *etc)* pålydende værdi.
denominational [dinɔmi'neiʃn(ə)l] *adj* hørende til en sekt.
denominator [di'nɔmineitə] *sb* nævner (i brøk); *common ~* fællesnævner.
denotation [denə'teiʃən] *sb* (ords) betydning, begreb *(mods connotation* bibetydning, bibegreb).
denote [di'nəut] *vb* betegne.
denouement [dei'nu:ma:ŋ] *sb* afsløring; (intrigens) opklaring, (gådens) løsning (i drama *etc).*
denounce [di'nauns] *vb* anklage (voldsomt), fordømme; undsige; opsige *(fx a treaty);* (til politi *etc)* angive.
denouncement = *denunciation.*
dense [dens] *adj* tæt *(fx fog);* kompakt *(fx mass);* tykhovedet, dum; *~ ignorance* tyk uvidenhed; *~ negative (fot)* tæt negativ.
density ['densiti] *sb* tæthed.
dent [dent] *sb* hak, fordybning; hulning, bule; *vb* blive bulet; (med objekt) = *make a ~ on (el. in)* lave et hak i, slå bule i; *(fig)* indvirke på, svække, mindske; gøre indhug i *(fx his savings); ~ his pride* give hans stolthed et knæk.
dental [dentl] *(fig)* dental; tand-; *sb (fon)* tandlyd.
dental|floss tråd til tandrensning. *~* **plate** se *l. plate.* *~* **surgeon** tandlæge. *~* **technician** tandtekniker.
dentate(d) ['denteit(id)] *adj (bot) zo* tandet, takket.
denticare ['dentikεə] *sb (am)* offentlig børnetandpleje.
dentifrice ['dentifris] *sb* tandpulver, tandpasta.
dentist ['dentist] *sb* tandlæge. **dentistry** ['dentistri] *sb* tandlægekunst; *school of ~* tandlæge(høj)skole.
dentition [den'tiʃn] *sb* tandbrud; tandsystem; tandstilling; tænder; *deciduous ~* mælketandsæt; *secondary ~* tandskifte.
denture ['dentʃə] *sb* (tand)protese, gebis.
denuclearized [di:'nju:kliəraizd] *adj* atomvåbenfri.
denudation [di:nju'deiʃn] *sb* blottelse; *(geol)* denudation.
denude [di'nju:d] *vb* blotte *(of* for); *~ of (ogs)* fratage.

denunciation [dinʌnsi'eiʃn] *sb (cf denounce)* (voldsom) anklage, fordømmelse; undsigelse; opsigelse; angivelse.
denunciator [di'nʌnsieitə] *sb* fordømmer; angiver.
deny [di'nai] *vb* (be)nægte, bestride, afvise; dementere; fornægte *(fx ~ one's faith);* fragå; *(mil.)* forhindre i at benytte; *~ oneself* pålægge sig afsavn; *~ oneself to callers* nægte sig hjemme.
deodar ['di:əda:] *sb (bot)* indisk ceder.
deodorant [di:'əudərənt] *sb* deodorant, lugtfjerner.
deodorization [di:əudərai'zeiʃn] *sb* fjernelse af lugt, desodorisering.
deodorize [di'əudəraiz] *vb* befri for lugt, desodorisere.
D.E.P. *fk Department of Employment and Productivity.*
dep *fk departs, departure* (om tog *etc); department; deputy.*
depart [di'pa:t] *vb* afgå *(for* til); afrejse; gå bort, dø; *~ from* afvige fra; *~ this life* afgå ved døden; *the -ed (ogs)* afdøde.
department [di'pa:tmənt] *sb* afdeling; branche; område, felt; fag, faggruppe, (ved universitet, svarer til) institut; (regeringskontor:) departement; ministerium.
departmental [dipa:t'mentl] *adj* afdelings-; ministeriel.
department store stormagasin.
departure [di'pa:tʃə] *sb* afgang; bortgang; afvigelse; død; *-s pl (ogs)* afgående tog (, skibe, fly); *a new ~* noget ganske nyt, en skelsættende begivenhed; *next ~* næste afgående skib (, tog). **departure platform** afgangsperron.
depend [di'pend] *vb (jur)* være uafgjort; *(glds)* hænge ned; *it all -s* det kommer an på omstændighederne; *~* **on** afhænge af, bero på *(fx it all -s on how you look at it);* være afhængig af; stole på *(fx he is not a man to be -ed on);* regne med *(fx don't ~ on his help); he -s on his pen (for a living)* han er henvist til at leve af sin pen; *~ upon it!* det kan du stole på! *the school does not ~ on him* skolen står og falder ikke med ham.
dependable [di'pendəbl] *adj* pålidelig, driftssikker.
dependant [di'pendənt] *sb* person som er afhængig af (, forsørges af) en anden; person man har forsørgerpligt over for.
dependence [di'pendəns] *sb* afhængighed *(on* af); tillid *(in, on* til). **dependency** [di'pendənsi] *sb* biland; lydland; afhængighed; *(am ogs)* afhængighed af offentlig hjælp.
dependent [di'pendənt] *adj* afhængig *(on* af); *~ children (omtr)* uforsørgede børn; *~ clause* bisætning.
depict [di'pikt] *vb* male; afbilde; skildre.
depilate ['depileit] *vb* afhåre; fjerne hår fra.
depilatory [de'pilət(ə)ri] *sb* hårfjerningsmiddel; *adj* hårfjernende.
deplane [di:'plein] *vb* stige ud af flyvemaskine; landsætte fra flyvemaskine.
deplete [di'pli:t] *vb* tømme, udtømme, formindske, reducere. **depletion** [di'pli:ʃn] *sb* tømning, udtømmelse, formindskelse, forringelse.
deplorable [di'plɔ:rəbl] *adj* (yderst) beklagelig, sørgelig; elendig, jammerlig.
deplore [di'plɔ:] *vb* beklage (dybt); angre.
deploy [di'plɔi] *vb (mil.)* udfolde, deployere, sprede; bringe i stilling, gruppere; opmarchere; indsætte, anvende, tage i brug, opstille *(fx missiles).*
deployment [di'plɔimənt] *sb (mil.)* deployering, spredning; gruppering; opmarchering; indsættelse, anvendelse; opstilling (af *of) (fx missiles).*
deponent [di'pəunənt] *sb* deponent verbum; *(jur)* vidne.
depopulate [di:'pɔpjuleit] *vb* affolke.
depopulation [di:pɔpju'leiʃn] *sb* affolkning.
deport [di'pɔ:t] *vb* deportere, forvise; udvise; *~ oneself* opføre sig; forholde sig. **deportation** [di:pɔ:'teiʃn] *sb* deportation, forvisning; udvisning.
deportment [di'pɔ:tmənt] *sb* holdning, anstand; optræden, opførsel.
depose [di'pəuz] *vb* afsætte; *(jur)* afgive forklaring; vidne; *~ (to)* bevidne.
deposit [di'pɔzit] *vb* anbringe, aflevere, (om passager) sætte af, (om æg) lægge; (til opbevaring *etc)* betro; deponere, (om penge i bank) indskyde, indsætte; *(kem)* afsætte, bundfælde (sig), *(geol)* aflejre (sig); *sb (geol)* aflejring; leje *(fx iron ore -s); (kem etc)* bundfald; *(merk)* depositum; pant; udbetaling (ved køb); (i bank) indskud, indlån; *(tekn)* svejsemetal; (på museum, bibliotek) depotlån; *~ account* indlånskonto; *pay a ~* give penge på hånden.
depositary [di'pɔzit(ə)ri] *sb* depositar, en der modtager noget i forvaring.
deposition [depə'ziʃn] *sb* afsætning, afsættelse (fra stilling); aflejring; *(jur)* (beediget skriftligt) vidneudsagn; *the Deposition* (i kunst) nedtagelsen af korset.
depositor [di'pɔzitə] *sb* indskyder (i bank), sparer.
depository [di'pɔzitəri] *sb* opbevaringssted, oplagringssted.
depot ['depəu] *sb* depot, oplagssted, pakhus; (regiments) hovedkvarter; (for sporvogne) remise, (for busser) garage; *(am)* ['dipou] jernbanestation, rutebilstation.
depravation [deprə'veiʃn] *sb* fordærvelse; udartning; depravation. **deprave** [di'preiv] *vb* fordærve; depravere.
depravity [di'præviti] *sb* fordærvelse.
deprecate ['deprikeit] *vb* misbillige, ikke synes om; frabede sig, bede sig forskånet for; afvende ved bøn; *~ hasty action* sætte sig imod overilede handlinger; *~ panic* afværge panik. **deprecating** = *deprecatory.*
deprecation [depri'keiʃn] *sb* misbilligelse; bøn om forskånelse.
deprecatory ['deprikət(ə)ri] *adj* misbilligende; afværgende, undskyldende.
depreciate [di'pri:ʃieit] *vb* forklejne, nedvurdere, omtale nedsættende, forringe; undervurdere; *(merk)* depreciere, nedsætte i værdi; nedskrive; afskrive; (om valuta) devaluere; (uden objekt) falde i værdi.
depreciation [dipri:ʃi'eiʃn] *sb* nedvurdering, forklejnelse; undervurdering; *(merk)* depreciering, værdiforringelse; nedskrivning, afskrivning; (af valuta) devaluering; *~ account* afskrivningskonto; *~ reserve* afskrivningsfond.
depreciative [di'pri:ʃətiv], **depreciatory** [di'pri:ʃət(ə)ri] *adj* nedsættende; forringende.
depredations [deprə'deiʃnz] *sb pl* plyndringer, hærgen.
depredator ['deprədeitə] *sb* røver, udplyndrer.
depress [di'pres] *vb* trykke ned; *(fig)* nedtrykke, nedslå, deprimere; hæmme. **depressed areas** *pl* kriseramte områder. *~* **classes** *pl* undertrykte befolkningsklasser.
depression [di'preʃn] *sb* nedtrykning; sænkning; fordybning; depression, nedtrykthed, dårligt humør; *(meteorol)* lavtryk, lavtryksområde; *(merk)* lavkonjunktur, erhvervskrise, krise(tid).
deprivation [depri'veiʃn] *sb* berøvelse; tab; afsavn; nød; (om gejstlig) afsættelse.
deprive [di'praiv] *vb* (om gejstlig) afsætte; *~ him of it* berøve *(el.* fratage) ham det. **deprived** *adj* som lider afsavn, dårligt stillet, underprivilegeret; nødlidende; *culturally ~* kulturfattig.
dept. *fk department.*
depth [depθ] *sb* dybde; dyb; bredde; *in ~* i dybden, indgående; *defence in ~ (mil.)* dybdeforsvar; *~ of field (fot)* dybdeskarphed; *the -s of misery* den dybeste elendighed; *in the ~ of night (, winter)* midt om

natten (, vinteren); *be beyond (el. out of) one's ~ (ogs fig)* være længere ude end man kan bunde.
depth| charge dybvandsbombe. ~ **gauge** dybdemåler.
deputation [depju'teiʃn] *sb* beskikkelse; sendelse med fuldmagt; deputation.
depute [di'pju:t] *vb* give fuldmagt; overdrage.
deputize ['depjutaiz] *vb* vikariere, fungere som stedfortræder.
deputy ['depjuti] *sb* repræsentant, fuldmægtig; deputeret; vikar, stedfortræder, vice-; ~ *chairman* næstformand; ~ *superintendent* afdelingslæge.
De Quincey [də'kwinsi].
deracinate [di'ræsineit] *vb* rykke op med rode, udrydde.
derail [di'reil] *vb* afspore(s), løbe af sporet.
derailment *sb* afsporing.
derange [di'rein(d)ʒ] *sb* forvirre, forstyrre; bringe i uorden; gøre sindsforvirret. **deranged** *adj* forvirret, forstyrret; sindsforvirret; sindssyg. **derangement** *sb* forvirring, forstyrrelse; uorden; sindsforvirring.
derate [di:'reit] *vb* nedsætte kommuneskatter for.
deration [di:'ræʃn] *vb* ophæve rationeringen af, frigive *(fx petrol has been -ed).*
Derby ['da:bi] (by i Mellemengland); *the* ~ derbyløbet (ved Epsom; indstiftet af en jarl af Derby).
derby ['da:bi, *(am)* 'dərbi] *sb* bowlerhat.
deregulate [di:'regjuleit] *vb* ophæve kontrollen med.
derelict ['derilikt] *adj* forladt, opgivet som værdiløst; *sb* herreløst gods; dødt skib; menneskevrag; ~ *farm* ødegård. **dereliction** [deri'likʃn] *sb* opgivelse; forsømmelse *(fx of duty);* svigten; forladthed.
derestricted [di:ri'striktid] *adj* (om vej) uden særlig fartbegrænsning (ud over den generelle).
deride [di'raid] *vb* håne, udle, spotte.
derider [di'raidə] *sb* spotter.
derision [di'riʒn] *sb* bespottelse, hån; *hold him in* ~ håne ham; *he became the* ~ *of* han blev til spot for.
derisive [di'raisiv], **derisory** [di'rais(ə)ri] *adj* spottende, hånende, ironisk; latterlig.
derivation [deri'veiʃn] *sb* afledning; udledning; afstamning, oprindelse (af ord).
derivative [di'rivətiv] *adj* afledet; *sb* afledning; *(kem)* derivat.
derive [di'raiv] *vb* aflede, udlede; opnå, få, forskaffe sig; ~ *from (ogs)* stamme fra; ~ *advantage (el. profit) from* drage fordel af.
derm(a) ['də:m(ə)] *sb* hud.
derma|titis [də:mə'taitis] *sb* dermatitis, hudbetændelse. **-tologist** [də:mə'tələdʒist] *sb* dermatolog, specialist i hudsygdomme. **-tology** [də:mə'tələdʒi] *sb* dermatologi.
derogate ['derəgeit] *vb:* ~ *(from)* nedsætte, nedvurdere, forklejne; begrænse, indsnævre *(fx a right);* afvige fra. **derogation** [derə'geiʃn] *sb* nedvurdering, forklejnelse, nedsættelse.
derogatory [di'rəgət(ə)ri] *adj* nedsættende.
derrick ['derik] *sb* lossebom, lastebom; udligger; boretårn.
derring-do ['deriŋ'du:] *sb (glds)* dristig handling; dristighed.
derringer ['derin(d)ʒə] *sb (am)* lommepistol.
derv [də:v] *sb* dieselolie til biler.
dervish ['də:viʃ] *sb* dervish.
DES *fk Department of Education and Science.*
desalinate [di:'sælineit] *vb* afsalte.
descale [di:'skul] *vb* fjerne kalkbelægning, (, kedelsten) fra.
I. descant ['deskænt] *sb (mus.)* diskant, overstemme; *(poet)* melodi, sang.
II. descant [di'skænt] *vb:* ~ *on* udbrede sig om, tale vidt og bredt om.
descend [di'send] *vb* gå ned ad, stige ned i; (uden objekt) gå (, stige, komme) ned; (om terræn *etc)* skråne, sænke sig; *(fig)* nedstamme; gå i arv; *be -ed from* nedstamme fra; ~ *to* (også) nedværdige sig til; (om arv) gå over til; ~ *upon* falde over, kaste sig over, ramme.
descendant [di'sendənt] *sb* efterkommer.
descent [di'sent] *sb* nedstigning; skrånen nedad, hældning; dalen, fald, synken; overfald, (fjendes) indfald, landgang; herkomst, afstamning; arv, nedarvning; *of noble* ~ af adelig byrd.
describe [di'skraib] *vb* beskrive; ~ *as* betegne som, kalde.
description [di'skripʃn] *sb* **1.** beskrivelse; (af person) signalement; **2.** beskaffenhed; art, slags *(fx goods of every ~).*
descriptive [di'skriptiv] *adj* beskrivende, deskriptiv.
descry [di'skrai] *vb* opdage; øjne.
Desdemona [dezdi'məunə].
desecrate ['desikreit] *vb* vanhellige.
desecration [desi'kreiʃn] *sb* vanhelligelse.
desegregate [di:'segrigeit] *vb* ophæve raceadskillelse i *(fx a school).* **desegregation** [di:segri'geiʃn] *sb* ophævelse af raceadskillelse.
desensitize [di:'sensitaiz] *vb (med.)* desensibilisere; gøre ufølsom.
I. desert ['dezət] *adj* øde; *sb* ørken, ubeboet sted.
II. desert [di'zə:t] *vb* forlade; svigte; desertere.
III. desert [di'zə:t] *sb* fortjeneste, fortjenstfuld handling, fortjent løn (, straf); *get one's -s* få hvad man har fortjent.
deserter [di'ze:tə] *sb* frafalden; rømningsmand, desertør.
desertification [dezətifi'keiʃn] *sb* ørkendannelse.
desertion [di'zə:ʃn] *sb* frafald; desertion; flugt; svigten; forladthed; *(jur)* det at ægtefælle forlader hjemmet (, ophæver samlivet).
desert| locust *zo* ørkengræshoppe. ~ **rat** *(mil.)* T „ørkenrotte".
deserve [di'zə:v] *vb* fortjene; gøre sig fortjent; ~ *well of one's country* have gjort sig fortjent af fædrelandet, have ydet sit fædreland store tjenester.
deservedly [di'zə:vidli] *adv* fortjent, med rette.
deserving [di'zə:viŋ] *adj* fortjenstfuld; ~ *poor* værdige trængende.
deshabille ['dezæbi:l] *sb* negligé.
desiccant ['desikənt] *sb* tørremiddel; *adj* tørrende.
desiccate ['desikeit] *vb* tørre *(fx* frugter); udtørre; blive tør.
desiccation [desi'keiʃn] *sb* udtørring.
desiccator ['desikeitə] *sb* exsikkator.
desiderate [di'zidəreit] *vb* savne; ønske; betragte som ønskelig. **desiderat|um** [dizidə'reitəm] *sb (pl -a)* savn; ønske; ønskemål.
I. design [di'zain] *vb* **1.** gøre udkast, skitsere, tegne; **2.** formgive, designe; konstruere; **3.** planlægge; udtænke; **4.** bestemme, udse *(fx this room is -ed to be my study); be -ed to (ogs)* være beregnet til at; *he -s to (ogs)* det er hans mening at.
II. design [di'zain] *sb* tegning, udkast, rids; dessin; mønster; formgivning, design; konstruktion; plan; forehavende, hensigt; *(neds)* anslag *(on, against* mod); *by* ~ med vilje; tilsigtet, med hensigt; *she has -s on your money* hun er ude efter dine penge; *they had -s on his life* de stræbte ham efter livet.
designate ['dezigneit] *vb* betegne, angive; udse, udpege *(to, for* til); ['dezignət] *adj* designeret.
designation [dezig'neiʃn] *sb* betegnelse; udpegning.
designedly [di'zainidli] *adv* med forsæt.
designer [di'zainə] *sb* tegner; konstruktør; formgiver, designer; en som lægger planer; *(neds)* rænkesmed.
designing [di'zainiŋ] *adj* listig, lumsk, beregnende.
desirability [dizaiərə'biləti] *sb* ønskelighed; tiltræk-

ning.

desirable [di'zaiərəbl] *adj* ønskelig, attråværdig, tiltrækkende.

desire [di'zaiə] *sb* ønske; lyst *(for* til); begær, attrå; anmodning, bøn; *vb* ønske; attrå, begære; anmode, bede; *leave much to be -d* lade meget tilbage at ønske.

desirous [di'zaiərəs] *adj* begærlig, ivrig *(of* efter); *be ~ of (ogs)* ønske.

desist [di'zist] *vb* afstå *(from* fra); holde op *(from* med).

desk [desk] *sb* (skrive)pult; skrivebord; *master's ~* kateder; *~ copy* lærereksemplar, frieksemplar; *~ sergeant* tjenstgørende overbetjent.

I. desolate ['desələt] *adj* ubeboet, øde, trøstesløs; (om person) forladt; ensom; ulykkelig.

II. desolate ['desəleit] *vb* affolke; hærge, lægge øde; gøre ulykkelig. **desolation** [desə'leiʃn] *sb* affolkning; ødelæggelse; trøstesløshed; forladthed, ensomhed.

despair [di'spɛə] *sb* fortvivlelse; *vb* fortvivle, opgive håbet *(of* om); *be the ~ of one's parents* bringe sine forældre til fortvivlelse. **despairing** [di'spɛəriŋ] *adj* fortvivlet.

despatch [di'spætʃ] = *dispatch.*

desperado [despə'ra:dəu] *sb (pl -es)* samvittighedsløs skurk, desperado.

desperate ['desprət] *adj* fortvivlet, desperat; T håbløs, elendig; *a ~ remedy (omtr)* en fortvivlelsens udvej; *~ diseases have ~ remedies* der skal skarp lud til skurvede hoveder.

desperation [despə'reiʃn] *sb* fortvivlelse, desperation.

despicable ['despikəbl, di'spikəbl] *adj* foragtelig.

despise [di'spaiz] *vb* foragte.

despite [di'spait] *sb* ondskab; had; foragt; *præp* trods, til trods for; *in ~ of* til trods for, på trods af.

despoil [di'spɔil] *vb* plyndre.

despoliation [dispəuli'eiʃn] *sb* plyndring.

despond [di'spɔnd] *sb* fortvivle, opgive håbet.

despondency [di'spɔndənsi] *vb* fortvivlelse; modfaldenhed, modløshed.

despondent [di'spɔndənt] *adj* fortvivlet; modfalden, modløs, forsagt, opgivende.

despot ['despɔt] *sb* selvhersker, despot. **despotic** [de'spɔtik] *adj* despotisk. **despotism** ['despətizm] *sb* despoti.

desquamation [deskwə'meiʃn] *sb (med.)* afskalning.

dessert [di'zə:t] *sb* dessert; *~ spoon* dessertske.

destination [desti'neiʃn] *sb* bestemmelsessted, rejsemål, destination.

destined ['destind] *adj: ~ for* bestemt til; *(mar)* med kurs mod; *~ to* (af skæbnen) bestemt til at; *a plan ~ to fail* en plan der var dømt til at mislykkes; *they were ~ to meet again* skæbnen ville at de skulle mødes igen.

destiny ['destini] *sb* skæbne.

destitute ['destitju:t] *adj* fattig, nødlidende; *~ of* blottet for. **destitution** [desti'tju:ʃn] *sb* fattigdom, armod, nød.

destroy [di'strɔi] *vb* ødelægge, tilintetgøre, destruere; nedbryde *(fx discipline);* aflive, dræbe. **destroyer** [di'strɔiə] *sb* ødelægger; *(mar)* torpedojager, destroyer.

destruct [di'strʌkt] *sb* tilintetgørelse, ødelæggelse *(fx* af raket efter afskydelsen); *vb* tilintetgøre, ødelægge.

destructible [di'strʌktəbl] *adj* forgængelig; som kan ødelægges *el.* tilintetgøres. **destruction** [di'strʌkʃn] *sb* ødelæggelse, aflivelse; undergang.

destructive [di'strʌktiv] *adj* destruktiv, nedbrydende, ødelæggende; *~ distillation (kem)* tørdestillation.

destructor [di'strʌktə] *sb* forbrændingsovn; anordning (i raket) til tilintetgørelse.

desuetude [di'sju:itju:d, 'deswitju:d] *sb* ophør, gåen af brug; *fall into ~* gå af brug.

desultory ['des(ə)ltri] *adj* planløs *(fx reading),* springende, tilfældig.

detach [di'tætʃ] *vb* skille, løsgøre, løsrive; tage af; (til særlig opgave:) detachere; udtage; *~ oneself from* skille sig ud fra. **detachable** [di'tætʃəbl] *adj* aftagelig, løs.

detached [di'tætʃt] *adj* afsondret, som ligger for sig selv; *(fig)* uhildet, upartisk, objektiv; *~ house* fritliggende hus, enkelthus, villa.

detachment [di'tætʃmənt] *sb* adskillelse; afsondring; afsondrethed; *(fig)* objektivitet, uhildethed, upartiskhed; *(mil.)* detachement, afdeling.

I. detail ['di:teil, *(am)* di'teil] *vb* fortælle omstændeligt, berette indgående om; *(mil.)* afgive, udtage, beordre.

II. detail ['di:teil, *(am)* di'teil] *sb* enkelthed; detalje; omstændelig beretning; *(mil.)* soldater afgivet til særskilt tjeneste; afdeling; *in ~* punkt for punkt, i enkeltheder, omstændeligt, indgående; *go into ~* gå i enkeltheder.

detailed *adj* omstændelig, udførlig, detaljeret.

detain [di'tein] *vb* **1.** opholde; **2.** tilbageholde, anholde, internere; **3.** (i skole) lade sidde efter; **4.** indlægge (på hospital).

detainee [ditei'ni:] *sb* anholdt, arrestant; interneret.

detainer [di'teinə] *sb* uretmæssig tilbageholdelse af ejendom; ordre til forlænget arrest.

detect [di'tekt] *vb* opdage; opspore; opfange; påvise *(fx alcohol in the blood); ~ sby in* gribe en i.

detection [di'tekʃn] *sb* opdagelse; påvisning; opklaring (af forbrydelse). **detection rate** opklaringsprocent.

detective [di'tektiv] *sb* kriminalbetjent, opdager, detektiv; detektiv- *(fx agency* bureau), kriminal- *(fx novel* roman).

detector [di'tektə] *sb* detektor.

détente [dei'ta:nt] *sb* (politisk) afspænding.

detention [di'tenʃn] *sb (cf detain)* tilbageholdelse; anholdelse; eftersidning; indlæggelse. **detention centre** *(omtr)* ungdomshjem (til maksimalt 6 mdr's ophold).

deter [di'tə:] *vb* afskrække.

detergent [di'tə:dʒ(ə)nt] *sb* (især syntetisk) vaskemiddel; rensende middel; *adj* rensende.

deteriorate [di'tiəriəreit] *vb* forringe(s), forværre(s).

deterioration [ditiəriə'reiʃn] *sb* forringelse, forværring.

determent [di'tə:mənt] *sb* afskrækkende moment; afskrækkelse.

determinable [di'tə:minəbl] *adj* som kan bestemmes.

determinant [di'tə:minənt] *adj* bestemmende; *sb* determinant; afgørende faktor.

determinate [di'tə:minət] *adj* bestemt.

determination [ditə:mi'neiʃən] *sb* bestemmelse; afgørelse; fastsættelse; (egenskab:) bestemthed; fasthed; beslutsomhed; målbevidsthed.

determine [di'tə:min] *vb* bestemme; afgøre; fastsætte; beslutte sig *(upon* til); *(jur)* bringe til ophør.

determined [di'tə:mind] *adj* bestemt, fast, beslutsom; målbevidst; *~ to* besluttet på at.

determinism [di'tə:minizm] *sb (filos)* determinisme.

determinist [di'tə:minist] *sb (filos)* determinist.

deterrence [di'terəns] *sb* afskrækkelse.

deterrent [di'terənt] *sb* afskrækkende middel, afskrækkende moment; afskrækkelsesvåben.

detest [di'test] *vb* afsky.

detestable [di'testəbl] *adj* afskyelig.

detestation [di:tes'teiʃən] *sb* afsky; noget der vækker afsky.

dethrone [di'θrəun] *vb* detronisere, støde fra tronen; afsætte. **dethronement** [di'θrəunmənt] *sb* detronisering; afsættelse.

detonate ['detəneit] *vb* detonere; eksplodere; knalde;

(med objekt) lade *(el.* få til at) eksplodere; *(fig)* sætte i gang, udløse. **detonation** [detə'neiʃn] *sb* detonation; eksplosion; knald. **detonator** ['detəneitə] *sb* detonator, tændsats, fænghætte; *(jernb)* knaldsignal.
detour ['di:tuə] *sb* omvej; afstikker; omkørsel.
detoxification [di:tɔksifi'keiʃn] *sb* afgiftning; afrusning.
detoxify [di:'tɔksifai] *vb* afgifte; afruse.
detract [di'trækt] *vb: ~ from* nedsætte, forringe; *~ attention* bortlede opmærksomheden.
detraction [di'trækʃn] *sb* forringelse, bagtalelse.
detractive [di'træktiv] *adj* nedsættende, bagtalerisk.
detractor [di'træktə] *sb* bagvasker.
detrain [di:'trein] *vb (mil.)* (lade) stige ud af tog; udlosse af tog.
detribalize [di:'traibəlaiz] *vb* fjerne fra stammetilværelse.
detriment ['detrimənt] *sb* skade; *to the ~ of* til skade for; *without ~ to* uden skade for.
detrimental [detri'mentl] *adj* skadelig *(to* for).
detrition [di'triʃn] *sb* afslidning, afskuring.
detritus [di'traitəs] *sb* forvitringsprodukt(er), forvitringsgrus; rester; affald; *(med.)* detritus.
Detroit [də'trɔit].
de trop [də'trəu] uvelkommen, i vejen, til ulejlighed; *feel ~* føle sig tilovers.
detruncate [di:'trʌŋkeit] *vb* afhugge, afskære.
deuce [dju:s] *sb* toer (i spil); lige (i tennis); T (i eder) pokker; *the ~ of* pokkers; *go to the ~* gå pokker i vold; *the ~ he did* han gjorde pokker, gjorde han; gu' gjorde han ej; *there will be the ~ to pay* det bliver en dyr *(el.* slem) historie; *play the ~ with sth* spolere noget; *what the ~* hvad pokker. **deuced** [dju:st] *adj* S pokkers.
Deuteronomy [dju:tə'rɔnəmi] femte Mosebog.
devaluation [di:vælju'eiʃn] *sb* devaluering.
devalue [di:'vælju:] *vb* devaluere, nedsætte i værdi, nedskrive; *(fig)* nedvurdere.
devastate ['devəsteit] *vb* ødelægge, hærge.
devastating ['devəsteitiŋ] *adj* ødelæggende; voldsom, overvældende, rystende, frygtelig, knusende, tilintetgørende; *~ criticism* sønderlemmende kritik.
devastation [devə'steiʃn] *sb* ødelæggelse, hærgen.
develop [di'veləp] *vb* **1.** udvikle sig; udfolde sig; vise sig, opstå; **2.** udvikle *(fx one's muscles; a technique; a new method; a theory);* udbygge *(fx an organization; a system);* udvide *(fx a business);* videreføre *(fx his original idea);* **3.** udnytte *(fx the resources of a country),* (om grundareal) (udstykke og) bebygge; **4.** *(mat.)* udfolde; **5.** *(fot)* fremkalde; **6.** (efterhånden) få *(fx a taste for sth; measles; engine trouble); be -ing a cold* være ved at blive forkølet.
developer [di'veləpə] *sb (fot)* fremkalder(væske); *he is a late ~* han er sent udviklet.
developing country udviklingsland.
development [di'veləpmənt] *sb (cf develop)* **1.** udvikling, opståen; **2.** udvikling, udbygning, udvidelse, videreførelse; **3.** udnyttelse; (om grundareal) (udstykning og) bebyggelse; **4.** *(mat.)* udfoldning; **5.** *(fot)* fremkaldelse; **6.** *(mus.)* gennemføring; (i sonate) gennemføringsdel.
development area udviklingsområde.
deviance ['di:viəns] *sb* afvigelse (fra normen).
deviant ['di:viənt] *adj* afvigende; *sb* afviger *(fx sexual ~).*
deviate ['di:vieit] *vb* afvige; *(mar)* deviere; *~ from (ogs)* fravige. **deviation** [di:vi'eiʃn] *sb* afvigelse; afdrift; (kompassets) deviation.
deviationist [di:vi'eiʃ(ə)nist] *sb* afviger (fra partilinien).
device [di'vais] *sb* **1.** opfindelse, påfund; **2.** plan, list; **3.** indretning, anordning, apparat; **4.** *(her.)* devise, valgsprog; *leave him to his own -s* lade ham sejle sin egen sø, lade ham klare sig selv.
I. devil [devl] *sb* djævel; *(fig)* frisk fyr; stærkt krydret kødret; T fyr *(fx poor* (sølle) *~; lucky ~); (typ: printer's ~)* bogtrykkerdreng; *(litt)* underordnet medarbejder, neger; *(jur)* underordnet advokat;
beat the -'s tattoo tromme i bordet; *~ a bit!* ikke det fjerneste! *the ~ you did* du gjorde fanden, gjorde du; gu' gjorde du ej; *between the ~ and the deep (blue) sea* som en lus mellem to negle, i et dilemma; *give the ~ his due* ret skal være ret; man kan også gøre (et) skarn uret; *go to the ~* gå i hundene; gå pokker i vold! *a ~ of a fellow* en fandens ka'l; *~ a one* ingen djævel (ɔ: ingen); *the ~ looks after his own* fanden hytter sine; *there'll be the ~ to pay* så er fanden løs; der bliver en fandens ballade; *play the ~ with* ødelægge, holde slemt hus med, gøre kål på; *raise the ~* lave et fandens spektakel; *talk of the ~ and you'll see his tail (el. horns)* når man taler om solen så skinner den; *it is the very ~* det er forbandet ubehageligt (, besværligt *etc).*
II. devil [devl] *vb* stege eller riste med sennep *etc;* plage *(fx ~ Dad for a new bike);* udføre underordnet arbejde for en anden.
devilfish ['devlfiʃ] *sb zo* djævlerokke.
devilish ['devliʃ] *adj* djævelsk; forbandet, pokkers; upålidelig.
devil-may-care *adj* fandenivoldsk, ligeglad.
devilment ['devlmənt] *sb* spilopmageri; kådt, drilsk indfald; *out of sheer ~* af ren og skær kådhed.
devilry ['devlri] *sb* djævelskab, djævelskhed; ondskabsfuld drilagtighed; djævle.
devil's bit *(bot)* djævelsbid.
devious ['di:viəs] *adj* afsides; snørklet; *(neds)* lusket, upålidelig; *~ means* uærlige midler, krogveje; *by ~ paths* ad omveje.
devise [di'vaiz] *vb* opfinde, optænke, udtænke; *(jur)* testamentere; *sb* borttestamentering.
devisee [devi'zi:, divai'zi:] *sb (jur)* arving (efter testamente).
devisor [devi'zɔ:, divai'zɔ:] *sb (jur)* arvelader.
devitalization [di:vaitəlai'zeiʃn] *sb* nervebehandling (af en tand). **devitalize** [di:'vaitəlaiz] *vb* berøve livskraften, afkræfte; dræbe nerven i (en tand).
devoid [di'vɔid] *adj: ~ of* fri for, blottet for; *~ of sense* meningsløs.
devolution [di:və'lu:ʃn] *sb* overgang (ved arv) *(on* til); overdragelse, delegering (af myndighed, beføjelser til et underordnet organ, *fx* fra parlament til regionalstyre); decentralisering; *(biol)* degeneration.
devolve [di'vɔlv] *vb: ~ (up)on* overdrage til; gå i arv til; overgå til; tilfalde, påhvile.
Devon ['devn]. **Devonian** [de'vəuniən] *adj* devonisk; som hører til Devonshire; *sb* indbygger i Devonshire.
Devonshire ['devnʃ(i)ə].
devote [di'vəut] *vb* hellige, vie, ofre; *~ all one's energy to* sætte al sin kraft ind på.
devoted [di'vəutid] *adj* hengiven; selvopofrende.
devotee [devə'ti:] *sb* entusiast, fanatiker; *bridge ~* passioneret bridgespiller.
devotion [di'vəuʃən] *sb* helligelse, hengivelse; opofrelse; hengivenhed; andagt, gudsfrygt; *-s pl* andagtsøvelser, andagt; *~ to* (også) hengivenhed for; brændende optagethed af *(fx a cause); his ~ to football* hans fodboldentusiasme; *~ to duty* pligttroskab.
devotional [di'vəuʃn(ə)l] *adj* opbyggelig, andagts-.
devour [di'vauə] *vb* sluge *(fx one's dinner; a novel);* fortære; *-ed by (ogs)* overvældet af *(fx anxiety); -ing* fortærende, altopslugende.
devout [di'vaut] *adj* from, religiøs; andægtig; oprigtig, inderlig *(fx prayer);* ivrig *(fx supporter).*
dew [dju:] *sb* dug; *vb* dugge.
dew|berry *(bot)* korbær. **-claw** ulveklo, vildklo, femte

(overtallig) klo. **-drop** dugdråbe; næsedryp, dråbe under næsen. **-fall** dugfald. **-lap** løs hud under halsen; (hos kvæg) doglæp. **-point** dugpunkt.
dewy ['dju:i] dugget.
dexterity [deks'teriti] *sb* behændighed, (finger)færdighed; dygtighed, hurtig opfattelsesevne.
dexterous ['dekstrəs] *adj* behændig, øvet; fingerfærdig, fingernem; hurtig i opfattelsen.
dextral ['dekstrəl] *adj* højrehåndet; *zo* højrevendt.
dextrin(e) ['dekstrin] *sb* dekstrin.
dextrorotatory [dekstrə'rəutət(ə)ri] *adj (kem)* højredrejende.
dextrose ['dekstrəus] *sb* dekstrose, druesukker.
dextrous = *dexterous*
dey [dei] *sb* dej (tyrkisk guvernør).
D.F. *fk Defender of the Faith; direction finder.*
D.F.C. *fk Distinguished Flying Cross.*
D.F.M. *fk Distinguished Flying Medal.*
D.G. *fk Dei Gratia* af Guds nåde.
dg *fk decigramme.*
dhoti ['dəuti] *sb* (hindus) lændeklæde.
dhow [dau] *sb* dhow (enmastet arabisk fartøj).
DHSS *fk Department of Health and Social Security.*
diabetes [daiə'bi:ti:z] *sb* sukkersyge. **diabetic** [daiə'betik] *adj* sukkersyge-; *sb* diabetiker, sukkersygepatient.
diabolic(al) [daiə'bɔlik(l)] *adj* djævelsk, diabolsk.
diabolo [di'a:bələu] *sb* djævlespil.
diachronic [daiə'krɔnik] *adj* diakronisk, som tager hensyn til det historiske forløb.
diacritic [daiə'kritik] *adj* diakritisk; *sb* diakritisk tegn (tegn som angiver et bogstavs udtale, *fx* prik, accent).
diadem ['daiədem] *sb* diadem.
diagnose ['daiəgnəuz] *vb* diagnosticere, stille en diagnose for.
diagnos|is [daiəg'nəusis] *sb (pl -es* [daiəg'nəusi:z]) diagnose.
diagnostic [daiəg'nɔstik] *adj* diagnostisk; *sb* kendetegn (på en sygdom), symptom.
diagonal [dai'ægənl] *sb, adj* diagonal; ~ *strut* skråstiver.
diagram ['daiəgræm] *sb* diagram, rids, figur.
dial ['daiəl] *sb* solskive, solur; urskive; talskive; *(tlf)* nummerskive; (radio) indstillingsskala; S ansigt; *vb (tlf)* dreje (et nummer); (radio:) stille ind på (radiostation).
dialect ['daiəlekt] *sb* dialekt.
dialectal [daiə'lektl] *adj* dialektal, dialekt- *(fx differences).*
dialectic(al) [daiə'lektik(l)] *adj* dialektisk, som hører til dialektikken; ~ *materialism* dialektisk materialisme.
dialectician [daiəlek'tiʃn] *sb* dialektiker.
dialectics [daiə'lektiks] *sb* dialektik.
dialling | code *(tlf)* områdenummer. ~ **tone** *(tlf)* klartone.
dialogue ['daiəlɔg] *sb* samtale, dialog; replikskifte.
dial| telephone automatisk telefon. ~ **tone** *(tlf)* klartone.
dialysis [dai'ælisis] *sb (kem)* dialyse.
diameter [dai'æmitə] *sb* diameter, tværmål.
diametrical [daiə'metrikl] *adj* diametrisk; diametral; *-ly opposed* diametralt modsat.
diamond ['daiəmənd] *sb* diamant; (figur:) rombe; (i kortspil) ruder; (i baseball) diamantstykket (inderste del af banen); ~ *cut* ~ høg over høg; *black* **-s** sorte diamanter; stenkul; *king of -s* ruder konge; (se også *rough* ~).
diamond|back terrapin *zo* knopskildpadde. ~ **bird** *zo* diamantfugl. ~ **cutter** diamantsliber. ~ **jubilee** 60-årsdag. ~ **wedding** diamantbryllup.
Diana [dai'ænə].
diapason [daiə'peisn] *sb* toneregister, omfang (af stemme, instrument); stemmegaffel; kammertone; *(fig)* toner, melodi; tonebrus; (i orgel:) *open* ~ principal; *stopped* ~ gedackt, dækfløjte.
diaper ['daiəpə] *sb* rudet mønster; (håndklæde)stof med rombeformet *el.* rudet mønster; (især *am)* ble; *vb* forsyne med rudet mønster.
diaphanous [dai'æfənəs] *adj* gennemsigtig.
diaphragm ['daiəfræm] *sb (anat)* mellemgulv; skillevæg; *(zo, bot)* hinde, membran; *(fot)* blænder; *(med.)* pessar.
diaphragmatic [daiəfræg'mætik] *adj* mellemgulvs-.
diarist ['daiərist] *sb* dagbogsforfatter.
diarrhoea [daiə'riə] *sb* diarré.
diary ['daiəri] *sb* dagbog; lommebog, lommekalender.
diastole [dai'æstəli] *sb* diastole (den rytmiske udvidelse af hjertet).
diathermy ['daiəθə:mi] *sb* diatermi.
diatonic [daiə'tɔnik] *adj (mus.)* diatonisk.
diatribe ['daiətraib] *sb* heftigt udfald, voldsom kritik; smædeskrift.
dibble ['dibl] *sb* plantestok, plantepind; *vb* lave huller (, plante) med plantepind, prikle; dible.
dibs [dibz] *sb pl* jetons; S stakater, gysser.
dice [dais] *sb (pl* af *die)* terninger; *vb* spille med terninger, rafle; skære i terninger *(fx -d carrots); it is no* ~ *(am* S*)* det hjælper *(el.* nytter) ikke, der er ikke noget at gøre; ~ *with death* lege med døden..
dicebox raflebæger. **dicer** ['daisə] terningspiller.
dicey ['daisi] *adj* S risikabel, usikker.
dichotomy [dai'kɔtəmi] *sb* opdeling i to grupper, tvedeling, gaffeldeling; modsætning; *classification by* ~ todelt klassifikation.
I. Dick [dik] (kortform af) *Richard.*
II. dick [dik] *sb* T fyr; S opdager, detektiv; *(vulg)* pik; *take one's* ~ aflægge ed.
dickens ['dikinz] *sb* T (i ed:) fanden, pokker.
dicker ['dikə] *vb* tinge, prutte; *(fig am)* slå en handel af, lave en studehandel.
dickey, dicky ['diki] *sb* S åbent bagsæde i bil; kuskesæde på hestekøretøj; 'klipfisk' (løst skjortebryst); snydebluse; pipfugl; *adj* S sløj, dårlig; ussel; svag, rystende.
dicky|-bird pipfugl. ~ **seat,** se *dickey.*
dicta *pl* af *dictum.*
dictaphone® ['diktəfəun] *sb* diktafon.
I. dictate [dik'teit] *vb* diktere; befale.
II. dictate ['dikteit] *sb* befaling; diktat; magtsprog; bud *(fx the -s of conscience).*
dictating machine diktermaskine, dikteranlæg.
dictation [dik'teiʃn] *sb* diktat; *from* ~ efter diktat.
dictator [dik'teitə] *sb* diktator.
dictatorial [diktə'tɔ:riəl] *adj* diktatorisk.
dictatorship [dik'teitəʃip] *sb* diktatur, diktatorstilling.
diction [dikʃn] *sb* ordvalg, diktion; foredrag.
dictionary ['dikʃn(ə)ri] *sb* ordbog, leksikon.
dictum ['diktəm] *sb (pl dicta* ['diktə]) udsagn; konklusion; autoritativ udtalelse; maksime.
did [did] *præt* af *do.*
didactic [d(a)i'dæktik] *adj* belærende, didaktisk; ~ *poem* læredigt. **didactics** *sb* didaktik.
didapper ['daidæpə] *sb* *dabchick.*
diddle ['didl] *vb* snyde, fuppe; *(am)* pjatte *el.* drysse (tiden bort); ~ *sby out of his money* narre pengene fra en; ~ *with* lege med, pjatte med.
didn't [didnt] *fk did not.*
Dido ['daidəu]. **dido** ['daidəu] *sb (am* T*)* nummer, trick.
didy ['didi] *sb* ble.
I. die [dai] *vb* dø; omkomme; visne; dø hen, ophøre; (om plante) gå ud; ~ *away* dø hen *(fx the noise died away); be dying* være ved at dø, ligge for døden; *be dying for* længes efter, være helt syg efter; ~ *by the sword* falde for sværdet; ~ *down* stilne af, ebbe ud; ~

hard kæmpe til det sidste; *(ogs fig)* være sejlivet, være svær at få bugt med; ~ *in one's boots* dø kæmpende, dø pludseligt, dø en voldsom død; ~ *in the last ditch,* se *II. last;* ~ *of grief* dø af sorg; ~ *off* dø bort, dø en efter en; ~ *out* uddø; *never say* ~*!* frisk mod!

II. die [dai] *sb (pl dice)* terning; *(pl dies)* møntstempel, prægestempel, matrice; *(screw* ~*)* skruebakke, gevindskærer; *the* ~ *is cast* terningerne er kastet.

dieaway ['daiəwei] *adj* smægtende.

die-cast ['daika:st] *vb* trykstøbe.

diehard ['daiha:d] *adj, sb* stokkonservativ, reaktionær; en som sælger sit liv dyrt ~; *he is a* ~ *(ogs)* det er ikke til at komme nogen vegne med ham; han er ikke til at rokke.

dielectric [daii'lektrik] *adj* elektrisk isolerende; *sb* dielektrikum, isolator.

diesel [di:zl] *sb* dieselmotor; diesellokomotiv; ~ *engine* dieselmotor; ~ *oil* dieselolie.

diesinker ['daisiŋkə] *sb* stempelskærer; matricefræsemaskine.

I. diet ['daiət] *sb* rigsdag, landdag; kongres.

II. diet ['daiət] *sb* kost; diæt; slankekur; *vb* sætte på diæt; spise; holde diæt, være på slankekur.

dietary ['daiət(ə)ri] *adj* diæt-; *sb* diætkost, diæt; diætforskrift; diætseddel.

dietetic [daii'tetik] *adj* diætetisk. **dietetics** *sb* diætetik.

dietician [daiə'tiʃn] *sb* diætetiker, ernæringsfysiolog.

differ ['difə] *vb* være forskellig, afvige *(from* fra); være uenig *(from, with* med); *agree to* ~ blive enige om at lade hver beholde sin mening; *I beg to* ~ jeg er ikke enig med Dem; jeg tillader mig at være af en anden mening; ~ *from (ogs)* adskille sig fra.

difference ['difrəns] *sb* forskel, forskellighed, afvigelse; særpræg; (~ *of opinion)* uenighed, strid; mellemværende; *make a* ~ *between them* gøre forskel på dem (ɔ: være uretfærdig); *it makes a* ~ *what one eats* det betyder noget hvad man spiser; *that makes all the* ~ det var noget helt andet; det er noget der batter; *it makes no* ~ det har ikke noget at sige; det gør ikke noget; *settle the* ~ bilægge striden; *split the* ~*, se I. split.*

different ['difrənt] *adj* forskellig *(from* fra); anderledes *(from* end); særpræget; *that is* ~ det er noget andet *(el.* en anden sag); *she wore a* ~ *hat* hun havde en anden hat på.

differential [difə'renʃl] *adj* differential, angivende forskel, forskels-; differentieret, særlig; *sb* lønforskel, prisforskel; *(tekn)* differentiale.

differential| calculus *(mat.)* differentialregning. ~ **gear** *(tekn)* differentiale; differentialtandhjul. ~ **pulley block** differentialtalje. ~ **tariff** differentialtarif.

differentiate [difə'renʃieit] *vb* differentiere; skelne, sondre, adskille; skille sig ud. **differentiation** [difərenʃi'eiʃn] *sb* differentiering, skelnen, adskillelse.

difficult ['difiklt] *adj* vanskelig, svær.

difficulty ['difiklti] *sb* vanskelighed; forlegenhed; *find* ~ *in sth* finde noget vanskeligt, have svært ved noget; *make (el. raise) difficulties* komme med indvendinger, gøre knuder.

diffidence ['difidns] *sb* frygtsomhed, mangel på selvtillid, spagfærdighed. **diffident** ['difidnt] *adj* forknyt, frygtsom, som mangler selvtillid, spagfærdig, forsagt.

diffraction [di'frækʃn] *sb* diffraktion, bøjning (af lysstråle).

I. diffuse [di'fju:z] *vb* udbrede; sprede; *(fys)* blande(s), blande sig, diffundere.

II. diffuse [di'fju:s] *adj* spredt *(fx light);* diffus, vidtløftig, bred, snakkesalig *(fx speaker).*

diffusible [di'fju:zəbl] *adj* som kan udbredes.

diffusion [di'fju:ʒn] *sb* spredning, udbredelse; *(fys ogs)* blanding, diffusion.

diffusive [di'fju:siv] *adj* spredt, udbredt; vidtløftig.

I. dig [dig] *vb (dug, dug)* grave; grave i, grave op; støde, puffe; S slide; logere; *(am* S) forstå; bryde sig om; bemærke; lytte til;

[med *præp, adv]* ~ **for** grave efter; ~ **in** grave ned; bo midlertidigt *(with* hos); ~ *in the spurs* hugge sporerne i; ~ *in one's toes (el. heels)* gøre sej modstand; (kridte skoene og) stå fast; ~ *oneself in (mil.)* grave sig ned; *(fig)* forskanse sig, befæste sin stilling; gå i gang; ~ **into** T *(fig)* grave sig ned i; gøre indhug i *(fx one's savings),* kaste sig over *(fx one's work, a meal);* ~ **out** grave frem; ~ **up** grave frem (, op); *(fig ogs)* 'spytte i bøssen', yde bidrag; skaffe (penge).

II. dig [dig] *sb* stød, puf; *(fig)* hib, snært; *(arkæol)* udgravning; *(am* S) slider; *have a* ~ *at sby* give en et hib; *give him a* ~ *in the ribs* puffe ham i siden; (se også *digs).*

I. digest ['daidʒest] *sb* udtog, oversigt, sammendrag; *(jur)* lovbog.

II. digest [d(a)i'dʒest] *vb* fordøje; lade sig fordøje; tilegne sig; ordne, bringe i system, gennemtænke.

digester [d(a)i'dʒestə] *sb* fordøjelsesmiddel; *Papin's Digester* Papins gryde. **digestible** [d(a)i'dʒestəbl] *adj* fordøjelig.

digestion [d(a)i'dʒestʃn] *sb* fordøjelse; digestion; (af kloakslam) udrådning; *(fig)* forståelse.

digestive [d(a)i'dʒestiv] *adj* fordøjelses- *(fx trouble);* fordøjelsesfremmende, god for fordøjelsen; *sb* middel som fremmer fordøjelsen.

digger ['digə] *sb* gravemaskine; guldgraver; S australier; *zo* gravehveps.

digger| shield = *digging shield.* ~ **wasp** *zo* gravehveps.

digging ['digiŋ] *sb* gravning; guldgravning; udgravet materiale: *-s* (guld)minedistrikt; T bolig, logi; ~ *shield* tunnelleringsskjold.

digit ['didʒit] *sb* tå, finger; fingersbred; encifret tal, ciffer *(fx the number 1960 contains four -s).*

digital ['didʒitl] *adj* finger-; digital-. **digital | clock** digitalur. ~ **computer** cifferregnemaskine. ~ *socks* sokker med „tæer" i.

digitalis [didʒi'teilis] *sb (bot)* fingerbøl, digitalis.

digitate ['didʒitit] *adj (bot)* fingret (om blad).

digitigrade ['didʒitigreid] *sb zo* tågænger.

dignified ['dignifaid] *adj* værdig.

dignify ['dignifai] *vb* ophøje, udmærke, hædre; beære, kaste glans over; besmykke, give et fint navn.

dignitary ['dignit(ə)ri] *sb* høj gejstlig, høj embedsmand; dignitar, standsperson; *dignitaries pl* notabiliteter.

dignity ['digniti] *sb* værdighed, ophøjethed; *stand on one's* ~ holde på sin værdighed.

digraph ['d(a)igra:f] *sb* digraf (to bogstaver der betegner én lyd, *fx* 'ea' i ordet *beat).*

digress [d(a)i'gres] *vb* komme bort fra emnet; gøre sidespring. **digression** [d(a)i'greʃn] *sb* digression, sidespring, afstikker, uvedkommende bemærkning.

digressive [d(a)i'gresiv] *adj* fuld af sidespring; side-.

digs [digz] *sb pl* T bolig, logi.

dike [daik] *sb* dige, dæmning; grav, grøft; *(geol)* gang; S lesbisk kvinde, lebber; *vb* inddige, inddæmme; afgrøfte; grave.

diker ['daikə] *sb* grøftegraver.

dilapidate [di'læpideit] *vb* forsømme, lade forfalde; (uden objekt) forfalde. **dilapidated** [di'læpideitid] *adj* forsømt, forfalden; medtaget; faldefærdig.

dilapidation [dilæpi'deiʃn] *sb* forfald; løse klippestykker.

dilatation [d(a)ilei'teiʃn] *sb* udvidelse.

dilate [d(a)i'leit] *vb* udvide, udspile; udvide sig *(fx the pupils of his eyes -d in the dark);* udbrede sig, tale vidt og bredt *(on* om). **dilation** [d(a)i'leiʃn] *sb* udvidelse.

dilatory ['dilət(ə)ri] *adj* sendrægtig, nølende; forha-

lings- *(fx policy, tactics).*
dilemma [di'lemə] *sb* dilemma.
dilettan|te [dili'tænti] *sb (pl -ti* [-ti]) dilettant.
dilettantism [dili'tæntizm] *sb* dilettanteri.
diligence *sb* ['dilidʒəns] flid; ['diliʒa:ns] diligence.
diligent ['dilidʒənt] *adj* flittig, omhyggelig.
dill [dil] *sb (bot)* dild; ~ *pickle* agurkesalat med dild.
dilly-dally ['dilidæli] *vb* nøle, tøve, vakle; smøle.
diluent ['diljuənt] *sb* opløsningsvæske, fortynder.
dilute [d(a)i'l(j)u:t] *vb* fortynde, spæde op; *(ogs fig)* udvande; (uden objekt) lade sig fortynde; *adj* fortyndet; ~ *labour* antage ufaglært arbejdskraft.
dilution [d(a)i'l(j)u:ʃn] *sb* fortynding, opspædning, opblanding; *(fig)* udvanding, udtynding.
diluvial [d(a)i'lu:viəl] *adj (geol)* diluvial-; smeltevands-.
dim [dim] *adj* uklar, tåget, dunkel; mat, svag *(fx his sight was ~);* utydelig *(fx a ~ sound);* sløret; T dum, kedelig; *vb* dæmpe, afblænde; (om billygte) blænde ned; *(fig)* gøre uklar, sløre *(fx eyes -med with tears);* (uden objekt) blive mat, blive uklar; *take a ~ view of,* se *I. view.*
dim. *fk diminutive.*
dime [daim] *sb (am)* ticent; *they are a ~ a dozen (fig)* den slags er der ingen mangel på; dem går der tretten på dusinet af. **dime novel** knaldroman.
dimension [d(a)i'menʃn] *sb* dimension, omfang, mål; *-s pl (ogs)* størrelse *(fx a house of considerable -s).*
dimensional [d(a)i'menʃn(ə)l] *adj* dimensional; ~ *stability* (om stof) dimensionsstyrke.
dimidiate [di'midiət] *adj* halveret.
diminish [di'miniʃ] formindske, reducere; formindskes; *the law of -ing returns* det aftagende udbyttes lov.
diminution [dimi'nju:ʃn] *sb* formindskelse.
diminutive [di'minjutiv] *adj* diminutiv, meget lille; *sb* diminutiv, formindskelsesord.
dimmer ['dimə] *sb* lysdæmper, (skyde)modstand; belysningsregulator.
dimple [dimpl] *sb* lille fordybning, smilehul; hagekløft; (ved svejsning) trykforsænkning; *vb* danne små fordybninger i; kruse; kruse sig; få smilehuller.
dimpled ['dimpld], **dimply** ['dimpli] *adj* med små fordybninger; kruset; med smilehuller.
dimwit ['dimwit] *sb* fjols, tåbe.
din [din] *sb* larm, drøn; *vb* larme, drøne; ~ *it into his ears* banke det ind i hovedet på ham.
dine [dain] *vb* spise til middag, dinere; ~ *him* beværte *(el.* traktere) ham med middagsmad; invitere ham på middag; ~ *and wine him* traktere ham med middag og vin; give en fin middag for ham; *this table -s twelve comfortably* der kan magelig spise 12 personer til middag ved dette bord; ~ *off (el. on) roast goose* få gåsesteg til middag; ~ *out* spise til middag ude; S klare sig uden middagsmad.
diner ['dainə] *sb* middagsgæst; spisevogn.
diner-out *sb* en som ofte spiser ude, middagsherre.
dinette [dai'net] *sb* spisekrog, spiseplads.
dingbat ['diŋbæt] *sb (am S)* skør kule; *have the -s (austr)* have delirium.
ding-dong ['diŋdɔŋ] *sb* dingdang; ~ *fight* kamp med stadig skiftende held; meget jævnbyrdig kamp; forrygende slagsmål.
dinghy ['diŋgi] *sb* jolle; sejljolle; *(flyv)* gummibåd.
dingle [diŋgl] *sb* dyb, snæver dal.
dingo ['diŋgəu] *sb (pl -es) zo (austr)* vild hund.
dingus ['diŋəs] *sb (am S)* tingest.
dingy ['din(d)ʒi] *adj* snusket, snavset, lurvet; mørk.
dining| alcove spisekrog. ~ **car,** ~ **coach** spisevogn. ~ **room** spisestue. ~ **table** spisebord.
dinkey ['diŋki] *sb* lille lokomotiv, rangerlokomotiv.
dinkum ['diŋkəm] *adj (austr)* ægte, rigtig.
dinky ['diŋki] *adj* T sød, fiks; *(am)* lille, luset.
dinner ['dinə] *sb* middag, middagsmad; festmiddag.
dinner| hour middagspause. ~ **jacket** smoking. ~ **mat** dækkeserviet. ~ **party** middagsselskab. ~ **service,** ~ **set** spisestel.
dinosaur ['dainəsɔ:] *sb* dinosaurus.
dint [dint] *sb* mærke af slag *el.* stød; hak, bule; *vb* lave bule(r) i; *by ~ of* ved hjælp af.
diocesan [dai'ɔsisən] *adj* stifts-.
diocese ['daiəsis] *sb* stift, bispedømme.
dioecious [dai'i:ʃəs] *adj (bot)* tvebo.
Dionysus [daiə'naisəs] *(myt)* Dionysos.
diopter [dai'ɔptə] *sb* dioptri (enhed for linsestyrke).
dioptric [dai'ɔptrik] *adj* dioptrisk.
dioptrics *sb* dioptrik, lære om lysstrålernes brydning.
dioxide [dai'ɔksaid] *sb (kem)* dioxyd.
dioxin [dai'ɔksin] *sb* dioxin.
I. dip [dip] *vb* dukke, synke *(el.* gå) ned; sænke sig, skråne *(fx the road -s);* (i bil) blænde ned; *(flyv)* dykke; (med objekt) dyppe, farve (ved at dyppe), støbe lys (ved at dyppe en væge i talg); hælde, øse; ~ *the flag* kippe flaget; ~ *the headlights* blænde ned; ~ **into** stikke hånden (, fingeren) i *(fx a jam jar); (fig)* kigge i *(fx a book);* se lidt på, beskæftige sig overfladisk med; ~ *into one's purse (fig)* gøre et greb i lommen; ~ *one's hand into* stikke hånden ned i.
II. dip [dip] *sb* dukkert; neddypning; dyk(ning); hældning, sænkning, lavning; fald *(fx a ~ in prices),* dyk; tællelys, spiddelys; sovs til at dyppe i; *(fys)* magnetnålens inklination; S lommetyv; (se også *sheep dip).*
diphtheria [dif'θiəriə] *sb* difteritis, difteri.
diphthong ['difθɔŋ] *sb* tvelyd, diftong.
diphthongize ['difθɔŋgaiz] *vb* diftongere.
diploma [di'pləumə] *sb* diplom; eksamensbevis; afgangsbevis.
diplomacy [di'pləuməsi] *sb* diplomati.
diplomat ['dipləmæt] *sb* diplomat.
diplomatic [diplə'mætik] *adj* diplomatisk; *the ~ body (el. corps)* det diplomatiske korps; *the ~ service* udenrigstjenesten. **diplomatics** *sb* diplomatik, håndskriftsvidenskab.
diplomatist [di'pləumətist] *sb* diplomat.
dip needle inklinationsnål.
dipped| beam ~ **(head)lights** nærlys.
dipper ['dipə] *sb* øse; *zo* vandstær; (i bil) = *dipswitch;* (på gravemaskine) graveskovl; *big ~* rutsjebane; *the (Big) Dipper (am, astr)* Den store Bjørn; *the Little Dipper (am, astr)* Den lille Bjørn.
dipping needle inklinationsnål.
dippy ['dipi] *adj* S skør, gal, tosset.
dipso ['dipsəu] *sb* T alkoholiker.
dipsomania [dipsə'meinjə] *sb* dipsomani, periodisk forfaldenhed til drik. **dipsomaniac** [dipsə'meinjæk] *adj* dipsoman, alkoholiker.
dipstick (oliestands)målepind; pejlstok.
dipswitch nedblændingskontakt; nær- og fjernlysomskifter.
diptera ['diptərə] *sb pl zo* tovingede insekter.
dipterous ['diptərəs] *adj* tovinget.
dire ['daiə] *adj* frygtelig, alvorlig, sørgelig; *(glds, poet)* svar; S rædsom, „dødssyg"; *out of ~ necessity* tvunget af den hårde nød; *in ~ straits* i en alvorlig knibe.
direct [d(a)i'rekt] *adj* lige; direkte; umiddelbar; ligefrem; *vb* lede *(fx the work),* dirigere *(fx an orchestra);* styre *(fx one's steps towards the house),* rette, henvende *(fx one's remarks to sby; one's attention to sth);* anvise; befale, beordre *(fx ~ them to advance slowly);* vise vej; (om brev) adressere; (film *etc)* iscenesætte; *the ~ opposite of* det stik modsatte af; *in ~ ratio to* ligefrem proportional(t) med.
direct| current jævnstrøm. ~ **grant school** *grammar school* der modtager direkte statstilskud. ~ **hit** fuldtræffer.

direction [d(a)i'rekʃn] *sb* retning; ledelse, styring; direktion, bestyrelse; *-s pl* anvisning(er), (på brev *etc*) adresse; *-s for use* brugsanvisning.
directional [d(a)i'rekʃn(ə)l] *adj:* ~ *aerial* retningsantenne, pejleantenne; ~ *gyro* kursgyro; ~ *light* retningsfyr.
direction| finder pejleapparat. ~ **indicator** (på bil) retningsviser, afviser; *(flyv)* retningsindikator.
directive [d(a)i'rektiv] *adj* ledende; *sb* direktiv.
directly [d(a)i'rektli] *adv* lige; direkte; umiddelbart; straks, om et øjeblik; *conj* så snart, straks da.
directness [d(a)i'rektnəs] *sb* lige retning; ligefremhed; umiddelbarhed.
director [d(a)i'rektə] *sb* leder; vejleder; bestyrer, direktør; *(merk)* bestyrelsesmedlem; (af film *etc*) instruktør; (af hørespil) iscenesætter, instruktør; *(mil.)* korrektør; *-'s chair* instruktørstol.
director general generaldirektør.
directorate [d(a)i'rektərət] *sb* direktorat, direktion.
directory [d(a)i'rektəri] *adj* vejledende; *sb* adressebog, vejviser; telefonbog; ~ *inquiries (tlf,* svarer til) nummerkontoret.
directress [d(a)i'rektrəs] *sb* bestyrerinde, direktrice.
directrix [d(a)i'rektriks] *sb (mil.)* kernelinie; *(mat)* ledelinie, ledekurve.
direful ['daiəf(u)l] *adj* frygtelig, forfærdende.
dirge [də:dʒ] *sb* klagesang, sørgesang.
dirigible ['diridʒəbl] *sb* styrbart luftskib.
dirk [də:k] (især skotsk) *sb* dolk; *vb* dolke.
dirt [də:t] *sb* smuds, snavs, skarn, *(fig)* svineri, sjofelhed(er); jord; (ved udvaskning af guld) grus; *do* ~ *to (el. on) = do the dirty on,* se *dirty; eat* ~ lade sig byde hvad som helst; *fling (el. throw)* ~ *at* kaste smuds på, bagtale; *treat sby like* ~ behandle en sjofelt; *yellow* ~ guld.
dirt| cheap latterlig billig, til spotpris. ~ **road** *(am)* jordvej, markvej. ~ **track** slaggebane (til motorcykelvæddeløb). ~ **-track racing** dirt track.
dirty ['də:ti] *adj* snavset, smudsig; som fremkalder radioaktiv forurening *(fx bomb); (fig)* tarvelig, gemen; slibrig, uanstændig, sjofel *(fx story),* svinsk; *vb* gøre snavset; tilsmudse; snavse *(el.* svine) til; blive snavset;
do the ~ *on* behandle sjofelt; lave en svinestreg mod; snyde; *a* ~ *look* et vredt *(el.* olmt) blik; *a* ~ *old man* en gammel gris; *a* ~ *trick* en svinestreg; ~ *weather* stormvejr; ~ *word* uartigt ord; ~ *work* lumskeri; *do sby's* ~ *work for him* gøre det grove arbejde for én.
disability [disə'biləti] *sb* inkompetence; uegnethed, mangel på evne; handicap; *(jur)* inhabilitet.
disable [dis'eibl] *vb* gøre utjenstdygtig; gøre til invalid; gøre ubrugbar; diskvalificere, gøre uarbejdsdygtig; *(jur)* gøre inhabil; ~ *him from doing it* sætte ham ud af stand til at gøre det. **disabled** [dis'eibld] *adj* invalid, handicappet; *(mil.)* ukampdygtig; invalid; (om bil *etc*) havareret; ~ *soldier* krigsinvalid; ~ *vessel (mar)* havarist.
disablement [dis'eiblmənt] *sb* diskvalifikation; erhvervsudygtighed; invaliditet; ukampdygtighed.
disabuse [disə'bju:z] *vb* desillusionere; bringe *(el.* rive) ud af vildfarelse; ~ *of* befri *(el.* frigøre) for.
disaccord [disə'kɔ:d] *vb* nægte at give sin tilslutning; disharmonere; *sb* uoverensstemmelse, disharmoni.
disadvantage [disəd'va:ntidʒ] *sb* skade; ulempe, uheldigt forhold; mangel; *vb* være til skade for, skade; *at a* ~ uheldigt (, ugunstigt) stillet. **disadvantaged** [disəd'va:ntidʒd] *adj* underprivilegeret, ugunstigt stillet *(fx children).*
disadvantageous [disədva:n'teidʒəs] *adj* ufordelagtig.
disaffected [disə'fektid] *adj* utilfreds, misfornøjet, fjendtlig stemt over for regering *el.* øvrighed.
disaffection [disə'fekʃn] *sb* utilfredshed, misfornøjelse, oprørsånd.
disagree [disə'gri:] *vb* være uenig; ikke stemme overens; *lobster -s with me* jeg kan ikke tåle hummer.
disagreeable [disə'griəbl] *adj* ubehagelig.
disagreement [disə'gri:mənt] *sb* uoverensstemmelse; uenighed; strid.
disallow [disə'lau] *vb* forkaste; afvise; nægte at acceptere; (i fodbold) annullere; ~ *(of)* misbillige. **disallowance** [disə'lauəns] *sb* forkastelse; afvisning; misbilligelse.
disappear [disə'piə] *vb* forsvinde.
disappearance [disə'piərəns] *sb* forsvinden.
disappoint [disə'pɔint] *vb* skuffe; narre *(of* for); (om plan) forpurre, vælte; *I'm -ed in you* jeg er skuffet over Dem.
disappointment [disə'pɔintmənt] *sb* skuffelse.
disapprobation [disæprə'beiʃn] *sb* misbilligelse.
disapproval [disə'pru:vl] *sb* misbilligelse.
disapprove [disə'pru:v] *vb:* ~ *(of)* misbillige, være imod; afvise, forkaste.
disarm [dis'a:m] *vb* afvæbne; afruste, nedruste; desarmere, uskadeliggøre *(fx a bomb).*
disarmament [dis'a:məmənt] *sb* afvæbning; afrustning, nedrustning; *(fx* af bombe) desarmering, uskadeliggørelse.
disarrange [disə'rein(d)ʒ] *vb* bringe i uorden.
disarrangement [disə'rein(d)ʒmənt] *sb* uorden, forvirring.
disarray [disə'rei] *vb* bringe i uorden; afklæde; *sb* uorden, forvirring.
disassemble [disə'sembl] *vb* demontere, skille ad.
disaster [di'za:stə] *sb* ulykke, katastrofe.
disastrous [di'za:strəs] *adj* ulykkelig, katastrofal.
disavow [disə'vau] *vb* fralægge sig ansvaret for, nægte at vedkende sig, desavouere. **disavowal** [disə'vauəl] *sb* fralæggelse af ansvar, desavouering.
disband [dis'bænd] *vb* hjemsende; opløse; opløse sig.
disbandment *sb* hjemsendelse; opløsning.
disbar [dis'ba:] *vb:* ~ *sby* fratage én advokatbestallingen.
disbelief [disbi'li:f] *sb* vantro, tvivl.
disbelieve [disbi'li:v] *vb* ikke tro *(in* på); vægre sig ved at tro på, tvivle om. **disbeliever** [disbi'li:və] *sb: a* ~ en som ikke tror; en vantro.
disburden [dis'bə:dn] *vb* befri for en byrde; lette *(of* for); ~ *one's mind* lette sit hjerte.
disburse [dis'bə:s] *vb* udbetale.
disbursement [dis'bə:smənt] *sb* udbetaling, udgift, udlæg.
disc [disk] *sb* rund skive *(el.* plade); grammofonplade; diskette; *(anat)* diskus.
I. discard [dis'ka:d] *vb* (i kortspil) kaste af; (om tøj) tage af, lægge; (om noget ubrugeligt) udrangere, kassere; *(fig ogs)* kaste, lade falde, opgive; (om vane) aflægge; ~ *hearts* kaste af i hjerter.
II. discard ['diska:d] *sb* kasseret (, kasserede) ting; udskud; (i kortspil) afkast; *go into the* ~blive kasseret, gå i brokkassen.
disc brake skivebremse.
discern [di'sə:n] *vb* se, skelne, opdage; erkende.
discernible [di'sə:nəbl] *adj* som kan skelnes.
discerning *adj* forstandig; skarpsindig; kritisk.
discernment [di'sə:nmənt] *sb* skelnen; dømmekraft; skarpsindighed.
I. discharge [dis'tʃa:dʒ] *vb* udsende *(fx smoke),* afgive, give fra sig, udtømme, udlede *(fx the factory -s its waste into the river),* (lade) strømme ud; bortskaffe, fjerne; (om våben) afskyde *(fx an arrow),* affyre *(fx a gun); (elekt)* udlade, aflade; *(med.)* udsondre, afsondre, væske (om sår); *(mar)* losse *(fx the ship, the cargo);* (om person) afskedige; fritage *(fx from re-*

sponsibility); (om fange) frigive, løslade, *(mil.)* hjemsende, *(mar)* afmønstre, (om patient) udskrive; (om forpligtelse, hverv) udføre *(fx one's duties)*, opfylde, betale *(fx a debt)*.

II. discharge ['distʃa:dʒ, dis'tʃa:dʒ] *sb (cf I. discharge)* afgivelse, udtømmelse, udledning, udstrømning; fjernelse; udløb, afløb; afskydning, affyring, salve; *(elekt)* udladning, afladning; *(med.)* udsondring, afsondring, udflod; *(mar)* losning; (om person) afskedigelse; frigivelse, løsladelse, hjemsendelse, afmønstring, udskrivning; (om forpligtelse) udførelse *(fx the ~ of one's duties)*, opfyldelse, betaling; *the ~ of one's office* ens embedsførelse; *port of ~* lossehavn.

discharge| book søfartsbog. **~ pipe** afløbsrør, spildevandsrør.

disc harrow tallerkenharve.

disciple [di'saipl] *sb* discipel.

discipleship [di'saiplʃip] *sb* discipels stilling *el.* forhold.

disciplinarian [disipli'nɛəriən] *adj* disciplinær; *sb: a strict ~* en der holder streng disciplin.

disciplinary ['disiplin(ə)ri, disi'plin(ə)ri] *adj* disciplinær.

discipline ['disiplin] *sb* disciplin, mandstugt; opdragelse; tugtelse; disciplin, fag, videnskabsgren; *vb* disciplinere; tugte, opdrage; *breach of ~* brud på disciplinen, disciplinær forseelse.

disc jockey T discjockey, pladevender (i radio).

disclaim [dis'kleim] *vb* ikke anerkende, forkaste, afvise, benægte; fralægge sig *(fx responsibility);* frasige sig, opgive; *~ knowledge of it* nægte at kende noget til det; *~ (assets and) liabilities upon succeeding to property* fragå arv og gæld.

disclaimer [dis'kleimə] *sb* fralæggelse; fornægtelse; benægtelse; dementi; opgivelse.

disclose [dis'kləuz] *vb* åbenbare, afsløre, røbe *(fx a secret)*.

disclosure [dis'kləuʒə] *sb* åbenbarelse, afsløring.

disco ['diskəu] *sb* T = *discotheque.*

discoid ['diskɔid] *adj* skiveformet.

discoloration [diskʌlə'reiʃn] *sb* affarvning; misfarvning; plet, skjold.

discolour [dis'kʌlə] *vb* affarve, forandre farven på; plette; blive affarvet *(el.* misfarvet), skifte farve.

discombobulate [diskəm'bɔbjuleit] *vb (am)* forvirre; lave koks i.

discomfit [dis'kʌmfit] *vb: ~ sby* bringe en ud af fatning; tage modet fra en; sætte en i forlegenhed; forpurre ens planer; *(glds)* slå en på flugt. **discomfiture** [dis'kʌmfitʃə] *sb* forvirring; forstyrrelse; skuffelse; nederlag.

discomfort [dis'kʌmfət] *sb* ubehag, ubehagelighed, gene; *vb* genere, volde ubehag.

discommode [diskə'məud] *vb* genere, besvære.

discompose [diskəm'pəuz] *vb* forurolige, forstyrre, bringe ud af fatning. **discomposure** [diskəm'pəuʒə] *sb* uro, mangel på fatning, sindsoprør.

disconcert [diskən'sə:t] *vb* gøre forlegen, bringe ud af fatning; tilintetgøre, forpurre; *-ed (ogs)* befippet; *-ing* forvirrende, desorienterende, forbløffende.

disconnect [diskə'nekt] *vb* adskille, frakoble, sætte ud af forbindelse, afbryde; *-ed* usammenhængende; *(tlf)* afbrudt. **disconnection** [diskə'nekʃn] *sb* adskillelse; frakobling; mangel på sammenhæng; afbrydelse.

disconsolate [dis'kɔnsələt] *adj* trøstesløs; utrøstelig.

discontent [diskən'tent] *adj* misfornøjet, utilfreds; *sb* misfornøjelse, utilfredshed; *the -s* de misfornøjede, de utilfredse.

discontented [diskən'tentid] *adj* misfornøjet, utilfreds.

discontinuance [diskən'tinjuəns], **discontinuation** [diskəntinju'eiʃn] *sb* afbrydelse, ophør.

discontinue [diskən'tinju:] *vb* holde op med, afbryde *(fx the connection with sby);* inddrage *(fx a grant)*, lade gå ind *(fx a newspaper)*, nedlægge *(fx a railway line)*, standse; (om abonnement) sige af; *(med.)* seponere; (uden objekt) standse, ophøre.

discontinuous [diskən'tinjuəs] *adj* usammenhængende, afbrudt.

discord ['diskɔ:d] *sb* disharmoni; mislyd, dissonans; uoverensstemmelse, uenighed, strid, splid.

discordance [dis'kɔ:d(ə)ns] *sb* disharmoni, mislyd; uoverensstemmelse. **discordant** [dis'kɔ:d(ə)nt] *adj* uharmonisk; uoverensstemmende.

discotheque ['diskətek] *sb* diskotek.

I. discount [di'skaunt, 'diskaunt] *vb (merk)* fradrage; (om veksel) diskontere, (om varer) udbyde (, sælge) til nedsat pris, nedsætte, give rabat på; *(fig)* trække fra *(fx you will have to ~ much of what he says about her)*, ignorere, ikke tage hensyn til; se bort fra, lade ude af betragtning *(fx that possibility may be -ed);* (om fremtidig begivenhed) foruddiskontere.

II. discount ['diskaunt] *sb* rabat, fradrag, dekort; *be at a ~* stå under pari; være til købs til billige priser; *(fig)* stå i lav kurs; *sell at a ~* sælge til underkurs (, til nedsat pris, med rabat).

discountenance [dis'kauntənəns] *vb* bringe ud af fatning; ikke støtte, modarbejde; misbillige, tage afstand fra *(fx the Government -d the plan)*.

discounter ['diskauntə] *sb* diskontør.

discount house discountbutik, rabatvarehus; diskontobank.

discount rate diskonto.

discourage [dis'kʌridʒ] *vb* tage modet fra, gøre modløs; afskrække; søge at hindre, modvirke; *~ him from doing it* søge at hindre ham i at gøre det, få ham fra det.

discouragement [dis'kʌridʒmənt] *sb* afskrækkelse; modløshed; modarbejdelse. **discouraging** *adj* nedslående.

discourse ['diskɔ:s] *sb* samtale; tale; foredrag; prædiken; [dis'kɔ:s] *vb* samtale, tale; holde foredrag om; afhandle, tale om.

discourteous [dis'kə:tjəs] *adj* uhøflig.

discourtesy [dis'kə:tisi] *sb* uhøflighed.

discover [dis'kʌvə] *vb* opdage *(fx an unknown country, a plot); (glds)* åbenbare, vise, røbe; *John is -ed seated before an open fire (teat)* da tæppet går op ses John siddende ...; *-ed check* afdækkerskak.

discoverer [dis'kʌv(ə)rə] *sb* opdager *(fx* af nyt land).

discovery [dis'kʌv(ə)ri] *sb* opdagelse *(fx the ~ of America);* fund; *(jur)* fremlæggelse.

disc recording pladeoptagelse, grammofonoptagelse.

discredit [dis'kredit] *sb* skam, miskredit; mistro, tvivl; *vb* bringe i miskredit; ikke (ville) tro; *bring ~ on* bringe i miskredit, bringe i vanry; *throw ~ on* svække tilliden til, så tvivl om.

discreditable [dis'kreditəbl] *adj* vanærende, beskæmmende.

discreet [dis'kri:t] *adj* diskret; forsigtig, betænksom; taktfuld.

discrepancy [dis'krep(ə)nsi] *sb* uoverensstemmelse, modstrid; forskel. **discrepant** [dis'krep(ə)nt] *adj* uoverensstemmende, modsigende, modstridende.

discrete [dis'kri:t] *adj* afsondret; adskilt.

discretion [dis'kreʃn] *sb* diskretion; konduite, betænksomhed, forsigtighed, skønsomhed, klogskab, takt; forgodtbefindende, skøn; *come to (el. arrive at) years of ~* komme til skelsår og alder; *at ~* efter skøn, efter behag *(fx payment at ~); surrender at ~* overgive sig på nåde og unåde; *~ is the better part of valour* forsigtighed er en borgmesterdyd; *use one's own ~* handle efter eget skøn; *within one's ~* efter eget skøn.

discretionary [dis'kreʃn(ə)ri] *adj* efter skøn, skønsmæssig; *have large ~ powers (omtr)* have vide befø-

jelser.
I. discriminate [dis'krimineit] *vb* skelne; diskriminere, gøre forskel (på); (ad)skille; ~ *against sby* udsætte en for forskelsbehandling, stille en ringere.
II. discriminate [dis'kriminət] *adj* skønsom, indsigtsfuld.
discriminating [dis'krimineitiŋ] *adj* indsigtsfuld, skarpsindig; fintmærkende, kræsen *(fx taste);* kritisk; karakteristisk; diskriminerende.
discrimination [diskrimi'neiʃn] *sb* skelnen, sondring; skelneevne, skarpt blik; forskelsbehandling; *racial* ~ racediskrimination.
discriminative [dis'kriminətiv] *adj* karakteristisk; fint skelnende; uensartet, ikke ens for alle.
discriminatory [dis'kriminət(ə)ri] *adj* diskriminerende.
discursive [dis'kə:siv] *adj* springende, vidtløftig; ræsonnerende, logisk sluttende, diskursiv.
discus ['diskəs] *sb (pl disci* ['diskai]) diskos.
discuss [dis'kʌs] *vb* drøfte, diskutere, debattere; overveje; gøre rede for; omtale, behandle; T fortære, nyde.
discussion [dis'kʌʃn] *sb* drøftelse, diskussion, behandling; ~ *paper* diskussionsoplæg.
disc valve tallerkenventil.
disdain [dis'dein] *sb* foragt, ringeagt; *vb* foragte, ringeagte, forsmå.
disdainful [dis'deinf(u)l] *adj* ringeagtende, hånlig.
disease [di'zi:z] *sb* sygdom; sygelighed.
disease carrier smittebærer.
diseased [di'zi:zd] *adj* syg; angreben (af sygdom); sygelig.
diseconomy [disi'kənəmi] *sb* omkostningsstigning; *diseconomies of scale* stordriftsulemper.
disembark [disim'ba:k] *vb* udskibe, landsætte; gå i land, gå fra borde. **disembarkation** [disemba:'keiʃn] *sb* udskibning, landsætning; landgang; *port of* ~ udskibningshavn (ɔ: hvor man går i land).
disembarrass [disim'bærəs] *vb* befri *(of* for).
disembarrassment [disim'bærəsmənt] *sb* befrielse.
disembodied [disim'bɔdid] *adj* ulegemlig, frigjort fra legemet; abstrakt.
disembogue [disim'bəug] *vb* (om flod) munde ud; strømme ud; udtømme.
disembowel [disim'bauəl] *vb* sprætte maven op på; tage indvoldene ud af.
disenchant [disin'tʃa:nt] *vb* desillusionere.
disencumber [disin'kʌmbə] *vb* befri (for en byrde); aflaste.
disengage [disin'geidʒ] *vb* gøre fri, løse, befri; *(tekn)* udløse (kobling), udkoble; *(mil.)* afbryde kontakt med fjenden. **disengaged** [disin'geidʒd] *adj* fri, ledig, ikke optaget.
disengagement [disin'geidʒmənt] *sb* befrielse; frigørelse; frihed; *(mil.)* afsætningsbevægelse; afbrydelse af kontakt; troppeadskillelse.
disentangle [disin'tæŋgl] *vb* udrede; vikle løs; frigøre; bringe i orden; blive udredet, komme løs, frigøre sig; ~ *the threads* rede trådene ud.
disentanglement [disin'tæŋglmənt] *sb* udredning; befrielse.
disentomb [disin'tu:m] *vb* tage op af graven; *(fig)* grave frem.
disequilibrium [dise:kwi'libriəm] *sb* uligevægt, manglende balance.
disestablish [disi'stæbliʃ] *vb* opløse, ophæve; ~ *the Church* adskille stat og kirke.
diseuse [di'zə:z] *sb* oplæser, recitatrice.
disfavour [dis'feivə] *sb* ugunst; unåde; disfavør; mishag, misbilligelse; *vb* misbillige, være ugunstig stemt mod; *fall into* ~ falde i unåde.
disfiguration [disfigju'reiʃn] *sb* vansiring; beskadigelse.
disfigure [dis'figə] *vb* vansire, skæmme, skamfere; beskadige. **disfigurement** = *disfiguration.*
disfranchise [dis'fræn(t)ʃaiz] *vb* fratage stemmeret, fratage borgerlige rettigheder.
disfranchisement [dis'fræntʃizmənt] *sb* fratagelse af borgerlige rettigheder (, af stemmeret).
disgorge [dis'gɔ:dʒ] *vb* udspy, gylpe op; *(fig)* (modstræbende) give fra sig; give tilbage; udlevere; (om flod) udmunde.
disgrace [dis'greis] *sb* unåde *(fx be in ~);* skændsel; vanære; *vb* bringe i unåde; vanære; blamere; *bring ~ upon sby* bringe skam over en.
disgraceful *adj* vanærende; skændig, skammelig.
disgruntled [dis'grʌntld] *adj* misfornøjet, gnaven, utilfreds.
disguise [dis'gaiz] *vb* forklæde, udklæde; maskere, camouflere, skjule *(fx badly -d satisfaction); sb* forklædning, udklædning; forstillelse; *in the ~ of* forklædt som; *throw off one's* ~ kaste masken; ~ *one's voice* fordreje sin stemme.
disgust [dis'gʌst] *sb* væmmelse, modbydelighed, afsky, lede; *vb* fremkalde væmmelse, vække modbydelighed; *be -ed* væmmes, føle afsky; være forarget, være skuffet.
disgustedly *adv* med væmmelse, med afsky; *look ~ at* betragte med afsky.
disgusting *adj* modbydelig, væmmelig; frastødende.
dish [diʃ] *sb* fad, asiet; ret *(fx a ~ of meat and potatoes);* hulhed; hulning; S sød pige; flot fyr; *vb* lægge på fad; gøre konkav, trykke bule i; T gøre kål på, ødelægge, snyde; *do (el. wash) the -es* vaske op; ~ *(up)* rette an, servere; *(fig)* præsentere, køre frem med, diske op med; ~ *out* uddele.
dishabille [disæ'bi:l] *sb* negligé.
disharmonious [disha:'məunjəs] *adj* disharmonisk.
disharmony [dis'ha:məni] *sb* disharmoni.
dish|cloth karklud; viskestykke. **-clout** karklud; (om kvinde) sjuske, sluske. ~ **drainer** opvaskestativ.
dishearten [dis'ha:tn] *vb* berøve modet; gøre modløs.
disheartened *adj* forsagt, modløs.
disheartening *adj* nedslående.
dished [diʃt] *adj* konkav; hvælvet; skålformet; (om hjul) med styrt; T slået, snydt, „færdig".
dishevel [di'ʃevl] *vb* bringe i uorden, pjuske.
dishevelled [di'ʃevld] *adj* uordentlig, pjusket, usoigneret.
dish mat bordskåner.
dishonest [dis'ɔnist] *adj* uærlig, uhæderlig, uredelig.
dishonesty [dis'ɔnisti] *adj* uærlighed, uhæderlighed, uredelighed.
dishonour [dis'ɔnə] *sb* vanære; *(merk)* dishonorering; *vb* vanære; ikke honorere (en veksel); svigte (et løfte).
dishonourable [dis'ɔn(ə)rəbl] *adj* vanærende; vanæret; uhæderlig, skammelig.
dish|pan opvaskebalje. **-rag** karklud. ~ **towel** viskestykke. **-washer** opvasker; tallerkenvasker; opvaskemaskine. **-water** opvaskevand; *(fig)* tyndt pjask.
dishy ['diʃi] *adj* smart, lækker, ɫaber.
disillusion [disi'l(j)u:ʒn] *sb* desillusionering; *vb* desillusionere, berøve illusioner; *be -ed with* have mistet sine illusioner om, være skuffet over.
disillusionize [disi'lu:ʒ(ə)naiz] *vb* (især *am)* desillusionere.
disillusionment *sb* desillusionering.
disincentive [disin'sentiv] *sb* hæmsko, dæmper; *adj* hæmmende, dæmpende.
disinclination [disinkli'neiʃn] *sb* utilbøjelighed, ulyst.
disincline [disin'klain] *vb* gøre utilbøjelig. **disinclined** *adj* utilbøjelig; *be ~ to do it* ikke have lyst til at gøre det.
disinfect [disin'fekt] *vb* rense, desinficere.

disinfectant [disin'fektənt] *sb* desinfektionsmiddel; *adj* desinficerende.
disinfection [disin'fekʃn] *sb* desinfektion.
disinfestation [disinfes'teiʃn] *sb* skadedyrsbekæmpelse.
disinflationary [disin'fleiʃn(ə)ri] *adj* inflationsbegrænsende, deflatorisk.
disinformation [disinfɔ:'meiʃn] *sb* misinformation.
disingenuity [disindʒi'nju:iti] *sb* falskhed, uærlighed, uoprigtighed, perfidi.
disingenuous [disin'dʒenjuəs] *adj* falsk, uærlig, uoprigtig; perfid.
disinherit [disin'herit] *vb* gøre arveløs.
disintegrate [dis'intigreit] *vb* opløse, sønderdele; opløse sig, smuldre bort, gå i opløsning, falde fra hinanden.
disintegration [disinti'greiʃn] *sb* opløsning, smuldren.
disinter [disin'tə:] *vb* opgrave, grave frem; bringe for dagen.
disinterested [dis'intrəstid] *adj* uegennyttig; uhildet, objektiv; T uinteresseret.
disinterment [disin'tə:mənt] *sb* opgravning.
disjoin [dis'dʒɔin] *vb* splitte, adskille.
disjoint [dis'dʒɔint] *vb* vride af led; adskille i sammenføjningerne, sønderlemme, bryde i stykker; *-ed (ogs)* usammenhængende.
disjunction [dis'djʌŋ(k)ʃən] *sb* adskillelse.
disjunctive [dis'dʒʌŋ(k)tiv] *adj* adskillende, *(gram)* disjunktiv; ~ *conjunction* disjunktivt bindeord.
disk, se *disc.*
diskette [dis'ket] *sb (edb)* diskette.
dislike [dis'laik] *sb* modvilje, antipati, uvilje; ulyst, ubehag; *vb* ikke kunne lide; have noget imod; *have a* ~ *of* ikke kunne lide; *-d* ilde lidt, upopulær; *likes and -s* ['dislaiks] sympatier og antipatier.
dislocate ['disləkeit] *vb* vride af led, forvride; bringe forstyrrelse i *(fx traffic was -d by the snow),* få til at bryde sammen. **dislocation** [dislə'keiʃn] *sb* forvridning; forstyrrelse, sammenbrud *(fx of traffic).*
dislodge [dis'lɔdʒ] *vb* fordrive; flytte; fjerne; opjage (vildt).
disloyal [dis'lɔiəl] *adj* troløs; illoyal.
disloyalty [dis'lɔiəlti] *sb* troløshed; illoyalitet.
dismal ['dizm(ə)l] *adj* trist, sørgelig, bedrøvelig; dyster; *sb: the -s* S nedtrykthed, depression.
dismantle [dis'mæntl] *vb* demontere; nedrive, sløjfe; nedlægge, ophæve; ~ *a ship* aftakle et skib.
dismast [dis'ma:st] *vb* afmaste (et skib).
dismay [dis'mei] *vb* forfærde, gøre bange; nedslå; *sb* forfærdelse, skræk, bestyrtelse; modløshed.
dismember [dis'membə] *vb* sønderlemme, dele (især et land). **dismemberment** *sb* sønderlemmelse, deling.
dismiss [dis'mis] *vb* **1.** sende bort (, ud), lade gå, (i skole *ogs)* give fri *(fx the teacher -ed the class), (mil.)* lade træde af, (fra stilling) afskedige; fjerne; **2.** affærdige *(fx a suitor, the subject),* vise *(el.* skubbe) fra sig *(fx the idea, the problem, all thoughts of revenge),* afvise, opgive *(fx the thought),* skaffe sig (, blive) af med; **3.** *(jur)* afvise, hæve (en sag); ~! *(mil.)* træd af! ~ *it from from one's mind (el. thoughts)* slå det ud af hovedet.
dismissal [dis'misl] *sb (cf dismiss)* bortsendelse; afskedigelse, fjernelse; affærdigelse, afvisning, opgivelse.
dismount [dis'maunt] *vb* kaste af hesten; (om maskine *etc)* demontere; skille ad; (om juvel) tage ud af fatningen; (uden objekt) stige af (hesten), sidde af; stå af.
disobedience [disə'bi:djəns] *sb* ulydighed.
disobedient [disə'bi:djənt] *adj* ulydig *(to* imod).
disobey [disə'bei] *vb* være ulydig (mod), ikke adlyde.
disoblige [disə'blaidʒ] *vb* vise sig uvillig over for, være lidet forekommende imod, støde, fornærme.
disobliging *adj* uelskværdig, lidet forekommende.
disorder [dis'ɔ:də] *sb* uorden, forvirring, forstyrrelse; urolighed, tumult; *(med.)* forstyrrelse, sygdom; *vb* bringe i uorden; gøre syg; *-ed* i uorden; syg.
disorderly [dis'ɔ:dəli] *adj* uordentlig; i uorden; urolig, larmende, oprørt *(fx crowd);* forargelig; *charged with being drunk and* ~ *(omtr)* tiltalt for beruselse og gadeuorden; ~ *conduct (omtr)* gadeuorden; ~ *house* bordel; spillebule.
disorganization [disɔ:gənai'zeiʃn] *sb* desorganisation, opløsning. **disorganize** [dis'ɔ:gənaiz] *vb* desorganisere, opløse, bringe i uorden.
disorient [dis'ɔ:riənt] *vb* desorientere; *be -ed (ogs)* miste orienteringen. **disorientate** = *disorient.*
disown [dis'əun] *vb* fornægte, forskyde, forstøde, nægte at vedkende sig.
disparage [di'spæridʒ] *vb* nedsætte, forklejne, tale nedsættende om. **disparagement** *sb* nedsættelse, forklejnelse.
disparate ['dispərət] *adj* ganske forskellig, inkommensurabel, forskelligartet, ulig; *sb: -s* ganske forskellige ting.
disparity [di'spærəti] *sb* ulighed, forskel *(fx* ~ *in age).*
dispassionate [dis'pæʃnət] *adj* rolig, sindig, lidenskabsløs; uhildet.
I. dispatch [di'spætʃ] *vb* afsende *(fx a telegram),* sende (hurtigt) *(fx a messenger);* ekspedere, få ordnet *(el.* fra hånden) i en fart *(fx an unpleasant job);* dræbe (hurtigt), gøre det af med.
II. dispatch [di'spætʃ] *sb* afsendelse; ekspedition; hurtig besørgelse; hurtighed, hast; aflivning, drab; (meddelelse *etc)* depeche; (officiel) rapport, beretning; melding; (til avis) telegram; *mentioned in -es (mil.)* nævnt i dagsbefalingen; *happy* ~ harakiri. **dispatch| box** dokumentskrin. ~ **case** dokumenttaske. ~ **rider** motorordonnans.
dispel [di'spel] *vb* sprede, fordrive, forjage.
dispensable [di'spensəbl] *adj* undværlig.
dispensary [di'spens(ə)ri] *sb* officin (i apotek); apotek.
dispensation [dispen'seiʃn] *sb* uddeling; tilskikkelse; styrelse *(fx divine* ~*);* religiøst system; fritagelse, dispensation; administration, forvaltning; system.
dispense [di'spens] *vb* uddele, fordele; tillave medicin; fritage *(from* for), give dispensation; ~ *with* undvære, klare sig uden; dispensere fra. **dispenser** [di'spensə] *sb* uddeler; farmaceut; (til sæbe *etc)* dispenser, automat.
dispensing optician optiker der fremstiller brilleglas efter recept.
dispeople [dis'pi:pl] *vb* affolke.
dispersal [di'spə:sl] *sb* spredning, udbredelse.
dispersant [di'spə:snt] *sb* opløsningsmiddel (til olie).
disperse [di'spə:s] *vb* sprede; splitte *(fx a crowd);* udbrede; (uden objekt) sprede sig; (om tåge) lette.
dispersedly [di'spə:sidli] *adv* spredt.
dispersion [di'spə:ʃn] *sb* spredning; udbredelse; (om lys) dispersion, farvespredning; *cone of* ~ *(mil.)* spredningskegle. **dispersive** [di'spə:siv] *adj* spredende.
dispirit [di'spirit] *vb* berøve modet, gøre forstemt.
dispirited *adj* forstemt, modløs, forknyt.
displace [dis'pleis] *vb* flytte, fjerne; afsætte, forjage, fordrive, fortrænge; *be (el. get) -d* forskubbe (el. forskyde) sig. **displaced person** tvangsforflyttet *(el.* hjemstavnsfordreven) person, flygtning.
displacement [dis'pleismənt] *sb* flytning, forskydning; afsættelse, fortrængelse; *(mar)* deplacement; ~ *activity* overspringshandling.
display [dis'plei] *sb* udfoldelse, udstilling, stillen til skue; skue, opvisning; (i edb) visning; display; *vb* udstille, fremlægge; *(fig)* udfolde *(fx great activity and courage);* fremvise, vise, lægge for dagen, *(neds)* stille til skue; *(typ)* fremhæve; *make a* ~ *of* prale med,

stille til skue.

display| aria bravurarie. ~ **type** *(typ)* accidensskrift. ~ **unit** dataskærm.

displease [dis'pli:z] *vb* mishage. **displeased** *adj* misfornøjet. **displeasing** *adj* ubehagelig, væmmelig.

displeasure [dis'pleʒə] *sb* misfornøjelse; mishag; vrede; ærgrelse.

disport [di'spɔ:t] *vb: ~ oneself* muntre sig, tumle sig.

disposable [di'spəuzəbl] *adj* som står til rådighed, disponibel; *(fx income);* afhændelig; som kan kasseres efter brugen, engangs- *(fx bottle); -s* engangsting, engangsemballage *etc.*

disposal [di'spəuzl] *sb* **1.** rådighed *(of* over); disposition; **2.** overdragelse, afhændelse, salg; **3.** ordning, anvendelse, anbringelse; **4.** bortskaffelse; kassation; *at sby's ~* til ens disposition *(el.* rådighed).

dispose [di'spəuz] *vb* ordne, fordele, opstille, anbringe, placere; (uden objekt) råde, herske; *man proposes, God -s* mennesket spår, Gud rå'r; ~ **of** gøre det af med, ekspedere, ordne, blive færdig med; skaffe sig af med, skille sig af med, afhænde, sælge; bortskaffe, kassere, udrangere; disponere over; ~ *him* **to** gøre ham tilbøjelig til *(el.* stemt for) at.

disposed [di'spəuzd] *adj* tilbøjelig, villig *(fx he is ~ to help you);* indstillet, sindet *(fx friendly ~); are you ~ for a walk?* har du lyst til at gå en tur? *well ~ towards* gunstigt *(el.* velvilligt) stemt over for.

disposition [dispə'ziʃn] *sb* **1.** natur *(fx a selfish ~),* gemyt *(fx a happy ~),* temperament; **2.** tilbøjelighed *(to* til (at), *fx to jealousy),* anlæg; **3.** *(cf dispose)* ordning, fordeling, opstilling; anbringelse, placering; afhændelse, overdragelse; **4.** *(glds)* bestemmelse *(fx a ~ of fate);* **5.** rådighed *(of* over); *at his ~* til hans disposition *(el.* rådighed).

dispossess [dispə'zes] *vb* fortrænge, fordrive, sætte ud (af hus *el.* lejlighed); *~ of* berøve, fratage. **dispossession** [dispə'zeʃn] *sb* fordrivelse; berøvelse, fratagelse.

dispraise [dis'preiz] *sb* dadel; *vb* nedsætte, dadle, tale nedsættende om; *speak in ~ of* tale nedsættende om.

disproof [dis'pru:f] *sb* gendrivelse, modbevis.

disproportion [disprə'pɔ:ʃn] *sb* misforhold; bringe i misforhold.

disproportional [disprə'pɔ:ʃn(ə)l], **disproportionate** [disprə'pɔ:ʃnət] *adj* uforholdsmæssig; *it is ~ to* det står ikke i forhold til.

disprovable [dis'pru:vəbl] *adj* som kan gendrives (el. modbevises).

disprove [dis'pru:v] *vb* modbevise, gendrive; afkræfte *(fx a rumour).*

disputable [dis'pju:təbl, 'dispjutəbl] *adj* omtvistelig.

disputant [dis'pju:t(ə)nt] *sb* stridende part.

disputation [dispju'teiʃn] *sb* ordstrid, disput.

disputatious [dispju'teiʃəs] *adj* trættekær.

I. dispute [dis'pju:t] *vb* strides, disputere; (med objekt) drøfte; bestride; bekæmpe; søge at hindre *(fx an advance);* kæmpe for (, om); *~ every inch of ground* forsvare hver tomme jord, yde hårdnakket modstand.

II. dispute [dis'pju:t, 'dispju:t] *sb* strid; stridighed *(fx border -s);* meningsforskel; ordstrid; *beyond ~* uimodsigelig, ubestridelig; *in ~* omtvistet; *the amount in ~* det beløb sagen (, striden) drejer sig om; *point in ~* stridspunkt; *that is open to ~* det kan man strides om.

disputed [dis'pju:tid] *adj* omstridt.

disqualification [diskwɔlifi'keiʃn] *sb* diskvalifikation; *(jur)* inhabilitet.

disqualify [dis'kwɔlifai] *vb* diskvalificere, gøre uegnet *(for* til); *(jur)* gøre inhabil; *he was disqualified from driving* han mistede kørekortet.

disquiet [dis'kwaiət] *sb* uro; *vb* forurolige.

disquietude [dis'kwaiətju:d] *sb* uro, bekymring.

disquisition [diskwi'ziʃn] *sb* (indgående) redegørelse *(on* for); undersøgelse *(on* over), afhandling *(on* om).

Disraeli [diz'reili].

disregard [disri'ga:d] *sb* ignoreren; ligegyldighed; *vb* ignorere, lade hånt om; lade ude af betragtning, se bort fra; *~ it (ogs)* slå det hen.

disrepair [disri'pɛə] *sb* forfald, dårlig stand; *in ~* (om hus) forfaldent; *fall into ~* gå i forfald.

disreputable [dis'repjutəbl] *adj* berygtet; (fx person, place); tvivlsom, uanstændig *(fx behaviour);* (om tøj) afrakket; rædsom, håbløs.

disrepute [disri'pju:t] *sb: be in ~* have et dårligt ry på sig, være berygtet; *fall into ~* blive berygtet, komme i miskredit.

disrespect [disri'spekt] *sb* respektløshed, uærbødighed.

disrespectful [disri'spektf(u)l] *adj* respektløs, uærbødig.

disrobe [dis'rəub] *vb* afklæde, klæde sig af.

disrupt [dis'rʌpt] *vb* bringe forstyrrelse i; afbryde *(fx telephone services);* skabe kaos i; få til at gå i opløsning *(fx family life);* sprænge; splitte.

disruption [dis'rʌpʃn] *sb* afbrydelse, forstyrrelse; sammenbrud; opløsning; brud, sprængning, splittelse.

disruptive [dis'rʌptiv] *adj* splittende, opløsende, nedbrydende *(fx forces).*

dissatisfaction [dis(s)ætis'fækʃn] *sb* utilfredshed; misfornøjelse.

dissatisfactory [dis(s)ætis'fækt(ə)ri] *adj* utilfredsstillende.

dissatisfied [di(s)'sætisfaid] *adj* misfornøjet, utilfreds.

dissatisfy [di(s)'sætisfai] *vb* mishage, ikke tilfredsstille.

dissave [dis'seiv] *vb* bruge af sin kapital.

dissaving [dis'seiviŋ] *sb* nedsparing.

dissect [di'sekt] *vb* dissekere; *-ing (ogs)* dissektions- *(fx -ing table).* **dissection** [di'sekʃən] *sb* dissektion.

dissemble [di'sembl] *vb* skjule *(fx one's anger);* forstille sig, hykle. **dissembler** [di'semblə] *sb* hykler.

disseminate [di'semineit] *vb* udbrede, så, udstrø; *-d sclerosis* dissemineret sklerose. **dissemination** [disemi'neiʃn] *sb* udbredelse *(fx of knowledge).*

dissension [di'senʃn] *sb* tvist, splid, uenighed.

I. dissent [di'sent] *vb* være af en anden mening; *(rel)* afvige fra statskirken, være dissenter; *~ from* være uenig i; afvige fra.

II. dissent [di'sent] *sb* meningsforskel; afvigelse fra statskirken; *(jur)* dissens.

dissenter [di'sentə] *sb* dissenter, en som har en fra den herskende kirke afvigende tro; (se *ogs dissident sb).*

dissentient [di'senʃiənt] *adj* afvigende, dissentierende, uenig; *sb* anderledestænkende; *without a ~ vote* enstemmigt; *with only three -s* med alle stemmer imod tre.

dissepiment [di'sepimənt] *sb (zo, bot)* skillevæg.

dissertation [disə'teiʃn] *sb* afhandling, disputats.

disservice [dis'sə:vis] *sb* bjørnetjeneste; *do a ~ to (ogs)* skade; *of ~ to* skadelig for.

dissever [di'sevə] *vb* skille ad.

dissidence ['disid(ə)ns] *sb* uenighed.

dissident ['disid(ə)nt] *adj* uenig, dissentierende, som har en anden opfattelse; anderledes tænkende; *sb* en der har en anden opfattelse; anderledestænkende; *(pol)* systemkritiker; *(rel)* dissenter.

dissimilar ['di'similə] *adj* ulig, forskellig *(to* fra).

dissimilarity [disimi'læriti] *sb* ulighed.

dissimilation [disimi'leiʃn] *sb (spr)* dissimilation.

dissimilitude [disi'militju:d] *sb* ulighed.

dissimulate [di'simjuleit] *sb* forstille sig; skjule; hykle; foregive. **dissimulation** [disimju'leiʃn] *sb* forstillelse, hykleri.

dissipate ['disipeit] *vb* sprede, forjage; forøde, ødsle bort; sprede sig; føre et udsvævende liv. **dissipated** ['disipeitid] *adj* udsvævende. **dissipation** [disi'peiʃn] *sb* spredning; forjagelse; ødslen; udsvævelser, udskejelser.
dissociate [di'səuʃieit] *vb* skille, adskille, holde ude (fra hinanden) *(fx it is difficult to ~ those ideas); (kem)* dissociere, spalte; *~ oneself from* tage afstand fra.
dissociation [disəusi'eiʃn] *sb* adskillelse; skelnen, afstandtagen; *(kem)* dissociation.
dissolubility [disɔlju'biləti] *sb* opløselighed.
dissoluble [di'sɔljubl] *adj* opløselig.
dissolute ['disəl(j)u:t] *adj* udsvævende.
dissoluteness *sb* udsvævelser.
dissolution [disə'l(j)u:ʃn] *sb* opløsning; ophævelse.
dissolve [di'zɔlv] *vb* opløse; opløse sig; smelte; ophæve; (i film) overtone; *sb* overtoning.
dissolvent [di'zɔlvənt] *adj* opløsende; *sb* opløsningsmiddel.
dissonance ['disənəns] *sb* mislyd, dissonans; uoverensstemmelse; disharmoni.
dissonant ['disənənt] *adj* ildelydende, disharmonisk, skurrende; uoverensstemmende *(from* med).
dissuade [di'sweid] *vb: ~ him from it* fraråde ham det; få *(el.* snakke) ham fra det; *~ him from doing it (ogs)* råde *(el.* overtale) ham til ikke at gøre det.
dissuasion [di'sweiʒn] *sb* fraråden, det at overtale til at lade være. **dissuasive** [di'sweisiv] *adj* frarådende.
distaff ['dista:f] *sb* ten, håndten; rokkehoved; *on the ~ side* på spindesiden.
I. distance ['dist(ə)ns] *sb* afstand, distance, *(fig)* fjernhed; (stykke vej) distance, strækning; (om tid) tidsrum; *at a ~* i nogen afstand; noget borte; på afstand; *go the ~* stå distancen; *keep sby at a ~* holde én på afstand; *keep one's ~* holde afstand (fx til forankørende); *(fig)* holde sig på afstand, holde sig tilbage; *in the ~* i det fjerne; *some ~* et stykke vej; *a short ~* et lille stykke vej.
II. distance ['dist(ə)ns] *vb* fjerne, rykke fra hinanden; lade tilbage, (ud)distancere.
distant ['dist(ə)nt] *adj* fjern *(fx a ~ relation, ~ times);* (langt) borte; *(fig ogs)* vag, uklar; tilbageholdende, reserveret, kølig, afmålt *(fx a ~ manner); ~ control* fjernstyring; *~ identification* fjernidentificering.
distantly *adv* langt ude *(fx he is ~ related to me);* forbeholdent, afmålt, køligt *(fx he nodded ~).*
distaste [dis'teist] *sb* afsmag *(for* for), ulyst *(for* til); ubehag, lede *(for* ved).
distasteful [dis'teistf(u)l] *adj* ubehagelig, modbydelig.
I. distemper [di'stempə] *sb* hundesyge; *(glds)* sygdom; uro, forstyrrelse.
II. distemper [di'stempə] *sb, vb* limfarve.
distempered [di'stempəd] *adj* limfarvet; *(glds)* sygelig, usund; forstyrret.
distend [di'stend] *vb* udspile, puste op; udvide; svulme op, udvide sig.
distensible [di'stensəbl] *adj* udvidelig.
distension [dis'tenʃn] *sb* udspænding, opsvulmen, udvidelse.
distichous ['distikəs] *adj (bot)* toradet.
distil [di'stil] *vb* destillere; lade dryppe; *(fig)* uddestillere.
distillate ['distilət] *sb* destillat. **distillation** [disti'leiʃn] *sb* destillation. **distillatory** [di'stilət(ə)ri] *adj* destillations-.
distiller [di'stilə] *sb* destillationsapparat; destillatør, brændevinsbrænder, spritfabrikant, whiskyfabrikant.
distillery [di'stiləri] *sb* brænderi, spritfabrik, whiskyfabrik.
distinct [di'stiŋ(k)t] *adj* tydelig, klar *(fx pronunciation, outlines);* afgjort, udpræget *(fx difference);* udtrykkelig *(fx promise);* forskellig; tydelig adskilt, særskilt *(fx two ~ objects, two ~ spheres of activity).*
distinction [di'stiŋ(k)ʃn] *sb* **1.** forskel; **2.** adskillelse; skelnen, distinktion, sondring; **3.** anseelse; **4.** udmærkelse, hædersbevisning; (eksamenskarakter:) udmærkelse; *a writer of ~* en fremragende forfatter; *make a ~ (between)* skelne (mellem); *achieve ~* udmærke sig; *a ~ without a difference* en kun tilsyneladende forskel.
distinctive [di'stiŋ(k)tiv] *adj* særlig; karakteristisk, som gør det muligt at skelne fra andre individer af samme art, distinktiv; kendings-.
distinctly [di'stiŋ(k)tli] *adv* udtrykkeligt *(fx I ~ said so),* tydeligt, klart, bestemt.
distinguish [di'stingwiʃ] *vb* **1.** skelne *(between* mellem, *fx two colours; from* fra), sondre; skille *(from* fra); se forskel *(fx I can hardly ~ between the two sisters);* **2.** skelne *(fx distant things; words, sounds),* skimte *(fx a light in the distance);* **3.** kendetegne, udmærke; adskille *(from* fra, *fx his clothes did not ~ him from the others); ~ oneself* udmærke sig; (se også *distinguished).*
distinguishable [di'stiŋgwiʃəbl] *adj* som kan skelnes (, opfattes, erkendes).
distinguished [di'stiŋgwiʃt] *adj* udmærket, meget anerkendt, anset, fremtrædende, fremragende; fornem, distingveret; *be -ed by* udmærke sig ved, være kendetegnet ved, kunne kendes på.
distinguishing [di'stiŋgwiʃiŋ] *adj: ~ flag* kendingsflag; *~ mark* særligt kendetegn.
distort [di'stɔ:t] *vb* fordreje *(fx one's face),* forvride, *(tekn)* forspænde, skævkaste, kaste sig; *(fig)* fordreje, forvrænge *(fx his words).*
distortion [di'stɔ:ʃn] *sb* fordrejelse, forvridning, forvrængning.
distract [di'strækt] *vb* aflede, bortlede (opmærksomheden); distrahere; forstyrre, forvirre, splitte; gøre afsindig.
distracted *adj* forstyrret, forrykt; urolig, splittet.
distraction [di'strækʃn] *sb* distraheren; forvirring, forstyrrelse; adspredelse; vanvid *(fx they drove him to ~; he loved her to ~);* sindsforvirring.
distrain [di'strein] *vb* udpante, gøre udlæg *(upon* i); *the landlord has -ed upon the piano* værten har pantet klaveret. **distraint** [di'streint] *sb* udpantning.
distrait [di'strei] *adj* distræt.
distraught [di'strɔ:t] *adj* oprevet, fortvivlet; *(glds)* vanvittig, forrykt.
distress [di'stres] *sb* nød, sorg; lidelse, kval, pine, kvide; *(jur)* udpantning; *vb* bringe i nød; pine; bedrøve; *(jur)* pante; *~ at sea* havsnød.
distress call nødsignal.
distressed [di'strest] *adj* ulykkelig; nødstedt; kriseramt.
distressful [di'stresf(u)l] *adj* ulykkelig; lidende; smertelig.
distress| gun nødskud; signalkanon. **~ rocket** nødraket. **~ work** nødhjælpsarbejde.
distribute [di'stribjut] *vb* uddele, fordele, distribuere, bringe omkring; omdele; sprede; *(typ)* lægge af; (om sats) styrte; *~ films* udleje film.
distributing company filmsudlejningsselskab.
distribution [distri'bju:ʃn] *sb* distribution, uddeling, fordeling; (af post) ombæring; (af film) udlejning; *(typ)* aflægning; *(bot, zo)* udbredelse; (i logik) distribution.
distributive [di'stribjutiv] *adj* uddelende, fordelende; *sb* distributivt ord; *the ~ trades (merk)* handelsleddene.
distributor [di'stribjutə] *sb* fordeler; uddeler; ombærer; (i bil) strømfordeler; *film ~* filmsudlejer.
district ['distrikt] *sb* distrikt, område, egn; *(am ogs)* valgkreds.

district| attorney *(am)* distriktsadvokat (lokal folkevalgt statsadvokat). ~ **heating** fjernvarme. ~ **nurse** hjemmesygeplejerske.

distrust [dis'trʌst] *vb* mistro, ikke tro, mistænke, have mistillid til; *sb* mistro, mistillid *(of* til). **distrustful** *adj* mistænksom, mistroisk; *be ~ of = distrust vb.*

disturb [di'stə:b] *vb* forstyrre; forvirre; forurolige; bringe i uorden, flytte på, røre (ved) *(fx don't ~ the screw).*

disturbance [di'stə:b(ə)ns] *sb* forstyrrelse; forvirring; urolighed; tumult, optøjer. **disturber** *sb* fredsforstyrrer.

disunion [dis'ju:njən] *sb,* se *disunity.*

disunite [disju'nait] *vb* skille; skilles ad; skabe uenighed imellem, splitte.

disunity [dis'ju:niti] *sb* delthed, uenighed, splittelse.

disuse [dis'ju:s] *sb: rusty from ~* rusten af ikke at blive brugt; *fall into ~* gå af brug. **disused** [dis'ju:zd] *adj* gået af brug; som ikke bruges mere; nedlagt *(fx mine).*

disyllabic [disi'læbik] *adj* tostavelses-.

disyllable [di'siləbl] *sb* tostavelsesord.

I. ditch [ditʃ] *sb* grøft, (skytte)grav; voldgrav; *the ~* S havet; (se også *II. last).*

II. ditch [ditʃ] *vb* grøfte, grave grøft(er) (om); S smide over bord; kassere, droppe; lade i stikken; *(flyv)* nødlande på havet; *~ a car* køre en bil i grøften.

ditcher ['ditʃə] *sb* grøftegraver.

ditchwater *sb* grøftevand; *dull as ~* dødkedelig.

dither ['diðə] *vb* ryste, skælve; T vakle, tøve; *sb* rysten, skælven; *be all of a ~* T være helt befippet.

dithyramb ['diθiræmb] *sb* dityrambe (i antikken sang til vinguden Dionysos' pris). **dithyrambic** [diθi'ræmbik] *adj* dityrambisk; *sb* dityrambe.

ditto ['ditəu] ditto; det samme; *I say ~ to him (spøg)* jeg er enig med ham.

ditty ['diti] *sb* vise.

ditty bag, ditty box *(mar)* lille pose *(el.* æske) til sysager og andre småting.

diuretic [daijuə'retik] *adj, sb* urindrivende (middel).

diurnal [dai'ə:nl] *adj* dag-, døgn-, daglig.

diva ['di:və] *sb* diva, primadonna.

divagate ['daivəgeit] *vb* komme bort fra emnet; komme på afveje.

divagation [daivə'geiʃn] *sb* digression; sidespring.

divan [di'væn] *sb* divan (statsråd; møbel).

divaricate [dai'værikeit] *vb* forgrene sig.

I. dive [daiv] *vb* dykke (ned); dukke; springe ud; *(flyv)* styrtdykke; *~ into a subject* trænge ind i et emne; *~ into one's pocket* stikke hånden ned i lommen.

II. dive [daiv] *sb* dukkert; udspring; *(flyv)* styrtdykning; *(mar)* dykning; *(fig)* dyk; (restaurant:) kælder *(fx an oyster~);* S *(neds)* (kælder)beværtning, snask, bule; *make a ~ into* fare *(el.* springe) ned i.

dive bomber styrtbomber.

diver ['daivə] *sb* dykker; *zo* lom.

diverge [d(a)i'və:dʒ] *vb* gå til forskellige sider, gå fra hinanden, afvige, divergere.

divergence [d(a)i'və:dʒ(ə)ns], **divergency** [d(a)i'və:dʒ(ə)nsi] *sb* divergens, afvigelse.

divergent [dai'və:dʒ(ə)nt] *adj* divergerende, afvigende.

divers ['daivə(:)z] *adj (glds)* adskillige, flere, diverse.

diverse [dai'və:s, 'daivə:s] *adj* forskellig, helt anderledes.

diversification [daivə:sifi'keiʃən] *sb* forandring, afveksling, forskellighed, variation.

diversify [dai'və:sifai] *vb* forandre, variere, gøre afvekslende; *diversified* forskelligartet.

diversion [d(a)i'və:ʃn, *(am)* -ʒn] *sb* afledning; bortledning *(fx of water);* (på vej) omkørsel; *(fig)* fornøjelse, adspredelse, *(mil.)* afledningsmanøvre.

diversionary [di'və:ʃn(ə)ri, *(am)* -ʒneri] *adj* afledende; *~ attack (mil.)* afledningsangreb.

diversity [d(a)i'və:siti] *sb* forskellighed, variation.

divert [d(a)i'və:t] *sb* aflede; bortlede *(fx his attention);* omdirigere, omlede *(fx traffic);* adsprede, more, underholde; *-ing* underholdende, morsom.

Dives ['daivi:z] den rige mand (i lignelsen om Lazarus).

divest [d(a)i'vest] *vb: ~ of* afklæde, afføre; berøve; *~ oneself of* afføre sig, aflægge *(fx one's clothes);* give fra sig, opgive *(fx one's privileges);* frigøre sig for.

divi ['divi] *sb* T = *divvy.*

I. divide [di'vaid] *vb* dele; inddele; dividere *(by* med); skille, splitte, gøre uenig; (uden objekt) dele sig; være uenig; *(parl)* stemme; *sb* vandskel, *(am ogs)* skel, skillelinje; *~ the House* lade foretage afstemning i Underhuset; *10 -s by 2* 2 går op i 10.

II. divide [di'vaid] *sb* vandskel; *(fig)* kløft; *cross the great ~* drage hinsides (ɔ: dø).

dividend ['dividend] *sb (merk)* dividende; *(mat.)* dividend; *ex ~* eksklusive dividende; *cum ~* cum dividende, dividende inkluderet; *pay a good ~ (fig)* give stort udbytte, betale sig.

dividers [di'vaidəz] *sb pl* delepasser.

divination [divi'neiʃn] *sb* spådom; anelse.

I. divine [di'vain] *vb* spå; ane, gætte.

II. divine [di'vain] *adj* guddommelig; gejstlig; *(fig)* guddommelig, gudbenådet, vidunderlig; *sb* gejstlig; teolog.

diviner [di'vainə] *sb* spåmand; vandviser (som finder vand ved hjælp af en ønskekvist).

divine service gudstjeneste.

diving| bell dykkerklokke. ~ **board** vippe (til udspring).

divining rod ønskekvist (til at vise vand).

divinity [di'viniti] *sb* guddommelighed; guddom; teologi, teologisk fakultet; kristendomskundskab; *Doctor of Divinity* dr. theol.

divisible [di'vizəbl] *adj* delelig.

division [di'viʒn] *sb* **1.** deling; inddeling, opdeling, fordeling; **2.** skel; skillevæg; **3.** afdeling, *(mil.,* sport) division; **4.** uenighed, splittelse, splid; **5.** *(mat.)* division; **6.** *(parl)* afstemning; *~ of labour* arbejdsdeling.

division lobby (i underhuset) afstemningskorridor.

divisive [di'vaisiv] *adj* som skaber splittelse *(el.* uenighed); *~ policy* splittelsespolitik.

divisor [di'vaizə] *sb* divisor.

divorce [di'vɔ:s] *sb* skilsmisse; adskillelse; *vb* lade sig skille fra *(fx one's wife);* skille, adskille.

divorcee [divɔ:'si:] *sb* fraskilt.

divulge [d(a)i'vʌl(d)ʒ] *vb* åbenbare, røbe.

divvy ['divi] T *sb* dividende; andel; *vb* dele.

I. Dixie ['diksi], *~ Land* Sydstaterne (af U.S.A.).

II. dixie ['diksi] *sb (mil.)* kogekar.

D.I.Y., DIY *fk Do It Yourself.*

dizzy ['dizi] *adj* svimmel; ør, forvirret; svimlende; S dum, fjoget; *vb* gøre svimmel.

D.J. *fk disc jockey.*

dl. *fk decilitre.*

D.Lit. *fk Doctor of Literature.*

D.Litt. *fk Doctor of Letters.*

D.M. *fk Doctor of Medicine.*

dm. *fk decimetre.* **d-n** *fk damn.*

D.N.B. *fk Dictionary of National Biography.*

D-notice (henstilling fra regeringen til *eng* nyhedsmedier om at undlade omtale af en sag af sikkerhedshensyn.

I. do [du:] *(præt did, pp done,* 3. person *sg præs does)* **1.** gøre, udføre, bestille; yde, præstere, udrette; rede, ordne; passe; behandle; beværte; (om mad) tilberede, stege, koge, gennemkoge, gennemstege; (om turist) bese, se seværdighederne i, „gøre"; *(teat, fig)* spille, give rollen som; T snyde; ødelægge, spolere; tæve, banke; gå i seng med, „bolle"; **2.** (uden objekt) gøre, handle; klare sig; gå an, være nok, passe; leve, have det, trives; **3.** (hjælpeverbum); 4. (som stedfortræder for et verbum);

eksempler på de fire ovennævnte betydningsgrupper: (eksempler med *præp og adv* står samlet under 5; se også *done)*

1. *do one's best* gøre sit bedste; *do a portrait* male et portræt; *what is he -ing there?* hvad bestiller han der? *he did good work* han præsterede *(el.* ydede) godt arbejde; *do the bed* rede sengen; *do one's hair* rede sit hår; *do the flowers* ordne blomsterne; *do a room* gøre et værelse i stand; *do one's lessons* lære sine lektier; *have a lesson to do* have en lektie for; *do a sum* regne et stykke; *do one's teeth* børste tænder; *do a town* se (seværdighederne i) en by; *do Hamlet* spille Hamlet; *he does the host admirably* han er en glimrende vært; *he did us well* han beværtede os på det bedste; (se også 5); *do a mile a minute* tilbagelægge en engelsk mil i minuttet; *they will do you* de vil snyde dig; *now you've done it* nu har du ødelagt det hele; *give it me or I'll do you!* giv mig den eller jeg banker dig!

2. *he is -ing well* han klarer sig godt, det går ham godt; *do or die* sejre eller falde; *be up and doing* være i fuld virksomhed; *that will do* det er nok; *that won't do* den går ikke, det går ikke an; *will this do?* kan du bruge denne? er dette nok? *how do you do?* goddag!

3. *he did not see me* han så mig ikke; *don't do it* gør det ikke; *don't!* lad være! *do you speak English?* taler De engelsk? *do we dress for dinner?* skal vi klæde os om til middag? *I do like London* jeg holder så meget af London; *I do think he is crying* jeg tror virkelig at han græder; *do come* å, kom nu; tag nu og kom;

4. *did you see him? – I did* så du ham? – ja, jeg gjorde; *you like him, don't you?* du synes om ham, ikke sandt? *you don't smoke, do you?* du ryger ikke, vel?

5. *do* **away with** rydde af vejen, afskaffe; ~ *away with oneself* tage livet af sig, gøre en ulykke på sig selv; *do (by others) as you would be done* **by** gør mod andre som du vil andre skal gøre mod dig; *do* **down** T overgå, få overtaget over; snyde; *do* **for** T gøre det af med, ødelægge, gøre ende på; gøre hus for; *this will do for him (ogs)* det er (godt) nok til ham; *what do you do for water here?* hvor får I vand fra her? *do* **in** T slå ihjel, gøre det af med *(fx ten years of this would do me in);* snyde; *do* **into** *Danish* oversætte til dansk; *do* **out** gøre i orden, gøre i stand, gøre rent i *(fx a room); do him out of his money* franarre ham hans penge; *do* **over** gøre i stand, male og tapetsere *(fx a room); do sby over* S overfalde én; *do* **to** gøre mod, handle mod; *do* **up** knappe, hægte; pynte på, pudse op, fikse op (på), modernisere, istandsætte; pakke ind; *do up one's hair* sætte håret op; *that would do me very* **well** det ville passe mig udmærket; *they do one very well* man spiser godt hos dem; *do oneself well (el. proud)* leve flot; *he did well to refuse* det var rigtigt *(el.* klogt) af ham at sige nej; *do well out of* have økonomisk fordel af; *he did well out of the war* han tjente store penge på krigen; *do* **with** udholde, holde ud, finde sig i *(fx I cannot do with his hypocrisy);* nøjes med *(fx can you do with a glass of water?);* trænge til *(fx I could do with a nice cup of tea); what are we to do with him?* hvad skal vi stille op med ham? *what did you do with yourself?* hvordan fik du tiden til at gå? hvad bestilte du? *have to do with* have at gøre med; *do* **without** undvære.

II. do [du:] *sb* S svindel(nummer), fup; fest, gilde, kalas; *pl -s* andel; *fair -s!* del retfærdigt!

III. do ['ditəu] *fk ditto.*

IV. do [dəu] *(mus.)* do.

dobbin ['dɔbin] *sb* arbejdshest, øg.

doc [dɔk] *sb* T doktor.

docent [dou'sent, 'dousnt] *sb (am)* docent, omviser på museum.

docile ['dəusail, *(am)* dɔsl] *adj* lærvillig, føjelig.

docility [də'siləti] *sb* lærvillighed; føjelighed.

I. dock [dɔk] *sb* dok; *(am ogs)* kaj; anløbsbro; *vb* dokke, sætte i dok; gå i dok; gå til kaj; *-s pl (ogs)* havn.

II. dock [dɔk] *sb (bot)* skræppe.

III. dock [dɔk] *sb* anklagebænk; *be in the* ~ sidde på anklagebænken.

IV. dock [dɔk] *sb zo* hale (bortset fra hårene); kuperet hale; *vb* afskære, studse, kupere; *(fig)* nedskære, afknappe, trække fra (i løn *etc);* ophæve.

V. dock [dɔk] *vb* (rumfart) sammenkoble.

dockage ['dɔkidʒ] *sb* dokpenge, dokplads.

dock dues *pl* dokafgifter.

docker ['dɔkə] *sb* havnearbejder, dokarbejder.

I. docket ['dɔkit] *sb* mærkeseddel; indholdsangivelse; uddrag (af dom *el.* protokol); *(am)* retsliste, dagsorden; dossier.

II. docket ['dɔkit] *vb* skrive indholdsangivelse på; gøre uddrag af; mærke, sætte mærkeseddel på.

dock| gate dokport. ~ **labourer** havnearbejder. ~ **wall** dokvæg. **-yard** værft.

doctor ['dɔktə] *sb* læge, doktor; *vb* doktorere *(el.* kurere) på; T reparere; forfalske; kastrere; *-s disagree* de lærde er uenige. **doctoral** ['dɔktərəl] *adj* doktor-.

doctorate ['dɔktərət] *sb* doktorgrad.

doctrinaire [dɔktri'nɛə] *sb, adj* doktrinær (person).

doctrinal [dɔk'trainl, 'dɔktrinl] *adj* lære-, tros-, dogmatisk.

doctrine ['dɔktrin] *sb* doktrin, læresætning; dogme; lære, dogmatik.

I. document ['dɔkjumənt] *sb* dokument; bevis.

II. document ['dɔkjument] *vb* forsyne med bevis, forsyne med papirer; dokumentere.

documentary [dɔkju'ment(ə)ri] *adj* dokumentarisk; *sb* dokumentarfilm; ~ *credit* remburs.

documentation [dɔkjumen'teiʃn] *sb* dokumentation; ~ *centre* dokumentationscentral.

I. dodder ['dɔdə] *sb (bot)* (hør)silke.

II. dodder ['dɔdə] *vb* ryste, vakle, gå vaklende.

dodderer *sb* gammelt nussehoved.

doddering *adj* rystende; senil.

dodecaphonic [dəudekə'fɔnik] *adj* tolvtone-.

dodge [dɔdʒ] *vb* springe til side; sno sig, gøre krumspring; (med objekt) undgå behændigt, knibe udenom, lege kispus med; *sb* krumspring, list, kneb, kunstgreb; fiks indretning.

dodgem ['dɔdʒəm] *sb* radiobil (forlystelse).

dodger ['dɔdʒə] *sb* snyder, lurendrejer; *(am)* reklameseddel; majskage.

dodgy ['dɔdʒi] *adj* snedig, listig; besværlig, kilden.

dodo ['dəudəu] *sb zo* dronte (uddød fugl); *as dead as the* ~ komplet forældet; så død som en sild.

doe [dəu] *sb zo* då; hunkanin; hunhare.

DOE *fk Department of the Environment.*

doer ['du(:)ə] *sb* gerningsmand; handlingens mand *(fx he is a ~, not a dreamer).*

does [dʌz] 3. person *sg præs* af *do.*

doeskin ['dəuskin] *sb* dådyrskind.

doesn't ['dʌznt] *fk does not.*

doest ['du:ist] *glds* 2. person *sg præs* af *do.*

doff [dɔf] *vb* tage af *(fx ~ one's hat);* afføre sig.

I. dog [dɔg] *sb* hund; han (af flere dyr); (til hængelås *etc)* krampe; (på ildsted) ildbuk; *(tekn)* anslag, stop, knast; spændestykke, ters; (på drejebænk) medbringer; (om person) fyr, rad; *-s* S fødder; *the Dogs* hundevæddeløb;

~ *does not eat* ~ den ene ravn hakker ikke øjet ud på den anden; *give a ~ a bad name and hang him* der hænger altid noget ved, når man bagtaler en; *go to the -s* gå i hundene; *every ~ has his day* enhver får sin chance; *~ in the manger* (en som hverken selv gør brug af en ting eller vil tillade andre at gøre det); *let sleeping -s lie (omtr)* ikke rippe op i noget *(el.* i fortiden); *put on (the) ~* spille vigtig, blære sig; *a sly ~* en snedig rad; *throw to the -s* lade gå til spilde; ofre (for at redde sig selv).

II. dog [dɔg] *vb: ~ sby* (stædigt) forfølge en; følge i hælene på en; *~ sby's (foot)steps = ~ sby.*

dog|berry *(bot)* frugt af kornel. **~ biscuit** hundekiks. **-cart** jagtvogn. **~ collar** hundehalsbånd; halskæde (ɔ: smykke); S (engelsk) præsteflip. **~ days** hundedage.

doge [dəuʒ] *sb (hist.)* doge.

dog|-ear æseløre (i bog). **~ eared** med æseløreer. **~ end** cigaretstump, skod. **-face** *(am mil.* S*)* knoldesparker, fodtusse. **~ fancier** hundeven; hundeopdrætter. **-fight** slagsmål mellem hunde; luftduel, luftkamp. **-fish** *zo* hundehaj.

dogged ['dɔgid] *adj* stædig, udholdende, ihærdig; *it's ~ as does it* det gælder bare om at holde ud.

doggerel ['dɔg(ə)rəl] *adj* slet, uregelmæssig (om vers); burlesk; *sb* burlesk vers, knyttelvers.

doggie ['dɔgi] *sb* T vovse.

doggish ['dɔgiʃ] *adj* hundeagtig; bidsk.

doggo ['dɔgəu] *adv: lie ~* ligge tot, holde sig skjult, ikke tiltrække sig opmærksomhed.

doggone ['dɔgɔn] *adj (am)* S forbistret, forbandet.

dog grass *(bot)* kvik(græs).

doggy ['dɔgi] *adj* hundeagtig, hunde-; som holder af hunde; T smart; vigtig, blæret; *sb* vovse.

dog|hole hundehul (elendigt opholdssted). **-house** hundehus; arbejdsskur; *(mar)* dækshus, ruf; *in the -house* i unåde. **~ Latin** klosterlatin, dårlig latin. **~ lead** snor *(el.* rem) til hund. **-leg** skarp kurve, knæk.

dogma ['dɔgmə] *sb* trossætning, dogme.

dogmatic(al) [dɔg'mætik(l)] *adj* dogmatisk, selvsikker.

dogmatism ['dɔgmətizm] *sb* dogmatisme; selvsikkerhed.

dogmatist ['dɔgmətist] *sb* dogmatiker; selvsikker person.

dogmatize ['dɔgmətaiz] *vb* dogmatisere; tale med selvsikkerhed.

do-gooder ['du:'gudə] *sb* blåøjet idealist.

do-goodism ['du:'gudizm] *sb* blåøjet idealisme.

dog rose *(bot)* hybenrose, hunderose.

dogsbody ['dɔgzbɔdi] *sb* S slave.

dog's| chance: *not even a ~ chance* ikke skygge af chance. **~ dinner:** *be dressed up like a ~ dinner* være majet ud. **~ ear** *sb* æseløre (i bog); *vb* lave æseløreer i. **~ life:** *lead a ~ life* føre et hundeliv; *lead him a ~ life* gøre ham livet surt, plage livet af ham. **~ meat** kød til hundefoder; hundeæde. **~ mercury** *(bot)* bingelurt. **~ tail (grass)** *(bot)* kamgræs.

dog| star Sirius, Hundestjernen. **~ tag** hundetegn (også *fig* om identitetsmærke). **~ -tired** *adj* dødtræt. **-tooth** hundetandsornament. **-tooth violet** hundetand. **~ trimmer** hundeklipper. **-trot** luntetrav. **~ violet** *(bot)* hundeviol. **-watch** vagt på skib fra kl. 16-18 *el.* 18-20. **-wood** *(bot)* kornel.

doily ['dɔili] *sb* lunchserviet, dækkeserviet; mellemlægsserviet, flakonserviet (til at stille vaser *etc* på).

doing ['du(:)iŋ] *sb* handling; udførelse; værk *(fx it is his ~); -s* gerninger, meriter; *it takes a lot of ~* det er ikke så ligetil, det er ikke nogen let sag.

doit [dɔit] *sb* døjt.

do-it-yourself kit samlesæt, byggesæt.

doldrums ['dɔldrəmz] *sb pl: the ~* kalmebæltet, det stille bælte omkring ækvator; *be in the ~* være i dårligt humør; (om virksomhed) ligge stille.

I. dole [dəul] *sb* arbejdsløshedsunderstøttelse; gave, skærv; *be on the ~* få arbejdsløshedsunderstøttelse; *~ out* dele ud (især modstræbende og i små portioner).

II. dole [dəul] *sb (glds, poet)* sorg, kvide.

doleful ['dəulful] *adj* sørgelig; bedrøvelig; bedrøvet.

dolichocephalic ['dɔlikəuke'fælik] *adj* langskallet.

I. Doll [dɔl] kælenavn for *Dorothy.*

II. doll [dɔl] *sb* dukke; S pigebarn; *vb: ~ up* pynte (sig), maje sig ud; *be -ed up (ogs)* være i sit stiveste puds.

dollar ['dɔlə] *sb* dollar.

dollop ['dɔləp] *sb* klump, klat *(fx of whipped cream);* stor portion.

doll's house dukkestue; lille hus, 'dukkehjem'.

I. Dolly ['dɔli] kælenavn for *Dorothy.*

II. dolly ['dɔli] *sb* dukke; T = *dolly bird; (tekn)* nittefor-holder; modholder; (film) kameravogn, dolly; *vb* (film): *~ in (, out)* køre kameraet frem (, tilbage).

dolly bird T (smart klædt) pige; 'lækker steg'.

dolman ['dɔlmən] *sb* dolman (tyrkisk kjortel; husartrøje; damekåbe).

dolmen ['dɔlmən] *sb* stendysse.

dolorous ['dɔlərəs, *(am)* 'doul-] *adj* sørgelig; bedrøvelig, melankolsk.

dolour ['dɔlə, *(am)* 'doulə] *sb (poet)* sorg, kvide.

dolphin ['dɔlfin] *sb zo* delfin; guldmakrel; *(mar)* duc d'albe, knippe af nedrammede pæle til fortøjning.

dolphin striker *(mar)* pyntenetstok.

dolt [dəult] *sb* dumrian, fjols, drog.

doltish ['dəultiʃ] *adj* dum; klodset.

domain [də'mein] *sb* domæne.

dome [dəum] *sb* kuppel *(ogs* S = hoved); *vb* kuple sig.

Domesday ['du:mzdei]: *~ Book* (Englands jordebog fra Vilhelm Erobrerens tid).

domestic [də'mestik] *adj* hus-, huslig; *(pol. etc)* indre, indenrigs-, indenlandsk; (om dyr) tam; *-s* tjenestefolk; *~ animal* husdyr; *~ industry* husflid; hjemmeindustri; *~ pig* tamsvin; *~ science* husholdningslære, hjemkundskab; *be in ~ service* være ude at tjene, være i huset; *~ utensils* husgeråd.

domesticate [də'mestikeit] *vb* knytte stærkt til hjemmet, få til at holde af hjemmet; gøre huslig; civilisere; (om dyr) tæmme. **domesticated** *adj* huslig; (om dyr) tam.

domestication [dəmesti'keiʃn] *sb* tilknytning til hjemmet; tæmning; tamhed.

domesticity [dəume'stisiti] *sb* familieliv, hjemmeliv; kærlighed til hjemmet; huslighed; tamhed; *domesticities pl* hjemlige (, huslige) sager (, problemer).

domicile ['dɔmis(a)il] *sb* bopæl, domicil, hjemsted; *vb* bosætte; domicilere; *-d bill* domicilveksel.

domiciliary [dɔmi'siljəri] *adj* hus-; *~ visit* husundersøgelse.

dominance ['dɔminəns] *sb* domineren, overherredømme; dominans.

dominant ['dɔminənt] *adj* herskende; fremherskende; dominerende; *sb (mus.)* dominant.

dominate ['dɔmineit] *vb* herske; *~ (over)* beherske, dominere; rage op over; have udsyn over.

domination [dɔmi'neiʃn] *sb* herredømme.

domineer [dɔmi'niə] *vb* være tyrannisk; dominere; *~ over* tyrannisere.

dominical [də'minikl] *adj* som angår Herren (Gud), som angår søndagen; *~ letter* søndagsbogstav.

Dominican [də'minikən] *adj* dominikansk; *sb* dominikaner.

dominie ['dɔmini] *sb* (på skotsk) skolelærer; ['dəumini] præst (i den reformerte kirke).

dominion [də'minjən] *sb* herredømme, magt; selvstyrende landområde, dominion.

domino ['dɔminəu] *sb* domino (dragt); halvmaske; dominobrik; *-es* domino (spillet).

I. don [dɔn] *sb* **1.** medlem af lærerstaben ved universitet *el.* college (i Oxford og Cambridge), ældre universitetslærer; **2.** don; herre; spanier.

II. don [dɔn] *vb* tage på, iføre sig.
dona(h) ['dəunə] *sb* S pige.
Donald ['dɔnld]: ~ *Duck* Anders And.
donate [də'neit] *vb* give.
donation [də'neiʃn] *sb* gave; gavebrev; bortgivelse.
done [dʌn] *pp* af *do; adj* gjort; færdig *(fx the work is ~);* forbi *(fx the day is ~);* (færdig)stegt *(fx the meat is ~; a well-~ chop);* udmattet; snydt, bedraget *(fx I have been ~); ~!* det er et ord *(el.* en aftale);
it is not ~ det kan man ikke (ɔ: det strider mod god tone); *he is ~ (for)* han er færdig, det er sket *(el.* ude) med ham, han har fået sit knæk; *have ~ eating* være færdig med at spise; ~ *in* udmattet; *it's the ~ thing* det hører til god tone; ~ *to a turn (el. a nicety)* tilpas stegt; ~ *up* udmattet; færdig; ødelagt; stærkt sminket; *well begun is half ~* godt begyndt er halvt fuldendt; *(over and) ~* **with** overstået; *get (, have) ~ with it* blive (, være) færdig med det; få det overstået; (se også *undo).*
donee [dəu'ni:] *sb* gavemodtager.
donjon ['dɔndʒən] *sb* borgtårn.
Don Juan [dɔn'dʒu(:)ən].
donkey ['dɔŋki] *sb* æsel; dumrian; *talk the hind leg off a ~* snakke fanden et øre af; *I have not seen him for -'s years* det er en evighed siden jeg har set ham.
donkey| boiler donkeykedel, hjælpekedel. ~ **engine** donkeymaskine (lille dampmaskine der bruges ved ladning og losning). **-man** donkeymand (som passer donkeymaskine). **-work** slavearbejde.
donnish ['dɔniʃ] *adj (cf I. don) (omtr)* professoral, professoragtig; pedantisk.
donnybrook ['dɔnibruk] *sb* almindeligt slagsmål, spektakel, ballade.
donor ['dəunə] *sb* donor; giver; *(blood ~)* bloddonor.
do-nothing ['du:nʌθiŋ] *adj* passiv, uenergisk; *sb* dagdriver.
Don Quixote [dɔn 'kwiksət].
don't [dəunt] forkortet af *do not; sb* forbud.
doodah ['du:da:] *sb* T dims; *all of a ~* helt fra snøvsen.
doodle [du:dl] *vb* sidde og tegne kruseduller (mens man keder sig); *sb* kruseduller.
doodlebug ['du:dlbʌg] *sb* flyvende bombe; *zo (am)* myreløvelarve.
doolie, dooly ['du:li] *sb* (i Indien) primitiv båre (til sårede).
doom [du:m] *sb* skæbne; undergang, ulykke; *(glds)* dom; dommedag; *vb* dømme; fordømme; vie (til undergang); *till the crack of ~* til dommedagsbasunen lyder.
doomsday ['du:mzdei] *sb* dommedag; *Doomsday Book,* se *Domesday.*
doomwatcher, doomster *sb* ulykkesprofet.
door [dɔ:] *sb* dør; *lay it at his ~* skyde ham det i skoene, give ham skylden for det; *the change must be laid at her ~* forandringen må tilskrives hende; *the fault lies wholly at my ~* skylden ligger helt og holdent hos mig; *at death's ~* på gravens rand, ved dødens tærskel; *next ~,* se *next door; open the ~ to (, shut the ~ on) (fig)* åbne (, lukke) døren for; *a ~ to success* en vej til succes; *out of -s* ude, udendørs, i det fri.
door|case dørkarm. **-frame** dørkarm. **-handle** dørhåndtag. **-keeper** dørvogter, portner. **-knob** dørhåndtag. **-man** portier, portner. **-mat** dørmåtte; *(fig)* en der finder sig i alt. ~ **money** entré (betaling). **-nail:** *as dead as a -nail* så død som en sild. **-plate** navneskilt (på dør), dørskilt. **-post** dørstolpe. **-sill** dørtrin, dørtærskel. ~ **spring** dørlukker. **-step** trappetrin (uden for huset); S humpel (brød). **-strip** tætningsliste. **-way** døråbning; *in the -way* i døren.
I. dope [dəup] *sb* (brugt om forskellige, især tyktflydende væsker) smørelse; lak; benzin; *(flyv)* dope (slags lak); *(fot)* fremkaldervæske; S (brugt om forskellige narkotiske midler) „stof"; opium; alkohol; (oplysninger:) (stald)tips; (om person) fjols; *hand (out) the ~* S give (de fornødne) oplysninger; *that's the ~!* S det er det vi skal ha' frem! der er noget af det rigtige!
II. dope [dəup] *vb* S smøre, overstryge; behandle med noget bedøvende, bedøve; dope *(fx a racehorse);* være stofmisbruger; narre, snyde; forfalske; ~ *out* finde ud af, opdage.
dope|addict, ~ **fiend** S narkoman, stofmisbruger. ~ **-pedlar** forhandler af narkotika.
dopester ['dəupstə] *sb (am): inside ~ (omtr)* valgprofet.
dopey ['æəupi] *adj* T dum, tosset; sløv.
dor [dɔ:] *sb zo* skarnbasse.
Dora = **D.O.R.A.** *fk Defence of the Realm Act* forsvarsloven af august 1914.
dorbeetle ['dɔ:bi:tl] *sb zo* skarnbasse.
Dorian ['dɔ:riən] *adj* dorisk; *sb* dorier.
Doric ['dɔrik] *adj* dorisk; *sb* dorisk, bondemål; *speak one's native ~* tale sin hjemlige dialekt.
Dorking ['dɔ:kiŋ] *sb* dorkinghøne.
dorm [dɔ:m] *sb* T sovesal.
dormancy ['dɔ:mənsi] *sb* dvale(tilstand).
dormant ['dɔ:mənt] *adj* slumrende, hvilende; ubrugt, passiv; *lie ~* ligge i dvale; ~ *partner* passiv kompagnon.
dormer ['dɔ:mə], **dormer window** (fremspringende) tagvindue, kvistvindue.
dormice ['dɔ:mais] *pl* af *dormouse.*
dormitory ['dɔ:mit(ə)ri] *sb* sovesal; *(~ suburb)* soveby.
dormouse ['dɔ:maus] *sb (pl dormice)* syvsover, hasselmus.
Dorothea [dɔrə'θiə]. **Dorothy** ['dɔrəθi].
dorsal [dɔ:sl] *adj* ryg-; ~ *fin* rygfinne.
Dorset ['dɔ:sit].
I. dory ['dɔ:ri] *sb* dory (lille fladbundet robåd).
II. dory ['dɔ:ri] *sb zo* sankt petersfisk.
dosage ['dəusidʒ] *sb* dosering; dosis.
dose [dəus] *sb* dosis; T *(fig)* dosis, portion, 'gang' *(fx a ~ of flattery); vb* give medicin til, give i doser; dosere; *give sby a ~* S smitte en med gonorré.
dosemeter ['dəusmi:tə], **dosimeter** [dəu'simitə] *sb* dosimeter (til måling af radioaktivitet).
doss [dɔs] S *sb* seng; *vb* sove; ~ *down* rede op (på gulvet); sove primitivt. **dosser** bums, subsistensløs der sover i parker etc. **dosshouse** (simpelt og billigt) logihus.
dossier ['dɔsiei] *sb* dossier, sagsakter, sag; (kriminels) generalieblad; *(med.)* journal.
dost [dʌst] *glds* 2. person *præs sg* af *do.*
dot [dɔt] *sb* prik, punkt; medgift; *vb* prikke, punktere; sætte prik over; (be)strø; danne (ligesom) prikker på; *people -ted the fields* rundt omkring på markerne så man folk; ~ *him one* lange ham en ud; ~ *one's* **i's** sætte prik over i'erne, være meget nøjagtig; ~ *the i's and cross the t's* sætte prik over i'erne og streg gennem t'erne; *(fig)* være meget omhyggelig; give noget den sidste afpudsning; *be* **off** *one's ~* være forrykt; *10.15* **on** *the ~* lige præcis 10.15; *in the* **year** ~ S i syttenhundredehvidkål; *since the year ~* S fra tidernes morgen; (se også *dotted).*
dotage ['dəutidʒ] *sb* alderdomssløvhed, senilitet; *he is in his ~* han går i barndom.
dot-and-dash|-code morsealfabet. ~ **-line** stiplet linie.
dotard ['dəutəd] *sb* gammel mand som går i barndom, mimrende olding.
dote [dəut] *vb* gå i barndom; ~ *(up)on* forgude.
doth [dʌθ] *(glds)* = *does.*
Dotheboys ['du:ðəbɔiz]: ~ *Hall* en skole i Dickens' Nicholas Nickleby *(do* 'snyde').
doting ['dəutiŋ] *adj* som går i barndom, senil; tilbedende.

dotted ['dɔtid] *adj* prikket; punkteret *(fx a ~ line); sign on the ~ line (fig)* skrive under uden videre, acceptere blankt; *~ with houses* med huse her og der.
dotterel ['dɔtrəl] *sb zo* pomeransfugl.
dottle [dɔtl] *sb* klump pibeudkrads.
dotty ['dɔti] *adj* prikket; S småtosset, tåbelig, skør.
I. double [dʌbl] *adj* dobbelt, det dobbelte (af); falsk, tvetydig; *sb* sidestykke, kopi, dobbeltgænger; brat drejning; *(teat)* skuespiller der har to roller i samme stykke; dubleant; (i film) stand-in; (i bridge) dobling; (i totalisatorspil) dobbeltvæddemål; (i tennis) dobbeltfejl (se også *doubles); at the ~, (am) on the ~* i hurtigmarch, i løb, i fuldt firspring; *~ or quits* kvit eller dobbelt; *ride ~* ride to på en hest.
II. double [dʌbl] *vb* fordoble; lægge dobbelt, bøje sammen; *(mar)* sejle rundt om, runde *(fx Cape Horn);* (i kortspil) doble; *(teat)* dublere; (om garn) tvinde; (uden objekt) fordobles, fordoble sig; gå i hurtigmarch, løbe i stor fart; *~ one's fists* knytte næverne; *~ the parts of A and B* både spille rollen som A og som B (i samme stykke);
(med *adv) ~* **back** bøje om, bukke om *(fx bed sheets);* (pludselig) vende om og gå samme vej tilbage; *~* **in** bøje ind; *~* **up** folde(s) sammen, lægge(s) sammen; krumme (sig) sammen; (få til at) falde sammen; dele værelse (, seng); *~ him up* få ham til at krumme sig sammen af smerte (, latter).
double|-barrelled *adj* dobbeltløbet; *(fig)* dobbelttydig, tvetydig; *~ -barrelled name* toleddet navn (med bindestreg). *~* **bass** ['dʌbl'beis] *(mus.)* kontrabas. *~* **-bedded** *adj* med to senge, med en dobbeltseng. *~* **bind** dilemma; umulig situation (som skaffer en ubehageligheder lige meget hvad man gør). *~* **bottom** lastvognstog med to anhængere. *~* **-bottomed** *adj* dobbeltbundet, falsk, uoprigtig. *~* **-breasted** *adj* toradet (om jakke). *~* **chin** dobbelthage. *~* **-column page** tospaltet side. *~* **-cross** *vb* snyde, bedrage, forråde. *~* **-dealer** en der spiller dobbeltspil, bedrager. *~* **-dealing** *sb* dobbeltspil; *adj* uredelig, tvetunget. *~* **-decker** skib med to dæk; todækker; toetages omnibus. *~* **-digit** *adj (am)* tocifret. *~* **Dutch** T kaudervælsk. *~* **-dyed** *adj* farvet to gange; ærke- *(fx scoundrel)*. *~* **eagle** amerikansk guldmønt (= 20 dollars). *~* **-edged** *adj* tveægget. *~* **ender** *(mar)* spidsgatter. *~* **entendre** *[fr]* tvetydighed. *~* **entry** dobbelt bogholderi. *~* **-faced** *adj* falsk. *~* **feature** dobbeltprogram (i biograf). *~* **-figure** *adj* tocifret. *~* **glazing** to lag glas, dobbelte vinduer. **-header** baseball-program med to kampe. *~* **jeopardy** det at blive stillet for retten to gange for samme lovovertrædelse. *~* **-lock** *vb* låse ved at dreje nøglen to gange om. *~* **-park** *vb* parkere i anden poition. *~* **-quick** *sb* hurtigmarch; *adv* i hurtigmarch.
doubles [dʌblz] *sb pl* (i tennis) double.
doublespeak, se *double-talk.*
doublet ['dʌblit] *sb* dublet; vams.
double|-talk *~* det at tale med to tunger; *use ~ -talk* mene det modsatte af hvad man siger. **-think** dobbelttænkning (nære to modstridende opfattelser på én gang). **-tongued** tvetunget. *~* **track** dobbeltspor. **-tree** hammel (på hestevogn).
doubling ['dʌbliŋ] *sb* fordobling *(etc, cf II. double);* krumspring, kunstgreb; (om garn) tvinding.
doubly ['dʌbli] *adv* dobbelt.
doubt [daut] *vb* tvivle (om *el.* på); betvivle; *(glds)* befrygte; *sb* tvivl, uvished, betænkelighed; *beyond ~* hævet over enhver tvivl; *no ~* uden tvivl, utvivlsomt, sikkert; *throw ~ on* drage i tvivl; *without (a) ~* uden tvivl, utvivlsomt; ganske givet. **doubter** ['dautə] *sb* tvivler.
doubtful ['dautf(u)l] *adj* tvivlrådig; tvivlsom; problematisk; tvetydig, ikke helt pæn; *~ debts* usikre fordringer; *in ~ taste* temmelig smagløs.
doubting Thomas vantro Thomas, skeptiker.
doubtless ['dautləs] *adv* uden tvivl; utvivlsomt.
douce [du:s] *adj* sat, rolig, sindig, stilfærdig.
douceur [du:'sə:] *sb* dusør; bestikkelse.
douche [du:ʃ] *sb* styrtebad, douche; *(med.)* udskylning.
dough [dəu] *sb* dej; S penge. **dough|boy** *(am* T*)* fodtusse. **-nut** *(omtr)* Berliner Pfannkuchen.
doughty ['dauti] *adj (glds)* tapper, mandig.
doughy ['dəui] *adj* dejagtig, klæg; blegfed.
Douglas ['dʌgləs]: *~ fir* douglasgran.
dour [duə] *adj* hård, ubøjelig, stædig, sej *(fx resistance);* indædt *(fx anger);* dyster, mørk, streng.
douse [daus] *vb* overøse *(el.* overhælde) med vand, sjaske til; dyppe *(el.* komme) i vand; (om lys) slukke.
I. dove [dʌv] *sb (ogs fig)* due.
II. dove [douv] *(am) præt* af *dive.*
dovecot(e) ['dʌvkɔt] *sb* dueslag; *flutter the -s* bringe uro i lejren, sætte sindene i bevægelse, lave røre i andedammen.
Dover ['dəuvə]; *~ sole zo* tunge (en fisk).
dovetail ['dʌvteil] *sb* sinke(forbindelse); *vb* sinke (sammen); *(fig)* passe sammen; passe nøjagtigt *(into, with* ind i).
dowager ['dauədʒə] *sb* fornem *el.* rig enke; T statelig ældre dame; *queen-dowager* enkedronning.
dowdy ['daudi] *sb* gammeldags *(el.* sjusket) klædt kvinde; *adj* gammeldags, sjusket, smagløs; dårligt *(el.* smagløst) klædt.
dowel ['dauəl] *sb* dyvel, tap, låsetap; *(tekn)* styrepind, styrestift, passtift. **dowel pin,** se *dowel.*
dower ['dauə] *sb* enkelod, enkesæde; medgift; begavelse, talent; *vb* begave *(with* med).
dowlas ['dauləs] *sb* dowlas (groft lærred).
I. down [daun] *sb* dun; fnug.
II. down [daun] *sb* højdedrag; klit; *the Downs* højdedrag i Sydengland; havet mellem *Goodwin Sands* og den engelske kyst.
III. down [daun] *adv* ned, nede; nedad; (i krydsordsopgave) lodret; *præp* ned ad, nede ad, ned igennem; *adj* lav, ringe; nedadgående, aftagende; afkræftet, udmattet; langt nede, nedtrykt; (ned)skrevet; *(merk)* på bordet, kontant, i udbetaling; *down!* (til hund) dæk!
bread is ~ brødet er faldet (blevet billigere); *cash ~* (pr.) kontant; *two goals ~* to mål bagefter; *~ the street* hen ad gaden; *~ there* der ned(e); *~ wind* med vinden; (se også *II. boil, I. come, I. go, II. let, I. run etc);*
(med *præp, adv) ~* **from** (om tid) lige fra; (om sted) (bort) fra; *be ~* **on** *sby* være på nakken af en; *have a ~ on sby* have et horn i siden på en, have noget imod en; *~ and* **out** færdig, ruineret, ødelagt; slået ud; *~* **to** (lige) til *(fx ~ to the time of Elizabeth); ~* **under** på den anden side af jorden (i Australien *etc);* **up** *and ~* op og ned, frem og tilbage; *ups and -s* medgang og modgang; *be ~* **with** *influenza* ligge syg af influenza.
IV. down [daun] *vb* slå ned; nedskyde (flyvemaskine); skylle ned, hælde i sig *(fx a glass of beer); ~ tools* nedlægge arbejdet, strejke.
down|-at-heel lurvet, derangeret. **-beat** *(mus.)* nedslag. **-cast** *adj* nedslået; (om øjne) nedslagen. **-dale** ned ad bakke. **-draught** nedslag (i skorsten).
downer ['dounə] *sb* T trist oplevelse, nedtur.
down|fall fald; undergang; (sne, regn) nedbør, *(am) = deadfall.* **-grade** *sb* skråning (nedad), faldende strækning; *(jernb)* fald; *vb* nedsætte, anbringe i en lavere klasse, degradere; nedprioritere; forklejne, rakke ned på; *on the -grade* i nedgang, for nedadgående, på retur. **-haul** *sb (mar)* nedhaler. **-hearted** *adj* modfalden. **-hill** *sb* (i skiløb) styrtløb; *adj* hældende; *adv* ned ad bakke; *he's going -hill fast (fig)* det går rask ned ad

bakke med ham.
downies ['dauniz] *sb pl* S barbitursyrepræparater.
Downing ['dauniŋ]: ~ *Street* (gade i London med premierministerens bolig); ministeriet, regeringen.
down|land ['daunlænd] bakket landskab. **-lead** ['daunli:d] nedføringstråd (til radio). **-let** duntæppe, dundyne. ~ **-market** *adj* som henvenderr sig til jævne mennesker, populær, folkelig, billig. **-pipe** nedløbsrør, faldrør. ~ **platform** perron for tog der kører ud af byen. **-play** *vb* bagatellisere; gå let hen over. **-pour** skylregn, øsregn. ~ **quilt** duntæppe. **-right** *adj* fuldkommen, komplet, ren *(fx nonsense); adv* direkte, ligefrem *(fx he was -right rude)*. **-stage** *adv* (på scene) i (, henimod) forgrunden. **-stairs** *adv* ned ad trapperne, ned; nedenunder (i en lavere etage). **-stroke** nedstreg. **-time** tidsrum hver maskine er ude af drift. **~-to-earth** *adj* nøgtern, realistisk, jordbunden, jordnær. **-town** *adv* (ind) til (, inde i) byen, ind til (, inde i) centrum (af byen), ind til (, inde i) forretningskvarteret. **-trend** nedadgående tendens, nedgang. **-trodden** *adj* undertrykt, forkuet. **-ward** ['daunwəd] *adj* nedadgående; synkende; *adv* nedad. **-wards** ['daunwəds] *adv* nedad. **-wash** *(flyv)* nedadgående vind *(el.* strømning). **-wind** *adv (mar)* med vinden.
I. downy ['dauni] *adj* dunet; dunblød; S listig, snu.
II. downy ['dauni] *adj* bakket, bølgeformet.
downy-leaved rose *(bot)* filtrose.
dowry ['dauəri] *sb* medgift; *(fig)* talent.
dowse [dauz] *vb* vise vand (med ønskekvist); (se også *douse)*. **dowser** vandviser. **dowsing rod** ønskekvist.
doxology [dɔk'sɔlədʒi] *sb* lovprisning, lovsang.
I. doxy ['dɔksi] *sb (glds* S*)* (tigger)tøs; dulle; elskerinde.
II. doxy ['dɔksi] *sb (glds* T) mening, doktrin.
doyen ['dɔiən] *sb* doyen, alderspræsident.
Doyle [dɔil].
doz. *fk dozen.*
I. doze [dəuz] *vb* blunde, småsove; døse; *sb* blund; døs; råddenskab i træ.
II. doze [dəuz] *vb* rydde, planere (med bulldozer).
dozen ['dʌzn] *sb* dusin, (som rundt tal:) en halv snes; *by the* ~ dusinvis; *-s of times* snesevis af gange; (se også *nineteen, six)*. **dozenth** *adj* tolvte; *for the* ~ *time* for (hundrede og) syttende gang.
dozer ['dəuzə] *sb* = *bulldozer.*
dozy ['dəuzi] *adj* døsig.
doyley ['dɔili] *sb* = *doily.*
D.P. *fk displaced person.*
Dr. *fk Doctor, debitor.*
I. drab [dræb] *sb* sjuske; *(glds)* skøge.
II. drab [dræb] *sb* gråbrunt klæde; drap; gråbrun farve; *adj* drapfarvet; *(fig)* hverdagsgrå, trist, ensformig.
drabbet ['dræbit] *sb* groft, drapfarvet lærred.
drabble [dræbl] *vb* tilsøle(s); ~ *through* plaske gennem.
drachm [dræm], **drachma** ['drækmə] *sb (hist.)* drakme; (se også *dram)*.
Draconian [drei'kəunjən], **Draconic** [drə'kɔnik] *adj* drakonisk, meget streng.
draff [dræf] *sb* bundfald, bærme; (ved brygning) mask.
draft [dra:ft] (se også under *draught)* grundrids, plan, tegning; (skriftligt:) udkast, kladde, koncept; *(merk)* veksel, tratte; *(mar)* dybgående; *(mil.)* detachement; indkaldelse, *(am)* værnepligt; indkaldt mandskab; *vb* tegne; lave udkast til, sætte op; koncipere; *(mil.)* detachere; *(am)* indkalde; ~ *agreement* udkast til overenskomst.
draft| board *(am)* udskrivningskommission. ~ **card** *(am)* indkaldelsesordre. ~ **dodger,** ~ **resister** *(am)* en der prøver at unddrage sig militærtjeneste; militærnægter.
draftee [dræf'ti:] *sb (am)* indkaldt soldat.
draftsman ['dra:ftsmən] *sb* tegner.
draftsmanship = *draughtsmanship.*
I. drag [dræg] *vb* trække, hale; slæbe (hen ad jorden); (ved eftersøgning) drægge i, trække vod i; gennemsøge; *(agr)* harve; S kede *(fx he -s me);* (uden objekt) slæbes; slæbe sig af sted, gå trægt;
the affair -s sagen trækker ud; *the brakes* ~ bremserne slæber på; ~ *one's feet* slæbe på fødderne; *(fig)* være træg *(el.* modvillig); prøve at forhale sagen; ~ *it in (fig)* trække det ind ved hårene; ~ *on* trække i langdrag, slæbe sig hen; ~ *it out* trække det ud, trække det i langdrag; ~ *up a child* give et barn en brutal og tilfældig opdragelse.
II. drag [dræg] *sb* slæben, slæbning; *(agr)* agerslæber, tung harve; *(mar, fx* til eftersøgning af druknet) vod, dræg, skraber; (ved jagt) slæb (til at frembringe kunstigt spor); *(fig)* hæmsko, klods om benet *(on* på); *(flyv)* luftmodstand; (ved støbning) underpart, underkasse; (vogn:) diligencelignende privat køretøj; T hiv, sug (af cigaret, pibe); kvindetøj båret af mand; *(am* S*)* gade; *main* ~ hovedgade; *that record is a* ~ S den plade er dødkedelig *(el.* dødssyg); *have a* ~ S have et ord at skulle have sagt (ɔ: have indflydelse).
drag anchor *(mar)* drivanker.
draggle [drægl] *vb* slæbe i snavset; tilsøle(s); tiljaske(s).
draggled [drægld] *adj* jasket.
draggle|-tail *sb* sjuske. **-tailed** *adj* sjokket, sjusket.
dragnet ['drægnet] *sb* vod.
dragoman ['drægəmən] *sb* orientalsk tolk *el.* fører.
dragon ['drægən] *sb* drage.
dragon|fly *zo* guldsmed. ~ **tree** *(bot)* drageblodstræ.
dragoon [drə'gu:n] *sb* dragon; *vb* tvinge ved voldsomme midler, regere med, tyrannisere.
drag|race accelerationskonkurrence; ~ **rope** slæbetov (til ballon); drægtov. ~ **show** optræden af mænd i kvindetøj. ~ **wire** *(flyv)* modstandsbardun.
I. drain [drein] *vb* bortlede (noget flydende); udtørre; dræne; *(fig)* tømme; tappe *(of* for); (uden objekt) flyde bort, løbe af; *his life was -ing away* hans liv ebbede ud.
II. drain [drein] *sb* **1.** afløb; kloakledning; drænrør; nedløbsrør; **2.** dræn (i sår); **3.** tømning, tapning; **4.** T slurk, tår; *laugh like a* ~ T skraldgrine; *be a* ~ *on* tære stærkt på *(fx his purse* hans pengebeholdning; *his strength* hans kræfter); *go down the* ~ forsvinde, gå til spilde.
drainage ['dreinidʒ] *sb* bortledning; afvanding; aftapning; dræning; rørlægning; kloakering; kloakvæsen, kloaksystem; kloakvand; dræningsvand.
draining|-board, ~ **dish,** ~ **tray** opvaskebakke.
drainpipe drænrør; nedløbsrør; *-s* S snævre bukser.
drake [dreik] *sb zo* andrik; døgnflue.
dram [dræm] *sb* 1/16 *ounce; (am)* 1/8 *ounce;* smule; dram, snaps.
drama ['dra:mə] *sb* drama.
dramatic(al) [drə'mætik(l)] *adj* dramatisk; *(fig ogs)* overraskende, opsigtsvækkende, sensationel, pludselig.
dramatics [drə'mætiks] *sb pl* amatørteater; dramatik; T dramatik, postyr.
dramatis personae ['dræmətis pə:'səunai:] de optrædende personer; personliste.
dramatist ['dræmətist] *sb* dramatiker, skuespilforfatter.
dramatization [dræmətai'zeiʃn] *sb* dramatisering.
dramatize ['dræmətaiz] *vb* dramatisere.
dramaturgy ['dræmətə:dʒi] *sb* dramaturgi.
drank [dræŋk] *præt af drink.*
drape [dreip] *vb* beklæde; drapere; *sb* fald *(fx the* ~ *of a gown); -s pl (med.)* steril afdækning (ved operation); *(teat)* tæppe; *(am)* gardin(er); forhæng.

draper ['dreipə] *sb* klædehandler, manufakturhandler.
draper's shop manufakturforretning.
drapery ['dreipəri] *sb* drapering, draperi; gardin, forhæng; klædehandel; manufakturvarer; manufakturforretning.
drastic ['dræstik] *adj* drastisk; kraftigt virkende *(fx remedy).*
drat [dræt] *vb* T: ~ *him!* gid pokker havde ham! ~ *(it)!* så for pokker!
draught [dra:ft] *sb* (se også under *draft)* trækken; aftapning; træk, trækvind; spjæld (i ovn *etc*); slurk; drik; et glas (*el.* krus) øl *etc;* mikstur; fiskedræt; grundrids, tegning, udkast; *(mar)* dybgående; *at a* ~ i ét drag; *beer on* ~ fadøl; *feel the* ~ *(fig)* komme i (økonomiske) vanskeligheder, føle sig truet; *a rough* ~ en kladde.
draught|board dambræt. ~ **excluder** tætningsliste. ~ **horse** trækhest, arbejdshest.
draughts [dra:fts] *sb pl* damspil.
draughts|man dambrik; tegner; forfatter af udkast, koncipist. **-manship** tegnekunst.
draughty ['dra:fti] *adj: a* ~ *room* et værelse hvor det trækker.
I. draw [drɔ:] *sb* **1.** (et) træk, lodtrækning, trækning; **2.** lokkemiddel, trækplaster, *(teat)* kassestykke; **3.** (i spil) remis, uafgjort spil, uafgjort kamp; **4.** *(am)* sug, drag *(fx on a pipe); beat him on the* ~ *(am)* skyde først; komme ham i forkøbet; *quick on the* ~ hurtig til at trække sin revolver.
II. draw [drɔ:] *vb (drew drawn)* trække; drage; trække op *(fx* ~ *the cork gently),* trække ud *(fx a tooth),* trække for (, fra) *(fx the curtain),* trække ned; (obligation, præmie) udtrække; *(fig)* tiltrække *(fx the accident drew a large crowd),* drage *(fx she felt -n towards him),* lokke *(fx* ~ *him away from his work,* ~ *him to say silly things),* fremkalde *(fx* ~ *applause; it drew indignant protests from them),* udlede *(fx* ~ *a moral from* (af) *the story),* drage *(fx a conclusion, the consequences),* hente *(fx* ~ *inspiration from his example);* suge; (om væske) tappe *(fx* ~ *wine from a cask,* ~ *him a glass of beer); (fig)* få til at udtale sig, 'pumpe' *(fx they tried to* ~ *him);* (om penge) hæve *(fx he -s £15 every week,* ~ *one's wages);* (om billede) tegne *(fx* ~ *a picture of sth; she -s well);* (om dokument) affatte, opsætte, udfærdige; (i madlavning) udtage indvoldene af *(fx* ~ *a chicken);* (i sport, spil) spille uafgjort *(fx Arsenal and Chelsea drew 3-3);* (ved jagt) afsøge; *(mar)* stikke, have et dybgående af; *(merk)* trække, trassere *(fx a bill, a cheque);* (i fiskeri) trække vod i;

he refused to be -n han lod sig ikke provokere; han ville ikke røbe noget; ~ *(a) blank,* se *blank;* ~ *a bow* spænde en bue; ~ *the long bow* overdrive, fantasere; ~ *a cork (ogs)* trække en flaske op; *we must* ~ *the line somewhere* der må være en kant (*el.* grænse); *I* ~ *the line there* der trækker jeg grænsen; ~ *the rein* holde hesten an; ~ *tears* lokke tårerne frem;

(med *præp* og *adv)* ~ **apart** *(fig)* glide fra hinanden; ~ **away** trække bort; drage bort; øge sit forspring; ~ **back** trække (sig) tilbage; ~ **down** trække ned; pådrage sig; fremkalde *(fx it drew down a storm of protest);* ~ **for** *partners* trække om hvem der skal være makkere; ~ **from** *nature* tegne efter naturen; ~ *inspiration from* lade sig inspirere af, hente sin inspiration fra; ~ *water from a well* hente vand op af en brønd; ~ **in** trække ind; inddrage, lokke med; formindske, nedskære, inddrage; indskrænke; *the days are -ing in* dagene bliver kortere; ~ **level** *with* indhente, komme på højde med; ~ *it mild,* se *mild;* ~ **near** nærme sig; ~ **off** uddrage; aflede; fjerne sig, trække (sig) tilbage; aftappe, affade; ~ **on** nærme sig *(fx winter is -ing on);* trække på *(fx you may* ~ *on me for £200); (fig)* trække veksler på; bruge som kilde, benytte *(fx he has -n on old manuscripts),* øse af *(fx his extensive knowledge);* ~ *sby on* lokke en; provokere en; ~ **out** trække ud; strække; trække frem; fremdrage, få frem; ~ *sby out* få en til at udtale sig, få en på gled; *the days are -ing out* dagene bliver længere; ~ **round** samle sig om; ~ **to** *a conclusion* nærme sig sin afslutning; gå på hæld; ~ **up** stille op *(fx the troops drew up on the drill ground);* standse; sætte op, affatte *(fx a contract),* redigere; ~ *oneself up* rette sig (i vejret).
drawback ['drɔ:bæk] *sb* ulempe, ubehagelighed, skyggeside, minus; hindring; *(merk)* toldgodtgørelse ved eksport af importerede varer; *(am)* returkommission.
drawbridge ['drɔ:bridʒ] vindebro, svingbro.
drawee [drɔ:'i:] *sb* trassat.
I. drawer ['drɔ:] *sb* skuffe; *chest of -s* kommode, dragkiste, skuffemøbel; (se også *bottom drawer; top drawer).*
II. drawer ['drɔ:ə] *sb* tegner; *(merk)* trassent; ~ *of a cheque (ogs)* checkudsteder.
drawers ['drɔ:z] *sb pl* (let *glds)* underbukser.
drawing ['drɔ:iŋ] *sb* tegning; trækning; udtrækning; *-s pl (ogs)* indtægter; *out of* ~ fortegnet.
drawing| board tegnebræt. ~ **card** *(am)* trækplaster *(fig).* ~ **knife** båndkniv. ~ **master** tegnelærer. ~ **paper** tegnepapir. ~ **pin** tegnestift. ~ **room** dagligstue, salon; selskab; kur (ved hoffet). ~ **room comedy** salonkomedie.
drawknife ['drɔ:naif] *sb* båndkniv.
drawl [drɔ:l] *vb* dræve, tale (, læse) slæbende; *sb* dræven, slæbende tale (, læsen).
drawn [drɔ:n] *pp* af *II. draw;* trukket *(etc);* stram; fortrukken; anspændt; ~ *butter sauce (am)* opbagt sovs; ~ *(tread) work* udtrækningssyning.
dray [drei] *sb* flad arbejdsvogn, ladvogn, blokvogn, ølvogn; *(austr)* tohjulet vogn.
dray| horse svær arbejdshest, bryggerhest. **-man** ølkusk.
dread [dred] *sb* skræk, frygt, ærefrygt; rædsel *(of* for); *adj* frygtelig; ærefrygtindgydende; *vb* frygte, ræddes.
dreadful ['dredf(u)l] *adj* frygtelig; (se også *penny* ~).
dreadlocks ['dredlɔks] *sb pl* (lange sommerfiltrede hårlokker båret af rastafarier).
dreadnought ['drednɔ:t] *sb* svært frakkestof, tyk frakke; *(mar)* dreadnought (panserskibstype).
I. dream [dri:m] *sb* drøm.
II. dream [dri:m] *vb (dreamt el. dreamed, dreamt el. dreamed)* drømme; ~ *up* fantasere sig til, finde på.
dreamer ['dri:mə] *sb* drømmer.
dreamt [dremt] *præt* og *pp* af *dream.*
dreamy ['dri:mi] *adj* drømmende; drømmeagtig; T som en drøm, pragtfuld.
dreary ['driəri] *adj* sørgelig, trist; uhyggelig, trøstesløs; kedelig, ensformig.
dredge [dredʒ] *sb* dræg; østersskraber, bundskraber; (til opmudring) muddermaskine; *(agr)* blandsæd; *vb* skrabe østers; drægge *(for* efter); fiske op; mudre op, opmudre; (om sukker, mel) drysse; ~ *the meat with flour* drysse mel over kødet; ~ *sugar over* strø sukker på.
dredger ['dredʒə] *sb* skraber; muddermaskine; strødåse.
dree [dri:] *vb* (i skotsk) tåle; ~ *my weird* finde mig i min skæbne.
dregs [dregz] *sb pl* bærme, bundfald; *drink (el. drain) to the* ~ tømme til bunden; *the* ~ *of Society* samfundets bærme.
drench [drenʃ] *vb* gennembløde, gennemvæde; give medicin ind; *sb* dosis kreaturmedicin.
I. dress [dres] *sb* dragt; påklædning; (dame)kjole; (se også *evening dress, full dress).*
II. dress [dres] *vb* klæde på, klæde; klæde sig på; klæde sig om; pynte *(fx a shop window),* tilberede,

ordne, (til)lave; tilhugge, tilhøvle, tilrette *etc*, afrette, afpudse; (om kød *etc*) rense *(fx fish)*, pudse; (om sår) forbinde, behandle; (om skind) garve; (om stof) appretere; *(mil.)* stille op i lige linie, rette ind; *right* ~! ret ind til højre!

~ *flax* hegle hør; ~ *her hair* sætte hendes hår; ~ *a horse* strigle en hest; ~ *the salad* tillave salaten med eddike, olie *etc*; ~ *ship (mar)* flage over toppene *(el.* ræerne); ~ *a tree* beskære et træ;

(med *adv)* ~ *sby down* give en en omgang, skænde på en; ~ *out* pynte; ~ *up* pynte, fikse op; klæde sig ud.

III. dress [dres] *adj* selskabs-, galla- *(fx shoes, uniform)*.

dress| circle balkon (i teater). ~ **coat** herrekjole.

dressage ['dresa:ʒ] *sb* skoleridning, dressur.

dresser ['dresə] *sb* påklæder(ske); vinduesdekoratør; kirurgs assistent; køkkenskab med tallerkenrække foroven; *(am)* toiletbord; *(tekn)* afretter.

dress form gine (til kjolesyning).

dressing ['dresiŋ] *sb* påklædning; (til sår) forbinding; *(agr)* gødning; (i madlavning) tilberedning; tillavning; sovs; dressing, marinade (til salat); fyld (i stegt fugl *etc)*; (stivemiddel i stof) appretur.

dressing| bag necessaire, lille toilettaske. ~ **bell** klokke (der giver signal til omklædning til middag). ~ **case,** se ~ *bag*. ~ **down** omgang, overhaling *(fx give him a good* ~ *down)*. ~ **gong** gongong (der giver signal til omklædning til middag). ~ **gown** slåbrok. ~ **jacket** frisertrøje. ~ **room** påklædningsværelse, (skuespiller)garderobe. ~ **set** toiletgarniture. ~ **station** forbindingsplads. ~ **table** toiletbord.

dress|maker dameskrædderinde. **-making** dameskrædderi, kjolesyning. ~ **preserver** ærmeblad. ~ **rehearsal** generalprøve. ~ **shield** ærmeblad. ~ **shirt** manchetskjorte. ~ **show** mannequinopvisning. ~ **suit** kjole og hvidt.

dressy ['dresi] *adj* fiks; (over)pyntet; pyntesyg.

drew [dru:] *præt* af *draw*.

dribble [dribl] *vb* dryppe, savle; lade dryppe; (i fodbold) drible; *sb* dryp.

driblet ['driblət] *sb* dryp; lille smule, lille sum penge; *by -s* i småpartier, dråbevis.

I. drier ['draiə] *sb* tørremiddel; tørrehjelm.

II. drier *komp* af *dry*.

I. drift [drift] *sb* drift, driven, *(fig)* retning, tendens, tankegang, mening *(fx the* ~ *of the speech)*; sammendrevet dynge *(fx of dead leaves)*, snedrive; snefog, regnbyge; *(geogr)* (langsom) strøm; *(mar, flyv)* afdrift; *(geol)* aflejring; (i fiskeri) drivgarn; *(tekn)* dorn (til at udvide et hul med); uddrivningskile; (i mine) stolle (minegang); *I didn't get the* ~ *of what he said (ogs)* jeg forstod ikke hvor han ville hen.

II. drift [drift] *vb* drive; fyge (sammen); sammendynge; flyde; glide, føres, lade sig føre; T slentre; *let things* ~ lade stå til.

drift anchor drivanker.

drifter ['driftə] *sb* drivgarnsfisker; dagdriver; flakke (ɔ: der tit skifter arbejdssted).

drift| ice drivis. ~ **net** drivgarn. **-wood** drivtømmer.

drill [dril] *vb* bore; gennembore; *(mil.)* eksercere (med); *(fig)* indøve, indeksercere; *sb (tekn)* drilbor; *(agr)* radsåmaskine, rad, fure; (stof:) drejl; *(mil.)* eksercits; *(fig)* mekanisk indøvelse; rutine; T rigtig fremgangsmåde *(fx what's the* ~ *for filling in this form?)*; *zo* dril (en abe).

drill| ground eksercerplads. ~ **hall** eksercerhus. ~ **harrow** drillharve.

drilling rig boreplatform.

drily ['draili] *adv* tørt.

I. drink [driŋk] *sb* drik, drikke; drink; druk; *have a* ~, *take a* ~ drikke et glas, få sig et glas; *be in* ~ have drukket (for meget); *the* ~ *(flyv,* S*)* havet; *in the* ~ S i 'baljen', i vandet; *take to* ~ slå sig på flasken.

II. drink [driŋk] *vb (drank, drunk)* drikke *(out of* af); indsuge, opsuge; ~ *in (fig)* sluge *(fx every word)*; indsuge *(fx the special atmosphere)*; ~ *off* drikke ud; ~ *to* drikke på; ~ *to sby* skåle med en, hilse på en (med glasset); drikke ens skål; ~ *up* drikke op, drikke ud.

drinkable ['driŋkəbl] *adj* drikkelig; *sb: -s* drikkevarer.

drinker ['driŋkə] *sb* en som drikker; dranker.

drinking| bout soldetur. ~ **song** drikkevise. ~ **water** drikkevand.

drip [drip] *vb* dryppe; *sb* dryp; *(arkit)* vandnæse; gesims; *(med.)* drop; S kedeligt drys.

drip-dry ['dripdrai] *adj* som skal dryppetørre; *vb* dryppetørre.

drip|feed *sb (med.)* drop; (smøring:) dryptilførsel. ~ **-feed** *vb (med.)* tilføre næring ved hjælp af drop.

dripping ['dripiŋ] *sb* dryppen; stegefedt; fedt og saft der drypper fra kød under stegning; *adv:* ~ *wet* drivvåd.

dripstone *sb* drypsten; *(arkit)* vandnæse, drypkant, kransliste.

I. drive [draiv] *vb (drove, driven)* drive, jage, tvinge; jage med, koste med; (om bil *etc*) køre, styre, føre; (om bold, søm) slå *(fx* ~ *a nail in)*, (om pæl) ramme ned, (om tunnel *etc)* grave, føre *(fx* ~ *a tunnel through a hill)*; (uden objekt) køre; køre bil; fare;

~ *a bargain* slå en handel af; ~ *a hard bargain* være en hård forhandler; presse en aftale (, handel) igennem; ~ *sby crazy* drive én til vanvid; *he can be led but not -n, he is easier led than -n* han skal tages med det gode;

(med *præp, adv)* ~ *at* sigte til, hentyde til, mene *(fx what are you driving at?)*; *(let)* ~ *at* lange ud efter, gå løs på; ~ *away sorrow* fordrive sorgen; ~ *it into his head* banke det ind i hovedet på ham; ~ *up* køre frem.

II. drive [draiv] *sb* køretur; kørevej, indkørsel; kørsel; driven, jagten, klapjagt; fart, energi, handlekraft; voldsomt angreb; fremstød, kampagne, offensiv *(fx an export* ~*)*; (i sport) hårdt (fladt) slag, (i kricket) slag fremefter; *four- wheel* ~ firhjulstræk; *with lefthand* ~ venstrestyret.

drive-in ['draivin] *sb* drive-in, friluftsbiograf (, restaurant etc) for bilister i vogn; bilbio.

drivel [drivl] *vb* savle; vrøvle; *sb* savl; vrøvl.

driveller ['drivlə] *sb* vrøvlehoved.

driven [drivn] *pp* af *drive, adj: white as the* ~ *snow* hvid som nyfalden sne; *pure as the* ~ *snow (fig)* uskyldsren.

driver ['draivə] *sb* kusk, chauffør, bilist, vognstyrer, lokomotivfører; drivværk, drivhjul; slags golfkølle.

driver's licence *(am)* kørekort.

driveway *(am)* indkørsel, kørevej.

driving| belt drivrem. ~ **instructor** kørelærer. ~ **lesson** køretime. ~ **licence** kørekort. ~ **mirror** bakspejl. ~ **shaft** drivaksel. ~ **test** køreprøve. ~ **wheel** drivhjul.

drizzle [drizl] *vb* støvregne, småregne; *sb* støvregn, finregn. **drizzly** *adj* med støvregn.

drogue [drəug] *sb* drivanker; *(flyv)* slæbemål; vindpose.

drogue parachute bremsefaldskærm.

droit [drɔit] *sb* rettighed.

droll [drəul] *adj* morsom, komisk, pudsig, løjerlig.

drollery ['drəul(ə)ri] *sb* morsomhed(er), pudsighed, løjerlighed.

dromedary ['drʌmədəri] *sb zo* dromedar.

drone [drəun] *sb* (bi) drone; (person) dagdriver, drivert; (lyd) summen, snurren; (instrument) baspibe; sækkepibe; *vb* dovne, dvaske; brumme, snurre; tale *(el.* synge) monotont. **drone fly** *zo* dyndflue.

droningly ['drəuniŋli] *adv* monotont, drævende.

drool [dru:l] = *drivel.*
droop [dru:p] *vb* hænge ned; lude; hænge slapt; blive kraftesløs, synke sammen.
I. drop [drɔp] *sb* dryp; dråbe; bolsje, drops; (smykke:) ørelok; *(cf II. drop)* fald, nedgang; faldhøjde; stejl skråning; (fra fly) nedkastning; udspring (med faldskærm); *(teat)* mellemaktstæppe; (for nøglehul og *tlf)* klap; (på galge) faldlem; T skjulested for tyvekoster; døv brevkasse (for agent).
a ~ too much en tår over tørsten; *a ~ in the bucket (el. ocean)* en dråbe i havet; *at the ~ of a hat* på et givet signal; straks, uden mukken; pludselig, på den mindste foranledning; *get (el. have) the ~ on (am)* have overtaget over; *letter ~* brevsprække.
II. drop [drɔp] *vb* **1.** lade falde *(fx the curtain, a remark),* nedkaste *(fx supplies),* sænke *(fx one's voice);* **2.** tabe *(fx he -ped the vase),* miste, slippe, give slip på, kaste; **3.** sætte af *(fx you can ~ me here);* **4.** (om dyr) føde, kaste (unger); **5.** udelade *(fx a letter* et bogstav); **6.** holde op med, skippe; opgive *(fx you had better ~ the matter; ~ an acquaintance* et bekendtskab), afbryde omgangen med, slå hånden af, droppe *(fx a friend),* forlade; **7.** (om brev *etc)* sende *(fx ~ me a postcard);* **8.** (i jagt) skyde ned *(fx a bird);*
(uden objekt) **9.** falde, dumpe, lade sig falde *(fx ~ from a window),* synke *(fx into a chair),* falde (el. segne el. synke) om (fx *~ dead, ~ with fatigue);* **10.** synke, tage af, aftage *(fx sales -ped);* falde tilbage *(fx ~ to the third place);* **11.** forsvinde *(fx ~ out of sight);* **12.** dryppe, drive (af vand); **13.** (om vind) løje af; lægge sig;
~ (the) anchor kaste anker, ankre op; *~ dead!* T skrub af! *his face -ped* han blev lang i ansigtet; *~ a hint* lade en bemærkning falde, give et praj (el. vink); *~ it!* hold op (med det)! (til en hund) læg det; *~ me a line* send mig et par ord; *~ the subject* forlade emnet, lade emnet falde;
(med *præp, adv) ~ behind* sakke agterud (for); *~ down(stream)* føres med strømmen; *~ down on* skælde ud, overfalde; *~ in* komme uventet, kigge indenfor; drysse ind, se ind *(on* til); *~ off* aftage, tage af, synke; falde hen, falde i søvn; falde fra; dø; *~ out* trække sig ud, glide ud; falde fra, gå fra, opgive; melde sig ud af samfundet; *~ through (fig)* falde til jorden; *ready to ~* segnefærdig.
drop| curtain mellemaktstæppe. *~* **-forge** *vb* sænksmede. *~* **hammer** faldhammer. **-kick** (i rugby) *sb* dropspark; *vb* lave et dropspark; lave mål på dropspark. *~* **leaf** klap (på klapbord). **-let** lille dråbe, spytpartikel.
dropout ['drɔpaut] *sb* frafald; student (, elev) der ikke fuldfører uddannelsen; en der melder sig ud af samfundet; social taber; (i edb) udfald.
dropout rate frafaldsprocent.
dropper ['drɔpə] *sb (med.)* pipette, dråbetæller.
droppings ['drɔpiŋz] *sb pl* dryp *(fx from a candle);* (dyrs) ekskrementer.
drop| rudder sænkeror. *~* **scene** mellemaktstæppe. *~* **shot** (i tennis) stopbold (kort bold lige over nettet).
dropsical ['drɔpsikl] *adj* vattersotig.
dropsy ['drɔpsi] *sb* vattersot.
dross [drɔs] *sb* slagger, bundfald, affald.
drought [draut] *sb* tørhed, tørke; *(glds)* tørst.
droughty ['drauti] *adj* tør; tørkeramt.
drouth [drauθ] *(am)* = *drought.*
I. drove [drəuv] *sb* drift (kvæg); *(fig)* flok, skare.
II. drove [drəuv] *præt* af *drive; vb* drive (kvæg).
drover ['drəuvə] *sb* kvægdriver; kvæghandler.
drown [draun] *vb* drukne; overdøve; *get -ed, be -ed* drukne; *~ the revolution in blood* kvæle revolutionen i blod.
drowse [drauz] *vb* halvsove, døse; gøre døsig.
drowsy ['drauzi] *adj* søvnig, døsig; søvndyssende.
I. drub [drʌb] *vb* banke, prygle, tæske; stampe.
II. drub [drʌb] *sb* slag, stød.
drubbing ['drʌbiŋ] *sb* dragt prygl; lag tæsk.
drudge [drʌdʒ] *sb* slider, slave; *vb* slide og slæbe.
drudgery ['drʌdʒ(ə)ri] *sb* slid og slæb, hårdt og ensformigt arbejde, slavearbejde.
drug [drʌg] *sb* medicin, apotekervare; droge; stimulans, narkotisk middel; *-s pl (ogs)* medicinalvarer; 'stof(fer)'; *vb* blande med et bedøvende stof (, med gift); give medicin ind; forgifte, bedøve; bruge stimulanser; *be on -s* T være stofmisbruger; *~ on the market* uafsættelig vare.
drug| addict narkoman, stofmisbruger. *~* **addiction** narkomani, stofmisbrug. *~* **factory** medicinalfabrik.
drugget ['drʌgit] *sb* uldent stof til gulvtæpper; tæppeskåner.
druggie ['drʌgi] *sb* narkoman.
druggist ['drʌgist] *sb* materialhandler; (i USA og Skotland) apoteker.
druglord ['drʌglɔ:d] *sb* T narkobagmand.
drug peddler narkohandler.
drugs squad narkotikapoliti.
drugstore ['drʌgstɔ:] *sb (am)* (forretning der foruden medicin også sælger *fx* fødevarer, legetøj, parfume).
drug trafficker narkohandler.
drug user stofbruger.
druid ['druid] *sb (hist.)* druide (keltisk præst).
drum [drʌm] *sb* tromme; trommehvirvel; trommeslager; cylinder, tromle, valse; (cylindrisk beholder) tromle, tønde; *(anat)* trommehinde; *vb* tromme; tromme på; *beat the ~* slå på tromme; *~ sth into sby ('s head)* banke noget ind i hovedet på en; *~ up* tromme sammen; skaffe ved ihærdige anstrengelser.
drum|beat trommeslag, trommehvirvel. *~* **brake** tromlebremse. **-fire** trommeild. **-head** trommeskind. **-head court-martial** standret. *~* **major** tamburmajor, regimentstambur. *~* **majorette** kvindelig tamburmajor; medlem af pigegarde.
drummer ['drʌmə] *sb* trommeslager; *(am)* handelsrejsende, repræsentant.
drumstick *sb* trommestik; T (stegt) hønselår.
drunk [drʌŋk] *pp* af *drink; adj* fuld, beruset *(fx the man is ~); sb* S beruser; druktur, drikkegilde; brandert; *get ~* drikke sig fuld; *~ as a lord* hønefuld, fuld som en allike; *~ with delight* ovenud henrykt, vild af begejstring.
drunkard ['drʌŋkəd] *sb* dranker.
drunken ['drʌŋkən] *adj* fuld, beruset *(fx a ~ man);* drikfældig. **drunkenness** ['drʌŋkənnis] *sb* fuldskab.
drunk tank *(am T)* detention.
drupe [dru:p] *sb (bot)* stenfrugt.
dry [drai] *adj* tør; (om træ) udgået; (om malkeko) gold; (om humor) tør, spids; *(am)* tørlagt (ɔ: med spiritusforbud); *(mar)* læns; *vb* tørre; *sb* tørvejr, tørke; tørhed; *~ bread* bart brød; *~ out* udtørre; S afvænne (fra alkohol); afruse; *(mht* narkotika) nedtrappe; gå på afvænning (, nedtrapning); *~ up* tørre (ind); udtørres, hentørres; *(fig,* om skuespiller) gå i stå, glemme sin replik; *~ up!* T hold mund! *~ work* arbejde man bliver tørstig af.
dryad ['draiəd] *sb* dryade, skovnymfe.
dryasdust ['draiəzdʌst] *adj* knastør; *sb* stuelærd, pedant.
dry battery, dry cell tørelement.
dry cleaners renseri. **dry cleaning** kemisk rensning.
Dryden ['draidn].
dry dock *sb* tørdok. **dry-dock** *vb* (lade) gå i tørdok.
dry goods *(am)* manufakturvarer; (i Australien) isenkram.
dry ice tøris. **dry matter** tørstof.
dry nurse goldamme, barnepige.
dry-nurse ['drainə:s] *vb* opflaske; være barnepige for.

drypoint ['draipɔint] *sb* koldnål; koldnålsstik, koldnålsradering.
dry rot svamp (i hus, i træ).
dry run øvelsesskydning uden ammunition; *(fig)* prøve, afprøvning, øvelse.
drysalter ['draisɔ:ltə] *sb* materialist, farvehandler.
drysaltery *sb* materialhandel.
dry-shod ['drai'ʃɔd] *adj* tørskoet.
dry(stone) wall tørmur, tørtbygget mur.
D.S.C. *fk Distinguished Service Cross.*
D. Sc. *fk Doctor of Science.*
D.S.M. *fk Distinguished Service Medal.*
D.S.O. *fk Distinguished Service Order.*
D.S.T. *fk Daylight Saving Time.*
d.t., D.T. *fk delirium tremens.*
dual ['djuəl] *adj* dobbelt; *sb (gram)* dualis.
dual| carriageway vej med midterrabat. ~ **control** *(flyv)* dobbeltstyring; (i bil) dobbeltkommando. ~ **flight** flyvning med flyvelærer. ~ **highway** vej med adskilte kørebaner.
dualism ['djuəlizm] *sb* dualisme, dobbelthed.
dual-purpose *adj* som er beregnet til to formål, som kan bruges på to måder.
dual| tyres *pl* tvillingringe. ~ **wheels** *pl* tvillinghjul.
I. dub [dʌb] *sb* klodrian.
II. dub [dʌb] *vb* slå til ridder; betitle; udnævne til; titulere, kalde, give øgenavn *(fx they -bed him 'Fatty');* tilrette, afpudse, glatte; indsmøre med fedt *(fx ~ leather);* (om film) eftersynkronisere; (radio) overspille, kopiere.
dubbin ['dʌbin] *sb* læderfedt, fedtsværte.
dubiety [dju:'baiəti] *sb* tvivl; tvivlsomhed; tvivlsspørgsmål.
dubious ['dju:bjəs] *adj* tvivlende; tvivlrådig; usikker; tvivlsom; mistænkelig; *be (el. feel) ~ as to what to do* være i tvivl om hvad man skal gøre.
dubitable ['dju:bitəbl] *adj* tvivlsom.
dubitative ['dju:bitətiv] *adj* tvivlrådig.
Dublin ['dʌblin].
ducal [dju:kl] *adj* hertugelig.
ducat ['dʌkət] *sb* dukat.
duchess ['dʌtʃəs] *sb* hertuginde.
duchy ['dʌtʃi] *sb* hertugdømme.
I. duck [dʌk] *sb* and; T (om person) skat, snut; *(mil.)* amfibie-landgangsfartøj; (i kricket) nul points; *-'s arse haircut* anderumpefrisure; *like water off a -'s back* som at slå vand på en gås; *-'s egg* andeæg; nul point (i kricket); *break one's -('s egg)* (i kricket) 'løbe' for første gang, få sit første point; *make (el. play) -s and drakes* slå smut; *play -s and drakes with one's money* øse sine penge ud; *in two shakes of a -'s tail* i løbet af nul komma fem, i lynende fart; *he takes to it like a ~ to water* det går som en leg for ham.
II. duck [dʌk] *sb* ravndug, bomuldslærred; sejldug; *-s* ravndugsbukser.
III. duck [dʌk] *vb* dukke (sig); smyge sig (, vige) uden om *(fx responsibility); sb* dukkert, dukken sig.
duck|bill *zo* næbdyr. **-board** gangbræt (på sumpet jord *el.* i skyttegrav). **-boat** skydepram.
ducking ['dʌkiŋ] *sb* dukkert.
duck-legged ['dʌklegd] *adj* kortbenet.
duckling ['dʌkliŋ] *sb* ælling.
duck's arse (, egg *etc),* se *I. duck.*
duckweed ['dʌkwi:d] *sb (bot)* andemad.
ducky ['dʌki] *adj* nuttet, sød; *sb* skat, snut.
duct [dʌkt] *sb* kanal, rør, (udførsels)gang.
ductile ['dʌktail, *(am)* -tl] *adj* strækkelig, strækbar, bearbejdelig, bøjelig; plastisk; smidig; føjelig, let påvirkelig.
ductility [dʌk'tiləti] *sb* strækkelighed, strækbarhed; smidighed; føjelighed.
ductless ['dʌktləs] *adj (anat): ~ glands* endokrine (*el.* lukkede) kirtler.
dud [dʌd] *sb* forsager, blindgænger; *(fig)* fuser, forbier, fiasko; *adj* uenergisk, kraftesløs; dårlig, i uorden; (om check) falsk; *duds (am* T*)* tøj, klude, kluns.
dude [d(j)u:d] *sb (am)* laps; bybo; fyr; *~ ranch* ranch indrettet for turister.
dudgeon ['dʌdʒən] *sb* vrede, forbitrelse, fortørnelse; *in high ~* meget fortørnet.
due [dju:] *adj* skyldig; passende, tilbørlig; behørig; forfalden *(fx* om veksel); *sb* afgift; ret, hvad der tilkommer en; *-s pl (ogs)* kontingent; *adv* stik *(fx ~ north);*
~ date forfaldsdag, betalingsdag; *he is ~ for promotion* han står for tur til at blive forfremmet; *give everyone his ~* svare enhver sit; *in ~ time (el. course)* i rette tid, til sin tid, da tiden var inde; i tidens fylde; *fall ~ (for payment)* forfalde til betaling; *the steamer is ~ today* damperen skal komme i dag; *it is ~ to* det skyldes, det er en følge af; *the obedience ~ to parents* den lydighed man skylder sine forældre; *thanks are ~ to Mr X* jeg (, vi) er hr X tak skyldig.
duel ['dju:əl] *sb* tvekamp, duel; *vb* duellere.
duellist ['dju:əlist] *sb* duellant.
duenna [dju'enə] *sb* duenna, anstandsdame.
duet [dju'et] *sb* duet; *play a piano ~* spille firhændig.
duff [dʌf] *sb* melbudding; *vb* S forfalske; forkludre, spolere; *~ up* S gennemtæve, gennembanke
duffel [dʌfl] *sb* dyffel; sportsudstyr, sæt tøj.
duffelbag køjesæk. **-coat** duffelcoat.
duffer ['dʌfə] *sb* dumrian, klodrian; bissekræmmer.
duffle| bag sportstaske; *(am)* køjesæk. **-coat** duffelcoat.
I. dug [dʌg] *sb* patte, pattevorte, yver.
II. dug [dʌg] *præt* og *pp* af *dig.*
dug-out ['dʌgaut] *sb* dækningsrum, beskyttelsesrum; udskiftningsbænk, spillerbænk (forsænket ved sidelinien); kano lavet af udhulet træstamme, stammebåd; S afskediget officer som atter kaldes til tjeneste.
duiker ['daikə] *sb zo* dykantilope, dværgantilope.
duke [dju:k] *sb* hertug; S næve, hånd.
dukedom ['dju:kdəm] *sb* hertugdømme; hertugværdighed.
dulcet ['dʌlsit] *adj* sød, liflig, melodiøs.
dulcify ['dʌlsifai] *vb* forsøde; gøre blid.
dulcimer ['dʌlsimə] *sb* hakkebræt *(glds* musikinstrument).
I. dull [dʌl] *adj* **1** dunkel, mat *(fx colour, eyes);* uklar; **2** stump, sløv *(fx knife);* **3** *(fig)* dump *(fx pain, sound);* **4** (om person) dum, tungnem, træg, langsom; **5** kedelig *(fx film, book),* flov, trist; **6** *(merk)* svag *(fx a ~ market); be (el. feel) ~, have a ~ time* kede sig; *~ of hearing* tunghør.
II. dull [dʌl] *vb* sløve; dulme; sløves.
dullard ['dʌləd] *sb* dumrian.
dull-witted *adj* dum, enfoldig.
dulse [dʌls] *sb* spiselig tang.
duly ['dju:li] *adv* på tilbørlig måde (*el.* vis), i rette tid, behørigt, rigtigt *(fx ~ received).*
dumb [dʌm] *adj* stum, umælende; målløs; tavs, fåmælt; *(am* T*)* dum; *vb* gøre stum; blive stum.
dumb| barge slæbepram. **-bells** *pl* håndvægte.
dumbfound [dʌm'faund] *vb* gøre målløs, forbløffe; *-ed* lamslået.
dumb| show pantomime, stumt spil. **-waiter** stumtjener (et lille serveringsbord); køkkenelevator.
dumdum ['dʌmdʌm] *sb* dumdumkugle.
Dumfries [dʌm'fri:s].
dummy ['dʌmi] *sb* stråmand; stum person; *(teat)* statist; T tåbe; (bugtalers) dukke; (i udstillingsvindue: til tøj) voksmannequin; (i kortspil) blind makker; (ting:) attrap, (af bog) prøvebog, prøvebind, (på hylde) blindbog; (til paryk) skabilkenhoved, parykblok;

(*baby's* ~) narresut; *adj* fingeret; forloren, attrap-; ~ *cartridge* øvelsespatron.
dump [dʌmp] *sb* losseplads; *(mil.)* (midlertidigt) depot (under åben himmel); T *(neds,* om by *etc)* hul, (beværtning) bule; *vb* vælte af, læsse af, smide; dumpe *(fx ~ nerve gas in the sea); (merk)* kaste ud på markedet til en lav pris, dumpe; (i edb) gemme; ~ *on (am* S) kritisere, række ned på. (se også *dumps).*
dump| body vippelad, tippelad. ~ **car** *(am)* tipvogn.
dumping ['dʌmpiŋ] *sb* aflæsning; dumpning; *(merk)* dumping.
dumpling ['dʌmpliŋ] *sb* melbolle; indbagt æble; (om person) T bolle.
dumps [dʌmps] *sb pl: in the* ~ deprimeret, nedtrykt.
dump truck *(am)* vogn med tippelad.
dumpy ['dʌmpi] *adj* lille og tyk; *(am* T) snusket.
I. dun [dʌn] *adj* gråbrun, mørkebrun; mørk; *sb* gråbrun farve.
II. dun [dʌn] *vb* kræve, rykke; *sb* rykker.
dunce [dʌns] *sb* dumrian, fæ, tosse; *(glds)* fuks (i en klasse); *-'s cap* narrehue, dosmerhue (brugt som straf for dovne børn).
Dunciad ['dʌnsiæd]: *the* ~ (digt af Pope).
Dundee [dʌn'di:].
dunderhead ['dʌndəhed] *sb* fæhoved, dumrian.
dunderheaded *adj* dum, tykhovedet.
dune [dju:n] *sb* klit, sandbanke.
dung [dʌŋ] *sb* møg, gødning; *vb* gøde.
dungaree [dʌŋgə'ri:] *sb* (groft kaliko); *-s pl (omtr)* arbejdsbukser, cowboybukser; overalls.
dung beetle *zo* skarnbasse.
dungeon ['dʌndʒən] *sb* underjordisk fangehul; borgtårn.
dung fork møggreb. **dunghill** mødding.
dunk [dʌŋk] *vb* dyppe.
Dunkirk [dʌn'kə:k].
dunlin ['dʌnlin] *sb zo* almindelig ryle.
Dunlop ['dʌnlɔp].
dunnage ['dʌnidʒ] *sb* bagage; *(mar)* garnering (underlag under lasten *el.* beskyttende materiale mellem indladet gods), *(~ wood)* stuvholt.
dunner ['dʌnə] *sb* rykker.
dunning letter rykkerbrev.
dunno [d(ə)'nəu] T = *(I) don't know.*
duo ['dju(:)əu] *sb* duo, duet.
duodecimal [djuə'desiml] *adj: ~ system* tolvtalsystem.
duodecimo [djuə'desiməu] *sb* (bogformat:) duodez.
duodenal [djuə'di:nl] *adj (anat)* vedrørende tolvfingertarmen; ~ *ulcer* sår på tolvfingertarmen.
duodenum [djuə'di:nəm] *sb (anat)* tolvfingertarm.
duologue ['djuəlɔg] *sb* samtale mellem to.
dupe [dju:p] *vb* narre, bedrage, føre bag lyset; *sb* nar, godtroende fjols.
duplex ['dju:pleks] *adj* dobbelt; *sb (am)* = ~ *apartment* lejlighed i to etager; ~ *house* dobbelthus.
I. duplicate ['dju:plikeit] *vb* fordoble; (skrivelse *etc)* duplikere, tage genpart af; mangfoldiggøre; (om arbejde) gøre (det samme arbejde) to gange.
II. duplicate ['dju:plikit] *adj* dobbelt; *sb* dublet; genpart; duplikat; *in* ~ in duplo.
duplication [dju:pli'keiʃn] *sb* fordobling; duplikering; dobbeltarbejde.
duplicator ['dju:plikeitə] *sb* duplikator.
duplicity [dju'plisiti] *sb* falskhed, uoprigtighed, dobbeltspil.
durability [djuərə'biləti] *sb* varighed, holdbarhed.
durable ['djuərəbl] *adj* varig, holdbar; *-s sb pl* varige forbrugsgoder.
duramen [dju(ə)'reimen] *sb (bot)* kerneved.
durance ['djuərəns] *sb* fangenskab.
duration [dju(ə)'reiʃn] *sb* varighed, den tid noget varer; *for the* ~ indtil videre; *for the ~ (of the war)* så længe krigen varede (, varer).
durbar ['də:ba:] *sb* audiens (i Indien).
duress [dju'res] *sb* fængsling, frihedsberøvelse; (uretmæssig) tvang *(fx do it under ~);* vold.
Durham ['dʌrəm].
during ['djuəriŋ] *præp* under *(fx ~ my absence),* i løbet af.
durmast ['də:ma:st]: ~ *oak* vintereg.
durra ['dʌrə] *sb (bot)* durra, indisk hirse.
durst [də:st] *glds præt* af *dare.*
dusk [dʌsk] *sb* tusmørke, skumring; *adj* = *dusky; vb* skumre, formørkes; formørke.
dusky ['dʌski] *adj* dunkel, mørk; skummel; sortladen.
dust [dʌst] *sb* støv; fejeskarn; støvsky; S penge, mønt; *vb* tilstøve; støve af, rense for støv; bestrø; pudre (med insektpudder); *bite the* ~ bide i græsset; *kick up (el. make, raise) a* ~ lave spektakel, lave ballade; *throw ~ in sby's eyes* stikke én blår i øjnene; ~ *sby's coat (el. jacket) (for him)* gennembanke en.
dust|bin skraldebøtte, affaldsspand. ~ **cart** skraldevogn. ~ **cover** smudsomslag (på bog); (se også ~ *sheet).* ~ **devil** støvhvirvel.
duster ['dʌstə] *sb* støveklud; strødåse; *(am)* (kort) housecoat, kittel.
dusting ['dʌstiŋ] *sb* drys *(fx a ~ of flour];* afstøvning; S dragt prygl.
dust|jacket = ~ *cover.* **-man** skraldemand; Ole Lukøje. **-pan** fejebakke, fejespån. ~ **sheet** møbelovertræk. ~ **shot** spurvehagl. **-up** *sb* S ballade, slagsmål, skænderi. ~ **wrapper** smudsomslag.
dusty ['dʌsti] *adj* støvet; *not so* ~ S ikke dårlig *(el.* værst).
Dutch [dʌtʃ] *adj* hollandsk; *sb* hollandsk (sproget); *the* ~ hollænderne; *go* ~ deles om udgifterne; *in ~ (am)* S i knibe; i unåde; *that beats the ~ (am)* S det overgår alt.
Dutch| auction hollandsk auktion. ~ **barn** staklade. ~ **cap** pessar. ~ **courage:** *get up ~ courage* drikke sig mod til. ~ **door** halvdør. ~ **elm disease** elmesyge. ~ **hoe** skuffejern.
Dutchman ['dʌtʃmən] *sb* hollænder; *... or I'm a* ~ ellers må du kalde mig Mads.
Dutch| treat sammenskudsgilde. ~ **uncle:** *talk to sby like a ~ uncle* holde en formaningstale til en.
duteous ['dju:tjəs] *adj* lydig, pligttro.
dutiable ['dju:tjəbl] *adj* toldpligtig, afgiftspligtig.
dutiful ['dju:tif(u)l] *adj* lydig, pligttro; pligtskyldig.
duty ['dju:ti] *sb* pligt, skyldighed; ærbødighed; afgift, told; tjeneste, opgave; *do ~ for* erstatte, tjene som *(fx the log did ~ for a chair); be on* ~ have tjeneste; *officer on* ~ vagthavende officer; *be off* ~ have fri; have tjenestefri; *when he is off ~ (ogs)* uden for tjenestetiden.
duty-free *adj* toldfri.
duvet ['dju:vei, *(am)* du:'vei] *sb* (dun)dyne, duntæppe.
D.V. *fk Deo volente* om Gud vil.
dwarf [dwɔ:f] *sb* dværg; *vb* hindre i væksten, forkrøble; trykke; rage højt op over; *be -ed by* se lille ud ved siden af; *(fig)* blive overskygget *(el.* stillet i skyggen) af.
dwarfish ['dwɔ:fiʃ] *adj* dværgagtig.
dwarfishness *sb* dværgvækst.
dwell [dwel] *vb (dwelt, dwelt)* bo; ~ *on* dvæle ved, fæste sig ved, opholde sig ved *(fx we have dwelt too long on this subject).*
dweller ['dwelə] *sb* beboer *(fx town ~, cave ~).*
dwelling ['dweliŋ] *sb* bolig.
dwelling| house beboelseshus. ~ **place** bopæl, bolig.
dwelt [dwelt] *præt* og *pp* af *dwell.*
dwindle [dwindl] *vb* svinde; svinde ind, skrumpe sammen.
dwt. *fk pennyweight* (1,555 gram).

dye [dai] *vb* farve; tage mod farve; *sb* farve, farvestof; *-d in the wool, -d in grain* gennemfarvet; vaskeægte; *(fig)* fuldblods, ærke-; *a scoundrel of the deepest ~* en ærkeslyngel.

dyer ['daiə] *sb* farver.

dyer's| greenweed *(bot)* farvevisse. **~ mignonette, ~ rocket** *(bot)* farvereseda.

dye|stuff farvestof. **-works** farveri.

dying ['daiiŋ] *adj* døende; døds-; sidste, på dødslejet udtalt *(fx one's ~ words); sb* død; *be ~ for* T længes efter, være (helt) syg efter; *be ~ to* T være syg efter at.

dying| bed dødsleje. **~ day** dødsdag.

dyke [daik], se *dike.*

Dylan ['dilən].

dyn *fk dynamics.*

dynamic [dai'næmik] *sb* drivkraft; *adj* dynamisk.

dynamics *sb* dynamik.

dynamite ['dainəmait] *sb* dynamit; *(fig)* sprængstof *(fx political ~); vb* sprænge med dynamit.

dynamiter ['dainəmaitə] *sb* dynamitattentatmand.

dynamo ['dainəməu] *sb* dynamo.

dynamometer [dainə'məmitə] *sb* dynamometer.

dynasty ['d(a)inəsti] *sb* dynasti.

dyne [dain] *sb* dyn (fysisk måleenhed).

dystenteric [disn'terik] *adj (med.)* dystenterisk.

dysentery ['disntri] *sb* dysenteri.

dys|lexia [dis'leksiə] *sb* dysleksi, (medfødt) ordblindhed. **-lexic** [dis'leksik] *adj, sb* ordblind.

dys|pepsia [dis'pepsiə] *sb (med.)* dyspepsi, fordøjelsesvanskeligheder. **-peptic** [dis'peptik] *adj* dyspeptisk; *sb* dyspeptiker. **-pnoea** [dis'(p)niə] *sb. (med.)* åndenød. **-trophy** ['distrəfi] *sb. (med.)* dystrofi; *muscular -trophy* muskelsvind.

E

E, e [iː]. **E** *fk east, eastern.*

each [iːtʃ] *pron* hver, hver især, hver enkelt (af et antal); ~ *for all and all for* ~ én for alle og alle for én; *they cost 6 p.* ~ de koster 6 pence stykket; ~ *other* hinanden, hverandre; ~ *way,* se *I. way.*

eager [ˈiːgə] *adj* ivrig, begærlig *(for* efter; *to* efter at); spændt *(fx expectation);* ~ *to (ogs)* opsat på at.

eager beaver T morakker.

eagerness [ˈiːgənəs] *sb* iver, begærlighed.

eagle [iːgl] *sb zo* ørn; (amerikansk mønt =) 10 dollars; (i golf) to under par.

eagle eye skarpt blik, falkeblik; *keep an* ~ *on* holde skarpt øje med.

eagle-eyed *adj* som har falkeblik, skarpsynet.

eagle owl *zo* den store hornugle.

eaglet [ˈiːglit] *sb* ung ørn.

eagre [ˈeigə,ˈiːgə] *sb* tidevandsbølge, flodbølge, springflod.

E. & O.E. *fk errors and omissions excepted.*

I. ear [iə] *sb* øre; *(mus.)* gehør; (på krukke) hank; *be all -s* være lutter øre; *were your -s burning last night?* ringede det ikke for dine ører i går aftes? *I had his* ~ jeg fandt et villigt øre hos ham; han lyttede gerne til mig; *have (el. keep) one's* ~ *to the ground* (svarer til) have fingeren på pulsen; have antennerne ud; *give* ~ *to* høre på, høre efter; *I would give my -s to know* jeg ville give hvad det skulle være for at få det at vide;

(forb med *præp) bring a storm about one's -s* rejse en storm af kritik; *go in at one* ~ *and out at the other* gå ind ad det ene øre og ud af det andet; *play by* ~, se *I. play; set by the -s* bringe i totterne på hinanden; *have an* ~ *for music* have gehør *(el.* musikalsk sans); *a word in sby's* ~ et ord i fortrolighed; *his words fell on deaf -s* han talte for døve øren; *over head and -s, up to the -s* til op over begge ører.

II. ear [iə] *sb* aks; kolbe (på majsplante); *vb* sætte aks.

ear|ache [ˈiəreik] ørepine. **-drum** trommehinde.

eared [iəd] *adj* med øre(r); *(bot)* med aks; ~ *seal* øresæl.

earflap [ˈiəflæp] *sb* øreklap.

earing [ˈiəriŋ] *sb (mar)* nokbindsel, nokbændsel.

earl [əːl] *sb* jarl; engelsk adelsmand med rang under *marquess* og over *viscount.*

earldom [ˈəːldəm] *sb* en *earl's* rang, titel eller gods.

earlobe [ˈiələub] *sb* øreflip.

early [ˈəːli] *adj* tidlig; tidligt på den *(fx you are* ~ *today);* for tidlig; tidligt moden, tidlig *(fx fruit);* snarlig *(fx he asked for an* ~ *meeting);* første, indledende *(fx the* ~ *chapters of a book); adv* tidligt; for tidligt;

as ~ *as May* allerede i maj; *the* ~ *boat* morgendamperen; *the* ~ *church* oldkirken; *at your earliest convenience* snarest belejligt; *at an* ~ *date* i nær fremtid; *his* ~ *days = his* ~ *life; it is* ~ *days yet* det er endnu for tidligt; der er tid nok endnu; *his* ~ *dream* hans ungdomsdrøm; *have* ~ *habits, keep* ~ *hours* gå tidligt i seng og stå tidligt op; ~ *in May, in* ~ *May* i begyndelsen af maj; *his* ~ *life (el. days)* hans ungdom.

early bird en der kommer tidligt; morgenmand; *the* ~ *catches the worm (omtr)* morgenstund har guld i mund.

early closing day dag i ugen hvor forretninger *etc* lukker tidligt.

Early English tidlig engelsk spidsbuestil (gotik).

early| leaver elev der ikke fuldfører. ~ **riser** morgenmand. ~ **warning system** radarvarslingssystem.

earmark [ˈiəmaːk] *sb* mærke (hak) i øret (på får); kendetegn; æseløre (i bog); *vb* mærke øret på; øremærke; *(fig)* bestemme, sætte til side, afsætte, hensætte.

earmuffs [ˈiəmʌfs] *sb pl* øreklapper.

earn [əːn] *vb* tjene, fortjene, erhverve; opnå, vinde *(fx fame);* skaffe *(fx it -ed him the nickname of "Fatty").*

earned income indtægt ved arbejde.

I. earnest [ˈəːnist] *adj* alvorlig; ivrig, indtrængende; *sb* alvor; *in* ~ for alvor; *are you in* ~*?* er det dit alvor? *in good (el. dead)* ~ i *(el.* for) ramme alvor.

II. earnest [ˈəːnist] *sb* penge på hånden; pant, bevis *(fx as an* ~ *of his good intentions);* forsmag *(fx an* ~ *of future favours).*

earnest money penge på hånden.

earnestness [ˈəːnistnəs] *sb* alvor, alvorlighed.

earning capacity indtjeningsevne.

earnings [ˈəːniŋz] *sb pl* fortjeneste, indtægt.

ear|phone hovedtelefon (til radio). **-pick** øreske. **-reach** hørevidde. **-ring** ørering. **-shot** hørevidde. **-stud** ørestikke.

I. earth [əːθ] *sb* jord; jordklode, jorden; land; jordart; *(elekt)* jordforbindelse; (rævs, grævlings) hule, hi;

it is not the ~ T det er ikke alverden; (se også *II. cost); move heaven and* ~ sætte himmel og jord i bevægelse; *how (, what, where) on* ~*?* hvordan (, hvad, hvor) i al verden? *feel like nothing on* ~ T have det elendigt; *look like nothing on* ~ T se herrens ud; *come back (el. down) to* ~ *(fig)* komme ned på jorden igen; *down to* ~ jordbunden, nøgtern; *take* ~, *go (el. run) to* ~ smutte ind i sin hule; *run to* ~ (med objekt) drive *(fx* en ræv) ind i dens hule; *(fig)* opspore; få endelig opklaret.

II. earth [əːθ] *vb* dække med jord; hyppe; drive *(fx* en ræv) ind i dens hule; *(elekt)* jordforbinde, jorde; (uden objekt, *fx* om ræv) søge ind i sin hule.

earth closet tørkloset.

earthen [əːθn] *adj* jord-; ler-.

earthenware [ˈəːθnwɛə] *sb* lervarer; pottemagerarbejde.

earth lead [ˈəːθˈliːd] jordledning.

earthling [ˈəːθliŋ] *sb* jordboer; verdensbarn.

earthly [ˈəːθli] *adj* jordisk; optænkelig; *of no* ~ *use* til ingen verdens nytte; *not an* ~ S ikke gnist af chance.

earthly-minded verdsligsindet.

earth|nut jordnød. **-quake** jordskælv. ~ **star** *(bot)* stjernebold. **-ward** med retning mod jorden. **-work** jordvold; jordarbejde. **-worm** regnorm.

earthy [ˈəːθi] *adj* jordagtig; jordisk; jordbunden, materialistisk; grov.

ear| trumpet hørerør. **-wax** ørevoks.

earwig [ˈiəwig] *sb zo* ørentvist; *vb* tude (én) ørerne fulde.

ease [iːz] *sb* velvære, ro; bekvemmelighed, behagelighed, magelighed; lethed; *(mht* væsen) tvangfrihed, utvungenhed, ugenerthed; *(mht* smerte) lettelse, lindring; *(mht* tvang) lettelse, lempelse; (om tøj) rummelighed, vidde;

at ~ i ro (og mag), bekvemt; *(mil.)* rør; *be at* ~ befinde sig vel, være utvungen, føle sig som hjemme;

ill at ~ ilde til mode; *live at* ~ leve under gode økonomiske forhold; *march at* ~ *(mil.)* marchere i rørmarch; *put at* ~ berolige; *stand at* ~ *(mil.)* stå rør, stå i rørstilling; *a life* **of** ~ en ubekymret tilværelse; **take** *one's* ~ gøre sig det mageligt; **with** ~ med lethed, ubesværet.

II. ease [i:z] *vb* lindre *(fx the pain);* lette *(fx one's mind, the situation);* befri; løsne, slappe; lempe, manøvrere *(fx* ~ *the piano into place);* lade gå med sagte fart; *(mar)* fire på; slække; ~ *the helm! (mar)* let på roret! ~ *down* slappe (af); sagtne (farten); ~ *off (mar)* fire (på reb, sejl); skubbe (båd) fra land; (uden objekt) fjerne sig; mindskes, tage af; T slappe af; ~ *off the sheets (mar)* fire på skøderne; ~ *up on* spare på.

easel [i:zl] *sb* staffeli.

easement ['i:zmənt] *sb (jur)* servitut.

easily ['i:zili] *adv* med lethed, let, sagtens; langt *(fx he is* ~ *the strongest of the boys);* ~ *learned (, repaired etc)* let *(el.* nem) at lære (, reparere *etc).*

easiness ['i:zinəs] *sb* ro; behagelighed *(etc cf easy).*

east, East [i:st] *sb* øst; østlig del; *the East* østlandene; Østen, Østerland, orienten; *(am)* øststaterne; *adj* østlig, øst-; *adv* mod øst, østpå; *vb* bevæge sig mod øst; ~ *by north* øst til nord; *to the* ~ *of* øst for.

eastbound ['i:stbaund] *adj* østgående, mod øst.

East End: *the* ~ (den østlige (fattigere) del af London).

I. easter ['i:stə] *sb* østenstorm.

II. Easter ['i:stə] påske.

Easter| Eve påskelørdag. ~ **Day** påskedag.

easterly ['i:stəli] *adj* østlig; *sb* østenvind.

Easter Monday anden påskedag.

eastern ['i:stən] *adj* mod øst, østre, fra øst; østerlandsk; *sb* østerlænding; *the Eastern Church* den græsk-katolske kirke.

easterner ['i:stənə] *sb (am)* person fra øststaterne.

Easter Sunday påskedag.

East Indies ['i:st'indiz]: *the* ~ Ostindien.

easting ['i:stiŋ] *sb (mar)* sejlads mod øst; forandret østlig længde; *run her* ~ *down* (om skib) sejle østpå.

eastward ['i:stwəd] *adv* mod øst, østpå.

easy ['i:zi] *adj* rolig; behagelig; magelig, bekvem; veltilpas; let, nem *(fx task);* (om væsen) fri, utvungen, naturlig *(fx manner);* medgørlig; *(neds)* løs, slap *(fx morals); (merk:* om varer) ikke meget efterspurgt;

~ *circumstances* gode kår; ~ *does it! go* ~*!* tag det roligt! små slag! *go* ~ *on* T spare på, holde igen på; ikke være for hård ved; *honours (are)* ~ (i bridge) honnørerne er fordelte; ~ *majority* stort flertal; ~ *money* let tjente penge; *the money market is easier* pengemarkedet er mindre stramt; *over* ~ (om spejlæg) vendt; *be in Easy Street* være velstillet, 'ligge lunt i svinget'; *take it* ~ tage den med ro; *take life* ~ tage sig livet let; *on* ~ *terms* på moderate *(el.* lempelige) betingelser; *of* ~ *virtue* letlevende.

easy|chair lænestol. ~ **-going** *adj* sorgløs, magelig, medgørlig; som tager sig tingene let. ~ **over** (om spejlæg) vendt

I. eat [i:t] *vb (eat el. ate, eaten)* spise; æde; *(vulg)* slikke af; ~ *away* fortære; ~ *into* æde sig ind i, tære på, gøre indhug i; ~ *one's head off* æde sig en pukkel til, ikke gøre gavn for føden; ~ *his head off* S bide ad ham, skælde ham ud; ~ *one's heart out* ruge over sine sorger, græmme sig, lide i stilhed; *don't* ~ *me!* æd mig ikke! godt ord igen! *the meat -s well* kødet smager godt; *what's -ing you? (am)* hvad går der af dig? ~ *one's words* tage sine ord i sig igen.

II. eat [et] *præt* af *eat.*

eatable ['i:təbl] *adj* spiselig; *-s sb pl* madvarer.

eaten [i:tn] *pp* af *eat.*

eater ['i:tə] *sb* spiseæble; *be a slow* ~ spise langsomt.

eating ['i:tiŋ] *sb* mad, spisen; *adj* fortærende, nagende.

eats [i:ts] *sb pl* S mad.

eau-de-Cologne [əudəkə'ləun] *sb* eau de Cologne.

eau-de-vie [əudə'vi:] *sb* cognac.

eaves [i:vz] *sb pl* tagskæg; *dripping from the* ~ tagdryp.

eaves|drop ['i:vzdrɔp] *vb* lytte, lure. **-dropper** *sb* lurer.

ebb [eb] *sb* ebbe; *(fig)* dalen, nedgang; *vb* ebbe; *(fig)* synke; aftage, gå tilbage, svinde *(fx -ing strength); our party was at a low* ~ vort parti var i stærk tilbagegang, det så sørgeligt ud for vort parti; ~ *away* ebbe ud.

ebb tide *sb* ebbe.

ebonite ['ebənait] *sb* ebonit.

ebony ['ebəni] *sb* ibenholt; *adj* sort som ibenholt.

ebullience ['ibʌljəns] *sb* overgivenhed, strålende humør.

ebullient [i'bʌljənt] *adj* sprudlende, overgiven, i strålende humør.

ebullition [ebə'liʃn] *sb (kem)* kogning, opkogning; *(fig)* opbrusen; udbrud.

E.C. *fk East Central (London postal district).*

eccentric [ik'sentrik] *adj* excentrisk; overspændt, besynderlig, sær; *sb* excentrisk skive; excentrisk person, særling.

eccentricity [eksen'trisiti] *sb* excentricitet, særhed.

Ecclesiastes [ikli:zi'æsti:z] Prædikerens bog.

ecclesiastic [ikli:zi'æstik] *sb* (en) gejstlig, præst.

ecclesiastical [ikli:zi'æstikl] *adj* gejstlig, kirke- *(fx history).*

echelon ['eʃəlɔn] *sb (mil.)* echelon (trinvis forskudt opstilling; afdeling); formation, led; *(fig)* trin, grad *(fx the higher -s).*

echidna [e'kidnə] *sb zo* myrepindsvin.

echo ['ekəu] *sb (pl -es)* genlyd, ekko; *(fig ogs)* efterklang; *vb* genlyde; give genlyd; kaste tilbage (om lyd); gentage, sige efter; *to the* ~ så det giver genlyd.

echo chamber ekkorum.

echoic [e'kəuik] *adj* lydmalende.

echo| sounder ekkolod. ~ **sounding** ekkolodning.

éclair ['eiklɛə] *sb* lille flødekage.

eclectic [i'klektik] *adj* eklektisk, udvælgende, udsøgende; *sb* eklektiker. **eclecticism** [i'klektisizm] *sb* eklekticisme.

eclipse [i'klips] *sb* formørkelse; fordunkling; *vb* formørke; fordunkle, overgå, overstråle.

ecliptic [i'kliptik] *sb* ekliptika (jordens bane om solen).

eclogue ['eklɔg] *sb* hyrdedigt.

ecocide ['i:kəusaid; 'ekəu-] *sb* (generel) ødelæggelse af miljøet.

ecological [ikə'lɔdʒikl] *sb* økologisk, miljømæssig.

ecologist [i'kɔlədʒist] *sb* økolog.

ecology [i'kɔlədʒi] *sb* økologi.

economic [i:kə'nɔmik, ek-] *adj* økonomisk, erhvervs- *(fx* ~ *crisis* erhvervskrise); ~ *planning* planøkonomi; ~ *plant* nytteplante; ~ *refugee* bekvemmeligheds-flygtning.

economical *adj* økonomisk, sparsommelig *(of* med).

economics [i:kə'nɔmiks, ek-] *sb* økonomi, nationaløkonomi.

economist [i'kɔnəmist] økonom.

economize [i'kɔnəmaiz] *vb* økonomisere, være sparsommelig; ~ *on (ogs)* holde hus med.

economy [i'kɔnəmi] *sb* økonomi; sparsommelighed; besparelse; *economies of scale* stordriftfordele.

econut ['ekəunʌt] *sb* S miljøfanatiker.

ecstasy ['ekstəsi] *sb* henrykkelse, begejstring, ekstase; *be in ecstasies* være vildt begejstret *(over* for); være i den syvende himmel; *go into ecstasies over* falde i henrykkelse over, blive vildt begejstret for.

ecstatic [ik'stætik] *adj* ekstatisk, henrykt, henreven; som hensætter en i ekstase.

ECT, E.C.T. *fk electroconvulsive treatment* elektrochokbehandling, elektrostimulation.

ECU [ei'ku:] *fk European Currency Unit.*
Ecuador [ekwə'dɔ:].
ecumenic(al) [i:kju'menik(l)] *adj* almindelig, økumenisk.
eczema ['eksimə] *sb (med.)* eksem.
eczematous [ek'semətəs] *adj* eksematøs.
ed. *fk edited; edition; editor.*
edacious [i'deiʃəs] *adj* grådig.
eddy ['edi] *sb* hvirvel, malstrøm; *vb* hvirvle rundt.
edelweiss ['eidlvais] *sb (bot)* edelweiss.
edema [i'di:mə] *sb (med.)* ødem, væskeansamling.
edematous [i'demətəs] *adj* ødematøs.
Eden ['i:dn] Eden, paradis.
edentate [i'denteit] *adj* tandløs; *zo* som hører til gumlerne.
edentates *sb pl zo* gumlere.
I. edge [edʒ] *sb* æg (på kniv *etc),* kant rand; udkant *(fx a house on the ~ of the forest);* (af skov *ogs)* skovbryn; (på en bog) snit; *(fig)* skarphed; brod; T (lille) forspring *(on, over* for, *fx the Republicans had an ~ over the Democrats);* fordel;
be on ~ være irritabel, være nervøs; være ivrig *(to* efter at); *his tone got an ~ to it* hans tone blev skarp; *give an ~ to* skærpe *(fx one's appetite),* gøre mere intens; *give the (sharp el. rough) ~ of one's tongue to sby* skælde en ud, give en det glatte lag; *have an ~ on* være let beruset; *have an (el. the) ~ on (el. over) (ogs)* være (lidt) foran, have et forspring for; have overtaget over; *put an ~ on* hvæsse, skærpe; *set sby's nerves on ~* gå en på nerverne; *set sby's teeth on ~* få det til at hvine i tænderne på en; *(fig)* gå en på nerverne; *take the ~ off* sløve; tage brodden af; *take the ~ off the appetite* stille den værste sult.
II. edge [edʒ] *vb* skærpe; kante, sætte kant på; (flytte) skubbe lidt efter lidt, trænge *(fx ~ him off the road);* rykke; lempe, manøvrere, kante *(fx ~ the cupboard into the corner);* (uden objekt) rykke *(fx in, out),* kante sig, liste sig *(fx he -d into the room); ~ one's way through the crowd* trænge sig frem gennem mængden; *~ on* ægge; *~ sby out* fortrænge en; lige akkurat vinde over en.
edge tool skærende værktøj; *play with -s (omtr =)* lege med ilden.
edgeways ['edʒweiz], **edgewise** ['edʒwaiz] *adv* på højkant; på siden, sidelæns; *I cannot get a word in ~* jeg kan ikke få et ord indført.
edging ['edʒiŋ] *sb* rand, kant, kantning, bort, indfatning.
edgy ['edʒi] *adj* skarp; irritabel, nervøs.
edible ['edəbl] *adj* spiselig. **edible frog** *zo* grøn frø.
edict ['i:dikt] *sb* edikt, forordning.
edification [edifi'keiʃn] *sb* opbyggelse.
edifice ['edifis] *sb* bygning(sværk).
edify ['edifai] *vb* virke opbyggeligt på.
edifying *adj* opbyggelig.
Edinburgh ['ed(i)nbərə]. **Edison** ['edisn].
edit ['edit] *vb* udgive; redigere; (om film) klippe (til).
edit. *fk edited; edition; editor.*
Edith ['i:diθ].
edition [i'diʃn] *sb* udgave; oplag.
editor ['editə] *sb* udgiver; redaktør.
editorial [edi'tɔ:riəl] *adj* redaktionel, udgiver-, redaktions-; *sb* ledende artikel; *~ office* redaktion (om stedet); *~ staff* redaktion (om personalet).
editorialize [edi'tɔ:riəlaiz] *vb* udtrykke bladets synspunkt (i en leder); *(neds)* komme med personlige synspunkter i en nyhedsreportage.
editor-in-chief chefredaktør.
editorship ['editəʃip] *sb* redaktørpost; *under the ~ of* under redaktion af.
EDP *fk electronic data processing.*
educable ['edjukəbl] *adj* som kan opdrages.

educate ['edjukeit] *vb* opdrage; uddanne, oplære; optræne; opøve, udvikle *(fx one's taste); be -d (ogs)* få sin uddannelse. **educated** *adj* (boglig) dannet; *~ guess* kvalificeret gæt.
education [edju'keiʃən] *sb* opdragelse; uddannelse; undervisning, skolevæsen; pædagogik; *it is quite an ~ to listen to him* det er ligefrem opdragende at høre på ham.
educational [edju'keiʃn(ə)l] *adj* opdragelses-; belærende; pædagogisk *(fx ~ work; ~ toys).*
educationalist [edju'keiʃn(ə)list], **educationist** [edju'keiʃnist] *sb* pædagog.
educative ['edjukeitiv] *adj* opdragende, udviklende.
educator ['edjukeitə] *sb* pædagog, opdrager.
educe [i'dju:s] *vb* udlede; udvinde; fremlokke.
Edward ['edwəd]. **Edwardian** [ed'wɔ:djən] som hører til Edward VII's tid (1901-10).
EEC, E.E.C. *fk European Economic Community.*
EEG, E.E.G. *fk electroencephalogram.*
eel [i:l] *sb* ål; *as slippery as an ~* så glat som en ål.
eel|grass *(bot)* bændeltang. **-pot** åleruse. **-pout** *zo* ålekvabbe. **-spear** ålejern, lyster. *~* **trap** åleruse.
e'en [i:n] *fk even.*
e'er [ɛə] *fk ever.*
eerie, eery ['iəri] *adj* uhyggelig, sælsom.
efface [i'feis] *vb* udslette, udviske; *~ oneself* være selvudslettende. **effacement** [i'feismənt] *sb* udslettelse.
I. effect [i'fekt] *sb* virkning, følge, resultat; effekt; *-s pl (ogs)* ejendele, effekter; løsøre; *'no -s'* (på check) ingen dækning;
in ~ faktisk, i virkeligheden; i sine virkninger; gældende, i kraft; *bring (el. carry) into ~* virkeliggøre, fuldbyrde; *give ~ to, put into ~* lade træde i kraft, gennemføre; *go into ~* træde i kraft; *of no ~* uden virkning, til ingen nytte; *to good ~* med god virkning; *to that ~* i den retning, gående ud på det; *a remark to the ~ that* en bemærkning om at; *useful ~* nyttevirkning; *take ~* gøre virkning, virke; træde i kraft.
II. effect [i'fekt] *vb* bevirke, fremkalde; udføre, udrette; gennemføre, fuldbyrde, effektuere; *~ an insurance* tegne en forsikring; *~ a purchase* afslutte et køb.
effective [i'fektiv] *adj* virksom; effektiv; virkningsfuld, kraftig; tjenstdygtig; *sb: -s pl (mil.)* kampdygtige tropper.
effectual [i'fektʃuəl] *adj* virkningsfuld *(fx remedy);* effektiv; gyldig, i kraft; *be ~ (ogs)* gøre sin virkning.
effectuate [i'fektjueit] *vb* iværksætte, gennemføre, virkeliggøre, effektuere. **effectuation** [ifektju'eiʃn] *sb* iværksættelse, gennemførelse.
effeminacy [i'feminəsi] *sb* kvindagtighed, blødagtighed.
effeminate [i'feminət] *adj* kvindagtig, blødagtig.
effervesce [efə'ves] *vb* bruse (op), skumme, moussere, perle, syde; *(fig)* strømme over, sprudle, være meget livlig *(el.* munter, kåd). **effervescense** [efə'vesns] *sb* opbrusen, brusen; *(fig)* livlighed, munterhed, kådhed.
effervescent [efə'vesnt] *adj* brusende, skummende, mousserende; *(fig)* livlig, munter, kåd, sprudlende.
effete [e'fi:t] *adj* udlevet, udslidt, udtjent.
efficacious [efi'keiʃəs] *adj* effektiv, virkningsfuld *(fx an ~ cure).* **efficacy** ['efikəsi] *sb* virkningsfuldhed.
efficiency [i'fiʃnsi] *sb* effektivitet, virkeevne, kraft; *(tekn)* virkningsgrad, nyttevirkning; (om person) dygtighed, duelighed; *~ expert* rationaliseringsekspert.
efficient [i'fiʃnt] *adj* virksom, virkningsfuld, formålstjenlig; effektiv; habil, dygtig, duelig; *~ cause* virkende *(el.* umiddelbar) årsag.
effigy ['efidʒi] *sb* (tredimensionalt) billede, statue; *in ~* in effigie.

effing ['efiŋ] *adj* (eufemisme for:) *fucking (f-ing); ~ and blinding* banden og sværgen.
effloresce [eflɔ:'res] *vb* udfolde sig; *(kem:* om salt) forvitre; (om mursalpeter) udblomstre. **efflorescence** [eflɔ:'resns] *sb* blomstring; forvitring; udblomstring; *(med.)* udslæt.
efflorescent [eflɔ:'resnt] *adj* fremblomstrende.
effluence ['efluəns] *sb* udflyden, udstrømning.
effluent ['efluənt] *adj* udflydende, udstrømmende; *sb* udløb, afløb.
effluvium [e'flu:vjəm] *sb (pl effluvia* [e'flu:vjə]) uddunstning, dunst; udfl̊åd.
efflux ['eflʌks] *sb* udstrømning; (om tid) forløb.
effort ['efət] *sb* anstrengelse, bestræbelse, møje; forsøg; indsats; præstation *(fx it was a good ~);* (især ironisk:) (ånds)produkt.
effortless ['efətləs] *adj* ubesværet, let; *with ~ ease* med legende lethed.
effrontery [e'frʌntəri] *sb* uforskammethed, frækhed.
effulgence [i'fʌldʒ(ə)ns] *sb* glans.
effulgent [i'fʌldʒ(ə)nt] *adj* strålende, skinnende.
effuse [i'fju:z] *vb* udgyde; udbrede; strømme ud.
effusion [i'fju:ʒn] *sb* udgydelse; *~ of blood (ogs)* blodtab.
effusive [i'fju:siv] *adj* overstrømmende.
EFL *fk English as a foreign language.*
eft [eft] *sb zo* stor salamander.
EFTA *fk European Free Trade Association.*
e.g. *fk exempli gratia* for eksempel.
egad [i'gæd] *interj (glds)* min tro!
egalitarian [igæli'tɛəriən] *sb* tilhænger af *egalitarianism; adj* egalitær, demokratisk.
egalitarianism [igæli'tɛəriənizm] *sb* egalitarisme, tro på at alle mennesker er lige.
egest [i:'dʒest] *vb* udskille, udstøde.
I. egg [eg] *sb* æg; *(mil.)* T (luft)bombe; *bad ~ (fig)* skidt fyr; *good ~* S den er fin; prægtig fyr; udmærket ting; *have ~ on one's face (fig)* være til grin; stå med håret ned af nakken; *lay an ~ (am)* S gøre fiasko; *put all one's -s in one basket (fig)* anbringe hele sin kapital i ét foretagende, *(omtr)* sætte alt på ét kort *(el.* bræt); *will you teach your grandmother to suck -s?* skal ægget lære hønen? (se også *sure).*
II. egg [eg] *vb: ~ on* ægge, tilskynde.
egg| beater hjulpisker. **-cup** æggebæger. *~* **flip** slags æggetoddy; æggeøl; æggesnaps. **-head** S intellektuel. **-nog** = *~ flip.* **-plant** aubergine. *~* **-shaped** ægformet. **-shell** æggeskal. **-slice** paletspade. *~* **slicer** æggedeler. **-timer** æggekoger; ægur. **-whisk** piskeris.
eglantine ['egləntain] *sb (bot)* æblerose.
ego ['egəu] *sb* jeg; *the ~* jeget.
ego|centric ['egəu'sentrik] *adj* egocentrisk, selvoptaget; *sb* egocentrisk person. **-centricity** [-sen'trisiti], **-centrism** [-'sentrizm] *sb* egocentricitet, selvoptagethed.
egoism ['egəuizm] *sb* egoisme.
egoist ['egəuist] *sb* egoist.
egoistic(al) [egəu'istik(l)] *adj* egoistisk.
egotism ['egəutizm] *sb* for megen tale om sig selv, selvoptagethed; indbildskhed; egoisme.
egotist ['egətist] *sb* en der altid taler om sig selv; egoist.
egotistic(al) [egə'tistik(l)] *adj* som altid taler om sig selv, egocentrisk; egoistisk.
egregious [i'gri:dʒiəs] *adj* topmålt, enestående *(fx folly),* ærke- *(fx idiot);* (ironisk:) fortræffelig.
egress ['i:gres] *sb* udgang; udløb.
egret ['i:gret] *sb* hejre; hejrefjer; aigrette (ɔ: fjerbusk); *(bot)* fnok; *large ~* sølvhejre; *little ~* silkehejre.
Egypt ['i:dʒipt] Egypten. **Egyptian** [i'dʒipʃn] *adj* egyptisk; *sb* egypter; T egyptisk cigaret.
Egyptian| mongoose *zo* faraorotte. *~* **vulture** *zo* ådselgrib.
egyptologist [i:dʒip'tɔlədʒist] *sb* egyptolog.
egyptology [i:dʒip'tɔlədʒi] *sb* egyptologi.
eh [ei] *interj* hvad? ikke sandt?
e.h.t. *fk extra high tension.*
eider ['aidə] *sb zo* edderfugl.
eider|down edderdun; dyne. *~* **duck** edderfugl.
eidolon [ai'dəulɔn] *sb* fantom, syn; idealbillede.
eight [eit] otte; *sb* ottetal; otter; *the Eights* (kaproningerne med otteårede både mellem kollegierne i Oxford og Cambridge); *he has had one over the ~* S han har fået en ['ei'ti:nθ] over tørsten. **eighteen** ['ei'ti:n] atten.
eighteenth ['ei'ti:nθ] *adj* attende; *sb* attendedel.
eighth [eitθ] *adj* ottende; *sb* ottendedel.
eighthly ['eitθli] *adv* for det ottende.
eightieth ['eitiiθ] *adj* firsindstyvende; *sb* firsindstyvendedel.
eighty [eiti] *num* firs; *in the eighties* i firserne.
Eire ['ɛərə] Irland.
Eisenhower ['aizənhauə].
eisteddfod [ai'steðvɔd] *sb* (wallisisk digter- og musikerstævne).
either ['aiðə, *(am)* 'i:ðər] *pron* en (af to); den ene *el.* den anden; hver (af to); hvilken som helst (af to); begge *(fx there are houses on ~ side); conj: either ... or* enten ... eller; *not ... either* heller ikke; *on ~ side of the table* på hver sin side af bordet; på begge sider af bordet.
ejaculate [i'dʒækjuleit] *vb* udbryde, udråbe; *(fysiol)* ejakulere, udsprøjte. **ejaculation** [idʒækju'leiʃn] *sb* udbrud; *(fysiol)* ejakulation. **ejaculatory** [i'dʒækjulət(ə)ri] *adj* pludselig ytret; udtrykt i korte sætninger.
eject [i'dʒekt] *vb* kaste ud, udslynge; udsende *(fx sparks);* smide ud *(fx hecklers),* fordrive; afsætte; *(jur)* sætte ud *(fx a tenant).*
ejection [i'dʒekʃn] *sb* udkastning, udsmidning, fordrivelse, afsættelse; *(jur)* udsættelse; *~ seat (flyv)* katapultsæde.
ejectment [i'dʒektmənt] *sb* fordrivelse; *(jur)* udsættelsesforretning.
ejector [i'dʒektə] *sb* udkaster, ejektor; *~ seat (flyv)* katapultsæde.
eke [i:k] *vb: ~ out* supplere, strække; *~ out one's income* supplere sine indtægter; *~ out a living* slå sig igennem, møjsommeligt tjene til livets ophold.
el [el] *sb (am)* L.
I. elaborate [i'læbəreit] *vb* forarbejde, udarbejde; udføre i detaljer, udvikle nærmere, uddybe.
II. elaborate [i'læb(ə)rət] *adj* detaljeret, udførlig *(fx plan);* omstændelig *(fx ceremony);* kunstfærdig, kompliceret *(fx design);* fuldendt, udsøgt *(fx an ~ dinner).*
elaboration [ilæbə'reiʃn] *sb* (nærmere) udarbejdelse, udformning, uddybning.
eland ['i:lənd] *sb zo* elsdyrantilope.
elapse [i'læps] *vb* forløbe, gå (hen) (om tid).
elastic [i'læstik] *adj* elastisk, spændstig, smidig; *(fig* også) rummelig *(fx definition); sb* elastik; *~ (side) boots* fjederstøvler.
elasticity [ilæ'stisiti] *sb* elasticitet, spændstighed.
elated [i'leitid] *adj* glad, i glad stemning, opstemt, oprømt.
elation [i'leiʃn] *sb* glæde, opstemthed.
Elbe [elb]: *the ~* Elben.
I. elbow ['elbəu] *sb* albue; bøjning, knæ (på rør); *be at one's ~* være ved hånden; være ved ens side; *out at -s* med huller på albuerne, lurvet, forhutlet; *crook (el. lift) one's ~* S bøje armen (ɔ: drikke); *rub -s with* gnide sig op ad; *be up to the -s in work* have hænderne fulde.
II. elbow ['elbəu] *vb* skubbe; puffe, albue; *~ one's way* albue sig frem; *~ sby out of the way* skubbe en til

side.

elbow| grease T knofedt, hårdt arbejde. **-room** albuerum; plads til at røre sig.

I. elder ['eldə] *adj* ældre; ældst (af to); *sb* ældre person; ældste; *one's -s* de der er ældre end en selv.

II. elder ['eldə] *sb (bot)* hyld. **elderberry** hyldebær.

elderly ['eldəli] *adj* ældre.

elder statesman erfaren afgået politiker hvis råd man stadig lytter til.

eldest ['eldist] *adj* ældst.

El Dorado [eldəu'ra:dəu] eldorado.

eldritch ['eldritʃ] *adj* spøgelsesagtig, uhyggelig.

Eleanor ['elinə].

elecampane [elikæm'pein] *sb (bot)* alant, ellensrod.

elect [i'lekt] *vb* udvælge, vælge, udkåre; foretrække, beslutte *(fx he -ed to go home); adj* udvalgt, udkåret; *the bride* ~ den udkårne; *president* ~ præsident der er valgt men endnu ikke tiltrådt.

election [i'lekʃn] *sb* valg; udvælgelse.

electioneer [ilekʃə'niə] *vb* drive valgagitation.

electioneering *sb* valgagitation, valgkampagne.

elective [i'lektiv] *adj* vælgende; valg-; valgt, fremgået af valg; *sb (am)* valgfrit fag; ~ *monarchy* valgrige; ~ *subjects (am)* valgfri fag.

elector [i'lektə] *sb* vælger, valgberettiget; valgmand; *Elector* kurfyrste.

electoral [i'lektr(ə)l] *adj* valg-; vælger-, valgmands-; *Electoral* kurfyrstelig; ~ *college* forsamling af valgmænd, valgmandsforsamling; ~ *pact* listeforbund; *Electoral Prince* kurfyrste.

electorate [i'lekt(ə)rət] *sb* vælgerkorps, vælgerbefolkning, vælgermasse; *(hist.)* kurfyrstendømme; *the* ~ (også) vælgerne.

electric [i'lektrik] *adj* elektrisk *(fx charge* ladning, *current,* strøm, *light* lys). **electrical** [i'lektrikl] *adj* elektrisk; ~ *engineer* elektroingeniør; ~ *machine* elektricermaskine.

electric| bell ringeapparat. ~ **blue** stålblå. ~ **chair** elektrisk stol.

electrician [ilek'triʃn] *sb* elektriker.

electricity [ilek'trisiti] *sb* elektricitet.

electric| motor elektromotor. ~ **torch** lommelygte.

electrification [ilektrifi'keiʃn] *sb* elektrisering; elektrificering, indførelse af elektrisk drift. **electrify** [i'lektrifai] *vb* elektrisere; elektrificere, indføre elektrisk drift; *(fig)* opildne; sætte på den anden ende.

electro [i'lektrə] *fk electroplate, electrotype.*

electro- (forstavelse) elektro- *(fx chemistry* kemi).

electrocardiogram [ilektrə'ka:diəgræm] *sb (med.)* elektrokardiogram.

electrocute [i'lektrəkju:t] *vb* henrette ved elektricitet (, i den elektriske stol); *be -d (ogs)* blive dræbt af elektrisk strøm *(fx* ved ulykke).

electrocution [ilektrə'kju:ʃn] *sb* henrettelse ved elektricitet (, i den elektriske stol).

electrode [i'lektrəud] *sb* elektrode.

electroencephalogram [i'lektrəen'sefələgræm] *sb (med.)* elektroencefalogram.

electrolyse [i'lektrəlaiz] *vb* elektrolysere, kemisk sønderdele ved en elektrisk strøm. **electrolys|is** [ilek'trəlisis] *sb (pl -es* [-i:z]) elektrolyse.

electrolyte [i'lektrəlait] *sb* elektrolyt.

electromagnet [i'lektrə'mægnit] *sb* elektromagnet.

electromagnetic [i'lektrəmæg'netik] *adj* elektromagnetisk.

electromagnetism [i'lektrə'mægnitizm] *sb* elektromagnetisme.

electromotive [i'lektrəməutiv] *adj:* ~ *force* elektromotorisk kraft. **electromotor** [i'lektrə'məutə] *sb* elektromotor.

electron [i'lektrɔn] *sb* elektron.

electronic [ilek'trɔnik] *adj* elektronisk, elektron- *(fx brain* hjerne; *computer* regnemaskine); ~ *data processing* elektronisk databehandling. **electronics** *sb* elektronik.

electron| tube, ~ **valve** elektronrør.

electro|plate [i'lektrəpleit] *vb* forsølve galvanisk; *sb* elektroplet. **-scope** [i'lektrəskəup] *sb* elektroskop. **-static** [i'lek-trə'stætik] *adj* elektrostatisk. **-statics** [i'lektrə'stætiks] *sb* elektrostatik. **-technology** [i'lektrətek'nɔlədʒi] *sb* elektroteknik. **-therapy** [i'lektrə'θerəpi] *sb* elektroterapi. **-type** [i'lektrətaip] *sb* galvanoplastik, elektrotypi.

electuary [i'lektjuəri] *sb (med.)* latværge, brystsaft.

eleemosynary [elii:'mɔsinəri] *adj* almisse-; fattig-; som lever af almisse; godgørende, velgørenheds-.

elegance ['eligəns] *sb* elegance, smagfuldhed.

elegant ['eligənt] *adj* elegant, smagfuld; *(am* T*)* glimrende, storartet.

elegiac [eli'dʒaiək] *adj* elegisk, klagende; *-s sb pl* elegiske vers. **elegist** ['elidʒist] *sb* elegisk digter.

elegy ['elidʒi] *sb* klagesang, elegi.

element ['elimənt] *sb* element, grundstof; (væsentlig) bestanddel; varmelegeme; *-s pl* begyndelsesgrunde, elementer; *the fury of the -s* elementernes rasen; ~ *of danger* faremoment; *there is an* ~ *of truth in it* der er noget sandt i det; *be in one's* ~ være i sit rette element, være i sit es.

elemental [eli'mentl] *adj* element-; elementær; usammensat.

elementary [eli'mentəri] *adj* elementær; ~ *school (am)* underskole.

elephant ['elifənt] *sb* elefant; (se også *white* ~*)*.

elephant| bull hanelefant. ~ **calf** elefantunge. ~ **cow** hunelefant.

elephantiasis [elifən'taiəsis] *sb* elefantiasis.

elephantine [eli'fæntain] *adj* elefantagtig, uhyre, stor, kluntet, klodset.

Eleusinian [elju'siniən] *adj* eleusinsk.

elevate ['eliveit] *vb* hæve, løfte; *(fig)* ophøje; højne; gøre munter, bringe i løftet stemning.

elevated ['eliveitid] *adj* højtliggende; *(fig)* ophøjet; munter, opstemt, i løftet stemning; *sb* T = ~ *railway* højbane.

elevation [eli'veiʃn] *sb* ophøjelse; løftning; højhed, værdighed; højde; *(mil.)* elevation; *(arkit)* opstalt, facadetegning.

elevator ['eliveitə] *sb* hejseapparat, løfteredskab; *(am)* vareelevator, elevator; *(flyv)* højderor; *(anat)* løftemuskel.

eleven [i'levn] elleve; *sb* hold (på 11 spillere, *fx a cricket* ~*)*. **eleven-plus examination** (nu afskaffet *eng* eksamen ved overgangen fra *primary* til *secondary school)*.

elevenses [i'levnziz] *sb pl* T formiddagskaffe *el.* -te.

eleventh [i'levnθ] *adj* ellevte; *sb* ellevtedel; *at the* ~ *hour* i den ellevte time.

elf [elf] *sb (pl elves)* alf; lille spilopmager.

elf| arrow, ~ **bolt,** ~ **dart** pilespids af flint. ~ **fire** lygtemand.

elfin ['elfin] *adj* alfeagtig, alfe-; *(fig)* let, fin; overjordisk; æterisk. **elfish** ['elfiʃ] *adj* alfeagtig; ondskabsfuld, drilagtig.

Elgin ['elgin]: *the* ~ *marbles* (græske marmorværker, som Lord Elgin bragte til England, nu i British Museum); (især) Parthenonfrisen.

Elia ['i:ljə] (pseudonym for Charles Lamb).

Elias [i'laiəs].

elicit [i'lisit] *vb* fremkalde *(fx a protest);* få frem, bringe for dagen *(fx* ~ *the truth);* lokke frem *(fx* ~ *a reply)*.

elide [i'laid] *vb* stryge; udelade, elidere (i udtalen); lade ude af betragtning.

eligibility [elidʒə'biləti] *sb* valgbarhed; fortrinlighed.

eligible ['elidʒəbl] *adj* valgbar *(for, to* til, *fx the presi-*

dency); værd at vælge; attråværdig, ønskelig; berettiget *(for* til), kvalificeret *(for* til, *fx benefits); be ~ for inclusion (, admission etc) (ogs)* kunne medtages (, optages *etc); an ~ young man* (en ung mand der er) et passende parti.

Elijah [i'laidʒə] Elias (profeten).

eliminate [i'limineit] *vb* fjerne; udskille; udelukke; eliminere, borteliminere; lade ude af betragtning.

elimination [ilimi'neiʃn] *sb* bortskaffelse, udstødelse; udelukkelse; eliminering, borteliminering; *proof of ~* eksklusionsbevis.

Elinor ['elinə]. **Eliot** ['eljət]. **Elisha** [i'laiʃe] Elisa (profeten).

elision [i'liʒən] *sb* elision, udeladelse.

élite [ei'li:t] *sb* elite. **élitism** [ei'li:tizm] *sb* elitisme, tro på værdien af en elite.

elitist [ei'li:tist] *sb* tilhænger af *elitism; adj* elitær.

elixir [i'liksə] *sb* eliksir; kvintessens; *~ of life* livseliksir.

Eliza [i'laizə].

Elizabeth [i'lizəbəθ]. **Elizabethan** [ilizə'bi:θən] *adj* elisabethansk; *sb* elisabethaner.

elk [elk] *sb zo* elg, elsdyr; *(am)* wapitihjort (art kronhjort).

ell [el] *sb (am)* L; vinkel; vinkelbygning; *(glds)* (længdemål, ca. 112 cm); *give him an inch and he'll take an ~* rækker man fanden en lillefinger, tager han hele hånden.

ellipse [i'lips] *sb (mat.)* ellipse.

ellips|is [i'lipsis] *sb (pl -es* [-i:z]) *(gram)* ellipse, udeladelse.

elliptic(al) [i'liptik(l)] *adj* elliptisk.

elm [elm] *sb (bot)* elm.

Elmo ['elməu]: *St. Elmo's fire* st. elmsild.

elocution [elə'kju:ʃn] *sb* foredrag(småde); talekunst; sprogbehandling. **elocutionary** [elə'kju:ʃn(ə)ri] *adj* som vedrører udtalen eller foredraget. **elocutionist** [elə'kju:ʃnist] *sb* lærer i taleteknik; recitator, oplæser.

elongate ['i:lɔŋgeit] *vb* forlænge; strække; strække sig; forlænges. **elongation** [i:lɔŋ'geiʃn] *sb* forlængelse; *(astr)* elongation, vinkelafstand.

elope [i'ləup] *vb: she -d* hun løb bort med sin elsker.

elopement [i'ləupmənt] *sb* bortførelse.

eloquence ['eləkwəns] *sb* veltalenhed.

eloquent ['eləkwənt] *adj* veltalende.

else [els] *adv* ellers; anden, andet; *anyone ~* en hvilken som helst anden; *nothing ~* intet andet; *nowhere ~* intet andet sted; *or ~* eller også, ellers; *somewhere ~* et andet sted; *what ~* hvad andet; *who ~* hvem andre.

elsewhere ['elswɛə] *adv* andetsteds.

Elsinore [elsi'nɔ:, 'el-] Helsingør.

ELT *fk English Language Teaching.*

elucidate [i'lu:sideit] *vb* forklare, belyse.

elucidation [ilu:si'deiʃn] *sb* forklaring, belysning.

elude [i'lu:d] *vb* undvige; undgå; smutte fra *(fx one's pursuers);* unddrage sig *(fx one's obligations; it -s definition);* omgå; *it -d me (fig)* jeg fik ikke rigtig fat på det.

elusion [i'lu:ʒən] *sb* undvigelse, undgåen; omgåelse.

elusive [i'lu:siv], **elusory** [i'lu:s(ə)ri] *adj* undvigende; snu; flygtig; vanskelig at få fat på *(el.* huske).

elver ['elvə] *sb zo* glasål.

elves [elvz] *pl* af *elf.*

elvish ['elviʃ] *adj* alfeagtig; drilagtig.

Ely ['i:li].

Elysian [i'liziən] *adj* elysisk, elysæisk, himmelsk, paradisisk.

Elysium [i'liziəm] Elysium.

E.M. *fk evening meal.*

'em [əm] dem.

emaciated [i'meiʃieitid] *adj* udtæret, mager.

emaciation [imeisi'eiʃn] *sb* udtæret tilstand, magerhed.

emanate ['eməneit] *vb: ~ from* strømme ud fra, udstråle fra; *(fig)* udspringe fra, hidrøre fra; udgå fra, udstråle fra.

emanation [emə'neiʃn] *sb* udstrømmen, udstråling, emanation; følge, konsekvens.

emancipate [i'mænsipeit] *vb* frigøre, emancipere *(fx an -d young woman);* frigive *(fx slaves).*

emancipation [imænsi'peiʃn] *sb* frigørelse, emancipation, frigivelse. **emancipationist** [imænsi'peiʃnist] *sb* talsmand for frigørelse (især for negerslaveriets ophævelse).

emancipator [i'mænsipeitə] *sb* befrier; *the Great Emancipator* (ɔ: Lincoln).

I. emasculate [i'mæskjuleit] *vb* kastrere; svække; afsvække, berøve sin kraft, forfladige.

II. emasculate [i'mæskjulət] *adj* umandig; svag.

emasculation [imæskju'leiʃn] *sb* kastrering; svækkelse.

embalm [im'ba:m] *vb* balsamere; *(fig)* bevare frisk i mindet; *(poet)* fylde med vellugt.

embalmment [im'ba:mmənt] *sb* balsamering.

embank [im'bæŋk] *vb* inddige; opdæmme.

embankment [im'bæŋkmənt] *sb* dæmning; vold; dossering; jernbaneskråning; *the Embankment* (gade i London).

embargo [im'ba:gəu] *sb (pl -es)* embargo; indførselsforbud, udførselsforbud; *(fig)* forbud; *vb* beslaglægge, rekvirere; = *place under (an) ~, lay (el. put) an ~ on* lægge embargo på; belægge med embargo; *(fig)* udstede forbud mod, forbyde.

embark [im'ba:k] *vb* indskibe, tage om bord *(fx the ship -ed passengers and cargo);* indskibe sig, gå om bord; *~ upon* gå i lag med, indlade sig på *(fx a dangerous venture); he -ed his fortune in* han anbragte sin formue i.

embarkation [imba:'keiʃn] *sb* indskibning; *port of ~* indskibningshavn.

embarrass [im'bærəs] *vb* forvirre; sætte i forlegenhed, gøre forlegen; gøre indviklet; bringe i vanskeligheder; hæmme. **embarrassed** *adj* forlegen, flov, genert; *be ~ (ogs)* være i forlegenhed, være i vanskeligheder.

embarrassing *adj* generende, pinlig.

embarrassment [im'bærəsmənt] *sb* forvirring; forlegenhed; vanskelighed, knibe; hindring.

embassy ['embəsi] *sb* ambassade.

embattled [im'bætld] *adj* opstillet i slagorden, *(fig)* kampberedt; (om tårn *etc)* med murtinder.

embay [im'bei] *vb* bringe ind i en bugt, indeslutte.

embed [im'bed] *vb* lægge helt ned i, indkapsle; *(geol)* indlejre; *(tekn)* indstøbe, nedstøbe; *-ded in* indesluttet *(el.* indlejret) i; *it is -ded in my recollection* det står præget i min erindring.

embellish [im'beliʃ] *vb* forskønne, udsmykke, pryde; pynte på. **embellishment** [im'beliʃmənt] *sb* forskønnelse, udsmykning, prydelse.

ember ['embə] *sb* (ulmende) gløe, glødende kul, aske.

ember days *pl* faste- og bededage i den romersk-katolske kirke, tamperdage.

embezzle [im'bezl] *vb* forgribe sig på (betroede midler); begå underslæb *(el.* kassesvig). **embezzler** [im'bezlə] *sb* en som begår underslæb, T kassebedrøver.

embitter [im'bitə] *vb* gøre bitter; *it -ed his life* det forbitrede tilværelsen for ham.

emblazon [im'bleizn] *vb* dekorere med heraldiske figurer; male med strålende farver; forherlige.

emblazonment [im'bleiznmənt], **emblazonry** [-ri] *sb* våbenmaleri; våbenfigurer, heraldisk udsmykning.

emblem ['embləm] *sb* sindbillede, symbol.

emblematic(al) [embli'mætik(l)] *adj* sindbilledlig, sym-

bolsk; *be ~ of (ogs)* være et symbol på; være et synligt udtryk for.
embodiment [im'bɔdimənt] *sb* legemliggørelse, inkarnation; konkret udtryk *(of* for), udformning; indarbejdelse; *the ~ of courage* det personificerede mod.
embody [im'bɔdi] *vb* udtrykke, give konkret udtryk *(el.* form), udforme *(fx he embodied his ideas in a memorandum);* nedlægge *(fx the principles embodied in the treaty);* indeholde, rumme *(fx the latest model embodies many new features);* indarbejde; legemliggøre, personificere.
embolden [im'bəuldn] *vb* give mod.
embolism ['embəlizm] *sb (med.)* emboli, blodprop.
embonpoint *[fr] sb* embonpoint (fyldighed, „mave").
embosom [im'buzm] *vb (glds)* tage til sit hjerte; omgive, skjule *(fx a house -ed with trees).*
emboss [im'bɔs] *vb* udføre i ophøjet arbejde *el.* relief; præge i relief; presse; *-ed* (om metal også) drevet; *-ed printing* ophøjet tryk, prægetryk.
embouchure [ɔmbu'ʃuə] *sb* flodmunding; *(mus.)* mundstykke på blæseinstrument; den blæsendes mundstilling.
embower [im'bauə] *vb* omgive med løv.
embrace [im'breis] *vb* omfavne; omfatte; indbefatte *(fx a word which -s many concepts);* gribe *(fx an opportunity);* antage; (ivrigt) tage imod *(fx an offer);* slutte sig til *(fx a religion);* (ivrigt) tage op *(fx a cause);* tage fat på, påbegynde *(fx a career);* (uden objekt) omfavne hinanden *(fx they -d); sb* omfavnelse, favntag; *locked in an ~* tæt omslynget.
embrasure [im'breiʒə] *sb* skydeskår; *(arkit)* embrasure, smiget vindues- *el.* døråbning (bredere indadtil end udadtil.)
embrocate ['embrəkeit] *vb* indgnide.
embrocation [embrə'keiʃn] *sb* lægemiddel (som indgnides); liniment.
embroider [im'brɔidə] *vb* brodere; *(fig)* brodere på, pynte på *(fx a story).* **embroidery** [im'brɔid(ə)ri] *sb* broderi.
embroil [em'brɔil] *vb* inddrage, indvikle *(fx he was -ed in their quarrels);* skabe forvirring i, forstyrre; *get -ed with* komme i strid med. **embroilment** [em'brɔilmənt] *sb* det at blive indviklet i strid *etc;* splid, forvirring, forvikling.
embryo ['embriəu] *sb* embryo, foster; *(bot)* kim, spire; *(fig)* spire; *adj* uudviklet; *in ~* i sin vorden, vordende.
embryology [embri'ɔlədʒi] *sb* embryologi.
embryologist [embri'ɔlədʒist] *sb* embryolog.
embryonic [embri'ɔnik] *adj* foster-; uudviklet, ufuldbåren; på begyndelsesstadiet *(fx plan).*
embus [im'bʌs] *vb (mil.)* sidde op i motorkøretøj.
emcee ['emsi:] *sb (am)* konferencier (af *M. C.).*
emend [i'mend] *vb* forbedre, rette (tekst).
emendation [i:men'deiʃn] *sb* forbedring, (tekst)rettelse.
emerald ['em(ə)rəld] *sb* smaragd; smaragdgrønt; *adj* smaragd-; smaragdgrøn; *the Emerald Isle* den smaragdgrønne ø (Irland).
emerge [i'mə:dʒ] *vb* dukke op, komme op; dukke frem, opstå. **emergence** [i'mə:dʒ(ə)ns] *sb* opdukken, tilsynekomst; opståen, fremkomst.
emergency [i'mə:dʒ(ə)nsi] *sb* nødsituation, kritisk situation; yderste nød; *adj* nød-, reserve-; *state of ~* undtagelsestilstand; *in case of ~, in an ~* i nødstilfælde.
emergency| brake (i tog) nødbremse; (i bil) håndbremse. **~ door, ~ exit** reserveudgang *(fx* i et teater). **~ landing ground** *(flyv)* nødlandingsplads. **~ lighting** nødbelysning. **~ measure** nødforanstaltning. **~ meeting** hastemøde. **~ powers** ekstraordinær bemyndigelse. **~ regulation** *(mil.)* forholdsordre. **~ squad** udrykningskolonne. **~ store** reserveforråd.
emergent [i'mə:dʒ(ə)nt] *adj* opdukkende; som opstår; pludselig opstående *(fx danger); ~ from* som opstår som følge af *(fx political issues ~ from war).*
emeritus [i'meritəs] *adj, sb* emeritus; *~ professor* professor emeritus.
emersed [i'mə:st] *adj* som rager op (over en flade).
emersion [i'mə:ʃn] *sb* tilsynekomst; *(astr)* emersion (fremdukken efter formørkelse).
emery ['eməri] *sb* smergel. **emery| board** sandfil (til negle). **~ cloth** smergellærred. **~ paper** smergelpapir.
emetic [i'metik] *sb* brækmiddel; *adj* som fremkalder opkastning.
emigrant ['emigrənt] *adj* udvandrer-, udvandrende; udvandret; *sb* udvandrer, emigrant.
emigrate ['emigreit] *vb* udvandre, emigrere.
emigration [emi'greiʃn] *sb* udvandring, emigration.
emigré ['emigrei] *sb* (politisk) emigrant.
Emily ['emili].
eminence ['eminəns] *sb* højde(drag), forhøjning; *(fig)* høj værdighed, fremtrædende stilling; berømmelse, ære; (kardinals titel) eminence.
eminent ['eminənt] *adj* høj; højtstående; fremtrædende, fremragende; betydelig.
eminently *adv* i fremragende grad; særdeles.
emir [e'miə] *sb* emir.
emissary ['emis(ə)ri] *sb* agent, udsending.
emission [i'miʃn] *sb* udsendelse; udstedelse; udstråling *(fx of heat).*
emit [i'mit] *vb* udsende; udstede *(fx paper money);* udstråle, give fra sig; ytre.
Emmanuel [i'mænjuəl]. **Emmaus** [e'meiəs].
emollient [i'mɔljənt] *sb, adj* blødgørende (middel) (til hud).
emolument [i'mɔljumənt] *sb* indtægt; *-s pl* emolumenter, sportler, honorarer.
emote [i'məut] *vb* give overdrevent udtryk for følelser, sjæle.
emotion [i'məuʃn] *sb* sindsbevægelse, bevægelse, rørelse; følelse; *with ~ (ogs)* bevæget.
emotional [i'məuʃn(ə)l] *adj* følelses-, følelsesmæssig; som taler til følelserne, rørende; følelsesbetonet, følelsesladet; (om person især) emotionel, letpåvirkelig, følelsesfuld, følsom; *an ~ person (ogs)* et stemningsmenneske.
emotionalism [i'məuʃn(ə)lism] *sb* følelsesbetonethed, følsomhed. **emotionalist** *sb* følelsesmenneske.
emotive [i'məutiv] *adj* følelsesmæssig; følelsesladet, følelsesbetonet, som taler til følelserne.
empanel [im'pænl] *vb* opføre på (nævninge)liste, udtage (til nævning); udfærdige liste over (nævninge).
empathic [em'pæθik] *adj* indfølende.
empathy ['empəθi] *sb* indføling, indlevelse.
empennage [em'penidʒ, *(am)* a:mpə'na:ʒ] *sb (flyv)* haleparti.
emperor ['empərə] *sb* kejser.
emphasis ['emfəsis] *sb* emfase; eftertryk; fynd; vægt.
emphasize ['emfəsaiz] *vb* lægge eftertryk på, betone; fremhæve, understrege, pointere, lægge vægt på.
emphatic [im'fætik] *adj* emfatisk; eftertrykkelig, kraftig, fyndig, energisk, kategorisk, bestemt.
emphatically [im'fætik(ə)li] *adv* eftertrykkeligt.
emphysema [emfi'si:mə] *sb (med.)* emfysem (luftansamling i væv).
empire ['empaiə] *sb* rige; kejserrige; herredømme; *Empire (ogs)* empirestil; *the Empire (hist.)* det britiske verdensrige; *Empire Day* 24. maj (dronning Viktorias fødselsdag); *Empire State* (staten) New York.
empiric [em'pirik] *adj* erfaringsmæssig, empirisk; *sb* empiriker; *(glds)* charlatan, kvaksalver. **empirical** [em'pirikl] *adj* empirisk. **empiricism** [em'pirisizm] *sb (filos)* empirisme; erfaringsfilosofi; *(glds)* kvaksalve-

ri.

emplacement [im'pleismənt] *sb (mil.)* kanonstilling.

emplane [im'plein] *vb* gå (, tage) om bord i et fly.

employ [im'plɔi] *vb* beskæftige, give arbejde, ansætte *(fx he is -ed in a bank);* bruge, anvende; tilbringe *(fx that is the way he -s his spare time); sb* tjeneste; beskæftigelse, arbejde; *in sby's ~* i ens brød, ansat hos en.

employable [im'plɔiəbl] *adj* anvendelig.

employé [em'plɔiei], **employee** [em'plɔii:, emplɔi'i:] *sb* arbejder *el.* funktionær; *-s* ansatte, personale.

employer [im'plɔiə] *sb* arbejdsgiver, principal; *-s' association (el. federation, organization)* arbejdsgiverforening.

employment [im'plɔimənt] *sb* beskæftigelse; anvendelse; ansættelse, tjeneste, arbejde; beskæftigelse; *~ exchange* arbejdsanvisningskontor; arbejdsformidling; *~ officer* arbejdsformidler; *~ tax* skat på arbejdskraft.

emporium [em'pɔ:riəm] *sb* varehus, stor butik; stabelplads; oplagssted; handelscentrum.

empower [im'pauə] *vb* bemyndige; sætte i stand til, give evne til.

empress ['emprəs] *sb* kejserinde.

empties ['em(p)tiz] *sb pl* tom emballage; tomme flasker (etc); tomt returgods.

empty ['em(p)ti] *adj* tom; *vb* tømme *(of* for), tømme ud; løbe ud; tømmes; *~ of* blottet for, uden *(fx words ~ of meaning); the river empties itself into the sea* floden strømmer ud i havet.

empty|-handed tomhændet. **~ headed** tomhjernet. **~ set** *(mat.)* tom mængde.

empyreal [empai'riəl] *adj* himmelsk.

empyrean [empai'ri:ən] *sb* den højeste himmel, (ild)himlen.

EMS *fk European Monetary System.*

emu ['i:mju:] *sb zo* emu (australsk fugl).

emulate ['emjuleit] *vb* kappes med; efterligne; søge at overgå. **emulation** [emju'leiʃn] *sb* kappelyst, kappestrid.

emulator ['emjuleitə] *sb* konkurrent, rival, efterligner.

emulous ['emjuləs] *adj* kappelysten; *be ~ of* søge at overgå *(fx one's rivals);* stræbe *(el.* tragte) efter *(fx fame).*

emulsify [i'mʌlsifai] *vb* emulgere.

emulsion [i'mʌlʃn] *sb* emulsion.

enable [i'neibl] *vb* sætte i stand til *(fx the money -d him to travel); enabling act* bemyndigelseslov.

enact [i'nækt] *vb* give lovskraft, vedtage (en lov), forordne; *(teat)* spille, opføre; *be -ed* finde sted, udspille sig.

enactment [i'næktmənt] *sb* vedtagelse; lov, forordning.

enamel [i'næml] *vb* emalje; lak; *vb* emaljere; lakere; *-led (fig)* broget, som stråler i alle farver.

enamoured [i'næməd] *adj: ~ of* forelsket i.

encaenia [en'si:njə] *sb* stiftelsesfest (ved Oxford univ.).

encage [in'keidʒ] *vb* sætte i bur; indespærre.

encamp [in'kæmp] *vb* slå lejr, lejre sig; lægge i lejr.

encampment [in'kæmpmənt] *sb* lejr, lejrplads; det at slå lejr.

encapsulate [en'kæpsjuleit] *vb* indkapsle; *(fig)* sammenfatte.

encase [in'keis] *vb* indhylle, indfatte; omslutte, indpakke.

encash [in'kæʃ] *vb* inkassere, hæve penge på.

encaustic [en'kɔ:stik] *adj* enkaustisk; *sb* enkaustik; *~ painting* enkaustisk maleri, voksmaleri; *~ tile* flise med indbrændt dekoration.

enceinte [*fr.;* a:n'sænt] *sb (mil.)* enceinte; *adj* gravid, frugtsommelig.

encephalitis [ensefə'laitis] *sb (med.)* hjernebetændelse.

enchain [in'tʃein] *vb* lænke; *(fig)* fængsle.

enchant [in'tʃa:nt] *vb* fortrylle; *-ed with* henrykt over.

enchanter [in'tʃa:ntə] *sb* troldmand; fortryllende person.

enchanter's nightshade *(bot)* steffensurt.

enchanting [in'tʃa:ntiŋ] *adj* fortryllende, bedårende.

enchantment [in'tʃa:ntmənt] *sb* fortryllelse, trylleri, trolddom. **enchantress** [in'tʃa:ntrəs] *sb* troldkvinde; fortryllende kvinde.

enchase [in'tʃeis] *vb* indfatte *(in* i); indlægge; ciselere.

encircle [in'sə:kl] *vb* omringe *(fx -d by the enemy),* indeslutte, indkredse; kredse om; *-d by (ogs)* omkranset af.

encirclement [in'sə:klmənt] *sb* omringning, indeslutning, indkredsning.

en clair *[fr]* (om telegram) i klart sprog.

enclave ['enkleiv] *sb* enklave.

enclitic [in'klitik] *adj* enklitisk, efterhængt.

enclose [in'kləuz] *vb* omgive *(fx a high hedge -d the garden);* indeslutte, indespærre; (i brev) vedlægge; *(hist.)* indhegne (fællesjord), udskifte.

enclosure [in'kləuʒə] *sb* indhegning, indhegnet plads; hegn, gærde; (i brev) indlæg, bilag; *(hist.)* indhegning af fællesjord for at gøre den til privateje; *the ~ movement (hist. omtr)* udskiftningen; *~ wall* ydermur.

encode [en'kəud] *vb* omsætte til kodesprog, indkode.

encomiastic(al) [enkəumi'æstik(l)] *adj* lovprisende.

encomium [en'kəumjəm] *sb* lovtale.

encompass [in'kʌmpəs] *vb* omgive; omfatte; omringe, omspænde; nå, opnå *(fx one's aims).*

encore [ɔŋ'kɔ:] da capo; *sb* dacapo(nummer), ekstranummer; *vb* forlange da capo *(fx ~ a song);* forlange et ekstranummer af *(fx ~ the singer).*

encounter [in'kauntə] *sb* (tilfældigt) møde; sammenstød, kamp; træfning; *vb* træffe (sammen med), møde, komme ud for, støde på.

encourage [in'kʌridʒ] *vb* opmuntre, oplive, indgyde mod; anspore *(to* til (at)); hjælpe frem, støtte, ophjælpe, fremme *(fx a trade).* **encouragement** [in'kʌridʒmənt] *sb* opmuntring; befordring, hjælpen frem, fremme.

encroach [in'krəutʃ] *vb: ~ on* gøre indgreb i *(fx their rights);* trænge sig ind på *(fx their territory);* tage mere og mere af. **encroachment** [in'krəutʃmənt] *sb* indgreb, overgreb; uretmæssig indtrængen.

encrust [in'krʌst] *vb,* se *incrust.*

encrypt [en'kript] *vb* omsætte til kode; skrive i kode.

encumber [in'kʌmbə] *vb* bebyrde, betynge, belemre; (over)fylde; (med gæld) behæfte; *~ a property* behæfte en ejendom.

encumbrance [in'kʌmbrəns] *sb* byrde, hindring, klods om benet; gæld, behæftelse; *without ~ (ogs)* uden børn.

encyclic(al) [en'siklik(l)] *adj* encyklisk, cirkulerende; *sb ~ letter* rundskrivelse (især pavelig), encyklika.

encyclopedia [ensaiklə'pi:diə] *sb* encyklopædi, konversationsleksikon. **encyclopedic(al)** [ensaiklə'pi:dik(l)] *adj* encyklopædisk, (meget) omfattende *(fx knowledge).*

encyclopedist [ensaiklə'pi:dist] *sb* encyklopædist.

encyst [en'sist] *sb* indkapsle.

I. end [end] *sb* **1.** ende, ophør, (af)slutning *(fx the ~ of the war);* (om person) endeligt, død *(fx he came to* (fik) *a sad ~);* **2.** ende; stump *(fx of a pencil);* **3.** *(fig)* afdeling *(fx the London ~ of the firm);* del *(fx his ~ of the job);* **4.** formål *(fx he used the money for his own -s),* øjemed; hensigt *(fx the ~ justifies* (helliger) *the means);* mål *(fx an ~ in itself; gain* (nå) *one's ~);*

that is the ~! det er dog den stiveste! *make (both) -s*

meet få det til at løbe rundt (økonomisk); *no* ~ *(of)*, se *ndf;* (se også *II. deep*);

(med *præp, adv) be* **at** *an* ~ være til ende, være forbi; *at this* ~ *(ogs)* her; *look at the* ~ *of the book* se bag i bogen; *at the* ~ *of the day (fig)* til syvende og sidst; når alt kommer til alt; *at a loose* ~, *(am) at loose -s* ledig, uden noget at tage sig til; *he was at the* ~ *of his patience* det var (ved at være) slut med hans tålmodighed; *turn* ~ **for** ~ vende op og ned på, vende rundt på; **in** *the* ~ til sidst; til syvende og sidst; *make an* ~ **of** gøre en ende på, gøre kål på; *there is an* ~ *(of it)* dermed punktum, dermed basta; *such was the* ~ *of John* således endte (ɔ: døde) John; ~ *of a cigar* cigarspids; cigarstump; *no* ~ *(of)* en uendelig masse; T umådelig, uhyre *(fx no* ~ *disappointed); no* ~ *of a fine chap* en vældig flink fyr; *go* **off** *the deep* ~, se *II. deep; (for) hours* **on** ~ flere timer i træk; *stand on* ~ stå på enden, stå på højkant; (om håret) stritte, rejse sig; *put an* ~ **to** gøre ende på, sætte en stopper for; gøre det af med; *come to an* ~ få ende, ophøre; ~ *to* ~ i forlængelse af hinanden; *it is only a means to an* ~ det er kun et middel; *to this* ~ i denne hensigt; *keep one's* ~ **up** T hævde sig, klare sig, ikke lade sig gå på, holde den gående (trods modgang).

II. end [end] *vb* ende, slutte, ophøre; (med objekt) (af)slutte, gøre ende på; *all's well that -s well* når enden er god, er alting godt; *he is the genius to* ~ *them all* han er det største geni der har eksisteret; *the war to* ~ *war* den krig der skulle gøre en ende på alle krige;

(forb med *præp)* ~ *in* ende med; ~ *in smoke* gå op i røg, ikke blive til noget; ~ *off* (af)slutte; ~ *up* ende, havne *(fx in prison, in the ditch);* ~ *up with* ende *(el.* slutte) med; *to* ~ *up with* som afslutning, til slut.

endanger [in'dein(d)ʒə] *vb* bringe i fare, udsætte for fare, sætte på spil; *-ed* truet.

endear [in'diə] *vb:* ~ *oneself to* gøre sig elsket (, vellidt) af; *he -ed himself to them* han vandt deres hengivenhed.

endearing [in'diəriŋ] *adj* vindende, indtagende.

endearment [in'diəmənt] *sb* udtryk for *el.* bevis på kærlighed; kærtegn; *term of* ~ kæleord.

endeavour [in'devə] *sb* bestræbelse, stræben, anstrengelse; *vb* bestræbe sig for, søge, stræbe.

endemic [en'demik] *adj* endemisk (om sygdom: begrænset til en bestemt egn); *sb* endemi.

end game slutspil.

ending ['endiŋ] *sb* slutning *(fx happy* ~*);* afslutning; endeligt, død; *(gram)* endelse.

endive ['endiv] *sb (bot)* endivie; endiviesalat, julesalat.

endless ['endləs] *adj* endeløs, uendelig; ~ *belt* transportbånd.

endmost ['endməust] *adj* fjernest.

endocrine ['endəkrain] *adj* (om kirtel) endokrin, med indre sekretion.

endogamy [en'dɔgəmi] *sb* giftermål inden for stammen; indgifte.

endorse [in'dɔ:s] *vb* endossere; skrive bag på *(fx a cheque);* påtegne; *(fig)* godkende, tiltræde, give sin tilslutning til.

endorsee [endɔ:'si:] *sb* endossatar.

endorsement [in'dɔ:smənt] *sb* endossement, endossering, påtegning; godkendelse, bekræftelse.

endorser [in'dɔ:sə] *sb* endossent.

endosperm ['endəspə:m] *sb (bot)* frøhvide.

endow [in'dau] *vb* udstyre, udruste, begave *(fx -d with great talents);* skænke legatsum til, betænke; dotere.

endowment [in'daumənt] *sb* dotation; legat, gave; fond, pengemidler; *-s (fig)* evner, begavelse.

endowment insurance livsforsikring med udbetaling i levende live, livsbetinget livsforsikring.

end paper (i bog) forsatsblad.

end product slutprodukt; *(fig)* slutresultat.

endshrink ['endʃriŋk] *vb* trække sig sammen på den lange led (om tømmer).

endue [in'dju:] *vb:* ~ *with* skænke, udstyre med.

endurable [in'djuərəbl] *adj* udholdelig.

endurance [in'djuərəns] *sb* udholdenhed; varighed, vedvaren; lidelse; *beyond (el. past)* ~ ikke til at bære *(el.* holde ud).

endure [in'djuə] *vb* udholde, tåle, døje, lide; (uden objekt) holde ud; vare *(fx as long as her love -s)*, blive stående, leve *(fx his work (, name) will* ~*)*.

enduring *adj* varig, blivende; langmodig.

endways ['endweiz], **endwise** ['endwaiz] *adv* på enden, oprejst; med enden fremad, på langs.

Endymion [en'dimiən].

E.N.E. *fk east-north-east.*

enema ['enimə] *sb (med.)* lavement, klyster.

enemy ['enimi] *sb* fjende; *adj* fjendtlig *(fx* ~ *ships;* ~ *property); make enemies* skaffe sig fjender; *he is his own worst* ~ han er værst ved sig selv.

energetic(al) [enə'dʒetik(l)] *adj* kraftig, energisk, handlekraftig, virksom.

energize ['enədʒaiz] *vb* fylde med energi, styrke; udfolde energi.

energy ['enədʒi] *sb* kraft, energi.

enervate ['enəveit] *vb* svække, afkræfte, udmarve.

enervation [enə'veiʃn] *sb* svækkelse, afkræftelse.

enfeeble [in'fi:bl] *vb* svække, afkræfte.

enfeeblement [in'fi:blmənt] *sb* svækkelse, afkræftelse.

enfeoff [in'fef] *vb (hist.)* forlene.

enfeoffment [in'fefmənt] *sb (hist.)* forlening; lensbrev.

enfilade [enfi'leid] *sb (mil.)* flankerende ild, sidebestrygning; *vb (mil.)* beskyde i længderetningen; ~ *fire (mil.)* = *enfilade sb.*

enfold [in'fəuld] *vb* indhylle; omslutte; omgive; omfavne.

enforce [in'fɔ:s] *vb* fremtvinge *(fx obedience);* gennemtvinge, sætte igennem *(fx they have power to* ~ *their decisions);* håndhæve *(fx a law; discipline);* (om argument *etc)* underbygge; ~ *a judgment* gennemtvinge fuldbyrdelsen af en dom; ~ *it on them* påtvinge dem det; *-d* (på)tvungen. **enforcement** [in'fɔ:smənt] *sb* fremtvingelse; gennemtvingelse; håndhævelse.

enfranchise [in'fræntʃaiz] *vb* give stemmeret *(fx women were -d many years ago);* give købstadsrettigheder; frigive *(fx slaves).*

enfranchisement [in'fræntʃizmənt] *sb* tildeling af stemmeret; tildeling af købstadsrettigheder; frigivelse.

engage [in'geidʒ] *vb* forpligte; antage, engagere *(fx a servant, sby as a guide);* bestille *(fx a seat in the theatre);* hyre *(fx a taxi); (fig)* optage, beskæftige; lægge beslag på *(fx his attention);* inddrage, indvikle; *(mil.)* engagere, angribe *(fx we -d the enemy at once); (tekn)* gribe ind i; (om tandhjul) være (, bringe) i indgreb, (om kobling) rykke ind; ~ *his sympathy* vinde hans sympati;

(med *præp, adv)* ~ **for** garantere, indestå for; ~ **in** give sig af med *(fx* ~ *in writing)*, tage del i, blande sig i; indlade sig på; ~ *oneself* **to** *sby* forlove sig med en; ~ *(oneself) to do sth* forpligte sig til at gøre noget, påtage sig at gøre noget; ~ **with** gribe ind i (om tandhjul); *(mil.)* indlade sig i kamp med.

engaged [in'geidʒd] *adj* optaget *(fx I cannot come, because I am* ~*; is this seat* ~*?);* forlovet; engageret (i en sag).

engagement [in'geidʒmənt] *sb* forpligtelse; aftale; løfte; forudbestilling; engagement; forlovelse; *(mil.)* slag, træfning; *(tekn)* indgreb, indgriben; *without* ~ uden forbindende. **engagement ring** forlovelsesring.

engaging [in'geidʒiŋ] *adj* vindende, indtagende.

engender [in'dʒendə] *vb* avle, skabe, fremkalde, afføde.
engine ['endʒin] *sb* maskine; motor; lokomotiv; brandsprøjte; ~ *of power* magtmiddel.
engine driver lokomotivfører.
I. engineer [indʒi'niə] *sb* maskinarbejder, mekaniker; tekniker; konstruktør, maskinbygger; ingeniør; *(mar)* maskinmester; maskinist; *(am)* lokomotivfører; *(fig)* ophavsmand, skaber; *the Engineers* ingeniørtropperne; *chemical* ~ kemiingeniør; *chief* ~ første maskinmester.
II. engineer [indʒi'niə] *vb* lede anlægget af, bygge, konstruere; beskæftige sig med ingeniørarbejde; *(fig)* manøvrere; bringe i stand, arrangere; få gennemført (med list og lempe).
engineering [indʒi'niəriŋ] *sb* maskinvæsen; ingeniørarbejde, ingeniørvirksomhed; manøvreren, manipulation; *adj* ingeniørmæssig.
engine| fitter montør. **-house** *(jernb)* lokomotivremise. **-man** maskinist; maskinmand. ~ **room** *(mar)* maskinrum. ~ **shop** maskinværksted. ~ **warmer** bilvarmer.
England ['iŋglənd] England.
English ['iŋgliʃ] *sb, adj* engelsk; *vb* oversætte til engelsk; *the* ~ englænderne; ~ *bond (arkit)* blokforbandt; *the* ~ *Channel* Kanalen.
Englishman ['iŋgliʃmən] *sb* englænder.
English| maple *(bot)* naur. ~ **oak** *(bot)* stilkeg.
Englishry ['iŋgliʃri] *sb* engelsk befolkning (især i Irland), engelsk koloni.
Englishwoman ['iŋgliʃwumən] *sb* englænderinde.
engorge [in'gɔ:dʒ] *vb* spise grådigt, foræde sig (i).
engraft [in'gra:ft] *vb* pode, indpode.
engrain [in'grein] *vb* farve i ulden.
engrained *adj* indgroet, uforbederlig.
engram ['engræm] *sb (psyk)* engram, hukommelsesspor.
engrave [in'greiv] *vb* (ind)gravere, stikke (i metal), indhugge *(fx a name on a tombstone); (fig)* (ind)præge, (ind)prente *(on* i, *fx it remains -d on my memory).*
engraver [in'greivə] *sb* gravør.
engraving [in'greiviŋ] *sb* gravering, gravørkunst; (kobber)stik.
engross [in'grəus] *vb* lægge beslag på, optage; *(jur)* afskrive med stor og tydelig skrift, renskrive; opsætte i lovmæssig form; *(glds)* opkøbe; *-ed in* fordybet i.
engrossing [in'grəusiŋ] *adj* som optager hele ens tid og interesse, altopslugende.
engrossment [in'grəusmənt] *sb* optagethed; *(jur)* renskrivning, renskrift, renskrevet dokument; *(glds)* opkøb.
engulf [in'gʌlf] *vb* opsluge.
enhance [in'ha:ns] *vb* forhøje, forøge; forstærke.
enhancement [in'ha:nsmənt] *sb* forhøjelse, forøgelse; forstærkning.
enigma [i'nigmə] *sb* gåde.
enigmatic(al) [enig'mætik(l)] *adj* gådefuld.
enjoin [in'dʒɔin] *vb* påbyde *(fx silence);* pålægge *(fx a duty on sby);* indskærpe; *(am ogs)* forbyde.
enjoy [in'dʒɔi] *vb* nyde *(fx one's dinner);* glæde sig over, synes godt om; more sig over; kunne glæde sig ved *(fx good health);* have *(fx a good income),* eje; ~ *oneself* more sig, befinde sig godt.
enjoyable [in'dʒɔiəbl] *adj* glædelig, morsom, behagelig, fornøjelig.
enjoyment [in'dʒɔimənt] *sb* nydelse, fornøjelse, morskab, glæde; *take* ~ *in* finde fornøjelse i, glæde sig ved; *be in the* ~ *of* have, kunne glæde sig ved *(fx he is in the* ~ *of good health).*
enkindle [in'kindl] *vb* opflamme, vække.
enlace [in'leis] *vb* omslynge; sammenflette.
enlarge [in'la:dʒ] *vb* forøge(s), forstørre(s), udvide (sig); udbygge; kunne forstørres; ~ *(up)on* gå nærmere ind på, udbrede sig om, berette udførligt om.
enlargement [in'la:dʒmənt] *sb (fot)* forstørrelse; udvidelse.
enlarger [in'la:dʒə] *sb (fot)* forstørrelsesapparat.
enlighten [in'laitn] *vb* oplyse; *-ed despotism* oplyst enevælde.
enlightenment [in'laitnmənt] *sb* oplysning; *the (Age of) Enlightenment* Oplysningstiden.
enlist [in'list] *vb* hverve; *(fig)* vinde; sikre sig *(fx his aid);* (uden objekt) lade sig hverve, melde sig som soldat; melde sig (som tilhænger); ~ *him in a good cause* vinde ham for en god sag; *-ed men* menige og underofficerer.
enlistment [in'listmənt] *sb* hvervning, indrullering.
enliven [in'laivn] *vb* oplive, opmuntre, sætte liv i.
enmesh [in'meʃ] *vb* indvikle (som i et net).
enmity ['enmiti] *sb* fjendskab.
ennoble [i'nəubl] *vb* adle; forædle.
ennui *[fr.;* a:'nwi:] *sb* livslede; kedsomhed.
Enoch ['i:nɔk].
enormity [i'nɔ:miti] *sb* afskyelighed, uhyrlighed, forbrydelse, udåd; vældigt omfang.
enormous [i'nɔ:məs] *adj* enorm, overordentlig, uhyre, umådelig.
enough [i'nʌf] *adv* nok, tilstrækkelig; nok så *(fx jauntily* ~ nok så kækt); ~ *and to spare* mere end nok; *be good* ~ *to tell us* vær så god at sige os; *that is not good* ~ *(ogs)* det kan du ikke være bekendt; *little* ~ ikke ret meget; *a nice* ~ *fellow* en ganske rar fyr; ~ *of that!* lad det nu være nok! hold op! *he knows well* ~ *that* han ved meget godt at; *she sings well* ~ hun synger såmænd meget godt; (se også *feast).*
enounce [i'nauns], se *enunciate.*
enow [i'nau] *adv (glds* og *poet)* nok.
enquire, enquiry, se *inquire, inquiry.*
enrage [in'reidʒ] *vb* gøre rasende, ophidse.
enrapture [in'ræptʃə] *vb* henrykke, henrive.
enrich [in'ritʃ] *vb* berige; smykke, forskønne; gøde, frugtbargøre; *-ed uranium* beriget uran.
enrichment [in'ritʃmənt] *sb* berigelse; forsiring; udsmykning; gødskning.
enrobe [in'rəub] *vb* beklæde, klæde.
enrol(l) [in'rəul] *vb* indskrive (sig) *(fx as a member);* indtegne (sig) *(fx for a course* til et kursus); indmelde (sig); *(mil.)* (lade sig) indrullere, melde sig til tjeneste.
enrolment [in'rəulmənt] *sb* indrullering; indskrivning; indmeldelse; antal indskrevne (elever *etc),* tilgang.
en route [ɔ:ŋ'ru:t] undervejs.
E.N.S.A. *fk Entertainments National Service Association.*
ensanguined [in'sængwind] *adj* blodplettet.
ensconce [in'skɔns] *vb* anbringe (trygt), forskanse, dække; ~ *oneself* forskanse sig *(fx behind a newspaper);* anbringe sig, sætte sig tilrette.
ensemble *[fr.;* a:n'sa:mbl] *sb* hele; helhedsvirkning; ensemble (også om kjole og frakke af samme stof); *(mus.)* ensemble; sammenspil.
enshrine [in'ʃrain] *vb* lægge i et skrin; opbevare som en relikvie; hæge om, bevare *(fx his memory).*
enshroud [in'ʃraud] *vb* indhylle.
ensiform ['ensifɔ:m] *adj (bot)* sværdformet.
ensign ['ensain; *(mar & am):* 'ensn] *sb* fane, flag; tegn, mærke; *(glds)* fændrik; *(am, omtr)* sløjtnant; *red* ~ det engelske handelsflag; *white* ~ den engelske krigsflådes flag.
ensilage ['ensilidʒ] *sb* ensilage, ensilering; *vb* ensilere.
ensile [in'sail] *vb* ensilere.
enslave [in'sleiv] *vb* trælbinde, gøre til slave.
ensnare [in'snεə] *vb* fange (i snare).
ensue [in's(j)u:] *vb* følge, påfølge.
ensure [in'ʃuə] *vb* sikre *(fx* ~ *oneself against risks);* garantere (for) *(fx I cannot* ~ *success).*

E.N.T. *fk (med.) ear, nose and throat.*
entablature [in'tæblətʃə] *sb (arkit)* entablement (omfattende: arkitrav, frise og gesims).
I. entail [in'teil] *sb* stamgods, fideikommis, len; arvegangsmåde; *cut off an ~* ophæve fideikommis.
II. entail [in'teil] *vb* gøre til fideikommis (*el* len), testamentere som stamgods; medføre, nødvendiggøre *(fx it will ~ great expense).*
entangle [in'tæŋgl] *vb* bringe i urede; filtre sammen; indvikle, indfiltre *(fx the bird -d itself in the net); become -d in sth (ogs fig)* blive viklet *(el.* rodet) ind i noget.
entanglement [in'tæŋglmənt] *sb* forvikling; sammenfiltring; vanskelighed; uheldig forbindelse; *(mil.)* spærring.
entente [ɔn'tɔnt] *sb: the ~* ententen.
enter ['entə] *vb* **1.** gå (, komme, træde, køre, sejle, rejse, marchere) ind (i) *(fx a room, a tunnel, a harbour, a country),* trænge ind (i) *(fx the bullet -ed his lung);* **2.** indskrive *(fx his name in the list),* indføre *(fx a sum in an account book),* registrere; indgive, (lade) føre til protokols *(fx a protest);* **3.** indmelde *(fx a pupil at a school),* tilmelde *(fx a horse for a race),* indtegne, indskrive; **4.** indmelde (, indtegne, indskrive) sig i (, til) *(fx a school),* lade sig indskrive ved *(fx a university);* indtræde i *(fx a firm; the Common Market);* melde sig som deltager i *(fx a competition);* **5.** (om skib) angive til fortoldning;
~ Hamlet (i sceneanvisning) Hamlet (kommer) ind; *~ one's name* **for** melde sig til, melde sig som deltager i *(fx a race);* indtegne sig til; *~ sby's* **head** falde en ind; *~* **into** forstå; sætte sig ind i *(fx his feelings);* indlade sig på *(el* i); tage del i; indgå *(fx a treaty);* indgå i, være en bestanddel af; indtræde i *(fx one's rights; matrimony* ægtestanden); påbegynde; *~ into conversation with* indlede en samtale med; *~ into details* gå i enkeltheder; *~ into partnership with* gå i kompagni med; *~ a* **protest** *(ogs)* nedlægge protest; *~* **upon** tage fat på, begynde på *(fx a career); (jur)* overtage, tage i besiddelse; *~ upon one's duties (ogs)* tiltræde embedet.
enteric [en'terik] *adj* enterisk, tarm-; *~ fever* tyfus.
enteritis [entə'raitis] *sb (med.)* tarmkatar.
enterprise ['entəpraiz] *sb* foretagende; bedrift, virksomhed; foretagsomhed, initiativ.
enterprising *adj* foretagsom, initiativrig.
entertain [entə'tein] *vb* underholde, more; beværte, vise gæstfrihed (mod), have gæster; nære *(fx a hope, doubts);* tage under overvejelse, reflektere på *(fx I cannot ~ the proposal); they ~ quite a lot* de har megen selskabelighed, de har tit gæster.
entertainer *sb* vært; varietékunstner, entertainer.
entertaining *adj* morsom, underholdende.
entertainment [entə'teinmənt] *sb* underholdning; morskab; gæstfri modtagelse; beværtning; repræsentation; fest.
entertainment| allowance repræsentationstillæg. *~* **business** underholdningsindustri, forlystelsesbranche. **-s tax** forlystelsesskat.
enthrall [in'θrɔ:l] *vb (fig)* fængsle, betage.
enthrone [in'θrəun] *vb* sætte på trone; indsætte (en biskop); *be -d* trone; *-d in the heart of* højt elsket af.
enthuse [in'θju:z] *vb* T vise begejstring, falde i henrykkelse *(over* over).
enthusiasm [in'θju:ziæzm] *sb* begejstring, henrykkelse, entusiasme.
enthusiast [in'θju:ziæst] *sb* begejstret person; entusiast; *(rel)* sværmer.
enthusiastic [inθju:zi'æstik] *adj* begejstret *(about* for, over), entusiastisk, henrykt; *(rel)* sværmerisk.
enthusiastically *adv* med begejstring.
entice [in'tais] *vb* lokke, forlede, friste.
enticement *sb* lokkemiddel, fristelse, tillokkelse.
entire [in'taiə] *adj* hel; udelt, fuldstændig, komplet, intakt; fuldkommen; *sb* helhed, hele.
entirely [in'taiəli] *adv* helt, ganske; udelukkende.
entirety [in'taiəti] *sb* helhed; *the motion was passed in its ~* forslaget blev vedtaget i sin helhed.
entitle [in'taitl] *vb* berettige *(fx nothing can ~ him to say that); a book -d ...* en bog der bærer titlen ...
entitlement [in'taitlmənt] *sb* berettigelse, ret; offentlig ydelse man er berettiget til.
entity ['entiti] *sb* væsen, realitet, eksistens; størrelse; *(filos ogs)* entitet.
entomb [in'tu:m] *vb* begrave; tjene som grav for.
entomological [entəmə'lɔdʒikl] *adj* entomologisk. **entomologist** [entə'mɔlədʒist] *sb* entomolog, insektforsker.
entomology [entə'mɔlədʒi] *sb* entomologi, insektlære.
entourage [ɔntu'ra:ʒ] *sb* omgivelser, følge; omgangskreds; *his ~ (ogs)* de mennesker han omgiver (, omgav) sig med.
entozoon [entə'zəuɔn] *sb (pl entozoa* [entə'zəuə]) indvoldsorm.
entr'acte ['ɔntrækt; *fr.*] sb mellemakt(smusik).
entrails ['entreilz] *sb pl* indvolde.
entrain [en'trein] *vb (mil.)* stige op (, indlade) i et tog.
I. entrance ['entrəns] *sb* **1.** indgang, indkørsel, *(mar)* indsejling, indløb; **2.** adgang *(fx he was refused ~; ~ is by the side door);* **3.** entré *(fx pay one's ~);* **4.** *(cf enter)* det at komme (, gå *etc)* ind, indtræden, indkørsel, indsejling; indrejse, ankomst, *(teat)* entré (på scenen); (af embede) tiltrædelse *(into el. upon* af); **5.** indskrivning, tilmelding, indtegning, optagelse; *force an ~ into* tiltvinge sig adgang til.
II. entrance [in'tra:ns] *vb* henrykke, henrive.
entrance| exam(ination) adgangseksamen. *~* **fee** entré (adgangsbetaling); indskrivningsgebyr.
entrant ['entrənt] *sb* (nyt) tiltrædende medlem; en der søger optagelse; deltager.
entrap [in'træp] *vb* lokke i fælde, fange (i en fælde); *(fig)* narre *(into* til) *(fx he was -ped into doing it).*
entrapment [in'træpmənt] *sb* det at lokke i en fælde; indfangning (i fælde).
entreat [in'tri:t] *vb* bede, bønfalde *(fx they -ed him to show mercy); ~ sth of him* bede *(el.* bønfalde) ham om noget.
entreaty [in'tri:ti] *sb* bøn; *a look of ~* et bønligt blik.
entrée ['ɔntrei] *sb* mellemret; adgang.
entremets ['ɔntrəmei] *sb* mellemret.
entrench [in'trenʃ] *vb* forskanse; *~ on* gøre indgreb i; *~ oneself* grave sig ned; *(fig)* etablere sig, befæste sin stilling; *-ed (fig)* rodfæstet, grundfæstet, fast forankret; etableret; *an ~ right (ogs)* en grundlovsfæstet ret.
entrenching tool *(mil.)* (fodfolks)spade.
entrenchment [in'trenʃmənt] *sb (mil.)* forskansning, skanse, skyttegrav.
entrepot ['ɔntrəpəu] *sb* lagerplads, oplagssted, entrepot.
entrepreneur [ɔntrəprə'nə:] *sb* driftsherre; selvstændig forretningsdrivende; iværksætter; impresario, koncertarrangør; *(neds)* (lidt for) foretagsom forretningsmand.
entresol ['ɔntrəsɔl] *sb* mezzanin(etage).
entropy ['entrəpi] *sb* entropi.
entrust [in'trʌst] *vb* betro, overlade; *~ it to him, ~ him with it* betro ham det.
entry ['entri] *sb (cf enter)* **1.** det at gå (, komme *etc)* ind; indtræden, indkørsel *(fx no ~* indkørsel forbudt), indsejling, indrejse, ankomst, indmarch, indtog, indtrængen, *(teat)* entré (på scenen); **2.** (i bog) indskrivning, indførsel, registrering, protokollering; **3.** indmeldelse *(fx at a school),* tilmelding *(fx for a competi-*

tion), indtegning, indskrivning, optagelse *(fx to a university),* indtræden *(fx America's ~ into the war, Britain's ~ into the Common Market);* **4.** (om skib, til told) toldangivelse; **5.** *(jur, cf enter upon)* overtagelse (af ejendom); **6.** notat, notits, (i bog) indførsel, (i protokol) protokollat, (i regnskab) post(ering), (i ordbog *etc)* opslagsord, artikel; **7.** (ved sportskonkurrence *etc)* fortegnelse over anmeldte deltagere; anmeldt deltager (, hest *etc);* **8.** (ved prisopgave *etc)* besvarelse; **9.** indgang; forhal; **10.** adgang; **11.** (i kortspil) indkomst;
bookkeeping by single (, double) ~ enkelt (, dobbelt) bogholderi; **force** *an ~ into* tiltvinge sig adgang til; **make** *an ~ in a book* notere i en bog; *make one's ~* holde sit indtog.

entry card (i kortspil) indkomstkort.

entwine [in'twain] *vb* sammenflette, indflette, omvinde.

enucleate [i'nju:klieit] *vb* forklare, drage frem; fjerne kernen fra; *(med.)* fjerne (i sin helhed) fra omgivende væv, udskrælle (en svulst).

enumerate [i'nju:məreit] *vb* opregne, optælle.

enumeration [inju:mə'reiʃn] *sb* opregning, optælling.

enunciate [i'nʌnsieit] *vb* udtale, artikulere *(fx ~ clearly),* fremsige; fremstille, formulere *(fx a new theory);* meddele, bekendtgøre, forkynde.

enunciation [inʌnsi'eiʃn] *sb* udtale, artikulation, fremsigelse; fremstilling, formulering; bekendtgørelse, forkyndelse.

enuresis [enju'ri:sis] *sb* ufrivillig vandladning.

envelop [in'veləp] *vb* indsvøbe; indhylle *(fx -ed in a cloak, -ed in smoke, -ed in mystery);* indpakke; *(mil.)* indkredse, omringe; *-ed in flames* omspændt af flammer; *-ing movement* indkredsningsmanøvre.

envelope ['envələup] *sb* **1.** konvolut, kuvert; **2.** hylster, dække; **3.** ballonhylster; **4.** *(mat.)* indhyllingskurve.

envelopment [in'veləpmənt] *sb* indhylning; *(mil.)* indkredsning, omslutning; hylster; omslag.

envenom [in'venəm] *vb* forgifte.

enviable ['enviəbl] *adj* misundelsesværdig.

envious ['enviəs] *adj* misundelig *(of* på); *be ~ of his success* misunde ham hans succes.

environment [in'vairənmənt] *sb* omgivelser, miljø; livsforhold; omringelse; *Department of the Environment* miljøministerium.

environmental [invairən'mentl] *adj* miljøbestemt, miljø- *(fx ~ influence);* miljømæssig.

environmentalist [invairən'mentəlist] miljøforkæmper; miljøforsker.

environs ['envirənz, in'vairənz] *sb pl* omegn, omgivelser.

envisage [in'vizidʒ] *vb* forestille sig, danne sig et billede af, se for sig, forudse.

envision [in'viʒən] *vb (am) = envisage.*

I. envoi, envoy ['envɔi] *sb (litt)* envoi (slutningsstrofe).

II. envoy ['envɔi] *sb* gesandt; udsending.

envy ['envi] *sb* misundelse; genstand for misundelse; *vb* misunde.

enwrap [in'ræp] *vb* indhylle; omgive; *-ped in (fig)* hensunket *(el* fordybet) i.

enzyme ['enzaim] *sb (kem)* enzym.

eocene ['i:əsi:n] *sb (geol)* eocen.

eolith ['i:əliθ] *sb (arkæol)* eolit (primitivt stenredskab).

eon ['i:ɔn] *sb* æon, langt tidsrum, 'evighed'.

EP *fk extended play* (45 omdrejninger i minuttet).

epaulet(te) ['epəlet] *sb* epaulette.

épée ['eipei] *sb* kårde.

epergne [i'pə:n] *sb* bordopsats.

ephemer|a [i'fem(ə)rə] *sb (pl -ae, -as* [-i:, -əz]) døgnflue; døgnvæsen.

ephemeral [i'fem(ə)rəl] *adj* som kun varer en dag; flygtig, kortvarig, døgn- *(fx tune).*

Ephesian [i'fi:ʒiən] *sb* efeser; *adj* efesisk. **Ephesus** ['efisəs].

epic ['epik] *sb* epos, episk digt; *adj* episk; *(fig)* vældig, storslået.

epicalyx [epi'keiliks] *sb (bot)* bibæger.

epicene ['episi:n] *adj* som hører til begge køn; uden udpræget kønskarakter, kønsløs; kvindagtig.

epicentre ['episentə] *sb* epicentrum, jordskælvs centrum (på jordoverfladen).

epicure ['epikjuə] *sb* gourmet, feinschmecker.

epicurean [epikju'riən] *adj* nydelsessyg, epikuræisk; *sb* nydelsesmenneske; epikuræer.

epicureanism [epikju'riənizm] *sb* epikuræisme; vellevned.

Epicurus [epi'kjuərəs] Epikur.

epidemic [epi'demik] *adj* epidemisk; *sb* epidemi.

epidermis [epi'də:mis] *sb* epidermis, overhud.

epidiascope [epi'daiəskəup] *sb* epidiaskop, lysbilledapparat.

epidural [epi'djuərəl] *adj (anat)* epidural; *sb (med.)* epiduralbedøvelse, rygmarvsbedøvelse; *~ anaesthesia = epidural sb.*

epiglottis [epi'glɔtis] *sb* epiglottis, strubelåg.

epigone ['epigəun] *sb* epigon.

epigram ['epigræm] *sb* epigram; fyndord.

epigrammatic [epigrə'mætik] *adj* epigrammatisk; fyndig; kort og vittig.

epigraph ['epigra:f] *sb* indskrift; motto.

epilepsy ['epilepsi] *sb (med.)* epilepsi.

epileptic [epi'leptik] *adj* epileptisk; *sb* epileptiker.

epilogue ['epilɔg] *sb* epilog, slutningstale.

I. Epiphany [i'pifəni] helligtrekongersdag.

II. epiphany [i'pifəni] *sb* guddoms *el.* overmenneskeligt væsens manifestation; *(fig)* indblik i tingenes inderste væsen, åbenbaring.

Epirus [i'paiərəs].

episcopacy [i'piskəpəsi] *sb* bispestyre; *the ~* bispekollegiet, samtlige biskopper.

episcopal [i'piskəpl] *adj* styret af biskopper, episkopal; biskoppelig, bispe-; *the Episcopal Church* den episkopale (ɔ: anglikanske) kirke.

episcopalian [ipiskə'peiliən] *adj* episkopal, biskoppelig; *sb* medlem *(el.* tilhænger) af episkopal kirke.

episcopate [i'piskəpit] *sb* bispeembede, bispeværdighed; bispesæde; *the ~* bispekollegiet, samtlige biskopper.

episode ['episəud] *sb* episode; (af tv-serie) afsnit.

episodic(al) [epi'sɔdik(l)] *adj* episodisk.

epistemology [epistə'mɔlədʒi] *sb* erkendelsesteori.

epistle [i'pisl] *sb* skrivelse, epistel, brev.

epistolary [i'pist(ə)ləri] *adj* skriftlig; i brevform, brev-.

epitaph ['epita:f] *sb* gravskrift, epitaf(ium).

epithalamium [epiθə'leimiəm] *sb* bryllupsdigt.

epithelial [epi'θi:ljəl] *adj* epitel-.

epithelium [epi'θi:ljəm] *sb* epitel.

epithet ['epiθet] *sb* epitet; (karakteriserende) tillægsord; prædikat; (stående) tilnavn; skældsord.

epitome [i'pitəmi] *sb* udtog, resumé; *he is the ~ of* han er indbegrebet af. **epitomize** [i'pitəmaiz] *vb* gengive i udtog, give et resumé af, resumere, sammenfatte; være indbegrebet af.

epizo|on [epi'zəuɔn] *sb (pl -a)* snylter.

epoch ['i:pɔk] *sb* epoke; *mark a new ~ in* sætte skel i, indlede en ny epoke i.

epoch-making *adj* epokegørende, skelsættende.

epode ['epəud] *sb* epode.

eponym ['epənim] *sb* den som noget er opkaldt efter *(el* som har givet navn til noget).

epos ['epɔs] *sb* epos, heltedigt.

Epsom ['epsəm]: *~ salt(s)* engelsk salt.

E.P.U. *fk European Payments Union* den europæiske betalingsunion.

equability [ekwə'biləti] *sb* jævnhed, ensartethed, ro.
equable ['ekwəbl] *adj* jævn, ensartet, rolig, ligevægtig.
I. equal ['i:kw(ə)l] *adj* lige; lige stor, ens, samme *(fx of ~ height, with ~ ease)*; lig; ensartet, jævn, rolig; *sb* ligemand, jævnbyrdig, lige, mage;
they are ~ in ability de er lige dygtige; *he is your ~ in strength* han er lige så stærk som du; *be the ~ of (mat.)* være lig med; *on ~ terms, on an ~ footing* på lige fod; *~ pay* ligeløn; *~* **to** lig med; svarende til; på højde med, jævnbyrdig med; i stand til, stærk nok til; mand for at klare; *be ~ to a task (, the situation)* være en opgave (, situationen) voksen; *it was ~ to my expectations* det svarede til mine forventninger.
II. equal ['i:kw(ə)l] *vb* kunne måle sig med; være lig med, svare til; *~ a record* tangere en rekord; *he -s you in strength* han er lige så stærk som du.
equality [i'kwɔliti] *sb* lighed; ligelighed; ensartethed, jævnhed; ligeberettigelse, ligestillethed; *on an ~ with, on a footing of ~ with* på lige fod med.
equalization [i:kwəlai'zeiʃn] *sb* ligestillelse; udjævning, udligning.
equalization fund egaliseringsfond; udligningsfond.
equalize ['i:kwəlaiz] *vb* stille på lige fod; gøre lige; gøre ensartet; udjævne; egalisere, udligne; (i fodbold) udligne.
equalizer ['i:kwəlaizə] *sb* (i sport) udlignende mål *el.* point; (radio) modforvrænger; (elekt) udligningsdynamo; (*am* S) pistol.
equally ['i:kw(ə)li] *adj* lige; i samme grad, lige så; ligelig; *they are ~ clever* de er lige dygtige.
equanimity [ekwə'nimiti] *sb* sindsligevægt, sindsro.
equanimous [i'kwæniməs] *adj* sindsligevægtig.
equate [i'kweit] *vb: ~ with* sætte lig med, sætte lighedstegn mellem; *~ it with (ogs)* få det til at stemme med *(fx I cannot ~ your statement with his)*; bringe det i overensstemmelse med *(fx I want to ~ the expense with the income)*.
equation [i'kweiʒn, -ʃn] *sb* ligning; ligevægt, lighed; ligestillelse; udjævning, udligning.
equator [i'kweitə] *sb: the ~* ækvator.
equatorial [ekwə'tɔ:riəl] *adj* ækvatorial.
equerry ['ekwəri; i'kweri] *sb* (hof)staldmester.
equestrian [i'kwestriən] *adj* ridende, ride-, rytter-; *sb* rytter, rytterske; (i cirkus) berider, kunstrytter; *~ statue* rytterstatue.
equiangular ['i:kwi'æŋgjulə] *adj* ligevinklet.
equidistant ['i:kwi'distənt] *adj* i (, med) samme afstand; *~ from* lige langt fra.
equilateral ['i:kwi'læt(ə)rəl] *adj* ligesidet *(fx triangle)*; *sb* ligesidet figur.
equilibrate [i:kwi'laibreit] *vb* bringe (, holde) i ligevægt; balancere.
equilibrist [i:'kwilibrist] *sb* ekvilibrist, balancekunstner, linedanser.
equilibrium [i:kwi'libriəm] *sb* ligevægt.
equine ['ekwain] *adj* heste-, som angår heste.
equinoctial [i:kwi'nɔkʃəl] *adj* jævndøgns-, ækvinoktial; *sb* jævndøgnslinie, himmelens ækvator; *(~ gale)* jævndøgnsstorm.
equinox ['i:kwinɔks] *sb* jævndøgn.
equip [i'kwip] *vb* udstyre, udruste, ekvipere.
equipage ['ekwipidʒ] *sb* udrustning; udstyr; *(glds)* ekvipage; følge.
equipment [i'kwipmənt] *sb* ekvipering, udrustning, mundering; udstyr, materiel.
equipoise ['ekwipɔiz] *sb* ligevægt; modvægt.
equitable ['ekwitəbl] *adj* billig, retfærdig, rimelig.
equity ['ekwiti] *sb* billighed, retfærdighed, rimelighed; *(jur)* billighedsret; *(merk)* værdi af en ejendom ud over prioriteter eller kreditorers krav; egenkapital; stamaktie; *Equity* (i England) skuespillernes fagforening; *equities, equity shares pl* stamaktier.

equivalence [i'kwivələns] *sb* lige gyldighed, lige værd, ækvivalens.
equivalent [i'kwivələnt] *adj* af samme værdi *(el.* størrelse), ligegældende, ensbetydende, tilsvarende; ækvivalent; *sb* noget tilsvarende; tilsvarende beløb; ensbetydende ord; ækvivalent; *be ~ to* svare til, være ensbetydende med; *money or its ~* penge eller penges værdi.
equivocal [i'kwivəkl] *adj* tvetydig, dobbelttydig, tvivlsom, usikker, uklar.
equivocate [i'kwivəkeit] *vb* gå uden om sandheden, komme med udflugter, udtrykke sig på en tvetydig måde.
equivocation [ikwivə'keiʃn] *sb* det at komme med udflugter *etc*, tvetydig udtryksmåde, spidsfindighed.
E.R. *fk Elizabeth Regina.*
era ['iərə] *sb* tidsregning *(fx the beginning of the Christian ~)*; periode, tidsalder, æra.
eradiate [i'reidieit] *vb* udstråle.
eradicate [i'rædikeit] *vb* rykke op med rode; udrydde.
eradication [irædi'keiʃn] *sb* oprykning med rode; udryddelse.
erase [i'reiz] *vb* radere bort, udkradse, udviske, slette; udslette. **erase head** slettehoved (på båndoptager).
eraser [i'reizə] *sb* raderkniv; raderviskelæder; tavlesvamp.
erasing shield viskeskjold.
erasure [i'reiʒə] *sb* radering, udviskning, udraderet sted; udslettelse.
ere [ɛə] *præp, conj (glds)* før, førend, inden; *~ long* inden længe, snart; *~ now* før.
erect [i'rekt] *vb* rejse *(fx a statue)*, opføre *(fx a wall)*; opsætte; oprette, stifte *(fx a university)*, grundlægge; opstille *(fx a theory)*; ophøje *(into* til); *(geom)* oprejse; (om penis) erigeres; *adj* oprejst, opret, stående, strittende *(fx with hair ~)*; løftet; *(fig)* rank, modig, fast, standhaftig; *~ oneself* rette sig op.
erectile [i'rektail] *adj* som kan rejses; som kan rejse sig.
erection [i'rekʃn] *sb* rejsning; opførelse; bygning; oprettelse; *(anat)* erektion.
erector [i'rektə] *sb* montør; skibsbygger.
eremite ['erimait] *sb* eneboer, eremit.
erethism ['eriθizm] *sb (med)* eretisme, abnormt forhøjet irritabilitet.
erewhile [ɛə'wail] *adv (glds)* for lidt siden.
erg [ə:g] *sb* erg (måleenhed for arbejde og energi).
ergo ['ə:gəu] *adv* ergo, altså.
ergonomics [ə:gə'nɔmiks] *sb* ergonomi, læren om tilpasning af arbejdsredskaber og arbejdsforhold til de menneskelige krav.
ergot ['ə:gət] *sb (bot)* meldrøje (svamp på korn).
ergotism ['ə:gətizm] *sb* meldrøjeforgiftning.
Erin ['iərin] Erin (gammelt navn for Irland).
erk [ə:k] *sb* S menig; rekrut (i flyvevåbnet).
ermine ['ə:min] *sb* hermelin, lækat; hermelinskind; dommerværdighed; *vb* klæde i hermelin; *wear the ~* være dommer.
Ernest ['ə:nist] Ernst. **Ernie** *fk Ernest.*
ERNIE *fk electronic random number indicator equipment* computer der udtrækker vindende præmieobligationsnumre.
erode [i'rəud] *vb* erodere, afslide; (om syre) tære, ætse; *(fig)* nedbryde, undergrave, udhule.
erogenous [i'rɔdʒinəs] *adj* erogen.
erosion [i'rəuʒn] *sb (cf erode)* erosion *(fx soil ~)*; afslidning; tæring, ætsning; *(fig)* nedbrydning; undergravning; udhuling *(fx of purchasing power)*.
erosive [i'rəusiv] *adj* eroderende, tærende, ætsende, afslidende.
erotic(al) [i'rɔtik(l)] *adj* erotisk.
eroticism [i'rɔtisizm] *sb* erotik, erotisk karakter.
erotomaniac [irəutə'meiniæk] *sb* erotoman.

err [ə:] *vb* tage fejl, fejle; *(glds)* fare vild; komme på afveje.
errand ['erənd] *sb* ærinde; *go on (el. run) an* ~ gå et ærinde.
errand boy bydreng.
errant ['erənt] *adj* omvandrende, omrejsende, omflakkende; som forvilder sig, vildfarende.
errantry ['erəntri] *sb* omvandren, omflakken.
errata [i'reitə] *sb (pl* af *erratum)* fejl; trykfejlsliste.
erratic [i'rætik] *adj* uberegnelig, excentrisk *(fx behaviour),* tilfældig, uregelmæssig *(fx attendance),* ujævn; ~ *blocks (geol)* erratiske blokke, vandreblokke.
erroneous [i'rəunjəs] *adj* fejlagtig, urigtig.
error ['erə] *sb* fejltagelse, vildfarelse, forseelse, fejl; *commit an* ~ begå en fejl; *you are in* ~ De tager fejl; ~ *of judgment* fejlbedømmelse, fejlskøn; *-s and omissions excepted* med forbehold af fejl og forglemmelser.
Erse [ə:s] *sb* gælisk.
erst [ə:st], **erstwhile** ['ə:stwail] *adv* forhen.
erubescent [eru'besnt] *adj* rødmende.
eructate [i'rʌkteit] *vb* få opstød, ræbe; (om vulkan) udspy dampe *etc.* **eructation** [irʌk'teiʃn] *sb* opstød, ræben; (om vulkan) udspyelse af dampe etc.
erudite ['erudait] *adj* lærd.
erudition [eru'diʃn] *sb* lærdom.
erupt [i'rʌpt] *vb* være i udbrud, komme i udbrud; vælte ud, bryde frem; (om sygdom) slå ud.
eruption [i'rʌpʃən] *sb* udbrud; frembrud; *(med.)* udslæt.
eruptive [i'rʌptiv] *adj* frembrydende; eruptiv; *(med.)* ledsaget af udslæt; ~ *rocks* eruptivbjergarter.
erysipelas [eri'sipiləs] *sb (med.)* rosen.
ESA *fk European Space Agency.*
escalade [eskə'leid] *sb* bestigning ved stormstiger, stormløb; *vb* bestige (ved hjælp af stormstiger).
escalate ['eskəleit] *vb* stige op ad en rullende trappe; *(fig)* stige *(el.* udvikle sig) gradvis, eskalere, optrappe(s).
escalation [eskə'leiʃən] *sb* gradvis stigning *el.* forøgelse; optrapning.
escalator ['eskəleitə] *sb* escalator, rullende trappe.
escallop [is'kələp] *sb* kammusling; muslingeskal.
escapade [eskə'peid] *sb* eskapade; gal streg.
I. escape [i'skeip] *vb* **1.** undslippe, rømme, flygte, løbe bort, undvige; **2.** (om gas *etc)* slippe ud, strømme ud, løbe ud; **3.** (med objekt) slippe fra *(el.* for), undgå; *it -s me (el. my memory)* jeg kan ikke huske det; *it -s me (ogs)* jeg kan ikke forstå det; *it -d me (el. my lips)* det slap mig ud af munden; *it -d me (ogs)* det undgik min opmærksomhed; *he -d alive* han slap fra det med livet.
II. escape [i'skeip] *sb* **1.** rømning, undvigelse, flugt; redning; **2.** udslip, udstrømning *(fx* af gas); **3.** afledning, middel til at flygte fra virkeligheden *(el.* hverdagen); virkelighedsflugt; **4.** *(bot)* forvildet plante; *there is no* ~ *from it* det kan man ikke slippe for; det er ikke til at komme uden om; (se også *fire* ~; *II. narrow).*
escape clause forbeholdsklausul.
escapee [iskei'pi:] *sb* flygtning; undvegen fange.
escape| hatch *(mar)* nødluge. ~ **literature** eskapistisk litteratur.
escapement [i'skeipmənt] *sb* echappement, gang (i et ur).
escape| valve sikkerhedsventil. ~ **velocity** (rakets) undvigelseshastighed. ~ **wheel** ankerhjul (i et ur).
escapism [i'skeipizm] *sb* eskapisme, flugt fra virkeligheden; *adj* eskapistisk.
escapist [i'skeipist] *sb* eskapist, en der flygter fra virkeligheden; *adj* eskapistisk.
escapologist [iskei'pɔlədʒist] *sb* udbryderkonge.
escarp [i'ska:p] *vb* eskarpere.
escarpment [i'ska:pmənt] *sb* brat skråning, *(mil.)* eskarpe.
eschalot ['eʃəlɔt] *sb* chalotteløg.
eschar ['eska:] *sb* skorpe på brandsår, brandskorpe.
eschatology [eskə'tɔlədʒi] *sb (teol)* eskatologi (læren om de sidste ting).
escheat [is'tʃi:t] *sb* hjemfald; hjemfaldet gods; *vb* hjemfalde; konfiskere.
eschew [is'tʃu:] *vb* undgå, sky.
I. escort ['eskɔ:t] *sb* eskorte, (bevæbnet) følge; ledsager.
II. escort [i'skɔ:t] *vb* ledsage, eskortere.
escritoire [eskri'twa:] *sb* chatol, sekretær.
esculent ['eskjulənt] *adj* spiselig.
escutcheon [i'skʌtʃn] *sb* skjold, våbenskjold, våbenmærke, våben; (om nøglehul) nøgleskilt; *(mar)* navnebræt; *a blot on his* ~ en plet på hans ære.
E.S.E. *fk east-south-east.*
Eskimo ['eskiməu] *sb* eskimo; *adj* eskimoisk.
Eskimo dog grønlandsk hund, eskimohund.
Eskimo roll grønlændervending (i kajak).
E.S.N. *fk educationally subnormal.*
esophagus [i:'sɔfəgəs] *sb (anat)* spiserør.
esoteric [esə'terik] *adj* hemmelig, esoterisk, kun bestemt for de indviede.
E.S.P. *fk extra-sensory perception; English for special purposes.*
espalier [i'spæljə] *sb* espalier; espaliertræ.
esparto [i'spa:təu] *(bot):* ~ *grass* espartogræs.
especial [i'speʃl] *adj* særlig, speciel.
especially [i'speʃ(ə)li] *adv* særligt, specielt, især.
Esperantist [espə'ræntist] *sb* esperantist.
Esperanto [espə'ræntəu] *sb* esperanto.
espial [i'spaiəl] *sb* spejden, udspionering; opdagelse.
espionage [espiə'na:ʒ] *sb* spionage.
esplanade [esplə'neid] *sb* esplanade; promenade.
espousal [i'spauzl] *sb* antagelse (af en sag), tilslutning; *espousals pl (glds)* trolovelse; vielse.
espouse [i'spauz] *vb* gøre sig til talsmand for, gå ind for, vie sine kræfter til *(fx a cause); (glds)* ægte, formæle sig med.
esprit ['espri:] *sb* livlighed, esprit; ~ *de corps* ['espri:də'kɔ:] korpsånd.
espy [i'spai] *vb* få øje på, opdage.
Esq. [i'skwaiə] *fk Esquire* Hr. (på breve: *T. Brown, Esq.* Hr. T. Brown).
Esquimau ['eskiməu] *sb (pl -x* [-z]) eskimo.
esquire [i'skwaiə] *sb (fk* til *Esq.)* hr. (på breve); fornem mand i rang under *knight; (glds)* væbner.
ESRO *fk European Space Research Organization.*
I. essay ['esei] *sb* forsøg; essay, afhandling; (i skole) stil.
II. essay [e'sei] *vb* forsøge, prøve.
essayist ['eseiist] *sb* essayist, essayforfatter.
essence [esns] *sb* væsen; hovedindhold, kerne; ekstrakt; essens; parfume; *(glds)* væren, tilværelse; *in* ~ i sit inderste væsen; i det væsentlige; *of the* ~ af afgørende betydning.
essential [i'senʃl] *adj* absolut nødvendig, afgørende; uundværlig, livsvigtig; grundlæggende, fundamental; egentlig, væsentlig; *sb* hovedpunkt, væsentlig forudsætning; absolut betingelse; *in all -s* i alt væsentligt.
essentiality [isenʃi'æliti] *sb* væsentlighed, vigtighed.
essentially [i'senʃ(ə)li] *adv* i sit inderste væsen, i bund og grund; i alt væsentligt; ~ *different* væsensforskellig.
essential oil æterisk olie.
Essex ['esiks].
establish [i'stæbliʃ] *vb* **1.** oprette *(fx a new state, a*

bank), anlægge *(fx a colony),* grundlægge, stifte; **2.** tilvejebringe *(fx law and order),* skabe *(fx a precedent),* etablere *(fx a blockade, a boycott),* opstille *(fx a theory),* fastsætte *(fx rules);* **3.** befæste *(fx their authority),* grundfæste; **4.** godtgøre, bevise *(fx one's innocence),* fastslå *(fx his identity),* konstatere; **5.** indsætte *(fx ~ him as governor);* installere; etablere, sætte i vej *(fx ~ him in business);* ~ **oneself** slå sig ned, bosætte sig *(fx in a new house);* etablere sig, nedsætte sig; ~ *a* **suit** (i kortspil) gøre en farve god.

established [i'stæbliʃt] *adj* (almindelig) anerkendt *(fx author),* etableret *(fx a well-~ firm),* fast *(fx rule),* fastslået, grundfæstet *(fx customs); the Established Church* statskirken (særlig om England); *the ~ order* den herskende *(el.* bestående) orden, det bestående, de bestående forhold, samfundsordenen.

establishment [i'stæbliʃmənt] *sb* **1.** *(cf establish)* oprettelse, anlæggelse, grundlæggelse, stiftelse; tilvejebringelse, skabelse *(fx of law and order),* opstilling, fastsættelse *(fx of rules);* befæstelse *(fx of their authority),* godtgørelse *(fx of his identity),* konstatering; indsættelse, etablering; nedsættelse; **2.** institution, *(merk)* etablissement, forretning, virksomhed, foretagende, (privat:) hus, husholdning; **3.** (personer:) husstand, personale, *(mil. etc)* styrke, personel; **4.** *the Establishment* de personer der udøver indflydelse i samfundets førende institutioner (erhverslivet, aristokratiet, hæren, kirken), *(omtr =)* det etablerede samfundssystem, de ledende kredse *(fx the literary ~).*

estate [i'steit] *sb* **1.** gods, ejendom *(fx he has a large ~ in Shropshire);* **2.** boligkompleks; boligområde; bebyggelse; **3.** *(jur)* formue; bo; **4.** *(glds)* rang, stand; *reach man's ~, reach ~ of manhood* nå til manddomsalder, blive mand; *the three -s of the realm* de tre rigsstænder; *the third ~* tredjestand; *the fourth ~* pressen; (se også *gross estate, real estate).*

estate| agent ejendomsmægler. ~ **car** stationcar.

esteem [i'sti:m] *vb* (høj)agte, værdsætte; regne for, anse for; *sb* (høj)agtelse; mening, vurdering; *hold in high ~* sætte stor pris på, højagte; *be held in ~* være respekteret; *he rose in my ~* han steg i min agtelse.

esthete *(etc) = aesthete (etc).*

Esthonia(n), se *Estonia etc.*

estimable ['estiməbl] *adj* agtværdig.

I. estimate ['estimeit] *vb* vurdere; bedømme; beregne, anslå, ansætte *(at* til); gøre overslag over; *(mar)* gisse.

II. estimate ['estimət] *sb* vurdering; bedømmelse; overslag, beregning, tilbud; budget; *form an ~ of* danne sig et skøn over; *on a rough ~* efter et løst skøn; skønsmæssigt; *the Estimates* finanslovforslaget (vedrørende statens udgifter).

estimation [esti'meiʃn] *sb* vurdering; bedømmelse; skøn, overslag *(of* over), beregning; agtelse *(fx he rose in my ~); in my ~* efter mit skøn.

Estonia [es'təuniə] Estland.

Estonian [es'təuniən] *sb* ester; estisk; *adj* estisk.

estop [i'stɔp] *vb (jur)* hindre, standse.

estrade [es'tra:d] *sb* estrade, forhøjning.

estrange [i'strein(d)ʒ] *vb* gøre fremmed (for hinanden); støde bort *(el* fra sig), fjerne; stille i et køligt forhold *(from* til); *they have become -d* forholdet mellem dem er kølnet; de er ikke så gode venner som de har været.

estrangement [i'strein(d)ʒmənt] *sb* køligt forhold, misstemning.

estuary ['estjuəri] *sb* munding, flodmunding (med ebbe og flod).

esurient [i'sjuriənt] *adj* grådig, forslugen.

E.T.A. *fk estimated time of arrival.*

etc *fk et cetera.*

et cetera, etcetera [it'setrə] og så videre. **etceteras** *sb pl* andre ting, andre poster, ekstraudgifter, tilbehør, småting.

etch [etʃ] *vb* radere, ætse. **etching** ['etʃiŋ] *sb* radering.

etching needle radernål.

eternal [i'tə:nl] *adj* evig *(fx ~ life; the ~ triangle);* T evindelig *(fx his ~ complaints),* evig; *the ~ City* den evige stad (Rom). **eternalize** [i'tə:nəlaiz] *vb* gøre evig, udødeliggøre; forlænge i det uendelige.

eternity [i'tə:niti] *sb* evighed.

Ethel [eθl].

ether ['i:θə] *sb* æter.

ethereal [i'θiəriəl] *adj* æterisk, overjordisk.

etherealize [i'θiəriəlaiz] *vb* gøre æterisk.

etherify [i'θerifai] *vb* omdanne til æter.

etherize ['i:θəraiz] *vb* bedøve med æter.

ethical ['eθikl] *adj* etisk; ~ *drug* receptpligtigt lægemiddel.

ethics ['eθiks] *sb* morallære, etik.

Ethiopia [i:θi'əupjə] Etiopien.

Ethiopian [i:θi'əupjən] *adj* etiopisk; *sb* etiopisk; etioper.

Ethiopic [i:θi'ɔpik] *sb* etiopisk.

ethnic ['eθnik] *adj* etnisk, race-; folke- *(fx group);* hedensk.

ethno|centric [eθnə'sentrik] *adj* etnocentrisk; som betragter sin egen kultur etc som den førende. **-centricity** [- sen'trisiti] *sb,* **-centrism** [-'sentrizm] *sb* entrocentri(sme). **-grapher** [eθ'nɔgrəfə] *sb* etnograf. **-graphic(al)** [eθnə'græfik(l)] *sb* etnografisk. **-graphy** [eθ'nɔgrəfi] *sb* etnografi. **-logical** [eθnə'lɔdʒikl] *adj* etnologisk. **-logist** [eθ'nɔlədʒist] *sb* etnolog. **-logy** [eθ'nɔlədʒi] *sb* etnologi.

etho|logist [i'θɔlədʒist] *sb* etolog, adfærdsforsker. **-logy** [i'θɔlədʒi] *sb* etologi; adfærdsforskning.

ethos ['i:θɔs] *sb* etos (moralsk holdning; særpræg).

ethyl ['eθil] *sb* ætyl.

etiolate ['i:tiəleit] *vb* blege, gøre bleg, etiolere.

etiolation [i:tiə'leiʃən] *sb* blegnen, bleghed.

etiology [i:ti'ɔlədʒi] *sb* ætiologi, læren om sygdomsårsager.

etiquette ['etiket] *sb* etikette, skik og brug.

Eton ['i:tn] (by ved Themsen, med en berømt skole: *Eton College); ~ crop* drengehår, drengefrisure.

Etonian [i'təunjən] *sb* etonianer, elev fra *Eton College; adj* Eton'sk.

Etruscan [i'trʌskən] *sb* etrusker; etruskisk; *adj* etruskisk.

et seq. *fk et sequentia (= and what follows).*

etui [e'twi:] *sb* etui.

etymological [etimə'lɔʒikl] *adj* etymologisk.

etymologize [eti'mɔlədʒaiz] *vb* studere etymologi, bestemme et ords etymologi.

etymology [eti'mɔlədʒi] *sb* etymologi.

etymon ['etimɔn] *sb* etymon, stamord.

eucalyptus [ju:kə'liptəs] *sb (bot)* eukalyptus.

Eucharist ['ju:kərist] *sb (rel)* nadverens sakramente.

euchre ['ju:kə] *sb* (et kortspil); *vb* overliste; slå.

Euclid ['ju:klid] Euklid; (euklidisk) geometri.

Euclidean [ju:'klidiən] *adj* euklidisk.

Eugene [ju:'ʒein; 'ju:dʒi:n] Eugène, Eugen.

eugenic [ju:'dʒenik] *adj* racehygiejnisk.

eugenics [ju:'dʒeniks] *sb* eugenik, racehygiejne.

eulogist ['ju:lədʒist] *sb* lovpriser, lovtaler. **eulogistic(al)** [ju:lə'dʒistik(l)] *adj* lovprisende, (overdrevent) rosende.

eulogize ['ju:lədʒaiz] *vb* lovprise, forherlige.

eulogy ['ju:lədʒi] *sb* lovtale, lovord, overdreven ros.

eunuch ['ju:nək] *sb* eunuk.

eupeptic [ju:'peptik] *adj* eupeptisk, med god fordøjelse; letfordøjelig; *(fig)* glad, optimistisk.

euphemism ['ju:fimizm] *sb* eufemisme, formildende omskrivning. **euphemistic** [ju:fi'mistik] *adj* eufemi-

stisk.
euphemize ['ju:fimaiz] *vb* formilde ved omskrivning, tilsløre; bruge eufemismer.
euphonic [ju(:)'fɔnik], **euphonious** [ju(:)'fəuniəs] *adj* velklingende, vellydende. **euphony** ['ju:fəni] *sb* velklang, vellyd.
euphoria [ju(:)'fɔ:riə] *sb* eufori, følelse af velbefindende, (umotiveret) opstemthed, overdreven optimisme.
euphoriant [ju(:)'fɔ:riənt] *sb* euforiserende middel; *adj* euforiserende.
euphoric [ju(:)'fɔ:rik] *adj* opstemt.
euphrasy ['ju:frəsi] *sb (bot)* øjentrøst.
Euphrates [ju(:)'reiti:z]: *the* ~ Eufrat.
Euphues ['ju:fjui:z].
euphuism ['ju:fjuizm] *sb* euphuisme, søgt sirlighed i sprog og stil.
euphuistic [ju:fju'istik] *adj* euphuistisk; affekteret sirlig.
Eurasia [ju(ə)'reiʒiə, *(am)* -ʒə] Eurasien.
Eurasian [ju(ə)'reiʒn] *adj* eurasisk; *sb* eurasier, barn af en europæer og en asiat.
EURATOM [ju(ə)'rætəm] *fk European Atomic Energy Community.*
eureka [ju(ə)'ri:kə] heureka! (jeg har fundet det).
EUREKA *fk European Research Cooperation Agency.*
Euripides [ju(ə)'ripidi:z].
Euro|crat ['juərəkræt] *sb* eurokrat. **-currency** ['juərəukʌr(ə)nsi] Eurovaluta. **-dollar** Eurodollar.
Europe ['juərəp] Europa.
European [juərə'pi:ən] *adj* europæisk; *sb* europæer.
European| ash *(bot) almindelig ask.* ~ **aspen** *(bot)* bævreasp. ~ **Court** Europadomstolen. ~ **Economic Community** det europæiske økonomiske fællesskab; T fællesmarkedet. ~ **Free Trade Association** frihandelsområdet. ~ **Parliament** Europaparlamentet.
Eurydice [ju'ridisi] Eurydike.
eurythmics [ju:'riθmiks] *sb pl* rytmisk gymnastik, plastik.
Eustachian [ju:'steiʃn] *adj (anat):* ~ *tube* eustakisk rør.
Euston ['ju:st(ə)n].
euthanasia [ju:θə'neiziə, *(am)* -ʒə] *sb* let og smertefri død; medlidenhedsdrab, dødshjælp, eutanasi.
Euxine ['ju:ksain]: *the* ~ *(glds)* Sortehavet.
EVA *fk extravehicular activity.*
evacuant [i'vækjuənt] *adj* afførende; *sb* afførende middel.
evacuate [i'vækjueit] *vb* udtømme, tømme; evakuere, rømme, forlade. **evacuation** [ivækju'eiʃn] *sb* udtømmelse, tømning; afføring; evakuering, rømning.
evacuee [ivækju'i:] *sb* evakueret person; ~ *children* evakuerede børn.
evade [i'veid] *vb* undgå *(fx a blow),* undvige; slippe fra *(fx one's enemies);* omgå; søge at komme uden om, knibe uden om *(fx a question);* unddrage sig *(fx one's duty, military service);* ~ *income tax* snyde i skat.
evaluate [i'væljueit] *vb* vurdere, taksere; udtrykke i tal; evaluere. **evaluation** [ivælju'eiʃn] *sb* vurdering, taksering; evaluering.
evanesce [i:və'nes] *vb* forsvinde, svinde bort.
evanescence [i:və'nesns] *sb* forsvinden, svinden; flygtighed.
evanescent [i:və'nesnt] *adj* kortvarig, (hastigt) forsvindende, flygtig.
evangelical [i:væn'dʒelikl] *adj* evangelisk; lavkirkelig; *sb* (protestantisk kristen som hævder frelsen ved tro, *mods* gode gerninger), lavkirkemand.
evangelicalism [i:væn'dʒelikəlizm] *sb* den lære at frelsen ved tro er det centrale i kristendommen.
evangelism [i'vændʒəlizm] *sb* evangeliets forkyndelse; missioneren.
evangelist [i'vændʒəlist] *sb* evangelist; omrejsende prædikant.
evangelistic [ivændʒə'listik] *adj* evangelistisk; evangelisk.
evangelize [i'vændʒilaiz] *vb* prædike evangeliet; kristne.
Evans ['evənz].
evaporate [i'væpəreit] *vb* inddampe, kondensere *(fx milk);* (uden objekt) fordampe; *(fig)* svinde bort; forsvinde, fordufte *(fx their enthusiasm -d).*
evaporation [ivæpə'reiʃn] *sb* fordampning; inddampning.
evaporator [i'væpəreitə] *sb* inddampningsapparat; vandfordamper; køleelement.
evasion [i'veiʒn] *sb (cf evade)* undvigelse, omgåelse; unddragelse; *-s* udflugter; (se også *tax* ~).
evasive [i'veisiv] *adj* undvigende; flygtig, vanskelig at få fat på (, fastholde). **evasive action** undvigemanøvre.
Eve [i:v] Eva.
eve [i:v] *sb (poet)* aften; helligaften; *Christmas Eve* juleaften, juleaftensdag; *on the* ~ *of* umiddelbart før *(el.* foran), på tærskelen til *(fx on the* ~ *of an election).*
Eveline, Evelyn ['i:vlin; 'evlin].
I. even [i:vn] *sb (poet)* aften.
II. even [i:vn] *adv* endog, endogså, selv *(fx it was cold* ~ *in July);* (om tid) lige, netop, just *(fx* ~ *as he came);* allerede *(fx* ~ *as a boy);* (med *komp)* endnu *(fx it was* ~ *worse);* ~ *if* selv om; *not* ~ ikke engang; ikke så meget som; *don't say that,* ~ *in jest* det må du ikke sige, ikke engang for spøg; ~ *now* også nu; nu i dette øjeblik; ~ *so* alligevel; ~ *then* allerede da, selv da; endnu dengang; ~ *though* selv om; ~ *to* lige til; ~ *while* endnu mens.
III. even [i:vn] *adj* jævn *(fx surface, motion, flow),* glat *(fx surface),* flad *(fx country);* (ens:) ligelig *(fx distribution),* lige stor *(fx quantities);* lige, jævnbyrdig *(fx match* kamp); (om sind) rolig, ligevægtig *(fx an* ~ *temper);* (om tal) lige *(fx 2, 4 and 6 are* ~ *numbers; the* ~ *pages);* præcis *(fx an* ~ *hundred* præcis hundrede), nøjagtig, lige; ~ *balance* ligevægt; *break* ~, se *I. break; an* ~ *chance* en fifty-fifty chance; ~ *date* lige dato; *of* ~ *date (merk)* af samme dato; ~ *with* på højde med *(fx the water was* ~ *with the windows),* i niveau med; *(fig)* kvit med; *I'll be (el. get)* ~ *with them! (ogs)* det skal de få betalt!
IV. even [i:vn] *vb* (ud)jævne; ~ *up* udligne.
even-handed ['i:vn'hændid] *adj* upartisk.
evening ['i:vniŋ] *sb* aften; *this* ~ i aften; *yesterday* ~ i går aftes; *in the* ~ om aftenen; *good* ~ god aften.
evening dress selskabsdragt, selskabstøj, festdragt; (for herre) kjole (og hvidt); (for dame) lang kjole, aftenkjole; *in* ~ *(ogs)* selskabsklædt.
evening| prayers *pl* aftenandagt. ~ **primrose** *(bot)* natlys. ~ **star** Venus, aftenstjerne.
even-minded ['i:vnmaindid] *adj* rolig, behersket, ligevægtig.
even money fifty-fifty *(fx an* ~ *bet); it is* ~ *that he will win* der er en fifty-fifty chance for at han vinder.
evensong ['i:vnsɔŋ] *sb* aftenandagt.
event [i'vent] *sb* begivenhed, tildragelse; *(glds)* udfald, følge, resultat; (i sport) konkurrence, løb, kamp, øvelse; *at all -s* i hvert tilfælde, i alt fald; *in any* ~ hvad der end sker; *in that* ~ i så fald; *in the* ~ da det kom til stykket, til (syvende og) sidst; *in the* ~ *of* i tilfælde af.
even-tempered ['i:vntempəd] *adj* rolig, ligevægtig.
eventful [i'ventf(u)l] *adj* begivenhedsrig.
eventide ['i:vntaid] *sb* kvæld.
eventless [i'ventləs] *adj* begivenhedsløs.
eventual [i'ventʃuəl] *adj* endelig.
eventuality [iventʃu'æliti] *sb* mulighed, eventualitet.
eventually [i'ventʃuəli] *adv* endelig, til sidst, i sidste instans.
eventuate [i'ventʃueit] *vb (am)* finde sted, hænde; bli-

ve til virkelighed, komme til udførelse *(fx these plans will soon ~); (eng): ~ ill (, well)* få et uheldigt (, heldigt) udfald (*el.* forløb); ~ *from* komme ud af *(fx did any good ~ from their talks?); ~ in* resultere i, (sluttelig) føre til *(fx the negotiations -d in an agreement).*

ever ['evə] *adv* **1.** nogen sinde *(fx did you ~ see the like?);* **2.** T på nogen mulig måde *(fx be as amusing as ~ you can);* **3.** (efter: *who, what, where, how)* i alverden, dog *(fx what ~ do you mean?);* **4.** *(am)* alle tiders *(fx the biggest film ~);* **5.** (især *glds)* altid, stedse, bestandig;

~ *after* lige siden; *they lived happily ~ after* de levede lykkeligt til deres dages ende; ~ *and again, ~ and anon* nu og da, atter og atter; *was he ~ proud* T ih hvor var han stolt; **for ~,** *for ~ and a day, for ~ and ~* for bestandig, for stedse, i al fremtid, for evigt; *hardly ~* næsten aldrig; ~ *since* lige siden; ~ **so** *much* T umådelig meget; *I thank you ~ so much* mange, mange tak; ~ *so often* T utallige gange; *let him be ~ so poor* lad ham være aldrig så fattig; hvor fattig han end er; *he is ~ so rich* T han er mægtig rig; ~ **such** *a nice man* T en vældig rar mand; **yours** ~ *(omtr)* din hengivne.

everglade ['evəgleid] *sb: the Everglades (am)* (sumpstrækninger i Florida).

evergreen ['evəgri:n] *adj* stedsegrøn; *sb* stedsegrøn plante, stedsegrønt træ; (om melodi) evergreen (ɔ: som bevarer sin popularitet).

evergreen oak *(bot)* steneg.

everlasting [evə'la:stiŋ] *adj* evig; *(neds)* evindelig; *sb* evighed, evig tid; (~ *flower)* evighedsblomst.

evermore ['evə'mɔ:] *adv* stedse; *for ~* for stedse, i al evighed, til evig tid.

eversion [i'və:ʃn, *(am)* -ʒn] *sb (med.)* udkrængning.

evert [i'və:t] *vb* krænge ud.

every ['evri] *pron* enhver, hver, alle; al mulig *(fx you have ~ reason to be satisfied); ~ bit* helt, fuldt ud *(fx this is ~ bit as good as that); ~ now and then, ~ so often* nu og da, fra tid til anden, med mellemrum; hvert andet øjeblik; ~ *other day* hver anden dag; ~ *one* enhver; hver eneste; *in ~ way* på enhver måde, i enhver henseende, på alle måder; ~ *which way (am)* hulter til bulter; *with ~ good wish* med alle gode ønsker; *his ~ word* hvert ord han siger; ~ *four years* hvert fjerde år.

everybody ['evribɔdi] *pron* enhver, alle; *it is not for ~* det er ikke hver mands sag.

everyday ['evri(')dei] *adj* hverdags-, daglig, dagligdags, ganske almindelig, hverdagsagtig.

everyone ['evriwʌn] *pron* enhver.

everything ['evriθiŋ] *pron* alt, alting; *she has ~* T hun har det hele.

everywhere ['evriwεə] *adv* overalt, allevegne.

evict [i'vikt] *vb* sætte ud, sætte på gaden.

eviction [i'vikʃn] *sb* udsættelse.

evidence ['evid(ə)ns] *sb* vidneforklaring, vidneudsagn, vidnesbyrd; bevis, bevismateriale; tegn, spor; *(glds)* tydelighed, klarhed; *vb* vidne; bevise, godtgøre;

give ~ aflægge vidneforklaring, vidne (for retten); *give (el. bear) ~ of (fig)* vidne om, vise tegn på; *be in ~* forekomme, optræde, være til stede; kunne ses, gøre sig gældende, gøre sig bemærket; *he is not in ~ (ogs)* han glimrer ved sin fraværelse; *that is not accepted in ~* det kan ikke godtages som bevismateriale; *call sby in ~* indkalde én som vidne; *a piece of ~* et bevis.

evident ['evid(ə)nt] *adj* øjensynlig, tydelig, klar, indlysende, åbenbar, evident.

evidential [evi'denʃl] *adj* bevisende, beviskraftig; bevismæssig, bevis-; ~ *of* som viser *(fx a remark ~ of intelligence).*

evidently ['evid(ə)ntli] *adv* øjensynligt, åbenbart.

evil [i:vl] *adj (worse, worst)* ond, slem, slet, dårlig, skadelig; hæslig; *sb* onde; ulykke; ~ *eye* onde øjne (i overtro); *the Evil One* den Onde.

evildoer ['i:vlduə] *sb* misdæder.

evil-eyed ['i:vlaid] *adj* som har onde øjne.

evil-minded ['i:vlmaindid] *adj* ondsindet, som har en grim tankegang.

evince [i'vins] *vb* (ud)vise *(fx courage),* tilkendegive, røbe.

eviscerate [i'visəreit] *vb* tage indvoldene ud af, skære op; berøve saft og kraft.

evocation [evə'keiʃn] *sb* fremkaldelse, fremmanen, levendegørelse.

evocative [i'vɔkətiv] *adj* som taler til følelserne; som fremkalder en særlig stemning; udtryksfuld, suggestiv; ~ *of* som fremmaner (, fremkalder, vækker); ~ *power* evne til at levendegøre en scene (, en beskrivelse *etc).*

evoke [i'vəuk] *vb* fremmane *(fx spirits),* fremkalde, vække *(fx admiration),* vække til live *(fx memories of the past).*

evolution [i:və'lu:ʃn] *sb* udvikling; evolution; udfoldelse; *(mil.)* manøvre; *the theory of ~* udviklingslæren.

evolutional [i:və'lu:ʃn(ə)l], **evolutionary** [i:və'lu:ʃn(ə)ri] *adj* evolutions-, udviklings-.

evolutionism [i:və'lu:ʃ(ə)nizm] *sb* udviklingslære.

evolutionist [i:və'lu:ʃ(ə)nist] *sb* tilhænger af udviklingslæren.

evolve [i'vɔlv] *vb* udvikle, udfolde, udarbejde, udklække *(fx a plan);* udvikle sig, udfolde sig.

evulsion [i'vʌlʃn] *sb* oprykning, udriven.

ewe [ju:] *sb* får (kun om hundyret).

ewe lamb gimmerlam; *his ~ (fig)* hans kæreste eje.

ewer ['ju:ə] *sb* vandkande (til servantestel).

ex [eks] *præp (merk)* (leveret) fra, ex; ab *(fx ~ works* ab fabrik; ~ *warehouse* ab lager); eksklusive *(fx ~ dividend* eksklusive dividende).

exacerbate [eks'æsəbeit] *vb* forværre *(fx the pain, the situation),* skærpe *(fx the conflict);* irritere, ophidse.

exacerbation [eksæsə'beiʃn] *sb* forværring; ophidselse.

I. exact [ig'zækt] *adj* nøjagtig *(fx description, measurements),* præcis; præcist rigtig; eksakt *(fx the ~ sciences); the ~ spot where* nøjagtig det sted hvor; *his ~ words* præcis de (samme) ord han brugte; ~ *change* aftalte penge, lige penge; *the ~ opposite* det stik modsatte.

II. exact [ig'zækt] *vb* kræve, fordre *(from* af, *fx ~ obedience from one's children; a job that -s care);* inddrive *(from* hos, *fx ~ taxes from them); ~ sth from sby (ogs)* afpresse en noget *(fx ~ a promise from him; ~ tribute from a conquered people),* aftvinge en noget.

exacting [ig'zæktiŋ] *adj* fordringsfuld, krævende; streng.

exaction [ig'zækʃn] *sb* inddrivelse; afpresset ydelse, tvangsydelse; (strengt *el* urimeligt) krav.

exactitude [ig'zæktitju:d] *sb* nøjagtighed; punktlighed, præcision.

exactly [ig'zæk(t)li] *adv* nøjagtig, akkurat, præcis, netop *(fx that is ~ what I mean);* egentlig *(fx what ~ do you mean?); not ~* ikke ligefrem, ikke just *(fx he is not ~ intelligent); ~!* ja netop!

exaggerate [ig'zædʒəreit] *vb* overdrive; fremhæve for stærkt. **exaggerated** *adj* overdrevet; outreret, overeksponeret; urimelig stor.

exaggeration [igzædʒə'reiʃn] *sb* overdrivelse.

exalt [ig'zɔ:lt] *vb* ophøje *(fx ~ him to the position of president);* lovprise; (om farve) forstærke; ~ *sby to the skies* hæve én til skyerne.

exaltation [igzɔ:l'teiʃn] *sb* ophøjelse; begejstring, løftelse, eksaltation, opstemthed; løftet stemning.

exalted [ig'zɔ:ltid] *adj* ophøjet, fornem *(fx personage);* meget høj *(fx style);* begejstret, eksalteret; opstemt; i løftet stemning.
exam [ig'zæm] *sb* T eksamen.
examination [igzæmi'neiʃn] *sb* undersøgelse; eftersyn, gennemgang; (i skole *etc)* eksamen; eksamination; *(jur)* afhøring, forhør; *pass an* ~ tage en eksamen; *sit for an* ~ gå op til en eksamen.
examination paper eksamensopgave.
examine [ig'zæmin] *vb* undersøge *(fx a document, a problem),* gennemgå *(fx accounts),* efterse; (ved eksamen) eksaminere; *(jur)* afhøre *(fx a witness),* forhøre, holde forhør over; *-d copy* verificeret afskrift.
examinee [igzæmi'ni:] *sb* eksaminand.
examiner [ig'zæminə] *sb* undersøger; (ved eksaminer) eksaminator; censor; *(jur)* forhørsdommer; *external* ~ fremmed censor.
example [ig'za:mpl] *sb* eksempel *(of* på); forbillede; prøve; *for* ~ for eksempel; *make an* ~ *of sby* straffe en for at statuere et eksempel; *set a bad* ~ være et dårligt eksempel for andre; *set a good* ~ foregå de andre med et godt eksempel; *take* ~ *by* tage til forbillede; *let this be an* ~ *to you* lad dette være dig en advarsel *(el.* en lære); *without* ~ uden sidestykke.
exanimate [ig'zænimət] *adj* livløs.
exanthema [eksæn'θi:mə] *sb (med.)* udslæt.
exarch ['eksa:k] *sb* eksark (statholder i det byzantinske rige); patriark (biskop i den græske kirke).
exasperate [ig'za:spəreit] *vb* irritere (yderligere), forbitre, ophidse, gøre rasende. **exasperating** *adj* irriterende, til at fortvivle over. **exasperation** [igza:spə'reiʃn] *sb* irritation, forbitrelse, harme; ophidselse.
exc. *fk except.*
excavate ['ekskəveit] *vb* udgrave, grave.
excavation [ekskə'veiʃn] udgravning.
excavator ['ekskəveitə] *sb* jordarbejder; gravemaskine, gravko.
exceed [ik'si:d] *vb* overgå *(fx one's expectations);* overskride *(fx one's powers, the speed limit);* overstige *(fx persons whose incomes* ~ *£ 900);* (uden objekt) gå for vidt; *(glds)* spise (, drikke) for meget.
exceeding [ik'si:diŋ] *adj* overmåde stor, betydelig; usædvanlig; *præs part* som overstiger *(etc, cf exceed).*
exceedingly *adv* i høj grad, overordentlig; yderst.
excel [ik'sel] *vb* overgå; udmærke sig *(fx* ~ *at sport);* være fremragende dygtig *(fx she -s as a cook).*
excellence ['eks(ə)ləns] *sb* fortræffelighed; fortrinlighed; udmærket egenskab, fortrin.
Excellency ['eks(ə)lənsi] *sb: His* ~ Hans Excellence.
excellent ['eks(ə)lənt] *adj* fortræffelig, udmærket, fortrinlig, excellent.
excelsior [ek'selsiɔ:] *adj (am)* højere (op) (motto *fx* for New York); *sb* træuld. **Excelsior State** = *New York.*
except [ik'sept] *vb* undtage; gøre indsigelse *(to, against* mod); *præp, conj* undtagen; med mindre; uden; ~ *for* når undtages, på nær; bortset fra; ~ *that* bortset fra at.
excepting *præp* undtagen, med undtagelse af, fraregnet; *everyone not* ~ *myself* alle, jeg selv iberegnet.
exception [ik'sepʃn] *sb* undtagelse; indsigelse; *beyond* ~ upåklagelig; *with the* ~ *of* med undtagelse af; *an* ~ *to the rule* en undtagelse fra regelen; **take** ~ *to* gøre indsigelse mod, rejse indvending mod; tage afstand fra, misbillige; *(ogs take* ~ *at)* tage anstød af, tage ilde op.
exceptionable [ik'sepʃnəbl] *adj* uheldig, ubehagelig, stødende.
exceptional [ik'sepʃn(ə)l] *adj* ualmindelig, usædvanlig, enestående, exceptionel. **exceptionally** *adv* usædvanlig.

I. excerpt [ik'sə:pt] *vb* uddrage, excerpere.
II. excerpt ['eksə:pt] *sb* uddrag, udtog, excerpt.
excerption [ik'sə:pʃn] *sb* uddragning, excerpering.
excess [ik'ses] *sb* overskud, plus, overvægt; overmål; overdrivelse, overskridelse; umådeholdenhed; (i forsikring) selvrisiko (beløb); *-es pl* udskejelser, excesser; *the -es committed by the troops (ogs)* de overgreb tropperne gjorde sig skyldige i; *in* ~ *of* ud over *(fx some pennies in* ~ *of the usual amount; luggage in* ~ *of 40 lbs);* ~ *of imports* importoverskud; **to** ~ i overdreven grad, umådeholdent, alt for meget *(fx he smokes to* ~*); carry to* ~ overdrive.
excess| consumption merforbrug. ~ **expenditure** merudgift. ~ **fare** *(jernb)* (betaling for) tillægsbillet.
excessive [ik'sesiv] *adj* usædvanlig stor (, høj *etc),* overordentlig; alt for stor (, høj *etc);* overdreven; umådeholden *(fx drinking).*
excess| luggage overvægtig bagage. ~ **profits** merindkomst; merudbytte; ~ *profits duty (el. tax)* merindkomstskat.
I. exchange [iks'tʃein(d)ʒ] *vb* udveksle *(fx presents);* bytte *(for* med); (om indkøbt vare) ombytte; (om penge) veksle; kunne veksles *(at, for* med); ~ *blows* slås; ~ *greetings* hilse på hinanden; *they had -d seats* de havde byttet plads.
II. exchange [iks'tʃein(d)ʒ] *sb* **1.** udveksling; ombytning; bytte, veksling; **2.** meningsudveksling *(fx there have been angry -s);* **3.** *(tlf)* central; **4.** valuta; valutakurs; **5.** børs; *bill of* ~ veksel; *foreign* ~ fremmed valuta; *in* ~ *for* i bytte for, til gengæld for, imod; *rate of* ~ (veksel)kurs.
exchangeable [iks'tʃein(d)ʒəbl] *adj* som kan byttes *(el* udveksles); ~ *into gold* indløselig med guld.
exchange control valutakontrol.
exchequer [iks'tʃekə] *sb* finanshovedkasse; *(hist)* skatkammer; *the Exchequer* finanshovedkassen; statskassen; finansministeriet; *the Chancellor of the Exchequer* finansministeren. **exchequer bond** (rentebærende) statsobligation; statsgældsbevis.
excipient [ik'sipiənt] *sb* (i farmakologi) vehikel, hjælpestof; (i salve) salvegrundlag.
I. excise ['eksaiz, ek'saiz] *sb* forbrugafgift(er); kontor (, departement) som indkræver den (, dem); *vb* lægge forbrugsafgift på (en vare).
II. excise [ik'saiz] *vb* bortskære, fjerne.
excise duty forbrugsafgift, produktionsafgift.
excision [ik'siʒn] *sb* bortskæring, fjernelse; *female* ~ kvindelig omskærelse.
excitability [iksaitə'biləti] *sb* pirrelighed; nervøsitet; letbevægelighed.
excitable [ik'saitəbl] *adj* pirrelig; nervøs; letbevægelig.
excitant ['eksitənt] *sb* stimulerende middel.
excitation [eksi'teiʃn] *sb* pirring; æggen; irritation; *(elekt)* magnetisering.
excitatory [ik'saitət(ə)ri] *adj* stimulerende, pirrende.
excite [ik'sait] *vb* vække *(fx hatred, curiosity),* fremkalde; (især om person) ophidse, bringe i sindsbevægelse *(el.* affekt); opflamme, opildne, opægge; *(elekt)* fremkalde spænding i, magnetisere; (om nerve) pirre, stimulere.
excited [ik'saitid] *adj* ophidset *(fx it is nothing to get* ~ *about);* spændt, urolig, nervøs; ivrig, betaget, begejstret; opstemt, eksalteret.
excitement [ik'saitmənt] *sb* ophidselse; affekt; spænding; sindsbevægelse; uro; spændende begivenhed.
exciting [ik'saitiŋ] *adj* spændende *(fx an* ~ *story).*
excl. *fk exclusive(ly), excluding, excluded.*
exclaim [iks'kleim] *vb* udbryde; udråbe; ~ *against* protestere højlydt mod.
exclamation [ekskla'meiʃn] *sb* udbrud, udråb; ~ *mark* udråbstegn.
exclamatory [iks'klæmət(ə)ri] *adj* råbende; udråbs-.

exclave ['ekskleiv] *sb* eksklave, ektraterritorialt område *(fx Berlin is an ~ of West Germany).*
exclude [iks'klu:d] *vb* udelukke, holde ude; undtage.
exclusion [iks'klu:ʒn] *sb* udelukkelse; undtagelse.
exclusive [iks'klu:siv] *adj* **1.** eksklusiv *(fx club);* **2.** eneste; ene- *(fx rights),* sær- *(fx privileges);* **3.** (om person) afvisende, fornem; *mutually ~* som udelukker hinanden, uforenelige; *~ of* ikke indbefattet; eksklusive, fraregnet.
exclusively *adv* udelukkende, kun.
exclusiveness *sb* eksklusivitet; fornem tilbageholdenhed, afvisende holdning.
excogitate [iks'kɔdʒiteit] *vb* udtænke, udpønse.
excogitation [ikskɔdʒi'teiʃn] *sb* opfindelse, påfund; udpønskning.
excommunicate [ekskə'mju:nikeit] *vb* ekskommunicere, udelukke fra den katolske kirke, bandlyse.
excommunication ['ekskəmju:ni'keiʃn] *sb* ekskommunikation, udelukkelse fra den katolske kirke, bandlysning.
excoriate [iks'kɔ:rieit] *vb* flå; skrabe huden af; *(fig)* kritisere skånselsløst, hudflette; *-d (ogs)* hudløs.
excoriation [ekskɔ:ri'eiʃn] *sb* flåning; hudafskrabning; skånselsløs kritik, hudfletning.
excrement ['ekskrimənt] *sb* ekskrement, afføring.
excremental [ekskri'mentl] *adj* ekskrement-, afførings-.
excrescence [iks'kresns] *sb* udvækst.
excrescent [iks'kresnt] *adj* udvoksende, som kun er en udvækst; overflødig.
excrete [iks'kri:t] *vb* udskille, afsondre.
excretion [iks'kri:ʃn] *sb* udskillelse, afsondring; udtømmelse; ekskret.
excruciating [iks'kru:ʃieitiŋ] *adj* pinefuld; kvalfuld; *~ pain* ulidelige smerter.
exculpate ['ekskʌlpeit] *vb* frikende, erklære for uskyldig; retfærdiggøre; *~ sby* bevise ens uskyld; *~ sby from a charge* rense en for en anklage.
exculpation [ekskʌl'peiʃn] *sb* frikendelse; retfærdiggørelse.
exculpatory [iks'kʌlpət(ə)ri] *adj* retfærdiggørende, som beviser ens uskyld.
excursion [iks'kə:ʃn, *(am)* -ʒn] *sb* tur, udflugt; *(fig)* afstikker *(fx an ~ into politics),* (fra emnet) digression, ekskurs; *(glds mil.)* udfald; *~ train* billigtog.
excursionist [iks'kə:ʃnist] *sb* deltager i udflugt, turist.
excursive [iks'kə:siv] *adj* springende, vidtløftig.
excursus [iks'kə:səs] *sb* ekskurs, tillæg der uddyber et punkt i et værk.
excusable [iks'kju:zəbl] *adj* undskyldelig.
I. excuse [iks'kju:z] *vb* undskylde; fritage (for); give fri; *~ me!* undskyld! *~ me coming, ~ my coming, ~ me for coming* undskyld jeg kommer; *~ me from coming* fritag mig for at komme; *~ oneself from* bede sig fritaget for.
II. excuse [iks'kju:s] *sb* undskyldning; påskud *(fx his headache is only an ~ for not working);* afbud; *an ~ for a novel* T noget der dårligt kan kaldes en roman; *ignorance of the law is no ~ (omtr)* ukendskab til loven fritager ikke for straf; *a poor ~* en dårlig undskyldning; *send an ~* sende afbud; *without ~ (ogs)* uden grund.
ex-directory number *(tlf)* udeladt (, hemmeligt) nummer.
execrable ['eksikrəbl] *adj* afskyelig; elendig, horribel.
execrate ['eksikreit] *vb* afsky; bande; *(glds)* forbande.
execration [eksi'kreiʃn] *sb* forbandelse.
execratory ['eksikreit(ə)ri] *adj* forbandelses-.
executant [ig'zekjutənt] *sb* udøvende kunstner; *the -s* de spillende.
execute ['eksikju:t] *vb* udføre; ekspedere, effektuere *(fx an order);* fuldbyrde *(fx a judgement);* foredrage, spille, synge *(fx a song);* (om dokument) udstede, udfærdige; underskrive, gøre retsgyldig (ved at underskrive, forsegle *etc);* (om dødsdømt) henrette.
execution [eksi'kju:ʃn] *sb (cf execute)* udførelse; ekspedition, effektuering; fuldbyrdelse; foredrag, udførelse, teknik; udstedelse, udfærdigelse, underskrivelse; henrettelse, eksekution; T ødelæggelse; *carry into ~* bringe til udførelse; *do great ~* gøre stor virkning; forårsage stor ødelæggelse (, stort mandefald); *levy ~ (jur)* gøre udlæg *(el.* eksekution).
executioner [eksi'kju:ʃnə] *sb* skarpretter, bøddel.
executive [ig'zekjutiv] *adj* udøvende, fuldbyrdende, eksekutiv; ledende, overordnet; leder- *(fx ability); sb* udøvende myndighed; hovedbestyrelse; forretningsudvalg, ledelse; person i overordnet stilling, leder, chef; (ledende) forretningsmand; *~ committee* hovedbestyrelse, forretningsudvalg; (se også *chief ~).*
executor [ig'zekjutə] *sb* eksekutor (af et testamente).
executrix [ig'zekjutriks] *sb* kvindelig eksekutor.
exegesis [eksi'dʒi:sis] *sb* fortolkning, eksegese.
exegetic [eksi'dʒetik] *adj* fortolkende, eksegetisk.
exemplar [ig'zemplə] *sb* mønster, forbillede, ideal; (mønstergyldigt) eksempel; eksemplar.
exemplary [ig'zempləri] *adj* eksemplarisk, mønsterværdig, forbilledlig *(fx conduct);* der tjener som en advarsel *(fx punishment);* der tjener som eksempel.
exemplification [igzemplifi'keiʃn] *sb* eksemplificering, belysning ved eksempler; eksempel; *(jur)* bekræftet afskrift.
exemplify [ig'zemplifai] *vb* eksemplificere, belyse ved eksempler, illustrere; tjene som eksempel på; give eksempel på; *(jur)* tage en bekræftet afskrift af, bevise ved bekræftet afskrift.
exempt [ig'zem(p)t] *vb* fritage *(from* for, *fx military service); adj* fritaget, fri *(fx these goods are ~ from taxes).*
exemption [ig'zem(p)ʃn] *sb* fritagelse; immunitet; *~ from duty* toldfrihed.
exequatur [eksi'kweitə] *sb* regerings godkendelse af en fremmed konsul.
exequies ['eksikwiz] *sb pl* begravelse.
I. exercise ['eksəsaiz] *vb* **1.** udøve *(fx authority),* bruge, bringe i anvendelse, udfolde *(fx all one's strength);* udvise *(fx caution),* vise *(fx patience);* **2.** øve; opøve, træne; (om hest) røre; **3.** optage, beskæftige *(fx their minds* deres tanker); give nok at tænke på; bekymre *(fx I am very much -d about his future);* **4.** (uden objekt) få motion *(fx you don't ~ enough).*
II. exercise ['eksəsaiz] *sb* **1.** øvelse *(fx gymnastic -s; practise -s on the piano; the army took part in a NATO ~);* **2.** motion *(fx take* (få) *~);* **3.** øvelsesstykke; (i skole *ogs)* stil, opgave; **4.** *(rel)* andagtsøvelse; **5.** *(cf I. exercise)* udøvelse, brug, anvendelse, udfoldelse; **6.** *-s pl (am)* ceremoni.
exercise| bike motionscykel, kondicykel. *~* **book** stilebog, skrivehæfte.
exerciser ['eksəsaizə] *sb* motionsapparat.
exert [ig'zə:t] *vb* anvende, udøve *(fx ~ one's influence); ~ oneself* anstrenge sig, gøre sig umage; *~ oneself on his behalf* prøve at gøre noget for ham; *~ all one's strength* opbyde alle sine kræfter.
exertion [ig'zə:ʃn] *sb* anstrengelse, anspændelse; anvendelse, udøvelse.
exeunt ['eksiʌnt] (de) går ud; *~ omnes* alle ud.
exfoliate [iks'fəulieit] *vb* skalle af; afstøde; udfolde (sig).
exfoliation [iksfəuli'eiʃn] *sb* afskalning; afstødning; udfoldelse.
ex gratia [eks 'greiʃə] *adj* frivillig, som gives pr. kulance.
exhalation [eks(h)ə'leiʃn] *sb* uddunstning; udånding;

dunst. **exhale** [eks'heil] *vb* uddunste; udånde, udsende.

exhaust [ig'zɔ:st] *vb* udtømme *(fx a well);* opbruge *(fx the ammunition);* tømme *(of* for); udmatte, afkræfte, trætte; *sb* udblæsning, udstødning; udstrømning af spildedamp; udstødningsrør; udstødningsgas; spildedamp; ~ *the soil* udpine jorden; ~ *a subject* udtømme et emne; ~ *a tube of air* pumpe et rør tomt for luft; *open* ~ fri udblæsning.

exhaust fan ventilator.

exhaustible [ig'zɔ:stəbl] *adj* som kan udtømmes.

exhausting [ig'zɔ:stiŋ] *adj* trættende, anstrengende.

exhaustion [ig'zɔ:stʃn] *sb* udtømmelse; udmattelse.

exhaustive [ig'zɔ:stiv] *adj* udtømmende.

exhaust| pipe udstødningsrør. ~ **steam** spildedamp.

exhibit [ig'zibit] *vb* udstille; udvise, vise; *(jur)* fremlægge; *sb* udstillingsgenstand; udstilling; *(jur)* bilag.

exhibition [eksi'biʃn] *sb* fremvisning; udstilling; tilskuestillen; *(jur)* fremlæggelse; (til studerende) stipendium (især: vundet ved konkurrence og mindre end *scholarship); make an* ~ *of oneself* gøre sig til grin; lave skandale.

exhibitioner [eksi'biʃnə] *sb* stipendiat.

exhibitionism [eksi'biʃnizm] *sb* ekshibitionisme.

exhibitionist [eksi'biʃnist] *sb* ekshibitionist.

exhibitor [ig'zibitə] *sb* udstiller.

exhilarate [ig'ziləreit] *vb* opmuntre; oplive.

exhilarated *adj* munter, glad, let beruset, animeret.

exhilaration [igzilə'reiʃn] *sb* opmuntring; munterhed, løftet stemning.

exhort [ig'zɔ:t] *vb* formane; tilskynde.

exhortation [egzɔ:'teiʃn] *sb* formaning, formaningstale; tilskyndelse.

exhortative [ig'zɔ:tətiv], **exhortatory** [ig'zɔ:tət(ə)ri] *adj* formanende.

exhumation [ekshju:'meiʃn] *sb* opgravning.

exhume [eks'hju:m] *vb* opgrave (lig); *(fig)* grave frem.

exigency ['eksidʒənsi; ig'zi-] *sb* tvingende nødvendighed, nød; kritisk situation; *exigencies pl* krav, fordringer.

exigent ['eksidʒənt] *adj* presserende, kritisk, krævende.

exiguity [eksi'gjuiti] *sb* lidenhed, ubetydelighed, sparsomhed. **exiguous** [ig'zigjuəs] *adj* liden, ubetydelig, sparsom.

exile ['eksail; 'egzail] *sb* landsforvisning, landflygtighed; eksil; *adj* landflygtig, forvist; *vb* landsforvise; *go into* ~ gå i landflygtighed.

exist [ig'zist] *vb* være, være til, eksistere, leve; findes, forefindes, foreligge, bestå; *I cannot* ~ *on my earnings* jeg kan ikke leve af min løn; *-ing (ogs)* gældende.

existence [ig'zist(ə)ns] *sb* eksistens, tilværelse, liv; tilstedeværelse; væsen; *justify one's* ~ dokumentere sin eksistensberettigelse; *in* ~ eksisterende, som findes, som er til *(fx it is the largest house in* ~*); come into* ~ blive til.

existent [ig'zist(ə)nt] *adj* eksisterende, bestående, nuværende, foreliggende, forhåndenværende.

existential [egzi'stenʃl] *adj* eksistentiel.

existentialism [egzi'stenʃlizm] *sb* eksistentialisme.

existentialist [egzi'stenʃlist] *sb* eksistentialist; *adj* eksistentialistisk.

exit ['eksit] *vb (teat)* (han *el.* hun) går ud, ud *(fx* ~ *Hamlet* Hamlet ud); *sb* udgang; sortie; bortgang, død; (fra motorvej) frakørselsvej; *make one's* ~ gå ud, gå bort.

exit| line udgangsreplik. ~ **visa** udrejsevisum.

ex-libris [eks'laibris] ekslibris.

Exmouth ['eksmauθ].

exodus ['eksədəs] *sb* udvandring, flugt; *the rural* ~ flugten *(el.* afvandringen) fra landet; *Exodus* anden Mosebog.

ex officio [eksə'fiʃiəu] på embeds vegne; i embeds medfør; født *(fx the sheriff is* ~ *returning officer for the county).*

exogamy [ek'sɔgəmi] *sb* ægteskab uden for stammen.

exonerate [ig'zɔnəreit] *vb* befri, løse, frigøre, fritage (for ansvar, pligt); *(mht* anklage) frifinde, rense.

exoneration [igzɔnə'reiʃn] *sb* befrielse; renselse.

exor. *fk executor.*

exorbitance [ig'zɔ:bit(ə)ns] *sb* urimelighed, ubluhed; umådelighed.

exorbitant [ig'zɔ:bit(ə)nt] *adj* overdreven, ublu *(fx an* ~ *price);* urimelig; umådelig; ~ *price (ogs)* ågerpris.

exorcise ['eksɔ:saiz] *vb* besværge, mane bort, mane i jorden, uddrive (onde ånder).

exorcism ['eksɔ:sizm] *sb* (ånde)manen, djævleuddrivelse.

exorcist ['eksɔ:sist] *sb* åndemaner, djævleuddriver.

exordium [ek'sɔ:djəm] *sb* indledning, optakt.

exoskeleton [eksəu'skelətn] *sb zo* ydre skelet.

exoteric [eksə'terik] *adj* populær, almenfattelig.

exotic [ig'zɔtik] *adj* eksotisk, fremmedartet, udenlandsk.

expand [ik'spænd] *vb* udvide *(fx one's business);* få til at udvide sig *(fx heat -s metal);* udfolde, udbrede *(fx wings); (mat.)* rækkeudvikle; (uden objekt) udvide sig, vokse *(fx our trade has -ed);* udfolde sig *(fx the flower -ed in the sunshine); (fig* om person) live op, tø op, folde sig ud; ~ *one's chest* skyde brystet frem; ~ *on* gå nærmere ind på, behandle mere udførligt; *my heart -s with joy* mit hjerte svulmer af glæde. **expanded:** ~ *metal* strækmetal; *the* ~ *present (, preterite)* den udvidede nutid (, datid).

expanse [ik'spæns] *sb* udstrakt flade, vid udstrækning.

expansion [ik'spænʃn] *sb* udfoldelse; udbredelse; udvidelse, ekspansion; vidt udstrakt rum (, flade); *(mat.)* rækkeudvikling.

expansive [ik'spænsiv] *sb* udvidende; udvidelig; vidtstrakt, omfattende; ekspansiv; udvidelses-; *(fig* om person) åbenhjertig, meddelsom.

expatiate [ik'speiʃieit] *vb* udbrede sig *(on* over).

I. expatriate [eks'pætrieit] *vb* forvise; ~ *oneself* udvandre; gå i eksil.

II. expatriate [eks'pætriət] *sb* emigrant; *adj* eksil-, udlands- *(fx an* ~ *Dane).*

expect [ik'spekt] *vb* vente *(fx I* ~ *him tomorrow);* forvente, regne med; forlange; T formode, antage *(fx I* ~ *you are tired now),* tro; *I* ~ *you to be punctual* jeg må forlange af Dem at De er præcis; *I* ~ *there will be (el. I* ~ *there to be) trouble* jeg venter *(el.* regner med) at der bliver ballade; *she is -ing* T hun venter sig.

expectancy [ik'spekt(ə)nsi] *sb* forventning.

expectant [ik'spekt(ə)nt] *adj* ventende, forventningsfuld; afventende; ~ *mother* vordende moder; ~ *treatment (med.)* afventende behandling.

expectation [ekspek'teiʃn] *sb* forventning; ~ *of life* forventet levealder; *have great -s* have udsigt til en stor arv; *have great -s of* vente sig meget af; *in* ~ *of* i forventning om; *is there any* ~ *of* er der nogen udsigt til.

expectorant [ik'spektərənt] *adj* slimløsende; *sb* slimløsende middel. **expectorate** [ik'spektəreit] *vb* hoste op, spytte op; spytte. **expectoration** [ikspektə'reiʃn] *sb* ophostning; (op)spytning; (op)spyt.

expedience [ik'spi:djəns], **expediency** [ik'spi:djənsi] *sb* formålstjenlighed; hensigtsmæssighed; fordelagtighed; egoistiske hensyn *(fx act from* ~*).*

expedient [ik'spi:djənt] *adj* hensigtsmæssig, passende, formålstjenlig (i den givne situation), opportun; fordelagtig (men mod principperne); *sb* middel, (nød)udvej, råd.

expedite ['ekspədait] *vb* fremskynde, fremme; udføre hurtigt, få fra hånden; *(merk)* afsende, udsende, udstede.

expedition [ekspə'diʃn] *sb* hurtighed, raskhed; ekspedition; krigstog.

expeditionary [ekspə'diʃn(ə)ri] *adj* ekspeditions-; ~ *force (mil.)* ekspeditionsstyrke, styrke der gør tjeneste uden for hjemlandet.

expeditious [ekspə'diʃəs] *adj* hurtig, rask.

expel [ik'spel] *vb* udstøde *(fx air from the lungs);* uddrive *(fx a poison from the body);* (om person) fordrive, forjage *(fx an invader);* udvise *(fx an undesirable alien);* udstøde, ekskludere *(fx he was -led from the party (, club));* (fra skole) bortvise; (fra universitet) relegere.

expellee [ikspe'li:] *sb* udvist (person).

expend [ik'spend] *vb* bruge, give ud *(fx money);* anvende, ofre *(fx time);* bruge, opbruge *(fx one's ammunition).*

expendable [ik'spendəbl] *adj* som kan opbruges; (især *mil.)* som kan ofres.

expenditure [ik'spenditʃə] *sb* udgift(er); forbrug; *private* ~ privatforbrug.

expense [ik'spens] *sb* udgift, omkostning; bekostning; *they laugh at my* ~ de morer sig på min bekostning; *at the* ~ *of* på bekostning af; *go to the* ~ *of* ofre penge på (at); *put sby to* ~ sætte en i udgift.

expense account omkostningskonto.

expensive [ik'spensiv] *adj* kostbar, dyr.

experience [ik'spiəriəns] *sb* erfaring, rutine, øvelse; (hændelse *etc)* erfaring, oplevelse; *vb* erfare; opleve; føle, fornemme, få at føle, gennemgå; komme ud for; *from (el. by)* ~ af erfaring.

experienced [ik'spiəriənst] *adj* erfaren, rutineret, øvet.

I. experiment [ik'sperimənt] *sb* forsøg, eksperiment; *adj* forsøgs- *(fx* ~ *farm).*

II. experiment [ik'speriment] *vb* eksperimentere *(fx he is -ing with new methods);* ~ *on animals* lave dyreforsøg.

experimental [iksperi'mentl] *adj* erfaringsmæssig, erfarings-; eksperimentel, forsøgs- *(fx* ~ *animal);* ~ *psychology* eksperimentalpsykologi.

experimentalist [iksperi'ment(ə)list] *sb* eksperimentator.

experimentally [iksperi'ment(ə)li] *adv* eksperimentelt, forsøgsvis.

experimentation [eksperimen'teiʃn] *sb* eksperimenteren.

I. expert ['ekspə:t] *adj* øvet, erfaren, kyndig, dygtig, sagkyndig.

II. expert ['ekspə:t] *sb* sagkyndig, ekspert, fagmand; specialist *(on* i); *(the) -s pl (ogs)* sagkundskaben; *with the air (, eye) of an* ~ med kendermine (, kenderblik); *-'s report* ekspertise.

expertise [ekspə'ti:z] *sb* sagkundskab; sagkyndigt skøn; ekspertise, sagkyndig erklæring, ekspertudsagn.

expert knowledge sagkundskab.

expertly ['ekspə:tli] *adv* dygtigt, behændigt.

expertness ['ekspə:tnəs] erfaring; dygtighed.

expert opinion: *give an* ~ afgive et sagkyndigt skøn.

expiable ['ekspiəbl] *adj* som kan udsones.

expiate ['ekspieit] *vb* bøde for, sone, udsone.

expiation [ekspi'eiʃən] *sb* udsoning; bod.

expiration [ekspi'reiʃn] *sb* udånding; (om tidsrum etc) ophør, udløb; *(glds)* udånden, sidste suk, død.

expire [ik'spaiə] *vb* udånde; drage sit sidste suk, dø; (om ild) gå ud; (om tidsrum *etc)* udløbe; ophøre.

expiry [ik'spaiəri] *sb* ophør, udløb, ende.

explain [ik'splein] *vb* forklare; gøre rede for; ~ *away* bortforklare; ~ *oneself* forklare sig.

explainable [ik'spleinəbl] *adj* forklarlig.

explanation [eksplə'neiʃn] *sb* forklaring; *come to an* ~ *with* komme til en forståelse med.

explanatory [ik'splænət(ə)ri] *adj* forklarende; oplysende.

expletive [ik'spli:tiv] *adj* udfyldende; overflødig; *sb* fyldeord, fyldekalk; ed, kraftudtryk.

explicable ['eksplikəbl, ek'splikəbl] *adj* forklarlig.

explicate ['eksplikeit] *vb* udlægge, forklare; (om teori *etc)* udvikle. **explication** [ekspli'keiʃn] *sb* udlægning, forklaring; udvikling.

explicative [ek'splikətiv], **explicatory** [eks'plikət(ə)ri] *adj* forklarende.

explicit [ik'splisit] *adj* tydelig, klar, bestemt, udtrykkelig *(fx statement);* åben, utvetydig *(fx admission);* (især i logik og *mat.)* eksplicit; *he was quite* ~ han udtalte sig meget tydeligt *(el.* åbent).

explicitly *adv* tydeligt, klart, med rene ord.

explode [ik'spləud] *vb* få til at eksplodere, sprænge *(fx they -d the bomb);* eksplodere *(fx the boiler -d),* springe; *(fig)* eksplodere, fare op, briste i latter; T forkaste, vise urigtigheden af, afsløre *(fx a myth); an -d idea* en tanke man forlængst har opgivet; *an -d theory* en forladt teori; *-d view* sprængskitse.

I. exploit ['eksplɔit] *sb* dåd, bedrift.

II. exploit [ik'splɔit] *vb* udnytte; *(neds ogs)* udbytte.

exploitation [eksplɔi'teiʃn] *sb* udnyttelse; udbytning.

exploiter [iks'plɔitə] *sb* udbytter.

exploration [eksplə'reiʃn] *sb* udforskning, undersøgelse; *(med.)* eksploration.

exploratory [iks'plɔ:rət(ə)ri] *adj* undersøgende, undersøgelses-, forsknings-.

explore [ik'splɔ:] *vb* udforske, tage på opdagelsesrejse(r) i; undersøge, *(med. ogs)* eksplorere.

explorer [ik'splɔ:rə] *sb* opdagelsesrejsende.

explosion [ik'spləuʒn] *sb* explosion, sprængning; *(fig)* udbrud. **explosion engine** eksplosionsmotor.

explosive [ik'spləusiv] *adj* eksplosiv; *(fig ogs)* sprængfarlig *(fx issue),* (om person) heftig, opfarende; *sb* sprængstof; ~ *bomb* sprængbombe; ~ *cartridge* sprængpatron; ~ *charge* sprængladning; ~ *signal* knaldsignal.

expo *fk exposition* udstilling.

exponent [ik'spəunənt] *sb* fortolker, repræsentant, talsmand; *(mat.)* eksponent; *adj* forklarende.

I. export ['ekspɔ:t] *sb* udførsel, eksport; eksportvare.

II. export [ik'spɔ:t] *vb* udføre, eksportere.

exportable [ik'spɔ:təbl] *adj* som kan udføres.

exportation [ekspɔ:'teiʃn] *sb* udførsel, eksport.

export bounty eksportpræmie.

exporter [ik'spɔ:tə] *sb* eksportør.

export licence eksporttilladelse.

expose [ik'spəuz] *vb* udsætte *(to* for, *fx cold, danger);* (vise *etc)* fremvise *(fx the beggar -d his sores),* udstille *(fx one's wares);* (til spot) stille blot, stille til skue, blotte *(fx one's ignorance);* (om noget hemmeligt) røbe, afsløre *(fx a plot); (fot)* eksponere;

~ *a card* vise et kort; ~ *a child* udsætte et barn; *they left only their eyes -d* de lod kun deres øjne være utildækket; *an -d situation* en udsat stilling.

exposé [eks'pəusei] *sb* afsløring; fremstilling, redegørelse.

exposition [ekspə'ziʃn] *sb* udstilling; fremstilling, redegørelse, udvikling, forklaring; *(teat, mus.)* eksposition; *power of* ~ fremstillingsevne.

expositor [iks'pɔzitə] *sb* fortolker.

expository [iks'pɔzit(ə)ri] *adj* forklarende, fortolkende.

ex post facto ['eks'pəust'fæktəu] *(jur):* ~ *law* lov med tilbagevirkende kraft.

expostulate [ik'spɔstjuleit] *vb:* ~ *with sby about sth* bebrejde en noget, gå i rette med en for noget, foreholde en noget. **expostulation** [ekspɔstju'leiʃn] *sb* bebrejdelse, forestilling, protest.

exposure [ik'spəuʒə] *sb (cf expose)* udsættelse *(to* for); udsat stilling; fremvisning, udstilling; blottelse; af-

sløring *(fx of a crime); (fot)* eksponering; optagelse, billede; *die of (el. from)* ~ fryse ihjel, dø af kulde (og udmattelse); *the house has a southern* ~ huset vender mod syd; (se også *indecent)*.
exposure meter *(fot)* belysningsmåler.
expound [ik'spaund] *vb* udlægge, forklare *(fx a theory);* fremsætte, fremstille, gøre rede for *(fx one's views)*.
I. express [ik'spres] *sb* eksprestog, iltog; ekspresbefordring, ekspresbesørgelse; ekspresbud, ilbud; (især *am)* transportfirma, speditør.
II. express [ik'spres] *vb* udtrykke *(fx one's meaning);* sende ekspres; presse ud *(fx juice -ed from grapes);* ~ *oneself* udtrykke sig; *he -ed himself strongly on* han udtalte sig i skarpe vendinger om.
III. express [ik'spres] *adj* udtrykkelig *(fx wish),* klar, tydelig; (hurtig:) ekspres- *(fx letter; train; delivery* udbringning); il-; *adv* ekspres *(fx travel* ~*); he is the* ~ *image of his father* han er sin faders udtrykte billede.
express forwarding ekspresforsendelse.
expressible [ik'spresəbl] *adj* som kan udtrykkes.
expression [ik'spreʃn] *sb* udtryk, vending; fremstilling; *(mus.)* foredrag; *beyond* ~ ubeskrivelig, usigelig; ~ *of opinion* meningstilkendegivelse; *with* ~ udtryksfuldt.
expressionism [ik'spreʃnizm] *sb* ekspressionisme.
expressionist *sb* ekspressionist.
expressionless *adj* udtryksløs.
expressive [ik'spresiv] *adj* udtryksfuld; *be* ~ *of* udtrykke, give udtryk for.
expressway [ik'spreswei] *sb (am)* motorvej.
expropriate [ik'sprəuprieit] *vb* ekspropriere; tilegne sig; ~ *him from his estate* fratage ham hans ejendom, ekspropriere hans ejendom. **expropriation** [iksprəupri'eiʃn] *sb* ekspropriation, ekspropriering.
expulsion [ik'spʌlʃn] *sb (cf expel)* udstødelse, uddrivelse; fordrivelse, forjagelse; udvisning, eksklusion, bortvisning *(fx from a school);* relegation.
expulsive [ik'spʌlsiv] *adj (med.)* uddrivende.
expunge [ik'spʌn(d)ʒ] *vb* stryge *(fx* ~ *a name from a list);* fjerne; (ud)slette.
expurgate ['ekspə:geit] *vb* rense (bog for anstødelige udtryk). **expurgation** [ekspə:'geiʃn] *sb* udrensning.
exquisite ['ekskwizit; eks'kwizit] *adj* udsøgt, fortræffelig *(fx workmanship);* stærk, heftig *(fx pain, joy); sb* modeherre, laps; *an* ~ *ear* et fint øre.
ex-serviceman *sb* forhenværende soldat, veteran.
exsiccate ['eksikeit] *vb* udtørre.
exsiccation [eksi'keiʃn] *sb* udtørring.
ex-soldier forhenværende soldat, veteran.
extant [ik'stænt, 'ekstənt] *adj* bevaret, i behold, eksisterende.
extemporaneous [ikstempə'reinjəs], **extemporary** [ik'stempər(ə)ri] *adj* improviseret, som har evne til at improvisere; pludselig, uventet.
extempore [ek'stempəri] *adj, adv* improviseret.
extemporize [ik'stempəraiz] *vb* improvisere.
extend [ik'stend] *vb* **1.** strække ud, række ud *(fx one's arms);* række frem *(fx one's hand);* **2.** udvide *(fx one's business),* forlænge *(fx a visit, a railway);* (ud)strække; **3.** spænde ud *(fx a rope);* **4.** yde *(fx help),* vise *(fx hospitality),* skænke, give; **5.** (uden objekt) strække sig *(fx his garden -s as far as the road);* **6.** *(mil.)* sprede; sprede sig, formere skyttekæde; ~ *oneself* anspænde sig; bruge alle sine kræfter; (se også *extended)*. ~ *an invitation to sby* sende en en indbydelse, indbyde én.
extended [ik'stendid] *adj* udstrakt, udvidet; forlænget; lang(varig), langstrakt, langtrukken; fremstrakt *(fx hand); (am)* omfattende, vidtstrakt; *the horse was fully* ~ hesten fik lov at strække ud; ~ *family* storfamilie; ~ *order (mil.)* spredt orden; *with his little finger* ~ med strittende lillefinger.
extensible [ik'stensəbl], **extensile** [ik'stensail] *adj* udvidelig, strækbar.
extension [ik'stenʃn] *sb* udstrækning, udvidelse, forlængelse, tilbygning; forlængerstykke; *(med.)* stræk; (i logik) begrebsomfang, ekstension; *(tlf)* ekstraapparat; ~ *12 (tlf)* lokal 12; *University E.* folkeuniversitet.
extension| ladder hejsestige. ~ **phone** *(tlf)* ekstraapparat. ~ **table** udtræksbord.
extensive [ik'stensiv] *adj* udstrakt, vid, stor, omfattende; ~ *farming* ekstensiv drift.
extensor [ik'stensə] *sb (anat)* strækkemuskel.
extent [ik'stent] *sb* udstrækning, omfang; grad; område; *to a certain* ~ til en vis grad; *to a great* ~ i vid udstrækning; *to the* ~ *of £2000* helt op til £2000.
extenuate [ik'stenjueit] *vb* besmykke; formilde, undskylde *(fx nothing can* ~ *his crime); extenuating circumstances* formildende omstændigheder.
extenuation [ikstenju'eiʃn] *sb* formildelse, undskyldning; *plead sth in* ~ fremføre noget som formildende omstændighed.
exterior [ik'stiəriə] *adj* ydre; udvendig; udenrigs-; *sb* ydre; udvortes; ydre form; eksteriør; ~ *to* uden for, fjernt fra.
exterminate [ek'stə:mineit] *vb* udrydde.
extermination [ekstə:mi'neiʃn] *sb* udryddelse; ~ *camp* udryddelseslejr, tilintetgørelseslejr.
exterminator [ek'stə:mineitə] *sb* kammerjæger, desinfektør; insektpulver.
external [ik'stə:nl] *adj* ydre, udvendig, udvortes; *(pol)* udenrigs-; ~ *evidence* ydre indicier; ~ *examiner* fremmed censor; *for* ~ *use* til udvortes brug.
externals [ik'stə:nlz] *sb pl* det ydre, det udvortes *(fx we should not judge people by* ~*);* ydre former (, ceremonier) *(fx the* ~ *of religion)*.
exterritorial ['eksteri'tɔ:riəl] *adj* eksterritorial, som ikke er underkastet opholdsstatens jurisdiktion.
extinct [ik'stiŋkt] *adj* udslukt *(fx volcano),* slukket *(fx fire);* uddød *(fx species);* ophævet *(fx custom)*.
extinction [ik'stiŋkʃn] *sb* (ud)slukning; uddøen; ophævelse; tilintetgørelse; udslettelse.
extinguish [ik'stiŋgwiʃ] *vb* slukke; udslukke; udslette, bringe ud af verden.
extinguisher [ik'stiŋgwiʃə] *sb* lyseslukker; ildslukker, slukningsapparat.
extirpate ['ekstə:peit] *vb* udrydde; fjerne.
extirpation [ekstə:'peiʃn] *sb* udryddelse; fjernelse.
extol [iks'təul] *vb* prise, hæve til skyerne.
extort [iks'tɔ:t] *vb:* ~ *from* afpresse; aftvinge; fravriste.
extortion [iks'tɔ:ʃn] *sb* pengeafpresning, optrækkeri.
extortionate [ik'stɔ:ʃnət] *adj* hård, ublu; ~ *interest* ågerrenter.
extortioner [ik'stɔ:ʃnə] *sb* udsuger, optrækker.
extra ['ekstrə] *adj, adv* ekstra; som ligger *el.* befinder sig udenfor; *sb* ekstraudgave, ekstranummer; (films)statist; *(mht* betaling) ekstraudgift, tillæg, noget der betales ekstra for; *fire and light are -s* varme og lys beregnes ekstra.
I. extract [ik'strækt] *vb* trække ud *(fx a tooth);* trække op *(fx a letter from one's pocket); (fig)* uddrage *(fx the main points from the memo);* (om ekstrakt) udtrække; (om mineral *etc)* udvinde *(fx oil from shale);* ~ *the necessary information from him* få (*el.* hale) de nødvendige oplysninger ud af ham; ~ *a promise from him* aftvinge ham et løfte; ~ *pleasure from* få glæde af; ~ *the square root* uddrage kvadratroden.
II. extract ['ekstrækt] *sb* ekstrakt, udtræk, essens *(fx vanilla* ~*);* (af bog *etc)* uddrag, ekstrakt, udpluk, citat.
extraction [ik'strækʃn] *sb* ekstrakt, udtræk; (om slægtskab) afstamning, herkomst *(fx he is of French* ~*);* ekstraktion; *(cf I. extract)* udtrækning *(fx of a tooth);* optrækning; udvinding *(fx of oil);* uddragning.

extraction rate udvindingsprocent; (om korn) formalingsprocent.
extractive [ik'stræktiv] *adj* som kan uddrages; udtræknings-, udvindings-; *sb* uddrag, ekstrakt.
extractor [ik'stræktə] *sb* (patron)udtrækker; *(tandl)* ekstraktionstang.
extraditable ['ekstrədaitəbl] *adj* som falder ind under bestemmelserne om udlevering.
extradite ['ekstrədait] *vb* udlevere (en forbryder).
extradition [ekstrə'diʃn] *sb* udlevering (af forbryder); ~ *treaty* udleveringstraktat.
extrajudicial ['ekstrədʒu'diʃl] *adj* ekstrajudiciel, udenretslig (ɔ: som sker uden for retten).
extramarital ['ekstrə'mæritl] *adj* uden for ægteskabet; ~ *relations* uægteskabelige forbindelser.
extramural ['ekstrə'mjuərəl] *adj* som befinder sig uden for murene; som finder sted uden for en institution (især universitet); ~ *courses (omtr)* folkeuniversitetskurser.
extraneous [iks'treinjəs] *adj* fremmed; uvedkommende; ~ *to the subject* emnet uvedkommende.
extraordinary [ik'strɔ:d(i)n(ə)ri] *adj* overordentlig; usædvanlig, mærkværdig, mærkelig; ekstraordinær.
extraparochial ['ekstrəpə'rəukjəl] *adj* udensogns.
extrapolate [ek'stræpəleit] *vb (mat.)* ekstrapolere; *(fig)* slutte ud fra foreliggende kendsgerninger.
extrasensory ['ekstrə'sensəri] *adj* oversanselig; ~ *perception* modtagelse af bevidsthedsindtryk som ikke foregår gennem de alm. sanser *(fx* ved clairvoyance *el.* telepati).
extra time (i fodbold) omkamp.
extravagance [ik'strævəgəns] *sb* ødselhed, ekstravagance; luksus *(fx an ~ one can't afford);* urimelighed; overdrivelse; overspændthed.
extravagant [ik'strævəgənt] *adj* ødsel, ekstravagant; urimelig; overdreven; overspændt; vild, ustyrlig.
extravaganza [ekstrævə'gænzə] *sb* regelløs komposition; fantasi(stykke); *(teat)* farce; udstyrsstykke; *(fig)* løssluppenhed.
extravasated [ik'strævəseitid] *adj* udsivet (om blod); blodunderløben. **extravasation** [ekstrævə'seiʃn] *sb* udsivning (af blod); blodunderløben plet.
extravehicular ['ekstrəvə'hikjulə] *adj* som finder sted uden for rumfartøjet; ~ *activity* rumvandring, månevandring.
extreme [ik'stri:m] *adj* yderst *(fx the ~ edge of the field; the ~ left);* sidste *(fx hopes);* yderliggående *(fx views),* radikal, voldsom; ekstrem; meget stor, overordentlig *(fx joy, danger, exactitude); sb* yderste ende, yderste grænse; yderpunkt; yderlighed *(fx go to -s);* ekstrem; *(glds)* vanskelighed, fare;
the ~ penalty of the law lovens strengeste straf (ɔ: dødsstraffen); *in ~ old age* i sin høje alderdom, i en meget høj alder; *-s meet* modsætningerne mødes; *in the ~* yderst *(fx troublesome in the ~).*
extremely [ik'stri:mli] *adv* yderst, højst, overordentlig.
extreme unction *(rel)* den sidste olie.
extremist [ik'stri:mist] *sb* ekstremist, person med yderliggående meninger.
extremities [ik'stremitiz] *sb pl* yderligheder; *(anat)* ekstremiteter, hænder og fødder.
extremity [ik'stremiti] *sb* yderste ende; højeste grad; yderste forlegenhed (, nød, ulykke); (se også *extremities).*
extricate ['ekstrikeit] *vb* vikle ud, udfri, befri; få løs; hjælpe ud *(from* af); ~ *oneself from* rede sig ud af *(fx a difficult situation).*
extrication [ekstri'keiʃn] *sb* udredning, befrielse.
extrinsic [ek'strinsik] *adj* udvortes, ydre; udefra kommende; udefra virkende.
extrovert ['ekstrəvə:t] *adj (psyk)* udadvendt, ekstroverteret; *sb* udadvendt person.
extrude [ik'stru:d] *vb* udstøde, uddrive; *(tekn)* strengpresse. **extrusion** [ik'stru:ʒn] *sb* udstødelse, uddrivelse; *(tekn)* strengpresning, strengpresset artikel.
exuberance [ig'zju:bərəns] *sb* overflod, fylde, yppighed.
exuberant [ik'zju:bərənt] *adj* overstrømmende; sprudlende; (om bevoksning *etc*) yppig, rig, frodig.
exudation [eksju:'deiʃn] *sb* udsivning, udsvedning, udsondring. **exude** [ig'zju:d] *adj* udsive, udsvede, udsondre; udsondres; *(fig)* udstråle *(fx he -d enthusiasm).*
exult [ig'zʌlt] *vb* juble, triumfere *(at, over* over).
exultant [ig'zʌlt(ə)nt] *adj* jublende, triumferende.
exultation [egzʌl'teiʃn] *sb* jubel, triumferen.
exuviae [ig'zju:vii:] *sb pl* afkastet ham (, hud, skal) (af dyr).
exuviate [ig'zju:vieit] *vb* skifte ham (, hud, skal).
exuviation [igzju:vi'eiʃn] *sb* skifte af ham (, hud, skal).
eyas ['aiəs] *sb* falkeunge.
I. eye [ai] *sb* øje, blik; øje (på nål), øsken; løkke, malle *(hook and ~* hægte og malle);
a black ~ et blåt øje; *for the sake of our bright -s* for vore blå øjnes skyld; *catch sby's ~,* se *I. catch; feast one's -s on* glæde sig ved synet af; *-s front!* se lige ud! *the ~ is greater than the appetite* maven bliver mæt før øjnene; *I can see that with* **half an** ~ det kan jeg se med et halvt øje; *if you had half an ~* hvis du havde øjne i hovedet; **have** *an ~ for* have blik for, have sans for; *have one's ~ on* have et godt øje til; have i kikkerten; *have an ~ to* se på, skele til; *have all one's -s about one,* **keep** *one's -s open (el. skinned el. peeled)* passe godt på, have øjnene med sig; *keep an (el. one's) ~ on* holde øje med; *keep an ~ out for* være på udkig efter; **make** *-s at sby* 'skyde' til en, lave øjne til en; **mind** *your ~!* pas på! *the mind's ~* det indre øje; **my** ~! ih, du store! *all my ~* T sludder; *that is all my ~ (and Betty Martin)* sludder (og vrøvl); det gælder til Wandsbek; *make sby* **open** *his -s* få en til at spærre øjnene op; *open sby's -s to* åbne ens øjne for; *-s* **right!** se til højre! **run** *one's ~ over (el. through)* lade blikket glide hen over; **see** ~ *to ~ with* være enig med; **set** *-s on* se (for sine øjne) *(fx I have never set -s on him); be unable to* **take** *one's ~ off* ikke kunne få øjnene fra; **turn a blind** ~ *to* lukke øjnene for, se gennem fingre med;
(forb med præp) **by** ~ på øjemål; *do sby* **in** *the ~* T snyde en; *that was a slap (el. one) in the ~ (for me)* S det var en værre afbrænder; *find favour in his -s* finde nåde for hans øjne; *in the ~ of the law* set med lovens øjne; *in the ~ of the wind* lige imod vinden; *be* **up to** *the -s in debt* sidde i gæld til op over begge ører; **with** *an ~ to that* med det for øje, med henblik på det.
II. eye [ai] *vb* se på, betragte *(fx he -d me suspiciously);* mønstre, måle; *he -d him from head to foot* han målte ham fra øverst til nederst.
eye|ball øjeæble. **-bath** øjen(bade)glas. **-bolt** øjebolt. **-bright** *(bot)* øjentrøst. **-brow** øjenbryn. **-catcher:** *it is an -catcher* det falder i øjnene, det har blikfang. **-catching** *adj* iøjnefaldende; iøjnespringende. ~ **chart** synsprøvetavle. **-cup** *(am)* = *- bath.* ~ **disease** øjensygdom. ~ **doctor** øjenlæge.
eyeful ['aif(u)l] *sb* S dejligt syn, køn pige; *he got an ~* han fik set sig mæt.
eye|glass monokel; okular; øjen(bade)glas. **-glasses** *pl* briller, lorgnet. **-guard** beskyttelsesbriller. **-hole** øjenhule. **-lashes** *pl* øjenhår, øjenvipper. **-less** uden øjne, blind.
eyelet ['ailit] *sb* snørehul, lille åbning.
eye|lid øjenlåg. **-liner** eyeliner, sminke til øjenomgivelserne. **-minded** *adj* visuelt indstillet. ~ **-opener** T *(omtr)* morgenbitter; opstrammer; overraskelse; *that was an ~ -opener for him* det åbnede hans øjne, det

gav ham et nyt syn på sagen. **-piece** okular. **-shade** øjenskærm. ~ **shadow** øjenskyggecreme. **-shot** synsvidde *(fx out of -shot)*. **-sight** syn *(fx my -sight is failing);* synsvidde. ~ **socket** øjenhule. **-sore** noget som støder øjet *(fx* en grim bygning), skamplet, (en) torn i øjet.

Eyetie ['aitai] *sb* S *(neds)* italiener, 'spagetti'; *adj* italiensk.

eye| **-tooth** hjørnetand; *cut one's -teeth* blive voksen. **-wash** øjenbadevand; S bluff. **-winker** *(am)* øjenvippe; 'noget i øjet'. **-witness** øjenvidne.

eyot [eit, eiət] *sb* lille ø, holm.

eyrie, eyry ['aiəri] *sb* rovfuglerede.

F

F [ef]. **F.** *fk Fahrenheit; Fellow; French; Friday.*
f. *fk feminine; folio; foot; forte; franc.*
F.A. *fk Football Association.*
fab [fæb] *adj* T = *fabulous.*
Fabian ['feibjən] *adj* klogt nølende; hørende til *the Fabian Society.*
fable [feibl] *sb* fabel, opdigtet historie; sagn; *vb* opdigte; fortælle noget opdigtet.
fabled [feibld] *adj* opdigtet; eventyrlig, sagnagtig.
fabric ['fæbrik] *sb* (vævet) stof *(fx woollen -s), (fig)* væv *(fx a ~ of lies);* indre sammensætning, system, struktur *(fx the ~ of society);* vævning *(fx a cloth of exquisite ~);* bygningsværk.
fabricate ['fæbrikeit] *vb* opdigte *(fx a charge* en anklage); forfalske *(fx a document);* fremstille, lave.
fabrication [fæbri'keiʃn] *sb* opdigtet *(el.* løgnagtig) beretning; opspind; falskneri; *(cf fabricate)* opdigtning; forfalskning; fremstilling.
fabulist ['fæbjulist] *sb* fabeldigter; løgner.
fabulous ['fæbjuləs] *adj* sagn- *(fx heroes),* fabel-; T utrolig, fabelagtig *(fx wealth),* eventyrlig.
façade [fə'sa:d] *sb* facade.
I. face [feis] *sb* **1.** ansigt; ansigtsudtryk, mine *(fx a sad ~);* udseende; **2.** overflade *(fx the ~ of the earth);* **3.** forside, yderside, (af hus) facade; **4.** (af krystal) flade; **5.** (af ur) urskive; **6.** (på hammer, ambolt) bane; **7.** *(typ)* skriftsnit, skriftbillede; hoved (af type); **8.** T uforskammethed, frækhed;

full ~ (om portræt) en face; **have** *the ~ to say no* have den frækhed at sige nej; **in** *the ~ of* over for *(fx the enemy);* til trods for, trods *(fx many difficulties);* (se også *I. fly); look him in the ~* se ham i øjnene; *slam the door in his ~* smække døren i for næsen af ham; **lose** *(one's) ~* tabe ansigt; **make** *(el. pull) a ~ (el. -s)* skære ansigter; **make** *(el. pull el. wear) a* **long** *~* være (, blive) lang i ansigtet; se ked ud af det; **on** *the ~ of it* tilsyneladende; overfladisk set; **pull** *a ~ =* make a *~*; that **puts** *an entirely new ~ on the matter* det stiller sagen i et helt nyt lys; *put a good (el. bold) ~ on it* gøre gode miner til slet spil; **save** *(one's) ~* redde ansigt(et), redde sin anseelse; **set** *one's ~ against it* sætte sig imod det; **show** *one's ~* vise sig, lade sig se; *~* **to** *~ with* ansigt til ansigt med; *he told him to his ~ that* han sagde ham lige op i ansigtet at.
II. face [feis] *vb* **1.** stille sig ansigt til ansigt med, vende ansigtet imod *(fx he -d the orchestra);* ligge (, stå *etc)* lige over for; vende (ud) imod *(fx the house -s the park);* **2.** *(fig)* stå over for *(fx difficulties);* se lige i øjnene, trodse *(fx the danger);* **3.** beklæde *(fx a building with marble),* belægge; **4.** (om tøj) besætte, kante, forsyne med opslag; **5.** *(tekn)* afrette, plandreje;

let's ~ it vi kan lige så godt se det i øjnene; *~ letters* vaske breve op (ɔ: lægge dem med adresserne samme vej); *~ the music* tage skraldet; *~ the question* se sagen lige i øjnene;

(med *præp, adv) about ~!* omkring! *left ~!* venstre om! *right ~!* højre om! *~ down* kue, intimidere, byde trods; *~ it out* ikke ville give sig; dristigt holde på sit; *~ up to* se i øjnene *(fx the danger, the situation);* acceptere uden at kny; *bed with* være stillet over for, stå over for *(fx a crisis).*
face| ache ansigtssmerter; *he is a ~ ache* T han er ikke til at holde ud at se på. *~* **card** *(am)* billedkort. *~* **cloth** vaskeklud; klæde *(fx a jacket of ~ cloth).* *~* **flannel** vaskeklud. *~* **-lift(ing)** ansigtsløftning.
face-off ['feis ɔf] *sb* (i ishockey) det at puck'en gives op af dommeren; *(fig)* konfrontation.
facer ['feisə] *sb* slag i ansigtet, slem overraskelse.
face-saving *adj* som skal redde ansigtet *(el.* skinnet).
facet ['fæsit] *sb* facet; *vb* facettere.
facetiae [fə'si:ʃii:] *sb pl* vittige indfald; humoristisk litteratur; anekdotesamling.
facetious [fə'si:ʃəs] *adj* spøgende, (anstrengt) spøgefuld.
face value pålydende værdi; *accept it at its ~ (fig)* tage det for hvad det giver sig ud for, tage det for gode varer.
facia ['feiʃə; *(am)* 'fæʃə] *sb* instrumentbræt; butiksskilt (med indehaverens navn).
facial ['feiʃəl] *adj* ansigts- *(fx expression); sb* ansigtsbehandling, ansigtsmassage; *~ angle* ansigtsvinkel.
facile ['fæsail] *adj* let *(fx victory);* (let) tilgængelig; (let)flydende *(fx style, verse); (neds)* letkøbt, overfladisk; (om person) behændig; elskværdig, *(neds)* facil; (let *glds)* medgørlig, føjelig, *(neds)* eftergivende.
facilitate [fə'siliteit] *vb* lette.
facilitation [fəsili'teiʃn] *sb* lettelse.
facility [fə'siləti] *sb* **1.** *(cf facile)* lethed; færdighed; føjelighed; **2.** mulighed *(fx special facilities for learning English);* let adgang; **3.** *facilities pl* (hjælpe)midler, faciliteter; anlæg; *modern facilities* moderne bekvemmeligheder.
facing ['feisiŋ] *adj* med ansigtet mod, med front mod; *sb* (på tøj) besætning, kantning; opslag; *(arkit)* (væg-, facade-)beklædning; *(mil.)* vending; *put him through his -s* prøve hvad han duer til. **facing wall** skalmur.
facsimile [fæk'simili] *sb* faksimile; *vb* faksimilere.
fact [fækt] *sb* kendsgerning, faktum *(fx it is a ~);* omstændighed, forhold; kendsgerninger, virkelighed *(fx ~ and fiction),* realiteter; *(jur): question of ~* realitetsspørgsmål; *accessory after (, before) the ~* medskyldig efter (, før) forbrydelsen; *complicity after (, before) the ~* efterfølgende (, forudgående) medvirken (til forbrydelse);

in ~ i virkeligheden, faktisk; endog, ja *(fx I disliked him, in ~ I hated him); the ~ is that* sagen er (den) at; *the -s of life* livets realiteter; *tell him the -s of life* fortælle ham hvor de små børn kommer fra; *matter of ~,* se *I. matter; the ~ remains that* det står (i hvert fald) fast at.
fact-finding committee undersøgelseskommission.
faction [fækʃn] *sb* parti; klike; klikevæsen; uenighed, strid.
factious ['fækʃəs] *adj* oprørsk; urolig; klike-.
factitious [fæk'tiʃəs] *adj* kunstig; tillært, uægte.
factitive ['fæktitiv] *adj: a ~ verb* et verbum der har objekt og objektsprædikat *(fx they made him a judge).*
factor ['fæktə] *sb* faktor; *(merk)* agent, kommissionær.
factorize ['fæktəraiz] *vb (mat.)* opløse i faktorer.
factory ['fækt(ə)ri] *sb* fabrik; *Factory Acts* arbejderbeskyttelseslove, fabrikslovgivning; *~ girl* fabriksarbejderske; *~ hand* fabriksarbejder.
factotum [fæk'təutəm] *sb* faktotum, altmuligmand,

'højre hånd'.

factual ['fæktʃuəl] *adj* faktisk, virkelig; saglig, nøgtern.

faculty ['fæklti] *sb* evne *(fx creative faculties),* anlæg; (ved universitet) fakultet, *(am ogs)* lærerstab; *the* ~ T (især:) lægestanden; *(mental) faculties* åndsevner; *he is still in possession of all his faculties* han er stadig åndsfrisk.

fad [fæd] *sb* indfald, grille, lune; kæphest, mani.

faddish ['fædiʃ] *adj* besat af en idé *el.* en mani; sær.

faddist ['fædist] *sb* en der er besat af en idé *el.* mani, monoman person. **faddy** ['fædi] *adj,* se *faddish.*

fade [feid] *vb* falme; visne; ~ *away* svinde bort, forsvinde (lidt efter lidt), dø hen, fortone sig; ~ *in* (i film) optone; ~ *out* forsvinde (lidt efter lidt); (i film) udtone; (om lyd) udtone, dø hen, fade. **faded** *adj* visnet; falmet.

fade-in ['feidin] *sb* (i film, om lyd) optoning.

fadeless ['feidləs] *adj* farveægte, solægte; uvisnelig.

fade-out ['feidaut] *sb* (i film, om lyd) udtoning.

fading ['feidiŋ] *sb* (i radio) fading.

faecal [fi:kl] *adj* ekskrement-.

faeces ['fi:si:z] *sb pl* afføring, ekskrementer.

faery ['fɛəri] *sb,* se *fairy.*

fag [fæg] *sb* T slid, hestearbejde; S cigaret, smøg; (på kostskole) mindre elev som må opvarte ældre skolekammerat(er); *(am* S*)* bøsse (ɔ: homoseksuel); *vb* trælle, slide og slæbe; (på kostskole) være *fag;* (med objekt) trætte, udmatte.

fag-end ['fæg'end] *sb* ussel rest; sidste ende; (af cigaret *etc)* stump, 'skod'.

fagged (out) ['fægd (aut)] *adj* udaset.

faggot, fagot ['fægət] *sb* brændeknippe, risbundt; (slags frikadelle af hakket lever); gammel kælling; *(am* S*)* bøsse.

Fahrenheit ['færənhait, 'fa:r-] Fahrenheit.

faience [*fr.;* fai'a:ns] *sb* fajance.

I. fail [feil] *vb* svigte *(fx don't* ~ *him in his need),* lade i stikken; (ved eksamen) dumpe i *(fx he -ed history),* dumpe til *(fx a test),* lade dumpe *(fx* ~ *a student);* (uden objekt) mislykkes, slå fejl *(fx the attack -ed; the crop* (høsten) *-ed);* svigte *(fx his courage -ed; his voice -ed; the brake -ed);* (om person) fejle, have uheld med sig; (økonomisk) gå fallit; (ved eksamen) falde igennem, dumpe; *(mht* styrke) blive svag(ere) *(fx his eyesight is -ing); he is -ing rapidly* det går hurtigt ned ad bakke med ham; *words* ~ *me* jeg mangler ord;

~ **in** mangle *(fx he -s in respect),* savne; ~ *in one's duty* svigte sin pligt; ~ *in one's object* ikke nå sit mål; ~ **to** være ude af stand til at, ikke kunne *(fx I* ~ *to see why);* undlade at, forsømme at *(fx he -ed to let me know); he -ed to do it (ogs)* han gjorde det ikke; ~ *to obtain* gå glip af; *he -ed to obtain the post (ogs)* det lykkedes ham ikke at få stillingen.

II. fail [feil] *sb: without* ~ aldeles bestemt *(fx I'll come without* ~*).*

failing ['feiliŋ] *sb* skavank, svaghed, fejl *(fx we all have our little -s); præp* i mangel af; ~ *an answer* hvis der ikke kommer svar; ~ *that (, this, which)* i mangel heraf, ellers, i modsat fald.

fail-safe ['feilseif] *adj* fejlsikker.

failure ['feiljə] *sb* aftagen, svigten *(fx of supplies, of eyesight, of strength);* fiasko *(fx the campaign was a* ~*);* mislykket bestræbelse (, forsøg), nederlag *(fx he succeeded after many -s),* fejlslagning, sammenbrud *(fx the* ~ *of the attack), (merk)* betalingsstandsning, fallit; (om person) mislykket individ, fiasko;

the ~ **of** *his health* hans svigtende helbred; *the* ~ *of the crops* den fejlslagne høst; ~ **to** *do sth* undladelse *(el.* forsømmelse) af at gøre noget; *the reason for their* ~ *to appear* grunden til at de ikke kom.

fain [fein] *(glds): would* ~ ville gerne *(fx he would* ~ *go); be* ~ *to* være nødt til at.

fains [feinz] *interj* S: ~ *I keeping goal!* fri for at stå i mål!

I. faint [feint] *sb* afmagt, besvimelse; *she went off in a* ~ hun besvimede.

II. faint [feint] *adj* svag *(fx sound, attempt);* mat; udmattet *(fx with hunger);* kraftløs; frygtsom; (om vind) flov; *I have not the -est idea* jeg har ikke den fjerneste anelse (om det); ~ *heart never won fair lady (omtr)* hvo intet vover intet vinder.

III. faint [feint] *vb* besvime *(fx she -ed with hunger);* blive svag; (om lyd) dø hen.

faint-hearted ['feint'ha:tid] *adj* forsagt, frygtsom, forknyt.

fainting fit besvimelse.

I. fair [fɛə] *adj* retfærdig; fair, ærlig; reel *(fx treatment);* rimelig *(fx share* andel; *prices);* (om kvalitet *etc)* god; antagelig, jævn, nogenlunde (god) *(fx income);* hæderlig; (uden plet, fejl) ren, pletfri *(fx reputation);* (om farve) blond, lys *(fx hair); (glds)* fager, skøn; (om vejr) godt; (på barometret) smukt vejr; T regulær, fuldkommen *(fx it was a* ~ *miracle); adv* ærligt *(etc);* lige, direkte *(fx I hit him* ~ *on the chin); (forb* med *sb,* se *alfab);*

all is ~ *in love and war* i kærlighed og krig gælder alle kneb; *bid* ~ *to,* se *bid;* ~ *enough!* lad gå (med det)! det bøjer jeg mig for! all right! udmærket! *fair's* ~ ret skal være ret; ~ *fight* ærlig kamp; *fight* ~ kæmpe efter reglerne; *for* ~ *(am)* for alvor; *by* ~ *means or foul,* se *III. foul;* ~ *promises* gyldne løfter; *be on the* ~ *side of forty* være på den rigtige side af de fyrre; *you cannot say -er than that* det er virkelig alt hvad man kan forlange; *speak him* ~ *(glds)* tale ham høfligt til; ~ *and square* ærlig; ~ *to middling* nogenlunde *(fx the weather is* ~ *to middling); be in a* ~ *way to* være godt på vej til (at) *(fx he is in a* ~ *way to ruin himself);* ~ *wind* gunstig vind; ~ *words butter no parsnips,* se *butter.*

II. fair [fɛə] *sb* marked, messe, basar; *(fun* ~*)* tivoli; *a day after the* ~ en postgang for sent, post festum.

fair| comment se *comment.* ~ **copy** renskrift. ~ **dealing** ærlighed. ~ **do's** T rimelighed; ~ *do's!* det skal gå retfærdigt til! *that's not* ~ *do's* det er der ingen rimelighed i, det er uretfærdigt. ~ **draft** renskrift. ~ **game** lovligt vildt; *(fig)* taknemligt offer; *he is* ~ *game (ogs)* han må altid holde for *(el.* stå for skud). ~ **ground** markedsplads. ~ **-haired** *adj* lyshåret; ~ **-haired boy** yndling, protegé.

fairing ['fɛəriŋ] *sb* markedsgave; *(flyv)* strømlinjebeklædning, strømlinjeskærm.

fairlead ['fɛəli:d] *sb (mar)* skødeviser, klys.

fairly ['fɛəli] *adv* retfærdigt; temmelig, ganske *(fx* ~ *good);* rigtigt, ordentlig, helt *(fx* ~ *awake); he* ~ *scolded me* han skældte mig ligefrem ud; *he judged me* ~ han dømte mig retfærdigt.

fair-minded *adj* retsindig.

fairness ['fɛənəs] *sb* retfærdighed, fairness, ærlighed, rimelighed; (om hår) blondhed, lyshed; *(glds)* skønhed; *in* ~ retfærdigvis; når man skal være retfærdig; *in* ~ *I must add* jeg skylder retfærdigheden at tilføje.

fair| play ærligt spil; retfærdig behandling. ~ **sex:** *the* ~ *sex* det smukke køn. ~ **-spoken** *adj* høflig, beleven. **-to- middling** nogenlunde (god), hæderlig. **-way** sejlløb, farvand.

fair-weather *adj:* ~ *friend* upålidelig ven; ~ *sailing* magsvejrssejlads; ~ *sailor* bolværksmatros.

fairy ['fɛəri] *sb* fe, alf; S bøsse, homoseksuel; *adj* feagtig, trolddomsagtig, fe-, alfe-.

fairy| land eventyrland. ~ **lights** *pl* kulørte lamper. ~ **ring** heksering (ɔ: svampe); *(bot)* elledans-bruskhat. ~ **story,** ~ **tale** eventyr.

faith [feiθ] *sb* tro *(in* på), tillid *(in* til); troskab; *breach of* ~ løftebrud, tillidsbrud, illoyalitet; *break* ~ *with* bedrage, forråde; *the Christian* ~ den kristne tro; *by* *(my) ~!* på ære, ærlig talt, sandelig; *in bad ~* mod bedre vidende; *in good ~* i god tro.

faithful ['feiθf(u)l] *adj* tro, trofast, redelig, nøjagtig; troende; *yours -ly* med højagtelse.

faith| healer en der helbreder ved tro. **~ healing** helbredelse ved tro.

faithless ['feiθləs] *adj* troløs; vantro.

I. fake [feik] *sb* bugt (af en tovrulle).

II. fake [feik] *vb* forfalske; eftergøre *(fx antiques);* 'pynte på' *(fx a report);* simulere *(fx surprise, illness); sb* forfalskning, svindel, fup; *adj* T uægte, falsk; *~ up* pynte på, forfalske; lave sammen.

fakir ['feikiə] *sb* fakir.

falcate ['fælkeit] *adj* seglformet.

falchion [fɔ:ltʃn] *sb* (kort, bred, krum sabel).

falciform ['fælsifɔ:m] *adj* seglformet.

falcon ['fɔ:lkən, 'fɔ:kən] *sb* falk.

falconer ['fɔ:(l)kənə] *sb* falkoner.

falconry ['fɔ:(l)k(ə)nri] *sb* falkejagt, falkeopdræt.

falderal ['fældə'ræl] *sb* værdiløs bagatel, dims; sludder; (i sang) faldera.

faldstool ['fɔ:ldstu:l] *sb* bedestol; korpult.

Falkland ['fɔ:lklənd].

Falklands ['fɔ:kləndz]: *the ~* Falklandsøerne.

I. fall [fɔ:l] *vb (fell, fallen)* falde, synke; aftage; (om mørke, tavshed) sænke sig *(on* over); (om får, hare) fødes; (med *adj)* blive *(fx lame, silent, ill); ~ calm* stilne af;

~ a-crying stikke i at græde; *his face fell* han blev lang i ansigtet; *his heart fell* hans mod sank; *night fell (ogs)* natten faldt på; *~ a victim to* blive offer for *(fx she fell a victim to his revenge); the wind fell* vinden løjede af;

(forb med *præp, adv) ~* **about** S være ved at falde om af grin; *~* **astern** blive sejlet agterud; *~* **away** tabe sig, blive svagere; falde fra; *~* **back** trække sig tilbage *(on* til); falde tilbage *(on* på); *~* **behind** sakke agterud; komme bagefter, komme i restance *(in* med); *~* **down on** T ikke klare *(fx a job),* ikke overholde, svigte *(fx one's promise); ~* **for** blive forelsket i, falde for; lade sig imponere *(el.* narre) af, hoppe på; *~ foul of,* se *foul; ~* **in** styrte sammen *(fx the roof fell in);* stille sig på plads, *(mil.)* træde an, stille; udløbe, ophøre *(fx* om pension); forfalde til betaling; *~ in love* blive forelsket *(with* i); *~ in with* træffe sammen med; falde sammen med, stemme overens med; gå ind på, efterkomme, tiltræde (et forslag);

~ **into** munde ud i (om flod); *~ into bad habits* lægge sig dårlige vaner til; *~ into the habit of ...* komme i vane med ..., forfalde til ...; *~ into line* stille sig op (i geled); *~ into line with (fig)* erklære sig enig i, tilslutte sig; *~* **off** falde af; være i tilbagegang, falde, gå tilbage; blive mindre; falde fra, svigte; *(mar)* falde af; *~* **'on** tage fat *(fx* på måltid); '*~ on* overfalde; tilfalde; træffe på; komme på *(fx an idea); ~ on one's feet* slippe godt fra det, komme ned på benene; *he fell on hard times (el. evil days)* der kom vanskelige tider for ham; ham kom i nød; *~* **out** falde ud; falde af; hænde; blive uvenner *(with* med); *(mil.)* (lade) træde af; *~* **over** styrte ned; falde over; falde (omkuld); *~ over oneself* (være ved at) falde over sine egne ben; *(fig)* = *~ over backwards* gøre sig alle mulige anstrengelser; *~* **short** ikke nå målet; være utilstrækkelig; slippe op; *~ short of* ikke opfylde, ikke nå op til; *~* **through** falde igennem, mislykkes; gå i vasken; *~* **'to** tage fat *(fx* på måltid), lange til fadet; begynde at slås; påhvile; '*~ to* henfalde til; give sig til; tilfalde; (om dør etc) falde i; lukke sig; *~ to blows* komme i slagsmål; *~ to pieces* falde sammen; *~ to work* tage fat; *~* **under** falde ind under, høre til; komme ind under; *~ upon* = *~ on.*

II. fall [fɔ:l] *sb* fald; nedgang *(fx a ~ in prices);* bryde(r)tag; *(am)* efterår *(fx in the ~ of 1970); -s pl* vandfald *(fx the Niagara Falls); have a ~* falde; *the Fall of Man* syndefaldet; *~ of rain* nedbør, regnmængde; *try a ~ with* tage en dyst med, tage det op med.

fallacious [fə'leiʃəs] *adj* fejlagtig; vildledende.

fallacy ['fæləsi] *sb* vildfarelse; forkert antagelse; fejlslutning.

fal-lals ['fæ'lælz] *sb pl* flitter, dingeldangel, stads; fiksfakserier, dikkedarer.

fallen ['fɔ:l(ə)n] *pp* af *fall; the ~* de faldne.

fall guy *(am* S*)* let offer; syndebuk.

fallibility [fæli'biləti] *sb* fejlbarhed.

fallible ['fæləbl] *adj* fejlbar, som kan begå fejl.

falling| sickness *(glds)* faldende syge, epilepsi. **~ star** stjerneskud.

Fallopian [fæ'ləupiən] *adj: ~ tube (anat)* æggeleder.

fallout ['fɔ:laut] *sb* (radioaktivt) nedfald; *(fig)* biprodukt.

fallow ['fæləu] *adj* gulbrun; brak; *sb* brak(jord), brakmark, brakpløjning; *vb* lægge brak; *lie ~, be in ~* ligge brak.

fallow deer dådyr.

Falmouth ['fælməθ].

false [fɔ(:)ls] *adj* falsk; usand, urigtig; uægte, forloren; uærlig, utro; *play sby ~* narre en; *sail under ~ colours* føre falsk flag.

falsehood ['fɔ(:)lshud] *sb* usandhed, løgn; usandfærdighed; *tell a ~* sige en usandhed.

false| imprisonment uforskyldt fængsling; ulovlig frihedsberøvelse. **~ keel** *(mar)* stråkøl. **~ start** tyvstart; *(fig)* mislykket forsøg; *get a ~ start* snuble i starten; komme skævt ind på det.

falsetto [fɔ:l'setəu] *sb* falset.

falsies ['fɔ(:)lsiz] *sb pl* indlæg (i brystholder).

falsification [fɔ(:)lsifi'keiʃn] *sb* forfalskning; gendrivelse.

falsifier ['fɔ(:)lsifaiə] *sb* forfalsker; løgner.

falsify ['fɔ(:)lsifai] *vb* forfalske; gendrive; gøre til skamme; skuffe *(fx my hopes were falsified).*

falsity ['fɔ(:)lsiti] *sb* falskhed; usandhed; uvederhæftighed.

Falstaff ['fɔ(:)lsta:f].

falter ['fɔ(:)ltə] *vb* vakle, snuble *(fx with -ing steps);* tale tøvende, hakke i det, stamme; (om stemme) være usikker, skælve; *~ an excuse* fremstamme en undskyldning.

fame [feim] *sb* rygte; ry, berømmelse; *house of ill ~,* se *house; Lord Cardigan, of sweater ~* Lord C., berømt på grund af sweateren. **famed** [feimd] *adj* berømt.

familial [fə'miljəl] *adj* familie- *(fx ties),* familiær *(fx conflicts).*

I. familiar [fə'miljə] *adj* velkendt *(fx I heard a ~ voice; this is ~ to me);* fortrolig *(fx I am not ~ with those technical terms);* familiær, intim *(fx don't be too ~ with him).*

II. familiar [fə'miljə] *sb* fortrolig ven, gammel bekendt; *(~ spirit)* dæmon, tjenende ånd; *(kat.)* familiar, inkvisitionstjener.

familiarity [fəmili'æriti] *sb* fortrolighed, familiaritet; *familiarities pl* intimiteter.

familiarize [fə'miljəraiz] *vb* gøre kendt; *~ oneself with* sætte sig ind i, gøre sig fortrolig med.

family ['fæm(i)li] *sb* familie; børn; slægt; *he was one of a ~ of ten* han havde 9 søskende; *he has a wife and ~* han har kone og børn; *that happens in the best (of) families* det sker i de bedste familier; *in a ~ way* uden ceremonier, i al tarvelighed; *in the ~ way* T gravid, i omstændigheder; *she is in the ~ way* (også: T) hun skal have en lille.

family| allowance forsørgertillæg; børnetilskud. **~ doctor** huslæge. **~ likeness** familielighed. **~ man** fa-

miliefader; familiemenneske. ~ **name** efternavn. ~ **planning** familieplanlægning, børnebegrænsning. ~ **prayers** *pl* husandagt. ~ **room** alrum. ~ **treasure** arvestykke, familieklenodie. ~ **tree** stamtræ.
famine ['fæmin] *sb* hungersnød; mangel *(fx water ~); ~ prices* dyrtidspriser.
famish ['fæmiʃ] *vb* udhungre, tvinge ved sult, lade sulte ihjel; sulte, forsmægte; *I am -ed (el. -ing)* jeg er skrupsulten.
famous ['feiməs] *adj* berømt; T (let *glds)* fortræffelig.
fan [fæn] *sb* vifte; ventilator; *(agr)* kornrensemaskine; (om person) begejstret tilhænger, beundrer, entusiast *(fx a jazz-fan); vb* vifte *(fx ~ oneself);* rense; ægge, opflamme; *~ a fire* få en ild til at blusse op; *~ the flame* puste til ilden; *~ out* spredes (i vifteform).
fanatic [fə'nætik] *adj* fanatisk; *sb* fanatiker.
fanatical [fə'nætikl] *adj* fanatisk.
fanaticism [fə'nætisizm] *sb* fanatisme.
fancied ['fænsid] *adj* indbildt *(fx affronts);* yndlings- *(fx horse),* foretrukken.
fancier ['fænsiə] *sb* ynder, liebhaver, kender *(fx a rose-fancier);* opdrætter.
fanciful ['fænsif(u)l] *adj* fantasifuld; fantastisk; overspændt.
I. fancy ['fænsi] *sb* indbildningskraft, fantasi; indbildning *(fx it is mere ~),* forestilling *(fx he had happy fancies of marrying an heiress);* indfald, grille, lune *(fx it was a passing ~);* lyst, liebhaveri; forkærlighed *(fx he had a ~ for early morning walks),* tilbøjelighed; sværmeri; kærlighed; *take a ~ to* kaste sin kærlighed på, få lyst til; *it will take (el. catch) his ~* det vil falde i hans smag.
II. fancy ['fænsi] *vb* tro, mene; tænke sig, forestille sig *(fx can you ~ him as a teacher?);* bilde sig ind; synes om, kunne lide *(fx I don't ~ this place),* have lyst til; kunne tænke sig; S være varm på; *~ meeting you here!* tænk at man skulle træffe dig her! *~ oneself* bilde sig noget ind, være indbildsk; *he rather fancies himself* han har store tanker om sig selv.
III. fancy ['fænsi] *adj* fantasi-; mønstret, broget, pynte-, mode-; (om kvalitet) luksus-; (om dyr, *omtr)* race-.
fancy| **ball** kostumebal. ~ **diving** udspring. ~ **dress** karnevalsdragt, kostume. ~ **dress party** karneval. ~ **fair** basar (i godgørende øjemed). ~ **-free** *adj* løs og ledig; ikke forelsket. ~ **goods** *pl* luksusartikler, galanterivarer. ~ **man** S elsker, fyr, filejs; alfons. ~ **material** mønstret stof. ~ **paper** luksuspapir. ~ **price** fabelagtig pris. ~ **weaving** mønstervævning. ~ **woman** elskerinde; prostitueret. **-work** fint håndarbejde, broderi.
fandango [fæn'dæŋgəu] *sb* fandango.
fane [fein] *sb (poet)* helligdom, tempel.
fanfare ['fænfɛə] *sb* fanfare.
fanfaronade [fænfærə'na:d] *sb* praleri; fanfare.
fang [fæŋ] *sb* hugtand, gifttand; (hos edderkop) giftkrog; (af tand) rod; (på værktøj) angel.
fanlight ['fænlait] *sb* (halvkredsformet vindue over en dør).
fan mail breve fra beundrere.
fanning mill *(agr, am)* renseblæser.
I. Fanny ['fæni] S medlem af *F.A.N.Y.*
II. fanny ['fæni] *sb* S kusse; *(am)* ende, bagdel.
III. Fanny: *(sweet) ~ Adams* S slet ingenting.
fan palm viftepalme.
fantail ['fænteil] *sb zo* højstjært.
fantasia [fæn'teiziə] *sb* fantasi.
fantastic [fən'tæstik] *adj* fantastisk, forunderlig, grotesk.
fantasy ['fæntəsi] *sb* fantastisk idé, lune; fantasi.
fantods ['fæntədz] *sb pl: it gave me the ~* jeg blev helt forfjamsket (, nervøs, kulret).
fan vaulting *(arkit)* viftehvælvinger.
F.A.N.Y. *fk First Aid Nursing Yeomanry* (kvindeligt hjælpekors).
F.A.O. *fk Food and Agriculture Organization.*
far [fa:] *adj (farther, farthest; further, furthest)* fjern, langt borte, langt borte liggende; lang, vid; *adv* fjernt, langt; vidt; meget;
~ **and** *away the best* langt den bedste; *~ and near* nær og fjern; *~ and wide* vidt og bredt; **as** *~ as* indtil, lige til; *as (el. so) ~ as I know* så vidt jeg ved; ~ **away** langt borte; *few and ~* **between** få og sjældne; **by** *~ the best* langt den (, det) bedste; *too difficult by ~* alt for vanskelig; *not by ~* langt fra; *from the ~* **end** *of the room* fra den modsatte ende af værelset; *I am ~* **from** *wishing* jeg ønsker absolut ikke; *be it ~ from me to* det være langt fra mig at; *go ~,* se *go; ~ gone,* se *gone; ~* **into** *the night* (til) langt ud på natten; ~ **off** langt bort(e); ~ **on** *in the day* langt op ad dagen; *~ on in the forties* højt oppe i fyrrerne; *the ~* **side** *of the horse* hestens højre side; **so** ~ så langt; hidtil; for så vidt; *now that we have come so ~* nu da vi er kommet så vidt; *in so ~ as* for så vidt som; *so ~ as to* i den grad at, så at; *so ~ so good* så vidt er alting i orden; (ofte:) det kan jeg altsammen gå med til (men ...).
farad ['færəd] *sb* farad (enhed for elektrisk kapacitet).
faraway ['fa:rəwei] *adj* fjern.
farce [fa:s] *sb (teat)* farce; *vb (glds)* farsere.
farcical ['fa:sikl] *adj* farceagtig.
farcy ['fa:si] *sb* snive (hestesygdom).
fardel [fa:dl] *sb (glds)* byrde.
I. fare [fɛə] *sb* billetpris, kørepenge, takst, betaling (for befordring); passager; kost, mad; *collect -s, come round for the -s* billettere; *-s, please; any more -s?* er alle billetteret? *bill of ~* spiseseddel; *table of -s* taksttarif.
II. fare [fɛə] *vb* klare sig; spise og drikke, leve; *(glds)* fare, drage; *you may go further and ~ worse* vær tilfreds med hvad du har; *I had -d very ill* det var gået mig meget dårligt; *how -s it?* hvordan går det; *it -d well with us* det gik os godt.
Far East: *the ~* Det fjerne Østen.
fare stage takstgrænse.
farewell ['fɛə'wel] *sb* farvel; *adj* afskeds-.
far|**-famed** ['fa:'feimd] *adj* navnkundig. ~ **-fetched** *adj* søgt, unaturlig; usandsynlig. ~ **-flung** vidtstrakt. ~ **-gone** *(fig)* langt nede *(el.* ude); (se også *gone).*
farina [fə'rainə] *sb* mel; blomsterstøv.
farinaceous [færi'neiʃəs] *adj* melet, melagtig; stivelsesholdig *(fx food).*
farinose ['færinəus] *adj* melet.
farm [fa:m] *sb* (bonde)gård, avlsgård; farm; *vb* dyrke (jorden), drive (en gård *etc); (hist,* om skat) forpagte, bortforpagte; *~ out* (om person) sætte i pleje (mod betaling); (om arbejde) videregive, lade udføre af andre; *(hist)* bortforpagte.
farmer ['fa:mə] *sb* landmand, bonde; farmer; *(hist,* om skat) forpagter.
farm|**hand** *(am)* landarbejder, karl. **-house** bondegård, stuehus, forpagterbolig. **-ing** ['fa:miŋ] *sb* landbrug. **-stead** ['fa:msted] *sb* bondegård.
farmyard ['fa:mja:d] *sb* (bondegårds) gårdsplads; *~ manure* staldgødning.
faro ['fɛərəu] *sb* faraospil (hasardspil).
Faroe Islands ['fɛərəu'ailəndz]: *the ~, the Faroes* Færøerne. **Faroese** [fɛərə'i:z] *adj* færøsk; *sb* færing; færøsk.
far-off ['fa:rɔf] *adj* fjerntliggende, fjern; *~ days* længst forsvundne dage.
farouche [fə'ru:ʃ] *adj* sky, genert, vild.
far-out ['fa:raut] *adj* fjern; outreret; fantastisk.
Farquhar ['fa:k(w)ə].
farrago [fə'ra:gəu] *sb* blanding, miskmask, rodsammen.

far-reaching ['fa:'ri:tʃiŋ] *adj* vidtrækkende.
farrier ['færiə] *sb* beslagsmed, grovsmed.
farriery ['færiəri] *sb* beslagsmedje; beslaglære.
farrow ['færəu] *vb* fare, få grise; *sb* kuld grise.
farseeing ['fa:'si:iŋ] *adj* vidtskuende, fremsynet.
farsighted ['fa:'saitid] *adj* vidtskuende, fremsynet; langsynet.
fart [fa:t] *(vulg) sb* fis, skid; *vb* fise; ~ *about (el. around)* nosse rundt.
farther ['fa:ðə] *komp* af *far* fjernere; videre; længere; *at the* ~ *bank* på den anden bred. **farthest** ['fa:ðist] *sup* af *far* fjernest, længst; *at (the)* ~ højst; senest.
farthing ['fa:ðiŋ] *sb (glds)* kvartpenny; hvid, døjt; *I don't care a* ~ det bryder jeg mig ikke en døjt om, det rager mig en fjer.
farthingale ['fa:ðiŋgeil] *sb* fiskebensskørt.
f.a.s. *fk free alongside ship.*
fascia ['feiʃə] *sb* instrumentbræt; *(arkit)* bånd; ['fæʃə] *(anat)* seneskede; (se også *facia).*
fascia board instrumentbræt.
fascinate ['fæsineit] *adj* fængsle, fortrylle, betage.
fascinating *adj* fængslende, fortryllende, betagende; spændende.
fascination [fæsi'neiʃn] *sb* fortryllelse.
fascine [fæ'si:n] *sb* faskine, risknippe.
Fascism ['fæʃizm] *sb* fascisme.
Fascist ['fæʃist] *sb* fascist; *adj* fascistisk.
fash [fæʃ] (på skotsk) *vb:* ~ *oneself* være ængstelig; bekymre sig; ærgre sig; *sb* plage; ærgrelse; bekymring.
fashion [fæʃn] *sb* mode *(fx the latest* ~*);* måde, manér *(fx after* (på) *his own* ~*);* snit, facon (på tøj); *vb* danne, forme; lave; afpasse, indrette;

after *a* ~ på en måde, til en vis grad, på sin vis; sådan da *(fx she had cleaned the house, after a* ~*); he is an artist after a* ~ han er en slags kunstner; *after the* ~ *of* i lighed med; *after the* ~ *of sailors = sailor-*~ på sømandsvis; *a novel after the* ~ *of Dickens* en roman i D.'s manér; **in** *a* ~ *= after a* ~*; be in the* ~ være med på moden; *it is in* ~ det er på mode, det er moderne; *a man* **of** ~ en verdensmand, en modeherre, en fin herre; *the world of* ~ den elegante verden; *out of* ~ gået af mode, umoderne; *it is* **the** ~ *= it is in* ~*; it is all the* ~ det er sidste skrig; *set the* ~ give tonen an, være toneangivende.

fashionable ['fæʃnəbl] *adj* moderne *(fx clothes);* mode-*(fx doctor);* fashionabel, mondæn, celeber, fin; *sb* modeherre; *the* ~ *world* den elegante verden.
fashion| parade mannequinopvisning. ~ **plate** modetegning, modebillede; *(fig)* modedukke. ~ **show** mannequinopvisning.
I. fast [fa:st] *sb, vb* faste.
II. fast [fa:st] *sb* fortøjning, tov.
III. fast [fa:st] *adj, adv* fast *(fx a* ~ *grip; stand* ~*);* hurtig, rask *(fx horse; race);* letlevende *(fx lady),* letsindig *(fx girl),* udsvævende *(fx life);* (om farve) lysægte, vaskeægte;

he fell ~ *asleep* han faldt i en dyb søvn; *my watch is* ~ mit ur går for stærkt; ~ *friends* svorne venner; ~ *goods* ilgods; ~ *liver* levemand; *make* ~ gøre fast, lukke forsvarligt; fortøje; *play* ~ *and loose with* drive halløj med; være hensynsløs (, troløs) over for; lege med *(fx her feelings);* ~ *to light* lysægte; *he goes too* ~ *(ogs)* han dømmer overilet; *live too* ~ leve for stærkt; ~ *train* iltog.

fast|-back *adj* (om bil) med skrånende bagparti. ~ **breeder reactor** hurtigformeringsreaktor. ~ **food** mad der lige kan rækkes over disken (ɔ: pølser, hamburgers, pizza etc); forbehandlet mad (, færdigretter) til hurtig opvarmning og servering.
fasten [fa:sn] *vb* gøre fast; lukke *(fx doors, windows);* knappe *(fx a coat);* binde *(fx shoelaces);* stænge; hæfte *(fx* ~ *papers together); (fig)* fæstne *(fx one's eyes* (blikket) *on sth);* (uden objekt) fæste sig; ~ *on (fig)* slå ned på; gribe; bide *(el.* hage) sig fast i; ~ *a crime on sby* udlægge en som gerningsmand til en forbrydelse.
fastener ['fa:snə] *sb* lukker; *snap* ~ tryklås.
fastening ['fa:sniŋ] *sb* ting der tjener til at fastgøre, lukkemekanisme, beslag.
fastidious [fə'stidiəs] *adj* sart, sippet; kræsen; svær at gøre tilpas.
fasting ['fa:stiŋ] *sb* faste.
fastness ['fa:stnəs] *sb* fasthed *etc* (se *III. fast);* befæstet sted, fæstning; *the* ~ *of a colour* en farves ægthed.
fat [fæt] *adj* fed; svær; tyk; fyldig; (om jord) fed, frugtbar; *sb* fedt, fedtstof, det fede, fedme; *vb* fede, mæske;

a ~ *chance* T ikke store chancer; *chew the* ~ S snakke, sludre; brokke sig; *cut up* ~ efterlade sig en formue; *then the* ~*'s in the fire* så er fanden løs; *live on the* ~ *of the land* leve flot, leve et slaraffenliv; *a* ~ *lot you care* T det bryder du dig pokker om; *a* ~ *lot you know about it* T det aner du jo ikke spor om.

fatal [feitl] *adj* skæbnesvanger; ødelæggende; dødbringende, dræbende *(fx a* ~ *shot);* dødelig *(fx his wound proved* ~*);* ~ *accident* ulykke som koster menneskeliv, dødsulykke; *it may be* ~ det kan medføre døden; *the* ~ *sisters* skæbnegudinderne.
fatalism ['feit(ə)lizm] *sb* fatalisme. **fatalist** ['feit(ə)list] *sb* fatalist; *adj* fatalistisk. **fatalistic** [feitə'listik] *adj* fatalistisk.
fatality [fə'tæliti] *sb* uundgåelig skæbne; farlighed; dødelighed.
fata morgana ['fa:tə mɔ:'ga:nə] fata morgana.
fate [feit] *sb* skæbne; *the Fates* skæbnegudinderne, parcerne, nornerne. **fated** ['feitid] *adj* af skæbnen bestemt.
fateful ['feitf(u)l] *adj* skæbnesvanger, afgørende, vigtig.
fathead ['fæthed] *sb* kødhoved, dumrian.
fatheaded ['fæthedid] *sb* tykhovedet.
father ['fa:ðə] *sb* far, fader; *vb* være fader til; antage som barn; *the child is* ~ *to (el. of) the man* (den voksnes karaktertræk findes allerede hos barnet); *the wish is* ~ *to the thought* tanken fødes af ønsket; man tror det man gerne vil tro; *the Fathers of the Church* kirkefædrene; *Our Father* Fadervor; ~ *(up)on* udlægge som fader til; tillægge forfatterskabet til; tilskrive; *she -ed the child upon him* hun udlagde ham som barnefader.
Father Christmas julemanden.
father|hood faderforhold; faderskab. ~ **-in-law** svigerfader. **-land** fædreland. **-less** *adj* faderløs. **-ly** *adj* faderlig.
fathom ['fæðəm] *sb* favn (længdemål: 1,828 meter); *vb* måle dybden af; udgrunde; fatte.
fathomless ['fæðəmləs] *adj* bundløs; *(fig)* uudgrundelig.
fatigue [fə'ti:g] *sb* træthed; udmattelse; anstrengelse, besværlighed; *(mil.)* (soldaters arbejde af ikke-militær art, *fx* rengøring, køkkentjeneste); *-s pl* arbejdsuniform; *vb* trætte, udmatte, anstrenge.
fatigue| duty *(mil.)* arbejdstjeneste. ~ **fracture** træthedsbrud. ~ **party** *(mil.)* arbejdskommando.
fatling ['fætliŋ] *sb* ungt, fedet dyr.
fatness ['fætnəs] *sb* fedme.
fatted ['fætid] *adj* opfedet; *kill the* ~ *calf* slagte fedekalven.
fatten [fætn] *vb* fede; blive fed, mæske sig.
fattish ['fætiʃ] *adj* fedladen.
fatty ['fæti] *adj* fed; fedtet, fedtagtig; *sb* tyksak; ~ *acid* fedtsyre; ~ *degeneration of the heart* fedthjerte.
fatuity [fə'tju(:)iti] *sb* enfoldighed, tåbelighed.
fatuous ['fætjuəs, -tʃuəs] *adj* enfoldig, tåbelig, fjoget.

fat-witted ['fætwitid] *sb* tykhovedet, tungnem.
faubourg ['fəubuə(g)] *sb* forstad.
faucal [fɔ:kl] *adj* svælg-. **fauces** ['fɔ:si:z] *sb pl* svælg.
faucet ['fɔ:sit] *sb (am)* tap, vandhane.
faugh [fɔ:] *interj* fy; føj.
Faulkner ['fɔ:knə].
fault [fɔ(:)lt] *sb* fejl, forseelse; *(geol)* forkastning, spring; *it is my* ~ det er min skyld; *my* ~*!* ingen forseelse! *be at* ~ have skylden; (om jagthunde) være på vildspor, have tabt sporet; *(fig)* være desorienteret, ikke vide hvad man skal gøre; *be in* ~ have skylden; *find* ~ *with* dadle, bebrejde, have noget at udsætte på; kritisere (småligt); *he is always finding* ~ han er altid utilfreds; *to a* ~ i en urimelig grad; *modest to a* ~ altfor beskeden, overbeskeden, så beskeden at det halve kunne være nok.
fault|finder ['fɔ(:)ltfaində] *sb* kværulant, smålig kritiker. **-finding** *sb* uvenlig kritik; *adj* kværulantisk, (smålig) kritisk. **-less** ['fɔ(:)ltləs] *adj* fejlfri.
faulty ['fɔ(:)lti] *adj* mangelfuld, ufuldkommen, defekt; fuld af fejl.
faun [fɔ:n] *sb* faun, skovgud.
fauna ['fɔ:nə] *sb* fauna (dyreliv).
fauteuil ['fəutə:i] *sb* fauteuil.
faux pas ['fəu'pa:] *sb* fejltrin, forløbelse, bommert.
favor *(am)* = *favour.*
I. favour ['feivə] *sb* gunst *(fx he gained the King's* ~*)*, yndest; velvilje; protektion *(fx he got the post by* ~*)*; partiskhed; gunstbevisning, tjeneste *(fx could you do me a* ~*)*; (ved fest) sløjfe, emblem; *(merk, glds)* ærede skrivelse *(fx we have received your* ~ *of yesterday)*; **-s** *pl* (erotisk) gunst *(fx he enjoyed her -s)*;
(med *præp)* **by** *your* ~ med Deres tilladelse; *by* ~ *of (glds,* på brev) overbringes af; *find* ~ **in** *his eyes* finde nåde for hans øjne; *in* ~ *of sby* til fordel for en; til gunst for en, i ens favør; *I am in* ~ *of a change* jeg er stemt for en forandring; *stand high in sby's* ~ have en høj stjerne hos én; *those in* ~ de der stemmer for; *be in* ~ *with* være yndet af; **out of** ~ i unåde; *be restored* **to** ~ blive taget til nåde; **under** ~ *of night* i ly af natten; *look* **with** ~ *on* se velvilligt på, betragte med velvilje, bifalde; **without** *fear or* ~, se *I. fear.*
II. favour ['feivə] *vb* billige, være stemt for, støtte *(fx a proposal)*; foretrække; begunstige *(fx the weather -ed our voyage)*; favorisere; T ligne, slægte på *(fx he -s his father)*; (journalistsprog:) gå med *(fx dark suits)*;
fortune -s the brave lykken står den kække bi; ~ *sby* **with** *sth* beære en med noget, tilstå en noget *(fx the King -ed him with an audience)*; *please* ~ *me with an answer (glds merk)* vær så venlig at sende mig et svar; *Miss X will now* ~ *the company with a song* frk. X vil nu gøre os den glæde at synge for os.
favourable ['feiv(ə)rəbl] *adj* gunstig, heldig; imødekommende.
favoured ['feivəd] *adj* begunstiget *(fx position)*.
favourite ['feiv(ə)rit] *sb* yndling; favorit; *adj* yndlings-; *be a great* ~ *with* være meget afholdt af, være populær blandt; ~ *dish* livret; ~ *reading* yndlingslekture.
favouritism ['feiv(ə)ritizm] *sb* unfair begunstigelse, protektion.
I. fawn [fɔ:n] *sb* dåkalv, hjortekalv, rålam; *adj* lysebrun, dådyrfarvet.
II. fawn [fɔ:n] *vb* kælve (om dådyr).
III. fawn [fɔ:n] *vb* (om hund) logre, springe op *etc; (fig):* ~ *on* krybe for, logre for, sleske for.
fawn-coloured *adj* lysebrun.
fay [fei] *sb* fe; *vb* indfælde, indpasse.
faze [feiz] *vb (am* T*)* bringe ud af fatning, bringe fra koncepterne, anfægte, hyle ud af det.
F.B.A. *fk Fellow of the British Academy.*
F.B.I. *(am) fk Federal Bureau of Investigation* (forbundspolitiet).
F.C. *fk football club.*
fcap., fcp *fk foolscap.*
F.D. *fk fidei defensor* troens forsvarer.
F.D.R. *fk Franklin Delano Roosevelt.*
fealty ['fi:əlti] *sb* troskab *(hist.)* lenslydighed, feudal troskab.
I. fear [fiə] *sb* frygt; angst; *no* ~*!* T ikke tale om! nej du kan tro nej! aldrig i livet! nej gu gør jeg ej! *for* ~ *of* af frygt for; *there is not much* ~ *of his coming* der er ikke nogen større fare for at han skal komme; *without* ~ *or favour* upartisk; uden persons anseelse.
II. fear [fiə] *vb* frygte, befrygte; være bange (for); ~ *death* frygte døden; ~ *for* være bekymret for, nære ængstelse for *(fx his life)*.
fearful ['fiəf(u)l] *adj* frygtelig, skrækkelig; frygtsom, ængstelig. **fearless** ['fiələs] *adj* uden frygt, uforfærdet.
fearsome ['fiəsəm] *adj* frygtindgydende, gruelig.
feasibility [fi:zə'biləti] *sb* gennemførlighed, mulighed.
feasible ['fi:zəbl] *adj* gennemførlig, realisabel *(fx plan)*; mulig, gørlig; rimelig *(fx explanation)*; *it is* ~ det kan lade sig gøre.
feast [fi:st] *sb* fest; festmåltid, gilde; *vb* holde gilde, spise og drikke godt, gøre sig til gode; beværte, traktere; *a* ~ *(fig)* en sand nydelse; *enough is as good as a* ~ man kan ikke mere end spise sig mæt; ~ *one's eyes on sth* fryde sig ved synet af noget.
feast day festdag; højtid; *(kat. ogs)* navnedag.
feat [fi:t] *sb* dåd, heltegerning, bedrift; kunst, kunststykke.
I. feather ['feðə] *sb* fjer; fjervildt, fuglevildt; (på hundehale) fane; *fine -s make fine birds* klæder skaber folk; *a* ~ *in one's cap* en fjer i hatten, noget at være stolt af; *be in high (el. fine el. full)* ~ være i løftet stemning; være i strålende humør; være i fin form; *you could have knocked me down with a* ~ jeg var lige ved at gå bagover (af forbavselse); *birds of a* ~ *flock together* krage søger mage; *show the white* ~ vise fejhed.
II. feather ['feðə] *vb* sætte fjer på noget *(fx* ~ *an arrow)*; ~ *one's nest* mele sin kage; ~ *the oars* skive årerne; ~ *the propellers (flyv)* kantstille propellerne.
feather| bed *sb* underdyne. **-bed** *vb* forkæle; (om industri) give støtte til. **-bedding** *sb* ansættelse af overflødig arbejdskraft efter fagforeningsbestemmelse. **-brained** *adj* tomhjernet, tankeløs. ~ **duster** fjerkost. **-head** tankeløst menneske. **-weight** fjervægt.
feathery ['feðəri] *adj* fjerlignende; fjerklædt; fjerlet.
I. feature ['fi:tʃə] *sb* ansigtstræk; træk; karakteristisk træk (, moment, egenskab); væsentlig led *(fx of a system)*; indslag; særlig attraktion; (hoved)nummer; (om film) (hoved)film, spillefilm; (i avis) stort opsat artikel; avisrubrik; (i radio) hørebillede; *short* ~ kortfilm.
II. feature ['fi:tʃə] *vb* ligne; kendetegne; byde på; bringe (som en særlig attraktion); sætte (artikel *etc)* stort op; *a film featuring X (am)* en film, hvori X optræder i en hovedrolle.
feature| film hovedfilm, spillefilm. **-less** [-ləs] *adj* uden særpræg, uinteressant, ensformig. ~ **programme** hørebillede. ~ **writer** redaktør af avisrubrik.
Feb. *fk February.*
febrifuge ['febrifju:dʒ] *sb, adj* feberstillende (middel).
febrile ['fi:brail] *adj* febersyg; febril.
February ['februəri] februar.
fec. *fk fecit* ['fi:sit] *(= made)*.
fecal, feces = *faecal, faeces.*
feckless ['fekləs] *adj* kraftløs, uduelig, hjælpeløs.
feculent ['fekjulənt] *adj* grumset, med bundfald.
fecund ['fi:kənd, 'fekʌnd] *adj* frugtbar. **fecundate** ['fi:kəndeit, 'fekʌndeit] *vb* gøre frugtbar; befrugte.
fecundation [fi:kən'deiʃn, fekʌn-] *sb* frugtbargørelse, befrugtning. **fecundity** [fi'kʌnditi] *sb* frugtbarhed.
fed [fed] *præt* og *pp* af *feed;* ~ *up with* led og ked af,

træt af; *I am ~ up with it (ogs)* det hænger mig ud af halsen.
federal ['fed(ə)rəl] *adj* forbunds-; føderativ; føderalistisk; *(am)* forbunds- *(fx police), (hist.,* i Borgerkrigen) nordstats-.
federalism ['fed(ə)rəlizm] *sb* føderalisme.
federalist ['fed(ə)rəlist] *sb* føderalist.
federate ['fedəreit] *vb* forene; forene sig; ['fedərət] *adj* allieret, forbunden.
federation [fedə'reiʃn] *sb* føderation, forbund.
federative ['fed(ə)rətiv] *adj* føderativ.
fedora [fi'dɔ:rə] *sb (am)* blød filthat.
fee [fi:] *sb* betaling, honorar, salær; gebyr; afgift; skolepenge; *(glds)* drikkepenge; *(hist)* len; (se også *fee simple; fee tail); vb* betale, honorere, lønne, give drikkepenge.
feeble ['fi:bl] *adj* svag, mat.
feeble-minded ['fi:bl'maindid] *adj* åndssvag; *(glds)* vaklende, svag; forsagt.
I. feed [fi:d] *vb (fed, fed)* fodre, give føde, bespise, give mad; ernære *(fx I have a large family to ~);* (om baby) amme; made; (om kreaturer) fodre, lade græsse; *(fig)* nære; *(teat)* give stikord til; *(tekn)* føde, tilføre, fremføre, pålægge, påfylde; (uden objekt) spise; leve *(on* af); (om kreaturer) æde; græsse; *he cannot ~ himself* han kan ikke spise selv; *many mouths to ~* mange munde at mætte; *the lake is fed by two rivers* søen har tilløb fra to floder; *~ up* opfodre; (se også *fed).*
II. feed [fi:d] *sb* foder; føde, næring; portion, ration; T måltid *(fx we had a good ~); (teat)* komikers partner der giver ham stikord; *(tekn)* fødning, fremføring, tilførsel, tilspænding; *go off one's ~* T miste appetitten; ikke ville spise; (om dyr) gå fra foderet.
feedback ['fi:dbæk] *sb* (radio) tilbagekobling; *(fig)* feedback, tilbagemelding.
feeder ['fi:də] *sb* en der fodrer *osv;* bikanal; biflod; *(jernb)* sidebane; (til baby) sutteflaske, hagesmæk; *(tekn)* fødeapparat; *(elekt, radio)* fødeledning; *a greedy ~* en grovæder.
feed hole (i edb) føringshul.
feeding| bottle (sutte)flaske. ~ **cup** tudekop.
feed|pipe føderør. ~ **pump** fødepumpe. **-stock** råmateriale til maskine. ~ **track** (i edb) føringsspor.
fee-faw-fum ['fi:'fɔ:'fʌm] (ord, der i eventyr lægges kæmper og trolde i munden).
I. feel [fi:l] *vb (felt, felt)* føle, mærke; føle på *(fx he felt the material);* have en fornemmelse *(el.* følelse) af, have på fornemmelsen *(fx I felt that there was something wrong);* føle sig sikker på *(fx we ~ that he is telling the truth);* mene, synes *(fx I ~ that it would be wrong);* (uden objekt) føles *(fx the air felt cold);* føle sig *(fx he felt tired),* befinde sig, være til mode; famle *(fx he felt about in the dark for the door);*

he -s strongly **about** *(el. on) it* det ligger ham stærkt på sinde; ~ **cold** fryse; *the hall -s cold* forstuen gør et koldt indtryk *(el.* føles kold); *the wall -s cold* væggen er kold at føle på; ~ **for** famle efter; føle for, sympatisere med; *I ~ it* **in** *my bones* jeg har det på fornemmelsen; ~ **like** have lyst til *(fx I ~ like a cup of tea);* være i humør til, være oplagt til *(fx I don't ~ like working);* føles som *(fx it -s like velvet);* føle sig som *(fx I ~ like a man on a desert island); she does not ~ like herself today* hun er ikke helt sig selv i dag; *I don't ~* **up to** *it* jeg har ikke kræfter til det; jeg har ikke rigtig mod på det; ~ *one's* **way** famle sig frem; *(fig ogs)* føle sig for; ~ **with** føle med, sympatisere med.
II. feel [fi:l] *sb* følelse; *you can tell it by the ~* du kan føle det; *I didn't like the ~ of it* det føltes ubehageligt; *let me have a ~* lad mig føle; *it has a soft ~* det er blødt at føle på; *smooth to the ~* glat at føle på.
feeler ['fi:lə] *sb* følehorn, føletråd; *(fig)* føler *(fx peace ~),* prøveballon; *(tekn: ~ gauge)* føler, følelære, søger.
feeling ['fi:liŋ] *adj* følende; medfølende; følsom; varm; levende; *sb* følelse, fornemmelse; stemning; indstilling; ophidselse; *bad (el. ill) ~* misstemning; *good ~* sympati; *hard -s,* se *II. hard; -s ran high* bølgerne gik højt.
fee-paying *adj: ~ school* betalingsskole.
fee simple *(jur)* selveje, fri ejendom; *hold in ~* have fuld ejendomsret over.
feet [fi:t] *(pl* af *foot)* (om mål) fod *(fx five ~).*
fee tail *(jur)* fideikommis, stamgods, ejendom der kun kan gå i arv til visse kategorier af arvinger.
feign [fein] *vb* foregive, hykle *(fx indifference);* forstille sig; simulere; finde på, opdigte *(fx an excuse).*
feigned [feind] *adj* forstilt, foregiven *(fx enthusiasm);* fordrejet *(fx voice);* forfalsket; *~ name* påtaget *(el.* fingeret) navn; *make a -ed submission* underkaste sig på skrømt.
feint [feint] *sb* list, forstillelse, kneb; finte; *(mil.)* skinmanøvre; *make a ~ of doing* lade som om man gør.
feisty ['fi:sti] *adj (am* S) i højt humør; i krigshumør.
fel(d)spar ['fel(d)spa:] *sb* feldspat (mineral).
felicitate [fi'lisiteit] *vb* lykønske.
felicitations [filisi'teiʃnz] *sb pl* lykønskninger.
felicitous [fi'lisitəs] *adj* velvalgt (om udtryk), heldig; lykkelig.
felicity [fi'lisiti] *sb* lykke, held; evne til at finde det rette udtryk; velvalgt udtryk.
feline ['fi:lain] *adj* katteagtig, katte-.
I. fell [fel] *præt* af *fall.*
II. fell [fel] *adj* fæl, ful, grusom, frygtelig.
III. fell [fel] *sb* højdedrag; hedestrækning.
IV. fell [fel] *sb* skind; pels.
V. fell [fel] *vb* slå ned, fælde, hugge om; (i syning) sy med sømmesting; staffere.
fellah ['felə] *sb (pl fellaheen* [felə'hi:n]) ægyptisk bonde.
fell(ed) seam indersøm, kapsøm.
feller ['felə] S = *fellow.*
felling ['feliŋ] *sb* fældning; (i syning) (syning med) sømmesting; staffering.
fellmonger ['felmʌŋgə] *sb* skindhandler.
felloe ['feləu] *sb* fælg.
fellow ['feləu] *sb* fyr, kammerat; fælle, kollega; medlem (af et selskab *etc),* (ved universitet) kandidat som er medlem af et kollegiums lærerstab; (om ting) lige; mage; *adj* med- *(fx ~ passenger); a ~ (ogs)* man, en anden en (= jeg); *my dear ~* kære ven.
fellow| actor medspillende. ~ **citizen** medborger. ~ **countryman** landsmand. ~ **creature** medskabning, medmenneske. ~ **feeling** medfølelse, fællesfølelse.
fellowship ['feləuʃip] *sb* fællesskab, kammeratskab; forening, selskab, sammenslutning; *(rel)* samfund; (ved universitet:) (en *fellow's* stilling *el.* stipendium).
fellow| soldier soldaterkammerat. ~ **traveller** medrejsende; *(fig)* (politisk) sympatisør, medløber (især kommunistisk).
felly ['feli] *sb* fælg.
felo-de-se ['fi:ləu di: 'si:] *sb (jur)* selvmorder; selvmord.
I. felon ['felən] *sb* betændt neglerod; bullen finger.
II. felon ['felən] *sb* forbryder.
felonious [fi'ləunjəs] *adj* forbryderisk, skændig.
felony ['feləni] *sb (jur)* (alvorlig) forbrydelse, misgerning *(fx* mord).
felspar = *feldspar.*
I. felt [felt] *præt* og *pp* af *feel.*
II. felt [felt] *sb* filt; filthat; (på tag) tagpap; *vb* filte.
felt|roof paptag. ~ **-tip pen** filtpen.
felucca [fe'lʌkə] *sb* feluke (middelhavsskib).
felwort ['felwə:t] *sb (bot)* ensian.

fem. *fk feminine.*
female ['fi:meil] *adj* kvindelig; *sb* kvinde, *(neds)* kvindemenneske; (om dyr) hun; ~ *friend* veninde; ~ *slave* slavinde; ~ *suffrage* kvindelig valgret, valgret for kvinder; ~ *thread* indvendigt gevind.
feme [fi:m] *sb (jur)* kvinde; ~ *covert* ['kʌvət] gift kvinde; ~ *sole* [səul] ugift *(el.* økonomisk uafhængig) kvinde.
femineity [femi'ni:iti] *sb* kvindelighed.
feminine ['feminin] *adj* kvindelig; feminin; *(neds)* kvindagtig; *(gram)* hunkøns-; ~ *ending* kvindelig udgang (i vers); ~ *gender* hunkøn; ~ *rhyme* kvindeligt rim.
femininity [femi'niniti] *sb* kvindelighed; kvindekønnet, kvinderne.
feminism ['feminizm] *sb* feminisme, kvindebevægelse.
feminist ['feminist] *sb* feminist, kvindesagsforkæmper, *adj* feministisk.
feminize ['feminaiz] *vb* gøre (, blive) kvindelig (, *(neds)* kvindagtig).
femoral ['femərəl] *adj (anat)* lår-.
fen [fen] *sb* mose, sump; *the Fens* (lavtliggende områder i Cambridgeshire og Lincolnshire).
I. fence [fens] *sb* hegn, gærde, plankeværk, stakit; *(fig glds)* værn; (i lås) spærretap; (på sav) anlæg; (sport:) fægtning, fægtekunst; S hæler; hælers gemmested; *come down on the right side of the* ~ slutte sig til den sejrende part; *sit on the* ~ forholde sig afventende, være neutral, stille sig forbeholdent; (se også *I. mend).*
II. fence [fens] *vb* indhegne; forsvare; (om hest) springe over forhindring; (uden objekt) forsvare sig; fægte; *(fig)* komme med udflugter, omgå sandheden; S være hæler; ~ *off* indhegne; adskille (ved hegn); ~ *with the question* vige uden om spørgsmålet.
fence-mending *sb (fig)* genoprettelse af det gode forhold.
fencer ['fensə] *sb* fægter.
fencing ['fensiŋ] *sb* fægtning; indhegning; S hæleri.
fencing| school fægteskole. ~ **wire** hegnstråd.
fend [fend] *vb* afværge; ~ *for oneself* klare sig selv; ~ *off* afværge, afbøde; *(mar)* holde fri.
fender ['fendə] *sb* kamingitter; *(mar)* friholt, fender; *(jernb)* banerømmer; *(am)* skærm *(fx* på bil).
fenestration [feni'streiʃn] *sb (arkit)* vinduesgruppering.
fen fire lygtemand.
Fenian ['fi:njən] *sb (hist)* fenier (medlem af irsk revolutionær bevægelse).
fennec ['fenik] *sb zo* ørkenræv.
fennel [fenl] *sb (bot)* fennikel.
fennish ['feniʃ] *adj* sump-; sumpet.
fenugreek ['fenjugri:k] *sb (bot)* bukkehorn.
feoff [fi:f, fef] *(hist.) sb* len; *vb* forlene. **feoffee** [fe'fi:] *sb* lensmand. **feoffer** ['fefə] *sb* lensherre.
feoffment ['fefmənt] *sb (hist.)* forlening.
feral ['fiərəl] *adj* vild, uciviliseret; *(biol)* forvildet.
feretory ['ferit(ə)ri] *sb* helgenskrin, relikvieskrin.
ferine ['fiərain] *adj* = *feral.*
Feringhee [fə'riŋgi] *sb* (indisk ord for) europæer.
I. ferment ['fə:mənt] *sb* gær(stof); gæring.
II. ferment [fə'ment] *vb* gære, sætte i gæring; *(fig)* gære; ophidse.
fermentable [fə'mentəbl] *adj* gæringsdygtig.
fermentation [fə:men'teiʃn] *sb* gæring; *(fig ogs)* brydning.
fermentative [fə:'mentətiv] *adj* gærende, som forårsager gæring.
fern [fə:n] *sb (bot)* bregne.
fernery ['fə:nəri] *sb* bregnebeplantning.
ferocious [fə'rəuʃəs] *adj* vild, grum, rovbegærlig, glubsk.
ferocity [fə'rɔsiti] *sb* vildhed, grusomhed, rovbegærlighed, glubskhed.
ferreous ['feriəs] *adj* jern-, jernholdig.
I. ferret ['ferit] *sb* (bomulds- eller silke-)bånd.
II. ferret ['ferit] *sb* fritte (en slags ilder som bruges til rottejagt og kaninjagt); *vb* forfølge, efterspore, støve efter; ~ *about* støve rundt; ~ *out* opsnuse, opspore, støve op.
ferrety ['ferəti] *adj* fritteagtig; *(fig)* snu, lusket; ~ *eyes* stikkende øjne.
ferriage ['feriidʒ] *sb* færgning, færgeløn.
ferric ['ferik] *adj* jern-; *(kem)* ferri-.
ferriferous [fe'rifərəs] *adj* jernholdig.
Ferris wheel ['feriswi:l] *sb* pariserhjul.
ferro- ['ferəu] (i *sms)* jern- *(fx* ~ *-concrete* jernbeton).
ferrous ['ferəs] *adj* jern-; *(kem)* ferro-.
ferruginous [fe'ru:dʒinəs] *adj* jernholdig; rustfarvet.
ferrule ['feru:l, 'ferəl] *sb* (på stok) dupsko; *(tekn)* rørring, ferul, (på fiskestang *ogs)* samlering, samlebøsning.
ferry ['feri] *sb* færge; færgested; *(jur)* færgeprivilegium; *vb* færge, overføre; (med fly) transportere; (om bil, fly *etc)* overføre, levere; færge. **ferry|boat** færgebåd. ~ **bridge** togfærge; færgeklap. **-man** færgemand.
fertile ['fə:tail; *(am)* fərtl] *adj* frugtbar.
fertility [fə(:)'tiləti] *sb* frugtbarhed.
fertilization [fə:t(i)lai'zeiʃn] *sb* frugtbargørelse, befrugtning.
fertilize ['fə:t(i)laiz] *vb* gøre frugtbar, gøde; befrugte; *(bot)* bestøve.
fertilizer ['fə:t(i)laizə] *sb* kunstgødning, gødningsstof.
ferule ['feru:l, *(am)* 'ferəl] *sb* ferle; *vb* slå med en ferle.
fervency ['fə:v(ə)nsi] *sb* varme, glød, inderlighed, iver.
fervent ['fə:v(ə)nt] *adj* varm, brændende *(fx desire, hatred),* glødende, ivrig *(fx admirer),* inderlig *(fx prayer).*
fervid ['fə:vid] *adj* hed, brændende, glødende *(fx enthusiasm);* heftig.
fervour ['fə:və] *sb* varme, glød *(fx he spoke with revolutionary* ~*),* heftighed, inderlighed.
fescue ['feskju:]: ~ *grass (bot)* svingel.
fess(e) [fes] *sb (her.)* bjælke.
festal [festl] *adj* fest-, festlig.
fester ['festə] *vb* bulne, afsondre materie; rådne; (om lidenskab) gnave, fortære; *sb* bullenskab, ondartet sår; *the wound is -ing* der er (gået) betændelse i såret.
festering *adj* betændt, bullen.
festival ['festivl] *sb* festival; fest; *(rel)* højtid; *adj* festival-, fest-; festlig; *(rel)* højtids-.
festive ['festiv] *adj* højtidsfuld, festlig, glad.
festivity [fe'stiviti] *adj* feststemning, festlighed, fest.
festoon [fe'stu:n] *sb* guirlande; *(arkit)* feston; *vb* udsmykke *(el.* pynte) med guirlander.
fetal [fi:tl] *adj* foster- *(fx movement; position).*
I. fetch [fetʃ] *sb* dobbeltgænger, genfærd (af en levende person).
II. fetch [fetʃ] *vb* hente; indbringe (ved salg); T gøre indtryk på, betage; *(mar)* nå *(fx* ~ *port); (*~ *to windward of)* ligge op; ~ *about (mar)* vende; ~ *and carry* apportere (om hund); ~ *and carry for sby* løbe ærinder for en; hoppe og springe for en; ~ *him a box on the ears* lange ham en lussing; ~ *a pump* spæde en pumpe; ~ *a sigh* drage et suk; ~ *tears from sby's eyes* få en til at græde; ~ *up (mar)* nå; T ende, havne *(fx* ~ *up in jail);* standse; kaste op; *(am)* opdrage.
III. fetch [fetʃ] *sb* T kunstgreb, kneb, list, fif.
fetching ['fetʃiŋ] *adj* fængslende, fortryllende, henrivende; *very* ~ *!* den klæder dig godt!
fête [feit] *sb* fest; *vb* fejre, feste for.
fetich = *fetish.*

feticide ['fi:tisaid] *sb* fosterdrab.
fetid ['fetid] *adj* stinkende; ildelugtende.
fetish ['fi:tiʃ] *sb* fetich; *make a ~ out of* gøre til en fetich; være alt for optaget af.
fetishism ['fi:tiʃizm] *sb* fetichdyrkelse; *(psyk)* fetichisme.
fetlock ['fetlɔk] *sb* hovskæg, kodehår; kode.
fetor ['fi:tə] *sb* stank.
fetter ['fetə] *vb* lænke, lægge i lænker; binde; *sb* lænke, fodlænke; *-s pl (fig)* lænker, tvang, bånd.
fettle [fetl] *sb* (god) stand; *in fine ~* i fin form; i strålende humør; veloplagt.
fetus ['fi:təs] *sb* foster.
feu [fju:] (på skotsk) *sb* fæste, forpagtning; grund; *vb* bortfæste, bortforpagte; fæste, forpagte.
feud [fju:d] *sb* fejde; len.
feudal [fju:dl] *adj* feudal, lens-. **feudalism** ['fju:d(ə)lizm] *sb* lenssystem, feudalsystem, lensvæsen, feudalisme. **feudatory** ['fju:dət(ə)ri] *adj* feudal, lens-; *sb* lensmand, vasal; len.
feuilleton [*fr.;* 'fə:itɔ:ŋ] *sb* føljeton; del af avis med kulturelt stof.
fever ['fi:və] *sb* feber; *vb* give feber; *in a ~ of expectation* i feberagtig spænding. **fevered** ['fi:vəd] *adj,* se *feverish.*
feverfew ['fi:vəfju:] *sb (bot)* matrem.
fever heat feberhede; *at ~ (fig)* på kogepunktet.
feverish ['fi:v(ə)riʃ] *adj* febersyg, febril; feberhed; feber- *(fx dreams);* feberagtig, febrilsk *(fx haste).*
fever-stricken *adj* feberhærget.
few [fju:] *adj* (kun) få; ikke ret mange; *a ~* nogle få, et par; *every ~ minutes* med få minutters mellemrum; *not a ~* en hel del; *a good ~* temmelig mange; *quite a ~,* se *quite; one of the next ~ days* en af de første dage; *the ~* de få, mindretallet. **fewer** ['fju:ə] *komp* af *few* færre; *no ~ than* ikke mindre end. **fewest** ['fju:ist] *sup* af *few* færrest.
fey [fei] *adj* let skør, excentrisk; sværmerisk; overjordisk, æterisk; (især skotsk) dødsmærket (og derfor unormalt opstemt *el.* klarsynet).
fez [fez] *sb* fez (østerlandsk hovedbeklædning).
ff. *fk fortissimo; folios; following pages.*
ffy. *fk faithfully.*
F.H. *fk Fire Hydrant.*
fiancé, fiancée [fi'a:ŋsei] *sb* forlovede.
fiasco [fi'æskəu] *sb* fiasko.
fiat ['faiət] *sb (jur)* ordre, befaling, magtbud.
fib [fib] (især i børnesprog) *sb* usandhed, (lille) løgn; *vb* lyve. **fibber** ['fibə] *sb* løgnhals.
fiber, fibre ['faibə] *sb* fiber, trævl, tråd; (af hør *etc ogs)* tave; *(fig)* karakter, støbning *(fx he was of a different ~); of coarse ~* grov.
fibre|board fiberplade. **~ glass** glasfiber. **~ optics** lysledere; lysledertekník; glasfiberoptik.
fibril ['faibril] *sb* lille fiber, fibril, fin trævl. **fibrillation** [faibri'leiʃn] *sb* fiberdannelse; *(med.)* fibrillation, flimren.
fibrin ['faibrin] *sb* fibrin.
fibrous ['faibrəs] *adj* fibrøs, trævlet, trådet; *~ root* trævlerod.
fibster ['fibstə] *sb* løgnhals.
fibula ['fibjulə] *sb (anat)* lægben; *(arkæol)* fibula (nål).
fibular ['fibjulə] *adj* lægbens-.
fichu ['fi:ʃu:] *sb* fichu (skulderslag).
fickle [fikl] *adj* vaklende, ubestandig, vankelmodig, vægelsindet; skiftende.
fictile ['fiktil] *adj* formet af ler, plastisk; pottemager-.
fiction [fikʃn] *sb* prosadigtning, skønlitteratur (eksklusive poesi og drama); opdigtelse, opspind, fiktion.
fictitious [fik'tiʃəs] *adj* opdigtet; fingeret; falsk.
fid [fid] *sb (mar)* slutholt, fedte.
Fid. Def. *fk fidei defensor* troens forsvarer.

I. fiddle [fidl] *sb* violin; *(mar)* slingrebræt; S fidus, fupnummer; *fit as a ~* frisk som en fisk; *a face as long as a ~* et bedemandsansigt; *play second ~* spille anden violin, spille en underordnet rolle.
II. fiddle ['fidl] *vb* spille violin; lege; fingerere *(el.* pille) (ved); nusse (med); S lave fup (med), forfalske *(fx the accounts); ~ about* nusse omkring, fingerere; *~ away one's time* pjatte tiden væk.
fiddleblock ['fidlblɔk] *sb (mar)* violinblok.
fiddle-dedee ['fidldi'di:], **fiddle-faddle** ['fidlfædl] *sb* sniksnak, vrøvl.
fiddler ['fidlə] *sb* violinspiller; spillemand; S fupmager.
fiddler crab *zo* vinkekrabbe.
fiddlestick ['fidlstik] *sb* violinbue; *fiddlesticks!* snak! vås! sludder!
fiddling ['fidliŋ] *adj* ubetydelig *(fx sum, details).*
fidelity [fi'deliti] *sb* troskab *(fx ~ to one's principles);* nøjagtighed *(fx he reported the debate with ~).*
fidelity | control *(radio)* kvalitetskontrol. **~ guarantee insurance** kautionsforsikring.
I. fidget ['fidʒit] *vb* være rastløs, være febrilsk, være nervøs, vimse om; fingerere, famle.
II. fidget ['fidʒit] *sb* febrilsk (, urolig, rastløs) person; (om barn) lille uro; *the -s* uro, rastløshed, nervøsitet; *have the -s* være nervøs; *it gave me the -s* det gik mig på nerverne.
fidgety ['fidʒiti] *adj* rastløs, febrilsk, nervøs, urolig.
fiduciary [fi'dju:ʃjəri] *adj* betroet; dækningsløs; *sb* formuebestyrer, kurator, værge; *~ issue* udækket seddelmasse; *~ loan* lån uden sikkerhedsstillelse.
fie [fai] *interj* fy! *~ upon you!* fy! fy skam dig!
fief [fi:f] *sb (hist.)* len.
I. field [fi:ld] *sb* mark, ager; *(fig)* område, felt; *(mil.)* felt, slagmark, *(glds)* valplads; slag, kamp; (i sport) spilleplads, bane; deltagere, spillere, markspillere, (ved væddeløb) felt, (ved jagt) jagtselskab, meute; (i maleri *etc)* grund, baggrund, (i våben *el.* flag) felt; *(elekt, fys,* i edb) felt; *(am TV)* delbillede;
drive from the ~ slå af marken; *fair ~ and no favour* uden at gøre forskel til nogen side; *hold the ~* holde stand, ikke lade sig slå af marken; *in the ~* på marken; i marken *(fx studies in the ~); (mil.)* i felten; *keep the ~* fortsætte felttoget; holde stand; *~ of battle* slagmark; *~ of vision* synsfelt; *on the ~* på marken, på slagmarken; *play the ~,* se *I. play; take the ~ (ogs fig)* drage i felten, rykke i marken; (i sport) stille op; stå i marken.
II. field [fi:ld] *vb* rykke i marken; (i kricket) være markspiller, stå i marken; *(fig)* klare *(fx a tough question); ~ the ball* (i kricket) gribe bolden og kaste den ind til gærdet; *~ a strong team* stille (med) et stærkt hold.
field| allowance *(mil.)* felttillæg. **~ bindweed** *(bot)* agersnerle. **~ day** *(mil.)* mønstringsdag; militærrevy; *(parl)* vigtig debat; *(fig)* stor dag; *(am)* skoleidrætsdag; *have a ~ day (ogs)* rigtig slå sig løs, få en dag ud af det. **~ dog** jagthund, (især:) hønsehund. **~ dressing** *(mil.)* forbindssager. **~ duty** felttjeneste.
fielder ['fi:ldə] *sb* (i kricket) markspiller.
field| events *pl* kast- og springkonkurrencer. **-fare** *zo* sjagger, kramsfugl. **~ glasses** *pl* feltkikkert. **~ gun** feltkanon. **~ ice** storis. **~ madder** *(bot)* blåstjerne. **~ marshal** feltmarskal. **~ mouse** markmus. **~ officer** officer af rang som major eller derover, stabsofficer. **~ piece** feltkanon. **~ preacher** friluftsprædikant.
fieldsman ['fi:ldzmən] *sb* markspiller (i kricket).
field| sports *pl* friluftsidrætter (især ridning, jagt og fiskeri). **~ trip** ekskursion. **-work** arbejde (, studier) i marken; *(mil.)* feltbefæstning, feltskanse.
fiend [fi:nd] *sb* djævel; T entusiast *(fx a golf ~).*
fiendish ['fi:ndiʃ] *adj* djævelsk.
fierce [fiəs] *adj* vild; heftig, voldsom, rasende *(fx quar-*

rel); barsk, bister *(fx look ~);* bidsk, glubsk *(fx dog);* T modbydelig *(fx a ~ cold).*

ieri facias ['faiərai'feiʃiæs] *sb (jur)* udpantningsordre; *sell under a writ of ~* sælge ved tvangsauktion.

iery ['faiəri] *adj* ild-; hed, brændende; heftig; ilter; fyrig; *in ~ characters* med flammeskrift. **fiery cross** brændende kors (symbol for Ku Klux Klan); *(hist.)* budstikke.

i. fa. *fk fieri facias.*

ife [faif] *sb* pibe *(fx -s and drums); vb* spille på pibe.

ifer ['faifə] *sb* piber.

ifteen ['fif'ti:n] *num* femten; *sb* (rugby)hold; *the Fifteen* jakobinsk opstand 1715.

ifteenth ['fif'ti:nθ] *adj* femtende; *sb* femtendedel.

ifth [fifθ] *adj* femte; *sb* femtedel; *(mus.)* kvint.

ifth| column femte kolonne. ~ **columnist** medlem af femte kolonne, femtekolonnemand.

ifthly ['fifθli] *adv* for det femte.

iftieth ['fiftiiθ] *adj* halvtredsindstyvende; *sb* halvtredsindstyvendedel.

ifty ['fifti] *num* halvtreds(indstyve), femti; *in the fifties* i halvtredserne; *I will go fifty-fifty with you* jeg vil slå halv skade med dig *(el.* dele lige med dig); *on a fifty-fifty basis (merk)* a meta.

. fig [fig] *sb* figentræ; figen; *a ~ for him* blæse være med ham; *I don't care (el. give) a ~ for it* jeg giver ikke en døjt for det; jeg bryder mig ikke et hak om det.

I. fig [fig] *sb* puds, stads; *vb* pynte; *in fine ~* i fin form; *in full ~* i fineste puds; *~ out* pynte.

ig. *fk figure; figuratively.*

. fight [fait] *vb (fought, fought)* kæmpe *(against, with* mod, med; *for* for, om), slås; skændes; (med objekt) bekæmpe; udkæmpe *(fx a duel);* kæmpe for, slås for; konkurrere om;

~ back slå fra sig; *~ back one's tears* kæmpe med gråden; *~ a battle* levere et slag; *~ down* nedkæmpe; bekæmpe; *~ a gun* betjene en kanon; *~ sby off* slå en tilbage, kæmpe for at holde en på afstand; *~ off a cold* prøve at holde en forkølelse nede; *~ it out* afgøre det ved kamp, slås om det; *~ shy of* gå langt uden om, undgå, holde sig fra; *~ one's way* kæmpe sig frem.

I. fight [fait] *sb* strid, kamp, slagsmål; kamplyst *(fx he was still full of ~); free ~* almindeligt slagsmål; *put up a good ~* forsvare sig tappert, levere en god kamp; *show ~* sætte sig til modværge, sætte sig på bagbenene, vise kløer.

ighter ['faitə] *sb* kæmpende, stridsmand; bokser; fighter (ɔ: en der ikke giver op); slagsbroder; *(flyv)* jager(maskine).

ighter-bomber (stærkt bevæbnet, let bombemaskine).

ighting ['faitiŋ] *sb* kampe, kamphandlinger *(fx there was no ~ yesterday); adj* kampdygtig, våbendygtig; kampberedt, kampklar; krigerisk; kamp-.

ighting| chance: *there is a ~ chance* det kan lykkes hvis vi sætter alle kræfter ind; det er lige akkurat muligt. ~ **cock** kamphane; *feel like a ~ cock* være fuld af gå-på- mod; *live like a ~ cock* leve overdådigt. ~ **drunk** T fuld og i krigshumør. ~ **mad** lynende vred. ~ **patrol** *(mil.)* kamppatrulje.

ig leaf figenblad.

igment ['figmənt] *sb* påfund; *~ of the imagination* fantasifoster, hjernespind.

ig tree figentræ.

iguration [figju'reiʃn] *sb* form; figurering; *(mus.)* becifring.

igurative ['figjurətiv] *adj* overført, figurlig, billedlig, symbolsk; billedrig, blomstrende; *~ language* billedsprog.

. figure ['figə, *(am)* 'figjər] *sb* figur; skikkelse; ciffer, tal; mønster (i tøj); *he is no good* **at** *-s* han duer ikke til regning; *at a low (, high) ~* til en lav (, høj) pris; **cut** *a ~,* se *cut; double -s* tocifrede tal; *speak* **in** *-s* tale i billeder; *it runs* **into** *five -s* det kommer op på et femcifret beløb; *a ~* **of** et billede på *(fx he was a ~ of poverty); he was a ~ of fun* han gjorde en latterlig figur, han var til grin; *~ of speech* billedligt udtryk; *set of -s (tekn)* talstempelsæt; *what's the ~?* hvad er prisen?

II. figure ['figə, *(am)* 'figjər] *vb* **1.** optræde *(fx he -d as a wealthy man);* spille en rolle *(fx he -d prominently in the negotiations),* figurere *(fx his name -d in the report);* **2.** afbilde, fremstille; **3.** (let *glds)* beregne, regne; **4.** *(am)* regne med; slutte *(fx he -d it was no use);* betragte som *(fx he -d himself a good candidate); that -s (am)* det er rimeligt nok; ~ **on** *(am)* regne med; ~ **out** regne ud; ~ **to** *oneself* forestille sig.

figured ['figəd, *(am)* 'figjərd] *adj* mønstret; *~ bass* becifret bas, generalbas.

figure|head galionsfigur; *(fig)* topfigur. ~ **-of-eight knot** *(mar)* flamsk knob. ~ **skate** kunstløberskøjte. ~ **skater** kunst(skøjte)løber. ~ **skating** kunstskøjteløb.

figurine ['figjuri:n] *sb* statuette.

figwort ['figwə:t] *sb (bot)* brunrod.

Fiji ['fi:dʒi]: *the ~ Islands* Fijiøerne.

filament ['filəmənt] *sb* (tynd) tråd, fiber; *(bot)* støvtråd; *(elekt,* i glødelampe) glødetråd.

filamentous [filə'mentəs] *adj* trådagtig, trådformet.

filar ['failə] *adj* tråd-.

filature ['filətʃə] *sb* afhaspning af silke (fra kokonen); afhaspningsmaskine.

filbert ['filbət] *sb* dyrket hasselnød.

filch [filtʃ] *vb* stjæle, rapse. **filcher** ['filtʃə] *sb* tyv.

I. file [fail] *sb* brevordner, regningskrog, spyd; arkivskab, dokumentskab *el.* -kasse, kartoteksskab; kartotek, arkiv, samling af dokumenter, aviser *etc;* (i en bestemt sag:) akter, dossier, sagsmappe; sag; (i edb) fil, register; (af personer) række, *(mil.)* rode; *blank ~* blind rode; *rank and ~,* se *I. rank; by -s* rodevis; *move in Indian (el. single) ~* gå en og en, gå i gåsegang; *(mil.)* gå i enkeltkolonne; *on ~* arkiveret; i arkiv.

II. file [fail] *vb* sammenhæfte; ordne, lægge på plads, arkivere, lægge til akterne; indgive (ansøgning *etc);* indlevere (til et arkiv *etc);* gå en og en *(el.* i gåsegang), defilere; *(mil.)* gå i enkeltkolonne; *~ for (am)* ansøge om; *~ a petition* indgive et andragende.

III. file [fail] *sb* fil; *vb* file.

file| cutter filehugger. **-fish** *zo* filfisk.

filial ['filjəl] *adj* sønlig, datterlig, barnlig.

filiation [fili'eiʃən] *sb* sønne- (, datter-)forhold; nedstamning; *(jur)* paternitetsbestemmelse.

filibeg ['filibeg] *sb* højlænders skørt, kilt.

filibuster ['filibʌstə] *vb* (især *am)* lave obstruktion (i kongressen) ved at holde maratontaler; *sb* fribytter, sørøver; obstruktionsmager.

filiform ['f(a)ilifɔ:m] *adj* tråddannet.

filigree ['filigri:] *sb* filigran.

filing ['failiŋ] *sb* arkivering *etc,* se *II. file; ~ cabinet (el. cupboard)* arkivskab, kartotekskab.

filings ['failiŋz] *sb pl* filspåner; arkivalier.

Filipino [fili'pi:nəu] *sb* filippiner; *adj* filippinsk.

I. fill [fil] *vb* fylde; udfylde *(fx his place will not be easy to ~),* optage *(fx it -ed her thoughts);* (med mad) mætte; (om pibe, huller) stoppe; (om tand) plombere; (om embede) beklæde, besætte; *(merk,* om bestilling) effektuere, ekspedere; *(am,* om recept) ekspedere; (uden objekt) fyldes; *~ the bill* gøre fyldest, være brugbar, opfylde kravene; *~ in* fylde op *(fx a hole),* kaste til; udfylde; indføje; holde underrettet; *~ in for* vikariere for; *~ in on* T holde a jour med; *~ out* (om sejl) fyldes, udspiles; (om person) blive tykkere *(el.* rundere), lægge sig ud; *(am)* udfylde; *~ up* fylde op, fylde helt *(fx the tank);* påfylde; udfylde *(fx a* *form);* ~ *a want* afhjælpe *(el.* udfylde) et savn.

II. fill [fil] *sb: eat one's* ~ spise sig mæt; *have had one's* ~ have fået rigeligt *(of* af), have fået nok *(of* af); *a* ~ *of tobacco* et stop tobak.

filler ['filə] *sb* fyld *(fx* i kage); fyldstof; spartelfarve; (i tekstiler) appretur; (til fyldepen) hævert.

fillet ['filət] *sb* hårbånd, pandebånd; (træ-, metal-) liste; (om mad) filet, mørbrad; (på bogbind) filet, linie; *vb* filere.

filling ['filiŋ] *sb* fyldning, udfyldning, opfyldning; (i cigar) indlæg; (om tand) plombering, plombe; *(am,* i vævning) skudgarn; (se også *filler).*

filling station *(am)* benzintank, servicestation.

fillip ['filip] *vb* knipse; *(fig)* stimulere, sætte fart i; *sb* knips; *(fig)* stimulans, opstrammer; bagatel.

fillister ['filistə] *sb* simshøvl.

filly ['fili] *sb* fole, hoppefole; T sprælsk pigebarn.

film [film] *sb* hinde; film; *vb* overtrække med en hinde; filme, filmatisere *(fx a novel).*

film | **badge** filmdosimeter (til måling af radioaktiv bestråling). ~ **cartridge** filmkassette. ~ **director** filminstruktør. ~ **gate** billedkanal, filmkanal.

filmic ['filmik] *adj* filmisk.

film | **library** filmarkiv. **-script** filmmanuskript; drejebog. **-setting** fotosats. ~ **stock** råfilm.

filmy ['filmi] *adj* overtrukken med en hinde; hindeagtig.

filoselle ['filəsel, filə'sel] *sb* floretsilke.

filter ['filtə] *vb* filtrere; filtreres, sive, trænge (igennem); (om bil) dreje fra (ɔ: væk fra hovedstrømmen); *sb* filter, filtrerapparat; (ved lyskurv) grøn pil; ~ *out* filtrere fra; sive ud.

filter| **light** (ved lyskurv) grøn pil. ~ **paper** filtrerpapir. ~ **-tipped** (om cigaret) med filter.

filth [filθ] *sb* snavs, smuds, skidt; *(fig ogs)* sjofelhed(er); *talk* ~ komme med sjofelheder.

filthy ['filθi] *adj* snavset, smudsig, beskidt; *(fig ogs)* svinsk, sjofel *(fx joke);* modbydelig.

filtrate ['filtreit] *vb* filtrere; ['filtrit] *sb* filtrat.

filtration [fil'treiʃən] *sb* filtrering.

fin [fin] *sb* finne, svømmefinne; støbefinne; køleribbe; *(flyv)* halefinne; *(mar)* styrefinne; S hånd, næve; *tip us your* ~ S stik mig din næve.

fin. *fk financial; finished.*

finable ['fainəbl] *adj* som medfører en bøde; som kan idømmes en bøde.

final [fainl] *adj* endelig, afgørende; *sb* slutkamp, finale; afsluttende eksamen; (af avis) sidste udgave.

finale [fi'na:li] *sb* finale.

finalist ['fain(ə)list] *sb* finalist, deltager i slutkamp.

finality [fai'næliti] *sb* endelighed; endelig afgørelse (, udtalelse, ordning); *speak with* ~ udtale sig definitivt; afskære al videre diskussion.

finalize ['fain(ə)laiz] *vb* afslutte, bringe til afslutning; godkende endeligt.

finally ['fain(ə)li] *adv* endelig, til sidst, til slut.

finance [fai'næns] *sb* finans; finansvidenskab; *pl* finanser; *vb* finansiere; ~ *company* finansieringsselskab.

financial [fai'nænʃl] *adj* finansiel, finans-; penge-; økonomisk *(fx* difficulties); ~ *year* finansår; driftsår.

financier [fai'nænsiə] *sb* finansmand; financier.

finback ['finbæk] *sb zo* finhval.

finch [fin(t)ʃ] *sb zo* finke.

I. find [faind] *vb (found, found)* finde; (et mål) ramme, træffe; *(fig)* finde; erfare, opdage, konstatere; (give *etc)* levere; forsyne *(in, with* med); skaffe *(fx money;* ~ *sby a job); (jur)* afgive kendelse om at; kende *(fx* ~ *sby guilty);*

15,000 pounds a year and all found 15.000 pund om året og fri station; ~ **for** *the plaintiff* give sagsøgeren medhold; ~ *sby* **in** træffe en hjemme; *he -s me in clothes* han holder mig med tøj; ~ *sby in a lie* gribe én i en løgn; *I cannot* ~ *it in my heart* jeg kan ikke bringe det over mit hjerte; *be well found in* være velforsynet med; ~ **oneself** befinde sig *(fx how do you* ~ *yourself?);* finde sig selv; *£5 a day and* ~ *yourself* £5 om dagen på egen kost; *he found himself wishing that* han greb sig i at ønske at; ~ **out** finde ud af; opdage, gennemskue; ~ *out for oneself* finde ud af på egen hånd.

II. find [faind] *sb* fund.

finder ['faində] *sb* finder; søger, sigtekikkert; *-s keepers* den der finder noget har lov til at beholde det.

finding ['faindiŋ] *sb* kendelse; *-s pl* (forsknings)resultater; resultater af undersøgelse; *(jur)* kendelse.

I. fine [fain] *sb* bøde; afgift; *vb* idømme en bøde.

II. fine [fain] *adj* fin; prægtig, fremragende; smuk, skøn; ren; (findelt, tynd *etc)* fin *(fx sand, thread, pen),* spids *(fx nib* pen), skarp *(fx edge* æg); *(fig)* subtil *(fx distinction);* T glimrende; (ironisk) nydelig, køn *(fx that's a* ~ *excuse);*

the ~ *arts* de skønne kunster (se også *II. art);* ~ *day* dejligt vejr; *one* ~ *day, one of these* ~ *days* en skønne dag; *a* ~ *fellow* en smuk fyr, en prægtig fyr; (ironisk) en net herre; *a* ~ *friend you have been* du har været en nydelig ven; *you are a* ~ *one!* du er en køn en! ~ *gold* rent guld *(el.* guld af en nærmere fastsat lødighed); ~ *print,* se *II. print; a* ~ *taste* en kræsen smag.

III. fine [fain] *vb* klare *(fx beer),* rense; (i billard) snitte ~ *away* svinde hen.

IV. fine [fain]: *in* ~ sluttelig; kort sagt.

fine-draw ['fain'drɔ:] *vb* sy fint sammen; kunststoppe; trække metal *etc* ud til tynde tråde.

fine-drawn ['fain'drɔ:n] *adj* fint tegnet *(fx features);* tynd, fin *(fx wire); (fig)* hårfin *(fx distinction).*

fine-grained ['fain'greind] *adj* finkornet; finluvet.

finery ['fainəri] *sb* stads, pynt.

fine-spun ['fain'spʌn] *adj* fint spundet; *(fig)* fint udtænkt, hårtrukken.

finesse [fi'nes] *sb* finhed, diplomati; behændighed, list, fif; (i bridge) knibning; *vb* bruge list (imod), (i bridge) knibe.

fine| **toothed** ['fain'tu:θt] *adj:* ~ *comb* tættekam. ~ **-tune** *vb* finindstille, finjustere. ~ **writing** tilstræbt elegant stil.

finfoot ['finfut] *sb zo* amerikansk svømmerikse.

finger ['fiŋgə] *sb* finger; (mål:) fingersbred; (på ur *etc*) viser; *vb* fingerere, famle ved; føle på; spille på med fingrene; *(mus.)* angive fingersætning i; S udpege, angive, stikke;

burn one's -s (fig) brænde sig; *give him the* ~ S give ham fingeren (ɔ:obskøn gestus); *have a* ~ *in the pie* have en finger med i spillet; *have at one's -s' ends* kunne på fingrene; *don't lay a* ~ *on him* rør ham ikke; *lay (el. put) one's* ~ *on* sætte fingeren på, udpege; *put the* ~ *on* S udpege; angive, stikke; (se også *tourist).*

finger| **alphabet** fingersprog. **-board** gribebræt (på violin *etc);* klaviatur; manual (på orgel). ~ **bowl** [-bəul] skylleskål.

fingering ['fiŋgəriŋ] *sb* fingereren; (angivelse af) fingersætning; uldent strømpegarn.

finger|**mark** aftryk af snavset finger. **-nail** negl. ~ **plate** dørskåner. **-post** afviser, vejviser(pæl). **-print** *sb* fingeraftryk; *vb* tage fingeraftryk af. **-stall** fingertut. **-tip** fingerspids *(fx a gentleman to his -tips);* fingertut; *have it at one's -tips* kunne det på fingrene.

finial ['f(a)iniəl] *sb (arkit)* korsblomst.

finical ['finikl], **finicking** ['finikiŋ], **finicky** ['finiki] *adj* sirlig, pertentlig; *(fig)* overbroderet; (alt for) udpenslet.

finikin ['finikin] = *finicky.*

fining ['fainiŋ] *sb* klaring *etc* (se *III. fine).*
finis ['finis] *sb* ende, finis.
I. finish ['finiʃ] *vb* ende, bringe til ende, blive færdig med, gøre færdig, fuldende, fuldføre, afslutte; (om mad) spise op, drikke op (, ud); T (om person) gøre det af med; (om produkt, arbejdsstykke) færdigbehandle, færdiggøre, afrette, afpudse; (om tekstiler) appretere; (uden objekt) blive færdig, slutte, holde op; tale ud *(fx do let me ~);* (i sport) fuldføre, komme i mål; *he -ed third* han kom ind som nr. 3; **~ off** *(el. up)* spise op, drikke op (, ud); gøre færdig, fuldende; *~ off (ogs)* T gøre det (helt) af med; **~ up with** slutte af med; *to ~ up with* til slut; **~ with** bryde med; *when -ed with* efter afbenyttelsen.
II. finish ['finiʃ] *sb* slutning; *(tekn)* afretning, afpudsning, efterbehandling; *(fig)* formfuldendthed; (i sport) slutkamp, opløb; (i tekstiler) appretur, (på overflade) fernis, lak; *be in at the ~* være med når ræven dræbes; *(fig)* være med i det afgørende øjeblik; *fight to a ~* kæmpe til en af parterne er overvundet.
III. finish ['fainiʃ] *adj* fin, ganske fin, finere.
finished ['finiʃt] *adj* afsluttet; færdig *(ogs fig);* formfuldendt; afpudset; *~ goods* færdigvarer.
finishing| coat finpuds; dækfarve. **~ line** mållinie. **~ school** pigeinstitut. **~ stroke** nådestød. **~ touches** *pl* sidste penselstrøg; *put the ~ touches on sth (ogs)* lægge sidste hånd på noget, give noget en sidste afpudsning.
finite ['fainait] *adj* begrænset; *(gram)* finit.
fink [fiŋk] *(am* S*) sb* lus, skiderik; stikker, angiver; skruebrækker; *vb: ~ out* kokse; bakke ud, stå af.
Finland ['finlənd] Finland. **Finlandization** [finləndai'zeiʃn] *sb* finlandisering **Finn** [fin] *sb* finne.
finnan haddock skotsk røget kuller.
Finnish ['finiʃ] *sb, adj* finsk.
Finno-Ugric ['finəu'ju:grik] *adj* finsk-ugrisk.
finny ['fini] *adj* finnet.
fin ray *zo* finnestråle.
fiord [fjɔ:d] *sb* fjord (især norsk).
fir [fə:] *sb (bot)* (ædel)gran. **fir cone** (gran)kogle.
I. fire ['faiə] *sb* ild, ildebrand, ildløs; bål; flamme, lue, *(fig)* lidenskab; *catch (el. take) ~* fænge; *cease ~* indstille skydningen; *coals of ~*, se *coal; draw the ~ (mil.)* tiltrække fjendens ild, udsætte sig for beskydning; *electric ~* elektrisk varmeovn; *give ~* give ild, fyre; *hang ~*, se *I. hang; have a ~* have fyret, have ild i kaminen; *lay a ~* lægge (brændsel) tilrette (i kamin *etc); light (el. make) a ~* tænde op, lægge i kakkelovnen; *line of ~ (mil.)* ildlinie; skudlinie; *miss ~*, se *II. miss; on ~* i brand; *get on together like a house on ~* komme storartet ud af det; *open ~ (mil.)* åbne ild; *(fig)* begynde, tage fat; *the ~ is out* ilden er gået ud; *the scene of the ~* brandstedet; *set ~ to (el. set on ~)* stikke ild på; (se også *Thames); smell of ~* brandlugt; *speed of ~* skudhastighed; *strike ~* slå gnister; *between two -s* under dobbelt ild; *be under ~ (mil.)* være i ilden, blive beskudt; *(fig)* måtte stå for skud, blive angrebet; *there is no smoke without ~* der går ikke røg af en brand uden at der er ild i den.
II. fire ['faiə] *vb* tænde; stikke i brand; (skydevåben) affyre; (keramik *etc)* brænde; *(fig)* opildne, opflamme; T afskedige, fyre; (uden objekt) komme i brand, antændes; (opvarme, skyde:) fyre, (om skydevåben) gå af, (om motor) tænde; *~ away* fyre løs; *(fig)* klemme på; snakke fra leveren; *~ the boilers* fyre under kedlerne; *~ off* affyre; *~ on, ~ at* beskyde; *ready to ~ (mil.)* skudklar; *~ up* fare op, blive rasende.
fire| alarm brandalarm. **-arms** *pl* skydevåben. **~ arrow** brandpil. **-ball** kuglelyn; meteorsten; *(hist)* brandkugle, ildkugle; *(fig)* krudtugle. **~ bomb** brandbombe. **-brand** brand, brændende stykke træ; (om person) urostifter. **-break** *sb* brandbælte. **~ -breathing** ildsprudende. **-brick** ildfast mursten. **~ brigade** brandvæsen. **~ bucket** brandspand. **-bug** *(am)* T pyroman, brandstifter. **-clay** ildfast ler. **~ control** *(mil.)* ildledelse. **-cracker** kineser (fyrværkeri). **-crest** *zo* rødtoppet fuglekonge. **-damp** grubegas. **~ department** *(am)* brandvæsen. **-dog** ildbuk. **~ drill** brandøvelse; ildbor (til at frembringe ild med). **~ -eater** ildsluger; *(fig)* pralhals; slagsbroder. **~ -eating** *adj* drabelig. **~ engine** sprøjte. **~ escape** brandstige; brandtrappe. **~ extinguisher** ildslukningsapparat. **-fight** *sb* ildkamp. **~ fighter** brandmand. **~ fighting** brandslukning. **-fly** ildflue. **-guard** kamingitter; brandvagt. **~ hook** brandhage. **~ hose** brandslange. **-house** *(am)* brandstation. **~ hydrant** brandhane.
fire| insurance brandforsikring. **~ irons** *pl* kaminsæt. **~ lane** brandbælte. **-lighter** ildtænder. **-man** brandmand; fyrbøder. **~ office** brandforsikringsselskab. **-place** kamin; ildsted, arne. **-plug** brandhane. **~ policy** brandforsikringspolice. **-proof** ildfast, brandsikker. **~ -raising** brandstiftelse, ildspåsættelse. **~ sale** brandudsalg. **~ screen** kaminskærm; *(am)* kamingitter. **-side** *sb (fig)* hjem; *adj (am)* kamin- *(fx chat);* uformel; *sit round the -side* sidde foran *(el.* ved) kaminen. **~ station** brandstation. **~ step** *(mil.)* skydetrin. **-stone** ildfast sten. **-trap** brandfarlig bygning, brandfælde. **~ -walking** det at gå på gløder. **~ warden** *(am)* brandfoged. **-watcher** brandvagt. **-wood** brænde. **-works** fyrværkeri. **~ worship** ildtilbedelse.
firing ['faiəriŋ] *sb* brændsel; antændelse; affyring, skydning, fyring; (om keramik *etc)* brænding.
firing| line ildlinie. **~ party** *(am)* = *~ squad.* **~ pin** *(mil.)* slagstift, slagbolt. **~ squad** henrettelsespeloton; æreskompagni (der affyrer salut ved begravelse). **~ step** *(mil.)* skydetrin.
firkin ['fə:kin] *sb* fjerding; anker (lille tønde).
I. firm [fə:m] *sb* firma.
II. firm [fə:m] *adj* fast; sikker, bestemt; *be on ~ ground* have fast grund under fødderne; *have a ~ seat* sidde fast i sadlen; *you must be ~ with him* du må være bestemt over for ham.
III. firm [fə:m] *vb* fortætte, kondensere *(fx cheese);* fasttræde *(fx ~ the soil after planting);* befæste; blive fast.
firmament ['fə:məmənt] *sb* firmament.
first [fə:st] *adj* først; *adv* for det første; før, hellere *(fx he would die ~); sb* første præmie; førsteplads; (ved eksamen, *omtr)* førstekarakter *(fx take a ~* få første k.); (i bil) første gear *(fx he shifted into ~); -s pl* første sortering;

at *(the)* ~ i begyndelsen; (se også *I. hand* og *sight);* **~ come,** *~ served* den der kommer først til mølle får først malet; **from** *the ~* fra begyndelsen af, fra første færd; **in** *the ~ place* for det første; *~ and* **last** først og sidst; helt igennem *(fx he was ~ and last a poet); ~ or last* før eller siden; *from ~ to last* fra først til sidst; **~ of** *all* allerførst; *~ of exchange* primaveksel; *of the ~ importance* af største vigtighed; **~ off** *(am)* T lige med det samme; **on** *~ coming* straks *(el.* lige) når man (, han *etc)* kommer; *on the ~ approach of a stranger* straks når *(el.* så snart) en fremmed nærmer sig; *not know the ~* **thing** *about it* ikke have spor kendskab til det; *~ thing in the morning* straks om morgenen; straks i morgen tidlig; på fastende hjerte; *come ~ thing tomorrow* kom straks i morgen tidlig; **when** ~ så snart, straks da, lige da; *when we were ~ married* i begyndelsen af vort ægteskab.
first| aid førstehjælp. **~ -aid course** samariterkursus. **~ -aider** samarit. **~ -aid station** lægevagt; *(mil.)* forbindeplads. **~ base** *(am,* i baseball) første base; første basemand; *he hasn't got to first ~ (fig)* han er ikke kommet nogen vegne; *it never got to ~ base* T der

kom aldrig rigtig noget ud af det. **-born** førstefødt. ~ **class** første klasse; (eksamenskarakter, *omtr)* første karakter. ~ **-class** *adj* førsteklasses, udmærket; *travel ~ -class* rejse på første klasse. ~ **cousin** søskendebarn, fætter, kusine. ~ **finger** pegefinger. ~ **floor** første sal; *(am)* stueetagen. **-fruits** *pl* førstegrøde. **-hand** *adj* førstehånds *(fx information); adv = at ~ hand* på første hånd, umiddelbart.

firstling ['fə:stliŋ] *sb* førstefødt afkom.

firstly ['fə:stli] *adv* for det første.

first| name *(am)* fornavn. ~ **night** premiere. **-nighter** fast premieregæst. ~ **novel** (forfatters) debutroman. ~ **offender** førstegangsforbryder. ~ **officer** overstyrmand, næstkommanderende. ~ **papers** *pl (am)* erklæring om at man agter at ansøge om statsborgerskab. ~ **-rate** *adj* førsterangs, førsteklasses. ~ **string** (på violin) kvint.

firth [fə:θ] *sb* fjord.

fiscal [fiskl] *adj* fiskal; fiskal- og finans-; skatte-; ~ *year* (statens) finansår, skatteår.

I. fish [fiʃ] *sb (pl fish el. fishes)* fisk; jeton, spillemærke; T fyr; *all is ~ that comes to his net* han tager alt med; han udnytter alt til sin fordel; *he drinks like a ~* han drikker som en svamp; *feed the -es* drukne; 'ofre' (kaste op i søsyge); *feel like a ~ out of water* føle sig som en fisk på landjorden; ikke være i sit rette element; *have other ~ to fry* have vigtigere ting for; have andet at tage sig til; *that is neither ~ nor flesh (nor good red herring)* det er hverken fugl eller fisk; *a queer ~* T en snurrig fyr.

II. fish [fiʃ] *vb* fiske; fiske i; *go -ing* tage på fiskeri; ~ *for information* fiske efter oplysninger; ~ *in troubled waters* fiske i rørt vande; ~ *out* fiske op; hale frem; affiske (ɔ: tømme for fisk).

fishball ['fiʃbɔ:l] *sb* fiskefrikadelle.

fisher ['fiʃə] *sb* fisker; *zo* fiskemår.

fisherman ['fiʃəmən] *sb* fisker.

fishery ['fiʃəri] *sb* fiskeri; fiskerettighed; fiskeplads.

fish| farm dambrug. ~ **fingers** fiskestave. ~ **glue** fiskelim. ~ **hawk** fiskeørn. **-hook** fiskekrog.

fishing ['fiʃiŋ] *sb* fiskeri. **fishing| frog** *zo* havtaske. ~ **line** fiskesnøre. ~ **rod** fiskestang. ~ **tackle** fiskeredskaber.

fish|joint *(jernb)* laskesamling. ~ **kettle** fiskekedel. **-monger** fiskehandler. **-plate** *(jernb)* skinnelask. **-pond** fiskedam. **-pot** tejne. ~ **slice** paletspade. **-tail** *sb* fiskehale; *vb (flyv)* reducere farten ved at svinge fra side til side. **-wife** fiskerkone; *(neds)* fiskerkælling.

fishy ['fiʃi] *adj* fiskeagtig; fiskerig; fiske- *(fx smell);* T tvivlsom, mistænkelig, fordægtig; *there's something ~ about it* der er noget muggent ved det.

fissile ['fisail, *(am)* 'fis(i)l] *adj* spaltelig, spaltbar, kløvbar.

fission [fiʃn] *sb* kløvning; *(fys)* (atom)spaltning, fission; *(biol)* formering ved celledeling.

fissionable ['fiʃnəbl] *adj* spaltelig.

fissiparous [fi'sipərəs] *adj (biol)* som formerer sig ved celledeling.

fissure ['fiʃə] *sb* fissur; spalte, revne, fure.

I. fist [fist] *sb* (knyttet) næve; (skrift:) 'klo' *(fx he writes an awful ~); the mailed ~* den pansrede næve; *make a good ~ of* T klare fint; *make a poor ~ of* T forkludre; *hand over ~*, se *I. hand.*

II. fist [fist] *vb* fiste, slå til med hånden.

fistic ['fistik] *adj (spøg)* bokse-.

fisticuffs ['fistikʌfs] *sb pl (spøg)* nævekamp, slagsmål.

fistula ['fistjulə] *sb (med.)* fistel. **fistular** ['fistjulə] *adj* rørformig. **fistulous** ['fistjuləs] *adj* fistelagtig.

I. fit [fit] *sb* anfald, tilfælde; *by -s (and starts)* nu og da, stødvis, rykvis; *give sby a ~* T chokere en; *go off in a ~* få krampe; *have a ~ = throw a ~; a ~ of laughter* et latteranfald; *when the ~ is on him* når han er i humør til det; *throw a ~* T få en prop *(el.* et tilfælde).

II. fit [fit] *sb* pasning, det at passe; pasform; *(tekn)* pasmål; *that coat is an excellent (, bad) ~* den jakke sidder fortræffeligt (, dårligt).

III. fit [fit] *adj* egnet, passende; som passer godt; dygtig, duelig; i god (, fin) form, sund og rask; *a ~ person (ogs)* den rette mand (, kvinde);

as is ~ and proper som det det sig hør og bør; *be ~* **for** være egnet til, egne sig til; ~ *for duty* arbejdsdygtig, tjenstdygtig; ~ *for a king* af bedste kvalitet; ~ *for use* brugelig; brugbar; *keep ~* holde sig i form; *see ~, think ~* finde for godt, finde passende *(el* formålstjenligt); *be ~* **to** være egnet til at *(fx food ~ to eat);* være lige ved at *(fx she worked till she was ~ to drop); she cried ~ to break her heart* hun græd som om hendes hjerte skulle briste; *he laughed ~ to burst* han lo så han var ved at revne; *I am not ~ to be seen* jeg kan ikke vise mig som jeg er; *a smell ~ to knock you down* en lugt der var ved at slå en omkuld.

IV. fit [fit] *vb* gøre egnet *(el.* kvalificeret) *(to* til (at), *fx the training -ted him to work; el. for* til, *fx it -ted him for his work);* udstyre *(with* med, *fx ~ a room with chairs);* indrette, afpasse; tilpasse *(fx a carpet);* anbringe, montere *(fx fog lights);* indbygge *(fx a cupboard);* (være rigtig:) passe til, passe i *(fx the key -s the lock);* (om tøj) passe *(fx the coat -s me);* passe, sidde *(fx the coat -s);* ~ **in** passe ind; få plads til; ~ **in with** passe ind i, passe sammen med *(fx it -s in well with my arrangements);* indrette efter; *here's your new coat, you had better ~ it* **on** her er din ny jakke, du må hellere prøve den; ~ **out** udruste, udstyre, (med tøj) ekvipere; ~ **up** indrette, montere, udstyre.

fitch [fitʃ] *sb* ilderskind; ilderhår; pensel (fremstillet af ilderhår). **fitchew** ['fitʃu:] *sb zo* ilder.

fitful ['fitf(u)l] *adj* rykvis; stødvis; urolig; afbrudt; ustadig.

fitly ['fitli] *adv* passende.

fitment ['fitmənt] *sb* tilbehør, udstyr; *-s pl (ogs)* indbyggede skabe *etc.*

fitness ['fitnəs] *sb* egnethed, skikkethed; duelighed; *(physical ~)* form, kondi(tion); *it is but in the ~ of things that* det ligger i sagens natur at.

fit-out ['fitaut] *sb* udrustning; udstyrelse; udstyr.

fitted ['fitid] *adj* egnet *(for* til); tilpasset; indbygget *(fx cupboard);* fast *(fx cupboard, carpet); well ~ (ogs)* godt sammenpasset.

fitter ['fitə] *sb* montør, maskinarbejder, motormekaniker; (i skrædderi) tilskærer.

fitting ['fitiŋ] *adj* passende; *sb* montering; udrustning; armatur; rørdel, fitting; beslag; apparat, rekvisit, tilbehør; (hos skrædder) prøve; (om tøj, sko) pasform.

fitting-out ['fitiŋ'aut] *sb* udstyrelse; udrustning; montering.

fitting| room (hos skrædder) prøveværelse. ~ **shop** samleværksted.

Fitzgerald [fits'dʒerəld].

five [faiv] *num* fem; *sb* femmer; femtal; *the ~ of hearts* hjerter fem.

five-and-ten *sb (am)* forretning med billige ting.

fivefold ['faivfəuld] *adj, adv* femdobbelt, femfold.

fiver ['faivə] *sb* fempundsseddel; *(am)* femdollarseddel.

fives [faivz] *sb* slags boldspil.

five year plan femårsplan.

I. fix [fiks] *sb* forlegenhed, knibe; *(mar, flyv)* stedsbestemmelse; S fix, 'skud' (af heroin); *(am S)* bestikkelse.

II. fix [fiks] *vb* fæste, fæstne; gøre fast; sætte op *(fx a shelf, a poster),* sætte på *(fx a lid);* hæfte; *(tekn)* fastspænde, spænde op, fiksere; *(fig)* fastsætte, bestemme *(fx a price, a date); (fot)* fiksere; T fikse, ordne, klare *(fx let me ~ that; I'll ~ him!);* reparere; lave, tilberede *(fx a meal, the salad);* (uden objekt) fikseres, sætte sig fast, fæstne sig; stivne; S tage et 'skud' (heroin);

~ *bayonets!* bajonet på! ~ *a flat (am)* lappe en punktering; ~ *one's hair* sætte sit hår; ~ **on** bestemme sig til; fastsætte; ~ **up** ordne, arrangere *(fx a tennis tournament);* indrette *(fx ~ a room up as a laboratory);* T bilægge *(fx a quarrel);* kurere, bringe på ret køl, kvikke op *(fx a cup of coffee will ~ you up); I can easily ~ you up for the night* jeg kan sagtens give dig husly for natten.

xation [fik'seiʃn] *sb* fastgørelse; fastsættelse; bestemmelse; *(fot)* fiksering; *(psyk)* binding.

xative ['fiksətiv] *sb* fiksativ, fiksermiddel.

xed [fikst] *adj* fast *(fx price, income);* stift *(fx look, smile);* ~ *bayonets* opplantede bajonetter; ~ *capital* anlægskapital; ~ *charges* faste udgifter; ~ *idea* fiks idé.

xedly ['fiksidli] *adv* fast; stift; bestemt.

xed|-spool reel fastspolehjul (til fiskestang). ~ **star** fiksstjerne.

xer ['fiksə] *sb* fiksermiddel.

xing bath *(fot)* fikserbad.

xings ['fiksiŋz] *sb pl* (især *am)* tilbehør; pynt, besætning (på kjole).

xity ['fiksiti] *sb* fasthed, uforanderlighed.

xture ['fikstʃə] *sb* fast tilbehør, fast inventar, nagelfast genstand; (fastsat tidspunkt for) sportskamp (, sportskonkurrence).

zz [fiz] *vb* syde; bruse, moussere; *sb* brusen; S champagne, skum.

zzle [fizl] *vb* hvisle, sprutte; gøre fiasko, falde igennem; *sb* syden, hvislen; fiasko; ~ *out* mislykkes, løbe ud i sandet, fuse ud.

zzy ['fizi] *adj* T mousserende, som bruser; ~ *lemonade* sodavand.

la. *fk Florida.*

abbergast ['flæbəga:st] *vb* T forbløffe; *-ed (ogs)* lamslået, himmelfalden, paf.

abby ['flæbi] *adj* slap, slatten, holdningsløs, svag; blegfed, lasket.

abellate [flə'belət] *adj (biol)* vifteformet.

accid ['flæksid] *adj* slap, slatten.

accidity [flæk'siditi] *sb* slaphed, slattenhed.

flag [flæg] *vb* hænge slapt; være (, blive) mat, dø hen *(fx the conversation was -ging); his interest is -ging* han er ved at tabe interessen.

I. flag [flæg] *sb* flag; *vb* dekorere med flag; mærke, hæfte et mærke på; signalere til med flag; vinke ad, standse; ~ *down* standse *(fx a car);* flage af; ~ *of convenience (mar)* bekvemmelighedsflag; ~ *of truce, white* ~ parlamentærflag; *black* ~ sørøverflag; *yellow* ~ karantæneflag; *dip the* ~ kippe med flaget; *fly the* ~ lade flaget vaje; *a vessel flying the Danish* ~ et skib der sejler under dansk flag; *keep the* ~ *flying* T holde skansen; *lower the* ~ hale flaget ned; *strike the* ~ stryge flaget.

II. flag [flæg] *sb (bot)* sværdlilje.

V. flag [flæg] *sb* flise; *vb* belægge med fliser.

lag| captain *(mar)* flagkaptajn. ~ **day** 'mærkedag' (hvor der sælges mærker i gaderne); *(am)* flagdag (14. juni).

lagellant ['flædʒələnt] *sb* flagellant. **flagellate** ['flædʒəleit] *vb* piske. **flagellation** [flædʒə'leiʃn] *sb* piskning.

lageolet [flædʒəu'let] *sb* flageolet (slags fløjte.).

lagged [flægd] *adj* flagsmykket; flisebelagt.

lagging ['flægiŋ] *sb* flisebelægning.

lagitious [flə'dʒiʃəs] *adj* afskyelig; skændig.

lag lieutenant ['flægle'tenənt] *(mar)* flagadjudant.

lagon ['flægən] *sb* karaffel; flaske.

lagrancy ['fleigrənsi] *sb* afskyelighed; skamløshed.

lagrant [fleigrənt] *adj* flagrant, åbenbar; skamløs.

flag|ship admiralskib, flagskib. **-staff** flagstang. **-stone** flise. **-stoned** *adj* flisebelagt. **-wagging, -waving** chauvinisme, hurrapatriotisme. **-waver** chauvinist.

flail [fleil] *sb* plejl; *vb* tærske med plejl.

flail tank minerydningstank.

flair [flɛə] *sb* flair, sans, 'næse' *(for* for).

flak [flæk] *sb* antiluftskyts; luftværnsild; hård kritik, modstand; skænderi.

I. flake [fleik] *sb* flage, tyndt lag, tynd skive; S skør kule, original; kokain; *flint* ~ flintflække; *snowflakes* snefnug; *soap flakes* sæbespåner; *vb:* ~ *off* skalle af; ~ *out* S klappe sammen, kollapse, 'flippe ud'.

II. flake [fleik] *sb* stativ til fisketørring; bådsmandsstol.

flakey ['fleiki] *adj (am* S) excentrisk, sær; skør.

flak jacket, flak vest skudsikker vest.

flaky ['fleiki] *adj* flaget, som består af flager, ~ *pastry* butterdej; (se også *flakey).*

flam [flæm] *sb* løgnehistorie, fup; *vb* fuppe.

flambeau ['flæmbəu] *sb* fakkel.

flamboyant [flæm'bɔiənt] *adj* flammet; bølgende; *(fig)* blomstrende, farvestrålende; prangende; *(arkit)* flamboyant (sengotisk stil).

I. flame [fleim] *sb* flamme, lue; (om person) flamme, sværmeri; *fan the* ~ *(fig)* puste til ilden; *go down (el. crash) in -s* styrte brændende til jorden.

II. flame [fleim] *vb* flamme, lue, blusse.

flame|-coloured ildrød, luerød. **-out** *(flyv)* jetmotors svigten; motorstop. **-thrower** *(mil.)* flammekaster. ~ **tube** *(flyv)* flammerør.

flaming ['fleimiŋ] *adj* flammende; blussende; skamløs *(fx lie);* T forbandet, fandens *(fx it is a ~ nuisance); a ~ temper* et voldsomt temperament.

flamingo [flə'miŋgəu] *sb zo* flamingo.

flan [flæn] *sb* tærte uden låg, især (med frugt) *(fx strawberry ~); (upræget mønt:) blanket.*

Flanders ['fla:ndəz] Flandern; (se også *poppy).*

flange [flæn(d)ʒ] *sb* fremstående kant *(fx* på jernbanehjul); flange.

flank [flæŋk] *sb* side, flanke; *vb* flankere *(fx a road -ed with trees); (mil.)* sikre flanken; falde i flanken.

flanker ['flæŋkə] *sb (mil.)* sideværk; *-s* flankesikring.

flannel [flænl] *sb* flannel, uldflonel; vaskeklud; (se også *flannels);* T smiger; pladder, sludder; *vb* gnide med flonel; T smigre, fedte for, snakke godt for, besnakke.

flannelboard ['flænlbɔ:d] *sb* flonelstavle.

flannelette [flæn'let] *sb* (bomulds)flonel *(fx* til pyjamas).

flannelgraph ['flænlgræf] *sb* flannellograf, flonelstavle.

flannelled [flænld] *adj* klædt i flannelsbukser (som *fx* sportsfolk).

flannels [flænlz] *sb pl* flannelsbukser, flonelsbukser; (let *glds)* lange uldne underbukser.

I. flap [flæp] *sb* (en) klap; lem; bordklap; (af hud) lap, (af tøj) flig, snip, smæk; (af hat) hatteskygge; (slag, lyd) smæk, klask, dask; dasken; (mad:) pandekage; *(flyv)* landingsklap, flap; T forfjamskelse, panik; *get into a* ~ T blive forfjamsket *(el.* nervøs), komme helt ud af flippen.

II. flap [flæp] *vb* klaske, daske; slå; baske (med vingerne), flakse, hænge slapt ned; blafre; T = *get into a* ~ (se *I. flap).*

flap|doodle ['flæpdu:dl] *sb (glds* T*)* vås, nonsens. ~ **-eared** *adj* med udstående ører; (om hund) med hængende ører. **-jack** pandekage; pudderdåse.

flapper ['flæpə] *sb* fluesmækker; ung (ikke flyvefærdig) fugl; ung vildand; backfisch, halvvoksent pigebarn; S hånd, pote, lab.

flare [flɛə] *sb* ustadigt lys; nødblus; lysbombe; signallys, blus; udbugning; (i film) overstråling; *vb* flagre; flakke, flamme op, glimte; lyse med blændende glans; bue ud; (især om tøj) blive videre nedefter, (om skørt) strutte; *-d pants, -s pl* bukser med svaj; ~ *up, ~ out* flamme op, blusse op; fare op (i vrede).

flare-up ['flɛərʌp] *sb* opblussen; opbrusen.

flaring ['flɛəriŋ] *adj* flakkende; blændende; prangende; ~ *bow(s) (mar)* udfaldende bov; ~ *skirts* struttende skørter.

I. flash [flæʃ] *sb* glimt, blink; lynglimt; (i journaliststsprog) kort nyhedsmeddelelse; (på uniform) uniformsmærke; (i film) glimt; *(fot)* flash; T smagløshed; *adj* flot; smagløs; falsk *(fx ~ money); a ~ in the pan* en kort opblussen; et slag i luften; en der har kortvarig succes, døgnflue.

II. flash [flæʃ] *vb* glimte, blinke; lyne; fare; (med objekt) lade glimte, lade blusse op; vise i et glimt; (ud)sende (pr. telegraf *etc); overfange (fx -ed glass);* T vise frem, prale med, vigte sig med; S blotte sig et kort øjeblik; (om hustag) inddække (tætte med zink, bly); *his eyes -ed fire* hans øjne skød lyn; *it -ed across (el. through) my mind* det slog mig, det slog pludselig ned i mig, det faldt mig ind *it suddenly -ed (up)on me* det gik pludselig op for mig.

flash|back (i film) flashback; tilbageblik. **-bulb** *(fot)* blitzpære. ~ **card** (i undervisning) kort der fremvises for eleverne i et kort glimt. **-cube** *(fot)* blitzterning.

flasher ['flæʃə] *sb* blinklys; S blotter.

flash| gun *(fot)* blitz. **-hider** *(mil.)* flammeskjuler.

flashing ['flæʃiŋ] *sb* indskud *(fx* af metalplader) til tætning af tag, inddækning. **flashing light** blinklys; *(mar)* blinkfyr.

flash|lamp blitzlampe. **-light** magniumsbombe, blitzlampe; *(am)* lommelygte; *(mar)* blinkfyr. ~ **photography** blitzfotografering. ~ **screen** *(mil.)* flammeskjuler. ~ **signal** blinklyssignal. **-point** flammepunkt, antændelsestemperatur; *(fig)* kritisk punkt; potentielt urocenter.

flashy ['flæʃi] *adj* udmajet, prangende, smagløs.

flask [fla:sk] *sb* flaske; lommeflaske, lommelærke; *(mil.)* feltflaske; *(glds)* krudthorn.

I. flat [flæt] *adj* flad; jævn; (kategorisk:) direkte, afgjort *(fx denial);* (ikke varieret) ensartet, fast *(fx price; rate* takst), uden forskel *(fx a ~ £1 a week increase); (neds)* trist, kedsommelig *(fx style);* mat, flov *(fx joke),* (om smag) flov, fad, (om drik) doven *(fx beer); (merk,* om marked) mat; (om lyd) klangløs *(fx voice),* tonløs, død; *(mus.)* med b for; S flad (ɔ: uden penge); *adv* fladt; direkte, rent ud *(fx I told him ~ that I wouldn't);* præcis, (i sport) rent *(fx he finished in two minutes ~);* falsk (ɔ: for lavt) *(fx sing ~);*

~ *against* helt ind imod *(fx the ladder was standing ~ against the wall);* stik imod *(fx he acted ~ against my orders); fall ~ (fig)* falde til jorden *(fx his jokes (, the attempt) fell ~); knock him ~* slå ham i gulvet (, til jorden); *lay the town ~* jævne byen med jorden; ~ *on one's back* fladt på ryggen; *(fig)* syg, i sengen; ~ *on one's face* lige på ansigtet; ~ *out* helt udkørt *(fx he looked ~ out);* af alle kræfter, for fuldt tryk *(fx work ~ out); a ~ refusal* et blankt afslag; *and that's ~* og dermed basta; så er den ikke længere.

II. flat [flæt] *sb* lejlighed; fladhed, jævnhed; flade; slette; flad side; *(teat)* sætstykke; *(mus.)* (fortegnet) b; *(tekn)* fladjern; T kedeligt drys, dumrian; *(am)* punktering; flad kurv; fladvogn; (i gartneri) (flad) plantekasse; drivkasse; *(jernb)* åben godsvogn (uden sidefjæle); *(mar)* pram; grundt sted, grund; *-s pl* flade sumpstrækninger; *the ~ of the sword (, hand)* den flade klinge (, hånd); *A ~ (mus.)* as; *D ~ (mus.)* des.

III. flat [flæt] *vb* (især *austr)* bo i lejlighed; ~ *with* dele lejlighed med.

flat|boat pram. ~ **-bottomed** *adj* fladbundet. **-car** *(am, jernb)* fladvogn. ~ **-chested** fladbrystet. **-fish** fladfisk, flynder. **-foot** platfod(ethed); S stridser, politibetjent. **-footed** *adj* platfodet; T fantasiløs; bestemt, direkte; *(am ogs)* lige ud, uforbeholden. **-iron** strygejern.

flatlet ['flætlət] *sb* etværelseslejlighed, ungkarlelejlighed.

flat| race fladløb. ~ **rate** enhedstakst; samme beløb for alle. ~ **-rate** *adj* ensartet *(fx contributions, pension),* udifferentieret. ~ **spin** *(flyv)* fladt spin; *go into a ~ spin* T blive helt forfjamsket.

flatten [flætn] *vb* gøre flad; trykke (, hamre, slå) flad; udjævne(s); jævne med jorden, slå ned; *(fig)* slå ned, tromle ned, knuse *(fx opposition);* tage modet fra, gøre nedslået; S slå ned, slå i gulvet, slå ud; *(mus.)* sætte b for; ~ *his nose* give ham en begmand; ~ *oneself against the wall* presse sig ind mod væggen (, muren); ~ *out* udjævne; *(flyv)* flade ud, rette (maskinen) op (efter dyk); T bringe helt ud af det, knuse.

I. flatter ['flætə] *sb (tekn)* plathammer, sæthammer.

II. flatter ['flætə] *vb* smigre; flattere; *I ~ myself that* jeg smigrer mig med at, jeg drister mig til at tro at, jeg bilder mig ind at.

flatterer ['flætərə] *sb* smigrer.

flattery ['flætəri] *sb* smiger, smigren.

flattie ['flæti] *sb* T flad sko; fladbundet båd; stridser.

flat| tire punkteret ring, punktering. **-top** *(am)* hangarskib; karsehår.

flatulence ['flætjuləns] *sb* vinde, flatulens; *(fig)* svulstighed.

flatus ['fleitəs] *sb* vinde, tarmluft.

flat|ware *(am)* kuvertartikler; spisebestik, sølvtøj. **-worm** *zo* fladorm.

flaunt [flɔ:nt] *vb* flagre, vaje; knejse; sætte næsen i sky; stille til skue, skilte med, prale med (, af) *(fx ~ one's vices); (am)* lade hånt om *(fx ~ the regulations).*

flautist ['flɔ:tist] *sb* fløjtespiller, fløjtenist.

flavour ['fleivə] *sb* aroma; velsmag, smag; smagsstof; bouquet (om vin); *(fig)* duft; *(glds)* vellugt, duft; *vb* sætte smag på, give aroma.

flaw [flɔ:] *sb* revne, sprække, ridse; mangel, fejl, brist, svaghed, ufuldkommenhed; vindstød; kortvarigt uvejr.

flawless ['flɔ:ləs] *adj* uden mangler, fejlfri.

flax [flæks] *sb (bot)* hør. **flax breaker** hørbryder.

flaxen [flæksn] *adj* af hør, hør-; hørgul; ~ *hair* lyst hår.

flaxy ['flæksi] *adj* høragtig; blond.

flay [flei] *vb* flå; *(fig)* hudflette, kritisere skånselsløst.

flea [fli:] *sb zo* loppe; *send sby away with a ~ in his ear* skære en ned, tage pippet fra en, affærdige en brysk.

flea|bag T sovepose. **-bane** *(bot)* bakkestjerne. ~ **beetle** *zo* jordloppe. **-bite** loppestik; *(fig)* ubetydelighed, knappenålsstik; rød plet (på hvid hest); *a mere -bite* en ren bagatel. **-bitten** *adj* bidt af lopper; befængt med lopper; (om hest) rødskimlet; T lurvet, ussel. ~ **collar** loppehalsbånd. ~ **market** loppetorv.

fleck [flek] *sb* plet; stænk; *vb* plette; stænke.

flection [flekʃn] *sb* bøjning.

fled [fled] *præt* og *pp* af *II. fly* eller *flee.*

fledge [fledʒ] *vb* gøre (, blive) flyvefærdig; sætte styrefjer på (en pil). **fledged** [fledʒd] *adj* flyvefærdig; *newly ~ graduates* nybagte kandidater. **fledg(e)ling** ['fledʒliŋ] *sb* lige flyvefærdig unge; *(fig)* nybegynder.

flee [fli:] *vb (fled, fled)* flygte; undgå; flygte fra.

fleece [fli:s] *sb* uld; skind, uldskind; *vb* plukke, flå, udsuge; *the Golden Fleece* den gyldne Vlies (en orden).

fleecy ['fli:si] *adj* ulden; uldagtig; *a ~ sky* en himmel med lammeskyer.

fleer [fliə] *vb* spotte; le hånligt; *sb* spot, hånlatter.

I. fleet [fli:t] *sb* flåde (samling af skibe); ~ *of cars* vognpark; kortege, lang række af biler.

II. Fleet [fli:t]; *the ~* (navnet på et tidligere vandløb og et fængsel i London).

III. fleet [fli:t] *adj (poet)* hurtig, let; flygtig; *vb* ile af sted; svæve.

fleet-footed ['fli:t'futid] *adj (poet)* rapfodet.
fleeting ['fli:tiŋ] *adj* henilende, flygtig.
Fleet Street (gade i London med bladhuse); *(fig)* pressen.
Fleming ['flemiŋ] *sb* flamlænder.
Flemish ['flemiʃ] *adj, sb* flamsk; *the Flemish* flamlænderne.
flench [flen(t)ʃ], **flense** [flens] *vb* flænse.
I. flesh [fleʃ] *sb* kød *(ogs* af frugt); huld; *(fig)* sanselig lyst, kødets lyst; *go the way of all* ~ gå al kødets gang; ~ **and blood** den menneskelige natur; *more than* ~ *and blood can endure* mere end et menneske kan holde til; *his own* ~ *and blood* hans eget kød og blod; **exact** *one's pound of* ~ kræve sit skålpund kød (Shakespeare-citat fra *Merchant of Venice);* ubarmhjertigt kræve en kontrakt overholdt til punkt og prikke; *be* **in** ~ være ved godt huld; *in the* ~ i levende live; i virkeligheden; **lose** ~ blive tynd, tabe sig; **press** *the* ~ uddele håndtryk (under politisk kampagne); **put on** ~ blive fed, lægge sig ud; **recover** *one's* ~ genvinde sit huld; *the spirit is willing but the* ~ *is* **weak** (bibelcitat:) ånden er redebon men kødet er skrøbeligt.
II. flesh [fleʃ] *vb* fodre med kød; give blod på tanden; indvie *(fx* et sværd); øve; hærde; ~ *out* give substans til, udfylde, sætte kød på.
fleshings ['fleʃinz] *sb pl* trikot.
fleshly ['fleʃli] *adj* kødelig; sanselig.
flesh|pot kødgryde. ~ **side** kødside (af skind). ~ **wound** kødsår.
fleshy ['fleʃi] *adj* kødrig, kødfuld.
fleur-de-lis ['flə:də'li:] *sb* fransk lilje.
fleuron ['flə:rən] *sb (arkit, typ)* fleuron (stiliseret blomst).
flew [flu:] *præt* af *I. fly.*
flews [flu:z] *sb pl* hængeflab (på hund).
flex [fleks] *vb* bøje; *sb (elekt)* ledningssnor, ledning; ~ *one's muscles (fig)* spille med musklerne.
flexibility [fleksə'biləti] *sb* bøjelighed, smidighed, elasticitet.
flexible ['fleksəbl] *adj* bøjelig, smidig, elastisk; ~ *cord* ledningssnor. **flexile** ['fleksil] *adj* bøjelig.
flexion [flekʃn] *sb* bøjning.
flexional ['flekʃn(ə)l] *adj* bøjnings-, bøjningsmæssig.
flexitime ['fleksitaim] *sb* = *flextime.*
flexor ['fleksə] *sb* bøjemuskel.
flextime ['flekstaim] *sb* flekstid.
flexuous ['flekʃuəs] *adj* bugtet; ustadig.
flexure ['flekʃə] *sb* bøjning.
flibbertigibbet ['flibəti'dʒibit] *sb* forfløjent pigebarn; (sladre)taske.
flick [flik] *vb* svippe, svirpe, snerte, knipse; *sb* svirp, smæk, knips; S film; *at the -s* S i biografen; *go to the -s* S gå i biografen.
flicker ['flikə] *vb* flagre, vifte; flimre; (om lys og flamme) blafre, flakke; *sb* flagren; flygtig opblussen; ~ *up* blusse op *(fx a faint hope -ed up and died away); a weak* ~ *of hope* et svagt glimt af håb.
flick knife springkniv.
flier ['flaiə], se *flyer.*
flies [flaiz] *sb pl* af *III. fly; (teat)* loft over prosceniet; snoreloft.
flight [flait] *sb* flugt, flyven, flyvning, flyvetur; (om fugle) flok, sværm; (på væddeløbsbane) række forhindringer *(el.* hurdler); *(mil. flyv)* halveskadrille; ~ *of arrows* pileregn; ~ *of steps,* ~ *of stairs* trappe (mellem to afsatser), trappeløb; *take (to)* ~ gribe flugten; *put (el. turn) to* ~ jage på flugt.
flight| bag flyvekuffert; taske med flyselskabs navn på. ~ **data recorder** *(flyv)* (båndoptager i fly til registrering af motorfunktion *etc).* ~ **deck** førerkabine; start- og landingsdæk. ~ **engineer** flyvemaskinist. ~ **lieutenant** *(mil. flyv, omtr)* kaptajn. ~ **mechanic** flyvemekaniker. ~ **recorder** = ~ *data recorder.*
flighty ['flaiti] *adj* flygtig, forfløjen; fantastisk, overspændt; (om hest) sky, springsk.
flimflam ['flimflæm] *sb* kneb; snyd, fup; vrøvl; *vb* snyde, fuppe.
flimsy ['flimzi] *adj* tynd; svag; spinkel; usolid; løs, intetsigende; overfladisk; *sb* T gennemslagspapir; gennemslag; S pengeseddel.
I. flinch [flin(t)ʃ] *vb* vige tilbage *(from* for, *fx an unpleasant duty);* trække sig tilbage; krympe sig *(from* ved); *without -ing* uden at blinke.
II. flinch [flin(t)ʃ] *vb* flænse.
flinders ['flindəz] *sb pl* stumper, stykker, splinter.
I. fling [fliŋ] *vb (flung, flung)* kyle *(fx he flung a stone at me),* smide, slynge; kaste *(fx* ~ *him into prison);* slå *(fx one's arms out),* smække *(fx* ~ *one's legs up);* (om bryder) kaste; (om hest) kaste af *(fx the horse flung him);* (uden objekt) styrte, fare *(fx he flung out of the room),* (om hest) slå bagud;
~ *away* kyle bort; styrte af sted; ~ *down* smide fra sig; ~ *it in his teeth* slynge ham det i ansigtet; rive ham det i næsen; ~ *oneself into (fig)* kaste sig over *(fx a job);* ~ *off* kaste af; skille sig af med; ryste af sig; udslynge, henkaste; styrte af sted; ~ *one's clothes on* fare i tøjet; ~ *open* smække op; ~ *out* slå bagud (om heste); udstøde, udslynge *(fx an assertion);* ~ *one's arms round his neck* slå armene om halsen på ham; ~ *caution to the winds* lægge alle forsigtighedshensyn til side; ~ *the door to* slå døren i.
II. fling [fliŋ] *sb* kast, slag; spark; *shopping* ~ indkøbsorgie; *have one's* ~ slå sig rigtig løs; rase ud; *have (el. take) a* ~ *at* gøre et forsøg med, forsøge sig med; håne, stikle til.
flint [flint] *sb* flint; 'sten' i cigartænder; *skin a* ~ være nærig.
flintlock flintelås. **flintstone** flintesten.
flinty ['flinti] *adj* flint-, flinthård, stenhård.
I. flip [flip] *sb* æggetoddy.
II. flip [flip] *sb* dask, tjat, slag, knips; S lille tur, sviptur (i fly *el.* bil); 'bagside' af grammofonplade; *vb* daske, tjatte, svirpe, knipse; slå, smække; S begejstre; flippe ud; ~ *a coin* slå plat og krone; ~ *one's lid (am)* S grine ubehersket; ryge helt op i loftet (af raseri); ~ *a pancake* vende en pandekage i luften; ~ *out* S flippe ud; blive helt ude af det.
III. flip [flip] *adj* respektløs, flabet, rapmundet, 'frisk'.
flipchart *(am)* = *flipover.*
flip-flap ['flipflæp] = *flipflop.*
flipflop ['flipflɔp] *sb* klaprende lyd; *(gymn)* flikflak; *(fig, am)* kovending; (i edb) bistabil multivibrator; *-s pl* T (om sko) klip-klapper, japansandaler.
flipover ['flipəuvə] *sb* flipover (en samling illustrationer *etc* der er ophængt så man kan blade i dem ved at vende bladene bagover).
flippancy ['flipənsi] *sb* rapmundethed, flabethed.
flippant ['flipənt] *adj* rapmundet, flabet, respektløs.
flipper ['flipə] *sb* luffe; S hånd; *-s pl* (frømands) svømmefødder.
flipping ['flipiŋ] *adj* T pokkers, sørens.
flip side S 'bagside' af grammofonplade.
flirt [flə:t] *vb* flirte, kokettere, kissemisse; smide; vifte med, svinge (med) *(fx the horse -ed its tail);* vimse; *sb* flirt, kokette; kast; ~ *with the idea* lege med tanken.
flirtation [flə:'teiʃən] *sb* flirt, koketteri.
flirtatious [flə:'teiʃəs], **flirty** ['flə:ti] *adj* koket; flirtende; kurtiserende, indladende.
flit [flit] *vb* flyve, flagre; flytte om natten for at slippe for at betale huslejen; *sb* hemmelig flytning.
flitch [flitʃ] *sb,* ~ *of bacon* flæskeside.
flitter ['flitə] *vb* flagre.
flitting ['flitiŋ] *adj* flygtig; *sb* hemmelig flytning.
flivver ['flivə] *sb (am* S*)* lille billig bil, 'sardindåse',

smadrekasse; lille flyvemaskine.
flixweed ['flikswi:d] *sb (bot)* barberforstand.
I. float [fləut] *vb* (på vand) flyde, drive, (om skib) være (, komme) flot; (i vand, luft) svæve, (om flag) vaje; *(fig)* svæve *(fx she -ed down the stairs);* drive, drysse *(fx he -ed around town);* (om valutakurs) flyde; (med objekt) oversvømme; få til at flyde (, svæve), bære oppe, (om tømmer) flåde, (om skib) bringe flot; *(merk)* sætte i gang, starte *(fx a new business company),* (om lån) stifte, (om papirer) emittere; (om valutakurs) lade flyde, lade være flydende; (om puds) rive, afrive.
II. float [fləut] *sb* tømmerflåde; lav flad vogn; (i fisk) svømmeblære; (på fiskesnøre) kork, flåd; (på net) flyder; *(tekn)* svømmer, flyder; *(teat)* rampelys; (murerværktøj:) rivebræt; *(flyv)* ponton.
floatage ['fləutidʒ] *sb* flydning; flydende genstande; den del af et skib, der er over vandlinien.
floatation [fləu'teiʃn] *sb* flyden; *(merk)* start; stiftelse (af lån); emission; (i metallurgi) flotation.
floater ['fləutə] *sb* værdipapir, statsobligation; S bommert; *(am)* vælger der ulovligt stemmer flere gange.
floating ['fləutiŋ] *adj* flydende; ~ *decimal (point)* flydende decimal.
floating| anchor *(mar)* drivanker. ~ **bridge** pontonbro. ~ **capital** likvid kapital. ~ **cargo** svømmende ladning. ~ **charge** *(merk)* generalpant. ~ **crane** flydekran. ~ **debt** løs *(el.* svævende) gæld. ~ **dock** flydedok. ~ **kidney** vandrenyre. ~ **light** fyrskib. ~ **policy** abonnementsforsikring; generalpolice. ~ **power** flydende kraft. ~ **ribs** *pl* falske ribben. ~ **vote** marginalvælgere.
float plane pontonflyvemaskine.
flocculent ['flɔkjulənt] *adj* fnugget.
I. flock [flɔk] *sb* uldtot, tot.
II. flock [flɔk] *vb* flokkes, samle sig, strømme; *sb* flok; hob; hjord (især om får); ~ *to sby's standard* fylke sig om en.
flock paper fløjlstapet.
floe [fləu] *sb* stor isflage.
flog [flɔg] *vb* piske, slå, banke, tampe; S sælge (noget brugt *el.* tyvegods); ~ *a dead horse,* se *horse.*
flogging ['flɔgiŋ] *sb* pisk, bank; *(come in for) a good* ~ (få) en ordentlig gang klø.
flong [flɔŋ] *sb (typ)* matriceform.
flood [flʌd] *sb* højvande, flod *(mods* ebbe); oversvømmelse; strøm *(fx of rain, of tears, of words); vb* oversvømme, overskylle, fylde med vand; *(med.)* have blødning; *the Flood* Syndfloden; *a* ~ *of light* et lyshav; *the -s are out* der er oversvømmelse; *-ed out* gjort hjemløs ved oversvømmelse; *-ed with light* badet i lys.
flood|gate sluseport. **-light** *sb* projektør, projektørlys, fladebelysning; *vb* projektørbelyse. **-mark** højvandsmærke. ~ **tide** højvande, flod, flodtid.
I. floor [flɔ:] *sb* gulv; etage; bund; *(fig)* bund, minimum; *(mar)* bundstok; dørk; *(am)* kongressens sal; retten til at tale i kongressen; *ask for the* ~ bede om ordet; *have (, get) the* ~ have (, få) ordet; *keep a bill from the* ~ forhindre at et lovforslag kommer til behandling; *take the* ~ tage ordet; begynde at danse.
II. floor [flɔ:] *vb* lægge gulv i; slå i gulvet; slå af marken, bringe til tavshed, sætte til vægs; ~ *a question (, a paper)* klare et eksamensspørgsmål (, en eksamensopgave); *be -ed* blive slået ud.
floorage ['flɔ:ridʒ] *sb* gulvareal, gulvflade.
floorboard *sb* gulvbræt; *-s pl (mar)* bundbrædder, dørk.
floorcloth *sb* gulvklud; gulvbelægning.
floorer ['flɔ:rə] *sb* knusende slag; overrumplende argument.
flooring ['flɔ:riŋ] *sb* gulv; gulvbelægning, materiale til gulv.
floor| lamp standerlampe. ~ **leader** *(am pol)* person der styrer sit partis taktik under debatter og afstemninger; *(omtr)* gruppeformand. ~ **manager** scenemester ved tv-udsendelse. ~ **polish** bonevoks. ~ **polisher** bonemaskine. ~ **price** minimumspris. ~ **show** kunstnerisk optræden mellem bordene *(el.* på dansegulvet) i restaurant. **-walker** inspektør (i stormagasin).
floosie, floozie ['flu:zi] *sb* S pige; dulle, tøs.
flop [flɔp] *vb* baske, flagre; (hænge og) slaske; klaske; (om fisk) sprælle; (falde:) plumpe ned, lade sig dumpe ned; *(fig)* have fiasko, falde; (med objekt) lade plumpe; baske med (vingerne); *sb* tungt fald; klask; fiasko; *interj* pladask *(fx fall* ~ *on one's face);* bums!
flophouse *(am)* natteherberg (for hjemløse).
floppy ['flɔpi] *adj* slapt nedhængende; slatten; ~ *disc sb (edb)* diskette.
flor. *fk floruit.*
flora ['flɔ:rə] *sb* flora (planteverden).
floral ['flɔ(:)r(ə)l] *adj* blomster-, blomstret; ~ *receptacle* blomsterbund.
Florence ['flɔrəns] Firenze, Florens.
Florentine ['flɔrəntain] *sb* florentiner, florentinerinde; florentinersilke; *adj* florentinsk.
florescence [flɔ(:)'resns] *sb* blomstring, blomstringstid.
floret ['flɔ:rət] *sb (bot)* lille blomst (som del af blomsterstand); *the -s* småblomsterne.
floriated ['flɔ:rieitid] *adj* blomsterprydet.
flori|culture ['flɔ(:)rikʌltʃə] *sb* blomsterdyrkning. **-culturist** [flɔ(:)ri'kʌltʃərist] *sb* blomsterdyrker.
florid ['flɔrid] *adj* blomstrende; overpyntet, overlæsset; (om ansigtsfarve) stærkt rød, rødmosset, rødblisset.
Florida ['flɔridə].
floridity [flɔ'riditi], **floridness** ['flɔridnəs] *sb* kraftig rødme, rødmossethed, rødblissethed; (om stilart) overlæssethed, snirklethed.
floriferous [flɔ(:)'rifərəs] *adj* blomsterbærende.
florin ['flɔrin] *sb* florin *(glds* engelsk mønt: 2 *shillings).*
florist ['flɔrist] *sb* blomsterhandler; blomsterdyrker; blomstergartner.
floruit ['flɔ:ruit] *sb* historisk persons virkeperiode.
floss [flɔs] *sb* dun på planter; flos; floretsilke.
flossy ['flɔsi] *adj* dunet; silkebløld.
flotation [flə'teiʃn], se *floatation.*
flotilla [flə'tilə] *sb (mar)* flotille.
flotsam ['flɔtsəm] *sb (mar)* drivgods, flydende vraggods.
flounce [flauns] *vb* pjaske; sprælle; bevæge sig med heftighed; svanse *(fx she -d out of the room);* (om kjole) garnere; *sb* plask; ryk; spræl; (på kjole) garnering, flæse.
I. flounder ['flaundə] *sb zo* skrubbe, flynder.
II. flounder ['flaundə] *vb* sprælle, tumle, bevæge sig med besvær *(fx* i mudder); gøre fejl, hakke (, kludre) i det.
flour [flauə] *sb* mel; *vb* male til mel; mele.
I. flourish ['flʌriʃ] *vb* trives, blomstre *(fx his business is -ing),* florere; stå på sin magts (, sin hæders) tinde, have sin glanstid, virke; *(mus.)* fantasere; spille fanfare; (om stil) bruge blomstrende sprog; skrive med snirkler og sving; (med objekt) svinge (med) *(fx a sword);* prale med, stille til skue *(fx one's wealth);* udsmykke overdådigt.
II. flourish ['flʌriʃ] *sb* svingende bevægelse, sving *(fx with a* ~ *of his hat),* flot håndbevægelse; (i stil) forsiring, blomster, fraser; (i skrift) snirkel, sving, krusedulle; *(mus.)* fanfare; touche (fra orkestret).
floury ['flauəri] *adj* melet.
flout [flaut] *vb* spotte, håne; lade hånt om *(fx he -ed my advice); sb* spot, hån.
I. flow [fləu] *vb* flyde, strømme; stige (om vandet) *(fx*

the tide is beginning to ~); glide blidt af sted; flagre *(fx a -ing tie* (slips); *with -ing locks);* hænge folderigt *(fx* om draperi); ~ *from (fig)* komme af; udspringe af; ~ *with milk and honey* flyde med mælk og honning.
II. flow [fləu] *sb* flod *(mods* ebbe); stigen; tilløb (af vand); *(fig)* strøm *(fx a ~ of abuse); he has a fine ~ of language* han er meget veltalende; *his great ~ of spirits (glds)* hans store livlighed.
flow chart, flow diagram arbejdsdiagram, diagram over en forretningsgang; (i edb) rutediagram.
flower ['flauə] *sb* blomst; blomstring; *(fig)* elite, det fineste, det bedste; *vb* blomstre, smykke med blomster; *be in ~* stå i blomst *(fx all the trees are in ~); the ~ of one's youth* ungdommens vår; *the ~ of the country's youth* blomsten af landets ungdom; *-s of speech* retoriske talemåder, digteriske billeder; *-s of sulphur* svovlblomme.
flower-de-luce [flauədi'lu:s] *sb (bot)* iris.
floweret ['flauərit] *sb* lille blomst.
flower girl blomstersælgerske.
floweriness ['flauərinəs] *sb* blomstervrimmel; blomsterflor.
flower|piece blomsterstykke, blomsterbillede. **-pot** urtepotte. ~ **shop** blomsterforretning. ~ **show** blomsterudstilling.
flowery ['flauəri] *adj* blomsterrig; blomstrende.
flown [fləun] *pp* af *I. fly.*
flow sheet = *flow diagram.*
flu [flu:] *sb: the ~* T influenza.
fluctuate ['flʌktʃueit] *vb* svinge, fluktuere, variere, være ustadig (om priser, temperatur *osv); vakle; (am)* få til at svinge *(etc).*
fluctuation [flʌktʃu'eiʃn] *sb* vaklen, ubestemthed; fluktueren, stigen og falden; svingning; *(merk)* kursbevægelse, kurssvingning; *-s of the market* konjunktursvingninger.
I. flue [flu:] *sb* skorstensrør; røgkanal.
II. flue [flu:] *sb* fnug, dun, bløde hår.
III. flue, se *flu.*
fluency ['flu:ənsi] *sb* lethed, tungefærdighed, talefærdighed.
fluent ['flu:ənt] *adj* flydende.
fluff [flʌf] *sb* bløde hår, dun; fnug; *(teat)* fejl; *vb* kludre med; kludre i det, lave en bøf; *bit of ~* T (smart) pige; ~ *a pillow* ryste en pude; *the bird -ed (out) its feathers* fuglen pustede sig op.
fluffy ['flʌfi] *adj* dunagtig, dunet; (om hår) blødt; *(teat)* usikker.
fluid ['flu:id] *adj* flydende; *(fig)* flydende *(fx situation);* omskiftelig; *sb* væske; fluidum.
fluid drive *(tekn)* væskekobling.
fluidity [flu'iditi] *sb* flydende tilstand, omskiftelighed.
fluke [flu:k] *sb* ankerflig, modhage, spids med modhager; lykketræf, slumpetræf, (i billardspil:) svin; *(zo)* skrubbe, flynder; leverikte (indvoldsorm hos får); *vb* være svineheldig; opnå ved et lykketræf.
fluky ['flu:ki] *adj* heldig; befængt med leverikter; (om vind) skiftende.
flume [flu:m] *sb* (gravet) kanal, åben ledning; transportrende; *(am)* snæver kløft med flod.
flummery ['flʌməri] *sb (omtr)* budding; smiger; vrøvl.
flummox ['flʌməks] *vb* S forvirre; forbløffe; *-ed (ogs)* perpleks.
flump [flʌmp] *vb* T falde ned, dumpe, bumpe; *sb* bump.
flung [flʌŋ] *præt* og *pp* af *fling.*
flunk [flʌŋk] *vb (am)* S (lade) dumpe (til eksamen); ~ *a subject* dumpe i et fag.
flunkey ['flʌŋki] *sb* lakaj; spytslikker.
flunkeyism ['flʌŋkiizm] *sb* lakajvæsen; spytslikkeri.
fluor ['fluɔ:] *sb* flusspat.
fluorescense [fluə'resns] *sb* fluorescens.
fluorescent [fluə'resnt] *adj* fluorescerende; ~ *lamp* lysstofrør.
fluoridate ['fluərideit] *vb* tilsætte fluor, fluoridere *(fx water).*
fluoridation [fluəri'deiʃn] *sb* tilsætning af fluor.
fluorine ['fluəri:n] *sb* fluor.
fluorspar ['fluəspa:] *sb* flusspat.
flurried ['flʌrid] *adj* forfjamsket, befippet, altereret, nervøs.
flurry ['flʌri] *sb* vindstød; hastværk; uro, røre; forfjamskelse, befippelse; *vb* gøre befippet, gøre forfjamsket; *a ~ of activity* febrilsk *(el.* hektisk) aktivitet.
I. flush [flʌʃ] *vb* strømme, skylle; skylle ud (om wc, kloak *etc);* rødme, få til at rødme, farve; opmuntre, opflamme; ~ *from,* ~ *out of* jage *(el.* drive) ud af; ~ *up* blive blussende rød; *-ed with joy* beruset af glæde.
II. flush [flʌʃ] *adj, adv* (om flod *etc)* fuld; svulmende; (om person) velbeslået, ved muffen; ødsel, gavmild; (om samling *etc)* jævn, glat; *money was ~* der var overflod på penge; ~ *of money* velbeslået, ved muffen; *be ~ with one's money* være flot *(el.* ødsel) med sine penge; *the windows are ~ with the wall* vinduerne er i plan *(el.* flugt) med muren; *I came ~ upon him* jeg løb lige på ham.
III. flush [flʌʃ] *sb* pludselig rødme; glød; (af følelser) opbrusen, storm; (om wc, kloak) udskylning; (i kortspil) lang farve; *in the first ~ of victory* i den første sejrsrus; *in the first ~ of youth* i ungdommens vår.
I. flushing ['flʌʃiŋ] *sb* udskylning *etc* (se *I. flush).*
II. Flushing ['flʌʃiŋ] Vlissingen.
flush toilet wc.
fluster ['flʌstə] *sb* forfjamskelse; *vb* gøre (, være) forfjamsket *(el.* nervøs); gøre (, være) opstemt; gøre (, være) omtåget; *he was all in a ~* han var helt forfjamsket.
I. flute [flu:t] *sb* fløjte, fløjtespiller; (fordybning:) fure; hulkel; *(arkit)* kannelure.
II. flute [flu:t] *vb* spille *(el.* blæse) på fløjte; rifle, (om søjle) kannelere; *(fx om krave) pibe.*
fluted ['flu:tid] *adj* riflet, (om søjle) kanneleret; ~ *moulding* hulkel.
fluting ['flu:tiŋ] *sb* fløjtespil; (på søjle) kannelering, kannelurer. **flutist** ['flu:tist] *sb* fløjtespiller.
I. flutter ['flʌtə] *vb* blafre; flagre *(fx leaves -ing to the ground);* baske *(fx the wings of the bird -ed);* fare nervøst rundt *(fx she -ed about the room);* være nervøs (, ophidset), være i sindsbevægelse; skælve; (om hjerte) banke; (med objekt) sætte i bevægelse, få til at flagre; baske med *(fx the bird -ed its wings);* opskræmme; bringe i forvirring; ~ *the dovecot(e)s,* se *dovecot(e);* ~ *girlish hearts* få pigehjerter til at banke.
II. flutter ['flʌtə] *sb* flagren; basken *(fx of wings);* (om hjerte) banken; *(tekn)* vibration; (om person) nervøsitet, uro, forvirring, befippelse, ophidselse; *be in a ~* være nervøs (, befippet); være helt ude af flippen; *have a ~* S spekulere lidt (på børsen); spille lidt (på væddeløb *etc); have a ~ of bridge* få et slag bridge.
fluvial ['flu:vjəl] *adj* flod-.
flux [flʌks] *sb* flyden; strøm *(fx of words); (med.)* flåd; *(tekn)* flusmiddel, tilslag (ved støbning); *vb* smelte, bringe til at flyde; ~ *of words* ordstrøm; ~ *and reflux* ebbe og flod; *be in a state of ~* stadig undergå forandringer.
fluxion [flʌkʃn] *sb* flyden; flåd; blodoverfyldning.
I. fly [flai] *vb (flew, flown)* (se også *flying)* flyve; fare; (om flag) vaje, lade vaje, føre;

~ **at** fare løs på; (se også *II. let);* ~ **high** være ærgerrig, have højtflyvende planer; ~ **in** *the face of* fare løs på; gå stik imod, trodse; ~ *in the face of Providence* udfordre skæbnen; ~ *in pieces* (om glas *etc)* splintres; ~ **into** *a passion* fare op, ryge i flint; ~ *a kite,* se *kite;* **make** *the feathers (el. dust)* ~ få bølgerne til at gå højt; *make the money* ~ lade pengene rulle; *it is getting late, I* **must** ~ klokken er mange, jeg må skynde mig af sted; ~ **off** *the handle,* se *II. handle;* ~ *off at a tangent,* se *tangent;* ~ **out at** fare løb på; overfuse.

II. fly [flai] *vb (fled, fled)* flygte.

III. fly [flai] *sb* flyvetur; (af telt) teltdør, oversejl; (i bukser) gylp; *zo* flue; *(tekn)* svinghjul; *(glds)* drosche; (se også *flies); break a* ~ *on the wheel* skyde spurve med kanoner; *he would not hurt a* ~ han gør ikke en kat fortræd; *a* ~ *in the ointment* et skår i glæden; en hage ved sagen; *he had left his* ~ *open* han havde glemt at knappe *(etc)* bukserne; *there are no flies on him* han er ikke så tosset; han er ikke tabt bag af en vogn; *be on the* ~ *(am)* have styrtende travlt; *catch a ball on the* ~ *(am)* gribe en bold i luften.

IV. fly [flai] *adj* T fiffig, vågen, opvakt, dreven; smart.

fly| ash(es) flyveaske. **-away** *adj* flyvsk; flagrende; **-blow** *sb* spy; *vb* lægge spy på, besudle. **-blown** *adj* belagt med spy; besudlet, (flue)plettet. ~ **book** (lystfiskers) flueæske, flueetui. ~ **-by-night** *sb* S nattesværmer; en der stikker af (fra sit logi, fra gæld) uden at betale; tvivlsomt foretagende; *adj* usolid, tvivlsom; lusket. **-catcher** fluefanger; *zo* fluesnapper. ~ **cop** *(am* S) detektiv.

flyer ['flaiə] *sb* flyver; flygtning; flyvespring; *(am)* løbeseddel, reklameseddel; T (om person) geni, ørn *(fx he isn't a* ~*);* stræber; S dristig spekulation på børsen, vovestykke; (på trappe) lige trin; (på spolemaskine) vinge; *flyers pl* svævende partikler i vin *el.* øl; grums.

fly|-fish *vb* fiske med flue. **-flap** fluesmækker. ~ **front** gylp. ~ **honeysuckle** *(bot)* dunet gedeblad.

flying ['flaiiŋ] *adj* flyvende, let, hurtig; flyve-, *sb* flyvning, flugt; se også *send.*

flying| boat flyvebåd. ~ **buttress** stræbebue, flyvende stræbepille. ~ **colours,** se *I. colour.*

Flying Dutchman flyvende hollænder (spøgelsesskib).

flying| fish *zo* flyvefisk. ~ **fortress** flyvende fæstning. ~ **fox** *zo* flyvende hund. ~ **instructor** flyvelærer. ~ **jib** *(mar)* jager (sejl). ~ **machine** flyvemaskine. ~ **officer** (gradsbetegnelse i flyvevåbnet svarende *omtr* til) premierløjtnant. ~ **range** (flys) rækkevidde. ~ **saucer** flyvende tallerken.

Flying Scotchman (eksprestog mellem London og Edinburgh).

flying| shot flugtskud. ~ **squad** udrykningskolonne; (politi:) rejsehold. ~ **squirrel** *zo* flyveegern. ~ **start** flyvende start. ~ **visit** fransk (ɔ: hastig) visit.

fly|leaf *(bogb)* forsatsblad. **-man** *(teat)* maskinmand; *(glds)* droschekusk. ~ **mushroom** *(bot)* fluesvamp. ~ **nut** fløjmøtrik. **-over** ['flaiəuvə] *sb* overføring (over vej); *(am)* forbiflyvning i formation. **-paper** fluepapir. **-paper memory** klæbehjerne. **-past** ['flaipa:st] *sb* forbiflyvning i formation. ~ **post** *vb* smække plakater op (uden tilladelse). **-posting** opklæbning af plakater uden tilladelse; ~ *prohibited* opklæbning forbudt. ~ **sheet** løbeseddel; oversejl (på telt). **-speck** flueplet. **-swatter** fluesmækker. ~ **tipping** hensætning af kasserede genstande på gaden. **-trap** fluefanger. **-weight** fluevægt. **-wheel** svinghjul.

F.M. *fk Field Marshal; frequency modulation.*

F.M.S. *fk Federated Malay States.*

F.O. *fk Foreign Office.*

fo. *fk folio.*

foal [fəul] *sb* føl; *vb* fole, kaste føl; *in (el. with)* ~ drægtig.

foam [fəum] *sb* skum, fråde; skumgummi; *vb* skumme, fråde; *a* ~ *of lace* et brus af kniplinger; *he was -ing at the mouth* fråden stod ham om munden.

foam| extinguisher skumslukker. ~ **rubber** skumgummi.

foamy ['fəumi] *adj* skummende.

f.o.b. *fk free on board.*

I. fob [fɔb] *sb* lille lomme, urlomme.

II. fob [fɔb] *vb:* ~ *off on* prakke på; ~ *sby off with* spise én af med.

focal ['fəukl] *adj* fokal, brændpunkts-.

focalize ['fəukəlaiz] *vb* = *II. focus.*

focal| length brændvidde. ~ **point** *(ogs fig)* brændpunkt.

foci ['fəusai] *pl* af *focus.*

I. focus ['fəukəs] *sb (pl foci el. focuses)* brændpunkt; fokus; *out of* ~ (om fotografi) uskarpt (på grund af forkert afstandsindstilling); *in* ~ i fokus, skarp, klar; *(fig)* i brændpunktet, i centrum; i søgelyset; *bring into* ~ bringe i fokus, indstille; *(fig)* rette søgelyset imod, sætte fokus på; samle sig om, lægge hovedvægten på.

II. focus ['fəukəs] *vb* indstille, fokusere *(fx the lens of a microscope);* bringe i fokus; *(fig ogs)* samle; koncentrere; ~ *on* indstille på; fokusere; rette blikket mod *(fx he -ed on a point to my right);* koncentrere sig om *(fx my mind would not* ~ *on these things); he -ed his attention on the subject* han koncentrerede sin opmærksomhed om emnet.

focusing screen *(fot)* matskive.

fodder ['fɔdə] *sb* (grov)foder; *vb* fodre.

foe [fəu], **foeman** ['fəumən] *sb (poet)* fjende.

foetal, foeticide, foetus se *fetal, feticide, fetus.*

I. fog [fɔg] *sb* tåge; *(fot)* slør; *vb* indhylle i tåge; blive indhyllet i tåge, dugge til; *(fot)* sløre; *(fig)* forvirre, bringe i forlegenhed; *in a* ~ forvirret, i vildrede.

II. fog [fɔg] *sb (agr)* efterslæt.

fog|bank tågebanke. **-bound** *adj* (om skib, fly *etc)* forhindret i at sejle (, starte, komme videre) på grund af tåge.

fogey ['fəugi] *sb, old* ~ gammel støder *(el.* stabejs).

foggy ['fɔgi] *adj* tåget; omtåget; *(fot)* sløret; *I haven't the foggiest* det har jeg ikke den fjerneste anelse om.

fog| horn tågehorn. ~ **lamp** tågelygte. ~ **signal** tågesignal.

fogy ['fəugi] se *fogey.*

foible ['fɔibl] *sb* svaghed (i karakter), dårskab; (af sværd) svage.

I. foil [fɔil] *sb* **1.** folie *(fx gold* ~*);* aluminiumsfolie; **2.** spejlbelægning; **3.** (for ædelsten) folie; *(fig)* (flatterende) baggrund; *be a* ~ *to* tjene til at fremhæve; **4.** (ved jagt) fært, spor (af vildt); **5.** fleuret (ɔ: kårde).

II. foil [fɔil] *vb* forpurre *(fx the attempt was -ed);* tilintetgøre, krydse (planer); narre; (om spejl) belægge, foliere; ~ *the scent* lede på vildspor.

foist [fɔist] *vb* indsmugle; ~ *sth on sby* prakke en noget på *(fx* ~ *worthless goods on a customer).*

I. fold [fəuld] *sb* ombøjning, fold; fals; (til får) fold; (i *sms* med talord) -fold, -dobbelt *(fx ninefold* nifold, nidobbelt); *return to the* ~ *(fig)* vende tilbage til folden.

II. fold [fəuld] *vb* folde, lægge sammen *(fx one's hands, a letter);* (uden objekt) kunne foldes; (i kortspil) gå ud; (om forretning *etc)* (måtte) lukke; gå fallit; have fiasko;

~ *one's arms* lægge armene overkors; ~ *one's arms about sby's neck* slå armene om halsen på en; ~ *down* ombøje; ~ *in* (i madlavning) folde i; *he -ed her in his arms* han omfavnede hende, han trykkede til sit bryst; ~ *up* folde (, lægge, klappe) sammen; false; (uden objekt, *fig)* bryde sammen; gå rabundus; (måtte) lukke *(fx the show -ed up after three nights);* ~ *sth up in paper* pakke noget ind.

foldaway bed klapseng.

folder ['fəuldə] *sb* sammenfoldet tryksag, folder; mappe (til papirer), chartek; *(bogb)* fals(e)ben, falsejern; falsemaskine.

folding ['fəuldiŋ] *sb* sammenlægning; falsning.
folding| bed feltseng. ~ **boat** sammenfoldelig båd. ~ **camera** klapkamera. ~ **chair** feltstol, klapstol. ~ **door** fløjdør, dobbelt dør; foldedør, foldeport. ~ **machine** falsemaskine. ~ **stick** *(bogb)* falseben. ~ **table** klapbord.
fold-up bed feltseng.
foliaceous [fəuli'eiʃəs] *adj* blad-, bladagtig.
foliage ['fəuliidʒ] *sb* bladhang, blade, løv; løvværk; *vb* udsmykke med løvværk.
foliage green bladgrøn.
I. foliate ['fəulieit] *vb* foliere (ɔ: nummerere blade); udsmykke med bladornamenter.
II. foliate ['fəuliət] *adj* bladagtig, med blade.
foliation [fəuli'eiʃn] *sb* bladudvikling, bladdannelse; bladornament(ering); skifret struktur; udhamring til blade; foliering.
folic ['fəulik] *adj:* ~ *acid* folinsyre.
folio ['fəuliəu] *sb* folio; foliant; mappe (til løse papirer).
folk [fəuk] *sb* folk, mennesker, godtfolk; *-s pl* T (især:) familie; *little -s* børn; *the old -s* de gamle (far og mor).
Folkestone ['fəukstən].
folklore ['fəuklɔ:] *sb* folkemindeforskning, folklore, folkeminder; sagn, folketradition.
folklorist ['fəuklɔ:rist] *sb* folklorist, folkemindeforsker.
folkloristic [fəuklɔ:'ristik] *adj* folkloristisk.
folksy ['fəuksi] *adj* T hyggelig; (anstrengt) folkelig.
folkways ['fəukweiz] *sb pl* traditioner, skikke, livsmønster.
foll. *fk following.*
follicle ['fɔlikl] *sb* bælgkapsel; follikel, kirtelblære; *hair* ~ hårsæk.
follow ['fɔləu] *vb* følge, komme (, gå) efter; følge efter *(fx ~ that car!)*; efterfølge; *(fig)* følge med i, forstå *(fx I ~ your argument)*; stræbe efter *(fx* et mål); adlyde *(fx* en fører); bekende sig til *(fx* en lære); (uden objekt) følge (efter); være en følge *(from* af);
~ *his advice* følge hans råd; *and to* ~ og bagefter; *as -s* som følger *(fx his arguments are as -s)*; ~ *the hounds* deltage i parforcejagt; *it -s that* heraf følger at; ~ *the law (, the medical profession, the sea) (glds)* være jurist (, læge, sømand); ~ *one's nose* gå lige efter næsen; ~ *out a plan* gennemføre en plan; ~ *suit,* se *II. suit;* ~ *a trade* være håndværker; ~ *through* føre et slag til bunds; ~ *up* følge op; forfølge; ~ *up the victory* forfølge sejren, blive ved med at angribe for at gøre sejren fuldstændig.
follower ['fɔləuə] *sb* følgesvend, ledsager; tilhænger, medløber; (tjenestepiges) kæreste, madkæreste.
following ['fɔləuiŋ] *adj* følgende; *sb* følge; tilslutning; parti, tilhængere; *præp* efter.
following wind medvind.
follow-my-leader (leg i hvilken de legende efterligner alle førerens bevægelser) 'Rolf og hans kæmper'.
follow-through ['fɔləu'θru:] *sb* eftersving (af ketsjer *etc)*.
follow-up| advertising påmindelsesreklame; follow-up reklame. ~ **examination** efterundersøgelse. ~ **letter** follow-up brev.
folly ['fɔli] *sb* dumhed, tåbelighed; dårskab; dyrt og unyttigt foretagende (, bygning); *(hist)* kunstig ruin *el.* tempel; *follies pl* revy.
foment [fə'ment] *vb* bade (med varmt vand); lægge varmt omslag på; ophidse til, fremkalde, anstifte.
fomentation [fəumen'teiʃən] *sb* behandling med varme pakninger; varmt omslag; ophidselse *(fx* til oprør), anstiftelse.
fond [fɔnd] *adj* kærlig, øm; svag (i sin ømhed); eftergivende *(fx father)*; *a* ~ *hope* en dristig forhåbning; *be* ~ *of* holde af, være glad for, være indtaget i, være forelsket i; *grow* ~ *of* komme til at holde af, fatte kærlighed til.
fondle [fɔndl] *vb* kærtegne, kæle for.
fondly ['fɔndli] *adv* kærligt *(fx she looked ~ at her child)*; tåbeligt *(fx he ~ imagined that ...)*.
I. font [fɔnt] *sb (typ)* skriftsortiment, kasse med typer.
II. font [fɔnt] *sb (rel)* døbefont.
food [fu:d] *sb* føde, mad, næring; *adj* føde-, nærings-; ernærings-; *articles of* ~ fødevarer; ~ *for powder* kanonføde; ~ *for reflection* stof til eftertanke; ~ *for worms* ormeføde.
food| chain *(biol)* fødekæde. ~ **conversion rate** forædlingsprocent.
foodie ['fudi] *sb* madinteresseret person, feinschmecker.
food| lift køkkenelevator. ~ **stamp** *(am)* fødevarekupon (som tildeles trængende). **-stuffs** *pl* fødevarer. ~ **value** næringsværdi.
I. fool [fu:l] *sb* tosse, tåbe, fjols; nar, spasmager; *make a* ~ *of* holde for nar, gøre til nar, tage ved næsen; *make a* ~ *of oneself* gøre sig til grin; *go (, send) on a -'s errand* (få til at) løbe med limstangen; *he is no (el. nobody's)* ~ han er ikke dum; ham kan man ikke løbe om hjørner med; *no* ~ *like an old* ~ hvis en olding er en tåbe er han det til gavns; *you'll be a* ~ *for your pains* du får intet ud af dine anstrengelser; *live in a -'s paradise* leve i en indbildt lykkeverden; bilde sig ind at alt er såre godt.
II. fool [fu:l] *sb* (slags frugtgrød) *(fx gooseberry ~)*.
III. fool [fu:l] *vb* narre, bedrage; fjase, pjatte, pjanke, fjolle, lege *(fx stop -ing with that gun)*; ~ *about* fjolle rundt, daske omkring; ~ *about (el. around) with* lege med; pjatte med; have en affære med; ~ *her out of her money* narre hendes penge fra hende.
IV. fool [fu:l] *adj* tåbelig, fjollet.
foolery ['fu:ləri] *sb* narrestreger, fjanteri.
foolhardy ['fu:lha:di] *adj* dumdristig.
foolish ['fu:liʃ] *adj* dum, tåbelig, naragtig, fjollet, latterlig; flov.
foolproof ['fu:lpru:f] *adj* idiotsikker.
foolscap ['fu:lzkæp] *sb* folioark.
fool's errand, ~ **paradise,** se *I. fool.*
fool's parsley *(bot)* hundepersille.
I. foot [fut] *sb (pl feet)* fod; nederste del, fod *(fx the ~ of a page)*, bund *(fx at the ~ of the First Division)*; sokkel, underlag; (af seng) fodende; (på sejl) underlig; *(glds mil.)* fodfolk; (længdemål) 30,48 cm *(omtr =* fod); *(pl foots)* bundfald;
at ~ forneden, nederst på siden; *have* **both** *feet on the ground (fig)* have begge ben på jorden; *drag one's feet,* se *drag;* **find** *one's feet* finde sig tilrette; *get a* ~ **in** *the door (fig)* få foden indenfor; vinde indpas; *keep one's feet* blive stående; holde sig på benene; *my* ~*!* S vrøvl! ikke tale om! *sweep sby* **off** *his feet* gøre en vildt begejstret, rive en med; *knock (el. throw) sby off his feet* slå benene væk under én, vælte én; **on** ~ til fods; *be on* ~ være i gang; være på benene; *be on one's feet* 'stå op; *(fig)* være på benene igen; kunne klare sig; *catch sby on the wrong* ~ overrumple en, komme bag på en; *fall on one's feet,* se *I. fall; get on one's feet* komme på benene; *get off (el. start (off)) on the wrong* ~ komme skævt ind på det fra starten; *set (el. put) on* ~ sætte i gang; **put** *one's* ~ *down* slå i bordet, sætte en stopper for det; *put one's best* ~ *forward* sætte det lange ben foran; *put one's* ~ *in it (, am: in one's mouth)* T træde i spinaten, brænde sig, komme galt af sted; *put one's feet up (fig)* slappe af; *he never puts a* ~ *wrong* han træder aldrig ved siden af (ɔ: gør aldrig fejl); *never* **set** ~ *in that house* aldrig sætte sine ben i det hus; *he helped her* **to** *her feet* han hjalp hende på benene; *she started to her feet* hun for (, sprang) op; *tread* **under** ~ træde under fod; *get under sby's feet (fig)*

komme i vejen for én; *have them under one's feet (fig)* have dem rendende imellem benene på én; *wet under* ~ vådt føre.

II. foot [fut] *vb* betræde, vandre hen ad, danse hen over *(fx the floor);* (om strømpe) forfødde; (om regnskab) = ~ *up;* ~ *the bill* betale regningen, betale hvad det koster; *(fig* også) betale gildet; ~ *it* gå, rejse til fods; danse; ~ *up* sammentælle *(fx* ~ *up an account);* ~ *up to* løbe op til, beløbe sig til.

footage ['futidʒ] *sb* (især om film) længde (i fod); optaget film, optagelse.

foot|-and-mouth disease mund- og klovesyge. **-ball** fodbold; fodboldspil; se *American* ~, *Association* ~, *Rugby* ~; (NB *football (am)* = *American* ~*); (fig)* kastebold. **-baller** fodboldspiller. **-ball pools,** se *II. pool.* **-board** fodbræt, trinbræt. **-boy** page, dreng i liberi. **-brake** fodbremse. **-bridge** gangbro.

footer ['futə] *sb* S fodbold(spil).

foot|fall (lyden af) fodtrin. **-fault** (i tennis) fodfejl. **-gear** fodbeklædning. **-hills** *pl* udløbere (af bjerg). **-hold** fodfæste; *get a -hold* vinde fodfæste; *(fig ogs)* få foden indenfor.

footing ['futiŋ] *sb* fodfæste; nederste del; (af mur *etc)* sokkel, murfod; fundament *(fx* for søjle), pladefundament; *(fig)* basis; *(cf II. foot)* dans; fodskifte; (af strømpe) forfødning; (af regnskab) sammentælling; (i forening *etc)* indtræden; adgangsgebyr; *keep one's* ~ holde sig på benene; *on the same* ~ på lige fod; ligestillet; *on a friendly* ~ *with* på en venskabelig fod med; *obtain (el. gain) a* ~ *in society* vinde indpas i det bedre selskab.

footle [fu:tl] *vb* pjatte, pjanke; *sb* pjat, pjank.

footlights ['futlaits] *sb pl (teat)* rampe(lys).

footling ['fu:tliŋ] *adj* ubetydelig, ringe; pjattet, fjollet.

foot|loose *adj* omstrejfende; fri og uafhængig. **-man** lakaj. **-mark** fodspor. **-muff** fodpose. **-note** *sb* fodnote; *vb* vedføje fodnote(r). **-pace** skridt(gang); *at a -pace* i skridtgang. **-pad** *(glds)* landevejsrøver, stimand. ~ **passenger** fodgænger, gående. **-path** gangsti, fortov. **-plate** dørk, gulv i lokomotiv. **-plate men** *pl* lokomotivfolk. **-print** fodspor. ~ **pump** fodpumpe. **-race** kapløb. **-rope** *(mar)* grundtov, underlig. ~ **rot** *(bot)* fodsyge.

footsie ['futsi] *sb* T *: play* ~ *with* lave pedalflirt med; *(am)* spille under dække med.

foot| slogger 'knoldesparker', 'fodtudse', infanterist; fodgænger. ~ **soldier** infanterist. **-sore** *adj* ømfodet. **-step** fodspor; *follow in sby's -steps* gå i ens fodspor. **-stock** *(tekn)* pinoldok. **-stool** fodskammel. **-way** fortov; gangsti. **-wear** fodtøj.

foozle [fu:zl] *vb* kludre med; forkludre; *sb* kludren.

fop [fɔp] *sb* laps. **foppery** ['fɔp(ə)ri] *sb* affektation.

foppish ['fɔpiʃ] *adj* affekteret; lapset.

for [fə, (foran vokal *ogs)* fər; (betonet) fɔ:; fɔ:r] *conj* for, thi; *præp* for, i stedet for; til bedste for, (til hjælp) mod *(fx a remedy* ~ *rheumatism);* til *(fx a letter* ~ *you;* ~ *sale; the reception was arranged* (fastsat) ~ *eight o'clock);* på *(fx a bill* ~ *£5);* efter *(fx run* ~ *help, telephone* ~ *a doctor);* som *(fx the box served* ~ *a table; it was meant* ~ *a joke);* i (om tidsrum) *(fx he stayed there* ~ *three years);* over en strækning af *(fx there are curves* ~ *three miles);* af, på grund af *(fx* ~ *fear of;* ~ *this reason;* ~ *want of; weep* ~ *joy);* om *(fx cry* ~ *help; apply* ~ *a post);* til trods for, trods *(fx* ~ *all I do);* i forhold til, (i betragtning) af *(fx clever* ~ *his age; well written* ~ *a boy of his age); a fine day* ~ *the time of year* smukt vejr efter årstiden;

~ **all** *I do* trods alt hvad jeg gør, hvad jeg end gør; *he may stay here* ~ *all I care* for min skyld kan han godt blive her; lad ham bare blive her, jeg er da ligeglad; ~ *all (el. aught el. anything) I know* så vidt jeg ved; *he may be here* ~ *all I know* jeg aner ikke hvor han er; ~ *all that* trods alt, alligevel; ikke desto mindre *(fx* ~ *all that, you should have done it);* ~ *good and all* for bestandig; *if it had not been* ~ *him* hvis han ikke havde været; *he is* ~ **it** S han hænger på den; (se i øvrigt: *better, member, once, say, take etc);*

(efter **the** + *komp): her eyes were the brighter* ~ *having wept* hendes øjne var blevet endnu klarere fordi hun havde grædt; *he will be none the worse* ~ *it* han vil ikke have nogen skade af det; (se også *worse);*

(foran et ord der er forbundet med infinitiv): ~ *him to do that would be the correct thing* det ville være rigtigt af ham at gøre det; *it is unnecessary* ~ *him to do it* det er unødvendigt at han gør det, han behøver ikke at gøre det; *it was too late* ~ *me to help* det var for sent til at jeg kunne hjælpe; *he halted his carriage* ~ *me to jump in* han standsede sin vogn så at jeg kunne springe ind; *it's not* ~ *me to say* det tilkommer det ikke mig at sige; *I have brought the books* ~ *you to read* jeg har taget bøgerne med for at *(el.* så) du kan læse dem;

(foran **-ing** form): *an instrument* ~ *cutting* et instrument til at skære med; *she felt better* ~ *having done it* hun følge sig bedre tilpas da (, fordi) hun havde gjort det; *I am surprised at you* ~ *repeating it* jeg er forbavset over at du vil gentage det.

f.o.r. *fk free on rail.*

forage ['fɔridʒ] *sb* foder; *vb* furagere, skaffe foder; ~ *for* søge *(el.* lede) efter, støve rundt efter.

forage cap *(mil.)* kasernehue.

foramen [fə'reimən] *sb (pl foramina) (anat)* lille hul.

forasmuch as [fərəz'mʌtʃæz] *conj* eftersom.

foray ['fɔrei] *sb* plyndringstogt; overfald, indfald; *vb* foretage plyndringstogt, plyndre, overfalde, gøre indfald i.

forbade [fə'bæd, fə'beid] *præt* af *forbid.*

forbear [fɔ:'bɛə] *vb (forbore, forborne)* lade være, undlade; afholde sig fra; have tålmodighed; *sb,* se *forbears.*

forbearance [fɔ:'bɛərəns] *sb* tålmodighed, overbærenhed; mildhed; ~ *from doing sth,* ~ *to do sth* undladelse af at gøre noget.

forbearing [fɔ:'bɛəriŋ] *adj* tålmodig, overbærende.

forbears ['fɔ:bɛəz] *sb pl* forfædre.

forbid [fə'bid] *vb (forbade, forbidden)* forbyde; hindre; bandlyse, forvise (fra); *God* ~ det forbyde Gud.

forbidden [fə'bidn] *pp* af *forbid.*

forbidding [fə'bidiŋ] *adj* frastødende, afskrækkende, uhyggelig.

forbore [fɔ:'bɔ:] *præt* af *forbear.*

forborne [fɔ:'bɔ:n] *pp* af *forbear.*

I. force [fɔ:s] *sb* kraft *(fx of a blow; subversive -s);* styrke *(fx he argued with great* ~*),* magt *(fx the* ~ *of public opinion; we had to use* ~*),* tvang; (politi-, troppe- *etc)* styrke *(fx our armed -s; a labour* ~*);* (i kortspil) kravmelding; (om ord) (præcis) betydning, indhold; *(dial)* vandfald; *the Force* politiet; *brute* ~, se *II. brute;*

(med *præp)* **by** ~ med magt; *by* ~ *of* i kraft af; *by* ~ *of arms* med våbenmagt; *he is a* ~ **for** *good* han virker for det godes sag; **in** ~ i stort tal; med store styrker *(fx the enemy attacked in* ~*);* i kraft *(fx the regulations which are in* ~*); now in* ~ *(ogs)* nugældende; *come in* ~ møde talstærkt op; *come in full* ~ møde fuldtalligt op; *come* **into** ~ træde i kraft; *balance* **of** *-s* magtbalance; *have the* ~ *of* have samme gyldighed som *(fx such a promise has the* ~ *of a contract).*

II. force [fɔ:s] *vb* **1.** tvinge *(fx* ~ *him to do it),* drive, presse; **2.** presse, trykke *(fx* ~ *the water out),* drive; trænge *(fx* ~ *him into a corner);* **3.** presse *(fx one's voice),* forcere *(fx one's voice; the pace* tempoet); **4.** tiltvinge sig *(fx an entry* adgang), fremtvinge *(fx a confession; a smile);* **5.** (~ *open)* åbne med magt, sprænge *(fx a lock* en lås, *a door),* bryde op *(fx a door,*

a safe et pengeskab); **6.** forcere (ɔ: komme over, igennem) *(fx a mountain pass);* **7.** indtage (med storm), tage *(fx a castle);* **8.** voldtage; **9.** fremdrive (frugter, blomster); **10.** (i kortspil) kravmelde;
~ *sth* **from** *sby* fravriste en noget, vriste noget fra en *(fx they tried to ~ the knife from him);* ~ *his* **hand** tvinge ham til at handle for tidligt, lægge pres på ham; *his hand was -d (ogs)* han var i en tvangssituation; ~ **upon** påtvinge, pånøde.

forced [fɔ:st] *adj* tvunget; forceret; anstrengt, unaturlig; tilkæmpet.

forced| draught kunstig træk. ~ **landing** nødlanding. **-ly** ['fɔ:sidli] tvungent. ~ **march** ilmarch. ~ **sale** tvangssalg, tvangsauktion.

force-feed ['fɔ:sfi:d] *vb* tvangsfodre.

forceful ['fɔ:sf(u)l] *adj* kraftig, energisk; stærk *(fx personality);* virkningsfuld, overbevisende *(fx argument).*

forcemeat ['fɔ:smi:t] *sb* fars.

forceps ['fɔ:seps] *sb* tang (især kirurgisk); *delivery by ~* tangforløsning.

force pump trykpumpe.

force-ripened ['fɔ:sraip(ə)nd] *adj* drivhusmodnet.

forcible ['fɔ:səbl] *adj* kraftig; virkningsfuld, overbevisende; gennemtvunget med magt; tvangs- *(fx feeding);* ~ *measure* tvangsforanstaltning.

forcibly ['fɔ:səbli] *adv* med magt; *be ~ fed* blive tvangsfodret.

forcing| bid (i bridge) kravmelding. ~ **frame** mistbænk. ~ **house** drivhus.

ford [fɔ:d] *sb* vadested; *vb* vade over.

fordable ['fɔ:dəbl] *adj* som man kan vade over.

fordo [fɔ:'du:] *vb (fordid, fordone) (glds)* ødelægge; udmatte.

fore [fɔ:] *adv* forrest; *to the ~* forud; i forgrunden; *come to the ~* vise sig, træde i forgrunden; blive berømt; ~ *and aft (mar)* forude og agterude, fra for til agter, langskibs.

I. forearm ['fɔ:ra:m] *sb* underarm.

II. forearm [fɔ:r'a:m] *vb* forud væbne; *forewarned is -ed (omtr)* når man blot ved besked kan man tage sine forholdsregler; (undertiden:) så ved man hvad man har at rette sig efter.

forebears = *forbears.*

forebode [fɔ:'bəud] *vb* varsle; ane.

foreboding [fɔ:'bəudiŋ] *sb* varsel; forudanelse af noget ondt; *-s pl* bange anelser.

forebody ['fɔ:bɔdi] *sb (mar)* forskib.

I. forecast ['fɔ:ka:st] *sb* forudsigelse; prognose; *what's the weather ~ for today?* hvad er vejrudsigterne for i dag?

II. forecast [fɔ:'ka:st] *vb (forecast, forecast el.* regelmæssigt) forudberegne, forudsige, forudse.

forecastle [fəuksl] *sb (mar)* bak; folkelukaf.

foreclose [fɔ:'kləuz] *vb* udelukke; *(jur)* overtage pant til eje.

foreclosure [fɔ:'kləuʒə] *sb* udelukkelse; *(jur)* overtagelse af pant til eje.

forecourt ['fɔ:kɔ:t] *sb* forgård; (af tankstation) plads med benzinpumper *etc.*

foredoom [fɔ:'du:m] *vb* dømme (på forhånd); *the scheme was -ed to failure* planen var på forhånd dødsdømt.

fore edge (på bog) forsnit.

forefather ['fɔ:fa:ðə] *sb* forfader; *Forefathers' Day (am)* årsdagen for *the Pilgrim Fathers'* landgang d. 21. dec. 1620.

fore|finger pegefinger. **-foot** forfod. **-front** forgrund; forreste linie; *in the -front of the battle* forrest i kampen. **-gather** = *forgather.* **-go** = *forgo.*

foregoing [fɔ:'gəuiŋ] *adj* føromtalt, forudgående.

foregone [fɔ:'gɔn] *adj* tidligere; på forhånd bestemt; *it was a ~ conclusion* det kunne man have sagt sig selv, det var en given sag.

foreground ['fɔ:graund] *sb* forgrund.

forehand ['fɔ:hænd] *sb* (hestens) forpart, forkrop; (i tennis *etc)* forhånd, forhåndsslag; ~ *stroke* forhåndsslag.

forehead ['fɔrəd, 'fɔred, 'fɔ:hed] *sb* pande.

foreign ['fɔrin] *adj* fremmed, udenlandsk; udenrigs- *(fx policy, trade); (fig)* uvedkommende *(fx the question is ~ to the matter in hand* spørgsmålet er den foreliggende sag uvedkommende); ~ *affairs* udenrigsanliggender; *Secretary of State for Foreign Affairs* udenrigsminister.

foreign| body fremmedlegeme. ~ **edition** udgave for udlandet.

foreigner ['fɔrinə] *sb* fremmed, udlænding.

foreign| exchange fremmed valuta. ~ **legion** fremmedlegion.

Foreign| Missions *pl* ydre mission, udlandsmission. ~ **Office** udenrigsministeriet (i England). ~ Secretary udenrigsminister.

forejudge [fɔ:'dʒʌdʒ] *vb* dømme forud.

foreknow [fɔ:'nəu] *vb* vide forud.

foreknowledge [fɔ:'nɔlidʒ] *sb* forudviden.

forel ['fɔrəl] *sb* (en slags) pergament.

foreland ['fɔ:lənd] *sb* forbjerg, næs, pynt; kyststrækning, forland.

foreleg ['fɔ:leg] *sb* forben.

forelock ['fɔ:lɔk] *sb* forhår, pandehår; *take time by the ~* benytte tiden, gribe lejligheden.

foreman ['fɔ:mən] *sb* formand; værkfører; *farm ~* forkarl; ~ *compositor* faktor (i trykkeri).

foremast ['fɔ:ma:st] *sb (mar)* fokkemast.

foremost ['fɔ:məust] *adv* forrest; først; *first and ~* først og fremmest; *head ~* på hovedet, hovedkulds.

forenoon ['fɔ:nu:n] *sb* formiddag.

forensic [fə'rensik] *adj* juridisk, advokatorisk; ~ *medicine* retsmedicin.

foreordain ['fɔ:rɔ:'dein] *vb* bestemme forud.

fore|part forreste del. **-play** forspil.

forerunner ['fɔ:rʌnə] *sb* forløber; *-s of spring* forårsbebudere.

foresail ['fɔ:seil; fɔ:sl] *sb (mar)* forsejl, fok.

fore|see [fɔ:'si:] *(-saw, -seen)* forudse. **-seeable** til at forudse; *in the -seeable future* inden for en overskuelig fremtid. **-shadow** [fɔ:'ʃædəu] forudane, forud antyde, bebude. **-sheet** ['fɔ:ʃi:t] *(mar)* fokkeskøde. **-ship** ['fɔ:ʃip] forskib. **-shore** ['fɔ:ʃɔ:] forstrand. **-shorten** [fɔ:'ʃɔ:tn] forkorte (perspektivisk). **-show** [fɔ:'ʃəu] forudsige, varsle. **-shroud** ['fɔ:ʃraud] *(mar)* fokkevant. **-sight** ['fɔ:sait] forudseenhed, fremsyn, forsynlighed, forudviden; forsigtighed; *(mil.)* sigtekorn. **-sighted** *adj* forudseende, fremsynet. **-skin** ['fɔ:skin] forhud.

forest ['fɔrəst] *sb* (større) skov; kongeligt jagtdistrikt; *adj* forst- *(fx assistant, botany);* skov- *(fx district, fire, tree); vb* beplante med skov.

forestal ['fɔrəstl] *adj* forstlig.

forestall [fɔ:'stɔ:l] *vb* komme i forkøbet *(fx ~ a competitor); (glds)* optage i forvejen, opkøbe forud, drive forprang.

forestay ['fɔ:stei] *sb (mar)* stængestag, fokkestag.

forester ['fɔrəstə] *sb* forstmand, skovbruger; skovarbejder; *(austr) zo* kæmpekænguru. **forest guard** skovløber.

forestry ['fɔrəstri] *sb* forstvæsen, skovbrug; skove, skovland; *master of ~* forstkandidat.

forest| stand skovbevoksning. ~ **supervisor** skovrider.

I. foretaste ['fɔ:teist] *sb* forsmag.

II. foretaste [fɔ:'teist] *vb* få en forsmag på.

fore|tell [fɔ:'tel] *vb* forudsige. **-thought** ['fɔ:θɔ:t] *sb* fremsyn, betænksomhed, forudseenhed.

I. foretoken ['fɔ:təukn] *sb* varsel.

II. foretoken [fɔ:'təukn] *vb* varsle.
foretop ['fɔ:tɔp] sb *(mar)* fokkemærs, forremærs.
forever [fə'revə] *adv* ustandselig; for altid, for stedse.
fore|warn [fɔ'wɔ:n] advare; forudmeddele; (se også *II. forearm).* **-word** ['fɔ:wə:d] forord. **-yard** ['fɔ:ja:d] *(mar)* fokkerå.
forfeit ['fɔ:fit] *sb* genstand *el* gods, der er forbrudt; bøde, mulkt; pant (i panteleg); *-s pl (ogs)* panteleg; *adj* hjemfalden, forspildt, forbrudt; *vb* fortabe, miste (retten til); forskertse, forspilde, sætte overstyr; *(glds)* forbryde; ~ *one's credit* forspilde sit gode navn og rygte; *game of -s* panteleg; *pay the* ~ give pant; betale bøden; *pay the* ~ *with one's life* bøde for det med livet.
forfeiture ['fɔ:fitʃə] *sb* fortabelse.
forgather [fɔ:'gæðə] *vb* mødes, komme sammen.
forgave [fə'geiv] *præt* af *forgive.*
forge [fɔ:dʒ] *sb* esse; smedje; *vb* smede; *(fig)* skabe *(fx an alliance);* eftergøre, forfalske *(fx stamps; a document);* skrive falsk; ~ *ahead* arbejde sig fremad. **forger** ['fɔ:dʒə] *sb* falskner, forfalsker. **forgery** ['fɔ:dʒəri] *sb* forfalskning; falsum; falskneri; *(jur)* (dokument)falsk.
forget [fə'get] *vb (forgot, forgotten el. (am) forgot)* glemme; ikke huske, ikke kunne komme i tanker om, ikke kunne komme på, have glemt *(fx I* ~ *his name);* ~ *about* glemme; ikke tænke på; ~ *it!* lad det være glemt! tal ikke mere om det! T skidt med det! (ofte =) å jeg be'r! *not -ting* ikke at forglemme; ~ *oneself* forglemme sig; forløbe sig.
forgetful [fə'getf(u)l] *adj* glemsom; efterladende; ~ *of* glemmende, uden at tænke på.
forget-me-not [fə'getminɔt] *sb (bot)* forglemmigej.
forgive [fə'giv] *vb (forgave, forgiven)* tilgive, forlade; eftergive (gæld *el.* straf). **forgiven** [fə'givn] *pp* af *forgive.*
forgiveness [fə'givnəs] *sb* tilgivelse, forladelse; eftergivelse; villighed til at tilgive, barmhjertighed.
forgiving *adj* tilgivende; forsonlig, barmhjertig.
forgo [fɔ:'gəu] *vb (forwent, forgone)* opgive, undvære, forsage, give afkald på; afholde sig fra.
forgot [fə'gɔt] *præt* af *forget; (am) pp* af *forget.*
forgotten [fə'gɔtn] *pp* af *forget.*
I. fork [fɔ:k] *sb* gaffel, *(agr)* fork, greb, høtyv; (af vej) vejgaffel, skillevej; (på legemet) skridt; (af flod *etc)* gren, arm; (af gren) tvege; kløft; *(mus.)* stemmegaffel; *-s pl* grene; S fingre.
II. fork [fɔ:k] *vb* dele sig; forke; stikke op; grave med en greb; ~ *out* T punge ud, betale regningen; punge ud med, udlevere; ~ *over* vende med en greb (, fork); udlevere; ~ *right (, left)* tage vejen til højre (, venstre).
forked [fɔ:kt] *adj* gaffelformet, grenet, forgrenet; kløftet; ~ *lightning* siksaklyn.
fork-lift (truck) gaffeltruck.
forlorn [fə'lɔ:n] *adj* ulykkelig, hjælpeløs, fortvivlet; forladt (af guder og mennesker); ~ *hope* håbløst foretagende; svagt håb; gruppe soldater som sættes på en meget farlig opgave.
I. form [fɔ:m] *sb* **1.** form; **2.** skikkelse *(fx dim -s passing in the mist);* **3.** høflighedsform, formalitet; **4.** formel, formular; **5.** formular, blanket, skema; **6.** skolebænk; klasse; **7.** (hares) leje; **8.** *(typ)* form;
bad ~ uhøflighed; dårlige manerer; *it is bad* ~ det er uhøfligt (, uopdragent); det er ikke god tone; det kan man ikke; *good* ~ god tone; gode manerer; *I don't know what the* ~ *is* jeg kender ikke formaliteterne; jeg ved ikke hvordan man skal forholde sig *(el.* hvad man gør);
in *due* ~ på behørig vis; i tilbørlig form; *in good* ~ (i sport) i god form; *(fig)* veloplagt; *at the top* **of** *one's* ~ i fineste form, i topform; *a mere* ~ *of words* en blot og bar talemåde; *a matter of* ~ en formssag; *as a matter of* ~ rent formelt, proforma; *true* **to** ~ præcis som man kunne vente.
II. form [fɔ:m] *vb* forme, danne; udgøre *(fx the colleges which* ~ *the university);* indrette; udvikle, udkaste *(fx a plan),* danne sig *(fx an opinion; a clear picture of it; an idea of it* et begreb om det); *(mil.)* formere, opstille; (uden objekt) (an)tage form, dannes, forme sig, udvikle sig; *(mil.)* formere sig, opstille sig; ~ *a friendship with* slutte venskab med.
formal [fɔ:ml] *adj* formel; i tilbørlig form, regelret; stiv, afmålt; ydre *(fx a* ~ *resemblance),* tilsyneladende, skin-; ~ *call* formel visit, høflighedsvisit; *a* ~ *garden* en have i fransk stil.
formaldehyde [fɔ:'mældihaid] *sb (kem)* formaldehyd.
formalism ['fɔ:məlizm] *sb* formalisme.
formalist ['fɔ:məlist] *sb* formalist.
formality [fɔ:'mæliti] *sb* formel korrekthed; formalitet, form; højtidelighed; stivhed.
format ['fɔ:mæt, 'fɔ:ma:] *sb* format; udstyr, udseende; *(fig)* ramme, plan, struktur.
formation [fɔ:'meiʃən] *sb* dannelse; formation.
formative ['fɔ:mətiv] *sb* bøjnings- *el.* afledningspræfiks *el.* -suffiks; *adj* dannende; udviklings- *(fx* ~ *stage).*
forme [fɔ:m] *sb (typ)* (tryk)form.
form entry (om skole): *one* ~ ensporet; *two* ~ tosporet.
I. former ['fɔ:mə] *sb* (ud)former; skaber.
II. former ['fɔ:mə] *adj* foregående, forrige, tidligere; forhenværende; fordums *(fx days); the* ~ førstnævnte, den første; *he looks more like his* ~ *self* han er begyndt at ligne sig selv igen; *in* ~ *times* i tidligere tid, i gamle dage.
formerly ['fɔ:məli] *adv* forhen, tidligere, fordum.
formic ['fɔ:mik] *adj* myre-; ~ *acid* myresyre.
formication [fɔ:mi'keiʃən] *sb* myrekryb(en) (i huden).
formidable ['fɔ:midəbl, fə'midəbl] *adj* frygtelig; frygtindgydende, formidabel, drabelig.
formless ['fɔ:mləs] *adj* formløs; uformelig.
form master klasselærer.
formula ['fɔ:mjulə] *(pl -s el. formulæ* [-li:]) *sb* formel, formular. **formulary** ['fɔ:mjuləri] *sb* formularbog.
formulate ['fɔ:mjuleit] *vb* formulere.
formulation [fɔ:mju'leiʃn] *sb* formulering.
fornicate ['fɔ:nikeit] *vb* bedrive utugt *(el.* hor).
fornication [fɔ:ni'keiʃn] *sb* utugt, hor.
fornicator ['fɔ:nikeitə] *sb* utugtig person, horkarl.
forrader ['fɔrədə] *adv* S: *I can't get any* ~ jeg kan ikke komme videre.
forrel ['fɔrəl] *sb* (en slags) pergament.
forsake [fə'seik] *vb (forsook, forsaken)* svigte; forlade *(fx one's wife and children);* opgive *(fx one's bad habits).*
forsaken [fə'seik(ə)n] *pp* af *forsake.*
forsook [fə'suk] *præt* af *forsake.*
forsooth [fə'su:θ] *adv (glds)* i sandhed, tilvisse.
forswear [fɔ:'swεə] *vb (forswore, forsworn)* forsværge, afsværge *(fx smoking);* ~ *oneself* sværge falsk.
forswore [fɔ:'swɔ:] *præt* af *forswear.*
forsworn [fɔ:'swɔ:n] *pp* af *forswear.*
forsythia [fɔ:'saiθjə; *(am)* fər'siθi:ə] *sb (bot)* forsythia.
fort [fɔ:t] *sb* fort, fæstning, borg; *(hist.)* befæstet handelsstation; *hold the* ~ *(fig)* holde stillingen; passe de løbende forretninger.
I. forte ['fɔ:t(ei), 'fɔ:ti] *sb* styrke, stærk side, force.
II. forte ['fɔ:ti] *adv (mus.)* forte.
forth [fɔ:θ] *adv* frem, fremad; videre; ud; *back and* ~ frem og tilbage; *from this time* ~ fra nu af; *and so* ~ og så videre; (se også *bring, put etc).*
forthcoming [fɔ:θ'kʌmiŋ] *adj* kommende, forestående; forekommende, imødekommende; *be* ~ *(ogs)* foreligge; *the money was not* ~ pengene kom *(el.*

viste sig) ikke.
forthright ['fɔ:θrait] *adj* ligefrem; oprigtig; *adv* øjeblikkelig; straks.
forthwith [fɔ:θ'wiθ, -'wi] *adv* straks, uopholdelig.
fortieth ['fɔ:tiiθ] *adj, sb* fyrretyvende(del).
fortification [fɔ:tifi'keiʃn] *sb* befæstning, fæstningsværk; befæstningskunst; forstærkning; (af vin) forskæring.
fortify ['fɔ:tifai] *vb* styrke, forstærke, befæste; (vin:) forskære.
fortitude ['fɔ:titju:d] *sb* mod; sjælsstyrke.
fortnight ['fɔ:tnait] *sb* fjorten dage; *every* ~ hver fjortende dag; *this* ~ de sidste fjorten dage; *this day* ~ i dag fjorten dage; i dag for fjorten dage siden.
fortnightly *adj* fjortendags-; *adv* hver fjortende dag.
fortress ['fɔ:trəs] *sb* fæstning.
fortuitous [fɔ:'tju:itəs] *adj* tilfældig.
fortuity [fɔ:'tju:iti] *sb* tilfældighed.
fortunate ['fɔ:tʃnət] *adj* lykkelig; heldig *(in* med).
fortunately *adv* lykkeligvis, heldigvis.
I. fortune ['fɔ:tʃən] *sb* skæbne, lod; lykke; formue; *by good* ~ til alt held; *make a* ~ blive rig; tjene en formue; *a man of* ~ en formuende mand; *marry a* ~ gifte sig en formue til; *it was more by* ~ *than by design* det var snarere lykken end forstanden; *seek one's* ~ søge lykken; *he spent a small* ~ *on it* han ofrede en lille formue på det; *tell -s* spå.
II. Fortune ['fɔ:tju:n] Fortuna (lykkegudinden).
fortune hunter en der søger at blive rigt gift, lykkejæger.
fortune teller spåmand, spåkone.
forty ['fɔ:ti] *num* fyrre, firti; *in the forties* i fyrrerne; (se også *roaring).*
forty|-niner *(am)* guldgraver som var med i Californien i 1849. ~ **winks** *pl: have (el. take)* ~ *winks* tage sig en på øjet *(el.* en lille (middags)lur).
forum ['fɔ:rəm] *sb* forum.
I. forward ['fɔ:wəd] *adv* fremad, videre; forlæns; forover; forud(e) i skibet; forrest, fremme *(fx we don't want the seats too far* ~*); be* ~ være i gære; *carried (el. brought)* ~ overført; transport (i bogføring); *date* ~ postdatere (forsyne med en senere dato); *I can't get any -er* jeg kan ikke komme videre; *straight* ~ lige ud; *from this time* ~ fra nu af, fremover (se også *bring, I. come, I. look, put etc).*
II. forward ['fɔ:wəd] *adj* **1.** fremadgående *(fx movement);* **2.** forrest *(fx ranks);* **3.** fremrykket; tidlig *(fx a* ~ *spring);* (om plante) tidlig, langt fremme; (om barn) fremmelig; **4.** progressiv, radikal *(fx views);* **5.** (let *glds)* imødekommende, ivrig; *(neds)* fræk, pågående; **6.** *(merk)* på levering, til senere levering *(fx* ~ *buying),* termins- *(fx order, purchase);* ~ **planning** planlægning for fremtiden, perspektivplanlægning.
III. forward ['fɔ:wəd] *sb* forward; *-s pl* angrebskæde.
IV. forward ['fɔ:wəd] *vb* sende, forsende, befordre, ekspedere, fremsende; eftersende; fremskynde, fremme; begunstige, opmuntre; *to be -ed, please* ~ (på brev *etc)* bedes eftersendt.
forwarder ['fɔ:wədə], **forwarding agent** speditør.
forwardness ['fɔ:wədnis] *sb* tidlig modenhed, tidlig udvikling; beredvillighed, iver; frækhed, pågåenhed.
forwards ['fɔ:wədz] *adv* fremad; *backwards and* ~ frem og tilbage; (se også *I. forward).*
forwent [fɔ:'went] *præt* af *forgo.*
fosse [fɔs] *sb* voldgrav.
fossil [fɔsl] *adj* fossil; forstenet; *sb* fossil, forstening; *(fig omtr =)* oldtidslevning.
fossiliferous [fɔsi'lif(ə)rəs] *adj* som indeholder fossiler.
fossilization [fɔsilai'zeiʃn] *sb* forstening.
fossilize ['fɔs(i)laiz] *vb* forstene(s); *(fig)* forbene(s), stivne.
fossorial [fɔ'sɔ:riəl] *adj zo* gravende, grave-.
foster ['fɔstə] *vb* opfostre, pleje, nære; begunstige; fremme, støtte *(fx foreign trade); adj* pleje- *(fx brother).*
fosterage ['fɔstəridʒ] *sb* opfostring; fremme, støtte; begunstigelse.
foster| home plejehjem (hos plejeforældre). ~ **mother** plejemoder; *(agr)* rugemaskine.
F.O.T. *fk free on truck.*
fougasse [fu:'gæs] *sb (mil.)* fladdermine.
fought [fɔ:t] *præt* og *pp* af *fight.*
I. foul [faul] *sb* (i sport) ureglementeret spil (, slag, stød, tackling), ulovlighed.
II. foul [faul] *vb* snavse (, svine) til, forurene, *(glds)* besudle *(fx it is an ill bird that -s its own nest);* (i sport) lave frispark (, frikast *etc)* imod; forpeste *(fx the air),* plumre *(fx water);* spærre, blokere, tilstoppe *(fx a drain),* tilsode *(fx a chimney);* (om liner *etc)* vikle sig ind i; *(mar)* kollidere med, rage uklar af; (uden objekt) blive smudsig, plumret *etc;* blive indviklet *el.* sammenfiltret; *(mar)* blive (, komme) uklar, beknibe (ɔ: sætte sig fast); (om skibsbund) blive begroet; ~ *the anchor* få uklart anker; ~ **up** snavse (, svine) til, forurene; (*am* T) spolere, forkludre, lave koks i.
III. foul [faul] *adj* skiden, modbydelig, beskidt, uhumsk, stinkende; rådden, fordærvet; *(fig ogs)* slet, ond; hæslig *(fx crime),* (om tale) svinsk, sjofel; T elendig, rædsom *(fx meal);* (om vej) mudret, (om vand *ogs)* plumret; (om rør) tilstoppet, (om skorsten) tilsodet, (om have) overgroet med ukrudt; *(ogs* om mave) i uorden; (i sport) ureglementeret; (om vejr) dårlig, modbydelig; (især *mar)* uklar *(fx anchor, fishing line),* (om vind, strøm) kontrær, ugunstig, (om kyst) farlig;

fall ~ *of (mar)* løbe på *(el* mod), kollidere med, rage uklar af; *(fig)* rage uklar med; komme i klammeri *(el.* konflikt) med; *by fair means or* ~ med det gode eller med det onde; *run* ~ *of = fall* ~ *of; through fair and (through)* ~ gennem tykt og tyndt.
foul air dårlig luft.
foulard ['fu:la:(d)] *sb* foulard, silkestof med påtrykt mønster.
foul | bottom *(mar)* begroet bund. ~ **breath** dårlig ånde. ~ **brood** bipest. **-mouthed** *adj* grov i munden, plump. ~ **pipe** sur pibe. ~ **play** uærligt spil, forræderi; forbrydelse. ~ **proof** *(typ)* dårlig korrektur. ~ **-spoken,** ~ **-tongued** *adj* grov i munden, plump.
foumart ['fu:ma:t] *sb zo* ilder.
I. found [faund] *præt* og *pp* af *find; and all* ~, se *find.*
II. found [faund] *vb* grundlægge; grunde; oprette, stifte; bygge; indrette; *his theory was -ed on fact* hans teori byggede *(el.* var baseret) på kendsgerninger; *be badly -ed* være dårligt underbygget, stå svagt; *a well -ed argument* et velunderbygget argument.
III. found [faund] *vb* støbe, smelte.
foundation [faun'deiʃən] *sb* **1.** *(cf II. found)* grundlæggelse, oprettelse, stiftelse; **2.** (om institution:) stiftelse; **3.** fond *(fx the Rockefeller F.),* legat; **4.** *(ogs -s)* grund, fundament, *(fig)* grundlag; **5.** pudderunderlag; (se også ~ *garment); lay the -(s) of (fig)* lægge grunden til; *it has no* ~ *in fact* det har intet på sig; *be on the* ~ være stipendiat; *shake to its (very) -s* ryste i sin grundvold; *the rumour is entirely without* ~ rygtet savner ethvert grundlag.
Foundation Day *(austr)* 26. jan.
foundationer [faun'deiʃnə] *sb* stipendiat; gratist.
foundation| garment korsettering. ~ **school** legatskole. ~ **stone** grundsten.
I. founder ['faundə] *sb* grundlægger, stifter; støber; forfangenhed (en hestesygdom).
II. founder ['faundə] *vb* (om bygning) styrte sammen, synke sammen; (om skib) synke, gå til bunds; (om foretagende) strande, mislykkes; (om hest) styrte (af

udmattelse), blive hængende i en mose *etc; ~ a horse* skamride en hest.

founder's share stamaktie, stifteraktie.

foundling ['faundliŋ] *sb* hittebarn.

foundry ['faundri] *sb* støberi; støberiarbejde.

fount [faunt] *sb* kilde, væld; *(typ)* skriftsortiment.

fountain ['fauntin] *sb* springvand; *(fig)* kilde, oprindelse.

fountainhead *sb* kildevæld; oprindelse, ophav.

fountain pen fyldepen.

four [fɔ:] *num* fire; *sb* firtal; firer; hold på fire; firer, fireåret båd; *-s pl (ogs)* kaproning for fireårede både; *by -s* fire og fire; *on all -s* på alle fire (ɔ: på hænder og knæ); *the simile is not on all -s* sammenligningen halter; *be on all -s with* stemme overens med; *within the ~ seas* (ɔ: i Storbritannien).

foureyes T brilleabe. **-flusher** ['fɔ:flʌʃə] S pralhals, bluffmager. **-fold** firefold, firedobbelt. ~ **-handed** *adj* firhændet; *(mus.)* firhændig; (om kortspil) firemands. ~ **hundred:** *the ~ hundred (am)* de fornemme, de finere kredse. ~ **-in-hand** *adv* med fire heste; *sb* firspand; vogn med fire heste for; *(am)* bindeslips. ~ **-leaf clover** *(bot)* firkløver. **-legged** ['fɔ:legd] *adj* firbenet. ~ **-letter word** uartigt ord, tabuord. ~ **-o'clock** *(bot)* vidunderblomst. ~ **-part** *adj* firstemmig. ~ **-poster** himmelseng. **- score** *(glds)* fire snese, firsindstyve. ~ **-seater** firepersoners bil.

foursome ['fɔ:səm] *sb* spil mellem to par (i golf); T selskab på fire personer.

four|square *adj* firkantet; *(fig)* fast, urokkelig, standhaftig. ~ **-stroke engine** firetaktsmotor.

fourteen ['fɔ:'ti:n] *num* fjorten.

fourteenth ['fɔ:'ti:nθ] *adj* fjortende; *sb* fjortendedel.

fourth [fɔ:θ] *adj* fjerde; *sb* fjerdedel, kvart; fjerdemand; *the Fourth (of July)* (USA's frihedsdag); *the ~ estate* (ɔ: pressen). **fourthly** ['fɔ:θli] *adv* for det fjerde.

four-wheel *adj* firehjuls- *(fx drive* træk); firhjulet.

four-wheeler ['fɔ:'wi:lə] *sb (glds)* firhjulet drosche.

fowl [faul] *sb* høne, hane, stykke fjerkræ; *(glds)* fugl; *vb (glds)* drive fuglefangst, drive fuglejagt.

fowler ['faulə] *sb* fuglefænger, fuglejæger.

fowling-piece ['fauliŋpi:s] *sb* haglbøsse (til fuglejagt).

fowl run hønsegård.

fox [fɔks] *sb* ræv; *(fig)* ræv, snu person; *vb* snyde, narre, forvirre; spille komedie; (om øl) blive surt under gæringen; (se også *foxed); adj* rræverød.

fox| brush rævehale, lunte. ~ **earth** rævegrav.

foxed [fɔkst] *adj* (om papir) (fugt)plettet, (brun)skjoldet, jordslået.

fox|glove *(bot)* fingerbøl. **-hole** *(mil.)* skyttehul. **-hound** foxhound, engelsk rævehund. ~ **hunt** *sb* rævejagt. ~ **-hunt** *vb* gå på rævejagt. ~ **-marked** *foxed.* **-tail (grass)** *(bot)* rævehale. ~ **terrier** foxterrier. **-trot** foxtrot.

foxy ['fɔksi] *adj* ræveagtig, ræve-; *(fig)* snedig, lumsk; (om farve) ræverød; (om drik) sur; (om papir) se *foxed; (am)* laber, lækker.

foyer ['fɔiei] *sb* foyer; *(am)* entré, hall.

f.p. *fk fire plug; flash point.*

f.p.a. *fk free of particular average.*

Fr. *fk Father; France; French; Friar.*

fr. *fk franc(s).*

frabjous ['fræbdʒəs] *adj* T strålende; fantastisk.

fracas ['fræka:, *(am)* 'freikəs] *sb* skænderi, stormende optrin, sammenstød.

fraction [frækʃn] *sb* brøk; brøkdel, smule; *he did not swerve from his principles by a ~* han veg ikke en hårsbred fra sine principper.

fractional ['frækʃn(ə)l] *adj* brøk-; ubetydelig; *~ distillation* fraktioneret destillation.

fractionate ['frækʃneit] *vb* fraktionere; opdele i mindre enheder.

fractious ['frækʃəs] *adj* gnaven, vanskelig.

fracture ['fræktʃə] *sb* brud; *vb* brække; *~ of the skull* kraniebrud.

fraenum ['fri:nəm] *sb (anat)* ligament, bånd, tungebånd.

frag [fræg] *vb (am mil.* S*)* skyde (egne befalingsmænd) ned.

fragile ['frædʒail, *(am)* 'frædʒəl] *adj* skør; skrøbelig, spinkel.

fragility [frə'dʒiləti] *sb* skørhed, skrøbelighed, spinkelhed.

I. fragment ['frægmənt] *sb* fragment, brudstykke, stump.

II. fragment ['frægment] *vb* gå i (små) stykker; slå i stykker; *(fig)* dele op, splitte (i små grupper).

fragmental [fræg'mentl], **fragmentary** ['frægmənt(ə)ru] *adj* fragmentarisk; brudstykkeagtig.

fragmentation [frægmen'teiʃn] *sb* sønderdeling, opdeling (, splittelse) i små grupper.

fragmentation bomb sprængbombe.

fragrance ['freigrəns] *sb* duft, vellugt.

fragrant ['freigrənt] *adj* duftende, vellugtende.

I. frail [freil] *adj* svag, skrøbelig; svagelig *(fx child).*

II. frail [freil] *sb* sivkurv (til figener, rosiner *etc).*

frailty ['freilti] *sb* svaghed, skrøbelighed.

F.R.A.M. *fk Fellow of the Royal Academy of Music.*

I. frame [freim] *sb* ramme, (for dør, vindue *ogs)* karm; (stel *etc)* skelet, stel, stativ, stillads; bygning; (af menneske) legeme, form, skikkelse; *(fig)* indretning, system; (af bil) chassisramme; *(flyv)* stel; *(mar)* spant; (i gartneri) mistbænk; (i tv) delbillede, *(am)* totalbillede; (i film) enkelt billede; (i edb) række; *(typ)* sættereol; S = *frame-up; ~ of mind* sindsstemning; *~ of reference* referensramme, henførelsessystem; *~ of an umbrella* paraplystativ.

II. frame [freim] *vb* indramme *(fx pictures);* udtænke, udkaste *(fx a plan)* udforme *(fx a question, a reply),* opfinde *(fx a method);* danne, forme *(fx a figure, a sentence);* bygge; lave, indrette, tilpasse; T henlede uberettiget mistanke på, mistænkeliggøre, lave falske beviser (, falsk anklage) mod; (uden objekt) udvikle sig; (i film) indstille billedvinduet; *~ an estimate* gøre et overslag; *his lips could hardly ~ the words* han kunne næsten ikke få ordene frem.

frame aerial rammeantenne.

frame| house træhus. ~ **saw** stillingssav.

frame-up ['freimʌp] *sb* T falsk anklage, falske beviser; aftalt spil, sammensværgelse.

framework ['freimwə:k] *sb* skelet *(fx of a building); (fig ogs)* struktur *(fx the ~ of society);* ramme.

framing ['freimiŋ] *sb* bygning; indramning *etc* (se *II. frame);* ramme, rammeværk; *(fot)* billedbegrænsning.

franc [fræŋk] *sb* franc (mønt).

France [fra:ns] Frankrig.

Frances ['fra:nsis] (kvindeligt fornavn).

franchise ['fræn(t)ʃaiz] *sb* frihed, rettighed, privilegium; fribrev; valgret, stemmeret; *(am ogs)* koncession *(for* på, *fx a bus service).*

Francis ['fra:nsis] (mandligt fornavn) Fran(t)s.

Franciscan [fræn'siskən] *sb* franciskaner(munk); *adj* franciskansk.

Franco-German ['fræŋkəu'dʒə:mən] *adj* fransk-tysk.

francolin ['fræŋkəlin] *sb zo* frankolin (en hønsefugl).

Franconia [fræŋ'kəunjə] Franken.

Francophone ['fræŋkəufəun] *adj* fransktalende, fransksproget.

frangible ['frændʒəbl] *adj* skrøbelig, skør.

frangipane, frangipani ['frændʒi'pæni, -'pa:ni] *sb* jasminparfume; (slags mandelkage).

Franglais ['frɔŋglei] *sb* engelskpræget fransk.

I. Frank [fræŋk] Frank (navn); *sb* franker.

II. frank [fræŋk] *sb* påskrift der i gamle dage attesterede et brevs portofrihed; brev med en sådan påskrift.
III. frank [fræŋk] *vb* frankere; *(glds)* attestere (et brev) som portofrit.
IV. frank [fræŋk] *adj* oprigtig; åben, åbenhjertig *(fx confession);* frimodig *(fx look);* ~ *ignorance* uvidenhed man åbent vedkender sig; ~ *poverty* usminket fattigdom.
frankfurter ['fræŋkfə:tə] *sb* bajersk pølse.
frankincense ['fræŋkinsens] *sb* virak, røgelse.
Frankish ['fræŋkiʃ] *sb, adj* frankisk.
frankly ['fræŋkli] *adv* rent ud sagt, ærlig talt.
frantic ['fræntik] *adj* afsindig, vanvittig, rasende.
frantically ['fræntik(ə)li] *adv* afsindigt, vanvittigt, som rasende *(fx he wrote ~).*
frap [fræp] *sb (mar)* surre, sejse.
frappé ['fræpei] *adj* isafkølet; *sb* (slags isdessert).
frass [fræs] *sb* larveekskrement, ormemel.
frat [fræt] *vb* S fraternisere.
fraternal [frə'tə:nl] *adj* broderlig *(fx love),* broder-, kollegial; ~ *twins* toæggede tvillinger.
fraternity [frə'tə:niti] *sb* broderskab; broderlighed; brodersamfund; *(am)* studenterforening (se *Greek-letter ~); the medical (, legal)* ~ læge- (, jurist-)standen.
fraternization [frætənai'zeiʃn] *sb* fraterniseren; broderlighed, broderligt forhold. **fraternize** ['frætənaiz] *vb* omgås som brødre, fraternisere; nære broderlige følelser.
fratricide ['freitrisaid] *sb* brodermord; brodermorder.
fraud [frɔ:d] *sb* bedrageri, *(jur)* svig; (om person) bedrager, svindler; *pious* ~ fromt bedrag.
fraudulence ['frɔ:djuləns] *sb* svigagtighed.
fraudulent ['frɔ:djulənt] *adj* svigagtig.
fraught [frɔ:t] *adj:* ~ *with* fyldt af, ladet med, svanger med; ~ *with danger* som rummer stor fare, yderst farefuld.
I. fray [frei] *sb* kamp, strid; slagsmål; *eager for the* ~ kamplysten.
II. fray [frei] *vb* gnide; slide tynd; (uden objekt) gnides; flosse, blive flosset *(fx ~ at the edges);* (om hjort) feje; *sb* tyndslidt sted, frynse (af slid); *be -ed (ogs)* hænge i frynser; *-ed cuffs* flossede manchetter; *-ed nerves* tyndslidte nerver.
frazzle [fræzl] *vb* flosse, rive i pjalter; udmatte; (uden objekt) blive flosset, blive pjaltet; *beat to a* ~ slå sønder og sammen; *-d, worn to a* ~ slidt i laser; *(fig)* segnefærdig, udkørt, ødelagt.
F.R.C.P. (, S) *fk Fellow of the Royal College of Physicians (, Surgeons).*
freak [fri:k] *sb* grille, lune; vanskabning; original *(fx a long-haired ~);* kuriositet; S narkoman; (i *sms*) -fan *(fx football ~, film ~); adj* abnorm, usædvanlig; ~ *wave* forkert sø; *vb:* ~ *out* S få hallucinationer efter indtagelse af stof, stå af, flippe ud; blive skør; bryde sammen; ophidse, chokere.
freakish ['fri:kiʃ] *adj* sær, besynderlig, lunefuld.
freckle [frekl] *sb* fregne; *vb* blive fregnet.
freckled [frekld], **freckly** ['frekli] *adj* fregnet; plettet.
Frederic(k), Frederik ['fredrik].
I. free [fri:] *vb* befri, frigøre; *(mar)* lense.
II. free [fri:] *adj* **1.** fri *(from, of* for); **2.** fri, utvungen, tvangfri, åben, ligefrem; **3.** *(neds)* familiær *(fx he was too ~ with* (over for) *his secretary),* dristig, fræk; løs, tøjlesløs; **4.** gratis *(fx get in ~);* **5.** gavmild, rundhåndet *(fx be ~ with one's money);* rigelig; **6.** fri, ledig; **7.** *(mar)* lens;

~ *and easy* utvungen, frejdig, ugenert, familiær; ukonventionel; tvangfri sammenkomst; ~ *as air* fri som fuglen i luften, frank og fri; *give sby (, have) a ~ hand* give en (, have) frie hænder (til at handle efter skøn); ~ **of** fri for; fritaget for; ~ *of debt* gældfri; ~ *of duty* toldfri; *be ~ of (ogs)* have fri adgang til; *we are not ~ of the harbour yet* vi er ikke klar af havnen endnu; **make** *sby* ~ **of** give en fri adgang til; *make sby ~ of a city* gøre en til æresborger i en by; *make him ~ of my house* lade ham komme og gå i mit hjem som han vil; ~ **on** *board* frit om bord; ~ *on truck* frit på banevogn; **set** ~ befri, løslade; *he is* ~ **to** *do so* det står ham frit for at gøre det; *make* ~ **use** *of sth* benytte sig af noget i stor udstrækning; **be** ~ **with,** *se 3, 5;* **make** ~ **with** *sth* skalte og valte med noget; tage sig friheder med noget; forgribe sig på noget; blande sig i noget; *make ~ with sby* tage sig friheder over for en.
freebie ['fri:bi:] *sb (am* S) noget man får gratis; fribillet; gave; *adj* gratis.
free|board *(mar)* fribord, dækshøjde. **-booter** fribytter. **-booting** fribytteri. **-born** *adj* fribåren. ~ **church** frikirke.
freedman ['fri:dmæn] *sb* frigiven (slave).
freedom ['fri:dəm] *sb* **1.** *(cf II. free 1, 2, 3)* frihed *(from* for), utvungenhed, tvangfrihed, åbenhed, ligefremhed; *(neds)* familiaritet, dristighed, frækhed, tøjlesløshed; **2.** forrettighed, privilegium; frihedsrettighed; *the four -s* de fire frihedsgoder (frihed for mangel og frygt, talefrihed og religionsfrihed); ~ **from** *taxation* skattefrihed; *have (, receive) the* ~ **of** *a city* være (, blive udnævnt til) æresborger i en by; *I had (, he gave me) the ~ of the library* jeg havde (, han gav mig) fri adgang til biblioteket; jeg kunne frit benytte biblioteket; **take** *-s with* tage sig friheder over for.
freedom fighter frihedskæmper.
free enterprise det private initiativ.
free fight, free-for-all *sb* T almindeligt håndgemæng, almindeligt slagsmål.
free|hand *adj* frihånds- *(fx -hand drawing* frihåndstegning). ~ **-handed** *adj* rundhåndet, gavmild. ~ **-hearted** *adj* åbenhjertig; ædelmodig. **-hold** selvejendom, selveje. **-hold flat** ejerlejlighed. ~ **house** pub (,kro) der ikke ejes af et bryggeri. ~ **kick** frispark (i fodbold). ~ **labour** uorganiseret arbejdskraft.
freelance ['fri:la:ns] *sb* løsgænger; free-lance journalist; *(hist.)* lejesoldat.
free| list friliste. ~ **liver** bonvivant, levemand. **-loader** S nasser; snyltegæst, gratist; en der spiser (, rejser *etc)* for firmaets regning.
freely ['fri:li] *adv* frit *(etc, se II. free); live too* ~ leve for flot; *he availed himself ~ of the permission* han benyttede sig i udstrakt grad af tilladelsen.
free|man ['fri:mən] fri mand; (fuldberettiget) borger; æresborger. **-mason** ['fri:meisn] frimurer. **-masonry** frimureri.
free|port frihavn. ~**-range** *adj* (om høns) som får lov til at gå frit omkring; ~ *range eggs* skrabeæg. ~ **speech** ytringsfrihed. ~ **-spoken** *adj* åbenhjertig, fri i sin tale. **-stone** letbearbejdelig (kalk- *el.* sand)sten. **-style** fri svømning; fri brydning. **-thinker** fritænker. **-thinking** *adj* fritænkerisk; *sb* fritænkeri. ~ **thought** fritænkeri. ~ **trade** frihandel. ~ **trader** frihandelsmand. ~ **vote** *(parl)* afstemning hvor medlemmerne er stillet frit. **-way** *(am)* (afgiftsfri) motorvej *(cf turnpike).* **-wheel** *sb* frihjul; *vb* køre på frihjul.
freeze [fri:z] *vb (froze, frozen)* fryse; stivne (af kulde), være (, blive) iskold; stivne, forholde sig helt ubevægelig; (med objekt) nedfryse; få til at fryse; bedøve ved hjælp af kulde, nedkøle; fastfryse *(fx prices);* indefryse, spærre (tilgodehavende); *sb* stop, stabilisering *(fx wage ~);* ~ *one's blood* få ens blod til at isne; ~ *on to* S hage sig fast i; ~ *sby out* fryse en ud; ~ *over* fryse til; ~ *to death* fryse ihjel.
freeze|dry ['fri:z'drai] *vb* frysetørre ~ **frame** (i film) frysning.
freezer ['fri:zə] *sb* fryseapparat, ismaskine; fryseboks; dybfryser.

freeze-up ['fri:zʌp] *sb* T frostperiode; tilfrysning.
freezing ['fri:ziŋ] *adj* iskold.
freezing| mixture kuldeblanding, fryseblanding. ~ **plant** fryseanlæg. ~ **point** frysepunkt.
freight [freit] *sb* fragt; ladning, gods; fragtpenge; befordring; *vb* laste, fragte.
freightage ['freitidʒ] *sb* fragt.
freight car *(am)* godsvogn.
freighter ['freitə] *sb* befragter, fragtmand; *(mar)* fragtskib; *(flyv)* transportfly(vemaskine).
freight train *(am)* godstog.
French [frenʃ] *sb, adj* fransk; *the* ~ franskmændene; *pardon my* ~ undskyld jeg bander.
French| bean snittebønne, haricot vert. ~ **chalk** skrædderkridt. ~ **door** fransk dør. ~ **fried potatoes,** ~ **fries** pommes frites. ~ **horn** valdhorn.
frenchify ['frenʃifai] *vb* forfranske; danne efter fransk mønster.
French| kiss tungekys. ~ **leave:** *take* ~ *leave* forsvinde i stilhed; stikke af uden at tage afsked. ~ **letter** T kondom, præservativ. ~ **loaf** flute. **-man** franskmand. ~ **polish** møbelpolitur. ~ **roll** *(omtr)* giffel. ~ **roof** mansardtag. ~ **rose** *(bot)* eddikerose. ~ **window** glasdør (ud til have *el.* altan). **-woman** fransk kvinde.
frenetic [fri'netik] *adj* = *frenzied.*
frenzied ['frenzid] *adj* drevet til vanvid, afsindig, rasende, vild. **frenzy** ['frenzi] *sb* vanvid, raseri, afsindighed; raserianfald; *a* ~ *of preparations* hektiske forberedelser.
frequency ['fri:kwənsi] *sb* hyppighed; frekvens.
frequency modulation (radio) frekvensmodulation.
I. frequent ['fri:kwənt] *adj* hyppig.
II. frequent [fri'kwent] *vb* besøge, søge (hyppigt), komme tit i (, på), holde til i (, på).
frequentation [fri:kwən'teiʃn] *sb* hyppigt gentagne besøg.
frequentative [fri'kwentətiv] *sb, adj (gram)* frekventativ.
frequently ['fri:kwəntli] *adv* tit, hyppigt.
fresco ['freskəu] *sb* maling på våd kalk, freskomaleri; *vb* male al fresco; *paint in* ~ *(el. al* ~*)* male al fresco.
fresh [freʃ] *adj* frisk; ny *(fx facts, supplies);* sund, blomstrende *(fx beauty, complexion);* livlig; fersk *(fx water);* T uerfaren, 'grøn'; fræk; nærgående; *sb* bæk; oversvømmelse, højvande; *as* ~ *as a daisy, as* ~ *as paint* frisk, kvik, livlig; *begin a* ~ *chapter* begynde et ny kapitel; ~ *from* lige kommet fra; ~ *from school* lige fra skolebænken; *break* ~ *ground* bryde nye baner; ~ *meat* frisk (, fersk) kød; ~ *paint* våd maling, (på skilt) 'nymalet'.
fresh breeze kuling.
freshen [freʃn] *vb* friske op, stramme op; gøre fersk; udvande; blive frisk; blive fersk; *(mar)* (om reb) friske; ~ *up* friske op; friske sig op.
fresher ['freʃə] *sb* S rus (første års student).
freshet ['freʃit] *sb* pludselig oversvømmelse; bæk, å.
fresh gale hård kuling.
freshly ['freʃli] *adv* frisk; ~ *painted* nymalet.
freshman ['freʃmən] *sb* rus (første års student).
freshwater ['freʃwɔ:tə] *adj* ferskvands-; ~ *sailor* bolværksmatros.
I. fret [fret] *vb* ærgre, irritere, gøre bekymret *(fx the uncertainty -ted him);* ærgre sig, være irriteret (, bekymret) *(fx he -ted about the situation);* beklage sig; (om barn) klynke; (beskadige:) gnave på, gnide *(el.* slide) i stykker *(fx the rope was -ted by the movement of the boat),* (om reb *ogs, mar)* skamfile; gnides, slides; (især om syre) tære (på), æde (sig ind i); (om vand) kruse (sig), sætte(s) i bevægelse; ~ for længes utålmodigt efter; ~ *and fume* være ærgerlig (, nervøs, bekymret).
II. fret [fret] *sb (cf I. fret)* ærgrelse, irritation, uro, bekymring; gnaven, gniden, slid; tæren; hudløst sted, udslæt; (på vand) krusning; (mønster:) a la grecque ornament; (på guitar *etc)* bånd.
fretful ['fretf(u)l] *adj* irritabel, pirrelig; irriteret, gnaven; (om barn) klynkende.
fret saw ['fretsɔ:] *sb* løvsav.
fretwork ['fretwə:k] *sb* løvsavsarbejde, udskåret arbejde.
Freudian ['frɔidiən] *adj* som angår Freud og hans værk, freudsk; *sb* freudianer.
F.R.G.S. *fk Fellow of the Royal Geographical Society.*
Fri. *fk Friday.*
friability [fraiə'biləti] *sb* løshed; sprødhed, skørhed.
friable ['fraiəbl] *adj* løs, sprød, skør; (om jord) smuldrende, bekvem.
friar ['fraiə] *sb* klosterbroder, (tigger)munk.
friar's balsam benzoetinktur.
friary ['fraiəri] *sb* munkekloster.
fribble [fribl] *vb (glds)* fjase; *sb* nar; laps.
fricandeau ['frikəndəu] *(pl fricandeaux* ['frikəndəuz]) *sb* frikandeau.
fricassee [frikə'si:] *sb* frikassé.
fricative ['frikətiv] *sb (fon)* frikativ, hæmmelyd.
friction [frikʃn] *sb* gnidning, strygning, friktion; frottering; gnidningsmodstand.
frictional ['frikʃn(ə)l] *adj* gnidnings-, friktions-.
Friday ['fraidi, 'fraidei] fredag.
fridge [fridʒ] *sb* T køleskab (af *refrigerator).*
fried [fraid] *præt* og *pp* af *fry;* ~ *egg* spejlæg.
friend [frend] *sb* ven, veninde; bekendt, ledsager; forretningsforbindelse; *have a* ~ **at** *court* have fine forbindelser, T have fanden til oldemor; **make** *a* ~ *of* slutte venskab med; *make -s again* blive (, være) gode venner igen, forlige sig; *make -s easily* have let ved at få venner; **my** *honourable* ~ (svarer til) det ærede medlem (om et andet medlem af Underhuset); *my learned* ~ min ærede kollega (om en anden advokat); *a* ~ **of** *mine (, my father's)* en ven af mig (, af min far); *the Society of Friends* vennernes samfund, kvækerne; *he is no* ~ **to** *me* han er mig ikke venligsindet; *be -s* **with** være gode venner med; *make -s with* slutte venskab med.
friendless ['frendləs] *adj* venneløs.
friendly ['frendli] *adj* venskabelig; venligsindet; venlig; hjælpsom; gunstig *(fx a* ~ *breeze); the Friendly Islands* Venskabsøerne; *a* ~ *shower* en velgørende regn; ~ *Society* gensidig understøttelsesforening.
friendship ['fren(d)ʃip] *sb* venskab.
frieze [fri:z] *sb (arkit)* frise; (groft uldstof:) fris, vadmel.
frig [frig] *vb (vulg)* onanere; kneppe; ~ *about* tosse rundt.
frigate ['frigət] *sb (mar)* fregat. **frigate bird** *zo* fregatfugl.
fright [frait] *sb* skræk, frygt; forskrækkelse; T *(fig)* rædsel *(fx that hat is a* ~*); he looks a perfect* ~ han ser frygtelig ud, han ligner et fugleskræmsel; *you gave me such a* ~ ih, hvor gjorde du mig bange; *take* ~ blive forskrækket.
frighten [fraitn] *vb* forskrække, skræmme; gøre bange; ~ *him out of doing it* skræmme ham fra at gøre det; ~ *her out of her life* skræmme livet af hende; *-ed (ogs)* bange, forskræmt; *he was more -ed than hurt* han slap med skrækken; *be -ed of* være bange for.
frightener ['fraitənə] *sb: put the -s on* S jage en skræk i livet, true.
frightful ['fraitf(u)l] *adj* skrækkelig.
frigid ['fridʒid] *adj* kold, iskold; *(fig)* kølig; formel *(fx politeness);* (seksuelt:) frigid; *the* ~ *zone* den kolde zone.
frigidity [fri'dʒiditi] *sb* kulde; frigiditet.
frill [fril] *sb* kruset *(el.* rynket) strimmel, pibestrimmel,

flæse; kruset manchet; *-s pl* ekstra pynt, luksus; *(fig)* falbelader, dikkedarer; udenomssnak; frynser; flæser; *vb* kruse, rynke, pibe; *-s and furbelows* pynt og stads; *put on -s* gøre sig vigtig; skabe sig. **frilling** *sb* strimler *(etc, cf frill)*.

frilly ['frili] *adj* kruset.

fringe [frin(d)ʒ] *sb* frynse; krans (af hår *etc)*, pandehår; (yderste) rand, udkant; *(fig)* yderliggående *(el.* perifer) gruppe, 'overdrev'; *adj* marginal-; perifer *(fx occupation);* som befinder sig ude på overdrevet, utraditionel; *vb* ligge langs randen af *(fx villas that ~ the cliff);* besætte med frynser; *on the ~ of the forest (, crowd)* i udkanten af skoven (, menneskemængden).

fringe| benefits *pl* indirekte løngoder, T frynsegoder. **~ group** yderliggående *(el.* perifer) gruppe. **-tail** *zo* slørhale. **~ theatre** *(omtr =)* avantgardeteater.

frippery ['fripəri] *sb* overflødig pynt, dikkedarer; dingeldangel.

'Frisco ['friskəu] *fk San Francisco.*

Frisian ['friziən] *adj* frisisk; *sb* frisisk; friser.

frisk [frisk] *vb* springe, hoppe, boltre sig; vifte med; S kropsvisitere; gennemsøge; *sb* spring, hop; *~ him of money* S stjæle penge op af lommen på ham.

frisky ['friski] *adj* overgiven, livlig, sprælsk.

frit [frit] *sb* fritte, glasmasse; *vb* fritte, smelte.

frith [friθ] *sb* fjord.

fritillary [fri'tiləri] *sb (bot)* vibeæg; *zo* perlemorsfugl.

I. fritter ['fritə] *sb* kød (, frugt *etc)* indbagt i beignetdej; *apple -s* æblesnitter indbagt i pandekagedej.

II. fritter ['fritə] *vb* fjase, fjase bort; *~ away* formøble, klatte væk *(fx one's money)*, sløse bort *(fx one's time)*.

frivol [frivl] *vb* pjanke; bortødsle.

frivolity [fri'vɔliti] *sb* tosseri, overfladiskhed, mangel på alvor.

frivolous ['friv(ə)ləs] *adj* betydningsløs, overfladisk, intetsigende, pjanket, fjantet; *be ~* (også) fjante, fjase.

friz(z) [friz] *sb* krøl, krus; *vb* krølle, kruse.

frizzle [frizl] *vb* krølle, kruse; stege, brase, sprutte; *sb* krøl.

frizzy ['frizi] *adj* kruset, purret; (om tøj) nopret.

fro [frəu] *adv: to and ~* frem og tilbage.

frock [frɔk] *sb* bluse, busseronne; kittel; blusekjole, barnekjole; (dame)kjole; munkekutte.

frock coat diplomatfrakke.

frog [frɔg] *sb zo* frø; (på tøj) kvast; snorebesætning; *(mil.)* sværdtaske (til bajonet), sabelgehæng; (i hestehov) stråle; (på violinbue) frosch; *(jernb)* hjertestykke (ved krydsspor); (til blomster i vase) pindsvin; *(neds)* franskmand; *have a ~ in the throat* T have en tudse i halsen (ɔ: være hæs).

frog|bit *(bot)* frøbid. **-eater** *(neds)* franskmand. **-fish** *zo* tudsefisk.

frogged [frɔgd] *adj* snorebesat.

frog|hopper *zo* skumcikade. **-man** ['frɔgmən] frømand, svømmedykker. **-march** *vb* bære *(fx* en beruser) i arme og ben med ansigtet nedad.

frolic ['frɔlik] *sb* lystighed, spøg; *vb* være lystig, lave sjov; *adj (poet)* lystig.

frolicking ['frɔlikiŋ], **frolicsome** ['frɔliksəm] *adj* lystig.

from [frəm, (betonet) frɔm] *præp* fra, ud fra; på grund af *(fx absent ~ illness)*, af *(fx learn ~ experience, cry ~ pain)*, (at dømme) efter; (se også *conclude, defend, II. draw, III. hide, II. judge, prevent etc);*

~ above ovenfra; *~ afar* langt borte fra; *~ all he had heard* efter alt hvad han havde hørt; *~ behind* bagfra; *he stepped out ~ behind the tree* han trådte frem fra træet (bag hvilket han havde været); *~ beneath* nede fra; fra undersiden af; *~ a child, ~ childhood* fra barndommen af; *~ home* ikke hjemme, hjemmefra; *~ outside* udefra; *safe ~* sikker mod; *~ time to time* fra tid til anden.

frond [frɔnd] *sb (bot)* bregneblad; palmeblad.

I. front [frʌnt] *sb* forside, front; forreste række; (af hus) facade; (ved badested) promenade; *(teat: ~ of house)* tilskuerplads, tilskuerrum; *(mil., meteorol etc)* front; (af skjorte) forstykke; løst skjortebryst; (i kjole) indsats; (om hår) falsk pandehår; *(fig)* ydre, mine *(fx a calm ~, a brave ~)*, holdning; T frækhed, uforskammethed *(fx he had the ~ to deny everything);* skalkeskjul *(fx the shop was a ~ for (ogs:* skulle dække over) *foreign agents)*, camouflage; *(am)* topfigur, stråmand; *(glds)* pande, ansigt;

change ~ *(mil.)* foretage en frontforandring; *(fig)* ændre signaler; **in ~** fortil, foran, forrest; *in ~ of* foran; *in ~ of the children* i børnenes påhør *(el.* nærværelse); **out ~** *(teat)* i salen (og foyererne); **put** *on (el. up) a ~* stille sig an; *don't put on a ~ that is not your own* prøv ikke på at være anderledes end du er; *put on (el. keep up el. show) a bold ~, put a bold ~ on it* lade som ingenting; lade ganske uberørt; *bring* **to** *the ~* bringe frem i første række; *come to the ~* komme frem i første række, træde i forgrunden, slå igennem; *go to the ~* tage til fronten (ɔ: krigsskuepladsen); *out ~ (teat)* i tilskuerrummet.

II. front [frʌnt] *vb* gøre front imod; vende facaden imod.

III. front [frʌnt] *adj* forrest, for- *(fx wheel)*, front-; *(fon)* fortunge-; *eyes ~!* se lige ud!

frontage ['frʌntidʒ] *sb* facade.

I. frontal [frʌntl] *sb* facade; pandebånd; omslag på pande eller hoved; *(arkit)* frontale, alterbordsforside.

II. frontal [frʌntl] *adj* frontal *(fx a ~ attack);* front-; vendt mod tilskueren; *(anat)* pande- *(fx bone)*.

front| bench: *the ~ bench* den forreste bænk (i Underhuset: ministerbænken *el.* oppositionens forreste bænk hvor lederne sidder). **~ door** gadedør, hoveddør. **~ fender** *(am)* forskærm. **~ garden** forhave. **~ gate** port; hovedport. **~ hair** forhår. **~ hall** forstue, entré.

frontier ['frʌntiə, *(am)* frʌn'tir] *sb* grænse, statsgrænse; *the Frontier (am, hist.)* kolonisationsgrænsen (mod vest).

frontispiece ['frʌntispi:s] *sb (typ)* vignet; *(arkit)* frontispice.

frontlet ['frʌntlət] *sb* pandebånd.

front| man *(am)* stråmand, topfigur; udråber. **~ matter** *(typ)* titelark. **~ office** S administrationskontor, direktørkontor; *(fig)* ledelse. **~ -office** *adj* ledende; som stammer fra (, foretages af) ledelsen *(fx ~-office decisions)*. **~ page** forside. **-page copy** forsidestof. **~ parlour** stue ud til gaden. **~ rank** første række. **~ room** værelse til gaden. **~ stairs** *pl* hovedtrappe. **~ tooth** fortand. **~ wheel** forhjul; *(flyv)* næsehjul. **~ -wheel drive** forhjulstræk. **~ vowel** fortungevokal.

frost [frɔst] *sb* frost; rim; *(fig)* kulde, kølighed (i optræden); T skuffelse, fiasko *(fx the play turned out a ~);* *vb* skade ved frost; dække med rim; brodde (hestesko); glasere (kage); mattere (glas); *-ed over* (om rude) opfrossen.

frost|bite *sb* forfrysning, frost (i fødderne *osv)*. **-bitten** *adj* angrebet af frost. **-bound** *adj* frosset (fast), indefrosset. **-ing** *sb* (på kage) glasur; (på glas) mattering. **~ nail** brodde (til hestesko). **~ pocket** *(forst)* frosthul. **-proof** *adj* frostfri. **-work** isblomster.

frosty ['frɔsti] *adj* frossen, frost-; kold; dækket med rim; *(fig)* kølig *(fx welcome); ~ mist* rimtåge.

froth ['frɔθ] *sb* fråde, skum; *(fig)* tom snak, gas; *vb* få til at skumme; fråde; skumme.

frothblower ['frɔθbləuə] *sb* T bægersvinger.

frothy ['frɔθi] *adj* skummende; *(fig)* tom, intetsigende.

Froude [fru:d].

frou-frou ['fru:fru:] *sb* raslen (af silke); overdreven pynt.

frow [frau] *sb* (hollandsk) kvinde.
froward ['frəuəd] *adj (glds)* genstridig, egensindig.
I. frown [fraun] *vb* rynke panden, se mørk *el.* truende ud; ~ *on* misbillige *(fx gambling);* ~ *at sby* se bistert på en.
II. frown [fraun] *sb* panderynken; rynket pande; mørk mine, truende blik.
frowningly ['frauniŋli] *adv* med rynket pande; med truende blik; vredt.
frowsty ['frausti] *adj* indelukket, beklumret.
frowzy ['frauzi] *adj* snavset, sjusket; indelukket, beklumret.
froze [frəuz] *præt* af *freeze.*
frozen ['frəuzn] *pp* af freeze; ~ *zone* kold zone; ~ *credit* indefrossen kredit; ~ **frame** (i film) frysning.
F.R.S. *fk Fellow of the Royal Society.*
F.R.S.A. *fk Fellow of the Royal Society of Arts.*
fructiferous [frʌk'tif(ə)rəs] *adj* frugtbærende.
fructification [frʌktifi'keiʃn] *sb (bot)* frugtsætning; befrugtningsorganer.
fructify ['frʌktifai] *vb* bære frugt; *(fig)* virke befrugtende på, inspirere.
fructose ['frʌktəus] *sb* frugtsukker.
frugal [fru:gl] *adj* mådeholden, sparsommelig, økonomisk; beskeden, tarvelig, nøjsom.
frugality [fru'gæliti] *sb* sparsommelighed; beskedenhed, tarvelighed, nøjsomhed.
fruit [fru:t] *sb* frugt; *(fig)* udbytte, følge, resultat; *(am* S*)* bøsse; *vb* bære frugt; *forbidden* ~ *is sweet* forbuden frugt smager bedst; *first -s* førstegrøde.
fruitcake *sb* plumkage; S skør kule.
fruiter ['fru:tə] *sb* frugtskib; *a poor* ~ (frugt)træ der bærer dårligt.
fruiterer ['fru:tərə] *sb* frugthandler.
fruit| fly bananflue. **-ful** [-f(u)l] *adj* frugtbar *(fx soil; cooperation);* frugtbringende; udbytterig; *-ful of (el. in)* rig på.
fruition [fru'iʃn] *sb* nydelse; brug; opfyldelse *(fx of hopes);* virkeliggørelse *(fx of plans); come to* ~ sætte frugt; *the scheme did not come to* ~ *(ogs)* planen blev ikke realiseret.
fruitless ['fru:tləs] *adj* ufrugtbar; forgæves, frugtesløs.
fruit| machine T spilleautomat. ~ **salad** frugtsalat; S sildesalat (ɔ: ordener). ~ **tree** frugttræ.
fruity ['fru:ti] *adj* frugtagtig; med frugtsmag; (om vin) med druesmag; *(fig* T*)* fræk, 'saftig' *(fx anecdotes);* (om stemme) klangfuld, blød, honningsød.
frumentaceous [fru:mən'teiʃəs] *adj* kornagtig, korn-.
frumenty ['fru:mənti] *sb* hvedevælling.
frump [frʌmp] *sb* dårligt (, ufikst, smagløst *el* gammeldags) klædt kvinde.
frustrate [frʌ'streit, 'frʌstreit] *vb* krydse, kuldkaste, tilintetgøre, forpurre (planer); modarbejde, bringe til at mislykkes; skuffe, narre. **frustrated** *adj* skuffet, utilfredsstillet; *(psyk)* frustreret.
frustration [frʌ'streiʃn] *sb* nederlag, skuffelse; *(psyk)* frustration; *(cf frustrate)* kuldkastelse, tilintetgørelse.
frustum ['frʌstəm] *sb* søjletromle; ~ *of a cone* keglestub.
frutescent [fru:'tesnt] *adj (bot)* buskagtig.
fruticose ['fru:tikəus] *adj (bot)* buskagtig.
I. fry [frai] *vb* stege på pande; blive stegt, brase; *sb* stegt mad; *(pig's* ~*)* stegt indmad.
II. fry [frai] *sb* fiskeyngel; småunger; *small* ~ småfisk; ubetydeligheder; småfolk, børn.
frying pan stegepande; *out of the* ~ *into the fire* fra asken i ilden.
ft. *fk feet, foot.*
fubsy ['fʌbzi] *adj* T lille og tyk, kvabset; undersætsig.
fuchsia ['fju:ʃə] *sb (bot)* fuchsia, Kristi bloddråbe.
fuchsine ['fu:ksi:n] *sb* fuchsin, rødt anilinfarvestof.
fuck [fʌk] *(vulg) vb* kneppe; *sb* kneppen; knald; *be a good* ~ kneppe godt; ~ *about (el. around)* drive den af; nosse rundt; ~ *sby about (el. around)* pisse på én; *I don't give a* ~ det rager mig en skid; ~ *it!* gid satan havde det; ~ *off!* skrub af! gå ad helvede til! ~ *over* (udnytte); ~ *up* (ødelægge, spolere).
fuck-all ikke en skid.
fucker ['fʌkə] *sb* (skældsord, *vulg)* skiderik.
fucking ['fʌkiŋ] *adj (vulg)* satans, helvedes, forpulet.
fuddle [fʌdl] *vb* drikke fuld; *sb* forvirring, omtåget tilstand. **fuddled** *adj* beruset, omtåget.
fuddy-duddy ['fʌdi'dʌdi] *sb* T gammelt nussehoved.
fudge [fʌdʒ] *sb* sidste nyt indsat i avis på særlig plads; slags blød karamel; *vb* opdigte; forfalske; brygge sammen; fuske; knibe udenom; ~*!* (let *glds)* sludder!
fuel ['fjuəl] *sb* brænde, brændsel, brændstof; *vb* forsyne med brændsel; indtage brændstof; *add* ~ *to the flames (fig)* puste til ilden, gyde olie i ilden.
fuel| cell brændselscelle. ~ **oil** brændselsolie. ~ **pump** benzinpumpe, brændstofpumpe.
fug [fʌg] *sb* indelukkethed, beklumrethed; dårlig luft, lugt, os, hørm.
fugacious [fju'geiʃəs] *adj* flygtig, forgængelig.
fuggy ['fʌgi] *adj* indelukket, beklumret, lugtende.
fugitive ['fju:dʒitiv] *adj* flygtet, bortløben; *(fig)* flygtig, kortvarig; efemer; (om farve) uægte; *sb* flygtning; ~ *verses* lejlighedsdigtning.
fugleman ['fju:glmæn] *sb* mønster, forbillede, leder.
fugue [fju:g] *sb* fuga; *(med.)* omflakken i en tågetilstand.
fulcra ['fʌlkrə] *pl* af *fulcrum.*
fulcrum ['fʌlkrəm] *sb (pl fulcra)* støtte; støttepunkt; (om)drejningspunkt, understøttelsespunkt (på vægtstang); underlag under løftestang.
fulfil [ful'fil] *vb* opfylde *(fx a promise, the conditions, a prayer);* udføre *(fx a task, an order);* fuldbyrde; ~ *oneself* realisere sig selv; realisere sine muligheder; ~ *a promise* indfri *(el.* opfylde) et løfte. **fulfilling** *adj* (dybt) tilfredsstillende *(fx life, work).* **fulfilment** [ful'filmənt] *sb* opfyldelse, udførelse, fuldbyrdelse.
fulgent [fʌldʒnt] *adj* glansfuld, strålende.
fulgurant ['fʌlgjurənt] *adj* glimtende, lynende.
fuliginous [fju:'lidʒinəs] *adj* sodet, mørk.
I. full [ful] *adj* fuld; opfyldt, T mæt; hel *(fx a* ~ *hour),* fuldstændig, uindskrænket; fyldig *(fx figure);* indholdsrig *(fx he leads a* ~ *life);* (om tøj) vid; *adv* helt, fuldt; lige;

I like a coat made ~ *across the chest* jeg kan godt lide en frakke med god vidde over brystet; ~ *brothers and sisters* helsøskende; *his heart was* ~ *(ogs)* han var overvældet; *be* ~ **in** *the face* have et fyldigt ansigt; *look sby* ~ *in the face* se en lige i ansigtet; *in* ~ fuldt ud; helt ud; *name in* ~ fulde navn; *pay in* ~ betale helt ud; *receipt in* ~ saldokvittering; ~ **of** *days* mæt af dage; ~ *of one's subject* stærkt optaget af sit emne; ~ **out** for fuld fart; **to** *the* ~ i fuldt mål, fuldstændig, fuldt ud; ~ **up** optaget, fuldt.
II. full [ful] *vb* (om tøj) valke, stampe; kunne valkes.
full| age myndighedsalder; *of* ~ *age* myndig. **-back** back (i fodbold). ~ **binding** helbind. ~ **-blooded** *adj* fuldblodig, fuldblods; blodrig; kraftig; lidenskabelig. ~ **-blown** *adj* helt udsprunget; *(fig)* fyldig, moden; fuldt udviklet, færdig *(fx plans).* ~ **board** helpension. ~ **-bodied** *adj* svær; fyldig. ~ **-bottomed wig** allongeparyk. ~ **-bound** *adj* indbundet i helbind. ~ **-cream cheese** fuldfed ost.
full dress galla, stort toilette, festdragt.
full-dress *adj* galla-; *(fig ogs)* med alt hvad der hører sig til; gennemgribende *(fx investigation);* ~ *debate* betydningsfuld (underhus)debat.
fuller ['fulə] *sb* valker, stamper; *fuller's earth* valkejord.
fullery ['fuləri] *vb* valkeri, stampeværk.

full|**-face** *adv* med ansigtet vendt mod tilskueren; en face; *(typ)* fed skrift. ~ **-faced** *adj* med rundt fyldigt ansigt. ~ **-fledged** ['ful'fledʒd] *adj* flyvefærdig; *(fig)* færdiguddannet; fuldt færdig. ~ **-frontal** *adj* set forfra helt nøgen; *(fig)* utilsløret, uden at noget er udeladt. ~ **-grown** *adj* voksen, helt udvokset. ~ **house** optaget, alt udsolgt; (i poker) fuldt hus.

full-length ['ful'leŋθ] *adj, adv* i hel figur *(fx a ~ portrait);* i hele sin længde; uforkortet; *fall ~* falde så lang man er; ~ *play* helaftensstykke.

full milk sødmælk.

fullness ['fulnəs] *sb* fylde; mæthed; (om tøj) vidde; *in the ~ of time* når tidens fylde kommer; *write with great ~* skrive meget udførligt.

full|**-page** *adj* helsides. ~ **-rigged** *adj (mar)* fuldrigget. ~ **-scale** *adj* i naturlig størrelse, i legemsstørrelse; *(fig)* total; fuldstændig. ~ **-size** *adj* i legemsstørrelse. ~ **-skirted** *adj* med vide skørter. ~ **-time** *adj* heltids-; heldags-. ~ **-timer** heltidsbeskæftiget, heldagsbeskæftiget.

fully ['fuli] *adv* fuldt, fuldstændigt, helt, ganske; udførligt; ~ *ten days* hele *(el.* samfulde) ti dage.

fully-fashioned ['fuli'fæʃənd] *adj* fuldfashioneret.

fulmar ['fulmə] *sb zo* isstormfugl, mallemuk.

fulminant ['fʌlminənt] *adj (med.)* fulminant, pludselig og voldsom.

fulminate ['fʌlmineit] *vb* lyne og tordne; brage; eksplodere; lade eksplodere; *(fig)* rase, tordne, udslynge bandstråle (imod); *sb* knaldsalt; ~ *of mercury* knaldkviksølv.

fulminating mercury knaldkviksølv.

fulmination [fʌlmi'neiʃn] *sb* lynen og tordnen, bragen, rasen, tordnen; fordømmelse, bandstråle; *-s pl (ogs)* tordentaler.

fulminic acid [fʌl'minik 'æsid] knaldsyre.

fulness se *fullness.*

fulsome ['fulsəm] *adj (neds)* overdreven, vammel; servil; ~ *flattery* grov smiger; ~ *praise* skamros.

fulvous ['fʌlvəs] *adj* gulbrun.

fumble ['fʌmbl] *vb* famle, fumle, rode *(for* efter); lege *(with* med), pille *(with* ved); (i talen) stamme; (med objekt) tage kluntet på, fumle med, kludre med, forkludre; tabe (en bold); ~ *out* fremstamme.

fume [fju:m] *sb* røg; *-s pl* dampe, dunster; *vb* ryge; dampe, ose; *(fig)* rase, skumme, fnyse; (om træ) farve mørk; behandle med røgbejdse; *be in a ~* være opbragt, skumme, rase; ~ *away* fordampe; dunste bort.

fume cupboard *(kem)* stinkskab.

fumigate ['fju:migeit] *vb* ryge, desinficere ved røg.

fumigation [fju:mi'geiʃn] *sb* desinfektion.

fuming ['fju:miŋ] *adj* rygende, dampende, osende; *(fig)* rasende, skummende af raseri.

fumitory ['fju:mi:t(ə)ri] *sb (bot)* jordrøg.

fun [fʌn] *sb* morskab, sjov; *vb* lave sjov, lave skæg; spøge; ~ *and games* S skæg og ballade; *for ~, in ~* for spøg, for sjov; *like ~ I will!* S vel vil jeg ej! *I do not see the ~ of it* jeg kan ikke se det morsomme ved det; *have some ~* more sig; *make ~ of sby, poke ~ at sby* gøre grin med en; *he is great ~* han er vældig sjov.

funambulist [fju'næmbjulist] *sb* linedanser.

function [fʌŋ(k)ʃn] *sb* funktion, virksomhed, bestilling, hverv, embedspligt; fest, højtidelighed, officielt arrangement; *vb* fungere; virke.

functional ['fʌŋ(k)ʃn(ə)l] *adj* funktions-, embedsmæssig; *(ogs med.)* funktionel; *(arkit)* funktionalistisk.

functionalism ['fʌŋ(k)ʃn(ə)lizm] *sb* funktionalisme.

functionalist ['fʌŋ(k)ʃn(ə)list] *sb* funktionalist; *adj* funktionalistisk.

functionary ['fʌŋ(k)ʃn(ə)ri] *adj (med.)* funktionel; *sb* funktionær.

fund [fʌnd] *sb* fond, kapital; *vb* anbringe i statsobligationer; konvertere til langfristet lån, gøre uamortisabel; *-s pl (ogs)* statspapirer, obligationer; offentlige midler; *have money in the -s* have penge anbragt i statsobligationer; *be in -s* være godt beslået (med penge); *no -s* (om check) ingen dækning.

fundament ['fʌndəmənt] *sb* bagdel, ende.

fundamental [fʌndə'mentl] *adj* fundamental, principiel *(fx ~ questions; of ~ importance),* grundlæggende, grund-; *sb* grundlag, grundtræk; *(mus.)* grundtone; *-s pl* grundbegreber, grundprincipper.

fundamentalism [fʌndə'ment(ə)lism] *sb (rel)* fundamentalisme, den lære der anser Bibelen som guddommelig dikteret og derfor ufejlbarlig.

fundamentally [fʌndə'ment(ə)li] *adj* i bund og grund, principielt, inderst inde.

funded ['fʌndid] *adj* anbragt i statsobligationer; ~ *debt* fast *(el.* konsolideret) statsgæld.

fund-raiser *sb* en der skaffer bidrag; selskab etc hvor deltagerne betaler bidrag til kampagne etc.

Funen ['fju:nən] Fyn.

funeral ['fju:nrəl] *sb* begravelse; *adj* begravelses-, lig-; *that is his ~* S det bliver hans sag.

funeral| **director** indehaver af begravelsesforretning. ~ **home** = ~ *parlor.* ~ **march** sørgemarch. ~ **parlor** *(am)* begravelsesforretning (med lokaler til afholdelse af begravelser). ~ **pile,** ~ **pyre** ligbål. ~ **sermon** ligtale.

funereal [fju'niəriəl] *adj* begravelses-; trist, sørgelig.

funerary ['fju:nrəri] *adj* begravelses-; grav-.

fun fair (omrejsende) tivoli, forlystelsespark.

fungi ['fʌŋgai] *pl* af *fungus.*

fungible ['fʌndʒəbl] *adj (jur)* ombyttelig.

fungicide ['fʌndʒisaid] *sb* svampedræbende middel.

fungoid ['fʌŋgɔid], **fungous** ['fʌŋgəs] *adj* svampeagtig.

fungus ['fʌŋgəs] *(pl fungi el. funguses) sb* svamp.

funicular [fju'nikjulə] *adj: ~ railway* tovbane, kabelbane.

funk [fʌŋk] *sb* T stor angst, skræk; fejhed; kryster, bangebuks; *vb* være bange (for); luske sig fra; *be in a (blue) ~* være (angst og) bange, være hundeangst; ~ *out* trække sig fejt tilbage, stikke af.

fun kart *(am)* legebil med motor.

funk hole dækningsrum; *(fig)* sikkert skjul; *bolt into a ~* krybe i et musehul.

funky ['fʌŋki] *adj* T hundeangst; fin, flot; S „fed".

funnel [fʌnl] *sb* tragt; skorsten (på dampskib og lokomotiv); *vb* lede (, passere) gennem en tragt; samle.

funnies ['fʌniz] *sb pl (am* S) tegneserier.

I. funny ['fʌni] *adj* **1.** morsom, sjov, pudsig; **2.** sær, besynderlig, løjerlig; underlig; mistænkelig; ~ *man,* se *funnyman; what a ~ thing to say* det var da en løjerlig bemærkning; *there is sth ~ about it* der er noget muggent (ɔ: mistænkeligt) ved det; *feel ~, go all ~* få en underlig fornemmelse, være (, blive) utilpas; *don't get ~ with me* du skal ikke lave numre med mig.

II. funny ['fʌni] *sb* lille robåd; (se også *funnies).*

funny|**bone** *sb* snurreben (i albuen) **-farm** S tosseanstalt. **-man** *sb* komiker; klovn.

fur [fə:] *sb* pels, skind; pelsværk; pelsvildt; (på tungen) belægning; (i kedel) kedelsten; *vb* fore med skind; (om tungen) belægge, blive belagt; (i byggeri) påfore; *make the ~ fly* stifte splid, volde ufred; komme i totterne på hinanden; skændes så det ryger om ørerne.

furbelow ['fə:biləu] *sb* garnering på damekjole; *-s pl* falbelader; *vb* pynte med garnering.

furbish ['fə:biʃ] *vb* polere, pudse; ~ *up (fig)* friske op, pudse op.

furcate ['fə:keit] *adj* gaffeldelt; *vb* blive gaffeldelt.

furcated ['fə:keitid] *adj* gaffeldelt.

furcation [fə:'keiʃn] *sb* gaffelform, forgrening.

fur coat pels, pelskåbe.

furious ['fjuəriəs] *adj* rasende.
furl [fə:l] *vb* rulle sammen; folde sammen, lukke (paraply, vifte); *(mar* om sejl) beslå.
furlong ['fə:lɔŋ] *sb* (vejmål, ⅛ *mile).*
furlough ['fə:ləu] *sb* orlov, permission; *vb* give orlov.
furnace ['fə:nis] *sb* ovn, smelteovn; ildsted, fyr; (i kedel) fyrkanal; ~ *coke* cinders.
furnish ['fə:niʃ] *vb* give *(fx particulars* detaljerede oplysninger), yde *(fx such education as the local schools could ~);* levere, skaffe *(fx proof of his innocence);* fremsætte *(fx an explanation);* udstyre; møblere; ~ sby **with** *sth* give (, levere) en noget; forsyne (, udruste) en med noget *(fx soldiers with uniforms);* udstyre en med noget; *-ed flat* møbleret lejlighed.
furnisher ['fə:niʃə] *sb* indehaver af boligmonteringsforretning.
furnishing fabrics *pl* boligtekstiler, møbelstoffer.
furnishings ['fə:niʃiŋz] *sb pl* boligudstyr, møbler; *(metal ~)* beslag; *(men's ~)* herreekvipering.
furniture ['fə:nitʃə] *sb* møbler, møblement; udstyr; tilbehør, inventar; beslag (på vindue); *(typ)* formatsteg; *a piece of* ~ et møbel; *(typ)* en *(el.* et) steg; *much* ~ mange møbler; *her mental* ~ hendes åndelige udrustning; ~ *van* flyttevogn.
furore [fjuə'rɔ:ri] *sb* begejstring; ophidselse, raseri, voldsom opstandelse.
furred [fə:d] *adj* pelsklædt; pelsforet; (om tungen) belagt; (om kedel) belagt med kedelsten.
furrier ['fʌriə] *sb* buntmager. **furriery** ['fʌriəri] *sb* pelsværk; pelshandel, buntmagerforretning.
furrow ['fʌrəu] *sb* plovfure; (i ansigt) (dyb) rynke, fure; *vb* fure.
furry ['fə:ri] *adj* pels-, pelsagtig, lodden; (se også *furred).*
fur seal *zo* pelssæl.
further ['fə:ðə] *adj, adv (komp* af *far)* fjernere, længere (borte); yderligere *(fx information);* mere *(fx what ~? nothing ~);* videre *(fx go ~);* endvidere *(fx I may ~ mention that ...); vb* fremme *(fx a cause),* befordre; *demand a ~ explanation* forlange en nærmere forklaring; *this is to go no ~* det bliver mellem os; (se også *II. fare); I'll see him ~ first* det kunne aldrig falde mig ind; jeg vil se ham hængt; han kan rende og hoppe; *until ~ notice* indtil videre; *wish him ~* ønske ham hen hvor peberet gror.
furtherance ['fə:ðərəns] *sb* fremme *(fx of popular education).*
further education undervisning efter skolegangens afslutning, (ikke-akademisk) videregående uddannelse, voksenundervisning.
Further India Bagindien.
furthermore *adv* desuden, endvidere.
furthermost *adv* fjernest.
furthest ['fə:ðist] *adj, adv (sup* af *far)* fjernest; længst (borte).
furtive ['fə:tiv] *adj* stjålen *(fx glance),* hemmelig(hedsfuld); snigende *(fx steps);* mistænkelig, lyssky.
furuncle ['fjuərʌŋkl] *sb* byld.
fury ['fjuəri] *sb* raseri; *Fury (myt)* furie; *like* ~ som rasende.
furze [fə:z] *sb (bot)* tornblad.
fuscous ['fʌskəs] *adj* mørk; brun.
fuse [fju:z] *vb* smelte, brænde over; *(fig)* sammensmelte, sammenslutte; *sb* lunte, tændsnor; (i granat, bombe) brandrør; *(elekt)* (smelte)sikring, prop; smeltetråd; *the light has -d (omtr)* der er sket en kortslutning.
fuse box sikringskasse.
fusee [fju:'zi:] *sb* stormtændstik; (i ur) spindel, snekke; *(am jernb)* signalblus; (se også *fuse sb).*
fusel [fju:zl]: ~ *oil* fuselolie.
fuselage ['fju:sila:ʒ] *sb* flyvemaskines skrog.
fuse wire *(elekt)* smeltetråd (til indsætning i sikring).
fusiform ['fju:zifɔ:m] *adj* tenformet.
fusilier [fju:z(ə)'liə] *sb* musketer; grenader.
fusillade [fju:zi'leid] *sb* geværsalve; *vb* skyde ned.
fusion [fju:ʒn] *sb* smeltning; sammensmeltning; *(fys)* fusion; ~ *bomb* fusionsbombe (især: brintbombe).
I. fuss [fʌs] *sb* larm, kvalm, ståhej, blæst; unødvendige ophævelser; overdreven opmærksomhed; forvirring; **make** *a* ~ gøre ophævelser, lave postyr, lave ballade; *make a ~ about trifles* hænge sig i bagateller; *make a great ~ of sby* gøre vældig stads af en.
II. fuss [fʌs] *vb* have travlt, vimse om; gøre ophævelser, lave vrøvl, bekymre sig om småting; gøre nervøs; ~ *about* vimse omkring; ~ *about (el. over) sby* pylre om en; gøre vældig stads af en; ~ *about (el. over) sth* gøre et stort nummer ud af noget, bekymre sig om noget; ~ *and fret* være nervøs og bekymret.
fuss|budget *(am* T), **-pot** T pernittengryn; nussehoved.
fussy ['fʌsi] *adj* nervøs, forvirret; travl, geskæftig; nøjeregnende, overdreven pertentlig; overlæsset; gnidret *(fx ornament).*
fust [fʌst] *sb* søjleskaft; muggen lugt.
fustian ['fʌstiən] *sb* (om tøj) bommesi; *(fig)* bombast, svulst; *adj* bombastisk, svulstig.
fustic ['fʌstik] *sb (bot)* gultræ.
fustigate ['fʌstigeit] *vb (spøg)* prygle.
fusty ['fʌsti] *adj* muggen, skimlet; *(fig)* antikveret, støvet, mosgroet.
fut *fk future.*
futile ['fju:tail, *(am)* fju:tl] *adj* forgæves, resultatløs, nytteløs, formålsløs, ørkesløs; intetsigende, tom, indholdsløs.
futility [fju:'tiləti] *sb* unyttighed, frugtesløshed, resultatløshed, forgæveshed, ørkesløshed; indholdsløshed, tomhed *(fx the ~ of his life).*
futtock ['fʌtək] *sb (mar)* pytting; ~ *shroud* pyttingvant.
future ['fju:tʃə] *adj* fremtidig, tilkommende; *sb* fremtid, *(gram ogs)* futurum; *-s pl (merk)* terminsforretninger; ~ *prospects* fremtidsudsigter; *for the ~* for fremtiden; *in ~* i fremtiden.
futurism ['fju:tʃərizm] *sb* futurisme.
futurist ['fju:tʃərist] *sb* futurist.
futurity [fju'tjuəriti] *sb* fremtid; fremtidig begivenhed; kommende tilstand.
futurology [fju:tə'rɔlədʒi] *sb* fremtidsforskning.
fuzz [fʌz] *sb* dun, småtrævler; S politibetjent, strømer; *the ~* S politiet, strømerne.
fuzzy ['fʌzi] *adj* dunet, (om hår) kruset; (om omrids) udvisket, uklar, sløret; *(fig)* uklar, tåget, vag. **fuzzy-wuzzy** *sb (neds)* (afrikansk) neger.
FWD *fk front-wheel drive.*
fylfot ['filfɔt] *sb* hagekors.

G

G [dʒi:]; *(am,* om film) for alle, uden, restriktioner; S $1000.

G., g. *fk genitive; German; Gospel; gram(me); guinea.*

Ga. *fk Georgia.*

G. A. *fk General Assembly.*

gab [gæb] *sb* snak, sludder; *vb* snakke løs, bruge mund; *he has got the gift of the* ~ han har et godt snakketøj; *stop your* ~*!* hold mund!

gabardine ['gæbədi:n] *sb* (stof:) gabardine; *(glds)* kaftan, talar (jødes kappe).

gabble [gæbl] *vb* sludre, plapre, jappe; *sb* sludren, plapren, jappen, japperi. **gabbler** ['gæblə] *sb* sludrehoved.

gaberdine se *gabardine.*

gabfest ['gæbfest] *sb (am)* T snakkeselskab, komsammen.

gabion ['geibjən] *sb (mil.)* skansekurv.

gable [geibl] *sb* gavl; gavlfelt; gavltrekant (over dør *el.* vindue). **gabled** [geibld] *adj* med gavl(e).

gable end gavlmur.

Gabriel ['geibriəl].

I. Gad [gæd] *(glds* S*)* = *God.*

II. gad [gæd] *sb* brækstang; pigkæp; *vb* være på farten; (om kvæg) bisse; ~ *about* farte om; *be on the* ~ være på farten.

gadabout ['gædəbaut] *sb* rendemaske, flane; en der har bisselæder i sålerne.

gadfly ['gædflai] *sb zo* (okse)bremse; klæg; *(fig)* irriterende fyr.

gadget ['gædʒit] *sb* T indretning, (mekanisk) dims, tingest, finesse.

gadgetry ['gædʒətri] *sb* T (især *neds*) indretninger, dimser.

gadwall ['gædwɔ:l] *sb zo* knarand.

Gael [geil] *sb* gæler.

Gaelic ['geilik] *sb, adj* gælisk.

I. gaff [gæf] *sb* fangstkrog; *(mar)* gaffel; *vb* lande (fisk med fangstkrog).

II. gaff [gæf] *sb* S *(am)* trick, nummer; *vb* snyde, fuppe, ~ *at* stejle over; vægre sig ved; *blow the* ~ røbe det hele; *he can't stand the* ~ han kan ikke tåle mosten (ɔ: holde til strabadserne *etc).*

gaffe [gæf] *sb* fadæse, bommert.

gaffer ['gæfə] *sb* fatter; 'gammelfar'; arbejdsformand, sjakbajs.

gaff-topsail *(mar)* gaffeltopsejl.

I. gag [gæg] *sb* knebel (til mund), mundkurv; *(teat)* gag (ɔ: improviseret tilføjelse til en rolle, morsomt trick); fupnummer; spøg, vittighed.

II. gag [gæg] *vb* kneble; *(fig)* give mundkurv på, stoppe munden på; *(teat)* lave gags, improvisere; *(am)* have opkastningsfornemmelser, være ved at brække sig.

gaga ['ga:ga:, 'gæga:; *(am)* 'gægæ] *adj* S skør; senil, lallende, gaga.

I. gage [geidʒ] se *gauge.*

II. gage [geidʒ] *sb* pant, sikkerhed; udfordring; *vb* udfordre; *throw down the* ~ kaste sin handske (ɔ: udfordre).

gaggle [gægl] *sb* flok gæs; *(fig)* (kaglende) flok, højrøstet kor; *vb* skræppe, gække, skvadre.

gaiety ['geiəti] *sb* munterhed; festlighed; pynt.

gaily ['geili] *adv* livligt, muntert *(etc cf gay).*

I. gain [gein] *sb* fremgang; forøgelse *(fx a* ~ *in weight);* stigning; vinding, profit; gevinst; *gains pl* fortjeneste, profit, gevinst; *clear* ~ nettoindtægt.

II. gain [gein] *vb* vinde, opnå, få *(fx an advantage);* tjene, fortjene; nå (frem til) *(fx the other shore);* gå fremad (ɔ: gøre fremskridt) *(fx in knowledge);* tage til; (i vægt) tage på *(fx she -ed three pounds);* (om ur) vinde;

~ *experience* høste erfaring; ~ *a footing* vinde indpas; ~ *ground* vinde terræn; ~ *a living* tjene til livets ophold; ~ *on sby* hale *(el.* vinde) ind på en; ~ *on one's pursuers* få længere forspring for sine forfølgere, komme længere bort fra sine forfølgere; *the sea -s on the land* havet æder sig ind i landet; ~ *sby over to one's side* vinde én for sit parti; *we had -ed our point* vi havde nået vort mål, vi havde opnået vor hensigt; ~ *strength* komme til kræfter.

gainful ['geinf(u)l] *adj* indbringende; lønnet; indtægtsgivende; ~ *employment (ogs)* erhvervsarbejde; *-ly employed* erhvervsmæssigt beskæftiget.

gainings ['geiniŋz] *sb pl* indtægt, fortjeneste, gevinst.

gainsay [gein'sei] *vb* modsige, benægte, bestride.

Gainsborough ['geinzbərə].

'gainst [geinst] *fk against.*

gait [geit] *sb* gang, måde at gå på; gangart; holdning.

gaiter ['geitə] *sb* gamache.

gal [gæl] *sb* T pige.

gal. *fk gallon(s).*

gala ['ga:lə, 'geilə] *sb* fest; (sports)stævne *(fx swimming* ~*); in* ~ *dress* i galla, i festdragt.

galactic [gə'læktik] *adj* galaktisk, mælkevejs-; *a* ~ *figure (fig)* et astronomisk (ɔ: meget stort) tal.

galactometer [gælək'tɔmitə] *sb* mælkeprøver.

galago [gə'leigəu] *sb zo* øremaki, øreabe.

galantine ['gælənti:n] *sb* kalve- *el.* hønsekød i gelé.

galanty [gə'lænti]: ~ *show* skyggespil (komedie).

galaxy ['gæləksi] *sb* galakse, mælkevej; *(fig)* strålende forsamling.

Galbraith [gæl'breiθ].

I. gale [geil] *sb (bot)* pors.

II. gale [geil] *sb* blæst, kuling, storm; (se også *fresh* ~*, moderate* ~*, strong* ~*, whole* ~*);* ~ *of laughter* latterbrøl.

galena [gə'li:nə] *sb* blyglans.

gale warning stormvarsel.

Galicia [gə'liʃiə] Galicien.

Galician [gə'liʃiən] *sb* galicier; (sprog) galicisk; *adj* galicisk.

Galilean [gæli'li:ən] *adj* galilæisk; *sb* galilæer; *the* ~ *telescope* Galileis kikkert.

Galilee ['gælili:] Galilæa.

galingale ['gæliŋgeil] *sb (bot)* fladaks.

galipot ['gælipɔt] *sb* fyrreharpiks.

I. gall [gɔ:l] *sb* galde; bitterhed, had, vrede; *(am* S*)* frækhed.

II. gall [gɔ:l] *sb (bot)* galæble.

III. gall [gɔ:l] *vb* gnide huden af, gnave, gøre hudløs; *(fig)* ærgre, forbitre; plage, genere; *sb* sår opstået ved gnidning, gnavsår, ømt sted.

I. gallant ['gælənt] *adj* kæk, tapper; ædelmodig, højmodig, ridderlig; prægtig, glimrende; galant.

II. gallant ['gælənt] *sb* flot ung mand; galant herre;

elsker, galan.

gallantry ['gæləntri] *sb* tapperhed; ridderlighed; galanteri; *gallantries pl* komplimenter, høflighedsfraser.

gallbladder ['gɔ:lblædə] *sb* galdeblære.

galled [gɔ:ld] *adj* hudløs.

galleon ['gæliən] *sb (mar, hist.)* galleon.

gallery ['gæləri] *sb* **1.** (korridor *etc)* galleri; **2.** søjlehal; **3.** billedgalleri, malerisamling; (finere) kunsthandel; **4.** (underjordisk) gang, (i mine) stolle, *(mil.)* minegang; **5.** (balkon *etc)* (på hus) svalegang, (i kirke) pulpitur, *(parl)* (tilhører-, presse-)loge, *(teat)* galleri; **6.** (indendørs) skydebane; *play to the* ~ spille for galleriet (ɔ: bruge billige virkemidler).

galley ['gæli] *sb (mar)* galej; kabys; *(typ)* skib.

galley| proof spaltekorrektur. ~ **slave** galejslave.

gallfly ['gɔ:lflai] *sb zo* galhveps.

galliard ['gælja:d] *sb* gaillarde (munter dans).

I. gallic ['gælik] *adj* gallus-; ~ *acid* gallussyre.

II. Gallic ['gælik] *adj* gallisk.

gallicism ['gælisizm] *sb* gallicisme, fransk sprogejendommelighed.

gallicize ['gælisaiz] *vb* forfranske.

galligaskins [gæli'gæskinz] *sb pl (hist.)* pludderhoser; *(spøg)* vide bukser.

gallimaufry [gæli'mɔ:fri] *sb* miskmask.

gallinaceous [gæli'neiʃəs] *adj* hønse-.

galling ['gɔ:liŋ] *adj* yderst irriterende; *he found it* ~ *(ogs)* det plagede ham.

gallinule ['gælinju:l] *sb zo* rørhøne; *purple* ~ sultanhøne.

gallipot ['gælipɔt] *sb* syltetøjskrukke.

gallivant [gæli'vænt] *vb* farte om, fjase.

gall| midge *zo* galmyg. ~ **mite** *zo* galmide. **-nut** galæble.

gallon ['gælən] *sb* gallon (ca. 4,5 l.; *(am)* ca. 3,8 l.); *imperial* ~ (den britiske ~, ca. 4,5 l.).

galloon [gə'lu:n] *sb* galon, tresse, snor; *-ed* galoneret.

gallop ['gæləp] *vb* galopere; få til at galopere; *sb* galop; *at a* ~ i galop.

gallows ['gæləuz] *sb* galge.

gallows| bird galgenfugl. ~ **humour** barsk humor; galgenhumor. ~ **tree** galge.

gallstone ['gɔ:lstəun] *sb* galdesten.

Gallup ['gæləp]: ~ *poll* Gallupundersøgelse.

galluses ['gæləsiz] *sb pl* T seler.

galoot [gə'lu:t] *sb* S klodsmajor, døgenigt, fyr.

galop ['gæləp] *sb* galop (dansen); *vb* danse galop.

galore [gə'lɔ:] *adv* i massevis, masser af *(fx money* ~*)*.

galosh [gə'lɔʃ] *sb* galoche.

Galsworthy ['gɔ:lzwə:ði; 'gælzwə:ði].

galumph [gə'lʌmf] *vb* T **1.** spankulere, stoltsere; **2.** stampe, traske.

galvanic [gæl'vænik] *adj* galvanisk; *(fig)* pludselig; krampagtig *(fx smile)*; opildnende, elektriserende *(fx speech)*; ~ *battery* galvanisk batteri; ~ *induction* galvanisk induktion.

galvanism ['gælvənizm] *sb* galvanisme.

galvanization [gælvənai'zeiʃn] *sb* galvanisering.

galvanize ['gælvənaiz] *vb* galvanisere; *(fig)* opildne, elektrisere, sætte fart i; ~ *sby into action* vække én til dåd.

galvanometer [gælvə'nɔmitə] *sb* galvanometer.

gam [gæm] *vb* udveksle besøg; (om hvaler) samles i flok; *sb* besøg; flok af hvaler; ~ *on* S lade som om.

gambade [gæm'beid], **gambado** [gæm'beidəu] *sb* en hests spring op i luften; hop, spring.

gambit ['gæmbit] *sb* gambit (i skak); *(fig)* udspil, indledning; indledende manøvrer.

gamble [gæmbl] *vb* spille, spille højt, spille hasard; ~ *with dice* spille terning; ~ *in stocks* spekulere i aktier; ~ *away a fortune* tabe en formue i spil; ~ *on* løbe an på. **gambler** ['gæmblə] *sb* (hasard)spiller.

gambling ['gæmbliŋ] *sb* højt spil; hasard; ~ *hell*, ~ *den* spillebule.

gamboge [gæm'bu:ʒ] *sb* gummigut; stærk gul farve.

gambol [gæmbl] *sb* glædeshop, hop; *vb* hoppe; boltre sig.

gambrel ['gæmbrəl] *sb* hase (på en hest); hængejern til slagtekroppe. **gambrel roof** mansardtag.

I. game [geim] *sb* leg, spil; parti *(fx a* ~ *of chess, of billiards;* kamp; (i tennis:) parti *(fx he won the three first -s)*, (i badminton) sæt; (med kort) spil, (i bridge) game; *(fig)* plan, hensigt, taktik; kneb, *'nummer' (fx none of your little -s!)*; (ved jagt) vildt *(fx winged* ~ fuglevildt); *(let glds)* spøg, morskab; (i tyvesprog) tyveri; *-s pl* boldspil; (kamp)lege *(fx the Olympic Games)*;

beat him at his own ~ slå ham med hans egne våben; *the* ~ *is four all* det står a fire; *40 points is* ~ 40 points betyder vundet spil; *fair* ~, se *fair game;* **give** *the* ~ *away* røbe det hele; *I* **know** *his little* ~ jeg ved hvad han er ude på, jeg har gennemskuet ham; ~ **of** *chance* spil hvor det kommer an på heldet, hasardspil; ~ *of skill* spil hvor det kommer an på dygtighed; *make* ~ *of* gøre nar af; *the* **name of** *the* ~ S det det hele går ud på; *he is* **off** *his* ~ han er ikke i form; *be* **on** *the* ~ trække på gaden. **play** *the* ~ følge spillets regler; spille ærligt spil; *play -s (am* S) lave numre; *that's a* ~ *two can play at* hvis du gør det mod mig gør jeg det samme mod dig; *(omtr)* det bliver vi to om! *you are playing his* ~ du går hans ærinde (ɔ: hjælper ham uden at ville det); *play a good* ~ spille godt, spille en god kamp; *play a waiting* ~ forholde sig afventende; *the* ~ *is* **up** spillet er tabt; *what* ~ *is he up to?* hvad er han ude på? *he is up to every* ~ han bruger alle kneb; *the* ~ *is not* **worth** *the candle* det er ikke umagen værd.

II. game [geim] *adj* modig, kampberedt; *be* ~ *for* være parat til, ville være med til; *he is* ~ *for anything (ogs)* han går med på den værste; *die* ~ dø kæmpende; ikke give sig; *have a* ~ *leg* være halt.

III. game [geim] *vb* (let glds) spille, doble; ~ *away* spille bort.

game| act jagtlov. ~ **bag** jagttaske. **-cock** kamphane. **-keeper** (herregårds)skytte; skovløber, jagtbetjent. ~ **law** jagtlov. ~ **licence** jagttegn. ~ **preserve** vildtreservat.

gamesmanship ['geimzmənʃip] *sb* T (kunsten at vinde ved at forvirre modstanderen).

games master gymnastiklærer (der underviser i boldspil).

gamesome ['geimsəm] *adj* lystig, munter, kåd.

gamester ['geimstə] *sb* spiller.

gamete [gæ'mi:t] *sb* gamet (kønscelle).

game-tenant lejer af jagt- eller fiskeret.

gaming ['geimiŋ] *sb* (let *glds)* hasardspil.

gaming| house spillehus. ~ **table** spillebord.

gamma ['gæmə] *sb* gamma (græsk bogstav); ~ *radiation* gammastråling; ~ *rays* gammastråler.

gammer ['gæmə] *sb (glds)* gammel kone; mutter.

I. gammon ['gæmən] T *sb* sludder; humbug; *vb* narre.

II. gammon ['gæmən] *sb* røget skinke; *vb* salte og røge (skinke).

gammoner ['gæmənə] *sb* svindler.

gammy ['gæmi] *adj* T lemlæstet, halt.

gamp [gæmp] *sb* T bomuldspeter, paraply.

gamut ['gæmət] *sb (mus.)* skala; *(fig ogs)* omfang, række; register *(fx the whole* ~ *of feeling)*.

gamy ['geimi] *adj* modig; (om kød) som smager ligesom vildt der har hængt længe; som har en tanke; *(am)* S pikant, sensationel.

gander ['gændə] *sb zo* gase; *(fig)* tåbe, fæ; *what's good (el. sauce) for the goose is good (el. sauce) for the* ~ hvad den ene må det må den anden også; der skal være lige ret for alle; *take a ~ at* S kikke på.

I. gang [gæŋ] *sb* bande; hob; afdeling, hold, sjak; *vb (tekn)* sammenkoble (maskiner *etc)* så de arbejder sammen; *~ of thieves* tyvebande; *~ of workmen* sjak arbejdere; *~ up* slutte sig sammen; *~ up on* rotte sig sammen imod, overfalde i flok.

II. gang [gæŋ] (skotsk) *vb* gå; *~ agley* gå galt.

gangbang *sb* S (det at flere går i seng med den samme pige efter tur); gruppevoldtægt.

gange [gændʒ] *vb* bevikle (især fiskesnøre).

ganger ['gæŋə] *sb* sjakformand, sjakbejs.

Ganges ['gændʒi:z].

Gangetic [gæn'dʒetik] *adj* Ganges- *(fx the ~ Plain).*

gangling ['gæŋgliŋ] *adj* ranglet; høj og spinkel.

ganglion ['gæŋgliən] *sb (anat)* ganglie, nervecentrum.

gangly ['gæŋgli] = *gangling.*

gangplank ['gæŋplæŋk] *sb (mar)* landgang(sbræt).

gangrape gruppevoldtægt.

gangrene ['gæŋgri:n] *(med.) sb* koldbrand; *vb* fremkalde koldbrand i; gå over til koldbrand, blive gangrænøs.

gangrenous ['gæŋgrinəs] *adj* angrebet af koldbrand, gangrænøs.

gangster ['gæŋstə] *sb* gangster.

gangsterism ['gæŋstərizm] *sb* bandituvæsen.

gangue [gæŋ] *sb (geol)* gangart.

gangway ['gæŋwei] *sb (mar)* landgang(sbro), falderebstrappe; (mellem stolerækker) midtergang; (i Underhuset) tværgang mellem bænkene; *members below the ~* uafhængige medlemmer (af Underhuset).

gannet ['gænit] *sb zo* sule.

gantlet se *gauntlet.* **gantline** ['gæntlain] se *girtline.*

gantry ['gæntri] *sb* tøndelad; *(jernb)* signalbro; (til raket) servicetårn; (til kran) portal, kranbane.

gantry crane portalkran, brokran.

Ganymede ['gænimi:d] *(myt)* Ganymedes; T ung tjener, homoseksuel ung mand.

gaol [dʒeil] *sb* fængsel; *vb* sætte i fængsel, fængsle.

gaol|bird tugthuskandidat, vaneforbryder. ~ **bait** S pige under den kriminelle lavalder.

gaoler ['dʒeilə] *sb* fangevogter, arrestforsvarer.

gap [gæp] *sb* åbning, spalte; kløft, (bjerg)pas; afbrydelse; hul *(fx in one's knowledge),* lakune; tomrum; *(fig ogs)* svælg *(fx between their views),* kløft *(fx the generation ~); (mil.)* breche; *vb* åbne; *stop (el. fill, bridge, supply) a ~ (ogs fig)* udfylde et hul.

gape [geip] *vb* gabe, glo med åben mund, måbe; *sb* gaben, måben.

gapes [geips] *sb pl: the ~* gabesyge.

garage ['gæra:(d)ʒ; 'gæridʒ; *(am)* gə'ra:ʒ] *sb* garage; benzintank, servicestation, bilreparationsværksted; *vb* sætte i garage. **garage sale** (privat sale af husgeråd *etc).*

garb [ga:b] *sb* dragt, klædning; mode, snit; *(glds)* klædebon; *(fig)* iklædning; *vb* (i)klæde.

garbage ['ga:bidʒ] *sb* køkkenaffald; (især *am)* affald, skrald; *(fig)* bras, smudslitteratur.

garbage| can *(am)* affaldsspand, skraldespand. ~ **chute** affaldsskakt, nedstyrtningsskakt.

garble [ga:bl] *vb* fordreje, forvanske, 'pynte på', forkludre.

garboard ['ga:bɔ:d] *sb (mar)* kølrang.

garda ['ga:də] *sb (pl gardai* ['ga:di]) (irsk:) politibetjent.

garden [ga:dn] *sb* have; *vb* gøre havearbejde; *-s pl* have, anlæg, park; *common or ~* T ganske almindelig; *everything in the ~ is lovely* S her går det godt; alt i orden; *think that everything in the ~ is lovely (ogs)* tro den hellige grav vel forvaret; *lead sby up the ~* T narre *(el.* snyde) en; tage en ved næsen; *be led up the ~* T gå i vandet.

garden| chafer *zo* gåsebille. ~ **city** haveby.

gardener ['ga:dnə] *sb* gartner.

gardener bird *zo* gartnerfugl.

garden| frame mistbænk, drivbed. ~ **glass** glasklokke til beskyttelse af planter.

gardenia [ga:'di:njə] *sb (bot)* gardenia.

gardening ['ga:dniŋ] *sb* havearbejde; havebrug.

garden| party havefest, selskab som holdes i det fri. ~ **plot** havelod, havestykke. ~ **spider** *zo* korsedderkop. ~ **stuff** haveprodukter, havesager. ~ **warbler** *zo* havesanger. ~ **white** *zo* kålsommerfugl.

garfish ['ga:fiʃ] *sb zo* hornfisk.

garganey ['ga:gəni] *sb zo* atlingand.

gargantuan [ga:'gæntjuən] *adj* kæmpemæssig.

garget ['ga:gət] *sb (agr)* yverbetændelse.

gargle [ga:gl] *vb* gurgle; *sb* gurglevand.

gargoyle ['ga:gɔil] *sb* gargoil, vandspy, tud på tagrende (ofte formet som grotesk menneske- eller dyreskikkelse).

garibaldi [gæri'bɔ:ldi] *sb* garibaldibluse.

garish ['gɛəriʃ] *adj* pralende, prangende, grel.

garland ['ga:lənd] *sb* krans; *vb* bekranse.

garlic ['ga:lik] *sb* hvidløg.

garment ['ga:mənt] *sb* klædningsstykke; *-s* klæder.

garn [ga:n] *interj* S å gå væk; ih du store.

garner ['ga:nə] *sb* kornloft; magasin; *vb* magasinere, opsamle; hengemme.

garnet ['ga:nit] *sb* granat (halvædelsten); granatrød.

garnish ['ga:niʃ] *vb* pynte, garnere, besætte; *(jur, glds)* stævne (tredjepart); gøre udlæg *(el.* arrest) i (hos tredjepart); *sb* pynt, garnering.

garnishee [ga:ni'ʃi:] *sb (jur)* tredjepart hos hvem der gøres udlæg; *vb* gøre udlæg *(el.* arrest) i.

garnishment ['ga:niʃmənt] *sb* garnering, pynt; *(jur)* stævning (til tredjepart); udlæg hos tredjepart.

garniture ['ga:nitʃə] *sb* garniture; tilbehør.

garpike ['ga:paik] *sb zo* hornfisk.

garret ['gærət] *sb* loftskammer, kvistværelse; S øverste etage (ɔ: hovedet).

garrison ['gærisn] *sb* garnison, besætning; *vb* lægge i garnison, besætte; ligge som garnison i.

garrotte [gə'rɔt] *sb* kvælning, strangulering; garrottering; *vb* kvæle, strangulere; garrottere.

garrotter [gə'rɔtə] *sb* kvælertyv.

garrulity [gæ'ru:liti] *sb* snakkesalighed.

garrulous ['gæruləs] *adj* snakkesalig.

garter ['ga:tə] *sb* strømpebånd; *(am)* sokkeholder, strømpeholder; *vb* udnævne til ridder af hosebåndsordenen; *the Order of the Garter* hosebåndsordenen (Englands højeste ridderorden); *Knight of the Garter* ridder af hosebåndsordenen.

gas [gæs] *sb* luftart *(fx hydrogen and oxygen are -es);* gas; *(am ogs)* benzin; T gas, sludder, tom snak, floskler; brovten; *vb* behandle (, angribe) med gas, gasforgifte; gasbedøve; snakke, væve; *turn on (, off) the ~* åbne (, lukke) for gassen; *turn down (, up) the ~* skrue gassen ned (, op); *step on the ~* træde på speederen; gi' den gas, sætte farten op; *~ oneself* tage gas (ɔ: begå selvmord); *~ up (am)* fylde tanken op.

gas|bag gasbeholder; (om person) vrøvlehoved. ~ **bracket** gasarm. ~ **burner** gasbrænder. ~ **chamber** gaskammer. ~ **cock** gashane. ~ **coke** gasværkskoks.

Gascon ['gæskən] *sb* gascogner; pralhals; *adj* fra Gascogne. **Gascony** ['gæskəni] Gascogne.

gas cooker gaskomfur.

gaselier [gæsə'liə] *sb* gaslysekrone.

gas engine gasmotor.

gaseous ['gæsjəs] *adj* gasagtig; luftformig.

gas| fire gaskamin. ~ **fitter** gasmester; rørlægger. ~ **fittings** *pl* gasinstallationer. ~ **guzzler** *(am)* benzinsluger.

I. gash [gæʃ] *sb* flænge, gabende sår; S mund; *vb* flænge.

II. gash [gæʃ] *adj* S ekstra, som er tilovers; *sb* ekstraportion; rester.
gas|holder gasbeholder. **-house** gasværk.
gasfication [gæsifi'keiʃn] *sb* gasudvikling; forgasning.
gasify ['gæsifai] *vb* omdanne til gas; forgasse.
gas jet gasblus.
gasket ['gæskit] *sb* pakning (i stempel *etc); tætning; (mar)* beslagsejsing; *vb* tætte.
gas| lamp gaslampe. **-light** gasbelysning; gasblus. ~ **main** hovedgasledning. **-man** gasmålerkontrollør. ~ **mantle** gasnet. ~ **mask** gasmaske. ~ **meter** gasmåler.
gasolene = *gasoline.*
gasolier [gæsə'liə] *sb* gaskrone, gaslysekrone.
gasoline ['gæsəli:n] *sb* gasolin, petroleumsæter; *(am)* (motor)benzin.
gasometer [gæ'sɔmitə] *sb* gasbeholder.
gas oven gasovn; gaskammer.
gasp [ga:sp] *vb* gispe, stønne, snappe *(el.* hive) efter vejret; *sb* gisp, tungt åndedrag; ~ *for breath* snappe efter vejret; *be at one's last* ~ være ved at dø; være ved at opgive ånden; *(fig)* synge på det sidste vers; *give one's last* ~ opgive ånden, udstøde sit sidste suk; *to the last* ~ til (sit) sidste åndedrag.
gasper ['ga:spə] *sb* S (tarvelig) cigaret.
gas| pipe gasrør. ~ **poker** gasspyd (til optænding). **-proof** *adj* gassikker. ~ **range** *(am)* gaskomfur. ~ **ring** gasapparat. ~ **station** *(am)* benzintank, servicestation. ~ **stove** gaskamin; gaskomfur.
gassy ['gæsi] *adj* gasfyldt; gasagtig; T snakkesalig, fuld af gas; tom, pralende.
gastric ['gæstrik] *adj* gastrisk, mave-; ~ *catarrh* mavekatar; ~ *fever (glds)* tyfus; ~ *juice* mavesaft; ~ *ulcer* mavesår.
gastritis [gæ'straitis] *sb (med.)* mavekatar.
gastronome ['gæstrənəum], **gastronomer** [gæ'strɔnəmə] *sb* gastronom, madkender.
gastronomic(al) [gæstrə'nɔmik(l)] *adj* gastronomisk.
gastronomy [gæ'strɔnəmi] *sb* gastronomi.
gasworks ['gæswə:ks] *sb sg el. pl* gasværk.
gat [gæt] *sb (am)* S skyder, revolver.
I. gate [geit] *sb* **1.** port, led, låge; **2.** snæver gennemgang; bjergpas; **3.** *(fig)* vej, indgang; **4.** tilstrømning, tilskuere, udstillingsgæster; **5.** entréindtægt; **6.** (i filmforeviser) billedkanal; **7.** *(jernb)* bom; **8.** *(tekn* : ved støbning) indløb; (i rørledning) spjæld; (ved gear) kanal; *get the* ~ *(am* S*)* blive smidt ud.
II. gate [geit] *vb* (ved universiteter) nægte udgangstilladelse.
gateau ['gætəu] *sb (pl -x el. -s)* (skærekage med smørcreme, glasur og pynt).
gate| bill liste over studenter der kommer hjem til kollegiet efter lukketid; bøde for denne forseelse. ~ **-crash** komme som selvbuden gæst, trænge sig ind. ~ **-crasher** selvbuden gæst. **-fold** folde-ud side. **-house** portnerhus; portbygning. **-keeper** portvagt, portner; kontrollør; *(jernb)* ledvogter. ~ **-legged table** (slags) klapbord. ~ **meeting** møde hvortil der kun er adgang mod entré. ~ **money** entré, billetindtægt. **-post** portstolpe; *between you and me and the -post* mellem os sagt. **-way** porthvælving, portåbning; port; *(fig)* port; vej *(fx to fame.).*
Gath [gæθ] (bibelsk:) Gat; *tell it not in* ~ T du må ikke bringe det videre.
gather ['gæðə] *vb* samle; indsamle *(fx information),* samle sammen; plukke *(fx roses, fruit);* (om håndarbejde, om pande) rynke; *(fig)* forstå *(fx I -ed that he was dead),* slutte, opfatte; (uden objekt) samles, samle sig *(fx the children -ed round him);* vokse *(fx -ing dangers);* (om byld) trække sammen; (se også *gathers);*
~ *flesh* blive tyk; *I* ~ *from your letter that* jeg forstår af Deres brev at; *I -ed from what he said that (ogs)* jeg forstod på ham at; ~ **head** (om byld) trække sammen; (om skib) få fart fremover; *(fig)* tage til i styrke; ~ **in** *debts* indkassere udestående fordringer; ~ *in the grain* køre kornet ind; ~ *information* (også) indhente oplysninger; ~ *itself* (om dyr) samle sig til et spring; ~ *(ground)* **on** vinde *(el.* hale) ind på; ~ *speed* komme i fart, få mere og mere fart på; *be -ed* **to** *one's fathers* gå til sine fædre (ɔ: dø); ~ *oneself* **together** tage sig sammen; (efter chok) komme sig; ~ **up** samle sammen, samle op, tage op *(fx a child in one's arms);* ~ *way (mar)* få fart fremover.
gatherer ['gæðərə] *sb* (ind)samler; plukker.
gathering ['gæð(ə)riŋ] *sb* samling; forsamling; (i håndarbejde) rynker; *(med.)* bullenskab, byld; *(bogb)* ark, læg; *adj* voksende, stigende; ~ *gloom* frembrydende mørke.
gathering coal stort kulstykke der lægges på ilden for at den kan brænde natten over.
gathers ['gæðəz] *sb pl* rynkning.
gatling ['gætliŋ] *sb (glds)* gatlingmaskingevær.
gauche [gəuʃ] *adj* kejtet, klodset.
gaucherie ['gəuʃəri:] *sb* kejtethed, klodsethed.
gaucho ['gautʃəu] *sb* gaucho (sydamerikansk cowboy).
gaud [gɔ:d] *sb* stads, flitter; *-s pl* pomp og pragt.
gaudy ['gɔ:di] *adj* prangende; skrigende *(fx colour),* (lidt for) spraglet *(fx dress);* udmajet; *sb* fest, gilde (især: årlig fest på universitetskollegium).
gauffer = *goffer.*
gauge [geidʒ] *sb* mål, måleredskab, måleinstrument; -måler *(fx rain* ~*); (fig)* målestok *(fx the report provides a* ~ *of his ability);* omfang *(fx determine the* ~ *of his strength);* (snedkers) stregmål; *(tekn)* lære; skabelon (til at måle forarbejdnings nøjagtighed); pejlstok; tykkelse *(fx wire* ~ trådtykkelse); *(jernb)* sporvidde; hjulafstand; (af skydevåben) kaliber; *vb* måle; justere; *take the* ~ *of (fig)* tage mål af, måle, vurdere.
gauger ['geidʒə] *sb* måler; toldembedsmand der opkræver spiritusskat.
Gaul [gɔ:l] *(hist.)* Gallien; *sb* galler, *(spøg)* franskmand.
Gaulish ['gɔ:liʃ] *adj* gallisk.
gaumless ['gɔ:mləs] *adj* upraktisk, klodset, tåbelig.
gaunt [gɔ:nt] *adj* mager, udtæret; barsk, øde; (om bygning:) streng i linjerne.
gauntlet ['gɔ:ntlət] *sb (hist.)* stridshandske; handske; kravehandske; spidsrod; *throw down the* ~ kaste sin handske (ɔ: udfordre); *take up the* ~ tage handsken op (ɔ: modtage udfordringen); *run the* ~ løbe spidsrod; *(fig ogs) løbe en risiko; udsætte sig for ballade; run the* ~ *of* løbe spidsrod mellem *(fx reporters and photographers);* udsætte sig for *(fx their anger).*
gauntry ['gɔ:ntri] = *gantry.*
gaur ['gauə] *sb zo* gaurokse.
gauze [gɔ:z] *sb* gaze, flor. **gauze bandage** gazebind.
gauzy ['gɔ:zi] *adj* gazeagtig.
gave [geiv] *præt* af *give.*
gavel [geivl] *sb* dirigents *el.* auktionsholders hammer.
gavial ['geivjəl] *sb zo* gavial (indisk krokodilleart).
gavotte [gə'vɔt] *sb* gavotte (en dans).
gawk [gɔ:k] *sb* klodset *(el.* kejtet) fyr; *vb* T glo (dumt), glane, måbe.
gawky ['gɔ:ki] *adj* kodset, kejtet, genert; *sb* klodrian.
gawp [gɔ:p] *vb* S glo (dumt), glane, måbe.
gay [gei] *adj* livlig, munter, lystig; strålende, broget; pyntet; udsvævende; T homoseksuel, *sb* bøsse.
gaze [geiz] *vb* stirre, se stift *(at* på); *sb* stirren; blik.
gazebo [gə'zi:bəu] *sb* udsigtspunkt; lille udsigtstårn; lysthus *(etc)* hvorfra der er vid udsigt; (på hustag *ogs)* kikkenborg.
gazelle [gə'zel] *sb zo* gazelle.
gazette [gə'zet] *sb* statstidende, officiel tidende; (i avis-

navn) tidende, dagblad; *vb* bekendtgøre; *be -d* stå i statstidende *(etc)* som udnævnt (, forflyttet).
gazetteer [gæzi'tiə] *sb* geografisk leksikon; navneregister til atlas; stedregister.
gazump [gə'zʌmp] *vb* S skrue prisen op (efter at et tilbud er accepteret), hæve en allerede fastsat pris (især på et hus).
G. B. *fk Great Britain.*
G. B. E. *fk Knight (, Dame) Grand Cross of the Order of the British Empire.*
G.B.S. *fk George Bernard Shaw.*
G.C.B. *fk Knight Grand Cross of the Bath.*
G.C.E. *fk General Certificate of Education.*
G.C.M. *fk greatest common measure.*
G.C.M.G. *fk Knight Grand Cross of St. Michael and St. George.*
G.C.S.E. *fk General Certificate of Secondary Education.*
G.C.V.O. *fk Knight Grand Cross of the Royal Victorian Order.*
Gdns *fk Gardens.*
GDR *fk German Democratic Republic* DDR.
Gds. *fk Guards.*
I. gear [giə] *sb* udstyr, grejer *(fx fishing ~);* grej, sager, ting *(fx he moved all his ~ into my room);* mekanisme, apparat *(fx steering ~);* tandhjul, udveksling; (til bil, cykel *etc)* gear; (til hest) seletøj;
be **in** ~ være i gear, være koblet til; *(fig)* være i gang, være i orden, være klar til brug; *change* **into** *second* ~ sætte i andet gear; *move into high* ~ *(fig)* komme i fuld sving; *throw into* ~ bringe i indgreb; sætte i gear; *throw* **out of** ~ bringe ud af indgreb; sætte ud af gear; *(fig)* bringe i uorden *(el.* i ulave); **with** *a high (, low)* ~ højt (, lavt) gearet.
II. gear [giə] *vb* sætte i gear; forsyne med gear; være (, komme) i indgreb; ~ **down** sætte i lavere gear, geare ned; ~ **into** gribe ind i; ~ **to** *(fig)* indstille *(el.* indrette) efter, indstille på, afpasse efter; *-ed to (ogs)* beregnet til *(el.* på); ~ *to war production* omstille til krigsproduktion; ~ **up** sætte i højere gear, geare op; *(fig)* sætte fart i; ~ **with** (om tandhjul) gribe ind i; *(fig)* passe ind i.
gearbox gearkasse, hjulkasse.
gearing ['giəriŋ] *sb* tandhjulsforbindelse, (tandhjuls)udveksling; indgreb, indgribning.
gear| lever, -shift, -stick gearstang. ~ **wheel** tandhjul.
gecco, gecko ['gekəu] *sb zo* gekko.
gee [dʒi:] *interj* hyp (til hest); *(am* S*)* ih! nå da da! ih du store!
gee-gee ['dʒi:dʒi:] *sb* hyphest, hest (i barnesprog).
geek [gi:k] *sb (am* S) pervers person.
geese [gi:s] *pl* af *goose.*
gee-up ['dʒi: ʌp] *interj* hyp (til hest).
gee-whiz ['dʒi:'wiz] *interj (am* S*), se gee.*
geezer ['gi:zə] *sb* T fyr, stodder; *old* ~ gammel stabejs *(el.* knark); *that old* ~ 'det gamle liv'.
Geiger counter ['gaigə 'kauntə] geigertæller.
geisha ['geiʃə] *sb* geisha.
gel [dʒel] *sb (kem)* gel; *(styling)* ~ gele (til hår); *vb* danne gel; stivne; T lykkes, slå an.
gelatine [dʒelə'ti:n] *sb* gelatine; husblas; *blasting* ~ gelatinedynamit, sprænggelatine.
gelatinize [dʒə'lætinaiz] *vb* omdanne til gelatine; blive til gelatine; forklistre.
gelation [dʒə'leiʃn] *sb* frysning.
geld [geld] *vb* gilde, kastrere; *sb* T *(dial)* penge.
gelding ['geldiŋ] *sb* kastrering; kastrat; vallak.
gelid ['dʒelid] *adj* iskold.
gelignite ['dʒelignait] *sb* form for sprænggelatine.
gem [dʒem] *sb* ædelsten; *(fig)* perle *(fx the ~ of the collection); vb* pryde med ædelstene; *a perfect* ~ en sand perle.
I. geminate ['dʒeminət] *adj* par-, tvilling-.
II. geminate ['dʒemineit] *vb* fordoble, ordne parvis.
Gemini ['dʒeminai] *(astr)* Tvillingerne.
gemma ['dʒemə] *(pl gemmae* ['dʒemi:]) *sb* knop.
I. gemmate ['dʒemeit] *adj* med knopper; som formerer sig ved knopskydning.
II. gemmate ['dʒemeit] *vb* sætte knopper; formere sig ved knopskydning.
gemmation [dʒe'meiʃn] *sb* (formering ved) knopskydning.
gemmy ['dʒemi] *adj* ædelstensagtig; strålende.
gemsbok ['gemzbɔk] *sb zo* sabeloryx.
I. Gen. *fk General; Genesis.*
II. gen. *fk general; genitive.*
III. gen [dʒen] S *sb* (pålidelige) oplysninger; *vb:* ~ *up* tilegne sig, lære (i en fart).
gendarm ['ʒa:nda:m] *sb* gendarm; klippespids.
gender ['dʒendə] *sb* (grammatisk) køn.
gene [dʒi:n] *sb* gen, arveanlæg, arveelement.
genealogic(al) [dʒi:njə'lɔdʒik(l)] *adj* genealogisk; ~ *tree* stamtræ.
genealogist [dʒi:ni'ælədʒist] *sb* genealog, slægtsforsker.
genealogy [dʒi:ni'ælədʒi] *sb* genealogi; afstamning; stamtavle.
genera ['dʒenərə] *pl* af *genus.*
I. general ['dʒenrəl] *adj* generel; almindelig *(fx opinion; amnesty);* almen; fremherskende; hoved- *(fx direction);* general-; *in* ~ i almindelighed; *in a ~ way* i almindelighed sagt, i al almindelighed; ~ *effect* totalvirkning; ~ *impression* hovedindtryk, helhedsindtryk.
II. general ['dʒenrəl] *sb* general; T enepige.
General Assembly *(i FN)* generalforsamling.
general| average groshavari. ~ **cargo** stykgodsladning.
General Certificate (of Education): *(A level, omtr)* studentereksamen; *(O level, omtr)* realeksamen; *O-levels* afløses nu af *General Certificate of Secondary Education.*
general| dealer købmand. ~ **delivery** *(am)* poste restante. ~ **election** (i *Engl.)* valg til Underhuset. ~ **goods** *pl* stykgods. ~ **headquarters** *(mil.)* overkommando, generalkommando.
generalissimo [dʒenrə'lisiməu] *sb* generalissimus.
generality [dʒenə'ræləti] *sb* hovedmængde, flertal; almindelighed; *generalities* almindelige bemærkninger, almindeligheder; *a rule of great* ~ en næsten generel regel.
generalization [dʒenərəl(a)i'zeiʃən] *sb* generalisering.
generalize ['dʒenrəlaiz] *vb* generalisere, almindeliggøre; udbrede; udtale sig i almene vendinger; ~ *a conclusion from* drage en almen slutning ud fra.
generally ['dʒenrəli] *adv* i almindelighed, sædvanligvis; i det hele taget; hyppigt; ~ *speaking* i det hele taget, stort set.
general| manager administrerende direktør. ~ **meeting** generalforsamling. ~ **officer** *(mil.)* officer af generalsklassen.
General Post Office hovedpostkontor.
general| practitioner praktiserende læge (ikke specialist). ~ **public:** *the ~ public* det store publikum. ~ **-purpose** *adj* til alle formål. ~ **servant** enepige.
generalship ['dʒenrəlʃip] *sb* generalsværdighed; feltherretalent; taktik, strategi; førerskab, ledelse.
general| shop købmandshandel. ~ **staff** *(mil.)* generalstab. ~ **store** landhandel. ~ **strike** generalstrejke. ~ **studies** *pl (omtr =)* orientering.
generate ['dʒenəreit] *vb* udvikle *(fx electricity, steam);* frembringe; (om afkom) avle; *(fig)* frembringe, fremkalde, afføde.
generating| set generatoraggregat. ~ **station** kraftstation.

generation [dʒenə'reiʃn] *sb* generation, slægtled; *(cf generate)* udvikling; avl; frembringelse; fremkaldelse; *the rising* ~ den opvoksende slægt.
generation gap generationskløft.
generative ['dʒenrətiv] *adj* avlende; frugtbar; ~ *organs* forplantningsorganer.
generator ['dʒenəreitə] *sb* generator, dynamo; ophavsmand.
generic [dʒə'nerik] *adj* omfattende; fælles-; slægts-; ~ *name* slægtsnavn; fællesbetegnelse; ~ *term* fællesbetegnelse. **generically** *adv* under ét, med et fælles navn.
generosity [dʒenə'rɔsiti] *sb* ædelmodighed, højsindethed; gavmildhed, rundhåndethed.
generous ['dʒenrəs] *adj* ædelmodig, højsindet; gavmild, large, rundhåndet; rigelig, stor *(fx a ~ amount);* (om vin) kraftig, fyldig; ~ *diet* rigelig ernæring; *put a ~ construction on a statement* fortolke en udtalelse på en elskværdig måde.
genesis ['dʒenisis] *sb* skabelse; tilblivelse; tilblivelseshistorie; *Genesis* I. Mosebog.
gene splicing gensplejsning.
genet ['dʒenit] *sb zo* genette (slags desmerkat).
genetic [dʒə'netik] *adj* genetisk, arveligheds-; tilblivelses-; ~ *code* genetisk kode; ~ *engineering* gensplejsning.
geneticist [dʒə'netisist] *sb* arvelighedsforsker.
genetics [dʒə'netiks] *sb* genetik, arvelighedsforskning, arvelighedslære.
I. Geneva [dʒə'ni:və] Geneve; *the ~ Convention* Genferkonventionen; *the ~ Cross* Genferkorset (Røde Kors' symbol).
II. geneva [dʒə'ni:və] *sb* genever.
Genevan [dʒə'ni:vən] *sb* genfer; *(rel)* kalvinist; *adj* genfisk; kalvinistisk.
I. genial ['dʒi:njəl] *adj* (om person) gemytlig, elskværdig, hyggelig; (om klima *etc)* mild, lun.
II. genial [dʒə'naiəl] *adj* hage- *(fx muscle).*
geniality [dʒi:ni'æliti] *sb* gemytlighed, elskværdighed; (om klima etc) mildhed.
genie ['dʒi:ni] *sb* ånd (i østerlandske eventyr); *the ~ of the lamp* lampens ånd.
genii ['dʒi:niai] *sb pl* genier, skytsånder *(pl* af *genius).*
genital ['dʒenitl] *adj* køns-; genital-; *-s sb pl* genitalia, (ydre) kønsorganer.
genitive ['dʒenitiv] *adj, sb: the ~ (case)* genitiv, ejefald.
genius ['dʒi:njəs] *sb (pl genii)* genius, skytsånd; *(pl geniuses)* geni; genialitet; *have a ~ for* have et særligt talent for; have en særlig evne til; *his evil ~ (fig)* hans onde ånd; *a man of ~* en genial mand, et geni; *the ~ of a language* et sprogs ånd.
genius loci ['dʒi:njəs 'ləusai] skytsånd; lokal atmosfære.
Genoa ['dʒenəuə] Genua.
genocide ['dʒenəsaid] *sb* folkedrab.
Genoese [dʒenə'i:z] *adj* genuesisk; *sb* genueser.
genotype ['dʒenətaip] *sb (biol)* anlægspræg.
genre [ʒa:ŋr, *fr.] sb* genre; ~ *painting* genremaleri.
gens [dʒenz] *sb (pl gentes* ['dʒenti:z]) *(hist.)* slægt.
gent [dʒent] *fk gentleman;* (se også *gents).*
genteel [dʒen'ti:l] *adj* „fornem", „darnet"; *(glds)* fin; *he is ~* han har fine fornemmelser, han spiller fornem.
genteelism [dʒen'ti:lizm] *sb* 'dannet' udtryk.
gentian ['dʒenʃən] *sb (bot)* ensian.
gentile ['dʒentail] *sb* ikke-jøde, hedning; *adj* ikke-jødisk, hedensk.
gentility [dʒen'tiləti] *sb* (nu især:) forloren finhed; fine fornemmelser, honnet ambition.
I. gentle [dʒentl] *sb* spyfluemaddike.
II. gentle [dʒentl] *adj* mild, venlig, blid; skikkelig *(fx dog); (mods* kraftig) mild, let virkende *(fx medicine);* svag *(fx heat);* let, nænsom *(fx touch);* jævn *(fx slope);* (om lyd) blid, sagte, dæmpet *(fx music); (glds)* fornem; ædel *(fx of ~ birth);* dannet, kultiveret; *a ~ breeze* en let brise; *the ~ passion* kærligheden; *the ~ reader* den ærede læser; *the ~ sex* det svage køn.
gentlefolk(s) ['dʒentlfəuk(s)] *sb* fornemme folk; bedre folk, kultiverede mennesker.
gentleman ['dʒentlmən] *sb (pl gentlemen,* se også dette) herre, mand; dannet mand, mand af ære, gentleman; fornem mand; *(jur)* mand der lever af sine penge og ikke driver erhverv; *(mods* professionel) amatør;
be born a ~ være af god familie; *there is nothing of the ~ about him* han har ikke spor af levemåde; *independent ~* rentier; *private ~* privatmand; *gentleman's agreement* overenskomst hvor parterne stoler på hinanden uden skriftlig kontrakt; *~ in waiting* jourhavende kavaler; *gentleman's gentleman* kammertjener.
gentleman|-commoner *(glds)* student ved universitetet i Oxford eller Cambridge, som i kraft af sin byrd nød visse forrettigheder. ~ **farmer** velhavende mand der driver landbrug (for sin fornøjelse).
gentleman|like ['dʒentlmənlaik], **-ly** [-li] *adj* fin, dannet; beleven, ridderlig.
gentlemen ['dʒentlmən] *pl* af *gentleman; (ladies and) ~!* mine (damer og) herrer; *-'s* T herretoilet; *adj* herre- *(fx boots, lavatory).*
gentlewoman ['dʒentlwumən] *sb* (fornem) dame.
gently ['dʒentli] *adv* mildt, blidt *(etc. cf II. gentle).*
gentry ['dʒentri] *sb* lavadel; (brugt ironisk:) herrer, folk *(fx the light-fingered ~).*
gents [dʒents] *sb* T herretoilet; *gents' outfitting* herreekvipering.
genual ['dʒenjuəl] *adj* knæ-.
genuflect ['dʒenjuflekt] *vb* bøje knæ, falde på knæ *(to for).*
genuflection [dʒenju'flekʃən] *sb* knælen, knæfald.
genuine ['dʒenjuin] *adj* ægte, uforfalsket; original; virkelig.
genus ['dʒi:nəs] *sb (pl genera)* slægt.
geocentric [dʒiə'sentrik] *adj* geocentrisk.
geodesic [dʒiə'desik] *adj* geodætisk; *sb* = ~ *line* geodætisk kurve. **geodesy** [dʒi'ɔdisi] *sb* geodæsi, landmåling.
geodetic [dʒiə'detik] *adj* geodætisk. **geodetics** *sb* geodæsi.
Geoffrey ['dʒefri].
geognosy [dʒi'ɔgnəsi] *sb* geognosi, læren om jordskorpens dannelse.
geographer [dʒi'ɔgrəfə] *sb* geograf.
geographical [dʒiə'græfikl] *adj* geografisk; ~ *mile* sømil (1852 m.).
geography [dʒi'ɔgrəfi] *sb* geografi; *show sby the ~ of the house* (oftest:) vise en hvor toilettet er.
geologic(al) [dʒiə'lɔdʒik(l)] *adj* geologisk. **geologist** [dʒi'ɔlədʒist] *sb* geolog. **geology** [dʒi'ɔlədʒi] *sb* geologi.
geometer [dʒi'ɔmitə] *sb* geometriker; *zo* måler.
geometric(al) [dʒiə'metrik(l)] *adj* geometrisk; ~ *drawing* geometrisk tegning, projektionstegning; ~ *progression* kvotientrække *(fx 1,3,9,27 etc).*
geometrician [dʒiəmə'triʃn] *sb* geometriker.
geometry [dʒi'ɔmətri] *sb* geometri.
geophysical [dʒiə'fizikl] *adj* geofysisk.
geophysics [dʒiə'fiziks] *sb* geofysik.
geopolitics [dʒiə'pɔlitiks] *sb* geopolitik.
I. Geordie ['dʒɔ:di] diminutiv af *George.*
II. Geordie ['dʒɔ:di] *sb* sikkerhedslampe; kulminearbejder; T person (, dialekt) fra Newcastle (og egnen omkring Tynefloden).
George [dʒɔ:dʒ] Georg; *sb* billede af Skt. Georg til

ıest, som hosebåndsridderne bærer; S automatisk ɔilot; *by* ~ (mild ed, *omtr)* ved grød; *St.* ~ St. Georg Englands skyshelgen).
eorgette [dʒɔ'dʒet] *sb* georgette (tyndt silkecrepe).
eorgia ['dʒɔ:dʒə].
eorgian ['dʒɔ:dʒən] *sb* georgier; *adj* georgisk; georgiansk, fra (, i) tiden 1714-1830 (kongerne George -IV's regeringstid) *el.* 1910-36 (George V's regeringsid).
eorgie ['dʒɔ:dʒi] diminutiv af *George.*
eostationary [dʒiə'stæʃənri] *adj* (om satellit) geostationær; som holder sig i en fast position i forhold til ordens overflade.
eotropic [dʒiə'trɔpik] *adj (biol)* geotropisk.
eotropism [dʒi'ɔtrəpizm] *sb (biol)* geotropisme.
erald ['dʒerəld].
eranium [dʒi'reinjəm] *sb (bot)* pelargonie, geranium.
erard ['dʒera:d, dʒe'ra:d].
erfalcon ['dʒə:fɔ:(l)kən] *sb zo* jagtfalk.
eriatric [dʒeri'ætrik] *adj* geriatrisk, aldersmedicinsk.
eriatrics [dʒeri'ætriks], **geriatry** ['dʒeriətri] *sb* geriatri, æren om alderdommens sygdomme.
erm [dʒə:m] *sb* kim, spire; mikrobe, bakterie; *vb* fremspire.
german ['dʒə:mən] *adj* nærbeslægtet; kødelig *(fx brother* ~ kødelig broder).
German ['dʒə:mən] *adj* tysk; *sb* tysk; tysker; (især *am, omtr =)* kotillon(bal).
ermander [dʒə:'mændə] *sb (bot)* kortlæbe.
ermane [dʒə:'mein] *adj* nærbeslægtet; relevant; (sagen) vedkommende.
ermanic [dʒə:'mænik] *sb, adj (spr)* germansk.
ermanism ['dʒə:mənizm] *sb* germanisme.
ermanize ['dʒə:mənaiz] *vb* germanisere.
erman| measles *(med.)* røde hunde. ~ **shepherd** *(am)* schæferhund. ~ **silver** nysølv.
ermany ['dʒə:məni] Tyskland.
erm cell kimcelle.
ermen ['dʒə:mən] *sb (bot)* frugtknude, frøgemme.
ermicidal ['dʒə:misaidl] *adj* bakteriedræbende, desinficerende. **germicide** ['dʒə:misaid] *sb* desinfektionsmiddel.
erminal ['dʒə:minl] *adj* kim-; spire-; *(fig)* uudviklet.
erminate ['dʒə:mineit] *vb* (få til at) spire, skyde.
ermination [dʒə:mi'neiʃn] *sb* spiring.
erminative ['dʒə:minətiv] *adj* spire-; spiredygtig.
erm warfare bakteriologisk krigsførelse.
erontology [dʒerɔn'tɔlədʒi] *sb* gerontologi, aldersdomsforskning.
errymander ['dʒerimændə] *vb* lave fiduser, især ved partisk valgkredsordning; *sb* = **gerrymandering** *sb* valggeometri.
ertie ['gə:ti] diminutiv af **Gertrude** ['gə:tru:d].
erund ['dʒerənd] *sb (gram)* gerundium; verbalsubstantiv.
erundive [dʒi'rʌndiv] *sb (gram)* gerundiv.
esso ['dʒesəu] *sb* gips.
est [dʒest] *sb (glds)* bedrift; beretning, krønike.
estation [dʒe'steiʃn] *sb* svangerskab, drægtighed, drægtighedsperiode.
esticulate [dʒe'stikjuleit] *vb* gestikulere, fægte med armene.
esticulation [dʒestikju'leiʃən] *sb* gestikuleren; fagter; håndbevægelse, gestus; *-s pl (ogs)* fagter.
esticulatory [dʒe'stikjulət(ə)ri] *adj* gestikulerende.
esture ['dʒestʃə] *sb* håndbevægelse, gestus; *-s pl (ogs)* fagter; *vb* gestikulere.
get [get] *vb (got, got)* få; få fat i, skaffe sig; skaffe *(fx* ~ *him a job),* hente *(fx let me* ~ *you your shawl);* lave *(fx will you* ~ *tea?);* T ramme *(fx the bullet got him in the leg);* få ram på, få hævn over *(fx they got him in the end);* forstå *(fx we are beginning to* ~ *it; I don't* ~ *you),* opfatte, få fat i *(fx I didn't* ~ *the last word);* (med *inf)* få (til at) *(fx* ~ *sby to do it);* (med *pp)* få *(fx* ~ *him appointed); (glds)* avle;

(uden objekt) nå, komme *(fx* ~ *home),* T komme af sted *(fx well, I must be -ting),* skrubbe af *(fx he told them to* ~*);* (med *adj, pp)* blive *(fx* ~ *angry,* ~ *killed);* (med *inf)* komme (til at) *(fx we got to like him);* (med *-ing)* komme til at, komme i gang med at *(fx* ~ *talking);* ~ *talking (ogs)* falde i snak; ~ *going* komme i gang;

~ *one's bread* tjene sit brød; *he is out for what he can* ~ han er beregnende; ~ *you gone!* forsvind! ~ *one's hair cut* lade sig klippe; *that's got him* nu er han færdig, den kan han ikke klare; *I* **have** *got no money* jeg har ingen penge; *he has got to do it* han må gøre det; ~ **it** opnå det; få ubehageligheder; *I have got it* jeg har forstået det; (se også ~ *(it) over* nedenfor); ~ *a language* lære et sprog; *it -s* **me** T jeg kan ikke finde ud af det; det irriterer mig; jeg bliver rørt over det; ~ *your places (el. seats)* tag plads! stig ind!

(forb med *præp* og *adv)* ~ **about** komme omkring; bevæge sig omkring; komme i omløb *(fx the rumour has got about),* brede sig, komme ud, blive kendt; ~ **above** *oneself* være indbildsk, bilde sig noget ind; blive overstadig; ~ **abroad** brede sig (om rygte); ~ **across** komme over (på den anden side); slå an, blive en succes; T irritere; komme på kant med; (om skuespiller) komme i kontakt med publikum; ~ *an idea across* få en idé til at slå an; vinde gehør for en idé; *he can't* ~ *it across* han kan ikke komme i kontakt med sine tilhørere; ~ **after** *sby* være efter en, gå løs på en; ~ **along** bringe fremad; gøre fremskridt; klare sig; ~ *along!* å la' vær'! *how are you -ting along?* hvordan går det (med dig)? *they can only just* ~ *along on their small income* de kan kun lige klare sig med deres lille indtægt; ~ *along with you!* af sted med dig! (udtryk for afvisning:) hold nu op! å la' vær! gå væk! *I can't* ~ *along with that fellow* jeg kan ikke komme ud af det med den fyr; ~ **around** *(am T)* bevæge sig omkring; komme (meget) ud; narre; komme uden om, omgå *(fx* ~ *around the law); he never got* **around to** reading the book det lykkedes ham aldrig *(el.* han nåede aldrig) at få læst bogen;

~ **at** komme til, nå, få fat i; stikle til *(fx he was -ting at me all the time);* overfalde, få ram på; påvirke, bestikke; *what are you -ting at?* hvad sigter du til? hvor vil du hen (med det)? ~ **away** slippe bort; *there's no -ting away from it* man kan ikke komme uden om det; ~ *away with it* komme godt fra det; *he would cheat you if he could* ~ *away with it* han ville snyde dig hvis han kunne komme af sted med det; ~ *away with you!* stik af med dig! å la' vær! ~ **back** få tilbage; komme *(el.* vende) tilbage; ~ *one's own back* få hævn; ~ *back at (am)* få hævn over; ~ **behind** *(am)* støtte; ~ **by** komme forbi; komme i besiddelse af; T slippe godt fra det; klare sig; ~ **down** stå ned; gå fra bordet; ~ *sby down* T gøre én deprimeret, tage humøret fra én; ~ *it down* få det skrevet ned; ~ *down to* T tage fat på; ~ *down to it (ogs)* 'gå til makronerne'; ~ **even** *with* hævne sig på; *what can I* ~ **for** *you?* (i butik) hvad ønsker De? ~ **home** komme hjem; *that remark got home!* den sad; ~ *home on sby* få ram på en;

~ **in** komme ind; ankomme; blive valgt; ~ *in with* indsmigre sig hos; blive gode venner med, komme i (lag) med; ~ **into** komme ind i; trænge ind i; bringe ind i; ~ *into one's clothes* komme i tøjet; ~ *into bad habits* lægge sig dårlige vaner til; ~ *sth into one's head* sætte sig noget i hovedet; indprente sig noget; *I can't* ~ *it into my head* jeg kan ikke få det ind i hovedet (ɔ: begribe det); *the wine got into his head* vinen steg ham til hovedet; *I don't know what got into him* jeg ved ikke, hvad der gik af ham; ~ *into a rage* blive rasende, ryge i flint; ~ **off** tage af (om tøj); sende af sted; skaffe bort; starte, tage af sted; løsrive sig fra; slippe bort; slippe fra det; stå af (toget *etc*); blive gift; falde i søvn; *his counsel got him off* hans forsvarer reddede ham fra straf; *tell sby where to get off* S sætte en på plads; ~ *off my case (el. back)!* T lad mig være i fred! ~ *off the grass!* væk fra græsset; ~ *off the ground (flyv)* lette; *(fig)* komme i gang; komme op og stå; ~ *off to sleep* falde i søvn; ~ *off with a fright* slippe med skrækken; ~ *off with her* komme i lag med hende, starte en flirt (, affære) med hende; ~ *off with you!* af sted med dig!

~ **on** tage på *(fx ~ on one's clothes);* drive fremad; stige op; komme videre *(fx with one's studies);* gøre fremskridt, blive til noget; ~ *on!* af sted! videre! ~ *on one's bicycle* sætte sig op på cyklen; ~ *on one's feet* komme på benene; ~ *on horseback* stige til hest; *how are you -ting on?* hvordan har du det? hvordan går det? *be -ting on (in years)* være ved at komme op i årene; *I told him to ~ on or ~ out* jeg sagde til ham at han ville få sin afsked, hvis han ikke ville bestille noget mere; *it is -ting on for 6* klokken er snart 6; *he is getting on for 60* han er på vej til de 60; ~ *on to* sætte sig i forbindelse med; komme efter, opdage, gennemskue; *don't keep -ting on to him* lad være med at være efter ham hele tiden; ~ *on together* komme ud af det med hinanden; ~ *on with him* komme ud af det med ham;

~ **out** få ud, få væk; få frem (om ytring); få udgivet (om bog); komme ud; slippe ud; stå ud (af vogn); ~ *out (with you)! (ogs)* sludder! ~ *out of* slippe for *(fx military service; paying one's taxes);* ~ *out of bed on the wrong side* få det forkerte ben først ud af sengen; ~ *out of hand* blive ustyrlig; ~ *out of here!* herut med dig! ~ *out of it* slippe godt fra det; ~ *a patience out* få en kabale til at gå op; ~ **over** komme over; overvinde, klare; *I can't ~ over...* jeg kan ikke komme mig over...; jeg kan ikke begribe...; ~ *it over (with)* få det overstået; *she has got it badly over him* T hun er helt væk i ham;

~ **rid of** blive fri for; rive sig løs fra; ~ **round** komme i omløb, komme ud; omgå, komme uden om; ~ *round sby* overtale en, komme om ved en; ~ *round a difficulty* klare sig uden om en vanskelighed; ~ *round to doing it,* se *ovf: get around to;* ~ **there** nå frem; komme frem, blive til noget; ~ **through** komme igennem *(fx the wood, a book);* slippe igennem, bestå *(fx an exam);* (om lov) blive vedtaget; *(tlf, radio)* få forbindelse *(to* med); ~ *through to* (også) få kontakt med; nå frem til; *I can't ~ it through to him (fig)* det jeg siger trænger ikke ind hos ham; ~ *through all one's money* bruge *(el.* formøble) alle sine penge; ~ *through with* gøre sig færdig med, få fra hånden; ~ **to** få; nå; bringe det til; komme til *(fx ~ to like him);* ~ *to know* lære at kende; få at vide; ~ *to sleep* falde i søvn; ~ *to work* komme i gang;

~ **together** komme (, bringe) sammen; samle(s); finde hinanden; få samling på; ~ *it (el. one's act) together* finde ud af det; få styr på (, orden i) tingene; ~ **under** overvælde, besejre; få under kontrol; ~ **up** få op; vække; indrette, sætte i værk, arrangere *(fx a concert);* forberede; sætte i scene; udstyre (bøger); pynte, klæde ud; opmuntre; affatte; studere; læse op (til en eksamen); bearbejde; ophobe; stå op (af sengen); *the wind is -ting up* vinden tager til i styrke; ~ *up by heart* lære udenad; ~ *up courage* samle mod; ~ *up steam* få dampen op; ~ *it up* få den op og stå; ~ *oneself up* pynte sig, maje sig ud; ~ *up to* lave, bedrive, pønse på; *what is he -ting up to?* hvad er han ude på? ~ *up to (el. with) sby* indhente en; ~ **with** *child* gøre gravid, besvangre.

get-at-able [get'ætəbl] *adj* T tilgængelig.

getaway ['getəwei] *sb* T start; flugt; *make one's ~* stikke af; *the ~ car* flugtbilen.

Gethsemane [geθ'seməni].

getout ['getaut] *sb* T udvej, udflugt, måde at slippe på; *curious as all ~ (am)* T noget så nysgerrig.

get-together ['getəgeə] *sb* T komsammen.

getup ['getʌp] *sb* T udstyr *(fx the attractive ~ of the book);* antræk, mundering *(fx where are you going in that ~?)*

gewgaw ['gju:gɔ:] *sb* stads, dingeldangel, unyttigt legetøj.

geyser ['gaizə] *sb* gejser, varm springkilde; ['gi:zə] gasbadeovn.

GFR *fk German Federal Republic* BRD.

Ghana ['ga:nə].

Ghanaian [ga:'neiən] *sb* ghaneser; *adj* ghanesisk.

gharry ['gæri] *sb* (heste)vogn (i Indien).

ghastly ['ga:stli] *adj* forfærdelig, grufuld *(fx accident),* uhyggelig; ligbleg; dødlignende *(fx pallor);* T rædsom, gyselig *(fx hat).*

gha(u)t [gɔ:t] *sb* bjergpas; trappe ned til en flod (i Indien); landingsplads ved en flodbred.

ghee [gi:] *sb* slags smør (der bruges i Indien).

gherkin ['gə:kin] *sb* lille sylteagurk.

ghetto ['getəu] *sb* ghetto, jødekvarter.

Ghibeline ['gibilain] *(hist.) sb* ghibelliner; *adj* ghibellinsk.

ghost [gəust] *sb* ånd, spøgelse; spor, skygge; *(ogs ghost image, ghost writer); vb* være 'neger' (for); *give (el. yield) up the ~* opgive ånden; *as pale as a ~* ligbleg; *I have not the ~ of a chance* jeg har ikke den ringeste chance, jeg har ikke gnist af chance; *the ~ walks (teat)* der udbetales gage.

ghost image (i tv) spøgelsebillede, ekkobillede.

ghostlike ['gəustlaik] *adj* spøgelsesagtig.

ghostly ['gəustli] *adj* spøgelsesagtig; *(glds)* åndelig, sjælelig; ~ *hour* åndernes time.

ghost| word ord opstået ved fejllæsning *el.* trykfejl. ~ **writer** 'neger' (skribent hvis arbejde udkommer under en andens navn).

ghoul [gu:l] *sb* (i orientalsk overtro) en ond ånd der fortærer lig; *(fig)* gravskænder; pervers person.

ghoulish ['gu:liʃ] *adj* dæmonisk, uhyggelig.

G.H.Q. *fk General Headquarters.*

GI ['dʒi:'ai] *sb* menig (amerikansk) soldat.

giant ['dʒaiənt] *sb* kæmpe, gigant; *adj* kæmpemæssig, kæmpe-.

giantess ['dʒaiəntəs] *sb* kæmpekvinde.

giant| panda *zo* stor panda, bambusbjørn. ~ **pangolin** *zo* steppeskældyr.

giant's-stride rundløb (gymnastikapparat).

giaour ['dʒauə] *sb* (tyrkisk ord for en) vantro, ikke-muhamedaner (især kristen).

gibber ['dʒibə] *vb* tale (hurtigt og) uforståeligt, plapre.

gibberish ['dʒibəriʃ; 'gib-] *sb* uforståelig tale, volapyk, kaudervælsk.

gibbet ['dʒibət] *sb* galge; *vb* hænge i galge; *(fig)* hænge ud offentligt *(fx be -ed in the press).*

I. Gibbon ['gibən].

II. gibbon ['gibən] *sb zo* gibbon (abeart).

gibbose ['gibəus], **gibbous** ['gibəs] *adj* pukkelrygget; (om månen) mellem halv og fuld.

Gibbs [gibz].

gibe [dʒaib] *sb* spydighed, skose; *-s pl (ogs)* hån, spot; *vb:* ~ *at* komme med spydigheder til, skose, håne, spotte.

giblets ['dʒibləts] *sb pl* kråser (og anden indmad af fugle).

giblet soup kråsesuppe.

Gibraltar [dʒi'brɔ:ltə]: *the Straits of ~* Gibraltarstrædet.

Gibson ['gibsən].

gibus ['dʒaibəs] *sb* klaphat, chapeau claque.

gid [gid] *sb* drejesyge (hos får).
giddy ['gidi] *adj* svimmel; svimlende *(fx soar to ~ heights);* flygtig; letsindig, fjantet, kåd, pjanket, forfløjen, vilter; *vb* gøre (, blive) svimmel; *my ~ aunt* S nej da; ih, du store; *I feel ~* det løber rundt for mig; *play the ~ goat* være pjanket, fjolle, pjatte.
Gideon ['gidiən]. **Gielgud** ['gi:lgud].
gift [gift] *sb* gave; talent, begavelse; T let opgave, ren foræring; *vb* begave; *the living is in his ~* han har retten til at besætte præstekaldet; *~ of tongues* evne til at tale i tunger; sprognemme; *deed of ~* gavebrev; *never look a ~ horse in the mouth* man skal ikke skue given hest i munden; *I would not have it as a ~* jeg ville ikke have det om jeg så fik det forærende.
gift book gavebog.
gifted ['giftid] *adj* (højt) begavet. **giftedness** *sb* begavelse.
gift| shop gavebod. **~ token, ~ voucher** gavekort. **~ -wrap** *vb* pakke ind som gave.
gig [gig] *sb* gig (tohjulet vogn; let båd); (i tekstilfabr.) rumaskine.
giga- ['gigə, 'dʒigə] (præfiks) giga- (ɔ: 1 milliard) *(fx volt, watt).*
gigantic [dʒai'gæntik] *adj* enorm, kæmpemæssig, gigantisk. **gigantism** [dʒai'gæntizm] *sb* kæmpevækst.
giggle [gigl] *vb* fnise; *sb* fnisen; *get the -s* få et anfald af fnisen. **giggler** *sb* grinebider. **giggly** *adj* fnisende, fjantet.
gig|lamps *pl* S briller. **~ mill** rumaskine (i tekstilfabr).
gigolo ['ʒigələu] *sb* gigolo.
gigot ['dʒigət] *sb* bedekølle; skinkeærme.
Gila monster ['hi:lə 'mɔnstə] *zo* gila, perlepude, gilamonster.
Gilbert ['gilbət]. **Gilchrist** ['gilkrist].
gild [gild] *vb (-ed, -ed el. gilt, gilt)* forgylde; *~ the pill (fig)* indsukre pillen; (se også *lily); Gilded Chamber* Overhus; *-ed youth* jeunesse d'orée, overklasseungdom.
gilder ['gildə] *sb* forgylder. **gilding** ['gildiŋ] *sb* forgyldning.
I. gill [gil] *sb* gælle; kødlap under fugles næb, hagelap, halslap; lamel (på svamp); ribbe (til afkøling af maskine); (på person) underansigt; *green about the -s* bleg om næbbet; *rosy about the -s* rødmosset; *grease one's -s* gøre sig til gode; *lick one's -s* slikke sig om munden.
II. gill [gil] *sb* bjergkløft; elv.
III. gill [dʒil] *sb* rummål = 0,142 l., *(am)* 0,118 l.
IV. gill [gil] *vb* rense (fisk).
gill | cleft gællespalte. **~ cover** gællelåg.
gillie ['gili] *sb* (skotsk:) tjener, jagtbetjent.
gill | net hildingsgarn, nedgarn. **~ slit** gællespalte.
gillyflower ['dʒiliflauə] *sb (bot)* gyldenlak; levkøj; nellike.
I. gilt [gilt] *sb* forgyldning; *zo* gylt (ung so).
II. gilt [gilt] *præt* og *pp* af *gild.*
gilt edge (på bog) guldsnit.
gilt-edged ['giltedʒd] med guldsnit; *~ securities* guldrandede papirer.
gilthead ['gilthed] *sb zo* dorade, guldbrasen.
gilt leather gyldenlæder.
gimbals ['dʒimbəlz] *sb pl (mar)* slingrebøjle; *mounted on (el. hung in) ~* kardansk ophængt.
gimcrack ['dʒimkræk] *sb* flitterstads; snurrepiberi; *adj* tarvelig, uægte; skrøbelig, gebrækkelig.
gimlet ['gimlət] *sb* vridbor; *vb* bore; *with eyes like -s, ~ -eyed* med et gennemborende blik, med stikkende øjne.
gimme ['gimi] S = *give me.*
gimmick ['gimik] *sb* T fidus, kneb, trick; nyt smart (reklame)påfund, reklametrick; noget der skal give særpræg; dims, dingenot.
gimmickry ['gimikri] *sb* effektjageri.
gimmicky ['gimiki] *adj* som skal tiltrække opmærksomhed.
gimp [gimp] *sb* gimp (med metaltråd overspundet fiskesnøre); agraman; møbelsnor; *(am)* halten; *walk with a ~* halte.
gimpy ['gimpi] *adj (am)* haltende; *have a ~ leg* halte.
I. gin [dʒin] *sb* gin; *(hollands ~)* genever; *~ and It* gin og (italiensk) vermouth.
II. gin [dʒin] *sb* (i tekstilfabr) egreneringsmaskine; (til fuglefangst) snare, done; *vb* egrenere; fange i snare.
III. gin [gin] (på skotsk) hvis; *(glds)* begynde.
ginger ['dʒin(d)ʒə] *sb* ingefær; rødgult; (om hårfarve) rødt; T liv, fart, fut; *adj* rødgul; rødhåret; *vb* sætte fart i; krydre med ingefær; *~ up* sætte fart i, loppe op.
ginger| ale, ~ beer sodavand med ingefærsmag.
gingerbread ['dʒin(d)ʒəbred] *sb* ingefærkage; *(omtr)* honningkage; *(fig)* konditorornamentik; kransekagearkitektur; *take the gilt off the ~* tage glansen af det; *the gilt is off the ~* glansen er gået af St. Gertrud.
ginger group aktivistgruppe inden for et parti (, en forening *etc);* idégruppe, initiativgruppe.
gingerly ['dʒin(d)ʒəli] *adj, adv* forsigtig(t), varsom(t).
ginger| nut lille ingefærkage. **~ pop** T = *~ ale.* **~ snap** = *~ nut.*
gingery ['dʒin(d)ʒəri] *adj* ingefær-; krydret; rødbrun; *(fig)* sprælsk; hidsig, irritabel.
gingham ['giŋəm] *sb* gingham, zefyr (stribet *el.* ternet bomuldstøj); T paraply, 'bomuldspeter'.
gingival [dʒin'dʒaivl] *adj* tandkøds-.
gingivitis [dʒindʒi'vaitis] *sb (med.)* tandkødsbetændelse.
gingko ['giŋkəu] *sb (bot)* gingkotræ.
ginglymus ['dʒiŋglimэs] *sb (anat)* hængselled.
ginned-up ['dʒind'ʌp], **ginny** ['dʒini] *adj* S fuld.
gin palace beværtning.
ginseng ['dʒinseŋ] *sb (bot)* ginseng, kraftrod.
gin-sling ['dʒinsliŋ] *sb* en kold drik der indeholder gin.
Giovanni [dʒiə'va:ni]: *Don ~* Don Juan.
gippo ['dʒipəu] *sb* S sigøjner.
gippy ['dʒipi] *sb* S egypter; sigøjner.
gippy tummy turistmavepine.
gipsy ['dʒipsi] *sb* sigøjner; sigøjnersprog; *(am* S*) = ~ cab; adj* sigøjneragtig; *vb* strejfe om i det frie; gøre en udflugt på landet.
gipsy| bonnet = *~ hat.* **~ cab** *(am* S*)* taxi uden bevilling, pirat. **~ hat** hat med bred skygge. **~ moth** *zo* løvskovsnonne. **-wort** *(bot)* sværtevæld.
giraffe [dʒi'ra:f] *sb* giraf.
girandole ['dʒirəndəul] *sb* armstage; ildhjul (fyrværkeri); ørenring.
I. gird [gə:d] *vb (-ed, -ed el. girt, girt) (glds el. poet)* omgjorde; omgive; indhegne; udstyre; *~ oneself* omgjorde sig *(fig:* gøre sig rede); *~ on one's armour* iføre sig sin rustning; *~ at* håne; *~ up one's loins* omgjorde sin lænd *(fig:* gøre sig rede).
II. gird [gə:d] *sb* hån; *vb: ~ at* håne.
girder ['gə:də] *sb* bærebjælke, drager.
girdle [gə:dl] *vb* spænde bælte om; omgive; rejse (, sejle, bevæge sig) rundt om; *sb* bælte; (dameundertøj:) hofteholder, roll- on, (let) korset; (af træ) barkring; (se også *griddle).*
girl [gə:l] *sb* pige; S *(am)* kokain; *his (best) ~* hans kæreste; *old ~* gamle tøs.
girl| Friday betroet privatsekretær. **-friend** veninde. **~ graduate** kvindelig kandidat. **~ guide** pigespejder.
girlhood ['gə:lhud] *sb* pigeår; *she had grown from ~ into womanhood* hun var fra pige blevet kvinde.
girlie ['gə:li] *sb* T pigebarn; *adj* tøset; T med letpåklædte *(el.* bare) piger i *(fx calendar, magazine, show).*
girlish ['gə:liʃ] *adj* ungpigeagtig, pigelig, pige-.
girl scout *(am)* pigespejder.

Giro ['dʒaiərəu] *sb* giro; ~ *transfer form* girokort, gireringskort.
girn [gə:n] *vb* (skotsk) snærre; klynke.
Girondist [dʒi'rɔndist] *sb (hist.)* girondiner.
girth [gə:θ] *sb* (bug)gjord; omfang; livvidde; *vb* omgjorde, lægge gjord om, omgive; måle omfanget af; *a tree 20 feet in* ~ et træ der måler 20 *eng* fod i omkreds.
girtline ['gə:tlain] *sb (mar)* bærejolle, takkeljolle.
gist [dʒist] *sb: the* ~ det væsentlige, kernen *(fx the* ~ *of the matter).*
I. give [giv] *vb (gave, given;* se også *given)* **1.** give, forære, skænke; smitte med *(fx you have -n me your cold);* volde *(fx trouble, pain);* **2.** beskrive, udtrykke *(fx it is -n in the following formula);* **3.** udstøde *(fx a loud laugh, a cry, a sigh);* **4.** (om bevægelse:) ~ *a lurch* vakle, ~ *a start* fare sammen;
(uden objekt) **5.** give efter *(fx this mattress does not* ~ *much; the ice gave under me);* vige *(fx no one would* ~ *an inch),* bryde sammen *(fx finally the old bridge gave);* **6.** (om vejr) mildnes, tø; **7.** *(am* T*):* ~*!* spyt ud! ud med sproget!
(forskellige *forb,* se også *battle, I. head, I. mind, I. notice, I. way etc)* ~ *him (best)* indrømme at han har vundet; erklære sig overvundet af ham; ~ *countenance to* opmuntre, støtte; ~ *sby good morning* sige godmorgen til en; ~ **it** *him!* på ham! giv ham en omgang! *I'll* ~ *it you,* se *ndf:* ~ *it to;* ~ *a lecture* holde et foredrag; ~ *like for like,* ~ *tit for tat,* ~ *as good as one gets* give lige for lige, give svar på tiltale; ~ *sby a look* tilkaste en et blik; ~ *one's love (el. kind regards) to* sende venlig hilsen til; ~ **me** *good old Dickens, any day* næ må jeg så be' om Dickens; *don't* ~ *me that* kom ikke her med det sludder; å gå væk; å la' vær'; ~ *my respects to your mother* hils Deres moder fra mig; ~ *us a song* syng en sang for os; ~ *thanks* takke; ~ *a toast* udbringe en skål; *I* ~ **you** *the ladies!* skål for damerne; *I* ~ *you the mayor! (am ogs,* sagt af konferencier) må jeg præsentere borgmesteren for Dem; her er borgmesteren; *I* ~ *you that point in the argument* på det punkt indrømmer jeg De har ret; *I'll* ~ *you this, you are not lazy* du er ikke doven, det vil jeg indrømme dig *(el.* det må man lade dig);
(forb med *adv* og *præp :)* ~ **away** give bort *(el.* væk), forære væk; røbe, udlevere, melde; ~ *away the bride* være brudens forlover; ~ *away a chance* forspilde en chance; ~ *away in marriage* bortgifte; ~ *oneself away* udlevere sig *(fig);* ~ *away the prizes* overrække præmierne; ~ *the whole show away* røbe (, afsløre) det hele, sladre; ~ **back** give tilbage, give igen, gengælde; vige tilbage; ~ *forth* = ~ *out;* ~ **in** opgive; indlevere, overrække; give efter *(to* for); ~ *in one's name* melde sig; ~ **into** føre til (om vej); ~ **off** udsende *(fx smoke, steam);* afgive *(fx heat);* ~ **on** *to* føre ud til; vende ud til, have udsigt til (om vindue *etc);* ~ **out** uddele; bekendtgøre, meddele; udbrede *(fx rumours);* udsende *(fx smoke, heat);* slippe op *(fx the food began to* ~ *out);* bryde sammen; ~ *out the hymns* nævne hvad salmer der skal synges; ~ *it out that* lade sig forlyde med at; ~ *oneself out to be* give sig ud for (at være); ~ **over** overlade; opgive (en vane); holde op (med); reservere *(to* til); *she gave herself* **to** *him* hun hengav sig til ham; *I'll give it to you* jeg skal gi' dig; du får med mig at bestille; ~ **up** opgive; holde op med; afgive, give afkald på, renoncere på, afstå; udlevere, overlade *(to* til); tilstå, bevillige; ~ *up the ghost* opgive ånden; ~ *sth up for lost* anse noget for redningsløst fortabt, opgive håbet om at få noget tilbage; ~ *oneself* **up to** hellige sig, hengive sig helt til, gå helt op i; give sig hen i *(fx despair);* ~ *oneself up to the police* melde sig til politiet; *my mind was given up to* mit sind var optaget *(el.* opfyldt) af.
II. give [giv] *sb* elasticitet; eftergivenhed, villighed til at gå på kompromis; ~ *and take* gensidig imødekommenhed; noget for noget.
giveaway ['givəwei] *sb* blottelse, afsløring; foræring; vareprøve (der gives væk som reklame), reklamepakke; *adj* (om TV-program *etc)* med præmieuddeling.
given ['givn] *(pp* af *give);* givet, forudsat; ~ *to* tilbøjelig til, forfalden til; *be* ~ *to drink* være fordrukken; *be* ~ *over to evil courses* føre et slet levned; ~ *good health he will be able to do it* forudsat han er rask vil han kunne gøre det; ~ *name (am)* fornavn.
gizzard ['gizəd] *sb* (hos fugle) kråse; (hos visse andre dyr) mave; *it frets my* ~ det ærgrer mig; *it stuck in his* ~ det faldt ham for brystet.
Gk. *fk Greek.*
glabrous ['gleibrəs] *adj* glat, skaldet, hårløs.
glacé ['glæsei] *adj* glacé-; glaseret.
glacial ['gleisjəl, -ʃl] *adj* is-; iskold *(fx air, calm);* uhyre langsom *(fx pace, tempo); (kem)* krystalliseret; *at a* ~ *pace* (også) i sneglefart; ~ *era (el. period)* istid; *a* ~ *look* et isnende blik.
glaciated ['gleisieitid] *adj* isdækket.
glaciation [glæsi'eiʃn] *sb* gletscherdannelse; is; *(geogr)* glaciation, nedisning.
glacier ['glæsjə; *(am)* 'gleiʃər] *sb* bræ, gletscher.
glacis ['glæsi(s)] *sb* glacis (skråning foran fæstningsværk).
glad [glæd] *adj* glad, fornøjet; glædelig *(fx news); I am* ~ *to hear it* det glæder mig at høre det; *I am* ~ *of it* det glæder mig, jeg er glad for det; *I shall be* ~ *to come* det skal være mig en glæde at komme; *give sby the* ~ *eye* S skyde med en; *give sby the* ~ *hand (am)* S stikke en på næven, hilse overstrømmende hjerteligt på en; give én en overstrømmende velkomst; ~ *news* glædelig efterretning; ~ *rags* S stadstøj, bedste tøj, kisteklæder.
gladden [glædn] *vb* glæde.
glade [gleid] *sb* lysning, skovslette.
glad-hand ['glædhænd] *vb* stikke på næven, hilse overstrømmende hjerteligt på.
gladiate ['glædiit] *adj* sværdformet.
gladiator ['glædeitə] *sb* gladiator.
gladiatorial [glædiə'tɔ:riəl] *adj* gladiatoragtig.
gladiolus [glædi'əuləs] *sb (pl gladioli* [-lai]) *(bot)* gladiolus.
gladly ['glædli] *adv* med glæde, gerne.
gladness ['glædnəs] *sb* glæde.
Gladstone ['glædstən]: ~ *bag* håndkuffert, rejsetaske.
glair [glɛə] *sb* æggehvide; lim; *vb* bestryge med æggehvide.
glaive [gleiv] *sb (poet)* glavind, sværd.
glam [glæm] *fk* T *glamour; glamorous;* ~ **up** pynte, pifte op; pynte sig, smukkesere sig.
glamorize ['glæməraiz] *vb* omgive med et strålende *(el.* romantisk) skær; forherlige.
glamorous ['glæmərəs] *adj* betagende, fortryllende, blændende.
glamour ['glæmə] *sb* fortryllelse, glans, glamour; trylleskær; trolddom, blændværk; *vb* fortrylle; ~ *girl* feteret (films)skønhed, glamour girl.
glance [gla:ns] *sb* øjekast, blik; glimt *(glds)* hentydning, antydning; *(min.)* glans; *vb* se, kikke; glimte; *at a* ~, *at the first* ~ ved første øjekast; straks; *take (el. cast) a* ~ *at,* ~ *at* se flygtigt på, kigge på; *(fig)* hentyde til, strejfe, berøre flygtigt; ~ *aside,* ~ *off* prelle af, glide af; *catch a* ~ *of* få et glimt af; ~ *over (el. through)* kigge igennem.
gland [glænd] *sb* kirtel.
glandered ['glændəd] *adj* snivet.
glanders ['glændəz] *sb pl* snive (sygdom hos heste).
glandular ['glændjulə] *adj* kirtel-; ~ *fever* kirtelfeber, (især:) mononukleose.
I. glare [glɛə] *vb* skinne, blænde, udsende et blænden-

de *(el.* skarpt lys); (om farver *etc)* være afstikkende, glo; (om person) stirre, glo, se skarpt *(at* på).

I. glare [glɛə] *sb* blændende *(el.* skarpt) lys, skin; gennemborende *(el.* olmt) blik; *in the full ~ of publicity* i fuld offentlighed, i offentlighedens søgelys.

glaring ['glɛəriŋ] *adj* blændende; gloende, stirrende; skrigende, skærende, afstikkende, grel; *a ~ blunder* en grov fejl; *a ~ contrast* en skrigende modsætning.

Glasgow ['gla:sgəu, 'glæs-].

glass [gla:s] *sb* glas; timeglas; spejl *(fx look at oneself in the ~);* rude; glasting, glasservice; kikkert, lorgnet; barometer *(fx the ~ is falling);* termometer; *-es pl (ogs)* briller; kikkert; *adj* glasagtig, glas-; *vb* sætte glas *(el.* ruder) i; dække med glas; spejle; *broken ~* glasskår; *a ~ of wine* et glas vin; *he is fond of his ~* han holder meget af at få sig et glas; *grown under ~* dyrket i drivhus.

glass|blower glaspuster. ~ **case** glasklokke, montre, glasskab. ~ **cloth** glasstykke; glaslærred. ~ **-covered** *adj* med glas over (, for); *~ -covered bookcase* bogskab. ~ **cutter** glassliber, glasskærer; (værktøj:) glasskærer, glasdiamant. ~ **eye** glasøje. **-ful** glas; *a -ful of gin* et glas gin.

glasshouse ['gla:shaus] *sb* glasværk; glasudsalg; vinterhave, drivhus; S vagtarrest; *those who live in -s should not throw stones* man skal ikke kaste med sten, når man selv bor i et glashus.

glassine [gla:'si:n; glæ-] *sb* pergamyn.

glass|man glashandler, glarmester. ~ **paper** glaspapir, sandpapir. **-ware** glasvarer, glassager. ~ **wool** glasuld. **-work** glasarbejde, glasvarer; *-works* glasværk. **-wort** salturt.

glassy ['gla:si] *adj* glasagtig; spejlblank; spejlklar; (om øjne) udtryksløse, stive, glasagtige.

Glaswegian [glæs'wi:dʒiən] *sb* indbygger i Glasgow; *adj* Glasgow'sk.

Glauber ['glɔ:bə]; *-'s salt* glaubersalt.

glaucoma [glɔ:'kəumə] *sb (med.)* grøn stær.

glaucous ['glɔ:kəs] *adj* blågrøn; dækket af blålig 'dug' (som blommer og druer); *~ gull* gråmåge.

glaze [gleiz] *vb* sætte glas i, sætte ruder i; give en glat, blank overflade; polere; (i keramik og madlavning) glasere; (om maleri) lasere (ɔ: lægge gennemsigtig farve over); (om papir) glitte; (om øjne) få et glasagtigt udtryk, briste; *sb* glasur; glasering; politur; glans; lasering; *(am)* isslag.

glazed [gleizd] *adj* med glas i; poleret *(etc, cf glaze);* blank, skinnende; (om øjne) udtryksløse, glasagtige, (hos en død) brustne; *~ onions* glaserede løg; *~ paper* glanspapir, satineret papir; *~ starch* glansstivelse.

glazer ['gleizə] *sb* glaserer, polerer *etc (cf glaze);* polerskive.

glazier ['gleiziə, 'gleiʒə] *sb* glarmester; (i keramik) glaserer; *you father wasn't a ~!* din fader er ikke glarmester; du er ikke gennemsigtig.

glazing ['gleiziŋ] *sb* glarmesterarbejde; glasering *etc* (se *glaze);* glasur; lasur(farver); *~ bar* (vindues)sprosse.

GLC *fk Greater London Council.*

gleam [gli:m] *sb* glimt *(fx of humour),* skær; lys; stråle; lynstråle; *vb* stråle, lyse, funkle, glimte; lyne.

gleamy ['gli:mi] *adj* glimtende, funklende.

glean [gli:n] *vb* sanke *(fx* aks), indsamle; opsamle; samle sammen lidt efter lidt; erfare; *sb* eftersankning; efterhøst; *what did you ~ from them?* hvad fik du ud af dem? **gleaner** *sb* eftersanker; indsamler.

gleaning ['gli:niŋ] *sb* sankning; indsamling; *-s pl* kundskaber (, stof) man har samlet lidt efter lidt.

glebe [gli:b] *sb* præstegårdsjord.

glee [gli:] *sb* lystighed, glæde, munterhed; triumf; (skade)fryd; *(mus.)* sang (sunget af tre eller flere solostemmer).

glee club sangforening.

gleeful ['gli:f(u)l] *adj* glad, lystig; glædelig; triumferende; skadefro.

gleg [gleg] *adj* (skotsk) kvik, opvakt, hurtig i vendingen.

glen [glen] *sb* (skotsk) bjergkløft, fjelddal.

glengarry [glen'gæri] *sb* skottehue (skråhue).

glib [glib] *adj* glat, facil, mundrap; *~ speech* (lidt for) flydende tale; *have a ~ tongue, talk -ly* tale med (lidt for) stor tungefærdighed; have en glat tunge.

glide [glaid] *vb* glide, svæve; *(flyv)* bevæge sig i glideflugt; *(fig)* liste, snige sig; *sb* gliden, svæven; glideflugt; *(mus.)* glidetone; *(fon)* glidelyd.

glide | path *(flyv)* glidevej (nedstyringslinje). ~ **path beacon** (radar:) glidevejsfyr. ~ **path beam** (radar:) ledestråle til fastlæggelse af glidevej.

glider ['glaidə] *sb* svæveplan; *~ pilot* svæveflyver.

glim [glim] *sb* S lys, lampe; *douse the ~* slukke lyset.

glimmer ['glimə] *vb* skinne mat, glimte, flimre; *sb* glimten, flimren; svagt lys; *(fig)* antydning; anelse; svagt glimt *(fx of hope).*

glimpse [glim(p)s] *sb* glimt; flygtigt blik; *vb* se flygtigt, få et glimt af, skimte; *~ at* kaste et flygtigt blik på; *catch a ~ of* se et glimt af; skimte.

glint [glint] *sb* glimt, blink; skær; (i øjnene:) (ondskabsfuldt *el.* farligt) skær *el.* glimt; *vb* glimte, funkle; (om øjne) have et ondskabsfuldt *el.* farligt skær *el.* glimt; skinne.

glissade [gli'sa:d, -'seid] *vb* glide; (ved bjergbestigning) lade sig glide (ned over sneklædt bjergside); (i dans) udføre glissade; *sb* gliden; glissade.

glisten [glisn] *vb* glinse, funkle, skinne.

glitch [glitʃ] *sb* falsk signal; *(elekt)* strømstød; T (teknisk) fejl; uheld.

glitter ['glitə] *vb* glitre, glimre, stråle; funkle; *sb* glitren, glans; *all that -s is not gold* det er ikke guld alt der glimrer; *-ing promises* gyldne løfter.

gloaming ['gləumiŋ] *sb* (skotsk) skumring, tusmørke.

gloat [gləut] *vb* fryde sig, gotte sig, hovere, være skadefro *(over, on* over).

global [gləubl] *adj* global, verdensomfattende; *(fig)* omfattende, generel; helheds-.

globe [gləub] *sb* kugle; klode; globus; rigsæble; glaskugle; lampekuppel; guldfiskeglas; *(mar)* ballon (ɔ: sømærke); *the ~* verden; *~ of the eye* øjeæble.

globe| fish *zo* kuglefisk. **-flower** engblomme. **-trotter** globetrotter.

globose ['gləubəus] *adj* kugleformet.

globule ['glɔbju:l] *sb* lille kugle; dråbe, perle *(fig) (fx -s of fat, -s of sweat).*

glom [glɔm] *vb (am* S) hugge; gribe; kikke.

glomerate ['glɔmərət] *adj* viklet sammen; nøgleformet.

glomerule ['glɔməru:l] *sb (bot)* nøgle; *(anat)* glomerulus.

gloom [glu:m] *sb* mørke; tungsindighed, tristhed; *(am* T) trist person, lyseslukker; *vb (poet)* formørke; se mørk ud; formørkes.

gloomy ['glu:mi] *adj* mørk, dyster; (om person) tungsindig, trist, nedtrykt.

glop [glɔp] *sb (am* S*)* snask, blæver.

glorification [glɔ:rifi'keiʃn] *sb* forherligelse; lovprisning; *(rel)* forklarelse.

glorify ['glɔ:rifai] *vb* forherlige; lovprise; kaste glans over, glorificere; *(rel)* forklare; *(fig)* give et finere navn; *the hotel is only a glorified boarding house* hotellet er kun et bedre pensionat.

glorious ['glɔ:riəs] *adj* herlig, strålende, storartet; ærefuld, berømmelig.

glory ['glɔ:ri] *sb* ære, hæder; glans, herlighed, pragt; stolthed *(fx her hair was her ~);* glorie; *vb: ~ in* være stolt af (, over), fryde sig ved; *(neds)* være vigtig af, nyde; *in all his* ~ i al sin herlighed; *on the field of* ~ på ærens mark; *go to* ~ dø; *send to* ~ dræbe; *he is in his* ~ han er rigtig i sit es; ~ be! gudfader bevares!

glory-hole *sb* (lille) pulterkammer, rodeskuffe; rodeskab; (i glasfabr) anfangshul; indvarmningsovn.

Glos. *fk Gloucestershire.*

I. gloss [glɔs] *sb* glans; *(neds)* skin, skær; *vb* give glans, give en overfladisk glans; ~ *(over)* besmykke, dække over *(fx one's faults).*

II. gloss [glɔs] *sb* glos(s)e, note, kommentar, anmærkning, forklaring; *(neds)* vildledende forklaring, snedig fordrejelse; *vb* kommentere; *(neds)* lægge en anden betydning i, bortforklare.

glossarist ['glɔsərist] *sb* kommentator.

glossary ['glɔsəri] *sb* glosar.

glossematic [glɔsi'mætik] *adj* glossematisk.

glossematics *sb* glossematik.

glosseme ['glɔsi:m] *sb* glossem.

glossiness ['glɔsinəs] *sb* blankhed, glathed; glans.

glossy ['glɔsi] *adj* skinnende, blank, blankslidt, glat; prangende; *sb* dameblad, ugeblad, magasin med blankt farvestrålende omslag; ~ *paper* glanspapir.

glost | **firing** (i porcelænsfabr) blankbrænding. ~ **oven** blankovn. **-ware** blankbrændt porcelæn.

glottal [glɔtl] *adj:* ~ *stop (omtr* =)stød (i sprog).

glottis ['glɔtis] *sb (anat)* stemmeridse.

Gloucester ['glɔstə] (stednavn); ost fra Gloucestershire; *double* ~ særlig fed ost fra G.

glove [glʌv] *sb* handske; *vb* give handske på; *hand in* ~ *with,* se *I. hand; excuse my* ~! undskyld at jeg beholder handsken på! *fit like a* ~ passe som hånd i handske; *take off the -s to him, handle him without -s* ikke tage med fløjlshandsker på ham, ikke lægge fingrene imellem; *attack the problem with -s off* gå lige til sagen; *throw down the* ~ kaste sin handske (ɔ: udfordre); *take up the* ~ tage handsken op (ɔ: modtage udfordringen).

glove | **box** handskekasse (til behandling af fx radioaktivt materiale). ~ **compartment** handskerum.

glover ['glʌvə] *sb* handskemager.

glove stretcher handskeblok.

glow [gləu] *vb* gløde; *sb* glød, rødme; skær; (behagelig) varme; *(fig)* glød, iver; *be all in a* ~ være (dejlig) varm; ~ *with health* strutte af sundhed.

glow discharge glimudladning.

glower ['glauə] *vb* stirre vredt, skule, glo; *sb* fjendtlig stirren, skulen.

glowing ['gləuiŋ] *adj* glødende; blussende *(fx cheeks); (fig)* begejstret *(fx he described it in* ~ *terms);* ~ *with happiness* glædestrålende.

glow lamp glødelampe; *negative* ~ glimlampe.

glowworm ['gləuwə:m] *sb zo* st. hansorm.

gloxinia [glɔk'sinjə] *sb (bot)* gloxinia.

gloze [gləuz] *vb:* ~ *over* bortforklare, besmykke.

glucose ['glu:kəus] *sb* glykose, druesukker.

glue [glu:] *sb* lim, klister; *vb* lime; *(ogs fig)* klæbe, klistre.

gluey ['glu:i] *adj* limagtig, klæbrig.

glum [glʌm] *adj* nedtrykt, mut, mørk, trist.

glume [glu:m] *sb* avne.

glut [glʌt] *sb* overflod; *vb* (over)mætte, overfylde; ~ *the market* oversvømme markedet; ~ *oneself with* forspise sig i.

gluten [glu:tn] *sb* gluten (proteinstof i korn).

gluten bread glutenbrød.

glutinous ['glu:tinəs] *adj* klæbrig.

glutton [glʌtn] *sb* grovæder, frådser, slughals; *zo* jærv; *a* ~ *for work* en hund efter arbejde.

gluttonize ['glʌt(ə)naiz] *sb* æde grådigt, frådse.

gluttonous ['glʌt(ə)nəs] *adj* grådig, forslugen.

gluttony ['glʌt(ə)ni] *sb* grådighed, forslugenhed; frådseri.

glycerin(e) [glisə'ri:n] *sb* glycerin.

glycol ['glaikɔl] *sb (kem)* glykol.

glyph [glif] *sb* ideogram.

glyptic ['gliptik] *adj* glyptisk, vedrørende stenskærer kunst.

G. M. *fk Grand Master.*

gm. *fk gramme.*

G-man ['dʒi:mæn] *(am) fk Government man* medlem a statspolitet; kriminalbetjent.

G.M.B. *fk Grand Master of the Bath; good merchant able brand.* **G.M.M.G.** *fk Grand Master of St. Michae & St. George.*

G.M.T. *fk Greenwich Mean Time.*

gnarled [na:ld], **gnarly** ['na:li] *adj* knastet, knudret kroget.

gnash [næʃ] *vb:* ~ *one's teeth* skære tænder; *weepin (el. wailing) and -ing of teeth* gråd og tænders gnidsel

gnat [næt] *sb zo* myg; (se også *I. strain (at)).*

gnaw [nɔ:] *vb* gnave; nage.

gneiss [nais] *sb (geol)* gnejs.

I. gnome [nəum] *sb* gnom, jordånd, bjergånd (de våger over en skat); dværg; *(fig)* hæslig mandsling *the -s (of Zurich)* internationale valutaspekulante hvis manipulationer hævdes at være skyld i England økonomiske vanskeligheder.

II. gnome [nəumi] *sb* tankesprog, sentens, aforisme.

gnomic ['nɔmik] *adj* gnomisk, aforistisk; *(fig)* kryptisk tilstræbt dybsindig; opstyltet.

gnomon ['nəumɔn] *sb* viser på solur.

gnostic ['nɔstik] *adj* gnostisk; *sb* gnostiker.

GNP *fk gross national product.*

gnu [nu:] *sb zo* gnu.

I. go [gəu] *vb (went gone)* (se også *going, gone)* rejse begive sig, tage (fx ~ *to England;* ~ *on foot);* gå *(fx thi train -es to London; don't* ~ *yet);* afgå *(fx the train ha just gone);* forsvinde *(fx the clouds have gone),* knæk ke, gå overbord *(fx the mast went),* gå i stykker *(fx th clutch has gone),* gå rabundus, krakke *(fx the ban may* ~ *any day);* dø; forløbe, gå *(fx how did the pla* ~? *everything went better than I expected);* bliv solgt, gå *(fx he let his house* ~ *too cheap);* lyde *(fx th is how the tune -es),* sige *(fx the clock -es tick-toc tick-tock);* kunne være *(fx the luggage won't* ~ *in th car),* blive anbragt, have sin plads *(fx where is th carpet to* ~?*);* skulle til, være nødvendig *(fx all th things that* ~ *to rig out a ship);* gælde *(fx what he say -es);* (i kortspil) melde *(fx* ~ *two spades);*

(med *adj*) (gå omkring og) være *(fx hungry, naked,* blive *(fx blind, mad),* gå over til at blive; ~ *metric* g over til metersystemet; ~ *native* (gå over til at) lev som en indfødt;

don't ~ **and** ... gå nu ikke hen og ...; **anything** *-es* a er tilladt; *it is a good house* **as** *houses* ~ *nowadays* de er et godt hus når man tager i betragtning hvorda huse ellers er nu om dage; ~ *fish***ing,** ~ *out fishin* tage ud og fiske; *he -es frightening people* han går o forskrækker folk; ~ *hunting, (glds)* ~ *ahunting* gå p jagt; ~ **it** handle energisk, klemme på, mase på; lev flot, flotte sig; fare afsted; ~ *it alone* klare det på ege hånd; *it* **must** ~ det må forsvinde, det må afskaffes *who -es* **there?** hvem der? **to** ~ *(am,* om mad p restaurant) til at tage med; ud af huset; *two in four -* **twice** to i fire er to; ~ *a long* **way** slå godt til; *a little him -es a long way* ham får man hurtigt nok af; ~ *long way towards* bidrage meget til; *the money - only a little way* der er ikke forslag i pengene; ~ *great way* have stor indflydelse; ~ *all the way,* se *way;* ~ **wrong,** se *I. wrong.*

(forb med *præp* og *adv)* ~ **about** gå omkring, løb om; *(mar)* stagvende; *there are rumours -ing abo (ogs)* der er rygter i omløb; ~ *about sth* tage fat p noget, give sig i lag *(el.* kast) med noget; ~ *about it*

the right way gribe det rigtigt an; ~ *about one's business* passe sine sager; ~ **after** være ude efter; *it -es* **against** *my principles* det er i strid med *(el.* strider mod) mine principper; ~ *ahead,* se *ahead;* ~ **along** gå bort, gå videre; ~ *along!* af sted med dig! det mener du ikke! å gå væk! *as you* ~ *along* efterhånden; undervejs; langs *(el.* hen) ad vejen; ~ *along with* gå med; følge (på vej); høre sammen med; være enig med (, i), tilslutte sig; ~ *along with you!* = ~ *along!* ~ **around** cirkulere; nå rundt, være nok til alle; ~ *astray,* se *astray;* ~ **at** gå løs på, overfalde, angribe; gå i gang med, tage fat på; ~ **away** tage af sted; *I am -ing away for my holidays* jeg skal rejse i ferien; ~ **back on** svigte, bryde *(fx a promise),* forlade *(fx a principle);* ~ *back on a friend* forråde en ven; ~ *back on one's word* ikke holde sit ord; ~ **before** gå forud for; ~ **behind** undersøge nøjere, granske; ~ **between** gå imellem; være mellemmand mellem; mægle; ~ **beyond** overskride, gå ud over;

~ **by** gå forbi; gå hen, gå (om tiden); gå efter, rette sig efter, dømme efter; *that's a safe rule to* ~ *by* det er en regel man trygt kan rette sig efter; ~ *by the name of* gå under navnet, hedde; ~ *by train* tage *(el.* rejse) med toget; *in times gone by* i svundne tider;

~ **down** synke; gå ned (om solen *etc);* gå under (om skib); styrte ned (om fly); gå i gulvet (om bokser); falde (i pris); falde (politisk); lægge sig (om vind); forlade universitetet; 'glide ned' (ɔ: blive spist); vinde bifald, vinde tiltro, 'glide ned'; blive husket; *he will* ~ *down in history as a traitor* han vil gå over i historien som en forræder; ~ *down in the world* blive deklasseret; ~ *down on (vulg)* slikke af; ~ *down on one's knees* falde på knæ, knæle; *the account -es down to 1987* beretningen går helt til *(el.* er ført op til) 1987; *that won't* ~ *down with him* det finder han sig ikke i; den tror *(el.* T: hopper) han ikke på; ~ *down well with* vinde bifald hos, blive vel modtaget af; ~ **far** slå godt til; (om person) blive til noget, drive det vidt *(fx he will* ~ *far); he is far gone,* se *gone; as far as it -es* for så vidt *(fx that is true as far as it -es); as far as that -es* hvad det angår; ~ **fast** leve flot; ~ **for** gå efter, prøve på at få; angribe, fare løs på, falde over; regnes for, gå for, sælges til; gå ind for, være en tilhænger af, kunne lide; *all his toil went for nothing* al hans slid var forgæves *(el.* spildt); *and that -es for him too* og det gælder også ham; ~ *for a walk* gå en tur; *have -ing for,* se *I. going;* ~ *further,* se *further* og *II. fare;*

~ **in** indtræffe (om efterretning); ~ *in and win!* gå på! klem på! ~ *in for* give sig af med; lægge sig efter, befatte sig med; stræbe efter; gå ind for, støtte; ~ *in for a competition* melde sig til en konkurrence; ~ *in for an examination* indstille sig (, gå op) til en eksamen; ~ *in for dress* lægge stor vægt på sin påklædning; ~ *in for money* søge at tjene mange penge; ~ *in for sport* dyrke sport; ~ **into** *business* blive forretningsmand; ~ *into effect* træde i kraft; ~ *into a fit of laughter* få et latteranfald; *2 -es into 4* 2 går op i 4; *I shall* ~ *into the matter* jeg skal undersøge sagen; ~ *into mourning* anlægge sorg; ~ *into partnership with sby* gå i kompagni med en; *all your things won't* ~ *into this trunk* alle dine sager kan ikke være i den kuffert; *I don't want to* ~ *into that* det ønsker jeg ikke at komme nærmere ind på; *all the time he was speaking he went* **like** *this* medens han talte gjorde han hele tiden sådan (udtalelsen ledsages af illustrerende gestus eller mimik); ~ **near** nærme sig; være i begreb med; gå til hjertet; *I never went near his house* jeg har aldrig sat mine ben i hans hus;

~ **off** gå, forløbe *(fx the performance went off well);* (om person) stikke af *(fx to Africa);* falde i søvn; miste bevidstheden; (om skydevåben *etc)* gå af; eksplodere; (om klokke) (begynde at) ringe, gå i gang; (om madvarer) blive dårlig, (om kød) få en tanke, (om mælk) blive sur; (om *elekt* strøm) blive afbrudt; *(merk)* finde afsætning, gå; (med objekt) miste interessen (, smagen) for; ~ *off gold* gå fra *(el.* forlade) guldet; *Hamlet -es off* H. (går) ud; ~ *off one's head* T blive skør; ~ *off (to sleep)* falde i søvn; ~ *off with one's tail between one's legs* stikke halen mellem benene *(fig); Jonas has gone off with a friend's wife* J. er stukket af med en vens kone;

~ **on** fortsætte, drage videre, tage videre, gå videre; gå for sig, foregå *(fx what's -ing on here?);* blive ved, fortsættes; opføre sig, skabe sig *(fx don't* ~ *on like that);* gå efter, støtte sig til *(fx the only evidence we have to* ~ *on);* ~ *on* fortsæt! å, gå væk! å, la' vær'! rend og hop! ~ *on about* snakke ustandselig om, himle op om; ~ *on at* hakke på, skælde ud på; *all his money -es on books* alle hans penge går til bøger; ~ *on for* nærme sig *(fx he is -ing on for fifty, it is -ing on for five o'clock);* klare sig med hensyn til *(fx how do they* ~ *on for food?);* ~ *on horseback* ride; ~ *on -ing* blive ved med at; ~ *on in that way* bære sig sådan ad, tage sådan på vej; ~ *on one's knees* falde på knæ; ~ *on the stage* gå til scenen; ~ *on strike* gå i strejke; ~ *on to* gå videre til; *he went on to describe the journey* han gik over til *(el.* fortsatte med) at beskrive rejsen; *he went on to say that* han sagde dernæst *(el.* videre) at; *she does not* ~ *on until Act two* hun kommer først på scenen i anden akt; *I must* ~ *on upon my journey* jeg må fortsætte min rejse;

~ **out** gå ud *(ogs* om lys *etc);* gå af mode; dø; (om minister) gå af; (om arbejdere) gå i strejke; (om pige) få plads, tage arbejde; (om tidsrum) slutte; *Labour has gone out* arbejderpartiet er ikke længere ved magten; ~ *all out for,* se *all; our hearts went out to them,* se *heart;* ~ *out of one's mind* gå fra forstanden; ~ *out of one's way to* gøre sig den ulejlighed at; gøre sig særlig umage for at; ~ **over** læse igennem, gennemgå; bese *(fx they went over the school),* undersøge; prøve *(fx let us* ~ *over the last act);* ~ *over (big)* T gøre lykke; *there is enough food to* ~ **round** der er mad nok til at det kan nå rundt; ~ *round to see him* gå hen for at besøge ham; ~ **slow,** se *slow.*

~ **through** gå igennem; gennemgå; undersøge nøje; ødsle bort, bruge op *(fx a fortune); the book went through five editions* fem oplag af bogen blev udsolgt, bogen gik i fem oplag; ~ *through with it* gennemføre det; ~ **to!** *(glds)* nåda! kom! nej hør nu! ~ *to live in another town* flytte til en anden by; *I don't know where the money -es to* jeg ved ikke, hvor pengene bliver af; ~ *to pieces* gå i stykker, forfalde; bryde sammen; *I won't* ~ *to the price of it* så meget vil jeg ikke spendere; *the first prize went to Mr. Brown* hr. Brown fik *(el.* vandt) førstepræmien; *the property went to his son* sønnen arvede ejendommen; ~ *to see* besøge; *that -es to show (el. prove) that* det viser *(el.* beviser) at; *he went to great trouble to prove it* han gjorde sig stor umage for at bevise det; *the song -es to this tune* sangen går på den melodi; ~ **together** gå sammen, følges ad; passe sammen, stemme overens;

~ **under** gå under, bukke under, blive ødelagt; gå til bunds; ~ **up** gå op, stige; springe *(el.* ryge) i luften, blive ødelagt; *he went up to Oxford* han begyndte at studere ved universitetet i Oxford; *new houses are -ing up everywhere* nye huse bliver opført *(el.* skyder op) overalt; ~ **west,** se *west;* ~ **with** ledsage; følge, være enig med; følge med *(fx the cupboards went with the house);* passe *(el.* stå) til; T gå med (om forelskede); ~ *well with* (om farve) stå godt til; *fish does not* ~ *well with tea* fisk og te passer ikke godt sammen; ~ **without** undvære, klare sig uden; *that goes without saying* det følger af sig selv, det siger sig selv.

II. go [gəu] *sb (pl -es)* hændelse, affære, historie *(fx it was a rum* (sær) *~)*, redelighed *(fx here's a fine ~!)*; energi, fart, appel, gåpåmod *(fx he is full of ~)*; forsøg, chance; omgang; *adj (am)* parat; *(mht* raket) i orden *(fx all the systems are ~)*;
that's all (el. quite) the ~ det er stærkt på mode; *it was a ~ (am)* det lykkedes; *I read the book at one (el. at a) ~* jeg læste bogen i et stræk; *have a ~* gøre et forsøg; *have a ~ at* forsøge (sig med); *make a ~ of it (am)* have held med sig; klare sig; få det til at lykkes *it was a near ~* det var på et hængende hår, det var nær gået galt; *it is no ~* det duer ikke, den går ikke, der er ikke noget at gøre; *be on the ~* være i aktivitet; *he is always on the ~ (ogs)* han har bisselæder i skoene; *from the word ~* T lige fra begyndelsen.

goad [gəud] *sb* pigstav, brod; *(fig)* spore; *vb* drive fremad med pigstav; *(fig)* drive, tirre, ægge; *~ sby into fury* drive en til raseri.

go-ahead ['gəuəhed] *adj* fremadstræbende, energisk; *sb: get (, give) the ~ for* få (, give) grønt lys for.

goal [gəul] *sb* mål; *keep ~* stå på mål; *reach one's ~* nå sit mål; *score (el. make) a ~* lave mål.

goal area målfelt.

goalie ['gəuli] *sb* T målmand.

goal|keeper målmand. *~* **kick** målspark. *~* **line** mållinje. **-post** målstang. *~* **tender** (især *am) = goal keeper.*

go-as-you-please *adj* planløs, tilfældig, på må og få, på bedste beskub, vilkårlig; *~ ticket (omtr)* partoutkort, ugebillet (til busser i London).

goat [gəut] *sb* ged; *(fig)* (liderlig) buk; *(am* S) syndebuk; *get sby's ~* gøre en vred, irritere en; *separate the sheep from the -s* skille fårene fra bukkene.

goatee [gəu'ti:] *sb* fipskæg.

goatherd ['gəuthə:d] *sb* gedehyrde.

goatish ['gəutiʃ] *adj* bukkeagtig; *(fig)* vellystig, liderlig.

goat| moth *zo* træborer. **-skin** gedeskind. **-sucker** *zo* natravn. *~* **willow** *(bot)* seljepil.

gob [gɔb] *sb* klump; spytklat; S mund, flab, kæft; *(am* S) marinesoldat, sømand.

gobbet ['gɔbit] *sb* T tekststykke i eksamensopgave; *(glds)* stykke *(fx* kød), luns, mundfuld, klump.

gobble ['gɔbl] *vb* sluge begærligt, hugge *(el.* guffe) i sig; (om kalkun) pludre.

gobbledegook ['gɔbldigu:k] *sb* T højtravende officiel stil, kancellistil.

gobbler ['gɔblə] *sb* kalkunsk hane.

gobelin ['gəubəlin, 'gɔbəlin] *sb* gobelin.

go-between ['gəubitwi:n] *sb* mellemmand, mægler; ruffer.

goblet ['gɔblət] *sb* vinglas (på fod); *(glds)* bæger, pokal.

goblin ['gɔblin] *sb* trold, nisse.

goby ['gəubi] *sb zo* kutling.

go-by ['gəubai] *sb* T*: give him the ~* lade som om man ikke ser ham, lade som om han er luft; undgå ham.

go-cart ['gəuka:t] *sb* gangkurv; promenadevogn, klapvogn; trækvogn; (se også *go-kart).*

god [gɔd] *sb* gud; *the gods* (de der sidder på) galleriet (i teatret); *God Almighty* den almægtige (Gud); *God bless her!* Gud velsigne hende! *God forbid!* det Gud forbyde! *God willing* om Gud vil; *I wish to God, would to God, God grant it!* Gud give! *God knows* Gud ved (ɔ: vi ved ikke); Gud skal vide (ɔ: det er sikkert); *a sight for the gods* et syn for guder; *thank God* Gud være lovet; *God's truth* den rene sandhed; *ye gods (and little fishes)!* ih du forbarmende!

god|child gudbarn. **-damn** *adj* fordømt, fandens. **-daughter** guddatter. **-dess** ['gɔdəs] gudinde. **-father** gudfader; *be -father to* stå *(el.* være) fadder til. **-fearing** *adj* gudfrygtig. **-forsaken** *adj* gudsforladt; ryggesløs. **-given** *adj* himmelsendt. **-head** guddom(melighed). **-less** ['gɔdləs] *adj* gudløs. **-like** *adj* guddommelig.

godliness ['gɔdlinəs] *sb* gudfrygtighed; *cleanliness is next to ~ (omtr)* renlighed er en god ting.

godly ['gɔdli] *adj* gudfrygtig, gudelig; *(glds)* guddommelig.

godmother ['gɔdmʌə] *sb* gudmoder.

godown ['gəudaun] *sb* pakhus.

godparent ['gɔdpεərənt] *sb* gudfader, gudmoder.

God's acre kirkegård.

godsend ['gɔdsend] *sb* uventet held; *it was a ~* det kom som sendt fra himlen.

godson ['gɔdsʌn] *sb* gudsøn.

godspeed ['gɔd'spi:d] *(glds)* lykke på rejsen!

godwit ['gɔdwit] *sb zo* kobbersneppe.

goer ['gəuə] *sb* gående; S frisk fyr (, pige); god idé; *comers and -s* ankommende og afrejsende; *he is a poor ~* han er ikke god til at gå; *this horse is a good ~* denne hest går godt.

gofer ['goufər] *sb (am* S) stikirenddreng.

goffer ['gəufə] *vb* gaufrere (påføre mønster på tøj, papir); *(bogb)* ciselere; *sb* gaufrering; ciselering.

go-getter ['gəugetə] *sb* S gåpånatur, stræber, smart (forretnings)mand.

go-getting *adj* foretagsom, emsig, entreprenant.

goggle [gɔgl] *vb* rulle med øjnene, stirre med vidtopspilede eller udstående øjne; måbe; *sb* måbende stirren.

goggle|-box T kukkasse (ɔ: tv). *~***-eyed** *adj* med udstående øjne.

goggles [gɔglz] *sb pl* motorbriller, S briller; 'brilleslange'; (hos får) drejesyge.

goglet ['gɔglət] *sb* vandkøler.

Goidelic [gɔi'delik] *sb, adj* gælisk.

I. going ['gəuiŋ] *adj* gående *(etc, cf I. go)*; i gang; til at få *(fx is there any tea ~? I'll take whatever is ~)*; som findes, som er til *(fx the greatest rascal ~)*; *let us* **be** *~* lad os komme af sted; *be ~ to* være i begreb med at, skulle til at; *I am ~ to read* jeg skal til at læse, jeg vil læse nu; *I am not ~ to tell him* jeg vil ikke sige ham det; *where are you ~?* hvor skal du hen? *~* **concern** igangværende virksomhed; **get** *~* sætte sig i bevægelse; *~, ~,* **gone** (ved auktion) første, anden, tredje gang; **have** *a lot ~ for one* T have mange muligheder; *still ~* **strong** stadig i fuld vigør.

II. going ['gəuiŋ] *sb* gang, afrejse; *(fx* om vej) føre *(fx the ~ is good, the ~ is bad)*; *-s pl* gerninger; færd; *stop while the ~ is good* holde op mens legen er god *(el.* mens tid er); *70 miles an hour is pretty good ~* 70 miles i timen er en helt pæn fart; *the ~ was difficult over the mountain roads* bjergvejene var vanskelige at passere.

goings-on ['gəuiŋz'ɔn] *sb pl* leben; *pretty ~!* sikken redelighed!

goitre ['gɔitə] *sb (med.)* struma; *exophthalmic ~* den basedowske syge.

go-kart ['gəuka:t] *sb* gokart (slags racervogn).

gold [gəuld] *sb* guld; rigdom; gylden farve; (i skydeskive) centrum; *be as good as ~* være så god som dagen er lang, (om barn) opføre sig eksemplarisk; *he is worth his weight in ~* han er sin vægt værd i guld; han er ikke til at veje op med guld.

gold| backing gulddækning. **-bearing** *adj* guldholdig. **-beater** guldslager. **-beater's skin** guldslagerhud. **-brick** S *sb* noget værdiløst der ser kostbart ud; *(am* S) skulker, pjækker; *vb* fuppe; pjække. **-crest** *zo* fuglekonge. *~* **digger** guldgraver; S kvinde som er ude efter mænds penge. *~* **dust** guldstøv.

golden [gəuldn] *adj* gylden; gyldenblond; *(glds)* guld- *(fx* crown), af guld; *a ~ opportunity* en enestående lejlighed.

golden| age guldalder; glansperiode. *~* **calf:** *the ~ calf* guldkalven. *~* **-crested wren** *zo* fuglekonge. *~* **eagle** *zo* kongeørn. **-eye** *zo* hvinand. *~* **fleece** se *fleece.* ~

handshake (stor) afskedigelsesgodtgørelse. ~ **mean:** *the ~ mean* den gyldne middelvej. ~ **oriole** *zo* guldpirol. ~ **pheasant** *zo* guldfasan. ~ **plover** *zo* hjejle. **-rod** *(bot)* gyldenris. ~ **section:** *the ~ section* det gyldne snit. ~ **wedding** guldbryllup.

gold| field guldfelt. **-finch** *zo* stillids. **-fish** guldfisk. ~ **leaf** bladguld.

gold|-of-pleasure *(bot)* hundehør. ~ **plate** guldservice. ~ **point** guldpunkt; ~ *import point* nedre guldpunkt; ~ *export point* øvre guldpunkt. ~ **rush** *(omtr)* guldfeber. **-smith** guldsmed. ~ **standard** guld(mønt)fod.

golf [gɔlf] *sb* golfspil; *vb* spille golf. **golf|ball** golfkugle; kuglehoved. ~ **club** golfklub; golfkølle. **golf course** golfbane. **golfer** ['gɔlfə] *sb* golfspiller.

golf links golfbane.

Golgotha ['gɔlgəθə] Golgata.

Goliath [gə'laiəθ].

golliwog ['gɔliwɔg] *sb* grotesk (neger)kludedukke.

golly ['gɔli] *interj* ih du store!

golosh [gə'lɔʃ] *sb* galoche.

G. O. M. *fk Grand Old Man.*

gombeen [gɔm'bi:n] *sb* (irsk:) åger.

gombeen man (irsk:) ågerkarl; T fjols, idiot.

gonad ['gɔnəd] *sb (biol)* kønskirtel, gonade.

gondola ['gɔndələ] *sb* gondol.

gondolier [gɔndə'liə] *sb* gondolfører.

gone [gɔn] *pp* af *go;* borte, væk; ødelagt, håbløs; (om klokkeslæt og alder) over *(fx he is ~ twenty-one; it is ~ five);* (om gravid) henne (i svangerskabet) *(fx she is six months ~);* S tosset;

he has ~ han er gået; *where has it ~?* hvor er det blevet af? *you have been and ~ and done it* nu har du gået hen og ødelagt det hele; *he is ~* han er borte; *be ~, get you ~!* af sted med dig! skrub af! *let us be ~* lad os komme af sted; *in times ~ by* i svundne tider; *it is a ~ case with him* han er leveret; *dead and ~* død og borte; *he is far ~* han er langt nede *(el.* ude); han har det meget dårligt; han er ødelagt (økonomisk); *far ~ in drink* meget fuld; *far ~ in years* bedaget; *a ~ man* en færdig mand; ~ *on* væk i, forelsket i.

goner ['gɔnə] *sb* S: *he is a ~* det er sket med ham, han er færdig.

gonfalon ['gɔnfələn] *sb* banner, fane.

gonfalonier [gɔnfələ'niə] *sb* bannerfører, fanebærer.

gong [gɔŋ] *sb* gongong; S medalje; *vb* slå på en gongong; *be -ed* (om motorkører) 'blive knaldet'.

goniometer [gəuni'ɔmitə] *sb* vinkelmåler.

gonna *(am)* T = *going to.*

go-no-go ['gəu'nəugəu] *adj* som kræver en afgørelse om hvorvidt man skal afbryde eller gå videre.

gonorrhea [gɔnə'ri:ə] *sb* gonorré.

gonzo ['gɔnzou] *adj (am* S) fantastisk.

goo [gu:] *sb* T klistret (, vammelt) stads.

I. good [gud] *adj (better, best,* se også disse ord) god; dygtig *(fx housewife),* flink *(fx pupil);* sød, artig *(fx have the children been ~ today?);* rar *(fx he is a ~ fellow),* venlig; pæn *(fx I am a ~ girl; your ~ clothes);* sund; ufordærvet, som har holdt sig *(fx the meat was still ~);* rask *(mods* dårlig) *(fx his ~ leg);* ægte, gyldig *(fx a ~ coin),* pålidelig; passende, egnet, god *(fx a ~ day for fishing);* rigelig *(fx a ~ supply;*

(forsk forb, se også *II. hold, I. make, I. mind, I. time etc) a ~ five miles (, three hours, two pounds etc)* godt og vel fem miles (, tre timer, to pund *etc); ~ and (am)* T rigtig, helt *(fx ~ and warm, ~ and dry); he as ~ as said so* han sagde det måske ikke med rene ord, men det var i al fald meningen; *will you be so ~ as to let me know* vil De være så venlig at lade mig det vide; *without ~ cause* uden gyldig grund; *a ~ deal, a ~ few, a ~ many* en hel del, ikke så få; *a ~ fire* en ordentlig ild; *he earns ~ money* han har en god løn; *her nose is rather ~* hun har en ret velformet næse; *that's a ~ one (el. 'un)* den er god (om en usandsynlig historie); *like a ~ one* så det kan batte; *and a ~* **thing** *too* det var godt det samme; *too much of a ~ thing* for meget af det gode; *the ~ things in life* livets goder; *make a ~ thing (out) of* få noget ud af; *a ~ way* et godt stykke vej; *a ~ while* temmelig længe; ~ *words* belærende ord; kærlige ord; god efterretning; *be as ~ as one's word* holde sit ord;

(forb med præp) ~ **at** dygtig til, flink til; *be ~ at sums* kunne regne godt; *be no ~ at* ikke du til; ~ **for** *you!* bravo! *milk is ~ for you* man har godt af mælk; *he is ~ for £5,000* han er god for £5.000; ~ *for nothing* uduelig; *I'm ~ for another 10 miles* jeg kan godt klare 10 miles til; *my car is ~ for another ten years* min vogn kan godt holde ti år til; *he is ~ for another ten years* han kan leve ti år til; *the ticket is ~ for one month* billetten gælder en måned; *he was ~* **to** *me* han var god ved mig; *be ~* **with** *children* være flink til at passe børn.

II. good [gud] *sb* (se også *goods)* noget godt, det gode; **do** ~ gøre godt, udføre fortjenstfulde gerninger; *it will do him ~* det vil gøre ham godt *(el.* være til gavn for ham); *much ~ may it do you* det får du ikke megen glæde af; god fornøjelse! **for** ~, *for ~ and all* for bestandig; *for your (own) ~* til dit eget bedste; *it is* **no** ~ det er ingen nytte til, det nytter ikke noget; *he will come to no ~* det ender galt med ham; *he is up to no ~* han har ondt i sinde, han har noget lumskeri for; *what is the ~* **of** *...?* hvad kan det nytte at ...? *that is all* **to** *the ~* det er jo udmærket; det er så meget des bedre; *we were £3 to the ~* vi havde £3 i overskud.

good| afternoon goddag; farvel. ~ **-bye** [gud'bai] farvel. ~ **day** [gud'dei] goddag; ['gud'dei] farvel. ~ **evening** goddag, godaften. ~ **fellow** rart menneske, flink fyr. ~ **-fellowship** kammeratskab, hyggeligt samvær.

good-for-nothing ['gudfə'nʌθiŋ] *adj* uduelig; unyttig; *sb* døgenigt, drog.

Good Friday langfredag.

good humour godmodighed, elskværdighed.

good -humoured ['gud'hju:məd] godmodig, elskværdig.

goodie ['gudi] *sb* T (i bog *etc)* helt; pænt (ɔ: sympatisk) menneske *(mods baddie); -s pl (ogs)* slik, godter; *the -s and the baddies* (også:) de gode og de onde.

goodish ['gudiʃ] *adj* antagelig, passabel; ret betydelig.

good liver en der lever godt, levemand, livsnyder.

good-looking ['gud'lukiŋ] *adj* køn, nydelig.

goodly ['gudli] *adj (glds)* betragtelig, vældig; prægtig.

goodman ['gudmæn] *sb (glds)* husfader, husbond.

good nature godmodighed, godhjertethed, elskværdighed.

good-natured ['gud'neitʃəd] *adj* godmodig, godhjertet, elskværdig.

goodness ['gudnəs] *sb* godhed; fortræffelighed; dyd; kraft *(fx meat with the ~ boiled out); have the ~ to* vær så elskværdig at; *Goodness knows* Gud ved (ɔ: jeg ved det ikke); Gud skal vide *(fx that I have tried hard); my Goodness! Goodness Gracious!* du store Gud! *for Goodness' sake* for Guds skyld.

good offices *pl* bona officia, venskabelig mellemkomst, mægling; *(fig)* vennetjenester.

goods [gudz] *sb pl* ejendele, ting *(fx steal a man's ~);* varer *(fx leather ~);* gods; *he has the ~* han har det der skal til; *a piece of ~* S en pige, en 'pakke', en 'godte'; *a saucy little piece of ~* en fræk lille tingest; *deliver the ~ (fig)* gøre hvad man har påtaget sig, holde sit løfte; svare til forventningerne.

good| sense sund fornuft; *he had the ~ sense to* han var så fornuftig at. ~ **-sized** *adj* ret stor; betydelig.

goods| manager godsekspeditør. ~ **office** godsekspedition.

good speed held og lykke.

goods| service godsekspedition. ~ **train** godstog; *send by ~ train* sende som fragtgods. ~ **van** godsvogn. ~ **yard** godsbaneterræn.
good-tempered ['gud'tempəd] *adj* godmodig.
Good-Templar [gud'templə] *sb* goodtemplar (medlem af en afholdsloge).
goodtime girl T pige som kun er ude på at more sig.
good turn tjeneste *(fx do him a ~); god gerning; one ~ deserves another* den ene tjeneste er den anden værd.
goodwife ['gudwaif] *sb (glds)* husmoder, madmoder.
goodwill ['gud'wil] *sb* velvilje, god vilje, gunst; (bibelsk:) kærlighed; *(merk)* goodwill, kundekreds; afståelsessum.
Goodwin ['gudwin]: *the ~ Sands* (sandbanke ved kysten af Kent).
good works *pl* gode gerninger.
goody ['gudi] *sb* lækkerbisken (se også *goodie; goody-goody); (glds)* mutter.
goody-goody ['gudi 'gudi] *adj* dydsiret, moraliserende, skinhellig; *sb* dydsmønster.
gooey ['gu:i] *adj* T klistret, nasset; vammel.
goof [gu:f] *sb* kvaj, fjog; *vb* kludre (*el.* klokke) i det; spolere.
goof balls *sb pl* S barbitursyrepræparater.
go-off ['gəuɔf] *sb* begyndelse; *he did it first ~* han klarede det ved første forsøg; *at the first ~* lige fra begyndelsen; *drink it at one ~* drikke det på en gang.
goof-off ['gu:fɔf] *sb (am S)* slapsvans.
goofy ['gu:fi] *adj* S dum, tosset, fjoget.
Goofy Fedtmule.
googly ['gu:gli] *sb* (i kricket) bold der skruer modsat vej af hvad det synes ud fra kastet; *(fig)* finte.
gook [guk] *sb (am)* S (om kineser, koreaner, vietnameser etc) gul djævel.
goolies ['gu:liz] *sb pl* nosser.
goon [gu:n] *sb* S muskelmand, gorilla; fjog.
goosander [gu:'sændə] *sb zo* stor skallesluger.
goose [gu:s] *sb (pl geese)* gås; *(pl gooses)* pressejern; *vb* S stikke fingeren i enden på; tage mellem benene; *(fig)* sætte fut i; loppe op; *all his geese are swans* han har det med at overdrive; *cook his ~* gøre det af med ham, 'ordne' ham; *kill the ~ that lays the golden eggs* slagte hønen der lægger guldæg.
goose barnacle *zo* langhals (slags småkrebs).
gooseberry ['guzb(ə)ri] *sb* stikkelsbær; stikkelsbærvin; *(mil. S)* pigtråd; *play ~* være anstandsdame; være femte hjul til en vogn.
gooseberry fool *(omtr)* stikkelsbærgrød.
goose|flesh gåsekød; *(fig)* gåsehud. ~ **grass** *(bot)* gåsepotentil; burresnerre. ~ **grey** *adj* skidengrå. **-neck** *(tekn)* svanehals. ~ **pimples** *pl* gåsehud. ~ **quill** gåsefjer. ~ **skin** gåsehud. ~ **step** *(mil.)* strækmarch.
G.O.P. *(am) fk Grand Old Party* (se dette).
gopher ['gəufə] *sb zo* gopher (egernagtig gnaver); sisel (art jordegern); gopherskildpadde.
Gordian ['gɔ:diən] *adj* gordisk; *cut the ~ knot* hugge den gordiske knude over.
I. gore [gɔ:] *sb* (størknet) blod; kile, bredde (i nederdel).
II. gore [gɔ:] *vb* indsætte en kile i; stange; gennembore.
gorge [gɔ:dʒ] *sb* snæver kløft, slugt; snævert pas; *(glds)* strube, svælg; *(am)* tyk masse, prop *(fx of ice); vb* sluge; proppe (sig), overfylde (sig); mæske sig, frådse; *my ~ rose at it, it made my ~ rise* jeg væmmedes ved det.
gorged [gɔ:dʒd] *adj* overmæt, overfyldt.
gorgeous ['gɔ:dʒəs] *adj* strålende, prægtig; pragtfuld, vidunderlig; lækker.
gorget ['gɔ:dʒət] *sb* halskæde; farveplet på en fugls hals; *(glds)* brystdug; *(hist)* halskrave (på rustning).
gorgio ['gɔ:ʒiəu] *sb* ikke-sigøjner (i sigøjnersprog).
Gorgon ['gɔ:gən] *sb (myt)* gorgo, medusa.
gorgonian [gɔ:'gəunjən] *adj* gorgonisk, medusa-.
gorilla [gə'rilə] *sb zo* gorilla.
gormandize ['gɔ:məndaiz] *vb* frådse.
gormless = *gaumless.*
gorse [gɔ:s] *sb (bot)* tornblad.
gory ['gɔ:ri] *adj* blodig, bloddryppende.
gosh [gɔʃ] *interj* død og pine! orv!
goshawk ['gɔshɔ:k] *sb zo* duehøg.
Goshen [gəuʃn] Gosen.
gosling ['gɔzliŋ] *sb zo* gæsling.
go-slow ['gəu'sləu] *sb* go-slowstrejke (det at arbejde med nedsat tempo som pressionsmiddel).
gospel [gɔspl] *sb* evangelium; *take it for ~* tro fuldt og fast på det.
gospeller ['gɔspələ] *sb* evangelieoplæser; (omrejsende) prædikant.
gospel| oath: *I'll take my ~ oath on that* det tør jeg sværge højt og helligt på, det tør jeg aflægge ed på. ~ **side** evangeliesiden, den nordlige side af alteret hvor evangeliet oplæses. ~ **truth** den rene sandhed; *take it for ~ truth* tro fuldt og fast på det.
gossamer ['gɔsəmə] *sb* flyvende sommer; fint vævet stof, flor. **gossamery** ['gɔsəməri] *adj* florlet.
gossip ['gɔsip] *sb* (hyggelig) snak, sludder; *(neds)* sladder; (om kvinde) sladresøster, sladrekælling; *vb* sladre, snakke, sludre. **gossip column** sladrespalte, avisrubrik med fashionabelt nyt.
gossipy ['gɔsipi] *adj* sladderagtig; fuld af sladder.
gossoon [gɔ'su:n] *sb* (irsk:) ung fyr.
got [gɔt] *præt* og *pp* af *get.*
Goth [gɔθ] *sb* goter; barbar, vandal.
Gotham ['gəutəm] (by i England); *wise man of ~* tåbe, molbo; ['gɔθəm] T New York.
Gothenburg ['gɔθənbə:g] Göteborg.
Gothic ['gɔθik] *adj* gotisk; *(glds)* barbarisk; *sb (arkit)* gotik; (sprog) gotisk; *(typ)* = **Gothic type** gotisk skrift, fraktur, *(am)* grotesk.
go-to-meeting *adj* (om tøj) fin, stads-.
gotten [gɔtn] *(am) pp* af *get.*
gouache [gu'a:ʃ] *sb* gouache (slags vandfarvemaleri).
gouge [gaudʒ, gu:dʒ] *sb* hulmejsel; *vb* udhule; *(am)* snyde, flå, tage overpris af; *~ out an eye* klemme et øje ud af øjenhulen ved hjælp af tommelfingeren.
Goulard [gu'la:d]: *-'s extract, ~ water* blyvand.
goulash ['gu:læʃ] *sb* gullasch; (i kortspil) dallerød.
gourd [guəd] *sb* græskar; græskarflaske, kalabas.
gourmand ['guəmənd] *sb* gourmand; frådser.
gourmet ['guəmei] *sb* gourmet, feinschmecker.
gout [gaut] *sb* (arthritis urica) (ægte) gigt, podagra; dråbe, stænk, sprøjt; *~ of blood (ogs)* blodplet.
gout|fly *zo* bygflue. **-weed** *(bot)* skvalderkål.
gouty ['gauti] *adj* gigtsvag, gigtagtig, gigt-, podagristisk.
gov [gʌv] *sb* S = *governor.*
Gov. *fk government; governor.*
govern [gʌvn] *vb* styre, lede; regere; bestemme; beherske *(fx one's temper); the -ing body* (be)styrelsen.
governess ['gʌv(ə)nəs] *sb* lærerinde, guvernante.
governess cart jumbe.
government ['gʌvnmənt] *sb* styrelse, ledelse; regering, ministerium; *adj* regerings- *(fx party);* stats- *(fx property).*
government| grant statstilskud. ~ **house** guvernørbolig. ~ **office** regeringskontor, ministerialkontor. ~ **securities** *pl* statsobligationer.
governor ['gʌvnə] *sb* styrer, leder, hersker; (i provins, koloni *etc; am:* i stat) guvernør; (i institution) bestyrelsesmedlem; (leder) direktør, (for fængsel) fængselsinspektør; (brugt i tiltale) mester, (af arbejdere overfor foresat, *omtr)* hr. direktør, hr. fabrikant *etc,*

(overfor ens far) du gamle; *(tekn)* regulator (på dampmaskine); *board of -s* bestyrelse; *the* ~ den gamle, mester, chefen.

governor-general generalguvernør.

Govt. *fk government.*

gowan ['gauən] *sb (bot)* (på skotsk) gåseurt, tusindfryd.

Gower ['gauə].

gowk [gauk] *sb* gøg; dumrian.

gown [gaun] *sb* embedskappe; advokatkappe; akademikers kappe; (dames) kjole; *town and* ~ byen og universitetet; byens borgere og universitetsstuderende og lærere *(fx town and ~ rarely met).*

gowned [gaund] *adj* iført kappe (, kjole).

gownsman ['gaunzmən] *sb* akademiker.

G.P. *fk general practitioner.*

G.P.O. *fk General Post Office.*

G.R. *fk General Reserve; Georgius Rex* (kong Georg).

gr. *fk grain(s); grammar; gramme(s).*

grab [græb] *vb* gribe; snappe; snuppe, rage til sig, hugge; gøre indtryk på; *sb* greb; snappen, ragen til sig; *(tekn)* grab, gribeskovl (på kran *etc*); *how does that ~ you?* S hvad siger du til det? *make a ~ at sth* gribe *(el.* snappe) efter noget; *up for -s* til at få for en rask mand.

grab bag gramsepose.

grabber ['græbə] *sb* en der forstår at rage til sig.

grabble ['græbl] *vb* famle, gramse; krybe; ~ *for (ogs)* kravle rundt og lede efter.

I. grace [greis] *sb* ynde, gratie, elegance; elskværdighed; gunst, nåde; (især *jur, merk)* frist *(fx give him a week's ~);* henstand, respit; *(rel)* nåde; bordbøn; *(mus.)* figur, forsiring; *-s pl* gode egenskaber, dyder, fortrin; *His Grace* Hans Nåde; *the Graces (myt)* Gratierne; (se også *III. air* og *saving);*

by *the Grace of God* (i dronningens titel) af Guds nåde *(fx by the Grace of God Queen of Great Britain); sue* **for** ~ bede om nåde; *fall* **from** ~ falde i unåde; *(rel)* falde fra nåden; *be* **in** *sby's good -s* være vel anskrevet hos en, nyde ens bevågenhed; *he* **had** *the ~ to apologize* han havde så megen anstændighedsfølelse at han bad om undskyldning; *would somebody have the ~ to help?* ville nogen være så elskværdig at hjælpe? *act* **of** ~ nådesbevisning; *days of ~* løbedage, respitdage; *state of ~ (rel)* nådestand; *this year of ~* dette Herrens år; **say** ~ bede bordbøn; **social** *-s* levemåde; **with** *a bad (el. an ill) ~* med slet dulgt ærgrelse, uvilligt, modstræbende; med en sur mine; *with a good ~* beredvilligt, uden at vise modvilje; *I cannot with any ~ ask him* jeg kan ikke være bekendt at spørge ham.

II. grace [greis] *vb* pryde, smykke; begunstige; udmærke, hædre; benåde; *the occasion was -d by the presence of the Queen* dronningen beærede dem (, os etc) ved sin nærværelse.

grace cup pokal; sidste skål.

graceful ['greisf(u)l] *adj* graciøs, yndefuld; elegant, fin, smuk.

graceless ['greisləs] *adj* blottet for ynde, klodset, grov; fordærvet, lastefuld, gudsforgåen.

grace note *(mus.)* efterslag.

gracile ['græsil] *adj* gracil, slank, fin.

gracious ['greiʃəs] *adj* nådig; venlig, elskværdig *(fx it was ~ of her to come); good ~!* du gode Gud! *most ~* allernådigst; ~ *living* det at leve fornemt og i smukke omgivelser.

gradate [grə'deit] *vb* lade gå gradvis over i hinanden, nuancere; trindele, inddele i grader, gradere.

gradation [grə'deiʃn] *sb* gradation, gradvis overgang, nuancering; trindeling; *(gram)* aflyd.

grade [greid] *sb* grad, trin, rang, klasse; sort, kvalitet *(fx the best ~ of eggs);* (om kvæg) krydsning; *(am)* skråning, stigning, fald; (i skole *etc)* karakter; klasse (i underskolen); *vb* sortere; gradere; klassificere; krydse (om kvæg); *(am)* planere; give karakter(er); rette *(fx examination papers); Grade A* førsteklasses; *Grade A milk (omtr)* børnemælk; *at ~ (am)* i niveau; *the -s (am)* underskolen; *make the ~* klare kravene, klare sig, have succes, klare den; *on the down ~* på retur, i nedgang; for nedadgående; *on the up ~* stigende, i opgang, for opadgående.

grade| book *(am)* karakterbog. ~ **crossing** *(am)* niveauoverskæring. ~ **school** *(am, omtr)* grundskole, underskole.

gradient ['greidjənt] *sb* hældning, hældningsvinkel; skråning; *upward ~* stigning; *downward ~* fald.

gradin(e) ['greidin] *sb* trin (som i amfiteater); alterhylde.

gradual ['grædʒuəl, -dj-] *adj* gradvis, trinvis; *sb (glds)* graduale.

gradually ['grædʒuəli, -dj-] *adv* gradvis, efterhånden, lidt efter lidt.

I. graduate ['grædʒueit, -dj-] *vb* tage (universitets)eksamen, tage embedseksamen; *(am ogs)* tage afgangseksamen, blive dimitteret; (med objekt) inddele (i grader), gradere; graduere; *(am)* dimittere; ~ *into* gå gradvis over til.

II. graduate ['grædʒuət, -dj-] *sb* en der har taget afsluttende eksamen (ved universitet, *(am) ogs* ved skole), kandidat; *(am ogs)* dimittend.

graduated ['grædjueitid] *adj* gradueret; (om perlekæde *etc)* med forløb; ~ *cup* måleglas; ~ *income tax* progressiv indkomstskat. **graduated pension scheme** (svarer til) tillægspensionsordning.

graduation [grædʒu'eiʃən, -dj-] *sb* gradering; gradinddeling; (om perlekæde *etc)* forløb; tildeling af akademisk grad; afgang (fra læreanstalt); *(am)* dimission; dimissionsfest; *-s pl* gradinddeling.

graffiti [grə'fi:ti:] *sb pl* graffitti.

I. graft [gra:ft] *sb* podning, podet plante; *(med.)* transplantering; transplanteret væv; *vb* pode; *(med.)* transplantere.

II. graft [gra:ft] *sb* T svindel; korruption; bestikkelse; S slid, hårdt arbejde; *vb* svindle.

Graham(e) ['greiəm].

Grail [greil]: *the Holy ~* den hellige gral.

grain [grein] *sb* korn, frøkorn, kerne; (et) gran; (af læder) narv(side); (i træ) årer; *(fig)* struktur, fiber, inderste væsen; (vægtenhed =) 0,0648 g; *-s pl* (i bryggeri) mask; *vb* give en kornet overflade; ådre, åre; *against the ~* imod spånen *(el.* årerne); *it goes against the ~ with me* det er mig imod; *in ~* vaskeægte, helt igennem *(fx a rogue in ~); with a ~ of salt* cum grano salis, med et gran salt, med skønsomhed; med en vis skepsis; *his stories must be taken with a ~ of salt* når han fortæller en historie må man altid trække lidt fra.

grained [greind] *adj* kornet; (om træ) året, ådret; (om læder) narvet.

gralloch ['grælək] *sb* indvolde af en hjort; *vb* udtage indvoldene af en hjort.

gram. *fk grammar.*

gram [græm] *sb* gram; T grammofon.

gramarye ['græməri] *sb (glds)* trolddom.

gramercy [grə'mə:si] *interj (glds)* ih, du fredsens! mange tak.

graminaceous [greimi'neiʃəs] *adj* græsagtig.

gramineous [grei'miniəs] *adj* græsagtig; ~ *plant* græsplante.

graminivorous [græmi'nivərəs] *adj* græsædende.

grammalogue ['græməlɔg] *sb* ordtegn (i stenografi).

grammar ['græmə] *sb* grammatik; begyndelsesgrunde; *bad ~* grammatisk forkert; dårligt sprog; *speak (el. use) bad ~* tale forkert i grammatisk henseende; *that is not ~* det er grammatisk forkert; ~ *of political economy* ledetråd i statsøkonomi.

grammarian [grə'mɛəriən] *sb* grammatiker.
grammar school latinskole, gymnasium, gymnasieskole; *(am)* underskole.
grammatical [grə'mætikl] *adj* grammatisk.
gramme [græm] *sb* gram.
gramme| atom gramatom. ~ **molecule** grammolekyle.
gramophone ['græməfəun] *sb* grammofon.
Grampians ['græmpjənz] *pl: the* ~ Grampianbjergene.
grampus ['græmpəs] *sb zo* Risso's delfin; *(fig)* pustende og stønnende person.
Granada [grə'na:də].
granary ['grænəri] *sb* kornmagasin; *(fig)* kornkammer; ~ *bread* brød af ubleget mel med ristede kerner.
grand [grænd] *adj* stor; stor- *(fx Grand Vizier; Grand Inquisitor);* hoved- *(fx entrance);* storslået, herlig, prægtig *(fx view);* stolt; fornem *(fx personages),* fin; (ironisk:) fornem *(fx air* mine), stor *(el.* fin) på den *(fx she has become awfully ~ lately);* T storartet, glimrende *(fx that's ~); sb* flygel; S tusind pund; *(am)* S tusind dollars.
grandam ['grændæm], **grandame** ['grændeim] *sb* gammel kone; bedstemoder; (om dyr) moders moder.
grand|aunt ['grænda:nt] grandtante. **-child** barnebarn. **-dad** bedstefader. **-daughter** sønnedatter, datterdatter.
Grand| Duchess storhertuginde; storfyrstinde. ~ **Duke** storhertug; storfyrste.
grandee [græn'di:] *sb* grande; fornem adelsmand, stormand.
grandeur ['grændʒə] *sb* storslåethed *(fx of the scenery),* ophøjethed; storhed *(fx moral ~);* pragt, glans.
grandfather ['græn(d)fa:ðə] *sb* bedstefader; *grandfather('s) clock* bornholmerur.
grandiloquence [græn'diləkwəns] *sb* svulstighed, ordskvalder.
grandiloquent [græn'diləkwent] *adj* svulstig, bombastisk.
grandiose ['grændiəus] *adj* grandios, storslået, storstilet; *(neds)* svulstig, bombastisk.
grandiosity [grændi'ɔsiti] *sb* storslåethed; grandiositet.
grand jury anklagejury (som undersøger om der er grundlag for tiltale).
grandma ['græn(d)ma:] *sb* bedstemoder.
Grand Master stormester.
grand|mother ['græn(d)mʌðə] *sb* bedstemoder; (se også *I. egg).* **~-nephew** søn af ens nevø eller niece. **~-niece** datter af ens nevø eller niece.
Grand Old Party *(am)* det republikanske parti.
grand|pa ['græn(d)pa:], **-papa** ['græn(d)pəpa:] *sb* bedstefader. **-parents** *sb pl* bedsteforældre. ~ **piano** flygel.
grand|sire ['græn(d)saiə] *sb* bedstefader; stormester; (om dyr) faders fader. ~ **slam** (i bridge) storeslem; (i tennis) sejr i de 4 vigtigste turneringer i samme år.
grandson ['græn(d)sʌn] *sb* sønnesøn, dattersøn.
grandstand ['græn(d)stand] *sb* tilskuertribune på væddeløbsbane, fodboldplads *etc; (fig)* første parket; *vb* „optræde"; *adj (fig)* som i første parket, meget fin *(fx seats, view); ~ play* spil beregnet på at tækkes publikum, spil for galleriet.
grand total: *the* ~ det samlede resultat.
grand-uncle grandonkel.
grange [grein(d)ʒ] *sb* avlsgård; mindre landejendom; *(am ogs)* landboforening.
grangerize ['grein(d)ʒəraiz] *vb* forsyne (en trykt bog) med illustrationer klippet ud af andre bøger; klippe illustrationer ud af (en bog); *-d* spækket, trufferet.
granite ['grænit] *sb* granit; *the ~ City* (Aberdeen); *the ~ State* (New Hampshire i USA).
granivorous [grə'nivərəs] *adj* kornædende.
granny ['græni] *sb* T bedste(moder); gammel kone.
granny| dress (lang højhalset kjole) ~ **flat** (lejlighed beregnet for ældre). ~ **glasses** (runde briller med stålstel).
granny('s) knot kællingeknude.
grant [gra:nt] *vb* give *(fx permission),* skænke; bevillige; indrømme, tilstå; *(jur)* overdrage; *sb* indrømmelse; bevilling, (stats)tilskud, (til studier *ogs)* stipendium; *(jur)* overdragelse; gave; gavebrev;
God ~! Gud give! *I ~ that* jeg indrømmer at; *-ing it to be true* hvis vi antager *(el.* sætter) at det er sandt; *-ed it had happened* forudsat at (, selv om) det var hændt; *take sth for -ed* anse noget for givet.
grant-aided *adj* med statstilskud *(fx ~ school).*
grantee [gra:n'ti:] *sb* en der har modtaget en bevilling (, et statstilskud); stipendiat.
grant-in-aid statstilskud.
granular ['grænjulə] *adj* kornet.
granulate ['grænjuleit] *vb* give *(fx* læder) en kornet overflade, granulere; få en kornet overflade.
granulated ['grænjuleitid] *adj* kornet; nopret, ru; ~ *cork* korksmuld; ~ *sugar* krystalmelis, 'syltesukker', 'tesukker'.
granulation [grænju'leiʃn] *sb* granulation (i sår).
granule ['grænju:l] *sb* lille korn.
granulous ['grænjuləs] *adj* kornet.
grape [greip] *sb* drue, vindrue; *(mil.)* kardæsk; *-s pl (ogs)* muk (en hestesygdom); *the -s are sour, sour -s* 'de er sure', sagde ræven om rønnebærrene.
grapefruit ['greipfru:t] *sb* grapefrugt.
grape hyacinth *(bot)* perlehyacint.
grapery ['greip(ə)ri] *sb* drivhus til vindyrkning.
grape|shot *(mil.)* kardæsk. ~ **sugar** druesukker. **-vine** vinranke; *-vine (telegraph) (omtr)* jungletelegraf; *hear it on (el. through) the -vine* få det at vide ad hemmelige kanaler.
graph [græf] *sb* kurve; diagram; grafisk fremstilling; *vb* tegne en kurve, fremstille grafisk.
graphic(al) ['græfik(l)] *adj* grafisk; skrive-, skrift-; anskuelig, malende *(fx description),* livagtig; ~ *representation* grafisk fremstilling.
graphite ['græfit] *sb* grafit.
graphology [græ'fɔlədʒi] *sb* grafologi.
grapnel [græpnl] *sb (mar)* dræg; anker.
grapple [græpl] *sb* entrehage, entredræg; griben, greb; brydning, kamp, håndgemæng; *vb* gribe; holde fast; klamre sig til; kæmpe, brydes; ~ *for (mar)* drægge efter; ~ *with* kæmpe med; *(fig)* tumle med *(fx a problem).*
grappling-iron *(mar)* entrehage.
grapy ['greipi] *adj* drueagtig; drue-.
Grasmere ['gra:smiə].
I. grasp [gra:sp] *sb* greb, tag; *(fig)* magt, vold *(fx in the ~ of a merciless adversary);* opfattelsesevne; (klar) forståelse; *it is beyond my ~* det er uden for min rækkevidde; *(fig)* det overstiger min fatteevne; *get a good ~ of sth* få et godt tag i noget; *(fig)* få en klar opfattelse af noget; forstå noget helt; *~ of iron, iron ~* jernhårdt greb; *within (one's) ~* inden for rækkevidde; *(fig)* som man kan forstå *(el.* fatte).
II. grasp [gra:sp] *vb* gribe, tage *(el.* få) fat i, holde fast ved; begribe, fatte *(fx it is easy to ~); all ~, all lose* den der vil have alt får intet; *I didn't quite ~ it (fig)* jeg fik ikke rigtig fat i det.
grasper ['gra:spə] *sb* en der griber *(etc, cf II. grasp);* gnier, grisk menneske.
grasping ['gra:spiŋ] *adj* gerrig, begærlig, grisk.
I. grass [gra:s] *sb* græs; engjord; græsgang; grønfoder; S marihuana; stikker; *at ~* på græs; *(fig)* ledig; *put (out), send (out), turn to ~* sætte på græs; *(fig)* afskedige, sætte på pension; *go to ~* gå på græs; *(fig)* dø, bide i græsset; vente, være ledig, holde fri, vente på beskæftigelse; *while the ~ grows the steed starves*

mens græsset gror dør horsemor; *piece of ~* græsplet; *he did not let the ~ grow under his feet* han gik straks i gang med sit forehavende; han spildte ikke tiden.

II. grass [gra:s] *vb* dække med græs; fodre med frisk græs; drive ud på græsgang; lande (en fisk), skyde (en fugl), nedlægge; T slå i gulvet (, til jorden), besejre; S angive, stikke.

grass|cutter en der slår græs; slåmaskine. ~ **-grown** *adj* græsbevokset. **-hopper** *zo* græshoppe. **-hopper-warbler** *zo* græshoppesanger. ~ **parakeet** *zo* undulat. **-plot** græsplæne.

grass roots *pl (fig)* græsrødder; (dybeste) rødder; grundlag. **grass-roots** *adj* græsrods-; fundamental *(fx the ~ reality of the problem).*

grass| snake snog. ~ **widow** græsenke. ~ **widower** græsenkemand. ~ **wrack** *(bot)* bændeltang, ålegræs.

grassy ['gra:si] *adj* græsrig; græsagtig; græsbevokset.

I. grate [greit] *sb* gitter; rist; kaminrist; kamin; *vb* tilgitre; forsyne med rist; *-d door* gitterdør.

II. grate [greit] *vb* gnide, skure; rive (på rivejern); (om lyd) knirke, skurre, rasle, hvine; *(fig)* irritere; ~ *on* skurre mod, *(fig)* irritere, gå på nerverne; ~ *on one's ears* skurre i ens ører; ~ *the teeth* skære tænder.

grateful ['greitf(u)l] *adj* taknemmelig; *(glds)* behagelig, glædelig.

grater ['greitə] *sb* rivejern.

gratification [grætifi'keiʃn] *sb* tilfredsstillelse; glæde, fornøjelse.

gratify ['grætifai] *vb* tilfredsstille; glæde, fornøje.

gratifying ['grætifaiiŋ] *adj* tilfredstillende, opmuntrende.

I. grating ['greitiŋ] *sb* gitter, gitterværk; rist.

II. grating ['greitiŋ] *adj* skurrende *(fx voice),* raslende, hvinende; *(fig)* ubehagelig, irriterende.

gratis ['greitis] *adv* gratis.

gratitude ['grætitju:d] *sb* taknemmelighed.

gratuitous [grə'tju:itəs] *adj* gratis; frivillig; uberettiget, umotiveret, unødvendig *(fx the order was carried out with ~ brutality).* **gratuitously** *adv* uden grund.

gratuity [grə'tju:iti] *sb* gratiale; drikkepenge; erkendtlighed; *(mil.)* hjemsendelsespenge.

gratulation [grætju'leiʃən] *sb* lykønskning.

gravamen [grə'veimən] *sb (pl gravamina* [grə'veiminə]) *(jur)* hovedpunkt (i anklage); klage, klagepunkt.

I. grave [greiv] *sb* grav; *bring sby to his ~, drive sby into his ~* lægge en i graven; *have one foot in the ~* gå på gravens rand; *someone (el. a goose) walked over my ~* (siges når man får en pludselig kuldegysning).

II. grave [greiv] *vb (mar)* skrabe og labsalve en skibsbund; *(glds)* gravere, udskære; (se også *graven).*

III. grave [greiv] *adj* alvorlig; værdig, højtidelig *(fx person);* sørgelig *(fx news),* dyster; betydningsfuld *(fx decision),* vægtig; (om farve) mørk; (om tone) dyb.

IV. grave [gra:v]: ~ *accent* accent grave.

grave|clothes *pl* ligklæder. **-digger** graver.

gravel [grævl] *sb* grus; ral; *(med.)* nyregrus, blæregrus; *vb* dække med grus, gruse; T *(fig)* forvirre, bringe i forlegenhed; sætte til vægs.

gravelled [grævld] *adj* gruset, gruslagt; T sat til vægs.

gravelly ['græv(ə)li] *adj* gruset, grusholdig; (om stemme) ru, skurrende.

gravel| pit grusgrav. ~ **walk** grusgang.

graven [greivn] *adj* udskåret; ~ *image* (bibelsk:) udskåret billede (ɔ: afgudsbillede); *it is ~ on my memory* det står uudsletteligt indpræget i min erindring.

graver ['greivə] *sb* gravstik(ke).

Graves' disease ['greivziz di'zi:z] den basedowske syge.

grave|stone gravsten. **-yard** kirkegård.

gravid ['grævid] *adj* gravid, svanger.

gravimeter [grə'vimitə] *sb* gravimeter, tyngdemåler.

graving ['greiviŋ] *sb* gravering, graveret arbejde; indprægning; *(mar)* skrabning og labsalving af skibsbund.

graving| dock tørdok. ~ **tool** gravstik(ke).

gravisphere ['grævisfiə] *sb* (himmellegemes) tyngdefelt.

gravitate ['græviteit] *vb* stræbe mod tyngdepunktet, gravitere; synke; ~ *to* drages mod, bevæge sig hen imod.

gravitation [grævi'teiʃn] *sb* gravitation, tyngdekraft; *the law of ~* tyngdeloven.

gravitational [grævi'teiʃn(ə)l] *adj: ~ effect* tyngdevirkning; ~ *field* tyngdefelt.

gravity ['græviti] *sb* alvor, værdighed, højtidelighed; gravitet; betydning, vægt; (om tone) dybde; *(fys)* tyngde, tyngdekraft; *(specific ~)* vægtfylde; *law of ~* tyngdeloven; *centre of ~* tyngdepunkt; *zero ~* vægtløshed.

gravure [grə'vjuə] *sb* gravure *(fx photogravure).*

gravy ['greivi] *sb* sovs; kødsaft, sky; S noget man kommer let til; ekstra gevinst; lettjente penge.

gravy| boat sovseskål. ~ **train** fedt job; fed fidus.

gray [grei] *adj (am) = grey.* **grayback** *sb (am, hist.)* sydstatssoldat; *zo* gråhval; ryle; lus.

grayling ['greiliŋ] *sb zo* stalling.

graze [greiz] *vb* græsse; (lade) afgræsse; sætte på græs, fodre med græs; (berøre:) strejfe; skrabe imod *(fx the wheels -d the kerb);* skrabe *(fx he fell and -d his knee); sb* græsning; strejfen; strejfsår, strejfskud; hudafskrabning.

grazier ['greiziə] *sb* kvægopdrætter; kvæghandler.

grazing ['greiziŋ] *sb* græsning, græsgang; strejfen, let berøring. **grazing ground** græsgang.

I. grease [gri:s] *sb* fedt; smørelse; vognsmørelse; (af får) urenset uld; (hestesygdom) muk; T bestikkelse; smiger; *in (pride of) ~* jagtbar, tjenlig til at skydes *(fx* om hjort).

II. grease [gri:z] *vb* fedte; smøre; T bestikke; ~ *sby's palm (el. hand)* T bestikke en; *like -d lightning* som et forsinket lyn.

grease| band ['gri:sbænd] limring, limbælte. ~ **cup** smørekop. ~ **gun** fedtsprøjte, smørepistol. ~ **monkey** *(am)* smører; flyvemekaniker. ~ **paint** (teater)sminke. **-paper** pergamentpapir, smørrebrødspapir. **-proof** *adj* fedttæt. **-proof paper** smørrebrødspapir, pergamentpapir.

greaser ['gri:sə, -zə] *sb* S mekaniker; rocker; fedterøv; *(am, neds)* mexicaner.

greasy ['gri:si, -zi] *adj* fedtet; glat; smattet; *(fig)* salvelsesfuld; slesk; (om hest) befængt med muk; ~ *weather* tåget, fugtigt vejr.

great [greit] *adj* stor; betydelig, fremragende *(fx musician);* fornem *(fx lady);* mægtig; vældig *(fx roar);* stærk; betydningsfuld *(fx occasion);* højmodig, ædel *(fx thoughts);* yndet *(fx it was a ~ word with him);* T mægtig god, herlig, storartet, dejlig *(fx wouldn't that be ~!);*

~ age høj alder; *be ~ at* være meget dygtig til *(fx chess);* være meget glad for *(fx reading aloud); ~ big* vældig stor, mægtig stor *(fx see what a ~ big apple I found); take ~ care* passe godt på; *a ~ deal* meget, en hel del; *he is a ~ one for* T han er vældig god til; *I have made ~ friends with him* han og jeg er blevet vældig fine venner; *the ~ majority* det overvejende flertal; *a ~ many* mange, en hel del, en hel mængde; *he is ~ on history* han er stærkt interesseret i (, meget dygtig til) historie; *in ~ pain* meget forpint; *a ~ way* en lang vej; *go a ~ way with sby* påvirke en stærkt; *a ~ while* et godt stykke tid; *the ~ world* de fornemme kredse.

great-aunt grandtante.

Great| Bear *(astr)* storebjørn. ~ **Belt** Storebælt.

great bindweed *(bot.)* gærdesnerle.

Great Britain Storbritannien.
greatcoat ['greitkəut] *sb (mil.)* kappe; (let *glds)* kavaj, overfrakke, vinterfrakke.
Great Dane grand danois.
Greater London Storlondon.
Greatest Common Measure største fælles mål.
great|grand-child barnebarnsbarn. (~ -)**great-grandfather** (tip)oldefader. **-hearted** højsindet. **-ly** *adv* i høj grad, meget. ~ **-nephew** grandnevø.
greatness ['greitnəs] *sb* størrelse; betydning; høj værdighed; storhed; højsindethed; herlighed. **great-niece** grandniece.
Great| Powers stormagter. ~ **Scott** ih du store!
great| snipe *zo* tredækker. ~**-uncle** grandonkel.
great-uncle grandonkel.
Great| Wall (of China) den kinesiske mur. ~ **War** første verdenskrig. ~ **White Way** *(am)* Broadway omkring Times Square.
greaves [gri:vz] *sb pl (omtr* =) fedtegrever; *(hist.)* benskinner (på rustning).
grebe [gri:b] *sb zo* lappedykker.
Grecian ['gri:ʃən] *adj* græsk; *sb* græker.
Greece [gri:s] Grækenland.
greed [gri:d] *sb* begærlighed, grådighed, havesyge.
greedy ['gri:di] *adj* begærlig, grådig (*to, for* efter).
Greek [gri:k] *sb* græker; græsk; *adj* græsk; *that is ~ to me* det er det rene volapyk for mig.
Greek cross græsk (ligearmet) kors.
Greek-letter fraternity (amerikansk studenterklub eller elevsamfund der til navn har en kombination af bogstaver fra det græske alfabet, *fx* phi, beta, kappa).
I. green [gri:n] *sb* grønt (farven); grønning; grønt løv; 'green' (del af golfbane omkring et hul); *-s pl* grønsager; *(am)* grønt brugt til udsmykning; *do you see any ~ in my eye?* står der fjols på ryggen af mig?
II. green [gri:n] *vb* grønnes; gøre grønt; sætte nyt liv i.
III. green [gri:n] *adj* grøn; umoden *(fx* om frugt); *(fig)* frisk; ung, ny; blomstrende, kraftig; mild *(fx winter);* (om person) uerfaren, umoden, grøn; naiv; *he is not so ~ as he is cabbage-looking* han er ikke så dum som han ser ud til; ~ *old age* blomstrende alderdom.
green|back *(am)* pengeseddel. ~ **belt** grønt område (omkring by *el.* bebyggelse). **-bottle fly** *zo* guldflue. ~ **currency** grøn valuta.
greener ['gri:nə] *sb* uøvet arbejder; grønskolling; nyankommen immigrant.
greenery ['gri:n(ə)ri] *sb* grønt, grønt løv; grønne planter; grøn bevoksning.
green|-eyed ['gri:naid] *adj* grønøjet; skinsyg. **-finch** *zo* grønirisk. ~ **fingers** *pl: she has ~ fingers* hun har grønne fingre; alting gror under hendes hænder. **-fly** bladlus. **-gage** *(bot)* reineclaude. ~ **glass** glas af ringe kvalitet, flaskeglas (også om glas af andre farver). ~ **goose** (gås under 4 måneder gammel). **-grocer** grønthandler. **-grocery** grønthandel; frugt og grønsager. **-horn** grønskolling, naivt fjols; *(am ogs)* nyankommen immigrant. **-house** drivhus, væksthus.
greenish ['gri:niʃ] *adj* grønlig.
Greenland ['gri:nlənd] Grønland. **Greenlander** *sb* grønlænder. **Greenland halibut** *zo* hellefisk.
Greenlandic [gri:n'lændik] *sb, adj* grønlandsk.
green light grønt lys *(ogs fig:* tilladelse til at gå videre).
Green Paper [regeringsforslag udsendt som diskussionsoplæg].
green|room skuespillerfoyer. ~ **sandpiper** *zo* svaleklire. **-shank** *zo* hvidklire. **-sick** *adj* blegsottig. **-sickness** blegsot. **-stuff** grønsager. **-sward** ['gri:nswɔ:d] *sb* grønsvær. ~ **thumb** *(am)* = ~ *fingers.*
Greenwich ['grinidʒ].
greenwood ['gri:nwud] *sb* grøn skov; *under the ~ tree* i den grønne skov.
greet [gri:t] *vb* hilse; (på skotsk) græde.
greeting ['gri:tiŋ] *sb* hilsen; (på skotsk) gråd; *-s telegram* lykønskningstelegram; *-s telegram form* festblanket.
gregarious [gri'gɛəriəs] *adj* som lever i flok, selskabelig.
Gregorian [gri'gɔ:riən] *adj* gregoriansk.
Gregory ['gregəri] Gregor.
greige ['greiʒ] *adj (am,* om stof) ubleget, ufarvet.
gremlin ['gremlin] *sb* T drillenisse; *misprint ~* sætternisse.
Grenada [grə'neidə] Grenada (en ø i Caraibien).
grenade [gri'neid] *sb* (hånd-, gevær-) granat.
grenadier [grenə'diə] *sb* grenader.
grenadine [grenə'di:n] *sb* grenadine (fint, tyndt silke- *el.* uldstof; læskedrik).
grew [gru:] *præt* af *grow.*
grey [grei] *adj* grå; (om tøj *etc)* ubleget; (om ild) gået ud, slukket; *sb* gråt, grå farve; (hest) gråskimmel; S konventionel halvgammel person; hvid *(mods* neger); *the (Scots) Greys* (britisk dragonregiment); *it is turning him ~* det sætter ham grå hår i hovedet.
greybeard ['greibiəd] *sb* gråskæg; 'skæggemand' (stentøjskande). **Grey Friar** gråbroder.
grey|goose grågås. ~ **hen** *zo* urhøne. **-hound** mynde. **-ish** grålig. **-lag** *zo* grågås. **-ling** *zo* stalling. ~ **matter** hjerne(masse); *he's a bit deficient in the ~ matter* han er ikke videre begavet. ~ **mould** drueskimmel. ~ **mullet** *zo* multe. ~ **plover** *zo* strandhjejle.
gribble [gribl] *sb zo* pælekrebs.
grid [grid] *sb* rist; *(elekt)* ledningsnet; samlenet; (i radio) gitter; (på kort) gradnet. **grid current** gitterstrøm.
griddle [gridl] *sb* bageplade.
gride [graid] *vb* gnide skurrende imod hinanden; skurre, knirke.
gridiron ['gridaiən] *sb* stegerist; rist; bjælkesystem til at støtte skib i dok; *(jernb)* sporrist; *(am)* fodboldbane (til *am* fodbold).
gridlock ['gridlɔk] *sb (am)* ubrudt række biler som blokerer al udkørsel fra sidegader.
grief [gri:f] *sb* sorg; *come to ~* komme til skade; komme galt af sted, gå fallit, gå til grunde; *(mar)* forlise.
grievance [gri:vns] *sb* klage, klagepunkt, grund til klage; *nurse a ~* føle sig forfordelt; *what is his ~? (ogs)* hvad beklager han sig over?
grieve [gri:v] *vb* volde sorg, bedrøve; græmme sig, sørge; *what the eye doesn't see, the heart doesn't ~ for* hvad øjet ikke ser, har hjertet ikke ondt af.
grievous ['gri:vəs] *adj* svær, hård *(fx punishment);* frygtelig, alvorlig, bitter.
griff [grif] *sb* S nyhed, oplysning, tip.
griffin ['grifin] *sb (myt)* grif (bevinget løve med ørnehoved); (i Indien) uerfaren ny mand; S vink, tip.
griffon ['grifən] *sb (myt) = griffin;* (hunderace) griffon.
griffon vulture *zo* gåsegrib.
grift [grift] *(am* S) *vb* lave penge ved svindel; *sb* svindel.
grig [grig] *sb* fårekylling; græshoppe; sandål; *as merry as a ~* sjæleglad.
grill [gril] *sb* gitter, rist; (se også *grille);* grill; grilleret ret; grillering; *vb* grillere, stege (på rist); T krydsforhøre, tage i skarpt forhør.
grillage ['grilidʒ] *sb* bjælkefundament til bygning.
grille [gril] *sb* gitter; gitterværk, tremmeværk; talegitter, billetluge; (på bil) kølergitter.
grill-room ['grilrum] *sb* grill-room, lokale i restaurant, hvor kød tilberedes og serveres.
grilse [grils] *sb zo* blanklaks, lille sommerlaks.
grim [grim] *adj* streng, ubarmhjertig, grum; bister, barsk; grusom, uhyggelig; *hold on like ~ death* klamre sig fast af alle kræfter.
grimace [gri'meis] *sb* grimasse; *vb* lave grimasser.

grimalkin [gri'mælkin] *sb* gammel hunkat; ondskabsfuld gammel kælling.
grime [graim] *sb* (specielt sodet eller fedtet) snavs, smuds; *vb* snavse til.
Grimsby ['grimzbi].
grimy ['graimi] *adj* grimet, snavset.
grin [grin] *vb* grine, vise tænder; le, smile; *sb* grin; ~ *and bear it* gøre gode miner til slet spil.
I. grind [graind] *vb (ground, ground)* **1.** male (på en kværn) *(fx ~ corn into flour);* knuse; **2.** mase (og dreje rundt) *(fx he ground his knee into my stomach);* **3.** rive (farver); **4.** slibe, hvæsse *(fx a knife);* **5.** glatte, polere; slibe *(fx a lens);* **6.** dreje (med håndsving), dreje på *(fx a barrel organ, a hand mill);* **7.** plage, undertrykke, mishandle; **8.** terpe *(into* ind i);
(uden objekt) **9.** kunne males (, slibes); **10.** skure *(on, against* mod, *fx the wheel ground against the brake),* knase, skrabe; **11.** køre med besvær, mase sig *(fx the truck ground up the hill);* **12.** boge, terpe, slide i det *(fx for an exam);* **13.** *(am* i dans) vrikke med hofterne;
~ **away** *at* slide med, terpe; *he has an axe to ~,* se *axe;* ~ **down** slibe, finmale, findele; *(fig)* underkue; mishandle; ~ *the* **faces** *of the poor* udnytte (, underkue) de fattige; ~ **glass** mattere glas; ~ *some grammar* **into** *his head* banke noget grammatik ind i hovedet på ham; ~ **out** *(fig)* frembringe med stort besvær; pine frem; ~ *out a tune on an organ* spille en melodi på en lirekasse; ~ *one's* **teeth** skære tænder; ~ **to** *a halt* langsomt gå i stå.
II. grind [graind] *sb* knusning, malen; slibning; hvæsning; skuren; T slid *(fx learning Latin is a ~);* hængen i; eksamenslæsning; eksamensterperi; *(am)* T slider, boger; hoftevrid; *the daily ~* det daglige slid; hverdagens trummerum *(el.* trædemølle); *take a ~* gå (en lang, anstrengende) tur.
grinder ['graində] *sb* kindtand; mølle, kværn *(fx coffee ~);* (i mølle) oversten, løber; (om person) udbytter, løntrykker; manuduktør, eksamensterper; *(am)* slider, boger; *(knife ~)* skærsliber; *(am)* lang sandwich (skåret på langs af brødet), *(omtr)* „landgangsbrød".
grindery ['graindəri] *sb* sliberi; skomagermateriale.
grinding ['graindiŋ] *adj* hård, tyngende *(fx poverty);* skurrende *(fx voice),* knasende.
grindstone ['grain(d)stəun] *sb* slibesten; *keep his nose to the ~* holde ham til ilden; *keep one's nose to the ~* slide i det.
gringo ['griŋgəu] *sb* fremmed, englænder, angloamerikaner (i Latinamerika).
I. grip [grip] *vb* gribe, tage fat i; *(fig)* få tag i, gribe; fængsle *(fx ~ one's attention); ~ the audience* få tag i *(el.* gribe) tilhørerne.
II. grip [grip] *sb* **1.** (fast) tag, greb; *(fig)* magt *(fx be in his ~);* **2.** *(fig)* forståelse; overblik *(of* over, *fx a subject);* **3.** greb *(fx* på kårde, pistol), håndtag; **4.** jag, stik (ɔ: pludselig smerte) **5.** *(am)* rejsetaske; **6.** *(med.)* influenza; **7.** (film, *teater)* scenearbejder;
be at *-s with* være i heftig kamp med; *(fig)* bakse med *(fx a problem);* **come** *(el.* **get) to** *-s with* komme i heftig kamp med; *(fig)* tage alvorligt fat på, komme ind på livet af *(fx a problem);* **have a** *good ~ of* (også *fig)* have et godt greb om, have godt fat på; **lose** *one's ~* miste sit tag; *(fig)* falde af på den; **take** *a (firm) ~ on* gribe (hårdt) fat i; *(fig)* tage hånd i hanke med; føre (skarp) kontrol med *(fx prices); take a ~ on oneself (fig)* tage sig selv i nakken.
gripe [graip] *sb (glds)* greb, tag; magt; greb, håndtag; *vb* klemme, pine; tynge; *(am* S) irritere; brokke sig; *(glds)* gribe; *be -d (ogs)* have mavekneb. **gripes** [graips] *sb pl* mavekneb, bugvrid; *(mar.)* fartøjssurring.
grippe [grip] *sb* influenza.
gripper ['gripə] *sb* griberedskab, griber.
gripping ['gripiŋ] *adj* dybt fængslende.
gripsack ['gripsæk] *sb (am)* rejsetaske.
grisly ['grizli] *adj* uhyggelig; gruopvækkende.
grison ['grizən] *sb zo* grison (væsellignende dyr).
Grisons ['gri:zɔ:ŋ] Graubünden.
grist [grist] *sb* knust malt; korn som skal males; mel; *(fig)* fordel; *(am)* portion; *that brings ~ to the mill* det giver fortjeneste *(el.* penge i kassen); *that is ~ to his mill* det er vand på hans mølle; *all is ~ that comes to his mill* han forstår at udnytte enhver mulighed; han kan få noget ud af alting.
gristle [grisl] *sb* brusk.
gristly ['grisli] *adj* brusket, bruskagtig.
I. grit [grit] *sb* sandsten; grus, sand; (stens) struktur *(fx a hone of good ~),* kornstørrelse; *(fig)* rygrad, ben i næsen; *he has plenty of ~* ham er der krummer i.
II. grit [grit] *vb* frembringe en skurrende *el.* hvinende lyd; ~ *one's teeth* skære tænder; bide tænderne sammen.
grit cell *(bot)* stencelle.
grits [grits] *sb pl* gryn.
gritty ['griti] *adj* grynet; som sand, sandet; jordet *(fx* om bær); skurende, knasende; (om person) bestemt, energisk, karakterfast; ~ *pear* stenet pære.
I. grizzle [grizl] *vb* jamre, beklage sig, klynke; (om baby *ogs)* være vrøvlet.
II. grizzle [grizl] *sb* gråt, grå farve.
grizzled [grizld] *adj* gråsprængt.
grizzly ['grizli] *adj* grålig; *sb* gråbjørn; ~ *bear* gråbjørn.
groan [grəun] *vb* sukke *(for* efter); stønne; (om træ) knage; *sb* stønnen; mishagsytring; ~ *down a speaker* bringe en taler til tavshed ved mishagsytringer; *the table -ed with food* bordet bugnede af mad.
groat [grəut] *sb (hist.)* (mønt der gjaldt 4 *pence); (omtr)* styver; *I don't care a ~ for him* jeg bryder mig ikke en døjt om ham.
groats [grəuts] *sb pl* (større) gryn, havregryn.
grocer ['grəusə] *sb* købmand, kolonialhandler; *(glds)* urtekræmmer; *-'s shop* købmandsforretning.
grocery ['grəus(ə)ri] *sb* handel med købmandsvarer; *(am)* købmandsforretning; *groceries pl* købmandsvarer.
grog [grɔg] *sb* grog, toddy; *vb* drikke grog, drikke toddy.
groggy ['grɔgi] *adj* omtåget; usikker; svag (efter sygdom eller chok); *be ~* (om bokser) være groggy, svømme; *that chair looks a bit ~* den stol ser noget vakkelvorn ud.
grogram ['grɔgrəm] *sb* gros-grain (et stof).
grogshop ['grɔgʃɔp] *sb* knejpe.
groin [grɔin] *sb* lyske; *(arkit)* grat(bue), ribbe; *-ed vault* krydshvælving; (se også *groyne).*
grommet ['grɔmət] *sb* øje, ring (i snørehul); *(mar)* grommetring, (tov)krans, strop.
gromwell ['grɔmwəl] *sb (bot)* stenfrø.
groom [grum] *sb* staldkarl; tjener, kongelig kammertjener; *(bridegroom)* brudgom; *vb* passe, soignere, pleje; (især *am)* skole, (op)træne; ~ *a horse* strigle en hest; *well groomed* soigneret; ~ *of the stole* overkammerherre; ~ *of the great chamber* hofembedsmand der er ansvarlig for kongens sovegemak; ~ *in waiting* tjenstgørende kammerherre.
groomsman ['grumzmən] *sb (glds) (omtr)* forlover.
groove [gru:v] *sb* rende, fure; skure; fals, not, hulkel; (i grammofonplade) rille; *vb* fure, rifle, rille, danne rende i, grave; S nyde; give en dejlig oplevelse; have det herligt; *get into a ~ (fig)* komme ind i en fast skure; *settle down in one's ~* komme i de vante folder igen; *his mind works in a narrow ~* han er åndelig smalsporet; *in the ~ (glds* S) i (den rette) stemning; i fineste form; *-d and tongued boards* plø-

jede brædder.
groove punch falsmejsel (blikkenslagerværktøj).
groover ['gru:və] *sb* falsejern; S en der er med på den.
groovy ['gru:vi] *adj* vanebundet; S skøn; helt moderne, „in"; „høj" (på ferietabletter); (se også: *(in the) groove)*.
grope [grəup] *vb* famle *(for* efter), føle sig for; S befamle, rage på; ~ *one's way* famle sig frem.
grosbeak ['grəusbi:k] *sb zo* kernebider.
gross [grəus] *adj* stor, tyk, uformelig; grov, plump; (om sanser) sløv; (om bevoksning) tæt, kraftig *(fx vegetation); (merk)* brutto- *(fx amount, income, weight); sb* hovedmasse, hovedstyrke; gros (tolv dusin); ~ *feeder* grovæder; ~ *injustice* skammelig uretfærdighed; ~ *insult* grov fornærmelse; *in (the)* ~ i det store; en gros; *dealer in (the)* ~ engroshandler; *the* ~ *of the people* folkets store masse.
gross| average *(assur)* groshavari. ~ **estate** *(jur)* bomasse. ~ **national product** *(økon)* bruttonationalprodukt. ~ **profit** *(merk)* bruttoavance.
Grosvenor ['grəuvnə].
grotesque [grə'tesk] *adj* grotesk; barok, besynderlig; *sb* (i kunst) grotesk; groteske; *(typ)* grotesk.
grotto ['grɔtəu] *sb* grotte.
grotty ['grɔti] *adj* S ulækker, ækel; elendig; rædsom.
grouch [grautʃ] T *sb* gnavpotte; gnavenhed; *vb* mukke, surmule. **grouchy** ['grautʃi] *adj* T gnaven.
I. ground [graund] *præt* og *pp* af *grind*.
II. ground [graund] *sb* jord, grund *(fx holy* ~*),* terræn *(fx rising* ~*);* område, plads *(fx camping* ~*),* (i sport) bane *(fx football* ~*);* (i maleri, mønster *etc)* grund, bund *(fx a red cross on a white* ~*);* baggrund; bundfarve; *(elekt, am)* jordforbindelse, jordledning; *(mar)* grund, bund; *(fig, ogs -s)* grund, årsag, grundlag *(fx -(s) for complaint);* begrundelse, motivering, *(jur)* domspræmisser; **-s** *pl* (i væske) bundfald, bærme, grums *(fx coffee -s);* (til hus *etc)* have, park, anlæg;
(forb med *vb, adj) break* ~ *(am)* pløje; begynde at grave grunden ud (til hus); *(fig)* tage de indledende skridt, gå i gang; *break fresh (el. new)* ~ opdyrke ny jord; *(fig)* være banebrydende; *change one's* ~ = *shift one's* ~*; that's common* ~ *(fig)* det er vi enige om, der kan vi mødes; *cover much* ~ komme et godt stykke videre *(el.* frem); *(fig ogs)* nå en hel del, komme meget stof igennem; *cover new* ~ *(fig)* tage nye emner op til behandling; *cut the* ~ *from under sby (el. sby's feet) (fig)* tage grunden væk under (fødderne på) én; *forbidden* ~ tabu, forbudt område; *gain* ~ vinde terræn; *give* ~ vige, trække sig tilbage; *keep (el. hold el. stand) one's* ~ holde stand; holde sig (om priser); *lose* ~ miste indflydelse; tabe *(el.* miste) terræn, vige; *shift one's* ~ skifte standpunkt, ændre signaler, ændre taktik; *take the* ~ *(mar)* løbe på grund;
(forb med *præp)* **above** ~ levende; **below** ~ død; **from** *the* ~ *up (fig)* fra grunden; *run it* **into** *the* ~ *(am* T*)* overdrive det, tærske langhalm på det, træde i det; *get* **off** *the* ~ *(fig)* komme i gang, blive til noget; **on** *the* ~ *of* på grund af; *on very good -s* af særdeles gode grunde; *they are thick (, thin) on the* ~ de er meget almindelige (, sjældne); *this suits me down* **to** *the* ~ dette passer mig glimrende; *fall to the* ~ falde om; falde til jorden; slå fejl; *have one's ear to the* ~ *(fig)* have fingeren på pulsen; *go* **under** ~ gå under jorden.
III. ground [graund] *vb* sætte (, lægge) på jorden; grunde, grundlægge; basere *(on* på, *fx a theory -ed on new facts);* undervise i begyndelsesgrundene, indføre *(in* i, *fx* ~ *him in Latin); (mar)* sætte på grund; gå på grund; *(elekt)* lede ned i *el.* sætte i forbindelse med jorden, jorde; (ved maling) grunde; ~ *arms* nedlægge våbnene; *be -ed (flyv)* ikke (kunne) gå op, have startforbud; *be well -ed in* være velfunderet i, have gode kundskaber i *(fx history)*.
ground aerial jordantenne.
groundage ['graundidʒ] *sb* havnepenge.
ground| ash ung ask; stok (af asketræ). ~ **bait** bundmadding. ~ **bass** *(mus.)* ostinat bas, basso ostinato (stadig gentaget bastema). ~ **beetle** *zo* løbebille. ~ **connection** jordforbindelse. ~ **-control(led) approach** *(flyv)* landing ved hjælp af jordstationeret radar. ~ **crew** *(flyv)* jordpersonel. ~ **defences** *pl* antiluftskyts. ~ **effect machine** *(am)* luftpudefartøj. ~ **floor** stueetage; *get (el. be let) in on the* ~ *floor* få aktier i et selskab på samme betingelser som stifterne; være med fra begyndelsen; starte fra bunden. ~ **flora** bundflora. ~ **forces** *pl* landstridskræfter. ~ **game** harer og kaniner. ~ **glass** matteret glas. **-hog** *(am) zo* skovmurmeldyr. **-ice** grundis.
grounding ['graundiŋ] *sb* grundstødning; grundlæggende undervisning, grundlag *(fx a good* ~ *in French);* (maling:) grunding.
ground ivy *(bot)* korsknap.
groundless ['graundləs] *adj* grundløs.
groundling ['graundliŋ] *sb zo* grundling (en fisk).
ground|nut jordnød; ~ **plan** grundrids, grundplan. ~ **rent** grundleje. ~ **rice** rismel. ~ **rule** regel som gælder på det specielle sted; grundregel, grundprincip. ~ **sea** underdønning.
groundsel [graun(d)sl] *sb (bot)* brandbæger.
ground|sheet teltunderlag. ~ **speed** *(flyv)* beholden fart, distancefart. ~ **squirrel** *zo* jordegern; sisel. ~ **staff** *(flyv)* jordpersonale. ~ **swell** underdønning. ~ **-to-air** *adj* jord-til-luft *(fx missile)*. **-water** grundvand. ~ **wave** jordbølge. ~ **wire** *(am)* jordledning. **-work** grundlag, fundament.
group [gru:p] *sb* gruppe; hold; *(merk)* koncern; *(flyv)* flyverregiment; *vb* gruppere; *the (Oxford)* ~ *movement* Oxfordbevægelsen. **group captain** oberst (i flyvevåbnet).
groupie ['gru:pi] *sb* S pige der render efter popmusikere; *(flyv) = group captain*.
grouping ['gru:piŋ] *sb* gruppering.
group therapy *(med.)* gruppeterapi.
I. grouse [graus] *sb* rype; *vb* skyde ryper; *black* ~ urfugl; (se også *hazel* ~, *red* ~ *etc)*.
II. grouse [graus] *vb* knurre, give ondt af sig, brokke sig, mukke, gøre vrøvl; *sb* mukken.
grout [graut] *sb* cementmørtel; *vb* udfylde med cementmørtel; udstøbe, understøbe; ~ *in* indstøbe.
grove [grəuv] *sb* lund, lille skov; træklynge.
grovel [grɔvl] *vb* ligge i støvet; ~ *before* krybe for, ligge på maven for, kaste sig næsegrus for.
grovelling ['grɔvliŋ] *adj* krybende, lav, gemen.
grow [grəu] *vb (grew, grown)* (se også *growing, grown)* gro, vokse; tiltage; blive *(fx you are -ing old);* blive til; (med objekt) dyrke *(fx flowers);* ~ *a beard* anlægge skæg; ~ *a new branch* (om et træ) skyde en ny gren; ~ *a habit* lægge sig en vane til;
(forb med *præp* og *adv)* ~ **from** opstå af, følge af; ~ **in** *bulk* tiltage i omfang; ~ *in favour* vinde anseelse; ~ *in wisdom* blive klogere; ~ **into** *fashion* komme på mode; ~ *into a habit* blive til vane; *it -s* **on** *you* det vinder ved nærmere bekendtskab; man kommer efterhånden til at holde af det; *bad habits* ~ *on one* dårlige vaner bliver til ens anden natur *(el.* tager overhånd); ~ **out of** opstå af, være en følge af; vokse fra *(fx one's clothes, a bad habit); you* ~ *out of it (ogs)* det foretager sig med alderen; ~ *out of favour with* falde i unåde hos; ~ *out of all recognition* forandre sig så man (, det *etc)* ikke er til at kende igen; ~ *out of use* gå af brug; ~ **to** efterhånden komme til at *(fx I grew to like her);* ~ *to be* efterhånden blive; ~ **up** blive voksen, vokse op; vokse frem.
grower ['grəuə] *sb* dyrker, producent; *rapid -s* hurtigt

voksende blomster (, træer *etc); slow -s* langsomt voksende blomster (, træer *etc*).

growing ['grəuiŋ] *adj* voksende, stigende, tiltagende; *sb* vækst; dyrkning, avl.

growing| pains voks(e)værk. ~ **point** vækstpunkt. ~ **season** vækstid. ~ **weather:** *it is ~ weather* der er grøde i luften.

growl [graul] *vb* knurre, brumme; rumle; *sb* knurren, brummen; rumlen. **growler** ['graulə] *sb* knurrende hund; brumbasse; *(glds)* firhjulet drosche.

grown [grəun] *pp* af *grow;* voksen; *be ~ over* være tilgroet; *a ~ person* en voksen; *~ people* voksne; *grown-up* voksen.

growth [grəuθ] *sb* **1.** vækst, tiltagen, stigning, udvidelse *(fx of trade);* **2.** dyrkning, avl *(fx of foreign ~),* produktion; **3.** vegetation; bevoksning; **4.** *(med.)* svulst *(fx a cancerous ~); ~ of fruit* frugtavl; *of one's own ~* hjemmeavlet; *young ~* ungskov.

growth industry vækstindustri.

groyne [grɔin] *sb* høfde.

G.R.T. *fk Gross Register Tonnage* bruttoregistertonnage.

I. grub [grʌb] *vb* grave, rode; rydde, rense (jord for rødder etc), grubbe; *(fig)* pukle, slide; T æde; fodre; *~ out (el. up)* grave *(el.* rode) op (af jorden); *(fig)* grave *(el.* rode) frem; *~ through old files* gennemstøve gamle arkiver.

II. grub [grʌb] *sb* larve, (kål)orm, maddike; S mad, kost, æde, foder; slider; beskidt unge.

grub axe ryddehakke.

grubby ['grʌbi] *adj* snavset, beskidt; maddikebefængt.

grub hoe ryddehakke.

grubs [grʌbz] *sb pl (am)* cowboybukser med afskårne ben.

grubstake ['grʌbsteik] *sb (am)* T levnedsmidler leveret til guldgraver mod andel i det eventuelle fund; andel i guldfund opnået på denne måde; *vb* levere levnedsmidler (, opnå andel) på denne måde.

Grub Street (tidligere navn på gade i London); fattige forfattere, tredjerangs litteratur; *~ author* forhutlet forfatter.

grudge [grʌdʒ] *vb* ikke unde; misunde; *sb* uvilje, vrede, nag; *bear (el. owe) sby a ~, have (el. cherish) a ~ against sby* bære nag til en, have et horn i siden på en; *~ doing it* gøre det modstræbende ikke være meget for at gøre det; *he -s me even the food I eat* han under mig ikke engang den mad jeg spiser; *~ no effort* ikke spare nogen anstrengelse.

grudging ['grʌdʒiŋ] *adj* modstræbende *(fx admiration); modvillig; smålig; kneben, knapt tilmålt.* **grudgingly** *adv* modstræbende.

gruel ['gruəl] *sb* havresuppe, vælling; *have (el. get) one's ~ (glds* T) få sin bekomst, få sin straf; *give him his ~ (glds* T) give ham hvad han har godt af.

gruelling ['gruəliŋ] *adj* hård, anstrengende, udmattende, enerverende; *submit him to a ~ examination* hegle ham igennem.

gruesome ['gru:səm] *adj* uhyggelig, makaber.

gruff [grʌf] *adj* barsk, brysk, bister, bøs, brøsig; *a ~ voice* en grov stemme.

grumble [grʌmbl] *vb* knurre, brumme; gøre vrøvl, besvære sig, beklage sig, give ondt af sig, brokke sig, mukke; *sb* knurren, brummen; mukken.

grumbler ['grʌmblə] *sb* gnavpotte, brumbasse, skumler.

grummet ['grʌmət] = *grommet.*

grumous ['gru:məs] *adj* klumpet.

grumpy ['grʌmpi] *adj* i dårligt humør, sur, gnaven.

Grundy ['grʌndi]: *Mrs ~* (personifikation af snerpethed); *what will Mrs ~ say?* hvad vil folk sige?

Grundyism ['grʌndiizm] *sb* snerperi, snerpethed.

grungy ['grʌndʒi] *adj* snusket; beskidt.

grunt [grʌnt] *vb* grynte; *sb* grynten, grynt; *(am* S*)* fodtusse, knoldesparker (ɔ:infanterist).

Gruyere ['gru:jɛə] *sb* schweizerost.

gryphon ['grifən] *sb* grif (fabeldyr).

gs. *fk guineas.*

G.S. *fk General Staff; General Service.*

G.S.O. *fk General Staff Officer.*

G-suit ['dʒi:su:t] *sb* trykdragt.

G-string ['dʒi:striŋ] *sb* lændeklæde; lille klædningsstykke der lige skjuler skridtet.

Guadalquivir [gwa:dəl'kwivə].

guan [gwa:n] *sb zo* hokko (en fugl).

guana ['gwa:na] *sb zo* leguan.

guano ['gwa:nəu] *sb* guano, fuglegødning.

guarantee [gærən'ti:] *sb* garanti; kaution, sikkerhed (for lån); en til hvem garanti gives; garant; *vb* garantere (for), kautionere.

guarantor [gærən'tɔ:] *sb* garant, kautionist.

guaranty ['gærənti] *sb* garanti, kaution, sikkerhed (for lån).

I. guard [ga:d] *vb* bevogte *(fx prisoners),* holde vagt ved, våge over; beskytte, forsvare; beherske *(fx one's temper),* vogte *(fx one's tongue);* (i skak) dække; *(tekn)* afskærme; *~ against* gardere *(el.* sikre) sig imod, forebygge; tage sig i agt for.

II. guard [ga:d] *sb* vagt, livvagt, garde; bevogtning; beskyttelse; (i fængsel) fangevogter, fængselsbetjent; *(jernb)* konduktør, togfører; (til lommeur) urkæde; *(bogb)* fals; (beskyttelsesanordning:) rækværk, gitter, skærm; (på kårde) parerplade; (på gevær) aftrækkerbøjle; *the Guards* livgarden;

~ of honour æresvagt, æreskompagni; *off one's ~* uforsigtig, uopmærksom; *be off one's ~ (ogs)* ikke tage sig i agt; *catch him off his ~* overrumple ham; *throw him off his ~* bringe ham ud af fatning, få ham til at blotte sig; *on ~* på vagt, på post; (i fægtning) i dækstilling; dæk! *be (el. stand) on one's ~* være på sin post; tage sig i agt; *go on (el. mount) ~* stille sig (, stå) på vagt; *relax one's ~* give sig en blottelse; *relieve the ~* afløse vagten; *stand ~* stå skildvagt, stå på vagt; *keep under a strong ~* bevogte omhyggeligt.

guard| boat bevogtningsfartøj. ~ **chain** urkæde.

guarded ['ga:did] *adj* bevogtet; forsigtig *(fx optimism);* forbeholden *(fx reply),* reserveret.

guardhouse ['ga:dhaus] *sb* vagtbygning, vagt.

guardian ['ga:djən] *sb* beskytter; *(jur)* værge, formynder; *the -s of the law* retfærdighedens håndhævere; *natural ~* født værge; *testamentary ~* testamentarisk værge; *~ ad litem* procesværge; *Board of Guardians (glds)* fattigkommission.

guardian| angel skytsengel. **-ship** formynderskab. ~ **spirit** skytsånd.

guard|less ['ga:dləs] *adj* værgeløs, ubeskyttet. ~ **rail** rækværk, gelænder; autoværn. ~ **ring** beskyttelsesring. **-room** vagtstue. ~ **ship** vagtskib.

guardsman ['ga:dzmən] *sb* garder, gardist.

guava ['gwa:və] *sb (bot)* guava (en frugt).

gubernatorial [gu:bənə'tɔ:riəl] *adj (am)* guvernør-.

gudgeon ['gʌdʒən] *sb zo* grundling (lille karpefisk); dumrian; tap, pind; *(mar)* rorløkke.

guelder rose ['geldə'rəuz] *sb (bot)* snebolle(træ).

Guelf, Guelph [gwelf] *sb (hist.)* welfer.

guerdon [gə:dn] *sb* belønning.

guereza [ge'rizə] *sb zo* guereza (en abeart).

guerilla [gə'rilə] *sb* guerillasoldat; *~ warfare* guerillakrig.

I. Guernsey ['gə:nzi].

II. guernsey ['gə:nzi] *sb* jerseytrøje.

guerrilla se *guerilla.*

I. guess [ges] *vb* gætte; gætte på; *~ at* gætte på; gætte; *I ~ (glds el. am)* formodentlig, sikkert; *I should ~ his age at thirty el. I should ~ him to be thirty* jeg gætter på at han er 30 år.

II. guess [ges] *sb* gætning; gisning; *it is anybody's ~* ingen ved det med sikkerhed; det er ikke godt *(el.* umuligt) at vide; *give (el. make) a ~* gætte, formode; *I give you three -es* du må gætte tre gange; *that was a good ~* det var godt gættet; *my ~ is that* jeg gætter på at; *at a rough ~* efter et løst skøn; skønsmæssigt.

guesswork ['geswə:k] *sb* gætteri, gætteværk.

guest [gest] *sb* gæst; *(zo i sms)* parasit.

guest| chamber gæsteværelse. **-house** (finere) pensionat, hotelpension. ~ **room** gæsteværelse. ~ **rope** *(mar)* vaterline (langs skibssiden).

guff [gʌf] *sb* pladder, vrøvl, ævl.

guffaw [gʌ'fɔ:] *sb* skraldende latter; *vb* le højrøstet, T skraldgrine.

guggle [gʌgl] se *gurgle.*

guidance [gaidns] *sb* ledelse, førelse; vejledning; *(tekn)* styring, føring.

I. guide [gaid] *sb* fører; vejleder; (for turister) turistfører, fremmedfører, (på museum *etc)* omviser; (bog:) rejsefører, rejsehåndbog; vejledning; (i kartotek) fanekort; *(tekn)* styr, styreskinne; *(girl ~)* pigespejder; *a London ~* en rejsehåndbog *(el.* fører) over London.

II. guide [gaid] *vb* lede, føre, vise vej; styre *(fx a boat); (fig)* vejlede; *(tekn)* styre; *be -d by* lade sig lede af, rette sig efter.

guide|book rejsehåndbog, rejsefører. ~ **card** fanekort.

guided missile fjernstyret missil, styrbart projektil.

guide|lines *sb pl* retningslinjer. **-post** vejskilt. **-way** *(tekn)* styreskinne, styreliste, styr.

guidon [gaidn] *sb* standart; fanebærer.

guild [gild] *sb* gilde, lav.

guilder ['gildə] *sb* gylden (hollandsk mønt).

guildhall ['gildhɔ:l] *sb* gildehus, lavshus; *the Guildhall* rådhuset i *the City of London.*

guild socialism (form for socialisme, hvis mål var genindførelsen af lavsvæsenet).

guile [gail] *sb* svig, falskhed; list. **guileful** ['gailf(u)l] *adj* svigefuld. **guileless** ['gailləs] *adj* uden svig; troskyldig.

guillemot ['gilimɔt] *sb zo* lomvi; *black ~* tejst.

guilloche [gi'ləuʃ] *sb* guillochering, slangeornament.

guillotine [gilə'ti:n] *sb* guillotine; skæremaskine (til papir); (i Underhuset) (en bestemmelse der fastsætter begrænset tid til behandlingen af et lovforslag); *vb* guillotinere; (om papir) (be)skære.

guilt [gilt] *sb* skyld; brøde.

guiltiness ['giltinis] *sb* skyld, strafværdighed.

guiltless ['giltlis] *adj* skyldfri, uskyldig; *he is ~ of Greek* han har ikke begreb om græsk.

guilty ['gilti] *adj* skyldig *(of,* i); brødebetynget, skyldbevidst; *feel ~* have dårlig samvittighed.

I. Guinea ['gini] Guinea (på Afrikas vestkyst).

II. guinea ['gini] *sb* guinea (en ikke længere anvendt guldmønt; (indtil 1971) værdibetegnelse for 21 sh., nu 105 p.).

guinea| corn *(bot)* durrha. ~ **fowl,** ~ **hen** perlehøne. ~ **pig** marsvin; *(fig)* forsøgskanin; en der får 1 guinea i honorar, (om bestyrelsesmedlem) pengegris.

guise [gaiz] *sb* dragt, påklædning; *(fig)* forklædning; *(glds)* måde, skik; *vb* (skotsk) klæde sig ud; *in the ~ of* forklædt som, maskeret som; *under the ~ of friendship* under venskabs maske.

guitar [gi'ta:] *sb* guitar.

guitarist [gi'ta:rist] *sb* guitarist, guitarspiller.

gulch [gʌlʃ] *sb (am)* (dyb og snæver) bjergkløft.

gulden ['guldən] *sb* gylden (hollandsk mønt).

gules [gju:lz] *sb (her.)* rødt.

gulf [gʌlf] *sb* golf, (hav)bugt; afgrund, svælg; malstrøm; *vb* opsluge; *the Gulf Stream* golfstrømmen.

gulfweed ['gʌlfwi:d] *sb (bot)* sargassotang.

I. gull [gʌl] *sb zo* måge; *common ~* stormmåge.

II. gull [gʌl] *sb* dumrian, tosse; *vb* narre; bedrage.

gullet ['gʌlit] *sb* spiserør, svælg.

gullibility [gʌli'biləti] *sb* dumhed, lettroenhed.

gullible ['gʌləbl] *adj* dum, lettroende, blåøjet.

Gulliver ['gʌlivə].

gull-wing door tophængslet dør.

gully ['gʌli] *sb* regnkløft, erosionskløft; kloaknedløb, rende, afløb; *vb* danne kløft i, udhule, fure.

gully trap vandlås.

gulp [gʌlp] *sb* slurk, drag, synkebevægelse; *vb* sluge, nedsvælge, tylle i sig; *at one ~* i en eneste mundfuld, i et drag; *~ down* synke, nedsvælge, sluge; *~ down a sob* undertrykke en hulken; *~ for breath* gispe efter vejret; *~ out* fremhulke.

I. gum [gʌm] *sb* gumme, tandkød.

II. gum [gʌm] *sb* gummi, klæbemiddel, lim; harpiks (især af frugttræer); gummitræ; vingummi, *(chewing ~)* tyggegummi; *-s pl (am)* galocher; *vb* gummiere; klæbe; udsvede harpiks; *~ up* S blokere, få til at gå i stå; *~ up the works (fig)* stikke en kæp i hjulet, sabotere foretagendet.

III. gum [gʌm] *sb (vulg): by ~* (for *'by God').*

gum| arabic ['gʌm'ærəbik] gummi arabikum. **-boil** tandbyld. ~ **boot** gummistøvle. ~ **drop** *(am)* vingummi.

gummy ['gʌmi] *adj* gummiagtig; klæbrig.

gumption [gʌm(p)ʃn] *sb* foretagsomhed, gåpåmod; omløb i hovedet; *he has no ~ (ogs)* der er ingen fut i ham.

gum| resin gummiharpiks. **-shoe** *sb (am)* galoche, gummisko; S detektiv, politibetjent; *vb* liste. ~ **tree** gummitræ; *(austr)* eucalyptus; *be up a ~ tree* S være i en fæl knibe.

gun [gʌn] *sb* kanon, gevær, bøsse; pistol, revolver; skydevåben; insektsprøjte; skud *(fx a salute of 21 -s); vb* skyde med bøsse, skyde ned; *(am)* T give gas; køre for fuld gas; *~ down* skyde ned, pløkke ned; *be -ning for* S være på jagt efter; være ude efter; prøve at få ram på; *a big (el. great) ~* T en prominent person, en af de store kanoner; *it is blowing great -s* der blæser en brandstorm; *son of a ~* S slyngel; (se også *jump, stick (to), spike).*

gun| barrel bøsseløb; kanonløb. **-boat** kanonbåd. ~ **camera** *(mil.)* fotogevær. ~ **carriage** *(mil.)* affutage, lavet (understel til kanon). **-cotton** skydebomuld. ~ **crew** kanonbetjening, kanonmandskab. ~ **deck** batteridæk, kanondæk. ~ **dog** jagthund (til jagt med bøsse). **-fire** skydning, artilleriild, kanonild.

gunge [gʌn(d)ʒ], *(am)* **-gunk** [gʌŋk] *sb* S fedtet stads, fnadder.

gung-ho [gaŋəhəu] *adj* (især *am* T) naivt begejstret, overivrig; hurrapatriotisk.

gun| lock bøsselås, geværlås. **-man** bøssemager; *(am)* gangster, revolverrøver; revolvermand, lejet morder. **-metal** rødgods; mørkegråt.

gunnel ['gʌnl] *sb (mar)* ræling; *(zo)* tangspræl.

gunner ['gʌnə] *sb* jæger; *(mil.)* artillerist; *(flyv)* maskingeværskytte; *(mar)* kanoner; *kiss the -'s daughter (glds)* blive bundet til en kanon og få tamp.

gunnery ['gʌnəri] *sb* artilleri (som fag).

gunny ['gʌni] *sb* groft paklærred; sækkelærred (af jute).

gun|play skyderi. **-point:** *at -point* under tvang, under trussel om anvendelse af magt, med våbenmagt. **-port** kanonport.

gunpowder ['gʌnpaudə] *sb* krudt; *~ factory* krudtværk; *the Gunpowder Plot (hist.)* krudtsammensværgelsen (Nov. 5, 1605).

gun| room (i krigsskibe) kadetmesse. **-runner** våbensmugler. **-running** våbensmugleri. **-ship** *(am mil.)* kamphelikopter. **-shot** skud; skudvidde. **-shot wound** skudsår. **-smith** bøssemager. **-stock** bøsseskæfte, geværskæfte. ~ **turret** kanontårn.

Gunter ['gʌntə] (engelsk matematiker); *-'s chain* landmålerkæde; *according to* ~ garanteret rigtigt.
gunwale [gʌnl] *sb (mar)* essing, ræling.
gup [gʌp] *sb* S sludder, vås.
guppy ['gʌpi] *sb zo* guppy (en akvariefisk).
gurgitation [gə:dʒi'teiʃn] *sb* syden, kogen.
gurgle [gə:gl] *vb* gurgle, klukke; skvulpe; *sb* gurglen, klukken; skvulpen.
Gurkha ['guəkə] *sb* (medlem af en hindustamme i Nepal).
gurnard ['gə:nəd], **gurnet** ['gə:nit] *sb zo* knurhane (en fisk).
guru ['gu(:)ru:] *sb* guru, åndelig vejleder *(el.* fører) (i Indien); *(fig)* guru, profet.
gush [gʌʃ] *vb* strømme, bruse; springe, fosse, vælde (frem); *(fig)* tale overspændt, strømme over i følelser, svømme hen; *sb* strøm; *(fig)* udgydelse; sentimentalitet, føleri.
gusher ['gʌʃə] *sb* oliekilde; T overstrømmende (sentimentalt) menneske.
gushing ['gʌʃiŋ] *adj* strømmende; *(fig) = gushy.*
gushy ['gʌʃi] *adj* overstrømmende; sentimental.
gusset ['gʌsit] *sb* spjæld, kile (i tøj); knudeplade (i jernkonstruktion).
gussy ['gʌsi] *vb:* ~ *up (am)* T stadse ud, pynte op.
gust [gʌst] *sb* vindstød; udbrud *(fx -s of rage).*
Gustavus [gu'sta:vəs] Gustav.
gusto ['gʌstəu] *sb* velbehag, oplagthed.
gusty ['gʌsti] *adj* stormfuld, byget.
gut [gʌt] *sb* tarm; snævert pas; 'kattetarm' (egentlig fåretarm hvoraf der fremstilles violinstrenge); gut (en art silkeline, der *bl.a.* bruges som fiskeforfang); (se også *guts); vb* tage indvoldene ud (især af fisk); tømme; plyndre; ødelægge; rasere, udbombe; *adj* følelsesladet, som taler direkte til følelserne *(fx a* ~ *issue)* følelsesmæssig; instinktiv, umiddelbar *(fx feeling);* ~ *reaction* umiddelbar følelsesmæssig reaktion.
guts [gʌts] *sb pl* tarme, indvolde; (af maskine) indvendige dele, indmad; *(fig)* (om person) karakterstyrke, rygrad, mod; *I hate his* ~ T jeg hader ham som pesten; (om tekst *etc*) (saft og) kraft, indhold, kerne.
gutsy ['gʌtsi] *adj* T modig; grådig.
gutta-percha ['gʌtə'pə:tʃə] *sb* guttaperka.
guttate ['gʌteit], **guttated** ['gʌteitid] *adj* dråbeformet; dråbeplettet, spættet.
gutted ['gʌtid] *adj* udbrændt *(fx house).*
gutter ['gʌtə] *sb* rende; tagrende; rendesten; fure; *(typ)* indermargin; (mellem frimærker i ark) marginal; *vb* lave rende i; udhule, fure; give afløb gennem en rende, (om lys) løbe; dryppe.
gutter press smudspresse.
guttersnipe *sb* gadedreng, rendestensunge.
guttural ['gʌt(ə)rəl] *adj* guttural, strube-; *sb* guttural, strubelyd.
I. guy [gai] *sb* Guy Fawkes-figur (som 5. nov. bliver båret omkring og senere brændt); fugleskræmsel; *(am)* fyr *(fx he is a regular* ~ han er en flink fyr); *vb* gøre grin med, gøre nar af, drille; S stikke af; *look a regular* ~ *(ogs)* se farlig ud.
II. guy [gai] *sb* bardun; *vb* fastgøre (, sikre) med barduner.
Guy Fawkes ['gai 'fɔ:ks]: ~ *Day* 5. nov.
guy rope bardun.
guzzle [gʌzl] *vb* tylle *(el.* bælle) i sig; frådse, fylde sig.
guzzler ['gʌzlə] *sb* dranker; grovæder.
gybe [dʒaib] *vb (mar)* gibbe, bomme, halse.
gyle [gail] *sb* bryg; ølurt; gærkar.
gym [dʒim] *sb* S gymnastiksal; gymnastik.
gymkhana [dʒim'ka:nə] *sb* idrætshus; sportsstævne; ridestævne.
gymnasium [dʒim'neizjəm] *sb* gymnastiksal, gymnastikhus; (i Tyskland *etc)* gymnasium.
gymnast ['dʒimnæst] *sb* gymnast. **gymnastic** [djim'næstik] *adj* gymnastisk. **gymnastics** [dʒim'næstiks] *sb* gymnastik.
gymnospermous [dʒimnə'spə:məs] *adj (bot)* nøgenfrøet.
gym| shoe gymnastiksko, gummisko. ~ **slip,** ~ **tunic** gymnastikdragt.
gynaecocracy [gaini'kɔkrəsi] *sb* kvindevælde.
gynaecologist [gaini'kɔlədʒist] *sb* gynækolog, specialist i kvindesygdomme.
gynaecology [gaini'kɔlədʒi] gynækologi.
gyp [dʒip] *sb* oppasser, tjener (ved et *college,* især i Cambridge); *(am* T*)* svindler; svindel; *vb* snyde, *give sby* ~ give en en omgang, give en kanel.
gypper ['dʒipə] *sb* S svindler.
gypsum ['dʒipsəm] *sb* gips.
gyppo, gyppy, gypsy, se *gippo, gippy, gipsy.*
gyrate [dʒai'reit, *(am)* 'dʒai-] *vb* dreje sig i en kreds, rotere.
gyration [dʒai'reiʃn] kredsbevægelse, kredsløb; kredsen; roteren. **gyratory** ['dʒairət(ə)ri] *adj* roterende.
gyrfalcon ['dʒə:fɔ:(l)kən] *sb* jagtfalk.
gyrocompass ['dʒairəkʌmpəs] *sb* gyrokompas.
gyroscope ['dʒairəskəup] *sb* gyroskop.
gyroscopic [dʒairə'skɔpik] *adj* gyroskopisk; ~ *compass* gyrokompas.
gyve [dʒaiv] *sb* fodlænke; lænke; *vb* lænke.

H

H., h. *fk harbour; hard; height; high; hot; hour(s); husband; hydrant.*
ha [ha:] *interj* ha! ah!
ha. *fk hectare.*
hab. *fk habitat (lat.) = he lives.*
habeas corpus ['heibjəs'kɔ:pəs]: ~ *Act* (en lov fra 1679, der beskytter en engelsk borger imod at blive holdt fængslet uden undersøgelse og dom); *writ of* ~ ordre til at fremstille en anholdt i retten.
haberdasher ['hæbədæʃə] *sb* en der handler med sy- og besætningsartikler; *(am)* herreekviperingshandler.
haberdashery ['hæbədæʃəri] *sb* sy- og besætningsartikler; *(am)* herreekvipering.
habergeon ['hæbədʒn] *sb (hist.)* brystharnisk.
habiliments [hə'bilimənts] *sb pl* klædning, dragt.
habit ['hæbit] *sb* sædvane, vane; dragt, dameridedragt; *(glds:* ~ *of body)* legemskonstitution, *(~ of mind)* temperament; *vb* klæde, iføre; *be in the* ~ *of* have for vane at, pleje at; *it is a* ~ *with him* det er en vane han har; *get (el. fall) into bad -s* tillægge sig *(el.* få) dårlige vaner; *get into the* ~ *of doing it* komme i vane med at gøre det; *out of (sheer)* ~ af (ren og skær) vane; *the force of* ~ vanens magt; *through (el. from) force of* ~ af gammel vane.
habitable ['hæbitəbl] *adj* beboelig.
habitant ['hæbitnt] *sb* indbygger; ['hæbitɔ:ŋ] (efterkommer af) fransk indbygger i Canada *el.* Louisiana.
habitat ['hæbitæt] *sb (biol)* findested, hjemsted, udbredelsesområde, *(bot ogs)* voksested, *(zo ogs)* bosted, opholdssted; *(fig)* opholdssted, miljø, omgivelser *(fx Danes in their natural ~).*
habitation [hæbi'teiʃn] *sb* beboelse, bolig.
habitual [hə'bitjuəl] *adj* tilvant; vanemæssig; sædvanlig, almindelig; ~ *drunkard* vanedranker.
habitually [hə'bitjuəli] *adv* jævnligt.
habituate [hə'bitjueit] *vb* vænne *(sby to sth* en til noget); *(am* T) være stamgæst i; være vanedannende.
habituation [həbitju'eiʃn] *sb* tilvænning.
habitude ['hæbitju:d] *sb* vane; indstilling, temperament.
habitué [hə'bitjuei] *sb* stamgæst, hyppig gæst.
hachures [hæ'ʃuəz] *sb pl* skravering *(fx* på landkort).
hacienda [hæsi'endə] *sb* gård, plantage (i Latinamerika).
I. hack [hæk] *vb* hakke; lave hak i; flænse; (i fodbold) sparke over skinnebenet; S finde sig i; *sb* hård tør hoste; hakke; hakken; hak; spark over skinnebenet; *I can* ~ **it** *(am* T) jeg kan klare den.
II. hack [hæk] *sb* lejet hest, krikke; skribent der udfører litterært rutinearbejde på bestilling, 'neger'; *(am)* hyrevogn, taxi; *adj* leje- *(fx horse); vb* udleje; engagere til kedsommeligt rutinearbejde; *(am)* køre taxi; ~ *along* lunte af sted.
hacker ['hækə] *sb* hacker (person som uretmæssigt kobler sig ind på dataanlæg), dataspion.
hacking cough hård tør hoste.
hackle ['hækl] *vb* hegle (hør); *sb* hegle; (til fiskeri) flue; (på hane) halsfjer; *-s* (på hund) børster; *when his -s are up* når han rejser børster.
hackney ['hækni] *sb* ride- og kørehest; *(glds)* lejet hest; slave. **hackney coach** hyrevogn.
hackneyed ['hæknid] *adj* forslidt, fortærsket, banal.
hacksaw ['hæksɔ:] *sb* nedstryger, jernsav.
hackwork ['hækwə:k] *sb* slavearbejde; litterært rutinearbejde.
hack writer skribent der udfører litterært rutinearbejde på bestilling.
had [hæd, (h)əd] *præt* og *pp* af *have.*
haddock ['hædək] *sb zo* kuller.
hade [heid] *sb* skråning; *vb* skråne.
Hades ['heidi:z] *(myt)* Hades.
hadji ['hædʒi:] *sb* pilgrim (som har været i Mekka).
hadn't [hædnt] *fk had not.*
hadst [hædst] *glds* 2. *pers sg præt* af *have.*
hae [hei] (skotsk) = *have.*
hae- se *he-.*
haft [ha:ft] *sb* håndtag, skaft; *vb* forsyne med skaft, skæfte.
hag [hæg] *sb* grim, gammel kone *(el.* kælling), heks; *(zo)* slimål.
hagberry ['hægbəri] *sb (bot)* hægebær.
hagfish ['hægfiʃ] *sb zo* slimål.
haggard ['hægəd] *adj* mager, udtæret; forgræmmet; *sb* utæmmet høg.
haggis ['hægis] *sb* (skotsk ret af hakket fåre- *el.* kalveindmad).
haggish ['hægiʃ] *adj* hekseagtig.
haggle [hægl] *vb* tinge, prutte.
hagio|cracy [hægi'ɔkrəsi] *sb* gejstligt herredømme. **-grapher** [hægi'ɔgrəfə] *sb* hagiograf, forfatter af helgenbeskrivelser. **-graphy** [hægi'ɔgrəfi] *sb* hagiografi, helgenbeskrivelse. **-logy** [hægi'ɔlədʒi] *sb* hagiologi, helgenlitteratur.
hag-ridden ['hægridn] *adj* plaget (af mareridt); *(fig ogs)* forpint, hærget.
Hague [heig]: *the* ~ Haag (byen).
ha-ha [ha:'ha:] *sb* (forsænket) gærde.
I. hail [heil] *sb* hagl; *(fig)* regn *(fx of arrows); vb* hagle; lade det hagle med.
II. hail [heil] *vb* hilse; praje; råbe; *sb* prajning, råb; *hail!* hil! vel mødt! ~ *from* komme fra; være hjemmehørende i; *be within* ~ være så nær at man kan tilkaldes ved et råb; være inden for hørevidde; *(mar)* være på prajehold.
hailer ['heilə] *sb* råber.
hail-fellow-well-met ['heilfeləu'wel'met] *sb* bonkammerat; *adj* jovial, bonkammeratlig.
Hail Mary Ave Maria.
hail|stone hagl. **-storm** haglvejr.
hair [hɛə] *sb* hår; *he has combed my* ~ *the wrong way (fig)* han har irriteret mig; *dress one's* ~ sætte sit hår; *get in(to) sby's* ~ *(am)* irritere en, gå en på nerverne; *a fine head of* ~ smukt, kraftigt hår; *keep your* ~ *on!* bare rolig! ikke hidsig! *let one's* ~ *down* slå håret ud; *(fig)* slappe af, slå sig løs; lukke sig op, snakke lige ud af posen; *lose one's* ~ blive skaldet; T blive hidsig *(el.* gal i hovedet); *it made my* ~ *stand on end* det fik håret til at rejse sig på hovedet af mig; *put up one's* ~ sætte håret op; *have sby by the short -s* S have en i sin magt, have krammet på en; *split -s* være hårkløver, være ordkløver; *take a* ~ *of the dog that bit you (omtr =)* med ondt skal man ondt fordrive (især om at drikke mere spiritus som middel mod tømmermænd); *he*

did not turn a ~ han fortrak ikke en mine.

hairbreadth ['hɛəbredθ] *sb* hårsbred; *have a ~ escape* undslippe med nød og næppe; *to a ~* nøjagtigt; på et hår; *know to a ~* kende ud og ind.

hair|brush hårbørste. ~ **clip** hårspænde. **-cloth** hårdug. **-cut** klipning; frisure. **-do** T frisure; *have a -do* få ordnet sit hår; gå til frisør. **-dresser** frisør; barber; *ladies' -dresser* damefrisør(inde). **-dressing** frisering, håropsætning. ~ **follicle** *(anat)* hårsæk. ~ **grass** *(bot)* dværgbunke. ~ **grip** hårklemme. ~ **lead** [-led] *(typ)* hårspatie.

hairless ['hɛələs] *adj* hårløs.

hair|line fin streg, *(typ)* hårstreg; (på hovedet) hårgrænse; *receding -line (omtr)* flenskaldethed. ~ **pencil** (fin) pensel. **-piece** top (paryk). **-pin** hårnål. **-pin bend** hårnålesving (på en vej). ~ **raiser** T gyser. ~ **-raising** *adj* rædselsvækkende, hårrejsende. **-'s breadth,** se *hairbreadth.* ~ **seal** *zo* hårsæl. ~ **shirt** hårskjorte, bodsskjorte. ~ **slide** hårspænde, skydespænde. ~ **space** *(typ)* hårspatie. **-splitter** ordkløver. **-splitting** ordkløveri. ~ **stroke** *(typ)* hårstreg. **-style** frisure. ~ **trigger** (i geværlås) snellert.

hairy ['hɛəri] *adj* håret, lådden; T besværlig, hård, risikabel, farlig; skræmmende; (om vittighed) gammel.

Haiti ['heiti]. **Haitian** [heiʃn] *sb* haitianer; *adj* haitiansk.

hake [heik] *sb zo* kulmule (en fisk).

halation [hə'leiʃn] *sb (fot)* lysrefleks; (i tv) overstråling, halation.

halberd ['hælbəd] *sb (hist.)* hellebard.

halberdier [hælbə'diə] *sb (hist.)* hellebardist.

halcyon ['hælsiən] *sb* halcyon, isfugl; *adj* fredelig, stille; ~ *days* fredfyldt (og lykkelig) tid.

I. hale [heil] *vb (glds)* hale; slæbe.

II. hale [heil] *adj* sund, rask, kraftig; ~ *and hearty* rask og rørig.

half [ha:f] *sb (pl halves)* halvdel; semester; (i fodbold) halvleg; T halv *pint* (øl); *adj* halv; *adv* halvt; (om klokkeslæt:) ~ *6 (, 7 etc)* halv syv (, otte *etc);*

~ **a** *pound* et halvt pund; *I have ~ a mind to do it* jeg kunne godt have lyst til at gøre det; ~ *a moment* et lille øjeblik; *you could see it with ~ an eye* man kunne se det med et halvt øje; *an hour* **and a** ~ halvanden time; *that was a book and a ~* det var vel nok en bog (ɔ: vældig god, stor *etc); three hours and a ~* 3½ time; ~ **as** *much again* halvanden gang så meget; *my better ~* min bedre halvdel; *he is too clever* **by** ~ han er morderlig dreven; *too kind by ~* altfor venlig; *he does not do things by halves* han nøjes ikke med at gøre noget halvt; *cry halves* forlange at få det halve; *go halves with sby over sth* dele noget lige med en; *cut* **in** ~ skære midt over; *do you like beer?* **not** ~**!** S kan du lide øl? ja det kan du bande på! *not ~ bad* slet ikke dårlig, mægtig god; *you haven't got ~ a nerve* du er ikke så lidt fræk; *he didn't ~ swear* ih hvor han bandede; *at ~* **past** 6 klokken halv syv.

half-a-crown *sb* (nu afskaffet mønt med værdien 2½ sh.).

half-a-dozen *(omtr)* en halv snes, nogle stykker.

half-and-half ['ha:fən(d)'ha:f] *sb* lige blanding *(fx* af *ale* og *porter); do sth on the ~ basis* dele lige.

half-back ['ha:f'bæk] *sb* (i fodbold) halfback.

half-baked ['ha:fbeikt] *adj* halvbagt; *(fig)* uudviklet, umoden, grøn; ungdommelig, uerfaren; indskrænket; ikke gennemtænkt, halvfordøjet *(fx ideas).*

half| belt spændetamp (i frakke). ~ **-binding** halvbind; (se også *~-leather binding).* ~ **-blood** halvblod. ~ **board** halvpension. ~ **-bound** *adj* i halvbind *(el.* vælskbind). ~ **-bred** halvblods; halvdannet. ~ **-breed** halvblod, blandingsrace. ~ **-brother** halvbroder. ~ **-caste** halvkaste, barn af et medlem af en farvet race og europæer. ~ **-cock:** *at ~ cock* (om gevær) (med hanen) i ro; *go off at ~ cock (fig)* handle overilet; gå for tidligt i gang. ~ **crown** (nu afskaffet mønt med en værdi af 2½ sh.). ~ **-done** halvgjort; halvkogt, halvstegt.

half-hearted ['ha:fha:tid] *adj* forsagt; halvhjertet, lunken, ligegyldig, uinteresseret, uden begejstring; *he worked only -ly* han arbejdede ikke for alvor.

half|-hitch halvstik. ~ **-holiday** halv fridag. ~ **hour** halv time; *it wants ten minutes to the ~ hour* den mangler ti minutter i halv; *the clock strikes the ~ hours* uret slår halvtimeslag. ~ **hunter** dobbeltkapslet ur med et mindre glas i den yderste kapsel. ~ **-landing** mellemrepos. ~ **-leather binding** halvlæderbind, vælskbind. ~ **-length** brystbillede. ~ **-life (period)** (i atomfysik) halveringstid. ~ **-mast:** *at ~ -mast* på halv stang. ~ **-measures** *sb pl* halve forholdsregler. **-moon** halvmåne. ~ **mourning** halvsorg. ~ **nelson** (i brydning) halv nelson. **pay** halv gage, pension, ventepenge.

halfpence ['heip(ə)ns] *sb* halvpence; *three ~* 1½ penny.

halfpenny ['heipni] *sb* halvpenny.

halfpennyworth ['heipniwə:θ] *sb* (nu især *fig)* for en halv penny.

half|-seas-over *adj* anløben, halvfuld. ~ **-sister** halvsøster. ~ **-size** *adj* i halv størrelse. ~ **-sleeve** halvlangt ærme. ~ **step** *(mus.) (am)* halvtonetrin. **~-term (holiday)** skoleferie midt i terminen; (om efteråret) efterårsferie. ~ **-timbered house** bindingsværkshus. ~ **-timbering** bindingsværk. ~ **-time** halvleg; *be on ~ -time* kun arbejde den halve dag, være på halv tid. **~-title** smudstitel. **-tone** *(mus.) (am)* halvtonetrin; *(typ)* autotypi. ~ **-track** *(mil.)* halvbæltekøretøj. ~ **-volley** *sb* halvflugtning; *vb* halvflugte.

halfway ['ha:f'wei] *adj, adv* på halvvejen; midtvejs; halvvejs; ~ *measures* halve forholdsregler; *meet sby ~ (fig)* møde en på halvvejen; *meet trouble ~* tage bekymringerne på forskud.

halfway house kro *(etc)* som ligger midtvejs; (for udskrevne patienter *etc)* udsluseningshjem *el.* = institution; *(fig)* mellemstation, mellemtrin.

half|-wit tåbe, åndssvag. ~ **-witted** *adj* tåbelig, åndssvag. ~ **-world** demimonde. ~ **-yearly** *adj, adv* halvårlig.

halibut ['hælibət] *sb* helleflynder.

halite ['heilait] *sb* stensalt.

halitosis [hæli'təusis] *sb* dårlig ånde.

hall [hɔ:l] *sb* **1.** større (offentlig) bygning; herregård; **2.** hal, sal; **3.** hall, vestibule, forstue, entré; **4.** (ved universitet) kollegium, kollegiespisesal, middagsmåltid deår; *servants' ~* tjenerskabets spise- og opholdsstue.

hallelujah [hæli'lu:jə] *sb, interj* hallelujah.

halliard ['hæljəd] *sb = halyard.*

hallmark ['hɔ:lma:k] *sb* stempel i guld- og sølvvarer der garanterer metallets ægthed; guldmærke, sølvmærke, prøvemærke; *(fig)* tegn på ægthed eller fornemhed; kendemærke, særkende, adelsmærke; *vb* stemple med prøvemærke.

hallo, halloa [hə'ləu] *interj* hallo! halløj! (udtryk for forbavselse, *omtr)* ih du store! (hilsen, svarende til) goddag, godmorgen, godaften, T hej.

halloo [hə'lu:] *vb* råbe (hallo); huje; råbe opmuntrende til; praje; *sb* hallo; *don't ~ till you are out of the wood* glæd dig ikke for tidligt.

hallow ['hæləu] *vb* hellige, indvie.

Hallowe'en ['hæləu'i:n] *sb* allehelgensaften (31. okt.).

Hallowmas ['hæləumæs] *sb (glds)* allehelgensdag (1. nov.).

hall|tree *(am)* stumtjener.

hallucination [hælu:si'neiʃn] *sb* hallucination, sansebedrag.

hallucinogen [hə'lu:sinədʒen] *sb* hallucinogen, stof der fremkalder hallucinationer.

hallux ['hæləks] *sb (pl: halluces* ['hæləsi:z]) *(anat)* storetå; *zo* bagtå.
hallway ['hɔ:lwei] *sb (am)* entré, hall; gang.
halm [ha:m] *sb* halm, strå, stængel.
halma ['hælmə] *sb* halma.
halo ['heiləu] *sb* glorie, stråleglans; ring (om solen *el.* månen); *vb* omgive med glorie.
halophyte ['hæləfait] *sb (bot)* saltplante.
I. halt [hɔ:lt] *vb* tøve, vakle; stamme; *(glds)* halte; *adj (glds)* halt.
II. halt [hɔ:lt] *sb* holdt; holdeplads; trinbræt (ɔ: lille jernbanestation); *vb* holde, holde stille gøre holdt, standse; (med objekt) lade holde, lade gøre holdt, standse; *come to a ~* standse, gå i stå; *make a ~* gøre holdt.
halter ['hɔ:ltə] *sb* grime; (til hængning) strikke; *vb* lægge grime på.
halting ['hɔ:ltiŋ] *adj* haltende; usikker, tøvende, stammende.
halve [ha:v] *vb* halvere; dele i to lige store dele; *~ a hole with him* (i golf) nå et hul med det samme antal slag som han.
halves [ha:vz] *pl* af *half.*
halyard ['hæljəd] *sb (mar)* fald (ɔ: tov hvormed et sejl hejses).
I. Ham [hæm] Kam (i Bibelen).
II. ham [hæm] *sb* skinke; bagdel; S radioamatør; *(~ actor)* S frikadelle, dårlig skuespiller; *vb* (om skuespiller) overspille, spille i frikadellestil; *squat on one's -s* sidde på hug.
hamadryad [hæmə'draiəd] *sb (myt)* hamadryade, skovnymfe.
Hamburg ['hæmbə:g]. **hamburger** hakkebøf; hakket oksekød; bøfsandwich, hamburger.
Hamburgh ['hæmbərə] (druesort; hønserace).
hames [heimz] *sb pl* stavtræer (i seletøj).
ham|-fisted, ~ -handed *adj* T klodset, fummelfingret.
Hamitic [hæ'mitik] *adj, sb* hamitisk.
hamlet ['hæmlət] *sb* lille landsby.
I. hammer ['hæmə] *sb* hammer; geværhane; *bring to the ~* bringe under hammeren, sælge ved auktion; *come under the ~* komme under hammeren, blive solgt ved auktion; *go (el. be) at it ~ and tongs* gå på med krum hals; arbejde af alle kræfter; slås så det ryger om ørene; *~ and sickle* hammer og segl; *throwing the ~* hammerkast.
II. hammer ['hæmə] *vb* hamre *(fx ~ nails into wood; ~ at* (på) *the door; ~ the idea into his head);* banke, slå; *(fig)* angribe hårdt, kritisere skarpt; (vinde over:) banke, slå sønder og sammen, tromle flad; *~* **away** *at sth* slå løs på noget; *(fig)* blive ved med at arbejde på noget, slide med noget; **be** *-ed* (i børssprog) blive erklæret for insolvent; *~* **out** udhamre; *(fig)* udpønse, få stablet på benene, finde frem til (med møje og besvær) *(fx an agreement, a solution),* få udarbejdet, diskutere sig frem til; få udjævnet *(fx differences).*
hammer| beam stikbjælke. **-cloth** kuskebukkedækken. **-head** hammerhoved; *zo* hammerhaj; (om fugl) = **-kop** hammerfugl, skyggefugl. **-lock** (i brydning) backhammer. **-toe** *(anat)* hammertå.
hammock ['hæmək] *sb* hængekøje.
hammock| chair liggestol. *~* **netting** *(mar)* finkenet.
I. hamper ['hæmpə] *sb* stor kurv, lågkurv; *~ of food* madkurv.
II. hamper ['hæmpə] *vb* hæmme; hindre; genere.
Hampshire ['hæmpʃiə]. **Hampstead** ['hæm(p)stid].
Hampton ['hæm(p)tən]: *~ Court* (slot i nærheden af London).
hamshackle ['hæmʃækl] *vb* binde et dyr med hovedet til det ene forben.
hamster ['hæmstə] *sb zo* hamster.
hamstring ['hæmstriŋ] *sb* hasesene; *vb* skære haserne over på; *(fig)* lamme, gøre virkningsløs.
hamstrung ['hæmstrʌŋ] *præt* og *pp* af *hamstring.*
I. hand [hænd] *sb* **1.** hånd, (hos visse dyr) fod, forpote; **2.** håndskrift *(fx he wrote in* (med) *a beautiful ~),* underskrift; **3.** arbejder *(fx farm ~, factory ~), (mar)* matros, mand *(fx all -s on deck);* **4.** klase (bananer); **5.** håndsbred (4 *inches;* især om hests højde); **6.** (på ur) viser; **7.** (i kortspil) kort (som man har på hånden) *(fx I have got a wretched ~* jeg har nogle elendige kort), parti, omgang *(fx play another ~),* spiller; **8.** T klapsalve, bifald *(fx our chairman deserves a special ~);*

(forskellige *forb;* se også *II. change, II. force, I. join, I. lay, I. shake, II. show) bind him ~* **and foot** binde ham på hænder og fødder; *she waits on him ~ and foot* hun opvarter ham i alle ender og kanter; **bear** *him a ~,* se *ndf: lend him a ~;* a **cool** ~ T en fræk fyr; *he* **got** *a ~* de klappede ad ham; han blev modtaget med klapsalver; *get one's ~ in* komme i øvelse; **give** *him a ~* klappe ad ham, modtage ham med klapsalver; (se også *ndf: lend him a ~); ~ in* **glove** *with* være pot og pande med; være fine venner med; *work ~ in glove with* arbejde intimt sammen med; *be a* **good** *~ at* være dygtig til; *he is a good ~ with a gun* han forstår at håndtere en bøsse (, pistol); *he has a good ~ with the horses* han forstår at behandle heste; *he plays a good ~* (i kortspil) han er en dygtig spiller; **have** *a ~ in* have med at gøre, være med i, være blandet ind i; *he* **held** *his ~* han stillede sig afventende; *she held his ~* hun holdt ham i hånden; *they held -s* de holdt hinanden i hånden; **keep** *one's ~ in* holde sig i øvelse; *keep a firm (el. one's) ~ on* have hånd i hanke med; **lend** *him a (helping) ~* hjælpe ham, gå ham til hånde; give ham en håndsrækning *(el.* en hjælpende hånd) *(fx with the luggage); he did not* **lift** *a ~* han rørte ikke en finger *(fx to help me); lift one's ~ against (el. to)* (true med at) angribe, lægge hånd på; *an* **old** *~* en som har erfaring, 'en gammel rotte'; **play** *one's own ~* pleje sine egne interesser; *be a* **poor** *~ at* være dårlig til; *I could not see my ~ in front of me* jeg kunne ikke se en hånd for mig; **set** *(el. put) one's ~ to* tage fat på, gå i gang med, give sig i lag *(el.* kast) med; *set one's ~ to a document* underskrive et dokument; **strengthen** *(, weaken) his ~ (fig)* styrke (, svække) hans stilling (, forhandlingsposition); **take** *a ~* tage en hånd i med; *take a ~ at* tage del i, være med til; **throw in** *one's ~* opgive ævred; **try** *one's ~ at* forsøge sig med; *not do a -'s* **turn** ikke bestille et slag; *turn one's ~ to,* se *ovf: set one's ~ to;*

(forb med *præp* og *adv)* **at** *~* nær ved, ved hånden, nær forestående; *be near at ~ (ogs)* stå for døren; *at first ~* på første hånd; *hear sth at first ~* få førstehåndsviden om noget; *at his -s* fra hans side, fra ham; **by** *~* ved håndkraft; i hånden *(fx sewn by ~); bring up by ~* flaske op; *deliver by ~* aflevere pr. bud; *made by ~* håndgjort; *win -s* **down** komme ind som en flot nr. 1; vinde med lethed; *play* **for** *one's own ~ (fig)* handle ud fra egoistiske motiver; pleje sine egne interesser; *live* **from** *~ to mouth* leve fra hånden i munden;

~ **in** *~* hånd i hånd; *go ~ in ~ (fig)* følges ad; *go ~ in ~ with* følge med, gå parallelt med, være forbundet med; *a bird in the ~,* se *bird; cash in ~* kassebeholdning; *in English -s* på engelske hænder; *in the -s of moneylenders* i ågerkarlekløer; *the work is in ~* arbejdet er under udførelse; *have in ~* have lager af, ligge inde med; have krammet på, have magt over; *have sth in ~ (ogs)* have noget for; *apply in one's own ~* indgive egenhændig ansøgning; *keep sby (, one's desires) well in ~* holde styr på en (, på sine lidenskaber); *the situation is well in ~* situationen er under kontrol; *put in ~* sætte i arbejde; påbegynde; *take in ~* tage sig (energisk) af; *fall* **into** *the -s of one's enemies* falde i sine fjenders hænder; *play into sby's -s*

gå ens ærinde;

off ~ på stående fod, improviseret; *-s off!* fingrene af fadet! væk med fingrene! *get sth off one's -s* blive af med noget, få noget afsat; få noget fra hånden; *have sth off one's -s* være af med noget, være færdig med noget; **on** ~ på lager; til rådighed; ved hånden; forestående *(fx an election may be on ~); on all -s* til alle sider; *work on ~* arbejde under udførelse; *time hangs heavy on my -s* tiden falder mig lang; jeg har svært ved at få tiden til at gå; *on one ~* til *(el.* på) den ene side; *have sth on one's -s* have besværet med (og ansvaret for) noget *(fx I have two houses on my -s); on the other ~* på den anden side; *on one's -s and knees* på alle fire;

out of ~ på stående fod, improviseret, straks; uden videre; fra hånden, færdig; *get out of ~* blive ustyrlig, tage magten fra én; *settle the question out of ~* gøre kort proces; *feed out of one's ~ (fig)* spise af hånden, være let at styre; *~* **over** *~, ~ over fist* (støt og) hurtigt; *make money ~ over fist* skovle penge ind; **to** ~ ved hånden; *come to ~* fremkomme, nå frem, ankomme, komme én i hænde; *~ to ~,* se *hand-to-hand; ready to one's ~* ved hånden; *yours to ~ (glds merk)* vi har modtaget Deres brev; *-s* **up!** hænderne op! *the ship was lost* **with** *all -s* skibet gik under med hele besætningen *(el.* med mand og mus); *with a heavy ~* tungt, klodset; med hård hånd; *with a high ~* egenmægtigt; *with one's own ~* egenhændigt.

II. hand [hænd] *vb* (over)række; føre med hånden; ~ **down** tage ned og række til en anden, række ned *(fx plates from a shelf);* følge (ned) *(fx I -ed her down to the carriage);* overlevere, lade gå i arv *(fx ~ down one's property to one's descendants); acquired characters are not -ed down to offspring* erhvervede egenskaber nedarves ikke; *~* **in** overrække; indlevere *(fx a telegram); ~ in one's resignation* indgive afskedsbegæring; *when you have read this kindly ~ it* **on** *to your friends* når De har læst dette bedes De venligst lade det gå (, sende det) videre til Deres venner; ~ **out** udlevere, uddele; tildele; *I -ed her out of the carriage* jeg hjalp hende ud af vognen; *he is quite rich but he doesn't like -ing out* han er temmelig velhavende men er ikke meget for at give penge ud; ~ **over** aflevere; *~ it* **to** *sby* S yde en anerkendelse, tage hatten af for én; *he is clever, you've got to ~ it to him* han er dygtig, det må man lade ham.

hand|bag håndtaske, (dame)taske; håndkuffert. **-ball 1.** (art indendørs boldspil for 2 *el.* 4 spillere; **2.** (team ~) håndbold; **3.** (i fodbold) hånd på bolden. **-barrow** bærebør; tohjulet trækvogn. **-bell** (klokke der svinges i hånden og bruges som led i et sæt der spiller som et 'orkester'); bordklokke. **-bill** løbeseddel, reklameseddel. **-book** håndbog. **-brake** håndbremse. **-breadth** håndsbred.

h. and c. *fk hot and cold (water supply).*

hand|cart trækvogn. **-clap** klappen; *a slow -clap* langsom rytmisk klappen (udtryk for mishag). **-cuff** *sb* håndjern; *vb* give håndjern på. ~ **drill** håndboremaskine.

Handel [hændl] Händel.

handful ['hæn(d)f(u)l] *sb (pl handfuls)* håndfuld; *he is a bit of a ~* han er ikke let at styre.

hand| gallop kort galop. ~ **glass** håndspejl; lup; (i havebrug) glasklokke. ~ **grenade** håndgranat. **-grip** håndtryk; håndtag; fæste, hjalte. ~ **-held** *adj* som kan holdes i hånden, bærbar. **-hold** noget at holde sig fast ved; *get a -hold on* få tag *(el.* fat) i.

handicap ['hændikæp] *sb* handicap, hindring, vanskelighed, hæmning; (i sport:) handicap(løb); *(mar)* respit; *vb* handicappe; belaste, hæmme, hindre.

handicapped ['hændikæpt] *adj* handicappet; erhvervshæmmet; *mentally ~ children* evnesvage børn.

handicapper ['hændikæpə] *sb* opmand som bestemmer betingelserne for handicapløbet.

handicraft ['hændikra:ft] *sb* håndarbejde; håndværk.

handicraftsman ['hændikra:ftsmən] *sb* håndværker.

handiwork ['hændiwə:k] *sb* værk, arbejde, kunstværk; *I suppose that is your ~ (fig)* det har du vist været mester for.

handkerchief ['hæŋkətʃif] *sb* lommetørklæde; tørklæde.

I. handle [hændl] *vb* tage (fat) på, røre ved *(fx please do not ~ the goods on display);* håndtere *(fx a tool, a weapon),* manøvrere *(fx a ship),* tumle *(fx a horse),* styre, lede; behandle *(fx he knows how to ~ children; the book -s the problems of immigration);* have at gøre med, omgås med *(fx dynamite is a dangerous stuff to ~);* gribe an *(fx he -d the affair clumsily);* klare, ordne *(fx a problem; she -s the household accounts);* ekspedere *(fx the day's mail);* afvikle *(fx traffic); (merk)* handle med, forhandle *(fx used cars),* omsætte *(fx we ~ 10,000 tons a year),* ekspedere; (uden objekt): *~ well (el. easily)* være let at styre (, manøvrere *etc);*

~ him (ogs) ordne ham; *they were roughly -d by the mob* folkemængden gav dem en ublid medfart; *~ stolen goods* begå hæleri, være hæler; (se også *glove).*

II. handle [hændl] *sb* håndtag, greb, skaft; hank; *your speech may give him a ~ against you* din tale kan give ham noget at hænge sin hat på (ɔ: et holdepunkt for et angreb mod dig); *take by the right ~* få fat i den rigtige ende; *fly off the ~* T fare op, komme helt ud af flippen, blive flintrende gal i hovedet; *a ~ to one's name* T en titel.

handlebar ['hændlba:] *sb: -s pl* cykelstyr; *~ basket* cykelkurv.

handler ['hændlə] *sb (dog ~)* hundefører; *~ of stolen goods* hæler.

handline ['hændlain] *sb* håndsnøre.

handling ['hændliŋ] *sb* berøring; behandling; medfart; ekspedition *etc* (se *I. handle);* penselføring; *~ of traffic* færdselsregulering; *he takes some ~* han er ikke nem at klare *(el.* styre).

hand| luggage håndbagage. **-made** *adj* håndsyet; *-made paper* håndgjort papir, bøttepapir.

handmaiden ['hændmeidn] *sb (poet el. fig)* tjenerinde; *be the ~ of (fig)* tjene *(fx the Church was the ~ of the established classes).*

hand-me-downs ['hændmidaunz] *sb pl (am)* T færdigsyet tøj, stangtøj; tøj der går i arv til yngre søskende.

hand| mill håndkværn. ~ **organ** lirekasse.

handout ['hændaut] *sb* gave, almisse; tildeling *(fx they exist on government -s of rice);* uddeling; (skriftligt materiale:) pressemeddelelse; duplikat (som uddeles); reklamebrochure.

hand|-picked *adj* omhyggelig udvalgt, særlig udsøgt, håndplukket. **-rail** gelænder, håndliste. **-saw** håndsav.

hand's breadth håndsbred.

handsel ['hænsl] *sb (glds)* gave, nytårsgave, handsel; håndpenge; udbetaling 'på hånden'; forsmag; *vb* give handsel; indvie, bruge for første gang.

handset ['hændset] *sb (tlf)* mikrotelefon, T hørerør, 'rør'; *adj (typ)* sat i hånden, håndsat.

handshake ['hændʃeik] *sb* håndtryk.

handsome ['hænsəm] *adj* smuk, køn; pæn, anselig, betydelig, klækkelig *(fx reward, sum of money); ~ is that ~ does* den er smuk som handler smukt.

hands-on ['hæn(d)z'ɔn] *adj* (om kursus *etc)* som giver praktisk øvelse.

hand|spike *(mar)* håndspage. **-spray** telefonbruser. **-spring** kraftspring. **-stand** håndstand; *do a -stand* stå på hænder. ~ **-to-hand** mand mod mand; *~ -to-hand* *fight* nærkamp. ~ **-to-mouth** fra hånden og i munden. **-work** håndarbejde, arbejde lavet i hånden. **-write** *vb* skrive i hånden. **-writing** håndskrift; *the -writing on the wall* (bibelsk:) skriften på væggen.

handy ['hændi] *adj* bekvem, nem, praktisk; som falder godt i hånden, handig; ved hånden, nær ved; (om person) behændig, fingernem; *he is ~ with an axe* han er flink til at bruge en økse; *come in ~* komme belejligt *(el.* tilpas), komme til nytte.

handy-dandy ['hændi'dændi] *sb* (en leg: 'hvilken hånd vil du have?').

handyman ['hændimæn] *sb* altmuligmand.

I. hang [hæŋ] *vb (hung, hung;* i betydningen: aflive ved hængning *-ed, -ed)* hænge; hænge op; behænge, udsmykke *(fx with flags);* hænge (i galgen); bringe i galgen; (om kød) lade hænge; (om maleri) hænge op; udstille; (uden objekt) hænge, være hængt op; være i ligevægt;

I'll be -ed if I will gu' vil jeg ej; *oh, ~ it!* pokkers også! ~ *a* **door** sætte en dør på hængslerne; ~ **fire** (om gevær) ikke straks gå af; *(fig)* nøle; ikke komme nogen vegne; *negotiations hung fire* det gik tungt med forhandlingerne; *let that* **go** ~ blæse være med det; det bryder jeg mig ikke om; ~ *one's* **head** hænge med hovedet (af skam), bøje hovedet i skam; ~ *a* **jury** hindre nævningerne i at afgive en kendelse ved som nævning at nægte sit samtykke til kendelsen; ~ **loose** *(fig)* slappe af; ~ **paper** *on a wall* tapetsere en væg; ~ **tough** *(fig)* stå fast, ikke give sig; ~ **wallpaper** sætte tapet op, tapetsere;

(med *præp adv)* ~ **about** *(el.* **around)** stå *(el.* gå) og hænge *(el.* drive); drive den af; holde til i, luske rundt i; ~ **back** tøve, have betænkeligheder; ~ **by** *a thread* hænge i en tråd; ~ **in** *the balance* stå hen i det uvisse; ~ **on** hænge ved; hænge fast; *(fig)* holde ud; vente; støtte sig til; være afhængig af *(fx everything hangs on your answer);* lytte spændt til; *they seemed to ~ (up)on his lips (el. words) (ogs)* de hang ved hans læber; ~ *on to* holde fast ved; ~ **out** læne sig ud *(fx don't ~ out of the window);* S bo, holde til *(fx where do you ~ out?); let it all ~ out* T slå sig løs; give den hele armen; tale lige ud af posen; lægge det hele på bordet; ~ **together** hænge sammen; holde sammen; *his story does not ~ together well* der er ingen rigtig sammenhæng i hans historie; ~ **up** hænge op; opsætte, lade være uafgjort; forsinke *(fx the whole business was hung up owing to his dilatoriness);* T *(tlf)* lægge røret på; ringe af; (se også *hung); ~ up one's hat in a house (fig)* indrette sig hos en som om man er hjemme; *this material -s so* **well** dette stof falder så smukt; ~ *a room* **with** *paper* tapetsere et værelse.

II. hang [hæŋ] *sb* måde hvorpå noget hænger (, sidder, er sat sammen, virker); *notice the ~ of the coat* lægge mærke til hvordan frakken sidder; *the ~ of a dress (, curtain)* en kjoles (, gardins) fald; *the ~ of a machine* en maskines indretning, måden hvorpå den virker; *get the ~ of* forstå, få fat i, komme 'efter; *I don't care a ~* jeg bryder mig pokker om det.

hangar ['hæŋ(g)ə] *sb* hangar.

hangdog ['hæŋdɔg] *sb* fyr af et skurkagtigt udseende, skummel fyr; *adj* skummel; ~ *face* skurkefjæs.

hanger ['hæŋə] *sb* bøjle (til at hænge tøj på); strop; kedelkrog; (kort sværd:) huggert; hirschfænger; *pothooks and -s* (børns første skriveøvelser).

hanger bearing *(tekn)* hængeleje.

hanger-on ['hæŋər'ɔn] *sb (pl: hangers-on)* snylter; *pl* slæng, påhæng.

hangfire ['hæŋfaiə] *sb* efterbrænder (ɔ: skud som går noget sent af).

hang|glider drageflyver. ~ **gliding** dragesejlads, drageflyvning.

hanging ['hæŋiŋ] *adj* hængende; *sb* hængning; (senge)omhæng, gardin, draperi; *it is a ~ affair (el. matter)* det kan man blive hængt for.

hanging| committee censurkomité (ved udstilling). ~ **indention** *(typ)* fortsat indrykning. ~ **plant** hængeplante.

hang|man ['hæŋmən] bøddel. **-nail** neglerod. **-out** ['hæŋaut] S tilholdssted. **-over** ['hæŋəuvə] rest, levn; (efter fuldskab) tømmermænd.

hangup ['hæŋʌp] *sb* fældet træ hvis krone er blevet indfiltret i andre træers grene; *(fig)* hindring; T (hos person) kompleks *(about, on* med hensyn til, *fx he has a ~ about (el. on) Germans);* fiks idé, problem; *have a ~ about (ogs)* have en prik med.

hank [hæŋk] *sb* (om garn) dukke, *(merk)* streng; *(mar)* løjert.

hanker ['hæŋkə] *vb* hige, længes, plages af længsel *(after, for* efter), attrå. **hankering** ['hæŋkəriŋ] *sb* higen, længsel.

hankie, hanky ['hæŋki] *sb* T lommetørklæde.

hanky-panky ['hæŋki'pæŋki] *sb* S fiksfakserier, hokuspokus, lumskeri; kissemisseri.

Hanover ['hænəvə] Hannover. **Hanoverian** [hænə'viəriən] *adj* hannoveransk; *sb* hannoveraner.

Hansard ['hænsa:d; -səd] de trykte parlamentsforhandlinger; (svarer til) folketingstidende.

Hanse [hæns] Hansa; *the ~ towns* hansestæderne.

Hanseatic [hænsi'ætik] *adj (hist.)* hanseatisk, hanse-; *the ~ League* hanseforbundet.

hansel [hænsl] = *handsel.*

hansom ['hænsəm], ~ **cab** tohjulet drosche.

Hants [hænts] *fk Hampshire.*

hap [hæp] *sb (glds)* hændelse, tilfælde; lykke; lykketræf; *vb* hænde; *it was my good ~ to meet him* jeg havde det held at træffe ham.

haphazard ['hæp'hæzəd] *sb* (ren og skær) tilfældighed, slumpetræf; *adj* tilfældig, vilkårlig; *at el. by ~* på må og få, på slump, på lykke og fromme.

hapless ['hæpləs] *adj* ulykkelig.

haply ['hæpli] *adv (glds)* tilfældigvis; måske.

ha'p'orth ['heipəθ] = *halfpennyworth.*

happen [hæpn] *vb* ske, hænde, hænde sig, træffe sig; *(dial) adv* måske, kanske; ~ *along,* ~ *in* T komme tilfældigt, komme dumpende, dumpe ind; *as it -s, it so -s* tilfældigvis; forresten *(fx as it -s (el. it so -s that) he is my brother);* ~ *on* tilfældigvis træffe *(el.* finde), støde på; *I -ed to be there* jeg var der tilfældigvis; *he -ed to do it* (også) han kom til at gøre det; *if anything should ~ to him* hvis der skulle ske ham noget, (ɔ: hvis han dør) hvis der sker ham noget menneskeligt.

happening ['hæpniŋ] *sb* hændelse, begivenhed; happening.

happily ['hæpili] *adv* lykkeligt; heldigvis.

happiness ['hæpinəs] *sb* lykke; lyksalighed; (om udtryk) velvalgthed; *wish sby every ~* ønske en alt godt.

happy ['hæpi] *adj* lykkelig; lyksalig; glad; T fuld, 'salig'; (om udtryk *etc)* heldig; velvalgt, træffende; *the story has a ~ ending* historien ender godt; *I don't feel quite ~ about it* jeg er noget bekymret over det, jeg er ikke rigtig glad *(el.* tryg) ved det; *in a ~ hour* i en heldig stund.

happy families *pl* firkort.

happy-go-lucky ['hæpigəu'lʌki] *adj* ubekymret, sorgløs, ligeglad; *live in a ~ fashion* leve uden at bekymre sig om dagen og vejen.

happy hour *(am)* tidsrum (i bar *etc)* med nedsatte priser.

happy hunting ground evige *(el.* lykkelige) jagtmarker (indianernes himmerig); *(fig)* ren guldgrube; tumleplads.

hara-kiri ['hærə'kiri] *sb* harakiri.

harangue [hə'ræŋ] *sb* tale, svada, tirade, præk; *vb* holde tale (til), præke (for).

harass ['hærəs, (især *am ogs)* hə'ræs] *vb* pine, plage, chikanere; hærge *(fx the Vikings -ed the coasts); (mil.)* forstyrre.
harassed ['hærəst; (især *am ogs*) hə'ræst] *perf part, adj* forpint, plaget, fortravlet, stresset.
harassing | attack *(mil.)* forstyrrelsesangreb. ~ **fire** foruroligelsesild.
harassment ['hærəsmənt, (især *am ogs*) hə'ræsmənt] *sb* plageri(er), chikaneri(er); hærgen; *(mil.)* forstyrrelse.
harbinger ['ha:bin(d)ʒə] *sb* varsel, forløber; ~ *of spring* forårsbebuder.
harbor *(am)* = *harbour.*
harbour ['ha:bə] *sb* havn; *vb* huse, give ly; skjule *(fx an escaped criminal);* rumme; (om følelser *etc)* nære *(fx suspicions, mistrust);* (ved jagt) opspore; (uden objekt) søge ly, finde ly; finde havn, ankre i havn.
harbourage ['ha:bəridʒ] *sb* ly, ankerplads, havn(eplads).
harbour| dues *pl* havneafgifter. ~ **master** havnefoged. ~ **seal** *zo* spættet sæl.
I. hard [ha:d] *sb* landingssted; S strafarbejde; stiv penis.
II. hard [ha:d] *adj* hård; stærk, i form, i træning *(fx get ~ by taking regular exercise);* voldsom, kraftig *(fx blow);* streng *(fx discipline, winter);* vanskelig, svær *(fx ~ to understand); (am)* spiritusholdig *(fx drink);* S (om narkotika) hård;
~ *and fast,* se *hard-and-fast;* ~ *cheese* S = ~ *luck; in ~ condition* i fin form; *have ~ feelings* bære nag; *no ~ feelings?* du bærer vel ikke nag? skal vi lade det være glemt? ~ *lines* T = ~ *luck; have ~ luck* være uheldig; blive hårdt behandlet; *it is ~ luck (el. lines)* det er hårde betingelser; det er lige hårdt nok; *it is ~ luck (el. lines) on him* det er synd for ham; ~ *news* sikre efterretninger; ~ *of hearing* tunghør; *be ~ on sby* være hård *(el.* streng) mod en; ~ *to please* ikke nem at gøre tilpas; ~ *water* hårdt (kalkholdigt) vand; *he has learnt it the ~ way* han har måttet slide sig til det, han er ikke kommet let til det; ~ *words* hårde ord; svære ord; *it was ~ work (ogs)* det holdt hårdt.
III. hard [ha:d] *adv* hårdt *(fx work ~);* strengt *(fx it froze ~);* kraftigt *(fx push ~),* energisk, af al magt; skarpt, nøje, stift *(fx look ~ at);* tæt, nær, umiddelbart *(fx follow ~ behind);*
~ *by* tæt ved; *drink* ~ drikke tæt; *it will* **go** ~ *with them* det bliver slemt for dem; *it shall go ~ but I will find them* hvis jeg på nogen måde kan vil jeg finde dem; *look ~ at* se stift på; *be* ~ **put to** *it* være i forlegenhed, være vanskeligt stillet; *I was ~ put to it to* det kneb for mig at; *it was raining* ~ det skyllede ned; *take it too* ~ tage det for tungt; *think* ~ tænke sig godt om; tænke godt efter; **try** ~, se *I. try;* ~ **up** i pengevanskeligheder, på knæene; *be ~ up for* være helt uden *(fx work); it is ~ upon one* klokken er næsten et; **work** ~ *(ogs)* være flittig.
hard-and-fast *adj* streng, urokkelig, ufravigelig, rigoristisk *(fx rule).*
hard|back indbunden bog. ~ **-bitted** *adj* (om hest) hårdmundet, stædig. ~ **-bitten** *adj* stædig, stejl; hærdet, garvet, benhård; *he is ~ -bitten (også)* han er en hård negl. **-board** hård (træ)fiberplade. ~ **-boiled** *adj (ogs fig)* hårdkogt. ~ **candy** *(am)* bolsjer. ~ **cash** kontanter, rede penge. ~ **cheese** se *II. hard (~ luck).* ~ **cider** *(am)* cider der indeholder alkohol. ~ **copy** (i edb) klarskrift. ~ **core** hård kerne; restgruppe. ~ **-core** *adj* som tilhører den hårde kerne; som vedrører en restgruppe; ~ *-core pornography* hård porno. ~ **-cover** *adj* (om bog) indbunden. ~ **currency** hård valuta. ~ **drugs** *pl* hårde stoffer. ~ **-earned** *adj* surt erhvervet, dyrekøbt.
harden [ha:dn] *vb* gøre hård, hærde; *(fig)* bestyrke *(fx his conviction);* (om person) gøre forhærdet; (uden objekt) blive hård, hærdes; *(fig)* blive fast, fæstne sig; (om person) blive forhærdet.
hardened [ha:dnd] *adj* hærdet; ufølsom *(to* overfor, *fx criticism);* forhærdet *(fx a ~ criminal).*
hardening ['ha:dniŋ] *sb* hærdning; forhærdelse; ~ *of the arteries* åreforkalkning.
hard|-faced *adj* med et hårdt udtryk; bister, stramtandet. ~ **-featured** *adj* med grove, frastødende træk; barsk. ~ **-fisted** *adj* gerrig; (se også ~ *-handed).* **-fought** *adj:* ~ *-fought battle* hårdnakket kamp. ~ **-gloss paint** lakfarve. ~ **-gotten** *adj* surt erhvervet. ~ **-grained** *adj* (om træ) hårdt; *(fig)* hårdhjertet. ~ **-handed** *adj* hårdhændet, med barkede næver. ~ **hat** beskyttelseshjelm; *(am)* bygningsarbejder; reaktionær. ~ **-headed** *adj* nøgtern, praktisk, usentimental; kløgtig. **-heads** *(bot)* sorthovedknopurt. ~ **-hearted** *adj* hårdhjertet.
Hardicanute ['ha:dikənju:t] *(hist.)* Hardeknud.
hardihood ['ha:dihud] *sb (glds)* dristighed.
hardily ['ha:dili] *adv (glds)* tappert, uforfærdet.
hardiness ['ha:dinəs] *sb* udholdenhed, hårdførhed; robusthed; tapperhed, uforfærdethed; dristighed, frækhed.
hard| labour tvangsarbejde, strafarbejde. **-line** *adj* som er tilhænger af (, følger) en hård kurs. **-liner** tilhænger af hård kurs. ~ **lines** se *II. hard (~ luck).* ~ **liquor** *(am)* spiritus.
hard luck se *II. hard.* **hard-luck story** tiggers *(etc)* fortælling om sin kranke skæbne, jeremiade, jammerhistorie.
hardly ['ha:dli] *adv* hårdt *(fx be ~ treated);* næppe, næsten ikke, knap; ~ *anybody* næsten ingen; ~ *anything* næsten intet; ~ *ever* næsten aldrig; *hardly ... when* næppe ... før; *it is ~ enough* det er vist ikke nok.
hard-mouthed ['ha:dmaud] *adj* hårdmundet, stivmundet (om hest); *(fig)* stædig; umedgørlig.
hard-nosed *adj,* se *hard-bitten; hard-headed.*
hard-on ['ha:dɔn] *sb (vulg)* ståpik, ådreng.
hardpan ['ha:dpæn] *sb* al (ɔ: hårdt jordlag).
hard rubber ebonit.
hards [ha:dz] *sb pl* blår.
hard-set ['ha:dset] *adj* stiv, stivnet; *(fig)* determineret, bestemt; streng, ubøjelig.
hardshell ['ha:dʃel] *adj* hårdskallet; streng, ubøjelig.
hardship ['ha:dʃip] *sb* genvordighed, besværlighed, lidelse, prøvelse; byrde; *-s pl (ogs)* strabadser; afsavn; *endure -s (ogs)* døje modgang; lide ondt.
hard| solder slaglod. ~**-standing** (plads med hård belægning, til parkering af bil *el.* fly). **-tack** *(mar)* beskøjter. **-top** bil med metaltag (og ikke kaleche).
hardware ['ha:dwεə] *sb* isenkram; *(fig)* maskiner, maskinel, materiel, udstyr *(mods* mandskab; i edb: *mods* program); *(mil. ogs)* våben.
hardwareman ['ha:dwεəmən] *sb* isenkræmmer.
hardwood ['ha:dwud] *sb* løvtræ; ~ *forest* løvskov.
hardworking *adj* flittig.
hardy ['ha:di] *adj* dristig; hårdfør, robust; modstandsdygtig; ~ *annual* hårdfør etårig plante; *(fig)* stående (samtale)emne, gammel traver; fast tilbagevendende begivenhed.
I. hare [hεə] *sb* hare; ~ *and hounds* papirsjagt, sporleg; *mad as a (March) ~* skrupgal; *first catch your ~ then cook him* man skal ikke sælge skindet, før bjørnen er skudt; *start a ~* jage en hare op; *(fig)* bringe et helt nyt emne på bane (ofte som afledningsmanøvre); få folk til at snakke om noget andet; *run with the ~ and hunt with the hounds* bære kappen på begge skuldre.
II. hare [hεə] *vb* fare, styrte; ~ *off* styrte af sted.
harebell ['hεəbel] *sb (bot)* blåklokke.
hare-brained ['hεəbreind] *adj* ubesindig, tankeløs, for-

fløjen.
harelip ['hεəlip] *sb* hareskår.
harem ['hεərəm] *sb* harem.
hare's|-ear *(bot)* hareøre. ~ **-foot (clover** *el.* **trefoil)** *(bot)* harekløver.
haricot ['hærikəu] *sb* lammeragout; *(~ bean)* snittebønne.
hark [ha:k] *vb ~ at him!* (ironisk) hør ham! *~ back* løbe tilbage for at finde sporet igen; *(fig)* vende tilbage til sit udgangspunkt (, til et emne); *~ forward (, off)!* (til hundekobbel) fremad (, af sted)! *~ to* høre på, lytte til.
harl [ha:l] *sb* trævl (af hør eller hamp); stråle (i fjer).
harlequin ['ha:likwin] Harlekin; *adj* broget.
harlequinade [ha:likwi'neid] *sb* harlekinade.
harlequin duck *zo* strømand.
Harley ['ha:li]; *~ Street* gade i London, hvor mange speciallæger har konsultationslokaler.
harlot ['ha:lət] *sb (glds)* skøge.
harlotry ['ha:lətri] *sb (glds)* skørlevned.
harm [ha:m] *sb* skade, fortræd; *vb* skade, gøre fortræd; *where's the ~ in doing that?* hvad kan det skade (at gøre det)? *I meant no ~* det var ikke så slemt ment; *there's no ~ done* der er ingen skade sket; *come to no ~* ikke komme noget til; *out of -'s way* i sikkerhed; *that won't ~ him, that won't do him any ~* det tager han ingen skade af.
harmful ['ha:mf(u)l] *adj* skadelig; ond.
harmless ['ha:mləs] *adj* uskadelig, harmløs, sagesløs.
harmonic [ha:'mɔnik] *adj* harmonisk; *sb (mus.)* overtone.
harmonica [ha:'mɔnikə] *sb* mundharmonika, mundharpe; glasharmonika.
harmonic| analysis *(mat.)* Fourier-analyse. ~ **mean** *(mat.)* harmonisk middeltal. ~ **motion** *(fys)* harmonisk bevægelse.
harmonics [ha:'mɔniks] *sb (mus.)* harmonilære.
harmonious [ha:'məunjəs] *adj* harmonisk; samdrægtig; fredelig, venskabelig.
harmonist ['ha:mənist] *sb* harmonist; komponist.
harmonium [ha:'məunjəm] *sb* harmonium, stueorgel.
harmonization [ha:mənai'zeiʃn] *sb (mus.* og om priser *etc)* harmonisering; *(fig)* samklang, harmoni.
harmonize ['ha:mənaiz] *vb (mus.* og om priser *etc)* harmonisere; *(fig)* bringe i samklang; afstemme; (uden objekt) være i samklang, harmonere; stemme overens.
harmony ['ha:məni] *sb* harmoni; *(fig)* samdrægtighed, fredelighed; *be in ~ with (ogs)* harmonere med.
harness ['ha:nis] *sb* (til hest) seletøj; (til barn) sele; *vb* give seletøj på, spænde for; *die in ~ (fig)* dø under arbejdet; arbejde til det sidste; *work (, run) in double ~ (fig)* gå i spand sammen, arbejde sammen; *~ the water power* udnytte vandkraften. **harness maker** sadelmager.
Harold ['hærəld] Harald.
harp ['ha:p] *sb* harpe; *vb* spille på harpe; *~ on (fig)* altid komme tilbage til, evig og altid snakke om, tærske langhalm på; *he is always -ing on the same string* han synger altid den samme vise (ɔ: taler altid om det samme).
harper ['ha:pə] *sb* harpespiller.
harpist ['ha:pist] *sb* harpenist.
harpoon [ha:'pu:n] *sb* harpun; *vb* harpunere.
harpooner [ha:'pu:nə] *sb* harpunér.
harp seal *zo* grønlandssæl, svartside.
harpsichord ['ha:psikɔ:d] *sb* cembalo.
harpy ['ha:pi] *sb (myt)* harpy; *(fig)* grisk person, blodsuger; (om kvinde) furie, T strigle.
harpy eagle *zo* harpy.
harquebus ['ha:kwibəs] *sb (glds)* hagebøsse.
harridan ['hæridən] *sb* pulverheks, gammel kælling.
harrier ['hæriə] *sb* harehund, støver; terrænsportsmand, terrænløber; *zo* kærhøg.
Harrovian [hə'rəuvjən] *sb* harrovianer, elev af skolen i *Harrow.* **Harrow** ['hærəu].
harrow ['hærəu] *sb* harve; *vb* harve; *(fig)* sønderrive; pine.
harrowing *adj* oprivende.
I. Harry ['hæri] = *Henry; Old ~* Fanden.
II. harry ['hæri] *vb* hærge, plyndre; plage.
harsh [ha:ʃ] *adj* (meget) hård *(el.* streng), skånselsløs *(fx critic, punishment, treatment),* brutal *(fx ruler),* skarp *(fx rebuke),* barsk, rå *(fx climate),* plump *(fx manners, features);* (om lyd) skurrende *(fx voice),* disharmonisk, (om farve *etc)* grel, skærende *(fx contrast),* (om smag, lugt) besk, stram, *(mht* berøring) ru *(fx surface),* grov.
hart [ha:t] *sb* hanhjort; *~ of ten* hjort med 10 takker på geviret; *~ royal* en af kongen forgæves jaget hjort som derefter er fredet.
hartal ['ha:ta:l] *sb* proteststrejke (i Indien).
hartebeest ['ha:tibi:st] *sb zo* hartebeest (art antilope).
hartshorn ['ha:tshɔ:n] *sb* hjortetak; hjortetakspiritus; *salt of ~* hjortetaksalt.
hart's-tongue ['ha:tstʌŋ] *sb (bot)* hjortetunge.
harum-scarum ['hεərəm'skεərəm] *adj* vild, ubesindig, forvirret, fremfusende; *sb* vild person, galning, fusentast.
Harvard ['ha:vəd] (kendt universitet i USA).
harvest ['ha:vist] *sb* høst, afgrøde; *vb* høste, indhøste; *reap the ~ of one's hard work (fig)* høste lønnen for sit slid.
harvest bug *zo* augustmide.
harvester ['ha:vistə] *sb* høstkarl; mejemaskine, selvbinder.
harvester thresher mejetærsker.
harvest| festival høstfest; høstgudstjeneste. ~ **fly** cikade. ~ **home** afslutning på høsten; høstgilde. **-man** høstkarl; *zo* mejer. ~ **mite** *zo* augustmide. ~ **mouse** *zo* dværgmus.
Harwich ['hæridʒ].
has [hæz, (ubetonet:) (h)əz] har (3. *pers sg præs* af *have).*
has-been ['hæzbi:n] *sb* S person *(el.* ting) der hører fortiden til; *a ~* en forhenværende, et fortidslevn.
hash [hæʃ] *vb* hakke, skære i stykker; *(fig)* forkludre; *sb* hakkemad; labskovs, biksemad, hachis, *(fig)* kludder, virvar; opkog; S hash; *he made a ~ of it* han forkludrede det hele; *I'll soon settle his ~* ham skal jeg snart få gjort kål på *(el.* få ordnet).
hasheesh, hashish ['hæʃi:ʃ] *sb* haschisch, hash (euforiserende stof).
hash| house *(am* S*)* billig beværtning. ~ **slinger** *(am* S*)* opvarter.
haslets ['heizlits] *sb pl* indmad (især af svin).
hasn't [hæznt] *fk has not.*
hasp [ha:sp] *sb* (til vindue) haspe, krog; (for hængelås) overfald; (på bog *etc)* spænde; (af garn) nøgle; (til rok) ten; *vb* (lukke med) haspe *el.* spænde.
hassle [hæsl] *sb* T skænderi; slagsmål; mas, besvær, bøvl; *vb* skændes; plage, chikanere.
hassock ['hæsək] *sb* græstue; bedeskammel; knælepude.
hast [hæst] har *(glds* 2. *pers sg* i *præs* af *have).*
hastate ['hæsteit] *adj* spydformet.
haste [heist] *sb* hast, hastværk, fart; *make ~* skynde sig; *be in ~* have hastværk; *more ~, less speed* hastværk er lastværk; *act in ~* handle overilet.
hasten [heisn] *vb* haste, ile, skynde sig; fremskynde.
Hastings ['heistiŋz].
hasty ['heisti] *adj* hastig *(fx departure);* forhastet, overilet *(fx decision);* uovervejet *(fx words);* hastværks-; (let *glds)* heftig, hidsig, opfarende; *~ pudding* grød.

hat [hæt] *sb* hat; *(fig,* om rolle, funktion) kasket *(fx he is wearing a different hat);* T: *I'll eat my ~ first* jeg vil hellere lade mig hænge; *I'll eat my ~ if he doesn't* han gør det, det vil jeg æde min gamle hat på; *then I'll eat my ~* (også:) så må du kalde mig Mads; *be in the ~* S være i knibe; *send (el. pass) round the ~* lade hatten gå rundt (ↄ: samle ind); *hang up one's ~* slå sig ned for længere tid; *talk through one's ~* vrøvle, snakke hen i vejret; *keep sth under one's ~* tie stille med noget, holde noget hemmeligt; *my ~!* ih, du store! nu har jeg aldrig set så galt!

hatband ['hætbænd] *sb* hattebånd; *broad ~* sørgeflor om hatten.

hatbox ['hætbɔks] *sb* hatteæske.

I. hatch [hætʃ] *sb* nederste halvdør; lem, luge; *(mar)* luge; (ved sluse) stigbord; *down the ~!* T skål! *under -es (mar)* under dæk, i frivagt; indespærret under dæk; *(fig)* underkuet; død; nedtrykt.

II. hatch [hætʃ] *vb* udruge; udklække; ruge; udruges; udklækkes; *sb* udrugning; udklækning; yngel, kuld; *count one's chickens before they are -ed* sælge skindet før bjørnen er skudt.

III. hatch [hætʃ] *vb* skravere; *sb* skravering.

hatchback ['hætʃbæk] *sb* (mindre personbil med) bagklap.

hatchery ['hætʃəri] *sb* udklækningsanstalt.

hatchet ['hætʃit] *sb* håndøkse, lille økse; *bury the ~* begrave stridsøksen, slutte fred; *take (el. dig) up the ~* grave stridsøksen op, begynde krig.

hatchet| face smalt ansigt med skarpskårne træk, skarpt ansigt. **~ job** T nedgøring, „slagtning". **~ man** *(am)* gangster; håndlanger, 'vagthund'; revolverjournalist.

hatching ['hætʃiŋ] *sb* udrugning, udklækning; skravering.

hatchment ['hætʃmənt] *sb* våben, våbenskjold (afdøds våben som hængtes op på hans hus og senere i kirken).

hatchway ['hætʃwei] *sb (mar)* luge.

hate [heit] *vb* hade, afsky; T være meget ked af *(fx I ~ to trouble you),* ikke kunne fordrage *(fx I ~ being late); sb* had.

hateful ['heitf(u)l] *adj* afskyelig; forhadt.

hat guard hattesnor.

hath [hæθ, həθ] har *(glds 3 pers sg præs af have).*

Hathaway ['hæθəwei].

hat|less ['hætləs] *adj* uden hat. **-peg** hatteknage. **-pin** hattenål. **-rack** knagerække til hatte.

hatred ['heitrid] *sb* had *(of, for* til).

hatstand ['hætstænd] *sb* stumtjener.

hatter ['hætə] *sb* hattemager; *mad as a ~* splittergal; *(am)* ustyrlig rasende.

hat trick: *do the ~* score tre mål i samme kamp; (i kricket) tage tre gærder med tre på hinanden følgende bolde.

hauberk ['hɔ:bə:k] *sb (hist.)* ringbrynje.

haughtiness ['hɔ:tinis] *sb* arrogance, hovmod, overlegenhed.

haughty ['hɔ:ti] *adj* arrogant, hovmodig, overlegen.

haul [hɔ:l] *vb* hale, slæbe, transportere; (om vind) dreje; *(mar)* gå tættere til vinden; *sb* halen, slæben, transport; (ved fiskeri) dræt, fangst, *(ogs fig)* udbytte; *get a fine ~* gøre et godt kup; *~ sby over the coals* skælde en ud, give en en overhaling *(el.* balle *el.* røffel); *~ down one's flag* stryge flaget; overgive sig; *~ sby up* bremse en (i hans vidtløftigheder, overdrivelser *etc); ~ up (mar)* gå tættere til vinden.

haulage ['hɔ:lidʒ] *sb* transport(omkostninger); arbejdskørsel. **haulage contractor** vognmand.

haulier ['hɔ:ljə] *sb* vognmand; mand der transporterer kul frem til skakten i en mine.

haulm [hɔ:m] *sb* halm, strå, stængel.

haunch [hɔ:n(t)ʃ] *sb* hofte; (af slagtet dyr) kølle; *-es pl (ogs)* bagfjerding; bagdel, ende; *~ of mutton* fårekølle; *~ of venison* dyrekølle.

haunt [hɔ:nt] *sb* tilholdssted; opholdssted; (om dyr *ogs)* hjemsted; *vb* besøge ofte, komme tit i *(fx a café);* hjemsøge, plage; (om spøgelse *ogs)* spøge i; *(fig)* stadig forfølge, plage *(fx -ed by fear); I am -ed by that idea* den tanke spøger stadig i mit hoved; *the house is -ed* det spøger i huset; *a -ed look* et jaget *(el.* plaget *el.* forpint) udtryk.

haunting ['hɔ:ntiŋ] *adj* uforglemmelig, ikke til at ryste af sig, som stadig forfølger en.

hautboy ['(h)əubɔi] *sb (mus.)* obo.

hautboy player oboist.

hauteur [əu'tə:, 'əutə:] *sb* arrogance, hovmod.

Havana [hə'vænə] Havanna; *sb* havannacigar.

Havanese [hævə'ni:z] *adj* havannesisk; *sb* havanneser.

I. have [(h)əv, (betonet:) hæv] *vb (had, had)* **1.** (som hjælpeverbum) have, være *(fx I ~ done my work; they ~ gone);* **2.** eje, besidde, have *(fx ~ a motorcar);* **3.** få *(fx ~ a baby; ~ an idea);* **4.** tage sig *(fx ~ a cigar),* spise, drikke *(fx ~ dinner; what will you ~?);* **5.** (om sprog) kunne *(fx I ~ no French);* **6.** S snyde, narre, 'tage' *(fx I think he is trying to ~ you; you ~ been had);* **7.** T have krammet på *(fx he had you completely in the first game);* **8.** *(+ inf* med *to)* måtte, være nødt til *(fx I ~ to do my work);* (med *obj* og *inf)* have til at *(fx what will you ~ me do?);* få til at *(fx ~ him come at two);* **9.** *(+ pp)* lade (på dansk + *inf, fx he had the table repaired* han lod bordet reparere);

I'm not having **any** jeg skal ikke nyde noget; **~ done** holde op (med), være færdig med; *~ done with* være færdig med; **~ got** *(ogs)* have *(fx I ~ got a motor-car); ~ got to* være nødt til, måtte *(fx I ~ got to go); ~ a haircut* blive klippet, lade sig klippe; *~ he has had* **it** han er færdig, det er sket med ham; han har haft sin sidste chance; han har fået nok *(fx he has been working like mad and now he has had it); ~ it (ogs)* sige, hævde *(fx he will ~ it that I did it); as Byron has it* som der står hos Byron; *let him ~ it* T give ham en ordentlig omgang; *~ one's own* **way,** se *I. way; ~ one's* **wish** få sit ønske opfyldt;

(med *præp, adv) ~* **at** *him* gå løs på ham; *~ it* **away** *with* T gå i seng med; *~ sby* **down** *(, in)* få (, invitere) en på besøg, have besøg af en; *~ it* **in** *for him (am)* T være ude efter ham; *~ it in one to* være i stand til at; *~ it* **off** *with* T gå i seng med, bolle med; *~* **on** have på *(fx ~ a hat on); ~ sby on* T lave grin med en, snyde en; *~ nothing on sby* se *nothing; ~ you anything on tonight?* har du noget for i aften? *~ one's sleep* **out** få sovet ud; *~ it out with him* få talt ud med ham, få gjort rent bord *(el.* gjort op) med ham; *~ a tooth out* få en tand trukket ud; *~ sby* **up** få en på besøg; *be had up* blive stillet for retten; blive taget med på stationen.

II. have [hæv] *sb* T bedrageri, svindel; *the haves and the have-nots* ['hævnɔts] de rige og de fattige.

havelock ['hævlɔk] *sb* havelock (hvidt klæde over hat til at beskytte nakken mod solen).

haven [heivn] *sb* havn, tilflugtssted; *tax ~* skattely.

haven't [hævnt] *fk have not.*

haver ['heivə] *vb* vrøvle; sige en masse sludder for at trække tiden ud.

haversack ['hævəsæk] *sb* (lærreds-)skuldertaske, tværsæk; rygsæk; *(mil.)* paksæk; *(glds)* brødpose.

havoc ['hævək] *sb* ødelæggelse; nederlag; blodbad; *terrible ~ was caused by the earthquake* jordskælvet anrettede frygtelige ødelæggelser; *wreak ~ on, play ~ with, make ~ of* anrette skade på, ødelægge.

I. haw [hɔ:] *sb (bot)* tjørn; kødbær; *zo* blinkhinde.

II. haw [hɔ:] (uartikuleret lyd svarende til:) øh, ømøh, øbøh; *hum and ~,* se *hum.*

Hawaii [ha:'waii:, hə'waii:].

hawfinch ['hɔ:fin(t)ʃ] *sb zo* kirsebærfugl, kernebider.
haw-haw ['hɔ:hɔ:] *sb* støjende latter; *adj* affekteret (om *eng* udtale).
I. hawk [hɔ:k] *sb* høg *(ogs fig);* falskspiller, bedrager; *vb* jage med falk; jage.
II. hawk [hɔ:k] *vb* rømme sig, harke; *sb* rømmen, harken.
III. hawk [hɔ:k] *vb* drive gadehandel; høkre, sjakre; ~ *about* udsprede *(fx news);* ~ *from door to door* handle ved dørene.
IV. hawk [hɔ:k] *sb* mørtelbræt, kalkbræt.
hawkbit ['hɔ:kbit] *sb (bot)* borst.
hawker ['hɔ:kə] *sb* gadesælger; bissekræmmer; falkejæger.
hawk-eyed *adj* med falkeblik; skarpsynet.
hawk|moth *zo* aftensværmer. ~ **owl** *zo* høgeugle.
hawse [hɔ:z] *sb (mar)* klys (hul i skibets bov); *a foul* ~ *(mar)* uklare kæder; *a clear* ~ *(mar)* klare kæder.
hawser ['hɔ:zə] *sb (mar)* trosse, kabeltov, pertline.
hawser-laid *adj* trosseslået.
hawthorn ['hɔ:θɔ:n] *sb (bot)* tjørn.
Hawthorne ['hɔ:θɔ:n].
hay [hei] *sb* hø; *get (el. make)* ~ *out of (am)* drage fordel af, udnytte til sin fordel; *hit the* ~ S krybe til køjs; *look for a needle in a bundle of* ~ lede efter en nål i en høstak; *make* ~ bjærge hø; *make* ~ *of* forkludre, spolere; vende op og ned på; besejre overlegent; *make* ~ *while the sun shines* smede medens jernet er varmt; *it is not* ~ *(am)* det er ikke småpenge *(el.* pebernødder) (ɔ: det er mange penge).
hay|box høkasse. **-cock** høstak. ~ **fever** høfeber. **-field** græsmark der bruges til høslæt. **-fork** høtyv. **-loft** høstænge. **-rick** (stor) høstak. **-seed** græsfrø; *(am* S*)* bonde(knold). **-stack** høhæs.
haywire ['heiwaiə] *sb* bindegarn; *adj: go* ~ komme i uorden; blive skør, opføre sig som om man var skør.
hazard ['hæzəd] *sb* tilfælde, træf; risiko, fare, vovestykke; terningespil; (i billard) stød der sender bal'en i hul; *vb* vove, sætte på spil; ~ *a remark* driste sig til at komme med en bemærkning; *at all -s* koste hvad det vil.
hazard flashers *pl* katastrofeblink (på bil).
hazardous ['hæzədəs] *adj* vovelig, risikabel, hasarderet.
I. haze [heiz] *sb* tåge, dis.
II. haze [heiz] *vb (mar)* plage med ekstraarbejde; *(am)* forfølge, chikanere; (i *fraternity)* underkaste optagelsesceremoni.
hazel [heizl] *sb* hassel; *adj* nøddebrun.
hazel| grouse, ~ **hen** *zo* hjerpe.
hazelnut ['heizlnʌt] *sb* hasselnød.
hazy ['heizi] *adj* diset; *(fig)* vag, tåget, ubestemt; *be* ~ *about what to do* ikke rigtig vide hvad man skal gøre.
H.B. *fk hard black* (om blyant).
H.B.M. *fk Her (, His) Britannic Majesty.*
H-bomb ['eitʃbɔm] *sb* brintbombe.
H.C. *fk House of Commons.*
H.C.F. *fk highest common factor.*
he [hi:, (ubetonet:) (h)i] *pron* han; den, det; *sb* han; *he who, he that* den som.
H.E. *fk His Eminence; His Excellency; high explosive.*
I. head [hed] *sb* **1.** hoved; **2.** *(fig)* forstand; **3.** (om person) leder, chef, overhoved *(fx the* ~ *of a clan),* (i skole) rektor, (i klasse) duks; **4.** (del af ting, se også *ndf:* ~ *of)* top, (det) øverste *(fx the* ~ *of a page),* (på øl) skum, (af tønde) bund, (af værktøj) hoved *(fx of an axe, of a hammer);* **5.** (på mønt) krone *(mods tails* plat); **6.** (af optog *etc)* spids *(fx of a procession);* **7.** (i artikel, bog *etc)* overskrift; (hoved)afsnit, (hoved)punkt; **8.** *(bogb,* af bog) oversnit; **9.** *(geogr)* pynt, forbjerg; **10.** *(mar)* stævn, forstavn, galion, (på sejl) faldsbarm, S kloset, toilet; **11.** *(mht* pumpe) løftehøjde; trykhøjde; **12.** S hovedpine; **13.** S narkoman; (i *sms)* -bruger; **14.** (brugt som *adj)* over- *(fx* ~ *waiter* tjener);

(forb med *vb, sb) fall* ~ *first* falde på hovedet; *get one's* ~ *down* komme i gang med arbejdet; koncentrere sig; *give him his* ~ lade ham få sin vilje; give ham frie tøjler; *keep one's* ~ holde hovedet koldt; *keep one's* ~ *above water (fig)* holde sig oven vande; *lose one's* ~ tabe hovedet, blive forvirret; miste hovedet, blive halshugget; *make* ~ gøre fremskridt; *make* ~ *against* gøre modstand mod; *I cannot make* ~ *or tail of it* jeg forstår ikke et ord *(el.* muk) af det (hele); *-s will roll (fig)* det vil koste hoveder; *-s or tails* plat eller krone;

(forb med *præp* og *adv)* **above** *the -s of one's audience* hen over hovedet på sine tilhørere; *be* ~ *and shoulders above (fig)* rage langt op over; **at** *the* ~ *of* i spidsen for; *at the* ~ *of the table* for bordenden; *at the* ~ *of the list* først på listen, som nummer et; **by** *the* ~ med forstavnen lavere i vandet end agterenden; *win by a* ~ vinde med en hovedlængde; *have a good* ~ **for** *figures* være god til at huske tal (, til at regne); *put it* **into** *his* ~ sætte ham det i hovedet; *take it into one's* ~ sætte sig det i hovedet; ~ **of** *a bed* hovedgærde; *100* ~ *of cattle* 100 stykker kvæg; *she has a beautiful* ~ *of hair* hun har et dejligt hår; ~ *of a ladder* øverste trin på en stige; ~ *of an office* kontorchef; ~ *of a river* en flods udspring; ~ *of water* vandtryk;

off *one's* ~ fra forstanden; skør; *I can do that* **on** *my* ~ det kan jeg gøre ligesom en mis; *be easy on that* ~ du kan være rolig på det punkt *(el.* hvad det angår); *have sth on one's* ~ have ansvaret for noget, have noget på sin samvittighed; *he has a (good)* ~ *on his shoulders* der sidder et godt hoved på ham; **out of** *one's* ~ *(am)* T = *off one's* ~; *put it out of his* ~ få ham til at glemme det, få ham fra det; **over** ~ *and ears* = ~ *over ears; be* ~ *over ears (el. heels) in debt (, love)* sidde i gæld (, være forelsket) til op over begge ører; ~ *over heels* med benene i vejret; *turn (el. roll)* ~ *over heels* slå en kolbøtte (, kolbøtter); (se *ogs ovf:* ~ *over ears); act over his* ~ handle hen over hovedet på ham; *he lost over his* ~ han tabte mere end han havde råd til; *he was promoted over the -s of his colleagues* han sprang forbi (ɔ: blev forfremmet forud for) sine kolleger; **per** ~ pro persona; T pr. næse; *bring matters* **to** *a* ~ fremtvinge en afgørelse; *come to a* ~ (om byld) trække sammen; *(fig)* nærme sig krisen, nå et afgørende punkt; gå op i en spids; *it has gone to his* ~ det er steget ham til hovedet; *they laid (el. put) their -s* **together** de stak hovederne sammen; **under** *three -s* inddelt i tre afsnit *(el.* punkter).
II. head [hed] *vb* stå øverst på *(fx his name -ed the list);* lede *(fx a rebellion);* stå i spidsen for; gå i spidsen for, gå forrest i *(fx a procession);* (i fodbold) heade, nikke; ~ *for* sætte kursen imod, styre imod; *be -ing for (fig)* være (godt) på vej til; *be -ing for disaster (el. ruin)* gå *(el.* ile) sin undergang i møde; ~ *off* dirigere *(el.* lede) i en anden retning, dirigere væk; standse; *(fig)* afværge *(fx a quarrel).*
headache ['hedeik] *sb* hovedpine; S bekymring; problem; *that is your* ~ det må du ordne, det bliver din sag, det bliver din hovedpine.
head|band pandebånd; (på bogbind) kapitælbånd; (på høretelefon) bøjle. **-board** hovedgærde; *(mar)* flynder. ~ **boy** duks. **-cheese** *(am, omtr)* (grise)sylte. ~ **clerk** fuldmægtig, kontorchef. **-dress** hovedpynt, coiffure.
header ['hedə] *sb* dukkert; hovedkulds fald; hovedspring; (i fodbold) hovedstød; (mursten:) binder, kop; *take a* ~ falde på hovedet *(fx down the stairs);* springe på hovedet *(fx into the swimming pool).*
head|fast ['hedfa:st] *sb (mar)* forvarp, fortrosse. **-gear**

hovedtøj, hovedbeklædning. ~ **-hunter** *(ogs fig)* hovedjæger.

heading ['hediŋ] *sb* titel, hoved, overskrift, rubrik; afsnit; kategori; (i kartotek, register) opslagsord.

headlamp ['hedlæmp] *sb* forlygte.

headland ['hedlənd] *sb* pynt, odde, forbjerg; *(agr)* forpløjning.

headlight ['hedlait] *sb* (på bil) forlygte; (på lokomotiv) frontlanterne.

headline ['hedlain] *sb* (i avis) overskrift; (i bog) klummetitel; (i radio): *-s* kort nyhedsresumé; (se også *II. hit)*.

head|long ['hedlɔŋ] *adv* hovedkulds, på hovedet; ubesindigt; voldsomt. **-louse** *zo* hovedlus. **-man** ['hed'mæn] hovedmand, høvding; formand. **-master** ['hed'ma:stə] rektor; skolebestyrer; skoleinspektør. **-mistress** (kvindelig) rektor, skolebestyrerinde. ~ **money** kopskat; pris der er udsat for hver tagen fange.

headmost ['hedməust] *adv* forrest.

head nurse *sb* oversygeplejerske.

head-on ['hed'ɔn] *adj, adv: strike an iceberg* ~ løbe stævnen lige ind i et isbjerg; *a* ~ *collision* et sammenstød køler mod køler (, *(mar)* stævn mod stævn); et frontalt sammenstød; *(fig)* et direkte sammenstød, en direkte konfrontation.

headphones ['hedfəunz] *sb pl* (til radio) hovedtelefon.

headpiece ['hedpi:s] *sb* hjelm; hovedbeklædning; (til hest *etc)* hovedtøj, grime; *(fig)* hoved, forstand *(fx he has a good ~); (typ)* foransat vignet.

headquarters ['hed'kwɔ:təz] *sb* hovedkvarter.

headrace ['hedreis] *sb* overvand(sledning) der driver vandhjul.

head| register *(mus.)* hovedstemme, hovedregister (ɔ: falset). **-rest** nakkestøtte (på barberstol, i bil); (på lænestol:) *-rests* øreklapper. **-room** fri højde; *(arkit ogs)* loftshøjde. **-sail** forsejl. ~ **sea** *(mar)* næsesø. **-set** hovedtelefon. **-ship** førerstilling; rektorat. **-shrinker** S psykiater.

headsman ['hedzmən] *sb* skarpretter.

headspring ['hedspriŋ] *sb* kilde, udspring; (i gymnastik) hovedspring.

headsquare ['hedskweə] *sb* hovedtørklæde.

headstall ['hedstɔ:l] *sb* hovedtøj, hovedstol (på seletøj).

head start forspring; *(fig)* (undervisning for socialt handicappede børn); *give them a* ~ *(ogs)* lade dem starte før de andre.

headstock ['hedstɔk] *sb* (på drejebænk) spindeldok; (ved mine *omtr)* skakttårn.

headstone ['hedstəun] *sb* gravsten; hjørnesten.

headstrong ['hedstrɔŋ] *adj* stædig, halsstarrig, egensindig.

headwaiter ['hed'weitə] *sb* overtjener.

headwaters ['hedwɔ:təz] *sb pl* udspring, kilder *pl (fx the ~ of the Nile)*.

headway ['hedwei] *sb (mar)* bevægelse (, fart) fremad; *(ogs =) headroom; make* ~ skyde fart; *(fig)* gøre fremskridt; *we have made no* ~ vi er ikke kommet nogen vegne.

head| wind modvind. **-word** titelord, titelhoved; opslagsord. **-work** tankearbejde.

heady ['hedi] *adj* (om drik og *fig)* berusende, som stiger til hovedet; (om person) beruset *(with* af, *fx success);* (se også *headstrong);* (om handling) overilet, ubesindig.

heal [hi:l] *vb* læge, hele; kurere; læges *(fx the wound -ed)*.

heald [hi:ld] *sb* sølle (i væv).

healer ['hi:lə] *sb* naturlæge; healer; *time is the great* ~ tiden læger alle sår.

healing ['hi:liŋ] *adj* lægende; *sb* helbredelse (ved tro *etc*), healing.

health [helθ] *sb* sundhed; helbred; *bill of* ~ sundhedspas; *Ministry of Health* sundhedsministerium; *be in good (, bad)* ~ have det godt (, dårligt); *drink sby's* ~ drikke ens skål; *your (good)* ~*!* Deres velgående *(el.* skål)! *here's a* ~ *to* skål for.

health| centre helsehus, lægehus (med konsultation for flere læger, fælles laboratorier *etc)*. ~ **exercises** *pl* sygegymnastik. ~ **-food** helsekost. ~ **-giving** *adj* sund, helbredende. ~ **insurance** sygeforsikring. ~ **officer** *(omtr)* embedslæge; embedsmand i sundhedsstyrelsen. ~ **resort** kursted, sanatorium.

healthy ['helθi] *adj* sund, rask.

heap [hi:p] *sb* hob, bunke, dynge; masse; *vb:* ~ *(up)* lægge *(el.* samle) i en bunke; *(fig)* ophobe, dynge sammen *(fx riches); I am -s better* T jeg har det meget bedre; *a* ~ **of** mange, en bunke; *I was struck (el. knocked) all of a* ~ jeg var fuldstændig lamslået; *-s of time* masser af tid; *-s of times* masser af gange; ~ *coals of fire* **on** *sby's head* sanke gloende kul på ens hoved; *he -ed potatoes on my plate* han fyldte min tallerken med kartofler, han blev ved med at øse kartofler op til mig; *he -ed insults on me* han overdængede mig med fornærmelser; ~ *one's plate* **with** *potatoes,* se ovenfor: ~ *potatoes on ...; he -ed me with favours* han overøste mig med gunstbevisninger; *a -ed spoonful* en topskefuld.

hear [hiə] *vb (heard, heard)* høre; afhøre; erfare, få at vide; høre på, lytte til *(fx his complaint);* ~ *the boy's multiplication tables* høre drengen i gangetabellen; ~ *a case* behandle en retssag; *Justice X -d the case* dommer X var dommer i sagen; *he wouldn't* ~ **of** *it* han ville ikke høre tale om det; *please* ~ *me* **out** vær så venlig at lade mig tale ud; ~ *witnesses* afhøre vidner; *the court -d the witnesses* retten påhørte vidnernes udsagn.

heard [hə:d] *præt* og *pp* af *hear.*

hearer ['hiərə] *sb* tilhører.

hearing ['hiəriŋ] *sb* hørelse; påhør; behandling (af retssag), domsforhandling; høring; *gain a* ~ finde gehør, blive hørt; *give him a (fair)* ~ give ham lejlighed til at blive hørt, høre på hvad han har at fremføre *(el.* sige); *out of* ~ uden for hørevidde; *within* ~ inden for hørevidde.

hearing aid høreapparat.

hearken [ha:kn] *vb (poet)* lytte.

hearsay ['hiəsei] *sb* forlydende, rygte; omtale; *by (el. from)* ~ von hörensagen.

hearsay evidence vidneudsagn om noget man kun har kendskab til på anden hånd.

hearse [hə:s] *sb* rustvogn, ligvogn; *(glds)* ligbåre; *(rel)* kandelaber.

heart [ha:t] *sb* hjerte, mod; midte, centrum, kerne; (af artiskok) hjerte; **-s** *pl* (i kortspil) hjerter;

break his ~ knuse hans hjerte; **cry** *one's* ~ *out* græde bitterligt, græmme sig; **eat** *one's* ~ *out,* se *I. eat;* **give** *one's* ~ *to* skænke sit hjerte til; **have** *a* ~*!* vær nu lidt rar! vær ikke så hård! *not have the* ~ *to do it* ikke kunne nænne at gøre det; *he has his* ~ *in his mouth* hjertet sidder i halsen på ham; *his* ~ **is** *in the right place* han har hjertet på det rette sted; **lose** ~ tabe modet; *lose one's* ~ tabe sit hjerte, blive forelsket; **pluck** *up* ~ *= take* ~*;* **set** *one's* ~ *on* være stærkt opsat på; *his* ~ **sinks** *into his boots* hjertet synker ned i bukserne på ham; ~ *and* **soul** af hele sit hjerte, med liv og sjæl; **take** ~ fatte mod; skyde hjertet op i livet; **wear** *one's* ~ *on one's sleeve* bære sine følelser til skue; *our -s* **went out** *to them* vi følte med dem, vi havde den dybeste medfølelse med dem;

(forb med præp) **after** *one's own* ~ efter sit hjerte; *I have your welfare* **at** ~ dit velfærd ligger mig på sinde; *at (the bottom of one's)* ~ inderst inde *(fx at* ~ *she is romantic);* **by** ~ udenad; **from** *one's* ~ af hele sit

hjerte; **in** *(good)* ~ ved godt mod; (om jord) frugtbar; *in one's ~ of -s* inderst inde; *find it in one's ~ to* bringe det over sit hjerte at; *in the ~ of Africa* midt inde i Afrika; *in his secret ~* i sit stille sind; *the ~* **of** *the matter* sagens kerne; *~ of oak* kerneved af eg, stærkt egetømmer; *(fig)* modig, karakterfast mand; *an affair of the ~* et hjerteanliggende; *a change of ~* et sindelagsskifte; **out of** ~ modløs; ~ **to** ~ fortrolig; *lay to ~* lægge sig på sinde; *take to ~* lægge sig på sinde, tage sig nær; *to one's -'s content* af hjertens lyst, af et godt hjerte; *love* **with** *all one's ~* elske af hele sit hjerte; *with half a ~* uvilligt, ugerne.

heart|ache ['ha:teik] hjertesorg. **-beat** hjerteslag; hjertebanken; *(fig)* centrum, livsnerve. **-break** hjertesorg. **-breaking** *adj* hjerteskærende; fortvivlende. **-broken** med knust hjerte, sorgbetynget. **-burn** halsbrand; kardialgi. **-burning** *sb* misfornøjelse; nag; skinsyge.

hearten ['ha:tn] *vb* opmuntre.

heart failure hjertesvigt, hjertelammelse.

heart-felt ['ha:tfelt] *adj* inderlig, hjertelig.

hearth [ha:θ] *sb* arne, arnested; kamin; fyrsted; *(tekn)* esse, herd.

hearth|rug kamintæppe. **-stone** arnesten; arne; skuresten.

heartily ['ha:tili] *adv* hjerteligt, varmt, ivrigt; kraftigt, solidt, grundigt, inderligt; ~ *sick of* led og ked af.

heartland ['ha:tlænd] *sb* central del af et område.

heartless ['ha:tləs] *adj* hjerteløs.

heartrending ['ha:trendiŋ] *adj* hjerteskærende.

heartsearching ['ha:tsə:tʃiŋ] *sb* grundig overvejelse, selvprøvelse, selvransagelse.

heartsease ['ha:tsi:z] *sb (bot)* stedmoderblomst.

heartsick ['ha:tsik] *adj* hjertesyg.

heartsome ['ha:tsəm] *adj* opmuntrende; munter.

heartsore ['ha:tsɔ:] *adj* sorgbetynget; *sb* hjertesorg.

heartstrings ['ha:tstriŋz] *sb pl (fig)* hjerterødder, dybeste følelse; *tug at his ~* gribe ham om hjertet, røre ham dybt.

heart| throb *(med.)* hjertebanken; S skat; ~ *throbs (ogs)* ømme følelser. ~ **-to-heart** *adj* fortrolig *(fx talk); sb* T fortrolig snak. ~ **trace** elektrokardiogram. ~ **-whole** *adj* ikke forelsket; oprigtig, af hele sit hjerte. **-wood** kerneved, kernetræ.

hearty ['ha:ti] *adj* hjertelig *(fx welcome),* varm; ivrig *(fx support);* kraftig *(fx kick);* stærk; sund; (om måltid) solid, rigelig *(fx breakfast);* T overstrømmende; jovial, friskfyragtig; sportstosset; *sb* sportsidiot; *he has a ~ appetite, he is a ~ eater* han har en god appetit; (se også *II. hale).*

heart yarn (i tov) kalv.

heat [hi:t] *sb* hede, varme; stærk smag (som af peber, sennep *o l); (fig)* ophidselse *(fx in the ~ of the moment);* (om dyr) brunst; (i sport) heat, (enkelt) løb; *vb* varme, opvarme; gøre hed; *(fig)* ophidse; (uden objekt) blive hed, blive varm; *be in (, on, at) ~* være i løbetid, være brunstig; *final ~* afgørende løb; *the ~ (am* S) politiet; *the ~ is on* der er lukket op for varmen; T *(fig)* politiet er efter ham (, dem *etc); put (el. turn) on the ~, put (el. turn) the ~ on* lukke op for varmen; T *(fig)* lægge stærkt pres på ham (, dem *etc),* sætte tommelskruerne på.

heat| apoplexy *(med.)* hedeslag. ~ **barrier** *(flyv)* varmemur.

heated ['hi:tid] *adj* opvarmet; ophedet; *(fig)* hidsig *(fx discussion);* heftig.

heat engine varmekraftmaskine.

heater ['hi:tə] *sb* varmeapparat, ovn; *(glds)* strygebolt; S pistol.

heat exchanger varmeveksler.

heath [hi:θ] *sb* hede; lyng. **heath|berry** (fællesbetegnelse for bærsorter der vokser på heden) . ~ **cock** urhane.

heathen [hi:ðn] *sb* hedning; *adj* hedensk.

heathendom ['hi:ðəndəm] *sb* hedenskab; hedenske folk.

heathenish ['hi:ðəniʃ] *adj* hedensk; *(fig)* barbarisk.

heather ['heðə] *sb* lyng; *take to the ~ (glds)* blive fredløs.

heathery ['heðəri] *adj* lyngagtig, lyng-; lyngbevokset.

heath-game ['hi:θgeim] *sb* urhøns.

Heath-Robinson ['hi:θ'rɔbinsn] *(adj,* om mekanik *etc,* sindrig, kompliceret og praktisk uanvendelig; (svarer til) Storm P'sk.

heathy ['hi:θi] *adj* lyngbevokset.

heating ['hi:tiŋ] *adj* varmende; ophidsende; *sb* opvarmning.

heating value varmeværdi.

heat| lightning kornmod. ~ **pump** varmepumpe. ~ **-resistant** *adj* varmebestandig, varmefast. ~ **shield** varmeskjold (på rumskib). ~ **-stable** *adj* varmebestandig. **-stroke** *(med.)* hedeslag. ~ **-treat** *vb* varmebehandle *(fx* mælk). ~ **unit** varmeenhed. ~ **wave** hedebølge.

heave [hi:v] *vb* hæve, løfte *(fx a heavy axe);* kaste, smide, hive *(fx ~ it overboard); (mar.)* hive, hale, slæbe; (uden objekt) stige og synke, bølge *(fx* om bryst); svulme; gynge *(fx the earthquake made the ground ~); have ondt, være lige ved at kaste op; ånde tungt, stønne; sb* hævning; bølgen; dønning; tung ånden, sukken; stønnen; ~ *ho!* hiv ohoj! ~ *the lead, se I. lead; ~ a sigh* udstøde et suk, sukke dybt; ~ *in sight* komme i sigte; dukke frem; *my stomach -d* det vendte sig i mig; ~ *to (mar)* lægge bi, dreje under.

heaven [hevn] *sb* himmel(en), himmerige; (især *-s pl* ogs) himmelhvælving; *good -s* du milde himmel! ~ *knows* det må himlen vide; *move ~ and earth* sætte himmel og jord i bevægelse; *in the seventh ~ of delight* i den syvende himmel.

heavenly ['hevnli] *adj* himmelsk; ~ *bodies* himmellegemer.

heavenward(s) ['hevnwəd(z)] *adv* mod himlen.

heaves [hi:vz] *sb pl* engbrystighed (lungesygdom hos heste).

heavily ['hevili] *adv* tungt *(fx a ~ loaded truck);* svært; besværligt, langsomt; hårdt *(fx be punished ~);* stærkt, heftigt, meget; *(glds)* tungsindigt, bedrøvet.

I. heavy ['hevi] *adj* tung; solid *(fx wall),* svær *(fx chains, artillery, losses),* stor *(fx expenses),* stærk *(fx rain, demand* efterspørgsel), kraftig *(fx blow, snowfall),* heftig *(fx storm, fire* skydning); besværlig, hård *(fx work),* trættende; kedelig *(fx speech, style);* plump *(fx features* træk); *(teat)* værdig, højtidelig; *(am)* stejl *(fx grade);*

a ~ buyer (, smoker etc) en der køber (, ryger *etc)* meget; ~ *bread* klægt brød; ~ *casualties* svære tab; ~ *cleaning* grovere rengøringsarbejde; ~ *debt* trykkende gæld; *play the ~ father (teat)* spille den strenge fader; ~ *industry* sværindustri; ~ *news* sørgelige nyheder; ~ *parts (teat)* anstandsfaget, anstandsroller (ɔ: som kræver værdighed); *a ~ sailer* en dårlig sejler, et dårligt sejlende skib; ~ *sea* svær sø, oprørt hav; ~ *taxes* tyngende *(el.* høje) skatter; ~ *to the stomach* tungt fordøjelig; ~ *with sleep* søvndrukken; ~ *workers* hårdtarbejdende.

II. heavy ['hevi] *sb* T muskelmand, gorilla; sværvægter; *(teat)* anstandsrolle (ɔ: som kræver værdighed), skurkerolle; (skotsk) (stærkt, bitter øl); *the heavies* de seriøse aviser; *(mil.)* det svære skyts; T de tunge drenge.

heavy|-armed *adj* svært bevæbnet. ~ **going** tungt føre; *(fig)* kedsommeligt *el.* besværligt arbejde. ~ **-handed** *adj* kluntet, kejtet; håndfast; despotisk, tyrannisk. ~ **-laden** *adj* tungt ladet; som bærer på store byrder; med tungt hjerte. ~ **-set** *adj* svær, kraftig *(fx man).* ~

water tungt vand. **-weight** *sb* sværvægter; *adj* sværvægts-.
hebdomadal [heb'dɔmədl] *adj* ugentlig; uge-.
Hebe ['hi:bi:].
hebetude ['hebətju:d] *sb* sløvhed, afstumpethed.
Hebraic [hi'breiik] *adj* hebraisk.
Hebraism ['hi:breiizm] *sb* hebraisk sprogejendommelighed.
Hebrew ['hi:bru(:)] *sb* hebræer; *adj* hebraisk.
Hebrides ['hebridi:z] *pl (geogr): the* ~ Hebriderne.
hecatomb ['hekətu:m] *sb* hekatombe.
heck [hek] *sb* T pokker(s); *a ~ of a fix* en pokkers knibe; *where the ~ is it?* hvor pokker er den?
heckle [hekl] *vb* plage med spørgsmål, komme med forstyrrende tilråb; (om hør, se *hackle*).
heckler ['heklə] *sb* afbryder, ballademager (ved vælgermøde).
hectare ['hekta:] *sb* hektar.
hectic ['hektik] *adj* hektisk.
hecto|gram(me) ['hektəgræm] hektogram. **-graph** ['hektəgra:f] *sb* hektograf; *vb* hektografere. **-litre** ['hektəli:tə] hektoliter. **-metre** ['hektəmi:tə] hektometer.
hector ['hektə] *sb* pralhans, skryder; tyran; *vb* prale; true; tyrannisere.
he'd [hi:d] *fk he had, he would.*
heddles [hedlz] *sb pl* søller (i væv).
hedge [hedʒ] *sb* (levende) hegn, hæk; *(fig)* helgardering, forbehold, forbeholden (, uforpligtende) erklæring; *vb* plante hegn om *(fx ~ a field);* omhegne, omgærde; klippe (, plante) hæk; T tage forbehold, ikke (ville) tage klart standpunkt, ikke ville komme ud af busken, tøve, vakle; vædde på begge parter (i sport); dække sig ind, helgardere sig;
be on the wrong side of the ~ (fig) tage fejl; *~ sby about (el. round, in) with rules (, prohibitions)* indskrænke ens handlefrihed, binde en på hænder og fødder med regler (, forbud); *~ round with care and affection* hæge om.
hedge bedstraw *(bot)* hvid snerre.
hedgehog ['hedʒ(h)ɔg] *sb zo* pindsvin; *(mil.)* pindsvinestilling.
hedgehop ['hedʒhɔp] *vb (flyv)* S flyve meget lavt (hen over).
hedge maple *(bot)* naur.
hedgerow ['hedʒrəu] *sb* hæk; levende hegn.
hedge| school skole under åben himmel (tidligere i Irland); tarvelig skole. ~ **sparrow** *zo* jernspurv. ~ **stake** gærdestav.
hedonism ['hi:dənizm] *sb* hedonisme (læren om nydelsen som det højeste gode). **hedonist** ['hi:dənist] *sb* hedonist.
hedonistic [hi:də'nistik] *adj* hedonistisk.
heebie-jeebies ['hi:bi'dʒi:biz] *sb pl (am)* S dårligt humør, 'nerver'; delirium tremens.
heed [hi:d] *vb* agte, ænse, give agt på, bryde sig om; *sb* agt, opmærksomhed; omhu; forsigtighed; *give (el. pay) ~ to, take ~ of* ænse, passe på, lægge mærke til; *take ~* vogte sig. **heedful** ['hi:df(u)l] *adj* opmærksom; forsigtig.
heedless ['hi:dləs] *adj* ligegyldig, uagtsom, ubetænksom, ubesindig.
heehaw ['hi:hɔ:] *vb* skryde (om et æsel); slå en skraldende latter op; *sb* skryden; skraldende latter.
I. heel [hi:l] *sb* hæl; endeskive (af brød, ost), ende(stykke) (af pølse); rest, slat; S løjser, slyngel; *(mar)* slagside, krængningsvinkel; mastefod; *heel!* (til hund) hinter!
come to ~ falde til føje; *down at ~* (om sko) udtrådt, nedtrådt; (om person) derangeret, lurvet klædt; *follow at sby's -s (el. on sby's ~)* følge lige i hælene på en; *leave the house -s foremost* blive båret ud af huset som død; *lay by the -s* arrestere, pågribe; *be out at (the) ~* have hul på strømpehælen, være lurvet klædt; *set sby back on his -s* T få en til at studse; *under ~* underkuet; (se også *cool, I. dig (in), I. kick (up), II. show, I. take (to), I. throw (up), I. turn (on)).*
II. heel [hi:l] *vb* bagflikke; sætte nye hæle på; *(am* S) følge i hælene på; forsyne (især med penge); *(mar)* krænge, hælde; *well-heeled* velbeslået; *~ in* indslå planter; *~ over (mar)* krænge, hælde.
heeler ['hi:lə] *sb (am)* S følgesvend, servil tilhænger af en politisk fører.
heel|piece bagflik (på sko); hæl. **-plate** sinke (på hæl). **-tap** (på sko) hælflik; (i et glas) slat; *no -taps!* drik ud!
heft [heft] *sb* løften; *vb* løfte (for at bedømme vægten); veje i hånden.
hefty ['hefti] *adj* T stærk, kraftig, muskuløs, håndfast; stor, velvoksen, 'solid', gevaldig *(fx profit, batch of letters).*
hegemony [hi'geməni, 'hedʒi-, 'hegi-] *sb* hegemoni, (over)herredømme *(fx world ~).*
he-goat ['hi:'gəut] *sb* gedebuk.
heifer ['hefə] *sb* kvie.
heigh [hei] *interj* halløj.
heigh-ho ['hei'həu] *interj* ak! akja!
height [hait] *sb* højde; højdepunkt, toppunkt *(fx the ~ of folly; the ~ of his career); -s pl* højder; *the ~ of fashion* højeste mode; *in the ~ of the storm* mens stormen er (, var) på sit højeste.
heighten [haitn] *vb* forhøje, hæve; øge, overdrive; blive højere *(el.* stærkere), tage til.
Heinie ['haini] *sb (am* S) tysker.
heinous ['heinəs] *adj* afskyelig; frygtelig, grufuld.
heir [ɛə] *sb* arving.
heir| apparent retmæssig arving, nærmeste arving, tronarving; *(fig)* arvtager, kronprins. ~ **-at-law** intestatarving.
heiress ['ɛəres, -əs] *sb* kvindelig arving; *(mht* ægteskab) godt parti; *marry an ~* gøre et godt parti, gifte sig penge til.
heirloom ['ɛəlu:m] *sb* arvestykke.
heir presumptive præsumptiv arving, arving under forudsætning af, at der ikke fødes arveladeren børn; (til trone) arveprins(esse).
heist [haist] *vb* S stjæle biler.
held [held] *præt* og *pp* af *hold.*
Helen ['helin] Helene, Helena.
Helena ['helinə]; *St.* ~ [senti'li:nə] (øen).
heliborne ['helibɔ:n] *adj* helikoptertransporteret.
helical ['helikl] *adj* skrueformet, spiral-.
helices ['helisi:z] *pl* af *helix.*
Helicon ['helikən] Helikon.
helicopter ['helikɔptə] *sb* helikopter.
Heligoland ['heligəlænd] Helgoland.
helilift ['helilift] *vb* transportere med helikopter.
heliocentric [hi:ljə'sentrik] *adj* heliocentrisk, med solen i centrum.
heliograph ['hi:ljəgra:f] *sb* heliograf (apparat der sender signaler ved hjælp af spejle); *vb* heliografere.
heliometer [hi:li'ɔmitə] *sb* heliometer, solmåler.
Helios ['hi:liɔs] *(myt)* Helios (græsk solgud).
heliotrope ['heljətrəup] *sb (bot)* heliotrop.
heliozoan [hi:liəu'zəuən] *sb zo* soldyr.
helipad ['helipæd] *sb* start- og landingsplads for helikoptere.
heliport ['helipɔ:t] *sb* start- og landingsplads for helikoptere, heliport.
helium ['hi:ljəm] *sb (kem)* helium.
helix ['hi:liks] *(pl helices* ['helisi:z]) spiral, skruelinje; det ydre øres kant; *(arkit)* volut.
he'll [hi:l] *fk he will.*
hell [hel] *sb* helvede; spillebule; *like ~* som bare fanden *(fx run like ~); like ~ I will!* gu' vil jeg ej!

come ~ *or high water* hvad der end sker; *ride* ~ **for** *leather* ride alt hvad remmer og tøj kan holde; **get** ~ få en skideballe; **give** *them* ~ gøre helvede hedt for dem; give dem hvad de har godt af; plage livet af dem; **make** *one's life a* ~ gøre livet til et helvede for en; *just for the* ~ **of** *it* bare for sjov; *a* ~ *of a noise* et helvedes spektakel; **oh** ~*!* så for fanden! *if you are late there'll be* ~ *to* **pay** hvis du kommer for sent, så er fanden løs *(el.* så bliver der et helvedes vrøvl); **play** ~ *with* rasere; (om person) give en skideballe; **suffer** ~ *on earth* lide alle helvedes kvaler.

Hellas ['helæs].

hellbender ['hel'bendə] *sb zo* amerikansk kæmpesalamander, dynddjævel.

hellbent ['helbent] *adj (am)* fast besluttet, hårdnakket; *they are* ~ *on doing it* de vil med djævelens vold og magt gøre det.

hell box *(typ)* tøjkasse.

hellcat ['helkæt] *sb* furie.

hellebore ['helibɔ:] *sb (bot)* nyserod.

Hellene ['heli:n] *sb* hellener; *King George of the -s* kong Georg af Grækenland. **Hellenic** [he'li:nik] *adj* hellensk, græsk. **Hellenism** ['helinizm] *sb* hellenisme.

Hellenist ['helinist] *sb* hellenist, kender af græsk sprog; græsk jøde. **Hellenistic** [heli'nistik] *adj* hellenistisk.

Hellenize ['helinaiz] *vb* hellenisere.

Hellespont ['helispɔnt].

hellfire ['hel'faiə] *sb* helvedes ild; svovlpølen.

hellhound ['helhaund] *sb* helvedeshund, djævel.

hellish ['heliʃ] *adj* helvedes, djævelsk.

hello ['he'ləu] se *hallo.*

Hell's Kitchen (tidligere forbryderkvarter i New York).

helm [helm] *sb* ror, rorpind, rat.

helmet ['helmit] *sb* hjelm.

helmeted ['helmitid] *adj* hjelmklædt.

helminth ['helminθ] *sb* indvoldsorm.

helminthic [hel'minθik] *adj* som vedrører indvoldsorm; *sb* ormdrivende middel.

helmsman ['helmzmən] *sb (mar)* rorgænger.

helot ['helət] *sb (hist.)* helot; træl.

I. help [help] *sb* hjælp, bistand; (om person) hjælper, støtte; pige, hushjælp; (om ting) hjælpemiddel; *be of* ~ være til hjælp; *with the* ~ *of* ved hjælp af; *there's no* ~ *for it* der er ikke noget at gøre ved det.

II. help [help] *vb* hjælpe; støtte; hjælpe til, bidrage til; (især: ved bordet) forsyne, (se *ndf:* ~ *oneself,* ~ *to); (med can(not))* forhindre, lade være med;

~ *the soup* øse suppen op; *I* **cannot** ~ *it* jeg kan ikke gøre for det; *how can I* ~ *it?* hvad kan jeg gøre for det? *he could not* ~ *himself* han kunne ikke dy sig; *I cannot* ~ *laughing* jeg kan ikke lade være med at le; *I cannot* ~ *your being a fool* jeg kan ikke gøre for, at du er et fæ; *it won't happen again, if I can* ~ *it* det skal ikke ske igen, hvis jeg kan forhindre det; *it can't be -ed* der er ikke noget at gøre ved det; *don't tell him more than you can* ~ fortæl ham ikke mere end du er nødt til *(el.* end strengt nødvendigt); *every little -s* lidt har også ret; *so* ~ *me God!* så sandt hjælpe mig Gud! ~ **oneself** tage selv, forsyne sig, tage for sig af retterne;

(forb med *præp* og *adv)* ~ **forward** *(fig)* fremme; ~ **on** hjælpe frem; ~ *me on (, off) with my coat* hjælp mig frakken på (, af); ~ **out** hjælpe ud; hjælpe gennem en vanskelighed, understøtte; træde til; ~ *a lame dog over a stile* hjælpe en med at komme ud af en forlegenhed; ~ *yourself* **to** *some claret, please* å, tag (selv) noget rødvin; *he -ed me to a glass of wine* han skænkede et glas vin til mig; *may I* ~ *you to some more meat?* må jeg give Dem lidt mere kød?

helper ['helpə] *sb* hjælper.

helpful ['helpf(u)l] *adj* hjælpsom; nyttig.

helping ['helpiŋ] *sb* forsyning, portion.

helpless ['helplis] *adj* hjælpeløs.

helpmate ['helpmeit], **helpmeet** ['helpmi:t] *sb* medhjælp; hjælper(ske); (ofte = ægtefælle).

helter-skelter ['heltə'skeltə] *adj, adv* (i) vild forvirring; hulter til bulter; over hals og hoved; *sb* rutschebane (i spiral).

helve [helv] *sb* økseskaft; *vb* sætte skaft på.

helvella [hel'velə] *sb (bot)* foldhat (en svampeart).

Helvetia [hel'vi:ʃiə] Helvetien, Schweiz.

Helvetic [hel'vetik] *adj* helvetisk, schweizisk.

I. hem [hem] *sb* søm, kantning, kant; *vb* sømme, kante; indeslutte; ~ *in (el. about, round)* omringe; omgærde, indeslutte; *we are -med in by rules and regulations* vi kan ikke røre os for reglementer og forskrifter.

II. hem [hem] *interj* hm! *sb* rømmen; *vb* rømme sig; ~ *and haw* hakke og stamme.

hemal [hi:ml] *adj* hæmal, blod-.

he-man ['hi:mæn] *sb* T rigtigt mandfolk, 100% mandfolk.

hematine ['hemətin] *sb* hæmatin.

hematite ['hemətait] *sb* blodsten, hæmatit.

hemicycle ['hemisaikl] *sb* halvkreds.

hemiplegia [hemi'pli:dʒə] *sb (med.)* hemiplegi, halvsidig lammelse.

hemisphere ['hemisfiə] *sb* halvkugle, hemisfære; *(anat)* halvdel af storhjernen.

hemispheric(al) [hemi'sferik(l)] *adj* halvkugleformet, hemisfærisk.

hemistich ['hemistik] *sb* halvvers.

hemlock ['hemlɔk] *sb (bot)* skarntyde; skarntydeekstrakt; *(~ spruce)* art tsuga (et granlignende træ), især Tsuga canadensis. **hemlock spruce,** se *hemlock.*

hemoglobin [hi:məu'gləubin] *sb* hæmoglobin.

hemophilia [hi:məu'filiə] *sb* blødersygdom.

hemorrhage ['hemərid3] *sb (med.)* blødning.

hemorrhoids ['hemərɔidz] *sb pl* hæmorroider.

hemp [hemp] *sb* hamp; *(glds, fig)* reb (til hængning).

hemp agrimony *(bot)* hjortetrøst.

hempen ['hempən] *adj* af hamp; *a* ~ *collar (glds, fig)* løkken på bødlens reb; ~ *widow* enken efter en hængt.

hemp nettle *(bot)* hanekro.

hemstitch ['hemstitʃ] *sb* hulsøm; *vb* sy hulsøm i.

hen [hen] *sb* høne; hun (af fugl).

henbane ['henbein] *sb (bot)* bulmeurt.

hence [hens] *adv* fra nu af; heraf, derfor; *(glds)* herfra; *twenty-four hours* ~ om fire og tyve timer.

henceforth ['hens'fɔ:θ], **henceforward** ['hens'fɔ:wəd] *adv* fra nu af, for fremtiden.

henchman ['hen(t)ʃmən] *sb* trofast følgesvend, håndgangen mand; *(neds)* lejesvend, drabant, kreatur, håndlanger.

hen coop hønsebur.

hendecagon [hen'dekəgən] *sb* ellevekant.

hendecasyllable ['hendekəsiləbl] *sb* ellevestavelsesvers.

hen harrier ['hen'hæriə] *zo* blå kærhøg.

hen house hønsehus.

henna ['henə] *sb* henna (farvestof).

hennaed ['henəd] *adj* hennafarvet.

hennery ['henəri] *sb* hønseri; hønsehus, hønsegård.

hen party T dameselskab.

henpeck ['henpek] *vb* have under tøflen; *a -ed husband* en tøffelhelt.

Henry ['henri] Henry; *(hist.* om konge) Henrik.

hep [hep] *adj (am* S*)* med på den, med på noderne; jazzinteresseret, som har forstand på jazz; *be* ~ *to* være inde i.

hepatic [hi'pætik] *adj* hepatisk, lever-.

hepatica [hi'pætikə] *sb (bot)* leverurt.

hepatitis [hepə'taitis] *sb (med.)* leverbetændelse.
hepato- ['hepətə] lever-.
hep-cat, hepster *sb* jazzmusiker; jazzentusiast.
heptagon ['heptəgən] *sb* syvkant.
heptarchy ['hepta:ki] *(hist.)* heptarki, styre ved syv herskere.
her [hə:, (ubetonet:) hə] *pron* hende; sig; hendes; sin, sit, sine.
Heracles ['herəkli:z] *(myt)* Herakles, Herkules.
herald ['her(ə)ld] *sb* herold; budbringer; våbenkyndig, heraldiker; *vb* forkynde, (ind)varsle, bebude *(fx the approach of spring);* hilse (*el.* - byde) velkommen *(fig);* ~ *of spring* forårsbebuder.
heraldic [hi'rældik] *adj* heraldisk.
heraldry ['her(ə)ldri] *sb* heraldik; heroldværdighed.
herb [hə:b; *(am ogs)* ərb] *sb* plante, urt; krydderplante, lægeplante.
herbaceous [hə:'beiʃəs; *am* əgså ə:-] *adj* urteagtig; ~ *border* blomsterrabat, staudebed.
herbage ['hə:bidʒ, *(am ogs)* 'ər-] *sb* urter, planter.
herbal ['hə:bəl; *(am ogs)* 'ər-] *sb* plantebog, botanik; *adj* urte-, urteagtig.
herbalist ['hə:bəlist; *(am ogs)* 'ər-] *sb* plantekender; plantesamler; forhandler af lægeurter; naturlæge.
herbarium [hə:'bɛəriəm; *(am ogs)* ər-] *sb* herbarium.
herb bennet *(bot)* febernellikerod.
herbicide ['hə:bisaid; *(am ogs)* 'ər-] *sb* ukrudtsmiddel.
herbivorous [hə:'bivərəs, *(am ogs)* ər-] *adj* planteædende.
herb| Paris *(bot)* firblad. ~ **Robert** *(bot)* stinkende storkenæb. ~ **tea** urtete.
Herculean [hə:kju'liən] *adj* herkulisk; bomstærk.
Hercules ['hə:kjuli:z] *(myt)* Herkules.
herd [hə:d] *sb* hjord, flok; mængde; *vb* vogte; drive, genne; samle i en flok, drive sammen; (uden objekt) gå i flok; samle sig, stuve sig sammen; *the common* ~ hoben, den store hob.
herd|book stambog. ~ **instinct** flokinstinkt.
herdsman ['hə:dzmən] *sb* hyrde, røgter.
here [hiə] *adv* her, herhen; ~*!* kom her! hør her! hør engang! *from* ~ herfra; *leave* ~ rejse herfra; ~ *and there* hist og her; ~ *below* her på jorden *(mods* i himmelen); ~ *you are* værsgo (når man rækker noget); *here's how! here's to you!* skål! *here's (a health) to Smith!* Smiths skål! skål for Smith! *that's neither* ~ *nor there* det hører ingen steder hjemme; det kommer ikke sagen ved; det har ikke noget at sige, det betyder ikke noget; ~ *goes!* så starter vi! nu skal du (, I) høre! *look* ~*!* hør engang! ~ *there and everywhere* overalt; alle (vide) vegne.
hereabout(s) ['hiərəbaut(s)] *adv* her omkring.
hereafter [hiə'ra:ftə] *adv* herefter; *the* ~ det hinsides, livet efter dette.
hereby ['hiə'bai] *adv (jur)* herved, herigennem.
hereditable [hi'reditəbl] *adj* arvelig.
hereditament [heri'ditəmənt] *sb* arv, arvemasse, arvegods.
hereditary [hi'redit(ə)ri] *adj* arvelig, arve-.
heredity [hi'rediti] *sb (biol)* arvelighed.
Hereford ['herifəd].
here|in ['hiə'rin] *adv (jur)* heri. **-inafter** ['hiərin'a:ftə] *adv (jur)* i det følgende. **-inbefore** *adv (jur)* i det foregående. **-of** ['hiə'rɔv] *adv (jur)* herom; heraf.
heresiarch [he'ri:zia:k] *sb* stifter af kættersk sekt.
heresy ['herəsi] *sb* kætteri. **heretic** ['herətik] *sb* kætter; *adj* kættersk. **heretical** [hi'retikl] *adj* kættersk.
here|to ['hiə'tu:] *adv* hertil. **-tofore** ['hiətu'fɔ:] *adv (jur)* hidtil, før; tidligere. **-upon** ['hiərə'pɔn] *adv* herpå, derpå. **-with** ['hiə'wið] *adv* hermed.
heritable ['heritəbl] *adj* arvelig; arveberettiget.
heritage ['heritidʒ] *sb* arv (især *fig, fx our cultural* ~*).*
herm [hə:m] *sb* herme.
hermaphrodite [hə:'mæfrədait] *sb* hermafrodit, tvekønnet væsen *el.* plante; *adj* hermafroditisk, tvekønnet.
hermaphroditic [hə:mæfrə'ditik] hermafroditisk, tvekønnet.
hermaphroditism [hə:'mæfrədaitizm] *sb* tvekønnethed.
hermeneutics [hə:mi'nju:tiks] *sb* hermeneutik (læren om fortolkning).
Hermes ['hə:mi:z] *(myt.)* Hermes.
hermetic [hə:'metik] *adj* hermetisk, lufttæt; *the Hermetic art* alkymien; ~ *seal* hermetisk tillukning.
hermetically [hə:'metik(ə)li] *adv* hermetisk, lufttæt.
hermit ['hə:mit] *sb* eremit.
hermitage ['hə:mitidʒ] *sb* eneboerhytte; eremitage; eremitagevin.
hermit crab *zo* eremitkrebs.
hernia ['hə:njə] *sb (med.)* brok.
hernial ['hə:njəl] *adj* brok- *(fx bandage).*
hero ['hiərəu] *sb (pl -es)* helt; *(myt)* heros.
Herod ['herəd] Herodes.
heroic [hi'rəuik] *adj* heroisk; heltemodig; helte-; (om stil) høj; højtravende; (i kunst) over legemsstørrelse; (om middel) drastisk; *sb* heltedigtning; heltedigtets versemål; ~ *couplet* heroisk kuplet, rimede 5-fodede jamber; ~ *treatment* hestekur.
heroically [hi'rəuk(ə)li] *adv* heltemodigt.
heroics [hi'rəuiks] *sb pl* heltestil, højtravende udtryksmåde.
heroin ['herəuin] *sb (kem)* heroin.
heroine ['herəuin] *sb* heltinde.
heroism ['herəuizm] *sb* heltemod.
heron ['herən] *sb zo* hejre.
heronry ['herənri] *sb* hejrekoloni.
hero worship heltedyrkelse.
herpes ['hə:pi:z] *sb (med.)* herpes.
herpes zoster ['hə:pi:z 'zɔstə] *(med.)* helvedesild.
herring ['heriŋ] *sb zo* sild; *red* ~ røget sild; *(fig)* falsk (*el.* vildledende) spor, afledningsmanøvre; *draw a red* ~ *across the track (el. trail)* aflede opmærksomheden, føre på vildspor; afspore diskussionen; *neither fish, flesh, nor good red* ~ hverken fugl eller fisk.
herringbone ['heriŋbəun] *sb* sildeben *(ogs* om vævning og syning); (i skisport) sildeben.
herringbone stitch heksesting.
herring gull *zo* sølvmåge.
herring pond: *the* ~ dammen (ɔ: Atlanterhavet).
hers [hə:z] *pron* hendes; sin, sit, sine.
herself [hə'self] *pron* hun selv, hende selv; sig selv; sig; selv; (se *exx* under *himself).*
Hertfordshire ['ha:fədʃə]. **Herts.** [ha:ts, hə:ts] Hertfordshire.
he's [hi:z] *fk he is, he has.*
hesitance ['hezit(ə)ns], **hesitancy** ['hezit(ə)nsi] *sb* tøven, betænkelighed; usikkerhed; ubeslutsomhed; stammen.
hesitant ['hezit(ə)nt] *adj* nølende; tøvende; usikker; ubeslutsom; stammende.
hesitate ['heziteit] *vb* vakle; tøve, nøle; nære betænkeligheder; stamme, hakke i det; udtrykke sig tøvende; ~ *about what to do* ikke rigtig vide (*el.* være i tvivl om) hvad man skal gøre; ~ *at* vige tilbage for; ~ *between* vakle mellem; ~ *to* nære betænkelighed ved at; være betænkelig ved at, ikke være glad for at; *he will not* ~ *to do it* han vil ikke tage i betænkning (*el.* betænke sig på) at gøre det.
hesitatingly ['heziteitiŋli] *adv* tøvende, vaklende; usikkert; stammende.
hesitation [hezi'teiʃn] *sb* tøven, betænkelighed; usikkerhed; ubeslutsomhed; vaklen; stammen.
hesitative ['heziteitiv] *adj* tøvende; usikker.
Hesperian [he'spiəriən] *adj* hesperisk, vestlig.

Hesperides [he'speridi:z] *sb pl (myt)* Hesperider.
Hesperus ['hespərəs] Venus, aftenstjernen.
Hesse ['hesi] *(geogr)* Hessen.
Hessian ['hesiən, *(am)* heʃn] *adj* hessisk; *sb* hesser; (om stof) hessian; ~ *boots, Hessians* lange støvler; ~ *fly zo* hessisk flue.
hest [hest] *sb (glds)* befaling.
hetaera [he'tiərə], **hetaira** [he'taiərə] *sb* (græsk *hist)* hetære.
hetero ['hetərəu] *sb, adj* T heterosexuel.
heterodox ['hetərədɔks] *adj* heterodoks, anderledestænkende; kættersk.
heterodoxy ['hetərədɔksi] *sb* heterodoksi; kætteri.
heterodyne ['hetərədain] *sb* (radio:) heterodyn.
heterogeneity [hetərədʒi'ni:iti] *sb* uensartethed.
heterogeneous [hetərə'dʒi:njəs] *adj* heterogen, uensartet.
heterosexual [hetərə'sekʃuəl] *adj* heteroseksuel *(mods* homoseksuel).
hetman ['hetmən] *sb* hetman (polsk feltherre; kosakhøvding).
het-up ['het 'ʌp] *adj* T ophidset, ude af flippen.
heuristic [hjuə'ristik] *adj* heuristisk.
HEW *fk (am) (Department of Health Education and Welfare).*
hew [hju:] *vb (hewed, hewed el. hewn)* hugge; udhugge; (i mine) bryde; ~ *out a career for oneself* arbejde sig op, bryde sig en karriere; ~ *to (am)* holde sig (nøje) til.
hewer [hju:ə] *sb: -s of wood and bearers of water (bibl)* brændehuggere og vandbærere.
hex [heks] *(am) vb* forhekse; *sb* hekseri; heks.
hewn [hju:n] *pp* af *hew.*
hexagon ['heksəgən] *sb* sekskant. **hexagonal** [hek'sægənl] *adj* sekskantet. **hexahedral** ['heksə'hedrəl] *adj* sekssidet.
hexahedron ['heksə'hedrən] *sb* sekssidet figur.
hexameter [hek'sæmitə] *sb* heksameter.
hey [hei] *interj* hov! hør (du der)! hej! pst! ~ *presto* vupti, vips.
heyday ['heidei] *sb* blomstringstid, bedste tid, velmagtsdage; *in the ~ of his power* på højdepunktet af sin magt; *in the ~ of youth* i ungdommens vår.
hf. *fk half.*
H.F. *fk high-frequency.*
hf. bd. *fk half-bound.*
H.G. *fk High German; Home Guard; Horse Guards; His (, Her) Grace.*
hg. *fk hectogram.*
HGV *fk heavy goods vehicle.*
H.H. *fk His (, Her) Highness; His Holiness (the Pope).*
hhd. *fk hogshead.*
H-hour ['eitʃ'auə] *sb* tidspunktet for planlagt militær aktion.
hi [hai] *interj* hej!
Hi. *fk Hawaii.*
hiatus [hai'eitəs] *sb* åbning, kløft, lakune; (ved vokaler) hiat.
Hiawatha [haiə'wɔθə].
hibachi [hi'ba:tʃi, hi'bætʃi] *sb (am)* trækulsbækken.
hibernal [hai'bə:nl] *adj* vinterlig.
hibernate ['haibəneit] *vb* ligge i vinterdvale; overvintre.
hibernation [haibə'neiʃn] *sb* overvintring; vinterdvale.
Hibernia [hai'bə:niə] Irland.
Hibernian [hai'bə:njən] *adj* irsk; *sb* irlænder.
hiccough, hiccup ['hikʌp] *sb* hikke, hik; T kortvarig afbrydelse; teknisk fejl; *vb* hikke.
hic jacet ['hik 'dʒeisit] *(lat:)* her hviler; *sb (glds)* gravskrift.
hick [hik] *sb (am S)* bondeknold; ~ *town* provinshul.
hickey ['hiki] *sb (am)* dims, indretning; sugemærke; bums.
hickory ['hikəri] *sb* hickorytræ, nordamerikansk valnøddetræ.
hid [hid] *præt* og *pp* af *hide.*
hidalgo [hi'dælgəu] *sb* hidalgo (spansk adelsmand).
hidden [hidn] *pp* af *III. hide.*
I. hide [haid] *sb* hud, skind; *vb* flå; prygle, banke; *save one's ~* redde *(el.* hytte) sit skind; *he hadn't seen ~ or hair of her* han havde ikke set det ringeste spor af hende; *have a thick ~* være tykhudet (ɔ: ufølsom); (se også *tan).*
II. hide [haid] *sb* (jordareal, ca. 120 acres).
III. hide [haid] *vb (hid, hid(den))* skjule (sig), gemme (sig) *(from* for); ~ *out* skjule sig, gemme sig, krybe i skjul.
hide-and-seek ['haidnsi:k] *sb* skjul (leg).
hideaway ['haidəwei] *sb* skjulested.
hidebound ['haidbaund] *adj* forbenet, forstokket, snæversynet, fuld af fordomme; bornert; (om træ) med barktrang.
hideous ['hidiəs] *adj* hæslig *(fx a ~ crime);* frygtelig, skrækkelig, grufuld; gyselig.
hideout ['haidaut] *sb* T skjulested.
I. hiding ['haidiŋ] *sb* bank; *he gave him a good ~* han gav ham et ordentligt lag tæsk); *be on a ~ to nothing* ikke have en chance.
II. hiding ['haidiŋ] *sb: be in ~* være (, holde sig) skjult; *go into ~* skjule sig, krybe i skjul.
hiding place skjulested.
hie [hai] *vb (glds)* ile, skynde sig.
hierarch ['haiəra:k] *sb* hierark, kirkefyrste, ypperstepræst.
hierarchic(al) [haiə'ra:kik(l)] *adj* hierarkisk, rangordnet.
hierarchy ['haiəra:ki] *sb* hierarki, præstevælde; rangfølge, rangforordning.
hieratic [haiə'rætik] *adj* hieratisk (om en form for hieroglyffer kun forståelig for indviede); gejstlig, præstelig.
hieroglyph ['haiərəglif] *sb* hieroglyf. **hieroglyphic** [haiərə'glifik] *adj* hieroglyfisk; *-s sb pl* hieroglyffer.
hierophant ['haiərəfænt] *sb* mysteriefortolker; mysteriepræst.
hi-fi ['hai'fai] *fk high fidelity; sb* stereoanlæg.
higgle ['higl] *vb* sjakre, tinge.
higgledy-piggledy ['higldi'pigldi] *adv* hulter til bulter; i vild uorden.
high [hai] *adj* høj; høj- *(fx season; Gothic);* højtliggende; ophøjet *(fx position, ideals);* fornem; højtstående *(fx official);* stærk *(fx colour, wind);* stor *(fx speed);* (om kød) som har en tanke, (om vildt) overhængt; T fuld, højt oppe, S 'høj' (af narkotika); *adv* højt *(fx play ~); sb* højdepunkt; *(meteorol)* højtryk; (om bil) højt gear;

~ *and dry* (om fartøj) på land; *(fig)* sat udenfor; hjælpeløs; ~ *and low* høj og lav; *adv* vidt og bredt; ~ *and mighty* stormægtig; hoven, stor på den; ~ *feeding* overdådig kost, fin mad; *with a ~ hand* egenmægtigt, despotisk, dominerende; ~ *hopes* store *(el.* højspændte) forventninger; ~ *living* luksustilværelse; ~ *looks* stolt mine; *on ~* i det høje; *from on ~* fra det høje; ~ *sea* stærk søgang; *the ~ seas* det åbne hav; *smell ~* have en tanke (om kød); *in ~ spirits,* se *I. spirit; the sun is ~* solen står højt på himmelen; *it is ~ time for me to be off* det er på høje tid jeg kommer af sted; *a ~ Tory* en yderliggående konservativ; *wear one's hair ~* have håret sat op; ~ *words* vrede ord.
high| altar højalter. ~ **-angle fire** krumbaneskydning. **-ball** *(am)* whiskysjus. **-binder** *(am S)* bølle, gangster. **-blown** opblæst. **-born** af fornem byrd. **-boy** højt skuffemøbel, chiffoniere. **-bred** af fin race, fin, dannet; fornem.

highbrow ['haibrau] *sb* intellektuel; åndsaristokrat; *(neds)* åndssnob; *adj* intellektuel, åndsaristokratisk; *(neds)* åndssnobbet.
high chair (barne)stol.
High Church *sb* højkirke; *adj* højkirkelig.
High Churchman ['hai'tʃə:tʃmən] tilhænger af højkirken.
high|-class *adj* førsteklasses, fin. ~ **-coloured** *adj* stærkt farvet; overdreven.
High Command overkommando.
High Commissioner højkommissær.
High Court of Justice (engelsk overret).
high| culture finkultur. ~ **day** festdag, højtidsdag; *it was ~ day* det var højlys dag. ~ **energy physics** højenergifysik.
higher-ups *sb pl* T folk højere oppe på rangstigen.
high explosive brisant sprængstof; sprængbombe.
high-explosive *adj* højeksplosiv; ~ *shell* brisantgranat.
highfalutin ['haifə'lu:tin] *adj* højtravende, svulstig, bombastisk.
high| farming intensivt landbrug. ~ **-fidelity** *adj* som gengiver støjfrit og uden forvrængning. ~ **-flier** = *~-flyer.* **-flown** højtflyvende; højtravende. ~**-flyer** en der kan (, vil) nå højt; højtbegavet person; stræber. **-flying** *(ogs fig)* højtflyvende. ~ **forest** højskov. ~ **frequency** højfrekvens.
Highgate ['haigit].
High German højtysk.
high|-grade *adj* af høj kvalitet, førsteklasses. ~ **-handed** *adj* egenmægtig, dominerende, despotisk. ~ **-hat** *adj (am* S*)* høj i hatten, stor på det, storsnudet; *vb* være storsnudet (over for); *sb (mus.)* high-hat (bækken med pedal). ~ **-hatted,** ~ **-hatty** = ~ *-hat.* ~ **jump** højdespring; *you'll be for the ~ jump (fig)* T du får kærligheden at føle..
highland ['hailənd] *sb* højland; *the Highlands* (især:) højlandene i Skotland. **Highlander** *sb* højlænder.
high-level *adj (fig)* på højt plan *(fx a ~ meeting).*
high-level bridge højbro.
high life den fornemme verden; livet i den fornemme verden, overklassetilværelse.
highlight ['hailait] *sb* lyseste sted (på billede), glanslys; *(fig)* højdepunkt *(fx the -s of the story);* hovedpunkt; *vb* kaste (et kraftigt) lys over; *(fig ogs)* fremhæve særligt, henlede opmærksomheden på.
highly ['haili] *adv* højt, i høj grad, højlig, højst, meget, stærkt; ~ *connected* med aristokratiske forbindelser, af fornem familie; ~ *recommended* stærkt anbefalet; *speak ~ of* tale i høje toner om, prise; *think ~ of* have høje tanker om; ~ *strung,* se *high-strung.*
high|-mettled ['haimetld] *adj* tapper, fyrig, vælig. ~ **-minded** *adj* nobel, ædelt tænkende, idealistisk. ~ **-neck(ed)** *adj* højhalset.
highness ['hainəs] *sb* højhed; *His (Royal) Highness* hans (kongelige) højhed.
high|-octane *adj* (om benzin) med højt oktantal. ~ **-pitched** (om tone) høj, skinger; *(fig)* højstemt, ophøjet *(fx ambitions);* nervøs; (om tag *etc)* stejl; *a ~ -pitched aim* et højt mål. ~ **politics** storpolitik. ~ **-powered** *adj* stærk, kraftig *(fx engine; lense* linse); med kraftig motor (, linse) *(fx car; microscope); (fig)* dynamisk, energisk, pågående; (om møde *etc)* med mange fremtrædende folk som deltagere.
high pressure højtryk. **high-pressure** *adj* højtryks-; *(fig)* pågående; ~ *gas* trykgas; ~ *gas holder* trykgasbeholder.
high| -priced *adj* dyr. ~ **priest** ypperstepræst. ~ **-principled** *adj* med ædle grundsætninger, med høje etiske principper. ~ **-proof** *adj* med høj alkoholprocent. ~ **-ranking** *adj* højtstående.
high rise højhus.
high-rise ['hairaiz] *adj: ~ apartment building (am), ~ block* højhus; ~ *apartment (am),* ~ *flat* lejlighed i højhus; ~ *district* kvarter med højhuse.
highroad ['hairəud] *sb* landevej; *(fig)* slagen vej; *be on the ~ to* være godt på vej til; *be on the ~ to perdition* ile sin undergang i møde.
high school *(omtr)* fagskole; højere skole; *(am omtr)* gymnasieskole.
high|-seasoned *adj* stærkt krydret. ~ **-souled** *adj* højsindet. ~ **-sounding** *adj* højtravende. ~ **-speed** *adj* hurtiggående, hurtigløbende; hurtig- *(fx drilling machine).* ~ **-speed steel** hurtig(dreje)stål. ~ **-spirited** *adj* højsindet, stolt; trodsig; (om hest) fyrig, livlig. ~ **street** hovedgade.
highstrung ['haistrʌŋ] *adj* overspændt, nervøs; *she is ~ (ogs)* hun er et nervemenneske.
hight [hait] *adj (glds* og *poet)* kaldt, kaldet *(fx a maiden ~ Elaine); Childe Harold was he ~* Childe Harold hed han.
hightail ['haiteil] *vb (am* S): ~ *it* stikke af i fuld fart, ræse.
high| tea større måltid med te sent på eftermiddagen. ~ **tech** ['hai'tek] højteknologi; (om stil) high tec. ~ **technology** højteknologi. ~ **tension** højspænding. ~ **-tension** *adj* højspændings-. ~ **tide** højvande. ~ **-toned** højstemt, ophøjet. ~ **treason** højforræderi.
highty-tighty ['haiti'taiti] se *hoity-toity.*
high|-up ['hai'ʌp] T *adj* højtstående; *sb* højtstående person. ~ **voltage** *(elekt)* højspænding. ~ **water** højvande. ~ **-water mark** højvandsmærke; *(fig)* kulminationspunkt. **-way** ['haiwei] (hoved)landevej. **-wayman** *(glds)* landevejsrøver. ~ **wire** (særlig) høj line (til linedans). ~**-wire** *adj* som foregår på høj line. ~**-wire performer** linedanser. ~ **yellow** *(am* T*)* mulat (af meget lys hudfarve).
H.I.H. *fk His (, Her) Imperial Highness.*
hijack ['haidʒæk] *vb* bortføre, kapre (især om fly); (overfalde og) udplyndre en transport; *sb* flykapring.
hijacker ['haidʒækə] *sb* flykaprer, flypirat; en der overfalder og udplyndrer en (smugler)transport.
hike [haik] *vb* vandre, være på travetur *(el.* fodtur); *(am)* sætte i vejret, hæve *(fx taxes); sb* vandretur, travetur; *(am)* forøgelse, stigning; ~ *up* hive op i *(fx she -d up her skirt).*
hilarious [hi'lɛəriəs] *adj* overgiven, løssluppen *(fx party);* skrigende morsom, hylende komisk *(fx joke).*
hilarity [hi'læriti] *sb* (løssluppen) munterhed; (overgiven) lystighed.
I. hill [hil] *sb* høj, bakke; bjerg; *over the ~ (fig)* temmelig gammel, på retur; over der værste; *up ~ and down dale (ogs)* alle vegne, vidt og bredt.
II. hill [hil] *vb* hyppe.
hillbilly ['hilbili] *sb (am* T*)* bonde(knold) (fra de sydlige bjergegne).
hill country bakket *el.* bjergrigt højland.
hillo(a) [hi'ləu] *interj* hallo! *vb* råbe hallo.
hillock ['hilək] *sb* lille høj; tue.
hillside ['hilsaid] *sb* skrænt, skråning.
hill walking fjeldvandring.
hilly ['hili] *adj* bakket; kuperet; bjergfuld; bakke-; ~ *range* højdedrag.
hilt [hilt] *sb* kårdefæste; *(glds)* hjalte; *up to the ~ (fig)* fuldstændig, ubetinget; *prove up to the ~* bevise fuldt ud.
him [him, im] *pron* ham; den, det; sig.
H.I.M. *fk His (, Her) Imperial Majesty.*
Himalayas [himə'leiəz] *pl: the ~* Himalaya(bjergene).
himself [im'self, (betonet) him'self] *pron* han (, ham) selv, selv; (refleksivt) sig selv; sig *(fx he washed ~); by ~* alene, på egen hånd; *he is not ~* han er ikke rigtig sig selv; *he says so ~* han siger det selv; det er ham selv der siger det; *he came to ~* han blev sig selv igen.

I. hind [haind] *sb zo* hind.
II. hind [haind] *adj* bagest, bag-.
III. hind [haind] *sb (glds)* bondeknøs; *(dial.)* tjenestekarl; forvalter.
I. hinder ['haində] *adj* bageste, bag-.
II. hinder ['hində] *vb* hindre, hæmme, sinke, være til hinder (for).
hindermost ['haindəməust] *adv* bagest.
hind gut ['haindgʌ] *sb zo* endetarm.
hind leg ['haind'leg] bagben; *talk the ~ off a donkey* snakke fanden et øre af; *get up on one's -s* rejse sig (og tale).
hindmost ['haindməust] *adj* bagest.
hindquarters ['haind'kwɔ:təz] *sb pl* bagparti, bagfjerding.
hindrance ['hindrəns] *sb* hindring; *be a ~ (ogs)* være i vejen.
hindsight ['haindsait] *sb (mil.)* bageste sigtemiddel; *(spøg)* bagklogskab.
Hindu ['hin'du:] *sb* hindu. **Hinduism** ['hinduizm] *sb* hinduisme. **Hindustan** [hindu'sta:n] Hindustan.
Hindustani [hindu'sta:ni] *adj* hindustansk; *sb* hindustansk; hindustani.
hinge [hin(d)ʒ] *sb* hængsel; *(bogb)* fals; *(fig)* hovedpunkt, hovedsag; *vb* forsyne med hængsel; *-d (ogs)* drejelig; *~ on* afhænge af, komme an på; *off the -s (fig)* af lave; sindssyg; *go off the -s (fig, ogs)* gå over gevind.
hinny ['hini] *sb zo* mulæsel.
hint [hint] *sb* vink, antydning, hentydning; insinuation; *vb* antyde, *(neds)* insinuere; *take a ~* forstå et vink, forstå en halvkvædet vise; *~ at* hentyde til, antyde.
hinterland ['hintəlænd] *sb* bagland, opland.
I. hip [hip] *sb* hofte; *(bot)* hyben; *(arkit)* grat (i et tag); *smite ~ and thigh* (i biblen) slå sønder og sammen, slå skånselsløst; *have on the ~* have krammet på.
II. hip [hip] *(am S) = hep.*
hip| bath siddebadekar. **-bone** hofteben. *~* **flask** lommelærke. *~* **-huggers** *(am)* bukser med lav linning. *~* **joint** hofteled.
hipped ['hipt] *adj (am T): ~ on* optaget af, meget interesseret i; helt skør med.
hipped roof *(arkit)* valmtag.
hippie ['hipi] *sb* hippie.
hippo ['hipəu] *sb zo* flodhest.
hip|pocket baglomme (i bukser). *~* **-pocket** *adj (am)* i lommeformat.
hippocras ['hipəkræs] *sb* kryddervin.
Hippocratic [hipə'krætik] *adj: the ~ oath* lægeløftet.
hippodrome ['hipədrəum] *sb* varieté; hippodrom, cirkus.
hippogriff, hippogryph ['hipəgrif] *sb (myt)* hippogryf (bevinget hest).
hippopotamus [hipə'pɔtəməs] *sb zo* flodhest.
hippy ['hipi] *sb* hippie.
hip| roof *(arkit)* valmtag. **-shot** *adj* med hoften af led; knækket sammen i hoften.
hipster ['hipstə] *adj* (om tøj) med lav linning *(fx ~ skirt, ~ pants); sb = hep cat; -s pl* bukser med lav linning.
hircine ['hə:sain] *adj* gedeagtig; med gedelugt, med en ram lugt.
hire ['haiə] *vb* leje *(fx a car),* hyre *(fx a taxi);* (om person) fæste, ansætte; *sb* leje; løn; *for ~* til leje; (om taxi) fri; *~ out* udleje; *~ (oneself) out* tage arbejde.
hired| girl *(am)* (tjeneste)pige (på landet). *~* **man** *(am)* (tjeneste)karl.
hireling ['haiəliŋ] *sb (neds)* lejesvend.
hire-purchase [haiə'pə:tʃəs] *sb* afbetalingssystem; *adj* afbetalings-; *on the ~ (system)* på afbetaling.
hire service udlejningsforretning.
hirsute ['hə:su:t] *adj* (be)håret, lådden; *~ beard* vildmandsskæg.
his [iz; (betonet) hiz] *pron* hans; sin, sit, sine.
Hispanic [hi'spænik] *sb* amerikaner af spansk *el.* latinamerikansk afstamning.
Hispano [hi'speinəu] (i *sms)* spansk- *(fx ~ -American).*
hispid ['hispid] *adj* stridhåret.
hiss [his] *vb* hvisle, hvæse, syde; (mishagsytring:) hysse, pibe; pibe ud; *sb* hvislen, hvæsen; hyssen, piben; hvislelyd.
hist [st; hist] *interj (glds)* hys! tys! pst!
histological [histə'lɔdʒikl] *adj* histologisk.
histology [hi'stɔlədʒi] *sb* histologi, vævslære.
historian [hi'stɔ:riən] *sb* historiker, historieskriver.
historic [hi'stɔrik] *adj* historisk *(fx day; place).*
historical [hi'stɔrikl] *adj* historisk *(fx novel, studies).*
historicity [histə'risiti] *sb* historisk korrekthed.
historiographer [histɔ:ri'ɔgrəfə] *sb* historiker, historiograf.
historiography [histɔ:ri'ɔgrəfi] *sb* historieskrivning; historiografi.
history ['hist(ə)ri] *sb* historie; beretning; *become ~* gå over i historien; *that is ~ now* det hører fortiden til; *make ~* skabe historie; *~ of the world* verdenshistorie.
histrionic [histri'ɔnik] *adj* skuespil-, skuespiller-, teater-; *(fig)* teatralsk. **histrionics** [histri'ɔniks] *sb pl* skuespilkunst; teaterforestillinger; *(fig)* teatralsk optræden.
I. hit [hit] *sb* stød, slag; træffer; *(fig)* hib *(at* til, *fx that was a ~ at me);* (om bog *etc)* succes, (om melodi) schlager, hit; *(am* S) (bestilt) mord; røveri; *direct ~* fuldtræffer; *a lucky ~* et heldigt greb, et held; *his last novel was quite a ~* (også) hans sidste roman gjorde lykke.
II. hit [hit] *vb (hit, hit)* støde, slå; træffe, ramme; finde; *(am)* nå *(fx prices ~ a new high),* komme til (, i, på) *(fx when will he ~ town? it ~ the papers);* (om motor) tænde;

~ the books S studere; *~ the bottle* S drikke; *~ a man when he is down* sparke til en falden modstander; skubbe til den hældende vogn; *it ~ his fancy* det tiltalte ham; *~ the hay (am* S) krybe i kassen, gå i seng; *~ the headlines* blive den store sensation, komme på forsiden; *you've ~ it* du har gættet rigtigt; du har fuldstændig ret; *that is meant to ~ me* det sigter til mig; *it is ~ or miss* det er knald eller fald; (se også *hit-or-miss); ~ the right path* komme ind på den rigtige vej; *~ the road* tage af sted; *~ the roof* S fare helt op i loftet (af raseri); *~ the spot (am)* være lige hvad man trænger til;

(med *præp, adv) ~ back* slå igen; *(fig)* bide fra sig; *~ below the belt* ramme under bæltestedet; *~ off* efterligne (, skildre) træffende, tage på kornet; *they ~ it off well* de kom godt ud af det sammen; *~ on, ~ upon* komme på; støde på, 'falde over; *~ out* lange ud, slå om sig.
hit-and-run | driver flugtbilist. *~* **raid** lynangreb.
I. hitch [hitʃ] *vb* bevæge sig fremad i ryk; halte; hænge fast, blive hængende *(fx his coat -ed on a nail);* (med objekt) bevæge fremad i ryk, rykke *(fx he -ed his chair closer to the table);* hægte fast, spænde fast, koble *(to* til, *fx ~ a trailer to a car),* spænde *(to* for, *fx ~ a horse to a carriage);* tøjre *(fx a horse to a post); ~ a horse* spænde en hest for; *~ one's wagon to a star (fig)* sætte sig høje mål; *-ed up* spændt for; S gift, splejset sammen; *~ up one's trousers* hive op i bukserne.
II. hitch [hitʃ] *sb* ryk, stød; hindring, standsning; *(am)* (militær) tjenestetid; *(mar)* stik (ɔ: knude); *there is a ~ somewhere* der er slinger i valsen; T der er noget der hikker; *have a ~ in one's gait* halte; *everything went off without a ~* det hele gik glat.
hitchhike ['hitʃhaik] *vb* S blaffe, tomle, tage på stop,

rejse på tommelfingeren. **hitchhiker** *sb* S blaffer.
hitching post pæl til at tøjre hest(e) ved.
hi-tech = *high tech.*
hither ['hiðə] *adv* hid, herhen; ~ *and thither* hid og did.
hitherto ['hiðə'tu:] *adv* hidtil.
hitman ['hitmæn] *sb (am* S) lejemorder.
hit-or-miss [hitɔ:'mis] *adj* tilfældig, skødesløs.
hit-skip = *hit-and-run.*
hit squad *(am* S) mordpatrulje.
Hittite ['hitait] *adj, sb* hittitisk; *-s pl* hittitter.
hive [haiv] *sb* bikube; *vb* sætte (bier) i kube; (om bierne) samle (honning) i bikube; indsamle; bo sammen; ~ *off* (om bier) sværme; *(merk)* overlade (en del af produktionen) til et underordnet firma; *(fig)* skille 'fra, skille 'ud; skille sig ud; stikke af.
hives [haivz] *sb pl* kløende udslæt.
hl *fk hectolitre.*
H.M. *fk Her (, His) Majesty.*
H.M.C. *fk Headmasters' Conference.*
H.M.G. *fk Her (, His) Majesty's Government.*
H.M.P. *fk (during) Her (, His) Majesty's Pleasure* på ubestemt tid.
H.M.S. *fk Her (, His) Majesty's Ship; Her (, His) Majesty's Service.*
H.M.S.O. *fk Her (, His) Majesty's Stationery Office.*
ho [həu] *interj* hej; halløj.
H.O. *fk Home Office.*
hoagie ['həugi] *sb (am)* (lang sandwich-bolle med kød *el.* ost).
hoar [hɔ:] *sb* rimfrost; *adj (glds)* = *hoary.*
hoard [hɔ:d] *sb* forråd; skat; sammensparede penge; *(fig)* fond *(fx of witty stories); (arkæol)* depotfund; *vb* samle sammen, ophobe, hamstre, samle til bunke, puge (penge) sammen; *(fig)* gemme på.
hoarder ['hɔ:də] *sb* pengepuger, hamstrer.
hoarding ['hɔ:diŋ] *sb* plankeværk.
hoarfrost ['hɔ:frɔ(:)st] *sb* rimfrost.
hoarse [hɔ:s] *adj* hæs.
hoary ['hɔ:ri] *adj* grå, hvid af ælde; grånet; hvidhåret; *(fig)* mosgroet *(fx joke);* ældgammel *(fx ~ ruins); ~ antiquity* den grå oldtid.
hoatzin [həu'ætsin] *sb zo* hoatzin, sigøjnerfugl.
hoax [həuks] *sb* spøg, mystifikation; svindelnummer; skrøne, avisand; *vb* lave numre med, narre, mystificere.
hoax bomb call telefonbombe.
hob [hɔb] *sb* hylde *el.* plade på kamin hvor ting sættes til varme; komfurplade.
Hobbes [hɔbz].
hobble [hɔbl] *vb* humpe, halte; binde forbenene (på en hest) sammen; *sb* humpen; halten; fodreb (til en hests forben); *(glds)* forlegenhed, knibe.
hobbledehoy ['hɔbldi'hɔi] *sb* lemmedasker, kejtet ung fyr.
hobble skirt tøndebåndsnederdel.
I. hobby ['hɔbi] *sb zo* lærkefalk.
II. hobby ['hɔbi] *sb* hobby, fritidsinteresse; kæphest.
hobbyhorse ['hɔbi'hɔ:s] *sb* kæphest, gyngehest, karruselhest; *(fig)* kæphest.
hobgoblin ['hɔbgɔblin] *sb* (drilagtig) nisse; bussemand.
hobnail ['hɔbneil] *sb* skosøm; *(glds)* bondeknold; *vb* forsyne med skosøm; *a pair of -ed boots* et par sømbeslåede støvler.
hobnob ['hɔbnɔb] *vb* fraternisere, omgås fortroligt, snakke og drikke *(with* med).
hobo ['həubəu] *sb (am* S) landstryger, vagabond; omvandrende sæsonarbejder.
Hobson [hɔbsn]: *it is a case of -'s choice* der er intet valg; man må tage hvad der tilbydes eller undvære.
I. hock [hɔk] *sb* hase, haseled; skank.
II. hock [hɔk] *sb* rhinskvin.
III. hock [hɔk] *(am* S) *sb* pant; *vb* stampe, pantsætte; *in ~* i gæld; stampet, pantsat; i spjældet; *put into ~* stampe.
hockey ['hɔki] *sb* hockey; *(am ogs)* ishockey.
hock shop lånekontor.
hocus ['həukəs] *sb* vin tilsat noget bedøvende; *vb* bedrage, narre; komme bedøvende middel i.
hocus-pocus ['həukəs 'pəukəs] *sb* hokuspokus, taskenspilleri, fup.
hod [hɔd] *sb* kalktrug; skulderbræt; kulkasse, kulspand.
hodden [hɔdn] *sb* groft uldent stof; ~ *grey* groft uldent stof vævet af sort og hvidt garn.
Hodge [hɔdʒ] landarbejderen, bonden.
hodge-podge ['hɔdʒpɔdʒ] *sb* ruskomsnusk.
hodiernal [hɔdi'ə:nl] *adj* af i dag.
hodman ['hɔdmən] *sb* murerhåndlanger, murerarbejdsmand.
hodometer [hɔ'dɔmitə] *sb* kilometertæller.
hoe [həu] *sb* hakke; hyppejern, lugejern; *(Dutch ~)* skuffejern; *vb* hakke; hyppe; skuffe; *have a hard (el. long) row to ~* have et vanskeligt arbejde for, have et hårdt job; ~ *one's own row* passe sig selv.
hoecake *(am)* majskage.
I. hog [hɔg] *sb* svin; orne, (kastreret:) galt; (om får), se *hoggit; (om person)* svin, gris; S godstogslokomotiv; *go the whole ~* tage skridtet helt ud; løbe linen ud; *behave like a ~* opføre sig som en tølper; *bring one's -s to the wrong market* komme til den forkerte; gå galt i byen; *live high on the ~* leve flot, flotte sig.
II. hog [hɔg] *vb* studse, klippe; skyde ryg; S lægge beslag på mere end der kan tilkomme en af, rage til sig (af); monopolisere *(fx the discussion); ~ down* hugge i sig.
Hogarth ['həuga:θ].
hogback ['hɔgbæk] *sb* højdedrag med stejle sider; bakkekam.
hogg [hɔg] = *hogget.*
hogged [hɔgd] *adj* (om manke) kortklippet, (om vej) stærkt krummet; *(mar)* kølsprængt.
hogget ['hɔgit] *sb* årgammelt får, der endnu ikke er klippet.
hoggin ['hɔgin] *sb* (fint) vejgrus.
hoggish ['hɔgiʃ] *adj* svinsk; grådig.
hogmanay ['hɔgmə'nei] *sb* (skotsk) årets sidste dag, nytårsaften(sdag).
hogshead ['hɔgzhed] *sb* (rummål, *omtr)* oksehoved.
hog|skin svinelæder. **-sty** svinesti. **-tie** *vb (am)* (binde alle fire ben sammen på et dyr), svinebinde; krumslutte; *(fig)* binde på hænder og fødder. **-wash** svineføde; *(fig)* sprøjt; tom snak, pladder. **-weed** *(bot)* (især:) bjørneklo.
hoick [hɔik] *vb* stige brat; rykke op; hive op (med et ryk); tvinge flyvemaskine til pludselig stigning.
hoi polloi [hɔi'pɔlɔi; 'hɔipɔ'lɔi] (græsk:) den jævne befolkning, hoben.
hoist [hɔist] *vb* hejse; løfte; *sb* hejs; hejseapparat, spil; elevator; *give him a ~* give ham et skub (for at hjælpe ham op); (se også *petard).*
hoity-toity ['hɔiti'tɔiti] *adj* vigtig, arrogant, hovskisnovski.
hoke [həuk] *vb (am* S*): ~ up* hitte på, digte.
hokey-pokey ['həuki'pəuki] *sb* (slags iskage); S hokus pokus.
hokum ['həukəm] *sb (am* S) billigt teatertrick; sentimentalt bras, kitsch; højtravende sludder.
Holborn ['həubən] (gade i London).
I. hold [həuld] *sb* hold, tag, greb; støttepunkt, støtte, fodfæste; (i brydning) greb, brydetag; *(mar)* lastrum; (ved raketaffyring) afbrydelse i nedtælling; *catch (el. lay el. seize el. take) ~ of* tage fat i; *get ~ of* få fat i *(el.* på); *have a ~ on (el. over) (fig)* have et fast greb om;

have magt over (*el.* indflydelse på); have en klemme på; *let go one's* ~ give slip; *no -s (are) barred* alle kneb gælder.

II. hold [həuld] *vb (held, held)* **1.** holde *(fx a child in one's arms);* (af)holde *(fx a meeting);* fastholde *(fx the attention);* bære *(fx this beam -s the next storey);* **2.** rumme *(fx the room won't ~ more than a hundred persons);* indeholde; beholde i sig *(fx he cannot ~ his food);* **3.** eje, besidde, have *(fx ~ shares in a company);* indehave *(fx a record);* beklæde *(fx a position; an office* et embede); **4.** forsvare, hævde besiddelsen af, holde *(fx a fortress);* **5.** mene, anse for *(fx ~ sby to be a fool; I ~ it to be impossible);* holde på, hævde;

(uden objekt) **6.** holde, ikke gå i stykker *(fx the rope will ~);* **7.** gælde, stå ved magt *(fx the principle (, the promise) still -s);* **8.** holde sig, vare, blive ved *(fx this weather won't ~);*

(forskellige *forb,* se også *baby, brief, I. candle, I. hand, I. own etc)* ~ *a conversation* føre en samtale; ~ *good* gælde, holde stik; ~ *one's ground* holde stand, hævde sig, hævde stillingen; ~ *it!* T bliv stående sådan! stå stille! lige et øjeblik! ~ *your jaw (el. noise)!* hold kæft! ~ *land* eje jord; ~ *land of the crown* have krongods i forpagtning; ~ *the line* holde stand, ikke vige; *(tlf)* holde forbindelsen; ~ *the line!* et øjeblik! ~ *one's tongue* holde mund; ~ *strange views* nære besynderlige anskuelser; ~ *water* være vandtæt; *(fig)* holde stik, være logisk uangribelig, kunne stå for en nærmere prøvelse;

(forb med *præp* og *adv)* ~ *it* **against** *him* lægge ham det til last; ~ *(oneself)* **aloof** holde sig for sig selv, holde sig (fornemt) tilbage; ~ **back** holde igen; holde (sig) tilbage; tilbageholde *(fx information);* ~ *back from* afholde sig fra; ~ **by** *one's decision* holde fast ved (*el.* blive ved) sin beslutning; ~ *by one's teachers* rette sig efter (*el.* holde sig til) hvad ens lærere har doceret; ~ **down** holde nede *(fx prices);* undertrykke; holde sig i; blive i (trods vanskeligheder) *(fx a job);* ~ **forth** præke, holde tale, holde foredrag (ofte *neds);* ~ *forth a hope of sth* stille noget i udsigt; ~ **hard!** stop lidt! ~ **in** *contempt* foragte; ~ *in great esteem* nære stor agtelse for; ~ *in one's temper (el. oneself)* beherske sig; ~ **off** holde (sig) borte (, tilbage); *(am)* udsætte, udskyde; ~ *people off* holde folk på afstand; ~ *off from (am)* holde sig fra, undlade; tøve med; ~ **on** holde sig fast; holde ud, blive ved, fortsætte; *(tlf)* holde forbindelsen, vente; ~ *on!* stop lidt! ~ *on to* holde fast på (i, ved), fastholde *(fx he held on to his explanation);*

~ **out** stille i udsigt, love; frembyde; holde stand, holde ud, stå fast; ~ *out a baby* holde et barn frem; ~ *out one's hand* række hånden frem; ~ *oneself out as (am)* give sig ud for at være; ~ *out for* stå fast på sit krav om; ~ *out on sby* ikke ville give sig; nægte at give efter (for én); skjule noget for en; ~ **over** udsætte; ~ *sth over* lade noget stå hen *(fx ~ over a decision for a week);* (lade) blive siddende i et embede; prolongere; holde i reserve *(fx the rest of the goods);* ~ *it over him* stadig true ham med det; ~ **to** *one's word* stå ved sit ord; ~ **up** række op *(fx one's hand);* holde oppe, holde frem, fremholde; holde tilbage, forsinke *(fx a traffic jam held me up);* standse; holde op, holde i skak (med revolver *etc);* holde sig (oppe); være ved, fortsætte; ~ *up as an example* fremholde som eksempel; ~ *up to ridicule* stille i gabestokken, latterliggøre; ~ *up a train* standse et tog for at plyndre passagererne; ~ **with** være enig med; billige, synes om; *I don't ~ with Sunday dancing* jeg synes ikke det er rigtigt at danse om søndagen.

holdall ['həuldɔ:l] *sb* (lærreds)taske, vadsæk, rejsetaske, weekendtaske.

holden [həuldn] *glds pp* af *hold.*

holder ['həuldə] *sb* forpagter; indehaver, besidder; cigaretrør; holder; (til lampe) fatning.

holdfast ['həuldfa:st] *sb* krampe, jernkrog, *(tekn)* klo.

I. holding ['həuldiŋ] *sb* beholdning; aktiepost; *(agr)* brug, (forpagtet) gård, landejendom; *small* ~ husmandsbrug; ~ *of shares* aktiepost.

II. holding ['həuldiŋ] *adj:* ~ *attack* fastholdende angreb (ɔ: for at binde fjenden); ~ *company* holdingselskab.

holdup ['həuldʌp] *sb* trafikstandsning; holdop, væbnet røveri.

hole [həul] *sb* hul; *vb* hulle, lave huller i; (i golf) få en bold i hul; (i billard) skyde en bal i hul; *be in a* ~ være i forlegenhed (*el.* i knibe); be in the ~ *(am* T) have underskud, skylde; *put sby into a* ~ bringe en i forlegenhed; *make a* ~ *in (fig)* bruge en stor del af, gøre indhug i; ~ *out* (i golf) spille et hul færdigt; ~ *up (am)* lukke (*el.* mure) sig inde *(fx in one's office);* gemme sig, søge tilflugt; *-d up (ogs)* indespærret.

hole-and-corner [həulən'kɔ:nə] *adj* lyssky.

holiday ['hɔlədi, -dei] *sb* fridag, ferie; *(rel)* helligdag; *-s* ferie; *go on a* ~ tage på ferie.

holidaymaker turist, badegæst, feriegæst, ferierejsende.

holiday resort feriested.

holier-than-thou *adj* selvgod; farisæisk.

holiness ['həulinəs] *sb* hellighed; fromhed.

Holinshed ['hɔlinʃed].

holla ['hɔlə; hɔ'la:] *interj* halløj! *vb* råbe; praje.

I. Holland ['hɔlənd].

II. holland ['hɔlənd] *sb* groft ubleget lærred.

hollands ['hɔləndz] *sb* genever.

holler ['hɔlə] *vb (am* S*)* skrige (op).

hollo(a) ['hɔləu], se *holla.*

hollow ['hɔləu] *sb* hulning; hulhed; sænkning, fordybning, grube; *adj* hul, dump; falsk; *vb* hule, udhule; ~ *cheeks* indfaldne kinder; *the ~ of the hand* den hule hånd; *hold in the ~ of one's hand* holde i sin hule hånd, have i sin magt; *beat them* ~ sejre overlegent over dem, banke dem sønder og sammen.

hollow|back *(bogb)* (bog *el.* bind med) løs ryg. ~ **-eyed** huløjet. ~ **-ground** *adj* hulslebet. ~ **punch** *(tekn)* huggepibe, (blikkenslagers) udhugger. **-ware** fade, skåle, gryder; (af sølv, guld, *etc)* korpusarbejde.

holly ['hɔli] *sb (bot)* kristtorn.

hollyhock ['hɔlihɔk] *sb (bot)* stokrose.

Hollywood ['hɔliwud].

holm [həum] *sb* holm; engstrækning langs flod.

Holmes [həumz].

holm oak *(bot)* steneg.

holocaust ['hɔləkɔ:st] *sb* massakre, nedslagtning, massemyrderi; kæmpebrand (hvor der omkommer mange); masseødelæggelse; kæmpekatastrofe, ragnarok; *(rel)* brændoffer; *the Holocaust* (nazisternes massemord på jøder under 2. verdenskrig).

hologram ['hɔləgræm] *sb* hologram, tredimensionalt billede.

holograph ['hɔləgra:f] *sb* egenhændigt skrevet dokument.

hols [hɔlz] *(fk holidays) sb pl* T ferie.

Holstein ['hɔlstain] Holsten; *adj* holstensk.

holster ['həulstə] *sb* pistolhylster.

holt [həult] *sb (glds)* skov, lund; træbevokset høj.

holy ['həuli] *adj* hellig; *the Holy of Holies* det allerhelligste.

holy day helligdag.

Holy Father: *the* ~ paven. **Holy Ghost:** *the* ~ Helligånden. **Holy Land:** *the* ~ Det hellige Land. **Holy Office:** *the* ~ inkvisitionen.

holy orders *pl* præsteembede, præsteindvielse; *take* ~ lade sig ordinere.

holystone ['həulistəun] *sb* skuresten; *vb* skure (med skuresten).

holy terror frygtindgydende person; (om barn) rædselsfuld unge, plageånd; *he is a* ~ han er ikke til at have med at gøre; *the boys regarded him as a* ~ drengene nærede en sand rædsel for ham.

Holy Thursday Kristi himmelfartsdag. **holy water** vievand.

Holy Week: *the* ~ den stille uge (i påsken).

Holy Writ den hellige skrift.

homage ['hɔmidʒ] *sb (hist.)* lenshylding; *(fig)* hyldest; tribut; *do (el. pay)* ~ hylde, vise hyldest; *owe* ~ *to* stå i vasalforhold til.

I. home [həum] *sb* hjem; (i sport, *fx* baseball) mål; *adj* hjemlig; indenlandsk, indenrigs; indre; *adv* hjem; (i sport) til målet; i mål; *be* ~ *and dry* T være i salveten, have klaret den, være „hjemme";

(med *præp*) **at** ~ hjemme; på hjemmebane; *what's he when he's at* ~*?* T hvad er han for én? *be at* ~ *in (el. with) a subject* være godt hjemme i et emne, være fortrolig med et emne; *make oneself at* ~ lade som man er hjemme; *Mrs Smith is at* ~ *on Tuesdays* fru Smith tager imod om tirsdagen; **from** ~ hjemmefra; ikke hjemme, bortrejst; (i sport) på udebane;

(med *vb) arrive* ~ komme hjem; *bring* ~, se *bring; it came* ~ *to me* jeg følte det dybt; det gik for alvor op for mig; *carry an argument* ~ drage de yderste konsekvenser af en påstand; *drive a nail* ~ slå et søm helt i; *drive a thrust* ~ føre et stød til bunds; *go* ~ ramme *(fx my remark went* ~*); make one's* ~ *in* slå sig ned i; *press (el. push)* ~ gøre mest muligt ud af; *press (el. push)* ~ *the attack* føre angrebet helt igennem; *press* ~ *an advantage* udnytte en fordel til det yderste; *he pushes his inquiries* ~ han går til bunds med sine undersøgelser; *screw* ~ skrue fast; *see sby* ~ følge en hjem; *strike* ~ føre slaget til bunds; ramme sømmet på hovedet; *take* ~ *(fig)* lægge sig på sinde; *nothing to write* ~ *about* ikke noget at råbe hurra for.

II. home [həum] *vb* finde hjem (især om brevduer); *(flyv)* vende tilbage til basen; ~ *on* finde hjem (, finde målet) ved hjælp af, orientere sig ved hjælp af.

III. Home [həum; (adeligt navn) hju:m].

home| affairs *pl* indre anliggender. **-bird, -body** hjemmemenneske. ~ **-brewed** hjemmebrygget. **-coming** *sb* hjemkomst; *(am)* årlig fest for gamle elever. ~ **consumption** hjemmeforbrug.

home counties *pl: the* ~ (grevskaberne nærmest London, især Middlesex, Surrey, Kent og Essex).

Home Department = *Home Office.*

home| economics husholdningslære, hjemkundskab. ~ **farm** avlsgård. ~ **game** kamp på hjemmebane. **-grown** hjemmeavlet, af egen avl. ~ **guard** hjemmeværn. ~ **help** husmoderafløser; hjemmehjælper. **-land** hjemland; (i Sydafrika) (område som sorte henvises til at bo i).

home|less hjemløs, husvild. **-like** hjemlig.

homely ['həumli] *adj* hjemlig, hyggelig *(fx atmosphere);* dagligdags, jævn, beskeden *(fx food);* folkelig *(fx expression); (am)* ikke videre køn.

home-made ['həum'meid] *adj* hjemmelavet, hjemmebagt.

home match kamp på hjemmebane.

Home Missions *pl* indre mission.

Home Office *eng* ministerium, hvorunder politi, fængselsvæsen og civilforsvar sorterer; *(omtr)* indenrigsministerium.

homeopath ['həumiəpæθ] *sb* homøopat.

homeopathic [həumiə'pæθik] *adj* homøopatisk.

homeopathy [həumi'ɔpəθi] *sb* homøopati.

home| perm hjemmepermanent. ~ **port** *(mar)* hjemsted.

I. homer ['həumə] *sb* brevdue; (baseball) = *home run.*

II. Homer ['həumə]. **Homeric** [hə'merik] *adj* homerisk.

home room hjemmeklasse.

Home Rule selvstyre (især Irlands).

home run (i baseball:) et slag der bringer bolden så langt bort, at slåeren kan nå hele vejen rundt og hjem.

Home Secretary *(omtr)* indenrigsminister, se *Home Office.*

home|sick som har hjemve. **-sickness** hjemve.

homespun ['həumspʌn] *sb* hjemmevævet tøj; *adj* hjemmespundet, hjemmevævet, hjemmegjort; *(fig)* folkelig, jævn; hjemmestrikket *(fx philosophy);* ~ *philosopher* lommefilosof.

home stand *(am)* (række baseballkampe på hjemmebane).

homestead ['həumsted] *sb* hjem; bondegård, gård; *(am)* selvstændigt småbrug (især en gård på 160 acres, overladt kolonister af statsjorden).

homesteader *sb (am)* ejer af et *homestead.*

home| straight, ~ **stretch** opløb (sidste stykke af vædeløbsbane). ~ **thrust** velrettet (kårde)stød; velanbragt spydighed. ~ **trade** indenrigshandel. ~ **truth:** *I told him a few* ~ *truths* jeg sagde ham et par drøje sandheder.

homeward(s) ['həumwəd(z)] *adv* hjem-; hjemad; ~ *bound* (for) hjemgående.

homework ['həumwə:k] *sb* hjemmearbejde, lektier; *do one's* ~ læse lektier, T lave lektier; *(fig)* læse på sin lektie, forberede sig *(fx the Minister had not done his* ~*).*

homicidal [hɔmi'saidl] *adj* drabs-; morderisk.

homicide ['hɔmisaid] *sb* drab; drabsmand; ~ *squad* mordkommission.

homiletic [hɔmi'letik] *adj* homiletisk; opbyggelig; ~ *literature* opbyggelseslitteratur.

homiletics *sb pl* homiletik (gejstlig talekunst).

homily ['hɔmili] *sb* homili, prædiken; moralprædiken.

homing ['həumiŋ] *adj* med kurs mod hjemmet; som søger hjem; (om raket) målsøgende; *sb (flyv)* målflyvning, hjempejling; (om raket) målsøgning.

homing| device målsøgningsapparat. ~ **pigeon** brevdue.

hominy ['hɔmini] *sb* majsgrød.

homo ['həuməu] T = *homosexual.*

homo|geneity [hɔmədʒe'ni:iti] *sb* homogenitet, ensartethed. **-geneous** [hɔmə'dʒi:njəs] *adj* homogen, ensartet.

homo|logous [hə'mɔləgəs] *adj* homolog, overensstemmende. **-nym** ['hɔmənim] *sb* homonym, enslydende ord. **-nymous** [hɔ'mɔniməs] *adj* homonym, enslydende. **-nymy** [hɔ'mɔnimi] *sb* homonymi. **-phone** ['hɔməfəun] *sb* = *-nym.* **-phony** [hɔ'mɔfəni] *sb (mus.)* homofoni. **-sexual** [həumə'sekʃuəl] *adj* homoseksuel. **-sexuality** [həuməsekʃu'æliti] *sb* homoseksualitet.

homunculus [hə'mʌŋkjuləs] *sb* mandsling; homunkulus.

homy ['həumi] *adj* hjemlig, hyggelig.

Hon. *fk honorary; honourable.*

honcho ['hɔntʃou] *sb (am* S) chef, boss, spids, stor kanon.

Honduras [hɔn'djuərəs].

hone [həun] *sb* slibesten; *vb* hvæsse, skærpe, slibe.

honest ['ɔnəst] *adj* ærlig, redelig, retskaffen, hæderlig, brav; ~ *broker* uvildig mellemmand; ~ *Injun!* ['ɔnəst 'indʒən] på ære! *make an* ~ *woman of her* gifte sig med hende efter at have forført hende; *turn an* ~ *penny,* se *penny.*

honestly ['ɔnistli] *adv* ærligt, redeligt; ærlig talt; ærligt og redeligt *(fx* ~ *it is all I know about it).*

honesty ['ɔnisti] *sb* ærlighed, redelighed; *(bot)* judaspenge; ~ *is the best policy* ærlighed varer længst.

honey ['hʌni] *sb* honning; (i tiltale) min ven! min skat! *vb* søde med honning; smigre, snakke godt for.

honey| bag honningblære, honningmave (hos en bi). **-bee** *zo* honningbi. ~ **buzzard** *zo* hvepsevåge.

honeycomb ['hʌnikəum] *sb* bikage; flade dækket af sekskantede figurer; *vb* gennemhulle.

honeydew ['hʌnidju:] *sb* honningdug (udsondring af bladlus); sirupbehandlet tobak.

honeyed ['hʌnid] *adj* sødet med honning; sød som honning; *(fig)* honningsød, sukkersød.

honey| guide *zo* honninggøg. **-moon** *sb* hvedebrødsdage; bryllupsrejse; *vb* tilbringe hvedebrødsdagene *(fx they -mooned in Norway)*. **-mouthed** [-mauðd] indsmigrende, med sukkersøde ord.

honeysuckle ['hʌnisʌkl] *sb (bot)* gedeblad, kaprifolium.

honey-tongued ['hʌnitʌŋd] *adj* = *-mouthed.*

hong [hɔŋ] *sb* kinesisk pakhus; handelsplads i Kina; europæisk handelshus i Kina.

Hong Kong [hɔŋ'kɔŋ].

honk [hɔŋk] *sb* vildgåsens skrig; lyden af automobilhorn; trutten (med bilhorn), dytten; *vb* trutte, dytte, tude.

honkie, honky ['hɔŋki] *sb* S *(neds)* hvid *(mods* neger).

honky-tonk ['hɔŋkitɔŋk] *sb (am)* tarvelig beværtning, bule; *adj* (om musik *omtr* =) ragtime.

Honolulu [hɔnə'lu:lu:].

honor *(am)* = *honour.*

honorarium [(h)ɔnə'rɛəriəm] *sb* (frivilligt ydet) honorar.

honorary ['ɔnrəri] *adj* æres-, honoraer; ~ *member* æresmedlem; ~ *secretary* ulønnet sekretær.

honorific [ɔnə'rifik] *adj* æres-; *sb* ærbødighedsfrase.

I. honour ['ɔnə] *sb* ære, hæder; **-s** *pl* æresbevisninger *(fx military -s; -s were heaped upon him)*; (i kortspil) honnører *(fx I have three -s)*; (om universitetseksamen), se *honours degree;*

~ *and glory* ære og berømmelse; ~ *bright!* på ære! *do the -s* præsidere ved bordet, optræde som vært(inde); *meet with due* ~ (om veksel) blive tilbørlig honoreret; ~ *where* ~ *is due* ære den som æres bør; *in* ~ *bound to* æresforpligtet til (at), moralsk forpligtet til (at); *in* ~ *of* til ære for; *in* ~ *of the occasion* i dagens anledning; *debt of* ~ æresgæld; *guest of* ~ hædersgæst; *maid of* ~ hofdame; *the -s of war* privilegier der indrømmes en slagen fjende *(fx* fri afmarch); *pledge one's* ~ give sit æresord; *put sby on his* ~ tage ens æresord for at han vil gøre *(el.* afstå fra at gøre) noget; *he is an* ~ *to the school* skolen har ære af ham; *get through the examination with full -s* tage eksamen med glans; *Your Honour* Deres velbårenhed (især til dommere i *County Courts)*.

II. honour ['ɔnə] *vb* ære; gøre ære, beære *(fx I felt -ed)*; hædre, udmærke; opfylde *(fx a contract, a promise)*; *(merk)* indfri, honorere (en veksel *etc)*.

honourable ['ɔnrəbl] *adj* ærlig, hæderlig; ærefuld; velbåren, højvelbåren (titel for regeringsmedlemmer, visse højtstående embedsmænd, børn af visse adelige *etc); the* ~ *member for* det ærede medlem for (tiltaleform brugt i Underhuset); *Most Honourable* højvelbårne (bruges om *marquess); Right Honourable* højvelbårne (især om medlemmer af *the Privy Council* samt adelsmænd under *marquess); his intentions are* ~ han har reelle hensigter (ɔ: han vil gifte sig med pigen).

honour card honnørkort.

honours degree en B.A.-grad som tildeles efter et mere specialiseret studium *(mods pass degree); first class honours degree (omtr)* førstekarakter (med udmærkelse). **honours examination** eksamen til en *honours degree.*

honours list liste over titler og ordner der uddeles af regenten på dennes fødselsdag og ved nytår.

honours man en der studerer til *el.* har en *honours degree.*

honour trick honnørstik.

Hon. Sec. *fk Honorary Secretary.*

hooch [hu:tʃ] *sb (am* S) spiritus, 'sprut'; smuglersprit, indsmuglet *el.* hjemmebrændt spiritus; hytte.

hood [hud] *sb* hætte; (på bil) kaleche, *(am)* motorhjelm, kølerhjelm; (på skorsten) røghætte, røgfang; (på komfur) emhætte; *(am)* = *hoodlum; vb* trække en hætte over; dække, tilsløre.

hooded ['hudid] *adj* med hætte; hætteformet; afskærmet; *(bot)* kappeformet; ~ *crow zo* gråkrage; ~ *seal zo* klapmydse; ~ *snake zo* brilleslange.

hoodlum ['hudləm] *sb (am* T) gangster; bølle.

hoodoo ['hu:du:] *sb (am* T) ulykkesfugl; ulykke, uheld; *vb* bringe ulykke over, forhekse.

hoodwink ['hudwiŋk] *vb* narre, bluffe, føre bag lyset.

hooey ['hu:i] *sb* S vrøvl, sludder.

hoof [hu:f] *sb* hov, *(spøg)* fod; *vb* sparke; *on the* ~ (om kvæg) levende, uslagtet; ~ *him out* S sparke ham ud; ~ *it* S gå, traske; trampe; danse.

hoofbeat ['hu:fbi:t] *sb* hovslag.

hoofed [hu:ft] *adj:* ~ *mammal* hovdyr.

hoo-ha ['hu:ha:] *sb* T postyr, ståhej, ballade.

I. hook [huk] *sb* hage, krog, knage; (i kjole *etc)* hægte; (til fiskeri) (fiske)krog; (til hængsel) stabel; *(agr,* haveredskab) segl, krumkniv; *(geogr)* hage (ɔ: krum landtange); (i golf, kricket, boksning) hook;

~ *and eye* hægte og malle; *by* ~ *or by crook* med ærlige eller uærlige midler; på den ene eller den anden måde; *get the* ~ T blive smidt ud; ~, *line, and sinker,* se *sinker; off the -s* T i uorden, af lave; færdig, leveret; væk; *drop (el. go) off the -s* skeje ud; blive skør, gå fra forstanden; dø; *get him off the* ~ S redde ham; *on the* ~ på krogen; *(fig)* T uhjælpelig fanget, leveret; *on one's own* ~ på egen hånd, for egen regning; *take (el. sling) your* ~ S stik af med dig.

II. hook [huk] *vb* få på krogen, få til at bide på; gøre fast med krog, (om tøj) hægte; bøje i krogform, krøge; S stjæle, hugge; fuppe; (i golf) hooke (ɔ: ramme bolden skævt så den drejer af til højre); (uden objekt) bøje sig, kroge sig; S skynde sig; ~ *it* S stikke af, fordufte; ~ *a tackle (mar)* hugge en talje; ~ *on (mar)* hugge i; ~ *on to* hage sig fast i; ~ *up* hægte sammen; koble til *(el.* sammen); samle (et apparat); (om hest) spænde for; ~ *up with (am)* slutte sig sammen med.

hooka(h) ['hukə] *sb* (orientalsk) vandpibe.

hooked [hukt] *adj* kroget, krum; S afhængig *(on* af, *fx hard drugs);* ~ *on (ogs)* vild med, skør med *(fx old cars)*.

hooker ['hukə] *sb (mar)* huggert (lille fartøj); skude; (i rugby) hooker (midterste spiller i første række af en klynge); *(am* S) luder.

hook|-up sammenkobling af radiostationer, der muliggør fælles transmission. **-worm** *(med.)* hageorm (tarmsnylter).

I. hooky ['huki] *adj* kroget.

II. hook(e)y ['huki] *sb (am* T*): play* ~ skulke (fra skolen), pjække.

hooligan ['hu:ligən] *sb* bølle, bisse, voldsmand.

hooliganism ['hu:ligənizm] *sb* bølleoptøjer.

I. hoop [hu:p] *sb* bånd, tøndebånd; ring; bøjle; fiskeben (i skørt); fiskebensskørt; *vb* lægge bånd *(el.* ring) om; indfatte; *put sby through the* ~ T gå hårdt til én; *be put through the* ~ få sin sag for; *croquet* ~ kroketbue.

II. hoop [hu:p] *vb* huje, råbe; *sb* hujen, råben.

hooper ['hu:pə] *sb* bødker.

hooping cough kighoste.

hoop iron båndjern (til tøndebånd).

hoop-la ['hu:pla:] *sb (omtr)* ringspil (markedsforlystelse: man kan vinde gevinster ved at kaste en ring ned over dem); T ståhej.

hoopoe ['hu:pu:] *sb zo* hærfugl.

hoop skirt fiskebensskørt.

hoose(e)gow ['hu:sgau] *sb (am S)* fængsel.
hoot [hu:t] *vb* skrige; tude; huje efter; hysse ad, pibe ud; dytte; *sb* hujen, skrig, tuden; dyt; *I don't care a* ~ jeg er revnende ligeglad; *you don't care two -s for me* du bryder dig ikke en døjt om mig; *it is not worth two -s* det er ikke en rød øre værd.
hootch = *hooch.*
hooter ['hu:tə] *sb* signalhorn, alarmhorn; bilhorn; fabriksfløjte, sirene.
hoots [hu:ts] *interj* (på skotsk) snak (om en ting)! visvas!
hoove ['hu:v] *sb* trommesyge (hos kvæg).
hoover ® ['hu:və] *sb* støvsuger; *vb* støvsuge.
hooves [hu:vz] *pl* af *hoof.*
1. hop [hɔp] *vb* hoppe (over); hinke; danse; T tage en hurtig (flyve)tur; *sb* hop; T dans, bal; S flyvetur (især: uden mellemlanding); ~ *it!* stik af! forsvind! ~ *the twig* S stikke af (fra sin gæld); krepere; ~ *off (flyv)* gå på vingerne; *in three -s (flyv)* med kun to mellemlandinger; i tre etaper; *be always on the* ~ altid være i bevægelse *(el.* på stikkerne); *catch sby on the* ~ overraske en, komme bag på en; ~, *skip (, am: step) and jump* trespring.
2. hop [hɔp] *sb* humle; *vb* høste humle; sætte humle til; *hops* humle; S narkotisk middel, opium.
hopbine ['hɔpbain] *sb (bot)* humleranke.
hope [həup] *sb* håb; *vb* håbe; håbe på; ~ *against* ~ bevare håbet selv når det ser mørkest ud; ~ *for* håbe på; ~ *for the best* håbe det bedste; ~ *in God* stole på Gud; *he is past* ~ alt håb er ude for ham; han står ikke til at redde.
hope chest *(am)* kiste (, skuffe) med brudeudstyr.
hopeful ['həupf(u)l] *adj* forhåbningsfuld; fuld af håb, optimistisk *(fx the chances are small but he is still* ~*),* fortrøstningsfuld; lovende *(fx prospects; pupil); a young* ~ et håbefuldt ungt menneske; *he is* ~ *that* han nærer håb om at.
hopefully ['həupf(u)li] *adv* forhåbningsfuldt, fortrøstningsfuldt, optimistisk; (især *am)* forhåbentlig *(fx* ~*, we will meet again next year).*
hopeless ['həupləs] *adj* håbløs.
hop garden humlehave.
hophead ['hɔphed] *sb (am S)* narkoman, stofbruger.
hoplite ['hɔplait] *sb (hist.)* hoplit (græsk soldat).
hop-o'my-thumb ['hɔpəmi'θʌm] *sb* dværg, pusling, tommeliden.
hopper ['hɔpə] *sb* humleplukker; tragt; selvtømmende muddermaskine; *zo* springer (ostefluens larve).
hop picker humleplukker.
hopping mad T edderspændt, rasende.
hopple ['hɔpl] *vb* binde en hests forben sammen; *sb* fodreb (til at binde en hests forben med).
hop| pole humlestang. **-scotch** hinkeleg, paradis (børnelegen). ~ **tree** *(bot)* læderkrone. ~ **vine** humleranke.
Horace ['hɔrəs, -is] Horats (romersk digter; personnavn).
Horatio [hə'reiʃiəu].
horde [hɔ:d] *sb* horde; flok; *vb* leve i flok.
horehound ['hɔ:haund] *sb (bot): black* ~ tandbæger; *white* ~ kransburre.
horizon [hə'raizn] *sb* horisont, synskreds.
horizontal [hɔri'zɔntl] *adj* horisontal, vandret; ~ *bars pl (gymn)* reck.
hormonal ['hɔ:məunl, hɔ:'məunl] *adj* hormonal, hormon-.
hormone ['hɔ:məun] *sb (fysiol)* hormon.
1. horn [hɔ:n] *sb* horn; *(vulg)* ståpik; *take the bull by the -s* tage tyren ved hornene; *draw (el. pull) in one's -s* tage følehornene til sig; ~ *of plenty* overflødighedshorn; *on the -s of a dilemma* i et dilemma.
2. horn [hɔ:n] *vb* stange; ~ *in* trænge *(el.* mase) sig på; ~ *in on* trænge *(el.* mase) sig ind på, blande sig i.
horn|beam *(bot)* avnbøg. **-bill** *zo* næsehornsfugl. **-blende** ['hɔ:nblend] *(min.)* hornblende. **-book** *(glds)* hornbog, fibel, abc-tavle dækket af gennemsigtigt horn.
horned ['hɔ:nd; *(poet)* 'hɔ:nid] *adj* hornet; ~ *cattle* hornkvæg.
horned| owl *zo* hornugle. ~ **poppy** ['hɔ:n(i)d 'pɔpi] *(bot)* hornskulpe. ~ **toad** *zo* tudseleguan. ~ **viper** *zo* hornslange.
hornet ['hɔ:nit] *sb zo* hveps, gedehams; *bring (el. raise) a nest of -s about one's ears, poke one's head into a -s' nest, stir up a -s' nest* stikke hånden i en hvepserede.
hornless ['hɔ:nlis] *adj* uden horn, kullet.
horn| owl hornugle. **-pipe** (et gammeldags blæseinstrument); hornpipe (en sømandsdans).
horn-rimmed ['hɔ:n'rimd] *adj:* ~ *spectacles* hornbriller.
hornswoggle ['hɔ:nswɔgl] *vb* S svindle, snyde.
horntail ['hɔ:nteil] *sb zo* træhveps.
hornwork ['hɔ:nwə:k] *sb* hornarbejde; *(mil.)* hornværk.
hornwort ['hɔ:nwə:t] *sb (bot)* hornblad.
horny ['hɔ:ni] *adj* hornagtig; barket *(fx hands);* S liderlig. **horny-handed** *adj* med barkede næver.
horologer [hɔ'rɔlədʒə], **horologist** [hɔ'rɔlədʒist] *sb* urmager. **horology** [hɔ'rɔlədʒi] *sb* urmagerkunst.
horoscope ['hɔrəskəup] *sb* horoskop; *cast sby's* ~ stille ens horoskop.
horrendous [hɔ'rendəs] *adj* T rædselsvækkende, forfærdelig.
horrible ['hɔrəbl] *adj* skrækkelig, grufuld; frygtelig, forfærdelig; T afskyelig, gyselig.
horrid ['hɔrid] *adj* rædselsfuld; afskyelig; gyselig, ækel, væmmelig, modbydelig.
horrific [hɔ'rifik] *adj* rædselsvækkende, skrækindjagende; (om film, litteratur *etc* ogs) rædsels-, skræk-.
horrify ['hɔrifai] *vb* forfærde, indjage skræk.
horror ['hɔrə] *sb* rædsel; afsky; afskyelighed, grufuldhed; *the -s* anfald af sygelige angstfornemmelser (især under delirium tremens), delirium; *she is a* ~ hun er rædselsfuld; *have a* ~ *of sth* nære en sand rædsel for noget, afsky noget; *the* ~ *of it all!* hvor afskyeligt!
horror| comic (rædsels)tegneserie. ~ **film** gyser. ~ **-stricken,** ~ **-struck** *adj* rædselsslagen.
horse [hɔ:s] *sb* hest; hingst, vallak; *(mil.)* rytteri, kavaleri; (til støtte *etc)* buk, savbuk; stativ; *(mar)* løjbom; *(glds* strafferedskab) træhest; S heroin; *vb* forsyne med heste, spænde heste for; bedække (en hoppe); ~ *around (am* T*)* fjolle rundt;

a ~ *of another colour* et helt andet spørgsmål, en helt anden sag; *flog a dead* ~ diskutere en sag, der allerede er afgjort; spilde sine kræfter; *eat like a* ~ æde som en tærsker; *get on (el. mount el. ride) the high* ~ sætte sig på den høje hest; *a tip straight from the -'s mouth* en oplysning fra første hånd *(el.* fra sikker kilde), et staldtip; *master of the* ~ staldmester; *a regiment of* ~ et kavaleriregiment; *take the* ~ stige til hest; *5000* ~ (let *glds)* 5000 mand kavaleri; *to* ~*!* sid op! *the -s are to* der er spændt for; *work like a* ~ slide som et bæst.
horse|-and-buggy *adj* fra før bilen *(etc)* blev opfundet; *(fig)* håbløst forældet. **-back** hesteryg; *on -back* til hest. **-bean** *(bot)* agerbønne; hestebønne. ~ **block** op- og afstigningsblok. ~ **box** hestetransportvogn. ~ **brass** seletøjsbeslag af messing. **-breaker** hesteafretter, berider. ~ **chestnut** hestekastanje. **-cloth** hestedækken. ~ **collar** kumte. ~ **coper** hestepranger. ~ **dealer** hestehandler. **-fair** hestemarked. **-flesh** hestekød; heste; *be a judge of -flesh* forstå sig på heste,

være hestekender. **-fly** *zo* hesteflue.
Horse Guards *pl* hestgarde; *the Royal* ~ (hestgardens hovedkvarter i London).
horse|hair krølhår, hestehår. **-hoe** radrenser. **-laugh** skraldende latter. **-leech** *zo* hesteigle; blodigle. ~ **litter** rosbåre, bærestol der bæres af heste.
horse| mackerel hestemakrel; tunfisk. **-man** ['hɔ:smən] rytter. **-manship** ridekunst; ridefærdighed. ~ **marines:** *tell that to the* ~ *marines* den må du længere ud på landet med. ~ **master** ridelærer og berider; hesteudlejer, vognmand. ~ **nail** hestesko-søm. ~ **opera** S cowboy film. **-play** grove løjer; ballade; **-power** hestekraft; hestekræfter *(fx 60 horse-power).* **-race** hestevæddeløb. **-radish** *(bot)* peberrod. ~ **sense** sund fornuft. **-shoe** hestesko. **-shoe crab** *zo* dolkhale. **-tail** hestehale; *(bot)* padderokke. ~ **trade** hestehandel; *(fig)* (politisk) studehandel. ~**-trading** *sb* hestehandel; *(fig)* sjakren, tingen. **-whip** *sb* ridepisk; *vb* give af ridepisken. **-whipping** prygl med ridepisken. **-woman** rytterske.
hors(e)y ['hɔ:si] *adj* heste-; hesteagtig; heste(sports)interesseret; præget (i påklædning, ydre, optræden) af interesse for *el.* beskæftigelse med heste.
hortative ['hɔ:tətiv], **hortatory** ['hɔ:tətəri] *adj* formanende, opmuntrende, tilskyndende.
horticultural [hɔ:ti'kʌltʃərəl] *adj* have-, havedyrknings-, havebrugs-; ~ *society* haveselskab.
horticulture ['hɔ:tikʌltʃə] *sb* havedyrkning; havekunst.
horticulturist [hɔ:ti'kʌltʃərist] *sb* gartner.
hortus siccus ['hɔ:təs 'sikəs] herbarium.
hosanna [hə'zænə] hosianna.
hose [həuz] *sb* haveslange, brandslange; *(glds el. merk)* strømper; *(glds ogs)* hoser; *vb* oversprøjte.
hosier ['həuzjə, (især *am*) -ʒər] *sb* trikotagehandler.
hosiery ['həuzjəri, (især *am*) -ʒəri] *sb* trikotage(fabrik).
hospice ['hɔspis] *sb* hospits, gæstehjem, herberg, asyl; institution for pleje af håbløst syge.
hospitable ['hɔspitəbl, hɔ'spitəbl] *adj* gæstfri; ~ *to (fig)* åben over for *(fx new ideas).*
hospital ['hɔspitl] *sb* hospital, sygehus; velgørenhedsinstitution; *in* ~ på hospitalet; *remove to a* ~ indlægge på et hospital. **hospital fever** hospitalstyfus.
hospitality [hɔspi'tæləti] *sb* gæstfrihed; ~ *will be provided* der er frit ophold (ɔ: gratis kost og logi).
hospitalize ['hɔspit(ə)laiz] *sb* hospitalisere, indlægge på hospital.
hospitaller ['hɔspit(ə)lə] *sb* johanniterridder.
Hospital| Saturday, ~ **Sunday** (dage på hvilke der foretoges offentlig indsamling til hospitalerne).
hoss [hɔs] *sb* T = *horse.*
I. host [həust] *sb (ogs biol)* vært; (radio, TV) studievært; *-s pl (ogs)* værtsfolk; *vb* være (studie)vært for; *reckon without one's* ~ gøre regning uden vært.
II. host [həust] *sb* hær, krigshær; skare; hærskare, mængde; *Lord of Hosts* hærskarernes Herre.
III. host [həust] *sb (rel)* hostie.
hostage ['hɔstidʒ] *sb* gidsel; *take them* ~ tage dem som gidsler; *give -s to fortune* påtage sig en tung forpligtelse, give sig skæbnen i vold.
hostel [hɔstl] *sb* hjem (ofte af filantropisk karakter), sygehjem *(etc); (youth* ~*)* vandrerherberg, vandrerhjem; (ved universitet) studenterkollegium; *(glds)* gæstgiveri.
hostelry ['hɔstlri] *sb (glds)* gæstgiveri, værtshus.
hostess ['həustəs] *sb* værtinde; (i passagerflyver) stewardess; (i restaurant) pige der er ansat for at underholde mandlige gæster, taxigirl.
hostile ['hɔstail, *(am)* hɔstl] *adj* fjendtlig; fjendtligsindet.
hostility [hɔ'stiləti] *sb* fjendskab; fjendtlighed; *open (, suspend) hostilities* begynde (, indstille) fjendtlighederne.
hostler ['ɔslə] *sb* staldkarl (i en kro).
I. hot [hɔt] *adj* hed, varm; (om smag) stærk, bidende, brændende, skarp, krydret, pebret; *(fig)* hidsig, heftig *(fx battle, temper),* gal; lidenskabelig, ildfuld, stærkt sanselig, T ivrig *(for* efter); (om spor) nyt, frisk; *(elekt)* strømførende; T skrap, fræk (ɔ: uanstændig); *(am ogs)* populær *(fx he was a* ~ *singer 20 years ago);* S dygtig, skrap *(fx pilot);* spændende, sensationel, (om nyhed *ogs)* frisk; (om bil, fly) meget hurtig; (om musik) hot; (om tyvekoster) 'varme' (ɔ: efterlyste);
~ **and** *bothered* T ude af flippen; ~ *and* ~ (serveret) meget varmt; *give it him* ~ *and strong* T give ham en ordentlig omgang; *be* ~ **at** *sth* T være knippeldygtig *(el.* skrap) til noget; ~ **from** *the press* lige udkommet; *you are* **getting** ~ *(fig)* tampen brænder! **keep** *the telegraph wires* ~ få telegraftrådene til at gløde; *make it* ~ *for them* gøre *(fig)* T dem helvede hedt; **not so** ~ S ikke særlig god, ikke noget at råbe hurra for; *the place is getting* **too** ~ *to hold him* jorden begynder at brænde under fødderne på ham; *make the place too* ~ *for (el. to hold) him* gøre ham tilværelsen så broget at han må fortrække; *he is* ~ **on** *playing cricket* han er ivrig kricketspiller; ~ *on the track (el. heels) of* lige i hælene på, lige ved at indhente *(el.* (op)nå); ~ **under** *the collar* T gal i hovedet.
II. hot [hɔt] *vb:* ~ *up* opvarme (mad); T peppe op, sætte mere knald på *(el.* fut i).
hot| air *sb (fig)* pral, tom snak, gas. ~ **-air** *adj* varmlufts-. **-bed** mistbænk; *(fig)* arnested. ~ **blast** indblæst varm luft. ~ **-blooded** varmblodig. ~ **brandy** varm cognac-stoddy.
hotchpot ['hɔtʃpɔt] *sb (jur)* samling under ét af afdøds efterladenskab for ligelig udlodning mellem arvinger.
hotchpot(ch) ['hɔtʃpɔt(ʃ)] *sb* miskmask, ruskomsnusk.
hot| cakes *pl* (især *am*) pandekager. ~ **cockles** *pl* (leg hvor en af deltagerne der har bind for øjnene skal gætte hvem der slår ham). ~ **cross bun** se *cross bun.* ~ **dog** *(am)* varm pølse (med brød); ~ *dog! (am* S*)* den er fin! ih du store! ~ **-dog stand** pølsevogn.
hotel [hə'tel] *sb* hotel.
hotelier [hə'teliei] *sb* hotelejer, hoteldirektør.
hotel|keeper hotelejer, hoteldirektør. ~ **register** fremmedbog.
hot|foot *adv* i største hast; *vb (am): -foot it* skynde sig, ile. ~ **gospeller** vækkelsesprædikant. **-head** brushoved. **-headed** hidsig, opfarende. **-house** drivhus. ~ **line** *(tlf)* varm linie, direkte linie. ~ **metal** *(typ)* bly. ~ **news** friske nyheder; sensation. ~ **plate** (elektrisk) kogeplade; fyrfad (til bordbrug). **-pot** ragout af kød og kartofler. **-press** *vb* satinere; *sb* satineringsmaskine. ~ **rod** *(am)* bil der er lavet om så den kan køre stærkt. ~ **seat** T udsat post; *(am* S) elektrisk stol. ~ **-short** *adj* (om metal) rødskør (ɔ: skør i glødende tilstand). **-shot** T stor kanon. **-spur** *sb* brushoved, fusentast; *adj* hidsig. ~ **stuff** S skrap fyr; (om ting) fantastisk; skrap. ~ **-tempered** hidsig, opfarende.
Hottentot ['hɔtntɔt] *sb* hottentot.
hot tub boblebad.
hot| water varmt vand; *be in* ~ *water* være i en slem knibe. ~ **-water** *adj* varmtvands-. ~ **-water bottle** varmedunk. ~ **well** hed kilde; *(tekn)* varmtvandsbrønd. ~ **-wire** *vb (am)* starte en bil ved at kortslutte den.
hough [hɔk] *sb* hase; *vb* skære haserne over på.
hound [haund] *sb* jagthund (til rævejagt), støver; *vb* forfølge; jage *(fx he was -ed out of the town by his enemies);* ~ *on* ophidse; *ride to (el. follow) -s* drive parforcejagt, drive rævejagt.
hound's|-tongue ['haundztʌŋ] *sb (bot)* hundetunge. ~ **-tooth check** hanefjedsmønster.
hour ['auə] *sb* time; tidspunkt, tid, stund; **-s** *pl (ogs)* arbejdstid *(fx long (, short) -s);* åbningstid; kontortid;

(om læge *etc)* konsultationstid; *the office -s are 10-5* kontoret er åbent 10-5, kontortiden er 10-5;

after *-s* efter lukketid, efter arbejdstidens ophør; **at** *this ~* på dette tidspunkt; i denne time *(el.* stund); **by** *the ~* pr. time *(fx hire a cab by the ~); ~ by ~* fra time til time; *his ~ has* **come** *(el. struck)* hans time er kommet (han skal dø); nu har han sin *(el.* sit livs store) chance; **for** *-s (and -s)* i timevis; *an ~ and a* **half** halvanden time; **in** *a good (, evil) ~* i en heldig (, ulykkelig) stund; *in the ~ of danger* i farens stund; **keep** *good (el. early) -s* stå tidligt op og gå tidligt i seng; komme tidligt hjem (, på arbejde *etc); keep bad (el. late) -s* stå sent op og gå sent i seng; komme sent hjem (, på arbejde *etc); out* **of** *-s* uden for arbejdstiden; *a quarter of an ~* et kvarter; **on** *the ~* kl. hel; *buses leave every ~ on the ~* busser afgår hver fulde time; *the* **small** *-s* de små timer (ɔ: timerne efter midnat); *please state the date and the ~* vær så venlig at opgive dato og klokkeslæt; *the clock* **strikes** *the ~* uret slår hel.

hour|glass timeglas. ~ **hand** lille viser.

houri ['huəri] *sb* huri.

hourly ['auəli] *adj, adv* hver time; pr. time; *~ wage* timeløn.

I. house [haus] *sb (pl houses* ['hauziz]) hus *(ogs* om kongehus, teater, firma); forestilling *(fx the second ~);* sal, tilskuerplads; (især i diskussionsklub) forsamling *(fx this ~ finds that ...);* (del af skole) 'hus'; *the House* Tinget (Overhuset, Underhuset), *Christ Church* (i Oxford), børsen (i London); *(am)* Repræsentanternes Hus; S fattiggården;

a full ~ fuldt hus; *an Englishman's ~ is his castle* en englænders privatliv er ukrænkeligt; **keep** *~* holde hus, føre hus; *keep ~ with* bo sammen med; *keep the ~* holde sig hjemme; *keep a good ~* føre stort hus, beværte sine gæster godt; *it went* **like** *a ~ on fire* det gik strygende; *we got on like a ~ on fire* vi kom vældig godt ud af det; **play** *~* T lege far, mor og børn; *as* **safe** *as -s* helt sikker, ganske uden risiko, bombesikker; **set** *up ~ for oneself* sætte foden under eget bord; *set one's ~ in order* bringe orden i sine sager; *~* **of** *call* fragtmandscentral; kro (, hotel) hvor man gør ophold undervejs; *~ of ill fame (glds)* berygtet *(el.* offentligt) hus, bordel; **the** *House of Commons* Underhuset; *the House of Lords* Overhuset; *the House of Representatives* Repræsentanternes Hus (førstekammeret i den amerikanske kongres); *the House rose at 9 o'clock* (parlaments)mødet hævedes kl. 9; *enter the House* blive medlem af parlamentet; *this is on the ~* denne omgang er for værtens regning.

II. house [hauz] *vb* skaffe bolig til; skaffe tag over hovedet; bringe under tag; installere; huse; opbevare, have plads til; *~ together* bo sammen.

house| agent indehaver af udlejningsbureau, ejendomsmægler. **-boat** husbåd. **-boy** tjener. **-breaker** indbrudstyv; nedrivningsentreprenør. **-breaking** indbrud; nedrivning af hus. **-broken** *(am)* stueren (om hund). **-carl** ['hauska:l] hirdmand (kriger af de angelsaksiske og nordiske kongers livvagt). ~ **charge** kuvertafgift. **-cleaning** hovedrengøring; *(fig)* udrensning. **-craft** husholdningslære, hjemmekundskab. ~ **flag** *(mar)* kontorflag; ejerstander.

housefly ['hausflai] *sb zo: biting ~* stikflue; *common ~* stueflue.

household ['haus(h)əuld] *sb* husholdning; husstand; (om kongehuset) hofholdning; *adj* husholdnings-.

householder ['haus(h)əuldə] *sb* familiefader, en som fører eget hus; ejer (, lejer) af hus (, lejlighed).

household| gods *pl* husguder, penater. ~ **goods** *pl* husholdningsartikler. ~ **troops** *pl* livgarde. ~ **word:** *it has become a ~ word* det er blevet almindelig kendt, det er blevet et begreb.

house|hunter boligsøgende. **-husband** *(am)* hjemmegående husfader. **-keeper** husmoder; husbestyrerinde. **-keeping** husholdning; husholdningspenge; *we started -keeping* vi begyndte at føre hus. **-keeping allowance** husholdningspenge. **-leek** *(bot)* husløg. **-line** *(mar)* hyssing.

house|maid stuepige; *-maid's knee (med.)* vand i knæet. **-man** *(med.)* kandidat (på et hospital). ~ **martin** *zo* bysvale. **-master (, -mistress)** lærer(inde) der leder et 'hus' på en kostskole. ~ **officer** *(med.)* kandidat (på et hospital). ~ **organ** personaleblad. ~ **painter** maler (håndværker). ~ **party** selskab (på landet) af overnattende gæster. ~ **physician** *(med.)* kandidat (på et hospital). ~ **plant** stueplante. ~ **porter** portner. **-proud:** *she is -proud* (om husmoder) hun gør meget ud af sit hus; hun er meget huslig; *(neds)* hun har rengøringsvanvid. **-room** husrum, husly; *I would not give that table -room* jeg ville ikke have det bord i huset. **-sit** *vb* passe hus for nogen mens de er bortrejst. **-sitter** *(am)* en der passer ens hus mens man er borte. ~ **sparrow** gråspurv. ~ **spider** *zo* husedderkop. ~ **surgeon** *(med.)* kandidat (på et hospital). **-top** hustag; *cry (el. proclaim) from the -tops (fig)* forkynde vidt og bredt. ~ **-trained** stueren (om hund). **-warming** indflytningsfest.

house|wife *sb* ['hauswaif] husmoder; ['hʌzif] syetui. **-wifely** ['hauswaifli] *adj* husmoderlig. **-wifery** ['hauswaifri, 'hʌzifri] *sb* husmodergerning. **-work** husligt arbejde.

housey-housey ['hauzi 'hauzi] *sb* bankospil.

housing ['hauziŋ] *sb* (til hest) sadeldækken, skaberak; (af *house)* huse, lejligheder, boliger; *adj* bolig- *(fx conditions* forhold); *provide ~ for* skaffe boliger til; *Minister of Housing* boligminister.

housing| estate (typehus)bebyggelse; boligområde. ~ **shortage** bolignød.

houting ['hautiŋ] *sb zo* snæbel (en fisk).

Houyhnhnms ['huinəmz] *sb pl* (fornuftvæsener i skikkelse af heste i Swifts *Gulliver's Travels).*

hove [həuv] *præt* og *pp* af *heave; ~ to (mar)* underdrejet.

hovel [hɔvl; hʌvl] *sb* skur; elendig hytte, rønne; niche til statue; kegleformet bygning der rummer keramisk ovn; *vb* anbringe i skur; bringe under tag.

hover ['hɔvə; 'hʌvə] *vb* **1.** svæve; **2.** vandre, drive om; holde sig *(fx near her);* **3.** tøve, vakle; *~ about* drive om (i nærheden); *~ about her* kredse om hende; *a smile -ed about his lips* der spillede et smil om hans læber; *~ between life and death* svæve mellem liv og død.

hovercraft ['hɔvəkra:ft] *sb* luftpudefartøj.

I. how [hau] *adv* hvordan *(fx ~ did you do it?);* hvor (ɔ: i hvilken grad) *(fx ~ big is it?); conj* hvordan *(fx I don't know ~ it happened);* som *(fx come ~ you like);* så *(fx it is incredible ~ stupid he is);*

and *~!* T ja det skal jeg love for han *(etc)* gjorde (, var *etc)! ~ are you?* hvordan har De det? *~* **come?** *(am S)* hvordan kan det være? *~ do you do* ['haudju'du:] goddag! *~* **ever** *did you find it?* hvordan i alverden fandt du det? *~* **is** *he?* hvordan har han det? *~ is it that?* hvordan kan det være at? *~ hot it is* hvor er det varmt; *~* **many** *are there?* hvor mange er der? *~ many there are!* hvor er der (dog) mange! *~* **much** *is that?* hvor meget bliver (, koster) det? *~* **so?** hvordan det? *how's* **that?** hvordan kan det være? hvad siger du til det! *well, that's ~ it is* sådan er det nu engang; *how's* **things?** T hvordan går det? **this** *is ~you ought to do it* det er sådan du skal gøre det; *he knows ~* **to** *do it* han ved hvordan det skal gøres; han kan gøre det rigtigt.

II. how [hau] *sb* måde noget skal gøres på, metode *(fx he knows the ~).*

howbeit [hau'bi:it] *(glds)* alligevel, desuagtet.

howdah ['haudə] *sb* teltsæde på ryggen af en elefant.
howdy ['haudi] *interj* T davs! *vb* sige goddag til.
how-d'ye-do ['haudi'du:] goddag; *sb* T være redelighed, slem suppedas.
however [hau'evə] *adv* hvorledes end, hvordan end; hvor end *(fx ~ fast he ran* hvor hurtigt han end løb); *conj* alligevel, dog, imidlertid.
howitzer ['hauitsə] *sb (mil.)* haubitzer.
howl [haul] *vb* hyle, tude, skråle, brøle; *sb* hyl, tuden, brøl, skrål.
howler ['haulə] *sb* brøler, bommert, buk; *zo* brøleabe; (person) grædekone.
howling ['hauliŋ] *adj* hylende; skrækkelig; dundrende *(fx ~ success); ~ monkey zo* brøleabe.
howsoever [hausəu'evə] *adv (glds)* hvordan end, hvor (meget) end.
hoy [hɔi] *interj* ohoj! stop!
hoyden [hɔidn] *sb* viltert pigebarn, vildkat.
hoydenish ['hɔid(ə)niʃ] *adj* vilter, vild, kåd.
Hoyle [hɔil] (forfatter af en bog om spil og sport); *according to ~* efter reglerne.
H.P., HP *fk hire purchase; buy it on the ~* købe det på afbetaling.
h.p. *fk horse-power.*
H.Q. HQ *fk headquarters.*
hr. *fk hour.*
H.R.H. *fk His (, Her) Royal Highness.*
hub [hʌb] *sb* hjulnav; *(fig)* centrum, center *(fx a ~ of industry);* T ægtemand, mand; *the ~ of the universe (fig)* verdens navle.
hubble-bubble ['hʌblbʌbl] *sb* boblende lyd; snakken, mumlen; virvar; vandpibe.
hubbub ['hʌbʌb] *sb* larm, ståhej, hurlumhej.
hubby ['hʌbi] *sb (fk husband)* T (ægte)mand.
hubris ['hju:bris] *sb* hybris, overmod.
hubristic [hju'bristik] *adj* overmodig.
huckaback ['hʌkəbæk] *sb* bygkornsdrejl (håndklædestof).
huckleberry ['hʌklberi] *sb (bot) (am)* blåbær.
huckster ['hʌkstə] *sb* gadehandler; *(neds)* høker; *(fig)* kræmmersjæl; *(am)* reklameagent; *vb* høkre.
huddle ['hʌdl] *vb* kaste uordentligt imellem hinanden; dynge sammen; sjuske med, jaske af; (uden objekt) stimle, flokke sig; krybe sammen; trykke sig op ad hinanden; *sb* hob, dynge; hurlumhej; stimmel; trængsel; *be in a ~, go into a ~* T holde (hemmelig) rådslagning, holde krigsråd;

(med *præp, adv) he -d the children* **into** *the car* han stoppede i en fart børnene ind i vognen; *~* **on** *(el. into) one's clothes* fare i tøjet, få tøjet på i en fart; *~ a job* **through** jaske et stykke arbejde af; *~* **together** stimle sammen; trykke sig op ad hinanden; kaste i en dynge; få lavet sammen i en fart *(fx a novel); ~ together for warmth* krybe sammen for at holde varmen; *~* **up** få lavet sammen i en fart; krybe sammen; *lie -d up* ligge sammenkrøbet.
Hudson [hʌdsn].
I. hue [hju:] *sb* farve, lød; anstrøg.
II. hue [hju:]: *~ and cry (glds)* efterlysning *el.* forfølgelse af forbryder; *(fig)* forfølgelse, ramaskrig; *raise a ~ and cry (fig)* skrige gevalt, starte en voldsom kampagne *(against* mod).
huff [hʌf] *vb* fornærme; mukke, give ondt af sig, vrisse; fnyse, pruste; (i brætspillet 'dam') 'puste'; *(glds)* kujonere, tyrannisere; *sb* fornærmelse; fortørnelse; *~ and puff* puste og pruste; råbe op, rase og regere; *in a ~* smækfornærmet.
huffed [hʌft] *adj* krænket, fornærmet, fortørnet, opbragt.
huffish ['hʌfiʃ] *adj* vranten, let at støde, prikken; (se også *huffed).* **huffy** ['hʌfi] *adj,* se *huffed, huffish.*
hug [hʌg] *vb* omfavne, knuge *(el.* trykke) ind til sig; *(fig)* hænge ved, holde fast ved *(fx a belief);* holde sig tæt ved *(fx the side of the road); sb* favntag, omfavnelse; *~ oneself* gotte sig *(on sth* over noget), gnide sig i hænderne; *~ oneself in bed* krybe sammen i sengen af kulde; *~ the shore (mar)* holde sig tæt til kysten; *~ the wind (mar)* knibe tæt til vinden.
huge [hju:dʒ] *adj* vældig stor, uhyre, umådelig.
hugeness ['hju:dʒnəs] *sb* uhyre størrelse.
hugger-mugger ['hʌgəmʌgə] *sb* forvirring, rod(eri), uorden; *(glds)* hemmelighed; *adj* uordentlig; forvirret, rodet; hemmelig.
Hugh [hju:]. **Hughes** [hju:z].
hug-me-tight ['hʌgmi:tait] *sb* sjælevarmer.
Huguenot ['hju:gənɔt] *sb (hist.)* huguenot.
hula ['hu:lə] *sb* hula(-hula) (Hawaii-dans).
hulk [hʌlk] *sb* (aftaklet skib brugt som) logiskib, depotskib; (om person) klods.
hulking ['hʌlkiŋ] *adj* stor, kluntet, klodset.
I. Hull [hʌl].
II. hull [hʌl] *sb* hylster; bælg; has *(fx* på nød); *(mar)* skrog (af skib); *vb* afbælge, pille (ærter), hase (nødder); *(mar)* ramme i skroget; *~ down* med skroget skjult under horisonten.
hullabaloo [hʌləbə'lu:] *sb* halløj, ståhej, rabalder.
hulled grain gryn.
hull insurance kaskoforsikring.
hullo, hulloa [hʌ'ləu] *interj* hallo, halløj.
hum [hʌm] *vb* summe, surre, brumme; nynne; S lugte, stinke; *sb* summen, surren, brummen; nynnen; S lugt, stank; *interj* hm! *~ and haw* hakke og stamme i det; *make things ~* sætte fart i tingene; sætte liv i kludene; *the ~ of the city* byens pulserende liv; *~ along* suse af sted (i bil, på motorcykel *etc).*
human ['hju:mən] *adj* menneskelig, menneske-; human *(fx ~ geography); sb* menneske; *~ being* menneske.
humane [hju'mein] *adj* human, menneskekærlig; humanistisk; *the Humane Society* (et velgørenhedsselskab).
humanism ['hju:mənizm] *sb* humanisme.
humanist ['hju:mənist] *sb* humanist.
humanitarian [hjumæni'tɛəriən] *adj* humanitær, menneskekærlig, menneskevenlig; *sb* menneskeven.
humanity [hju'mæniti] *sb* menneskelighed; menneskehed, mennesker; humanitet, menneskekærlighed; *the humanities* de humanistiske fag, humaniora.
humanize ['hju:mənaiz] *vb* humanisere, menneskeliggøre, mildne(s); *-d milk* komælk der er behandlet så det ligner modermælk.
humankind ['hju:mən'kaind] *sb* menneskeslægten.
Humber ['hʌmbə].
humble [hʌmbl] *adj* ydmyg, underdanig; beskeden, ringe, tarvelig; *vb* ydmyge; *I did my ~ best* jeg gjorde mit bedste efter fattig evne; *of ~ birth* af ringe byrd; *in ~ circumstances* i ringe kår; *in my ~ opinion* efter min ringe mening; *my ~ self* min ringhed.
humble-bee ['hʌmblbi:] *sb zo* humlebi.
humble pie: *eat ~* ydmyge sig, bede ydmygt om forladelse; krybe til korset.
humbly ['hʌmbli] *adv* ydmygt, beskedent.
humbug ['hʌmbʌg] *sb* humbug, svindel; humbugsmager; tom snak, vås; pebermyntebolsje; *vb* narre, bedrage.
humdinger ['hʌmdiŋə] *sb* S: *it's a ~* den er mægtig god; den er helt fantastisk.
humdrum ['hʌmdrʌm] *adj* kedelig, hverdagsagtig, hverdagsgrå, banal, ensformig, triviel; *sb* trivielt arbejde; kedelig person.
Hume [hju:m].
humeral ['hju:mər(ə)l] *adj (anat)* skulder-.
humic ['hju:mik] *adj (kem): ~ acid* humussyre.
humid ['hju:mid] *adj* fugtig. **humidifier** [hju:'midifaiə]

sb befugter; befugtningskasse; (til radiator) vandfordamper.
humidify [hju'midifai] *vb* befugte, fugte.
humidity [hju'miditi] *sb* fugtighed.
humiliate [hju'milieit] *vb* ydmyge.
humiliation [hjumili'eiʃn] *sb* ydmygelse.
humility [hju'miləti] *sb* ydmyghed.
hummingbird ['hʌmiŋbə:d] *sb zo* kolibri.
hummock ['hʌmək] *sb* lille høj; tue.
hummocky ['hʌməki] *adj* ujævn, fuld af småhøje (*el.* tuer).
humor *(am)* = *humour.*
humorist ['hju:mərist] *sb* humorist.
humoristic [hju:mə'ristik] *adj* humoristisk.
humorous ['hju:m(ə)rəs] *adj* humoristisk.
I. humour ['hju:mə] *sb* humor; humør; lune; stemning; *(glds, med.)* legemsvæske; *in good (, bad)* ~ i godt (, ondt) lune, i godt (, dårligt) humør; *be in the* ~ *for* være oplagt til; *please one's* ~ følge sin lyst; *be out of* ~ være i dårligt humør; være uoplagt; *put sby out of* ~ sætte en i dårligt humør; *sense of* ~ humoristisk sans; *when the* ~ *takes me* når det stikker mig; *take sby in the* ~ benytte ens gode humør.
II. humour ['hju:mə] *vb* føje, rette sig efter; gå ind på; *children must not be -ed too much* man må ikke være for eftergivende mod børn; *I* ~ *his every whim* jeg føjer ham i alle hans luner.
hummus ['hu(:)məs] *sb* hummus (ɔ: kikærtepure med div. krydderier *etc).*
hump [hʌmp] *sb* pukkel; lille høj, tue; T dårligt humør; *(jernb)* æselryg (til rangering); *(flyv)* bjerg(kæde) der skal passeres; *vb* S slæbe på, bære (især på ryggen); *(vulg)* bolle; *get the* ~ T komme i dårligt humør; *give sby the* ~ T sætte en i dårligt humør, ærgre en, irritere én; *over the* ~ *(fig)* over det værste; ~ *up one's back* gøre sig skrutrygget; (om kat) skyde ryg.
humpback ['hʌmpbæk] *sb* pukkel, pukkelrygget person; *zo* knølhval; ~ *bridge* stejl, buet vejbro.
humpbacked ['hʌmpbækt] *adj* pukkelrygget.
humph [mm, hʌmf] *interj* hm!; *vb* sige hm, brumme.
Humphrey ['hʌmfri].
humpty-dumpty ['hʌm(p)ti'dʌm(p)ti] *adj* lille og kluntet; *Humpty-dumpty sat on a wall* lille Trille lå på hylde (fra børnerim).
I. humpy ['hʌmpi] *adj* pukkelrygget, puklet; bulet.
II. humpy ['hʌmpi] *sb (austr)* (primitiv) hytte; rønne; skur.
humus ['hju:məs] *sb* muldjord, humus.
Hun [hʌn] *sb* hunner; *(neds)* tysker.
I. hunch [hʌn(t)ʃ] *sb* pukkel; klump, humpel, luns; (forud)anelse, fornemmelse; *I have a* ~ *that* T jeg har en anelse om at, jeg har på fornemmelsen at.
II. hunch [hʌn(t)ʃ] *vb* trække op; ~ *up one's back (el. shoulders)* trække skuldrene op, gøre sig skrutrygget.
hunchback ['hʌn(t)ʃbæk] *sb* pukkel; pukkelrygget person.
hunchbacked ['hʌn(t)ʃbækt] *adj* pukkelrygget.
hunched [hʌn(t)ʃt] *adj* ludende.
hundred ['hʌndrəd] hundrede; (i klokkeslæt) nul nul *(fx at fifteen* ~ *hours* kl. 15.00); *by -s, by the* ~ i hundredevis; *have a* ~ *and one things to do* have hundred og sytten ting at gøre.
hundredfold ['hʌndrədfəuld] *adv* hundredfold.
hundredth ['hʌndrədθ] *adj* hundrede (ordenstal); *sb* hundrededel.
hundredweight ['hʌndrədweit] *sb* centner (i England: 112 lbs. (50,802 kg); i Amerika: 100 lbs. (45,359 kg)).
hung [hʌŋ] *præt* og *pp* af *hang; adj* hvor der ikke er noget absolut flertal *(fx a parliament, a* ~ *referendum); be* ~ *over* have tømmermænd; ~ *up* forsinket; kørt fast; *be* ~ *(up) on* være besat af, være vild (*el.* skør) med; have et kompleks (*el.* en prik) med; være slået ud af.
Hungarian [hʌŋ'gɛəriən] *sb* ungarsk; ungarer; *adj* ungarsk.
Hungary ['hʌŋgəri] Ungarn.
hunger ['hʌŋgə] *sb* sult *(fx die of* ~*); (fig)* hunger, dyb trang *(for* til); tørst *(for* efter, *fx a* ~ *for praise); vb* sulte, hungre *(for, after* efter, *fx* ~ *after the truth).*
hunger| cure sultekur. ~ **strike** sultestrejke.
hungrily ['hʌŋgrili] *adv* forsultent, begærligt.
hungry ['hʌngri] *adj* sulten; *be* ~ *for* være sulten efter, hungre efter.
hung-up ['hʌŋ'ʌp] *adj,* se *hung.*
hunk [hʌŋk] *sb* stort stykke, humpel, luns; (om person) stort brød; lækker fyr.
hunkers ['hʌŋkəz] *sb pl: on one's* ~ på hug.
hunks [hʌŋks] *sb* T gnier, ubehagelig fyr.
hunky ['hʌŋki] *(am* S, *neds) sb* arbejder fra centraleuropa; *adj* i fin stand; S (om fyr) lækker.
hunky-dory ['hʌŋki'dɔ:ri] *adj (am* T*)* udmærket; fint.
hunt [hʌnt] *vb* jage; jage efter, gå på jagt efter; (uden objekt) jage; gå på jagt; *(fig ogs)* søge, lede; *(tekn)* pendle; *sb* jagt (særlig de former for jagt, hvor man forfølger vildtet til hest og med hunde); storvildtjagt, rævejagt; forfølgelse; eftersøgning, søgen; jagtselskab; jagtrevier;
~ *down* jage (og indhente); ~ *down a criminal* forfølge og pågribe en forbryder; ~ *for* lede efter *(fx we -ed high and low for the book);* gå på jagt efter; ~ *up (el. out)* finde, opsnuse *(fx* ~ *out an old edition);* ~ *a country* ride på jagt i en egn; ~ *a mare* bruge en hoppe til jagt; *he -s the hounds himself* han fører selv hundekoblet på jagten.
hunter ['hʌntə] *sb* jæger; jagthest; dobbeltkapslet ur; *(am)* jagthund; *-'s moon* fuldmåne i oktober.
hunting ['hʌntiŋ] *sb* jagt (især rævejagt til hest), støverjagt, parforcejagt; *(tekn)* pendling, pendulsvingning(er).
hunting| box jagthytte. ~ **crop** kort ridepisk til jagt. ~ **ground** jagtdistrikt; jagtmark, jagtområde; (se også *happy* ~ *ground).* ~ **watch** dobbeltkapslet ur.
Hunts [hʌnts] *fk Huntingdonshire.*
Huntingdonshire ['hʌntiŋdənʃə].
huntsman ['hʌntsmən] *sb* jæger, pikør, jagtfører (ved parforcejagt).
hunt-the-slipper (en leg; *omtr* =) lad tøffelen gå.
hurdle [hə:dl] *sb* risfletning; risgærde; (i sport) hæk, (i hestevæddeløb) hurdle, forhindring; *(fig)* forhindring, hurdle; *(glds)* rakkersluffe; *the -s* (i sport) hækkeløb.
hurdler ['hə:dlə] *sb* deltager i hækkeløb.
hurdle race hækkeløb; forhindringsløb.
hurdy-gurdy ['hə:digə:di] *sb* lirekasse.
hurl [hə:l] *vb* kaste, slynge, kyle.
hurly-burly ['hə:libə:li] *sb* larm, tummel, virvar.
hurrah [hu'ra:], **hurray** [hu'rei] *interj* hurra; *vb* råbe hurra.
hurricane ['hʌrikən, (især *am)* -kein] *sb* orkan (vindstyrke 12).
hurricane| deck stormdæk. ~ **lamp,** ~ **lantern** stormlygte, flagermuslygte.
hurried ['hʌrid] *adj* skyndsom, hastig; hastværks-.
I. hurry ['hʌri] *sb* hast, hastværk; *in a* ~ hastigt; i en fart; *be in a* ~ have hastværk, have travlt; *he won't do that again in a* ~ det varer noget før han gør det igen; *you won't find a better one in a* ~ det bliver svært at finde en bedre; *in the* ~ i skyndingen; i farten; *there is no* ~ det haster ikke.
II. hurry ['hʌri] *vb* skynde sig, ile, haste; (med objekt) føre hurtigt afsted; skynde på *(fx don't* ~ *me!);* forcere, fremskynde *(fx the work; the pace);* ~ *away (el. off)* skynde sig (*el.* ile) af sted; føre (*el.* sende, trans-

portere) hurtigt bort *(el.* af sted); *he hurried on his clothes* han skyndte sig *(el.* for) i tøjet; ~ *up* skynde sig; sætte fart i.
hurry-scurry ['hʌri'skʌri] *sb* huj og hast, forvirring, virvar; *adv* i huj og hast, i vild forvirring, hovedkulds; *vb* fare hovedkulds (af sted).
hurst [hə:st] *sb* (lille) skov, krat; skovbevokset høj.
hurt [hə:t] *vb (hurt, hurt)* skade *(fx his reputation, trade)*, gøre fortræd; slå, støde, komme til skade med *(fx he fell and ~ his knee); (fig)* såre, krænke *(fx him, his feelings)*, støde; (uden objekt) gøre ondt *(fx the wound still -s); sb* fortræd, skade; sår, stød;
be ~ komme noget til; komme til skade; *(fig)* være krænket; ~ *oneself* slå sig; *I feel* ~ jeg føler mig krænket; *my tooth still -s a little* det gør stadig lidt ondt i min tand; *that won't* ~ *(ogs)* det er ingen skade til.
hurtful ['hə:tf(u)l] *adj* skadelig.
hurtle ['hə:tl] *vb* hvirvle, suse; svirre, fare; kaste, slynge.
husband ['hʌzbənd] *sb* ægtefælle, ægtemand, mand; *vb* holde godt hus med; spare på.
husbandage ['hʌzbəndidʒ] *sb* provision til skibsinspektør.
husbandman ['hʌzbən(d)mən] *sb (glds)* landmand.
husbandry ['hʌzbəndri] *sb* landbrug; økonomi, sparsommelighed; *(glds)* husførelse.
hush [hʌʃ] *interj* hys! stille! *adj* stille, rolig; *sb* stilhed; *vb* gøre stille; bringe til tavshed; berolige; (uden objekt) være (, blive) stille, tie; ~ *the baby to sleep* dysse barnet i søvn; ~ *up* holde hemmelig, dysse ned.
hushaby ['hʌʃəbai] *interj* visselulle.
hush-hush ['hʌʃ'hʌʃ] *interj* tys-tys; *adj* hemmelig, som man ikke må tale om; *sb* hemmelighedskræmmeri; ~ *system* fortielsessystem.
hush money penge der betales for at få noget dysset ned *el.* for at få en til at tie stille.
husk [hʌsk] *sb* skal, avne, has, kapsel; *(am* især) majskolbehylster; *vb* skrælle, pille; *rice in the* ~ uafskallet ris.
I. husky ['hʌski] *adj* forsynet med skal *etc* (se *husk);* (om stemme) hæs, rusten, sløret, grødet; T kraftig, svær; *a fine* ~ *fellow* et rigtigt mandfolk, en kraftkarl.
II. husky ['hʌski] *sb* eskimo; eskimosprog; eskimohund, grønlandsk hund; kraftkarl, kleppert.
huss [hʌs] *sb* hundehaj.
hussar [hu'za:] *sb* husar.
Hussite ['hʌsait] *sb (rel)* hussit.
hussy ['hʌsi] *sb* tøs, tøjte.
hustings ['hʌstiŋz] *sb pl (hist.)* talertribune; *(fig)* valgkampagne; valghandling.
hustle ['hʌsl] *vb* støde, trænge, skubbe; jage med; presse; (især *am* T) snyde, fuppe; (uden objekt) skynde sig, anstrenge sig; jage; S prøve at kapre kunder, (om prostitueret) trække; *sb* skub(ben), trængsel; *I won't be -d* jeg lader mig ikke jage med.
hustler ['hʌslə] *sb* gåpåfyr; S bondefanger, svindler; luder.
hut [hʌt] *sb* skur, hytte; barak; pavillonbygning; badehus; *vb* anbringe *(el.* bo) i skur (, hytte, barak).
hutch [hʌtʃ] *sb* kasse, bur *(fx* til kaniner); æltetrug; æltekar; (i mine) transportvogn; vaskesold; T hytte, lille hus; *(am)* lavt porcelænsskab med hylder foroven.
hutment ['hʌtmənt] *sb* anbringelse i barakker; baraklejr, barak.
huzza [hu'za:] *interj* hurra; *vb* råbe hurra; hilse med hurra.
h.v. *fk high voltage.*
hyacinth ['haiəs(i)nθ] *sb (bot)* hyacint.
hyacinthine [haiə'sinθain] *adj* hyacintagtig.
hyaena = *hyena.*
hyaline ['haiəl(a)in] *adj* glasklar, krystalklar, gennemsigtig; *sb* klar himmel; spejlblankt hav.
hyalite ['haiəlait] *sb* hyalit, glasopal.
hyaloid ['haiəlɔid] *adj* gennemsigtig, glasagtig.
hybrid ['haibrid] *sb* bastard; hybrid; *adj* bastardagtig; ~ *race* blandet race.
hybridization [haibridai'zeiʃn] *sb* hybridation, krydsbefrugtning, krydsbestøvning.
Hyde Park ['haid 'pa:k].
hydra ['haidrə] *sb (myt)* hydra (mangehovedet uhyre).
hydrangea [hai'dreindʒə] *sb (bot)* hortensia.
hydrant ['haidrənt] *sb* brandhane.
hydrate ['haidreit] *sb (kem)* hydrat; *vb* hydrere.
hydraulic [hai'drɔ:lik] *adj* hydraulisk.
hydraulically [hai'drɔ:lik(ə)li] *adv* (ad) hydraulisk (vej).
hydraulics [hai'drɔ:liks] *sb* hydraulik.
hydric ['haidrik] *adj (kem)* brint-.
hydride ['haidraid] (i *sms)* -hydrid *(fx calcium* ~ calciumhydrid); *boron* ~ borbrinte.
I. hydro ['haidrəu] *(fk hydropathic establishment) sb* badesanatorium, fysisk kuranstalt.
II. hydro- ['haidrəu] -brinte *(fx hydrocarbon* kulbrinte).
hydro|cele ['haidrəsi:l] *sb (med.)* vandbrok. **-cephalus** [haidrə'sefələs] *sb (med.)* vand i hovedet.
hydrochloric ['haidrə'klɔrik]: ~ *acid (kem)* saltsyre.
hydrodynamic [haidrədai'næmik] *adj* hydrodynamisk.
hydrodynamics *sb* hydrodynamik.
hydroelectric ['haidrəi'lektrik] *adj:* ~ *power* hydroelektrisk kraft, elektricitet frembragt ved vandkraft; ~ *(power) station* vandkraftværk.
hydrofoil ['haidrəfɔil] *sb* hydrofoil; ~ *boat* hydrofoilbåd, bæreplanbåd, flyvebåd.
hydrogen ['haidridʒən] *sb (kem)* hydrogen, brint.
hydrogenation [haidrəudʒə'neiʃn] *sb* hydrering, brintning.
hydrogen bomb brintbombe.
hydrogenize [hai'drɔdʒinaiz] *vb* hydrogenisere, hydrere, brinte.
hydrogen peroxide brintoverilte.
hydroglider ['haidrəglaidə] *sb* glidebåd (se også *hydroplane).*
hydrographer [hai'drɔgrəfə] *sb* hydrograf.
hydrographical [haidrə'græfikl] *adj* hydrografisk; ~ *survey* søopmåling; ~ *chart* søkort; ~ *department* søkortarkiv.
hydrography [hai'drɔgrəfi] *sb* hydrografi.
hydrolysis [hai'drɔlisis] *sb (kem)* hydrolyse.
hydrometer [hai'drɔmitə] *sb* flydevægt.
hydro|pathic [haidrə'pæθik] *sb* vandkur; vandkuranstalt. **-pathist** [hai'drɔpəθist] *sb* læge som helbreder ved bade.
hydropathy [hai'drɔpəθi] *sb* vandkur.
hydrophile ['haidrəfail] *adj:* ~ *cotton* affedtet sygevat, vandsugende vat.
hydrophobia [haidrə'fəubjə] *sb (med.)* vandskræk; rabies, hundegalskab.
hydrophone ['haidrəfəun] *sb* hydrofon (apparat til at opfange lyd i vand).
hydropic [hai'drɔpik] *adj* vattersottig.
hydroplane ['haidrəplein] *sb* flyvebåd, vandflyvemaskine; dybderor (på ubåd); hydroplan (slags speedbåd); *vb* sejle i hydroplan; glide hen over vandets overflade; (om bil) glide på en hinde af vand (og miste bremseevnen).
hydroponics [haidrə'pɔniks] *sb pl* hydroponik, dyrkning af planter i næringsvæske uden jord.
hydropsy ['haidrɔpsi] *sb* vattersot.
hydrostatic [haidrə'stætik] *adj* hydrostatisk.
hydrostatics *sb* hydrostatik, læren om væskers ligevægt.
hydrous ['haidrəs] *adj* vandholdig.

hyena [ha(i)'i:nə] *sb zo* hyæne.
hyetograph ['haiətəgra:f] *sb* regnkort.
hygiene ['haidʒi:n] *sb* hygiejne.
hygienic [hai'dʒi:nik] *adj* hygiejnisk. **hygienics** *sb* hygiejne. **hygienist** ['haidʒinist] *sb* hygiejniker.
hygrometer [hai'grɔmitə] *sb* hygrometer, fugtighedsmåler.
hygroscope ['haigrəskəup] *sb* hygroskop, fugtighedsviser.
hygroscopic [haigrə'skɔpik] *adj* hygroskopisk, vandsugende.
hymen ['haimen] *sb* mødomshinde; hymen, ægteskab.
hymeneal [haime'ni:əl], **hymenean** [haime'ni:ən] *adj* bryllups-.
hymn [him] *sb* salme; hymne; *vb* lovprise.
hymnal ['himnəl] *adj* salmeagtig, salme-; hymneagtig, hymne-; *sb* salmebog.
hymnody ['himnədi] *sb* salmesang; salmesamling; salmedigtning.
hymnology [him'nɔlədʒi] *sb* salmeforskning.
I. hype [haip] *sb* S kanyle, fix, indsprøjtning; narkoman; trick, svindelnummer; reklamefif; overdreven reklame.
II. hype [haip] *vb* S fuppe, snyde; forøge, sætte i vejret; opreklamere; ~ *up* bringe i stemning. **hyped -up** *adj* opstemt; anspændt.
hyperaemia [haipə'ri:mjə] *sb* blodoverfyldning.
hyperbola [hai'pə:bələ] *sb (mat.)* hyperbel.
hyperbole [hai'pə:bəli] *sb* overdrivelse, hyperbol.
hyperborean [haipəbɔ:'ri(:)ən, haipə'bɔ:riən] *adj* nordlig; bidende kold; *sb* nordbo.
hypercritical ['haipə'kritikl] *adj* overdrevent kritisk.
hypermarket ['haipəma:kit] *sb* stort supermarked i udkanten af by; stort marked.
hypermetropia [haipəme'trəupiə] *sb* overlangsynethed.
hypermetropic [haipəme'trɔpik] *adj* overlangsynet.
hypersensitive ['haipə'sensitiv] *adj* overfølsom.
hypersonic [haipə'sɔnik] *adj* som er mere end fem gange lydens hastighed.
hypertension [haipə'tenʃn] *sb (med.)* for højt blodtryk.
hypertrophy [hai'pə:trəfi] *sb* hypertrofi, et organs overudvikling.
hyphen [haifn] *sb* bindestreg: *vb* sætte bindestreg imellem.
hyphenate ['haifəneit] *vb* sætte bindestreg imellem; *-d American* irskamerikaner, danskamerikaner *etc.*
hypnosis [hip'nəusis] *sb* hypnose.
hypnotic [hip'nɔtik] *adj* hypnotisk; søvndyssende; *sb* sovemiddel.
hypnotism ['hipnətizm] *sb* hypnotisme.
hypnotize ['hipnətaiz] *vb* hypnotisere.
hypo ['haipəu] *sb (fot)* fiksersalt; T (injektions)sprøjte; indsprøjtning; S stiknarkoman.
hypochondria [haipə'kɔndriə] *sb* hypokondri; tungsind.
hypochondriac [haipə'kɔndriæk] *sb* hypokonder; hypokondrist.
hypocrisy [hi'pɔkrəsi] *sb* hykleri; skinhellighed.
hypocrite ['hipəkrit] *sb* hykler.
hypocritic(al) [hipə'kritik(l)] *adj* hyklerisk; skinhellig.
hypodermic [haipə'də:mik] *adj* som ligger under huden; *sb* indsprøjtning under huden; ~ *needle (med.)* kanyle; ~ *syringe* lægesprøjte, injektionssprøjte.
hypo|geal [haipə'dʒi:əl], **-gean** [-'dʒi:ən] *adj* underjordisk.
hypogynous [hai'pɔdʒinəs] *adj (bot)* undersædig.
hypotaxis [haipə'tæksis] *sb (gram)* hypotakse, underordning.
hypotenuse [hai'pɔtinju:z] *sb (geom)* hypotenuse.
hypothec [hai'pɔθik] *sb* (skotsk *jur)* hypotek, pant.
hypothecate [hai'pɔθikeit] *vb* pantsætte.
hypothermia [haipə'θə:miə] *sb (med.)* hypotermi, unormalt lav legemstemperatur.
hypothe|sis [hai'pɔθəsis] *(pl -ses* [-si:z]) hypotese.
hypothetic(al) [haipə'θetik(l)] *adj* hypotetisk, antaget.
hypsometer [hip'sɔmitə] *sb* hypsometer (apparat til højdebestemmelse ved måling af vands kogepunkt).
hyrax ['hairæks] *sb zo* klippegrævling.
hyson [haisn] *sb* grøn te.
hyssop ['hisəp] *sb (bot)* isop.
hysterectomy [histə'rektəmi] *sb (med.)* fjernelse af livmoderen.
hysteria [hi'stiəriə] *sb* hysteri.
hysteric(al) [hi'sterik(l)] *adj* hysterisk.
hysterics [hi'steriks] *sb pl* anfald af hysteri; *go into* ~ blive hysterisk, få et hysterisk anfald.
hysteron proteron ['histərɔn'prɔtərɔn] udtryk hvor det sættes først, som normalt kommer sidst *(fx I die, I faint, I fail);* (i logik) cirkelslutning.
hysterotomy [histə'rɔtəmi] *sb* kejsersnit.

I

I, i [ai].
I. *fk Idaho; Imperator, Imperatrix; Island; Isle.*
I [ai] *pron* jeg.
i' [i] *fk in.*
Ia. *fk Iowa.*
Iago [i'a:gəu].
iamb ['aiæm(b)] *sb* jambe. **iambic** [ai'æmbik] *adj* jambisk.
iambus [ai'æmbəs] *sb* jambe.
iatrogenic [aiətrəu'dʒenik] *adj* iatrogen; som skyldes lægen *el.* behandlingen.
IBA *fk Independent Broadcasting Authority.*
Iberian [ai'biəriən] *adj* iberisk; *sb* iberer; *the ~ Peninsula* Den iberiske halvø (ɔ: Spanien og Portugal).
ibex ['aibeks] *sb zo* stenbuk.
ibid. *fk* **ibidem** [i'baidəm] sammesteds.
ibis ['aibis] *sb zo* ibis.
Icarian [i'kεəriən] *adj* ikarisk; højtflyvende.
Icarus ['aikərəs] *(myt.)* Ikaros.
ICBM *fk intercontinental ballistic missile* interkontinental raket.
ice [ais] *sb* is; iskage, dessertis; S diamanter; *vb* dække med is, overtrække med is; lægge på is, isafkøle; glasere (med sukker); *break the ~* bryde isen; tage fat, gå i gang; *cut no ~* være uden virkning, ikke have nogen indflydelse, ikke gøre noget indtryk *(with* på); *that won't cut any ~* det får du ikke noget ud af, det kommer du ingen vegne med; *on ~ (fig)* i beredskab; (om plan *etc)* udskudt, lagt til side; *skate on thin ~ (fig)* komme på glatis, vove sig lovlig langt ud; *~ up* overises.
ice| age istid. **~ axe** isøkse. **~ bag** ispose. **-berg** ['aisbə:g] isbjerg. **-blink** isblink. **-bound** utilgængelig på grund af is, tilfrosset *(fx harbour);* indefrosset *(fx ship).* **-box** isskab; *(am ogs)* køleskab. **-breaker** isbryder. **~ cap** permanent isdække; indlandsis; is på en bjergtop. **~ cream** (fløde)is. **-field** ismark. **~ floe** (stor) isflage, isskosse. **~ foot** isfod, isbælte langs kysten i polaregnene.
Iceland ['aislənd] Island; *adj* islandsk.
Icelander ['aisləndə] *sb* islænding.
Iceland gull *zo* hvidvinget måge.
Icelandic [ais'lændik] *adj* islandsk.
Iceland| moss *(bot)* islandsk lav. **~ poppy** *(bot)* islandsk valmue.
ice| lolly sodavandsis. **~ pack** pakis; isomslag. **~ pantomime** is-show. **~ pick** isspyd. **~ rink** (kunstig) skøjtebane. **~ show** is-show. **~ tray** bakke til frysning af isterninger. **~ tub** isbæger.
ichneumon [ik'nju:mən] *sb zo* faraorotte.
ichneumon fly *zo* snyltehveps.
ichnography [ik'nɔgrəfi] *sb (arkit)* iknografi, grundplantegning.
ichor ['aikɔ:] *sb (myt)* gudernes blod; *(med.)* blodvæske.
ichthyo|graphy [ikθi'ɔgrəfi] *sb* iktyografi, beskrivelse af *(el.* afhandling om) fisk. **-logist** [ikθi'ɔlədʒist] *sb* iktyolog, fiskekyndig. **-logy** [ikθi'ɔlədʒi] *sb* iktyologi, læren om fiskene. **-saurus** [ikθiə'sɔ:rəs] *sb* iktyosaurus, fiskeøgle.
I.C.I. *fk Imperial Chemical Industries.*
icicle ['aisikl] *sb* istap.
icing ['aisiŋ] *sb* isdannelse, overisning; (på kage *etc)* (sukker)glasur; *~ on the cake (fig)* T lokkemad. **icing| sugar** flormelis. **~ -up** overisning.
I.C.J. *fk International Court of Justice.*
icky ['iki] *adj* væmmelig, ækel; naiv.
icon ['aikɔn] *sb* ikon, billede.
icono|clasm [ai'kɔnəklæzm] *sb* billedstorm. **-clast** [ai'kɔnəklæst] *sb* billedstormer. **-clastic** [aikɔnə'klæstik] *adj* billedstormende, revolutionær. **-graphical** [aikɔnə'græfikl] *adj* ikonografisk. **-graphy** [aikɔ'nɔgrəfi] *sb* ikonografi.
icteric [ik'terik] *adj* gulsottig.
icterus ['iktərəs] *sb (med.)* gulsot.
ictus ['iktəs] *sb* rytmisk accent.
ICU *fk intensive care unit.*
icy ['aisi] *adj* iset, isglat *(fx road);* iskold *(fx wind); (fig)* iskold *(fx tone),* isnende *(fx look).*
id [id] *(psyk)* id (individets primitive impulser).
I.D. *fk Intelligence Department.*
I'd [aid] *fk I had, I would, I should.*
Id. *fk* **Idaho** ['aidəhəu].
IDD *fk international direct dialling.*
ide [aid] *sb zo* emde (en fisk).
idea [ai'diə] *sb* idé, begreb, forestilling; tanke; *an ~ strikes me* jeg får en idé; *I have an ~ he is not coming* jeg har på fornemmelsen at han ikke kommer; *the ~ (of such a thing)! what an ~!* det var da en vanvittig tanke! *put -s into sby's head* sætte én fluer i hovedet; *that's the ~* sådan skal det være; der har vi det! *what's the (big) ~?* S hvad er meningen? *the young ~* barnesindet.
ideal [ai'diəl] *sb* ideal, forbillede; *adj* ideal, tanke-, tænkt; mønstergyldig, fuldendt, ideel.
idealism [ai'diəlizm] *sb* idealisme. **idealist** [ai'diəlist] *sb* idealist. **idealistic** [aidiə'listik] *adj* idealistisk; *~ motives* ideelle motiver. **ideality** [aidi'æliti] *sb* idealitet.
idealize [ai'diəlaiz] *vb* idealisere; danne sig idealer.
ideate [ai'di:eit] *vb* forestille sig; danne forestillinger.
ideation [aidi'eiʃn] *sb* forestillingsforløb; tankevirksomhed (evne til) dannelse af forestillinger.
idée fixe ['i:dei'fiks] fiks idé, monomani.
identic [ai'dentik] *adj* (om dokument) identisk, enslydende.
identical [ai'dentikl] *adj* identisk, (nøjagtig) ens; sammenfaldende, ensbetydende *(with* med); T selv samme, præcis det (, den) *(fx this is the ~ room where he lived);* (se også *identic).* **identical twins** *pl* enæggede tvillinger.
identification [aidentifi'keiʃn] *sb* identificering, genkendelse; klassificering, bestemmelse.
identification parade konfrontation (hvor vidne skal udpege mistænkt).
identify [ai'dentifai] *vb* identificere, (gen)kende; *(biol)* klassificere, bestemme; *it can easily be identified by* den er let kendelig på; *~ oneself* legitimere sig; *~ A with B* sætte A lig med B; betragte A som værende identisk med *(el.* et med) B; *~ oneself with* identificere sig med; gå op i *(fx a part* en rolle), indleve sig i *(fx a subject);* gå ind for, støtte, give sin tilslutning til *(fx this policy; their unconventional methods);* slutte sig til *(fx a party, a movement); ~ with* identificere sig med.

identikit [ai'dentikit] *sb* udvalg af typiske ansigtstræk som kan sættes sammen til et billede af en eftersøgt på grundlag af vidners udsagn; ~ *picture* konstrueret billede.
identity [ai'dentiti] *sb* identitet; *prove one's* ~ legitimere sig. **identity card** legitimationskort.
ideo|gram, -graph ['idiəgræm, -græf] *sb* ideogram, skrifttegn der udtrykker et begreb.
ideography [idi'ɔgrəfi] *sb* ideografi, begrebsskrift.
ideological [aidiə'lɔdʒikəl] *adj* ideologisk.
ideologist [aidi'ɔlədʒist] *sb* ideolog.
ideologue ['aidiəlɔg] *sb* tilhænger af en bestemt ideologi; teoretiker, fantast.
ideology [aidi'ɔlədʒi] *sb* ideologi.
Ides [aidz] idus (i den romerske kalender).
idiocy ['idiəsi] *sb* idioti.
idiolect ['idiəlekt] *sb* idiolekt, (personligt) særsprog.
idiom ['idiəm] *sb* idiom, sprogejendommelighed; sprog; formsprog, udtryksform (i kunst).
idiomatic [idjə'mætik] *adj* idiomatisk; mundret.
idiosyncrasy [idiə'siŋkrəsi] *sb* særegenhed, særhed.
idiot ['idiət] *sb* idiot; fæ.
idiotic [idi'ɔtik] *adj* idiotisk.
idiot light advarselslampe.
I. idle [aidl] *adj* ledig *(fx moment)*, ubeskæftiget; doven; tom *(fx talk, threat)*, intetsigende, unyttig; grundløs *(fx fear, rumour)*; ørkesløs, forgæves *(fx protest)*; let henkastet *(fx remark)*, tilfældig; *be* ~ (om virksomhed) ligge stille.
II. idle [aidl] *vb* drive, dovne; (om maskine) gå tomgang; ~ *away one's time* drive tiden hen, sløse tiden bort.
idleness ['aidlnəs] *sb* dovenskab, driveri, lediggang; stilstand.
idler ['aidlə] *sb* lediggænger; drivert; *(jernb)* tom vogn; *(tekn:* i udveksling) mellemhjul; (til transportbånd) lederulle.
idol [aidl] *sb* afgudsbillede; afgud.
idolater [ai'dɔlətə] *sb* afgudsdyrker; tilbeder.
idolatrous [ai'dɔlətrəs] *adj* afguds-, afguderisk.
idolatry [ai'dɔlətri] *sb* afgudsdyrkelse; forgudelse, tilbedelse.
idolization [aidəlai'zeiʃn] *sb* forgudelse.
idolize ['aidəlaiz] *vb* forgude
idyl(l) ['id(i)l, (især *am)* 'aid(i)l] *sb* idyl; hyrdedigt.
idyllic [ai'dilik] *adj* idyllisk.
i.e. ['ai'i:; 'ðæt'iz] *fk id est (lat.)* det vil sige.
IEA *fk International Energy Agency.*
if [if] *conj* hvis *(fx if I were you; he'll do it if you ask him)*, dersom; om *(fx if necessary; I asked him if …)*; selv om *(fx if they are poor, at least they are happy)*, om end; om også, om så *(fx I'll do it if it takes me a year)*; når *(fx if girls are more proficient than boys it is because …)*;
the surplus if any det eventuelle overskud; *if anything* nærmest; snarere; *as if* som om; *it isn't as if I'm hungry* det er ikke fordi jeg er sulten; *he is thirty years if he is a day* han er mindst 30 år gammel; *even if* selv om; *if for no other reason* om ikke for andet; *if not* ellers, i modsat fald, i benægtende fald; om ikke *(fx good, if not elegant)*; *if it isn't John!* der har vi minsandten John! *if it was not that I knew you* hvis det ikke var fordi jeg kendte dig; *if I only knew* bare (*el.* gid) jeg vidste; ~ *only to* om ikke for andet så for at *(fx I'll do it, if only to annoy him)*; *if so* i så fald, i så tilfælde.
iffy ['ifi] *adj (am)* hypotetisk, usikker.
I.F.S. *fk Irish Free State.*
igloo ['iglu:] *sb* snehytte (hos eskimoerne).
igneous ['igniəs] *adj* ild-, af ild; *(geol)* vulkansk; ~ *rock (geol)* magmatisk bjergart, magmabjergart.
ignis ['ignis] *sb* ild; ~ *fatuus* ['fætjuəs] *(pl ignes fatui* ['igni:z 'fætjuai]) lygtemand.
ignitable [ig'naitəbl] *adj* antændelig.
ignite [ig'nait] *vb* tænde, sætte i brand; fænge, komme i brand.
igniter [ig'naitə] *sb* tændsats, tændingsanordning.
ignition [ig'niʃn] *sb* tænding; antændelse; *retarded* ~ lav *(el.* sen) tænding.
ignoble [ig'nəubl] *adj* lav, gemen, uværdig; *(glds)* af lav byrd.
ignominious [ignə'minjəs] *adj* forsmædelig, skændig, vanærende.
ignominy ['ignəmini] *sb* forsmædelighed, skændsel, vanære.
ignoramus [ignə'reiməs] *sb* ignorant, uvidende person.
ignorance ['ignər(ə)ns] *sb* uvidenhed *(of* om); ukendskab *(of* til).
ignorant ['ignər(ə)nt] *adj* uvidende *(of* om).
ignore [ig'nɔ:] *vb* ikke tage hensyn til, ignorere; ikke tænke på, overse, overhøre.
iguana [ig'wa:nə] *sb zo* leguan.
I.H.P. *fk indicated horse-power* indiceret hestekraft.
ike [aik] S = *iconoscope.*
I.L.E.A. *fk Inner London Education Authority.*
ileum ['iliəm] *sb (anat)* krumtarm.
ilex ['aileks] *sb (bot)* steneg; kristtorn.
Iliad ['iliæd] *sb: the* ~ Iliaden.
ilk [ilk] *sb* (på skotsk) samme; enhver; *of that* ~ fra godset af samme navn *(fx Guthrie of that* ~ Guthrie fra godset G.); T af samme slags; *and his* ~ og folk af hans slags.
I'll [ail] *fk I shall, I will.*
ill [il] *adj* syg; dårlig; ond, slet; *adv* dårligt, slet, ilde, ondt; *sb* onde; ulykke, lidelse;
we can ~ *afford it* vi har dårligt råd til det; ~ *at ease* ilde til mode; *be* ~ være syg; *be* ~ *in bed* ligge syg; *be taken* ~, *fall* ~ blive syg; *it* ~ *becomes you* det sømmer sig ikke for dig; det tilkommer ikke dig; *it will go* ~ *with him* det vil gå ham galt; *return* ~ *for good* gengælde godt med ondt; *speak* ~ *of* tale ondt om; *take sth* ~ tage noget ilde op; ~ *weeds grow apace* ukrudt forgår ikke så let; *it's an* ~ *wind that blows nobody any good* intet er så galt at det ikke er godt for noget.
Ill. *fk Illinois.*
ill|-advised ['iləd'vaizd] ubetænksom; uklog; *you would be* ~ *-advised to do so* det ville være uklogt af Dem at gøre det. ~ **-affected** uvenlig stemt. ~ **-assorted** som passer dårligt sammen. ~ **-behaved** uartig, uopdragen. ~ **blood** ondt blod, had, fjendskab. ~ **-boding** ildevarslende. ~ **-bred** uopdragen, udannet, ukultiveret. ~ **breeding** uopdragenhed. ~ **-conditioned** ubehagelig (om mennesker), ond(skabsfuld), tvær, nederdrægtig. ~ **-considered** uovervejet. ~ **-disposed** ondskabsfuld; uvenlig stemt.
illegal [i'li:gl] *adj* ulovlig, illegal.
illegality [ili'gæləti] *sb* ulovlighed.
illegibility [iledʒi'biləti] *sb* ulæselighed.
illegible [i'ledʒəbl] *adj* ulæselig.
illegitimacy [ili'dʒitiməsi] *sb* uretmæssighed, ugyldighed; fødsel uden for ægteskab.
I. illegitimate [ili'dʒitimit] *adj* illegitim, født uden for ægteskab *(fx an* ~ *child)*; uretmæssig, urigtig, uberettiget, ulogisk *(fx conclusion)*.
II. illegitimate [ili'dʒitimeit] *vb* erklære for illegitim.
ill|-fated ['il'feitid] ulykkelig, ulyksalig, skæbnesvanger. ~ **-favoured** grim, styg, hæslig. ~ **feeling** fjendskab, bitterhed. ~ **-gotten:** ~ *gains* penge erhvervet på uretmæssig vis. ~ **health** svagelighed. ~ **humour** ondt lune. ~ **-humoured** ubehagelig, irritabel.
illiberal [i'libr(ə)l] *adj* smålig, snæversynet; gerrig.
illiberality [ilibə'ræliti] *sb* smålighed, snæversynethed;

gerrighed.

illicit [i'lisit] *adj* utilladelig; ulovlig; ~ *union* fri (erotisk) forbindelse.

illimitable [i'limitəbl] *adj* ubegrænset, uindskrænket; grænseløs.

Illinois [ili'nɔi].

illiteracy [i'litrəsi] *sb* analfabetisme; uvidenhed, udannethed. **illiterate** [i'litrət] *adj* analfabetisk, som ikke kan læse og skrive; uvidende; udannet; *sb* analfabet.

ill|-judged ubetænksom, ufornuftig, uklog, uoverlagt; malplaceret. ~ **luck** ulykke, uheld; *as* ~ *luck would have it* uheldigvis. ~ **-mannered** uopdragen. ~ **-natured** gnaven; ondskabsfuld.

illness ['ilnis] *sb* sygdom.

illogical [i'lɔdʒikəl] *adj* ulogisk.

ill|-omened ['il'əumend] foretaget under ulykkelige varsler; se også *ill-fated*. ~ **-starred** født (, foretaget) under en uheldig stjerne, forfulgt af ulykken; (se også *ill-fated*). ~ **temper** ondt lune. ~ **-tempered** gnaven, irritabel, opfarende. ~ **-timed** ubetimelig; som kommer ubelejligt; ilde anbragt, malplaceret. ~ **-treat** behandle dårligt, mishandle. ~ **treatment** mishandling.

illuminate [i'l(j)u:mineit] *vb* oplyse, belyse, (med festblus:) illuminere; *(fig)* belyse, kaste lys over, forklare; (om manuskript: illustrere) illuminere.

illuminating *adj (fig)* oplysende; (ofte =) tankevækkende; ~ *engineer* belysningstekniker; ~ *engineering* belysningsteknik; ~ *gas* belysningsgas.

illumination [il(j)u:mi'neiʃn] *sb* oplysning, belysning, (festblus:) illumination; lys, glans; *(mht* manuskript) illumination, bogmaleri.

illumine [i'l(j)u:min] *vb* oplyse, opklare, kaste lys over.

ill-usage ['il'ju:zidʒ] *sb* mishandling.

ill-use ['il'ju:z] *vb* mishandle.

illusion [i'l(j)u:ʒn] *sb* illusion, falsk forestilling, selvbedrag *(fx it is an ~ to think that you can manage all by yourself);* blændværk, fantasifoster, sansebedrag *(fx the whole thing had only been an ~); have -s about* nære illusioner om, gøre sig falske forestillinger om; *I had the ~ that* det forekom mig at; jeg bildte mig ind at.

illusionist [i'l(j)u:ʒnist] *sb* tryllekunstner, illusionist.

illusive [i'l(j)u:siv] *adj* illuderende, skuffende.

illusory [i'l(j)u:sri] *adj* illusorisk, skuffende.

illustrate ['iləstreit] *vb* illustrere; belyse.

illustration [ilə'streiʃn] *sb* illustration; eksempel; belysning.

illustrative ['iləstrətiv, *(am)* i'lʌstrətiv] *adj* oplysende, forklarende; illustrerende; *be ~ of* illustrere, belyse.

illustrious [i'lʌstriəs] *adj* strålende, udmærket, berømt, hæderkronet.

ill-will ['il'wil] *sb* uvilje; nag; fjendskab.

Illyria [i'liriə] Illyrien.

I.L.O. *fk International Labour Organization.*

I.L.P. *fk Independent Labour Party.*

I.L.S. *fk Instrument Landing System* (system til landing i usigtbart vejr).

I'm [aim] *fk I am.*

image ['imidʒ] *sb* billede; spejlbillede; statue; helgenbillede; *(psyk)* billede, forestillingsbillede; T image, billede som publikum danner sig af en offentlig person *etc; vb* afbilde; give en levende beskrivelse af; genspejle; forestille sig; *he is the ~ of his father* han er sin fader op ad dage, han er sin faders udtrykte billede; *he is the ~ of laziness* han er den personificerede dovenskab.

imagery ['imidʒri] *sb* (udskårne) billeder; statuer; *(lit)* billedstil, billedsprog; billedverden; *abundant ~* billedrigdom.

imaginable [i'mædʒ(i)nəbl] *adj* (op)tænkelig.

imaginary [i'mædʒ(i)n(ə)ri] *adj* indbildt; fingeret; imaginær *(ogs mat.).*

imagination [imædʒi'neiʃn] *sb* indbildningskraft, fantasi; indbildning, forestilling.

imaginative [i'mædʒ(i)nətiv] *adj* fantasirig; opfindsom; fantasi-; ~ *literature* skønlitteratur.

imagine [i'mædʒin] *vb* forestille sig, tænke sig, tænke, tro, bilde sig ind; *I can't ~ why he did it* jeg begriber ikke, hvorfor han gjorde det; *just ~!* tænk engang!

imago [i'meigəu] *sb (pl imagines* [i'meidʒini:z]) *zo* imago, fuldt udviklet insekt.

imam, imaum [i'ma:m] *sb* imam, muhamedansk præst, muhamedansk fyrste.

imbalance [im'bæləns] *sb* manglende balance, ubalance, uligevægt; skævhed *(fx social ~ in education).*

imbecile ['imbəsi:l] *adj (psyk)* imbecil; T åndssløv, tåbelig; *sb (psyk)* imbecil; T tåbe.

imbecility [imbi'siliti] *sb (psyk)* imbecilitet; T tåbelighed.

imbed [im'bed] = *embed.*

imbibe [im'baib] *vb* drikke; *(fig)* indsuge, opsuge.

imbricate ['imbrikət] *adj* taglagt (som teglsten, delvis over hinanden); ['imbrikeit] *vb* anbringe taglagt.

imbrication [imbri'keiʃn] *sb* overlapning; skælmønster.

imbroglio [im'brəuliəu] *sb* indviklet forhold (, situation); knude (i drama *etc);* forvikling, roderi, virvar.

imbrue [im'bru:] *vb* væde, dyppe; farve.

imbue [im'bju:] *vb* imprægnere, mætte; farve; gennemtrænge, gennemsyre; ~ *with* bibringe, indgive; *-ed with (ogs)* besjælet af; *-ed with hatred* gennemsyret af had.

IMF *fk International Monetary Fund.*

imitable ['imitəbl] *adj* som kan efterlignes.

imitate ['imiteit] *vb* imitere, efterligne; ligne.

imitation [imi'teiʃ(ə)n] *sb* efterligning; imitation; *adj* imiteret, uægte *(fx ~ pearls); an example for ~* et eksempel til efterfølgelse; *in ~ of sby* efter ens eksempel; ~ *leather* kunstlæder.

imitative ['imitətiv] *adj* efterlignende; efterlignet; ~ *arts* bildende kunster.

imitator ['imiteitə] *sb* efterligner.

immaculate [i'mækjulət] *adj* uplettet, pletfri; ulastelig *(fx dress);* ubesmittet; *the Immaculate Conception* den ubesmittede undfangelse.

immanent ['imənənt] *adj* iboende, immanent.

immaterial [imə'tiəriəl] *adj* immateriel, ulegemlig; uvæsentlig, ubetydelig *(fx details); it is ~ to me* det er mig ligegyldigt, det er ganske uden betydning (for mig).

immaterialism [imə'tiəriəlizm] *sb (filos)* immaterialisme, læren om at alt eksisterende er af åndelig art.

immateriality [imətiəri'æliti] *sb* ulegemlighed.

immature [imə'tjuə] *adj* umoden.

immaturity [imə'tjuəriti] *sb* umodenhed.

immeasurable [i'meʒ(ə)rəbl] *adj* som ikke kan måles, umålelig; umådelig.

immediacy [i'mi:djəsi] *sb* umiddelbarhed; umiddelbar nærhed.

immediate [i'mi:djət] *adj* nærmest *(fx heir; superior* overordnet; *future; neighbourhood);* direkte *(fx cause, connection);* umiddelbar *(fx contact);* førstehånds *(fx information);* øjeblikkelig; omgående *(fx reply);* presserende, uopsættelig; (på brev) haster; ~ *danger* overhængende fare.

immediately [i'mi:djətli] *adj* straks, øjeblikkelig; direkte, umiddelbart.

immemorial [imi'mɔ:riəl] *adj* umindelig; ældgammel; *from time ~* i umindelige tider, fra arilds tid; ~ *usage* ældgammel skik og brug.

immense [i'mens] *adj* umådelig (stor), enorm, uendelig; vældig; S storartet. **immensely** [i'mensli] *adv* umådelig, overordentlig, vældig; ~ *pleased (ogs)*

yderst tilfreds.
immensity [i'mensiti] *sb* uendelighed, uhyre størrelse, uhyre udstrækning.
immerse [i'mə:s] *vb* neddyppe, sænke ned; dukke ned; ~ *oneself in (fig)* fordybe sig i; *-d in a book* fordybet i en bog; *-d in debt* forgældet.
immersion [i'mə:ʃn] *sb* nedsænkning, neddypning; dåb ved fuldstændig neddykning; *(fig)* fordybelse; *(astr)* immersion.
immersion heater elektrisk vandvarmer; dyppekoger.
immigrant ['imigrənt] *sb* indvandrer.
immigrate ['imigreit] *vb* indvandre.
immigration [imi'greiʃn] *sb* indvandring.
imminence ['iminəns] *sb* truende nærhed.
imminent ['iminənt] *adj* umiddelbart forestående *(fx departure* afrejse); overhængende, truende *(fx danger)*.
immiscible [i'misəbl] *adj* som ikke kan blandes.
immitigable [i'mitigəbl] *adj* uforsonlig; som ikke kan mildnes.
immobile [i'məubail] *adj* ubevægelig, urokkelig, rolig.
immobility [imə'biləti] *sb* ubevægelighed.
immobilize [i'məubilaiz] *vb* gøre ubevægelig, berøve bevægeligheden, *(med.)* immobilisere *(fx a broken leg);* forhindre i at køre (, starte, komme videre); *(økon)* inddrage (mønt fra omsætningen).
immoderate [i'mɔd(ə)rət] *adj* umådeholden, overdreven; voldsom.
immodest [i'mɔdist] *adj* ubeskeden; ufin *(fx remarks);* usømmelig.
immodesty [i'mɔdisti] *sb* ubeskedenhed; usømmelighed.
immolate ['iməleit] *vb* ofre.
immolation [imə'leiʃn] *sb* ofring; offer; opofrelse.
immoral [i'mɔr(ə)l] *adj* umoralsk, usædelig; utugtig.
immorality [imə'ræliti] *sb* umoralskhed, usædelighed, utugtighed.
immortal [i'mɔ:tl] *adj, sb* udødelig; *the -s* de udødelige (guder). **immortality** [imɔ:'tæliti] *sb* udødelighed.
immortalize [i'mɔ:t(ə)laiz] *vb* gøre udødelig, forevige.
immortelle [imɔ:'tel] *sb (bot)* evighedsblomst.
immovability [imu:və'biləti] *sb* ubevægelighed.
immovable [i'mu:vəbl] *adj* ubevægelig; urokkelig *(fx purpose* forsæt); *sb: -s pl* immobilier, fast ejendom; urørligt gods.
immune [i'mju:n] *adj* immun *(from, against, to* over for, *fx* ~ *from smallpox), (fig)* uimodtagelig; ~ *from (ogs)* sikret mod, sikker for *(fx attack, persecution);* fritaget for *(fx taxation)*.
immunity [i'mju:niti] *sb* frihed (for visse forpligtelser, *fx* ~ *from taxation),* immunitet, uimodtagelighed.
immunization [imjunai'zeiʃn] *sb* immunisering.
immunize ['imjunaiz] *vb* immunisere, vaccinere.
immure [i'mjuə] *vb* mure inde, indeslutte.
immutability [imju:tə'biləti] *sb* uforanderlighed.
immutable [i'mju:təbl] *adj* uforanderlig.
Imogen ['imədʒen].
imp [imp] *sb* djævleunge, lille djævel; *(spøg,* om barn) gavstrik, unge.
I. impact [im'pækt] *vb* presse ind; presse sammen; have (uheldig, skadelig) indvirkning på.
II. impact ['impækt] *sb* stød, tryk, sammenstød; anslag *(fx* af projektil); *(fig)* (ind)virkning *(on* på); indtryk; *point of* ~ anslagspunkt.
impair [im'pɛə] *vb* skade, forringe, svække *(fx* ~ *one's health)*.
impairment [im'pɛəmənt] *sb* forringelse, svækkelse.
impale [im'peil] *vb* spidde; *(glds)* omgive med palisade; omhegne; indeslutte.
impalpability [impælpə'biləti] *sb* uhåndgribelighed, ulegemlighed, ufattelighed.
impalpable [im'pælpəbl] *adj* ikke til at føle; uhåndgribelig; ulegemlig; vanskelig at fatte, ufattelig.
impanel [im'pænl] *vb* opføre på (nævninge)liste; udfærdige en liste over (nævninger).
impart [im'pa:t] *vb* tildele, give; videregive; meddele; ~ *knowledge to sby* bibringe en kundskaber.
impartial [im'pa:ʃl] *adj* upartisk, uhildet, uvildig, saglig.
impartiality ['impa:ʃi'æliti] *sb* upartiskhed, uhildethed, uvildighed, saglighed.
impartible [im'pa:təbl] *adj (jur)* udelelig.
impassable [im'pa:səbl] *adj* ufremkommelig; ufarbar, uvejsom, uoverstigelig.
impasse [æm'pa:s] *sb* blindgyde; dødvande, dødt punkt *(fx* i forhandling); *reach an* ~ *(ogs)* gå i hårdknude.
impassible [im'pæsəbl] *adj* ufølsom, upåvirkelig, uanfægtet, apatisk.
impassioned [im'pæʃnd] *adj* lidenskabelig.
impassive [im'pæsiv] *adj,* se *impassible*.
impassivity [impæ'siviti] *adj,* se *impassibility*.
impatience [im'peiʃns] *sb* utålmodighed; irritation.
impatient [im'peiʃnt] *adj* utålmodig *(at* over, *for* efter); ivrig; irriteret *(at, of* over, *with* på); *be* ~ *of (ogs)* ikke kunne tolerere, ikke ville finde sig i.
impawn [im'pɔ:n] *vb* pantsætte.
impeach [im'pi:tʃ] *vb* drage i tvivl, mistænkeliggøre *(fx his motives),* bestride *(fx* et vidnes troværdighed); *(jur)* anklage (for embedsforbrydelse) *(fx* ~ *a judge for taking a bribe);* anklage for højforræderi; *(omtr =)* stille for rigsretten. **impeachable** [im'pi:tʃəbl] *adj* som kan anklages; dadelværdig; som kan give grundlag for *impeachment*.
impeachment [im'pi:tʃmənt] *sb* anklage (for embedsforbrydelse); anklage for højforræderi, højforræderisag; *(omtr)* rigsretssag.
impeccability [impekə'biləti] *sb* syndefrihed, ulasteligh ed, fejlfrihed. **impeccable** [im'pekəbl] *adj* syndefri, fejlfri; ulastelig *(fx dress, behaviour)*.
impeccant [im'pekənt] *adj* syndefri.
impecuniosity [impikju:ni'ɔsiti] *sb* pengemangel; fattigdom.
impecunious [impi'kju:njəs] *adj* ubemidlet, fattig.
impedance [im'pi:dns] *sb (elekt)* impedans.
impede [im'pi:d] *vb* hindre, hæmme, besværliggøre; ~ *traffic* (også) være til gene for trafikken.
impediment [im'pedimənt] *sb* hindring, forhindring; ~ *in one's speech* talefejl.
impedimenta [impedi'mentə] *sb pl* tros, bagage.
impel [im'pel] *vb* drive frem; tilskynde.
impellent [im'pelənt] *adj* drivende *(fx power);* tilskyndende; *sb* drivfjeder, drivende kraft.
impeller [im'pelə] *sb* skovlhjul; (i turbine) løbehjul; (i jetmotor) kompressorhjul.
impending [im'pendiŋ] *adj* forestående *(fx their* ~ *marriage),* kommende; truende *(fx danger)*.
impenetrable [im'penitrəbl] *adj* uigennemtrængelig, *(fig ogs)* uforståelig, uudgrundelig; ~ *to reason* utilgængelig for fornuft.
impenitence [im'penit(ə)ns] *sb* ubodfærdighed, forhærdelse. **impenitent** [im'penit(ə)nt] *adj* ubodfærdig, forhærdet.
imperative [im'perətiv] *adj* bydende, befalende; bydende *(el.* tvingende) nødvendig; *(gram)* imperativisk; *sb (gram)* imperativ, bydemåde.
imperceptible [impə'septəbl] *adj* som ikke kan opfattes med sanserne, umærkbar; forsvindende lille.
imperfect [im'pə:fikt] *adj* ufuldkommen; ufuldstændig, mangelfuld; defekt; ukomplet, ufuldendt; *the* ~ *(tense)* den udvidede tid *(fx he was (, is, will be) reading);* (i latin) imperfektum.
imperfection [impə'fekʃn] *sb* ufuldkommenhed; mangelfuldhed; ufuldstændighed; svaghed, skrøbelig-

hed.
imperforate(d) [im'pə:fərət, -reitid] *adj* uperforeret, uden huller; uden porer; *(anat)* tillukket, sammengroet; (om frimærker) utakket.
I. imperial [im'piəriəl] *adj* kejser-, kejserlig; rigs-; (før 1947) vedrørende det britiske rige, britisk, imperie-; *(fig)* majestætisk; fyrstelig *(fx generosity); Imperial Rome* Rom i kejsertiden.
II. imperial [im'piəriəl] *sb* imperial (et papirformat); fipskæg (som Napoleon III's.).
imperial eagle *zo* kejserørn. ~ **gallon,** se *gallon.*
imperialism [im'piəriəlizm] *sb* imperialisme.
imperialist [im'piəriəlist] *sb* imperialist; *adj* imperialistisk.
imperil [im'peril] *vb* bringe i fare.
imperious [im'piəriəs] *adj* bydende *(fx gesture),* myndig, *(neds)* herskesyg; presserende, bydende *(el.* tvingende) nødvendig.
imperishable [im'periʃəbl] *adj* uforgængelig.
impermanent [im'pə:mənənt] *adj* ikke varig, midlertidig.
impermeable [im'pə:mjəbl] *adj* uigennemtrængelig *(to* for), tæt; fedttæt; ~ *to air* lufttæt; ~ *to water* vandtæt.
impersonal [im'pə:s(ə)nl] *adj* upersonlig; *sb* upersonligt verbum.
impersonate [im'pə:s(ə)neit] *vb* personificere; udgive sig for; *(teat,* om rolle) spille, fremstille; (om levende person) parodiere.
impersonation [impə:s(ə)'neiʃn] *sb* personifikation; det at udgive sig for en anden; *(teat)* (opfattelse og) fremstilling af en rolle; parodi; *give -s of well-known actors* parodiere kendte skuespillere.
impersonator [im'pə:s(ə)neitə] *sb* en som udgiver sig for en anden; (på teater) skaber af en rolle; parodist; *female* ~ mandlig skuespiller der spiller kvinderoller.
impertinence [im'pə:tinəns] *sb* næsvished, uforskammethed, impertinens; irrelevans, noget der er sagen uvedkommende.
impertinent [im'pə:tinənt] *adj* næsvis, uforskammet, impertinent; irrelevant, sagen uvedkommende.
imperturbability [impətə:bə'biləti] *sb* uforstyrrelig ro, uanfægtethed. **imperturbable** [impə'tə:bəbl] *adj* rolig, uanfægtet, uforstyrrelig.
impervious [im'pə:vjəs] *adj* uigennemtrængelig; *(fig)* uimodtagelig *(to* for); ~ *to air* lufttæt; ~ *to reason* uimodtagelig *(el.* utilgængelig) for fornuft; ~ *to water* vandtæt.
impetigo [impi'taigəu] *sb (med.)* impetigo, børnesår.
impetuosity [impetju'ɔsiti] *sb* heftighed, voldsomhed.
impetuous [im'petjuəs] *adj* heftig, voldsom, fremfusende, opfarende, impulsiv.
impetus ['impitəs] *sb* drivkraft, fart; skub; *give an* ~ *to* sætte fart i.
impiety [im'paiəti] *sb* ugudelighed; ukærlighed over for forældre; pietetsløshed.
impinge [im'pin(d)ʒ] *vb:* ~ *(up)on* ramme *(fx light that -s on the eye),* støde imod, komme i kollision med; *(fig)* ramme, berøre *(fx the laws which -d upon them);* indvirke på, gribe ind i *(fx the forces that* ~ *on your daily life); (neds)* gøre indgreb i, krænke *(fx* ~ *on his rights, liberty, authority).*
impious ['impiəs] *adj* ugudelig; pietetsløs.
impish ['impiʃ] *adj* gavtyveagtig; drilsk; troldsk; ondskabsfuld, skadefro.
implacability [implækə'biləti] *sb* uforsonlighed.
implacable [im'plækəbl] *adj* uforsonlig.
I. implant [im'pla:nt] *vb* indplante; sætte (grundigt) fast; *(fig)* indpode *(fx* ~ *sound principles in the child's mind); (med.)* implantere.
II. implant ['impla:nt] *sb (med.)* implanteret væv; lægemiddel til implantering i væv; (i kræftbehandling) radiumnål (til implantering).
implantation [impla:n'teiʃn] *sb* indplantning; *(fig)* indpodning; *(med.)* implantation, implantering.
implausible [im'plɔ:zəbl] *adj* ikke plausibel, usandsynlig.
I. implement ['implimənt] *sb* redskab *(fx farm -s); -s (ogs)* værktøj; *surgical -s* kirurgiske instrumenter.
II. implement ['impliment] *vb* udføre, virkeliggøre, gennemføre, føre ud i livet *(fx a resolution),* sætte i værk *(fx a scheme).*
implemental [impli'mentl] *adj* anvendt som værktøj; mekanisk.
implementation [implimen'teiʃn] *sb* gennemførelse, udførelse, virkeliggørelse, iværksættelse.
implicate ['implikeit] *vb* inddrage, implicere, indblande *(fx be -d in a crime);* (i logik *etc)* se *imply.*
implication [impli'keiʃn] *sb* inddragning, indblanding *(fx in a crime);* underforståelse, stiltiende slutning; (af ord) bibetydning; (i logik) implikation; *the -s of his remark* hvad hans bemærkning indebærer, hvad der ligger i hans bemærkning.
implicit [im'plisit] *adj* implicit; stiltiende *(fx agreement),* medindbefattet, underforstået; ubetinget *(fx belief; obedience).*
implode [im'pləud] *vb* implodere, sprænges indad; falde sammen.
implore [im'plɔ:] *vb* anråbe, bønfalde, bede indtrængende *(fx* ~ *sby to do sth).*
imploringly *adv* bønligt, bønfaldende.
imply [im'plai] *vb* indebære i sig, rumme *(fx this statement implies a contradiction),* medføre; forudsætte *(fx speech implies a speaker);* antyde, lade forstå, lade formode *(fx his questions implied a lack of faith); implied (ogs)* indirekte; underforstået; *it is implied in the words* det ligger i ordene.
impolicy [im'pɔlisi] *sb* uklog (, dårlig) politik, uhensigtsmæssighed.
impolite [impə'lait] *adj* uhøflig.
impolitic [im'pɔlitik] *adj* (taktisk) uklog; uhensigtsmæssig.
imponderability [impɔndərə'biləti] *sb* det ikke at kunne vejes.
imponderable [im'pɔndərəbl] *adj* som ikke kan vejes og måles; uberegnelig; *sb* uberegnelig faktor; *-s pl (ogs)* imponderabilier.
I. import [im'pɔ:t] *vb* importere, indføre; betegne, betyde *(fx what does this news* ~*?); it -s us to know* det er vigtigt for os at vide.
II. import ['impɔ:t] *sb* importartikel, indførselsvare; import, indførsel; vigtighed *(fx it is a matter of great* ~*);* betydning, mening; *I am not sure of the* ~ *of his reply* jeg er ikke klar over hvor han egentlig vil(le) hen med sit svar.
importable [im'pɔ:təbl] *adj* som kan importeres.
importance [im'pɔ:t(ə)ns] *sb* betydning, vigtighed *(fx it is a matter of great* ~*); (neds)* vigtigmageri; *of no* ~ uden betydning; *give* ~ *to* lægge vægt på.
important [im'pɔ:t(ə)nt] *adj* vigtig, af vigtighed, betydningsfuld, væsentlig; *(neds)* hoven, indbildsk.
importation [impɔ:'teiʃn] *sb* import, indførsel; importvare, importeret vare.
importer [im'pɔ:tə] *sb* importør.
importunate [im'pɔ:tjunət] *adj* påtrængende, anmassende, besværlig, pågående.
importune [im'pɔ:tju:n] *vb* plage, bestorme med bønner *(fx she -d him for money),* tigge; (om prostitueret) antaste, opfordre til utugt.
importunity [impɔ:'tju:niti] *sb* påtrængenhed, pågåenhed, plagsomhed.
impose [im'pəuz] *vb* pålægge *(fx a tax);* påtvinge; *(typ)* udskyde (ɔ: sætte klummer på plads); ~ *on (el. upon) sby* narre en, føre en bag lyset; udnytte en; trænge sig ind på en, trænge sig på; ~ *sth on sby* påtvinge en

noget; ~ *a fine on sby* idømme en en bøde; ~ *oneself (el. one's company) on them* trænge sig ind på dem, pånøde dem sit selskab, trænge sig på.
imposing [im'pəuziŋ] *adj* imponerende; statelig, monumental.
imposition [impə'ziʃən] *sb* pålægning; udskrivning (af skatter), skat; bedrageri, optrækkeri; (i skole) straffepensum, ekstraarbejde (pålagt som straf); *(typ)* udskydning; ~ *of hands (rel)* håndspålæggelse.
impossibility [impɔsə'biləti] *sb* umulighed.
impossible [im'pɔsəbl] *adj* umulig; håbløs; ~ *of attainment* uopnåelig.
impost ['impəust] *sb* afgift, skat; *(arkit)* kæmfer.
impostor [im'pɔstə] *sb* bedrager.
imposture [im'pɔstʃə] *sb* bedrageri, bedrag, svindel.
impot *fk imposition* straffepensum.
impotence ['impət(ə)ns], **impotency** ['impət(ə)nsi] *sb* kraftløshed, svaghed; afmagt; (seksuelt:) impotens.
impotent ['impət(ə)nt] *adj* kraftløs, svag; afmægtig *(fx we clenched our fists in ~ fury)*; (seksuelt) impotent.
impound [im'paund] *vb* indelukke, indespærre; beslaglægge, konfiskere *(fx a passport)*; (om vand) opstemme, stuve; ~ *stray cattle (glds)* optage herreløst kvæg.
impoverish [im'pɔv(ə)riʃ] *vb* forarme; udpine *(fx land)*.
impoverishment *sb* forarmelse, udpining.
impracticability [impræktikə'biləti] *sb* uigennemførlighed *(etc, se impracticable)*.
impracticable [im'præktikəbl] *adj* uigennemførlig, umulig *(fx plan)*; umedgørlig *(fx person)*; ufarbar *(fx road)*.
impractical [im'præktikl] *adj* upraktisk, unyttig; se også *impracticable*.
imprecate ['imprikeit] *vb* ønske *(el.* nedkalde) ondt over; forbande. **imprecation** [impri'keiʃn] *sb* forbandelse.
impregnability [impregnə'biləti] *sb* uindtagelighed, uovervindelighed.
impregnable [im'pregnəbl] *adj* uindtagelig *(fx fortress)*; uovervindelig; *(fig)* uangribelig; ~ *arguments* uigendrivelige argumenter.
impregnate ['impregneit, im'pregneit] *vb* befrugte; imprægnere; mætte; *(fig)* gennemtrænge. **impregnation** [impreg'neiʃn] *sb* befrugtning, imprægnering; mættelse.
impresario [impre'sa:riəu] *sb* impresario.
imprescriptible [impri'skriptəbl] *adj* umistelig, ufortabelig *(fx right)*.
I. impress [im'pres] *vb* påtrykke; (ind)præge, indprente; gøre indtryk på *(fx he -ed her favourably)*; imponere *(fx I was -ed by his knowledge)*, dupere; tvangsudskrive, tvangshverve, presse (til krigstjeneste); beslaglægge.
II. impress ['impres] *sb* aftryk, mærke, præg; *(fig)* præg, stempel *(fx his work bears the ~ of genius)*.
impressible [im'presəbl] *adj* modtagelig.
impression [im'preʃn] *sb* aftryk, mærke, præg; *(fig)* indtryk, virkning, indflydelse; *(typ)* aftræk, aftryk; oplag (af bog *etc)*; *(teat)* parodi; *be under the ~ that* tro at, have det indtryk at.
impressionable [im'preʃnəbl] *adj* modtagelig for indtryk, let påvirkelig, letbevægelig.
impressionism [im'preʃnizm] *sb* impressionisme.
impressionist *sb* impressionist; *(teat)* parodist; *adj* impressionistisk.
impressionistic [impreʃ'nistik] *adj* impressionistisk.
impressive [im'presiv] *adj* som gør indtryk; virkningsfuld, slående; imponerende, betagende.
impressment [im'presmənt] *sb* tvangsudskrivning; presning (til tjeneste i flåden).
imprest ['imprest] *sb* forskud, lån (af en offentlig kasse).
imprimatur [impr(a)i'meitə] *sb* imprimatur, trykketilladelse; *(fig)* godkendelse.
imprimis [im'praimis] *adv (lat.)* først, frem for alt, især.
I. imprint [im'print] *vb* mærke, præge; (ind)trykke, prente.
II. imprint ['imprint] *sb* aftryk; mærke; præg; *(printer's ~)* angivelse af trykkested; *(publisher's ~)* forlæggermærke; *bear the ~ of sby (fig)* være præget af en, bære ens stempel; *leave one's ~ on (fig)* præge.
imprison [im'prizn] *vb* fængsle, sætte i fængsel; *(fig)* hindre, indsnævre (ens handlefrihed).
imprisonment [im'priznmənt] *sb* fængsling, fangenskab, fængsel *(fx two years' ~)*; *serve a turn of ~* afsone en fængselsstraf; (se også *false ~)*.
improbability [imprɔbə'biləti] *adj* usandsynlighed.
improbable [im'prɔbəbl] *adj* usandsynlig.
improbity [im'prəubiti] *sb* uredelighed.
impromptu [im'prɔm(p)tju:] *sb* impromptu; improvisation; *adj* improviseret *(fx an ~ speech)*; *speak ~* holde en improviseret tale.
improper [im'prɔpə] *adj* upassende *(fx dress)*, uheldig; utilbørlig, usømmelig, uanstændig; urigtig, fejlagtig, forkert *(fx ~ treatment of disease)*; uegentlig; ~ *assault* voldtægtsforsøg; ~ *fraction* uægte brøk.
impropriety [imprə'praiəti] *sb* usømmelighed; urigtighed; fejlagtighed.
improvable [im'pru:vəbl] *adj* som kan forbedres; som egner sig til kultur.
improve [im'pru:v] *vb* forbedre, forskønne, forædle; udnytte *(fx one's time)*, benytte (sig af) *(fx the occasion)*; (uden objekt) blive bedre *(fx his health is improving)*, forbedre sig, gøre fremskridt; (om pris) stige;

~ *in health* komme sig, blive raskere; ~ *in looks* komme til at se bedre ud, blive kønnere; ~ *oneself*, ~ *one's mind* øge sine kundskaber, berige sin ånd; ~ *(up)on* forbedre (på); *he -s on acquaintance* han vinder ved nærmere bekendtskab; *he -d upon my offer* han overbød mig.
improvement [im'pru:vmənt] *sb* forbedring; fremskridt; ~ *on (el. upon)* forbedring af, fremskridt i forhold til *(el.* sammenlignet med).
improver [im'pru:və] *sb* forbedrer, fornyer; en der forbedrer (sig), en der arbejder for en ringe løn for at lære, praktikant.
improvidence [im'prɔvidns] *sb* uforudseenhed, ubetænksomhed; letsindighed, sløsethed (især i pengesager).
improvident [im'prɔvidnt] *adj* uforudseende, ubetænksom; letsindig, sløset (især i pengesager).
improving [im'pru:viŋ] *adj* belærende, opbyggelig.
improvisation [imprəvai'zeiʃən] *sb* improvisation.
improvise ['imprəvaiz] *vb* improvisere.
improviser ['imprəvaizə] *sb* improvisator.
imprudence [im'pru:dns] *sb* mangel på klogskab, uklogskab; uforsigtighed; ubetænksomhed.
imprudent [im'pru:dnt] *adj* uklog; uforsigtig; ubetænksom.
impudence ['impjudns] *sb* uforskammethed.
impudent ['impjudnt] *adj* uforskammet.
impugn [im'pju:n] *vb* angribe, bestride, drage i tvivl.
impuissance [im'pju(:)isns] *sb* svaghed, magtesløshed.
impuissant [im'pju(:)isnt] *adj* svag, magtesløs.
impulse ['impʌls] *sb* stød, skub, *(elekt, fys)* impuls; *(fig)* impuls, tilskyndelse, (pludselig) indskydelse; pludselig lyst *(fx I was seized with an ~ to kick him)*; *his first ~ was to* hans første indskydelse var at; *a man of ~* en impulsiv mand; *act on ~* handle spontant, handle efter en pludselig indskydelse. **impulse buying** impulskøb.
impulsion [im'pʌlʃn] *sb* stød, tilskyndelse; indskydel-

se.
impulsive [im'pʌlsiv] *adj* impulsiv.
impunity [im'pju:niti] *sb* frihed for straf; *with ~* ustraffet, uden risiko.
impure [im'pjuə] *adj* uren *(fx air, metal, thought);* forfalsket; ukysk.
impurity [im'pjuəriti] *sb* urenhed *(fx impurities in milk).*
imputable [im'pju:təbl] *adj: ~ to sby* som kan tilskrives en.
imputation [impju'teiʃn] *sb* beskyldning.
impute [im'pju:t] *vb: ~ to* tillægge; tilskrive; *~ sth to sby* (også) beskylde en for noget; *I ~ no evil motives to him* jeg tillægger ham ikke slette motiver.
I. in [in] *præp* i, inde (, ude, oppe *etc)* i *(fx in April, in the church, in the rain, in the tree);* ind (, ud, ned *etc)* i *(fx put one's hands in one's pockets),* (især *am ogs)* ind ad *(fx he came in the door);* på *(fx in the country, in English);* om *(fx in the afternoon);* under *(fx in the reign of Elizabeth);* til *(fx in his defence, in honour of);* efter *(fx in my opinion, in all probability);* hos *(fx in Shakespeare);* med *(fx in ink, in a top hat);* ved *(fx in the University);*

(forskellige *forb;* se også hovedordet, *fx all) in an accident* ude for et ulykkestilfælde; *in crossing the road* da han (, de *etc)* gik over vejen; *show what was in him* vise hvad han duede til; *in an hour* om en time *(fx be back in an hour),* på en time *(fx walk three miles in an hour); A isn't* **in it with** *B* A kan ikke måle sig med B; *in itself* i og for sig; *all citizens are equal in law* alle borgere er lige for loven; *in pairs* parvis, to og to; *there are 100 new pence in the pound* der går 100 *new pence* på et pund; *in so far as* for så vidt som; **in that** *(conj)* eftersom, fordi, derved at, idet; *one in a thousand* en af *(el.* blandt) tusinde; *he was in the war* han var med i krigen.
II. in [in] *adv* ind *(fx come in); adj, adv* inde, hjemme *(fx he is in);* ankommet *(fx the train is in);* på plads; (om korn) i hus; *(pol)* ved magten *(fx the Conservatives were in);* T med på noderne, moderne, smart, på mode, helt rigtig *(fx the ~ place to go);*

be in (i kricket) være ved gærdet, være inde; *strawberries are in* det er jordbærsæson; *be* **in for** kunne vente sig *(fx we are in for a hot summer);* have forpligtet sig til; have meldt sig til *(fx a competition); be in for it* sidde net i det; kunne vente sig; *be* **in on** *it (fig)* være indviet i det; være med i det; have en aktie i foretagendet; *be (, keep)* **in with** være (, holde sig) på en god fod med.
III. in [in] *sb: the ins* medlemmerne af regeringspartiet; *know the ins and outs of a subject* kende alle detaljer vedrørende emnet, kende et emne ud og ind; *have an in with* (især *am)* have en høj stjerne hos, have noget at sige hos, have indflydelse hos.
in. *fk inch(es).*
inability [inə'biləti] *sb* udygtighed; manglende evne; *the editor regrets his ~ to* redaktøren beklager ikke at kunne.
inaccessibility ['inæksesi'biləti] *sb* utilgængelighed; uopnåelighed; (om person) utilnærmelighed.
inaccessible [inæk'sesəbl] *adj* utilgængelig; uopnåelig; (om person) utilnærmelig; *the place is ~ by car* man kan ikke komme dertil pr. bil.
inaccuracy [in'ækjurəsi] *sb* unøjagtighed.
inaccurate [in'ækjurət] *adj* unøjagtig.
inaction [in'ækʃn] *sb* uvirksomhed, træghed.
inactivate [in'æktiveit] *vb* sætte ud af virksomhed; *(med.)* inaktivere *(fx a serum).*
inactive [in'æktiv] *adj* uvirksom; træg; *(kem)* reaktionstræg; *(mil., am)* ikke i tjeneste.
inacitivity [inæk'tiviti] *sb* uvirksomhed; træghed; lediggang.
inadequacy [in'ædikwəsi] *sb* utilstrækkelighed, mangelfuldhed.
inadequate [in'ædikwət] *adj* utilstrækkelig, mangelfuld.
inadmissibility ['inədmisə'biləti] *sb* utilstedelighed, uantagelighed. **inadmissible** [inəd'misəbl] *adj* utilstedelig, uantagelig; *(jur)* som ikke kan godtages som bevis.
inadvertence [inəd'və:t(ə)ns], **inadvertency** [inəd'və:t(ə)nsi] *sb* uagtsomhed; fejl, fejltagelse.
inadvertent [inəd'və:t(ə)nt] *adj* uagtsom, uopmærksom, forsømmelig; utilsigtet. **inadvertently** *adv* af uagtsomhed, af vanvare, uforvarende.
inalienable [in'eiljənəbl] *adj* uafhændelig; umistelig *(fx right).*
inamorata [inæmə'ra:tə] *sb* elskede (om en kvinde)
inamorato [inæmə'ra:təu] *sb* elskede (om en mand).
in-and-in ['inən'in] *adj: ~ breeding* indavl.
in-and-out ['inən'aut] *adj* af vekslende kvalitet, skiftevis god og dårlig.
inane [i'nein] *adj* tom, åndløs, åndsforladt, indholdsløs, intetsigende, flad.
inanimate [in'ænimət] *adj* livløs, død; sløv.
inanimation [inæni'meiʃn] *sb* livløshed; mangel på liv.
inanition [inə'niʃn] *sb* afkræftelse på grund af mangelfuld ernæring.
inanity [in'æniti] *sb* tomhed, åndløshed *(etc,* se *inane); inanities pl* intetsigende bemærkninger, banaliteter.
inappetence [in'æpit(ə)ns] *sb* appetitløshed, madlede.
inapplicability ['inæplikə'biləti] *sb* uanvendelighed.
inapplicable [in'æplikəbl, inə'pli-] *adj* uanvendelig.
inapposite [in'æpəzit] *adj* (sagen) uvedkommende, malplaceret.
inappreciable [inə'pri:ʃəbl] *adj* umærkelig *(fx difference);* ubetydelig, ringe.
inapproachable [inə'prəutʃəbl] *adj* utilgængelig, utilnærmelig.
inappropriate [inə'prəupriət] *adj* malplaceret, upassende.
inapt [in'æpt] *adj* upassende, malplaceret *(fx remark);* ubehændig, klodset; uegnet, uduelig.
inaptitude [in'æptitju:d] *sb* malplacerethed; ubehændighed, klodsethed; uegnethed, uduelighed.
inarch [in'a:tʃ] *vb* afsuge (ɔ: pode uden overskæring).
inarticulate [ina:'tikjulət] *adj* uartikuleret; utydelig; som har vanskelig ved at udtrykke sig; stum *(with* af, *fx excitement); (anat)* uleddet.
inartistic [ina:'tistik] *adj* ukunstnerisk; blottet for kunstsans.
inasmuch [inəz'mʌtʃ]: *~ as* for så vidt som; eftersom, da.
inattention [inə'tenʃn] *sb* uopmærksomhed, forsømmelighed.
inattentive [inə'tentiv] *adj* uopmærksom; forsømmelig.
inaudible [in'ɔ:dəbl] *adj* uhørlig.
inaugural [i'nɔ:gjur(ə)l] *adj* indvielses-, åbnings-; indsættelses-; *sb (= ~ address)* indvielsestale, åbningstale; *~ sermon* tiltrædelsespræken.
inaugurate [i'nɔ:gjureit] *vb* indvie *(fx a new school);* højtideligt indsætte; indvarsle *(fx a new era).*
inauguration [inɔ:gju'reiʃn] *sb* indvielse; højtidelig indsættelse. **Inauguration Day** den nyvalgte USA-præsidents tiltrædelsesdag (20. januar).
inauspicious [inɔ:'spiʃəs] *adj* ildevarslende, uheldig, ugunstig.
inboard ['inbɔ:d] *adv, adj* indenbords.
inborn ['inbɔ:n] *adj* medfødt.
inbred ['inbred] *adj* medfødt, naturlig; indavlet.
inbreed ['in'bri:d] *vb* indavle; *-ing* indavl.
inc. *fk incorporated; Smith & Co., Inc. (am)* A/S Smith & Co.

Inca ['iŋkə] *sb (hist.)* inka.
incalculable [in'kælkjuləbl] *adj* som ikke kan beregnes; utallig; *(fig)* uberegnelig.
incandescence [inkæn'desns] *sb* hvidglødende tilstand, hvidglødhede.
incandescent [inkæn'desnt] *adj* hvidglødende; *(fig)* strålende, blændende; ~ *lamp* glødelampe; ~ *mantle* glødenet.
incantation [inkæn'teiʃn] *sb* besværgelse; besværgelsesformular.
incapability [inkeipə'biləti] *sb* udygtighed, uduelighed, manglende evne.
incapable [in'keipəbl] *adj* udygtig, uduelig; *sb* undermåler; *be ~ of -ing* være ude af stand til at, ikke eje evnen til at *(fx he is ~ of appreciating music); drunk and ~* stærkt beruset; T døddrukken.
incapacitate [inkə'pæsiteit] *vb* gøre uarbejdsdygtig; *(fig)* umuliggøre *(fx it inhibited, if not -d, the country's economic growth); (jur)* gøre inhabil; ~ *from (el. for)* sætte ud af stand til, berøve evnen til *(fx his weak health -d him from working (, for work)); (jur)* udelukke fra *(fx ~ him from voting).*
incapacity [inkə'pæsiti] *sb* udygtighed, uduelighed; *(jur)* inhabilitet; diskvalifikation.
incarcerate [in'ka:səreit] *vb* fængsle, indespærre.
incarceration [inka:sə'reiʃn] *sb* fængsling, indespærring.
incarnadine [in'ka:nədain] *adj* kødfarvet; blodrød; *vb* farve rød.
I. incarnate ['inka:neit] *vb* inkarnere; legemliggøre.
II. incarnate [in'ka:nət] *adj (rel)* menneskebleven *(fx the ~ God); (fig)* personificeret *(fx he is greed ~),* legemliggjort; skinbarlig *(fx the devil ~).*
incarnation [inka:'neiʃn] *sb* inkarnation; legemliggørelse.
incautious [in'kɔ:ʃəs] *adj* uforsigtig; ubesindig.
incendiarism [in'sendjərizm] *sb* brandstiftelse.
incendiary [in'sendjəri] *adj* brandstiftelses-; ophidsende, oprørsk; *sb* brandstifter; *(fig)* agitator; *(mil.)* brandbombe; ~ *bomb* brandbombe; ~ *speech* brandtale.
I. incense [in'sens] *vb* ophidse, opirre; *-d at* opbragt *(el.* ophidset) over *(fx he was -d at those remarks).*
II. incense ['insens] *sb* røgelse, virak; *vb* afbrænde røgelse (i); *burn ~ before sby (fig)* smigre en.
incentive [in'sentiv] *adj* ansporende, som skal opmuntre til øget arbejdsindsats; opflammende; *sb* spore, drivfjeder; ansporing, opmuntring, tilskyndelse.
inception [in'sepʃn] *sb* (på)begyndelse; *from its ~* fra det blev til, fra det opstod, fra første færd.
inceptive [in'septiv] *adj* begyndende; begyndelses-.
incertitude [in'sə:titju:d] *sb* uvished.
incessant [in'sesənt] *adj* uophørlig, uafladelig.
incest ['insest] *sb* blodskam.
incestuous [in'sestʃuəs] *adj* blodskams-, skyldig i blodskam.
inch [in(t)ʃ] *sb* (2,54 cm, *omtr* =) tomme; *(fig)* bagatel, hårsbred; *vb* inddele i tommer; rykke tomme for tomme frem (, tilbage);
by -es tommevis; *the stone missed my head by -es* stenen susede lige *(el.* tæt) forbi mit hoved; ~ *by ~* tomme for tomme; *every ~ a gentleman* gentleman til fingerspidserne; *within an ~ of* ganske nær *(el.* tæt) ved, lige ved *(fx within an ~ of succeeding); flog sby within an ~ of his life* prygle en halvt ihjel.
inchoate ['inkəu(e)it] *adj* kun lige påbegyndt; begyndende, rudimentær, ufuldstændig, ufuldkommen.
inchoative ['inkəuətiv] *adj (gram.)* inkoativ (om verber der betegner påbegyndelsen af en handling).
inch tape målebånd (inddelt i tommer).
incidence ['insidns] *sb* virkning, fordeling; forekomst, udbredelse *(fx of a disease);* hyppighed; *angle of ~* indfaldsvinkel; *the ~ of taxation* skatternes fordeling mellem forskellige befolkningsgrupper.
incident ['insidnt] *sb* begivenhed, tilfælde, hændelse, episode; *adj: ~ to* som (naturligt) hører til, som følger med *(fx dangers ~ to his profession).*
incidental [insi'dentl] *adj* tilfældig; bi-; ~ *to* som hører til, som følger med *(fx hardships ~ to his career); ~ earnings* bifortjeneste; ~ *expenses* tilfældige udgifter, diverse.
incidentally [insi'dent(ə)li] *adv* tilfældigt, lejlighedsvis; for resten, i øvrigt, i forbigående (bemærket), i denne forbindelse.
incidental music ledsagemusik.
incidentals [insi'dentlz] *sb pl* tilfældige udgifter, diverse.
incinerate [in'sinəreit] *vb* brænde til aske, destruere.
incineration [insinə'reiʃən] *sb* forbrænding til aske; ligbrænding.
incinerator [in'sinəreitə] *sb* destruktionsovn; havebrænder.
incipience [in'sipiəns] *sb* (første) begyndelse.
incipient [in'sipiənt] *adj* begyndende, frembrydende *(fx madness),* spirende.
incise [in'sais] *vb* skære ind i, lave indsnit i, udskære; *-d wound* snitsår.
incision [in'siʒn] *sb* indskæring, indsnit, snit; flænge.
incisive [in'saisiv] *adj* skarp, skarpsindig, indtrængende, dybtborende; skarpt tegnet.
incisor [in'saizə] *sb* fortand.
incitation [insi'teiʃn] *sb* tilskyndelse, spore, incitament, bevæggrund.
incite [in'sait] *vb* anspore, ægge, tilskynde; ophidse.
incitement [in'saitmənt] *sb* tilskyndelse; spore, incitament, bevæggrund.
incivility [insi'viləti] *sb* uhøflighed.
incl. *fk inclusive.*
inclemency [in'klemənsi] *sb* barskhed; strenghed, ubarmhjertighed.
inclement [in'klemənt] *adj* barsk, ublid *(fx weather); (glds)* streng, ubarmhjertig.
inclinable [in'klainəbl] *adj* tilbøjelig (*to* til); gunstig stemt (*to* over for); *(tekn)* som kan stilles skråt.
inclination [inkli'neiʃn] *sb* bøjning; hældning; *(fig)* tilbøjelighed; tendens; *(mat.)* hældningsvinkel; *(fys)* inklination; ~ *of the head* hovedbøjning.
incline [in'klain] *vb* stille skråt; bøje *(fx the head); (fig)* gøre tilbøjelig *(to* til (at), *fx this -s me to believe him);* (uden objekt) hælde, skråne; *(fig)* være tilbøjelig *(to* til (at), *fx I ~ to believe him);* have tilbøjelighed, have tendens *(to* til, *fx to fatness); sb* hældning, skråning; ~ *one's ear to* låne øre til, lytte velvilligt til; ~ *towards* tendere mod, hælde mod.
inclined [in'klaind] *adj* skrå; *(fig)* tilbøjelig *(fx I am ~ to believe you); be ~ to (el. for) (ogs)* have lyst til; ~ *plane* skråplan.
inclose, inclosure = *enclose, enclosure.*
include [in'klu:d] *vb* inkludere, iberegne *(fx everything -d),* medregne, medtage *(fx ~ tips in the bill);* omfatte, indbefatte *(fx the excursion will ~ a visit to the castle);* indeholde; ~ *in the bargain* give med i købet; *he was -d in the team* han kom med på holdet; *bags -d* inklusive sække, sække iberegnet.
including [in'klu:diŋ] *præp* inklusive, iberegnet *(fx ~ bags* inklusive sække, sække iberegnet); indbefattet; medregnet *(fx five in all, ~ you);* deriblandt, bl.a. *(fx several prominent people, ~ the Prime Minister).*
inclusion [in'klu:ʒn] *sb* indbefatning, medregning.
inclusive [in'klu:siv] *adj* inklusive *(fx from 1 to 5 ~); ~ of* inklusive; ~ *terms* alt iberegnet; ~ *tour* akkordrejse; *an ~ charge of £5* 5 pund alt iberegnet.
incog [in'kɔg] *adv* T inkognito.
incognito [in'kɔgnitəu] *adv* inkognito *(fx the prince*

travelled ~).
incoherence [inkə'hiərəns] *sb* mangel på sammenhæng.
incoherent [inkə'hiərənt] *adj* usammenhængende.
incombustible [inkəm'bʌstəbl] *adj* ubrændbar, uforbrændelig; ~ *material* ildfast materiale.
income ['inkəm] *sb* indtægt; *live within one's* ~ ikke give mere ud end man tjener.
incomer ['inkʌmə] *sb* tiltrædende lejer (, forpagter); indvandrer; ubuden gæst; efterfølger.
income tax indkomstskat, statsskat; ~ *form* selvangivelsesblanket.
incoming ['inkʌmiŋ] *sb* indtræden, ankomst; *adj* indkommende, tiltrædende, ankommende; *-s pl* indkomster, indtægt.
incommensurable [inkə'menʃrəbl] *adj* inkommensurabel; som ikke kan sammenlignes.
incommensurate [inkə'menʃrət] *adj* som ikke står mål *(to* med); utilstrækkelig; *(ogs = incommensurable).*
incommode [inkə'məud] *vb* ulejlige, volde besvær.
incommodious [inkə'məudjəs] *adj* ubekvem; besværlig; snæver, trang.
incommunicable [inkə'mju:nikəbl] *adj* umeddelelig; som ikke kan meddeles.
incommunicado [inkɔmjuni'ka:dəu] *adj* uden forbindelse med omverdenen; isoleret.
incommunicative [inkə'mju:nikətiv] *adj* umeddelsom; fåmælt.
incomparable [in'kɔmprəbl] *adj* som ikke kan sammenlignes *(with* med); uforlignelig, enestående, mageløs.
incompatibility ['inkəmpætə'biləti] *sb* uforenelighed; (især om blodtyper) uforligelighed; *(= ~ of temper)* gemytternes uoverensstemmelse.
incompatible [inkəm'pætəbl] *adj* uforenelig *(with* med); (om blodtyper) uforligelig.
incompetence [in'kɔmpət(ə)ns] *sb* inkompetence; udygtighed, uduelighed; *(jur)* inhabilitet.
incompetent [in'kɔmpət(ə)nt] *adj* inkompetent, ukvalificeret, uduelig; *(jur)* inhabil *(fx witness); sb* uduelig person, umulius.
incomplete [inkəm'pli:t] *adj* ufuldstændig, ufuldendt, mangelfuld, defekt. **incompletion** [inkəm'pli:ʃn] *sb* ufuldstændighed *(etc, se incomplete).*
incomprehensibility [inkɔmprihensi'biləti] *sb* ubegribelighed, ufattelighed, uforståelighed.
incomprehensible [inkɔmpri'hensəbl] *adj* ubegribelig, ufattelig, uforståelig.
incomprehension [inkɔmpri'henʃn] *sb* manglende forståelse; *with a look of* ~ med et uforstående udtryk (i ansigtet).
incompressible [inkəm'presəbl] *adj* som ikke kan sammentrykkes *(el.* sammenpresses).
incomputable [inkəm'pju:təbl] *adj* som ikke kan beregnes, uhyre stor.
inconceivable [inkən'si:vəbl] *adj* ufattelig, ubegribelig, utænkelig; utrolig.
inconclusive [inkən'klu:siv] *adj* ikke afgørende, ikke overbevisende *(fx arguments);* resultatløs *(fx negotiations);* utilstrækkelig *(fx evidence).*
incondite [in'kɔndit] *adj* dårligt udarbejdet *(el.* opbygget, konstrueret); plump.
incongruity [inkɔŋ'gruiti] *sb* uoverensstemmelse; inkongruens; urimelighed; modsigelse.
incongruous [in'kɔŋgruəs] *adj* uoverensstemmende, inkongruent, som ikke passer til omgivelserne, besynderlig, afstikkende; fornuftstridig, urimelig, selvmodsigende.
inconsequence [in'kɔnsəkwəns] *sb* mangel på logisk forbindelse, mangel på logik.
inconsequent [in'kɔnsəkwənt], **inconsequential** [inkɔnsə'kwenʃl] *adj* uden logisk forbindelse, ulogisk; uden sammenhæng, selvmodsigende; irrelevant, ligegyldig.
inconsiderable [inkən'sidərəbl] *adj* ubetydelig.
inconsiderate [inkən'sidərət] *adj* ubetænksom; lidet hensynsfuld, taktløs.
inconsistency [inkən'sist(ə)nsi] *sb* inkonsekvens, uoverensstemmelse, selvmodsigelse; uforenelighed; ustadighed.
inconsistent [inkən'sist(ə)nt] *adj* inkonsekvent, ulogisk, selvmodsigende *(fx story),* usammenhængende; (om person) inkonsekvent, ustadig; (som ikke passer sammen:) uoverensstemmende, uforenelig; *be ~ with* (også) være i modstrid med, stride mod.
inconsolable [inkən'səuləbl] *adj* utrøstelig.
inconsonance [in'kɔnsənəns] *sb* uoverensstemmelse; inkonsekvens; disharmoni, misklang.
inconsonant [in'kɔnsənənt] *adj* uoverensstemmende; inkonsekvent; uharmonisk.
inconspicuous [inkən'spikjuəs] *adj* lidet iøjnefaldende, som man ikke lægger mærke til, uanselig.
inconstancy [in'kɔnstənsi] *sb* ubestandighed, ustadighed, flygtighed.
inconstant [in'kɔnstənt] *adj* ubestandig, ustadig, flygtig.
incontestable [inkən'testəbl] *adj* ubestridelig.
incontinence [in'kɔntinəns] *sb* tøjlesløshed; ukyskhed; *(med.)* inkontinens; ~ *of urine* ufrivillig afgang af urin; ~ *of speech* snakkesalighed.
I. incontinent [in'kɔntinənt] *adj* tøjlesløs, ukysk; *(med.)* som lider af inkontinens.
II. incontinent [in'kɔntinənt] *adv (glds)* øjeblikkelig.
incontinently *adv* straks, sporenstregs.
incontrovertible [inkɔntrə'və:təbl] *adj* uomtvistelig, ubestridelig.
inconvenience [inkən'vi:njəns] *sb* ulejlighed, besvær(lighed), gene, ulempe; *vb* ulejlige, besvære, genere, forstyrre.
inconvenient [inkən'vi:njənt] *adj* ubekvem, ubelejlig, besværlig.
inconvertible [inkən'və:təbl] *adj* som ikke kan udveksles med noget andet; (om papirpenge) uindløselig.
I. incorporate [in'kɔ:pəreit] *vb* indføje *(in(to)* i, *fx ~ the revisions into the text),* optage *(fx ~ these things in* (på) *the list),* inkorporere, (om land) indlemme; omfatte *(fx the book -s his earlier papers); (glds)* blande; *(am)* omdanne til aktieselskab; (uden objekt) forbinde sig, forene sig *(with* med).
II. incorporate [in'kɔ:pərət] *adj* inkorporeret, indlemmet i en korporation; dannende en korporation; forbundet; *(glds)* ulegemlig.
incorporation [inkɔ:pə'reiʃn] *sb* optagelse, indlemmelse; inkorporation; *(glds)* blanding.
incorporeal [inkɔ:'pɔ:riəl] *adj* ulegemlig.
incorporeity [inkɔ:pə'ri:iti] *sb* ulegemlighed.
incorrect [inkə'rekt] *adj* unøjagtig, urigtig, ukorrekt.
incorrigible [in'kɔridʒəbl] *adj* uforbederlig.
incorruptibility ['inkərʌpti'biləti] *sb* ufordærvelighed, uforgængelighed; ubestikkelighed.
incorruptible [inkə'rʌptəbl] *adj* ufordærvelig, uforgængelig; (om person) ubestikkelig; (bibelsk) uforkrænkelig.
incorruption [inkə'rʌpʃən] *sb* ufordærvet tilstand; (bibelsk) uforkrænkelighed.
I. increase [in'kri:s] *vb* tiltage, vokse, stige, øges; formere sig; (med objekt) (for)øge, forhøje, forstørre; ~ *speed* sætte farten op.
II. increase ['inkri:s] *sb* forøgelse, vækst, stigning; *be on the* ~ være stigende; tiltage, vokse.
increasingly [in'kri:siŋli] *adv* mere og mere, i stigende grad, i stadig større udstrækning.
incredibility [inkredi'biləti] *sb* utrolighed.
incredible [in'kredəbl] *adj* utrolig.

incredulity [inkri'dju:liti] *sb* vantro, skepsis.
incredulous [in'kredjuləs] *adj* vantro, skeptisk; *be ~ of the evidence of one's own eyes* ikke tro sine egne øjne.
increment ['inkrimənt] *sb* tilvækst, forøgelse; løntillæg, alderstillæg; *two triennial -s* to alderstillæg med tre års mellemrum.
incremental [inkri'mentl] *adj* tilvækst-; som vokser efterhånden, gradvis stigende; *~ costs (merk)* meromkostninger, differensomkostninger.
incriminate [in'krimineit] *vb* anklage, beskylde; inddrage (i en anklage), belaste.
incrust [in'krʌst] *vb* overtrække *(el.* belægge) (som) med en skorpe; danne skorpe; *-ed* med skorpe(r); med kedelsten. **incrustation** [inkrʌ'steiʃn] *sb* skorpedannelse, belægning, kedelsten.
incubate ['inkjubeit] *vb* (ud)ruge, ligge på æg; udklække.
incubation [inkju'beiʃn] *sb* rugning, udklækning; inkubation; *period of ~* inkubationstid.
incubator ['inkjubeitə] *sb* udklækningsapparat, rugemaskine; *(med.)* kuvøse.
incubus ['iŋkjubəs] *sb* (i overtro) mare, mareridt; *the ~ of the exam (fig)* eksamen der red ham som en mare.
inculcate ['inkʌlkeit, in'kʌlkeit] *vb* indprente, indskærpe.
inculcation [inkʌl'keiʃn] *sb* indprentning, indskærpelse.
inculpate ['inkʌlpeit, in'kʌlpeit] *vb* dadle, bebrejde; anklage; inddrage i anklage.
inculpation [inkʌl'peiʃn] *sb* dadel; beskyldning.
incumbency [in'kʌmbənsi] *sb* gejstligt embede; præstekald.
incumbent [in'kʌmbənt] *sb* indehaver af et præstekald; *(am)* indehaver af et embede; *adj (am)* siddende *(fx the ~ President); ~ (up)on* som påhviler, påhvilende; *it is ~ on you to* det påhviler dig at, det er din pligt at.
incunabula [inkju'næbjulə] *sb pl* inkunabler, bogtryk fra før år 1500; begyndelsesstadier.
incur [in'kə:] *vb* udsætte sig for; pådrage sig; *~ debts* stifte *(el.* komme i) gæld; *~ losses* lide tab; *~ an obligation* påtage sig en forpligtelse; *~ a penalty* hjemfalde til straf.
incurability [inkjuərə'biləti] *sb* uhelbredelighed.
incurable [in'kjuərəbl] *adj* uhelbredelig.
incurious [in'kjuəriəs] *adj* ligegyldig, uopmærksom, uinteresseret; uinteressant; *not ~* ikke uinteressant, ikke uden interesse.
incursion [in'kə:ʃn, *(am)* in'kərʒn] *sb* fjendtligt indfald, strejftog; indtrængen.
incursive [in'kə:siv] *adj* fjendtlig, angribende.
incurvation [inkə:'veiʃn] *sb* krumning.
incurve ['in'kə:v] *vb* krumme.
incus ['iŋkəs] *sb (anat)* ambolt (i øret).
incuse [in'kju:z] *adj* indstemplet, præget.
ind. *fk independent; index; indicative.*
Ind. *fk India; Indian; Indiana.*
indebted [in'detid] *adj: be ~ to* være *(el.* stå) i gæld til; *I am ~ to him for it* jeg skylder ham tak for det.
indebtedness [in'detidnəs] *sb* det at være i gæld; gæld *(fx my ~ to my teachers).*
indecency [in'di:snsi] *sb* usømmelighed; uanstændighed; *gross ~ (jur)* uterligt forhold.
indecent [in'di:snt] *adj* usømmelig *(fx with ~ haste),* utilbørlig, uanstændig, uterlig; *~ assault (jur,* især) voldtægtsforsøg; *expose oneself -ly* blotte sig; *~ exposure* krænkelse af blufærdigheden.
indeciduous [indi'sidjuəs] *adj* stedsegrøn; (om hjorte:) som ikke skifter gevir.
indecipherable [indi'saifrəbl] *adj* ikke til at tyde, ulæselig.
indecision [indi'siʒn] *sb* ubeslutsomhed, vaklen, rådvildhed.
indecisive [indi'saisiv] *adj* ikke afgørende, ubestemt; rådvild, vaklende, ubeslutsom.
indeclinable [indi'klainəbl] *adj (gram)* ubøjelig *(fx noun).*
indecomposable ['indi:kəm'pəuzəbl] *adj* som ikke lader sig opløse i sine bestanddele.
indecorous [in'dekərəs] *adj* upassende, usømmelig, utilbørlig. **indecorum** [indi'kɔ:rəm] *sb* usømmelighed, uopdragenhed.
indeed [in'di:d] *adv* i virkeligheden, virkelig, faktisk; ja *(fx I felt, ~ I knew),* ja vist; ganske vist *(fx he may ~ be wrong); interj* nej virkelig! såh! *I am very glad ~* jeg er virkelig glad, jeg er meget glad; *~ it isn't!* vel er det ej! *~ if I was not chosen again* sandelig om jeg ikke blev valgt igen; *thank you very much ~* mange mange tak; *yes, ~!* ja, absolut!
indefatigability ['indifætigə'biləti] *sb* utrættelighed.
indefatigable [indi'fætigəbl] *adj* utrættelig.
indefeasible [indi'fi:zəbl] *adj* uomstødelig; umistelig *(fx rights).*
indefectible [indi'fektbl] *adj* fejlfri; uforgængelig.
indefensible [indi'fensəbl] *adj* som ikke kan forsvares; uholdbar *(fx argument);* uforsvarlig, utilgivelig *(fx error).*
indefinable [indi'fainəbl] *adj* udefinerlig.
indefinite [in'def(i)nit] *adj* utydelig; vag; ikke skarpt afgrænset; ubegrænset; ubestemt *(fx number); (gram)* ubestemt *(fx ~ article, ~ pronoun).*
indefinitely *adv* på ubestemt tid *(fx defer the matter ~).*
indelible [in'deləbl] *adj* uudslettelig; *~ ink* mærkeblæk; *~ pencil* blækstift.
indelicacy [in'delikəsi] *sb* ufinhed, taktløshed; uartighed.
indelicate [in'delikət] *adj* ufin, taktløs; uartig.
indemnification [indemnifi'keiʃn] *sb* sikkerhed; skadeløsholdelse, erstatning.
indemnify [in'demnifai] *vb* sikre *(against* imod); holde skadesløs; *~ sby for sth (ogs)* erstatte en noget.
indemnity [in'demniti] *sb* sikkerhed; erstatning; *(war ~)* krigsskadeserstatning; fritagelse for strafansvar, indemnitet.
I. indent [in'dent] *vb* skære takker i, lave hak (, tak(ker), bule(r)) i; *(jur)* udfærdige in duplo; *(merk)* afgive ordre (på varer), rekvirere; *(typ)* indrykke (en linie); *an -ed coastline* en indskåret kyst; *~ upon sby for goods* rekvirere varer hos en.
II. indent ['indent] *sb* hak, bule, fordybning; *(merk)* rekvisition, ordre på varer der afgives til et udenlandsk firma; *(jur)* dokument.
indentation [inden'teiʃn] *sb* indsnit, hak, indskæring *(fx coastal ~);* fordybning, bule; *(typ)* indrykning.
indention [in'denʃn] *sb (typ)* indrykning.
indenture [in'dentʃə] *sb* gensidig skriftlig kontrakt, lærekontrakt; hak, bule; *vb* binde ved kontrakt; oprette lærekontrakt med.
independence [indi'pendəns] *sb* uafhængighed, selvstændighed; *(glds)* tilstrækkeligt udkomme; *(American) Independence Day* den amerikanske frihedsdag d. 4. juli; *the Declaration of Independence* uafhængighedserklæringen.
independency [indi'pendənsi] *sb* uafhængig stat.
independent [indi'pendənt] *adj* uafhængig *(of* af), selvstændig; formuende; *sb* (politisk) uafhængig, løsgænger; *(hist)* independent; *of ~ means* formuende, økonomisk uafhængig. **independently** *adv* uafhængigt, selvstændigt, på egen hånd.
in-depth [in'depθ] *adj* dybtgående, dybtborende.
indescribable [indi'skraibəbl] *adj* ubeskrivelig.
indestructibility ['indistrʌktə'biləti] *sb* uforgængelighed.

indestructible [indi'strʌktəbl] *adj* uforgængelig.
indeterminable [indi'tə:minəbl] *adj* ubestemmelig, som ikke kan afgøres.
indeterminate [indi'tə:minət] *adj* ubestemt, vag; ~ *sentence* ikke-tidsbestemt straf, tidsubestemt straf.
indetermination ['inditə:mi'neiʃn] *sb* ubestemthed; ubeslutsomhed; vankelmodighed.
I. index ['indeks] *sb (pl -es el.* (i videnskabelige tekster) *indices* ['indisi:z]) pegefinger; viser; *(fig)* tegn, fingerpeg *(fx an ~ of his character);* (i bog) indeks, register; *(card ~)* kartotek, register; (i edb) indholdsfortegnelse, katalog; *(fys)* indeks; *(mat)* eksponent; *(økon)* pristal, indekstal; *the Index* index, den katolske kirkes liste over forbudte bøger.
II. index ['indeks] *vb* forsyne med register, udarbejde register til; indføre i et register; føre kartotek over; pristalsregulere; (i edb) indstille.
indexation [indek'seiʃn] *sb* pristalsregulering.
index| card kartotekkort. ~ **figure** = ~ *number.* ~ **finger** pegefinger. ~ **map** oversigtskort. ~ **number** pristal, indekstal. ~ **-tied** pristalsreguleret.
India ['indjə] Indien; Ostindien, Forindien.
India ink tusch.
Indiaman ['indjəmən] *sb (mar)* ostindiefarer.
Indian ['indjən] *adj* indisk; indiansk; *sb* inder; indianer; *Red ~, American ~* indianer; *honest ~* T på ære!
Indiana [indi'ænə].
Indian| blue indiskblå. ~ **club** kølle til gymnastiske øvelser. ~ **corn** majs. ~ **cress** *(bot)* bærkarse. ~ **file** se *I. file.* ~ **gift** *(am* T*)* gave som giveren venter at få rigelig gengæld for. ~ **hemp** hash, cannabis. ~ **ink** tusch. ~ **summer** periode med sommerligt vejr langt hen på efteråret; *(fig)* efterblomstring, genopblussen af livskraft i alderdommen.
India| Office (tidligere:) ministeriet for Indien. ~ **paper** indiapapir, bibelpapir (tyndt trykpapir).
indiarubber ['indiə'rʌbə] *sb* gummi; viskelæder.
indicate ['indikeit] *vb* vise, angive, markere *(fx railways are -d by a black line);* tilkendegive *(fx they have -d their willingness to negotiate),* give udtryk for, antyde; vidne om, være et tegn på, tyde på *(fx this seems to ~ that he is guilty), (ogs med.)* indicere *(fx his symptoms ~ pneumonia (, an operation));* vise nødvendigheden af, gøre påkrævet, nødvendiggøre *(fx our findings ~ further research);* (om bil) blinke, vise af (med blinklys); *a drink is -d* en drink er tiltrængt *(el.* ville være på sin plads).
indication [indi'keiʃn] *sb* tilkendegivelse; antydning; tegn; symptom; indikation; *there is every ~ that* alt tyder på at.
indicative [in'dikətiv] *adj: be ~ of* vise; være tegn på, tyde på; antyde; *sb (gram): the ~ (mood)* indikativ; *-s* blinklys (på bil).
indicator ['indikeitə] *sb* viser; (apparat:) indikator, viserapparat, indicerende måleapparat; (ved ringesystem, *fx* på hospital) nummertavle; *(jernb)* togtidstavle; *(elekt)* signaltavle, tableau; *(kem)* indikator; *-s* blinklys (på bil).
indices ['indisi:z] *pl* af *I. index.*
indict [in'dait] *vb* anklage, sætte under tiltale *(for* for).
indictable [in'daitəbl] *adj* som kan sættes under tiltale; ~ *offence* kriminel forseelse.
indictment [in'daitmənt] *sb* tiltale, anklage; *(bill of)* ~ anklageskrift.
Indies ['indiz] se *East ~ , West ~.*
indifference [in'difrəns] *sb* ligegyldighed; middelmådighed.
indifferent [in'difrənt] *adj* ligegyldig; uanfægtet, ligeglad; neutral; (om kvalitet) middelmådig, tarvelig, ringe, *(fx* om helbred) så som så; *(kem)* indifferent.
indigence ['indidʒns] *sb* fattigdom, armod.
indigenous [in'didʒinəs] *adj* indfødt; indenlandsk; oprindelig hjemmehørende *(to* i); vildtvoksende.
indigent ['indidʒənt] *adj* trængende, fattig.
indigestible [indi'dʒestəbl] *adj* ufordøjelig.
indigestion [indi'dʒestʃn] *sb* dårlig fordøjelse; dårlig mave.
indignant [in'dignənt] *adj* indigneret, harmfuld, opbragt, vred; ~ *about,* ~ *at* vred over; ~ *with* vred på.
indignation [indig'neiʃən] *sb* indignation, harme, vrede, forbitrelse; ~ *meeting* protestmøde.
indignity [in'digniti] *sb* nedværdigende behandling, ydmygelse, krænkelse, nedværdigelse; *suffer the ~ of being (ogs)* lide den tort at blive ...
indigo ['indigəu] *sb* indigo(farve).
indirect [indi'rekt] *adj* indirekte *(fx proof; tax);* uærlig, som bruger krogveje; ~ *discourse (am)* = ~ *speech (gram)* indirekte tale; ~ *object* indirekte objekt, hensynsled; ~ *reply* undvigende svar; ~ *road,* ~ *route* omvej.
indirection [indi'rekʃn] *sb* uærlighed, svig(efuldhed), kneb, fif.
indirectly [indi'rektli] *adv* ad omveje, indirekte, uærligt.
indiscernible [indi'sə:nəbl] *adj* umærkelig.
indiscreet [indi'skri:t] *adj* indiskret, åbenmundet, taktløs; ubetænksom, uklog, uforsigtig.
indiscretion [indi'skreʃn] *sb* indiskretion, åbenmundethed, taktløshed; ubetænksomhed, uforsigtighed.
indiscriminate [indis'kriminət] *adj* tilfældig, planløs, vilkårlig, ukritisk; *deal out ~ blows* slå løs i blinde; lange ud til højre og venstre; *give ~ praise* rose i flæng; *he is an ~ reader* han læser uden plan.
indiscriminately *adv* i flæng, uden forskel, planløst, kritikløst, på må og få.
indispensability ['indispensə'biləti] *sb* uundværlighed.
indispensable [indi'spensəbl] *adj* uundværlig, absolut nødvendig; *an ~ obligation* en absolut forpligtelse.
indispose [indi'spəuz] *vb* gøre uskikket; gøre indisponeret; gøre utilbøjelig, stemme ugunstigt.
indisposed [indi'spəuzd] *adj* utilpas, uoplagt, indisponeret; ~ *to* utilbøjelig til (at).
indisposition [indispə'ziʃn] *sb* (let) ildebefindende, utilpashed, indisposition; utilbøjelighed *(to* til (at)).
indisputable ['indis'pju:təbl, in'dispjutəbl] *adj* ubestridelig; uomtvistelig.
indissolubility [indisəlju'biləti] *sb* uløselighed; uforgængelighed. **indissoluble** [indi'səljubl, in'disəljubl] *adj* uløselig; uforgængelig, ubrødelig *(fx ~ friendship).*
indistinct [indi'stiŋ(k)t] *adj* utydelig, uklar; *an ~ recollection* en svag erindring.
indistinctive [indi'stiŋ(k)tiv] *adj* ikke karakteriserende, ikke betegnende.
indistinguishable [indi'stiŋgwiʃəbl] *adj* ikke til at skelne (fra hinanden); utydelig.
indite [in'dait] *vb* forfatte, skrive.
individual [indi'vidʒuəl] *adj* enkelt *(fx in the ~ case; each ~ member);* særskilt; individuel, personlig; særpræget; *sb* individ, enkeltperson; person, menneske; *the ~ (ogs)* den enkelte; *the liberty of the ~* den personlige frihed. ~ *equipment (mil.)* personlig udrustning; ~ *fire (mil.)* fri skydning.
individualism [indi'vidʒuəlizm] *sb* individualisme, egoisme.
individualistic [individʒuə'listik] *adj* individualistisk.
individuality [individʒu'æliti] *sb* individualitet; personlighed; særpræg, egenart.
individualize [indi'vidʒuəlaiz] *vb* individualisere, kendetegne; specificere, angive nøjagtigt.
individually [indi'vidʒuəli] *adv* individuelt, enkeltvis, (hver) for sig, hver især.
individuate [indi'vidʒueit] *vb* udskille (sig) fra helheden.

indivisibility ['indivizi'biləti] *sb* udelelighed.
indivisible [indi'vizəbl] *adj* udelelig.
Indo- ['indəu] indo-, indisk.
Indo-China Indokina.
indocile [in'dəusail; *(am)* in'dɔsl] *adj* ikke lærvillig, ikke modtagelig for belæring; tungnem; umedgørlig.
indocility [ində'siləti] *sb* manglende lærvillighed; tungnemhed; umedgørlighed.
indoctrinate [in'dɔktrineit] *vb* uddanne, oplære; indgive bestemte (især politiske) anskuelser, indoktrinere.
indoctrination [indɔktri'neiʃn] *sb* uddannelse, instruktion; indoktrinering, holdningspåvirkning.
Indo|-European ['indəjuərə'pi:ən] *adj* indoeuropæisk; *sb* indoeuropæisk; indoeuropæer. ~ **-Germanic** ['indədʒə:'mænik] *adj, sb* indogermansk, indoeuropæisk.
indolence ['indələns] *sb* ladhed, magelighed.
indolent ['indələnt] *adj* lad, magelig; *(med.)* smertefri, som ikke gør ondt *(fx an ~ tumour);* som breder sig (, heles) langsomt.
indomitable [in'dɔmitəbl] *adj* utæmmelig, ukuelig *(fx an ~ will);* uovervindelig.
Indonesia [ində'ni:zjə, -ʒə, -ʃə] Indonesien. **Indonesian** [ində'ni:zjən, -ʒn, -ʃn] *adj* indonesisk; *sb* indonesisk; indoneser.
indoor ['indɔ:] *adj* inden døre, inde; indendørs(-).
indoor| aerial stueantenne. ~ **game** indendørsleg. ~ **relief** understøttelse i form af ophold på fattiggården.
indoors ['in'dɔ:z] *adv* inden døre, inde *(fx be ~, stay ~),* ind *(fx go ~).*
indorse, indorsee *(etc),* se *endorse, endorsee (etc).*
indraught ['indra:ft] *sb* indtrækning; indadgående strøm.
indrawn ['in'drɔ:n] *adj* indsuget *(fx air);* (om person) indadvendt, indesluttet, fjern.
indubitable [in'dju:bitəbl] *adj* utvivlsom.
induce [in'dju:s] *vb* medføre, forårsage, bevirke, fremkalde; *(fys)* inducere; ~ *to* få til at, bevæge til at, formå til at *(fx I -d him to help us);* forlede til at.
induced| abortion provokeret abort, svangerskabsafbrydelse. ~ **current** induktionsstrøm. ~ **draught** sugetræk.
inducement [in'dju:smənt] *sb* foranledning, bevæggrund; lokkemiddel, overtalelsesmiddel.
induct [in'dʌkt] *vb* indsætte *(fx ~ sby into an office* et embede); *(am mil.)* indkalde; indrullere.
inductance [in'dʌkt(ə)ns] *sb* induktans; *mutual ~* gensidig induktionskoefficient.
inductee [indʌk'ti:] *sb (mil.)* indkaldt.
inductile [in'dʌktail] *adj* som ikke kan udhamres; ikke strækbar; upåvirkelig, umedgørlig.
induction [in'dʌkʃn] *sb* indsættelse; fremførelse; anførelse; *(tekn)* tilførsel, indsugning; *(elekt etc)* induktion; *(am) (mil.)* indkaldelse.
induction| coil *(elekt)* induktionsspole; induktionsapparat ~ **pipe** indsugningsrør.
inductive [in'dʌktiv] *adj* induktiv; ~ *circuit (elekt)* induktiv strømkreds.
inductor [in'dʌktə] *sb (elekt)* induktionsspole.
inductor alternator *(elekt)* induktorgenerator.
indulge [in'dʌldʒ] *vb* forkæle, føje *(fx a sick child);* hengive sig til, give frit løb, give efter for *(fx one's inclinations),* tilfredsstille *(fx one's taste for adventure, one's curiosity); ~ sby (, oneself)* tillade en (, sig) at tilfredsstille sin trang (, lyst); ~ *sby with sth* glæde en med noget; ~ *in* tillade sig, unde sig, nyde, flotte sig med *(fx ~ in a new suit, in a glass of wine);* forfalde til; være optaget af *(fx a hobby); I am afraid he -s too much* han drikker desværre.
indulgence [in'dʌldʒns] *sb* overbærenhed; eftergivenhed, svaghed; tilfredsstillelse, glæde, fornøjelse; nydelse *(in* af); last *(fx his worst ~ was stamp collecting);* *(merk)* henstand; *(rel)* aflad; afladsbrev.
indulgent [in'dʌldʒnt] *adj* overbærende, mild, eftergivende.
indult [in'dʌlt] *sb* pavelig dispensation.
indurate ['indju(ə)reit] *vb* hærde; forhærde; blive forhærdet *(el.* hård).
induration [indju'reiʃn] *sb* hærdning; hårdhed; forhærdelse.
Indus ['indəs].
industrial [in'dʌstriəl] *adj* industriel; industri- *(fx area, exhibition);* fabriks- *(fx town),* fabriksmæssig *(fx production* fremstilling); arbejds-, faglig *(fx dispute* konflikt); *sb: -s pl* industriaktier.
industrial | accident arbejdsulykke, ulykke på arbejdspladsen. ~ **action** strejke (eller andre faglige forholdsregler mod en arbejdsgiver). ~ **democracy** demokrati på arbejdspladsen. ~ **disease** erhvervssygdom. ~ **dispute** arbejdskonflikt. ~ **estate** industribebyggelse. ~ **insurance** arbejderforsikring.
industrialism [in'dʌstriəlizm] *sb* industrialisme.
industrialist [in'dʌstriəlist] *sb* industridrivende, industrimand, fabrikant.
industrial revolution: *the ~ (hist.)* den industrielle revolution.
industrial school fagskole; *(am ogs)* ungdomshjem (for ungdomskriminelle).
industrious [in'dʌstriəs] *adj* flittig.
industry ['indəstri] *sb* flid, driftighed; industri; industrigren, erhverv, erhvervsgren.
indwell ['in'dwel] *vb* bo; bebo.
indwelling ['in'dweliŋ] *adj* iboende.
I. inebriate [in'i:brieit] *vb* beruse, drikke fuld.
II. inebriate [in'i:briət] *adj* beruset; *sb* dranker.
inebriates' home drankerhjem.
inebriation [ini:bri'eiʃn] *sb* beruselse, fuldskab.
inebriety [ini'braiəti] *sb* drukkenskab, drikfældighed; beruselse; fuldskab.
inedible [in'edəbl] *adj* uspiselig.
inedited [in'editid] *adj* utrykt, ikke udgivet; ubearbejdet.
ineffable [in'efəbl] *adj* uudsigelig; ubeskrivelig.
ineffaceable [ini'feisəbl] *adj* uudslettelig.
ineffective [ini'fektiv] *adj* virkningsløs, ineffektiv; udygtig, uduelig.
ineffectual [ini'fektʃuəl] *adj* virkningsløs, resultatløs, frugtesløs; unyttig.
inefficacious [inefi'keiʃəs] se *ineffectual.*
inefficacy [in'efikəsi] *sb* virkningsløshed, unyttighed.
inefficiency [ini'fiʃnsi] *sb* virkningsløshed, unyttighed, uduelighed, udygtighed.
inefficient [ini'fiʃnt] *adj* virkningsløs, som ikke virker; som ikke gør fyldest, uduelig, udygtig.
inelastic [ini'læstik] *adj* uelastisk.
inelegance [in'eligəns] *sb* mangel på elegance, smagløshed. **inelegant** [in'eligənt] *adj* uelegant, smagløs.
ineligible [in'elidʒəbl] *adj* ikke valgbar; ikke kvalificeret; uegnet.
ineluctable [ini'lʌktəbl] *adj* uundgåelig.
inept [i'nept] *adj* malplaceret *(fx remark);* tåbelig, urimelig; kejtet, kluntet. **ineptitude** [i'neptitju:d] *sb* tåbelighed; urimelighed; kejtethed, kluntethed.
inequality [ini'kwɔliti] *sb* ulighed; uoverensstemmelse; ujævnhed; utilstrækkelighed.
inequitable [in'ekwitəbl] *adj* uretfærdig.
inequity [in'ekwiti] *sb* uretfærdighed.
ineradicable [ini'rædikəbl] *adj* uudryddelig.
inert [i'nə:t] *adj* træg, uvirksom; (i kemi) inaktiv.
inertia [i'nə:ʃə] *adj* inerti; træghed, slaphed.
inertial [in'ə:ʃl] *adj* inerti-; ~ *control (el. guidance)* inerti(al)styring (af raket).
inertia reel belt rullesele (i bil).
inescapable [ini'skeipəbl] *adj* uundgåelig, som man

ikke kan slippe fra.
inessential ['ini'senʃl] *adj* uvæsentlig.
inestimable [in'estiməbl] *adj* uvurderlig.
inevitability [inevitə'biləti] *sb* uundgåelighed.
inevitable [i'nevitəbl] *adj* uundgåelig.
inevitably *adv* nødvendigvis, uvægerlig, uundgåeligt.
inexact [inig'zækt] *adj* unøjagtig.
inexactitude [inig'zæktitju:d] *sb* unøjagtighed.
inexcusable [iniks'kju:zəbl] *adj* utilgivelig.
inexecutable [inik'sekjutəbl] *adj* uudførlig.
inexhaustible [inig'zɔ:stəbl] *adj* uudtømmelig, utrættelig.
inexorable [in'eksərəbl] *adj* ubønhørlig.
inexpediency [inik'spi:djənsi] *sb* uhensigtsmæssighed.
inexpedient [inik'spi:djənt] *adj* uhensigtsmæssig; ikke tilrådelig.
inexpensive [inik'spensiv] *adj* (pris)billig.
inexperience [inik'spiəriəns] *sb* mangel på erfaring, uerfarenhed.
inexperienced [inik'spiəriənst] *adj* uerfaren.
inexpert [in'ekspə:t] *adj* ukyndig, udygtig; uøvet.
inexpiable [in'ekspiəbl] *adj* (om forbrydelse *etc*) som ikke kan sones; *(glds)* uforsonlig *(fx hatred)*.
inexplicable [inik'splikəbl] *adj* uforklarlig.
inexpressible [inik'spresəbl] *adj* ubeskrivelig, uudsigelig, usigelig.
inexpressive [inik'spresiv] *adj* udtryksløs.
inexpugnable [inik'spʌgnəbl] *adj* uindtagelig, uovervindelig.
inextinguishable [inik'stiŋgwiʃəbl] *adj* uudslukkelig.
inextricable [in'ekstrikəbl, ineks'tri-] *adj* som ikke er til at slippe ud af *(fx maze* labyrint); uløselig *(fx knot)*; som ikke kan redes ud; ~ *confusion* håbløs forvirring.
INF *fk intermediate-range nuclear forces.*
inf. *fk infantry; infra.*
infallibility [infælə'biləti] *sb* ufejlbarlighed.
infallible [in'fæləbl] *adj* ufejlbarlig.
infamous ['infəməs] *adj* skændig *(fx conduct)*, infam *(fx lie)*; berygtet *(fx tyrant, city)*; *(jur)* vanærende; æreløs.
infamy ['infəmi] *sb* skændsel, vanære; skændselsgerning.
infancy ['infənsi] *sb* den spæde barnealder, barndom; *(fig)* (spæd) begyndelse; *(jur)* umyndighed, mindreårighed.
infant ['infənt] *sb* lille barn, spædbarn; *(jur)* umyndig, mindreårig; *adj* barne-, barnlig; (se også *I. arm)*.
infanta [in'fæntə] *sb* infantinde (spansk *el.* portugisisk prinsesse). **infante** [in'fænti] *sb* infant (spansk *el.* portugisisk prins).
infanticide [in'fæntisaid] *sb* barnemord; barnemorder(ske).
infantile ['infəntail] *adj* barn-, børne-; barnlig, infantil; ~ *paralysis* børnelammelse.
infant mortality spædbørnsdødelighed.
infantry ['infəntri] *sb (mil.)* infanteri, fodfolk.
infantryman ['infəntrimən] *sb* infanterist.
infant school (skole for børn i alderen 5-7).
infatuate [in'fætjueit] *vb* bedåre, forblinde; *be -d with* være forgabet i. **infatuation** [infætju'eiʃn] *sb* forgabelse, blind forelskelse.
infeasible [in'fi:zəbl] *adj* ugørlig.
infect [in'fekt] *vb* smitte, inficere.
infection [in'fekʃn] *sb* smitte, infektion.
infectious [in'fekʃəs] *adj* smitsom; smittende; ~ *matter* smitstof.
infelicitous [infi'lisitəs] *adj* uheldig *(fx remark)*; *(glds)* ulykkelig.
infer [in'fə:] *vb* slutte, udlede, drage en slutning; antyde; indebære; T gætte.
inference ['infrəns] *sb* (logisk) slutning.
inferential [infə'renʃl] *adj* som man kan ræsonnere *(el.* har ræsonneret) sig til.
inferior [in'fiəriə] *adj* lavere, ringere *(to* end); tarvelig, dårlig *(fx an ~ product)*; *(typ)* nedrykket, nedenforstående; *sb pl: his -s* hans underordnede.
inferiority [infiəri'ɔriti] *sb* lavere rang; underordning; tarvelig(ere) kvalitet; underlegenhed, (især *psyk)* mindreværd. **inferiority complex** mindreværdskompleks.
infernal [in'fə:nl] *adj* helvedes; hørende til underverdenen; T djævelsk, infernalsk, forbandet; ~ *machine* helvedesmaskine.
inferno [in'fə:nəu] *sb* helvede.
infertile [in'fə:tail] *adj* ufrugtbar.
infertility [infə:'tiləti] *sb* ufrugtbarhed.
infest [in'fest] *vb* hjemsøge, plage; *be -ed with* være befængt med; myldre med.
infestation [infes'teiʃn] *sb* hjemsøgelse, befængthed.
infidel ['infidl] *sb* vantro; ateist, hedning.
infidelity [infi'deliti] *sb* vantro; utroskab.
infighting ['infaitiŋ] *sb* indbyrdes strid, intern magtkamp; (i boksning) infight, nærkamp.
infiltrate ['infiltreit] *vb* infiltrere, trænge ind i.
infiltration [infil'treiʃn] *sb* infiltration, indtrængen; nedsivning (af vand).
infinite ['inf(i)nit] *adj* uendelig, grænseløs; *(gram)* infinit; *sb (mat.)* uendelig størrelse; *the ~* uendeligheden, det uendelige rum; *the Infinite* Gud; *-ly (ogs)* i det uendelige.
infinitesimal [inf(i)ni'tesiml] *adj* uendelig lille; *sb* uendelig lille størrelse.
infinitive [in'finitiv] *adj* infinitivisk; *sb* infinitiv, navnemåde.
infinitude [in'finitju:d], **infinity** [in'finiti] *sb* uendelighed.
infirm [in'fə:m] *adj* svag, svagelig, skrøbelig, usikker, vaklende; ~ *of purpose* ubeslutsom, viljesvag.
infirmary [in'fə:m(ə)ri] *sb* sygehus, sygeafdeling *(fx* i en skole).
infirmity [in'fə:miti] *sb* svaghed, skavank; svagelighed, skrøbelighed.
infix [in'fiks] *vb* fæste, indprente; indsætte, indskyde; ['infiks] *sb (gram)* infiks, stavelse indføjet i en stamme.
inflame [in'fleim] *vb* ophidse *(fx his speeches -d the people)*, opflamme; blive ophidset; *(med.)* gøre (, blive) betændt; *-d* betændt *(fx -d eyes)*; ophidset.
inflammable [in'flæməbl] *adj* let antændelig, brandfarlig; *(fig)* eksplosiv *(fx situation)*; (om person) letbevægelig, let at ophidse.
inflammation [inflə'meiʃn] *sb* antændelse; *(med.)* betændelse.
inflammatory [in'flæmət(ə)ri] *adj* betændelses-; ophidsende; ~ *speech* brandtale.
inflatable [in'fleitəbl] *adj* oppustelig; sb oppustelig båd, gummibåd.
inflate [in'fleit] *vb* puste (, pumpe) op, fylde med luft; *(fig)* gøre opblæst; *(økon)* drive priserne i vejret.
inflated [in'fleitid] *adj* oppustet, oppumpet; *(fig)* opblæst; svulstig; *(økon)* oppustet; ~ *prices* opskruede priser.
inflation [in'fleiʃn] *sb* oppustning, oppumpning; *(fig)* opblæsthed; svulstighed; *(økon)* inflation.
inflationary [in'fleiʃn(ə)ri] *adj* inflations-; *the ~ spiral* 'skruen uden ende' (med stigende priser, lønninger *etc)*.
inflator [in'fleitə] *sb* pumpe.
inflect [in'flekt] *vb* (om stemme) modulere; *(gram)* bøje.
inflection = *inflexion.*
inflective [in'flektiv] *adj (gram)* bøjnings-.
inflexibility [infleksi'biləti] *sb* ubøjelighed.

inflexible [in'fleksəbl] *adj* ubøjelig; ukuelig, urokkelig.
inflexion [in'flekʃn] *sb* (stemmes) modulation, tonefald; *(gram)* bøjning; *(mat.)*: ~ *point* vendepunkt.
inflexional [in'flekʃn(ə)l] *adj* bøjnings-.
inflict [in'flikt] *vb*: ~ *on* tildele *(fx ~ a penalty on him)*; påføre *(fx ~ losses (, war) on them)*; volde; bibringe; ~ *a defeat (, a wound, a blow) on sby* tilføje en et nederlag (, et sår, et slag); ~ *oneself (el. one's company) on sby* plage en med sit selskab.
infliction [in'flikʃn] *sb* tildeling; plage, lidelse; straf.
in-flight [in'flait] *adj* som foregår (, serveres, spilles) under flyvningen.
inflorescence [inflə'resns] *sb* opblomstren, blomstring; *(bot)* blomsterstand.
inflow ['infləu] *sb* indstrømmen, tilstrømmen; tilgang, tilførsel.
influence ['influəns] *sb* indflydelse; *vb* have indflydelse på, påvirke; *he got the job by* ~ han fik stillingen fordi han havde forbindelser; *under the ~ of, -d by* under påvirkning af, påvirket af; *under the* ~ T (spiritus)påvirket.
influential [influ'enʃl] *adj* inflydelsesrig.
influenza [influ'enzə] *sb* influenza.
influx ['inflʌks] *sb* indstrømmen, tilførsel; tilstrømning, tilgang.
info ['infəu] *sb* T = *information.*
inform [in'fɔ:m] *vb* underrette, oplyse; meddele *(fx he -ed me that it was all over)*; præge, gennemtrænge, fylde *(fx a love of nature -ed his poems)*; ~ *the police about it* melde det til politiet; ~ *against* melde, angive, T stikke; ~ *him of it* meddele ham det, underrette *(el.* oplyse) ham om det; (se også *informed).*
informal [in'fɔ:ml] *adj* uformel *(fx conversations, visit)*; tvangfri; formløs; jævn, folkelig; ~ *visit (ogs)* uofficielt besøg.
informality [infɔ:'mæliti] *sb* uformel karakter; tvangfrihed, formløshed.
informant [in'fɔ:mənt] *sb* hjemmelsmand, meddeler.
informatics [infə'mætiks] *sb* informationsvidenskab.
information [infə'meiʃn] *sb* underretning, oplysning(er), meddelelse; viden, kundskab(er); *(jur)* anmeldelse, anklage; *for your* ~ til Deres orientering; *lay an ~ against* indgive anmeldelse mod; *much* ~ mange oplysninger; *a piece (el. bit) of* ~ en oplysning; *to the best of my* ~ efter hvad jeg har erfaret; så vidt jeg ved.
information| office oplysningskontor. ~ **retrieval** informationssøgning; litteratursøgning. ~ **science** informationsvidenskab. ~ **theory** informationsteori.
informative [in'fɔ:mətiv] *adj* oplysende, belærende, kundskabsmeddelende; ~ *label* varedeklaration.
informed [in'fɔ:md] *adj* oplyst, kultiveret; velunderrettet; velorienteret; indforstået *(fx criticism)*; gennemtrængt, opfyldt *(with* af); *well* ~ velunderrettet, velorienteret.
informer [in'fɔ:mə] *sb* anmelder, angiver, T stikker.
infra ['infrə] *adv* nedenfor; ~ *dig* T under ens værdighed.
infraction [in'frækʃn] *sb* brud, krænkelse.
infrangible [in'frændʒəbl] *adj* ubrydelig.
infrared ['infrəred] *adj* infrarød.
infrastructure ['infrə'strʌktʃə] *sb (mil.)* infrastruktur, underbygning, militære anlæg.
infrequency [in'fri:kwənsi] *sb* sjældenhed, ualmindelighed.
infrequent [in'fri:kwənt] *adj* sjælden, ualmindelig.
infringe [in'frin(d)ʒ] *vb* bryde *(fx an oath)*; overtræde *(fx a rule)*; krænke *(fx a patent)*; ~ *(on) sby's rights* gøre indgreb i ens rettigheder.
infringement [in'frin(d)ʒmənt] *sb* brud, overtrædelse, krænkelse; indgreb, overgreb.
infuriate [in'fjuərieit] *vb* gøre rasende *(against* på); *infuriating* til at blive rasende over.
infuse [in'fju:z] *vb* hælde, gyde; lave et udtræk af; *(fig)* indgyde *(fx ~ enthusiasm into them)*; gennemtrænge *(fx he -d it with his own personality)*; ~ *fresh blood into* tilføre nyt blod; ~ *sby with new hope* indgyde en nyt håb; ~ *the tea (leaves)* hælde (kogende) vand på tebladene; *let the tea* ~ lade teen (stå og) trække.
infusible [in'fju:zəbl] *adj* usmeltelig; tungtsmeltelig.
infusion [in'fju:ʒn] *sb* påhældning; indgydelse, tilførsel; udtræk; *(med.)* infusion; infusionsvæske.
infusoria [infju:'zɔ:riə] *sb pl* infusionsdyr, infusorier.
infusorian [infju:'zɔ:riən] *adj* infusorie-; *sb* infusionsdyr.
ingathering ['ingæ(ə)riŋ] *sb* høst, bjærgning, indhøstning.
ingenious [in'dʒi:njəs] *adj* sindrig *(fx machine)*, snedig *(fx theory)*, snild; (om person *ogs)* opfindsom, begavet.
ingénue [*fr el.* ænʒei'nju:] *sb (teat)* ingénue (naiv uskyldig pige).
ingenuity [indʒi'nju:iti] *sb* sindrighed, snildhed, snedighed; opfindsomhed *(fx with great ~)*; genialitet, begavelse; snildt *(el.* snedigt) påfund, snild anordning.
ingenuous [in'dʒenjuəs] *adj* oprigtig, åbenhjertig, ærlig; naiv, troskyldig.
ingest [in'dʒest] *vb* spise, nedsvælge.
ingle [iŋgl] *sb* ild, arne.
inglenook kaminkrog; kakkelovnskrog.
inglorious [in'glɔ:riəs] *adj* ikke berømt, ubekendt; skammelig, skændig, vanærende *(fx an ~ defeat).*
ingoing ['ingəuiŋ] *adj* tiltrædende *(fx administration)*; *sb* tiltrædelse; penge der betales for overtagelse af forretning *etc.*
ingot ['iŋgət] *sb* barre (af metal), (metal)blok.
ingrain ['in'grein] *vb* farve i ulden.
ingrained ['in'greind] *adj* rodfæstet, indgroet *(fx habit)*; gennemført *(fx pessimist).*
ingratiate [in'greiʃieit] *vb*: ~ *oneself with* indynde sig hos.
ingratiating [in'greiʃieitiŋ] *adj* indsmigrende.
ingratiude [in'grætitju:d] *sb* utaknemlighed.
ingredient [in'gri:djənt] *sb* ingrediens, bestanddel *(fx the -s of a pudding).*
ingress ['ingres] *sb* indtræden; indtrængen; *(jur)* adgang.
ingroup ['ingru:p] *sb* egengruppe.
ingrowing ['ingrəuiŋ] *adj* (om negl) nedgroet.
ingrown ['ingrəun] *adj* indadvendt, lukket; (am) = *ingrowing.*
inguinal ['ingwinəl] *adj* lyske-.
ingurgitate [in'gə:dʒiteit] *vb* nedsvælge, opsluge.
ingurgitation [ingə:dʒi'teiʃn] *sb* nedsvælgen, opslugning.
inhabit [in'hæbit] *vb* bebo, bo i.
inhabitable [in'hæbitəbl] *adj* bebolig.
inhabitancy [in'hæbit(ə)nsi] *sb* beboelse, fast ophold.
inhabitant [in'hæbit(ə)nt] *sb* beboer; indbygger.
inhalation [in(h)ə'leiʃ(ə)n] *sb* indånding; inhaleren.
inhale [in'heil] *vb* indånde; inhalere; *(fig)* nedsvælge.
inhaler [in'heilə] *sb* indåndingsapparat; inhalator.
inharmonious [inha:'məunjəs] *adj* uharmonisk.
inhere [in'hiə] *adj*: ~ *in* hænge ved; klæbe ved, høre til, være (uløselig) forbundet med.
inherence [in'hiərəns] *sb* vedhængen; vedklæben; (uløselig) forbindelse.
inherent [in'hiərənt] *adj* vedhængende; iboende, naturlig; *be ~ in,* se *inhere (in).* **inherently** *adv* i følge sin natur.
inherit [in'herit] *vb* arve.
inheritable [in'heritəbl] *adj* arvelig; *(jur)* arveberettiget.

inheritance [in'herit(ə)ns] *sb* arv; ~ *tax (am)* arveafgift.
inhibit [in'hibit] *vb* hindre, forhindre *(from* i); forbyde; hæmme.
inhibition [in(h)i'biʃn] *sb* hindring, forbud, hæmning.
inhibitory [in'hibit(ə)ri] *adj* hindrende; forbuds-; hæmmende, hæmnings-.
inhospitable [in'hɔspitəbl, inhɔ'spi-] *adj* ugæstfri.
inhospitality ['inhɔspi'tæliti] *sb* ugæstfrihed.
in-house ['inhaus] *adj* intern.
inhuman [in'hju:mən] *adj* umenneskelig, barbarisk, grusom.
inhumanity [inhju'mæniti] *sb* umenneskelighed.
inhumation [inhju'meiʃn] *sb* begravelse.
inhume [in'hju:m] *vb* begrave, jordfæste.
inimical [i'nimikl] *adj* fjendtlig *(to* overfor); skadelig *(to* for).
inimitable [i'nimitəbl] *adj* uforlignelig; som ikke kan efterlignes.
iniquitous [i'nikwitəs] *adj* ubillig, uretfærdig; syndig, lastefuld.
iniquity [i'nikwiti] *sb* ubillighed, uretfærdighed; synd, forbrydelse, misgerning; *a sink of* ~ en lastens hule.
init. *fk initial.*
initial [i'niʃl] *adj* begyndende, begyndelses- *(fx letter);* indledende, først *(fx the* ~ *stages); sb* begyndelsesbogstav, forbogstav, initial; *vb* sætte forbogstav ved; undertegne med forbogstav (som tegn på (foreløbig) godkendelse), parafere *(fx the ambassadors have -led the agreement).*
initial costs *pl* anskaffelsesomkostninger.
initially [i'niʃ(ə)li] *adv* til at begynde med; *(fon)* i forlyd.
initial word initialord *(fx* NATO).
I. initiate [i'niʃieit] *vb* indvie *(into* i); optage *(into* i, *fx a society);* tage initiativet til, sætte i gang, indlede *(fx an investigation);* ~ *into (ogs)* indføre i (ɔ: lære); ~ *a question* rejse et spørgsmål.
II. initiate [i'niʃiət] *sb, adj* indviet.
initiation [iniʃi'eiʃn] *sb* begyndelse; indvielse; optagelse; indførelse *(into* i); optagelsesceremoni.
initiative [i'niʃətiv] *adj* første, begyndelses-, indlednings-; *sb* initiativ; *take the* ~ *in doing it* tage initiativet til at gøre det; *have the* ~ have ret til at tage initiativet, have ret til at fremsætte lovforslag.
initiator [i'niʃieitə] *sb* initiativtager; *(mil.)* tændladning.
initiatory [i'niʃət(ə)ri] *adj* første, begyndelses-, indlednings-; indledende *(fx some* ~ *remarks);* indvielses-; optagelses- *(fx ceremonies).*
inject [in'dʒekt] *vb (tekn, med.)* indsprøjte *(fx petrol; vaccine); (fig)* tilføre *(fx new capital),* indgyde *(fx enthusiasm into them);* ~ *into orbit* (om satellit) placere *(el.* sætte) i kredsløb.
injection [in'dʒekʃn] *sb (med., tekn)* indsprøjtning; *(med.* også) injektion; *(fig)* tilførsel *(fx of new capital);* indgydelse; ~ *into orbit* (om satellit) placering i kredsløb.
injection moulding sprøjtestøbning.
injoke ['indʒəuk] *sb* vittighed beregnet for de indviede.
injudicious [indʒu'diʃəs] *adj* uforstandig, uklog, uoverlagt.
injun ['indʒən] *sb* S indianer; (se også *honest).*
injunction [in'dʒʌŋ(k)ʃn] *sb* pålæg, påbud, formaning *(fx parental -s); (jur)* tilhold, forbud.
injure ['in(d)ʒə] *vb* beskadige *(fx several houses were -d in the storm; a bullet -d the eye);* såre, kvæste *(fx three people were -d in the car crash);* skade *(fx one's health);* gøre uret, forurette, såre, krænke.
injurious [in'dʒuəriəs] *adj* skadelig, ødelæggende *(to* for); fornærmelig, sårende.
injury ['in(d)ʒəri] *sb* skade, beskadigelse, overlast, fortræd; kvæstelse; uret, krænkelse, fornærmelse; *you are doing him an* ~ du gør ham uret; *without* ~ uden at tage skade, uden men, helskindet.
injustice [in'dʒʌstis] *sb* uretfærdighed; uret.
ink [iŋk] *sb* blæk; *(typ)* trykfarve, T tryksværte; *(Indian* ~*)* tusch; *vb (typ)* indfarve; ~ *one's fingers* få blæk på fingrene; ~ *in* trække op med blæk *el.* tusch *(fx a drawing); written in* ~ skrevet med blæk.
ink| bag *zo* blækkirtel (hos blæksprutte). ~ **bottle** blækflaske, blækhus. **-horn** *(glds)* blækhorn.
inkling ['iŋkliŋ] *sb* antydning, mistanke, anelse; *get an* ~ *of what is happening (ogs)* få færten af hvad der foregår.
ink| pad sværtepude. **-pot** blækhus. ~ **roller** farvevalse. ~ **slab** farvebord. ~ **slinger** blæksmører. **-stand** skrivetøj. **-well** (fast) blækhus.
inky ['iŋki] *adj* blækagtig, sort som blæk, blækplettet; blækket *(fx fingers).*
inlaid ['in'leid] *adj* indlagt; ~ *work* indlagt arbejde.
I. inland ['inlənd] *adj* indlands-, indre, (som er, som ligger *etc)* inde i landet, i det indre af landet; indenlandsk, indenrigsk *(fx trade).*
II. inland [in'lænd] *adv* ind(e) i landet.
inlander ['inləndə] *sb* en som bor i det indre af landet.
inland revenue statsindtægter hidrørende fra skatter og afgifter; *the Board of Inland Revenue* (svarer til) skattedepartementet.
in-laws ['in'lɔ:z] *sb pl* svigerfamilie; S lovlydige borgere.
inlay ['in'lei] *vb* indlægge; *sb* indlæg; indlagt arbejde, mosaik.
inlet ['inlet] *sb* fjord, vig; indlagt *(el.* indføjet) stykke; *(tekn.)* indløb; luftventil.
inlet| pipe indløbsrør, tilstrømningsrør. ~ **valve** indsugningsventil.
inly ['inli] *sb (poet)* i sit indre, i sit stille sind; inderligt, nøje.
inmate ['inmeit] *sb* beboer; alumne; (på sindssygehospital) patient, (i fængsel) indsat; *(glds)* lem.
in memoriam [in mi'mɔ:riəm] *(lat.)* til minde (om).
inmost ['inməust] *adj* inderst; *one's* ~ *thoughts (ogs)* ens lønligste tanker.
inn [in] *sb* kro, gæstgiveri, herberg; *Inns of Court* (juristkollegier hvor jurister uddannes).
innards ['inədz] *sb pl* T indvolde; indvendige dele.
innate ['i'neit] *adj* medfødt; instinktiv.
innavigable [i'nævigəbl] *adj* ufarbar, usejlbar.
inner ['inə] *adj* indre, indvendig; *sb* (i bueskydning) (skud der rammer) ringen uden om pletten; ~ *circle* inderkreds; ~ *city indre by, bykerne; the* ~ *man* det indre *(el. glds:* indvortes) menneske (ɔ: sjælen, *(spøg)* maven); *satisfy the* ~ *man* stille sin sult.
innermost ['inəməust] *adj* inderst.
inner| sanctum *(fig)* allerhelligste; lønkammer. ~ **sole** bindsål. ~ **tube** slange (i dæk).
innervate ['inə:veit, i'nə:veit] *vb* innervere, forsyne med nerveforbindelser, sende impulser til; stimulere.
innings ['iniŋz] *sb* halvleg, innings (i kricket *etc); (fig)* tur (til at have magten), magtperiode; chance *(fx you have had your* ~*); it is your* ~ *now* nu er det din tur; vis nu hvad du duer til.
innkeeper ['inki:pə] *sb* krovært.
innocence ['inəsns] *sb* uskyld(ighed); harmløshed; troskyldighed; enfoldighed.
innocent ['inəsnt] *adj* uskyldig; uskadelig, harmløs; troskyldig, enfoldig, naiv; *little* ~ et gudsord fra landet; *the massacre of the Innocents* barnemordet i Bethlehem; henlæggelse af lovforslag der ikke er blevet færdigbehandlet inden parlamentssamlingens udløb; ~ *of* uskyldig i *(fx a crime);* T helt uden, aldeles blottet for (kendskab til); komplet uvidende om.
innocuity [inə'kju:iti] *sb* uskadelighed.

innocuous [i'nɔkjuəs] *adj* uskadelig, ufarlig, harmløs.
innovate ['inəveit] *vb* indføre ny metoder.
innovation [inə'veiʃn] *sb* indførelse af ny metoder, fornyelse; nyhed, forandring, nyskabelse.
innovator ['inəveitə] *sb* fornyer, reformator.
innuendo [inju'endəu] *sb (pl -es)* antydning; hentydning, insinuation; dobbeltbundet bemærkning.
innumerable [i'nju:mrəbl] *adj* utallig.
innumerate [i'nju:mərət] *adj* som mangler talforståelse.
inobservance [inəb'zə:vəns] *sb* uopmærksomhed; undladelse af at overholde *(el.* rette sig efter); ~ *of* tilsidesættelse af.
inoculate [i'nɔkjuleit] *vb* (i gartneri) pode; *(med.)* vaccinere; ~ *with (fig)* indpode.
inoculation [inɔkju'leiʃn] *sb* indpodning; vaccination.
inodorous [in'əudərəs] *adj* lugtløs, lugtfri.
inoffensive [inə'fensiv] *adj* uskadelig, harmløs, skikkelig.
inofficious [inə'fiʃəs] *adj* : ~ *testament* testamente der tilsidesætter de arvinger der ellers ville være nærmest til at arve.
inoperable [in'ɔprəbl] *adj (med.)* som ikke kan opereres.
inoperative [in'ɔprətiv] *adj* ude af kraft; virkningsløs; uvirksom; *be* ~ (også) ligge stille.
inopportune [in'ɔpətju:n] *adj* ubelejlig.
inordinate [i'nɔ:d(i)nət] *adj* overdreven *(fx pride),* overvættes; ubehersket *(fx passions).*
inorganic [inɔ:'gænik] *adj* uorganisk; ~ *chemistry* uorganisk kemi.
inorganized [in'ɔ:gənaizd] *adj* uorganiseret.
inpatient ['inpeiʃnt] *sb* hospitalspatient.
input ['input] *sb (tekn)* den kraft der tilføres en maskine, tilførsel; tilført mængde; (i edb) indlæsning; inddata; (i radio) indgangseffekt; *vb* (i edb) indlæse.
inquest ['inkwest] *sb* undersøgelse; retslig undersøgelse; ligsyn; *(fig)* rivegilde.
inquietude [in'kwaiətju:d] *sb* uro.
inquire [in'kwaiə] *vb* spørge, forhøre sig; spørge om *(fx* ~ *his name, the way);* ~ *of sby about sth* spørge en om noget; ~ *after him* spørge til ham; ~ *for him* spørge efter ham; ~ *into* udforske, undersøge.
inquiring [in'kwaiəriŋ] *adj* spørgende; videbegærlig.
inquiry [in'kwaiəri, *(am ogs)* 'inkwiri] *sb* spørgsmål; forespørgsel *(fx on* ~ *we learned that ...);* efterforskning, undersøgelse; efterlysning; *"Inquiries"* „oplysningen"; *directory inquiries (tlf)* nummerkontoret; *make inquiries* indhente oplysninger, forhøre sig; anstille efterforskninger; *he is helping the police in their inquiries* (svarer til) han tilbageholdes af politiet.
inquiry| agent privatdetektiv. ~ **office** oplysningskontor.
inquisition [inkwi'ziʃn] *sb* (retslig *el.* offentlig) undersøgelse; *(rel.)* inkvisition.
inquisitive [in'kwizitiv] *adj* spørgelysten; nysgerrig.
inquisitiveness *sb* spørgelyst; nysgerrighed.
inquisitor [in'kwizitə] *sb* undersøgelsesdommer; *(rel)* inkvisitor.
inquisitorial [inkwizi'tɔ:riəl] *adj* undersøgelses-; inkvisitions-; inkvisitorisk.
inroad ['inrəud] *sb* fjendtligt indfald, strejftog, overfald; *make -s on* gøre indhug i; *make -s on sby's time* lægge beslag på ens tid; *make -s on one's capital* bruge (løs) af sin kapital.
inrush ['inrʌʃ] *sb* tilstrømning, indtrængen.
ins *pl,* se *III. in.*
insalivate [in'sæliveit] *vb* blande (maden) med spyt.
insalubrious [insə'l(j)u:briəs] *adj* usund.
insalubrity [insə'l(j)u:briti] *sb* usundhed.
insane [in'sein] *adj* sindssyg; ~ *asylum* sindssygeanstalt.
insanitary [in'sænit(ə)ri] *adj* usund, sundhedsfarlig, uhygiejnisk.
insanity [in'sæniti] *sb* sindssyge, vanvid.
insatiable [in'seiʃəbl], **insatiate** [in'seiʃiət] *adj* umættelig.
inscribe [in'skraib] *vb* indskrive: indgravere; indhugge; indføre (på en liste); forsyne med påskrift; *(geom)* indskrive; *-d copy* dedikationseksemplar.
inscription [in'skripʃn] *sb* indskrivning; indførelse; inskription, indskrift, påskrift; (i bog *etc)* dedikation.
inscrutability [inskru:tə'biləti] *sb* uudgrundelighed, uransagelighed. **inscrutable** [in'skru:təbl] *adj* uudgrundelig, uransagelig.
insect ['insekt] *sb zo* insekt; *(fig)* kryb, lus.
insecticide [in'sektisaid] *sb* insekticid, insektdræbende middel.
insectivorous [insek'tivərəs] *adj* insektædende.
insecure [insi'kjuə] *adj* usikker, utryg.
insecurity [insi'kjuəriti] *sb* usikkerhed, utryghed.
inseminate [in'semineit] *vb* inseminere; overføre sæd til.
insemination [insemi'neiʃn] *sb* insemination; *artificial* ~ kunstig sædoverføring.
insensate [in'sensət] *adj* ufornuftig, tåbelig *(fx risks);* blind *(fx hatred);* ufølsom; livløs.
insensibility [insensi'biləti] *sb* følelsesløshed; ufølsomhed; uimodtagelighed, sløvhed; bevidstløshed.
insensible [in'sensəbl] *adj* følelsesløs; ufølsom *(to* over for, *fx cold);* ligegyldig *(to* over for); umærkelig *(fx transitions);* bevidstløs; *by* ~ *degrees* umærkeligt, lidt efter lidt; *become* ~ miste bevidstheden; *he was* ~ *of his danger* han var ikke opmærksom på den fare som truede ham.
insensitive [in'sensitiv] *adj* ufølsom, uimodtagelig *(to* for).
inseparable [in'seprəbl] *adj* uadskillelig; *sb pl -s* uadskillelige venner.
I. insert [in'sə:t] *vb* indskyde, indføre, indsætte; stikke ind (, ned) *(fx a key in a lock, a card in a file),* (om mønt) indkaste; (i tekst) indføje *(fx a clause in a contract),* interpolere; (om annonce) indrykke; *(tekn ogs)* indlægge, indspænde; *-ed (ogs)* løs.
II. insert ['insə:t] *sb* noget indføjet (, indskudt, indsat); (i bog) indklæbning; *(tekn)* indsats; (i avis, især *am)* tillæg, bilag.
insertion [in'sə:ʃ(ə)n] *sb* indførelse, indsættelse, (i tekst) indføjelse, interpolation, (i avis) indsendt stykke, notits, (annonce:) inserat; indrykning (af annonce); (i håndarbejde) mellemværk; (om muskel) tilhæftning.
insertion mark se *caret.*
in-service [in'sɛ:vis] *adj* som er i tjeneste, som foregår mens man er i tjeneste.
in-service training efteruddannelse.
inset ['inset] *sb* noget der indsættes, (i tøj) indlæg, (i kort) bikort (ɔ: kort indsat i større), *(typ)* indskudsark, (i bog) indklæbning, (til avis) tillæg, bilag; *vb* sætte ind, lægge ind, indføje, indklæbe.
inshore ['in'ʃɔ:] *adv, adj* inde ved land, nær kysten; hen imod land; kyst-; ~ *fisheries* strandfiskeri; ~ *of* nærmere kysten end.
inside ['in'said] *sb* inderside, indvendig del, det indvendige; indvendig passager (i en vogn); T mave(n); *adj* indvendig; indre; *adv* indeni, indenfor, inde; ind; *præp* ind i, inde i, inden for;

from the ~ indefra; ~ *of a week* inden for en uge, på mindre end en uge; *examine* ~ *and* **out** undersøge i alle ender og kanter; *the umbrella is blown* ~ *out* paraplyen vender sig; *know it* ~ *out* kende det ud og ind; *put on one's socks* ~ *out* tage sokkerne på med vrangen udad; *turn* ~ *out* krænge, vende vrangen ud på; *(fig)* gennemrode, vende op og ned på.

inside calipers, se *calipers.* ~ **edge** (i skøjteløb) damesving; *do the* ~ *edge* slå damesving. ~ **information** oplysninger der kun kendes af en indviet kreds.
insider ['in'saidə, in'saidə] *sb* indviet, person der har førstehåndskendskab til sagen; ~ *trading (merk,* på børsen) insider-handel (ɔ: hvor spekulant udnytter fortrolig viden til at skaffe sig gevinst).
inside right *(glds)* højre innerwing. ~ **track** inderbane.
insidious [in'sidjəs] *adj* lumsk *(fx attack),* snigende *(fx illness).*
insight ['insait] *sb* indblik; indsigt.
insignia [in'signiə] *sb pl* insignier, værdighedstegn; mærke, emblem; ~ *of rank (mil.)* gradstegn, distinktioner; *regimental* ~ *(mil.)* regimentsmærke.
insignificance [insig'nifikəns] *sb* ubetydelighed, betydningsløshed.
insignificant [insig'nifikənt] *adj* ubetydelig, betydningsløs.
insincere [insin'siə] *adj* uoprigtig, falsk; hyklerisk.
insincerity [insin'seriti] *sb* uoprigtighed, falskhed.
insinuate [in'sinjueit] *sb* insinuere; antyde *(fx he -d that you are a liar);* ~ *oneself into* liste (, snige sig, trænge) ind i; ~ *oneself into his favour* indynde sig hos ham.
insinuating [in'sinjueitiŋ] *adj* indsmigrende, kælen, slesk.
insinuation [insinju'eiʃn] *sb* antydning, insinuation; indtrængen.
insipid [in'sipid] *adj* flov, uden smag *(fx food);* fad; åndsforladt, åndløs *(fx conversation).*
insipidity [insi'piditi] *sb* flovhed, åndsforladthed, åndløshed.
insist [in'sist] *vb* hævde, påstå; ~ *on* hævde, holde på, fastholde *(fx a claim);* (bestemt) kræve, fordre *(fx immediate payment); he -s on going* han vil absolut gå, han insisterer på at gå; ~ *that* hævde (, kræve *etc)* at.
insistence [in'sist(ə)ns], **insistency** [in'sist(ə)nsi] *sb* hævden, holden på; vedholdenhed, fastholdelse *(on* af).
insistent [in'sist(ə)nt] *adj* vedholdende, pågående, ihærdig.
in situ [in's(a)itu:] på sin oprindelige plads; *cast* ~ støbt på stedet.
insobriety [insə'braiəti] *sb* drikfældighed.
insofar [insəu'fa:] *adv:* ~ *as* for så vidt som.
insolation [insə'leiʃn] *sb* solbestråling; *(med.)* hedeslag.
insole ['insəul] *sb* bindsål; indlægssål.
insolence ['insələns] *sb* uforskammethed.
insolent ['insələnt] *adj* uforskammet.
insolubility [insɔlju'biləti] *sb* u(op)løselighed.
insoluble [in'sɔljubl] *adj* uopløselig *(fx chalk is* ~ *in water);* uløselig *(fx mystery),* uforklarlig.
insolvency [in'sɔlv(ə)nsi] *sb* insolvens.
insolvent [in'sɔlv(ə)nt] *adj* insolvent.
insomnia [in'sɔmniə] *sb* søvnløshed.
insomuch [insəu'mʌtʃ] *adv:* ~ *that* i en sådan grad at.
insouciance [in'su:sjəns] *sb* sorgløshed, ubekymrethed.
insouciant [in'su:sjənt] *adj* sorgløs, ubekymret.
inspan [in'spæn] *vb* spænde for.
inspect [in'spekt] *vb* have opsyn med; undersøge nøje, inspicere, efterse; besigtige, mønstre, bese.
inspection [in'spekʃn] *sb* opsyn; undersøgelse, inspektion, eftersyn; gennemsyn; mønstring, besigtigelse; ~ *of the ground* åstedsforretning; ~ *invited* grunden *etc* kan beses; *on* ~ ved nærmere eftersyn.
inspection copy gennemsynseksemplar.
inspector [in'spektə] *sb* inspektør; *(police* ~*)* overbetjent.
inspiration [inspə'reiʃn] *sb* inspiration; indskydelse *(fx a sudden* ~*);* indånden.
inspire [in'spaiə] *vb* indånde; indgive, indgyde *(fx confidence);* inspirere; ~ *him with confidence,* ~ *confidence in him* indgyde ham tillid; *-d article* (avis)artikel der bygger på underhåndsoplysninger; 'bestilt arbejde'; *-d leak* bevidst indiskretion.
inspirit [in'spirit] *vb* opflamme, oplive.
inspissate [in'spiseit] *vb* fortykke.
inspissation [inspi'seiʃn] *sb* fortykkelse.
inst. *fk instant* dennes (ɔ: i denne måned) *(fx the 7th* ~*).*
instability [instə'biləti] *sb* ustadighed, ustabilitet, usikkerhed.
install [in'stɔ:l] *vb* anbringe, indrette, stille op, installere, indbygge; (i embede *etc)* indsætte.
installation [instə'leiʃn] *sb* indsættelse; anbringelse; installering, opstilling; anlæg *(fx military -s).*
installment *(am)* = *instalment.*
instalment [in'stɔ:lmənt] *sb* rate, afdrag; afsnit (af føljeton *etc);* hæfte (af større værk), nummer, levering; portion; *on the* ~ *system (el. plan)* på afbetaling.
I. instance ['instəns] *sb* tilfælde, eksempel; instans; foranledning; *at the* ~ *of* foranlediget af, på foranledning af; *for* ~ for eksempel; *in the first* ~ til begynde med, først, i første instans; *court of first* ~ *(jur)* første instans.
II. instance ['instəns] *vb* anføre som eksempel.
I. instant ['instənt] *adj* øjeblikkelig; umiddelbar; lige til at bruge; (om mad) som kan tilberedes i løbet af et øjeblik; ~ *coffee* pulverkaffe, ~ *replay* (svarer til gentagelse (af forløb i sportskamp) i langsom gengivelse.
II. instant ['instənt] *sb* øjeblik; *the* ~ *you come* så snart (*el.* i samme øjeblik som) du kommer; *in an* ~ om et øjeblik; *on the* ~ straks; *at that very* ~ i det selvsamme øjeblik.
instantaneous [inst(ə)n'teinjəs] *adj* øjeblikkelig; øjebliks-, momentan.
instanter [in'stæntə] *adv (lat.)* øjeblikkeligt.
instantly ['instəntli] *adv* øjeblikkeligt, straks.
instead [in'sted] *adv* i stedet *(fx give me that* ~*);* ~ *of* i stedet for.
instep ['instep] *sb* vrist.
instigate ['instigeit] *vb* tilskynde, anspore, ophidse *(fx* ~ *sby to do sth);* ophidse til, anstifte *(fx* ~ *rebellion).*
instigation [insti'geiʃn] *sb* tilskyndelse, ophidselse; anstiftelse.
instigator ['instigeitə] *sb* ophidser; anstifter.
instil [in'stil] *vb* inddryppe, hælde dråbevis; *(fig)* indgyde, bibringe *(fx* ~ *certain ideas into his mind).*
instillation [insti'leiʃn] inddrypning; indgyden, bibringelse.
I. instinct ['instiŋ(k)t] *sb* instinkt, naturdrift.
II. instinct [in'stiŋ(k)t] *adj* præget, besjælet *(with* af).
instinctive [in'stiŋ(k)tiv] *adj* instinktiv, uvilkårlig.
instinctual [in'stiŋ(k)tʃuəl] *adj* instinktmæssig.
I. institute ['institju:t] *vb* stifte, oprette; indføre, anordne, fastsætte *(fx rules);* indsætte *(into, to* i (et embede)); indlede *(fx an investigation);* ~ *legal proceedings against* indlede retsforfølgning mod, anlægge sag mod.
II. institute ['institju:t] *sb* institut; *(am ogs)* kursus, seminar; *-s pl (ogs)* (værk der indeholder en kort redegørelse for) en videnskabs grundprincipper; oversigt.
institution [insti'tju:ʃn] *sb (cf I. institute)* stiftelse, oprettelse, fastsættelse, *(mht* embede) indsættelse, kaldelse; (bygning *etc)* institution, anstalt; ~ *of higher education* højere læreanstalt.
institutional [insti'tju:ʃn(ə)l] *adj* institutions-, institutionsmæssig; institutionspræget; ~ *advertising* goodwill-reklame, prestigereklame.
institutionalize [insti'tju:ʃn(ə)laiz] *vb* gøre til en institu-

ion, anbringe på en institution, institutionalisere.
struct [in'strʌkt] *vb* undervise, belære, vejlede; instruere, give besked *(el.* pålæg) *(to* om at); underrette.
structed [in'strʌktid] *adj* oplyst, kultiveret *(fx taste);* forsynet med instruks, instrueret.
struction [in'strʌkʃn] *sb* undervisning, belæring; (i edb) ordre; *-s pl* vejledning, anvisning(er), forskrift(er), instruktioner; instruks, besked, pålæg; ~ *code (edb)* ordrekode.
structional [in'strʌkʃn(ə)l] *adj* undervisnings-, pædagogisk, belærende; ~ *film* undervisningsfilm, instruktionsfilm.
structive [in'strʌktiv] *adj* instruktiv, belærende, lærerig.
structor [in'strʌktə] *sb* lærer, instruktør; *(am)* instruktor, undervisningsassistent.
strument ['instrumənt] *sb* redskab; instrument; *(jur)* dokument; *vb* udstyre med instrumenter *(fx the cars are specially -ed); (mus.)* instrumentere.
strumental [instru'mentl] *sb* medvirkende, behjælpelig *(fx be ~ in finding him a job);* instrumental *(fx music);* instrument- *(fx error); ~ case (gram)* instrumentalis.
strumentalist [instru'ment(ə)list] *sb* instrumentalist.
strumentality [instrumen'tæliti] *sb* virksomhed, medvirken, hjælp; *by the ~ of* ved hjælp af.
strumentally [instru'mentəli] *adv* som redskab, som middel; med instrumenter.
strumentation [instrumen'teiʃn] *sb* instrumentering.
strument flying blindflyvning, instrumentflyvning.
subordinate [insə'bɔ:d(i)nət] *adj* ulydig, opsætsig.
subordination ['insəbɔ:di'neiʃn] *sb* insubordination, opsætsighed, lydighedsnægtelse.
substantial [insəb'stænʃl] *adj* uvirkelig, illusorisk *(fx fears);* tynd, svag *(fx arguments);* utilstrækkelig *(fx evidence).*
sufferable [in'sʌfrəbl] *adj* utålelig, ulidelig.
sufficiency [insə'fiʃnsi] *sb* utilstrækkelighed; uduelighed, udygtighed; *(med.)* insufficiens.
sufficient [insə'fiʃnt] *adj* utilstrækkelig; uduelig, uskikket.
sufflate ['insʌfleit] *vb* indblæse; *(med.)* puste.
sufflation [insʌ'fleiʃn] *sb* indblæsning; *(med.)* insufflation (ɔ: indførelse af luft *fx* i lungesækken), pustning.
sular ['insjulə] *adj* ø-; *(fig)* afsondret, isoleret; snæversynet.
sularity [insju'læriti] *sb (fig)* afsondrethed, isolerthed, snæversynethed.
sulate ['insjuleit] *vb* isolere.
sulation [insju'leiʃn] *sb* isolation; isolering.
sulator ['insjuleitə] *sb* isolator; isolering(smateriale).
sulin ['insjulin] *sb* insulin; ~ *shock* insulinchok.
insult ['insʌlt] *sb* fornærmelse, forhånelse; *add ~ to injury* føje spot til skade.
insult [in'sʌlt] *vb* fornærme, forhåne.
superability [insju:prə'biləti] *sb* uovervindelighed.
superable [in'sju:prəbl] *adj* uovervindelig.
supportable [insə'pɔ:təbl] *adj* uudholdelig; som ikke kan underbygges *(fx accusation).*
surable [in'ʃuərəbl] *adj* som kan forsikres; ~ *interest* forsikringsmæssig interesse; ~ *value* forsikringsværdi.
surance [in'ʃuər(ə)ns] *sb* forsikring, assurance; forsikringssum; forsikringspræmie; *effect an ~* tegne forsikring.
surance| agent forsikringsagent. ~ **broker** assurandør, assurancemægler. ~ **company** forsikringsselskab. ~ **policy** forsikringspolice. ~ **premium** forsikringspræmie.
surant [in'ʃuər(ə)nt] *sb* forsikringstager.
insure [in'ʃuə] *sb* forsikre, assurere.
insurer [in'ʃuərə] *sb* assurandør.
insurgency [in'sə:dʒnsi] *sb* oprør(skhed).
insurgent [in'sə:dʒnt] *adj* oprørsk; *sb* oprører.
insurmountable [insə:'mauntəbl] *adj* uoverstigelig; uovervindelig *(fx difficulty).*
insurrection [insə'rekʃn] *sb* oprør, opstand.
insurrectional [insə'rekʃn(ə)l], **insurrectionary** [insə'rekʃn(ə)ri] *adj* oprørsk, oprørs-.
insurrectionist [insə'rekʃnist] *sb* oprører.
insusceptibility ['insəseptə'biləti] *sb* uimodtagelighed, upåvirkelighed, ufølsomhed.
insusceptible [insə'septəbl] *adj* uimodtagelig, upåvirkelig, ufølsom.
int. *fk interest, interior, interjection.*
intact [in'tækt] *adj* intakt; uberørt; ubeskadiget, ubrudt.
intagliated [in'tæljeitid] *adj* indgraveret.
intaglio [in'ta:ljəu, in'tæljəu] *sb* indgraveret arbejde; (en) gemme; *(typ)* dybtryk.
intake ['inteik] *sb* indtagelse *(fx of drugs);* tilgang *(fx of new students);* optagelse; tilførsel; *(mil.)* hold (af rekrutter); *(tekn)* indsugning *(fx* i motor), indsugningsåbning, indtag, indløb; (i mine) ventilationsskakt.
intake| manifold indsugningsgrenrør. ~ **valve** indsugningsventil.
intangible [in'tændʒəbl] *adj* ulegemlig, uhåndgribelig.
integer ['intədʒə] *sb* hele, helhed; helt tal.
integral ['intəgr(ə)l] *adj* hel, udelt; uløselig, uadskillelig; integrerende; indbygget; *sb* hele, helhed, *(mat.)* integral; ~ *calculus* integralregning; ~ *with* (bygget, støbt) i ét med; sammenhængende med.
integrate ['intəgreit] *vb* fuldstændiggøre, integrere; indordne, indpasse *(fx immigrants into the community);* ophæve raceskellet i (, mellem, for); bygge i ét; *an -d school* en skole hvor raceskellet er ophævet.
integrated circuit integreret kredsløb.
integration [intə'greiʃn] *sb* fuldstændiggørelse, integrering; indordning, indpasning; ophævelse af raceskel.
integrity [in'tegriti] *sb* integritet; helhed, fuldstændighed; ufordærvethed, renhed; retskaffenhed, ærlighed, hæderlighed; *I respect his ~ of scholarship* jeg respekterer hans videnskabelige hæderlighed.
integument [in'tegjumənt] *sb* dække, hud, hinde.
intellect ['intəlekt] *sb* forstand, fornuft; intelligens, intellekt.
intellection [intə'lekʃn] *sb* forståelse, opfattelse; tankevirksomhed.
intellectual [intə'lektjuəl] *adj* intellektuel, forstandsmæssig, forstands-; åndelig, ånds- *(fx life); sb* intellektuel.
intellectuality ['intəlektju'æliti] *sb* forstand, intelligens; forstandsmæssig indstilling.
intelligence [in'telidʒns] *sb* intelligens, forstand; indsigt; (især *mil.)* efterretning(er), underretning, meddelelse(r), oplysninger; efterretningsarbejde *(fx ~ is improving);* efterretningsvæsen.
intelligence| department militært (og politi-)efterretningsvæsen. ~ **quotient** intelligenskvotient.
intelligencer [in'telidʒnsə] *sb* agent, spion.
intelligence| service *(mil.)* efterretningstjeneste. ~ **test** intelligensprøve.
intelligent [in'telidʒnt] *adj* forstandig, klog, intelligent.
intelligentsia [inteli'dʒentsiə] *sb: the ~* intelligentsiaen, 'intelligensen', de intellektuelle (som samfundsklasse betragtet).
intelligibility [intelidʒi'biləti] *sb* forståelighed, tydelighed.
intelligible [in'telidʒəbl] *adj* forståelig, tydelig.
intemperance [in'temprəns] *sb* umådeholdenhed (i drik); drikfældighed.

intemperate [in'temprət] *adj* umådeholden (i drik); drikfældig; ubehersket, voldsom.

intend [in'tend] *vb* have i sinde, have til hensigt; agte *(fx what do you ~ to do?)*; tilsigte, mene *(fx what do you ~ by that word?)*; bestemme; *was it -ed?* var det med vilje? *the gift was -ed for you* gaven var tiltænkt dig; *is that sketch -ed to be me?* skal den tegning forestille mig? *-ing buyer* liebhaver.

intended [in'tendid] *adj* påtænkt; tilsigtet; *sb* T tilkommende, forlovede.

intense [in'tens] *adj* intens, voldsom, stærk *(fx cold)*, inderlig *(fx happiness)*, heftig *(fx pain)*; (om person) med stærke følelser, stærkt følelsespræget.

intensification [intensifi'keiʃn] *sb (cf intensify)* intensivering; forstærkelse, forøgelse; skærpelse.

intensifier [in'tensifaiə] *sb (fot, kem etc)* forstærker.

intensify [in'tensifai] *vb* intensivere; forstærke, forøge *(fx the effect, the pressure)*; skærpe *(fx the sanctions)*; *(fot)* forstærke; (uden objekt) intensiveres *(etc)*.

intension [in'tenʃn] *sb* (voldsom åndelig) anstrengelse; styrke, heftighed, intensitet; *(filos)* begrebsindhold, konnotation.

intensity [in'tensiti] *sb* intensitet, styrke; heftighed; iver.

intensive [in'tensiv] *adj* intensiv, stærk, kraftig, indgående; *(gram)* forstærkende.

intensive care unit (på hospital) intensivafdeling.

intent [in'tent] *sb* agt, hensigt; *adj* begærlig *(on* efter), opsat *(on* på, *fx ~ on doing his best)*; spændt, anspændt *(fx expression)*; *~ on (ogs)* (stærkt) optaget af *(fx one's studies)*; *declaration of ~* hensigtserklæring; *to all -s and purposes* praktisk talt, i virkeligheden; *with ~ to* i den hensigt at; *with ~ to defraud* i bedragerisk hensigt.

intention [in'tenʃn] *sb* hensigt, forsæt; *his -s are good* han har de bedste hensigter; *my ~ was to (ogs)* det var min mening at.

intentional [in'tenʃn(ə)l] *adj* forsætlig, tilsigtet.

intentioned [in'tenʃnd] *adj* -menende, -sindet; *ill- ~* ildesindet; *seriously ~* med alvorlige hensigter, alvorligt ment; *well- ~* velmenende.

I. inter [in'tə:] *vb* begrave.

II. inter- ['intə] (forstavelse:) mellem-.

interact [intə'rækt] *vb* virke gensidigt; påvirke hinanden.

interaction [intə'rækʃən] *sb* vekselvirkning.

Interbank *fk International Bank for Reconstruction and Development.*

interbreed ['intə'bri:d] *vb (biol)* krydse(s).

intercalary [in'tə:kələri] *adj* indskudt; *~ day* skuddag; *~ year* skudår.

intercalate [in'tə:kəleit] *vb* indskyde, interpolere.

intercalation [intəkə'leiʃn] *sb* indskud, interpolation.

intercede [intə'si:d] *vb* gå i forbøn; *she -d for him with the king* hun gik i forbøn for ham hos kongen.

intercept [intə'sept] *vb* opsnappe, opfange *(fx a letter, enemy messages)*; afskære, afbryde; hindre, standse *(fx an attack)*.

interception [intə'sepʃn] *sb* opsnappen; afskæring; hindring, standsning.

interceptor [intə'septə] *sb (mil. flyv)* hurtiggående jager til nærforsvar.

intercession [intə'seʃən] *sb* mellemkomst; forbøn.

intercessor [intə'sesə] *sb* mægler, talsmand; en der går i forbøn.

intercessory [intə'sesri] *adj* mæglende; *~ prayer* forbøn.

I. interchange [intə'tʃein(d)ʒ] *vb* veksle, udveksle; ombytte, udskifte.

II. interchange ['intətʃein(d)ʒ] *sb* udveksling; ombytning; udskiftning; veksling, skifte; (ved motorvej) udfletningsanlæg, tilslutningsanlæg.

interchangeable [intə'tʃein(d)ʒəbl] *adj* udskiftelig, som kan udveksles; ombyttelig; (om ord *etc ogs)* ensbetydende.

intercollegiate [intəkə'li:dʒiət] *adj* mellem kollegierne *(fx ~ games)*.

intercolonial ['intəkə'ləunjəl] *adj* mellem kolonierne *(fx ~ trade)*.

intercom ['intəkɔm] *sb* samtaleanlæg.

intercommunicate [intəkə'mju:nikeit] *vb* stå i forbindelse med hinanden, meddele sig til hinanden.

intercommunication ['intəkəmju:ni'keiʃn] *sb* indbyrdes forbindelse; indbyrdes meddelelse; samkvem; *~ system* samtaleanlæg.

intercontinental ['intəkɔnti'nentl] *adj* interkontinental.

intercostal [intə'kɔstl] *adj (anat)* mellem ribbenene; *(bot)* mellem ribberne i et blad; *sb pl -s (mar)* intercostaler, indskudsplader.

intercourse ['intəkɔ:s] *sb* samkvem; forbindelse; omgang; *(sexual ~)* kønslig omgang; samleje.

intercrop ['intəkrɔp] *sb* mellemafgrøde.

intercurrent [intə'kʌr(ə)nt] *adj* som kommer imellem, tilstødende; *(med.)* interkurrent, som opstår under forløbet af en anden sygdom.

inter|depend [intədi'pend] *vb* være indbyrdes afhængige. **-dependence, -dependency** [intədi'pendəns(i)] *sb* indbyrdes afhængighed. **-dependent** [intədi'pendənt] *adj* indbyrdes afhængige.

I. interdict [intə'dikt] *vb* forbyde; *(kat.)* belægge med interdikt; *(mil. flyv)* nedkæmpe, ødelægge; isolere, afskære.

II. interdict ['intədikt] *sb* forbud; *(kat.)* interdikt; *put an ~ upon* forbyde; *lay (el. put) under an ~* belægge med interdikt.

interdiction [intə'dikʃn] *sb* forbud; *(kat.)* udstedelse af interdikt; interdikt.

interdisciplinary [intə'disiplin(ə)ri] *adj* som vedrører flere fag, tværfaglig.

I. interest ['intrəst] *sb* interesse; *(merk ogs)* andel *(fx have an ~ in a firm)*; (af kapital) rente(r); (let *glds*) indflydelse; (om gruppe:) *the agricultural ~* landbruget; *the shipping ~* skibsfarten; (se også *landed ~*); *bear ~ at the rate of 5 per cent, bear 5 per cent ~* give 5 procent i rente; *the common ~ (ogs)* det fælles bedste; *have an ~ in* have andel i; have interesse for; *in the -s of sby* i ens interesse, til ens fordel *(el* bedste); *travel in the -s of a firm* rejse for et firma; *lend out money at ~* låne penge ud mod renter; *lose ~ in* tabe interessen for; *the book soon loses ~* man taber hurtigt interessen for bogen; *put out money at ~* sætte penge på rente; *rate of ~* rentesats, rentefod; *take (an) ~ in* vise interesse for, interessere sig for; *it is to your ~* det er i din interesse, det er til din fordel; *use one's ~* gøre sin indflydelse gældende; *return a blow with ~* give en lussing igen med renter.

II. interest ['intrəst] *vb* interessere.

interested ['intrəstid] *adj* interesseret; egennyttig *(fx motives)*.

interesting ['intrəstiŋ] *adj* interessant.

interface ['intəfeis] *sb* grænseflade; kontaktflade.

interfere [intə'fiə] *vb* støde sammen, kollidere, komme i kollision; lægge sig imellem, gribe ind; blande sig; (om hest) stryge skank; *don't ~* pas dig selv; *~ in* blande sig i; *~* **with** blande sig i, gribe ind i; pille ved *(fx don't ~ with that machine)*; forstyrre *(fx don't ~ with him)*; skade *(fx ~ with health)*; vanskeliggøre, være til hindring *(el.* i vejen) for, genere *(fx the tree -s with the view)*; (seksuelt:) forgribe sig på, forbryde sig mod.

interference [intə'fiərəns] *sb* indblanding, indgreb *(with* i); mellemkomst; interferens, forstyrrelse *(fx i* radio *el.* radar).

interflow [intə'fləu] *vb* glide over i hinanden.

interfluent [in'tə:fluənt] *adj* sammenflydende.
interfuse [intə'fju:z] *vb* blande(s).
interfusion [intə'fju:ʒn] *sb* blanding.
interim ['intərim] *adj* foreløbig, midlertidig; *sb: in the* ~ i mellemtiden.
interior [in'tiəriə] *adj* indre, indvendig; indenrigs-; *sb* indre; interiør; *Department of the Interior (am)* indenrigsministerium; *Secretary of the Interior (am)* indenrigsminister.
interior decorator boligmontør, maler og tapetserer; indretningsarkitekt, boligkonsulent, indendørsarkitekt.
interior design indendørsarkitektur.
interjacent [intə'dʒeisnt] *adj* mellemliggende.
interject [intə'dʒekt] *vb* indskyde *(fx a remark).*
interjection [intə'dʒekʃn] *sb* udråb, udbrud, *(gram)* interjektion, udråbsord.
interlace [intə'leis] *vb* sammenflette, sammenslynge; blande; indflette; være sammenflettet *(el.* sammenslynget).
interlacing [intə'leisiŋ] *sb* sammenfletning, sammenslyngning; (i TV) springskandering; *-s pl* båndslyng, båndmønster.
interlard [intə'la:d] *vb:* ~ *with* spække med.
interleaf ['intəli:f] *sb* indskudt (hvidt) blad.
interleave [intə'li:v] *vb* gennemskyde med hvide blade.
interline [intə'lain] *vb* skrive (, trykke) mellem linjerne; (i tøj) mellemfore.
interlinear [intə'linjə] *adj* skrevet (, trykt) mellem linierne, interlinear.
interlining [intə'lainiŋ] *sb* mellemfoer.
interlink [intə'liŋk] *vb* sammenkæde.
interlock [intə'lɔk] *vb* gribe ind i hinanden; lade gribe ind i hinanden, sammenføje; *(tekn)* sammenlåse; *-ing* indbyrdes låsende; aflåsnings- *(fx contact); be -ed* (om film) løbe synkront.
interlocution [intələ'kju:ʃn] *sb* samtale.
interlocutor [intə'lɔkjutə] *sb* deltager i en samtale, samtalepartner.
interlocutory [intə'lɔkjutri] *adj* som har form af en samtale *(fx* ~ *instruction).*
interlope [intə'ləup] *vb* blande sig i andres forhold; trodse et handelsmonopol; drive smughandel.
interloper ['intələupə, intə'ləupə] *sb* en der blander sig i andres forhold (, trodser et handelsmonopol); smughandler.
interlude ['intəl(j)u:d] *sb* mellemspil; *(fig)* episode; *there were -s of bright weather* det var klart vejr ind imellem.
intermarriage [intə'mæridʒ] *sb* indbyrdes giftermål, indgifte; blandet ægteskab.
intermarry [intə'mæri] *vb* gifte sig indbyrdes.
intermeddle [intə'medl] *vb* blande sig *(with, in* i).
intermediary [intə'mi:djəri] *sb* mellemled; mellemmand, formidler, mægler; *adj* mellemliggende; *(tekn)* mellem- *(fx tube* rør).
intermediate [intə'mi:djət] *adj* mellemliggende, mellem-.
intermediate| host *zo* mellemvært. ~ **-range** *adj* mellemdistance- *(fx ballistic missiles).*
interment [in'tə:mənt] *sb* begravelse.
intermezzo [intə'metsəu] *sb* intermezzo.
interminable [in'tə:minəbl] *adj* uendelig, endeløs.
intermingle [intə'miŋgl] *vb* blande (sig).
intermission [intə'miʃn] *sb* afbrydelse, standsning, pause; *without* ~ uafbrudt.
intermit [intə'mit] *vb* afbryde(s), standse, (lade) holde op for en tid.
intermittent [intə'mit(ə)nt] *adj* periodisk optrædende; uregelmæssig *(fx pulse);* afbrudt.
intermittent light *(mar)* blinkfyr, blinklys.
intermittently [intə'mit(ə)ntli] *adv* med mellemrum, med afbrydelser, ind imellem.
intermix [intə'miks] *vb* blande.
intermixture [intə'mikstʃə] *sb* blanding.
I. intern [in'tə:n] *(am) sb* kandidat (på hospital); *vb* være kandidat.
II. intern [in'tə:n] *vb* internere.
internal [in'tə:nl] *adj* indre; indvendig; indenlandsk, indenrigsk; ~ *angle* indvendig vinkel; ~ *combustion engine* forbrændingsmotor, eksplosionsmotor; ~ *medicine* intern medicin; ~ *revenue (am)* = *inland revenue;* ~ *secretion* intern (ɔ: indre) sekretion; *for* ~ *use (med.)* til indvortes brug.
I. international [intə'næʃn(ə)l] *adj* international, mellemfolkelig; *sb* landsholdsspiller; landskamp.
II. International [intə'næʃn(ə)l] *sb* Internationale (socialistisk organisation).
Internationale [intənæʃə'na:l] *sb* Internationale (socialistisk slagsang).
internationalize [intə'næʃn(ə)laiz] *vb* internationalisere, gøre international.
international| law folkeret. ~ **match** landskamp.
internecine [intə'ni:sain, *(am)* -'ni:sən, -'nesi:n] *adj* gensidigt ødelæggende; dødbringende.
internee [intə'ni:] *sb* interneret.
internment [in'tə:nmənt] *sb* internering.
internment camp interneringslejr.
internode ['intənəud] *sb (bot)* stængelled.
interpellate [in'tə:peleit] *vb* interpellere, stille spørgsmål til.
interpellation [intə:pe'leiʃn] *sb* interpellation.
interpenetrate [intə'penitreit] *vb* trænge helt ind i; trænge ind i hinanden.
interphone ['intəfəun] *(am)* = *intercom.*
interplanetary [intə'plænətri] *adj* interplanetarisk.
interplay ['intəplei] *sb* samspil.
interpolate [in'tə:pəleit] *vb* indskyde, indføje (ord i tekst); interpolere; (om hulkort) indsortere.
interpolation [intə:pə'leiʃn] *sb* indskyden; interpolation; indskud.
interposal [intə'pəuzl] *sb* mellemkomst.
interpose [intə'pəuz] *vb* sætte (, lægge) imellem, indskyde; lægge sig imellem, intervenere, mægle; afbryde.
interposition [intəpə'ziʃn] *sb* mellemstilling; mellemkomst, intervention, mægling.
interpret [in'tə:prit] *vb* fortolke, forklare, udlægge; tolke; være tolk.
interpretation [intə:pri'teiʃn] *sb* fortolkning, forklaring, tydning; tolkning.
interpretative [in'tə:pritətiv] *adj* fortolkende, forklarende.
interpreter [in'tə:pritə] *sb* fortolker, tolk; *(edb)* tolkningsprogam.
interracial [intə'reiʃl] *adj* mellem (, for) to *el.* flere racer.
interregnum [intə'regnəm] *sb* interregnum (tidsrum hvor der ikke er nogen ledelse).
interrelation(ship) [intəri'leiʃn(ʃip)] *sb* indbyrdes forhold.
interrogate [in'terəgeit] *vb* spørge; afhøre, forhøre.
interrogation [interə'geiʃn] *vb* spørgen; afhøring, forhør; spørgsmål; *mark (el. note el. point) of* ~ spørgsmålstegn.
interrogative [intə'rɔgətiv] *adj* spørgende; *sb* spørgende ord.
interrogator [in'terəgeitə] *sb* spørger; forhørsleder.
interrogatory [intə'rɔgətri] *adj* spørgende; *sb (jur)* spørgsmål.
interrupt [intə'rʌpt] *vb* afbryde; forstyrre; *sb (edb)* afbrydelse; ~ *the view* spærre for udsigten.
interrupter [intə'rʌptə] *sb (elekt)* afbryder, (i bil) knik-

ser.

interruption [intə'rʌpʃn] *sb* afbrydelse; forstyrrelse.

intersect [intə'sekt] *vb* gennemskære, overskære, gennembryde, dele; krydse; krydse *(el.* skære) hinanden.

intersection [intə'sekʃn] *sb* gennemskæring, gadekryds, vejkryds, korsvej; *line of ~ (geom)* skæringslinie.

intersectional [intə'sekʃn(ə)l] *adj* skærings-.

interspace ['intə'speis] *sb* mellemrum; *vb* spatiere.

intersperse [intə'spə:s] *vb* indstrø, indflette; anbringe spredt *(el.* rundt omkring) *(between* mellem, *in* i).

interstate ['intə'steit] *adj (am, austr)* mellemstatlig (ɔ: mellem enkeltstaterne) *(fx railways, commerce); sb (am)* hovedvej mellem staterne.

interstellar ['intə'stelə] *adj* interstellar, mellem stjernerne.

interstice [in'tə:stis] *sb* mellemrum, sprække.

interstitial [intə'stiʃl] *adj* mellemrums-; mellem-; mellemliggende.

intertribal [intə'traibl] *adj* mellem stammer; *~ wars* stammekrige.

intertwine [intə'twain] *vb* sammenflette, sammenslynge; slynge sig om hinanden.

interurban ['intər'ə:bən] *adj* mellembys-, mellem (to) byer.

interval ['intəvl] *sb* mellemrum, *(ogs mus.)* interval; (om tid) interval, mellemtid; *(teat etc)* pause, (i skole) frikvarter; *at -s* med visse mellemrum, her og der, nu og da; *at -s of three minutes* med tre minutters mellemrum; *at -s of ten feet* med ti fods mellemrum; *~ signal* (i radio) pausesignal.

intervene [intə'vi:n] *vb* intervenere, gribe ind, lægge sig imellem, skride ind, tage affære; ske *(el.* forekomme) i mellemtiden, komme imellem; *the intervening period* den mellemliggende tid.

intervention [intə'venʃn] *sb* mellemkomst, indgriben, indskriden, intervention.

interview ['intəvju:] *sb* møde, samtale; jobsamtale; (journalistisk:) interview; *vb* have en samtale med; interviewe; udspørge, (om politik) afhøre; *~ with (am)* komme til samtale hos (ɔ: et firma).

interviewer ['intəvju:ə] *sb* interviewer.

interwar ['intə'wɔ:] *adj: the ~ years* mellemkrigsårene.

interweave [intə'wi:v] *vb* sammenvæve; *(fig)* sammenblande, sammenfiltre.

interwind [intə'waind] *vb* sammensno, sammenslynge, sammenfiltre.

interzonal [intə'zəunl] *adj* (i Tyskland) interzone- *(fx traffic);* mellem zoner(ne).

intestacy [in'testəsi] *sb* det at der ikke findes noget testamente efter en afdød.

intestate [in'testət] *sb* person der er død uden at efterlade sig testamente; *adj* som ikke er testamenteret; *die ~* dø uden at efterlade sig testamente; *~ succession (jur)* intestatarv.

intestinal [in'testinl] *adj* tarm- *(fx hemorrhage* blødning); indvolds-.

intestine [in'testin] *sb* tarm; *-s pl (ogs)* indvolde; *the large ~* tyktarmen; *the small ~* tyndtarmen.

intimacy ['intiməsi] *sb* intimitet, fortrolighed, fortroligt forhold; intimt (ɔ: seksuelt) forhold, samleje.

I. intimate ['intimət] *adj* fortrolig, intim *(fx friendship);* indgående *(fx knowledge);* indre, inderst; *sb* fortrolig ven; *be on ~ terms with* stå på en fortrolig fod med; *be ~ with (ogs)* stå i forhold til (ɔ: seksuelt).

II. intimate ['intimeit] *vb* lade forstå, antyde, tilkendegive.

intimately ['intimətli] *adv* intimt, fortroligt; nøje.

intimation [inti'meiʃn] *sb* antydning, vink; tilkendegivelse.

intimidate [in'timideit] *vb* intimidere, skræmme; true.

intimidation [in'timideiʃn] *sb* intimidering, skræmmen; (fremsættelse af) trusler.

into ['intu (foran vokallyd), 'intə (foran konsonantlyd)] *præp* ind i *(fx the house);* i; ud i *(fx the water);* ud på, på; op i; ned i; over i; til *(fx translate ~ English);* beskæftige sig med; være (stærkt) interesseret i, være (meget) optaget af; gå (helt) op i; *we have been ~ that* det har vi drøftet *(el.* været igennem); *flatter him ~ doing it* få ham til at gøre det ved at smigre ham; *two ~ four goes twice* to i fire er to.

in-toed ['intəud] *adj* med tæerne indad.

intolerable [in'tɔl(ə)rəbl] *adj* utålelig, ulidelig.

intolerance [in'tɔl(ə)rəns] *sb* intolerance, utålsomhed.

intolerant [in'tɔl(ə)rənt] *adj* intolerant, utålsom *(of, towards* overfor).

intonate ['intəneit] *vb* istemme, intonere; messe.

intonation [intə'neiʃn] *sb* (om stemme) intonation; tonegang; *(mht* sang) intonering; messen.

intone [in'təun] = *intonate.*

intoxicant [in'tɔksikənt] *sb* berusende middel (, drik).

intoxicate [in'tɔksikeit] *vb* beruse; drikke fuld; *-d with* beruset af.

intoxication [intɔksi'keiʃn] *sb* beruselse, fuldskab, rus.

intr. *fk intransitive.*

intractability [intræktə'biləti] *sb* uregerlighed, umedgørlighed, stridighed. **intractable** [in'træktəbl] *adj* uregerlig, umedgørlig, ustyrlig *(fx children);* ikke let at bearbejde.

intramural ['intrə'mjuər(ə)l] *adj* inden for murene.

intransigent [in'trænsidʒ(ə)nt] *adj* stejl, som nægter at gå på akkord, uforsonlig.

intransitive [in'trænsitiv, -'tra:n-] *adj (gram)* intransitiv.

intrauterine [intrə'ju:tərain] *adj (med.)* i livmoderen; *~ device* polygon, spiral (til svangerskabsforebyggelse).

intravenous [intrə'vi:nəs] *adj (med.)* intravenøs, i en blodåre.

intrench(ment) = *entrench(ment).*

intrepid [in'trepid] *adj* uforfærdet, frygtløs.

intrepidity [intrə'piditi] *sb* uforfærdethed, frygtløshed.

intricacy ['intrikəsi] *sb* indviklethed; *intricacies* indviklede detaljer, finesser; forviklinger.

intricate ['intrikət] *adj* indviklet, kompliceret, kringlet; forvirrende.

intrigue [in'tri:g] *sb* intrige, rænke; (hemmelig) kærlighedsforbindelse; *vb* intrigere; smede rænker; have en (hemmelig) kærlighedsforbindelse *(with* med); vække interesse *(el.* nysgerrighed) hos, tiltrække, fængsle; forvirre; *be -d by* være tiltrukket *(el.* fængslet) af; ikke kunne stå for; *he was -d by this (ogs)* han kunne ikke rigtig forklare sig dette.

intriguer [in'tri:gə] *sb* intrigant person, rænkesmed.

intriguing [in'tri:giŋ] *adj* interessant, spændende, fascinerende, fængslende; *sb* intrigeren.

intrinsic [in'trinsik] *adj* indre, væsentlig; som kommer indefra, indefra virkende; *~ factor (fysiol)* enzym der afsondres i maven; *~ value* egenværdi, reel værd, værdi i handel og vandel *(mods* affektionsværdi).

intro(d). *fk introduction.*

introduce [intrə'dju:s] *vb* indlede *(fx he -d his speech with an anecdote);* præsentere, forestille *(to* for, *fx he -d me to his father);* indføje *(into* i); indføre *(into, to* i, *fx they -d the potato into Denmark, ~ a tube into the trachea),* lancere *(fx a new fashion (, soap, theory)); be -d (ogs)* komme frem, komme i brug; *~ a Bill before Parliament* forelægge et lovforslag; *~ a subject into the conversation* bringe et emne på bane; *~ him to the subject* indføre *(el.* undervise) ham i emnet.

introduction [intrə'dʌkʃn] *sb* indførelse; forestilling, præsentation; anbefaling; indledning; *letter of ~* introduktionsskrivelse.

introductory [intrə'dʌktri] *adj* indledende.

introit ['intrɔit, in'trəuit] *sb* introitus, indgangssalme.

introspect [intrə'spekt] *vb* analysere sine egne tanker og følelser.
introspection [intrə'spekʃn] *sb* selvbeskuelse, selvanalyse, selviagttagelse, introspektion.
introspective [intrə'spektiv] *adj* selvbeskuende, selvransagende, selvanalyserende; indadvendt.
I. introvert [intrə'və:t] *vb* vende indad.
II. introvert ['intrəvə:t] *sb* indadvendt person; *adj* indadvendt, introverteret.
intrude [in'tru:d] *vb* trænge sig på; komme til besvær, forstyrre; ~ *on him* forstyrre ham; trænge sig ind på ham; ~ *sth on sby* pånøde en noget; ~ *oneself on* trænge sig ind på.
intruder [in'tru:də] *sb* påtrængende menneske, ubuden gæst; ~ *(aircraft)* fly der trænger ind over fjendtligt territorium.
intrusion [in'tru:ʒn] *sb* indtrængen, forstyrrelse; pånøden; *(geol)* intrusion.
intrusive [in'tru:siv] *adj* påtrængende, som trænger sig ind.
intubate ['intjubeit] *vb* anbringe kateter (, rør) i.
intuit [in'tjuit] *vb* vide intuitivt.
intuition [intju'iʃn] *sb* intuition, anskuelse, umiddelbar opfattelse; *know by* ~ vide intuitivt.
intuitional [intju'iʃn(ə)l], **intuitive** [in'tju:itiv] *adj* intuitiv, umiddelbart erkendende.
intumesce [intju'mes] *vb* svulme op.
intumescence [intju'mesns] *sb* opsvulmen.
inundate ['inʌndeit] *vb* oversvømme, *(fig* også) overvælde.
inundation [inʌn'deiʃn] *sb* oversvømmelse.
inure [in'juə] *vb* hærde *(to* imod), vænne *(to* til); (uden objekt) komme til anvendelse, træde i kraft *(fx the benefits ~ from the first day of disability).*
inurn [in'ə:n] *vb* lægge i urne.
inutility [inju'tiləti] *sb* unyttighed.
invade [in'veid] *vb* overfalde, angribe, falde ind i, gøre indfald i *(fx a country),* trænge ind i, invadere *(fx a country, his home); (fig ogs)* oversvømme; (om rettigheder) krænke, gøre indgreb i; ~ *their privacy* forstyrre dem i deres privatliv, krænke deres privatlivs fred.
invader [in'veidə] *sb* angriber, indtrængende fjende; en der gør indgreb (, krænker).
I. invalid [in'vælid] *adj* ugyldig *(fx cheque, marriage).*
II. invalid ['invəlid] *adj* (kronisk) syg, svagelig; *sb* kronisk syg, patient, svagelig person.
III. invalid [invə'li:d] *vb* sætte på sygelisten, fjerne fra aktiv tjeneste som utjenstdygtig; ~ *him home* hjemsende ham som utjenstdygtig.
invalidate [in'vælideit] *vb* afkræfte; gøre ugyldig.
invalidation [invæli'deiʃn] *sb* ugyldiggørelse.
invalid| chair rullestol, kørestol. ~ **diet** sygekost.
invalidism ['invəlidizm] *sb* kronisk sygdom; (neurotisk overdrevet) svagelighed; utjenstdygtighed.
invalidity [invə'liditi] *sb* ugyldighed; (se også *invalidism).*
invaluable [in'vælju(ə)bl] *sb* uvurderlig.
invariability [invɛəriə'biləti] *sb* uforanderlighed.
invariable [in'vɛəriəbl] *adj* uforanderlig; ufravigelig, gængs; *(mat.)* konstant. **invariably** *adv* uvægerlig; altid.
invasion [in'veiʒn] *sb* overfald, angreb, indfald; invasion; indtrængen; ~ *of my rights* indgreb i mine rettigheder; ~ *of privacy* krænkelse af privatlivets fred.
invective [in'vektiv] *sb* skældsord.
inveigh [in'vei] *vb:* ~ *against* skælde voldsomt ud på, rase mod.
inveigle [in'vi:gl] *vb* forlede, lokke *(into* til).
inveiglement [in'vi:glmənt] *sb* forlokkelse.
invent [in'vent] *vb* opfinde; opdigte, finde på.
invention [in'venʃn] *sb* opfindelse; påfund, påhit; løgn, løgnehistorie; opfindsomhed.
inventive [in'ventiv] *adj* opfindsom.
inventor [in'ventə] *sb* opfinder.
inventory ['invəntri] *sb* opgørelse, inventarieliste, inventarfortegnelse, lageropgørelse; katalog; *make (el. take el. draw up) an* ~ optage en fortegnelse.
inveracity [invə'ræsiti] *sb* usandfærdighed, usandhed.
Inverness [invə'nes]; ~ *cloak,* ~ *coat, inverness* havelock (frakke med slag).
inverse ['in'və:s] *adj* omvendt; *(mat. ogs)* invers; *be in ~ ratio to, be -ly proportionate to, vary -ly as (mat.)* stå i omvendt forhold til, være omvendt proportional med.
inversion [in'və:ʃn, *(am)* -ʒn] *sb* det at vende om på, omvending, spejlvending; omstilling; (seksuelt:) homoseksualitet; *(gram)* inversion, omvendt ordstilling; *(mus.)* omvending; *(kem)* invertering; *(meteorol)* inversion; *(mat.)* oversættelse.
I. invert ['invə:t] *sb* homoseksuel.
II. invert [in'və:t] *vb* vende, vende op og ned på; spejlvende.
invertebrate [in'və:tibrət] *adj zo* hvirvelløs; (om person) uden rygrad; holdningsløs; *sb* hvirvelløst dyr; holdningsløs person.
inverted [in'və:tid] *adj* omvendt; spejlvendt.
inverted| commas *pl* anførselstegn, citationstegn, T gåseøjne. ~ **pleat** indvendigt wienerlæg.
inverter [in'və:tə] *sb (elekt)* vekselretter.
invert sugar invertsukker.
invest [in'vest] *vb* (om kapital) anbringe, investere *(fx ~ money in stocks);* (om person) indsætte (i et embede); *(mil.)* indeslutte, belejre *(fx a fortress);* ~ **in** investere i, sætte penge i; T købe, spendere på sig selv *(fx ~ in a new dress);* ~ **with** indhylle i, omgive med *(fx mystery);* give, skænke, forlene med, udstyre med *(fx absolute power);* iklæde, iføre.
investigate [in'vestigeit] *vb* udforske; undersøge.
investigation [investi'geiʃn] *sb* udforskning; undersøgelse.
investigative [in'vestigətiv] *adj* udforskende, undersøgende; ~ *reporting* opsøgende journalistik.
investigator [in'vestigeitə] *sb* forsker, undersøger; detektiv.
investiture [in'vestitʃə] *sb* indsættelse (i et embede); investitur, indsættelsesret.
investment [in'ves(t)mənt] *sb (cf invest)* investering, pengeanbringelse; anbragt kapital; indsættelse (i embede); belejring, blokade. **investment trust** investeringsselskab.
investor [in'vestə] *sb* investor, en som har penge at anbringe *el.* har anbragt penge i noget.
inveteracy [in'vetrəsi] *sb* indgroethed, hårdnakkethed, rodfæstethed.
inveterate [in'vetrət] *adj* indgroet *(fx dislike);* forhærdet *(fx liar);* uforbederlig *(fx drunkard, gambler).*
inviable [in'vaiəbl] *adj* ikke-levedygtig.
invidious [in'vidiəs] *adj* odiøs; uheldig; som vækker uvilje (særlig på grund af vilkårlighed, uretfærdighed), uretfærdig; stødende *(fx remarks).*
invigilate [in'vidʒileit] *vb* føre tilsyn (ved skriftlig eksamen); overvåge, inspicere.
invigilation [invidʒi'leiʃn] *sb* eksamenstilsyn.
invigilator [in'vidʒileitə] *sb* (person som har) eksamenstilsyn.
invigorate [in'vigəreit] *vb* give kraft, styrke, stramme op.
invigoration [invigə'reiʃn] *sb* styrkelse, ny kraft; opstramning, opstrammende virkning.
invincibility [invinsi'biləti] *sb* uovervindelighed.
invincible [in'vinsəbl] *adj* uovervindelig; urokkelig; (ofte:) håbløs *(fx ignorance, incompetence).*
inviolability [invaiələ'biləti] *sb* ukrænkelighed; ubrø-

delighed.
inviolable [in'vaiələbl] *adj* ukrænkelig; ubrødelig.
inviolate [in'vaiələt] *adj* ukrænket; ubrudt.
invisibility [invizə'biləti] *sb* usynlighed.
invisible [in'vizəbl] *adj* usynlig; *sb: invisibles = ~ exports* usynlig eksport; *~ mending* kunststopning.
invitation [invi'teiʃn] *sb* indbydelse, invitation; opfordring, anmodning.
invite [in'vait] *vb* indbyde, invitere *(fx ~ him to a party);* opfordre *(fx ~ him to join),* bede; bede om, udbede sig *(fx suggestions);* opfordre til *(fx to be defenceless is simply to ~ attack),* udsætte sig for *(fx attack, failure); ~ attention* påkalde sig opmærksomhed; *it -s reflection* det maner til eftertanke; *it -s the smile* det kalder på smilet.
inviting [in'vaitiŋ] *adj* indbydende, fristende.
invocation [invə'keiʃn] *sb (cf invoke)* påkaldelse, anråbelse; nedkaldelse, fremmanen; påberåbelse.
invoice ['invɔis] *sb* faktura; *vb* fakturere, udfærdige faktura over.
invoke [in'vəuk] *vb* påkalde, anråbe *(fx God);* nedkalde *(fx vengeance on* (over) *them);* fremmane *(fx a spectre);* påberåbe sig.
involucre ['invəlu:kə] *sb (bot)* svøb (om blomsterstand), sporegemme.
involuntary [in'vɔləntri] *adj* ufrivillig; uvilkårlig.
involute ['invəl(j)u:t] *adj* indviklet; spiraldrejet; *(bot:* om blad) indadrullet.
involution [invə'l(j)u:ʃn] *sb* indvikling; forvikling; indviklethed; *(mat.)* potensopløftning; *(biol, med.)* involution.
involve [in'vɔlv] *vb* medføre, involvere, være forbundet med *(fx it -s great expenses);* indvikle, indblande, inddrage *(fx ~ him in the conflict);* engagere, implicere, omfatte *(fx a problem that -s us all),* indvirke på.
involved [in'vɔlvd] *adj* indviklet, kompliceret *(fx affair); ~ in* impliceret i *(fx a crime),* engageret i *(fx an undertaking);* optaget af; *~ in debt* forgældet; *there is too much ~* der står for meget på spil; *be ~ with* være optaget af *(fx a problem);* have forbindelse med, være engageret med *(fx gangsters).*
involvement [in'vɔlvmənt] *sb* indvikling, indblanding, inddragelse *(fx avoid ~ in the conflict);* engagement *(fx a sense of personal ~; their ~ in the Middle East).*
invulnerability [invʌlnrə'biləti] *sb* usårlighed.
invulnerable [in'vʌlnrəbl] *adj* usårlig.
inward ['inwəd] *adj* indre; indvendig, indvortes; ind(ad)gående; *adv* indad; *~ bound (mar)* for indgående; *~ with* fortrolig med; indlevet i.
inwardly ['inwədli] *adv* indvendigt, inadtil, i ens stille sind.
inwardness ['inwədnəs] *sb* egentlig beskaffenhed *(el.* natur); indgående kendskab, fortrolighed, indforståethed; *true ~* dybere mening; *the true ~ of the case* den dybere *(el.* rette) sammenhæng.
I. inwards ['inwədz] *sb pl* indvolde; indvendige dele.
II. inwards ['inwədz] *adv* indad, i ens indre; *turned ~* indadvendt.
inwrought ['inrɔ:t] *adj* indvævet; indvirket; mønstret; *~ with (fig)* indvævet *(el.* indflettet) i; tæt forbundet med.
iodic [ai'ɔdik] *adj* jodholdig; *~ acid* jodsyre.
iodide ['aiədaid] *sb* jodforbindelse; *potassium ~* jodkalium; *sodium ~* jodnatrium.
iodine ['aiədi:n, -dain] *sb* jod.
iodism ['aiədizm] *sb* jodforgiftning.
iodize ['aiədaiz] *sb* behandle (, præparere) med jod.
iodoform [ai'ɔdəfɔ:m] *sb* jodoform.
I. of M. *fk Isle of Man.*
I. of W. *fk Isle of Wight.*
ion ['aiən] *sb (fys) ion.*
ion| exchange ionbytning. *~* **exchanger** ionbytter.
Ionia [ai'əunjə] Jonien.
Ionian [ai'əunjən] *adj* jonisk; *sb* joner.
ionization [aiənai'zeiʃn] *sb* ionisering; *~ chamber* ionisringskammer.
iota [ai'əutə] *sb* jota; bagatel, tøddel.
IOU ['aiəu'ju:] *(= I owe you)* gældsbrev.
Iowa ['aiəwə].
ipecac ['ipikæk], **ipecacuanha** [ipikækju'ænə] *sb (bot)* ipecacuanha, brækrod.
Iphigenia [ifidʒi'naiə].
Ipswich ['ipswitʃ].
IQ *fk intelligence quotient.*
IRA *fk Irish Republican Army.*
Irak [i'ra:k] Irak, Mesopotamien.
Iran [i(ə)'ra:n] Iran, Persien.
Iranian [i'reinjən] *sb, adj* iransk, persisk.
Iraq [i'ra:k] Irak, Mesopotamien.
irascibility [(a)iræsə'biləti] *sb* hidsighed.
irascible [(a)i'ræsəbl] *adj* opfarende, hidsig.
irate [ai'reit] *adj* vred, opbragt, forbitret.
IRBM *fk intermediate-range ballistic missile.*
IRC *fk International Red Cross.*
ire [aiə] *sb (poet, litt)* vrede, forbitrelse.
ireful ['aiəf(u)l] *adj (poet, litt)* vred, forbitret.
Ireland ['aiələnd] Irland.
Irene ['airi:n; ai'ri:ni].
irenic(al) [ai'ri:nik(l)] *adj* fredelig, fredsommelig, fredsstiftende.
iridescence [iri'desns] *sb* iriseren, spillen i regnbuens farver.
iridescent [iri'desnt] *adj* iriserende, spillende i regnbuens farver.
iridium [ai'ridiəm] *sb* iridium (et metal).
iris ['aiəris] *sb (anat)* iris, regnbuehinde; *(bot)* sværdlilje.
Irish ['ai(ə)riʃ] *sb, adj* irsk; *the ~* irlænderne, irerne.
Irish bull komisk selvmodsigelse, bommert *(fx I do as much work as anyone else, only it takes me longer).*
Irishism ['ai(ə)riʃizm] *sb* irsk sprogejendommelighed.
Irishman ['ai(ə)riʃmən] *sb* irlænder, irer.
Irishry ['ai(ə)riʃri] *sb* irsk befolkning.
Irish stew irsk stuvning (sammenkogt ret af bedekød med kartofler og løg).
Irishwoman ['ai(ə)riʃwumən] *sb* irlænderinde.
iritis [aiə'raitis] *sb (med.)* regnbuehindebetændelse.
irk [ə:k] *vb* trætte; kede *(fx it -s me to do that).*
irksome ['ə:ksəm] *adj* trættende; kedsommelig.
IRO ['airəu] *fk International Refugee Organization.*
I. iron ['aiən] *sb* jern; *(fig)* kraft, styrke; hårdhed, grusomhed; *(flatiron)* strygejern; S pistol, skyder; *-s* p lænker; *adj* af jern; *(fig)* fast, urokkelig; hård, grusom; *the ~ entered his soul* han blev fyldt af bitter sorg; der gik noget i stykker i ham; *have too many ~ in the fire* have for mange jern i ilden; *a man of ~* en hård (, ubøjelig, ubarmhjertig) mand; *rule with an ~ rod* regere med jernhånd; *strike while the ~ is hot* smede mens jernet er varmt.
II. iron ['aiən] *vb* lægge i lænker; beklæde med jern; stryge (med strygejern); *~ out* udjævne, udglatte, fjerne, bringe ud af verden.
iron|bound jernbeslået; (om kyst) klippefuld; *(fig)* hård, ubøjelig. **-clad** *adj* pansret; *(fig)* skudsikker *(fx contract),* vandtæt; *sb (hist.)* panserskib. *~* **curtain** *the ~ curtain* jerntæppet.
Iron Duke : *the ~* (et tilnavn til Wellington).
iron| filings *pl* jernfilspåner. *~* **founder** jernstøber.
ironical [ai'rɔnikl] *adj* ironisk; *-ly enough* ved skæbnens ironi.
ironing ['aiəniŋ] *sb* strygning, presning; strygetøj.
ironing| board strygebræt. *~* **room** strygestue.
ironist ['aiərənist] *sb* ironiker.
iron| lung jernlunge. **-master** jernværksejer. **-monge**

['aiənmʌŋgə] isenkræmmer. **-mongery** ['aiənmʌŋ-g(ə)ri] *sb* isenkramvarer. ~ **mould** rustplet, blækplet. ~ **pyrites** jernkis. ~ **ration** nødration. **-work** jernarbejde. **-works** *sg el. pl* jernværk.

I. irony ['aiərəni] *sb* ironi.

II. irony ['aiəni] *adj* jernhård; jern-.

Iroquois ['irəkwɔi] *sb* irokeser.

irradiant [i'reidjənt] *adj* lysende, strålende.

irradiate [i'reidieit] *vb* belyse, kaste *(el.* sprede) lys over; oplyse; *(fig)* udstråle *(fx happiness); (med.)* bestråle.

irradiation [ireidi'eiʃn] *sb* strålen, udstrålen; stråleglans; *(fig)* oplysning, belysning.

irrational [i'ræʃn(ə)l] *adj* ufornuftig; urimelig, irrationel; *(mat.)* irrational *(fx numbers).* **irrationality** [iræʃə'næliti] *sb* ufornuft, urimelighed; irrationalitet.

irreclaimable [iri'kleiməbl] *adj* uigenkaldelig; uforbederlig; (om landområde) som ikke kan bringes under kultur.

irreconcilability [irekənsailə'biləti] *sb* uforsonlighed; uforenelighed.

irreconcilable [i'rekənsailəbl] *adj* uforsonlig, uforenelig.

irrecoverable [iri'kʌv(ə)rəbl] *adj* som der ikke kan rådes bod på *(fx mistake),* uoprettelig; uerstattelig *(fx losses); ~ debt* uerholdelig fordring.

irrecusable [iri'kju:zəbl] *adj* uafviselig.

irredeemable [iri'di:məbl] *adj* uigenkaldelig; uerstattelig *(fx loss);* uforbederlig; *(økon)* uopsigelig *(fx loan);* uindløselig *(fx paper money).*

irredentist [iri'dentist] *sb* forkæmper for genforening med moderlandet af områder under fremmed herredømme.

irreducible [iri'dju:səbl] *adj* som ikke kan reduceres yderligere.

irrefragable [i'refrəgəbl] *adj* uomstødelig, uigendrivelig *(fx argument).*

irrefrangible [iri'frændʒəbl] *adj* ubrydelig.

irrefutable [iri'fju:təbl, i'refjutəbl] *adj* uigendrivelig.

irregular [i'regjulə] *adj* uregelmæssig *(fx visits, teeth);* ikke i overensstemmelse med forskrifterne, ukorrekt *(fx procedure),* ureglementeret; (om overflade) ujævn; (om livsførelse) uordentlig, udsvævende; *(gram, bot)* uregelmæssig; *(mil.)* irregulær.

irregularity [iregju'læriti] *sb* uregelmæssighed; ukorrekthed; ujævnhed.

irregulars [i'regjuləz] *sb pl* irregulære tropper.

irrelevance [i'reləvəns], **irrelevancy** [i'reləvənsi] *sb* irrelevans, det at være sagen uvedkommende; uvedkommende bemærkning.

irrelevant [i'reləvənt] *adj* irrelevant, (sagen) uvedkommende.

irreligious [iri'lidʒəs] *adj* religionsløs; irreligiøs.

irremediable [iri'mi:diəbl] *adj* ulægelig, uhelbredelig, uafhjælpelig; ubodelig.

irremissible [iri'misəbl] *adj* utilgivelig *(fx sin);* som man ikke kan slippe for *(fx duty, punishment);* som ikke kan eftergives.

irremovability ['irimu:və'biləti] *sb* uafsættelighed.

irremovable [iri'mu:vəbl] *adj* uafsættelig; som ikke kan fjernes *el.* flyttes.

irreparable [i'reprəbl] *adj* uoprettelig; ubodelig.

irreplaceable [iri'pleisəbl] *adj* uerstattelig.

irrepressible [iri'presəbl] *adj* ukuelig, ubetvingelig.

irreproachable [iri'prəutʃəbl] *adj* udadlelig, ulastelig, upåklagelig.

irresistibility ['irizistə'biləti] *sb* uimodståelighed.

irresistible [iri'zistəbl] *adj* uimodståelig.

irresolute [i'rezəl(j)u:t] *adj* tvivlrådig, ubeslutsom, vankelmodig.

irresolution [irezə'l(j)u:ʃn] *sb* ubeslutsomhed, vaklen.

irresolvable [iri'zɔlvəbl] *adj* uopløselig.

irrespective [iri'spektiv] *adj: ~ of* uden hensyn til, uanset.

irresponsibility ['irispɔnsə'biləti] *sb* ansvarsfrihed; uansvarlighed, ansvarløshed, letsindighed.

irresponsible [iri'spɔnsəbl] *adj* ansvarsfri; uansvarlig, ansvarsløs, letsindig.

irresponsive [iri'spɔnsiv] *adj* uforstående, som ikke reagerer *(to* over for).

irretentive [iri'tentiv] *adj* som savner evne til at fastholde (indtryk, *etc).*

irretrievable [iri'tri:vəbl] *adj* uoprettelig *(fx loss).*

irretrievably *adv* uopretteligt, uigenkaldeligt, redningsløst *(fx lost).*

irreverence [i'revrəns] *sb* uærbødighed, pietetsløshed *(of* for). **irreverent** [i'revrənt] *adj* uærbødig; pietetsløs.

irreversible [iri'və:səbl] *adj* uomstødelig; som ikke kan vendes; (om maskine) ikke omstyrbar; *(kem etc)* irreversibel.

irrevocable [i'revəkəbl] *adj* uigenkaldelig *(fx decision).*

irrigate ['irigeit] *vb* overrisle, vande; *(med.)* udskylle.

irrigation [iri'geiʃn] *sb* overrisling; (kunstig) vanding; *(med.)* udskylning.

irrigator ['irigeitə] *sb* overrislingsapparat; *(med.)* irrigator, udskylningsapparat.

irritability [iritə'biləti] *sb* pirrelighed, irritabilitet.

irritable ['iritəbl] *sb* pirrelig, irritabel.

irritant ['irit(ə)nt] *adj* pirrende; *sb* pirringsmiddel; årsag til irritation. **irritate** ['iriteit] *vb* pirre, irritere; drille.

irritation [iri'teiʃn] *sb* pirring, irritation; ophidselse.

irruption [i'rʌpʃn] *sb* pludselig indtrængen; indfald (i et land), invasion.

is [iz] er, 3. *pers sg præs* af *be.*

Isaac ['aizək] Isak.

isabella [izə'belə] *sb* isabellafarve; *adj* isabellafarvet.

isagogics [aisə'gɔdʒiks] *sb* isagogik, indledning.

Isaiah [ai'zaiə] Jesaias, Esajas.

ISBN *fk international standard book number.*

ischiadic [iski'ædik], **ischiatic** [iski'ætik] *adj* hofte-, ischias-.

-ish *(adj* -endelse) -agtig *(fx childish* barnagtig); -lig *(fx greenish* grønlig); ret, temmelig *(fx coldish* temmelig kold); omkring *(fx he is fortyish* han er omkring de fyrre); *it is eightish* klokken er cirka 8.

Ishmael ['iʃmeiəl] Ismael; en som er i krig med samfundet; fredløs. **Ishmaelite** ['iʃmiəlait] *sb* ismaelit; en som er i krig med samfundet; fredløs.

isinglass ['aiziŋgla:s] *sb* husblas; glimmer; marieglas.

Isis ['aisis]: *the ~* Themsen ved Oxford.

Islam ['izla:m, iz'la:m] Islam.

Islamic [iz'læmik] *adj* islamitisk, muhamedansk.

Islamism ['izləmizm] *sb* muhamedanisme.

island ['ailənd] *sb* ø; (på kørebane: *traffic ~)* helle; *in the ~* på øen. **islander** ['ailəndə] *sb* øbo.

isle [ail] *sb* (især *poet el.* i faste *forb)* ø *(fx the Isle of Man; the British Isles).*

islet ['ailət] *sb* lille ø, holm.

Islington ['izliŋtən].

ism [izm] *sb* (ironisk:) isme, teori, lære.

isn't = *is not.*

isobar ['aisəba:] *sb (meteorol)* isobar, linie gennem steder med samme lufttryk.

isocheim ['aisəkaim] *sb (meteorol)* vinterisoterm, linie gennem steder der har samme middeltemperatur om vinteren.

isochromatic [aisəkrə'mætik] *adj* ensfarvet; isokrom.

isogonic [aisə'gɔnik] *adj : ~ line* isogon, linie gennem steder med samme magnetiske misvisning.

isolate ['aisəleit] *vb* isolere, afsondre; udskille; (om bakteriekultur) rendyrke.

isolation [aisə'leiʃn] *sb* isolering, afsondring; (af bakte-

riekultur) rendyrkning; ~ *hospital* epidemihospital.
isolationism [aisə'leiʃnizm] *sb* isolationisme.
isolationist [aisə'leiʃnist] *sb* isolationist.
isomeric [aisə'merik] *adj (kem)* isomer.
isopod ['aisəpɔd] *sb zo* isopode (et krebsdyr).
isosceles [ai'sɔsili:z] *adj* ligebenet (om trekant).
isotherm ['aisəθə:m] *sb (meteorol)* isoterm, linie gennem steder med samme middeltemperatur om sommeren.
isothermal [aisə'θə:ml] *sb* isoterm.
isotope ['aisətəup] *sb (kem)* isotop.
Ispahan [ispə'ha:n].
Israel ['izreiəl] Israel. **Israeli** [iz'reili] *adj* israelisk; *sb* israeler. **Israelite** ['izriəlait] *sb (hist.)* israelit.
issuance ['iʃuəns] *sb* udstedelse, udsendelse.
I. issue ['iʃu:, 'isju:] *sb* **1.** problem, spørgsmål *(fx debate an ~)*, stridspunkt; **2.** resultat, udfald *(fx let us await the ~)*, afslutning, udgang; **3.** *(mht* væske) udløb, afløb, (især *med.)* udstrømning *(fx of blood);* **4.** *(cf II. issue)* udlevering *(fx of rations)*, udsendelse, udstedelse *(fx of a decree, a passport)*, (af aktier *etc ogs)* emission; (om bog *etc)* udgivelse, udsendelse *(fx of new stamps); (bibl)* udlån; **5.** (udgivet antal) oplag; **6.** (del af værk) hæfte, levering; **7.** (af avis, tidsskrift) nummer *(fx it will appear in our next ~);* **8.** *(jur)* børn, afkom, efterkommer(e) *(fx die without ~);* **9.** *-s pl* indtægter;

be at ~ være uenige; *the matter (el. point) at* ~ den sag der er under debat, stridsspørgsmålet; *bring (el. put) the matter to an* ~ bringe sagen til afslutning; *join (el. take)* ~ *with* erklære sig uenig med; indlade sig i diskussion med; *shirk (el. dodge) the* ~ gå uden om spørgsmålet (el. sagen).

II. issue ['iʃu:, 'isju:] *vb* udlevere *(fx rifles);* udsende; udstede *(fx a decree, a passport)*, (om aktier *etc ogs)* emittere; (om bog *etc)* udsende, udgive; *(bibl)* udlåne;

~ **from** komme (ud) fra, udgå fra; vælde *(el.* strømme) ud fra *(fx blood issuing from the wound);* stamme fra, hidrøre fra; ~ **in** *(glds)* ende med; *be -d* **with** *sth* få noget udleveret *(fx they were -d with rifles)*.

isthmus ['isməs] *sb* landtange *(fx the Isthmus of Panama)*.
it [it] *pron* den, det; S sex-appeal, charme;

(som subjekt:) *it is all right* det er i orden; *it is very far* der er meget langt (derhen); *it is late (, two o'clock)* klokken er mange (, to); *it is 6 miles (, a long way, no way) to Oxford* der er 6 miles (, langt, ikke ret langt) til Oxford; *it is said that* ... man siger at; *it says in the paper that* ... der står i avisen at ...;

(som prædikat:) *I thought I was absolutely 'it' in my new blouse* jeg syntes jeg var vældig fiks i mine nye bluse; *for impudence he is really it* han er noget af det frækkeste; *that's it* det er rigtigt *(fx that's it, give us a song);* ja netop; *that's probably it* det er nok forklaringen; det er nok derfor; *that hat is simply it* den hat er helt rigtig; *this is it!* nu kommer det! nu sker det! *what is it?* hvad er der? *who is it?* hvem er det?

(som objekt:) se verbet, fx *II. foot, get, give, I. go, lord, III. rough; we had a good time of it* vi morede os godt.

It [it] italiensk vermut *(fk Italian)*.
i.t.a. *fk initial teaching alphabet.*
Italian [i'tæljən] *adj* italiensk; *sb* italiensk; italiener; ~ *iron* pibejern. **Italianism** [i'tæljənizm] *sb* italiensk (sprog)ejendommelighed.
Italianize [i'tæljənaiz] *vb* italienisere; spille italiener.
I. Italic [i'tælik] *adj* italisk.
II. italic [i'tælik] *adj* kursiv; *sb pl: italics* kursiv; *the -s are ours* fremhævet af os.
italicize [i'tælisaiz] *vb* kursivere.
Italy ['itəli] Italien.
itch [itʃ] *vb* klø; *sb* kløe; fnat, skab; *(fig)* stærk lyst, længsel; *be -ing to* brænde efter at; *my fingers* ~ *to box his ears* mine fingre klør efter at give ham en lussing; *have an* ~ *for money, have an -ing palm* være pengebegærlig.
itch mite fnatmide.
itchy ['itʃi] *adj* kløende; fnattet, skabet.
I. item ['aitəm] *sb* (enkelt) artikel, punkt, post; (i edb) element; *vb* optegne, notere; ~ *of information* oplysning; ~ *of news* nyhed.
II. item ['aitəm] *adv* item, ligeledes.
itemize ['aitəmaiz] *vb* opføre de enkelte poster, specificere (en regning).
iterate ['itəreit] *vb* gentage.
iteration [itə'reiʃn] *sb* gentagelse.
iterative ['itərətiv] *adj* iterativ, gentagende.
itineracy = *itinerancy.*
itinerancy [(a)i'tin(ə)rənsi] *sb* det at drage fra sted til sted; omvandren.
itinerant [(a)i'tin(ə)rənt] *adj* (om)rejsende, (om)vandrende.
itinerary [(a)i'tin(ə)rəri] *sb* rejsebeskrivelse; rejseplan, rute; rejsehåndbog.
itinerate [(a)i'tinəreit] *vb* rejse om, vandre om.
its [its] *pron* dens, dets; sin, sit, sine.
it's [its] *fk it is, it has.*
itself [it'self] *pron* den selv, det selv; sig selv, sig; selv; selve; *by* ~ af sig selv; for sig selv, alene; *she is kindness* ~ hun er godheden selv.
itsy-bitsy [itsi'bitsi] *adj* T lillebitte.
ITV *fk Independent Television.*
IUD *fk intrauterine device.*
Ivanhoe ['aiv(ə)nhəu].
I've [aiv] *fk I have.*
ivied ['aivid] *adj* dækket af vedbend; vedbendklædt.
I. ivory ['aiv(ə)ri] *sb* elfenben; ting af elfenben; *ivories* elefanttænder; terninger; billardballer; pianotangenter; tænder; *black* ~ negerslaver; *tickle the ivories* S spille klaver.
II. ivory ['aiv(ə)ri] *adj* af elfenben, elfenbens-; elfenbensgul, elfenbenshvid.
ivory black *adj* elfenbenssort.
Ivory Coast: *the* ~ elfenbenskysten.
ivory| gull *zo* ismåge. ~ **nut** elfenbensnød.
ivy ['aivi] *sb (bot)* vedbend, efeu.
Ivy League (de kendteste universiteter i det nordøstlige USA: Yale, Harvard, Princeton, Columbia, Cornell *etc)*.
I.W. *fk Isle of Wight.*
izard ['izəd] *sb zo* den pyrenæiske gemse.

J

J, j [dʒei].
J. *fk Judge; Julius; Justice.*
Ja. *fk James.*
jab [dʒæb] *vb* støde, stikke; pirke; *sb* stød; stik; S vaccination; indsprøjtning.
jabber ['dʒæbə] *vb* pludre, plapre; lire af; *sb* pludren, plapren.
jabiru ['dʒæbiru:] *sb zo* jabiru, kæmpestork.
jacana ['dʒækənə] *sb zo* jakana, bladhøne.
jacaranda ['dʒækə'rændə] *sb (bot)* jakaranda.
jacinth ['dʒæsinθ] *sb (min.)* hyacinth.
I. Jack, jack [dʒæk] *sb* savbuk; trækile; (i klaver) støder; (i kortspil) knægt; (i køkken) stegevender; *(tekn.)* donkraft; *(tlf)* jack; *zo* lille gedde; *(mar)* gøs (ɔ: lille flag); *(~ -tar)* menig sømand, søulk; S penge; kogesprit; T (i tiltale) kammerat, makker; *(adj* om dyr) han- *(fx ~ monkey); -s pl* terrespil; *every man ~* hver moders sjæl, hver eneste en; *I'm all right, ~* jeg har mit på det tørre; *before you could say ~ Robinson* før man vidste et ord af det; før man kunne tælle til tre.
II. jack [dʒæk] *vb: ~ up* løfte med (, på) donkraft *(fx a car);* T hæve *(fx prices),* sætte i vejret; højne, forbedre; S opgive; *~ him up* T give ham en balle; *~ off* S onanere, spille den af.
jackal ['dʒækɔ:l] *sb zo* sjakal; (om person) håndlanger, 'kreatur'.
jackanapes ['dʒækəneips] *sb* næbbet unge, Per Næsvis; laps, spradebasse.
jackaroo [dʒækə'ru:] *sb (austr)* T elev på fåre- *el.* kvægfarm.
jackass ['dʒækæs] *sb* hanæsel; *(fig)* ['dʒæka:s] fæ, fjols; (se også *laughing ~).*
jackboot ['dʒækbu:t] *sb* skaftestøvle; militærstøvle; politistøvle; (fiskers) vandstøvle; *(glds)* kravestøvle.
jackbox ['dʒækbɔks] *sb* stikdåse.
jackdaw ['dʒækdɔ:] *sb zo* allike.
jacket ['dʒækit] *sb* jakke, trøje; (på bog) (smuds)omslag; *(tekn)* kappe; (for olieplatform) fundament (af stålrør); *vb* give jakke *(el.* trøje) på; T klø, banke; *potatoes in their -s* kartofler med skræl på.
jacketing ['dʒækitiŋ] *sb* T klø, bank.
Jack Frost frosten (personificeret).
jack|-in-office storsnudet embedsmand, bureaukrat, kontorius. *~* **-in-the-box** trold i en æske. *~* **-in-the-green** (en figur, om hvilken der danses ved majfest).
Jack Ketch bøddelen.
jackknife ['dʒæknaif] *sb* (stor) foldekniv; hoftebøjet spring; tyskerspring; (om anhænger) saksning; *vb* sakse.
jack-of-all-trades altmuligmand, tusindkunstner.
jack|-o'-lantern lygtemand. *~* **pine** *(bot)* banksfyr. *~* **plane** skrubhøvl. **-pot** pulje (i poker); (i lotteri) den store gevinst; *hit the -pot (ogs fig)* vinde den store gevinst. *~* **rabbit** *(am)* præriehare.
Jack Robinson se *Jack.*
jack|screw donkraft. **-snipe** *zo* enkeltbekkasin. **-stones** terrespil. **-straws** skrabnæsespil. *~* **-tar** T sømand, søulk. *~* **towel** rullehåndklæde.
jack-up rig *sb* flytbar platform (med ben der kan hæves og sænkes).
Jacob ['dʒeikəb]; *sb* S stige.
Jacobean [dʒækə'bi:ən] *adj* som hører til *(el.* stammer fra) James I's regeringstid (1603-25).
I. Jacobin ['dʒækəbin] *sb* jakobiner.
II. jacobin ['dʒækəbin] *sb zo* parykdue.
Jacobite ['dʒækəbait] *sb* jakobit (tilhænger af James II og hans slægt).
Jacob's ladder *sb (bot* og bibelsk) jakobsstige; *(mar)* jakobslejder, faldereb.
jaconet ['dʒækənit] *sb* jaconet (hvidt bomuldstøj).
jacquerie [ʒækə'ri:] *sb* bondeopstand.
Jacuzzi® [dʒə'ku:zi] *sb* boblebad.
I. jade [dʒeid] *sb* øg, krikke; *(neds* om kvinde) tøs, mær.
II. jade [dʒeid] *sb* nefrit, jade (en grøn sten).
jaded ['dʒeidid] *adj* udmattet, udkørt, træt; *a ~ appetite* en sløvet appetit.
Jaeger ['jeigə].
jag [dʒæg] *sb* tak, spids, tand; skår, hak; flænge (i tøj); S brandert *(fx have a ~ on);* soldetur; tur, omgang, anfald *(fx a crying ~);* dosis narkotika; indsprøjtning, 'skud'; *vb* gøre takket, lave takker i.
jagged ['dʒægid] *adj* takket, forrevet.
jagger ['dʒægə] *sb* kagespore.
jaggy ['dʒægi] *adj* savtakket.
jaguar ['dʒægjuə] *sb zo* jaguar.
jail [dʒeil], **jailer** = *gaol (etc).*
jake [dʒeik] *sb (am* T) bondeknold; grønskolling; *adj* fin, førsteklasses.
jakes [dʒeiks] *sb* S lokum, das.
jalap ['dʒæləp] *sb (bot)* jalaprod.
jalop(p)y [dʒæ'lɔpi] *sb* T gammel smadderkasse, bilvrag.
jalousie ['ʒælu:zi:] *sb* persienne.
I. jam [dʒæm] *sb* syltetøj; *(fig)* en fornøjelse, en ren svir; en lækkerbisken *(fx ~ for the Press); some people get all the ~* der er nogen der er heldige; *money for ~* S let tjente penge; *he really wants ~ on it (fig)* T han vil have både i pose og i sæk.
II. jam [dʒæm] *sb* trængsel, stimmel; (trafik)standsning, trafikknude; *get into a ~* S komme i knibe.
III. jam [dʒæm] *vb* trykke, presse, klemme *(fx he -med his finger in the door);* mase, proppe *(fx one's clothes into a suitcase);* blokere *(fx the river was -med with logs);* (radio:) forstyrre (udsendelse) med støjsender; (uden objekt) binde, gå trangt, sidde fast (om dør *etc);* sætte sig fast *(fx the car horn had -med),* blive blokeret, gå i baglås; S (i jazz) improvisere; *~ the brakes on* hugge bremserne i.
Jamaica [dʒə'meikə] Jamaica; *sb* jamaicarom.
Jamaican [dʒə'meik(ə)n] *sb* jamaicaner; *adj* jamaicansk.
jamb [dʒæm] *sb* dørstolpe; (i vindue) sidekarm.
jamboree [dʒæmbə'ri:] *sb* spejderstævne, jamboree; T gilde, fest.
James [dʒeimz] (bibelsk) Jakob; *(hist.)* James, Jakob; *scallop of St. ~* ibsskal.
jammer ['dʒæmə], **jamming station** *sb* støjsender.
jammy ['dʒæmi] *adj* S lækker; smadderlet; snydeheldig.
jam pot syltetøjskrukke.
jam session sammenkomst af jazz-musikere hvor man spiller *el.* improviserer for egen fornøjelse; jam-ses-

sion.
I. Jane [dʒein].
II. jane [dʒein] *sb* (S, *neds)* kvinde.
Janeiro [dʒəˈniərəu].
Janet [ˈdʒænit].
jangle [ˈdʒæŋgl] *vb* skændes; skurre, skramle, klirre, rasle; (med objekt) skramle (, rasle *etc)* med; *sb* kævl, strid; raslen, klirren, skramlen.
Janissary [ˈdʒænizəri] *sb* = *Janizary.*
janitor [ˈdʒænitə] *sb* portner; skolebetjent, pedel; *(am)* vicevært, varmemester.
Janizary [ˈdʒænizəri] *sb* janitschar (tyrkisk soldat).
jankers [ˈdʒæŋkəz] *sb pl* S straffeeksercits, arrest.
jannock [ˈdʒænək] *adj (dial.)* ægte, ærlig, ligefrem; fin.
January [ˈdʒænjuəri] januar.
Jap [dʒæp] T = *Japanese.*
I. Japan [dʒəˈpæn] Japan.
II. japan [dʒəˈpæn] *sb* lakarbejde; japanlak; *vb* lakere (med japanlak).
Japanese [dʒæpəˈni:z] *sb* japaner, japansk; *adj* japansk.
jape [dʒeip] *sb (glds)* spøg, hib; *vb* spøge; gøre nar af; håne.
I. jar [dʒa:] *vb* (om lyd) skurre, hvine *(fx the chalk -red against the blackboard),* skratte; (om bevægelse) vibrere, ryste *(fx the window -red in the frame); (fig)* være i modstrid med hinanden, ikke harmonere *(fx our opinions -red);* skændes; (med objekt) ryste, chokere *(fx she was -red by the burglary);*
~ **on** *sby* irritere en, støde en; ~ *on sby's ears* skurre i ens ører; ~ *on sby's nerves* gå en på nerverne; ~ **with** *(el. against)* skurre mod; være i modstrid med, disharmonere med; (om farver) skrige mod; (se også *jarring).*
II. jar [dʒa:] *sb* skurren, hvinen, skratten; vibration; stød, bump, rystelse; T glas øl; *(fig)* chok; sammenstød, skænderi.
III. jar [dʒa:] *sb* lerkrukke, stentøjskrukke; glas *(fx jam* ~ sylte(tøjs)glas).
IV. jar [dʒa:] *sb: on the* ~ på klem.
jardinière [ʒa:dinˈjɛə] *sb* urtepotteskjuler; blomsteropsats; blomsterstativ, jardiniere.
jargon [ˈdʒa:gən] *sb* jargon; uforståeligt fagsprog; mandarinsprog; *(neds)* kaudervælsk; opstyltet sprog.
jargonelle [dʒa:gəˈnel] *sb* kejserindepære.
jarring [ˈdʒa:riŋ] *adj* skurrende, disharmonisk, grel; rystende, stødende *(fx motion); (fig)* rystende, chokerende; stødende, irriterende.
jarvey [ˈdʒa:vi] *sb* (irsk:) hyrekusk.
jasmine [ˈdʒæzmin, ˈdʒæs-] *sb (bot)* jasmin.
jasper [ˈdʒæspə] *sb (min.)* jaspis; ~ *red* jaspisrød.
jaundice [ˈdʒɔ:ndis] *sb* gulsot; skinsyge, mistænksomhed, misundelse.
jaundiced [ˈdʒɔ:ndist] *adj* syg af gulsot; misundelig, skinsyg; ~ *with envy* gul og grøn af misundelse.
jaunt [dʒɔ:nt] *vb* foretage udflugter, strejfe om; *sb* fornøjelsestur, udflugt.
jaunty [ˈdʒɔ:nti] *adj* munter, flot, kæk; forsoren, friskfyragtig; *wear one's hat at a* ~ *angle* gå med hatten kækt på snur.
Java [ˈdʒa:və] Java. **Javanese** [dʒa:vəˈni:z] *adj* javanesisk, javansk; *sb* javaneser, javaner.
javelin [ˈdʒævlin] *sb* kastespyd; *throwing the* ~ spydkast.
I. jaw [dʒɔ:] *sb* kæbe; T kæft; snakken, skælden; moralprædiken; *(tekn)* klo; *-s pl* bakker (på skruestik, tang); mund, gab; *the -s of death* dødens gab;
his ~ *dropped* han blev lang i ansigtet; han fik et måbende udtryk i ansigtet; *his -s were set* han bed tænderne sammen (ɔ: havde et udtryk af sammenbidt energi); *hold your* ~ *(vulg)* hold kæft; *there is too much* ~ *about him* han kæfter for meget op; *none of your* ~*!* T ingen mukken!
II. jaw [dʒɔ:] *vb* T bruge kæften, skræppe op, skælde ud; præke, holde moralprædiken (for); sludre, snakke.
jaw|bone (under)kæbeben. **-boning** *(am)* kraftig officiel opfordring til fagforeninger og erhvervsliv om at udvise mådehold. **-breaker** T ord der er svært at udtale; *it is a -breaker* det er lige til at brække tungen på; det er en hel spiritusprøve.
jay [dʒei] *sb zo* skovskade; *(fig)* sludrechatol, vrøvlehoved; nar.
jaywalk [ˈdʒeiwɔ:k] *vb* T gå over gaden som det passer en *el.* uden at se sig for. **jaywalker** [ˈdʒeiwɔ:kə] *sb* T fumlegænger.
jazz [dʒæz] *sb* jazz; S halløj, ballade; praleri, fup; *vb* jazze; spille i jazzstil; lave halløj; ~ *up* sætte fut (, fart) i, fiffe op; *and all that* ~ S og alt det der; og alt det gas.
jazz|band jazzband, jazzorkester. **-man** jazzmusiker.
jazzy [ˈdʒæzi] *adj* jazzagtig; med fut i; grel, med grelle farver.
jealous [ˈdʒeləs] *adj* jaloux, skinsyg *(of* på); nidkær; *be* ~ *of one's rights* våge skinsygt over sine rettigheder; *keep a* ~ *eye on his movements* holde et vågent øje med hans bevægelser.
jealousy [ˈdʒeləsi] *sb* skinsyge, jalousi; (skinsyg) årvågenhed; nidkærhed.
jeans [dʒi:nz] *sb pl* cowboybukser.
jeep [dʒi:p] *sb (mil.)* jeep.
jeer [dʒiə] *vb* håne, spotte; vrænge *(at* ad); *sb* hån, spot.
Jehova [dʒiˈhəuvə].
jejune [dʒiˈdʒu:n] *adj* gold, mager, tør, åndløs, indholdsløs *(fx novel); (am)* ungdommelig, umoden *(fx behaviour).*
jell [dʒel] *vb* T stivne (til gelé); *(fig)* antage fast form; (med objekt) give fast form; fastfryse.
jellied [ˈdʒelid] *adj* geléagtig; i gelé *(fx* ~ *eels).*
jelly [ˈdʒeli] *sb* gelé; tyk saft; *beat sby into a* ~ slå en til plukfisk.
jellyfish [ˈdʒelifiʃ] *zo* vandmand; T skvat, karklud.
jemimas [dʒiˈmaiməz] *sb pl (glds.)* fjederstøvler.
jemmy [ˈdʒemi] *sb* (kort) brækjern.
jennet [ˈdʒenit] *sb* lille spansk hest.
jenneting [ˈdʒenitiŋ] *sb* (tidligt) sommeræble.
jenny [ˈdʒeni] *sb* løbekran; spindemaskine; (om dyr) hun; *adj* hun- *(fx* ~ *monkey,* ~ *wren).*
jeopardize [ˈdʒepədaiz] *vb* bringe i fare, sætte på spil.
jeopardy [ˈdʒepədi] *sb* fare.
jerboa [dʒə:ˈbəuə] *sb zo* springmus.
jeremiad [dʒeriˈmaiəd] *sb* jeremiade.
Jeremiah [dʒeriˈmaiə] Jeremias.
Jericho [ˈdʒerikəu] Jeriko; *go to* ~*!* gå pokker i vold; *I wish you were in (el. at)* ~ gid du sad på Bloksbjerg.
I. jerk [dʒə:k] *vb* støde (pludselig), rykke, kaste; give et sæt, gøre et ryk; spjætte; *sb* pludseligt stød; bump, ryk, puf, kast; spjæt; *(am S)* fjols, skvat; *(physical) -s pl* T gymnastik, „benspjæt"; ~ *along* bevæge sig (, køre) i ryk; *by -s* i sæt; ~ *off (vulg)* onanere, spille den af; ~ *out one's words* støde ordene frem.
II. jerk [dʒə:k] *vb* soltørre (kød).
jerkin [ˈdʒə:kin] *sb* ærmeløs trøje; *(hist.)* vams.
jerkwater *adj (am):* ~ *town* provinshul.
jerky [ˈdʒə:ki] *adj* stødvis, rykvis *(fx motion),* i ryk; rystende, skumplende; (om person) som farer nervøst sammen.
jeroboam [dʒerəˈbəuəm] *sb* (flaske der rummer ca. 3 l.).
Jerome [dʒəˈrəum]; (efternavn *ogs:)* [ˈdʒerəm].
jerrican [ˈdʒerikæn] *sb* = *jerry can.*
I. jerry [ˈdʒeri] *sb* S (nat)potte.
II. Jerry [ˈdʒeri] *sb* S tysker.
jerry|-builder [ˈdʒeribildə] byggespekulant. ~ **-buil**

bygget på spekulation, dårligt bygget. ~ **can** jerrycan, kanister, flad dunk til benzin *el.* vand.

jersey ['dʒə:zi] *sb* jerseytrøje; sweater, (langærmet ulden) bluse; *zo* jerseyko.

Jerusalem [dʒə'ru:sələm]; ~ *artichoke* jordskok; ~ *oak* drueurt; ~ *pony* æsel.

jessamine ['dʒesəmin] *sb (bot)* jasmin.

jest [dʒest] *vb* spøge, sige i spøg; *sb* spøg, vittighed, morsomhed; ~ *about (el. with)* spøge med; *in* ~ for *(el.* i) spøg; *take a* ~ forstå spøg.

jestbook ['dʒestbuk] *sb* anekdotesamling.

jester ['dʒestə] *sb* spøgefugl; *(hist.)* hofnar; *he is a licensed* ~ han har frisprog.

jestingly ['dʒestiŋli] *adv* i spøg.

Jesuit ['dʒezjuit] *sb* jesuit.

jesuitic(al) [dʒezju'itik(l)] *adj* jesuitisk.

Jesus ['dʒi:zəs].

I. jet [dʒet] *sb* jet, gagat.

II. jet [dʒet] *vb* springe frem, vælde frem; (med objekt) udspy; *(tekn.)* nedskylle (pæle).

III. jet [dʒet] *sb* stråle *(fx of water)*, sprøjt *(fx -s of blood spurted out)*; (på slange) strålerør; (gas:) gasbrænder; gasflamme, gasblus; (ved støbning) indløbstap; *(flyv)* jetfly; jetmotor, reaktionsmotor.

jet-black *adj* kulsort.

jet| engine jetmotor, reaktionsmotor. ~ **fighter** jetjager. ~ **lag** træthed, ubehag etc efter lang flyverejse. ~ **plane** jetfly(vemaskine). ~ **-propelled** reaktionsdreven. ~ **propulsion** reaktionsdrift.

jetsam ['dʒetsəm] *sb* strandingsgods; gods der kastes over bord for at lette skibet; *(fig)* menneske der er viljeløst bytte for skæbnen, (stykke) vraggods.

jet set klasse af fashionable velhavere der rejser rundt mellem verdens feriesteder i jetfly.

jettison ['dʒetisn, -zn] *sb* udkastning af gods for at lette skib (, fly); afkastning af del af raket; *vb* udkaste (gods for at lette skib (, fly)); kaste over bord; (om fly *ogs)* lette sig for *(fx bombs)*; (om raket, rumskib) afkaste; *(fig)* afkaste (en byrde), befri sig for, lette sig for.

I. jetty ['dʒeti] *adj* gagatlignende, kulsort.

II. jetty ['dʒeti] *sb* mole, anløbsbro.

jeune premier *[fr.] (teat)* førsteelsker.

Jew [dʒu:] *sb* jøde; *vb (ogs* ~ *down)* snyde; prutte ned (i pris).

Jew-baiting *sb* jødeforfølgelse.

jewel ['dʒu:əl] *sb* juvel, ædelsten; smykke; (i ur) sten; *(fig)* klenodie, perle; *vb* smykke med juveler.

jewel case juvelskrin; smykkeskrin.

jeweller ['dʒu:ələ] *sb* juvelér, guldsmed.

jewellery, jewelry ['dʒu:əlri] *sb* ædelstene, kostbarheder; smykker.

Jewess ['dʒuəs] *sb* jødinde.

Jewish ['dʒuiʃ] *adj* jødisk.

Jewry ['dʒuəri] *sb* jødefolket; jødekvarter.

jew's-ear *(bot)* judasøre (en svampeart).

jew's harp jødeharpe.

Jezebel ['dʒezəbl] Jesabel; *sb* skamløs kvinde.

I. jib [dʒib] *vb* (om hest) blive sky *(at* for), stejle; standse brat, være stædig; *(fig)* protestere, være uvillig; *(mar)* gibbe, bomme; ~ *at (fig)* vægre sig ved, protestere imod; vige tilbage for.

II. jib [dʒib] *sb* udligger, kranarm; *(mar)* klyver; (på lystfartøjer *ogs)* fok; *the cut of one's* ~ *(fig)* ens ydre apparition, ens påklædning.

jibber ['dʒibə] *sb* sky hest, stædig hest.

jib|boom *(mar)* klyverbom; fokkebom. ~ **door** tapetdør.

I. jibe [dʒaib] *sb* spydighed, skose; *-s pl (ogs)* hån, spot; *vb:* ~ *at* komme med spydigheder til, håne, spotte; *(mar)* se *gybe.*

II. jibe [dʒaib] *vb (am* T*)* stemme overens.

jiff [dʒif], **jiffy** ['dʒifi] *sb* T øjeblik *(fx wait a* ~*)*.

I. jig [dʒig] *sb* jig, gigue (en livlig dans); pilk (fiskeredskab); *(tekn)* borelære, borekasse; *the* ~ *is up* S spillet er ude.

II. jig [dʒig] *vb* vippe, danse, hoppe, bevæge (sig) hurtigt op og ned; sigte *(fx* erts) ved at ryste et sold op og ned under vandet; (fiske:) pilke.

jigger ['dʒigə] *sb* en der danser *jig;* en der sigter *(fx* erts); (ryste)sold; jigger (ɔ: løsthængende dametrøje); *(zo)* sandloppe; *(mar)* papegøje(sejl); talje; (i billard) maskine; S dør; fængsel(scelle); tingest, dims; løjerlig fyr; *(am)* mål til spiritus (44,3 ml); dram; *vb* lave fiduser med; *well, I'm -ed!* det var som pokker! ~ *up* S spolere; lave rod i.

jiggermast ['dʒigəma:st] *sb (mar)* papegøjemast.

jiggery-pokery [dʒigəri'pəukəri] *sb* T fup, fidusmageri.

jiggle [dʒigl] *vb* T ryste let, vippe (med) *(fx the door handle)*; rykke (frem og tilbage *el.* op og ned); hoppe, jumpe *(fx sit still and don't* ~*)*.

jigsaw ['dʒigsɔ:] *sb* dekupørsav; puslespil.

jigsaw puzzle puslespil.

jihad [dʒi'ha:d] *sb* hellig krig; *(fig)* felttog, kampagne.

jilt [dʒilt] *vb:* ~ *him* svigte ham, slå op med ham (efter at have opmuntret ham); *sb (omtr* =) kokette.

Jim [dʒim] *fk James.*

Jim Crow ['dʒim'krəu] *(am* S*)* neger; racediskrimination; forskelsbehandling over for negre; ~ *car* jernbanevogn (, sporvogn) der er reserveret negre.

jim-jams ['dʒimdʒæmz] *sb pl* S delirium tremens, dille; nervøsitet; *it gives me the* ~ det går mig på nerverne.

jimmy ['dʒimi] *sb* (kort) brækjern; *vb* åbne med brækjern, brække op.

jimp [dʒimp] *adj* elegant, slank; knap, utilstrækkelig.

jimsonweed ['dʒimsn'wi:d] *sb (am)* pigæble.

jingle [dʒiŋgl] *vb* ringle, klirre, rasle; lade klirre, rasle med; *sb* ringlen, klirren, raslen; remse; reklamevers, reklameslogan; klingklang.

jingo ['dʒiŋgəu] *sb (pl -es)* chauvinist; *adj* chauvinistisk; *by* ~ ved Gud; død og pine.

jingoism ['dʒiŋgəuizm] *sb* chauvinisme.

jink [dʒiŋk] *vb* løbe i siksak (, ud og ind) for at undgå forfølger; *(flyv)* flyve i siksak for at undgå beskydning; foretage undvigelsesmanøvrer; *sb* undvigelsesmanøvre.

jinks [dʒiŋks] *sb pl: high* ~ skæg og ballade, fest, sjov.

jinn [dʒin], **jinnee** ['dʒini:] *sb* ånd (i muhamedansk tro).

jinricksha, jinrikisha [dʒin'rik(i)ʃə] *sb* rickshaw.

jinx [dʒiŋks] *sb* T ulykkesfugl, ting der bringer ulykke; ulykke, uheld; *vb* = *put a* ~ *on* forhekse, bringe uheld.

jitney ['dʒitni] *(am* S*) sb* 5 cent(stykke); mindre bus med billig takst og fleksibel køreplan; *adj* billig.

jitter ['dʒitə] S *vb* ryste, skælve, dirre; *sb* rysten, skælven, dirren; *have the -s* dirre af nervøsitet, være rystende nervøs, være skrupnervøs.

jitterbug ['dʒitəbʌg] *sb* jitterbug; en der danser jitterbug.

jittery ['dʒitəri] *adj* S nervøs; skælvende, dirrende (af nervøsitet).

jiu-jitsu se *jujitsu.*

jive [dʒaiv] *sb (am)* (hot) jazz; jive (latinamerikansk dans); *vb* danse jive.

jn *fk junction.* **Jno** *fk John.*

Joan [dʒəun]; ~ *of Arc* Jeanne d'Arc.

I. Job [dʒəub] Job.

II. job [dʒɔb] *sb* job, stilling *(fx he has a* ~ *in my firm)*, arbejde *(fx it is his* ~ *to see to that)*, *(ogs* i edb) opgave; akkordarbejde, *(typ)* accidensarbejde; T besværligt arbejde, mas, slid *(fx it was a* ~ *to get it all ready)*; offentlig stilling som udnyttes til egen fordel; S affære, historie; bræk, røveri; (om pige) tingest, sag *(fx look at that blonde* ~ *in the red dress)*; (se også jab);

it was a (put-up) ~, se *put-up; it was a bad (, good)* ~ *that* det var ærgerligt (, et held) at; *do his* ~ *for him (fig)* ødelægge ham, ruinere ham; *do a* ~ *on* spolere, ødelægge; *give sth up as a bad* ~ opgive noget som håbløst; *have a* ~ *doing it* have besvær med at få det gjort; *make a good* ~ *of it* klare det fint; *make the best of a bad* ~ prøve at få det bedste ud af det (selvom det er gået skævt); tage det med godt humør; *odd -s* tilfældigt arbejde; *be on the* ~ have meget travlt; være parat, være vågen, være på tæerne; *be out of a* ~ være arbejdsløs; *paid by the* ~ akkordlønnet; *payment by the* ~ akkordløn; *it was a tough* ~ det var et drøjt stykke arbejde; *work by the* ~ arbejde på akkord.

III. job [dʒɔb] *vb* udføre arbejde (på akkord); spekulere, jobbe, handle med aktier; misbruge en offentlig stilling til egen fordel; ~ *him into the post* putte ham ind i stillingen, skaffe ham stillingen ved protektion; (se også *jab*).

job action se *industrial action.*

jobation [dʒəu'beiʃn] *sb* T balle, (lang) moralpræken.

jobber ['dʒɔbə] *sb* børsspekulant, aktiehandler; akkordarbejder; mellemhandler; en der misbruger offentlig stilling til egen fordel.

jobbery ['dʒɔbəri] *sb* jobberi; misbrug af politisk magt til egen fordel; korruption, nepotisme.

jobbing gardener havemand.

Job Centre arbejdsformidling.

job|-hopper *(am)* flakke. ~ **-hopping** *sb (am)* flakkeri, det at skifte stilling hyppigt.

jobless ['dʒɔbləs] *adj* arbejdsløs.

job lot blandet vareparti; *(fig)* blandet selskab.

jobmaster udlejer af vogne og heste.

Job's comforter dårlig trøster (der kun gør ondt værre).

job satisfaction *(omtr)* trivsel på arbejdspladsen.

job work akkordarbejde; *(typ)* accidensarbejde.

I. Jock [dʒɔk] (øgenavn for) skotte.

II. jock [dʒɔk] *sb (am* S*)* sportsidiot, college-sportsmand; *ogs* = *jockey, disc jockey, jockstrap.*

jockey ['dʒɔki] *sb* jockey, rideknægt; *vb* tage ved næsen; snyde; manøvrere; ~ *for position* prøve at manøvrere sig ind i en gunstig position; prøve at luske sig til en fordel; ~ *sby out of his money* snyde en for hans penge; ~ *sby into doing sth* narre en til at gøre noget.

jockstrap ['dʒɔkstræp] *sb* skridtbind; *(am* S*)* sportsidiot.

jocose [dʒə'kəus] *adj* (ofte anstrengt) spøgefuld.

jocular ['dʒɔkjulə] *adj* munter, spøgefuld.

jocularity [dʒɔkju'læriti] *sb* munterhed, spøgefuldhed.

jocund ['dʒɔkənd] *adj* lystig.

jocundity [dʒə'kʌnditi] *sb* lystighed.

Jodhpurs ['dʒɔdpuəz] *sb pl* jodhpurs, stramme ridebenklæder, der når til anklerne.

Joe [dʒəu] *fk Joseph; a* ~ *Miller* en gammel vittighed.

jog [dʒɔg] *vb* ryste, skumple; lunte, traske; støde til, puffe; løbe kondiløb, jogge; *sb* stød, skub, puf; ~ *along* lunte af sted, tage den med ro; *matters* ~ *along* det går som det bedst kan; *we manage to* ~ *along somehow* vi klarer os lige; ~ *sby's memory* opfriske ens hukommelse; *we must be -ging* vi må af sted.

jogging ['dʒɔgiŋ] *sb* kondiløb, jogging.

joggle [dʒɔgl] *vb* skubbe, ryste, støde; blive skubbet, skumple af sted; (i edb) støde; *(tekn)* forkrøppe; fortande; *sb* stød, skub; *(tekn)* forkrøpning; fortanding; *-d frame* forkrøppet understel.

jogtrot ['dʒɔg'trɔt] *sb* luntetrav; gammel slendrian.

Johannesburg [dʒəu'hænisbə:g].

I. John [dʒɔn] *(hist.)* Johan (se *Lackland); (*i biblen) Johannes *(fx* ~ *the Baptist);* S fyr.

II. john [dʒɔn] *sb (am* S*)* wc.

John| Bull englænderen som type. ~ **Doe** *(jur)* N.N. ~ **Dory** *zo* st. petersfisk.

Johne's disease ['jəunəz-] (kvægsygdom, svarende til) den lollandske syge.

johnny ['dʒɔni] *sb* S fyr, laps; wc; kondom.

johnnycake ['dʒɔnikeik] *sb (am)* majskage; *(austr)* hvedekage.

johnny-come-lately *sb* nyankommen.

Johnson ['dʒɔns(ə)n]. **Johnsonese** ['dʒɔnsə'ni:z] *sb* (litterær stil som ligner Samuel Johnsons).

I. join [dʒɔin] *vb* forbinde *(fx* ~ *the two towns by a railway),* forene; sammenføje, samle *(fx* ~ *two pieces of wood),* sy (, sømme *etc)* sammen; melde sig ind i *(fx a club);* slutte sig til *(fx a church),* gå hen (, ind) til *(fx let us* ~ *the ladies),* forene sig med *(fx my wife -s me in thanking you),* mødes med; (om land) støde op til *(fx his garden -s mine);* (uden objekt) deltage, være med; forene sig *(fx I* ~ *with him in offering you help),* mødes, (om floder *ogs)* flyde sammen; (om land) støde sammen;

what God hath -ed together, let no man put asunder hvad Gud har sammenføjet, skal mennesker ikke adskille; ~ *the army* gå ind i hæren; ~ *battle* begynde kampen, indlede slag; *will you* ~ *us for dinner?* vil De spise middag sammen med os? ~ *forces with* gøre fælles sag med; slå sig sammen med; *they -ed fortunes* de slog sig (, T deres pjalter) sammen; ~ *hands* tage hinanden i hånden; *(fig)* slutte sig sammen, løfte i flok; ~ **in** deltage (i), være med (i); falde i, stemme i; ~ *in the game (ogs)* spille med; ~ **up** T melde sig som frivillig; (se også *I. issue).*

II. join [dʒɔin] *sb* sammenføjning.

joinder ['dʒɔində] *sb* forbindelse, forening.

joiner ['dʒɔinə] *sb* snedker, bygningssnedker.

joinery ['dʒɔinəri] *sb* snedkerarbejde.

I. joint [dʒɔint] *sb* **1.** sammenføjning; samling; **2.** (i mur) fuge; **3.** *(anat)* led *(fx finger -s);* **4.** *(bogb)* fals; **5.** *(bot)* knæ; **6.** *(jernb)* skinnestød; **7.** steg *(fx a* ~ *of beef);* **8.** S beværtning, bule; hus, sted; **9.** S marihuanacigaret;

put out of ~ bringe af led; *put his nose out of* ~ stikke ham ud, fortrænge ham; *the time is out of* ~ tiden er af lave; *be out of* ~ *with* ikke passe sammen *(el.* harmonere) med; være utilfreds med.

II. joint [dʒɔint] *adj* forenet, fælles, samlet; *on (el. for)* ~ *account* for fælles regning; a meta; ~ *action* fælles optræden; ~ *and several* solidarisk *fx responsibility);* ~ *author* medforfatter; ~ *concern* fælles anliggende; ~ *custody* fælles forældremyndighed; *by* ~ *efforts* ved forenede anstrengelser; *during their* ~ *lives* så længe de begge (, alle) er i live.

III. joint [dʒɔint] *vb* sammenpasse, forbinde; passe ind i; (om mur) fuge.

jointed ['dʒɔintid] *adj* forbundet; leddet.

jointer ['dʒɔintə] *sb* rubank, langhøvl; (murers) fugejern, fugeskraber; (af plov) forplov.

jointing plane = *jointer.*

jointly ['dʒɔintli] *adv* fælles; solidarisk; *be* ~ *and severally responsible* hæfte solidarisk *(el.* in solidum).

joint mice mus i knæet.

joint stock aktiekapital.

joint-stock ['dʒɔintstɔk] *adj:* ~ *bank* aktiebank; ~ *company* aktieselskab.

jointure ['dʒɔintʃə] *sb* enkesæde, enkelod; livgeding.

joist [dʒɔist] *sb* gulvbjælke, loftsbjælke; gulvstrø; underlag.

joke [dʒəuk] *sb* spøg, vittighed; *vb* spøge, spøge med; *carry the* ~ *too far* drive spøgen for vidt; *crack (el. cut) a* ~ rive en vittighed af sig; *the* ~ *of it* det morsomme *(el.* komiske) ved det; *he is the* ~ *of the town* han er til grin for hele byen; *it is really past (el. beyond) a* ~ det er ikke morsomt længere; *take a* ~ forstå spøg; *I was* *only joking* det var kun min spøg.

joker ['dʒəukə] *sb* spøgefugl, spasmager; (i kortspil) joker; *(fig)* ukendt faktor, uforudset vanskelighed; *(am)* indsmuglet sætning der helt ændrer indholdet af lov *el.* kontrakt.

joking ['dʒəukiŋ] *sb* spøg; ~ *apart* spøg til side.

jokingly ['dʒəukiŋli] *adv* for spøg.

jollification [dʒɔlifi'keiʃn] *sb* lystighed; muntert lag.

jollity ['dʒɔliti] *sb* jovialitet, lystighed; fest.

I. jolly *adj* jovial, gemytlig; fornøjelig, munter; i løftet stemning; T herlig *(fx weather); stor (fx it is a ~ shame; he is a ~ fool); adv* vældig *(fx he is ~ clever); he is in a ~ mess* han er kommet godt op at køre; ~ *good!* fint! *take ~ good care* passe gevaldig på; *he is ~ well right* han har skam ret.

II. jolly ['dʒɔli] *vb* T smådrille, smigre, snakke godt for; ~ *him along* snakke godt for ham, opmuntre ham.

jolly boat *(mar)* jolle. **Jolly Roger** *(hist.)* piratflag.

jolt [dʒəult] *vb* støde, ryste; bumpe; skumple; *(fig)* ryste, give et chok; *sb* stød, rysten, bump; *(fig)* rystelse, chok.

Jonah ['dʒəunə] Jonas; *sb* ulykkesfugl.

Jonathan ['dʒɔnəθn] *sb* jonathanæble; *Brother ~* (benævnelse for en amerikaner).

Jones ['dʒəunz]; *keep up with the -es* ikke stå tilbage for naboerne *(mht* at have bil, fjernsyn *etc).*

Jordan [dʒɔ:dn]; ~ *almond* jordanmandel, krakmandel; *(am ogs)* fransk mandel.

Jordanian [dʒɔ:'deinjən] *sb* jordaner; *adj* jordansk.

jorum ['dʒɔ:rəm] *sb* stort drikkekar, punchebolle; punch.

Jos. *fk* **Joseph** ['dʒəuzif].

josh [dʒɔʃ] *(am* S) *sb* spøg, drilleri; *vb* holde sjov (med), smådrille, spøge (med).

joss [dʒɔs] *sb* kinesisk gudebillede.

josser ['dʒɔsə] *sb* S fyr.

joss| house kinesisk tempel. ~ **stick** røgelsespind.

jostle [dʒɔsl] *vb* skubbe, støde, puffe (til); trænges; ~ *against* støde imod; ~ *through* mase sig igennem.

jot [dʒɔt] *sb* jota; prik, punkt; *vb* notere, optegne; *not a ~* ikke den mindste smule; ikke en tøddel; ~ *down* kradse *(el.* notere, skrive) ned.

jotter ['dʒɔtə] *sb* notesbog, notesblok.

jottings ['dʒɔtiŋz] *sb pl* (hastigt nedkradsede) notater.

joule [dʒu:l] *sb (fys)* joule (enhed for energi).

jounce [dʒauns] *vb* ryste, støde, skumple; hoppe, springe.

journal [dʒə:nl] *sb* journal, dagbog; dagblad, tidsskrift, magasin; *(mar)* skibsjournal, logbog; *(tekn)* akseltap, lejesøle.

journalese [dʒə:n'li:z] *sb* dårligt avissprog.

journalism ['dʒə:nlizm] *sb* journalistik.

journalist ['dʒə:nlist] *sb* journalist.

journalistic [dʒə:n'listik] *adj* journalistisk; dagblads-.

journalize ['dʒə:nlaiz] *vb* føre dagbog; bogføre.

journey ['dʒə:ni] *sb* rejse (mest til lands); ekspedition; tur *(fx this bus goes ten -s a day); reach one's -'s end* komme til vejs ende; *go on (el. make) a ~* foretage en rejse; *a pleasant ~!* god rejse!

journeyman ['dʒə:nimən] *sb* svend, håndværkssvend; ~ *painter* malersvend.

joust [dʒaust, dʒu:st] *sb (hist.)* dyst, ridderturnering; *vb* dyste, deltage i turnering.

Jove [dʒəuv] Jupiter; *by ~* ih du milde; ved Gud; minsandten;

jovial ['dʒəuvjəl] *adj* gemytlig, jovial; munter, livlig, selskabelig anlagt.

joviality [dʒəuvi'æliti] *sb* munterhed.

jowl [dʒaul] *sb* kæbe, kind; (på kvæg) doglæp, løs hud under halsen, (på fugl) kødlap; *with a heavy ~* med et kødfuldt hageparti; (se også *cheek).*

joy [dʒɔi] *sb* glæde, fryd, lykke; ~ *of living* livsglæde; *wish him ~* ønske ham til lykke; *I wish you ~ of it* (ironisk) god fornøjelse.

joyful ['dʒɔif(u)l] *adj* lystig, glad.

joyless ['dʒɔiləs] *adj* glædesløs.

joyous ['dʒɔiəs] *adj* glad, munter; glædebringende.

joy|ride T *sb* fornøjelsestur (især uden tilladelse); *vb* køre en tur for sin fornøjelse. **-stick** styrepind.

J. P. [dʒei'pi:] *fk Justice of the Peace.*

Jr. *fk junior.*

jubilant ['dʒu:bilənt] *adj* jublende, triumferende, hoverende.

jubilee ['dʒu:bili:; dʒu:bi'li:] *sb* (halvtredsårs)-jubilæum; jubelfest; *(kat.)* jubelår.

judaic [dʒu'deiik] *adj* jødisk.

Judaism ['dʒu:deiizm] *sb* jødedom.

I. Judas ['dʒu:dəs] Judas; *sb* forræder.

II. judas ['dʒu:dəs] *sb* kighul i en dør; spion.

judder ['dʒʌdə] *vb* vibrere; (om sanger *ogs)* bævre.

I. judge [dʒʌdʒ] *sb* dommer; kender; sagkyndig; *Book of Judges* (i biblen) Dommernes Bog; *be a ~ of pictures* have forstand på malerier; *he is no ~ (of that)* det har han ikke forstand på.

II. judge [dʒʌdʒ] *vb* dømme, fælde dom; være dommer *(fx ~ at a flower show);* bedømme *(fx horses; a distance);* anse for *(fx the book as a whole must be -d pretty boring),* skønne *(fx he -d it prudent to wait); ~ for yourself* du kan selv dømme; ~ *from appearances* dømme efter det ydre; *judging from his conduct* efter hans opførsel at dømme; ~ *not that ye be not judged* dømmer ikke at I ikke selv skal dømmes; *you may ~ (of) my astonishment* De kan forestille Dem min forbavselse.

judg(e)ment ['dʒʌdʒmənt] *sb* dom, kendelse; bedømmelse, mening, vurdering, skøn *(fx in my ~* efter mit skøn); omdømme *(fx sound ~),* dømmekraft; *(rel)* (Guds) straffedom, straf; *day of ~* dommedag; *deliver (el. give) ~* afsige dom; *deliver (el. give) one's ~* udtale sin mening *(el.* sin dom); *set oneself up in ~ on* opkaste sig til dommer over; *sit in ~ on* sidde til doms over; (se også *I. pass).*

judg(e)ment| creditor rekvirent, domhaver. ~ **day** dommedag. ~ **debtor** rekvisitus, domfældte. ~ **seat** dommersæde.

judicature ['dʒu:dikətʃə, -tjuə] *sb* retspleje; domstol; *the ~* den dømmende magt.

judicial [dʒu'diʃl] *adj (jur)* retslig *(fx inquiry);* rets- *(fx decision* kendelse); dommer- *(fx bench* sæde); *(fig)* kritisk; kølig; upartisk.

judicial| act retshandling. ~ **murder** justitsmord. ~ **power** dømmende magt. ~ **separation** separation.

judiciary [dʒu'diʃəri] *sb: the ~* den dømmende myndighed *(el.* magt); domstolene; dommerne, dommerstanden; *adj* rets-, doms-, dømmende.

judicious [dʒu'diʃəs] *adj* klog, skønsom.

Judith ['dʒu:diθ].

judo ['dʒu:dəu] *sb* judo.

I. Judy ['dʒu:di] (Mr. Punchs kone i marionetkomedien).

II. judy ['dʒu:di] *sb* S pigebarn; fjols; *make a ~ of oneself* gøre sig til grin.

jug [dʒʌg] *sb* kande; S fængsel, „spjældet"; *vb* sætte i spjældet.

jug-eared ['dʒʌgiəd] *adj (am* T) med udstående ører.

Juggernaut ['dʒʌgənɔ:t] Jagannatha (indisk guddom og gudebillede, kørt i en enorm vogn under hvis hjul, efter sigende, mange kastede sig og knustes); *(fig)* en uimodståelig kraft som ødelægger alt på sin vej; noget man blindt ofrer sig for; molok; T stor lastvogn (til fjerntrafik), lastvognstog.

juggins ['dʒʌginz] *sb* T fæhoved.

juggle [dʒʌgl] *vb* gøre tryllekunster; jonglere *(fx with words);* narre; lave fiksfakserier med, forfalske; *sb* tryllekunst; bedrageri; ~ *the accounts* pille ved regnskaberne; ~ *the figures* manipulere med tallene; ~ *people out of their money* franarre folk deres penge.

juggler ['dʒʌglə] *sb* tryllekunstner, taskenspiller, jonglør; gøgler.

jugglery ['dʒʌgləri] *sb* taskenspillerkunst; bedrageri.

Jugoslav(ia), se *Yugoslav(ia).*

jugular ['dʒʌgjulə, 'dʒu:gjulə] *adj* hals-; *sb* hals(blod)åre.

juice [dʒu:s] *sb* saft; væske; S sprut; benzin; (elektrisk) strøm; *tobacco* ~ tobakssovs.

juicer ['dʒu:sə] *sb* saftpresser.

juicy ['dʒu:si] *adj* saftfuld, saftig, fugtig; (om pibe) sovset, sur; T indbringende; spændende, lækker; saftig *(fx story);* (om pige) lækker, sexet.

ju-jitsu [dʒu:'dʒitsu:] *sb* jiujitsu (japansk brydning).

juju ['dʒu:dʒu:] *sb* amulet; magi.

jujube ['dʒu:dʒu:b] *sb (bot)* jødetorn; (frugt:) brystbær; bolsje, brystsukker.

ju-jutsu [dʒu:'dʒutsu:] = *ju-jitsu.*

jukebox ['dʒu:kbɔks] *sb* jukeboks (grammofonautomat).

julep ['dʒu:lep] *sb* (en læskedrik).

Julia ['dʒu:ljə].

Julian ['dʒu:ljən] *adj* juliansk; ~ *calendar* juliansk tidsregning.

Juliet ['dʒu:ljət]. **Julius** ['dʒu:ljəs].

July [dʒu'lai] juli.

jumble [dʒʌmbl] *vb* rode sammen, blande sammen; *sb* broget blanding, virvar, roderi, sammensurium, miskmask.

jumble sale loppemarked (som led i indsamling af penge).

jumbo ['dʒʌmbəu] *sb* kæmpe, stor klods; *adj* kæmpe-; jumbo- *(fx jet).*

jump [dʒʌmp] *vb* hoppe, springe *(fx ~ out of the window);* (om priser *etc)* springe *(el.* ryge) i vejret, (om person *ogs)* fare sammen; (om bil) hugge; (med objekt:) springe over *(fx a fence, a chapter in a book);* lade avancere (pludseligt); sætte (priser) i vejret; stikke af fra; *he -ed (ogs)* det gibbede *(el.* gav et sæt) i ham;

(forb med *sb:)* ~ *one's bail* S stikke af mens man er løsladt mod kaution; ~ *the bus* springe af (, på) bussen; ~ *a claim* sætte sig i besiddelse af jord som en anden har fået tildelt; krænke en andens rettigheder; ~ *the gun* tyvstarte; ~ *the queue* springe 'over i køen; mase sig frem; ~ *the track* løbe af sporet;

(forb med *præp:)* ~ *at* gribe efter med begge hænder, modtage med begejstring; ~ *down sby's throat* falde 'over en; ~ *for joy* springe i vejret af glæde; ~ *'in (fig)* springe til; ~ *off* springe af; starte, gå i gang; ~ *on (fig)* slå ned på; falde 'over; *he nearly -ed out of his skin* han gav et ordentlig spjæt; ~ *to conclusions* drage forhastede slutninger; ~ *to one's feet* springe op med et sæt; ~ *with* stemme overens med.

II. jump [dʒʌmp] *sb* hop, spring; sæt; (krampe)trækning; (ved væddeløb) forhindring; (i edb) hop; S knald (ɔ: samleje); røveri; *the -s* S nervøse trækninger; delirium tremens; *get the* ~ *on (am* S) få et forspring frem for, komme i forkøbet; *be all of a* ~ T være nervøs; *be on the* ~ T have forrygende travlt; være nervøs.

jump bid (i kortspil) springmelding.

jumped-up ['dʒʌmptʌp] *adj* som pludselig er kommet frem; parvenuagtig; hoven, indbildsk; *they are a* ~ *lot* de er opkomlinge.

jumper ['dʒʌmpə] *sb* springer; løstsiddende lang bluse *el.* trøje; matrosbluse; (strikket:) jumper; sweater; *(am)* spencerkjole; T konduktør; *(mar:* på mast) strut; *(tekn)* borestang, stødstang.

jumper stay *(mar)* strut.

jumping| bean *(bot)* springende bønne. ~ **jack** sprællemand. ~ **-off ground** *(fig)* springbræt. ~ **pit** springgrav. ~ **sheet** springlagen, redningslagen.

jump leads ['dʒʌmp 'li:dz] pl startkabler.

jumpy ['dʒʌmpi] *adj* hoppende; springende; skumplende; urolig, nervøs.

jun. fk *junior.*

junction [dʒʌŋ(k)ʃn] *sb* forening, forbindelse; jernbaneknudepunkt; skiftestation; trafikknudepunkt.

junction box *(elekt)* samledåse.

juncture ['dʒʌŋ(k)tʃə] *sb* afgørende tidspunkt, kritisk øjeblik; *at this* ~ netop nu (, da), i denne situation, under disse omstændigheder.

June [dʒu:n] juni.

Juneberry ['dʒu:nberi] *sb (bot)* bærmispel; druepære.

jungle [dʒʌŋgl] *sb* jungle; *(fig ogs)* vildnis; *(am* S) vagabondlejr. **jungle| fever** (slags malaria). ~ **gym** klatrestativ.

jungly ['dʒʌŋgli] *adj* jungleagtig; kratbevokset.

junior ['dʒu:njə] *adj* yngre, yngst, junior; underordnet; *sb barrister* som ikke er *King's Counsel; (am)* student i næstsidste studieår; *he is my* ~ *by some years* han er nogle år yngre end jeg.

junior| college *(am)* (college der giver to-årige kurser, ofte som forberedelse til *senior college).* ~ **high school** *(am)* (skole der omfatter 7., 8., og 9. skoleår). ~ **partner** *(merk)* yngste kompagnon; (i koalition) underordnet partner, „lillebror". ~ **school** (skole for børn i alderen 7-11 år).

juniper ['dʒu:nipə] *sb* enebær; ~ *berry* (frugten) enebær.

I. junk [dʒʌŋk] *sb* bras, ragelse, skrammel; sludder; *(mar)* gammelt tovværk; salt kød; junke (kinesisk fartøj); S stof (ɔ: narkotika).

II. junk [dʒʌŋk] *vb* S kassere; smide på lossepladsen.

junket ['dʒʌŋkit] *sb* slags tykmælk; gilde, kalas; *(am)* rejse (, spisning) på statens regning; *vb* feste, holde gilde.

junketing ['dʒʌŋkitiŋ] *sb* kalas, fest(er), festlighed(er); (især *am)* rejse (, spisning) på statens regning.

junk food mad med ringe næringsværdi og højt fedteller sukkerindhold.

junkie ['dʒʌŋki] *sb* S narkoman; narkosælger.

junk| mail postomdelte reklametryksager. **-man** marskandiser, produkthandler. ~ **playground** skrammellegeplads. ~ **shop** marskandiserbutik.

Juno ['dʒu:nəu].

Junoesque [dʒu:nəu'esk] *adj* statelig, frodig.

junta ['dʒʌntə] *sb* rådsforsamling i Spanien; (se også *junto).*

junto ['dʒʌntəu] *sb* hemmelig forsamling, politisk sammensværgelse; klike, junta.

Jupiter ['dʒu:pitə].

Jurassic [dʒuə'ræsik] *adj (geol)* jura-; *the* ~ *period , the* ~ juratiden.

juridical [dʒuə'ridikl] *adj* juridisk, retslig.

jurisconsult ['dʒuəriskənsʌlt] *sb* retslærd; jurist.

jurisdiction [dʒuəris'dikʃən] *sb* jurisdiktion; retskreds, domsmyndighed.

jurisprudence [dʒuəris'pru:dns] *sb* jurisprudens, retsvidenskab, retsfilosofi.

jurisprudential [dʒuərispru'denʃl] *adj* retsvidenskabelig.

jurist ['dʒuərist] *sb* jurist, retslærd.

juristic(al) [dʒu'ristik(l)] *sb* juridisk.

juror ['dʒuərə] *sb* nævning.

jury ['dʒuəri] *sb (jur)* nævninge, jury; (ved udstilling etc) bedømmelseskomité, dommerkomité; *be (el. sit) on the* ~ *(jur)* være nævning.

jury| box nævningeaflukke. **-man** nævning. ~ **mast** *(mar)* nødmast. ~ **-rigged** *(mar)* nødrigget. ~ **rudder** *(mar)* nødror.

I. just [dʒʌst] *adj* retfærdig *(to* imod); retskaffen, redelig; rigtig *(fx proportion);* rimelig; tilbørlig, velfortjent *(fx punishment);* berettiget *(fx suspicion);* nøjagtig *(fx scales* vægt); *to be ~ (ogs)* retfærdigvis.

II. just [dʒʌst] *adv* lige, netop *(fx he has ~ arrived),* (let *glds)* just; lige akkurat *(fx he ~ managed to get through);* bare, kun *(fx she is ~ a child);* T simpelthen *(fx I ~ had to see you),* (ved *adj ogs)* noget så, aldeles *(fx it's ~ splendid),* (ved *imper)* bare *(fx ~ listen* hør bare; *~ (you) wait),* lige *(fx ~ tell me his address);*

~ **about** på det nærmeste, sådan omtrent *(fx ~ about a hundred; it was ~ about here); ~ about to go* lige ved at gå; ~ **as** netop *(el.* lige *el.* (let *glds)* bedst) som *(fx ~ as he came);* præcis som *(fx ~ as I said); ~ as good* akkurat lige så god; ~ **now** lige nu; lige før *(fx he was here ~ now);* ~ **so** ganske rigtigt, netop; ~ **under** *fifty per cent* knap 50 %.

III. just [dʒʌst] *(hist.) = joust.*

justice [dʒʌstis] *sb* retfærdighed, ret, billighed; berettigelse *(fx I must admit the ~ of his claim);* (om person) dommer;

do *him ~, do ~ to him* yde ham retfærdighed, give ham hvad der tilkommer ham; *do ~ to the dinner* lade middagen vederfares retfærdighed; *do oneself ~* udnytte sine evner fuldt ud, yde sit bedste; *here he can do himself ~ (ogs)* her kan hans dygtighed komme til sin ret; *do ~ to everybody* gøre ret og skel til alle sider; *~ was* **done** *to him* der skete ham hans ret; *let ~ be done* lade retfærdigheden ske fyldest, lade retten gå sin gang; *to do him ~ (el.* **in** *~) we must admit that he is industrious* man må lade ham at han er flittig; vi skylder retfærdigheden at sige at han er flittig; *in ~ (ogs)* retfærdigvis; *the ~* **of** *his claim (ogs)* det berettigede i hans fordring; *Justice of the Peace* fredsdommer (ulønnet dommer uden juridisk uddannelse); **with** ~ med rette.

justiceship ['dʒʌstisʃip] *sb* dommerembede, dommerværdighed.

justifiable ['dʒʌstifaiəbl] *adj* forsvarlig, berettiget; *~ homicide* drab som ikke straffes efter loven; (ofte =) nødværgedrab.

justification [dʒʌstifi'keiʃn] *sb* retfærdiggørelse *(ogs rel);* forsvar, motivering *(of* for); berettigelse; *(typ)* justering, udslutning.

justify ['dʒʌstifai] *vb* retfærdiggøre, forsvare; begrunde, motivere, berettige *(fx nothing can ~ such conduct); (typ)* justere, udslutte; *~ our existence* bevise vor eksistensberettigelse.

justly ['dʒʌstli] *adj* med rette, med grund; retfærdigt.

jut [dʒʌt] *vb: ~ out* rage frem, springe frem; *sb* fremspring.

jute [dʒu:t] *sb* jute.

Jutland ['dʒʌtlənd] Jylland; *adj* jysk.

Jutlander ['dʒʌtləndə] *sb* jyde.

Jutlandic [dʒʌt'lændik] *sb, adj* jysk.

jutting ['dʒʌtiŋ] *adj* fremspringende.

juvenescence [dʒu:və'nesns] *sb* første *(el.* begyndende) ungdom.

juvenile ['dʒu:vənail] *adj* ungdommelig; ungdoms-; *sb* ungt menneske; børne- *el.* ungdomsbog; *(jur)* barn under 14 år; ungt menneske 14-17 år; *(teat) = ~ lead.*

juvenile| court børnedomstol. ~ **delinquency** ungdomskriminalitet. ~ **delinquent** ungdomsforbryder; ungdomskriminel. ~ **lead** *sb (teat)* førsteelsker, elsker (om rollefaget); elskerrolle.

juxtapose ['dʒʌkstəpəuz] *vb* sammenstille, stille side om side; *-d* sidestillet; *-d to* sidestillet med, side om side med. **juxtaposition** [dʒʌkstəpə'ziʃn] *sb* sidestilling.

K

K, k [kei] K, k.
K. *fk King; Knight.*
Kabyle [kə'bail] *sb* kabyler.
Kaffir ['kæfə] *sb* kaffer; *(sydafr., neds)* neger, nigger, *-s pl (ogs)* sydafrikanske guldmineaktier.
kail [keil] *sb* grønkål.
kail yard ['keilja:d] *sb* kålhave, køkkenhave; *the Kailyard School* (en skotsk forfattergruppe).
Kaiser ['kaizə] *sb* (tysk) kejser.
kale [keil] *sb* grønkål; *(am* S*)* penge.
kaleidoscope [kə'laidəskəup] *sb* kalejdoskop.
kaleidoscopic [kəlaidə'skɔpik] *adj* kalejdoskopisk.
kali ['keili] *sb (bot)* salturt.
Kanaka ['kænəkə, kə'nækə] *sb* kanak (indfødt på Sydhavsøerne).
kangaroo [kæŋgə'ru:] *sb zo* kænguru.
kangaroo court T uofficiel domstol; domstol der lader hånt om almindelige retsprincipper.
Kans. *fk* **Kansas** ['kænzəs].
kaolin ['keiəlin] *sb* kaolin, porcelænsler.
kapok ['keipɔk] *sb* kapok.
karate [kə'ra:ti] *sb* karate; ~ *blow* (ofte =) håndkantslag.
kart [ka:t] *sb* go-kart.
karting ['ka:tiŋ] *sb* racerløb med gokarts.
katabatic [kætə'bætik] *adj:* ~ *wind* fladvind.
Kate [keit]. **Katherine** ['kæθrin].
Kathleen ['kæθli:n].
kayo ['keiəu] S *sb* knockout; *vb* slå ud.
K. B. *fk King's Bench.*
K. B. E. *fk Knight Commander of the British Empire.*
K. C. *fk Kings's Counsel; Kings's College.*
K.C.B. *fk Knight Commander of the Bath.*
Keble [ki:bl].
keck [kek] *vb:* ~ *at* få kvalme af; være ved at brække sig over.
kedge [kedʒ] *(mar) sb* varpanker; *vb* varpe.
kedge anchor *(mar)* varpanker.
kedgeree [kedʒə'ri:] *sb* (slags plukfisk med ris og æg).
I. keel [ki:l] *sb* køl; kulpram; *on an even* ~ på ret køl; *(fig)* roligt, støt; *lay (down) the* ~ *for* lægge kølen til.
II. keel [ki:l] *vb* forsyne med køl; vende kølen i vejret; ~ *over* kuldsejle; T falde *(el.* dratte om.
keelhaul ['ki:lhɔ:l] *vb* kølhale; *(fig)* give en overhaling.
keelson [kelsn] *sb (mar)* kølsvin.
I. keen [ki:n] *adj* skarp *(fx edge; competition; observer);* hvas; bidende, gennemtrængende *(fx east wind);* intens, stærk *(fx hunger);* skrap; energisk; ivrig *(fx tennis player);*
a ~ *ear* et fint øre; *have a* ~ *eye for* have et skarpt blik for; ~ **on** opsat på *(fx he is* ~ *on going away),* meget interesseret i *(fx games, a girl);* ivrig efter; (se også *mustard).*
II. keen [ki:n] (især irsk) *sb* klagesang; *vb* jamre, klage; hyle.
keen-sighted *adj* skarpsynet.
I. keep [ki:p] *vb (kept, kept)* **1.** holde *(fx servants, a yacht);* **2.** holde *(fx* ~ *the balance,* ~ *the meat fresh),* bevare, beholde *(fx you may* ~ *this);* **3.** gemme, opbevare *(fx will you* ~ *this for me?);* (om vare) føre *(fx the shop does not* ~ *this brand);* **4.** underholde, forsørge *(fx she -s the whole family);* **5.** føre *(fx a diary, accounts);* **6.** drive *(fx a shop, a school);* **7.** holde *(fx a promise, Christmas, the law),* overholde *(fx one's obligations, the law);* **8.** opholde *(fx I must not* ~ *you);* **9.** (uden objekt) holde sig *(fx* ~ *ready; will this meat* ~*?);* (med **-ing**) blive ved med *(fx she kept crying* hun blev ved med at græde); ~ *the fire burning* holde ilden vedlige; ~ *him waiting* lade ham vente; ~ **going** holde sig i gang, blive ved; ~ *sby going* understøtte en økonomisk; (om læge) holde en på benene, holde en i gang; *will £5* ~ *you going?* kan du klare dig med £5?
(forskellige *forb)* ~ *goal* stå i mål; ~ *hold of (el. on)* holde fast på; ~ *house* føre hus; ~ *pace with* holde trit med; ~ *the peace* holde fred; ~ *quiet* forholde sig rolig; ~ *silent* tie stille; ~ *straight* (om straffet person) holde sig på den rette vej; ~ *time* holde takt; (om ur) gå rigtigt, gå præcist; *what can be -ing him?* hvor bliver han af?
(forb med *præp* og *adv)* ~ *aloof* holde sig på afstand; ~ **at** *it!* bliv ved! hæng i! ~ *him at it* holde ham til ilden (ɔ: til arbejdet); ~ *at him* blive ved med at plage ham; ~ **away** *(from)* holde sig borte (fra); ~ **back** holde (sig) tilbage; tilbageholde *(fx £3 from his pay);* ~ *sth back from sby* skjule noget for en (ɔ: ikke fortælle det); *he could* ~ *nothing* **down** han kunne ikke holde mad i sig; ~ **from** (af)holde sig fra; *I couldn't* ~ *from laughing* jeg kunne ikke lade være med at le; ~ *him from doing it* forhindre ham i *(el.* afholde ham fra) at gøre det; ~ *it from him* skjule det for ham; ~ **in** holde inde, (i skole) lade sidde over; betvinge *(fx one's indignation);* ~ *the fire in* holde ilden vedlige; ~ *sby in clothes* holde en med tøj; ~ *in repair* vedligeholde; ~ *in with* T holde sig gode venner med; ~ **off** holde (sig) borte; ~ *off!* bliv mig fra livet! ~ *off that subject* hold dig fra det emne; ~ *off your hands* fingrene væk;
~ **on** blive ved, fortsætte; holde ud; beholde; ~ *your hair (el. shirt) on* S bare rolig; ~ *straight on* blive ved lige ud; ~ *on about* blive ved med at snakke om; ~ *on at sby* hele tiden plage en; ~ **out** holde sig borte; ~ **to** holde sig til *(fx the main roads; the point* sagen); ~ *sth to oneself* (be)holde noget for sig selv; *we will* ~ *it to ourselves (ogs)* det bliver mellem os; *he -s himself to himself* han holder sig for sig selv, han passer sig selv; ~ *to the left* holde til venstre; ~ **under** holde nede, holde under kontrol; *she -s him under (fig)* hun sidder på ham; ~ **up** holde oppe *(fx one's courage);* bevare, opretholde *(fx the standard);* vedligeholde *(fx one's house);* blive ved *(fx the rain kept up all day); how long did you* ~ *it up last night?* hvor længe holdt I ud i aftes? ~ *it up (ogs)* holde spillet gående; ~ *up with* holde trit med; (se også *Jones).*
II. keep [ki:p] *sb* borgtårn; underhold, kost; *earn one's* ~ tjene til sit underhold *(el.* til føden); *he doesn't earn his* ~ han gør ikke gavn for føden; *for -s* for alvor; for bestandig; til evig arv og eje; *is it mine for -s?* må jeg beholde den?
keeper ['ki:pə] *sb* vogter, (i zoo) dyrepasser, (i fængsel) fangevogter, *(glds)* slutter; (i museum) museumsinspektør; (i boldspil) målmand, (i kricket) keeper; *am I my brother's* ~*?* er jeg min broders vogter? *Keeper of the Great Seal* seglbevarer.
keeping ['ki:piŋ] *sb* forvaring, varetægt, besiddelse; underhold; overensstemmelse; *the* ~ *of bees* bi-

hold; *be in ~ with* stemme overens med, svare til *(fx his acts are not in ~ with his words).*
keepsake ['ki:pseik] *sb* erindring, minde, souvenir; *as a ~* til erindring.
keg [keg] *sb* lille tønde, lille fad, fustage; *(neds)* øl der ikke er færdiggæret i tønden.
kelp [kelp] *sb* kelp (aske af tang).
kelson = *keelson.*
I. Kelt, se *Celt.*
II. kelt [kelt] *sb zo* nedfaldslaks.
I. ken [ken] *sb* kendskab; *(glds)* synsfelt; *it is out of (el. beyond) my ~* det forstår jeg mig ikke på.
II. ken [ken] *vb (glds* og *dial)* vide, kende.
kennel ['kenl] *sb* **1.** hundehus, *-s pl* kennel; **2.** rendesten; **3.** *vb* have (, sætte) i et hundehus; bringe hundene tilbage til hundehusene efter jagten.
Kentish ['kentiʃ] *adj* kentisk, fra Kent.
Kentish plover *zo* hvidbrystet præstekrave.
Kentucky [ken'tʌki].
Kenya ['kenjə, 'ki:njə].
kepi ['keipi] *sb* kepi, militærkasket.
kept [kept] *præt* og *pp* af *keep; ~ woman* holdt kvinde.
keratin ['kerətin] *sb* keratin, hornstof.
keratitis [kerə'taitis] *sb (med.)* hornhindebetændelse.
kerb [kə:b] *sb* kantsten; *business done on the ~* efter børsforretninger; handel med unoterede papirer.
kerb|-crawling S (det at køre sin bil langsomt langs fortovskanten for at finde en prostitueret). *~* **drill** forsigtighedsregler for fodgængere. **-market** *(merk)* efterbørs; handel med unoterede papirer. **-stone** kantsten; *-stone market = ~ market.* *~* **weight** (om bil) vægt i ubelastet stand.
kerchief ['kə:tʃif] *sb* (hoved)tørklæde.
kerfuffle [kə:'fʌfl] *sb* T uro, ballade, opstandelse.
kermes ['kə:miz] *sb* kermes (rødt farvestof).
kermess, kermis ['kə:mis] *sb* kermesse (kirkefest, marked).
kern [kə:n] *sb (typ)* overhæng, overhængende del af bogstav; *(hist.)* infanterist i den gamle irske hær; irsk bonde; *-ed letter* overhængende bogstav.
kernel [kə:nl] *sb* kerne; *vb* sætte kerne.
kerosene, kerosine ['kerəsi:n] *sb* petroleum.
kersey ['kə:zi] *sb* kirsej, kersej (groft uldent stof).
kerseymere ['kə:zimiə] *sb* kashmir; *-s* kashmirsbenklæder.
kestrel ['kestr(ə)l] *sb zo* tårnfalk.
Keswick ['kezik].
ketch [ketʃ] *sb* ketch (tomastet fartøj).
ketchup ['ketʃəp] *sb* ketchup.
kettle [ketl] *sb* kedel, (især *am)* (stor) gryde; *a fine (el. pretty) ~ of fish* en køn historie, 'en køn kop te'; *hark at the pot calling the ~ black!* du (, han *etc)* er ikke et hår bedre! du skulle nødig snakke om nogen! I har ikke noget at lade hinanden høre!
kettledrum ['ketldrʌm] *sb* pauke.
kettledrummer *sb* paukeslager.
kettle holder grydelap.
Kew [kju:].
I. key [ki:] *sb* nøgle *(ogs fig) (fx the ~ to the door, to success);* (til kode og i edb) nøgle, (til kort, udtale *etc)* (tegn-, signatur-) forklaring, (til regnebog) facitliste; (på skrivemaskine *etc)* tangent, tast, (på klaver *etc)* tangent, (på blæseinstrument) klap; *(mus.)* toneart, *(fig ogs)* tone *(fx in a plaintive ~);* (af træ, metal) kile; (ved pudsning) pudsbærer; *have the ~* **of** *the street* stå på gaden, stå uden tag over hovedet; *the House of Keys* Underhuset på øen Man; *power of the -s* (pavens) nøglemagt; *and much more in the* **same** *~* og så videre i samme dur.
II. key [ki:] *vb* fæste, kile fast; (om instrument og *fig)* stemme; *~ up* stemme højere; *(fig)* stramme op; gøre anspændt; *-ed up (fig)* anspændt, nervøs.
III. key [ki:] *adj* nøgle-; *(fig ogs)* vigtig, central.
key|board *sb* nøglebræt; (på klaver) klaviatur, (på orgel) manual, (på skrivemaskine *etc)* tastatur, *(typ* også) tastbord; *vb* taste. **-board punch** (i edb) hullemaskine. *~* **bugle** klaphorn. **-hole** nøglehul. *~* **industry** nøgleindustri. *~* **man** person i nøglestilling, central skikkelse. *~* **money** ekstrabetaling som forlanges ved indgåelse af lejemål. **-note** grundtone. **-note speech** *(omtr)* programtale, hovedtale (ved konference *etc).* **-punch** hullemaskine. *~* **ring** nøglering. **-set** *sb* tastatur. **-stone** slutsten (i bue); hovedprincip. *~* **word** nøgleord; stikord.
K. G. *fk Knight of the Garter.*
kg. *fk kilogramme.*
khaki ['ka:ki] *sb* kaki (gulbrunt uniformsstof); *adj* kakifarvet.
khamsin ['kɔmsin] *sb* chamsin (ægyptisk ørkenvind).
khan [ka:n] *sb* kan (fyrstetitel; karavanserai, herberg for karavaner).
Khartum [ka:'tu:m].
Khedive [ki'di:v] *sb (hist.)* vicekonge af Ægypten.
kibbutz [ki'bu:ts] *sb (pl -im)* kibbutz.
kibe [kaib] *sb* frostknude; *tread on sby's -s* trænge sig ind på en.
kibitzer ['kibitsə] *sb* tilskuer til kortspil *etc,* der blander sig i spillet; 'ugle'.
kibosh ['kaibɔʃ] *sb* S vrøvl; *put the ~ on* gøre det af med; sætte en stopper for; forpurre.
I. kick [kik] *vb* sparke; (om heste) slå bagud; (om gevær) støde, slå; T protestere, gøre vrøvl, stritte imod;

~ the bucket krepere, dø; *~ the habit* vænne sig af med det, (især:) holde op med at bruge narkotika; *~ one's heels* vente utålmodigt; spilde tiden med at vente; *~ oneself* ærgre sig gul og grøn;

(forb med *præp* og *adv) ~ about (el. (am) around)* S koste med; mishandle; drøfte frem og tilbage *(fx an idea);* drive omkring; *~ against, (fig)* gøre vrøvl over, stritte imod; *~ against the pricks* stampe mod brodden; *~ at* sparke efter; *(fig) = ~ against; ~ in* S yde bidrag; krepere; *~ sby in the teeth (fig)* T give én et slag i ansigtet, håne én, *~ off* give bolden op; *(fig)* starte, sætte i gang; *(am* S*)* krepere; *~ out* smide ud; (i fodbold) sparke bolden ud af banen; *~ over the traces* slå til skaglerne, skeje ud; *~ up one's heels* more sig, slå sig løs; S dø, smække stængerne i vejret; *~ up a row* larme; lave et farligt hus; *~ sby upstairs* blive af med en ved at forfremme ham (ofte om parlamentsmedlemmer der adles og får sæde i overhuset).
II. kick [kik] *sb* spark, slag, (geværs) tilbageslag; S fornøjelse, 'skæg', spænding; indvending; grund til klage; *(am* S*)* lomme, pung; S: *for -s* for sjov, for skægs skyld; *I get a lot of ~ out of it* jeg har meget fornøjelse af det; jeg nyder det; *get more -s than ha'pence* få mere skænd end ros, få en ublid medfart; *get the ~* blive smidt ud; *he has not much ~ left in him* der er ikke meget spræl *(el.* krudt) i ham mere; *there is a ~ in it* (om spiritus) den strammer op, den slår; *a ~ in the teeth (fig)* T et slag i ansigtet; et æselspark; en udsøgt *(el.* grov) forhånelse; en over snuden.
kickback ['kikbæk] *sb* tilbageslag; *(fig)* heftig *(el.* skarp) reaktion; S returkommission; tilbagelevering af tyvekoster.
kickball ['kikbɔ:l] *sb (am)* (slags baseball spillet med en fodbold).
kicker ['kikə] *sb* hest *(etc)* der vil sparke; (i *am* fodbold og rugby) spiller der sparker straffespark *etc; (am)* kværulant.
kick|off ['kik'ɔf] *sb* opgiverspark (i fodbold); *from the -off* lige fra bolden blev givet op; *(fig)* lige fra begyn-

delsen. ~ **pleats** *pl* gålæg. **-shaw** ['kikʃɔ:] lille lækkeri; tarveligt smykke; *-shaws pl* dingeldangel. **-stand** støtteben (til cykel). ~ **starter** kickstarter (på motorcykel). **-up** ['kik'ʌp] T ballade.

kicky ['kiki] *adj (am* T) spændende; som man nyder.

kid [kid] *sb* (gede)kid; barn, unge, rolling; kidskind; *vb* narre; gøre nar af; drille; *don't ~ yourself about that* tag ikke fejl af det; *-s pl (am ogs)* unge mennesker; *-'s stuff (fig)* barnemad.

kid brother *(am* S) lillebror.

kiddie ['kidi] *sb* S barn.

kid glove glacéhandske; *handle with -s (fig)* tage på med fløjlshandsker.

kidnap ['kidnæp] *vb* kidnappe; *sb* kidnapning.

kidnapper ['kidnæpə] *sb* kidnapper, barnerøver.

kidney ['kidni] *sb (anat)* nyre; *(fig)* art, slags; natur, gemyt.

kidney| bean *(bot)* snittebønne. ~ **machine** kunstig nyre. ~ **vetch** *(bot)* rundbælg.

kid sister *(am* S) lillesøster.

kike [kaik] *sb (am* S, *neds)* jøde.

I. kill [kil] *vb* dræbe; slagte; *(fig)* tilintetgøre, ødelægge, kvæle; *(elekt)* slukke for; (om motor) få til at gå i stå; ~ *a ball* (i fodbold) lægge en bold død; *be -ed (ogs)* falde (i krigen); ~ *a Bill* vælte et lovforslag; *-ed in action* faldet i kamp; ~ *off* rydde af vejen, udrydde; gøre det af med; *it's ~ or cure* det må briste eller bære; *he was got up to ~* han var flot udhalet; *that baby absolutely -s me* dette barn er slet ikke til at stå for; *his jokes nearly -ed us* vi var lige ved at dø af grin over hans vittigheder.

II. kill [kil] *sb* (ved jagt) nedlæggelsen af byttet; jagtudbytte *(fx a plentiful ~); be in at the ~ (fig)* være med i det afgørende øjeblik, være med når det sker.

Killarney [ki'la:ni].

killer ['kilə] *sb* dræber, morder; *zo* spækhugger.

killer whale *zo* spækhugger.

killing ['kiliŋ] *sb* drab, slagtning; T mægtigt held; fin forretning; *adj* dræbende; dødelig; T vældig; uimodståelig; vældig sjov.

killjoy ['kildʒɔi] *sb* dødbider, glædesforstyrrer, 'lyseslukker'.

kiln [kil(n)] *sb* kølle, tørreovn; ovn.

kiln-dry *vb* ovntørre.

kilo ['ki:ləu], **kilogram(me)** ['kiləgræm] *sb* kilogram.

kilometer *(am),* **kilometre** ['kiləmi:tə, ki'lɔ-] *sb* kilometer.

kilowatt ['kiləwɔt] *sb* kilowatt. **kilowatt-hour** kilowatttime.

kilt [kilt] *sb* kilt, skotteskørt; *vb* opkilte, lægge i plisseer.

kilter ['kiltə] *sb (am): out of ~* i uorden; ude af balance.

kimono [ki'məunəu] *sb* kimono; slåbrok.

kin [kin] *sb* slægt, slægtning, slægtskab; art; *adj* beslægtet; ~ *to* beslægtet med; *the next of ~* de nærmeste pårørende, den nærmeste familie.

I. kind [kaind] *sb* art, slags; natur; *a difference* **in** ~ en artsforskel; *pay in ~* betale i naturalier; *repay in ~, reply in ~* give igen med samme mønt; *Communion in both -s* nadveren i begge skikkelser; *I'm not the marrying ~* jeg er ikke den type der gifter sig; *coffee* **of** *a ~* en slags kaffe, noget der skulle forestille kaffe; *two of a ~* to af samme slags; *things of every ~* alle mulige ting; *what ~ of a man is he?* hvordan er han? *sth of that ~* noget i den retning; *he said nothing of the ~* det sagde han aldeles ikke; *those (el. these) ~ of things, that ~ of thing* den slags ting; *the room was ~ of dark* værelset var nærmest *(el.* ligesom lidt) mørkt; *I ~ of expected it* jeg ventede det næsten; *I ~ of thought this would happen* jeg havde ligesom på fornemmelsen, at det ville ske.

II. kind [kaind] *adj* venlig, rar, god; velvillig; velment; *be so ~ as to, be ~ enough to* være så venlig at; *it is really too ~ of you* det er alt for galt.

kinda ['kaində] *(am) = kind of,* se *I. kind.*

kindergarten ['kindəga:tn] *sb* børnehave.

kind-hearted ['kaind'ha:tid] *adj* kærlig, venlig.

kindle [kindl] *vb* tænde, fænge; *(fig)* vække, ophidse, sætte i brand, (få til at) blusse, stråle.

kindling ['kindliŋ] *sb* noget til at tænde op med *(fx paper makes good ~* papir er godt at tænde op med); optændingsbrænde, pindebrænde.

kindling| temperature antændelsestemperatur. ~ **wood** optændingsbrænde.

kindly ['kaindli] *adj* venlig *(fx a ~ man); adv* venligt *(fx speak ~); will you ~ help me* vær så venlig at hjælpe mig; *take it ~* optage det godt *(el.* i en god mening); *take ~ to* se på med velvilje *(fx a new idea);* have let ved at vænne sig til *(el.* finde sig (til rette) i) *(fx a new job).*

kindness ['kaindnəs] *sb* venlighed, godhed, imødekommenhed; *do sby a ~* gøre en en tjeneste, vise en en venlighed.

kindred ['kindrəd] *sb* slægtskab, slægtninge, familieskab; lighed; *adj* beslægtet *(fx languages); ~ soul* åndsfrænde.

kine [kain] *sb pl (poet)* køer.

kinetic [k(a)i'netik] *adj* kinetisk; ~ *art* (svarer til) bevægelse i kunsten; ~ *energy* bevægelsesenergi.

kinetics [k(a)i'netiks] *sb* kinetik.

I. king [kiŋ] *sb* konge; (i damspil) dam; *the Kings* Kongernes Bog; *King's ...* se nedenfor; ~ *of diamonds (, of hearts)* ruder- (, hjerter-)konge.

II. king [kiŋ] *vb: ~ it* spille konge.

king|bolt hovedbolt, styrebolt. ~ **crab** *zo* dolkhale. **-craft** regeringskunst. **-cup** *(bot)* engkabbeleje.

kingdom ['kiŋdəm] *sb* kongerige; *the ~ of God* Guds rige; *the animal ~* dyreriget; *thy ~ come* komme dit rige; *send him to ~ come* ekspedere ham over i evigheden.

kingfisher ['kiŋfiʃə] *zo* isfugl.

kingly ['kiŋli] *adj* kongelig.

kingmaker ['kiŋmeikə] *sb (fig)* (indflydelsesrig person der bringer en anden til magten); „kongemager".

King-of-Arms overherold.

king|pin konge (i keglespil); *(fig)* hovedmand; *(am) = -bolt.* ~ **plank** *(mar)* fisk. ~ **post** (i tagkonstruktion) hængestolpe, konge. ~ **post truss** hængeværk.

King's Bench Division overrettens hovedafdeling.

King's| Counsel, se *counsel.* ~ **English** dannet sprogbrug; standardengelsk. ~ **evidence** kronvidne (der tidligere ved at angive sine medskyldige blev fri for straf). ~ **evil** skrofulose, kirtelsyge.

king|ship kongeværdighed. ~ **-size** *adj* ekstra stor.

kink [kiŋk] *sb* kinke (bugt på tov); (i hår) krus; *(fig)* karakterbrist, skævhed; særhed; *vb* slå bugter, danne bugter på.

kinkajou ['kiŋkədʒu:] *sb zo* snohalebjørn.

kinky ['kiŋki] *adj* fuld af bugter; (om hår *etc)* kruset, filtret; (om person *etc)* sær, med sære ideer; speciel; med særlige seksuelle lyster.

kinsfolk ['kinzfəuk] *sb pl* slægtninge. **kinship** ['kinʃip] *sb* slægtskab. **kinsman** ['kinzmən] *sb* slægtning.

kinswoman ['kinzwumən] *sb* kvindelig slægtning.

kiosk ['ki:ɔsk] *sb* kiosk.

kip [kip] T *vb* lur; *sb* søvn; logi; logihus; ~ *down (ogs)* lægge sig (til at sove).

kiphouse ['kiphaus] *sb* logihus, natherberge.

kipper ['kipə] *sb* saltet, flækket og røget sild; laks i gydetiden.

Kirghiz ['kə:giz; *(am)* kir'gi:z] *sb* kirgiser; *adj* kirgisisk.

kirk [kərk] *sb* (på skotsk) kirke; *the Kirk* den skotske kirke.

kirkman ['kərkmən] *sb* medlem af den skotske kirke.

kismet ['kismet] *sb* skæbne.
kiss [kis] *sb* kys; *vb* kysse, kysses; ~ *the book* kysse Biblen (ved edsaflæggelse i retten); ~ *the dust (el. ground)* bide i græsset; kaste sig i støvet; ~ *hands* kysse på hånden; *(ogs* ~ *the Queen's hand)* modtage sin officielle udnævnelse af dronningen (til ministerpost *etc);* ~ *one's hand to her* sende hende et fingerkys; *the* ~ *of life* genoplivning ved mund-til-mund metoden; ~ *the rod* kysse riset; underkaste sig en straf.
kisser ['kisə] *sb* S ansigt; kyssetøj.
kiss-proof *adj* kysægte.
I. kit [kit] *sb* udstyr; tøj, kluns; (sæt) værktøj; samlesæt; *(dial.)* tønde, kar, balje (af træ).
II. kit [kit] *vb:* ~ *out,* ~ *up* T udstyre.
kit bag køjesæk, kitbag, rejsetaske; *(mil.)* paksæk.
kitchen ['kitʃin] *sb* køkken. **kitchener** ['kitʃənə] komfur.
kitchenette [kitʃi'net] *sb* tekøkken.
kitchen| garden køkkenhave. **-maid** køkkenpige. ~ **midden** køkkenmødding. ~ **police** T (soldater der er afgivet til) køkkentjeneste. ~ **range** komfur. ~ **-roll** køkkenrulle. ~ **sink** køkkenvask. ~ **-sink** *adj* hverdagsrealistisk *(fx play).* ~ **timer** køkkenur. ~ **unit** køkkenelement (med vask, skab *etc.).*
kite [kait] *sb zo* glente; (legetøj:) drage; *(merk)* akkommodationsveksel; dækningsløs check; *fly a* ~ lege med drage, sætte en drage op; *(fig)* sende en prøveballon op; *(merk)* udgive dækningsløs check; udstede akkommodationsveksel, drive vekselrytteri.
kite| balloon drageballon. **-flier** vekselrytter.
kith [kiθ] *sb:* ~ *and kin* slægt og venner.
kit inspection *(mil.)* munderingseftersyn.
kitten [kitn] *sb* kattekilling; *vb* få killinger; *I was having -s* S jeg var ved at få en prop *(el.* et chok).
kittenish ['kit(ə)niʃ] *adj* killingeagtig; kælen, legesyg.
kittiwake ['kitiweik] *sb zo* ride, tretået måge.
kittle [kitl] *adj* (skotsk) kilden, vanskelig; ~ *cattle* kvæg der er vanskeligt at drive; *(fig)* 'et vanskeligt folkefærd'.
kitty ['kiti] *sb* pulje (i spil); T (fælles) kasse.
kiwi ['ki:wi] *sb* (frugt; fugl) kiwi.
klaxon [klæksn] *sb* kraftigt automobilhorn.
kleenex ['kli:neks] *sb* renseserviet.
kleptomania [kleptə'meiniə] *sb* kleptomani.
kleptomaniac [kleptə'meiniæk] *sb* kleptoman.
Klondike ['klɔndaik].
klutz [klʌts] *sb (am* T) fjumrehoved. **klutzy** ['klʌtsi] *adj* fjumret.
km *fk kilometre.*
knack [næk] *sb* tag, håndelag, færdighed; kneb; *there is a* ~ *in it* man skal kende taget; *he has the* ~ *of it* han kender taget; *have a* ~ *of* have en vis evne til.
knacker ['nækə] *sb* hestehandler; hesteslagter; opkøber og ophugger af skibe; en der opkøber og nedriver gamle huse, nedrivningsentreprenør; *-s pl* S testikler, nosser.
knackered ['nækəd] *adj* S udkørt, helt flad.
knag [næg] *sb* knast, knude.
knap [næp] *vb* hugge (skærver); S hugge, stjæle.
knapper ['næpə] *sb* skærvehugger.
knapsack ['næpsæk] *sb* ransel, rygsæk, tornyster.
knave [neiv] *sb* knægt, bonde (i kortspil); svindler, kæltring. **knavery** ['neiv(ə)ri] *sb* svindel, kæltringestreg.
knavish ['neiviʃ] *adj* kæltringeagtig.
knead [ni:d] *vb* ælte (dej). **kneading trough** dejtrug.
knee [ni:] *sb* knæ; *(tekn)* rørknæ; (på maskine) konsol; *gone at the -s* T affældig; *sit on sby's* ~ *(ogs)* sidde på ens skød, sidde på skødet af en; *go on one's -s* falde på knæ; *it is on the -s of the gods* det ligger i fremtidens skød; *bring (el. force) him to his -s* tvinge ham i knæ; *bend one's -s to* falde på knæ for.
knee| breeches *pl* knæbukser. ~ **cap** knæskal. ~ **-cap** *vb* skyde i knæet. ~**-deep** *adj* (som når) til knæene *(fx snow); he was* ~*-deep in water* han stod i vand til knæene. ~ **jerk** *adj* automatisk, refleksmæssig, ureflekteret, pr. rygmarv. ~ **joint** knæled.
kneel [ni:l] *vb (knelt, knelt)* knæle.
kneeler ['ni:ler] *sb* en knælende; knælepude, knæleskammel.
knee pan knæskal.
knees-up ['ni:zʌp] *sb* T løssluppen fest.
knell [nel] *vb* ringe (til begravelse), klemte; *sb* ringning (til begravelse).
knelt [nelt] *præt* og *pp* af *kneel.*
knew [nju:] *præt* af *know.*
Knickerbocker ['nikəbɔkə] *sb* New Yorker.
knickerbockers *sb pl* knæbukser, knickers.
knickers ['nikəz] *sb pl* trusser, underbukser; *(am)* knæbukser, knickers; *get one's* ~ *in a twist (*T, *spøg)* blive helt rundt på gulvet.
knick-knack ['niknæk] *sb* nipsgenstand.
knife [naif] *sb (pl knives)* kniv; *vb* stikke (, myrde) med kniv; *before you could say* ~ lige pludselig; i løbet af nul komma fem; *he has got his* ~ *into me* han har et horn i siden på mig; han er ude efter mig; *war to the* ~ krig på kniven; *play a good* ~ *and fork* have en god appetit.
knife| board knivbræt. ~ **edge** knivsæg. ~ **-edged** knivskarp. ~ **grinder** skærslipper. ~ **rest** knivbuk. ~ **switch** *(elekt)* knivafbryder.
knight [nait] *sb* ridder; (nu: en som har rang nærmest under *baronet* og ret til titlen *Sir);* (i skakspil) springer; *vb* slå til ridder, udnævne til ridder; ~ *of the pen* journalist; ~ *of the road* farende svend, vagabond.
Knight Commander kommandør (i ridderorden).
knight-errant ['nait'erənt] *sb (glds)* vandrende ridder.
knighthood ['naithud] *sb* ridderskab *(fx all the* ~ *of France); titel af knight; confer a* ~ *on sby* slå (, udnævne) en til ridder; *order of* ~ ridderorden.
knightly ['naitli] *adj* ridderlig.
Knight Templar ['nait'templə] tempelherre.
knit [nit] *vb (knit(ted), knit(ted))* strikke, knytte, binde; sammenknytte, forene; (om brækket ben *etc)* vokse sammen; ~ *one's brows* rynke panden; ~ *together (ogs)* holde sammen; sammenknytte; forene; ~ *up* knytte sammen; reparere (ved at strikke); *(fig)* afslutte.
knitting ['nitiŋ] *sb* strikning, strikketøj. **knitting machine** strikkemaskine. **knitting needle** strikkepind.
knitwear ['nitwɛə] *sb* strikvarer.
knives [naivz] *pl* af *knife.*
knob [nɔb] *sb* knop, dup, kugle; knude; (på radio) knap; (på dør) kuglegreb, dørknap; S se *I. nob; with -s on* og mere til; og meget værre *(fx we have the same problem with -s on).*
knobby ['nɔbi] *adj* knudret; knoppet, ru.
knobkerrie ['nɔbkeri] *sb* kastekølle.
knobstick ['nɔbstik] *sb* kastekølle; skruebrækker.
I. knock [nɔk] *sb* slag; stød; banken; T (i kricket) inning; *take a* ~ *(fig)* få et smæk; *there is a* ~ *at the door* det banker.
II. knock [nɔk] *vb* banke, hamre, slå; (om motor) banke; T dupere; S overvælde; gå i seng med, bolle; *(am* S*)* rakke ned (på), kritisere; *sby -s* det banker;
~ **about** strejfe om, flakke om; slå løs på, mishandle, ramponere; *be -ed about (ogs)* få nogle knubs; ~ **against** støde på; *(fig)* rende på; træffe; ~ *one's head against a brick wall (fig)* rende panden mod en mur; ~ **at** *the door* banke på døren; ~ **back** hælde i sig *(fx a drink);* ~ *him* **cold** slå ham ud; ~ **down** slå til jorden; vælte; rive ned *(fx a house);* skille ad *(fx a machine); (am* S) tjene *(fx a lot of money);* ~ *the price down*

prutte prisen ned; *it was -ed down to him* han fik hammerslag på det; ~ **for** *six* (om slåer i kricket) score 6 points på ét slag; T slå helt ud; ~ **off** slå af; slå af på (pris); indstille arbejdet, holde fri, holde fyraften; holde op med; gøre færdig i en fart, rable af sig, skrive (*el.* smøre) sammen; hælde i sig (*fx a drink*); (*am* S) slå ihjel, 'ekspedere'; stjæle; plyndre (*fx a bank*); krepere; ~ *it off!* S hold så op! ~ *him off his feet* slå benene væk under ham; ~ **on** *the head* slå oven i hovedet; (*fig*) få sat en stopper for; ~ **out** banke ud (*fx a pipe*); slå ud; udkaste (*fx an idea for a play*); T rable af sig, få fra hånden; ~ *out a living* tjene til dagen og vejen; ~ **under to** give efter for; ~ **up** vække ved at banke på døren, banke op; lave sammen i en fart (*fx he -ed up a meal*); (i kricket) score; (i tennis *etc*) varme op, (*am* S) bolle tyk, lave med barn.

knock-about ['nɔkəbaut] *adj* larmende; (om tøj) som kan tåle lidt af hvert; ~ (*performance*) knockaboutnummer, klovnenummer med grove virkemidler; ~ *comedy* falde på halen-komedie.

knockdown ['nɔkdaun] *sb* hårdt slag; møbel der fås som samlesæt; *adj* knusende (*fx blow*); til at skille ad; ~ *price* (ved auktion) minimumspris.

knocked-up ['nɔkt'ʌp] *adj* udkørt; (*am* S) gravid, „bollet tyk".

knocker ['nɔkə] *sb* en som banker; dørhammer; (*am*) kværulant, negativ kritiker; *-s pl* S bryster; *muffled* ~ omviklet dørhammer (til tegn på, at der er en syg i huset); *up to the* ~ T ekstra god(t); helt i orden; perfekt.

knocking shop S bordel, horehus.

knock-kneed ['nɔk'ni:d] *adj* kalveknæet.

knockout ['nɔkaut] *sb* (i boksning) knockout; S knaldsucces; ~ *competition* konkurrence hvor taberne udgår efter hver runde; *it is a* ~ (*ogs*) den er fantastisk god.

knock-up ['nɔkʌp] *sb* (i tennis *etc*) opvarmning. **knoll** [nəul] *sb* lille høj; top af en bakke.

knot [nɔt] *sb* knude; (af mennesker) gruppe, klynge, samling; (*fig*) forvikling, vanskelighed; (som pynt) sløjfe; roset, kokarde, kvast; (i træ) knast; (*mar*) knob; *zo* islandsk ryle; *vb* knytte, binde i knude; danne knuder; *get -ted!* S gå ad helvede til! *tie oneself in -s* blive forvirret (, usikker, nervøs); vikle sig ind i selvmodsigelser, *tie sby in -s* forvirre én.

knotgrass ['nɔtgra:s] *sb* (*bot*) vejpileurt, skedeknæ.

knotted ['nɔtid] *adj* knudret, knortet.

knotty ['nɔti] *adj* knudret; knastet; indviklet, vanskelig.

knot|weed (*bot*) vejpileurt. **-wort** (*bot*) bruskbæger.

knout [naut] *sb* knut, russisk pisk.

I. know [nəu] *vb* (*knew, known*) vide, kende, kende igen; kunne (*fx a language, a lesson*); forstå sig på; ~ **about** kende til; vide noget om; *that's* **all** *you* ~ *about it* det er noget du tror; *he -s all the answers* han er inde i sagerne; han kan det hele; *for all I* ~ så vidt jeg ved; *he may be dead for all I* ~ han kan godt være død, jeg ved ikke noget om det; *be -n* **as** være kendt som; gå under navnet ...; *you ought to* ~ **better** *than to do that* du burde være alt for fornuftig til at gøre det; ~ *sby* **by** *sight* kende en af udseende; ~ *him by his voice* kende ham på stemmen; **come** *to* ~ erfare; **don't** *you* ~ du forstår nok, du ved nok (NB bruges også som fyldeord uden nogen egentlig betydning); **get** *to* ~ *sby* lære en at kende; ~ *one's own* **mind** vide hvad man vil; *you* **never** ~, *there is* **no** *-ing* man kan aldrig vide; **not** *if I* ~ *it* ikke med min gode vilje; jeg skal ikke nyde noget; ~ **of** kende til; *not that we* ~ *of* ikke så vidt vi ved; **what** *do you* ~! det må jeg sige! det siger du ikke! *I* **wouldn't** ~ det skal jeg ikke kunne sige; det ved jeg ikke; **you** ~ ved du; jo; skam (*fx he is not so old, you* ~), (se også *known*).

II. know [nəu] *sb: be in the* ~ vide besked, være indviet.

knowable ['nəuəbl] *adj* som kan vides; omgængelig.

know-all ['nəuɔ:l] *sb* T bedrevidende person, en der tror han ved alt.

know-how ['nəuhau] *sb* sagkundskab, teknisk dygtighed, ekspertviden, ekspertise.

knowing ['nəuiŋ] *adj* kundskabsrig, kyndig, erfaren; snu; medvidende (*fx smile*); meget sigende (*fx look* blik); *a* ~ *bird* en snu fyr. **knowingly** *adv* med forsæt, med vilje; *look* ~ *at him* sende ham et meget sigende blik.

knowledge ['nɔlidʒ] *sb* kundskab, kendskab, erfaring; lærdom; viden; vidende (*fx he did it without my* ~); *to my* ~ så vidt jeg ved; *he had to my (certain)* ~ *been bribed* jeg vidste (med sikkerhed) at han var blevet bestukket; *much* ~ mange kundskaber; ~ *of* kendskab til.

knowledgeable ['nɔlidʒəbl] *adj* velinformeret, kyndig; *be* ~ *about* have god forstand på, være godt inde i, vide meget om.

known [nəun] *pp* af *know; make it* ~ bekendtgøre det; *make oneself* ~ *to* præsentere sig for; *he is* ~ *to the police* han er en gammel kending af politiet.

Knox [nɔks].

knuckle [nʌkl] *sb* kno; skank (af en kalv); *vb* banke; slå med knoerne; underkaste sig; ~ *down* falde til føje, give efter; ~ *down to work* tage energisk fat på arbejdet; *near the* ~ lige på stregen (ɔ: vovet); *give him a rap over (el. on) the -s* give ham (et rap) over fingrene; ~ *under* falde til føje, give efter (*to* for).

knuckle|duster *sb* knojern. **-head** *sb* fæhoved. ~ **sandwich** S knytnæveslag (på munden); kajeryster.

knurl [nə:l] *vb* rifle, roulettere; *sb* rifling, roulettering; (værktøj:) rouletterhjul.

K.O., k.o. *fk knockout;* (i fodbold) *kick-off.*

koala [kəu'a:lə] *sb zo* pungbjørn.

kodak® ['kəudæk] *sb* kodak (fotografiapparat).

Koh-i-noor ['kəuinuə] kohinoor (en brillant).

kohlrabi [kəul'ra:bi] *sb* (*bot*) kålrabi.

kook [ku:k] *sb* (*am*) skør rad, skør kule.

kookaburra ['kukəbʌrə] *sb zo* (*austr*) latterfugl.

kooky ['ku:ki] *adj* (*am*) skør.

kopje ['kɔpi] *sb* lille høj.

Koran [kɔ'ra:n]: *the* ~ koranen.

Korea [kə'riə] Korea.

Korean [kə'riən] *sb* koreaner; *sb, adj* koreansk.

kosh = *cosh.*

kosher ['kəuʃə] *adj* (om jødisk mad *etc*) kosher, rituelt forskriftmæssig; T uangribelig.

kotow, kowtow ['kəu'tau; 'kau'tau] *sb* ydmyg hilsen (*egl* ved at kaste sig næsegrus ned); *vb* hilse ydmygt; ~ *to* (*fig*) ligge på maven for.

koumiss = *kumis.*

K.P. (*mil.*) *fk kitchen police.*

kraal [kra:l] *sb* krål, sydafrikansk landsby.

kraut [kraut] *sb* S tysker.

Kremlin ['kremlin]: *the* ~ Kreml.

Kremlino|logist [kremli'nɔlədʒist] *sb* kremlolog **-logy** [-lədʒi] *sb* kremlologi.

kris [kri:s] *sb* kris, malajisk dolk.

Kruger ['kru:gə] Krüger.

Krugerrand ['kru:gərænd] *sb* sydafrikansk guldmønt.

K.T. *fk Knight of the Thistle; Knight Templar.*

Kt. *fk knight.*

kudos ['kju:dɔs] *sb* (*spøg.*) hæder; ære; ry, berømmelse.

Ku-Klux-Klan ['kju:'klʌks'klæn] Ku-Klux-Klan (hemmeligt selskab i sydstaterne med det formål at holde negrene nede).

kumiss ['ku:mis] *sb* kumys (drik af gæret hoppemælk).

kung fu [kʌŋ'fu:] *sb* kung-fu (en kinesisk kampsport).

Kurd [kə:d] *sb* kurder(inde).

Kurdistan [kə:di'sta:n] Kurdistan.
kW *fk kilowatt(s).*
kWh *fk kilowatt hour(s)* kilowatt-time.
Ky. *fk Kentucky.*

L

L [el].
£ *fk libra* ɔ: *pound(s) sterling (fx £25).*
L. *fk Lake, Left, Liberal,* (på bil) *Learner.*
l. *fk left; lira; litre(s).*
La. *fk Louisiana.*
laager ['la:gə] *sb* vognlejr, vognborg; *vb* sætte i vognlejr *(el.* vognborg), slå lejr.
Lab. *fk Labrador; Labour (party).*
lab. [læb] *fk laboratory.*
label ['leibl] *sb* seddel, mærkeseddel, mærke, (især på flaske, i edb) etiket, (på maskine, skuffe) skilt, (på bogbind) rygskilt; *(fig)* stempel, betegnelse, etiket; *vb* mærke; etikettere, forsyne med seddel *(etc); (fig)* rubricere, stemple; ~ *him, pin a* ~ *on him (ogs)* sætte ham i bås; ~ *him as a hippy (ogs)* hæfte betegnelsen hippie på ham.
labial ['leibiəl] *adj* læbe-, labial; *sb* læbelyd.
labialize ['leibiəlaiz] *vb* labialisere.
labiate ['leibieit, 'leibiət] *adj* læbeblomstret; *sb* læbeblomst.
labile ['leibil] *adj* labil, ustabil.
labiodental ['leibiəu'dentl] *adj* labiodental; *sb* læbetandlyd.
labium ['leibiəm] *sb (pl labia)* læbe, skamlæbe.
labor *(am) = labour.*
laboratory [lə'bɔrət(ə)ri, 'læbrət(ə)ri] *sb* laboratorium.
Labor Day (en årlig fridag i de fleste stater i USA, *alm* første mandag i september).
laborious [lə'bɔ:riəs] *adj* møjsommelig, anstrengende, brydsom *(fx undertaking);* anstrengt, tung *(fx style);* (om person) flittig, arbejdsom.
laborite ['leibərait] *sb (am)* medlem af et arbejderparti.
labor union *(am)* fagforening.
I. labour ['leibə] *sb* (hårdt) arbejde; anstrengelse, besvær, møje *(fx lost* ~ spildt møje); (om personer) arbejdskraft *(fx skilled* ~ faglært a.); *(pol)* arbejderne; arbejderklassen, arbejderpartiet, arbejderbevægelsen; *(med.)* fødselsveer *(fx be in* ~ have fødselsveer); *Ministry of Labour* arbejdsministerium; ~ *of Hercules* herkulesarbejde, kæmpearbejde; ~ *of love* arbejde man gør for sin fornøjelse, kært arbejde; arbejde man gør for at glæde en anden.
II. labour ['leibə] *vb* arbejde *(at* på); stræbe, slide, anstrenge sig *(fx to* (for at) *get finished);* arbejde *(el.* kæmpe) sig frem (, op etc) *(fx he -ed along the road (, up the hill));* (om skib) hugge (i søen); *(neds)* udpensle; *(glds,* om kvinde) have fødselsveer; ~ *for breath* kæmpe for at få vejret; ~ *under* lide under, have at kæmpe med; ~ *under a delusion* svæve i en vildfarelse.
labour| camp arbejdslejr. ~ **conflict** arbejdskonflikt. ~ **demonstration** arbejderdemonstration.
laboured ['leibəd] *adj* besværlig, anstrengt; kunstlet, fortænkt.
labourer ['leibərə] *sb* arbejder, arbejdsmand; *(agricultural* ~*)* landarbejder.
labour| exchange arbejdsanvisningskontor, arbejdsformidling. ~ **government** arbejderregering.
labourite ['leibərait] *sb* medlem af arbejderpartiet, tilhænger af arbejderbevægelsen.
labour| leader arbejderfører. ~ **market** arbejdsmarked. ~ **movement** arbejderbevægelse.
Labour Office: *the International* ~ det internationale arbejdsbureau (i Geneve).
Labour Party: *the* ~ arbejderpartiet.
labour-saving *adj* arbejdsbesparende.
Labrador ['læbrədɔ:]; ~ *dog (el. retriever)* labradorretriever.
labret ['leibrət] *sb* læbesmykke.
laburnum [lə'bə:nəm] *sb (bot)* guldregn.
labyrinth ['læbərinθ] *sb* labyrint.
labyrinthine [læbə'rinθain] *adj* labyrintisk, kompliceret, snoet.
lac [læk] *sb* gummilak; (se også *lakh).*
lace [leis] *sb* snor, lidse, (i fodtøj) snørebånd; (pynt:) knipling; blonde; *vb* snøre *(fx one's boots);* (om tøj) bræmme, besætte med kniplinger; (om mælk, kaffe *etc)* blande spiritus i; T piske, slå løs på, prygle; ~ *into* slå løs på; skælde huden fuld; *make* ~ kniple; *-(d) boots* snørestøvler; ~ *sby's jacket* give en en dragt prygl.
lace-curtain *adj* fornem, skidtvigtig.
Lacedaemon [læsi'di:mən].
lace pillow kniplepude.
lacerate ['læsəreit] *vb* sønderrive, flænge.
laceration [læsə'reiʃn] *sb* sønderrivelse; rift, flænge.
lacewing ['leiswiŋ] *sb zo* florflue.
lacework ['leiswə:k] *sb* kniplingsmønster.
laches ['leitʃiz] *sb (jur)* forsømmelse (af at hævde en ret i tide).
lachrymal ['lækriml] *adj* tåre-. **lachrymal| duct** tårekanal. ~ **gland** tårekirtel. ~ **sac** tåresæk.
lachrymator ['lækrimeitə] *sb (mil.)* tåregas.
lachrymatory ['lækrimət(ə)ri] *sb* tåreflaske (fra antikke grave); *adj* tåre-. **lachrymatory| gas** tåregas. ~ **shell** tåregasbombe.
lachrymose ['lækriməus] *adj* grædende; begrædelig; *be* ~ *(ogs)* være en tåreperse; have let til tårer.
lacing ['leisiŋ] *sb* snore, snørebånd; borter, tresser; *(mar)* lidse; T omgang klø.
laciniate [læ'siniət] *adj (bot)* fliget.
lack [læk] *sb* mangel, trang, nød; *vb* mangle, lide mangel på; *for* ~ *of* af mangel på; *there is no* ~ *of* det skorter ikke på; *be -ing* mangle, savnes; *be -ing in* mangle; *-ing in ideas* idéforladt.
lackadaisical [lækə'deizikl] *adj* affekteret, smægtende, sentimental.
lackadaisy ['lækə'deizi], **lackaday** ['lækədei] *interj* ak! o ve!
lacker ['lækə] se *lacquer.*
lackey ['læki] *sb* lakaj; *(fig)* spytslikker; *vb* opvarte; *(fig)* vise sig som lydig slave af.
lackey (moth) *zo* ringspinder.
Lackland ['læklænd]: *John* ~ Johan uden Land.
lack-lustre ['læklʌstə] *adj* glansløs, mat, trist.
laconic [lə'kɔnik] *adj* lakonisk; kort og fyndig.
lacquer ['lækə] *sb* lakfernis, lakering; lakarbejder, lakerede arbejder; *vb* fernisere, lakere.
lacquey ['læki] se *lackey.*
lacrosse [lə:'krɔs] *sb* lakrosse (et boldspil).
lactate ['lækteit] *sb (kem)* mælkesurt salt; *vb* give die.
lactation [læk'teiʃn] *sb* diegivning; (om ko) mælkeydelse.
lacteal ['læktiəl] *adj* mælkeagtig; mælke-, lymfe-; ~

vessel lymfekar.
lactescent [læk'tesnt] *adj* mælkeagtig; mælkeafsondrende.
lactic ['læktik] *adj* mælke- *(fx acid).*
lactometer [læk'tɔmitə] *sb* mælkeprøver.
lactose ['læktəus] *sb* laktose, mælkesukker.
lacun|a [lə'kju:nə] *sb (pl -ae, -as* [-i:,-əz]) lakune, hul.
lacustrine [lə'kʌstrain] *adj* indsø-.
lacy ['leisi] *adj* kniplingagtig.
lad [læd] *sb* knægt, (halvvoksen) dreng; knøs; T fyr; kernekarl, guttermand; *the -s* T *(ogs)* gutterne.
I. ladder ['lædə] *sb* stige; *(mar)* lejder; (på strømpe) nedløben maske; *the ~ of success (omtr)* vejen til succes; *get one's foot on the ~* gøre en begyndelse; *the social ~* den sociale rangstige.
II. ladder ['lædə] *vb: the stocking -ed* der løb en maske på strømpen.
ladder|proof *adj* maskefast. ~ **repair needle** opmaskningsnål.
laddie ['lædi] *sb* kæleform af *lad;* (i tiltale:) lille ven, gamle ven.
lade [leid] *vb (laded; laden el. laded)* lade, læsse, laste, belæsse; (om vand *etc)* øse.
laden [leidn] *pp* af *lade; (ogs)* besværet, tynget *(with* af).
la-di-da ['la:di'da:] S *sb* krukket person, krukke; *adj* krukket, affekteret, 'fin', 'fornem', 'darnet'.
ladies ['leidiz] *pl* af *lady; Ladies* dametoilet; *ladies'* dame- *(fx compartment* kupé; *page* side; *room* toilet); *ladies' man* dameven; kavaler.
lading ['leidiŋ] *sb* ladning.
ladle [leidl] *sb* stor ske, slev, potageske; (i støberi) støbeske; *(mar)* øse; (på møllehjul) skovl; *vb* øse; *~ out* øse op *(fx soup); (fig)* øse ud, uddele til højre og venstre.
lady ['leidi] *sb* dame; frue, hustru; lady; *adj* kvindelig *(fx ~ doctor, ~ secretary); Lady* titel for damer af en vis rang; *Our Lady* Vor Frue, den hellige Jomfru; *his young ~* T hans kæreste; *ladies and gentlemen!* mine damer og herrer! *~ of pleasure (glds)* kurtisane, skøge; *the Old Lady of Threadneedle Street (spøg.)* Bank of England.
lady|bird, *(am:)* **-bug** *zo* mariehøne. ~ **bountiful** veldædig (og patroniserende) dame. ~ **chair** guldstol.
Lady Day Mariæ bebudelsesdag (25. marts).
lady| friend veninde, damebekendtskab. ~ **help** ung pige i huset (med familiær stilling). ~ **-in-waiting** hofdame. ~ **-killer** T (især *neds*) kvindebedårer, Don Juan.
ladylike ['leidilaik] *adj* fin, elegant, dannet, fornem; *(neds)* kvindagtig.
lady|love kæreste; elskede. ~ **nurse** barnefrøken.
lady's bedstraw *(bot)* gul snerre.
lady's-delight *(bot)* vild stedmodersblomst.
ladyship ['leidiʃip] *sb* rang som *Lady; her Ladyship* hendes nåde.
lady's| maid kammerjomfru. ~ **man** dameven. ~ **mantle** *(bot)* løvefod. ~ **slipper** *(bot)* fruesko. ~ **smock** *(bot)* engkarse. ~ **tresses** *(bot)* skrueaks.
ladytide ['leiditaid] *sb* tiden omkring *Lady Day.*
I. lag [læg] *vb* komme bagefter; bevæge sig langsomt, smøle; *sb* forsinkelse; det man er bagefter; efterslæb; *~ behind* komme (, være) bagefter.
II. lag [læg] *sb* straffefange, deporteret forbryder; straffetid, deportationsperiode; *old ~* recidivist, vaneforbryder.
III. lag [læg] *vb* S pågribe, fængsle, deportere.
IV. lag [læg] *vb* beklæde, isolere.
lager ['la:gə] pilsner; *dark lager* lagerøl.
laggard ['lægəd] *sb* efternøler, smøl, snøvl; *adj* langsom, træg.
I. lagging ['lægiŋ] *adj* langsom, nølende.
II. lagging ['lægiŋ] *sb* beklædning, isolation.
lag-goose ['læggu:s] *sb zo: grey ~* grågås.
lagoon [lə'gu:n] *sb* strandsø, lagune.
laic ['leiik] *adj* læg; *sb* lægmand.
laid [leid] *præt* og *pp* af *lay; ~ paper* papir med vandmærkelinier.
laid-back ['leidbæk] *adj* T afslappet.
laid-up ['leidʌp] *adj* (syg og) sengeliggende.
lain [lein] *pp* af *lie.*
lair [lɛə] *sb* leje, hule; tilflugtssted.
laird [lɛəd] *sb* (på skotsk) godsejer, herremand.
laissez-faire ['leisei'fɛə] laissez-faire, kræfternes frie spil (i det økonomiske liv).
laity ['leiəti] *sb* lægfolk.
I. lake [leik] *sb* lakfarve.
II. lake [leik] *sb* sø, indsø.
Lake District: *the ~* sødistriktet i Nordvest-England.
lake dwelling pælebygning.
Lake Poet sødigter, forfatter af søskolen (se *Lake School).*
lake red lakrød.
Lake School: *the ~* søskolen (romantisk digterskole, hvortil hører: Wordsworth, Coleridge og Southey).
Lake Superior Øvresøen.
lakh [la:k] *sb* (100.000 rupi).
Lallans ['lælənz] *sb* det skotsk der tales i *the Lowlands.*
lam [læm] *vb* S slå, tæske; *(am)* stikke af; *~ into* tæske løs på, gå i kødet på. *sb: on the ~* på flugt.
I. lama ['la:mə] *sb* lama (præst i Tibet).
II. lama ['la:mə] *sb zo* lama; (farve) skidengrå.
lamb [læm] *sb* lam, lammekød; *(fig)* troskyldig, naiv fyr; sød ung mand; *vb* læmme; (se også *sheep).*
lambaste [læm'beist] *vb* S klø, tæve; skælde ud, gennemhegle.
lambent ['læmbənt] *adj* (om ild) slikkende, spillende; (om vid, øjne) lysende, klar, legende, spillende.
Lambeth ['læmbəθ]: *~ Palace* (residens i London for ærkebiskoppen af Canterbury); *~ walk* (en dans der var populær i trediverne).
lambkin ['læmkin] *sb* ungt lam, lille lam.
lamblike ['læmlaik] *adj* lammeagtig; spag.
lambrequin ['læmbəkin] *sb (glds)* hjelmklæde; *(am)* gardinkappe.
lambskin ['læmskin] *sb* lammeskind.
lamb's-lettuce *(bot)* vårsalat.
lamb's-wool lammeuld; drik lavet af varmt øl blandet med kødet af stegte æbler og tilsat forskellige krydderier.
lame [leim] *adj* halt; *(fig)* haltende, mangelfuld, utilfredsstillende; *vb* gøre halt; skamslå; *~ excuse* dårlig undskyldning.
lame duck *(fig)* hjælpeløs person; insolvent spekulant; firma der er i vanskeligheder; *(am)* (politiker i slutningen af sin embedsperiode efter et valg hvor han ikke er blevet genvalgt).
lamell|a [lə'melə] *sb (pl -ae* [-i:]) lamel (tynd plade).
lament [lə'ment] *vb* jamre, klage, sørge *(for* over); (med objekt) sørge over, beklage; begræde; *sb* klage, jammerklage; sørgesang; *(late) lamented* afdød, salig.
lamentable ['læməntəbl, lə'men-] *adj* beklagelig, sørgelig; jammerlig, ynkelig.
lamentation [læmen'teiʃn] *sb* klage, jammer; sorg.
lamina ['læminə] *sb (pl laminae* ['læmini:]) tynd plade, tynd hinde; *(bot)* bladplade.
I. laminate ['læmineit] *vb* udvalse; kløve(s) i skiver; laminere.
II. laminate ['læminət] *adj* lagdannet.
laminated| glass splintfrit glas. ~ **plastic** plastiklaminat. ~ **spring** bladfjeder. ~ **wood** lamineret træ.
lamination [læmi'neiʃn] *sb* lameldannelse; laminering.
laminboard ['læminbɔ:d] *sb* lamellimet møbelplade.

Lammas ['læməs] (en fest for brød af den nye høst, 1. august); *at latter* ~ *(spøg)* aldrig.
lamp [læmp] *sb* lampe, (gade)lygte; *(fig)* lys; *-s pl* T øjne, glugger; *smell of the* ~ *(fig* om stil) være kunstlet *(el.* anstrengt); *hand 'on the* ~ *(fig)* række faklen videre.
lampblack ['læmp'blæk] *sb* lampesod; kønrøg; *vb* sværte (med kønrøg).
lamp| chimney lampeglas. ~ **holder** (lampe)fatning. **-light** lampelys, kunstigt lys. **-lighter** lygtetænder.
lampoon [læm'pu:n] *sb* smædedigt, smædeskrift; *vb* forfatte smædeskrift(er) om.
lampooner [læm'pu:nə], **lampoonist** [læm'pu:nist] *sb* smædedigter; pamflettist.
lamppost ['læmppəust] *sb* lygtepæl.
lamprey ['læmpri] *sb zo* lampret.
lampshade ['læmpʃeid] *sb* lampeskærm.
Lancashire ['læŋkəʃ(i)ə].
Lancaster ['læŋkəstə].
lance [la:ns] *sb* lanse, spyd; *(med.)* lancet, sneppert; *(mil.)* lansenér; *vb* perforere; gennembore; åbne med lancet; kaste, slynge, udsende; *break a* ~ *with (fig)* bryde en lanse med (ɔ: indlade sig i debat med).
lance corporal *(mil.)* underkorporal; overkonstabel.
lancelet ['la:nslit] *sb zo* lancetfisk.
lanceolate ['la:nʃəleit] *adj (bot)* lancetbladet.
lancer ['la:nsə] *sb* lansenér.
lancers ['la:nsəz] *sb* lanciers (en dans).
lancet ['la:nsit] *sb (med.)* lancet.
lancet| arch spidsbue. ~ **window** (smalt) spidsbuevindue.
lancinating ['lænsineitiŋ] *adj* skærende, jagende (om smerte).
Lancs. *fk Lancashire.*
I. land [lænd] *sb* land *(mods* vand); jord, grundejendom, jordegods; (især *poet)* land, rige; *(tekn)* frigang, styrekant, styreflade; *by* ~ over land, til lands; *go on the* ~ blive landarbejder; *work on the* ~ være landarbejder.
II. land [lænd] *vb* lande; landsætte, bringe i land, sætte af *(fx* ~ *me at the station);* få til at lande *(el.* havne), anbringe; bringe *(fx* ~ *oneself in difficulties);* (om fly) lande med, bringe til landing; (om fisk) fange, tage på land, lande; *(fig)* kapre *(fx a husband),* vinde *(fx a prize);* skaffe sig *(fx a job);* redde i land; T lange, give *(fx* ~ *sby a blow);* (uden objekt) lande, havne, ankomme, ende, komme ned; *be nicely -ed* sidde net i det; *be -ed with* være belemret med, have fået på halsen.
land agent ejendomsmægler; godsforvalter.
landau ['lændɔ:] *sb (glds)* landauer (hestevogn); bil med kaleche over bagsædet.
land breeze fralandsbrise.
landed ['lændid] *adj* bestående i landejendom; jordejende; jord-, grund-, gods-, godsejer-.
landed| gentry landadel. ~ **interest:** *the* ~ *interest* det store hartkorn; godsejerne. ~ **property** jordejendom, fast ejendom. ~ **proprietor** godsejer, jordbesidder.
land|fall *(mar)* landkending; *make a -fall* få landkending. **-fall mark** *(mar)* anduvningsmærke. ~ **forces** landstyrker. ~ **girl** 'terne', ung pige der gør frivillig hjælpetjeneste ved landbrug. **-holder** forpagter; grundejer, jordbesidder.
landing ['lændiŋ] *sb* landing; landgang; landingsplads; (på trappe) trappeafsats, repos.
landing| craft landgangsfartøj. ~ **field** *(flyv)* (start- og) landingsplads, flyveplads. ~ **flap** *(flyv)* landingsklap. ~ **gear** (flyvemaskines) understel. ~ **net** fangstnet. ~ **party** *(mil.)* landgangskorps. ~ **place** landingsplads. ~ **stage** anlægsbro, anløbsbro. ~ **strip** landingsplads.
land jobber grundspekulant.
landlady ['læn(d)leidi] *sb* værtinde (som udlejer værelser), hotelværtinde; kvindelig godsejer.
landlocked ['lændlɔkt] *adj* helt eller næsten helt omgivet af land.
landloper ['lændləupə] *sb* vagabond, landstryger.
landlord ['læn(d)lɔ:d] *sb* godsejer; vært (husvært *el.* hotelvært). **landlordism** ['læn(d)ɔ:dizm] *sb* godsejersystemet, godsejervælde.
land|lubber *(neds.)* landkrabbe. **-mark** grænseskel; *(fx* for by) vartegn; (for sejlads) landmærke, orienteringspunkt; *(fig)* milepæl, mærkepæl; *(am)* bevaringsværdig bygning. **-mine** landmine. **-owner** godsejer, grundejer. **-owning** *sb* jordbesiddelse; *adj* jordejende; jordejer-. **-rail** *zo* engsnarre.
landscape ['læn(d)skeip] *sb* landskab; landskabsmaleri.
landscape| architect havearkitekt. ~ **gardener** havearkitekt, anlægsgartner. ~ **painter** landskabsmaler.
landscapist ['læn(d)skeipist] *sb* landskabsmaler.
Land's End ['læn(d)z'end] (sydvestligste spids af England i Cornwall).
landslide ['læn(d)slaid] *sb* jordskred, bjergskred; *(fig,* ved valg) stemmeskred; stor valgsejr, jordskredssejr.
landslip ['læn(d)slip] *sb* mindre jordskred, mindre bjergskred.
land|spout skypumpe. ~ **steward** godsforvalter. ~ **tax** grundskyld. ~ **value** grundværdi.
landward ['lændwəd] *adj* mod land, land-.
land wind fralandsvind.
lane [lein] *sb* smal vej *(fx* mellem hegn); (i by) stræde, smal gade; (mellem mennesker) gang; (til biler) vognbane; (i sport) bane; *(mar)* sejlrute; *(flyv)* luftrute; *form a* ~ danne spalier.
lang syne ['læŋ'sain] (skotsk) for længe siden, (i) gamle dage.
language ['læŋgwidʒ] *sb* sprog; *(vulg)* skældsord, eder; *in a foreign* ~ på et fremmed sprog; ~ *of flowers* blomstersprog; *use bad* ~ bande; *strong* ~ kraftudtryk, eder; *use strong* ~ bruge stærke udtryk; føre et kraftigt sprog.
languid ['læŋgwid] *adj* mat, svag, træt; doven, sløv, ligegyldig, blasert; *(merk* om handel) flov.
languish ['læŋgwiʃ] *vb* blive mat, sygne hen, sløves, slappes *(fx his interest -ed);* se smægtende ud, smægte *(for* efter); vansmægte *(fx in prison).*
languishing *adj* smægtende *(fx look).*
languor ['læŋgə] *sb* smægten; mathed, kraftesløshed; slaphed, sløvhed, døsighed; (trykkende) stilhed.
languorous ['læŋgərəs] *adj* mat; som forårsager mathed; smægtende *(fx tones).*
langur [ləŋ'guə] *sb zo* langur, hulman (abeart).
lank [læŋk] *adj* høj og tynd *(el.* mager), indskrumpet; slap, slatten; (om hår) glat.
lanky ['læŋki] *adj* ranglet, opløben.
lanner ['lænə] *sb zo* feldeggsfalk (hun).
lanneret ['lænərət] *sb* feldeggsfalk (han).
lanolin(e) ['lænəli:n] *sb* lanolin.
lansquenet ['lænskənet] *sb (hist.)* landsknægt; slags kortspil.
lantern ['læntən] *sb* lygte, lanterne.
lantern| fly *zo* lyscikade. ~ **-jawed** hulkindet. ~ **jaws** *pl* hule kinder. ~ **lecture** lysbilledforedrag. ~ **slide** lysbillede.
lanyard ['lænjəd] *sb* snor (til at bære pistol *el.* fløjte i); *(mar)* taljereb; *(mil.)* aftrækkersnor.
I. lap [læp] *vb* labbe, slikke; skvulpe; *sb* labben; skvulpen; S (om drik) tyndt sprøjt; ~ *up* labbe i sig; *(fig)* lytte ivrigt *(el.* begærligt) til, sluge råt.
II. lap [læp] *sb* skød; (af tøj) flig, snip; (i sport) omgang, etape, runde; *be in fortune's* ~ være tilsmilet af lykken; *be in the* ~ *of luxury* være omgivet af luksus.
III. lap [læp] *vb* indhylle, indsvøbe, omgive *(in* med); *-ped in* omgivet af *(fx luxury; peace);* ~ *over* overlap-

pe, ligge ud over; lægge ud over.
IV. lap [læp] *sb* (i snedkeri) polérskive; *vb* finpolere.
lap|belt hoftesele, sikkerhedsbælte. ~ **dog** skødehund.
lap dovetail *sb* (i snedkeri) fordækt sinke.
lapel [lə'pel] *sb* opslag på frakke, revers.
lapel badge knaphulsemblem.
lapidary ['læpidəri] *sb* kender af ædle stene; stenskærer; *adj* sten-; ædelstens-; hugget i sten; (om udtryksform) lapidarisk; kort og træffende, fyndig; ~ *style* lapidarstil.
lapis-lazuli [læpis'læzjulai] *sb (min.)* lapis lazuli, lasursten.
lapis-lazuli blue lapisblå.
Lapland ['læplænd] Lapland. **Lapland bunting** *zo* lapländsværling. **Laplander** ['læplændə] *sb* laplænder.
Lapland longspur *(am)* = *Lapland bunting.*
Lapp [læp] *sb* laplænder, lap; *adj* lappisk.
lappet ['læpit] *sb* flig, snip, lap.
Lappish ['læpiʃ] *sb, adj* lappisk.
I. lapse [læps] *sb* (mindre) fejl, lapsus, forsømmelse; (moralsk:) fejltrin; afvigelse, frafald *(fx from true belief);* (om tid) forløb; (især *jur*) udløb *(fx of a contract);* bortfald; forældelse; ~ *of memory* erindringsforskydning; ~ *of the pen* skrivefejl; *a* ~ *of time* et stykke tid; *a* ~ *of two years* et tidsrum af to år.
II. lapse [læps] *vb* forse sig, begå en fejl; (om tid) (hen)gå, (hen)glide, henrinde; (*fx* om skik) ophøre; *(jur)* bortfalde, forældes; (om kontrakt *etc)* udløbe *(fx the policy will ~ after 30 days);* (om ejendom) hjemfalde *(fx to the Crown);* ~ **into** henfalde til *(fx heresy),* falde tilbage til *(fx the tribes soon -d into savagery),* glide over i.
lapstrake ['læpstreik] *(am),* **lapstreak** ['læpstri:k] *sb (mar) adj* klinkbygget; *sb* klinkbygget fartøj.
lapwing ['læpwiŋ] *sb zo* vibe.
larboard ['la:bəd] *(mar) (glds) sb* bagbord; *adj* bagbords-.
larceny ['la:sni] *sb (glds jur)* tyveri; ~ *by finding* ulovlig omgang med hittegods.
larch [la:tʃ] *sb (bot)* lærketræ, lærk.
lard [la:d] *sb* svinefedt; fedt flæsk; spæk; *vb* spække *(fx ~ meat; a speech -ed with quotations).*
larder ['la:də] *sb* spisekammer.
lardon [la:dn], **lardoon** [la:'du:n] *sb* spækkestrimmel.
lardy-dardy ['la:di'da:di] *adj* S affekteret.
large [la:dʒ] *adj* stor; rummelig *(fx house);* udstrakt, omfattende *(fx domains);* vidtrækkende *(fx powers);* (om person) storsindet, ædel, large; *(neds)* pralende; (om vind) rum; (om virksomhed *etc)* i stor stil, stor- *(fx consumer, farmer, producer);*
at ~ i frihed, løs, på fri fod *(fx the murderer is at ~);* i det hele, i almindelighed *(fx the country at ~);* udførligt *(fx discuss it at ~); talk at* ~ tale vidt og bredt; ~ *of limb* sværlemmet; *on a* ~ *scale* i stor målestok; *sail* ~ sejle rumskøds; *talk* ~ prale, være stor i munden.
large| calorie kilogramkalorie. ~ **-handed** gavmild, rundhåndet. ~ **-hearted** næstekærlig, højsindet, storsindet. ~ **intestine** *(anat)* tyktarm.
largely ['la:dʒli] *adv* i stor udstrækning, i høj grad; i det store og hele *(fx it was ~ true),* overvejende; *live* ~ leve flot.
large-minded *adj* storsindet.
largeness ['la:dʒnəs] *sb* betydelig størrelse, stor udstrækning; storhed, storsindethed.
large-scale ['la:dʒ'skeil] *adj* omfattende, storstilet, i stort omfang (, format), i stor målestok; ~ *industry* storindustri.
largess(e) [la:'dʒes] *sb (glds)* rundhåndethed; gave.
lariat ['læriət] *sb* lasso; *vb* lassoe, indfange med lasso.
I. lark [la:k] *sb* lærke; *vb* fange lærker.
II. lark [la:k] *sb* løjer, sjov; *vb* = *have a* ~ lave sjov, gøre løjer; ~ *about* løbe om og lave halløj, pjanke; *for a* ~ for sjov.
larkspur ['la:kspə:] *sb (bot)* ridderspore.
larn [la:n] T = *learn.*
larrikin ['lærikin] *sb* bølle.
larrup ['lærəp] *vb* slå, prygle.
larva ['la:və] *sb (pl larvae* ['la:vi:]) larve.
larval [la:vl] *adj* larve-; *in the* ~ *stage* på larvestadiet.
laryngeal [lærin'dʒi(:)əl] *adj* strube- *(fx mirror* spejl).
laryngoscope [lə'riŋgəskəup] *sb* laryngoskop, strubespejl.
larynx ['læriŋks] *sb (anat)* strubehoved.
lascar ['læskə] *sb* indisk sømand (på europæisk skib).
lascivious [lə'siviəs] *adj* lysten, vellystig, liderlig; æggende.
laser ['leizə] *sb* laser; ~ *beam* laserstråle.
laserwort ['leisəwə:t] *sb* foldfrø.
I. lash [læʃ] *sb* piskesnert; piskeslag; snert; bidende satire; (se også *eyelashes).*
II. lash [læʃ] *vb* piske, slå, slå med *(fx the lion -ed its tail); (fig)* snerte, gennemhegle; *(mar)* binde, surre, naje; ~ *into* hidse op til; ~ *out* sparke, lange ud; fare op; øse penge ud, flotte sig; ~ *out at* lange ud efter, angribe voldsomt.
lashing ['læʃiŋ] *sb* prygl; *(mar)* surring; *-s of (ogs)* masser af.
lash-up ['læʃʌp] *sb* improviseret arrangement.
lass [læs] *sb (dial.* især skotsk) pige; tøs (kærtegnende).
lassie ['læsi] *sb* (lille) pige.
lassitude ['læsitju:d] *sb* udmattelse, træthed.
lasso [læ'su:; 'læsəu] *sb* lasso; *vb* lassoe, fange med lasso.
I. last [la:st] *sb* (skomagers) læst; (rummål) læst; *stick to one's* ~ blive ved sin læst.
II. last [la:st] *adv, adj* sidst; yderst; foregående, forrige; ~ *of all* allersidst; **at** ~ til sidst; endelig, omsider; *at long* ~ langt om længe; ~ **but** *one* næstsidst; ~ *but two* tredjesidst; ~ *(but) not least* sidst men ikke mindst; *the* ~ *day* den sidste dag, den yderste dag; *the* ~ **ditch** *(fig)* den sidste skanse; *die in the* ~ *ditch* kæmpe til det sidste; sælge sit liv dyrt; *of the* ~ *importance* af yderste vigtighed; *have the* ~ **laugh** være den der ler sidst; *be on one's* ~ **legs** gå på gravens rand, ikke have langt igen, ligge på sit yderste; *(fig ogs)* synge på det sidste vers; ~ *night* i aftes; i nat, sidste nat; *you will never hear the* ~ **of** *it* det vil du komme til at høre for; *you will never see the* ~ *of him* ham bliver du aldrig kvit; *that was the* ~ **thing** *one would expect* det var det sidste man skulle vente; *the* ~ *thing (el.* **word)** *in hats* det sidste ny *(el.* skrig) i hatte; *his* ~ *word* hans sidste ord; *the* ~ *word has not been said on the matter* det afgørende ord er ikke sagt i den sag; sagen er ikke uddebatteret; ~ **year** i fjor; *this time* ~ *year* i fjor på denne tid.
III. last [la:st] *vb* vare, vedvare, holde sig *(fx as long as the weather -s);* slå til *(fx how long will our money ~); he cannot* ~ *much longer* (om syg:) han gør det sikkert ikke længe; *this coat will* ~ *me for years* den frakke kan holde *(el.* kan jeg klare mig med) i mange år; ~ *out the winter* slå til vinteren over, vare vinteren ud; (om person) klare sig igennem vinteren, holde ud til vinteren er forbi.
last-ditch *adj* (en) sidste fortvivlet *(fx fight, resistance).*
lasting ['la:stiŋ] *adj* varig; holdbar; *sb* lasting (et tætvævet, stærkt stof).
lastly ['la:stli] *adv* endelig; til sidst (i opregning).
last-minute *adj* som foretages (, sker *etc)* i sidste sekund *(el.* øjeblik).
last offices *pl* begravelsesritual; *perform the* ~ *for sby* forrette begravelsesceremonien for en.
last post *(mil.)* retræte (hornsignal).

Last Supper *(rel): the* ~ den sidste nadver.
Lat. *fk Latin.*
lat. *fk Latitude.*
latch [lætʃ] *sb* klinke; smæklås; *vb* lukke med klinke; smække (med smæklås); *on the* ~ lukket til men ikke låst; ~ *on to* få fingre i, få fat i; blive klar over.
latchet ['lætʃit] *sb (glds)* skorem, skotvinge.
latchkey ['lætʃki:] *sb (glds)* gadedørsnøgle, entrénøgle.
latchkey child nøglebarn.
late [leit] *adj, adv* (se også *later, latest)* sen, sent; forsinket *(fx the train was* ~*)*, for sent *(for* til, *fx he was* (kom) ~ *for dinner);* nylig (overstået) *(fx the* ~ *political unrest);* forhenværende *(fx Dr. M.,* ~ *headmaster of Eton);* afdød *(fx my* ~ *husband), (glds)* salig; *the* ~ *Mr N* afdøde hr N; *the* ~ *Prime Minister* den afdøde premierminister; den forhenværende *(el.* afgåede) p.; *it is* ~ klokken er mange; ~ *dinner* middag om aftenen; *early and* ~ tidlig og silde; *keep* ~ *hours* gå sent i seng (og stå sent op); *(rather)* ~ **in** *the day (fig)* noget sent, lovlig sent; ~ *in life* i en fremrykket alder; *in the* ~ *19th century* i slutningen af det 19. århundrede; *in the* ~ *spring* sent *(el.* langt hen) på foråret; *in the* ~ *twenties* sidst i tyverne; **of** ~ nylig, for kort tid siden; i den senere tid; *of* ~ *years* i de senere år; **sit** *(up)* ~ sidde længe oppe.
late-comer *sb* efternøler; nyankommen, nytilkommen.
lateen [lə'ti:n] *sb (mar)* latinerrigget fartøj; latinersejl; ~ *sail* latinersejl.
lately ['leitli] *adv* nylig; i den senere tid.
latency ['leit(ə)nsi] *sb* latens, det at være latent *el.* bunden.
latent ['leit(ə)nt] *adj* skjult; latent, bunden *(fx heat).*
late-pass *sb* nattegn.
later ['leitə] *adj* senere, nyere; yngre *(fx the* ~ *stone age); I saw him no* ~ *than yesterday* jeg så ham så sent som i går; ~ *on* senere (hen); *sooner or* ~ før eller siden.
lateral ['lætr(ə)l] *adj* side-; *sb (bot)* sideskud (på en plante), sideknop; ~ *branch* sidegren; (af slægt) sidelinje; ~ *root* rodgren, birod, siderod.
laterally ['lætr(ə)li] *adv* sidelæns; i sideretningen.
laterite ['lætərait] *sb* laterit (slags rødt ler).
latest ['leitist] *adj* senest; nyest; *by 10 at (the)* ~ senest kl. 10; ~ *news* nyeste *(el.* sidste) nyt; *the* ~ *thing* det sidste ny, det sidste skrig.
latex ['leiteks] *sb* latex, saft (især af gummitræet), mælkesaft.
lath [la:θ] *sb* lægte; (ved pudsning *etc)* forskallingsbræt; pudsunderlag; *(fx* i persienne) liste, tremme; *vb* belægge med lægter; *thin as a* ~ tynd som en streg; ~ *and plaster wall* pudset væg.
lathe [leið] *sb (tekn)* drejebænk.
lathe| carrier, ~ **dog** *(tekn)* medbringer.
lather ['la:ðə] *vb* skumme; indsæbe; svede; T prygle; *sb* skummen, skum; sæbeskum; (stærk) sved; *in a* ~ skummende, svedende; *(fig)* helt ude af det (af nervøsitet); ude af flippen.
Latin ['lætin] *sb* latin; latiner; *adj* latinsk; ~ *America* Latinamerika (den del af Amerika syd for USA, hvor det officielle sprog er spansk *el.* portugisisk); *the* ~ *peoples* de romanske folk.
Latinism ['lætinizm] *sb* latinisme, latinsk udtryk.
Latinist ['lætinist] *sb* latiner.
Latinity [lə'tiniti] *sb* kendskab til og brug af latin.
latinize ['lætinaiz] *vb* latinisere.
Latin Quarter latinerkvarter.
latitude ['lætitju:d] *sb* frihed, spillerum *(fx allow him greater* ~*);* råderum; *(geogr)* breddegrad, bredde; *degree of* ~ breddegrad; *in the* ~ *of 30° N* 30 grader nordlig bredde.
latitudinarian ['lætitju:di'nɛəriən] *adj* frisindet, tolerant, liberal; *sb* frisindet *(etc)* person.
latitudinarianism ['lætitju:di'nɛəriənizm] *sb* tolerance.
latrine [lə'tri:n] *sb* latrin.
latter ['lætə] *adj* sidst (af to) *(fx the* ~ *half); the* ~ *(mods former)* sidstnævnte, denne, dette, disse; *the* ~ *end* slutningen, døden; *in these* ~ *days* i nyere tid; i vor tid.
latterday ['lætədei] *adj* nutids-.
Latter Day Saints: *the* ~ de sidste dages hellige, mormonerne.
latterly ['lætəli] *adv* i den senere tid, nylig; nutildags.
lattice ['lætis] *sb* tremmeværk, (også *fys)* gitter; gittervindue; *vb* forsyne med gitter.
latticed ['lætist] *adj* tilgitret, med gitter for.
lattice| girder gitterdrager. ~ **window** gittervindue; blyindfattet vindue. **-work** gitterværk.
Latvia ['lætviə] Letland. **Latvian** *adj* lettisk; *sb* lettisk; lette.
laud [lɔ:d] *vb* prise, lovprise, berømme; *sb* pris, lovprisning.
laudable ['lɔ:dəbl] *adj* rosværdig, prisværdig.
laudanum ['lɔ(:)dnəm] *sb* laudanum, opiumsdråber.
laudatory ['lɔ:dət(ə)ri] *adj* lovprisende, rosende.
I. laugh [la:f] *vb* le; smile; sige leende; ~ *at* le ad; udle, gøre sig lystig over; ~ *down* udle, lade drukne i latter, slå hen i latter; ~ *in sby's face* le en op i ansigtet; ~ *in (el. up) one's sleeve* le i skægget; ~ *off* le ad, slå hen i latter; *I'll make him* ~ *on the wrong (el. other) side of his mouth (el. face)* jeg skal nok tage pippet fra ham, han er vist ikke så kæphøj når jeg er færdig med ham; ~ *him out of court* gøre ham fuldstændig til grin; ~ *to scorn* udle, hånle ad; *it is enough to make a cat* ~ det er til at dø af grin over.
II. laugh [la:f] *sb* latter; *have a good* ~ *at* få sig en ordentlig latter over; *have the* ~ *of* triumfere over; *the* ~ *was* **on** *(el. against) him* han blev til latter *(el.* grin); *there is a* ~ *on every page* på hver side er der noget morsomt *(el.* noget at le ad); *I had (el. got) the* ~ *on him* jeg fik latteren på min side; *raise a* ~ vække munterhed.
laughable ['la:fəbl] *adj* lattervækkende, morsom.
laughing ['la:fiŋ] *sb* latter; *adj* leende; smilende.
laughing| gas lattergas. ~ **jackass** *zo* latterfugl. ~ **matter:** *no* ~ *matter* ikke noget at le ad, en alvorlig sag. **-stock** skive for latter; *be a -stock to* være til grin for.
laughter ['la:ftə] *sb* latter.
I. launch [lɔ:nʃ] *vb* sætte i gang, starte, begynde, indlede *(fx an attack);* sætte i vandet, lade løbe af stabelen, søsætte *(fx a ship);* udskyde *(fx a torpedo);* opsende *(fx a rocket);* slynge, kaste *(fx a spear);* udslynge *(fx threats); (merk:* om vare) introducere; ~ *him in(to) business* sætte ham i gang med en forretning; ~ *(out) into* kaste sig ud i, vove sig ud i *(el.* på); ~ *out* øse penge ud.
II. launch [lɔ:nʃ] *sb* raketopsendelse; *(mar)* stabelafløbning, søsætning; barkasse, stor båd.
launcher ['lɔ:nʃə] *sb* udskydningsapparat; (på gevær) granatstol. **launch(ing) pad** (raket)afskydningsrampe.
launder ['lɔ:ndə] *vb* vaske (og rulle *el.* stryge); kunne vaskes *(fx it -s well);* (om sorte penge) vaske hvide.
launderette [lɔ:ndə'ret] *sb* selvbetjeningsvaskeri; møntvask.
laundress ['lɔ:ndrəs] *sb* vaskekone.
laundromat ['lɔ:ndrəmæt] *sb (am)* = *launderette.*
laundry ['lɔ:ndri] *sb* vaskerum; vaskeri *(fx send clothes to the* ~*);* vasketøj *(fx the* ~ *has come back).*
laundry list vaskeseddel; *(fig)* alenlang liste.
laureate ['lɔ:riət] *adj* kronet med laurbærkrans; *Poet Laureate* hofdigter.
laurel ['lɔr(ə)l] *sb (bot)* laurbær, laurbærtræ; *vb* laurbærkranse; *gain (el. win) -s* høste laurbær; *rest on*

one's -s hvile på sine laurbær; *look to one's -s* passe på at man ikke bliver overgået af en rival, våge skinsygt over sit ry.

lav [læv] T = *lavatory.*

lava ['la:və] *sb* lava.

lavage [lə'va:ʒ] *sb (med.)* udskylning.

lavaret ['lævərət] *sb zo* helt (en fisk).

lavatory ['lævət(ə)ri] *sb* toilet, wc, vaskerum; håndvask, vaskekumme; ~ *joke* latrinær vittighed; ~ *pan* wc-kumme.

lave [leiv] *vb (glds)* bade; beskylle.

lavement ['leivmənt] *vb* udskylning, lavement.

lavender ['lævində] *sb (bot)* lavendel; (farve) lavendelblå; *vb* parfumere med lavendel; lægge lavendler mellem; *lay up in* ~ *(fig)* gemme omhyggeligt til senere brug.

lavender grey lavendelgrå.

lavish ['læviʃ] *adj* ødsel *(in, of* med), rundhåndet, flot; rigelig; overdådig; *vb* ødsle med, strø om sig med, bortødsle; ~ *one's affection on sby* øde sin kærlighed på en, kaste al sin kærlighed på en.

lavishly ['læviʃli] *adv* ødselt, med rund hånd.

I. law [lɔ:] *interj* T Gud Fader bevares!

II. law [lɔ:] *sb* lov; ret; retsvidenskab, jura; (i sport) forspring; *the* ~ loven; T politiet; *the Law (rel)* moseloven;

~ *and order* lov og orden; retsikkerheden; *be at* ~ føre proces; *follow the* ~ studere jura; *go to* ~ *against, have the* ~ *on* T anlægge sag mod; *lay down the* ~ udtale sig myndigt og selvsikkert, docere; *lay down the* ~ *to him* foreskrive *(el.* diktere) ham hvad han skal gøre, give ham ordentlig besked; *make it* ~ lovfæste det; *practise the* ~ drive advokatvirksomhed; *take the* ~ *into one's own hands* tage sig selv til rette; *be a* ~ *unto oneself* sætte sig ud over alle hensyn *(el.* bestemmelser), gøre hvad der passer én.

law|-abiding ['lɔ:əbaidiŋ] *adj* lovlydig. **-breaker** lovovertræder. ~ **centre** retshjælpskontor. **-court** domstol, ret; *the Law Courts* (især retsbygningen i London).

lawful ['lɔ:f(u)l] *adj* lovlig, retmæssig *(fx the* ~ *owner);* lovformelig, retsgyldig *(fx marriage);* legitim *(fx child);* ~ *age* fuldmyndighed; ~ *business* lovligt ærinde; ~ *money* lovligt betalingsmiddel.

law|giver *sb* lovgiver. **-giving** *adj* lovgivende; *sb* lovgivning.

lawk(s) [lɔ:k(s)] *interj* S Gud Fader bevares!

lawless ['lɔ:ləs] *adj* ulovlig *(fx act);* lovløs *(fx country);* retsløs.

law| lord juridisk kyndigt medlem af Overhuset. **-maker** lovgiver. ~ **making** *sb* lovgivning.

law merchant: *the* ~ lovene vedrørende handelsforhold.

I. lawn [lɔ:n] *sb* lawn, fin kammerdug; lawnærmer (på biskops ornat); bispeembede.

II. lawn [lɔ:n] *sb* græsplæne, plæne; (i skov) lysning, åben plet mellem træer.

lawn| mower plæneklipper, græsslåmaskine. ~ **sprinkler** plænevander. ~ **tennis** lawntennis, tennis.

law student juridisk student, jurist.

lawsuit ['lɔ:s(j)u:t] *sb (jur)* proces, retssag, søgsmål; *carry on a* ~ føre proces; *be involved in a* ~ *with* ligge i proces med.

lawyer ['lɔ:jə] *sb* jurist; advokat.

I lax [la:ks] *sb (am)* røget laks.

II. lax [læks] *adj* løs, slap *(fx morals);* efterladende.

laxative ['læksətiv] *adj* afførende; *sb* laksativ, afførende middel; ~ *pill* afføringspille.

laxity ['læksiti] *sb* slaphed, løshed; ubestemthed.

I. lay [lei] *vb (laid, laid)* **1.** lægge, sætte *(fx a snare, a trap);* stille; **2.** få til at lægge sig, dæmpe *(fx the dust, the waves);* slå ned *(fx crops laid by the storm);* mane i jorden *(fx a ghost);* **3.** lægge på *(fx linoleum);* lægge til rette; nedlægge *(fx a cable, pipes);* anlægge *(fx a road);* **4.** dække *(fx the floor was laid with a carpet);* **5.** vædde, holde *(fx I'll* ~ *ten to one that he wins);* **6.** slå (om tovværk) **7.** lægge æg; **8.** *(mil.)* indstille *(fx a gun);* **9.** S gå i seng med, bolle *(fx a girl);*

(med *sb)* ~ *one's bones* blive begravet; ~ *claim to* fremsætte krav om, gøre krav på; ~ *a course for* sætte kurs mod; ~ *a fire,* se *I. fire;* ~ *one's finger on* sætte fingeren på; udpege; *don't dare to* ~ *a finger on me* vov ikke at røre mig; ~ *hands on* lægge hænderne på, ordinere, indvi; (voldeligt:) lægge hånd på; (om ting) få fat på, få fingre i, bemægtige sig; *I can't* ~ *my hand(s) on it now* jeg kan ikke finde det lige nu; ~ *hold of* tage fat i, gribe; ~ *siege to* belejre; ~ *the table* dække bord;

(med *præp, adj, adv)* ~ **about** *one* slå om sig; ~ **aside** lægge til side; lægge op *(fx money);* henlægge, skrinlægge *(fx a plan);* opgive; aflægge *(fx a habit);* svigte *(fx old friends);* kassere; ~ **bare** blotlægge, afsløre; ~ *one's case* **before** forelægge *(el.* fremlægge) sin sag for; ~ **by** lægge til side, lægge op *(fx money); (mar)* dreje under; ~ **down** lægge ned; nedlægge *(fx one's arms);* fastlægge *(fx the main outlines of a scheme),* fastsætte; opstille; anlægge, konstruere, bygge *(fx a railway); (agr)* udlægge *(in* til), tilså *(in* med); ~ *down the condition that* stille den betingelse at; ~ *down the law,* se *II. law;* ~ *down one's life* ofre sit liv; ~ *down one's office* nedlægge sit hverv; ~ **in** forsyne sig med, indtage; *the scene is laid in London* scenen er henlagt til London; ~ **into** klø løs på; ~ **low** slå ned; tvinge til at holde sengen; *be laid low* ligge i sengen; være sengeliggende; ~ **off** afmærke, afmåle; afskedige (midlertidigt); lade være, holde op; *(mar)* lægge fra; (især *am)* holde pause, holde fri; ~ *off him* lade ham slippe, lade ham være i fred;

~ **on** lægge på, pålægge *(fx* ~ *a tax on sth);* smøre på, påstryge *(fx paint);* indlægge *(fx electricity);* arrangere, ordne, sørge for; tildele; angribe, slå, banke; *a job with a car laid on* et job hvor der følger bil med; ~ *it on thick* give én en ordentlig dragt prygl; smøre tykt på; ~ **open** åbne, slå hul på; blotte; afsløre, røbe; ~ *oneself open to* udsætte sig for *(fx criticism);* ~ **out** lægge frem; klæde (lig) og lægge (det) i kiste; tilrettelægge; arrangere; anlægge; (om person) slå ned; slå ud; (om penge) give ud; ~ *oneself out* anstrenge sig; ~ **over** udsætte, opsætte; *(am)* gøre ophold; ~ **to** tage fat; slå løs; (om skib) dreje under; ~ *to the oars* ro 'til; ~ *sby* **under** *the necessity of doing sth* tvinge én til at gøre noget; ~ **up** lægge op *(fx a ship);* samle *(fx treasures);* tvinge til at holde sengen; *be laid up* ligge i sengen; ~ *up a car* klodse en bil op; ~ *up for* sætte kurs mod.

II. lay [lei] *præt* af *lie.*

III. lay [lei] *sb* retning, stilling; (ved fiskeri) andel, part; (af tov) slåning; S arbejde, forretning, fag, specialitet; *(am)* pris; S knald (ɔ: samleje); *she is an easy* ~ hun er let at komme i seng med; *the* ~ *of the land* terrænforholdene; *(fig)* 'hvordan landet ligger'.

IV. lay [lei] *sb* sang, kvad, digt.

V. lay [lei] *adj* læg; lægmands-.

layabout ['leiəbaut] *sb* dagdriver, drønnert.

lay brother lægbroder.

layby ['leibai] *sb* vigeplads; holdebane; *(jernb)* vigespor.

lay days *pl (mar)* liggedage.

I. layer ['leiə] *sb* æglægger; deltager i væddemål.

II. layer ['leiə] *sb* lag; (i havebrug) aflægger.

III. layer ['lɛə] *vb* (i havebrug) aflægge, nedkroge, formere ved aflægning.

layer cake lagkage.

layer-on ['leiərɔn] *sb (typ)* pålægger.

layette [lei'et] *sb* babyudstyr.
lay figure *sb* lededuke, gliedermann; *(fig)* marionet.
laying on of hands håndspålæggelse.
lay lord overhusmedlem som ikke er *law lord.*
layman ['leimən] *sb* lægmand.
layoff ['leiɔf] *sb* (midlertidig) afskedigelse; ledighed, arbejdsløshed.
layout ['leiaut] *sb* anlægning, anlæg, plan, indretning; (om bog) opsætning, udstyr; *(typ)* satsskitse; (reklame *etc)* layout.
layover ['leiəuvə] *sb (am)* ophold.
lay reader *(rel.)* (lægmand der oplæser bibeltekster (og prædiker) ved gudstjeneste).
layshaft ['leiʃa:ft] *sb (tekn)* forlagsaksel, mellemaksel.
lazar ['læzə] *sb (glds)* spedalsk.
lazaretto [læzə'retəu] *sb* spedalskhedshospital, epidemihospital; karantænebygning; karantæneskib.
laze [leiz] *vb* dovne, drive.
lazuli ['læzjulai]: *lapis* ~ lapis lazuli.
lazy ['leizi] *adj* doven, lad.
lazy|bones ['leizibəunz] dovenlars. ~ **Susan** *(am)* drejeligt fad. ~ **-tongs** vinduessaks (redskab hvormed genstande uden for rækkevidde kan nås).
lb. [paund] *fk libra* (engelsk) pund (454 g.).
lbs. [paundz] *pl* af *lb.*
l.b.w. (i kricket) *fk leg before wicket* ben for.
l/c *fk letter of credit.*
L.C.J. *fk Lord Chief Justice.*
l.c.m., L.C.M. *fk lowest (el. least) common multiple.*
Ld. *fk Lord.*
LDC *fk less developed country* u-land.
LEA *fk Local Education Authority.*
lea [li:] *sb (glds)* eng, mark (der ligger hen som græsgang); (om garn) fed.
leach [li:tʃ] *vb* væde, fugte; filtrere; udvaske; udlude.
I. lead [led] *sb* bly; *(mar)* blylod, lod; (i blyant) stift; *(min.)* grafit; (maling:) mønje; *(typ)* steg, reglet; *-s pl (ogs)* blyplader, blytag, blytækning, blyindfatning; *(typ)* skydelinier, skydning; *vb* overtrække *(el.* indfatte) med bly; *(typ):* ~ *out* skyde; *cast of the* ~ lodskud; *heave the* ~ *(mar)* hive loddet; *swing the* ~ skulke, pjække den.
II. lead [li:d] *vb (led, led)* føre, lede, anføre; stå i spidsen for *(fx an army); (mus.)* være koncertmester i, *(am)* dirigere; (i kortspil) spille ud *(fx* ~ *the king);* (ved jagt) sigte foran (et mål der er i bevægelse) *(fx* ~ *a duck);* (uden objekt) føre *(fx England -s by 40 runs);* være foran, være førstemand, føre an, gå foran; føre hen *(fx where does this road* ~*?);* (i kortspil) spille ud; *(jur)* åbne sagen *(fx Mr Marshall led for the Prosecution);*

~ *astray* føre på vildspor, føre på afveje, forføre; ~ *sby a dance,* se *I. dance;* ~ *a double life* føre en dobbelttilværelse; ~ *a happy life* leve et lykkeligt liv; ~ *sby a dog's life,* se *dog's life;* ~ *off* begynde, indlede, lægge for; ~ *on* opmuntre *(el.* lokke) til at fortsætte; forlede; ~ *out of* ligge ved, støde op til *(fx my room -s out of the hall);* ~ **to** føre til; få til at *(fx what led you to think so?);* bevæge til at, forlede til at; *I am led to believe* jeg må tro; *South to* ~ (i bridgeopgave) syd spiller ud; ~ *up the garden (path),* se *garden;* ~ *up to* forberede; lægge op til; efterhånden føre til; ~ *the way* gå foran, føre an, vise vejen.
III. lead [li:d] *sb* ledelse, anførsel, førerskab; (i konkurrence) føring *(fx he lost the* ~*);* forspring; *(fig)* vink, fingerpeg *(fx could you give him a* ~*?),* eksempel *(fx they followed the* ~ *of the students in their demonstrations);* (i avis) resumé som indledning til artikel; *(teat)* hovedrolle; indehaver af hovedrolle, helt(inde); (til hund *etc)* snor, rem; (i is) rende; *(elekt)* ledning, leder; (i kortspil) forhånd, udspil; *(mar:* rebs) visning; *give him a* ~ *(ogs)* sætte ham på sporet; vise ham et godt eksempel; *have the* ~ (i konkurrence) føre, ligge i spidsen; (i kortspil) sidde i forhånd, have udspillet; *have a* ~ *of a yard* føre med en yard, have et forspring på en yard; *keep a dog on the* ~ føre en hund i snor; *return one's partner's* ~ (i bridge) svare på sin makkers invitation; *take the* ~ tage føringen, gå i spidsen.
leaded ['ledid] *adj* blyindfattet.
leaden [ledn] *adj* bly-; (farve) blygrå; *(fig)* blytung *(fx limbs),* knugende *(fx atmosphere),* tung og kedelig *(fx style).*
leader ['li:də] *sb* fører, anfører, leder, førstemand; foregangsmand; forsanger, fordanser; (for orkester) koncertmester, *(am)* orkesterleder; (i kortspil) den der spiller ud; *(jur, mods junior)* førsteadvokat; (i avis) ledende artikel, leder; (film) førestrimmel; (i firspand *etc)* forløber; *(anat)* sene; *(bot)* ledegren, ledeskud; (fra tagrende) nedløbsrør; *(am:* på snøre) forfang; *-s pl (typ)* registerpunkter, udprikning; (se også *leading question).*
leaderette [li:də'ret] *sb* kort ledende artikel.
leadership ['li:dəʃip] *sb* førerskab, ledelse; lederevner.
lead-in ['li:din] *sb* indføring (til radio *etc);* annoncering (af radioudsendelse); oplæg, introduktion.
I. leading ['ledìŋ] *sb* blyindfatning; *(typ)* skydning.
II. leading ['li:diŋ] *sb* ledelse, førerskab; *adj* ledende, førende; hoved-; vigtigste.
leading| article leder (i avis), ledende artikel. ~ **case** *(jur)* retssag hvis afgørelse tjener som præcedens. ~ **edge** *(flyv)* forkant. ~ **fashion** herskende mode. ~ **hand** (i kortspil) forhånd. ~ **lady** *(teat)* primadonna. ~ **light** *(mar)* ledefyr; *(fig)* ledende skikkelse. ~ **man** *(teat)* førsteskuespiller, hovedrolles indehaver. ~ **mark** *(mar)* ledemærke. ~ **motive** ledemotiv. ~ **part** *(teat)* hovedrolle. ~ **question** suggestivt spørgsmål; spørgsmål der er sådan formuleret at det lægger den adspurgte *(fx* vidnet) svaret i munden. ~ **strings** *pl* gåsele; *(fig)* ledebånd; *be in* ~ *strings* gå i ledebånd; lade sig lede.
lead| line ['ledlain] *(mar)* lodline. ~ **monoxide** *(kem)* blyilte, sølvergløð.
leadoff ['li:dɔf] *sb* begyndelse, start; *adj* indledende, første.
lead pencil ['led'pensl] blyant.
leads [ledz] *sb pl* blylister til blyindfattede ruder; fladt blytag.
leadsman ['ledzmən] *sb (mar)* lodhiver.
I. leaf [li:f] *sb (pl leaves) (bot)* blad, løv; (i bog) blad; (af metal) tynd plade; (til bord) plade, udtræk, (på hængsler) klap; (af hængsel) blad, plade; (af dør) fløj; (af bro) klap; *in* ~ med udsprungne blade; *come into* ~ springe ud, få blade; *take a* ~ *out of his book* efterligne ham; tage ham til forbillede; tage ved lære af ham; *turn over a new* ~ tage skeen i den anden hånd, begynde et nyt og bedre levned.
II. leaf [li:f] *vb* få blade; springe ud; ~ *through a book* blade en bog igennem.
leafage ['li:fidʒ] *sb* løv, blade.
leaf| fat flomme. ~ **fungus** bladsvamp.
leafing ['li:fiŋ] *sb* løvspring.
leaf| insect *zo* vandrende blad. ~ **lard** flommefedt.
leaflet ['li:flət] *sb* lille blad, *(bot)* småblad; (tryksag:) folder, brochure, pjece; småtryk; *vb* uddele propagandamateriale (i).
leaf| mould bladjord; (plantesygdom:) fløjlsplet. **-roll** *(bot)* bladrullesyge. ~ **stripe** *(bot)* stribesyge (hos byg). **-work** løvværk.
leafy ['li:fi] *adj* bladrig, bladlignende; løv-.
I. league [li:g] *sb (glds* længdemål = ca. 3 engelske mil); *seven-league boots* syvmilestøvler.
II. league [li:g] *sb* forbund, liga, sammenslutning; (i

sport) division, serie; liga; *vb* indgå forbund; forene; alliere sig *(with* med); *the League (of Nations) (hist.)* Folkenes Forbund, Folkeforbundet.

leaguer ['li:gə] *sb* forbundsmedlem.

I. leak [li:k] *sb* læk; *(mar ogs)* lækage; utæthed; *(fig)* indiskretion; *start (el. spring) a ~* springe læk; *take a ~* S tisse.

II. leak [li:k] *vb* lække, være læk; være utæt *(fx the tent -s); (fig)* røbe; S tisse; *~ in* sive ind; *~ out (ogs fig)* sive ud; *~ it to the press* lade det sive ud til pressen; give pressen besked om det under hånden.

leakage ['li:kidʒ] *sb* læk; lækage; udsivning; *(fig)* indiskretion; det at oplysninger slipper ud; *~ of current (elekt)* strømtab.

leaky ['li:ki] *adj* læk, utæt.

leal [li:l] *adj* (på skotsk) tro, trofast, ærlig; *the land of the ~* ɔ: himlen.

I. lean [li:n] *sb* hældning.

II. lean [li:n] *vb (præt* og *pp leant* [lent] *el. leaned)* hælde; støtte (sig), læne (sig); *~ against* læne sig til *(el.* op ad) *(fx the door); ~ backwards* læne sig tilbage; *~ on* støtte sig til *(fx the table; his advice); (fig)* lægge pres på, true; *~ on his arm (ogs)* tage ham under armen; *~ over backwards (fig)* gøre sig overdreven (, den yderste) umage, gøre sig vældige anstrengelser, „stå på hovedet".

III. lean [li:n] *sb* magert kød; *adj* mager; *you must take the ~ with the fat* man må tage det onde med det gode.

lean-faced *adj (typ)* mager.

leaning ['li:niŋ] *sb* tendens, hældning, tilbøjelighed.

Leaning Tower: *the ~ of Pisa* det skæve tårn i Pisa.

leant [lent] *præt* og *pp* af *lean.*

lean-to ['li:ntu:] *sb* skur (med halvtag); halvtag.

I. leap [li:p] *vb (præt* og *pp leapt* [lept] *el. leaped)* springe, hoppe; springe over, hoppe over; lade springe; *look before you ~* tænk dig godt om, før du handler.

II. leap [li:p] *sb* spring; *advance by -s and bounds* rykke frem med stormskridt *(el.* syvmileskridt); *a ~ in the dark (fig)* et spring ud i det uvisse; *take the ~* vove springet.

leap day skuddag.

leap-frog ['li:pfrɔg] *sb* springen buk; *vb* springe buk; *(fig)* skiftevis passere hinanden; *play ~* springe buk.

leapt [lept] *præt* og *pp* af *leap.*

leap year skudår.

learn [lə:n] *vb (præt* og *pp learned el. learnt)* lære; få at vide, erfare, høre; *~ by heart* lære udenad; *~ by rote* lære på ramse.

learned ['lə:nid] *adj* lærd; *~ journal* videnskabeligt tidsskrift; *~ library* videnskabeligt bibliotek.

learner ['lə:nə] *sb* elev *(fx* i en forretning); *Learner* (kendemærke på bil:) skolevogn; *he is a quick ~* han er hurtig til at (tage ved) lære.

learning ['lə:niŋ] *sb* lærdom.

I. lease [li:s] *sb* **1.** leje, forpagtning; langtidsleje; **2.** lejemål; **3.** forpagtningskontrakt, lejekontrakt; **4.** forpagtningstid; frist; **5.** (i vævning) skel; *a long ~* forpagtning på langt åremål; *give a new ~ of life* indgyde nyt liv; *take a new ~ of life* få nyt liv, leve op igen, forynges; *take on ~* leje; *(merk)* langtidsleje.

II. lease [li:s] *vb* udleje, bortforpagte, bortfæste; forpagte, leje; *(merk)* langtidsleje.

leasehold ['li:s(h)əuld] *sb* forpagtning; lejet (, forpagtet) ejendom; *adj* lejet, forpagtet.

leaseholder ['li:s(h)əuldə] *sb* lejer, forpagter, fæster.

lease-lend se *lend-lease.* **lease rod** skelkæp.

leash [li:ʃ] *sb* kobbel; rem, snor; *vb* holde *(el.* føre) i snor; binde sammen; binde; koble; *a ~ of hounds (, hares etc)* tre hunde (, harer *etc); on a ~* i bånd; i snor; *hold in ~* beherske; tøjle, holde i ave *(el.* i tømme); *strain at the ~ (fig)* være ivrig efter at komme til, vente utålmodigt.

least [li:st] *adj* mindst, ringest; *at ~* i det mindste; mindst; (indledende en berigtigelse) det vil (da) sige, eller rettere sagt; *not in the ~* ikke spor, ikke i mindste måde; *to say the ~ (of) it* mildest talt; (se også *I. mend).*

least common multiple mindste fælles mangefold.

leastways ['li:stweiz] *adv* S i det mindste.

leat [li:t] *sb* mølle-rende.

leather ['leðə] *sb* læder, skind; læderstykke, læderrem; fodbold, kricketbold; *-s pl (ogs)* skindbukser; *vb* beklæde med læder; tampe, bearbejde ens ryg; *nothing like ~* éns egne varer er altid bedst.

leatherback ['leðəbæk] *sb zo* læderskildpadde.

leatherette [leðə'ret] *sb* kunstlæder.

leatherjacket ['leðədʒækit] *sb zo* stankelbenslarve.

leathern ['leðən] *adj* af læder; læder-.

leatherneck ['leðənek] *sb (am)* marineinfanterist, 'læderhals'.

leathery ['leðəri] *adj* læderagtig, sej (som læder).

I. leave [li:v] *sb* tilladelse; permission; orlov; frihed; afsked; *~ ashore* landlov; *ask ~* bede om lov; *beg ~ to* bede om lov til at; *by your ~* med Deres tilladelse; *~ of absence* orlov; *home on ~* hjemme på orlov; *~ out* tilladelse til at gå ud; *take one's ~* tage afsked; *take ~ of one's children* tage afsked med sine børn; *take ~ of one's senses* gå fra forstanden; *take ~ to* tillade sig at.

II. leave [li:v] *vb (left, left)* forlade, gå fra *(fx I can't possibly ~ him);* efterlade, glemme *(fx I left my gloves in the pub),* lade ligge (, stå, være etc) *(fx he left his luggage at the station; can't you ~ those letters till tomorrow?),* lægge, stille, anbringe; lade være tilbage, levne *(fx don't ~ any of your dinner);* gøre til *(fx polio had left him a wreck);* aflevere, overlade *(fx ~ that to me);* (om afdød) efterlade sig *(fx he -s a wife and six children),* testamentere *(fx he left her a fortune); (glds)* ophøre med *(fx he left drinking for two years);* (uden objekt) tage af sted, rejse, afrejse; (om befordringsmiddel) (af)gå *(fx when does the train ~);*

(forsk forb) **be left** blive forladt *(etc);* være tilbage *(el.* tilovers) *(fx there is not much money left);* sidde tilbage *(fx he was left with a child to support; she was left with a feeling of frustration); she was left a widow* hun blev enke; *be (nicely) left* blive taget grundigt ved næsen; *~* **go** *(el. hold) of* give slip på, slippe *(fx her hand); ~* **much** *to be desired* lade meget tilbage at ønske; *six from seven -s one* seks fra syv er en; *~ the* **rails** løbe af sporet, blive afsporet; *~ the* **road** køre i grøften; *~ the* **table** rejse sig fra bordet; *~* **word** *with* lægge besked hos;

(forb med adj, adv, præp) ~ the books **about** lade bøgerne ligge og flyde; *~* **alone** lade være (i fred); holde sig fra; *we had better ~ well alone* vi må hellere lade det være som det er; det er godt nok som det er; *~ it* **at that** lade det være nok; nøjes med det; *~* **behind** lægge bag sig, forlade *(fx when I ~ this world behind);* efterlade sig, lade (blive) tilbage; glemme; *~* **for** rejse til *(fx he left for Spain yesterday),* afgå til; *~* **off** holde op *(fx the rain left off);* holde op med *(fx he left off smoking),* (om tøj) aflægge, holde op med at gå med; *~ the church* **on** *your left* gå højre om kirken; *~ the door* **open** lade døren stå; *~ the matter open* lade det stå hen; *~* **out** forbigå, udelade, springe over, glemme; *he was left out of the team* han kom ikke med på holdet; *~ it* **over** lade det vente, gemme det; *~ it* **to** *me* lad mig om det; *~ it to chance (ogs)* lade tilfældet råde; *he left all his money to her* han testamenterede hende alle sine penge; *I'll ~ that to you* det må du selv bestemme; (som svar på spørgsmål om pris *ogs)* det er efter behag.

leaved [li:vd] *adj* med blade; med fløje.
leaven ['levn] *sb* surdej; *vb* syre, gennemsyre.
leaves [li:vz] *pl* af *leaf.*
leave-taking ['li:vteikiŋ] *sb* afsked.
leaving certificate afgangsbevis.
leaving examination afgangseksamen.
leavings ['li:viŋz] *sb pl* levninger, madrester.
Lebanese ['lebəni:z] *sb* libaneser; *adj* libanesisk.
Lebanon ['lebənən] Libanon.
lech [letʃ] *sb vb* T: *have a ~ for, ~ after (el. for)* være varm på, være lysten efter.
lecher ['letʃə] *sb* liderlig person, vellystning.
lecherous ['letʃ(ə)rəs] *adj* vellystig, liderlig.
lechery ['letʃ(ə)ri] *sb* liderlighed.
lectern ['lektən] *sb* læsepult, pult (i kirke); (i universitet) kateder, talerstol.
lection [lekʃn] *sb* lektie (forelæst stykke af Bibelen); læsemåde, variant (i tekst).
lecture ['lektʃə] *sb* foredrag, forelæsning; straffepræken; formaningstale; *vb* holde forelæsning; *~ him, read him a ~* skælde ham ud, læse ham teksten.
lecture list lektionskatalog.
lecturer ['lektʃ(ə)rə] *sb* foredragsholder; forelæser; (ved universitet) lektor.
lecture room auditorium.
lectureship ['lektʃəʃip] *sb* lektorat.
led [led] *præt* og *pp* af *II. lead.*
ledge [ledʒ] *sb* fremspringende kant; liste; smal hylde; revle (på dør); klipperev; klippeafsats.
ledger ['ledʒə] *sb (merk)* hovedbog, *(bibl)* protokol; (på gravsted) stor, flad sten; (i stillads) ridebræt; *balance the ~* afslutte hovedbogen.
ledger line bilinie (i nodesystem).
lee [li:] *sb* ly, læ; læside; *under the ~ of* i læ af.
leeboard ['li:bɔ:d] *sb (mar)* sværd (ɔ: plade på skibsside, til at forhindre afdrift).
I. leech [li:tʃ] *sb* igle; *(fig)* blodsuger; *(glds)* læge; *vb* årelade ved igler; *he sticks like a ~* han suger sig fast som en igle; han er ikke til at ryste af.
II. leech [li:tʃ] *sb (mar)* lig, agterlig (på sejl).
leech rope *(mar)* stående lig.
Leeds [li:dz].
leek [li:k] *sb (bot)* porre; (Wales' nationalsymbol).
leer [liə] *sb* sideblik, (ondt *el.* lystent, sjofelt) blik; *vb* skæve, skotte, smiske *(at* til); *~ at her* (også) sende hende et lystent blik.
leery ['liəri] *adj* S : *be ~ of* være utryg ved, være forsigtig (, mistroisk, på vagt) over for; *be ~ of -ing* være utryg ved at; være forsigtig med at.
lees [li:z] *sb pl* bundfald, bærme; *drain to the ~* tømme til sidste dråbe.
leeward ['li:wəd; *(mar)* 'l(j)u(:)əd] *sb, adj* læ; *adv* i læ; *the Leeward Islands* (den nordligste gruppe af de små Antiller).
leeway ['li:wei] *sb (mar, flyv)* afdrift; *(fig)* forsinkelse; T spillerum, (sikkerheds)margin; *make up ~* indhente det forsømte; *have much ~ to make up* være langt bagefter med sit arbejde.
I. left [left] *adj* venstre; *adv* til venstre; *sb* venstre side; venstre fløj *(fx he belonged to the extreme ~ of the Labour party);* venstreparti; (i boksning) venstrehåndsstød; *a straight ~* en lige venstre; *to the ~* til venstre.
II. left [left] *præt* og *pp* af *leave.*
left-hand drive venstrestyring (i bil).
left-handed ['left'hændid] *adj* venstrehånds- *(fx blow),* til venstre hånd *(fx a ~ golf club);* (om person) kejthåndet, venstrehåndet; *(fig)* kejtet, klodset, tvivlsom *(fx compliment);* (om tovværk) venstresnoet; *~ marriage* ægteskab til venstre hånd, morganatisk ægteskab.
left-hander ['lefthændə] *sb* kejthåndet person; slag med venstre hånd.
leftism ['leftizm] *sb* venstreorientering, venstreorienteret indstilling.
leftist ['leftist] *sb, adj* venstreorienteret.
left-luggage office garderobe (på jernbanestation).
left-over ['leftəuvə] *sb* levn, rest; *-s pl (ogs)* levninger.
left wing venstre fløj; (i fodbold) venstre wing. **left-wing** *adj* som befinder sig på venstrefløjen; venstreorienteret.
I. leg [leg] *sb* ben; (om steg) kølle *(fx a ~ of mutton);* lår; (støvle-, strømpe-) skaft; (af rejse) etape, (af stafetløb) delstrækning; *(mar)* slag; (i fodboldturnering *etc)* kamp; *first ~* første kamp (på hjemmebane); *second ~* returkamp;
~ before wicket (i kricket) ben for; **fall** *on one's -s* falde ned på benene; slippe heldigt fra det; **feel** *(el. find) one's -s* begynde at kunne støtte på benene; *(fig)* begynde at føle sig sikker, finde sig til rette; **get** *on one's -s* rejse sig (for at tage ordet); **give** *sby a ~ up* give en en håndsrækning; **keep** *one's -s* holde sig på benene; **make** *a ~* gøre skrabud; **pull** *sby's ~* bilde én noget ind, gøre grin *(el.* lave sjov) med én; **put** *one's best ~ foremost* sætte det lange ben foran; **run** *off one's -s* udaset; **set** *sby on his -s (again)* bringe en på fode *(el.* på benene); **shake** *a ~* S få sig en svingom, danse; **show** *a ~!* se så at komme ud af fjerene! **stand** *on one's own -s* stå på egne ben; *not have a ~ to stand on* ikke have noget at støtte sig til; stå meget svagt (i debat, retssag); ikke have nogen (gyldig) undskyldning; **take** *to one's -s* tage benene på nakken; **walk** *sby off his -s* gå en sønder og sammen, gøre en helt udmattet.
II. leg [leg] *vb: ~ it* T gå på sine ben; bene af, stikke af.
legacy ['legəsi] *sb* arv.
legacy hunter testamentjæger.
legal [li:gl] *adj* lovlig, legal, retsgyldig, lovformelig; tilladt *(fx speed* hastighed); lovbestemt, lovbefalet; juridisk *(fx adviser),* retslig, rets- *(fx document); take ~ action* gå rettens vej; *the ~ profession* juristerne, advokatstanden.
legal| aid (svarer til) (ved retssag) fri proces; (rådgivning) retshjælp for ubemidlede. *~* **deposit** *(bibl)* pligtaflevering (af bøger).
legalism ['li:gəlizm] *sb* streng fastholden ved *(el.* overholdelse af) loven; juristeri; *(rel)* lovtrældom.
legalistic [li:gə'listik] *adj* som holder sig strengt til lovens bogstav; som vedrører (, er optaget af) juridiske finesser; spidsfindig.
legality [li'gæliti] *sb* lovlighed; lovgyldighed.
legalize ['li:gəlaiz] *vb* legalisere, gøre lovgyldig; tillade; *~ pot (ogs)* frigive marihuana.
legal reserve lovmæssig reservefond.
legal tender lovligt betalingsmiddel.
legate ['legit] *sb* legat, sendebud.
legatee [legə'ti:] *sb* arving.
legation [li'geiʃn] *sb* legation; legationskontor.
legator [li'geitə] *sb* testator.
legend ['ledʒənd] *sb* legende, sagn; (kollektivt:) sagnlitteratur *(fx a popular hero in Danish ~); (fig)* fabel, myte; (på mønt) indskrift, inskription; (til billede) underskrift, tekst; *become a ~* (om person) blive en fabel *(el.* myte), blive en sagnskikkelse.
legendary ['ledʒəndri] *adj* legende-; legendarisk, sagnagtig; *sb* legendesamling; *the ~ age* sagntiden.
legerdemain ['ledʒədə'mein] *sb* taskenspillerkunst.
leger line ['ledʒə'lain] bilinie (i nodesystem).
legging ['legiŋ] *sb* lang gamache; *-s pl (ogs)* gamachebukser.
leggo ['legəu] T = *let go* giv slip.
leggy ['legi] *adj* langbenet; ranglet; med pæne ben.
I. Leghorn ['leg'hɔ:n] Livorno.
II. leghorn [le'gɔ:n] *sb* italiener (om høne).

III. leghorn ['leghɔ:n] *sb* (slags stråhat).
legibility [ledʒi'biləti] *sb* læselighed.
legible ['ledʒəbl] *adj* (let) læselig, tydelig.
legion ['li:dʒ(ə)n] *sb* legion; mængde; veteranforening, *their name is ~* deres tal er legio; *the Legion of Honour* æreslegionen.
legionary ['li:dʒənəri] *sb* legionær; *adj* legions-.
legionnaire [li:dʒə'nεə] *sb* legionær; medlem af fremmedlegionen; medlem af *American Legion* (en veteranforening); *-s' disease* legionærsyge.
legislate ['ledʒisleit] *vb* lovgive, give love.
legislation [ledʒis'leiʃn] *sb* lovgivning.
legislative ['ledʒislətiv] *adj* lovgivende *(fx ~ power);* lovgivnings-.
legislator ['ledʒisleitə] *sb* lovgiver.
legislature ['ledʒisleitʃə] *sb* lovgivningsmagt, lovgivende forsamling.
legist ['li:dʒist] *sb* lovkyndig, retslærd.
legit [lə'dʒit] *adj* S = *II. legitimate.*
legitimacy [li'dʒitiməsi] *sb* lovlighed, retmæssighed, legitimitet; (om barn) ægtefødsel; ægthed; (om logisk slutning *etc)* rimelighed, berettigelse.
I. legitimate [li'dʒitimeit] *vb* gøre lovlig, erklære ægte, legitimere, lyse i kuld og køn.
II. legitimate [li'dʒitimət] *adj* retmæssig; lovlig; legitim, (om barn *ogs)* ægtefødt; (logisk *etc)* berettiget, rimelig *(fx reason); -ly (ogs)* med rette, med føje.
legitimate drama *(el.* **theatre): *the ~*** talescenen; det egentlige teater.
legitimation [lidʒiti'meiʃn] *sb* legitimation, lovliggørelse, gyldighedserklæring.
legless ['legles] *adj* S kanonfuld.
legman ['legmən] *sb (am S)* reporter.
leg-of-mutton bedekølle, fårelår; *~ sleeve* skinkeærme.
leg-pull ['legpul] *sb* nummer, drilleri.
leg show forestilling hvor der optræder let påklædte piger.
legume ['legju:m] *sb* bælgplante; bælgfrugt.
leguminous [le'gju:minəs] *adj* bælg-; *~ plant* bælgplante.
leg-up ['legʌp] *sb: give sby a ~* T give én en håndsrækning.
legwork ['legwə:k] *sb (am S)* reportage.
lei [lei] *sb* hawaiiansk blomsterkrans.
Leicester ['lestə].
Leics. *fk Leicestershire.*
leister ['li:stə] *sb* lyster (fiskeredskab).
leisure ['leʒə, *(am)* 'li:ʒər] *sb* fritid, (god) tid; *at ~* i ro og mag; *be at ~* have tid; have fri; *at his ~* når han får tid; når det er ham belejligt; *~ hour* ledig stund; *~ time* fritid.
leisured ['leʒəd, *(am)* 'li:-] *adj* økonomisk uafhængig, magelig; *the ~ class(es)* den besiddende *(el.* privilegerede) klasse.
leisurely ['leʒəli, *(am)* 'li:-] *adj* magelig; rolig; *adv* i ro og mag.
Leith [li:θ].
leitmotif ['laitməuti:f] *sb* ledemotiv.
LEM, lem *fk lunar excursion module* månelandingsfartøj.
leman ['lemən] *sb (glds)* elsker(inde).
lemma ['lemə] *sb* spidsord, opslagsord; (i logik) præmis; *(mat.)* lemma, hjælpesætning.
lemming ['lemiŋ] *sb zo* lemming.
lemon ['lemən] *sb (bot)* citron; citrontræ; S noget ubehageligt; tarveligt trick; *adj* citrongul; *she is a ~* hende er der ikke noget ved; hun er et kedeligt løg.
lemonade [lemə'neid] *sb* citronsodavand, limonade.
lemon|-coloured citrongul. ~ **drop** citronbolsje. ~ **sole** *zo* rødtunge. ~ **squeezer** citronpresser.
lemur ['li:mə] *sb zo* halvabe; lemur; maki.

lend [lend] *vb (lent, lent)* udlåne, låne; give; *~ countenance to* give (sin) støtte til, støtte; gå med til; *~ an ear* lytte; *~ a (helping) hand,* se *I. hand; ~ oneself to* lade sig bruge til, gå med til; *~ itself to* være velegnet til; *it -s itself to abuse* det kan let give anledning til misbrug; *~ probability to the story* tjene til at sandsynliggøre historien, kaste et skær af sandsynlighed over historien.
lender ['lendə] *sb* långiver.
lending-library udlånsbibliotek.
lend-lease: *the Lend-Lease Act (hist.)* låne-og-leje loven.
length [leŋθ] *sb* **1.** længde; **2.** (om tid) længde, varighed *(fx the ~ of the visit);* **3.** længde, stykke *(fx a ~ of rope),* (af tapet, tæppe) bane, (af vej *etc)* strækning; *throughout the ~ and breadth of the country* over hele landet; *travel the ~ and breadth of the country* gennemrejse landet på kryds og tværs;
at ~ omsider, langt om længe, til sidst *(fx at ~ she came);* udførligt *(fx he described her at ~);* længe *(fx he spoke at ~); at full ~* i hele sin længde *(fx he told the story at full ~); fall (at) full ~* falde så lang man er; *at great ~* meget udførligt, meget længe; *at some ~* ret udførligt, temmelig længe; *at arm's ~, se I. arm; win* **by** *three -s* vinde med tre (båds-, heste- *etc)* længder; *their fear was carried* **to** *ridiculous -s* deres frygt blev drevet ud i det latterlige *(el.* gav sig latterlige udslag); **go to** *great -s* gøre sig stor umage; strække sig meget vidt *(fx to please her); he will go to any -s to* han vil gøre hvad det skal være for at; *he went to the ~ of* han strakte sig så vidt at han; (især *neds)* han gik så vidt at han; *be prepared to go (to) all -s (el. any ~)* være parat til at gøre hvad det skal være; ikke sky noget middel.
lengthen [leŋθn] *vb* forlænge, udvide; gøre (, blive) længere; (om tøj) lægge ned; *-ed* længere, langvarig.
lengthways ['leŋθweiz], **lengthwise** [-waiz] *adv* på langs.
lengthy ['leŋθi] *adj* længere *(fx journey);* langtrukken *(fx speech),* omstændelig.
leniency ['li:njənsi] *sb* mildhed, skånsomhed.
lenient ['li:njənt] *adj* mild; skånsom.
Lenin ['lenin].
Leninism ['leninizm] *sb* leninisme.
lenity ['leniti], se *leniency.*
lens [lenz] *sb* linse; *(fot ogs)* objektiv.
I. Lent [lent] faste, fastetid.
II. lent [lent] *præt* og *pp* af *lend.*
Lenten ['lentən] *adj* faste-; *(fig)* alvorlig, dyster, bedrøvelig; *~ fare* tarvelig kost.
lentil ['lent(i)l] *sb (bot)* linse.
Lent| lily *(bot)* påskelilje. ~ **term** forårssemester.
Leo ['li(:)əu] Leo; stjernebilledet Løven.
Leonard ['lenəd].
leonine ['li(:)ənain] *adj* løve-; løveagtig.
leopard ['lepəd] *sb zo* leopard.
leopard's-bane *(bot)* gemserod.
leotard ['li:əta:d] *sb* trikot.
leper ['lepə] *sb* spedalsk.
leprechaun ['leprəkɔ:n] *sb* nisse, dværg.
leprosy ['leprəsi] *sb* spedalskhed.
leprous ['leprəs] *adj* spedalsk.
les [les] S = *lesbian.*
lesbian ['lezbiən] *adj* lesbisk; *sb* lesbisk kvinde.
lese-majesty ['li:z 'mædʒisti] *sb* majestætsforbrydelse, majestætsfornærmelse; højforræderi.
lesion [li:ʒn] *sb* skade, læsion.
less [les] *adj* mindre, ringere; færre *(fx ~ people); præp* minus, med fradrag af; på nær *(fx a month ~ two days); in ~ than no time* på et øjeblik, i løbet af nul komma fem; *none the ~* ikke desto mindre; *no ~ than £100* hele 100 pund; *not ~ than £100* mindst 100

pund; *no ~ a person than* ingen ringere end.

-less [-ləs] *(adj-*endelse) -løs *(fx moneyless* pengeløs), uden.

lessee [le'si:] *sb* lejer, forpagter, fæster.

lessen [lesn] *vb* (for)mindske, nedsætte; *(fx the speed);* svække *(fx the effect);* (uden objekt) (for)mindskes, aftage, blive svagere.

lesser ['lesə] *adj* mindre, ringere; *choose the ~ evil* vælge det mindste af to onder.

lesser| bindweed *(bot)* agersnerle. **~ celandine** *(bot)* vorterod. **~ spearwort** *(bot)* kærranunkel. **~ spelt** *(bot)* enkorn.

lessie ['lesi] S = *lesbian.*

lesson [lesn] *sb* **1.** lektie; **2.** time, lektion, *-s pl (ogs)* undervisning; **3.** (i kirke) lektie (ɔ: bibelstykke); **4.** *(fig)* lektion; lærestreg *(fx let this be a ~ to you),* lærepenge *(fx it was a dear ~);*

do (el. prepare) one's -s læse lektier; *give -s in* undervise i; *take -s from (el. of el. with) sby* tage timer hos en, gå til undervisning hos en; *take -s in* tage timer i, tage *(el.* gå til) undervisning i; *read sby a ~* holde en straffeprækken for én, læse én teksten.

lessor [le'sɔ:, 'le'sɔ:] *sb* bortforpagter, udlejer.

lest [lest] *conj* for at ikke; af frygt for at *(fx I hid it ~ he should see it);* for det tilfælde at; (efter frygtsverber *etc)* BF1at, for at *(fx we were afraid ~ he should come).*

I. let [let] *sb (glds)* hindring; (i tennis) netbold; *vb* hindre; *without ~ or hindrance* uhindret.

II. let [let] *vb (let, let)* lade (ɔ: tillade); bortforpagte, udleje; *(am:* om arbejde) lade få, overdrage; (uden objekt) udlejes;

~ alone lade være (i fred); endsige, for slet ikke at tale om, endnu mindre *(fx he can't even walk, ~ alone run); ~ well alone!* lad det være som det er; det er godt nok som det er; *apartments to (be) ~* værelser til leje; *~ blood* årelade; *~ me by* lad mig komme forbi; **~ down** (ned)sænke, lade gå ned, fire ned, slå ned; skuffe, svigte, lade i stikken *(fx a friend);* (om tøj) lægge ned (ɔ: forlænge); (se *ogs hair); ~ him down gently (fig)* ikke være streng ved ham, tage blidt på ham (ɔ: ved irettesættelse); skåne hans følelser; *~ the side down* svigte holdet; *(fig)* svigte partiet; *~ down the tyres of a bike* lukke luften ud af en cykel, T pifte en cykel; **~ drive** *at* lange ud efter, kaste efter; **~ fly** afskyde, affyre; fyre løs *(at* på); *~ fly at (fig)* skælde ud på, overfuse, angribe voldsomt; **~ go** slippe, give slip (på); *(mar)* lade gå, kaste los; *~ go the anchor* lade ankeret falde; *~ oneself go* slå sig løs, ikke lægge bånd på sig; give sine følelser frit løb; snakke løs; *~ go with a pistol* fyre løs; *~ go with a loud yell* udstøde et højt skrig; *~ it go at that* lade det blive ved det; *let's go!* lad os gå! kom så går vi! *(am)* hæng i!

~ him **have** *it* skælde ham bælgen fuld; lange ham en ud; fyre løs på ham; **~ in** lukke ind, (lade) slippe ind; indføje, indlægge; *~ (oneself) in for* udsætte (sig) for; *~ in on* indvie i; **~ into** (lade) slippe ind i, lukke ind i *(fx ~ him into the house);* indføje i; indsætte i *(fx ~ a window into a wall); ~ sby into a secret* indvie en i en hemmelighed; *~ loose* slippe løs; **~ off** give fri (fra); lade slippe *(fx they ~ him off with a caution);* affyre *(fx a gun),* futte af *(fx a cracker); (vulg)* fise; (om hus *etc)* leje ud i mindre afdelinger; **~ on** T sladre; røbe (noget), lade sig mærke med (noget) *(fx he knows but he will never ~ on);* være 'ved; foregive; **~ out** lukke ud; løslade, lade slippe; røbe *(fx a secret);* udstøde *(fx a laugh, an oath);* leje ud *(fx a room);* (om tøj) lægge ud; *(am:* om arbejde) lade få, overdrage *~ out at* lange ud efter; **~ up** T tage af *(fx the rain is -ting up);* høre op; slappe af; *~ up on* tage lempeligere på.

III. -let [-lət] (diminutivendelse, *fx flowerlet* lille blomst, *leaflet* lille blad).

letdown ['letdaun] *sb* nedsættelse af tempoet; mindskelse af arbejdsindsatsen; afslappelse, afspænding; antiklimaks, fald; skuffelse, 'afbrænder'; *(flyv)* nedstigning (før landing).

letdown procedure *(flyv)* nedstigningsprocedure, landingsprocedure.

lethal [li:θl] *adj* dødelig, dødbringende *(fx dose);* dødsensfarlig; *~ gene (biol)* letalgen.

lethality [li'θæliti] *sb* dødbringende evne, evne til at dræbe.

lethargic [le'θa:dʒik] *adj* letargisk; døsig; dorsk, sløv.

lethargy ['leθədʒi] *sb* døsighed; letargi; sløvhed.

Lethe ['li:θi] *(myt)* Lethe; *(fig)* glemsel, død.

Lett [let] *sb* lette (person fra Letland).

I. letter ['letə] *sb* udlejer.

II. letter ['letə] *sb* bogstav; brev; *(am)* (skoles initial båret som hæderstegn for sportspræstation); *-s pl* litteratur; lærdom; *vb* prente; mærke med bogstaver; *(am)* vinde skoles initial som hæderstegn for sportspræstation; *man of -s* litterat, skribent; lærd; *republic of -s,* se *republic;* **to** *the ~* til punkt og prikke; bogstaveligt.

letter| bag postsæk. **~ book** kopibog. **~ box** brevkasse; postkasse. **-card** lukket brevkort, korrespondancekort. **~ carrier** postbud. **~ case** brevtaske, lommebog.

lettered ['letəd] *adj* mærket med bogstaver; (om bog) med rygtitel; (om person) boglærd, litterær, dannet.

letter| file brevordner; arkivskab; dokumentkasse. **-gram** brevtelegram. **-head** brevhoved; brevpapir med påtrykt hoved, firmabrevpapir.

lettering ['letəriŋ] *sb* indskrift; bogstaver; *~ panel (bogb)* titelfelt, rygskilt.

letter| paper brevpapir. **~ -perfect:** *be ~ -perfect* kunne sin rolle (, lektie *etc)* perfekt. **-press** tekst *(mods* illustrationer); bogtryk; kopipresse, håndpresse. **-press printing** bogtryk. **-space** *vb* spatiere. **-s patent** ['pætnt] *pl* patent, (åbent) brev. **~ weight** brevpresser. **~ writer** brevskriver; brev- og formularbog.

Lettic ['letik], **Lettish** ['letiʃ] *adj, sb* lettisk.

lettuce ['letis] *sb (bot)* (hoved)salat.

let-up ['letʌp] *sb* T ophør, ophold, pause; aftagen, afslapning.

leucocyte ['lju:kəsait] *sb* hvidt blodlegeme.

leukaemia [lju:'ki:mjə] *sb (med.)* leukæmi.

I. Levant [li'vænt]: *the ~* Levanten, de østlige middelhavslande.

II. levant [li'vænt] *vb* stikke af, fordufte.

levantine ['levəntain] *sb* levantiner; *adj* levantisk.

levator (muscle) [lə'veitə('mʌsl)] *sb* løftemuskel.

I. levee ['levi; 'levei] *sb* morgenaudiens; kur.

II. levee ['levi, le'vi:] *sb* floddige, dæmning.

I. level [levl] *sb* højde, niveau, plan; flade, slette; (til landmåling) nivellerinstrument; *(spirit ~)* vaterpas;

5000 feet above the ~ of the sea 5000 fod over havet; *~ of aspiration (psyk)* kravniveau; **find** *one's own ~* finde ud af hvor man hører til; finde sit naturlige leje *(el.* sit rette element *el.* sin rette plads); *things will find their ~ again* det ordner sig nok; **high** *~* højt niveau, højt plan, høj standard; *at the highest ~ (fig)* på højeste plan; **on** *a ~ with* på højde med, på samme niveau som; i samme plan som; *on the ~* T ærlig(t), oprigtig(t), regulær(t).

II. level [levl] *adj* jævn, flad, plan *(fx field);* vandret; (om tone) jævn; ensformig; (om person) nøgtern, sindig; *(mht* præstation *etc)* jævnbyrdig; *I will do my ~ best* jeg skal gøre alt hvad jeg kan; *one ~ teaspoonful* en strøget teskefuld; *make ~* jævne; *~ with* i flugt med, i niveau med; *(fig)* på højde med; jævnbyrdig med.

III. level [levl] *vb* planere, nivellere, jævne; jævne med jorden *(fx a fire -led the house);* gøre lige, stille lige;

sigte; rette *(at* mod); ~ *an accusation against sby* rette en anklage mod en; ~ *one's gun at sby* rette sin bøsse mod en, sigte på en med sin bøsse; ~ *down* nivellere nedefter, sænke; ~ *off* jævne, planere; *(flyv)* overgå til horisontal flyvning, plane ud; ~ *up* nivellere opefter, hæve; ~ *sth with the ground* jævne noget med jorden.

level| country sletteland. ~ **crossing** jernbaneoverskæring (i niveau). ~ **-headed** ['levl'hedid] besindig, rolig, fornuftig.

leveller ['lev(ə)lə] *sb* nivellør; forkæmper for social udjævning; noget som udjævner (sociale) forskelle.

levelling ['lev(ə)liŋ] *sb* planering, udjævning; nivellement; *line of* ~ nivelleringslinie; ~ *rod,* ~ *staff* nivellerlægte.

level pegging : *be* ~ stå lige; *it was* ~ *betweeen them* de lå på linje; de stod lige.

level stress lige stærkt tryk på de (to) vigtigste stavelser.

I. lever ['li:və, *(am)* 'levər] *sb* vægtstang; løftestang; håndtag; stang *(fx gear* ~ gearstang); greb, arm.

II. lever ['li:və, *(am)* 'levər] *vb* løfte (med løftestang).

leverage ['li:v(ə)ridʒ, *(am)* 'lev-] *sb* vægtstangsanordning, vægtstangssystem; vægtstangsvirkning; *(fig)* indflydelse.

leveret ['lev(ə)rit] *sb* harekilling.

leviable ['leviəbl] *adj* som kan udskrives *(fx tax);* som kan beskattes *(fx goods).*

leviathan [li'vaiəθ(ə)n] *sb* leviathan, vældigt havuhyre, kolossalt skib.

levigate ['levigeit] *vb* pulverisere.

levis ® ['li:vaiz] *sb pl* cowboybukser.

levitate ['leviteit] *vb* lette, løfte; løfte sig, svæve opad.

levitation [levi'teiʃn] *sb* levitation (det spiritistiske fænomen at genstande af sig selv løfter sig og svæver i luften).

Levite ['li:vait] *sb* levit.

Leviticus [li'vitikəs] 3. Mosebog.

levity ['leviti] *sb* letsindighed, overfladiskhed, letfærdighed.

I. levy ['levi] *vb* rejse *(fx an army);* udskrive *(fx troops, taxes);* pålægge *(fx a fine, taxes);* opkræve *(fx taxes);* ~ *on sby's property* foretage udlæg i ens ejendom; ~ *blackmail on* presse penge af; ~ *war on* (forberede og) indlede krig mod.

II. levy ['levi] *sb* udskrivning (af tropper), opbud (af tropper), udskrevne tropper; *(mht* skat) udskrivning, pålægning, opkrævning; (udskreven) skat; *capital* ~ formuekonfiskation, engangsskat.

lewd [l(j)u:d] *adj* utugtig, uanstændig, sjofel; liderlig.

lexical ['leksikl] *adj* leksikalsk.

lexicographer [leksi'kɔgrəfə] *sb* leksikograf, ordbogsforfatter; *the Great L.* (om dr. Samuel Johnson).

lexicography [leksi'kɔgrəfi] *sb* leksikografi.

lexicon ['leksikən] *sb* (især oldgræsk *el.* hebraisk) leksikon, ordbog; ordforråd.

lexis [leksis] *sb (spr)* leksis, ordforråd.

Leyden [laidn]; ~ *jar* leydenerflaske.

lezzie ['lezi] *sb* S lebber, lesbisk.

L. G. *fk Low German; Life Guards; Landing Ground.*

liability [laiə'biləti] *sb* tilbøjelighed; ansvarlighed; ansvar *(fx criminal* ~ strafansvar); *(mods asset:)* passiv, *(fig)* belastning; *liabilities pl* forpligtelser; passiver; ~ *for military service* værnepligt; ~ *to pay damages* erstatningsansvar, erstatningspligt; ~ *to pay taxes* skattepligt.

liability insurance: *third party* ~ ansvarsforsikring.

liable ['laiəbl] *adj* tilbøjelig *(to* til (at), *fx I am* ~ *to catch colds),* udsat *(to* for); *(jur)* ansvarlig; hæftende; pligtig, forpligtet; *be* ~ *to (jur)* være pligtig til (at) *(fx to pay);* ifalde, kunne idømmes *(fx failing that, he is* ~ *to a fine);* ~ *in damages* erstatningspligtig *(to* over for); ~ *to duty* toldpligtig; *your words are* ~ *to misconstruction* dine ord kan let opfattes forkert; *make oneself* ~ *to* udsætte sig for.

liaise [li'eiz] *vb (mil.)* T fungere som forbindelsesofficer; ~ *with* holde kontakt med, være forbindelsesled til.

liaison [li'eizn, li'eizɔ:ŋ, *(am)* 'liəzɔn] *sb (mil. etc)* forbindelse; (kærligheds-) illegitimt forhold, fri forbindelse; *(fon)* overtrækning (af konsonant til ord der begynder med vokal); ~ *officer* forbindelsesofficer.

liana [li'a:nə] *sb (bot)* lian.

liar ['laiə] *sb* løgner, løgnerske.

lib *fk liberation (fx women's* ~*).*

libation [lai'beiʃn] *sb (rel)* drikoffer; T drik, drikkegilde.

I. libel ['laibl] *sb (jur)* injurie(r), æresfornærmelse (i skriftlig form); bagvaskelse; smædeskrift; *(fig)* T fornærmelse, hån *(on* mod, *fx the portrait is a* ~ *on him).*

II. libel [laibl] *vb* skrive smædeskrift om, injuriere, bagvaske.

libellous ['laib(ə)ləs] *adj* ærekrænkende, injurierende.

liberal ['lib(ə)rəl] *adj (mods* snæversynet) liberal, frisindet; fordomsfri; *(mods* nærig) gavmild, rundhåndet, flot; rigelig *(fx reward); Liberal sb* liberal; *a* ~ *construction* en fri fortolkning; ~ *education* almendannelse; *a* ~ *table* et velforsynet bord; et gæstfrit bord; *take a* ~ *view of* se stort på.

liberalism ['lib(ə)rəlizm] *sb* liberalisme, frisind.

liberality [libə'ræliti] *sb* gavmildhed; frisindethed; fordomsfrihed.

liberalization [lib(ə)rəlai'zeiʃn] *sb* liberalisering.

liberalize ['lib(ə)rəlaiz] *vb* frigøre for fordomme, gøre liberal; blive liberal; liberalisere.

liberate ['libəreit] *vb* frigive, sætte i frihed; befri *(from* for); *(kem)* frigøre, afgive; S hugge, stjæle, 'organisere'; *-d (ogs)* frigjort *(fx woman).*

liberation [libə'reiʃn] *sb* frigivelse; befrielse; frigørelse *(fx women's* ~*); (kem)* frigørelse, afgivelse.

liberator ['libəreitə] *sb* befrier.

Liberia [lai'biəriə].

libertarian [libə'tɛəriən] *sb* frihedsforkæmper.

libertine ['libəti:n] *adj* udsvævende; *sb* udsvævende menneske, libertiner; *(hist.)* fritænker.

libertinism ['libətinizm] *sb* ryggesløshed, usædelighed; *(hist.)* fritænkeri.

liberty ['libəti] *sb* frihed; *liberties pl (ogs)* privilegier; *at* ~ fri, ledig; *you are at* ~ *to do so* det står dig frit for at gøre det; *I am not at* ~ *to tell you* det har jeg ikke lov til at sige; *set at* ~ frigive *(fx slaves),* sætte på fri fod *(fx prisoners);* ~ *of conscience* religionsfrihed; ~ *of the press* trykkefrihed; *take the* ~ *of doing sth* tage sig den frihed at gøre noget; *take liberties with* tage sig friheder over for; *this is* ~ *hall* her kan du gøre lige hvad der passer dig.

libertyman ['libətimæn] *sb* matros med landlov.

libidinous [li'bidinəs] *adj* vellystig; liderlig; *(psyk)* libidinøs.

I. Libra ['laibrə] *(astr)* Vægten.

II. libra ['laibrə] *sb* pund.

librarian [lai'brɛəriən] *sb* bibliotekar.

librarianship [lai'brɛəriənʃip] *sb* bibliotekarstilling.

library ['laibr(ə)ri] *sb* bibliotek; bogserie; *walking* ~ *(fig)* levende *(el.* omvandrende) leksikon.

libret|to [li'bretəu] *sb (pl -tos el. -ti)* libretto, operatekst.

lice [lais] *pl* af *louse.*

I. licence, *(am)* **license** [laisns] *sb* bevilling, tilladelse; autorisation; licens; *(mht* spiritus) udskænkningsret; (til bil) kørekort; (mere generelt:) frihed, handlefrihed; *(neds)* tøjlesløshed; liderlighed, vellystighed; *doctor's* ~ jus practicandi; *poetic* ~ digterisk frihed; *be married by (special)* ~ blive gift på kongebrev; *take (out) a* ~ løse bevilling (, licens); *trade* ~ næringsbevis.

II. license, *(især am)* **licence** [laisns] *vb* autorisere, give bevilling *(fx ~ sby to sell alcoholic liquor).*

licensed [laisnst] *adj* autoriseret, privilegeret; (om restaurant) med spriritusbevilling; *fully ~* med bevilling til at udskænke *el.* sælge øl, vin og spiritus; *~ buffoon, ~ jester (omtr)* en der nyder frisprog; *~ listener* licensbetalende lytter.

licensee [laisn'si:] *sb* bevillingshaver.

licenser ['laisnsə] *sb* udsteder af et privilegium.

licentiate [lai'senʃiət] *sb* autoriseret udøver af en vis virksomhed; (akademisk titel:) licentiat.

licentious [lai'senʃəs] *adj* tøjlesløs, ryggesløs; udsvævende, liderlig, vellystig.

lichen ['laikən, 'litʃən] *sb (bot)* lav.

lichgate ['litʃgeit] = *lychgate.*

licit ['lisit] *adj* lovlig, tilladt.

I. lick [lik] *vb* slikke, slikke på; T prygle, slå, (give) kløl *(fx the boy was -ed by the headmaster);* slå, vinde over *(fx* i sportskamp); *~ sby at his own game* slå en på hans eget felt *(el.* med hans egne våben); *~ sby's boots (el. shoes)* krybe for en; slikke én op ad ryggen; *~ the dust (litt)* bide i græsset; *~ one's lips (el. chops)* slikke sig om munden; *that -s everything* T det overgår alt; *it -s me* det går over min forstand; *go as hard as one can ~* T løbe så hurtigt man kan; *~ into shape* sætte skik på, give form.

II. lick [lik] *sb* slikken, slik; (til vildt) saltslikke; T slag; fart *(fx at full ~); a ~ and a promise* kattevask; *give it a ~ and a promise* kun lige gøre det nødvendigste ved det; *we were going at a tremendous ~* T vi havde mægtig skub på.

lickerish ['likəriʃ] *adj* lækkersulten, slikvorn; grådig, begærlig; sanselig, liderlig, lysten.

licketysplit ['likətisplit] *adj (am* S*)* i en mægtig fart; huhej.

licking ['likiŋ] *sb* slikken; T dragt prygl, klø, tæv, bank; *get a ~* få klø *(etc).*

lickspittle ['likspitl] *sb* spytslikker.

licorice ['lik(ə)ris] *sb* lakrids.

lid [lid] *sb* låg, *(tekn)* dæksel, *(anat)* øjenlåg; T låg (hue); *put the ~ on (fig)* sætte en stopper for; *take (el. blow) the ~ off (fig)* afsløre, åbenbare.

lidless ['lidləs] *adj* uden låg; uden øjenlåg.

lido ['li:dəu] *sb* lido; badestrand, friluftsbad; *the Lido* Lidoen (ved Venezia).

I. lie [lai] *sb* løgn, usandhed; *vb* lyve; *give sby the ~* beskylde en for at lyve; *give sth the ~* (be)vise at noget er løgn, modbevise noget; *tell -s* lyve; *white ~* nødløgn, hvid løgn; *~ in one's teeth (el. throat)* lyve groft *(el.* frækt); *~ oneself out of sth* lyve sig fra noget.

II. lie [lai] *vb (lay, lain)* ligge; være beliggende; (om afdød) hvile, være begravet *(fx here lies ...); her talents do not ~ that way* hendes evner går ikke i den retning;

~ **about** ligge og flyde; ~ **back** læne sig tilbage; ~ **by** ligge hen, hvile; ~ **down** lægge sig ned; ligge ned; hvile sig, lægge sig; *take it lying down, ~ down under it* finde sig i det uden at kny; ~ **in** sove længe (om morgenen); *(glds)* ligge i barselseng; *as far as in me lies* så vidt som det står i min magt; ~ **low** *(fig)* ligge i støvet, være kastet til jorden; holde sig skjult, skjule sine virkelige hensigter; ~ **on** påhvile; tynge; afhænge af; *~ on the bed one has made* ligge som man har redt; ~ **over** opsættes, udsættes; stå hen; ~ **to** *(mar)* ligge underdrejet; *an appeal -s to* sagen kan appelleres til; ~ **under** være genstand for, være underkastet; *~ up* holde sengen; *(mar)* gå i dok; ~ **with** tilkomme *(fx it -s with you to decide it),* påhvile; bero på, ligge hos *(fx the fault -s with him); (glds)* ligge hos, sove hos.

III. lie [lai] *sb* leje; beliggenhed; (dyrs) tilholdssted; *the ~ of the land* terrænforholdene; *(fig)* situationen; *know the ~ of the land* vide hvordan landet ligger.

lie-a-bed ['laiəbed] *sb* syvsover.

lie-by ['laibai] *sb* vigespor.

lie detector løgnedetektor.

lie-down ['laidaun] *sb: have a ~* tage sig et hvil, lægge sig lidt.

lief [li:f] *adv (glds, litt)* gerne.

liege [li:dʒ] *adj* lens-; lenspligtig; vasal-; *sb* vasal; fyrste, lensherre. **liegeman** ['li:dʒmən] *sb* vasal.

lie-in ['laiin] *sb: have a ~* sove længe.

lien ['liən] *sb* retentionsret, tilbageholdelsesret.

lieu [l(j)u:] *sb: in ~ of* i stedet for.

Lieut.-Col. *fk lieutenant colonel.*

lieutenancy [lef'tenənsi; *(mar)* le'tenənsi; *(am)* lu:'tenənsi] *sb* løjtnantsstilling, løjtnantsrang; statholderskab.

lieutenant [lef'tenənt; *(mar)* le'tenənt; *(am)* lu:'tenənt] *sb (mil.)* løjtnant, *(mar)* søløjtnant; statholder, stedfortræder; *first ~* premierløjtnant; *second ~* sekondløjtnant; *L. of the Tower* kommandant i Tower.

lieutenant| colonel *(mil.)* oberstløjtnant. ~ **commander** *(mar)* kaptajnløjtnant. ~ **general** *(mil.)* generalløjtnant. ~ **governor** viceguvernør.

Lieut. Gen. *fk lieutenant general.*

life [laif] *sb (pl lives)* liv, levned; levnedsbeskrivelse, biografi *(fx a ~ of Milton);* levetid;

after *(el.* from) *the ~* efter naturen, efter levende model; **as** *large as ~* i legemsstørrelse *(fx a statue as large as ~); (fig)* i egen høje person, lyslevende, ikke til at tage fejl af; **for** ~ for (hele) livet; for livstid *(fx an appointment for ~); imprisonment for ~* livsvarigt fængsel, fængsel på livstid; *for (dear el. very) ~* som om det gjaldt livet, af alle livsens kræfter, det bedste man har lært *(fx run for dear ~); not for the ~ of me, not on my ~* ikke for alt i verden, ikke om så det gjaldt mit liv; **from** *the ~* efter levende model, efter naturen; *many lives were* **lost** mange menneskeliv gik tabt; *it is a matter* **of** *~ and death* det er et spørgsmål om liv eller død; *at my time of ~* i min alder; *I'm having the time of my ~* jeg har aldrig moret mig så godt; *not* **on** *your ~* du kan tro nej; ikke tale om; *not to* **save** *my ~* ikke om det så gjaldt mit liv; **see** *(sth) of ~* lære livet at kende; *he was the ~ and* **soul** *of the party* han underholdt hele selskabet; han var selskabets midtpunkt; **such** *is ~* sådan er livet; *larger* **than** ~ i overstørrelse; over naturlig størrelse; *(fig)* overdreven; **to** *the ~* (aldeles) livagtig; *bring to ~* blive levende (igen), komme til sig selv; *the ~ to come* det kommende liv, livet efter døden; *true to ~* virkelighedstro; *their ~* **together** deres samliv.

life| annuitant livrentenyder(ske). ~ **annuity** livrente. ~ **assurance** livsforsikring. ~ **belt** redningsbælte. **-blood** hjerteblod. **-boat** redningsbåd. ~ **buoy** redningsbøje, redningskrans. ~ **certificate** leveattest. ~ **expectancy** forventet levealder. ~ **guard** livredder (ved badestrand). ~ **guards** *pl (mil.)* livgarde. ~ **insurance** livsforsikring. ~ **interest** livrente; livsvarig brugsret. ~ **jacket** redningsvest. **-less** livløs; død; *(fig)* uden liv, trist, kedsommelig. **-like** livagtig. **-line** redningsline; *(mar)* livline; *(fig)* livsnerve. **-long** livsvarig, der varer hele livet igennem; *a -long friend* en ven for livet. ~ **net** *(am)* springlagen. ~ **office** livsforsikringsselskab. ~ **peer** livsvarigt medlem af Overhuset. ~ **-preserver** totenschläger; *(am)* redningsvest, redningsbælte.

lifer ['laifə] *sb* livsfange; *(am)* professionel soldat.

life| raft redningsflåde. **-saver** livredder, redningsmand. ~ **-saving** *adj* rednings- *(fx apparatus).* ~ *sciences pl* videnskaber der beskæftiger sig med levende organismer (medicin, biologi, psykologi *etc*). ~

sentence dom på livsvarigt fængsel. ~ **-size(d)** i legemsstørrelse. ~ **style** livsform, livsstil. ~ **table** dødelighedstabel. ~ **tenant** fæster på livstid. **-time** levetid; *a -time (ogs)* et helt liv; *the chance of a -time* alle tiders chance. **-work** livsværk.

I. lift [lift] *vb* løfte, hæve; ophæve *(fx a blockade);* tage op, grave op *(fx potatoes);* stjæle *(fx cattle),* hugge, plagiere; S (om politiet) arrestere, tage; *(am)* udbetale; indfri *(fx a mortgage);* (uden objekt) lette *(fx the fog -ed);* (om sejl) leve; (om gulv *etc)* slå sig; ~ *the ban* hæve forbudet; ~ *up one's voice* opløfte sin røst.

II. lift [lift] *sb* elevator; skilift; løfteapparat (til biler); løften, hævning; stigning; *(mht* vand) løftehøjde; (i skohæl) flik; *(flyv)* opdrift; (se også *airlift); (fig)* håndsrækning, hjælp; (tur i bil:) lift, blaf; *get a* ~ *(ogs)* få kørelejlighed; *give sby a* ~ lade én køre med (sig); give én en håndsrækning; sætte ens humør i vejret; styrke ens selvtillid *(fx new clothes gave the shy girl a ~).*

lift|car elevatorstol. **-man** elevatorfører. **-off** (lodret) raketstart. **-shaft, -well** elevatorskakt.

ligament ['ligəmənt] *sb (anat)* (sene)bånd, ligament, ledbånd; *torn* ~ sprængt ledbånd.

ligate ['laigeit] *vb (med.)* afsnøre *(fx* en vorte); underbinde.

ligation [lai'geiʃn] *sb (med.)* underbinding.

ligature ['ligətʃuə] *sb* bånd, bind; *(med.)* underbinding; *(typ)* ligatur.

I. light [lait] *sb* **1.** lys; **2.** dagslys, dag; **3.** lyskilde; **4.** belysning, oplysning; **5.** ild; tændstik; **6.** (i mur) lysåbning, vindue, vinduesrude; **7.** *(mar)* fyr, fyrtårn;
according to *one's -s* efter bedste evne, så godt man formår; *according to his own -s* efter hans moralbegreber; **beat** *(el. knock) his -s out* slå ham halvt fordærvet; *bring to* ~ bringe for dagen; *come to* ~ komme for dagen; *he is no* **great** ~ han er ikke noget lys, han har ikke opfundet krudtet; **in** *the* ~ *of* i lyset af, under hensyn til, i betragtning af; *put a person in a false* ~ stille én i et falsk lys; **see** *the* ~ se dagens lys, blive til; fødes; *(fig)* komme til sandheds erkendelse, blive omvendt, lade sig overbevise; *come to see the matter in another* ~ se sagen i et nyt lys, få et andet syn på sagen; *he* **stands** *in my* ~ han står mig i lyset; *stand in one's own* ~ stå sig selv i lyset; **strike a** ~ stryge en tændstik; slå ild; **throw** *(el. shed)* ~ **on** kaste lys over; *may I* **trouble you for a** ~*?* De har vel ikke en tændstik? kunne De ikke give mig lidt ild?

II. light [lait] *vb (præt* og *pp lighted el. lit)* lyse; tænde; oplyse; lyse for *(fx* ~ *him through the garden);* ~ *a fire* tænde op; ~ **up** tænde; tænde lyset; oplyse, lyse op i *(fx the fire lit up the room);* tændes; lyse op *(fx his face lit up);* T få ild på piben (, cigaretten *etc).*

III. light [lait] *vb:* ~ **into** falde 'over, angribe; ~ *(up)***on** falde på, sætte sig på *(fx the bird -ed upon the roof);* dale *(el.* slå) ned på, ramme; træffe på, støde på; ~ **out** T stikke af, fare af sted.

IV. light [lait] *adj* lys; ~ *brown* lysebrun.

V. light [lait] *adj* let; undervægtig; *(fig)* ubetydelig; letbenet; (om drik) mild, let; (om person) munter, sorgløs; *(neds)* letsindig, letfærdig; *(mar)* flov, laber (om vind); ~ *breeze* let brise; ~ *in the head,* se *light-headed;* ~ *losses* små tab; *make* ~ *of* tage sig let, lade hånt om, bagatellisere; ~ *music* let musik, underholdningsmusik; ~ *programme* (i radioen) underholdningsprogram; ~ *reading* morskabslæsning; *be a* ~ *sleeper* sove let; ~ *soil* løs jord.

VI. light [lait] *adv* let *(fx sleep ~); travel* ~ rejse med lille bagage; (se også *lightly).*

light-armed *adj* letbevæbnet.

light buoy *(mar)* lystønde.

I. lighten [laitn] *vb* oplyse; lysne; lyne, blinke.

II. lighten [laitn] *vb* lette, opmuntre; blive lettere; blive opmuntret.

I. lighter ['laitə] *sb* tænder, cigartænder, lighter.

II. lighter ['laitə] *sb* pram, lægter; *vb* transportere med pram eller lægter.

lighterage ['laitəridʒ] *sb* prampenge, lægterpenge.

lighterman ['laitəmən] *sb* pramfører, lægterfører.

light|face *adj (typ)* mager (om skrift). ~**-fingered** fingernem; langfingret, tyvagtig. ~ **fog** *(fot)* falsk lys. ~ **-footed** let til bens. ~ **-handed** som har en let hånd; ikke fuldt bemandet. ~ **-headed** forstyrret i hovedet, uklar, svimmel; tankeløs, kåd. **-hearted** munter, sorgløs. **-house** fyrtårn. **-house keeper** fyrpasser.

lighting ['laitiŋ] *sb* belysning.

lighting-up time lygtetændingstid.

lightly ['laitli] *adv* let; letsindigt, skødesløst, uden grundig overvejelse *(fx this award is not given ~);* muntert; mildt; ~ *come,* ~ *go* hvad der kommer let, går let; *get off* ~ slippe billigt (fra det).

light-minded ['lait'maindid] *adj* letsindig, ustadig, flygtig.

lightning ['laitniŋ] *sb* lyn; *flash of* ~ lynglimt; *like (greased)* ~ som et (forsinket) lyn; *with* ~ *speed* med lynets fart.

lightning| arrester *(elekt)* overspændingsafleder. ~ **bug** ildflue. ~ **conductor,** ~ **rod** lynafleder. ~ **strike** overrumplingsstrejke, uvarslet strejke. ~ **war** lynkrig.

light-o'-love ['laitəlʌv] *sb* flane, kokette.

light pen (i edb) lyspen.

lights [laits] *sb pl* lunger (af slagtede svin, får *etc* især som kattefoder *etc);* (se også *I. light).*

light sail *(mar)* letvejrssejl, flyversejl.

light| shaft lyskasse. **-ship** *(mar)* fyrskib.

lightsome ['laitsəm] *adj* lys, munter, glad.

light-struck *adj (fot)* med falsk lys. **light wave** lysbølge.

lightweight ['laitweit] *sb* letvægt; letvægter; *adj* letvægts- *(fx boxer, coat, paper); (fig)* overfladisk; ~ *concrete* letbeton.

light| well lyskasse. ~**year** lysår.

lignaloe [lai'næləu] *sb* aloetræ, paradistræ.

ligneous ['ligniəs] *adj* træ-, træagtig.

lignite ['lignait] *sb* brunkul.

lignum vitae ['lignəm 'vaiti:] *(bot)* pokkenholt.

ligule ['ligju:l] *sb (bot)* skedehinde.

likable ['laikəbl] *adj* sympatisk, tiltalende.

I. like [laik] *adj* lig, lige, lignende; samme, lige så stor; *(glds)* sandsynlig; *adv* ligesom, som;
is she anything ~ *her mother?* ligner hun overhovedet *(el.* på nogen måde) sin mor? *as* ~ *as not* sandsynligvis; højst sandsynligt; *they are as* ~ *as two peas* de ligner hinanden som to dråber vand; **be** ~ ligne *(fx the picture is not ~); what is he ~?* hvordan er han? hvordan ser han ud? *that is just* ~ *him!* hvor det ligner ham! det er netop hvad man kunne vente af ham! ~ *enough* sandsynligvis; ~ *father* ~ *son* æblet falder ikke langt fra stammen; ~ *master* ~ *man* som herren er så følger ham hans svende; *something* ~ sådan noget som, noget i retning af, henved; *that's something* ~ det lader sig høre; *something* ~ *a dinner!* en knippel middag! ~ *that* sådan, på den måde *(fx don't shout* ~ *that); a man* ~ *that* sådan en mand; ~ *this* sådan, på denne (her) måde.

II. like [laik] *sb* lige, mage; *the* ~ (noget) lignende, sligt; *and the* ~ og så videre; og den slags; *did you ever hear the* ~ *(of that)?* har du nogen sinde hørt mage? *I never saw the* ~ *of you* et menneske som dig har jeg aldrig truffet; ~ *will to* ~ krage søger mage; *the -s of me* T folk af min slags, sådan nogle som mig.

III. like [laik] *vb* kunne lide, holde af, synes om; gerne ville have; bryde sig om; *he does not* ~ *me to see it* han bryder sig ikke om at jeg ser det; *as you ~!* som du ønsker! *I* **rather** ~ *him* jeg synes ganske godt om ham; *I* **should** ~ *to know* jeg gad vide; *I should not* ~

to jeg ville nødig; *I* ~ **that!** det er dog for galt! det må jeg sige! nej hør nu! *I* **would** ~ *a bottle of beer* jeg vil gerne have en flaske øl; *what would you* ~? hvad skal det være?

IV. like [laik] *sb: likes and dislikes* sympatier og antipatier.

likelihood ['laiklihud] *sb* sandsynlighed; *in all* ~ højst sandsynligt.

likely ['laikli] *adj* sandsynlig, rimelig, trolig *(fx story);* lovende *(fx young man);* egnet *(fx a* ~ *place to fish);* passende; *a* ~ *story!* (ironisk) den tror jeg ikke på! *there is* ~ *to be some trouble* der bliver rimeligvis en del besvær; *he is* ~ *to come* han kommer sandsynligvis; *as* ~ *as not* højst sandsynligt; *not bloody* ~*! (vulg)* gu' vil jeg ej!

like-minded ['laik'maindid] *adj* ligesindet.

liken ['laik(ə)n] *vb* sammenligne *(to* med); ligne *(to* ved).

likeness ['laiknəs] *sb* lighed; billede, portræt; *the portrait is a good* ~ portrættet er meget vellignende; *in the* ~ *of a friend* under venskabs maske; *the god appeared in the* ~ *of a swan* guden viste sig i en svanes skikkelse *(el.* i skikkelse af en svane); *have one's* ~ *taken* lade sig portrættere, blive fotograferet, malet *etc.*

likewise ['laikwaiz] *adj* ligeså, ligeledes.

liking ['laikiŋ] *sb* smag, behag, forkærlighed; *have a* ~ *for* holde af, synes om; *take a* ~ *to* komme til at synes om, få sympati for; *to my* ~ efter min smag.

lilac ['lailək] *sb (bot)* syren; *adj* lilla.

Lilliput ['lilipʌt] (lilleputternes land i *Gulliver's Travels).*

Lilliputian [lili'pju:ʃiən] *sb* lilleput; *adj* lilleputiansk; lille bitte, lilleput-.

Lilo ® ['lailəu] *sb* luftmadras.

lilt [lilt] *vb* tralle, synge muntert; *sb* munter vise; rytme, liv, sving; *with a* ~ *(in the voice)* med melodisk stemme.

lily ['lili] *sb (bot)* lilje; *paint (el. gilt) the* ~ (ɔ: prøve at forbedre på noget der i sig selv er smukt, og derved spolere det).

lily-livered ['lili'livəd] *adj* fej.

lily of the valley *(pl: lilies of the valley) (bot)* liljekonval.

lily-white *adj* liljehvid; *(fig)* uskyldsren; *(am)* som kæmper for raceadskillelse.

I. limb [lim] *sb* rand, kant.

II. limb [lim] *sb* lem; ben; tilhørende del; (hoved)gren; ~ *of the devil,* ~ *of Satan* uartigt barn; skarnsunge; ~ *of the law* advokat, politimand *(etc); be torn* ~ *from* ~ blive sønderrevet; *be out on a* ~ *(fig)* være isoleret; (især *am)* være i en farlig situation; *go out on a* ~ *(ogs)* vove sig for langt ud, løbe en risiko; *escape with life and* ~ komme fra det med liv og lemmer i behold.

I. limber ['limbə] *adj* bøjelig, smidig; *vb* gøre bøjelig, gøre smidig; ~ *(oneself) up* varme op *(fig, fx* før et kapløb).

II. limber ['limbə] *sb* forstilling (til kanon); *vb:* ~ *up* prodse på.

limbo ['limbəu] *sb* limbus, helvedes forgård (hvor de afdøde tænktes at opholde sig, der uden egen skyld var udelukket fra at komme i himlen); *(fig)* glemsel; fængsel; *descend into* ~ gå i glemmebogen; *dismiss sth into* ~ overgive noget til glemselen.

I. lime [laim] *sb (bot)* lind, lindetræ.

II. lime [laim] *sb* kalk; kalksten; fuglelim; *adj* ravgul; *vb* behandle med kalk; overstryge med lim; fange.

III. lime [laim] *sb* limefrugt (lille, grønlig, tyndskallet citron).

lime| juice lime-juice (saft af limefrugt, se *III. lime).* ~ **-juicer** = *limey.*

limekiln ['laimkiln] *sb* kalkbrænderi, kalkovn.

limelight ['laimlait] *sb* kalklys; *(teat* og *fig)* rampelys; *in the* ~ i rampelyset; *come into the* ~ komme frem, blive kendt.

limen ['laimən] *sb (psyk)* (bevidsthedens) tærskel.

lime pit kalkbrud; kalkkule.

limerick ['limərik] *sb* limerick, humoristisk femliniet vers.

lime|stone kalksten. ~ **tree** lindetræ. ~ **twig** limpind (til fuglefangst); *(fig)* snare. **-wash** *sb* hvidtekalk; *vb* kalke, hvidte. **-water** kalkvand.

limey ['laimi] *sb (am S)* britisk sømand, englænder.

limit ['limit] *sb* grænse; yderste grænse; begrænsning; *(merk)* prisgrænse, limitum; *(mat.)* grænseværdi; *vb* begrænse, indskrænke; **-s** *pl* grænser; område *(fx on school -s); (fig ogs)* rammer *(fx confine* (holde) *it within narrow -s); off -s (am)* forbudt område (for militært personel); *within -s* inden for rimelige grænser; til en vis grad *(fx you can trust him, within -s); without* ~ ubegrænset, grænseløs; *set -s to* begrænse; *that is the* ~ T det er højdepunktet; det er dog den stiveste.

limitary ['limit(ə)ri] *adj* grænse-; begrænset; begrænsende.

limitation [limi'teiʃn] *sb* begrænsning, indskrænkning; *(jur)* forældelse (af fordring *o l).*

limited ['limitid] *adj* begrænset, indskrænket; snæver; ~ *liability* begrænset ansvar; ~ *(liability) company* aktieselskab; ~ *monarchy* indskrænket monarki; ~ *partnership* kommanditselskab.

limitless ['limitləs] *adj* ubegrænset, grænseløs.

limn [lim] *vb* tegne, male; aftegne; skildre.

limner ['limnə] *sb* tegner, maler.

limnology [lim'nɔlədʒi] *sb* ferskvandsbiologi.

limo ['liməu] *sb* = *limousine.*

limonite ['laimənait] *sb (min)* brunjernsten.

limousine ['limuzi:n] *sb* limousine (type luksusbil, ofte med chauffør).

I. limp [limp] *vb* halte, humpe; *(fig,* om beskadiget skib) slæbe sig afsted, sejle langsomt og tungt; *sb* halten; *walk with a* ~ halte.

II. limp [limp] *adj* svag; kraftesløs; slap, blød, slatten *(fx handshake);* (om bogbind) bøjelig; ~ *binding (el. covers)* blød kartonnage.

limpet ['limpit] *sb zo* albueskæl; *(fig)* en som ikke er til at ryste af, *(mht* embede) taburetklæber; *stick like a* ~ suge sig fast som en igle; holde ihærdigt fast *(fx* på et embede), klæbe til taburetten.

limpet mine *(mil.)* skildpadde (mine der kan klæbes fast til skibsside *etc).*

limpid ['limpid] *adj* (glas)klar.

limpidity [lim'piditi] *sb* klarhed.

limpkin ['limpkin] *sb zo* riksetrane.

limy ['laimi] *adj* kalk-, kalkholdig, kalkagtig; klæbrig.

linage ['lainidʒ] *sb* linietal; liniebetaling.

linchpin ['lin(t)ʃpin] *sb* lundstikke (på hjul); *the* ~ *in (el. of) his plan (fig)* det som hele hans plan står og falder med.

Lincoln ['liŋkən].

Lincs. *fk* **Lincolnshire** ['liŋkənʃ(j)ə].

linctus ['liŋktəs] *sb* brystdråber, hostesaft.

linden ['lindən] *sb (bot)* lind, lindetræ.

I. line [lain] *sb* **1.** line, snor, (til fiskeri) snøre; **2.** *(tlf,* gas- *etc)* ledning; **3.** *(typ, mil., mat.,* sport *etc)* linie; **4.** linie, streg, (kunstners) streg *(fx his clearness of* ~ hans klare streg); **5.** grænse *(between* mellem); **6.** rynke, fure; **7.** verslinie; **8.** række *(fx of soldiers, of trees, a long* ~ *of distinguished public servants), (am:* af ventende) kø; **9.** *(litt)* slægt *(fx he comes of a good* ~*);* **10.** *(jernb)* spor, banelinie; **11.** (bus-, *flyv)* rute, linie; **12.** *(merk)* vare(art), varegruppe, vareparti, (område:) branche *(fx his* ~ *is hardware),* **13.** specialitet, særlig interesse, særligt felt *(fx gardening is not my* ~*);*

-s *pl (ogs)* **14.** retningslinier; **15.** (i skole) linier til afskrift (som straf); **16.** *(teat)* replik(ker), rolle;
(forskellige *forb) cross the* ~ gå over grænsen *(fx to Canada); (mar)* passere linien (ɔ: ækvator); *draw the* ~, se *II. draw; drop me a* ~ send mig et par ord; *get a* ~ *on* T få noget at vide om; *give a* ~ *on* orientere om; *hard -s,* se *hard; hold the* ~, se *II. hold; shoot a* ~ T prale; **take** *such a* ~ følge en sådan fremgangsmåde, gå frem på en sådan måde; *take a high* ~ *with* sætte sig på den høje hest over for; *take a strong* ~ vise fasthed; *take a tough* ~ anlægge en hård kurs *(with* overfor); *toe the* ~, se *toe;*
(forb med *præp)* **along** *these -s,* se *ndf: on these -s; think along those -s* tænke i de baner; **all along** *the* ~ over hele linien *(fx success all along the* ~*); right* **down** *the* ~ *(fig)* T hele vejen; **in** ~ på linie, på række; *(mar)* over ét; *what* ~ *are you in?* hvad er Deres fag? *that's not (in) my* ~ *(of country)* T det falder ikke inden for mit område; det giver jeg mig ikke af med, det er ikke noget for mig; *stand in (a)* ~ stå i række, stå i kø; *be* **in** ~ **for** have udsigt til; *(fx promotion, a wage rise);* **in** ~ **with** på linie med; *bring* **into** ~ *with* rette ind efter; bringe på linie med; *fall (el. come) into* ~ *with* stille sig på linie med, være enig med, arbejde sammen med; rette sig ind efter; *fall into* ~ *(with the others)* følge trop; ~ **of** *conduct* handlemåde; holdning; ~ *of depths* dybdekurve (på søkort); *the* ~ *of duty* pligtens vej; ~ *of march* marchretning; ~ *of skirmishers* skyttekæde; ~ *of soundings* pejlingslinie, pejlelinie; *ship of the* ~ linieskib; *out of* ~ ikke på linie; *(fig ogs)* ude af trit; **on** ~ *(edb* : om terminal) tændt og koblet til; *(fig)* i funktion; **on the** ~ *(fig)* på grænsen; *be on the* ~ *to* tale i telefon med; *lay it on the* ~ T sige det ligeud; *lay (el. put) on the* ~ sætte på spil; tilbyde at betale; *on these -s* efter disse retningslinier; *sth on those -s* noget i den retning; *hung on the* ~ ophængt i øjenhøjde.

II. line [lain] *vb* **1.** liniere, trække linier i; **2.** fure *(fx a face -d with care);* **3.** opstille på linie; **4.** kante; stå i rækker langs, stå opstillet langs *(fx thousands -d the route);* **5.** fore, beklæde;
~ *in* tegne omridset af; ~ *out* skitsere; ~ *one's pockets* fylde lommerne, tjene tykt; ~ *one's stomach* fylde sig; ~ *through* gennemstrege, overstrege; ~ *up* opstille på linie; stille sig i kø; arrangere, sørge for; ~ *the roads with troops* opstille tropper langs vejene.

I. lineage ['liniidʒ] *sb* afstamning, slægt.

II. lineage ['lainidʒ] *sb* linietal; liniebetaling.

lineal ['liniəl] *adj* linie-, nedstammende i lige linie, direkte.

lineament ['liniəmənt] *sb* træk, ansigtstræk.

linear ['liniə] *adj* linieformig, linie-; lineær; ~ *accelerator (fys)* lineær accelerator; ~ *measure* længdemål; ~ *motion* retliniet bevægelse.

line|block, -cut stregkliché. ~ **drawing** *sb* stregtegning.

lineman *sb (am)* telefonmontør.

linen ['linin] *sb* lærred, linned, *(merk)* hvidevarer; (til beklædning) undertøj, lingeri; (til bord) dækketøj, (til seng) sengelinned; (papir) lærredspapir; *adj* linned, lærreds-; *wash one's dirty* ~ *in public (fig)* holde storvask (*el.* opgør) for åbent tæppe.

linen|draper *(glds)* hvidevarehandler. **-drapery** hvidevarer. ~ **paper** lærredspapir. ~ **press** linnedskab.

line-out ['lainaut] *sb* (i rugby) indkast (med de to holds forwards opstillet i to rækker vinkelret på sidelinien).

line printer *(edb)* linieskriver.

I. liner ['lainə] *sb (mar)* liner, rutebåd; *(flyv)* rutemaskine, rutefly.

II. liner ['lainə] *sb* indsats *(fx* i skuffe); (i frakke) (løst) foer; *(tekn)* foring; mellemlæg; udfyldningsplade; (til grammofonplade) hylster, omslag.

liner train *(jernb)* hurtigt godstog i fast fart, især med containere.

line-shooter *sb* pralhals.

linesman ['lainzmən] *sb* (i fodbold *etc)* linievogter, (i tennis) liniedommer; *(mil.)* liniesoldat; *(tlf)* telefonmontør.

lineup ['lainʌp] *sb* opstilling, gruppering; liste over spillere; (ved konfrontation) den række af personer hvori den mistænkte anbringes for identifikation; konfrontation.

ling [liŋ] *sb (bot)* lyng; *zo* lange (art fisk).

linger ['liŋgə] *vb* **1.** blive (stående, siddende *etc) (fx they -ed awhile after the party),* tøve, (især *poet)* dvæle *(fx at her grave);* **2.** holde sig, leve videre *(fx the practice still -s);* holde sig i live; **3.** slentre, lunte;
~ **on** (for)blive; vedblive at leve, holde sig i live *(fx the patient -ed on for some years);* ~ **out** *one's life* henslæbe sit liv; ~ **over** smøle med, (i beretning) dvæle ved.

lingerer ['liŋgərə] *sb* efternøler.

lingerie [*fr.;* 'lænʒəri:] *sb* lingeri, dameundertøj.

lingering ['liŋgəriŋ] *adj* langvarig; dvælende; *sb* tøven; *any* ~ *doubt(s) were removed* enhver rest af tvivl blev fjernet.

lingo ['liŋgəu] *sb (pl lingoes)* (fremmed) sprog, uforståeligt sprog, kaudervælsk, volapyk.

lingua franca ['liŋgwə 'fræŋkə] blandingssprog; (ofte:) fællessprog.

lingual ['liŋgw(ə)l] *adj* tunge- *(fx bone);* sprog- *(fx studies).*

linguist ['liŋgwist] *sb* lingvist; sprogkyndig person; *he is a good* ~ han har gode sprogkundskaber, han er god til sprog.

linguistic [liŋ'gwistik] *adj* lingvistisk, sproglig, sprogvidenskabelig.

linguistics [liŋ'gwistiks] *sb* lingvistik, sprogvidenskab.

liniment ['linimənt] *sb* liniment, flydende salve.

lining ['lainiŋ] *sb* indvendig beklædning, belægning, foring; (muret:) udmuring; (i tøj) foer; *every cloud has a silver* ~ oven over skyerne er himlen altid blå; enhver sag har sine lyse sider.

I. link [liŋk] *sb* (i kæde) led, ring; *(fig)* forbindelse, forbindelsesled; bånd; *the -s of brotherhood* broderskabets bånd.

II. link [liŋk] *vb* sammenkæde, sammenlænke; forbinde, forbindes; *he -ed his arm in (el. through) hers, he -ed arms with her* han tog hende under armen; ~ *hands* danne kæde; ~ *together* sammenkoble; ~ *up* tilslutte, forbinde; forbindes.

III. link [liŋk] *sb (glds)* fakkel.

linkage ['liŋkidʒ] *sb* sammenkædning; *(biol)* kobling; *(kem)* binding; *(tekn)* forbindelsesled.

linkboy *sb (glds)* fakkeldrager (som lyste folk hjem).

linkman ['liŋkmæn] *sb* **1.** (radio) person der forbinder de enkelte indslag i radioprogram; **2.** (i fodbold *etc)* midtbanespiller; **3.** *(glds)* = *linkboy.*

links [liŋks] *sb pl* golfbane.

linkup ['liŋkʌp] *sb* forbindelse, sammenkædning.

Linnaeus [li'ni(:)əs] Linné.

linnet ['linit] *sb zo* tornirisk.

lino ['lainəu] *sb* T linoleum; *(typ)* linotype.

linocut ['lainəukʌt] *sb* linoleumssnit.

linoleum [li'nəuljəm] *sb* linoleum.

linotype ['lainətaip] *sb (typ)* linotype (sættemaskine der støber hele linier).

linseed ['linsi:d] *sb* hørfrø.

linseed| cake hørfrøkage. ~ **oil** linolie.

linsey-woolsey ['linzi'wulzi] *sb* (stof af uld og bomuld), *(omtr)* hvergarn.

lint [lint] *sb* charpi (optrævlet linned til forbinding); trævler; (på gulv) nullermænd, ulder.

lintel [lintl] *sb* overligger (over dør *el.* vindue), dæksten.

lion ['laiən] *sb zo* løve; *(fig)* berømthed; berømt mand; *the -'s share* broderparten; *the British ~* (symbol for Storbritannien); *a ~ in the path* en (indbildt) hindring *(el.* fare) (som undskyldning for ikke at handle); *walk into the -'s mouth* gå lige i løvens gab.

lioness ['laiənəs] *sb* løvinde.

lion|hearted ['laiən'ha:tid] *adj* modig som en løve; *Richard the L.* Rikard Løvehjerte. ~ **-hunter** løvejæger; *(fig)* en der er ivrig efter at omgås berømte personer, snob.

lionize ['laiənaiz] *vb* gøre stads af; fejre som en berømthed; fetere.

lion-tamer løvetæmmer.

lip [lip] *sb* læbe; kant, rand; lille tud; S næsvished, næsvise bemærkninger; (på værktøj) skær; *vb* kysse; *keep a stiff upper ~,* se *I. stiff; lick one's -s* slikke sig om munden; *I heard it from his own -s* jeg hørte det af hans egen mund; *none of your ~!* ikke næsvis!

lipped [lipt] *adj* med kant, rand, med ... læber, -læbet *(fx thick-lipped).*

lip|-reading mundaflæsning. ~ **salve** læbepomade. ~ **service** tomme ord, mundsvejr; *do (, pay, show) ~ service to* hylde i ord men ikke i gerning; hykle respekt for. **-stick** læbestift. ~ **-synch** [-siŋk] *vb* mime (til båndoptagelse etc).

liquate [li'kweit] *vb* sejgre.

liquefaction [likwi'fækʃn] *sb* smeltning; fortætning; omdannelse til væske; smeltet tilstand.

liquefy ['likwifai] *vb* gøre flydende; bringe i flydende tilstand, (om luft) fortætte; (uden objekt) fortættes; blive flydende.

liqueur [li'kjuə] *sb* likør.

liquid ['likwid] *sb* væske; (i fonetik) likvid; *adj* flydende; klar *(fx air),* (om toner *etc)* ren, smeltende; (om pengemidler *etc)* likvid, let realisabel; ~ *air* frostklar luft; *(kem)* flydende luft; ~ *eyes* (fugtig-)blanke øjne.

liquidate ['likwideit] *vb (merk)* afvikle, likvidere; betale (en gæld); *(fig)* likvidere, udrydde.

liquidation [likwi'deiʃn] *sb* afvikling, likvidation; *go into ~* træde i likvidation.

liquidator ['likwideitə] *sb* likvidator.

liquidity [li'kwiditi] *sb* likviditet; flydende tilstand.

liquidize ['likwidaiz] *vb* presse (frugt) til mos.

liquidizer *sb* blender; blenderglas.

liquid| manure ajle. ~ **paraffin** paraffinolie.

liquor ['likə] *sb* spirituøs drik, spiritus, brændevin; væske; (af kød) saft, kraft, sky; *(med.)* liquor, slags mikstur; *be the worse for ~* være fuld; *under the influence of ~* spirituspåvirket; *vb: ~ (up)* S drikke; *~ him up* drikke ham fuld.

liquorice ['likəris] *sb* lakrids; ~ *allsorts* lakridskonfekt.

lira ['liərə] *sb* lire (italiensk mønt).

Lisbon ['lizbən] Lissabon.

lisle [lail]: ~ *glove* trådhandske; ~ *stocking* (merceriseret) bomuldsstrømpe; ~ *thread* florgarn.

lisp [lisp] *vb* læspe; fremlæspe; (om barn) pludre; *sb* læspen; pludren.

lisping ['lispiŋ] *sb* læspen; (om barn) lallen, pludren.

lissom(e) ['lisəm] *adj* smidig.

I. list [list] *sb* liste, fortegnelse, rulle; (på stof) æg; (af stof) strimmel, liste, (af træ) liste; (af farve) stribe; (se også *lists); vb* opføre på en liste, lave en liste over; katalogisere; *(glds) = enlist.*

II. list [list] *sb (mar)* slagside; *vb* have slagside.

III. list [list] *vb (glds)* lyste, have lyst.

listed ['listid] *adj* (om bygning) fredet.

listen [lisn] *vb* lytte, høre efter; *(am* T*)* lyde *(fx it does not ~ right); ~ in* høre radio; lytte (til noget som man ikke har ret til at høre); ~ *to* lytte til, høre på, høre efter; ~ *to reason* tage imod fornuft.

listener ['lisnə] *sb* tilhører; (radio)lytter; *good ~* opmærksom tilhører.

listening post lyttepost.

listless ['listləs] *adj* ligeglad, udeltagende, uinteresseret; ugidelig, slap, sløv.

list price katalogpris.

lists [lists] *sb pl (hist.)* turneringsplads, kampplads; *enter the ~ against (fig)* bryde en lanse med, vove en dyst med; *enter the ~ for (fig)* træde i skranken for.

lit [lit] *præt* og *pp* af *II. light; he was well ~* der var blus på lampen; han var fuld.

litany ['litəni] *sb* litani; monoton gentagelse; monoton opregning; lang opremsning.

litchi ['laitʃi:] *sb* litchi, kærlighedsfrugt.

literacy ['litrəsi] *sb* det at kunne læse og skrive *(mod* analfabetisme); boglig dannelse.

literal ['litr(ə)l] *adj* bogstavelig, (om oversættelse) ordret; (om person) prosaisk; *(typ)* bogstav-; ~ *error* trykfejl; *in a ~ sense* bogstavelig talt; *in the ~ sense of the word* i ordets bogstavelige *(el.* egentlige) betydning.

literalism ['litrəlizm] *sb* bogstavtrældom, bogstavdyrkelse, bogstavtro; tør realisme.

literally ['litrəli] *adv* bogstaveligt; ordret *(fx translate sth ~);* T bogstavelig talt, formelig *(fx he was ~ torn to pieces).*

literary ['litrəri] *adj* boglig, litterær; litteratur- *(fx history); ~ man* litterat.

literate ['litrət] *sb* en som kan læse og skrive *(mod.* analfabet); boglig dannet person; *adj: be ~* kunne læse og skrive; være boglig dannet.

literatim [litə'ra:tim] *adv (lat.)* bogstav for bogstav, efter bogstaven.

literature ['litrətʃə] *sb* litteratur.

litharge [li'θa:dʒ] *sb (kem)* sølverglød, blyoxid.

lithe [laið] *adj* smidig.

lithograph ['liθəgra:f] *sb* (billede:) litografi; *vb* litografere.

lithographer [li'θɔgrəfə] *sb* litograf.

lithographic [liθə'græfik] *adj* litografisk.

lithography [li'θɔgrəfi] *sb* (processen:) stentryk, litografi.

Lithuania [liθju'einjə] Litauen.

Lithuanian [liθju'einjən] *sb* litauer; litauisk; *adj* litauisk.

litigant ['litigənt] *adj* procederende, procesførende; *sb* procederende part.

litigate ['litigeit] *vb* føre proces (om).

litigation [liti'geiʃn] *sb* retstrætte, proces.

litigious [li'tidʒəs] *adj* trættekær, proceslysten; omtvistelig.

litmus ['litməs] *sb* lakmus (farvestof).

litmus|paper lakmuspapir. ~ **test** lakmusprøve; *(fig)* afgørende prøve.

litotes ['laitəti:z] *sb* litote(s) ('underdrivelse').

litre ['li:tə] *sb* liter.

I. litter ['litə] *sb* uorden, roderi; affald, efterladt mad, papir *etc;* (til dyr, planter) strøelse, halm; (af dyr, fx grise) kuld; (til transport) bærebør, (for sårede) båre; *(hist.)* bærestol; *(bot)* (på skovbund) førn.

II. litter ['litə] *vb* lave roderi i (, på); smide rundt omkring (på), ligge og flyde på; ligge strøet udover; (om dyr) få unger; ~ *down the horse* strø under hesten; *his desk was -ed with books* hans skrivebord flød med bøger.

litter bin affaldsbeholder, affaldsspand.

litter lout en der efterlader affald, (i skov) skovsvin.

little [litl] *adj (less el. lesser; least)* lille, liden, lidet; (kun) lidt; kort *(fx way, while); (neds)* smålig; *sb* smule;

a ~ lidt; et lille øjeblik; *~ better* lidet *(el.* ikke store) bedre; *a ~ better* lidt *(el.* noget) bedre; **~ by ~,** *by and ~* lidt efter lidt; **in** ~ i det små, i lille format, e miniature; **make** ~ *of* ikke regne for noget særligt, bagatellisere; ~ *things please* ~ *minds* 'små ånder interesserer sig for små ting'; *no* ~, *not a* ~ ikke så lidt, en hel del; *a* ~ **one** en lille, et barn; ~ *ones,* ~ *people* børn; ~ *or nothing* så godt som ingenting; *the* ~ *people* alferne; *think* ~ *of,* se *think; he has his* ~ **ways** han har sine små særheder; **what** ~ *I get* den smule jeg får.

Little| Belt Lillebælt. ~ **-Englander** *(hist.)* anti-imperialist. ~ **Mary** T maven, mavsen.

littleness ['litlnis] *sb* lidenhed.

little slam (i bridge) lilleslem.

little theatre *(omtr)* eksperimentalscene, intimteater.

littoral ['litr(ə)l] *sb* kyststrækning, strandegn; *adj* kyst- *(fx the* ~ *region);* ~ *drift* materialevandring (langs kysten).

lit-up *adj: he was* ~ der var blus på lampen; han var fuld.

liturgic [li'tə:dʒik] *adj* liturgisk.

liturgy ['litədʒi] *sb* liturgi.

livable ['livəbl] *adj* værd at leve *(fx a* ~ *life);* beboelig *(fx a* ~ *house);* til at leve med; let at omgås.

I. live [liv] *vb* leve; bo; klare sig *(fx no boat could* ~ *in such a sea);* gennemleve; praktisere, leve efter *(fx one's philosophy); we* ~ *and learn!* man skal lære så længe man lever; ~ *and let* ~ leve og lade leve; være tolerant;

(med *præp, adv)* ~ **by** ernære sig ved, leve af; *he -s by himself* han bor alene; *he -s by his pen* han lever af sin pen, han lever af at skrive; ~ **down** bringe i forglemmelse; komme over, overvinde; ~ **hard** leve stærkt, føre et vildt liv; leve under hårde vilkår; ~ **in** bo i *(fx a cottage);* ~ *'in* bo på sin arbejdsplads; ~ *in a small way* leve tarveligt, leve fattigt; ~ **like** *a lord* leve fyrsteligt; ~ **off** leve af; ~ **'on** leve videre; '~ *on* leve af *(fx £10 a week; vegetables);* ~ **out** overleve; bo ude (ikke på arbejdspladsen), 'ligge hjemme'; *(psyk)* udleve; ~ *out of a suitcase* 'bo i en kuffert'; ~ *out of tins* leve af dåsemad; ~ **rough** leve tarveligt, leve under hårde vilkår; ~ **through** gennemleve, overleve; ~ **to** *do sth* leve længe nok til at kunne gøre noget *(fx no one -d to tell what had happened);* ~ *to see* opleve (at se); ~ *to be old,* ~ *to a great age* opnå en høj alder; ~ **up to** leve op til *(fx one's reputation, one's ideals);* leve i overensstemmelse med, komme på højde med; ~ *up to one's income* bruge hele sin indtægt; ~ **it up** leve flot, leve livet; ~ **with** leve med *(fx that is sth you've got to* ~ *with);* bo hos; (erotisk) leve sammen med.

II. live [laiv] *adj* levende *(fx cattle; a real* ~ *lord);* glødende; *(elekt)* strømførende *(fx rail); (mil.)* skarp *(fx cartridge, ammunition);* ueksploderet *(fx bomb);* (i radio, TV) direkte *(fx transmission),* direkte transmitteret *(fx match); (tekn)* bevægelig, roterende, medløbende *(etc);* (om person) levende, livlig, energisk; *(am)* aktuel; *(typ)* ikke færdigsat (, trykt); ~ *matter* sats før trykningen; ~ *coals* gløder; ~ *match* ubrugt tændstik.

live-in ['liv in] *adj* som bor på (arbejds)stedet; som bor hos én; som man bor sammen med *(fx girl friend);* papirløs *(fx relationship); sb* sambo.

livelihood ['laivlihud] *sb* udkomme; levebrød; *earn (el. gain) one's* ~ *(ogs)* tjene til livets ophold; *earn an honest* ~ skaffe sig udkommet ved hæderligt arbejde.

liveliness ['laivlinəs] *sb* livlighed; liv.

livelong ['livlɔŋ] *adj: the* ~ *day* hele den udslagne dag.

lively ['laivli] *adj* livlig, levende; *the demonstrators gave the police a* ~ *time (el. made things* ~ *for the police)* demonstranterne gjorde det broget for politiet *(el.* gav p. nok at bestille).

liven [laivn] *vb:* ~ *up* sætte liv i; blive livlig.

I. liver ['livə] *sb (anat)* lever; *adj* leverbrun; *white* ~ fejhed.

II. liver ['livə] *sb: a* ~ *in Brooklyn* en der bor i Brooklyn; *a loose* ~ en der fører et udsvævende liv.

liver fluke *zo* fåreflynder, leverikte.

liveried ['livərid] *adj* livréklædt.

liverish ['livəriʃ] *adj* T leversyg; *feel* ~ være i dårligt humør.

Liverpool ['livəpu:l].

Liverpudlian [livə'pʌdliən] *sb* indbygger i Liverpool; *adj* liverpoolsk.

liverwort ['livəwə:t] *sb (bot)* halvmos, levermos.

livery ['livəri] *sb* tjenerdragt, livré; lavsdragt; *(jur)* overdragelse; overdragelsesdokument; *(am)* udlejningsforretning (for køretøjer *etc) (fx automobile* ~*);* (se også *livery stable).*

livery| company lav i *the City of London.* ~ **horse** hest der lejes ud. **-man** medlem af et ~ *company;* ejer af *livery stable,* fodervært. ~ **stable** vognmandsforretning; lejestald, hestepension.

lives [laivz] *pl* af *life;* [livz] 3. person *sing. præs* af *I. live.*

livestock ['laivstɔk] *sb* besætning, kreaturer.

liveware ['laivwɛə] *sb* edb-personale.

live wire *(elekt)* strømførende ledning; *(fig)* krudtkarl; livstykke.

livid ['livid] *adj* blyfarvet, blygrå; blå (som følge af slag); ligbleg; bleg af raseri, rasende, edderspændt.

living ['liviŋ] *adj* levende; livagtig; *sb* liv, levned; levebrød; udkomme; (præste)kald; *earn (el. make) a (el. one's)* ~ tjene til føden, tjene sit brød, tjene til livets ophold; ernære sig *(as* som); *he is the* ~ *image of his father* han er faderen op ad dage; (se også *memory).*

living | picture tableau vivant. ~ **room** opholdsstue, dagligstue. ~ **space** livsrum, lebensraum. ~ **wage** løn som man kan leve af. ~ **will** livstestamente.

Livonia [li'vəunjə] Livland.

Livy ['livi] Livius.

lixiviate [lik'sivieit] *vb* udlude.

lizard ['lizəd] *sb zo* firben.

ll. *fk lines.*

llama ['la:mə] *sb zo* lama.

LL.D. *fk legum doctor* dr. juris.

Lloyd's [lɔidz] (skibsassurancekontor i London).

Lloyd's List (skibsfartstidende der udgives i London).

Lloyd's Register (årlig skibsfortegnelse).

lo [ləu] *interj (glds)* se! ~ *and behold! (spøg)* der skal man bare se! hvad må mit øje skue!

L.O. *fk liaison officer.*

loach [ləutʃ] *sb zo* smerling.

I. load [ləud] *sb* byrde, vægt; (som transporteres) læs, ladning; (i vaskemaskine) portion; *(glds:* i skydevåben) ladning; *(tekn)* belastning; T masse, mængde *(fx a* ~ *of troubles, -s of money); get a* ~ *of* S lægge mærke til; *get a* ~ *of this!* nu skal du (, I) bare høre (, se)! *get a* ~ *on* S drikke sig fuld; *it took a* ~ *off my mind* det lettede *(el.* der faldt) en sten fra mit hjerte.

II. load [ləud] *vb* (se også *loaded)* belæsse, læsse på, laste; bebyrde, belaste, overlæsse, overfylde *(fx* ~ *one's stomach with food);* tynge (ned); overøse *(fx* ~ *him with gifts);* (om skydevåben) lade, (om kamera) sætte film i; (om terninger, stok) komme bly i; (om vin) forfalske;

~ *the dice* forfalske terningerne; ~ *the dice against him (fig)* stille ham særlig ugunstigt; ~ *the question* formulere spørgsmålet således at man får det ønskede svar; lægge den adspurgte svaret i munden; ~ *up* lade, laste; T skovle i sig, tage for sig af retterne.

load-bearing ['ləudbɛəriŋ] *adj* bærende *(fx construction, wall).*

loaded ['ləudid] *pp, adj* belæsset *(etc, cf II. load);* (om tunge) belagt; *(fig)* belastet *(fx word),* ladet, farlig; som har fået en bestemt drejning *(fx the phrase is* ~*);* S rig, fuld af penge; fuld, beruset; ~ *dice* falske terninger; *play with ~ dice (fig)* snyde (ved at have en skjult fordel); *~ paper* kunsttrykpapir; *~ question* spørgsmål der skal fremlokke et bestemt svar; *~ silk* betynget silke; *~ table* bugnende bord.

load| line *(mar)* lastelinie. *~* **-shedding** fordeling af belastning. **-star** ledestjerne. **-stone** magnet(jernsten). *~* **test** belastningsprøve.

I. loaf [ləuf] *sb (pl loaves)* brød; sukkertop; S hoved *(fx use your ~); a ~ of bread* et brød; *half a ~ is better than no bread* smuler er også brød; *loaves and fishes (fig)* materielle goder.

II. loaf [ləuf] *vb* drive, dovne.

loafer ['ləufə] *sb* dagdriver, drivert; *(am omtr)* hyttesko.

loaf| pan *(am)* aflang bageform. *~* **sugar** topsukker.

loam [ləum] *sb* lermuld, ler; muldholdig sandblandet lerjord; (ved støbning) kernemasse; *vb* dække med ler.

loamy ['ləumi] *adj* leret, lermuldet.

loan [ləun] *sb* lån; *vb* udlåne; *on ~* som et lån, til låns.

loan|shark lånehaj. **-word** *sb* låneord.

loath [ləuθ] *adj* uvillig; *we were ~ to part* vi ville så nødig skilles; vi var bedrøvede over at skulle skilles; *nothing ~* meget villig.

loathe [ləuð] *vb* være led ved, føle modbydelighed *el.* væmmelse for, hade, afsky, væmmes ved.

loathing ['ləuðiŋ] *sb* lede, væmmelse, afsky.

loathsome ['ləuðsəm] *adj* hæslig, modbydelig.

loaves [ləuvz] *pl* af *loaf.*

lob [lɔb] *sb* (i tennis) langsom og høj bold; *(zo)* sandorm; *vb* (i tennis *etc)* lobbe (slå bolden over modspillerens hoved, (i kricket) kaste langsomt og højt; *(fig)* S kaste (, sende) ganske roligt, lunte.

I. lobby ['lɔbi] *sb* forværelse; vestibule, forhal, foyer; korridor; (i Underhuset) vandrehal; *(division ~)* afstemningskorridor; *(fig)* pressionsgruppe (der prøver at øve indflydelse på lovgivningsmagten).

II. lobby ['lɔbi] *vb* lægge pres på, forsøge at påvirke (parlamentsmedlem) privat til fordel for en bestemt politik.

lobbyist ['lɔbiist] *sb* bagtrappepolitiker.

lobe [ləub] *sb* lap, flig; øreflip.

lobster ['lɔbstə] *sb zo* hummer; S (om soldat) rødkjole.

lobster| moth *zo* bøgespinder. *~* **pot** hummertejne. *~* **pot playpen** rund kravlegård med net omkring.

local [ləukl] *adj* stedlig, lokal; lokal-; *sb* lokaltog; lokal nyhed; person der hører hjemme på stedet, 'indfødt'; *(am)* lokalafdeling; *the ~* T den lokale pub (, biograf); *(am)* den lokale fagforening.

local colour lokalkolorit.

locale [ləu'ka:l] *sb* sted (hvor begivenhed udspiller sig); baggrund *(fx* for roman).

local government kommunalstyre, lokalt selvstyre.

localism ['ləuk(ə)lizm] *sb* lokal ejendommelighed; stedlig betegnelse; lokalpatriotisme.

locality [lə'kæliti] *sb* sted, lokalitet, egn; beliggenhed; *sense (el. bump) of ~* stedsans.

localization [ləuk(ə)lai'zeiʃn] *sb* lokalisering, stedfæstelse.

localize ['ləuk(ə)laiz] *vb* lokalisere, stedfæste.

localizer ['ləuk(ə)laizə] *sb (flyv)* anflyvningsbåke.

localizer beam *(flyv)* ledestråle.

locally ['ləuk(ə)li] *adv* lokalt; stedvis.

local train lokaltog.

locate [lə'keit] *vb* anbringe, placere; bestemme stedet for, lokalisere, stedfæste, finde; *(am* også) slå sig ned; *be -d* være beliggende, ligge, befinde sig; *~ a town on a map* finde (, vise) en by på et kort.

location [lə'keiʃn] *sb* sted; plads; placering, beliggenhed; stedfæstelse, lokalisering; sted (uden for filmstudie) hvor en scene optages; udeoptagelse; *shoot on ~* optage uden for studiet *(el.* på stedet).

loch [lɔk] *sb* (skotsk) sø, fjord.

loci ['ləusai] *pl* af *locus.*

I. lock [lɔk] *sb* lås, lukke; (i flod *etc)* sluse; (af hår) lok, tot; (i båd) åregaffel; *keep under ~ and key* forvare under lås og lukke, gemme omhyggeligt; *~, stock, and barrel* altsammen; rub og stub.

II. lock [lɔk] *vb* låse; låse inde *(fx ~ him in a cell),* indeslutte; (om hjul) blokere; (uden objekt) låses *(fx the door -s with a key),* lukke *(fx the door -s automatically); ~ in* låse inde; *-ed in each other's arms* tæt omslynget; *~ into* låse inde i; *~ out* låse ude; (om arbejdsgiver) lockoute; *~ up* låse af; låse inde; spærre inde; (om kapital) binde.

lockage ['lɔkidʒ] *sb* slusepenge; sluseværker; slusehøjde, slusefald.

lock chamber slusekammer.

Locke [lɔk].

locker ['lɔkə] *sb* (væg)skab; rum; *(am)* fryserum der kan lejes; (se også *II. shot).*

locker room omklædningsrum.

locket ['lɔkit] *sb* medaljon, kapsel.

lock| gate sluseport, dokport. **-jaw** *(med.)* trismus, mundklemme, krampe i tyggemusklerne (ved stivkrampe). **-keeper** slusevogter. *~* **nut** kontramøtrik. **-out** ['lɔkaut] *sb* lockout. **-smith** låsesmed, klejnsmed. **-step** march tæt bag hinanden, tæt gåsegang; *(fig)* det at alle skal gøre det samme samtidig; mekanisk fremgangsmåde, stift system; *march in ~ with* marchere tæt bag ved; *(fig)* følge slavisk. **-stitch** stikkesting (på symaskine).

lockup ['lɔkʌp] *sb* lukketid; arrest.

lockup | garage lejet garage. *~* **shop** forretning uden beboelse.

lock washer kontraskive.

loco ['ləukəu] *adj (am* S) skrupskør, vanvittig.

locomotion [ləukə'məuʃ(ə)n] *sb* bevægelse; bevægelsesevne; befordring, befordringsmåde; *means of ~* befordringsmiddel.

locomotive ['ləukəməutiv] *adj* som kan bevæge sig, bevægelig; *sb* lokomotiv.

locum ['ləukəm] = *locum-tenency; locum tenens.*

locum-tenency ['ləukəm'ti:nənsi] *sb* vikariat.

locum tenens ['ləukəm'ti:nənz] *sb* vikar (især for læge *el.* præst).

locus ['ləukəs] *sb (pl loci* ['ləusai]) (nøjagtigt angivet) sted; *(geom)* geometrisk sted.

locust ['ləukəst] *sb zo* (vandre)græshoppe; *(bot) = ~ tree.*

locust| bean *(bot)* johannesbrød. *~* **bird** *zo* rosenstær. *~* **tree** *(bot)* johannesbrødtræ, falsk akacie. *~* **years** *pl* magre år.

locution [lə'kju:ʃn] *sb* udtryksmåde, talemåde.

lode [ləud] *sb* (mineral)gang, åre. **lode| gold** gangguld. **-star** ledestjerne. **-stone** magnet(jernsten).

I. lodge [lɔdʒ] *sb* hytte, hus; jagthytte; portnerhus, portnerbolig; (frimurer)loge; (dyrs:) leje, hule; *(am)* lokal afdeling af fagforening; wigwam.

II. lodge [lɔdʒ] *vb* give logi, huse, indlogere, indkvartere *(fx ~ the soldiers in the school);* anbringe, plante *(fx a bullet in his brain);* give i forvaring, deponere *(fx one's valuables in the bank);* sende ind, indsende *(fx an application),* indgive *(fx a protest);* (om korn) slå ned; (uden objekt) logere, bo, bo til leje *(with* hos); blive siddende, sætte sig fast *(fx a bullet -d in his leg);* (om korn) blive slået ned, gå i leje; *~ a complaint against them with the council* indgive en klage over dem til rådet, indklage dem for rådet.

lodge| keeper, -man portner.

lodgement ['lɔdʒmənt] *sb* anbringelse, deponering; indgivelse, indsendelse; ophobning, ansamling *(fx of water); find a ~* få fodfæste, sætte sig fast; (om vand *etc)* samle sig.

lodger ['lɔdʒə] *sb* logerende, lejer; *take in -s* leje værelser ud.

lodging ['lɔdʒiŋ] *sb* logi *(fx pay for board and ~; seek ~ for the night)*; **-s** *pl* logi, lejet værelse, lejede værelser; *live in -s* bo til leje; *take -s with* leje værelser hos, leje sig ind hos. **lodging house,** logihus, natteherberge.

lodgment = *lodgement.*

loess ['ləues] *sb (geol)* løss.

loft [lɔft] *sb* loft, loftsrum; galleri; dueslag; (i kirke) pulpitur; *vb* (om bold) kaste (, slå) højt op i luften; (om raket) opsende.

lofted ['lɔftid] *adj* (om golfkølle *etc*) med skrå flade (så den kan løfte bolden højt op).

lofty ['lɔfti] *adj* (meget) høj, knejsende *(fx spire)*; *(fig)* ophøjet *(fx aims)*; ædel; stolt, overlegen.

I. log [lɔg] *sb* tømmerstok, bjælke; brændeknude; *(mar)* (fartmåler): log; (journal): logbog, dagbog; *(edb)* journal, log; *heave the ~ (mar)* logge; *sleep like a ~* sove som en sten.

II. log [lɔg] *vb* hugge tømmer; rydde (skov); fælde; *(mar)* indføre i logbog; *(fig)* notere *(fx please ~ my order for ...)*; tilbagelægge *(fx ~ 10,000 miles)*; gennemføre; *(edb)* logge; *(geol)* logge (måle og optegne måleresultater).

log. *fk logarithm.*

loganberry ['ləugənberi] *sb (bot)* loganbær (krydsning mellem hindbær og brombær).

logan-stone ['lɔgənstəun] *sb* rokkesten.

logarithm ['lɔgəriθm] *sb* logaritme.

logarithmic [lɔgə'riθmik] *adj* logaritmisk.

logbook ['lɔgbuk] *sb* logbog, skibsjournal, *(flyv ogs)* luftfartøjsjournal; (for bil, svarer til) registreringsattest, indregistreringspapirer.

log cabin bjælkehytte.

logger ['lɔgə] *sb* skovhugger.

loggerhead ['lɔgəhed] *sb (glds)* klodrian, fæ; *zo* = *~ turtle; be at -s (with each other)* være i totterne på hinanden.

loggerhead turtle *zo* karetteskildpadde.

loggia ['lɔdʒə] *sb* loggia.

logging ['lɔgiŋ] *sb* skovning; skovarbejde; se også *II log.*

log house bjælkehus.

logic ['lɔdʒik] *sb* logik; *adj* logisk.

logical ['lɔdʒikl] *adj* logisk.

logician [lə'dʒiʃn] *sb* logiker.

logistic [lə'dʒistik] *sb* logistik, symbolsk logik; *adj (mil.)* logistisk, faglig *(fx support)*, forsynings- *(fx order)*.

logistics [lə'dʒistiks] *sb (mil.)* faglig tjeneste (troppernes beklædning, bespisning, transport og indkvartering), logistik.

logjam ['lɔgdʒæm] *sb* „prop" af tømmerstokke i vandløb; *(fig)* hårdknude (i forhandlinger), dødvande; *break the ~ (fig)* komme ud af dødvandet.

log line *(mar)* logline.

logo ['ləugəu] *sb* logotype, logo (ɔ: ord *el.* mærke anbragt på en enkelt type); mærke; motto.

logo|gram ['lɔgəugræm] *sb* stenografisk ordbillede; *(typ)* sigel. **-type** logotype (se *logo*).

log reel *(mar)* logrulle.

logroll ['lɔgrəul] *vb* rose hinandens arbejde; *(am)* være sammenspist; lave studehandel(er).

logrolling ['lɔgrəuliŋ] *sb* gensidig ros og reklame; (i politik) studehandel.

logy ['ləugi] *adj (am)* træg, sløv.

logwood ['lɔgwud] *sb* blåtræ, kampechetræ.

loin [lɔin] *sb* lænd; (kød *omtr)* nyrestykke, mørbradstykke; (på hest) kryds; *kidney end of ~* nyrestykke; *~ of veal* kalvenyresteg.

loincloth ['lɔinklɔθ] *sb* lændeklæde.

loiter ['lɔitə] *vb* drive, slentre, nøle; give sig god tid; stå og drive *(el.* hænge); *(jur, omtr)* opholde sig ulovligt *(fx girls seen -ing on the pavements were warned by the police)*; *-ing prohibited* 'ophold forbudt' *(fx* i en port); *~ about, ~ around* drive om.

loiterer ['lɔitərə] *sb* efternøler, dagdriver.

loll [lɔl] *vb* læne sig mageligt, 'ligge og dovne'; sidde (, ligge) henslængt, sidde og hænge; (om hoved) hænge slapt; (om hunds tunge:) *~ out* (lade) hænge ud af munden.

Lollard ['lɔləd] *sb (hist.)* (øgenavn for tilhænger af Wyclif).

lollipop ['lɔlipɔp] *sb* slikkepind, sodavandsis.

lollipop man folkepensionist der med stopskilt fungerer som skolepatrulje.

lollop ['lɔləp] *vb* lunte afsted; daske afsted; bevæge sig afsted i kluntede spring.

lolly ['lɔli] *sb* T slikkepind; S penge.

Lombard ['lɔmbəd] *sb* longobarder, lombarder; *adj* lombardisk; *~ Street* (centrum for Londons pengemarked).

Lombardic [lɔm'ba:dik] *adj* lombardisk.

Lombardy ['lɔmbədi] Lombardiet.

Lombardy poplar *(bot)* pyramidepoppel.

Lomond ['ləumənd].

London ['lʌndən] London; *adj* london-, londoner-; londonsk.

Londoner ['lʌndənə] *sb* londoner.

London| particular Londontågen. *~* **pride** *(bot)* porcelænsblomst.

lone [ləun] *adj* ene, enlig, ensom; *play a ~ hand* arbejde på egen hånd.

lonely ['ləunli] *adj* ensom; *~ heart's bureau* ægteskabsbureau.

loner ['ləunə] *sb* S enegænger, enspændernatur.

lonesome ['ləunsəm] *adj* ensom; *be on one's ~* være alene.

lone wolf ensom ulv; *(fig)* enspændernatur.

I. long [lɔŋ] *adj* lang; langvarig *(fx debate)*; *adv* længe; *sb* lang stavelse; lang lyd; *the Long* T sommerferien; *all day ~* hele dagen lang; *a week at (the) -est* højst en uge; *don't be ~* bliv ikke for længe væk; vær ikke for længe om det; *he won't be ~ (ogs)* han kommer snart; *be ~ in doing sth* være længe om at gøre noget; *before ~* inden længe; *by a ~ chalk,* se *chalk; a ~ custom (, tradition)* en gammel skik (, tradition); *~ face,* se *I. face; for ~* længe, i lang tid; *he is not ~ for this world* han har ikke langt igen, han gør det ikke længe; *have a ~ head* være snu *(el.* klog); *he has gone to his ~ home* han er afgået ved døden; *no -er* ikke længere, ikke mere; *make a ~ nose* række næse; *be ~ on* have nok af, have rigeligt med; *a ~ purse* en velspækket pung; *in the ~ run,* se *II. run; the ~ and the* **short** *of it is that he is coming* kort og godt *(el.* kort sagt *el.* for at sige det kort *el.* det korte af det lange er at) han kommer; *so ~!* farvel (så længe); *I don't care so ~ as I get the money* jeg er lige glad, når bare jeg får pengene; *have a ~ tongue* være snakkesalig; *go a ~ way,* se *I. go.*

II. long [lɔŋ] *vb* længes *(for* efter; *to* efter at).

long. *fk longitude.*

long|boat ['lɔŋbəut] *(mar) (hist.)* storbåd. **-bow** [-bəu] bue; *draw the -bow* spinde en ende. **-case clock** bornholmerur, standur. **-cloth** (fintrådet) medium (et bomuldsstof); *(am)* (slags) musselin. *~* **-clothes** *pl* bærekjole. *~* **-dated** langfristet.

long-distance *adj* fjern; (i sport) distance- *(fx race)*; *(tlf)* udenbys- *(fx call)*; *~ weather forecast* langtidsforudsigelse.

long dozen 13 stk.

long-drawn-out ['lɔŋdrɔ:n'aut] *adj* langtrukken, langvarig.

long-eared ['lɔŋiəd] *adj* langøret; *~ bat zo* langøret flagermus; ~ *fox zo* ørehund; ~ *owl zo* skovhornugle.

longed-for ['lɔŋdfɔ:] *adj* ønsket, attrået.

longeron ['lɔndʒərən] *sb (flyv)* længdedrager, længdeliste.

longevity [lɔn'dʒeviti] *sb* lang levetid.

long|-haired langhåret; *(fig)* (hyper)intellektuel; verdensfjern. **-hand** almindelig skrift *(mods* stenografi). ~ **-headed** langskallet; *(fig)* snu, klog. ~ **-horned beetle** *zo* træbuk. ~ **hundred** 120 stk.

longicorn ['lɔndʒikɔ:n] *sb zo* træbuk.

longing ['lɔŋiŋ] *adj* længselsfuld; *sb* længsel.

longish ['lɔŋiʃ] *adj* temmelig lang, langagtig.

longitude ['lɔndʒitju:d] *sb* (geografisk) længde.

longitudinal [lɔndʒi'tju:dinəl] *adj* længde- *(fx section* snit); på langs.

long| johns *pl* lange underbukser. ~ **jump** (i atletik) længdespring. **-lived** ['lɔŋ'livd] længe levende; længe varende, (lang)varig. ~ **primer** *(typ, glds)* korpus. ~ **-range** ['lɔŋ'reindʒ] *adj* langtrækkende *(fx artillery);* langdistance- *(fx rockets);* langtids- *(fx* planning). **-shoreman** ['lɔŋʃɔ:mən] havnearbejder, dokarbejder. ~ **shot** usikker chance (som kan give stort udbytte); voveligt forsøg, voveligt foretagende; (i film) total; *not by a ~ shot* langt fra. ~ **-sighted** langsynet; vidtskuende. **-spun** langtrukken, vidtløftig. ~ **-standing** *adj* mangeårig, gammel *(fx. friendship).* ~ **-suffering** *adj* langmodig. ~ **suit** lang farve (i bridge); T (éns) stærke side.

long-tailed| duck *zo* havlit. ~ **field mouse** *zo* skovmus. ~ **tit** *zo* halemejse.

long|-term *adj* langfristet; langsigtet, på langt sigt; langtids- *(fx care, memory, planning, unemployment).* ~ **vacation** sommerferie. ~ **waves** *pl* langbølger. **-ways** ['lɔŋweiz] *adv* på langs. ~ **-winded** ['lɔŋ'windid] langtrukken, vidtløftig; som ikke let taber vejret. **-wise** ['lɔŋwaiz] *adv* på langs.

loo [lu:] *sb* T wc; *(glds)* (et kortspil).

loofah ['lu:fa:] *sb* frottersvamp.

I. look [luk] *vb* se *(fx ~ the other way);* se ud *(fx he -s tired);* se ud til at være *(fx he -s fifty; he -s a rascal);* vente *(fx he -s to be promoted);* vende mod *(fx the room -s north);*

(med *sb, pron) he -ed merriness itself* han så ud som munterheden selv *(el.* den personificerede munterhed); *she does not ~ her age* hun ser yngre ud end hun er; hun holder sig godt; *he -s himself again* han ligner sig selv igen; *he -s the part (el. the role)* (om skuespiller) han har udseendet til rollen, han passer til rollen;

(med *præp, adv)* ~ **about** *one* se sig om; ~ *about for sth* se sig om efter noget *(fx he was -ing about for a job);* ~ **after** følge med øjnene, se efter; tage sig af, drage omsorg for, passe *(fx his wife -s after the shop); the devil -s after his own* Fanden hytter sine; *he needs -ing after* han trænger til at nogen tager sig af ham; *I am able to ~ after myself* jeg kan klare mig selv; jeg behøver ingen barnepige; ~ **ahead** se frem(ad); *(fig)* være forudseende, tænke på fremtiden; ~ *ahead! (ogs)* pas på! forsigtig! ~ **alive!** skynd dig! se at få lidt fart på! ~ **as** *if* se ud som om *(fx you ~ as if you were ill),* se ud til at *(fx it -s as if he misunderstood);*

~ **at** se på, betragte, overveje, tage i betragtning *(fx let us ~ at his motives); it is not much to ~ at* det syner ikke af meget; *to ~ at him you wouldn't guess he was 50* når man ser ham tror man ikke han er 50; ~ **away** se bort; ~ **back** se tilbage; tænke tilbage; længes tilbage; komme igen *(fx I'll ~ back later); since then he has never -ed back* siden da er det uafbrudt gået fremad for ham; ~ **down** *on sby* se ned på en, ringeagte en; (se også *I. nose);* ~ **for** søge efter, se efter *(fx go and ~ for him);* vente *(fx I am not looking for profit);* ~ *for a job* søge arbejde; ~ **forward** se fremad, tænke på fremtiden; ~ *forward to* se frem til; glæde sig til; ~ **here!** hør (engang)! se her! ~ **in** se indenfor *(fx I shall ~ in again tomorrow);* ~ *in on sby* se ind til én; ~ *in to a transmission* se en fjernsynsudsendelse; ~ **into** *sth* undersøge noget; kigge ind (, ned) i noget; ~ *into a book* kigge (lidt) i en bog; ~ **like** se ud til (at være), se ud som; *what does he ~ like?* hvordan ser han ud? *it -s like rain* det ser ud til regn; ~ **nearer home** gribe i sin egen barm;

~ **'on** være tilskuer, se 'til *(fx ~ on and do nothing);* ~ *on sth as* anse noget for, betragte noget som *(fx ~ on him as a benefactor); be well -ed on* være vel anskrevet, have et godt rygte; *the room -s on to the garden* værelset vender ud til haven; ~ **out** se ud *(fx ~ out of the window);* passe på *(fx you will have to ~ out);* finde frem *(fx some old clothes for a rummage sale);* ~ *out for* holde udkig efter; tage sig i agt for *(fx snakes);* ~ *out on* vende ud til *(fx the room -s out on the park);* ~ **over** bese, besigtige; gennemse *(fx ~ over some papers);* se gennem fingre med; overse; ~ **round** se sig om; *(fig)* tænke sig (godt) om; ~ **sharp** skynde sig; ~ **through** se gennem, se i *(fx a telescope);* gennemse; gennemgå; ~ **to** *sth* passe på noget, tage sig af noget; ~ *to it that* sørge for at *(fx ~ to it that this doesn't happen again);* ~ *to sby to do sth* vente at en vil gøre noget; *I ~ to you for help, I ~ to you to help me* jeg venter at du vil hjælpe mig; ~ **towards** vende mod *(fx the house -s towards the south);* ~ **up** se opad, løfte hovedet; tage opsving *(fx trade was -ing up);* opsøge, finde; slå op *(el.* efter) *(fx ~ up a word in a dictionary);* ~ *sby up* besøge en, opsøge en; ~ *up to* se op til; beundre; *he -ed me up and down* han 'målte' mig; ~ *upon* = ~ *on;* ~ **where** *you are going!* se dig for!

II. look [luk] *sb* blik; udtryk, mine, udseende; *(good) -s* skønhed *(fx she has lost her -s); have a ~ at* kaste et blik på, se på; *I don't like the ~ of it* det ser ikke så godt ud.

look-alike ['lukə laik] *sb (am)* dobbeltgænger.

looker ['lukə] *sb* (fjernsyns)seer; *she is a (good) ~* S hun ser godt ud.

looker-on ['lukər'ɔn] *sb (pl lookers-on)* tilskuer.

look-in ['lukin] *sb* T hastigt blik; kort visit; andel; chance; *have a ~* 'have en aktie med'; *we didn't have a ~* vi havde ikke en chance.

-looking ['lukiŋ] (i *sms)* som ser ... ud, med et ... udseende *(fx suspicious-looking).*

looking glass spejl.

lookout ['lukaut] *sb* udkig *(for* efter); udsigt; udkigsmand; udkigstårn; *(mar)* udkigstønde; *it is a poor ~ for us* det ser trist ud for os; *that is his ~* det må han selv sørge for, det bliver hans sag.

look-see ['luksi:] *sb* T*: have a ~* se 'efter; *have a ~ at* kigge lidt på.

lookup ['lukʌp] *sb* opslag *(fx* i ordbog).

I. loom [lu:m] *sb* vævestol; *(~ of an oar)* årelomme.

II. loom [lu:m] *vb* vise sig utydeligt, dukke *(el.* tone) frem (gennem tåge, regntykning *osv);* rejse sig truende; ~ *large* indtage en alt for fremtrædende plads; dominere; tårne sig op; ~ *large in sby's mind* helt optage ens tanker.

loon [lu:n] *sb* T lømmel, tølper; *zo* lom (en fugl).

loony ['lu:ni] *sb, adj* T sindssyg, tosset, skør; ~ *bin* galeanstalt.

loop [lu:p] *sb* løkke; strop; sløjfe; krumning; bugtning; *(jernb)* = ~ *line; (med.)* spiral (til antikonception); *vb* slå løkke på; danne en løkke; ~ *the ~ (flyv)* loope; *-ing the ~* looping; *knock him for a ~ (am* S*)* forbløffe ham; lamslå ham.

looper ['lu:pə] *sb zo* målerlarve.

loophole ['lu:phəul] *sb* skydeskår, *(fig)* smutvej, smut-

hul; udvej; *a ~ in the law* et hul i loven.
loop line sløjfe (på jernbane), vigespor.
loopy ['lu:pi] *adj* S skør.
I. loose [lu:s] *vb* løse, løse op, åbne; slippe løs, slippe, løsne; *~ (off)* affyre, afskyde.
II. loose [lu:s] *adj* løs; slap *(fx reins);* ledeløs *(fx gait);* (om tøj) vid, løstsiddende *(fx coat); (neds)* slap *(fx morals),* løsagtig, letfærdig *(fx woman, talk),* udsvævende *(fx life);* løs, unøjagtig, upræcis *(fx thinking, definition); (merk)* i løskøb, i løs vægt; *break ~* bryde ud; *come ~* gå løs; *cut ~* skære fri; *let ~* slippe løs.
III. loose [lu:s] *sb: be on the ~* være på fri fod, strejfe frit omkring; *(fig)* være udsvævende, skeje ud; *give a ~ to* give frit løb.
loose| bowels *pl (med.)* tyndt liv. **~ box** (til hest) boks. **~ end** løs (tov-, garn-) ende; *~ ends (fig)* løse ender, småting som ikke er gjort færdige; *be at a ~ end* ikke have noget særligt at gøre, ikke have bestemte planer, ikke vide hvad man skal tage sig til. **~-jointed** ledeløs. **~ -leaf** *adj* løsblad- *(fx system); ~ -leaf notebook* ringbog.
loosen [lu:sn] *vb* løsne, gøre løs, løse op; blive løs; *(mar)* slække, opgå; *get one's tongue -ed* få tungen på gled; *~ up* slappe af; slække på; *~ up the muscles* smidiggøre musklerne.
looseness ['lu:snəs] *sb* løshed; løsagtighed; *~ of the bowels* tyndt liv.
loosestrife ['lu:sstraif] *sb (bot)* fredløs.
loot [lu:t] *sb* bytte, rov; T udbytte; penge; *vb* plyndre, røve.
lop [lɔp] *vb* hugge af *(fx ~ branches from a tree);* kappe, beskære; (om hunds ører) hænge ned; daske; (om søen) blive krap; *sb* afhugget top, afhuggede kviste; afhugning, beskæring.
lope [ləup] *vb* løbe med lange fjedrende skridt; *~ in* S ankomme, arrivere.
lop-eared ['lɔpiəd] *adj* med hængende ører.
loppings ['lɔpiŋz] *sb pl* afhuggede grene.
lopsided ['lɔp'saidid] *adj* skæv, usymmetrisk; med slagside.
loquacious [lə'kweiʃəs] *adj* snaksom, snakkesalig.
loquacity [lə'kwæsiti] *sb* snaksomhed, snakkesalighed.
loquat ['ləukwæt] *sb (bot)* japansk mispel.
Lor [lɔ:] *interj* jøsses!
Loraine [lɔ'rein] Lothringen, Lorraine.
loran ['lɔ:ræn] *fk long range navigation* loran, navigation ved hjælp af radiobølger.
lord [lɔ:d] *sb* herre, hersker, overherre; lord, medlem af Overhuset; lensherre, godsejer; *vb: ~ it* spille herre(r); *~ it over* tyrannisere; *the (House of) Lords* Overhuset; *the -s of (the) creation* skabningens herrer, det stærke køn; *~ of the soil* godsejer; *the Lord* Vorherre Jesus; *in the year of our Lord* i det Herrens år; *O Lord!* Gud! *Good Lord!* du gode Gud! *the Lord knows who* Gud ved hvem; *my ~* Deres Excellence; (i retten) [mi'lʌd, mi'lɔ:d] hr. dommer; (se også *drunk, live).*
Lord Chamberlain (svarer til) hofmarskal.
Lord Chancellor lordkansler (præsident i Overhuset og i Kanslerretten).
Lord Chief Justice retspræsident i *Queen's Bench Division.*
Lord Lieutenant (højtstående embedsmand i et *county,* hvis opgaver hovedsagelig er af rent repræsentativ karakter).
lordling ['lɔ:dliŋ] *sb* lille herre, ubetydelig *lord.*
lordly ['lɔ:dli] *adj* fornem; prægtig, overdådig; hovmodig.
Lord Mayor borgmester (i visse større byer); *Lord Mayor's Day* 9. november (hvor Londons borgmester tiltræder sit embede); *Lord Mayor's Show* optog på *L.M.'s Day.*
Lord President of the Council præsident for *the Privy Council;* kabinetsminister uden portefølje.
Lord Privy Seal lordseglbevarer (kabinetsminister uden portefølje med sæde i Overhuset).
Lord's (kricketbane i London).
lords and ladies *(bot)* aronsstav, dansk ingefær.
Lord's Day: *the ~* søndag.
lordship ['lɔ:dʃip] *sb* herredømme; domæne; *his (, your) ~* hans (, Deres) Excellence.
Lord's Prayer: *the ~* fadervor.
lords spiritual *pl* gejstlige medlemmer af Overhuset.
Lord's Supper: *the ~* nadveren, nadverens sakramente.
Lord's Table: *the ~* nadverbordet, alterbordet.
lords temporal *pl* verdslige medlemmer af Overhuset.
lore [lɔ:] *sb* kendskab (ofte til et særligt område, og ofte baseret på tradition, *fx herbal lore);* tradition, overlevering.
lorgnette [lɔ:'njet] *sb* stanglorgnet.
loris ['lɔ:ris] *sb zo* dovenabe, lori.
lorn [lɔ:n] *adj* forladt, ensom.
Lorraine [lɔ'rein] Lothringen, Lorraine.
lorry ['lɔri] *sb* lastvogn, lastbil.
lorry-hop ['lɔrihɔp] *vb* S blaffe med lastbiler.
Los Angeles [lɔs'ændʒili:z].
lose [lu:z] *vb (lost, lost;* se også *lost)* tabe *(fx a game, one's balance, money, one's hair);* miste *(fx one's wife, a finger, one's balance),* fortabe *(fx a right);* gå glip af *(fx I lost most of the sermon; I hate to ~ a day together with you; ~ a chance),* forspilde *(fx a chance);* blive af med *(fx one's fear);* skille af med, koste *(fx it lost him a lot of money; it may ~ you your job);* (om tid) spilde *(fx there is not a moment to ~);* (om befordringsmiddel) komme for sent til *(fx the train);* (uden objekt) tabe *(fx you'll ~ by it; my watch is losing),* lide tab;
(forb med *sb:* se *I. face, I. ground, grip, I. interest, I. head, heart, patience, I. place, I. sight, II. temper, I. track, I. way etc); the story lost nothing* **in** *the telling* historien blev ikke kedeligere af at blive fortalt; *~ no time in doing sth* gøre noget ufortøvet; *~* **oneself** fare vild; fortabe sig; *~ oneself in* fordybe sig i *(fx a book),* fortabe sig i; *~* **out** T tabe, blive den tabende part, blive den der taber; *~ out on* T gå glip af.
loser ['lu:zə] *sb* taber; *you will be the ~* du vil tabe ved det.
losing ['lu:ziŋ] *adj* tabende; tabbringende; håbløs *(fx fight a ~ battle* kæmpe en håbløs kamp); *play a ~ game* være sikker på at tabe; *losings sb pl* tab.
loss ['lɔs] *sb* tab; spild; skibbrud; bortgang (= død); *at a ~* rådvild; *be at a ~ (how) to* være i vildrede med hvordan man skal; ikke vide hvordan man skal; *I am at a ~ to understand* jeg begriber overhovedet ikke; *be at a ~ for* ikke kunne finde (på); *sell at a ~* sælge med tab; *cut one's -es* begrænse tabet ved at springe fra i tide; *total ~* totalskade, totalforlis; *without ~ of life* uden tab af menneskeliv.
loss adjuster skadestaksator. **loss leader** *(merk)* lokkevare.
lost [lɔst] *præt* og *pp* af *lose; adj* tabt, mistet, bortkommet; som er faret vild; forsvundet *(fx ~ in the crowd);* spildt *(fx time);* forspildt *(fx opportunity);* fortabt *(fx he felt ~);* glemt *(fx it is a ~ art); all hands ~* hele besætningen omkommet; **be** *~* mistes, gå tabt; være gået tabt, være blevet væk *(fx the watch seems to be ~);* fare vild; forlise; gå til grunde; *the bill was ~* lovforslaget blev forkastet; *be ~ in thought* være hensunken i tanker; *be ~ on* være spildt på; *it was ~ on her* det var spildt på hende; det gik hen over hovedet på hende; *be ~ to* være uimodtagelig for, være tabt for; *he is ~ to all sense of shame* han ejer ikke skam i livet; *a ~* **cause** en allerede tabt sag, et

håbløst foretagende; **get** ~! S skrub af!
lost property office hittegodskontor.
I. lot [lɔt] *sb* mængde, masse; portion; (af mennesker) samling *(fx they are a curious lot);* flok; hold (*fx* the next ~ of students); *(merk)* parti (varer), sending, (ved auktion) nummer; (af jord) parcel, byggegrund, (jord)lod; (i lotteri) lod; (i livet) lod, skæbne; **-s** *of* masser af *(fx horses, whisky);* **the** ~ det hele *(fx that's the ~);* hele redeligheden, dem allesammen, (om personer *ogs)* hele banden, hele bundtet *(fx she's the best of the ~);*
a ~ en mængde, en masse *(fx he knows a ~);* meget *(fx a ~ too small); a ~ of* en mængde, en masse *(fx horses, whisky); you will like it a ~* du vil komme til at synes vældig godt om det; *he is a* **bad** ~ han er en skidt fyr; **by** *-s* ved lodtrækning; *by small -s (merk)* i små partier; **cast** *-s* kaste lod; **draw** *-s* trække lod; *it* **fell** *to his ~* det faldt i hans lod; *they are sold* **in** *one ~* de sælges under ét; **throw** *in one's ~ with them* gøre fælles sag med dem; stille sig på deres side.
II. lot [lɔt] *vb* fordele i lodder, udstykke.
loth [ləuθ] *adj,* se *loath.*
lothario [ləu'θa:riəu] *sb* forfører.
Lothian ['ləuðiən].
lotion [ləuʃn] *sb* lotion (kosmetisk badevand) *(fx ~ for the eyes); boracic ~* borvand.
lottery ['lɔtəri] *sb* lotteri(spil).
lottery| bond præmieobligation. ~ **ticket** lodseddel. ~ **wheel** lykkehjul.
lotto ['lɔtəu] *sb* lotto, tallotteri.
lotus ['ləutəs] *sb (bot)* vandlilje, lotus, lotustræ.
lotus-eater *sb* lotofag, lotusspiser (som drømmer sin tid bort); dagdrømmer.
louche ['lu:ʃ] *adj* lusket, tvivlsom, fordægtig.
loud [laud] *adj* høj; lydelig, kraftig, stærk *(fx a ~ sound); (neds)* højrøstet, larmende, støjende; (om farve) skrigende, påfaldende; *adv* højt; højt og lydeligt; *be ~ in his praises* rose ham i høje toner.
loud|-hailer *(mar)* megafon. ~ **-mouthed** højrøstet; opkæftende. **-speaker** højttaler.
lough [lɔk] *sb* sø, indsø (i Irland).
Louisiana [lu:izi'ænə].
I. lounge [laun(d)ʒ] *vb* slentre, drive omkring; drive; ligge mageligt henslængt, læne sig mageligt; stå (, sidde) og hænge *(fx on a corner; in a bar); ~ away one's time* drive tiden hen.
II. lounge [laun(d)ʒ] *sb* slentren, driven; (magelig) spadseretur; (værelse:) opholdsstue, dagligstue, (i hotel) salon, hall, vestibule; *(flyv etc)* ventesal; (møbel:) lille sofa; chaiselong; *(~ chair)* lænestol.
lounge | bar = *saloon bar.* ~ **bed** drømmeseng. ~ **chair** lænestol. ~ **lizard** *(glds)* flanør.
lounger ['laun(d)ʒə] *sb* drivert, dagdrømmer; (se også *lounge bed, lounge chair).*
lounge suit jakkesæt.
lour ['lauə] *vb* se truende ud, formørkes.
I. louse [laus] *sb (pl lice)* lus.
II. louse [lauz] *vb* afluse.
lousewort ['lauswə:t] *sb (bot)* troldurt.
lousy ['lauzi] *adj* luset; infam, gemen; ~ *with* smækfuld af *(fx money).*
lout [laut] *sb* lømmel, tølper, drønnert; bondeknold.
loutish ['lautiʃ] *adj* lømmelagtig, tølperagtig.
louver, louvre ['lu:və] *sb* (til ventilation) jalousilamel, jalousispjæld, lamelvindue; *(hist.)* lyre (i tag); ~ *door* jalousidør.
lovable ['lʌvəbl] *adj* værd at elske, indtagende, henrivende, elskelig.
lovage ['lʌvidʒ] *sb (bot)* løvstikke.
lovat ['lʌvət] *sb* blågrønt (tweedfarve).
I. love [lʌv] *sb* kærlighed *(for, of, to* til), *(poet)* elskov; (om person) elskede, hjertenskær; T (i tiltale:) 'skat'; 'lille ven'; (i brev) kærlig hilsen *(fx ~ from Alice);* (i tennis) ingenting, nul *(fx fifteen ~* 15-0); *Love* kærligheden; Amor;
~ *all* (i tennis) a nul; *there is no ~ lost between them* de kan ikke udstå hinanden; *play* **for** ~ spille om ingenting (uden indsats); *do sth for ~* gøre noget gratis; *it is not to be had for ~ or money* det er ikke til at opdrive; *he would not do it for ~ or money* han ville ikke gøre det for nogen pris; *marry for ~* gifte sig af kærlighed; **in** ~ *with* forelsket i; *fall in ~ with* forelske sig i; ~ *in a cottage* kærlighed og kildevand; *make ~* elske (fysisk), gå i seng med hinanden; *make ~ to (ogs)* kysse, kærtegne, kæle med, gøre tilnærmelser *(el.* kur) til; *my ~* min elskede, min skat; *a ~* **of** *a kitten* en henrivende *(el.* allerkæreste, yndig) killing; *give my ~* **to** *her, give her my ~* hils hende fra mig; *send one's ~ to* sende kærlige hilsener til.
II. love [lʌv] *vb* elske, holde (meget) af; *I ~ to read* jeg elsker *(el.* holder meget af) at læse; *will you come? I should ~ to but I cannot* tager du med? det ville jeg forfærdelig gerne men jeg kan ikke.
love| affair kærlighedsaffære. **-bird** dværgpapegøje; *a couple of -birds* S et par turtelduer, et elskende par. ~ **child** elskovsbarn. ~ **-feast** kærlighedsmåltid. ~ **-in-a-mist** *(bot)* jomfru i det grønne. **-less** [-ləs] *adj* uelsket; ukærlig, uden kærlighed. ~ **letter** kærlighedsbrev, kærestebrev. ~ **-lies-bleeding** *(bot)* rævehale.
lovelorn ['lʌvlɔ:n] *adj* forladt af sin elskede; elskovssyg.
lovely ['lʌvli] *adj* yndig, dejlig, smuk; T herlig, storartet; ~ *and warm* dejlig varm.
love|making kurmageri, kæleri, kyssen og krammen; samleje. ~ **match** inklinationsparti. ~ **philtre,** ~ **potion** elskovsdrik.
lover ['lʌvə] *sb* elsker, tilbeder; kæreste; beundrer; *a pair of -s* et forelsket *(el.* elskende) par.
love| seat S-formet sofa, sladresofa, tête-a-tête. **-sick** elskovssyg. ~ **story** kærlighedsroman. ~ **token** kærlighedspant.
loving ['lʌviŋ] *adj* kærlig, øm; hengiven.
loving| cup festpokal (som går fra mund til mund i et selskab). ~ **-kindness** ['lʌviŋ'kaindnəs] *sb* kærlig hensyntagen; (i biblen) miskundhed.
I. low [ləu] *adj* lav; *(mods* kraftig) svag *(fx pulse);* (om lyd) lav, svag, sagte, dæmpet *(fx voice),* (om tone(leje)) dyb; (om humør) trist, langt nede *(fx she felt ~);* (om kvalitet *etc)* ringe *(fx ~ visibility; of ~ birth* af ringe herkomst); (stærkt *neds)* simpel, tarvelig *(fx taste),* lav, ussel, nedrig *(fx trick);* (om beklædning) nedringet *(fx dress),* udringet *(fx shoe); (fon,* om vokal) åben; *(rel)* lavkirkelig; *adv* lavt; sagte; dybt *(fx he would never sink so ~);* billigt *(fx buy ~);*
a ~ bow et dybt buk; *brought ~* ydmyget; *cut ~* gøre nedringet; ~ *down* langt nede; ~ *in the list* langt nede på listen; *lay ~* strække til jorden; vælte; ydmyge; kaste på sygelejet; dræbe; lægge i graven; *lie ~* ligge på jorden; holde sig skjult; *run ~* være ved at slippe op; ~ *spirits,* se I. *spirit.*
II. low [ləu] *sb (meteorol)* lavtryk; *(fig)* lavpunkt; *reach a new ~* stå lavere end nogensinde, sætte bundrekord.
III. low [ləu] *vb* brøle (om kvæg); *sb* brøl.
low|born af ringe herkomst. **-boy** toiletbord. **-bred** uopdragen, simpel. **-brow** *adj* T lavpandet; ikke-intellektuel; *sb* person uden intellektuelle ambitioner. **-browed** lavpandet; *(fig,* om hus) lav; skummel, dyster.
Low Church *sb* lavkirke; *adj* lavkirkelig.
low comedy farce.
Low Countries: *the ~* Nederlandene.
low-cut *adj* nedringet *(fx dress);* udringet *(fx shoe).*
I. low-down ['ləudaun] *adj* T tarvelig, simpel; *play it ~*

lave en svinestreg *(on* mod).

I. low-down ['ləudaun] *sb* S: *give sby the ~ on it* fortælle en hvordan det (i virkeligheden) hænger sammen.

lower ['lauə] *vb* se truende ud, formørkes; *-ing clouds* truende skyer.

I. lower ['ləuə] *vb* gøre lavere; sænke *(fx the price, one's voice);* nedsætte *(fx the rent* huslejen), moderere, slå af på *(fx the price); (mht* kvalitet) forringe, svække *(fx one's bodily condition);* (om person) ydmyge; (ved hjælp af tov) hejse ned, sænke ned, *(mar)* hale ned; fire ned, affire *(fx a boat);* (uden objekt) synke, dale; aftage; *-ed bayonet* fældet bajonet; *~ a boat* sætte en båd i vandet; *~ one's head* bøje hovedet; *it -ed him in their estimation* det fik ham til at dale i deres agtelse; *~ oneself* nedværdige sig; *~ a sail (mar)* stryge et sejl; *~ a window* trække et vindue ned *(fx* i kupé: åbne det).

II. lower ['ləuə] *adj* lavere, nedre, under-; laverestående *(fx animals).*

ower| boy dreng i en af de nederste klasser. ~ **case (letters)** *(typ)* små bogstaver. ~ **classes** *pl* underklasse. ~ **deck** *(mar)* underdæk; *(fig)* underofficerer og menige. ~ **house** underhus. ~ **jaw** underkæbe. ~ **lip** underlæbe. ~ **middle class** (den) lavere middelstand. **-most** ['ləuəməust] lavest. ~ **orders** *pl (glds)* underklasse.

owest common multiple mindste fælles multiplum.

ow German nedertysk, plattysk.

ow|-grade *adj* af ringe kvalitet. ~ **key** *adj* (af)dæmpet, behersket, underspillet.

owland ['ləulənd] *sb* lavland; *the Lowlands* det skotske lavland.

owlander ['ləuləndə] *sb* indbygger i det skotske lavland; lavlandsbeboer.

ow latitudes *pl* tropiske breddegrader.

ow Latin vulgærlatin.

owly ['ləuli] *adj* beskeden, ydmyg; simpel, ringe; *adv* beskedent, i det små; ydmygt.

ow|-lying lavtliggende. ~ **Mass** *(rel)* stille messe. ~ **-minded** lavsindet. ~ **-necked** nedringet. ~ **-pitched** (om tag) med lav rejsning; (om tone) dyb. ~ **-pressure** *(tekn)* lavtryks- *(fx engine, steam); (fig)* rolig, afdæmpet, behersket. ~ **-priced** (pris)billig. ~ **profile** lav profil; *keep a ~ profile (ogs)* ikke tiltrække sig opmærksomhed. ~ **-relief** basrelief. ~ **-rise** *adj* (om bebyggelse) lav. ~ **-slung** lav; lavbenet. ~ **-spirited** nedslået, nedtrykt.

ow Sunday 1. søndag efter påske.

ow water lavvande; *be in ~ (fig)* være i vanskeligheder; være langt nede; have ebbe i kassen, have småt med penge.

ow-water mark lavvandsmærke.

ox [lɔks] *(fk liquid oxygen) sb* flydende ilt (raketdrivstof).

oyal ['lɔi(ə)l] *adj* loyal, tro (mod bestående myndigheder); trofast, redelig, ærlig.

oyalist ['lɔiəlist] *sb* tro undersåt, lovlydig borger.

Loyalist *sb* (i Nordirland) protestant (som ønsker at bevare forbindelsen til Storbritannien).

oyalty ['lɔi(ə)lti] *sb* loyalitet; trofasthed.

ozenge ['lɔzin(d)ʒ] *sb* (figur:) rude, *(geom)* rombe; *(med.)* pastil.

L.P. *fk Labour Party; long-playing.*

L.P.S. *fk Lord Privy Seal.*

LSD ['eles'di:] lsd.

£.s.d. ['eles'di:] (ɔ: *pounds, shillings and pence)* (især før 1971) penge.

L.S.E. *fk London School of Economics.*

L-shaped *adj* vinkelformet.

Lt. *fk Lieutenant.*

L.T.A. *fk London Teachers' Association; Lawn Tennis Association.*

L.T.B. *fk London Transport Board; London Tourist Board.*

ltd., Ltd. *fk limited* A/S.

lubber ['lʌbə] *sb* klodset fyr, klodrian; dårlig sømand.

lubberly ['lʌbəli] *adj* klodset.

lubber('s) line styrestreg.

lube [lu:b] *sb* T smøreolie; *vb* smøre.

lubricant ['lu:brikənt] *sb* smøremiddel, smørelse.

lubricate ['lu:brikeit] *vb* smøre; S bestikke; drikke fuld; *lubricating oil* smøreolie. **lubrication** [lu:bri'keiʃn] *sb* smøring. **lubricator** ['lu:brikeitə] *sb* smøreapparat.

lubricious [lu:'briʃəs] *adj* glat; lysten, liderlig, slibrig.

lubricity [lu:'brisiti] *sb* glathed; slibrighed; liderlighed; (om olie) smøreevne.

lubricous ['lu:brikəs] = *lubricious.*

luce [lu:s] *sb zo* gedde.

lucerne [lu:'sə:n] *sb (bot)* lucerne.

lucid ['lu:sid] *adj* klar *(fx explanation, style); (poet)* lysende, skinnende; *~ interval* lyst øjeblik.

lucidity [lu:'siditi] *sb* klarhed.

Lucifer ['lu:sifə] morgenstjernen; Lucifer, Satan.

lucifer (match) *(glds)* svovlstik, tændstik.

luck [lʌk] *sb* lykketræf; held, lykke; *bad ~, ill ~* ulykke, uheld; *bad ~!* se *bad; good ~* lykke, held;
for ~ for at det skal bringe (dig) lykke; i tilgift; *you* **have** *all the ~* du er da også altid heldig; *be* **in** *~* have held med sig; *a great piece* **of** *~* et stort held; *a piece of bad ~* et uheld; *be off one's ~* have uheld; *be down on one's ~* være inde i en uheldig periode; *that's my usual ~, that's just my ~* jeg er da også altid heldig; *try one's ~* forsøge lykken; *push one's ~* være overmodig, udfordre skæbnen; *worse ~!* desværre! *as ~* **would have** *it they met* tilfældet ville at de skulle mødes; til alt (u)held *(el.* (u)heldigvis) mødtes de.

luckily ['lʌkili] *adv* heldigvis, til alt held.

Lucknow ['lʌknau].

lucky ['lʌki] *adj* lykkelig, heldig; lykkebringende, lykke- *(fx star, stone); ~ bag = ~ dip; coin* lykkeskilling; *~ dip* lykkepose; gramsepose; *you're a ~ dog (el. devil)* du kan sagtens; *a ~ hit* et lykketræf.

lucrative ['lu:krətiv] *adj* indbringende, lukrativ.

lucre ['lu:kə] *sb: filthy ~* usselt mammon.

lucubrate ['lu:kjubreit] *vb* studere ved lys (om natten).

lucubration [lu:kju'breiʃn] *sb* (natligt) studium; *-s pl* lærde værker; *(neds)* åndsprodukter.

Lucullan [lu:'kʌlən], **Lucullian** [-iən] lukullisk.

Lucy ['lu:si].

Luddite ['lʌdait] *sb (hist.)* maskinknuser.

ludicrous ['lu:dikrəs] *adj* latterlig, naragtig, løjerlig.

ludo ['lu:dəu] *sb* ludo.

lues ['lu:i:z] *sb (med.)* syfilis.

luff [lʌf] *sb (mar)* forlig; *vb* luffe.

I. lug [lʌg] *sb* (på krukke) hank, øre; *(dial.)* øre; S fyr; drønnert, klodrian, dumrian; *(mar)* luggersejl; *zo* sandorm.

II. lug [lʌg] *vb* hale, slæbe, trække, rykke.

luggage ['lʌgidʒ] *sb* bagage, rejsegods.

luggage| rack bagagenet. ~ **ticket** garantiseddel. ~ **van** bagagevogn.

lugger ['lʌgə] *sb (mar)* lugger (lille skib).

lugsail ['lʌgseil, 'lʌgsl] *sb (mar)* luggersejl.

lugubrious [lu'gu:briəs] *adj* sorgfuld, trist; dyster; *~ face* bedemandsansigt.

lugworm ['lʌgwə:m] *sb zo* sandorm.

Luke [lu:k] Lukas.

lukewarm ['lu:kwɔ:m] *adj* lunken.

I. lull [lʌl] *vb* (om barn) dysse *(el.* lulle) i søvn, bringe til ro; *(fig)* dæmpe ned, dysse til ro, få til at forsvinde (på listig vis) *(fx ~ his fears; ~ his suspicions by a plausible* *story);* (om smerte) dæmpe, dulme; (uden objekt, om vind) løje af, (også *fig)* tage af; ~ *a child to sleep* dysse (*el.* lulle) et barn i søvn; *let oneself be -ed by (fig)* lulle sig ind i *(fx illusions).*

II. lull [lʌl] *sb (mar)* (kortvarig) vindstille, afløjning; *(fig)* ophold, pause *(fx in the conversation),* roligt øjeblik *(fx in a busy day),* stille periode, afmatning *(fx in business).*

lullaby ['lʌləbai] *sb* vuggevise; visselulle.

lulu ['lu:lu:] *sb (am* S*): it's a* ~ den er helt speciel; den er helt fantastisk (, vidunderlig).

lum [lʌm] *sb* (skotsk:) skorsten; (~ *hat)* høj hat.

lumbago [lʌm'beigəu] *sb (med.)* lændegigt, lumbago.

lumbar ['lʌmbə] *adj* lænde-, lumbal.

lumber ['lʌmbə] *sb* skrammel; *(am)* tømmer; *vb* fylde op, fylde med skrammel (også ~ *up);* ligge og fylde op (*el.* flyde); bevæge sig tungt af sted, humpe, lunte; rumle; *(am)* gøre skovarbejde; *he is in* ~ S han får ballade.

lumbering ['lʌmbəriŋ] *adj* tung, klodset; *sb* rumlen; *(am)* skovhugst; tømmerhandel.

lumber|jack, -man *(am)* skovhugger, skovarbejder. ~ **room** pulterkammer. ~ **yard** *(am)* tømmerplads.

lumen ['lu:mən] *sb* (lysenhed:) lumen.

luminary ['lu:minəri] *sb* lysende legeme, himmellegeme; *(fig,* om person) ledende skikkelse; stort navn.

luminosity [lu:mi'nɔsiti] *sb* klarhed; *(astr)* lysstyrke.

luminous ['lu:minəs] *adj* lysende, strålende; selvlysende *(fx dial);* klart oplyst; *(fig)* lysende klar *(fx prose, report);* ~ *flux* lysstrøm; ~ *intensity* lysstyrke; ~ *paint* selvlysende farve, lysfarve.

lumme ['lʌmi] *interj* T ih du store!

lummox ['lʌməks] *sb (am)* klodsmajor; fjog.

lummy ['lʌmi] *adj* S førsteklasses; (se også *lumme).*

I. lump [lʌmp] *sb* klump *(fx a* ~ *of clay; a* ~ *in the throat);* knude *(fx she had a* ~ *in her breast);* (efter slag) bule *(fx on* (i) *the forehead);* T (om person) stor tamp, klods, drog; S mængde, masse; *the* ~ (i byggeindustrien) løsarbejderne; *by the* ~, *in the* ~ under et, en bloc, på en gang, på et bræt; *a* ~ *of sugar* et stykke sukker.

II. lump [lʌmp] *vb* slå sammen, tage under ét; (uden objekt) danne klumper, klumpe; ~ *along* lunte af sted; *if you don't like it you can* ~ *it* hvis du ikke synes om det kan du lade være (ɔ: det bliver ikke anderledes); du bliver nødt til at finde dig i det; ~ *together* slå sammen (under ét), skære over én kam.

lumper ['lʌmpə] *sb* havnearbejder.

lumpfish ['lʌmpfiʃ] *sb zo* stenbider.

lumpish ['lʌmpiʃ] *adj* kluntet; svær, træg, dorsk.

lump|sucker ['lʌmpsʌkə] *zo* stenbider. ~ **sugar** hugget sukker. ~ **sum** sum udbetalt en gang for alle.

lumpy ['lʌmpi] *adj* klumpet; ~ *sea* krap sø.

lunacy ['lu:nəsi] *sb* sindssyge, vanvid; T *(ogs)* galskab.

lunar ['lu:nə] *adj* måne- *(fx crater; eclipse* formørkelse; *probe* sonde); ~ *caustic* helvedessten; ~ *(excursion) module* månelandingsfartøj; ~ *orbit* kredsløb omkring månen.

lunate ['lu:nət] *adj* halvmåneformet.

lunatic ['lu:nətik] *sb, adj* sindssyg, vanvittig.

lunatic| asylum *(glds)* sindssygehospital. ~ **fringe** rabiat (*el.* fanatisk) yderfløj (af parti *etc).*

lunch [lʌn(t)ʃ] *sb* lunch, frokost; *(am)* let måltid; *vb* spise lunch; ~ *sby* traktere en med frokost.

luncheon [lʌn(t)ʃn] = *lunch.*

luncheonette [lʌn(t)ʃə'net] *sb* frokostrestaurant, lille restaurant.

luncheon| mat dækkeserviet. ~ **meat** (svarer til) forloren skinke. ~ **voucher** middagsbillet.

lunch hour middagspause.

lune [lu:n] *sb* halvmåne.

lunette [lu:'net] *sb* lynette (befæstningsværk; lyshul i hvælvet tag).

lung [lʌŋ] *sb* lunge; *(fig* om park *etc)* åndehul *(fx the -s of London).*

lunge [lʌn(d)ʒ] *sb* stød, udfald; *vb* gøre udfald; kaste sig fremad.

lunged [lʌŋd] *adj* med lunger.

lungwort ['lʌŋwə:t] *sb (bot)* lungeurt.

lunkhead ['lʌŋkhed] *sb* fjog, tåbe.

lupin(e) ['lu:pin] *sb (bot)* lupin.

lupine ['lu:pain] *adj* ulveagtig.

lupus ['lu:pəs] *(med.)* lupus.

lurch [lə:tʃ] *vb* (om skib) krænge over, svaje; (om person) slingre, dingle, tumle; *sb* krængning; svajen, slingren, dinglen; pludseligt ryk (, tag); *leave sby in the* ~ lade en i stikken.

lurcher ['lə:tʃə] *sb* krybskyttehund.

I. lure [l(j)uə] *sb* lokkemad; lokkemiddel; (til fiskeri) agn; *(fig)* tillokkelse; tiltrækning, dragende magt; *vb* lokke.

II. lure [l(j)uə] *sb* horn til at kalde kvæget sammen med; *(hist.)* lur.

lurid ['l(j)uərid] *adj* (om lys) brandrød, glødende, som ild der ses igennem *el.* sammen med skyer *el.* røg, skummel, uhyggelig; *(fig)* uhyggelig, makaber *(fx tell all the* ~ *details of the accident);* som bruger billige virkemidler; *cast a* ~ *light on* kaste et uhyggeligt skær over; *(fig)* stille i et uhyggeligt lys.

lurk [lə:k] *vb* ligge på lur, lure, ligge skjult.

luscious ['lʌʃəs] *adj* sød og saftig *(fx pear);* lækker, delikat; fyldig; *(fig ogs)* overdådig, rig, som vidner om sanseglæde *(fx imagery);* T (om pige) frodig, yppig *(fx a* ~ *blonde).*

lush [lʌʃ] *adj* saftig, frodig, yppig; overdådig; *(am)* velbeslået, velbjærget; *(am* S*) sb* spiritus; drukkenbolt; alkoholiker; *vb* drikke; hælde spiritus på.

I. lust [lʌst] *sb* lyst, begær, liderlighed; *the -s of the flesh* kødets lyst; ~ *of gain* havesyge.

II. lust [lʌst] *vb* føle begær; ~ *after,* ~ *for* begære, tørste efter.

lustful ['lʌstf(u)l] *adj* vellystig, liderlig.

lustration [lʌ'streiʃn] *sb* (rituel) renselse.

I. lustre ['lʌstə] *sb* glans, metalglans; *(fig)* glans, berømmelse; pragt; prisme (til lysekrone); lysekrone; (tøj:) lustre (blankt stof vævet af uld og bomuld); *(ogs* = *lustrum); lend* ~ *to* kaste glans over.

lustrous ['lʌstrəs] *adj* blank, skinnende, glansfuld, strålende.

lustr|um ['lʌstrəm] *sb (pl -a, -ums)* femårsperiode.

lusty ['lʌsti] *adj* kraftig, stærk, sund.

lutanist ['lu:tənist] *sb* lutspiller.

I. lute [lu:t] *sb* lut.

II. lute [lu:t] *sb* lerkit; *vb* kitte, tætte.

Luther ['lu:θə].

Lutheran ['lu:θ(ə)rən] *adj* luthersk; *sb* lutheraner.

Lutheranism ['lu:θ(ə)rənizm] *sb* lutheranisme.

luting ['lu:tiŋ] *sb* lerkit; kitning.

lux [lʌks] *sb* lux (enhed for belysningsstyrke).

luxate ['lʌkseit] *sb* forvride, bringe af led.

luxation [lʌk'seiʃn] *sb* forvridning.

luxe [luks]: *de* ~ luksus- *(fx train de* ~*; de* ~ *car).*

Luxemburg ['lʌksmbə:g].

luxuriance [lʌg'ʒuəriəns] *sb* yppighed, frodighed.

luxuriant [lʌg'ʒuəriənt] *adj* yppig, frodig; overdådig, rig.

luxuriate [lʌg'ʒuərieit] *vb* vokse frodigt; frådse, svælge; gasse sig *(fx in the sunshine);* ~ *in* (også:) nyde *(fx a good cigar).*

luxurious [lʌg'ʒuəriəs] *adj* luksuriøs, yppig, overdådig; ~ *feeling* følelse af velbehag. **luxuriously** *adv* luksuriøst, overdådigt; med velbehag, velbehageligt.

luxury ['lʌkʃ(ə)ri] *sb* overdådighed, luksus, behagelighed; vellevned; nydelse; *live in* ~ leve omgivet af

luksus.
LV *fk luncheon voucher.*
LWT *fk London Weekend Television.*
lyceum [lai'siəm] *sb* lyceum; forelæsningssal, litterært selskab; et litterært selskabs bygning.
lych-gate ['litʃgeit] *sb* tagdækket kirkegårdslåge.
lye [lai] *sb* lud.
I. lying ['laiiŋ] *adj* løgnagtig; falsk; *sb* løgn.
II. lying ['laiiŋ] *sb* liggen; leje; *adj* liggende.
lying-in ['laiiŋ'in] *sb* barselsseng; barsel; *lying-in hospital (glds)* fødselsstiftelse.
lyme-grass ['laimgra:s] *sb (bot)* marehalm.
lymph [limf] *sb* lymfe; vaccine.
lymphatic [lim'fætik] *adj* lymfe- *(fx vessel* kar); *(fig)* træg, sløv.
lynch [linʃ] *vb* lynche. **lynch law** lynchjustits.
lynx [liŋks] *sb zo* los. **lynx-eyed** *adj* skarpsynet.
Lyons ['laiənz] (navn); *(geogr)* Lyon.
lyre ['laiə] *sb* lyre. **lyrebird** *zo* lyrehale.
lyric ['lirik] *adj* lyrisk; *sb* lyrisk digt; (til revysang *etc)* sangtekst; *-s* lyrisk digtning; ~ *poet* lyriker.
lyrical ['lirikl] *adj* lyrisk.
lyricist ['lirisist] *sb* tekstforfatter; lyriker.
lyrist ['lirist] *sb* lyriker; ['laiərist] lyrespiller.
lysol ['laisɔl] *sb* lysol.
lythe [laið] *sb zo* lubbe, sej (en fisk).

M

M [em].

m. *fk married, masculine, metre(s), mile(s), million(s), minute(s).*

M. *fk Monsieur; motorway.*

'm *fk madam, am.*

M' *fk Mac.*

M.A. ['em'ei] *fk Master of Arts.*

ma [ma:] *sb* T mor.

ma'am [məm] frue (brugt i tiltale af hushjælp *etc);* [mæm] (tiltale til damer af den kongelige familie).

Mab [mæb] *fk Mabel; Queen* ~ fedronningen.

I. Mac, M', Mc [mək, mæk] forstavelse i navne *(fx MacArthur* [mək'a:θə], *M'Kay* [mə'kai, mə'kei], *Mac Intyre* ['mækintaiə].

II. mac [mæk] T *fk mackintosh.*

macabre [mə'ka:br] *adj* makaber.

macadam ['mækədəm]: ~ *road* makadamiseret vej.

macadamization [məkædəmai'zeiʃn] *sb* makadamisering.

macadamize [mə'kædəmaiz] *vb* makadamisere.

macaque [mə'ka:k] *sb zo* makak (abe).

macaroni [mækə'rəuni] *sb* makaroni; S italiener, 'spagetti'; *(glds)* spradebasse.

macaronics [mækə'rɔniks] *sb pl* makaroniske vers.

macaroon [mækə'ru:n] *sb* makron.

macassar [mə'kæsə]: ~ *oil* makassarolie.

Macaulay [mə'kɔ:li].

macaw [mə'kɔ:] *sb* ara (papegøjeart).

Macbeth [mæk'beθ].

MacCarthy [mə'ka:θi].

McCoy [mə'kɔi]: *the real* ~ *(am)* S se *Mackay.*

MacDonald [mək'dɔn(ə)ld].

I. mace [meis] *sb* stav, scepter; *(hist.)* stridskølle; *spiked* ~ morgenstjerne.

II. mace [meis] *sb* (krydderi:) muskatblomme; *(am ogs)* (form for) tåregas.

macebearer ['meisbɛərə] *sb* scepterbærer.

Macedonia [mæsi'dəunjə] Makedonien.

Macedonian *sb* makedoner; *adj* makedonisk.

macerate ['mæsəreit] *vb* udbløde(s), blødgøre(s); afmagre, blive afmagret.

maceration [mæsə'reiʃn] *sb* udblødning; afmagring.

mach [mæk]: ~ *two* to gange lydens hastighed; (se også *mach|meter,* ~ *number).*

machete [mə'tʃeiti] *sb* machete (en lang kniv).

Machiavelli [mækiə'veli].

Machiavellian [mækiə'veljən] *adj* machiavellistisk.

machicolated [mæ'tʃikəleitid] *adj* forsynet med skoldehuller. **machicolation** [mətʃikə'leiʃn] *sb* skoldehul; galleri med skoldehuller.

machinate ['mækineit] *vb* smede rænker, intrigere.

machination [mæki'neiʃ(ə)n] *sb* intrige, hemmeligt anslag; rænkespil, komplot.

machine [mə'ʃi:n] *sb* maskine; indretning; *(fig)* maskine; maskineri; *vb* maskinforarbejde, bearbejde med maskine; sy på maskine.

machine|-finished paper maskinglittet papir. ~ **gun** maskingevær. **-gun** *vb* beskyde med maskingevær. ~ **gunner** maskingeværskytte. **-like** maskinmæssig. ~ **-made** lavet på maskine, maskinfremstillet. ~ **minder** maskinpasser. ~ **-readable** maskinlæsbar. ~ **room** maskinhal; (til elevator) spilrum.

machinery [mə'ʃi:nri] *sb* maskineri; maskinel, maskiner, maskinpark; *(fig)* maskineri.

machine| shop maskinværksted. ~ **tool** værktøjsmaskine. ~ **translation** (i edb) maskinel oversættelse.

machinist [mə'ʃi:nist] *sb* maskinarbejder; maskinbygger; maskinsyer(ske).

machismo [mæ'tʃi:zməu] *sb* (demonstrativ) mandighed; mandestolthed; (ofte =) mandschauvinisme.

mach|meter ['mæk-] machmåler. ~ **number** machtal (angiver forholdet mellem et flys hastighed og lydens).

macho ['mætʃəu, 'ma:-; 'mækəu] *adj* demontrativt mandig; (ofte =) mandschauvinistisk; *sb* selvhævdende mandfolk; (ofte =) mandschauvinist.

mack [mæk] T = *mackintosh.*

Mackay [mə'kai, *(am* især) mə'kei]; *the real* ~ T den ægte vare.

mackerel ['mækr(ə)l] *sb zo* makrel.

mackerel sky himmel med makrelskyer *(el.* lammeskyer).

mackintosh ['mækintɔʃ] *sb* (et (gummi)imprægneret stof); gummifrakke, regnfrakke.

mackle, macle [mækl] *sb (typ)* makulaturark; *vb* makulere, smitte af.

macramé [mə'kra:mi, *(am)* mækrə'mei] *sb* knytning.

macrobiotic [mækrəbai'ɔtik] *adj* makrobiotisk, mikromakro. **macrocosm** ['mækrəkɔzm] *sb* makrokosmos, verdensaltet.

macul|a ['mækjulə] *sb (pl -ae* [-i:]) plet.

maculate ['mækjulət] *adj* plettet; ['mækjuleit] *vb* plette.

maculation [mækju'leiʃn] *sb* plet(ter).

MAD *fk mutual assured destruction.*

mad [mæd] *adj* vanvittig, afsindig, gal; T fjollet, tosset, skør *(for, after, about, on* efter, med, *fx he is* ~ *about pop music); (am* T*)* gal, rasende *(with, at* på; *about, at* over); ude af sig selv *(with* af); (om hund) gal; *like* ~ som en forrykt, som en vild, af alle kræfter.

madam ['mædəm] *sb* frue, frøken (i tiltale); T bordelværtinde; *she is a bit of a* ~ *(fig)* hun er herskesyg *(el.* dominerende).

madame ['mædəm] *sb* fru (titel foran fransk dames navn). **Madame Tussaud's** [tə'səuz] (vokskabinet i London).

madcap ['mædkæp] *sb* vildkat, brushoved.

madden ['mædn] *vb* gøre rasende; gøre vanvittig.

maddening ['mædniŋ] *adj* irriterende; som kan gøre én vanvittig *(el.* rasende).

madder ['mædə] *sb (bot)* krap; *adj* kraprød.

made [meid] *(præt* og *pp* af *make) adj* lavet; fabriksfremstillet; opdigtet; bygget *(fx he is well* ~*);* ~ *dish* sammensat ret; ~ *for* T (som) skabt til; *she has it* ~ T hendes lykke er gjort; ~ *in Denmark* dansk fabrikat, dansk arbejde; *he is a* ~ *man* hans lykke er gjort.

Madeira [mə'diərə] Madeira; *sb* madeira(vin).

Madeira cake sandkage.

mademoiselle [mædəm'zel] *sb* frk. (titel brugt om fransk dame, ofte en fransk guvernante).

made-to-measure *adj* syet efter mål.

made-to-order *adj* lavet på bestilling.

made-up ['meidʌp] *adj* kunstig, lavet; opdigtet; sminket; sammensat; (om tøj) konfektioneret, færdigsyet.

made-up| goods færdigvarer. ~ **tie** maskinbundet *(el.* færdigbundet) slips.
madhouse ['mædhaus] *sb* T galeanstalt.
Madison ['mædisn]: ~ *Avenue* (gade i New York hvor mange reklamebureauer har kontorer); *(fig)* reklameindustrien.
madman ['mædmən] *sb* sindssyg person, gal.
madness ['mædnis] *sb* sindssyge, vanvid.
Madras [mə'dra:s, -æs]. **Madrid** [mə'drid].
madrigal ['mædrigl] *sb* madrigal; elskovsdigt.
madwoman ['mædwumən] *sb* sindssyg kvinde.
madwort ['mædwə:t] *sb (bot)* river.
Maecenas [m(a)i'si:næs] *sb* mæcen.
maelstrom ['meilstrəum] *sb* malstrøm.
maestro [ma:'estrəu; 'maistrəu] *sb* mester (især om fremtrædende dirigent).
Mae West ['mei 'west] *sb (flyv)* oppustelig redningsvest.
maffick ['mæfik] *vb* juble, foranstalte støjende glædesdemonstrationer (over sejrsbulletin).
mafia ['mæfiə] *sb* mafia.
mafioso [mæfi'əusəu, -zəu] *sb (pl mafiosi [-si:,-zi:])* medlem af mafiaen.
mag [mæg] *fk magneto; magnesium; sb* S magasin.
magazine [mægə'zi:n] *sb* magasin; tidsskrift.
magazine rifle magasingevær.
Magdalen ['mægdəlin] Magdalene; ~ *College* ['mɔ:dlin 'kɔlidʒ] (i Oxford); ~ *hospital* magdalenehjem.
Magdalene [mægdə'li:ni]; ~ *College* ['mɔ:dlin'kɔlidʒ] (i Cambridge).
Magellan [mə'gelən]: *Strait of* ~ Magellanstrædet.
magenta [mə'dʒentə] *sb* magentarød.
maggot ['mægət] *sb* larve, maddike; T indfald, lune, grille.
maggoty ['mægəti] *adj* fuld af larver; T som har mange (sære) indfald, lunefuld.
magi ['meidʒai] *sb (pl* af *magus); the Magi* de hellige tre konger.
magic ['mædʒik] *sb* magi, trolddom; trylleri; *adj* magisk; *black* ~ sort magi.
magical ['mædʒikl] *adj* magisk.
magician [mə'dʒiʃn] *sb* tryllekunstner; troldmand.
magic| lantern lysbilledapparat. ~ **wand** tryllestav.
magisterial [mædʒi'stiəriəl] *adj* øvrigheds-; fredsdommer-; *(fig)* myndig, autoritativ; *(neds)* skolemesteragtig.
magistracy ['mædʒistrəsi] *sb* stilling som fredsdommer; øvrighed; fredsdommere.
magistral [mə'dʒistr(ə)l] *adj* (om lægemiddel) efter recept.
magistrate ['mædʒistreit] *sb* (underrets)dommer; fredsdommer; *-'s court* underret; laveste retsinstans.
Magna C(h)arta ['mægnə'ka:tə] *(hist.)* det store frihedsbrev.
magnanimity [mægnə'nimiti] *sb* storsindethed, ædelmodighed, højsindethed.
magnanimous [mæg'næniməs] *adj* storsindet, ædelmodig, højsindet.
magnate ['mægneit] *sb* stormand, magnat.
magnesia [mæg'ni:ʃə] *sb (kem)* magnesia.
magnesium [mæg'ni:ziəm] *sb (kem)* magnium, magnesium; ~ *light* magniumslys.
magnet ['mægnit] *sb* magnet.
magnetic [mæg'netik] *adj* magnetisk, magnet-; *(fig)* som øver en uimodståelig tiltrækning, betagende.
magnetic| catch magnetlås. ~ **course** *(mar)* misvisende kurs. ~ **disk** magnetplade, disk. ~ **needle** magnetnål. ~ **tape** magnetbånd; lydbånd; billedbånd. ~ **tape unit** (i edb) magnetbåndstation.
magnetism ['mægnitizm] *sb* magnetisme, tiltrækningskraft.
magnetize ['mægnitaiz] *vb* magnetisere; *(fig)* øve en uimodståelig tiltrækning på, betage.
magneto [mæg'ni:təu] *sb* magnet (i bil *etc)*.
magnetron ['mægnitrɔn] *sb* (i radio) magnetron.
magnification [mægnifi'keiʃn] *sb* forstørrelse.
magnificence [mæg'nifisns] *sb* pragt, herlighed.
magnificent [mæg'nifisnt] *adj* storslået, pragtfuld; T storartet, herlig; (om måltid) overdådig; ~ *specimen* pragteksemplar.
magnificent frigate bird *zo* amerikansk fregatfugl, 'man-o'-war-fugl'.
magnifier ['mægnifaiə] *sb* forstørrelsesglas, lup; forstørrelsesapparat.
magnify ['mægnifai] *vb* forstørre; *(fig ogs)* overdrive; *(glds)* lovprise. **magnifying glass** forstørrelsesglas, lup.
magniloquence [mæg'niləkwəns] *sb* pralen, svulstighed.
magniloquent [mæg'niləkwənt] *adj* stortalende, pralende, svulstig.
magnitude ['mægnitju:d] *sb* størrelse; storhed; vigtighed; *(astr)* størrelsesorden; størrelse *(fx star of the first* ~*)*.
magnolia [mæg'nəuljə] *sb (bot)* magnolia.
magnum ['mægnəm] *sb* magnumflaske (med 1½ l); (særlig kraftig riffel, *omtr)* storvildtriffel.
magnum opus ['mægnəm 'əupəs] storværk, hovedværk.
magpie ['mægpai] *sb zo* skade; *(fig)* sludrebøtte; rapser; *steal like a* ~ stjæle som en ravn.
magpie moth *zo* stikkelsbærmåler.
magus ['meigəs] *sb (pl magi* ['meidʒai]) *sb* mager, troldmand; (se også *magi)*.
Magyar ['mægja:] *sb* magyar; *(ogs adj)* magyarisk.
Maharaja(h) [ma:(h)ə'ra:dʒə] *sb* maharaja, indisk fyrste.
Maharanee [ma:(h)ə'ra:ni] *sb* maharajas hustru.
Mahatma [mə'ha:tmə] *sb* mahatma (indisk titel som gives til store åndelige førere).
Mahdi ['ma:di] *sb* mahdi (muhamedansk messias).
mah-jong(g) ['ma:'dʒɔŋ] *sb* mah-jong (kinesisk selskabsspil).
mahlstick ['mɔ:lstik] *sb* malerstok.
mahogany [mə'hɔgəni] *sb* mahogni; mahognitræ; mahognifarve; mahognispisebord.
Mahomet(an) [mə'hɔmit(ən)] se *Muhammad(an)*.
mahout [mə'haut] *sb* elefantfører.
maid [meid] *sb* husassistent, (tjeneste)pige; *(poet)* pige, mø, jomfru.
maiden ['meidn] *(poet) sb* jomfru, pige; *adj* ugift *(fx aunt)*; jomfru-; *(fig)* jomfruelig, uberørt, ren.
maiden|hair *(bot)* venushår (en bregne). **-head** mødom, jomfruhinde, jomfrudom. **-hood** jomfruelighed, jomfrustand; ungpigetid.
maidenly ['meidnli] *adj* jomfruelig, bly.
maiden| name pigenavn (ɔ: før ægteskabet). ~ **over** (i kricket) *over* hvor der ikke bliver scoret. ~ **speech** jomfrutale. ~ **voyage** jomfrurejse.
maid|-of-all-work enepige. ~ **-of-honour** hofdame; slags kage. **-servant** husassistent.
I. mail [meil] *sb* panser, *(chain* ~*)* ringbrynje; *vb* pansre *(fx the -ed fist); coat of* ~ panserskjorte.
II. mail [meil] *sb* postsæk, brevsæk; brevpost, post; *vb* (især *am)* sende med posten, poste, lægge i postkassen.
mail|bag postsæk; *sew -bags* sy postsække (alm beskæftigelse for straffefanger). **-box** *(am)* postkasse; brevkasse. ~ **cart** postvogn; promenadevogn. **-clad** i panser og plade. ~ **coach** postvogn.
mailing-list adressekartotek; kundekartotek.
mail|man *(am)* postbud. ~ **-order firm** postordrefirma. ~ **slot** brevsprække; (beslag:) brevskilt. ~ **train** post-

tog. ~ **van** postbil.
maim [meim] *vb* lemlæste; ødelægge.
I. main [mein] *sb* hovedledning, (se også *mains*); *(poet)* åbent hav, verdenshav; *with might and ~* af al magt, af alle kræfter; *in the ~* for største delen; i hovedsagen.
II. main [mein] *adj* hoved- *(fx point, road, street)*, væsentligst, vigtigst.
main| chance egen fordel, egne interesser; *have an eye to the ~ chance* være om sig. ~ **deck** hoveddæk; øverste dæk. ~ **drag** *(am)* hovedgade. ~ **force:** *by ~ force* med magt. **-frame** *(edb)* større computer; stordatamat. ~ **hatch** storluge. **-land** ['meinlənd] fastland. ~ **line** hovedledning; S blodåre. **-line** *vb* S indsprøjte narkotisk middel i blodåre. **-liner** S *(omtr)* stiknarkoman.
mainly ['meinli] *adv* hovedsagelig.
mainmast ['meinma:st, *(mar)* -məst] *sb (mar)* stormast.
mains [meinz] *sb pl* offentligt ledningsnet for gas, vand, elektricitet, kloak; *(elekt)* lysnet; *be on the ~* have indlagt vand, gas, elektricitet, afløb.
main|sail ['meinseil, *(mar)* -sl] *(mar)* storsejl. **-sheet** *(mar)* storskøde. **-spring** hovedfjeder, drivfjeder.
mains receiver lysnetmodtager.
mainstay ['meinstei] *sb (mar)* storstag; *(fig)* væsentligste støtte, fast holdepunkt, grundpille.
mainstream ['meinstri:m] *sb* hovedstrømning, førende retning, midterlinje; *adj* som tilhører hovedstrømningen, etableret, traditionel.
Main Street *(am)* hovedgaden.
maintain [mein'tein] *vb* holde, opretholde *(fx ~ order in the town)*; vedligeholde, bevare; hævde, fastholde *(fx ~ that one is innocent)*; forsvare *(fx one's rights)*; ernære, underholde *(fx one's family)*.
maintenance ['meintənəns] *sb* vedligeholdelse; opretholdelse *(fx ~ of good order)*; hævdelse, forsvar; underhold; (til ansatte) kostpenge, (til fraskilt hustru) underholdsbidrag, (til børn uden for ægteskab) alimentationsbidrag.
main|top *(mar)* storemærs. **-yard** storrå.
maisonette [meizə'net] *sb* mindre hus; del af hus udlejet som lejlighed; lejlighed i to eller tre etager.
maize [meiz] *sb (bot)* majs.
maizena ® [mei'zi:nə] *sb* maizena, majsmel.
majestic [mə'dʒestik] *adj* majestætisk.
majesty ['mædʒisti] *sb* majestæt; *His (, Her) Majesty* Hans (, Hendes) Majestæt; (se også *pleasure*).
Maj. *fk Major.* **Maj. Gen.** *fk Major General.*
majolica [mə'jɔlikə] *sb* majolika (slags fajance).
major ['meidʒə] *adj* større, ældre; størst, vigtigst (af to); stor; *(mus.)* dur-; *sb (mus.)* dur *(fx C ~)*; *(mil.)* major; *(jur)* fuldmyndig person; *(am)* hovedfag; *vb (am): ~ in history* have historie som hovedfag; *Brown ~* store B., den ældste af brødrene B. eller af drengene ved navn B. (i skolesprog); *the ~ part* størstedelen.
majordomo ['meidʒə'dəuməu] *sb* hovmester, majordomus.
major general *sb (mil.)* generalmajor.
majority [mə'dʒɔriti] *sb* flertal, majoritet; *(mil.)* majorrang; *(jur)* fuldmyndighed; *the ~ of* de fleste (af); *~ of shares, ~ holding* aktiemajoritet; *attain (el. arrive at el. reach) one's ~* blive fuldmyndig; *gain a ~* få flertal; *join the ~* vandre heden (ɔ: dø).
major| premise (i logik) oversætning (i en syllogisme). ~ **prophets:** *the ~ prophets* de store profeter.
major| suit majorfarve, høj farve (i bridge: spar *el.* hjerter). ~ **term** (i logik) overbegreb.
majuscule ['mædʒəskju:l] *sb* majuskel, stort bogstav.
I. make [meik] *vb (made, made)* (se også *made*) lave *(fx ~ tea; what is it made of?)* udføre, foretage *(fx alterations)*; fremstille, fabrikere *(fx paper, cars)*; skabe *(fx God made man)*; skaffe sig *(fx enemies)*; spise *(fx I made a good breakfast)*; tilberede *(fx a dinner)*; gøre *(fx ~ a good impression; ~ him happy)*; fremsætte, (frem)komme med *(fx accusations; an offer)*; gøre til, udnævne til *(fx ~ him a colonel)*; være *(fx will you ~ a fourth at bridge?)*; (vise sig at) være, blive *(fx she made him a good wife)*; (ved sammentælling *etc)* være *(fx two and two -s four)*, blive *(fx that -s £63 in all)*, udgøre *(fx two pints ~ a quart)*; (om penge: løn) tjene *(fx ~ £13,000 a year)*, (pris) indbringe, opnå en pris af *(fx an envelope bearing two rare stamps made £100)*; (om strækning) tilbagelægge *(fx 50 miles)*; (om retning) bevæge sig, styre, sætte kursen *(towards* mod, *fx he made towards the church)*, (om mål) nå *(fx the harbour, the top, the train)*; (om særlig ære) opnå at komme på (, i *etc) (fx ~ the front page)*; (i kortspil) blande, 'vaske', (om stik) vinde, få, tage hjem; (i sport) score; *(gram)* hedde *(fx 'mouse' -s 'mice' in the plural)*; S hugge, stjæle; gå i seng med;
(med *inf)* få til at *(fx ~ him understand)*; tvinge til at; lade *(fx the author -s him say that ...)*; gøre mine til at, så småt begynde at *(fx he made to go)*;
(forb med *sb,* se også *bone, difference, I. face, I. love, III. mark, shift etc) (N.B. ~ + sb* har ofte samme betydning som det tilsvarende *vb, fx ~ a bow* bukke; *~ reply* svare, *~ a start* begynde); *~ a bed* rede en seng; *~ conditions* stille betingelser; *~ a confession* aflægge en tilståelse; *~ a fire* tænde op; *~ a mistake* tage fejl; *he will never ~ an officer* der bliver aldrig nogen officer ud af ham; *~ a road* anlægge en vej; *~ sail* sætte sejl; *~ a speech* holde en tale; *~ terms* stille betingelser; *~ time* holde den fastsatte fart; køre stærkt; *what time do you ~ it?* hvad er klokken efter dit ur? *he made her his wife* han giftede sig med hende;
(forb med *vb* og *adj,* se også *bold, II. free, V. light, little, merry, ready etc)* ~ **believe** bilde ind; foregive, lade som om; (om børn) lege *(fx let's ~ believe that we're Red Indians)*; *~ it* **do,** *~ do with it* klare *(el.* hjælpe) sig med det; *~ do and mend* klare sig med og reparere på det man har (i stedet for at købe nyt); ~ **good** erstatte *(fx a loss)*, (efter reparation *etc)* retablere; godtgøre, bevise *(fx a charge)*; virkeliggøre, udføre, gøre alvor af *(fx a threat)*; opfylde, holde *(fx a promise)*; få (, have) succes, klare sig godt; blive til noget; *~ oneself* **heard** skaffe sig ørenlyd; *~ oneself heard above the noise* overdøve larmen;
(forb med *adv, præp, as, it)* ~ **after** sætte efter; ~ **against** tale imod *(fx it -s against his theory)*; skade; ~ **as** *if one had* lade som om man havde; *~ as if to go* gøre mine til at gå; *he is as wise (, ugly etc) as they make 'em* han er noget af det klogeste (, grimmeste *etc)* man kan tænke sig; ~ **at** true ad; stikke (, lange ud) efter *(fx he made at me with a knife)*; ~ **away** skynde sig bort; *~ away with* stjæle, stikke af med; ødsle bort; skaffe sig af med, ødelægge, dræbe; (om mad) sætte til livs; *~ away with oneself* gøre en ulykke på sig selv, begå selvmord; ~ **for** sætte kursen mod *(fx ~ for home)*; styre *(el.* fare) hen imod *(fx ~ for the door)*; *(fig)* pege i retning af, være til gunst for, gavne; bidrage til (at skabe) *(fx this will ~ for better newspapers)*; *he is made for the job* han er som skabt til det arbejde; ~ **into** lave (om) til; *~ the novel into a film* filmatisere romanen; ~ **it** klare den; nå frem; have succes; S komme til at bolle; *~ it with* komme i seng med; *come if you can ~ it* kom hvis du kan (nå det); *~ an enemy* **of** *him* gøre ham til sin fjende; *~ a habit of it* gøre det til en vane; *~ a night of it,* se *night; what do you ~ of it?* hvad får du ud af det? hvordan mener du det skal forstås? *~ the best (, the most, much, nothing) of,* se *best, most, much, nothing;* ~ **off** stikke af, løbe sin vej;
~ **out** skelne, tyde; finde ud af, forstå, blive klog på

(fx I cannot ~ out what happened); udfærdige; udstede *(fx a cheque);* udfylde *(fx a form);* foregive, give indtryk af, give det udseende af *(fx he made out that he had been busy);* T klare sig; *(am* S) kæle; elske, bolle; *how are things making out?* hvordan går det; *he is not so bad as he is made out (to be)* han er ikke så slem som man vil gøre ham til; *how do you ~ that out?* hvordan kommer du til det resultat? ~ **over** overdrage; *(am)* lave om, forandre *(fx a dress);*

~ **up** lave, sammensætte, opstille *(fx a list);* samle, ordne; pakke ind; tilberede, tillave, blande; sy *(fx a suit);* opdigte *(fx it is a made-up story);* erstatte *(fx you must ~ it up to him);* indhente (noget forsømt); bøde på, udfylde *(fx the deficiency);* bilægge *(fx a quarrel);* danne, udgøre *(fx the branches which ~ up the organization);* lægge teint; sminke sig, (om skuespiller *ogs)* lægge maske; *(typ)* ombryde; ~ *up a bed* rede op; ~ *up the fire* lægge (brændsel) på ilden; ~ *up a fourth* være fjerdemand *(fx* til en bridge); *we made it up* vi blev gode venner igen; ~ *up for* bøde på; opveje; ~ *up for lost time* indhente det forsømte; ~ *up for a part* sminke sig til en rolle; *be made up of* bestå af; ~ *up to* give erstatning, holde skadesløs; T indynde sig hos, gøre sig lækker for, fedte for; lægge an på; ~ *up one's mind to do it* beslutte sig til at gøre det; ~ *it up with* slutte fred med.

II. make [meik] *sb* tilvirkning; forarbejdning, snit *(fx a coat of first-class ~);* fabrikat, mærke *(fx cars of all -s);* (om person) bygning, *(fig)* støbning; *is this your own ~?* har du selv lavet dette her? *be on the ~* S være om sig, være beregnende; være ude efter piger; *put the ~ on* T lægge an på, gøre tilnærmelser til.

make-believe ['meikbili:v] *sb* leg; skin; indbildning; foregivende, påskud; *a ~ world* en fantasiverden.

maker ['meikə] *sb* fabrikant; *the Maker* skaberen.

makeshift ['meikʃift] *sb* nødhjælp; surrogat, erstatning; *adj* midlertidig, provisorisk; improviseret *(fx dinner); the box was a ~ for a table* kassen gjorde det ud for bord.

makeup ['meikʌp] *sb* **1.** make-up, sminke *(fx that lady uses too much ~);* **2.** *(især teat)* sminkning, maskering, maske **3.** sammensætning *(fx the ~ of the team);* **4.** personlighed, habitus *(fx his mental ~);* **5.** (om vare) indpakning, udstyr *(fx an attractive ~);* **6.** *(am)* sygeeksamen; **7.** *(typ)* ombrydning.

makeup| examination *(am)* sygeeksamen. ~ **man** *(teat)* sminkør; *(typ)* ombryder.

makeweight ['meikweit] *sb* tilgift; fyldekalk; (om person) en som kun er med for at fylde op.

making ['meikiŋ] *sb* fremstilling, fabrikation, forarbejdning, tilvirkning; skabelse, tilblivelse, udvikling; *-s pl* indtægt, fortjeneste; bestanddele; materialer, stof; *in the ~* som er ved at blive til, som er ved at blive skabt *(fx we see history in the ~),* i sin vorden; *that was the ~* **of** *him* det blev afgørende for hans udvikling, det lagde grunden til hans succes; *a mistake of his ~* en fejl som han er mester for; *he has in him the -s of a great statesman* der er stof i ham til en stor statsmand.

mal- [mæl] (forstavelse) dårlig(t); mis- *(fx maltreat);* u-.

I. Malacca [mə'lækə] Malakka.

II. malacca (cane) spanskrørsstok.

malachite ['mæləkait] *sb (min.)* malakit.

maladjusted ['mælə'dʒʌstid] *adj* dårligt tilpasset; *(psyk)* miljøskadet.

maladjustment ['mælə'dʒʌs(t)mənt] *sb* dårlig ordning; manglende tilpasning; misforhold; *(psyk)* miljøskade.

maladministration ['mælədmini'streiʃn] *sb* dårlig forvaltning *(el.* styrelse); misrøgt (af et embede).

maladroit ['mælədrɔit] *adj* ubehændig.

malady ['mælədi] *sb* sygdom.

Malagasy [mælə'gæsi] *sb* madagasser (indbygger på Madagascar); *adj* madagassisk.

malaise [mæ'leiz] *sb* utilpashed; *(fig ogs)* ubehag; utryghed; lurende utilfredshed, gærende uro; onde, misere.

malapropism ['mæləprɔpizm] *sb* forkert brug *(el.* forveksling) af (fremmed)ord.

malapropos ['mæl'æprəpəu] *adj, adv* malplaceret; ubelejlig, uheldig, i utide.

malar ['meilə] *sb* kindben; *adj* kind-.

malaria [mə'lɛəriə] *sb (med.)* malaria, sumpfeber.

malarial [mə'lɛəriəl] *adj* malaria- *(fx patient).*

malarkey [mə'la:ki] *sb* S pladder, bavl, gas; pjat.

Malay [mə'lei] *sb* malaj; malajisk; *adj* malajisk.

Malaya [mə'le(i)ə]. **Malayan** [mə'leiən] *sb, adj* malajisk.

Malaysia [mə'leiziə].

Malcolm ['mælkəm].

malcontent ['mælkəntent] *adj, sb* (især *pol)* utilfreds, misfornøjet (med det bestående styre); *-s pl* utilfredse, misfornøjede; (ofte =) oprørske elementer.

male [meil] *adj* mandlig *(fx heir),* han- *(fx animal);* mands-, herre- *(fx choir);* (om præg) mandig, maskulin; *sb* mandfolk; (om dyr) han; ~ *child* drengebarn.

male chauvinism mandschauvinisme.

male chauvinist (pig) mandschauvinist.

malediction [mælə'dikʃn] *sb* forbandelse.

malefactor ['mæləfæktə] *sb* forbryder, misdæder.

maleficent [mæ'lefisnt] *adj* forbryderisk; skadelig; ond, som volder ondt.

male| screw skrue med udvendigt gevind, hanskrue. ~ **thread** udvendigt gevind.

malevolence [mə'levələns] *sb* uvilje, ondskab; ondsindethed, ondskabsfuldhed.

malevolent [mə'levələnt] *adj* ondsindet, ondskabsfuld.

malfeasance [mæl'fi:zns] *sb* ulovlig handling; mislighed, embedsforbrydelse, myndighedsmisbrug.

malformation ['mælfɔ:'meiʃn] *sb* vanskabthed; misdannelse.

malformed [mæl'fɔ:md] *adj* vanskabt, misdannet.

malfunction ['mæl'fʌŋ(k)ʃn] *sb* funktionsfejl; (i edb) maskinfejl.

malice ['mælis] *sb* ondskabsfuldhed, ondsindethed; *(jur)* forbryderisk hensigt; *I bear him no ~* jeg er ikke vred på ham, jeg bærer ikke nag til ham; *with ~ aforethought* med fuldt overlæg, forsætligt.

malicious [mə'liʃəs] *adj* ondskabsfuld.

malign [mə'lain] *adj* ondskabsfuld, ond; skadelig; *vb* tale ondt om, bagtale.

malignancy [mə'lignənsi] *sb* ondskab; *(med.)* ondartethed.

malignant [mə'lignənt] *adj* ondskabsfuld; *(med.)* ondartet.

malignity [mə'ligniti] *sb* ondskab, had; *(med.)* ondartethed.

malinger [mə'liŋgə] *vb* simulere (syg).

malingerer [mə'liŋgərə] *sb* simulant.

I. Mall [mæl]: *the ~* (promenade i St. James's Park, London).

II. mall [mɔ:l] *sb (am)* fodgængerområde med butikker.

mallard ['mæləd] *sb zo* gråand, stokand.

malleable ['mæliəbl] *adj* smedelig, hammerbar *(fx iron); (fig)* eftergivende, føjelig; påvirkelig.

mallet ['mælit] *sb* træhammer, kølle, mukkert; kroketkølle.

mallow ['mæləu] *sb (bot)* katost; (om farve) mauve.

malmsey ['ma:mzi] *sb* malvasier (vin).

malnutrition ['mælnju(:)'triʃn] *sb* underernæring, fejlernæring.

malodorous [mæ'ləudərəs] *adj* ildelugtende.

malpractice ['mæl'præktis] *sb* fejlgreb; ulovlighed; mislighed, embedsmisbrug; *(med.)* uforsvarlig be-

handling.
malt [mɔ(:)lt] *sb* malt; *vb* malte; blive til malt.
Malta ['mɔ(:)ltə].
malt bread (mørkt sødt brød (, kage) med rosiner).
Maltese ['mɔ:l'ti:z, mɔl'ti:z] *adj* maltesisk; malteser- *(fx cross); sb* malteser.
malt-house malteri.
malting ['mɔ(:)ltiŋ] *sb* maltning; malteri.
maltreat [mæl'tri:t] *vb* mishandle, maltraktere.
maltreatment [mæl'tri:tmənt] *sb* mishandling.
maltster ['mɔ(:)ltstə] *sb* maltgører.
malversation [mælvə:'seiʃn] *sb* underslæb (især med offentlige midler), uredelighed.
mam [mæm] = *I. mam(m)a; ma'am.*
mamba ['mæmbə] *sb zo* mamba (art giftslange).
mamill|a [mə'milə] *sb (pl -ae* [-i:]) brystvorte.
I. mam(m)a [mə'ma:] *sb* mama, mor.
II. mamm|a ['mæmə] *sb (pl -ae* [-i:]) (kvinde)bryst, brystvorte, brystkirtel.
mammal [mæml] *sb* pattedyr.
mammary ['mæməri] *adj* bryst-; ~ *gland* brystkirtel, mælkekirtel.
mammography [mæ'mɔgrəfi] *sb (med.)* mammografi, røntgenundersøgelse af bryst.
mammon ['mæmən] *sb* mammon, rigdom.
mammoth ['mæməθ] *sb zo* mammut; *adj* kæmpe- *(fx a ~ enterprise).*
mammy ['mæmi] *sb* moder, mama; negerkvinde, sort barnepige.
mammy | cloth (afrikansk kvindes farverige gevandt). **~ wagon** åben bus (i Vestafrika).
I. man [mæn] *sb (pl men)* menneske; mand; tjener; (på fabrik) arbejder, *(pl men (ogs)* folk), *(mil.)* menig *(pl men (ogs)* mandskab); (i spil) brik; *(hist.)* vasal; *adj* mandlig; *the Man (am* S) politiet, de hvide;
~ *about town* levemand; ~ *and boy* fra dreng af *(fx I have worked here, ~ and boy, for forty years); as a ~* som menneske (betragtet); *he's my ~* det er den rette mand (til at gøre det); *the ~ in the street* menigmand, den jævne mand; *one's ~ of business* ens advokat; *~ of his word* mand som man kan stole på; *~ of the world* mand der kender livet, erfaren, praktisk mand; verdensmand; *be one's own ~* være sin egen herre; være herre over sig selv; *to a ~* alle som en.
II. man [mæn] *vb* bemande *(fx a ship); ~ oneself* mande sig op; *~ the yards (mar)* mande ræer.
III. Man [mæn]: *the Isle of ~* øen Man.
manacle ['mænəkl] *sb* håndlænke(r), håndjern; *vb* belægge med håndlænke(r) (, håndjern); *(fig)* hæmme, hindre.
manage ['mænidʒ] *vb* håndtere *(fx a tool, a rifle),* behandle; manøvrere, styre *(fx a boat);* bestyre *(fx a business),* lede *(fx an institution),* administrere; kunne magte, tumle *(fx a horse, a flock of boys),* klare, ordne *(fx I suppose it can be -d),* overkomme *(fx I can't ~ it alone);* bære sig ad med *(fx how did you ~ that?);* (uden objekt) klare sig *(fx can you ~ on your own? I shall ~ somehow; he can ~ on* (for, med) *£30 a week);*
can you ~ another piece of cake? T kan du spise et stykke kage til? *he -d* **to** det lykkedes ham at *(fx see the manager),* han nåede at *(fx get out in time); can you ~* **with** *both the parcels?* kan du have begge pakkerne?
manageable ['mænidʒəbl] *adj* medgørlig; let at styre *(etc, cf manage); ~ size* overkommelig størrelse.
management ['mænidʒmənt] *sb* **1.** ledelse, direktion; **2.** *(cf manage)* behandling; manøvrering; styring; (virksomheds-, arbejds-)ledelse; **3.** takt, klogskab; *it was more by good luck than by good ~ (omtr)* lykken var bedre end forstanden.
management game virksomhedsspil.
manager ['mænidʒə] *sb* leder; chef, direktør; bestyrer, driftsleder, disponent; (for artist *etc)* manager; *good ~* god økonom, sparsommelig husmoder.
managerial [mænə'dʒiəriəl] *adj* bestyrelses-, direktør-, leder-.
managing ['mænidʒiŋ] *adj* ledende, bestyrende; *(neds)* herskesyg; geskæftig; sparsommelig, gerrig; *~ clerk* disponent; *~ director* administrerende direktør.
manakin ['mænəkin] *sb zo* manakin (en spurvefugl).
manalive ['mænəlaiv] *interj* (men) menneske dog!
man-at-arms ['mænət'a:mz] *sb (hist.)* bevæbnet rytter.
manatee [mænə'ti:] *sb zo* søko.
Manchester ['mæntʃistə]: *the ~ School (økon)* Manchesterskolen; *~ goods* bomuldsvarer.
man-child drengebarn.
Manchuria [mæn'tʃuəriə] Manchuriet.
Manchurian [mæn'tʃuəriən] *adj* manchurisk.
Mancunian [mæŋ'kju:njən] *sb* indbygger i Manchester.
mandamus [mæn'deiməs] *sb (jur)* ordre.
mandarin ['mændərin] *sb* mandarin (standardkinesisk; kinesisk embedsmand; frugt); stiv embedsmand, bureaukrat; ping. **mandarin collar** kineserflip.
mandatary ['mændət(ə)ri] *sb* mandatar, fuldmægtig; mandatarmagt.
mandate ['mændeit] *sb* mandat, fuldmagt; befaling; *vb* overdrage til mandatar(magt); *-d territory* mandatområde.
mandatory ['mændət(ə)ri] *sb* mandatar(magt); *adj* mandat-, mandatar-; befalende; påbudt, obligatorisk *(on* for).
mandible ['mændəbl] *sb* (under)kæbe; kindbakke.
mandolin(e) ['mændəli(:)n] *sb* mandolin.
mandragora [mæn'drægərə], **mandrake** ['mændreik] *sb* alrune.
mandrel ['mændrəl] *sb (tekn)* spindel (på drejebænk); dorn, patron.
mandrill ['mændril] *sb zo* mandril (art bavian).
mane [mein] *sb* manke.
man-eater ['mæni:tə] *sb* menneskeæder; menneskeædende tiger (, løve, haj).
manège [mæ'neiʒ] *sb* ridekunst; ridebane; rideskole.
manes ['ma:neiz, 'meini:z] *sb pl (lat.)* manes (afdødes ånder).
Man Friday betroet sekretær, chefstøtte, højre hånd.
manful ['mænf(u)l] *adj* mandig, tapper.
manganese [mæŋgə'ni:z] *sb (kem)* mangan.
mange ['mein(d)ʒ] *sb (med.)* skab (ɔ: udslæt).
mangel-wurzel ['mæŋgl'wə:zl] *sb (bot)* runkelroe.
manger ['mein(d)ʒə] *sb* krybbe; *a dog in the ~* en der ikke engang under andre noget som han ikke selv kan bruge.
I. mangle [mæŋgl] *vb* sønderrive, lemlæste; *(fig)* ødelægge, radbrække *(fx a piece of music).*
II. mangle [mæŋgl] *sb* rulle; *vb* rulle *(fx the washing).*
mango ['mæŋgəu] *sb (pl -(e)s) (bot)* mangofrugt; mangotræ.
mangold ['mæŋg(ə)ld] *sb (bot)* runkelroe.
mangonel ['mæŋgənel] *sb (hist.)* blide (ɔ: kastemaskine).
mangosteen ['mæŋgəsti:n] *sb (bot)* garciniatræ, mangostan.
mangrove ['mæŋgrəuv] *sb (bot)* mangrovetræ.
mangy ['mein(d)ʒi] *adj* skabet; *(fig)* lurvet, ussel.
manhandle ['mænhændl] *vb* mishandle, (gennem)prygle *(fx they -d the demonstrators);* bevæge ved håndkraft, bakse med *(fx we -d the huge oars).*
manhole ['mænhəul] *sb* mandehul.
manhood ['mænhud] *sb* manddom, manddomsalder mandighed, mod; (især *poet)* mænd; *~ suffrage* valgret for mænd.
man|-hour arbejdstime. **-hunt** *sb* menneskejagt. **-hunt**

ing *adj* (om kvinde) giftesyg.
mania ['meinjə] *sb* vanvid, galskab; mani.
maniac ['meiniæk] *sb, adj* vanvittig, gal, sindssyg (person).
maniacal [mə'naiəkl] *adj* vanvittig, gal, sindssyg.
manic ['mænik] *adj* manisk.
manic-depressive ['mænikdi'presiv] *adj* maniodepressiv.
manicure ['mænikjuə] *sb* manicure, pleje af hænder og negle; *vb* manicurere.
manicurist ['mænikjuərist] *sb* manicurist, manicuredame.
manifest ['mænifest] *adj* tydelig, klar, åbenbar *(fx truth, failure); sb (mar)* manifest, fortegnelse over et skibs ladning, ladningsliste; *vb* røbe, vise, tilkendegive *(fx some impatience);* bevise *(fx the truth of a statement); (mar)* opføre på ladningsliste; ~ *itself* manifestere sig, vise sig; give sig udslag.
manifestation [mænifes'teiʃn] *sb* tilkendegivelse, ytring, manifestation; fænomen *(fx such -s as revivalism);* demonstration; udslag; *-s of life* livsytringer.
manifesto [mæni'festəu] *sb* manifest, (program)erklæring.
manifold ['mænifəuld] *adj* mangfoldig; mangeartet; *vb* mangfoldiggøre; duplikere; *sb (tekn)* grenrør, forgreningsrør, (i dieselmotor) samlerør; (til skrivemaskine) gennemslagspapir (tyndt papir).
manikin ['mænikin] *sb* mandsling; kunstners leddedukke; anatomisk model.
Manila [mə'nilə] Manila; *sb* manilacigar; *(~ hemp)* manilahamp; ~ *paper* manilapapir.
maniple ['mænipl] *sb (hist.)* manipel (romersk hærafdeling).
manipulate [mə'nipjuleit] *vb* håndtere, manipulere, betjene; *(fig)* manipulere med, manøvrere med; (i bedragerisk hensigt:) manipulere med *(fx election results),* forfalske, rette i *(fx a report).*
manipulation [mənipju'leiʃn] *sb* håndteren, betjening, manipulation, manøvreren.
manipulator [mə'nipjuleitə] *sb* manipulator.
man jack: *every ~ of you* hver eneste af jer.
mankind [mæn'kaind] *sb* menneskeheden, menneskeslægten; ['mænkaind] mandkønnet.
manlike ['mænlaik] *adj* som en mand, mandig; menneskelignende *(fx creatures).*
manly ['mænli] *adj* mandig.
man-made ['mænmeid] *adj* skabt af mennesker; kunstig *(fx island);* syntetisk fremstillet; ~ *fibres* kunstfibre.
manna ['mænə] *sb* manna. **manna grass** *(bot)* sødgræs.
mannequin ['mænikin] *sb* mannequin.
manner ['mænə] *sb* måde; (om person) væsen, optræden, væremåde; (i kunst) maner, stil *(fx in the futurist ~); (neds)* (kunstlet) manér; (let *glds)* slags;
-s *pl* (persons) optræden, manerer *(fx bad -s, good -s),* levemåde *(fx he has no -s);* (i samfund) livsform, sæder *(fx the -s of that age);* sæder og skikke; *it is bad -s to* det er uopdragent at, det er ikke god tone at; *he has no -s (ogs)* han ved ikke hvordan man skal opføre sig; *mind your -s* husk at opføre sig pænt; opfør dig ordentligt!
adverb of ~ mådesbiord; *all ~ of things* alle mulige ting; *by no ~ of means* på ingen måde, under ingen omstændigheder; *in a ~* på en måde, i nogen grad; *in a ~ of speaking* så at sige; *in (el. after) this ~* på denne måde; *no ~ of* aldeles ingen; *as to the ~ born* som var han (, hun *etc)* skabt *(el.* født) til det.
mannered ['mænəd] *adj (neds)* manieret, affekteret; *well ~* velopdragen.
mannerism ['mænərizm] *sb* maner, manierethed; (i kunst) manierisme.
mannerist ['mænərist] *sb* manieret person; (i kunst) manierist.
mannerly ['mænəli] *adj* høflig, velopdragen.
mannish ['mæniʃ] *adj (neds)* mandhaftig.
manoeuvre [mə'nu:və] *sb* manøvre; *vb* manøvrere; manøvrere med; *(neds)* manøvrere; lempe *(fx ~ him out of office);* få udvirket (ved snedige manøvrer) *(fx they -d his resignation); ~ for position* prøve at bringe sig i en gunstig stilling.
man-of-all-work faktotum, altmuligmand.
man-of-war ['mænəv'wɔ:] *sb* krigsskib, *(glds)* orlogsmand.
manometer [mə'nɔmitə] *sb* manometer, trykmåler.
manor ['mænə] *sb* gods; *lord of the ~* godsejer.
manor house herregård (hovedbygningen).
manorial [mə'nɔ:riəl] *adj* gods-, herregårds-.
man-o'-war bird ['mænəwɔ:'bə:d] *sb* fregatfugl.
manpower ['mænpauə] *sb* arbejdskraft, (disponibelt) menneskemateriale.
manqué [ma:ŋ'kei] *adj* mislykket (ɔ: som ikke er blevet det han har drømt om) *(fx an artist ~).*
manrope ['mænrəup] *sb (mar)* faldrebstov.
mansard ['mænsa:d] *sb* mansardtag; mansard(etage).
mansard roof mansardtag; brudt tag.
manse [mæns] *sb* præstegård; *(glds)* herskabshus.
mansion [mænʃn] *sb* palæ, herskabshus; *mansions pl* (ofte =) stor ejendom med flere lejligheder.
mansion house palæ; herregårds hovedbygning; *the Mansion House* (embedsbolig i London for Lord Mayor).
man-size(d) ['mænsaiz(d)] *adj* S beregnet for en voksen mand; stor, gevaldig.
manslaughter ['mænslɔ:tə] *sb (omtr)* (uagtsomt) manddrab; vold *(el.* legemsbeskadigelse) med døden til følge.
manslayer ['mænsle(i)ə] *sb* drabsmand.
mansuetude ['mænswitju:d] *sb* mildhed, blidhed.
mantel [mæntl] = *mantelpiece.*
mantelet ['mæntilet, 'mæntlət] *sb* let kappe, overstykke; *(glds mil.)* stormtag.
mantel|piece kamingesims; kaminindfatning. **-shelf** kamingesims, kaminhylde.
mantilla [mæn'tilə] *sb* mantille (spansk hovedtørklæde; kort slag).
mantis ['mæntis] *sb zo* knæler.
mantissa [mən'tisə] *sb (mat.)* mantisse.
mantle [mæntl] *sb* kappe, kåbe; (i gaslampe) glødenet; *(fig)* tæppe, dække *(fx of snow); vb* tildække, dække, indhylle; skjule; rødme; *~ on* brede sig over, dække; *Gladstone's ~ fell on him* han tog arven op efter G.
mantlet ['mæntlət] = *mantelet.*
mantrap ['mæntræp] *sb* fodangel; saks; faldgrube.
manual ['mænjuəl] *adj* manuel, hånd-; *sb* håndbog; (på orgel) manual; *~ alphabet* fingeralfabet; *~ exercise* geværgreb; *~ labour* legemligt arbejde, kropsarbejde; *sign ~* egenhændig underskrift; *~ training* undervisning i praktiske fag (i skole); *~ work = ~ labour; ~ worker* kropsarbejder.
manufactory [mænju'fækt(ə)ri] *sb* fabrik.
manufacture [mænju'fæktʃə] *sb* produktion, fremstilling, fabrikation; industri; industrivare, fabrikat, produkt; *vb* fabrikere, fremstille, tilvirke; *(fig)* opdigte *(fx an excuse); -d articles, -d goods* fabriksvarer, færdigvarer.
manufacturer [mænju'fæktʃ(ə)rə] *sb* fabrikant, producent.
manufacturing [mænju'fæktʃ(ə)riŋ] *sb* fabrikation; *adj* fabriks-; industri-.
manumission [mænju'miʃn] *sb (hist.)* frigivelse (af slave).
manumit [mænju'mit] *vb (hist.)* frigive (en slave).
manure [mə'njuə] *vb* gøde; *sb* gødning; *liquid ~* ajle.
manuscript ['mænjuskript] *adj* håndskreven, i manu-

skript; *sb* håndskrift, manuskript.
Manx [mæŋks] *adj* mansk, hørende til øen Man; *sb* det manske sprog; ~ *cat* haleløs kat.
Manxman ['mæŋksmən] *sb* beboer af øen Man.
Manx shearwater *zo* skråpe.
many ['meni] *adj* mange; mangen; *sb* mængde; *this ~ a day, for ~ a long day* i lange tider; ~ *a time* ofte, mangen en gang; *as ~ again* lige så mange til; *a good (el. great)* ~ en mængde; **one too** ~ en for meget; (om person) tilovers, ikke ønsket; *he is one too ~ for me* ham kan jeg ikke magte *(el.* klare *el.* hamle op med); **so** ~ så mange; (ubestemt antal) så og så mange; *they behaved like so ~ guttersnipes* de opførte sig som rene gadedrenge; *say in so ~ words* sige med rene ord; **the** ~ de mange, mængden.
many|-headed mangehovedet. ~ **-sided** mangesidet; mangesidig.
Maori ['mauri] *sb* maori.
Maoism ['mauizm] *sb* maoisme.
Maoist ['mauist] *sb* maoist; *adj* maoistisk.
map [mæp] *sb* kort *(of* over), landkort; *vb* tegne kort over, kortlægge; *off the ~ (fig)* uden for lands lov og ret; glemt, forældet, ikke aktuel, betydningsløs; *wipe off the ~* udslette totalt; *put on the ~ (fig)* gøre kendt; give betydning, gøre aktuel, bringe i forgrunden; ~ *out* kortlægge i detaljer; *(fig)* planlægge nøje *(fx one's holiday),* tilrettelægge.
maple [meipl] *sb (bot)* ahorn, løn; *common (el. English)* ~ navr. **maple sirup** ahornsirup. **maple sugar** ahornsukker.
maquis ['mæki:] *sb* krat (på Korsika); korsikansk fredløs; *the* ~ maquisen (den franske modstandsbevægelse i den anden verdenskrig).
mar [ma:] *vb* spolere, ødelægge; *it's make or ~* det er knald eller fald.
marabou ['mærəbu:] *sb zo* marabustork.
maraschino [mærə'ski:nəu] *sb* maraschino (kirsebærlikør); type kirsebær.
marasmic [mə'ræzmik] *adj (med.)* hentæret, angrebet af marasmus. **marasmus** [mə'ræzməs] *sb (med.)* marasmus, atrofi, afkræftelse.
Marathon ['mærəθn] *(geogr)* Maraton.
marathon ['mærəθn] *sb* maratonløb; udholdenhedskonkurrence; *dance* ~ maratondans; ~ *race* maratonløb.
maraud [mə'rɔ:d] *vb* marodere, strejfe om og plyndre; *sb* plyndringstogt. **marauder** [mə'rɔ:də] *sb* marodør.
I. marble [ma:bl] *sb* marmor; kunstværk af marmor; (marmor-, glas-, ler-) kugle (til leg); *-s pl (ogs)* skulptursamling; S nosser; forstand, *he has lost his -s* han er ikke ved sine fulde fem, han er skør; *play -s* spille kugler.
II. marble [ma:bl] *adj* marmor-, marmorhård, marmorhvid, marmoreret; *vb* marmorere; *-d edges* marmoreret snit (på bog); *-d paper* marmorpapir.
marbleize ['ma:bəlaiz] *vb* marmorere.
marble-topped *adj* med marmorplade.
marc [ma:k] *sb* kvas (rester efter druepresning).
I. March [ma:tʃ] marts.
II. march [ma:tʃ] *sb* grænse(område); *vb: ~ with* grænse op til.
III. march [ma:tʃ] *vb* marchere; rykke frem, *(fig)* udvikle sig *(fx events are beginning to ~);* (med objekt) lade marchere, føre *(fx they -ed the prisoner away); ~ upon* rykke frem mod.
IV. march [ma:tʃ] *sb* march; *(fig)* gang, udvikling *(fx the ~ of events); be on the ~* være på march; *(fig)* stadig gå frem; *steal a ~ upon sby* overliste én, (ubemærket) komme én i forkøbet, snige sig til en fordel frem for én.
March hare: *as mad as a ~* splittergal.
marching ['ma:tʃiŋ] *adj* march-; ~ *orders* marchordre; *(fig)* afsked; *get one's ~ orders (fig)* blive fyret.
marchioness ['ma:ʃ(ə)nəs] *sb* markise *(marquess'* hustru).
marchpane ['ma:tʃpein] *sb* marcipan.
march-past ['ma:tʃpa:st] *sb* forbidefilering.
Mardi Gras ['ma:di'gra:] hvidetirsdag (hvor der holdes fest med karnevalsoptog *etc).*
mardy ['ma:di] *adj (dial.)* uartig; trodsig; pylret.
mare [mɛə] *sb zo* hoppe; *the grey ~ is the better horse* det er konen der regerer; *money makes the ~ to go* den der smører godt kører godt.
mare's nest: *find a ~* få en lang næse; *it was a ~* det var en vildmand; det var en skrøne.
mare's tail lang fjersky; *(bot)* hestehale.
Margaret ['ma:grət].
margarine [ma:dʒə'ri:n, 'ma:dʒərin; -ge-] *sb* margarine.
Margate ['ma:git].
marge [ma:dʒ] *sb* rand, kant; T *fk margarine.*
margin ['ma:dʒin] *sb* rand, kant, bred; (på bogside *etc)* margen; *(fig)* spillerum, margen *(fx we must give him a certain ~),* overskud; grænse *(fx go beyond the ~ of decency),* rand, kant *(fx on the ~ of respectability); (merk = ~ of profit)* forskel mellem indkøbs- og udsalgspris, gevinstmargen, fortjeneste; *vb* forsyne med rand (, margen); forsyne med randbemærkninger; skrive i margenen; *allow (el. leave) a ~* give et vist spillerum, lade en margen stå åben; *pay a ~ (merk)* indbetale margenen; *win by a narrow ~* vinde en kneben sejr.
marginal ['ma:dʒinl] *adj* marginal-, rand- *(fx notes); (økon)* grænse- *(fx costs); (fig)* marginal, underordnet, periferisk.
marginalia [ma:dʒi'neiljə] *sb pl* marginalnoter; randbemærkninger.
marginal| income grænseindtægt. ~ **land** jord som det vanskeligt betaler sig at dyrke. ~ **note** randnote, marginalnote, randbemærkning. ~ **seat** usikkert mandat (ved parlamentsvalg).
margrave ['ma:greiv] *sb (hist.)* markgreve.
margravine ['ma:grəvi:n] *sb (hist.)* markgrevinde.
marguerite [ma:gə'ri:t] *sb (bot)* margerit.
Maria [mə'r(a)iə].
Marian ['mɛəriən] *adj* Maria-; som vedrører Maria Stuart.
Marie ['ma:ri]: ~ *biscuit* mariekiks.
marigold ['mærigəuld] *sb (bot)* morgenfrue; *African ~* fløjlsblomst.
marihuana [mæri'hwa:nə] *sb* marihuana; ~ *cigarette* marihuanacigaret.
marina [mə'ri:nə] *sb* marina (lystbådehavn).
marinade [mæri'neid] *vb* marinere; *sb* marinade.
marinate ['mærineit] *vb* marinere.
marine [mə'ri:n] *adj* som hører til havet, søen; hav- *(fx animal),* sø- *(fx insurance);* marine- *(fx painter);* skibs- *(fx chronometer); sb* flåde; marine; (om maleri) marine, søstykke; *-s pl (ogs)* landgangstropper, marineinfanteri; *tell that to the -s* den må du længere ud på landet med.
mariner ['mærinə] *sb* sømand.
marine stores *pl* skibsekvipering; skibsprovianteringshandel; forretning der handler med gammelt skibsinventar.
mariolatry [mɛəri'ɔlətri] *sb* mariadyrkelse.
marionette [mæriə'net] *sb* marionetdukke; marionet.
marital ['mæritl] *adj* ægteskabelig; ~ *status* ægteskabelig stilling.
maritime ['mæritaim] *adj* maritim, sø-; søfarts-; søfarende; kyst-, strand-, som lever ved kysten.
maritime| court søret. ~ **law** sølov, søret. ~ **trade** søhandel.
marjoram ['ma:dʒ(ə)rəm] *sb (bot)* merian.

I. Mark [ma:k] Markus.
II. mark [ma:k] *sb* mark (møntenhed).
III. mark [ma:k] *sb* mærke; tegn *(of* på); kendetegn *(fx he had the usual -s of a gentleman); (mar)* mærke; (på vare) fabriksmærke, stempel; (i skole *etc)* karakter; (ved målskydning) mål, *(fig)* skydeskive, offer *(fx he was an easy ~);* (ved kapløb) plads ved startlinie; *(mil.* og af bil, fly) model, type;
bad ~ anmærkning (i skolen); *bear -s (el. the ~) of* være præget af, bære præg *(el.* spor) af; *get good (el. high) -s* få gode karakterer; *hit the* ~ nå målet, ramme i centrum; *leave one's ~ on* sætte sit præg på; *make one's* ~ skabe sig en karriere; blive kendt; markere sig; sætte sig spor, gøre indtryk;
(forb med *præp) below the* ~ utilfredsstillende, ikke fyldestgørende; **beside** *the ~ (ogs fig)* ved siden af; *be beside the ~ (ogs)* skyde forbi, ikke ramme; *(fig)* ikke komme sagen ved; ~ **of** *exclamation* udråbstegn; ~ *of interrogation* spørgsmålstegn; *a man of* ~ en betydelig *(el.* fremtrædende) mand; *fall short of the* ~ forfejle målet; *wide of the* ~ helt ved siden af; *be wide of the* ~ være vild på kareten, ramme helt ved siden af; **off** *the ~,* se *beside the ~; be quick (, slow) off the* ~ komme hurtigt (, langsomt) fra start; *get off the* ~ starte; **on** *your -s!* (ved løb) på pladserne! **up to** *the* ~ tilfredsstillende, fyldestgørende; *bring sby up to the* ~ få en til at makke ret; *I don't feel quite up to the* ~ jeg føler mig ikke rigtig rask; *keep sby up to the* ~ holde en til ilden.
IV. mark [ma:k] *vb* mærke, sætte mærke på (, i, ved); efterlade mærke(r) (, spor, pletter) på; afmærke *(fx ~ the place with a cross),* markere, betegne *(fx his speech -s a switch in their policy);* kendetegne, præge, karakterisere *(fx the qualities which ~ a leader);* mærke sig, lægge mærke til *(fx ~ my words);* (i skolen) notere (i protokollen); rette, bedømme *(fx the essay is difficult to ~),* give karakter for; (i fodbold) dække op, markere;
~ **down** mærke med lavere pris, nedsætte prisen på; notere sig, mærke sig; ~ **off** afmærke, afgrænse; *(tekn)* opmærke; ~ **out** afmærke, afgrænse; *(tekn)* opmærke; ~ *out for* udvælge til, udpege til, udse til; ~ **time** marchere på stedet; *(fig)* stå i stampe, ikke komme af stedet; ~ *it* **up** forhøje prisen på det; T skrive det (ɔ: give kredit); ~ *up a manuscript* skrive markeringer i et manuskript (som forberedelse til sætning); gøre et manuskript klar til sætning; ~ *up a bill (am)* færdigredigere et lovforslag.
mark book karakterbog.
marked [ma:kt] *adj* mærket; markeret; udpræget, tydelig *(fx a ~ improvement).*
markedly ['ma:kidli] *adv* udpræget, tydeligt.
marker ['ma:kə] *sb* mærke; skilt (, pæl, etiket *etc)* til at mærke (, afmærke) noget med; filtpen; (i bog) bogmærke; *(flyv)* båke; (ved billard, målskydning) markør.
I. market ['ma:kit] *sb* torv; marked; *black* ~ sort børs; *dull* ~ flovt marked; *be in the ~ for* være køber til; *come into the* ~ komme i handelen; *put on the* ~ bringe i handelen; *find (el. meet with) a ready* ~ finde god afsætning; *the ~ rose* priserne steg; (se også *pig).*
II. market ['ma:kit] *vb* afsætte, sælge, sende til torvs, bringe på markedet; handle (på torvet); (am) gå i byen, købe ind; *(merk)* markedsføre.
marketable ['ma:kitəbl] *adj* sælgelig, salgbar; kurant.
market analysis markedsanalyse.
marketer ['ma:kitə] *sb* torvegæst.
market| garden handelsgartneri. ~ **gardener** handelsgartner. ~ **hall** torvehal.
marketing ['ma:kitiŋ] *sb* torvehandel; torveindkøb; afsætning, salg; (am) indkøb; *(merk)* markedsføring; ~ *analysis* salgsanalyse; ~ *possibilities* afsætningsmuligheder.
market|place torv(eplads), markedsplads. ~ **price** markedspris, dagspris. ~ **report** markedsberetning. ~ **research** markedsforskning. ~ **town** købstad. ~ **value** værdi i handel og vandel, salgsværdi.
marking ['ma:kiŋ] *sb* mærkning; afmærkning; (af opgaver) (stile)retning, bedømmelse, karaktergivning; *(forst)* udvisning; (plet *etc)* aftegning; (i fodbold *etc)* markering, opdækning; **-s** *pl* mærker, aftegninger; (på fly) kendingsmærker, nationalitetsmærker.
marking| gauge stregmål. ~ **hammer** skovhammer, stempelhammer. ~ **ink** mærkeblæk. ~ **iron** *(forst)* stempeljern.
marksman ['ma:ksmən] *sb* skarpskytte, finskytte.
marksmanship *sb* skydefærdighed.
markup ['ma:kʌp] *sb* prisforhøjelse; difference mellem købspris og salgspris, bruttofortjeneste, *(am)* færdigredigering af lovforslag; udvalgsmøde til færdigredigering.
marl [ma:l] *sb* mergel; *vb* mergle.
Marlborough ['mɔ:lbrə].
marlin ['ma:lin] *sb zo* marlin, sejlfisk.
marline ['ma:lin] *sb* (tovværk:) merling.
marlinespike ['ma:linspaik] *sb (mar)* merlespiger.
Marlow ['ma:ləu].
marlpit ['ma:lpit] *sb* mergelgrav.
marmalade ['ma:m(ə)leid] *sb* marmelade af citrusfrugt; orangemarmelade.
Marmite ['ma:mait] *sb* ® (koncentreret gærekstrakt brugt til suppeterninger og smørepålæg).
Marmora ['ma:m(ə)rə]: *the Sea of* ~ Marmarahavet.
marmoreal [ma:'mɔ:riəl] *adj* marmoragtig.
marmoset ['ma:məzet] *sb zo* egernabe, silkeabe.
marmot ['ma:mət] *sb zo* murmeldyr.
marocain ['mærəkein] *sb* marocain (et kjolestof).
I. maroon [mə'ru:n] *adj* rødbrun.
II. maroon [mə'ru:n] *sb* kanonslag.
III. maroon [mə'ru:n] *sb* maronneger, (efterkommer efter) flygtet negerslave; *vb* lade tilbage på en øde ø eller kyst; *(fig)* lade i stikken, efterlade (uden transportmidler); *-ed (fig) (ogs)* strandet.
marque [ma:k] *sb* (om bil) model; *(hist.): letter(s) of* ~ kaperbrev.
marquee [ma:'ki:] *sb* stort telt (ved fester *etc); (am)* baldakin (foran teaterindgang *etc).*
Marquesas [ma:'keisæs] *pl: the* ~ Marquesasøerne.
marquess ['ma:kwis] *sb* (adelstitel:) markis (med rang under *duke* og over *earl).*
marquetry ['ma:kitri] *sb* dekupørarbejde, indlagt arbejde.
marquis ['ma:kwis] = *marquess.*
marram grass ['mærəm'gra:s] *(bot)* klittag, hjælme.
marriage ['mæridʒ] *sb* giftermål, ægteskab; vielse, bryllup; *(fig)* nær *(el.* intim) forbindelse, forening; (i kortspil) konge og dame i samme farve; *ask in ~* fri til; *give in* ~ bortgifte; *take in* ~ tage til ægte, gifte sig med.
marriageable ['mæridʒəbl] *adj* giftefærdig.
marriage| articles *pl* ægtepagt. ~ **bed** ægteseng, brudeseng. ~ **certificate** vielsesattest. ~ **counsellor** ægteskabsrådgiver. ~ **counselling,** ~ **guidance** ægteskabsrådgivning. ~ **licence** *(omtr =)* kongebrev. ~ **lines** *pl* T vielsesattest. ~ **portion** medgift; ~ *portion insurance* brudeudstyrsforsikring. ~ **settlement** ægtepagt.
married ['mærid] *adj* gift *(to* med); ægteskabelig; *sb: young -s* nygifte; ~ *couple* ægtepar; ~ *life* ægteskab; ægteskabeligt samliv; *her ~ name* hendes navn som gift; ~ *quarters (mil.)* boliger for gift personel (ved kaserne); *the ~ state* ægtestanden.
marrow ['mærəu] *sb* marv; indre kraft; inderste; *(bot)*

(vegetable ~) mandelgræskar; *he was chilled to the ~* han var gennemfrossen, kulden gik ham gennem marv og ben.

marrowbone ['mærəubəun] *sb* marvben; *-s (spøg)* knæ.

marrowfat ['mærəufæt] *sb (bot)* (blå) marv-ært.

marrow squash *(am)* = *(vegetable) marrow.*

I. marry ['mæri] *vb* gifte sig; gifte sig med; vie; bortgifte; *(fig)* forbinde, forene; ~ *below oneself* gifte sig under sin stand; ~ *a fortune,* ~ *money* gifte sig penge til; ~ *off one's daughter* få sin datter gift; *he is not a -ing man* han er ikke den type der gifter sig.

II. marry ['mæri] *interj (glds)* død og pine! det må jeg sige!

Mars [ma:z] *(myt, astr)* Mars.

Marseillaise [ma:sə'leiz]: *the* ~ Marseillaisen.

Marseilles [ma:'seilz] Marseille.

marsh [ma:ʃ] *sb* mose, sump, morads; (ved havet: *salt ~)* marsk.

marshall [ma:ʃl] *sb* marskal; ordensmarskal; ceremonimester; *(am ogs)* politimester, sheriff, brandchef; *vb* opstille (i den rigtige orden), ordne (systematisk); føre.

marshalling yard *(jernb)* rangerbanegård.

marshalship ['ma:ʃlʃip] *sb* marskalstilling, marskallat.

marsh| gas sumpgas. ~ **harrier** *zo* rørhøg. **-mallow** *(bot)* lægestokrose, altæa; form for slik lavet heraf. ~ **marigold** *(bot)* engkabbeleje. ~ **plant** sumpplante. ~ **sandpiper** *zo* damklire. ~ **titmouse** *zo* sumpmejse. ~ **warbler** *zo* kærsanger.

marshy ['ma:ʃi] *adj* sumpet.

marsupial [ma:'s(j)u:pjəl] *sb zo* pungdyr.

mart [ma:t] *sb* handelscentrum; mart; *(glds)* marked; torv.

martello [ma:'teləu]: ~ *tower* (lille befæstet tårn).

marten ['ma:tin] *zo* mår.

Martha ['ma:θə].

martial [ma:ʃl] *adj* krigs-, militær; krigerisk, martialsk; **martial|art** kampsport. ~ **law** militær undtagelsestilstand, krigsretstilstand.

Martian [ma:ʃn] *sb* Marsbeboer; *adj* Mars-.

I. martin ['ma:tin] *sb zo* bysvale.

II. Martin ['ma:tin] Martin, Morten.

martinet [ma:ti'net] *sb* streng officer, rekrutplager; tyran.

martingale ['ma:tiŋgeil] *sb* springrem (på ridehest); fordobling af indsats; *(mar)* pyntenet.

Martinmas ['ma:tinməs] mortensdag (11. november).

I. martyr ['ma:tə] *sb* martyr; offer *(to* for); *be a ~ to (ogs)* lide (frygteligt) af, være plaget af *(fx rheumatism).*

II. martyr ['ma:tə] *vb* gøre til martyr; pine, martre; *be -ed (ogs)* lide martyrdøden.

martyrdom ['ma:tədəm] *sb* martyrium.

marvel [ma:vl] *sb* vidunder; *(glds)* forundring; *vb* forundres, forbavses, undre sig *(at* over); *the pills worked -s* pillerne gjorde underværker.

marvellous ['ma:vləs] *adj* ganske mærkværdig, utrolig; eventyrlig; vidunderlig, storslået.

Marxian ['ma:ksiən], **Marxist** ['ma:ksist] *adj* marxistisk; *sb* marxist.

Mary ['mɛəri] Maria, Marie, Mary; (se også *little ~).*

Marylebone ['mærələbən; 'mærəbən].

Mary Queen of Scots Marie Stuart.

marzipan [ma:zi'pæn] *sb* marcipan.

mascara [mæ'ska:rə] *sb* mascara (øjensminke).

mascot ['mæskət] *sb* maskot.

masculine ['mæskjulin] *adj* mandlig, maskulin; mandig; *(neds)* mandhaftig; *(gram)* hankøns-; *sb* hankøn, maskulinum.

Masefield ['meisfi:ld].

I. mash [mæʃ] *sb* mos, T kartoffelmos; (i brygning) mæsk.

II. mash [mæʃ] *vb* mose (ud); mase; (i brygning) mæske; T flirte med, lægge an på; *be -ed on sby* T være skudt i én; *-ed potatoes* kartoffelmos; ~ *the tea* hælde (kogende) vand på tebladene.

masher ['mæʃə] *sb (am)* en der er nærgående over for piger.

mashie ['mæʃi] *sb* (slags golfkølle).

mash tub (i brygning) mæskekar.

mask [ma:sk] *sb* maske; maskeret person; *(fot* og på hund) maske; *(fig)* camouflage; *vb* maskere; maskere sig; *(fig)* tilsløre, camouflere; *(mil.)* maskere, foretage skinangreb mod; *throw off one's ~ (ogs fig)* kaste masken; *-ed ball* maskerade.

masker ['ma:skə] *sb* maskeret person, maske.

masochism ['mæzəkizm] *sb* masochisme.

mason ['meisn] *sb* murer; stenhugger; frimurer; *vb* mure.

masonic [mə'sɔnik] *adj* frimurer-.

masonry ['meisnri] *sb* murværk, murerarbejde; murerhåndværk; frimureri.

masque [ma:sk] *sb (litt)* maskespil.

masquerade [mæskə'reid] *sb* maskerade; *(fig)* komediespil; forstillelse; *vb* deltage i en maskerade; være forklædt; ~ *as* give sig ud for, klæde sig ud som, forklæde sig som.

I. mass [mæs] *sb* masse; mængde; *vb* ophobe(s), hobe (sig) sammen; *the* ~ størstedelen, flertallet; *the -es* masserne, de brede lag; *be a ~ of* være fuld af; *he was a ~ of bruises* han var forslået over hele kroppen; *in the* ~ som helhed; alt i alt; for størstedelen.

II. Mass [mæs] *sb (rel)* messe; *say* ~ læse messe.

III. Mass. *fk Massachusetts.*

Massachusetts [mæsə'tʃu:səts].

massacre ['mæsəkə] *sb* massakre; blodbad, nedsabling; *vb* massakrere, nedsable, myrde; (se også *innocent).*

massage ['mæsa:(d)ʒ, *(am)* mə'sa:(d)ʒ] *sb* massage; *vb* massere; *(fig, am)* snakke godt for, bearbejde; fuske med, manipulere med. **massage parlour** massageklinik.

masseur [mæ'sə:] *sb* massør.

masseuse [mæ'sə:z] *sb* massøse.

massif ['mæsi:f] *sb* (bjerg)massiv, bjergmasse, gruppe bjerge.

massive ['mæsiv] *adj* massiv, svær; omfattende *(fx price increase),* vældig, enorm.

mass| media *pl* massemeddelelsesmidler. ~ **meeting** massemøde. ~ **-produce** *vb* masseproducere, massefremstille. ~ **production** masseproduktion. ~ **transit** *(am)* kollektive trafikmidler, kollektiv transport.

massy ['mæsi] *adj* massiv, svær.

I. mast [ma:st] *sb* mast; *at full (, half)* ~ (om flag) på hel (, halv) stang; *before the* ~ forude; *ship before the* ~ tage hyre som menig sømand.

II. mast [ma:st] *sb* olden (agern og bog).

I. master ['ma:stə] *sb* **1.** mester *(of* i); **2.** herre *(of* over); hersker; **3.** principal, arbejdsgiver; **4.** håndværksmester; **5.** lærer *(fx dancing ~), (fig)* læremester; **6.** *(mar)* kaptajn, (skibs)fører; **7.** (universitetsgrad, *omtr)* magister *(of i);* **8.** (foran drengenavn) unge hr. *(fx Master John Brown);* **9.** *the Master* Mesteren, Herren, Kristus;

-'s certificate skibsførerbevis; *-'s desk* kateder; *the old -s* de gamle mestre; *be ~ of* være herre over; eje; beherske, mestre, være mester i; *Master af Arts (omtr)* cand. mag., mag. art.; *Master of Ceremonies* (over)ceremonimester; (ved radioudsendelse) konferencier; ~ *of foxhounds* jagtleder (ved rævejagt); *Master of the Horse* hofstaldmester; *make oneself ~ of a language* tilegne sig et sprog; *Master of Science (omtr)* cand. mag., mag. scient.

II. master ['ma:stə] *vb* mestre *(fx a language)*, beherske; tilegne sig, lære sig *(fx it took him some time to ~ the French irregular verbs)*; blive herre over, betvinge *(fx one's fear)*, få bugt med, tømme.

III. master ['ma:stə] (i *sms)* mesterlig *(fx pianist)*; mester-; over-, ledende; (om håndværker) -mester *(fx ~ carpenter* tømrermester); (om ting) hoved- *(fx plan)*; original (fx ~ *copy*).

master-builder bygmester.

masterful ['ma:stəf(u)l] *adj* bydende, dominerende, tyrannisk; myndig; mesterlig.

master|-hand mesterhånd, mester. ~ **key** hovednøgle.

masterly ['ma:stəli] *adj* mesterlig, virtuosmæssig; mester- *(fx shot)*.

master| mariner kaptajn, skipper. ~ **mason** stenhuggermester; frimurer af 3. grad.

mastermind ['ma:stəmaind] *sb* (hemmelig) leder, 'hjerne' *(fx he was the ~ behind it all)*; *vb* lede (i det skjulte); stå bag, være hjernen bag *(fx he -ed the operations in Africa)*.

master|piece mesterværk; mesterstykke. ~ **race** herrefolk. **-ship** herredømme; lærerstilling. **-stroke** mestertræk; mesterstykke.

mastery ['ma:stəri] *sb* herredømme; overtag; beherskelse *(fx ~ of the technique)*.

masthead ['ma:sthed] *sb* mastetop; *(am)* avishoved; *vb* sende op i mastetoppen; hejse til tops.

masthead light toplanterne.

mast hoop *(mar)* mastebånd.

mastic ['mæstik] *sb* **1.** *(bot)* mastikstræ; **2.** (harpiks) mastiks; **3.** fugekit; **4.** asfaltmastiks, støbeasfalt.

masticate ['mæstikeit] *vb* tygge.

mastication [mæsti'keiʃn] *sb* tygning.

mastiff ['mæstif, 'ma:stif] *sb* mastiff, dogge.

mastodon(t) ['mæstədɔn(t)] *sb* mastodont.

mast| partners *pl (mar)* mastefisk. ~ **step** mastespor.

masturbation [mæstə:'beiʃn] *sb* masturbation, onani.

I. mat [mæt] *sb* måtte; lille tæppe, sengeforligger; (på bord) bordskåner; (til brydning) madras; (om hår *etc)* sammenfiltret masse; *leave sby on the ~* nægte at modtage én; *put sby on the ~* give én en røffel, skælde én ud; *go to the ~ with* give sig i kamp med, indlede polemik mod.

II. mat [mæt] *vb* dække med måtter (, tæpper); (om hår *etc)* sammenfiltre(s).

III. mat(t) [mæt] *adj* mat; *sb* mat overflade; mat guldkant; *vb* mattere.

matador ['mætədɔ:] *sb* matador (i tyrekamp; i kortspil).

mat board karton, pap (til opklæbning).

I. match [mætʃ] *sb* lige, ligemand, jævnbyrdig; værdig modstander; (om ting) mage, ting der passer sammen (med en anden), modstykke, pendant; (om giftermål) ægteskab, *(ogs* om person) parti *(fx she is a good ~)*; (i sport) match, (sports)kamp;

they are a bad ~ de passer dårligt sammen; *be a ~ for* kunne måle sig med; være jævnbyrdig med; *he is more than a ~ for you, you are no ~ for him* han er dig overlegen, ham kan du ikke klare *(el.* hamle op med); *he has not his ~* han har ikke sin lige; *make a ~ of it* gifte sig; *meet (el. find) one's ~* finde sin ligemand; få kam til sit hår.

II. match [mætʃ] *vb* kunne måle sig med, komme (op) på siden af *(fx nobody can ~ him at tennis)*; sætte op, prøve *(fx ~ your strength against his)*; passe til, stå til *(fx her skirt does not ~ her blouse)*; finde (, skaffe, præstere) magen til *(fx can you ~ this glove? he cannot ~ his first success)*, finde noget der passer til; (let *glds,* om pige) gifte bort; *(am)* slå plat og krone med; (uden objekt) passe sammen, være mage *(fx the gloves do not ~)*; *(am)* slå plat og krone; *they are ill (, well) -ed* de passer dårligt (, godt) sammen; *to ~* som passer til, som står dertil *(fx a dress with a hat and gloves to ~)*; *~ up to* kunne måle sig med.

III. match [mætʃ] *sb* tændstik; lunte; *strike a ~* stryge en tændstik.

match|board pløjet bræt. **-book** tændstikmappe. **-box** tændstikæske.

matchet ['mætʃət] = *machete*.

matching ['mætʃiŋ] *adj* tilsvarende.

matchless ['mætʃləs] *adj* mageløs.

matchlock ['mætʃlɔk] *sb (hist.)* luntebøsse; luntelås.

matchmaker ['mætʃmeikə] *sb* Kirsten Giftekniv (en som stifter ægteskaber).

matchwood ['mætʃwud] *sb* tændstiktræ; *reduce to ~* slå i stumper og stykker, slå til pindebrænde.

I. mate [meit] *sb* kammerat, makker, medhjælper; ægtefælle, mage; *(mar)* styrmand; -mat *(fx boatswain's ~* bådsmandsmat).

II. mate [meit] *vb* gifte (bort), gifte sig med; gifte sig; (om dyr) parre; parre sig.

III. mate [meit] (i skak) *sb* mat; *vb* gøre mat.

maté ['mætei] *sb* maté, paraguayte.

matelot ['mætləu] *sb* sømand, matros.

mater ['meitə] *sb* (i skoledrengesprog) mor.

material [mə'tiəriəl] *adj* legemlig, materiel, fysisk *(fx needs, means)*; væsentlig *(fx risk, difference)*, betydningsfuld *(to* for), af væsentlig betydning; *sb* emne, materiale, stof *(fx for a thesis)*; (tøj:) stof *(fx for a dress)*.

materialism [mə'tiəriəlizm] *sb* materialisme.

materialist [mə'tiəriəlist] *sb* materialist; *adj* = **materialistic** [mətiəriə'listik] *adj* materialistisk.

materialize [mə'tiəriəlaiz] *vb* legemliggøre; (om ånder) åbenbare sig, materialisere sig; *(fig)* blive til noget *(fx our plan did not ~)*, blive til virkelighed *(fx if our fears ~)*.

matériel [mətiəri'el] *sb* materiel.

maternal [mə'tə:nl] *adj* moderlig, moder-; (om slægtskab) på mødrene side; ~ *grandfather* morfader.

maternity [mə'tə:niti] *sb* moderskab; moderværdighed, moderlighed; *adj* barsel-, føde-; (om tøj) vente- *(fx clothes* tøj, *frock)*, omstændigheds-.

maternity| benefit barselhjælp. ~ **home** fødeklinik. ~ **hospital** fødselsstiftelse. ~ **leave** barselorlov. ~ **nurse** jordemor. ~ **ward** fødeafdeling. ~ **work** barselpleje.

matey ['meiti] *adj* kammeratlig, intim; *sb* kammerat, makker.

matgrass ['mætgra:s] *sb (bot)* katteskæg.

math [mæθ] *sb (am* T) matematik.

mathematical [mæθə'mætikl] *adj* matematisk.

mathematician [mæθəmə'tiʃn] *sb* matematiker.

mathematics [mæθə'mætiks] *sb* matematik.

maths [mæθs] *sb pl* T matematik.

matinée ['mætinei] *sb* matiné, eftermiddagsforestilling.

mating| call parringsskrig. ~ **season** parringstid.

matins ['mætinz] *sb pl* morgengudstjeneste; (i kloster) matutin (første tidebøn).

matriarch ['meitria:k] *sb* kvindeligt familieoverhoved; værdig gammel kvinde.

matriarchy ['meitria:ki] *sb* matriarkat (samfundsform hvor moderen er den dominerende i familien).

matric. *fk matriculation (examination)*.

matricide ['meitrisaid] *sb* modermord; modermorder.

matriculate [mə'trikjuleit] *vb* immatrikulere; blive immatrikuleret.

matriculation [mətrikju'leiʃn] *sb* immatrikulation.

matrimonial [mætri'məunjəl] *adj* ægteskabelig, ægteskabs-.

matrimony ['mætriməni] *sb* ægteskab, ægtestand.

matr|ix ['meitriks, 'mæt-] *sb (pl -ixes, -ices)* matrice; støbeform; skruemøtrik; *(geol)* grundmasse, indlejringsmasse; *(glds)* livmoder; *(fig)* oprindelse.

matron ['meitrən] *sb* gift kone, matrone; (på institution) oldfrue, økonoma; (på hospital, for sygeplejersker) plejemoder, oversygeplejerske, forstanderinde.

matronly ['meitrənli] *adj* matroneagtig, sat, værdig; frue-.

Matt. *fk Matthew.*

I. matter ['mætə] *sb* anliggende, sag, emne, spørgsmål *(of* om); indhold *(fx the form and the ~);* stof, materiale; *(filos)* stof, materie(n); *(med.)* pus, materie; *(typ)* manuskript; sats; **-s** *pl* forholdene; situationen; tingene, sagerne *(fx he came to discuss -s with me);*
for *that ~, for the ~ of that* for den sags skyld; *it is a ~ for* det giver anledning til *(fx regret, surprise);* **in** *the ~ of* når det drejer sig om; hvad angår; *the ~ in hand* den foreliggende sag; **no** *~*! det gør ingenting! bryd dig ikke om det! *it is no laughing ~* det er ikke noget at le ad; det er en alvorlig sag; *no ~ what (, where) it is* lige meget *(el.* ligegyldigt, uanset) hvad (, hvor) det er; hvad (, hvor) det end måtte være; **a** *~* **of** (foran talord) sådan noget som, omtrent *(fx a ~ of 7 miles); it is a ~ of (ogs)* det gælder, det drejer sig om; *a ~ of business* et forretningsanliggende; *a ~ of consequence* en vigtig sag; *a ~ of course* en selvfølge; *a ~ of dispute* et stridsspørgsmål; *a ~ of doubt* en tvivlsom sag; *a ~ of fact* en kendsgerning, en realitet; *as a ~ of fact* i virkeligheden, faktisk; *a ~ of habit* en vanesag; *it is a ~ of opinion* det kommer an på hvordan man ser på det; *it is a ~ of regret* det er meget beklageligt; *a ~ of taste* en smagssag; **what** *~*? hvad gør det? det gør ingenting; *what's the ~?* hvad er der i vejen? *what's the ~* **with** *him?* hvad fejler han? *there is something the ~ with it* der er noget i vejen med den.

II. matter ['mætə] *vb* være af betydning, betyde noget *(to* for); *(med.,* om sår) afsondre materie; *it does not ~* det gør ikke noget; det har ikke noget at betyde; *what does it ~?* hvad gør det? *it -ed little whether* det betød kun lidt om; *not that it -s* ikke fordi det betyder noget; *it is character that -s* det er karakteren det kommer an på.

matter-of-course *adj* selvfølgelig.

matter-of-fact *adj* prosaisk, nøgtern, saglig.

Matthew ['mæθju:] Matthæus.

I. matting ['mætiŋ] *sb* måtte(r), måttebelægning, måttemateriale, måttefremstilling.

II. matting ['mætiŋ] *sb* mattering.

mattock ['mætək] *sb* hakke, rydhakke.

mattress ['mætrəs] *sb* madras.

maturation [mætju'reiʃn] *sb* modning.

mature [mə'tjuə] *adj* moden, fuldstændig udviklet, udvokset; *(merk)* forfalden til betaling; *vb* modne, udvikle, lagre; (uden objekt) modnes; lagres; *(merk)* forfalde til betaling; *~ students* ældre studerende.

maturity [mə'tjuəriti] *sb* modenhed; *(merk)* forfaldstid; *at ~* på forfaldsdagen.

matutinal [mætju'tainl; mə'tju:tinl] *adj* morgen-, tidlig.

Maud [mɔ:d].

maudlin ['mɔ:dlin] *adj* drivende sentimental, rørstrømsk; halvfuld.

maugre ['mɔ:gə] *præp (glds)* til trods for.

maul [mɔ:l] *sb* knippel, kølle; mukkert; *vb* mishandle, maltraktere *(fx the lion -ed him),* (ved slag) gennemprygle, skamslå; (især om pige) tage klodset på, befamle; *(fig)* kritisere sønder og sammen.

maulstick ['mɔ:lstik] *sb* malerstok.

maunder ['mɔ:ndə] *vb* tale usammenhængende, væve, fortabe sig i vrøvl; *~ about* vandre om uden mål og med.

Maundy Thursday ['mɔ:ndi 'θə:zdi] skærtorsdag.

mausoleum [mɔ:sə'li:əm] *sb* mausoleum.

mauve [məuv] *sb, adj* mauve (grålilla).

maven, mavin ['meivin] *sb (am)* kender, sagkyndig, ekspert.

maverick ['mævərik] *sb (am)* kalv som ikke er brændemærket; (om person) individualist, enegænger, uortodoks partitilhænger.

mavis ['meivis] *sb zo* sangdrossel.

mavourneen [mə'vuəni:n] (irsk) min elskede.

maw [mɔ:] *sb* mave; kro (hos fugle); svælg.

mawkish ['mɔ:kiʃ] *adj* vammel; sentimental, rørstrømsk.

maxi ['mæksi] T i fuld størrelse; (om kjolelængde) maxi.

maxillary [mæk'siləri] *adj* kæbe-.

maxim ['mæksim] *sb* grundsætning, (leve)regel.

maximize ['mæksimaiz] *vb* maksimere, gøre så stor som mulig.

maximum ['mæksiməm] *sb (pl maxima)* maksimum, højdepunkt; *adj* maksimal-, højeste; *~ price* maksimalpris.

I. May [mei] maj; vår.

II. may [mei] *sb (bot)* hvidtjørn(blomster).

III. may [mei] *vb (præt might)* kan, kan måske *(fx the young ~ die, but the old must* børn kan dø, gamle folk skal dø); må (gerne), må have lov til *(fx you ~ go now);* gid ... må, måtte *(fx ~ you live long* gid du må leve længe);
it ~ **be** måske; det er nok muligt; *as soon as ~ be* så snart som muligt; *as the case ~ be* alt efter omstændighederne; *be that as it ~, however that ~ be* hvordan det end forholder sig dermed; *that is as it ~ be but* det er nok muligt men; *I ~ be mistaken* det er muligt at jeg tager fejl; *he ~* **not** *be very old but* han er måske nok ikke særlig gammel men; han er ganske vist ikke særlig gammel men; *they ~ not sell the goods* de sælger måske ikke varerne; de må ikke sælge varerne; *~ I trouble you for the bread* vil De være så venlig at række mig brødet; *you ~* **well** *say so* det må du nok sige; *you ~ well look astonished* jeg kan godt forstå du ser forbavset ud; *come* **what** *~* ske hvad der vil; *go* **where** *you ~* hvor du end går; **who** *~ you be?* hvem er så du? *who ~ that be?* hvem mon det er? hvem kan det være?
that they **might** *not* for at de ikke skulle; at de måske ikke ville *(fx I told them that they might not see me again); they might have offered to help us (ogs)* de kunne nu godt have tilbudt at hjælpe os; *might I ask a question?* må jeg have lov til at stille et spørgsmål? *call himself what he might* hvad han end kaldte sig.

maybe ['meibi:] *adv* måske.

may beetle, may bug *zo* oldenborre.

I. May Day majdag, den første maj.

II. mayday (det internationale radiotelefoniske nødsignal).

Mayfair ['meifɛə] (kvarter i Londons Westend).

mayfly ['maiflai] *sb zo* døgnflue.

mayhem ['mei(h)əm] *sb* lemlæstelse; *(jur)* grov legemsbeskadigelse.

may lily *(bot)* majblomst.

mayo ['meiəu] *sb (am* T) = *mayonnaise.*

mayonnaise [meiə'neiz] *sb* mayonnaise, majonæse; *salmon ~* laks i mayonnaise.

mayor [mɛə, *(am)* 'meiər] *sb* borgmester.

mayoralty ['mɛərəlti, *(am)* 'meiərəlti] *sb* borgmesterembede; borgmestertid.

mayoress ['mɛərəs] *sb* borgmesterfrue, borgmesters ledsager.

maypole ['meipəul] *sb* majstang.

May Queen majdronning.

mayweed ['meiwi:d] *sb (bot)* stinkende gåseurt.

maze [meiz] *sb* labyrint; forvirring; *in a ~* forvirret, ør i hovedet. **mazed** [meizd] *adj,* se *(in a) maze.*

mazurka [mə'zə:kə] *sb* mazurka.

mazy ['meizi] *adj* labyrintisk, indviklet, forvirret.

M.B.E. *fk Member of the Order of the British Empire.*

MBFR *fk mutual balanced force reductions.*
M.C. *fk Master of Ceremonies; Member of Congress; Military Cross.*
MCP *fk male chauvinist pig.*
M.D. *fk Medicinae Doctor (= Doctor of Medicine)* dr. med.
Md. *fk Maryland.*
Mddx., Mdx., Mx *fk Middlesex.*
me [mi:, (ubetonet:) mi] *pron* mig; *cardigans are not me* cardigans er ikke rigtig mig (ɔ: passer ikke for mig).
Me. *fk Maine.*
M.E. *fk Middle English.*
I. mead [mi:d] *sb* mjød.
II. mead [mi:d] *sb (poet)* eng, vang.
meadow ['medəu] *sb* eng; græsmark.
meadow| bittercress *(bot)* engkarse. ~ **foxtail** *(bot)* engrævehale. ~ **pipit** *zo* engpiber. ~ **rue** *(bot)* frøstjerne. ~ **saffron** *(bot)* tidløs. **-sweet** *(bot)* mjødurt.
meadowy ['medəui] *adj* eng-; engagtig.
meagre ['mi:gə] *adj* mager, tynd; *(fig ogs)* dårlig, ringe, tarvelig.
I. meal [mi:l] *sb* måltid; *a hot ~ (ogs)* varm mad; *don't make a ~ (out) of it* lad være med at gøre et stort nummer ud af det; lad være med at træde i det; *-s on wheels* madudbringning til ældre.
II. meal [mi:l] *sb* (usigtet) mel.
mealies ['mi:liz] *sb pl* (i Sydafrika) majs.
meal| ticket spisebillet. **-time** spisetid. **-worm** *zo* melorm.
mealy ['mi:li] *adj* melet; bleg; (om hest) plettet.
mealybug ['mi:libʌg] *sb zo* skjoldlus.
mealymouthed ['mi:limauðd] *adj* forsigtig i sine udtalelser, ulden, loren; slesk, glat; *~ words* forblommede ord.
I. mean [mi:n] *adj (mht* kvalitet) dårlig *(fx he is no ~ author),* ringe *(fx of no ~ ability),* tarvelig, ussel *(fx a row of ~ houses); (mht* rang) lav, simpel; *(mht* karakter, handling) lumpen, gemen *(fx a ~ trick),* nedrig, lav, ondskabsfuld, *(am ogs)* besværlig *(fx job),* arrig, uomgængelig, *(mht* penge *etc)* smålig, nærig, gerrig; T *(mht* befindende) sløj, utilpas; *feel* ~ T *(ogs, fig)* føle sig lille *(el.* flov), føle sig ilde tilpas.
II. mean [mi:n] *adj* middel-, mellem-, gennemsnitlig; gennemsnits- *(fx ~ temperature); sb* gennemsnit; middelværdi; *(mat.)* middeltal; *the golden (el. happy)* ~ den gyldne middelvej.
III. mean [mi:n] *vb (meant, meant)* **1.** betyde; **2.** have i sinde *(fx do you ~ to stay long? he -s no harm),* agte; **3.** mene *(by* med, *fx what do you ~ by that?),* ville sige, sigte til; **4.** bestemme *(for* for, til); **5.** mønte *(for* på); **6.** mene, tænke *(for* som, *fx it was -t for a tablecloth);*
~ *ill* **by** *sby* ikke mene en det godt; ~ *well by sby* mene en det godt; *you don't ~ it! (ogs)* det er ikke dit alvor! *it is -t* **for** *you* det er tiltænkt dig; *is this picture -t for me?* skal det billede forestille mig? *he was -t for an architect* det var meningen at han skulle være arkitekt; han var bestemt til at blive arkitekt; ~ *it for the best* gøre det i bedste mening; *I didn't ~* **to** *hurt you* det var ikke min mening at såre dig; *you don't ~ to say* du mener da vel ikke; du vil da vel ikke sige.
mean-born *adj* af ringe herkomst.
meander [mi'ændə] *sb* bugtning; a la grecque (bort); *vb* (om vandløb, vej) bugte sig; (om person) vandre (omkring), slentre afsted; *(fig)* lave svinkeærinder, gøre sidespring (i en fortælling); *-ing* bugtet, snoet *(fx paths).*
mean draught *(mar)* middeldybgang.
I. meaning ['mi:niŋ] *adj* betydningsfuld; talende, (meget) sigende *(fx a ~ smile).*
II. meaning ['mi:niŋ] *sb* betydning, mening; hensigt; *what is the ~ of that?* hvad betyder det? hvad er meningen med det? *with ~* betydningsfuldt, meget sigende; *within the ~ of the act* i lovens forstand.
meaningful *adj* meningsfuld. **meaningless** *adj* meningsløs, blottet for mening, intetsigende.
mean proportional mellemproportional.
means [mi:nz] *sb (pl ds)* middel; (penge:) midler, formue; *ways and -s* udveje *(fx* for regeringen til at skaffe penge), økonomisk udvej; **by** *all* ~ naturligvis, så gerne; endelig, for alt i verden; *by mechanical ~* ad mekanisk vej; *by no ~* på ingen måde; *by this ~* på denne måde, ved dette middel, herigennem; *by fair ~ or foul* med det gode eller med det onde; *by ~ of* ved hjælp af; **live** *beyond one's ~* leve over evne; *live within one's ~* ikke leve over evne, sætte tæring efter næring; ~ **of** *communication* samfærdselsmiddel; ~ *of payment* betalingsmiddel; (se også *I. end).*
mean-spirited *adj* fej, forsagt.
means test trangsbedømmelse.
meant [ment] *præt* og *pp* af *III. mean.*
meantime ['mi:n'taim], **meanwhile** ['mi:n'wail] *adv* imidlertid, i mellemtiden; *sb: in the ~* imidlertid, i mellemtiden.
measles [mi:zlz] *sb* mæslinger; (hos svin) tinter; *German ~* røde hunde.
measly ['mi:zli] *adj* (om kød) befængt med tinter; (om barn) syg af mæslinger; T elendig, jammerlig, luset, sølle, snoldet.
measurable ['meʒrəbl] *adj* målelig, som kan måles; *within ~ distance of* nær ved, ikke langt fra.
I. measure ['meʒə] *sb* mål; målebånd, måleredskab, målesystem; forholdsregel *(fx half -s will not do any longer), (parl)* lovforslag; (mængde:) grad *(fx they enjoy a certain ~ of freedom),* mål, omfang; (i musik) takt, (i poesi) versemål; *(typ)* liniebredde; **-s** *pl (geol)* (kul)lejer;
be *the ~ of* måle, vise; *A is the ~ of B* (også) B kan måles på A *(fx his discontent is the ~ of his ambition); a chain's weakest link is the ~ of its strength* en kædes styrke kan måles på det svageste led; en kæde er så stærk som det svageste led; *dry (, liquid) ~* mål for tørre (, flydende) varer; **have** *sby's ~ (fig)* have taget mål af en, vide hvad en duer til; have gennemskuet en; **know** *no ~* ikke kende nogen grænser; **set** *-s to* begrænse; **take** *the ~ of* opmåle; *(fig)* danne sig et skøn over; *take sby's ~, take the ~ of sby (fig)* tage mål af en, finde ud af hvad en dur til, danne sig et skøn over ens karakter; *take -s* tage forholdsregler; tage skridt, træffe foranstaltninger *(to* til (at));
(forb med præp) **beyond** ~ overordentlig, over al måde; ~ **for** ~ lige for lige; *for good ~* i tilgift; **in** *a ~* til en vis grad, delvis; *in ~ as* i samme grad som, alt eftersom; *in a great ~* i høj grad, i stor udstrækning; *in some ~* til en vis grad, i nogen måde; i et vist omfang; *a ~* **of** et mål for *(fx it is difficult to find a ~ of intelligence);* et vist mål af *(fx we have achieved a ~ of success); made* **to** ~ syet efter mål; **without** ~ umådelig.
II. measure ['meʒə] *vb* måle, opmåle; tage mål af *(fx the tailor -d him for a suit of clothes; he -d me with his eye);* afpasse *(to* efter); *(glds)* tilbagelægge;
~ **by** *one's own yard* dømme efter sig selv; bedømme i forhold til sig selv; *he -d his* **length** han faldt så lang han var; ~ **out** udmåle, måle af *(fx he -d out two yards of cloth);* uddele *(fx rum);* ~ **up** have de fornødne kvalifikationer; ~ *up to* komme på højde med, stå mål med; ~ *one's strength* **with** prøve kræfter med; (se også *sword).*
measured ['meʒəd] *adj* taktfast, rytmisk; afmålt *(fx steps);* mådeholden, begrænset; velovervejet *(fx words);* nøjagtigt udmålt *(fx a ~ mile).*
measureless ['meʒələs] *adj* uendelig, umådelig.
measurement ['meʒəmənt] *sb* måling; mål *(fx the -s of a*

room).
measurement certificate målebrev.
measurer ['meʒərə] *sb* måler, justerer.
measuring| tape målebånd. ~ **worm** *zo* måler(larve).
meat [mi:t] *sb* kød; *(fig)* stof, vægtigt indhold *(fx a book full of ~);* (især *glds* og i visse *forb)* mad, måltid *(fx before ~, after ~); sit at ~* sidde til bords; *butcher's ~* kød; *~ and drink* mad og drikke; *it was ~ and drink to him* det var hans store fornøjelse; *one man's ~ is another man's poison* hvad der kurerer en smed slår en skrædder ihjel.
meat|-and-potatoes *adj* praktisk, jordnær. **-ball** frikadelle. ~ **grinder** *(am)* kødhakkemaskine. ~ **inspection** kødkontrol. ~ **loaf** farsbrød. ~ **pie** kødpostej. ~ **safe** flueskab. ~ **tea** te og koldt bord, aftensmad.
meaty ['mi:ti] *adj* kødfuld; kød-; *(fig)* indholdsrig, vægtig; som der er kød på.
Mecca ['mekə] Mekka; *sb (fig)* valfartssted.
meccano [me'ka:nəu] *sb* meccano.
mechanic [mi'kænik] *sb* maskinarbejder; mekaniker; *(glds)* håndværker; *adj* mekanisk.
mechanical [mi'kænikl] *adj* mekanisk, maskinmæssig, maskin-; *(glds)* som har med legemligt arbejde at gøre.
mechanical engineer maskiningeniør.
mechanician [mekə'niʃn] *sb* mekaniker.
mechanics [mi'kæniks] *sb pl* mekanik; *(fig)* teknik, 'den tekniske side' *(fx the ~ of play-writing).*
mechanism ['mekənizm] *sb* mekanisme; *(fig)* mekanik, teknik.
mechanization [mekənai'zeiʃn] *sb* mekanisering.
mechanize ['mekənaiz] *vb* mekanisere, gøre mekanisk.
med. *fk medicine.*
medal ['medl] *sb* medalje. **medalled** ['medld] *adj* belønnet med medalje, prisbelønnet, dekoreret.
medallion [mi'dæljən] *sb* medaljon.
medal(l)ist ['medəlist] *sb* medaljør; medaljekender; medaljevinder.
meddle [medl] *vb;* blande sig i ting der ikke kommer en ved; *~ in* blande sig i *(fx don't ~ in my affairs); ~ with* blande sig i; befatte sig med; røre ved, pille ved, rode med (, i).
meddler ['medlə] *sb* pilfinger, geskæftig person.
meddlesome ['medlsəm] *adj* geskæftig, som blander sig i alt.
Mede [mi:d] *sb* meder.
I. Media ['mi:djə] Medien.
II. media *pl* af *medium; adj* medie- *(fx research); the ~* massemedierne.
mediaeval se *medieval.*
medial ['mi:djəl] *adj* middel-; midt-; *(fon)* som står i indlyd.
I. Median ['mi:djən] *adj* medisk; *sb* meder.
II. median ['mi:djən] *adj* midter-; *sb* median; *~ strip* midterrabat.
I. mediate ['mi:diət] *adj* indirekte, middelbar, andenhånds; mellemliggende, mellem.
II. mediate ['mi:dieit] *vb* mægle *(between* imellem); formidle, bringe i stand (ved mægling) *(fx ~ a settlement).*
mediation [mi:di'eiʃn] *sb* mægling; formidling, mellemkomst.
mediator ['mi:dieitə] *sb* mægler, mellemmand, formidler.
mediatory ['mi:diətri] *adj* mægler-; mæglings- *(fx effort* forsøg).
Medicaid ['medikeid] *sb (am)* offentlig finansieret lægelig forsorg for ubemidlede.
medical ['medikl] *adj* medicinsk, læge-; *sb* T mediciner, lægestuderende; lægeundersøgelse, helbredsundersøgelse.
medical| attendance lægehjælp, lægetilsyn. ~ **engineering** medikoteknik. ~ **jurisprudence** retsmedicin. ~ **man** læge. ~ **officer** *(mil.)* militærlæge; (på fabrik *etc)* bedriftslæge; (~ *officer of health)* embedslæge. ~ **orderly** *(mil.)* sygepasser. ~ **practitioner** praktiserende læge. ~ **superintendent** overlæge.
medicament [me'dikəmənt] *sb* medikament, lægemiddel.
Medicare ['medikɛə] *sb (am)* offentlig finansieret sygeforsikring for ældre.
medicate ['medikeit] *vb* behandle medicinsk; præparere til medicinsk brug; *-d cottonwool* sygevat.
medication [medi'keiʃn] *sb* medicinsk behandling; medicinsk præparering.
Medicean [medi'tʃi(:)ən] *adj (hist.)* mediceisk.
medicinal [me'dis(i)nl] *adj* lægende, medicinsk *(fx baths); take beer -ly* tage øl som medicin.
medicine ['medsin] *sb* medicin; lægevidenskab; *give him a dose (el. taste) of his own ~* lade ham føle det på sin egen krop; dyppe ham i hans eget fedt; *take one's ~ (fig)* tage sine øretæver, tage følgerne af hvad man har gjort.
medicine| chest husapotek. ~ **man** medicinmand, heksedoktor.
medick ['medik] *sb (bot)* sneglebælg.
medico ['medikəu] *sb* T læge, mediciner.
medico-legal [medikə'li:gl] *adj* retsmedicinsk.
medieval [medi'i:vl, mi:d-] *adj* middelalderlig; *~ history* middelalderhistorie, middelalderens historie.
medievalism [medi'i:vəlizm] *sb* begejstring for middelalderen, middelalderlig ånd.
medievalist [medi'i:vəlist] *sb* specialist i middelalderens historie; litteratur, sprog, kunst *etc.*
mediocre [mi:di'əukə] *adj* middelmådig.
mediocrity [mi:di'ɔkriti] *sb* middelmådighed.
meditate ['mediteit] *vb* gruble, anstille betragtninger, meditere; tænke på, pønse på *(fx revenge);* omgås med planer om. **meditated** *adj* påtænkt.
meditation [medi'teiʃn] *sb* grublen, betragtninger, mediteren, meditation; *book of -s* andagtsbog.
meditative ['meditətiv] *adj* meditativ, tænksom, spekulativ.
mediterranean [meditə'reinjən] *adj* (om hav) helt eller delvis omsluttet af land; *sb* indhav.
Mediterranean *adj* middelhavs-; *the M.* Middelhavet.
I. medium ['mi:djəm] *sb (pl media, mediums)* **1.** medium, middel; **2.** udtryksmiddel, meddelelsesmiddel; (kunstners *ogs)* materiale; **3.** (for farver) bindemiddel; **4.** miljø, omgivelser; **5.** (for bakteriekultur) (nærings)substrat; **6.** (spiritistisk) medium; *by (el. through) the ~ of* ved hjælp af *(fx through the ~ of the press); ~ of circulation (el. exchange)* omsætningsmiddel; *~ of instruction* undervisningssprog.
II. medium ['mi:djəm] *adj* mellem-; middel- *(fx of ~ height);* middelstor, middelsvær *(fx artillery);* middelgod.
medium|face type *(typ)* halvfed. ~ **shot** (film) halvtotal. ~ **-sized** [-saizd] *adj* af middelstørrelse, middelstor.
medium wave mellembølge.
medlar ['medlə] *(bot)* almindelig mispel.
medley ['medli] *sb* blanding, miskmask, sammensurium; blandet selskab; (af musik) potpourri; (af tekster) antologi; (i svømning) medley.
medulla [me'dʌlə] *sb* marv.
medullary [me'dʌləri] *adj* marv-.
I. Medusa [mi'dju:zə] *(myt)* Medusa.
II. medus|a [mi'dju:zə] *sb (pl -ae, -as)* vandmand.
meed [mi:d] *sb* (især *poet)* løn, belønning, pris; *one's ~ of praise* den ros der tilkommer en.
meek [mi:k] *adj* ydmyg, spagfærdig, spag, sagtmodig.
meerschaum ['miəʃəm] *sb* merskum, merskumspibe.
I. meet [mi:t] *vb (met, met)* **1.** møde *(fx we met each*

other in the street); træffe sammen med, komme i berøring med, træffe på, lære at kende; **2.** komme sammen med; **3.** holde møde med; **4.** efterkomme, imødekomme *(fx his wish);* opfylde, tilfredsstille *(fx a demand* et behov), svare til; dække *(fx expenses);* honorere (krav, efterspørgsel, veksel); **5.** klare *(fx a problem);* **6.** besvare, gendrive, imødegå *(fx criticism, objections);* **7.** (uden objekt) mødes *(fx we met in the street);* komme sammen, ses; holde møde; (om tøj) nå sammen, nå om én *(fx his coat won't ~);*
till we ~ again! på gensyn! *~ sby at the station* tage imod *(el.* hente) en på stationen; *that won't ~ my case* det er jeg ikke hjulpet med; det forslår ikke; *will £5 ~ the case?* kan £5 gøre det? *~ one's death* finde døden; *make (both) ends ~* få sine indtægter til at slå til; få det til at løbe rundt; *~ Mr Brown (am)* må jeg præsentere Dem for hr. B.; *I'll ~ your train* jeg henter dig ved toget; *~ up with* (især *am)* træffe, støde på; *~* **with** møde, træffe, støde på *(fx I met with him in the train);* få, lide, komme ud for, opleve; *~ with an accident* have *(el.* komme ud for) et uheld; *~ with approval* vinde bifald; *I have never met with that word before* jeg er aldrig stødt på den glose før; *I have never met with such treatment before* jeg har aldrig før været ude for sådan en behandling.

II. meet [mi:t] *sb* møde, mødested, samlingssted (for deltagere i rævejagt); *(am)* (sports)stævne.

III. meet [mi:t] *adj (glds)* passende, tilbørlig.

meeting ['mi:tiŋ] *sb* møde; forsamling; (sports)stævne.

meeting house forsamlingshus; bedehus; *(am)* kirke.

meeting place mødested.

megabuck ['megəbʌk] *sb (am)* en million dollars; kæmpebeløb.

Meg [meg] *fk Margaret.*

megacycle ['megəsaikl] *sb* megacycle, megahertz.

megadeath ['megədeθ] *sb* en million døde.

megalith ['megəliθ] *sb* megalit (ɔ: utilhugget sten brugt til forhistoriske mindesmærker).

megalomania ['megələ'meinjə] *sb* storhedsvanvid.

megalopolis [megə'lɔpəlis] *sb* kæmpeby.

megaphone ['megəfəun] *sb* råber, megafon.

megastructure ['megəstrʌktʃə] *sb (am)* kæmpebygning.

megaton ['megətʌn] *sb* megaton, 1 million tons; *~ bomb* megatonbombe (med en sprængkraft svarende til 1 mill. tons trotyl).

megrim ['mi:grim] *sb (glds)* migræne, hovedpine; *the -s* dårligt humør; kuller.

melancholia [melən'kəuljə] *sb* melankoli.

melancholic [melən'kɔlik] *adj* melankolsk, tungsindig.

melancholy ['melənkəli] *adj* melankolsk, sørgmodig, tungsindig; vemodig, trist; *sb* melankoli, tungsindighed; vemod.

Melanesia [melə'ni:ʒə] *(geogr)* Melanesien.

melanin ['melənin] *sb* melanin (mørkt pigment i huden).

Melbourne ['melbən].

meld [meld] *vb (am)* forene, lade gå op i en højere enhed; (i kortspil) melde.

mélée ['melei] *sb* håndgemæng; broget blanding.

melic ['melik] *adj* melisk; lyrisk; *sb = melick.*

melick ['melik] *sb, ~ grass (bot)* flitteraks.

melilot ['melilɔt] *sb (bot)* stenkløver.

meliorate ['mi:liəreit] *vb* forbedre(s), forædle(s).

melliferous [me'lifərəs] *adj* honningførende.

mellifluous [me'lifluəs] *adj* (om tone, stemme) honningsød, smeltende, blid.

mellow ['meləu] *adj* (om frugt) moden (og lækker), saftig, blød, (om ost *etc)* vellagret, moden, (om vin) fyldig, (om lys, lyd) dæmpet (og fyldig); (om person) mildnet af tiden, afklaret, modnet, afdæmpet; (om stemning) mild, vennesæl, gemytlig, (af spiritus) let beruset, bedugget; S lækker; *vb* modne(s), gøre (, blive) fyldig; *(fx* om hus) give (, få) patina; (om person) mildne(s), afdæmpe(s); falde til ro; (af spiritus) gøre (, blive) mild (, vennesæl, gemytlig); *a ~ old house* et hus med patina. **mellowness** ['meləunəs] *sb* blødhed, modenhed; fylde; afdæmpet farve; 'bedugget' tilstand.

melodic [mi'lɔdik] *adj* melodi-; melodisk.

melodious [mi'ləudjəs] *adj* melodisk, velklingende.

melodist ['melədist] *sb* sanger, komponist.

melodrama ['melədra:mə] *sb* melodrama.

melodramatic [melədrə'mætik] *adj* melodramatisk.

melody ['melədi] *sb* melodi, velklang, musik.

melon ['melən] *sb* melon.

Melpomene [mel'pɔmini] *(myt)* (tragediens muse).

melt [melt] *vb* smelte; (forsvinde:) smelte bort, opløses; *(fig)* røre; røres; lade sig røre; *~ away* smelte bort; *(fig)* svinde ind (, bort); *~ down* omsmelte; *~ into* smelte sammen med; gå over i; *~ into tears* smelte hen i tårer.

meltdown ['meltdaun] *sb* nedsmeltning (i reaktor).

melting point smeltepunkt.

melting pot smeltedigel, smeltegryde, støbegryde, støbeske; *in the ~ (fig)* i støbeskeen.

mem. *fk memento; memorandum.*

member ['membə] *sb* medlem, repræsentant (for en valgkreds); lem; del, led; *(tekn etc)* konstruktionsdel, led; *he is ~ for Leeds* han repræsenterer Leeds i underhuset; *~ of Christ* kristen; *M. of Parliament* parlamentsmedlem.

membership ['membəʃip] *sb* medlemskab; medlemmer, medlemstal *(fx the union has a large ~).*

membrane ['membrein] *sb* hinde; pergamentblad.

membranous [mem'breinəs] *adj* hindeagtig.

memento *sb* [mi'mentəu] *sb* souvenir, minde, erindring; mindelse; memento.

memo ['meməu] = *memorandum.*

memoir ['memwa:] *sb* biografi, mindeskrift; monografi, afhandling; *-s pl (ogs)* memoirer, erindringer.

memorabilia [memərə'biliə] *sb pl* mindeværdige ting (, begivenheder).

memorable ['mem(ə)rəbl] *adj* mindeværdig.

memorand|um [memə'rændəm] *sb (pl -a, -ums)* notat, notits, optegnelse; memorandum; (skriftlig) fremstilling; *~ of association* (aktieselskabs) stiftelsesoverenskomst.

I. memorial [mi'mɔ:riəl] *adj* minde- *(fx ~ service* mindegudstjeneste).

II. memorial [mi'mɔ:riəl] *sb* mindesmærke, (om bog) mindeskrift; (til regering:) petition, bønskrift, andragende; **-s** *pl* beretning, optegnelser.

Memorial Day *(am)* mindedag for dem der er faldet i krig.

memorialize [mi'mɔ:riəlaiz] *vb* indgive andragende til; fejre (, bevare) mindet om, mindes.

memorize ['meməraiz] *vb* fæstne i hukommelsen, memorere, lære udenad; *(glds)* optegne.

memory ['meməri] *sb* hukommelse; minde, erindring; eftermæle; *(edb)* hukommelse, lager; *I have a bad ~ for dates* jeg er ikke god til at huske datoer; *of blessed ~* salig ihukommelse; *from ~* efter hukommelsen; *in ~ of* til minde om; *slip of the ~* huskefejl; erindringsforskydning; *if my ~ serves me (right)* om jeg husker ret; *to the best of my ~* så vidt jeg husker; *call to ~* mindes; *commit a poem to ~* lære et digt udenad; *within my own ~* i den tid jeg kan huske; *within the ~ of man, within living ~* i mands minde; *a weak ~ makes weary legs* hvad man ikke har i hovedet må man have i benene.

mem-sahib ['memsa:ib] (indisk tiltale til europæisk) frue.

men [men] *pl* af *man.*
menace ['menəs] *vb* true; true med; *sb* trussel.
ménage [me'na:ʒ] *sb* husholdning.
menagerie [mi'nædʒəri] *sb* menageri.
I. mend [mend] *vb* istandsætte, reparere, udbedre, lappe (cykel, tøj), stoppe (strømper); rette (fejl); *(fig)* forbedre; (uden objekt) bedres, komme sig *(fx the patient is -ing);* forbedre sig *(fx it is never too late to ~); ~ one's fences (fig)* T genoprette det gode forhold; styrke sin position; *~ fences with* genoprette det gode forhold til, genoprette de gode forbindelser med; *~ the fire* lægge mere brændsel på; *it doesn't ~ matters* det gør ikke sagen bedre; *~ one's pace* fremskynde sin gang, øge farten; *~ one's ways* forbedre sig, blive et bedre menneske; *least said soonest -ed* jo mindre man taler om sagen, des bedre er det.
II. mend [mend] *sb* bedring; reparation, udbedret sted; lap, stopning; *be on the ~* være i bedring; være ved at komme sig; (om vanskeligheder *etc)* være ved at ordne sig.
mendacious [men'deiʃəs] *adj* løgnagtig.
mendacity [men'dæsiti] *sb* løgnagtighed.
Mendelian [men'di:ljən] *adj* Mendelsk, vedrørende Mendels arvelighedslove.
mendicancy ['mendikənsi] *sb* tiggeri.
mendicant ['mendikənt] *sb* tigger; tiggermunk; *adj* tigger- *(fx friar, order).*
menfolk ['menfəuk] *sb pl* mandfolk.
menhir ['menhiə] *sb* stor opretstående råt tilhugget sten, bautasten.
menial ['mi:niəl] *adj* tjenende; tjener-; beskeden, ussel, mindreværdig *(fx occupation);* tarvelig, simpel *(fx tasks); sb* tjenestepige, tjener, tyende.
meningitis [menin'dʒaitis] *sb (med.)* meningitis; hjernehindebetændelse.
menopause ['menəpɔ:z] *sb* klimakterium, overgangsalder.
menses ['mensi:z] *sb pl* menstruation.
menstrual ['menstruəl] *adj* menstruations-; *(astr)* månedlig.
menstruate ['menstrueit] *vb* menstruere, have menstruation. **menstruation** [menstru'eiʃn] *sb* menstruation.
mensurable ['menʃurəbl] *adj* målelig.
mensuration [menʃu'reiʃn] *sb* måling.
men's wear herreekvipering.
mental [mentl] *adj* mental, sinds- *(fx condition* tilstand), intellektuel; ånds- *(fx faculties* evner), åndelig *(fx cruelty),* sjæle- *(fx anguish* kval); (udført) i hovedet *(fx make a ~ calculation),* hoved- *(fx arithmetic* regning), hjerne- *(fx activity* virksomhed); *(mht* sygdom) sindssyge- *(fx hospital, patient);* T skør; *he is a bit ~ (ogs)* han er lidt til en side; *make a ~ note of it* skrive sig det bag øret.
mental| age *(omtr)* intelligensalder. *~* **deficiency** psykisk udviklingshæmning, evnesvaghed, åndssvaghed.
mentality [men'tæliti] *sb* mentalitet.
mentally ['ment(ə)li] *adv* mentalt, intellektuelt, åndeligt; *~ deficient* psykisk udviklingshæmmet, evnesvag, åndssvag.
mental reservation stiltiende forbehold.
menthol ['menθɔl] *sb* mentol.
mention [menʃn] *sb* omtale; *vb* omtale, nævne, anføre; *make ~ of* omtale; *don't ~ it (ogs)* ingen årsag, ikke noget at takke for; alt forladt; *not to ~* for ikke at tale om.
mentor ['mentɔ:] *sb* mentor, vejleder.
menu ['menju:] *sb* spiseseddel, menu, spisekort.
MEP *fk Member of the European Parliament.*
Mephistophelean [mefistə'fi:liən] *adj* mefistofelisk.
Mephistopheles [mefi'stɔfili:z] Mefistofeles.

mercantile ['mə:k(ə)ntail] *adj* merkantil, købmands-, handels-; *~ marine* handelsflåde; *the ~ system (hist.)* merkantilismen.
mercantilism ['mə:kəntilizm] *sb (hist.)* merkantilisme.
mercantilist ['mə:kəntilist] *sb (hist.)* merkantilist.
mercenary ['mə:s(i)nri] *adj* pengebegærlig, kommercielt indstillet, beregnende; (let *glds)* kræmmeragtig; lejet, til fals; *sb* lejesoldat; *mercenaries pl* lejetropper.
mercer ['mə:sə] *sb* manufakturhandler.
mercerize ['mə:səraiz] *vb* mercerisere.
mercery ['mə:səri] *sb* manufakturvarer.
merchandise ['mə:tʃ(ə)ndaiz] *sb* (handels)varer.
merchant ['mə:tʃ(ə)nt] *sb* købmand, grosserer; *(am)* butiksindehaver, handlende; S (i *sms)* en der er vild med, en der gør i; *gossip ~* kolportør af sladder; *speed ~* fartidiot.
merchantable ['mə:tʃ(ə)ntəbl] *adj* salgbar, kurant.
merchant|man ['mə:tʃ(ə)ntmən] handelsskib, *(glds)* koffardiskib. *~* **marine** handelsflåde. *~* **prince** handelsfyrste. *~* **service** handelsflåde. *~* **ship,** *~* **vessel** handelsskib, *(glds)* koffardiskib.
Mercia ['mə:ʃə].
merciful ['mə:sif(u)l] *adj* barmhjertig, nådig; *-ly adv (ogs)* heldigvis, gudskelov.
merciless ['mə:siləs] *adj* ubarmhjertig.
mercurial [mə:'kjuəriəl] *adj* livlig, fuld af liv; letbevægelig, urolig, omskiftelig; *(kem)* kviksølv-; *sb* kviksølvpræparat.
mercuric [mə:'kjuərik] *adj (kem)* merkuri-; *~ fulminate* knaldkviksølv.
mercurous ['mə:kjurəs] *adj* merkuro-.
I. Mercury ['mə:kjuri] *(myt, astr)* Merkur.
II. mercury ['mə:kjuri] *sb* kviksølv.
mercy ['mə:si] *sb* barmhjertighed *(fx they showed no ~),* skånsel, medlidenhed *(on* med); benådning (for dødsstraf) *(fx petition for ~; recommend* (indstille) *him for ~);* T Guds lykke, held *(fx it is a ~ that he did not come); ~!* nåde! Gud forbarme sig!
be **at** *the ~ of sby* være i ens magt *(el.* vold); *ask (, beg, cry)* **for** *~* bede om nåde; *for -'s sake* for Guds skyld; *sister of ~* barmhjertig søster; *~* **on** *us!* Gud forbarme sig! *have ~ on sby* forbarme sig over én; være én nådig; *be thankful for* **small** *mercies* være taknemlig for lidt; *left to the* **tender** *mercies of* overgivet på nåde og unåde til, i kløerne på.
mercy killing medlidenhedsdrab.
mercy seat *(rel): the ~* nådestolen.
I. mere [miə] *sb* dam, lille sø.
II. mere [miə] *adj* blot og bar, slet og ret, ren *(fx he is a ~ boy; it is a ~ trifle);* lutter; *he is a ~ child (ogs)* han er kun et barn; *by ~ chance* ved et rent tilfælde; *for the ~ purpose of* ene og alene for at; *~ words* (tom) snak.
merely ['miəli] *adv* kun, alene, blot.
meretricious [meri'triʃəs] *adj* uægte, forloren; udstafferet, prangende, skrigende; *(glds)* skøge-, skøgeagtig.
merganser [mə:'gænsə] *sb zo* skallesluger.
merge [mə:dʒ] *vb* slutte sammen *(fx two firms),* slå sammen *(in(to)* til, *fx ~ the two branch offices into one),* forene; lade gå op i en højere enhed; (uden objekt) slutte sig sammen *(fx the two firms -d);* falde sammen, gå op i en højere enhed; *~ in(to), be -d in(to) (ogs)* gå op i, smelte sammen med; glide over i *(fx twilight -d into darkness).*
merger ['mə:dʒə] *sb* sammensmeltning, sammenslutning (af handelsselskaber).
meridian [mə'ridiən] *sb (geogr, astr)* meridian; *(fig)* højdepunkt, kulmination; *adj* middags-; højeste; *~ altitude* middagshøjde.
meridional [mə'ridiənl] *adj* meridian-; sydlig, sydeuro-

pæisk; *sb* sydlænding.
meringue [mə'ræŋ] *sb* marengs.
merino [mə'ri:nəu] *sb* merinofår; merino (et uldent stof), merinogarn.
meristem ['meristem] *sb (bot)* dannelsesvæv.
I. merit ['merit] *sb* fortjenstfuldhed, fortjeneste *(fx reward him according to his ~);* værd(i) *(fx artistic ~);* dyd, fortrin *(fx the -s of this encyclopedia),* fordel; **-s** *pl* (også) fortjeneste, værd; *-s and demerits* fortrin og mangler; *I claim no* ~ **for** *it* jeg regner mig det ikke til fortjeneste, det er ikke noget jeg vil rose mig af; *there is no* ~ **in** *that* det er ikke særlig fortjenstfuldt, det er ikke noget at rose sig af; *I make no* ~ **of** = *I claim no ~ for; judge a case* **on** *its -s* bedømme en sag ud fra de foreliggende kendsgerninger; *each case is decided on its -s (ogs)* sagerne afgøres fra gang til gang.
II. merit ['merit] *vb* fortjene *(fx a reward).*
meritocracy [meri'tɔkrəsi] *sb* meritokrati, elitestyre; præstationssamfund.
meritorious [meri'tɔ:riəs] *adj* fortjenstfuld.
merlin ['mə:lin] *sb zo* dværgfalk.
merlon ['mə:lən] *sb (arkit)* murtak, murtinde.
mermaid ['mə:meid] *sb* havfrue.
merman ['mə:mæn] *sb* havmand.
merriment ['merimənt] *sb* munterhed, lystighed.
merry ['meri] *adj* munter, lystig, glad; *a ~ Christmas (to you)!* glædelig jul; *make* ~ more sig, feste; *make ~ over* gøre sig lystig over, gøre nar af.
merry|-andrew klovn, bajads. ~ **-go-round** *sb* karrusel. ~ **-making** *sb* lystighed, fest(lighed). ~ **-thought** *sb (glds)* ønskeben (på en fugl).
mésalliance [me'zæljəns, mei'zæliɔ:ns, *fr.] sb* mesalliance, ikke standsmæssigt ægteskab; uheldig forbindelse.
meseems [mi'si:mz] *(glds)* det synes *(el.* tykkes) mig.
I. mesh [meʃ] *sb* maske (i et net); *(tekn)* indgreb; *-es pl* masker, tråde; *(fig)* net, garn *(fx caught in her -es);* snare; *in* ~ i indgreb (ɔ: tilkoblet); *throw into* ~ bringe i indgreb.
II. mesh [meʃ] *vb* fange (i garn); indvikle; (om tandhjul *etc)* være i indgreb, gribe ind i hinanden; bringe i indgreb *(with* med); ~ *with (fig)* passe sammen med, harmonere med.
mesmerism ['mezmərizm] *sb (glds)* mesmerisme, hypnotisme, dyrisk magnetisme.
mesmerize ['mezməraiz] *vb* hypnotisere.
mesne [mi:n] *adj (jur)* mellem-; ~ *lord* underlensherre.
Mesopotamia [mesəpə'teimjə] Mesopotamien.
I. mess [mes] *sb* roderi, rod, uorden, kludder; forvirret masse, rodebunke; (snavset:) svineri, griseri, søle; (uappetitlig:) rodsammen, snask; *in a* ~ snavset, rodet, forvirret; i knibe; *the house was in a pretty* ~ huset lå i ét rod; *be in a pretty* ~ sidde net i det; *get into a* ~ komme (, bringe) i fedtefadet, komme (, bringe) i knibe; *get oneself into a ~ (ogs)* svine (, grise) sig til; *make a ~ of* bringe forvirring i, kludre med, forkludre; svine til; *what a ~!* sikke noget rod (, svineri)!
II. mess [mes] *vb: ~ (up)* forkludre, ødelægge, spolere; snavse (, grise, svine) til; *~ one's pants* lave i bukserne; ~ *about* fjolle rundt; daske rundt; rode med, kludre med; holde for nar; ~ *about with* fjolle rundt med; gå og rode med, svine med; have en affære med; have noget for med; forgribe sig på.
III. mess [mes] *sb* messe, fælles bord; *(mar)* bakke; *(glds)* ret; ~ *of pottage* ret linser.
IV. mess [mes] *vb* spise; *(mar)* skaffe.
message ['mesidʒ] *sb* budskab, meddelelse, besked, hilsen; telegram; *-s pl* (skotsk:) indkøb, indkøbte varer; *get the* ~ T forstå hvad det drejer sig om, fatte meningen; *they did not get the* ~ budskabet gik ikke ind; *go -s* gå ærinder; *on a* ~ i et ærinde; *go on a* ~ gå et ærinde.
message form telegramblanket.
messenger ['mesindʒə] *sb* bud, sendebud, kurér.
messenger boy bud, bydreng.
mess gear = *mess kit.*
Messiah [mi'saiə] Messias.
mess| jacket messejakke. ~ **kit** kogegrejer; kogekar, spisebestik; *(mar)* skaffegrejer. **-mate** (messe)kammerat. **-room** messe.
Messrs. ['mesəz] *fk Messieurs* de herrer; d'hrr.; ~ *Smith & Brown* herrer Smith & Brown.
mess tin *(mil.)* kogekar.
messuage ['meswidʒ] *sb (jur)* (land)ejendom.
messy ['mesi] *adj* rodet; snavset *(fx job);* griset.
mestizo [me'sti:zəu] *sb* mestits (afkom af hvid og indianer).
met [met] *præt* og *pp* af *I. meet.*
Met *fk Meteorological (fk the ~ office); the ~ fk the Metropolitan Police Force* Londons politi; *(am) the Metropolitan Opera (, Museum)* (i New York).
met. *fk meteorological.*
metabolic [metə'bɔlik] *adj* stofskifte- *(fx ~ disorder* stofskiftesygdom).
metabolism [me'tæbəlizm] *sb* stofskifte.
metacarpus [metə'ka:pəs] *sb (anat)* mellemhånd.
I. metal [metl] *sb* metal; *(typ)* bly; sats; (i glasfabr) glasmasse; (til vej) skærver, *(jernb ogs)* ballast; *(fig)* stof, (se også *mettle); -s (jernb)* skinner; *leave (el. run off) the -s* løbe af sporet.
II. metal [metl] *vb* metalforhude; (om vej) makadamisere.
metallic [mi'tælik] *adj* metallisk, metal-.
metalliferous [metə'lif(ə)rəs] *adj* metalholdig.
metalloid ['metəlɔid] *sb (kem)* metalloid.
metallurgy [me'tælədʒi] *sb* metallurgi.
metalwork ['metlwə:k] *sb* metalsløjd.
metamorphic [metə'mɔ:fik] *adj* metamorfisk; forvandlings-; *(geol)* metamorf.
metamorphose [metə'mɔ:fəuz] *vb* forvandle.
metamorpho|sis [metə'mɔ:fəsis] *sb (pl -ses* [-si:z]) metamorfose, forvandling.
metaphor ['metəfə] *sb* metafor.
metaphoric(al) [metə'fɔrik(l)] *adj* metaforisk, billedlig.
metaphysic(al) [metə'fizik(l)] *adj* metafysisk.
metaphysics [metə'fiziks] *sb* metafysik.
metatarsus [metə'ta:səs] *sb (anat)* mellemfod.
metathe|sis [me'tæθəsis] *sb (pl -ses* [-si:z]) metatese.
metcast ['metka:st] *sb* vejrmelding.
I. mete [mi:t] *vb: ~ (out) (glds)* udmåle, tildele.
II. mete [mi:t] *sb* grænse.
metempsychosis [metempsi'kəusis] *sb* sjælevandring.
meteor ['mi:tjə] *sb* meteor; *(fig)* noget strålende men kortvarigt, „komet". **meteoric** [mi:ti'ɔrik] *adj* meteorisk, meteorlignende; *(fig)* strålende men kortvarig; *a ~ career* en kometagtig karriere. **meteorite** ['mi:tjərait] meteorsten.
meteorological [mi:tjərə'lɔdʒikl] *adj* meteorologisk.
meteorologist [mi:tjə'rɔlədʒist] *sb* meteorolog.
meteorology [mi:tjə'rɔlədʒi] *sb* meteorologi.
meter ['mi:tə] *sb* måler; *(am) = metre; vb* måle.
meter|maid kvindelig parkeringskontrollør. **-man** målerafløser.
methane ['mi:θein] *sb (kem)* metan.
methinks [mi'θiŋks] *(glds)* det synes mig.
method ['meθəd] *sb* måde, fremgangsmåde, metode; system; *reduce to* ~ bringe metode i; *there is ~ in his madness* der er metode i galskaben.
methodic(al) [mi'θɔdik(l)] *adj* metodisk, systematisk, planmæssig.
Methodism ['meθədizm] *sb (rel)* metodisme.
Methodist ['meθədist] *sb* metodist; *adj* metodistisk.

methodize ['meθədaiz] *vb* bringe metode (*el.* system) i, systematisere.
methought [mi'θɔ:t] *(glds)* det syntes mig.
meths [meθs] *sb pl* T = *methylated spirits.*
meths drinker T spritter.
Methuselah [mi'θju:sələ] Methusalem.
methyl ['meθ(i)l] *sb (kem)* metyl.
methylate ['məθ(i)leit] *vb* denaturere.
methylated spirits *pl* (svarer til) denatureret sprit, kogesprit.
meticulous [mi'tikjuləs] *adj* (pedantisk) omhyggelig, pertentlig; *with ~ care* med minutiøs (*el.* pinlig) omhu; *~ order* pinlig orden.
metonymy [mi'tɔnimi] *sb* metonymi.
metre ['mi:tə] *sb* meter; (i poesi) metrum, versmål.
metric ['metrik] *adj* meter-; metrisk, vers-, på vers; *go ~* gå over til metersystemet; *the ~ system* metersystemet.
metrical ['metrikl] *adj* metrisk.
metricate ['metrikeit] *vb* ændre efter metersystemet; indføre metersystemet i.
metrication [metri'keiʃn] *sb* overgang til metersystemet.
metricize ['metrisaiz] *vb (am)* = *metricate.*
metrics ['metriks] *sb* metrik.
metric ton meterton (1000 kg).
metro ['metrəu] *sb* undergrundsbane.
Metroland ['metrəulænd] Londons yderdistrikter.
metronome ['metrənəum] *sb* metronom, taktmåler.
metropolis [mi'trɔpəlis] *sb (pl -es* [-iz]) hovedstad; ærkebispesæde; *the ~* (især) London, Storlondon.
metropolitan [metrə'pɔlit(ə)n] *adj* hovedstads-; storby-; *sb* hovedstadsbeboer; *(rel)* metropolit, ærkebiskop.
mettle [metl] *sb* liv, mod, fyrighed, iver; stof, natur, temperament; *be on one's ~* være parat til at gøre sit bedste; *put sby on his ~* anspore en til at gøre sit bedste.
mettlesome ['metlsəm] *adj* (især om hest) livlig, modig, fyrig; vælig.
Me V *fk mega-electron volt(s).*
I. mew [mju:] *sb* måge.
II. mew [mju:] *vb (glds)* fælde, skifte fjer (, ham).
III. mew [mju:] *sb* (falke)bur; *vb* sætte i bur; *~ up (fig)* spærre inde; *~ oneself up* mure sig inde.
IV. mew [mju:] *vb* mjave; *sb* mjaven.
mewl [mju:l] *vb* klynke; mjave.
mews [mju:z] *sb pl* staldbygninger (ofte samlet omkring en gård *el.* gyde; nu ofte ombygget til beboelse).
Mexican ['meksikən] *adj* mexicansk; *sb* mexicaner.
Mexico ['meksikəu] Mexico.
mezzanine ['metsəni:n] *sb* mezzanin(etage).
mezzotint ['medzəutint] *sb* mezzotintotryk, sortkunst (en særlig kobberstikteknik).
m/f *(fk male/female)* m/k.
mfd. *fk manufactured.*
M.F.H. *fk Master of Foxhounds (omtr)* jagtleder.
m.g. *fk machine gun.*
mg. *fk milligram.*
M.G.C. *fk Machine-Gun Corps.*
Mgr. *fk Monseigneur; Monsignor.*
M.I. *fk military intelligence; ~ 5* (den afdeling der har med kontraspionage at gøre).
Miami [mai'æmi].
miaow [mi'au] *vb* mjave; *sb* mjaven.
miasma [mi'æzmə] *sb* uddunstning; *(glds)* miasma, smitstof.
mica ['maikə] *sb* glimmer, marieglas.
Micawber [mi'kɔ:bə].
mice [mais] *pl* af *mouse.*
Mich. *fk Michigan.*

Michael ['maikl].
Michaelmas ['miklməs] mikkelsdag, d. 29. sept.
Michaelmas| daisy *(bot)* strandasters. *~* **term** efterårssemester.
Michigan ['miʃigən].
Mick [mik] *sb* S *(neds)* irlænder.
Mickey ['miki] *sb* S irlænder; *(am* S*)* = *Mickey Finn.*
mickey ['miki] *sb* (især canadisk, *omtr) lommelærke; take the ~ out of* S lave grin med, tage gas på.
Mickey| Finn *(am* S*)* spiritus med sovemiddel (, afføringsmiddel) i. *~* **Mouse** *adj* T lille, snoldet; pedantisk, pernitten.
mickle [mikl] *sb: many a little makes a ~* mange bække små gør en stor å.
micro ['maikrəu] *sb* = *microcomputer; mikroprocessor; adj* mikrokopisk.
microbe ['maikrəub] *sb* mikrobe, bakterie.
micro|biologist ['maikrəbai'ɔlədʒist] mikrobiolog. **-climate** ['maikrə'klaimət] mikroklima. **-computer** ['maikrəkəm'pju:tə] *sb* mikrocomputer. **-cosm** ['maikrəkɔzm] mikrokosmos, lilleverden. **-film** ['maikrəfilm] *sb* mikrofilm; *vb* mikrofotografere, affotografere (på mikrofilm). **-groove** ['maikrəgru:v] mikrorille. **-meter** [mai'krɔmitə] mikrometer. **-nutrient** ['maikrə'nju:triənt] *sb* mikronæringsstof. **-phone** ['maikrəfəun] mikrofon. **-processor** ['maikrə'prəusesə] mikroprocessor. **-scope** ['maikrəskəup] *sb* mikroskop. **-scopic(al)** [maikrə'skɔpik(l)] *adj* mikroskopisk. **-watt** ['maikrəwɔt] mikrowatt. **-wave** ['maikrəweiv] mikrobølge; *-wave oven* mikrobølgeovn.
micturition [miktʃə'riʃn] *sb (med.)* (sygelig trang til) vandladning.
I. mid [mid] *adj* midt-; *from ~ April to ~ May* fra midt i april til midt i maj; *in mid(-)* midt i *(fx in mid(-) July); in ~ ocean* midt ude på det åbne hav.
II. 'mid, mid [mid] *præp* midt iblandt, under.
mid-air : *in ~* frit i luften; oppe i luften; *~ collision* flysammenstød.
Midas ['maidæs].
midday ['middei] *sb* middag, kl. 12; *adj* middags-.
midden [midn] *sb (arkæol)* køkkenmødding.
middle [midl] **1.** *sb* midte; liv (midje); *-s pl (merk)* mellemkvaliteter; **2.** *adj* mellem-, middel-, midt-, midterst; **3.** *vb* anbringe i midten; (i fodbold) sende bolden ind mod midten, centre; *in the ~ of* midt i (, på, under, om) *(fx the lecture, the night); she was in her ~ forties* hun var midt i fyrrerne.
middle| age alder mellem 40 og 60; *a man of ~ age* en midaldrende mand; *the Middle Ages* middelalderen. *~* **-aged** ['midl'eidʒd] midaldrende.
Middle America Midtvesten; middelklasseamerikanerne.
middle-bracket *adj* som tilhører midtergruppen. *~***-class** *adj* middelstands-; borgerlig, bourgeoisi-. *~* **classes** *pl: the ~ classes* middelstanden. *~* **distance** mellemgrund; (ved kapløb) mellemdistance. *~* **ear** mellemøre.
Middle East: *the ~* Mellemøsten.
middle| finger langfinger, T langemand. *~* **ground** mellemgrund; *(mar)* middelgrund; *(fig)* mellemstandpunkt, mellemvej.
Middle Kingdom: *the ~* Riget i Midten (Kina).
middle|manager mellemleder. **-man** ['midlmæn] mellemhandler. **-most** midterst, mellemst. *~* **-of-the-road** *adj* som indtager et mellemstandpunkt, moderat, midter- *(fx party).* *~* **-sized** middelstor, mellemstor. *~* **tint** mellemfarve. *~* **watch** (vagten mellem midnat og kl. 4), hundevagt. **-weight** mellemvægt; mellemvægter; *adj* mellemvægts- *(fx boxer).*
Middle West se *Mid West.*
middling ['midliŋ] *adj* middelgod, jævn, andenklasses; middelmådig; *adv* nogenlunde, temmelig; *sb (am,* af

svinekød) mellemstykke.

middlings ['midliŋz] *sb pl* mellemkvalitet(er) *(fx* af mel).

middy ['midi] *sb* matrosbluse; *(glds)* kadet.

midge [midʒ] *sb zo* dansemyg; *(biting ~)* mitte; (om person), se *midget.*

midget ['midʒit] *sb* dværg, purk, gnom, mandsling; *(fot)* fotografi i mindste format; *adj* dværg- *(fx submarine);* lilleput-; ~ *car* midgetbil; ~ *golf* minigolf.

midi ['midi:] (om kjolelængde) midi.

midland ['midlənd] *sb* indre land; *adj* indre; indlands-; *the Midlands, the Midland Counties* Midtengland.

midmost ['midməust] *adj* midterst.

midnight ['midnait] *sb* midnat; *adj* midnats-; *dark (el. black) as* ~ bælgmørk; *burn the* ~ *oil* arbejde til langt ud på natten.

midriff ['midrif] *sb* mellemgulv.

midship ['midʃip] *sb* den midterste del af et skib; *adj* midtskibs-. **midshipman** [-mən] *sb* kadet.

midships ['midʃips] *adv* midtskibs.

midst [midst] *sb* midte; *præp (glds)* midt i, midt iblandt; *in the* ~ *of* midt i; *in the* ~ *of the fray* der hvor det gik hedest til; *in our* ~ midt iblandt os, i vor midte.

midstream ['midstri:m] *sb: in* ~ midtstrøms, midt i strømmen; (se også *swop).*

midsummer ['midsʌmə] *sb* midsommer; *Midsummer Day* midsommerdag, st. hansdag; ~ *madness* toppunktet af galskab, det glade vanvid; *A Midsummer Night's Dream* En Skærsommernatsdrøm.

midterm ['mid'tə:m] *sb* midten af terminen (, semesteret, embedstiden); *(am)* T eksamen midt i semesteret; ~ *election (am)* midtvejsvalg.

midway ['mid'wei] *adv* midtvejs, halvvejs; *sb (am)* den del af marked *el.* udstilling hvor der er forlystelser (skydetelte, karusseller *etc).*

Midwest: *the* ~ (am) Midtvesten *(omtr* = Iowa og de omkringliggende stater).

midwife ['midwaif] *sb* jordemoder, jordemor.

midwifery ['midwifri] *sb* fødselshjælp, obstetrik.

midwinter ['mid'wintə] *sb* midvinter, vintersolhverv.

mien [mi:n] *sb* væsen, optræden, holdning, udseende.

miff [mif] *sb* fornærmethed; uenighed; *vb* fornærme, sætte i dårligt humør; surmule; *they have had a* ~ der er kommet en kurre på tråden.

I. might [mait] *præt* af *may.*

II. might [mait] *sb* magt, kraft, evne; *with* ~ *and main, with all his* ~ af al magt, af alle kræfter.

might-have-been *sb: the* ~ det der kunne være sket; *a* ~ en der kunne være blevet noget stort (, større); en mislykket eksistens.

mightily ['maitili] *adv (litt)* mægtig, kraftig; T vældig, meget, svært.

mighty ['maiti] *adj (litt)* mægtig, kraftig, vældig; T *adj, adv* mægtig, vældig, gevaldig *(fx* ~ *fine); high and* ~ stor på den, hoven; (i titel) højmægtig.

mignonette [minjə'net] *sb (bot)* reseda.

migraine ['mi:grein; 'mai-] *sb* migræne.

migrant ['maigrənt] *adj* (om)vandrende; *sb* trækfugl; *(ogs =)* ~ *worker* omrejsende arbejder; gæstearbejder.

migrate [mai'greit] *vb* (om person, til et andet land) udvandre; (til et andet sted) vandre bort, flytte; (om fugl) trække (bort), drage bort; *(kem etc)* vandre.

migration [mai'greiʃn] *sb* udvandring, bortvandring; flytning; (fugles) træk; *the period of the great -s* folkevandringstiden.

migratory ['maigrət(ə)ri] *adj* (om)vandrende, nomadisk, nomade-.

migratory| bird trækfugl. ~ **locust** vandregræshoppe.

Mikado [mi'ka:dəu] mikado.

I. Mike [maik] *fk Michael.*

II. mike [maik] S = *microphone.*

III. mike [maik] *vb* S drive, dovne, skulke; *sb: be on the* ~ drive den af.

mil. *fk military.*

Milan [mi'læn] Milano; (by i USA) ['mailən].

milch [miltʃ]: ~ *cow* malkeko.

mild [maild] *adj* mild; blid, sagtmodig; let *(fx cigar);* forsigtig, spagfærdig *(fx protest); sb* (en lettere ølsort); *draw it* ~ overdriv nu ikke, tag den med ro, små slag.

mildew ['mildju:] *sb* meldug, skimmel, mug; *vb* blive angrebet af meldug, blive skimlet (, muggen).

mildewed, mildewy *adj* angrebet af meldug, overtrukket med skimmel, jordslået.

mildly ['maildli] *adv* mildt, blidt, sagtmodigt; let *(fx* ~ *democratic);* forsigtigt, spagfærdigt *(fx protest* ~*); to put it* ~ mildest talt, med et mildt udtryk.

mild steel blødt stål.

mile [mail] *sb* (engelsk) mil (1609 m); *for -s* milevidt, i miles omkreds; *-s better* T hundrede gange bedre; *it is -s from anywhere* det ligger langt pokker i vold; *it did not come within a* ~ *of succeeding* det var milevidt fra at lykkes; *there's no one within -s of him (fig* T*)* der er slet ingen der kan hamle op med ham; *it sticks out a* ~ *(fig* T*)* det kan ses på lang afstand.

mileage ['mailidʒ] *sb* antal *miles,* afstand i *miles;* befordringsgodtgørelse pr. *mile;* (om bil, svarer til) kilometerstand; benzinøkonomi; *(fig)* gavn, nytte, udbytte; *get* ~ *out of (ogs)* udnytte.

mileometer [mai'lɔmitə] *sb (svarer til)* kilometertæller.

milepost ['mailpəust] *sb* milepæl.

milestone ['mailstəun] *sb* milesten; (især *fig)* milepæl.

milfoil ['milfɔil] *sb (bot)* røllike.

milieu ['mi:ljə:] *sb* milieu.

militancy ['milit(ə)nsi] *sb* kamplyst, krigeriskhed, stridbarhed; voldelig karakter.

militant ['militənt] *adj* kamplysten, krigerisk, stridbar; militant, som kæmper med voldelige midler; stridende, kæmpende; *sb* krigerisk (, militant) person.

militarism ['militərizm] *sb* militarisme.

militarist ['militərist] *sb* militarist; *adj* militaristisk.

military ['milit(ə)ri] *adj* militær, militær-, krigs-; *sb: the* ~ militæret; ~ *academy* officersskole; ~ *heel* officershæl; ~ *man* militær; *compulsory* ~ *service* almindelig værnepligt.

militate ['militeit] *vb* kæmpe; ~ *against* modvirke, modarbejde, stride mod, bekæmpe.

militia [mi'liʃə] *sb* milits, landeværn.

militiaman [mi'liʃəmən] *sb* militssoldat.

milk [milk] *sb* mælk; *vb* give mælk *(fx the cows are -ing well);* malke, *(fig ogs)* tappe; opsnappe (et telegram); ~ *a cow dry* malke en ko ren; *it is no use crying over spilt* ~ det nytter ikke at græde over spildt mælk; ~ *of sulphur* svovlmælk.

milk-and-water *adj* udvandet, flov.

milk chocolate flødechokolade.

milker ['milkə] *sb* malker, malkepige, malkemaskine; malkeko.

milk| float mælkevogn. ~ **glass** mælkeglas (hvidt glas).

milking|machine malkemaskine. ~ **parlour** malkestald.

milk|maid malkepige. **-man** mælkemand. ~ **parsley** *(bot)* kær-svovlrod. ~ **powder** tørmælk. ~ **run** mælketur; *(mil. flyv)* rutineflyvning. ~ **shake** (drik af mælk, is og frugtsaft). **-sop** blødagtig person, mors dreng. ~ **thistle** *(bot)* marietidsel. ~ **tooth** mælketand. ~ **vetch** *(bot)* astragel. ~ **white** mælkehvid. ~ **wort** *(bot)* mælkeurt.

milky ['milki] *adj* mælkeagtig, mælke-; *the Milky Way (astr)* Mælkevejen.

I. mill [mil] *sb* mølle; kværn; fabrik *(fx paper* ~*),* spinderi *(fx cotton* ~*),* værk *(fx steel* ~*);*maskine; *(tekn)* fræsemaskine; S boksekamp; *he has been through the* ~ han har prøvet lidt af hvert; han kender rummelen; han har gennemgået en hård skole; *put through the* ~ lade gennemgå en hård skole.

II. mill [mil] *vb* (om korn *etc)* male; (om metal) (ud)valse; fræse; (om mønt) rifle, rande; (om tøj) valke; S bokse, bearbejde med næverne; ~ *about,* ~ *around* mase rundt, male rundt; (hurtigere:) hvirvle rundt.

millboard ['milbɔ:d] *sb* tykt pap.

milldam ['mildæm] *sb* mølledam, mølledæmning.

millenarian [mili'nɛəriən] *adj* tusindårig; *sb* en som tror på tusindårsriget.

millenary [mi'lenəri] *adj* tusindfoldig; tusindårig; *sb* årtusinde; tusindårsfest; en som tror på tusindårsriget.

millenial [mi'leniəl] *adj* tusindårs-; som tilhører eller vedrører tusindårsriget.

millennium [mi'leniəm] *sb* årtusinde; tusindårsrige.

millepede ['milipi:d] *sb zo* tusindben.

miller ['milə] *sb* møller; *(tekn)* fræsemaskine.

miller's thumb *zo* ferskvandsulk, grødeulk.

millesimal [mi'lesim(ə)l] (ordenstallet) tusinde; *sb* tusindedel; *adj* tusindedels.

millet ['milit] *sb (bot)* hirse.

millet grass *(bot)* miliegræs.

mill hand fabriksarbejder.

milliard ['milja:d] *sb* milliard.

milli|bar ['mili-] millibar. **-gram(me)** milligram. **-litre** milliliter. **-metre** millimeter.

mill-in ['milin] *sb* demonstration der består i at sætte sig ned på kørebanen og derved spærre vejen.

milliner ['milinə] *sb* modist.

millinery ['milin(ə)ri] *sb* damehatte.

milling| cutter fræser. ~ **machine** fræsemaskine.

million ['miljən] *sb* million; *the* ~ *(ogs)* de brede lag.

millionaire [miljə'nɛə] *sb* millionær.

millionairess [miljə'nɛərəs] *sb* millionøse.

millionth ['miljənθ] (ordenstal) millionte; *sb* milliontedel.

millipede ['milipi:d] *sb zo* tusindben.

mill|owner mølleejer; fabrikant. **-pond** mølledam; *(spøg)* Atlanterhavet; *the sea was calm as a -pond* havet var blankt som et spejl. **-race** møllerende, møllebæk. **-stone** møllesten; *hard as the nether -stone* hård som flint, ubarmhjertig; *he can see far into a -stone* (ironisk:) han er skarpsindig. **-stream** møllebæk. ~ **tail** spildevand (fra møllehjul). ~ **wheel** møllehjul.

millwright ['milrait] *sb* møllebygger; *(am)* montør.

milometer = *mileometer.*

milt [milt] *sb* milt; mælke (hos hanfisk); *vb* befrugte.

milter ['miltə] *sb* hanfisk.

Milton ['milt(ə)n].

Milwaukee [mil'wɔ:ki(:)].

mime [maim] *sb* mime (slags skuespil); komiker; *vb* mime; parodiere.

mimeograph ® ['mimiəgra:f, -græf] *sb* duplikator; duplikeret eksemplar, duplikat; *vb* duplikere.

I. mimic ['mimik] *adj* efterlignet, efterabet; imaginær, skin-; efterlignende, efterabende; *sb* imitator, parodist, efteraber; mimiker.

II. mimic ['mimik] *vb (mimicked, mimicked)* efterligne, efterabe; parodiere, vrænge ad.

mimicry ['mimikri] *sb* efterligning, efterabelse, parodiering; *(biol: protective* ~*)* beskyttelseslighed.

mimosa [mi'məuzə] *sb* mimose.

min. *fk mineralogy, minimum, mining, minute.*

minaret ['minəret] *sb* minaret.

minatory ['minət(ə)ri] *adj* truende.

mince [mins] **1.** *vb* hakke småt, skære fint; **2.** *vb* tale affekteret; småtrippe; **3.** *sb* (fint) hakket kød; (om ret: *meat* ~, *omtr)* millionbøf; *not* ~ *matters, not* ~ *one's words* tage bladet fra munden; tale lige ud af posen, sige sin mening rent ud.

minced meat fint hakket kød.

mincemeat ['minsmi:t] *sb* blanding af rosiner, korender, æbler *etc* (serveret i postej); *make* ~ *of* hakke til plukfisk, gøre kål på.

mincepie ['mins'pai] *sb* postej, indeholdende *mincemeat.*

mincer ['minsə] *sb* kød(hakke)maskine.

mincing ['minsiŋ] *adj* affekteret, jomfrunalsk; (om gang) trippende.

I. mind [maind] *sb* **1.** sind; sindelag, gemyt, indstilling; tankegang *(fx he has a dirty* ~*; a liberal* ~*);* **2.** mening *(fx let me know your* ~ *tomorrow);* tilbøjelighed, lyst (se *ndf: have a* ~ *to);* **3.** *(mods* legeme) sjæl *(fx sound in* ~ *and body), (filos, mods* materie, stof) ånd *(fx* ~ *and matter);* **4.** tanker *(fx it is always present to my* ~*; read sby's* ~*);* bevidsthed; **5.** *(psyk)* psyke; **6.** forstand *(fx lose one's* ~*);* **7.** (om person) ånd *(fx he was one of the greatest -s of the time);*

at the **back** *of his* ~ *he knew that there was sth wrong* han havde en uklar fornemmelse af at der var noget galt; **bear** *in* ~ huske på; **bring** *(el. call) to* ~ erindre; minde om; **change** *one's* ~ komme på andre tanker, ombestemme sig; skifte mening; **come** *to* ~, *come into one's* ~ falde en ind; *it* **crossed** *my* ~ det strejfede mig, det faldt mig ind; *in one's -'s* **eye** for sit indre blik; i tankerne; **give** *one's* ~ *to sth* koncentrere sig om noget; *give sby a piece (el. bit) of one's* ~ sige én sin mening; give én ren besked; skælde én huden fuld; **have** *in* ~ huske; tænke på, have i tankerne; have i sinde; *have sth on one's* ~ være bekymret over noget; have noget på hjerte; *have a good (el. great)* ~ *to* have stor lyst til (at); *I have half a* ~ *to* jeg kunne næsten have lyst til (at); **keep** *in* ~ huske på; *keep one's* ~ *on* koncentrere sin opmærksomhed om; **know** *one's* ~ vide hvad man vil; *he does not know his own* ~ han ved ikke hvad han selv vil; **make up** *one's* ~ *to* beslutte sig til at;

absence (, presence) **of** ~ åndsfraværelse (, -nærværelse); *be* **of a** ~ *to* have lyst til at, være tilbøjelig til at; *be* **of one** ~ *with sby* dele ens anskuelser; *an* **open** ~ et modtageligt sind; *have an open* ~ *on the matter* ikke have lagt sig fast på en bestemt anskuelse om sagen, ikke have nogen forudfattet mening om sagen; *keep an open* ~ ikke lægge sig fast på en bestemt anskuelse, vente med at beslutte sig; *out of sight* **out of** ~ ude af øje ude af sind; *be out of one's* ~ være fra forstanden; **pass out of** ~ blive glemt; *it has been* **preying on** *my* ~ tanken har plaget mig; **put** *sby* **in** ~ *of* minde en om; **put** *sth* **out of** *one's* ~ slå noget af hovedet; **put** *one's* ~ **to** = *set one's* ~ *to; be in one's* **right** ~ være ved sine fulde fem; *be of the* **same** ~ være af samme mening; **set** *one's* ~ *on* være fast besluttet på; *set one's* ~ *to it* koncentrere sig om det; gå til den; **speak** *one's* ~ sige sin mening; **take** *sby's* ~ *off* bortlede ens opmærksomhed fra; **to my** ~ efter min mening; efter min smag, efter mit hoved; **turn** *one's* ~ *to* vende sine tanker mod; **two** *-s with but a single thought* to sjæle én tanke; *be in two -s* være i syv sind, ikke kunne beslutte sig; ikke være enig med sig selv *(about* om).

II. mind [maind] *vb* passe *(fx a baby, a machine);* passe på, lægge mærke til *(fx* ~ *what I say!),* (let *glds)* give agt på; tage sig i agt for, passe på *(fx* ~ *the step!* ~ *what you say!);* bekymre sig om, bryde sig om *(fx you must not* ~ *the mess everywhere);* have noget imod *(fx do you* ~ *my smoking a cigar; if nobody -s I'll do it); (am ogs)* adlyde *(fx a dog must learn to* ~*);* (især *dial.)* huske *(fx* ~ *that!);* ~ *and come in good time!* sørg for at komme i god tid! ~ *you don't forget!* glem det endelig ikke!

~ about bekymre sig om, bryde sig om *(fx don't ~ about their gossip); never ~ about putting on your gloves* du behøver ikke tage handskerne på; *if you* **don't** ~ hvis du ikke har noget imod det; *I don't ~ if I do* ja, hvorfor ikke; ja, lad mig bare det; *I don't ~ a few pounds more or less* jeg tager det ikke så nøje med et par pund mere eller mindre; *I don't ~ telling you* jeg kan godt fortælle dig det; **never** ~ *him* bryd dig ikke om ham; *never ~!* bryd dig ikke om det! det gør ikke noget; jeg be'r; ingen årsag; *~ one's* **p's and q's** optræde forsigtigt og korrekt; passe godt på hvad man siger og gør; *I* **shouldn't** ~ *a glass of beer* jeg kunne godt tænke mig et glas øl.

mind|-bending *adj* svimlende; helt utrolig. ~ **blowing** *adj* psykedelisk; overvældende, helt fantastisk. ~ **-boggling** *adj* helt forbløffende, fantastisk, ufattelig.

minded ['maindid] *adj* til sinds; (i *sms:)* af karakter *(fx strong-minded);* -sindet *(fx German-minded);* -interesseret *(fx air-minded* flyveinteresseret); indstillet *(fx liberal-minded); if you are so ~* hvis du har lyst til det.

-minder ['maində] (i *sms)* -vogter, -passer.

mind-expanding *adj* bevidsthedsudvidende.

mindful ['maindf(u)l] *adj: be ~ of* være opmærksom på; tænke på, være optaget af *(fx one's duties).*

mindless ['maindləs] *adj: be ~ of* ikke ænse, ikke tænke på, være ligeglad med *(fx danger).*

mind reader tankelæser.

I. mine [main] *pron* min, mit, mine (brugt substantivisk, *fx this book is ~); a friend of ~* en ven af mig.

II. mine [main] *sb* grube, bjergværk, mine; *(fig)* guldgrube *(fx this book is a ~ of information); (mar, mil.)* mine; *spring a ~ on sby* overrumple en.

III. mine [main] *vb* grave i *(fx the earth),* grave gruber (i), drive bjergværksdrift; (om kul *etc)* bryde, udvinde; *(mil., mar)* udlægge miner i, spærre ved hjælp af miner; *(glds mil.)* minere, undergrave, lægge mine(r) under, sprænge i luften ved hjælp af miner; *the ship was -d* skibet blev minesprængt.

mine| barrage *(mar)* minespærring. ~ **detector** minesøger. **-field** minefelt. **-layer** mine(ud)lægger.

miner ['mainə] *sb* minearbejder; *(mil.)* minør.

mineral ['min(ə)rəl] *sb* mineral; *adj* mineralsk, mineral-; *-s pl (ogs)* mineralvand.

mineral kingdom: *the ~* mineralriget.

mineralogical [min(ə)rə'lɔdʒikl] *adj mineralogisk.*

mineralogist [minə'rælədʒist] *sb* mineralog.

mineralogy [minə'rælədʒi] *sb* mineralogi.

mineral| oil mineralolie. ~ **water** mineralvand. ~ **wool** mineraluld, slaggeuld.

miner's lamp grubelampe.

Minerva [mi'nə:və].

mine|sweeper minestryger. **-sweeping** minestrygning. **-thrower** minekaster.

mingle [miŋgl] *vb* blande, blande sig *(fx ~ with the crowd).*

mingy ['mindʒi] *adj* T gerrig, nærig.

mini ['mini] *sb* T = *minicar, miniskirt.*

miniate ['minieit] *vb* give mønje, mønjere.

miniature ['minjətʃə, 'minitʃə] *sb* miniatur, miniatureportræt; *adj* miniature-; *vb* fremstille en miniature; *in ~* i miniatureformat, en miniature.

miniature| camera småbilledkamera. ~ **film** småbilledfilm.

mini|bus minibus. **-cab** minicab, lille og billig taxi. **-car** lille biltype.

minim ['minim] *sb* halvnode; dråbe; bagatel; (i bogstav) nedstreg.

minimal ['miniml] *adj* minimal.

minimize ['minimaiz] *vb* **1.** bringe ned til det mindst mulige; begrænse til et minimum; **2.** bagatellisere, ringeagte, undervurdere, forklejne.

minimum ['miniməm] *sb (pl minima)* minimum; *adj* minimums- *(fx thermometer);* minimal- *(fx rate* sats; *wage* løn); mindste-; *reduce to a ~* nedsætte til det mindst mulige.

minimum lending rate (svarer til) diskonto.

mining ['mainiŋ] **1.** *sb* grubedrift, bjergværksdrift, minedrift; **2.** *sb* mineudlægning, minering; **3.** *adj* mine- *(fx engineer, industry).*

minion ['minjən] *sb* yndling, favorit (især om homoseksuels ven); *(neds)* håndlanger, kreatur; servil underordnet; *(typ)* kolonel; mignon; *the -s of the law* lovens håndhævere.

miniskirt ['miniskə:t] *sb* lårkort kjole (, nederdel), miniskørt.

I. minister ['ministə] *sb* **1.** minister; **2.** *(rel)* præst (især for en frikirke), (skotsk:) (sogne)præst, *(am)* (protestantisk) præst; **3.** tjener, hjælper, redskab *(of, to* for).

II. minister ['ministə] *vb* tjene; *~ to* hjælpe, tjene; pleje *(fx the sick);* sørge for; (om præst) være præst for, betjene; *(fig)* bidrage til.

ministerial [mini'stiəriəl] *adj* minister-, ministeriel; regerings-; præstelig, præste-; bidragende, medvirkende *(to* til); udøvende.

ministrant ['ministrənt] *adj* tjenende; *sb* tjener, hjælper; *(rel)* ministrant, messetjener.

ministration [mini'streiʃn] *sb* tjeneste, hjælp; præstetjeneste; *-s pl (ogs)* kirkelige forretninger (, handlinger).

ministry ['ministri] *sb* ministerium; ministerstilling, ministertid; *(rel)* præsteembede; præstegerning; præsteskab; *enter the ~* blive præst; *through the ~ of N.* ved N.'s hjælp.

minium ['miniəm] *sb* mønje.

miniver ['minivə] *sb* gråværk, hermelin.

mink [miŋk] *sb (zo,* pelsværk) mink, nertz.

Minn. *fk Minnesota.*

Minneapolis [mini'æpəlis].

Minnesota [mini'səutə].

minnow ['minəu] *sb zo* elritse (lille ferskvandsfisk); *-s pl (fig)* småfisk.

minor ['mainə] *adj* mindre *(fx poet, operation),* mindre betydningsfuld, mindre væsentlig, underordnet; *(mus.)* mol-; *sb* mol *(fx A ~* a-mol); *(jur sb, adj)* mindreårig, umyndig; *Brown ~* den yngste af brødrene B. (i skolesprog).

minority [m(a)i'nɔriti] *sb* minoritet, mindretal; *(jur)* mindreårighed, umyndighed; *be in the ~* være i mindretal; *be in a ~ of one* stå helt alene med sit synspunkt; *~ report* mindretalsbetænkning.

minor| key *(mus.)* mol, moltoneart; *in a ~ key* i mol; *(fig)* nedtrykt, melankolsk; i mindre målestok. ~ **premise** (i logik) undersætning (i syllogisme). ~ **prophets** *pl: the ~ prophets* de små profeter. ~ **suit** (i bridge) minorfarve, lav farve (ɔ: ruder *el.* klør).

minster ['minstə] *sb* domkirke, klosterkirke.

minstrel ['minstr(ə)l] *sb* **1.** *(hist.)* trubadur, skjald, sanger, folkesanger; **2.** deltager i et ~ *show:* optræden af musikanter og komikere, sværtede for at ligne negre.

minstrelsy ['minstr(ə)lsi] *sb (glds)* sang, skjaldekunst; sangerskare.

I. mint [mint] *sb* mønt (ɔ: hvor mønter præges); *(fig)* formue *(fx it cost me a ~); a ~ of* en mængde; *he is worth a ~ of money* han er hovedrig.

II. mint [mint] *vb* (ud)mønte, præge; *(fig ogs)* opfinde, lave, danne, skabe *(fx a new word).*

III. mint [mint] *adj: in ~ condition (el. state)* ubrugt og fejlfri; *~ copy* frisk *(el.* uberørt) eksemplar.

IV. mint [mint] *sb (bot)* mynte; pebermynte(bolsje); pebermyntetyggegummi.

mintage ['mintidʒ] *sb* møntning; mønt, penge; møntpræg, præg; prægningsomkostninger; *a word of new ~* et nydannet ord, en nydannelse.

mint|master møntdirektør. ~ **sauce** (marinade af eddike og sukker tilsat krusemynteblade).
minuet [minju'et] *sb* menuet.
minus ['mainəs] *præp* minus *(fx 8 minus 2 is 6);* T uden *(fx he came ~ his hat); adj* negativ *(fx a ~ quantity* en negativ størrelse); *sb* minustegn.
minuscule ['minəskju:l] *sb* minuskel, lille bogstav; *adj* ganske lille, ubetydelig.
I. minute [mai'nju:t] *adj* ganske lille, ubetydelig *(fx difference);* nøjagtig, minutiøs *(fx description).*
II. minute ['minit] *sb* **1.** minut; T øjeblik *(fx wait a ~; at that ~);* **2.** (dokument *etc)* notat, optegnelse; **-s** *pl (ogs)* referat, forhandlingsprotokol;
I won't be a ~ jeg kommer straks, jeg er straks færdig; *half a ~* et lille øjeblik; *this ~* straks; *I knew him the ~ I saw him* jeg kendte ham straks *(el.* i samme øjeblik) jeg så ham; *to the ~* præcis, på minuttet.
III. minute ['minit] *vb* optegne, protokollere, referere; måle nøjagtigt, tage tid *(fx* på et arbejdes varighed); *~ down* notere.
minute| book ['minitbuk] forhandlingsprotokol. ~ **gun** minutskud. ~ **hand** minutviser, den store viser.
minutely [mai'nju:tli] *adv* meget nøje, minutiøst.
minutiae [mai'nju:ʃii:] *sb* bitte små ting, ubetydelige detaljer, (de) mindste detaljer.
minx [miŋks] *sb* næbbet tøs, fræk tøs.
miracle ['mirəkl] *sb* mirakel, vidunder, undergerning; *(hist.)* mirakelspil; *work -s* gøre mirakler; *(fig)* gøre underværker.
miraculous [mi'rækjuləs] *adj* mirakuløs, vidunderlig.
mirage ['mira:ʒ] *sb* luftspejling, fata morgana; *(fig)* blændværk; illusion, indbildning.
mire ['maiə] *sb* mose, sump; mudder, dynd; *vb* tilsøle; sidde (, køre) fast i dynd; *be -d in (fig)* sidde fast i; *be in the ~ (fig)* være i klemme, være i vanskeligheder; *drag sby (el. sby's name) through the ~* tilsøle ens rygte, svine en til.
mirror ['mirə] *sb* spejl; *(fig)* afspejling; mønster, eksempel; *vb* afspejle, spejle.
mirror| carp *zo* spejlkarpe. ~ **finish** højglanspolering. ~ **image** spejlbillede. ~ **writing** spejlskrift.
mirth [mə:θ] *sb* munterhed, latter.
mirth|ful ['mə:θf(u)l] lystig. **-less** [-ləs] glædesløs, trist.
MIRV [mə:v] *fk multiple independently targetable reentry vehicle* raket med flere ladninger der kan styres mod hver sit mål; *vb* udstyre med flere ladninger der kan styres mod hver sit mål.
miry ['maiəri] *adj* dyndet, mudret.
misadventure [misəd'ventʃə] *sb* uheld; ulykke; *death by ~* død som skyldes et ulykkestilfælde; *homicide by ~* uagtsomt manddrab.
misalliance [misə'laiəns] *sb* mesalliance (ulige ægteskabelig forbindelse).
misanthrope ['miznθrəup] *sb* misantrop, menneskehader.
misanthropic [mizn'θrɔpik] *adj* misantropisk, menneskefjendsk. **misanthropy** [miz'ænθrəpi] *sb* misantropi.
misapplication ['misæpli'keiʃn] *sb* misbrug, urigtig anvendelse.
misapply [misə'plai] *vb* anvende forkert, misbruge.
misapprehend ['misæpri'hend] *vb* misforstå.
misapprehension ['misæpri'henʃn] *sb* misforståelse.
misappropriate [misə'prəuprieit] *vb* tilegne *(el.* tilvende) sig uretmæssigt; misbruge.
misappropriation ['misəprəupri'eiʃn] *sb* uretmæssig tilegnelse, underslæb.
misbecome [misbi'kʌm] *vb* misklæde, ikke passe (sig) for.
misbegotten ['misbigɔtn] *adj* uægte født; *(fig,* T) elendig.
misbehave [misbi'heiv] *vb: ~ (oneself)* opføre sig dårligt *(el.* forkert), (om barn *ogs)* være uartig. **misbehaviour** ['misbi'heivjə] *sb* dårlig *(el.* forkert) opførsel; uartighed.
misbelief [misbi'li:f, 'misbili:f] *sb* falsk tro, vantro.
misbeliever [misbi'li:və] *sb* (om person) vantro.
miscalculate [mis'kælkjuleit] *vb* beregne forkert; fejlvurdere; forregne sig. **miscalculation** ['miskælkju'leiʃn] *sb* fejlregning, regnefejl; fejlvurdering.
miscall [mis'kɔ:l] *vb* med urette kalde *(fx these changes, -ed improvements).*
miscarriage [mis'kæridʒ] *sb* dårligt udfald; uheld; det at noget mislykkes; (om brev) bortkomst (under forsendelsen); *(med.)* for tidlig fødsel, abort; *have a ~* abortere; *~ of justice* justitsmord.
miscarry [mis'kæri] *vb* slå fejl; mislykkes, strande *(fx the scheme miscarried);* gå tabt (undervejs) *(fx the letter miscarried);* føde for tidligt *(fx the woman miscarried),* abortere.
miscast [mis'ka:st] *adj: be ~* (om skuespiller) få en rolle man ikke egner sig til, blive forkert placeret (i et stykke); *the play is ~* rollebesætningen er forkert.
miscegenation [misidʒi'neiʃn] *sb* raceblanding.
miscellanea [misə'leinjə] *sb pl* blandede skrifter.
miscellaneous [misə'leinjəs] *adj* blandet *(fx writings* skrifter), af blandet indhold; diverse.
miscellany [mi'seləni] *sb* blanding; samling af blandet indhold.
mischance [mis'tʃa:ns] *sb* ulykke, uheld.
mischief ['mistʃif] *sb* fortræd, skade; (mere uskyldigt:) gale streger, spilopper; skælmeri *(fx her eyes were full of ~);* (om person) gavtyv, skælm;
~ is brewing der er ugler i mosen; *do sby a ~* gøre en fortræd; skade en; *Satan finds some ~ still for idle hands to do (omtr)* lediggang er roden til alt ondt; *get into ~* komme på gale veje; *keep out of ~* holde sig i skindet; forhindre (en) i at lave gale streger; *make ~* stifte ufred; *mean ~* have ondt i sinde; varsle ilde; *play the ~ with* skade, gøre fortræd; ødelægge; bringe i forvirring; *suspect ~* ane uråd; *what the ~ are you doing?* hvad pokker bestiller du? *be up to ~* have spilopper for.
mischief-maker urostifter.
mischievous ['mistʃivəs] *adj* skadelig; ondsindet *(fx rumour);* (uskyldigt:) gavtyveagtig, fuld af spilopper; drilagtig, skælmsk; *~ child* lille spilopmager.
miscible ['misəbl] *adj* blandbar; *be ~ with* kunne blandes med.
misconceive [miskən'si:v] *vb* opfatte forkert, misforstå.
misconception [miskən'sepʃn] *sb* misforståelse.
I. misconduct [mis'kɔndʌkt] *sb (~ in office)* uredelig embedsførelse, embedsforbrydelse, embedsmisbrug; *(matrimonial ~)* utroskab, ægteskabsbrud, utilladeligt forhold.
II. misconduct [miskən'dʌkt] *vb* administrere dårligt; *~ oneself* opføre sig dårligt; begå ægteskabsbrud.
misconstruction [miskən'strʌkʃn] *sb* mistydning; misforståelse.
misconstrue [miskən'stru:] *vb* mistyde, misforstå.
miscount [mis'kaunt] *vb* tælle fejl; regne fejl; *sb* fejltælling; fejlregning.
miscreant ['miskriənt] *sb* skurk.
miscue [mis'kju:] (i billard) *vb* støde fejl; kikse; *sb* fejlstød, skævt stød, kikser.
misdate [mis'deit] *vb* fejldatere.
misdeal [mis'di:l] (i kortspil) *sb* fejlgivning; *vb* give forkert.
misdeed [mis'di:d] *sb* misgerning, ugerning, udåd.
misdemeanour [misdi'mi:nə] *sb (jur)* forseelse; lovovertrædelse (mindre alvorlig end *felony).*
misdirect [misdi'rekt] *vb* vildlede; vise forkert vej; an-

vende forkert, misbruge *(fx one's abilities);* (om et slag) give en forkert retning; (om et brev) fejladressere, adressere forkert.

misdirection [misdi'rekʃn] *sb* vildledelse; fejlagtig retsbelæring; forkert anvendelse, misbrug; fejladressering.

misdoings [mis'du(:)iŋz] *sb pl* misgerninger, forsyndelser.

mise-en-scène [*fr.*, 'mi:za:n'sein] *sb* iscenesættelse, opsætning; *(fig)* skueplads, omgivelser.

misentry [mis'entri] *sb* fejlpostering.

miser ['maizə] *sb* gnier.

miserable ['miz(ə)rəbl] *adj* elendig, ynkelig, sørgelig, ulykkelig; (om kvalitet) elendig *(fx performance, dinner),* jammerlig, ussel.

miserere [mizə'riəri] *sb (rel)* miserere, bodssalme.

miserly ['maizəli] *adj* gnieragtig, gerrig.

misery ['miz(ə)ri] *sb* elendighed, ulykke, lidelse; sorg, fortvivlelse; *you six foot of ~* dit lange, sure spektakel.

misfeasance [mis'fi:zns] *sb (jur)* myndighedsmisbrug, embedsmisbrug, forseelse.

misfire [mis'faiə] *vb* (om skydevåben) klikke, ikke gå af; (om motor) ikke starte; sætte ud; *(fig)* falde til jorden *(fx the joke -d),* ikke gøre virkning; mislykkes *(fx the attempt -d); sb* (om motor) fejltænding, udsætter; (om skydevåben) svigtende affyring; klikken; *(fig)* fiasko.

misfit ['misfit] *vb* passe dårligt, sidde dårligt *(fx* om tøj); *sb: his suit was a ~* hans tøj sad dårligt; *he is a ~* han er kommet på en forkert hylde.

misfortune [mis'fɔ:tʃn, -'fɔ:tʃu:n] *sb* ulykke, uheld.

misgive [mis'giv] *vb: his mind (el. heart) misgave him* han fik bange anelser; han blev bange (, tvivlrådig).

misgiving [mis'giviŋ] *sb* tvivl, bekymring; *-s pl (ogs)* bange anelser.

misgovern [mis'gʌvən] *vb* misregere, regere dårligt.

misgovernment [mis'gʌvənmənt] *sb* misregimente, dårlig regering.

misguide [mis'gaid] *vb* vildlede. **misguided** *adj* vildledt, vildført; forkert anvendt, misforstået *(fx zeal* iver).

mishandle [mis'hændl] *vb* håndtere klodset; mishandle; forkludre, lede dårligt *(fx negotiations).*

mishap ['mishæp] *sb* uheld; ulykke.

mishear [mis'hiə] *vb* høre fejl.

misinform [misin'fɔ:m] *vb* underrette forkert.

misinformation ['misinfɔ:'meiʃn] *sb* forkert underretning.

misinterpret ['misin'tə:prit] *vb* mistyde.

misinterpretation ['misintə:pri'teiʃn] *sb* mistydning.

misjudge [mis'dʒʌdʒ] *vb* bedømme forkert, fejlbedømme *(fx the distance);* undervurdere, miskende *(fx you ~ him);* tage fejl af.

misjudgment [mis'dʒʌdʒmənt] *sb* fejlskøn, fejlbedømmelse, forkert dom.

mislay [mis'lei] *vb: ~ sth* forlægge noget.

mislead [mis'li:d] *vb* vildlede; (moralsk:) forlede; *-ing* vildledende, misvisende.

misled [mis'led] *præt* og *pp* af *mislead.*

mismanage [mis'mænidʒ] *vb* lede dårligt, ordne dårligt, forkludre.

mismanagement [mis'mænidʒmənt] *sb* dårlig ledelse.

misname [mis'neim] *vb* benævne fejlagtig; give et forkert navn.

misnomer [mis'nəumə] *sb* misvisende *el.* forkert benævnelse.

misogynist [mai'sɔdʒinist] *sb* kvindehader.

misplace [mis'pleis] *vb* anbringe forkert; *-d* ilde anbragt, malplaceret, uheldig; skænket til en som ikke er den (, det) værdig *(fx -d confidence).*

misplacement *sb* forkert anbringelse.

misprint *sb* [mis'print] trykfejl; *vb* [mis'print] lave trykfejl.

misprision [mis'priʒ(ə)n] *sb (jur)* embedsforbrydelse, tjenesteforsømmelse; undladelse af at anmelde forbrydelse.

misprize [mis'praiz] *vb* ikke synes om, foragte.

mispronounce [misprə'nauns] *vb* udtale forkert.

mispronunciation ['misprənʌnsi'eiʃ(ə)n] *sb* forkert udtale.

misquotation [miskwəu'teiʃ(ə)n] *sb* forkert citat.

misquote [mis'kwəut] *vb* citere forkert.

misread [mis'ri:d] *vb* læse forkert, misforstå.

misrepresent ['misrepri'zent] *vb* fremstille urigtigt, fordreje, give et falsk billede af.

misrepresentation ['misreprizen'teiʃn] *sb* urigtig fremstilling, fordrejelse.

misrule [mis'ru:l] *sb* misregimente, dårligt styre; *vb* misregere; styre dårligt.

I. miss [mis] *sb* frøken; (ung) pige, skolepige; *(neds)* pigebarn *(fx a saucy ~); Miss Robinson* (den ældste) frøken R.; *the Misses Smith, the Miss Smiths* frøknerne Smith.

II. miss [mis] *vb* (se også *missing)* savne *(fx he -ed her very much);* forfejle (sit mål); ikke træffe; ramme ved siden af, skyde forbi; ikke nå *(fx one's aim),* gå glip af, ikke få, lade slippe fra sig, forpasse *(fx an opportunity);* komme for sent til *(fx the train);* miste; forsømme; ikke opfatte *(fx he -ed the point of the joke);* ikke få øje på, overse; overhøre; springe over, udelade *(fx the pianist -ed a couple of bars);* undgå *(fx I just -ed hitting the other car);* gå fejl af *(fx we -ed each other at the station);*

~ the boat, ~ the bus (fig) forpasse lejligheden, ikke gribe chancen mens den er der; *~ fire,* se *misfire;* **just** *~ being* være lige ved at være; *~ the* **mark** skyde forbi; *~ one's mark* forfejle sit mål; *a film* **not** *to be -ed* en film som De ikke bør snyde Dem selv for; en film som De 'må se; *an experience I would not have -ed* en oplevelse jeg ikke ville have undværet; *~* **out** springe over, udelade; *~ out on (am)* gå glip af; *~ stays (mar)* nægte at vende; *~ one's way* fare vild.

III. miss [mis] *sb* fejlskud, forbier; fejlkast, fejlstød, fejlslag, kikser; T abort; *feel the ~ of* T føle savnet af; *give sby a ~* undgå en; *give sth a ~* holde sig fra noget; undlade at gøre (, høre, se, spise *osv)* noget; *that was a lucky ~* det var et held jeg slap fra det; *a ~ is as good as a mile* nærved og næsten slår ingen mand af hesten; nærved skyder ingen hare.

IV. Miss. *fk Mississippi.*

missal [misl] *sb* missale, messebog.

missel thrush *zo* misteldrossel.

misshapen [mis'ʃeip(ə)n] *adj* vanskabt, misdannet.

missile ['misail; *(am)* misl] *sb* missil, raket *(fx medium-range -s);* kastevåben; projektil; *~ base* raketbase;

missing ['misiŋ] *adj* forsvunden, manglende; fraværende; som savnes, savnet; *be ~* savnes; mangle *(from* i, på, *fx there is a page ~ from the book; there is a book ~ from the shelf); the ~* de savnede; *the ~ link* det manglende mellemled mellem abe og menneske.

mission [miʃn] *sb* mission, sendelse, ærinde; hverv, kald, opgave *(fx his ~ in life* hans livsopgave); (diplomatisk:) mission *(fx military ~),* gesandtskab, delegation; *(mil.)* togt, opgave, flyvning; *(rel)* missionsvirksomhed; missionsmark; missionsstation; række af vækkelsesmøder; *Missions to Seamen* sømandsmission; *on a ~* i en sendelse, i et ærinde.

missionary ['miʃn(ə)ri] *(rel) sb* missionær, lægprædikant; *adj* missions- *(fx college* skole); *~ position* missionærstilling.

missis ['misiz] *sb* frue(n) (brugt af hushjælp *etc);* T *the ~* fruen (i huset); min kone, konen.

Mississippi [misi'sipi].
missive ['misiv] *sb* officiel skrivelse, brev.
Missouri [mi'zuəri].
misspell [mis'spel] *vb* stave forkert.
misspelling [mis'speliŋ] *sb* stavefejl.
misspend [mis'spend] *vb* forøde, anvende dårligt; *misspent youth* forspildt ungdom.
misstate [mis'steit] *vb* fremstille (, opgive) forkert.
missus ['misəz] se *missis*.
missy ['misi] *sb* T lille frøken.
I. mist [mist] *sb* let tåge, (tåge)dis; *(fig ogs)* slør *(fx a ~ of tears); in a ~* omtåget, forvirret.
II. mist [mist] *vb* blive tåget; dugge; *(fig ogs)* sløre.
I. mistake [mis'teik] *sb* fejltagelse; fejl; fejlgreb; misforståelse, forveksling; **by** ~ ved en fejltagelse; **make** *a* ~ gøre en fejl; tage fejl; *and* **no** ~ det er ikke til at tage fejl af, det kan der ikke være tvivl om; T så det kan batte noget; *make no ~!* T tag ikke fejl af det!
II. mistake [mis'teik] *vb (mistook, mistaken)* tage fejl af, misforstå, forveksle *(for* med); *there is no mistaking it* det er ikke til at tage fejl af.
mistaken [mis'teikn] *adj* misforstået; forfejlet; *be ~* tage fejl; *not to be ~ (ogs)* som ikke er til at tage fejl af, umiskendelig. **mistakenly** *adv* fejlagtigt, med urette.
mister ['mistə] *sb (vulg i tiltale)* hr.
mistime [mis'taim] *vb* vælge en ubelejlig tid til; lade indtræffe på et forkert tidspunkt.
mistimed *adj* ubetimelig, uheldig.
mistle thrush ['misl-] *zo* misteldrossel.
mistletoe ['misltəu, 'mizltəu] *sb (bot)* mistelten.
mistook [mis'tuk] *præt* af *mistake*.
mistral ['mistrəl] *sb* mistral, nordvestvind (i Sydfrankrig).
mistranslate [mistræns'leit] *vb* oversætte forkert.
mistreat [mis'tri:t] *vb* behandle dårligt.
mistress ['mistrəs] *vb* (husets) frue, madmoder; lærerinde; herskerinde, herre *(of* over); mester *(of* i); elskerinde; kæreste, elskede; *M. of the Robes* overhofmesterinde.
mistrust [mis'trʌst] *vb* nære mistillid til, mistro; *sb* mistillid, mistro.
mistrustful [mis'trʌstf(u)l] *adj* mistroisk.
misty ['misti] *adj* tåget; diset; sløret; *(fig)* tåget, vag.
misunderstand [misʌndə'stænd] *vb* misforstå.
misunderstanding [misʌndə'stændiŋ] *sb* misforståelse, uenighed.
I. misuse [mis'ju:z] *vb* misbruge, mishandle.
II. misuse [mis'ju:s] *sb* misbrug, forkert brug.
mite [mait] *sb zo* mide; *(hist.)* skærv *(fx the widow's ~); (fig)* lille smule; lille pus, lille kræ.
miter se *mitre*.
mitigate ['mitigeit] *vb* formilde; dæmpe, lindre *(fx his grief); -d* mildnet, mild, afdæmpet; *mitigating circumstances* formildende omstændigheder.
mitigation [miti'geiʃn] *sb* formildelse, lindring; formildende omstændighed; (om straf) nedsættelse.
mitrailleuse [mitrai'ə:z] *sb (glds mil.)* mitrailleuse, maskingevær.
mitre ['maitə] *sb* bispehue, bispeværdighed; (i snedkersprog) gering (hjørnesamling i ramme *etc); vb* samle på gering, gere sammen; *confer a ~ upon* gøre til biskop.
mitre| **box** skærekasse. ~ **gate** stemmeport (i sluse). ~ **gear** vinkeldrev. ~ **joint** gering (se *mitre*). ~ **wheel** konisk tandhjul.
mitt [mit] *sb* vante; baseballhandske; T næve; *-s pl* S boksehandsker.
mitten [mitn] *sb* bælgvante, vante; muffedise; halvhandske; *-s pl* S boksehandsker; *give the ~* T give en kurv, afskedige; *get the ~* T få løbepas; *handle without -s* ikke tage med fløjlshandsker på.
mitten crab *zo* uldhåndskrabbe.

mittimus ['mitiməs] *sb (jur)* arrestordre; T afskedigelse.
I. mix [miks] *vb* blande; blande sammen; forene *(fx business and pleasure);* tilberede, lave, røre *(fx a cake);* lade komme sammen; (uden objekt) blande sig, blandes; omgås; komme (godt) ud af det; (i film) overtone;
~ **up** blande sammen; rode sammen, forveksle; forbytte; ~ *up in* indblande; rode ind i; ~ *it up* S slås; *get -ed up with* blive indblandet i; komme i lag med, indlade sig med *(fx a girl); he doesn't ~* **well** han forstår ikke at omgås folk; ~ **with** omgås; ~ *with the world* færdes ude blandt folk.
II. mix [miks] *sb* blanding; (i film) overtoning; T rod, kludder, forvirring; S slagsmål.
mixed [mikst] *adj* blandet *(fx drink),* blandings- *(fx language); (mht* køn, race, religion) fælles *(fx bathing, school),* blandet *(fx company; marriage); (fig)* blandet *(fx pleasure),* tvivlsom; forvirret.
mixed|**-ability** *adj* udelt. ~ **bag** broget samling, broget blanding. ~ **blessing** tvivlsomt gode; blandet fornøjelse; *it's a ~ blessing (ogs)* det er både godt og ondt. ~ **breed** blandet race. ~ **doubles** *pl* mixed double. ~ **economy** blandingsøkonomi, rammeøkonomi. ~ **marriage** blandet ægteskab *(mht* religion *el.* race). ~ **number** blandet tal. ~ **-up** *adj* forvirret; rådvild.
mixer ['miksə] *sb* blander; *(fx* til beton) blandemaskine; (til husholdning) røremaskine; *(am)* bartender; *a good ~* en der har let ved at omgås folk.
mixer tap blandingsbatteri (til brusebad *etc).*
mixing ['miksiŋ] *sb* blanding; (i film) overtoning; *adj* blandings-, blande-; ~ *bowl* røreskål; ~ *valve* blandingsbatteri (til brusebad *etc).*
mixture ['mikstʃə] *sb* blanding, mikstur; (om tøj) meleret stof; *the ~ as before (fig)* det sædvanlige; ~ *stop* (i orgel) mikstur.
mix-up ['miksʌp] *sb* forvirring, roderi; slagsmål.
mizen, mizzen [mizn] *sb (mar)* mesanmast.
mizzen|**mast** mesanmast. **-sail** mesan.
mizzle [mizl] se *drizzle;* S stikke af, fordufte.
ml. *fk millilitre.*
Mlle. *fk Mademoiselle.*
M L R *fk minimum lending rate.*
M.M. *fk military medal.*
mm. *fk millimetre.*
Mme. *fk Madame.*
mnemonic [ni'mɔnik] *adj* mnemoteknisk, som understøtter hukommelsen; *sb* huskeremse, huskevers.
mnemonics [ni'mɔniks] *sb pl* hukommelseskunst mnemoteknik.
mo [məu] *sb* S øjeblik; *half a ~* et lille øjeblik.
mo. *fk month.*
Mo. *fk Missouri.*
M.O. *fk medical officer; money order.*
moan [məun] *vb* klage (sig), stønne, jamre (sig) (sagte) T beklage sig, brokke sig; *(poet)* jamre over, begræde; *sb* klage, stønnen, (sagte) jamren; (om vinden) klagende lyd; T beklagelse.
moat [məut] *sb* voldgrav, fæstningsgrav.
mob [mɔb] *sb* pøbel; flok; bande; *vb* stimle sammen, stimle sammen om, omringe *(fx the prince was -bed by sight-seers);* overfalde i flok; *the ~ (am)* mafiaen.
mobcap ['mɔbkæp] *sb (hist., omtr)* kappe (ɔ: hovedbeklædning).
mobile ['məubail, *(am)* moubl] *adj* bevægelig, mobil kørende; *(fig)* letbevægelig, livlig, levende; *sb* mobile, uro.
mobile | **branch** bankbus. ~ **crane** mobilkran. ~ **home** campingvogn der bruges til beboelse. ~ **library** bogbus. ~ **plant** transportabelt maskineri. ~ **unit** reportagevogn; røntgenvogn, kørende klinik.
mobility [mə'biləti] *sb* bevægelighed.

mobilization [məub(i)lai'zeiʃn] *sb* mobilisering.
mobilize ['məub(i)laiz] *vb* mobilisere.
mob| law lynchjustits. ~ **rule** pøbelherredømme, pøbelregimente.
mobster ['mɔbʃtə] *sb (am)* bandemedlem.
moccasin ['mɔkəsin] *sb* mokkasin; *zo* mokkasinslange.
mocha ['mɔkə; 'məukə] *sb* mokka(kaffe).
I. mock [mɔk] *vb* håne, spotte; latterliggøre, gøre nar af; efterabe; narre; skuffe *(fx their hopes);* trodse *(fx the door -ed every attempt at opening it);* ~ *at* spotte over, gøre nar af; ~ *up* T improvisere; lave en efterligning (, model) af.
II. mock [mɔk] *sb (glds): make a* ~ *of* latterliggøre.
III. mock [mɔk] *adj* fingeret *(fx debate, battle),* arrangeret som øvelse, prøve- *(fx exam); (mil. ogs)* supponeret; *(neds)* forloren, uægte; forstilt, påtaget *(fx friendliness);* ~ *attack* skinangreb.
mock auction (auktion hvor priserne drives kunstigt op ved arrangerede bud).
mocker ['mɔkə] *sb* spotter; *put the -s on* S spolere.
mockery ['mɔkəri] *sb* spot, latterliggørelse, hån; dårlig efterligning, vrængbillede, parodi; spilfægteri; farce, (tom) komedie; *make a* ~ *of* gøre nar af; forhåne; være en hån mod; *hold up to* ~ latterliggøre.
mock-heroic *adj :* ~ *poem* komisk heltedigt.
mockingbird ['mɔkiŋbə:d] *sb zo* spottedrosel, spottefugl.
mock orange *(bot)* uægte jasmin, pibeved.
mocks [mɔks] *sb pl* T (i skole) prøveeksamen.
mock turtle forloren skildpadde.
mock-up ['mɔkʌp] *sb* model i naturlig størrelse *(fx a* ~ *of an aeroplane).*
mod [mɔ:d] *sb* mod (medlem af *eng.* ungdomsbande).
MOD *fk Ministry of Defence.*
mod. *fk modern.*
modal [məudl] *adj* formel; *(gram)* modal; ~ *auxiliary* modalverbum.
modality [mə'dæliti] *sb* modalitet.
mode [məud] *sb* måde *(fx* ~ *of payment* betalingsmåde); mode; skik, brug; *(mus.)* toneart; *(filos)* fremtrædelsesform; (i statistik) typeværdi; (radio) svingningstype; *(gram,* logik), se *mood;* ~ *of address* tiltaleform; ~ *of life* livsform.
I. model [mɔdl] *sb* model, mønster *(of* på, *fx she was a* ~ *of a wife),* forbillede; (ens) udtrykte billede *(fx he is a perfect* ~ *of his father);* (fotografs, kunstners) model; (som viser tøj) model, mannequin; *adj* model- *(fx plane, railway);* eksemplarisk, mønster, mønstergyldig *(fx a* ~ *husband); on the* ~ *of* efter (mønster af).
II. model [mɔdl] *vb* modellere; forme *(on* efter); anlægge, indrette, udforme; (for kunstner *etc)* være (, stå) model; (vise tøj:) gå mannequin; (om tøj) fremvise; ~ *oneself on sby* efterligne en, tage en til forbillede.
modeller ['mɔdlə] *sb* modellør.
modem ['məudem] *sb (edb)* modem.
I. moderate ['mɔdrət] *adj* mådeholden *(fx in drinking),* moderat; rimelig *(fx price);* ikke videre stor (, god, dygtig *etc);* middelmådig, nogenlunde.
II. moderate ['mɔdəreit] *vb* lægge bånd på, betvinge, beherske *(fx one's anger);* nedsætte, moderere *(fx one's demands),* mildne, dæmpe; (uden objekt) tage af, dæmpes; føre forsædet ved forhandlinger; være diskussionsleder *(el.* ordstyrer).
moderate| breeze frisk brise. ~ **gale** stiv kuling.
moderately ['mɔd(ə)ritli] *adv* med måde, jævnt, nogenlunde.
moderation [mɔdə'reiʃn] *sb* mådehold, moderation; sindighed, sindsligevægt, beherskelse; *Moderations pl* første offentlige eksamen ved Oxford til opnåelse af B. A. graden; *in* ~ med måde.
moderator ['mɔdəreitə] *sb* mægler; presbyteriansk præst (med særlig bemyndigelse); diskussionsleder, ordstyrer *(fx* ved radiodiskussion); censor der skal sikre ensartet standard; (i atomreaktor) moderator, bremsestof.
modern ['mɔd(ə)n] *adj* moderne, nyere, ny, nutids-; *sb pl the -s* nutidens forfattere, komponister *osv;* nutidens mennesker; ~ *English* nyengelsk; ~ *history* den nyere tids historie.
modernism ['mɔdənizm] *sb* modernisme; moderne tidsånd, ny skik, nyere smag.
modernist ['mɔdənist] *sb* modernist; *adj* modernistisk.
modernistic [mɔdə'nistik] *adj* modernistisk.
modernity [mɔ'də:niti] *sb* modernitet, moderne præg, nyhed.
modernization [mɔdənai'zeiʃn] *sb* modernisering.
modernize ['mɔdənaiz] *vb* modernisere.
modest ['mɔdist] *adj* beskeden, fordringsløs; (moralsk:) sømmelig, anstændig, ærbar, blufærdig; (lille:) beskeden *(fx house, success),* moderat.
modesty ['mɔdisti] *sb* beskedenhed, fordringsløshed; anstændighed, ærbarhed; blufærdighed.
modicum ['mɔdikəm] *sb* lille smule *(fx with a* ~ *of effort);* minimum.
modification [mɔdifi'keiʃn] *sb (cf modify)* modifikation, omformning, omdannelse, ændring; begrænsning, indskrænkning, mildnelse; *(gram)* bestemmelse; omlyd.
modify ['mɔdifai] *vb* modificere, omforme, omdanne, ændre *(fx a plan);* begrænse, mildne *(fx a punishment),* moderere *(fx one's demands); (gram)* nærmere bestemme *(fx adjectives* ~ *nouns);* (om vokal) forandre ved omlyd.
modish ['məudiʃ] *adj* moderne, nymodens.
modiste [məu'di:st] *sb* modehandlerinde, dameskrædderinde.
Mods. [mɔdz] S *fk Moderations.*
modulate ['mɔdjuleit] *vb* (i musik, radio *etc)* modulere.
modulating valve modulationsrør.
modulation [mɔdju'leiʃn] *sb* modulation.
module ['mɔdju:l] *sb* modul.
modus ['məudəs] *sb* måde; ~ *vivendi* modus vivendi, foreløbig ordning.
I. Mogul [məu'gʌl, 'məugʌl]: *the Great* ~ stormogulen.
II. mogul [məu'gʌl, 'məugʌl] *sb* magnat, storhed; bule på skibakke.
mohair ['məuhεə] *sb* mohair, angorauld.
Mohammed(an), se *Muhammad(an).*
Mohawk [mə'hɔ:k] *sb* mohawkindianer.
Mohican ['məuikən] *sb* mohikaner; *the last of the -s* den sidste mohikaner.
Mohocks ['məuhɔks] *sb pl (hist.)* (londonbøller i 18. årh).
moiety ['mɔiəti] *sb* halvdel; del.
moil [mɔil] *vb: toil and* ~ slide og slæbe.
moire [mwa:] *sb* (silke)moire.
moiré ['mwa:rei] *sb* (silke)moiré; *adj* moireret, vatret.
moist [mɔist] *adj* fugtig.
moisten [mɔisn] *vb* fugte; blive fugtig.
moisture ['mɔistʃə] *sb* fugt(ighed).
moisturize ['mɔistʃəraiz] *vb* fugte *(fx* ~ *the skin with cream).*
moisturizer ['mɔistʃəraizə] *sb* fugtighedscreme.
moke [məuk] *sb* S æsel.
molar ['məulə] *sb* kindtand; *adj:* ~ *tooth* = *molar sb.*
molasses [mə'læsiz] *sb* sirup; melasse.
mold [məuld] = *mould.*
Moldavia [mɔl'deivjə] Moldau.
mole [məul] *sb* mole, havnedæmning, stendæmning; *zo* muldvarp; *(fig)* spion der langsomt arbejder sig frem til en betroet stilling inden for en organisation i et fremmed land; dobbeltagent; „muldvarp"; *(anat,* på huden) modermærke, skønhedsplet.

mole cricket *zo* jordkrebs.
molecular [mə'lekjulə] *adj* molekylær; ~ *weight* molekylvægt.
molecule ['mɔlikju:l] *sb* molekyle.
molehill ['məulhil] *sb* muldvarpeskud; *make a mountain out of a* ~ gøre en myg til en elefant.
moleskin ['məulskin] *sb* muldvarpeskind; molskind (slags tykt bomuldstøj); *-s pl (ogs)* molskindsbukser.
molest [mə'lest] *vb* genere, forulempe (især seksuelt); antaste, tilføje overlast; *be -ed (ogs)* lide overlast.
molestation [məule'steiʃn] *sb* forulempelse, overlast.
moll [mɔl] *sb* S tøs, prostitueret; gangsterpige.
mollify ['mɔlifai] *vb* blødgøre, formilde.
mollusc ['mɔləsk] *sb zo* bløddyr.
mollycoddle ['mɔlikɔdl] *sb* slapsvans, skvat, pylrehoved; *vb* pylre om, forkæle.
Moloch ['məulɔk] Molok.
molt [məult] = *moult.*
molten ['məult(ə)n] *adj* smeltet.
Moluccas [mə'lʌkəz] *pl (geogr): the* ~ Molukkerne.
molybdenum [mɔ'libdinəm] *sb* molybdæn.
mom [mɔm] *sb (am* T) mor.
MOMA *fk Museum of Modern Art* (i New York).
moment ['məumənt] *sb* øjeblik; vigtighed, betydning *(fx an event of great* ~*); (fys)* moment *(fx* ~ *of force* kraftmoment; ~ *of inertia* inertimoment);
half (el. just) a ~*!* et lille øjeblik! *the* ~ *I saw him* straks *(el.* i samme øjeblik) jeg så ham; **this** ~ på øjeblikket, straks, øjeblikkelig *(fx go this* ~*!);* for et øjeblik siden, i dette øjeblik *(fx I only heard it this* ~*);*
(forb med *præp)* **at** *any* ~ hvad øjeblik det skal være; *at the* ~ for øjeblikket; *I was busy at the* ~ jeg havde travlt netop da; *at the same* ~ i samme øjeblik; *at that very* ~ i det samme; **from** ~ *to* ~ hvert øjeblik, når som helst; **of** ~ af vigtighed, betydningsfuld; *it is of no* ~ det er uden betydning; *of the* ~ øjeblikkets, aktuel; *the man of the* ~ dagens mand; ~ *of truth* (det øjeblik da tyren får dødsstødet ved en tyrefægtning); *(fig)* afgørende øjeblik; sandhedens øjeblik; **to** *the* ~ på minutten, præcis.
momentarily ['məumənt(ə)rili; məumən'terili] *adv* (for) et øjeblik *(fx he paused* ~*);* fra øjeblik til øjeblik, fra det ene øjeblik til det andet *(fx the danger is increasing* ~*);* hvad øjeblik det skal være, hvert øjeblik *(fx it is expected to happen* ~*); (am)* straks, om et øjeblik.
momentary ['məumənt(ə)ri] *adj* øjeblikkelig, som varer et øjeblik, momentan, forbigående *(fx owing to a* ~ *indisposition); in* ~ *expectation of his arrival* mens vi *(etc)* hvert øjeblik ventede hans komme.
momently ['məuməntli] *adv,* se *momentarily.*
momentous [mə'mentəs] *adj* betydningsfuld, vigtig; kritisk, skæbnesvanger.
moment|um [mə'mentəm] *sb (pl -a) (fys)* bevægelsesmængde; impuls, drivende kraft; T fart, fremdrift; styrke.
Mon. *fk Monmouthshire, Monday.*
Monaco ['mɔnəkəu].
monad ['mɔnəd] *sb (filos)* monade.
monarch ['mɔnək] *sb* monark, hersker, fyrste; konge.
monarchic(al) [mɔ'na:kik(l)] *adj* monarkisk.
monarchist ['mɔnəkist] *sb* monarkist.
monarchy ['mɔnəki] *sb* monarki (kongedømme, kejserdømme).
monastery ['mɔnəst(ə)ri] *sb* kloster.
monastic [mə'næstik] *adj* klosterlig, kloster-, munke- *(fx vows* løfter).
monasticism [mə'næstisizm] *sb* munkevæsen; klosterliv.
monatomic ['mɔnətɔmik] *adj (fys)* enatomig.
Monday ['mʌndi, 'mʌndei] *sb* mandag.
mone|tarism ['mʌnətərizm] *sb (økon)* monetarisme. **-tarist** [-tərist] *sb* monetarist; *adj* monetaristisk.
monetary ['mʌnit(ə)ri] *adj* mønt- *(fx unit* enhed; *standard* fod; *union);* penge- *(fx policy);* valuta- *(fx crisis; fund).*
money ['mʌni] *sb* penge, mønt; **-s** *pl* pengesummer; valutaer; *throw good* ~ *after bad* ofre flere penge på et tvivlsomt foretagende; *make (el. coin)* ~ tjene (mange) penge; *much* ~ mange penge;
(forb med *præp) cheap* **at** *(el. for) the* ~ billig til prisen; **for** *my* ~, *he was the best* efter min mening var han den bedste; *he is the man for my* ~ han er den jeg synes bedst om; *be* **in** *the* ~ S være styrtende rig; *keep sby in* ~ forsyne en med penge; *come* **into** ~ komme til penge; *he thinks I am made* **of** ~ han tror jeg har penge som græs, han tror jeg er en ren Krøsus; *man of* ~ pengemand, kapitalist; *out of* ~ læns for penge; *piece of* ~ pengestykke; *on the* ~ S lige i øjet.
money|bag pengesæk; *-bags* S penge, rigdomme; rig person. ~ **bill** (lovforslag der drejer sig om statsudgifter eller statsindtægter). ~ **box** sparebøsse; indsamlingsbøsse; pengeskrin. ~ **changer** valutahandler; (chaufførs *etc)* møntboks.
moneyed ['mʌnid] *adj* bemidlet, velhavende; penge-; *the* ~ *interest* kapitalen, kapitalisterne; ~ *man* pengestærk mand, velhavende mand.
money|grubber pengepuger. **-lender** pengeudlåner, ågerkarl. **-lending** udlån af penge, åger. **-making** *adj* indbringende, som tjener penge. ~ **market** pengemarked. ~ **order** (svarer til) postanvisning. ~ **-spinner** indbringende foretagende; bog (, stykke) som giver kasse. **-wort** *(bot)* pengebladet fredløs.
-monger ['mʌŋgə] (i *sms)* -handler *(fx fishmonger); (neds)* -mager *(fx miracle monger, warmonger)* en der spekulerer i ... *(fx scandalmonger).*
Mongol ['mɔŋgɔl] *sb* mongol; *adj* mongolsk.
Mongolia [mɔŋ'gəuliə] Mongoliet.
Mongolian [mɔŋ'gəuljən] *sb* mongol; *adj* mongolsk.
mongoloid ['mɔŋgəlɔid] *adj* mongoloid.
mongoose ['mɔŋgu:s] *sb* mangust (slags desmerdyr).
mongrel ['mʌŋgrəl] *adj* blandet, af blandet race, uægte; *sb* køter, bastard.
moniker [mʌnikə; mɔ-] *sb (am* T) navn; øgenavn.
monism ['mɔnizm] *sb (filos)* monisme. **monist** ['mɔnist] *sb* monist. **monistic** [mɔ'nistik] *adj* monistisk.
I. monitor ['mɔnitə] *sb* (i skole) præfekt; ordensduks, *(hist.)* elev der midlertidigt fører tilsyn med og underviser sine kammerater; *(hist.:* krigsskibstype) monitor; (radio:) én hvis hverv det er at aflytte udenlandske radioudsendelser; (i radio og TV) monitor, kontrolmodtager; *(fys)* monitor, strålingsdetektor (til måling af radioaktivitet); *zo* varan.
II. monitor ['mɔnitə] *vb* overvåge, føre kontrol med; aflytte (udenlandske) radioudsendelser; overvåge radioudsendelses kvalitet *(etc);* afprøve for radioaktivitet; spore (radioaktivitet, raket *etc); -ing service* lyttetjeneste.
monitor screen (i TV) kontrolmodtager.
monitory ['mɔnit(ə)ri] *adj* advarende, formanende.
monk [mʌŋk] *sb* munk (i kloster).
I. monkey ['mʌŋki] *sb* abe; (om barn) abekat; spilopmager; *(tekn)* faldhammer, ramslag, rambukklods; S £500; *(am* S) $500; *get one's* ~ *up* S blive gal i hovedet; *put his* ~ *up* S gøre ham gal i hovedet.; *have a* ~ *on one's back* S være narkoman; bære nag.
II. monkey ['mʌŋki] *vb* lave abekattestreger; ~ *with st[h]* pille ved noget *(fx don't* ~ *with the saw);* lave gri[n] med.
monkey|bread frugt af abebrødstræet. ~ **bridge** *(mar)* øverste kommandobro. ~ **business** abekattestreger hundekunstner; fup, svindel. ~ **engine** rambuk. ~ **flower** *(bot)* abeblomst. ~ **jacket** (kort, tætsluttende sømandstrøje. ~ **-nut** jordnød. ~ **puzzle** *(bot)* araucaria, abetræ. **-shines** *pl (am* T) hundekunster, narre

streger. ~ **wrench** universal(skrue)nøgle, svensknøgle.
monkfish ['mʌŋkfiʃ] *sb zo* havengel; havtaske.
monkish ['mʌŋkiʃ] *adj (neds)* munkeagtig.
monkshood ['mʌŋkshud] *sb (bot)* venusvogn.
Monmouth ['mɔnməθ].
mono- ['mɔnə] (forstavelse) en-, ene-; mono-.
monochrome ['mɔnəkrəum] *adj* monokrom, ensfarvet, med kun én farve; sort-hvid *(fx motion picture; television)*.
monocle ['mɔnɔkl] *sb* monokel.
monocotyledon ['mɔnəkɔti'li:dn] *sb (bot)* enkimbladet.
monocotyledonous ['mɔnəkɔti'li:dənəs] *adj* enkimbladet.
monocular [mɔ'nɔkjulə] *adj* enøjet; for ét øje.
monody ['mɔnədi] *sb* sørgesang.
monoecious [mɔ'ni:ʃəs] *adj (bot)* enbo, sambo.
monogamous [mɔ'nɔgəməs] *adj* monogam.
monogamy [mɔ'nɔgəmi] *sb* monogami, éngifte.
monogram ['mɔnəgræm] *sb* monogram, navnetræk.
monograph ['mɔnəgra:f; -græf] *sb* monografi.
monolith ['mɔnəliθ] *sb* monolit, støtte udhugget af én sten.
monolithic [mɔnə'liθik] *adj* monolitisk; (om beton) støbt i ét, sammenhængende, sammenstøbt *(with* med); *(fig)* som udgør en massiv blok, massiv.
monologue ['mɔnəlɔg] *sb* monolog, enetale.
monomania ['mɔnə'meinjə] *sb* fiks idé; monomani.
monomaniac ['mɔnə'meiniæk] *sb* monomant individ; en der er besat af en fiks ide.
monometallism [mɔnə'metəlizm] *sb* enkelt møntfod.
monoplane ['mɔnəplein] *sb (flyv)* monoplan, endækker.
monopolist [mə'nɔpəlist] *sb* indehaver af et monopol; monopoltilhænger.
monopolize [mə'nɔpəlaiz] *vb* få monopol på, have eneret til; monopolisere, lægge beslag på, tiltage sig eneherredømmet over; ~ *the conversation* ikke lade nogen anden få et ord indført.
monopoly [mə'nɔpəli] *sb* monopol, eneret; (spil) matador®; *have a ~ of* have monopol på.
monorail ['mɔnəreil] *sb* énskinnet jernbane.
monosyllabic ['mɔnəsi'læbik] *adj* enstavelses-; som svarer med enstavelsesord, fåmælt.
monosyllable ['mɔnəsiləbl] *sb* enstavelsesord.
monotheism ['mɔnəθi:izm] *sb* monoteisme (læren om og troen på én gud). **monotheist** ['mɔnəθi:ist] *sb* monoteist.
monotone ['mɔnətəun] *sb* ensformig tone; monotoni, ensformighed; *vb* foredrage monotont.
monotonous [mə'nɔtənəs] *vb* monoton, enstonig, ensformig.
monotony [mə'nɔtəni] *sb* monotoni, ensformighed.
monotreme ['mɔnətri:m] *sb zo* kloakdyr.
monotype ['mɔnətaip] *sb (typ)* monotype (sættemaskine der støber enkelte typer og ikke hele linier).
monovalent ['mɔnəveilənt] *adj (kem)* monovalent; éngyldig.
monoxide [mɔ'nɔksaid] *sb (kem): carbon ~* kulilte.
Monroe [mən'rəu]: *the ~ doctrine (am hist.)* Monroedoktrinen.
monsieur [mə'sjə(:)] *sb* monsieur, hr.
monsoon [mɔn'su:n] *sb* monsun (vind); regntid (i Indien).
monster ['mɔnstə] *sb* uhyre; monstrum, misfoster, vanskabning; fabeldyr; *(fig)* uhyre, afskum, umenneske; *adj* kæmpemæssig; ~ *meeting* massemøde.
monstrance ['mɔnstrəns] *sb (rel)* monstrans (til fremvisning af hostien).
monstrosity [mɔn'strɔsiti] *sb* vanskabthed, afskyelighed, uhyrlighed; vanskabning, misfoster, uhyre, *(fig ogs)* skrummel.
monstrous ['mɔnstrəs] *adj* uhyre, unaturlig stor; afskyelig *(fx crimes);* T uhyrlig.
Mont. *fk Montana* [mɔn'tænə].
montage [mɔn'ta:ʒ] *sb* (foto)montage.
Montagu(e) ['mɔntəgju:].
Montagu's harrier *zo* hedehøg.
Montenegrin [mɔnti'ni:grin] *adj* montenegrinsk; *sb* montenegriner.
Montenegro [mɔnti'ni:grəu].
month [mʌnθ] *sb* måned; *this day ~, a ~ from today* i dag om en måned; *for -s* i månedsvis; *the ~ of July* juli måned.
monthly ['mʌnθli] *adj* månedlig; måneds-; *adv* en gang om måneden; *sb* månedsblad, månedsskrift; *monthlies pl (ogs)* menstruation.
Montreal [mɔntri'ɔ:l].
monument ['mɔnjumənt] *sb* monument, mindesmærke; mindesten; kulturmindesmærke; *(fig)* evigt minde *(of* om); (om bog) værk af varig betydning; *(am, jur)* skel; skelmærke; *the Monument* (en søjle i London til minde om branden 1666).
monumental [mɔnju'mentl] *adj* monument-, minde-; monumental; storslået; kolossal; ~ *mason* stenhugger.
moo [mu:] *vb* sige bu (som en ko), brøle; *sb* brøl(en).
mooch [mu:tʃ] *vb* S drive, slentre; luske; drive den af; *(am)* stjæle, 'nuppe'; nasse sig til.
moo-cow ['mu:kau] *sb* bu-ko.
I. mood [mu:d] *sb (gram)* måde, modus; (i logik) modus.
II. mood [mu:d] *sb* (sinds)stemning, humør; *in the ~* oplagt *(for* til, *to* til at); *be in a drinking ~* være oplagt til at drikke; *man of -s* lunefuld person, stemningsmenneske.
moody ['mu:di] *adj* gnaven, irritabel; tungsindig; lunefuld.
I. moon [mu:n] *sb* måne; *there is a ~ tonight* det er måneskin i aften; *the ~ is new* det er nymåne; *ask (el. cry) for the ~* forlange urimeligheder; ønske det uopnåelige; *promise sby the ~* love en guld og grønne skove; *once in a blue ~* yderst sjældent; en sjælden gang.
II. moon [mu:n] *vb* S vise sin bare røv som en hån; T: *~ about, ~ along* slentre *(el.* daske, drive) omkring; *~ away one's time* drømme tiden bort; ~ *over* falde 'hen over, falde i trance over.
moon|beam månestråle. **-bug** månelandingsfartøj. **-calf** idiot; mæhæ. ~ **-faced** med fuldmåneansigt. **-fish** *zo* glansfisk.
Moonie ['mu:ni] *sb* tilhænger af *the Unification Church,* grundlagt af Sun Myung Moon.
mooning ['mu:niŋ] *sb* S det at vise sin bare røv som en hån.
moonlight ['mu:nlait] *sb* måneskin; *adj* måneskins-; månelys; *vb* have ekstrajob *(el.* bijob), have to jobs på en gang; (om håndværker) arbejde 'sort', lave 'måneskinsarbejde'.
moonlighter ['mu:nlaitə] *sb* en som har to jobs på én gang; *(am)* hjemmebrænder.
moonlight flit(ting) natlig flytning for at undgå at betale husleje.
moonlighting ['mu:nlaitiŋ] *sb* T det at have dobbeltarbejde; 'sortbørsarbejde', 'måneskinsarbejde'.
moonlight school *(am)* aftenskole på landet (hvor der undervises i læsning og skrivning).
moonlit ['mu:nlit] *adj* månelys, måneklar, månebelyst.
moon|raker (svarer *omtr* til) molbo. **-rise** måneopgang. **-seed** *(bot)* månefrø. **-set** månenedgang.
moonshine ['mu:nʃain] *sb* snak, sludder; *(am)* hjemmebrændt spiritus (især whisky), smuglersprit; måneskin.

moonshiner ['mu:nʃainə] *sb* spritsmugler, hjemmebrænder.
moonstone ['mu:nstəun] *sb* månesten (slags feldspat).
moonstrike ['mu:nstraik] *sb* månelanding.
moonstruck ['mu:nstrʌk] *adj* vanvittig, tosset, månesyg; (om fisk) uegnet til føde.
moony ['mu:ni] *adj* måneagtig; månebelyst, månelys; drømmende; S skør, tosset.
I. Moor [muə] *sb* maurer; mor, morian.
II. moor [muə] *sb* (lyng)hede; *vb (mar)* fortøje, lægge for anker.
moorage ['muəridʒ] *sb* fortøjning(splads); fortøjningsafgift.
moor|cock skotsk hanrype. **-fowl** skotsk rype. **-game** skotske ryper. **-hen** rørhøne; skotsk hunrype.
mooring mast fortøjningsmast (for luftskib).
moorings ['muəriŋz] *sb pl* fortøjning; fortøjningsbøje, fortøjningsplads; *let go the ~* kaste fortøjningen los.
I. Moorish ['muəriʃ] *adj* maurisk.
II. moorish ['muəriʃ] *adj* hedeagtig.
moorland ['muələnd] *sb* (lyng)hede; højmose.
moose [mu:s] *sb (pl d s) zo* (amerikansk) elg, elsdyr.
moot [mu:t] *vb* bringe på bane, sætte under debat; *adj* omstridt *(fx point, question); sb (jur)* fingeret retssag (som øvelse for studerende), øvelsesdiskussion; *(hist.)* tingmøde; *a ~ question (ogs)* et åbent spørgsmål; *it was -ed that* der blev ymtet om at.
I. mop [mɔp] *sb: -s and mows* grimasser; *vb: ~ and mow* lave grimasser.
II. mop [mɔp] *sb* mop, svaber, opvaskebørste; T *(fig)* uredt hår, 'paryk', manke; *vb* moppe; tørre;
~ one's brow tørre (sveden af) sin pande; *~ the floor with sby* gøre det helt af med én; nedgøre en fuldstændigt, jorde en; *~ up* tørre op; T afslutte, gøre kål på, få til side *(fx arrears of work);* samle sammen, skovle ind *(fx money);* absorbere; opsuge *(fx loose money* ledige penge); sluge, hælde i sig *(fx a drink); (mil.)* rense (et erobret terræn for fjender).
mope [məup] *vb* være forknyt, hænge med næbbet; være sløv, sløve; *~ about* gå og hænge med næbbet; *sb:* hængehoved; *the -s* melankoli; *get the -s* blive i dårligt humør; *have a ~* sidde og surmule.
moped ['məuped] *sb* knallert (cykel med motor).
mopedallist [məu'pedəlist] *sb* knallertkører.
mopish ['məupiʃ] *adj* nedslået, forknyt, sløv.
moppet ['mɔpit] *sb* (kæleord for) barn, unge.
mopping-up (operation) *(mil.)* rensningsaktion.
moquette [mə'ket] *sb* opskåren mekka; *uncut ~* uopskåren mekka.
moraine [mɔ'rein] *sb (geol)* moræne.
I. moral ['mɔr(ə)l] *adj* moralsk; moral-; dydig, sædelig; *a ~ certainty* en til vished grænsende sandsynlighed.
II. moral ['mɔr(ə)l] *sb* moral *(fx the ~ of the story); -s pl* moral *(fx her lax -s),* vandel; (se også *II. point).*
morale [mɔ'ra:l] *sb* moral *(fx the ~ of the troops is excellent);* kampånd.
moralist ['mɔr(ə)list] *sb* moralist, moralprædikant.
morality [mə'ræliti] *sb* moral, dyd; sædelighed; *(hist)* moralitet (ↄ: allegorisk skuespil).
moralize ['mɔr(ə)laiz] *vb* moralisere; uddrage en moral af; forbedre moralsk.
morally ['mɔr(ə)li] *adv* moralsk; praktisk talt *(fx certain).*
moral| philosophy etik. *~* **rearmament** moralsk oprustning. *~* **science** etik.
morass [mə'ræs] *sb* morads, mose, sump.
moratorium [mɔrə'tɔ:riəm] *sb* moratorium; *(fig)* udsættelse *(on* af, *fx a strike);* foreløbigt forbud *(on* mod); (foreløbig) standsning, (vedtagen) pause.
Moravia [mə'reivjə] Mähren.
Moravian [mə'reivjən] *adj* mährisk; herrnhutisk; *~ brethren* mähriske brødre, herrnhutere.
morbid ['mɔ:bid] *adj* sygelig, morbid; patologisk; makaber *(fx details).*
morbidity [mɔ:'biditi] *sb* sygelighed.
mordacious [mɔ:'deiʃəs] *adj* skarp, bidende, sarkastisk.
mordacity [mɔ:'dæsiti] *sb* bidskhed, skarphed.
mordant [mɔ:dnt] *adj* bidende; skarp *(fx criticism); vb* bejdse, ætse; *sb* bejdse, ætsende væske.
more [mɔ:] *adj, adv* mere; mer, flere; til *(fx once ~, one pound ~);* (ved sammenligning mellem to) mest; (bruges til at omskrive komparativ, *fx ~ numerous* talrigere; *~ easily* lettere);
as much ~ dobbelt så meget; **no** ~ ikke mere, aldrig mere; *we can do no ~* vi kan ikke gøre mere; *no ~ can you* det kan du lige så lidt *(el.* heller ikke); *no (el. not any) ~ than* lige så lidt som; *say no ~* så er vi enige; så er den sag afgjort; *~ or less* mer eller mindre; omtrent *(fx it is an hour's walk ~ or less); all* **the** ~ så mange flere; = *so much the ~* så meget desto mere; *the ~ so as* så meget mere som; *(the) ~ fool you to buy it* hvor kunne du være så dum at købe den; *(the) ~ 's the pity* så meget desto værre; desværre; *(and)* **what** *is ~, (and) ~ than that* (og) hvad mere er.
moreen [mɔ:'ri:n] *sb* uldmoiré.
moreish ['mɔ:riʃ] *adj: it's got a ~ taste* S det smager efter mere.
morel [mɔ'rel] *sb (bot)* natskygge; (om svamp) morkel.
morello [mə'reləu] *sb (bot)* morel.
moreover [mɔ:'rəuvə] *adv* desuden, endvidere.
mores ['mɔ:riz] *sb pl (lat)* skikke, sæder.
Moresque [mɔ'resk] *adj* maurisk.
morganatic [mɔ:gə'nætik] *adj* morganatisk; *~ marriage (ogs)* ægteskab til venstre hånd.
morgue [mɔ:g] *sb* lighus; avisredaktions arkiv.
moribund ['mɔribʌnd] *adj* døende.
Mormon ['mɔ:mən] *sb* mormon.
Mormonism ['mɔ:mənizm] *sb* mormonisme.
morn [mɔ:n] *sb (poet)* morgen.
morning ['mɔ:niŋ] *sb* morgen, formiddag; *the ~ after (the day before)* dagen derpå; *in the ~* om morgenen, om formiddagen; *on the ~ of Nov. 9th* den 9. nov. om morgenen; *tomorrow ~* i morgen tidlig, i morgen formiddag; *this ~* i morges, nu til morgen, (nu) i formiddag.
morning-afterish *adj* T : *feel ~* have tømmermænd.
morning| coat jaket. *~* **dress** formiddagsdragt. *~* **gift** morgengave. *~* **glory** *(bot)* snerle. *~* **prayer** morgengudstjeneste. *~* **room** spisestue til servering af morgenmad. *~* **service** morgengudstjeneste. *~* **star** morgenstjerne. *~* **watch** *(mar)* morgenvagt, vagt fra 4 til 8 morgen.
Moroccan [mə'rɔkən] *adj* marokkansk; *sb* marokkaner.
I. Morocco [mə'rɔkəu] Marokko.
II. morocco [mə'rɔkəu] *sb* safian; maroquin, (til bogbind *ogs)* oaseged.
moron ['mɔ:rɔn] *sb* lettere åndssvag person, sinke.
morose [mə'rəus] *adj* gnaven, vranten.
morpheme ['mɔ:fi:m] *sb (gram.)* morfem (bøjningselement).
Morpheus ['mɔ:fju:s, -fiəs] Morpheus.
morphia ['mɔ:fjə], **morphine** ['mɔ:fi:n] *sb* morfin.
morphine addict morfinist.
morphinism ['mɔ:finizm] *sb* morfinisme.
morphology [mɔ:'fɔlədʒi] *sb (gram.)* morfologi; formlære.
morris dance ['mɔris'da:ns] (en folkedans).
morrow ['mɔrəu] *sb* følgende dag, morgendag; tiden lige efter; *on the ~ of* umiddelbart efter.
Morse [mɔ:s]: *the ~ alphabet* morsealfabetet.
morsel [mɔ:sl] *sb* bid; lille stykke.
mortal [mɔ:tl] *adj* dødelig; dødbringende; døds- *(fx agony, sin);* jordisk; T forfærdelig; *sb* dødelig, men-

neske; ~ *enemy* dødsfjende; ~ *fear* dødsangst; ~ *fight* kamp på liv og død; *his* ~ *frame* hans jordiske hylster; *four* ~ *hours* T fire stive (klokke)timer; *be in a* ~ *hurry* T have forfærdelig travlt; *no* ~ *reason* ingen verdens (*el.* ingen som helst) grund; *his* ~ *remains* hans jordiske levninger; *any* ~ *thing* T alt muligt, hvad som helst, noget som helst.

mortality [mɔ:'tæliti] *sb* dødelighed; menneskehed.

mortality table dødelighedstabel.

I. mortar ['mɔ:tə] *sb* mørtel, kalk; *vb* mure.

II. mortar *sb* ['mɔ:tə] *sb* morter (til stødning); *(mil.)* mortér; *vb* beskyde med mortér.

mortarboard ['mɔ:təbɔ:d] *sb* mørtelbræt; firkantet flad akademisk hovedbeklædning.

mortgage ['mɔ:gidʒ] *sb* pant, panteret, (i fast ejendom) prioritet; (se også ~ *deed*); *vb* belåne, optage lån i (*fx one's house*); *(fig)* sætte i pant; ~ *oneself to a cause* gå (helt) ind for en sag; *-d to* forpligtet over for.

mortgage deed pantebrev, panteobligation.

mortgagee [mɔ:gə'dʒi:] *sb* panthaver.

mortgagor [mɔ:gə'dʒɔ:] *sb* pantsætter; panteskyldner.

mortice, se *mortise.*

mortician [mɔ:'tiʃn] *sb (am)* bedemand.

mortification [mɔ:tifi'keiʃn] *sb* ydmygelse, krænkelse; skuffelse, sorg; spægelse *(fx* ~ *of the flesh); (med.)* koldbrand; *have the* ~ *of being (ogs)* lide den tort at blive.

mortify ['mɔ:tifai] *vb* krænke, ydmyge *(fx he felt mortified when he was passed over); (med.)* fremkalde koldbrand i; angribes af koldbrand; ~ *the flesh* spæge sig, spæge sit kød.

mortise ['mɔ:tis] *sb* taphul; *vb* sammentappe, indtappe.

mortise| chisel stemmejern. ~ **joint** tapsamling.

mortmain ['mɔ:tmein] *sb (jur, hist.)* den døde hånd; *hold in* ~ besidde som uafhændeligt gods.

mortuary ['mɔ:tʃuəri] *sb* ligkapel; *adj* begravelses-, grav- *(fx urn);* døds-.

I. Mosaic [mə'zeiik] *adj* mosaisk; *the* ~ *Law* Moseloven.

II. mosaic [mə'zeiik] *sb* mosaik; (ved luftfotografering) mosaikkort; *(bot)* mosaiksyge.

moschatel ['mɔskətel] *sb (bot)* desmerurt.

Moscow ['mɔskəu] Moskva.

moselle [mə'zel] *sb* moselvin.

Moses ['məuziz].

mosey ['məuzi] *vb (am* T) rende, spæne; ~ *along* slentre af sted; ~ *around* daske rundt.

Moslem ['mɔzlem, -ləm] = *Muslim.*

mosque [mɔsk] *sb* moské.

mosquito [mə'ski:təu] *sb (pl -es)* moskito; myg.

mosquito| boat motortorpedobåd. ~ **net** moskitonet.

I. moss [mɔs] *sb* mose, tørvemose.

II. moss [mɔs] *sb (bot)* mos; *a rolling stone gathers no* ~ rullende sten samler ikke mos (ɔ: den der flyver og farer fra det ene til det andet bliver aldrig velhavende).

moss|back *(am)* stokkonservativ. ~ **-berry** *(bot)* tranebær. ~ **-grown** mosbevokset; *(fig)* forældet, mosgroet. ~ **rose** mosrose. ~ **stitch** perlestrikning. ~ **-troopers** *pl (hist.)* (røvere i grænseegnene mellem England og Skotland i det 17. årh.).

mossy ['mɔsi] *adj* mosklædt; mosagtig.

most [məust] *adj* mest, flest; det meste, størstedelen; de fleste *(fx* ~ *people* de fleste mennesker); *adv* højst, i høj grad, særdeles *(fx a* ~ *tedious fellow);* (bruges til at omskrive superlativ, *fx the* ~ *tedious* (den kedeligste) *fellow I know);*
ask the ~ *possible for it* forlange det mest mulige for det; *at (the)* ~ i det højeste; højst; ~ *certainly* aldeles sikkert; *the Most High* Gud; *make the* ~ *of* drage størst mulig nytte af; få det mest mulige ud af; overdrive betydningen af; ~ *of all* allermest; *for the* ~ *part* for størstedelen; ~ *willingly* særdeles gerne.

most-favoured-nation *adj* mestbegunstigelses- *(fx clause* klausul; *principle; treatment).*

mostly ['məustli] *adv* for størstedelen, mest, hovedsagelig; for det meste.

mot [məu] *sb* vittighed, bonmot.

M.O.T. *fk Ministry of Transport; sb* (tvunget årligt) bilsyn; *vb* syne; ~ *test* tvunget årligt syn (af bil); ~ *certificate* attest for syn.

mote [məut] *sb* støvgran, sandskorn; (bibelsk:) *why beholdest thou the* ~ *that is in thy brother's eye?* hvi ser du skæven i din broders øje?

motel [məu'tel] *sb* motel, hotel for bilister.

motet [məu'tet] *sb* motet.

moth [mɔθ] *sb zo* møl; natsommerfugl.

mothball ['mɔθbɔ:l] *sb* mølkugle; møltablet; *in -s* (om skib) oplagt; 'i mølpose' (ɔ: beskyttet af et plasticovertræk); *(fig)* i reserve.

moth-eaten ['mɔθi:tn] *adj* mølædt; forældet; medtaget.

mother ['mʌðə] *sb* moder, mor; *(agr)* kyllingemoder; (~ *of vinegar)* eddikemoder; *vb* være moder for, tage sig moderligt af; adoptere, anerkende som sit barn; ~ *of two children* moder til to børn; *every mother's son* hver eneste mors sjæl.

Mother Cary's chicken *zo* stormsvale.

mother| church moderkirke. ~ **country** fædreland; (i forhold til koloni) moderland. **-craft** moderkundskab; barnepleje. ~ **fixation** *(psyk)* moderbinding. **-fucker** *(am vulg)* (meget groft skældsord).

motherhood ['mʌðəhud] *sb* moderskab.

mother-in-law ['mʌð(ə)rinlɔ:] *sb* svigermoder.

motherly ['mʌðəli] *adj* moderlig.

mother-of-pearl ['mʌð(ə)rə(v)'pə:l] *sb* perlemor.

mother's| boy *(neds)* mors dreng. ~ **help** ung pige i huset (til børnepasning og lettere husarbejde).

mother| ship moderskib. ~ **superior** abedisse. ~ **tongue** modersmål. ~ **wit** sund fornuft; mutterwitz.

mothproof ['mɔθpru:f] *adj* mølægte, mølbehandlet; *vb* mølbehandle.

motif [məu'ti:f] *sb* (i kunst) motiv; tema; hovedtanke.

I. motion [məuʃn] *sb* bevægelse; vink, tegn *(fx he made a* ~ *to her to go); (parl etc)* forslag *(fx the* ~ *was rejected); (jur)* andragende; *(med.)* afføring; *(tekn)* mekanisme; **in** ~ i bevægelse, i gang; *in three -s* i tre tempi; **of** *one's own* ~ af egen drift; *go* **through** *the -s* (mekanisk) udføre de bevægelser der hører til; *go through the -s of -ing* lade som om man, give det udseende af at man.

II. motion [məuʃn] *vb* give tegn (til), vinke (til); ~ *him away* vinke ham bort; ~ *him to a seat,* ~ *(to) him to sit down* give tegn til ham at han skal sætte sig.

motionless ['məuʃnləs] *adj* ubevægelig.

motion picture *(am)* film.

motion sickness *(med.)* transportsyge.

motivate ['məutiveit] *vb* motivere; tilskynde; skabe interesse hos.

motivation [məuti'veiʃn] *sb* motivation, bevæggrund(e).

motivational [məuti'veiʃn(ə)l] *adj* motiv-; ~ *research* motivanalyse (i reklame).

motive ['məutiv] *sb* bevæggrund, motiv *(of* til); (se også *motif); adj* driv-, bevægelses-; ~ *force,* ~ *power* drivkraft.

motivity [məu'tiviti] *sb* bevægkraft, drivkraft.

motley ['mɔtli] *adj* broget, spraglet, mangefarvet; blandet; *sb* broget dragt, narredragt; broget blanding.

motor ['məutə] *sb* motor; (automo)bil; *(anat)* bevægemuskel, bevægenerve; *adj* bevægende, motorisk; motor-; bil-; *vb* køre i automobil, bile.

motorail ['məutəreil] *sb (jernb)* biltransporttog.

motor|-assisted med hjælpemotor. ~ **bicycle, -bike** motorcykel; *(am* især) knallert, let motorcykel. **-boat** *sb* motorbåd; *vb* sejle i motorbåd. ~ **bus** (motor)omnibus. **-cade** [-keid] *(am)* bilkortege. **-car** bil, automobil. ~ **caravan** = ~ *home.* ~ **coach** turistbil, rutebil. ~ **converter** *(elekt)* kaskadeomformer. ~ **court** *(am)* motel. **-cycle** *sb* motorcykel; *vb* køre på m. **-drome** [-drəum] motorvæddeløbsbane.

motored ['məutəd] *adj* med motor.

motor home *(am)* selvkørende beboelsesvogn.

motoring ['məutəriŋ] *sb* bilkørsel, bilisme; *adj* bil-; ~ *accident* biluheld; ~ *school* køreskole; ~ *trip,* ~ *tour* biltur.

motorism ['məutərizm] *sb* bilisme.

motorist ['məutərist] *sb* bilist.

motorization ['məutərai'zeiʃn] *sb* motorisering.

motorize ['məutəraiz] *vb* motorisere.

motor| launch motorbåd. ~ **lorry** (åben) lastbil. **-man** vognstyrer, elektrofører. ~ **muscle** bevægemuskel. ~ **nerve** bevægenerve. ~ **race** bilvæddeløb. ~ **scooter** scooter. ~ **ship** motorskib. ~ **show** (automo)biludstilling. ~ **spirit** benzin. **-van** (lukket) lastbil. ~ **vehicle** motorkøretøj. ~ **vessel** motorskib. **-way** motorvej.

mott [mɔt] *sb* S tøs, finke, dulle.

mottle ['mɔtl] *sb* plet; spraglethed; marmorering.

mottled ['mɔtl] *adj* broget, spraglet, marmoreret; skjoldet; ~ *iron* halveret jern.

motto ['mɔtəu] *sb (pl -(e)s)* valgsprog, devise, motto.

moue [mu:] *sb* trutmund.

moujik ['mu:ʒik] *sb* musjik, russisk bonde.

I. mould [məuld] *sb* form; *(tekn)* støbeform; skabelon; (i madlavning) budding *o l* der er lavet i en form; (persons:) skikkelse; *(fig)* støbning, type, præg; *vb* forme *(upon* efter); danne, støbe; (uden objekt) tage form, forme sig, danne sig.

II. mould [məuld] *sb* muld; jord; *vb:* ~ *(up)* dække med muld.

III. mould [məuld] *sb* skimmel, mug, skimmelsvamp; *vb* mugne, blive skimlet.

mouldboard ['məuldbɔ:d] *sb (agr)* muldfjæl (på plov).

I. moulder ['məuldə] *vb* smuldre, hensmuldre.

II. moulder ['məuldə] *sb* former.

moulding ['məuldiŋ] *sb* støbning, formning; (i snedkeri) kelliste, profileret liste; pynteliste; (til billedramme) billedliste; *(arkit)* profil, gesims; (s-formet:) karnis.

moulding| machine fræsemaskine (til træ). ~ **sand** formsand.

mouldy ['məuldi] *adj* muggen; *(fig)* T forældet, gammeldags *(fx ideas);* S elendig, 'rådden', 'skaldet' *(fx this ~ school).*

moult [məult] *vb* fælde, skifte ham; afkaste.

moulting ['məultiŋ] *sb* hudskifte, fældning (af fjer).

mound [maund] *sb* vold; høj, tue; dynge *(fx of stones); vb* beskytte med en vold; dynge op.

I. mount [maunt] *sb* bjerg (især bibelsk, *poet el.* i *forb* med egennavne, *fx Mount Etna); the Sermon on the Mount* Bjergprædikenen.

II. mount [maunt] *sb* (til opklæbning) karton, papir, (til diapositiv) maske, ramme; (ved mikroskopering) objektglas; (til frimærke) hængsel; (til montering af maskine, til møbler *etc)* beslag; (til ædelsten) indfatning; (til ridning) (ride)dyr *(fx the pony was a neat little ~),* (ride)hest.

III. mount [maunt] *vb* stige, vokse *(fx -ing debts; -ing protest);* (om rytter) stige til hest, sidde 'op;
(med objekt) stige op ad (, på), gå op ad (, på) *(fx the ladder, the platform);* bestige *(fx the throne);* (om rytter) hjælpe i sadlen, sætte på en hest; forsyne med hest; (om ting) anbringe; (om maskiner, våben) montere, opstille; (om billede, kort) montere, klæbe op; (om frimærke) klæbe ind; (om ædelsten) indfatte; (forsyne med beslag) beslå; (om teaterstykke) sætte op; *(mil.)* iværksætte *(fx an attack, an operation), (fig)* arrangere *(fx an exhibition);* (om dyr) bedække;
her colour -ed hun rødmede; ~ *guard* stille sig (, stå) på vagt; ~ *guard over* bevogte; beskytte; ~ *the high horse* sætte sig på den høje hest; *the troops were miserably -ed* tropperne havde elendige heste; ~ *up* hobe sig op, løbe op.

mountain ['mauntin] *sb* bjerg *(ogs fig, fx butter ~);* ~ *of flesh* (om person) kødbjerg; (se også *molehill).*

mountain| ash *(bot)* røn. ~ **avens** [-'ævənz] *(bot)* dryas, fjeldsimmer. ~ **cranberry** *(bot)* tyttebær. ~ **dew** skotsk whisky (der er brændt i smug).

mountaineer [maunti'niə] *sb* bjergboer; bjergbestiger; *vb* foretage bjergebestigning(er).

mountaineering [maunti'niəriŋ] *sb* bjergbestigning.

mountain| hare snehare. ~ **lion** puma; kuguar.

mountainous ['mauntinəs] *adj* bjergfuld; *(fig)* enorm.

mountain| pine *(bot)* bjergfyr. ~ **range** bjergkæde.

mountebank ['mauntibæŋk] *sb* kvaksalver; charlatan; humbugsmager; gøgler.

mounted ['mauntid] *adj* ridende, bereden *(fx police),* til hest; opstillet, monteret, opklæbet, indfattet *(etc, cf III. mount).*

mounting ['mauntiŋ] *sb (cf III. mount)* montering, opstilling, opklæbning, indfatning; (se også *II. mount).*

mourn [mɔ:n] *vb* sørge *(for, over* over); bære sorg; (med objekt) sørge over, begræde.

mourner ['mɔ:nə] *sb* sørgende; deltager i begravelse; *the -s* de efterladte; følget; *the chief ~* den nærmeste pårørende (ved begravelse).

mournful ['mɔ:nf(u)l] *adj* sorgfuld, sørgmodig, sørgelig.

mourning ['mɔ:niŋ] *sb* sorg, sørgedragt; *adj* sørgende, sørge-; *be in ~* sørge, bære sorg; *go into ~* anlægge sorg; *go out of ~* lægge sorgen; *year of ~* sørgeår.

I. mouse [maus] *sb (pl mice)* mus; *(fig)* forsagt og tilbageholdende person; *(edb)* mus; S blåt øje; *when the cat's away, the mice will play* når katten er ude spiller musene på bordet.

II. mouse [mauz] *vb* fange mus; jage mus; *(fig)* liste om, snuse rundt; ~ *about* være på musejagt; liste om; ~ *a hook (mar)* muse en hage; ~ *out (am)* opsnuse.

mouse-coloured *adj* musegrå.

mousetrap ['maustræp] *sb* musefælde; T kedelig ost.

mousse [mu:s] *sb* mousse (en dessert).

mousseline ['mu:sli:n] *sb* musselin.

moustache [mə'sta:ʃ] *sb* moustache, overskæg.

moustached [mə'sta:ʃt] *adj* med overskæg, med moustache.

mousy ['mausi] *adj* museagtig; fuld af mus; som lugter af mus; musegrå; *(fig)* stille som en mus; sky, uanselig.

I. mouth [mauθ] *sb (pl -s* [mauðz]) mund; munding *(fx the ~ of the river);* åbning; *by word of ~* mundtlig; *be down in the ~* være nedslået, hænge med hovedet; *give ~* give hals; *make -s* skære ansigt, lave grimasser; *put the words into his ~* lægge ham ordene i munden; påstå at han har sagt det; *take the words out of his ~* tage ordet *(el.* brødet) ud af munden på ham.

II. mouth [mauð] *vb* deklamere; forme (ord) lydløst med læberne; (om mad) tage i munden, spise; (uden objekt) skære ansigt, lave grimasser; ~ *a horse* vænne en hest til bidslet, køre en hest til.

mouthful ['mauθf(u)l] *sb* mundfuld; *you said a ~ (am)* T der sagde du virkelig noget; det er ordentlig snak.

mouth| mirror mundspejl. ~ **organ** mundharmonika. **-piece** mundstykke; (af pibe) spids; *(tlf)* telefontragt; (boksers) tandbeskytter; *(fig* om person) talerør. **-wash** mundvand (til at skylle munden med).

movability [mu:və'biləti] *sb* bevægelighed.

movable ['mu:vəbl] *adj* bevægelig, flytbar; forskydelig; *sb: -s pl* rørligt gods, løsøre; *a ~ feast* en forskydelig højtid.

I. move [mu:v] *vb* flytte *(fx they have -d to Hull);* flytte sig; bevæge sig; gøre en bevægelse; *(fig)* udvikle sig *(fx events had -d rapidly);* (om person) foretage sig noget, tage affære *(fx we had better ~ at once in this matter);* bevæge sig, færdes *(fx he -s in the best circles);* (med objekt) flytte; bevæge *(fx one's lips),* sætte i bevægelse; *(fig)* røre *(fx I was -d to tears);* tilskynde, bevæge *(fx nothing could ~ him to change his mind);* (især *parl, jur)* foreslå, fremsætte forslag *(for* om); (i brætspil) trække *(fx black (is) to ~* sort skal trække); flytte *(fx a piece* en brik); *(merk)* finde købere;

~ an amendment stille et ændringsforslag; *have your bowels -d?* har De haft afføring? *~ heaven and earth* sætte himmel og jord i bevægelse; *~ house* flytte; *~ in* flytte ind; rykke ind; *~ in society* komme *(el.* gå) meget ud; *the train -d slowly into the station* toget rullede langsomt ind på stationen; *~ on* give ordre til at gå videre; sprede (opløb); gå videre, sprede sig; *~ on!* passér gaden! *feel -d to* have lyst til at; *~ with the times* følge med tiden.

II. move [mu:v] *sb* bevægelse; flytning; (i brætspil) træk; *(fig)* skridt, skaktræk; *make a ~ (ogs)* røre på sig, bryde op; *you must make a ~ soon* du må snart foretage dig noget; *the next ~ is up to the Western powers (fig)* det er Vestmagterne der har udspillet; *be on the ~* være i bevægelse; være på farten; *get a ~ on* få fart på, rubbe sig; *a wrong ~* et fejltræk; et misgreb.

movement ['mu:vmənt] *sb* bevægelse; gang; udvikling; liv(lighed); *(merk)* omsætning; prisbevægelse, kursbevægelse; *(mus.)* sats; *(med.)* afføring; (i ur) værk; **-s** *pl (ogs)* færden; *let me know your -s* lad mig vide hvor du opholder dig (, hvad du foretager dig); *watch sby's -s* holde et vågent øje med en.

mover ['mu:və] *sb* forslagsstiller; drivkraft, ophavsmand; *(am* også) flyttemand; (se også *prime mover).*

movie ['mu:vi] *sb (am)* film; biograf; *adj* film-, biograf-; *the -s* film(en); *go to the -s* gå i biografen.

movie|goer biografgænger. **-house** biograf(teater). **-land** filmverdenen. *~* **star** filmstjerne. *~* **theatre** biograf(teater).

moving ['mu:viŋ] *adj* bevægende, driv-, drivende; som bevæger sig; *(fig)* rørende, gribende; *the ~ spirit of the enterprise* sjælen i foretagendet.

moving| coil drejespole. *~* **pictures** *pl* levende billeder, film. *~* **staircase** rullende trappe, escalator.

I. mow [mau] *(glds) sb* grimasse; *vb* skære ansigt.

II. mow [məu] *sb (am)* høbunke, høstak (i lade); høgulv.

III. mow [məu] *vb (mowed; mown el. mowed)* slå, meje.

mower ['məuə] *sb* mejer, høstkarl; slåmaskine; plæneklipper.

mowing ['məuiŋ] *adj: ~ machine* slåmaskine.

mown [məun] *pp* af *III. mow; new-mown hay* nyslået hø.

moxie ['mɔksi] *sb (am)* S fut, gåpåmod.

M.P. ['em'pi:] *fk Member of Parliament; Military Police.*

m.p.g. *fk miles per gallon.*

m.p.h. *fk miles per hour.*

M.P.S. *fk Member of the Pharmaceutical Society.*

M.R. *fk Master of the Rolls.*

Mr ['mistə] hr. *(fx ~ Jones; ~ President).*

M R A *fk Moral Rearmament* Moralsk Oprustning.

MRCA *fk multi-role combat aircraft.*

Mr Charlie *(am* S *neds)* hvid; hvide mennesker.

M.R.C.P. *fk Member of the Royal College of Physicians.*

M.R.C.S. *fk Member of the Royal College of Surgeons.*

Mr Right den eneste ene (som man kan gifte sig med).

Mrs ['misiz] fru; *Colonel and Mrs. B.* oberst B. og frue; (se også *Grundy).*

Ms. [miz] *fk Miss el. Mrs.*

MS. *fk manuscript.* **M/S** *fk motor ship.*

MSS. *fk manuscripts.*

Mt *fk Mount (fx Mt Everest).*

much [mʌtʃ] *adj adv* megen, meget; omtrent, nogenlunde *(fx in ~ the same way, ~ as usual);* (foran *sup)* langt, absolut *(fx ~ the best plan);*

as *~* lige så meget; det samme *(fx I would do as ~ for you); he said as ~* det var netop hvad han sagde; det var meningen med hans ord; *I feared as ~* det var det, jeg var bange for; *I thought as ~* jeg tænkte det jo nok; *as ~ as to say* som om man ville sige; *we did not get so ~ as a cup of tea* vi fik ikke så meget som en kop te; *it is as ~ as he can do* det er alt hvad han kan præstere; *it is as ~ as my job is worth* det kan koste mig min stilling; jeg kan blive fyret for det; *~ as I like him* hvor godt jeg end kan lide ham, så ... *~ 'you* **care** *about it* som om du brød dig det mindste om det; det bryder du dig jo ikke spor om; *~* **cry** *and little wool* viel Geschrei und wenig Wolle, stor ståhej for ingenting; *it wasn't ~* **good** det var ikke meget bevendt, der var ikke meget ved det; (se også *II. good);* **how** *~ is this?* hvad koster denne? *~* **less** endsige, langt mindre;

make *~* **of** gøre meget ud af, forkæle, gøre stads af; *I didn't make ~ of that play* jeg fik ikke meget ud af det stykke (ɔ: forstod det ikke); *it does not* **matter** *~* det spiller ikke nogen videre rolle; **not** *~ of a* ikke nogen videre god *(fx teacher);* **nothing** *~* ikke noget videre, ikke meget; *~* **of** *a size* omtrent lige store; **pretty** *~ alike* omtrent ens; **so** *~* så meget; (ubestemt mængde) så og så meget; *so ~ for that* færdig med det; nok om det; det er alt hvad der kan siges om det; *so much for* ... (ironisk, *omtr)* så lidt betyder ...; *so ~ for the plot of the play* så vidt stykkets handling; *so ~ for the present* det er tilstrækkeligt for øjeblikket, det er alt hvad der er at sige for øjeblikket; *it was all so ~ nonsense* det var det bare vrøvl; *so ~ so* og det i den grad; *so ~ the better* så meget desto bedre; *I know* **this** *(el. thus) ~ that* så meget ved jeg, at; *~* **to** *my delight* til min store glæde; *he was* **too** *~ for me* ham kunne jeg ikke klare; *too ~ of a good thing* for meget af det gode; *not* **up to** *~* ikke meget bevendt; **without** *~ difficulty* uden større vanskelighed.

muchness ['mʌtʃnəs] *sb: much of a ~* omtrent det samme, hip som hap, næsten ens.

mucilage ['mju:silidʒ] *sb* slim; planteslim.

mucilaginous [mju:si'lædʒinəs] *adj* slimet, klæbrig.

muck [mʌk] *sb* møg, gødning; skarn, snavs; *(fig)* møg, bras; roderi; *vb* gøde; snavse *(el.* svine) til; spolere; *~ about* drive (, nusse, fjolle) omkring; (med personobjekt) holde for nar *~ about with* rode med; kludre med; (se *ogs II. mess (about with)); ~ in* S dele (værelse) *(with* med); tage sin del af slæbet (ɔ: arbejdet); være 'med; *make a ~ of* svine til; *(fig)* spolere; *~ out* muge ud (i); *~ up* spolere; svine til.

mucker ['mʌkə] *sb* møgspreder; kammerat; S bølle, børste; fald (i sølen); slemt uheld; *come a ~* falde; være meget uheldig.

muckrake ['mʌkreik] *vb* rakke politiske modstandere *(etc)* til; drive skandalejournalistik; afsløre korruption.

muckraker ['mʌkreikə] *sb* skandalejournalist; en der afslører korruption *etc.*

muck-raking paper skandaleblad, smudsblad.

mucky ['mʌki] *adj* snavset, beskidt.

mucous ['mju:kəs] *adj* slimet; *~ membrane* slimhinde.

mucus ['mju:kəs] *sb* slim.
mud [mʌd] *sb* mudder, dynd, slam; (om byggemateriale *omtr)* ler; *consider sby as* ~ foragte en, ikke regne en for noget; *his name is* ~ han er i unåde, han regnes ikke for det skidt man træder på; *throw* ~ *at* bagtale; *here's* ~ *in your eye!* S skål!
mud|bath gytjebad, slambad. ~ **-built** *adj* lerklinet.
muddle [mʌdl] *sb* forvirring, roderi; *vb* forvirre; forplumre, forkludre; lave rod i; (om spiritus) gøre omtåget; *make a* ~ *of* forplumre, forkludre; ~ *away* sløse bort, forøde; ~ *on* gå frem på bedste beskub; ~ *along,* ~ *through* klare sig igennem på bedste beskub.
muddleheaded ['mʌdlhedid] *adj* forvirret.
muddy ['mʌdi] *adj* mudret, snavset, sølet; mørk; grumset *(fx complexion),* (om lyd) uklar, sløret; *vb* tilsøle, plumre.
mud|flap stænklap. ~ **flat** muddergrund; slikvade. **-guard** skærm (over hjul).
Mudie's ['mju:diz] *(glds)* (et lejebibliotek i London).
mud|lark gadeunge. **-pack** slampakning. ~ **pie** mudderkage (lavet af barn i leg). ~ **puppy** *zo (am)* (om forskellige salamandre, især) dynddjævel; axolotl; hulepadde. **-skipper** *zo* dyndspringer. **-slinging** *sb* bagtalelse, tilrakning. ~ **volcano** dyndvulkan. ~ **wall** lervæg, lerklinet væg. **-wort** *(bot)* dyndurt.
muezzin [mu(:)'ezin] *sb* muezzin (udråber af tiderne for bøn for muhamedanere).
I. muff [mʌf] *sb* muffe (til hænderne).
II. muff [mʌf] *sb* fæ, klodsmajor; *vb* kludre i det; forkludre; (i boldspil) ikke gribe *(fx he -ed the ball);* ~ *a chance* misbruge *(el.* brænde) en chance; *make a* ~ *of* forkludre, forfuske.
muffin ['mʌfin] *sb* (te)bolle.
I. muffle [mʌfl] *vb* indhylle *(fx -d in silk);* omvikle for at dæmpe lyden *(fx oars);* dæmpe *(fx a -d sound);* ~ *up* indhylle, indsvøbe, 'pakke ind' *(fx* ~ *yourself up well against the cold); a -d figure (ogs)* en formummet skikkelse.
II. muffle [mʌfl] *sb* jorddækning; (i keramisk ovn) muffel; (= ~ *furnace)* muffelovn.
muffler ['mʌflə] *sb* halstørklæde; *(tekn)* lyddæmper, lydpotte; (i klaver) dæmper.
mufti ['mʌfti] *sb* mufti (ɔ: muhamedansk retslærd); civilt tøj; *in* ~ civilklædt, i civil.
I. mug [mʌg] *sb* krus, *(mar)* mugge; S fjæs, ansigt; mund; tosse, fæ; *vb* skære ansigter; fotografere (til forbryderalbum); S tage kvælertag på bagfra, slå ned (som led i røveri); *two -s can play at that game* S *(omtr* =) hvis du slår, så slår jeg igen; *it is a mug's game* S det er det rene pip, det får du *(etc)* ikke spor ud af.
II. mug [mʌg] T *sb* slider, boger; *vb* slide med (for at lære); slide i det, pukle; ~ *up* slide med for at finde ud af (, lære); ~ *up on* læse over på, sætte sig ind i; ~ *up a subject* læse et fag op (før eksamen).
mugger ['mʌgə] *sb zo* indisk krokodille; S røver (der tager kvælertag), voldsmand.
mugging ['mʌgiŋ] *sb* røverisk overfald.
muggins ['mʌginz] *sb* S fjols, tåbe; jeg fjols.
muggy ['mʌgi] *adj* fugtig, lummer(varm), tung.
mughouse ['mʌghaus] *sb* knejpe, snask.
mug's game, se *I. mug.*
mugwort ['mʌgwə:t] *sb (bot)* gråbynke.
mugwump ['mʌgwʌmp] *sb (am* S) politisk løsgænger, en der holder sig fra partipolitik.
Muhammad [mə'hæməd] Muhamed. **Muhammadan** [mə'hæmədən] *sb* muhamedaner; *adj* muhamedansk.
mulatto [mju'lætəu] *sb* mulat.
mulberry ['mʌlb(ə)ri] *sb (bot)* morbær; morbærtræ; morbærfarve.
mulch [mʌl(t)ʃ] *sb* dækningsmateriale (halm *etc)* for at hindre udtørring af jord; jorddækning; *vb* dække med sådant materiale.
mulct [mʌlkt] *sb* bøde, mulkt; *vb* mulktere; ~ *sby (in) £10* idømme én en bøde på £10; ~ *of* bedrage for, berøve, plyndre for.
mule [mju:l] *sb zo* muldyr; *(fig)* bastard, blanding; stædig person; (fodtøj:) tøffel uden bagkappe, *-s pl (omtr)* smutters; (i tekstilfabr) mulemaskine (slags spindemaskine); S narkohandler; narkosmugler; *as obstinate as a* ~ så stædig som et æsel.
muleteer [mju:li'tiə] *sb* muldyrdriver.
mulish ['mju:liʃ] *adj* muldyragtig; stædig.
I. mull [mʌl] *sb: make a* ~ *of* forkludre, spolere; ~ *over* S spekulere *(el.* gruble) over.
II. mull [mʌl] *sb* (om stof) moll; *(bogb)* (hæfte)gaze, jaconet.
III. mull [mʌl] *vb* opvarme og krydre (øl, vin); *-ed wine* afbrændt vin, kryddervin; (svarer *omtr* til) gløgg.
IV. mull [mʌl] *sb* (på skotsk) pynt, forbjerg.
mullein ['mʌlin] *sb (bot)* kongelys.
mullet ['mʌlit] *sb zo: grey* ~ multe; *red* ~ (gulstribet) mulle.
mulligatawny [mʌligə'tɔ:ni] *sb* (stærkt krydret karrysuppe).
mulligrubs ['mʌligrʌbz] *sb pl* T nedtrykthed, surmuleri; mavekneb.
mullion ['mʌljən] *sb* vinduespost (lodret og især af sten), midterpost.
mullock ['mʌlək] *sb* affald (fra guldudvinding).
multi- ['mʌlti] mange-, fler-.
multi|-engined flermotoret. **-farious** [-'fɛəriəs] *adj* mangeartet. **-form** mangeartet. **-lateral** [-'lætərəl] flersidig *(fx treaty);* mangesidet, mangesidig. **-lingual** [-'liŋgjuəl] flersproget. **-millionaire** [-miljə'nɛə] mangemillionær. **-national** [-'næʃn(ə)l] *adj* multinational; *sb* multinationalt selskab. **-nucleate** [-'nju:kliət] *adj (biol)* flerkernet. **-partite** [-'pa:tait] *adj* flersidig. **-party** *adj* flerparti-.
multiple ['mʌltipl] *adj* mangeartet *(fx interests),* mangfoldig; *sb* mangefold; *least (el. lowest) common* ~ mindste fælles fold; ~ *(car) crash* harmonikasammenstød.
multiple-choice test flervalgsopgave (hvor man skal udpege det rigtige svar blandt flere opgivne).
multiple| expansion engine flergangsmaskine. ~ **fruit** *(bot)* samfrugt. ~ **grid valve** flergitterrør. ~ **shop** kædeforretning. ~ **sclerosis** *(med.)* dissemineret sklerose. ~ **store** kædeforretning.
multiplex ['mʌltipleks] *adj* mangfoldig.
multiplicand [mʌltipli'kænd] *sb (mat.)* multiplikand.
multiplication [mʌltipli'keiʃn] *sb* mangfoldiggørelse; forøgelse; *(mat.)* multiplikation; ~ *sign* multiplikationstegn.
multiplicity [mʌlti'plisiti] *sb* mangfoldighed.
multiplier ['mʌltiplaiə] *sb* multiplikator.
I. multiply ['mʌltiplai] *vb* forøge *(fx one's efforts),* mangedoble, mangfoldiggøre; formere sig *(fx mice* ~ *rapidly); (mat.)* multiplicere, gange *(by* med).
II. multiply ['mʌltipli] *adv* mangfoldigt.
multi|racial ['mʌlti'reiʃl] *adj* flerrace- *(fx society).* **-stage** ['mʌlti'steidʒ] *adj* flertrins- *(fx compressor, rocket).* **-storey** *adj* fleretages; *-storey carpark* parkeringshus.
multitude ['mʌltitju:d] *sb* mængde, masse, mangfoldighed; *the* ~ den store hob; *charity covers a* ~ *of sins* (bibelcitat) kærlighed skjuler en mangfoldighed af synder.
multitudinous [mʌlti'tju:dinəs] *adj* talrig, mangfoldig; masse-; uhyre stor.
I. mum [mʌm] *interj* stille; hyss; *keep* ~ *about it (el. mum's the word)* sig det ikke til nogen!
II. mum [mʌm] *sb* mumme (en ølsort).
III. mum [mʌm] *vb* gøgle, spille pantomime.

IV. mum [məm] *sb (vulg)* frue; [mʌm] (i barnesprog) mor.
V. mum [mʌm] *sb* chrysantemum.
mumble ['mʌmbl] *vb* mumle; fremmumle; gumle (på); *sb* mumlen.
mumbo-jumbo ['mʌmbəu 'dʒʌmbəu] *sb* afgud; hokuspokus; volapyk.
mummer ['mʌmə] *sb* skuespiller (i pantomime).
mummery ['mʌməri] *sb* gøgl, pantomime, maskeradeoptog; *(fig)* tomt komediespil, narrespil, mummespil.
mummify ['mʌmifai] *vb* mumificere, balsamere; blive mumificeret; tørre ind.
I. mummy ['mʌmi] *sb* mumie.
II. mummy ['mʌmi] *sb* (i barnesprog) mor.
mumps [mʌmps] *sb (med.)* fåresyge; surmuleri.
munch [mʌn(t)ʃ] *vb* gumle, tygge, gnaske.
mundane ['mʌndein] *adj* verdens-, verdslig, jordisk; jordbunden, prosaisk, hverdagsagtig; triviel.
mungoose = *mongoose.*
Munich ['mju:nik] München; *the ~ Agreement (el. Pact)* Münchenaftalen (1938).
municipal [mju'nisipl] *adj* kommunal, by-; *~ town* købstad.
municipality [mjunisi'pæliti] *sb* kommune; kommunal myndighed, magistrat.
munificence [mju'nifisns] *sb* gavmildhed, rundhåndethed.
munificent [mju'nifisnt] *adj* gavmild, rundhåndet.
muniments ['mju:nimənts] *sb pl (jur)* adkomstdokumenter.
munition [mju'niʃn] *vb* forsyne med ammunition.
munitions [mju'niʃnz] *sb pl* krigsmateriel; våben, ammunition og anden udrustning.
munnion ['mʌnjən], se *mullion.*
munt [mʌnt] *sb* (i Sydafrika; *neds* S) nigger.
mural ['mjuər(ə)l] *sb* vægmaleri, fresko; *adj* mur-, væg-; *~ crown (her.)* murkrone; *~ painting* vægmaleri, fresko.
murder ['mə:də] *sb* mord; *vb* myrde; *(fig)* maltraktere, mishandle, radbrække (sprog *etc*); *it was ~ (fig)* T det var dødsensfarligt; det var rædselsfuldt; *he is ~ (am)* S han er skrap; *he can get away with ~* han kan tillade sig alt (og slippe godt fra det); *~ will out* S enhver forbrydelse bliver opdaget før eller senere; alt kommer for en dag; *the ~ is out* hemmeligheden er røbet, mysteriet er opklaret.
murderer ['mə:dərə] *sb* morder.
murderess ['mə:dərəs] *sb* morderske.
murderous ['mə:d(ə)rəs] *adj* morderisk; mord- *(fx weapon);* blodtørstig; dræbende; T frygtelig, utålelig *(fx heat).*
muriatic acid [mjuəri'ætik 'æsid] saltsyre.
murk [mə:k] *sb (litt)* mørke.
murky ['mə:ki] *adj* mørk, skummel.
murmur ['mə:mə] *vb* mumle; fremmumle, sige lavmælt (el. sagte); *(fig:* protestere) knurre *(at, against* over); (om vandløb) risle, bruse, (om vind) suse; *sb* mumlen, knurren, rislen, brusen, susen; *(med.)* (hjerte)mislyd; *he paid without a ~* han betalte uden at kny.
murmurous ['mə:m(ə)rəs] *adj (cf murmur)* mumlende, knurrende, rislende, brusende, susende.
murmur vowel *(fon)* mumlevokal.
murphy ['mə:fi] *sb* S kartoffel.
murrain ['mʌrən] *sb* kvægpest.
mus. *fk music*
muscadel [mʌskə'del], **muscatel** [mʌskə'tel] *sb* muskatvin, muskateller; muskatellerdrue.
muscle ['mʌsl] *sb* muskel; muskler, muskelkraft; styrke; *vb: ~ in on* mase sig ind på; (se *ogs flex).*
muscle-bound *adj* stiv i musklerne, overtrænet.
Muscovite ['mʌskəvait] *(glds) sb* moskovit, russer; *adj* russisk; *~ glass* marieglas.
Muscovy ['mʌskəvi] *(glds)* Rusland.
muscovy duck *zo* moskusand.
muscular ['mʌskjulə] *adj* muskuløs; muskel-; *~ dystrophy* muskelsvind.
I. Muse [mju:z] *sb* muse (gudinde).
II. muse [mju:z] *vb* gruble, grunde, fundere, spekulere *(upon, over* over); *-ing* (også) tankefuld; *sb (glds): lost in a ~* i dybe tanker.
museum [mju'ziəm] *sb* museum.
museum piece museumsgenstand; *(fig ogs)* oldsag.
I. mush [mʌʃ] *sb* blød masse; (majs)grød; T sentimentalitet; S kæft, fjæs.
II. mush [mʌʃ] *sb* tur med hundeslæde; *vb* køre med hundeslæde.
mushroom ['mʌʃrum] *sb* svamp, paddehat; champignon; *adj* svampeagtig; *(fig)* hastig opvokset *(fx ~ suburb); vb* plukke svampe; *(fig)* skyde op som paddehat(te); brede sig hastigt; antage form som en paddehat; *go -ing* tage på svampetur.
mushy ['mʌʃi] *adj* grødagtig, blød som grød; T sentimental, rørstrømsk.
music ['mju:zik] *sb* musik; noder; *piece of ~* musikstykke; *play from ~* spille efter noder; *sheet of ~* nodeblad; *face the ~,* se *II. face; set a poem to ~* sætte musik til et digt.
musical ['mju:zikl] *sb* musical, operettefilm; *adj* musikalsk; melodisk *(fx voice);* musik-.
musical| box spilledåse. *~* **chairs** 'Jerusalem brænder' (selskabsleg). *~* **comedy** se *musical.*
musicale [mjuzi'ka:l] *sb* musikaften, koncert i privat hjem.
musical glasses glasharmonika.
musicality [mjuzi'kæliti] *sb* musikalitet.
musical score partitur.
music| book nodebog. *~* **box** *(am)* spilledåse. *~* **case** nodemappe. *~* **centre** musikanlæg (med pladespiller, radio og kassettebåndoptager bygget sammen). *~* **hall** varieté.
musician [mju'ziʃn] *sb* musiker, komponist, musikkyndig.
musico|logist [mju:zi'kɔlədʒist] *sb* musikolog, **-logy** [-'kɔlədʒi] *sb* musikologi, musikvidenskab.
music| paper nodepapir. *~* **reading** nodelæsning. *~* **rest** nodestol. *~* **stand** nodestativ. *~* **stool** klaverstol.
musk [mʌsk] *sb* moskus.
musk| deer moskushjort. *~* **duck** *zo* bisamand.
muskellunge ['mʌskəlʌndʒ] *sb zo (am)* muskellunge (geddeart).
musket ['mʌskit] *sb* gevær, musket.
musketeer [mʌski'tiə] *sb* musketer.
musketry ['mʌskitri] *sb* geværskydning; geværild; *school of ~* skydeskole.
musk| melon *(bot)* muskatmelon. *~* **ox** moskusokse. **-rat** bisamrotte. *~* **rose** moskusrose. *~* **seed** desmerkorn.
musky ['mʌski] *adj* moskusagtig, moskusduftende.
Muslim ['muslim; mʌzlim] *sb* muhamedaner; *adj* muhamedansk.
muslin ['mʌzlin] *sb* musselin.
musquash ['mʌskwɔʃ] *sb* bisamrotte; bisamskind.
muss [mʌs] *(am)* T *sb* virvar, rod; ballade; *vb* lave rod i; *-ed up* rodet, krøllet, pjusket.
mussel [mʌsl] *sb zo* blåmusling; ferskvandsmusling.
Mussulman ['mʌslmən] *sb* muselmand, muhamedaner; *adj* muhamedansk.
I. must [mʌst, (ubetonet) məs(t)] *vb (præt must)* må, måtte (nødvendigvis); skal (, skulle) absolut; er (, var) nødt til; *sb* absolut nødvendighed; livsbetingelse; noget man ikke kommer uden om (, ikke må gå glip af) *(fx this book is a ~); ~ you go?* skal du absolut gå? *if you ~ know* hvis du endelig vil vide det.

II. must [mʌst] *sb* ugæret druesaft, most.
III. must [mʌst] *adj* gal, rasende; *sb* rasende elefant; vildskab, (hanelefants) raseri.
IV. must [mʌst] *sb* skimmel, mug.
mustache [mu'sta:ʃ], **mustachio** [-əu] = *moustache.*
mustang ['mʌstæŋ] *sb* mustang, halvvild præriehest.
mustard ['mʌstəd] *sb* sennep; *keen as* ~ meget ivrig; fyr og flamme; vældig skrap.
mustard| gas sennepsgas. ~ **plaster** sennepsplaster. ~ ~ **seed** sennepskorn.
muster ['mʌstə] *vb* mønstre, samle; opdrive *(fx I cannot ~ fifty pence); sb* mønstring, revy; mandskabsrulle; ~ *in (am mil.)* indrullere, hverve, indkalde; ~ *out (am mil.)* hjemsende; ~ *up* opbyde, samle; ~ *all one's strength* opbyde alle sine kræfter; *pass* ~, se *I. pass.*
muster| book, ~ **roll** *(mar)* bemandingsliste, mandskabsfortegnelse, mandskabsrulle; *(mil.)* styrkeliste.
musty ['mʌsti] *adj* muggen; *(fig)* forældet, umoderne.
mutability [mju:tə'biləti] *sb* foranderlighed, ustadighed.
mutable ['mju:təbl] *adj* foranderlig, omskiftelig, skiftende; ustadig.
mutant ['mju:tənt] *sb (biol)* mutant (ny form opstået ved mutation).
mutation [mju'teiʃn] *sb* forandring, omskiftelse; *(biol)* mutation; *(gram)* omlyd.
I. mute [mju:t] *adj* stum; *sb* stum person; døvstum; *(teat)* statist; (ved begravelse) bedemands medhjælper; *(fon)* stumt bogstav; *(mus.)* sordin, dæmper; *vb* dæmpe.
II. mute [mju:t] *sb* fugleskarn; *vb* (om fugle) klatte.
mute swan *zo* knopsvane.
mutilate ['mju:tileit] *vb* lemlæste; skamfere.
mutilation [mju:ti'leiʃn] *sb* lemlæstelse, skamfering.
mutineer [mju:ti'niə] *sb* mytterist, deltager i mytteri; *vb* gøre mytteri.
mutinous ['mju:tinəs] *adj* oprørsk.
mutiny ['mju:tini] *sb* mytteri; *vb* gøre mytteri; *raise a* ~ anstifte mytteri.
mutism ['mju:tizm] *sb* stumhed.
mutt [mʌt] *sb* S fjols, skvat.
mutter ['mʌtə] *vb* mumle vredt; brumme; fremmumle; (om torden) rumle; *sb* (vred) mumlen; brummen, rumlen.
mutton [mʌtn] *sb* fårekød, bedekød; *dead as* ~ stendød; død som en sild; ~ *dressed as lamb* T (moden dame der prøver på at komme til at se ung ud).
muttonchop ['mʌtn'tʃɔp] *sb (omtr)* lammekotelet; *-s pl,* ~ *whiskers* rundt afklippede bakkenbarter.
mutton|fist tyk, rød næve. **-head** *sb* kødhoved, dumrian. **-headed** *adj* dum.
mutual ['mju:tʃuəl] *adj* gensidig, indbyrdes; fælles *(fx our ~ friend);* ~ *admiration society* roseklub.
mutuality [mju:tju'æliti] *sb* gensidighed.
muumuu ['mu:mu:] *sb* (lang, spraglet hawaiiansk kjole).
I. muzzle [mʌzl] *sb* mule *(fx of a horse),* snude; (til hund) mundkurv; (på skydevåben) mundingsstykke, munding.
II. muzzle [mʌzl] *vb* give mundkurv på, *(fig ogs)* lukke munden på; afskære *(fx criticism); (mar)* tage (sejl) ind.
muzzle-loader forlader (om gevær, kanon).
muzzler ['mʌzlə] *sb* (i boksning) slag på munden; *(mar)* modvind.
muzzle velocity *(mil.)* mundingshastighed; udgangshastighed.
muzzy ['mʌzi] *adj* omtåget, sløv, forvirret.
M. V. *fk motor vessel; muzzle velocity.*
M. V. O. *fk Member of the Royal Victorian Order.*
Mx. *fk Middlesex.*
my [mai] *pron* min, mit, mine; *my!* ih, du store; *Oh my!* men dog!
mycelium [mai'si:ljəm] *sb (bot)* mycelium.
Mycenae [mai'si:ni] *(hist.)* Mykenae.
Mycenaean [maisi'ni:ən] *(hist.) sb* mykener; *adj* mykensk.
mycology [mai'kɔlədʒi] *sb* mykologi, svampelære.
myelin ['maiəlin] *sb* marvskede.
myna(h) ['mainə] *sb* beostær.
mynheer [main'hiə] *sb* hollænder.
myopia [mai'əupiə] *sb* nærsynethed.
myopic [mai'ɔpik] *adj* nærsynet.
myosotis [maiə'səutis] *sb (bot)* forglemmigej.
myriad ['miriəd] *sb* myriade; utal; *adj* talløs, utallig.
myriapod ['miriəpɔd] *sb zo* tusindben.
myrmidon ['mə:mid(ə)n] *sb* følgesvend, håndlanger.
myrrh [mə:] *sb* myrra.
myrtle [mə:tl] *sb (bot)* myrte.
myself [mai'self] *pron* jeg (, mig) selv, selv; (refleksivt) mig; (se *exx* under *himself).*
mysterious [mi'stiəriəs] *adj* hemmelighedsfuld, mystisk, gådefuld.
mystery ['mist(ə)ri] *sb* mysterium, hemmelighed, gåde; hemmelighedsfuldhed, mystik; *(hist.)* mysterieskuespil; *make a ~ of* indhylle i mystik; *the ~ of the thing* det mystiske ved sagen.
mystery| play *(hist.)* mysterieskuespil. ~ **religion** mysteriereligion. ~ **ship** armeret handelsskib, camoufleret krigsskib. ~ **train** '(ud i det) blå tog'.
mystic ['mistik] *adj* mystisk, hemmelighedsfuld; *sb* mystiker. **mystical** ['mistikl] *adj* mystisk.
mysticism ['mistisizm] *sb (rel)* mystik, mysticisme.
mystification [mistifi'keiʃn] *sb* mystifikation.
mystify ['mistifai] *vb* mystificere.
mystique [mi'sti:k] *sb: the ~ of sth* det skær af mystik som omgiver noget.
myth [miθ] *sb* myte. **mythic(al)** ['miθik(l)] *adj* mytisk.
mythological [miθə'lɔdʒikl] *adj* mytologisk.
mythologist [mi'θɔlədʒist] *sb* mytolog.
mythology [mi'θɔlədʒi] *sb* mytologi.
myxoedema [miksi:'di:mə] *sb (med.)* myxødem.
myxomatosis [miksəmə'təusis] *sb* myxomatosis (smitsom sygdom hos kaniner).

N

N [en].
N. *fk New; North, Northern.*
n. *fk neuter; noon; noun; number.*
Na. *fk Nebraska.*
N.A.A.C.P. *fk (am) National Association for the Advancement of Coloured People.*
Naafi, NAAFI *fk Navy, Army, Air Force Institutes (omtr* = soldaterhjem).
nab [næb] *vb* S snuppe, nappe; arrestere.
nabob ['neibɔb] *sb (glds)* nabob; statholder; rigmand (som berigede sig i Indien).
nacelle [nə'sel] *sb* motorgondol; (til luftskib) gondol.
nacre ['neikə] *sb* perlemor.
nacreous ['neikriəs] *adj* perlemors-.
nadir ['neidiə] *sb (astr)* nadir; *(fig)* lavpunkt, laveste punkt.
naff [næf] *vb:* ~ *off!* skrub af!
I. nag [næg] *sb* lille hest, pony; *(neds)* krikke, øg.
II. nag [næg] *vb:* ~ *(at)* (ustandselig) skænde på; hakke på, stikke til; plage; *sb* skænden, hakken på; *-ging (ogs)* nagende *(fx fear),* (om smerte *ogs)* murrende.
nagger ['nægə] *sb* rappenskralde.
naiad ['naiæd] *sb (myt)* najade, vandnymfe.
I. nail [neil] *sb* negl, *zo* klo; (i snedkeri *etc)* søm, (især *rel)* nagle; *as hard as -s* jernhård; i udmærket form; *hit the ~ on the head* ramme hovedet på sømmet; *-s in mourning* 'sørgerand', sorte negle; *that was a ~ in his coffin* det var en pind til hans ligkiste; *pay on the ~* betale straks.
II. nail [neil] *vb* sømme, spire; nagle; beslå med søm; S gribe, snuppe; skyde, pløkke; afsløre *(fx a lie); ~ down* sømme fast; *(fig)* afgøre endeligt, sikre *(fx that contract will ~ down their agreement); ~ sby down to a promise* holde en fast ved et løfte; ~ *on to* sømme fast på; ~ *one's colours to the mast* fastholde sit standpunkt, ikke ville give sig (, kapitulere); ~ *up* tilspigre; sømme til.
nail| **brush** neglebørste. ~ **file** neglefil. ~ **polish** neglelak. ~ **puller** sømudtrækker. ~ **scissors** *pl* neglesaks. ~ **set** dyknagle. ~ **varnish** neglelak.
naïve [na:'i:v] *adj* naiv, troskyldig; naturlig; ligefrem.
naiveté [na:'i:vtei], **naivety** [na:'i:vti] *sb* naivitet; naturlighed.
naked ['neikid] *adj* nøgen, blottet, bar; *(fig)* nøgen *(fx facts, truth);* utilsløret; *the ~ eye* det blotte øje; *~ light* åbent (, uafskærmet) lys; ~ *sword* draget sværd.
nakedness *sb* nøgenhed; (bibelsk:) blusel.
Nam = *Vietnam.*
namable ['neiməbl] *adj* nævneværdig.
namby-pamby ['næmbi'pæmbi] *adj* affekteret, sentimental; *sb* sentimentalt sludder; sentimental person; blødagtig person.
I. name [neim] *sb* navn; betegnelse, benævnelse; rygte, ry, berømmelse;
(forskellige *forb) call sby -s* skælde én ud; *give it a ~* T hvad skal det være (ↄ: hvad vil du have at drikke); *have a ~ for* have ry *(el.* ord) for; *have the ~ of being a miser* have ord for at være en gnier; *keep one's ~ on the books* vedblive at være medlem; *lend one's ~ to* lægge navn til; *make one's ~, make a ~ for oneself* skabe sig et navn; *his ~ is mud,* se *mud; put one's ~ down* indmelde sig, indskrive sig *(for* til); tegne sig *(for* for); *send in one's ~* lade sig melde; *take one's ~ off the books* ophøre med at være medlem, melde sig ud;
(forb med *præp)* **by** ~, *by the ~ of* ved navn; *go by (el. under) the ~ of* gå under navnet; *know by ~* kende af navn; kende ved navn; **in** ~ *only* kun af navn; *what's in a ~?* hvad gør navnet til sagen? *what in the ~ of fortune?* hvad i alverden? *the ~* **of** *the game,* se *game; a man of ~* en berømt mand; *of the ~ of* ved navn; *he has not got a penny* **to** *his ~* han ejer ikke en rød øre.
II. name [neim] *vb* nævne (ved navn); give navn, opkalde *(after, (am) for* efter); udnævne *(for* til); bestemme *(fx you may ~ your weapon); (parl)* kalde til orden; *~ the day* bestemme bryllupsdagen; *you ~ it, they have it* der er ikke den ting de ikke har; *gold, diamonds, you ~ it ...* hvad som helst; ... alt muligt.
III. name [neim] (brugt som *adj)* navne- *(fx sign);* T kendt, berømt.
nameable ['neiməbl] *adj* nævneværdig, som kan nævnes.
name| **brand** mærkevare. ~**-calling** (det at bruge) skældsord. ~ **day** navnedag. ~**-dropping** (det at nævne navne på kendte personer for at antyde at man kender dem personligt).
nameless ['neimləs] *adj* navnløs; anonym, ukendt; unævnelig *(fx crimes); a man who must be ~* en mand hvis navn jeg ikke har lov til at røbe.
namely ['neimli] *adv* nemlig.
name| **part** titelrolle. **-sake** ['neimseik] *sb* navnebror. ~ **tape** navnebånd (til at sy i tøj).
nana ['nænə] *sb* T bedstemor.
nance [næns] *sb* S = *nancy.*
I. Nancy ['nænsi].
II. nancy ['nænsi] *sb* S homoseksuel, bøsse.
nankeen [næŋ'ki:n] *sb* nankin; *-s pl* nankinsbukser.
nanny ['næni] *sb* barnepige; (i barnesprog:) bedste(mor). **nanny goat** hunged.
I. nap [næp] *sb* lur, lille blund, skraber; *vb* blunde, sove; *have a ~ after dinner* tage sig en middagslur; *catch sby -ping* overrumple en; komme bag på en.
II. nap [næp] *sb* luv (på tøj).
III. nap [næp] *sb* (navn på et kortspil); godt tip; *vb* tippe som vinder; *go ~ on* T sætte alt ind på.
napalm ['neipa:m, 'næpa:m] *sb* napalm, benzingelé (brugt i bomber).
nape [neip] *sb* nakke; ~ *of the neck* nakke.
napery ['neipəri] *sb (glds)* dækketøj.
naphtha ['næfθə, 'næpθə] *sb* nafta.
naphthalene ['næfθəli:n, 'næpθəli:n] *sb* naftalin.
napkin ['næpkin] *sb* serviet; ble; *(sanitary ~)* menstruationsbind.
napkin ring servietring.
Naples [neiplz] Napoli.
Napoleon [nə'pəuljən].
Napoleonic [nəpəuli'ɔnik] *adj* napoleonisk, Napoleons-.
napoo [na:'pu:] *adj, interj* S *(mil.)* færdig, forbi, nytter ikke.
I. nappy ['næpi] *adj* forsynet med luv; (om drik) stærk.
II. nappy ['næpi] *sb* ble.
narc [na:k] *sb (am* S) opdager fra narkotikapolitiet.

narcissism ['na:sisizm] *sb* narcissisme.
narciss|us [na:'sisəs] *sb (pl -i* [-ai], *-uses) (bot)* narcis; pinselilje.
narcosis [na:'kəusis] *sb* bedøvelse, bedøvelsestilstand.
narcotic [na:'kɔtik] *adj* bedøvende, narkotisk; *sb* bedøvende middel; *-s pl* narkotika. **narcotism** ['na:kətizm] *sb* bedøvelse. **narcotize** ['na:kətaiz] *sb* bedøve.
narghile ['na:gili] *sb* tyrkisk vandpibe.
I. nark [na:k] S *sb* stikker; angiver; *vb* stikke, angive; (se *ogs narc).*
II. nark [na:k] *vb* T irritere.
narrate [næ'reit] *vb* fortælle, berette.
narration [næ'reiʃn] *sb* fortælling.
narrative ['nærətiv] *adj* fortællende, berettende; *sb* fortælling, beretning.
narrator [næ'reitə] *sb* fortæller; beretter.
I. narrow ['nærəu] *vb* indsnævre; indsnævres; ~ *down* indskrænke, sammentrække.
II. narrow ['nærəu] *adj* snæver, smal, trang, lille, kneben *(fx majority* flertal; *victory);* snæversynet; smålig; nøje *(fx examination* undersøgelse); ~ *circumstances* trange kår; *have a ~ escape (el. shave)* slippe fra det med nød og næppe; *it was a ~ escape* det kneb; det var på et hængende hår; det var tæt på; ~ *gauge* smal sporvidde.
narrow-gauge ['nærəugeidʒ] *adj* smalsporet.
narrow-hearted ['nærəuha:tid] *adj* snæverhjertet.
narrowly ['nærəuli] *adj* snævert, knebent, med nød og næppe; nøje *(fx look ~ at it); she ~ escaped drowning* hun var lige ved at drukne.
narrow-minded ['nærəu'maindid] *adj* smålig, snæversynet, bornert.
narrows ['nærəuz] *sb pl* snævring, snævert farvand, snævert stræde; *the Narrows (geogr)* (strædet mellem *Staten Island* og *Long Island).*
narwhal ['na:w(ə)l] *sb zo* narhval.
NASA *fk (am) National Aeronautic and Space Administration.*
nasal [neizl] *adj* næse-, nasal; *sb (fon)* nasal, næselyd; ~ *twang* snøvlen. **nasalize** ['neiz(ə)laiz] *vb* nasalere.
nascency ['næsnsi] *sb* tilblivelse(sstadium), oprindelse; fødsel. **nascent** [næsnt] *adj* begyndende, spirende, opdukkende.
Naseby ['neizbi].
nasturtium [nə'stə:ʃəm] *sb (bot)* nasturtium.
I. nasty ['na:sti] *adj* ækel, væmmelig, modbydelig *(fx taste);* grim, styg *(fx sight);* ubehagelig *(fx he was very ~);* gemen *(fx trick);* griset, uhumsk, uanstændig; *that dog has a ~ temper* den hund er ondskabsfuld; *a ~ piece of work* en grim streg; T en kedelig ka'l.
II. nasty ['na:sti] *sb* T afskyelig person (, ting); *video nasties* volds- og uhyggefilm.
natal [neitl] *adj* føde- *(fx place);* fødsels- *(fx day).*
Natal [nə'tæl].
natality [nə'tæliti] *sb* fødsel; fødselsprocent.
natch [nætʃ] *interj* S naturligvis.
nation [neiʃn] *sb* nation, folk, folkeslag.
national ['næʃn(ə)l] *adj* national, national- *(fx bank);* lands- *(fx congress);* folke- *(fx will);* stats- *(fx property* ejendom); patriotisk; landsomfattende; landsdækkende *(fx the ~ dailies, the ~ press); sb* statsborger.
national| anthem nationalsang. ~ **church** statskirke. ~ **debt** statsgæld. ~ **government** national samlingsregering. ~ **guard** *(am. omtr)* hjemmeværn.
National | Health Service *(omtr)* sygesikring. ~ **Insurance** folkeforsikring (ɔ: mod sygdom og arbejdsløshed).
nationalism ['næʃnəlizm] *sb* nationalisme.
nationalist ['næʃnəlist] *sb* nationalist; *adj* nationalistisk.
nationality [næʃ(ə)'næliti] *sb* nationalitet.
nationalization [næʃnəlai'zeiʃ(ə)n] *sb* nationalisering.
nationalize ['næʃnəlaiz] *vb* nationalisere, gøre til statseje.
national| seashore *(am)* fredet strandområde. ~ **service** almindelig værnepligt. ~ **serviceman** værnepligtig.
nationwide ['neiʃnwaid] *adj* landsomfattende, landsdækkende; *adv* over hele landet.
native ['neitiv] *adj* indfødt; føde-, hjem- *(fx district* egn; *town);* hjemlig, national *(fx the Romans had a ~ sculptural art);* hjemmehørende *(to* i, *fx animals ~ to England);* medfødt, naturlig *(fx her ~ modesty);* (om metaller) ren, ublandet, gedigen, nativ *(fx gold); sb* indfødt; indfødt borger *(of* i); indenlandsk plante (, dyr); østers fra østersbanker i engelske farvande;
his ~ Devonshire hans hjemegn *(el.* fødeegn) Devonshire; ~ *country,* ~ *land,* ~ *soil* fædreland, fødeland, fædrene jord; *go ~* begynde at leve som en indfødt; ~ *language* modersmål; *be a ~ of London* være indfødt londoner, være født i London; ~ *prince* indfødt fyrste (især i de tidligere indiske vasalstater).
Native American *sb* indianer; *adj* indiansk.
nativity [nə'tiviti] *sb* fødsel; horoskop; *calculate (el. cast) his ~* stille hans horoskop; *the Nativity* Kristi fødsel; juledag.
NATO ['neitəu] *fk North Atlantic Treaty Organization.*
natron ['neitrən] *sb* kulsurt natron, soda.
natter ['nætə] T *vb* snakke, knevre, plapre; mukke, gøre vrøvl; *sb* snak, sludder.
natty ['næti] *adj* fiks, smart; ferm, flink.
I. natural ['nætʃrəl] *sb* naturtalent; *(mus.)* hvid tangent; node uden fortegn; opløsningstegn; *(glds)* tosse, åndssvag; *he is a ~ for the job* han er som skabt til det arbejde; *never in all my ~* S aldrig i mine livskabte dage.
II. natural ['nætʃrəl] *adj* naturlig; natur- *(fx forces; gas; state* tilstand); medfødt *(fx abilities);* naturfarvet; (om barn) naturlig, illegitim, uægte *(fx his ~ son); (mus.)* som er uden fortegn, i C-dur; *it does not come ~ to me* det falder mig ikke naturligt; *he is a ~ orator* han er den fødte taler; *be a ~ poet* have medfødte digteriske evner, være digter af naturen.
natural|-born fra fødselen, født. ~ **frequency** (radio) egenfrekvens. ~ **history** naturhistorie.
naturalism ['nætʃrəlizm] *sb* naturalisme.
naturalist ['nætʃrəlist] *sb* naturforsker; naturalist.
naturalistic [nætʃrə'listik] *adj* naturalistisk.
naturalization [nætʃrəlai'zeiʃn] *sb* naturalisation.
naturalization papers *pl* statsborgerbrev.
naturalize ['nætʃrəlaiz] *vb* naturalisere; give indfødsret; give statsborgerret; akklimatisere; blive naturaliseret.
naturally ['nætʃrəli] *adv* naturligt; naturligvis; som naturligt er; af naturen, i følge naturens orden; ~ *gifted* veludrustet fra naturens hånd.
natural| monuments *pl* naturskønheder, naturskønne steder. ~ **note** (radio) egentone. ~ **philosopher** *(glds)* fysiker. ~ **philosophy** *(glds)* fysik. ~ **science** naturvidenskab. ~ **selection** naturlig udvælgelse. ~ **wave-length** egenbølgelængde.
nature ['neitʃə] *sb* natur, naturen; art, slags, beskaffenhed; (se også *good nature);*
by ~ af naturen; *draw* **from** ~ tegne efter naturen; *from the ~ of the case* ifølge sagens natur; *be one of Nature's* **gentlemen** have hjertets dannelse; **in** *the ~ of* i retning af, af samme slags som; *in the ~ of things* ifølge tingenes natur; *it has become part* **of** *his ~* det er gået ham i blodet; *call of ~,* se *II. call; in the course of ~* efter naturens gang; *in the order of ~* efter naturens orden; *state of ~* naturtilstand; *in a state of ~ (ogs)* splitternøgen; *pay one's debt* **to** ~ dø.

natur|trail natursti. ~ **study** naturkundskab.
naturist ['neitʃ(ə)rist] *sb* naturist, nudist.
naturopath ['neitʃ(ə)rəpæθ] *sb* naturlæge.
naught [nɔ:t] *(glds)*, se *nought*.
naughty ['nɔ:ti] *adj* uartig.
nausea ['nɔ:siə, *(am)* -ziə, -ʒə] *sb* kvalme, væmmelse; *ad -m* til bevidstløshed, til trivialitet.
nauseate ['nɔ:sieit, *(am)* -zi-, -ʒi-] *vb* fremkalde kvalme hos; fylde med væmmelse.
nauseous ['nɔ:siəs, *(am)* -ʃəs] *adj* kvalmende; væmmelig.
nautch [nɔ:tʃ] *sb* indisk ballet udført af kvinder; ~ *girl* indisk danserinde, dansepige.
nautical ['nɔ:tikl] *adj* nautisk; sø-, sømandsmæssig; ~ *mile* sømil; ~ *table* navigationstabel; ~ *term* sømandsudtryk, maritimt (fag)udtryk.
nautilus ['nɔ:tiləs] *sb zo* nautil, papirsnekke.
naval [neivl] *adj* flåde- *(fx base)*; skibs- *(fx gun)*; sø- *(fx battle; hero)*; ~ *architect* skibskonstruktør; ~ *architecture* skibsbygningskunst; ~ *college, (am:)* ~ *academy* søofficersskole; ~ *dockyard,* ~ *shipyard* orlogsværft; ~ *officer* søofficer.
nave [neiv] *sb* (i kirke) (midter)skib; (i hjul) nav.
navel [neivl] *sb* navle.
navel| orange navelappelsin ~ **string** navlestreng.
navigable ['nævigəbl] *adj* farbar, sejlbar *(fx river)*; styrbar *(fx ship)*.
navigate ['nævigeit] *vb* sejle, besejle, befare; navigere, styre; *(fig)* styre, bugsere, lodse *(fx a Bill through Parliament)*.
navigation [nævi'geiʃn] *sb* sejlads; navigation.
navigation light *(mar)* lanterne; *(flyv)* positionslys.
navigator ['nævigeitə] *sb (mar, flyv)* navigatør; *(glds)* søfarer.
navvy ['nævi] *sb* jord- og betonarbejder, vejarbejder; jernbanearbejder; *(steam ~)* gravemaskine.
navy ['neivi] *sb* flåde; krigsflåde, marine; marineblåt.
navy| blue marineblå(t). ~ **cut** tyndt skåret pladetobak. ~ **yard** orlogsværft.
nay [nei] *adv (glds)* ja, ja endog *(fx this remedy is useless, ~ dangerous)*; *sb* nej, nejstemme; *say sby ~* sige nej til én, modsige én.
Nazarene [næzə'ri:n] *sb* nazaræer.
Nazareth ['næzəriθ].
naze [neiz] *sb* næs.
Nazi ['na:tsi] *sb* nazist; *adj* nazistisk; *the ~ movement* nazismen.
N.B. *fk North Britain* (ɔ: Skotland); *North British; New Brunswick; nota bene.*
N.B.C. *fk National Broadcasting Company.*
N.B.G. *fk no bloody good* S ikke en skid værd.
N.C. *fk North Carolina.*
NCB *fk National Coal Board.*
NCCI *fk National Committee for Commonwealth Immigrants.*
N.C.O. ['ensi:'əu] *fk non-commissioned officer.*
n.d. *fk no date* uden år(stal).
N.D. *fk North Dakota.*
N.E. *fk north-east.*
neap [ni:p] *sb* (om tidevand) nipflod, niptid; *vb* nærme sig niptid.
Neapolitan [niə'pɔlit(ə)n] *adj* neapolitansk; *sb* neapolitaner.
neap tide nipflod, niptid.
I. near [niə] *adv* nær *(to, upon* ved); nær ved; *præp* nærved, i nærheden af; tæt ved, pr. *(fx X-town near (fk nr.) Oxford* X-town pr. Oxford); ~ *by* (lige) i nærheden; *bring ~ (el. nearer) to* nærme; *come (el. draw, get) ~ (el. nearer)* nærme sig; *come ~ (to) being run over* være lige ved at blive kørt over; *it will go ~ to ruining him* det vil næsten ruinere ham.
II. near [niə] *adj* nær, nærliggende; nær, nærstående, kær *(fx friend)*; som berører en stærkt *(fx affairs)*; nøjagtig, som holder sig nær til originalen *(fx translation)*; *(mht* hestekøretøj) nærmer, venstre *(fx horse; side)*; *(neds)* nærig, påholdende; *have a ~ escape (el. shave)* slippe fra det med nød og næppe; *it was a ~ thing* det var nær ved at gå galt, det var tæt på; *~ is my shirt, but -er is my skin* enhver er sig selv nærmest.
III. near [niə] *vb* nærme sig.
near- (som forstavelse) næsten; som ligner; imiteret *(fx near-leather)*; som er lige ved at være *(fx a ~ failure)*.
near-beer *(am)* afholdsøl.
nearby ['niəbai] *adj* nærliggende, tilstødende.
Near East: *the ~* Den nære Orient.
nearly ['niəli] *adv* nær(t) *(fx related* beslægtet); næsten, omtrent *(fx they are ~ identical)*; *it concerns me ~* det berører mig stærkt; *not ~* langt fra; *not ~ so good (ogs)* ikke nær så god.
near miss *(mil.)* bombe som rammer nær nok til at beskadige målet; *it was a ~ (fig)* det var tæt på; det var lige ved.
nearness ['niənis] *sb* nærhed; nært forhold, nært slægtskab; T nærighed.
nearside ['niəsaid] *sb* (af bil) side nærmest vejkanten (i England: venstre side); (af hestevogn) nærmer side; ~ *lane* inderste vognbane.
nearsighted ['niə'saitid] *adj* nærsynet.
I. neat [ni:t] *adj* net, ren; proper *(fx housewife)*; ordentlig, ryddelig *(fx desk)*; pæn, nydelig *(fx dress)*, sirlig *(fx handwriting)*; fiks, elegant *(fx conjuring trick; definition; solution)*; behændig *(fx theft)*; flink, ferm *(fx worker)*; *(am)* dejlig, „lækker"; (om stof *etc*) ren *(fx silk)*, (om drik) ren, ublandet; *a whisky ~* en tør whisky (ɔ: uden vand).
II. neat [ni:t] *sb (glds)* kvæg, hornkvæg.
'neath [ni:θ] *præp (poet)* under.
neat-handed ['ni:t'hændid] *adj* behændig.
neat-herd ['ni:thə:d] *sb (glds)* kvæghyrde.
neatness ['ni:tnis] *sb* nethed *etc* (se *I. neat)*; (i skole) orden.
neat's|-foot oil klovolie. ~ **tongue** oksetunge.
I. neb [neb] *sb* næb, tud; spids.
II. Nebr. *fk* **Nebraska** [ni'bræskə].
nebbish ['nebiʃ] *sb (am)* skvat.
nebul|a ['nəbjulə] *sb (pl -ae* [-i:]) tågeplet, stjernetåge; *(anat)* plet på hornhinden.
nebular ['nebjulə] *adj* stjernetåge-.
nebulosity [nebju'lɔsiti] *sb* tågethed.
nebulous ['nebjuləs] *adj* tåget; uklar; skyet.
necessarily ['nesəsrili, nesə'serili] *adv* nødvendigvis.
necessary ['nesəsri, -seri] *adj* nødvendig *(to* for); fornøden; *sb* fornødenhed; *if ~* om fornødent; til nød; *necessaries of life* livsfornødenheder; *they lack the very necessaries of life* de mangler endog det allernødvendigste.
necessitarian [nisesi'tɛəriən] *sb* determinist; *adj* deterministisk.
necessitate [ni'sesiteit] *sb* nødvendiggøre.
necessitous [ni'sesitəs] *adj* nødlidende, fattig, trængende.
necessity [ni'sesiti] *sb* nødvendighed; fornødenhed, nødvendighedsartikel; nød, trang;
~ knows no law nød bryder alle love; *~ is the mother of invention* nød lærer nøgen kvinde at spinde; *there is no ~ to* det er ikke nødvendigt at; *of ~* nødvendigvis; *only in case of ~* kun i nødstilfælde *(el.* nødsfald); *make a virtue of ~* gøre en dyd af nødvendigheden; *be under the ~ of* være tvunget til, se sig nødsaget til.
I. neck [nek] *sb* hals, (på kjole) halsudskæring; (af kød) halsstykke; *(geogr)* landtange; S frækhed;
break *one's ~* brække halsen; *he broke his ~ to help*

her (fig) T han stod på hovedet for at hjælpe hende; *break the ~ of it* få det værste (af det) overstået; *~ and* **crop** med hud og hår, helt og holdent; *you'll* **get it in** *the ~* T du får en ordentlig omgang; du får kærligheden at føle; *~ and* **neck** side om side, på linje, ganske lige, ganske jævnbyrdig; *~ or* **nothing** koste hvad det vil; *it is ~ or nothing* det er knald eller fald; *he is a* **pain in** *the ~* T han er en prøvelse; han er en plage for sine omgivelser; **save** *one's ~* redde livet, redde sig; **stick** *one's ~ out* T vove sig (for langt) frem; stikke snuden frem; udsætte sig for ubehageligheder; **stiff** ~ halsstarrighed; **win by** *a ~* vinde med en halslængde.

II. neck [nek] *vb* T kæle intimt for *(el.* med); kæle (for hinanden).

neckband ['nekbænd] *sb* halslinning.

neckerchief ['nekətʃif] *sb (glds)* halstørklæde.

necking ['nekiŋ] *sb* T kæleri; (på søjle) halsled.

neck|lace ['nekləs] halsbånd. **-let** ['neklət] halsbånd; boa. **-tie** slips. **-wear** halstørklæder, slips og flipper.

necro|mancer ['nekrəmænsə] *sb* åndemaner, troldmand. **-mancy** ['nekrəmænsi] *sb* åndemanen, trolddom. **-mantic** [nekrə'mæntik] *adj* trolddoms-.

necropolis [ne'krɔpəlis] *sb* (stor) begravelsesplads.

necrosis [ne'krəusis] *sb (med.)* nekrose, vævshenfald.

nectar ['nektə] *sb (myt)* nektar, *(fig ogs)* gudedrik; (i blomst) nektar, honning.

nectareous [nek'tɛəriəs] *adj* nektarsød, liflig.

nectarine ['nekt(ə)rin] *sb (bot)* nektarin (art fersken).

nectary ['nekt(ə)ri] *sb (bot)* nektarie, honninggemme, honningkirtel.

Ned [ned] (kælenavn:) *Edward, Edmund.*

N.E.D. *fk New English Dictionary.*

Neddy ['nedi] *sb* æsel; (se også *Ned).*

née [nei] *adj* født *(fx Mrs. Smith, née Brown).*

I. need [ni:d] *sb* nød, mangel, trang; savn; behov, brug *(of* for); nødvendighed; *(psyk)* behov; *-s pl (ogs)* fornødenheder *(fx my -s are few);*

at ~ i en nødssituation; *if ~ be* hvis det behøves, i nødsfald; *a friend in ~ is a friend indeed* det er i nøden man skal kende sine venner; *in case of ~* i nødsfald; *in the hour of ~* i nødens stund; *be (, stand) in ~ of, have ~ of* behøve, have nødig; have brug for, trænge til *(fx this flat is in ~ of repair); is there any ~ to hurry?* er det nødvendigt at skynde sig? *there's no ~ for you to go* du behøver ikke at gå.

II. need [ni:d] *vb (præt: needed el. need)* behøve, trænge til; måtte *(fx this -s to be explained in detail);* være nødt til; *(glds)* behøves; *it -ed only this!* det var lige det der manglede!

needful ['ni:df(u)l] *adj (glds)* nødvendig, fornøden; *the ~* det fornødne *(fx I have done the ~);* T (kontante) penge.

I. needle [ni:dl] *sb* **1.** nål; **2.** (sy-, hækle-)nål; strikkepind; **3.** viser (på instrument); **4.** (kompas)nål; **5.** (grammofon)stift; **6.** *(med.)* kanyle; **7.** (bjerg)tinde; spids klippe; **8.** obelisk;

as sharp as a ~ meget skarpsindig, meget kvik, 'vaks', hurtig i opfattelsen; *get the ~* S blive sur (, gal i hovedet) *(to* på); blive nervøs; *give sby the ~* S gøre en sur (, gal i hovedet, nervøs); *be on the ~* S være stiknarkoman, være på sprøjten; (se *ogs I. pin).*

II. needle [ni:dl] *vb* sy (, prikke hul på) med en nål; *(fig)* stikke til, drille; tirre, provokere; *~ one's way through the crowd* forsigtigt bane sig vej *(el.* sno sig frem) gennem mængden.

needle| book nålebog. **~ case** nålehus. **-ful** ende garn. **~ furze, ~ gorse** *(bot)* visse. **~ gun** *(glds)* tændnålsgevær. **~ match** indædt kamp; *it was a ~ match* der bliver ikke givet ved dørene. **-point** nålespids; syet knipling.

needless ['ni:dləs] *adj* unødvendig, unødig; *~ to say* selvfølgelig; det siger sig selv (at).

needle| valve *(tekn)* nåleventil. **-woman** syerske. **-work** håndarbejde, sytøj.

needs [ni:dz] *adv* nødvendigvis, absolut, endelig; *~ must when the devil drives* (ɔ: der er ting man må gøre hvad enten man bryder sig om det eller ej).

needy ['ni:di] *adj* trængende, nødlidende.

ne'er [nɛə] *adv (poet)* aldrig.

ne'er-do-well ['nɛədu(:)wel] *sb* døgenigt.

nefarious [ni'fɛəriəs] *adj* forbryderisk, afskyelig, skændig.

negate [ni'geit] *vb* negere, (be)nægte; ophæve.

negation [ni'geiʃn] *sb* nægtelse, benægtelse; negation.

I. negative ['negətiv] *adj* negativ; nægtende *(fx sentence* sætning), benægtende *(fx answer); maintain a ~ attitude* forholde sig negativ; *~ voice* nejstemme.

II. negative ['negətiv] *sb* benægtelse, afslag; *(fot)* negativ; *(mat.)* negativ størrelse; *(gram.)* nægtende *(el.* negerende) ord; *answer in the ~* svare benægtende; *the answer is in the ~* svaret er benægtende.

III. negative ['negətiv] *vb* forkaste, stemme ned *(fx a Labour amendment was -d);* afslå, sige nej til; modbevise *(fx experience -s the theory);* neutralisere *(fx an acid);* gøre virkningsløs *(fx it -d his efforts).*

neglect [ni'glekt] *vb* forsømme *(fx one's duty);* negligere, tilsidesætte *(fx his advice);* vanrøgte *(fx children); sb* forsømmelse, ligegyldighed *(of* for), efterladenhed; vanrøgt; forsømthed; *fall into ~* blive forsømt; (om ord *etc)* gå af brug; *state of ~* forsømt tilstand; *~ of duty* pligtforsømmelse; *~ to do it* undlade *(el.* forsømme) at gøre det.

neglectful [ni'glektf(u)l] *adj* forsømmelig, ligegyldig.

negligé, negligee ['negliʒei] *sb* negligé, morgendragt, morgenkjole.

negligence ['neglidʒ(ə)ns] *sb* forsømmelighed, skødesløshed; forsømmelse; *(jur)* uagtsomhed.

negligent ['neglidʒ(ə)nt] *adj* forsømmelig, skødesløs, efterladende; *be ~ of* være ligegyldig med, forsømme *(fx he was ~ of his duties).*

negligible ['neglidʒəbl] *adj* som man kan se bort fra, ubetydelig, forsvindende lille.

negotiable [ni'gəuʃəbl] *adj* som der kan forhandles om *(fx this question is not ~); (merk)* negotiabel, omsættelig *(fx cheque, bill);* T som kan klares; farbar *(fx road); ~ instruments* omsætningspapirer.

negotiate [ni'gəuʃieit] *vb* forhandle (om); bringe i stand (ved forhandling) *(fx a treaty);* opnå ved forhandling, forhandle sig frem til, udvirke, afslutte, slutte; *(merk)* afhænde, omsætte; T komme over; klare *(fx a difficult road);* passere; klare sig uden om *(fx pitfalls);* (om mad) sætte til livs; *-d peace* forhandlingsfred.

negotiation [nigəuʃi'eiʃn] *sb* forhandling, underhandling; afslutning (af lån, traktater); salg.

negotiator [ni'gəuʃieitə] *sb* underhandler; forhandler.

negress ['ni:grəs] *sb* negerkvinde, negerinde.

negrillo [ne'griləu] *sb* (afrikansk) pygmæ.

negrito [ne'gri:təu] *sb (pl -es)* polynesisk dværgneger.

negro ['ni:grəu] *sb (pl -es)* neger.

negroid ['ni:grɔid] *sb* negroid, negeragtig.

negus ['ni:gəs] *sb* vintoddy.

neigh [nei] *vb* vrinske; *sb* vrinsken.

neighbour ['neibə] *sb* nabo, naboerske; sidemand, sidekammerat; (i biblen:) næste; *opposite ~* genbo.

neighbourhood ['neibəhud] *sb* naboskab; nabolag, (om)egn; bydel, kvarter, strøg; naboer; nærhed; *in the ~ of £1000* sådan noget som £1000.

neighbouring ['neib(ə)riŋ] *adj* nærliggende, tilgrænsende, nabo- *(fx country, town);* om(kring)liggende, omkringboende.

neighbourly ['neibəli] *adj* omgængelig, elskværdig; nabo-; nabovenlig; *be ~* optræde som en god nabo.

neither ['naiðə, (især *am)* 'ni:ðə] *pron,* ingen (af to), ingen af delene, hverken den ene eller den anden; *conj* (og) heller ikke; *she does not like him, and ~ do I* hun kan ikke lide ham og det kan jeg heller ikke; *~ ... nor* hverken ... eller; *that is ~ here nor there* det har ikke noget med sagen at gøre; det hører ingen steder hjemme; *I am on ~ side* jeg er neutral.
nelly ['neli] *sb: not on your ~!* S du kan tro nej!
nelson [nelsn] *sb* (i brydning): *full ~* hel nelson; *half ~* halv nelson.
nematode ['nemətəud] *sb zo* rundorm.
nem. con. *fk nemine contradicente* enstemmig.
nem. dis. *fk nemine dissentiente* enstemmig; forudsat at ingen stemmer (, siger) imod.
nemesis ['neməsis] *sb* nemesis.
nenuphar ['nenjufa:] *sb (bot)* åkande, nøkkerose.
neo- ['niəu] (forstavelse) neo-, ny- *(fx neo-Fascism).*
neolithic [niəu'liθik] *adj* neolitisk, fra den yngre stenalder; *the ~ age* den yngre stenalder.
neologism [ni'ɔlədʒizm] *sb* (om ord) neologisme, nydannelse.
neon ['ni:ən] *sb* neon; *~ light* neonlys; *~ sign* lysreklame.
neophyte ['niəfait] *sb* nyomvendt; begynder; novice.
Nepal [ni'pɔ:l] Nepal.
nephew ['nevju(:); (især *am)* 'nefju:] sb nevø, brodersøn, søstersøn.
nephrite ['nefrait] *sb (geol)* nefrit, nyresten.
nephritic [ne'fritik] *adj* nyre-.
nephritis [ne'fraitis] *sb (med.)* nyrebetændelse.
nepotism ['nepətizm] *sb* nepotisme, begunstigelse af slægt og venner.
Neptune ['neptju:n] *(myt, astr)* Neptun.
nerd *sb* S dum skid.
nereid ['niəriid] *sb (myt)* nereide, havnymfe.
Nero ['niərəu].
I. nerve [nə:v] *sb* nerve; kraft, fasthed, mod, gode nerver; T frækhed; *(bot)* bladnerve, bladåre, bladstreng; *-s pl (ogs)* nervøsitet; *be all -s* være meget nervøs; *you 'have a ~!* hvor er du fræk; *have the ~ to* have mod til at; T være fræk nok til at; *get on sby's -s* gå en på nerverne, gøre en nervøs; *lose one's ~* blive usikker; tabe modet; *strain every ~* anstrenge sig til det yderste.
II. nerve [nə:v] *vb* styrke, stålsætte, give kraft *(fx her words had -d him for the fight); ~ oneself for* samle mod til.
nerveless ['nə:vləs] *adj* kraftløs, slap.
nerve-racking *adj* som tager hårdt på nerverne, enerverende.
nervine ['nə:vi:n] *adj* nervestyrkende; *sb* nervestyrkende middel.
nervous ['nə:vəs] *adj* nerve- *(fx system);* nervøs, nervesvag; *(glds)* kraftig, kraftfuld; *~ breakdown* nervesammenbrud; *~ strain* nervepres.
nervy ['nə:vi] *adj* T nervøs; S fræk; enerverende.
nescience ['nesiəns] *sb* uvidenhed.
nescient ['nesiənt] *adj* uvidende.
ness [nes] *sb* næs, forbjerg, pynt.
I. nest [nest] *sb* **1.** rede, bo; **2.** *(fig)* tilholdssted, hule, bo; **3.** flok, sværm; **4.** sæt (af genstande der kan sættes ind i hinanden: skuffer, æsker *etc); ~ of tables* indskudsborde; *~ of thieves* tyverede; *~ of vice* lastens hule.
II. nest [nest] *vb* bygge rede; søge efter fuglereder; anbringe (inden i hinanden).
nest egg redeæg; spareskilling.
nestle [nesl] *vb* ligge lunt; putte sig ned; putte (, trykke) (sig) *(against* ind til, *fx she -d against his shoulder; she -d her head against his shoulder).*
nestling ['nes(t)liŋ] *sb* nyudklækket fugleunge, dununge.

I. net [net] *adj* netto, netto- *(fx income, price, profit); vb* indbringe netto; tjene netto *(fx they ~ £9000 a year).*
II. net [net] *sb* net; (til fiskeri) net, garn; *(fig)* net, garn, snare; *vb* fange i net, *(fig)* fange i sit garn; sætte net om (, i); knytte net, filere; (i boldspil) sende (bolden) i nettet.
net ball (i tennis) netbold.
netball (spil der ligner basketball).
net|capital egenkapital. **~ curtain** stores.
nether ['neðə] *adj (glds el. spøg)* nedre, underste, under-; *~ garments* benklæder; *the ~ man* benene; *the ~ world* underverdenen, helvede; (se også *millstone).*
Netherlander ['neðələndə] *sb* hollænder, nederlænder.
Netherlandish ['neðələndiʃ] *adj* nederlandsk.
Netherlands ['neðələndz]: *the ~* Nederlandene, Holland.
nethermost ['neðəməust] *adj* nederst, dybest.
netting ['netiŋ] *sb* net, netværk; netfiskeri; netknytning; filering.
netting needle filernål.
nettle [netl] *sb (bot)* nælde, brændenælde; *vb* brænde (som en nælde); *(fig)* irritere, ærgre, pikere; tirre, provokere; *grasp the ~* tage fast om nælden.
nettle rash *(med.)* nældefeber.
net weight egenvægt.
network ['netwə:k] *sb* netværk; net; telenet; *(fig)* net, væv *(fx of alliances, of falsehoods);* (af radiostationer *etc)* kæde; (af personer) vidt forgrenet gruppe der holder sammen og hjælper hinanden; *vb* dække (med et netværk); *(TV, radio)* udsende samtidig over en kæde af stationer.
neural ['njuər(ə)l] *adj* nerve-.
neuralgia [njuə'rældʒə] *sb* neuralgi, nervesmerter, nervegigt.
neuralgic [njuə'rældʒik] *sb* neuralgisk.
neurasthenia [njuəræs'θi:niə] *sb* neurasteni, nervesvækkelse.
neurasthenic [njuəræs'θenik] *adj* neurastenisk; nervesvag; *sb* neurasteniker.
neuritis [njuə'raitis] *sb (med.)* nervebetændelse.
neuro|leptic [njuərəu'leptik] *(med.) adj* neuroleptisk; som indvirker på nervesystemet; *sb* beroligende middel. **-logist** [njuə'rɔlədʒist] *sb* neurolog, nervespecialist. **-logy** [-lədʒi] *sb* neurologi.
neuro|sis [njuə'rəusis] *sb (pl -ses* [-siz]) neurose.
neurotic [njuə'rɔtik] *adj (med.)* neurotisk; T nerve-; nervesvækket; *sb (med.)* neurotiker.
neuter ['nju:tə] *sb (gram)* neutrum, intetkøn; intetkønsord, *zo* kønsløst insekt; (om person) kastrat; *adj* intetkøns-; kønsløs; *(bot)* gold; *stand ~* forholde sig neutral.
neutral ['nju:tr(ə)l] *adj* neutral; *sb* frigear; *change into ~* sætte i frigear.
neutralism ['nju:trəlizm] *sb* neutralisme, neutralitetspolitik.
neutrality [nju'træliti] *sb* neutralitet.
neutralization [nju:trəl(a)i'zeiʃn] *sb* neutralisering; modvirkning.
neutralize ['nju:trəlaiz] *vb* neutralisere; erklære neutral; modvirke, ophæve virkningen af; *(mil.)* nedkæmpe, tilintetgøre.
neutron ['nju:trɔn] *sb (fys)* neutron.
Nev. *fk* **Nevada** [ne'va:də].
never ['nevə] *adv* aldrig; slet ikke, ikke spor *(fx ~ the wiser);* (som udråb) det mener du ikke! *(fx "He's gone" "Never!"); well, I ~!* nu har jeg aldrig hørt så galt! *~ heard of* uhørt; *~ a one* ikke en eneste; *~ is a long day* man skal aldrig sige aldrig; *be it ~ so bad* om det så er aldrig så dårligt; *he ~ so much as spoke* han

sagde ikke et ord; *you were ~ such a fool as to do that!* du har da vel aldrig været så dum at gøre det!
never|-ceasing, ~ -ending *adj* uophørlig. **~ -fading** *adj* uvisnelig.
nevermore ['nevə'mɔ:] *adv* aldrig mere.
never-never [nevə'nevə] *sb* T: *the ~ (system)* afbetalingssystemet; *buy on the ~* købe på afbetaling; *the ~ (land)* fjernt, utilgængeligt område (især om den nordlige del af Queensland i Australien); *(fig)* drømmeland.
never-say-die *adj* ukuelig *(fx a ~ spirit).*
nevertheless [nevəðə'les] *adv* ikke desto mindre.
new [nju:] *adj* ny; frisk; nymodens, moderne; *~ bread* frisk brød; *~ milk* nymalket mælk; *the ~ woman* den moderne kvinde; *feel a ~ man* føle sig som et nyt (og bedre) menneske; *~ from school* lige kommet ud af skolen; *~ to the work* uvant med arbejdet, ny i tjenesten.
newborn ['nju:bɔ:n] *adj* nyfødt.
Newcastle ['nju:ka:sl].
newcomer ['nju:kʌmə] *sb* nyankommen.
New Deal (præsident F.D. Roosevelts politik i trediverne for at modvirke den økonomiske krise).
newel ['nju:əl] *sb* trappesøjle, mæglersøjle (i trappe).
newfangled ['nju:fæŋgld] *adj* nymodens.
Newfoundland ['nju:fənlənd, nju'faundlənd]; *~ dog* [nju'faundlənd dɔg] newfoundlænder.
Newgate ['nju:git] (til 1902 fængsel i London).
Newgate frill, Newgate fringe skipperskæg.
newish ['nju:iʃ] *adj* temmelig ny.
new-laid ['nju:leid] *adj* nylagt (om æg).
new look (mode fra omkring 1947 med længere og videre kjoler); T moderne udseende.
newly ['nju:li] *adv* nylig, netop, ny-; på en ny måde.
newly married *adj* nygift; *~ couple* brudepar.
newlyweds ['nju:liwedz] *sb pl* nygifte, brudepar.
Newman ['nju:mən]. **Newmarket** ['nju:ma:kit].
new-mown ['nju:məun] *adj* nyslået.
New Orleans [nju:'ɔ:lianz].
newpenny ['nju:peni] *sb (pl newpence* om værdien; *newpennies* om mønterne) engelsk kobbermønt, 1/100 af et pund sterling.
news [nju:z] *sb* nyhed, nyheder; efterretning; nyhedsstof; *the ~* (i radioen, svarer til) radioavisen; *a piece (el. bit el. an item) of ~* en nyhed; *no ~ is good ~* intet nyt er godt nyt; *he is in the ~ today* han er i avisen i dag; *this is ~ to me* dette er nyt for mig.
news| agency telegrambureau. **-agent** bladhandler. **-bill** løbeseddel. **-boy** avisdreng. **~ bulletin, -cast** nyhedsudsendelse. **-caster** tv-avisspeaker. **~ cinema** biograf der kun viser ugerevyer og kortfilm. **-dealer** *(am)* bladhandler. **-flash** *(radio)* nyhedsmeddelelse der bryder ind i et andet program. **-hawk,** T -hound *(am)* bladsmører, journalist. **~ item** avisnyhed. **-letter** internt meddelelsesblad. **-man** avisbud; avissælger. **~ media** *pl* nyhedsmedier (ɔ: presse, radio, TV). **-monger** nyhedskræmmer.
newspaper ['nju:speipə] *sb* avis, blad.
newspaper man bladmand, pressemand.
newspaper round: *do a ~* gå med aviser.
news|print avispapir. **~ reader** nyhedsoplæser. **-reel** filmsjournal, ugerevy. **-room** avislæsestue. **~ service** nyhedstjeneste. **-stand** aviskiosk. **~ theatre** = *~ cinema.*
New Style efter den gregorianske kalender.
news| vendor avissælger, bladhandler. **-woman** aviskone.
newsy ['nju:zi] *adj* T fuld af nyheder *(fx letter);* sladderagtig; *sb (am)* avisdreng.
newt [nju:t] *sb zo* salamander.
New Year ['nju:jiə] nytår, årsskifte; *a happy ~* glædeligt nytår;
New Year's *(am)* nytårsdag.
New Year's| Day nytårsdag. **~ Eve** nytårsaftten.
New York ['nju:'jɔ:k].
New Zealand [nju'zi:lənd].
I. next [nekst] *adj* næste *(fx train; year);* nærmest *(fx my ~ neighbour);* tilstødende, nabo- *(fx house);* førstkommende, næste *(fx Sunday);* følgende, næste *(fx day); sb* næste brev *(fx I will tell you in my ~);* næste nummer *(fx to be concluded* (sluttes) *in our ~);*
the ~ day (ogs) dagen efter; *~ door,* se *ndf alf; the ~ house (ogs)* huset ved siden af; *in the ~ place* desuden, endvidere; *he is in the ~ room* han er i værelset ved siden af; *~* **to** næst efter *(fx the best player ~ to you);* nærmest ved; ved siden af *(fx his room is ~ to mine);* næsten *(fx ~ to impossible; ~ to nothing); he lives ~ to me (ogs)* han er min nærmeste nabo; *get ~ to sby (am)* blive gode venner med en.
II. next [nekst] *adv* dernæst, derefter, derpå, så *(fx what shall I do ~? who comes ~?);* næste gang *(fx when I see you ~); præp* (nærmest) ved *(fx the table ~ the fire); the gentleman ~ me at table* min sidemand ved bordet; *the ~ best thing* det næstbedste; *what ~?* nu har jeg hørt det med!
I. next door *adv* (lige) ved siden af, i huset ved siden af *(fx he lives ~); ~ but one* det andet hus herfra; *~ to* ved siden af, dør om dør med *(fx he lives ~ to us); (fig)* næsten *(fx it is ~ to impossible).*
II. next-door *adj* nærmest *(fx our ~ neighbours); we are ~ neighbours* vi bor dør om dør.
next-of-kin [nekstəv'kin] *sb* nærmeste pårørende.
nexus ['neksəs] *sb* sammenhæng; forbindelse; bindeled; kæde, række, gruppe; *(gram)* nexus.
NFFC *fk National Film Finance Corporation.*
N.G. *fk no good.*
N.H. *fk New Hampshire.*
NHS *fk National Health Service.*
Niagara [nai'ægərə].
nib [nib] *sb* spids, pennespids; pen; (se også *nibs).*
nibble [nibl] *sb* lille bid; *have a ~ at, vb: ~ at* nippe til; bide forsigtigt i, *(ogs fig)* være ved at bide på; *(fig)* hakke på, kritisere.
niblick ['niblik] *sb* (slags golfkølle).
nibs [nibz] *sb pl: cocao ~* knuste kakaobønner; *his ~* S nævnte person; kalorius; hans stormægtighed.
Nicaragua [nikə'rægwə].
I. Nice [ni:s] Nice, Nizza.
II. nice [nais] *adj* pæn *(fx a ~ girl; how ~ of you!),* net *(fx dress);* rar, flink, tiltalende *(fx fellow),* elskværdig; lækker *(fx dinner),* dejlig *(fx day);* fin *(fx sense of tact),* fintmærkende, skarp *(fx observer),* fintskelnende; kræsen *(in* med (hensyn til)); nøjagtig *(fx balance);* delikat, vanskelig *(fx question),* kilden; (ironisk:) køn, nydelig *(fx a ~ sort of friend you are!); ~ and* ... (bruges forstærkende: *fx ~ and cool* dejlig køligt).
nicely ['naisli] *adv* pænt, rart *(etc,* se *nice);* T udmærket; *be doing ~* klare sig godt; have det godt; være i god bedring.
nice Nelly *(am)* S *sb* snerpe; *adj* snerpet.
nicety ['naisəti] *sb* nøjagtighed, akkuratesse; fin distinktion, ubetydelig forskel; finesse, spidsfindighed *(fx legal niceties);* lille detalje; *~ of judgment* fin dømmekraft; *a problem of some ~* et ret delikat *(el.* vanskeligt) problem; *stand (up)on niceties* hænge sig i uvæsentlige detaljer, være overpertentlig, være en pernittengryn; *to a ~* nøjagtigt, på en prik; lige tilpas.
niche [nitʃ, ni:ʃ] *sb* niche; *(fig)* plads i tilværelsen; *vb* anbringe i en niche; *he has found the right ~ for himself (ogs)* han er kommet på den rette hylde.
Nicholas ['nikələs] (svarer til) Nikolaj.
I. nick [nik] *sb* hak, (ind)snit; (i porcelæn *etc)* skår; (i skrue) kærv; *(typ:* på type) signatur; **in** *the ~* S i fængsel, i spjældet, „i skyggen"; *in the ~ of time*

netop i rette øjeblik, i sidste øjeblik; *in good* ~ S i fin form; *in poor* ~ S i en dårlig forfatning.

II. nick [nik] *vb* skære hak i, lave skår i; nå lige i rette tid *(fx* ~ *the train);* få fat i, snuppe; træffe, ramme, gætte *(fx the truth);* snyde; S hugge, stjæle; nappe, arrestere; (om hestehale) anglisere; ~ *in* smutte ind (i stedet for en anden).

III. Nick [nik]: *Old* ~ fanden.

nickel [nikl] *sb* nikkel; *(am)* femcentstykke; S fem dollars; *vb* fornikle.

nickelodeon [nikə'ləudiən] *sb (am)* jukeboks, grammofonautomat.

nickel-plate ['niklpleit] *vb* fornikle.

nicker ['nikə] *vb* vrinske; *sb* vrinsken; S et pund sterling.

nick-nack ['niknæk] *sb* nipsgenstand.

nickname ['nikneim] *sb* øgenavn; *vb* give øgenavn *(fx he was -d Fatty).*

nicotine ['nikəti:n] *sb* nikotin.

nicotinism ['nikəti:nizm] *sb* nikotinforgiftning.

NICR *fk National Industrial Relations Court* arbejdsretten.

nictate ['nikteit], **nictitate** ['niktiteit] *vb* blinke med øjnene.

nic(ti)tating membrane *zo* blinkhinde.

niece [ni:s] *sb* niece, broderdatter, søsterdatter.

niff [nif] *sb* T møf, hørm, stank.

niffy ['nifi] *adj* T ildelugtende.

nifty ['nifti] *adj* S smart; flot, fin; hurtig, rask.

Nigeria [nai'dʒiəriə].

Nigerian [nai'dʒiəriən] *sb* nigerianer; *adj* nigeriansk.

niggard ['nigəd] *sb* gnier; *adj* gerrig *(of* med), gnieragtig.

niggardly ['nigədli] *adj* gnieragtig, gerrig.

nigger ['nigə] *sb* (stærkt *neds)* nigger; (farve:) chokoladebrun; *work like a* ~ slide som et bæst; *there is a* ~ *in the woodpile* der stikker noget under, der er noget muggent ved det; *the* ~ *heaven (am)* galleriet (i et teater).

niggle [nigl] *vb* ærgre, irritere; ~ *at* nusse med, pille med, nørkle med; *(fig)* hakke på, kritisere (småligt).

niggling ['nigliŋ] *adj* pertentlig, sirlig; gnidret; smålig.

nigh [nai] *adj (poet)* nær, næsten, nær ved; *winter is* ~ *at hand* vinteren står for døren; *draw* ~ rykke nærmere.

night [nait] *sb* nat, aften; mørke; *all* ~ hele natten; *at (, by, in the)*~ om natten; ~ *and day* dag og nat; *late at* ~ sent om aftenen; *first* ~ premiere; *last* ~ i aftes, i nat; *-'s lodging* nattekvarter; *make a* ~ *of it* få en aften ud af det, more sig hele aftenen; *o'nights* om natten; *the piece had a run of 100 -s* stykket gik 100 gange; *on the* ~ *of the 11th* natten mellem den 11. og 12.; *have a* ~ *off* have en friaften; *have a* ~ *out* være ude en aften; *stay over* ~, *stop the* ~ overnatte, blive natten over; *this* ~ i aften, i nat.

night|bird natfugl; (om person) natteravn. ~ **blindness** natteblindhed. ~ **-blooming cereus** *(bot)* nattens dronning. **-cap** nathue; aftentoddy, aftendrink. ~ **cart** renovationsvogn. **-club** natklub. **-dress** natkjole, natdragt. **-fall** mørkets frembrud, mørkning. ~ **fighter** *(flyv)* natjager. ~ **-flowering catchfly** *(bot)* natlimurt. ~ **glass** natkikkert. **-gown** natkjole. **-hawk** *(am)* nathøg; natravn. ~ **heron** nathejre.

nightie ['naiti] = *nighty.*

nightingale ['naitiŋgeil] *sb zo* nattergal.

night|jar *zo* natravn. **-light** vågelys, natlampe.

nightly ['naitli] *adj* natlig, nat-; *adv* hver nat, hver aften.

night| man renovationsmand. **-mare** mareridt. ~ **nursery** børnenes soveværelse. ~ **owl** *zo* natugle; (om person) natteravn. ~ **piece** (om kunstværk) natstykke; nattestemning. ~ **rocket** *(bot)* aftenstjerne, natviol. ~ **safe** døgnboks. ~ **scented stock** *(bot)* natviol. ~ **school** aftenskole. **-shade** *(bot)* natskygge. **-shift** nathold, natarbejde. **-shirt** natskjorte. ~ **soil** latrin. **-stand** natbord. **-stick** *(am)* politistav. **-stool** natstol. **-time** nat, nattetid. **-walker** prostitueret; tyv. ~ **watch** nattevagt. ~ **watchman** natvægter, nattevagt.

nighty ['naiti] *sb* T natkjole.

nignog ['nignɔg] *sb* S *(neds)* nigger.

nigrescent [nai'gresnt] *adj* sortladen, næsten sort.

nihilism ['naiilizm] *sb* nihilisme. **nihilist** ['naiilist] *sb* nihilist.

nihilistic [naii'listik] *adj* nihilistisk.

nil [nil] *sb* intet, nul *(fx three goals to* ~*).*

Nile [nail]: *the* ~ Nilen.

nilgai ['nilgai] *sb zo* nilgai (art indisk antilope).

nimble [nimbl] *adj* letfodet, rapfodet, rask, adræt; (åndeligt:) kvik, hurtig.

nimble|-fingered fingernem. ~ **-footed** rapfodet.

nimbo-stratus ['nimbəu'streitəs] *sb* regnsky.

nimbus ['nimbəs] *sb* nimbus, glorie.

niminy-piminy ['nimini'pimini] *adj* pertentlig; affekteret; sippet, snerpet; blødsøden.

nincompoop ['niŋkəmpu:p] *sb* fjols, fæ, mæhæ, nathue.

nine [nain] *num* ni; *sb* nital; nier; *(am)* baseballhold; *the Nine* de 9 muser; *a* ~ *days' wonder* en sensation der hurtigt er glemt; *dressed up to the -s* overdreven elegant klædt; udstafferet; i stiveste puds.

ninefold ['nainfəuld] *adj, adv* nidobbelt.

ninepins ['nainpinz] *sb* kegler.

nineteen ['nain'ti:n] *num* nitten; *talk* ~ *to the dozen* snakke op ad døre og ned ad stolper; snakke Fanden et øre af; *he chatters away* ~ *to the dozen (ogs)* munden går på ham som kæp i et hjul.

nineteenth ['nain'ti:nθ] *adj* nittende; *sb* nittendedel.

ninetieth ['naintiiθ] *adj* halvfemssindstyvende; *sb* halvfemsindtyvendedel.

nine-to-fiver ['naintə -'faivə] *sb* kontormand der arbejder fra 9 - 5; kontorslave.

ninety ['nainti] halvfems; *in the nineties* i halvfemserne.

ninny ['nini] *sb* dumrian, dosmer.

ninth [nainθ] *adj* niende; *sb* niendedel; *in the* ~ *place* for det niende.

ninthly ['nainθli] *adv* for det niende.

Niobe ['naiəbi].

I. nip [nip] *vb* nippe, nappe; knibe, klemme *(fx one's finger in a door);* nippe 'af *(fx side shoots);* svide, bide, angribe *(fx -ped by the frost); (fig)* sætte en stopper for; (om drik) nippe (til), smådrikke (af); T skynde sig, svippe, smutte, 'stikke' *(fx across the street);* S negle, hugge; ~ **in** afbryde, blande sig i en samtale; smutte ind (i stedet for en anden); (om tøj) sy ind, tage ind; ~ *in the bud (fig)* kvæle i fødslen.

II. nip [nip] *sb* bid, nap; skarphed, bidende kulde *(el.* vind); (af spiritus) slurk, tår, 'spids'; (skotsk:) (lille) glas whisky.

nip and tuck *(am)* jævnbyrdig; *it was* ~ det var lige på vippen.

nipper ['nipə] *sb* (hests) fortand; (krabbes) klo; S lille dreng, purk, *-s pl (ogs)* småfyre.

nippers ['nipəz] *sb pl* bidetang, niptang; (til negle) negletang; *(glds* briller) lorgnet, næseklemmer; *a pair of* ~ en bidetang *(etc).*

nipping ['nipiŋ] *adj* (om vind) bidende kold.

nipple [nipl] *sb* brystvorte; (på sutteflaske) sut; *(fx* til smøring:) nippel.

nipplewort ['niplwə:t] *sb (bot)* haremad.

Nippon ['nipɔn] Japan.

Nipponese [nipə'ni:z] *adj* japansk.

nippy ['nipi] *adj* skarp, bidende; hurtig, rap; *sb* servitrice.

Nirvana [niə'va:nə] Nirvana.

Nissen hut ['nisnhʌt] tøndeformet barak.
nit [nit] *sb* luseæg; S fjols.
nite *(am* variant af) *night.*
nitpick ['nitpik] *vb* komme med smålig kritik. **nit-picking** *sb* smålig kritik; pedanteri; pindehuggeri; *adj* smålig, pedantisk.
nitrate ['naitreit] *sb* nitrat, salpetersurt salt.
nitre ['naitə] *sb* salpeter.
nitric ['naitrik] *adj* salpeter-; ~ *acid* salpetersyre.
nitrobacteria ['naitrəbæk'tiəriə] *sb pl* salpeterbakterier.
nitrocellulose ['naitrə'seljuləus] *sb* nitrocellulose (et sprængstof).
nitrogen ['naitrədʒən] *sb* kvælstof.
nitroglycerin ['naitrəglisə'ri:n] *sb* nitroglycerin.
nitrous ['naitrəs] *adj* salpeterholdig.
nitty-gritty [niti'griti] *sb* S: *the* ~ det egentlige, kernen *(fx of the problem);* de praktiske detaljer; de barske realiteter.
nitwit ['nitwit] *sb* S skvadderhoved, fjols, tåbe.
I. nix [niks] S nej, nix; *sb* intet, (om person) 'nul'.
II. nix [niks], **nixie** ['niksi] *sb* nøkke.
N.J. *fk* **New Jersey** [nju: 'dʒə:zi].
N. Mex. *fk* **New Mexico** [nju: 'meksikəu].
N.N.E. *fk north north-east.*
N.N.W. *fk north north-west.*
I. no [nəu] *adv* nej; ikke; *sb (pl -es)* nej(stemme); *pron* ingen, ikke nogen; intet, ikke noget; *is your mother* ~ *better?* har din moder det ikke bedre? ~ *can do* S umuligt; ~ *go,* se *II. go; the noes have it* forslaget er forkastet; *there* **is** ~ *denying that* man kan ikke nægte at; *there is* ~ *knowing (, saying etc) what he may do next* det er ikke til at vide (, sige *etc)* hvad han nu kan finde på; ~ *less than ten* hele ti; ~ *more* ikke mere, aldrig mere; (se også *more);* ~ *one* ingen; ~ *one man could have done it* ingen kunne have gjort *(el.* klaret) det alene; *cold* **or** ~ *you must go* hvadenten det er koldt eller ej så må du af sted; (se også *whether); in* ~ *small degree* i ikke ringe grad; ~ *smoking* tobaksrygning forbudt; *I will not take* ~ *for an answer* det nytter ikke du siger nej; *in* ~ *time* på et øjeblik.
II. No. ['nʌmbə] *fk number.*
Noah ['nəuə,'nɔ:ə].
I. nob [nɔb] S *sb* knold, hoved; (let *glds)* burgøjser, storborger; *the nobs* 'de fine'.
II. nob [nɔb] S *vb* ramme i hovedet; indsamle (penge); indsamle penge hos.
no ball (i kricket) fejlbold.
nobble [nɔbl] *vb* S hugge, stjæle; få fat i; arrestere; bestikke; snakke godt for; lave fiksfakserier med, dope (væddeløbshest).
nobbler ['nɔblə] *sb* bedrager; slag i hovedet; *(omtr)* priest (lystfiskers kølle til aflivning af fisk).
nobbut ['nɔbʌt] *adv (dial.)* kun; lige.
nobby ['nɔbi] *adj* S flot, smart, elegant; *sb (omtr)* priest (se *nobbler).*
Nobel [nəu'bel]; *the* ~ ['nəubel] *Prize* Nobelprisen.
nobility [nə'biləti] *sb* adel, højadel; adelstand; adelskab; *(fig)* ædelhed, storhed; ~ *of mind* sjælsadel, en ædel karakter.
noble [nəubl] *adj* ædel, ophøjet; fornem; prægtig, storslået; (om rang) adelig; *sb* adelsmand.
noble| fir *(bot)* sølvgran, 'nobilisgran'. **-man** [-mən] adelsmand. ~ **-minded** højsindet.
noblesse [nəu'bles] *sb* adel; ~ *oblige* [ə'bli:ʒ] adel forpligter.
noblewoman *sb* adelig dame.
nobody ['nəubədi, -bɔdi] *pron* ingen; *sb* (om person) ubetydelighed, nul; *a mere* ~ et rent nul.
nock [nɔk] *sb* kærv (i bue *el.* pil).
nocturnal [nɔk'tə:nl] *adj* natlig, natte-; ~ *animal* natdyr.
nocturne ['nɔktə:n] *sb* nocturne, nattestemning (om kunstværk).
I. nod [nɔd] *sb* nik; *the land of Nod* søvnens rige; *on the* ~ T uden formaliteter; stiltiende; *a* ~ *is a good as a wink to a blind horse* han forstår *(el.* undertiden: forstår ikke) en halvkvædet vise.
II. nod [nɔd] *vb* nikke; sidde og nikke (af søvnighed), *(ogs fig)* halvsove, begå en fejl; (med objekt) tilkendegive ved et nik; ~ *approval* nikke bifaldende; ~ *assent* nikke samtykkende; ~ *him welcome* hilse ham velkommen med et nik; ~ *one's head* nikke med hovedet; *Homer sometimes -s (omtr)* selv den klogeste kan begå fejl.
nodal ['nəudl] *adj:* ~ *point (fys)* knude(punkt); *(fig)* knudepunkt.
nodding acquaintance: *have a* ~ *with sby* kende en flygtigt, (let *glds)* være på hat med en.
noddle [nɔdl] *sb* T knold, hoved; *vb* nikke.
noddy ['nɔdi] *sb* tåbe, dumrian; *zo* = *noddy tern.*
noddy tern *zo* noddi (en fugl).
node [nəud] *sb* knude; *(fys)* knude(punkt); *(med.)* knude; *(bot)* knæ, led, bladfæste; (radio, ved antenne) strømknude, spændingsknude.
nodose [nəu'dəus] *adj* knudret.
nodular ['nɔdjulə] *adj* småknudet.
nodule ['nɔdju:l] *sb* lille klump; ~ *bacteria* knoldbakterier.
nodulous ['nɔdjuləs] *adj* småknudet.
Noel ['nəuəl] (navn); [nəu'el] *sb* jul; *interj* (fryderåb).
no-frills *adj* skrabet, spartansk.
nog [nɔg] *sb* træpløk; (se også *eggnog).*
noggin ['nɔgin] *sb* lille krus; lille mål (¼ *pint,* ca. ⅛ l.).
no go se *II. go.* **no-go area** afspærret (, forbudt) område.
no-growth *adj* nulvækst-.
nohow ['nəuhau] *adv* S på ingen måde; *feel* ~ føle sig utilpas; *look* ~ se forkommen ud.
noise [nɔiz] *sb* støj, larm, spektakel; lyd *(fx we heard strange -s); vb* : ~ *(abroad)* udbasunere, forkynde vidt og bredt; *when it became -d abroad* da det rygtedes; *a big* ~ T en af de store kanoner; *make a* ~ gøre støj, støje *(fx don't make such a* ~*); make a* ~ *about* råbe op om, udbrede sig om; *make a* ~ *in the world* vække opsigt, blive bekendt; *-s off* (radio) lydkulisse; *(teat)* støj i kulissen; baggrundsstøj; *(fig)* murren i baggrunden.
noise abatement støjbekæmpelse, bekæmpelse af støjplagen.
noiseless ['nɔizləs] *adj* lydløs; støjfri.
noisemaker ['nɔizmeikə] *sb (am)* støjinstrument.
noisiness ['nɔizinəs] *sb* larmen, støjen, støjende opførsel.
noisome ['nɔisəm] *adj* skadelig, usund; modbydelig; ildelugtende.
noisy ['nɔizi] *adj* støjende, larmende, højrøstet, højlydt; *(fig)* påfaldende *(fx suit, tie).*
nomad ['nəumæd] *sb* nomade.
nomadic [nə'mædik] *adj* nomadisk, nomade- *(fx peoples).*
no-load *adj* tomgangs-.
no man's land ['nəumænzlænd] *sb (mil.* og *fig)* ingenmandsland.
nom de plume ['nɔ:m də 'plu:m] *sb* (påtaget) forfatternavn, pseudonym.
nomenclature [nəu'menklətʃə] *sb* nomenklatur.
nominal ['nɔminl] *adj* nominel *(fx fee; damages* (skades)erstatning); ubetydelig *(fx difference);* pålydende *(fx the* ~ *value is 1,000, but the market price is 950);* navne- *(fx list);* (i rumfartssprog) planmæssig; *he was both the* ~ *and the real ruler* han var hersker både af navn og af gavn.
nominate ['nɔmineit] *vb* nominere; opstille (valgkandidat); indstille *(fx* ~ *sby for an advancement);* foreslå;

udpege *(fx members for a committee);* udnævne.
nomination [nɔmi'neiʃn] *sb* nominering, opstilling, indstilling, forslag; indstillingsret; udnævnelse.
nominative ['nɔm(i)nətiv]: *the ~ case* nævneform, nominativ.
nominee [nɔmi'ni:] *sb* en som er nomineret *etc,* se *nominate;* kandidat.
non- [nɔn] (forstavelse:) ikke-, u-, in-.
non-acceptance ['nɔnək'sept(ə)ns] *sb* manglende accept (af veksel).
nonage ['nəunidʒ] *sb* mindreårighed, umyndighed.
nonagenarian [nəunədʒi'nɛəriən] *sb* halvfemsindstyveårig; én der er i halvfemserne.
non-aggression pact ikke-angrebspagt.
nonagon ['nɔnəgɔn] *sb* nikant.
non|alcoholic alkoholfri. **-aligned** *adj* som ikke tilhører nogen (politisk) blok, alliancefri. **-alignment** uforpligtethed, alliancefrihed. **-appearance** udeblivelse. **-attendance** fraværelse.
I. nonce [nɔns] *sb* S voldtægtsforbryder.
II. nonce [nɔns] *sb: for the ~* for lejligheden, midlertidigt.
nonce word ord som er dannet til en bestemt lejlighed, engangsord.
nonchalance ['nɔnʃ(ə)ləns] *sb* ligegyldighed; uinteresserethed, nonchalance, skødesløshed.
nonchalant ['nɔnʃ(ə)lənt] *adj* ligegyldig, uinteresseret, nonchalant, skødesløs.
noncollegiate [nɔnkə'li:dʒiət] *adj* (om student) som ikke hører til et *college;* (om universitet) som ikke består af *colleges.*
non com. *fk non-commissioned officer.*
noncombatant [nɔn'kɔmbətənt] *sb* nonkombattant.
noncommissioned [nɔnkə'miʃnd] *adj: ~ officer* underofficer.
noncommittal [nɔnkə'mitl] *adj* uforbindende, uforpligtende, forbeholden *(fx answer);* neutral *(fx attitude);* uvillig til at tage standpunkt.
noncommitted [nɔnkə'mitid] *adj* neutral, alliancefri.
non compos mentis [nɔn 'kɔmpɔs 'mentis] *(jur)* sindssyg.
nonconducting [nɔnkən'dʌktiŋ] *adj* ikke ledende, isolerende.
nonconductor [nɔnkən'dʌktə] *sb (fys)* isolator.
non|conforming *(rel)* afvigende, dissenter-. **-conformist** *(rel)* medlem af et andet kirkesamfund end statskirken, dissenter. **-conformity** *(rel)* uoverensstemmelse med statskirken; separatisme; uoverensstemmelse *(to, with* med).
non-content [nɔnkən'tent] *sb* nej, nejstemme (ved afstemning i Overhuset).
non-cooperation [nɔnkəuɔpə'reiʃn] *sb* passiv modstand, borgerlig ulydighed (skattenægtelse *etc,* især om Gandhis politik).
nondairy [nɔn'dɛəri] *adj* som ikke indeholder mælkeprodukter.
nondescript ['nɔndəskript] *adj* ubestemmelig; *sb* ubestemmelig person *el.* ting.
nondisclosure [nɔndis'kləuʒə] *sb* fortielse.
none [nʌn] *pron* ingen, ikke nogen; intet; (foran *the* fulgt af komparativ, og foran *too:*) (slet) ikke, ikke spor *(fx he is ~ the better; the pay is ~ too high); it is ~* **of** *your business* det kommer ikke dig ved; *his health is ~ of the best* hans helbred er just ikke det bedste; *he would have ~ of it* han ville ikke vide af det; *~ of your impudence!* nu ikke fræk! *~ of that!* hold op med det! *~* **the** *less* ikke desto mindre; *I am ~ the wiser for it* det bliver jeg ikke klogere af; *~* **too** ikke altfor, ikke særlig *(fx the conversation flowed ~ too easily); ~ too soon* ikke et minut for tidligt.
noneffective [nɔni'fektiv] *adj, sb (mil.)* kasseret.
nonentity [nɔ'nentiti] *sb* (om person) nul, ubetydelighed; (om ting *etc)* noget ikke-eksisterende, fantasifoster.
nonessential [nɔni'senʃl] *adj, sb* uvæsentlig (ting).
nonesuch ['nʌnsʌtʃ] *sb* uforlignelig person *el.* ting.
nonetheless [nʌnðə'les] *adv (am)* ikke desto mindre.
nonevent [nɔni'vent] *sb* ligegyldig begivenhed der har været slået stort op.
nonexistence [nɔnig'zist(ə)ns] *sb* ikke-væren, ikke-eksistens; ikke eksisterende ting. **nonexistent** [nɔnig'zist(ə)nt] *adj* ikke eksisterende; *it is ~* det eksisterer ikke.
nonfiction [nɔn'fikʃn] *sb* faglitteratur, saglitteratur; *~ novel* dokumentarroman.
nonflam(mable) [nɔn'flæm(əbl)] *adj* ikke brændbar, uantændelig.
nonfulfilment [nɔnful'filmənt] *sb* ikke-opfyldelse, misligholdelse.
nonintervention [nɔnitə'venʃn] *sb* ikke-indblanding.
noniron ['nɔnaiən] *adj* strygefri *(fx shirt).*
nonjuring [nɔn'dʒuəriŋ] *adj* som ikke har svoret troskab (nemlig til William og Mary), jakobitisk.
nonjuror [nɔn'dʒuərə] *sb* jakobit.
nonmoral [nɔn'mɔr(ə)l] *adj* amoralsk; uden morale.
nonnuclear [nɔn'nju:kliə] *adj* som ikke har atomvåben.
no-no [nəu'nəu] *sb* noget der er absolut forbudt; noget der er fy-fy.
nonpareil ['nɔnp(ə)rel] *adj* uforlignelig, mageløs; *sb (typ)* nonpareille.
non|partisan, -party *adj* ikke partibundet; upartisk. **-payment** manglende betaling; uopfyldt betalingsforpligtelse. **-performance** ikke-opfyldelse, misligholdelse. **-person** ikke eksisterende person.
nonplus [nɔn'plʌs] *sb* rådvildhed, forlegenhed; klemme; *vb* gøre rådvild, forbløffe.
nonprofit [nɔn'prɔfit] *adj* almennyttig; *on a ~ basis* på ikke-erhvervsmæssig basis.
nonproliferation treaty traktat om forbud mod spredning af atomvåben.
nonresidence *sb* fraværelse fra embedskreds *el.* ejendom.
nonresident *adj* udensogns; udenfor boende.
nonreturnable *adj* (om emballage) som ikke tages retur.
nonsense [nɔnsns; *(am* og i udråb) 'nɔnsens] *sb* vrøvl, vås; dumheder; pjat; absurditet, meningsløshed; *talk ~* vrøvle; *make a ~ of it* gøre det meningsløst, berøve det dets mening.
nonsensical [nɔn'sensikl] *adj* urimelig, tåbelig, meningsløs.
non sequitur [nɔn'sekwitə] *sb* fejlslutning, slutning som ikke er begrundet i præmisserne.
nonskid [nɔn'skid] *adj* skridfast, skridsikker; *~ groove* skridrille.
nonsmoker [nɔn'sməukə] *sb* ikke-ryger(kupé).
nonstarter [nɔn'sta:tə] *sb* hest der trækkes tilbage fra et løb; *(fig)* en der ikke har en chance; plan der viser sig at være uigennemførlig; T 'død sild'.
nonstick [nɔn'stik] *adj* slip-let.
nonstop [nɔn'stɔp] *adj* som foretages uden ophold undervejs; uden ophold; nonstop *(fx performance); ~ flight* flyvning uden mellemlanding; *~ train* gennemgående tog.
nonsuch se *nonesuch.*
nonsuit [nɔn's(j)u:t] *sb* afvisning af en proces; *vb* afvise.
non-U [nɔn'ju:] *adj* som ikke tilhører (, bruges af) overklassen, ikke dannet.
nonunion [nɔn'ju:njən] *adj* som ikke er medlem af en fagforening; som ikke respekterer fagforeningsbestemmelser; *~ labour* uorganiseret arbejdskraft.
nonuser [nɔn'ju:zə] *sb (jur)* ikke-benyttelse (af en rettighed).

nonviolence [nɔn'vaiələns] *sb* ikke-vold.
nonvoter [nɔn'vəutə] *sb* en der ikke stemmer; sofavælger.
nonvoting [nɔn'vəutiŋ] *adj* som ikke stemmer; (især om aktier) uden stemmeret.
I. noodle [nu:dl] *sb* tosse, fæ; S hoved, 'knold'.
II. noodle [nu:dl] *sb* nudel.
nook [nuk] *sb* krog, hjørne; *-s (and corners)* krinkelkroge; *search every ~ and cranny (omtr)* gennemsøge de fjerneste kroge.
nooky [nuki] *sb* S *(spøg.)* put, knald (ɔ:samleje).
noon [nu:n] *sb* middag, kl. 12; *at ~ (ogs)* midt på dagen.
noon|day, -tide middag; *(fig)* middagshøjde, højdepunkt.
noose [nu:s] *sb* løkke, løbeknude; *vb* fange (med snare); forsyne med løbeknude; *put one's head in(to) the ~* lægge strikken om sin egen hals, lade sig fange.
nor [nɔ:] *conj* heller ikke; ej heller, og heller ikke, og ... ikke; (efter *neither)* eller *(fx neither gold nor silver* hverken guld eller sølv); *she has no money and ~ has he* hun har ingen penge, og det har han heller ikke; *I thought of him, ~ did I forget you* jeg tænkte på ham, og jeg glemte heller ikke dig.
nor' = *north.*
Nordic ['nɔ:dik] *adj* nordisk.
Norfolk ['nɔ:fək]; *~ jacket* norfolkjakke, sportsjakke (med bælte).
norm [nɔ:m] *sb* norm, rettesnor.
normal [nɔ:ml] *adj* normal, regelmæssig; almindelig; normal- *(fx temperature); (geom)* vinkelret; *sb: above (, below) ~* over (, under) normalen; *it is back to ~* det er blevet normalt igen.
normalcy ['nɔ:mlsi] *sb* normal tilstand; *return to ~* vende tilbage til normale tilstande, blive normal igen.
normalization [nɔ:məlai'zeiʃn] *sb* normalisering.
normalize ['nɔ:məlaiz] *vb* normalisere.
normal school *(am etc)* seminarium.
Norman ['nɔ:mən] *sb* normanner; *adj* normannisk, *(arkit, omtr)* romansk, i rundbuestil; *the ~ Conquest (hist.)* normannernes erobring af England (1066).
Normandy ['nɔ:məndi] Normandiet.
Norn [nɔ:n] *sb (myt)* norne.
Norse [nɔ:s] *adj* norsk; nordisk; *Old ~* oldnordisk; *the ~* nordboerne; nordmændene.
Norseman ['nɔ:smən] *sb* nordboer, skandinav.
north, North [nɔ:θ] *sb* nord; nordlig del; *adj* nordlig, nord-; norden-; *adv* mod nord, nordpå; *the North* Norden; *(am)* nordstaterne; *~ by east* nord til øst; *in the ~ of England* i det nordlige England, i Nordengland; *to the ~ of* nord for.
Northampton [nɔ:'θæm(p)tən].
Northants. *fk Northamptonshire.*
northbound ['nɔ:θbaund] *adj* nordgående, mod nord.
North Britain Skotland. **North Briton** skotte.
North Country Nordengland.
north-country *adj* nordengelsk.
north|east ['nɔ:θ'i:st] *sb* nordøst; *adj* nordøstlig. **-easter** *sb* nordøstvind. **-easterly, -eastern** *adj* nordøstlig. **-eastward** mod nordøst; nordøstlig.
northerly ['nɔ:ðəli] *adj* nordlig, mod nord.
northern ['nɔ:ð(ə)n] *adj* nordisk; nordlig, nord-.
northerner ['nɔ:ð(ə)nə] *sb* nordbo; beboer i den nordlige del af landet; *(am)* nordstatsmand.
northern lights *pl* nordlys.
northernmost ['nɔ:ð(ə)nməust] *adj* nordligst.
northing ['nɔ:θiŋ] *sb (mar)* sejlads nordpå; forandret nordlig bredde.
north light vindue mod nord; lys fra nord.
Northman ['nɔ:θmən] *sb* nordbo, skandinav.
northmost *adj* nordligst.
north-northeast ['nɔ:θnɔ:θ'i:st] nordnordøst *(of* for).
north-northwest nordnordvest *(of* for).
north-polar *adj* nordpols-.
North Pole: *the ~* Nordpolen.
North Sea: *the ~* Nordsøen, Vesterhavet.
North Star: *the ~* Nordstjernen.
Northumberland [nɔ:'θʌmbələnd].
Northumbrian [nɔ:'θʌmbriən] *sb, adj* northumbrisk.
north|ward(s) ['nɔ:θwəd(z)] mod nord, nordpå; *-wards of* nord for. **-west** ['nɔ:θ'west] *sb* nordvest; *adj* nordvestlig. **-wester** *sb* nordvestvind. **-westerly, -western** *adj* nordvestlig. **-westward** mod nordvest, nordvestlig.
Norway ['nɔ:wei] Norge.
Norway| haddock *zo* rødfisk. *~* **lobster** *zo* jomfruhummer. *~* **spruce** *(bot)* rødgran.
Norwegian [nɔ:'wi:dʒ(ə)n] *adj* norsk; *sb* norsk; nordmand.
Norwich ['nɔridʒ].
nos., Nos. ['nʌmbəz] *fk numbers.*
I. nose [nəuz] *sb* næse, (på dyr) snude; (på ting) næse, spids, tud; *(fig)* næse, lugtesans, sporsans; S spion; *bleed from the ~* have næseblod; *blow one's ~* pudse næsen; *count -s* foretage en optælling; *he will cut off his ~ to spite his face* det bliver værst for ham selv; *follow one's ~* gå lige efter næsen; *(fig)* handle efter sin fornemmelse, følge sit instinkt; *get up sby's nose* T irritere, gå på nerverne; *keep one's ~ clean* T holde sin sti ren; *lead by the ~* trække om ved næsen, få til at gøre hvad man vil; *look down one's ~ at* se ned på, rynke på næsen ad; *on the ~* T præcis, nøjagtig; (om væddemål) som vinder *(fx bet $ 10 on the favourite on the ~); pay through the ~* betale i dyre domme, blive trukket op; *as plain as the ~ on one's face* soleklart; *speak through the ~* snøvle; *turn up one's ~ at* rynke på næsen ad; *under one's very ~* lige for næsen af en; *with one's ~ in the air* med næsen i sky; (se også *grindstone, I. joint, I. long, I poke, I. snap).*
II. nose [nəuz] *vb* lugte, vejre, snuse; trykke næsen mod; bevæge sig forsigtigt frem, liste sig; *~ about* snuse rundt; støve rundt *(for* efter); *~ into* stikke sin næse i; snage i; *~ on sby* angive *(el.* stikke) en; *~ out (ogs fig)* opsnuse; *(am)* vinde knebent over.
nose|bag mulepose. **-band** næsebånd (på hest). **-bleed** næseblod; *(bot)* røllike. *~* **cone** raketspids.
-nosed ['nəuzd] (i *sms)* -næset *(fx broad-nosed).*
nose-dive ['nəuzdaiv] *(flyv) sb* (brat) dykning; styrtdyk; *(fig)* brat fald *(fx* i priser); *vb* dykke (brat).
nose|gay ['nəuzgei] *sb* buket. *~* **-heavy** (om flyvemaskine) næsetung. *~* **rag** lommeklud. *~* **ring** næsering. *~* **wheel** næsehjul.
nosey se *nosy.*
nosh [nɔʃ] S *sb* mad, måltid; mellemmåltid, snack; *vb* spise; gumle.
no-show [nəu'ʃəu] *sb* en der udebliver.
nosh-up *sb* S 'ordentligt foder'; stort traktement, kalas.
nosing ['nəuziŋ] *sb* trinforkant.
nosology [nə'sɔlədʒi] *sb* sygdomslære.
nostalgia [nɔ'stældʒiə] *sb* hjemve; nostalgi, sentimental længsel (efter en svunden tid).
nostalgic [nɔ'stældʒik] *adj* nostalgisk.
nostril ['nɔstr(i)l] *sb* næsebor; *it stinks in his -s (fig)* det er ham en vederstyggelighed.
nostrum ['nɔstrəm] *sb (neds)* vidundermedicin, patentmedicin.
nosy ['nəuzi] *adj* nysgerrig.
Nosy Parker S nysgerrigper, posekigger.
not [nɔt] *adj* ikke; *~ at all* slet aldeles ikke, på ingen måde; (svar på tak:) å jeg be'r; *I could ~ but* jeg kunne ikke lade være at; (se også *but); ~ that* ikke fordi *(fx ~ that it matters* ikke fordi det gør noget); *I*

think ~ jeg mener nej; *I should think* ~ *(ogs)* det skulle bare mangle; nej Vorherre bevares; *he won't pay,* ~ *he!* man kan være sikker på at *han* ikke betaler; (se også *half, if, too, yet).*

nota bene ['nəutə'bi:ni] *(lat.)* nota bene, vel at mærke.

notability [nəutə'biləti] *sb* bemærkelsesværdighed, mærkværdighed; (om person) dignitar, notabilitet.

notable ['nəutəbl] *adj* bemærkelsesværdig, betydningsfuld *(fx achievement);* mærkbar, tydelig *(fx difference);* bekendt; *sb* dignitar, notabilitet.

notably ['nəutəbli] *adv* især, navnlig.

notarial [nəu'tɛəriəl] *adj* notarial, udfærdiget af en notarius, notarial-.

notarized ['nəutəraizd] *adj (am)* notarialt bekræftet.

notary ['nəutəri] *sb* notar(ius); ~ *public* notarius publicus.

notation [nə'teiʃn] *sb* tegnsystem; *(mus.)* nodesystem; *(am)* note, notat.

notch [nɔtʃ] *sb* hak; indsnit, indskæring, rille; udskæring; (ved træfældning, i metal, i sigtemiddel) kærv; *(am)* snævert pas; *vb* lave hak (, indsnit *etc)* i; (i sport) score *(fx points); (fig)* score *(fx he -ed yet another victory);* notere; *a* ~ *above* T en tak bedre end.

I. note [nəut] *sb* notits, optegnelse; (i tekst) note, anmærkning; (meddelelse:) lille brev, billet, seddel, (diplomatisk:) note; *(mht* gæld) gældsbevis, forskrivning; *(mht* penge) pengeseddel, banknote; *(merk)* nota, regning; (papir:) brevpapir; *(mus.)* node; tone; tangent; *(fig)* tone *(fx he changed his* ~ han anlagde en anden tone); anstrøg *(fx there was a* ~ *of impudence in his answers);*

as per ~ *(merk)* ifølge nota; *compare -s,* se *compare; exchange* **of** *-s* noteudveksling; *a man of* ~ en anset mand; *a town of* ~ en betydningsfuld *(el.* vigtig) by, en by af betydning; ~ *of interrogation* spørgsmålstegn; *make a* ~ *of* notere, mærke sig; **on** *a* ~ *of optimism* i en optimistisk stemning, i en atmosfære af optimisme *(fx the meeting ended on a* ~ *of optimism); sound (el. strike) a* ~ anslå en tone *(fx strike a false (, the right)* ~*; the reviewer sounded a sour* ~*); take* ~ *of* bemærke, notere, mærke sig; tage til efterretning; *take -s of* tage notater af, notere, skrive ned; *speak* **without** *-s* tale uden manuskript.

II. note [nəut] *vb* lægge mærke til, tage notits af, notere sig, mærke sig, bemærke; gøre opmærksom på, omtale specielt; notere, skrive op.

note|book notesbog; kollegiehæfte. **-case** seddelmappe. ~ **circulation** seddelcirkulation; seddelmængde, seddelmasse.

noted ['nəutid] *adj* bekendt.

note|pad notesblok. **-paper** brevpapir. **-worthy** værd at lægge mærke til, bemærkelsesværdig.

nothing ['nʌθiŋ] *pron* intet, ikke noget; slet ikke, ikke spor af *(fx I have been fortunate; I've had a number of offers ... Fortunate nothing! They were damned lucky to get you); sb* ubetydelighed, nul; *a mere* ~ en ren bagatel;

~ *at all* slet intet; ~ *(else)* **but** intet andet end, kun; ~ **doing** T der er ikke noget at gøre; du kan tro nej; det bliver der ikke noget af; *I* **have** ~ **on** *tonight* jeg har ikke noget for i aften; *the police has* ~ *on him* politiet har ikke noget på ham (ɔ: intet anklagemateriale); *they have* ~ *on us (am* T) de har ikke noget at lade os høre; *she is* ~ **if not** *pretty* hun er meget smuk; smuk det er hun; ~ **like** *as large* ikke nær så stor; langt fra så stor; **make** ~ *of* ikke regne for noget; bagatellisere; ikke få noget ud af; *I can make* ~ *of it* jeg kan ikke blive klog på det; *he made* ~ *of the opportunity* han udnyttede ikke lejligheden; ~ **short** *of* intet mindre end; **think** ~ *of* ikke regne for noget; ~ **venture,** ~ *have* hvo intet vover, intet vinder;

(forb med præp) **for** ~ gratis *(fx I got it for* ~*);* forgæves *(fx he had all the trouble for* ~*);* uden grund *(fx they quarrelled for* ~*); there is* ~ *for it but to* der er ikke andet at gøre end at; *there's* ~ **in** *it* det har ikke noget på sig; T der er ingen penge i det; *like* ~ **on** *earth,* se *I. earth; come* **to** ~ ikke blive til noget, mislykkes; *there is* ~ *to it* det er der ingen kunst ved; det er let nok; *it is* ~ *to me* det betyder ikke noget for mig, det er mig ligegyldigt; det er en bagatel for mig; *my trouble is* ~ *to theirs* mine vanskeligheder er intet mod deres.

nothingness ['nʌθiŋnəs] *sb* intethed, betydningsløshed; bagatel; *vanish into* ~ blive til intet.

I. notice ['nəutis] *sb* **1.** opmærksomhed *(fx it escaped* (undgik) *his* ~*);* **2.** meddelelse, underretning, (officiel:) bekendtgørelse; **3.** opslag; **4.** (i avis) notits, artikel; kortere anmeldelse; **5.** varsel *(fx prices are subject to alteration without* ~*),* (til ansat) opsigelse;

give ~ *(to quit)* sige op; *give* ~ *of* meddele, underrette om; give varsel om; *this is to give* ~ *that* herved bekendtgøres at; **receive** ~ blive sagt op; **serve** ~ meddele (officielt); **take** ~ iagttage; (om barn) skønne, lægge mærke til omgivelserne; *take* ~ *of* lægge mærke til, bekymre sig om; tage notits af; tage til efterretning; *sit up and take* ~ blive opmærksom, spidse ører; *he is sitting up and taking* ~ T *(omtr* =) han er i bedring;

(forb med præp) **at** *short* ~ med kort varsel, på kort sigt; *at six months'* ~ med et halvt års varsel; **beneath** *sby's* ~ ikke ens opmærksomhed værd; *bring* **into** ~ henlede opmærksomheden på; *come into* ~ vække opmærksomhed; *term* **of** ~ opsigelsesfrist; *be on* ~ *(am)* = *be under* ~*; bring* **to** *sby's* ~ henlede ens opmærksomhed på; ~ *to mariners* efterretninger for søfarende; *subject to* ~ som kan opsiges; *be* **under** ~ *(to leave)* være sagt op; *it has come (el. fallen) under my* ~ *that* jeg har bragt i erfaring at; *leave* **without** ~ rejse (fra sin stilling) uden varsel; *pass without* ~ gå upåagtet hen.

II. notice ['nəutis] *vb* bemærke, lægge mærke til, mærke sig, tage notits af; omtale.

noticeable ['nəutisəbl] *adj* værd at lægge mærke til, bemærkelsesværdig; mærkbar.

notice board opslagstavle.

notifiable ['nəutifaiəbl] *adj* (om sygdom) som skal anmeldes til sundhedsmyndighederne.

notification [nəutifi'keiʃn] *sb* kundgørelse, bekendtgørelse; anmeldelse.

notify ['nəutifai] *vb* bekendtgøre, anmelde *(fx* ~ *change of address);* underrette *(of* om); tilkendegive.

notion [nəuʃn] *sb* **1.** idé *(fx the queer -s they have about Americans),* forestilling *(fx she had a (vague)* ~ *of how it should be done),* anelse *(fx he sold because he had a* ~ *that prices would go down);* **2.** begreb, opfattelse *(fx our* ~ *of right and wrong);* **3.** grille; **4.** *-s pl (am)* syartikler, småartikler;

I **haven't** *a* ~ *of what he means* jeg har ikke idé *(el.* begreb *el.* anelse) om hvad han mener; *he has no* ~ *of doing it* han tænker ikke på at gøre det; det kunne ikke falde ham ind at gøre det; **take** *a* ~ *to do sth* få den idé *(el.* grille *el.* det indfald) at gøre noget.

notional ['nəuʃn(ə)l] *adj* tænkt, teoretisk, indbildt, abstrakt; som kun eksisterer i fantasien; (især *am)* fantastisk, lunefuld.

notoriety [nəutə'raiəti] *sb* berygtethed, det at være velkendt; kendt person.

notorious [nə(u)'tɔ:riəs] *adj* almindelig bekendt, vitterlig, notorisk; berygtet. **notoriously** *adv* vitterligt, notorisk, erfaringsmæssigt *(fx it is* ~ *difficult).*

no-trump(s) [nəu'trʌmp(s)] sans (i bridge).

Nottingham ['nɔtiŋəm].

Notts. *fk Nottinghamshire.*

notwithstanding [nɔtwiθ'stændiŋ, nɔtwið-] *præp* trods,

til trods (for); *adv* desuagtet, ikke desto mindre; *conj* uagtet, endskønt, uanset.
nougat ['nu:ga:] *sb* nougat.
nought [nɔ:t] *pron* intet; *sb* nul; *adj* værdiløs; *set at* ~ ikke regne for noget; ikke ænse, tilsidesætte, trodse; *care* ~ *for* ikke bryde sig spor om; *bring to* ~ tilintetgøre; ødelægge; *come to* ~ kuldkastes, ikke blive til noget.
noughts-and-crosses 'kryds-og-bolle' (et spil).
noun [naun] *sb* substantiv, navneord.
nourish ['nʌriʃ] *vb* nære, give næring.
nourishment ['nʌriʃmənt] *sb* næring.
nous [naus] *sb (filos)* nous, nus; T (sund) fornuft, omløb.
nouveau riche ['nu:vəu'ri:ʃ] opkomling; parvenu.
Nov. *fk November.*
nova ['nəuvə] *sb (pl* -e [-vi:]) *(astr)* nova.
Nova Scotia ['nəuvə'skəuʃə].
novel [nɔvl] *adj* ny, ualmindelig, hidtil ukendt; *sb* roman.
novelette [nɔv(ə)'let] *sb* kortere roman; *(neds)* sentimental roman, ugebladsroman, sypigeroman.
novelist ['nɔv(ə)list] *sb* romanforfatter.
novelty ['nɔvlti] *sb* nyhed; *novelties* nipsting; festartikler, spøg- og skæmtartikler.
November [nə'vembə] *sb* november.
novice ['nɔvis] *sb* novice; begynder; nyomvendt.
noviciate, novitiate [nə'viʃiit] *sb* prøvetid; læretid; noviciat.
now [nau] *adv* nu; (forklarende:) se *(fx ~, this was not very wise of him for ...); (every) ~ and again, (every) ~ and then* nu og da; *before* ~ tidligere, før; *by* ~ nu, ved denne tid, allerede; *how ~?* hvad nu? *just* ~ lige nu, for et øjeblik siden; lige straks; *now ... now* snart ... snart *(fx ~ hot, ~ cold); ~ that* nu da *(fx ~ that the weather is warmer); ~ then* nå; se så; nå, nå; så, så; hov, hov; pas nu på (hvad du gør eller siger); kan du nære dig; ~ *there!* se så! *till ~, up to ~* indtil nu, hidtil.
nowadays ['nauədeiz] *adv* nutildags, nuomstunder.
noway(s) ['nəuwei(z)] *adv* på ingen måde.
nowhere ['nəuwɛə] *adv* intetsteds; *be ~ (ogs)* ikke blive placeret (ved væddeløb); falde rent igennem, mislykkes fuldstændig; *that will get you* ~ det kommer du ingen vegne med; ~ *near* slet ikke i nærheden af *(fx he lives ~ near London);* ikke på langt nær, langt fra *(fx ~ near as difficult).*
nowise ['nəuwaiz] *adv* på ingen måde.
noxious ['nɔkʃəs] *adj* skadelig, usund.
nozzle [nɔzl] *sb* spids, tud; *(fx* på støvsugerslange) mundstykke; *(fx* i jetmotor, i forstøver) dyse; *(spray ~)* strålespids, strålerør; S tud, næse.
N.P. *fk Notary Public.*
nr. *fk near.*
N.S. *fk Nova Scotia.*
N.S.P.C.A. *fk National Society for the Prevention of Cruelty to Animals.*
N.S.P.C.C. *fk National Society for the Prevention of Cruelty to Children.*
N.S.W. *fk New South Wales.*
N.T. *fk New Testament; Northern Territory* (i Australien).
-n't [nt] *fk not* (især efter hjælpeverber, *fx don't).*
nth [enθ] *adj* n'te *(fx the ~ power* n'te potens); *to the ~ degree (fig)* i allerhøjeste grad.
nuance *[fr;* nju'a:ns] *sb* nuance.
nub [nʌb] *sb* klump, stump; *(fig)* kerne, hovedpunkt *(fx the ~ of the problem).*
nubbin ['nʌbin] *sb (am)* stump, rudiment, misfoster; *adj* stumpet, forvokset, vanskabt.
nubile ['nju:bil] *adj* giftefærdig.
nuclear ['nju:kliə] *adj* atom-, kerne- *(fx energy; fission* spaltning; *physics; reactor, weapon); ~ disarmer* atomdemonstrant; ~ *family* kernefamilie.
nuclear|-powered atomdreven. ~ **power station** atomkraftværk. ~ **test** atomforsøg. ~ **test ban** atomstop.
nucleus ['nju:kliəs] *sb (pl nuclei* ['nju:kliai]) kerne; *(biol)* cellekerne, *(fys)* atomkerne; *(fig)* kerne, grundstamme.
nude [nju:d] *adj* nøgen, blottet; *(jur)* ikke lovformelig, ugyldig; *sb* nøgen pige; (i kunst) nøgen figur, nøgenstudie; *from the ~* efter nøgen model; *pose in the ~* stå nøgen model.
nudge [nʌdʒ] *vb* puffe til (med albuen); *sb* puf.
nudie ['nju:di] *sb* S nøgenshow, nøgenfilm; blad med nøgenfotos; ~ *film* nøgenfilm.
nudism ['nju:dizm] *sb* nudisme, nøgenkultur.
nudist ['nju:dist] *sb* nudist.
nudity ['nju:diti] *sb* nøgenhed.
nuff [nʌf] T = *enough; ~ said!* så er den ikke længere! nok om det!
nugacity [nju'gæsiti] *sb* intetsigenhed, betydningsløshed, værdiløshed, virkningsløshed.
nugatory ['nju:gət(ə)ri] *adj* intetsigende, betydningsløs, værdiløs, virkningsløs.
nugget ['nʌgit] *sb* klump, guldklump.
nuisance ['nju:sns] *sb* ulempe, gene, onde, pestilens, plage; (i *sms*) -plage *(fx the noise ~); he is a ~* han er irriterende, han er en plage; *that's a ~* det er kedeligt; *don't be a ~* plag mig dog ikke; *commit no ~* (på skilt:) urenlighed forbydes; *a public ~* noget der strider mod den offentlige orden; T en landeplage, en pestilens; *make a ~ of oneself* være utålelig, gøre sig udtilbens.
nuke [nju:k] S *sb* atomvåben, atombombe; atomkraftværk; *vb* nedkaste atombombe(r) over.
null [nʌl] *adj* ugyldig; intetsigende; værdiløs; ~ *and void (jur)* ugyldig; død og magtesløs; *declare ~ and void (ogs)* mortificere; ~ *set (mat.)* tom mængde.
nullification [nʌlifi'keiʃ(ə)n] *sb* ophævelse.
nullify ['nʌlifai] *vb* ophæve, gøre ugyldig, annullere.
nullity ['nʌliti] *sb* ugyldighed; annullering.
numb [nʌm] *adj* følelsesløs, død (af kulde), valen, stiv; *(fig)* lammet, stivnet; *vb* gøre stiv; gøre følelsesløs; *(fig også)* lamme.
I. number ['nʌmbə] *sb* tal; nummer; antal, mængde; (af tidsskrift *etc)* hæfte, nummer; T (ɔ: ting, pige) „sag" *(fx he drives around in a fast little ~, she was a cute little ~ with green eyes); -s pl (ogs)* regning *(fx he is not good at -s); (glds)* vers;
among the ~ deriblandt; *by (el. in) ~, to the ~ of* i et antal af; *double the ~* det dobbelte antal; *I have got his ~ (fig,* T) jeg har luret ham, jeg har gennemskuet ham; *be published in -s* udkomme hæftevis; *in great -s* i stort antal; ~ **one** nummer et; *(fig)* én selv, sig selv *(fx he always thought first of ~ one); take care of (el. look after) ~ one* se på sin egen fordel, mele sin kage; *the science* **of** *-s* regning; *a ~ of* et antal, en del; en række (af) *(fx he has written a ~ of plays); -s of* en mængde, utallige; *of their ~* af dem; *out of ~ = without ~; his ~ is* **up** det er sket med ham; **without** ~ utallig, talløs *(fx times without ~);* (se *ogs: opposite number*).
II. number ['nʌmbə] *vb* nummerere; regne *(fx he is -ed among our enemies);* beløbe sig til, tælle *(fx they -ed 30 in all); ~ in succession* forsyne med fortløbende numre; ~ *off* råbe numrene op på; dele ind (i gymnastik).
numberless ['nʌmbələs] *adj* utallig, talløs.
number plate (på bil) nummerplade.
Numbers ['nʌmbəz] fjerde Mosebog.
Number Ten den eng. premierministerbolig (10, Downing Street).
numeracy ['nju:mrəsi] *sb* talforståelse.

numeral ['nju:mr(ə)l] *adj* tal-; *sb* talord; taltegn, tal *(fx Arabic -s)*.
numerate ['njumərət] *adj* som har talforståelse.
numeration [nju:mə'reiʃn] *sb* tælling; nummerering; tallæsning.
numerator ['nju:məreitə] *sb* tæller (i brøk); en der indsamler statistiske oplysninger, *fx* til folketælling.
numerical [nju'merikl] *adj* numerisk, tal-; *in ~ order* i nummerorden.
numerically [nju'merikli] *adv* i talmæssig henseende, talmæssigt.
numerous ['nju:m(ə)rəs] *adj* mangfoldig, talrig, mandstærk.
numinous ['nju:minəs] *adj* numinøs, som indgyder religiøs ærefrygt.
numismatic [nju:miz'mætik] *adj* numismatisk; mønt-.
numismatics *sb* numismatik (møntvidenskab).
numismatist [nju(:)'mizmətist] *sb* numismatiker, møntkender; møntsamler.
numskull ['nʌmskʌl] *sb* dosmer, fæ.
nun [nʌn] *sb* nonne.
nun buoy spidstønde.
nuncio ['nʌnʃiəu] *sb* nuntius, pavelig gesandt.
nuncupative ['nʌnkju:peitiv] *adj* mundtlig *(fx will* testamente).
nun moth *zo* nonne.
nunnery ['nʌnəri] *sb* nonnekloster.
N.U.P.E. *fk National Union of Public Employees.*
nuptial [nʌpʃl] *adj* bryllups- *(fx the ~ day* bryllupsdagen); ægteskabelig *(fx happiness)*. **nuptials** *sb* bryllup.
N.U.R. *fk National Union of Railwaymen.*
nurd = *nerd.*
Nuremberg ['njuərəmbə:g] Nürnberg.
I. nurse [nə:s] *sb (sick ~)* sygeplejerske; *(children's ~)* nurse, barnepige; barneplejerske; *(glds: wet ~)* amme; *(forst)* ammetræ; *(fig)* fostermoder, beskytter; *the ~ of liberty (fig)* frihedens vugge; *put a child out to ~* sætte et barn i pleje.
II. nurse [nə:s] *vb* amme *(fx the mothers ~ their own babies);* passe, pleje *(fx ~ sby back to health);* værne om, hæge om, pusle om, fremelske *(fx a plant);* nære, have *(fx hopes, hatred);* holde i sine hænder, holde (blidt) om; kæle for *(fx a kitten);*
~ a child (ogs) sidde med et barn på skødet; *~ a cold* pleje en forkølelse; *~ the fire* sidde ved ilden; *~ a constituency* tage sig omhyggeligt af sin valgkreds (lige forud for valg); *~ a glass of wine* sidde længe over et glas vin; *~ one's strength* økonomisere med kræfterne.
nurse|-child plejebarn. *~* **crop** skærmbevoksning, ammekultur. **-ling** spædbarn. **-maid** barnepige.
nursery ['nə:sri] *sb* børneværelse, barnekammer; planteskole.
nursery| garden planteskole. *~* **governess** lærerinde for små børn, barnefrøken. **-maid** barnepige. **-man** planteskoleejer. *~* **rhyme** børnerim. *~* **school** børnehave. *~* **slope** begynderbakke (til skiløb). *~* **tale** ammestuefortælling.
nursing ['nə:siŋ] *sb* sygepleje; barnepleje; *adj* diende; ammende; *~ auxiliary* sygehjælper; *~ home* privatklinik; plejehjem.
nursling ['nə:sliŋ] *sb* spædbarn.
nurture ['nə:tʃə] *sb* næring; opfostring, opdragelse; *vb* nære; opfostre, opdrage.
N.U.S. *fk National Union of Students.*
nut [nʌt] *sb* nød; *(fig)* vanskeligt problem, nød *(fx a hard ~ to crack); (tekn)* møtrik; (på violin) sadel; (på bue) frosch; S knold, hoved; skør kule; *do one's ~* T blive helt ude af det, ryge helt op i loftet; *off one's ~* tosset, skør i bolden.
N.U.T. *fk National Union of Teachers.*
nut|-brown ['nʌtbraun] nøddebrun. *~* **case** *sb* S skør kule. **-cracker** *zo* nøddekrige. **-cracker(s)** nøddeknækker. **-gall** *(bot)* galæble. **-hatch** *zo* spætmejse. *~* **house** S galeanstalt.
nutmeg ['nʌtmeg] *sb (bot)* muskat, muskatnød.
nutria ['nju:triə] *sb* nutria, bæverrotteskind.
nutrient ['nju:triənt] *adj* nærende; *sb* næringsstof.
nutriment ['nju:trimənt] *sb* næring.
nutrition [nju'triʃn] *sb* ernæring.
nutritional [nju'triʃn(ə)l] *adj* ernærings-.
nutritionist [nju'triʃnist] *sb* ernæringsekspert, ernæringsfysiolog.
nutritious [nju'triʃəs] *adj* nærende.
nutritive ['nju:tritiv] *adj* nærende; nærings-; *~ value* næringsværdi.
nuts *pl* S nosser; sludder; *he is ~* han er skør; **for ~** T om så jeg (han *etc*) fik guld for det, om jeg stod på hovedet *(fx I can't play golf for ~)*; *be ~* **on** *(el. about)* være helt væk i *(fx a girl)*, være skør efter (, med) *fx all of us were ~ on flying); ~* **to** *you! rend og hop! ~ to him!* skidt med ham!
nuts and bolts *pl* møtrikker og bolte; *(fig)* praktiske ting; praktiske detaljer (, forhold).
nutshell ['nʌtʃel] *sb* nøddeskal.
nutting ['nʌtiŋ] *sb* nøddeplukning, nøddetur; *go ~* tage på nøddetur.
nutty ['nʌti] *adj* med nøddesmag; S tosset, skør; *as ~ as a fruitcake* ravende skør.
nut weevil *zo* nøddesnudebille.
nuzzle [nʌzl] *vb* trykke næsen mod; smyge sig ind til; stikke snuden (, mulen) hen til; ligge lunt.
N.W. *fk north-west.*
NVA *fk North Vietnamese Army.*
N.Y. *fk New York.*
nyctalopia [niktə'ləupiə] *sb* natteblindhed.
nylghau ['nilgɔ:] *sb zo* nilgaiantilope.
nylon ['nailən] *sb* nylon; *-s pl* nylonstrømper.
nymph [nimf] *sb* nymfe; *zo* puppe.
nymphal [nimfl] *adj* nymfe-; puppe-.
nymphet [nim'fet] *sb* ung nymfe; meget ung og sexet pige (der er let på tråden).
N.Z. *fk New Zealand.*

O

I. O [əu] O; nul.
II. O [əu] *interj* å! o! ak! *O for* ... åh havde jeg blot ...; åh, hvem der havde ...
O' [əu, ə] forstavelse i irske navne (ɔ: søn af) *(fx O'Brien).*
o' [ə] *fk of, on.*
O. *fk Officer, Order; Ohio.*
o/a *fk on account of.*
oaf [əuf] *sb* fjols; fjog; klodrian; *(glds)* skifting.
oafish ['əufiʃ] *adj* dum, klodset.
oak [əuk] *sb (bot)* eg, egetræ; yderdør (for studenternes værelser i et kollegium); *sport one's* ~ stænge yderdøren og frabede sig visitter.
oak|apple galæble. ~ **brush** egepur.
oaken ['əuk(ə)n] *adj (litt)* af egetræ, ege-.
oak gall galæble.
Oaks [əuks]: *the* ~ hestevæddeløb ved Epsom.
oakum ['əukəm] *sb (mar)* værk (ɔ: opplukket tovværk).
oakum-picking værkplukning (tidligere *alm* beskæftigelse for fanger og fattiglemmer).
O & M. *fk organization and methods.*
OAP, O.A.P. *fk old-age pensioner; old-age pension.*
oar [ɔ:] *sb* åre; roer; *vb (poet)* ro; *put in one's* ~ *(fig)* blande sig i andre folks sager, blande sig i en samtale; *-s out!* årerne ud! *-s ready!* klar ved årerne! *toss -s!* rejs årerne! *ship your -s!* årerne ind; *rest (el. lie) (up)on one's -s (fig)* hvile på årerne; hvile på sine laurbær.
oar|fish *zo* sildekonge. **-lock** *(am)* åregaffel.
oarsman ['ɔ:zmən] *sb* roer.
oarsmanship dygtighed til roning.
oas|is [əu'eisis] *sb (pl -es* [-i:z]) oase.
oast [əust], **oasthouse** *sb* kølle, tørreovn (til humle).
oatcake ['əutkeik] *sb* havrekiks.
oaten ['əut(ə)n] *adj* havre-, af havre.
oath [əuθ] *sb (pl -s* [əuðz]) ed; *take an* ~, *make* ~ aflægge ed; *on (one's)* ~ under ed; *put sby on* ~ tage en i ed.
oatmeal ['əutmi:l] *sb* havremel, havregryn; *(am)* havregrød. **oatmeal porridge** havregrød.
oats [əuts] *sb pl* havre; *sg* havregrød; *feel one's* ~ T være kåd; være i hopla; *(am)* være indbildsk; *get one's* ~ S komme i seng med en pige; *be off one's* ~ være sløj; have tabt madlysten; *(spøg.)* ikke være oplagt til sex. (se også *wild oat(s)).*
ob. *fk obiit* ['ɔbiit] *(lat)* døde.
obduracy ['ɔbdjurəsi] *adj* forstokkethed, stædighed *(etc, se obdurate).* **obdurate** ['ɔbdjurət] *adj* forstokket *(fx an* ~ *sinner),* stiv(sindet), stædig, halsstarrig, umedgørlig; hård.
O.B.E. *fk Officer of the Order of the British Empire.*
obeah ['əubiə] *sb* form for trolddom *(el.* magi); amulet; fetich.
obedience [ə'bi:djəns] *sb* lydighed *(to* mod).
obedient [ə'bi:djənt] *adj* lydig *(to* imod); *your* ~ *servant* (i brev) ærbødigst, med højagtelse.
obeisance [ə'beisns] *sb* reverens, dybt buk; *do* ~ *to* hylde; adlyde, bøje sig for.
obelisk ['ɔbəlisk] *sb* obelisk; *(typ)* kors.
Oberon ['əubərən].
obese [ə'bi:s] *adj* (meget) fed, lasket.
obesity [ə'bi:siti] *sb* fedme, laskethed.

obey [ə'bei] *vb* adlyde.
obfuscate ['ɔbfʌskeit] *vb* formørke; forvirre, gøre uforståelig. **obfuscation** [ɔbfʌs'keiʃn] *sb* formørkelse; forvirring.
obi = *obeah.*
obiter dicta ['ɔbitə'diktə] *pl (lat) (omtr)* strøtanker; spredte bemærkninger.
obituary [ə'bitjuəri] *sb* avisnotits om dødsfald; (kort) nekrolog; mindeord; ~ *notice* nekrolog.
obj. *fk object.*
I. object ['ɔbdʒikt, -ekt] *sb* genstand *(of* for, *fx an* ~ *of admiration);* hensigt, mål; *(gram)* objekt, genstandsled; *what an* ~ *he looks!* hvor 'ser han dog ud! sikken han ser ud! *salary (is) no* ~ lønnen er underordnet.
II. object [əb'djekt] *vb* indvende, komme med indvendinger, gøre indsigelse, protestere *(to* imod, *fx a suggestion);* have noget at indvende *(to* imod); ~ *to (ogs)* have modvilje mod, misbillige, ikke kunne lide; *if you don't* ~ hvis du ikke har noget imod det.
object glass objektiv (i kikkert etc.).
objection [əb'dʒekʃn] *sb* indvending, indsigelse, protest *(to* mod); misbilligelse *(to* af), modvilje *(to* mod); hindring *(to* for); *I have no* ~ *to your going* jeg har ikke noget imod at du går; *take* ~ *to* gøre indsigelse mod.
objectionable [əb'dʒekʃnəbl] *adj* ubehagelig *(fx smell);* stødende *(fx remark);* forkastelig.
objective [əb'dʒektiv] *sb* objektiv; *(mil.)* mål *(fx military -s);* formål; *adj* objektiv, saglig; *the* ~ *case* akkusativ; ~ *point* mål, formål, angrebsmål.
objectivity [ɔbdʒek'tiviti] *sb* objektivitet.
object lesson (time i) anskuelsesundervisning; *(ogs fig)* praktisk illustration, levende eksempel, skoleeksempel.
objector [əb'dʒektə] *sb* modstander, opponent.
objurgate ['ɔbdʒə:geit] *vb* skænde på, irettesætte.
objurgation [ɔbdʒə:'geiʃn] *sb* skænd, irettesættelse, bebrejdelse, straffetale.
oblate ['ɔbleit] *sb (rel)* oblat (barn der er givet til klosteropdragelse); *adj (geom)* fladtrykt ved polerne.
oblation [ə'bleiʃn] *sb* offer (i kirkelig betydning); gave (til kirke).
obligate ['ɔbligeit] *vb* forpligte.
obligation [ɔbli'geiʃn] *sb* forpligtelse; taknemmelighedsgæld; *be under an* ~ *to* være forpligtet til; stå i taknemmelighedsgæld til; ~ *to buy* købetvang; *without* ~ uden forbindende.
obligatory [ə'bligət(ə)ri] *adj* tvungen, obligatorisk, bindende.
oblige [ə'blaidʒ] *vb* vise sig imødekommende; *(mht* optræden) give et nummer *(fx nobody was willing to* ~*);*
~ *sby* gøre én en tjeneste, vise én en venlighed; vise sig imødekommende mod en; T arbejde for én; ~ *me by leaving the room* vær så venlig at forlade værelset; **be -d to** være nødt til, måtte; *I am* **much -d to** *you* jeg er Dem meget forbunden, mange tak; ~ **with** *a song* give en sang til bedste, (være så elskværdig at) synge *(el.* optræde med) en sang; *could you* ~ *me with a match?* De kunne vel ikke låne mig en tændstik?
obligee [ɔbli'dʒi:] *sb (jur)* fordringshaver.
obliging [ə'blaidʒiŋ] *adj* imødekommende, forekom-

mende, tjenstvillig, elskværdig.
obligor [ɔbli'gɔ:] *sb* skyldner.
oblique [ə'bli:k] *adj* hældende; skrå, (især *geom)* skæv; *(fig)* indirekte, forblommet; *in ~ terms* i forblommede vendinger.
oblique| angle skæv vinkel. ~ **case** oblik kasus, afhængighedsfald. ~ **fire** *(mil.)* skråild.
obliquity [ə'blikwiti] *sb* skævhed; uredelighed.
obliterate [əb'litəreit] *vb* udslette, tilintetgøre.
obliteration [əblitə'reiʃn] udslettelse, tilintetgørelse.
oblivion [ə'bliviən] *sb* forglemmelse, glemsel; *act of ~* amnesti; *fall (el. sink) into ~* gå i glemme; gå i glemmebogen; *save from ~* bevare for efterverdenen.
oblivious [ə'bliviəs] *adj: be ~ of* glemme, være ligeglad med, ikke ænse.
oblong ['ɔblɔŋ] *adj* aflang; (om format) tvær- *(fx folio, quarto); sb* aflang figur, rektangel.
obloquy ['ɔbləkwi] *sb* dadel, bebrejdelse; bagvaskelse, nedrakning; vanry.
obnoxious [əb'nɔkʃəs] *adj* utiltalende, ubehagelig, afskyelig *(fx smell);* anstødelig, stødende *(fx remarks); ~ to* forhadt af; *(glds)* udsat for *(fx actions ~ to censure).*
oboe ['əubəu] *sb* obo. **oboist** ['əubəuist] *sb* oboist.
O'Brien [ə'braiən].
obs. *fk observation, obsolete.*
obscene [əb'si:n] *adj* obskøn, uanstændig, sjofel; T modbydelig; (især *jur)* pornografisk *(fx books, publications); ~ libel (jur)* udbredelse af utugtige skrifter; *~ literature* pornografi.
obscenity [əb'senəti] *sb* obskønitet, uanstændighed, slibrighed; modbydelighed; (især *jur)* utugtighed, pornografi.
obscurantism [ɔbskjuə'ræntizm] *sb* obskurantisme, fjendtlighed over for oplysning, kulturfjendtlighed.
obscurantist [ɔbskjuə'ræntist] *sb* obskurant, mørkemand, fjende af oplysning; *adj* obskurantisk, kulturfjendtlig.
obscuration [ɔbskjuə'reiʃn] *sb* formørkelse.
I. obscure [əb'skjuə] *adj* mørk *(fx corner);* utydelig *(fx the path grew more and more ~), (fig)* dunkel, uklar *(fx text);* ubemærket; ukendt; afsides; *of ~ origin* af ringe herkomst; *he lives an ~ life* han fører en tilbagetrukken tilværelse.
II. obscure [əb'skjuə] *vb* formørke, skjule; *(fig)* fordunkle, tilsløre; gøre uklar.
obscurity [əb'skjuəriti] *sb* mørke, dunkelhed, uklarhed; ubemærkethed.
obsecration [ɔbsi'kreiʃn] *sb* indtrængende bøn, anråbelse.
obsequies ['ɔbsikwiz] *sb pl* begravelse, ligbegængelse.
obsequious [əb'si:kwiəs] *adj* slesk, servil, underdanig, krybende.
observable [əb'zə:vəbl] *adj* mærkbar, bemærkelsesværdig; som kan iagttages.
observance [əb'zə:vns] *sb* overholdelse *(fx of a law);* iagttagelse *(fx of two minutes' silence);* helligholdelse *(fx of the Lord's Day);* højtideligholdelse *(fx of the Queen's birthday);* skik, form, ceremoni; *according to old ~* efter gammel vedtægt.
observant [əb'zə:vnt] *adj* opmærksom, agtpågivende; omhyggelig med overholdelsen *(of* af).
observation [ɔbzə'veiʃn] *sb* iagttagelse, observation; iagttagelsesevne; bemærkning; *escape ~* undgå at blive set.
observational [ɔbzə'veiʃn(ə)l] *adj* observations-.
observation car udsigtsvogn, turistvogn (i tog).
observation post observationspost.
observatory [əb'zə:vətri] *sb* observatorium.
observe [əb'zə:v] *vb* **1.** iagttage, lægge mærke til, bemærke, observere; **2.** overholde, følge *(fx rules);* **3.** højtideligholde, holde, fejre *(fx a birthday);* helligholde *(fx the Sabbath);* **4.** bemærke, ytre; *~ silence* forholde sig tavs.
observer [əb'zə:və] *sb* iagttager, betragter; en som overholder (en lov, skik); observatør; *(astr)* observator.
observing [əb'zə:viŋ] *adj* opmærksom.
obsess [əb'ses] *vb* besætte, stadig plage, forfølge; *-ed with* besat af, helt optaget af *(fx an idea).*
obsession [əb'seʃn] *sb* besættelse; *(psyk)* tvangstanke, tvangsforestilling; T fiks idé.
obsessional [əb'seʃn(ə)l] *adj* som har karakter af en tvangstanke.
obsolescence [ɔbsə'lesns] *sb* forældethed, forældelse.
obsolescent [ɔbsə'lesnt] *adj* som er ved at gå af brug *(el.* blive forældet) *(fx words).*
obsolete ['ɔbsəli:t] *adj* gået af brug, forældet.
obstacle ['ɔbstəkl] *sb* hindring; (i sport) forhindring.
obstacle| course *(mil.)* feltbane. ~ **race** forhindringsløb.
obstetric(al) [ɔb'stetrik(l)] *adj* hørende til fødselsvidenskaben. **obstetrician** [ɔbste'triʃn] *sb* obstetriker, fødselslæge.
obstetrics [ɔb'stetriks] *sb* obstetrik, fødselsvidenskab.
obstinacy ['ɔbstinəsi] *sb* stædighed; genstridighed; hårdnakkethed. **obstinate** ['ɔbstinət] *adj* stædig; genstridig; hårdnakket.
obstreperous [əb'strep(ə)rəs] *adj* støjende, larmende, højrøstet; uregerlig.
obstruct [əb'strʌkt] *vb* spærre *(fx the road),* (om rør *etc)* tilstoppe; spærre for, være i vejen for *(fx traffic, the view);* hindre, hæmme, forsinke, sinke *(fx legislation, progress), (parl ogs)* lave obstruktion (mod).
obstruction [əb'strʌkʃn] *sb* spærring, tilstopning; hindring, forsinkelse; *(parl)* obstruktion; (i fodbold) obstruction.
obstructionist [əb'strʌkʃnist] *sb* obstruktionsmager.
obstructive [əb'strʌktiv] *adj* spærrende, hindrende, hæmmende, sinkende.
obtain [əb'tein] *vb* få, opnå *(fx good results),* nå *(fx one's purpose),* vinde *(fx his confidence, influence),* skaffe sig *(fx influence, justice);* (uden objekt) gælde *(fx the rates* (takster) *-ing in 1986),* herske *(fx the conditions* (forhold) *-ing in many mental hospitals),* findes, være tilstede *(fx the political conditions for a coup no longer ~),* bestå *(fx the tragic situation -ing in this country),* holde sig *(fx the custom still -s),* (stadig) være i brug.
obtainable [əb'teinəbl] *adj* opnåelig; til at skaffe *(el.* få).
obtrude [əb'tru:d, ɔb-] *vb* påtvinge, pånøde *(sth upon sby* en noget, *fx he -s his opinions upon others);* trænge sig på, være påtrængende.
obtrusion [əb'tru:ʒn] *sb* påtrængenhed, pånøden.
obtrusive [əb'tru:siv] *adj* påtrængende.
obtund [ɔb'tʌnd] *vb* sløve.
obturate ['ɔbtjuəreit] *vb* tætte.
obtuse [əb'tju:s] *adj* sløv, stump, *(fig)* tykhovedet, dum; *~ angle* stump vinkel.
I. obverse ['ɔbvə:s] *adj (bot)* omvendt (om bladform).
II. obverse ['ɔbvə:s] *sb* avers, forside (af en mønt); modstykke.
obviate ['ɔbvieit] *vb* forebygge, undgå *(fx a misunderstanding),* imødegå; fjerne *(fx ~ the necessity of ...),* rydde af vejen *(fx a difficulty).*
obvious ['ɔbviəs] *adj* iøjnefaldende, umiskendelig, tydelig, åbenbar *(fx an ~ advantage);* oplagt *(fx chance),* selvfølgelig, indlysende; mest nærliggende *(fx the ~ explanation; the ~ solution); (neds)* for iøjnefaldende, påfaldende; for nærliggende, billig, letkøbt *(fx joke); for ~ reasons* af let forståelige grunde; *for no ~ reason* uden nogen påviselig grund.
O. C. *fk Officer Commanding.*
ocarina [ɔkə'ri:nə] *sb* okarina (musikinstrument).

I. occasion [ə'keiʒn] *sb* lejlighed, anledning *(for, of* til, *fx it was the ~ rather than the cause of the war);* foranledning; grund *(for, of* til, *fx there is no ~ for alarm);* (stor) begivenhed, højtidelig anledning, fest; *-s pl (ogs, glds)* (nødvendige) forretninger;
on ~ ved lejlighed; lejlighedsvis; *on that* ~ ved den lejlighed; *on the ~ of his marriage* ved hans bryllup; i anledning af hans b.; *on the slightest* ~ ved mindste foranledning; **rise** *(el. be equal)* **to** *the* ~ være situationen voksen; **take** ~ **to** *say* benytte lejligheden til at sige.

II. occasion [ə'keiʒn] *vb* foranledige, forårsage, give anledning til.

occasional [ə'keiʒn(ə)l] *adj* som forekommer nu og da *(fx thunderstorms),* som kommer nu og da *(fx visitor),* tilfældig; lavet for anledningen, lejligheds- *(fx ~ poem);* (som er) til specielt brug; ~ *table* mindre bord, rygebord *osv.* **occasionally** *adv* af og til, lejlighedsvis.

Occident ['ɔksidnt] *sb: the* ~ Vesten, Occidenten, Europa og Amerika *(mods the Orient).*

Occidental [ɔksi'dentl] *adj* vestlig, vesterlandsk.

occipital [ɔk'sipitl] *adj* baghoved-, nakke-.

occiput ['ɔksipʌt] *sb* baghoved, nakke.

occlude [ɔ'klu:d] *vb* lukke, tilstoppe; udelukke, spærre for *(fx light); (meteorol, kem)* okkludere.

occlusion [ɔ'klu:ʒn] *sb* lukning, tillukning; okklusion.

occult [ɔ'kʌlt] *adj* skjult, hemmelig, okkult; *vb* skjule, *(astr)* formørke. **occultation** [ɔkl'teiʃn] *sb (astr)* formørkelse, okkultation. **occulting light** *(mar)* blinklys.

occultism ['ɔkltizm] *sb* okkultisme.

occupancy ['ɔkjupənsi] *sb* tagen i besiddelse; okkupation; besiddelse.

occupant ['ɔkjupənt] *sb* beboer; besidder, indehaver; *the -s of the carriage* de der sad *(el.* sidder) i vognen.

occupation [ɔkju'peiʃn] *sb* beskæftigelse; erhverv; besiddelse; tagen i besiddelse; *(mil.)* okkupation, besættelse, indtagelse; *ready for immediate* ~ (om hus *etc)* klar til indflytning.

occupational [ɔkju'peiʃn(ə)l] *adj* erhvervs-, erhvervsmæssig, faglig; ~ *disease* erhvervssygdom ; ~ *therapist* beskæftigelsesterapeut, ergoterapeut; ~ *therapy* beskæftigelsesterapi, ergoterapi.

occupier ['ɔkjupaiə] *sb* beboer, lejer, besidder, indehaver.

occupy ['ɔkjupai] *vb* tage i besiddelse; besidde, (om hus *etc)* bebo, (om stilling) indehave, beklæde, (om plads) optage *(fx a seat, a lot of space),* dække *(fx 120 acres),* (om tid) tage, vare *(fx two hours),* (om sind) optage, beskæftige, sysselsætte; *(mil.)* besætte, okkupere *(fx a country),* holde besat, indtage *(fx a strategic position).*

occur [ə'kə:] *vb* forekomme, hænde, indtræffe; (om plante, dyr *etc)* findes, forekomme; ~ *to sby* falde en ind; *it -red to me that* det faldt mig ind at; jeg kom til at tænke på at.

occurrence [ə'kʌrəns] *sb* hændelse, begivenhed; forekomst.

ocean ['əuʃ(ə)n] *sb* ocean, hav, verdenshav; *-s of* T oceaner af *(fx time);* masser af.

ocean| green havgrøn. ~ **greyhound** hurtiggående oceandamper.

Oceania [əuʃi'einjə] Oceanien.

oceanic [əuʃi'ænik] *adj* ocean-, hav-; stor som et ocean.

ocean lane skibsrute over oceanet.

oceanography [əuʃiə'nɔgrəfi] *sb* havforskning.

ocellus [ə'seləs] *sb (pl ocelli* [ə'selai]) *zo* punktøje; (på fjer) øje(plet).

ocelot ['əusilɔt] *sb zo* ozelot (sydam. vildkat).

ochre ['əukə] *sb* okker; *brown* ~, ~ *brown* mørk okker.

ochreous ['əukriəs] *adj* okkeragtig, okkergul.

o'clock [ə'klɔk] klokken; *at five* ~ klokken fem, *it is five* ~ klokken er fem; *he knows what ~ it is* han er vaks; *what ~ is it?* hvad er klokken?

OCR se *optical character reader.*

Oct. *fk October.* **oct.** *fk octavo.*

octagon ['ɔktəgən] *sb* ottekant.

octagonal [ɔk'tægənl] *adj* ottekantet.

octane ['ɔktein] *sb (kem)* oktan; ~ *number (el. rating)* oktantal.

octave ['ɔktiv] *sb* oktav.

octavo [ɔk'teivəu] *sb* oktav(format); bog i oktav.

octennial [ɔk'tenjəl] *adj* som varer otte år; som indtræffer hver ottende år.

octet [ɔk'tet] *sb (mus.)* oktet.

October [ɔk'təubə] oktober.

octogenarian [ɔktədʒi'nɛəriən] *sb, adj* firsårig, (en der er) i firserne.

octopus ['ɔktəpəs] *sb* blæksprutte; *(fig)* mangearmet uhyre.

octoroon [ɔktə'ru:n] *sb* afkom af hvid og kvartneger.

octosyllabic ['ɔktəusi'læbik] *adj* ottestavelses-.

octosyllable ['ɔktəusiləbl] *sb* ord (, verslinie) med otte stavelser.

octroi ['ɔktrwa:] *sb* accise; accisebod; accisebetjente.

O.C.T.U., Octu ['ɔktu:] *fk Officer Cadets Training Unit.*

octuple ['ɔktjupl] *adj* ottefold.

ocular ['ɔkjulə] *sb* (i mikroskop *etc)* okular; *adj* øje(n)- *(fx defect);* synlig, som man ser med sine egne øjne; ~ *demonstration* synligt bevis, syn for sagen; ~ *witness* øjenvidne.

oculist ['ɔkjulist] *sb* øjenlæge.

OD *fk overdose* overdosis (af narkotika); *vb* dø af en overdosis.

odalisque ['əudəlisk] *sb* odalisk (ɔ: haremskvinde).

odd [ɔd] *adj* **1.** ulige *(fx dates, numbers, pages);* **2.** umage *(fx glove, shoe, stockings);* overskydende, som er tilovers, enkelt *(fx an ~ volume* et enkelt bind af et værk); **3.** tilfældig, spredt; **4.** mærkelig, sær, underlig, besynderlig *(fx habit, behaviour);*
an ~ amount et skævt beløb; *play at ~ or even* spille effen eller ueffen; *eighty ~ years* nogle og firs år; *twenty ~ pounds* nogle og tyve pund; *twenty pounds* ~ tyve pund og noget (ɔ: og nogle pence); *three hundred* ~ trehundrede og noget; ~ *jobs* tilfældigt arbejde, forefaldende arbejde; ~ *hand* reservemand; ~ *man* reservemand; altmuligmand; den der har den afgørende stemme (ved afstemning); ~ *man out* en der er tilovers; T enspændernatur; ~ *moments* ledige stunder.

oddball ['ɔdbɔ:l] *sb (am* S*)* original, skør kule.

Oddfellow ['ɔdfeləu] *sb* medlem af Oddfellowordenen.

oddity ['ɔditi] *sb* særhed, besynderlighed; særling, original; sjældenhed, kuriositet.

odd-job man mand der udfører alt forefaldende arbejde, altmuligmand.

odd man se *odd.*

oddments ['ɔdmənts] *sb pl* rester, uensartede stykker, snurrepiberier.

odds [ɔdz] *sb pl* (tilstået) fordel, begunstigelse; forskel, ulighed, overmagt; chancer; (ved væddemål) odds (forholdet mellem indsats og gevinst); ~ *and ends (el. bobs)* rester, (forskellige) småting, småpillerier, tilfældigt ragelse; ~ *and sods (vulg)* = ~ *and ends; (ogs)* forskellige stoddere;
the ~ are 10-1 odds er 10; *the ~ are that* sandsynligheden taler for at; det er overvejende sandsynligt at; *the ~ are* **against** *us* vi har chancerne imod os; *fight against heavy* ~ kæmpe en ulige kamp; kæmpe mod en overmagt; *be* **at** ~ *with* være uenig med, kives

med; **by** *all (el. long)* ~ i enhver henseende; langt *(fx by all ~ the best); the ~ are in his favour* han har de bedste chancer; **give** *(el. lay) ~ of 3-1 (omtr)* holde 3 mod 1; *lay ~* holde større sum mod mindre; *I'll lay you any ~* jeg vil holde hvad det skal være; **make** *the ~ even* udjævne forskellen; *it makes no ~* det betyder ikke noget; det gør ingen forskel; *pay* **over** *the ~* betale for meget, betale overpris; *split the ~* mødes på halvvejen; **what's** *the ~?* T hvad gør det?

odds-on [ɔdz'ɔn] *adj* som har overvejende chance for at vinde; *an ~ chance* en overvejende chance; *an ~ favourite* en klar favorit.

ode [əud] *sb* ode.

odious ['əudjəs] *adj* forhadt; afskyelig, modbydelig, frastødende.

odium ['əudjəm] *sb* had, modvilje, uvilje; *be in ~* være forhadt; *bring ~ on sby* lægge en for had.

odometer [ə'dɔmitə] *sb* kilometertæller.

odontology [ɔdɔn'tɔlədʒi] *sb* tandlægevidenskab.

odoriferous [əudə'rifərəs] *adj* duftende.

odorous ['əudərəs] *adj* duftende, vellugtende; T ildelugtende.

odour ['əudə] *sb* lugt, duft, vellugt; *(fig)* ry *(of* for); *be in good (, bad) ~* have godt (, dårligt) ry; *be in bad ~ with* være ilde anskrevet hos; *lend an ~ of sanctity to sth* dække over noget ved at anlægge en hellig mine; *die in the ~ of sanctity* få en salig ende.

Odysseus [ə'disju:s]. **Odyssey** ['ɔdisi] *sb* Odyssé.

O.E. *fk Old English.*

OECD *fk Organization for Economic Co-operation and Development.*

oecumenical [i:kju'menikl] *adj* økumenisk.

O.E.D. *fk Oxford English Dictionary.*

oedema [i'di:mə] *sb (med.)* ødem, væskeansamling.

Oedipus ['i:dipəs] *(myt)* Ødipus.

o'er ['əuə, ɔ:] *(poet)= over.*

oesophagus [i:'sɔfəgəs] *sb* spiserør.

oestrogen ['i:strədʒən] *sb* østrogen (et hormon).

oestrus ['i:strəs] *sb* brunst, parringslyst.

of [əv, (betonet) ɔv] *præp* **1.** udtrykker genitiv *(fx the roof ~ the house* husets tag; *the work ~ an enemy* en fjendes værk);

2. af *(fx some ~ them; ~ good family);*

3. om *(fx read ~, hear ~);*

4. for *(fx south ~; cure sby ~ sth; free ~; glad ~);*

5. fra *(fx within 10 miles ~ the town);*

6. i *(fx professor ~ Greek; guilty ~ theft);*

7. på *(fx envious ~; a boy ~ ten* en dreng på ti år);

8. over *(fx complain ~; make lists ~);*

9. (oversættes ikke:) *(fx a glass ~ water; the kingdom ~ Sweden; the name ~ John; the winter ~ 1987; the third ~ January; I dont' understand a word ~ English);*

10. *(am,* om klokkeslæt) i *(fx a quarter of three);*

11. (andre oversættelser:) *2 cases ~ 25 bottles* 2 kasser a 25 flasker; *a man ~ ability* en dygtig mand; *50 years ~ age* 50 år gammel; *all ~ them* alle; *the battle ~ Naseby* slaget ved N.; *be ~ the party* høre til selskabet; *we were only four ~ us* vi var kun fire; *the three ~ you* I tre; *~ an evening* om aftenen; *the size ~* på størrelse med.

ofay ['əufei] *sb (am)* S hvid, ikke-neger.

off [ɔf] **1.** *adv* bort, afsted *(fx march ~);* borte *(fx five miles ~);* af *(fx fall ~);* uden for scenen, i kulissen *(fx noises ~);* færdig, helt; fri *(fx take (, give sby) a day ~); (mods on)* forbi, ovre, (om strejke) afblæst; afbrudt *(fx the gas is ~),* slukket; (om ret på restaurant) udgået;

2. *adj* side- *(fx ~ road, ~ street);* fjern, fjerneste, modsat *(fx the ~ side of the house);* højre, fjermer *(fx the ~ hind leg);* (om mad, mælk *etc*) dårlig; (i kricket) højre;

3. *præp* bort *(el.* ned, op) fra *(fx fall ~ a ladder);* af; borte fra *(fx keep ~ the grass); (mar)* fra land; ud for, på højden af *(fx ~ the Cape);*

~ and on, on and ~ se *II. on;* **be** ~ være borte; tage af sted, være på vej; have fri, (om maskine *etc)* være afbrudt; være forbi, være hævet *(fx the engagement is ~* forlovelsen er hævet); sove; *be ~!* af sted med dig! pil af! *they are ~!* (i væddeløbssprog) nu starter de! *I'm ~* nu stikker jeg af; *I must be ~* jeg må af sted; *that dish is ~* den ret er udgået (på restaurant); *the hot water is ~* der er lukket for det varme vand; *be badly ~* være dårligt stillet; *be well ~* være godt stillet, være velstående; *be well ~ for tea* have te nok; *~ colour, ~ day* se nedenfor; *be ~ sth* have mistet lysten til noget *(fx she is ~ sweets (, detective stories)); be ~ drugs* være vænnet af med at bruge narkotika; være stoffri; *be ~ one's feed* ingen appetit have; se også II *feed; finish ~* afslutte; *he is ~ his head* T han er ikke rigtig klog; *I was never ~ my legs* jeg var hele tiden på benene; *~ the map* T ude af verden; afsides, fjerntliggende; *~ the mark* ved siden af; *a month ~* en måned frem i tiden; *the ~ season* den stille årstid; *~ side, se offside; where are you ~ to?* hvor skal du hen; *a street ~ Oxford Street* en sidegade til O.S.; *a little parlour ~ his bedroom* en lille dagligstue ved siden af hans soveværelse.

offal ['ɔfl] *sb* affald; indmad (af slagtekvæg).

off-beat *adj* T utraditionel.

off-chance *sb* svag mulighed; *on the ~ that (omtr)* i det svage håb at, for det tilfældes skyld at.

off-colour *adj* med forkert farve; *(fig)* sløj, træt, uoplagt, ikke rigtig i vigør; tvivlsom *(fx joke).*

off-day *sb* fridag; uheldig dag, dag hvor man ikke er på højde med situationen *(fx this is one of my -s).*

offence [ə'fens] *sb* fornærmelse, krænkelse; anstød, forargelse; *(mil.)* angreb; (især *jur)* lovovertrædelse, forseelse; *it is an ~ to* det er strafbart at;

give (el. cause) ~ vække anstød; *give (el. cause) ~ to* fornærme, krænke; *no ~ meant (el. intended)* det var ikke ment som en fornærmelse; *take ~ at* blive fornærmet over; tage anstød af; *quick to take ~* let at fornærme, sårbar; *weapons of ~* angrebsvåben.

offend [ə'fend] *vb* fornærme, støde, krænke; *(fig)* støde *(fx it -s the eye),* krænke *(fx one's sense of justice);* (uden objekt) forsynde sig, forse sig *(against* imod), støde an *(against* mod).

offended [ə'fendid] *adj* fornærmet *(at* over; *with* på); stødt.

offender [ə'fendə] *sb* lovovertræder, forbryder; *old ~* vaneforbryder, recidivist.

offense *(am) = offence.*

offensive [ə'fensiv] *adj* fornærmelig, uforskammet, anstødelig *(fx language);* modbydelig *(fx smell); (mil.)* offensiv, angrebs- *(fx weapon); sb* offensiv, angreb; *act on (el. take) the ~* tage offensiven.

I. offer ['ɔfə] *vb* tilbyde *(fx I -ed to help him);* byde *(fx ~ him a cigar),* byde på; udsætte, udlove *(fx a reward);* yde, gøre *(fx resistance);* fremføre, fremsætte *(fx an opinion);* gøre mine til, forsøge *(fx he -ed to strike me);* (til eksamen) gå op i *(fx a subject);* opgive *(fx a text); (rel)* opsende *(fx a prayer);* (for synet) frembyde *(fx a magnificent view),* danne *(fx a contrast);* (uden objekt) tilbyde sig; frembyde sig;

~ for sale udbyde til salg, falbyde; *~ up a sacrifice* frembære et offer, ofre; *~ one's hand* række hånden frem (til håndtryk); *(fig)* tilbyde sin hånd, fri; *as occasion -s, when an opportunity -s* når lejlighed byder sig.

II. offer ['ɔfə] *sb* tilbud *(of* om; *to* om at); bud; *make an ~ for sth* gøre *(el.* give) et bud på noget; byde på noget; *make an ~ of sth to sby* tilbyde en noget; *I ignored the ~ of his hand* jeg overså hans fremstrakte hånd; *~ of marriage* ægteskabstilbud; *on ~* udbudt til salg.

offering ['ɔf(ə)riŋ] *sb* offer, gave.

offertory ['ɔfət(ə)ri] *sb (rel)* kollekt; *(kat.)* offertorium.

offhand ['ɔf'hænd] *adj* improviseret; uovervejet, rask henkastet *(fx remark);* skødesløs, uhøjtidelig *(fx manners);* affejende, affærdigende; *(tekn)* frihånds- *(fx grinding* slibning); *adv* improviseret, på stedet, uden forberedelse.

office ['ɔfis] *sb* **1.** kontor *(fx a lawyer's ~);* **2.** (offentligt:) kontor, styrelse, direktorat; ministerium *(fx the War Office);* **3.** *(am)* konsultationsværelse; **4.** embede; hverv *(fx the ~ of chairman);* funktion, bestilling *(fx it was his ~ to advise them);* **5.** pligt *(fx little domestic -s);* **6.** tjeneste (man yder en); **7.** *(rel)* gudstjeneste, ritual; **8.** *-s pl* økonomirum (ɔ: køkken, bryggers *etc),* udenomsbekvemmeligheder; (se også *good offices, last offices);*

(med *præp) be* **in** ~ have regeringsmagten, være ved magten *(fx the Labour Party is in ~);* være minister; *the government in ~* den siddende regering; *remain in ~* (om regering) blive siddende, fungere videre; *come* **into** ~ (om parti) overtage *(el.* tiltræde) regeringen; *be* **out of** ~ (om parti) være i opposition;

(med *vb)* **do** *the ~ of* gøre tjeneste som, fungere som; **give** *him the ~* S give ham et vink; **hold** ~ (om parti) være ved magten; *hold an ~* beklæde et embede; **resign** ~ gå af.

office|-bearer embedsmand. ~ **block** kontorbygning. ~ **boy** kontorbud. **-holder** embedsmand. ~ **hours** *pl* kontortid; åbningstid; *the ~ hours are 10-5 (ogs)* kontoret er åbent 10-5. ~ **proof** *(typ)* huskorrektur.

officer ['ɔfisə] *sb* officer; embedsmand *(fx a customs ~);* funktionær; politibetjent; (i forening) bestyrelsesmedlem; *first ~ (mar)* overstyrmand; *second ~ (mar)* anden styrmand; *~ of the day (mil.)* vagthavende officer; *~ of health* embedslæge; *the army was well -ed* hæren havde gode officerer; (se også *medical~).*

official [ə'fiʃl] *adj* offentlig, officiel *(fx the ~ religion);* embedsmæssig; embeds- *(fx duties, residence);* (om lægemiddel) officinel; optaget i farmakopeen; *sb* embedsmand, tjenestemand *(fx he is a government ~);* funktionær *(fx a bank ~).*

officialdom [ə'fiʃldəm] *sb* embedsmandsstanden; embedsmænd; *(neds)* bureaukrati, bureaukratisme.

officialese [əfiʃ(ə)'li:z] *sb* kancellistil, ministeriel kontorjargon.

officialism [ə'fiʃ(ə)lizm] *sb* bureaukratisme, kontorpedanteri.

official list *(merk)* kursliste.

officially [ə'fiʃ(ə)li] *adv* officielt; på embeds vegne.

official| quotation *(merk)* kursnotering. ~ **receiver** midlertidig bestyrer af konkursbo (indsat af retten).

officiate [ə'fiʃieit] *vb* virke, optræde, fungere *(fx he -d as chairman); (rel)* forrette gudstjeneste; *~ at a marriage* forrette en vielse.

officious [ə'fiʃəs] *adj* (alt for) tjenstivrig, geskæftig, nævenyttig; overlegen, kommanderende; (i diplomati) officiøs; uformel *(fx talks).*

offing ['ɔfiŋ] *sb* rum sø; *gain (el. get) an ~* komme ud i rum sø; *stand for the ~* stå til havs; *in the ~ (fig)* i farvandet, i sigte, under opsejling, på trapperne; *elections are in the ~ (ogs)* der er udsigt til et valg; det trækker op til et valg.

offish ['ɔfiʃ] *adj* T tilbageholdende, reserveret.

off|-key *adj* falsk; forkert. ~ **-licence** (butik, værtshus med) tilladelse til at sælge spirituosa der ikke nydes på stedet; (ofte =) vinforretning. ~ **-line** *adj* (i edb) indirekte styret. **~-load** *vb* læsse af; slippe af med; *(merk)* kaste på markedet; *~ on to* læsse *(el.*vælte) over på. ~ **-peak** *adj* når der ikke er spidsbelastning, stille *(fx period); ~ -peak flights* flyverejser i stille perioder (til nedsat takst). **-print** særtryk. **~-putting** forvirrende, distraherende; nedslående, forstemmende; frastødende.

offscourings ['ɔfskauəriŋz] *sb pl* affald; *(fig)* bærme, udskud *(fx the ~ of humanity).*

I. offset ['ɔfset] *sb (bot)* rodskud, sideskud, aflægger; (også af bjerg) udløber; *(arkit)* murafsats, terrasse; *(merk)* modkrav; *(fig)* modvægt; (i landmåling) afsætning; (rør:) etagebøjning; *(typ)* offset; afsmitning.

II. offset ['ɔfset] *vb* erstatte, opveje; *(merk)* modregne.

III. offset ['ɔfset] *adj* forskudt (i sideretningen), forsat; *(typ)* offset-.

off|shoot *sb* udløber, sidegren. **-shore** *adj* fra land, fralands-; ud for kysten *(fx islands, industry),* kyst-; udlands-. **-side** (af bil) side nærmest vejmidten, (af hestevogn) fjermer side; (i sport) offside, (i kricket) (gærdespillerens) højre side. **-spring** afkom, efterkommer(e); *(fig)* resultat, produkt. **-stage** uden for scenen; i kulissen. ~ **-the-cuff** *adj* improviseret. ~ **-the-peg** *adj* færdigsyet; ~ **-the-peg clothes** *(ogs)* stangtøj. ~ **-the-record** uofficiel, som ikke må refereres i pressen. ~ **-the-shelf** *adj* som føres som lagervare. ~ **-the-shoulder** skulderfri (om kjole). ~ **-the-wall** *adj (am* S) besynderlig. ~ **-white** tonet (ɔ: ikke helt hvid), grålighvid, off-white.

O.F.S. *fk Orange Free State.*

oft [ɔft] *adv (poet)* ofte; *many a time and ~* tit og mange gange.

often [ɔfn; 'ɔftən] *adv* ofte, tit; *as ~ as I tried* hver gang jeg prøvede; *as ~ as not* næsten halvdelen af tiden (, gangene); *more ~ than not* som oftest, i de fleste tilfælde; *once too ~* én gang for meget.

oftentimes ['ɔfntaimz] *adv (glds)* ofte.

ogee ['əudʒi:] *sb* karnis, s-formet profil.

ogival [əu'dʒaivl] *adj* spidsbueformet, gotisk.

ogive ['əudʒaiv] *sb* spidsbue.

ogle [əugl] *vb* kokettere (med), kaste forelskede blikke til, lave øjne til; *sb* forelsket blik.

ogre ['əugə] *sb* trold, menneskeæder; uhyre, umenneske.

ogreish ['əugəriʃ] *adj* menneskeædende, skrækindjagende.

ogress ['əugres] *sb* troldkælling.

oh [əu] *interj* åh! ak!

Oh. *fk* **Ohio** [ə'haiəu].

ohm [əum] *sb (elekt)* ohm.

I. oil [ɔil] *sb* olie; *-s pl (ogs)* oliefarver; olietøj; *painting in -s* oliemaleri; *pour ~ on the flames (fig)* gyde olie i ilden, puste til ilden; *pour ~ on troubled waters (fig)* gyde olie på de oprørte vande; *strike ~* finde olie (ved boring); *(fig)* have heldet med sig; gøre et godt kup; blive pludselig rig.

II. oil [ɔil] *vb* smøre, oliere, overstryge med olie, imprægnere med olie; *~ sby's palm* bestikke en; *~ one's tongue (el. words)* tale indsmigrende, bruge smiger; *~ the wheels (fig)* få det *(el.* tingene) til at glide lettere.

oil|bird *zo* fedtfugl. **-burner** oliefyr. ~ **cake** oliekage, foderkage. **-can** smørekande; oliekande; oliedunk. **-cloth** voksdug. ~ **colour** oliefarve.

oiled [ɔild] *adj* olieret; smurt; T fuld.

oiler ['ɔilə] *sb* smørekande; smører; *(mar)* olietanker; *(am)* oliekilde; *-s pl* olietøj.

oil|field oliefelt. ~ **heater** oliefyr. **-man** oliehandler. ~ **paint** oliefarve. ~ **painting** oliemaleri. **-paper** olieret papir, oliepapir. ~ **rig** boreplatform. ~ **separator** olieudskiller. ~ **seal** olietætning. ~ **shale** olieskifer. ~ **silk** olieret silke. **-skin** olietøj (ɔ: imprægneret stof), oilskin. ~ **-skins** *pl* olietøj. ~ **slick** olieplet (på vand). ~ **spill** olieudslip. **-stone** oliesten, fin slibesten. **-stove** petroleumsovn. ~ **strike** *sb* oliefund. ~ **tanning** oliegarvning, semsgarvning. ~ **well** oliekilde.

oily ['ɔili] *adj* oliet, olieagtig, olieret, olieglat, fedtet af olie; *(fig)* slesk; salvelsesfuld.
ointment ['ɔintmənt] *sb* salve (se også *III. fly*).
O.K. okay, okeh ['əu'kei] *interj, adj* rigtig, i orden, o.k., all right; *vb* godkende *(fx that has been O.K.'ed); be ~ (ogs)* have det godt.
okapi [əu'ka:pi] *zo* okapi.
Okie ['əuki] *sb (am)* omvandrende landarbejder fra Oklahoma.
Okla. *fk* **Oklahoma** [əuklə'həumə].
old [əuld] *adj (older, oldest el. elder, eldest)* gammel; *(fig)* erfaren, sikker, dreven; *(spr)* old- *(fx Old English, Old High German);* T (brugt som fyldeord, *fx have a rare ~ time* more sig glimrende); *~ as the hills* ældgammel; *give me any ~ book* give mig bare en eller anden bog; *good ~ Peter* gode gamle Peter; *my ~ woman* T min kone; **of** *~, in times of ~, in days of ~* i gamle dage, fordum; *from of ~* fra gammel tid.
old age alderdom. **old-age| pension** (svarer til) folkepension. *~* **pensioner** (svarer til) folkepensionist.
old boy tidligere elev; (i tiltale) gamle dreng, gamle ven.
old-boy network (sammenhold mellem tidligere public-school elever der hjælper og protegerer hinanden).
old-clothes man marskandiser.
olden [əuldn] *adj (glds): in ~ days* i gamle dage, fordum.
old-established *adj* gammel, hævdvunden.
old face *(typ)* gammelantikva.
old-fashioned ['əuld'fæʃnd] *adj* gammeldags, antikveret; af den gamle skole, konservativ; (om barn) gammelklog; *an ~ look* et strengt (, kritisk, mistænksomt) blik.
old-fogyish ['əuld'fəugiiʃ] *adj* stokkonservativ.
Old Glory *(am)* stjernebanneret.
old hand en der har erfaring, 'gammel rotte'.
oldhat *adj* gammeldags, antikveret; fortærsket, banal.
oldie ['əuldi] *sb* T gammelt hit; gammel film.
oldish ['əuldiʃ] *adj* ældre, aldrende.
old| lag vaneforbryder, recidivist. *~* **-line** *adj (am)* erfaren; grundfæstet; konservativ, gammeldags. *~* **maid** gammel jomfru, pebermø; (kortspil, *omtr)* sorteper. *~* **-maidish** *adj* jomfrunalsk, gammeljomfruagtig.
old man (i tiltale) du gamle, gamle ven; *the ~* den gamle (ɔ: éns far, chefen, *etc); ~ Smith* fatter Smith.
old rose gammelrosa.
old school tie skoleslips; *(fig* som symbol på den indstilling og det sammenhold der menes at præge gamle elever fra *public schools).*
old soldier gammel soldat, *(fig)* „gammel rotte"; tom flaske; cigarstump; *come the ~ over* T spille bedrevidende over for.
old squaw *zo* havlit.
oldster ['əuldstə] *sb* T gamling.
Old Style efter den julianske kalender; *(am) = old face.*
old|-time *adj* gammeldags, gammel. *~* **timer** veteran, en der er gammel i gårde; *(am)* gamling. *~* **wives' tales** *pl* ammestuehistorier. *~* **-womanish** *adj* (om mand) gammelkoneagtig, pernitten.
old-world ['əuldwə:ld] *adj* fra gammel tid, gammel; charmerende gammeldags; af den gamle skole; som hører til den gamle verden.
oleaginous [əuli'ædʒinəs] *adj* olieagtig, olieholdig; *(fig)* salvelsesfuld.
oleander [əuli'ændə] *sb (bot)* oleander, nerium.
oleaster [əuli'æstə] *sb (bot)* sølvblad.
oleic [əu'li:ik] *adj (kem): ~ acid* oliesyre.
oleiferous [əuli'ifərəs] *adj* olieholdig.
oleograph ['əuliəgra:f] *sb* olietryk.
olfactory [ɔl'fæktəri] *adj* lugte- *(fx organ).*
oligarchy ['ɔliga:ki] *sb* oligarki, fåmandsherredømme.
oligopoly [ɔli'gɔpəli] *sb (merk)* (markedssituation hvor markedet domineres af en lille gruppe producenter).
olio ['əuliəu] *sb* labskovs, ruskomsnusk; *(fig)* broget blanding; sammensurium.
olivaceous [ɔli'veiʃəs] *adj* olivengrøn.
olive ['ɔliv] *sb* oliventræ, olietræ; oliven; olivenfarve; *adj* oliven-, olivenfarvet; *olives pl* (kødret:) 'benløse fugle'.
olive branch oliegren *(ogs fig:* symbol på fred); *(fig ogs)* barn; *hold out the ~* tilbyde fred.
Oliver ['ɔlivə]. **Olivia** [ɔ'liviə]. **Olivier** [ə'liviei].
olm [ɔlm] *sb zo* hulepadde.
'ologies ['ɔlədʒiz]: *the ~* T videnskaberne.
Olympia [ə'limpiə] Olympia. **Olympiad** [ə'limpiæd] *sb* olympiade. **Olympian** [ə'limpiən] *adj* olympisk.
Olympic [ə'limpik] *adj* olympisk; *~ games* olympiske lege.
Olympus [ə'limpəs] Olympen.
O.M. *fk Order of Merit.*
Omaha ['əuməha:].
omasum [əu'meism] *sb* foldemave (hos drøvtygger).
ombre ['ɔmbə] *sb* l'hombre.
ombudsman ['ɔmbudzmən] *sb* ombudsmand.
omega ['əumigə, *(am)* ou'megə] *sb* omega.
omelet ['ɔmlət] *sb* omelet, æggekage; (se også *savoury ~, sweet ~).*
omen ['əumen] *sb* varsel; *vb* varsle (om); *be of good ~* være et godt varsel, varsle godt; *bird of ill ~* ulykkesfugl.
omentum [əu'mentəm] *sb (anat)* tarmnet.
ominous ['ɔminəs] *adj* ildevarslende, uheldsvanger.
omissible [ə'misəbl] *adj* som kan undlades *(el.* udelades).
omission [ə'miʃn] *sb* undladelse, udeladelse, forsømmelse; *sin of ~* undladelsessynd.
omit [ə'mit] *vb* undlade, forsømme; udelade, springe over.
omnibus ['ɔmnibəs] *sb* omnibus; *adj* som omfatter mange forskellige ting, omfattende.
omnibus| book etbindsudgave, omnibusbog. *~* **box** stor loge (i teater). *~* **clause** generalklausul. *~* **review** samleanmeldelse. *~* **volume** = *~ book.* *~* **wire** hovedledning.
omni|farious [ɔmni'fɛəriəs] *adj* af alle slags, allehånde. **-potence** [ɔm'nipət(ə)ns] *sb* almagt. **-potent** [ɔm'nipət(ə)nt] *adj* almægtig. **-present** [ɔmni'preznt] *adj* allestedsnærværende. **-science** [ɔm'nisiəns] *sb* alvidenhed. **-scient** [ɔm'nisiənt] *adj* alvidende.
omnium gatherum ['ɔmniəm'gæðərəm] sammensurium, broget blanding; større komsammen.
omnivorous [ɔm'niv(ə)rəs] *adj* altædende.
I. on [ɔn] *præp* **1.** på, op på; **2.** over, om *(fx a book ~ a subject, talk ~, write ~);* **3.** ved *(fx a house ~ the river);* **4.** (umiddelbart) efter, ved *(fx ~ her arrival);* **5.** i *(fx a blow ~ the head; ~ fire* i brand; *he is here ~ business);* **6.** af *(fx live ~ fruit; interest ~ a capital);* **7.** mod *(fx he drew his knife ~ me; march ~ the town);* **8.** til *(fx ~ my right* til højre for mig; *smile ~ him);* **9.** ud fra *(fx ~ this theory; ~ this principle);* **10.** i sammenligning med, i forhold til *(fx sales were 4 per cent down* (lavere) *on last year);* **11.** for næsen af (ɔ: mens én taler *etc) (fx walk out ~ him; shut the door ~ him);* **12.** (om narkotika) forfalden til, afhængig af;
be ~ a committee (, the town council) sidde i *(el.* være medlem af) et udvalg (, byrådet); *be ~ (the staff of) a newspaper* være medarbejder ved en avis; *this (one) is ~ me, have this (one) ~ me* jeg giver denne omgang; *this (one) is ~ the house* det er værtens omgang; *~ the first of April* den 1. april; *~ the morning of the first of April* den 1. april om morgenen; *~ Friday* i fredags, om fredagen, på fredag; *~ Friday*

next på fredag; ~ *Friday last* i fredags; ~ *Fridays* om fredagen; *I have it* ~ *good authority* jeg har det fra pålidelig kilde; ~ *returning home* da han var kommet hjem, ved sin hjemkomst; ~ *sale* til salg.

II. on [ɔn] *adv* på *(fx keep one's hat ~);* for *(fx have you anything ~ tonight?);* videre *(fx go ~, read ~);* (om kontakt, lys) tændt, (se *ndf: be ~*);

be ~ være i virksomhed; være i drift *(fx the machine is ~);* være sat til; være åben *(fx the tap is ~, the radio is ~);* være tændt *(fx the light is ~);* være i gang *(fx the battle is now ~);* være på færde, foregå; være på programmet; *(teat)* være inde på scenen; (i skole) være oppe, blive hørt (ɔ: blive eksamineret); T have lyst til at være med; *breakfast is ~ from 8 to 10* der serveres morgenmad fra 8 til 10; *the case was ~* sagen var for; *Hamlet is now ~* Hamlet opføres nu; *the light is ~ (ogs)* lyset brænder; *it is* **not** ~ T det er udelukket, det kan ikke lade sig gøre; det er ikke aktuelt;

be ~ **about** kværne (, vrøvle, ævle) om; ~ **and** *off* nu og da, fra tid til anden; ~ *and* ~ videre og videre, uophørligt, i det uendelige; *he played ~ and ~* han spillede og spillede; *and so ~* og så videre; og så fremdeles; *be* ~ **at** *him* være efter ham hele tiden, ustandselig plage ham; **from** *that day* ~ fra den dag (af); *further* ~ længere frem(me), længere henne; **go** ~ *talking* blive ved med at tale; *later* ~ senere hen; *send ~ (ahead)* sende i forvejen; *sit* ~ blive siddende; ~ **to** op (, ned, over, ud, ind) på *(fx he climbed ~ to the roof); be (, get) ~ to (fig)* være (, blive) klar over; *I'm ~ to him* jeg ved godt hvad han er ude på; *he is ~ to a good thing* T han har klaret sig godt; *he knows when he is ~ to a good thing* han forstår at gribe en chance; **well** ~ *in the day* langt hen på dagen.

O.N. *fk Old Norse.*

onager [ˈɔnədʒə] *sb zo* vildæsel.

once [wʌns] *adv* en gang; engang; én gang; *conj* når først, så snart, bare *(fx ~ you hesitate you are lost); adj* tidligere;

~ *a year* en gang om året; ~ *again* en gang til, endnu en gang; ~ *and again* af og til; **at** ~ straks; på en gang (ɔ: samtidig) *(fx you can't do two things at ~; he is at ~ stupid and impudent); all at ~* med et, pludselig; på en gang; ~ *bitten twice shy* brændt barn skyer ilden; **for** ~ for én gangs skyld, undtagelsesvis; ~ *for all* én gang for alle; *for this ~* for denne ene gangs skyld; ~ **in** *a way (el. while)* af og til; ~ **more** en gang til, endnu en gang; **not** ~ aldrig, ikke en eneste gang, slet ikke; **this** ~ denne ene gang; ~ *or* **twice** et par gange.

once-over [ˈwʌnsəuvə] *sb: give sby the ~* T kaste et hastigt undersøgende blik på én, lade blikket glide hen over én, lige kigge på en; gennemprygle en.

onco|logist [ɔŋˈkɔlədʒist] *sb (med.)* onkolog, kræftspecialist. **-logy** [-lədʒi] *sb (med.)* onkologi, læren om kræftsygdomme.

on-coming [ˈɔnkʌmiŋ] *adj* som nærmer sig, som er i anmarch *(fx the ~ danger);* forestående; kommende; modkørende *(fx traffic; blinded by an ~ car);* S venlig; påtrængende.

one [wʌn] (talord:) én, et; *adj* den *(el.* det) ene *(fx carrying his head on ~ side; from ~ end to the other);* eneste *(fx the ~ way to do it);* en vis *(fx ~ Mr. Brown); pron* en, nogen, man; *sb* ettal, etter; (brugt som støtteord oversættes det ikke, *fx a big house and a small ~* et stort hus og et lille, et stort og et lille hus; *the little -s* de små, børnene); *-'s* ens, sin, sit, sine *(fx be on -'s guard* være på sin post);

you are a ~ du er vist en værre én; ~ *and all* alle og enhver, alle som en; *it is all ~ to me* det er mig ganske det samme; ~ *and only* eneste ene; *the ~ and only...* den rigtige...; den uforlignelige...; ~ *and six (glds)* en shilling og sixpence; ~ *another* hinanden; ~ *fine day (, morning)* en skønne dag; *the nobleman, for he looked ~* adelsmanden, for det så han ud til at være; *number ~,* se *I. number; make ~ (of the party)* være med; *be made ~* blive forenet; blive gift; **the** ~ den, det, han, hun *(fx he is the ~ I mean; the ~ in the glass);* den (, det) eneste *(fx the ~ thing they agreed on); this ~* denne her; *that ~* den der;

(forb med *præp) be* **at** ~ *with* være enig med; ~ **by** ~ en og en (ad gangen), en efter en, enkeltvis; *by -s and twos* en og to ad gangen; *I* **for** ~ jeg for min del; jeg for mit vedkommende; *he is a ~ for* han er helt vild med; *he is not much of a ~ for* han er ikke ret interesseret i; ~ *up for* = ~ *up to;* **in** ~ på én gang; ~ **of** *these days* en skønne dag, en af dagene, en dag, en gang i fremtiden; *my career has been ~ of difficulties* min løbebane har været fuld af vanskeligheder; *he is ~ of the gang* han hører til banden; *that's ~* **on** *you* (om en skose:) der fik du den; ~ **up** ovenpå; en tak foran; *be* ~ **up on** *sby* T have vist sin overlegenhed over for en; hævde sig over for en; være en tak foran én; ~ **up to** *you* et point (*el.* plus) til dig; *be* ~ **with** være enig med; ~ *with another* gennemsnitlig, i det store og hele.

one- (i *sms)* en- *(fx one-celled* encellet).

one|-armed *adj* enarmet. ~ **-armed bandit** enarmet tyve-knægt, spilleautomat. ~ **-eyed** *adj* enøjet; *(fig)* enøjet, snæversynet; T se *one-horse.* ~ **-horse** *adj* enspænder-; T ubetydelig, tarvelig, sølle, andenrangs. ~ **-horse town** provinshul. ~ **-legged** [ˈwʌnˈlegd] *adj* enbenet; *(fig)* ensidig, utilstrækkelig. ~ **-liner** *sb* vittighed, morsomhed; kvik (, rap) bemærkning (, replik).

oneness [ˈwʌnnəs] *sb* enhed, harmoni; enshed, identitet.

one-off *adj* som kun er fremstillet i ét eksemplar; som er en engangsforeteelse; engangs-; enkelt, isoleret; ~ *product* unikating.

one-night stand enkeltoptræden, enkeltforestilling; T engangsknald.

one-on-one, se *one-to-one (fig).*

one-price store enhedsprisforretning.

oner [ˈwʌnə] *sb* S brillant fyr, kernekarl, knop *(at* til); ordentligt slag; dundrende løgn.

onerous [ˈɔnərəs] *adj* byrdefuld, besværlig.

oneself [wʌnˈself] *pron* sig, sig selv; en selv; *by ~* alene, for sig selv.

one|-sided ensidig. ~ **-step** *sb* onestep (en dans); *vb* danse onestep. ~ **-time** *adj* T tidligere, forhenværende.

one-to-one *adj (mat.)* en-til-en, injektiv; *(fig)* en mod én; hvor der kun er to til stede; ~ *lesson* enetime; ~ *correspondence (mat.)* en-entydig korrespondance; *(fig)* fuldstændig overensstemmelse.

one-track *adj* ensporet; *a ~ mind* en ensporet tankegang.

one up, se *one.* **one-upmanship** [wʌnˈʌpmənʃip] *sb* kunsten at være ovenpå.

one-way *adj: ~ street* gade med ensrettet færdsel; ~ *traffic* ensrettet færdsel.

ongoing [ˈɔngəuiŋ] *adj* igangværende, stedfindende *(fx negotiations);* fortsat, vedvarende *(fx struggle).*

onion [ˈʌnjən] *sb* løg; rødløg; *off one's ~* S kuleskør; *know one's -s* T kunne sit kram, vide besked.

on-line [ˈɔnlain] *adj* med direkte jernbaneforbindelse; (i edb) direkte styret.

onlooker [ˈɔnlukə] *sb* tilskuer.

only [ˈəunli] **1.** *adj* eneste; **2.** *adv* kun, blot, bare, alene; (om tid) først, ikke før, endnu (så sent som), for ikke længere siden end; **3.** *conj* men ... bare;

(eksempler) 1. *adj: an ~ child* enebarn, eneste barn; *God's ~ begotten Son* Guds enbårne søn;

2. *adv: ~ you can guess* kun du kan gætte; *you can ~ guess* du kan kun gætte (ikke gøre andet); *if ~* hvis

bare, gid; (se også *if); it was* ~ *too true* det var kun alt for sandt; *I shall be* ~ *too pleased* det vil være mig en meget stor glæde; ~ *lately* først for nylig; *he came* ~ *yesterday* han kom først i går; *I saw him* ~ *this morning* jeg så ham endnu (så sent som) i morges; *it was* ~ *last week* det er ikke længere siden end i sidste uge; ~ *just* kun lige akkurat *(fx he* ~ *just managed to lift it);* først lige *(fx she* ~ *just bought it);* lige nu;

3. *conj: he is a nice chap* ~ *he talks too much* han er en flink fyr men han taler bare for meget.

onomatopoeic [ɔnəmætə'pi:ik], **onomatopoetic** [ɔnəmætəpəu'etik] *adj* onomatopoietisk, lydmalende.

onrush ['ɔnrʌʃ] *sb* fremstød, fremstormen.

onset ['ɔnset] *sb* angreb, anfald; begyndelse.

on-site inspection inspektion på stedet.

onslaught ['ɔnslɔ:t] *sb* voldsomt angreb, stormløb.

onto ['ɔntə, (foran vokal) 'ɔntu, (betonet) 'ɔntu:] *præp* op (, ned, over, ud, ind) på; (se også *on (to)).*

ontology [ɔn'tɔlədʒi] *sb* ontologi.

onus ['əunəs] *sb* byrde, pligt, ansvar; ~ *of proof,* ~ *probandi* bevisbyrde.

onward ['ɔnwəd] *adj* fremadgående.

onward(s) ['ɔnwəd(z)] *adv* fremad, videre frem; *from today* ~ fra i dag af.

onyx ['ɔniks, 'əuniks] *sb* onyks (en smykkesten).

oodles ['u:dlz] *sb pl:* ~ *of* T masser af.

oof [u:f] *sb* T penge, gysser.

oofy ['u:fi] *adj* T ved muffen, rig, velbeslået.

ooze [u:z] *vb* sive, pible frem; (med objekt) udsondre, afgive; *sb* flydende dynd, mudder; (ved garvning) bry, garverlud; ~ *away (fig)* forsvinde lidt efter lidt, svinde bort; *the secret -d out* hemmeligheden sivede ud; ~ *with* dryppe af.

oozy ['u:zi] *adj* mudret, dyndet; dryppende.

O.P. *fk (teat) opposite prompt; (typ) out of print* udsolgt.

opacity [ə'pæsiti] *sb* uigennemsigtighed; dunkelhed; uklarhed; træghed i opfattelsen.

opal [əupl] *sb* opal.

opalescence [əupə'lesns] *sb* farvespil.

opalescent [əupə'lesnt] *adj* opaliserende, spillende i alle regnbuens farver.

opaque [əu'peik] *adj* uigennemsigtig, uigennemskinnelig; *(fig)* dunkel, uigennemskuelig; træg i opfattelsen, sløv; *sb (fot)* dækfarve; *vb (fot)* dække ud.

ope [əup] *(poet) vb* åbne; *adj* åben.

OPEC *fk the Organization of Petroleum Exporting Countries.*

op-ed page side i avis over for lederen, med kommenterende artikler.

I. open ['əup(ə)n] *vb* åbne, lukke op; begynde, indlede *(fx a debate);* åbenbare; (uden objekt) åbnes, åbne sig, springe ud *(fx the flower -ed);* begynde *(fx the book -s with a description of ...);* ~ *an account* åbne en konto; ~ *the case* indlede sagen; ~ *one's eyes* slå øjnene op; spærre øjnene op (af forbavselse); ~ *fire* åbne ild; ~ *trenches* grave skyttegrave;

(forb med præp) ~ **into** føre ind (, ud) til; have dør ind (, ud) til; *two rooms -ing into each other* to værelser med dør imellem; ~ **on to** vende ud til; føre ud til; ~ **out** udfolde; brede ud *(fx a map);* udvikle; åbenbare; udbrede sig *(fx the view -ed out before us);* (om kørende) trykke på speederen; sætte farten op; ~ **up** gøre tilgængelig, åbne; lukke op, blive tilgængelig; (om kørende) = ~ *out;* ~ *up on* åbne ild mod, fyre løs på.

II. open ['əup(ə)n] *adj* åben, fri; offentlig *(fx secret);* åbenbar *(fx scandal);* åbenlys, utilsløret *(fx hostility, contempt, curiosity),* åbenhjertig, uforbeholden; (om sag *etc)* ikke afgjort, åbentstående; åben *(fx question);* (om vejr) mild *(fx weather, winter);*

~ *and shut* oplagt, ganske ligetil; *in* ~ *court* i åben retsforhandling; for åbne døre; ~ *exhaust* fri udblæsning; *give with (an)* ~ *hand* give med rund hånd; *keep* ~ *house* holde åbent hus, føre et gæstfrit hus; *an* ~ *mind* et modtageligt sind; *have (, keep) an* ~ *mind,* se *I. mind;* ~ *scholarship* stipendium der kan søges af alle;

(forb med præp) **in** *the* ~ *(air)* i fri luft, under åben himmel; *come* **into** *the* ~ kaste masken, afsløre sine planer, komme ud af busken; ~ **to** åben for, tilgængelig for *(fx the public);* modtagelig for *(fx suggestions);* udsat for *(fx criticism);* ~ *to doubt (el. question)* tvivl underkastet; *be* ~ *to offers* være villig til at modtage tilbud; ~ *to persuasion* til at overtale; *there are two courses* ~ *to you* to veje står dig åbne; *lay oneself* ~ *to* udsætte sig for *(fx attack); be* ~ **with** *sby* være oprigtig mod en.

open| **access** fri adgang. ~ **-access library** bibliotek med åbne hylder. ~ **account** løbende konto. ~ **-air** frilufts- *(fx life; theatre).* ~ **-and-shut** *adj* oplagt, ganske ligetil. ~ **-armed** *adj* med åbne arme; *an* ~ *-armed welcome* en hjertelig velkomst. **-bill** *zo* gabenæb.

opencast ['əup(ə)nka:st] *adj:* ~ *coal* kul der er brudt fra jordoverfladen; ~ *mining* dagbrydning.

open cheque check der ikke er crosset.

open circuit *(elekt)* åben strømkreds.

opener ['əupnə] *sb* indleder; (dåse)åbner, oplukker.

open-ended *adj* som er åben i den ene ende; uden bagvæg; *(fig)* åben, ikke forud fastlagt, ikke begrænset; ~ *question* spørgsmål hvor svarmulighederne ikke er begrænset.

open|-eyed *adj* med åbne øjne, årvågen; forbavset. ~ **-field system** *(hist.)* fællesdrift. **-handed** *adj* rundhåndet, gavmild. **-hearted** *adj* åbenhjertig; varmhjertet. ~ **-hearth** *adj* Siemens-Martin *(fx furnace, process).*

opening ['əupniŋ] *adj* åbnings- *(fx day, price, speech);* indledende *(fx remarks),* indlednings-, begyndelses-; første; *sb* åbning, hul *(fx in a hedge);* begyndelse, indledning; chance, lovende mulighed, udvej; (ledig) stilling; ~ *bid,* ~ *call* åbningsmelding.

open|-minded fordomsfri. ~ **-mouthed** ['əupn'mauðd] med åben mund; måbende; larmende, højrøstet. ~ **-neck(ed)** med byronkrave. ~ **order** *(mil.)* spredt orden. ~ **-plan** *adj* åbenplan. ~ **season** tid hvor jagt og fiskeri er tilladt; *in the* ~ *season (ogs)* uden for fredningstiden. ~ **shop** virksomhed der beskæftiger både organiserede og uorganiserede arbejdere. ~ **verdict** *(jur)* kendelse afsagt efter retsligt ligsyn og som lader spørgsmålet om dødsårsagen stå åbent. **-work** *sb* gennembrudt arbejde; *adj* gennembrudt *(fx stockings).*

opera ['ɔp(ə)rə] *sb* **1.** opera; **2.** *pl* af *opus.*

operable ['ɔpərəbl] *adj* anvendelig, funktionsdygtig, som kan bringes til at fungere; *an* ~ *patient* en patient der kan opereres.

opera| **cloak** aftenkåbe. ~ **glass(es)** teaterkikkert. ~ **hat** klaphat, chapeaubas. ~ **house** opera, operabygning.

operate ['ɔpəreit] *vb* virke *(fx the drug is not operating yet);* arbejde, være i gang; bevirke *(fx his illness has -d a change in him);* sætte i gang, iværksætte *(fx a reorganization);* betjene *(fx a machine, a gun);* drive *(fx a coal mine),* lede; *(merk)* drive finansoperationer; *(mil., med.)* operere; ~ *on* virke på; *(med.)* operere.

operatic [ɔpə'rætik] *adj* opera- *(fx music, singer).*

operating ['ɔpəreitiŋ] *adj* drifts- *(fx profits* overskud); betjenings- *(fx personnel);* operations- *(fx theatre* stue).

operation [ɔpə'reiʃn] *sb* virksomhed, funktion; gang, arbejdsoperation, (arbejds)proces; arbejde; betjening, drift; virkning; *(mil., med.)* operation; *have an* ~ *(med.)* blive opereret;

in *one* ~ på én gang; i én omgang; *in two -s* ad to gange; i to omgange; *be in* ~ være i drift *(el.* funktion); være i kraft; *come* **into** ~ træde i funktion;

påbegynde driften; træde i kraft.

operational [ɔpəˈreiʃn(ə)l] *adj* drifts- *(fx costs);* driftsmæssig, driftsklar; *(mil.)* operationsklar *(fx the new jet fighter will be ~ in three months);* operativ *(fx command, reserve); become ~ (ogs)* blive sat i drift, blive taget i brug.

operational *(, am:* **operations)** research operationsanalyse; målforskning.

operative [ˈɔp(ə)rətiv] *adj* virkende, virksom; kraftig; gyldig; arbejdende, arbejder-, praktisk; *(med.)* operativ *(fx treatment); sb* arbejder; *(am)* privatdetektiv; *become ~* træde i kraft; *the ~ word* det afgørende ord.

operator [ˈɔpəreitə] *sb* en der betjener en maskine, maskinarbejder; fører (af kran); operatør *(fx punchcard ~); (med.)* operatør; *(merk)* spekulant, *(am)* ejer, leder (af af et foretagende); T smart forretningsmand *(etc); (mat.)* operator; *telegraph ~* telegrafist; *telephone ~* telefonist(inde); *wireless ~* radiotelegrafist.

operetta [ɔpəˈretə] *sb* operette; kort opera.

Ophelia [əˈfi:ljə].

ophthal|mia [ɔfˈθælmiə] *sb* øjenbetændelse. **-mic** [ɔfˈθælmik] *adj* øjen-; *-mic optician* optometrist, optiker der foretager synsprøver og udsteder recepter til briller *(cf dispensing optician).* **-mologist** [ɔfθælˈmɔlədʒist] *sb* øjenlæge. **-mology** [-ˈmɔlədʒi] *sb* oftalmologi.

I. opiate [ˈəupiət] *sb* opiat, (opiumholdigt) sovemiddel; beroligende middel; *adj* opiumholdig.

II. opiate [ˈəupieit] *vb* bedøve ved opium, dysse i søvn, få til at sove.

opine [əuˈpain] *vb* mene.

opinion [əˈpinjən] *sb* mening; anskuelse *(of* om); opfattelse; (sagkyndigt) skøn, udtalelse *(on* om); *give one's ~* sige sin mening *(of, on* om); *hold an ~* nære en anskuelse; *in my ~* efter min mening; *it is a matter of ~* det er en skønssag; *be of (the) ~ that* være af den mening at; *I have no (el. a low) ~ of* jeg nærer ikke høje tanker om; *public ~* den offentlige mening.

opinionated [əˈpinjəneitid] *adj* påståelig.

opinion poll opinionsundersøgelse.

opisometer [əupiˈsɔmitə] *sb* kortmåler.

opium [ˈəupjəm] *sb* opium.

opossum [əˈpɔsəm] *sb zo* opossum.

oppidan [ˈɔpid(ə)n] *sb* dagelev på Eton.

opponent [əˈpəunənt] *sb* modstander.

opportune [ˈɔpətju:n] *adj* betimelig; belejlig *(fx moment);* opportun; som kommer i rette øjeblik.

opportunism [ˈɔpətju:nizm] *sb* opportunisme.

opportunist [ˈɔpətju:nist] *sb* opportunist.

opportunity [ɔpəˈtju:niti] *sb* (gunstig) lejlighed *(of, for* til); chance; belejlig tid, rette øjeblik; *at the first ~* ved første lejlighed; *take (el. seize) the ~* benytte lejligheden; *miss (el. lose) the ~* lade lejligheden slippe sig af hænde.

oppose [əˈpəuz] *vb* modstå, gøre modstand mod, modsætte sig *(fx a suggestion),* bekæmpe, opponere mod *(fx a motion in a debate);* stille op mod hinanden *(fx advantages and disadvantages);* stille op, sætte op *(to, with* imod*);* (uden objekt) opponere, komme med *(el.* gøre) indvendinger.

opposed [əˈpəuzd] *adj* modstillet, modsat; fjendtlig; *be ~ to* være imod, være modstander af; *~ pistons pl (tekn)* dobbeltstempler.

opposite [ˈɔpəzit] *adj* modsat *(to, from* af); lige overfor liggende, på den modsatte side; *adv* overfor *(fx the house ~); præp* over for *(fx the house ~ mine); sb* modsætning; *on the ~ side of the river* på den anden side af floden; *~ to (ogs)* over for; *play ~* spille sammen med (i film *etc).*

opposite| neighbour genbo. *~* **number** person i tilsvarende stilling, kollega. *~* **prompt** *(teat)* (i England oftest) kongeside; *(am* oftest) dameside.

opposition [ɔpəˈziʃn] *sb* modstand; modsætning, modsætningsforhold; (især *pol)* opposition; oppositionsparti; *adj* oppositions-, oppositionspartiets *(fx the ~ benches); Her (, His) Majesty's O.* oppositionen (i parlamentet); *in ~ to* i modsætning til; i opposition til; lige over for.

oppress [əˈpres] *vb* (politisk:) undertrykke; (om følelser *etc)* tynge, knuge *(fx -ed with grief);* overvælde; *feel -ed with heat* føle varmen trykkende.

oppression [əˈpreʃn] *sb* undertrykkelse; nedtrykthed; *(med.)* trykken.

oppressive [əˈpresiv] *adj* trykkende *(fx weather);* hård, tung, tyngende *(fx taxes);* tyrannisk.

oppressor [əˈpresə] *sb* undertrykker.

opprobrious [əˈprəubriəs] *adj* fornærmelig, hånende, forsmædelig, vanærende; *~ language* ukvemsord.

opprobrium [əˈprəubriəm] *sb* vanære, skam; ukvemsord.

oppugn [ɔˈpju:n] *vb* bekæmpe, bestride.

opt [ɔpt] *vb* vælge; *~ for* optere for, vælge; *~ out* T bakke ud, trække sig ud, stå af.

optative [ˈɔptətiv] *(gram) sb* optativ, ønskemåde; *adj* optativ, ønske-.

optic [ˈɔptik] *adj* syns- *(fx nerve).*

optical [ˈɔptikl] *adj* optisk, syns-; *~ illusion* synsbedrag.

optical|character reader *sb* optisk skriftlæser. *~* **character recognition** *sb* optisk tegnlæsning.

optician [ɔpˈtiʃn] *sb* optiker. **optics** [ˈɔptiks] *sb* optik.

optimism [ˈɔptimizm] *sb* optimisme, lyssyn.

optimist [ˈɔptimist] *sb* optimist.

optimistic [ɔptiˈmistik] *adj* optimistisk.

optimize [ˈɔptimaiz] *vb* være optimist; få det bedst mulige ud af.

optimum [ˈɔptiməm] *sb* optimum; *adj* optimal, gunstigst mulig.

option [ˈɔpʃn] *sb* valg; (valg)mulighed, udvej; *(merk)* option, forkøbsret; (på børsen) præmieforretning; *at ~* efter eget valg; *have an ~ on sth* have noget på hånden; have forkøbsret til noget; *take the soft ~* vælge den nemmeste udvej; *with the ~ of a fine* subsidiært en bøde; *without the ~ of a fine* (om straf) som ikke kan forvandles til en bøde; *zero ~* nulløsning.

optional [ˈɔpʃn(ə)l] *adj* valgfri; frivillig.

opto|metrist [ɔpˈtɔmitrist] *sb* optometrist (person der måler synsevnen). **-metry** [ɔpˈtɔmitri] *sb* optometri, måling af synsevnen.

opulence [ˈɔpjuləns] *sb* velstand, rigdom; overflod.

opulent [ˈɔpjulənt] *adj* velstående, rig; overdådig, yppig *(fx vegetation).*

opus [ˈəupəs] *sb (pl opera* [ˈɔpərə]) opus, arbejde.

opuscule [ɔˈpʌskju:l] *sb* mindre arbejde *(el.* værk).

or [ɔ:] *conj* eller; ellers; *one or two* én a to; *two o[r] three* to-tre; *make haste, or (else) you will be lat[e]* skynd dig ellers kommer du for sent.

orach [ˈɔritʃ] *sb (bot)* (have)mælde.

oracle [ˈɔrəkl] *sb* orakel; orakelsvar; *work the ~* tilvejebringe det ønskede resultat ved hemmelig indflydelse; S rejse penge.

oracular [ɔˈrækjulə] *adj* orakel-, gådefuld.

oracy [ˈɔrəsi] *sb* evne til at udtrykke sig og forstå talsprog.

oral [ˈɔ:r(ə)l] *adj* mundtlig; *(anat)* oral, mund-; (o[m] medicin) som indtages gennem munden; *sb* mundtlig eksamen.

I. Orange [ˈɔrin(d)ʒ] Oranien; *the House of ~* hus[et] Oranien.

II. orange [ˈɔrin(d)ʒ] *sb* appelsin, orange; appelsintræ; *adj* orangegult; orange.

orangeade [ˈɔrin(d)ʒeid] *sb* orangeade.

orange| blossom orangeblomst (anvendes i England i brudekranse). ~ **-coloured** orangegul.
Orange Free State: *the* ~ Oranjefristaten.
Orangeman ['ɔrin(d)ʒmæn] *sb* orangist (medlem af et protestantisk selskab i Nordirland).
orange peel appelsinskal. **orange-peel** *adj* appelsinfarvet.
Orange River: *the* ~ Oranjefloden.
orangery ['ɔrin(d)ʒəri] *sb* orangeri.
orange| stick neglepind (til manicure). ~ **tip** *zo* aurorasommerfugl. ~ **-tree** appelsintræ, orangetræ.
orangutan ['ɔ:rəŋ'u:tæn, -tæŋ] *sb zo* orangutang.
orate [ɔ:'reit] *vb* T holde (højtravende) tale(r).
oration [ɔ:'reiʃn] *sb* (højtidelig) tale; *(gram): direct* ~ direkte tale; *indirect* ~ indirekte tale.
orator ['ɔrətə] *sb* taler.
oratorical [ɔrə'tɔrikl] *adj* oratorisk, taler-.
oratorio [ɔrə'tɔ:riəu] *sb* oratorium.
oratory ['ɔrət(ə)ri] *sb* talekunst, veltalenhed; bedekammer; kapel.
orb [ɔ:b] *sb* klode, kugle, sfære; himmellegeme; (regents) rigsæble; (især *poet)* øje; *vb* give form som en cirkel *el.* kugle; *(poet)* omgive.
orbed [ɔ:bd], **orbicular** [ɔ:'bikjulə] *adj* klodeformig, kugleformet, rund.
I. orbit ['ɔ:bit] *sb* (himmellegemes *el.* satellits) bane; *(anat)* øjenhule; *zo* huden omkring en fugls øje; *(fig)* virkefelt, sfære; *in* ~ (om satellit) inde i sin bane, i kredsløb.
II. orbit ['ɔ:bit] *vb* bevæge sig i en bane omkring *(fx the earth);* sende ud i en bane, sætte i kredsløb; kredse.
orb| weaver *zo* hjulspinder. ~ **web** hjulspind.
orc [ɔ:k] *zo* spækhugger.
Orcadian [ɔ:'keidjən] *adj* fra *(el.* hørende til) Orkneyøerne; *sb* beboer af Orkneyøerne.
orchard ['ɔ:tʃəd] *sb* frugthave, frugtplantage.
orchardman frugtavler.
orchestra ['ɔ:kəstrə] *sb* orkester; *(teat)* orkestergrav; *(am)* orkesterplads.
orchestral [ɔ:'kestr(ə)l] *adj* orkester- *(fx music).*
orchestra| pit *(teat)* orkestergarv. ~ **stalls** *pl (teat)* orkesterplads.
orchestrate ['ɔ:kəstreit] *vb* instrumentere; *(fig)* organisere, samordne.
orchestration [ɔ:ke'streiʃn] *sb* instrumentering.
orchid ['ɔ:kid] *(bot)* orkidé, gøgeurt.
orchis ['ɔ:kis] *sb (bot)* gøgeurt.
ordain [ɔ:'dein] *vb* forordne, fastsætte, bestemme; beordre; (om præst) ordinere, præstevie. **ordainment** [ɔ:'deinmənt] *sb* ordning, anordning, bestemmelse; (præsts) ordination.
ordeal [ɔ:'di:l] *sb* (hård) prøvelse; *(hist.)* gudsdom; ~ *by fire* ildprøve, jernbyrd.
I. order ['ɔ:də] *sb* **1.** orden *(fx the President bestowed an* ~ *on him),* ordenstegn, *(~ of chivalry)* ridderorden, *(rel)* munkeorden; **2.** ro, (god) orden *(fx he had difficulty in maintaining ~);* **3.** orden, rækkefølge *(fx in alphabetical ~, in ~ of seniority),* opstilling; **4.** samfundsorden *(fx the medieval ~, the established ~);* **5.** stand, rang, klasse *(fx the lower -s);* **6.** *(biol)* orden; **7.** *(~ of magnitude)* størrelsesorden; **8.** *(mil. etc)* ordre, befaling; **9.** *(merk etc)* ordre, bestilling; **10.** *(mht* penge) anvisning til udbetaling, (pr. post) postanvisning; **11.** *(jur)* kendelse; **12.** bekendtgørelse, forordning, anordning; **13.** forretningsorden; **14.** *(rel)* ritual; **15.** adgangskort, fribillet;
by ~ *of* efter ordre fra, på befaling af; **doctor's** *-s* anvisning *(el.* forskrift) fra lægen; *I am on doctor's -s not to smoke* min læge har forbudt mig at ryge; ~ **for** bestilling på; *of a* **high** ~ af høj kvalitet *(el.* rang); *the higher -s of society* samfundets øverste klasser; *confer* **(holy)** *-s on* ordinere; *be in (holy) -s* tilhøre den gejstlige stand; *take (holy) -s* indtræde i den gejstlige stand; blive ordineret; **in** ~ i orden; i overensstemmelse med forretningsordenen; *in good* ~ i orden; i god stand; *put in* ~ bringe i orden, ordne; *in short* ~ meget hurtigt; på stedet, straks; *in ~ that, in ~ to* for at; ~ **of** *battle* slagorden; ~ *of the day* dagsorden; *(mil.)* dagsbefaling; *(fig)* tidens løsen; *be* **on** ~ *(merk)* være i ordre; *sth on the ~ of* noget i retning af; **out of** ~ i uorden; utilpas; ikke i overensstemmelse med forretningsordenen; *a* **tall** ~ *(fig,* T*)* et skrapt forlangende; *made* **to** ~ lavet på bestilling; *call to* ~ kalde til orden; *he rose to a point of* ~ han tog ordet til forretningsordenen; **under** *the -s of* kommanderet af; *be under -s to* have ordre til at.
II. order ['ɔ:də] *vb* ordne *(fx one's affairs);* indrette, bestemme, lede; *(mil. etc)* give ordre til, beordre, befale; *(med. etc)* foreskrive, ordinere; *(merk etc)* bestille *(fx a taxi);* ~ *about (el. around)* dirigere rundt med, koste med; ~ *arms!* gevær ved fod! ~ *about* jage med, koste med; ~ *away* sende bort.
order| book ordrebog. ~ **form** ordreseddel, bestillingsseddel. ~**-in-council** (svarer til) kongelig anordning; bekendtgørelse.
orderly ['ɔ:dəli] *adj* ordentlig, velordnet, metodisk; fredelig, lovlydig, stille, rolig *(fx an ~ crowd); sb (mil.)* ordonnans; *(medical ~)* sygepasser; (på hospital) portør.
orderly| officer *(mil.)* vagthavende officer. ~ **room** kompagnikontor.
order paper dagsorden (i parlamentet).
ordinal ['ɔ:dinl] *adj* ordens-; *sb* ordenstal.
ordinance ['ɔ:d(i)nəns] *sb* forordning, bestemmelse, anordning; *(rel)* ritual.
ordinarily ['ɔ:dnrili] *adv* ordinært *etc* (se *ordinary);* sædvanligvis, i reglen.
ordinary ['ɔ:dnri] *adj* ordinær, ordentlig; almindelig, sædvanlig; *(neds)* tarvelig, ubetydelig, middelmådig; *sb* ordinær dommer; spisehus, kro; dagens ret, table-d'hôte; **in** ~ ordinær, ordentlig, regelmæssig; hof-, liv- *(fx physician-in ~, surgeon-in-~* livlæge; *chaplain-in-* ~ hofprædikant); **out of** *the* ~ usædvanlig, uden for det sædvanlige.
ordinary| seaman jungmand, letmatros, halvbefaren matros. ~ **share** *(merk)* stamaktie.
ordinate ['ɔ:dinət] *sb (mat.)* ordinat.
ordination [ɔ:di'neiʃn] *sb* ordning; ordination, præstevielse.
ordnance ['ɔ:dnəns] *sb (mil.)* svært skyts, artilleri; materiel; *piece of* ~ kanon.
ordnance|corps *(mil.)* materielforvaltning. ~ **map** *(omtr)* generalstabskort, Geodætisk Instituts kort.
Ordance Survey Department *(omtr)* Geodætisk Institut.
ordure ['ɔ:djuə] *sb* skarn, snavs, smuds.
ore [ɔ:] *sb* erts, malm; metal.
Ore., Oreg. *fk* **Oregon** ['ɔrigən].
Oregon| fir, ~ **pine** *(bot)* douglasgran.
organ ['ɔ:gən] *sb* organ; *(zo etc)* organ, redskab; (om avis) organ, avis, blad; *(mus.)* orgel, *(barrel ~)* lirekasse.
organ|blower bælgetræder. ~ **builder** orgelbygger.
organdie ['ɔ:gəndi] *sb* organdie (let, gennemsigtigt stof).
organgrinder lirekassemand.
organic [ɔ:'gænik] *adj* organisk.
organism ['ɔ:gənizm] *sb* organisme.
organist ['ɔ:gənist] *sb* organist.
organization [ɔ:gən(a)i'zeiʃn] *sb* organisering, organisation; organisme.
organize ['ɔ:gənaiz] *vb* organisere, arrangere, indrette, ordne; tilrettelægge, disponere; (uden objekt) organisere sig; *-d (ogs)* organisk.

organizer ['ɔ:gənaizə] *sb* organisator, arrangør.
organ| loft orgelpulpitur. ~ **pipe** orgelpibe. ~ **stop** orgelregister.
orgasm ['ɔ:gæzm] *sb* orgasme.
orgiastic [ɔ:dʒi'æstik] *adj* orgiastisk, vild.
orgy ['ɔ:dʒi] *sb* orgie.
oriel ['ɔ:riəl] *sb* karnap, karnapvindue.
I. Orient ['ɔ:riənt]: *the* ~ Østen, Orienten.
II. orient ['ɔ:riənt] *adj (litt)* strålende; *(poet)* østlig, østerlandsk; *vb,* se *orientate.*
Oriental [ɔ:ri'entl] *sb* orientaler, østerlænding; *adj* orientalsk, østerlandsk.
orientalism [ɔ:ri'entəlizm] *sb* orientalisme.
orientate ['ɔ:riənteit] *vb* orientere *(fx ~ a house north-south; ~ the new employees; ~ oneself);* vende mod øst; *(fig)* tilpasse *(to* efter), indstille; *become -d towards (fig)* blive indstillet på.
orientation [ɔ:riən'teiʃn] *sb* orientering; beliggenhed; *(fig)* indstilling, hældning.
orienteering [ɔ:riən'tiəriŋ] *sb* orientering (om sport); ~ *race* orienteringsløb.
orifice ['ɔrifis] *sb* munding, åbning.
orig. *fk original(ly); origin.*
origin ['ɔridʒin] *sb* oprindelse, kilde *(of* til); (især *-s pl)* herkomst; *(mat.,* i kurve) begyndelsespunkt; *(anat,* om muskel) udspring.
original [ə'ridʒənl] *adj* oprindelig, original; første; ægte; original-, grund- *(fx language, text); sb* original, originalværk; grundsprog, originalsprog *(fx read Homer in the ~);* (om person) original, særling; ~ *bid* (i kortspil) åbningsmelding.
originality [əridʒi'næliti] *sb* originalitet.
originally [ə'ridʒin(ə)li] *adv* originalt *(fx think ~);* oprindelig, fra først af.
original sin arvesynd.
originate [ə'ridʒineit] *vb* grundlægge, skabe, være skaberen af *(fx a new theory, a new system);* give anledning til; ~ *from (el. in)* hidrøre fra, udspringe *(el.* opstå) af, have sin oprindelse i; *the scheme -s with (el. from) the government* planen stammer fra regeringen, det er regeringen der står bag planen; *the fire -d in the basement* ilden opstod i kælderen.
originator [ə'ridʒineitə] *sb* skaber, ophavsmand; forslagsstiller.
oriole ['ɔ:riəul] *sb zo* pirol *(fx golden ~* guldpirol); *(am)* trupial *(fx Baltimore ~* Baltimore trupial).
Orion [ə'raiən] Orion.
orison ['ɔrizn] *sb (glds)* bøn.
Orkney ['ɔ:kni]: *the ~ Islands* Orkneyøerne.
Orleans [ɔ:'liənz] (i Frankrig); *(am)* se *New Orleans.*
orlop ['ɔ:lɔp] *sb (mar)* = **orlop deck** banjerdæk (nederste dæk på orlogsskib).
ormer ['ɔ:mə] *sb zo* søøre.
ormolu ['ɔ:məlu:] *sb* guldbronze.
I. ornament ['ɔ:nəmənt] *sb* ornament, prydelse, smykke, pynt; nipsgenstand; *(fig)* pryd *(to* for).
II. ornament ['ɔ:nəment] *vb* smykke, pryde, udsmykke, dekorere.
ornamental [ɔ:nə'mentl] *adj* ornamental, dekorativ, som tjener til pynt; ~ *painter* dekorationsmaler; ~ *shrub* sirbusk.
ornamentation [ɔ:nəmen'teiʃn] *sb* udsmykning, dekoration, pynt.
ornate [ɔ:'neit, 'ɔ:-] *adj* (overdrevent) udsmykket, 'overbroderet', pyntet.
ornery ['ɔ:nəri] *adj (am)* umedgørlig, stædig; T smålig, lav, ussel.
ornithological [ɔ:niθə'lɔdʒikl] *adj* ornitologisk.
ornithologist [ɔ:ni'θɔlədʒist] *sb sb* ornitolog, fuglekender.
ornithology [ɔ:ni'θɔlədʒi] *sb* ornitologi, læren om fugle.

orotund ['ɔrətʌnd] *adj* klangfuld, fuldtonende *(fx voice);* værdig; højstemt, bombastisk.
orphan ['ɔ:f(ə)n] *adj* forældreløs; *sb* forældreløst barn; *vb* gøre forældreløs *(fx children -ed by the war).*
orphanage ['ɔ:fənidʒ] *sb* forældreløshed; vajsenhus.
Orpheus ['ɔ:fju:s] Orfeus.
orpiment ['ɔ:pimənt] *sb* auripigment (et farvestof).
orpine ['ɔ:pin] *sb (bot)* st. hansurt.
orris ['ɔris] *sb (bot)* sværdlilje; violrod.
ortho|dontic [ɔ:θə'dɔntik] *adj* tandregulerende. **-dox** ['ɔ:θədɔks] *adj* ortodoks, rettroende; vedtægtsmæssig, almindelig anerkendt. **-doxy** ['ɔ:θədɔksi] *sb* rettroenhed, ortodoksi. **-gonal** [ɔ'θɔgənl] *adj* retvinklet. **-graphic(al)** [ɔ:θə'græfik(l)] *adj* ortografisk, vedrørende retskrivning. **-graphy** [ɔ:'θɔgrəfi] *sb* ortografi, retskrivning. **-p(a)edic** [ɔ:θə'pi:dik] *adj* ortopædisk. **-p(a)edy** ['ɔ:θəpi:di] *sb* ortopædi.
ortolan ['ɔ:tələn] *sb zo* hortulan (en fugl).
O.S. *fk old style; ordinary seaman; Ordnance Survey; outsize; out of stock.*
oscillate ['ɔsileit] *vb* svinge; oscillere; (om radio) hyle.
oscillation [ɔsi'leiʃn] *sb* oscillation, svingning; hylen (i radio).
oscillator ['ɔsileitə] *sb* oscillator, svingningsgenerator.
oscillatory ['ɔsilət(ə)ri] *adj* svingende; ~ *circuit (elekt)* svingningskreds.
oscillograf [ɔ'siləgra:f] *sb* oscillograf.
osculant ['ɔskjulənt] *adj (biol)* tæt sammenhængende; som danner mellemled mellem to arter.
osculate ['ɔskjuleit] *vb* røre hinanden, *(mat.)* oskulere; *(biol)* være nært beslægtet; *(litt)* kysse. **osculation** [ɔskju'leiʃn] *sb* berøring; *(mat.)* oskulation; *(litt)* kyssen.
osier ['əuʒə] *sb* vidje; pil; *common ~* båndpil.
osier bed pileplantning.
Osiris [əu'saiəris].
osmium ['ɔzmiəm] *sb (kem)* osmium.
osmosis [ɔz'məusis] *sb* osmose (ɔ: gennemsivning).
osmotic [ɔz'mɔutik] *adj* osmotisk.
osprey ['ɔspri] *sb* esprit (ɔ: fjer til hattepynt); *zo* fiskeørn.
OSS *fk (am) Office of Strategic Services.*
osseous ['ɔsjəs] *adj* benet, benagtig; knogle-.
Ossian ['ɔsiən]. **Ossianic** [ɔsi'ænik] *adj* Ossiansk.
ossicle ['ɔsikl] *sb* lille knogle.
ossification [ɔsifi'keiʃn] *sb* forbening.
ossify ['ɔsifai] *vb* forbene; forbenes; *(fig)* blive forbenet, stivne.
ostensible [ɔ'stensəbl] *adj* tilsyneladende, skin-; påstået, angiven *(fx purpose),* angivelig.
ostensibly [ɔ'stensəbli] *adv* angiveligt.
ostentation [ɔsten'teiʃn] *sb* stillen til skue, pralen, praleri.
ostentatious [ɔsten'teiʃəs] *adj* pralende, demonstrativ.
osteo|logy [ɔsti'ɔlədʒi] knoglelære. **-ma** [ɔsti'əumə] knoglesvulst. **-path** ['ɔstiəpæθ] *sb* osteopat (hvis behandlingsmåde ligner en kiropraktors).
ostler ['ɔslə] *sb* staldkarl, stalddreng.
ostracism ['ɔstrəsizm] *sb* ostrakisme, forvisning ved folkeafstemning (i det gamle Athen); boykotning.
ostracise ['ɔstrəsaiz] *vb* forvise; boykotte, 'fryse ud'.
ostrich ['ɔstritʃ] *sb* struds. **ostrich feather** strudsfjer.
ostrichism ['ɔstritʃizm] *sb* strudsepolitik.
O.T. *fk Old Testament; occupational therapy.*
O.T.C. *fk Officers' Training Corps.*
Othello [ə'θeləu].
other ['ʌðə] *adj* anden, andet, andre; *the ~ day* forleden dag; *every ~ day* hver anden dag; **of** *all -s* frem for alle; *why should he do it of all -s* hvorfor skulle netop han gøre det; *some book* **or** ~ en eller anden bog; *some time or ~* en gang, på et eller andet tidspunkt; *something or ~* et eller andet; *somehow or ~* på den

ne eller anden måde; ~ **than** anderledes end *(fx if he had been ~ than he was);* anden (andet, andre) end; d over, på nær, bortset fra, med undtagelse af *(fx eachers ~ than university teachers).*
therwise ['ʌðəwaiz] *adv* anderledes, på anden måde; llers, i andre henseender; iøvrigt; i modsat fald; *inless you are ~ engaged* hvis du ikke er optaget på nden måde; *such as think ~* anderledes tænkende.
therworldly ['ʌðə'wə:ldli] *adj* overjordisk; som lever i n anden verden, verdensfjern; æterisk.
iose ['əuʃiəus, 'əutiəus] *adj* overflødig, unyttig.
titis [əu'taitis] *sb (med.)* ørebetændelse.
tology [əu'tɔlədʒi] *sb (med.)* otologi, læren om øre-ygdomme.
ttawa ['ɔtəwə].
tter ['ɔtə] *sb zo* odder. **otter trawl** skovltrawl.
Ottoman ['ɔtəmən] *adj* osmannisk, tyrkisk; *sb* os-nanner, tyrk.
ottoman ['ɔtəmən] *sb* ottoman; (i soveværelse) puf; til lænestol) fodskammel.
U *fk Open University.*
ubliette [u:bli'et] *sb (glds)* oubliette, fangehul.
uch [autʃ] *interj* av!
UDS [audz] *fk Oxford University Dramatic Society.*
ught [ɔ:t] *vb (præt ought)* bør, burde, skulle; (om det andsynlige) skulle, skal nok *(fx that lecture ~ to be nteresting); you ~ to do it* du bør *(el.* burde) gøre det.
uija ®['wi:dʒə]: *~ board* bræt med alfabet, til overfø-ing af spiritistiske meddelelser.
ounce [auns] *sb* unse (28,35 gram i *alm* handels-ægt); *not an ~ of (fig)* ikke en smule, ikke gran af.
ounce [auns] *sb zo* sneleopard; *(glds)* los.
UP *fk Oxford University Press.*
ur [auə] *pron* (attributivt) vores, vor, vort, vore; *our ome* vort *(el.* vores) hjem.
ur Lady *(rel)* jomfru Maria, Vor Frue.
ur Lord *(rel)* Jesus.
urs [auəz] *pron* (prædikativt) vores, vor, vort, vore; *his is ~* dette tilhører os, *(litt)* dette er vort, T det er ores; *a friend of ~* en ven af os; *this country of ~* vort and.
urself [auə'self] *pron* (pluralis majestatis) (vi) selv *(fx ve ourself know),* os selv, os.
urselves [auə'selvz] *pron* vi (, os) selv, selv; ~; (reflek-ivt) os; (se *exx* under *himself*).
use [u:z].
ust [aust] *vb* drive ud, fordrive, fortrænge *(fx a rival).*
uster ['austə] *sb (jur)* fordrivelse, udsættelse.
out [aut] *adv* ud, frem, op (af lommen *etc); ude,* denfor; fremme; oppe; sluppet op, opbrugt *(fx my trength is ~);* til ende *(fx before the day is ~),* forbi, mme *(fx before the year is ~);* udløbet *(fx the lease is ~);* gået ud, slukket *(fx the fire is ~);* gået af, ikke ængere ved magten *(fx the Whigs are ~);* gået af node *(fx frock coats are ~),* T yt;
udkommet *(fx the new book is ~);* udsprungen *(fx he rose is ~);* udruget *(fx the chickens are ~);* gået ver sine bredder *(fx the river is ~);* (gået) i strejke *(fx he miners are ~);* gået af led *(fx my arm is ~);* udkom-nanderet *(fx the regiment is ~);* røbet *(fx the secret is ~); there, now it's ~ (ogs)* nu er det sagt;
(am) præp ud af *(fx jump ~ the window);*
(forskellige *forb;* se også *fx all, come, I. fall, get, go, . have, put, way); ~ and about again* oppe igen, på enene igen (efter sygdom); *~ and away, ~ and ~,* se å alfab. plads; **be** *~ (ogs)* tage fejl, regne forkert *(fx I vas only five years ~* jeg havde kun regnet fem år orkert); *he is ~ there* han er derude; (med en anden ntonation) der tager han fejl; *you are not far ~* du ager ikke meget fejl; *my watch is five minutes ~* mit ur går fem minutter forkert; *I am ~ ten dollars (am)* eg har tabt ti dollars på det; det har kostet mig ti dollars; *she is ~* hun har haft sin debut i selskabslivet; *the moon is ~* det er måneskin; *the sun is ~* det er solskin; *be ~ hunting* være ude at jage, være på jagt; *her day ~* hendes fridag; *~ you go* herut med dig; *hear me ~* lad mig tale ud; *the ~ side* det parti der er ude (i spil); det parti der ikke er ved magten; oppositionen;
(forb med *præp) be ~* **for** være ude efter *(fx he is ~ for your money); be ~ for a walk* være ude at spadsere; *three days ~* **from** *(mar)* efter tre dages sejlads fra; *get ~ from under (am)* T komme ud af kniben; komme i sikkerhed; *I was ~* **in** *my calculations* jeg tog fejl i mine beregninger, jeg har forregnet mig; *~* **of** uden for *(fx remain ~ of the house);* ud af (, fra) *(fx come ~ of the house);* ude af *(fx ~ of sight; ~ of herself with joy);* uden *(fx ~ of money);* af *(fx drink ~ of a glass);* (på grund) af *(fx he asked ~ of curiosity);* fra *(fx an advertisement ~ of a newspaper);* blandt *(fx one instance ~ of several); ~ of round (tekn)* urund; *be ~ of* være udgået for *(fx tobacco); be ~ of patience* have tabt tålmodigheden; *be ~ of work* være arbejdsløs; (se også *I. mind, I. number, II. print, I. sort. II. temper); be (, feel) ~ of it* være (, føle sig) tilovers; *you are absolutely ~ of it* du tager fuldstændig fejl, du er helt forkert på den; *50 miles out of London* 50 miles fra London; *three days ~ of (mar)* (efter) tre dages sejlads fra; *~* **on** *its own* S enestående; *~* **to** ude efter at, ude på at *(fx make money); ~* **upon** *you! (glds)* tvi dig! du burde skamme sig; *be ~* **with** være uenig (, uvenner) med; *fall ~ with* blive uenig (, uvenner) med; *~ with it!* ud med sproget!
II. out [aut] *vb* tage ud; komme frem *(with* med); slå ud; smide ud.
III. out [aut] *sb* udvej; *(typ)* udeladelse, noget der er faldet ud, T begravelse; *the -s* (i spil) det parti der er ude; (i politik) det parti der ikke er ved magten; oppositionen; *be on the -s with (am)* T være på kant med.
out-and-away ['autəndə'wei] *adv* uden sammenligning, langt *(fx he is ~ the best).*
out-and-out ['autənd'aut] *adj, adv* helt igennem, i alle henseender; ubetinget, absolut, vaskeægte *(fig);* fuldstændig, gennemført; *an ~ Yankee* en fuldblods yankee.
out-and-outer *sb* T en der klart tager standpunkt; en der gør tingene grundigt; vældig dygtig fyr; yderliggående person.
out|back ['autbæk] *sb (austr): the -back* de mere afsides og tyndt befolkede egne, ødemarken. **-balance** [aut'bæləns] *vb* veje mere end, mere end opveje. **-bid** [aut'bid] *vb* overbyde. **-board** ['autbɔ:d] *adj* udenbords; *-board motor* påhængsmotor. **-bound** ['autbaund] *adj* for udgående. **-brave** [aut'breiv] *vb* trodse; overgå (i mod). **-break** ['autbreik] *sb* udbrud; bølge *(fx of vandalism);* opstand. **-buildings** ['autbildiŋz] *sb pl* udhuse. **-burst** ['autbə:st] *sb* udbrud.
out|cast ['autka:st] *sb* forstødt; hjemløs, udstødt (af samfundet). **-caste** ['autka:st] *sb* kasteløs. **-class** [aut'kla:s] *vb* overgå, rage op over, være overlegen. **-come** ['autkʌm] *sb* resultat, udfald; udslag *(of* of). **-crop** ['autkrɔp] *sb (geol)* lag der rager op over jordskorpen; dagforekomst; *(fig)* forekomst, opdukken. **-cry** ['autkrai] *sb* skrig, råb, nødskrig; ramaskrig.
out|dated [aut'deitid] *adj* forældet. **-distance** [aut'distəns] *vb* distancere, løbe fra. **-do** [aut'du:] *vb* overgå; stikke ud. **-door** ['autdɔ:] *adj* udendørs; frilufts-; *-door relief (glds)* fattighjælp til personer der ikke bor på fattiggården. **-doors** ['aut'dɔ:z] *adv* udendørs, under åben himmel, i fri luft, ude i det fri. **-draw** [aut'drɔ:] *vb* trække flere tilskuere end; trække revolveren hurtigere end.
outer ['autə] *adj* ydre, yder-; udvendig; *sb* yderste ring

på skydeskive; skud der rammer den yderste ring; ~ *space* det ydre rum.

outermost ['autəməust] *adj* yderst.

out|face [aut'feis] *vb* få til at slå øjnene ned; trodse. **-fall** ['autfɔ:l] *sb* udløb, afløb; flodmunding. **-field** ['autfi:ld] *sb* (i kricket): *the -field* marken. **-fielder** *sb* markspiller. **-fit** ['autfit] *sb* udstyr, ekvipering; udrustning; S gruppe, hold, flok; *vb* udstyre, udruste. **-fitter** *sb: gentlemen's -fitter* herreekviperingshandler. **-flank** [aut'flæŋk] *vb* omgå (i flanken); *(fig)* overliste. **-flow** ['autfləu] *sb* udstrømning; *(fig)* strøm *(fx of bad language)*. **-general** [aut'dʒenrəl] *vb* overgå i feltherredygtighed; overliste. **-go** ['autgəu] *sb* udgift, udgifter; [aut'gəu] *vb* overgå. **-goer** ['autgəuə] *sb* afgående *(el.* fratrædende) person. **-going** ['autgəuiŋ] *adj* afgående, fratrædende; udgående; åben, udadvendt; *sb* afgang, fratræden. **-goings** *sb pl* udgifter. **-group** ['autgru:p] fremmedgruppe. **-grow** [aut'grəu] *vb* overgå i vækst, vokse hurtigere end, vokse fra; blive for stor til *(fx one's clothes); -grow one's strength* vokse for stærkt. **-growth** ['autgrəuθ] *sb* udvækst *(fx on a tree);* produkt, følge, resultat. **-haul** ['authɔ:l] *sb (mar)* udhaler.

out-Herod [aut'herəd] *vb:* ~ *Herod* overgå Herodes (i grusomheder).

outhouse ['authaus] *sb* udhus.

outing ['autiŋ] *sb* udflugt.

outlander ['autlændə] *sb* udlænding, fremmed.

outlandish [aut'lændiʃ] *adj* aparte, fremmedartet, sær, besynderlig; fjern, eksotisk *(fx an ~ place like Borneo)*.

outlast [aut'la:st] *vb* vare længere end, overleve.

outlaw ['autlɔ:] *sb* fredløs; (i westerns) lovløs, bandit; *vb* sætte uden for loven; gøre fredløs; forvise; gøre ulovlig, forbyde ved lov.

outlawry ['autlɔ:ri] *sb* fredløshed.

outlay ['autlei] *sb* udlæg, udgifter.

outlet ['autlət] *sb* udløb, afløb; *(fig)* afløb; *(merk)* afsætningssted, butik; afsætningsmarked; *(elekt)* stikkontakt; *an ~ to the sea* adgang til havet.

outline ['autlain] *sb* omrids, kontur; *(fig)* resumé; rids, skitse, oversigt; *-s pl* grundtræk, oversigt; hovedtræk; *vb* tegne i omrids, give omrids af, skitsere, angive hovedtrækkene i; *be -d (ogs)* tegne sig, tegne sin silhouet.

outline map konturkort.

outlive [aut'liv] *vb* overleve; komme over, overvinde.

outlook ['autluk] *sb* udsigt; udsigtspunkt, udkigssted; (fremtids)udsigter *(fx a bad ~ for agriculture);* syn (på tingene) *(fx have a narrow ~);* livssyn, livsanskuelse.

out|lying ['autlaiiŋ] *adj* afsidesliggende, fjerntliggende; *(fig)* perifer, underordnet. **-manoeuvre** [autmə'nu:və] *vb* udmanøvrere, overliste. **-match** [aut'mætʃ] *vb: -match sby* overgå en, være en overlegen, overtræffe en. **-moded** [aut'məudid] *adj* forældet, gået af mode, passé. **-most** ['autməust] *adj* yderst.

outnumber [aut'nʌmbə] *vb* være overlegen i antal; *-ed* talmæssig underlegen.

out-of-date ['autəv'deit] *adj* umoderne, gammeldags, forældet; ikke længere gyldig.

out-of-door ['autəv'dɔ:] *adj* udendørs-; frilufts-.

out-of-pocket ['autəv'pɔkit] *adj: ~ expenses* direkte (kontante) udgifter.

out-of-the-way ['autəvðə'wei] *adj* afsides, afsidesliggende; usædvanlig; T (om pris) skyhøj.

out-of-work ['autəv'wə:k] *adj* arbejdsløs.

outpace [aut'peis] *vb* gå hurtigere end, løbe fra.

out-patient ['autpeiʃnt] *sb* ambulant patient; *-s department* poliklinik, ambulatorium.

out|play [aut'plei] *vb* (i sport) spille bedre end; *be -played by* blive udspillet af. **-point** [aut'pɔint] *vb* (i boksning) vinde på points over. **-port** ['autpɔ:t] *sb* udhavn. **-post** ['autpəust] *sb* forpost, fremskudt pos *el.* stilling.

outpourings ['autpɔ:riŋz] *sb pl* udgydelser; ~ *of th heart* hjertesuk.

output ['autput] *sb* produktion; udbytte *(fx of a mine)* (arbejds)ydelse; *(elekt)* udgangseffekt; (i edb) udlæsning, uddata; *vb* udlæse.

outrage ['autreidʒ, 'autridʒ] *vb* øve vold imod; krænke forsynde sig mod; *sb* vold; voldshandling, skænd selsgerning, overgreb *(fx the -s committed by th troops);* grov fornærmelse, krænkelse; skandaløs handling; skandale *(fx a public ~); do ~ to* krænke.

outrageous [aut'reidʒəs] *adj* skandaløs, oprørende skammelig, skændig; uhyrlig.

outrange [aut'rein(d)ʒ] *vb* række længere end.

outrank [aut'ræŋk] *vb* have højere rang end.

outré ['u:trei] *adj* excentrisk, aparte, outreret *(f dress);* upassende *(fx behaviour)*.

out|reach [aut'ri:tʃ] *vb* strække sig ud over, nå længer end. **-ride** [aut'raid] *vb* ride fra; ride bedre end; *-rid the storm* ride stormen af. **-rider** ['autraidə] *sb* forri der; *-riders pl (ogs)* motorcykeleskorte (af politi).

outrigger ['autrigə] *sb* (til kran, sejl) udligger; (til kap roningsbåd) udrigger; (båd) udriggerbåd; (til kran for stabilitet) bremsedrager.

I. outright [aut'rait] *adv* straks, på stedet *(fx killed ~)* helt og holdent, fuldstændigt *(fx destroy it ~);* direk te, rent ud *(fx tell him ~),* uforbeholdent; *buy ~* køb kontant.

II. outright ['autrait] *adj* fuldstændig, absolut, gennem ført *(fx scoundrel);* direkte *(fx denial; opposition)*.

out|rival [aut'raivl] *vb* fordunkle, stille i skyggen. **-ru** [aut'rʌn] *vb* løbe fra, løbe hurtigere end; *(fig)* overgå **-sail** [aut'seil] *vb* sejle fra. **-sell** [aut'sel] *vb* sælge mer end; (om vare) gå bedre end. **-set** ['autset] *sb* begyn delse; *from the -set* fra første færd. **-shine** *vb* [au 'ʃain] *vb* overstråle.

I. outside ['aut'said] *sb* yderside; ydre; udvendig pas sager (på diligence); *at the (very) ~* højest, i det højе ste *(fx it will take a year at the ~); open the door fror the ~* åbne døren udefra; *the ~ of the house* de udvendige af huset; *on the ~* udenpå, udenfor.

II. outside ['aut'said] *adj* udvendig *(fx measurements,* ydre; yderst *(fx limit),* højest *(fx price),* maksimal *(f estimate);* udefra kommende *(fx help),* udenforståer de; udendørs; *adv* udenpå, ovenpå; udenfor *(fx wa ~);* udendørs; *præp* uden for; undtagen, ud over; ~ *broadcast* reportage, direkte transmission; *an chance* en meget lille chance; ~ *job* udearbejde; ~ *c* uden for, *(am)* undtagen; *get ~ of* S sætte til livs; *(am* fatte, begribe; ~ *of a horse* T til hest; ~ *pressure* pre udefra; *the ~ world* verden udenfor.

outside| callipers *pl* krumpasser. ~ **edge** (i skøjteløb herresving; *do the ~ edge* slå herresving; *that is th ~ edge* T det er dog den stiveste. ~ **left** (i fodbolc *glds)* venstre yderwing.

outsider ['aut'saidə] *sb* fremmed; udenforstående uindviet; *(ogs* om hest) outsider.

outside right (i fodbold, *glds)* højre yderwing.

out|sit [aut'sit] *vb* sidde længere end, blive længer end. **-size** ['autsaiz] *sb* stor størrelse; *adj* ekstra sto usædvanlig stor; i overstørrelse; *-size gown* fruekj le. **-skirts** ['autskə:ts] *sb pl* udkant; *on the -skirts of th town* i udkanten af byen. **-smart** [aut'sma:t] *vb (an* narre, overliste. **-span** (i Sydafrika) *vb* [aut'spær spænde fra; *sb* ['autspæn] raststed (hvor oksern spændtes fra); græsningsareal. **-spoken** [aut'spəukr *adj* frimodig, dristig, djærv, åbenhjertig. **-sprea** ['aut'spred] *adj* udbredt *(fx with -spread wings)*.

outstanding [aut'stændiŋ] *adj* fremtrædende, iøjnefa dende *(fx characteristic);* fremragende *(fx braver personality);* udestående, ubetalt *(fx account* *debts);* ['autstændiŋ] *adj* udstående *(fx ears).*

outstay [aut'stei] *vb* blive længere end; ~ *one's welcome* blive længere end man er velkommen; trække for store veksler på folks gæstfrihed.

outstretched ['aut'stretʃt] *adj* udstrakt.

outstrip [aut'strip] *vb* distancere, løbe forbi, løbe fra; *(fig ogs)* overgå, slå *(fx a previous record).*

out|talk [aut'tɔ:k] *vb* overgå i tungefærdighed, bringe til tavshed. **-vote** [aut'vəut] *vb* overstemme, nedstemme; *be -voted (ogs)* komme i mindretal.

outward ['autwəd] *adj* ydre *(fx appearance),* udvendig, *(glds)* udvortes; udgående *(fx correspondence); adv* udad, ud; *sb* ydre. **outward bound** for udgående (om skib). **outwardly** *adv* i det ydre; udadtil *(fx ~ calm);* udvendigt, uden på *(fx ~ visible).* **outwards** ['autwədz] *adv* udad, ud, udefter.

out|wear [aut'wɛə] *vb* vare længere end; slide op. **-weigh** [aut'wei] *vb* veje tungere end, gælde mere end; mere end opveje. **-wit** [aut'wit] *vb* overliste, narre.

I. outwork [aut'wə:k] *vb* arbejde bedre end.

II. outwork ['autwə:k] *sb* udenværk; udearbejde.

outworn ['autwɔ:n] *adj* slidt op; udslidt; *(fig)* forslidt, fortærsket *(fx quotation);* forældet *(fx method).*

ouzel [u:zl] *sb zo* ringdrossel.

ova ['əuvə] *sb (pl* af *ovum)* æg.

oval [əuvl] *adj* oval, ægformet; *sb* oval; oval plads; *the Oval* (en kricketbane i London); *the Oval Office (am)* præsidentens kontor i det Hvide Hus.

ovary ['əuvəri] *sb (anat)* ovarium, æggestok; *(bot)* frugtknude.

ovation [əu'veiʃn] *sb* ovation, hyldest.

oven [ʌvn] *sb* ovn; (se også *bun).*

ovenbird ['ʌvnbə:d] *sb zo* ovnfugl.

I. over ['əuvə] *præp* **1.** over, ud over; **2.** på den anden side af *(fx the river);* **3.** ved *(fx let us discuss it ~ a cup of tea; they sat ~ a glass of wine),* med; **4.** (om grund, anledning) på grund af *(fx risk a war ~ Berlin),* i anledning af, med hensyn til, om *(fx they disagreed* (, *quarrelled) ~ the colour);* **5.** (om tid) igennem *(fx ~ the last year or two);* over *(fx can you stay ~ Christmas* (julen over)?), med *(fx you must stay ~ my birthday* (min fødselsdag med)); **6.** *(am ogs)* frem for *(fx he chose the shorter route ~ the more beautiful); ~ the night* natten igennem, natten over; ~ *a period of three years* gennem *(el.* over) et tidsrum af tre år; ~ *the signature Smith* underskrevet Smith.

II. over ['əuvə] *adv* over *(fx ~ to England);* derover *(fx children of 14 and ~);* ovre *(fx ~ in England);* forbi *(fx those days are ~),* omme; tilovers, tilbage *(fx if you have money ~);* omkuld *(fx fall ~),* over ende; om, rundt *(fx turn ~);* igennem *(fx read the letter ~; talk the matter ~);* igen, om, om igen *(fx count the money ~);* alt for, overdrevent, over- *(fx polite),* særlig *(fx not ~ punctual); over!* (i radiotelefoni:) skifter! (i kricket) skift!

~ *again* om igen; ~ *against* lige over for, i sammenligning med; *all* ~ over det hele; forbi; (se også *all); ~ and above* ud over; ~ *and* ~ *(again)* atter og atter, gang på gang, om og om igen; *roll ~ and ~* rulle rundt og rundt; *easy ~ (el. ~* easy) (om spejlæg) vendt; ~ *here* her ovre, her over; *knock ~* vælte; ~ *there* der ovre, der over.

III. over ['əuvə] *sb* skud der går over målet; langt skud; (i kricket) over; *-s pl (typ)* overskud.

overact [əuvə(r)'ækt] *vb: ~ (in) a part* overspille en rolle.

I. overall ['əuvərɔ:l] *adj* total, samlet *(fx the ~ membership is 83),* generel; *adv* [əuvər'ɔ:l] alt i alt; over alt; *be dressed ~ (mar)* flage over top(pene).

II. overall ['əuvərɔ:l] *sb* kittel; (se også *overalls).*

overalls ['əuverɔ:lz] *sb pl* overall, overtræksbukser.

over|anxious [əuvə(r)'æŋ(k)ʃəs] *adj* overdrevent ængstelig; overdrevent ivrig. **-arch** [əuvə(r)'a:tʃ] *vb* hvælve sig over *(fx trees -arch the road).* **-awe** [əuvə(r)'ɔ:] *vb* skræmme, imponere, indgyde ærefrygt. **-balance** [əuvə'bæləns] *vb* veje mere end; mer end opveje; bringe ud af ligevægt, vippe op; (uden objekt) få overbalance; *sb* overvægt, overskud.

overbear [əuvə'bɛə] *vb* undertrykke, kue, overvælde, nedslå, overvinde.

overbearing [əuvə'bɛəriŋ] *adj* bydende, overlegen, hoven; anmassende.

overbid [əuvə'bid] *vb* overbyde; (i kortspil) melde over; *sb* ['əuvəbid] overbud; overmelding.

I. overblown [əuvə'bləun] *adj* (om blomst) ved at afblomstre.

II. overblown ['əuvəbləun] *adj* overdrevet; (om kvinde) tyk og grov; (om stil) højtravende og hul.

overboard ['əuvəbɔ:d] *adv* over bord; udenbords; *go ~* overdrive; *go ~ about (el. for)* T blive vildt begejstret for; falde for med et brag.

overbold [əuvə'bəuld] *adj* dumdristig; fræk.

overbook [əuvə'buk] *vb* overbooke; tage imod flere bestillinger end der er pladser.

overbrim [əuvə'brim] *vb* flyde over.

overbuild [əuvə'bild] *vb* (be)bygge for tæt; ~ *oneself* forbygge sig.

overburden ['əuvəbə:dn] *sb* overliggende lag (, jord); [əuvə'bə:dn] *vb* overlæsse, overbebyrde; *-ed (ogs)* tynget ned.

overcall [əuvə'kɔ:l] *vb* (i kortspil) melde over; melde for højt.

overcapitalize ['əuvəkə'pitəlaiz, -'kæpi-] *vb* overkapitalisere.

overcast *adj* ['əuvəka:st] overtrukket, overskyet; *vb* [əuvə'ka:st] formørke; (i håndarbejde) sy kastesting over, kaste over; *(bogb): -ing* sidehæftning.

I. overcharge ['əuvətʃa:dʒ] *sb* for stor byrde, for stort læs; overpris, for høj pris.

II. overcharge [əuvə'tʃa:dʒ] *vb* belaste for meget; overlæsse; tage overpris af; forlange (, beregne sig) for høj pris af *(fx the landlord -d me £20; I was -d for the meal).*

over|cloud [əuvə'klaud] *vb* blive overskyet; formørke. **-coat** ['əuvəkəut] *sb* overfrakke. **-come** [əuvə'kʌm] *vb* overvinde, få bugt med *(fx difficulties),* besejre; (uden objekt) sejre; *-come by* overvældet af *(fx grief);* overmandet af *(fx illness);* udmattet af *(fx hunger).* **-crop** [-'krɔp] *vb* (om jord) udpine. **-crowd** [-'kraud] *vb* overfylde, overbefolke.

over|do [əuvə'du:] *vb* gøre for meget ud af, overdrive; koge (, stege) for længe; overanstrenge; *-do it (ogs)* gå for vidt, overdrive, spænde buen for højt; overanstrenge sig. **-dose** ['əuvədəus] *sb* for stor dosis, overdosis; *vb* give (, tage) for stor dosis, overdosere. **-draft** ['əuvədra:ft] *sb* overtræk (på konto); kassekredit. **-draw** [əuvə'drɔ:] *vb* overtrække, hæve for meget (på en konto); overdrive. **-dressed** [əuvə'drest] *adj* for fint klædt på, for velklædt, overpyntet. **-drive** [əuvə'draiv] *vb* overanstrenge; køre for hurtigt (, for langt); *sb* ['əuvədraiv] overgear.

overdue [əuvə'dju:] *adj* for længst forfalden *(fx bill);* forsinket *(fx the train is ~); a reform is ~* en reform burde for længst være gennemført; ~ *book* bog der er beholdt for længe (fra bibliotek).

over|eat [əuvə(r)'i:t] *vb* forspise sig. ~ **-estimate** ['əuvərestimət] *sb* overvurdering; [əuvər'estimeit] *vb* overvurdere. **-expose** [əuvərik'spəuz] *vb (fot)* overeksponere, overbelyse.

overfeed [əuvə'fi:d] fodre for stærkt.

I. overflow [əuvə'fləu] *vb* flyde over; gå over sine bredder; oversvømme; løbe over, strømme over; *be -ing with* strømme over af *(fx my heart is -ing with grati-*

tude), være fuld af.

II. overflow ['əuvəfləu] *sb* oversvømmelse, *(tekn)* overløb; *(fig)* overflod; overskud; ~ *meeting* møde for dem der ikke er plads til ved hovedmødet; ~ *pipe* overløbsrør.

overground ['əuvəgraund] *adj* som befinder sig på *el.* over jordoverfladen *(fx the ~ portion of a plant); still* ~ endnu i live.

overgrow [əuvə'grəu] *vb* blive overgroet; vokse for meget; (se også *outgrow); ~ oneself (el. one's strength)* vokse for stærkt. **overgrown** ['əuvə'grəun] *adj* overgroet, tilgroet; som er vokset for stærkt; opløben *(fx an ~ boy)*. **overgrowth** ['əuvəgrəuθ] *sb* for stærk vækst; yppighed, overflod.

overhand ['əuvəhænd] *adj* (især *am)* (i sport) overhånds-, overarms- *(fx throw)*.

I. overhang [əuvə'hæŋ] *vb* hænge ud over, rage op over; *(fig)* hænge over hovedet på, true.

II. overhang ['əuvəhæŋ] *sb* fremspring; (af tag) udhæng; *(mar)* overhæng; *(tekn* på boremaskine) udladning.

overhanging [əuvə'hæŋiŋ] *adj* hængende, ludende; fremspringende; *(fig)* overhængende.

I. overhaul [əuvə'hɔ:l] *vb* (om maskine *etc)* efterse grundigt og reparere, *(~ completely)* hovedreparere; (om person) undersøge (nøje) *(fx be -ed by a doctor); (fig ogs)* gennemgå nøje, gennemarbejde; *(mar)* sejle op, *(ogs fig)* hale ind på, indhente *(fx the Dutch have -ed us in tennis)*.

II. overhaul ['əuvəhɔ:l] *sb* (grundigt) eftersyn og reparation, overhaling, (grundig) undersøgelse; *(fig ogs)* nøje gennemgang, gennemarbejdning; *complete ~* hovedreparation.

I. overhead [əuvə'hed] *adv*, ['əuvəhed] *adj* over hovedet, ovenover, ovenpå, oppe i luften; luft- *(fx line, wire* ledning).

II. overhead ['əuvəhed] *sb: -s pl (merk)* generalomkostninger, faste udgifter.

overhead| charges *pl*, se *II. overhead.* ~ **door** vippeport. ~ **expenses** *pl*, se *II. overhead.* ~ **projector** overheadprojector. ~ **railway** højbane. ~ **suspension** loftsophængning. ~ **valve** topventil. ~ **weld** underopsvejsning.

overhear [əuvə'hiə] *vb* høre (tilfældigt, ubemærket), komme til at høre; lytte til, udspionere.

overheat [əuvə'hi:t] *vb* overophede; *(fx* om leje) løbe varm.

overindulge [əuvə(r)in'dʌldʒ] *vb (mht* børn) være for svag over for, forkæle; *(mht* mad *etc)* spise (, drikke, ryge) for meget. **overindulgence** [əuvə(r)in'dʌldʒns] *sb (mht* børn) svaghed, forkælelse; *(mht* mad *etc)* overdreven nydelse *(in* af), frådsen, fylderi.

over|joyed [əuvə'dʒɔid] *adj* henrykt. **-laden** [əuvə'leidn] *adj* lastet for tungt; *(fig)* overlæsset.

overkill ['əuvəkil] *sb* (ødelæggelseskraft som er større end hvad der kræves for helt at udslette en fjendtlig magt); *(fig)* urimelig overdrivelse, overmål.

I. overland [əuvə'lænd] *adv* til lands, over land.

II. overland ['əuvəlænd] *adj* land- *(fx the ~ route)*.

I. overlap ['əuvəlæp] *sb* delvis dækning; overlapning.

II. overlap [əuvə'læp] *vb* delvis dække, overlappe; (delvis) falde sammen *(fx our visits -ped); -ping adj (ogs)* taglagt.

I. overlay [əuvə'lei] *vb* belægge, dække, overtrække; *(geol)* overlejre.

II. overlay ['əuvəlei] *sb* dække; lille dug, lysedug.

over|leaf [əuvə'li:f] *adv* omstående, på næste side. **-leap** [əuvə'li:p] *vb* springe over; ['əuvə'li:p] springe for langt; *-leap oneself* forløfte sig, spænde buen for højt. **-lie** [əuvə'lai] *vb* ligge hen over; ligge ihjel. **-load** ['əuvələud] *sb* overlæs; [əuvə'ləud] *vb* overlæsse, overbelaste.

overlook [əuvə'luk] *vb* overse, ikke bemærke *(fx you have -ed several mistakes)*; se gennem fingre med *(fx I'll ~ it this time!)*, ignorere, lade passere *(fx I cannot ~ that kind of behaviour)*; give udsigt over, vende ud mod *(fx the room -s a garden)*; se ud over, skue ud over; gennemse, se på *(fx a map)*; føre opsyn med, overvåge; *(glds*, i overtro:) se på med onde øjne; *-ing the sea* med udsigt over havet.

overlord ['əuvəlɔ:d] *sb* lensherre, overherre.

overly ['əuvəli] *adv (am)* alt for, over- *(fx anxious)*.

over|man ['əuvəmæn] *sb* arbejdsformand (især i mine); [əuvə'mæn] *vb* overbemande. **-master** [əuvə'ma:stə] *vb* besejre, kue, overvælde. **-match** [əuvə'mætʃ] *vb* være for stærk for; overtræffe, overgå (i boksning *etc*) overmatche (ɔ: lade møde for stærk modstander). **-much** ['əuvə'mʌtʃ] *adv* i alt for høj grad.

overnight [əuvə'nait] *adv* den foregående aften *(fx he told a story he heard ~)*; natten over *(fx stay ~)*; i nattens løb *(fx the mushrooms sprang up ~); (fig)* fra den ene dag til den anden *(fx such reforms cannot be made ~); adj* pludselig, som sker fra den ene dag til den anden; ~ *bag (el. case)* weekendkuffert; ~ *stay* overnatning.

over|pass [əuvə'pa:s] *vb* passere, overskride; overgå; ['əuvə-pa:s] *sb* (over vej) overføring. **-pay** [əuvə'pei] *vb* betale for meget (for). **-peopled** ['əuvə'pi:pld] *adj* overbefolket. **-play** [əuvə'plei] *vb* overspille (en rolle); overdrive betydningen af; *-play one's hand (fig)* spille for højt spil, vove sig for langt ud. **-pleased** [əuvə'pli:zd] *adj: not ~* mellemfornøjet. **-plus** ['əuvəplʌs] *sb* overskud. **-power** [əuvə'pauə] *vb* overvælde, overmande.

I. overprint [əuvə'print] *vb* (om frimærke) overstemple; *(typ)* trykke oveni; trykke i for mange eksemplarer; *(fot)* overeksponere (en kopi);

II. overprint ['əuvəprint] *sb* (om frimærke) overstempling, påtryk; frimærke med påtryk; *(typ)* ord trykt oven i et andet, overtryk.

overrate [əuvə'reit] *vb* overvurdere; vurdere for højt.

overreach [əuvə'ri:tʃ] *vb* strække sig ud over; overliste, narre, bedrage; (om heste) smede (ɔ: slå med baghovene mod forhovene under galop); ~ *oneself (fig)* forløfte sig (på noget), spænde buen for højt.

overreact [əuvəri'ækt] *vb* overreagere, reagere for voldsomt.

override [əuvə'raid] *vb* nedtrampe; *(fig)* negligere, tilsidesætte, sætte sig ud over *(fx his wishes)*; underkende *(fx his decision)*; have forret frem for; (om hest) skamride; *-riding (ogs)* altovervejende, altoverskyggende.

overripe [əuvə'raip] *adj* overmoden.

overrule [əuvə'ru:l] *vb (jur etc)* underkende.

overrun [əuvə'rʌn] *vb* overgro *(fx ~ with weeds)*; sprede sig over; oversvømme *(fx ~ with rats)*; strømme over; besejre, løbe over ende; (om taletid) overskride; *(typ)* ombryde, bryde om (i linjerne).

over|sea(s) [əuvə'si:(z)] *adj, adv* oversøisk, udenlandsk; over havet, hinsides havet, udenlands. **-see** [əuvə'si:] *vb* føre opsyn med, efterse, tilse. **-seer** ['əuvəsiə] *sb* arbejdsformand, værkfører; *(typ)* faktor; tilsynsførende; *(glds)* fattigforstander.

oversell [əuvə'sel] *vb* sælge mere end man kan levere; *(fig)* gøre for meget ud af.

oversew ['əuvəsəu, əuvə'səu] *vb* kaste over (en søm); *(bogb)* sidehæfte.

overshade [əuvə'ʃeid] *vb* overskygge.

overshadow [əuvə'ʃædəu] *vb* overskygge, dække *(fx clouds ~ the sky)*; fordunkle.

overshoe ['əuvəʃu:] *sb* galoche, overtræksstøvle.

overshoot [əuvə'ʃu:t] *vb* skyde forbi *(el.* over); ødelægge (jagtområde) ved for hyppige jagter; *(flyv)* flyve for langt, komme ud over landingsbanen; ~ *oneself* *(el. the mark)* skyde over målet; gå for vidt, vove sig for langt ud.

overshot wheel (til vandmølle) overfaldshjul.

over|sight ['əuvəsait] *sb* uagtsomhed, forsømmelse, forglemmelse; opsyn, tilsyn. **-size** ['əuvəsaiz] *adj* i stor størrelse, ekstra stor, i overstørrelse; usædvanlig stor, overdimensioneret; (om bog) i stort format; *sb* stor størrelse; overstørrelse; stort format. **-sleep** [əuvə'sli:p] *vb: -sleep (oneself)* sove over sig, sove for længe. **-spend** [əuvə'spend] *vb* bruge for meget; overskride (bevilling). **-spending** *sb* overforbrug. **-spill** ['əuvəspil] *sb* overskud; befolkningsoverskud. **-spread** [əuvə'spred] *vb* brede sig over, strække sig over. **-state** [əuvə'steit] *vb* angive for højt; overdrive. **-statement** [əuvə'steitmənt; 'əuvə-] *sb* overdrivelse. **-stay** ['əuvə'stei], se *outstay*. **-step** [əuvə'step] *vb* overskride. **-stock** [əuvə'stɔk] *vb* overfylde; tage for mange varer på lager; *-stock a farm* holde for stor besætning på en gård. **-strain** ['əuvəstrein] *sb* overanstrengelse; [əuvə'strein] *vb* overanstrenge. **-strung** [əuvə'strʌŋ] *adj* overanstrengt, overnervøs, eksalteret; (om klaver) krydsstrenget. **-stuffed** [əuvə'stʌft] *adj* overfyldt; (om møbler) overpolstret. **-subscribe** [əuvəsəb'skraib] *vb* overtegne (lån *etc*).

overt ['əuvə:t] *adj* åbenlys; åbenbar; åben.

over|take [əuvə'teik] *vb* indhente; overhale (bil); overraske, overrumple; (om straf *etc)* ramme, komme over; (om følelser) gribe, overvælde. **-task** [əuvə'ta:sk] *vb* overlæsse, overanstrenge; stille for store krav til.

overtax [əuvə'tæks] *vb* overbelaste; trække for store veksler på *(fx his patience);* beskatte for højt.

over-the-counter drug medicin der kan fås i håndkøb, håndkøbsmedicin.

I. overthrow [əuvə'θrəu] *vb* kaste omkuld; kuldkaste, ødelægge; vælte, styrte *(fx a government).*

II. overthrow ['əuvəθrəu] *sb* kuldkastelse, omstyrtelse; undergang, fald.

over|time ['əuvətaim] *sb* overarbejde, overtid; overarbejdsbetaling, overarbejdspenge; (i sport) omkamp; *adv* over tiden; *work -time* arbejde over. **-top** [əuvə'tɔp] *vb* rage op over; overgå; besejre. **-train** [əuvə'trein] *vb* overtræne. **-trick** ['əuvətrik] *sb* (i kortspil) overtræk. **-trump** [əuvə'trʌmp] *vb* stikke med højere trumf.

overture ['əuvətʃə] *sb* forslag, tilbud; tilnærmelse; *(mus.)* ouverture; *make -s* søge en tilnærmelse; træde i forhandlinger, indlede underhandlinger *(to* med); *peace -s* fredsfølere.

over|turn [əuvə'tə:n] *vb* vælte *(fx a table);* kæntre. **-value** [əuvə'vælju(:)] *vb* overvurdere. **-view** ['əuvəvju:] *sb* oversigt. **-watched** [əuvə'wɔtʃt] *adj* forvåget. **-weening** [əuvə'wi:niŋ] *adj* indbildsk, anmassende, overmodig; overdreven. **-weight** *sb* ['əuvəweit] overvægt; *adj* [əuvə'weit; 'əuvə-] overvægtig; *vb* overbelaste, overlæsse. **-whelm** [əuvə'welm] *vb* vælte ud over, oversvømme; overvælde; overmande. **-wind** [əuvə'waind] *vb* trække (et ur) for stærkt op.

I. overwork [əuvə'wə:k] *vb* overanstrenge, overanstrenge sig; slide for meget på.

II. overwork [əuvə'wə:k] *sb* overanstrengelse; ['əuvəwə:k] ekstraarbejde, overarbejde.

overworn [əuvə'wɔ:n] *adj* udmattet.

overwrought [əuvə'rɔ:t] *adj* overanstrengt; eksalteret, overspændt; (om stil) overlæsset; udpenslet.

Ovid ['ɔvid].

oviduct ['əuvidʌkt] *sb (anat, zo)* ægleder.

oviform ['əuvifɔ:m] *adj* ægformet.

ovine ['əuvain] *adj* fåreagtig, fåret; fåre-.

oviparous [əu'vipərəs] *adj* æglæggende.

ovipositor ['əuvi'pɔzitə] *sb zo* læggebrod.

ovoid ['əuvɔid] *adj* ægformet; *sb* ægformet genstand; ægbriket.

ovulation [əuvju'leiʃn] *sb* ovulation, ægdannelse, ægløsning.

ovule ['əuvju:l] *sb (bot)* frøanlæg.

ovum ['əuvəm] *sb (pl ova* ['əuvə]) æg, ægcelle.

ow [au] *interj* av.

owe [əu] *vb* skylde; være skyldig; have at takke for; ~ *him £50* skylde ham £50; ~ *a debt of gratitude to* stå i taknemmelighedsgæld til.

owing ['əuiŋ] *adj* skyldig, udestående, som skal betales; *he paid all that was* ~ han betalte alt hvad der skyldtes; ~ **to** på grund af, som følge af *(fx* ~ *to a mistake we were not informed); be* ~ *to* skyldes; *it is* ~ *to him that* det skyldes ham at.

owl [aul] *sb zo* ugle; *(fig* om person) en der gerne vil give indtryk af at være klog; fjols; *drunk as an* ~ fuld som en allike.

owlet ['aulət] *sb zo* lille ugle; kirkeugle.

owlet moth *zo* ugle (natsværmer).

owlish ['auliʃ] *adj* ugleagtig; *(fig)* dum-højtidelig; fiffigdum.

I. own [əun] *adj* egen, eget, egne; kødelig *(fx* ~ *brother* kødelig broder, helbroder *(mods halfbrother));* (svarer ofte til) selv *(fx he cooks his* ~ *meals* han laver selv sin mad; *she sews her own clothes); he stands in his* ~ *light* han står sig selv i lyset;

the town has a character all its ~ byen har et ganske særligt præg; *I didn't have a moment (el. minute el. second) to call my* ~ jeg havde ikke et øjebliks fred; *get one's* ~ *back* få revanche; *hold one's* ~ holde stand, stå fast; klare sig; hævde sig, stå sig; *make sth one's* ~ tilegne sig noget; *in (el. at) your* ~ *(good) time* når det er dig belejligt; når det passer dig;

(med *præp) may I have it* **for** *my very* ~*?* må jeg få det helt alene? *come* **into** *one's* ~ få sin ret, få hvad der tilkommer en; **of** *one's* ~ sin egen, sit eget *(fx she has a room of her* ~*); I have reasons of my* ~ jeg har mine særlige grunde; *she has a fortune of her* ~ hun har privat formue; **on** *one's* ~ på egen hånd; *he is on his* ~ *(ogs)* han er sin egen mand, han er selvstændig (forretningsmand *etc).*

II. own [əun] *vb* eje; anerkende, vedkende sig, kendes ved *(fx a child);* erkende, indrømme *(fx one's faults);* ~ *to* bekende, indrømme, vedkende sig; ~ *up* T melde sig *(fx the one who did it had better* ~ *up);* tilstå, gå til bekendelse.

owner ['əunə] *sb* ejer; (ved byggeri) bygherre; *(mar)* reder; *-s pl (ogs)* rederi.

owner|-driver bilejer der selv kører sin vogn, selvejer. **-less** herreløs. ~ **-occupied** *adj* beboet af ejeren selv. **~-occupier** selvejer, (parcel)husejer, indehaver af ejerlejlighed. **-ship** ejendomsret.

ox [ɔks] *sb (pl -en)* okse.

oxalic [ɔk'sælik] *adj:* ~ *acid* oksalsyre.

oxbow ['ɔksbəu] *sb (am)* åg (til okseforspand); *(geol)* slangebugtning i flod; ~ *lake* hesteskoformet sø.

Oxbridge ['ɔksbridʒ] (fiktivt universitetsnavn, af *Oxford* og *Cambridge).*

oxeye ['ɔksai] *(bot)* hvid okseøje, marguerit.

ox-eyed *adj* kvieøjet.

oxeye daisy = *oxeye.*

Oxfam *fk Oxford Committee for Famine Relief.*

oxford ['ɔksfəd] *sb (am)* = *Oxford shoe.*

Oxford ['ɔksfəd]; ~ *bags* meget rummelige benklæder; *the* ~ *group movement* Oxford(gruppe)bevægelsen (udgået fra Buchman); *the* ~ *movement (hist.)* Oxfordbevægelsen (højkirkelig retning i den anglikanske kirke); ~ *shoe* kraftig snøresko.

oxhide ['ɔkshaid] *sb* oksehud, okselæder.

oxidation [ɔksi'deiʃn] *sb* iltning, forbrændingsproces, oxydering.

oxide ['ɔksaid] *sb (kem)* oksyd, oxid. **oxidize** ['ɔksidaiz]

vb ilte, oxydere; (uden objekt) iltes, oxyderes; anløbe.
oxlip ['ɔkslip] *sb (bot)* fladkravet kodriver.
Oxon. *fk Oxfordshire; Oxford.*
Oxonian [ɔk'səunjən] *adj* fra Oxford; *sb* oxforder.
oxtail ['ɔksteil] *sb* oksehale.
oxy-acetylene ['ɔksiə'setili:n] autogen- *(fx torch* brænder; *welding* svejsning).
oxygen ['ɔksidʒən] *sb* ilt.
oxygenate [ɔk'sidʒineit] *vb* oxydere, ilte.
oxygen cylinder iltflaske.
oxygenize [ɔk'sidʒinaiz] *vb* oxydere, ilte.
oxygen tent ilttelt.
oyes, oyez [əu'jes] *interj* hør! (retsbetjents *el.* udråbers råb for at påbyde stilhed).
oyster ['ɔistə] *sb* østers.
oyster| bed østersbanke. ~ **catcher** *zo* strandskade. ~ **dive** østerskælder. ~ **knife** østerskniv.
oz. *fk ounce(s).*
ozone ['əuzəun] *sb* ozon.

P

P [pi:]; *mind one's p's and q's,* se *II. mind.*
p *fk* penny; pence.
p. *fk page; participle; past.*
P. & O. ['pi:ənd'əu] *fk Peninsular and Oriental Steam Navigation Company.*
Pa. *fk Pennsylvania.*
p.a. *fk per annum* årlig.
P.A. *fk personal assistant.*
pa [pa:] *sb* T papa.
pabulum ['pæbjuləm] *sb* føde; *mental* ~ åndelig føde.
PAC *fk (am) Political Action Committee.*
I. pace [peis] *sb* skridt; fart; gang, måde at gå på; pasgang; *at a great* ~ med stærk fart; *go the* ~ fare af sted; *(fig)* leve i sus og dus; *keep* ~ *with* holde trit med; *put him through his -s* prøve *(el.* lade ham vise) hvad han dur til; *set the* ~ bestemme farten; give tonen an.
II. pace [peis] *vb* gå, skride, gå pasgang; (med objekt) gå hen over, gå frem og tilbage i (, på); (i sport) pace; ~ *off,* ~ *out* skridte af; ~ *up and down* vandre (utålmodigt) frem og tilbage.
III. pace ['peisi]: ~ *Smith* med al respekt for Smith, med Smiths tilladelse.
pacemaker ['peismeikə] *sb* (i sport) pacer; *(fig)* en der fører an, en der er toneangivende; *(anat,* i hjertet) pacemaker.
pacer ['peisə] *sb* (om hest) pasgænger; (i sport) pacer.
pacesetter ['peissetə] *sb,* se *pacemaker.*
pachyderm ['pækidə:m] *sb* tykhudet dyr; tykhud.
pacific [pə'sifik] *adj* fredelig, forsonlig; freds- *(fx policy);* beroligende; *Pacific* Stillehavs-; *the Pacific (Ocean)* Stillehavet.
pacifically [pə'sifikli] *adv* ad fredelig vej.
pacification [pæsifi'keiʃn] *sb* pacificering, beroligelse, genoprettelse af fred.
pacificatory [pə'sifikət(ə)ri] *adj* fredsstiftende.
pacifier ['pæsifaiə] *sb* fredsstifter; *(am)* (narre)sut.
pacifism ['pæsifizm] *sb* fredsvenlighed, pacifisme.
pacifist ['pæsifist] *sb* fredsven, pacifist.
pacify ['pæsifai] *vb* stille tilfreds, tilfredsstille; berolige; pacificere, skabe fred i.
I. **pack** [pæk] *sb* bylt; (om varer) pakke, balle; indpakning, emballage; (om dyr) flok, (hunde:) kobbel, *(neds* om mennesker) bande *(fx of thieves),* flok, samling; (om is) pakis; *(med.)* pakning, omslag *(fx cold* ~, *hot* ~*), (ice* ~*)* ispose; *(mil. etc)* rygsæk, oppakning; (i rugby) angrebskæde; *a* ~ *of cards* et spil kort; *a* ~ *of cigarettes (am)* en pakke cigaretter; *a* ~ *of lies* lutter løgn.
II. pack [pæk] *vb* (se også *packed)* **1.** pakke; pakke ned *(fx have you -ed your toothbrush?);* **2.** pakke ind, emballere; **3.** pakke, nedlægge *(fx meat in barrels),* lægge i dåse; **4.** (over)fylde, proppe, sammenstuve; **5.** (for at snyde, om kort) pakke, (om udvalg *etc)* sammensætte partisk, besætte med sine meningsfæller; **6.** *(am)* bære, gå med *(fx he -s a gun);* **7.** (i edb) pakke *(fx a floppy disc);*
(uden objekt) **8.** pakke *(fx have you -ed?);* **9.** kunne pakkes *(fx this suit will* ~ *without creasing); books* ~ *easily* bøger er lette at pakke; **10.** pakke *(fx the ice -s),* sætte sig; **11.** stimle sammen, samle sig i flok;
(med *præp, adv)* ~ **away** pakke ned; ~ *it* **in** opgive det; holde op med det; ~ *him in* sige farvel til ham; give ham løbepas; ~ *them in* samle et stort publikum; ~ **off** jage bort, sætte på porten; sende af sted (i en fart) *(fx* ~ *the boy off to school);* ~ *oneself off* forsvinde, se at komme af sted; ~ **out** fore, stoppe ud; *(fig* om rum) fylde; ~ **up** pakke (ned), pakke ind; pakke sammen; T *(fig)* pakke sammen, holde op; (om maskine) gå i stå; ~ *it up* = ~ *it in.*
package ['pækidʒ] *sb* pakning, emballage; *(merk etc)* pakke, balle, kollo; *(fig)* pakke; samling; buket *(fx* af lovforslag); *adj* samlet *(fx wage increase).*
packaged ['pækidʒd] *adj:* ~ *tour* T færdigpakket rejse; charterrejse.
package deal samlet overenskomst.
package tour færdigpakket rejse; charterrejse.
pack animal lastdyr.
pack drill *(mil.)* stroppetur (med fuld oppakning).
packed [pækt] *adj* pakket, indpakket, emballeret; nedpakket *(fx meat);* stuvende fuld; *(neds)* partisk *(fx jury); a* ~ *house* fuldt hus; *a* ~ *lunch* en frokostpakke, en madpakke.
packer ['pækə] *sb* pakker, pakkemaskine; konservesfabrikant.
packet ['pækit] *sb* (lille) pakke, bundt; paketbåd, postskib; *catch (el. cop, stop) a* ~ S få en slem skramme; *it cost a* ~ S det kostede det hvide ud af øjnene; *make a* ~ S tjene tykt; *a* ~ *of needles* et brev nåle; *stop a* ~ *(mil.)* S blive alvorligt såret.
packet boat paketbåd.
pack| horse pakhest. ~ **ice** pakis.
packing ['pækiŋ] *sb* pakning, emballering, nedlægning *(cf II. pack);* emballage; tætningsmiddel.
packing | case pakkasse. ~ **needle** sækkenål. ~ **paper** indpakningspapir. ~ **ring** tætningsring. ~ **slip** pakseddel, følgeseddel.
pack|man *(glds)* bissekræmmer. **-saddle** paksaddel; kløvsaddel. **-thread** sejlgarn.
pact [pækt] *sb* pakt, overenskomst.
I. pad [pæd] *sb* **1.** underlag, pude, måtte, hynde; **2.** (i seng) underlag, tynd madras; **3.** sadelpude; **4.** *(mar)* skamfilingsmåtte; **5.** (i sport) (knæ)beskytter, benskinne; **6.** *zo* trædepude; **7.** indlæg *(fx* i brystholder); **8.** (hår)valk; **9.** stempelpude; **10.** (bord)filt, (på skrivebord) skriveunderlag; **11.** (tegne-, skrive-) blok; **12.** helikopterlandingsplads, (til raket) afskydningsrampe; **13.** *(bot, am) åkandeblad;* **14.** *(med., omtr)* kompres; **15.** S sted at bo; tilholdssted; værelse; seng.
II. pad [pæd] *vb* polstre, udstoppe, udfore; belægge (med filt); ~ *out (fig)* fylde ud (med overflødigt stof); komme fyldekalk i.
III. pad [pæd] *vb* gå, traske, lunte, trave; liste; *sb* lyd af fodtrin; (i dialekt) vej, sti; *knight of the* ~ *(glds)* landevejsrøver, stimand.
padded ['pædid] *adj* polstret, udstoppet; ~ *cell* gummicelle; ~ *shoulders* vatskuldre.
padding ['pædiŋ] *sb* udstopning; belægning; polstring; *(fig)* fyldekalk, spaltefyld (i avis *etc).*
I. paddle [pædl] *vb* pagaje, padle; soppe, vade, pjaske; fingerere; *(am)* T smække, give smæk; ~ *one's own canoe (fig)* være uafhængig, selv bestemme farten, køre sit eget løb; klare sig selv.
II. paddle [pædl] *sb* padleåre; (på et vandhjul) skovl;

(*am:* til bordtennis) bat; (til vasketøj) banketræ; (på sæl) luffe; *double* ~ pagaj, tobladet åre.
paddle|board skovl (på et vandhjul). ~ **box** *(mar)* hjulkasse. ~ **steamer** hjuldamper. ~ **wheel** *(mar)* skovlhjul.
paddling pool soppedam, soppebassin.
paddock ['pædək] *sb* vænge; indhegning (for heste); sadleplads (ved væddeløbsbane).
I. Paddy ['pædi] (af *Patrick)* (øgenavn for irer).
II. paddy ['pædi] *sb* T anfald af hidsighed; raserianfald.
III. paddy ['pædi] *sb* ris (på roden); uafskallet ris.
paddyfield ['pædifi:ld] *sb* rismark.
paddy wagon *(am* S*)* salatfad (ɔ: politibil).
padlock ['pædlɔk] *sb* hængelås; *vb* lukke med hængelås.
padre ['pa:dri, -drei] *sb* T (katolsk) præst; feltpræst.
Padua ['pædjuə].
paean ['pi:ən] *sb* festhymne; sejrssang.
paede|rast ['pi:dəræst] *sb* pæderast. **-rasty** *sb* pæderasti.
paediatrician [pi:diə'triʃn] *sb* pædiater, børnelæge.
paediatrics [pi:di'ætriks] *sb* pædiatri, læren om børnesygdomme.
pagan ['peigən] *adj* hedensk; *sb* hedning.
paganism ['peigənizm] *sb* hedenskab.
paganize ['peigənaiz] *vb* gøre hedensk; afkristne.
I. page [peidʒ] *sb* piccolo; *(am ogs)* bud; *(glds)* page; *vb* tilkalde over højttaleranlæg *el.* ved personsøger.
II. page [peidʒ] *sb* side, blad *(fx both sides of the ~); vb* paginere.
pageant [pædʒnt] *sb* festoptog; (historisk) festspil; opvisning, show; tom pragt, prunk.
pageantry ['pædʒntri] *sb* pomp og pragt; tom pragt.
page boy piccolo.
page proof ombrudt korrektur.
pager ['peidʒə] *sb* personsøger.
paginal ['pædʒinl] *adj* side-; side for side.
paginate ['pædʒineit] *vb* paginere.
pagination [pædʒi'neiʃn] *sb* paginering.
pagoda [pə'gəudə] *sb* pagode; *(glds)* (indisk guldmønt).
pah [pa:] *interj* pyt! uf! æv! føj!
paid [peid] *præt* og *pp* af *pay;* ~ *holiday* ferie med løn; *put* ~ *to* gøre en ende på, gøre det af med.
paid-up capital indbetalt kapital.
pail [peil] *sb* spand. **pailful** ['peilf(u)l] *sb* spandfuld.
paillasse ['pæliæs] *sb* halmmadras.
I. pain [pein] *sb* smerte, lidelse; **-s** *pl* smerter, lidelser; fødselsveer; umage, ulejlighed, møje; *give* ~ gøre ondt, smerte; *take -s* gøre sig umage *(over* med); *be* **at** *-s to* gøre sig umage for at; *be* **in** ~ have ondt, føle smerte, lide; *he is a* ~ *in the neck (el. arse, (am) ass)* S han er skide irriterende; *be in great* ~ lide stærkt, være meget forpint; *have a* ~ *in* have ondt i *(fx the stomach); put him* **out of** ~ gøre ende på hans lidelser; S slå ham ihjel; **under** *(el. on)* ~ *of* under straf af; *under (el. on)* ~ *of death* under dødsstraf; (se også *I. neck).*
II. pain [pein] *vb* gøre ondt, smerte; bedrøve.
pained [peind] *adj (fig)* såret, krænket; forpint; smertelig.
pain|ful ['peinf(u)l] *adj* smertelig, pinefuld, tung, pinlig. ~ **-killer** smertestillende middel. **-less** [-ləs] *adj* smertefri.
pains, se *I. pain.*
painstaking ['peinzteikiŋ] *adj* flittig, samvittighedsfuld.
I. paint [peint] *sb* maling, farve; T sminke; *wet (el. fresh)* ~ (på skilt *etc)* nymalet.
II. paint [peint] *vb* male; sminke, sminke sig; *(med.)* pensle *(fx ~ the gums with iodine); (fig)* male, skildre, beskrive; *he is not so black as he is -ed* han er bedre end sit rygte; ~ *in* indføje (i maleri); ~ *out* male over; ~ *well* male godt; være et egnet motiv (til maleri); *wet ~! fresh -ed!* malet (plakat til advarsel); (se også *lily).*
paint|box farvelade; malerkasse. **-brush** pensel; malerkost.
painted lady *zo* tidselsommerfugl.
I. painter ['peintə] *sb* maler; kunstmaler; *(fig)* skildrer.
II. painter ['peintə] *sb (mar)* fangline, slæbeline; *cut the* ~ *(fig,* let *glds)* bryde forbindelsen.
painting ['peintiŋ] *sb* malerkunst; maleri; maling.
paintress ['peintrəs] *sb* malerinde.
paint|roller malerulle ~ **stripper** maling og lakfjerner. **-work:** *the* ~ det malede.
painty ['peinti] *adj* oversmurt med maling; farvelagt for tykt; *a* ~ *smell* lugt af maling.
I. pair [pɛə] *sb* par (om to sammenhørende); (for vogn) tospand; *in -s* to og to; parvis; *a* ~ *of boots* et par støvler; *that's another* ~ *of shoes (el. boots)* det er en anden historie; *a* ~ *of scissors* en saks; *a* ~ *of shrouds (mar)* et spænd vant; *a* ~ *of stairs* en trappe; *up one* ~ *of stairs* en trappe op; på første sal; *up two -s of stairs* på anden sal; *a two* ~ *room* et værelse på anden sal.
II. pair [pɛə] *vb* parre; *(parl)* lave clearingaftale (ɔ: om medlemmer af modsatte partier: aftale at begge udebliver fra en afstemning); ~ *off* parre; slå sig sammen to og to.
paisley ['peizli] *sb* fint uldstof i sjalsmønster; ~ *print* sjalsmønster.
pajamas [pə'dʒa:məz] *sb pl (am)* pyjamas.
Paki ['pæki] *sb* (S, *neds*) pakistaner, „perker".
Pakistan [pa:ki'sta:n, 'pæki-].
Pakistani [pa:ki:'sta:ni, 'pæki-] *sb* pakistaner; *adj* pakistansk.
pal [pæl] *sb* S kammerat, god ven; *vb:* ~ *(up) with* blive gode venner med.
palace ['pælis] *sb* palads, slot; bispegård.
palace car *(jernb)* salonvogn.
paladin ['pælədin] *sb (hist.)* omstrejfende ridder, eventyrer; helt; ridder i Karl den Stores følge.
palaeo|graphy [pæli'ɔgrəfi, *(am)* peili-] *sb* palæografi, oldskrifttydning. **-lithic** [pæliə'liθik, *(am)* peiliə-] *adj: the* ~ *age* den ældre stenalder.
palaeontology [pæliɔn'tɔlədʒi, *(am)* peili-] *sb* palæontologi, læren om uddøde dyr og planter.
palanquin [pælən'ki:n] *sb* (i Østen) bærestol, palankin.
palatable ['pælətəbl] *adj* velsmagende; tiltalende, velkommen, som man synes om.
palatal ['pælətl] (især *fon) adj* gane-, palatal; *sb* palatal, ganelyd. **palatalize** ['pælətəlaiz] *vb* palatalisere; mouillere.
palate ['pælət] *sb* gane, *(fig ogs)* smag.
palatial [pə'leiʃl] *adj* paladsagtig.
palatinate [pə'lætinət] *sb* pfalzgrevskab; *the Palatinate* Pfalz.
palatine ['pælətain] *adj* pfalzgrevelig; *count* ~ pfalzgreve.
palaver [pə'la:və] *sb* palaver, forhandling (særlig mellem afrikanske indfødte og europæere); *(fig)* tom snak; smiger; *vb* snakke vidt og bredt, smigre.
I. pale [peil] *sb* pæl, stolpe; grænse; enemærke; *(her.)* pæl; *be beyond the* ~ være socialt umulig, have sat sig uden for det gode selskab; *that remark was beyond the* ~ den bemærkning gik over stregen.
II. pale [peil] *adj* bleg; *vb* blegne, blive bleg; gøre bleg; *as* ~ *as death* dødbleg; *turn* ~ blegne.
pale ale (en lys alkoholholdig ølsort).
paleface ['peilfeis] *sb* blegansigt, hvid mand.
paleo- (især *am) = palaeo-.*
Palestine ['pælistain] Palæstina.
Palestinian [pælə'stiniən] *sb* palæstinenser; *adj* palæstinensisk.
palette ['pælit] *sb* palet. **palette knife** paletkniv.

palfrey ['pɔ(:)lfri] *sb (glds)* ridehest (især for damer); *(poet)* ganger.

Pali ['pa:li] *sb* pali (sproget i buddhisternes hellige bøger).

palimony ['pælimʌni] *sb (am)* retsbestemt bidrag til papirløs partner (, elskerinde).

palimpsest ['pælimpsest] *sb* palimpsest, håndskrift hvis oprindelige tekst er slettet for at give plads for en ny.

palindrome ['pælindrəum] *sb* palindrom (ord, udtryk der er ens læst forfra og bagfra, *fx rotator).*

paling ['peiliŋ] *sb* stakit; pæle, pæleværk.

palisade [pæli'seid] *sb* palisade, pæleværk; *vb* omgive med palisade.

I. pall [pɔ:l] *sb* ligklæde, sort klæde over en kiste; *(fig)* dække, tæppe; *(kat.* ærkebiskops) pallium; (over alterkalk) palla; *a ~ of smoke* et røgtæppe.

II. pall [pɔ:l] *vb* blive kedelig, miste sin tiltrækning *(upon* for); *it -ed upon me (ogs)* jeg tabte efterhånden interessen for det, det begyndte at kede mig.

Palladian [pə'leidjən] *adj (arkit)* palladisk (italiensk renæssancestil).

palladium [pə'leidiəm] *sb (myt)* palladium (ɔ: billede af Pallas Athene); *(fig)* bolværk, værn; *(kem)* palladium.

Pallas Athene ['pælæs ə'θi:ni] *(myt)* Pallas Athene.

pallbearer ['pɔ:lbɛərə] *sb* sørgemarskal; *(am)* ligbærer.

pallet ['pælit] *sb* palet; modellerpind; *(tekn)* pal; lastpalle (til gaffeltruck); (~ *of straw)* halmmadras.

pallet truck *(am)* gaffeltruck.

palliasse ['pæliæs] *sb* halmmadras.

palliate ['pælieit] *vb* besmykke, undskylde; lindre.

palliation [pæli'eiʃn] *sb* undskyldning, besmykkelse; lindring.

palliative ['pæliətiv] *adj* undskyldende; besmykkende; lindrende; *sb* lindrende middel.

pallid ['pælid] *adj* bleg, gusten.

pallid harrier *zo* steppehøg.

pallium ['pæliəm] *sb (kat.* ærkebiskops) pallium.

Pall Mall ['pæl'mæl; 'pel'mel] (gade i London).

pallor ['pælə] *sb* bleghed.

pally ['pæli] *adj* T kammeratlig, intim, fidél.

I. palm [pa:m] *sb* håndflade, flad hånd; *(mar)* ankerflig; sejlmagerhandske; *vb* berøre med håndfladen, beføle; (om tryllekunstner *etc)* palmere, gemme i hånden; *grease sby's ~* bestikke en; *have an itching ~* være grisk; *have sby in the ~ of one's hand (fig)* have én i sin hule hånd; *~ off as* udgive for; *~ sth off upon sby* prakke en noget på; *~ sby off with sth* spise en af med noget.

II. palm [pa:m] *sb* palme; palmegren; *(fig)* sejr; *bear (el. carry off) the ~* gå af med sejren, bære prisen; *yield the ~ to sby* indrømme at være besejret af én.

palmate ['pælmət], **palmated** ['pælmeitid] *adj (bot)* håndformet.

palm civit *zo* palmeruller.

palmer ['pa:mə] *sb (poet)* pilgrim.

Palmerston ['pa:məst(ə)n].

palmetto [pæl'metəu] *sb* viftepalme; dværgpalme.

palmist ['pa:mist] *sb* kiromant, en der spår efter håndens linjer. **palmistry** ['pa:mistri] *sb* kiromanti.

palm oil palmeolie; S bestikkelse.

Palm Sunday palmesøndag.

palmy ['pa:mi] *adj* palmebevokset, palmelignende; sejrrig, lykkelig; *~ days* glansperiode.

palmyra [pæl'maiərə] *sb (bot)* palmyrapalme.

palp [pælp] *sb* føletråd, følehorn.

palpability [pælpə'biləti] *sb* håndgribelighed.

palpable ['pælpəbl] *adj* håndgribelig; som er til at tage og føle på; tydelig, åbenbar.

palpate ['pælpeit] *vb* beføle; *(med.)* palpere.

palpitate ['pælpiteit] *vb* banke (heftigt), skælve.

palpitation [pælpi'teiʃn] *sb* hjertebanken.

palsgrave ['pɔ:lzgreiv] *sb* pfalzgreve.

palsied ['pɔ:lzid] *adj* rystende; lam, værkbruden.

palsy ['pɔ:lzi] *sb* lamhed; *vb* lamme; ryste, skælve; *shaking ~* rystelammelse.

palter ['pɔ(:)ltə] *vb* komme med udflugter; tinge, prutte *(with* med); *~ with (ogs)* lave pjat med.

paltry ['pɔ(:)ltri] *adj* ussel *(fx for a ~ three hundred pounds),* elendig, ubetydelig, sølle.

paludal [pæ'lu:dl] *adj* sumpet, sump- *(fx fever).*

paly ['peili] *adj (poet)* bleg, gusten.

pampas ['pæmpəs] *sb* pampas (øde sletter i Sydamerika).

pamper ['pæmpə] *vb* forvænne, forkæle.

pamphlet ['pæmflət] *sb* **1.** pjece, brochure, (let *glds)* flyveskrift; **2.** polemisk skrift, stridsskrift; **3.** smædeskrift, pamflet.

pamphleteer [pæmflə'tiə] *sb (cf pamphlet)* forfatter af stridsskrifter (, smædeskrifter *etc),* pamflettist; *vb* forfatte stridsskrifter (, smædeskrifter *etc).*

I. Pan [pæn] *(myt)* Pan.

II. pan [pæn] *sb (frying ~)* pande; *(sauce-)* kasserolle; (til bordet) fad, skål; *(am:* til bagning) bageform; (på vægt) vægtskål; (til wc) kumme; (guldgravers) vaskepande; (i terrænet) lavning, fordybning; saltpande; (i film) panorering; S ansigt, fjæs.

III. pan [pæn] *sb* betelblad; betel.

IV. pan [pæn] *vb* vaske (guld); (i film) panorere; T (om teaterstykke *etc)* rakke ned, sable ned; *~ out* vaske (guldholdigt grus) for at få guld; afgive guld; *(fig)* give kasse, give penge; lykkes; spænde af *(fx see how it -s out); ~ out well* lykkes, give udbytte.

panacea [pænə'siə] *sb* universalmiddel.

panache [pə'næʃ] *sb* hjelmbusk; *(fig)* pomp, glans, flothed; pral; *with ~* flot, pompøst *(fx he talked with ~ of our 'thousand years of history'); med en flot gestus (fx with great ~ he flung open the door);* med brask og bram.

Panama [pænə'ma:] Panama; *sb* panamahat.

Pan-American ['pænə'merikən] *adj* panamerikansk (omfattende alle stater i Nord-, Central- og Sydamerika).

pancake ['pænkeik] *sb* pandekage; *(flyv)* flad brat landing; *vb* foretage flad brat landing; 'synke igennem'; *Pancake Day, P. Tuesday* hvidetirsdag.

panchromatic [pænkrəu'mætik] *adj* pankromatisk.

pancreas ['pæŋkriəs] *sb* bugspytkirtel.

pancreatic [pæŋkri'ætik] *adj* som hører til bygspytkirtelen; *~ juice* bugspyt.

panda ['pændə] *sb zo* lille panda, kattebjørn; *(giant ~)* stor panda, bambusbjørn. **panda car** (stribet) politipatruljevogn.

pandect ['pændekt] *sb* fuldstændig lovsamling; *the Pandects* (Justinians samlinger af retslærdes betænkninger).

pandemic [pæn'demik] *sb* pandemi, meget udbredt epidemi; *adj* pandemisk.

pandemonium [pændi'məunjəm] *sb* pandæmonium, de onde ånders bolig, helvede; *(fig)* øredøvende spektakel; vild forvirring.

pander ['pændə] *sb* kobler, ruffer; villigt redskab; *vb* koble; *~ to* være kobler for; *(fig)* lefle for *(fx their low tastes).*

P. & O. *fk Peninsular and Oriental Steam Navigation Company.*

p. & p., P. & P. *fk packing and postage.*

pandy ['pændi] *sb* (skole S) slag over hænderne (med spanskrør *etc).* **pandybat** ['pændibæt] *sb* læderrem til at slå over hænderne med.

pane [pein] *sb* (vindues)rude; (firkantet) felt; (se også *peen).*

panegyric [pæni'dʒirik] *sb* panegyrik, lovtale. **panegyrical** [pæni'dʒirikl] *adj* panegyrisk, lovprisende, rosende, smigrende. **panegyrist** [pæni'dʒirist] *sb* lovpriser.

I. panel [pænl] *sb* **1.** felt, panel, plade, (i dør) fylding, (af bil) karosseriplade, (ved byggeri) (væg)element, (væg)plade, fag, *(bogb)* rygfelt, (i kuvert) rude, (af altertavle) fløj, (i kjole) indfældet stykke, kile; *(fot)* langt smalt billede;

2. *(tekn) (elekt)* strømtavle, betjeningstavle, omskiftertavle, (i bil) instrumentbræt, *(flyv ogs)* instrumenttavle, *(mar)* styrepult;

3. liste; fortegnelse over sygesikringspatienter (, sygesikringslæger), *(jur)* nævningeliste;

4. gruppe, udvalg *(fx an advisory ~)*, (ved konkurrence, udstilling) bedømmelseskomité, bedømmelsesudvalg, (ved retssag) jury, (ved diskussion *etc)* panel.

II. panel [pænl] *vb* inddele i felter; beklæde med panel.

panel | beater pladesmed. ~ **doctor** sygesikringslæge. ~ **game** quiz, underholdningsprogram i TV med spørge- *el.* gættekonkurrence for særlig indbudte grupper af gæster. ~ **heating** panelopvarmning.

panelling ['pæn(ə)liŋ] *sb* felter, fyldinger; træbeklædning.

panellist ['pæn(ə)list] *sb* medlem af panel (ved paneldiskussion *etc)*.

panel| patient sygesikringspatient. ~ **practice** sygesikringspraksis. ~ **stamp** *(bogb)* pladestempel.

pang [pæŋ] *sb* smerte, kval, stik; *-s of childbirth* fødselsveer; *-s of conscience* samvittighedskvaler; *-s of death* dødskval.

Pan-German ['pæn'dʒə:mən] *adj* altysk.

pangolin [pæŋ'gəulin] *sb zo* skældyr.

panhandle ['pænhændl] *(am) sb* (smal udløber af større landområde); *vb* tigge; *~ sby for money* slå en for penge.

panhandler ['pænhændlə] *sb (am)* T tigger.

panic ['pænik] *sb* panik; panisk skræk; *adj* panisk; panikagtig *(fx haste); vb* fremkalde panik hos; blive grebet af panik.

panicky ['pæniki] *adj* panikagtig; (som let bliver) grebet af panik, panikslagen, hovedløs.

panicle ['pænikl] *sb (bot)* top (en blomsterstand).

panic|monger ['pænikmʌŋgə] *sb* panikmager. ~ **-stricken** [-strikn], ~ **-struck** [-strʌk] *adj* panikslagen.

panjandrum [pən'dʒændrəm] *sb* matador, stormand; stormægtighed.

pannage ['pænidʒ] *sb (hist.)* olden; ret til (, afgift for) at holde svin på olden.

panne [pæn] *sb* felpel (fløjlsagtigt stof).

pannier ['pæniə] *sb* kurv (især til at bære på ryggen *el.* som bæres af lastdyr); fiskebens- *el.* metalstativ til krinoline; *-s pl (ogs)* cykeltasker.

pannikin ['pænikin] *sb* metalkrus.

panoplied ['pænəplid] *adj (litt)* fuldt rustet.

panoply ['pænəpli] *sb (glds)* fuld udrustning; *(fig, litt)* pragtskrud; pomp; strålende opbud; alt hvad der hører sig til.

panoptic [pæn'ɔptik] *adj* panoptisk; som giver et fuldstændigt overblik.

panorama [pænə'ra:mə] *sb* panorama.

panoramic [pænə'ræmik] *adj* panorama-.

panpipe ['pænpaip] *sb* panfløjte.

Pan-Slavic ['pæn'sla:vik] *sb* panslavisk.

pan-Slavism ['pæn'sla:vizm] *sb* panslavisme.

pansy ['pænzi] *sb* stedmoderblomst; S kvindagtigt mandfolk; homoseksuel, bøsse; *adj* kvindagtig; homoseksuel.

pant [pænt] *sb* gisp, snappen efter vejret, stønnen; *vb* stønne, puste, gispe; *(~ out)* fremstønne; *~ for* sukke efter, tørste efter, hige efter; *~ for breath* snappe efter vejret.

pantalet(te)s [pæntə'lets] *sb pl* mamelukker, damebenklæder.

Pantaloon [pæntə'lu:n] *(litt)* Pantalone (latterlig person i komedier og pantomimer).

pantaloons *sb pl (glds)* bukser.

pantechnicon [pæn'teknikən] *sb* møbelopbevaringsmagasin; *(~ van)* flytteomnibus.

pantheism ['pænθiizm] *sb* panteisme. **pantheist** ['pænθiist] *sb* panteist. **pantheistic** [pænθi'istik] *adj* panteistisk.

pantheon ['pænθiən] *sb* panteon; gudekreds.

panther ['pænθə] *sb zo* panter; *(am)* puma.

pantie girdle *etc* se *panty.*

panties ['pæntiz] *sb pl* T (dame)underbukser; *(merk)* underbenklæder **pantihose** ['pæntihəuz] = *tights.*

pantile ['pæntail] *sb* vingetagsten.

panto ['pæntəu] T = *pantomime.*

pantograph ['pæntəgra:f] *sb* pantograf.

pantomime ['pæntəmaim] *sb* form for engelsk eventyrkomedie (der opføres ved juletid); (også) pantomime (stumt skuespil); *(fig)* komedie, farce; *vb* udtrykke pantomimisk; spille i pantomime.

pantomimic [pæntə'mimik] *adj* pantomimisk.

pantomimist ['pæntəmaimist] *sb* pantomimiker.

pantry ['pæntri] *sb* spisekammer; anretterværelse; (i hotel, *omtr)* frokostrestaurant, *(mar* og i fly) stirrids.

pants [pænts] *sb pl* underbukser; *(am)* bukser, benklæder; *catch sby with his ~ down* overraske én, komme bag på én; *a kick in the ~* et spark bagi; (se også *panties)*.

pant|skirt buksenederdel. ~ **-suit** *(am)* buksedragt.

panty *sg* af *panties.* **panty| girdle** roll-on benklæder. ~ **hose** *(am)* strømpebukser.

I. pap [pæp] *sb* melpap; vælling, grød *(etc,* til små børn og syge); grødagtig masse, *(ogs fig)* barnemad.

II. pap [pæp] *sb (glds)* brystvorte.

papa [pə'pa:] *sb* papa, far.

papacy ['peipəsi] *sb* pavedømme; paveværdighed; pontifikat, paves regeringstid.

papal [peipl] *adj* pavelig; pave-.

papaverous [pə'peiv(ə)rəs] *adj* valmueagtig.

papaw [pə'pɔ:] *sb (bot)* melontræ; *(am)* papau.

papaya [pə'pa:jə] *sb (bot)* papaya.

I. paper ['peipə] *sb* **1.** papir; **2.** tapet; **3.** seddel; **4.** seddel, pengesedler *(fx in silver, no ~ please);* **5.** blad, avis; **6.** foredrag; videnskabelig meddelelse; afhandling (over et enkelt emne); **7.** (ved skriftlig eksamen) opgave (især med flere spørgsmål); **8.** *(merk,* af knappenåle *etc)* pakke, brev; **9.** *(teat)* S fribilletter;

-s *pl* (personlige) papirer; *(merk)* veksler; (til håret) papillotter; *send in one's -s* indgive sin afskedsansøgning, søge sin afsked;

in ~ i sedler; (om bog) hæftet; *the house is full* **of** ~ de fleste tilskuere har fribillet; **on** ~ på papiret (ɔ: i teorien); **read** *a ~ on* holde foredrag om, forelægge en meddelelse om; holde forelæsning over; *commit* **to** ~ nedskrive, bringe på papiret; *put pen to ~* gribe pennen.

II. paper ['peipə] *vb* dække med papir, tapetsere; lægge i papir; indpakke i papir; S fylde (teater *etc)* ved uddeling af fribilletter; *~ over (fig)* skjule nødtørftigt; *~ over the cracks (fig)* dække over uenigheden, bringe et spinkelt forlig i stand; *~ up* tilklistre med papir.

III. paper ['peipə] *adj* papir-, papirs- *(fx towel); (fig)* skrivebords- *(fx work);* som kun eksisterer på papiret *(fx a ~ blockade; the ~ strength of the army)*.

paper|back *sb* uindbunden bog, billigbog, paperback; *adj* = **-backed** uindbunden, hæftet, brocheret; i billigbogsudstyr. ~ **bag** papirspose, dragtpose. **-board** karton; *in -boards* kartonneret. ~ **-bound** (om bog) hæftet, brocheret. ~ **boy** avisdreng. ~ **chase** sporleg, papirsjagt. ~ **covers** *pl* papiromslag. ~ **cup** papbæger. ~ **dart** papirflyver. **-hanger** tapetserer. **-hanging** tapetsering. **-hangings** *pl* tapeter, tapet.

paper| knife papirkniv. **-maker** papirfabrikant. **-mill** papirfabrik. ~ **money** seddelpenge, papirspenge. ~ **nautilus** *zo* papirsnekke. ~ **pushing** T papirnusseri. ~ **round:** *do a ~ round* gå med aviser. ~ **route** *(am)* = ~ *round.* ~ **-shelled almond** krakmandel. ~ **stock** råmaterialer til papirfabrikation. ~ **tape** (i edb) hulstrimmel. ~ **warfare** pennefejde. **-weight** brevpresser. ~ **work** skrivebordsarbejde.

papier mâché ['pæpiei'ma:ʃei] *sb* papmaché.

papill|a [pə'pilə] *sb (pl -ae* [-li:]) papil.

papist ['peipist] *sb (neds)* katolik, papist.

papistical [pə'pistikl] *adj (neds)* papistisk.

papistry ['peipistri] *sb (neds)* papisme.

papoose [pə'pu:s] *sb* indianerbarn.

pappus ['pæpəs] *sb (bot)* fnug, fnok.

pappy ['pæpi] *adj* grødagtig, blød.

paprika [pæ'pri:kə; 'pæprikə] *sb* paprika.

papyr|us [pə'paiərəs] *sb (pl -i* [-ai]) papyrus; papyrusrulle.

par [pa:] *sb* lighed, ligestilling; pari; det normale; (i golf) et huls idealscore; *above ~* over pari; *at ~* til pari; *be on a ~ with* stå lige med; være på linje *(el.* på højde) med; *put on a ~ with* ligestille med; *I don't feel quite up to ~, I feel below ~* T jeg føler mig lidt skidt tilpas.

par. *fk paragraph.*

para ['pærə] *sb* T *fk paragraph; paratrooper.*

parable ['pærəbl] *sb* parabel, lignelse.

parabola [pə'ræbələ] *sb (geom)* parabel.

parabolic [pærə'bɔlik] *adj* parabolisk, af form som en parabel.

parabolical [pærə'bɔlikl] *adj* parabolisk, udtrykt i lignelser.

parabrake ['pærəbreik] *sb (flyv)* bremseskærm.

parachute ['pærəʃu:t] *sb* faldskærm; *vb* kaste ud med faldskærm, springe ud med faldskærm.

parachute | brake *(flyv)* bremseskærm. ~ **descent,** ~ **dive** faldskærmsudspring. ~ **flare** faldskærmslys. ~ **harness** faldskærmssele. ~ **troops** *pl* faldskærmstropper.

parachutist ['pærəʃu:tist] *sb* faldskærmssoldat, faldskærmsudspringer.

Paraclete ['pærəkli:t] *sb (rel)* Helligånden, talsmanden.

I. parade [pə'reid] *sb* parade; paradeplads; promenade; optog *(fx a circus ~);* opvisning *(fx fashion ~);* række *(fx of witnesses); (neds)* pralende fremvisning; *make a ~ of = II. parade (fig).*

II. parade [pə'reid] *vb* (lade) paradere; paradere i, gå i procession gennem; *(fig, neds)* paradere med, vise *(fx one's talents),* skilte med, stille til skue *(fx one's learning).*

parade ground paradeplads.

paradigm ['pærədaim] *sb (gram)* paradigme, bøjningsmønster.

paradisal [pærə'daisl] *adj* paradisisk.

paradise ['pærədais] *sb* paradis; *fool's ~,* se *I. fool.*

paradisaical [pærədi'seiikl], **paradisiac** [pærə'disiæk] *adj* paradisisk.

parados ['pærədɔs] *sb* rygværn (i befæstningsanlæg).

paradox ['pærədɔks] *sb* paradoks.

paradoxical [pærə'dɔksikl] *adj* paradoksal.

paraffin ['pærəfi(:)n] *sb (~ oil)* petroleum; *(~ wax)* paraffin; *vb* paraffinere; *liquid ~* paraffinolie.

paraffin| lamp petroleumslampe. ~ **oil** petroleum; *(am)* paraffinolie. ~ **series:** *the ~ series* paraffingruppen. ~ **wax** paraffin.

paragon ['pærəgən] *sb* mønster; *~ of virtue* dydsmønster.

paragraph ['pærəgra:f] *sb* paragraf, afsnit, stykke; notits, artikel (i et blad), petitartikel; *vb* paragrafere, inddele i afsnit; behandle *(el.* omtale) i en avisnotits; *new ~* (i diktat) ny linje, nyt afsnit.

Paraguay ['pærəgwai]; *~ tea* maté.

parakeet ['pærəki:t] *sb zo* parakit (en papegøje); *(grass ~)* undulat.

parallax ['pærəlæks] *sb (astr)* parallakse.

parallel ['pærəlel] *adj* parallel *(to, with* med); ligeløbende; tilsvarende; *sb* parallel; sammenligning *(fx draw a ~ between them);* sidestykke *(fx without (a) ~); (geogr: ~ of latitude)* breddegrad; *vb* finde magen til, opvise et sidestykke til; løbe parallelt med, svare til, kunne måle sig med.

parallel bars *pl* barre (til gymnastik).

parallelism ['pærəlelizm] *sb* parallelisme, lighed, parallel.

parallelogram [pærə'leləgræm] *sb (geom)* parallelogram.

parallel ruler parallellineal.

paralysation [pærəlai'zeiʃn] *sb* lammelse.

paralyse ['pærəlaiz] *vb* lamme; lamslå.

paralys|is [pə'rælisis] *sb (pl -es* [-iz]) lammelse.

paralytic [pærə'litik] *adj* lam, lammet; lamheds-; T døddrukken, stiv af druk; *sb* paralytiker, lam; *~ stroke* slagtilfælde.

para|mecium [pærə'mi:siəm] *sb zo* tøffeldyr. **-medic** [-'medik] *sb* lægeassistent. **-medical** [-'medikl] *adj* paramedicinsk; som assisterer læger.

parameter [pə'ræmitə] *sb (mat.)* parameter; (i ikkefagligt sprog:) typisk træk; grænse; *within the -s of* inden for -s rammer.

paramount ['pærəmaunt] *adj* øverst, som står over alle andre; altoverskyggende *(fx of ~ interest); of ~ importance* af største *(el.* yderste) vigtighed; *be ~ to* gå forud *(el.* frem) for; *lord ~* overherre.

paramour ['pærəmuə] *sb (glds)* elsker(inde); maitresse.

paranoia [pærə'nɔiə] *sb* paranoia, forrykthed, forfølgelsesvanvid, storhedsvanvid.

paranoid ['pærənɔid] *adj* paranoid, forrykt.

parapet ['pærəpit] *sb* brystning, (lavt) rækværk; *(mil.)* brystværn, jordvold (, sandsække) foran skyttegrav.

paraph ['pærəf] *sb* snirkel, krusedulle.

paraphernalia [pærəfə'neiljə] *sb pl* tilbehør, udstyr; *(glds jur)* hustrus personlige ejendele.

paraphrase ['pærəfreiz] *sb* parafrase, omskrivning; *vb* parafrasere, omskrive.

paraphrastic [pærə'fræstik] *adj* omskrivende.

paraselene [pærəsi'li:ni] *sb* bimåne.

parasite ['pærəsait] *sb* snyltegæst, snylter; *(biol)* parasit, snylteplante, snyltedyr.

parasitic [pærə'sitik] *adj* snyltende, parasitisk; snylte- *(fx fungus* svamp).

parasol ['pærəsɔl] *sb* parasol.

paratactic [pærə'tæktik] *adj (gram)* parataktisk, sideordnet.

parataxis [pærə'tæksis] *sb (gram)* paratakse, sideordning.

para|trooper faldskærmsjæger. **-troops** ['pærətru:ps] *sb pl* faldskærmstropper.

paratyphoid ['pærə'taifɔid] *sb* paratyfus.

paravane ['pærəvein] *sb (mar)* paravane.

parboil ['pa:bɔil] *vb* halvkoge; *(fig)* stege, skolde.

I. parcel ['pa:sl] *sb* **1.** pakke; **2.** jordlod, parcel; **3.** *(merk)* parti (varer), *-s pl* colli; **4.** *(neds)* flok, samling; **5.** *(glds)* del; *part and ~* fast bestanddel, integrerende del.

II. parcel [pa:sl] *vb (mar)* smerte (ɔ: slidbevikle); *~ out* fordele, udstykke; *~ up* pakke ind.

parcelling *sb (mar)* smerting, slidbevikling.

parcel post pakkepost.

parch [pa:tʃ] *vb* (af)svide, brænde; riste; tørre ind; afsvides; *-ed (ogs)* solsveden; *be -ed with thirst* have

en brændende tørst; være meget tørstig.
parchment ['pa:tʃmənt] *sb* pergament.
I. pard [pa:d] *sb (glds)* leopard.
II. pard, pardner S = *partner.*
pardon [pa:dn] *vb* tilgive; benåde; *sb* tilgivelse, benådning, amnesti, *(rel)* aflad; *(I beg your)* ~! hvad behager? om forladelse! undskyld! *I beg you a thousand -s* jeg beder tusinde gange om forladelse; ~ *me!* undskyld!
pardonable ['pa:dnəbl] *adj* tilgivelig.
pardoner ['pa:dnə] *sb (hist., rel)* afladskræmmer.
pare [pɛə] *sb* skrælle *(fx an apple);* klippe *(fx one's nails);* skære, skrabe; beskære, beklippe; *(fig)* nedskære; *(bogb)* (ud)skærfe; ~ *down* skære (, skrabe *etc)* mere og mere af; *(fig)* (efterhånden) nedskære, nedbringe *(fx one's expenses);* ~ *off* afskrælle.
parenchyma [pə'reŋkimə] *sb* grundvæv; cellevæv.
parent ['pɛər(ə)nt] *sb* forælder; fader; moder; *(fig)* ophav, oprindelse, rod *(of* til); *a* ~ en af forældrene; en forælder; *-s pl* forældre; *our first -s* Adam og Eva.
parentage ['pɛər(ə)ntidʒ] *sb* herkomst; forældreværdighed.
parental [pə'rentl] *adj* faderlig; moderlig; forældre-; ~ *home,* ~ *school* skole for vanskelige børn.
parent company moderselskab.
parenthes|is [pə'renθəsis] *sb (pl -es* [-i:z]) parentes.
parenthetic(al) [pærən'θetik(l)] *adj* parentetisk.
parenthood ['pɛər(ə)nthud] *sb* forældreværdighed.
parenting ['pɛərəntiŋ] *sb* det at tage sig af børn, forældreomsorg.
parent-teacher association (forening af forældre og lærere ved en skole).
paresis [pə'ri:sis] *sb (med.)* parese, lettere lammelse.
parget ['pa:dʒit] *sb* murpuds, stukkatur; *vb* pudse.
pariah ['pæriə] *sb* paria, kasteløs; *(fig ogs)* udstødt.
paring ['pɛəriŋ] *sb* skræl, afskåret (, afklippet) stykke, spån; afskåret osteskorpe; *nail -s* afklippede negle.
pari passu ['pɛəri 'pæsu:]: ~ *with* i samme tempo *(el.* grad) som, side om side med, jævnsides med, sideløbende med.
Paris ['pæris].
parish ['pæriʃ] *sb* sogn; (ikke-kirkeligt:) kommune; *adj* sogne-; *go on the* ~ *(glds)* komme på sognet, få fattighjælp.
parish| clerk *(omtr* =)kordegn, klokker. ~ **council** sogneråd. ~ **councillor** sognerådsmedlem.
parishioner [pə'riʃ(ə)nə] *sb* indbygger i et sogn, (præsts) sognebarn.
parish-pump *adj* snævert lokal; sogne-; som kun interesserer sig for den hjemlige andedam.
parish register kirkebog; ministerialbog.
Parisian [pə'rizjən] *adj* parisisk; *sb* pariser(inde).
parity ['pæriti] *sb* paritet, ligestilling, lighed; pari.
I. park [pa:k] *sb* (offentlig) park, anlæg; lystskov; (til biler) parkeringsplads; (til østers) østersbassin; *(am)* stadion *(fx a baseball* ~*); (mil.)* (vogn)park.
II. park [pa:k] *vb* parkere; T *(fig ogs)* anbringe; efterlade, stille.
parka ['pa:kə] *sb* parka, anorak.
Parkeston ['pa:kstən].
parking| disc parkeringsskive. ~**lot** *(am)* parkeringsplads. ~ **meter** parkometer. ~ **orbit** parkeringskredsløb. ~ **space** parkeringsbås. ~ **ticket** bødeforlæg sat på forruden; parkeringsafgift, parkeringsbøde.
parkway ['pa:kwei] *sb (am)* (landskabeligt smuk motorvej forbeholdt personbiler), *(omtr)* turistvej.
parky ['pa:ki] *adj* S (bidende) kold, iskold.
parlance ['pa:ləns] *sb* sprog(brug); *in common (el. ordinary)* ~ i daglig tale, efter almindelig sprogbrug; *legal* ~ juridisk sprog.
parlay ['pa:lei] *vb (am)* udnytte fordelagtigt *(into* til); forvandle *(into* til).
parley ['pa:li] *vb* forhandle, underhandle, parlamentere; tale (et fremmed sprog); *sb* forhandling; underhandling; *sound a* ~ *(mil.)* give trompetsignal til underhandling.
parleyvoo [pa:li'vu:] T *adj* fransk; *sb* franskmand; *vb* tale fransk.
parliament ['pa:ləmənt] *sb* parlament, rigsdag.
parliamentarian [pa:ləmen'tɛəriən] *adj* parlamentarisk; parlaments-; *sb* dygtig parlamentariker; *(hist.,* i 17. årh) tilhænger af parlamentet.
parliamentarism [pa:lə'mentərizm] *sb* parlamentarisme.
parliamentary [pa:lə'ment(ə)ri] *adj* parlamentarisk; parlaments-, rigsdags-; ~ *commissioner* ombudsmand.
parlor *(am)* = *parlour.*
parlour ['pa:lə] *sb* modtagelsesværelse; (i kro) gæstestue; (i kloster) taleværelse; *(glds)* dagligstue, salon; *(agr)* malkestald; *(am)* salon *(fx hairdresser's* ~ frisørsalon); atelier *(fx photographer's* ~*).*
parlour| boarder kostskoleelev der bor hos rektor; S særlig begunstiget medlem af husstanden. ~ **Bolshevist** salonkommunist. ~ **car** *(am)* salonvogn. ~ **game** selskabsleg. **-maid** stuepige. ~ **pink** S moderat socialist.
parlous ['pa:ləs] *adj (litt)* vanskelig, farlig; *adv* forfærdelig, vældig.
Parmesan [pa:mi'zæn]: ~ *(cheese)* parmesanost.
Parnassus [pa:'næsəs] Parnas; *grass of* ~ *(bot)* leverurt.
Parnell [pa:'nel, 'pa:nəl].
parochial [pə'rəukjəl] *adj* sogne-, kommunal; *(fig)* snæver(synet), provinsiel.
parodist ['pærədist] *sb* forfatter af parodier, parodiker.
parody ['pærədi] *sb* parodi; *vb* parodiere.
parole [pə'rəul] *sb* parole; æresord; prøveløsladelse; *vb* prøveløslade; (om krigsfange) løslade på æresord.
parotid [pə'rɔtid] *adj:* ~ *gland* ørespytkirtel.
parotitis [pærə'taitis] *sb (med.)* fåresyge.
paroxysm ['pærəksizm] *sb* paroksysme, (voldsomt) anfald; *she burst into a* ~ *of tears* hun brast i en heftig gråd.
parpen ['pa:pn] *sb* binder (sten i hele murens tykkelse).
parquet ['pa:kei, -ki; *(am)* par'kei] *sb* parketgulv; *(am, teat)* parket; *vb* lægge parketgulv i; indlægge med træ.
parquet circle *(am, teat)* parterre.
parquetry ['pa:kitri] *sb* parketgulv, parketplader.
parr [pa:] *sb zo* ung laks.
parrakeet *(am)* = *parakeet.*
parricidal [pæri'saidl] *adj* fadermorderisk; modermorderisk; landsforræderisk.
parricide ['pærisaid] *sb* fadermorder, modermorder; landsforræder; fadermord; modermord; landsforræderi.
parrot ['pærət] *sb* papegøje; *(fig)* eftersnakker; *vb* snakke efter, efterplapre.
parrot| crossbill *zo* stor korsnæb. ~ **fever** *(med.)* papegøjesyge. ~ **fish** *zo* papegøjefisk.
parry ['pæri] *vb* afbøde; afparere; parere; *sb* afparering, parade; ~ *a question* vige uden om et spørgsmål.
parse [pa:z] *vb* analysere (i grammatik).
Parsee [pa:'si:] *sb* parser.
parsimonious [pa:si'məunjəs] *adj* (alt for) sparsommelig, påholdende, karrig.
parsimony ['pa:siməni] *sb* sparsommelighed, påholdenhed.
parsley ['pa:sli] *sb (bot)* persille.
parsnip ['pa:snip] *sb (bot)* pastinak; (se også *butter).*
parson ['pa:sn] *sb* sognepræst, præst; *it's enough to make a* ~ *swear (omtr)* det kan få en engel til at miste

tålmodigheden. **parsonage** ['pa:snidʒ] *sb* præstegård.

parson's nose gump (på fjerkræ).

I. part [pa:t] *sb* del, part; andel; (af større (bog)værk) hæfte, levering, nummer; (til bil, radio *etc)* reservedel; *(mus.)* stemme, parti; *(teat)* rolle; (i strid) side, parti; *(am)* skilning; **-s** *pl* egn, kant (af landet); (let *glds)* begavelse, evner; *(anat)* kønsdele;
do one's ~ gøre sit; gøre sin skyldighed; **for** *the most* ~ for størstedelen; for det meste, i reglen; *for my* ~ hvad mig angår, for mit vedkommende; **in** ~ delvis; *in foreign -s* i udlandet; *in these -s* på disse kanter; *the* **most** ~ størstedelen, de fleste; *a man* **of** *-s* (let *glds)* et begavet menneske; ~ *of* en del af; ~ *of speech* ordklasse; **on** *his* ~ fra hans side; **play** *a* ~ spille en rolle; spille komedie; **take** *it in good* ~ ikke tage det ilde op; *take (a)* ~ *in* tage del i *(fx the conversation); take his* ~ tage parti for ham.

II. part [pa:t] *vb* dele; adskille; skille *(fx two fighting dogs; one's hair);* (uden objekt) dele sig sig, gå fra hinanden, gå i stykker, revne; springe, briste, sprænges *(fx the rope -ed);* skilles *(fx we -ed at 10 o'clock);* skille sig;
~ *company* skilles; gå hver sin vej; ~ *company with* skilles fra; være uenig med; ~ *friends* skilles som venner; ~ *from* tage afsked med; få til at skille sig af med; ~ *(company) with* skilles fra, tage afsked med; ~ *with* T skille sig af med; 'slippe' *(fx money).*

part. *fk participle.*

partake [pa:'teik] *vb (partook, partaken)* spise, drikke; deltage *(in, of* i); dele, tage del i; ~ *of* deltage i; nyde, indtage, spise *(fx they had -n of an excellent meal);* have et anstrøg af; være noget præget af *(fx his manner -s of stupidity);* ~ *of the nature of an insult* være af fornærmelig karakter; ~ *of the nature of satire* rumme et element af satire; ~ *too freely of* tage for stærkt til sig af.

partaker [pa:'teikə] *sb* deltager.

parterre ['pa:'tɛə] *sb* (blomster)parterre; *(teat)* gulv (ɔ: parket og parterre); *(am)* parterre.

parthenogenesis ['pa:θinə'dʒenisis] *sb* partenogenese; jomfrufødsel.

Parthia ['pa:θjə] Partien. **Parthian** ['pa:θjən] *adj* parthisk; *sb* parther; ~ *shot (el. shaft)* afskedssalut (ɔ: rammende svar som afleveres idet man går).

partial [pa:ʃl] *adj* partiel, delvis; partisk; *be* ~ *to* ynde, have en svaghed for, have forkærlighed for.

partiality [pa:ʃi'æləti] *sb* partiskhed; svaghed, forkærlighed *(to, for* for).

partially ['pa:ʃ(ə)li] *adv* delvis, for en del.

participant [pa:'tisipənt] *sb* deltager; *adj* deltagende.

participate [pa:'tisipeit] *vb* deltage, tage del *(in* i); ~ *of the nature of,* se *partake.*

participation [pa:tisi'peiʃn] *sb* deltagelse; *(mht* beslutninger) medbestemmelse, (i *sms* ofte =) -demokrati *(fx pupil* ~ elevdemokrati).

participator [pa:'tisipeitə] *sb* deltager.

participatory [pa:'tisipətri] *adj:* ~ *democracy* nærdemokrati, medarbejderdemokrati.

participial [pa:ti'sipiəl] *adj (gram)* participial.

participle ['pa:tisipl] *sb (gram.)* tillægsform, participium.

particle ['pa:tikl] *sb* lille del; *(gram.)* småord; *(fys)* partikel, atom; *not a* ~ ikke det mindste; ~ *of dust* støvkorn, støvgran; *there wasn't a* ~ *of truth in it* der var ikke et gran af sandhed deri.

particle board (slags) spånplade.

parti-coloured ['pa:tikʌləd] *adj* broget, spraglet.

particular [pə'tikjulə] *adj* særlig *(fx for no* ~ *reason),* særskilt, bestemt *(fx that* ~ *day),* enkelt, speciel, vis; (om person) nøjeregnende, fordringsfuld, kræsen *(about, as to, in* med (hensyn til)); *(glds)* nøjagtig, detaljeret *(fx a full and* ~ *description);* mærkelig; *sb* enkelthed; *(further) -s* nærmere enkeltheder (, oplysninger, omstændigheder); *for -s apply to (el. enquire at)* nærmere oplysninger fås hos; *go into -s* gå i detaljer; **in** ~ især, i særdeleshed *(fx there is one word in* ~*); nothing in* ~ ikke noget særligt; *in this* ~ på dette punkt, i denne henseende.

particular average (i søforsikring) partikulært havari.

particularity [pətikju'læriti] *sb* nøjagtighed, udførlighed, omstændelighed; særegenhed.

particulate [pa:'tikjulət] *adj* som består af småpartikler.

particularize [pə'tikjuləraiz] *vb* nævne særskilt, opføre enkeltvis, specificere; redegøre for i enkeltheder, omtale udførligt.

particularly [pə'tikjuləli] *adv* særlig, især, i særdeleshed; særskilt; i enkeltheder, detaljeret; *more* ~ ganske særlig, især.

parting ['pa:tiŋ] *adj* delende, skillende; afskeds- *(fx visit, words); sb* deling, adskillelse; afsked, opbrud; (i hår) skilning; *(fx* af reb) sprængning; ~ *of the ways* vejskel; *at the* ~ *of the ways* på skillevejen; ~ *shot* afskedssalut.

partisan [pa:ti'zæn; *(am:)* 'partizn] *sb* partigænger, partifanatiker; (frihedskæmper:) partisan; *(hist.:* slags spyd) partisan; *adj* partibundet, partipolitisk; partisan-.

partisanship [pa:ti'zænʃip, *(am:)* 'partiznʃip] *sb* partigængeri, partibundethed; partipolitik.

partite ['pa:tait] *adj (bot)* delt.

partition [pa:'tiʃn] *sb* deling; afdeling, del; skel, skillerum, skillevæg; *vb* dele; skifte (et bo); ~ *off* skilre fra, skille fra (med en skillevæg).

partition wall skillevæg, skillemur.

partitive ['pa:titiv] *adj* delende, delings-, partitiv.

partly ['pa:tli] *adv* til dels, delvis; for en del.

I. partner ['pa:tnə] *sb* **1.** deltager; **2.** *(merk)* parthaver, interessent, kompagnon; **3.** (ved spil) partner, medspiller, makker; **4.** (af modsat køn) seksualpartner, (ved bordet) bordherre, borddame, (ved dans) dansepartner, balkavaler, baldame; **5.** S kammerat, makker; **6.: -s** *pl (mar, fx* til spil, mast) fisk; *go -s* slå sig sammen, gå i kompagni.

II. partner ['pa:tnə] *vb* være partner til; ~ *off* slå sig sammen (to og to), danne par; finde partner til; ~ *off with* danne par sammen med; ~ *her off with him* give hende ham som partner; ~ *up* = ~ *off.*

partnership ['pa:tnəʃip] *sb* fællesskab; *(merk)* kompagniskab, interessentskab; *enter into* ~ gå i kompagniskab; *take sby into* ~ optage en som kompagnon; (se også *limited).*

partook *præt* af *partake.*

part owner medejer, medindehaver, parthaver; *(mar)* medreder.

part payment delvis betaling, afdrag.

partridge ['pa:tridʒ] *sb zo* agerhøne.

partridge-wood fasantræ.

part|-singing, ~ **-song** flerstemmig sang.

part-time ['pa:ttaim] *adj* deltidsbeskæftiget; deltids- *(fx work),* halvdags-.

parturition [pa:tju'riʃn] *sb* fødsel.

partway *adv (am)* delvis; et stykke (vej).

party ['pa:ti] *sb* **1.** selskab, fest; **2.** *(pol etc)* parti; **3.** selskab, hold, gruppe; **4.** *(mil.)* kommando, afdeling; gruppe; **5.** (om person) deltager *(to* i), *(spøg)* person; **6.** *(jur)* medskyldig; (ved retssag) part;
the ~ *is over (fig)* ballet er forbi; *be* **at** *a* ~ være til selskab (, fest); *give (el. have,* T *throw) a* ~ holde selskab (, fest); *be (el. make) one* **of** *a* ~ være med, være blandt deltagerne; *go* **to** *a* ~ gå til selskab (, fest); *be* **a** ~ **to** være delagtig i, have noget at gøre med; *be a* ~ *to the case* være part i sagen.

party-coloured *adj* broget, spraglet.

party line partilinie; partiparole; partiskel; *(tlf)* partsledning; *vote along (el. on) -s* stemme efter partier; *cut across -s* gå på tværs af partierne.
party-liner ['pa:ti'lainə] *sb* partigænger.
party| man partimand, partigænger. ~ **spirit** partiånd. ~ **telephone** partstelefon. ~ **ticket** partiprogram. ~ **wall** skillemur, brandmur (mellem huse); lejlighedsskel, skillerum mellem lejligheder.
parvenu ['pa:vənju:] *sb* parvenu, opkomling.
pas [pa:] *sb (pl pas* [pa:z]) trin; forrang *(fx have the ~)*.
paschal [pa:skl] *adj* påske-.
pash [pæʃ] *sb* S sværmeri; *have a ~ for sby* sværme for en.
pasha ['pa:ʃə] *sb* pasha.
pasqueflower ['pa:skflauə] *sb (bot)* (opret) kobjælde.
pasquinade [pæskwi'neid] *sb* smædeskrift.
I. pass [pa:s] *vb* (uden objekt) **1.** passere (forbi) *(fx the procession -ed)*, bevæge sig, gå, komme, køre, ride, marchere (forbi); **2.** (om begivenhed) foregå, gå for sig *(fx I know what has -ed)*, forløbe; **3.** (om tid) gå (hen) *(fx six months -ed)*, forløbe, (især *poet)* svinde; **4.** (især om noget ubehageligt) gå over, fortage sig *(fx the headache soon -ed)*, blive overstået *(fx the crisis has -ed)*, drive over *(fx wait till the danger has -ed)*, forsvinde *(fx a custom that is -ing)*; **5.** (fra den ene til den anden:) gå (rundt) *(fx the bottle -ed from hand to hand)*, (om ejendom *etc)* overgå *(fx the estate -ed to his brother)*, gå i arv; **6.** (forandres:) udvikle sig, blive *(into* til); (om penge) være gangbar, gælde; **7.** (ved bedømmelse) passere *(fx it is not very good, but it will* (kan) *~)*, slippe igennem, blive godkendt, (ved eksamen) bestå, *(parl)* blive vedtaget; **8.** (i kortspil) passe; **9.** (i boldspil) aflevere; **10.** *(glds,* i fægtning) gøre udfald;
(med objekt:) **11.** passere (forbi) *(fx we -ed his house)*, bevæge sig, gå, *etc* forbi (, over, igennem), *(fig ogs)* overstige *(fx it -es my comprehension* (fatteevne)); lade passere *(fx the guard -ed the visitor; ~ troops in review)*; føre *(fx a rope through a pulley)*, lade glide *(fx ~ one's hand over sth)*, stikke (se *ndf: ~ through)*; **12.** (fra den ene til den anden:) lade gå rundt *(fx the bottle, the hat)*, sende videre, række *(fx ~ (me) the mustard, please)*; **13.** (i boldspil) lade (bolden) gå videre, aflevere (bolden); **14.** (om penge) sætte i omløb *(fx false notes)*; **15.** (om tid) tilbringe *(fx a dreadful night)*, fordrive; **16.** (eksamen *etc)* bestå *(fx a test)*; lade bestå, lade passere *(fx a paper)*, godkende; **17.** (om lov *etc)* vedtage *(fx a Bill, a resolution)*; **18.** *(jur)* afsige (en dom);
(forb med *sb): it -es belief* det er utroligt; *it -es my comprehension* det går over min forstand; *~ current* være gangbar (om penge); *~ the dividend (merk)* ikke deklarere noget udbytte; *~ judgment (jur)* afsige dom, *(fig)* fælde dom *(on* over); *judgment -ed for (, against) him* dommen gav ham medhold (, gik ham imod); *~ one's lips* komme over ens læber; *~ muster* blive godkendt, blive anerkendt, kunne stå for kritik, bestå prøven; *it will ~ muster (ogs)* det kan gå an; *~ the proofs* sende korrekturen til tryk; *~ a remark* fremsætte en bemærkning; *~ the time of day* hilse på hinanden, sige goddag (, godmorgen, godaften) (til hinanden); *~ water* lade vandet; *~ one's word* give sit ord;
(forb med *præp, adv):* ~ **away** gå bort; dø; gå til ende; forgå, svinde; fordrive (tiden); ~ **by** passere forbi; gå (, køre) uden om; forbigå *(fx ~ it by in silence)*, ignorere, springe over; *~ by the name of X* gå under navnet X; ~ **down** overlevere, lade gå i arv; gå frem i vognen; ~ **for** gå for at være *(fx ~ for a rich man)*; *-ed for press (typ)* trykfærdig; *be -ed for active service* blive taget til militærtjeneste; ~ **in** indlevere; *~ in review* lade passere revy; ~ **into** blive til, gå over til *(fx when water boils it -es into steam)*; *~ into history* gå over i historien; ~ **off** gå over, fortage sig *(fx the pain is -ing off)*; finde sted, forløbe *(fx the meeting -ed off without incident)*; udgive *(as* for, *fx ~ oneself off as a rich man)*; *~ sth off on sby* prakke en noget på; *~ it off with a laugh* slå det hen i latter;
~ **on** lade gå videre, sende videre; gå videre; gå over *(to* til, *fx another subject)*; dø, gå bort, afgå ved døden; ~ **out** uddele; miste bevidstheden, T gå under bordet; dø; tage eksamen, blive dimitteret; ~ **over** springe over *(fx let us ~ over the details)*; forbigå, lade upåagtet, se bort fra, se igennem fingre med; lade gå fra sig *(fx an opportunity)*; overrække, overdrage; dø, gå bort; *he -ed his hand over his eyes* han strøg sig med hånden over øjnene; *~ your eyes over this letter* løb lige dette brev igennem; *~ a rope* **round** *it* slå et reb omkring det; ~ **through** passere gennem, komme gennem; gennemgå, opleve; trænge igennem; stikke *(el.* jage, støde *etc)* igennem *(fx ~ a sword through sby)*; ~ **under** *the name of X* gå under navnet X; ~ **up** T afvise, ignorere; lade gå fra sig *(fx a chance)*.
II. pass [pa:s] *sb* passage, gang, vej, overgang, (imellem bjerge) pas, snævring; *(fig)* (kritisk) situation, kritisk punkt; (tilladelse:) passerseddel, fribillet, pas; (bus)kort, månedsbillet; (ved eksamen) det at bestå; 'bestået', karakter man kan bestå på; (i boldspil) aflevering; (i fægtning) udfald; (i kortspil) pas; (hypnotisørs) strygning;
bring to ~ bevirke, forårsage; iværksætte, gennemføre; *come to ~* hænde, indtræffe; *free ~* fribillet; *hold the ~ (fig)* forsvare sin sag; **make** *a ~ (el. -es) at a girl* T gøre tilnærmelser til en pige; blive nærgående over for en pige; *be at a* **pretty** ~ sidde net i det; **sell** *the ~*, se *I. sell.*
passable ['pa:səbl] *adj* antagelig, tålelig; (om vej, flod) fremkommelig, farbar.
passage ['pæsidʒ] *sb* passage, gennemgang, gennemrejse; overfart *(fx a rough* (hård) *~)*; forbifart, forbikørsel; gang, korridor; vej; overgang; ret til gennemgang *(etc)*; (i bog *etc)* passage, afsnit, sted; *(parl)* gennemførelse, vedtagelse; *(litt)* mellemværende, ordskifte;
~ of arms dyst; *bird of ~* trækfugl; *book one's ~* bestille billet (til skibet); *the Bill had an easy ~ (through Parliament)* loven gik glat igennem; *force (el. make) a ~* bane sig vej, trænge sig igennem; *the ~ of time* tidens gang; *work one's ~* få fri rejse mod at udføre arbejde om bord; arbejde sig over.
passage grave *(arkæol)* jættestue.
passageway ['pæsidʒwei] *sb* korridor, gang.
passbook ['pa:sbuk] *sb* bankbog; *(am merk)* kontrabog.
pass degree (lettere universitetseksamen (sammenlignet med *honours))*.
passé ['pa:sei] *adj* forældet, passé, falmet.
passel [pæsl] *sb (am)* flok, samling, hoben.
passenger ['pæsn(d)ʒə] *sb* passager; *(fig)* én der ikke gør gavn, passiv deltager; *foot ~* fodgænger.
passenger car personbil; *(am jernb)* personvogn.
passenger train persontog.
passer-by ['pa:sə'bai] *sb (pl passers-by)* forbipasserende.
passerine ['pæsərain] *adj, sb: ~ (bird) zo* spurvefugl.
pass-fail bestået/ikke-bestået.
passible ['pæsəbl] *adj* modtagelig, følsom.
passim ['pæsim] *(lat.)* på forskellige steder, alle vegne, overalt (i bogen *etc)*.
passing ['pa:siŋ] *adj* forbigående, forbipasserende, forbisejlende; *(fig)* flygtig *(fx mention)*; tilfældig; *adv (glds)* overordentlig, såre *(fx rich)*; *sb* forbipassage, forbifart; bortgang, forsvinden, død; flugt; indtræffen; vedtagelse; *in ~* i forbifarten; en passant.

passing| bell ligklokke, dødsklokke. ~ **note** *(mus.)* gennemgangstone.

passing-out| ceremony *(omtr)* dimissionsfest. ~ **parade** afgangsparade (ved militærskole).

passion [pæʃn] *sb* lidenskab, voldsom sindsbevægelse; heftigt udbrud, anfald; vrede, forbitrelse; forkærlighed, lidenskabelig lyst *(for* til), passion; lidenskabelig kærlighed, begær, attrå; *(Christ's) Passion* Kristi lidelse; *in a* ~ i vrede, opbragt; *fly into a* ~ flyve i flint *(about* over); *put in (el. throw into) a* ~ gøre rasende.

passionate ['pæʃ(ə)nət] *adj* lidenskabelig; passioneret.

passionflower ['pæʃnflauə] *sb (bot)* passionsblomst.

passion fruit passionsfrugt.

passionless ['pæʃnləs] *adj* lidenskabsløs, rolig, kold.

Passion| music passionsmusik. ~ **play** passionsskuespil. ~ **week** den stille uge.

passive ['pæsiv] *adj* passiv, uvirksom; ~ *debt* rentefri gæld; ~ *resistance* passiv modstand; *the* ~ *(voice) (gram.)* passiv, lideform.

passivity [pæ'siviti] *sb* passivitet.

passkey ['pa:ski:] *sb* hovednøgle; gadedørsnøgle.

passman ['pa:smæn] *sb* en der forbereder sig til *(el.* består) en *pass degree.*

Passover ['pa:səuvə] *sb* jødernes påskefest; påskelam.

pass|port pas, *(fig)* adgangstegn; nøgle *(fx money is not a* ~ *to happiness).* **-word** feltråb; løsen.

I. past [pa:st] *adj* forløben *(fx the* ~ *week);* svunden, fortidig; tidligere *(fx generations);* forbi *(fx the time for talking is* ~*),* ovre, overstået *(fx the crisis is* ~*); sb* fortids;

for the ~ *fortnight* i de sidste 14 dage; *for years* ~ i årevis; *40 years* ~ for 40 år siden; *in times long* ~ i længst forsvundne dage; *his* ~ *(life)* hans fortid; *English* ~ *and present* engelsk før og nu; *it is a thing of the* ~ det tilhører fortiden, det er et overstået stadium.

II. past [pa:st] *adv* forbi *(fx walk* ~*); præp* forbi *(fx he walked* ~ *me);* over, ud over; uden for rækkevidden af; (om uret) over *(fx ten* ~ *two* ti minutter over to);

she is ~ *child-bearing* hun er for gammel til at få børn; ~ *danger* uden for fare; ~ *endurance (el. bearing)* uudholdelig; *at half* ~ *two* kl. halvtre; *he is* ~ *help* han kan ikke hjælpes; ~ *hope* håbløs; *he is* ~ *praying for* det er ude med ham, han står ikke til at redde; *put it* ~, se *put; he is* ~ *work* han kan ikke længere arbejde.

pasta ['pæstə; *(am)* 'pa:-] pasta.

past-due interest forfaldne renter.

paste [peist] *sb* masse, dej; pasta; klister; (i keramik) lermasse; (til smykker) falsk(e) ædelsten(e); *adj* simili- *(fx diamond); vb* klæbe, klistre; T tæske, mørbanke, give en ordentlig omgang; ~ *up* klæbe op; tilklistre.

pasteboard ['peistbɔ:d] *sb* (klæbet) karton, (limet) pap; dejbræt; S (visit)kort, spillekort, jernbanebillet; *adj* pap-; *(fig)* pap- *(fx figure);* uægte; skin- *(fx fight);* pseudo- *(fx romanticism).*

pastedown ['peistdaun] *sb* (i bog) forsatsblad.

pastel [pæs'tel, pæstl] *sb* pastel, pastelmaleri; pastelfarve; lille (litterær) skitse; *adj* [pæstl] pastel- *(fx blue, grey, yellow).*

pastel(l)ist ['pæstelist] *sb* pastelmaler.

pastel shades *pl* pastelfarver (ɔ: nuancer).

pastern ['pæstə(:)n] *sb* (hests) kode.

paste-up ['peistʌp] *sb* opklæbning.

pasteurization [pæst(ʃ)ərai'zeiʃn] *sb* pasteurisering.

pasteurize ['pæst(ʃ)əraiz] *vb* pasteurisere.

pastiche [pæs'ti:ʃ, 'pæsti:ʃ] *sb* pastiche.

pastille [pæstl] *sb* pastil; røgelsespastil.

pastime ['pa:staim] *sb* tidsfordriv, morskab.

pasting ['peistiŋ] *sb* omgang klø, hård medfart.

past-master ['pa:st'ma:stə] *sb* mester *(of, in* i); (blandt frimurere) forhenværende mester.

pastor ['pa:stə] *sb* sjælesørger, præst; åndelig vejleder.

pastoral ['pa:str(ə)l] *adj* pastoral, hyrde- *(fx poetry); (fig)* idyllisk *(fx scene); (rel)* præste-, præstelig; pastoral- *(fx psychology); (agr)* græsnings-; *sb* hyrdebrev; hyrdedigt; ~ *care* sjælesorg; (i skole) personlig rådgivning; socialpædagogisk arbejde; ~ *letter* hyrdebrev.

pastorate ['pa:strət] *sb* pastorat; præster, præstestand.

past participle *(gram)* perfektum participium, fortids tillægsmåde, kort tillægsform.

pastry ['peistri] *sb* (konditor)kager.

pastrycook ['peistrikuk] *sb* konditor.

past tense *(gram.)* præteritum, datid.

pasturage ['pa:stjuridʒ] *sb* græsning; græsgang.

pasture ['pa:stʃə] *sb* græs, græsgang; *vb* sætte på græs, lade græsse; græsse.

I. pasty ['peisti] *adj* dejagtig, klisteragtig; (om person) bleg(fed), sygeligt bleg.

II. pasty ['pæsti] *sb* kødpostej.

pasty-faced ['peistifeist] *adj* bleg(fed).

PA system højttaleranlæg.

Pat [pæt] *(fk Patrick)* S irlænder; *fk Patricia.*

I. pat [pæt] *vb* klappe; *sb* klap; (formet) klat *(fx of butter); give sby a* ~ *on the back,* ~ *sby on the back (fig)* lykønske en, rose en, give en et skulderklap.

II. pat [pæt] *adj, adv* i rette øjeblik, tilpas, passende, belejlig; på rede hånd, fiks og færdig, flydende; *know a lesson (off)* ~ kunne en lektie på fingrene; *stand* ~ stå fast, ikke give sig; (i poker) ikke købe nogen kort.

pat-a-cake 'klappe kage' (børneleg).

I. patch [pætʃ] *sb* **1.** (af tøj) lap, (til patchwork) klud, stofrest, tøjstump; **2.** (for øje) klap; **3.** (til sår) lille plaster; **4.** (på sko) flik; **5.** (afvigende farvet) plet *(fx a bald* ~*; a* ~ *of white);* **6.** (af jord) (jord)stykke *(fx a cabbage* ~*);* **7.** (af bog, musikstykke) passage, stykke; **8.** (om tid) periode, overgang *(fx the firm had to lay off a few men to get through a difficult* ~*);* **9.** *(am mil.)* afdelingsmærke; **10.** *(glds)* skønhedsplet; nar, klovn;

strike a bad ~ komme ind i en uheldig periode; *A is not a* ~ *on B* A er ingenting mod *(el.* i sammenligning med) B.

II. patch [pætʃ] *vb* lappe; (i håndarbejde) sy (som patchwork) *(fx* ~ *a quilt);* ~ *up* lappe sammen, flikke sammen, sammenstykke; bilægge så nogenlunde *(fx a quarrel).*

patchouli ['pætʃuli] *sb* patchouli.

patch| pocket påsyet lomme. ~ **test** *(med.)* lappeprøve. **-work** (i håndarbejde) patchwork (sammensyning af stofrester); *(fig)* lappeværk; lapperi, sammensurium; *-work quilt* kludetæppe.

patchy ['pætʃi] *adj* lappet, sammenflikket; uensartet, spredt, pletvis.

pate [peit] *sb (glds* T*)* hoved; isse; hjerne.

pâté ['pætei] *sb* postej; ~ *de foie gras [fr]* gåseleverpostej.

patella [pə'telə] *sb (arkæol)* lille skål; *(anat)* knæskal.

paten [pætn] *sb* alterdisk, patene.

patency ['peitnsi] *sb* tydelighed.

I. patent [peitnt] *adj* åben, åbenbar, tydelig; tilgængelig for alle; [*ogs:* pætnt] patent- *(fx lock),* patenteret; T patent- *(fx method);* (se også *letters* ~*).*

II. patent [peitnt; (især *am)* pæ-] *sb* patent; *vb* patentere; ~ *of nobility* adelspatent, adelsbrev; *take out a* ~ *for* tage patent på.

patentee [peitn'ti:, pæt-] *sb* patenthaver.

patent-leather shoes laksko.

patently ['peitntli] *adv* åbenbart, tydeligt, vitterligt.

Patent Office ['pæ-]: *the* ~ (svarer til) Patentdirektoratet.

patent specification patentbeskrivelse.
pater ['peitə] *sb* T ophav, far; ~ *familias* [fə'miliæs] familiefader.
paternal [pə'tə:nl] *adj* fader-, faderlig, fædrene; på fædrene side; ~ *grandfather* farfar; ~ *grandmother* farmor.
paternity [pə'tə:niti] *sb* paternitet, faderskab.
paternoster ['pætə'nɔstə] *sb* fadervor; rosenkrans; paternosterelevator.
path [pa:θ] *sb (pl -s* [pa:ðz]) sti, gangsti; havegang; passage *(fx the police cleared a ~ through the crowd); (astr, flyv, fys etc)* bane; *(fig)* vej *(fx his ~ through life);* bane.
pathetic [pə'θetik] *adj* ynkelig; rørende, gribende.
pathfinder ['pa:θfaində] *sb* stifinder, pionér.
pathless ['pa:θləs] *adj* uvejsom.
pathogenic [pæθə'dʒenik] *adj* sygdomsfremkaldende.
pathological [pæθə'lɔdʒikl] *adj* patologisk; ~ *picture* sygdomsbillede.
pathologist [pə'θɔlədʒist] *sb* patolog.
pathology [pə'θɔlədʒi] *sb* patologi, sygdomslære.
pathos ['peiθɔs] *sb: the ~ of it* det rørende (, medynkvækkende, gribende) ved det.
pathway ['pa:θwei] *sb* (gang)sti; *(fig)* bane, vej.
patience [peiʃns] *sb* tålmodighed, udholdenhed, langmodighed; (med kort: *game of ~)* kabale; *(bot)* = ~ *dock; the ~ comes out* kabalen går op; *I have no ~ with him* han irriterer mig; jeg kan ikke holde ham ud; *I am out of ~ with him* jeg kan ikke holde ham ud længere, jeg er træt af ham, jeg er blevet irriteret på ham; *lose (one's) ~* miste tålmodigheden; *play ~* lægge kabaler; *put out of ~* gøre utålmodig.
patience dock *(bot)* engelsk spinat.
patient [peiʃnt] *adj* tålmodig; udholdende; *sb* patient; *be ~ of that interpretation* kunne fortolkes på den måde.
patina ['pætinə] *sb* patina; ir.
patio ['pætiəu, 'pa:tiəu] *sb* (indre gård i spanskamerikanske bygninger), (svarer til) gårdhave, uderum, solgård, *(am ogs)* terrasse.
patois ['pætwa:] *sb* almuesprog, dialekt.
patriarch ['peitria:k] *sb* patriark. **patriarchal** [peitri'a:kl] *adj* patriarkalsk. **patriarchy** ['peitria:ki] *sb* patriarkat.
patrician [pə'triʃn] *sb* patricisk; aristokratisk; *sb;* patricier; aristrokrat.
patricide ['pætrisaid] *sb (am)* fadermord; fadermorder.
Patrick ['pætrik]: *St. ~* (Irlands skytshelgen).
patrimony ['pætrimәni] *sb* fædrenearv; arv, arvegods; kirkegods.
patriot ['peitriət, 'pæt-] *sb* patriot, fædrelandsven.
patriotic [pætri'ɔtik] *adj* patriotisk.
patriotism ['pætriətizm] *sb* patriotisme, fædrelandskærlighed.
patristic [pə'tristik] *adj* patristisk, vedrørende kirkefædrene; *-s sb* patristik.
patrol [pə'trəul] *sb* patrulje; runde; patruljering; *vb* afpatruljere; patruljere.
patrol|car (politi)patruljevogn. **-man** *(am)* politibetjent, gadebetjent. ~ **wagon** *(am)* politibil, 'salatfad'.
patron ['peitrən, 'pæt-] *sb* beskytter, velynder, mæcen; protektor (for udstilling *etc); (merk)* kunde, gæst (i butik, restaurant *etc); (bibl)* låner, benytter; (for kirke) patron, kaldsherre; *(rel)* skytshelgen.
patronage ['pætrənidʒ, *(am)* 'pei-] *sb* beskyttelse, støtte; protektion *(fx under the ~ of Lord X; he got the post through political ~); (merk)* søgning, kundekreds; *(rel)* kaldsret, *(am)* udnævnelsesret til embeder; *(neds)* nedladenhed.
patroness ['peitrənəs, 'pæt-] *sb* beskytterinde, velynderinde, protektrice; skytshelgeninde.
patronize ['pætrənaiz, *(am)* 'pei-] *vb* beskytte, støtte, protegere; *(merk)* give sin søgning, handle hos; komme i; benytte; *(neds)* behandle nedladende; *well -d* godt besøgt.
patronizing ['pætrənaiziŋ] *adj* nedladende, beskyttende; formynderisk; ~ *air* beskyttermine.
patron saint skytshelgen.
patronymic [pætrə'nimik] *sb* patronymikon (ɔ: familienavn dannet af faderens navn).
patsy ['pætsi] *sb (am* T) godtroende fjols; den det går ud over, prygelknabe.
patten ['pætn] *sb* træsko, trætøffel.
patter ['pætə] *vb* tromme *(fx the rain was -ing on the roof);* (om fodtrin) klapre, trippe; (især om tryllekunstner, udråber) plapre, snakke rivende hurtigt; rable *(el.* lire) af sig; *sb* trommen; klapren, trippen, triptrap; (tryllekunstners, udråbers) remse, snak, snakken (med rivende tungefærdighed); jargon, volapyk.
pattern ['pætən] *sb* **1.** mønster *(fx a geometrical ~), (fig)* mønster *(fx behaviour ~),* form, måde; **2.** strikkeopskrift, snitmønster, (udskåret) skabelon, (i støbning) model, *(fig)* forbillede *(fx take him as your ~);* **3.** stofprøve, *(am ogs)* kupon, stof til en kjole; **4.** *vb* mønstre; ~ *yourself on him* tag ham til forbillede; *be -ed on sth* være lavet efter noget, være lavet med noget som forbillede.
pattern|book mønsterbog, modejournal. **-maker** modelsnedker. ~ **shop** modelværksted.
patty ['pæti] *sb* lille postej.
patty|pan postejform. ~ **shell** krustade, tartelet.
paucity ['pɔ:siti] *sb* fåtallighed, knaphed.
Paul [pɔ:l]: *St.Paul* Paulus; *St.Paul's (Cathedral)* St. Paulskirken (i London).
I. Pauline ['pɔ:lain] *adj* paulinsk.
II. Pauline [pɔ:'li:n] Pauline.
Paul Pry nysgerrigper, snushane.
paunch [pɔ:n(t)ʃ] *sb* (tyk) vom, borgmestermave; *zo* vom; *(mar)* skamfilingsmåtte.
paunchy ['pɔ:n(t)ʃi] *adj* med mave, mavesvær, tykmavet.
pauper ['pɔ:pə] *sb* fattig person; fattiglem.
pauperize ['pɔ:pəraiz] *vb* forarme, gøre til fattiglemmer.
pause [pɔ:z] *sb* pause, afbrydelse, standsning; *(mus.)* fermat; *vb* gøre en pause, holde pause, pausere, standse; *give sby ~* få en til at betænke sig; ~ *(up)on* dvæle ved; holde (en tone).
pave [peiv] *vb* brolægge; ~ *the way for (fig)* bane *(el.* jævne) vejen for.
pavement ['peivmənt] *sb* brolægning; stenbro; *(i Engl ogs)* fortov, *(am ogs)* kørebane, vejbelægning, befæstelse; (i hus) murstensgulv, flisegulv.
pavement artist fortovsmaler.
paver ['peivə] *sb* brolægger; brosten, (fortovs)flise; vejbelægningsmaskine.
pavilion [pə'viljən] *sb* telt, pavillon; klubhus; *vb* slå telt over.
paving ['peiviŋ] *sb* brolægning; vejbelægning.
paving|slab fortovsflise. ~ **stone** brosten. ~ **tile** teglflise.
paviour ['peivjə] *sb* brolægger; brosten; brolæggerjomfru.
paw [pɔ:] *sb (ogs* T om hånd) pote, lab; *vb* skrabe, stampe med foden; skrabe i, stampe på; ~ *about (el. around, over)* begramse, befamle, tage på *(fx a girl); -s off!* væk med poterne! fingrene af fadet!
pawky ['pɔ:ki] *adj* polisk, lun, sveden.
pawl [pɔ:l] *sb (tekn)* spærhage, pal.
I. pawn [pɔ:n] *sb* bonde (i skak); *(fig)* (skak)brik.
II. pawn [pɔ:n] *sb* pant; *vb* pantsætte; ~ *one's life* sætte sit liv ind; *in ~* pantsat.
pawn|broker pantelåner. **-broking** pantelånervirksomhed.

pawnee [pɔ:'ni:] *sb* panthaver.
pawner ['pɔ:nə] *sb* pantsætter.
pawn|shop lånekontor. ~ **ticket** låneseddel.
pax [pæks] (i børns leg) jeg overgiver mig!
I. pay [pei] *vb (paid, paid,* se også *paid)* betale, udrede; (af)lønne; betale *(el.* svare) sig *(fx it -s to buy the best quality);* betale sig for *(fx the enterprise will not ~ you);* yde, bevidne, vise *(fx sympathy);* gengælde; *(mar)* labsalve (ɔ: give tjære); bege (ɔ:give beg); se også *ndf ~ off, ~ out;*
~ attention to, se *attention; ~ a bill (el. draft)* indfri en veksel; *~ a compliment* sige en kompliment; *~ court to* gøre kur til; *it only just -s* det kan lige løbe rundt; *~ a visit* aflægge et besøg; *~ one's way* betale for sig; betale enhver sit; *it -s its own way* det hviler i sig selv; *it won't ~* det betaler sig ikke;
(forb med *præp, adv) ~* **away** = *~ out; ~* **back** betale tilbage; gøre gengæld, hævne sig; *I'll ~ you back for this!* det skal du få betalt; *~ sby back in his own coin* betale én *(el.* give én igen) med samme mønt; *~* **down** erlægge, betale kontant; *~ £50 down and the rest by instalments* betale £50 ud og resten i afdrag; *~* **for** betale, betale for; *(fig)* undgælde *(el.* bøde) for; *I'll make you ~ for this!* det skal du få betalt! *he will ~ for it very dearly* det kommer ham dyrt at stå; *~* **in** indbetale; *~* **off** (gæld) betale, indfri, (prioritet) betale, ud; (beløb) afdrage;(person) betale og afskedige; T bestikke, købe til tavshed; *(mar)* afmønstre; (om foretagende) betale sig, give bonus; *(mar)* falde af, dreje fra vinden; *I'll ~ you* **off for** *this!* det skal du få betalt! *~* **out** udbetale; *(fig)* gengælde, hævne sig på, straffe; *(mar)* fire på (trosse *osv);* stikke ud; *I'll ~ you out!* det skal du få betalt; *~* **up** betale fuldt ud; punge ud.
II. pay [pei] *sb* betaling, lønning, gage; *(mar)* hyre; *(glds mil.)* sold; *in sby's ~* i éns tjeneste, i éns sold, betalt af en *(fx he was in the ~ of a foreign power).*
payable ['peiəbl] *adj* betalbar, at betale *(fx ~ in advance);* som *kan* (ikke skal) betales *(fx ~ in monthly instalments);* forfalden; udbytterig, som betaler sig *(fx a ~ enterprise); bill ~ to bearer* veksel lydende på ihændehaveren, ihændehaverveksel; *make the cheque ~ to X* udstede checken til X.
pay-as-you-earn *(, am:* **-go): the** *~ system* kildeskat.
pay| day lønningsdag, gagedag; betalingsdag. ~ **desk** kasse (i butik). ~ **dirt** guldholdigt grus; *(fig)* værdifuldt materiale.
P.A.Y.E. *fk pay as you earn* kildebeskatning.
payee [pei'i:] *sb* den til hvem pengene skal betales, modtager, *(merk)* remittent.
payer ['peiə] *sb* betaler.
paying ['peiiŋ] *adj* lønnende, som betaler sig, som .varer regning; *~ guest* betalende gæst, pensionær.
payload ['peiləud] *sb* nyttelast.
paymaster ['peima:stə] *sb* kasserer; regnskabsfører.
Paymaster General (embedsmand som forestår statens udbetalinger).
payment ['peimənt] *sb* betaling; indfrielse (af en veksel); afdrag; *(fig)* gengæld.
payoff ['peiɔf] *sb* (især *am* T) udbetaling; udbytte; gengæld, hævn; klimaks; udfald, resultat; afgørende faktor; *adj* lønnende; afgørende; *the ~ line* pointen (i anekdote).
pay| packet lønningspose, lønningskuvert. ~ **phone** mønttelefon. **-roll,** ~ **sheet** lønningsliste; personale; samlet lønudbetaling; *be on the -roll* være ansat. ~ **slip** lønseddel. ~ **station** *(am)* telefonkiosk. ~ **telephone** mønttelefon. ~ **train** tog hvor billetter købes hos konduktøren.
P.B. *fk Prayer Book.*
P.B.I. *fk poor bloody infantry.*
P.C. *fk postcard; Privy Council; Privy Councillor.*
PC *fk police constable; personal computer.*
p.c. *fk per cent; postcard; price current.*
pd. *fk paid.*
p.d.q. *fk pretty damn quick.*
P.E. *fk physical education.*
pea [pi:] *sb* ært; *they are as like as two -s* de ligner hinanden som to dråber vand.
peace [pi:s] *sb* fred; fredsslutning; *the King's (el. Queen's) ~* den offentlige ro og orden; *he is at ~* han har fået fred (ɔ: er død); *be at ~ with* leve i fred med, have et fredeligt forhold til; *break (el. disturb) the ~* forbryde sig mod *(el.* forstyrre) den offentlige ro og orden; *hold one's ~* holde mund; *keep the ~* holde fred; ikke forstyrre den offentlige ro og orden; *be bound over to keep the ~* få et tilhold; *make ~* stifte fred, slutte fred; *make one's ~ with* slutte fred med, forsone sig med.
peaceable ['pi:səbl] *adj* fredelig, fredsommelig.
peace| breaker fredsforstyrrer. ~ **establishment** fredsstyrke.
peaceful ['pi:sf(u)l] *adj* fredelig, rolig, fredfyldt.
peacekeeping ['pi:ski:piŋ] *adj* fredsbevarende *(fx force).*
peacemaker ['pi:smeikə] *sb* fredsmægler, fredsstifter; *blessed are the -s* salige er de som stifter fred.
peace movement: *the ~* fredsbevægelsen.
peace | offering (i biblen) takoffer; *(fig)* forsoningsgave. ~ **research** fredsforskning ~ **talks** fredsforhandlinger.
I. peach [pi:tʃ] *sb* fersken, ferskentræ; S sød pige; *adj* ferskenfarvet; *a ~ of a hat* en aldeles yndig hat.
II. peach [pi:tʃ] *vb* S sladre *(against, upon* om).
peachick ['pi:tʃik] *sb* påfuglekylling.
peacock ['pi:kɔk] *sb* påfugl(ehane); *vb* bryste sig, spankulere stolt omkring.
peacock|butterfly *zo* dagpåfugleøje. ~ **green** påfuglegrøn.
pea|fowl *zo* påfugl. ~ **green** ærtegrøn. **-hen** *zo* påfuglehøne. ~ **jacket** *(mar)* pjækkert, stortrøje.
I. peak [pi:k] *sb* spids, bjergtinde; *(fig)* maksimum, kulminationspunkt, højdepunkt, toppunkt; spidsværdi, maksimalværdi; (på kasket) skygge; *(mar)* peak, pik; *adj* top- *(fx load* belastning, *performance* præstation), maksimal; med spidsbelastning, med topbelastning.
II. peak [pi:k] *vb* kulminere, nå maksimum, nå sit højdepunkt; *(glds)* hentæres, blive tynd, skrante.
peaked [pi:kt] *adj* spids; tynd, udtæret; *~ cap* kasket med skygge, uniformskasket.
peak|load spidsbelastning, topbelastning. ~ **time** *(TV)* den bedste sendetid.
peaky ['pi:ki] *adj* spids, tynd, afspillet.
I. peal [pi:l] *sb* brag, drøn, skrald; (af klokker) ringen, kimen; klokkespil; *a ~ of laughter* en lattersalve; *the -s of the organ* orglets brusen; *a ~ of thunder* et tordenskrald.
II. peal [pi:l] *vb* brage, drøne, tordne; (om klokker) ringe, kime, klemte; ringe med, kime med, klemte med; (om orgel) bruse.
pea midge *zo* ærtegalmyg.
pea moth *zo* ærtevikler.
peanut ['pi:nʌt] *sb* jordnød; *-s pl (fig)* småpenge, 'pebernødder'; *the Peanuts* (tegneserie:) Radiserne.
pea pod ærtebælg.
pear [pɛə] *sb* pære, pæretræ.
pearl [pə:l] *sb* perle; *(fig ogs)* guldkorn; *(typ)* perleskrift; *vb* besætte med perler; perle; fiske perler; *cast -s before swine* kaste perler for svin; (se også *IV. purl).*
pearl| ash perleaske (slags potaske). ~ **barley** perlegryn. ~ **button** perlemorsknap. ~ **diver** perlefisker.
pearled [pə:ld] *adj* perlebesat; *~ with dew* besat med dugperler.

pearl oyster perlemusling.
pearlwort ['pə:lwə:t] *sb (bot)* firling.
pearly ['pə:li] *adj* perle-; perleagtig, perleskinnende; perlesmykket; *pearlies sb pl* (dragt med) store perlemorsknapper som *costermongers* bruger ved deres årlige optog.
peasant [peznt] *sb* bonde (især som klassebetegnelse, om småbønder og landarbejdere).
peasant blue almueblå.
peasantry ['pezntri] *sb* bondestand, bønder; (land)almue.
pease [pi:z] *glds pl* af *pea.* **pease pudding** *(omtr)* ærtegrød.
peashooter ['pi:ʃu:tə] *sb* pusterør; ærtebøsse.
pea soup gule ærter; *green-pea soup* (grøn)ærtesuppe.
pea-souper ['pi:'su:pə] *sb* tæt gul (london)tåge.
peat [pi:t] *sb* tørv.
peat| bog tørvemose. ~ **hag** tørvegrav. ~ **moss** tørvemose; *(bot)* tørvemos. ~ **reek** tørverøg.
peaty ['pi:ti] *adj* tørverig; tørveagtig.
peavey ['pi:vi] *sb* (slags) kanthage.
pebble [pebl] *sb* sten (lille og rund); (linse af) bjergkrystal; *-s pl (ogs)* småsten; ral, rullesten; *you are not the only ~ on the beach* der er også andre mennesker (, piger) til end dig.
pebbledash ['pebldæʃ] *sb* stenpuds.
pebbly ['pebli] *adj* fuld af småsten, stenet.
pecan [pi'kæn] *sb (bot)* amerikansk valnød.
peccable ['pekəbl] *adj* syndig, syndefuld.
peccadillo [pekə'diləu] *sb* lille synd, lille forseelse.
peccant ['pekənt] *adj* syndig; forkert, urigtig; *(med.)* usund, sygelig.
peccary ['pekəri] *sb zo (am)* navlesvin, pekari.
peccavi [pe'ka:vi; pe'keivai] *(lat.)* jeg har syndet; *sb* syndsbekendelse.
I. peck [pek] *sb* (rummål: 9,087 liter, ¼ *bushel);* mængde, masse *(fx a ~ of trouble).*
II. peck [pek] *vb* pikke, hakke *(fx* med næbbet); pikke på; kysse (flygtigt); *sb* pikken; hak; mærke; (flygtigt) kys; *~ at* hakke efter; *(fig)* hakke på; *~ at one's food* sidde og stikke *(el.* nippe) til maden.
pecker ['pekə] *sb* hakke; næb; S næse; *(am* S*)* pik; *keep your ~ up!* T tab ikke modet!
pecking order hakkeorden.
peckish ['pekiʃ] *adj* T sulten, brødflov; *(am)* irritabel.
pectin ['pektin] *sb* pektin.
pectinate ['pektineit] *adj* kamformet.
pectoral ['pektər(ə)l] *adj* bryst-; *~ fin* brystfinne.
peculate ['pekjuleit] *vb* begå underslæb, stjæle af kassen.
peculation [pekju'leiʃn] *sb* underslæb, kassesvig.
peculator ['pekjuleitə] *sb* kassebedrager.
peculiar [pi'kju:ljə] *adj* mærkelig, besynderlig, egenartet, sær, ejendommelig *(fx he has a ~ taste);* særlig *(fx of ~ interest); ~ to* séregen for, ejendommelig for.
peculiarity [pikju:li'æriti] *sb* ejendommelighed, séregenhed; særhed.
peculiarly [pi'kju:ljəli] *adv* særlig, særdeles; ejendommeligt, sært, besynderligt; specielt.
pecuniary [pi'kju:njəri] *adj* pekuniær, penge-.
pedagogic [pedə'gɔdʒik] *adj* pædagogisk.
pedagogics [pedə'gɔdʒiks] *sb* pædagogik.
pedagogue ['pedəgɔg] *sb* pedant; skolemester, lærer, pædagog.
pedagogy ['pedəgɔdʒi] *sb* pædagogik.
I. pedal [pedl] *sb* pedal; *vb* bruge pedalen; cykle; træde (en cykel *etc).*
II. pedal [pedl, pi:dl] *adj* fod-.
pedal| cycle trædecykel. ~ **pushers** *pl* halvlange dameslacks, jeans.
pedant [pednt] *sb* pedant.
pedantic [pi'dæntik] *adj* pedantisk.
pedantry ['pedntri] *sb* pedanteri.
peddle [pedl] *vb* gå omkring og falbyde, handle med på gaden *(fx drugs* narkotika), sælge ved dørene; *(fig)* udbrede, bringe til torvs *(fx gossip); ~ with* nusse med.
peddler ['pedlə] *sb* omvandrende handelsmand, en der sælger ved dørene *el.* på gaden, *(glds)* bissekræmmer; *drug ~* narkotikahandler.
pedestal ['pedistl] *sb* (af søjle; til statue) fodstykke, sokkel, postament, (af søjle *ogs)* basis, (til statue, vase, og *fig)* piedestal *(fx put him on a ~);* (af skrivebord) skab; *(tekn)* ståleje; lejestativ; *vb* sætte på en piedestal.
pedestrian [pi'destriən] *sb* fodgænger; *adj* fod-; til fods; gående; *(fig)* uinspireret, kedsommelig, prosaisk.
pedestrian crossing fodgængerovergang, fodgængerfelt.
pedestrianize [pi'destriənaiz] *vb* omdanne til gågade.
pedestrian precinct fodgængerområde.
pediatrics, pediatry se *paediatrics etc.*
pedicab ['pedikæb] *sb* cykeltaxa, (i Indien *etc)* cykelrickshaw.
pedicel ['pedisel], **pedicle** ['pedikl] *sb (bot, zo)* stilk.
pedicular [pe'dikjulə], **pediculous** [pe'dikjuləs] *adj* befængt med lus, luset, luse-.
pedicure ['pedikjuə] *sb* pedicure, fodpleje; fodplejer.
pedigree ['pedigri:] *sb* stamtavle; herkomst; *~ dog* racehund.
pediment ['pedimənt] *sb (arkit)* frontispice.
pedlar ['pedlə] *sb,* se *peddler.*
pedology [pi'dɔlədʒi] *sb* pedologi, jordbundslære.
pedometer [pi'dɔmitə] *sb* skridttæller.
peduncle [pi'dʌŋkl] *sb (bot)* stilk; stængel.
pedunculate [pi'dʌŋkjulət] *adj* stilket.
pedway ['pedwei] *sb* (fodgængergade der er hævet over det *alm* gadeniveau).
pee [pi:] T *vb* tisse; *sb* tis; *have a ~* tisse.
peek [pi:k] *vb* kigge; *sb* kig; *take a ~ at this* kig lige på det her.
peek-a-boo ['pi:kə'bu:] *sb* (leg med småbørn:) bortekig; bøh-tittit.
peel [pi:l] *vb* skrælle; (om træ) afbarke; (om hud, maling *etc)* skalle af; S klæde sig af, smide klunset; *sb* skal, skind, skræl; (bagers) brødstage; *~ away = ~ off; keep one's eyes -ed,* se *I. eye; ~ off* skalle af; skrælle af; T (om tøj) tage af, smide *(fx one's coat); (flyv, mar)* forlade formationen.
peeler ['pi:lə] *sb* skrællemaskine; *(glds* S*)* politibetjent.
peelings ['pi:liŋz] *sb pl* skræller.
peen [pi:n] *sb* næb, pen (på hammer); *vb* bearbejde med penen, overhamre.
I. peep [pi:p] *vb* kigge, titte; titte frem, blive synlig; *sb* tilsynekomst, frembrud *(fx ~ of day);* kig, glimt *(fx get a ~ of* få et glimt af).
II. peep [pi:p] *vb* pippe, pibe; *sb* pip, pippen, piben.
peeper ['pi:pə] *sb* en der kigger; S øje; fugl(eunge) der pipper, dyr der piber; (se også *peeping Tom).*
peephole ['pi:phəul] *sb* kighul.
peeping Tom lurer, vindueskigger; S spanner.
peep show perspektivkasse, kukkasse; (med pornofilm) peep show.
peep sight *(mil.)* diopter, hulsigte (på gevær).
peep-toed ['pi:ptəud] *adj* tåløs *(fx shoe).*
I. peer [piə] *vb* stirre *(at* på), spejde, anstrenge sig for at se; komme til syne, titte frem, bryde frem.
II. peer [piə] *sb* ligemand, lige *(fx you will not find his ~);* overhusmedlem, medlem af højadelen; *create sby a ~* ophøje en i adelstanden; *~ of the realm, hereditary ~* (adelsmand hvis rang og sæde i Overhu-

set er arveligt); *without a ~* uforlignelig.
peerage ['piəridʒ] *sb* adelsrang; højadel; adelskalender.
peeress ['piərəs, -res] *sb* adelsfrue, adelsmands hustru, højadelig dame; *~ in her own right* (adelig dame der selvstændig har adelstitel).
peer group gruppe af jævnaldrende (, af kammerater).
peerless ['piələs] *adj* uforlignelig.
peeve [pi:v] *vb* T irritere, ærgre; *be -d about sth* ærgre sig (, være irriteret) over noget.
peevish ['pi:viʃ] *adj* vranten, gnaven, sur.
peewee ['pi:wi:] *adj (am)* lillebitte.
peewit ['pi:wit] *sb zo* vibe.
Peg [peg] (kælenavn for *Margaret).*
I. peg [peg] *sb* pind, pløk, trænøgle; (lille) pæl, mærkepæl; (i træbord) kile; (i tønde) tap; (i trærive) tand; (til tøj) knage; tøjklemme; (på violin) stemmeskrue; T (træ)ben, *-s* „stylter"; (drik:) sjus; (grad:) trin, tak *(fx move up a ~ in the organization);*
come **down** *a ~* rykke en tak ned; stemme tonen ned, slå lidt af; blive mindre vigtig; *take him down a ~ (or two)* skære ham ned; **off** *the ~* færdigsyet; *a suit off the ~* T et sæt stangtøj; *a ~ to hang sth* **on** *(fig)* en anledning *(el.* et påskud) til noget; *he is a* **square** *~ in a round hole* han er kommet på en forkert hylde.
II. peg [peg] *vb* fastgøre med pinde *etc,* pløkke, nagle, *(fig)* lægge fast, fiksere *(fx prices);* markere (med pinde); (i gartneri) nedkroge; *~* **away** klemme på *(at* med); *~* **down** fastgøre (med pløkke); *(fig)* binde, lægge fast, fastfryse; *~ sby down to* holde en fast på *(fx a promise),* binde en til; *~* **out** udstikke, afmærke (med pinde); slå til pæls (i kroket); T blive ruineret, gå til grunde; besvime, dejse om; dø, krepere.
Pegasus ['pegəsəs] Pegasus.
pegboard ['pegbɔ:d] *sb* plade med huller.
pegged [pegd] *adj* (om bukser) snævre forneden.
Peggy ['pegi]. **Pegotty** ['pegəti].
pegieg ['pegieg] *sb* T træben.
pegtop ['pegtɔp] *sb* snurretop; *adj* vid foroven og snæver forneden *(fx ~ trousers).*
peignoir ['peinwa:] *sb (glds)* peignoir, frisérkåbe, badekåbe.
pejorative [pə'dʒɔ:rətiv, 'pi:dʒərətiv] *adj* nedsættende, pejorativ; *sb* nedsættende ord.
peke [pi:k] *sb* T pekingeser.
Pekin [pi:'kin]. **Peking** [pi:'kiŋ] Peking.
pekinese [pi:ki'ni:z], **pekingese** [pi:kiŋ'i:z] *sb* pekingeser.
pekoe ['pi:kəu] *sb* peccoté.
pelagic [pe'lædʒik] *adj* pelagisk, hav-.
pelargonium [pelə'gəujnəm] *sb (bot)* pelargonie.
pelerine ['pelәri:n] *sb* pelerine, dameskulderslag.
pelf [pelf] *sb (neds)* penge, mammon, mønt.
pelican ['pelikən] *sb zo* pelikan.
pelican crossing fodgængerovergang med fodgængerkontrolleret trafiklys.
pelisse [pe'li:s] *sb (glds)* kåbe, kappe.
pellagra [pe'leigrə, pe'lægrə] *sb (med.)* pellagra (en mangelsygdom).
pellet ['pelit] *sb* (lille) kugle *(fx* papirs-, brød-); hagl (til skydevåben); pille; uglegylp.
pellitory ['pelit(ə)ri] *sb (bot)* springknap.
pell-mell ['pel'mel] *adj, adv* hulter til bulter; hovedkulds; forvirret, uordentlig; *sb* tumult, uorden.
pellucid [pe'l(j)u:sid] *adj* klar, gennemsigtig.
pelmet ['pelmət] *sb* stilkappe (over gardin); korniche.
Peloponnesian [pelepə'ni:ʃn] *adj* peloponnesisk; *sb* peloponneser.
I. pelt [pelt] *sb* pels, skind med hårene på.
II. pelt [pelt] *vb* fare (afsted); *sb: (at) full ~* i fuld fart.
III. pelt *vb* bombardere *(fx ~ sby with stones, with questions),* overdænge *(fx ~ sby with abuse);* kaste *(fx stones at sby);* kaste sten *(fx ~ at sby);* (om regn, hagl *etc)* styrte ned, øse ned; *the hail -ed against the roof* haglene piskede på taget.
peltry ['peltri] *sb* pelsværk, pelsvarer.
pelvic ['pelvik] *adj (anat)* bækken-; *~ fin* bugfinne; *~ fracture* bækkenbrud.
pelvis ['pelvis] *sb (anat)* bækken.
pemmican ['pemikən] *sb* pemmikan (tørret kød); *(fig)* resumé.
I. pen [pen] *sb* fold, indelukke; bås; kravlegård; *(am* S) = *penitentiary; (mar)* ubådsbunker; *vb: ~ (in), ~ up* indelukke; indespærre; indeslutte; drive i folden.
II. pen [pen] *sb* pen; *(fig)* stil, skrivemåde; *vb* skrive.
penal [pi:nl] *adj* straffe-, kriminal-; strafbar, kriminel.
penal| code straffelov. *~* **colony** straffekoloni.
penalize ['pi:n(ə)laiz] *vb* gøre strafbar; straffe; (i sport) straffe; idømme strafpoint; (i amerikansk fodbold) idømme tab af terræn; *(fig)* stille ugunstigt.
penal servitude strafarbejde.
penalty ['penlti] *sb* straf, bøde; (i sport) straf, handicap, (i fodbold) straffespark; *(fig)* straf; uheldig følge *(fx he described the penalties of not joining the EEC); they lost the match on penalties* de tabte kampen ved en straffesparkkonkurrence; *pay the ~ of* bøde for; *under (el. on) ~ of* under straf af; *under (el. on) ~ of death* under dødsstraf.
penalty| area straffesparkfelt. *~* **clause** straffebestemmelse. *~* **goal** mål scoret på straffespark. *~* **kick** straffespark.
penance ['penəns] *sb* bod, bodsøvelse; *(fig)* ubehagelig oplevelse, 'straf'; *do ~ for* gøre bod for, *(spøg)* lide for.
pen-and-ink drawing pennetegning.
Penang [pi'næŋ].
pence [pens] *pl* af *penny.*
penchant [*fr,* 'pa:ŋʃa:ŋ *(am)* 'pentʃənt] *sb* hang, tilbøjelighed; forkærlighed, svaghed *(for* for, *fx ice cream).*
pencil [pensl] *sb* blyant; griffel, stift; *(glds)* pensel; *(fig)* lyskegle, strålebundt; *vb* skrive *(el.* tegne) med blyant; pensle.
pencil case blyantsholder; penalhus.
pencilled [pensld] *adj* skrevet med blyant; (fint) tegnet; stråleformet.
pencil sharpener blyantspidser.
pencraft ['penkra:ft] *sb* skrivefærdighed, stil.
pendant ['pendənt] *sb* **1.** ørenring, hængesmykke, vedhæng; **2.** hængelampe, pendel; **3.** (sidestykke:) pendant; **4.** *(mar)* vimpel; (strop:) skinkel; (se også *pendent).*
pendent ['pendənt] *adj* hængende; ragende ud over; uafgjort; (se også *pending, pendant).*
I. pending ['pendiŋ] *adj* svævende, uafgjort, verserende; *be ~ (jur)* versere.
II. pending ['pendiŋ] *præp* under *(fx the discussion);* indtil *(fx his return); ~ your reply* indtil Deres svar foreligger.
pendulous ['pendjuləs] *adj* (frit) hængende; svingende.
pendulum ['pendjuləm] *sb* pendul.
Penelope [pi'neləpi].
penetrable ['penətrəbl] *adj* gennemtrængelig; tilgængelig.
penetralia [penə'treiljə] *sb pl* inderste; allerhelligste.
penetrate ['penətreit] *vb* trænge ind *(fx the army -d into the interior),* bane sig vej; (med objekt) trænge ind i *(fx the bullet -d his lung),* trænge igennem, gennemtrænge, gennembore; *(fig)* trænge ind til (, i) *(fx the meaning, the mystery);* gennemskue *(fx a disguise);* gennemtrænge; *~ into (, through)* trænge ind i (, gennem).
penetrating ['penətreitiŋ] *adj* gennemtrængende *(fx shriek; odour);* skarp, skarpsindig, indtrængende *(fx*

analysis).

penetration [penə'treiʃn] *sb* indtrængen, gennemtrængen; *(mil.)* gennembrud; (om projektil) gennemslag(skraft); *(fig)* skarpsindighed.

penguin ['peŋgwin] *sb zo* pingvin.

penholder ['penhəuldə] *sb* penneskaft.

penicillin [peni'silin] *sb* penicillin.

peninsula [pə'ninsjulə, *(am)* -sələ] *sb* halvø; *the Peninsula* Den pyrenæiske Halvø.

peninsular [pi'ninsjulə] *adj* halvø-; halvøformet; på Den pyrenæiske Halvø; *the Peninsular War* krigen på Den pyrenæiske Halvø 1808-14.

penis ['pi:nis] *sb (anat)* penis.

penitence ['penət(ə)ns] *sb* anger; bodfærdighed.

penitent ['penət(ə)nt] *adj* angrende, angerfuld, angergiven, bodfærdig; *sb* skriftebarn.

penitential [penə'tenʃl] *adj* bods-.

penitentiary [penə'tenʃəri] *sb* forbedringshus; *(am)* statsfængsel; *adj* bods-; fængsels-; *(am)* som medfører fængselsstraf.

penknife ['pennaif] *sb* (lille) lommekniv.

penman ['penmən] *sb* skribent; kalligraf; *he is a good ~* han skriver nydeligt, han har en god håndskrift.

penmanship ['penmənʃip] *sb* skrivedygtighed, kalligrafi; håndskrift.

Penn. *fk Pennsylvania.*

pen name påtaget forfatternavn, pseudonym.

pennant ['penənt] *sb (mar)* vimpel, stander; (på node) fane; *(am)* vimpel der tildeles sportsklub som vinder et mesterskab *fx* i baseball.

pennies ['peniz] *pl* af *penny.*

penniless ['peniləs] *adj* fattig, pengeløs.

Pennines ['penainz] *pl: the ~* bjergkæde i Nordengland.

pennon ['penən] *sb* vimpel, stander; flag.

penn'orth ['penəθ] = *pennyworth.*

Pennsylvania [pensil'veinjə] Pennsylvanien.

penny ['peni] *sb (pl pence* om værdien; *pennies* pennystykker) penny (engelsk kobbermønt, 1/100 *pound sterling*); *(am,* canadisk) T cent; *now the ~ dropped!* nu faldt tiøren! *a ~ for your thoughts!* hvad tænker du på? *in for a ~, in for a pound* når man har sagt a, må man også sige b; *a pretty ~* en pæn skilling, en net sum penge; *it will cost a pretty ~* det bliver dyrt; *a ~ saved is a ~ gained (el. earned)* hvad der er sparet er fortjent; *spend a ~* T gå på wc; *they haven't a ~ to their name* de ejer ikke en rød øre; *turn an honest ~* tjene en ærlig skilling; *I always turn up like a bad ~ (omtr =)* jeg er ikke sådan at blive af med; *they are two (el. ten) a ~* de er ganske almindelige; man kan fodre svin med dem.

penny|-a-liner ['peniə'lainə] *sb* bladneger. **~ bank** sparekasse; sparebøsse. **~ dreadful** knaldroman. **~ farthing** *(glds)* 1¼ penny; velocipede, væltepeter. **~ -in-the-slot machine** automat. **~ -in-the-slot meter** automatmåler, gasautomat. **~ piece** pennystykke. **-royal** ['peni'rɔiəl] *sb (bot)* polejmynte. **-weight** (vægtenhed =) 1,555 g. **~ whistle** billig blik- *el.* plasticfløjte. **~ -wise** *adj* sparsommelig i småting; *be ~ -wise and pound-foolish* spare på skillingen og lade daleren rulle. **-wort** *(bot)* vandnavle.

pennyworth ['penəθ] *sb* så meget som fås for en penny; *a good ~* et godt køb.

penology [pi:'nɔlədʒi] *sb* læren om straffe.

pen| pal penneven. **~ -pusher** penneslikker.

pensile ['pensil] *adj* (ned)hængende.

I. pension [penʃn] *sb* pension; *vb* pensionere; *~ off* give afsked med pension, sætte på pension; *~ scheme* pensionsordning.

II. pension *[fr] sb* pension, pensionat.

pensionable ['penʃnəbl] *adj* pensionsberettiget; pensionsgivende; *~ age* pensionsalder.

pensionary ['penʃn(ə)ri] *adj* pensioneret; pensions-; *sb* pensionist.

pensioner ['penʃnə] *sb* pensionist; (i Cambridge) student som ikke har stipendium.

pensive ['pensiv] *adj* tankefuld, eftertænksom; tungsindig.

penstock ['penstɔk] *sb* stigbord; sluserende (til mølle); (til turbine) turbinerør.

pent, se *pent-up.*

pentagon ['pentəgən] *sb* femkant; *the Pentagon* (det amerikanske forsvarsministerium).

pentameter [pen'tæmitə] *sb* pentameter, femfodet verslinie.

Pentateuch ['pentətju:k] de fem Mosebøger.

pentathlon [pen'tæθlɔn] *sb* (i sport) femkamp.

Pentecost ['pentikɔst] (jødernes) pinse.

pentecostal [penti'kɔstl] *adj* pinse-.

penthouse ['penthaus] *sb* taghus, tagopbygning, tagbolig; overbygning; læskur, halvtag.

pent roof halvtag.

pent-up ['pent'ʌp] *adj* indelukket, indespærret *(fx they are ~ in school all day); (fig)* indeklemt, indestængt, opdæmmet, undertrykt *(fx fury).*

penultimate [pi'nʌltimət] *adj* næstsidst.

penumbra [pi'nʌmbrə] *sb* halvskygge.

penurious [pi'njuəriəs] *adj* meget fattig, forarmet; knap, sparsom; gerrig, nærig.

penury ['penjuri] *sb* dyb armod, fattigdom, trang; knaphed, mangel *(of* på).

peon ['pi:ən] *sb* (i spansk Amerika) daglejer (som arbejder en gæld af), gældsfange; [pju:n, 'pi:ən] (i Indien) bud, tjener, politibetjent.

peony ['piəni] *sb (bot)* pæon.

I. people [pi:pl] *sb* folk, folkeslag *(fx primitive -s, the -s of Europe); pl:* folk; man *(fx ~ say that he is rich);* mennesker *(fx several ~; stupid ~; old ~);* familie *(fx you must meet my ~); the ~* folket, den store masse; *a man of the ~* en mand af folket; *why do you ask me of all ~?* hvorfor spørger du netop mig? *~ will talk* man siger så meget.

II. people [pi:pl] *vb* befolke.

people's| commissar folkekommissær. **~ democracy** folkedemokrati. **~ front** folkefront. **~ police** folkepoliti. **~ republic** folkerepublik.

pep [pep] *sb* S pep, kraft, mod, fart, fut; *vb: ~ up* sætte fut *(el.* fart) i, sætte liv i, sætte kulør på; piffe op.

PEP *fk Political and Economic Planning.*

pepper ['pepə] *sb* peber; *(fig)* kraft, begejstring; *vb* pebre, komme peber på (, i); *(fig)* beskyde, overdænge *(fx he was -ed with beer bottles).*

pepper-and-salt salt og peber, gråmeleret (tøj).

pepper-and-salt moth *zo* birkemåler.

pepper|box, ~ caster, ~ castor peberbøsse.

peppercorn ['pepəkɔ:n] *sb* peberkorn; *adj* ubetydelig, uvæsentlig; *~ hair* negerkrus; *~ rent* nominel leje.

pepper mill peberkværn.

peppermint ['pepəmint] *sb* pebermynte; *~ humbug (omtr)* bismarcksklump.

pepper pot peberbøsse; (en krydret ret *el.* suppe).

peppery ['pepəri] *adj* pebret, peberagtig; *(fig)* hidsig, irritabel; opfarende *(fx a ~ old colonel);* skarp, bidende *(fx satire).*

pep pill T ferietablet.

peppy ['pepi] *adj* S fuld af pep, livlig, energisk.

pepsin ['pepsin] *sb (kem)* pepsin.

pep talk opflammende tale.

peptic ['peptik] *adj* fordøjelses-; pepsinholdig.

Pepys [pi:ps, peps, 'pepis].

per [pə:] *præp* igennem; ved; om, pr.; *~ annum* om året; *as ~* ifølge, i henhold til; *~ bearer* pr. bud; *~ capita* pr. hoved, pro persona, hver; *~ cent* procent, pr. hundrede; *how much ~ cent?* hvor mange procent? *three ~ cents* tre procents papirer; *~ thousand* pr. tusinde, promille.

peradventure [pərəd'ventʃə] *(glds) adv* måske, muligvis; *sb: beyond (el. without) ~* ubetinget, ganske givet.

perambulate [pə'ræmbjuleit] *vb* gennemvandre; berejse; inspicere.

perambulation [pəræmbju'leiʃn] *sb* vandring; gennemrejse; inspektionsrejse.

perambulator ['præmbjuleitə] *sb* barnevogn; *doll's ~* dukkevogn.

perceive [pə'si:v] *vb* **1.** indse, erkende; **2.** opfatte, sanse; se, bemærke; **3.** fornemme.

per cent se *per.*

percentage [pə'sentidʒ] *sb* procentdel; procentindhold, procent *(fx it contains only a small ~ of alcohol),* (mere ubestemt:) del *(fx a large ~ of the population);* procentsats; (i udbytte *etc)* procentvis andel *(on* i); procenter *(on* af, *fx get a ~ on the sales (, the profit));* T fordel, udbytte;
there is no ~ in that det får man ikke noget ud af; *expressed in -s* udtrykt i procenter, udtrykt procentvis; *~ by volume* volumenprocent; *~ by weight* vægtprocent.

perceptible [pə'septəbl] *adj* kendelig, mærkbar; synlig; *be ~ (ogs)* kunne spores.

perception [pə'sepʃn] *sb (cf perceive)* erkendelse; opfattelse, sansning; *(psyk)* perception; (evne:) opfattelsesevne.

perceptive [pə'septiv] *adj* hurtigt (, klart) opfattende; modtagelig for indtryk, følsom; indsigtsfuld, indforstået.

perceptivity [pə:sep'tiviti] *sb* (hurtig) opfattelsesevne, modtagelighed for indtryk; følsomhed.

perceptual [pə'septʃuəl] *adj* opfattelses-, erkendelses-, som vedrører opfattelse *el.* erkendelse.

I. perch [pə:tʃ] *sb* stang, pind (for fugle), siddepind; *(fig)* høj plads, højt stade; (et længdemål =) 5½ yards; *(mar)* prik, halmvisk; *come off your ~* S lade være at skabe dig! kom ned på jorden! *hop the ~* S dø, krepere; *knock sby off his ~* S vippe en af pinden.

II. perch [pə:tʃ] *vb* sætte sig, slå sig ned; sidde og balancere *(fx on his knee, on the arm of his chair);* være anbragt (, ligge) på et højt *el.* utilgængeligt sted, 'svæve' *(fx a hut -ing on a high cliff);* anbringe, sætte, lægge (på et højt *el.* utilgængeligt sted).

III. perch [pə:tʃ] *sb zo* aborre.

perchance [pə'tʃa:ns] *adv (glds)* måske.

percipience [pə'sipiəns] *sb* opfattelse(sevne).

percipient [pə'sipiənt] *adj,* se *perceptive.*

percolate ['pə:kəleit] *vb* sive igennem; filtrere; løbe igennem (om vand i kaffekolbe *etc*), lave kaffe (på kolbe *etc).*

percolation [pə:kə'leiʃn] *sb* gennemsivning, filtrering.

percolator ['pə:kəleitə] *sb* si, filter, filtreringsapparat; (til kaffe) perkolator, *(omtr)* espressokande.

percussion [pə'kʌʃn] *sb* stød, slag, sammenstød, rystelse; perkussion; *(mus.)* slagtøj; *~ cap* fænghætte; *~ instrument* slaginstrument.

percussionist [pə'kʌʃnist] *sb* slagtøjspiller.

percussive [pə'kʌsiv] *adj* stød-; perkussions-.

perdition [pə:'diʃn] *sb* evig fortabelse, undergang.

perdu [pə:'dju:] *adj: lie ~* ligge *(el.* holde sig) skjult.

peregrination [perigri'neiʃn] *sb* omvandren, rejse.

peregrine ['perigrin]: *~ falcon* vandrefalk.

peremptory [pə'remt(ə)ri, (især *jur)* 'perəm-] *adj* bydende *(fx a ~ manner),* som ikke tåler modsigelse; kategorisk *(fx command); (jur)* afgørende, uigenkaldelig.

perennial [pə'renjəl] *adj* evig, stedsevarende; stadig tilbagevendende, uopslidelig (*fx subject, joke*); (om vandløb) som løber hele året; (om plante) flerårig; *sb* flerårig plante, staude.

I. perfect ['pə:fikt] *adj* perfekt, fuldendt, fuldkommen; ideal; fuldstændig, komplet *(fx a ~ stranger); sb* førnutid, perfektum; *~ fifth (mus.)* ren kvint; *~ impression (typ)* rentryk; *practice makes ~* øvelse gør mester.

II. perfect [pə'fekt] *vb* fuldkommengøre; fuldende, udvikle, udvikle til fuldkommenhed *(fx a method); (typ)* trykke sekundaark, vidertrykke; *~ oneself* perfektionere sig, dygtiggøre sig.

perfectibility [pəfekti'biləti] *sb* udviklingsevne, perfektibilitet. **perfectible** [pə'fektəbl] *adj* perfektibel, udviklingsdygtig, som kan blive perfekt.

perfecting [pə'fektiŋ] *sb (typ)* vidertryk, gentryk (ɔ: tryk på den anden side).

perfecting| machine, *(am:) ~* **press** *(typ)* skøn- og vidertryksmaskine.

perfection [pə'fekʃn] *sb* fuldkommenhed; fuldendthed; fuldkommengørelse, fuldendelse.

perfectionist [pə'fekʃ(ə)nist] *sb* perfektionist.

perfectly ['pə:fiktli] *adv* helt, fuldstændig(t).

perfect pitch *(mus.)* absolut gehør.

perfect tense førnutid, perfektum.

perfervid [pə'fə:vid] *adj* hed, glødende, brændende.

perfidious [pə'fidiəs] *adj* perfid, troløs, falsk, forræderisk.

perfidy ['pə:fidi] *sb* perfidi, troløshed, falskhed, forræderi.

perforate ['pə:fəreit] *vb* gennembore, gennemhulle, perforere; trænge ind.

perforation [pə:fə'reiʃn] *sb* gennemboring, perforering, hul; (om frimærke) takker; tak; takning.

perforator ['pə:fəreitə] *sb* perforeringsapparat, hullemaskine.

perforce [pə'fɔ:s] *adv (litt)* nødvendigvis.

perform [pə'fɔ:m] *vb* udføre *(fx ~ one's work satisfactorily);* foretage *(fx an operation; calculations);* yde, præstere *(fx an enormous amount of work);* gennemføre, fuldende; opfylde *(fx one's duty, a contract);* (om et værk) opføre, fremføre, spille *(fx Hamlet); (mus. ogs)* synge; (uden objekt) (om kunstner) optræde; medvirke; (om dyr) gøre kunster; (om maskine *etc)* fungere, arbejde; *~ on the piano* spille klaver; *~ tricks* (om dyr) gøre kunster; (se også *performing).*

performance [pə'fɔ:məns] *sb (cf perform)* udførelse, gennemførelse, opfyldelse *(fx of a contract);* (kunstners) optræden; medvirken; (af et værk) opførelse, fremførelse; (resultat:) præstation, værk, arbejde; (kunstnerisk *etc)* forestilling, nummer; *(tekn)* ydelse, ydeevne *(fx of an engine); special ~* gæstespil, gæsteoptræden.

performer [pə'fɔ:mə] *sb* optrædende, medvirkende, (udøvende) kunstner, musiker, skuespiller, rollehavende; *be the principal -s (teat)* udføre hovedrollerne.

performing [pə'fɔ:miŋ] *adj* (om dyr) dresseret; *the ~ arts* [teater, ballet *etc*].

I. perfume ['pə:fju:m] *sb* duft, vellugt; parfume.

II. perfume [pə'fju:m] *vb* parfumere, fylde med vellugt.

perfumer [pə'fju:mə] *sb* parfumefabrikant, parfumehandler.

perfumery [pə'fju:məri] *sb* parfumer; parfumeri.

perfunctory [pə'fʌŋ(k)t(ə)ri] *adj* skødesløs, overfladisk *(fx examination);* mekanisk, ligegyldig.

pergola ['pə:gələ] *sb* pergola, løvgang.

perhaps [pə'hæps, præps] *adv* måske.

peri ['piəri] *sb* peri (fe i persisk mytologi).

perianth ['periænθ] *sb (bot)* bloster.

pericardium [peri'ka:djəm] *sb (anat)* hjertesæk.

pericarp ['perika:p] *sb (bot)* frøgemme.

Pericles ['perikli:z] Perikles.

perigee ['peridʒi:] *sb (astr)* perigæum (planetbanes, satellitbanes punkt nærmest jorden); jordnære.
perihelion [peri'hi:ljən] *sb (astr)* perihelium (planetbanes punkt nærmest solen), solnære.
peril ['per(i)l] *sb* fare; risiko; *vb (poet)* bringe i fare; sætte på spil, vove; *at one's ~* på eget ansvar; *at the ~ of his life* med fare for sit liv; *touch him at your ~!* du kan bare prøve på at røre ham! *be in ~ of one's life* være i livsfare.
perilous ['per(i)ləs] *adj* farlig, farefuld, vovelig.
perimeter [pə'rimitə] *sb* perimeter, omkreds; rand; ydergrænse.
perineum [peri'ni:əm] *sb (anat)* perinæum, mellemkødet.
I. period ['piəriəd] *sb* periode, tid, tidsrum, tidsafsnit; (i undervisning) lektion, (skole)time; menstruation; *(gram.)* periode, *(am ogs)* punktum; *(astr)* omløbstid; **-s** *pl* veltalenhed, veltalende foredrag; menstruation; *~!* punktum! og dermed basta! *put a ~ to (fig)* sætte punktum for, gøre ende på.
II. period ['piəriəd] *adj* fra den tid, i den tids stil, stil- *(fx furniture); ~ novel* historisk roman.
periodic [piəri'ɔdik] *adj* periodisk *(fx decimal* decimalbrøk).
periodical [piəri'ɔdikl] *sb* tidsskrift; *adj* periodisk.
periodicity [piəriə'disiti] *sb* periodicitet, regelmæssig tilbagevenden; *(kem)* periodetal.
peripatetic [peripə'tetik] *adj* omvandrende, peripatetisk; *sb* peripatetiker.
peripheral [pə'rifər(ə)l] *adj* periferisk, perifer; *(fig ogs)* mindre væsentlig; *(anat)* perifer *(fx nervous system);* (i edb): *~ units* ydre enheder; *-s sb pl = ~ units.*
periphrasis [pə'rifrəsis] *sb (pl periphrases* [pə'rifrəsi:z]) omskrivning.
periphrastic [pəri'fræstik] *adj* omskrivende; *(gram.)* omskreven *(fx tense).*
periscope ['periskəup] *sb* periskop.
perish ['periʃ] *vb* omkomme *(with* af; *by, from* af, ved); forulykke, forlise; *(fig)* gå til grunde, ødelægges, visne; (bibelsk) fortabes; *-ed with hunger (, cold)* ved at omkomme af sult (, kulde); *~ the thought! (omtr)* en utænkelig tanke!
perishable ['periʃəbl] *adj* forgængelig; let fordærvelig; **-s** *sb pl* letfordærvelige varer.
perisher ['periʃə] *sb* S rad, laban, skarnsknægt.
perishing ['periʃiŋ] *adv: ~ cold* S hundekoldt.
peristalsis [peri'stælsis] *sb* peristaltik (tarmbevægelser).
peristaltic [peri'stæltik] *adj* peristaltisk.
peristyle ['peristail] *sb (arkit)* peristyl, søjlegård, søjlegang, søjlehal.
periton(a)eum [peritə'ni:əm] *sb (anat)* bughinde.
peritonitis [peritə'naitis] *sb (med.)* bughindebetændelse.
periwig ['periwig] *sb* paryk; *-ged* med paryk på.
periwinkle ['periwiŋkl] *sb zo* strandsnegl; *(bot)* singrøn, eviggrønt, vinca.
perjure ['pə:dʒə] *vb: ~ oneself* aflægge falsk ed, sværge falsk; (svarer til:) afgive falsk forklaring for retten; *perjured* mensvoren.
perjurer ['pə:dʒ(ə)rə] *sb* meneder.
perjury ['pə:dʒ(ə)ri] *sb* mened; aflæggelse af falsk ed, edsbrud; (svarer til:) falsk forklaring for retten; *commit ~* aflægge falsk ed; afgive falsk forklaring for retten.
I. perk [pə:k] *vb: ~ up* være kry *(el.* kæphøj), sætte næsen i sky; kvikke op; komme til hægterne, komme sig; (med objekt) kvikke op; knejse med; *~ oneself up* pynte sig.
II. perk [pə:k] *vb* T løbe igennem (om vand i espressokande, kaffekolbe), lave kaffe (på espressokande, kolbe).
perks [pə:ks] *sb pl* T *(fk perquisites)* ekstra goder; frynsegoder; biindtægter.
perky ['pə:ki] *adj* vigtig, kry, kæphøj; forsoren; munter.
perm [pə:m] T *fk permutation; permanent wave; vb* fk *permute;* permanente; *she has had a ~* hun er blevet permanentet.
permafrost ['pə:məfrɔst] *sb* permafrost, permanent frossen jordbund.
permanence ['pə:mənəns] *sb* bestandighed, stadighed, varighed.
permanency ['pə:mənənsi] *sb* stadighed; noget varigt; fast stilling.
permanent ['pə:mənənt] *adj* permanent; fast *(fx job);* varig *(fx injury);* blivende; bestandig, stadig *(fx threat); a ~ appointment* fast ansættelse.
permanent | loan *(bibl etc)* depotlån, deponering, langfristet lån. *~* **wave** permanentbølgning. *~* **way** *(jernb)* banelegeme.
permeability [pə:mjə'biləti] *sb* gennemtrængelighed; (i støberi) luftighed.
permeable ['pə:mjəbl] *adj* gennemtrængelig.
permeate ['pə:mieit] *vb: ~ (through)* gennemtrænge *(fx water -s (through) the soil), (fig)* gennemtrænge, gennemsyre; gå igennem, præge *(fx the feeling that -s the speech).*
permeation [pə:mi'eiʃ(ə)n] *sb* gennemtrængen.
permissible [pə'misəbl] *adj* tilladelig, tilladt.
permission [pə'miʃn] *sb* tilladelse, lov *(fx ask ~ to go* bede om lov til at gå).
permissive [pə'misiv] *adj* som giver tilladelse; fakultativ; liberal, tolerant; *(neds)* for tolerant, eftergivende.
I. permit [pə'mit] *vb* tillade, give lov, lade; *weather -ting* hvis vejret tillader; *~ of* tillade, muliggøre; *be -ted to* få lov til at.
II. permit ['pə:mit] *sb* (skriftlig) tilladelse.
permutation [pə:mju'teiʃn] *sb* ombytning, omstilling, omflytning, forandring af rækkefølgen; *(mat.)* permutation, omstilling (af tal *etc);* (i tipning, svarer til) gardering; *-s pl (ogs)* forskellige kombinationer *(fx menu -s).*
permute [pə(:)'mju:t] *vb* ombytte, omflytte; *(mat.)* permutere, omstille (tal *etc);* (i tipning, *omtr*) helgardere.
pern [pə:n] *sb zo* hvepsevåge.
perne [pə:n] *vb (dial.)* dreje i spiral.
pernicious [pə'niʃəs] *adj* skadelig, ødelæggende, ondartet; *~ anaemia* perniciøs anæmi.
pernickety [pə'nikiti] *adj* T (over)pertentlig, pillen, pernitten; kilden, vanskelig *(fx question).*
perorate ['perəreit] *vb* holde tale; afslutte en tale.
peroration [perə'reiʃn] *sb* slutning(safsnit) af en tale.
peroxide [pə'rɔksaid] *sb: ~ of hydrogen (kem)* brintoverilte; *adj: ~ blonde* dame med affarvet hår.
perpend ['pə:pənd] *sb (am) = parpen; vb (glds)* overveje.
perpendicular [pə:p(ə)n'dikjulə] *adj* perpendikulær, lodret *(to* på); *sb* lodret linie; lodret plan; lodret stilling; lodsnor; *~ (style)* engelsk sengotik; *drop a ~* nedfælde den vinkelrette; *the wall is out of the ~* muren er ude af lod.
perpetrate ['pə:pitreit] *vb* begå, forøve *(fx a crime).*
perpetration [pə:pi'treiʃn] *sb* forøvelse; udåd.
perpetrator ['pə:pitreitə] *sb* gerningsmand.
perpetual [pə'petjuəl] *adj* bestandig, evig *(fx peace, youth);* stedsevarende; *(neds)* idelig, evindelig *(fx their ~ quarrelling); (bot)* stedseblomstrende.
perpetual | calendar evighedskalender. *~* **curate** residerende kapellan. *~* **motion machine** perpetuum mobile, evighedsmaskine.
perpetuate [pə'petʃueit] *vb* bevare for alle tider; sikre for al fremtid, forevige; forlænge i det uendelige.

perpetuity [pə:pi'tʃuiti] *sb* evighed, uafbrudt varighed; *(jur)* uafhændelighed; uafhændelig ejendom; *for* ~, *in* ~ for bestandig.
perplex [pə'pleks] *vb* forvirre, sætte i forlegenhed, gøre rådvild; gøre indviklet.
perplexed [pə'plekst] *adj* forvirret, rådvild; perpleks, paf, betuttet; indviklet.
perplexity [pə'pleksiti] *sb* indviklethed, forvikling; forvirring, rådvildhed, betuttelse.
perquisites ['pə:kwizits] *sb pl* se *perks*.
perron ['perən] *sb* (monumental udvendig hovedtrappe med afsats *el.* terrasse).
perry ['peri] *sb* pærevin, pærecider.
per se [pə'sei] i sig selv.
persecute ['pə:sikju:t] *vb* forfølge; plage.
persecution [pə:si'kju:ʃn] *sb* forfølgelse.
persecution mania *(psyk)* forfølgelsesvanvid.
persecutor ['pə:sikju:tə] *sb* forfølger.
perseverance [pə:si'viərəns] *sb* udholdenhed.
persevere [pə:si'viə] *vb* holde ud, være standhaftig; blive (ihærdigt) ved *(in* med, *fx one's work); (neds)* fremture *(in* i, *fx one's follies)*.
persevering [pə:si'viəriŋ] *adj* ihærdig, udholdende.
Persia ['pə:ʃə] Persien. **Persian** [pə:ʃn] *adj* persisk; *sb* perser; persisk; *zo* angorakat; ~ *lamb* persianer.
persiennes [pə:si'enz] *sb pl* (udvendige) persienner.
persiflage [pɛəsi'fla:ʒ, 'pə:sifla:ʒ] *sb* let spot, munter satire.
persimmon [pə:'simən] *sb (bot)* daddelblomme.
persist [pə'sist] *vb* vedvare, holde sig *(fx the superstition still -s);* ~ **in** blive stædigt ved med *(fx one's work);* stædigt fastholde *(fx one's opinion); (neds)* fremture i *(fx one's follies)*.
persistence [pə'sistns], **persistency** [pə'sistnsi] *sb* ihærdighed; hårdnakkethed; fremturen; vedvaren.
persistent [pə'sistnt] *adj* ihærdig, udholdende, hårdnakket; vedvarende, vedholdende; *(bot, zo)* blivende; *(kem.)* persistent, tungtnedbrydelig.
person ['pə:sn] *sb* person; ydre, skikkelse; *offence against the* ~ *(jur)* legemsbeskadigelse, legemskrænkelse; *in* ~ personlig, selv *(fx he appeared in* ~*); without respect of -s* uden persons anseelse; *young* ~ ung pige, ungt menneske.
personable ['pə:s(ə)nəbl] *adj* net, pæn, præsentabel.
personage ['pə:s(ə)nidʒ] *sb* (fornem *el.* betydelig) person; person (i skuespil *etc*); *a prominent* ~ en fremtrædende personlighed.
personal ['pə:snl] *adj* personlig; *sb* (især *am*) avisnotits med personligt nyt; ~ *assistant* privatsekretær, højre hånd; *the* ~ *equation (fx* ved eksperimenter) den personlige faktor; ~ *estate (el. property)* = *personalty;* ~ *remarks* personligheder.
personality [pə:sə'næliti] *sb* personlighed; person; *personalities* personligheder (ɔ: nedsættende bemærkninger); ~ *cult* persondyrkelse.
personalize ['pə:snəlaiz] *vb* personificere; *-d adj* med (ens eget) navn på *(fx -d writing paper)*.
personalty ['pə:sn(ə)lti] *sb (jur)* løsøre, rørligt gods, formue bortset fra rettigheder i fast ejendom.
personate ['pə:sneit] fremstille, optræde som; udgive sig for.
personification [pəsɔnifi'keiʃn] *sb* personliggørelse, personifikation.
personify [pə'sɔnifai] *vb* personliggøre, personificere.
personnel [pə:s(ə)'nel] *sb* personale; *(mil.)* personel, mandskab. **personnel| carrier** *(mil.)* mandskabsvogn. ~ **manager** personalechef.
perspective [pə'spektiv] *adj* perspektivisk; *sb* perspektiv; udsigt; ~ *(drawing)* perspektivtegning.
perspex ® ['pə:speks] *sb* gennemsigtigt plastikstof; splintfrit glas.
perspicacious [pə:spi'keiʃəs] *adj* skarpsynet, skarpsindig.
perspicacity [pə:spi'kæsiti] *sb* skarpsynethed, skarpsindighed.
perspicuity [pə:spi'kjuiti] *sb* klarhed, anskuelighed.
perspicuous [pə'spikjuəs] *adj* klar, anskuelig.
perspiration [pə:spə'reiʃn] *sb* sved, transpiration.
perspire [pə'spaiə] *vb* svede, transpirere.
perspiring [pə'spaiəriŋ] *adj* svedt, svedig, varm.
persuade [pə'sweid] *vb* overtale *(into, to* til at); overbevise *(of* om, *that* om at); ~ *sby out of sth* få en fra noget; *-ed of* overbevist om.
persuader [pə'sweidə] *sb* overtaler, overtalelsesmiddel; *hidden -s* skjulte fristere.
persuasion [pə'sweiʒn] *sb* overtalelse, overtalelsesevne; overbevisning; tro; *try* ~ forsøge med det gode.
persuasive [pə'sweisiv] *adj* overbevisende. **persuasiveness** [pə'sweisivnəs] *sb* overtalelsesevne, overbevisende kraft.
pert [pə:t] *adj* næsvis, næbbet; kæphøj.
pertain [pə'tein] *vb:* ~ *to* høre til; angå; passe sig for.
pertinacious [pə:ti'neiʃəs] *adj* hårdnakket, vedholdende, ihærdig, standhaftig.
pertinacity [pə:ti'næsiti] hårdnakkethed, vedholdenhed, ihærdighed, standhaftighed.
pertinence ['pə:tinəns], **pertinency** ['pə:tinənsi] *sb* relevans, forbindelse med den foreliggende sag; rammende karakter.
pertinent ['pə:tinənt] *adj* relevant, sagen vedkommende; træffende, rammende; *be* ~ *to* vedkomme *(fx the question is not* ~ *to the matter in hand)*.
perturb [pə'tə:b] forstyrre, forurolige *(fx we were -ed by the news);* bringe forstyrrelse i *(fx the social order)*.
perturbation [pə:tə'beiʃn] *sb* forstyrrelse, forvirring, uro; *(astr)* perturbation, ændring i planets bane.
perturbed [pə'tə:bd] *adj* urolig, forvirret.
Peru [pə'ru:].
peruke [pə'ru:k] *sb* paryk.
perusal [pə'ru:zl] *sb* (grundig) gennemlæsning.
peruse [pə'ru:z] *vb* gennemlæse (grundigt).
Peruvian [pə'ru:vjən] *sb* peruaner; *adj* peruansk; ~ *bark* kinabark.
pervade [pə'veid] *vb* gennemtrænge, gennemstrømme; præge.
pervasion [pə'veiʒn] *sb* gennemtrængen.
pervasive [pə'veisiv] *adj* som trænger frem overalt; vidt udbredt, almen; gennemtrængende.
perverse [pə'və:s] *adj* trodsig, stædig, forstokket, forhærdet; fordærvet; kontrær, urimelig; ~ *verdict (jur)* nævningekendelse der går mod bevismaterialet *el.* dommerens belæring.
perversion [pə'və:ʃn, *(am)* -ʒn] *sb* forvrængning, forvanskning; fordærvelse; *(psyk)* perversion, seksuel afvigelse.
perversity [pə'və:siti] *sb* trodsighed, forstokkethed, forhærdelse, fordærvelse; urimelighed.
I. pervert ['pə:və:t] *sb* perverst menneske; *(rel)* frafalden.
II. pervert [pə'və:t] *vb* gribe forstyrrende ind i, (*glds*) forvende *(fx the course of justice);* (om udsagn *etc)* forvrænge, forvanske, fordreje; (moralsk:) fordærve, forføre.
perverted [pə'və:tid] *adj* unaturlig, forvreden; pervers; forvrænget, forvansket, fordærvet.
pervious ['pə:vjəs] *adj* gennemtrængelig *(to* for, *fx light);* tilgængelig *(to* for), modtagelig *(to* for).
pesky ['peski] *adj (am* T) væmmelig, forbistret, irriterende.
pessary ['pesəri] *sb (med.)* pessar; vaginalstikpille.
pessimism ['pesimizm] *sb* pessimisme, sortsyn.
pessimist ['pesimist] *sb* pessimist.
pessimistic [pesi'mistik] *adj* pessimistisk.
pest [pest] *sb* plage, pestilens, plageånd; (om dyr)

skadedyr; *(glds)* pest, farsot.
pester ['pestə] *vb* besvære, plage.
pesticide ['pestisaid] *sb* pesticid, skadedyrsgift.
pestiferous [pe'stif(ə)rəs] *adj* smitteførende, forpestende; *(fig)* skadelig.
pestilence ['pestiləns] *sb* pest.
pestilent ['pestilənt] *adj* skadelig, ødelæggende, dødbringende; T utålelig, besværlig, nederdrægtig.
pestilential [pesti'lenʃl] *adj* pestagtig, som bringer pest med sig, pestsvanger; skadelig, fordærvelig; T modbydelig, utålelig, nederdrægtig.
pestle [pesl] *sb* pistil, støder (til morter); *vb* støde.
I. pet [pet] *sb* anfald af dårligt humør; *be in a* ~ være i dårligt humør, surmule; *take* ~ blive fornærmet.
II. pet [pet] *sb* kælebarn, kæledægge, yndling, favorit; kæledyr; (i tiltale, *omtr* =) lille skat; *adj* kæle-, yndlings-; *vb* kæle for, gøre stads af, forkæle; *(am)* kæle intimt for *(el.* med); *he is a* ~ han er forfærdelig sød; *make a* ~ *of* gøre til sin kæledægge.
petal [petl] *sb (bot)* kronblad.
petard [pe'ta:d] *sb (glds mil.)* petarde; *hoist with his own* ~ fanget i sit eget garn.
pet aversion: *my* ~ det værste jeg ved, min rædsel, min yndlingsaversion.
petcock ['petkɔk] *sb* aftapningshane; kompressionshane.
Pete [pi:t]; *for -'s sake* for pokker.
I. peter ['pi:tə] *vb* (i kortspil) kalde.
II. peter ['pi:tə] *vb:* ~ *out* løbe ud i sandet, ikke blive til noget *(fx the scheme -ed out);* forsvinde gradvis, tabe sig, dø hen; slippe op.
III. peter ['pi:tə] *sb* S pengeskab; (fængsels)celle; tissemand.
Peter ['pi:tə]: *rob* ~ *to pay Paul* tage fra den ene for at give til den anden; *-'s pence (hist.)* peterspenge.
Peter Pan ['pi:tə'pæn] (figur i komedie af J.M.Barrie; dreng der aldrig bliver voksen); ~ *collar* drengekrave.
petiolate ['petiəleit], **petiolated** ['petiəleitid] *adj (bot)* med stilk, stilket. **petiole** ['petiəul] *sb* bladstilk.
petite [pə'ti:t] *adj* lille og net (om kvinde); *she is* ~ hun er en lille nipsgenstand.
petition [pə'tiʃn] *sb* andragende, begæring; adresse *(fx a protest* ~*); (glds,* til regent) bønskrift; *(ogs rel)* bøn; *vb* bede; ansøge, andrage, indgive et andragende (, en adresse) til; ~ *for mercy* benådningsansøgning; ~ *in bankruptcy* konkursbegæring.
petitioner [pə'tiʃnə] *sb* ansøger; klager (især i skilsmissesag).
pet name kælenavn.
Petrarch ['petra:k] Petrarka.
petrel ['petr(ə)l] *sb zo* stormsvale; (se også *stormy* ~).
petrifaction [petri'fækʃn] *sb* forstening.
petrify ['petrifai] *vb* forstene; forstenes, stivne; *(fig)* lamme; gøre stiv af skræk, skræmme fra vid og sans; *petrified* stiv af skræk; *-ing* skrækindjagende.
petrol|chemical [petrəu'kemikl] *adj* petrokemisk. **-dollars** ['petrə(u)dɔləz] *sb pl* petrodollars. **-glyph** ['petrəglif] *sb* helleristning.
petrol ['petr(ə)l] *sb* benzin.
petrolatum [petrə'leitəm] *sb* vaselin.
petroleum [pi'trəuljəm] *sb* råolie, jordolie, stenolie.
petroleum jelly vaselin.
petrol| (filling) station benzintank, tankstation. ~ **pump** benzintank, benzinpumpe. ~ **tank** benzintank (i bil).
pet shop dyrehandel.
petticoat ['petikəut] *sb* underskørt; S skørt, pige, kvinde; ~ *government* skørteregimente.
pettifog ['petifɔg] *vb* bruge lovtrækkerier, optræde småligt *el.* chikanøst.
pettifogger ['petifɔgə] *sb (neds)* vinkelskriver, lommeprokurator, lovtrækker.

pettifoggery ['petifɔgəri] *sb* prokuratorkneb, lovtrækkeri(er); smålige kneb.
pettifogging ['petifɔgiŋ] *sb* = *pettifoggery; adj* smålig, pedantisk, chikanøs; lumpen, ussel; ~ *details* ligegyldige detaljer, pedanterier; ~ *tricks* = *pettifoggery.*
petting ['petiŋ] *sb* (erotisk) kæleri.
pettish ['petiʃ] *adj* gnaven, pirrelig, lunefuld.
pettitoes ['petitəuz] *sb pl* grisetæer.
petty ['peti] *adj* lille, ubetydelig *(fx grievances);* underordnet *(fx official);* (om person *etc)* smålig; småtskåren.
petty| cash småbeløb, småudgifter; diverse. ~ **jury** almindelig jury (af indtil 12 medlemmer). ~ **larceny** rapseri. ~ **officer** *(mar)* underofficer, oversergent.
petulance ['petjuləns] *sb* gnavenhed, pirrelighed.
petulant ['petjulənt] *adj* gnaven, pirrelig; lunefuld.
petunia [pi'tju:njə] *sb (bot)* petunie.
pew [pju:] *sb* kirkestol, lukket stol i en kirke; T stol, siddeplads; *take a* ~ (let *glds)* tag plads!
pewit ['pi:wit] *sb zo* vibe.
pew-opener ['pju:əupnə] *sb* kirkebetjent.
pewter ['pju:tə] *sb* tin, tinlegering; tinkrus, tinfade, tintøj; S pokal; præmiesum.
pfc *fk (mil.) private first class* konstabel.
PG *fk parental guidance;* (om film) tilladt for børn men voksenledsagelse tilrådes.
phaeton [feitn] *sb* faeton (let åben firhjulet vogn).
phagocyte ['fægəsait] *sb* fagocyt.
phalanger [fə'lændʒə] *sb zo (austr)* kuskus, pungabe; (se også *ring-tailed).*
Phalangist [fə'lændʒist] *sb* falangist; *adj* falangistisk.
phalanx ['fælæŋks] *sb (hist. mil.)* falanks, fylking; *(anat)* fingerknogle, tåknogle.
phalarope ['fælərəup] *sb zo: grey (, am: red)* ~ thorshane; *red-necked (, am: northern)* ~ odinshane.
phallic ['fælik] *adj* fallisk; ~ *symbol* fallossymbol.
phallus ['fæləs] *sb* fallos.
phantasm ['fæntæzm] *sb* fantasibillede, syn, drøm, hjernespind, fantom.
phantasmagoria [fæntæzmə'gɔ:riə] *sb* fantasmagori, række af fantasibilleder, blændværk, gøgleri.
phantasmal [fæn'tæzml] *adj* spøgelsesagtig, fantastisk, uvirkelig.
phantasy ['fæntəsi] *sb* fantastisk idé; lune; fantasi.
phantom ['fæntəm] *sb* gøglebillede, fantasibillede, syn; genfærd, spøgelse; fantom; ~ *ship* spøgelsesskib, dødssejler.
Pharaoh ['fɛərəu] *(hist.)* Farao.
pharisaic(al) [færi'seiik(l)] *adj* farisæisk.
pharisaism ['færiseiizm] *sb* farisæisme.
pharisee ['færisi:] *sb* hykler.
Pharisee ['færisi:] *sb* farisæer.
pharmaceutical [fa:mə'sju:tikl] *adj* farmaceutisk; ~ *chemist* apoteker; kemiker der arbejder med medicinalvarefremstilling; ~ *products* medicinalvarer.
pharmacist ['fa:məsist] *sb* farmaceut.
pharmaco|logist [fa:mə'kɔlədʒist] *sb* farmakolog. **-logy** [-dʒi] *sb* farmakologi, læren om lægemidler. **-poeia** [fa:məkə'pi:ə] *sb* farmakopé.
pharmacy ['fa:məsi] *sb* farmaci, apotekerkunst; apotek.
pharos ['fɛərɔs] *sb* fyrtårn.
pharyngal [fə'riŋgl], **pharyngeal** [færin'dʒi:əl] svælg-.
pharyngitis [færin'dʒaitis] *sb* svælgkatar.
pharynx ['færiŋks] *sb* svælg.
I. phase [feiz] *sb* fase, (om månen *ogs)* skifte; *(fig)* fase, stadium; aspekt, side *(fx that is but one* ~ *of the subject); in* ~ afpasset efter hinanden, i takt; (om højtalere) i fase; *out of* ~ ude af takt, ude af trit.
II. phase [feiz] *vb* opdele i etaper (, faser); lade ske etapevis *(el.* trinvis *el.* gradvis) *(fx the increase of the rents is to be -d to reduce the impact);* bringe i takt; ~

in indføre (, indsætte, tage i brug) gradvis *(el.* etapevis) *(fx new machinery);* ~ *out* afskaffe (, trække tilbage, kassere) gradvis *(el.* etapevis) *(fx the old pennies are to be -d out),* gradvis lade forsvinde; aftrappe.
phased [feizd] *adj* gradvis *(fx withdrawal),* etapevis, trinvis.
phase-out ['feizaut] *sb* gradvis *(el.* etapevis *el.* trinvis) afskaffelse (, ophør, lukning); aftrapning.
Ph.D. ['pi:eitʃ'di:] *fk philosophiae doctor* (svarer *omtr* til) licentiatgrad; *adj* licentiat *(fx dissertation).*
pheasant [feznt] *sb* fasan; *-'s eye (bot)* adonis; *(-'s eye narcissus)* pinselilje.
pheasantry ['fezntri] *sb* fasangård, fasaneri.
phenacetin [fi'næsitin] *sb* phenacetin.
Phenicia [fi'niʃiə] Fønikien.
Phenician [fi'niʃiən] *adj* fønikisk; *sb* føniker; fønikisk.
phenix ['fi:niks] *sb* fugl Føniks.
phenol ['fi:nɔl] *sb (kem)* fenol, karbolsyre.
phenomena [fi'nɔminə] *pl* af *phenomenon.*
phenomenal [fi'nɔminl] *adj* fænomenal, fænomen- *(fx world);* som hviler på iagttagelser *(fx science);* T fænomenal, enestående.
phenomen|on [fi'nɔminən, *(am)* -ɔn] *sb (pl -a)* fænomen, foreteelse; *infant* ~ vidunderbarn.
phenotype ['fi:nətaip] *sb* fænotype, fremtoningspræg.
pheromone ['ferəməun] *sb* duftstof.
phew [fju:] *interj* pyh(a), puh(a), pøj.
phial ['faiəl] *sb* medicinflaske, lille flaske; (i automatik) føler.
phi beta kappa ['fai'bi:tə'kæpə] (akademisk broderorden i USA hvori de der har særlig fine eksamensresultater kan optages).
Philadelphia [filə'delfjə] Filadelfia.
philander [fi'lændə] *vb* gøre kur, flirte.
philanderer [fi'lændərə] *sb* flanør.
philanthropic [filən'θrɔpik] *adj* filantropisk, menneskekærlig. **philanthropist** [fi'lænθrəpist] *sb* filantrop, menneskeven. **philanthropy** [fi'lænθrəpi] *sb* filantropi, menneskekærlighed.
philatelic [filə'telik] *adj* filatelistisk, frimærke-.
philatelist [fi'lætəlist] *sb* filatelist, frimærkesamler.
philately [fi'lætəli] *sb* filateli.
philharmonic [fil(h)a:'mɔnik] *adj* filharmonisk, musikelskende; *sb Philharmonic* filharmonisk orkester.
philhellene ['filheli:n] *sb* filhellener, grækerven.
philhellenic [filhe'li:nik] *adj* grækervenlig.
philippic [fi'lipik] *sb* tordentale.
Philippine ['filipi:n] *adj* filippinsk; *the* ~ *Islands, the Philippines* Filippinerne.
philistine ['filistain] *sb* filister, spidsborger; *adj* filistrøs, spidsborgerlig.
philological [filə'lɔdʒikl] *adj* filologisk, sprogvidenskabelig.
philologist [fi'lɔlədʒist] *sb* filolog, sprogforsker.
philology [fi'lɔlədʒi] *sb* filologi, sprogvidenskab.
Philomel ['filəmel], **Philomela** [filə'mi:lə] nattergal.
philosopher [fi'lɔsəfə] *sb* filosof; *-s' stone* de vises sten.
philosophical [filə'sɔfikl] *adj* filosofisk; *be* ~ *about it* tage det med filosofisk ro.
philosophize [fi'lɔsəfaiz] *vb* filosofere.
philosophy [fi'lɔsəfi] *sb* filosofi; livsanskuelse; filosofisk ro.
philtre ['filtə] *sb* elskovsdrik, trylledrik.
phiz [fiz] *sb (glds* T) ansigt, fjæs.
phlebitis [fli'baitis] *sb (med.)* årebetændelse.
phlebotomy [fli'bɔtəmi] *sb (glds med.)* åreladning.
phlegm [flem] *sb* slim; flegma, koldsindighed, dorskhed.
phlegmatic [fleg'mætik] *adj* flegmatisk.
phloem ['fləuem] *sb (bot)* sivæv, blødbast.
phloem strand *(bot)* sistreng.
phlox [flɔks] *sb (bot)* floks.
phoeni- se *pheni-.*
phon [fɔn] *sb (fys)* fon.
I. phone [fəun] *sb* sproglyd.
II. phone [fəun] T *sb* telefon; *vb* telefonere (til), ringe (til); *be on the* ~ *to* tale i telefon med; *he is not on the* ~ *(ogs)* han har ikke telefon.
phone| booth telefonboks. **-card** (til betalingstelefon) telefonkort. **~-in** *(radio)* telefonprogram.
phoneme ['fəuni:m] *sb* fonem.
phonemic [fə'ni:mik] *adj* fonematisk.
phonemics [fə'ni:miks] *sb* fonematik, fonemik.
phone phreak ['fəun 'fri:k] S (person som ved ulovligt at bruge elektroniske koder foretager gratis fjernopkald med en fuldautomatisk telefon).
phonetic [fə'netik] *adj* fonetisk, lyd-; ~ *notation* lydskrift.
phonetician [fəunə'tiʃn] *sb* fonetiker.
phonetics [fə'netiks] *sb* fonetik.
phoney se *phony.*
phonic ['fəunik] *adj* lyd-, akustisk.
phonograph ['fəunəgra:f] *sb* fonograf; *(am)* grammofon.
phonology [fə'nɔlədʒi] *sb* fonologi, historisk lydlære.
phony ['fəuni] S *adj* falsk, forloren; påtaget, hyklerisk; *sb* svindler, fupmager; svindel, fup; *the* ~ *war* (den 2. verdenskrig indtil tyskernes invasion i Frankrig og Belgien).
phooey [fu:i] *interj* øv; puh; føj.
phosgene ['fɔzdʒi:n] *sb* fosgen (en giftgas).
phosphate ['fɔsfeit] *sb (kem)* fosfat.
phosphorate ['fɔsfəreit] *vb* forbinde med fosfor.
phosphoresce [fɔsfə'res] *vb* fosforescere.
phosphorescence [fɔsfə'resns] *sb* fosforescens.
phosphorescent [fɔsfə'resnt] *adj* fosforescerende.
phosphoric [fɔs'fɔrik] *adj* fosforagtig, fosfor-; ~ *acid* fosforsyre.
phosphorous ['fɔsf(ə)rəs] *adj* fosforholdig, fosfor-; ~ *acid* fosforsyrling.
phosphorus ['fɔsf(ə)rəs] *sb* fosfor.
photo ['fəutəu] *sb* fotografi.
photocall ['fəutəkɔ:l] *sb* officiel fotografering.
photocopy ['fəutəkɔpi] *sb* fotokopi; *vb* fotokopiere.
photoelectric ['fəutəi'lektrik] *adj* fotoelektrisk *(fx effect);* ~ *cell* fotocelle.
photoengraving ['fəutəin'greiviŋ] *sb* kemigrafi, fotomekanisk reproduktion.
photo finish (afslutning af væddeløb, hvor vinderen må bestemmes ved hjælp af målfotografering); *it was a* ~ *(fig)* de stod næsten lige.
photoflood ['fəutəflʌd] *sb* fotolampe.
photogenic [fəutə'dʒenik] *adj* fotogen, som tager sig godt ud på fotografier.
photograph ['fəutəgra:f] *sb* fotografi; *vb* fotografere; *I don't* ~ *well* jeg bliver ikke god på fotografier.
photo|grapher [fə'tɔgrəfə] *sb* fotograf. **-graphic** [fəutə'græfik] *adj* fotografisk. **-graphy** [fə'tɔgrəfi] *sb* fotografering, fotografi (faget). **-gravure** [fəutəgrə'vjuə] *sb* heliogravure, fotogravure. **-meter** [fəu'tɔmitə] *sb* fotometer, lysmåler.
photo|micrograph ['fəutə'maikrəgræf] mikrofotografi (med mikroskop). **-micrography** [-mai'krɔgrəfi] mikrofotografering (med mikroskop). ~ **opportunity** officiel fotografering.
photo|sensitive *adj* lysfølsom. **-stat** ['fəutəstæt] *sb* fotostat, fotokopi. **-telegraphy** billedtelegrafi.
phrase [freiz] *sb* vending, udtryk, talemåde; *(gram.)* ordforbindelse (som del af en sætning); *(mus.)* frase; *vb* udtrykke; formulere; *(mus.)* frasere; *empty (, hackneyed)* ~ tom (, forslidt) talemåde, frase; *prepositional* ~ præpositionsforbindelse.
phrase| book parlør. **-monger** frasemager.
phraseological [freiziə'lɔdʒikl] *adj* fraseologisk.

phraseology [freizi'ɔlədʒi] *sb* fraseologi, udtryksmåde.
phrenetic [fri'netik] *adj* vanvittig, rasende, fanatisk.
phrenologist [fri'nɔlədʒist] *sb* frenolog.
phrenology [fri'nɔlədʒi] *sb* frenologi (den teori at et menneskes karakter kan bestemmes ud fra kraniets form).
Phrygia ['fridʒiə] *(hist.)* Frygien.
Phrygian ['fridʒiən] *(hist.) adj* frygisk; *sb* fryger.
phthisis ['θaisis] *sb (glds med.)* lungetuberkulose, svindsot, tæring.
phut [fʌt] *adv* T: *go* ~ falde sammen, gå fløjten; gå rabundus.
phylactery [fi'læktəri] *sb (rel)* bederem.
phys. *fk physics; physician; physiology.*
physic ['fizik] *(glds) sb* lægemiddel, medicin; lægekunst; *vb* give medicin (især afføringsmiddel); hjælpe, lindre.
physical ['fizikl] *adj* fysisk; legemlig, legems-; materiel; håndgribelig; ~ *medicine* fysiurgi; ~ *education,* ~ *training* legemsøvelser, gymnastik; ~ *jerks* T 'benspjæt' (ɔ: gymnastik).
physician [fi'ziʃn] *sb* læge (især mediciner).
physicist ['fizisist] *sb* fysiker. **physics** ['fiziks] *sb* fysik.
physio ['fiziəu] *sb* fysioterapeut.
physiognomic [fiziə'nɔmik] *adj* fysiognomisk.
physiognomy [fizi'ɔnəmi] *sb* fysiognomi, ansigt, ansigtstræk, ansigtsudtryk; fysiognomik.
physio|logic(al) [fiziə'lɔdʒik(l)] *adj* fysiologisk. **-logist** [fizi'ɔlədʒist] *sb* fysiolog. **-logy** [fizi'ɔlədʒi] *sb* fysiologi; *-logy of nutrition* ernæringsfysiologi. **-therapist** [fiziə'θerəpist] *sb* fysioterapeut. **-therapy** [fiziə'θerəpi] *sb* fysioterapi.
physique [fi'zi:k] *sb* konstitution, legemsbygning, fysik *(fx his strong ~).*
pi [pai] *sb (mat.)* pi; *adj* T 'hellig'.
pianist ['piənist; 'pjænist] *sb* pianist.
I. piano ['pja:nəu, pi'a:nəu] *adv* piano, sagte.
II. piano [pi'ænəu; 'pjæ-, 'pja:-] *sb* klaver, piano.
pianoforte [pjænəu'fɔ:ti] *sb* piano(forte).
pianola [pjæ'nəulə] *sb* pianola (elektrisk klaver).
piastre [pi'æstə] *sb* pjaster (mønt).
piazza [pi'ætsə] *sb* piazza, åben plads; *(am)* [pi'æzə] veranda.
pibroch ['pi:brɔk] *sb* (en skotsk sækkepibemelodi).
pica ['paikə] *sb (typ)* (svarer til) cicero (men er 0,3 mm mindre).
picaresque [pikə'resk] *adj* picaresk; ~ *novel* skælmeroman.
picaroon [pikə'ru:n] *sb* sørøver, pirat; sørøverskib; *vb* drive sørøveri; plyndre.
picayune [piki:'ju:n, pikə-] *(am) sb* bagatel; *adj* = **picayunish** [piki:'ju:niʃ] *adj* ubetydelig; pedantisk, smålig.
Piccadilly [pikə'dili].
piccalilli ['pikəlili] *sb* gul pickles.
piccaninny ['pikənini] *sb* lille barn (især negerbarn); *adj* meget lille.
piccolo ['pikələu] *sb* pikkolofløjte.
I. pick [pik] *vb* hakke, stikke i, hakke op; plukke *(fx flowers; a goose);* pille *(fx ~ a bone clean),* rense; pille i, pille fra hinanden; vælge, udvælge *(fx the biggest apple);* nippe til maden; (om strengeinstrument) klimpre på; (om fugl) pikke; *(neds)* stjæle, rapse; plyndre, bestjæle;

(forskellige *forb*) ~ *and choose* vælge og vrage; ~ *and steal* rapse; *have a bone to ~ with sby* have en høne at plukke med en; ~ *sby's brains* stjæle ens ideer; ~ *holes in (fig)* kritisere (sønder og sammen), pille fra hinanden; ~ *a lock* dirke en lås op; ~ *one's nose* pille sig i næsen; ~ *a pocket* begå lommetyveri; ~ *a quarrel* yppe kiv *(with* med); ~ *one's teeth* stange tænder; ~ *one's way* træde forsigtigt; ~ *one's words* vælge sine ord med omhu;

(forb med *præp* og *adv)* ~ **apart** *(ogs fig)* pille fra hinanden; ~ **at** rykke i; ~ *at sby* være efter en, hakke på en, være på nakken af en; ~ *at one's food* stikke *(el.* nippe) til maden; ~ **off** pille af *(el.* væk); nedskyde enkeltvis; ~ **on** *sby* slå ned på en, udvælge en til et ubehageligt arbejde; være efter en, være på nakken af en; ~ **out** hakke ud; (ud)finde; finde ud af *(fx the meaning);* skelne, kunne se *(fx I -ed him out in the crowd);* vælge; udvælge *(fx the best pupils);* (ved maling) staffere; udhæve, fremhæve; ~ *out a tune on the piano* finde frem til en melodi på klaveret (ved at spille lidt og forsøge sig frem); ~ **to** *pieces* plukke i stykker; kritisere sønder og sammen;

~ **up** hakke op *(fx the ground);* samle op, tage *(fx he -ed up his parcels);* tage op *(fx the train stopped to ~ up passengers);* afhente *(fx I'll ~ you up at six);* få fat i, samle, skaffe sig *(fx information);* tilegne sig, lære *(fx a foreign language);* tjene *(fx £200 a week);* betale (fx *the bill*); genvinde *(fx health),* genfinde; opfange, opfatte, tage (station i radio); kvikke op; rydde op i *(fx a room);* T arrestere; T „samle op", komme i lag med *(fx a girl; he was only trying to ~ you up*); (uden objekt) komme sig, kvikke op; bedres; komme i gang, få fart på; rydde op *(fx after him); he has -ed up strange acquaintances* han har gjort mærkelige bekendtskaber; ~ *up a bargain* gøre en god forretning; ~ *up courage* fatte mod; ~ *up flesh* genvinde sit huld, få kød på kroppen; ~ *up a living by* slå sig igennem ved; ~ *oneself up* rejse sig; ~ *up speed* øge farten, accelerere; ~ *up with* gøre bekendtskab med.
II. pick [pik] *sb* spidst redskab, hakke; *the ~ of* det bedste af, eliten af; *have one's ~* kunne vælge.
pickaback ['pikəbæk] *adv: ride ~* ride på ryggen (af en anden); (se *ogs piggyback*).
pickaninny se *piccaninny.*
pickaxe ['pikæks] *sb* hakke; *vb* hakke (i).
picked [pikt] *adj* udsøgt.
picker ['pikə] *sb* plukker *(fx* bærplukker).
pickerel ['pik(ə)rəl] *sb zo* ung gedde, lille gedde; *(am)* gedde.
picket ['pikət] *sb* pæl, tøjrpæl, teltpæl, stakitstav; (ved strejke) strejkevagt; blokadevagt; (ved demonstration) gruppe demonstranter der tager fast opstilling foran ambassade *etc; (mil.)* forpost, feltvagt; *vb* omgive med stakit; tøjre; (ved strejke) gå strejkevagt (ved), sætte strejkevagter ved; (ved demonstration) tage fast opstilling ved; *(mil.)* udsætte vagter ved, bevogte.
picket line *sb* række *el.* gruppe af strejkevagter *(fx he told me never to cross a ~*).
pickings ['pikiŋz] *sb pl* levninger, rester, smuler; ulovligt erhvervet udbytte; *get some ~* redde sig lidt.
pickle [pikl] *sb* lage, saltlage, eddike; (metal)bejdse; T knibe, klemme; skarnsunge; *vb* lægge i lage, salte, marinere; bejdse (med metalbejdse); **-s** pickles; *be in a pretty ~* sidde kønt i det, være i knibe; *I have a rod in ~ for him* jeg skal give ham en ordentlig omgang; der er lagt i kakkelovnen til ham. **pickled** [pikld] *adj* S fuld, drukken.
picklock ['piklɔk] *sb* dirk; indbrudstyv.
pick-me-up ['pikmiʌp] *sb* opstrammer, hjertestyrkning.
pickpocket ['pikpɔkit] *sb* lommetyv.
pick-up ['pikʌp] *adj* improviseret; opsamlende; *sb* ting man har samlet op; T tilfældigt bekendtskab, gadebekendtskab, gadepige; (om lastbil og til grammofon) pickup; *(am)* (bils) accelerationsevne; T bedring; lift, køretur.
pick-up truck *sb (am)* pickup (lille lastbil med åbent lad).
Pickwick ['pikwik] (person hos Dickens).

Pickwickian [pik'wikiən] *adj* pickwickiansk; *adj* pickwickianer; *in a ~ sense* i gemytlig betydning.
picky ['piki] *adj (am* T) kræsen, nøjeregnende.
picnic ['piknik] *sb* skovtur, udflugt (med måltid i det fri); medbragt mad; *(fig)* legeværk, ren svir; *vb* foretage en udflugt; leve på feltfod; *no ~* ikke det bare legeværk.
picric ['pikrik] *adj: ~ acid* pikrinsyre.
Pict [pikt] *sb* pikter. **Pictish** ['piktiʃ] *adj* piktisk.
pictorial [pik'tɔ:riəl] *adj* billed-; illustreret; malerisk; *sb* illustreret blad; billedblad.
I. picture ['piktʃə] *sb* billede *(ogs* om maleri, fotografi, illustration, beskrivelse); film; tableau; (i tv) totalbillede; *the* **-s** filmen; biografen *(fx go to* (i) *the -s);*
she is **a** ~ hun er billedskøn; *be* **in** *the ~ (fig)* være orienteret *(el.* informeret); *(am)* spille en rolle; være fremme, være på tapetet; *put sby in the ~* orientere en, informere en, sætte en ind i sagen; *be the ~* **of** *(fig)* være billedet på *(fx he was the ~ of contentment),* være den personificerede ...; *look the ~ of health* se ud som sundheden selv; *he is the ~ of his father* han er faderens udtrykte billede, han er faderen op ad dage.
II. picture ['piktʃə] *vb* male, afbilde; *~ to oneself* forestille sig.
picture| book billedbog. ~ **card** billedkort. ~ **gallery** malerisamling. ~ **gate** billedkanal. ~ **hat** bredskygget (dame)hat. ~ **mould** (især *am)* billedliste. ~ **palace** *(glds)* biografteater. ~ **postcard** prospektkort. ~ **puzzle** rebus; puslespil. ~ **rail** billedliste. ~ **signal** billedsignal.
picturesque [piktʃə'resk] *adj* malerisk *(fx village);* pittoresk *(fx style);* malende *(fx account* beskrivelse); naturskøn.
picture| tube billedrør. ~ **window** panoramavindue. ~ **writing** billedskrift.
piddle [pidl] *vb* stikke til maden, spise uden appetit; *(glds)* drysse, nusse; T tisse.
piddling ['pidliŋ] *adj* ringe, sølle, ubetydelig.
pidgin ['pidʒin] *sb: that's not my ~* det er ikke min sag, det kommer ikke mig ved.
pidgin English kineserengelsk, pidginengelsk.
I. pie [pai] *sb zo* skade (fugl).
II. pie [pai] *sb* engelsk postej, pie; *as easy as ~* S pærelet, så let som ingenting; *have a finger in the ~* have en finger med i spillet; *he has a finger in every ~* han blander sig i alt; *~ in the sky* tomme løfter; valgflæsk.
III. pie [pai] *sb (typ)* ødelagt sats, 'fisk'; *(fig)* forvirring, uorden; *vb = make ~ of* lade gå i fisk.
piebald ['paibɔ:ld] *adj* broget, spraglet; *sb* broget hest; broget blanding.
I. piece [pi:s] *sb* stykke; pengestykke; *(mil.)* kanon; gevær; pistol; (i brætspil) brik; S person; pigebarn, „sag" *(fx she was a pretty little ~);* **-s** *pl (ogs)* dele *(fx a dinner service of 50 -s); a six ~ band* et seksmands orkester;
say one's~ få sagt hvad man har på hjerte; *he was only saying his ~* hans forklaring *(etc)* var bare en udenadlært lektie;
(forb med *præp)* **by** *the ~* stykvis; *work by the ~* arbejde på akkord; *~ by ~* stykke for stykke, lidt efter lidt; **in** *one ~* i ét stykke, ubeskadiget, uskadt, hel; *a ~* **of** *advice* et råd; (se også *cake, furniture, information, luck, news, work); ~ of eight (glds)* pjaster; *give him a ~ of my mind* sige ham min mening rent ud; sige ham et par borgerlige ord; *of a ~* af samme slags *(with* som); *they are of a ~* de er to alen af ét stykke; *break* **to** *-s* brække i stykker; *come to -s* gå i stykker; *go to -s* gå i stykker; *(fig)* bryde sammen; *take to -s* tage fra hinanden; skille ad; kunne skilles ad.
II. piece [pi:s] *vb* bøde, lappe, udbedre; forbinde; sammenstykke; *~ on* passe ind, sætte på; *~ out* øge, komplettere; udfylde; *~ together* sætte sammen; sy sammen; *(fig)* stykke sammen; *~ up* lappe sammen.
piece goods *pl* metervarer.
piecemeal ['pi:smi:l] *adv* stykkevis, stykke for stykke; sammenstykket.
piece | rate akkordsats. **-work** akkordarbejde.
pie chart lagkagediagram.
piecrust ['paikrʌst] *sb* skorpe på en pie; *promises are like -s made to be broken (omtr)* loven er ærlig, holden besværlig.
pied [paid] *adj* broget.
pied-à-terre [pjeita:'tɛə] *sb* aftrædelsesværelse; midlertidigt opholdssted.
pie-eyed ['paiaid] *adj* S fuld, pløret.
pier [piə] *sb* mole, anløbsbro, landingsbro; (i engelsk kystby) (forlystelsessted på mole vinkelret ud fra kysten); (til støtte:) bropille; *(arkit)* murpille, vinduespille.
pierage ['piəridʒ] *sb* bolværkspenge.
pierce [piəs] *vb* gennembore, trænge igennem, trænge ind i; *(tekn)* gennemstikke; *(fig)* gennemskue, trænge ind i *(fx a mystery);* (uden objekt) trænge ind, bore sig ind, trænge frem; *the rays -d his eyes* strålerne skar ham i øjnene; *a shriek -d the night* et skrig skar gennem natten.
piercing ['piəsiŋ] *adj* gennemtrængende *(fx cry),* gennemborende *(fx glance),* bidende, skarp *(fx wind); (fig ogs)* skarpsindig; *~ punch (tekn)* lokstempel.
pier glass pillespejl.
pierrot ['piərəu] *sb* pierrot.
pietism ['paiətizm] *sb* pietisme.
pietist ['paiətist] *sb* pietist; *adj* pietistisk.
pietistic [paiə'tistik] *adj* pietistisk.
piety ['paiəti] *sb* fromhed; pietet, sønlig kærlighed.
piffle [pifl] *sb* vås, pladder, pjat; *vb* vrøvle.
piffling ['pifliŋ] *adj* ringe, ubetydelig; latterlig.
I. pig [pig] *sb* gris, svin; blok (af råjern); T *(fig)* grovæder; egoistisk bæst; ubehøvlet ka'l; S politibetjent; *be ~ in the middle* være som en lus mellem to negle; *bring one's -s to the wrong market* gå galt i byen; *buy a ~ in a poke (fig)* købe katten i sækken; *drive -s to market* trække torsk i land (ɔ: snorke); *make a ~ of oneself* foræde sig; drikke sig fuld; *make a -'s ear of* forkludre, kludre med.
II. pig [pig] *vb* få grise; *~ it, ~ (in) together* stuve sig sammen; *~ oneself* stoppe sig *(with* med, *fx hot dogs, cream eclairs).*
I. pigeon ['pidʒən] *sb* due; *(fig)* S godtroende fjols; (se også *pidgin).*
II. pigeon ['pidʒən] *vb* snyde (især i spil).
pigeon| breast *(med.)* duebryst. ~ **hawk** *zo* dværgfalk.
pigeon-hearted *adj* frygtsom.
pigeonhole ['pidʒənhəul] *sb* hul i dueslag; (i reol *etc)* fag, rum; *(fig)* bås, skuffe; *vb* lægge i særskilte rum; sortere, analysere; opbevare, lægge til side, (på ubestemt tid:) 'sylte'; forsyne med rum; *set of -s* skuffedarium, *(fx* til post) sortereréol, *(bibl)* rumdelt tidsskrifthylde.
pigeon| house dueslag. ~ **post** brevduepost.
pigeon-toed *adj* med tæerne indad; *be ~* gå indad på fødderne.
piggery ['pigəri] *sb* svinehus, svinesti; svinagtighed.
piggish ['pigiʃ] *adj* griset, svinsk; grådig.
piggin ['pigin] *sb (agr)* strippe (slags træspand).
piggyback ['pigibæk] *(am) = pickaback; sb* transport af lastvognsanhængere med jernbane (, af mindre fly med større); *vb* bære på ryggen; transportere lastvognsanhængere med jernbane; transportere mindre fly med større; *~ on* ride på ryggen af; transporteres på; *(fig)* blive trukket med af, lade sig trække med af.

piggy bank sparegris.
piggy-wiggy *sb* T øfgris; grissebasse.
pig|headed ['pig'hedid] *adj* stædig, stivsindet. ~ **iron** råjern. **-let** lille gris; *-lets* smågrise. **-meat** flæsk, fedevarer.
pigment ['pigmənt] *sb* pigment, farve, farvestof.
pigmental [pig'mentl] *adj* farve-.
pigmy ['pigmi] se *pygmy.*
pig|nut jordnød; *(am)* amerikansk valnød. **-pen** *(am)* svinesti. **-skin** svinelæder; S sadel; fodbold. **-sticking** vildsvinejagt (med spyd). **-sty** svinesti. **-swill** svinefoder. **-tail** grisehale; hårpisk, 'rottehale'; tobaksrulle.
pig-tailed *adj:* ~ *monkey zo* svinehaleabe.
pigwash svinefoder.
pi-jaw ['paidʒɔ:] *sb* S moralpræken.
pika ['paikə] *sb zo* pibehare.
I. pike [paik] *vb* S styrte, storme, ile.
II. pike [paik] *sb zo* gedde.
III. pike [paik] *sb (hist. mil.)* spyd, pike; lanse; fanestang; *vb* gennembore med pike.
IV. pike [paik] *sb (am)* = *turnpike.*
piked [paikt] *adj* forsynet med pigge; spids.
pikeman ['paikmən] (ved vej) bommand; *(hist. mil.)* pikenér.
pike perch *zo* sandart.
piker ['paikə] *sb (am)* fedthas, gnier.
pikestaff ['paiksta:f] *sb* spydstage; *as plain as a* ~ klart som dagen.
pilaster [pi'læstə] *sb (arkit)* pilaster, vægpille.
pilch [piltʃ] *sb* bleholder; let sadel.
pilchard ['piltʃəd] *sb zo* sardin.
I. pile [pail] *sb* stabel *(fx a* ~ *of books);* dynge, hob; bål, ligbål; *(litt)* bygning, bygningskompleks; *(elekt)* tørelement; *(fys)* atommile, atomreaktor; T formue; *make one's* ~ samle sig en formue.
II. pile [pail] *vb* stable (op), dynge (op); fylde, stoppe; *(mil.)* (om geværer) sætte sammen, stille i pyramide; ~ **into** mase (sig) ind i, vælte ind i; kaste sig over; falde 'over; ~ **on** *the agony* T smøre tykt på, udmale alle rædslerne; ~ *it on* T overdrive, smøre tykt på; ~ *on the pressure* presse hårdt; ~ **out of** mase (sig) ud af, vælte ud af; ~ **up** dynge sammen, stable op; hobe sig op; (om biler) brase sammen; (om bil, fly) blive knust.
III. pile [pail] *sb* pæl, fundamentpæl; *vb* pilotere, ramme pæle ned (i).
IV. pile [pail] *sb* (på skind) hår, uld; (på tæppe) luv.
pile | driver rambuk. ~ **driving** pæleramning.
piles [pailz] *sb pl* hæmorroider.
pile-up ['pailʌp] *sb* massesammenstød, harmonikasammenstød.
pileus ['pailiəs] *sb (bot)* hat (på en svamp).
pilewort ['pailwə:t] *sb (bot)* vorterod.
pilfer ['pilfə] *vb* rapse, småstjæle.
pilferage ['pilferidʒ] *sb* rapseri.
pilgrim ['pilgrim] *sb* pilgrim; *the Pilgrim Fathers* (de engelske puritanere, som i 1620 med skibet *the Mayflower* forlod England for at bosætte sig i Amerika).
pilgrimage ['pilgrimidʒ] *sb* pilgrimsrejse, valfart.
piling ['pailiŋ] *sb (cf III. pile)* pilotering; pæleværk.
pill [pil] *sb* pille; S kugle (ved ballotering); billardkugle; bold; *the* ~ T p-pillen.
pillage ['pilidʒ] *sb* plyndring, bytte, rov; *vb* plyndre, røve.
pillar ['pilə] *sb* pille, søjle; *(ogs fig)* støtte; *(tekn,* på presse) styresøjle; *from* ~ *to post* fra Herodes til Pilatus, fra sted til sted, hid og did.
pillar box (søjleformet, fritstående) postkasse.
pillared ['piləd] *adj* hvilende på piller, forsynet med piller; søjleformet.
pillbox ['pilbɔks] *sb* pilleæske; *(mil.)* maskingeværrede, bunker.
pillion ['piljən] *sb* (på motorcykel) bagsæde; (på hest) ridepude (som plads for en kvinde bag ved rytteren); *ride* ~ sidde bagpå.
pillock ['pilək] *sb* S dum stud, idiot.
pillory ['piləri] *sb* gabestok; *vb (ogs fig)* sætte i gabestokken.
pillow ['piləu] *sb* hovedpude, pude; kniplepude; *(tekn)* bæreleje, ståleje; *vb* lægge på en pude; støtte som en pude; *take counsel from one's* ~ sove på det.
pillow|case pudevår, pudebetræk. ~ **lace** håndlavet knipling. ~ **slip** = *-case.* ~ **talk** fortrolig snak i sengen.
pillwort ['pilwə:t] *sb (bot)* pilledrager.
I. pilot ['pailət] *sb* lods; *(flyv)* pilot, flyver; *(tekn,* i presse) søger, (på bor) styretap; (se også ~ *light); vb (mar)* lodse; *(flyv)* være pilot på, føre (et fly); *(fig)* styre, lodse *(fx a Bill through Parliament); drop the* ~ *(ogs fig)* sende lodsen fra borde, sætte lodsen af.
II. pilot ['pailət] *adj* forsøgs- *(fx project),* prøve- *(fx census* afstemning), pilot-; *(tekn)* styre- *(fx bushing, valve).*
pilotage ['pailətidʒ] *sb* lodspenge; lodsning.
pilot | balloon *(meteorol)* pilotballon. ~ **boat** *(mar)* lodsbåd. ~ **cloth** (tykt, blåt, uldent stof, *fx* til overfrakker). ~ **engine** ekstralokomotiv (der sendes ud for at skaffe fri bane for et tog). ~ **fish** *zo* lodsfisk. **-house** *(am) (mar)* styrehus. ~ **jack** *(mar)* lodsflag. ~ **jacket** pjækkert. ~ **lamp** *(elekt)* kontrollampe; (på radio) skalalampe. ~ **light** tændblus; vågeblus; *(elekt)* = ~ *lamp.* ~ **officer** (svarer til) flyverløjtnant II. ~ **whale** *zo* grindehval.
pimento [pi'mentəu] *sb* allehånde, piment.
pimp [pimp] *sb* alfons; ruffer; *vb* drive rufferi.
pimpernel ['pimpənel] *sb (bot)* (rød) arve.
pimple [pimpl] *sb* filipens.
pimpled [pimpld], **pimply** ['pimpli] *adj* fuld af filipenser.
I. pin [pin] *sb* knappenål, nål (til at fæste med); (lille søm, tap:) stift; (af træ) pløk, pind, trænagle; (ved sinkning) (sinke)tap; *(mar)* åretold, kofilnagle; (på strengeinstrument) skrue; (til keglespil) kegle; *(fig)* døjt, gran; **-s** *pl* (T *ogs)* ben *(fx weak on one's -s* usikker på benene);
I don't care a ~ jeg er revnende ligeglad; *I have got -s and needles in my leg* mit ben sover; *be on -s and needles (am* T*)* sidde som på nåle; *as clean as a new* ~ fuldstændig ren.
II. pin [pin] *vb* hæfte, fæste (med nåle), fastgøre (med stifter *etc),* fastnagle, spidde; holde fast; lukke inde; (uden objekt) være hæftet fast; kunne hæftes fast; ~ *down* holde fast, binde, fastlåse; præcisere; ~ *him down to his promise* holde ham fast ved hans løfte; ~ *it on (to) him* T hænge ham op på det (ɔ: give ham skylden for det); ~ *one's faith to (el. on)* sætte al sin lid til, tro blindt på; ~ *up* hæfte op *(fx one's skirt),* slå op *(fx a notice).*
pinafore ['pinəfɔ:] *sb* (barne)forklæde.
pinafore dress spencerkjole.
pinball machine flippermaskine.
pin boy keglerejser.
pince-nez *[fr;* 'pænsnei] *sb* pincenez.
pincer movement *(mil.)* knibtangsmanøvre.
pincers ['pinsəz] *sb pl* (knib)tang; klo (på krebsdyr); *a pair of* ~ en (knib)tang.
I. pinch [pin(t)ʃ] *vb* knibe, klemme; trykke; pine; *(fig)* spinke og spare; S hugge, stjæle; nuppe, tage, anholde; *(mar)* knibe til vinden, sejle (et skib) for tæt til vinden; ~ *and scrape* spinke og spare; ~ *sby's arm* knibe en i armen; ~ *off,* ~ *out (ogs)* nippe af *(fx side shoots); know where the shoe -es* vide hvor skoen trykker; (se også *pinched).*
II. pinch [pin(t)ʃ] *sb* knib, kniben, klemmen; nød,

mangel, klemme, tryk *(fx we feel the ~ every day)*; så meget som man kan tage mellem to fingre, pris (tobak); *with a ~ of salt* med et gran salt, med en vis skepsis; *at a ~, (am) in a ~* i en snæver vending; når det kniber; *when it comes to the ~* når det kniber, når det kommer til stykket.

pinchbeck ['pin(t)ʃbek] *sb* pinchbeck (guldlignende legering af kobber og zink, hvoraf der laves billige smykker); *adj* uægte, forloren, tarvelig, billig.

pinched [pin(t)ʃt] *adj* klemt, trykket; (om udseende) hærget, afmagret, udtæret, tynd; *be ~* **for** være i bekneb for, mangle; *they were ~ for room* det kneb med pladsen; *be ~* **with** være hårdt medtaget af *(fx cold)*.

pinch-hit ['pinʃ'hit] *vb (am): ~ for sby* vikariere for en, træde i stedet for en. **pinch hitter** *sb* vikar.

pincushion ['pinkuʃn] *sb* nålepude.

I. pine [pain] *sb (bot)* fyr, fyrretræ; T ananas.

II. pine [pain] *vb* hentæres *(fx be pining from hunger)*; sygne hen; fortæres af længsel, længes stærkt *(for* efter; *to* efter at); *~ away* blive tynd og bleg, hentæres, sygne hen.

pineal ['piniəl] *adj* kogleformet; *the ~ gland, the ~ body* pinealkirtelen.

pineapple ['painæpl] *sb (bot)* ananas; S håndgranat.

pine barren hede med fyrretræer.

pine| bath fyrrenålsbad. *~* **bunting** *zo* hvidkindet værling. *~* **cone** fyrrekogle. *~* **grosbeak** *zo* krognæb. *~* **marten** *zo* skovmår. *~* **moth** *zo* fyrreugle.

pinery ['painəri] *sb* fyrreskov; ananas-have, ananasdrivhus.

pine tree fyrretræ; *Pine Tree State* staten *Maine* i USA.

pinetum [pai'ni:təm] *sb* arboret med nåletræer.

pine weevil *zo* gransnudebille.

pinewood ['painwud] *sb* fyrreskov; fyrretræ.

pinfold ['pinfəuld] *sb* kvægfold; *vb* sætte i fold; indespærre som i en fold.

ping [piŋ] *vb* smælde, knalde; *sb* smæld, knald.

ping-pong ['piŋpɔŋ] *sb* T bordtennis, ping-pong.

pinguid ['piŋgwid] *adj* fed, fedtet.

pinhead ['pinhed] *sb* knappenålshoved.

pinheaded ['pinhedid] *adj* T tåbelig, indskrænket.

pinhole ['pinhəul] *sb* knappenålshul; *~ camera* hulkamera.

I. pinion ['pinjən] *sb* vinge; vingespids; svingfjer; *vb* stække vingerne på; binde, lænke, bagbinde.

II. pinion ['pinjən] *sb (tekn)* (tand)drev; *(bevel ~)* spidshjul.

I. pink [piŋk] *sb* nellike; blegrød farve, pink; rød jægerfrakke; *(mar) (glds)* spidsgattet fartøj; *adj* blegrød, pink; *strike me ~!* (let *glds* T) det var som bare pokker! *in the ~ (of condition, of health)* T fuldkommen frisk og sund, så frisk som en fisk, i fineste form; *the ~ of perfection* fuldkommenheden selv.

II. pink [piŋk] *vb* udhugge med huller (, tunger); *(fx* med et sværd) gennembore; såre let; (om motor) banke.

pink coat rød frakke (som benyttes på rævejagt til hest).

pink-eye *sb (med., vet)* smitsom konjunktivitis (bindehindebetændelse).

pink-footed goose *zo* kortnæbbet gås.

pink gin gin og angostura.

pinkie ['piŋki] *sb (am, skotsk)* lillefinger.

pinking shears *pl* takkesaks.

pinkish ['piŋkiʃ], *adj* blegrød, lyserød.

pink slip *(am* S) fyreseddel.

pin money nålepenge, lommepenge; *(fig)* T penge man tjener i sin fritid; småpenge.

pinnace ['pinəs] *sb (mar)* slup.

pinnacle ['pinəkl] *sb* tinde, lille tårn, spir; spids bjergtop; *(fig)* højdepunkt, top; *vb* sætte spir (, tinder) på; sætte på en tinde, ophøje.

pinnate ['pinət] *adj* fjerformet; finnet.

pinny ['pini] *sb* T barneforklæde.

pinpoint ['pinpɔint] *sb* nålespids; meget lille punkt; prik; *vb* ramme (, lokalisere, angive) præcist; *~ bombing* præcisionsbombning.

pinprick ['pinprik] *sb* nålestik; *policy of -s* nålestikspolitik.

pint [paint] *sb* (rummål =) ca ½ liter; T en *pint* øl.

pinta ['paintə] *sb* T = *a pint of (milk)*.

pintable ['pinteibl] *sb* flippermaskine.

pintail ['pinteil] *sb zo* spidsand.

pintle [pintl] *sb* tap; *(mar)* rortap.
rortap.

pin-up girl pin-up pige.

pinwheel ['pinwi:l] *sb (am)* fyrværkerisol; (legetøj:) mølle (af celluloid *etc,* på en stang).

pinworm ['pinwə:m] *sb* springorm, børneorm.

piny ['paini] *adj* rig på fyrretræer; fyrretræs- *(fx smell)*.

pioneer [paiə'niə] *vb* bane vej for; være banebrydende; *sb* pioner; banebryder, foregangsmand; nybygger.

pious ['paiəs] *adj* from, gudfrygtig; *~ fraud* fromt bedrag.

I. pip [pip] *sb* kerne, frugtkerne.

II. pip [pip] *sb* pip (fuglesygdom); T: *give sby the ~* sætte en i dårligt humør.

III. pip [pip] *sb* prik, øje (på terning *el.* dominobrik); stjerne (som distinktion); dut (i tidssignal); (tegn for) p.

IV. pip [pip] *vb* T ramme, skyde ned; slå, besejre; (ved eksamen) dumpe i *(fx a question)*, dumpe til; dumpe; (om fugl) pippe; (om fugleunge) pikke hul på æggeskallen; *~ him at the post* slå ham på målstregen. *~ out* dø.

pipage ['paipidʒ] *sb* transport *(fx* af olie) gennem rørledninger; afgift for sådan transport; system af rørledninger.

I. pipe [paip] *sb* rør, ledningsrør; (tobaks)pibe; *(mus.)* fløjte, pibe, *(mar)* bådsmandspibe, *(ogs -s)* sækkepibe; (lyd:) fløjten, pippen, piben; *put that in your ~ and smoke it* nu kan du jo tygge på den; kan du give igen på den?

II. pipe [paip] *vb* blæse på fløjte, fløjte, *(ogs mar)* pibe *(fx ~ all hands on deck)*; pippe; forsyne med rør, lede gennem rør; pynte (en kage) med glasur; besætte med rouleau (, snorekantning); *~ down* T stemme tonen ned, stikke piben ind, holde mund; *~ one's eye (glds* T) tude, flæbe; *~ the side (mar)* pibe faldreb; *~ down* T stemme tonen ned, stikke piben ind; *~ up* T opløfte sin røst, stemme i.

pipe bowl pibehoved.

pipeclay ['paipklei] *sb* pibeler, pibepulver; *(fig)* militært pedanteri; *vb* rense med pibeler, pibe.

pipe|dream ønskedrøm. **-fish** *zo* nålefisk; tangnål. **-ful** pibefuld, 'stop'. *~* **key** hulnøgle. **-layer** rørlægger. **-laying** rørlægning. *~* **light** fidibus.

pipeline ['paiplain] *sb* rørledning; *(fig)* forbindelse, direkte forbindelseslinie; forsyningslinie; *in the ~ (fig)* undervejs; under forberedelse, på trapperne.

pip emma = *p.m.*

piper ['paipə] *sb* sækkepibeblæser; fløjtespiller; *pay the ~* betale gildet; *he who pays the ~ calls the tune* den der afholder udgifterne har ret til at være den bestemmende.

pipe| rack pibestativ; *(glds)* pibebræt. **-stem** *(ogs fig)* pibestilk. *~* **thread** rørgevind.

pipet(te) [pi'pet] *sb* pipette, dråbetæller.

pipe wrench rørtang.

piping ['paipiŋ] *sb* rørsystem, rørledning; (på tøj) rouleau, snorekantning; (på kage) linjemønster af sukkerglasur; (lyd:) fløjten, piben; *adj* fløjtende; piben-

de *(fx voice);* ~ *hot* kogende hed, rygende varm; *the* ~ *times of peace* fredens sorgløse tider.
pipistrel [pipi'strel] *sb zo* dværgflagermus.
pipit ['pipit] *sb zo* piber.
pipkin ['pipkin] *sb* lille lerpotte, lille stjærtpotte.
pippin ['pipin] *sb* pippinæble (sort af spiseæbler).
pipsqueak ['pipskwi:k] *sb* lille skvat; totakts motorcykel; *(glds mil.* S*)* lille granat.
piquancy ['pi:kənsi] *sb* pikanteri; pikant smag.
piquant ['pi:kənt] *adj* pikant, appetitvækkende, pirrende.
pique [pi:k] *sb* fornærmelse, såret stolthed; ærgrelse, irritation; *vb* pikere, såre, støde; pirre; ægge; ~ *oneself on* være stolt af, gøre sig til af; **-d** *(ogs)* fortrydelig.
piqué ['pi:kei] *sb* piké (slags tøj).
piquet [pi'ket] *sb* (et kortspil).
piracy ['pairəsi] *sb* sørøveri; *(fig)* ulovligt eftertryk; plagiat, falskneri; krænkelse af patentret.
pirate ['paiərət] *sb* sørøver; pirat; sørøverskib; *(fig)* piratforlægger; plagiator; omnibus der konkurrerer med de faste; piratradio; *vb* drive sørøveri; plagiere; eftertrykke ulovligt; hugge; *-d edition* piratudgave.
piratical [pai'rætikl] *adj* sørøver-; ~ *edition* piratudgave; ~ *printer* pirattrykker, vinkeltrykker.
pirn [pə:n] *sb* skudspole (ved spinding).
pirouette [piru'et] *sb* piruet; *vb* piruettere.
pis aller ['pi:z 'ælei; *fr*] sidste udvej, nødhjælp.
piscatorial [piskə'tɔ:riəl], **piscatory** ['piskət(ə)ri] *adj* fiske-, fiskeri-.
Pisces ['paisi:z] *(astr)* fiskene.
pisciculture ['pisikʌltʃə] *sb* fiskeavl.
piscina [pi'si:nə] *sb (pl piscinae* [-i:], *piscinas)* piscina (vaskebækken for præsten i katolsk kirke); fiskedam; badebassin.
piscine ['pisain] *adj* fiske-.
piscivorous [pi'siv(ə)rəs] *adj* fiskeædende, fiskespisende.
pish [p(i)ʃ] *interj* pyt!
pismire ['pismaiə] *sb zo (dial.)* myre.
piss [pis] *(vulg) vb* pisse; *sb* pis; ~ *around* fjolle rundt; ~ *off (vulg)* røvkede, irritere ad helvede til; ~ *off!* skrub af! ~ *oneself (fig)* grine sin røv i laser; *take the* ~ *out of* lave fedt grin med; ~ *one's trousers* pisse i bukserne.
pissed [pist] *adj (vulg)* pissefuld; *be* ~ *off at (am)* være pissesur på; *be* ~ *off with it* være skideked af det (, led ved det).
piss-up ['pisʌp] *sb* S druktur, kæp i øret, abefest.
pistachio [pi'sta:ʃiəu] *sb* pistacienød; *adj* pistacie *(fx ice-cream)*.
piste [pi:st] *sb* skibakke; pist.
pistil [pistl] *sb (bot)* støvvej.
pistillate ['pistilət] *adj:* ~ *flower* hunblomst.
pistol [pistl] *sb* pistol; *vb* skyde med pistol.
pistole [pi'stəul] *sb (glds)* pistol (spansk mønt).
piston [pistn] *sb (tekn)* stempel (i maskine, pumpe); (i blæseinstrument) (pumpe)ventil.
piston | **displacement** *(tekn)* slagvolumen. ~ **ring** *(tekn)* stempelring. ~ **rod** *(tekn)* stempelstang. ~ **valve** *(tekn)* stempelventil, stempelglider; (i blæseinstrument) (pumpe)ventil.
I. pit [pit] *sb* hul, grav, hule; (i minedrift) grube *(fx coalpit)*, skakt; (især til opbevaring) kule *(fx potato* ~; *lime* ~*)*; (til fangst) faldgrube; (på bilværksted *etc)* grav; (ved motorløb) depot; (i huden) (rundt) ar *(fx kopar)*; (til hanekamp) kampplads; *(teat)* parterre; *(am)* orkestergrav, *(merk)* del af børs; (i biblen) afgrund; **the** ~ *(of hell)* helvede; *the* ~ *of the stomach* hjertekulen; *it is the -s* T det er rædselsfuldt; det er dødssygt.
II. pit [pit] *vb* lave fordybninger (, huller) i, grave i; lægge i kule; stille op (til kamp); sætte ind, kæmpe *(against* imod); mærke med ar; *-ted with smallpox* koparret.
III. pit [pit] *(am) sb* sten (i frugt); *vb* tage stenen ud af, udstene.
pit-a-pat ['pitə'pæt] *adv* triptrap, tik tak; *sb* banken; *go* ~ (om hjertet) banke.
I. pitch [pitʃ] *sb* beg; harpiks; *vb* bege; *as dark as* ~ begsort, bælgmørk; *they that touch* ~ *will be defiled* den der rører ved beg får sorte fingre.
II. pitch [pitʃ] *vb* opslå, stille op, rejse *(fx a tent)*, anbringe; kaste, smide *(fx* ~ *him out)*; brolægge; (i kricket, baseball) kaste; være kaster; *(mus.)* stemme, fastsætte tonehøjden af; (uden objekt) slå lejr; styrte, falde *(fx* ~ *on one's head)*; skråne, hælde; *(mar)* (om skib) duve, stampe, hugge i søen, neje;
~ *camp* slå lejr; ~ *in* tage energisk fat; ~ *into* kaste sig over, gå løs på; skælde kraftigt ud; *the song is -ed too high* sangen ligger for højt; ~ *one's claims too high* sætte sine krav for højt; ~ *on* slå ned på, udse sig; vælge; støde på; ~ *a yarn* T spinde en ende.
III. pitch [pitʃ] *sb* højde, trin; højdepunkt; *(mus.)* tonehøjde, tone; stemmeleje; *(tekn)* hulafstand, *(mht* tandhjul) tandafstand; deling; *(mht* propel, skruesgevind) stigning; *(arkit, mht* tag, trappe) hældning (om tag *ogs)* rejsning; (i baseball) kast; (i kricket) arealet mellem gærderne; (til fodbold *etc)* bane; (på marked *etc)* stade, plads; *(mar)* duven, huggen, nejen; *at its highest* ~ *(fig)* på højdepunktet; (se også *II queer)*.
pitch-and-toss ['pitʃən'tɔs] *sb (omtr)* klink.
pitch|**-black** ['pitʃ'blæk] *adj* begsort. **-blende** ['pitʃblend] *sb (min.)* begblende. ~ **-dark** *adj* bælgmørk, *sb* bælgmørke.
pitched| **battle** kæmpeslag, bråvallaslag, batalje; *(glds)* regulært slag. ~ **roof** *(arkit)* skråtag, sadeltag.
I. pitcher ['pitʃə] *sb* kaster *(fx* i baseball); brosten.
II. pitcher ['pitʃə] *sb* krukke, (især *am)* kande; *(little) -s have (long) ears* små krukker har også ører.
pitchfork ['pitʃfɔ:k] *sb* fork, høtyv, greb; *vb* forke, kaste.
pitchman ['pitʃmən] *sb (am)* sælger (på marked) med rivende tungefærdighed.
pitchpine ['pitʃpain] *sb* pitchpine (harpiksfyldt sort af fyrretræ).
pitchpipe ['pitʃpaip] *sb* stemmefløjte.
pitchy ['pitʃi] *adj* begagtig, beget; begsort, bælgmørk.
pit coal stenkul.
piteous ['pitiəs] *adj* sørgelig, bedrøvelig, ynkelig *(fx sight)*; *(glds)* ussel; medlidende.
pitfall ['pitfɔ:l] *sb* faldgrube; fælde, snare.
pith [piθ] *sb* marv; rygmarv; *(fig)* styrke, kraft, fynd *(fx a speech that lacks* ~*)*; kerne *(fx the* ~ *of the speech)*.
pit-head ['pithed] *sb* nedgang til (kul)mine.
pith| **hat,** ~ **helmet** tropehjelm.
pithy ['piθi] *adj* marv-, marvfuld; *(fig)* kraftig; fyndig; ~ *sayings (ogs)* bevingede ord.
pitiable ['pitiəbl] *adj* ynkværdig, jammerlig, elendig, ynkelig *(fx attempt)*.
pitiful ['pitif(u)l] *adj* medlidende; ynkværdig *(fx figure)*; jammerlig; ussel.
pitiless ['pitiləs] *adj* ubarmhjertig; hård.
pitman ['pitmən] *sb* grubearbejder; *(tekn, am) (pl pitmans)* plejlstang.
pit props *pl* minetræ, afstivning (til minegang).
pit saw langsav.
pittance [pitns] *sb* ussel løn, ringe gave, almisse; (ringe) portion, smule, ubetydelighed.
pitter-patter ['pitə'pætə] *sb* klapren, klipklap; plasken.
pitting ['pitiŋ] *sb* grubedannelse; tæregrube.
Pittsburgh ['pitsbə:g].
pituitary [pi'tjuit(ə)ri] *sb* hypofyse; hypofyseekstrakt; *adj:* ~ *gland (el. body)* hypofyse.

I. pity ['piti] *sb* medlidenhed, medynk *(for, on* med); *it's a ~ that* det er synd *(el.* skade *el.* en skam) at; *what a ~!* hvor er det synd! sikke en skam! *it's a thousand pities* det er synd og skam; *for -'s sake* for Guds skyld; *in ~ of* af medlidenhed med; *more's the ~* trist nok; desværre kun; *take ~ on* forbarme sig over, få medlidenhed med.

II. pity ['piti] *vb* føle (, have) medlidenhed med; ynkes over; beklage, ynke.

pivot ['pivət] *sb* tap, drejetap, svingtap, (i måleinstrument) pinol; *(fig)* akse; midtpunkt; *(mil.)* fløjmand; *vb* anbringe på en tap; dreje om en tap; svinge; *(ogs fig)* dreje sig *(upon* om); *it all -s on him (ogs)* det hele står og falder med ham; *-ed (tekn)* drejeligt ophængt.

pivotal ['pivətl] *adj* drejelig, svingende, roterende; *(fig)* væsentlig, som det hele står og falder med; kardinal-, central.

pivotally *adv: ~ connected* drejeligt forbundet; *~ mounted* drejeligt ophængt.

pivot| bearing tapleje. ~ **joint** drejeled.

pixie, pixy ['piksi] *sb* alf, fe, nisse, trold.

pixilated ['piksileitid] *adj (am* T*)* halvtosset, småtosset, bims; fuld.

pl. *fk plate; plural.*

P.L.A. *fk Port of London Authority.*

placable ['plækəbl] *adj* forsonlig.

placard ['plæka:d] *sb* plakat, opslag; *vb* bekendtgøre; sætte plakater op på.

placate [plə'keit] *vb* formilde; stemme blidere; berolige.

placatory [plə'keitəri] *adj* formildende, forsonende.

I. place [pleis] *sb* plads, sted; lokale, hus, bolig, hjem, landsted, herresæde; (arbejde:) stilling; (i samfundet) stand, rang; (i sport) plads, placering; (ved bord) kuvert; *(fig)* opgave; *it is not my ~ to (ogs)* det tilkommer ikke mig at;

find *one's ~* finde sin plads; (ved læsning) finde hvor man er kommet til; **get** *a ~* (i sport) blive placeret; **give** *~ to* give plads for, vige for; **go** *-s (am)* T komme ud og se sig om; *(fig)* blive til noget (stort); **lay** *a ~ for sby* dække (med kuvert) til en; *six -s were laid* der var dækket til seks; **lose** *one's ~* miste sin plads; (ved læsning) ikke kunne finde hvor man er kommet til; **take** *~* finde sted; *take one's ~* indtage sin plads; *take the ~ of sby* indtage ens plads, træde i ens sted;

(forb med *præp)* **in** *a ~* på et sted, på en plads; *be in ~* være på (sin) plads; *in -s* på sine steder, hist og her; *in his ~* i hans sted, i hans stilling; *put sby in his ~* sætte én på plads; *put oneself in sby's ~* sætte sig i en andens sted; *in ~ of* i stedet for; *in the first ~* for det første; *~* **of** *amusement* forlystelsessted; *~ of business* forretningslokale; **out of** *~* malplaceret, ikke på sin plads; *feel out of ~* føle at man ikke hører til, føle sig tilovers; *all* **over** *the ~* over det hele, alle vegne; **to** *three -s (of decimals), to the third ~ (of decimals)* med tre decimaler.

II. place [pleis] *vb* anbringe, stille, lægge, sætte; placere *(with* hos, *fx ~ an order with the firm);* identificere, bestemme, placere *(fx I knew I had seen him before, but I couldn't ~ him);* (uden objekt, *am)* blive placeret (i væddeløb); *~ all the facts before him* forelægge ham alle kendsgerningerne; *~ confidence in* sætte lid til, vise tillid; *be -d* (i væddeløb) blive placeret.

placebo [plə'si:bəu] *sb (med.)* placebo, narretablet, uvirksomt middel; *(fig)* narresut.

place| card bordkort. ~ **hunter** embedsjæger, levebrødspolitiker. **-kick** (i rugby) pladsspark, spark til liggende bold. **-man** ['pleismən] politisk udnævnt embedsmand *el.* funktionær. ~ **mat** dækkeserviet.

placement ['pleismənt] *sb* anbringelse, placering.

place name stednavn.

placenta [plə'sentə] *sb (anat)* moderkage, efterbyrd; *(bot)* blomsterbund.

placer ['pleisə] *sb* (sekundært) guldleje.

placer| gold vaskeguld. ~ **mining** udvaskning af guld.

place setting kuvert, opdækning til én person.

placid ['plæsid] *adj* fredsommelig, stille, rolig.

placidity [plæ'siditi] *sb* fredsommelighed, stilhed, ro.

placket ['plækit] *sb* lomme, slids (i nederdel).

plage [pla:ʒ] *sb* (mondæn) badestrand.

plagiarism ['pleidʒərizm] *sb* plagiat.

plagiarist ['pleidʒərist] *sb* plagiator.

plagiarize ['pleidʒəraiz] *vb* plagiere.

plagiary ['pleidʒəri] *sb* plagiat; plagiator.

plague [pleig] *sb* pest; *(fig)* landeplage; pestilens; plage; *vb* plage, pine, være til plage for.

plaguesome ['pleigsəm] *adj* T besværlig, irriterende.

plague spot plet på huden som symptom på pest; pestbefængt område hvorfra pesten breder sig; *(fig)* smittekilde, pesthule.

plaguy ['pleigi] *adj* T forbandet, forbistret.

plaice [pleis] *sb zo* rødspætte.

plaid [plæd] *sb* skotskternet skærf, plaid; skotskternet stof *(el.* mønster), klanmønster.

I. plain [plein] *sb* slette, jævn mark; *(glds)* kampplads.

II. plain [plein] *vb (glds)* klage, sørge.

III. plain [plein] *adj* tydelig, klar *(fx the meaning is quite ~);* åbenlys; simpel, letfattelig, ligetil; usmykket, enkel, ensfarvet *(fx a ~ blue dress);* jævn, dagligdags, almindelig *(fx food);* tarvelig; (om hår) glat; (i strikning) ret *(fx ~ stitch* ret maske; *knit one row ~* strik en pind ret); (om personer) jævn, almindelig *(fx people);* ukunstlet, ligefrem; åbenhjertig, oprigtig, ærlig *(fx let me be ~ with* (over for) *you);* (om udseende *omtr)* grim *(fx a ~ girl);*

~ bread and butter bart smørrebrød; *his ~ duty* hans simple pligt; *in ~ English* rent ud, med rene ord, rent ud sagt; *in ~ language* i klart sprog *(mods* kodesprog); *~ truth* ren *(el.* usminket) sandhed.

plain|chant = *plainsong.* ~ **chart** *(mar)* platkort, søkort i Mercators projektion. ~ **chocolate** ren chokolade. ~ **clothes** *pl: in ~ clothes* i civil, civilklædt. ~ **-clothes man** opdager, civilklædt politibetjent. ~ **concrete** uarmeret beton. ~ **cook** *sb* kokkepige til daglig madlavning. ~ **-cook** *vb* lave daglig mad. ~ **cooking** daglig madlavning. ~ **dealing** *sb* oprigtighed, ærlighed. ~ **-dealing** *adj* oprigtig, ærlig. ~ **English,** ~ **language,** se *III. plain.* ~ **matter** *(typ)* skær sats. ~ **paper** skrivepapir uden streger; mat fotografisk papir. ~ **sailing:** *it is ~ sailing* det er lige ud ad landevejen, det er noget der går af sig selv.

plainsman ['pleinzmən] *sb* slettebo.

plainsong ['pleinsɔŋ] *sb* gregoriansk (kirke)sang.

plain| speaking oprigtighed, åbenhed; *that is ~ speaking* det er rene ord for pengene. ~ **-spoken** *adj* oprigtig, åben, djærv, ligefrem.

plaint [pleint] *sb (jur)* klageskrift; *(poet)* klage.

plaintiff ['pleintif] *sb* klager, sagsøger.

plaintive ['pleintiv] *adj* klagende; melankolsk.

plait [plæt] *sb* fletning; læg, plissé; *vb* flette; plissere.

plan [plæn] *sb* plan *(for* til); grundrids, udkast; (bygnings)tegning; kort *(fx a ~ of Paris); (fig)* plan, hensigt; *vb* tegne en plan over *(fx a garden);* projektere; *(fig)* påtænke, tænke på *(fx we are -ning to go abroad); ~ (out)* planlægge; *~ ahead* planlægge (, have sin plan klar) på forhånd; *according to ~* planmæssig; *on a new ~* efter en ny plan.

I. plane [plein] *sb* plan, flade; niveau, stade *(fx on the same ~ as a savage); (flyv)* flyvemaskine; bæreplan, vinge; (værktøj:) høvl; *(bot)* platan.

II. plane [plein] *adj* plan.

III. plane [plein] *vb* jævne, glatte; høvle; afrette; *(mar)* lige berøre vandoverfladen; *(flyv)* flyve i glideflugt; T flyve; *~ down (flyv)* gå ned i glideflugt; *(typ)* kloppe.

plane chart = *plain chart.*
planer ['pleinə] *sb* høvlemaskine; *(typ)* klopholt.
planet ['plænit] *sb (astr)* planet.
plane table målebord.
planetarium [plæni'tεəriəm] *sb* planetarium.
planetary ['plænit(ə)ri] *adj* planetarisk, planet-; jordisk.
plane tree platan.
planet wheel *(tekn)* planethjul.
plangent ['plændʒənt] *adj* drønende, larmende, rungende; klagende.
planing ['pleiniŋ] *sb* høvling; afretning.
planish ['plæniʃ] *vb* hamre (noget) plant, afhamre, udhamre, planere; glatte.
plank [plæŋk] *sb* planke; gangbræt; *(mar)* bord; *(fig)* (politisk) programpunkt; *vb* belægge med planker; beklæde med planker; T anbringe *(el.* sætte) med et bump, plante *(fx they -ed themselves in front of the door),* smide; ~ *down* T smække ned *(el.* smide) på bordet, (om penge) lægge på bordet, punge ud med.
planking ['plæŋkiŋ] *sb* plankebeklædning, planker, klædning.
plankton ['plæŋktɔn] *sb (biol)* plankton, svæv.
planned [plænd] *adj* planlagt, projekteret; påtænkt *(fx journey);* planmæssig *(fx retreat);* som sker efter en plan; organiseret; ~ *economy* planøkonomi; ~ *parenthood (omtr)* familieplanlægning.
I. plant [pla:nt] *sb* inventar, materiel; virksomhed, anlæg, fabrik; maskiner(i) *(fx heavy ~ crossing:); (bot)* plante; T aftalt svindel (som skal kaste mistanken på en uskyldig); tilvejebringelse af falske beviser; spion; fælde (for lovovertrædere).
II. plant [pla:nt] *vb* plante; lægge *(fx potatoes);* beplante; anlægge *(fx a garden);* oprette, grundlægge *(fx a colony);* udplante; udsætte *(fx fish in a river);* anbringe, placere *(fx a bomb in a house; oneself before the fire);* indplante, indpode *(fx the idea in their minds);* indsmugle; S skjule *(fx stolen goods);* hemmeligt aftale og forberede et svindelnummer (for at kaste mistanken på en uskyldig); lange, give *(fx a blow); ~ stolen goods (, evidence) on sby* anbringe tyvekoster (, bevismateriale) hos en for at kaste mistanken på ham; ~ *up* tilplante.
Plantagenet [plæn'tædʒinit].
plantain ['plæntin] *sb (bot)* vejbred; (palme:) pisang.
plantation [plæn'teiʃn] *sb* plantage; plantning; *(glds)* koloni, bosættelse.
planter ['pla:ntə] *sb* plantageejer, planter; landmand, farmer; kolonist, nybygger; *(am ogs)* blomsterstativ, plantestativ.
plantigrade ['plæntigreid] *sb zo* sålegænger.
plant louse bladlus.
plaque [pla:k] *sb* platte; mindetavle, mindeplade; plak (belægning på tænder).
I. plash [plæʃ] *vb* flette (grene) sammen.
II. plash [plæʃ] *vb* pjaske i; stænke på; plaske; *sb* plasken; pyt; stænk.
plashy ['plæʃi] *adj* våd, sumpet; plaskende.
plasm [plæzm], **plasma** ['plæzmə] *sb (biol)* plasma, blodvæske; *(min.)* plasma.
I. plaster ['pla:stə] *sb* pudsekalk, gips, puds; *(med.)* plaster; ~ *of Paris* (brændt) gips.
II. plaster ['pla:stə] *vb* kalke, pudse, gipse; *(med.)* sætte plaster på; T *(fig)* give erstatning; klistre, overklistre *(fx -ed with posters (, labels));* oversmøre *(fx with paint);* overdænge *(fx with praise); (mil.)* bombardere, overdænge *(fx ~ them with shells); (fig)* S banke eftertrykkeligt; ~ *one's hair down* smøre godt med fedt i håret for at få det til at lægge sig.
plasterboard ['pla:stəbɔ:d] *sb* gipsplade.
plaster cast gipsafstøbning; gipsbandage.
plastered ['pla:stəd] *adj* S fuld, pløret.
plasterer ['pla:st(ə)rə] *sb* gipser, gipsarbejder, stukkatør.
plastering ['pla:st(ə)riŋ] *sb* gipsning, pudsning, kalkning; kalkpuds.
plaster saint dydsdragon.
I. plastic ['plæstik] *adj* plastisk; som kan formes, *(fig ogs)* modtagelig *(fx the ~ mind of a child);* af plastic, plastic- *(fx raincoat).*
II. plastic ['plæstik] *sb* formstof, plastic, plast.
plasticine ['plæstisi:n] *sb* modellervoks.
plasticity [plæ'stisiti] *sb* plasticitet.
plasticizer ['plæstisaizə] *sb* blødgøringsmiddel.
plastic surgery plastikkirurgi, plastisk kirurgi.
plastron ['plæstrən] *sb (hist.)* brystharnisk; (fægters) plastron; (skildpaddes) bugskjold; (til beklædning) skjortebryst; (til dame) indsats, snydebluse.
plat [plæt] *sb (am)* stykke jord; plan, kort.
I. plate [pleit] *sb* plade *(ogs fot),* metalplade, *(typ)* trykplade; (billede:) kobberstik, stålstik, (i bog) tavle, planche; (på dør) skilt; (ved bordet) tallerken, (mad herpå) gang, portion *(fx a ~ of mashed potatoes); (am ogs)* ret; (forsølvet bestik *etc)* pletsager, (af sølv) sølvtøj; (ved væddeløb) væddeløbspræmie (af sølv *etc);* væddeløb med sølvpræmie, pokalløb; *(elekt)* anode; *(tandl)* kunstig gane, tandprotese (i overmunden), T forlorne tænder; *hand it him on a ~ (fig)* forære ham det; *have a lot (, enough) on one's ~ (fig)* have hænderne fulde, have meget der skal gøres.
II. plate [pleit] *vb* beklæde med metalplader, pansre; plettere.
plate armour panser; *(hist.)* rustning.
plateau ['plætəu] *sb* højslette, plateau.
plateful ['pleitf(u)l] *sb* tallerkenfuld, portion, gang.
plate glass spejlglas.
plate-glass university (om et af de nyeste universiteter, *mods red brick university).*
platelayer ['pleitleiə] *sb (jernb)* banearbejder, skinnelægger.
platelet ['pleitlət] *sb* blodplade.
plate mark stempel (på guld- og sølvvarer).
platen [plætn] *sb (typ)* digel; (på skrivemaskine) valse.
platen press *(typ)* digelpresse.
plater ['pleitə] *sb* pletterer; pladearbejder, pladesmed, skibsbygger; dårlig væddeløbshest.
plate rack tallerkenrække.
platform ['plætfɔ:m] *sb* perron; estrade; forhøjning, tribune, talerstol; politisk program, valgprogram.
platform| shoe sko med plateausåler. ~ **sole** plateausål.
plating ['pleitiŋ] *sb* plettering; beklædning med metalplader; pansring; panser; *(mar)* klædning.
platinize ['plætinaiz] *vb* platinere.
platinotype ['plætinətaip] *sb* platinotypi.
platinum ['plætinəm] *sb* platin; ~ *blonde* platinblond.
platitude ['plætitju:d] *sb* banalitet, banal bemærkning, flovse.
platitudinize [plæti'tju:dinaiz] *vb* fremsætte banale bemærkninger.
platitudinous [plæti'tju:dinəs] *adj* banal.
Plato ['pleitəu] Platon. **Platonic** [plə'tɔnik] *adj* platonisk.
Platonism ['pleitənizm] *sb* platonisme.
Platonist ['pleitənist] *sb* platoniker.
platoon [plə'tu:n] *sb (mil.)* deling.
platter ['plætə] *sb (glds)* (træ)tallerken; *(am)* fladt fad.
platypus ['plætipəs] *sb zo* næbdyr.
plaudits ['plɔ:dits] *sb pl (litt)* bifaldsytringer, bifald.
plausibility [plɔ:zə'biləti] *sb* tilsyneladende rigtighed; sandsynlighed; bestikkende optræden.
plausible ['plɔ:zəbl] *adj* (tilsyneladende) plausibel, som virker sandsynlig, bestikkende; (om person) med et bestikkende væsen.

I. play [plei] *vb* spille; *(teat)* spille, agere, (om stykke) opføre, (om film) vise; gå *(fx what is -ing tonight?)*; (i sport *ogs)* spille mod *(fx England is not -ing South Africa)*, spille i *(fx ~ all the large towns)*, sætte ind, sætte på holdet *(fx England is -ing her fastest bowler)*, (om kort og *fig)* spille ud, (om bold) slå *(fx he -ed the ball into the net)*, (om bane, instrument) være ... at spille på *(fx the lawn (, the piano) -s well)*; (more sig) lege, *(mods* være alvorlig) spøge, lave sjov *(fx he is only -ing)*; *(fig)* være med på spøgen, lege 'med; (om maskine *etc)* fungere, bevæge sig, (om springvand) springe, (med objekt) sætte i gang, (om slange, kanon) rette *(on* mod, se *ndf: ~ on)*; *(tekn)* spille, have slør; (om arbejder) holde fri, gå ledig;

(forskellige *forb)*: ~ *ball,* se *I. ball*; ~ *both ends against the middle (am)* spille dem ud mod hinanden; ~ *fair* spille ærligt spil; ~ *first* have udspillet; ~ *a fish* udtrætte en fisk; ~ *the field (am)* have mange jern i ilden; ~ *the fool* spille idiot; ~ *the game,* se *I. game*; ~ *hard to get* gøre sig kostbar; ~ high spille højt spil; ~ *the man* handle som en mand; ~ *second (fiddle)* spille andenviolin, spille en underordnet rolle;

(forb med *præp & adv)*: ~ **along** falde til føje; ~ *along with* rette sig efter, følge; ~ **around** pjanke, flirte; have affærer; ~ *around with* pjatte med, lege med; have en affære med; ~ **at** spille *(fx ~ at cricket)*, lege *(fx ~ at soldiers)*; ~ *at doing sth* lade som om man gør noget, gøre noget på skrømt; ~ *at home* spille på hjemmebane; ~ **away** sætte overstyr i spil; (i sport) spille på udebane; ~ **back** afspille; ~ **by** *ear* spille efter gehør; ~ *it by ear (fig)* improvisere; ekstemporere; ~ **down** bagatellisere, gå let hen over; ~ *down to sby* lefle for en; ~ *down to the crowd* spille for galleriet; ~ **for** spille om *(fx ~ for money)*, spille for *(fx shall I ~ sth for you?)*; være ude efter, søge at opnå *(fx ~ for safety)*; ~ *for time* søge at vinde tid; ~ **into** *sby's hands* gå ens ærinde, handle til ens fordel; ~ *them into the hall* (om orkester *etc)* spille mens de går ind i hallen; ~ **off** *a match* spille en kamp om; ~ *off one against the other* spille den ene ud imod den anden; ~ *sth off as sth else* udgive noget for noget andet end det det er; ~ **on** spille på *(fx the piano, their fears)*; ~ *on sby's credulity* misbruge ens lettroenhed; ~ *the hose on the fire* rette brandslangen imod ilden; ~ *the guns on sth* rette kanonerne imod noget; *the artillery -ed on the fortress* artilleriet beskød fæstningen; ~ *the searchlight on sth* rette søgelyset imod noget; ~ *on words* lege med ord, lave ordspil; *-ed* **out** udtjent, færdig, udslidt, udmattet; som har udspillet sin rolle; ~ **to** spille for; ~ **up** slå stort op, blæse op; drille, genere, plage; (uden objekt) spille op, lave ballade, gøre knuder, være en plage; ~ *up!* spil til! ~ *up to sby* støtte en, hjælpe en, (om skuespiller *ogs)* lægge op til en; *(neds)* indynde sig hos en; snakke en efter munden; ~ **with** lege med *(fx ~ with dolls; ~ with sby's affections)*; *he is not a man to be -ed with* han er ikke til at spøge med.

II. play [plei] *sb* spil; leg; forlystelse, spøg; bevægelse; virksomhed; *(teat)* skuespil, teaterstykke, drama; optræden; (om arbejdere) arbejdsnedlæggelse, arbejdsophør, ledighed; *(tekn)* spillerum, frigang, slør (= for stort spillerum), *(fig)* bevægelsesfrihed, spillerum; *give free ~ to* give frit løb, give frit spillerum; *give full ~ to one's powers* udfolde alle sine evner;

at ~ legende *(fx children at ~)*; i spil *(fx lose money at ~)*; *at the ~* i teatret; *be at ~* være i gang; være i færd med at lege; **in** ~ for spøg *(fx he said it only in ~)*; (om bold) i spil; *in full ~* i fuld gang; *hold (el. keep) sby in ~* holde en beskæftiget, give en fuldt op at bestille; *bring* **into** ~ sætte i gang; sætte ind, tage i brug; ~ **of** *colours* farvespil; ~ *of features* minespil; ~ *(up)***on** *words* ordspil; *go* **to** *the ~* gå i teatret; *make ~* **with** gøre god brug af; brillere med; *make great ~ with* gøre et stort nummer ud af.

playable ['pleiəbl] *adj* som lader sig spille; som man kan spille på *(el.* med).

play|-act *vb* være skuespiller; *(fig)* agere, 'spille komedie'. **-back** afspilning. **-bill** teaterplakat. **-book** tekst til teaterstykke. **-box** legetøjsæske. **-boy** ung levemand, fars søn. **-day** fridag. ~ **debt** spillegæld.

player ['pleiə] *sb* spiller, deltager i spil; skuespiller; professionel kricketspiller (, fodboldspiller).

player piano pianola, mekanisk klaver.

playfellow legekammerat.

playful ['pleif(u)l] *adj* oplagt til leg; munter, kåd; spøgefuld, spøgende.

play|goer ['pleigəuə] teatergænger. **-ground** legeplads, boldplads; *(fig)* tumleplads, sandkasse. **-group** (privat organiseret legestue for 3-5 årige). **-house** teater(bygning).

playing| card spillekort. ~ **field** sportsplads.

play|mate legekammerat. **-off** omkamp, slutspil. **-pen** kravlegård. **-thing** legetøj; *(fig ogs)* kastebold. **-time** legetid, fritid; klokkeslæt hvor forestillingen skal begynde. **-work** legeværk, arbejde der går som en leg. **-wright** ['pleirait] skuespilforfatter, dramatiker.

plc *fk public limited company.*

plea [pli:] *sb (jur)* påstand, erklæring, indlæg; forsvar; *(fig)* undskyldning; påskud; bøn; *on the ~ that* under påskud *(el.* påberåbelse) af at, idet man gør gældende at.

plea bargain *(am jur)* „studehandel" mellem anklaget og anklagemyndighed om delvis tiltalefrafald til gengæld for tilståelse.

pleach [pli:tʃ] *vb* (sammen)flette.

plead [pli:d] *vb* anråbe, bede indtrængende, trygle *(for* om, *fx ~ for mercy)*; *(jur)* tale i en sag for retten; føre en sag, plædere; (med objekt) forsvare, føre (en sag); (om undskyldning) anføre til sit forsvar, fremføre; påberåbe sig, anføre som undskyldning; henvise til; ~ *for sby* tale éns sag; *(jur)* repræsentere én i retten; ~ *guilty (jur)* erkende sig skyldig efter tiltalen; ~ *not guilty (jur)* nægte sig skyldig; ~ *with sby for* bede én indtrængende om, anråbe *(el.* trygle) én om.

pleader ['pli:də] *sb* advokat, forsvarer.

pleading ['pli:diŋ] *adj* bedende, bønlig; *sb* bønner; *(jur)* plæderen; indlæg; *-s pl* procedure, skriftveksling; (se også *special ~)*.

pleasance [plezns] *sb (glds)* fornøjelse; lysthave.

pleasant [pleznt] *adj* behagelig *(fx taste; surprise)*; rar *(fx fellow)*; tiltalende; elskværdig *(to* mod, over for); hyggelig *(fx afternoon)*; fornøjelig; *(glds)* lystig, gemytlig; *(a) ~ journey!* god rejse!

pleasantry ['plezntri] *sb* spøg, vittighed; munterhed, spøgefuldhed.

I. please [pli:z] *vb* (se også *pleased)* behage *(fx she did it from* (ud fra) *a desire to ~)*; tiltale, falde i (ens) smag *(fx I think that solution will ~ you)*; gøre tilpas *(fx he is hard to ~)*, tilfredsstille, glæde; have lyst (til);

do **as** *you ~* gør som du vil *(el.* synes *el.* finder for godt *el.* finder passende); *as jolly as you ~* vældig munter; i perlehumør; ~ **God** Gud give ...; om Gud vil; **if you** ~ hvis De ønsker; hvis De vil være så venlig; med Deres tilladelse; om jeg tør spørge; undskyld; (som svar på tilbud) ja tak; (ironisk) vil De tænke Dem *(fx and, if you ~, on top of all that he asked me to pay for it)*; ~ **oneself** gøre som det passer en; ~ *yourself!* (ofte let irriteret:) gør som du vil!

II. please *adv* (som høflighedsformular:) vær (så) venlig at *(fx ~ pass me the book = pass me the book, ~)*; *yes, ~* ja tak; *coffee, ~* jeg vil gerne have kaffe; ~ *do!* det må du endelig; ~ *forward* bedes eftersendt; ~, *teacher* undskyld hr. lærer (, frøken) (må jeg?).

pleased [pli:zd] *adj* tilfreds, fornøjet, glad; *be ~ to*

være glad ved at; behage at; *I shall be ~ to come* det vil være mig en fornøjelse at komme; *H. M. the Queen has been graciously ~ to* det har allernådigst behaget H. M. dronningen at.
pleasing ['pli:ziŋ] *adj* tiltalende, behagelig.
pleasurable ['pleʒ(ə)rəbl] *adj* behagelig.
pleasure ['pleʒə] *sb* glæde, fornøjelse; nydelse, lyst; velbehag; behag, forgodtbefindende; ønske, vilje; *vb* fornøje, glæde, tilfredsstille; *at ~* efter behag; efter forgodtbefindende; *during one's ~* så længe man har lyst; *during His (, Her) Majesty's ~* (om fængselsstraf) på ubestemt tid; *man of ~* levemand; *my ~!* (svar på tak:) ikke noget at takke for! *take (a) ~ in* finde behag i, finde fornøjelse i, nyde.
pleasure| boat lystbåd. ~ **ground** lystanlæg, park. ~ **-loving,** ~ **-seeking** *adj* forlystelsessyg. ~ **trip** fornøjelsestur.
pleat [pli:t] *sb* fold, læg, plissé; *vb* folde, plissere.
pleb [pleb] *sb* S plebejer.
plebeian [pli'bi:ən] *adj* plebejisk; *sb* plebejer.
plebiscite ['plebisit, -sait] *sb* folkeafstemning.
plectrum ['plektrəm] *sb* plektron, plekter.
I. pledge [pledʒ] *sb* pant; (højtideligt) løfte; afholdsløfte; *(glds)* skål (som udbringes); *take the ~* aflægge afholdsløftet; *hold in ~* have som pant; *put sth in ~* sætte noget i pant; *under ~ of secrecy* under tavshedsløfte.
II. pledge [pledʒ] *vb* pantsætte, sætte i pant; forpligte; love højtideligt, indestå for; drikke med, skåle med, skåle for, udbringe en skål for; *~ one's word (el. honour)* give sit æresord.
pledgee [ple'dʒi:] *sb* panthaver.
pledger ['pledʒə] *sb* pantsætter, pantstiller.
pledget ['pledʒət] *sb* (vat)tot, kompres.
Pleiades ['plaiədi:z] *sb pl: the ~* Plejaderne, syvstjernen.
plenary ['pli:nəri] *adj* fuld, fuldstændig, fuldtallig; *~ meeting* plenarmøde; *~ powers* fuldmagt.
plenipotentiary [plenipə'tenʃəri] *sb* befuldmægtiget minister (ɔ: udsending); *adj* med (uindskrænket) fuldmagt.
plenitude ['plenitju:d] *sb* fylde, overflod.
plenteous ['plentjəs] *adj* rigelig.
plentiful ['plentif(u)l] *adj* rigelig.
plenty ['plenti] *sb* fylde, overflod; velstand, rigdom; *adj* T rigelig; *adv* T vældig, mægtig *(fx it was ~ cold);* mere end *(fx it is ~ large enough); in ~* i overflod; *~ of* fuldt op af, nok af, godt *(el.* rigeligt) med, masser af; *~ of time* vældig god tid.
plenum ['pli:nəm] *sb* plenum, plenarforsamling, plenarmøde; overtryk; rum med komprimeret luft; *~ system* trykluftventilationssystem.
pleonasm ['pliənæzm] *sb* pleonasme („dobbeltkonfekt").
pleonastic [pliə'næstik] *adj* pleonastisk.
plethora ['pleθərə] *sb (med.)* forøget blodmængde, blodoverfyldning, *(fig)* overflod.
plethoric [ple'θɔrik] *adj* svulstig; *(med.)* blodoverfyldt.
pleurisy ['pluərisi] *sb* lungehindebetændelse.
pleuritic [pluə'ritik] *adj* som har lungehindebetændelse.
plexus ['pleksəs] *sb* netværk; *(anat)* plexus.
pliability [plaiə'biləti] *sb* bøjelighed; smidighed; eftergivenhed; føjelighed, svaghed.
pliable ['plaiəbl] *adj* bøjelig; smidig; let påvirkelig, eftergivende, føjelig, svag.
pliancy ['plaiənsi] se *pliability.*
pliant ['plaiənt] se *pliable.*
plied *præt* og *pp* af *ply.*
pliers ['plaiəz] *sb pl* tang; fladtang, niptang; *(cutting ~)* bidetang; *(combination ~)* kombinationstang, universaltang.

I. plight [plait] *(glds) sb* løfte, pant; *vb* love; sætte i pant; *~ one's troth to sby, ~ oneself to sby, give one's ~ to sby* skænke en sin tro.
II. plight [plait] *sb* tilstand, forfatning *(fx in a sad ~);* (vanskelig) stilling.
Plimsoll ['plimsəl]: *~ line, ~ mark (mar)* lastemærke.
plimsolls *sb pl* lærredssko med gummisåler.
plinth [plinθ] *sb* plint, sokkel.
Pliny ['plini] Plinius.
plod [plɔd] *vb* traske, gå med tunge skridt; *(fig)* hænge i, slide; *sb* trasken; streng tur; *(fig)* hængen i, slid; *(austr)* historie; *~ through* vade gennem; *(fig)* slæbe sig igennem.
plodder ['plɔdə] *sb* slider.
plodding ['plɔdiŋ] *adj* møjsommelig; tungt arbejdende; ihærdig.
I. plonk [plɔŋk] *sb* billig vin, sprøjt.
II. plonk = *plunk.*
plop [plɔp] *sb* plump, bump, bums; plop; *vb* plumpe.
plosive ['pləuziv] *sb (fon)* lukkelyd.
I. plot [plɔt] *sb* stykke jord, plet (jord); parcel, grund; havelod; *(am)* plan, kort.
II. plot [plɔt] *vb* give et (grund)rids af, tegne; indtegne *(el.* afsætte) på et kort (, i et diagram); fremstille grafisk; afsætte, optegne *(fx a graph, a curve* en kurve); (radar:) plotte; *sb* diagram, kurve *(fx a ~ of the month's sales).*
III. plot [plɔt] *sb* sammensværgelse, komplot, anslag; (i roman, skuespil) plot, intrige, handling; *lay -s* smede rænker.
IV. plot [plɔt] *vb* lægge planer, smede rænker, intrigere, konspirere; (med objekt) planlægge, pønse på, lægge råd op om.
plotter ['plɔtə] *sb* rænkesmed, konspirator; (radar:) plotter; *the -s* de sammensvorne.
plough [plau] *sb* plov, sneplov; *(agr)* pløjejord, pløjeland; *(bogb)* høvl; (snedkers) = *~ plane; vb* pløje; *(bogb)* beskære; T (let *glds)* (lade) dumpe til eksamen; *be -ed* dumpe; *the Plough (astr)* Karlsvognen; *~ back (merk)* reinvestere *(fx profits); ~ a lonely furrow* holde sig for sig selv, gå sin dunkle vej alene; *put one's hand to the ~ (fig)* lægge hånd på ploven (ɔ: gå i gang med et arbejde); *~ in* pløje ned; *~ into (am)* tage energisk fat på, kaste sig over; *take a ~* (let *glds)* dumpe; *~ through* slide *(el.* pløje) sig igennem; *~ up* oppløje; pløje op af jorden; *~ one's way* bane sig vej.
plough|boy plovdreng; bondedreng, bondeknold. **-man** plovmand; landmand, bonde. ~ **plane** skarrehøvl, plovhøvl. ~ **share** plovskær.
plover ['plʌvə] *sb zo (golden ~)* hjejle; *(ringed ~)* stor præstkrave.
plow [plau] *(am)* = *plough.*
ploy [plɔi] *sb* trick, kneb, snedig manøvre, kunstgreb, fidus, nummer; tidsfordriv.
pluck [plʌk] *vb* rive, rykke, trække *(at* i), (om strenge) gribe i; plukke *(fx a chicken, flowers); (am* S) plukke, plyndre; *sb* ryk, greb, tag, nap; mod, mandsmod; *~ up courage* tage mod til sig.
I. plug [plʌg] *sb* prop, pløk; (i tønde) spuns, tap, (i hane) told; *(elekt)* stikprop, stik(kontakt); *(tlf)* prop; (i tand) plombe; (i bil) tændrør; (til vand) brandhane; (af tobak) plade; skrå; T reklame, omtale; S (revolver-, gevær-)kugle; *(am* S) gammel krikke; høj hat, stiv hat; **pull** *the ~* (på wc) trække ud; *(mht* patient) slukke for kontakten, slukke for respiratoren.
II. plug [plʌg] *vb* tilstoppe; plombere, tilproppe; T gøre reklame for; *(am* S) skyde, pløkke ned; *~ away at* mase *(el.* slide) med; *~ in* tilslutte, sætte 'til (med stikkontakt); *~ a song on the audience* T banke en sang ind i hovedet på publikum; *~ up* stoppe (et hul); blive tilstoppet.
plug hat *(am* S) høj hat, stiv hat.

plug-ugly ['plʌgʌgli] *sb (am* S*)* gangster, bandit.
plum [plʌm] *sb* blomme; rosin; *(fig)* bedste del, lækkerbisken; *(~ job)* fedt job, ønskestilling; *be waiting for the -s to fall into one's mouth* (svarer til) vente at stegte duer skal flyve ind i munden på en.
plumage ['plu:midʒ] *sb* fjerdragt.
plumb [plʌm] *sb* blylod, sænklod, lod; *adj* lodret; lige; nøjagtigt; T rigtig, fuldstændig; *vb* bringe i lod; *(ogs fig)* lodde, måle; (forsegle:) plombere; (om vandrør *etc)* tætte, reparere; (uden objekt) lave blikkenslagerarbejde; ~ *crazy (am* S*)* skrupskør; ~ *the depths of (fig)* trænge til bunds i; ~ *nonsense* det rene vrøvl; *out of* ~ ude af lod; ~ *with* lodret over.
plumbago [plʌm'beigəu] *sb* grafit.
plumb bob lod.
plumbeous ['plʌmbiəs] *adj* bly-, blyagtig, blygrå.
plumber ['plʌmə] *sb* blikkenslager, gas- og vandmester.
plumber's friend *(el.* **helper)** vaskesuger.
plumbing ['plʌmiŋ] *sb* blikkenslagerarbejde, rørarbejde; vandrør *(fx there's something the matter with the ~)*; vand- og sanitetsinstallation, sanitære indretninger, toiletforhold; (ofte =) toilet *(fx show him where the ~ is)*.
plumbism ['plʌmbizm] *sb (med.)* blyforgiftning.
plumb|line lodline, lodsnor. ~ **rule** lodbræt.
plumcake ['plʌmkeik] *sb* plumkage.
plum|duff melbudding med rosiner. ~ **job** se *plum*.
plume [plu:m] *sb* fjer; fjerbusk; fjerlignende dusk; *vb* pynte med fjer; pudse (sine fjer); plukke; *strut in borrowed -s* pynte sig med lånte fjer; ~ *of smoke* røgfane; ~ *oneself* være stolt, bryste sig *(on* af).
plummer block *(tekn)* ståleje, lejebuk, lejestativ.
plummet ['plʌmit] *sb* lod; lodsnor; *vb* lodde; falde lodret ned.
plummy ['plʌmi] *adj* fuld af blommer *(el.* rosiner); T lækker, udmærket; 'fed', indbringende *(fx job)*; (om stemme) dyb og blød som smør.
plumose [plu:'məus] *adj* fjeragtig; fjerklædt.
I. plump [plʌmp] *adj* trind, trivelig, fyldig; buttet; *vb:* ~ *(up)* fylde, gøre fyldig, få til at svulme; blive fyldig, svulme.
II. plump [plʌmp] *vb* falde tungt, plumpe; lade falde *(el.* plumpe ned); *(fig)* plumpe ud med; (ved valg) kun stemme på én kandidat (hvor der er mulighed for at give to eller flere sin stemme); ~ *for (ogs)* gå stærkt ind for *(fx a scheme)*; støtte ubetinget.
III. plump [plʌmp] *sb* tungt fald, plump; regnskyl; *adj* udtrykkelig, ligefrem; *adv* rent ud, lige ud *(fx tell him ~ that he is a fool)*; uden videre; lige, pladask *(fx fall ~ in the river)*.
plum pudding plumbudding.
plumy ['plu:mi] *adj* fjeragtig; fjerklædt.
plunder ['plʌndə] *vb* plyndre, udplyndre, røve; *sb* plyndring, udplyndring; rov, bytte.
I. plunge [plʌn(d)ʒ] *vb* (ned)sænke, (ned)dyppe; støde *(fx a dagger into one's breast)*, stikke *(fx one's hand into sth)*; *(fig)* styrte *(fx the country into war)*, kaste; (uden objekt) dukke ned, kaste sig, styrte sig *(fx he -d into the river)*, styrte *(fx into the thicket)*; *(fig)* spille højt spil; (om skib) stampe; (om hest) kaste sig frem.
II. plunge [plʌn(d)ʒ] *sb* dykning, dukkert, spring; *(am:* sted til at springe) svømmebassin, dybt sted (i sø *etc)*, dyb sø; *take the ~ (fig)* vove springet.
plunger ['plʌn(d)ʒə] *sb (tekn)* pumpestempel; dykkerstempel; (til forstoppet vandrør) vaskesuger.
plunging fire *(mil.)* vertikal ild, krumbaneskydning.
I. plunk [plʌŋk] *sb* (om lyd:) bump, bums, (af streng) plingplang; *(am* S*)* dollar.
II. plunk [plʌŋk] *vb* kaste *(fx a stone at sby)*; (lade) falde, sætte med et bump, smække, smide *(fx he -ed his books on the table; she -ed the plate down before me)*; (på en streng:) knipse.
pluperfect ['plu:'pə:fikt] *sb (gram.)* førdatid, pluskvamperfektum.
plural ['pluərəl] *adj* indeholdende flere; *(gram)* flertals- *(fx ending)*; *sb* flertal.
pluralism ['pluərəlizm] *sb* det at have mere end ét præstekald; pluralisme.
pluralist ['pluərəlist] *sb* indehaver af flere (præste)embeder; pluralist.
plurality [pluə'ræliti] *sb* pluralitet, flerhed, majoritet, flertal; det at have mere end et præstekald *el.* embede.
plural| society samfund som rummer flere racer. ~ **voting** stemmeafgivning (, stemmeret) i mere end én valgkreds.
plus [plʌs] *sb* plus; additionstegn; *adj* positiv *(fx a ~ quantity)*; og derover, og opefter *(fx from the age of 11 plus (el. 11 +))*; ekstra; *conj* T og desuden; (se også *eleven-plus examination)*.
plus fours ['plʌs'fɔ:z] *sb pl* plusfours.
plush [plʌʃ] *sb* plys; *adj* = *plushy*.
plushy ['plʌʃi] *adj* plys-; *(fig)* rig, luksuøs, luksus-, 'dyr'.
Plutarch ['plu:ta:k]. **Pluto** ['plu:təu].
plutocracy [plu:'tɔkrəsi] *sb* plutokrati, rigmandsstyre; rigmandsaristokrati, pengeadel. **plutocrat** ['plu:təkræt] *sb* pengefyrste. **plutocratic** [plu:tə'krætik] *adj* plutokratisk.
Plutonic [plu:'tɔnik] *adj* plutonisk; vulkansk; som ligger dybt inde i jorden.
plutonium [plu:'təunjəm] *sb (kem)* plutonium.
pluvial ['plu:vjəl] *adj* regn-; regnfuld.
pluviometer [plu:vi'ɔmitə] *sb* regnmåler.
pluvious ['plu:vjəs] *adj* regn-, regnfuld.
I. ply [plai] *vb* bruge flittigt *(fx she plied her needle)*; arbejde ivrigt med, drive *(fx a trade)*; forsyne rigeligt, proppe *(with* med, *fx food)*; plage, bearbejde; bestorme, bombardere *(with* med, *fx questions)*; (om taxi) vente på tur ved holdeplads; *(mar)* krydse; befare, besejle; gå i fast rute *(fx the ship plies between Esbjerg and Harwich)*; ~ *him with drink* skænke rigeligt op for ham; ustandselig skænke op for ham; ~ *the horse with the whip* bearbejde *(el.* slå løs på) hesten med pisken.
II. ply [plai] *sb* (i garn) tråd; (i krydsfiner *etc)* lag; (tendens:) retning, tilbøjelighed; *three-ply* tretrådet, treløbet *(fx rope)*.
Plymouth ['plimәθ].
plywood ['plaiwud] *sb* krydsfinér.
P.M. *fk Prime Minister; Police Magistrate; Postmaster.*
p.m. ['pi:'em] *fk post meridiem (fx at 3 ~* kl. 3 eftermiddag); *post-mortem*.
P.M.G. *fk Paymaster General; Postmaster General.*
pneumatic [nju'mætik] *adj* pneumatisk, luft-; trykluft- *(fx tools, drill, hammer)*; ~ *despatch (el. post)* rørpost; ~ *tyre* luftring.
pneumonia [nju'məunjə] *sb (med.)* lungebetændelse.
pneumonic [nju'mɔnik] *adj* lunge-; lungebetændelses-.
po [pəu] *sb* T potte.
P.O. *fk postal order; post office.*
poach [pəutʃ] *sb* pochere (æg); (om jord:) nedtrampe, gøre opblødt; ælte *(fx* ler); (uden objekt) blive opblødt (, nedtrampet); drive krybskytteri, drive ulovlig jagt *(el.* fiskeri); ~ *on sby's preserves* (især *fig)* trænge ind på en andens enemærker, gå en i bedene; *-ed eggs* pocherede æg.
poacher ['pəutʃə] *sb* vildttyv, krybskytte.
P.O.box *fk post office box* postboks.
pochard ['pəutʃəd] *sb zo* taffeland.
pock [pɔk] *sb* pustel, byld, koppebyld.
I. pocket ['pɔkit] *sb* lomme; sæk; hul, fordybning; *(fig)* enklave, ø *(fx -s of unemployment* arbejdsløsheds-

øer); *(mil.)* lomme; *(min.)* mindre aflejring af guld *etc*; (i billard) hul; *(flyv)* lufthul; *zo* pung (hos pungdyr);

prices to suit all -s priser der passer for enhver pung; *put one's hand* **in** *one's ~ (fig)* give penge ud; punge ud; gøre et greb i lommen; *put one's pride in one's ~* glemme sin stolthed, bide i det sure æble; *be in ~* være ved muffen; have vundet (, tjent) *(fx be £300 in ~); be £300* **out of** *~, be out of ~ by £300* have tabt £300; (se *ogs II. line).*

II. pocket ['pɔkit] *vb* putte *(el.* stikke) i lommen *(fx ~ the money);* stikke til sig, tjene, indkassere; *(fig)* bide i sig *(fx he -ed the insult),* glemme, opgive *(fx one's scruples); ~ a ball* (i billard) støde en bal i hullet; *~ one's pride* glemme sin stolthed, bide i det sure æble.

pocket| book billigbog. **-book** lommebog; tegnebog; *(fig)* (penge)midler; *(am)* dametaske, håndtaske. ~ **borough** *(hist.:* før 1832) (valgkreds hvis vælgere var afhængige af godsejeren). ~ **glass** lommespejl. ~ **handkerchief** lommetørklæde. **-knife** lommekniv. ~ **money** lommepenge. ~ **piece** lykkeskilling. ~ **-size** *adj* i lommeformat.

pockmarked ['pɔkma:kt] *adj* koparret.

pod [pɔd] *sb (bot)* bælg, kapsel; *zo* (silkeorms) kokon; (af sæler *el.* hvaler) (lille) flok; *(flyv)* strømlinet beholder under fly; selvstændig enhed af rumskib; S mave; marihuanacigaret; *vb* bælge; sætte bælg; *in ~* S tyk (ɔ: gravid); *~ up* S blive tyk.

podagra [pə'dægrə] *sb (med.)* podagra.

podgy ['pɔdʒi] *adj* buttet, tyk, fedladen.

podium ['pəudiəm] *sb* podium, forhøjning, dirigentpult.

podsol ['pɔdsɔl], **podzol** ['pɔdzɔl] *sb* podsol (delvis ufrugtbar jord udvasket af regnvand).

Poe [pəu].

poem ['pəuim] *sb* digt.

poesy ['pəuisi] *sb (glds)* poesi, digtekunst.

poet ['pəuit] *sb* digter.

poetaster [pəui'tæstə] *sb (neds)* dårlig digter, versemager.

poetess ['pəuitəs] *sb* digterinde.

poetic(al) [pəu'etik(l)] *adj* poetisk, digterisk.

poetic| diction poetisk diktion, digterisk ordvalg. ~ **justice** poetisk retfærdighed. ~ **licence** digterisk frihed.

poetics [pəu'etiks] *sb* poetik.

poet laureate hofdigter.

poetry ['pəuitri] *sb* poesi, digtning, digtekunst.

po-faced ['pəufeist] *adj* S *(neds)* med en højtidelig mine, stiv i ansigtet.

pogo stick ['pəugəustik] kængurustylte.

pogrom ['pɔgrəm] *sb* pogrom, jødeforfølgelse.

poignancy ['pɔinənsi] *sb* skarphed, brod, bitterhed; intensitet.

poignant ['pɔinənt] *adj* skarp *(fx sauce); (fig)* skarp; bitter *(fx sorrow);* intens; skærende, gribende.

poinsettia [pɔin'setiə] *sb (bot)* julestjerne.

I. point [pɔint] *sb* spids, punkt, prik; (det vigtigste:) hovedsag, sag *(fx keep to the ~; that's the ~* det er netop sagen); (i anekdote *etc)* pointe; (formål *etc)* hensigt; mening *(fx there is not much ~ in doing that);* (om person) egenskab *(fx he has good -s),* særkende, side; (i sport og *merk)* point; *(mar)* (kompas)streg; *(mat.)* punkt; komma ved decimalbrøk; *(gram.)* skilletegn, punktum; *(typ)* punkt; *(geogr)* odde, pynt; *(elekt)* lampested; (på gevir) ende, tak; *(jernb),* se *points; (~ lace)* syet knipling;

(forb med *adj* og *what) bad ~ (ogs)* svaghed; *good ~ (ogs)* god egenskab, dyd; *singing is not his strong ~* at synge er ikke hans stærke side; *what's the ~?* T kan det ikke være lige meget?

(forb med *vb) carry (el. gain) one's ~* sætte sin vilje igennem; **get** *-s* vinde; **give** *-s to* give (mindre trænet sportsmand) points forud, give et forspring; være (én) overlegen; *it* **has** *its -s* det har sine fordele *(el.* gode sider); *you have (got) a ~ there* det har du ret i, det kan der være noget om; *he* **made** *his ~* han overbeviste de andre; hans synspunkt sejrede; *it is not clear what ~ is being made* det er ikke klart hvad meningen *(el.* hensigten) er; *we make a ~ of -ing* vi lægger vægt på at, det er os magtpåliggende at; *not to* **put** *too fine a ~ on it* for at sige det rent ud; *I do not* **see** *your ~* jeg forstår ikke hvor du vil hen (med det du siger); **stretch** *a ~* gøre en undtagelse, ikke tage det så strengt;

(forb med *præp)* **at** *all -s* på alle punkter, i alle henseender; *be at the ~ of* være på nippet til, stå i begreb med; *be at the ~ of death* ligge for døden; *at the ~ of the sword (, gun)* under tvang, under trussel om anvendelse af magt; *it is* **beside** *the ~* det kommer ikke sagen ved, det er irrelevant; *the case* **in** *~* det tilfælde der er under drøftelse, det foreliggende tilfælde; *Dickens is a case in ~* D. er et eksempel på dette; *in ~ of* med hensyn til; *in ~ of fact* faktisk; *~* **of** *conscience* samvittighedssag; *~ of honour* æressag; *the ~ of no return,* se *II. return; ~ of sale* salgssted; kasse; *~ of view* synspunkt; **off** *the ~ = beside the ~;* **on** *the ~ of* på nippet til, i begreb med *(fx I was on the ~ of leaving); be* **to** *the ~* vedkomme sagen, være relevant; *that is not to the ~* det kommer ikke sagen ved; *let us come to the ~* lad os komme til sagen; *when it came to the ~* da det kom til stykket; *frankness to the ~ of insult* en ligefremhed der grænser til uforskammethed; *sensitive to the ~ of morbidity* følsom indtil det sygelige; **up to** *a ~* til en vis grad.

II. point [pɔint] *vb* spidse *(fx a pencil),* sætte spids på; skærpe; sigte *(at* på), rette *(at* mod), pege *(at, to* på); sætte (skille)tegn i; pointere, fremhæve, understrege, markere; (om mur) fuge; (om jagthund) stå, gøre stand; (se også *pointed);*

~ the moral uddrage moralen *(fx* af en historie); *~ a rope (mar)* katte en ende; *~ out* udpege, *(fig)* påpege, fremhæve, gøre opmærksom på; *~ to* pege på; påpege; *(fig)* tyde på; *the minute hand -ed to twelve* den lille viser stod på tolv; *~ up* understrege.

point-blank ['pɔint'blæŋk] *adv* ligefrem, direkte *(fx ask him ~),* rent ud, pure *(fx he refused it ~); adj* lige, horisontal; *(fig)* direkte *(fx question); fire ~, fire at ~ range* skyde på meget nært hold.

point duty: *be on ~* (om færdselsbetjent) have færdselstjeneste (i vejkryds *etc).*

pointed ['pɔintid] *adj* spids, tilspidset; pointeret; skarp *(fx reproof),* tydelig, demonstrativ *(fx politeness); ~ arch* spidsbue; *~ style* spidsbuestil.

pointer ['pɔintə] *sb* viser (på ur, vægt); (i skole) pegepind; (jagthund:) pointer; T vink, fingerpeg.

point lace syet knipling.

pointless ['pɔintləs] *adj* meningsløs, formålsløs *(fx discussions),* ørkesløs *(fx speculations);* (om anekdote) uden pointe.

point-of-sale *adj* som foregår (, findes) på selve salgsstedet.

points [pɔints] *sb pl (jernb)* sporskifte.

pointsman ['pɔintsmən] *sb (jernb)* sporskifter; (i politiet) færdselsbetjent.

points rationing (rationeringssystem under den anden verdenskrig).

point-to-point (race) terrænridning.

poise [pɔiz] *sb* ligevægt; holdning; ro, sikkerhed (i optræden); *vb* balancere med, holde i ligevægt; være i ligevægt, svæve; gøre (sig) rede *(for* til); *evenly ~* (om konkurrence) jævnbyrdig.

poised [pɔizd] *pp, adj* svævende *(fx -d in mid-air);* balancerende *(fx with a jug -d on her head);* rolig, sikker, afbalanceret; parat, rede *(for* til); *evenly ~* (om konkurrence) jævnbyrdig.

oison [pɔizn] *sb* gift; *vb* forgifte, forgive; fordærve; *hate sby like ~* hade en som pesten; *what's your ~?* S hvad vil du have at drikke? hvad skal det være?

oisoner ['pɔiznə] *sb* giftblander(ske).

oisoning ['pɔizniŋ] *sb* forgiftning; giftblanderi; giftmord.

oison ivy *(bot)* giftsumak.

oisonous ['pɔiznəs] *adj* giftig; *(fig)* ødelæggende, skadelig, fordærvelig; T modbydelig, væmmelig.

oison pen anonym brevskriver (der ved ondsindede breve prøver at skade andre).

oison-pen letter anonymt smædebrev.

. poke [pəuk] *vb* støde, puffe, stikke *(fx one's head out of the window);* rode op i *(fx the fire);* stikke frem; famle *(for* efter); snuse; *sb* stød, puf, stik; *(vulg)* knald; *(am)* smøl, drys; *~ about (fig)* snuse rundt; nusse rundt; *~ fun at* drive løjer med, gøre nar af; *~ one's nose into (fig)* stikke sin næse i.

I. poke [pəuk] *sb (glds)* pose; (se også *pig).*

II. poke [pəuk] *sb* fremstående hatteskygge.

oke bonnet *(glds)* kysehat.

. poker ['pəukə] *sb* ildrager; nål til brandmaling; S universitetsscepter; *as stiff as a ~* så stiv som en pind.

I. poker ['pəukə] *sb* poker (kortspil).

oker face udtryksløst ansigt, pokeransigt.

okerwork ['pəukəwə:k] *sb* brandmaling.

okeweed ['pəukwi:d] *sb (bot)* kermesbærplante.

okey ['pəuki] *sb* S fængsel; *adj = poky.*

oky ['pəuki] *adj* trang *(fx room);* ubetydelig; kedelig; tarvelig, snoldet; *(am)* doven, langsom.

ol [pɔl] *sb (am* S *neds)* politiker.

olack ['pəulæk] *sb* (S *neds)* polak.

'oland ['pəulənd] Polen.

olar ['pəulə] *adj* polar; polar-; *~ bear* isbjørn; *~ orbit* satellitbane der passerer polerne.

olarity [pə'læriti] *sb* polaritet.

olarize ['pəuləraiz] *vb* polarisere; *(fig)* lede i samme retning *(fx ~ their efforts).*

Pole [pəul] *sb* polak.

I. pole [pəul] *sb* pol; *they are -s apart* de er (himmel)vidt forskellige; der er en afgrund imellem dem.

II. pole [pəul] *sb* stang, stage, pæl, stolpe; *(elekt ogs)* mast; *vb* stage frem; *under bare -s (mar)* for takkel og tov; *up the ~* S i knibe; tosset, skør.

oleaxe ['pəulæks] *sb* stridsøkse; slagterøkse; *(mar)* entrebil; *vb* hugge med stridsøkse; slå ned med slagterøkse.

ole|cat *zo* ilder; *(am)* T stinkdyr. *~* **flounder** *zo* skærising. *~* **jump(ing)** stangspring.

olemic [pɔ'lemik] *sb* polemiker; *adj* polemisk.

olemics [pɔ'lemiks] *sb* polemik.

olenta [pɔ'lentə] *sb* polenta, majsgrød.

ole star polarstjerne, nordstjerne, *(fig)* ledestjerne.

ole| vault stangspring. **-wood** *(forst)* stangskov.

olice [pə'li:s] *sb* politi; politifolk *(fx twenty ~); (am mil.)* mandskab afgivet til særlig tjeneste; kaserneorden; *vb* føre politiopsyn med; holde orden blandt; forsyne med politi; *(am mil.)* holde orden i (, på) (en lejr, en kaserne).

olice| constable politibetjent. *~* **cordon** politiafspærring. *~* **court** politiret. *~* **force** politistyrke. *~* **inspector** politiassistent. *~* **magistrate** dommer i politiretten. **-man** [pə'li:smən] politibetjent. *~* **office** politikammer. *~* **officer** politibetjent, politifunktionær. *~* **reporter** kriminalreporter. *~* **sergeant** overbetjent. *~* **State** politistat. *~* **station** politistation. **-woman** [pə'li:swumən] kvindelig politibetjent.

oliclinic [pɔli'klinik] *sb (med.)* poliklinik.

policy ['pɔlisi] *sb* politik, taktik, fremgangsmåde; klogskab, snuhed; *contrary to public ~* samfundsmæssigt uheldigt, imod samfundets interesse.

II. policy ['pɔlisi] *sb (assur)* (forsikrings)police.

policy|holder *sb* forsikringstager. **-maker** taktikplanlægger. **-making** *sb* taktisk planlægning.

polio ['pəuliəu], **poliomyelitis** ['pəuliəumaiə'laitis] *sb (med.)* børnelammelse, polio; *~ victim* polioramt.

I. Polish ['pəuliʃ] *sb, adj* polsk.

II. polish ['pɔliʃ] *vb* polere, pudse, blanke, blankslibe, glatte; (om gulv) bone; *(fig)* forfine, pudse af, pynte på; (uden objekt) blive blank; *sb* politur, pudsecreme, blanksværte; glans, glathed; *(fig)* politur, forfinelse, elegance, finhed; *~* **off** gøre det af med *(fx an opponent);* ekspedere; klare, gøre færdig i en fart *(fx one's work);* sætte til livs *(fx a meal).*

polished ['pɔliʃt] *adj* (blank)poleret, pudset, blank; *(fig)* sleben *(fx manners).*

polisher ['pɔliʃə] *sb* polerer; polereværktøj, poleremiddel.

Politburo ['pɔlitbjuərəu] *sb* politibureau.

polite [pə'lait] *adj* høflig, beleven; fin, dannet, kultiveret; *~ society* dannede kredse.

politic ['pɔlitik] *adj* klog, velbetænkt; snedig; *vb* politisere; (se også *body ~).*

political [pə'litikl] *adj* politisk, stats-; *~ economy (glds)* nationaløkonomi; *~ economist (glds)* nationaløkonom; *~ science* statsvidenskab.

politician [pɔli'tiʃn] *sb* politiker, statsmand; *(neds)* levebrødspolitiker.

politicize [pə'litisaiz], **politick** ['pɔlitik] *vb* politisere.

politico [pə'litikəu] *sb (neds)* (parti)politiker; politikus.

politics ['pɔlitiks] *sb* politik; statskunst; politiske anskuelser; politisk liv; *what are his ~?* hvor står han politisk?

polity ['pɔliti] *sb* regeringsform, statsorden, forfatning; samfundsbygning; stat; politik.

polka ['pɔlkə] *sb* polka; *~ dots pl* storprikket mønster.

I. poll [pɔl] *sb* poppedreng; S luder.

II. poll [pəul] *sb* valgliste; valghandling *(fx the opening of the ~);* stemmeafgivning, valg, afstemning; valgdeltagelse *(fx heavy* (stor) *~; light* (ringe) *~),* stemmeprocent; stemmetal; stemmeoptælling; *(public opinion ~)* opinionsundersøgelse; *-s pl* valgsted; *declare the ~* bekendtgøre *(el.* meddele) valgresultatet (officielt); *demand a ~* forlange skriftlig afstemning; *go to the -s* stemme, afgive sin stemme; *head the ~* få flest stemmer; *take a ~* foretage skriftlig afstemning.

III. poll [pəul] *vb* afgive (sin stemme), stemme *(fx ~ for a candidate);* optælle (stemmer); opnå, få, samle (stemmer) *(fx he -ed over 5,000 votes);* spørge (ved opinionsundersøgelse).

IV. poll [pəul] *sb (glds el. spøg)* hoved, isse, nakke; (af hat) puld; (på hammer) bane; *vb* topstævne, tophugge *(fx a tree);* klippe (skaldet); afhorne *(fx -ed cattle).*

pollack ['pɔlək] *sb zo* lubbe; sej (fisk).

pollard ['pɔləd] *sb* topstævnet træ; afhornet stykke kvæg; buk der har fældet geviret.

poll|book [pəul-] valgliste. *~* **clerk** listefører.

pollen ['pɔlən] *sb* blomsterstøv, pollen; *~ count* pollental.

pollinate ['pɔlineit] *vb* bestøve.

pollination [pɔli'neiʃən] *sb* bestøvning.

polling booth ['pəuliŋ-] stemmerum.

polliwog ['pɔliwɔg] *sb (am) zo* haletudse.

pollock ['pɔlək] = *pollack.*

pollster ['pəulstə] *sb* interviewer (ved opinionsundersøgelse).

poll tax ['pəultæks] kopskat.

pollutant [pə'lju:tənt] *sb* forureningskilde, forureningsfaktor, forurenende stof.

pollute [pə'l(j)u:t] *vb* forurene *(fx a river; the air); (fig)* besmitte; vanhellige, krænke.

pollution [pəˈl(j)uːʃn] *sb* forurening; besmittelse, vanhelligelse.
Pollyanna [pɔliˈænə] *sb* ukuelig optimist; *adj* ukuelig optimistisk.
pollywog = *polliwog.*
polo [ˈpəuləu] *sb* polo.
polonaise [pɔləˈneiz] *sb* polonaise.
polo neck rullekrave; rullekravesweater.
poloney [pəˈləuni] *sb* (slags pølse).
poltergeist [ˈpɔltəgaist] *sb* bankeånd.
poltroon [pɔlˈtruːn] *sb (litt)* kryster, kujon.
poly [ˈpɔli] *sb* T = *polytechnic.*
poly|gamist [pɔˈligəmist] *sb* polygamist. **-gamous** [pɔˈligəməs] *adj* polygam. **-gamy** [pɔˈligəmi] *sb* polygami. **-glot** [ˈpɔliglɔt] *adj* mangesprogs-; polyglot. **-gon** [ˈpɔligən] *sb* polygon, mangekant. **-graph** [ˈpɔligræf] *sb* løgndetektor. **-math** [ˈpɔlimæθ] *sb* en der er kyndig på mange områder; polyhistor. **-mer** [ˈpɔlimə] *sb (kem)* polymert stof. **-nomial** [pɔliˈnəumiəl] *sb (mat.)* flerleddet (størrelse).
polyp [ˈpɔlip] *sb zo* polyp.
polyphonic [pɔliˈfɔnik] *adj* polyfon, mangestemmig.
polypody [ˈpɔlipədi] *sb (bot)* engelsød.
polypous [ˈpɔlipəs] *adj* polypagtig.
polyp|us [ˈpɔlipəs] *sb (pl -i* [-ai]) *zo* polyp.
polysemy [ˈpɔlisemi] *sb (spr)* polysemi (ɔ: det at et ord har flere betydninger).
polystyrene [pɔliˈstairiːn] *sb*: ~ *foam* polystyren; flamingo ®.
poly|syllabic [pɔlisiˈlæbik] *adj* flerstavelses-. **-syllable** [ˈpɔliˈsiləbl] *sb* flerstavelsesord. **-technic** [pɔliˈteknik] *sb* (i *Engl*) (læreanstalt der giver uddannelser på universitetsniveau, også i humaniora, foruden mere praktisk betonede uddannelser). **-theism** [ˈpɔliθi(ː)izm] *sb* polyteisme.**-unsaturated** [pɔliʌnˈsætʃəreitid] *adj* flerumættet. **-vinyl** [pɔliˈvainl] *adj* polyvinyl-.
pom [pɔm] *sb* pommersk spidshund.
pomace [ˈpɔmis] *sb* presserester.
pomade [pəˈmaːd], **pomatum** [pəˈmeitəm] *sb* pomade; *vb* pomadisere.
pomegranate [ˈpɔm(i)grænət] *sb (bot)* granatæble.
pomelo [ˈpɔmiləu] *sb (bot)* pomelo, pompelmus; stor grapefruit.
Pomerania [pɔməˈreinjə] Pommern.
Pomeranian [pɔməˈreinjən] *adj* pommersk; *sb* pommeraner; pommersk spidshund.
pommel [ˈpʌml] *sb* sadelknap; kårdeknap; *vb pummel.*
pommel horse *sb* (i gymnastik) bensvingshest.
pomp [pɔmp] *sb* pomp, pragt, prunk.
Pompeian [pɔmˈpi(ː)ən] *adj* pompejansk.
Pompeii [pɔmˈpeii] Pompeji.
Pompey [ˈpɔmpi] Pompeius.
pom-pom [ˈpɔmpɔm] *sb* maskinkanon.
pompon [ˈpɔmpɔn] *sb* pompon (pyntekvast).
pomposity [pɔmˈpɔsiti] *sb* opblæsthed; svulstighed; opblæst person.
pompous [ˈpɔmpəs] *adj* højtravende, svulstig; opblæst.
ponce [pɔns] *sb* S alfons, luderka'l; *vb* drive alfonseri; ~ *around* T dalre rundt; være skabagtig.
poncho [ˈpɔntʃəu] *sb* poncho; regnslag.
pond [pɔnd] *sb* dam; kær; sø; *vb* opdæmme.
ponder [ˈpɔndə] *vb* overveje, overlægge; grunde.
ponderable [ˈpɔndərəbl] *adj* vejelig; målelig.
ponderous [ˈpɔnd(ə)rəs] *adj* tung, svær, massiv; uhåndterlig; klodset, kluntet; tungthenskridende, kedsommelig.
pondweed [ˈpɔndwiːd] *sb (bot)* vandaks.
pong [pɔŋ] *sb* T hørm, stank; *vb* stinke.
pongee [pɔnˈdʒiː] *sb* kinesisk silke.
poniard [ˈpɔnjəd] *sb* dolk; *vb* dolke, stikke.
pontiff [ˈpɔntif] *sb* ypperstepræst; pontifeks; pave, biskop.
pontifical [pɔnˈtifikl] *adj* pontifikal; pavelig, pave-; docerende; **-s** *sb pl* biskoppeligt skrud.
pontificate [pɔnˈtifikeit] *sb* pontifikat; pavestol; paves embedstid; *vb* docere; stille sig an som om man var ufejlbarlig.
pontlevis [pɔntˈlevis] *sb (hist.)* vindebro.
ponton [ˈpɔntən] *sb (am, mil.)* ponton.
pontoneer [pɔntəˈniə] *sb (am, mil.)* ingeniørsoldat (der bygger pontonbroer).
pontoon [pɔnˈtuːn] *sb* ponton; (kortspil, *omtr*) halvtolv; *vb* slå en pontonbro over; komme over ad en pontonbro; ~ *bridge* pontonbro.
pony [ˈpəuni] *sb* pony; S £25; *(am)* snydeoversættelse; lille glas (spiritus).
pony| chaise ponyvogn. **-tail** hestehale(frisure).
pooch [puːtʃ] *sb* S hund, køter.
poodle [puːdl] *sb* pudel, pudelhund.
poof [puf, puːf] *sb* S bøsseka'l.
poofter [ˈpuːftə] *sb* S (især *Austr)* bøsseka'l.
pooh [puː] *interj* pyt! åh!
pooh-pooh [puːˈpuː] *vb* slå hen, bagatellisere *(fx her fears);* afvise hånligt *(fx her objections).*
I. pool [puːl] *sb* dam; vandpyt, pøl; bredning (i flod)
II. pool [puːl] *sb* pulje, indsats; *(merk)* pool (en form for sammenslutning af forretninger), konsortium sammenslutning; (spil:) (form for billard); *vb* slå sammen (i en pulje); samle; *the football -s (omtr =* tipstjenesten; *do the -s* tippe; *win (on) the -s* vinde tipning.
pool|room *(am)* billardsalon. ~ **table** billardbord.
pools| coupon tipskupon. ~ **dividend** tipsgevinst.
poop [puːp] *(mar) sb* halvdæk agter, hytte; (barnesprog) bæ; S oplysninger; ævl; fjols; skid, fis; *do a ~* slå en skid; *vb* slå ind over agterfra (om en sø); tage en sø ind agterfra; (barnesprog) lave bæ.
pooped [puːpt] *adj (am S)* stakåndet; udkørt, udmattet, udpumpet.
poo-poo [ˈpuːpuː] *sb (am* S) bæ.
poor [puə] *adj* fattig, trængende; stakkels *(fx fellow)* dårlig *(fx health; consolation);* ringe *(fx in my ~ opinion);* mager, ussel, sølle; *(glds)* salig, afdød.
poor| box kirkebøsse, fattigbøsse. ~ **cod** *zo* glyse **-house** fattighus. ~ **law** fattiglov.
poorly [ˈpuəli] *adv* dårligt *(etc, se poor); adj* T dårlig utilpas.
poor| man's lawyer retshjælp for ubemidlede. ~ **-mouth** [ˈpuəmauð] *vb (am* S) tale ringeagtende om nedvurdere; undskylde sig med at man er så fattig. ~ **rate** fattigskat. ~ **relief** fattigforsorg. ~ **-spirited** *a* forsagt, frygtsom.
poove [puːv] *sb* S bøsse, homoseksuel.
I. pop [pɔp] *sb* knald, smæld; skud; T sodavand champagne; *adv* med et knald; bang! vupti! *go (off)* ~ gå af med et knald, sige bang; revne med et knald *in* ~ S stampet, pantsat.
II. pop [pɔp] *vb* plaffe, knalde, smælde; affyre (med et knald); trække (prop) op med et knald; T stikke *(f one's head out of the window);* skynde sig (af sted) smutte, stikke *(fx ~ over to the grocer's);* S stampe (ɔ: pantsætte) *(fx one's watch); ~ corn (am)* poppe popcorn; ~ *pills* sluge piller; ~ *the question* S fri; *(forb* med *præp, adv)* ~ *at* skyde på; ~ *in* kikk indenfor; smutte ind, komme ind; ~ *into* aflægge e kort besøg i, foretage en sviptur til; ~ *off* stikke a smutte væk; gå af; skyde af; plaffe ned; S kradse a stille træskoene; ~ *out* smutte ud; gå ud; ~ *up* far op; dukke op; ~ *up to town* smutte ind til byen.
III. pop [pɔp] *sb (am)* far.
IV. pop [pɔp] *fk popular;* T *sb* pop(musik); *adj* popu

lær, pop- *(fx music)*. **pop.** *fk population; popular.*
popcorn ['pɔpkɔ:n] *sb* popcorn (ristet majs).
pope [pəup] *sb* pave.
popery ['pəupəri] *sb (neds)* papisme; papistisk lære.
Pop-eye ['pɔpai]: ~ *the Sailor* Skipper Skræk.
popeyed ['pɔpaid] *adj* med udstående øjne.
popgun ['pɔpgʌn] *sb* luftbøsse, legetøjspistol.
pophole ['pɔphəul] *sb* hul, lille udgang (fra hønsehus til hønsegård).
popinjay ['pɔpindʒei] *sb (litt)* laps; papegøje (ved fugleskydning).
popish ['pəupiʃ] *adj* papistisk.
poplar ['pɔplə] *sb (bot)* poppel.
poplin ['pɔplin] *sb* poplin (et stof).
poppa ['pɔpə] *sb (am* T*)* far.
popper ['pɔpə] *sb* trykknap (i tøj).
poppet ['pɔpət] *sb* (lille) skat (som kæleord); *(mar)* (til åregaffel) skvætbord.
popping crease (i kricket) slaggrænse.
popple [pɔpl] *vb* skvulpe; boble; danse, bevæge sig op og ned; *sb* skvulp(en), krusning, krap sø.
poppy ['pɔpi] *sb (bot)* valmue; *Flanders* ~ Flandernvalmue (helliget mindet om dem der døde i den første verdenskrig); *Poppy Day* (11. nov. hvor der sælges *Flanders poppies).*
poppy anemone fransk anemone.
poppycock ['pɔpikɔk] *sb* T vrøvl, sludder.
popshop ['pɔpʃɔp] *sb* lånekontor.
popsicle ['pɔpsikl] *sb (am)* ispind.
populace ['pɔpjuləs] *sb: the* ~ den almindelige *(el.* brede) befolkning, den store hob.
popular ['pɔpjulə] *adj* folke-; folkets; populær, folkelig, letfattelig, udbredt; ~ *etymology* folkeetymologi; ~ *front* folkefront.
popularity [pɔpju'læriti] *sb* popularitet.
popularization [pɔpjulərai'zeiʃn] *sb* popularisering; udbredelse.
popularize ['pɔpjuləraiz] *vb* popularisere.
populate ['pɔpjuleit] *vb* befolke.
population [pɔpju'leiʃn] *sb* befolkning; folkemængde, folketal; bestand *(fx the pig ~);* (i statistik) observationsmateriale; *the ~ of students* antallet af studerende, studentertallet; *the ~ of our colleges (, prisons) has changed* det er en anden kategori af mennesker der findes i vore kollegier (, fængsler).
populist ['pɔpjulist] *sb* populist; politiker der appellerer til menigmand; *adj* populistisk.
populous ['pɔpjuləs] *adj* folkerig, tæt befolket.
porbeagle ['pɔ:bi:gl] *sb zo* sildehaj.
porcelain ['pɔ:slin] *sb* porcelæn.
porch [pɔ:tʃ] *sb* overdækket indgang, vindfang, *(glds)* bislag; forhal; (til kirke) våbenhus; *(am)* veranda.
porcine ['pɔ:sain] *adj* svine-, som ligner et svin.
porcupine ['pɔ:kjupain] *sb zo* hulepindsvin.
porcupine fish *zo* pindsvinefisk.
I. pore [pɔ:] *vb* stirre *(over, upon* på); ~ *over (ogs)* fordybe sig i; ~ *over the books* hænge over bøgerne.
II. pore [pɔ:] *sb* pore.
pork [pɔ:k] *sb* svinekød, flæsk; *roast leg of* ~ flæskesteg.
pork barrel *(am* S) statens pengekasse. **pork barrel legislation** *(am)* vedtagelse af bevillinger til lokale formål (for at glæde vælgerne der).
pork| butcher svineslagter; viktualiehandler, *(glds)* spækhøker; charcuteri. ~ **-cheese** grisesylte.
porker ['pɔ:kə] *sb* fedesvin.
porn [pɔ:n], porno ['pɔ:nəu] *sb* T porno.
pornographic [pɔ:nə'græfik] *adj* pornografisk.
pornography [pɔ:'nɔgrəfi] *sb* pornografi.
porosity [pɔ:'rɔsiti] *sb* porøsitet.
porous ['pɔ:rəs] *adj* porøs.
porphyry ['pɔ:firi] *sb (min.)* porfyr.
porpoise ['pɔ:pəs] *sb zo* marsvin; *vb* springe som et marsvin; *(flyv)* lande hårdt, stampe.
porridge ['pɔridʒ] *sb* havregrød, grød; *keep one's breath to cool one's* ~ holde sine gode råd for sig selv; *do* ~ S sidde inde (ɔ:i fængsel).
porringer ['pɔrin(d)ʒə] *sb* skål (til grød, vælling *etc).*
I. port [pɔ:t] *sb* havn, søhavn; havneby; ~ *of call* anløbshavn; ~ *of registry* hjemstedshavn; *any ~ in storm (fig)* i en nødsituation er enhver udvej god.
II. port [pɔ:t] *sb* åbning, port; *(mar)* lasteport; koøje.
III. port [pɔ:t] *sb* holdning, måde at føre sig på.
IV. port [pɔ:t] *sb* portvin.
V. port [pɔ:t] *(mar) sb* bagbord; *vb* lægge (roret) bagbord; *the ~ watch* bagbordsvagten.
portable ['pɔ:təbl] *adj* transportabel; *sb* transportabel radiomodtager; rejseskrivemaskine.
portage ['pɔ:tidʒ] *sb* transport (af båd og last) over land mellem to floder *(el.* sejlbare strækninger); sted hvor sådan transport foretages.
portal [pɔ:tl] *sb* portal.
portcullis [pɔ:t'kʌlis] *sb (hist.)* faldgitter.
Porte [pɔ:t]: *the ~, the Ottoman ~, the Sublime* ~ Den høje Port (den tyrkiske regering).
portend [pɔ:'tend] *vb* varsle, varsle om, spå.
portent ['pɔ:tent] *sb* varsel, tegn; vidunder.
portentous [pɔ:'tentəs] *adj* betydningsfuld *(fx event);* ildevarslende *(fx defeat);* imponerende, ærefrygtindgydende; gravitetisk, overdrevent højtidelig; vigtig, opblæst.
porter ['pɔ:tə] *sb* portner, portvagt, dørvogter; (i hotel) hotelkarl, *(hall ~)* portier; *(jernb)* drager; portør; *(am)* sovevognskonduktør; (ølsort:) porter.
porterage ['pɔ:təridʒ] *sb* transport (af bagage *etc);* dragerløn, budpenge.
porterhouse steak *(am omtr)* tyksteg.
portfolio [pɔ:t'fəuliəu] *sb* mappe; *(merk)* portefølje; (ministers) portefølje *(fx minister without ~);* arbejdsområde; (fag)ministerpost; *have a ~ (ogs)* være minister.
portfolio investment *(merk)* investering i værdipapirer.
porthole ['pɔ:thəul] *sb (mar)* koøje; *(glds)* skydehul, kanonport.
portico ['pɔ:tikəu] *sb* søjlegang.
portion [pɔ:ʃn] *sb* del; andel, part, lod; (af mad) portion; *(litt)* lod i tilværelsen; *(glds)* arvedel, arvepart; (til brud) medgift; *vb* dele, uddele, fordele; *(glds,* om brud) udstyre (med medgift); *by -s* portionsvis; ~ *out* uddele.
portioner ['pɔ:ʃənə] *sb* uddeler, fordeler.
portly ['pɔ:tli] *adj* korpulent, svær; værdig, statelig.
portmanteau [pɔ:t'mæntəu] *sb* kuffert.
portmanteau word ord dannet ved sammentrækning af to andre ord *(fx brunch* af *breakfast* og *lunch);* fællesbenævnelse.
port master havnefoged; havnekaptajn.
portrait ['pɔ:trit] *sb* portræt, billede.
portraitist ['pɔ:tritist] *sb* portrætmaler.
portraiture ['pɔ:tritʃə] *sb* portrætmaling, portrættering.
portray [pɔ:'trei] *vb* portrættere, male; skildre.
portrayal [pɔ:'treiəl] *sb* portrættering, portræt(maleri); skildring.
portress ['pɔ:trəs] *sb* portnerske.
Port Said [pɔ:t'said].
Portsmouth ['pɔ:tsməθ].
Portugal ['pɔ:tjugl]. **Portuguese** [pɔ:tju'gi:z] *adj* portugisisk; *sb* portugisisk; portugiser.
pose [pəuz] *sb* stilling; positur, attitude; noget påtaget; *vb* opstille, anbringe *(fx a model);* fremsætte *(fx an idea),* bringe frem, rejse *(fx a question);* (uden objekt) stå (, sidde) model *(fx ~ for an artist); (neds)* posere, stille sig i positur, skabe sig *(fx she is always*

posing), stille sig an; ~ *as* give sig ud for (at være), prætendere at være; ~ *a threat to* repræsentere *(el.* udgøre) en trussel for.

poser ['pəuzə] *sb* vanskeligt (, drilagtigt) spørgsmål, hård nød at knække; (om person) = *poseur.*

poseur [pəu'zə:] *sb* posør, skabagtigt menneske.

posh [pɔʃ] T *adj* flot, smart; fin; burgøjser-, overklasse-, højfornem; *vb:* ~ *up* gøre sig smart.

posit ['pɔzit] *vb* (i logik) sætte, postulere; antage; foreslå.

position [pə'ziʃn] *sb* stilling, position, beliggenhed; *(mil.)* stilling; *(fig)* standpunkt; *vb* anbringe, placere, *(tekn ogs)* indstille; lokalisere; *(mil.)* bringe i stilling *(fx troops); in* ~ på sin rette plads; *in a* ~ *to* i stand til at, således stillet at man kan *(fx he is not in a* ~ *to marry); in a false* ~ i et falsk lys; *out of* ~ ikke på plads; *take up the* ~ *that* indtage det standpunkt at; (se også *manoeuvre).*

position| paper programerklæring; redegørelse for regerings *(etc)* standpunkt. ~ **warfare** stillingskrig.

positive ['pɔzitiv] *adj* positiv; udtrykkelig, bestemt *(fx orders);* virkelig *(fx knowledge),* direkte *(fx denial, lie),* afgørende, sikker *(fx proof);* sikker i sin sag, overbevist *(of* om, *that* om at); *(neds)* selvsikker, påståelig; T komplet, rigtig *(fx fool),* ren *(fx pleasure* fornøjelse); *sb* realitet; *(gram., fot)* positiv; *I won't be* ~ jeg kan ikke sige det med bestemthed; *it is a* ~ *crime* det er ligefrem en forbrydelse.

positive discrimination positiv særbehandling.

positively ['pɔzitivli] *adv* positivt *(etc,* se *positive);* direkte, ligefrem *(fx rude);* bogstavelig talt, formelig *(fx he* ~ *devoured her with his eyes).*

positive | sign plustegn. ~ **vetting** sikkerhedscheck.

positivism ['pɔzitivizm] *sb* positivisme.

positron ['pɔzitrɔn] *sb* positron.

posology [pə'sɔlədʒi] *sb* dosologi (læren om de mængder hvori lægemidler skal indgives).

posse ['pɔsi] *sb* opbud, styrke (især af politi); flok.

possess [pə'zes] *vb* besidde, eje *(fx a car),* have *(fx patience),* sidde inde med *(fx information);* beherske *(fx a language);* (om dæmon og *fig)* besætte; ~ *oneself (el. one's soul) in patience* væbne sig med tålmodighed; ~ *oneself of* bemægtige sig; *what -ed him to do it* hvad gik der af ham siden han kunne gøre det.

possessed [pə'zest] *adj* besat *(by, with* af); *be* ~ *of* være i besiddelse af.

possession [pə'zeʃn] *sb* besiddelse; eje; ejendom; *-s pl (ogs)* ejendele; ~ *is nine points of the law* den faktiske besidder står altid stærkest; *be in* ~ (i boldspil *etc)* have bolden *etc; be in* ~ *of* være i besiddelse af; *get* ~ *of, come into* ~ *of* komme i besiddelse af; *take* ~ *of* sætte sig i besiddelse af; *quick* ~ *(fx* i annonce) hurtig overtagelse; (se også *self-possession).*

possessive [pə'zesiv] *sb (gram.)* possessiv, ejestedord; genitiv; *adj (gram.)* ejendoms-, eje-; *(neds)* besidder- *(fx instinct);* (om person) som gerne vil besidde, begærlig; dominerende; omklamrende *(fx love); a* ~ *mother* en mor der vil „sidde på" sine børn; ~ *case* genitiv; ~ *pronoun* possessivt pronomen, ejestedord.

possessor [pə'zesə] *sb* besidder, indehaver, ejer.

posset ['pɔsit] *sb* (varm mælk tilsat krydderier og øl *el.* vin).

possibility [pɔsə'biləti] *sb* mulighed *(of* for).

possible ['pɔsəbl] *adj* mulig; eventuel; T tålelig.

possibly ['pɔsəbli] *adv* muligvis, måske; eventuelt; på nogen mulig måde *(fx as soon as you* ~ *can); I cannot* ~ *do it* jeg kan umuligt gøre det.

possum ['pɔsəm] *fk opossum; play* ~ T ligge død, spille syg, simulere; spille dum.

I. post [pəust] *sb* pæl, stolpe, post.

II. post [pəust] *vb* slå op *(fx the names of the winners),* angive ved opslag; dække med opslag *(fx* ~ *a wall); (am)* (ved opslag) forbyde adgang til *(fx a garden);* (ved opslag) offentliggøre *(fx* navnene på dumpekandidater); (ɔ: til spot:) hænge ud; *-ed (as) missing* meldt savnet; ~ *no bills!* opklæbning forbudt! ~ *up* slå op.

III. post [pəust] *sb* post, stilling, embede; *(merk)* handelsstation; *(mil.)* post *(fx he remained at* (på) *his* ~), militærstation; *vb* ansætte; (især *mil.)* opstille *(fx sentries);* postere, placere; forflytte; ~ *to* forflytte til, overføre til, udkommandere til tjeneste ved.

IV. post [pəust] *sb* post, postbefordring; posthus, postkontor; postkasse; postombæring; *(glds)* postvogn; *by* ~ med posten; (se også *II. return).*

V. post [pəust] *vb* poste, lægge i postkassen, sende med posten; (i bogholderi) indføre, bogføre, postere; *(glds)* rejse hurtigt; *keep sby -ed* holde én ajour; ~ *off* skynde sig af sted; afsende med posten; ~ *up* føre ajour; *-ed up* (om person) velunderrettet.

postage ['pəustidʒ] *sb* porto.

postage| meter (især *am)* frankeringsmaskine. ~ **stamp** frimærke.

postal [pəustl] *adj* postal; post-; *sb (am)* T postkort; ~ *clerk* kontormedhjælper der ekspederer posten; ~ *code* postnummer; ~ *order (omtr)* postanvisning; *the (International) Postal Union* verdenspostforeningen; ~ *vote* brevstemme.

post|bag postsæk. **-box** postkasse. **-boy** postillon; postbud. **-card** brevkort. ~ **chaise** postvogn. **-code** postnummer. **-date** *vb* postdatere. ~ **entry** senere indførelse.

poster ['pəustə] *sb* plakat; plakatopklæber; *vb* opsætte plakat(er) på.

poste-restante ['pəust'resta:nt] poste restante.

posterior [pɔ'stiəriə] *adj* senere *(to* end); bag-; *sb* bagdel.

posteriority [pɔstiəri'ɔriti] *sb* senere indtræffen.

posteriorly [pɔ'stiəriəli] *adv* bagtil.

posterity [pɔ'steriti] *sb* efterslægt(en), eftertid(en); efterkommere.

postern ['pəustə:n] *sb* bagdør, løndør.

post exchange *(am mil.)* kantine, kantineudsalg.

post-free ['pəust'fri:] *adj, adv* portofri(t).

postgraduate ['pəust'grædjuət] *adj:* ~ *studies* videregående studier (efter embedseksamen).

posthaste ['pəust'heist] *adv* i stor hast, i flyvende fart, sporenstregs.

posthumous ['pɔstjuməs] *adj* posthum; født efter faderens død; udgivet efter forfatterens død *(fx a* ~ *novel);* ~ *fame* berømmelse efter døden; ~ *works* efterladte skrifter.

postil ['pɔstil] *sb* randbemærkning.

postillon [pə'stiljən] *sb* postillon.

postman ['pəus(t)mən] *sb* postbud.

postmark ['pəus(t)ma:k] *sb* poststempel.

postmaster ['pəus(t)ma:stə] *sb* postmester.

postmeridian ['pəus(t)mə'ridiən] *adj* eftermiddags-.

post meridiem ['pəust mə'ridiəm] efter middag; eftermiddag.

postmistress ['pəus(t)mistrəs] *sb* kvindelig postmester.

post-mortem ['pəus(t)'mɔ:t(ə)m] *sb* obduktion; *(fig)* kritisk gennemgang *(fx* af bridgeparti) bagefter; rivegilde; ~ *examination* obduktion.

post-obit ['pəust'ɔbit] *adj* (som træder i kraft) efter døden; *sb* gældsbrev med sikkerhedsstillelse i en kommende arv, forskrivning på arv.

post office postkontor, posthus; postvæsen.

postpaid ['pəust'peid] *(am)* = *post-free.*

postpone [pəs'pəun, pəus(t)'pəun] *vb* udsætte, opsætte, udskyde.

postponement [pəs'pəunmənt, pəus(t)-] *sb* udsættelse; henstand.
postpositive ['pəust'pɔzitiv] *adj (gram.)* efterhængt, efterstillet.
postprandial ['prəust'prændiəl] *adj* efter middagen.
postscript ['pəus(t)skript] *sb* efterskrift; (i radio) kommentar efter nyhedsudsendelse.
I. postulate ['pɔstjulət] *sb* postulat; forudsætning.
II. postulate ['pɔstjuleit] *vb* gøre krav på, sætte som betingelse; (i logik) postulere; *(mht* kirkeligt embede) indstille.
posture ['pɔstʃə] *sb* (persons) stilling, positur; holdning; *(neds)* attitude; (tingenes) tilstand, situation; *vb* indtage en vis stilling; *(neds)* stille sig i positur, posere, skabe sig; ~ *as* foregive at være, stille sig an som.
postwar ['pəustwɔ:] *adj* efterkrigs-.
posy ['pəuzi] *sb* buket, *(am ogs)* blomst; *(glds)* devise, motto, inskription (i ring).
I. pot [pɔt] *sb* potte; gryde; krukke, kande, krus; T pokal, præmie; S pot, marihuana; *(tekn)* digel; (se også *potshot, chimney ~, lobster ~);*
keep the ~ boiling (fig) holde gryden i kog, skaffe udkommet, holde den gående; *-s of money* masser af penge; *go to ~* S blive ødelagt, gå i fisk, gå i vasken.
II. pot [pɔt] *vb* opbevare i en krukke, nedsylte, nedsalte; plante i potte; (om vildt) skyde, plaffe ned; (i billard) skyde (en bal) i hul; T sætte (et barn) på potte; vinde (præmie); (se også *potted).*
potable ['pəutəbl] *adj* drikkelig; ~ *water* drikkevand.
potage [pɔ'ta:ʒ] *sb* suppe.
potash ['pɔtæʃ] *sb* potaske; kali.
potassium [pə'tæsjəm] *sb* kalium; ~ *bromide* bromkalium, kaliumbromid; ~ *chlorate* kaliumklorat.
potation [pə'teiʃn] *sb* drikken; drik; drikkelag; *after several -s (ogs)* efter (at have drukket) adskillige bægre.
potato [p(ə)'teitəu] *sb (pl -es)* kartoffel; *hot ~ (fig)* varm kartoffel; *it is small -es (am* T) det er ikke noget at snakke om; det er ingenting.
potato| blight kartoffelskimmel. ~ **chips** *pl* pommes frites; *(am)* franske kartofler. ~ **crisps** *pl* franske kartofler.
pot|bellied ['pɔtbelid] *adj* tykmavet. **-belly** tyk mave; topmave; tyksak. **-boiler** bog *(el.* maleri *etc)* som man kun har lavet for at tjene penge; venstrehåndsarbejde. ~ **-bound** *adj* plantet i en for lille potte; *(fig)* indeklemt. **-boy,** se *-man.*
poteen [pə'ti:n] *sb* hjemmebrændt irsk whisky.
potency ['pəutnsi] *sb* kraft, styrke, magt; indflydelse; (seksuelt:) potens.
potent ['pəutnt] *adj* stærk, stærkt virkende *(fx drink, argument);* virkningsfuld *(fx argument);* (om person) mægtig, indflydelsesrig, (seksuelt:) potent.
potentate ['pəutnteit] *sb* fyrste, magthaver, potentat.
I. potential [pə'tenʃl] *sb* muligheder; udviklingsmulighed; produktionsevne; potentiel; *(elekt)* potential, spænding.
II. potential [pə'tenʃl] *adj* potentiel, mulig, eventuel, slumrende; *an army which is a ~ threat* en hær der i givet fald kan blive en trusel.
potential difference *(elekt)* spændingsforskel.
potential divider *(elekt)* spændingsdeler.
potentiality [pətenʃi'æliti] *sb* mulighed.
pothead ['pɔthed] *sb* S marihuanaryger.
pother ['pɔðə] *sb (glds)* sky (af røg, støv *el.* damp); uro, støj, postyr, ballade.
pot|herb køkkenurt; *bunch of -herbs* suppevisk. **-hole** jættegryde; hul i vej. **-holer** T huleforsker. **-holing** *sb* T huleforskning. **-hook** grydekrog; S-formet streg (i skriveøvelse). **-house** værtshus, knejpe. **-hunter** en der kun driver sport for præmiens skyld; en der går på jagt eller fisker udelukkende for at få noget at putte i gryden.
potion [pəuʃn] *sb* (dosis) medicin; (dosis) gift; *(glds)* drik.
pot| lead [-'led] grafit. **-luck:** *take ~* tage til takke med hvad huset formår. **-man** ['pɔtmən] medhjælper i værtshus; *(glds)* kældersvend.
potpourri [pəu'puri(:)] *sb* potpourri.
pot| roast steg stegt i gryde. **-sherd** ['pɔtʃə:d] potteskår.
potshot ['pɔtʃɔt] *sb* skud fra nært hold; slumpskud; skud fra baghold; *(fig)* planløst forsøg, tilfældig kritik.
pot still destillationsapparat til whiskyfremstilling.
pottage ['pɔtidʒ] *sb (glds)* kødsuppe; *a mess of ~* (bibelsk) en ret linser.
potted ['pɔtid] *adj* syltet; nedlagt; henkogt *(fx meat);* (om plante) i potte; *(fig)* forkortet, sammentrængt, gjort letfordøjelig, forfladiget; ~ *music* mekanisk musik.
I. potter ['pɔtə] *sb* pottemager.
II. potter ['pɔtə] *vb* arbejde så småt, pusle, nusse, pille *(at* med); småsnakke; ~ *about* nusse omkring, småsysle; ~ *away one's time* spilde sin tid, drysse tiden væk.
potter's| clay pottemagerler. ~ **field** *(am)* fattigkirkegård.
potter's wheel pottemagerskive, drejeskive.
pottery ['pɔtəri] *sb* lervarer; pottemagerindustri; lervarefabrik, pottemagerværksted; *the Potteries* (område i Staffordshire).
pottle [pɔtl] *sb* kurv; *(glds)* kande(mål).
potty ['pɔti] *adj* S lille, ubetydelig, snoldet *(fx a ~ little town);* ligegyldig *(fx details);* halvskør, småtosset; skør *(about* med); *sb* T potte.
pouch [pautʃ] *sb* pose, taske; løs lomme; etui; (tobaks)pung; *zo* kæbepose; (hos pungdyr) pung; *(mil.)* patrontaske; *(am)* aflåselig postsæk *(fx* til diplomatpost); *vb* stikke i lommen; (danne en) pose.
pouf [pu:f] *sb* puf (møbel); *(am)* lille røgsky; *interj* pist væk.
poult [pəult] *sb* kylling, kalkunkylling, fasankylling.
poulterer ['pəultrə] *sb* vildthandler, fjerkræhandler.
poultice ['pəultis] *sb* grødomslag; *vb* lægge omslag på.
poultry ['pəultri] *sb* fjerkræ, høns.
poultry| farm hønseri. ~ **farming** hønseavl. ~ **shears** *pl* tranchersaks.
I. pounce [pauns] *sb* (rovfugls) nedslag; pludselig bevægelse; (på rovfugl) klo; *vb:* ~ *on* slå ned på; slå kloen i; kaste sig over; ~ *into a room* brase ind i et værelse.
II. pounce [pauns] *sb* raderpulver; *vb* poncere.
I. pound [paund] *sb* (vægtenhed, *omtr)* pund (454 g); (møntenhed:) pund sterling (= 100 *pence).*
II. pound [paund] *sb* fold, indhegning (hvor bortløbne dyr indsættes); *(am)* oplagsplads *(fx* for bortslæbte biler); (i fiskeri) bundgarn; bundgarnshoved.
III. pound [paund] *vb* dundre *(el.* hamre, banke) løs på *(fx heavy guns -ed the walls of the fort);* gennemprygle; støde (i en morter), knuse, pulverisere; (uden objekt:) hamre, dunke *(fx his heart was -ing);* stampe, trampe, gå (, løbe, ride) tungt; *sb* dunk, stød, slag; dundren; ~ *it into his head* banke *(el.* hamre) det ind i hovedet på ham; ~ *the piano* hamre i klaveret; ~ *up* støde, pulverisere.
poundage ['paundidʒ] *sb* ydelse (, fradrag, afgift, skat *etc)* af så og så meget pr. pund sterling.
pound net bundgarn.
pour [pɔ:] *vb* hælde, øse *(fx water on sth),* skænke *(fx coffee, tea),* sende *(fx the river -ed its waters through the breach); (fig)* øse; *(tekn)* udhælde, (ud)støbe; (uden objekt) strømme, vælte *(fx lava -ed down the hillside; people -ed out of the building);* (om regn) styrte, øse;

~ *out tea* skænke te; ~ *out money* øse penge ud; ~ *out one's feelings* udøse sit hjerte; ~ *out music* udsende en stadig strøm af musik; *it never rains but it -s* en ulykke (, et held) kommer sjældent alene; *it is -ing with rain* det øser ned; (se også *l. oil).*

pourer ['pɔ:rə] *sb* skænkeprop.

pour point flydepunkt (for olie).

pout [paut] *vb* surmule, lave trutmund; *sb* surmulen, trutmund; *zo* sperling; *be in the -s* surmule.

poverty ['pɔvəti] *sb* fattigdom; armod; *when ~ comes in at the door love flies out of the window* (svarer til:) når krybben er tom bides hestene.

poverty-stricken ['pɔvətistrikn] *adj* forarmet.

poverty trap (situation hvor man ikke kan øge sin indtægt uden at miste sociale tilskud og derved blive fattigere).

P.O.W. *fk prisoner of war.*

powder ['paudə] *sb (ogs med.)* pulver; (kosmetik) pudder; (sprængstof) krudt; *vb* pulverisere, pudre, bestrø; pudre sig; *barrel of ~ (ogs fig)* krudttønde.

powder| base pudderunderlag. ~ **box** pudderdåse *(fx* på toiletbord). ~ **broker** stærk mand. ~ **compact** pudderdåse *(fx* til dametaske).

powdered ['paudəd] *adj* pulveriseret; knust, stødt; ~ *ammonia* hjortetaksalt; ~ *eggs* æggepulver; ~ *sugar* strøsukker.

powder| keg *(ogs fig)* krudttønde. ~ **magazine** krudtmagasin. ~ **mill** krudtmølle. ~ **puff** pudderkvast. ~ **room** dametoilet.

powdery ['paudəri] *adj* smuldrende, støvet; pudret *(fx her ~ nose);* pudderagtig, pulveragtig.

I. power ['pauə] *sb* magt; evne *(of* til); kraft, styrke, kapacitet; magtfaktor *(fx he (, the press) is a ~ in the country); (fys etc)* kraft; *(elekt)* effekt; *(mat.)* potens; T masse; *(glds)* krigsmagt, hær; *(jur)* bemyndigelse, fuldmagt; beføjelse *(fx the Prime Minister has the ~ to dissolve Parliament);* **-s** *pl* beføjelser, kompetence *(fx exceed* (overskride) *one's -s); (rel:* engle) magter; *the (big) Powers* stormagterne; *the -s above* guderne; *the -s that be* myndighederne;

(med *præp) be* **in** ~ være ved magten; *be* **out of** ~ ikke være ved magten længere; *it is out of his ~* det står ikke i hans magt; **to** *the fifth ~* i femte potens; *more ~ to your elbow!* hæng i! held og lykke!

II. power ['pauə] *vb* drive (frem); ~ *down* nedsætte kraftforbruget; *-powered* -dreven *(fx atom-powered).*

III. power ['pauə] *adj* motordreven, motor- *(fx lawn mower, saw),* mekanisk, elektrisk.

power|boat motorbåd. ~ **brake** bremseforstærker. ~ **cut** strømafbrydelse. ~ **dive** dykning med motoren i gang, fuldgasstyrtdyk. ~ **-driven** *adj* motordrevet, mekanisk drevet. ~ **failure** strømsvigt. **-ful** [-f(u)l] *adj* mægtig, kraftig, stærk. **-house** kraftværk, elværk; *(fig)* kraftcentrum.

powerless ['pauələs] *adj* kraftløs, kraftesløs; afmægtig, magtesløs; ~ *to help* ude af stand til at hjælpe.

power| loom maskinvæv. ~ **plant** kraftværk *(fx atomic ~ plant);* (fabriks) kraftanlæg; (flys) motorer. ~ **politics** magtpolitik. ~ **shovel** gravemaskine. ~ **station** kraftværk; elværk. ~ **steering** servostyring. ~ **structure** magthavere, ledende kredse; magtstruktur.

pow-wow ['pau'wau] *sb* møde af indianere; konference; *vb* konferere, tale sammen.

pox [pɔks] *sb* T: *the ~* syfilis.

p.p. *fk past participle.*

pp. *fk pages; pianissimo; per pro(curation).*

PPE *fk philosophy, politics and economics* (som universitetskursus).

PR *fk proportional representation; public relations (omtr)* reklame.

practicability [præktikə'biləti] *sb* gennemførlighed *(etc, cf practicable).*

practicable ['præktikəbl] *adj* gennemførlig, gørlig, mulig; anvendelig *(fx method, tool);* (om vej) farbar, fremkommelig; *(teat)* praktikabel (om rekvisit, som ikke blot er en attrap).

practical ['præktikl] *adj* praktisk; praktisk arbejdende; faktisk *(mods* nominel, teoretisk); *(teat),* se *practicable; ~ joke (omtr)* grov spøg, nummer (som man laver med en); ~ *room* faglokale.

practically ['præktikəli] *adv* praktisk, i praksis; ['præktikli] praktisk talt, næsten *(fx he is ~ deaf now).*

practice ['præktis] *sb* **1.** praksis; øvelse, (i uddannelse *ogs)* praktik; **2.** (læges, advokats) praksis; **3.** (sæd)vane, skik, fremgangsmåde *(fx his usual ~);* **4.** *(neds)* trick, kneb; **5. -s** *pl (ogs)* metoder, trafik;

be **in** ~ være i øvelse, have øvelsen; *he is in ~* (også) han praktiserer; *put in(to) ~* udføre (i praksis), bringe til udførelse; **make** *a ~* **of** *sth* gøre noget til en vane.

practician [prək'tiʃn] *sb* praktiker.

practise ['præktis] *vb* praktisere; udføre i praksis; udøve *(fx a profession),* drive; (op)øve, træne *(fx a class in pronunciation),* indøve *(fx an act* et nummer); øve sig (på *el.* i) *(fx ~ for two hours; ~ the piano);*

~ *the law* være advokat (, jurist), drive advokatvirksomhed; ~ *medicine* være (praktiserende) læge, arbejde som læge; ~ *upon* udnytte *(fx his ignorance);* spekulere i; ~ *what one preaches* selv handle efter de principper man prædiker for andre.

practised ['præktist] *adj* dygtig, øvet, erfaren.

practitioner [præk'tiʃ(ə)nə] *sb* praktiserende læge (, advokat); praktiker; *general ~* praktiserende læge (som ikke er specialist).

praetor(ian), se *pretor(ian).*

pragmatic(al) [præg'mætik(l)] *adj* pragmatisk; *(neds)* geskæftig; vigtig; påståelig.

pragmatism ['prægmətizm] *sb* pragmatisme.

pragmatist ['prægmətist] *sb* pragmatiker.

Prague [pra:g] Prag.

prairie ['prɛəri] *sb* prærie, græssteppe.

prairie| dog *zo* præriehund. ~ **schooner** prærievogn. ~ **wolf** *zo* prærieulv.

praise [preiz] *sb* ros, pris; *vb* rose, berømme, prise, lovprise; *be loud in his ~, sing (el. sound) his -s* rose ham i høje toner, hæve ham til skyerne, synge hans pris; *song of ~* lovsang.

praiseworthy ['preizwə:ði] *adj* rosværdig, prisværdig.

I. pram [præm] *(fk perambulator) sb* barnevogn.

II. pram [pra:m] *sb (mar.)* (hollandsk) pram.

prance [pra:ns] *vb* (om hest) danse, stejle; *(fig* om person) spankulere; *sb* dansen, stejlen.

prang [præŋ] S *vb* bombe; smadre; ramme; *sb* bombeangreb; nedstyrtning; biluheld; bedrift.

prank [præŋk] *sb* gavtyvestreg, *-s pl (ogs)* spilopper, sjov; *vb* udstaffere, pynte; pynte sig.

prankish ['præŋkiʃ] *adj* kåd, fuld af spilopper.

prankster ['præŋkstə] *sb* spøgefugl.

prat [præt] *sb* S idiot, „skovl"; hale, ende, bagdel.

pratincole ['prætiŋkəul] *sb zo* braksvale.

prate [preit] *vb* snakke, sludre; plapre; *sb* sludder, snak.

pratfall ['prætfɔ:l] *sb* S fald på halen.

pratique [præ'ti:k] *sb (mar)* karantænepas.

prattle [prætl] *vb* sludre, pludre; *sb* snak, pludren.

prattler ['prætlə] *sb* sludrebøtte; snakkemaskine.

prawn [prɔ:n] *sb zo* nordsøreje.

praxis ['præksis] *sb* øvelse; praksis; skik.

pray [prei] *vb* bede *(for* om, *fx ~ to God for help);* bønfalde; *(glds)* anråbe; (formelt:) *pray!* vær så venlig *(fx ~ don't speak so loud);* (ironisk:) *and what is the reason, ~?* og hvad er grunden, om jeg tør spørge? *he is past -ing for* han er uforbederlig, der er ikke noget at stille op med ham; han står ikke til at redde.

prayer ['prɛə] *sb* bøn *(for* om); *-s pl (ogs)* andagt; *the*

Book of Common Prayer, se *prayerbook; say one's -s* bede (sin aftenbøn).
prayerbook bønnebog; *the Prayer Book* den anglikanske kirkes bønnebog med de kirkelige ritualer.
prayer|ful [-f(u)l] *adj* from. ~ **mat** bedetæppe. ~ **meeting** bønnemøde. ~ **rug** bedetæppe. ~ **wheel** bedemølle.
pre- [pri(:)] (forstavelse) før- *(fx pre-Christian* før-kristelig); forud(-) *(fx pre-plan* planlægge forud); for- *(fx prehistoric* forhistorisk).
preach [pri:tʃ] *vb* prædike *(on* over, om), forkynde; ~ *a sermon* holde en prædiken.
preacher ['pri:tʃə] *sb* prædikant; moralprædikant; *the Preacher* (i biblen) Prædikeren(s Bog).
preachify ['pri:tʃifai] *vb* T *(neds)* holde (moral)prædiken.
preachy ['pri:tʃi] *adj* moraliserende, prækende.
preamble [pri:'æmbl] *sb* fortale, indledning; *(jur,* svarer til) formålsparagraf; *vb* indlede.
prearrange [pri:ə'rein(d)ʒ] *vb* ordne *(el.* aftale) forud; *-d fire (mil.)* forberedt skydning.
prebend ['prebənd] *sb* præbende (en kanniks indtægt af domkirkes gods).
prebendary ['preb(ə)ndri] *sb* præbendeindehaver.
precarious [pri'kɛəriəs] *adj* usikker, vaklende *(fx health);* risikabel; prekær.
precaution [pri'kɔ:ʃn] *sb* forsigtighed; forsigtighedsregel, forholdsregel, sikkerhedsforanstaltning; *take -s against* tage sine forholdsregler imod.
precautionary [pri'kɔ:ʃn(ə)ri] *adj* forsigtigheds-, sikkerheds- *(fx measures).*
precede [pri'si:d] *vb* gå forud; (med objekt) gå (, køre) foran *(fx five policemen on motor cycles -d the president's car);* gå forud for *(fx the stillness that -d his arrival);* indlede *(by, with* med); (om rang) stå højere i rang end, rangere over.
precedence [pri'si:d(ə)ns] *sb* forrang; *order of* ~ rangfølge; *take* ~ *of* gå foran; have forrang for.
I. precedent [pri'si:d(ə)nt] *adj* foregående; forudgående.
II. precedent ['presid(ə)nt] *sb* præcedens, fortilfælde, sidestykke; *set a* ~ danne præcedens.
precentor [pri'sentə] *sb* kantor, forsanger.
precept ['pri:sept] *sb* forskrift, regel.
preceptive [pri'septiv] *adj* belærende, foreskrivende.
preceptor [pri'septə] *sb (glds)* lærer.
precession [pri'seʃn] *sb (astr)* præcession.
precinct ['pri:siŋ(k)t] *sb* område; grænse; *(am)* (valg)distrikt; **-s** *pl* enemærker, område; omgivelser.
precious ['preʃəs] *adj* værdifuld, kostbar; kostelig, dyrebar; *(neds)* pretiøs, affekteret, skruet; (ironisk:) køn, nydelig, dejlig *(fx your ~ friend has let you down);* ~ *little* ikke ret meget, yderst lidt; ~ *little money* meget få penge; *a ~ lot better* meget meget bedre; *a ~ rascal* en rigtig slubbert.
precious| metals *pl* ædle metaller. ~ **stones** *pl* ædelstene.
precipice ['presipis] *sb* afgrund, skrænt.
precipitance [pri'sipitns], **precipitancy** [pri'sipitnsi] *sb* overilelse, hovedkulds fart, ubesindighed.
I. precipitate [pri'sipiteit] *vb* slynge; styrte *(fx he -d himself into the struggle);* fremskynde *(fx the crisis); (kem)* bundfælde(s), udskille(s), udfælde(s); *(meteorol)* fortættes og blive til nedbør.
II. precipitate [pri'sipitət] *adj* brat, hovedkulds; forhastet; fremfusende, ubesindig; *sb* bundfald; *-ly adv (ogs)* i huj og hast.
precipitation [prisipi'teiʃn] *sb* hovedkulds fald, nedstyrten; forhastelse, ubesindighed, overilelse; *(kem)* bundfældning; bundfald; udfældning; *(med.)* blodsænkning; *(meteorol)* nedbør.
precipitous [pri'sipitəs] *adj* brat, stejl.
precis ['preisi:] *sb (pl precis* ['preisi:z]) resumé; *vb* resumere.
precise [pri'sais] *adj* nøjagtig *(fx measurements),* præcis; (om person) korrekt, *(neds)* (overdrevent) nøjagtig, pedantisk, pertentlig; *at that ~ moment* lige i det øjeblik.
precisely [pri'saisli] *adv* nøjagtigt; præcis, netop, just; (som svar) ja netop, ganske rigtigt; *what ~ does that mean? (ogs)* hvad betyder det egentlig?
precisian [pri'siʒn] *sb* pedant.
precision [pri'siʒn] *sb* nøjagtighed, præcision, sikkerhed; (som *adj)* præcisions- *(fx tools).*
preclude [pri'klu:d] *vb* udelukke *(fx doubt);* forebygge *(fx misunderstandings);* forhindre *(fx this will ~ her from coming);* afskære.
preclusion [pri'klu:ʒn] *sb* udelukkelse, forbyggelse, forhindring.
precocious [pri'kəuʃəs] *adj* tidlig moden, tidlig udviklet, forud for sin alder, fremmelig; (ofte:) gammelklog.
precocity [pri'kɔsiti] *sb* tidlig udvikling, fremmelighed.
precognition [pri:kɔg'niʃn] *sb* (overnaturlig) forudviden; (skotsk *jur)* forundersøgelse.
preconceive [pri:kən'si:v] *vb* på forhånd forestille sig; på forhånd danne sig en mening om; *-d opinions* forudfattede meninger.
preconception [pri:kən'sepʃn] *sb* forudfattet mening.
preconcerted [pri:kən'sə:tid] *adj* forud aftalt.
precondition [pri:kən'diʃn] *sb* forhåndsbetingelse; *vb* behandle (, præparere) på forhånd.
precursor [pri'kə:sə] *sb* forløber; forgænger.
precursory [pri'kə:səri] *adj* forudgående, indledende.
predaceous [pri'deiʃəs] *adj* = *predatory.*
predate [pri:'deit] *vb* = *antedate.*
predatory ['predətri] *adj* plyndrings-; plyndrende, rovgrisk, røverisk; rov-. **predatory animal** rovdyr.
predecease [pri:di'si:s] *vb* afgå ved døden før *(fx he -d his brother).*
predecessor ['pri:disesə] *sb* forgænger.
predestinate [pri(:)'destineit] *vb* prædestinere, forudbestemme.
predestination [pri(:)desti'neiʃn] *sb* prædestination, forudbestemmelse.
predestine [pri(:)'destin] *vb* forudbestemme.
predeterminate [pri:di'tə:minət] *adj* forudbestemt.
predetermination [pri:ditə:mi'neiʃn] *sb* forudbestemmelse.
predetermine [pri:di'tə:min] *vb* prædestinere, forudbestemme; afgøre på forhånd; forudindtage; *-d in his favour,* se *predispose;*
predicament [pri'dikəmənt] *sb* forlegenhed, knibe; (i logik) kategori, begrebsklasse.
I. predicate ['predikeit] *vb* hævde, erklære, (i logik) udsige; *(am)* røbe, tyde på; ~ *on (am)* bygge på, basere på.
II. predicate ['predikət] *sb (gram)* prædikat.
predication [predi'keiʃn] *sb* udsagn, påstand.
predicative [pri'dikətiv] *adj* prædikativ.
predict [pri'dikt] *vb* forudsige, spå; *-ed shooting (mil.)* skydning med beregnet forsigte.
predictable [pri'diktəbl] *adj* som kan forudsiges.
prediction [pri'dikʃn] *sb* forudsigelse, spådom.
predictor [pri'diktə] *sb* (til antiluftskyts) korrektør.
predilection [pri:di'lekʃn] *sb* forkærlighed.
predispose [pri:di'spəuz] *vb* prædisponere *(to* til), gøre modtagelig *(to* for); *-d in his favour* på forhånd velvilligt indstillet over for ham.
predisposition [pri:dispə'ziʃn] *sb* tilbøjelighed, tendens *(to* til), anlæg.
predominance [pri'dɔminəns] *sb* fremhersken, overmagt, overvægt.
predominant [pri'dɔminənt] *adj* dominerende, frem-

herskende, overvejende.
predominate [pri'dɔmineit] *vb* være fremherskende *(fx red and brown colours ~);* dominere, være i overtal; *~ over* have herredømmet over, kontrollere, beherske.
pre-eminence [pri'eminəns] *sb* forrang, overlegenhed.
pre-eminent [pri'eminənt] *adj* fremragende, fortrinlig, overlegen; *-ly adv (ogs)* i fremragende grad.
pre-empt [pri'em(p)t] *vb* erhverve ved forkøbsret, erhverve på forhånd; lægge beslag på (på forhånd), okkupere, bemægtige sig; komme i forkøbet, foregribe; fortrænge.
pre-emption [pri'em(p)ʃn] *sb* forkøb, forkøbsret; *(mil.)* det at slå til først; angreb som foretages for at komme fjenden i forkøbet, forbyggende angreb.
pre-emptive [pri'em(p)tiv] *adj* som har (, giver) forkøbsret; som kommer i forkøbet; *(mil. etc)* forebyggende; *~ attack (, strike) (mil.),* se *pre-emption; ~ bid* (i kortspil) forebyggende melding.
preen [pri:n] *vb* (om fugl) pudse sine fjer; *~ oneself* pynte sig, pudse sig; *~ oneself on* være stolt af, bryste sig af, gøre sig til af.
pre-exist [pri:ig'zist] *vb* være til tidligere, eksistere forud.
pre-existence [pri:ig'zistns] *sb* præ-eksistens, tidligere tilværelse.
pre-existent [pri:ig'zistnt] *adj* forud bestående; tidligere.
prefab ['pri:fæb] *fk prefabricated (house).*
prefabricated [pri:'fæbrikeitid] *adj* præfabrikeret; *~ building, ~ construction* montagebyggeri, elementbyggeri; *~ house* elementhus.
preface ['prefis] *sb* forord, fortale; indledning; *vb* indlede.
prefatory ['prefətri] *adj* indledende.
prefect ['pri:fekt] *sb* præfekt (fransk amtmand; romersk embedsmand; ældre skoleelev hvem en vis myndighed er betroet).
prefecture ['pri:fektjuə] *sb* præfektur.
prefer [pri'fə:] *vb* foretrække *(to* frem for, for, *fx ~ water to wine);* ville hellere; fremsætte, fremføre *(fx a request);* forfremme *(to* til); *~ a charge against* indgive anklage mod; rejse tiltale mod.
preferable ['prefrəbl] *adj* som er at foretrække *(to* frem for). **preferably** ['prefrəbli] *adv* fortrinsvis, helst.
preference ['prefrəns] *sb* forkærlighed, svaghed; *(jur)* fortrinsret; *(merk)* begunstigelse *(fx* af en kreditor); *(mht* told) toldbegunstigelse, præference; *Commonwealth (, hist.: Imperial) ~* gensidige toldlettelser mellem Storbritannien og dominions; *which is your ~?* hvilken foretrækker du? *by ~* hellere; helst; *in ~ to* hellere end, frem for.
preference| share præferenceaktie. *~* **stock** præferenceaktier.
preferential [prefə'renʃl] *adj* præference-, fortrinsberettiget; *~ position* fortrinsstilling; *~ treatment* begunstigelse.
preferment [pri'fə:mənt] *sb* forfremmelse, avancement.
preferred shares *pl* præferenceaktier.
prefiguration [pri:fig(j)ə'reiʃn] *sb* billede skabt på forhånd, bebudelse.
prefigure [pri:'figə] *vb* på forhånd skabe et billede af, bebude; forestille sig på forhånd.
I. prefix [pri:'fiks] *vb* sætte foran.
II. prefix ['pri:fiks] *sb (gram.)* præfiks, forstavelse; foranstillet titel *(fx Dr Brown, Mrs Smith).*
preggers ['pregəz] *adj* T gravid.
pregnancy ['pregnənsi] *sb* **1.** graviditet, svangerskab; **2.** vægtighed, betydning; prægnans; **3.** opfindsomhed, iderigdom.
pregnant ['pregnənt] *adj* **1.** gravid; **2.** vægtig *(fx speech);* betydningsfuld *(fx moment);* prægnant; **3.** opfindsom, idérig, frodig *(fx imagination).*
prehensile [pri'hensail] *adj zo* gribe- *(fx tail).*
prehistoric [pri:(h)i'stɔrik] *adj* forhistorisk.
prehistory [pri:'histəri] *sb* forhistorisk tid; den ældste historie (før der findes skriftlige vidnesbyrd); *(fig)* forhistorie.
prejudge [pri:'dʒʌdʒ] *vb* på forhånd dømme; på forhånd afgøre.
prejudice ['predʒudis] *sb* fordom; skade; *vb* forudindtage; skade; *have a ~ against* være forudindtaget imod; *to the ~ of* til skade for; *without ~ (jur)* uden præjudice; uden at forringe vedkommendes retsstilling.
prejudiced ['predʒudist] *adj* partisk, forudindtaget.
prejudicial [predʒu'diʃl] *adj* skadelig *(to* for).
prelacy ['preləsi] *sb* prælatembede; højeste gejstlighed; prælatvælde. **prelate** ['prelət] *sb* prælat.
prelim [pri'lim] *fk preliminary.*
preliminary [pri'lim(i)nəri] *adj* indledende *(fx remarks),* forberedende; foreløbig *(fx edition);* forhånds- *(fx announcement; drawing); sb* indledning, forberedelse; (eksamen:) forprøve; *preliminaries pl* forberedende skridt, indledende forhandlinger, præliminarier *(fx preliminaries of peace); (typ)* titelark; (i sport) indledende kampe.
preliminary| examination forprøve; prøveeksamen; *(jur)* forundersøgelsesforhør. *~* **investigation** *(jur)* forundersøgelse.
prelims [pri'lims] *sb* prøveeksamen; *(typ)* præliminærsider (ɔ: titelark, forord *etc*).
prelude ['prelju:d] *sb (mus.)* præludium; *(fig)* indledning, optakt *(fx to the war); vb* indlede, danne optakten til.
premarital [pri:'mæritl] *adj* førægteskabelig.
premature [premə'tʃuə, 'premətʃə, *(am)* 'pri:mət(ʃ)uər] *adj* for tidlig *(fx death, birth);* fremkommet før tiden; forhastet *(fx conclusion);* (om barn) ufuldbåren.
prematurity [premə'tjuəriti] *sb* tidlig udvikling, tidlig forekomst; forhastethed.
premeditate [pri(:)'mediteit] *vb* udtænke i forvejen; *-d* overlagt, forsætlig, planlagt.
premeditation [pri(:)medi'teiʃn] *sb* overlæg, forsæt.
premier ['premjə] *adj* først, fornemst; *sb* premierminister.
première ['premiɛə] *sb* premiere; *vb* holde premiere på; have premiere.
premiership ['premjəʃip] *sb* premierministerpost; premierministertid.
I. premise [pri'maiz] *vb* forudskikke, forudsætte.
II. premise ['premis] *sb* (i logik) præmis; *major ~* oversætning; *minor ~* undersætning; **-s** *pl (jur)* indledning til skøde; ejendom, lokale(r), lokaliteter; *on the -s* på stedet; *start from erroneous -s* gå ud fra gale præmisser *(el.* forudsætninger).
premiss ['premis], se *II. premise.*
premium ['pri:miəm] *sb* **1.** præmie, belønning; **2.** bonus; **3.** pristillæg, ekstraafgift; **4.** *(assur)* præmie; **5.** *(merk)* opgæld, agio, overkurs; (se også *premium petrol*);
at a ~ (merk) over pari, med agio, til overkurs; *(fig)* stærkt efterspurgt, i høj kurs, højt vurderet; *put a ~ on (fig)* præmiere, opmuntre til; sætte stor pris på, sætte højt.
premium petrol (svarer til:) 96 oktan benzin.
premolar [pri:'məulə] *sb* præmolar, forreste kindtand.
premonition [pri:mə'niʃn] *sb* forvarsel, varsel; forudfølelse, forudanelse.
prentice ['prentis] *sb (glds)* lærling; uøvet.
preoccupation [priɔkju'peiʃn] *sb* optagethed (af andre ting), distraktion, åndsfraværelse; tidligere besiddelse, tidligere okkupation.

preoccupied [pri'ɔkjupaid] *adj* stærkt optaget *(by, with* af); fordybet i tanker; distræt, åndsfraværende.
preoccupy [pri'ɔkjupai] *vb* optage, lægge beslag på, fylde; tage i besiddelse i forvejen *(el.* først).
prep [prep] *sb* (i skoleslang:) lektielæsning; *preparatory school.*
prep. *fk preparation; preparatory (school); preposition.*
pre-packed ['pri:pækt] *adj* færdigpakket.
preparation [prepə'reiʃn] *sb* forberedelse *(for* til); tilberedelse; udrustning; (i skole) lektielæsning; *(kem, med.)* præparat; *in* ~ under forberedelse.
preparatory [pri'pærətri] *adj* forberedende; ~ *to* som en forberedelse til, inden.
preparatory school (privat) forberedelsesskole *(eng:* til *public school; am:* til universitet).
prepare [pri'pɛə] *vb* forberede *(for* på, *fx* ~ *a speech;* ~ *him for the shock);* gøre parat; (om mad) tilberede, lave; (om noget skriftligt) udarbejde *(fx a report);* (om hus, værelse) indrette; (om båd *etc)* klargøre; (uden objekt) forberede sig *(for* på, til, *fx a journey),* gøre sig parat, holde sig parat; *(litt)* berede sig *(for* på, til, *fx death);* ~ *one's lessons* læse lektier.
prepared [pri'pɛəd] *pp, adj* parat, rede; *be* ~ *to (ogs)* være villig til at, være indstillet på at; *I'm not* ~ *to (ogs)* jeg har ikke lyst til at.
preparedness [pri'pɛəridnəs] *sb* beredthed, beredskab.
prepaid ['pri:'peid] *adj* betalt forud; *reply* ~ svar betalt.
prepayment [pri:'peimənt] *sb* forudbetaling.
prepense [pri'pens] *adj (jur)* forsætlig.
preponderance [pri'pɔnd(ə)rəns] *sb* overvægt, overlegenhed. **preponderant** [pri'pɔnd(ə)rənt] *adj* som har overvægten, overlegen, (frem)herskende, overvejende. **preponderate** [pri'pɔndəreit] *vb* have overvægten, have overtaget; dominere.
preposition [prepə'ziʃn] *sb (gram.)* præposition, forholdsord.
prepositional [prepə'ziʃn(ə)l] *adj (gram.)* præpositionel; ~ *phrase* forholdsordsled, præpositionsled.
prepositive [pri'pɔzitiv] *adj (gram.)* foranstillet.
prepossessing [pri:pə'zesiŋ] *adj* indtagende, vindende.
preposterous [pri'pɔstrəs] *adj* urimelig, meningsløs, absurd; komplet usandsynlig *(fx story);* latterlig *(fx hat).*
prepotent [pri:'pəutnt] *adj* dominerende, stærkt fremtrædende; (om arveanlæg) dominant.
preppy ['prepi] *(am) sb* student fra *preparatory school; adj* (om tøj) klassisk; (om udseende) checket.
prep school, se *preparatory school.*
prepuce ['pri:pju:s] *sb (anat)* forhud.
Pre-Raphaelism [pri:'ræfəlizm] *sb* prærafaelisme (en retning i engelsk malerkunst).
Pre-Raphaelite [pri:'ræfəlait] *sb* prærafaelit; *adj* prærafaelitisk.
pre-record [pri:ri'kɔ:d] *vb* optage (radioudsendelse) i forvejen.
prerequisite *sb* [pri:'rekwizit] *sb* forudsætning.
prerogative [pri'rɔgətiv] *sb* prærogativ, forret.
Pres. *fk President.*
pres. *fk present.*
presage ['presidʒ] *sb* (for)varsel, tegn; (forud)anelse; *vb* være et varsel om *(fx this may* ~ *war);* tyde på; ane *(fx danger).*
presbyopia [prezbi'əupjə] *sb (med.)* presbyopi, gammelsynethed.
presbyter ['prezbitə] *sb* presbyter, kirkeforstander.
Presbyterian [prezbi'tiəriən] *adj* prebyteriansk; *sb* presbyterianer.
Presbyterianism [prezbi'tiəriənizm] *sb* presbyterianisme.
presbytery ['prezbitri] *sb* presbyteriansk kirkeråd; *(kat.)* præstebolig; *(arkit)* presbyterium, alterplads.
prescience ['preʃiəns] *sb* forudviden.
prescient ['preʃiənt] *adj* forudvidende.
prescind [pri'sind] *vb* adskille, holde adskilt; ~ *from* lade ude af betragtning.
prescribe [pri'skraib] *vb* foreskrive, give forskrifter; *(med.)* ordinere; skrive recept(er); *(jur)* påstå hævd *(for* på); *-d* foreskreven; reglementeret; *-d book* obligatorisk lærebog.
prescript ['pri:skript] *sb* forskrift; forordning.
prescription [pri'skripʃn] *sb* forskrift; *(med.)* recept; *(jur: positive* ~*)* hævd, *(negative* ~ forældelse.
prescriptive [pri'skriptiv] *adj (jur)* hævdvunden; ~ *right* hævd *(to* på).
presence [prezns] *sb* tilstedeværelse, nærværelse, nærvær; (fornem persons) nærhed; (om egenskab) (anseligt) ydre *(fx stage* ~ sceneydre), (statelig) holdning, (imponerende) fremtræden *(fx a man of (a) noble* ~*);* (i overtro) overnaturligt væsen, ånd *(fx he felt a* ~ *with him in the room); in his* ~ i hans nærværelse (, påsyn, påhør); *in the* ~ *of (ogs)* over for, ansigt til ansigt med *(fx danger); admit to the* ~ *of the king* give foretræde for kongen, stede for kongen; ~ *of mind* åndsnærværelse.
presence chamber audiensværelse.
I. present [preznt] *adj* tilstedeværende *(fx all the women* ~*);* (foran *sb)* nuværende *(fx the* ~ *government);* indeværende *(fx month);* forhåndenværende, nærværende, foreliggende *(fx the* ~ *case);*
be ~ *at* være til stede ved, overvære; *be* ~ *to one's mind* stå lyslevende for en; ~ *company always excepted* de tilstedeværende er selvfølgelig undtaget; *the* ~ *minister* den nuværende minister; *the minister* ~ den tilstedeværende minister; *the persons (el. those)* ~ de tilstedeværende; *at the* ~ *time* for tiden; *the* ~ *writer* den der skriver disse linjer; nærværende forfatter.
II. present [preznt] *sb* nutid, præsens; *at* ~ nu for tiden, for øjeblikket; *for the* ~ for tiden, foreløbig, indtil videre; *there is no time like the* ~ det er bedst at få det gjort straks; *by these -s* herved, ved nærværende skrivelse; *know all men by these -s* det gøres herved vitterligt.
III. present [preznt] *sb* gave, present; *make him a* ~ *of it* forære ham det.
IV. present [pri'zent] *vb* (om gave) forære, skænke *(fx* ~ *a book to him);* (give i hænde, officielt *etc)* overrække *(fx prizes;* ~ *a petition to the governor),* overlevere, indlevere; overbringe *(fx greetings);* (til behandling, godkendelse *etc)* fremlægge, forelægge, fremføre *(fx a case* en sag), præsentere *(fx a bill),* (om person) forestille, præsentere *(fx be -ed at Court);* (for betragteren) frembyde *(fx they -ed a curious spectacle; an affair that -s some difficulties),* vise; (om skydevåben) rette *(at* imod, *fx* ~ *a pistol at him),* (om gevær, som honnør) præsentere; (om teaterstykke) præsentere, opføre, fremføre; (om præst) indstille *(to a benefice* til et embede); *sb (mil.)* præsenterstilling;
the treasurer -ed the accounts kassereren aflagde regnskab; ~ *arms!* præsenter gevær! ~ *oneself* vise sig, indfinde sig; fremstille sig, indstille sig *(fx* ~ *oneself for an examination);* ~ *sby with sth* forære *(el.* skænke) en noget *(fx a book);* præsentere en for noget *(fx a problem).*
presentable [pri'zentəbl] *adj* præsentabel, anstændig, velopdragen.
presentation [prezen'teiʃn] *sb (cf IV. present)* forÆring, (hæders)gave; overrækkelse, overlevering; fremlæggelse, forelæggelse; præsentation; fremstilling; (af teaterstykke) fremførelse, opførelse; (til præsteembede) indstilling(sret); *(med.)* fosterstilling; *on*

~ på anfordring.

presentation copy eksemplar af bog sendt som gave fra forfatteren *el.* forlæggeren, dedikationseksemplar.

present-day *adj* nutids-.

presentient [pri'senʃiənt] *adj:* ~ *of* med en forudanelse om *(el.* forudfølelse af).

presentiment [pri'zentimənt] *sb* forudfølelse, forudanelse.

presently ['prezntli] *adv* snart, om lidt *(fx he will be here ~);* lidt efter *(fx he came ~); (am ogs)* for tiden *(fx he is ~ out of the country); (glds)* straks.

presentment [pri'zentmənt] *sb* fremstilling; fremførelse; *(merk)* præsentation *(fx of a bill);* forevisning; *(am jur, omtr)* redegørelse; (ved visitats) klage; *on ~* på anfordring.

present | participle *(gram)* nutids tillægsform, præsens participium. ~ **tense** *(gram)* nutid, præsens.

preservation [prezə'veiʃn] *sb (cf I. preserve)* bevarelse, beskyttelse, sikring; (om natur, vildt) fredning, (om vildt *ogs)* pleje; (om museumsgenstand, *bibl)* konservering; (om mad) konservering, nedlægning, præservering, syltning, henkogning; *in an good state of ~* i velbevaret stand.

preservation order fredningsdeklaration.

preservative [pri'zə:vətiv] *adj* bevarende, beskyttende, beskyttelses- *(fx coating* overtræk); *sb* konserveringsmiddel; *(wood ~)* træbeskyttelsesmiddel.

I. preserve [pri'zə:v] *vb* bevare; beskytte, sikre, (natur, vildt) frede, (vildt *ogs)* pleje; (museumsgenstand, *bibl)* konservere, (madvarer) konservere, nedlægge, præservere, sylte, henkoge; *well -d* (om person) velkonserveret, som holder sig godt.

II. preserve [pri'zə:v] *sb* syltet frugt, syltetøj; vildtpark, jagtdistrikt, fiskedam; *(fig)* særligt *(el.* privat) område, interessefære; *-s pl (ogs)* syltetøj; enemærker; beskyttelsesbriller; *poach on his -s (fig)* gå ham i bedene.

preserver [pri'zə:və] *sb* beskytter, redningsmand, frelser.

pre-shrunk [pri:'ʃrʌŋk] *adj* krympefri.

preside [pri'zaid] *vb* føre forsædet, præsidere; ~ *at (el. over) the meeting* lede mødet, være dirigent, føre forsædet; ~ *over (fig)* være vidne til.

presidency ['prezidnsi] *sb* præsidentskab, præsidenttid, præsidentembede, præsidentperiode.

president ['prezidnt] *sb* præsident; *(am,* for forening) formand; *(merk)* direktør; (for universitet, *college)* rektor; (ved møde) dirigent.

presidential [prezi'denʃl] *adj* præsident- *(fx election);* formands-.

presidentship ['prezidntʃip] *sb* præsidentskab, præsidenttid; formandsplads; direktørstilling; rektorat.

I. press [pres] *vb* presse, lægge i pres *(fx flowers);* trykke, trykke på *(fx a button);* knuge *(fx his hand);* kryste; udpresse *(fx grapes); (fig)* trænge ind på, gå på klingen; tilskynde, tvinge, nøde *(fx ~ him to do it);* tynge; *(glds)* presse (til krigstjeneste); (uden objekt) trænges, trænge sig, mase *(fx through the door);* presse 'på; være presserende, haste *(fx the matter does not ~);*

(med *sb)* ~ *the accelerator* træde på speederen; ~ *an advantage* udnytte en fordel; ~ *the flesh,* se *I. flesh;* ~ *the point* gå ham (, dem etc) på klingen; ~ *the question* hårdnakket kræve svar;

(med *præp, adv)* ~ **ahead** mase på; ~ **for** arbejde energisk på at få, presse på for at få; forlange indtrængende; ~ *for payment* rykke (for betaling); *be -ed for money* mangle penge; *I am -ed for time* jeg har dårlig tid, min tid er knap; ~ **forward (, on)** skynde sig fremad (, videre); mase på; ~ *on* trykke på, tynge *(fx these taxes ~ very heavily on us);* fremskynde, forcere; ~ *sth on sby* pånøde en noget; ~ *the point* gå ham (, dem *etc)* på klingen; ~ *the question* hårdnakket kræve svar.

II. press [pres] *sb* (maskine:) presse, perse; (til ketcher) ramme; *(typ etc)* bogtrykkerpresse; trykkeri; tryk(ning); forlag; (aviser *etc:)* presse; (møbel:) linnedskab, bogskab, skab med hylder; *(cf I. press)* tryk, pres; presning, pressen, trængen på; jag; *(glds)* trængsel;

the daily ~ dagspressen; *freedom (el. liberty) of the ~* trykkefrihed; *in ~* under trykning; ~ *of people* trængsel; *go to ~* gå i trykken.

press| agent pressesekretær. ~ **box** presseloge. ~ **button** trykknap. ~ **clipping,** ~ **cutting** avisudklip. ~ **-cutting book** scrapbog. ~ **gallery** presseloge. ~ **gang** *(glds)* preskommando (som tvang matroser til at gøre tjeneste i krigsflåden).

I. pressing ['presiŋ] *sb* pressen, nøden *(fx he needed little ~);* eksemplar (, oplag) af grammofonplade.

II. pressing ['presiŋ] *adj* presserende *(fx the matter is ~);* overhængende *(fx danger);* påtrængende, indtrængende; *as you are so ~* siden du nøder mig så stærkt *(el.* presser sådan på).

press|man ['presmən] journalist, bladmand; trykker. **-mark** *(bibl)* pladssignatur. ~ **money** *(glds)* håndpenge. ~ **notice** (i pressen) anmeldelse; (til pressen) pressemeddelelse. ~ **proof** sidste korrektur. ~ **release** pressemeddelelse. ~ **stud** trykknap (i tøj).

pressure ['preʃə] *sb (fys)* tryk; *(fig)* tryk, pres; nød; tvang; *vb* (især *am)* presse, tvinge; ~ *of business* (forretnings)travlhed; *work at high ~* arbejde for fuld kraft *(el.* under højtryk).

pressure| cabin *(flyv)* trykkabine. ~ **cooker** trykkoger. ~ **gauge** trykmåler, manometer. ~ **group** pressionsgruppe. ~ **suit** trykdragt, rumdragt. ~ **test** trykprøve.

pressurize ['preʃəraiz] *vb* sætte under tryk; *-d* hvori der hersker samme tryk som på jorden; *-d cabin* trykkabine; *-d suit* trykdragt; rumdragt.

prestidigitation ['prestididʒi'teiʃn] *sb* taskenspilleri.

prestidigitator [presti'didʒiteitə] *sb* taskenspiller.

prestige [pre'sti:ʒ] *sb* anseelse, prestige.

prestige advertising prestigereklame, goodwill-reklame.

prestigious [pre'stidʒəs] *adj* som har (, giver) prestige, højt anset, fin, fornem.

presto ['prestəu] *adv* presto, hurtig; *hey ~!* vips! en, to, tre! vupti!

pre-stressed ['pri:strest] *adj* forspændt *(fx concrete* beton).

presumable [pri'z(j)u:məbl] *adj* antagelig, formentlig, formodentlig.

presume [pri'z(j)u:m] *vb* antage, formode, forudsætte; gå for vidt, tage sig friheder; ~ **to** være så fri at, vove at, driste *(el.* formaste) sig til at *(fx he -d to criticize her);* ~ **on** stole for meget på, trække for store veksler på; misbruge *(fx don't ~ on his good nature).*

presumedly [pri'z(j)u:midli] *adv* formentlig, antagelig.

presuming [pri'z(j)u:miŋ] *adj* = *presumptuous.*

presumption [pri'zʌm(p)ʃn] *sb* antagelse, forudsætning, (også *jur)* formodning; *(neds)* anmasselse, indbildskhed, dristighed; formastelighed; *the ~ is that* det må formodes at; *there is a strong ~ against it* det er lidet sandsynligt.

presumptive [pri'zʌm(p)tiv] *adj* formodentlig, sandsynlig; ~ *evidence* sandsynlighedsbevis; (se også *heir presumptive).*

presumptuous [pri'zʌm(p)tʃuəs] *adj* anmassende, overmodig, formastelig.

presuppose [pri:sə'pəuz] *vb* forudsætte.

presupposition [pri:sʌpə'ziʃn] *sb* forudsætning.

preteen [pri:'ti:n] *adj* under 13 år, *sb* barn under 13 år.

pretence [pri'tens] *sb* foregivende, påskud; krav, for-

dring *(to* på); indbildskhed, prætentioner *(fx a man without ~);*
by (el. on, under) false -s under falsk foregivende, under falske forudsætninger; *on (el. under) (the) ~ of* under foregivende af; *make a ~ of* foregive; *I make no ~ to originality* jeg prætenderer ikke *(el.* gør ikke fordring på) at være original.
pretend [pri'tend] *vb* foregive, give som påskud; simulere, hykle; lade som om; lege *(fx let's ~ we are kings and queens); we are only -ing* det er bare noget vi leger; ~ **to** gøre fordring på, give sig skin af, prætendere; ~ *to learning* prætendere at være lærd, gerne ville gå for at være lærd; ~ *to be (ogs)* lade som om man er.
pretended [pri'tendid] *adj* forgiven, falsk.
pretender [pri'tendə] *sb* (tron)prætendent; hykler.
pretension [pri'tenʃn] *sb* krav, fordring *(to* på); prætention; foregivende.
pretentious [pri'tenʃəs] *adj* fordringsfuld, pretentiøs.
preterite ['pret(ə)rit] *sb (gram)* datid, præteritum.
preternatural [pri:tə'nætʃr(ə)l] *adj* overnaturlig, unaturlig.
pretext ['pri:tekst] *sb* påskud *(for* til); *under (el. on) the ~ of* under påskud af.
pretor ['pri:tə] *sb (hist.)* prætor.
pretorian [pri'tɔ:riən] *sb (hist.)* prætorianer.
prettify ['pritifai] *vb (neds)* pynte (på).
I. pretty ['priti] *adj* køn, pæn, net, nydelig; (ironisk:) køn, net, nydelig; *adv* temmelig; ~ *much the same* næsten det samme; *my ~ (one)* min skat; *be sitting ~* være ovenpå, ligge lunt i svinget; ~ *well* temmelig godt; næsten *(fx we have ~ well finished); a ~ while* temmelig længe; (se også *penny).*
II. pretty ['priti] *sb* mønster på drikkeglas; *up to the ~* til gardinerne (på glas).
III. pretty ['priti] *vb: ~ up (neds)* pynte på, piffe op.
pretty-pretty ['priti'priti] *adj (neds)* sødladen, 'øndig', dukkeagtig; *a ~ face* et dukkeansigt.
pretzel [pretsl] *sb* saltkringle.
prevail [pri'veil] *vb* få overhånd, sejre; herske, være fremherskende, være almindelig; ~ *on* formå, bevæge, overtale.
prevailing [pri'veiliŋ] *adj* fremherskende, almindelig.
prevalence ['prevələns] *sb* udbredelse, almindelig brug.
prevalent ['prevələnt] *adj* (frem)herskende, almindelig (udbredt), gængs.
prevaricate [pri'værikeit] *vb* komme med udflugter; svare undvigende. **prevarication** [priværi'keiʃn] (det at komme med) udflugter.
prevaricator [pri'værikeitə] *sb* en som kommer med udflugter.
prevent [pri'vent] *vb* forhindre; (især *med.)* forebygge; *(glds)* gå foran, lede; komme i forkøbet; ~ *him (from) doing it, ~ his doing it* forhindre ham i at gøre det; ~ *oneself from* dy sig for, bare sig for; *there is nothing to ~ it* det er der intet i vejen for.
preventable [pri'ventəbl] *adj* som er til at hindre, som kan forhindres.
preventer [pri'ventə] *sb (mar)* hjælpetov.
preventer brace *(mar)* kontrabras.
preventer shrouds *pl (mar)* hjælpevant.
prevention [pri'venʃn] *sb* forhindring, (især *med.)* forebyggelse, bekæmpelse; ~ *is better than cure* det er bedre at forebygge end at helbrede.
preventive [pri'ventiv] *adj* hindrende, (især *med.)* forebyggende; *sb* forebyggende middel; forebyggende behandling; ~ *custody (el. detention)* sikkerhedsforvaring; internering; ~ *officer* toldfunktionær; ~ *service* kystbevogtning (mod smugleri).
preview ['pri:vju:] *sb (mht* maleriudstilling) fernisering; *(mht* film *etc)* forpremiere; optaktsudsendelse, glimt af program som kommer senere; *(am)* trailer.
previous ['pri:vjəs] *adj* foregående, forudgående, tidligere; T overilet, forhastet; ~ *examination* (første del af eksamen til opnåelse af B. A. graden i Cambridge); *be too ~* T være lidt for rask på den; ~ **to** før.
previously ['pri:vjəsli] *adv* før, tidligere.
prevision [pri'viʒn] *sb* forudseenhed; forudanelse.
prewar ['pri:'wɔ:] *adj* førkrigs-, før krigen.
prexy ['preksi] *sb (am* S) direktør; rektor.
prey [prei] *sb* bytte; rov; *be a ~ to* være et bytte for; være grebet af *(fx despair); beast of ~* rovdyr; *bird of ~* rovfugl; *fall an easy ~ to* blive et let bytte for; ~ **on** jage, leve af; udnytte, snylte på; *(litt)* angribe, plyndre; ~ *on one's mind* tynge én, nage én.
I. price [prais] *sb* pris *(of* på, for); værdi; *(merk,* for papirer) kurs; (ved væddeløb) odds; *at a ~* med stor bekostning; *at any ~* for enhver pris; koste hvad det vil; *not at any ~* ikke for nogen pris; *every man has his ~* ethvert menneske kan købes; *I haven't even got the ~ of a meal* jeg har ikke engang til et måltid mad; *what ~ ...?* T er der nogen chance for ...? hvad er ... nu værd? *what ~ his theories now?* hvad siger du nu til hans teorier? *without (el. beyond) ~* uvurderlig.
II. price [prais] *vb* bestemme prisen på; fastsætte prisen for; prismærke; spørge (om prisen) på; vurdere; ~ *oneself out of the market* ødelægge salget ved at forlange for høje priser; (se også *priced).*
priced [praist] *adj* prismærket *(fx everything is ~); ~ catalogue* katalog med priser.
price| fixing prisregulering. ~ **freeze** prisstop. **-less** [-ləs] *adj* uvurderlig, kostelig. ~ **list** prisliste, priskurant. ~ **regulation committee** priskontrolråd.
pricey ['praisi] *adj* T dyr.
I. prick [prik] *vb* prikke, stikke; stikke hul på, punktere *(fx a balloon);* (om mønster) udprikke, punktere; *(glds)* spore *(fx ~ a horse);*
my toe is -ing det stikker i min tå; *his conscience -ed him* han havde samvittighedsnag; ~ *off* sætte mærke ved; måle (med passer på et kort); (i gartneri) = ~ *out plants* prikle planter ud; ~ *up one's ears* spidse ører.
II. prick [prik] *sb* stik, prik; *(vulg)* pik; ~ *of conscience* samvittighedsnag; *kick against the -s* stampe imod brodden.
pricker ['prikə] *sb* pren, spidsbor, syl; rensenål.
prickle [prikl] *sb* pig; (lille) torn, barktorn; stikken *(el.* prikken) i huden; *vb* stikke; have en stikkende fornemmelse; *the skin -s* det prikker i huden.
prickly ['prikli] *adj* tornet, pigget; stikkende, prikkende; *(fig)* vanskelig, kilden *(fx question);* (om person) prikken; ~ *heat* hedetøj; ~ *pear* figenkaktus.
prick tease(r) ['prikti:s(ə)] *sb* S narrefisse.
pricy ['praisi] *adj* T dyr.
I. pride [praid] *sb* stolthed *(at, in* over), hovmod; pragt, glans; (af løver) flok; ~ *goes before a fall* hovmod står for fald; *in the ~ of one's life* i sin bedste alder; *take ~ in* være stolt af; *take a ~ in* sætte en ære i (at); *take the ~ of place* indtage en førerstilling, komme i første række; indtage hæderspladsen.
II. pride [praid] *vb: ~ oneself on* være stolt af; rose sig af.
prie-dieu ['pri:djə:] *sb* bedepult.
priest [pri:st] *sb* præst; gejstlig; (til fiskeri) priest (lille kølle); *vb* præstevie. **priestcraft** ['pri:stkra:ft] *sb (neds)* præsteintriger, præstepolitik.
priestess ['pri:stis] *sb* præstinde.
priesthood ['pri:sthud] *sb* præsteembede; gejstlighed, præsteskab.
priestly ['pri:stli] *adj* præstelig.
I. prig [prig] *sb* tyv; *vb* stjæle.
II. prig [prig] *sb* farisæer, selvgod (, dydsiret) person, pedant.
priggish ['prigiʃ] *adj* selvgod, farisærisk; dydsiret,

overartig, pedantisk.

prim [prim] *adj* sippet, snerpet, stram; pertentlig; pæn, sirlig; *vb* gøre sirlig, pynte; stramme; ~ *up one's lips* snerpe munden sammen.

primacy ['praiməsi] *sb* primat, ærkebiskoppelig værdighed; overlegenhed, forrang, første plads.

prima donna ['pri:mə'dɔnə] *sb* primadonna.

prima facie ['praimə'feiʃi(:)] *adv* ved første øjekast, ved en umiddelbar betragtning; indtil det modsatte er bevist.

primage ['praimidʒ] *sb (mar)* kaplak (tillæg til fragten).

primal [praiml] *adv* først, vigtigst; oprindelig.

primarily ['praimərili; prai'merili] *adv* oprindelig, fra første færd; først og fremmest.

primary ['praimri] *adj* først; oprindelig, primær, ur-, grund- *(fx rock* fjeld; *meaning* betydning); elementær, forberedende; størst *(fx of ~ importance),* vigtigst; *sb* hovedsag; *(am)* primærvalg, opstillingsvalg; ~ *(assembly el. meeting)* forberedende valgmøde.

primary | cell primærelement. ~ **colours** *pl* grundfarver, hovedfarver; primærfarver. ~ **education** grundskoleundervisning (i England: 5-11 års alderen). ~ **school** grundskole, underskole (5-11 år). ~ **source** primærkilde.

primate ['praim(e)it] *sb* primas, ærekebiskop; *Primate of all England* (ærkebiskoppen af Canterbury); *Primate of England* (ærkebiskoppen af York).

primates [prai'meiti:z] *pl zo* primater (aber og mennesker).

I. prime [praim] *adj* først, oprindelig, ur-; hoved-, vigtigst, fornemst; fortrinlig, prima.

II. prime [praim] *sb* bedste tid, velmagtsdage, bedste alder; *(litt)* vår, begyndelse; *(mat.)* primtal; *(rel, mus. etc)* prim; *in one's* ~ i sin bedste alder; på sit højeste; *in the ~ of life* i sin bedste alder; *past one's* ~ på retur.

III. prime [praim] *vb* (om pumpe) spæde, (om motor) snapse, tippe; (med maling) grunde, grundmale; *(fig)* instruere, præparere *(fx they -d him before the press conference);* (med spiritus) fylde på; *(glds)* lade, lægge fængkrudt på; *well -d* beruset, godt lakket til.

prime| cost *(merk)* produktionsomkostninger. ~ **minister** premierminister. ~ **mover** kraftkilde, kraftmaskine; *(fig)* primus motor. ~ **number** primtal.

I. primer ['primə] *sb (typ)* (en skriftart).

II. primer ['praimə] *sb* begynderbog *(fx Latin Primer); (glds rel)* andagtsbog; *(mil.)* fænghætte; sprængkapsel; (ved maling) grunding, grundingsfarve; (til motor) snapsepumpe.

prime|rate *(am)* (banks) minimumsudlånsrente (til 1. klasses kunder). ~ **time** *(TV)* den bedste sendetid.

primeval [prai'mi:vl] *adj* først, oprindelig, ur-.

priming ['praimiŋ] *sb* (ved maling) grunding, grundingsfarve; (af pumpe) spædning; (af motor) snapsning, tipning; *(mil.)* tændsats, tændladning, *(glds)* fængkrudt.

primiparous [prai'mipərəs] *adj* førstegangsfødende.

primitive ['primitiv] *adj* oprindelig, ur-; primitiv, simpel, uudviklet; *sb* urmenneske; (i kunst) primitiv kunstner, primitivt kunstværk; *(gram.)* rodord; *the Primitive Church* oldkirken.

primogeniture [praiməu'dʒenitʃə] *sb* førstefødsel; *right of* ~ førstefødselsret.

primordial [prai'mɔ:djəl] *adj* oprindelig, ur-.

primp [primp] *vb* pynte (sig), nette (sig); ~ *one's hair* rette på håret.

primrose ['primrəuz] *sb (bot)* kodriver, primula; *Primrose Day* (den 19. april, lord Beaconsfields dødsdag); *Primrose League* (en konservativ forening); *the ~ path (fig)* den brede vej.

primula ['primjulə] *sb (bot)* primula.

primus ['praiməs] *adj* (den) først(e); den ældste; *sb* ® primus (kogeapparat).

prince [prins] *sb* fyrste, prins.

Prince Consort prinsgemal.

prince|dom ['prinsdəm] *sb* fyrstendømme, fyrsteværdighed. **-like** fyrstelig. **-ly** fyrstelig, prinselig.

Prince of Wales prins af Wales (ɔ: kronprins i England).

Prince Regent prinsregent. **Prince Royal** kronprins.

princess [prin'ses, (foran navn:) 'prinses] *sb* prinsesse, fyrstinde.

princess(e) dress *(el.* **robe)** prinsessekjole.

Princess of Wales (prinsen af Wales's gemalinde ɔ: kronprinsesse i England). **Princess Royal** (titel for den engelske monarks ældste datter).

principal ['prinsəpl] *adj* først, hoved-, vigtigst; *sb* (i firma) principal, chef; (i skole) bestyrer, forstander, rektor; *(teat)* hovedperson, hovedkraft; *(jur)* fuldmagtsgiver, mandant; (ved forbrydelse) hovedmand, gerningsmand *(mods* meddelagtig); (om pengesum: *mods* renter) kapital, (af lån) hovedstol; (i kunst) originalt kunstværk *(mods* kopi); hovedmotiv, (i fuga) hovedtema.

principal clause hovedsætning.

principality [prinsə'pæliti] *sb* fyrstendømme; fyrsteværdighed, fyrstemagt; *the Principality* (især om) Wales.

principally ['prinsəp(ə)li] *adv* hovedsagelig, især.

principal parts *pl (gram.,* af *vb)* hovedtider.

principle ['prinsəpl] *sb* princip; grundsætning; *(kem)* bestanddel *(fx the bitter ~ in quinine); in* ~ principielt, i princippet; *a man of* ~ en mand med principper; en principfast mand; *on* ~ principielt, af princip.

-principled ['prinsəpld] (i *sms:)* med ... principper *(fx high-principled* med høje *(el.* ædle) principper).

pringle [priŋgl] *vb* stikke, prikke.

prink [priŋk] *vb* pynte; pynte sig.

I. print [print] *vb* trykke; påtrykke, trykke mærke i; *(typ)* trykke; (om materiale) lade trykke, offentliggøre, (i avis) bringe; (skrive:) prente; skrive med blokbogstaver *(fx please ~); (fot)* kopiere; ~ **off** trykke; *(fot)* kopiere; lave aftryk (af); *it remains -ed* **on** *my memory* det står præget i min erindring; ~ **out** *(edb)* udskrive.

II. print [print] *sb* mærke, aftryk *(fx fingerprint),* spor *(fx -s of a squirrel),* præg; *(typ)* tryk *(fx small ~);* trykt skrift, blad, avis; (billede:) reproduktion; (kobber)stik; *(fot)* kopi; (tekstil:) bomuldsstof med påtrykt mønster;

in ~ på tryk; på prent; *the book is still in* ~ bogen kan stadig købes; *rush* **into** ~ skynde sig at få noget udgivet; (undertiden:) fare i blækhuset; **out of** ~ udsolgt fra forlaget; *read the* **small** *(el.* **fine)** ~ læse det der er trykt med småt; *(fig)* nærlæse teksten, granske teksten nøje.

print ball kuglehoved.

printed| circuit trykt kredsløb. ~ **matter** tryksager.

printer ['printə] *sb* trykker, bogtrykker; *(edb)* skriver, printer.

printer's| device bogtrykkermærke. ~ **devil** bogtrykkerlærling. ~ **error** trykfejl. ~ **flower** fleuron. ~ **ink,** se *printing ink.* ~ **pie** (svibel)fisk (ɔ: ødelagt sats). ~ **reader** korrekturlæser.

printing ['printiŋ] *sb (typ)* trykning; bogtryk; bogtrykkerkunst; oplag; *(fot)* kopiering.

printing| block kliché. ~ **frame** *(typ)* formramme, slutteramme; *(fot)* kopiramme. ~ **ink** tryksværte, *(typ)* trykfarve. ~ **office** bogtrykkeri, officin. ~ **press** bogtrykkerpresse, trykpresse; (se også ~ *office).* ~ **works,** se ~ *office.*

print|off ['printɔf] *sb* oplag; *(fot)* kopi. **-out** ['printaut] *sb* (i edb) udskrift.

print|seller kunsthandler. **-shop** kunsthandel. **-work** (kattun)trykkeri.

prior ['praiə] *sb (rel)* prior, klosterforstander; *adj* tidligere, ældre; vigtigere; ~ *to* førend.
priorate ['praiərət] *sb (rel)* priorat.
prioress ['praiərəs] *sb (rel)* priorinde.
priority [prai'ɔriti] *sb* fortrin, forret, prioritet; *put in order of* ~ prioritere; *put it high in the list of priorities* prioritere det højt; *it is a top* ~ det står øverst på listen.
priory ['praiəri] *sb* priorat.
prise [praiz] = *II. prize.*
prism [prizm] *sb* prisme.
prismatic [priz'mætik] *adj* prismatisk.
prison [prizn] *sb* fængsel; *break* ~ bryde ud af fængslet.
prisoner ['priznə] *sb* fange, arrestant; anklaget (i kriminalsag); *keep sby a* ~ holde én fanget; *make sby (a)* ~, *take sby.* ~ tage én til fange; ~ *of war* krigsfange; *I am a* ~ *to my chair* jeg er lænket til min stol; *prisoner's base* (en drengeleg med afmærkede fristeder).
prison| guard *(am)* fængselsbetjent. ~ **house** fængsel(sbygning).
prissy ['prisi] *adj* T overpertentlig, snerpet, sippet.
pristine ['pristain, -ti:n] *adj* oprindelig *(fx the* ~ *strength of our race),* i sin oprindelige form *(el.* skikkelse) *(fx* ~ *Leninism,* ~ *Christianity),* ufordærvet; uberørt, jomfruelig, urfrisk.
prithee ['priði] (af *pray thee) (glds)* jeg beder dig.
privacy ['privəsi, (især *am)* 'prai-] *sb* uforstyrrethed, privatliv; hemmelighed; *I have complete* ~ *in my garden* jeg har det helt for mig selv *(el.* er helt uforstyrret) i min have; *in* ~ *(ogs)* i enrum, under fire øjne; *invasion of* ~ krænkelse af privatlivets fred.
I. private ['praivit] *sb* menig (soldat); *-s pl (ogs)* kønsdele; ~ *first class* konstabel; *in* ~ i hemmelighed, fortroligt, under fire øjne; under hånden.
II. private ['praivit] *adj* privat; privat- *(fx school);* hemmelig, fortrolig; under hånden *(fx* ~ *sale* salg u.h.); menig *(fx soldier); this is for your* ~ *ear* dette bliver mellem os; *funeral* ~ begravelsen foregår i stilhed; ~ *house* privatbolig; *keep* ~ hemmeligholde.
private| baptism hjemmedåb. ~ **company** = ~ *limited company.* ~ **enterprise** det private initiativ.
privateer [praivə'tiə] *sb (mar, hist.)* kaperskib, kaper.
privateering [praivə'tiəriŋ] *sb (mar, hist.)* kaperi.
private| eye T privatdetektiv. ~ **hotel** = ~ *residential hotel.* ~ **limited company** *(omtr)* familieaktieselskab. ~ **means** *pl* privatformue; *live on* ~ *means (ogs)* leve som rentier. ~ **member** *(parl)* menigt underhusmedlem (ɔ: som ikke er minister). ~ **parts** *pl* kønsdele. ~ **residential hotel** slags større pensionat. ~ **view** fernisering (på maleriudstilling). ~ **ward** enestue (på hospital).
privation [prai'veiʃn] *sb* nød, afsavn, mangel på de elementære livsfornødenheder.
privatisation [praivətai'zeiʃn] *sb* privatisering. **privatise** ['praivətaiz] *vb* privatisere.
privative ['privətiv] *adj* negativ; *(gram.)* privativ.
privatization = *privatisation.*
privet ['privit] *sb (bot)* liguster.
privilege ['priv(i)lidʒ] *sb* privilegium, (sær)rettighed, begunstigelse; *(parl)* immunitet; *vb* privilegere; fritage *(from* for).
privity ['priviti] *sb* medviden.
I. privy ['privi] *sb (glds)* kloset, toilet.
II. privy ['privi] *adj* privat; hemmelig; ~ *to* indviet i, (hemmeligt) medvidende om.
Privy| Council gehejmeråd. ~ **Councillor** (om person) gehejmeråd.
privy parts *pl* kønsdele.
Privy| Purse (de midler der stilles til den engelske monarks personlige rådighed); (person, *omtr)* hofintendant. ~ **Seal** gehejmesegl; mindre rigssegl; *Lord (Keeper of the)*~ *Seal* gehejmeseglbevarer.
I. prize [praiz] *sb* pris, præmie, belønning; gevinst; *(fig)* klenodie, skat; *(mar)* prise; *vb* sætte pris på, skatte, vurdere højt; *adj* præmie- *(fx bull),* pris-; prisbelønnet, præmieret; T ærke- *(fx fool); make (a)* ~ *of (mar)* opbringe, tage som prise.
II. prize [praiz] *vb* bryde, brække, lirke, vriste *(open* op).
prize| court *(mar)* priseret. ~ **day** skoles årsfest. **-fight** boksekamp (mellem professionelle boksere). **-fighter** (professionel) bokser. **-giving** præmieuddeling. ~ **idiot** kraftidiot. **-man** præmietager, pristager. ~ **money** præmiebeløb; *(mar)* prisepenge. ~ **ring** boksering. ~ **winner** pristager *(fx Nobel* ~ *winner).*
I. pro [prəu] *prep* pro, for; *sb: pros & cons* grunde (, argumenter) for og imod; hvad der kan siges for og imod.
II. pro [prəu] *sb* T *(fk professional)* professionel (spiller); luder.
III. pro- [prəu] (forstavelse:) tilhænger af *(fx pro-Boer* boerven); -venlig *(fx pro-German* tyskvenlig); vice-.
P.R.O. *fk Public Records Office; public relations officer.*
probability [prɔbə'biləti] *sb* sandsynlighed *(of* for); *in all* ~ efter al sandsynlighed.
probable ['prɔbəbl] *adj* sandsynlig.
probably ['prɔbəbli] *adv* sandsynligvis, rimeligvis.
probang ['prəubæŋ] *sb* sonde.
probate ['prəub(e)it] *sb (jur)* stadfæstelse *(el.* konfirmation) af testamente; kopi af stadfæstet testamente; ~ *court* skifteret.
probation [prə'beiʃn] *sb* prøve; prøvetid; *on* ~ på prøve; *be put on* ~ *(jur, omtr)* få en betinget dom (og komme under tilsyn); *release on* ~ prøveløsladelse; betinget benådning.
probationary [prə'beiʃn(ə)ri] *adj* prøve-, på prøve *(fx telegraphist).*
probationer [prə'beiʃnə] *sb* person på prøve; novice, aspirant; (sygepleje)elev; *(jur)* betinget dømt person (som er under tilsyn).
probation officer tilsynsværge (som fører tilsyn med betinget dømte).
probative ['prəubətiv] *adj* beviskraftig.
probe [prəub] *sb* sonde; T undersøgelse; *vb* sondere, undersøge.
probity ['prəubiti] *sb* retsindighed, redelighed.
problem ['prɔbləm] *sb* problem, spørgsmål; *(mat.,* skak) opgave.
problematic(al) [prɔblə'mætik(l)] *adj* problematisk, tvivlsom.
problem play problemskuespil.
proboscis [prə'bɔsis] *sb (pl probosces* [-'bɔsi:z]) snabel.
procedural [prə'si:dʒər(ə)l] *adj* proceduremæssig.
procedure [prə'si:dʒə] *sb* fremgangsmåde; forretningsgang; *(jur)* procedure; *rules of* ~ forretningsorden; *(jur)* procesordning.
proceed [prə'si:d] *vb* gå fremad, begive sig (, drage, køre, sejle *etc)* videre; fortsætte *(fx we will* ~ *along the same lines),* gå videre, vedblive; skride frem, udvikle sig *(fx the matter -ed slowly);* gå til værks, bære sig ad *(fx how shall I* ~?);
~ **against** *(jur)* anlægge sag mod; ~ **from** komme fra *(el.* af), opstå af, være resultat af *(fx the whole trouble -ed from a misunderstanding);* ~ **to** gå over til (at), skride til (at), give sig til (at) *(fx they -ed to divide the money);* ~ *to the degree of master of arts* blive *master of arts.*
proceeding [prə'si:diŋ] *sb* fremgangsmåde, skridt; adfærd; **-s** *pl* hvad man foretager sig, aktiviteter, forhandlinger; (referat:) meddelelser *(fx the -s of the British Academy),* forhandlingsprotokol *(fx read the -s*

of the last meeting); (jur) retsforfølgning; sagsanlæg; proces; *take (legal) -s against* anlægge sag mod; *watch the -s* iagttage hvad der foregår.

proceeds ['prousi:dz] *sb pl* provenu, udbytte.

process ['prəuses, *am* 'prɔses] *sb* proces; fremgangsmåde, procedure, metode; (det at skride frem:) fremadskriden, forløb; *(anat)* tap, fremspring; *(jur)* proces; stævning;
in ~ of ved at, i færd med at *(fx the Minister replied that he was in ~ of drawing up a law); in ~ of construction* under opførelse; *in ~ of time* i tidens løb, med tiden.

II. process ['prəuses, *am* 'prɔses] *vb* (i fabrikation) forarbejde, behandle *(fx* fødevarer for konservering), oparbejde *(fx raw materials),* forædle; *(fig, fx* edb) behandle *(fx data -ing; ~ the morning's mail; ~ an application); (typ)* reproducere fotomekanisk.

III. process [prə'ses] *vb* T gå i procession.

process | engraver kemigraf. ~ **engraving** fotomekanisk reproduktion, kemigrafi.

procession [prə'seʃn] *sb* procession; optog; *vb* gå i procession (gennem).

processional [prə'seʃn(ə)l] *adj* processions-; *sb* processionssalme.

process server stævningsmand.

pro-choice ['prəu'tʃɔis] *adj* som er for fri abort.

pro-choicer ['prəu'tʃɔisə] *sb (am)* aborttilhænger.

proclaim [prə'kleim] *vb* proklamere *(fx the new state was -ed a republic);* bekendtgøre, kundgøre, forkynde; erklære *(fx war); (glds)* erklære i belejringstilstand; erklære fredløs; forbyde *(fx a meeting); ~ him king* udråbe ham til konge; *~ the banns* lyse til ægteskab.

proclamation [prɔklə'meiʃn] *sb* proklamation, bekendtgørelse, kundgørelse.

proclivity [prə'kliviti] *sb* tilbøjelighed, hang.

proconsul [prəu'kɔnsl] *sb* prokonsul.

procrastinate [prə'kræstineit] *vb* opsætte i det uendelige; nøle, trække tiden ud.

procrastination [prəkræsti'neiʃn] *sb* opsættelse; nølen.

procrastinator [prə'kræstineitə] *sb* sendrægtig person.

procreate ['prəukrieit] *vb* avle, frembringe.

procreation [prəukri'eiʃn] *vb* avling, frembringelse; formering.

proctor ['prɔktə] *sb* proktor (universitetslærer som fører opsyn med studenternes opførsel); *(am)* tilsynsførende ved skriftlig eksamen.

procurable [prə'kjuərəbl] *adj* som kan skaffes.

procuration [prɔkju'reiʃn] *sb* tilvejebringelse; *(jur)* fuldmagt, prokura; rufferi; *per ~* per prokura.

procurator ['prɔkjureitə] *sb (jur)* fuldmægtig; *~ fiscal* (skotsk:) offentlig anklager.

procure [prə'kjuə] *vb* drive rufferi; skaffe, tilvejebringe; opdrive *(fx difficult to ~); (glds)* udvirke.

procurement [prə'kjuəmənt] *sb* fremskaffelse, tilvejebringelse.

procurer [prə'kjuərə] *sb* ruffer.

procuress [prə'kjuərəs] *sb* rufferske.

prod [prɔd] *sb* stød, stik; pigstav; *vb* støde, stikke, prikke, dikke, pirke (til); *(fig ogs)* tilskynde, anspore.

Prod [prɔd] *sb* (irsk, skotsk, *neds)* protestant.

prodigal ['prɔdigl] *adj* ødsel *(of* med); *sb* ødeland; fortabt søn, angrende synder; *the ~ son* den fortabte søn.

prodigality [prɔdi'gæliti] *sb* ødselhed, ødslen.

prodigious [prə'didʒəs] *adj* forbløffende, fænomenal *(fx memory* hukommelse); formidabel, uhyre *(fx sum).*

prodigy ['prɔdidʒi] *sb* vidunder; uhyre, monstrum; *infant ~* vidunderbarn.

I. produce [prə'dju:s] *vb* tage frem, fremlægge, fremvise *(fx a ticket),* fremskaffe; (om vare) producere, fremstille; (kunstværk:) skabe, producere; skrive; (afgrøde:) give, avle, frembringe, (udbytte:) indbringe, kaste af sig, give; (afkom:) føde; *(fig)* fremkalde *(fx a reaction),* afstedkomme, bevirke; *(geom)* forlænge *(fx a side of a triangle); (teat)* iscenesætte, *(am)* producere, være producer for.

II. produce ['prɔdju:s] *sb* samlet produktion, udbytte; produkter, (især:) landbrugsprodukter, *(am* især:) frugt og grønsager; *(fig)* resultat.

producer [prə'dju:sə] *sb* producent; *(teat)* iscenesætter, sceneinstruktør; *(am,* også af film *etc)* producer, producent; (i radio) programleder; (i tv) producer.

producer| gas generatorgas. ~ **goods** *pl* produktionsmidler *(mods* forbrugsvarer).

producible [prə'dju:səbl] *adj* som kan frembringes; præsentabel.

product ['prɔdʌkt] *sb* frembringelse; produkt, fabrikat; *(mat., kem)* produkt.

production [prə'dʌkʃn] *sb (cf I. produce)* fremlæggelse, forevisning; fremstilling, frembringelse, produktion, dyrkning; produkt, værk; iscenesættelse; forlængelse.

production| line samlebånd. ~ **manager** produktionschef, driftsleder; (ved film) overregissør.

productive [prə'dʌktiv] *adj* produktiv *(fx labour),* ydedygtig, skabende; frugtbar *(fx soil); be ~ of* fremkalde, forårsage.

productivity [prɔdʌk'tiviti] *sb* produktivitet, ydeevne; frugtbarhed.

proem ['prəuem] *sb* forord, fortale, indledning.

prof [prɔf] S *fk professor.*

profanation [prɔfə'neiʃn] *sb* profanation, vanhelligelse.

profane [prə'fein] *adj* profan, verdslig *(fx sacred and ~ literature);* hedensk *(fx rites); (neds)* bespottelig, blasfemisk; T som bander stygt; *vb* vanhellige, krænke, bespotte, profanere; misbruge *(fx the name of God).*

profanity [prə'fæniti] *sb* bespottelse, blasfemi; banden; *profanities pl* eder.

profess [prə'fes] *vb* erklære, forsikre *(fx one's satisfaction);* (med urette) hævde, foregive; give sig ud for *(fx I don't ~ to be an expert);* (om erhverv) udøve, praktisere, (om professor) undervise i; T være professor; *(rel)* bekende sig til *(fx ~ Christianity);* (om munk, nonne) aflægge løftet; *a -ing Christian* en bekendende kristen.

professed [prə'fest] *adj* erklæret *(fx a ~ atheist);* foregiven *(fx a ~ doctor);* professionel *(fx a ~ spy); a ~ nun* en nonne der har aflagt løftet.

professedly [prə'fesidli] *adv* efter eget udsagn; angiveligt.

profession [prə'feʃn] *sb* profession, fag; (især lærd *el.* kunstnerisk) erhverv, liberalt erhverv; (folk i et erhverv) stand *(fx it is an insult to the ~); (cf profess)* erklæring, forsikring; foregiven; bekendelse; aflæggelse af klosterløfte; *the ~* S skuespillerstanden; *the learned -s* (teologi, jura, lægevidenskab); *by ~* af profession, af fag; *~ of faith* trosbekendelse.

professional [prə'feʃn(ə)l] *adj* fagmæssig, faglig, fag-; professionel; *sb* professionel (sportsmand); *~ man* mand i de liberale erhverv (kunstner, akademiker).

professionalism [prə'feʃnəlizm] *sb* professionalisme.

professor [prə'fesə] *sb* professor *(of* i); lærer; *(rel): a ~ of Christianity* en bekendende kristen.

professorate [prə'fesərət] *sb* professorat.

professorial [prɔfe'sɔ:riəl] *adj* professor-; professoral.

professorship [prə'fesəʃip] *sb* professorat.

proffer ['prɔfə] *vb* tilbyde; *sb* tilbud.

proficiency [prə'fiʃnsi] *sb* dygtighed, kyndighed, færdighed.

proficient [prə'fiʃnt] *adj* kyndig, dygtig, velbevandret, sagkyndig; *sb* ekspert, mester.

profile ['prəufail] *sb* omrids, kontur; *(tekn* og af ansigt) profil; *(fig)* kort beskrivelse, skitse, kort oversigt; (af person) kort biografi, portræt, profil; *(teat)* sætstykke; *vb* tegne i omrids *(el.* profil); (se også *low* ~).

I. profit ['prɔfit] *sb* udbytte, fordel, gavn *(from* af); (penge:) vinding *(fx he does it only for* ~*)*, gevinst; *(merk)* fortjeneste, avance; *make a* ~ *on* tjene på.

II. profit ['prɔfit] *vb (glds)* gavne; ~ *by (el. from)* have gavn af, drage fordel af, profitere af; ~ *by (el. over) (merk)* tjene på.

profitable ['prɔfitəbl] *adj* gavnlig, nyttig; (økonomisk:) fordelagtig, lønnende, indbringende, rentabel.

profit and loss account *(merk)* gevinst- og tabskonto.

profiteer [prɔfi'tiə] *(neds) sb* en der tjener store penge på en ufin måde; krigsspekulant, krigsmillionær; *vb* tjene store penge på en ufin måde; drive vareåger, drive kædehandel.

profiteering [prɔfi'tiəriŋ] *sb* jobberi, kædehandel, vareåger.

profitless ['prɔfitləs] *adj* unyttig, nytteløs; (økonomisk:) ikke indbringende, ufordelagtig.

profit|sharing udbyttedeling, overskudsdeling. ~ **taking** realisering af kursgevinst ved salg af værdipapirer.

profligacy ['prɔfligəsi] *sb* ryggesløshed, lastefuldhed; udsvævelser, laster. **profligate** ['prɔfligət] *adj* ryggesløs, lastefuld, udsvævende; *sb* ryggesløst menneske.

pro forma [prəu'fɔ:mə] pro forma.

profound [prə'faund] *adj* dyb; grundig, dybtgående *(fx knowledge)*; dybsindig.

profundity [prə'fʌnditi] *sb* dybde, dybsindighed, grundighed; dyb.

profuse [prə'fju:s] *adj* overstrømmende, overvættes, rigelig; (om person) gavmild, ødsel; *be* ~ *in one's thanks* takke overstrømmende; *be* ~ *in one's apologies* bede tusind gange om forladelse.

profusion [prə'fju:ʒn] *sb* ødselhed; overflod.

prog [prɔg] S *fk proctor; vb: be progged* få ordre til at stille hos *proctor.*

progenitor [prə'dʒenitə] *sb* forfader.

progeny ['prɔdʒini] *sb* afkom, efterkommere.

prognos|is [prɔg'nəusis] *sb (pl -es* [-i:z]) prognose.

prognostic [prɔg'nɔstik] *adj* prognostisk, varslende; *sb* tegn, symptom. **prognosticate** [prɔg'nɔstikeit] *vb* forudsige, spå, varsle. **prognostication** [prɔgnɔsti'keiʃn] *sb* forudsigelse, spådom; tegn, varsel.

program (især *am) = programme.*

progammable ['prəugræməbl] *adj* programmerbar.

programme ['prəugræm] *sb* program; (ved bal) balkort; *vb* lægge program for; programmere; *-d* programmeret *(fx teaching* undervisning).

programme| engineer (i radio) tekniker. ~ **parade** programoversigt.

programmer ['prəugræmə] *sb* (i edb) programmør.

I. progress ['prəugres, *am:* 'prɔgres] *sb* fremskridt, fremgang; fremrykken; fremtrængen, udbredelse *(fx of new ideas)*; gang *(fx of events)*, forløb *(fx of a disease, of negotiations)*, udvikling; *(hist.)* rejse, færd; kongelig rundrejse, gæsteri; inspektionsrejse;

in ~ i gang, under udførelse, under udarbejdelse; *be in* ~ *(ogs)* gå for sig; *preparations are in* ~ der er ved at blive truffet forberedelser; **make** ~ gøre fremskridt; *make slow* ~ skride langsomt frem.

II. progress [prə'gres] *vb* gå fremad; skride fremad, udvikle sig; gøre fremskridt; *be -ing* (om patient) være i bedring.

progress chaser funktionær der skal sørge for at leveringsfrister overholdes.

progression [prə'greʃn] *sb* fremskriden, fremgang; *(mat.)* progression; række; (se *arithmetical (, geometrical)* ~*)*.

progressional [prə'greʃn(ə)l] *adj* fremadskridende.

progressive [prə'gresiv] *adj* fremadskridende; tiltagende, voksende; progressiv; *(fig)* progressiv, fremskridtsvenlig, moderne indstillet; *sb* fremskridtsmand; ~ *taxation* progressiv beskatning; ~ *tense (gram.)* udvidet tid. **progressively** *adv* i stigende grad, mere og mere; progressivt.

prohibit [prə'hibit] *vb* forbyde; (for)hindre *(from* i); *they are -ed from doing it (ogs)* det er dem forbudt at gøre det.

prohibition [prəu(h)i'biʃn] *sb* forbud; *the Prohibition* forbudstiden i USA.

prohibitionist [prəu(h)i'biʃ(ə)nist] *sb* forbudstilhænger.

prohibitive [prə'hibitiv] *adj* prohibitiv; uoverkommelig *(fx price)*.

prohibitory [prə'hibitri] *adj* prohibitiv; forbuds- *(fx laws)*; ~ *sign* forbudstavle (færdselstavle).

I. project [prə'dʒekt] *vb* **1.** planlægge, projektere, udkaste (plan om); **2.** kaste, projicere *(fx a picture on to a screen)*; **3.** udskyde *(fx missiles)*; **4.** *(fig)* præsentere, fremstille, give et indtryk *(el.* billede) af; **5.** *(geom)* projicere;

(uden objekt) **6.** rage frem *(fx the balcony -s over the pavement)*; **7.** få tag i (, komme i kontakt med) publikum *(fx during a show I make great efforts to* ~, *to come across)*;

~ *oneself* **into** sætte sig (ind) i *(fx his situation)*; ~ *a feeling* **on** *sby (psyk)* projicere en følelse over på en anden (ɔ: tillægge en anden en følelse man selv har).

II. project ['prɔdʒekt] *sb* plan, projekt.

I. projectile ['prɔdʒiktail] *sb* projektil.

II. projectile [prə'dʒektail] *adj* fremdrivende; kaste-.

projection [prə'dʒekʃn] *sb (cf I. project)* **1.** planlæggelse, projektering, udkast; **2.** projicering, projektion; **3.** udskydning; **4.** fremspringen; fremspring, fremstående del; udhæng; **5.** prognose, forudberegning, forudsigelse; **6.** *(geom, psyk)* projektion; **7.** *(tekn)* projektion, projektionstegning.

projection booth *(am)* operatørrum.

projectionist [prə'dʒekʃnist] *sb* (film)operatør.

projection room operatørrum.

projector [prə'dʒektə] *sb* planlægger, ophavsmand; *(neds)* projektmager; (til belysning) projektør, lyskaster; (til film) films(forevisnings)apparat; (til lysbilleder) projektor, projektionsapparat.

I. prolapse ['prəulæps] *sb (med.)* prolaps, fremfald.

II. prolapse [prə'læps] *vb* falde frem, udtræde.

prole [prəul] *sb* T proletar.

prolegomena [prəule'gɔminə] *sb pl* indledning.

proletarian [prəuli'tɛəriən] *sb* proletar; *adj* proletar-, proletarisk.

proletariat [prəuli'tɛəriət] *sb* proletariat.

pro-life ['prəu'laif] *adj (am)* som er mod fri abort. **prolifer** ['prəu'laifə] *sb (am)* abortmodstander.

proliferate [prə'lifəreit] *vb* formere sig ved knopskydning *el.* celledeling; *(fig)* formere (, brede) sig hurtigt, vokse *(el.* øges) i hastigt tempo.

proliferation [prəlifə'reiʃn] *sb* formering ved knopskydning *el.* celledeling; *(fig)* hastig formering (, udbredelse, vækst); *nuclear* ~ spredning af atomvåben.

prolific [prə'lifik] *adj* frugtbar; frodig *(fx imagination)*; (uhyre) produktiv *(fx author)*; ~ *of* rig på.

prolix ['prəuliks] *adj* omstændelig, langtrukken.

prolixity [prəu'liksiti] *sb* omstændelighed, langtrukkenhed.

prologue ['prəulɔg] *sb* fortale, prolog; *vb* indlede (med en prolog).

prolong [prə'lɔŋ] *vb* forlænge, prolongere; *-ed adj* lang(varig); længere *(fx visit, period)*.

prolongation [prəulɔŋ'geiʃn] *sb* forlængelse.

prom T *fk promenade concert* promenadekoncert; *(am)* (skole)bal, studenterbal.

promenade ['prɔmina:d] *sb* spadseretur, ridetur, køretur; promenade; *vb* spadsere, promenere; (med objekt) promenere på (, i; med); fremvise.
Prometheus [prə'mi:θju:s].
prominence ['prɔminəns] *sb* fremspring, noget der rager frem (, op); *(fig)* fremskudt stilling; betydelighed; *bring sth into ~, give sth ~* sætte (, bringe) noget i forgrunden.
prominent ['prɔminənt] *adj* fremstående; som rager frem, udstående *(fx teeth); (fig)* iøjnefaldende *(fx landmark),* fremtrædende *(fx his most ~ feature);* (om person) fremragende, prominent; *~ figure (ogs)* forgrundsfigur; *~ people* honoratiores.
promiscuity [prɔmis'kju:iti] *sb* blandethed; virvar; tilfældighed; (seksuelt:) promiskuitet.
promiscuous [prə'miskjuəs] blandet, forvirret, broget; tilfældig; (seksuelt:) som har stadigt skiftende erotiske forbindelser.
promise ['prɔmis] *sb* løfte, tilsagn; *(rel)* forjættelse; *vb* love, tilsige; *(fig)* love, give forventning om; tegne til; *of (great) ~* (meget) lovende; *show (great) ~* være (meget) lovende; *the land of ~, the -d land* det forjættede land; (se også *breach, piecrust).*
promisee [prɔmi'si:] *sb (jur)* modtager af et løfte.
promising ['prɔmisiŋ] *adj* lovende; håbefuld.
promisor ['prɔmisə, prɔmi'sɔ:] *sb (jur)* løftegiver.
promissory ['prɔmisəri] *adj* som rummer et løfte; *~ note* egenveksel, solaveksel.
promo ['prɔməu] *sb* T *(am)* reklame.
promontory ['prɔməntri] *sb* forbjerg.
promote [prə'məut] *vb* (om sag) arbejde for, virke for *(fx world peace),* fremme *(fx international understanding),* støtte *(fx a bill* et lovforslag), ophjælpe, sætte i gang, (om handelsselskab) stifte; (om vare) søge at fremme salget af, reklamere for; (om person) forfremme, (om elev, sportshold) rykke op; *~ a pawn* (i skak) forvandle en bonde til officer; *be -d over sby's head* springe forbi en i avancement.
promoter [prə'məutə] *sb* en der arbejder *(el.* virker) for noget; ophjælper; støtter *(fx* af lovforslag); ophavsmand; *(merk,* af selskab) stifter; (for boksekamp) promotor.
promotion [prə'məuʃn] *sb (cf promote)* virke *(of* for), fremme *(of* af), ophjælpning, støtte; (af handelsselskab) stiftelse; *(sales ~)* salgsfremmende foranstaltninger; reklame; (om person) forfremmelse, (om elev, sportshold) oprykning; *-s pl (am ogs)* reklametryksager, reklamer.
prompt [prɔm(p)t] *adj* hurtig, omgående, prompte *(fx reply);* (om person) hurtig, rask, villig *(to* til at); *adv* omgående, prompte, præcis; *vb* tilskynde, bevæge, drive, få *(to* til at, *fx what -ed him to say that?); (teat)* fremkalde, foranledige *(fx what -ed his reaction?); (teat)* sufflere, *(fig)* hjælpe på gled, give stikord; *sb* påmindelse; *(merk)* frist; *(teat)* stikord; suffli; *ogs = ~ side.*
prompt|book *(teat)* sufflørbog. *~* **box** *(teat)* sufflørkasse.
prompter ['prɔm(p)tə] *sb (teat)* sufflør.
prompting ['prɔmtiŋ] *sb* tilskyndelse; foranledning; *(teat)* suffli; *the -s of conscience* samvittighedens røst.
promptitude ['prɔm(p)titju:d] *sb* beredvillighed, raskhed.
prompt side *(teat)* (i England oftest) dameside (ɔ: højre side af scenen set fra publikum), *(am* oftest) kongeside.
promulgate ['prɔm(ə)lgeit, *(am ogs)* prə'mʌlgeit] *vb* kundgøre; promulgere, offentliggøre (en ny lov); forkynde, udbrede *(fx a creed).*
promulgation [prɔm(ə)l'geiʃn] *sb* kundgørelse, promulgering; offentliggørelse; forkyndelse.
pron. *fk pronoun.*

prone [prəun] *adj* liggende på maven *(el.* på ansigtet), liggende udstrakt; tilbøjelig *(to* til (at), *fx he is ~ to be inconsiderate); (glds)* rede, villig.
-prone (i *sms)* som tit rammes af *(fx strike-~).*
proneness ['prəunnəs] *sb* tilbøjelighed.
prong [prɔŋ] *sb* spids; tand (på en rive), gren (på en gaffel), ben (på en stikkontakt); (på gevir) sprosse, tak; spids, ende; *(agr)* fork, greb; *vb* løfte med en fork; spidde på en fork.
-pronged [prɔŋd] (i *sms)* -grenet *(fx three-~).*
pronghorn ['prɔŋhɔ:n] *sb zo* prærieantilope.
pronominal [prə'nɔminl] *adj* pronominal.
pronoun ['prəunaun] *sb (gram.)* pronomen, stedord.
pronounce [prə'nauns] *vb* udtale; erklære *(fx the doctor -d him free from infection); ~ judgment (, sentence)* afsige dom; *~ judgment on (fig)* fælde dom over; *~ on* udtale sig om.
pronounced [prə'naunst] *adj* udtalt, tydelig *(fx tendency, difference),* umiskendelig *(fx smell, foreign accent),* udpræget *(fx improvement);* afgjort *(fx opinions).*
pronouncement [prə'naunsmənt] *sb* udtalelse, erklæring; (doms)afsigelse.
pronto ['prɔntəu] *adv* S omgående, med det samme.
pronunciation [prənʌnsi'eiʃ(ə)n] *sb* udtale.
I. proof [pru:f] *sb* bevis; prøve *(fx stand the ~* bestå sin prøve); *(mht* alkohol) styrke, styrkegrad; *(fot)* prøvebillede; *(typ)* korrektur, korrekturark; (af billede) prøvetryk;
~ (of a claim) in bankruptcy anmeldt fordring i konkursbo; *in ~ of* til bevis for; *put to the ~* sætte på prøve; *the ~ of the pudding is in the eating (omtr)* først når man har gennemprøvet en ting i praksis kan man udtale sig om den.
II. proof [pru:f] *adj* uigennemtrængelig, tæt, fast, sikker, skudsikker; (om spiritus) med normal alkoholprocent; *(fig)* uimodtagelig *(against* for); *be ~ against* kunne modstå, ikke påvirkes af.
III. proof [pru:f] *vb* imprægnere.
proof|reader korrekturlæser. **-reading** korrekturlæsning. **-sheet** korrekturark. *~* **spirit** (spiritus med en alkohol (volumen)procent på 57,10).
I. prop [prɔp] *sb* støtte; stiver; **-s** *pl (teat)* rekvisitter.
II. prop *vb: ~ (up)* støtte, afstive, holde oppe; *~ up the bar* T stå og hænge i baren.
prop. *fk propeller; properly; property; proposition.*
propaedeutic [prəupi'dju:tik] *adj* propædeutisk, forberedende; *-s sb* propædeutik, forskole.
propaganda [prɔpə'gændə] *sb* propaganda, agitation.
propagandist [prɔpə'gændist] *sb* propagandist, agitator; *adj* agitatorisk, propagandistisk.
propagandize [prɔpə'gændaiz] *vb* propagandere (for), agitere (for); drive propaganda (i).
propagate ['prɔpəgeit] *vb (biol)* forplante; formere; *(fig)* forplante *(fx sound);* udbrede, sprede, formidle *(fx ideas);* føre videre; (uden objekt) forplante sig, formere sig; brede sig.
propagation [prɔpə'geiʃn] *sb* forplantning, formering, udbredelse.
propagator 'prɔpəgeitə] *sb* udbreder, formidler; (i gartneri) formeringsbænk.
propel [prə'pel] *vb* drive frem.
propellant [prə'pelənt] *sb* drivstof, drivmiddel.
propeller [prə'pelə] *sb (flyv)* propel; *(mar)* drivskrue, skibsskrue.
propeller shaft (i bil) kardanaksel; *(flyv)* propelaksel; *(mar)* skrueaksel.
propensity [prə'pensiti] *sb* hang, tilbøjelighed.
proper ['prɔpə] *adj* rigtig *(fx the ~ way to do it; a ~ gun, not a toy one);* ret, korrekt, forsvarlig; egnet, passende *(for* for, *fx clothes ~ for the occasion),* behørig; *(mht* opførsel, moral) anstændig, sømmelig *(fx be-*

haviour), (neds) artig, dydig, moralsk (fx she leads the men on, and then she suddenly turns prim and ~ on them); T eftertrykkelig, ordentlig (fx get a ~ hiding), komplet (fx a ~ idiot); (efterstillet:) egentlig (fx Italy ~ det egentlige Italien); ~ **to** særegen for, ejendommelig for; som anstår sig for.
proper fraction ægte brøk.
properly ['prɔpəli] adv egentlig; rigtigt (fx I want to do it ~); passende, sømmeligt, ordentligt (fx do try to behave ~); T ordentlig, rigtigt, komplet (fx he has ~ messed it up).
proper | motion (astr) egenbevægelse. ~ **name,** ~ **noun** (gram.) egennavn, proprium.
propertied ['prɔpətid] adj besiddende (fx the ~ classes).
property ['prɔpəti] sb ejendom, besiddelse; (det man ejer:) ejendele, gods, (land)ejendom; (jur) ejendomsret (in til; fx abolish private ~); (i logik etc) egenskab; (teat) rekvisit; crime against ~ (jur) berigelsesforbrydelse; a man of ~ en velhavende mand.
property | man (teat) rekvisitør. ~ **master** overrekvisitør. ~ **tax** formueskat.
prophecy ['prɔfisi] sb profeti, spådom.
prophesier ['prɔfisaiə] sb profet, spåmand.
prophesy ['prɔfisai] vb spå, profetere.
prophet ['prɔfit] sb profet, spåmand.
prophetic(al) [prə'fetik(l)] adj profetisk.
prophylactic [prɔfi'læktik] (med.) adj forebyggende; profylaktisk; sb forebyggende middel.
prophylaxis [prɔfi'læksis] sb (med.) forebyggende behandling, profylakse.
propinquity [prə'piŋkwiti] sb nærhed; slægtskab.
propitiate [prə'piʃieit] vb forsone, formilde; stemme gunstigt.
propitiation [prəpiʃi'eiʃn] sb forsoning, formildelse.
propitiatory [prə'piʃiətri] adj forsonende; forsonlig.
propitious [prə'piʃəs] adj gunstig; nådig.
prop-jet ['prɔpdʒet]: ~ engine turbopropmotor, turbinepropelmotor.
prop|man, ~ **master,** se property man etc.
proponent [prə'pəunənt] sb forslagsstiller; fortaler (fx a strong ~ of (for) entry into the Common Market).
I. proportion [prə'pɔ:ʃn] sb del (fx a large ~ of the population); forhold (fx a ~ of one to three); (ogs mat.) proportion, (i regning) forholdsregning, reguladetri; **-s** pl proportioner (fx of (med) fine -s); (ogs fig) dimensioner;
in ~ as alt eftersom; in ~ to i forhold til; be **out of** ~ to ikke stå i (noget rimeligt) forhold til; it is out of ~ (fig) det er overdrevet, det er urimeligt.
II. proportion [prə'pɔ:ʃn] vb afpasse, proportionere; (glds) tildele, uddele.
proportionable [prə'pɔ:ʃnəbl] adj som lader sig afpasse; forholdsmæssig; proportional.
proportional [prə'pɔ:ʃn(ə)l] adj forholdsmæssig, proportional; sb forholdstal; ~ to i forhold til; proportional med.
proportional representation (parl) mandatfordeling efter forholdstalsvalg; forholdstalsvalgmåde.
proportionate [prə'pɔ:ʃnət] adj: be ~ to stå i (et rimeligt) forhold til.
proposal [prə'pəuzl] sb forslag; frieri.
propose [prə'pəuz] vb foreslå, (til myndighed ogs) indstille, (i debat) forelægge, fremsætte (fx a resolution); (om hensigt) have i sinde, agte (fx I ~ to leave tomorrow); (uden objekt) fri (to til, fx he -d to her); ~ a toast udbringe en skål; man -s God disposes mennesket spår men Gud rå'r.
I. proposition [prɔpə'ziʃn] sb forslag, plan; (i logik) sætning, dom, (mat.) sætning; T frækt tilbud; sag, foretagende, „historie"; a paying ~ noget der betaler sig, noget der er penge i; he is a tough ~ T han er ikke god at bide skeer med.
II. proposition [prɔpə'ziʃn] vb (især am) S fremsætte et uanstændigt tilbud til; (merk) foreslå, tilbyde, give tilbud om; he was -ed by the firm han fik et tilbud fra firmaet.
propound [prə'paund] vb forelægge, fremlægge; foreslå.
proprietary [prə'praiətri] adj ejendoms-; i privat eje; (merk) navnebeskyttet; no ~ rights are claimed in this product der gøres intet retsbeskyttelseskrav gældende for denne frembringelse.
proprietary| medicine medicinsk specialitet. ~ **name** indregistreret navn.
proprietor [prə'praiətə] sb ejer; ejendomsbesidder.
propriety [prə'praiəti] sb rigtighed, berettigelse, hensigtsmæssighed, betimelighed (fx I doubt the ~ of doing that); sømmelighed, velanstændighed (fx he took care not to offend against ~); korrekthed; the proprieties de konventionelle former; konventionen.
props [prɔps] sb pl T teaterrekvisitter.
propulsion [prə'pʌlʃn] sb fremdrivning.
propulsive [prə'pʌlsiv] adj fremdrivende, driv-.
pro rata ['prəu'reitə] pro rata, forholdsmæssig.
prorate [prəu'reit] vb (am) fordele (, bedømme) forholdsmæssigt.
prorogation [prəurə'geiʃn] sb (parl) hjemsendelse (ved slutningen af en parlamentssamling).
prorogue [prə'rəug] vb (parl) hjemsende.
prosaic [prə'zeiik] adj prosaisk; (fig) poesiforladt, kedelig.
proscenium [prə'si:njəm] sb (teat) proscenium.
proscenium box (teat) prosceniumsloge.
proscribe [prə'skraib] vb gøre fredløs, proskribere; forbyde, fordømme.
proscription [prə'skripʃn] sb proskription; fordømmelse; forbud.
prose [prəuz] sb prosa; vb tale kedeligt.
prosecute ['prɔsikju:t] vb forfølge, fortsætte (og fuldføre) (fx an investigation); drive, udøve (fx a trade); (jur) sagsøge, anlægge sag (mod); (i kriminalsag) anklage, rejse tiltale (mod); fungere som anklager; trespassers will be -d (på skilt, svarer til) adgang forbydes uvedkommende, adgang forbudt.
prosecution [prɔsi'kju:ʃn] sb (cf prosecute) forfølgelse; udøvelse (fx in the ~ of his duties); (jur) sagsøgning, søgsmål; retsforfølgning, anklage; aktorat; anklagemyndighed; counsel for the ~ anklager; Director of Public Prosecutions (svarer til) rigsadvokat.
prosecutor ['prɔsikju:tə] sb klager, sagsøger; anklager; (se også public ~).
proselyte ['prɔsilait] sb omvendt, proselyt; vb = **proselytize** ['prɔsilitaiz] vb hverve proselytter, omvende.
prosody ['prɔsədi] sb prosodi, metrik.
I. prospect ['prɔspekt] sb udsigt (of til); sted hvor der er udsigt til at finde olie (, mineraler etc); T (om person) kundeemne, mulig deltager i konkurrence, ansøger til stilling osv; presidential ~ præsidentemne.
II. prospect [prə'spekt] vb prospektere, foretage undersøgelser i jorden for at finde olie (, mineraler etc); ~ for søge efter (fx gold); ~ for oil (ogs) bore efter olie.
prospective [prə'spektiv] adj fremtidig, vordende; som haves i udsigt, ventet, eventuel; ~ customer kundeemne.
prospector [prə'spektə] sb en der søger efter mineraler etc, en der borer efter olie; guldsøger.
prospectus [prə'spektəs] sb prospekt, program; (merk) indbydelse til aktietegning.
prosper ['prɔspə] vb have held med sig; have fremgang, (om foretagende etc ogs) lykkes, trives, blomstre; (med objekt, litt) begunstige, bringe held.
prosperity [prɔs'periti] sb held, lykke, fremgang, vel-

stand.

prosperous ['prɔsp(ə)rəs] *adj* heldig, lykkelig; velstående; (om foretagende *ogs)* blomstrende *(fx business); (glds,* om tidspunkt) gunstig.

prostate ['prɔsteit] *adj, sb (anat):* ~ *(gland)* prostata.

prosthes|is ['prɔsθisis] *sb* (*pl -es* [-i:z]) (fremstilling *el.* tilpasning af) protese.

prostitute ['prɔstitju:t] *vb* prostituere, vanære; misbruge *(fx one's abilities); sb* prostitueret, luder.

prostititution [prɔsti'tju:ʃn] *sb* prostitution; misbrug.

I. prostrate ['prɔstreit] *adj* henstrakt; slået til jorden, liggende (i støvet); *(fig)* udmattet; knust, lammet *(fx with grief);* ydmyget; ydmyg, næsegrus *(fx adoration).*

II. prostrate [prɔ'streit] *vb* fælde, strække til jorden; *(fig)* kuldkaste, omstyrte, ødelægge; udmatte, lamme; ~ *oneself* kaste sig i støvet, bøje sig dybt.

prostration [prɔ'streiʃn] *sb* kasten sig i støvet, knælen, knæfald; fornedrelse, omstyrtelse; nedtrykthed; afkræftelse.

prosy ['prəuzi] *adj* prosaisk, kedelig, langtrukken.

protagonist [prəu'tægənist] *sb* (i drama *etc)* hovedperson, ledende skikkelse; *(fig)* talsmand; forkæmper.

protean [prəu'ti:ən] *adj* proteusagtig; omskiftelig, stadig skiftende.

protect [prə'tekt] *vb* beskytte, værne *(from* mod); frede; *(økon)* beskytte; *(merk)* honorere *(fx a bill* en veksel; *a draft* en tratte).

protection [prə'tekʃn] *sb* beskyttelse, værn; *(assur)* forsikringsdækning; *(økon)* toldbeskyttelse; (dokument:) lejdebrev; pas; *(am)* betaling til gangstere for „beskyttelse".

protectionism [prə'tekʃnizm] *sb* protektionisme.

protectionist [prə'tekʃnist] *sb* protektionist.

protective [prə'tektiv] *adj* beskyttende; beskyttelses- *(fx colouring* farve; *tariff* told); ~ *custody* beskyttelsesarrest; ~ *sheath* kondom.

protector [prə'tektə] *sb* beskytter; protektor, rigsforstander; *Lord Protector (hist.:* den af Cromwell antagne titel).

protectorate [prə'tektrət] *sb* protektorat.

protégé ['prəuteʒei] *sb* protégé.

protein ['prəuti:n] *sb* protein.

pro tem. *fk pro tempore* for tiden, p. t.

I. protest [prə'test] *vb* protestere, gøre indsigelse, gøre indvendinger *(against* imod, *fx I* ~ *against the proposal);* påstå, forsikre *(fx he -ed that he was innocent),* (energisk) hævde, erklære; *(am)* protestere imod; *(merk):* ~ *a bill* protestere en veksel.

II. protest ['prəutest] *sb* indsigelse, indvending; protest; *(merk; mht* veksel) protest; *(jur): captain's* ~ søforklaring; *make (el. lodge) a* ~ nedlægge protest.

Protestant ['prɔtistənt] *sb* protestant; *adj* protestantisk.

Protestantism ['prɔtistəntizm] *sb* protestantisme.

protestation [prəute'steiʃn, prɔ-] *sb* forsikring, (højtidelig) erklæring; protest.

Proteus ['prəutju:s].

prothorax [prəu'θɔ:ræks] *sb zo* (insekts) forbryst.

protocol ['prəutəkɔl] *sb* protokol; etikette (regler); *(am)* forsøgsjournal; procedure; *vb* protokollere.

proton ['prəutɔn] *sb (fys)* proton.

proto|plasm ['prəutəplæzm] protoplasma. **-type** ['prəutətaip] forbillede, prototype; mønster. **-zoan** [-'zəuən] urdyr, protozo.

protract [prə'trækt] *vb* forlænge, trække ud, forhale; (i landmåling) tegne; *-ed* langtrukken, langvarig.

protraction [prə'trækʃn] *sb* forhaling, trækken i langdrag; forlængelse.

protractor [prə'træktə] *sb* (til tegning *etc)* transportør, vinkelmåler.

protrude [prə'tru:d] *vb* skyde frem, rage frem; stikke frem *(el.* ud).

protruding [prə'tru:diŋ] *adj* udstående *(fx eyes);* fremstående, som stikker frem.

protrusion [prə'tru:ʒn] *sb* det at stikke frem, fremspring.

protuberance [prə'tju:bərəns] *sb* fremspring, bule, udvækst; *(astr)* protuberans.

protuberant [prə'tju:bərənt] *adj* udstående, fremstående.

proud [praud] *adj* stolt; hovmodig; *(poet)* stolt, prægtig; *do oneself* ~ spise godt, flotte sig; *do sby* ~ T beværte en godt; diske op for en; hædre en; ~ *flesh (med.)* dødt kød (i sår).

provable ['pru:vəbl] *adj* bevislig.

prove [pru:v] *vb* vise sig at være *(fx the story -d false),* blive *(fx the play -d a success);* (med objekt) bevise, godtgøre *(fx his guilt);* påvise; afprøve, prøvekøre; efterprøve (gyldigheden af), (i regning) gøre prøve på; (om dej) lade efterhæve; *(glds)* prøve *(fx his worth);* erfare, gennemgå;

~ *oneself,* ~ *itself* vise sit værd, bevise sin værdi *(fx this method has -d itself);* ~ *oneself (to be)* vise sig som, vise sig at være *(fx he -d himself to be a true friend); the exception -s the rule* undtagelsen bekræfter reglen; ~ *true* vise sig at være sand, blive bekræftet, slå til; *a -d will* et stadfæstet *(el.* konfirmeret) testamente; (se også *hilt).*

proven [pru:vn] *adj* (skotsk, *jur)* bevist.

provenance ['prɔvənəns] *sb* oprindelse, proveniens.

provender ['prɔvində] *sb* foder.

proverb ['prɔvə(:)b] *sb* ordsprog; *the (Book of) Proverbs* Salomons ordsprog.

proverbial [prə'və:bjəl] *adj* ordsprogsagtig; som er nævnt (, indeholdt) i ordsprog; *(fig)* legendarisk *(fx his* ~ *stinginess).*

provide [prə'vaid] *vb* sørge for, skaffe, tilvejebringe *(fx the necessary funds),* stille til rådighed *(fx a horse),* give *(fx the tree -d shade);* forsyne, udstyre, udruste *(with* med, *fx they were all -d with guns); (jur)* foreskrive, bestemme, stille som betingelse;

~ **against** tage forholdsregler mod, sikre sig mod; forbyde; ~ **for** drage omsorg for, sørge for *(fx one's children);* tage hensyn til *(fx possible risks); (jur)* tillade.

provided [prə'vaidid] *conj.:* ~ *(that)* forudsat (at), på betingelse af at.

providence ['prɔvidns] *sb* forsyn; forsynlighed, forudseenhed; *Providence* forsyn(et).

provident ['prɔvidnt] *adj* forsynlig, sparsommelig; ~ *fund* hjælpefond.

providential [prɔvi'denʃl] *adj* forsynets, bestemt af forsynet, guddommelig; *he had a* ~ *escape* det var et Guds under at han undslap.

providentially [prɔvi'denʃli] *adv* ved forsynets styrelse, lykkeligt.

provider [prə'vaidə] *sb* leverandør; forsørger; *he has always been a good* ~ han har altid sørget godt for sin familie.

providing [prə'vaidiŋ] *conj* forudsat (at).

province ['prɔvins] *sb* provins; område *(fx this is not within my* ~*);* distrikt; *(fig)* fag, felt; *the -s (ogs)* provinsen.

provincial [prə'vinʃl] *adj* provinsiel, provins-; *sb* provinsboer.

provincialism [prə'vinʃlizm], **provinciality** [prəvinʃi'æliti] *sb* provinsialisme.

proving ['pru:viŋ] *sb (tekn)* afprøvning, *(ogs* edb) prøvekørsel. **proving | flight** prøveflyvning. ~ **ground** prøvebane (for biler); (for våben *etc)* forsøgsområde.

provision [prə'viʒn] *sb (cf provide)* tilvejebringelse, anskaffelse; *(mht* familie) forsørgelse, underhold; *(jur)* bestemmelse; *vb* forsyne (med proviant), proviantere; **-s** *pl* forsyninger, forråd; proviant, levnedsmidler; **make** ~ *against* træffe forholdsregler imod; *make* ~

for sørge for.
provisional [prə'viʒn(ə)l] *adj* midlertidig, foreløbig, provisorisk, interimistisk.
Provisional IRA (den militante fløj af *IRA*).
provision| dealer, ~ merchant viktualiehandler. ~ **shop** fødevareforretning.
proviso [prə'vaizəu] *sb* klausul, forbehold, betingelse.
provisory [prə'vaizri] *adj* foreløbig; betinget.
Provo ['prəuvəu] *sb* (irsk:) medlem af *the Provisional IRA*.
provocation [prɔvə'keiʃn] *sb* udfordring, udæskning; provokation; *on the slightest* ~ ved den mindste anledning, for et godt ord.
provocative [prə'vɔkətiv] *adj* udfordrende, udæskende, provokerende; æggende; *be* ~ *of* fremkalde.
provoke [prə'vəuk] *vb* fremkalde *(fx a crisis)*, vække *(fx laughter)*; (om person) anspore, tilskynde *(to* til at, *fx* ~ *him to do it)*; *(neds)* provokere; udfordre, udæske; ærgre, irritere.
provoking [prə'vəukiŋ] *adj* irriterende, ærgerlig, harmelig; (se også *provocative)*.
provost ['prɔvəst] *sb* rektor (ved visse universitetskollegier); (på skotsk) borgmester.
provost marshal chef for militærpolitiet.
prow [prau] *sb (mar)* forstavn.
prowess ['prauis] *sb (litt)* kækhed, tapperhed; dygtighed, overlegenhed.
prowl [praul] *vb* snuse om (i), strejfe om (i), luske om (på rov); *sb* strejftog; *on the* ~ på rov; på jagt.
prowl car *(am)* (politi)patruljevogn.
prowler ['praulə] *sb* en der lusker omkring; listetyv.
prox. [prɔks] *fk proximo*.
proximate ['prɔksimət] *adj* nærmest.
proximity [prɔk'simiti] *sb* nærhed; *in close* ~ *to* i umiddelbar nærhed af; ~ *of blood* nært slægtskab.
proximity fuse *(mil.)* radiobrandrør.
proximo ['prɔksiməu] *(merk, glds)* i næste måned.
proxy ['prɔksi] *sb* fuldmægtig, befuldmægtiget, stedfortræder *(fx marry by* ~*)*; fuldmagt.
prude [pru:d] *sb* snerpe, sippe.
prudence ['pru:dns] *sb* klogskab, forsigtighed.
prudent ['pru:dnt] *adj* klog, forsigtig.
prudential [pru(:)'denʃl] *adj* klogskabs-, forsigtigheds- *(fx reasons)*; klog, forsigtig *(fx policy)*.
prudery ['pru:dəri] *sb* snerperi, sippethed.
prudish ['pru:diʃ] *adj* snerpet, sippet.
I. prune [pru:n] *vb* beskære, klippe (træer, planter); *(fig)* nedskære *(fx expenses)*; forkorte; ~ *away* skære bort, fjerne, stryge; ~ *down* nedskære, forkorte.
II. prune [pru:n] *sb* sveske; T fjols; fjollehoved; *adj* blommefarvet; *-s and prisms* affekteret optræden (, måde at tale på).
prunella [pru'nelə] *sb* brunel (uldstof).
pruning| knife gartnerkniv, beskærekniv. ~ **saw** grensav. ~ **shears** *pl* beskæresaks.
prurien|ce, -cy ['pruəriəns, -si] *sb* lystenhed, liderlighed.
prurient ['pruəriənt] *adj* lysten, liderlig, nyfigen; lummer.
Prussia ['prʌʃə] Preussen. **Prussian** ['prʌʃən] *adj* preussisk; *sb* preusser; ~ *blue* berlinerblå.
prussic ['prʌsik] *adj:* ~ *acid* blåsyre.
I. pry [prai] *vb* snuse, spionere; ~ *into* snage i, stikke sin næse i; (se også *Paul Pry)*.
II. pry = *II. prize*.
prying ['praiiŋ] *adj (neds)* nyfigen, nysgerrig, som stikker næsen i andre folks sager.
P. S. *fk postscript; (teat) prompt side.*
Ps. *fk Psalms.*
psalm [sa:m] *sb* salme (især om Davids salmer); *the (Book of) Psalms* Davids salmer.
psalmist ['sa:mist] *sb* salmist; salmedigter.
psalmody ['sælmədi] *sb* salmesang; salmebog (med melodier).
psalter ['sɔ:ltə] *sb* psalter(ium), Davids salmer.
psalterium [sɔ:l'tiəriəm] *sb zo* bladmave, foldemave.
psaltery ['sɔ:ltəri] *sb (glds)* psalter (musikinstrument).
psephologist [si:'fɔlədʒist] *sb* valgekspert, ekspert i valganalyse. **psephology** [si:'fɔlədʒi] *sb* valganalyse.
pseudo- ['sju:dəu] (i *sms)* pseudo-, falsk, uægte.
pseudonym ['sju:dənim] *sb* pseudonym.
pseudonymous [sju:'dɔniməs] *adj* pseudonym.
pshaw [(p)ʃɔ:] *interj (glds)* pyt; *vb* sige pyt til, blæse ad.
psittacosis [psitə'kəusis] *sb (med.)* papegøjesyge.
psoriasis [sɔ'raiəsis] *sb (med.)* psoriasis.
psych [saik] *vb (am* S*)*: ~ psykoanalysere; gennemskue; ~ **out** blive usikker, miste modet; flippe ud; ~ *sby out* få en til at blive usikker, tage pippet fra en; ~ *sth out* analysere noget, gennemskue noget *(fx a problem)*, finde ud af noget; ~ *up for* forberede sig psykisk til *(fx a contest)*.
psyche ['saiki] *sb* psyke, sjæl; *vb* = *psych*.
psychedelic [saiki'delik] *adj* psykedelisk, psykodelisk, bevidsthedsudvidende, sindsudvidende.
psychiatric [saiki'ætrik] *adj* psykiatrisk.
psychiatrist [sai'kaiətrist] *sb* psykiater.
psychiatry [sai'kaiətri] *sb* psykiatri.
psychic ['saikik] *adj* psykisk; synsk; mediumistisk; *sb* medium; ~ *bid* (i kortspil) bluffmelding; psykologisk melding.
psychical ['saikikl] *adj* psykisk, sjælelig; ~ *research* psykisk forskning.
psychoactive [saikəu'æktiv] *adj:* ~ *drugs* psykofarmaka, medicin der påvirker psyken.
psycho|analysis [saikəuə'nælisis] *sb* psykoanalyse. **-analyst** [-'ænəlist] *sb* psykoanalytiker. **-analytic** [-ænə'litik] *adj* psykoanalytisk. **-analyze** [-'ænəlaiz] *vb* psykoanalysere. **-babble** ['saikəubæbl] *sb* T psykologjargon, psykosnak. **-logic(al)** [saikə'lɔdʒik(l)] *adj* psykologisk. **-logist** [sai'kɔlədʒist] *sb* psykolog. **-logy** [sai'kɔlədʒi] *sb* psykologi. **-path** ['saikəupæθ] *sb* psykopat. **-pathic** [saikəu'pæθik] *adj* psykopatisk.
psychos|is [sai'kəusis] *sb (pl -es* (-i:z]) psykose.
psychosomatic [saikəsə'mætik] *adj* psykosomatisk.
psychotherapy [saikə'θerəpi] *sb* psykoterapi.
psychotic [sai'kɔtik] *adj* psykotisk.
PT *fk Physical Training.*
Pt. *fk Part; Port.*
pt. *fk pint(s), point, payment.*
p. t. *fk pro tempore* p. t., for tiden.
ptarmigan ['ta:migən] *sb zo* fjeldrype.
P. T. boat motortorpedobåd.
Pte. *fk private* (= menig).
pterodactyl [terəu'dæktil] *sb zo (hist.)* flyveøgle.
ptisan [ti'zæn] *sb* afkog af byg.
P. T. O. *fk please turn over!* vend!
ptolemaic [tɔli'meiik] *adj* ptolemæisk.
Ptolemy ['tɔlimi] Ptolemæus.
ptomaine ['təumein] *sb* liggift; ~ *poisoning* kødforgiftning.
P. U. *fk power unit.*
pub [pʌb] *sb (fk public house)* kro, værtshus.
pub-crawl ['pʌb'krɔ:l] *vb* S gå fra værtshus til værtshus, bumle, ture rundt på beværtninger.
puberty ['pju:bəti] *sb* pubertet.
pubescence [pju'besns] *sb* pubertetsalder; *(biol)* dun, hår.
pubescent [pju'besnt] *adj* i pubertetsalderen; *(biol)* dunhåret.
public ['pʌblik] *adj* offentlig *(fx park; scandal; figure* personlighed); almindelig, almen *(fx the* ~ *good)*; stats-, samfunds-; *sb* publikum; *the (general)* ~ publikum, offentligheden, *(glds)* almenheden;
go ~ (om selskab) gå på børsen; *contrary to the* ~

interest stridende mod offentlighedens interesse; *in* ~ offentligt; *in the* ~ *service* i statens tjeneste; *in the* ~ *street* på åben gade; *make* ~ offentliggøre, gøre almindelig bekendt; *open to the* ~ offentlig tilgængelig.

public address system højttaleranlæg.

publican ['pʌblikən] *sb* værtshusholder; *(hist.)* skatteforpagter; (i biblen) tolder.

publication [pʌblik'keiʃn] *sb (cf publish)* (af skrift) publicering, offentliggørelse, udgivelse, udsendelse, (det udgivne:) udgivelse, publikation, skrift, blad, bog; (af meddelelse) offentliggørelse, bekendtgørelse; *(jur,* af injurier *etc)* udbredelse.

public| enemy samfundsfjende, offentlighedens fjende. ~ **house** kro, værtshus.

publicist ['pʌblisist] *sb* politisk journalist, publicist, kommentator; folkeretsekspert; pressesekretær.

publicity [pʌ'blisiti] *sb* offentlighed; offentlig omtale; reklame; *newspaper* ~ avisomtale; *get a lot of* ~ blive meget omtalt; blive (stærkt) opreklameret.

publicity| agent propagandachef, reklameagent. ~ **department** reklameafdeling. ~ **drive** reklamekampagne.

publicize ['pʌblisaiz] *vb* gøre offentlig kendt, gøre til genstand for offentlig omtale, omtale; reklamere for.

Public Lending Right fee (svarer til) biblioteksafgift.

public| library folkebibliotek. ~ **limited company** offentligt (aktie)selskab. ~ **-minded** *adj* besjælet af samfundsånd. ~ **nuisance** se *nuisance.* ~ **opinion** den offentlige mening. ~ **opinion poll** opinionsundersøgelse. ~ **prosecutor** *(jur)* offentlig anklager; statsadvokat.

Public Records Office (svarer til) rigsarkiv.

public| relations *pl* public relations, kontakt med publikum, reklame. ~ **relations department** propagandaafdeling. ~ **relations officer** pressechef, public-relationsmand. ~ **school** (i England) kostskole (især om visse store eksklusive kostskoler som Eton, Rugby og Harrow); (i USA og Skotland) offentlig skole. ~ **servant** embedsmand. ~ **services** *pl,* se *(public) utility.* ~ **spirit** samfundsånd, ~ borgersind, patriotisme. **-spirited** *adj* besjælet af samfundsånd. ~ **television** *(am)* ikke-kommercielt fjernsyn. ~ **utility** se *utility.* ~ **works** *pl* offentlige arbejder.

publish ['pʌbliʃ] *vb* (om forfatter) publicere, offentliggøre *(fx an article),* udgive *(fx he has not -ed anything lately;* ~ *a novel),* udsende; (om forlag) udgive, udsende, forlægge; (om avis) optage, bringe *(fx an article);* (meddelelse:) offentliggøre *(fx the announcement of a death);* bekendtgøre, meddele; (især *jur)* udbrede *(fx a libel); be -ed* udkomme; *-ed by the author* (udkommet) på eget forlag; *-ed price* bogladepris.

publisher ['pʌbliʃə] *sb* forlægger; forlagsboghandler; *-'s (ogs)* forlags- *(fx binding, catalogue, price).*

publisher's reader forlagskonsulent.

publishing ['pʌbliʃiŋ] *sb* forlagsvirksomhed.

publishing| firm, ~ **house** (bog)forlag.

puce [pju:s] *adj* rødbrun, blommefarvet.

I. puck [pʌk] *sb* nisse.

II. puck [pʌk] *sb* puck (i ishockey).

pucka ['pʌkə] *adj* god, førsteklasses, virkelig, ægte; ~ *gen* S autentiske oplysninger.

pucker ['pʌkə] *vb* rynke; rynke sig; slå folder; *sb* rynke, fold.

puckish ['pʌkiʃ] *adj* drilagtig, gavtyveagtig, troldsk.

pud [pʌd] *sb* barnehånd, pote; *pull one's* ~ T spille den af, onanere; [pud] S *fk pudding.*

puddening ['pudniŋ] *sb (mar)* vurst, skamfilingsmåtte.

pudding ['pudiŋ] *sb* efterret; dessert; budding; *(mar)* = *puddening;* (se også *I. proof).*

pudding| club : *in the* ~ *club* S gravid. ~ **face** fuldmåneansigt. ~ **head** tåbe.

puddle [pʌdl] *sb* pøl, pyt; *vb* plumre, røre op i; ælte; tilsøle; søle, pjaske; (om jern:) pudle (omdanne råjern til svejsejern *el.* stål).

puddly ['pʌdli] *adj* mudret, plumret.

pudenda [pju'dendə] *sb pl* kønsdele.

pudge [pʌdʒ] *sb* (om person) lille prop.

pudgy ['pʌdʒi] *adj* lille og firskåren *(el.* fed).

pudsy ['pʌdzi] *adj* buttet, tyk.

pueblo [pu'ebləu] *sb* (lands)by (i spanskamerikansk område); indianerlandsby; indianer.

puerile ['pjuərail] *adj* barnagtig.

puerility [pjuə'riləti] *sb* barnagtighed.

puerperal [pju'ə:pər(ə)l] *adj* barsel(ə)- *(fx fever).*

I. puff [pʌf] *sb* pust, vindpust; tøf, fut (fra lokomotiv); røgsky (fra pibe *etc),* drag (af pibe *etc);* pudderkvast; flødeskumskage, flødebolle; *(fig)* overdrevent rosende omtale; (ublu) reklame; (på bog) klaptekst; *(am)* gratis reklame; dyne; (se også *poof).*

II. puff [pʌf] *vb* puste, blæse; dampe *(at* på, *fx a pipe, a cigar);* bevæge sig pustende, (om lokomotiv) dampe, futte, tøffe; (med objekt) gøre forpustet; pudre; T gøre blæst af, gøre reklame for;

~ *and blow* puste og stønne; ~ *out* puste op, udspile; svulme op; gøre forpustet; (om lys) puste ud; gå ud (pludseligt); ~ *up* puste op; gøre opblæst; opreklamere; svulme op; pustes i vejret.

puff| adder *zo* puf-hugorm, puffadder. **-ball** *(bot)* støvbold; bovist. ~ **bird** *zo* dovenfugl.

puffed [pʌft] *adj* forpustet.

puffed-up ['pʌft'ʌp] *adj* T opblæst; oppustet (i ansigtet).

puffer ['pʌfə] *sb* markskriger, reklamemager; (barnesprog) tøf-tøf; futtog.

puffery ['pʌfəri] *sb* reklame, opreklamering.

puffin ['pʌfin] *sb zo* lunde, søpapegøje.

puff| paste butterdej. ~ **sleeve** pufærme.

puffy ['pʌfi] *adj* forpustet; opsvulmet, oppustet; stødvis (om blæst).

I. pug [pʌg] *sb* æltet ler; *(arkit),* se *pugging;* (af dyr) spor; (hund) moppe, mops; *(jernb)* lille rangerlokomotiv; S *(fk pugilist)* bokser.

II. pug [pʌg] *vb* (om ler) ælte; *(arkit)* forsyne med indskud.

pugg(a)ree ['pʌgəri] *sb* (let tørklæde omkring hat *el.* hoved til beskyttelse mod solen).

pugging ['pʌgiŋ] *sb (arkit)* indskud (i etageadskillelser); indskudsler.

pugh [pu:] *interj* puha! pøj! føj!

pugilism ['pju:dʒilizm] *sb* nævekamp, boksning.

pugilist ['pju:dʒilist] *sb* nævekæmper, bokser.

pugilistic [pju:dʒi'listik] *adj* bokse-.

pugnacious [pʌg'neiʃəs] *adj* stridbar, trættekær.

pugnacity [pʌg'næsiti] *sb* stridbarhed.

pug nose braknæse.

puisne ['pju:ni] *adj (jur)* yngre; underordnet.

puissance ['pju:isns] *sb (glds)* magt.

puissant ['pju:isnt] *adj (glds)* mægtig.

puke [pju:k] T *vb* brække sig; *sb* opkast, bræk.

pukka ['pʌkə], se *pucka.*

pulchritude ['pʌlkritju:d] *sb (litt)* skønhed.

pule [pju:l] *vb* klynke, pibe.

I. pull [pul] *vb* trække, hale, rive, rykke; S støve damer op;

(med objekt) rykke *(el.* trække) i *(fx his sleeve),* trække op *(fx a cork),* trække ud *(fx a tooth),* trække frem *(fx a knife);* (frugt *etc)* plukke; (båd) ro; *(typ)* aftrække, trække af *(fx a proof* en korrektur, *a print* et aftryk), tage *(fx a trial proof* et prøvetryk), trykke; (om hest) holde igen på, holde tilbage (for at hindre den i at vinde); (om øl) tappe af; S arrestere; *(am* T*)* lave (noget dristigt) *(fx* ~ *a coup);* trække (stemmer *etc);*

(*forb* med *sb, adj)* ~ *devil* ~ *baker (fig)* tovtrækkeri; ~ *a long face* blive lang i ansigtet; ~ *faces* skære ansigt, lave grimasser; ~ *a fast one* lave et nummer; ~ *sby's hair* rykke en i håret; ~ *sby's leg,* se *I. leg;* ~ *an oar* ro; *the boat -s six oars* båden fører seks årer; ~ *a good oar* være en dygtig roer; ~ *to (el. in) pieces* rive i stykker; *(fig)* kritisere sønder og sammen; ~ *punches,* se *IV. punch;* ~ *(one's) rank on* S begynde at optræde som den overordnede over for, blive høj i hatten *(el.* storsnudet) over for; ~ *strings (el. wires)* trække i trådene; ~ *one's weight,* se *weight;*

(*forb* med *præp* og *adv)* ~ **about** maltraktere; ~ **ahead** komme foran; ~ **alongside** køre op på siden af; ~ **apart** rive itu; *(fig)* kritisere sønder og sammen; ~ **at** bakke på *(fx a pipe);* drikke af; ~ **back** trække sig tilbage; ~ **down** rive ned *(fx a building);* (om)styrte *(fx a government);* ydmyge, pille ned; slå ned, gøre svag; (om priser) trykke, få til at falde; (om penge) tjene; ~ **for** *(am)* heppe op; ~ **in** standse, holde tilbage *(fx a horse);* (om bil) køre ind til siden, standse; (om tog) køre ind (på stationen); *(fig)* formindske, nedskære *(fx one's expenses);* indskrænke sine udgifter; T (om penge) tjene; (om mistænkt) tage med på stationen; ~ **off** trække af, tage af; få fat på, have held med at gennemføre (, skrive, lave *etc) (fx* ~ *off a good speculation;* ~ *off a story);* fjerne sig; *he -ed it off (ogs)* han klarede den; ~ **on** trække på; ro løs; ~ **out** trække ud *(fx a tooth),* trække op (, frem); folde ud; trække sig ud; gå ud, afgå; trækkes ud; (om tog, bil) køre ud; ~ *out of a dive (flyv)* rette maskinen op; ~ *out all the stops* T sætte alle sejl til, give den hele armen; ~ **over** trække over hovedet; ~ *over (to the side)* (om bil) trække ind til siden; ~ **round** komme sig; hjælpe igennem, kurere; ~ **through** komme igennem, klare sig (igennem), stå det igennem; (med objekt) hjælpe igennem; ~ **together** trække sammen; arbejde (godt) sammen, trække på samme hammel; ~ *oneself together* tage sig sammen; ~ **up** trække op, rykke op; holde an, standse; *(fig)* give en irettesættelse; ~ *up to (el. with)* indhente, komme på højde med; (se også *bootstraps, socks).*

II. pull [pul] *sb* **1.** træk, ryk, tag; **2.** håndtag, snor; **3.** *(fig)* tiltrækning(skraft); fordel; indflydelse; **4.** slurk; *(fx take a* ~ *at (of) a bottle);* **5.** drag *(fx at a pipe), take a* ~ *at (ogs)* bakke på; (i båd) rotur; *(typ)* aftryk, aftræk; *give a* ~ *at the rope* rykke i rebet; *have (a)* ~ T have indflydelse, have gode forbindelser; S *be on the* ~ jagte damer.

pullet ['pulit] *sb* ung høne, hønnike.

pulley ['puli] *sb* trisse, rulle, skive (i talje); remskive.

pull-in = *pull-up.*

Pullman ['pulmən] *sb* pullmanvogn.

pull-out ['pulaut] *sb (flyv)* opretning (efter dyk); (i bog) planche til at folde ud; ~ *(supplement)* gemmesider (i blad).

pull|over ['puləuvə] *sb* sweater; *sleeveless* ~ slipover. ~ **-through** viskesnor.

pullulate ['pʌljuleit] *vb* spire; *(fig)* myldre frem; ~ *with (fig)* myldre med.

pull-up ['pulʌp] *sb* raststed.

pulmonary ['pʌlmənəri] *adj* lunge- *(fx disease).*

pulp [pʌlp] *sb* blød masse; (af frugt) frugtkød; (i papirfabr.) papirmasse; (i tand) pulpa; *(am)* = *pulp magazine; vb* mase, støde; (i papirfabr.) defibrere, opløse; *beat to a* ~ *(fig)* mase til plukfisk.

pulpit ['pulpit] *sb* prædikestol.

pulp | literature kiosklitteratur. ~ **magazine** billigt ugeblad.

pulpwood ['pʌlpwud] *sb* cellulose; træ til fremstilling af cellulose.

pulpy ['pʌlpi] *adj* blød; (om frugt) kødfuld.

pulque ['pu:lkei] *sb* pulque (gæret agavesaft).

pulsate [pʌl'seit] *vb* banke, pulsere, slå; ryste.

pulsation [pʌl'seiʃn] *sb* banken, pulseren, slag.

pulsatory ['pʌlsətri] *adj* bankende, pulserende.

I. pulse [pʌls] *sb* pulsslag, puls; (i elektronik) impuls; *vb* banke, slå, pulsere; *feel sby's* ~ tage éns puls; *feel the* ~ *of the public* sondere stemningen; *quicken (el. stir) his* ~ *(fig)* få blodet til at rulle raskere gennem hans årer.

II. pulse [pʌls] *sb (bot)* bælgfrugter; bælgfrugt.

pulse-jet engine *(flyv)* pulserende rammotor.

pulse rate (radio) impulsfrekvens; *(med.)* pulsfrekvens.

pulverization [pʌlvərai'zeiʃn] *sb* pulverisering, findeling; (af væske) forstøvning.

pulverize ['pʌlvəraiz] *vb* pulverisere, findele; (om væske) forstøve; *(fig)* pulverisere, knuse fuldstændigt *(fx all opposition);* (uden objekt) pulveriseres *(etc).*

puma ['pju:mə] *sb zo* puma.

pumice ['pʌmis] *sb* pimpsten; *vb* polere med pimpsten.

pummel [pʌml] *vb* dunke, slå løs på, prygle; ~ *to a jelly* slå til plukfisk, mørbanke.

pump [pʌmp] *sb* pumpe; vandpost; *vb* pumpe; *(fig)* pumpe, udfritte; ~ *into* pumpe over i; *(fig)* fylde på; ~ *money into* poste penge i; ~ *out* udmatte; ~ *ship* S lade vandet; ~ *his hand* ryste hans hånd op og ned.

pumpkin ['pʌm(p)kin] *sb* græskar.

pump room kursal (ved badested).

pumps [pʌmps] *sb pl (glds* herresko) kavalersko, dansesko (uden rem); *(am,* om damesko) pumps.

I. pun (pʌn] *sb* ordspil; *vb* lave ordspil; sige brandere.

II. pun [pʌn] *vb* banke fast, stampe (jord).

I. punch [pʌn(t)ʃ] *sb* (drik:) punch.

II. Punch [pʌn(t)ʃ] (figur i marionetkomedien *Punch and Judy;* et vittighedsblad); *as pleased as* ~ himmelhenrykt, kisteglad; ~ *and Judy show* Mester Jakel komedie, marionetkomedie.

III. punch [pʌn(t)ʃ] *sb (tekn)* dorn, (lokke)stempel, stanse; (snedkers, til forsænkning af søm) dyknagle; (til mærkning *etc)* stempel, (spids:) kørner, (sølvsmeds) punsel, *(typ)* skriftstempel; (til at hulle papir) perforator, hullemaskine, (til hulkort) huller, (til billetter) billetsaks, billettang, (på klippekort) klip, (hul:) klip; *vb* gennemhulle; hulle; (om billet) klippe; *(tekn)* lokke, dorne, udstanse; ~ **in** forsænke *(fx a nail); (am)* stemple ind; ~ **out** stanse ud; *(am)* stemple ud.

IV. punch [pʌn(t)ʃ] *sb* slag, stød; T energi, kraft; *vb* slå, støde; *(am)* drive (kvæg); *pull one's -es* holde igen, ikke slå 'til; *he did not pull his -es (fig)* han lagde ikke fingrene imellem; *a* ~ *on the nose* en på tuden, (let *glds)* en næsestyver; ~ *up* slås; (på kasseapparat) slå op.

punch|ball boksebold. ~ **bowl** punchebolle. ~ **card** hulkort. ~ **-drunk** (om bokser) uklar, groggy.

punched card hulkort.

punched-card | machine hulkortmaskine. ~ **machine operator** hulkortoperatør.

punched (paper) tape hulstrimmel.

puncheon [pʌn(t)ʃn] *sb* kort støttebjælke; (sølvsmeds) stempel; stort vinfad.

punching bag *(am)* boksebold.

punch| knife (til hulkort) hullekniv. ~ **ladle** puncheske. ~ **line** pointe, afgørende ord (, replik), knaldeffekt. ~ **press** *(tekn)* excenterpresse. ~**-up** slagsmål.

punctilio [pʌŋ(k)'tiliəu] *sb* finesse, detalje; overdreven nøjagtighed, pedanteri; *stand upon -s* holde (strengt) på formerne.

punctilious [pʌŋ(k)'tiliəs] *adj* overdrevent nøjagtig *(el.* korrekt), overpertentlig; *be* ~ *(ogs)* holde på formerne.

punctual ['pʌŋ(k)tʃuəl] *adj* punktlig, præcis.

punctuality [pʌŋ(k)tʃu'æliti] *sb* punktlighed.
punctuate ['pʌŋ(k)tʃueit] *vb* sætte (skille)tegn i; pointere, fremhæve; *-d by (el. with) (fig ogs)* ledsaget af, stadig afbrudt af *(fx a speech -d by (el. with) cheers)*.
punctuation [pʌŋ(k)tʃu'eiʃn] *sb* tegnsætning, interpunktion; ~ *mark* skilletegn.
puncture ['pʌŋktʃə] *sb* stik; punktering; punktur; *vb* stikke i; stikke hul i; punktere; punkteres.
pundit ['pʌndit] *(egl* indisk) lærd; vismand; *(fig,* ironisk *ogs)* ekspert *(fx political -s); the -s (ogs)* de højlærde.
pungency ['pʌndʒnsi] *sb* skarphed, bid, krashed; sarkasme.
pungent [pʌndʒnt] *adj* skarp, sviende, bidende, stikkende *(fx smell); (fig ogs)* bitter, kras.
Punic ['pju:nik] *adj* punisk, kartageniensisk; ~ *faith* troløshed; *the* ~ *Wars* de puniske krige.
punish ['pʌniʃ] *vb* straffe, afstraffe; T maltraktere, udsætte for hård behandling; gøre indhug i, tage kraftigt til sig af *(fx the food, the wine)*.
punishable ['pʌniʃəbl] *adj* strafbar.
punishing ['pʌniʃiŋ] *adj* straffende; *(fig)* udmattende *(fx race);* knusende *(fx defeat)*.
punishment ['pʌniʃmənt] *sb* straf, afstraffelse; ilde medfart; hård behandling; ~ *class* eftersidningsklasse.
punitive ['pju:nitiv] *adj* straffe- *(fx expedition);* ~ *measure* straffeforanstaltning.
Punjab [pʌn'dʒa:b].
punk [pʌŋk] *sb (am)* trøsket træ, fyrsvamp; S skidt; sludder; (om person) skvat; fæ; punker; bøsse; *adj* elendig, ussel; punk, punket.
punka(h) ['pʌŋkə] *sb* pankha (stor vifte med snoretræk).
punk wood = *punk*.
punky ['pʌŋki] *adj* trøsket (om træ).
punner ['pʌnə] *sb* stamper, brolæggerstempel.
punnet ['pʌnit] *sb* spånkurv; bakke (til bær *etc*).
punster ['pʌnstə] *sb* vitsmager.
I. punt [pʌnt] *sb* punt, fladbundet båd, pram; *vb* punte, stage frem; stage sig frem.
II. punt [pʌnt] *vb* spille *(fx* på væddeløbsbane); *sb* indsats.
III. punt [pʌnt] (i rugby) *sb* slipspark; *vb* lave slipspark.
punter ['pʌntə] *sb* (til *I. punt)* en der sejler i punt; (til *II. punt)* spiller, bookmakers kunde; spekulant; S svindlers offer; prostitueredes kunde, rær, tyr; (til *III. punt)* en der laver slipspark.
punty ['pʌnti] *sb* (til glas) anhæfterjern, hæftejern.
puny ['pju:ni] *adj* lille (og svag), sølle, ubetydelig.
pup [pʌp] *sb* hvalp; *zo* sælunge; *(fig)* se *puppy; vb* få hvalpe; *sell sby a* ~ S snyde en; *be sold a* ~ blive taget ved næsen.
pup|a ['pju:pə] *sb (pl -ae* [-i:]) puppe.
pupate ['pju:peit] *vb* forpuppe sig.
pupil [pju:pl] *sb* elev; myndling; (i øje) pupil.
pupilage ['pju:pilidʒ] *sb* discipeltid, læretid; umyndighed.
pupil teacher lærerkandidat, praktikant.
puppet ['pʌpit] *sb* dukke, marionet, handskedukke; *(fig)* marionet; (på drejebænk) pinoldok.
puppet| government marionetregering. ~ **play** marionetkomedie, dukkekomedie. **-ry** ['pʌpitri] *sb* maskerade, gøglespil, dukkekomedie. ~ **show,** se ~ *play*. ~ **state** marionetstat, lydstat.
puppy ['pʌpi] *sb* (hunde)hvalp; *(fig, glds,* om person) hvalp, laps, grøn knægt, løg, flab.
puppy|fat T hvalpefedt (hos børn). ~ **love** = *calf love*.
pup tent lille (tomands)telt.
purblind ['pə:blaind] *adj* svagsynet, nærsynet; *(fig)* sløv, dum, halvblind.
purchase ['pə:tʃəs] *vb* købe, erhverve; (især *mar)* hive, lette; *sb* køb, indkøb, anskaffelse; erhvervelse; (om ejendom) årligt udbytte, årlig lejeværdi *(fx worth 25 years'* ~*);* (ved klatring) støtte, fodfæste, tag; (til hejsning) spil, hejseværk, talje, *(mar)* gie; *his life is not worth a day's* ~ han kan ikke leve en dag længere.
purchase price indkøbspris, købesum.
purchaser ['pə:tʃəsə] *sb* køber; *(jur)* erhverver.
purchase tax omsætningsafgift.
purchasing power købekraft.
purdah ['pə:da:] *sb* (indisk:) (forhæng der beskytter kvinders opholdsrum mod beskuelse; kvindernes afsondrethed som socialt system).
pure [pjuə] *adj* ren; ublandet, ægte; (om kvinde) uskyldig, uberørt; *(fig)* ren og skær, pure *(fx out of* ~ *malice);* ~ *nonsense* det rene vrøvl.
purebred ['pjuəbred] *adj* raceren.
purée ['pjuərei] *sb* puré.
purely ['pjuəli] *adv* rent, uskyldigt; absolut, udelukkende, helt.
purgation [pə:'geiʃn] *sb* renselse; udrensning; *(med.)* afføring. **purgative** ['pə:gətiv] *adj* rensende, *(med.)* afførende; *sb* afføringsmiddel.
purgatorial [pə:gə'tɔ:riəl] *adj* skærsilds-; rensende.
purgatory ['pə:gətri] *sb* Skærsilden.
purge [pə:dʒ] *vb* rense; *(med.)* virke afførende, udrense; *(fig)* rense *(fx -d of sin); (pol etc)* udrense; *sb* renselse; (politisk) udrensning.
purge trial (politisk) udrensningsproces.
purification [pjuərifi'keiʃn] *sb* renselse.
purifier ['pjuərifaiə] *sb* renseapparat.
purify ['pjuərifai] *vb* rense.
purism ['pjuərizm] *sb* purisme.
purist ['pjuərist] *sb* purist.
Puritan ['pjuəritn] *adj (rel)* puritansk; *sb* puritaner.
puritanical [pjuəri'tænikl] *adj* puritansk.
Puritanism ['pjuəritənizm] *sb (rel)* puritanisme.
purity ['pjuəriti] *sb* renhed,
I. purl [pə:l] *vb* risle; *sb* rislen *(fx of a brook)*.
II. purl [pə:l] *vb* T falde (hovedkulds) af hesten, vælte.
III. purl [pə:l] (i håndarbejde) *vb* strikke vrang; bræmme, kante; *sb* vrangstrikning; kant, bort.
purler ['pə:lə] *sb* T (tungt, hovedkulds) fald; *come a* ~ = *II. purl*.
purlieu ['pə:lju:] *sb* skovkant; tilholdssted; *-s pl* (bys) udkanter, omgivelser, (ofte =) fattigkvarter.
purlin ['pə:lin] *sb* ås (på tag).
purloin ['pə:lɔin] *vb* stjæle, tilvende sig.
purple [pə:pl] *sb adj* lila, blåligrød, rødviolet; *vb* farve(s) blåligrød *(el.* rødviolet); *born in the* ~ af højfornem byrd, født i en fyrstelig (, adelig, fornem) familie; *be raised to the* ~ få purpuret, blive kardinal.
purple | beech *(bot)* blodbøg. ~ **emperor** *zo* irissværmer. ~ **finch** *zo* purpurdompap. ~ **heart** *(am mil.)* (dekoration givet til sårede); S hjerteformet tablet af luminal (, i England: drinamyl). ~ **heron** *zo* purpurhejre. ~ **martin** *zo* purpursvale. ~ **passage,** ~ **patch** kraftsted, kunstnerisk særlig vellykket sted (i digterværk); *(neds)* højstemt (, overlæsset) passage. ~ **sandpiper** *zo* sortgrå ryle.
purplish ['pə:pliʃ], **purply** ['pə:pli] *adj* let blåligrød, rødviolet.
purport ['pə:pət] *sb (litt)* betydning; indhold; *vb* give sig ud for, foregive; angives, hævdes, påstås.
purported ['pə:pətid] *adj:* ~ *to be som* hævdes at være; *-ly adv* angiveligt; efter sigende.
I. purpose ['pə:pəs] *sb* hensigt, formål *(in, of* med), øjemed; forsæt;
answer (el. serve) the ~ passe til formålet, kunne bruges; **for** *that* ~ i den hensigt, med det formål; *for household -s* til husholdningsbrug; *for a necessary* ~ i et nødvendigt ærinde, på naturens vegne; *for the sole* ~ *of* ene og alene for at; *wanting* **in** ~, *weak* **of** ~

ubeslutsom, usikker; *of set* ~, **on** ~ med forsæt, med vilje; *do it accidentally on* ~ få det til at tage sig ud som et uheld; *on* ~ *to (el. that)* i den (bestemte) hensigt at; med det (udtrykkelige) formål at; specielt for at; **to** *the* ~ sagen vedkommende, relevant, på sin plads; *to some* ~ med god virkning, så det kan forslå; *to no* ~ til ingen nytte, forgæves; *a novel* **with** *a* ~ en tendensroman.

II. purpose ['pə:pəs] *vb* have til hensigt, agte, påtænke.

purpose-built ['pə:pəsbilt] *adj* bygget (, lavet) til formålet; specialbygget, specialfremstillet.

purpose|ful ['pə:pəsf(ul)] *adj* betydningsfuld; målbevidst. **-less** [-ləs] *adj* hensigtsløs, formålsløs.

purposely ['pə:pəsli] *adv* med hensigt, med vilje.

purposive ['pə:pəsiv] *adj* formålsbestemt; *(psyk)* målrettet, formålsrettet.

purr [pə:] *vb* snurre, spinde; *sb* (kats) spinden.

I. purse [pə:s] *sb* pung; pose; *(am)* håndtaske; (ved indsamling) (indsamlet pengesum som gave eller præmie); (ved væddeløb) præmiesum; *(fig, litt)* midler, kasse; *the public* ~ statskassen; *make up a* ~ foretage en indsamling; *slender* ~ sparsomme midler.

II. purse [pə:s] *vb:* ~ *(up)* trække sammen, snerpe sammen; ~ *up one's lips (el. mouth)* spidse munden.

purse|-pride pengestolthed. ~ **-proud** *adj* pengestolt.

purser ['pə:sə] *sb (mar)* purser, overhovmester.

purse sein snurpenot (til fiskeri).

purse strings *pl: hold the* ~ sidde på *(el.* stå for) pengekassen; *loosen the* ~ punge ud; *tighten the* ~ holde igen på pengene.

purslane ['pə:slin] *sb (bot)* portulak.

pursuance [pə'sju:əns] *sb: in* ~ *of* under udførelse af *(fx one's duties);* i overensstemmelse med, i følge *(fx his orders).*

pursuant [pə'sju:ənt] *adj:* ~ *to* i overensstemmelse med, i følge *(fx his instructions).*

pursue [pə'sju:] *vb* (om bytte) forfølge; *(fig)* forfølge, stræbe efter, stræbe hen imod, tilstræbe *(fx an aim),* følge *(fx a policy);* (om beskæftigelse) drive, udøve, sysle med *(fx studies),* videreføre, blive ved med; (uden objekt) blive ved, fortsætte (med at tale) *(fx and so he -d for a whole hour).*

pursuer [pə'sju:ə] forfølger; (på skotsk) klager, sagsøger.

pursuit [pə'sju:t] *sb* forfølgelse, jagen, jagt *(of* efter, på); efterstræbelse; stræben *(of* efter, *fx happiness);* udøvelse, udførelse; beskæftigelse, erhverv; **-s** *pl (ogs)* sysler *(fx literary -s); with the policeman in hot* ~ med betjenten lige i hælene på sig; *in* ~ *of* på jagt efter; under udøvelse af, under beskæftigelse med.

pursuit plane jagermaskine.

pursuivant ['pə:sivənt] *sb* underherold; *(poet)* følgesvend.

pursy ['pə:si] *adj* tyk og kortåndet, astmatisk; rynket, sammensnerpet.

purulence ['pjuəruləns] *sb (med.)* materiedannelse.

purulent ['pjuərulənt] *adj (med.)* materiefyldt.

purvey [pə:'vei] *vb (glds)* levere; være leverandør; forsyne; skaffe, forskaffe; proviantere.

purveyance [pə:'veiəns] *sb* levering, leverance, forsyning; tilvejebringelse.

purveyor [pə:'veiə] *sb* leverandør; *Purveyor to the Royal Household* hofleverandør.

purview ['pə:vju:] *sb (jur,* om lov) tekst, bestemmelser *(mods* indledning *etc);* rammer; (om myndighed, person) kompetenceområde, virkefelt; (om person *ogs)* synskreds, horisont.

pus [pʌs] *sb (med.)* pus, materie.

Pusey ['pju:si].

I. push [puʃ] *vb* skubbe, skyde (til), trykke *(fx* ~ *a pin through sth),* trykke på *(fx* ~ *the button),* støde, drive; drive frem, drive på, forcere *(fx a horse); (fig)* fremskynde, forcere *(fx the sale),* energisk søge at fremme *(fx one's business),* presse på med *(fx a claim),* indarbejde, opreklamere *(fx one's wares);* (om person) trænge ind på, tilskynde; presse *(fx* ~ *him to do it; the child was -ed too hard at school);* S forhandle (narkotika); (uden objekt) skubbe *(fx don't* ~*!);* trænge sig, presse sig, mase *(by* forbi); *(fig)* presse på *(for* for at få, *fx* ~ *for more pay);*

~ **ahead** (se at) komme videre; *we must* ~ **along** vi må se at komme af sted, vi må se at komme videre; ~ *sby* **around** koste *(el.* jage) med en; ~ **aside** skubbe *(el.* skyde, feje) til side; ~ *sby* **for** *an answer* rykke en for svar; *be -ed for money* mangle penge; *be -ed for time* have dårlig tid; ~ **forward** (se at) komme videre; *(mil.)* støde frem; T gøre opmærksom på, reklamere for *(fx an idea)*; (se *ogs ndf:* ~ *oneself);* ~ **off** *(mar)* støde fra; T gå sin vej, komme af sted; ~ **on** trænge frem, mase på; komme videre; fremskynde, forcere; ~ *sth on sby* pånøde *(el.* påtvinge) en noget; ~ **oneself (forward)** trænge sig frem; mase sig på; være påtrængende; ~ *oneself to do it* tvinge sig selv til at gøre det; ~ **through** sætte igennem; gennemføre; trænge sig igennem; komme frem; ~ *up* skubbe op; presse i vejret; ~ *one's* **way** trænge sig frem.

II. push [puʃ] *sb* skub, puf, stød; tryk; *(fig)* (kraft)anstrengelse; (egenskab:) energi, foretagsomhed, gåpåmod; *(elekt)* trykknap; *(mil.)* fremstød; *make a* ~ *(mil.)* foretage et fremstød; *(fig)* gøre en kraftanstrengelse;

at a ~ hvis det skal være; i en snæver vending; *get the* ~ S blive smidt på porten, få sin afsked, blive fyret; *give the* ~ S afskedige, smide på porten, fyre; *when it came to the* ~ da det kom til stykket, da det virkelig gjaldt.

push| bicycle, ~ **bike** trædecykel. ~ **button** trykknap. **-cart** trækvogn, trillebør; (i supermarked) indkøbsvogn. **-chair** promenadevogn.

pusher ['puʃə] *sb* (mad)skubber (til barn); (om person) egoist, stræber; S narkotikaforhandler; *he is a* ~ *(ogs)* han har albuer.

pushful ['puʃf(u)l], **pushing** ['puʃiŋ] *adj* energisk, initiativrig, foretagsom; *(neds)* entreprenant; pågående, påtrængende.

push| net rejenet, rejeglib. ~ **-over** *sb* T let sejr, let sag, let offer. **-pin** *(am)* nipsenål; *play -pin* nipse. ~ **-pull** *adj* modtakt- *(fx amplifier* forstærker; *oscillator).* ~ **rod** *(tekn)* stødstang. ~ **up** ['puʃʌp] *sb (gymn)* fremliggende krophævning; T armbøjning.

pusillanimity [pju:silə'nimiti] *sb* forsagthed, frygtsomhed, fejhed.

pusillanimous [pju:si'læniməs] *adj* forsagt, frygtsom, fej.

puss [pus] *sb* mis, kis; haremis; pigebarn; S *(am)* ansigt, fjæs; *(vulg),* se *pussy; Puss in Boots* den bestøvlede kat; ~ *in the corner* (en leg, *omtr)* bytte gårde, kispus.

pussy ['pusi] *sb* mis(sekat); *(bot)* rakle, 'gæsling'; *(vulg)* kusse, mis.

pussycat ['pusikæt] *sb* mis(sekat).

pussyfoot ['pusifut] *(am) vb* gå på kattepoter, liste; være forsigtig med *(el.* ængstelig for) at tage parti; *sb* forbudsmand, prohibitionist.

pussy willow gæslingepil.

pustule ['pʌstju:l] *sb* blegn, væskeblære, pustel, filipens.

put [put] *vb (put, put)* anbringe, lægge, sætte, stille, stikke, putte; komme *(fx sugar in the tea);* bringe; føre; kaste; (i ord) fremstille *(fx he* ~ *the case very clearly);* fremsætte, forelægge, foreslå; udtrykke *(fx* ~ *one's feelings into words);* anslå *(at* til, *fx* ~ *her age at 40); to* ~ *it mildly* mildest talt; (se også *I. stay, I.*

wise);

(forb med *præp* og *adv)* ~ **about** udsprede *(fx rumours);* vende; *(mar)* vende, stagvende, gå over stag; T besvære, ulejlige; gøre urolig, forurolige; ~ **across** sætte igennem, gennemføre (med held); ~ *it across sby* S snyde én, fuppe én; *you can't* ~ *that across me* den får du ikke mig til at hoppe på; ~ *the idea (, the plan) across to them* få dem til at gå ind på tanken (, planen); ~ *a play across* have succes med et stykke; ~ **aside** lægge til side, spare op; slå en streg over, glemme; ~ **away** lægge væk; lægge til side, lægge op (om penge); T indespærre; (om dyr) aflive; (om mad) sætte til livs, (om drik) stikke ud; ~ **back** stille tilbage; udsætte; hindre, forsinke; *(mar)* vende tilbage; (se også *II. clock); he* ~ *the idea* **behind** *him* han ville ikke beskæftige sig mere med tanken; ~ **by** lægge til side, lægge op; tilsidesættes;

~ **down** lægge fra sig; nedlægge *(fx eggs);* sætte af *(fx passengers);* lande (om fly); opføre (i regnskab *etc),* indskrive, nedskrive, notere; undertrykke, kue, kvæle *(fx a revolt);* ydmyge, skære ned, pille ned, dukke, jorde, nedgøre; bringe til tavshed; afskaffe, gøre ende på; formindske; nedsætte, nedskære *(fx expenditure);* anse *(as, at* for (at være)); forelægge, sætte på dagsordenen; (om dyr) aflive; *I can* ~ *down my cards* jeg kan lægge kortene op; ~ *down for* indskrive ved (en skole); ~ *me down for £5* notér mig for £5 (som bidrag); ~ *down to* tilskrive *(fx* ~ *his failure down to inexperience);* ~ *sth down to sby* give en skylden for noget; ~ *it down to his account* skrive det på hans regning; (se også *I. foot);*

~ **forth** fremsætte *(fx a theory);* udgive; udsende; skyde (knopper *etc);* opbyde *(fx all one's strength);* lægge for dagen, udvise; *(mar)* stikke i søen, afsejle; ~ **forward** stille frem (om ur); fremsætte *(fx a theory);* foreslå; bringe frem; ~ *oneself forward* gøre sig gældende, føre sig frem, være på tæerne; ~ **in** indgive, indsende, forelægge; indskyde *(fx a remark);* få anbragt *(fx a blow);* indsætte (i embede); (om arbejde) få gjort; T (om tid) tilbringe, få til at gå; *(mar)* lægge *(el.* løbe) ind; ~ *in an appearance* vise sig, komme til stede; møde op; ~ *in at* gøre ophold i; ~ *in for* søge (om), være ansøger til; (i sport) anmelde til (en konkurrence); ~ *in a good word for* lægge et godt ord ind for; ~ *in mind of* minde om; ~ *in the wrong, se III. wrong;* ~ **into** *port* søge havn; ~ *it into French* oversætte det til fransk; ~ *it into words* udtrykke det i ord;

~ **off** udsætte, opsætte; holde hen *(fx* ~ *him off with vague promises);* spise af *(with* med); distrahere, forvirre, bringe ud af det; afvise; tage modet fra, skræmme bort; aflægge; lægge af; få til at falde i søvn; *(mar)* lægge ud, tage af sted; ~ *sby off (ogs)* bede én komme senere; ~ *off from* hindre; afholde fra, fraråde; ~ *sby off his food* få én til at miste appetitten, tage appetitten fra én; ~ *sby off his game* distrahere *(el.* forstyrre) én så han ikke kan spille ordentligt; ~ *sth off on sby* prakke en noget på;

~ **on** lægge på, sætte på, tage på *(fx one's hat);* påtage sig, anlægge *(fx an air of innocence* en uskyldig mine); sætte op *(fx a play),* arrangere *(fx an exhibition);* sætte ind *(fx extra trains);* forøge *(fx speed);* tænde *(fx the light);* S lave grin med, lave numre med *(fx don't* ~ *me on);* ~ *the blame on* skyde skylden på; give skylden; ~ *it on* T overdrive; smøre for tykt på; tage overpris; ~ *the kettle on* sætte kedlen over, sætte vand over; ~ *sby on his oath* tage én i ed; ~ *on weight* tage på i vægt; ~ *sby on to* gøre en opmærksom på; sætte en på sporet af; *(tlf)* stille én ind til;

~ **out** lægge ud, sætte ud; smide ud; strække ud, stikke frem *(fx one's hand);* sætte frem; slukke *(fx the fire);* forvride *(fx the shoulder);* udfolde, opbyde *(fx all one's strength);* forvirre, bringe ud af fatning *(el.* fra koncepterne); sætte i forlegenhed; ulejlige; irritere; frembringe, producere; sende ud *(fx the washing);* fremsætte, udsende *(fx a statement);* udlåne *(fx* ~ *out money at 5 per cent);* stikke ud *(fx his eyes);* (om plante) skyde (knopper, rødder); ~ *out (to sea) (mar)* stå til søs, stikke i søen; ~ *it out of one's head* slå det af hovedet; ~ *sby out of pain* gøre en ende på éns lidelser; ~ *her out to service* sende hende ud at tjene; ~ **over,** se ~ *across; (am)* udsætte, udskyde; ~ *sth (el. one) over on sby (am* T*)* lave et nummer med én; binde én noget på ærmet; tage gas på en; *I wouldn't* ~ *it* **past** *him* jeg kunne godt tiltro ham det, det kunne godt ligne ham;

~ **through** gennemføre; få igennem; underkaste; *(tlf)* give forbindelse *(to* med); stille om *(to* til); ~ *through a deal* afslutte en handel; ~ *sby through it* T underkaste en et skarpt forhør; ~ **to** *(ogs)* spænde for *(fx tell the coachman to* ~ *to);* ~ *to bed* lægge i seng; (om avis) lade gå i trykken; ~ *to death* dræbe; ~ *to expense* sætte i udgifter; ~ *one's name to* sætte sit navn under; *be hard* ~ *to it,* se *III. hard; he* ~ *John to win* han tippede John som vinder; *it can't be* ~ *to that use* det kan ikke bruges til det; ~ *to the vote* sætte under afstemning; *I* ~ *it to you that* (især *jur)* De vil formentlig ikke benægte at, De må hellere indrømme at, forholder det sig ikke sådan at *(fx I* ~ *it to you that you were in London last week);* ~ **together** sammensætte, sætte sammen, samle; lægge sammen *(fx* ~ *two and two together);*

~ **up** sætte op; opføre, rejse, anlægge, opstille; hejse *(fx a flag);* løfte; opsende *(fx a prayer);* fremføre; forelægge; opstille som kandidat; udbyde; jage (vildt) op; forhøje (prisen); skaffe, betale, indskyde *(fx he was willing to* ~ *up the money);* sammensætte, tilberede; pakke ned, pakke sammen; lægge på plads, gemme bort, (om sværd) stikke i skeden; anbringe, give husly; tage ind *(fx at an inn);* T planlægge, arrangere; *(am)* sylte, henkoge; ~ *up a stout resistance* yde tapper modstand; ~ *up for* opstille (sig) som kandidat til (, for); ~ *up for (el. to) auction* sætte til auktion; ~ *him up for the club* foreslå ham som medlem (af klubben); ~ *up for the night* overnatte; ~ *him up for the night* give ham natlogi; ~ *up for sale* udbyde til salg; sætte til auktion; ~ *up to* sætte ind i, indvie i, lære; tilskynde til *(fx you* ~ *him up to it);* ~ *up with* finde sig i, tåle; ~ *upon* bedrage, narre.

put(t) [pʌt] *vb* putte, få golfkugle til at trille det sidste stykke hen mod hullet.

putamen [pju'teimən] *sb (pl putamina* [pju'tæminə]) sten (i stenfrugt, *fx* blommer).

put and call *(merk)* dobbelt præmieforretning.

putative ['pju:tətiv] *adj* formodet, som går for at være.

put-down ['put-daun] *sb* jording, nedgøring, ydmygelse; lammende bemærkning.

put-off ['putɔf] *sb* udflugt, påskud; udsættelse; *adj* kasseret; udsat, opsat.

put-on ['putɔn] *sb* T skaberi; nummer; parodi.

put-put ['pʌtpʌt] *interj* tøf-tøf; *vb* tøffe; *sb* tøffen.

putrefaction [pju:tri'fækʃn] *sb* forrådnelse; råddenskab.

putrefy ['pju:trifai] *vb* (få til at) gå i forrådnelse *el.* rådne; fordærve(s).

putrescence [pju:'tresns] *sb* råddenskab.

putrescent [pju:'tresnt] *adj* rådnende, rådden.

putrid ['pju:trid] *adj* rådden, stinkende; modbydelig; T elendig.

putridity [pju'triditi] *sb* råddenskab.

putsch [putʃ] *sb* statskup.

puttees ['pʌtiz] *sb pl* viklers (slags gamacher).

I. putter ['pʌtə] *sb* golfkølle (til at slå bolden i hul med), putter.

II. putter ['pʌtə] *vb* tøffe; *sb* tøffen.

putting green ['pʌtiŋgri:n] green (jævn del af golfbane omkring et hul).
putty ['pʌti] *sb* kit; *vb* kitte, spartle.
putty knife (glarmesters) spatel.
put-up ['putʌp] *adj: it was a ~ job* det var aftalt spil; der var fup med i spillet. **put-upon** *adj* udnyttet, misbrugt.
I. puzzle [pʌzl] *sb* gåde, problem, vanskeligt spørgsmål; puslespil; rådvildhed; *be in a ~* være rådvild.
II. puzzle [pʌzl] *vb* forvirre, sætte i forlegenhed, forbløffe; bryde sin hjerne *(over* med); *~ one's brains* bryde sin hjerne *(el.* sit hoved); *it -s me* jeg kan ikke finde ud af det, det er mig en gåde; *~ out* spekulere ud; hitte ud af, finde ud af; *~ over* bryde sin hjerne med.
puzzled [pʌzld] *adj* rådvild, tvivlrådig, uforstående.
puzzle-headed *adj* forvirret.
puzzlement ['pʌzlmənt] *sb* forvirring.
puzzler ['pʌzlə] *sb* gåde, vanskeligt spørgsmål.
P.W.A. *fk Public Works Administration.*
pye-dog ['paidɔg] *sb* omstrejfende hund.
pygmaean [pig'mi:ən] *adj* pygmæisk; dværgagtig.
pygmy ['pigmi] *sb* pygmæ; dværg; *adj* dværg-, dværgagtig; *~ owl* spurveugle.
pyjamas [pə'dʒa:məz] *sb pl* pyjamas; *a suit of ~* en pyjamas; *the cat's ~* det helt rigtige.
pylon ['pailən] *sb* højspændingsmast; lysmast; mast (til svævebane etc); *(flyv)* luftfyr; (på fly) ophæng for reservetank etc; *(hist.)* pylon (porttårn ved ægyptisk tempel).
pyorrhea [paiə'riə] *sb (tandl)* paradentose.
pyramid ['pirəmid] *sb* pyramide; bygge op som en pyramide.
pyramidal [pi'ræmidl] *adj* pyramideformet, pyramide-.
pyre ['paiə] *sb* ligbål.
Pyrenean [pirə'ni:ən] *adj* pyrenæisk.
Pyrenees ['pirəni:z] *pl: the ~* Pyrenæerne.
pyrites [pai'raiti:z] *sb* svovlkis.
pyrolisis [pai'rɔlisis] *sb* pyrolyse.
pyrometer [pai'rɔmitə] *sb* pyrometer (termometer til måling af høje temperaturer).
pyrosis [pai'rəusis] *sb (med.)* halsbrand.
pyrotechnic(al) [pairə'teknik(l)] *adj* fyrværkeri-.
pyrotechnics [pairə'tekniks] *sb* fyrværkeri.
Pyrrhic ['pirik] *adj: ~ victory* pyrrhussejr.
Pythagoras [pai'θægəræs]. **Pythagorean** [paiθægə'ri(:)ən] *adj* pythagoræisk; *the ~ proposition* den pythagoræiske læresætning.
python [paiθn] *sb zo* python(slange).
pyx [piks] *sb* hostiegemme; skrin hvori mønter opbevares til officiel efterprøvning.
PX *fk (am) post exchange.*

Q

Q [kju:].
Q *fk Queen; question.*
Q. B. *fk Queen's Bench.*
Q. C. *fk Queen's Counsel; Queen's College.*
q. e. *fk quod est (lat.:* hvilket betyder).
Q. M. *fk Quartermaster.*
qr. *fk quarter.*
Q. S. *fk Quarter Sessions.*
qt. *fk quantity; quart.*
Q. T. ['kju:'ti:] S *(fk quiet): on the* ~ i al hemmelighed, i smug.
qua [kwei] *(lat.)* qua, i egenskab af, som.
I. quack [kwæk] *vb* rappe, snadre, skræppe; *sb* rappen, snadren, skræppen.
II. quack [kwæk] *sb* kvaksalver, charlatan; *(spøg.)* læge; *adj* kvaksalver-.
quack doctor kvaksalver.
quackery ['kwækəri] *sb* kvaksalveri; charlataneri.
quack-quack ['kwækkwæk] *sb* (i barnesprog) rapand.
I. quad [kwɔd] T *fk quadrangle; quadraphonic; quadruplet;* S = *quod.*
II. quad [kwɔd] *sb (typ)* udslutning (blind type), *(em* ~*)* geviert; *vb* udslutte.
quadragenarian [kwɔdrədʒi'nɛəriən] *sb, adj* fyrretyveårig, (en der er) i fyrrerne.
Quadragesima [kwɔdrə'dʒesimə] første søndag i fasten.
quadrangle ['kwɔdræŋgl] *sb* firkant; firkantet gård omgivet af bygninger (især i universitetskollegier).
quadrangular [kwɔ'dræŋgjulə] *adj* firkantet.
quadrant ['kwɔdrənt] *sb* kvadrant; buestykke (på 90°).
quadra|phonic [kwɔdrə'fɔnik] *adj* kvadrofonisk. **-phony** [kwɔ'drɔfəni] *sb* kvadrofoni.
quadrat ['kwɔdrət], se *II. quad.*
I. quadrate ['kwɔdrət] *adj* kvadrat-, kvadratisk, firkantet; *sb* firkant, kvadrat.
II. quadrate [kwə'dreit] *vb* kvadrere; ~ *the circle* løse cirklens kvadratur; ~ *with* (få til at) stemme (overens) med, (få til at) svare til.
quadratic [kwə'drætik] *adj* kvadratisk, firkantet; ~ *equation* andengradsligning, kvadratisk ligning.
quadrature ['kwɔdrətʃə] *sb* kvadratur; *the* ~ *of the circle* cirklens kvadratur.
quadrennial [kwɔ'drenjəl] *adj* firårig; fireårs-; som finder sted hvert fjerde år.
quadrennium [kwɔ'drenjəm] *sb* fireårsperiode.
quadri- ['kwɔdri-] fir- *(fx lingual* sproget).
quadrilateral *sb, adj* firkant(et).
quadrille [kwə'dril] *sb* kvadrille.
quadrillion [kwɔ'driljən] *sb* kvadrillion, en billion billioner; *(am)* tusind billioner.
quadripartite [kwɔdri'pa:tait] *adj* firesidig; firdelt.
quadrivalent [kwɔdri'veilənt] *adj (kem)* tetravalent.
quadro-, se *quadra-.*
quadroon [kwɔ'dru:n] *sb* kvadron (barn af mulat og hvid).
quadruped ['kwɔdruped] *adj, sb* firbenet (dyr).
quadruple ['kwɔdrupl] *adj* firedobbelt; firsidet; firemagts- *(fx alliance); vb* firdoble; *the* ~ det firdobbelte.
quadruplet ['kwɔdruplit] *sb* firling.
I. quadruplicate [kwɔ'dru:plikeit] *vb* firdoble.
II. quadruplicate [kwɔ'dru:plikət] *sb: in* ~ i fire eksemplarer.
quaff [kwa:f] *vb (litt)* drikke (ud), drikke i dybe drag.
quag [kwæg] *sb, se quagmire.*
quaggy ['kwægi] *adj* gyngende (om mose), sumpet.
quagmire ['kwægmaiə] *sb* hængedynd, mose, sump.
I. quail [kweil] *vb* blive forsagt, tabe modet; vige (forfærdet) tilbage *(at* for).
II. quail [kweil] *sb zo* vagtel.
quaint [kweint] *adj* kunstfærdig, ejendommelig, gammel(dags) og malerisk; mærkelig, løjerlig.
quake [kweik] *vb* ryste, skælve *(with* af); bæve; *sb* skælven, bæven, rystelse; T jordskælv.
Quaker ['kweikə] *sb* kvæker.
Quakerism ['kweikərizm] *sb* kvækerisme.
quaking grass *(bot)* hjertegræs, bævregræs.
qualification [kwɔlifi'keiʃn] *sb* kvalifikation; egnethed, dygtighed; betingelse, forudsætning; begrænsning; indskrænkning; *without* ~ uden indskrænkning, ubetinget.
qualified ['kwɔlifaid] *adj* kvalificeret, dygtig, *(for* til); uddannet *(fx teacher, nurse);* berettiget *(for* til); begrænset, betinget *(fx acceptance),* med forbehold, forbeholden.
qualifier ['kwɔlifaiə] *sb (gram)* (ord der nærmere bestemmer et andet; tillægsord *el.* biord); (i sport) kvalifikationskamp.
qualify ['kwɔlifai] *vb* kvalificere sig (, være kvalificeret) *(for* til), uddanne sig *(for* til, *fx he had qualified for the post),* erhverve sig adkomst *(for* til), (i sport) kvalificere sig *(for* til); (med objekt) (om person) dygtiggøre, kvalificere *(for* til); give kompetence *(for* til); *(filos)* kvalificere, *(gram* også) bestemme *(fx adjectives* ~ *nouns), (fig)* modificere *(fx a statement),* dæmpe, mildne, (af)svække *(fx criticism);* betegne *(as* som).
qualitative ['kwɔlitətiv] *adj* kvalitativ.
quality ['kwɔliti] *sb* kvalitet, egenskab, beskaffenhed, karakter, art; *(merk)* kvalitet, sort; *(glds)* høj rang, fornem stand; *people of* ~ standspersoner, fornemme folk; *give a taste of one's* ~ vise hvad man duer til; ~ *of life* livskvalitet; ~ *papers* seriøse aviser.
qualm [kwa:m, kwɔ:m] *sb* kvalme, (pludseligt) ildebefindende; skrupel, betænkelighed.
quandary ['kwɔndəri] *sb* dilemma, forlegenhed, knibe.
quango ['kwæŋgəu] *sb (fk quasi-autonomous non-governmental (el. national governmental) organization)* selvstændigt administrativt organ oprettet og finansieret af regeringen *(fx -s such as the Police Complaints Board, the Equal Opportunities Commission and the Research Councils).*
quantifier ['kwɔntifaiə] *sb* (i logik) kvantor.
quantify ['kwɔntifai] *vb* kvantificere, bestemme (, angive) kvantiteten af; bestemme (, angive) omfanget af
quantitative ['kwɔntitətiv] *adj* kvantitativ.
quantity ['kwɔntiti] *sb* kvantitet, *(fon ogs)* længde *(mus. ogs)* varighed; *(mat.* og *fig)* størrelse *(fx a unknown* (ubekendt) ~); (af varer *etc)* kvantum mængde, *(merk)* parti; *in quantities (merk)* i størr partier, *(fig)* i massevis *(fx it is found in quantities i the streets); he is a negligible* ~ han har ikke spor a betyde; *bill of quantities* (ved byggeri) mængdefo tegnelse.

quantity surveyor mængde- og omkostningsberegner ved byggeri.
quantum ['kwɔntəm] *sb* kvantum; del; *(fys)* kvant; ~ *theory* kvanteteori.
quarantine ['kwɔrənti:n] *sb* karantæne; *vb* holde i karantæne.
I. quarrel ['kwɔr(ə)l] *sb* skænderi; uenighed, strid, trætte; indvending; *pick a ~* yppe kiv; *have a ~ with* (også) have et udestående med; have noget at indvende mod *(el.* udsætte på).
II. quarrel ['kwɔr(ə)l] *vb* blive uenig(e), blive uvenner; skændes, strides, ligge i klammeri; *we won't ~ about that* det skal ikke skille os; ~ *with (ogs)* have noget at udsætte på *(el.* indvende mod), protestere mod; ~ *with one's bread and butter (omtr)* ødelægge sit levebrød, save den gren over man selv sidder på.
quarrelsome ['kwɔr(ə)lsəm] *adj* trættekær, krakilsk.
I. quarry ['kwɔri] *sb* vildt, fangst, bytte.
II. quarry ['kwɔri] *sb* stenbrud; *(fig)* kilde (til kundskab); *vb* bryde; *(fig)* grave frem *(fx information);* forske efter; granske *(in* i, *fx documents).*
III. quarry ['kwɔri] *sb* (rombeformet) glasrude; flise.
quarry|man ['kwɔrimən] stenbrudsarbejder. ~ **stone** brudsten.
I. quart [kwɔ:t] *sb* (rummål: ¼ *gallon,* i England = 1,136 liter); *try to put a ~ into a pint pot* (ɔ: forsøge det umulige).
II. quart [ka:t] *sb* kvart (firekortssekvens i piquet; i fægtning); ~ *major* es, konge, dame, knægt i én farve.
I. quarter ['kwɔ:tə] *sb* kvart, fjerdedel; (om tid) kvarter *(fx a ~ past six);* kvartal *(fx a -'s rent);* (om sted) egn, verdenshjørne, himmelstrøg; *(ogs* om personer) kant, side *(fx you can expect no help from that ~);* (i by) bydel, kvarter *(fx the Chinese ~);* (i kamp) pardon *(fx ask for ~); (am)* kvartdollar; *(mar)* låring; post; (af dyr) fjerding; (rummål: 8 *bushels =)* ca. 290 liter; (vægt =) 12,7 kg; **-s** *pl* bolig, logi; *(mil.)* kvarter; *(mar): crew's -s* mandsskabsrum;
(med *præp)* **at** *close -s* tæt sammen, klos op ad hinanden, på nært hold; *at a ~ past (, to) three* et kvarter over (, i) tre; **from** *all -s, from every ~* fra alle kanter; *in high (, the highest) -s* på højeste sted; *lies the wind* **in** *that ~?* blæser vinden fra den kant? ~ **of** *an hour* kvarter; *a ~ of five (am)* et kvarter i fem; *apply* **to** *the proper ~* henvende sig på rette sted; *come to close -s* komme i håndgemæng.
II. quarter ['kwɔ:tə] *vb* dele i fire dele; (om forbryder) partere, sønderlemme; *(her.)* kvadrere (våbenskjold), anbringe i et (kvadreret) våbenskjold; (om jagthund) gennemsøge; (skaffe husly:) indkvartere *(on* hos), (uden objekt) være indkvarteret *(at* hos).
quarterage ['kwɔ:təridʒ] *sb* kvartalsbetaling.
quarter| binding skindryg. ~ **-bound** *adj* med skindryg. ~ **day** kvartalsdag, termin. **-deck** agterdæk. **-final** (i sport) kvartfinale. ~ **leather** skindryg. ~ **light** sidevindue (i bil).
quarterly ['kwɔ:təli] *adj* kvartårlig, kvartals-; kvartalsvis; firdelt; *sb* kvartalsskrift.
quartermaster ['kwɔ:təma:stə] *sb* kvartermester.
quartern ['kwɔ:tən] *sb* (rummål: ¼ *pint,* i England ca.) 1,4 dl; firepunds brød.
quarter| plate fotografisk plade *(el.* film, fotografi) af formatet 4¼ × 3¼ *inches.* ~ **sessions** *pl* (til 1971: domstol der samledes fire gange om året). **-staff** fægtestav.
quartet(te) [kwɔ:'tet] *sb* kvartet.
quarto ['kwɔ:təu] *sb* kvartformat; bog i kvartformat.
quartz [kwɔ:ts] *sb (min.)* kvarts.
quasar ['kweiza:] *sb (astr)* kvasar.
quash [kwɔʃ] *vb* undertrykke, slå ned *(fx a rebellion); (jur)* annullere, omstøde *(fx* en dom).
quasi ['kwa:zi, 'kweisai] kvasi-, skin-, tilsyneladende.
quatercentenary ['kwætəsen'ti:nəri] *sb* firehundredårsdag.
quaternary [kwə'tə:nəri] *adj* bestående af fire dele; *(geol)* kvartær; *sb* firtal; *(geol)* kvartærtiden.
quaternion [kwə'tə:njən] *sb* gruppe på fire.
quatrain ['kwɔtrein] *sb* firelinjet strofe.
quatrefoil ['kætrəfɔil] *sb (arkit)* firblad.
quaver ['kweivə] *vb* dirre, skælve; sige (, synge) med skælvende stemme; *(mus.)* tremulere; *sb* dirren, skælven; *(mus.)* ottendedelsnode.
quay [ki:] *sb* kaj.
quayage ['ki:idʒ] *sb* kajafgift; kajplads, kajlængde.
quean [kwi:n] *sb* (på skotsk) ung pige; *(glds)* tøs, fruentimmer.
queasy ['kwi:zi] *adj* som har kvalme; kvalmende; (om mave) svag, ømfindtlig; kræsen; *(fig* om person) tilbøjelig til at få skrupler; *a ~ conscience* en sart *(el.* fintmærkende) samvittighed.
Quebec [kwi'bek].
I. queen [kwi:n] *sb* dronning; dame (i kortspil) *(fx ~ of clubs* klørdame); S homoseksuel, bøsse.
II. queen [kwi:n] *vb* (i skak) gøre til dronning; ~ *it* T spille dronning *(fx she is not going to ~ it here);* ~ *it over sby* regere med en.
Queen Anne *(arkit, omtr)* senbarok.
queen| bee bidronning. ~ **cake** (korendekage af særlig facon, *fx* hjerter, ruder). ~ **dowager** enkedronning. **-hood** dronningeværdighed. **-like, -ly** *adj* dronningeagtig, majestætisk, en dronning værdig; *her -ly duties* hendes pligter som dronning. ~ **mother** enkedronning (som er moder til den regerende monark). ~ **post** hængestolpe. ~ **regnant** regerende dronning.
Queen's| Bench Division (hovedafdelingen af overretten). ~ **Counsel** se *counsel.* ~ **English** dannet sprogbrug, standardengelsk.
Queensland ['kwi:nzlənd].
I. queer [kwiə] *adj* mærkelig, underlig; mistænkelig, tvivlsom, fordægtig; T sløj, utilpas; homoseksuel; *sb* homoseksuel, bøsse; *find oneself in Queer Street* være i økonomiske vanskeligheder, være langt ude, 'være ude at svømme'.
II. queer [kwiə] *vb* T spolere, ødelægge *(fx one's chances);* narre; ~ *sby's pitch (fig)* spolere tegningen for én, spænde ben for én, spolere ens planer.
quell [kwel] *vb* knuse, slå ned, undertrykke *(fx a rising);* dæmpe *(fx his fear).*
quench [kwen(t)ʃ] *vb* slukke *(fx fire, thirst);* stille, dæmpe; undertrykke; (om stål) bratkøle, chokkøle.
quenchless ['kwen(t)ʃləs] *adj (poet)* uudslukkelig; ubetvingelig.
quern [kwə:n] *sb* håndkværn.
querulous ['kweruləs] *adj* klagende, klynkende; misfornøjet, utilfreds.
query ['kwiəri] *sb* spørgsmål, forespørgsel; spørgsmålstegn; *vb* spørge om, forhøre sig om; betvivle, drage i tvivl, sætte spørgsmålstegn ved.
quest [kwest] *sb* søgen *(of, for* efter); *(litt, omtr)* ridderfærd; *vb* søge *(about, for* efter); *go in ~ of* gå ud for at (op)søge.
I. question [kwestʃn] *sb* spørgsmål; emne, sag; diskussion, tvivl *(fx there is some ~ about his qualifications); (glds)* pinligt forhør, tortur; *question!* til sagen!
ask (el. put) a ~ stille et spørgsmål; *beg the ~,* se *beg; beyond ~* uden tvivl, ubestrideligt; *call in ~* drage i tvivl; *the matter in ~* den foreliggende sag; *the person in ~* den pågældende, vedkommende; *at the place in ~* på det pågældende sted; *come into ~* komme på tale; *look a ~* se spørgende ud; *make no ~ of* ikke tvivle om; *it is a ~ of* det drejer sig om, det gælder om; *there was no ~ of* der var ikke tale om; *out of ~* uden tvivl, ubestrideligt; *that is out of the ~*

det kan der ikke være tale om, det er udelukket; *put the ~* sætte sagen under afstemning; *put to the ~ (glds)* underkaste pinligt forhør; *without ~* uden tvivl.

II. question [kwestʃn] *vb* spørge; udspørge, afhøre *(fx witnesses);* undersøge; drage i tvivl *(fx I do not ~ his motives),* betvivle.

questionable ['kwestʃənəbl] *adj* tvivlsom, problematisk; mistænkelig; tvetydig.

questioner ['kwestʃənə] *sb* spørger.

question| mark spørgsmålstegn. **~ master** leder af spørgekonkurrence.

questionnarie [kwestiə'nεə] *sb* spørgeskema.

question time spørgetid (i underhuset).

queue [kju:] *sb* (række:) kø; *(glds)* hårpisk; *vb: ~ (up)* stille sig i kø, stå i kø.

I. quibble [kwibl] *sb* spidsfindighed, ordkløveri; udflugt.

II. quibble [kwibl] *vb* bruge spidsfindigheder, hænge sig i ord; komme med udflugter.

quibbler ['kwiblə] *sb* ordkløver, spidsfindig person.

quibbling ['kwibliŋ] *adj* spidsfindig; *sb* spidsfindighed(er), ordkløveri, udflugter.

quick [kwik] *adj* hastig *(fx look),* kort; hurtig *(fx action),* rask, (om intelligens) kvik, opvakt, (om opfattelse) fin, skarp *(fx eye, ear),* (om temperament) hidsig *(fx he has a ~ temper),* opfarende; *(glds)* levende; *sb: cut to the ~,* se *ndf;*

be ~! skynd dig! *be ~ about* være hurtig til, skynde sig med *(fx one's work); a ~ one en* hurtig drink, 'en lille en'; *cut to the ~* skære helt ned i kødet; *(fig)* gå til marv og ben; ramme på det ømmeste punkt; *your suspicion cut me to the ~* din mistanke sårede mig dybt; *~ to learn* lærenem; *~ to take offence* sårbar, let at fornærme.

quick-change ['kwiktʃein(d)ʒ] *adj* som hurtigt kan (ud)skiftes; som er hurtig til at klæde sig om; *~ artist* forvandlingskunstner.

quicken [kwikn] *vb* fremskynde; fremskyndes, blive hurtigere; *(fig)* gøre levende, anspore, sætte fart i; blive levende, få liv, leve op; (om gravid) mærke liv; (om foster) begynde at røre på sig; *~ one's pace* gå raskere, sætte farten op; *cause the pulse to ~* få pulsen til at slå hurtigere.

quick|firer hurtigskydende kanon. **~ -freeze** *vb* lynfryse.

quickie ['kwiki] *sb* hastigt sammenbrygget film (, bog *etc);* B-film; lyntur; hurtig drink, 'en lille en'.

quicklime ['kwiklaim] *sb* ulæsket kalk.

quick march *(mil.)* almindelig march.

quicksand ['kwiksænd] *sb* kviksand.

quick|set (hedge) levende hegn, (hvidtjørne)hæk. **~ -sighted** *adj* skarpsynet. **-silver** kviksølv. **-step** *(mil.)* marchskridt; (dans) quickstep. **~ -tempered** *adj* hidsig. **~ time** *(mil.)* marchtakt. **~ -witted** *adj* opvakt, snarrådig.

I. quid [kwid] *sb* skrå(tobak).

II. quid [kwid] *sb (pl d s)* S pund (sterling).

III. quid: *~ pro quo* ['kwidprəu'kwəu] noget for noget.

quiddity ['kwiditi] *sb* spidsfindighed; væsen, kerne.

quiescence [kwai'esns] *sb* hvile, ro.

quiescent [kwai'esnt] *adj* hvilende, i hvile, i ro; passiv, uvirksom.

quiet ['kwaiət] *adj* rolig, stille, fredelig; i ro; tilbageholdende; *sb* ro, fred, stilhed; *vb* berolige, dæmpe; *~ down* blive rolig, falde til ro; *anything for a ~ life* hvad gør man ikke for husfredens skyld; *keep sth ~* hemmeligholde noget; *on the ~* i smug, hemmeligt; i det stille.

quietism ['kwaiətizm] *sb* sindsro, sjælefred; *(rel)* kvietisme.

quietude ['kwaiətju:d] *sb* ro, fred, hvile.

quietus [kwai'i:təs] *sb* død, nådestød.

quiff [kwif] *sb* pandekrølle, pandelok.

I. quill [kwil] *sb* fjer, vingefjer; pennefjer, pen; (af hulepindsvin) pig; (i vævning) spole; *(tekn)* hulaksel; (af kinin, kanel) barkrør.

II. quill [kwil] *vb* pibe, kruse.

quill-driver *sb* skribler, penneslikker.

quilt [kwilt] *sb* stukket tæppe, vatteret sengetæppe, vattæppe; *vb* udstoppe, polstre, vattere.

quilting ['kwiltiŋ] *sb* udstopning, polstring, vattering; stikning.

quim [kwim] *sb (vulg)* kusse.

quince [kwins] *sb (bot)* kvæde.

quinine [kwi'ni:n, *am:* 'kwainain] *sb* kinin.

quinquagenarian [kwiŋkwədʒi'nεəriən] *sb, adj* halvtredsårig; (en der er) i halvtredserne.

Quinquagesima [kwiŋkwə'dʒesimə] *sb* fastelavnssøndag.

quinquennial [kwiŋ'kweniəl] *adj* femårig, femårs-; femårlig, som finder sted hvert femte år.

quinquennium [kwiŋ'kweniəm] *sb* femårsperiode.

quinquina [kwiŋ'kwainə] *sb* kinabark.

quins [kwinz] *sb pl* T femlinger.

quinsy ['kwinzi] *sb* halsbetændelse.

quint [kwint] *sb* kvint (i musik); *(am)* femling.

quintal [kwintl] *sb* (vægtenhed: 100 *el.* 122 *pounds).*

quintessence [kwin'tesns] *sb* kvintessens; *the ~ of (fig ogs)* indbegrebet af.

quintet(te) [kwin'tet] *sb* kvintet.

quintuple ['kwintjupl] *adj* femdobbelt; *vb* femdoble.

quintuplet ['kwintjuplit] *sb* femling.

quip [kwip] *sb* spydighed, sarkasme, skose; vittighed; spidsfindighed; *vb* være spydig.

I. quire ['kwaiə] *sb* bog (24 ark); *(typ)* ark, læg; *in -s* i løse ark.

II. quire ['kwaiə] *sb* kor; *vb* synge i kor.

quirk [kwə:k] *sb* (hos person) særhed, ejendommelighed, lune; (påskud *etc:)* udflugt, spidsfindighed *(fx by a legal ~);* (tegnet, skrevet:) snirkel, krusedulle.

quirt [kwə:t] *sb* ridepisk.

quisling ['kwizliŋ] *sb* quisling, landsforræder.

I. quit [kwit] *vb* forlade *(fx the town);* opgive; fratræde; gå fra *(fx a job);* holde op med, droppe; (uden objekt) flytte, tage bort, gå sin vej; *~ hold of sth* give slip på noget; *notice to ~* opsigelse; *give notice to ~* sige op; *they -ted themselves like men (glds)* de stod sig som mænd.

II. quit [kwit] *adj* kvit; *~ of* fri for, af med; *be ~ for* slippe med.

quitch [kwitʃ] *sb (bot)* kvikgræs.

quitclaim ['kwitkleim] *sb (jur)* afkald.

quite [kwait] *adv* **1.** helt *(fx exhausted, finished, impossible, new; ~ another tone; not ~);* ganske *(fx they are ~ young);* fuldkommen *(fx she is ~ content);* fuldt ud *(fx ~ enough);* ubetinget *(fx he is ~ the best);* **2.** formelig, ligefrem *(fx why, you are ~ rich!);* **3.** temmelig, ret *(fx elegant, expensive, hard, tired);* helt *(fx it is ~ good but not brilliant),* ganske *(fx she is ~ pretty),* rigtig *(fx ~ nice);*

quite! ja! ja vist så! ganske rigtigt; *~* **a** en hel *(fx it was ~ an event); ~ a few* temmelig mange, ikke så få endda; *~ a long time* temmelig lang tid; **not** *~* ikke helt *(fx not ~ proper; not ~ satisfactory);* **oh** *~!* ja vist så! ja, du har ret! *~* **so!** ja! ja netop! ganske rigtigt! *~* **the** *contrary!* tværtimod! *~ the thing* det helt rigtige, højeste mode.

quits [kwits] *adj* kvit; *be ~ with one another* være kvit; *I will be ~ with him some day* han skal få det betalt; *call it ~, cry ~* holde op (med at slås *etc),* sige at man er kvit; lade det gå lige op.

quitter ['kwitə] *sb* T en der opgiver på halvvejen, en der svigter; kujon, slapsvans.

I. quiver ['kwivə] *sb* kogger, pilekogger.
II. quiver ['kwivə] *vb* dirre, sitre, skælve; bævre; *sb* dirren, sitren, skælven; bævren.
quiverful *sb* stor stor børneflok, 'redefuld unger'.
qui vive ['ki:'vi:v]: *on the* ~ vågen, på vagt.
Quixote ['kwiksət]: *Don* ~ Don Quijote.
quixotic [kwik'sɔtik] *adj* don-quijotisk; idealistisk, verdensfjern.
I. quiz [kwiz] *vb* arrangere en quiz med; stille spørgsmål til; *(am)* udspørge, forhøre (indgående); *(glds)* lave løjer med, gøre nar af, drille, spotte; se spottende (, undersøgende, uforskammet) på.
II. quiz [kwiz] *sb* quiz, hvem-ved-hvad-konkurrence; *(am)* kort eksamination *el.* skriftlig prøve.
quizmaster *se question master.*
quizzical ['kwizikl] *adj* spottende, drilagtig; komisk, løjerlig.
quizzing-glass ['kwiziŋ gla:s] *sb* monokel.
quod [kwɔd] *sb* S spjældet (ɔ: fængsel).
quoin [kɔin, kwɔin] *sb* hjørne, hjørnesten; kile; *(typ)* sluttekile.
quoit [kɔit, kwɔit] *sb* kastering; *quoits* ringspil.
quondam ['kwɔndæm] *adj (glds)* fordums, forhenværende.
quonset ['kwɔnsət] *(am):* ~ *hut* tøndeformet barak.
quorum ['kwɔ:rəm] *sb* beslutningsdygtigt antal (især i parlamentet).
quota ['kwəutə] *sb* kvota, (forholdsmæssigt) antal, kontingent; ~ *system* kvotasystem, kontingentering.
quotable ['kwəutəbl] *adj* som er værd at citere; som egner sig til gengivelse (i ordentligt selskab), 'stueren'.
quotation [kwə'teiʃən] *sb* anførelse, citat; *(merk)* notering, kurs; tilbud *(for* på), opgivelse af pris.
quotation marks *pl* anførelsestegn.
quote [kwəut] *vb* anføre, citere; *(merk)* notere; opgive, tilbyde (pris); *sb* T citat; anførelsestegn *(fx in -s); quote!* (i diktat) anførelsestegn begynder; (i tale *etc)* citat *(cf unquote);* ~ *for* opgive prisen på, give tilbud på; *please* ~*:* 5/72 (på forretningsbrev, svarer til) vor reference: 5/72.
quoth [kwəuθ] *vb (glds)* mælede, sagde.
quotidian [kwɔ'tidiən] *adj* dagligdags, hverdagsagtig.
quotient [kwəuʃnt] *sb* kvotient.
q. v. *fk quod vide (= which see)* se dette.
qy. *fk query.*

R

R [a:]; *(am fk,* om film) *restricted* (ɔ: forbudt for børn med mindre de er ledsaget af en voksen); *the three R's = reading, (w)riting, and (a)rithmetic.*
R. *fk rex (lat.:* konge); *regina (lat.:* dronning); *recipe.*
R.A. *fk Royal Academy (, Academician); Royal Artillery.*
rabbet ['ræbət] *sb* fals; *vb* (ind)false.
rabbet plane falshøvl.
rabbi ['ræbai] *sb* rabbi, rabbiner.
rabbit ['ræbət] *sb* kanin; S dårlig spiller, klodrian; *vb* jage kaniner; ~ *on* ævle, kværne.
rabbit| ears *pl* kaninører; *(am)* citationstegn, gåseøjne; V-antenne. **-fish** *zo* havmus. ~ **punch** håndkantslag i nakken.
rabbitry ['ræbətri] *sb* kaningård, kaninfarm.
rabbit warren område undermineret af kaningange; *(fig)* lejekaserne, rotterede.
rabble [ræbl] *sb* larmende hob; rak, ros, krapyl; *the* ~ pøbelen.
rabble|-rouser demagog, urostifter. ~ **-rousing** *adj* demagogisk, ophidsende.
rabid ['ræbid] *adj* rasende, gal; vildt fanatisk, rabiat; som har hundegalskab *(fx a ~ dog).*
rabidness ['ræbidnəs] *sb* fanatisme; raseri.
rabies ['reibii:z] *sb* hundegalskab.
RAC *fk Royal Automobile Club.*
raccoon [rə'ku:n] *sb zo* vaskebjørn.
I. race [reis] *sb* race, slægt, folkefærd.
II. race [reis] *sb* væddeløb; kapløb, kaproning, kapsejlads, kapflyvning *(osv);* (i vand) stærk strøm, *(millrace)* møllerende; *(flyv)* slipstrøm; (i kugleleje) (løbe)ring; *(fig)* livsløb, bane; *a ~ against time* et kapløb med tiden.
III. race [reis] *vb* race, ræse, ile, jage, løbe, rende; løbe (, køre, sejle *etc)* om kap *(with, against* med); (om hest *ogs)* løbe løbsk; (med objekt) lade deltage i væddeløb, lade løbe; køre i fuld fart med *(fx a car);* løbe om kap med; *I'll ~ you home!* hvem kommer først hjem! ~ *a bill through Parliament* jage et lovforslag igennem; ~ *up* springe i vejret.
race| card væddeløbsprogram. **-course** væddeløbsbane. **-horse** væddeløbshest.
raceme ['ræsi:m, ræ'si:m] *sb (bot)* klase.
race meeting væddeløb, væddeløbsdag(e).
racer ['reisə] *sb* væddeløbshest; racer, racerbil, racercykel, kapsejler; væddeløbskører.
race| riots *pl* raceoptøjer. **-track** væddeløbsbane. ~ **walking** kapgang.
rachitic [ræ'kaitik] *adj* rakitisk.
rachitis [ræ'kaitis] *sb (med.)* rakitis, engelsk syge.
racial [reiʃl] *adj* race- *(fx ~ discrimination).*
racialism ['reiʃəlizm] *sb* racisme, racehovmod, racefordomme, racehad; racediskrimination.
racing ['reisiŋ] *sb* væddeløb; *adj* væddeløbs-; racer- *(fx car).*
racism ['reisizm] *sb,* se *racialisism.*
racist ['reisist] *sb* racist; *adj* racistisk.
I. rack [ræk] *sb* drivende skymasser; ødelæggelse; *vb* drive for vinden; *go to ~ and ruin* gå til grunde.
II. rack [ræk] *sb* stativ *(fx pipe ~, rifle ~);* -holder; (på bil) bagagebærer *(fx roof ~);* (til tøj *etc)* knagerække; hattehylde, *(jernb etc)* bagagehylde, bagagenet; (i stald) (hø-, foder-) hæk; (med små rum:) reol *(fx* til flasker, værktøj), *(bibl)* (rumdelt) tidsskriftreol, (til post) sortererreol, *(typ)* sættereol; *(agr,* på vogn) sidefjæl, kæpskinne; *(tekn)* tandstang.
III. rack [ræk] *sb (hist.)* pinebænk; *vb* lægge på pinebænken; martre, pine; ~ *one's brains* bryde sit hoved, lægge sit hoved i blød.
IV. rack [ræk] *sb* (om hest) pasgang; *vb* gå pasgang.
V. rack [ræk] *vb* (om vin) aftappe, skille kvasen fra.
I. racket ['rækət] *sb* (til tennis *etc)* ketsjer.
II. racket ['rækət] *sb* ophidselse, postyr, hurlumhej, spektakel; T fidus, svindelnummer, svindelforetagende; lyssky virksomhed, ulovlig handel; *vb* lave spektakel; leve i sus og dus; *stand the ~* klare den; tage ansvaret, tage skraldet; betale hvad det koster; *what's the ~?* hvad er der løs?
racketeer [ræki'tiə] *sb* en der driver ulovlig handel *el.* anden lyssky virksomhed; pengeafpresser.
racketeering [ræki'tiəriŋ] *sb* organiseret pengeafpresning, gangsteruvæsen.
rackety ['rækiti] *adj* udsvævende, løssluppen.
rack railway tandhjulsbane.
rack rent ublu leje.
raconteur [rækɔn'tə:] *sb* fortæller.
racoon [rə'ku:n] *sb zo* vaskebjørn.
racquet ['rækit] *sb* ketsjer.
racy ['reisi] *adj* fin, aromatisk *(fx flavour);* kraftig, kernefuld *(fx style);* saftig, vovet *(fx story);* ~ *of the soil* 'groet lige op af mulden'.
rad [ræd] *sb* rad (måleenhed for stråling).
rad. [ræd] *fk radical.*
radar ['reidə] *sb* radar.
radar| beacon radarfyr. ~ **screen** radarskærm.
raddled [rædld] *adj* oversminket; hærget; udslidt.
radial ['reidjəl] *adj* radial, udstrålende.
radial| engine stjernemotor. ~ **-ply tyre** radialdæk. ~ **road** radialgade, primærgade; udfaldsvej.
radiance ['reidjəns] *sb* stråleglans; udstråling.
radiant ['reidjənt] *adj* strålende, glædestrålende; ~ *heat* strålevarme.
I. radiate ['reidieit] *vb* udstråle; bestråle; skinne; ~ *from (fig)* stråle ud fra; udgå fra.
II. radiate ['reidiət] *adj* stråleformet.
radiation [reidi'eiʃn] *sb* udstråling, (radioaktiv) stråling; bestråling; ~ *sickness* strålingssyge (fremkaldt af radioaktiv stråling).
radiator ['reidieitə] *sb* radiator, varmeapparat; (i bil) køler.
I. radical ['rædikl] *sb* radikal; yderliggående; *(mat.)* rod; rodtegn; *(kem)* radikal.
II. radical ['rædikl] *adj* radikal, yderliggående; dyb; fundamental *(fx difference),* grundig, gennemgribende *(fx reform); (gram, mat.)* rod-; ~ *sign (mat.)* rodtegn.
radicalism ['rædikəlizm] *sb* radikalisme.
radicalize ['rædikəlaiz] *vb* radikalisere.
radicle ['rædikl] *sb (bot)* rodtrævl, kimrod; finere forgrening; *(kem)* radikal.
radiferous [ræ'difərəs] *adj* radiumholdig.
radio ['reidiəu] *sb* radio; *vb* radiotelegrafere; *by ~* pr. radio.
radioactive ['reidiəu'æktiv] *adj* radioaktiv.
radioactivity ['reidiəuæk'tiviti] *sb* radioaktivitet.

radio| beacon radiofyr. ~ **beam** radiostråle. ~ **bearing** radiopejling. ~ **cabinet** radioskab. ~ **car** radiovogn (politiets). ~ **carbon** [-'ka:b(ə)n] kulstof 14. ~ **communication** radioforbindelse. ~ **direction finder** radiopejleapparat. ~ **direction finding** radiopejling. ~ **frequency** radiofrekvens.

radio|genic [reidiəu'dʒenik] *adj* fremkaldt af stråling. **-gram** [-græm] radiotelegram; røntgenbillede; radiogrammofon. **-graph** [-gra:f] *sb* røntgenbillede; *vb* røntgenfotografere. **-graphy** [reidi'ɔgrəfi] røntgenfotografering. **-isotope** [-'aisətəup] radioaktiv isotop. **-location** ['reidiəu-lə'keiʃn] *sb* radiopejling.

radio|logical [reidiəu'lɔdʒikl] radiologisk. **-logist** [reidi'ɔlədʒist] radiolog, røntgenspecialist. **-logy** [reidi-'ɔlədʒi] radiologi.

radiopaque [reidiəu'peik] *adj* ikke gennemtrængelig for røntgenstråler.

radio| play hørespil. **-scopy** [reidi'ɔskəpi] røntgenundersøgelse. ~ **set** radioapparat. **-sonde** ['reidiəu'sɔnd] radiosonde. **-telegram** [-'teligræm] radiotelegram. **-telegraphy** [-ti'legrəfi] radiotelegrafi. **-telephony** [-ti'lefəni] radiotelefoni. ~ **telescope** radioteleskop. **-therapy** [-'θerəpi] radioterapi. ~ **transmitter** radiosender.

radish ['rædiʃ] *sb (bot)* radise; ræddike.

radium ['reidiəm] *sb* radium; ~ *centre,* ~ *station* radiumstation.

radius ['reidiəs] *sb (pl radii* ['reidiai]) radius; stråle; (hjul)ege; *(anat)* spoleben.

R.A.F. *fk Royal Air Force.*

raffia ['ræfiə] *sb (bot)* rafia; (rafia)bast.

raffish ['ræfiʃ] *adj* forsoren; udsvævende; bedærvet; (om udseende) vulgær, tarvelig.

raffle [ræfl] *sb* lodtrækning, lotteri; *vb* bortlodde.

raffle ticket lotteriseddel, lod.

raft [ra:ft] *sb* tømmerflåde; (samling drivende tømmer:) drift; *vb* sejle (, transportere) på tømmerflåde.

rafter ['ra:ftə] *sb* tagspær, loftsbjælke; *-ed ceiling* bjælkeloft.

raftsman ['ra:ftsmən] *sb* flådefører.

I. rag [ræg] *sb* klud, pjalt, las; T (om avis) sprøjte *(fx the local ~); (am* S) menstruationsbind, tampon, menstruation; (i byggeri) skiferplade; grov sandsten; *from -s to riches* fra fattigdom til velstand; *all in -s* fuldstændig laset; *chew the* ~ T brokke sig; sludre, snakke; *lose one's* ~ blive gal, få en prop; *not a* ~ ikke en stump; *be on the* ~ *(am* S) have det røde (ɔ: menstruation).

II. rag [ræg] *sb* (let *glds* T) grov spøg; (ved universitet) (fest i gaden for at samle penge ind til velgørende formål); *vb* T skælde ud; (let *glds* T) lave grov spøg med, lave fest med.

ragamuffin ['rægəmʌfin] *sb* pjaltet fyr, lazaron.

rag-and-bone-man produkthandler.

rag|bag kludepose; *(fig)* broget samling; (om person) lazaron. ~ **bolt** stenskrue. ~ **day** (ved universitet) (dag hvor studenterne laver *rag,* se *II. rag).* **-doll** kludedukke.

rage [reidʒ] *sb* raseri; heftighed, voldsomhed; *(fig)* mani; *vb* rase; grassere; *be (all) the* ~ være stærkt på mode; gøre furore.

ragged ['rægid] *adj* laset, pjaltet *(fx clothes);* flosset, frynset; forreven *(fx clouds);* takket *(fx rocks);* pjusket *(fx hair);* ujævn, knudret *(fx rhymes);* spredt *(fx applause).*

ragged robin *(bot)* trævlekrone.

raging ['reidʒiŋ] *sb* rasen; *adj* rasende.

ragman ['rægmən] *sb* kludekræmmer, produkthandler.

ragout ['rægu:] *sb* ragout.

rag| paper kludepapir. **-picker** kludesamler, klunser. ~ **rug** kludetæppe. ~ **shop** marskandiserbutik.

ragtag ['rægtæg] *sb:* ~ *and bobtail* pøbel.

ragtime ['rægtaim] *sb* ragtime (synkoperet rytme; form for jazz); ~ *army* operettehær.

rag trade: *the* ~ T modeindustrien.

ragweed ['rægwi:d] *sb (bot)* brandbæger; *(am)* ambrosie.

rag |week (ved universitet) (uge hvor studenterne laver *rag,* se *II. rag).* ~ **wheel** tandhjul; polérskive.

ragwort ['rægwə:t] *sb (bot)* brandbæger.

raid [reid] *sb* angreb, indfald, overfald, plyndringstogt; røveri; *(air* ~) luftangreb; (politi)razzia; *vb* angribe; plyndre; foretage en razzia i; *make a* ~ *on (ogs)* gøre indhug i.

raider ['reidə] *sb* deltager i angreb (, plyndringstogt, razzia); røver; angriber; angribende flyvemaskine.

raiders-passed signal afblæsning (af flyvervarsling), afvarsling.

I. rail [reil] *sb* tremme, stang, (vandret, i stakit) løsholt, (ved trappe) gelænder, (til afspærring) rækværk, *(mar)* ræling; *(jernb etc)* skinne; **-s** *pl* (også) rækværk, stakit; jernbane; *(merk)* jernbaneaktier;
by ~ med toget, per bane; *off the -s* afsporet; *(fig)* i uorden, af lave; (om person) sindsforvirret, skør; *go off the -s* løbe af sporet; *(fig om person)* komme på afveje, skeje ud, gå over gevind; blive skør; *get back on the -s (fig)* få ind i den rette gænge; (om forbryder) få på ret køl.

II. rail [reil] *vb* sende med jernbane; ~ *in* indhegne, sætte stakit (, rækværk, gelænder) om; ~ *off* skille 'fra (ved hegn *etc),* sætte hegn *(etc)* for.

III. rail [reil] *vb:* ~ *at (el. against)* skælde ud på *(el.* over).

IV. rail [reil] *sb zo* rikse.

rail|car skinnebus; *(am)* jernbanevogn. **-coach** skinnebus. ~ **creep** skinnevandring. **-head** endepunkt for jernbane; (del af skinne:) skinnehoved.

railing ['reiliŋ] *sb* stakit, rækværk.

raillery ['reiləri] *sb* (godmodigt) drilleri.

railpass ['reilpa:s] *sb* togkort.

railroad ['reilrəud] *sb (am)* jernbane; *vb* anlægge jernbaner i; transportere med banen; ~ *into* presse til (at); ~ *through* tvinge igennem i en fart, jage igennem *(fx* ~ *a bill through Congress);* ~ *sby (ogs)* få en fængslet (, dømt) på en falsk anklage (, på utilstrækkeligt grundlag); dømme en ved lynjustits.

railroad| car *(am)* jernbanevogn. ~ **apartment,** ~ **flat** *(am)* (slum)lejlighed med alle rum i forlængelse af hinanden.

railway ['reilwei] *sb* jernbane.

railway| carriage jernbanevogn. ~ **guide** køreplan, rejseliste. ~ **station** banegård, jernbanestation.

raiment ['reimənt] *sb (glds el. poet)* dragt, klædning, klædebon.

rain [rein] *vb* regne; lade det regne med *(fx blows); sb* regn, regnvejr; **-s** *pl* regnbyger, regntid;
it is -ing cats and dogs det styrter ned, det regner skomagerdrenge ned; *it never -s but it pours, se pour; -ed off* aflyst på grund af regn; ~ *gifts on sby* overøse en med gaver; ~ *blows on sby* overdænge en med slag; *as right as* ~, se *I. right; (come)* ~ *or shine* hvordan vejret end er (, var); *(fig)* hvad der end sker.

rainbow ['reinbəu] *sb* regnbue.

rainbow trout *zo* regnbueørred.

rain cape regnslag.

rain check *(am)* talon af billet (som kan bruges igen hvis arrangementet aflyses, *fx* på grund af regn); *I'll take a* ~ *on that (fig)* jeg vil gerne have det til gode til en anden gang.

rain|coat regnfrakke. **-drop** regndråbe. **-fall** nedbør, regn. ~ **gauge** [-geidʒ] regnmåler. **-proof** *adj* regntæt, vandtæt. **-water** regnvand. **-wear** regntøj.

rainy ['reini] *adj* regnfuld, regn-; regnvejrs-; *lay by for a*

~ *day* lægge til side (som en nødskilling).

I. raise [reiz] *vb* **1.** hæve *(fx one's glass),* løfte *(fx one's hand);* **2.** rejse *(fx a building, a monument);* **3.** hæve, forhøje *(fx the price, the rent, salaries),* sætte op, sætte i vejret; forstærke; **4.** *(mht* rang) ophøje, forfremme; **5.** opkradse (luv); ru, (om narv) fremhæve; **6.** rejse *(fx a cloud of dust),* fremkalde, vække *(fx a laugh);* **7.** opvække (en død), fremmane (en ånd); **8.** rejse, bringe på bane *(with* over for, *fx ~ the question with him);* opløfte *(fx a cry);* **9.** rejse *(fx a loan, £100);* **10.** ophæve *(fx an embargo),* hæve *(fx a siege);* **11.** *(agr etc)* dyrke *(fx maize),* avle *(fx potatoes),* (om dyr) opdrætte; (om børn, især *am)* opfostre; **12.** *(am,* om bedrager) forhøje beløbet på (en check, postanvisning); **13.** *(mar)* få i sigte *(fx a ship, land, a whale);* **14.** *(mat.)* opløfte *(fx to the fifth power);*

~ *the alarm* slå alarm; ~ *Cain (, a dust, hell, the roof)* lave en farlig ballade; ~ *steam* sætte dampen op; ~ *one's voice* hæve stemmen; opløfte sin røst; protestere *(against* imod); ~ *the wind* T skaffe de fornødne (penge)midler.

II. raise [reiz] *sb* forhøjelse, (T især) lønforhøjelse; stigning, bakke; (i bridge) støttemelding.

raised [reizd] *adj* ophøjet *(fx letters);* relief- *(fx embroidery, figure);* ~ *bog* højmose.

raisin [reizn] *sb* rosin.

raison d'être [*fr,* 'reizɔ:n'deitə] eksistensberettigelse.

raj [ra:dʒ] *sb* (indisk:) herredømme.

raja(h) ['ra:dʒə] *sb* rajah, indisk fyrste.

I. rake [reik] *sb* rive; hesterive; ildrager; *vb* rive; rage (op i) *(fx the fire);* gennemstøve, ransage; *(mil, mar)* bestryge, beskyde langskibs; ~ *about (el. round) for* rode *(el.* støve) rundt efter; ~ *in* T tjene, indkassere; ~ *it in* T skovle penge ind; ~ *out* støve op, rode frem; ~ *over* rode op i; ~ *over old ashes (fig)* rippe op i fortiden; ~ *up* møjsommeligt samle, skrabe sammen; rode op i *(fx old scandals).*

II. rake [reik] *sb* hældning, hældningsgrad, fald; *(mar* af stævn) fald, (af mast) hældning; *(tekn)* spånvinkel; (på hus) gavlkant; *vb* hælde, bringe til at hælde.

III. rake [reik] *sb* udhaler, skørtejæger, libertiner.

rake-off ['reikɔf] *sb* S andel i udbytte (især ulovligt), returkommission.

raking stem *(mar)* fremfaldende stævn.

rakish ['reikiʃ] *adj* udsvævende; forsoren, flot, skødesløs; (især om skib) elegant bygget, smart.

râle [ra:l] *sb* rallelyd; rallen.

Raleigh ['rɔ:li, 'ra:li, 'ræli].

I. rally ['ræli] *vb (glds)* drille (godmodigt), spøge.

II. rally ['ræli] *vb* samle (igen), bringe orden i; (uden objekt) samle sig (igen); stå sammen, fylke sig *(round* om); bedres, komme sig, komme til kræfter; rette sig; (i tennis) udveksle hurtige slag *(with* med); *sb* bedring; (offentligt, især politisk) møde; stævne; kongres *(fx party ~);* (billøb:) rally; (i tennis) slagduel, bold; ~ *to the support of sby* komme en til undsætning.

rallying| cry kampråb. ~ **point** samlingssted; støttepunkt.

Ralph [reif, rælf].

ram [ræm] *sb zo* vædder; *(tekn:* i rambuk) rambukklods, faldlod; (i presse, værktøjsmaskine) stødslæde; *(hist.:* til belejring) murbrækker, (på skibsstævn) vædder; *vb* ramme, vædre; stampe, støde; stoppe *(fx ~ clothes into a trunk);* ~ *down* ramme ned; ~ *it down his throat (fig)* trække det ned over hovedet på ham (ɔ: pånøde ham det); stopfodre ham med det; ~ *into* brase ind i; ~ *it into his head* banke det ind i hovedet på ham.

RAM *(edb) random access memory.*

R.A.M. *fk Royal Academy of Music.*

ramble [ræmbl] *vb* strejfe om, flakke om; gøre afstikkere; tale usammenhængende; (i tale, skrift) springe fra det ene til det andet; (om planter) vokse vildt, brede sig; *sb* tur, udflugt.

rambler ['ræmblə] *sb* vandrer; omflakker; *(bot)* slyngrose.

rambling ['ræmbliŋ] *adj* (om foredrag *etc)* spredt, springende, usammenhængende, vildtløftig; (om hus) uregelmæssigt bygget, vidtløftig; ~ *rose (bot)* slyngrose.

rambunctuous [ræm'bʌŋkʃəs] *adj (am* T*)* larmende; vild, balstyrig, uregerlig.

R.A.M.C. *fk Royal Army Medical Corps.*

ramekin ['ræmkin] *sb* indbagt ost; lille ildfast (glas)form.

ramification [ræmifi'keiʃn] *sb* forgening.

ramify ['ræmifai] *vb* forgrene; forgrene sig.

ramjet ['ræmdʒet] *(flyv):* ~ *motor* rammotor.

rammer ['ræmə] *sb* rambuk; stamper, støder; brolæggerstempel.

ramp [ræmp] *vb* storme, rase, fare omkring som rasende; skråne; S fuppe; *sb* rampe, skråning, opkørsel, nedkørsel; *(flyv)* lejder; S svindelnummer (for at opnå højere priser), forsøg på afpresning; (se også *rampage).*

rampage [ræm'peidʒ] *sb* raserianfald, rasen; stormen omkring; *vb* storme omkring, rase; *go on a ~* løbe grassat, fare vildt frem, storme rundt.

rampageous [ræm'peidʒəs] *adj* vild, uregerlig, tøjlesløs.

rampant ['ræmpənt] *adj* overhåndtagende; (om person) rasende, aggressiv; (om plante) som breder sig voldsomt, frodig, yppig; *(her.* om dyr) oprejst; *be ~* grassere, gå i svang.

rampart ['ræmpa:t] *sb* vold, fæstningsvold; *vb* befæste med volde.

rampion ['ræmpjən] *sb (bot)* rapunselklokke.

ramrod ['ræmrɔd] *sb* ladestok; viskestok; *(fig)* stivstikker.

ramshackle ['ræmʃækl] *adj* brøstfældig, faldefærdig, vakkelvorn; ~ *car* bilvrag.

ramson [ræmsn] *sb (bot)* ramsløg.

ran *præt* af *run.*

ranch [ra:n(t)ʃ, ræn(t)ʃ] *sb* ranch, kvægfarm.

rancher ['ra:n(t)ʃə, 'ræn(t)ʃə] *sb* ranchejer, kvægopdrætter, rancharbejder.

ranch house *(am)* hovedbygning, stuehus (på en ranch); enetages enfamiliehus med fladt tag, længehus.

rancid ['rænsid] *adj* ildelugtende; harsk.

rancidity [ræn'siditi], **rancidness** ['rænsidnəs] *sb* harskhed.

rancorous ['ræŋkərəs] *adj* hadsk, uforsonlig.

rancour ['ræŋkə] *sb* had, nag, bitterhed.

rand [rænd] *sb* krans (på sko); (sydafrikansk møntenhed).

Rand [rænd]: *the ~* Witwatersrand (distrikt i Transvaal).

R & D *fk resarch and development.*

random ['rændəm] *adj* tilfældig, vilkårlig; *at ~* på lykke og fromme, på må og få; ~ *shot* slumpskud.

random access memory *(edb)* direktelager.

randy ['rændi] *adj* larmende, højrøstet; liderlig.

ranee ['ra:ni:] *sb* indisk fyrstinde.

rang *præt* af *ring.*

I. range [rein(d)ʒ] *vb* **1.** stille i række, opstille; *(fig)* klassificere, indordne; **2.** strejfe om i (, på), gå hen over *(fx the fields);* **3.** strejfe om; strække sig *(fx the mountains -d as far as the eye could see), (fig)* variere, ligge *(fx prices -d from £5 to £25 el. between £5 and £25);* **4.** (om skyts) indskyde; række;

~ **in on** skynde sig ind på; ~ **over** strejfe om i (, på); *(fig)* spænde over; berøre, omfatte *(fx the talk -d over* *every aspect of the matter); ~ oneself* **with** slutte sig til *(fx the opposition).*

II. range [rein(d)ʒ] *sb* **1.** række; **2.** område *(fx temperature ~),* omfang; **3.** udvalg *(fx an extensive ~ of patterns),* sortiment; **4.** klasse *(fx price ~; the upper -s of society);* **5.** spillerum *(fx give a free ~ to one's imagination),* råderum; **6.** rækkevidde *(fx of a transmitter, of a missile, of one's voice),* (om skyts *ogs)* skudvidde; **7.** *(flyv)* rækkevidde, længste flyvestrækning (uden brændstofpåfyldning); aktionsdistance; **8.** *(mht* mål, *ogs fot)* afstand; **9.** *(shooting ~)* skydebane, (for raket) afprøvningsbane; **10.** *(agr,* især *am)* græsningsareal; **11.** *(biol)* udbredelsesområde; **12.** (i edb) værdimængde; **13.** *(mus.)* register *(fx of a voice);* **14.** (i statistik) variationsbredde; **15.** *(kitchen ~)* komfur;

at *close ~* på nært hold; *find the ~* **of** *(mil.)* indskyde sig på; *~ of hills* bakkedrag; *~ of mountains* bjergkæde; *~ of vision* synsvidde.

range finder afstandsmåler.

ranger ['rein(d)ʒə] *sb* omstrejfer, vandringsmand; beredent gendarm; skovfoged; seniorspejder (over 16 år); *the American Rangers* de amerikanske kommandotropper; *~ student* forstelev.

rangy ['rein(d)ʒi] *adj* omstrejfende; (især *am)* langbenet, ranglet.

rani = *ranee.*

I. rank [ræŋk] *sb* rang *(fx the ~ of colonel; acting* (skuespilkunst) *of the very first ~),* grad; stand; rangklasse, samfundsklasse; række; *(taxi ~)* holdeplads; *(mil.)* geled; (i edb) niveau;

the ~ and file (mil.) de menige (og korporalerne), mændene i geleddet; (i parti *etc)* de menige medlemmer; *(fig)* menigmand, den jævne befolkning; *pull one's ~,* se *I. pull; reduce to the -s* degradere til menig; *rise from the -s* avancere fra menig; arbejde sig frem.

II. rank [ræŋk] *vb* **1.** stille i række, ordne, sætte i orden; **2.** sætte *(fx ~ it highly),* regne, rangere; **3.** *(am)* have højere rang end; stå over; **4.** (uden objekt) stå i række; *~ among* regne(s) blandt; være på højde med; *~ as* regne(s) for; *~ high* rangere højt; *(fig ogs)* være højt anset; *~ with* have samme rang som; regne(s) blandt.

III. rank [ræŋk] *adj* overgroet *(fx a garden ~ with weeds),* alt for frodig *(fx grass),* (om jord) alt for fed; stinkende *(fx ~ with filth);* stram, sur *(fx a ~ smell);* væmmelig, modbydelig; (det) argeste, værste *(fx nonsense).*

ranker ['ræŋkə] *sb* menig; officer der har tjent sig op fra menig.

ranking ['ræŋkiŋ] *adj (am)* som rangerer højest; ældst *(fx the ~ officer);* førende, ledende *(fx the ~ economists in the country);* fremtrædende, højtstående.

rankle [ræŋkl] *vb* blive betændt; *(fig)* nage, svie, efterlade en brod.

ransack ['rænsæk] *vb* ransage, gennemsøge; plyndre.

ransom ['rænsəm] *sb* løskøbelse; løsesum, løsepenge; *vb* løskøbe, udløse; *hold sby to ~* holde én fangen indtil løsepengene er betalt; forlange løsepenge for at frigive en; lave afpresning over for en; (ofte =) holde en som gidsel.

rant [rænt] *vb* skvaldre op; tale højtravende, deklamere; *sb* skvalder; svulst, deklamation; (på skotsk) støjende gilde.

ranunculus [rə'nʌŋkjuləs] *sb (bot)* ranunkel.

RAOC *fk Royal Army Ordnance Corps (omtr)* Hærens tekniske Korps.

rap [ræp] *vb* banke, give et rap *(el.* slag), smække; tromme; banke på; T kritisere skarpt; *(am* S) snakke åbent; *sb* rap, slag, smæk; banken; T beskyldning, anklage; skarp kritik; *(am* S) snak, diskussion; *beat the ~* S slippe for straf; *I don't care a ~* jeg er flintrende ligeglad; *~ out* banke (ɔ: sende bankesignal); udslynge *(fx a command); ~ out an oath* udstøde en ed; *~ him over the knuckles* give ham over fingrene; irettesætte ham; *take the ~* tage skraldet; være syndebuk.

rapacious [rə'peiʃəs] *adj* rovlysten, (rov)grisk.

rapacity [rə'pæsiti] *sb* griskhed.

I. rape [reip] *sb* voldtægt; (især *glds)* rov, voldelig bortførelse, voldførelse; plyndring; *vb* voldtage; bortføre med vold; røve.

II. rape [reip] *sb (bot)* raps. **rapeseed** rapsfrø.

Raphael ['ræfeiəl].

rapid ['ræpid] *adj* rask; rivende, strid *(fx current); -s sb pl* strømfald; (mindre) vandfald; (se *ogs I. shoot).*

rapid-fire *adj* hurtigskydende; *(fig)* rivende hurtig.

rapidity [rə'piditi] *sb* hurtighed, (rivende) fart.

rapier ['reipjə] *sb* stødkårde.

rapine ['ræpain] *sb* rov, plyndring.

rapist ['reipist] *sb* voldtægtsforbryder.

rapping spirit bankeånd.

rapport ['ræpɔ:] *sb* nært (, personligt, sympatisk) forhold *(with* til, *fx he had difficulty in establishing* (få) a *personal ~ with his students).*

rapporteur ['ræpɔ:tə:] *sb* referent.

rapprochement [ræ'prɔʃma:ŋ] *sb* (fornyet) tilnærmelse (især mellem stater).

rapscallion [ræp'skæljən] *sb (glds)* slubbert, slambert.

rap|session *(am* T) gruppediskussion. *~* **sheet** *(am, omtr* =) generalieblad.

rapt [ræpt] *adj* betaget, henført; hensunket, fordybet *(fx in a book).*

rapture ['ræptʃə] *sb* begejstring, henrykkelse, ekstase; *in -s* henrykt, vildt begejstret.

rapturous ['ræptʃ(ə)rəs] *adj* begejstret, henrykt.

rare [rɛə] *adj* sjælden, usædvanlig; kostbar; tynd *(fx air);* enkelt, sparsom, spredt; T voldsom *(fx fright);* herlig, pragtfuld; (om kød) halvstegt, rødstegt; *on ~ occasions* en sjælden gang; *be a ~ one for* T være en hund efter, elske *(fx I'm a ~ one for chops); have a ~ time* more sig herligt.

rarebit ['rɛəbit], se *Welsh rarebit.*

rare earths *pl (kem)* sjældne jordarter.

raree-show ['rɛəri:'ʃəu] *sb* perspektivkasse.

rarefaction [rɛəri'fækʃn] *sb* fortynding (af luftart).

rarefy ['rɛərifai] *vb* fortynde(s); *(fig)* forfine(s); *rarefied* forfinet, ophøjet.

raring ['rɛəriŋ] *adj: ~ to* ivrig (, helt vild) efter at.

rarity ['rɛərəti] *sb* sjældenhed; fortyndet tilstand, fortynding.

RASC *fk Royal Army Service Corps* (svarer til) forsyningstropperne.

rascal [ra:skl] *sb* slyngel, slubbert; *you lucky ~* dit lykkelige bæst; *you young ~* din lille slubbert.

rascality [ra:s'kæliti] *sb* slyngelagtighed, slyngelstreg.

rascally ['ra:sk(ə)li] *adj* slyngelagtig, gemen.

I. rash [ræʃ] *sb* udslæt; *(fig)* bølge, epidemi *(fx of robberies).*

II. rash [ræʃ] *adj* ubesindig, overilet, uoverlagt, hasarderet.

rasher ['ræʃə] *sb* skive bacon *(el.* skinke).

rasp [ra:sp] *sb* (værktøj:) rasp; (lyd:) raspen, skurren, skurrende lyd; *vb* raspe, skurre (i), kradse (i), irritere; *~ on a violin* file på en violin; *~ out* hvæse *(fx an order).*

raspberry ['ra:zb(ə)ri] *sb* hindbær; S afvisning; prut; (pruttende lyd som udtryk for) udpibning; *give sby the ~* S pibe én ud.

Rasta ['ræstə] *sb* T = *Rastafarian.*

Rastafarian [ræstə'fɛəriən] *sb* (tilhænger af religiøs-politisk bevægelse blandt vestindere).

raster ['ra:stə] *sb* (i TV) raster.

I. rat [ræt] *sb zo* rotte; *(fig)* overløber; forræder; *(am,* af hår) valk; *rats!* sludder og vrøvl! pokkers også! øv! rend og hop! *look like a drowned* ~ være våd som en druknet mus; *smell a* ~ lugte lunten, ane uråd.

II. rat [ræt] *vb* fange rotter; S gå over til fjenden, være overløber; (med objekt) = ~ *on* S svigte, forråde; stikke.

ratable, se *rateable.*

rataplan [rætə'plæn] da-da-dum; *vb* tromme.

ratchet ['rætʃət] *sb (tekn)* skralde.

ratchet| drill skraldebor. ~ **wheel** palhjul, spærrehjul.

I. rate [reit] *sb* sats *(fx wage* ~; ~ *of duty* toldsats), takst *(fx* ~ *of postage),* tarif; *(merk)* pris; (aktie- *etc)* kurs *(fx* ~ *of exchange* valutakurs); *(~ of speed)* fart *(fx at a furious* ~ med rasende fart), hastighed; (i statistik: forholdsmæssigt antal) -procent *(fx dropout* ~, *sickness* ~); -tal *(fx birthrate* fødselstal) (se også *death* ~); **-s** *pl* (i England) kommuneskat (af fast ejendom); *first (, second etc)* ~ første (, anden *etc)* klasses;
at *any* ~ i hvert fald, under alle omstændigheder; i det mindste *(fx at any* ~ *he is better than you); at a cheap* ~ billigt, for godt køb; *at the* ~ *of* med en fart af; til en pris af; *at that* ~ i så fald, på den måde; *at this* ~ på denne måde; ~ **of** *climb (flyv)* stigningshastighed; ~ *of flow* strømningshastighed; ~ *of interest* rentesats, rentefod.

II. rate [reit] *vb* anslå, vurdere, taksere; sætte i skat, vurdere til skat (se *I. rate: -s); regne (among* blandt; *as* for, *fx he is -d as one of the best);* (især *am)* fortjene, kunne gøre krav på; (uden objekt) regnes *(as* for), rangere *(as* som).

III. rate [reit] *vb* give en alvorlig overhaling, gennemhegle.

rateable ['reitəbl] *adj* skattepligtig; ~ *value* værdi (af fast ejendom) som skatten beregnes af, beskatningsgrundlag.

ratel ['reitl] *sb zo* honninggrævling.

ratepayer ['reitpeiə] *sb* skatteyder.

rather ['ra:ðə] *adv* temmelig; snarere, hellere; T ['ra:'ðə:] *interj* ih ja; ja det skulle jeg mene; *it's* ~ *cold* det er temmelig koldt; *it was* ~ *a failure* det blev nærmest *(el.* noget af) en fiasko; *I had* ~ (let *glds*) = *I would* ~; ~ *higher* noget højere; ~ *more* noget mere; en del flere; *or* ~ eller snarere, eller rettere; *she is* ~ *pretty* hun er ganske køn; *I* ~ *think* jeg tror *(el.* synes) næsten; *I would (el. I'd)* ~ *go* jeg vil (, ville) hellere *(el.* helst) gå; *I'd* ~ *like* jeg kunne godt tænke mig *(fx a glass of beer); I would* ~ *not* jeg vil helst ikke.

ratification [rætifi'keiʃn] *sb* stadfæstelse, ratificering.

ratify ['rætifai] *vb* stadfæste, ratificere.

I. rating ['reitiŋ] *sb* vurdering; klassificering; ansættelse til kommuneskat; *(radio, TV,* især *-s)* procentvis antal lyttere; lyttertal, seertal; (maskines) kapacitet; *(mar)* menig matros *el.* underofficer.

II. rating ['reitiŋ] *sb* overhaling, skældud.

ratio ['reiʃiəu] *sb* forhold; *inverse* ~ omvendt forhold.

ratiocinate [ræti'ɔsineit] *vb* ræsonnere, tænke logisk, drage (logiske) slutninger.

ratiocination [rætiɔsi'neiʃn] *sb* ræsonneren, logisk tænkning, logisk slutning.

ration [ræʃn] *sb* ration; *vb* rationere, sætte på ration; ~ *out* uddele rationer af.

rational ['ræʃn(ə)l] *adj* fornuft-, fornuftig; rationel.

rationale [ræʃə'na:l(i)] *sb* logisk begrundelse.

rationalism ['ræʃnəlizm] *sb* rationalisme.

rationalist ['ræʃnəlist] *sb* rationalist.

rationalistic [ræʃnə'listik] *adj* rationalistisk.

rationality [ræʃə'næliti] *sb* rationalitet; fornuft.

rationalization ['ræʃnəlai'zeiʃn] *sb* rationalisering.

rationalize ['ræʃnəlaiz] *vb* rationalisere; give en fornuftmæssig forklaring på; *(psyk)* efterrationalisere.

ratline ['rætlin] *sb (mar)* vevling.

ratoon [ræ'tu:n] *sb* nyt skud fra sukkerrør (efter at det er skåret ned).

rat race *(fig)* hektisk jag, vild jagt; topstræb, rotteræs.

ratsbane ['rætsbein] *sb* rottegift; *(bot)* (populær betegnelse for forskellige giftplanter).

rattan [rə'tæn] *sb* spanskrør.

ratter ['rætə] *sb* rottejæger; rottehund; overløber.

I. rattle [rætl] *vb* skramle, rumle; rasle, klapre; (om halslyd) ralle; (med objekt) rasle med, klapre med; T gøre nervøs, bringe ud af fatning; ~ *at the door* dundre på døren; ~ *away* lade munden løbe; ~ *away at* klapre løs på *(fx a typewriter);* ~ *off* lire af, snakke løs; ~ *out* bralre ud.

II. rattle [rætl] *sb* dundren, skramlen, rumlen; raslen; klapren; (halslyd) rallen; (legetøj *etc)* skralde; *there was a* ~ *in his throat* han rallede.

rattlebrain ['rætlbrein] *sb* snakkehoved, sludrebøtte; *-ed* tomhjernet.

rattler ['rætlə] *sb* klapperslange; sludrebøtte; *(glds* T) pragteksemplar.

rattle|snake klapperslange. **-trap** skramlende køretøj, rumlekasse; S sludrebøtte; *-traps (ogs)* snurrepiberier.

rattling ['rætliŋ] *adj* rask; munter; S storartet; *adv* mægtig *(fx* ~ *good);* vældig; *at a* ~ *pace* i strygende fart.

rat-trap rottefælde; S mund.

ratty ['ræti] *adj* rotteagtig; rottebefængt; lurvet; S gnaven, arrig, sur.

raucous ['rɔ:kəs] *adj* ru, hæs, grov.

raunch [rɔ:n(t)ʃ] *sb* S (især *am)* plumphed, sjofelhed; snuskethed; vulgaritet.

raunchy ['rɔ:n(t)ʃi] *adj* S (især *am)* plump, sjofel; liderlig; snusket.

ravage ['rævidʒ] *sb* hærgen; ødelæggelse, plyndring; *vb* hærge, ødelægge, plyndre; *the -s of time* tidens tand.

I. rave [reiv] *vb* tale i vildelse, fantasere; rase; ~ *about (ogs)* tale (, skrive) vildt begejstret om; falde i henrykkelse over, være vildt begejstret for.

II. rave [reiv] *sb* rasen; fantaseren; T vild begejstring; begejstret anmeldelse; S abefest, orgie; *adj:* ~ *review* begejstret anmeldelse.

ravel [rævl] *vb* trævle (op); filtre sammen, bringe i urede; ~ *out* udrede.

raven [reivn] *sb* ravn; *adj* ravnsort.

ravening ['rævniŋ] *adj* rovgrisk; glubende.

ravenous ['rævnəs] *adj* (skrup)sulten; forslugen; glubende *(fx appetite).*

raver ['reivə] *sb* en der lever livet; frisk pige.

rave-up ['reivʌp] *sb* S abefest.

ravine [rə'vi:n] *sb* kløft; hulvej.

raving ['reiviŋ] *adj* rasende, som taler i vildelse; ~ *mad* splittergal.

ravings ['reiviŋz] *sb pl* fantaseren, forvirret snak.

ravish ['ræviʃ] *vb* rane, røve; rive bort; henrykke, henrive; *(glds)* voldtage.

ravishing ['ræviʃiŋ] *adj* henrivende.

ravishment ['ræviʃmənt] *sb* ran, rov; henrykkelse.

raw [rɔ:] *adj* **1.** rå *(fx meat);* rå- *(fx produce, silk, sugar);* uforarbejdet; **2.** ubearbejdet, ikke afpudset; grov; **3.** *(fig)* grøn, umoden, usleben, uerfaren; **4.** råkold (om vejr); **5.** hudløs, (om sår) blodig; **6.** *(am* T) sjofel *(fx joke);* **7.** *sb* hudløst sted;
get a ~ *deal* få en grov *(el.* uretfærdig) behandling; *in the* ~ i sin oprindelige tilstand; ubehandlet; utilsløret; T nøgen; *touch sby on the* ~ såre ens følelser, ramme en på et ømt punkt.

raw|-boned ['rɔ:bəund] knoklet, radmager. ~ **edge** trævlekant. **-hide** ['rɔ:haid] (pisk af) ugarvet kalveskind; *vb (am)* piske (frem). ~ **materials** *pl* råstoffer.

I. ray [rei] *sb* stråle, lysstråle; *vb* udstråle; *a* ~ *of hope* et glimt af håb.

II. ray [rei] *sb zo* rokke.
rayon ['reiɔn] *sb* rayon, kunstsilke.
raze [reiz] *vb* udslette; rasere, sløjfe, jævne med jorden.
razor ['reizə] *sb* barberkniv; *safety* ~ barbermaskine.
razor|back *zo* finhval. ~ **bill** *zo* alk. ~ **clam** *(am)* = ~ *fish.* ~ **edge** skarp æg; skarp klipperyg; skillelinie; kritisk situation. ~ **fish,** ~ **shell** *zo* knivmusling. ~ **strap,** ~ **strop** strygerem.
razz [ræz] *vb (am* T*)* drille.
razzia ['ræziə] *sb* razzia, plyndringstog, strejftog.
razzle [ræzl] *sb* S *: on the* ~ ude at slå til Søren.
razzle-dazzle ['ræzl'dæzl] *sb* S druktur; larm og ballade, hurlumhej; fup, gas; *vb* dupere, imponere.
razzmataz ['ræzmə'tæz] *sb* S hurlumhej.
R.C. *fk Roman Catholic; Red Cross.*
Rd. *fk Road.*
R.D. *fk refer to drawer.*
re [ri:] angående, med hensyn til; *in* ~ *(jur)* i sagen.
re- ['ri:-] (præfiks) igen, atter, på ny *(fx reread);* gen- *(fx rebaptize);* om- *(fx readdress).*
R.E. *fk Royal Engineers.*
I. reach [ri:tʃ] *vb* nå; komme i hænde *(fx his letter -ed me);* få kontakt med, komme i forbindelse med *(fx I tried to* ~ *him by telephone);* række *(fx* ~ *me that book);* nå til *(fx the bookcase -ed the ceiling);* (uden objekt) strække sig *(fx his garden -ed as far as the river),* nå, gå *(to* til, *fx a coat -ing to the knee);* ~ *for* række efter, gribe efter; ~ *out* række ud, strække ud *(fx one's hand); (fig)* prøve at nå; ~ *out for* række ud efter; ~ *out to (fig)* prøve at nå, prøve at få kontakt med.
II. reach [ri:tʃ] *sb* rækkevidde; *(fig)* evner, horisont; *(mar)* slag, stræk; (i flods løb) stræk, lige strækning;
beyond *my* ~ uden for min rækkevidde, over min horisont; *beyond the* ~ *of human intellect* ud over menneskelig fatteevne; **within** *my* ~ inden for min rækkevidde; så jeg kan nå det; *within easy* ~ *of sth* i nærheden af noget *(fx live within easy* ~ *of London),* med noget inden for rækkevidde.
reach-me-down ['ri:tʃmidaun] *adj* S færdigsyet; **-s** *sb pl* færdigsyet tøj, stangtøj; *(fig)* færdigsyede meninger.
react [ri'ækt] *vb* virke tilbage, reagere; ~ *on* indvirke på; ~ *to* reagere på.
re-act ['ri:'ækt] *vb* genopføre.
reactance [ri'æktns] *(elekt)* reaktans.
reaction [ri'ækʃn] *sb* reaktion; bagstræb; tilbagevirkning, modvirkning; omslag; (i radio) tilbagekobling.
reactionary [ri'ækʃn(ə)ri] *adj, sb* reaktionær; bagstræber.
reactive [ri'æktiv] *adj (kem etc)* reaktiv.
I. read [ri:d] *vb (read* [red], *read,* se *II. read)* læse, læse i *(fx a paper* en avis, *a book),* læse op; (fortolke *etc)* opfatte *(fx the blockade is here* ~ *as an act of war),* forstå, tyde *(fx a dream),* løse, gætte *(fx a riddle* en gåde); (ved universitet) studere *(fx he -s physics);* (om instrument) aflæse *(fx the gas meter),* vise *(fx the thermometer -s 34 degrees); (parl)* behandle *(fx a bill* et lovforslag); (i edb) læse; (uden objekt) kunne tydes *(fx the rule -s two ways);* lyde *(fx the letter -s as follows);* virke ... når man læser det *(fx the dialogue -s well; the play -s better than it acts),* falde *(fx this sentence -s heavy);*
~ **aloud** læse højt; ~ **back** læse op (som kontrol); ~ *sth else* **into** *it* lægge noget andet i det; ~ **off** gennemlæse; aflæse; ~ **out** læse højt, læse op; *(am)* ekskludere *(fx he was* ~ *out of the association);* ~ **over** *a lesson* læse på en lektie; ~ *a* **paper** (også) holde et (videnskabeligt) foredrag; ~ **up** *(on)* studere, sætte sig ind i.
II. read [red] *præt* og *pp* af I. *read; adj* belæst; *be well* ~ *in* være godt hjemme i; *take the accounts as* ~ betragte regnskabet som oplæst; frafalde oplæsningen af regnskabet; *take it as* ~ *(fig)* betragte det som givet.
III. read [ri:d] *sb* læsning; *have a* ~ sætte sig til at læse, få læst lidt.
readable ['ri:dəbl] *adj* læselig, læseværdig.
readdress ['ri:ə'dres] *vb* omadressere.
reader ['ri:də] *sb* læser; oplæser; (ved universitet) docent, lektor; *(publisher's* ~*)* (forlags)konsulent; *(printer's* ~*)* korrekturlæser; (bog:) læsebog.
readership ['ri:dəʃip] *sb* docentur, lektorat; (om avis *etc)* antal læsere, læserkreds.
readily ['redili] *adv* let, hurtigt, beredvilligt *etc* (se *ready).*
readiness ['redinəs] *sb* beredskab; lethed; beredvillighed, villighed; *(psyk)* parathed; *have in* ~ have i beredskab, have parat; ~ *of wit* kvikhed, slagfærdighed.
I. reading ['ri:diŋ] *adj* læsende; læselysten, flittig; *sb* læsning; belæsthed; oplæsning; opfattelse, fortolkning; (i MS) læsemåde; *(parl)* behandling (af lovforslag); (*mht* instrument) aflæsning; *thermometer* ~ termometerstand.
II. Reading ['rediŋ].
reading| glass læseglas, forstørrelsesglas. ~ **glasses** *pl* læsebriller. ~ **matter** læsestof, lekture. ~ **room** *(bibl)* læsesal.
readjust ['ri:ə'dʒʌst] *vb* rette på, tilpasse.
readmission ['ri:əd'miʃn] *sb* genoptagelse, (det at få) adgang på ny, fornyet adgang.
readmit ['ri:əd'mit] *vb* slippe *(el.* lade komme) ind igen; genoptage, give adgang på ny.
read-only memory *(edb)* læselager.
ready ['redi] *adj* rede, beredt, færdig, parat, klar *(for* til); villig *(for* til); beredvillig; nær ved hånden, bekvem, let; hurtig, rask, kvik; *vb* gøre parat *(el.* klar *el.* rede); *sb* S: *the* ~ kontanter; *ready!* giv agt!
~ *about (mar)* klar til at vende; *with rifles at the* ~ med skudklare geværer; *get* ~ = *make* ~; *make* ~ gøre i orden, gøre parat; gøre sig parat, forberede sig *(to* på at); *(typ)* rette til, tilrette; *be* ~ *to (ogs)* være på nippet til at *(fx she was* ~ *to burst into tears); he always has a* ~ *answer* han har altid svar på rede hånd.
ready| cash kontanter. ~ **-made** *adj* færdigsyet. ~ **money** kontanter. ~ **reckoner** beregningstabel, omregningstabel. ~ **-to-wear** = ~ *-made.* ~ **wit** slagfærdighed. ~ **-witted** *adj* slagfærdig.
reafforest ['ri:æ'fɔrist] *vb* tilplante på ny (med skov).
reafforestation ['ri:æfɔri'steiʃ(ə)n] *sb* skovfornyelse.
reagent [ri(:)'eidʒnt] *sb (kem)* reagens.
real ['riəl] *adj* virkelig; real- *(fx income; wages);* naturlig *(fx size);* sand, rigtig *(fx he is a* ~ *friend);* ægte *(fx gold); for* ~ T virkeligt, for alvor; *it is the* ~ *thing* det er den ægte vare.
real ale (øl færdiggæret på tønden og pumpet op ved håndkraft).
real estate fast ejendom.
realign ['ri:ə'lain] *vb* omgruppere, omordne, omorganisere.
realism ['riəlizm] *sb* realisme.
realist ['riəlist] *sb* realist. **realistic** [riə'listik] *adj* realistisk, virkelighedstro; nøgtern.
reality [ri'æliti] *sb* virkelighed; realitet; realisme; *realities* realiteter; *in* ~ i virkeligheden, i realiteten.
realizable ['riəlaizəbl] *adj* realisabel.
realization [riəl(a)i'zeiʃn] *sb* virkeliggørelse, iværksættelse, udførelse; forståelse; opfattelse, erkendelse; realisation, salg.
realize ['riəlaiz] *vb* virkeliggøre, iværksætte, realisere, føre ud i livet *(fx a project);* indse *(fx one's error),* forstå, fatte, erkende; (ved salg:) realisere *(fx property),* sælge, gøre i penge; tjene *(fx how much did you*

~ *on the sale?);* indbringe, opnå *(fx a good price).*
really ['riəli] *adv* virkelig, egentlig *(fx it was ~ my fault);* faktisk; ~ *now!* nej hør nu!
realm [relm] *sb* rige; *(fig ogs)* område; verden *(fx the ~ of fancy); beyond (, within) the ~ of possibility* uden for (, inden for) mulighedernes grænse.
real| property fast ejendom. ~ **-time** *adj (edb)* tidstro.
realtor ['riəltə] *sb (am)* ejendomshandler, ejendomsmægler.
realty ['riəlti] *sb (jur)* fast ejendom.
I. ream [ri:m] *sb* ris (om papir); *-s of (fig)* masser af, side op og side ned af; *10 -s of paper* en balle papir.
II. ream [ri:m] *vb* (om hul) rive op, oprømme (*am* S) skælde ud; snyde.
reamer ['ri:mə] *sb* rømmejern, rømmerival; *(am)* citronpresser.
reanimate [ri(:)'ænimeit] *vb* bringe nyt liv i, genoplive; sætte nyt mod i.
reap [ri:p] *vb* høste, meje; ~ *where one has not sown* høste fordelen af andres arbejde.
reaper ['ri:pə] *sb* høstkarl; mejemaskine; *-s pl (ogs)* høstfolk; *the (grim)* ~ manden med leen (ɔ: døden).
reap(ing) hook segl.
reappear ['ri:ə'piə] *vb* komme til syne igen; dukke op igen, vende tilbage.
reappearance ['ri:ə'piərəns] *sb* tilsynekomst på ny, genopdukken, tilbagevenden.
reappoint ['ri:ə'pɔint] *vb* genansætte, genindsætte, genudnævne.
reappraisal ['ri:ə'preizl] *sb* omvurdering.
I. rear [riə] *vb* rejse *(fx a monument);* hæve; (om afgrøde) dyrke, (om dyr) avle, opdrætte *(fx cattle);* (om børn) opfostre *(fx a family);* opdrage; (uden objekt: om hest) stejle, rejse sig på bagbenene; ~ *one's head* løfte hovedet; ~ *its ugly head (fig)* stikke hovedet frem.
II. rear [riə] *sb* bagside; *(mil. etc)* bagtrop; T bagdel; *adj* bag- *(fx lamps* lygter, *mudguard* skærm); *bring up the* ~ danne bagtroppen, komme sidst; *attack the enemy in the* ~ angribe fjenden i ryggen; *at the* ~ *of* (omme) bag ved; *in the* ~ *of* bag i, i den bageste del af.
rear| admiral kontreadmiral. ~ **axle assembly** bagtøj. ~ **engine** hækmotor. **-guard** ['riəga:d] *(mil.)* bagtrop, bagdækning, arrieregarde. **-guard action** *(mil.)* retrætekamp; *(fig)* forhalingsmanøvre. ~ **gunner** *(flyv)* agterskytte.
rearm ['ri:'a:m] *vb* (gen)opruste.
rearmament ['ri:'a:məmənt] *sb* (gen)oprustning.
rearmost ['riəməust] *adj* bagest.
rearrange ['ri:ə'rein(d)ʒ] *vb* ordne på ny, omordne.
rearview mirror bakspejl.
rearward ['riəwəd] *adv* bagtil, bagude, bag-.
I. reason [ri:zn] *sb* fornuft; grund *(for* til; *to, why, that* til at, *fx the ~ for his behaviour; I see no ~ to do it; the ~ why (el. that) he did it); by ~ of* på grund af; *for this* ~ af denne grund; *for -s of health* af helbredshensyn; *for some unknown* ~ uvist af hvilken grund; *for -s best known to himself* af en eller anden mystisk grund; *lose one's* ~ miste sin forstand; *show good ~ for* dokumentere, begrunde *(fx a statement); it stands to* ~ det er indlysende, det siger sig selv; *do anything (with)in* ~ gøre alt inden for rimelighedens grænser; *with* ~ med god grund, med rette, med føje.
II. reason [ri:zn] *vb* drage fornuftslutninger; slutte *(from* ud fra, *fx ~ from (one's experience);* argumentere, ræsonnere; anstille betragtninger, tænke, overveje; (med objekt) dømme, slutte *(that* at); ~ *about* ræsonnere over; ~ *away* bortforklare; ~ *him into it* overtale ham til det, få ham til at indse at det er rigtigt; ~ *out* gennemtænke; ~ *him out of it* få ham til at indse at det er forkert *(el.* urimeligt); ~ *with him* argumentere med ham.
reasonable ['ri:znəbl] *adj* fornuftig, rimelig.
reasonably ['ri:znəbli] *adv* fornuftigt, rimeligt; nogenlunde.
reasoner ['ri:znə] *sb* ræsonnør, tænker.
reasoning ['ri:zniŋ] *sb* fornuftslutninger, ræsonnement; *there is no ~ with her* hun er umulig at tale til fornuft.
reassemble ['ri:ə'sembl] *vb* samle(s) på ny.
reassurance [ri(:)ə'ʃuər(ə)ns] *sb* beroligelse; gentagen forsikring; *(assur)* genforsikring.
reassure [ri(:)ə'ʃuə] *vb* berolige; *(assur)* genforsikre.
Réaumur ['reiəmjuə].
rebarbative [ri'ba:bətiv] *adj* afvisende; frastødende.
I. rebate ['ri:beit] *sb (merk)* rabat, afslag.
II. rebate ['ræbit, ri'beit] = *rabbet.*
I. rebel [rebl] *adj* oprørsk, oprørs-; *sb* oprører.
II. rebel [ri'bel] *vb* gøre oprør *(against* imod).
rebellion [ri'beljən] *sb* oprør, opstand.
rebellious [ri'beljəs] *adj* oprørsk.
rebirth ['ri:'bə:θ] *sb* genfødelse.
rebore ['ri:'bɔ:] *vb* udbore, opbore.
I. rebound ['ri:'baund] *adj (bogb)* genindbundet, ombundet.
II. rebound [ri'baund] *vb* prelle af, kastes tilbage; (om bold *etc)* springe tilbage; *it will ~ on yourself (fig)* det vil ramme dig selv.
III. rebound ['ri:baund] *sb* afprellen; tilbagespring, opspring; tilbageslag; (i fodbold) ripost; (om følelser *etc)* reaktion; *on the* ~ (om bold) i opspringet; på riposten, (i basketball) på rebounden; *take sby on (el. at) the* ~ udnytte ens skuffelse.
rebuff [ri'bʌf] *sb* tilbageslag, tilbagestød; afvisning, afslag; *vb* slå tilbage, standse; afvise.
rebuild ['ri:'bild] *vb* genopbygge; ombygge.
rebuke [ri'bju:k] *vb* irettesætte, dadle; *sb* irettesættelse, dadel.
rebus ['ri:bəs] *sb* rebus.
rebut [ri'bʌt] *vb* tilbagevise, bestride, gendrive; *-ting evidence* modbevis.
rebuttal [ri'bʌtl] *sb* tilbagevisning, gendrivelse; *(jur)* modbevis.
recalcitrant [ri'kælsitrənt] *adj* genstridig.
I. recall [ri'kɔ:l] *vb* kalde tilbage; hjemkalde *(fx an ambassador; (bibl:) a book);* tilbagekalde *(fx an order);* (i erindringen:) mindes *(fx bygone days),* tænke tilbage på; minde om; *(mil.)* genindkalde.
II. recall [ri'kɔ:l; 'ri:kɔ:l] *sb* tilbagekaldelse; hjemkaldelse; genkaldelse, erindring, hukommelse, huskeevne; *(mil.)* genindkaldelse; *(am)* (retten til) afsættelse af embedsmand ved afstemning blandt vælgerne; *past* ~ uigenkaldelig; (se også *total recall).*
recant [ri'kænt] *vb* tilbagekalde, tage tilbage; tage sine ord tilbage, afsværge.
recantation [ri:kæn'teiʃn] *sb* tilbagekaldelse *(etc, cf recant).*
I. recap ['ri:kæp] T = *recapitulate, recapitulation.*
II. recap ['ri:'kæp] *vb (am)* lægge nye slidbaner på (et dæk).
recapitulate [ri:kə'pitjuleit] *vb* rekapitulere, gentage i korthed. **recapitulation** ['ri:kəpitju'leiʃn] *sb* rekapitulation, kort gengivelse.
recapture ['ri:'kæptʃə] *vb* generobre; fange igen; genvinde; *(fig)* genskabe.
recast ['ri:'ka:st] *vb* omstøbe; *(fig)* omarbejde *(fx a book); sb* omstøbning; omarbejdelse; ~ *a play* give et stykke ny rollebesætning.
recce ['reki], **recco** ['rekəu] *sb (mil.)* S rekognoscering.
recede [ri'si:d] *vb* gå *(el.* trække sig) tilbage; vige (tilbage); retirere; (om priser *etc)* vige, falde, dale.
receding [ri'si:diŋ] *adj* vigende *(fx chin, prices); ~ hairline* begyndende skaldethed; ~ *mouth* indfalden

mund.
receipt [ri'si:t] *sb* modtagelse; (bevis herfor:) kvittering; *(glds) = recipe;* **-s** *pl* indtægt(er); *vb* kvittere for, kvittere; *be in ~ of* have modtaget *(fx we are in ~ of your letter);* oppebære, få *(fx I am in ~ of a salary); on ~ of* ved modtagelsen af.
receive [ri'si:v] *vb* (se også *received)* modtage, få; (om gæst(er)) modtage; tage imod *(fx she -s on Thursdays);* (om vægt) bære *(fx the buttresses ~ the weight of the roof);* (om beholder) optage; (*~ stolen goods)* hæle, være hæler; *be -d into* blive optaget i.
received [ri'si:vd] *adj (glds)* antagen, vedtagen; *~ opinion (ogs)* almindelig mening *(el.* antagelse); *~ pronunciation (omtr =)* standardudtale.
receiver [ri'si:və] *sb* modtager; inkassator, kasserer; beholder; *(kem:* for destillat) forlag; (radio) modtager; *(tlf)* hørerør, høretelefon; *(jur):* se *official ~*; (*~ of stolen goods)* hæler; *put down (el. hang up) the ~ (tlf)* lægge røret på.
receiving end: *be on the ~* være den det går ud over; være den der tager imod.
receiving| order: *make a ~ order against sby* tage ens bo under konkursbehandling. *~* **set** radio- (, fjernsyns)modtager. *~* **ship** logiskib.
recency ['ri:snsi] *sb* nyhed, friskhed.
recension [ri'senʃn] *sb* revision (af tekst); revideret tekst.
recent [ri:snt] *adj* ny, frisk; sidst; nylig sket, nylig kommen; *of ~ date* af ny dato; *of ~ years* i den senere tid. **recently** *adv* for nylig; i den senere tid.
receptacle [ri'septəkl] *sb* beholder; opbevaringssted; *(bot)* blomsterbund.
reception [ri'sepʃn] *sb* modtagelse; (på hotel *etc*) reception; optagelse; opsamling.
receptionist [ri'sepʃnist] *sb* (i hotel) receptionschef; (hos læge, tandlæge) klinikdame.
reception| centre *(jur)* optagelseshjem, „ventetidshjem" (for børn under 12 år); (for flygtninge *etc)* modtagelsescenter. *~* **room** modtagelsesværelse; opholdsstue.
receptive [ri'septiv] *adj* modtagelig (for indtryk).
receptivity [risep'tiviti] *sb* modtagelighed.
recess [ri'ses, *(am* især:) 'ri:ses] *sb* **1.** indskæring *(fx* i kyst, på arbejdsstykke), udskæring; udsparing, fordybning, (i mur *ogs)* niche, tilbagespring; **2.** *(fig)* krog, afkrog, tilflugtssted, *-es pl* afsondrede (, utilgængelige) steder *(fx of the palace, of the mountains),* krinkelkroge *(fx of the heart), (fig ogs)* dyb *(fx of the heart, of the soul);* **3.** pause *(fx a lunch ~), (parl* og *am)* ferie, *(am ogs)* frikvarter, fritime; **4.** *vb* lave indskæring (, fordybning, niche *etc)* i; anbringe i en fordybning (, niche); **5.** *vb* (især *am)* holde pause (, frikvarter, ferie).
recessed [ri'sest, *(am* især) 'ri:sest] *adj* forsænket.
recession [ri'seʃn] *sb* tilbagetræden; fordybning, niche; *(merk)* lavkonjunktur.
recessional [ri'seʃn(ə)l] *sb, adj: ~ (hymn)* udgangssalme.
recessive [ri'sesiv] *adj* som bevæger sig tilbage; vigende, *(biol ogs)* recessiv.
recharge ['ri:'tʃa:dʒ] *vb* angribe igen; oplade *(fx a battery).*
réchauffé ['ri:'ʃəufei] *sb* opvarmet mad, *(fig)* opkog.
recherché [rə'ʃɛəʃei] *adj* udsøgt, fin, elegant; *(neds)* kunstlet, søgt.
recidivist [ri'sidivist] *sb* recidivist, en der får et tilbagefald.
recipe ['resipi] *sb* opskrift; *(glds)* recept.
recipient [ri'sipiənt] *sb* modtager; *adj* modtagende; modtagelig; *~ country* modtagerland.
reciprocal [ri'siprəkl] *adj* vekselvis, gensidig, tilbagevirkende; *(mat., gram.)* reciprok; *sb: the ~ of x* den reciprokke værdi af x.
reciprocate [ri'siprəkeit] *vb* gengælde *(fx her affections),* (uden objekt) gøre gengæld; *(tekn)* bevæge (, gå) frem og tilbage.
reciprocating [ri'siprəkeitiŋ] *adj (tekn)* frem- og tilbagegående; *~ engine* stempelmotor.
reciprocity [resi'prɔsiti] *sb* vekselvirkning; gensidighed.
recital [ri'saitl] *sb (cf recite)* fremsigelse, deklamation; fortælling, beretning, opregning; *(mus.)* koncert (givet af én udøvende *el.* omfattende en enkelt komponists værker); (i dokument) indledende sagsfremstilling.
recitation [resi'teiʃn] *sb* fremsigelse, deklamation, oplæsning; opregning; digt (, prosastykke) til at lære udenad; *(glds am)* overhøring.
recitative [res(i)tə'ti:v] *sb* recitativ.
recite [ri'sait] *vb* fremsige, deklamere, recitere; berette; opregne. **reciter** [ri'saitə] *sb* recitator; bog med recitationsstykker.
reck [rek] *vb (poet)* bekymre sig om, agte, ænse.
reckless ['rekləs] *adj* dumdristig, ubesindig, overilet, hensynsløs; *~ of* ligeglad med; *~ driving* uforsvarlig kørsel.
reckon ['rek(ə)n] *vb* **1.** beregne *(fx how much it will cost),* regne ud, få som resultat, få det til *(fx I ~ that there were 300 people);* **2.** regne *(fx ~ him among the best),* anse (for), betragte (som) *(fx ~ him to be one of the best);* **3.** T regne med, formode;
~ in regne 'med, tage med i beregningen; *~ on* regne med, stole på; *~ up* regne sammen; *~ with* gøre op med; tage i betragtning, regne med, tage alvorligt; klare; *~ without* glemme at tage i betragtning; *~ without one's host* gøre regning uden vært.
reckoner ['rek(ə)nə] *sb* beregner; tabel.
reckoning ['rek(ə)niŋ] *sb* regning, beregning; afregning; opgør; *(mar: dead ~)* bestik; *the day of ~* dommens dag, regnskabets dag; *be out in (el. of) one's ~* gøre galt bestik, have forregnet sig.
reclaim [ri'kleim] *vb* kræve tilbage; (om dyr) tæmme, afrette; (om person) forbedre, omvende; (om land) indvinde, opdyrke; dræne, tørlægge, udtørre; *(tekn)* udvinde (af spildprodukt), genindvinde; *be -ed* (om person) blive rettet op, blive resocialiseret; *beyond (el. past) ~* uforbederlig.
reclaimed rubber regenereret gummi, regenerat.
reclamation [reklə'meiʃn] *sb* (om land) indvinding, opdyrkning, dræning, tørlæggelse; (om person) forbedring, resocialisering; *(tekn)* genindvinding.
recline [ri'klain] *vb* læne (tilbage), hvile *(fx one's head on a pillow);* (uden objekt) læne sig tilbage, ligge (tilbagelænet), hvile *(fx on a couch).* **recliner** [ri'klainə] *sb* hvilestol, lænestol med indstillelig ryg; sofacykel.
recluse [ri'klu:s] *adj* ensom; *sb* eneboer.
recognition [rekəg'niʃn] *sb* genkendelse; anerkendelse; erkendelse; påskønnelse, erkendtlighed; *he has altered beyond ~* han er ikke til at kende igen.
recognizable ['rekəgnaizəbl] *adj* genkendelig.
recognizance [ri'kɔ(g)nizns] *sb* kaution, forpligtelse.
recognize ['rekəgnaiz] *vb* genkende, skelne, opdage; vedkende sig; erkende, anerkende.
recoil [ri'kɔil] *vb* fare tilbage, vige tilbage; (om skydevåben) rekylere, give bagslag; *sb* afsky; (om skydevåben) rekyl, tilbagestød; *his evil deeds -ed upon himself* hans onde gerninger ramte ham selv.
recoilless [ri'kɔilləs] *adj (mil.)* rekylfri.
re-collect ['ri:kə'lekt] *vb* samle igen; *~ oneself* genvinde fatningen.
recollect [rekə'lekt] *vb* huske, erindre, mindes.
recollection [rekə'lekʃn] *sb* erindring, minde; *to the best of my ~* så vidt jeg husker; *within my ~* så længe

jeg kan huske; i den tid jeg kan huske.
recommence ['ri:kə'mens] *vb* begynde igen, genoptage.
recommencement ['ri:kə'mensmənt] *sb* begyndelse, genoptagelse.
recommend [rekə'mend] *vb* anbefale; tilråde, foreslå, henstille; overgive *(to* til); *this suggestion has much to ~ it* der er meget der taler for dette forslag; *-ed price (merk)* vejledende pris.
recommendable [rekə'mendəbl] *adj* anbefalelsesværdig; tilrådelig.
recommendation [rekəmen'deiʃn] *sb* anbefaling; forslag, henstilling, indstilling *(fx* fra et udvalg); (om egenskab *etc)* aktiv.
recommendatory [rekə'mendətri] *adj* anbefalende, anbefalings-.
recommit ['ri:kə'mit] *vb* tilbagesende (til fornyet udvalgsbehandling).
recompense ['rekəmpens] *vb* belønne, lønne, gengælde, erstatte; *sb* belønning, løn; gengældelse, erstatning.
recompose ['ri:kəm'pəuz] *vb* på ny sammensætte, omordne; berolige, bilægge.
reconcilable ['rekən(')sailəbl] *adj* forsonlig; forenelig.
reconcile ['rekənsail] *vb* forsone, forlige; bilægge; forene; få til at stemme overens *(fx conflicting statements); ~ oneself to* forsone sig med.
reconciliation [rekənsili'eiʃn] *sb* forsoning, forlig.
recondite [ri'kɔndait] *adj* lidet kendt; vanskelig tilgængelig; dunkel; *(glds)* skjult, forborgen.
recondition ['ri:kən'diʃn] *vb* forny, reparere, istandsætte, bringe tilbage til sin oprindelige stand; omskole.
reconditioning *sb* reparation, istandsættelse; omskoling; rekonditionering.
reconnaissance [ri'kɔnəsns] *sb* rekognoscering.
reconnoitre [rekə'nɔitə] *vb* rekognoscere, udforske.
reconsider ['ri:kən'sidə] *vb* overveje igen, tage op til fornyet overvejelse, genoptage.
reconsideration ['ri:kənsidə'reiʃn] *sb* fornyet overvejelse.
reconstitute ['ri:'kɔnstitju:t] *vb* rekonstruere; reorganisere; (om tørrede frugter) opbløde, (om tørmælk *etc)* opløse i vand; *(kem)* genfortynde.
reconstruct ['ri:kən'strʌkt] *vb* ombygge; omdanne; rekonstruere; genopbygge.
reconstruction ['ri:kən'strʌkʃn] *sb* ombygning; omdannelse; rekonstruktion; genopbygning.
reconversion ['ri:kən'və:ʃn] *sb* genomvendelse; *~ to peace production* omstilling til fredsproduktion.
reconvert ['ri:kən'və:t] *vb* genomvende; omstille *(fx* til fredsproduktion).
I. record [ri'kɔ:d] *vb* optegne, registrere, notere, nedskrive; protokollere; (på båndoptager *etc)* optage, indspille; indtale, indsynge; (om termometer *etc)* vise, registrere; (bevidne:) udtrykke, markere *(fx one's protest); ~ one's vote* afgive sin stemme; *~ on to tape (ogs)* overspille på bånd.
II. record ['rekɔ:d] *sb* **1.** optegnelse, dokument, fortegnelse, journal *(fx case ~* sygejournal), (rets- *etc)* protokol *(fx no ~ is kept), (hist.)* kildeskrift, *-s pl (ogs)* arkiv, arkivalier, *(fig ogs)* vidnesbyrd *(fx -s of ancient civilizations);* **2.** optagelse, (grammofon)plade; **3.** fotografi, portræt (der tages for at være et minde); **4.** *(edb)* post; **5.** rekord; **6.** fortid *(fx he has a criminal ~),* generalieblad, papirer; *he has a good (, bad) ~ (ogs)* han har hidtil klaret sig godt (, dårligt);
the *~ (ogs)* kendsgerningerne, de foreliggende oplysninger *(fx the ~ shows that he has never been illoyal); he has the ~ of being* han har ord *(el.* ry) for at være; *get (el. put, set) the ~ straight* beskrive det som det virkeligt var; sætte tingene på plads; *to keep the ~ straight* for god ordens skyld;
for the ~ jeg vil gerne have dette ført til protokols; *(fig)* jeg siger dette helt åbent; der skal ikke herske tvivl om dette; *it is a matter* **of** ~ det er en fastslået kendsgerning; *keeper of the -s* arkivar; *worthy of ~* der fortjener at optegnes; **off the** ~ uofficiel, uden for referat; *this is off the ~ (ogs)* dette må ikke citeres; *it is* **on** ~ det er vitterligt; *the greatest general on ~* den største general historien kender; *go on ~* blive noteret, blive ført til protokols; (om person) erklære *(el.* udtale) offentligt; *he has never gone on ~ as demanding* der foreligger ikke noget (officielt) om at han har krævet; *put it on ~* føre det til protokols, notere det; (om person) afgive en officiel erklæring om det.
record changer pladeskifter.
recorded| delivery *(omtr)* anbefalet forsendelse (for hvilken der ikke ydes erstatning ved bortkomst). ~ **programme** (i radio) optagelse.
recorder [ri'kɔ:də] *sb* skriver, referent, protokolfører; *(jur)* dommer i *Crown Court; (omtr)* byretsdommer; *(mus.)* blokfløjte; *(tape ~)* båndoptager.
recording [ri'kɔ:diŋ] *sb* optagelse; (grammofon)indspilning; *~ car* optagervogn, radiovogn; *~ meter* registrerapparat; *~ unit = ~ car.*
recordist [ri'kɔ:dist] *sb* tonemester.
record| library diskotek. ~ **office** arkiv. ~ **player** pladespiller.
re-count *vb* [ri:'kaunt] tælle om; ['ri:kaunt] *sb* genoptælling, (ved valg) fintælling.
recount [ri'kaunt] *vb* berette, fortælle; opregne.
recoup [ri'ku:p] *vb* erstatte, dække ind *(fx losses);* vinde (, tjene) ind igen *(fx the cost);* genvinde *(fx one's strength); ~ sby* yde én erstatning, holde én skadesløs.
recourse [ri'kɔ:s] *sb* tilflugt; *(jur)* regres; *have ~ against (jur)* søge regres hos; *have ~ to* tage sin tilflugt til; holde sig til; ty til; *his last ~* hans sidste udvej.
re-cover ['ri:'kʌvə] *vb* dække igen; ombetrække.
recover [ri'kʌvə] *vb* få tilbage, genvinde, generhverve; genoprette *(fx a loss);* indhente, indvinde *(fx lost time); (tekn)* genindvinde; *(jur)* opnå, få tilkendt *(fx damages* skadeserstatning); (uden objekt) komme sig, blive rask; komme til sig selv; restitueres; (i sport) gå tilbage til udgangsstilling; *~ one's breath* få vejret (igen); *~ one's senses* komme til bevidsthed; *~ oneself* fatte sig; *~ from* komme sig af, forvinde *(fx an illness).*
recoverable [ri'kʌv(ə)rəbl] *adj* erholdelig; genoprettelig; som står til at redde; helbredelig.
recovery [ri'kʌv(ə)ri] *sb* generhvervelse; (efter sygdom) bedring, rekonvalescens; helbredelse; (efter krise, krig *etc)* genrejsning, opgang, stigning; *(tekn)* genindvinding; *(jur)* opnåelse (ved dom); *beyond ~* redningsløst fortabt.
recovery room opvågningsstue.
recreant ['rekriənt] *adj* fej; frafalden; *sb* kryster.
recreate ['rekrieit] *vb* vederkvæge, forfriske, adsprede (sig), rekreere (sig).
re-create ['ri:kri'eit] *vb* genskabe.
recreation [rekri'eiʃn] *sb* adspredelse, morskab, fornøjelse.
re-creation ['ri:kri'eiʃn] *sb* genskabelse.
recreational [rikri'eiʃn(ə)l] *adj* rekreativ *(fx areas);* fornøjelses-, lyst-; *~ reading* underholdningslitteratur.
recreation| centre fritidshjem. ~ **ground** legeplads, sportsplads.
recriminate [ri'krimineit] *vb* fremføre modbeskyldninger.
recrimination [rikrimi'neiʃn] *sb* modbeskyldning.
recrudesce [ri:kru:'des] *vb* bryde ud igen, blusse op igen.
recrudescence [ri:kru:'desns] *sb* genopblussen, op-

blussen, udbrud. **recrudescent** [ri:kru:'desnt] *adj* atter frembrydende, genopblussende.
I. recruit [ri'kru:t] *vb* rekruttere, hverve *(for, into* til); forny, supplere (op); genvinde *(fx one's health),* (uden objekt) komme til kræfter.
II. recruit [ri'kru:t] *sb* rekrut; nyt medlem, ny tilhænger.
rectal [rektl] *adj* endetarms-.
rectangle ['rektæŋgl] *sb* rektangel, retvinklet firkant.
rectangular [rek'tæŋgjulə] *adj* rektangulær, retvinklet.
rectifiable ['rektifaiəbl] *adj* som lader sig berigtige.
rectification [rektifi'keiʃn] *sb* berigtigelse, rettelse; (af alkohol *etc)* rensning, rektifikation; *(elekt)* ensretning, rektificering; ~ *of the frontier* grænseregulering, grænse-revision.
rectifier ['rektifaiə] *sb (elekt)* ensretter, ensretterrør.
rectify ['rektifai] *vb* berigtige, rette, korrigere; afhjælpe *(fx a lack);* rense (ved destillation) *(fx alcohol); (elekt)* ensrette, rektificere; *-ing tube (el. valve)* ensretterrør.
rectilinear [rekti'linjə] *adj* retliniet, efter en ret linie.
rectitude ['rektitju:d] *sb* retskaffenhed.
recto ['rektəu] *sb* højreside (i bog).
rector ['rektə] *sb* sognepræst (i den engelske kirke); (i Skotland:) skolebestyrer, universitetsrektor; (ved visse skoler) rektor.
rectorate ['rektərət], **rectorship** ['rektəʃip] *sb* sognekald; rektorat.
rectory ['rektəri] *sb* sognekald; præstegård.
rectum ['rektəm] *sb (anat)* rektum, endetarm.
recumbency [ri'kʌmbənsi] *sb* liggende stilling; hvile.
recumbent [ri'kʌmbənt] *adj* liggende, hvilende.
recuperate [ri'kju:p(ə)reit] *vb* genvinde *(fx one's health);* komme sig, komme til kræfter.
recuperation [rikju:pə'reiʃn] *sb* genvindelse; rekonvalescens, helbredelse.
recuperative [ri'kju:p(ə)rətiv] *adj* helbredende, styrkende.
recur [ri'kə:] *vb* komme *(el.* vende) tilbage, komme igen, dukke op igen; gentage sig.
recurrence [ri'kʌr(ə)ns] *sb* tilbagevenden; gentagelse; *(med.)* nyt anfald af samme sygdom.
recurrent [ri'kʌr(ə)nt] *adj* stadig tilbagevendende; periodisk tilbagevendende; ~ *fever (med.)* tilbagefaldsfeber.
recurring decimal periodisk decimalbrøk.
recusant ['rekjuznt] *adj* sekterisk; *sb (hist.)* rekusant (katolik som nægtede at deltage i anglikansk gudstjeneste).
recycle ['ri:'saikl] *vb* genanvende, genbruge.
recycling *sb* genanvendelse, genbrug.
red [red] *adj* rød; *sb* rød farve, rødt; (om person) kommunist, anarkist, revolutionær; *the* ~ debetsiden; *in the* ~ med underskud; i gæld; *paint the town* ~ *(fig)* male byen rød; *not a* ~ *cent* T ikke en rød øre, ikke en døjt.
redact [ri'dækt] *vb* redigere; udforme.
redaction [ri'dækʃn] *sb* redaktion; redigering; omarbejdelse; ny udgave.
redactor [ri'dæktə] *sb* redaktør, udgiver.
redan [ri'dæn] *sb* redan (fæstningsværk).
red|-berried elder *(bot)* druehyld. ~ **-blooded** *adj (am)* (om person) energisk, viljestærk; (om litteratur) spændende, handlingsmættet. ~ **book** engelsk adelskalender. **-breast** *zo* rødkælk, rødhals. ~ **-breasted merganser** *zo* toppet skallesluger. ~ **-breasted snipe** *zo* sneppeklire. **-brick university** (nyere universitet, *mods* Oxford og Cambridge). ~ **campion** *(bot)* dagpragtstjerne.
redcap ['redkæp] *sb (mil.)* medlem af militærpolitiet; *(am)* drager.
red| carpet rød løber. ~ **clover** *(bot)* rødkløver.
redcoat ['redkəut] *sb (hist.)* rødfrakke (soldat).
Red Cross (som hører til) Røde Kors; Genferkors, St. Georgskors.
red currant *(bot)* ribs.
redd [red] *sb zo* gydeplads.
red deer kronhjort.
redden [redn] *vb* gøre rød; rødme.
reddle [redl] *sb* rød okker.
redecorate ['ri:'dekəreit] *vb* gøre i stand; male og tapetsere.
redeem [ri'di:m] *vb* tilbagekøbe; indløse *(fx a pawned watch);* amortisere *(fx a loan);* udløse, løskøbe *(fx a slave); (fig)* indfri *(fx a promise);* genvinde, vinde tilbage *(fx one's honour);* råde bod på, opveje; *(rel)* forløse, frelse; *it -ed him in her eyes* det fik hende til at forsone sig med ham; *-ing feature* forsonende træk.
redeemable [ri'di:məbl] *adj* indløselig; som kan frelses; ~ *on demand* veksles på anfordring.
Redeemer [ri'di:mə] *sb: the* ~ Forløseren, Genløseren.
redemption [ri'dem(p)ʃn] *sb* tilbagekøb, indløsning, indfrielse; amortisering; udløsning, løskøbelse; *(rel)* genløsning; *he is beyond* ~ *(fig)* han står ikke til at redde.
redemptive [ri'dem(p)tiv] *adj* indløsende, indløsnings-.
red ensign (britisk handelsflag).
redeploy ['ri:di'plɔi] *vb* overflytte *(el.* overføre) fra et sted til et andet; omgruppere.
redeployment ['ri:di'plɔimənt] *sb* overflytning, omgruppering.
redevelop [ri:di'veləp] *vb* sanere. **redevelopment** [ri:di'veləpmənt] *sb* sanering.
red|fish *zo* rødfisk ~ **grouse** *zo* skotsk rype. ~ **-haired** *adj* ['redhɛəd] rødhåret. ~ **-handed** *adj: be caught* ~ *-handed* blive grebet på fersk gerning. ~ **hat** kardinalhat. **-head** rødhåret person, rødtop. **-headed** *adj* rødhåret. ~ **heat** rødglødhede. ~ **herring,** se *herring.* ~ **-hot** *adj* rødglødende; *(fig,* om nyhed) helt frisk, (om person) vildt begejstret. ~**-hot poker** *(bot)* kniphofia.
redirect ['ri:di'rekt] *vb* omadressere.
redirection ['ri:di'rekʃn] *sb* omadressering.
redistribute ['ri:dis'tribjut] *vb* atter fordele; omfordele, omlægge.
redistribution ['ri:distri'bju:ʃn] *sb* ny fordeling; omfordeling; omlægning.
redistrict ['ri:'distrikt] *vb (am)* omlægge (valgkredse).
red lane: *the* ~ (i børnesprog) halsen.
red lead ['red'led] mønje.
red-letter ['redletə] *adj* betegnet med røde bogstaver; ~ *day* mærkedag.
red| light rødt lys, faresignal. ~ **-light district** bordelkvarter. ~ **man** rødhud. ~ **meat** rødt kød (oksekød, fårekød). ~ **mullet** *zo,* se *mullet.* **-neck** *(am, neds)* hvid landarbejder (i Sydstaterne).
redolence ['redələns] *sb* duft.
redolent ['redələnt] *adj* duftende; ~ *of (fig)* gennemtrængt af; præget af; der minder om.
redouble [ri'dʌbl] *vb* forstærke, (for)øge *(fx one's pace, efforts);* (i bridge) redoble.
redoubt [ri'daut] *sb (mil.)* redoute (skanse der er lukket til alle sider).
redoubtable [ri'dautəbl] *adj* frygtindgydende, vældig.
redound [ri'daund] *vb:* ~ *to* tjene til, være til; bidrage til; ~ *to sby's advantage* være til ens fordel; *it -s to his honour* det tjener ham til ære.
red pepper rød peber(frugt).
redpoll ['redpəul] *sb zo* gråsisken.
redraft ['ri:'dra:ft] *sb* nyt udkast; *(merk)* returveksel, rekambioveksel; *vb* lave et nyt udkast til.
redress [ri'dres] *vb* afhjælpe, råde bod på; give oprejsning for; genoprette *(fx the balance); sb* afhjælpning;

oprejsning; erstatning.
redshank ['redʃæŋk] *sb zo* rødben.
red shank *(bot)* ferskenpileurt.
red shift *(astr)* rødforskydning.
red|-short *adj* rødskør (om jern). **-skin** rødhud. ~ **spider** rødt spind (skadedyr). **-start** *zo* rødstjert.
red tape (kontor)pedanteri, kontoriusseri, bureaukrati.
red-tape *adj* fuld af omsvøb, bureaukratisk; ~ *operation* (i edb) administrationsoperation.
red-tiled ['redtaild] *adj* med rødt tegltag.
reduce [ri'dju:s] *vb* **1.** bringe *(to* i, til, *fx order, silence),* hensætte *(to* i, *fx terror);* tvinge *(to* til, *fx submission);* forvandle *(to* til, *fx the explosion -d the house to rubble);* omregne *(to* til, *fx* ~ *pounds to pence;* **2.** reducere, indskrænke, nedsætte *(by* med, *fx* ~ *prices by five per cent),* afkorte, nedbringe, nedskære, formindske, forringe, *(mht* rang) degradere, *(mht* kraft) svække; **3.** afmagre, (uden objekt) slanke sig, være på slankekur *(el.* afmagringskur) *(fx I am reducing);* **4.** *(mat.)* forkorte; reducere, bringe på den simpleste form; **5.** *(fot)* afsvække *(fx a dense negative);* **6.** *(med.)* reponere, sætte i led.
reduced [ri'dju:st] *adj, pp* af *reduce; (ogs)* reduceret; forarmet; *be* ~ *to (ogs)* være henvist til; *in* ~ *circumstances* i trange kår.
reducible [ri'dju:səbl] *adj* som kan reduceres.
reducing [ri'dju:siŋ] *sb* afmagring; *adj* slankende; ~ *treatment* afmagringskur.
reduction [ri'dʌkʃn] *sb* reduktion, indskrænkning, nedsættelse, nedskæring, formindskelse; svækkelse, forringelse; *(mat)* reduktion, forkortelse; *(fot)* afsvækkelse; *(med.)* reposition, det at sætte i led; **-s** *pl (ogs)* nedsatte priser; *be allowed a* ~ få moderation; *at a* ~ til nedsat pris.
reduction gear *(mar)* reduktionsgear.
redundancy [ri'dʌndənsi] *sb* overflødighed; afskedigelse; *(spr* og *edb)* redundans; *(økon)* strukturarbejdsløshed.
redundant [ri'dʌndənt] *adj* overflødig; overtallig, (om arbejder) arbejdsløs; *(spr)* redundant; *make* ~ afskedige.
redundantize [ri'dʌndəntaiz] *vb* (om arbejder) afskedige.
reduplicate [ri'dju:plikeit] *vb* fordoble; reduplicere.
reduplication [ridju:pli'keiʃn] *sb* fordobling; reduplikation.
red| wing *zo* vindrossel. **-wood** *(bot)* amerikansk kæmpefyr.
re-echo ['ri:'ekəu] *vb* kaste tilbage; genlyde.
reed [ri:d] *sb (bot)* (tag)rør; *(mus.)* rørfløjte, (i blæseinstrument) (rør)blad, tunge; mundstykke; (i væv) rit, kam; *vb* belægge *(el.* tække) med rør; *the -s* rørbladinstrumenter; *a broken* ~ et knækket rør, *(fig)* en dårlig hjælper.
reed| bunting *zo* rørspurv. ~ **mace** *(bot)* dunhammer. ~ **organ** harmonium, stueorgel. ~ **pipe** rørfløjte.
reeducate ['ri:'edʒukeit] *vb* omskole.
reed warbler *zo* rørsanger.
reedy ['ri:di] *adj* rørbevokset; røragtig; lang og tynd; (om stemme) pibende, tynd.
I. reef [ri:f] *sb* klipperev.
II. reef [ri:f] *sb (mar)* reb (i sejl); *vb* rebe; *take in a* ~ tage reb i sejlene; *shake out a* ~ stikke et reb ud; *(fig)* sætte fart på.
reefer ['ri:fə] *sb* stortrøje; kadet; S marihuanacigaret.
reef knot råbåndsknob.
reek [ri:k] *sb* damp, dunst, røg; stank, os; *vb* dampe, ryge; stinke, ose *(of* af).
reeky ['ri:ki] *adj* tilrøget, rygende, osende.
I. reel [ri:l] *sb* garnvinde, haspe, rulle, trisse; (til magnetbånd *etc)* spole, (til film *ogs)* rulle; (på fiskestang) hjul; (til haveslange) tromle; (skotsk dans) reel; *off the* ~ i én køre.
II. reel [ri:l] *vb (cf I. reel)* haspe, vinde, rulle, spole; danse reel; (stå usikkert:) vakle *(fx he -ed from the blow),* (gå usikkert:) vakle, rave, slingre; (ved svimmelhed) løbe *(el.* køre) rundt *(fx the room -ed before my eyes),* snurre rundt; *my brain -s* det løber *(el.* kører) rundt for mig; ~ *off* lire af, ramse op.
reelect ['ri:i'lekt] *vb* genvælge.
reelection ['ri:i'lekʃn] *sb* genvalg.
reel-to-reel tape recorder spolebåndoptager.
reenter ['ri:'entə] *vb* træde ind igen; (om rumskib) vende tilbage til jordens atmosfære; *(jur)* tage (det lejede) i besiddelse igen.
reentry ['ri:'entri] *sb* genindtræden; (om rumskib) tilbagevenden til jordens atmosfære; *(jur)* tagen i besiddelse igen.
reestablish ['ri:i'stæbliʃ] *vb* genoprette.
reestablishment ['ri:i'stæbliʃmənt] *sb* genoprettelse.
I. reeve [ri:v] *sb zo* brushøne; *(glds)* foged; (i Canada) sognerådsformand, borgmester.
II. reeve [ri:v] *vb (rove, rove el. -d, -d) (mar)* iskære; føre (et tov) igennem.
reexamination ['ri:igzæmi'neiʃn] *sb* ny undersøgelse; *(jur)* afhøring efter *cross-examination.*
reexamine ['ri:ig'zæmin] *vb* undersøge på ny; *(jur)* afhøre på ny (efter *cross-examination).*
reexchange ['ri:iks'tʃein(d)ʒ] *vb* atter bytte; *sb* genudveksling; *(merk)* returveksel, rekambioveksel.
ref *sb* T dommer *(fk referee).*
ref. *fk reference.*
refained, refaned [ri'feind] *adj* T *(spøg* for *refined)* 'darnet'.
refashion ['ri:'fæʃn] *vb* omforme, omdanne.
Ref. Ch. *fk Reformed Church.*
refection [ri'fekʃn] *sb* måltid, forfriskning.
refectory [ri'fekt(ə)ri] *sb* spisesal, refektorium.
refer [ri'fə:] *vb:* ~ **back to** henvise til; sende tilbage til; ~ **to** henvise til *(fx he was -red to another office);* henføre til, henregne til *(fx some scientists* ~ *these organisms to animals);* henlægge til *(fx* ~ *the event to 300 B.C.);* tilskrive *(fx* ~ *his illness to overeating);* angå, referere (sig) til *(fx a document -ring to this event),* sigte til *(fx are you -ring to me?),* hentyde til, omtale; henvende sig til *(fx you must* ~ *to your employer);* henholde sig til; se efter i *(fx one's notes, a dictionary);* oversende til, sende videre til; ~ *to drawer* (bankens påtegning på check:) ingen dækning.
referee [refə'ri:] *sb* opmand, (i fodbold *etc)* dommer; (i boksning) kampleder; (ved ansøgning) reference; *vb* fungere som dommer.
reference ['refrəns] *sb* henvisning; oversendelse; forbindelse; hensyn; omtale; hentydning; (ved ansøgning) anbefaling, reference; *terms of* ~, se *I. term; work of* ~ håndbog, opslagsbog; *make* ~ *to a dictionary* se efter *(el.* slå op) i en ordbog; *with* ~ *to* angående; *without* ~ *to the matter* uden forbindelse med sagen, sagen uvedkommende.
reference| book håndbog, opslagsbog. ~ **library** håndbogssamling.
referendum [refə'rendəm] *sb* folkeafstemning.
referential [refə'renʃl] *adj* henvisnings-.
referral [ri'fɛ:rəl] *sb* henvisning; oversendelse, videresendelse.
refill ['ri:'fil] *vb* fylde (på) igen; *sb* ny påfyldning *el.* indsætning; refill; patron til kuglepen; *can I give you a* ~*?* må jeg skænke op igen?
refine [ri'fain] *vb* rense, lutre, forædle; (sukker, olie) raffinere, (guld, sølv) affinere, (kobber) gare, (stål) friske; (åndeligt:) danne, forfine, forædle; (uden objekt) renses, lade sig rense; forfines, forædles; ~ *upon* forfine, udvikle videre.

refined [ri'faind] *adj* renset *(etc, se refine);* forfinet, fin; dannet, kultiveret.
refinement [ri'fainmənt] *sb (cf refine)* rensning, lutring, forædling; raffinering; affinering, garing; forfinelse, dannelse; raffinement; spidsfindighed.
refinery [ri'fain(ə)ri] *sb* raffinaderi.
I. refit ['ri:'fit] *vb* reparere, istandsætte; *(mar)* udruste; indtage forsyninger.
II. refit ['ri:'fit], **refitment** ['ri:'fitmənt] *sb* reparation, istandsættelse; ny udrustning.
reflate [ri'fleit] *vb (økon)* skabe reflation.
reflation [ri:'fleiʃn] *sb* reflation.
reflationary [ri:'fleiʃn(ə)ri] *adj* reflationsfremmende *(fx measures),* reflatorisk.
reflect [ri'flekt] *vb* kaste tilbage; reflektere, genspejle, afspejle; tænke på; betænke; (uden objekt) tænke, reflektere; give genskin; ~ *on (ogs)* overveje; tale nedsættende om, stille i et uheldigt lys; drage i tvivl *(fx I do not wish to ~ on your sincerity); it -s credit on them* det tjener dem til ære, det gør dem ære.
reflecting telescope spejlkikkert.
reflection [ri'flekʃn] *sb* refleksion, eftertanke, overvejelse, tanke; tilbagekastning; spejlbillede, refleks; *(fig)* afspejling, afglans; *-s pl (ogs)* bemærkninger; kritik; *cast -s on* kritisere, tale nedsættende om; stille i et uheldigt lys; *on ~* ved nærmere eftertanke.
reflective [ri'flektiv] *adj* tilbagekastende, reflekterende; (om person) reflekterende, tænkende, tænksom, spekulativ.
reflector [ri'flektə] *sb* reflektor, refleksionsspejl; spejl; (på cykel) katteøje, refleksglas; *(fot)* refleksskærm.
reflex ['ri:fleks] *adj* tilbagebøjet, bagudvendt; refleks-; *sb* refleks, genskin; refleksbevægelse.
reflex camera reflekskamera.
reflexion [ri'flekʃn], se *reflection.*
reflexive [ri'fleksiv] *adj* refleksmæssig; *(gram)* refleksiv, tilbagevirkende.
refloat ['ri:'fləut] *vb* bringe flot, få til at flyde igen.
refluence ['refluəns] se *reflux.*
refluent ['refluənt] *adj* tilbagestrømmende, faldende.
reflux ['ri:flʌks] *sb* tilbagestrømning, fald (om tidevand); *flux and ~* flod og ebbe.
refoot ['ri:'fut] *vb* forfødde.
re-form ['ri:'fɔ:m] *vb* danne på ny; *(mil.)* formere igen.
reform [ri'fɔ:m] *vb* omdanne, forbedre, reformere, rette på; (uden objekt) forbedre sig; omvende sig; *sb* omdannelse, forbedring; reform; omvendelse.
re-formation ['ri:fɔ:'meiʃn] *sb* nydannelse.
reformation [refə'meiʃn] *sb* reformering, forbedring; afhjælpning; omvendelse; *(rel)* reformation.
reformative [ri'fɔ:mətiv] *adj* reformerende.
reformatory [ri'fɔ:mətri] *adj* forbedrende; *sb (glds)* opdragelsesanstalt.
reformer [ri'fɔ:mə] *sb* reformator.
refract [ri'frækt] *vb* bryde (lys); *-ing telescope* linsekikkert.
refraction [ri'frækʃn] *sb* (lys)brydning, refraktion; *index of ~* brydningsindeks.
refractive [ri'fræktiv] *adj* (lys)brydende; brydnings-.
refractory [ri'fræktri] *adj* uregerlig, genstridig, balstyrig; trodsig, stædig; (om sygdom) vanskelig at behandle, hårdnakket; *(kem)* tungtsmeltelig *(fx metal);* ildfast *(fx clay).*
I. refrain [ri'frein] *sb* omkvæd, refræn.
II. refrain [ri'frein] *vb: ~ from* afholde sig fra, lade være med.
refrangible [ri'frændʒibl] *adj* (om lys) brydbar.
refresh [ri'freʃ] *vb* forfriske, forny, reparere; opfriske *(fx his memory);* (uden objekt) forfriske sig, styrke sig.
refresher [ri'freʃə] *sb* T opstrammer, 'genstand'; *(jur)* ekstrasalær, ekstrahonorar; ~ *course* repetitionskursus.
refreshment [ri'freʃmənt] *sb* forfriskning; ~ *room* (jernbane)restaurant, buffet.
refrigerant [ri'fridʒərənt] *adj* kølende; *sb* kølemiddel, kølevæske, frysevæske.
refrigerate [ri'fridʒəreit] *vb* afkøle, nedkøle, køle, fryse; *-d ship* køleskib. **refrigerating** *adj* køle- *(fx engine* maskine, *engineer* tekniker, *plant* anlæg).
refrigeration [rifridʒə'reiʃn] *sb* afkøling, nedkøling, frysning.
refrigerator [ri'fridʒəreitə] *sb* køleskab; kølerum; frysemaskine; ~ *car* kølevogn.
reft [reft] *adj* berøvet.
refuel ['ri:'fjuəl] *vb* fylde brændstof på; tanke op; få brændstof fyldt på; *-ling sb* brændstofpåfyldning.
refuge ['refju:dʒ] *sb* tilflugt, tilflugtssted; herberg; ly; (trafik)helle; *take ~ in* søge tilflugt i, søge ly i, ty til.
refugee [refju'dʒi:] *sb* flygtning, emigrant.
refulgence [ri'fʌldʒ(ə)ns] *sb* stråleglans.
refulgent [ri'fʌldʒ(ə)nt] *adj* strålende, skinnende.
I. refund ['ri:fʌnd] *sb* tilbagebetaling; *get a ~* få sine penge tilbage.
II. refund [ri'fʌnd] *vb* tilbagebetale, refundere.
refurbish ['ri:'fə:biʃ] *vb* pudse op (på).
refusal [ri'fju:zl] *sb* afslag, vægring; nægtelse; (om hest) refusering; *(merk)* forkøbsret; *have the first ~ of sth* have noget på hånden.
I. refuse [ri'fju:z] *vb* afvise, refusere; afslå, nægte, sige nej til; (uden objekt) sige nej, vægre sig, undslå sig; (om hest) refusere.
II. refuse ['refju:s] *sb* affald, dagrenovation, skrald; *adj* kasseret; affalds-; udskuds-.
refuse| disposal plant forbrændingsanstalt. ~ **dump** losseplads. ~ **heap** affaldsdynge.
refutable ['refjutəbl, ri'fju:təbl] *adj* gendrivelig.
refutation [refju'teiʃn] *sb* gendrivelse.
refute [ri'fju:t] *vb* gendrive, modbevise.
regain [ri'gein] *vb* genvinde; nå tilbage til; ~ *consciousness* komme til bevidsthed.
regal [ri:gl] *adj* kongelig, konge-.
regale [ri'geil] *vb* traktere; fryde; ~ *oneself* delikatere sig, fryde sig; ~ *sby with* traktere en med; *(fig ogs)* opvarte en med; *be -d with (ogs)* få serveret *(fx the latest gossip).*
regalia [ri'geiljə] *sb pl* regalier, kronjuveler.
regality [ri'gæliti] *sb* kongelighed, kongeligt privilegium.
I. regard [ri'ga:d] *vb* betragte *(as* som), anse *(as* for, *fx ~ him as one's friend);* agte, respektere; vedkomme, angå *(fx it does not ~ me);* tage hensyn til *(fx he seldom -s my wishes); (glds)* se på, betragte, lægge mærke til; *as -s* hvad angår, med hensyn til; ~ *him highly* sætte ham højt.
II. regard [ri'ga:d] *sb* betragtning, iagttagelse, opmærksomhed; agtelse, anseelse; hensyn; *(glds)* blik; **-s** *pl (ogs)* hilsen(er); *hold sby in high ~* nære stor agtelse for én; sætte én højt; *in ~ to, with ~ to, in ~ of* med hensyn til; *give my -s to the family!* hils familien! *with kind -s* med venlig hilsen.
regardful [ri'ga:df(u)l] *adj (glds)* opmærksom; *be ~ of* tage hensyn til.
regarding [ri'ga:diŋ] *præp* med hensyn til, angående.
regardless [ri'ga:dləs] *adj* ligegyldig, hensynsløs; S uden hensyn til udgifterne (, følgerne); ~ *of* uden at bryde sig om, uanset, uden hensyn til.
regatta [ri'gætə] *sb* regatta; kaproning, kapsejlads.
regency ['ri:dʒnsi] *sb* regentskab; *the Regency* prins Georg af Wales' regentskab 1810-20.
I. regenerate [ri'dʒenəreit] *vb* genskabe, forny; genføde; (moralsk:) genrejse; *(biol)* regenerere; gendannes, vokse ud igen.
II. regenerate [ri'dʒenrət] *adj* fornyet; genfødt.
regeneration [ridʒenə'reiʃn] *sb* genskabelse, fornyel-

se; genfødelse, (moralsk) genrejsning; *(biol)* regeneration; (radio) positiv tilbagekobling.

regenerator [ri'dʒenəreitə] *sb* fornyer; *(tekn)* regenerator.

regent ['ri:dʒnt] *sb* regent; *(am)* medlem af universitetsbestyrelse; *adj* regerende.

regentship ['ri:dʒntʃip] *sb* regentskab.

reggae ['regei] *sb* reggae.

regicide ['redʒisaid] *sb* kongemorder; kongemord.

régie [rei'ʒi:] *sb* statsmonopol *(fx* på tobak, salt).

régime [rei'ʒi:m] *sb* regime, regering; system, ordning; *(med.)* diæt, kur.

regimen ['redʒ(i)men] *sb* diæt, kur, levevis; *(gram.)* styrelse, rektion.

I. regiment ['redʒ(i)mənt] *sb (mil.)* regiment.

II. regiment ['redʒiment] *vb* ordne i grupper, rubricere; disciplinere, ensrette.

regimental [redʒi'mentl] *adj* regiments-; uniforms-.

regimentals [redʒi'mentlz] *sb pl* uniform.

regimentation ['redʒimen'teiʃn] *sb* ensretning.

Regina [ri'dʒainə] dronning.

region [ri:dʒn] *sb* egn, strøg, region, område; lag (af atmosfæren); *the lumbar ~ (anat)* lænderegionen.

regional ['ri:dʒn(ə)l] *adj* lokal, kreds-, regional; *~ novelist* hjemstavnsforfatter; *~ plan* egnsplan; *~ planning* egnsplanlægning; *~ study* hjemstavnslære.

I. register ['redʒistə] *sb* **1.** register, liste *(fx electoral ~* valgliste), protokol, bog, *(parish ~)* kirkebog, ministerialbog, *(hotel ~)* fremmedbog; **2.** *(mar: ~ of ships)* skibsregister, (skibs:) registreringscertifikat; **3.** *(mus.:* i orgel) register, *(mht* stemme) register, (tone)leje; **4.** *(tekn)* tælleværk, (se også *cash ~)*, (til luftregulering) spjæld; **5.** stilling i forhold til hinanden, *(typ)* register *(fx out of ~; in perfect ~)*; **6.** *(bogb)* mærkebånd (fasthæftet bogmærke); **7.** *(spr)* register; *keep a ~ of* føre bog *(etc)* over; *~ of companies (merk)* aktieselskabsregister; *~ of shareholders (el. members) (merk)* aktiebog; *place on the ~* protokollere.

II. register ['redʒistə] *vb* **1.** bogføre, indføre, protokollere, føre til protokols; indskrive *(fx new students)*; indregistrere *(fx a car)*; anmelde *(fx a birth)*; *(jur)* tinglyse; (om bagage) indskrive; (om brev *etc)* anbefale, rekommandere; **2.** vise *(fx the thermometer -ed 47 degrees)*, registrere; (T: om person, ved ansigtsudtryk *etc)* vise, give udtryk for *(fx surprise)*; **3.** (uden objekt) indskrive sig *(fx at a hotel)*, indmelde sig *(fx for a course)*, melde sig *(with* hos, *fx the police)*; **4.** T trænge ind, gøre indtryk *(fx he has been told but it didn't ~)*; **5.** *(tekn)* være placeret rigtigt i forhold til hinanden; passe til hinanden; *(typ)* holde register; *the ship is -ed in* skibet er hjemmehørende i; *~ a vow* love sig selv.

registered| letter anbefalet brev. ~ **nurse** autoriseret sygeplejerske. ~ **office** indregistreret kontoradresse; *(omtr)* hovedkontor, *(jur)* hjemsted. ~ **shares,** *(am)* ~ **stocks** aktier udstedt på navn.

register| office registreringskontor; (i officielt sprog =) *registry office.* ~ **ton** *(mar)* registerton.

registrar [redʒi'stra:, 'redʒistra:] *sb* registrator; giftefoged; universitetssekretær; *(med.,* svarer til) reservelæge; *married before the ~* borgerlig viet; *senior ~* 1. reservelæge.

registration [redʒi'streiʃn] *sb* indskrivning, indmeldelse, registrering *(etc, cf II. register)*; *~ book* (for bil, svarer til) registreringsattest; *~ letters* registreringsmærke; kendingsbogstaver.

registry ['redʒistri] *sb* registreringskontor; indregistrering; *~ office* folkeregister; engageringsbureau, fæstekontor; *marriage at a ~ office* borgerlig vielse, rådhusbryllup; *port of ~ (mar)* hjemsted.

Regius ['ri:dʒəs] kongelig; *~ professor* kongelig professor (ɔ: indehaver af et professorat oprettet af en konge).

regnant ['regnənt] *adj* regerende; *(fig)* gængs, herskende.

regorge ['ri:'gɔ:dʒ] *vb* gylpe op.

I. regress [ri'gres] *vb* gå tilbage, vende tilbage.

II. regress ['ri:gres] *sb* tilbagevenden; tilbagegang; *(jur)* regreskrav, adkomst til regres.

regression [ri'greʃn] *sb* tilbagevenden; tilbagegang; *(psyk)* regression.

regressive [ri'gresiv] *adj* tilbagegående; regressiv.

regret [ri'gret] *vb* beklage *(fx we ~ that we cannot help you)*; fortryde *(fx he -ted having said it)*, angre; savne *(fx he died -ted by all)*; begræde; længes tilbage til *(fx one's vanished youth)*; *sb* beklagelse, anger, sorg, savn, længsel; *send one's -s* sende afbud, melde forfald.

regretful [ri'gretf(u)l] *adj* fuld af beklagelse; *-ly adv* med beklagelse.

regrettable [ri'gretəbl] *adj* beklagelig, beklagelsesværdig, (til) at beklage.

regroup ['ri:'gru:p] *vb (mil.)* omgruppere.

regt. *fk regiment.*

regular ['regjulə] *adj* regelmæssig *(fx shape, teeth, life, rhythm, verb)*; fast *(fx customer, work)*; rigtig *(fx he is a ~ doctor)*, egentlig *(fx this was not his ~ job; it is not a ~ novel)*; i overensstemmelse med reglerne, vedtægtsmæssig *(fx procedure)*, forskriftsmæssig, *(ogs mil.)* regulær *(fx troops)*; T ordentlig *(fx downpour, beating)*, regulær *(fx scoundrel, fight; he is a ~ fellow)*; ren *(fx nuisance* plage); *(am ogs)* almindelig; *(geom)* regulær; ligesidet *(fx polygon, triangle)*; *sb* fast kunde, stamgæst, fastansat; **-s** *pl (mil.)* regulære tropper; *~ clergy* ordensgejstlige; *keep ~ hours* føre et regelmæssigt liv.

regularity [regju'læriti] *vb* regelmæssighed.

regularize ['regjuləraiz] *vb* bringe i overensstemmelse med reglerne, normalisere.

regulate ['regjuleit] *vb* regulere, ordne, styre.

regulation [regju'leiʃn] *sb* regulering; ordning; styrelse; forskrift, anordning, regel, vedtægt, -s (også) reglement; bestemmelser; *adj* reglementeret *(fx uniform)*; forskriftsmæssig.

regulator ['regjuleitə] *sb* (i ur) regulator; rokker.

regurgitate [ri'gə:dʒiteit] *vb* gylpe op.

rehab [ri:'hæb] *vb (am,* ombygning) = *rehabilitate.*

rehabilitate [ri:(h)ə'biliteit] *vb* genindsætte i tidligere stilling *el.* ret, give oprejsning, rehabilitere; (økonomisk:) bringe på fode; (om bygning *etc)* restaurere; (om invalid) revalidere; (om kriminel) resocialisere.

rehabilitation [ri:(h)əbili'teiʃn] *sb (cf rehabilitate)* genindsættelse; oprejsning; æresoprejsning; restaurering; revalidering; resocialisering.

rehash ['ri:'hæʃ] *(fig) vb* lave et opkog af; *sb* opkog.

rehearsal [ri'hə:sl] *sb* opregning; *(teat etc)* indstudering, prøve.

rehearse [ri'hə:s] *vb* opregne, fortælle; *(teat etc)* indstudere, holde prøve på.

rehouse ['ri:'hauz] *vb* genhuse, skaffe ny bolig til.

reify ['ri:ifai] *vb (filos)* reificere, tingsliggøre.

reign [rein] *sb* regering, regeringstid; *vb* regere, herske; *the Reign of Terror (hist.)* rædselsregimentet.

reimburse [ri:im'bə:s] *vb* godtgøre, tilbagebetale; *~ oneself* tage sig betalt, holde sig skadesløs.

reimbursement [ri:im'bə:smənt] *sb* godtgørelse, tilbagebetaling.

Reims [ri:mz].

rein [rein] *sb* tømme, tøjle; *vb* holde i tømme, beherske, tøjle; *give (free) ~ to* give frie tøjler; *~ in* holde an *(fx a horse)*; *(fig)* bremse, holde tilbage; *keep a tight ~ on sby (fig)* køre én i stramme tøjler.

reincarnate [ri:'inka:neit, 'ri:in'ka:neit] *vb* reinkarne-

re; ['ri:in'ka:nət] *adj* reinkarneret.
reincarnation ['ri:inka:'neiʃn] *sb* reinkarnation.
reindeer ['reindiə] *sb zo* ren, rensdyr.
reinforce [ri:in'fɔ:s] *vb* forstærke, armere; *-d concrete* jernbeton, armeret beton.
reinforcement [ri:in'fɔ:smənt] *sb* forstærkning, armering.
reins [reinz] *sb pl (glds)* nyrer; *search the ~ and hearts* granske hjerte og nyrer.
reinstate ['ri:in'steit] *vb* genindsætte, genansætte.
reinsurance ['ri:in'ʃuər(ə)ns] *vb* genforsikring.
reinsure ['ri:in'ʃuə] *vb* genforsikre.
reissue ['ri:'iʃu:] *vb* udsende *(el.* udstede, udgive) på ny; udlevere på ny; *sb* genudsendelse, optryk.
reiterate [ri:'itəreit] *vb* gentage.
reiteration [ri:itə'reiʃn] *sb* gentagelse.
I. reject [ri'dʒekt] *vb* afvise, afslå *(fx an offer);* forkaste *(fx a theory),* kassere, vrage; forsmå *(fx a suitor);* nægte at tro; (om mad) ikke kunne holde i sig, kaste op; (ved transplantation) afstøde.
II. reject ['ri:dʒekt] *sb: -s pl* udskudsvarer; kasserede *(el.* frasorterede) varer; *(mil.)* kasserede; *export -s* varer som ikke har kunnet godkendes til eksport.
rejection [ri'dʒekʃn] *sb* afvisning, afslag, forkastelse, kassation; (ved transplantation) afstødning.
rejig ['ri:'dʒig] *vb* udstyre med nye maskiner; omorganisere, ændre, revidere.
rejoice [ri'dʒɔis] *vb* glæde sig, fryde sig; glæde, gøre glad; *~ in (spøg.)* kunne glæde sig ved, være udstyret med; *-d* glad.
rejoicing [ri'dʒɔisiŋ] *sb* jubel, glæde, festlighed.
I. rejoin [ri'dʒɔin] *vb* svare; *(jur)* duplicere.
II. rejoin ['ri:'dʒɔin] *vb* igen bringe sammen, genforene; igen slutte sig til; komme sammen igen; genforenes.
rejoinder [ri'dʒɔində] *sb* svar; *(jur)* duplik.
rejuvenate [ri'dʒu:vineit] *vb* forynge; blive foryngет.
rejuvenation [ridʒu:vi'neiʃn] *sb* foryngelse.
rejuvenescence [ridʒu:vi'nesns] *sb* foryngelse.
rekindle ['ri:'kindl] *vb* atter tænde(s); genopvække, få til at blusse op igen; blusse op igen.
relapse [ri'læps] *vb* falde tilbage *(into* til), få et tilbagefald; *sb* [*ogs:* 'ri:læps] tilbagefald.
relate [ri'leit] *vb* fortælle, berette; *~ to* angå *(fx this paragraph -s to my father);* sætte i forbindelse med *(fx ~ the phenomena to one another);* stå i *(el.* have) forbindelse med; (om person) få (, have) et naturligt forhold til; forholde sig til; relatere til.
related [ri'leitid] *adj* beslægtet *(to* med).
relation [ri'leiʃn] *sb* fortælling, beretning; slægtskab; slægtning; forbindelse *(fx there is no ~ between the two events),* relation, forhold; *-s pl* forhold *(fx the -s between Denmark and Sweden; his -s with his father);* forbindelse; *have sexual -s with* stå i forhold til; *in (el. with) ~ to* angående.
relationship [ri'leiʃnʃip] *sb* slægtskab; forhold; forbindelse *(to* med).
relative ['relətiv] *sb* pårørende, slægtning; *(gram)* relativt pronomen; *adj* relativ; *~ to* som står i forbindelse med, som angår *(el.* vedrører).
relatively ['relətivli] *adv* relativt, forholdsvis.
relativity [relə'tiviti] *sb* relativitet.
relax [ri'læks] *vb* slappe, løsne *(fx one's hold),* afspænde *(fx a muscle), (fig)* slække på *(fx the rules, discipline),* lempe; (uden objekt) slappes, løsnes, (om person) slappe af, være mindre streng, adsprede sig, søge hvile; *~ one's guard* give sig en blottelse.
relaxation [ri:læk'seiʃn] *sb* adspredelse; afslapning; afspænding; mildnelse, formildelse; lempelse *(fx of the rules); ~ of tension* afspænding (i politik).
re-lay ['ri:'lei] *vb* omlægge, lægge på ny.
I. relay [ri'lei] *sb* (nyt) hold, nyt forspand; skifte; *in (el. by) -s* på skift *(fx work in -s),* efter tur, i hold *(fx eat in -s).*
II. relay ['ri:lei] *sb (elekt)* relæ; (i sport) stafetløb; (i radio, tv) (re)transmission; *vb* videresende; (i radio, tv) (re)transmittere; *~ race* stafetløb; *~ station* relæstation.
I. release [ri'li:s] *vb* sætte i frihed, løslade *(fx prisoners);* frigive *(fx prisoners, news);* befri; udfri *(fx ~ him from his sufferings);* frigøre, løse *(fx from a promise);* udløse *(fx a bomb);* frakoble, slå fra *(fx the brake); (jur)* frafalde, opgive *(fx a claim); ~ a new film* udsende en ny film; *~ one's hold* slippe sit tag.
II. release [ri'li:s] *sb* løsladelse; frigivelse, (af meddelelse, film *ogs)* befrielse, udfrielse; frigørelse; udløsning; frakobling; *(jur)* frafaldelse, opgivelse; *(tekn, fot)* udløser; *(press ~)* pressemeddelelse; *new -s* nyudsendte film.
relegate ['reləgeit] *vb* henvise, overgive; (til lavere grad *etc)* degradere, (i sport) rykke ned; *(glds og fig)* forvise *(fx the old chairs were -d to the kitchen).*
relegation [relə'geiʃn] *sb* henvisning, overgivelse; degradering, (i sport) nedrykning; *(glds)* forvisning.
relent [ri'lent] *vb* formildes, give efter, lade sig formilde.
relentless [ri'lentləs] *adj* hård, ubøjelig, ubarmhjertig.
relevance ['reləvəns], **relevancy** ['reləvənsi] *sb* anvendelighed; forbindelse med sagen, relevans.
relevant ['reləvənt] *adj* sagen vedkommende, relevant.
reliability [rilaiə'biləti] *sb* pålidelighed; driftsikkerhed.
reliable [ri'laiəbl] *adj* pålidelig; driftsikker.
reliance [ri'laiəns] *sb* tillid, tiltro, fortrøstning; *place (el. put) ~ in (el. on)* fæste lid til; sætte sin lid til; *in ~ on* i tillid til.
reliant [ri'laiənt] *adj* tillidsfuld; *be ~ on* være afhængig af.
relic ['relik] *sb* levn *(fx -s of the past; a ~ of the Victorian age),* levning, rudiment; mindesmærke *(fx historic -s);* minde *(fx letters and other -s of his youth); (rel)* relikvie; *-s pl (litt)* jordiske levninger.
relict ['relikt] *sb (glds)* enke *(of* efter).
I. relief [ri'li:f] *sb* lettelse, lempelse *(fx tax ~);* (i smerte) lindring, (i frygt) befrielse, beroligelse; (i ensformighed) variation, afveksling; (i nød *etc)* afhjælpning; hjælp, (penge *etc)* understøttelse, *(public ~)* socialhjælp; *(jur)* retshjælp; (i nød, belejring) undsætning; (i arbejde, vagt) afløsning, skifte; (i kunst *etc)* relief, ophøjet arbejde;
stand out **in** *strong ~ against* træde skarpt frem imod, stå i skarp kontrast til; *bring (el. throw)* **into** *~* sætte i relief, fremhæve; *the hour* **of** *~* befrielsens time; *heave a sigh of ~* drage et lettelsens suk; **run** *a ~ (jernb)* dublere et tog, indsætte et ekstratog; *come* **to** *his ~* komme ham til undsætning.
II. relief [ri'li:f] *adj* hjælpe- *(fx fund, organization, work);* ekstra- *(fx bus, train);* afløsnings- *(fx crew* mandskab), som skal afløse; relief-; *~ map* fysisk kort, højdekort, reliefkort; *~ printing (typ)* højtryk; *(bogb)* relieftryk; *~ valve* overløbsventil, sikkerhedsventil; *~ work (ogs)* nødhjælpsarbejde.
relieve [ri'li:v] *vb* **1.** lindre; afhjælpe *(fx distress);* hjælpe, understøtte; undsætte *(fx a besieged town);* **2.** afløse *(fx the guard);* aflaste *(of* for, *fx heavy work),* fritage *(of* for, *fx ~ him of his duty);* **3.** variere, bringe afveksling ind i; **4.** fremhæve, (lade) træde skarpt frem *(against* imod); *~ sby of his watch* T skille en af med hans ur; *~ one's feelings* lette sit hjerte; *~ the bowels* have afføring; *~ nature, ~ oneself* forrette sin nødtørft; gå på wc. **relieved** *pp* af *relieve; adj (ogs)* lettet *(fx I was ~ to hear he was alive).*
relieving| arch murstik. *~* **officer** fattigforstander.
religion [ri'lidʒn] *sb* religion; gudsdyrkelse; klosterliv; *enter ~* gå i kloster; *get ~* T blive omvendt *(el.* frelst);

he has made a ~ of it (fig) det er blevet en livssag for ham.
religious [ri'lidʒəs] *adj* religiøs; kristelig; gudfrygtig; *(fig)* samvittighedsfuld; *(kat.)* bundet af klosterløfte; *sb* munk, nonne; *~ house* kloster; *~ instruction* (skolefag:) kristendomskundskab, religion.
religiousness [ri'lidʒəsnəs] *sb* religiøsitet; *(fig)* samvittighedsfuldhed.
relinquish [ri'liŋkwiʃ] *vb* slippe, opgive, forlade; frafalde.
relinquishment [ri'liŋkwiʃmənt] *sb* opgivelse; frafaldelse.
reliquary ['relikwəri] *sb* relikvieskrin.
relish ['reliʃ] *vb* finde smag i, nyde, goutere, synes om; smage, have smag; *sb* velsmag, smag; duft; pikant dressing, kold sauce; *(fig)* anstrøg *(of* af); nydelse, velbehag; *have ~ for* have smag for, glæde sig over; *have no ~ for* ikke bryde sig om; *it loses its ~ (fig)* det mister sin tiltrækning; *with ~* med velbehag.
reload ['ri:'ləud] *vb* omlade; lade igen; *(fot)* sætte ny film i.
relocate ['ri:lə'keit] *vb* forflytte; (om vej) forlægge; omlægge.
relocation ['ri:lə'keiʃn] *sb* flytning, forflyttelse; internering; (om vej) forlægning; omlægning; *~ camp (am)* interneringslejr.
reluctance [ri'lʌktəns] *sb* utilbøjelighed, ulyst; *(elekt)* reluktans, magnetisk modstand; *with ~* modstræbende.
reluctant [ri'lʌktənt] *adj* modstræbende, uvillig; *be ~ to* nødig ville, kvie sig ved.
rely [ri'lai] *vb: ~ on* stole på; være afhængig af.
REM *fk rapid eye movement.*
remain [ri'mein] *vb* være igen, blive tilbage; blive, forblive; vedblive, bestå; *~ calm* bevare roen; *I ~ yours truly* ... (jeg forbliver) Deres ærbødige ...; *the word -s in Essex to this day* ordet findes endnu i Essex; *the worst -ed to come* det værste stod endnu tilbage; *it -s with him to make them happy* det står til ham at gøre dem lykkelige.
remainder [ri'meində] *sb* rest, levninger; restbeløb; *(merk)* restoplag; nedsat bog (af restoplag); *vb* nedsætte (bog), sælge (bog) til nedsat pris.
remaining [ri'meiniŋ] *adj* resterende, som er tilbage.
remains [ri'meinz] *sb pl* efterladenskaber *(fx literary ~);* rester, levninger *(fx of a meal);* (om person) jordiske rester.
remand [ri'ma:nd] *vb* tilbagesende, sende tilbage til (varetægts)arrest; opretholde fængslingen af; *sb* tilbagesendelse, genindsættelse i (varetægtsarrest); fortsat fængsling.
remand home (optagelseshjem for lovovertrædere mellem 8 og 17 år, inden domsafsigelse, *omtr =)* „ventehjem".
remanence ['remənəns] *sb (elekt)* remanens.
remanent ['remənənt] *adj* tilbageblivende, remanent; *~ magnetism* remanens, remanent magnetisme.
remark [ri'ma:k] *sb* bemærkning, ytring, kommentar; iagttagelse; *vb* bemærke; iagttage; *~ on* udtale sig om, gøre bemærkninger om, kommentere.
remarkable [ri'ma:kəbl] *adj* usædvanlig, mærkelig, mærkværdig; særegen, påfaldende, bemærkelsesværdig; mærkbar, betydelig; *not ~ for brains* ikke overbegavet.
remarriage ['ri:'mæridʒ] *sb* indgåelse af nyt ægteskab.
remarry ['ri:'mæri] *vb* gifte sig påny (med).
R.E.M.E. *fk (mil.) Royal Electrical and Mechanical Engineers.*
remediable [ri'mi:djəbl] *adj* som kan afhjælpes (, rettes, helbredes).
remedial [ri'mi:djəl] *adj* hjælpe- *(fx measures* foranstaltninger), afhjælpende; *(med.)* helbredende; *~ exercises* sygegymnastik; *~ class* hjælpeklasse (til læsesvage *etc); ~ instruction* specialundervisning; støtteundervisning; *~ teacher* hjælpelærer.
remedy ['remidi] *sb* hjælpemiddel; middel *(for* mod); hjælp, afhjælpning; *(jur)* retsmiddel; *(med.)* lægemiddel; *vb* afhjælpe, råde bod på; *there is a ~ for everything* der er råd for alt.
remelt ['ri:'melt] *vb* omsmelte.
remember [ri'membə] *vb* huske, huske på, erindre, mindes; *this will be -ed against no one* dette skal ikke komme nogen til skade; *~ me to him* hils ham fra mig.
remembrance [ri'membr(ə)ns] *sb* erindring, minde; hukommelse; souvenir; *-s pl (ogs)* hilsener; *in ~ of* til minde om; *Remembrance Sunday* (søndagen nærmest 11. nov., hvor verdenskrigenes faldne mindes).
remembrancer [ri'membrənsə] *sb* påminder; påmindelse, memento; huskeseddel.
remilitarize [ri:'militəraiz] *vb* remilitarisere.
remind [ri'maind] *vb* erindre, minde *(of* om, *that* om at); *~ me of* minde mig om, huske mig på; få mig til at tænke på.
reminder [ri'maində] *sb* påmindelse; rykkerbrev; *(bibl)* hjemkaldelse.
reminisce [remi'nis] *vb* snakke om gamle dage; tænke tilbage.
reminiscence [remi'nisns] *sb* erindring; reminiscens, levning; *-s pl (ogs)* memoirer.
reminiscent [remi'nisnt] *adj* som erindrer (, minder) *(of* om); som dvæler ved minderne.
remiss [ri'mis] *adj* slap, forsømmelig, efterladende.
remissible [ri'misəbl] *adj* som kan eftergives; tilgivelig.
remission [ri'miʃn] *sb (cf remit)* eftergivelse *(fx of a debt);* tilgivelse, forladelse *(fx of sins);* udsættelse; dæmpning, aftagen, lindring; (om sygdom) bedring, delvis forsvinden.
I. remit [ri'mit] *vb* eftergive *(fx a debt, a fine, a penalty),* tilgive, forlade *(fx sins);* udsætte *(fx consideration of the matter),* lade stå hen; dæmpe, lindre *(fx pain),* (uden objekt) dæmpes, aftage *(fx the storm (, his anger) -ted); (merk* om penge) sende, tilstille, remittere; *(jur)* oversende, sende tilbage *(fx ~ a case to a lower court),* hjemvise; henvise.
II. remit [ri'mit; 'ri:mit] *sb* instruks, beføjelser; kommissorium, forslag, punkt der skal behandles.
remittal [ri'mitl] *sb (jur)* oversendelse, tilbagesendelse, hjemvisning, henvisning; se også *remission.*
remittance [ri'mitns] *sb* oversendelse af penge *(etc,* som betaling), rimesse; *~ man* emigrant som modtager regelmæssig understøttelse hjemmefra.
remittent [ri'mitnt] *adj* remitterende; som aftager (i styrke) med mellemrum; svingende; *~ fever (med.)* remitterende feber.
remitter [ri'mitə] *sb (merk)* afsender af rimesse; *(jur) = remittal.*
remnant ['remnənt] *sb* rest; levning.
remodel ['ri:'mɔdl] *vb* omforme, omarbejde.
remonstrance [ri'mɔnstrəns] *sb* protest, forestillinger; formaning(er), bebrejdelse(r).
remonstrant [ri'mɔnstrənt] *adj* protesterende; *sb (rel)* arminianer, remonstrant.
remonstrate ['remənstreit, ri'mɔnstreit] *vb* protestere, gøre forestillinger; *~ with sby on sth* bebrejde en noget, foreholde en noget.
remontant [ri'mɔntənt] *adj (bot)* remonterende.
remorse [ri'mɔ:s] *sb* samvittighedsnag, anger; *without ~,* se *remorseless.*
remorseful [ri'mɔ:sf(u)l] *adj* angergiven, angrende.
remorseless [ri'mɔ:sləs] *adj* ubarmhjertig, grusom; samvittighedsløs.
remote [ri'məut] *adj* fjern; fjerntliggende; afsides; fremmed; *(fig ogs)* svag *(fx chance, possibility).*
remote| control fjernstyring. *~* **-control(led)** fjernsty-

ret. ~ **sensing** (registrering af olie- og mineralforekomster *etc* fra fly *el.* satellit).
remould ['ri:'məuld] *vb* omdanne, omforme.
I. remount [ri(:)'maunt] *vb* bestige igen; skaffe friske heste; stige op igen; montere (, klæbe op, sætte op) igen; ~ *to* gå tilbage til, skrive sig fra.
II. remount ['ri:maunt] *sb* remonte(hest), frisk(e) hest(e).
removable [ri'mu:vəbl] *adj* som kan flyttes; (fra stilling) afsættelig, som kan afskediges.
removal [ri'mu:vl] *sb* fjernelse, bortrydning, (fra stilling) afskedigelse; (fra et sted til et andet) flytning; ~ *van* flyttevogn.
I. remove [ri'mu:v] *sb* afstand *(fx see it at a ~* (på afstand)); trin, grad *(fx several -s from being perfect),* skridt *(fx only one ~ from chaos);* mellemrum; mellemled *(fx at* (med) *one ~); (mht* slægtskab) led; (i skole) opflytning, oprykning; (ved bordet) ret.
II. remove [ri'mu:v] *vb* fjerne, tage væk (, ud), rydde væk *(el.* af vejen), skaffe bort; (fra stilling) afskedige, afsætte; (til et andet sted) flytte.
removed *pp* af *II. remove; adj* (om slægtskab) fjernet et led i op- *el.* nedstigende linje; *first cousin once ~* fætters (, kusines) barn, næstsøskendebarn; *first cousin twice ~* fætters (, kusines) barnebarn.
remover [ri'mu:və] *sb* flyttemand; (-)fjerner *(fx hair ~).*
remunerate [ri'mju:nəreit] *vb* lønne; godtgøre.
remuneration [rimju:nə'reiʃn] *sb* løn, godtgørelse, vederlag.
remunerative [ri'mju:n(ə)rətiv] *adj* indbringende, lønnende, rentabel.
renaissance [ri'neisns] *sb* renæssance; genfødelse; fornyelse.
renal [ri:nl] *adj* som angår nyrerne, nyre-.
rename ['ri:'neim] *vb* omdøbe, give et nyt navn.
renascence [ri'næsns] = *renaissance.*
renascent [ri'næsnt] *adj* genopdukkende; fornyet *(fx a ~ interest in astrology).*
rencontre [ren'kɔntə, *fr*] *sb* møde; duel; træfning; sammenstød.
rencounter [ren'kauntə] *sb* = *rencontre; vb* støde på, træffe.
rend [rend] *vb (rent, rent)* **1.** splintre, splitte; **2.** sønderrive, flænge *(fx one's clothes; a scream rent the air);* **3.** flå, rive.
render ['rendə] *vb* give, afgive *(fx an answer);* yde *(fx help);* gøre *(fx his wealth -s it superfluous);* (om regning) præsentere, forelægge; (kunstnerisk:) foredrage, udføre, spille *(fx Hamlet),* gengive, (i et andet sprog) oversætte; (om fedt) afsmelte (og klare); (om mur *etc)* pudse; *sb* puds;
~ *an account* sende en regning ud; ~ *an account of* gøre regnskab for; ~ *down* afsmelte (og klare); ~ *good for evil* gengælde ondt med godt; ~ *into Danish* oversætte til *(el.* gengive på) dansk; ~ *a service* gøre en tjeneste; ~ *unto Caesar the things that are Caesar's* give kejseren hvad kejserens er; ~ *up* overgive.
rendering ['rend(ə)riŋ] *sb* gengivelse, udførelse; oversættelse; aflæggelse *(of accounts* af regnskab); (om fedt) afsmeltning; (på mur *etc)* puds.
rendezvous ['rɔndivu:, 'ra:ndeivu:] *sb* mødested, samlingssted *(fx the cafe was the ~ of tourists);* aftalt møde; (*ogs* om rumskibe) stævnemøde; *vb* mødes.
rendition [ren'diʃn] *sb* gengivelse, udførelse, fortolkning.
renegade ['renigeid] *sb* frafalden, overløber; renegat; *vb* falde fra.
renege [ri'ni:g] *vb* (i kortspil) svigte kulør; T *(fig)* svigte kulør; løbe fra en aftale (, et løfte); *sb* (i kortspil) kulørsvigt; ~ *on* T svigte, løbe fra.
renew [ri'nju:] *vb* forny; begynde igen; udskifte; genoptage; (om biblioteksbog) genlåne.
renewable [ri'nju(:)əbl] *adj* som kan fornyes; udskiftelig; ~ *energy sources* vedvarende energi.
renewal [ri'nju(:)əl] *sb* fornyelse, genoptagelse.
rennet ['renit] *sb* (oste)løbe.
renounce [ri'nauns] *vb* frasige sig, fraskrive sig, opgive, give afkald på *(fx the use of nuclear weapons);* frafalde *(fx a claim);* forsage; fornægte, afsværge *(fx one's faith);* forstøde *(fx a son);* (i kortspil) være renonce, *(am)* svigte kulør; ~ *the devil* forsage djævelen.
renovate ['renəveit] *vb* modernisere, fikse op, reparere.
renovation [renə'veiʃn] *sb* modernisering, fornyelse.
renown [ri'naun] *sb* navnkundighed, ry, berømmelse.
renowned [ri'naund] *adj* navnkundig, berømt.
I. rent [rent] *sb* leje, lejeindtægt; husleje *(fx he owes two months' ~);* (af jord) forpagtningsafgift; *(økon)* jordrente, grundrente.
II. rent [rent] *vb* leje *(fx rooms from sby),* udleje *(fx rooms to sby);* udlejes *(fx the house -s at £3,000 a year);* (om jord) forpagte, bortforpagte; bortforpagtes.
III. rent [rent] *sb* rift, revne, flænge *(fx in a shirt); (fig)* splittelse *(fx in a party).*
IV. rent [rent] *præt* og *pp* af *rend.*
rentable ['rentəbl] som kan lejes (, udlejes), til leje.
rental [rentl] *sb* lejeindtægt; leje, afgift, *(tlf)* abonnementsafgift; *(am)* lejet (, udlejet) genstand (, lejlighed, hus); ~ *library (am)* lejebibliotek; ~ *value* lejeværdi.
renter ['rentə] *sb* lejer, (film)udlejer.
rent-free *adv* uden leje, husfrit.
rentier ['rɔntiei] *sb* rentier.
rent rebate (svarer til) boligsikring.
rent|-roll liste over lejere og lejeindtægt; samlet lejeindtægt. ~ **strike** huslejeboykot. ~ **tribunal** huslejenævn.
renunciation [rinʌnsi'eiʃn] *sb (cf renounce)* frasigelse, frafaldelse, opgivelse, afkald; forsagelse; fornægtelse, afsværgelse; forstødelse.
reopen ['ri:'əup(ə)n] *vb* åbne igen, genåbne; genoptage *(fx the negotiations),* tage op igen *(fx a question);* (om sår) bryde op; *secure a -ing of the case* få sagen genoptaget.
reorganization ['ri:ɔ:gən(a)i'zeiʃn] *sb* reorganisation, omordning, omdannelse.
reorganize ['ri:'ɔ:gənaiz] *vb* reorganisere, omdanne, lægge om.
reorientation ['ri:ɔ:riən'teiʃn] *sb* nyorientering.
I. rep [rep] *sb* (tekstil:) reps.
II. rep [rep] T *fk repertory (theatre), reprobate (fx you old ~), (sales) representative* repræsentant; *(am* S) reputation; *vb* T arbejde som repæsentant.
rep. *fk repeat, report(er).*
Rep. *fk Representative, Republic(an).*
I. repair [ri'pɛə] *sb* istandsættelse, reparation, udbedring, vedligeholdelse; *vb* istandsætte, reparere; udbedre *(fx the damage); (fig)* rette *(fx a mistake),* erstatte *(fx a loss),* gøre god igen *(fx a wrong); in good ~* i god stand; *out of ~* i dårlig stand.
II. repair [ri'pɛə] *vb (litt)* drage, forføje sig, begive sig *(to* til).
repairman reparatør.
repaper ['ri:'peipə] *vb* tapetsere på ny, omtapetsere.
reparable ['rep(ə)rəbl] *adj* som kan istandsættes *(el.* repareres); som kan erstattes *(el.* gøres god igen).
reparation [repə'reiʃn] *sb* istandsættelse, reparation, udbedring, vedligeholdelse; oprejsning; erstatning; *(war) -s* krigsskadeserstatninger.
repartee [repa:'ti:] *sb* kvikt svar; slagfærdighed; *quick at ~* slagfærdig, hurtig i replikken.
repartition ['ri:pa:'tiʃn] *sb* ny (for)deling.

repast [ri'pa:st] *sb (litt)* måltid.
repatriate [ri:'pætrieit] *vb* repatriere, hjemsende (til fædrelandet); *adj* repatrieret, hjemsendt.
repatriation [ri:pætri'eiʃn] *sb* repatriering, hjemsendelse.
repay ['ri:'pei] *vb* tilbagebetale, betale tilbage; erstatte; *(fig)* gengælde, lønne; ['ri:pei] betale pany.
repayable [ri'peiəbl] *adj* som skal tilbagebetales.
repayment [ri'peimənt] *sb* tilbagebetaling; indfrielse; afdrag; *(fig)* gengæld.
repeal [ri'pi:l] *vb* ophæve, annullere, sætte ud af kraft *(fx a law);* tilbagekalde; *sb* ophævelse; tilbagekaldelse.
I. repeat [ri'pi:t] *vb* gentage, repetere, sige igen; fortælle videre *(fx a secret);* fremsige *(fx a lesson),* foredrage; forsøge igen; vende tilbage; *(vulg,* om mad) give opstød; *(merk)* levere igen, levere mere af (en vare); *(am)* (i skole *etc)* gå 'om; *(pol)* (ulovligt) stemme mere end én gang; *repeat!* (ved diktat) jeg gentager.
II. repeat [ri'pi:t] *sb* gentagelse; *(mus.)* gentagelsestegn; (i radio, tv) genudsendelse.
repeatedly [ri'pi:tidli] *adv* gentagne gange.
repeater [ri'pi:tə] *sb* repeterur; repetergevær; *(am)* omgænger; vælger der ulovligt afgiver sin stemme mere end én gang; *(mat.)* periodisk decimalbrøk; *(mar:* ~ *compass) datterkompas.*
repeating decimal periodisk decimalbrøk.
repechage ['repəʃa:ʒ] *sb* opsamlingsheat.
repel [ri'pel] *vb* drive tilbage; afvise, tilbagevise, frastøde.
repellant, repellent [ri'pelənt] *adj* frastødende, modbydelig; *sb* imprægneringsmiddel (til stof); *mosquito* ~ myggebalsam.
I. repent [ri'pent] *vb:* ~ *(of)* angre *(fx one's sins).*
II. repent ['ri:pənt] *adj (bot)* krybende.
repentance [ri'pentəns] *sb* anger, omvendelse.
repentant [ri'pentənt] *adj* angrende, angergiven.
repercussion [ri:pə'kʌʃn] *sb* tilbagekastning; (om skydevåben) tilbageslag, bagslag; (om lyd) genlyd; *-s pl (fig)* (indirekte) følger, (efter)virkninger *(on* for), bagslag.
repertoire ['repətwa:] *sb* repertoire.
repertory ['repətri] *sb* forråd, fond; *(teat)* repertoire, spilleplan; *present the plays in* ~ opføre stykkerne afvekslende *(el.* skiftevis); ~ *theatre* teater med stadig skiftende repertoire.
repetition [repə'tiʃn] *sb* gentagelse, repetition; fremsigelse; gengivelse, kopi; (i skole:) digt *(etc)* til udenadslæren.
repetitious [repə'tiʃəs] *adj* fuld af gentagelser; ensformig, monoton.
repetitive [ri'petitiv] *adj,* se *repetitious.*
repine [ri'pain] *vb* græmme sig; beklage sig, klage *(at* over).
replace [ri'pleis] *vb* lægge (, stille, sætte) tilbage, genindsætte; erstatte, udskifte *(by* med), afløse.
replacement [ri'pleismənt] *sb* genindsættelse, erstatning, udskiftning, afløsning.
replan ['ri:'plæn] *vb* ordne om.
replant ['ri:'pla:nt] *vb* atter plante, omplante, beplante på ny.
replay ['ri:'plei] *vb* spille igen *(el.* om); *sb* (fornyet) afspilning; (i fodbold) omkamp.
replenish [ri'pleniʃ] *vb* fylde (op) igen, supplere op, komplettere.
replenishment [ri'pleniʃmənt] *sb* udfyldning, opfyldning, supplering, komplettering.
replete [ri'pli:t] *adj* fuld; opfyldt; overfyldt.
repletion [ri'pli:ʃn] *sb* overfyldelse; *filled to* ~ fyldt til overmål.
replevin [ri'plevin] *sb (jur)* ophævelse af fogedkendelse.
replica ['replikə] *sb* kopi.
replicate ['replikeit] *sb* gentage *(fx an experiment).*
replication [repli'keiʃn] *sb (jur)* replik; *(biol)* gentagelse af forsøg.
reply [ri'plai] *vb* svare *(to* på), tage til genmæle; *sb* svar, svarskrivelse; besvarelse; *in* ~ *to* som svar på.
reply card svarbrevkort, dobbelt brevkort.
reply-paid *adj* med svar betalt.
I. report [ri'pɔ:t] *vb* rapportere, melde tilbage, indberette, (til myndighed *ogs)* (an)melde *(fx* ~ *him to the police); (fx* i avis) referere, give referat af; (mundtligt:) fortælle, referere, rapportere; (uden objekt) (om udvalg) afgive betænkning (, indstilling) *(on* om); (om person: stille) melde sig *(fx you are to* ~ *at the office at once);* ~ *for duty* melde sig til tjeneste; ~ *fit for duty* melde sig rask; *it is -ed that* det forlyder *(el.* fortælles *el.* hedder sig) at; ~ *on* referere, omtale, dække; ~ *to* (i ministerium *etc)* have referat til.
II. report [ri'pɔ:t] *sb* melding, rapport, indberetning, *(fx* i avis) referat, *(fx* ved generalforsamling) beretning, (fra udvalg) betænkning, indstilling; (fra skole) vidnesbyrd; (som fortælles:) rygte, forlydende; (lyd af eksplosion) knald, brag; *annual* ~ årsberetning; *by current* ~ efter forlydende; *know him from* ~ kende ham af omtale; *of good* ~ velrenommeret.
report centre meldecentral.
reportedly *adv* efter forlydende.
reported speech *(gram.)* indirekte tale.
reporter [ri'pɔ:tə] *sb* referent, (ved avis) reporter.
repose [ri'pəuz] *vb* hvile; støtte; ligge; *sb* hvile, fred; harmoni, ligevægt, ro; ~ *confidence (el. trust) in* stole på, have tillid til.
reposeful [ri'pəuzf(u)l] *adj* rolig.
repository [ri'pɔzitri] *sb* gemme, gemmested; opbevaringssted; opbevaringsmagasin (for møbler); *(fig)* fond, guldgrube; *the* ~ *of her secrets (litt)* den hvem hun havde betroet sine hemmeligheder; hendes fortrolige.
repossess ['ri:pə'zes] *vb* besidde på ny; ~ *oneself of sth* tage noget i besiddelse på ny.
repot ['ri:'pɔt] *vb* omplante, ompotte.
repoussé [rə'pu:sei] *adj* drevet; *sb* drivning; drevet arbejde.
repp [rep] *sb* (tekstil) reps.
repped [rept] *adj* repsvævet, som reps.
reprehend [repri'hend] *vb* dadle, irettesætte.
reprehensible [repri'hensəbl] *adj* forkastelig, dadelværdig.
represent [repri'zent] *vb* repræsentere; (om tegn, symbol *ogs)* betegne, stå for; (om billede) forestille, fremstille; (med ord:) fremstille, beskrive *(fx he -ed this scoundrel as a benefactor of mankind);* gengive; erklære, hævde *(fx he -s that he has investigated the matter); he -ed to them the danger of such a procedure (litt)* han foreholdt dem det farlige ved en sådan fremgangsmåde; ~ *to oneself* forestille sig.
representation [reprizen'teiʃn] *sb* repræsentation; fremstilling, beskrivelse; *make -s* gøre forestillinger, gøre indsigelse.
representational [reprizen'teiʃn(ə)l] *adj* (om kunst) figurativ (ɔ: som „forestiller" noget).
representative [repri'zentətiv] *adj* repræsentativ, typisk; *sb* repræsentant; (typisk) eksempel; *(merk)* repræsentant; ~ *of* som forestiller, som repræsenterer; *House of Representatives (am)* Repræsentanternes Hus; ~ *art,* se *representational;* ~ *government* folkestyre.
repress [ri'pres] *vb* undertrykke *(fx an uprising);* kue, hæmme, holde nede; (om følelser *etc)* trænge tilbage *(fx one's tears),* betvinge *(fx one's curiosity),* undertrykke *(fx one's feelings); (psyk)* fortrænge.

repression [ri'preʃn] *sb* undertrykkelse; *(psyk)* fortrængning.
repressive [ri'presiv] *adj* dæmpende, undertrykkende; afvisende *(fx manner);* frihedsfjendsk.
reprieve [ri'pri:v] *vb* give en frist; benåde for dødsstraf; *sb* frist, udsættelse; henstand; benådning for dødsstraf; ~ *from* foreløbig befri for *(el.* redde fra).
reprimand ['reprima:nd] *vb* irettesætte, give en reprimande (, T næse); *sb* irettesættelse, reprimande, T næse.
reprint ['ri:'print] *vb* (gen)optrykke; *sb* optryk; *(fx* af artikel) særtryk; *the book is -ing* bogen er under genoptrykning.
reprisal [ri'praizl] *sb* gengældelse; *-s pl* gengældelsesforanstaltninger, repressalier; *make -s* tage repressalier.
reprise [ri'praiz] *sb* årligt fradrag; *(mus.)* reprise, gentagelse.
reproach [ri'prəutʃ] *vb* bebrejde; *sb* bebrejdelse; skam *(fx bring ~ on* (over) *one's family);* skændsel; skamplet *(to* på); ~ *him with it* bebrejde ham det; *above* ~ hævet over al kritik.
reproachful [ri'prəutʃf(u)l] *adj* bebrejdende.
reprobate ['reprəbeit] *vb* fordømme, forkaste; *adj* fordærvet, ryggesløs, fortabt; *sb* forhærdet synder, syndens barn; skurk.
reprocess [ri:'prəsəs] *vb* oparbejde (brugt atombrændsel).
reproduce [ri:prə'dju:s] *vb* frembringe igen, reproducere, fremstille igen, genskabe; *(biol,* om organ, lem) regenerere *(fx a torn claw);* (om lyd, tekst, billede) gengive, *(typ* om billede) reproducere; (om tekst, i skole) genfortælle; (uden objekt) kunne gengives (, reproduceres), *(biol)* formere sig, forplante sig.
reproduction [ri:prə'dʌkʃn] *sb (cf reproduce)* genfrembringelse, reproduktion, genfremstilling, genskabelse; (om lyd *etc)* gengivelse, *(typ)* reproduktion; (i skole) genfortælling; *(biol)* regeneration; formering, forplantning.
reproductive [ri:prə'dʌktiv] *adj* reproduktiv; forplantnings- *(fx organs).*
repro|graphic [reprə'græfik] *adj* reprografisk. **-graphy** [ri'prɔgrəfi] *sb* reprografi, kopieringsteknik.
reproof [ri'pru:f] *sb* dadel, irettesættelse.
reproval [ri'pru:vl] *sb* dadel.
reprove [ri'pru:v] *vb* irettesætte.
reptile ['reptail] *sb zo* krybdyr; *(fig neds)* kryb; *adj* krybende, simpel, foragtelig.
republic [ri'pʌblik] *adj* republik; *the ~ of letters* den lærde verden; den litterære verden.
republican [ri'pʌblikən] *adj* republikansk; *sb* republikaner; *Republican (am)* republikaner.
republish ['ri:'pʌbliʃ] *vb* genudsende (bog *etc).*
repudiate [ri'pju:dieit] *vb* nægte at anerkende *(fx a claim, a debt, a duty, their authority),* afvise *(fx an accusation);* tage afstand fra *(fx this doctrine);* fornægte; *(glds* om person) forstøde *(fx one's son, one's wife),* forskyde.
repudiation [ripju:di'eiʃn] *sb* afvisning, fornægtelse; forstødelse.
repugnance [ri'pʌgnəns] *sb* ulyst, modvilje, afsky; modsigelse, uoverensstemmelse.
repugnant [ri'pʌgnənt] *adj* frastødende, modbydelig, afskyelig; uoverensstemmende, i modstrid *(to* med).
repulse [ri'pʌls] *sb* afvisning, afslag; tilbagedrivelse; *vb* afvise *(fx his offer of help);* drive (, kaste) tilbage *(fx the enemy).*
repulsion [ri'pʌlʃn] *sb (cf repel)* tilbagedrivelse, afvisning, tilbagevisning, (især magnetisk:) frastødning; afsky.
repulsive [ri'pʌlsiv] *adj* frastødende; modbydelig; tilbagedrivende; ~ *power* frastødningskraft.
repurchase [ri:'pə:tʃəs] *sb* tilbagekøb; *vb* købe tilbage.
reputable ['repjutəbl] *adj* agtværdig, agtet, hæderlig; anerkendt.
reputation [repju'teiʃn] *sb* omdømme, rygte, renommé; anseelse; *people of* ~ ansete mennesker; *have the ~ of (el. a ~ for) being* have ord *(el.* ry) for at være; *ruin (, lose) one's* ~ spolere (, miste) sit gode navn og rygte.
repute [ri'pju:t] *sb,* se *reputation; of* ~ anset *(fx a doctor of ~); of ill* ~ berygtet.
reputed [ri'pju:tid] *adj* almindelig antaget *(el.* anerkendt); formodet; *be ~ (to be)* anses for.
reputedly [ri'pju:tidli] *adv* efter den almindelige mening.
request [ri'kwest] *sb* anmodning, begæring, bøn; efterspørgsel; *vb* anmode, bede om, udbede sig; *do it* **at** *his* ~ gøre det på hans anmodning *(el.* forlangende); *at the ~ of (ogs)* på foranledning af; **by** ~ efter anmodning, på opfordring; *no flowers by* ~ (i annonce:) blomster (, kranse) frabedes; **in** *(great)* ~ (stærkt) efterspurgt; *make a* ~ fremsætte en anmodning; **on** ~ efter anmodning, på opfordring; *accede to (el. comply with el. grant) the* ~ efterkomme anmodningen *(el.* opfordringen), indvilge.
request| number nummer der gives på opfordring. ~ **programme** (i radio) ønskeprogram, ønskekoncert. ~ **stop** stoppested hvor bus kun holder på opfordring.
requiem ['rekwiəm] *sb* rekviem (sjælemesse).
require [ri'kwaiə] *vb* behøve, trænge til *(fx she -s medical assistance);* kræve *(fx this -s careful consideration; the law -s that …),* påbyde; forlange *(fx what do you ~ of me?); -d* påbudt, obligatorisk.
requirement [ri'kwaiəmənt] *sb* behov, fornødenhed; krav, betingelse, forudsætning *(fx -s for admission to the university).*
requisite ['rekwizit] *adj* fornøden; *sb* fornødenhed, nødvendighed.
requisition [rekwi'ziʃn] *sb* begæring, forlangende; rekvisition, tvangsudskrivning; (bestillingsseddel:) rekvisition; *vb* beslaglægge, lægge beslag på; forlange, rekvirere, tvangsudskrive.
requisition form *(bibl)* bestillingsseddel.
requital [ri'kwaitl] *sb* belønning, gengældelse *(of* af, for); løn, gengæld *(of* for).
requite [ri'kwait] *vb* gengælde, lønne.
reread ['ri:'ri:d] *vb* læse igen.
rerecord ['ri:ri'kɔ:d] *vb* indspille igen; overspille.
reredos ['riədɔs] *sb* (udsmykket væg bag alter); alteropsats; (ofte:) altertavle.
reroute [ri:'ru:t] *vb* omdirigere *(fx a train).*
rescind [ri'sind] *vb (jur)* afskaffe; ophæve; omstøde.
rescission [ri'siʒn] *sb (jur)* afskaffelse; ophævelse; omstødelse.
rescript ['ri:skript] *sb* reskript; forordning.
rescue ['reskju:] *vb* redde *(fx from drowning),* frelse; befri *(fx from a concentration camp),* udfri; *sb* frelse, redning, undsætning, hjælp; befrielse, udfrielse; *come to his* ~ komme ham til undsætning; ~ *party* redningsmandskab.
rescuer ['reskjuə] *sb* redningsmand; befrier.
research [ri'sə:tʃ, *(am ogs:)* 'ri:sərtʃ] *sb* (videnskabelig) undersøgelse, forskning; *vb* foretage (videnskabelig(e)) undersøgelse(r); forske; *do* ~ forske, drive forskning, udføre videnskabeligt arbejde; ~ *into* undersøge (nøje), udforske; foretage videnskabelige undersøgelser over, forske i.
research| work undersøgelsesarbejde; videnskabeligt arbejde, forskning. ~ **worker** forsker.
reseat ['ri:'si:t] *vb* genindsætte; udstyre med nye stole *(fx a theatre);* give nyt sæde *(fx a chair);* sætte ny bag i *(fx a pair of trousers).*

resect [ri'sekt] *vb* bortoperere. **resection** [ri:'sekʃn] *sb* resektion, operativ fjernelse af en del af et organ.
reseda ['residə, 'rez-] *sb (bot)* reseda.
reseed ['ri:'si:d] *vb* tilså igen; ~ *itself* så sig selv.
resell ['ri:'sel] *vb* sælge igen, videresælge.
resemblance [ri'zembləns] *sb* lighed *(to* med).
resemble [ri'zembl] *vb* ligne.
resent [ri'zent] *vb* være (, blive) vred (, krænket, fortørnet, bitter) over, tage ilde op; føle sig fornærmet over; harmes over; *I ~ your remarks* jeg synes ikke om dine bemærkninger.
resentful [ri'zentf(u)l] *adj* fornærmet, krænket, fortørnet; harmfuld, vred.
resentment [ri'zentmənt] *sb* krænkelse, fortørnelse, bitterhed; harme, vrede.
reservation [rezə'veiʃn] *sb* forbehold, reservation; (af værelse, plads *etc)* reservering, (forud)bestilling; *(am)* reservat *(fx Indian ~)*.
I. reserve [ri'zə:v] *vb* reservere; bestille *(fx a seat);* holde tilbage, spare *(fx money)*, lægge hen; forbeholde; ~ *for oneself* forbeholde sig; *be -d for (ogs)* vente *(fx a happy future is -d for you)*.
II. reserve [ri'zə:v] *sb* reserve, *(økon ogs)* reservefond; forråd *(fx of supplies);* (i sport) reserve; (begrænsning:) forbehold *(fx we publish this with all ~), (mht* pris) mindstepris; (område:) reservat *(fx for wild animals);* (egenskab:) tilbageholdenhed, forbeholdenhed; *-s pl* reserver, *(mil. ogs)* reservetropper; *in ~* i reserve; *place (el. put) a ~ on* sætte en mindstepris for; *without ~* uden forbehold, uforbeholdent, uden betingelser.
reserved [ri'zə:vd] *adj* (om person) reserveret, forbeholden, forsigtig, tilbageholdende.
reserved occupation (stilling som fritager indehaveren for militærtjeneste).
reserve| price mindstepris (under hvilken en ting ikke sælges). ~ **purchase** beredskabskøb.
reservist [ri'zə:vist] *sb (mil.)* reservist, soldat i reserven.
reservoir ['rezəvwa:] *sb* beholder; vandreservoir.
I. reset [ri:'set] (skotsk) *vb* være hæler; *sb* hæleri.
II. reset ['ri:'set] *vb* sætte op, montere *(etc)* igen *(cf I. set); (typ)* sætte op igen, sætte om; (i edb) slette.
resettle ['ri:'setl] *vb* forflytte *(fx* en befolkningsgruppe); (uden objekt) slå sig ned igen.
reshuffle ['ri:'ʃʌfl] *vb* blande (kortene) på ny; *(fig* om ministerium) rekonstruere, T ommøblere; *sb* ny blanding (af kortene); *(fig)* rekonstruktion; regeringsomdannelse; T ommøblering.
reside [ri'zaid] *vb* opholde sig, bo, have bopæl *(at* i), (om fyrste, monark) residere; (om ting, egenskab *etc)* ligge, være til stede, findes *(in* hos).
residence ['rezidns] *sb* ophold; bolig, bopæl; (større) hus; (fyrstes, monarks) residens, residensby.
residency ['rezidnsi] *sb* residens; (i Indien, *hist.)* residentskab.
resident ['rezidnt] *adj* bosat, boende; fastboende; residerende; *sb* indbygger, beboer, borger; (på hotel) gæst; (om embedsmand) embedsmand som bor i sit distrikt; *(hist.)* resident (ɔ: engelsk udsending ved indisk hof); ~ *architect* arkitektkonduktør; ~ *engineer* ingeniørkonduktør, T pladsingeniør.
residential [rezi'denʃl] *adj* beboelses-, villa- *(fx quarter);* bolig-; egnet til privatbeboelse.
residual [ri'zidjuəl] *adj* tiloversbleven, tilbageværende, resterende; *sb* rest; (radio, TV) honorar for genudsendelse; ~ *insecticide* residualgift (ɔ: med langtidsvirkning).
residuary [ri'zidjuəri] *adj* rest-, resterende; ~ *legatee (jur)* universalarving.
residue ['rezidju:] *sb* rest; *(kem)* destillationsrest; *(fx* af medicin i fødevarer) restkoncentration.
residuum [ri'zidjuəm] *sb (pl residua* [ri'zidjuə]), se *residue*.
resign [ri'zain] *vb* trække sig tilbage *(fx from a post)*, træde tilbage, gå af, (om regering *ogs)* demissionere; (med objekt) fratræde *(fx a position)*, nedlægge *(fx one's seat* sit mandat), opgive *(fx a claim)*, give afkald på *(fx one's rights)*, afstå; overlade *(fx a child to sby's care); ~ oneself to* underkaste sig *(fx the will of God)*, give sig ind under *(fx his protection)*, forsone sig med, slå sig til tåls med, finde sig i *(fx one's fate)*.
re-sign ['ri:'sain] *vb* atter underskrive.
resignation [rezig'neiʃn] *sb (cf resign)* tilbagetræden, afsked, (om minister *etc)* demission; nedlæggelse *(fx of a seat* af et mandat); afståelse, opgivelse *(fx of a claim);* hengivelse, resignation; forsagelse; *send in (el. file, tender) one's ~* indgive sin afskedsbegæring (, demissionsbegæring).
resigned [ri'zaind] *adj* resigneret; opgivende; *be ~ to* finde sig tålmodigt i, underkaste sig.
resilience [ri'ziliəns], **resiliency** [ri'ziliənsi] *sb* spændstighed, elasticitet; *(fig ogs)* livskraft, livsmod, robusthed, ukuelighed.
resilient [ri'ziliənt] *adj* spændstig, elastisk; *(fig ogs)* ukuelig, robust, som ikke lader sig slå ned.
resin ['rezin] *sb* tyktflydende, klæbrigt stof; plastic; kunststof; resin; (naturligt, især) harpiks. **resinate** ['rezineit] *vb* harpiksbehandle; tilsætte harpiks.
resinous ['rezinəs] *adj* harpiksholdig; harpiks-.
resist [ri'zist] *vb* modstå, gøre modstand imod; modsætte sig; modarbejde, modvirke; *I could not ~ asking* jeg kunne ikke bare mig for at spørge.
resistance [ri'zist(ə)ns] *sb* modstand, modstandskraft, modstandsevne; *(med.)* resistens; *(elekt)* ledningsmodstand; *Resistance* modstandsbevægelse; *take the line of least ~ (fig)* springe over hvor gærdet er lavest.
resistance coil *(elekt)* modstandsspole.
resistant [ri'zist(ə)nt] *adj* modstandsdygtig; der gør modstand; *(med.)* resistent; *sb* en der gør modstand.
resister [ri'zistə] *sb (am)* en der er i opposition; *-s pl* oppositionelle.
resistible [ri'zistəbl] *adj* som kan modstås.
resistless [ri'zistləs] *adj* uimodståelig; uundgåelig.
resit ['ri:'sit] *vb: ~ an examination* tage en eksamen om, gå op til en eksamen igen.
resocialization ['ri:səuʃəlai'zeiʃn] *sb* resocialisering.
resole ['ri:'səul] *vb* forsåle.
resoluble [ri'zɔljubl] *adj* opløselig.
resolute ['rezəl(j)u:t] *adj* bestemt, fast, standhaftig; djærv, kæk, rask, beslutsom, resolut, behjertet.
resolution [rezə'l(j)u:ʃn] *sb (cf resolute)* bestemthed, fasthed; djærvhed, kækhed, behjertet (, rask) optræden, beslutsomhed; *(cf I. resolve)* beslutning, bestemmelse, (forsamlings:) resolution; beslutning *(fx of a general meeting); (kem, fys, mat., mus.)* opløsning; *New Year -s* nytårsforsætter.
I. resolve [ri'zɔlv] *vb* beslutte, bestemme (sig til), (om forsamling) beslutte, vedtage; *(kem, fys, mat., mus.)* opløse; *(fig)* løse *(fx a problem, a crisis);* (uden objekt) *(mus.)* opløses; ~ *on* beslutte sig for *(fx a plan)*, bestemme sig til; ~ *doubts (, fears)* fjerne *(el.* bortvejre) tvivl (, frygt); *the House -d itself into a committee* underhuset konstituerede sig som udvalg.
II. resolve [ri'zɔlv] *sb* beslutning, bestemmelse; beslutsomhed; *(am)* resolution, beslutning.
resolved [ri'zɔlvd] *adj* besluttet, bestemt.
resolvent [ri'zɔlvənt] *adj* opløsende; *sb* opløsningsmiddel.
resonance ['rezənəns] *sb* genlyd; resonans.
resonant ['rezənənt] *adj* genlydende; rungende; sonor *(fx voice)*.
resorb [ri'sɔ:b] *vb* resorbere, opsuge, optage.

resorption [ri'sɔ:pʃn] *sb* resorption, opsugning.

I. resort [ri'zɔ:t] *sb* tilflugt, udvej; redning *(fx it was our only ~);* tilflugtssted, tilholdssted *(fx the café was the ~ of intellectuals);* feriested; *health ~* kursted; *seaside ~* badested; *summer (, winter) ~* sommer- (, vinter-)opholdssted; *a place of great (, general) ~* et sted mange (, alle) besøger; *court of last ~* sidste instans; *in the last ~* som en sidste udvej; i sidste instans; *have ~ to = II. resort.*

II. resort [ri'zɔ:t] *vb: ~ to* gribe til, tage sin tilflugt til, ty til; (om sted) tage til, besøge.

resound [ri'zaund] *vb* lade genlyde; lyde, tone, runge, give genlyd; genlyde *(with* af); *-ing (ogs)* eklatant *(fx defeat).*

resource [ri'sɔ:s] *sb* hjælpekilde; *(fig)* tilflugt, udvej *(fx tears were her only ~);* fritidsfornøjelse, adspredelse *(fx reading is my chief ~);* (om egenskab) rådsnarhed; **-s** *pl* midler, pengemidler, ressourcer, naturrigdomme, forråd *(fx coal -s); be at the end of one's -s* stå på bar bund.

resourceful [ri'sɔ:sf(u)l] *adj* opfindsom, snarrådig, idérig.

resource(s) centre *(omtr)* skolecentral; central for undervisningsmidler.

I. respect [ri'spekt] *vb* respektere, agte; tage hensyn til; angå; *~ oneself* have selvagtelse, have selvrespekt; *make oneself -ed* sætte sig i respekt.

II. respect [ri'spekt] *sb* respekt, agtelse; hensyn; henseende; *in ~ of (el. to)* med hensyn til; i henseende til, hvad angår; *in ~ that (glds)* i betragtning af at; *in many -s* i mange henseender; *pay one's -s to sby* gøre en sin opvartning; bevidne en sin respekt; *my father sends his -s* min fader lader hilse; jeg skal hilse fra min fader; *with ~ to* med hensyn til; *without ~ of persons* uden persons anseelse.

respectability [rispektə'biləti] *sb* agtværdighed; (ofte ironisk:) overdreven korrekthed *(el.* artighed).

respectable [ri'spektəbl] *adj* agtværdig, anset; pæn *(fx hotel),* ordentlig *(fx clothes);* (ofte ironisk:) korrekt, artig, pæn *(fx he is too ~ for my taste);* (om kvalitet) hæderlig, respektabel, ret god; (om størrelse, omfang) ret stor *(fx number, sum),* ret betydelig *(fx talents).*

respectful [ri'spektf(u)l) *adj* ærbødig; *Yours respectfully* ærbødigst; Deres ærbødige.

respecting [ri'spektiŋ] *præp* angående, med hensyn til, vedrørende.

respective [ri'spektiv] *adj* hver sin, respektive; *put them in their ~ places* anbringe dem hver på sit sted.

respectively [ri'spektivli] *adv* henholdsvis *(fx the books were marked ~ A, B, C etc).*

respiration [respə'reiʃn] *sb* respiration, åndedræt, *(bot)* ånding.

respirator ['respəreitə] *sb* gasmaske, røgmaske, respirator; (til kunstigt åndedræt) respirator.

respiratory [ri'spaiərətri] *adj* åndedræts- *(fx organs).*

respire [ri'spaiə] *vb* ånde; indånde; *(ogs fig)* trække vejret.

respite ['respait] *sb* frist, henstand, udsættelse, respit, pusterum; *vb* give frist, udsætte; midlertidig lindre.

resplendence [ri'splendəns] *sb* glans.

resplendent [ri'splendənt] *adj* strålende.

respond [ri'spɔnd] *vb* svare *(to* på), holde svartale *(to* til); (i kirke) synge korsvar, svare; *(fig)* reagere *(to* over for, på, *fx the treatment),* være modtagelig *(to* for); *~ with* svare med, gengælde med.

respondent [ri'spɔndənt] *sb (jur)* indstævnte (især i skilsmissesager), (ved disputats) præses, doktorand, (ved sociologisk undersøgelse) svarperson (ɔ: adspurgt); *adj* reagerende *(to* over for, på); *(jur)* indstævnt.

response [ri'spɔns] *sb* svar, (i kirke) menighedens svar ved gudstjeneste, korsvar; *(fig)* reaktion *(to* over for, på); respons; *meet with a ~* vinde genklang, finde tilslutning.

response rate besvarelsesprocent.

responsibility [rispɔnsi'biləti] *sb* ansvarlighed; ansvar; ansvarsfølelse; *it is your ~* det er (på) dit ansvar; det er du ansvarlig for.

responsible [ri'spɔnsəbl] *adj* ansvarlig; ansvarsfuld; ansvarsbevidst; ansvarshavende; *hold ~* drage til ansvar; *~ post* betroet stilling.

responsions [ri'spɔnʃnz] *sb pl* (den første af de eksaminer ved Oxfords universitet som man må bestå for at blive *B.A.).*

responsive [ri'spɔnsiv] *adj* forstående, sympatisk indstillet; interesseret, lydhør *(fx audience* publikum); svar-, der tjener som svar; *~* **to** som reagerer på, påvirkelig for (, af); lydhør over for.

I. rest [rest] *sb* hvile, ro; hvil *(fx take a ~),* pause, ophold, *(mus.)* pause(tegn); (til understøtning) støtte, underlag, (på stol *etc)* læn *(fx arm ~),* (for gevær, *tekn:* på maskine, *hist.:* på rustning, for lanse) anlæg, (i billard) maskine;

at ~ i hvile, i ro, stille; *he is at ~* (ɔ: død) han har fået fred; *set a question at ~* afgøre (, gøre en ende på diskussionen om) et spørgsmål; *set sby's mind at ~* berolige én; *go* **to** ~ gå til ro; *lay sby to ~* (ɔ: begrave) stede en til hvile.

II. rest [rest] *vb* hvile; lade hvile *(fx one's horse; one's gaze on sth),* give hvile; støtte *(fx one's head on one's hands),* stille *(fx the ladder against the wall); (fig)* støtte, basere *(on* på); *~ assured that* stole på at; være forvisset om at; *there the matter must ~* derved må det forblive *(el.* bero); ~ **with** *(fig)* ligge hos, påhvile *(fx the responsibility -s with him); it -s with you to decide* det står til dig at afgøre.

III. rest [rest] *sb: the ~* resten *(fx the ~ of the money);* det øvrige *(fx the ~ of Europe);* de andre *(fx the ~ are staying); and (all) the ~ (of it)* og så videre; *for the ~* hvad det øvrige angår.

restate ['ri:'steit] *vb* gentage.

restatement ['ri:'steitmənt] *sb* gentagelse.

restaurant [*fr.,* 'restərɔ:ŋ, 'restərənt] *sb* restaurant.

restaurant car spisevogn.

rested ['restid] *adj* udhvilet.

restful ['restf(u)l] *adj* rolig, beroligende, fredfyldt.

restharrow ['resthærəu] *sb (bot)* krageklo.

rest house rasthytte.

resting place hvilested *(fx his last ~).*

restitution [resti'tju:ʃn] *sb* tilbagegivelse, tilbagelevering; erstatning; *(fx* i rettighed) genindsættelse.

restive ['restiv] *adj* stædig; urolig, vanskelig at styre.

restless ['restləs] *adj* rastløs, hvileløs; urolig, nervøs.

restock ['ri:stɔk] *vb* få ny beholdning; atter føre *(fx good wines); ~ the lake with fish* forny fiskebestanden i søen.

restoration [restə'reiʃn] *sb (cf restore)* istandsættelse, restaurering; rekonstruktion; genopbygning; genoprettelse; genindførelse; genindsættelse; tilbagegivelse; helbredelse; *the Restoration* genindsættelsen af Stuarterne i 1660 efter republikken.

restorative [ri'stɔ:rətiv] *adj* styrkende, stimulerende, nærende; *sb* nærende føde, styrkedrik.

restore [ri'stɔ:] *vb* istandsætte, restaurere *(fx a building),* rekonstruere *(fx a text);* genoprette *(fx peace),* genindføre *(fx a custom);* genindsætte *(fx a king);* give tilbage *(fx stolen property to the owner),* gengive; (efter sygdom) helbrede, restituere; *~ sby to favour* tage en til nåde.

restrain [ri'strein] *vb* holde tilbage, styre, beherske, betvinge, lægge bånd på; forhindre *(from* i); *~ him (ogs)* indskrænke hans frihed, spærre ham inde.

restrained [ri'streind] *adj* behersket; *(tekn)* ind-

spændt, fastholdt.
restraint [ri'streint] *sb* tvang, betvingelse; indskrænkning, bånd; tilbageholdenhed, beherskelse; *be under* ~ være under tvang; (om sindssyg) være tvangsindlagt; *put under* ~ indespærre, tvangsindlægge.
restrict [ri'strikt] *vb* begrænse, indskrænke.
restricted [ri'striktid] *adj* begrænset; ikke offentlig tilgængelig; *(am)* kun for hvide; (om dokument) til tjenestebrug (laveste klassifikationsgrad); ~ *area* spærret *(el.* forbudt) område; *(mht* hastighed) område med hastighedsbegrænsning.
restriction [ri'strikʃn] *sb* indskrænkning, begrænsning, restriktion; forbehold.
restrictive [ri'striktiv] *adj* begrænsende; restriktiv (*fx society*); ~ *clause (gram.)* bestemmende relativ sætning; ~ *(trade) practices (merk)* konkurrencebegrænsning.
rest room *(am)* toilet.
result [ri'zʌlt] *vb* resultere *(in* i), opstå, fremgå, hidrøre, følge *(from* af); *sb* resultat, udslag, følge, udfald, virkning; *(mat.)* resultat, facit; ~ *in (ogs)* ende med; *without* ~ frugtesløs, forgæves.
resultant [ri'zʌlt(ə)nt] *adj* resulterende; deraf flydende; *sb (fys)* (kraft)resultant.
resume [ri'z(j)u:m] *vb* igen (over)tage *(fx command);* genindtage *(fx one's seat);* genvinde *(fx one's liberty);* igen begynde på, genoptage *(fx work);* give et resumé af; (uden objekt) begynde igen, fortsætte (efter afbrydelse).
résumé ['rezjumei] *sb* resumé, sammendrag; *(am,* i ansøgning) data, oplysninger om tidligere beskæftigelse.
resumption [ri'zʌm(p)ʃn] *sb* tilbagetagelse; genoptagelse, fortsættelse.
resurgence [ri'sə:dʒns] *sb* genopståen.
resurgent [ri'sə:dʒnt] *adj* som opstår (, kommer til live) igen, genopdukkende, fornyet.
resurrect [rezə'rekt] *vb* kalde til live igen; genoplive *(fx an old custom); (glds fig)* grave op; (uden objekt) opstå fra de døde.
resurrection [rezə'rekʃn] *sb* opstandelse; genoplivelse.
resurrectionism [rezə'rekʃnizm] *sb (glds)* ligrøveri.
resurrection|ist [rezə'rekʃnist], ~ **man** *sb (glds)* ligrøver (som sælger lig til dissektion). ~ **pie** T pie lavet af levninger; 'spisekammerrydning', 'køleskabsrydning'.
resuscitate [ri'sʌsiteit] *vb* genoplive; genoplives; komme til live igen; genoptage med fornyet energi.
resuscitation [risʌsi'teiʃn] *sb* genoplivelse.
ret [ret] *vb* (om hør *etc)* røde, udbløde, opbløde.
retable [ri'teibl] *sb (arkit)* retabel (altervæg, altertavle).
I. retail [ri'teil] *vb* sælge en detail; *(fig)* genfortælle, bringe videre, diske op med.
II. retail ['ri:teil] *sb* detailsalg; *adj* detail- *(fx business); by* ~ en detail; ~ *dealer* detailhandler.
retailer [ri'teilə] *sb* detailhandler; kolportør (af nyheder, sladder).
retain [ri'tein] *vb* holde tilbage; holde; beholde; bibeholde; have i behold; huske; *(jur)* engagere (ved forskudshonorar) *(fx a barrister)*.
retainer [ri'teinə] *sb* engagement (af advokat); forskudshonorar (til en advokat *etc); (tekn)* holder; *(glds)* undergiven, medlem af en stormands følge; *old family* ~ gammelt trofast tyende, faktotum.
retaining| fee forskudshonorar (til en advokat *etc*). ~ **wall** støttemur.
retake ['ri:'teik] *vb* tage tilbage; generobre; *(fot)* tage om.
retaliate [ri'tælieit] *vb* gøre gengæld, hævne sig; ~ *upon (ogs)* tage repressalier mod.
retaliation [ritæli'eiʃn] *sb* gengæld; hævn; repressalier.
retaliatory [ri'tæliətri] *adj* gengældelses-; ~ *measures (ogs)* repressalier.
retard [ri'ta:d] *vb* forsinke, forhale; ~ *the ignition* stille til lav tænding.
retardation [ri:ta:'deiʃn] *sb* forsinkelse, forhaling.
retarded [ri'ta:did] *adj (psyk)* retarderet, tilbage (i udvikling), udviklingshæmmet; ~ *ignition* lav tænding, eftertænding.
retch [retʃ] *vb* (skulle *el.* gøre tilløb til at) kaste op.
retd. *fk retired* fhv., pensioneret.
retell ['ri:'tel] *vb* genfortælle.
retention [ri'tenʃn] *sb* tilbageholdelse; bibeholdelse; *(med.)* retention.
retentive [ri'tentiv] *adj* som beholder (, bevarer, holder på plads); *a* ~ *memory* en god hukommelse; ~ *of* som holder på *(fx moisture)*.
rethink ['ri:'θiŋk] *vb* tage op til fornyet overvejelse; omvurdere.
R. et I. *fk Rex et Imperator* konge og kejser, *Regina et Imperatrix* dronning og kejserinde.
reticence ['retisns] *sb* tilbageholdenhed, reserverthed; fåmælthed, tavshed.
reticent ['retisnt] *adj* forbeholden, reserveret, tilbageholdende; fåmælt, tavs.
reticle ['retikl] *sb* trådkors, streginddeling (i kikkert).
reticulate [ri'tikjulət] *adj* netagtig; [ri'tikjuleit] *vb* danne et netværk; *-d python* netpython.
reticulation [ritikju'leiʃn] *sb* netagtig forgrening, netværk.
reticule ['retikju:l] *sb (glds)* håndtaske, dametaske.
retina ['retinə] *sb (anat)* nethinde.
retinitis [reti'naitis] *sb* betændelse i nethinden.
retinue ['retinju:] *sb* følge, ledsagere.
retire [ri'taiə] *sb* trække sig tilbage; gå i seng; fjerne sig; fortrække, retirere; vige *(el.* falde) tilbage; (fra stilling:) træde tilbage, gå af, tage sin afsked; (med objekt) trække tilbage *(fx troops),* (om penge) tage ud af omløb; (fra stilling) pensionere, få til at trække sig tilbage; ~ *on a pension* gå af med pension.
retired [ri'taiəd] *adj* som har trukket sig tilbage; afskediget, afgået, forhenværende; pensioneret; tilbagetrukket *(fx life);* (let *glds)* afsides(liggende) *(fx village); be placed on the* ~ *list* blive afskediget, blive pensioneret; ~ *pay* pension.
retirement [ri'taiəmənt] *sb* afgang, fratræden, pensionering; tilbagetrukkethed; ensomhed; tilflugtssted; *go into* ~ trække sig tilbage (fra al selskabelighed); *live in* ~ leve tilbagetrukket.
retirement pension *(omtr)* folkepension.
retirement pensioner *(omtr)* folkepensionist.
retiring [ri'taiəriŋ] *adj* tilbageholdende; *the* ~ *government* den afgående regering.
retool ['ri:'tu:l] *vb* udstyre med nye værktøjsmaskiner; omstille.
I. retort [ri'tɔ:t] *vb* tage til genmæle, svare skarpt; gengælde; *sb* (skarpt) svar, svar på tiltale.
II. retort [ri'tɔ:t] *sb* retort; destillerkolbe.
retortion [ri'tɔ:ʃn] *sb* retorsion; repressalier.
retouch ['ri:'tʌtʃ] *vb* bearbejde på ny; friske op, pynte på; (om bog) omarbejde; *(fot)* retouchere.
retrace [ri(:)'treis] *vb* spore *(el.* følge) tilbage; genkalde sig; gennemgå i tankerne; ~ *one's steps* gå samme vej tilbage.
retract [ri'trækt] *vb* trække tilbage *(fx a cat can* ~ *its claws);* (om ytring) tage tilbage, tilbagekalde; tage sine ord tilbage; *(flyv)* trække op *(fx the undercarriage)*.
retractable [ri'træktəbl] *adj* som kan trækkes tilbage; ~ *undercarriage (flyv)* optrækkeligt understel.
retraction [ri'trækʃn] *sb* tilbagetrækning; tilbagekaldelse.

retractor [ri'træktə] *sb (med.)* sårhage, spærhage (til at holde et sårs rande udspilet med).
retrain ['ri:'trein] *vb* genoptræne; omskole.
retranslate ['ri:træns'leit] *vb* tilbageoversætte; oversætte igen. **retranslation** ['ri:træns'leiʃn] *sb* tilbageoversættelse; fornyet oversættelse.
retread ['ri:'tred] *vb* lægge ny slidbane på, vulkanisere.
retreat [ri'tri:t] *sb (mil.* og *fig)* tilbagetog, tilbagetrækning, *(ogs* om signal) retræte; (sted:) tilflugt, tilflugtssted; *(rel)* refugium; periode hvor man trækker sig tilbage og holder stille andagt; *vb* trække sig tilbage; fjerne sig; *beat a ~ (fig)* foretage et (hastigt) tilbagetog, fjerne sig skyndsomst; (skyndsomst) trække i land; *sound a ~* blæse retræte.
retrench [ri'tren(t)ʃ] *vb* beskære, nedskære; indskrænke; (uden objekt) indskrænke sig, spare.
retrenchment [ri'tren(t)ʃmənt] *sb* indskrænkning, nedskæring, sparepolitik, besparelse; begrænsning; *(mil.)* forskansning.
retribution [retri'bju:ʃn] *sb* straf, gengældelse.
retributive [ri'tribjutiv] *adj* gengældelses-.
retrieval [ri'tri:vl] *sb* generhvervelse; genfindelse; fremdragning, (af oplysninger *etc)* eftersøgning, opledning; redning; genoprettelse; *lost beyond (el. past) ~* uhjælpelig fortabt, uigenkaldelig tabt; *information ~ (bibl)* litteratursøgning.
retrieve [ri'tri:v] *vb* få tilbage, få fat i igen, genfinde; drage frem *(fx four bodies have been -d from the snow),* oplede; redde *(fx the situation),* genoprette *(fx a loss),* råde bod på *(fx a mistake);* (om hund) apportere.
retriever [ri'tri:və] *sb* retriever (jagthund som apporterer nedlagt vildt).
retroaction [retrə'ækʃn] *sb* tilbagevirkning; (i radio) tilbagekobling.
retroactive [retrəu'æktiv] *adj* tilbagevirkende; *~ amplification* (i radio) tilbagekoblingsforstærkning; *~ law* lov med tilbagevirkende kraft.
retrocede [retrə'si:d] *vb* atter afstå *(fx a territory).*
retrocession [retrə'seʃn] *sb* genafståelse.
retroflex ['retrəfleks] *adj* bøjet tilbage.
retroflexion [retrə'flekʃn] *sb* tilbagebøjning.
retrogradation [retrəgrə'deiʃn] *sb* tilbagegående bevægelse.
retrograde ['retrəgreid] *vb* bevæge sig baglæns, degenerere, blive ringere; *adj* som bevæger sig tilbage; som degenererer, som bliver ringere; *~ step* tilbageskridt.
retrogress [retrə'gres] *vb* gå tilbage, forringes, gå i opløsning.
retrogressive [retrə'gresiv] *adj,* se *retrograde (adj).*
retro-rocket ['retrəu'rɔkit] *sb* bremseraket.
retrospect ['retrəspekt] *sb* tilbageblik; *in ~* når man ser (, så) tilbage.
retrospective [retrə'spektiv] *adj* retrospektiv, tilbageskuende; med tilbagevirkende kraft *(fx legislation).*
retroussé [rə'tru:sei] *adj* (om næse) opadvendt, opstopper-.
I. return [ri'tə:n] *vb* **1.** vende tilbage, komme igen, returnere;
(med objekt) **2.** bringe (, give, sende, betale) tilbage, tilbagelevere, returnere, *(fig)* gengælde *(fx his love; a call* en visit), besvare *(fx the enemy's fire);* **3.** (i kortspil) spille (en farve) tilbage *(fx he -ed clubs);* **4.** give (udbytte, fortjeneste); **5.** indberette, angive, melde; **6.** *(parl)* vælge; *be -ed for* blive valgt til parlamentsmedlem for; *~ an answer* give et svar; *~ home* vende hjem (igen); *~ thanks* takke; *~ a verdict (jur,* om nævninge) afgive en kendelse.
II. return [ri'tə:n] *sb (cf I. return)* **1.** tilbagevenden, tilbagekomst, hjemkomst, genkomst; **2.** tilbagegivelse, tilbagesendelse, tilbagelevering, returnering, tilbagebetaling; betaling, erstatning; gengæld, besvarelse; **3.** (i kortspil) svar på udspil; **4.** *(økon)* udbytte *(fx get a quick ~ on one's money);* **5.** indberetning, beretning, *(mht* skat: *income tax ~)* selvangivelse; (se også *ndf: -s);* **6.** *(parl)* valg; **7.** *(jernb etc)* returbillet; **8.** (i sport) returnering (af bold), (se også *~ match);*
-s *pl* statistik, (statistisk) opgørelse, beretning, (om valg) resultat; *(merk)* udbytte; reklamationsvarer; (usolgte bøger, aviser) retureksemplarer; (i reklame) svar på reklamekampagne;
by *~ (of post)* omgående; **in** *~* til gengæld *(for* for); *in ~ for (ogs)* som tak for; *point of* **no** *~* (punkt på flys rute hvorefter tilbagevenden bliver umulig fordi halvdelen af brændstoffet er opbrugt); *we are at the point of no ~ (fig)* nu er der ingen vej tilbage; *many happy -s* **of** *the day* til lykke (med fødselsdagen); *~ of premium* ristorno.
III. return [ri'tə:n] *adj* tilbage, retur- *(fx journey).*
returnable [ri'tə:nəbl] *adj* genbrugs-, retur- *(fx bottles).*
return address afsenderadresse.
returning officer valgbestyrer (der i en valgkreds leder valghandlingen ved parlamentsvalg).
return| match revanchekamp, returkamp. *~* **pipe** returrør. *~* **ticket** returbillet.
reunification ['ri:ju:nifi'keiʃn] *sb* genforening.
reunify ['ri:'ju:nifai] *vb* genforene.
reunion ['ri:'ju:njən] *sb* genforening; møde, stævne; sammenkomst, fest *(fx a family ~).*
reunite ['ri:ju'nait] *vb* genforene; genforenes.
I. rev [rev] *sb* T præst.
II. rev [rev] *vb: ~ up* varme (en motor) op; give gas, gasse op.
Rev. *fk Revelation; Reverend.*
rev. *fk revolution* omdrejning; *reverse(d); revised; revision; revenue.*
revaluation ['ri:vælju'eiʃn] *sb* omvurdering; (om møntfod) revaluering.
revalue ['ri:'vælju:] *vb* omvurdere.
revamp ['ri:'væmp] *vb (am* om sko) sætte nyt overlæder på; *(fig)* T pudse op, pynte på.
reveal [ri'vi:l] *vb* afsløre, åbenbare, røbe.
reveille [ri'væli] *sb (mil.)* reveille.
revel [revl] *vb* svire, holde gilde; leve i sus og dus; *sb* gilde, drikkelag; *-s pl (ogs)* løjer; *~* **in** fryde sig over, nyde, sole sig i *(fx their admiration),* elske; *(neds)* svælge i *(fx scandal).*
revelation [revə'leiʃn] *sb* afsløring, åbenbaring; *Revelations* Johannes' Åbenbaring.
reveller ['rev(ə)lə] *sb* svirebroder.
revelry ['revlri] *sb* gilde, sold.
revenge [ri'ven(d)ʒ] *vb* hævne; *sb* hævn; (i sport) revanche, revanchekamp; *~ oneself upon, be -d upon* hævne sig på; *have one's ~* få hævn, få revanche; *give him his ~* give ham revanche; *in ~* som hævn.
revengeful [ri'ven(d)ʒf(u)l] *adj* hævngerrig.
revenue ['rev(ə)nju:] *sb* indtægt, indtægter (særlig statsindtægter).
revenue | cutter toldkrydser. *~* **officer** toldbetjent. *~* **stamp** stempelmærke; (på cigaretpakke *etc)* banderole.
reverberate [ri'və:b(ə)reit] *vb* kaste tilbage; kastes tilbage; genlyde, lyde.
reverberation [rivə:bə'reiʃn] *sb* tilbagekastning; (af lyd) genlyd, ekko; efterklang.
reverberatory [ri'və:b(ə)rətri] *adj: ~ furnace* flammeovn.
revere [ri'viə] *vb* hædre, ære, holde i ære.
reverence ['rev(ə)rəns] *sb* ærefrygt, ærbødighed, pietet; *(glds)* reverens, kompliment; (titel til præst) velærværdighed; *vb* ære, have ærbødighed for; (se også *saving).*

reverend ['rev(ə)rənd] *adj* ærværdig; *the Rev. Amos Barton* pastor Amos Barton; *the Very Reverend* hans højærværdighed (om stiftsprovst); *the Right Reverend* hans højærværdighed (om biskop); *the Most Reverend* (om ærkebiskop); *the ~ gentleman* præsten.
reverent ['rev(ə)rənt], **reverential** [revə'renʃl] *adj* ærbødig, pietetsfuld.
reverie ['revəri] *sb* drømmerier, grubleri.
revers [ri'viə; *pl* ri'viəz] *sb* (på jakke *etc)* revers.
reversal [ri'və:sl] *sb* venden op og ned på, venden på hovedet, *(fig ogs)* fuldstændig forandring, omslag; *(mht* afgørelse, især *jur)* omstødelse, forkastelse; *(tekn)* reversering, omstyring.
I. reverse [ri'və:s] *vb* vende om, vende op og ned på, *(fig ogs)* forandre fuldstændigt, (om afgørelse, især *jur)* omstøde, forkaste; (om bil *etc)* sætte i bakgear; bakke med, *(tekn)* reversere, omstyre, *(fig)* vende *(fx the trend);* (uden objekt) bakke, køre baglæns, reversere; (i dans) danse avet om;
~ arms (mil.) vende geværet med kolben skråt opad; *~ the charge(s) (tlf)* lade modtageren betale for samtalen; *~ the engine* slå bak *(el.* kontra); *~ one's policy (fig)* slå bak; *the roles are -d* rollerne er byttet om.
II. reverse [ri'və:s] *sb* modsat side, (af mønt *etc)* bagside, revers, (af tøj) vrang; *(fig)* modsætning; (forandring:) omslag, (til det værre:) uheld, modgang, nederlag; (i bil *etc)* bakgear; (af film) tilbagekørsel; *adj* omvendt *(fx in ~ order),* baglæns; **in** ~ tilbage, baglæns; i bakgear; i omvendt orden *(el.* rækkefølge); *(fig)* omvendt, med modsat fortegn; **the** *~ is the case* det forholder sig lige omvendt; *the ~ of* det modsatte *(el.* omvendte) af; *the ~ of the medal (ogs fig)* bagsiden af medaljen.
reverse| charge call *(tlf)* samtale som modtageren betaler. **~ cover** (af bog) bagperm. **~ gear** bakgear. **~ side** (af mønt *etc)* revers, bagside; (af tøj) vrang.
reversible [ri'və:səbl] *adj* omstyrbar; (om stof) vendbar, til at vende, gennemvævet; *(kem)* reversibel.
reversion [ri'və:ʃn] *sb* tilbagevenden; *(jur)* hjemfald; fremtidsret, arveret (efter første brugers død); *(biol): ~ to type* atavisme.
reversionary [ri'və:ʃn(ə)ri] *adj (jur)* hjemfaldende; som senere vil tilfalde en.
revert [ri'və:t] *vb: ~ to* vende tilbage til; *(jur)* hjemfalde til; *(biol): ~ to type* opvise atavistiske træk.
revet [ri'vet] *vb* beklæde.
revetment [ri'vetmənt] *sb* beklædning; støttemur; sandsækbeklædning, vold af sandsække *(etc).*
review [ri'vju:] *vb* gennemgå, betragte; se tilbage på *(fx the past);* mønstre; (i avis *etc)* bedømme, anmelde *(fx a novel),* kritisere; *(mil.)* inspicere, holde revy over; *sb* tilbageblik; mønstring, betragtning; fornyet undersøgelse; genoptagelse; (af bog, forestilling) anmeldelse, kritik; (publikation:) magasin, tidsskrift.
reviewer [ri'vju:ə] *sb* anmelder, kritiker.
revile [ri'vail] *vb* forhåne, spotte; overfuse; rakke ned (på).
revisal [ri'vaizl] *sb* gennemsyn; revision.
revise [ri'vaiz] *vb* gennemse, gennemlæse; revidere *(fx one's opinions);* (i skole) repetere; *sb* revision; *(typ)* rettet korrektur, revision; *the Revised Version* den reviderede engelske bibeloversættelse (besørget 1870-1884).
revision [ri'viʒn] *sb* gennemsyn, korrektur; revision; (i skole) repetition.
revisionist [ri'viʒənist] *sb* (i politik) revisionist.
revisit ['ri:'vizit] *vb* besøge igen; *sb* fornyet besøg; *Oxford -ed* gensyn med Oxford.
revisory [ri'vaizri] *adj* revisions-, reviderende.
revitalize [ri:'vaitəlaiz] *vb* sætte nyt liv i; *be -d* få nyt liv.
revival [ri'vaivl] *sb* genoplivelse, genopvækkelse, *(rel)* vækkelse; genoptagelse, *(teat)* reprise; *the ~ of learning (el. letters)* renæssancen.
revivalist [ri'vaiv(ə)list] *sb* vækkelsesprædikant.
revival meeting vækkelsesmøde.
revive [ri'vaiv] *vb* leve op igen; få nyt liv; vågne; blomstre op; (med objekt) give nyt liv, forny, opfriske, genoplive; *(teat,* film) tage (et stykke) op igen.
reviver [ri'vaivə] *sb* genopliver; S opstrammer.
revivification ['ri:vivifi'keiʃn] *sb* genoplivelse, genopfriskning.
revocation [revə'keiʃn] *sb (cf revoke)* tilbagekaldelse, ophævelse, inddragelse.
revoke [ri'vəuk] *vb* tilbagekalde, inddrage *(fx the permission);* ophæve *(fx the regulations were -d);* (i kortspil) svigte kulør; *sb* kulørsvigt; *have one's licence -d* miste sit kørekort; *make a ~* svigte kulør.
revolt [ri'vəult] *vb* gøre oprør, rejse sig, protestere *(against, from* mod); oprøres, væmmes *(against, from* ved); (med objekt) oprøre, frastøde; *sb* opstand, revolte, oprør.
revolting [ri'vəultiŋ] *adj* oprørende, modbydelig, afskyelig.
revolution [revə'l(j)u:ʃn] *sb* revolution, omvæltning; *(cf revolve)* omdrejning *(fx 350 -s per second);* omgang; *(astr)* omløb; *~ counter* omdrejningstæller.
revolutionary [revə'l(j)u:ʃn(ə)ri] *adj* revolutions-; revolutionær; *(fig)* revolutionerende *(fx discovery); sb* revolutionær.
revolutionist [revə'l(j)u:ʃnist] *sb* revolutionær, revolutionsmand.
revolutionize [revə'l(j)u:ʃnaiz] *vb* revolutionere.
revolve [ri'vɔlv] *vb* dreje (sig), dreje *(el.* løbe) rundt, rotere; *(litt)* overveje, overtænke.
revolver [ri'vɔlvə] *sb* revolver.
revolving [ri'vɔlviŋ] *adj* omdrejende, roterende; drejelig *(fx handle; bookcase); ~ credit (merk)* revolverende *(el.* selvfornyende) kredit; *~ door* svingdør; *~ light* blinkfyr; *~ stage* drejescene.
revue [ri'vju:] *sb (teat)* revy.
revulsion [ri'vʌlʃn] *sb* væmmelse; omsving, omslag; voldsom reaktion; *(med.)* afledning; *~ against (el. to)* modstand mod, modvilje mod, modbydelighed for, væmmelse ved.
revulsive [ri'vʌlsiv] *adj (med.)* afledende.
reward [ri'wɔ:d] *vb* gengælde, belønne, lønne; *sb* gengæld, belønning, dusør; erstatning; vederlag; *in ~ for* som belønning for.
rewarding [ri'wɔ:diŋ] *adj* lønnende, taknemlig *(fx task);* udbytterig.
rewind ['ri:'waind] *vb* (om film, bånd) spole tilbage.
reword ['ri:'wə:d] *vb* ændre ordlyden af, omformulere.
rewrite ['ri:'rait] *vb* skrive om, omarbejde, omredigere; *sb* omarbejdet (, omredigeret) udgave (, artikel).
Rex [reks] regerende konge; *~ v.* ['və:səs] *John Doe (jur)* det offentlige mod John Doe (om kriminalsag).
Reynard ['renəd, 'reina:d] Mikkel Ræv.
rezone [ri:'zəun] *vb (omtr)* ændre byplanen for *(fx a piece of land).*
R.G.S. *fk Royal Geographical Society.*
R.H. *fk Royal Highness; (mil.) Royal Highlanders.*
rhapsodic(al) [ræp'sɔdik(l)] *adj* rapsodisk; *(fig)* overdrevent begejstret.
rhapsody ['ræpsədi] *sb* rapsodi; *go into rhapsodies* falde i henrykkelse.
rhea ['ri:ə] *sb zo* nandu (strudseart).
Rheims [ri:mz].
Rhenish ['ri:niʃ; 'reniʃ] *adj* rhinsk; *sb (glds)* rhinskvin.
rheostat ['riəstæt] *sb (elekt)* reostat, variabel modstand.
rhesus ['ri:səs] *sb: ~ (monkey) zo* rhesusabe; *~ factor (med.)* rhesusfaktor.

rhetoric ['retərik] *sb* retorik, talekunst.
rhetorical [ri'tɔrikl] *adj* retorisk.
rheum [ru:m] *sb (glds)* snue; slim.
rheumatic [ru'mætik] *adj* reumatisk; *sb* gigtpatient; *-s pl* T gigtsmerter.
rheumatism ['ru:mətizm] *sb* reumatisme, gigt.
R.H.G. *fk Royal Horse Guards.*
I. rhine [ri:n] *sb* vandgrav, grøft.
II. Rhine [rain]: *the* ~ Rhinen.
Rhine|stone rhinsten; bjergkrystal. ~ **wine** rhinskvin.
rhino ['rainəu] *sb* næsehorn; S penge.
rhinoceros [rai'nɔs(ə)rəs] *sb zo* næsehorn.
rhinoscope ['rainəskəup] *sb (med.)* næsespejl.
rhizome ['raizəum] *sb (bot)* jordstængel.
Rhode Island [rəud'ailənd].
Rhodes [rəudz] Rhodos; *(ogs* personnavn).
Rhodesia [rəu'di:zjə, -ʒə, -ʃə].
Rhodesian [rəu'di:ʒn, -ʃn] *sb* rhodesier; *adj* rhodesisk.
rhodium ['rəudjəm] *sb* rhodium (et metal).
rhododendron [rəudə'dendrən] *sb (bot)* rododendron; alperose.
rhomb [rɔm] *sb* rombe. **rhombic** ['rɔmbik] *adj* rombisk.
rhombohedron [rɔmbə'hi:drən] *sb* romboeder. **rhomboid** ['rɔmbɔid] *sb* romboide. **rhombus** ['rɔmbəs] *sb* rombe.
Rhone [rəun]: *the* ~ Rhône.
rhubarb ['ru:ba:b] *sb (bot)* rabarber; *(teat)* baggrundsmumlen; T forvirret støj, summen af stemmer; sludder; *(am)* skænderi; *vb* mumle.
rhumb [rʌm] *sb (mar)* kompasstreg.
rhyme [raim] *sb* rim; vers, poesi; *vb* rime; sætte på rim; *without ~ or reason* blottet for mening.
rhymer ['raimə], **rhymester** ['raimstə] *sb (neds)* rimsmed.
rhythm [riðm] *sb* rytme, takt.
rhythmic(al) ['riðmik(l)] *adj* rytmisk; taktfast.
R.I. *fk Rhode Island.*
I. rib [rib] *sb* ribbe; (på paraply) stiver; *(anat)* ribben; *(mar)* spant; *vb* forsyne med ribber; *a dig in the -s* et puf i siden.
II. rib [rib] *(am* T*) sb* vittighed; parodi; *vb* drille, gøre nar af.
ribald [ribld] *adj* grov, sjofel, saftig.
ribaldry ['ribldri] *sb* grovheder, sjofelheder.
riband ['ribənd] *sb (glds)* bånd.
ribbed [ribd] *adj* ribbet; riflet *(fx glass, velvet);* (om strikvarer) ribstrikket.
ribbing ['ribiŋ] *sb* ribber; ribstrikning; ribkant.
ribbon ['ribən] *sb* bånd; ordensbånd; strimmel; (til skrivemaskine) farvebånd; *-s pl* (T *ogs*) tøjler, tømme; *torn to -s* revet i laser.
ribbon| development randbebyggelse, bebyggelse langs hovedvejene. **-fish** *zo* sildekonge; båndfisk. ~ **loudspeaker** båndhøjttaler.
ribwort ['ribwɛ:t] *sb (bot)* lancetbladet vejbred.
rice [rais] *sb* ris.
rice| flour rismel. ~ **paddy** rismark. ~ **paper** rispapir.
rich [ritʃ] *adj* rig; frugtbar; fyldig; rigelig, overdådig; kostbar *(fx jewels);* (om lugt) kraftig; (om farve) varm; (om klang) fuldttonende; (om mad) fed, mættende, kalorierig; (om blanding) fed; T meget morsom, kostelig; latterlig.
Richard ['ritʃəd].
riches ['ritʃiz] *sb pl* rigdom(me).
richly ['ritʃli] *adj* rigt *(etc, cf rich);* rigelig; *~ deserve it* fortjene det ærligt og redeligt.
Richmond ['ritʃmənd].
richness ['ritʃnəs] *sb* rigdom, frugtbarhed *(etc cf rich).*
rick [rik] *sb* stak, høstak, halmstak; *vb* stakke; (se også *wrick).*
rickets ['rikits] *sb* rakitis, engelsk syge.
rickety ['rikiti] *adj* ledeløs; skrøbelig, vaklevorn.

rickrack ['rikræk] *sb* siksakbort.
rickshaw ['rikʃɔ:] *sb* rickshaw.
ricochet ['rikəʃei, -ʃet] *sb* rikochet; *vb* rikochettere, prelle af.
ricrac = *rickrack.*
rictus ['riktəs] *sb* grinende grimasse; gab.
rid [rid] *vb (rid, rid)* befri, frigøre, skaffe af med; *adj* fri, befriet; *get ~ of* blive fri for, blive af med.
riddance [ridns] *sb* befrielse; *he's gone and good ~* han er væk, gudskelov!
ridden [ridn] *pp* af *ride; adj* underkuet af, domineret af *(fx priest-~),* plaget af *(fx fear-~).*
I. riddle [ridl] *sb* groft sold; *vb* sigte; *(ogs fig)* gennemhulle *(fx his arguments); -d with (fig)* fuld af, undergravet af, gennemsyret af *(fx corruption);* befængt med, plaget af *(fx rats),* ødelagt af.
II. riddle [ridl] *sb* gåde; *vb* tale i gåder; gætte, løse (en gåde).
I. ride [raid] *vb (rode, ridden)* ride; køre *(fx in a bus);* sidde, hvile *(on* på), (om skib) ligge for anker; (om månen) svæve; (med objekt) lade ride; ride på *(fx a horse, the waves),* køre på *(fx a bicycle); (am* T*)* drille, plage;
~ *down* skamride; indhente (til hest); ride over ende; *~ for a fall* ride vildt; *(fig)* udfordre skæbnen; *be riding high (mar)* ligge højt på vandet; *(fig)* være populær, være på toppen; *the moon was riding high in the sky* månen stod højt på himlen; *let the problem ~* T lade problemet ligge *(el.* være); *~ out (el. off) a gale* ride en storm af; *~ up* krybe op (om tøj).
II. ride [raid] *sb* ridt, ridetur; køretur; cykeltur; sejltur; ridesti (i skov); *be along for the ~* T kun være tilskuer; være passivt medlem; *get a rough ~* have en hård (køre)tur; *(fig)* få en hård behandling, få en ublid medfart; *take for a ~ (am* S*)* kidnappe og myrde; tage ved næsen, holde for nar.
rider ['raidə] *sb* rytter; passager; *(jur)* tilføjelse til et dokument *(fx* til en jurys kendelse); tillægsbestemmelse; *(mar)* forstærkningsskinne; (på vægt) rytter.
ridge [ridʒ] *sb* ryg, højdedrag, ås; (bakke-, bølge-)kam; ophøjet rand; (på hus) mønning, tagryg; (mellem plovfurer) kam; *(meteorol)* højtryksudløber; *vb* danne rygge, hæve sig i rygge; (om kartofler) hyppe.
ridge|pole ['ridʒpəul] *sb* rygås; (i telt) overligger. ~ **tile** rygningssten.
ridgy ['ridʒi] *adj* furet.
ridicule ['ridikju:l] *sb* spot; latterliggørelse; *vb* spotte, latterliggøre; gøre nar af; *hold up to ~* latterliggøre.
ridiculous [ri'dikjuləs] *adj* latterlig.
I. riding ['raidiŋ] *sb* ridning; ridevej; *adj* ridende; ride- *(fx breeches* bukser; *crop* pisk).
II. riding ['raidiŋ] *sb* (et af de tre distrikter hvori Yorkshire var inddelt).
riding habit *(glds)* ridedragt (for damer).
Riding-Hood: *Little Red ~* lille Rødhætte.
riding light *(mar)* positionslys, ankerlanterne.
riding master berider, ridelærer.
rife [raif] *adj: be ~* grassere, gå i svang, være almindelig; *~ with* fuld af.
riffle [rifl] *sb* rille; *(am)* bølge, krusning; *vb (am)* kruse; gennemblade (rask); blande (kort).
riffraff ['rifræf] *sb (neds)* pak, udskud, krapyl, ros.
I. rifle [raifl] *vb* plyndre; røve.
II. rifle [raifl] *sb* riffel, gevær; *vb* rifle; *-s pl (ogs)* infanteriregiment (bevæbnet med rifler).
rifle| company *(mil.)* let kompagni. ~ **grenade** geværgranat. **-man** geværskytte. ~ **pit** *(mil.)* skyttehul. ~ **range** skydebane; skudhold. ~ **shot** geværskud; dygtig (gevær)skytte.
rifling ['raifliŋ] *sb (cf II. rifle)* rifling; riffelgange; *(cf I. rifle);* plyndring.
rift [rift] *sb* revne; rift; *(fig)* kløft, splid *(between* imel-

lem); *vb* revne; *a ~ in the lute* en kurre på tråden.
rift valley gravsænkning, bruddal, sprækkedal.
rig [rig] *vb* rigge, tilrigge; T udmaje, ugle ud; lave svindel med *(fx an election)*, manipulere med, arrangere; *sb (mar)* rig, takkelage; T udstyr; påklædning; *(am)* sættevogn; (se *ogs oil rig); ~ out* pynte, udmaje; *~ up* rigge til.
Riga ['ri:gə].
rigger ['rigə] *sb (mar)* rigger, takler.
rigging ['rigiŋ] *sb (cf I. rig) (mar)* rig, rigning, takkelage; T antræk; *(cf II. rig)* svindel *(fx election ~)*.
I. right [rait] *adj, adv* ret; rigtig; lige; (om retning) højre; *adv* ret, rigtigt *(fx do it ~)*, lige *(fx ~ after dinner; go ~ home)*, helt *(fx ~ to the end)*; (om retning) til højre *(fx look ~)*;
~ **about** *turn!* højre om! *all ~*, se *all; ~ and left* til højre og venstre; *~ you* **are!** ok! det er i orden! *how ~ you are* hvor har du dog ret; ja det må du nok sige; **as** *~ as rain* helt rask, frisk som en fisk; helt i orden; ~ **away** straks; **be** ~ være rigtig; have ret; **come** ~ komme i orden; blive godt igen; **do** *~ to every one* gøre ret og skel; *get it ~* få det i orden; forstå det rigtigt; **make** *it ~* klare det; **Mr** *Right* den (helt) rigtige (unge mand); den eneste ene; ~ **off** straks; *he could read anything ~ off* han kunne læse alt fra bladet; **put** (*el.* **set**) ~ rette; gøre i stand; bringe i orden; bringe på ret køl; korrigere, rive ud af vildfarelse; *he sets us all ~* han hjælper os alle til rette; **see** *sby ~* sørge for at én får sine penge (, som løn).
II. right [rait] *sb* ret, rettighed; adkomst; (om retning) højre side; *(polit* og boksning) højre; (af stof) retside; **be** *in the ~* have ret, have retten på sin side; **by** *-s* med rette, egentlig; rettelig; *the -s* **of** *the* case sagens rette sammenhæng; **on** *the ~* til højre; *all -s reserved* eftertryk forbudt; *in one's* **own** ~ selv, uafhængigt *(fx the son, who is a well-known author in his own ~ ...)*, selvstændigt; peeress in her own ~ adelig dame der selvstændigt har adelstitel; **set** *(el. put) to -s* bringe i orden, ordne, klare; **to** *the ~ of* til højre for; *~ of way*, se *right-of-way*.
III. right [rait] *vb* rette; rette op; berigtige; råde bod på; *~ oneself* genvinde balancen; *~ sby* skaffe én hans ret.
rightabout ['raitə'baut] *adv* omkring; *~ turn!* omkring! *send him to the ~* vise ham vintervejen.
right-angled ['rait'æŋgld] *adj* retvinklet, med rette vinkler.
righteous ['raitʃəs] *adj* retfærdig; retskaffen.
rightful ['raitf(u)l] *adj* retfærdig; ret; retmæssig, lovlig *(fx owner)*.
right-hand ['raithænd] *adj* højre, på højre side; højrehånds-.
right-handed ['raithændid] *adj* højrehåndet *(mods* kejthåndet); højrehånds-; (om reb *etc)* højresnoet; (om skrue) højreskåren.
right-hander ['raithændə] *sb* højrehåndet person; højrehåndsslag (, -stød).
right-hand man *(fig)* højre hånd (ɔ: uundværlig hjælper).
rightist ['raitist] *sb, adj* højreorienteret.
rightly ['raitli] *adv* ret, med rette; rettelig; *~ considered* ret beset.
right-minded ['raitmaindid] *adj* retsindig, rettænkende.
right-o(h) ['rait'əu] *interj* javel! den er fin! så er det en aftale!
right-of-way [raitəv'wei] *sb* færdselsret; offentlig sti over privat grund; alderstidshævd på vej; forkørselsret; *(am ogs)* baneterræn.
right whale *zo* sletbag, grønlandshval.
rigid ['ridʒid] *adj* stiv, streng.
rigidify [ri'dʒidifai] *vb* stivne; gøre stiv, få til at stivne.
rigidity [ri'dʒiditi] *sb* stivhed; strenghed.
rigmarole ['rigmərəul] *sb* lang klamamus, lang remse, (usammenhængende, forvrøvlet) smøre; snørklet procedure, kineseri.
rigor [rəigɔ:] *sb* stivhed; kulderystelse, kuldegysning; *(am) = rigour; ~ mortis* dødsstivhed.
rigorism ['rigərizm] *sb* rigorisme, strenghed.
rigorist ['rigərist] *sb* rigorist, streng person.
rigorous ['rig(ə)rəs] *adj* streng, hård, rigoristisk.
rigour ['rigə] *sb* stivhed; strenghed, hårdhed.
rig-out ['rig(')aut] *sb* T udstyr, antræk.
rile [rail] *vb* T ærgre, irritere.
rill [ril] *sb* lille bæk; *vb* rinde, risle.
rim [rim] *sb* rand, kant; *(tekn ogs)* krans, (af hjul *ogs)* fælg; (om briller) indfatning; *vb* kante; indfatte.
rime [raim] *sb* rim; rimfrost; *vb* dække med rim; (se også *rhyme)*.
rimy ['raimi] *adj* dækket med rim.
rind [raind] *sb* bark, skal, skorpe; *bacon ~* flæskesvær.
rinderpest ['rindəpest] *sb* kvægpest.
I. ring [riŋ] *sb* ring; (for heste) (ride)bane, væddeløbsbane; (til tyrefægtning) arena; (i cirkus) manege; (til boksning) boksering; *vb* omgive med en ring, omringe; forsyne med en ring, ringe *(fx a bull)*; (om fugl) ringmærke; (om træ) ringe; (om jaget ræv) løbe i ring; *make (el. run) -s round (fig)* være meget hurtigere (, dygtigere, T skrappere) end; vinde stort over; slå med flere længder; *throw one's hat in the ~ (am, pol)* melde sig som kandidat.
II. ring [riŋ] *vb (rang, rung)* lade lyde, ringe med; ringe på; (uden objekt) ringe; klinge, lyde; genlyde *(fx the room rang with laughter)*; runge;
~ the **bell** ringe med klokken; ringe på klokken, ringe på; *(fig)* have succes; bringe sejren hjem; *that absolutely -s the bell* det er vel nok den stiveste; *that -s a bell with me* det minder mig om noget, det får mig til at tænke på noget; *~ a* **coin** prøve klangen af en mønt; ~ **down** *the curtain* give signal til at tæppet skal gå ned; lade tæppet gå ned; ~ **false** have en uægte klang; ~ **for** ringe på, ringe efter; ~ **off** lægge røret på; ringe af; ~ **out** lyde, ringe; ringe ud; ~ **true** lyde ægte (*el.* pålideligt); ~ **up** slå op (på kasseapparat); *~ sby up* ringe én op; *the curtain rang up* signalet lød til at tæppet skulle gå op.
III. ring [riŋ] *sb* klang, lyd; genlyd, tonefald; ringen; (telefon)opringning; *give sby a ~ (tlf)* ringe en op.
ringer ['riŋə] *sb* ringer; jaget ræv som løber i ring; hest som starter på væddeløsbanen under falsk navn; en som deltager i sportskamp *etc* under falske forudsætninger; *A is a dead ~ for B* A ligner B på en prik.
ring| finger ringfinger. ~ **gear** kronhjul.
ringing ['riŋiŋ] *adj* ringende, klingende; rungende *(fx bass, voice)*; *sb* ringen.
ringleader ['riŋli:də] *sb* anfører, hovedmand, anstifter (af mytteri, oprør *etc)*.
ringlet ['riŋlət] *sb* lille ring; lok, krølle.
ring| mail ringbrynje. **-man** bookmaker. **-master** (i cirkus) ringmaster, sprechstallmeister. ~ **ouzel** [-'u:zl] *zo* ringdrossel. ~ **road** ringvej, omfartsvej. ~ **shake** ringskøre (i træ). **-side** (ved boksering) ringside. **-side seat** plads ved ringside; *(fig)* plads i første parket. ~ **spanner** stjernenøgle. ~ **-tailed phalanger** *zo* snohalepungdyr. **-worm** *(med.)* ringorm.
rink [riŋk] *sb* skøjtebane; rulleskøjtebane.
rinky-dink ['riŋkidiŋk] *adj (am* S) antikveret, mosgroet; snoldet.
rinse [rins] *vb* skylle; *sb* skylning; hårskylningsmiddel.
rinsings ['rinsiŋz] *sb pl* skyllevand (efter brugen), udskyllet snavs; bærme.
Rio de Janeiro ['ri:əudədʒə'niərəu].
riot ['raiət] *sb* optøjer, uroligheder, tumult, ståhej; virvar; T larmende munterhed; orgie; *(fig)* overflod,

overdådighed, vrimmel; *vb* lave optøjer; larme, svire; *she is a* ~ T hun er herlig, hun er til at dø af grin over; *a* ~ *of colour* en overdådig farvepragt, et farveorgie; **run** ~ fare vildt frem, løbe grassat; (om planter) vokse vildt, vokse i overdådig frodighed.

Riot Act: *read the* ~ (svarer til det at politiet (tre gange) i kongens og lovens navn opfordrer deltagerne i et opløb til at skilles); *(fig)* læse dem teksten.

rioter ['raiətə] *sb* fredsforstyrrer, urostifter, oprører; *(glds)* svirebroder.

riotous ['raiətəs] *adj* tøjlesløs, løssluppen; udsvævende; oprørsk.

riot| police uropoliti. ~ **shield** (politis) beskyttelsesskjold.

rip [rip] *vb* rive; flå, sprætte op; kløve; (uden objekt) revne, gå i stykker, løbe op; T fare (afsted); *sb* rift; (om hest) krikke, udgangsøg; (om person) udhaler, libertiner;

~ **into** flå hul i; T fare løs på, overfuse; **let** ~ lade sin vrede få frit løb; bande og sværge; *let it* ~ lade den køre for fuldt drøn, give den gas; *let things* ~ lade tingene gå deres gang; ~ **off** rive *(el.* flå) af; S hugge, stjæle; stjæle fra, plyndre; flå, plukke (for penge); snyde; ~ *off the back of a safe* skrælle et pengeskab; ~ **out** *an oath* udstøde en ed; ~ **up** flå op; rive i stykker; skære bugen op på *(fx a horse); (fig)* rippe op i.

R.I.P. *fk Requiesca(n)t in pace* hvil i fred.

riparian [rai'pɛəriən] *adj* som hører til en flodbred; ~ *owner,* ~ *proprietor* bredejer; ~ *rights* adkomst til flodbred.

rip cord udløserline (til faldskærm).

ripe [raip] *adj* moden; vellagret; T ildelugtende; uartig, vovet; ~ *for* moden til, parat til; ~ *for development* byggemoden; ~ *lips* røde fyldige læber.

ripen [raipn] *vb* modnes; udvikle sig.

rip-off ['ripɔf] *sb* S tyveri; fupnummer; det at plukke ved at tage ublu priser; plagiat.

riposte [ri'pəust] *sb* (i fægtning) ripost, *(fig ogs)* (rapt) gensvar; *vb* ripostere, give (rask) gensvar.

ripper ['ripə] *sb* S perle, pragteksemplar; morder (der flænser sine ofre op med en kniv).

ripping ['ripiŋ] *adj* S mageløs, glimrende, første klasses, storartet, 'mægtig'.

I. ripple [ripl] *sb, vb* hegle.

II. ripple [ripl] *vb* kruse sig; skvulpe; risle; kruse; (om lyd) melodisk stige og falde; *sb* krusning; skvulpen, bølgeslag; rislen; ~ *one's muscles* spille med musklerne.

ripple effect gradvis udbredelse; *have a* ~ brede sig (som ringe i vandet) (on *til*).

ripply ['ripli] *adj* kruset; rislende; bølgende.

riprap ['ripræp] *sb* (fundament, mur af sten i) løs kastning.

rip-roaring ['riprɔ:riŋ] *adj* gevaldig, mægtig, herlig; larmende, løssluppen.

rip saw fukssvans, håndsav.

riptide ['riptaid] *sb* strømhvirvel (som opstår ved at flodbølgen møder andre strømninger).

Rip van Winkle (person i fortælling af W. Irving; én der er håbløst bagud for sin tid).

I. rise [raiz] *vb (rose, risen)* (se også *rising)* **1.** stige *(fx temperature (, prices, the aeroplane) rose),* hæve sig, lette *(fx the mist is rising),* rejse sig *(fx from table),* stå op *(fx the sun -s);* opstå (fra de døde); **2.** avancere; komme frem *(fx* ~ *in the world);* **3.**opstå *(fx thoughts* ~ *within one),* (om flod) udspringe; **4.** rejse sig *(fx against a tyrant);* **5.** (teat: om fortæppe) gå op; **6.** (om fisk) bide, springe; **7.** (om forsamling) slutte sit møde; **8.** (om dej) hæve sig; **9.** *the wind is rising* det blæser op;

~ **above** hæve sig over; overvinde; *my* **gorge** *rose at it, it made my gorge (el. stomach)* ~ jeg fik kvalme af det, det fik det til at vende sig i mig, jeg væmmedes ved det; ~ **ship** få skib i sigte; ~ **to** *it* lade sig provokere til at svare; ~ *to the bait* bide på (krogen); ~ *to the occasion* vise sig på højde med situationen; vise sig situationen voksen.

II. rise [raiz] *sb* stigning *(fx of temperature),* stigen *(fx the* ~ *and fall of the voice),* opgang *(fx of (el. in) prices);* fremgang; lønforhøjelse; hævning i terrænet, bakke; oprindelse, udgangspunkt; fisks slag (i vandskorpen);

get a ~ få lønforhøjelse; (om fisker) få bid; S få stådreng; få den op og stå; ; *give* ~ *to* give anledning til, fremkalde, føre til; ~ *of step* trinhøjde; *be on the* ~ være i stigning; *take its* ~ *in* (om flod) udspringe i, have sit udspring i; *(fig ogs)* have sin oprindelse i, opstå af; *take (el. get) a* ~ *out of sby* gøre grin med én; binde én noget på ærmet; drille én, provokere én; *I took a* ~ *out of him (ogs)* han lod sig drille, han var let at drille.

risen [rizn] *pp* af *rise.*

riser ['raizə] *sb* (i trappe) stødtrin; *be an early* ~ stå tidligt op, være morgenmand; *be a late* ~ stå sent op, være en syvsover.

risibility [rizi'biləti] *sb* lattermildhed.

risible ['rizibl] *adj* lattermild; latter-.

I. rising ['raiziŋ] *adj* stigende *(etc, cf I. rise);* lovende, som er på vej op *(fx a* ~ *young actor);* ~ *forty* som nærmer sig de fyrre; *the* ~ *generation* den opvoksende slægt; *the* ~ *sun* den opgående sol.

II. rising ['raiziŋ] *sb* stigning, hæven sig *(etc, cf I. rise;* især:) rejsning, oprør, opstand; hævelse; *the* ~ *of the sun* solens opgang.

risk [risk] *vb* vove, risikere, udsætte for fare, sætte på spil *(fx one's life); sb* risiko, fare; *at the* ~ *of* med fare for; *run (el. take) -s* tage chancer; *run (el. take) the* ~ *of* udsætte sig for (den risiko) at.

risk money fejltællingspenge.

risky ['riski] *adj* risikabel, farlig; *(fig,* om historie *etc)* vovet, dristig.

risqué [ris'kei] *adj* vovet, dristig (om historie *etc).*

rissole ['risəul] *sb (omtr =)* frikadelle.

rite [rait] *sb* ritus, kirkeskik; ceremoni.

ritual ['ritʃuəl] *adj* rituel; *sb* ritual.

ritualism ['ritʃuəlizm] *sb* ritualisme; bundethed af ritualer.

ritualist ['ritʃuəlist] *sb* en der er bundet af (, lægger stor vægt på) ritualer.

ritzy ['ritsi] *adj* S smart, flot, hypermoderne; *(neds)* storsnudet, snobbet.

rival [raivl] *sb* rival(inde), medbejler(ske); konkurrent; *adj* rivaliserende; konkurrerende *(fx firms); vb* rivalisere med; kappes med; konkurrere med; komme på højde med *(fx he -led the others in skill); without a* ~ uden lige, uden sidestykke.

rivalry ['raivlri] *sb* rivaliseren; konkurrence, kappestrid.

riven [rivn] *adj* kløvet, spaltet, sønderflænget.

river ['rivə] *sb* flod; (se også *I. sell (down)).*

river| bank flodbred. ~ **basin** flodbækken. **-bed** flodleje. **-craft** flodfartøj. **-head** flods udspring.

riverine ['riverain] *adj* flod- *(fx traffic),* som hører til en flod *el.* en flodbred.

riverside ['rivəsaid] *sb* flodbred; flodområde; *by the* ~ ved floden; ~ *villa* villa ved floden.

rivet ['rivit] *sb* nitte, nagle, (til porcelæn) klinke; *vb* nitte; nagle; klinke; *(fig)* fastholde, fængsle *(fx their attention); his eyes were -ed on her* hans blik veg ikke fra hende; *-ed to the spot* naglet til pletten; *-ing adj* fængslende, betagende.

rivière ['riviɛə] *sb* collier, halsbånd.

rivulet ['rivjulət] *sb* bæk, å.

R.M. *fk Royal Mail.*
R.M.S. *fk Royal Mail Steamer.*
R.N. *fk Royal Navy.*
roach [rəutʃ] *sb zo* skalle; *(mar)* gilling; *(am)* kakerlak; skod af marihuanacigaret.
road [rəud] *sb* vej, landevej, gade; *(am)* jernbane; *-s pl (mar)* red; *the -s are in a bad state* føret er dårligt;
by ~ ad landevejen; *one for the ~* afskedsdrink; *hit the ~* T komme af sted; *in the ~* på vejen; *(fig)* i vejen, på tværs (af nogen); *the rule of the ~* reglen om til hvad side køretøjer skal holde når de passerer hinanden; *rules of the ~ (mar)* søvejsregler; **on** *the ~* på vejen; på rejse, rejsende; *(teat etc)* på tourné; *get the show on the ~ (fig)* T få det (ɔ: planen etc) op at stå; **take** *the ~* tage af sted; *take to the ~ (glds)* blive landevejsrøver.
roadability [rəudə'biləti] *sb* vejegenskaber.
road| accident færdselsulykke. ~ **atlas** vejkort(atlas). **-bed** vejkasse, *(am ogs)* kørebane; *(jernb)* banelegeme; ballast. **-block** *(mil.)* vejspærring. **-book** turisthåndbog. ~ **casualties** *pl* trafikofre. ~ **hog** færdselsbølle, motorbølle. **holdning** *sb* (om bil) vejgreb. **-house** landevejskro; *(am)* natklub uden for bygrænsen. **-man** se ~ *mender.* ~ **map** vejkort, automobilkort. ~ **mender** vejmand, vejarbejder. ~ **metal** skærver. ~ **safety** færdselssikkerhed. ~ **sense** færdselskultur. **-side** vejkant, grøftekant. ~ **sign** færdselsskilt. **-stead** *(mar)* red.
roadster ['rəudstə] *sb* turistcykel; åben to-personers bil, sportsvogn.
road| surveyor vejinspektør. ~ **user** vejfarende, trafikant. ~ **victim** trafikoffer. **-way** kørebane, gade. **-worthy** *adj* i køredygtig stand.
roam [rəum] *vb* vandre om, strejfe om, flakke om, drage omkring; (med objekt) vandre (, strejfe) om i (, på) *(fx the streets);* gennemstrejfe.
roamer ['rəumə] *sb* omstrejfende person; vagabond.
roan [rəun] *adj* rønnebærfarvet, (om hest) rødskimlet; *sb* rødskimmel; *(bogb)* tyndt fåreskind (garvet med sumach); imiteret saffian.
roar [rɔ:] *sb* brølen, brøl *(fx of a bull, of a lion);* (menneskes) brøl, vræl; (om andre lyde) larm *(fx of traffic),* drøn; brus *(fx of waves, of wind);* buldren *(fx of flames); vb* brøle, vræle; larme, drøne; bruse; buldre.
roarer ['rɔ:rə] *sb* (om hest) lungepiber.
roaring ['rɔ:riŋ] *sb (cf I. roar)* brølen *(etc);* (om hest) lungepiben; *adj* brølende *(etc); (fig)* drønende, bragende *(fx success);* glimrende; *we are doing a ~ business* forretningen går strygende; *the ~ forties* de brølende fyrrer (de stormfulde bælter af havet, 40-50° nordlig *el.* sydlig bredde).
roast [rəust] *vb* stege; riste *(fx peanuts, corn, malt; ore* erts); (om kaffe) brænde; *(am)* T kritisere sønder og sammen, sable ned; *(glds)* drille, drive gæk med; (uden objekt) blive stegt; *sb* steg; *adj* stegt *(fx meat);* -steg *(fx ~ beef* okse-; *~ goose* gåse-; *~ lamb* lamme-); *~ leg of pork* flæskesteg.
roaster ['rəustə] *sb* stegekylling, stegehøne; gris der egner sig til stegning; stegeovn, stegerist; (til erts) risteovn; (til kaffe) kaffebrænder.
roasting| jack stegevender. ~ **tin** bradepande.
rob [rɔb] *vb* røve; plyndre; stjæle fra, bestjæle; udplyndre; *~ of* plyndre for; berøve, frarøve; *~ a bank* begå bankrøveri; *~ blind* flå (ved at tage ublu priser).
robber ['rɔbə] *sb* røver, tyv.
robber| baron røverridder. ~ **fly** *zo* rovflue.
robbery ['rɔbəri] *sb* røveri, tyveri; udplyndring; *~ with violence* røverisk overfald.
robe [rəub] *sb* (gala)dragt; (lang) kappe; *(am)* slåbrok; køretæppe; *vb* iføre, iklæde; *flowing -s (ogs)* flagrende gevandter; *gentlemen of the long ~* retslærde, advokater; *-d in* klædt i, iført.
Robert ['rɔbət]. **Robeson** [rəubsn].
robin ['rɔbin] *sb zo* rødkælk, rødhals; *(am)* vandredrossel.
Robin Goodfellow nisse.
robin redbreast *zo* rødkælk, rødhals.
Robinson ['rɔbinsn]; (se også *Heath-~* og *I. Jack).*
robot ['rəubɔt] *sb* robot.
robotics [rəu'bɔtiks] *sb* (industri)robotteknologi, robotteknik, robotforskning.
robot plane førerløs flyvemaskine.
robust [rə'bʌst] *adj* robust, stærk, hårdfør, solid; kraftig; (om stil) kraftfuld; (om humor) djærv, drøj.
roc [rɔk] *sb (myt)* (fuglen) rok.
Rochester ['rɔtʃistə].
I. rock [rɔk] *sb* klippe, bjergart; (som man strander på:) skær; (slik:) sukkerstang; S ædelsten; *(am ogs)* sten *(fx he had a ~ in his pocket);* rockmusik; *-s pl (am S)* penge; *adj* rock- *(fx singer);*
on the -s strandet; T i pengeforlegenhed, på spanden; (om drik) med isterninger; *go on the -s (fig)* lide skibbrud; *see -s ahead (fig)* se farer forude; *the Rock* Gibraltar.
II. rock [rɔk] *vb* vugge *(fx a child to sleep);* gynge *(fx he sat -ing in his chair);* rokke, vippe, få til at gynge; *(fig)* T ryste, chokere, forbløffe; *~ the boat* vippe med båden; *(fig T)* forstyrre freden, skabe uro, lave brok i foretagendet; *~ with amusement* more sig kosteligt.
rock bit klippefræser (til dybdeboring).
rock-bottom *adj* allerlavest; *~ prices* bundpriser; *at ~* dybest nede; inderst inde.
rock-bound *adj* omgivet af klipper; *(fig)* klippefast, ubøjelig; *a ~ coast* en forreven klippekyst; *a ~ mystery* et uigennemtrængeligt mysterium.
rock| crystal bjergkrystal. ~ **dove** klippedue.
rock drill klippebor.
Rock English Gibraltarengelsk.
rocker ['rɔkə] *sb* gænge (under vugge); skøjte med krumt jern; gyngehest; T rocker, læderjakke; *(am)* gyngestol; *off one's ~* S skrupskør, fra forstanden.
rocker arm vuggearm, vippearm.
rockery ['rɔkəri] *sb* stenhøj (i have).
I. rocket ['rɔkit] *sb (bot)* aftenstjerne, natviol.
II. rocket ['rɔkit] *sb* raket; *vb* T fare lige op i luften; ryge i vejret *(fx prices -ed);* fare hurtigt frem; *get (, give sby) a ~* T få (, give én) en balle (ɔ:udskældning).
rocket| plane raketflyvemaskine. ~ **-propelled** *adj* raketdrevet. ~ **range** raketforsøgsområde.
rocketry ['rɔkitri] *sb* raketvidenskab, raketteknik.
rock| fever maltafeber. **-foil** *(bot)* stenbræk. ~ **garden** stenhøj.
rocking| chair gyngestol. ~ **horse** gyngehest. ~ **stone** rokkesten.
rockling ['rɔkliŋ] *sb zo* havkvabbe.
rock| oil råolie. ~ **partridge** *zo* stenhøne. ~ **pigeon** *zo* klippedue. ~ **pipit** *zo* skærpiber. ~ **plant** stenhøjsplante. ~ **ptarmigan** *zo* fjeldrype. ~ **rabbit** *zo* klippegrævling. **-ribbed** *adj (am)* streng, ortodoks. ~ **rose** *(bot)* soløje. ~ **salmon** *(tidl* betegnelse for) hundehaj. ~ **tar** stenolie, jordolie. ~ **wood** bjergtræ, xylolit.
rocky ['rɔki] *adj (cf I. rock)* klippefyldt; stenet; hård, ubøjelig; *(cf II. rock)* S vaklevorn, usikker; *the Rockies = the Rocky Mountains* Klippebjergene (bjergkæde i Nordamerika).
rococo [rə'kəukəu] *sb* rokoko.
rod [rɔd] *sb* stang; stav; kæp; (til afstraffelse) ris spanskrør; (til fiskeri) stang; (ceremoniel:) (embeds)stav; *(med.)* stavbakterie; *(am)* S revolver;
kiss the ~ (glds) kysse riset (ɔ: ydmyge sig); *make a ~ for one's own back* binde ris til sin egen bag; *rule with a ~ of iron* styre med jernhånd; (se også *pickle, spare).*

rode [rəud] *præt* af *I. ride.*
rodent [rəudnt] *sb zo* gnaver.
rodeo [rəu'deiəu] *sb* indfangning af kvæg (til mærkning); cowboyopvisning; motorcyklistopvisning.
rodomontade [rɔdəmɔn'teid] *sb* praleri, bravade; *adj* pralende; *vb* prale.
roe [rəu] *sb zo* rådyr; (i fisk) rogn; (se også *soft ~).*
roe|buck råbuk. **-deer** rådyr.
Roentgen, se *Röntgen.*
rogation [rə'geiʃn] *sb* bøn; *Rogation Days* (de tre dage lige før Kristi himmelfartsdag); *Rogation Sunday* (femte søndag efter påske); *Rogation Week* (den uge hvori Kristi himmelfartsdag falder).
Roger ['rɔdʒə]: *Sir ~ de Coverley* (en folkedans).
roger ['rɔdʒə] *interj* (især i radiotelegrafi) (meldingen) modtaget (og forstået), all right, O.K.
I. rogue [rəug] *sb* kæltring, slyngel; (især *spøg)* skurk,skælm; (om elefant) ronkedor (ɔ: vild hanelefant, der lever adskilt fra flokken); *(glds)* landstryger.
II. rogue ['rəug] *adj* løsgående, uregerlig, løbsk; fejlbehæftet, defekt; *~ car* „mandagsvogn"; *~ elephant* ronkedor (se *I. rogus*); *~ politician* enegænger.
roguery ['rəugəri] *sb* kæltringestreger; skælmsstykker.
rogues' gallery forbryderalbum.
roguish ['rəugiʃ] *adj* kæltringeagtig; skalkagtig, skælmsk.
roil [rɔil] *vb (am)* plumre; bringe i oprør; irritere.
roister ['rɔistə] *vb (litt)* larme; svire.
roisterer ['rɔistərə] *sb* buldrebasse; svirebroder.
Roland ['rəulənd] *(litt:) give a ~ for an Oliver* give lige for lige, give svar på tiltale.
rôle, role [rəul] *sb* rolle.
role playing rollespil, ekstemporalspil.
I. roll [rəul] *sb* rulle *(fx a ~ of paper); (fig)* fortegnelse, liste, den officielle liste over *solicitors; (tekn)* valse; (om mad, *omtr)* rundstykke; roulade; (om lyd) rumlen; *(bogb)* rullestempel; *(am)* S bundt pengesedler; penge; *falling -s* faldende tilgang (ɔ: til skolerne) *~* **of** *fat* delle (i nakken *etc); ~ of honour* liste over faldne; *be struck* **off** *the -s (jur)* miste sin bestalling; *(am)* blive ekskluderet.
II. roll [rəul] *sb* rullen; slingren *(fx the ~ of a ship);* rulning; S *(vulg)* knald (ɔ: samleje); *a forward ~* en kolbøtte; *have a ~ on the ground* rulle sig på jorden; *~ of the drum* trommehvirvel.
III. roll [rəul] *vb* rulle; trille; sammenrulle, pakke ind *(fx ~ oneself in a rug);* tromle *(fx a lawn);* rulle ud *(fx dough); (tekn)* valse; S rulle (ɔ: udplyndre); (uden objekt) rulle, trille; vælte sig; slingre, rulle *(fx the ship -ed);* (om lyd) rumle, rulle *(fx the thunder -ed);* slå trommehvirvler;
~ about trille om på gulvet af grin; *~ away* (om skyer, tåge) spredes; *~ back* rulle tilbage; trække sig tilbage; *~ back prices (am)* nedsætte priserne; *~ one's eyes* rulle med øjnene; *~ one's eyes at* lave øjne til; *be -ing (in money)* svømme i penge; *~ in* komme i store mængder, vælte ind; *(all) -ed into one* samlet under ét, under én hat; på én gang; i én person; *~ off* trykke, køre (på duplikator *etc); ~ on* rulle *(el.* bevæge sig) videre; *~ on Sunday!* T gid det snart var søndag! *~ one's r's* rulle på r'erne; *~ out* rulle *(fx* dej) ud; *(tekn)* udvalse; *~ over* vælte omkuld, slå en kolbøtte, vende sig; *~ up* rulle sammen, pakke ind; hobe sig op; *(mil.)* rulle op; S dukke op, komme anstigende; *~ up one's sleeves* smøge ærmerne op.
rollback ['rəulbæk] *sb (am)* obligatorisk prisnedsættelse.
roll call navneopråb.
roll-call vote afstemning ved navneopråb.
roll collar rullekrave.
rolled [rəuld] *adj (tekn)* valset; *~ gold* gulddublé.
roller ['rəulə] *sb* **1.** rulle; valse; tromle; **2.** malerulle; **3.** rullebind; **4.** curler; **5.** (svær) bølge; **6.** *zo* ellekrage.
roller| bearing rulleleje. *~* **coaster** rutschebane. *~* **skate** rulleskøjte. *~***-skate** *vb* løbe på rulleskøjter. *~* **towel** rullehåndklæde.
rollicking ['rɔlikiŋ] *adj* lystig, glad; morsom, rask.
rolling ['rəuliŋ] *adj* rullende; bølgende *(fx plain);* bølget, bølgeformet; (om lyd) rumlende; *sb* rullen; valsning.
rolling| mill valseværk. *~* **pin** kagerulle. *~* **stock** *(jernb)* rullende materiel. *~* **stone** *(fig)* en der altid er på farten; (se også *II. moss).*
Rolls-Royce ['rəulz 'rɔis].
rolltop desk skrivebord med rullejalousi.
roly-poly ['rəuli 'pəuli] *sb* (rouladelignende *pudding);* (om person) lille tyksak; trunte; (legetøj:) tumling; *adj* rund; lille og tyk; *~ face* måneansigt.
ROM *(edb) read-only memory.*
Romaic [rə'meiik] *sb, adj* nygræsk.
Roman ['rəumən] *adj* romersk; romersk-katolsk; *sb* romer, romerinde; katolik; *(typ)* ordinær; *Roman Catholic* (romersk-)katolsk; *sb* katolik.
I. Romance [rə'mæns] *adj* romansk *(fx languages).*
II. romance [rə'mæns] *sb* romantisk historie, romantisk hændelse (, oplevelse, stemning), kærligheds-eventyr; romantik; *(neds)* røverhistorie, opspind, løgn; *(mus.)* romance; *(litt hist.)* ridderroman; *his life was a ~* hans liv var som et eventyr.
III. romance [rə'mæns] *vb* fortælle røverhistorier, overdrive, fantasere; romantisere; T sværme.
romancer [rə'mænsə] *sb* romandigter; løgner.
Romanesque [rəumə'nesk] *sb* rundbuestil, romansk stil; *adj* bygget i rundbuestil, romansk.
Roman Holiday fornøjelse på andres bekostning.
Romanic [rə'mænik] *adj* romansk.
Romanish ['rəuməniʃ] *adj (neds)* (romersk-)katolsk.
Romanism ['rəumənizm] *sb (neds)* katolicisme.
Romanist ['rəumənist] *sb* romersk katolik; *(neds)* halvkatolik.
Romanize ['rəumənaiz] *vb* romanisere; gøre romersk-katolsk.
Roman letters *(typ)* antikva.
Romansh [rə'mænʃ] *sb* rhætoromansk.
romantic [rə'mæntik] *adj* romantisk; romanagtig; eventyrlig, fantastisk; *sb* romantiker; *-s pl* romantiske ideer (, fantasier).
romanticism [rə'mæntisizm] *sb* romantik.
romanticist [rə'mæntisist] *sb* romantiker.
Roman type *(typ)* antikva.
Romany ['rɔməni] *sb* sigøjner; sigøjnersprog.
Rome [rəum] Rom; *when in ~ do as the Romans do* man må skik følge eller land fly; man må tude med de ulve man er iblandt.
Romish ['rəumiʃ] *adj (neds)* (romersk-)katolsk.
romp [rɔmp] *sb* 'vildkat', vild tøs; vild leg; *vb* hoppe og springe, boltre sig, lege vildt (, støjende); *~ home, ~ in* vinde et let sejr, vinde stort.
rompers ['rɔmpəz] *sb pl* legedragt, kravledragt.
rondo ['rɔndəu] *sb (mus.)* rondo.
Röntgen ['rɔntjən].
röntgeno|gram [rɔnt'genəgræm], **-graph** [rɔnt'genəgra:f] røntgenfotografi. **-graphy** [rɔntge'nɔgrəfi] røntgenfotografering. **-logy** [rɔntge'nɔlədʒi] røntgenvidenskab.
Röntgen rays røntgenstråler.
rood [ru:d] *sb (arkit)* triumfkrucifiks, korbuekrucifiks; *(glds)* kors, krucifiks; (flademål:) ¼ *acre.*
rood| altar korbuealter. *~* **arch** triumfbue, korbue. *~* **beam** korbuebjælke.
roof [ru:f] *sb* tag; tag over hovedet; *vb* lægge tag på, tække, bygge tag over; *the ~ of heaven* himmelhvælvingen; *the ~ of the mouth* den hårde gane.
roofer ['ru:fə] *sb* tagtækker.

roofing ['ru:fiŋ] *sb* taglægning; tagmateriale; tag.
roofing felt tagpap.
roofless ['ru:fləs] *adj* uden tag; *(fig)* husvild.
roof rack tagbagagebærer.
rooftree ['ru:ftri:] *sb* tagås; *raise the* ~ holde rejsegilde.
rook [ruk] *sb zo* råge; (om person) T svindler, bedrager; (i skak) tårn; *vb* T snyde, blanke af, flå.
rookery ['rukəri] *sb* rågekoloni; (søfugles *el.* sælers) yngleplads; *(fig, glds)* lejekaserne, fattigkvarter.
rookie ['ruki] *sb* S rekrut; *(am)* nyt medlem, nybegynder.
I. room [ru(:)m] *sb* **1.** rum, værelse, stue, *-s pl (ogs)* lejlighed, logi; **2.** plads *(for* til, *fx there is ~ for another book on the shelf; standing ~* ståplads(er)); **3.** *(fig)* anledning, grund *(for* til, *fx dispute, doubt),* lejlighed *(for* til); *there is ~ for improvement in it* det kunne godt gøres bedre;
in the ~ of (glds) i stedet for; *keep one's ~* beholde sit værelse; holde sig inde; *make ~ for* give plads for; skaffe plads til; *no ~ to turn in, no ~ to swing a cat* ingen plads at røre sig på; *a four-room(ed) flat* en fireværelses lejlighed; (N.B. i USA tælles køkkenet i reglen med).
II. room [ru(:)m] *vb (am)* have værelse, bo; *they ~ together* de bor sammen, de deler værelse.
roomer ['ru(:)mə] *sb (am)* logerende.
rooming house *sb (am)* logihus.
roommate ['ru(:)mmeit] *sb* slof; (let *glds)* kontubernal.
roomy ['ru(:)mi] *adj* rummelig.
Roosevelt ['rəuzəvelt; (i *Engl* ofte:) 'ru:svelt].
roost [ru:st] *sb* hønsehjald, siddepind; hønsehus; *(fig)* hvilested; *vb* (om fugl) sætte sig til hvile; sove siddende; (om person) overnatte, have natlogi; *at ~* sovende; *come home to ~ (fig)* ramme sin ophavsmand, falde tilbage på én selv; *go to ~* gå til ro, gå til køjs; *rule the ~* T dominere, være den ledende.
rooster ['ru:stə] *sb zo* hane.
I. root [ru:t] *sb (bot, gram, mat. etc)* rod *(fx of a plant, of a tooth, of a word; the fourth ~ of 16), -s pl (bot ogs)* rodfrugter; *(mus.)* grundtone (i en akkord); *(fig)* rod *(fx the ~ of the evil),* dybeste *(el.* egentlige) årsag *(fx his selfishness was the ~ of all the trouble);* kerne *(fx the ~ of the problem);*
get **at** *the ~ of* komme til bunds i; *lie at the ~ of* ligge til grund for, være den dybeste *(el.* egentlige) årsag til *(fx religion lay at the ~ of the Civil War); strike at the ~ of the evil* ramme ondet i dets rod; *strike at the very -s of* undergrave *(fx society, discipline); ~ and* **branch** grundigt, fra grunden *(fx reform it ~ and branch); pull up* **by** *the -s* rykke op med rode; **put down** *-s,* **strike** ~, **take** ~ slå rod.
II. root [ru:t] *vb (cf I. root;* se også *rooted)* (lade) slå rod, *(fig ogs)* rodfæste sig; (om svin) rode i jorden (med trynen); (om person) rode, lede, søge *(for* efter, *fx he was -ing for work); (am,* i sport) heppe, *~ for* tiljuble, heppe;
~ around in rode rundt i, endevende; *~ out (el. up)* (om plante) rykke op med rode; *(fig)* udrydde; *~ up* (om svin) rode frem; *(fig)* opsnuse, finde; *~ to the spot* nagle til stedet *(el.* pletten).
root-and-branch *adj* gennemgribende *(fx reforms).*
rooted ['ru:tid] *adj* rodfæstet; rodfast; indgroet; *be ~ in* have sin rod i, bunde i; *~ to the spot* naglet til stedet *(el.* pletten); ude af stand til at røre sig.
rooter ['ru:tə] *sb (am S)* beundrer, begejstret tilhænger.
rootle [ru:tl] *vb* rode (i jorden).
root|less rodløs. **-let** lille rod. **-stock** *(bot)* rodstok, rhizom.
I. rope [rəup] *sb* reb, tov; (til hængning) reb, strikke; (til linedans) line; (til afmærkning, opmåling) snor; *(mar)* reb, tov, ende, lig(tov);
give *sby enough ~* lade én løbe linen ud; *give sby some ~* give én en vis handlefrihed *(el.* bevægelsesfrihed); **know** *the -s* kende fiduserne *(el.* forretningsgangen); *be at the end* **of** *one's ~ (am)* ikke kunne holde til mere, have udtømt sine kræfter; ~ **of** *onions* knippe løg; *~ of pearls* (stor) perlekæde; **on** *the -s* (om bokser og *fig)* ude i tovene.
II. rope [rəup] *vb* binde med reb; sammenbinde; *~ in* afspærre (med reb); *(fig)* kapre, indfange; sikre sig (ens tjeneste); *~ off* afspærre.
rope|dancer linedanser. ~ **end** tamp. ~ **ladder** rebstige. **-maker** rebslager.
rope's end tamp; (til hængning) løkke.
rope|walk reberbane. **-walker** linedanser. **-way** tovbane.
ropey ['rəupi] *adj* T dårlig, skidt (tilpas); udslidt, forældet.
rope yarn kabelgarn; *(fig)* bagatel.
ropy ['rəupi] *adj* slimet, tyktflydende, indeholdende klæbrige *el.* slimede tråde; T = *ropey.*
roric ['rɔ:rik] *adj* dug-, dugagtig; *~ figure* dugbillede.
rorqual ['rɔ:kwəl] *sb zo* finhval; *lesser ~* vågehval.
roquet ['rəuki, 'rəukei] (i kroket) *vb* krokere; *sb* krokade.
Rosa ['rəuzə]. **Rosalind** ['rɔzəlind].
rosary ['rəuzəri] *sb* rosenhave, rosenbed; *(rel)* rosenkrans.
I. rose [rəuz] *præt* af *rise.*
II. rose [rəuz] *sb* rose; (om farve) rosa; (om ornament) roset; (på sprøjte *etc)* bruse; *the ~ (ogs med.)* rosen; *life is no bed of -s* livet er ingen dans på roser; *under the ~* sub rosa, i fortrolighed.
roseate ['rəuziət] *adj* rosenfarvet; *(ogs fig)* rosenrød.
rose|bay (willow herb) *(bot)* gederams. ~ **bed** rosenbed. **-bud** rosenknop. **-bush** rosenbusk. ~ **chafer** *zo* guldbasse. ~ **colour** rosenfarve, rosa. **~-coloured** *adj* rosenfarvet, rosa; *see everything through ~-coloured spectacles* se alt i et rosenrødt skær. **~-coloured starling** *zo* rosenstær. **-fish** rødfisk. ~ **mallow** *(bot)* stokrose; hibiscus.
rosemary ['rəuzməri] *sb (bot)* rosmarin; *wild ~* rosmarinlyng.
roseola [rəu'ziələ] *sb (med.)* røde hunde.
rosette [rə'zet] *sb* roset.
rosewater ['rəuzwɔ:tə] *sb* rosenvand (ɔ: slags rosenparfume); *adj* sentimental, sødladen, alt for fin.
rose| window rosevindue. **-wood** rosentræ; *(Brazilian ~)* palisander.
rosied ['rəuzid] *adj* rosensmykket, rosenfarvet.
rosin ['rɔzin] *sb* (renset) harpiks; *vb* gnide (med harpiks).
roster ['rəustə] *sb* tjenesteliste; vagtskema; *(jernb)* turliste.
rostrum ['rɔstrəm] *sb (pl rostra)* talerstol, podium; *zo* snabel, snude *(fx* på insekt); *(hist.)* (skibs)snabel.
rosy ['rəuzi] *adj* rosen-; *(fig)* blomstrende, rosenrød.
rot [rɔt] *vb* rådne; bringe i forrådnelse; S drille, lave sjov (med); *sb* forrådnelse; *(fig)* råddenskab; (i sport, krig) række uforklarlige nederlag; T sludder; (i træ: *dry ~)* svamp.
rota ['rəutə] *sb* liste (over personer, som udfører et vist hverv efter tur); *vb* gøre (noget) efter tur *(fx ~ washing-up).*
Rotarian [rəu'tɛəriən] *sb* rotarianer (medlem af en Rotary klub).
rotary ['rəutəri] *adj* roterende, omdrejende; dreje- *(fx switch* kontakt, omskifter); *sb (am)* rundkørsel.
rotary| cultivator, ~ **hoe** jordfræser. ~ **iron** strygerulle. ~ **press** *(typ)* rotationspresse. ~ **switch** drejeafbryder.
rotate [rəu'teit, *(am)* 'routeit] *vb* rotere, dreje sig; skif-

te, veksle *(fx the rotating seasons);* skiftes *(fx in a job),* gå rundt, gå efter tur *(fx the job -s);* (med objekt) lade rotere; lade skiftes; lade gå rundt; ~ *crops* skifte afgrøder.

rotation [rəu'teiʃn] *sb* rotation, rotering; omdrejning; omgang; *by (el. in)* ~ skiftevis, efter tur; ~ *of crops* vekseldrift.

rotator [rəu'teitə] *sb* omdrejende redskab; drejemuskel.

rotatory ['rəutətri] *adj* roterende, omdrejende; ~ *joint* drejeled.

rote [rəut] *sb: by* ~ på ramse.

rotgut ['rɔtgʌt] *sb* S tarvelig spiritus.

Rothschild ['rɔθ(s)tʃaild].

rotifer ['rəutifə] *sb zo* hjuldyr.

rotogravure [rəutəgrə'vjuə] *sb (typ)* dybtryk.

rotor ['rəutə] *sb (tekn)* rotor; (i ventilator) vingehjul; (på helikopter) luftskrue, rotor.

rotten [rɔtn] *adj* rådden; elendig.

rotten borough *(hist.)* (valgkreds der før 1832 sendte egen repræsentant til Parlamentet skønt vælgertallet var ganske ringe).

Rotten Row ['rɔtn'rəu] (allé i Hyde Park).

rottenstone ['rɔtnstəun] *sb* trippelse (pudsemiddel).

rotter ['rɔtə] *sb* skidt fyr, laban; skiderik; *he is a* ~ *(ogs)* han er rigtig modbydelig.

rotund [rə'tʌnd] *adj* rund; buttet, velnæret; (om stemme) dyb, klangfuld; (om stil) højtravende.

rotunda [rə'tʌndə] *sb* rotunde (rund bygning).

rotundity [rə'tʌnditi] *sb* rundhed *(etc, cf rotund).*

rouble [ru:bl] *sb* rubel.

roué ['ru:ei] *sb* libertiner, udhaler.

rouge [ru:ʒ] *sb* rouge, kindrødt; (til polering) polerrødt; *vb* lægge rouge på.

rouge-et-noir ['ru:ʒei'nwa:] *sb* rouge-et-noir (et hasardspil).

I. rough [rʌf] *adj* **1.** ujævn, ru, knudret, (om terræn) ujævn *(fx road),* uvejsom, (om hav) urolig, oprørt, (om hår, græs) strid; **2.** rå, ubearbejdet, ubehandlet, uhøvlet *(fx wood),* utilhugget *(fx stone),* usleben *(fx glass);* **3.** ufærdig; rå- *(fx translation),* (om skøn) tilnærmelsesvis, foreløbig, løselig *(fx estimate);* **4.** primitiv; grov, simpel *(fx food),* tarvelig *(fx a* ~ *quarter of the town),* (om person) ligefrem, ukunstlet, djærv *(fx workers);* **5.** ublid, rå, barsk, hårdhændet *(fx treatment),* (om vejr) hård, stormende, urolig, (om lyd) grov, hård, skurrende *(fx voice),* skarp, skærende *(fx sound),* (om person) grov, ubehagelig *(fx he turned* ~*);* **6.** (om barn) uvorn; *adv* groft, hårdt, hårdhændet *(fx treat him* ~*);* primitivt *(fx live* ~); *play* ~ spille hårdt *(el.* råt).

II. rough [rʌf] *sb* udkast, kladde; (om person) rå karl, bølle, voldsmand; (i golf) ujævn del af bane; *in the* ~ i ufærdig tilstand, ufærdig, uslebet; rundt regnet *(fx £ 2,000 in the* ~*);* uden formaliteter; *take the* ~ *with the smooth* tage det onde med det gode. *(el.* det sure med det søde); ~ *and tumble,* se *alf.*

III. rough [rʌf] *vb* gøre ru; skarpsko (hest); (i sport) tackle hårdt; (om bearbejdning) skrubbe; ~ *a diamond* grovslibe en diamant; ~ *down* grovbearbejde; ~ *it* leve primitivt; tåle strabadser; ~ *in (el. out)* gøre udkast til, skitsere; råhugge; ~ *up* bringe i ulave, rode op; (om person) give en grov behandling; ~ *sby up the wrong way* irritere én.

roughage ['rʌfidʒ] *sb* grovfoder; grov *(el.* slaggerig) kost.

rough-and-ready ['rʌfən'redi] *adj* primitiv men brugbar *(fx definition; method),* improviseret; *(am,* om person) grej, jævn og ligetil; grov, formløs.

rough-and-tumble ['rʌfən'tʌmbl] *adj* støjende, forvirret (om slagsmål); *(fig)* barsk; *sb* spektakler, slagsmål, tummel; barsk tilværelse, hårdt liv.

roughcast ['rʌfka:st] *vb* skitsere; overstryge med kalk; (be)rappe; *sb* rapning, grov puds.

rough| copy kladde. ~ **cut** (film) råklipning. ~ **diamond** usleben diamant *(ogs fig* = god men ukultiveret person). ~ **draft** skitse, udkast, kladde, koncept.

roughen [rʌfn] *vb* gøre ujævn, gøre ru; blive ujævn.

rough|-footed *adj* med fjerbeklædte fødder (om fugl). ~ **gait** urent trav. **-hew** *vb* råhugge. **-hewn** *adj* råt tilhugget; ukultiveret.

roughhouse ['rʌfhaus] *sb (am* S*)* ballade, spektakler, optøjer, slagsmål.

roughly ['rʌfli] *adv* (til *I. rough)* groft, hårdt *etc; (ogs)* tilnærmelsesvis, omtrent, i store træk, cirka.

rough|neck *(am* S*)* bølle, bisse. ~ **plane** skrubhøvl. **-rider** hestetæmmer. **-shod** skarpskoet; *ride -shod over* behandle hensynsløst, hundse med, tilsidesætte. ~ **sketch** flygtigt rids, løst udkast. ~ **-spoken** grov i munden. ~ **-turn** *vb* skrubdreje.

rough-up ['rʌfʌp] *sb* S slagsmål.

roulade [ru:'la:d] *sb* (i sang) roulade, (tone)løb.

rouleau [ru:'ləu] *sb* pengetut, pengerulle.

roulette [ru:'let] *sb* roulettespil; *(bogb)* rullestempel; (om frimærke) gennemstik; *vb* gennemstikke; *-d* gennemstukket.

Roumania [ru'meinjə] Rumænien.

Roumanian [ru'meinjən] *sb* rumæner; rumænsk; *adj* rumænsk.

I. round [raund] *adj* rund; rund- *(fx tour);* (om tal) rund, afrundet; (om stemme) fyldig, fuldtonende; (om fart) rask *(fx at a* ~ *pace);* (om ytring) oprigtig, ligefrem *(fx in* ~ *terms); a* ~ *dozen* et helt dusin; *in* ~ *numbers* med et rundt tal; *a* ~ *oath* en drøj ed; *a* ~ *sum* en rund sum; *a good,* ~ *sum* en pæn (ɔ: betydelig) sum.

II. round [raund] *sb* kreds, ring *(fx dance in a* ~*);* (rund) skive; omgang *(fx a* ~ *of drinks; knocked out in the first* ~*);* runde, rundtur; række *(fx a* ~ *of visits);* (læges) stuegang *(fx the afternoon* ~*);* sygebesøg; (mælkemands *etc)* tur; (i kortspil) meldeomgang; *(mil.)* skud, salve; *(mus.)* kanon (ɔ: sang); runddans; (på stige) trin; *(tekn)* rundjern;

~ *of cheers* bifaldssalve; *the daily* ~ dagens gerning; **go** *the* ~ *of* gå rundt blandt *(el.* i); *go the -s* gå den sædvanlige runde; *(med.)* gå stuegang; (om rygte *etc)* løbe rundt, nå vidt omkring; *go the* ~ *of the class* gå rundt i hele klassen; *figure* **in** *the* ~ frifigur *(mods* relief); *see sth in the* ~ *(fig)* se noget fra alle sider; have et realistisk billede af noget; *show sth in the* ~ *(fig)* give en plastisk fremstilling af noget; *show sby in the* ~ *(fig)* vise en i hel figur; *theatre in the* ~ arenateater; **out of** ~ *(tekn)* urund.

III. round [raund] *vb* gøre rund, afrunde *(fx the corners of a table);* fuldstændiggøre; gå rundt om, dreje omkring, runde *(fx a corner);* (uden objekt) blive rund; ~ *off* afrunde, afslutte; ~ *out* blive rund; *(am)* = ~ *off;* ~ *on* vende sig mod, fare løs på; ~ *up* samle, drive sammen *(fx cattle);* omringe og arrestere.

IV. round [raund] *adv* rundt, om(kring); rundt om, udenom *(fx a crowd gathered* ~*);* i omkreds *(fx his waist must be 4 ft.* ~*);* over, hen *(fx come* ~ *and see us);* ~ **about** (rundt) omkring; omkring *(fx* ~ *about 3 o'clock); he lives somewhere* ~ *about* han bor et sted heromkring; *all* ~ hele vejen rundt; *bring my car* ~ kør min vogn frem; *sleep the clock* ~ sove døgnet rundt; *come* ~, se *come; a long way* ~ en lang omvej; *the wind has gone* ~ *to the north* vinden er gået om i nord.

V. round [raund] *præp* rundt om, omkring; rundt i *(fx walk* ~ *the room),* rundt på *(fx walk* ~ *the estate);* T omkring ved; ~ *the clock* hele døgnet rundt.

VI. round [raund] *vb (glds)* hviske.

roundabout ['raundəbaut] *adj* indirekte; *sb* karrusel;

rundkørsel; *what we lose on the -s we make up on the swings* vi tjener ind på gyngerne hvad vi taber på karrusellen; *a ~ way* en omvej.
round-bellied *adj* tykmavet.
roundelay ['raundilei] *sb* sang; rundsang.
rounders ['raundəz] *sb pl* rundbold.
round|-eyed *adj* med opspilede øjne. ~ **game** kortspil med ubegrænset antal deltagere, hvor hver deltager spiller for sig; familiespil. ~ **hand** rundskrift.
Roundhead ['raundhed] *sb (hist.)* rundhoved, puritaner.
round-headed *adj* kortskallet.
roundhouse ['raundhaus] *sb (glds)* fængsel, arrest; *(mar)* kahyt på fordækket; galion (ɔ: nødtørftsrum); *(am)* lokomotivremise.
rounding mark mærke (for kapsejlere).
roundly ['raundli] *adv* kraftigt, voldsomt *(fx scold him ~)*; ligefrem, med rene ord; grundigt.
round robin brev (, bønskrift, protestskrivelse) hvor underskrivernes navn står i en kreds (for at skjule hvem der har underskrevet først).
round-shouldered ['raundʃəuldəd] *adj* rundrygget.
roundsman ['raundzmən] *sb* en der regelmæssigt kommer omkring med varer, *fx* bager, brødkusk, mælkemand.
round-the-clock *adj* døgn- *(fx guard)*, uophørlig *(fx bombing)*.
round trip rundtur; *(am)* tur-retur, hen- og tilbagerejse.
round-trip ticket *(am)* dobbeltbillet, returbillet.
round turn *(mar)* rundtørn.
roundup ['raundʌp] *sb* sammendrivning (af kvæg); mænd og heste der driver kvæg sammen; hjord; *(fig)* razzia (efter forbrydere); sammendrag, resumé, oversigt (over nyheder *etc*).
roundworm ['raundwə:m] *sb* spolorm, rundorm.
rouse [rauz] *vb* vække; *(fig)* opmuntre, opildne, ruske op; (om vildt) jage op; (uden objekt) vågne op; *sb (glds)* fuldt glas; drikkelag; ~ *oneself* tage sig sammen, tage sig selv i nakken; ~ *up* vågne op; *give a ~* drikke en skål.
rouseabout ['rauzəbaut] *sb (austr)* medhjælper på fårefarm.
roustabout ['raustəbaut] *sb (am)* havnearbejder; ufaglært arbejder.
I. rout [raut] *sb* nederlag, vild flugt; *(glds)* stort selskab; *(glds el. jur)* sværm; hob; opløb; *vb* jage på flugt; *put to ~* jage på flugt.
II. rout [raut] *vb* rode; ~ *out* trække frem *(el.* ud).
route ['ru:t] *sb* vej, rute; *(mil.)* [ru:t, raut] marchbefaling; *vb* fastlægge en rute for; sende (ad en bestemt rute), dirigere, omdirigere; *en ~* ['a:ŋ'ru:t] på vej *(for* til); *column of ~ (mil.)* marchkolonne. **route march** *(mil.)* marchtur.
router ['rautə] *sb: ~ (plane)* grundhøvl.
routine [ru:'ti:n] *sb* sædvanlig forretningsgang, praksis, rutine.
roux [ru:] *sb* opbagning.
I. rove [rəuv] *præt* og *pp* af *III. reeve.*
II. rove [rəuv] *vb* strejfe om, vandre om; flakke, flagre; (med objekt) gennemstrejfe.
III. rove [rəuv] *sb (mar)* klinkeplade.
rove beetle *zo* rovbille.
rover ['rəuvə] *sb* landstryger; omstrejfer; vandrer; *(glds)* pirat; (i krocket) frispiller.
roving ['rəuviŋ] *adj* omrejsende; omflakkende, omstrejfende; *sb* strejfen; *have a ~ eye (fig)* være en pigejæger.
I. row ['rəu] *sb* række; rad; (i strikning) pind; (se også *hoe*).
II. row [rau] *sb* spektakel, ballade, slagsmål; skænderi; *vb* skændes; skælde ud; *make a ~ about* gøre vrøvl over.
III. row [rəu] *vb* ro; *sb* roning; rotur.
rowan ['rauən, 'rəuən] *sb (bot)* røn; rønnebær.
rowboat ['rəubəut] *sb (am)* robåd.
rowdy ['raudi] *adj* brutal, grov, voldsom; *sb* bølle.
rowel ['rauəl] *sb* sporehjul.
rower ['rəuə] *sb* roer.
rowing| boat robåd. ~ **club** roklub.
rowlock ['rɔlək] *sb* åregaffel.
royal ['rɔiəl] *adj* kongelig, konge-.
Royal Academy (det kongelige kunstakademi).
Royal Air Force (flyvevåbnet i England).
royal| blue kongeblå. ~ **box** kongeloge.
royalism ['rɔiəlizm] *sb* royalisme.
royalist ['rɔiəlist] *adj* royalistisk, kongeligsindet; *sb* royalist.
royal road *(fig)* let vej, slagen vej *(fx to success); there is no ~ to (ogs)* man kan ikke slippe let til.
Royal Society det kongelige videnskabernes selskab.
royalty ['rɔiəlti] *sb* medlem(mer) af kongehuset, kongelig(e) person(er), de kongelige; kongelighed; kongeværdighed; (betaling:) (licens)afgift, patentafgift, procenter, forfatterhonorar, procentvis honorar efter salget.
rozzer ['rɔzə] *sb* S strømer (ɔ: politibetjent).
RP *fk received pronunciation.*
r.p.m. *fk revolutions per minute.*
R.S. *fk Royal Society.*
RSC *fk Royal Shakespeare Company.*
R.S.P.C.A. nu = *N. S. P. C. A.*
R.S.V.P. *fk répondez s'il vous plaît* svar udbedes.
Rt. Hon. *fk right honourable.*
Rt. Rev. *fk right reverend.*
rub [rʌb] *vb* gnide *(fx one's eyes)*, smøre *(fx ointment on one's arms)*; gnubbe, massere *(fx one's back)*; skrabe *(fx one's shin on a stone)*; skure *(fx two stones against each other)*; (med håndklæde) frottere; (med viskelæder) viske; (om farver *etc*) rive; *sb* gnidning; ujævnhed, knold; *(fig)* spydighed, hib; hindring, vanskelighed; *there is the ~* der ligger hunden begravet; ~ **along** T klare sig igennem (med besvær); komme ud af det med hinanden; ~ **down** pudse, polere; frottere; (om hest) strigle; ~ **in** indgnide; *(fig)* indprente, udpensle; *there is no need to ~ it in (el. to ~ my* **nose in it)** *(fig)* der er ingen grund til at træde *(el.* vade) i det; ~ **off** gnide (, skrabe) af; viske ud; *~ off on* smitte af på; ~ **out** udslette; viske ud; *it won't ~ out* det er ikke til at viske ud; ~ **up** pudse, polere; *(fig)* opfriske; ~ *the wrong* **way** *(fig)* stryge mod hårene; irritere; ~ *shoulders (, am* også: *elbows)* **with** omgås med (på lige *el.* fortrolig fod); *(neds)* gnubbe sig op ad.
rub-a-dub ['rʌbədʌb] *sb* bum bummelum.
rubber ['rʌbə] *sb* gummi, kautsjuk; viskelæder; (i bridge *etc*) rubber; (person) massør; (til slibning) hvæssesten; S kondom; (se også *rubbers)*; *vb* imprægnere med gummi.
rubber| band elastik, gummibånd. ~ **check** *(am* S) dækningsløs check. ~ **game** (i bridge) kampgame. ~ **goods** *pl* gummivarer.
rubberize ['rʌbəraiz] *vb* imprægnere med gummi.
rubberneck ['rʌbənek] *sb (am* T) nysgerrig person, turist; *vb* kigge nysgerrigt.
rubbers ['rʌbəz] *sb pl* galocher.
rubber solution solution.
rubber stamp gummistempel; *(fig)* nikkedukke.
rubber-stamp *vb* stemple (med et gummistempel); *(fig)* give sin tilslutning uden at overveje det.
rubbery ['rʌbəri] *adj* gummiagtig.
rubbing ['rʌbiŋ] *sb (cf rub)* gnidning *(etc)*; *(fx* af gravsten) gnidebillede.
rubbing strake *(mar)* skamfilingsliste.

rubbish ['rʌbiʃ] *sb* affald; snavs; ragelse, skrammel; T sludder, vrøvl; *vb* T nedgøre, rakke ned, kritisere sønder og sammen; kassere; *talk* ~ sludre, vrøvle.
rubbish heap affaldsdynge.
rubbishing ['rʌbiʃiŋ], **rubbishy** ['rʌbiʃi] *adj* affalds-; værdiløs, tarvelig, ussel.
rubble [rʌbl] *sb* murbrokker, stenbrokker; utilhugne sten.
rubdown ['rʌbdaun] *sb* frottering; massage.
rube [ru:b] *sb (am* T*)* bondeknold.
rubefaction [ru:bi'fækʃn] *sb* rødmen (af hud ved irritation).
rubella [ru:'belə] *sb (med.)* røde hunde.
rubeola [ru:'bi:ələ] *sb (med.)* mæslinger.
rubescent [ru:'besnt] *adj* rødmende, rødlig.
rubicund ['ru:bikənd] *adj* rød, rødlig, rødmosset.
rubiginous [ru:'bidʒinəs] *adj* rustfarvet.
rubric ['ru:brik] *sb* rubrik, overskrift; (liturgisk) forskrift; (på eksamensopgave) instruktion; *(fig)* fast form, skik og brug.
ruby ['ru:bi] *sb* rubin; (i ur) sten; *adj* rubinrød; ~ *wedding anniversary* 40 års bryllupsdag.
ruche [ru:ʃ] *sb* ruche (rynket *el.* plisseret strimmel).
ruck [rʌk] *vb* rynke; krølle; folde; *sb* rynke; fold; rodet bunke, rodsammen; (i rugby) tæt klynge af spillere omkring bolden; S slagsmål; *the* ~ den store hob, den grå masse, (i væddeløb) 'klumpen' der ligger bagud for førerfeltet.
rucksack ['ruksæk] *sb* rygsæk; mejs.
ruckus ['rʌkəs] *sb* T slagsmål, ballade, strid, spektakel.
ructions [rʌkʃnz] *sb pl* spektakler, uro, ballade, vrøvl.
rudd [rʌd] *sb zo* rudskalle.
rudder ['rʌdə] *sb* ror; *(flyv)* sideror.
rudder| post rorstævn. ~ **stock** rorstamme.
ruddy ['rʌdi] *adj* rød, rødmosset; S (eufemisme for *bloody)* pokkers.
ruddy duck *zo* amerikansk skarvand.
ruddy shelduck *zo* rustand.
rude [ru:d] *adj* **1.** (meget) uhøflig *(el.* udannet) *(fx don't stare, it's* ~*)*, uforskammet *(fx reply)*, ubehøvlet; **2.** grov, plump, simpel, vulgær *(fx stories)*, **3.** primitiv *(fx stone huts)*, tarvelig, simpel; **4.** rå, uforarbejdet; **5.** *(litt)* primitiv, rå *(fx a* ~ *and barbarous people)*; **6.** (om vejr *etc)* barsk, heftig *(fx storm)*; *a* ~ *awakening* en brat opvågnen; ~ *health* robust helbred.
rudiment ['ru:dimənt] *sb (biol)* anlæg, rudiment (ɔ: uudviklet organ); **-s** *pl* begyndelsesgrunde *(fx the -s of mathematics)*; (svag) begyndelse *(of* til, *fx a plot, a plan)*.
rudimentary [ru:di'mentri] *adj* rudimentær, begyndelses-, uudviklet, ufuldbåren.
I. rue [ru:] *vb* angre; ynkes over, sørge *(for* over).
II. rue [ru:] *sb (bot)* rude (sorgens symbol).
rueful ['ru:f(u)l] *adj* sørgmodig, angerfuld; bedrøvelig; *-ly adv (ogs)* med beklagelse; *the Knight of the Rueful Countenance* ridderen af den bedrøvelige skikkelse.
I. ruff [rʌf] *sb (glds)* pibestrimmel, pibekrave, kruset halskrave; (på fugl) fjerkrave; *zo* brushane.
II. ruff [rʌf] (i kortspil) *vb* trumfe; *sb* trumfning.
ruffian ['rʌfjən] *sb* bølle, bandit.
I. ruffle [rʌfl] *vb* bringe i uorden, pjuske *(fx the wind -d her hair)*, (om vand) kruse, sætte i bevægelse, oprøre; *(fig)* bringe ud af fatning *(fx he is not easy to* ~*)*, irritere; (om beklædning) besætte med pibestrimmel *(etc, cf II. ruffle)*; (uden objekt) kruses, kruse sig; blive oprørt; *(fig)* komme ud af fatning, blive irriteret; *the bird -s its feathers* fuglen bruser sig op; ~ *one's hair* (også) purre op i håret.
II. ruffle [rʌfl] *sb* (på tøj) pibestrimmel, kruset manchet, kalvekrøs; (på kjole) flæse; (på vand) krusning, *(fig)* mislyd, uro, sindsoprør; *(mil.)* dæmpet trommehvirvel.
rufous ['ru:fəs] *adj* (især *zo)* rødbrun.
rug [rʌg] *sb* groft uldent tæppe; rejsetæppe; (til gulv) (lille, tykt) tæppe, kamintæppe, (ved seng) sengeforligger; *pull the* ~ *from under (fig)* trække tæppet væk under.
Rugby ['rʌgbi] (by med kendt *public school)*.
rugby ['rʌgbi] *sb* rugbyfodbold.
rugged ['rʌgid] *adj* ru, ujævn; knortet, knudret; (om landskab) vild, forreven *(fx coast)*; (om stil) knudret; (om træk) grov, markeret; (om person) barsk *(fx a* ~ *old man)*, brysk, *(am ogs)* robust, hårdfør *(fx pioneer)*.
rugger ['rʌgə] *sb* rugbyfodbold.
rugose ['ru:gəus] *adj* rynket *(fx leaf)*.
ruin ['ru:in] *sb* ruin; undergang, ødelæggelse; *vb* ruinere, ødelægge; gøre ulykkelig, styrte i fordærvelse.
ruination [ru:i'neiʃn] *sb* ruinering, ødelæggelse; *(fig)* ruin.
ruined ['ru:ind] *adj* som ligger i ruiner *(fx castle)*; ruineret, ødelagt; (om kvinde *ogs)* falden.
ruinous ['ru:inəs] *adj* ødelæggende, ruinerende; (om bygning) forfalden, faldefærdig, brøstfældig.
I. rule [ru:l] *sb* regering, herredømme, styre *(fx British* ~ *in India)*; (forskrift *etc)* regel, *(jur)* retsregel; (til streger) lineal, (til måling) tommestok; *(typ)* streg, linie;
as a ~ som regel; *-s of the air (flyv)* luftfartsregler; *the* ~ *of law* retssikkerheden; *-(s) of the road*, se *road;* ~ *of three* reguladetri; ~ *of thumb* tommelfingerregel; *by* ~ *of thumb* efter skøn; på en grov men praktisk måde; *work to* ~ holde sig strengt til reglementet (som obstruktionsmiddel, i stedet for strejke).
II. rule [ru:l] *vb* herske (over), regere, styre *(fx a country)*; *(fig)* beherske *(fx be -d by one's passions)*, styre *(fx he -d the boys with a firm hand)*; *(fx* om ordstyrer) afgøre, *(jur)* afsige kendelse *(on* om, *that* om at); *(typ etc)* liniere *(fx -d paper)*; ~ *lines on a piece of paper,* ~ *a piece of paper with lines* liniere et stykke papir;
prices -d **high** priserne lå højt; ~ **off** skille fra ved en streg; ~ **out** udelukke.
ruler ['ru:lə] *sb* regent, hersker; (til streger) lineal; *(typ)* liniering.
ruler-straight *adj* snorlige.
ruling ['ru:liŋ] *sb (fx* fra ordstyrer) afgørelse, *(jur)* kendelse; *adj* herskende; gældende; ~ *passion* herskende lidenskab.
I. rum [rʌm] *sb* rom; *(am ogs)* spiritus.
II. rum [rʌm] *adj* T snurrig; mærkelig, løjerlig; *a* ~ *go* noget underligt noget; *feel* ~ være utilpas.
rumba ['rʌmbə] *sb* rumba; *vb* danse rumba.
rumble [rʌmbl] *vb* rumle, buldre, drøne; T gennemskue; opdage, finde ud af; *sb* rumblen; (på vogn) bagsæde, bagageplads; (se også *rumble seat)*.
rumble| seat (i bil, *am)* åbent bagsæde bag på topersoners bil. ~ **strip** rumlefelt (på kørebane).
rumbustious [rʌm'bʌstʃəs] *adj* S larmende, støjende, voldsom.
ruminant ['ru:minənt] *sb* drøvtygger; *adj* drøvtyggende; *(fig)* eftertænksom.
ruminate ['ru:mineit] *vb* tygge drøv; *(fig)* gruble, tænke; ruge; (med objekt) tygge drøv på, ruge over.
rumination [ru:mi'neiʃn] *sb* drøvtygning; *(fig)* overvejelse; grublen.
ruminative ['ru:minətiv] *adj* grublende.
rummage ['rʌmidʒ] *sb* gennemsøgning, roden; (ting:) skrammel; *vb* gennemsøge, se efter i; rode (i); (om toldvæsen) inkvirere.
rummage sale (til velgørenhed) loppemarked; *(merk, omtr)* oprømningsudsalg.
rummy ['rʌmi] *sb* (om kortspil) rommy; *(am)* drukkenbolt; *adj* = *II. rum.*
rumour ['ru:mə] *sb* rygte; *vb: it is -ed* man siger, det

forlyder, rygtet går.

rump [rʌmp] *sb* bagdel, hale, gump; (af okse) halestykke; *(fig)* sidste rest; *the Rump (Parliament) (hist.)* (resterne af det lange Parlament).

rumple [rʌmpl] *vb* krølle, pjuske; ~ *one's hair (ogs)* purre op i håret.

rumpus ['rʌmpəs] *sb* T ballade.

rumpus room *(am, omtr)* hobbyrum; gildestue.

rumrunner ['rʌmrʌnə] *sb (am)* T spritsmugler; spritsmuglerskib.

I. run [rʌn] *vb (ran, run)* løbe; rende, ile; løbe bort, flygte; (i væddeløb) deltage, *(parl, am)* lade sig opstille til valg; (om væske) løbe, flyde, rinde, strømme; løbe ud *(fx the colours ~)*; blive flydende, smelte; (om maskine *etc)* gå, fungere *(fx the lawn mower does not ~ properly)*; (om skuespil) gå, blive opført *(fx ~ for two months)*; *(mht* placering, forløb) strække sig *(fx a scar ran across his cheek)*; (om tekst) lyde *(fx this is how the verse -s)*; (om lov *etc)* gælde, anerkendes *(fx the law does not ~ among them)*; (med adjektiv) blive *(fx ~ mad)*, være, ligge *(fx sales are -ning high this year)*;

(med objekt) lade løbe *(fx ~ a horse up and down)*, køre *(fx a car into a garage)*; (om væddeløb) løbe om kap med; (ved jagt) forfølge, jage *(fx a fox)*; (indføre ulovligt:) smugle *(fx arms, liquor)*; (om blokade) bryde; (om spids genstand) jage, stikke *(fx a needle into one's finger)*, støde *(fx a sword through him)*; (anbringe:) trække *(fx a rope between two trees)*, føre *(fx a partition across the room)*; (forestå:) lede, drive *(fx a hotel)*, styre, regere *(fx Communist-run countries)*; (om avis *etc)* bringe *(fx every newspaper ran the story)*; (især *am)* opstille til valg;

(forskellige *forb)* ~ *sby close* være lige i hælene på en, være en farlig konkurrent for en; ~ *cold* stivne; *it made my blood ~ cold* det fik det til at løbe koldt ned ad ryggen på mig; ~ *it fine* beregne tiden meget knebent; *the sea -s high* der er stærk bølgegang; *passions ~ high (fig)* bølgerne går højt; ~ *low* være ved at slippe op; *the rumour -s that* der går det rygte at; ~ *short* være ved at slippe op; ~ *short of* ikke have nok af, være ved at udgå for; ~ *extra trains* sætte ekstratog ind; ~ *water into* fylde vand i;

(forb med *præp el. adv)* ~ **across** løbe på, tilfældigt møde; ~ **against** løbe på, træffe, støde på; gå imod, stride imod; ~ *one's head against* løbe panden mod; ~ **away** løbe væk, flygte; løbe hjemmefra; ~ **away with** stikke af med; løbe af med; sluge *(fx the scheme will ~ away with a lot of money)*; *don't ~ away with the idea that* gå nu ikke hen og tro at; *his temper ran away with him* hidsigheden løb af med ham; ~ **counter** *to* være i modstrid med; ~ **down** løbe ned; løbe ud, gå i stå (om ur *etc)*; indhente; køre ned, sejle i sænk; indskrænke driften på *(fx a factory)*; kritisere, rakke ned på, bagtale; (om blik) glide hurtigt ned langs; *be ~ down (ogs)* være svag (, udmattet); ~ **for** *Congress (am)* stille sig som kandidat til Kongressen; ~ *for it* stikke af, stikke halen mellem benene; ~ **in** T sætte fast, arrestere; (om maskine) indkøre; ~ *'in a car* køre en bil til; ~ *in and see me tonight* kig indenfor i aften; *it -s in the family* det ligger til familien; *it ran in my head* det kørte rundt i hovedet på mig (ɔ: jeg kunne ikke få det ud af tankerne); ~ **into** støde på, støde sammen med; ~ *into debt* komme i gæld; *the book ran into several editions* bogen gik *(el.* udkom) i adskillige oplag; *his income -s into five figures* hans indtægt kommer op på et femcifret beløb;

~ **off** stikke af; (om væske) tappe, tømme ud; (sige hurtigt:) rable af sig; *(typ)* trykke, 'køre'; ~ *him off his legs* løbe ham træt; ~ **on** løbe videre, fortsætte, (med at tale:) snakke uafbrudt, snakke løs; beskæftige sig med *(fx the talk ran on recent events)*; *(typ)* sætte omløbende *(el.* rundløbende); ~ **out** (om tid, frist) løbe ud, udløbe; (om forråd *etc)* slippe op; ~ *out of* løbe tør for *(fx petrol)*; *I have ~ out of tobacco* min tobak er sluppet op; ~ *out on (am* T) stikke af fra, lade i stikken, svigte; ~ **over** (med køretøj) køre over; (noget skrevet *el.* trykt) løbe igennem, hastigt gennemlæse (, gennemgå); ~ **through** (med stikvåben) gennembore; (om penge) opbruge, bortødsle *(fx a fortune)*; (noget skrevet *el.* trykt) = ~ *over;* ~ **to** *(mht* penge) strække til; have råd til; ~ *to sby's aid* ile en til hjælp; ~ **up** drive i vejret; (om flag *etc)* hurtigt hejse; (om tal) lægge sammen; ~ *up against* løbe på, støde på *(fx difficulties)*; træffe; ~ *up bills* stifte gæld; ~ *up a house* smække et hus op; ~ *up a dress* sy en kjole i en fart; ~ **with** være fuld af *(fx the gutters were -ning with water)*; *the streets ran with blood* gaderne flød med blod.

II. run [rʌn] *sb* løb, rend, (om maskine) gang; tilløb, *(merk)* efterspørgsel, panik, storm, run *(fx on a bank)*; (tur:) løbetur, (kort rejse *etc)* tur *(fx a ~ to Paris)*, *(mar)* sejlads; (i kricket) løb, point; (om vej) strækning, (for bus *etc)* rute, (til slæde *etc)* bane, (for ski) løjpe, (dyrs) spor, *(agr)* græsgang, indhegning (til høns *etc)*; (i strømpe) nedløben maske; (af trin) grund, trinbredde; (måde hvorpå noget forløber:) retning *(fx the ~ of the streets is away from the river)*; *(fig)* tendens *(fx the ~ of the market)*; (slags:) type, slags *(fx the ordinary ~ of blouses)*, klasse; (om tid) periode *(fx a ~ of bad luck)*, *(tekn)* den tid en maskine er i gang, (i edb) kørsel; (hvad der herved produceres:) produktion, *(typ)* oplag, oplagstal; (serie:) (ubrudt) række, *(teat)*: *have a long ~* gå længe; *have a ~ of a hundred nights* gå *(el.* opføres) hundrede gange; (se *ogs runs)*;

give *him a ~* (ved valg) opstille ham; *give sby a close ~* være en farlig konkurrent for en; *give him a ~ for his money* give ham noget for pengene (, T: smæk for skillingen); **have** *a ~ for one's money (ogs)* få noget ud af det; **in** *the long ~* i det lange løb, i længden, på langt sigt; *in the short ~* på kort sigt; *have the ~* **of** have fri adgang til *(fx the library, the garden)*; *like the common (el. ordinary) ~* **of people** som folk er flest; *outside (, above) the ordinary ~ of people* anderledes (, bedre) end folk er flest; **on** *the ~* på farten, på flugt; i løb; *keep sby on the ~* holde en beskæftiget uafbrudt (med at løbe ærinder *etc)*; **out of** *the common ~* uden for det almindelige.

runabout ['rʌnəbaut] *sb* omstrejfer; lille let bil.

runagate ['rʌnəgeit] *sb* flygtning; renegat, overløber.

runaround ['rʌnəraund] *sb* T : *get the ~* blive holdt for nar; blive holdt hen (med snak); *adj* T ustabil, troløs *(fx lover)*.

runaway ['rʌnəwei] *adj* bortløben; løbsk; som er løbet løbsk *(fx inflation, prices)*; *sb* flygtning; løbsk hest; *(am)* stor sejr. ~ *marriage* ægteskab efter flugt.

runcible ['rʌnsəbl] *adj:* ~ *spoon* gaffelske; gaffel til salatsæt.

rundown ['rʌndaun] *sb* nedskæring, indskrænkning af driften; *(am)* kort oversigt, sammendrag; gennemgang; opregning; *adj* træt, udkørt; sløj; medtaget, ramponeret, forfalden.

rune [ru:n] *sb* rune; ~ *staff* runestav.

I. rung ['rʌŋ] *pp* af *ring.*

II. rung [rʌŋ] *sb* (på stige) trin, sprosse, (mellem stoleben) stiver, (i hjul) ege.

runic ['ru:nik] *adj* rune-; *in ~ characters* med runeskrift.

run-in ['rʌnin] *sb (tekn, fig)* indkøring; T mindre sammenstød, skænderi; *(typ)* indføjelse.

runnel [rʌnl] *sb* bæk, rende.

runner ['rʌnə] *sb* løber *(ogs* om tæppe); *(fx* for bookmaker) agent, (i firma) bud, piccolo; *(am)* smugler *(fx gunrunner)*; *(hist.)* politibetjent; (hvorpå noget løber:) løberulle, (på slæde) mede, (på skøjte) skøjtejern; (i mølle) løber, oversten; (på paraply) skyder; (på regnestok) løber; *(mar)* bagstag; *(typ)* marginaltal, linietæller; (ved støbning) indløb; *(bot)* udløber; *do a* ~ T stikke af.

runner| bean *(bot)* pralbønne. **~-up** nr. 2 (i sportskamp).

running ['rʌniŋ] *adj* væddeløbs-; hurtigsejlende; uafbrudt, fortsat, løbende, i træk *(fx for three days ~)*, i sammenhæng; flydende *(fx hand* håndskrift); rindende *(fx water); (med.)* væskende *(fx sore); sb* løb, kapløb; udholdenhed; drift;
be **in** *the* ~ være med i konkurrencen; **make** *the* ~ bestemme farten; have initiativet; **take up** *the* ~ føre, tage initiativet; *be* **out of** *the* ~ være ude af spillet.

running| battle: *fight a ~ battle against* løbe rundt og slås med *(fx the police); (fig)* ligge i stadig strid med, føre en uafladelig kamp mod. ~ **board** trinbræt (på sporvogn *etc).* ~ **bowline** løbestik. ~ **commentary** (i radio) reportage. ~ **fire** uafbrudt skydning, *(glds)* løbeild; *(fig)* krydsild. ~ **free** *(mar)* rumskøds sejlads. ~ **head(line)** *(typ)* levende kolumnetitel. ~ **jump:** *go and take a ~ jump at yourself* T du kan rende og hoppe. ~ **knot** løbeknude; slipstik. ~ **mate** hest der bruges som pacer for en anden; *(am parl,* især) vicepræsidentkandidat. ~ **rigging** *(mar)* løbende rigning, løbende gods. ~ **title** = ~ *head(line).*

runny ['rʌni] *adj* som er tilbøjelig til at løbe ud, tynd, blævret, (om sår *etc*) væskende; *a ~ nose* en næse der løber.

Runnymede ['rʌnimi:d].

runoff ['rʌnɔf] *sb* afgørende løb (efter at et tidligere er endt uafgjort).

run-of-the-mill ['rʌnəvðə'mil] *adj* ordinær, almindelig, gennemsnits-; middelmådig.

run-on ['rʌnɔn] *adj (typ)* sat omløbende *(el.* rundløbende); ~ *lines* (i poesi) enjambement.

run-proof, run-resistant *adj* maskefast *(fx stocking).*

runs [rʌnz] : *the* ~ T diarré, tynd mave.

runt [rʌnt] *sb* T vantrivning, lille gnom.

run-up ['rʌnʌp] *sb* tilløb (til spring); *(fig)* forberedelse; (inden valg *ogs)* slutspurt.

runway ['rʌnwei] *sb (flyv)* startbane, landingsbane.

rupee [ru:'pi:] *sb* rupi (indisk møntenhed).

rupture ['rʌptʃə] *sb* sprængning; brud; *(med.)* brok; *vb* sprænge, bringe til at briste; (uden objekt) sprænges, briste.

rural ['ruər(ə)l] *adj* landlig, land-; ~ *dean (omtr)* provst.

ruse [ru:z] *sb* list, finte, kneb.

I. rush [rʌʃ] *sb (bot)* siv; *not worth a* ~ ikke en bønne værd; *not care a* ~ være revnende ligeglad.

II. rush [rʌʃ] *sb* stormløb, fremstormen; bølge *(fx of sympathy);* brus; jag, ryk; tilstrømning, stærk efterspørgsel *(fx there was a ~ for the papers);* S velbehag fremkaldt af narkotika; rus; **-es** *pl* (af film) førstekopi, prøvekopi;
there was a ~ to the doors man styrtede til dørene; *we had a ~ to get the job done* vi havde et jag for at få arbejdet færdigt; *give a girl a ~ (am)* gøre stormkur til en pige (ɔ: invitere hende ud ustandselig); *be in a* ~ have styrtende travlt; *there was a ~ of blood to his head* blodet for ham til hovedet.

III. rush [rʌʃ] *vb* fare (af sted), komme farende *(el.* styrtende), styrte, storme *(fx down the stairs; into the room); (fig)* kaste sig, styrte sig *(into* ud i, se *ndf);* (med objekt) bringe (, sende, få af sted *etc)* i en fart *(fx ~ a child to the doctor; he -ed her out of the room);* drive; jage *(fx a Bill through Parliament);* jage med *(fx don't ~ me; don't ~ the work); (mil.* og *fig)* storme *(fx an enemy position; the crowd -ed the boats),* forcere *(fx a barrier),* løbe over ende; S forlange overpris af, trække op; *(am)* gøre stormkur til *(fx a girl);*
~ *him* **for** *a fiver* T slå ham for fem pund; ~ **into** *(fig)* kaste *(el.* styrte) sig ud i (uden at tænke sig om) *(fx adventure, an undertaking; don't ~ into divorce);* (se også *II. print);* ~ *her into marriage* presse hende til at gifte sig hurtigt; ~ *sby* **off** *his feet* overvælde en med arbejde; rive en med; ~ **to** *conclusions* drage forhastede slutninger.

IV. rush [rʌʃ] *adj* som haster, haste- *(fx order, work);* forhastet, hastværks- *(fx work);* travl; ~ *hours* myldretid.

rush| job hastesag, hasteordre. **-light** tællepràs. ~ **lily** *(bot)* blåøje.

rushy ['rʌʃi] *adj* sivbevokset; siv-.

rusk [rʌsk] *sb* tvebak.

Ruskin ['rʌskin]. **Russell** [rʌsl].

russet ['rʌsət] *adj* rødbrun; *(omtr)* vadmels-; *(fig)* grov, simpel, hjemmegjort; *sb* (groft rødbrunt hjemmevævet tøj) *(omtr)* vadmel; æblesort.

Russia ['rʌʃə] Rusland; ~ *(leather)* ruslæder.

Russian [rʌʃn] *sb* russer; russisk; *adj* russisk.

Russo- russisk- *(fx ~ -Japanese).*

rust [rʌst] *sb* rust; skimmel; *(fig)* sløvhed; *vb* ruste; gøre rusten; *(fig)* sløves; ~ *colour* rustfarve.

rustic ['rʌstik] *adj* som hører til landet, som er på landet; landlig; *(fig)* ukunstlet, ligefrem, simpel; *(neds)* bondsk, grov, plump; (om møbler) naturtræs-; *sb* landboer, bonde; ~ *style* almuestil.

rusticate ['rʌstikeit] *vb* bo på landet, sende på landet; rustificere; bortvise fra universitet for kortere tid.

rustication [rʌsti'keiʃn] *sb* ophold på landet; midlertidig bortvisning (fra universitet).

rusticity [rʌ'stisiti] *sb* landlighed, bondsk væsen.

rustle [rʌsl] *vb* rasle; rasle med; *(am* S) gå 'til den, klemme 'på (ɔ: arbejde energisk); stjæle kvæg; *sb* raslen; ~ *up* få lavet *(el.* skaffet) i en fart.

rustler ['rʌslə] *sb (am* S) gåpåfyr; kvægtyv.

rustless ['rʌstləs], **rustproof** ['rʌstpru:f] *adj* rustfri.

rusty ['rʌsti] *adj* rusten, rustfarvet; *(fig)* ude af øvelse; forsømt; (om tøj) luvslidt, falmet; *cut up (el. turn)* ~ S blive gnaven; blive besværlig.

I. rut [rʌt] *sb* hjulspor; *(fig)* rutine, 'skure'.

II. rut [rʌt] (om dyr) *sb* brunst; *vb* være brunstig.

ruth [ru:θ] *sb (glds)* medlidenhed; sorg.

ruthless ['ru:θləs] *adj* ubarmhjertig, skånselsløs, hård.

rutting season brunsttid.

rutty ['rʌti] *adj* fuld af hjulspor, opkørt.

R.V. *fk revised version.*

Ry. *fk railway.*

rye [rai] *sb (bot)* rug; *(am)* whisky (destilleret af rug).

rye crisp *(am)* knækbrød.

ryegrass ['raigra:s] *sb (bot)* rajgræs.

S

S [es].
$ tegn for *dollar(s).*
S. *fk Saint; Saturday; Society; South; Southern; Sunday.*
s. *fk second(s); see; shilling(s); singular.*
's *fk is, has, us.*
S.A. *fk Salvation Army; South Africa (el. America, Australia); sex appeal.*
Sabaoth [sə'beiɔθ] Zebaoth; *the Lord of ~* den Herre Zebaoth.
sabbatarian [sæbə'tɛəriən] *adj* sabbats-; *sb* en der strengt overholder hviledagen.
sabbath ['sæbəθ] *sb* sabbat.
sabbatic(al) [sə'bætik(l)] *adj* som hører til sabbaten; *sb* = *~ year* sabbatår (ɔ: et års orlov med løn); *~ term* frisemester.
Sabine ['sæb(a)in]: *-'s gull* sabinemåge.
sable [seibl] *sb* zobel, zobelskind; *adj* mørk, sort; klædt i sort.
sable antelope *zo* sort hesteantilope, sabelantilope.
sabot ['sæbəu] *sb* træsko.
sabotage ['sæbəta:ʒ] *sb* sabotage.
saboteur ['sæbətə:] *sb* sabotør.
sabre ['seibə] *sb* ryttersabel; *vb* nedsable.
sabre rattling *(fig)* sabelraslen (ɔ: trussel om krig).
sabretache ['sæbətæʃ] *sb* sabeltaske.
sabre-toothed ['seibətu:ðd] *adj: ~ tiger* sabelkat.
sac [sæk] *sb* sæk.
saccharin ['sækərin] *sb* sakkarin.
saccharine ['sækərain] *adj* sukkeragtig; *(fig)* sødladen, sukkersød, vammel.
sacerdotal [sæsə'dəutl] *adj* præstelig.
sacerdotalism [sæsə'dəut(ə)lizm] *sb* præstevæsen, præstevælde.
sachem ['seitʃəm] *sb* høvding (for indianerstammer); *(fig)* stormand.
sachet ['sæʃei] *sb* lille pose; lavendelpose; lommetørklædemappe.
I. sack [sæk] *sb* plyndring; *vb* plyndre.
II. sack [sæk] *sb* sæk, pose; sækkekjole; *vb* T fyre, afskedige; *give sby the ~* T fyre *(el.* afskedige) en; *get the ~* T blive fyret, få sin afsked.
sackcloth ['sækklɔθ] *sb* sækkelærred; *in ~ and ashes* i sæk og aske.
sacking ['sækiŋ] *sb* sækkelærred.
sack race sækkevæddeløb.
sacque [sæk] *sb* sækkekjole; løsthængende jakke; babytrøje.
sacrament ['sækrəmənt] *sb* sakramente.
sacramental [sækrə'mentl] *adj* sakramental.
sacred ['seikrid] *adj* indviet; hellig, *(fig ogs)* ukrænkelig; *~ history* bibelhistorie; kirkehistorie; *~ music* kirkemusik; *~ songs* åndelige sange; *~ to* indviet til, helliget; *nothing is ~ to him* intet er ham helligt.
I. sacrifice ['sækrifais] *sb* offer; ofring; *(fig)* offer; opofrelse; *make -s to obtain one's end* ofre noget *(el.* bringe ofre) for at nå sit mål; *sell at a ~* sælge med tab.
II. sacrifice ['sækrifais] *vb* ofre; *~ oneself to sth* ofre sig for noget; *~ to idols* ofre til afguder.
sacrificial [sækri'fiʃl] *adj* offer-.
sacrilege ['sækrilidʒ] *sb* vanhelligelse, helligbrøde, kirkeran.
sacrilegious [sækri'lidʒəs] *adj* profan, ugudelig.
sacring ['seikriŋ] *sb* indvielse; *~ bell* messeklokke.
sacristan ['sækrist(ə)n] *sb* sakristan (ɔ: kirketjener).
sacristy ['sækristi] *sb* sakristi.
sacroiliac [sækrəu'iliæk] *sb (anat)* forbindelsen mellem korsbenet og hoftebenet.
sacrosanct ['sækrəsæŋkt] *adj* sakrosankt, hellig, ukrænkelig.
sad [sæd] *adj* bedrøvet, tungsindig; sørgelig, trist; (om farve) mørk, afdæmpet; (om brød) klæg; *(glds)* alvorlig; T slem, rædsom *(fx coward);* kedelig, trist.
sadden [sædn] *vb* blive bedrøvet; bedrøve.
saddle [sædl] *sb* sadel; *(tekn:* på drejebænk) slæde; *vb* sadle; T belemre *(with* med); *~ of mutton* bederyg; *~ of venison* dyreryg.
saddle|back sadelformet bjergryg; sadeltag. **-backed** *adj* (om hest) sadelrygget. **-bag** sadeltaske; slags møbelplys. **-bow** [-bəu] sadelbue. **-cloth** sadeldækken. *~* **horse** ridehest. **-nose** sadelnæse. *~* **quern** *(hist)* gruttesten.
saddler ['sædlə] *sb* sadelmager.
saddlery ['sædləri] *sb* sadelmagerarbejde.
saddletree ['sædltri:] *sb* sadelbom; *(bot)* tulipantræ.
Sadducee ['sædjusi:] *sb* saddukæer.
sadism ['sædizm] *sb* sadisme. **sadist** ['sædist] *sb* sadist.
sadistic [sə'distik] *adj* sadistisk.
sadly ['sædli] *adv* bedrøvet, tungsindigt; sørgeligt, trist; i sørgelig grad *(fx ~ neglected);* trist (, sørgeligt) nok (fx *~, he died in the spring); you are ~ mistaken* du tager sørgeligt fejl.
S.A.E. *fk stamped and addressed envelope.*
safari [sə'fa:ri] *sb* safari, jagtekspedition.
safari | jacket safarijakke. *~* **park** safaripark, dyrepark. *~* **suit** safarisæt.
safe [seif] *adj* sikker *(from* for); i sikkerhed *(from* for, *fx in the shelter they were ~ from falling bombs),* tryg; uskadt, velbeholden; ufarlig *(fx it is quite ~ to do it),* betryggende, forsvarlig, pålidelig; *sb* pengeskab, boks; flueskab, isskab; *(am)* kondom, præservativ; *~ and sound* i god behold, velbeholden; *better ~ than sorry* man kan ikke være for forsigtig; *I have got him ~* jeg har krammet på ham; *it is ~ to say* man kan roligt sige; *it is not ~* det er farligt; *at a ~ distance* i tilbørlig afstand.
safe|blower, -breaker pengeskabstyv. *~* **-conduct** frit lejde. **-cracker** pengeskabstyv. *~* **custody** (i bank) depot. *~* **deposit** boksafdeling. **-guard** *sb* værn, beskyttelse *(against* mod); sikkerhedsforanstaltning; *vb* beskytte, sikre. **-keeping** forvaring, varetægt.
safely ['seifli] *adv* sikkert; uskadt, i god behold, i sikkerhed; uden fare; roligt *(fx we can ~ leave that to him).*
safety ['seifti] *sb* sikkerhed, tryghed; (på skydevåben) sikring, *at ~* sikret; *play for ~* ikke ville risikere noget.
safety| belt sikkerhedsbælte, sikkerhedssele. *~* **bolt** (på dør) sikkerhedsslå. *~* **catch** sikring (på skydevåben). *~* **chain** sikkerhedskæde. *~* **curtain** *(teat)* jerntæppe. *~* **fuse** (langsom) tændsnor; *(elekt)* smeltesikring. *~* **glass** splintfrit glas. *~* **guard** beskyttelsesskærm. *~* **harness** sikkerhedssele (i bil). *~* **house** hus hvor agent er sikret mod opdagelse. *~* **island** fodgængerhelle. *~* **lamp** grubelampe. *~* **lock** (på dør) sikker-

hedslås. ~ **match** tændstik. ~ **pin** sikkerhedsnål. ~ **razor** barbermaskine. ~ **valve** sikkerhedsventil. ~ **zone** *(am)* helle (på gade).
saffian ['sæfiən] *sb* safian.
safflower ['sæflauə] *sb (bot)* farvetidsel, saflor.
saffron ['sæfrən] *sb* safran; *adj* safrangul.
sag [sæg] *vb* synke ned, hænge slapt; (om tov *etc)* hænge i en bue; *(merk:* om pris) falde, dale; *(mar)* være (, blive) kølbrudt; have afdrift; *sb* synken, hængen, *(elekt:* af ledning) nedhæng; dalen, fald; *(mar)* afdrift.
saga ['sa:gə] *sb* saga.
sagacious [sə'geiʃəs] *adj* skarpsindig, klog.
sagacity [sə'gæsiti] *sb* skarpsindighed, klogskab.
sagamore ['sægəmɔ:] *sb* indianerhøvdning.
I. sage [seidʒ] *adj* klog, viis; *sb* vismand.
II. sage [seidʒ] *sb (bot)* salvie.
sagebrush ['seidʒbrʌʃ] *sb (am)* (art) bynke.
sage green *sb* mat grågrøn.
saggar ['sægə] *sb* kapsel (til keramisk brænding).
sagging ['sægiŋ] *adj* synkende, hængende; (om børs) flov.
Sagitta [sə'gitə, sə'dʒitə] *(astr)* Pilen.
Sagittarius [sædʒi'tɛəriəs] *(astr)* Skytten.
sago ['seigəu] *sb* sago.
Sahara [sə'ha:rə].
Sahib ['sa:(h)ib] *sb* (indisk:) herre.
said [sed] *præt* og *pp* af *say; adj* førnævnt, bemeldt, omtalt *(fx the ~ John Smith).*
sail [seil] *vb* sejle; besejle, befare; (gennem luften:) sejle, flyve, svæve; *(fig)* sejle, skride, komme brusende *(fx into the room); sb* sejl; sejlskib, skib; sejltur; *a fleet of 30 ~* en flåde på 30 skibe; *at (el. in) full ~* for fulde sejl; *~ into* gå energisk i gang med; skælde ud, overfuse; *all -s set* for fulde sejl.
sailcloth ['seilklɔθ] *sb* sejldug.
sailer ['seilə] *sb* sejler; *a fast ~* en hurtigsejler.
sailing ['seiliŋ] *sb* sejlads; *adj* sejl- *(fx boat); ~ master* navigatør.
sail| locker sejlkøje. ~ **loft** sejlmagerværksted. **-maker** sejlmager.
sailor ['seilə] *sb* sømand, matros; *be a good ~* være søstærk; *be a bad ~* ikke være søstærk.
sailor suit matrostøj.
sailplane ['seilplein] *sb (flyv)* svæveplan.
sainfoin ['sænfɔin; 'sein-] *sb (bot)* esparsette.
saint [seint; (i *sms)* sn(t)] *sb* helgen; *adj* sankt, hellig-.
sainted ['seintid] *adj* kanoniseret; hellig.
saintly ['seintli] *adj* helgenagtig, hellig.
saith [seθ] *(glds) = says* (se *I. say).*
saithe [seið] *sb zo* sej (en fisk).
sake [seik] *sb: for ... sake* for ... skyld *(fx for God's ~); for the ~ of (ogs)* af hensyn til.
saké ['sa:ki] *sb* (japansk) risbrændevin.
saker ['seikə] *sb zo* slagfalk.
sal [sæl] *sb (kem)* salt.
salaam [sə'la:m] *sb* salam (orientalsk hilsen); *vb* hilse dybt.
salable ['seiləbl] *adj* sælgelig, kurant, salgbar.
salacious [sə'leiʃəs] *adj* slibrig, liderlig.
salacity [sə'læsiti] *sb* slibrighed, liderlighed.
salad ['sæləd] *sb* salat.
salad| days *pl: my ~ days* min grønne ungdom. ~ **dressing** salatsauce (mayonnaise *etc).* ~ **oil** salatolie. ~ **servers** *pl* salatsæt.
salamander ['sæləmændə] *sb zo* salamander.
salamandrine [sælə'mændrain] *adj* salamanderagtig.
salami [sə'la:mi] *sb* (italiensk) salamipølse, *(omtr)* spegepølse; *~ tactics* salamitaktik.
sal ammoniac [sælə'məuniæk] *sb* salmiak.
salaried ['sælərid] *adj* lønnet, på fast løn; *~ staff* funktionærer.
salary ['sæləri] *sb* løn, gage; *vb* lønne.
sale [seil] *sb* salg, afsætning; *(mht* en enkelt vare *ogs)* omsætning; (til nedsatte priser) udsalg; (til den højstbydende) auktion; *for (el. on) ~* til salg; *on ~ or return* med returret; *~ now on* 'udsalg'; *have a rapid ~* finde rivende afsætning; *~ of work* (velgørenheds)basar; *~ under execution* tvangsauktion.
saleable se *salable.*
salep ['sælip] *sb* salep(rod).
saleroom ['seilru(:)m] *sb* auktionslokale; salgslokale.
sales| book debetkladde. ~ **clerk** *(am)* ekspedient. **-girl** *(am)* ekspeditrice. ~ **letter** salgsbrev, sælgerbrev. **-man** sælger, ekspedient; *(am)* repræsentant, (handels)rejsende. **-manship** evner som sælger; salgsteknik; kunsten at sælge. ~ **resistance** manglende købelyst. **-room** auktionslokale; salgslokale. ~ **talk** sælgers anbefaling af sin(e) vare(r); salgsargumenter. ~ **tax** *(am)* omsætningsafgift. ~ **ticket** (kasse)bon. **-woman** sælgerske, ekspeditrice.
salicylic [sæli'silik] *adj* salicyl-; *~ acid* salicylsyre.
salience ['seiljəns] *sb* fremspring; fremtrædende karakter; karakteristisk træk.
salient ['seiljənt] *adj* fremspringende *(fx angle); (fig)* fremtrædende *(fx characteristic);* fremragende; *sb* fremspring; *(mil.)* frontfremspring, fremskudt del af front (, befæstning); *~ point* hovedpunkt, springende punkt.
saliferous [sə'lif(ə)rəs] *adj* saltholdig.
salify ['sælifai] *vb* omdanne(s) til et salt.
I. saline ['seilain] *adj* salt, saltholdig; *~ solution* saltopløsning.
II. saline [sə'lain] *sb* saltkilde, saltaflejring; saltopløsning; (se også *salting).*
salinity [sə'liniti] *sb* saltholdighed.
Salisbury ['sɔ:lzb(ə)ri].
saliva [sə'laivə] *sb* spyt.
salivary ['sælivəri] *adj* spyt- *(fx gland).*
salivation [sæli'veiʃn] *sb* spytafsondring.
sallow ['sæləu] *sb (bot)* vidjepil; *adj* gusten, gulbleg; *vb* blive *(el.* gøre) gusten, gustne.
sally ['sæli] *sb (mil.)* udfald; *(fig)* udflugt, tur; udbrud *(fx of anger);* vits, vittigt udfald *(el.* indfald); *vb: ~ forth (el. out)* gøre et udfald; gå ud, tage af sted, drage af.
Sally Lunn (tebolle).
sally port udfaldsport.
salmagundi [sælmə'gʌndi] *sb (omtr)* sildesalat.
salmi ['sælmi] *sb* vildtragout.
salmon ['sæmən] *sb zo* laks.
salmon|-coloured *adj* laksefarvet. ~ **trout** havørred.
salon ['sælɔ:ŋ, *fr.] sb* salon.
Salonica [sə'lɔnikə] *(geogr)* Saloniki.
saloon [sə'lu:n] *sb* salon; *(jernb)* salonvogn; (biltype:) sedan; (i *pub),* se *~ bar; (am)* bar, beværtning; *(mar): ~ (cabin)* stor første klasses kahyt.
saloon| bar (den dyrere afdeling i en pub, *mods public bar).* ~ **car** *(am),* ~ **carriage** salonvogn. ~ **gun** salonbøsse. **-keeper** *(am)* værtshusholder. ~ **rifle** salonriffel.
Salopian [sə'ləupjən] *adj* hørende til *Shropshire; sb* person som hører hjemme i *Shropshire.*
salsify ['sælsifi] *sb (bot)* havrerod.
sal soda krystalsoda.
SALT *fk strategic arms limitation talks (,treaty).*
salt [sɔ:lt, sɔlt] *sb* salt; saltkar; *(fig)* krydderi; vid; *adj* salt; *vb* salte; *~ away, ~ down* nedsalte; T (om penge) lægge *(el.* stikke) til side, gemme væk; *an old ~* en gammel søulk; *he is not worth his ~* han er ikke sin løn værd.
saltation [sæl'teiʃn] *sb (litt)* dansen, hoppen, springen; *(geol)* saltation (sandkorns bevægelse hen over en flade).

saltatory ['sæltətri] *adj* springende, i spring.
saltcellar ['sɔ:ltselə] *sb* saltkar.
saltier, saltire ['sɔ:ltaiə; 'sæl-] *sb* andreaskors.
salting ['sɔ:ltiŋ] *sb* saltning; saltmarsk, salteng, marskland der regelmæssig oversvømmes af tidevand.
salt| lick sliksalt, saltslikke. ~ **marsh** se *salting*. ~ **mine** saltgrube. **-petre** [sɔ:lt'pi:tə] salpeter. ~ **-water** *adj* saltvands- *(fx fish)*.
saltwort ['sɔ:ltwə:t] *sb (bot)* sodaurt.
salty ['sɔ:lti] *adj* salt, saltagtig; *(fig)* skarp, bidende; ramsaltet.
salubrious [sə'lu:briəs] *adj* sund.
salubrity [sə'lu:briti] *sb* sundhed.
salutary ['sæljutri] *adj* sund, gavnlig.
salutation [sælju'teiʃn] *sb* hilsen.
salute [sə'lu:t] *sb* hilsen, honnør, salut; *vb* hilse, salutere; hilse på; gøre honnør (for); *take the* ~ skridte fronten af; besvare honnør.
salvage ['sælvidʒ] *sb (mar)* bjærgning, bjærgeløn; bjærgegods; *(assur)* (værdi af) brandskadede varer; *(fx* under krig) spildmateriale der kan bruges igen; *vb* bjærge; redde.
salvage| agreement bjærgningskontrakt. ~ **campaign** spildindsamling. ~ **company** bjærgningsselskab. ~ **corps** redningskorps. ~ **tug** bjærgningsfartøj.
salvarsan ['sælvəsən] *sb (med.)* salvarsan (middel mod syfilis).
salvation [sæl'veiʃn] *sb* frelse, salighed; *work out one's own* ~ *(fig)* selv finde ud af hvordan man kan redde sig (, hvordan man skal klare sig); *the Salvation Army* Frelsens Hær. **salvationism** [sæl'veiʃnizm] *sb* Frelsens Hærs grundsætninger. **salvationist** [sæl'veiʃnist] *sb* medlem *(el.* tilhænger) af Frelsens Hær.
I. salve [sa:v] *sb* salve; *(fig)* balsam; *vb* salve, læge; ~ *one's conscience* berolige sin samvittighed.
II. salve ['sælvi] *(lat)* hil dig!
III. salve [sælv] *vb* bjærge, redde.
salver ['sælvə] *sb* præsenterbakke, bakke.
salvia ['sælviə] *sb (bot)* salvie.
salvo ['sælvəu] *sb* (fra kanoner *etc)* salve, salut; *(jur)* forbehold.
sal volatile [sælvə'lætəli] lugtesalt.
salvor ['sælvə] *sb* bjærger.
SAM *fk surface-to-air missile.*
Sam [sæm] *fk Samuel; stand* ~ S betale gildet.
samara ['sæmərə] *sb (bot)* vingefrugt.
Samaria [sə'mɛəriə] Samaria. **Samaritan** [sə'mæritn] *adj* samaritansk; *sb* samaritan(er).
sambar ['sæmbə] *sb zo* sambarhjort.
sambo ['sæmbəu] *sb* barn of neger og mulat; T neger.
Sam Browne ['sæm 'braun]: ~ *(belt)* officers sabelbælte med skrårem.
same [seim] *adj* samme; *the* ~ den (, det) samme; *adv* på samme måde, sådan *(fx they do not look on things the* ~ *as we do); I wish you the* ~*! the* ~ *to you!* i lige måde! *he is the* ~ *as ever* han er stadig den gamle; *the patient is about the* ~ patientens befindende er så godt som uforandret; *if it is the* ~ *to you* hvis det er dig det samme; *it comes to the* ~ *thing* det kommer ud på ét; *the very* ~ den selv samme; (se også *all, much)*.
sameness ['seimnəs] *sb* identitet, lighed, ensartethed; ensformighed.
Samoa [sə'məuə] Samoaøerne.
samovar ['sæməva:] *sb* samovar, temaskine.
samphire ['sæmfaiə] *sb (bot)* stranddild.
sample [sa:mpl] *sb* prøve, mønster; *vb* sende (, tage) prøve af, prøve; smage på.
sampler ['sa:mplə] *sb* prøveudtager; (i broderi) navneklud.
sample room prøvelager.
Samson [sæmsn]; ~ *post (mar)* samsonpost; lademast.
Samuel ['sæmjuəl].
sanatori|um [sænə'tɔ:riəm] *sb (pl -a* [-ə]) sanatorium; (skoles) sygehus.
sanatory ['sænətri] *adj* helbredende.
sanbenito [sænbe'ni:təu] *sb* kætterskjorte.
sanctification [sæŋ(k)tifi'keiʃn] *sb* indvielse, helliggørelse.
sanctify ['sæŋ(k)tifai] *vb* indvie, hellige; *sanctified airs* skinhellighed.
sanctimonious [sæŋ(k)ti'məunjəs] *adj* skinhellig; farisæisk.
sanction ['sæŋ(k)ʃn] *sb* sanktion, godkendelse, billigelse, approbation, stadfæstelse; *(jur:* middel til at håndhæve en lov) sanktion; *(hist.)* forordning; *vb* sanktionere, godkende, billige, approbere, stadfæste; *(fig)* bekræfte *(fx an expression -ed by educated usage)*.
sanctity ['sæŋ(k)titi] *sb* hellighed, fromhed, ukrænkelighed.
sanctuary ['sæŋ(k)tʃuəri] *sb* helligdom; fredhelligt sted, (i kirke) højkor; *(fig)* tilflugtssted, fristed, asyl; (for dyr) fredet område, reservat; *take* ~ søge tilflugt.
sanctum ['sæŋ(k)təm] *sb* helligdom; *(fig)* lønkammer, allerhelligste.
I. sand [sænd] *sb* sand; *(am* S*)* mod, ben i næsen; **-s** *pl* sandstrækning(er), sandørken(er); timeglassets sand; *the -s are running out* tiden er ved at være omme; *bury one's head in the* ~ *(fig)* stikke hovedet i busken.
II. sand [sænd] *vb* dække (, bestrø, blande) med sand; *-ed* sandet, tilsandet.
sandal [sændl] *sb* sandal.
sandalled [sændld] *adj* med sandaler på.
sandalwood ['sændlwud] *sb* sandeltræ.
sandbag ['sæn(d)bæg] *sb* sandsæk; sandpose (brugt som våben); *vb* beskytte med sandsække, anbringe sandsække på; slå ned med en sandpose; *(fig, am)* tvinge.
sand|bank sandbanke. **-bar** (sand)revle. **-blast** sandblæsning, sandstråle. **-box** *(am)* sandkasse. **-boy:** *as jolly as a -boy* kisteglad. **-castle** sandslot, sandborg. ~ **crack** spalte (i hov), hovkløft. ~ **drift** sandflugt. ~ **dune** klit. ~ **eel** = ~ *launce*.
sanderling ['sændəliŋ] *sb zo* sandløber.
sand| flea *zo* sandloppe; tangloppe. ~ **fly** *zo* sandflue. **-glass** timeglas. ~ **hill** klit. ~ **hopper** *zo* tangloppe.
Sandhurst ['sændhə:st] (kendt engelsk officersskole).
sand launce ['sændla:ns] *zo* tobis (art fisk).
sand|man ['sæn(d)mən] *sb* Ole lukøje. ~ **martin** *zo* digesvale. **-paper** *sb* sandpapir; *vb* slibe af med sandpapir.
sandpiper ['sæn(d)paipə] *sb zo* ryle, klire; *common* ~ mudderklire.
sandpit ['sæn(d)pit] *sb* sandgrav; sandkasse (til leg).
sandshoe ['sæn(d)ʃu:] *sb* (let tennissko).
sandstone ['sæn(d)stəun] *sb* sandsten.
sandstorm ['sæn(d)stɔ:m] *sb* sandstorm.
sand trap (især *am*) bunker (på golfbane).
sandwich ['sænwidʒ, -witʃ] *sb* sandwich; *vb* klemme ind imellem (to andre).
sandwich| board dobbeltskilt. ~ **course** (kortere teoretisk kursus som indlægges i en praktisk uddannelse). **-man** [-mæn] plakatbærer (med plakat på ryg og bryst), sandwichmand. ~ **tern** *zo* splitterne.
sandwort ['sændwə:t] *sb (bot)* sandvåner.
sandwort spurrey *(bot)* hindeknæ.
I. sandy ['sændi] *adj* sandet, fuld af sand; sandagtig; rødblond; *sb* T rødtop (om en der er rødhåret).
II. Sandy ['sændi] (skotsk) *fk Alexander;* skotte.
sandy-haired ['sændihɛəd] *adj* rødblond.
sane [sein] *adj* sund, rask; ved sine fulde fem, normal; forstandig.

sanforized ® ['sænfəraizd] *adj* sanforiseret (krympefri).
San Francisco [sænfrən'siskəu].
sang [sæŋ] *præt* af *sing.*
sang-froid *[fr;* 'sa:ŋ'frwa:] *sb* koldblodighed.
sangria ['sæŋgriə] *sb* sangria (slags kold punch).
sanguinary ['sæŋgwinəri] *adj* blodig; blodtørstig.
†nguine ['sæŋgwin] *adj* (om hudfarve) rødmosset; (om temperament) sangvinsk, optimistisk, tillidsfuld; *sb* rødkridt; rødkridtstegning.
sanguineous [sæŋ'gwiniəs] *adj* blodrig; blodrød; blod-.
Sanhedrin ['sænidrin] *sb (hist.)* synedrium.
sanicle ['sænikl] *sb (bot)* sanikel.
sanitarian [sæni'tɛəriən] *sb* hygiejniker.
sanitarium [sæni'tɛəriəm] *sb (am)* sanatorium.
sanitary ['sænitri] *adj* sanitær, sanitets-, sundheds-; ~ *napkin (am),* ~ *towel* hygiejnebind.
sanitation [sæni'teiʃn] *sb* hygiejne; kloakvæsen, kloaksystem.
sanitize ['sænitaiz] *vb* (især *am*) desinficere, rense, sterilisere; *(fig)* rense for hvad der kunne støde an, „redigere"; *a -d version (ogs)* en friseret udgave.
sanity ['sæniti] *sb* tilregnelighed; forstandighed.
sank [sæŋk] *præt* af *sink.*
sans [sænz] *præp (glds)* uden; ~ *façon [fr]* uden videre.
sansculotte *[fr] sb (hist.)* sansculot.
sanserif [sæn'serif] *sb (typ)* grotesk.
Sanskrit ['sænskrit] *sb* sanskrit.
Santa Claus ['sæntə'klɔ:z] julemanden.
I. sap [sæp] *sb* (i plante) saft; *(fig)* (saft og) kraft; S fjols, slider; *(mil.)* løbegrav.
II. sap [sæp] *vb* tappe for saft; *(fig)* udmarve, undergrave, underminere; S arbejde hårdt, slide i det; *(mil.)* underminere.
sapajou ['sæpədʒu:] *sb zo* kapucinerabe.
saphead ['sæphed] *sb* S fjols.
sapid ['sæpid] *adj* velsmagende; *(fig)* behagelig; interessant.
sapience ['seipjəns] *sb* visdom (ofte ironisk).
sapient ['seipjənt] *adj* viis (især ironisk).
sapless ['sæpləs] *adj* saftløs, tør; kraftløs.
sapling ['sæpliŋ] *sb* ungt træ; ungt menneske.
sapodilla [sæpə'dilə] *sb (bot)* sapote, sapotill.
sapon|aceous [sæpə'neiʃəs] *adj* sæbeagtig; *(fig)* slesk, krybende. **-ification** [sæpɔnifi'keiʃn] *sb* forsæbning, sæbedannelse. **-ify** [sæ'pɔnifai] *vb* forsæbe, omdanne til sæbe.
sapper ['sæpə] *sb (mil.)* pioner, ingeniør(soldat), *(glds)* sapør.
sapphire ['sæfaiə] *sb* safir; safirblåt; *adj* safirblå.
sappy ['sæpi] *adj* saftig, ung, kraftig; S blød, svag, slap, slatten.
saprophyte ['sæprəfait] *sb (bot)* saprofyt, rådplante.
sapwood ['sæpwud] *sb* splint *(mods* kerneved).
S.A.R. *fk South African Republic.*
saraband ['særəbænd] *sb (mus.)* sarabande.
Saracen ['særəsn, 'særəsin] *sb (hist.)* saracener.
saratoga [særə'təugə] *sb* stor rejsekuffert.
sarcasm ['sa:kæzm] *sb* sarkasme, spydighed, finte, skose.
sarcastic [sa:'kæstik] *adj* sarkastisk, spydig.
sarcoma [sa:'kəumə] *sb (med.)* sarkom, kræftsvulst.
sarcopha|gus [sa:'kɔfəgəs] *sb (pl -gi* [-gai], *-guses)* sarkofag.
sardine [sa:'di:n] *sb* sardin; *like -s (in a tin)* som sild i en tønde.
Sardinia [sa:'dinjə] Sardinien.
sardonic [sa:'dɔnik] *adj* sardonisk, hånlig, spotsk; kynisk.
sargasso [sa:'gæsəu] *sb (bot)* sargassotang.
sari ['sa:ri] *sb* sari (indisk kvindedragt).
sarky ['sa:ki] *adj* S = *sarcastic.*
sarong [sə'rɔŋ] *sb* sarong (malajisk skørt).
sarsen [sa:sn]: ~ *stones* store blokke af meget hård sandsten.
sartorial [sa:'tɔ:riəl] *adj* som hører til skrædderfaget; ~ *art* skrædderkunst.
S.A.S. *fk Scandinavian Airlines System; Special Air Service.*
I. sash [sæʃ] *sb* bælte, skærf.
II. sash [sæʃ] *sb* vinduesramme, hejseramme; skydevindue (til at skyde lodret); hejsevindue.
sashay [sæ'ʃei] *vb (am* T) slentre; svanse; gå i siksak (el. skråt).
sash| cord, ~ **line** snor til hejsevindue. ~ **window** se *II. sash.*
sasin [seisn] *sb zo* bezoarantilope.
sass [sæs] *(am* T*) vb* være næsvis (overfor), svare igen; *sb* næsvished.
sassafras ['sæsəfræs] *sb (bot)* sassafras(træ); ~ *oil* sassafrasolie.
Sassenach ['sæsənæk] *sb* (gælisk, *neds)* englænder.
sassy ['sæsi] *adj (am* T) fræk, næsvis, rapmundet.
sat [sæt] *præt* og *pp* af *sit.*
SAT *fk (am) scholastic aptitude test.*
Sat. *fk Saturday.*
Satan ['seit(ə)n] Satan. **satanic** [sə'tænik] *adj* satanisk.
Satanism ['seit(ə)nizm] *sb* satanisme.
satchel [sætʃl] *sb* taske, skoletaske (med skulderrem).
I. sate [sæt, seit] *glds præt* af *sit.*
II. sate [seit] *vb* mætte, overfylde.
sateen [sæ'ti:n] *sb* satin.
satellite ['sætəlait] *sb* biplanet, måne; satellit, kunstig jorddrabant; *(fig)* drabant, følgesvend; (se *ogs* ~ *state,* ~ *town).*
satellite| state satellitstat, vasalstat. ~ **town** satellitby.
satiable ['seiʃəbl] *adj* som kan mættes.
satiate ['seiʃieit] *vb* mætte, overmætte.
satiety [sə'taiəti] *sb* (over)mæthed, lede.
satin ['sætin] *sb* atlask; *adj* atlaskes; *vb* satinere.
satin| stich fladsyning. **-wood** satintræ.
satire ['sætaiə] *sb* satire *(on* over). **satirical** [sə'tirikl] *adj* satirisk. **satirist** ['sætərist] *sb* satiriker. **satirize** ['sætəraiz] *vb* satirisere (over).
satis ['sætis] *(lat)* nok.
satisfaction [sætis'fækʃn] *sb* tilfredsstillelse *(fx it is a* ~ *to know);* tilfredshed *(fx do it to his* ~*);* (for krænkelse) satisfaktion, oprejsning *(fx demand* ~*);* (betaling:) erstatning, dækning; *give* ~ gøre fyldest; *give* ~ *to* tilfredsstille, give oprejsning.
satisfactory [sætis'fæktri] *adj* tilfredsstillende, betryggende, fyldestgørende.
satisfy ['sætisfai] *vb* tilfredsstille; fyldestgøre; (med mad:) mætte, (med grunde:) overbevise; (krav:) opfylde; ~ *his doubts* fjerne hans tvivl; ~ *his hunger* stille hans sult; ~ *oneself that* forvisse sig om at, sikre sig at; *satisfied that (ogs)* overbevist om at.
satrap ['sætrəp] *sb (hist.)* satrap, persisk statholder.
saturate ['sætʃəreit] *vb* gennembløde; gennemtrænge; *(kem)* mætte; *(mil.)* bombe sønder og sammen.
saturation [sætʃə'reiʃn] *sb* mættelse, mætning, gennemtrængning; ~ *point* mætningspunkt.
Saturday ['sætədi, 'sætədei] *sb* lørdag; ~ *night special* lille pistol.
Saturn ['sætə(:)n].
Saturnalia [sætə:'neiljə] *sb (hist.)* saturnalier; *(fig)* orgie.
saturnalian [sætə:'neiljən] *adj* saturnalsk; tøjlesløs.
saturnine ['sætənain] *adj* tungsindig, dyster.
saturnism ['sætənizm] *sb (med.)* blyforgiftning.
satyr ['sætə] *sb* satyr.
satyric [sə'tirik] *adj* satyrisk; ~ *drama* satyrspil.
sauce [sɔ:s] *sb* sauce; T uforskammethed, næsvished; *vb* krydre; T være uforskammet over for.

sauce|boat sauceskål. **-box** næsvis person. **-pan** ['sɔ:spən] kasserolle.

saucer ['sɔ:sə] *sb* underkop; underskål (til urtepotte); *flying* ~ flyvende tallerken.

saucy ['sɔ:si] *adj* uforskammet, næsvis, næbbet; S koket, kæk.

sauna ['saunə] *sb* sauna, finsk badstue.

saunter ['sɔ:ntə] *vb* slentre, spadsere, drive; *sb* spadseretur.

saurian ['sɔ:riən] *sb* øgle; *adj* hørende til øglerne.

saury ['sɔ:ri] *sb zo* makrelgedde.

sausage ['sɔsidʒ, *(am)* 'sɔ:-] *sb* pølse; ~ *meat* pølseindmad; pølsefars; ~ *roll* (indbagt pølse); ~ *stall* pølsevogn.

sauté ['səutei] *vb* sautere.

savable ['seivəbl] som kan reddes.

savage ['sævidʒ] *adj* vild; grusom, brutal; T rasende; *sb* vild *(fx the -s* de vilde); vildmand; brutal (, rå) fyr; *vb* overfalde, mishandle; (om hest) skambide, bide og sparke; *(fig)* rase over.

savagery ['sævidʒri] *sb* vild (ɔ: uciviliseret) tilstand; vildskab, råhed, grusomhed.

savannah [sə'vænə] *sb* savanne.

savant ['sævənt; *fr*] *sb* lærd.

I. save [seiv] *vb* redde *(fx his life, the situation),* bevare *(from* for, *fx* ~ *me from my friends);* spare for *(fx that will* ~ *us a lot of trouble); (rel)* frelse; (i fodbold) redde, klare; (lægge hen:) gemme, (om penge) spare, opspare; ~ *up* spare sammen;

~ *appearances* bevare skinnet; ~ *one's bacon* slippe fra det uden tab, redde skindet, beholde skindet på næsen; ~ *one's breath* spare sine ord; ~ *the mark* reverenter talt, med respekt at melde; (se også *I. face, penny).*

II. save [seiv] *sb* (i fodbold) redning; *make a* ~ redde, klare (bolden).

III. save [seiv] *præp, conj* undtagen, bortset fra; ~ *for* bortset fra.

save-all ['seivɔ:l] *sb* spildebakke.

save-as-you-earn (form for frivillig bunden opsparing indeholdt af lønnen).

saveloy ['sævilɔi] *sb* cervelatpølse.

Savile Row ['sævil 'rəu] (de fashionable Londonskrædderes gade).

saving ['seiviŋ] *adj* sparsommelig; *(ogs rel)* frelsende; *præp* undtagen, med undtagelse af; *sb* besparelse; ~ *graces (el. points)* forsonende træk; ~ *your presence (glds)* med forlov; ~ *your reverence* med respekt *(el.* tugt) at melde, reverenter talt. **saving clause** forbeholdsklausul.

savings ['seiviŋz] *sb pl* sparepenge. **savings| bank** sparekasse. ~ **box** sparebøsse. ~ **stamp** sparemærke.

saviour ['seivjə] *sb* frelser.

savoir-faire ['sævwa:'fɛə] *sb* takt, levemåde.

savoir-vivre ['sævwa:'vi:vr] *sb* takt, levemåde.

savor *(am)* = *savour.*

savory ['seivri] *sb (bot)* saturej, sar, bønneurt; *adj (am)* = *savoury.*

savour ['seivə] *sb* smag; lugt, duft; *(fig)* særlig karakter; anstrøg, antydning; *vb* smage, lugte *(of* af); *(fig)* goutere; ~ *of (fig)* smage af, lugte af, indeholde en antydning af.

savoury ['seivri] *adj* velsmagende, vellugtende, appetitlig, delikat, pikant; *sb* lille krydret ret (der serveres mellem desserten og frugten); ~ *omelet* (omelet med grønsager og krydderurter).

Savoy [sə'vɔi] Savojen.

Savoyard [sə'vɔia:d] *sb* savojard.

savvy ['sævi] *vb* S vide, forstå; *sb* forstand; *savvy?* forstået?

I. saw [sɔ:] *præt* af *see.*

II. saw [sɔ:] *sb (glds)* sentens, visdomsord, fyndord; *the old* ~ *that* det gamle ord om at.

III. saw [sɔ:] *sb* (værktøj:) sav.

IV. saw [sɔ:] *vb (sawed, sawn el. (am) sawed)* save; kunne saves; ~ *the air* gestikulere, fægte med armene i luften; ~ *away at a fiddle* file *(el.* gnide) løs på en violin.

saw| blade savklinge. **-bones** S læge, kirurg. **-buck** *(am)* savbuk; S tidollarseddel. **-dust** savsmuld. **-fish** savrokke, savfisk. **-fly** bladhveps. **-horse** savbuk. **-mill** savværk.

sawn [sɔ:n] *pp* af *IV. saw.*

sawn-off ['sɔ:nɔf] *adj* afsavet; oversavet *(fx shotgun); (am, fig)* lille, lavstammet.

sawney ['sɔ:ni] *sb* skotte; *adj* tåbelig, tosset.

saw|pit savgrube. ~ **set** savudlægger. ~ **tooth** savtand. ~ **-toothed** *adj* savtakket, takket. **-tooth roof** shedtag. **-tooth rouletted** *adj* (i filateli) med savgennemstik. **-wort** *(bot)* engskær.

sawyer ['sɔ:jə] *sb* savskærer.

sax [sæks] *sb* saxofon.

saxhorn ['sækshɔ:n] *sb* saxhorn.

saxifrage ['sæksifridʒ] *sb (bot)* stenbræk.

Saxon [sæksn] *adj* angelsaksisk, saksisk; *sb* angelsakser; sakser; (om sprog) angelsaksisk; saksisk.

Saxonism ['sæks(ə)nizm] *sb* angelsaksisk (, saksisk) sprogejendommelighed.

I. Saxony ['sæks(ə)ni] Sachsen.

II. saxony ['sæks(ə)ni] *sb* saxony (et uldent stof).

saxophone ['sæksəfəun] *sb* saxofon.

I. say [sei] *vb (said, said)* **1.** sige; fremsige, (om bøn) bede *(fx a prayer; grace* bordbøn); **2.** stå *(fx the book (, the paper) -s that* ... = *it -s in the book (, paper) that* ... der står i bogen (, avisen) at ...); **3.** (om ur, instrument) vise *(fx the clock -s five);* **4.** (i bydemåde *ogs)* lad os sige *(fx give him* ~ *five pounds),* for eksempel *(fx* ~ *on Wednesday), (mat.):* ~ *x equals y* lad x være lig y;

when all is said and done når alt kommer til alt; *he is said to have been rich* han skal have været rig; *it is said* man siger; det siges; **I** ~*!* hør engang! det må jeg nok sige! det siger du ikke! *though I* ~ *it myself, though I* ~ *it who should not* når jeg selv skal sige det; **I should** ~ *that (he's rather stupid)* jeg er tilbøjelig til at tro, at (han er temmelig dum); *I should* ~ *so* det tror jeg; *(was he angry?) I should* ~ *he was* du kan tro han var vred; 'om han var; **let** *her* ~ lad hende bare snakke; **that** *is to* ~ det vil sige; **they** ~ man siger, det siges; **you** *said it* det har du ret i; ja netop! *-s you!* T ja den er go' med dig! **you can** ~ *that again* ja det må du nok sige; **you don't** ~ *so* det siger du ikke;

(med *præp) what have you to* ~ **for** *yourself?* hvad har du at sige til dit forsvar? hvad har du på hjerte? *there is sth to be said for it* der er noget der taler for det; det har sine fordele; *to* ~ *nothing* **of** for ikke at tale om; ~ **over** fremsige efter hukommelsen; *have nothing to* ~ **to** *(ogs)* ikke ville have noget at gøre med; *what do you* ~ *to* hvad siger du til, har du lyst til *(fx a game of billiards);* (se også *said, saying).*

II. say [sei] *sb: have a* ~ *(in this matter)* have et ord at skulle have sagt (i denne sag) have medbestemmelse (i denne sag); *have (el. say) one's* ~ sige hvad man har på hjerte; få lejlighed til at udtale sig; give sit besyv med; *have no* ~ *in the matter* ikke have noget at skulle have sagt; *have the* ~ *(am)* være den der bestemmer; *have the last* ~ have det sidste ord.

SAYE *fk save-as-you-earn.*

saying ['seiiŋ] *sb* udtalelse, ytring; sentens, tankesprog; *as the* ~ *is (el. goes)* som man siger; ~ *and doing are two things* loven er ærlig, men holden besværlig; *that goes without* ~ det siger sig selv; *there is no* ~ det er svært at sige; det kan man ikke vide.

say-so ['seisəu] *sb (am* T) ordre; ret til at bestemme;

påstand, udsagn; *he has the* ~ det er ham der bestemmer.
Sc. *fk science; Scotch.*
S.C. *fk Security Council; South Carolina.*
scab [skæb] *sb* skorpe (på sår); (hos dyr) skab; *(bot)* skurv; T skruebrækker; *vb* sætte skorpe; T være skruebrækker.
scabbard ['skæbəd] *sb* skede.
scabbed [skæbd], **scabby** ['skæbi] *adj* skorpet; (om dyr) skabet; *(bot)* skurvet; T gemen, luset, elendig.
scabies ['skeibii:z] *sb* fnat, skab.
scabious ['skeibiəs] *sb (bot)* skabiose.
scabrous ['skeibrəs] *adj* skabrøs, vovet, uanstændig; *(biol)* ru.
scads [skædz] *sb pl (am* T*):* ~ *of* masser af, oceaner af.
scaffold [skæfld] *sb* stillads; (til henrettelse) skafot; *vb* afstive, forsyne med stillads.
scaffolding ['skæfldiŋ] *sb* stillads; stilladsbrædder.
scalable ['skeiləbl] *adj* som kan bestiges; som man kan klatre op ad.
scalawag ['skæləwæg] *sb* slubbert.
I. scald [skɔ:ld] *sb (hist.)* skjald.
II. scald [skɔ:ld] *vb* skolde, koge; *sb* skoldning.
scalding ['skɔ:ldiŋ] *sb* skoldning; *adj* skoldende hed; ~ *tears* bitre tårer.
I. scale [skeil] *sb* vægtskål, vægt; *vb* veje; *(pair of) -s* vægt; *hold the -s even (fig)* dømme upartisk; *turn (el. tip) the* ~ få vægtskålen til at synke; *(fig)* gøre udslaget; *turn (el. tip) the* ~ *(el. -s) at 5 lbs* veje 5 pund.
II. scale [skeil] *sb* skæl; kedelsten; hammerskæl; tandsten; *vb* afskælle, skrælle, skalle *(off* af); *the -s fell from his eyes* der faldt som skæl fra hans øjne.
III. scale [skeil] *sb* skala *(fx wage* ~*)*, *(mht* løn *ogs)* tarif; (på måleinstrument) skala, inddeling; (til at måle med, *ogs fig)* målestok; *(fx* på kort) målestok(sforhold) *(fx* ~*: 1:10,000)*; *(mat.)* talsystem *(fx binary* (binært) ~; *decimal* (titals-) ~); *(mus.)* skala; *(am)* tarifløn *(fx we cannot hire them for less than* ~*)*; *be high* **in** *the social* ~ stå højt på den sociale rangstige; *he has sunk in the social* ~ det er gået tilbage for ham (socialt); **on** *the* ~ *of 1:10,000* i forholdet 1:10.000; *on a large (, small)* ~ *(fig)* i stor (, lille) målestok; i stort (, mindre) omfang *(el.* format); **to** *the* ~ *of 1:10,000,* se *ovf: on the* ~ *of; drawn (el. reproduced) to* ~ målestokstro.
IV. scale [skeil] *vb* bestige, klatre op ad *(fx a ladder)*; nå op til *(fx the heights)*; (i edb) skalere; ~ *down* aftrappe, nedtrappe; nedsætte *(fx prices)*; (om tegning *etc)* formindske (proportionalt); ~ *up* sætte op *(fx wages)*; (om tegning *etc)* forstørre (proportionalt), forstørre op.
scaleboard ['skeilbɔ:d] *sb* (træ til finér:) skræl; (på billede) bagklædning.
scale insect skjoldlus.
scalene ['skeili:n] *adj, sb (geom)* uligesidet (trekant).
scales [skeilz] *sb pl* vægt (se også *I. scale*); *the Scales* Vægten (stjernebillede).
scaling ladder stormstige; brandstige, redningsstige.
scallop ['skɔləp, 'skæləp] *sb zo* kammusling; kammuslings skal; *(hist.)* ibskal; (syet:) tunge; *vb* tilberede (og servere) i skaller; brodere tunger, tunge *(fx a -ed handkerchief)*.
scallywag ['skæliwæg] *sb* slubbert.
scalp [skælp] *sb* hovedbund; skalp; *vb* skalpere; *out for -s (fig)* på krigsstien.
scalpel [skælpl] *sb (med.)* skalpel.
scaly ['skeili] *adj* skællet, skælformet; luvet.
scaly anteater *zo* skældyr.
scam [skæm] *(am) sb* svindelnummer; fidus; *vb* S snyde.
scamp [skæmp] *sb* slambert, slubbert, laban; *vb* jaske, sjuske med; *-ed work* sjuskearbejde.
scamper ['skæmpə] *vb* løbe omkring; stikke af, fare af sted; *sb* rask løb; hovedkulds flugt; ~ *about* fare omkring; ~ *away,* ~ *off* stikke af, fare af sted.
scampi ['skæmpi] *sb pl* store (middelhavs)rejer.
scan [skæn] *vb* se nøje på, mønstre; lade øjet glide hen over; (fjernsyn, radar) skandere, afsøge, aftaste; *(med. etc)* skanne; (om vers) skandere; ~ *the horizon* afsøge horisonten.
scandal [skændl] *sb* skandale; sladder; skandalehistorie; forargelse; *the School for Scandal* Bagtalelsens Skole (skuespil af Sheridan).
scandalize ['skænd(ə)laiz] *vb* forarge, chokere.
scandalmonger ['skændlmʌŋgə] *sb* bagtaler; sladresøster; *be a* ~ løbe med sladder.
scandalous ['skænd(ə)ləs] *adj* forargelig, skandaløs; ærekrænkende *(fk comments)*; ~ *tales* sladderhistorier.
scandal sheet skandaleblad, rendestensblad.
Scandinavia [skændi'neivjə] Skandinavien. **Scandinavian** *adj* skandinavisk; nordisk; *sb* skandinav.
scanning ['skæniŋ] *sb (ogs TV)* skandering; afsøgning.
scanning field *(TV)* billedfelt.
scansion [skænʃn] *sb* skandering.
scansorial [skæn'sɔ:riəl] *zo* klatrende, klatre-.
scant [skænt] *adj* knap, sparsom, ringe; *vb* spare på, skære ned, knappe af på; ~ *of breath* forpustet.
scanties ['skæntiz] *sb pl* bikinitrusser.
scantling ['skæntliŋ] *sb* smule; lille bjælke (under 5 tommers bredde og tykkelse]; **-s** *pl (mar)* dimensioner.
scanty ['skænti] *adj* knap, ringe, mager, utilstrækkelig, nødtørftig, sparson; *sb,* se *scanties.*
Scapa Flow ['skæpə 'fləu] *(eng.* flådebase).
scape [skeip] *sb* blomsterstængel; søjleskaft.
scapegoat ['skeipgəut] *sb* syndebuk.
scapegrace ['skeipgreis] *sb* gudsforgåen krop; døgenigt.
scapula ['skæpjulə] *sb (anat)* skulderblad.
scapular ['skæpjulə] *sb (rel)* skapular, skulderklæde.
I. scar [ska:] *sb* skramme, ar; *vb* arre, mærke.
II. scar [ska:] *sb* klippe, klippeskrænt.
scarab ['skærəb] *sb zo* torbist; *(hist.)* skarabæ.
scarce [skɛəs] *adj* knap, sjælden; *money is* ~ det er knapt med penge; *make oneself* ~ T gøre sig usynlig, stikke af; holde sig borte.
scarcely ['skɛəsli] *adv* næppe, knap, knap nok, næsten ikke; vist (nok) ikke, vel ikke *(fx he can* ~ *have been here)*; ~ *any* næsten ingen; ~ *ever* næsten aldrig; ~ *had he arrived when* næppe var han ankommet før.
scarcity ['skɛəsiti] *sb* knaphed, mangel, sjældenhed; dyrtid.
scare [skɛə] *vb* kyse, forskrække, skræmme; *sb* skræk; panik; ~ *away* skræmme bort; ~ *up* opskræmme.
scarecrow ['skɛəkrəu] *sb* fugleskræmsel.
scarehead ['skɛəhed] *sb (am* T*)* (opskræmmende) sensationsoverskrift (i avis).
scaremonger ['skɛəmʌŋgə] *sb* panikmager.
scaremongering *sb* skrækkampagne.
I. scarf [ska:f] *sb (pl -s el. scarves)* halstørklæde.
II. scarf [ska:f] *sb* (træsamling:) lask; *vb* laske sammen.
scarf| joint laskeforbindelse. **-pin** slipsnål.
scarification [skɛərifi'keiʃn] *sb* skarifikation (ridsning af huden, *fx* ved vaccination). **scarificator** ['skɛərifikeitə] *sb* skarifikator.
scarifier ['skɛərifaiə] *sb* jordløsner; (til vej) opriver.
scarify ['skɛərifai] *vb (med.)* skarificere, ridse i huden; *(agr)* løsne (jorden), (om vej:) ophakke; *(fig)* kritisere sønder og sammen.
scarlatina [ska:lə'ti:nə] *sb (med.)* skarlagensfeber.
scarlet ['ska:lət] *adj* skarlagensrød; purpurrød; *sb* skarlagensrødt; purpur; skarlagen.
scarlet| bean *(bot)* pralbønne. ~ **fever** skarlagensfeber.

~ **hat** kardinalshat; kardinalsværdighed. ~ **pimpernel** *(bot)* arve. ~ **runner** pralbønne. ~ **woman** (bibelsk:) kvinden som er klædt i purpur og skarlagen; 'den store skøge' *(neds* om romerkirken).

scarp [ska:p] *sb* brat skråning, eskarpe; *vb* gøre stejl, eskarpere.

scarper ['ska:pə] *vb* S stikke af, løbe sin vej; (fra anstalt *etc ogs)* 'springe'.

scarred [ska:d] *adj* skrammet, arret.

scarves [ska:vz] *pl af I. scarf.*

scary ['skεəri] *adj* T ængstelig; opskræmt; foruroligende, skræmmende.

scat [skæt] *vb* T skrubbe af, forsvinde; *sb* lort; ekskrementer.

scatheless ['skeiðləs] *adj (glds)* uskadt.

scathing ['skeiðiŋ] *adj* svidende, bidende, skarp; ~ *criticism (ogs)* sønderlemmende kritik.

scatological [skætə'lɔdʒikl] *adj* skatologisk, som omhandler ekskrementer *(fx Swift's verse became ~).*

scatter ['skætə] *vb* sprede, strø; spredes; *sb* spredning; *a ~ of* enkelte (spredte *el.* tilfældige) *(fx birds, houses, telephone calls).*

scatterbrain ['skætəbrein] *sb: he is a ~* han er et forvirret hoved.

scatterbrained ['skætəbreind] *adj* tankeløs, pjanket, forvirret.

scattering ['skætəriŋ] *sb = scatter sb.* **scatter rug** lille (gulv)tæppe, forligger.

scatty ['skæti] *adj* S skør; forvirret.

scaup [skɔ:p] *zo: ~ duck* bjergand.

scavenge ['skævin(d)ʒ] *vb* rense; skylle (med luft); feje gade; klunse; rode.

scavenger ['skævin(d)ʒə] *sb* gadefejer, dagrenovationsmand, skraldemand; klunser; *zo* ådselæder.

scenario [si'na:riəu] *sb* (til film) drejebog, filmsmanuskript; *(teat)* scenarium (trykt manuskript med angivelse af sceneskifter *etc); (fig)* slagplan; muligt (, tænkt) (hændelses)forløb, mulig udvikling.

scenarist ['si:niərist, *(am)* si'nærist] *sb* (til film) drejebogsforfatter.

scene [si:n] *sb* **1.** sted (hvor noget foregår) *(fx the ~ of the murder* mordstedet), skueplads *(fx it has been the ~ of a great battle),* scene; T miljø *(fx the drug ~);* **2.** scene (ɔ: optrin, skænderi) *(fx it was a painful ~; domestic -s; don't make a ~!);* **3.** *(teat, film)* scene *(fx Act III, ~ 4);* dekoration, kulisse; **4.** *(fig)* sceneri, billede, syn *(fx the boats in the harbour made a beautiful ~; an idyllic ~);*

the ~ of **action** stedet hvor det foregår, skuepladsen, kamppladsen; **behind** *the -s (ogs fig)* bag kulisserne; *the ~* **is** *a restaurant* scenen forestiller en restaurant; *the ~* **is laid** *in France* handlingen foregår i *(el.* scenen er henlagt til) Frankrig; *that is not my ~* T det er ikke min kop te; det er ikke lige mig; **on** *the ~* på stedet (hvor det sker el. skete); *then the police appeared on the ~* så viste politiet sig på arenaen *(el.* skuespladsen); **set** *the ~ (fig)* give en introduktion; ridse baggrunden op; *set the ~ for* lægge op til, lægge grunden til; berede vejen for; **steal** *the ~ (fig)* stjæle billedet.

scene painter teatermaler.

scenery ['si:nəri] *sb* sceneri, landskab; *(teat)* kulisser, sceneri.

scene shifter *(teat)* maskinmand.

scenic ['si:nik, 'senik] *adj* scenisk, teater-; *(mht* natur) landskabelig *(fx beauty),* malerisk; *sb* naturfilm; ~ *railway* lilleputbane (ɔ: forlystelse).

scent [sent] *vb* lugte, spore, vejre, få færten af; (komme parfume på:) parfumere; *sb* lugt, duft; (kosmetik:) parfume; (ved jagt og *fig)* spor; (jagthunds) sporsans, *(fig ogs)* flair, 'fin næse'; *put (el. throw) sby* **off** *the ~* bringe *(el.* lede) en på vildspor; **on** *the ~* på sporet; *on the wrong ~* på vildspor.

scent| bag lugtepose; *zo* duftkirtel. ~ **bottle** lugteflaske.

scented ['sentid] *adj* duftende, parfumeret.

scent gland *zo* duftkirtel.

sceptic ['skeptik] *sb* skeptiker, tvivler.

sceptical ['skeptikl] *adj* skeptisk.

scepticism ['skeptisizm] *sb* skepsis, skepticisme.

sceptre ['septə] *sb* scepter; *vb* udstyre med scepter.

sceptred ['septəd] *adj* scepterbærende.

schedule ['ʃedju:l, *(am)* 'skedʒu:l] *sb* program, plan, skema, *(jernb)* fartplan, køreplan; (liste *etc)* fortegnelse, tabel, liste, *(parl:* til lov) tillæg (især: med fortegnelse over love der ophæves ved den pågældende lov); *vb* planlægge, fastsætte *(fx the -d time), (jernb)* opføre i køreplanen; udfærdige liste over, opføre på liste;

according to ~ planmæssigt; *ahead of ~* før den planmæssige *(el.* fastsatte) tid; *behind ~* forsinket; *-d to leave at 2 p.m.* skal afgå efter planen kl. 14.

scheme [ski:m] *sb* plan *(fx we must work out a ~ for the housing of the refugees);* projekt, ordning *(fx pension ~),* orden, system *(fx ~ of philosophy),* arrangement; *(neds)* intrige, lumsk plan; *vb* planlægge, lægge plan(er) for; *(neds)* intrigere, smede rænker; *colour ~* farvevalg, farvesammensætning; *rhyme ~* rimskema; *~ of things* verdensorden.

schemer ['ski:mə] *sb (neds)* rænkesmed.

scheming ['ski:miŋ] *adj* rænkefuld, intrigant, beregnende.

schism [sizm] *sb* splittelse, kirkestrid.

schismatic [siz'mætik] *adj* skismatisk, splittet.

schist [ʃist] *sb (geol)* skifret bjergart; *mica ~* glimmerskifer.

schizocarp ['skitsəka:p] *sb (bot)* spaltefrugt.

schizogenesis [skitsə'dʒenəsis] *sb* formering ved spaltning.

schizoid ['skitsɔid] *adj* skizoid.

schizophrenia [skitsə'fri:niə] *sb (med.)* skizofreni.

schiz(z)i ['skitsi] *adj (am* S) skizofren.

schlepp [ʃlep] *(am* T) *sb* skvat; *vb* slæbe; traske.

Schleswig ['ʃlezwig] Slesvig.

schlock [ʃlɔk] *(am* T) *adj* smagløs, billig, tarvelig; *sb* bras, juks.

schmaltz [ʃmɔ:lts] *sb* T sentimentalt sludder; sentimental musik.

schmuck [ʃmʌk] *sb (am* T) tåbe, nar; (dum) skid.

schnapps [ʃnæps] *sb* snaps.

schnorkel [ʃnɔ:kl] *sb* snorkel.

scholar ['skɔlə] *sb* lærd; videnskabsmand (inden for et humanistisk fag); student med stipendium; (i skole) elev, discipel; *he is a good German ~* han er dygtig i tysk; *I am no ~* jeg er ikke en studeret mand.

scholarly ['skɔləli] *adj* lærd, videnskabelig.

scholarship ['skɔləʃip] *sb* (humanistisk) videnskab; videnskabelig dygtighed, lærdom; viden, kundskab; (penge:) stipendium, legat.

scholastic [skə'læstik] *adj* skolemæssig, skole-; spidsfindig; *(filos)* skolastisk; *sb* skolastiker.

scholasticism [skə'læstisizm] *sb (filos)* skolastik; *(neds)* pedanteri.

scholiast ['skəuliæst] *sb* kommentator.

I. school [sku:l] *sb* skole; (ved universitet, *omtr)* fakultet, faggruppe; *vb* lære, opøve, skole; *leave ~* gå ud af skolen, ophøre med sin skolegang; *teach ~ (am)* være lærer(inde);

(forb med *præp) after ~* efter skoletid; *life at ~* skolelivet; *we were at ~ together* vi var skolekammerater; *edition for -s* skoleudgave; *inspector of -s* undervisningsinspektør, skolekonsulent; *go to ~* gå i skole; *be sent to ~* blive sat i skole.

II. school [sku:l] *sb* stime (af fisk); *vb* stime; *the fish are -ing* fiskene stimer.

school| **attendance** skolegang. ~ **board** skolekommission. ~ **council** elevråd; (i Skotland *omtr =)* skolenævn. ~ **crossing patrol** (ældre) mand med stopskilt der hjælper skolebørn over gaden; (svarer til) skolepatrulje. ~ **day** skoledag; ~ *days pl (ogs)* skoletid. ~ **divine** skolastisk teolog. ~ **fee** skolepenge. **-fellow** skolekammerat. **-girl** skolepige. **-girl complexion** ungpigekulør. **-house** skole(bygning); (ved nogle kostskoler, hvor rektor har elever boende hos sig) rektors hus.

schooling ['sku:liŋ] *sb* undervisning, skolegang.

school| **inspector** undervisningsinspektør, skolekonsulent. ~ **keeper** skolebetjent. ~ **leaver** elev der går ud af skolen; dimittend. ~ **-leaving age** den alder hvor skolepligten ophører. **-leaving exam** afgangseksamen. **-man** [-mən] *(hist., filos)* skolastiker. **-marm** T skolefrøken, lærerinde. **-master** skolelærer. **-mate** skolekammerat. **-mistress** lærerinde. ~ **readiness** skolemodenhed, skoleparathed. **-room** skolestue, klasseværelse. ~ **safety patrol** skolepatrulje.

Schools Council (rådgivende udvalg vedrørende eksaminer).

schooner ['sku:nə] *sb (mar)* skonnert; stort sherryglas; *(am, austr)* stort ølglas.

schottische [ʃɔ'ti:ʃ] *sb* schottisch (en dans).

schuss [ʃu(:)s] *sb* styrtløb (på ski); lige bane; *vb* løbe styrtløb (ned ad).

sciatic [sai'ætik] *adj* hofte-.

sciatica [sai'ætikə] *sb (med.)* ischias.

science ['saiəns] *sb* (natur)videnskab; (i sport) teknik.

science fiction fremtidsromaner (skrevet over videnskabelige opdagelser).

scientific [saiən'tifik] *adj* videnskabelig; *(fig)* efter videnskabelige principper, metodisk.

scientist ['saiəntist] *sb* videnskabsmand.

sci-fi ['saifai] *fk science fiction.*

scilicet ['sailiset] *adv (lat.)* nemlig.

scilla ['silə] *sb (bot)* scilla.

Scilly ['sili]: *the ~ Islands (el. Isles)* Scillyøerne.

scimitar ['simitə] *sb* (orientalsk) krumsabel.

scintilla [sin'tilə] *sb: not a ~ of* ikke antydning *(el.* spor *el.* skygge *el.* gnist) af.

scintillate ['sintileit] *vb* gnistre, funkle, tindre.

scintillation [sinti'leiʃn] *sb* funklen, tindren.

scintillation counter *(fys)* scintillationstæller.

sciolism ['saiəlizm] *sb* halvstuderthed.

sciolist ['saiəlist] *sb* halvstuderet røver.

scion ['saiən] *sb* podekvist; *(fig)* skud, ætling.

scissors ['sizəz] *sb pl* saks; *a pair of ~* en saks.

SCLC *fk (am) Southern Christian Leadership Conference.*

sclerosis [skliə'rəusis] *sb* sklerose, forkalkning.

sclerotic [skliə'rɔtik] *adj* hård, fortørret, sklerotisk; forkalket; *sb* senehinde (i øjet).

scoff [skɔf] *vb* spotte; T guffe i sig; *sb* spot; T mad; *be the ~ of* være til spot for.

scold [skəuld] *vb* skænde, skælde, skænde på; *sb* rappenskralde.

scoliosis [skɔli'əusis] *sb* rygskævhed.

scollop ['skɔləp] = *scallop.*

sconce [skɔns] *sb* lampet, lyseholder; (del af lysestage:) lysepibe; (ved Oxford univ.) bøde; S hoved, isse; *vb* idømme bøde.

scone [skɔn, skəun] *sb* bolle, blød kage.

Scone [sku:n].

I. scoop [sku:p] *sb* øse(kar), ske, skuffe; kulskovl; iscremeske; *(earth ~)* muldsluffe; T kup; journalistisk kup.

II. scoop [sku:p] *vb* udhule, grave *(fx a hole in the ground);* øse *(fx ~ out the water); (mus.)* kure; T hugge, score; snuppe (før de andre); komme først med *(fx* en nyhed), komme før *(fx* en konkurrent); ~ *the other papers* bringe en nyhed *etc* før de andre blade; ~ *the pool* vinde *(el.* snuppe) hele gevinsten.

scoot [sku:t] *vb* T *(spøg)* fare (af sted), pille af, stikke af.

scooter ['sku:tə] *sb* løbehjul (legetøj); *(motor ~)* scooter.

scope [skəup] *sb* spillerum, frihed; omfang, rammer *(fx outside the ~ of the book);* område; rækkevidde, (om person) (åndelig) horisont *(fx beyond the ~ of his understanding),* spændvidde; (om skydevåben) skudvidde; *(am ogs)* kikkert(sigte); *(mar)* længde *(fx the ~ of a cable); he has* **free** ~ han har frie hænder; *the ~* **of** *his activities* hans virkefelt.

scorbutic [skɔ:'bju:tik] *adj* lidende af skørbug; *sb* skørbugspatient.

scorch [skɔ:tʃ] *sb* svide, brænde; svides, blive forbrændt; S skyde en rasende fart, fræse af sted; *sb* sveden plet; S hurtig tur; *the scorched-earth policy* den brændte jords politik.

scorcher ['skɔ:tʃə] *sb* brændende varm dag; bidende spot, kritik; S bilist (, cyklist) som kører meget hurtigt.

I. score [skɔ:] *sb* **1.** ridse, hak, mærke, (i blok) kærv, *(glds:* som taltegn på karvestok) streg; **2.** regnskab; (i sport) score, stilling; pointsregnskab, pointtal, points; **3.** *(fig)* skarpt svar, hib *(fx it was not meant as a ~ against you);* **4.** *(mus.)* partitur; **5.** snes;

go off **at** *(full) ~* have fuld fart på fra begyndelsen; **by** *-s, by the ~* i snesevis; *it would be a great ~ if* det ville være en stor gevinst *(el.* fordel) hvis; *the ~ is 3-2* det står 3-2; **keep** *the ~* holde regnskab; **know** *the ~, know what the ~ is (fig, am)* vide hvordan sagerne står, vide hvordan det forholder sig; **make** *-s off sby* S skære en ned; (se også *II. score: ~ off);* **on** *that ~* hvad det angår; *on the ~ of* på grund af; *what's the ~ on ...? (am)* hvordan forholder det sig med ...? **pay** *off (el. settle) an old ~* afgøre et gammelt mellemværende, gøre et gammelt regnskab op; **run** *up a ~* tage på kredit.

II. score [skɔ:] *vb* **1.** ridse, lave hak (, mærke) i *(fx a kitchen table -d with knife cuts);* **2.** slå streg under *(fx a word),* strege ind *(fx a book);* **3.** (i sport) score, vinde (points, mål), *(ogs fig)* notere *(fx a hit* en træffer, *a victory),* vinde *(fx an advantage);* **4.** *(mus.)* udsætte *(fx -d for violin and piano);* **5.** *(am)* bedømme (opgaver); kritisere skarpt; **6.** (uden objekt) score, *(fig)* have held med sig, have succes; S skaffe stof, købe narkotika; komme i seng med; ~ **off** *him* dukke ham, skære ham ned, være vittig på hans bekostning; ~ **out** strege ud; ~ **over** *sby* få et forspring for én, have overtaget over én.

score|board ['skɔ:bɔ:d] *sb* pointstavle. **-card** regnskabskort for kricketkamp; (i golf *etc)* scorekort.

scorer ['skɔ:rə] *sb* regnskabsfører, regnskab, regnskabsblok; (mål)scorer.

scori|a ['skɔ:riə] *sb (pl -ae* [-i:]) slagge.

scorification [skɔ:rifi'keiʃn] *sb* slaggedannelse.

scorify ['skɔ:rifai] *vb* forvandle til slagger.

scoring ['skɔ:riŋ] *sb* scoring *(etc, cf II. score); (mus.)* instrumentering.

scorn [skɔ:n] *vb* foragte, håne; afvise med foragt *(fx ~ his help); sb* foragt, hån; ~ *lying* holde sig for god til at lyve; *think ~ of* foragte, se ned på; *put to ~* beskæmme; *laugh to ~* udle, hånle ad.

scornful ['skɔ:nf(u)l] *adj* hånlig.

Scorpio ['skɔ:piəu] *(astr)* Skorpionen.

scorpion ['skɔ:pjən] *sb* skorpion.

scorpion fly skorpionflue.

I. scot [skɔt] *sb: pay one's ~ and lot* tage sin del af byrden.

II. Scot [skɔt] *sb* skotte.

I. Scotch [skɔtʃ] *adj* skotsk; *sb* skotsk; skotsk whisky.

II. scotch [skɔtʃ] *vb* såre, uskadeliggøre; knuse, slå ned

(fx a conspiracy); aflive *(fx a rumour);* gøre ende på.
III. scotch [skɔtʃ] *sb, vb* bremse.
Scotchman ['skɔtʃmən] *sb* skotte.
Scotch| mist regntykning. ~ **pine** *(bot)* skovfyr.
Scotchwoman ['skɔtʃwumən] *sb* skotsk kvinde, skotte.
scoter ['skəutə] *sb zo* sortand.
scotfree ['skɔt'fri:] *adj* helskindet, uskadt, ustraffet; *go* ~ slippe helskindet fra det, gå fri.
Scotia ['skəuʃə] Scotia, Skotland.
Scotland ['skɔtlənd] Skotland; ~ *Yard* (hovedstation for Londons politi).
scotoma [skə'təumə] *sb* skotom, plet i synsfeltet.
Scots [skɔts] *sb, adj* skotsk.
Scotsman ['skɔtsmən] *sb* skotte.
Scott [skɔt] *interj: Great Scott!* du store kineser!
Scotticism ['skɔtisizm] *sb* skotsk udtryk.
Scottish ['skɔtiʃ] *adj* skotsk.
scoundrel ['skaundr(ə)l] *sb* slyngel, skurk.
scoundrelly ['skaundr(ə)li] *adj* skurkagtig.
scour [skauə] *vb* **1.** skure; rense; **2.** skylle; udvaske, bortvaske; **3.** gennemstrejfe, gennemkrydse, gennemsøge.
scourge [skə:dʒ] *sb* svøbe, plage; *vb* piske, svinge svøben over, plage.
Scouse [skaus] *sb* person fra Liverpool; Liverpooldialekt.
Scouser ['skausə] *sb* T person fra Liverpool.
I. scout [skaut] *sb* spejder *(fx boy ~; talent ~);* (i Oxford) kollegietjener; *vb* spejde, udspejde; *he is a good ~ (am)* T han er en flink fyr; *be on the ~ for* være på udkig efter.
II. scout [skaut] *vb* afvise med foragt; håne.
scout car *(mil.)* opklaringsvogn; (politi)patruljevogn.
scoutmaster tropsleder (i spejderkorps).
scow [skau] *sb* pram, lægter.
scowl [skaul] *vb* skule; *sb* vredt (, skulende) blik.
scrabble [skræbl] *vb* kradse, bemale; *sb* (et krydsordsspil); ~ *about for* rode efter, famle efter.
scrag [skræg] *sb* radmagert *(el.* knoklet) menneske; (af kød) halsstykke; S mager hals, 'fuglehals'; *vb* dreje halsen om på, hænge, kværke; T tage (én) i krebsen.
scraggly ['skrægli] *adj (am)* pjusket, tjavset *(fx beard);* ujævn, knoldet *(fx path).*
scraggy ['skrægi] *adj* tynd, radmager.
scram [skræm] *interj* S skrub af!
scramble [skræmbl] *vb* klatre; fare af sted; *(flyv)* gå på vingerne i en fart; *(tlf etc)* forvrænge (meddelelse) ved hjælp af kryptoforsats; *sb* kravlen; slagsmål, virvar, vildt kapløb; *-d eggs* røræg; ~ **for** gramse efter; kaste sig ud i et vildt slagsmål om; ~ **to** *one's feet* komme på benene i en fart.
scrambler ['skræmblə] *sb (tlf etc)* kodeforsats, kryptoforsats.
scran [skræn] *sb* (mad)rester, affald.
I. scrap [skræp] *sb* stump; lap; affald; **-s** *pl (ogs)* rester, levninger, (af smeltefedt) fedtegrever; (til scrapbog) udklip; *vb* kassere, udrangere, *(fx* om skib) ophugge; *a ~ of paper* (ironisk om traktat) en lap papir; *not a ~* ikke en smule.
II. scrap [skræp] T *sb* (mindre) slagsmål, skænderi; *vb* slås; skændes, mundhugges.
scrapbook ['skræpbuk] *sb* scrapbog, udklipsbog.
scrapdealer ['skræpdi:lə] *sb* produkthandler.
I. scrape [skreip] *vb* skrabe; kradse; (på violin *etc)* gnide; (om penge) skrabe sammen med møje og besvær; *(pinch and ~)* spinke og spare; ~ *acquaintance with* skaffe sig bekendtskab med; ~ *along* lige klare sig; ~ *the barrel (fig)* skrabe bunden; *bow and ~* bukke og skrabe; ~ *a (bare) living* ernære sig kummerligt, bjærge føden; ~ *up* skrabe sammen; ~ *through* knibe sig igennem.
II. scrape [skreip] *sb* skraben, kradsen; (på huden) hudafskrabning; T (på brød) skrabet smør; (vanskelighed:) knibe; *(glds:* dybt buk) skrabud; *get into a ~* komme i knibe.
scraper ['skreipə] *sb* skraber.
scrap| heap affaldsbunke; *(fig)* losseplads; brokkasse. ~ **iron** gammelt jern, skrot. ~ **merchant** produkthandler.
scrappy ['skræpi] *adj* bestående af småstykker *el.* rester; fragmentarisk, usammenhængende.
I. scratch [skrætʃ] *vb* kradse, ridse, rive, klø, skrabe; kradse ned *(fx a few lines);* slette, stryge; stryge sit navn, trække sig tilbage; (om sportsbegivenhed) aflyse; *be -ed* udgå (af en konkurrence); ~ *along* lige klare sig; ~ *my back and I will ~ yours* den ene tjeneste er den anden værd; ~ *out* strege ud, slette; ~ *up* skrabe sammen.
II. scratch [skrætʃ] *sb* kradsen; rift; (ved væddeløb) startlinie; (om skrift) klo, kragetæer; *start from ~* begynde på bar bund; ~ *of the pen* pennestrøg; *be up to ~* være tilfredsstillende, gøre fyldest; *keep sby up to ~* holde en til ilden *(el.* i ørene).
III. scratch [skrætʃ] *adj* tilfældigt sammensat *(fx team);* improviseret; (i sport) uden handicap; T tilfældig; ~ *shot* slumpskud.
scratching ['skrætʃiŋ] *sb* kradsen, skraben; (på grammofon) nålestøj.
scratch pad notesblok.
scratchy ['skrætʃi] *adj* ridset; (om noget skrevet) skødesløst nedkradset; (om tøj) kradsende, som kradser; (om lyd) kradsende; skrattende; *(fig)* spids, hvas.
scrawl [skrɔ:l] *vb* (skrive sjusket:) kradse ned; smøre; *sb* smøreri; (om skrift) kragetæer, klo.
scrawly ['skrɔ:li] *adj* nedkradset, sammensmurt.
scrawny ['skrɔ:ni] *adj* knoklet, radmager, afpillet.
scream [skri:m] *vb* skrige, hvine; *sb* skrig, hvin; *he is a ~* han er hylende komisk; ~ *with laughter* hyle af latter.
screamer ['skri:mə] *sb* noget der er hylende komisk; *(typ S)* udråbstegn; *(am S)* sensationsoverskrift; *zo* anhima (sydamerikansk fugl).
screaming ['skri:miŋ] *adj* skrigende, hvinende; hylende grinagtig *(fx farce);* S storartet; *-ly funny* hylende komisk.
scree [skri:] *sb (geol)* ur (nedstyrtede sten).
screech [skri:tʃ] *sb* skrig; *vb* skrige.
screech owl slørugle.
screed [skri:d] *sb* langt foredrag, tirade; (ved støbning) leder; afretningslag.
I. screen [skri:n] *sb* skærm, *(folding ~)* skærmbræt, *(fig ogs)* skjul, *(smoke ~)* røgslør; (til tv, radar) skærm, (til film) lærred; (til sigtning *etc)* sigte, sold, (grovere:) harpe, (finere:) filter; *(typ)* raster; *the ~* det hvide lærred, filmen; *adapt for the ~* bearbejde for filmen, filmatisere; *go on the ~* gå til filmen.
II. screen [skri:n] *vb* **1.** afskærme, (lys *ogs)* afblænde, *(fig)* skærme, skjule, dække over; **2.** projicere (på skærm *el.* lærred); (i TV) bringe på skærmen; (om bog *etc)* filmatisere; **3.** sigte, harpe *(fx coal);* **4.** (om person) prøve nøje *(mht* pålidelighed, dygtighed *etc);* sortere; ~ **off** sætte skærm for (, om), lukke af; ~ **out** frasortere.
screen| actor filmsskuespiller. ~ **door** netdør. ~ **grid** (i radio) skærmgitter. ~ **-grid valve** skærmgitterrør.
screening process sortering; udvælgelsesprocedure.
screenings ['skri:niŋz] *sb pl* frasigtet materiale; (især af kul) afharpning.
screen|play filmmanuskript. ~ **star** filmstjerne. ~ **test:** *have a ~ test* blive prøvefilmet. ~ **version** filmatisering. ~ **writer** filmmanuskriptforfatter.
screever ['skri:və] *sb* fortovsmaler.
I. screw [skru:] *sb* skrue; *(mar)* skibsskrue; T gnier; løn; krikke; S fængselsbetjent; dirk; knald (ɔ: samle-

je); *have a ~ loose (fig)* have en skrue løs; *put the ~ (el. -s) on (fig)* lægge voldsomt pres på, klemme.

II. screw [skru:] *vb* skrue; dreje, vride (om); *(fig)* fordreje; S snyde *(out of* for); gå i seng med, bolle; (uden objekt) kunne skrues, lade sig skrue; dreje sig; spare; S bryde ind, lave indbrud; *~ it!* S skide være med det! *~ you!* S du kan rende mig!

he has his head -ed **on** *all right* S han har pæren i orden; *~* **out** betale (modstræbende); *~ some money out of him* presse nogle penge ud af ham; *~* **up** stramme (ved at skrue); skrue til, tilspænde; krølle helt sammen; *(fig,* om husleje *etc)* skrue i vejret; S forkludre, spolere; lave koks i; gøre skør, gøre neurotisk; *~ up one's courage* skyde hjertet op i livet; *~ up one's eyes* knibe øjnene sammen; misse med øjnene; *~ up one's face* fortrække ansigtet; *~ oneself up* stramme sig op; (se også *screwed).*

screw|ball *(am* T*)* original, skør rad. *~* **cap** skruelåg; skruedæksel. **-driver** skruetrækker.

screwed [skru:d] *adj* skruet; *(tekn)* gevindskåret, skrueskåret; S fuld, drukken; *~-up* strammet *(etc, cf II. screw (up)); (fig)* anspændt; *a ball of ~-up paper* en bold (, kugle) af sammenpresset *(el.* vredet) papir.

screw| eye øsken. *~* **jack** donkraft. *~* **pine** *(bot)* skruepalme. *~* **-propelled** *adj* propeldreven. *~* **propeller** skibsskrue. *~* **thread** gevind. **-top** skruelåg. *~* **wrench** skruenøgle.

screwy ['skru:i] *adj (am* T*)* skør, idiotisk.

scribal [skraibl] *adj: ~ error* afskriverfejl.

scribble [skribl] *vb* smøre; kradse ned; skrive sjusket; *sb* smøreri.

scribbler ['skriblə] *sb* smører; skribler.

scribbling pad notesblok.

scribe [skraib] *sb* skribent; *(hist.)* skriver; (i biblen) skriftklog; (værktøj) ridsestift; *vb* ridse mærke i; *he is no great ~* han er ikke nogen pennens mester.

scriber ['skraibə] *sb* ridsestift.

scrim [skrim] *sb* faconlærred (ɔ: løst vævet stof); *(teat)* flortæppe.

scrimmage ['skrimidʒ] *sb* forvirret slagsmål; *vb* deltage i et slagsmål; (se også *scrummage).*

scrimp [skrimp], **scrimpy,** se *skimp, skimpy.*

scrimshank ['skrimʃæŋk] *vb* T skulke.

scrimshanker ['skrimʃæŋkə] *sb* T skulker; simulant.

scrimshaw ['skrimʃɔ:] *vb (mar)* skære figurer af (, mønster i) elfenben, sneglehuse *etc* som fritidsarbejde.

scrip [skrip] *sb* seddel; *(merk)* interimsbevis, midlertidigt (aktie)bevis; penge udstedt af besættelsesmagt; *(glds)* taske; tiggerpose.

script [skript] *sb* **1.** skrift; håndskrift *(mods* tryk), *(typ)* skriveskrift; **2.** *(teat, radio)* manuskript, (til film *ogs)* drejebog; **3.** (eksamens) opgave, besvarelse; **4.** *(jur)* originaldokument; **5.** S falsk recept (til narkotika).

script girl (til film) scriptgirl.

scriptural ['skriptʃrəl] *adj* bibelsk.

scripture ['skriptʃə] *sb* den hellige skrift; (om skolefag) bibelhistorie, religion.

scriptwriter ['skriptraitə] *sb* (film)manuskriptforfatter.

scrofula ['skrɔfjulə] *sb* kirtelsyge.

scrofulous ['skrɔfjuləs] *adj* skrofuløs, kirtelsvag.

scroll [skrəul] *sb* rulle (papir), bogrulle, skriftrulle; (ornament) snirkel; (på violin) snegl. **scrolled** *adj* snirklet.

scroll|head *(mar)* snirkelstævn. *~* **saw** svejfsav. **-work** snirkelværk.

scrotum ['skrəutəm] *sb (anat)* skrotum, testikelpung.

scrouge [skraudʒ, skru:dʒ] *vb* klemme, presse, mase.

scrounge [skraun(d)ʒ] *vb* T nasse; rapse, 'redde (sig)'; *~ sth* nasse sig til noget. **scrounger** ['skraun(d)ʒə] *sb* T tyveknægt; nasser, (specielt:) socialbedrager.

I. scrub [skrʌb] *vb* skure, skrubbe, gnide; S opgive, aflyse, stryge; *sb* skrubben; *~* **out** skrubbe af, skrubbe ren; opgive, aflyse, stryge; *~* **round** T se bort fra, gå udenom, omgå *(fx the rules); ~* **up** vaske sig steril (før operation).

II. scrub [skrʌb] *sb* forkrøblet træ; krat; (om person) undermåler, lille skravl, pjevs. **scrubber** *sb* S mokke, dulle.

scrubbing brush skurebørste, gulvskrubbe.

scrubby ['skrʌbi] *adj* dækket med lave buske; forkrøblet; *(fig)* ussel, luset; (om skæg) strittende.

scruff [skrʌf] *sb* nakke; *~ of the neck* nakke, nakkeskind; *take him by the ~ of the neck* tage ham i kraven *(el.* ved vingebenet).

scruffy ['skrʌfi] *adj* T snusket, lurvet; forfalden, derangeret.

scrum [skrʌm] *fk scrummage.*

scrummage ['skrʌmidʒ] *sb* slagsmål; (i rugbyfodbold) klynge.

scrump [skrʌmp] *vb* hugge, stjæle, skyde (æbler).

scrumping *sb* æbleskud.

scrumptious ['skrʌm(p)ʃəs] *adj* S lækker *(fx cake; girl).*

scrumpy ['skrʌmpi] *sb* stærk cider.

scrunch [skrʌn(t)ʃ] *vb* knuse, knase.

scruple [skru:pl] *sb* betænkelighed, skrupel; *(glds)* ubetydelighed, smule, tøddel; *vb* have betænkeligheder; *he does not ~ to (ogs)* han tager ikke i betænkning at.

scrupulous ['skru:pjuləs] *adj* omhyggelig, samvittighedsfuld; *with ~ precision* med pinlig *(el.* den yderste) nøjagtighed.

scrutinize ['skru:tinaiz] *vb* undersøge nøje, granske, se skarpt på.

scrutiny ['skru:tini] *sb* nøje undersøgelse, gransken, ransagelse; *(parl)* valgprøvelse.

scuba ['skju:bə] *fk self-contained underwater breathing apparatus; ~ diver* svømmedykker.

scud [skʌd] *vb* fare (af sted); *sb* ilsom flugt; drivsky, jagende skyer.

scuff [skʌf] *vb* slæbe på fødderne; skrabe med skoene; sjokke; *(am)* slide(s); *sb* slæben, skraben, sjokken; *(am)* slidt sted; tøffel.

scuffle [skʌfl] *sb* slagsmål, håndgemæng; *vb* slås.

scug [skʌg] *sb* S skvat, pjok; tarvelig fyr.

scull [skʌl] *sb* let åre; vrikkeåre; *vb* ro med to lette årer; vrikke (en båd). **sculler** ['skʌlə] *sb* sculler.

scullery ['skʌləri] *sb* opvaskerum, bryggers.

scullery maid køkkenpige.

scullion ['skʌljən] *sb (glds)* køkkenkarl.

sculptor ['skʌlptə] *sb* billedhugger.

sculptress ['skʌlptrəs] *sb* kvindelig billedhugger.

sculpture ['skʌlptʃə] *sb* skulptur, billedhuggerkunst *el.* -arbejde; *vb* udhugge; modellere.

scum [skʌm] *sb* skum (ɔ: urenheder på overfladen af væske, smeltet metal); *(fig* om personer) rak, ros, pak, bærme; *vb* skumme.

scumble [skʌmbl] *sb* skumrefarve; *vb* overskumre.

scunner ['skʌnə] *sb* (skotsk:) *vb* føle lede; få kvalme; give kvalme; *take a ~ at* føle lede ved; få kvalme af.

I. scupper ['skʌpə] *sb (mar)* spygat.

II. scupper ['skʌpə] *vb* bore i sænk; *(fig)* T torpedere *(fx a plan); (mil.)* S overfalde, hugge ned, gøre det af med.

scurf [skə:f] *sb* skurv, skæl.

scurfy ['skə:fi] *adj* skurvet; skællet.

scurrility [skʌ'riliti] *sb* grovhed, plumphed.

scurrilous ['skʌriləs] *adj* grov, plump.

scurry ['skʌri] *sb* hastværk, jag; (heftig) byge; *vb* jage, fare.

scurvy ['skə:vi] *adj* lurvet, nedrig, sjofel; *sb* skørbug.

scut [skʌt] *sb* (hares *el.* kanins) blomst (ɔ: hale).

scutch [skʌtʃ] (om hør) *vb* skætte; *sb* skættemaskine.

scutcheon [skʌtʃn] *sb* våbenskjold; navneplade; nøgleskilt.

scutcher ['skʌtʃə] *sb* skættemaskine.

I. scuttle [skʌtl] *sb* kulkasse; *(mar)* lille luge; *vb* bore i sænk; sænke (skib) ved at åbne bundventilerne; *(fig)* torpedere *(fx negotiations, a plan)*.

II. scuttle [skʌtl] *vb* pile, rende; stikke af; *sb* ilsom flugt; hastigt tilbagetog.

scut|um ['skju:təm] *sb (pl -a* [-ə]) (romersk krigers) skjold.

scut work *(am)* småjobs; rutinearbejde.

scythe [saið] *sb* le; *vb* meje.

Scythia ['siðiə] *(hist.)* Skythien.

Scythian ['siðiən] *(hist.) adj* skythisk; *sb* skyther.

S.D. *fk South Dakota.*

'sdeath [zdeθ] *interj (glds)* Guds død!

SDI *fk (am) strategic defence initiative* T stjernekrigsprojektet.

SDP *fk the Social Democratic Party.*

SDR *fk special drawing rights.*

SDS *fk (am) Students for a Democratic Society.*

SE *fk South-East.*

sea [si:] *sb* hav, sø; bølge, søgang; *(fig)* mængde, hav *(fx of troubles); the four -s* de fire have omkring Storbritannien; *at ~* på havet, til søs; *be (all) at ~* være ude at svømme, hverken vide ud eller ind; *by ~* til søs, ad søvejen; *half -s over* halvfuld; *put to ~* stikke i søen; *go (, run away) to ~* gå (, stikke) til søs, blive sømand.

sea| anchor drivanker. ~ **anemone** *zo* søanemone. ~ **beet** *(bot)* strandbede. ~ **blue** havblå. **-board** strandbred. **-born** *adj* født på søen, opstået af havet. ~ **-borne** *adj* transporteret til søs, søværts, oversøisk, sø-. ~ **breeze** søbrise (fra havet ind over land). ~ **calf** spættet sæl. ~ **captain** skibskaptajn, skibsfører ~ **change:** *suffer a ~ change (fig)* undergå en fuldstændig forvandling. ~ **chart** søkort. ~ **chest** skibskiste. **-coast** havets kyst. ~ **dog** *(fig.)* søulk. ~ **eagle** havørn. ~ **fan** *zo* hornkoral. **-farer** ['si:fɛərə] søfarende. ~ **foam** havskum; merskum. **-front** strandpromenade. ~ **-girt** ['si:gə:t] *adj* havomkranset, havomskyllet. **-going** *adj* søgående. ~ **green** søgrøn. ~ **gull** måge. ~ **horse** søhest. ~ **kale** *(bot)* strandkål.

I. seal [si:l] *sb zo* sæl; *vb* jage sæler, gå på sælfangst.

II. seal [si:l] *sb* signet, segl, (på brev) segl, (af papir) oblat; (af bly) plombe; *(fig)* segl, besegling; *(tekn)* tætningsanordning, (i selvsmørende leje *etc)* pakning; *vb* forsegle, plombere; lukke tæt; tætte; tillodde; *(fig)* besegle *(fx their fate is -ed);*

it is a -ed book to him det er en lukket bog for ham; *my lips are -ed* min mund er lukket (med syv segl); *-ed by the customs officers* under toldlukke; *~ off* (af)spærre, lukke; *under ~ of secrecy* under tavshedsløfte.

Sealand ['si:lənd] Sjælland.

sea lane skibsrute. **sea lavender** *(bot)* hindebæger.

sea legs: *find (el. get) one's ~* vænne sig til søen, ikke mere blive søsyg.

sealer ['si:lə] *sb* sælfanger, sælfangerskib.

sea level havets overflade; *a thousand feet above ~* 1000 fod over havet.

sealing wax segllak.

sea lion *zo* søløve.

Sea Lord (søofficer der er medlem af flådeledelsen i forsvarsministeriet).

sealyham ['si:ljəm] *sb* sealyham-terrier.

seam [si:m] *sb* søm *(fx* på tøj, i svejsning), samling, fals, *(mar)* nåd; *(geol)* tyndere (kul)lag; (på huden) ar, skramme; *vb* sømme, sammenføje, sammensy; *-ed (ogs)* furet *(fx a face -ed with care).*

seaman ['si:mən] *sb* sømand, matros.

seamanlike ['si:mənlaik] *adj* som udviser godt sømandsskab.

seamanship ['si:mənʃip] *sb* sømandsskab.

sea|mew *zo* (storm)måge. ~ **mile** sømil.

seamless ['si:mləs] *adj* sømløs, uden søm.

sea| monster havuhyre. ~ **mouse** *zo* guldmus.

seamstress ['semstrəs, 'si:m-] *sb* syerske, sypige.

seamy ['si:mi] *adj* arret; *the ~ side* vrangen, skyggesiden.

séance ['seia:ns] *sb* séance; møde.

sea| nettle *zo* rød vandmand, 'brandmand'. ~ **onion** *(bot)* strandløg. ~ **pen** *zo* søfjer. ~ **pie** *zo* strandskade. ~ **piece** søstykke (ɔ: maleri). ~ **pink** *(bot)* engelskgræs. **-plane** vandflyvemaskine, flyvebåd. **-port** havneby, havn.

I. sear [siə] *sb (mil.:* i geværlås) ro.

II. sear [siə] *adj* tør, vissen, udtørret; *vb* svide, udtørre; brænde, brændemærke; *(fig)* forhærde.

I. search [sə:tʃ] *vb* **1.** søge (i), lede (i), gennemsøge *(fx a room),* ransage *(fx one's pockets, one's memory),* undersøge; **2.** (krops)visitere *(fx a criminal);* **3.** se nøje på, granske *(fx her face);* **4.** *(fig)* granske, prøve *(fx one's motives);* **5.** *(med.)* sondere *(fx a wound);* **6.** (om vand, lys) trænge ind i hver krog af; **7.** (i bjergværksdrift) skærpe;

his house was -ed der blev foretaget husundersøgelse hos ham; *~ me!* S det aner jeg ikke! *~ for* søge *(el.* lede) efter; *~ out* lede frem; finde; *~ the reins and hearts* granske hjerter og nyrer.

II. search [sə:tʃ] *sb* søgen, leden, gennemsøgning, undersøgelse, eftersøgning, efterforskning; (krops)visitation; husundersøgelse; ransagning; granskning; *be in ~ of* søge, lede efter *(fx a solution); go in ~ of* gå ud og søge efter; *right of ~* visitationsret (i krig).

searching ['sə:tʃiŋ] *adj* omhyggelig, grundig; (om blik) forskende; (om kulde, vind) gennemtrængende, skarp, bidende.

search|light søgelys, lyskaster, projektør. ~ **party** eftersøgningshold; eftersøgningsekspedition. ~ **warrant** *(jur)* ransagningskendelse.

sea|room plads til manøvrering. ~ **route** søvej. **-scape** ['si:skeip] *sb* søstykke (ɔ: maleri). ~ **scorpion** *zo* ulk. ~ **serpent** søslange (et fantasiuhyre). **-shell** konkylie. **-shore** kyst; forstrand. **-sick** *adj* søsyg. **-sickness** søsyge.

seaside ['si:said] *sb: by the ~* ved kysten; *go to the ~* tage til (et feriested ved) kysten; *~ hotel* badehotel; *~ resort* badested.

sea| snail *zo* havsnegl; (fisk:) ringbug. ~ **snake** *zo* havslange.

I. season [si:zn] *sb* årstid, sæson, -tid *(fx blossoming ~* blomstringstid); jagttid, jagtsæson; T = *season ticket;* **for** *a ~* for en tid; *asparagus are* **in** *~* det er aspargestid, det er årstiden for asparges; *hares are in ~* det er jagttid for harer; *oysters are in ~* det er østerssæson; *a word in ~* et ord i rette tid; *in ~ and* **out of** *~* i tide og utide; *asparagus are out of ~* det er ikke årstiden for asparges.

II. season [si:zn] *vb* (om mad) krydre; (om træ, ost etc) lagre, (om pibe) tilryge; (om person) øve, hærde; (især *glds)* mildne; *-ed troops* hærdede *(el.* krigsvante) tropper; *~* **to** vænne til *(fx he was -ed to the climate).*

seasonable ['si:znəbl] *adj* belejlig, passende.

seasonal [si:znl] *adj* efter årstiden, sæson-, sæsonmæssig.

seasoning ['si:zniŋ] *sb* krydderi.

season ticket togkort, abonnementskort, sæsonkort.

sea| starwort *(bot)* strandasters. ~ **swallow** *zo* terne.

I. seat [si:t] *sb* **1.** (stole- *etc)* sæde, (af bukser) (bukse)bag, (af person) bagdel, sæde; **2.** stol, bænk *(fx garden ~),* sæde *(fx the car has four -s);* **3.** siddeplads *(fx we have -s),* plads *(fx this ~ is taken; this is my ~), (teat* og ved sportskamp) plads, (ofte:) billet *(fx I have*

got two -s for "Hamlet"); **4.** *(parl etc)* sæde, plads *(fx have a ~ in Parliament; have a ~ on* (i) *a committee), (parl ogs)* mandat *(fx the Liberals lost 10 -s);* **5.** (hjemsted *etc)* sæde *(fx the ~ of Government; an ancient ~ of learning* (lærdomssæde)), (fyrstes) residens *(fx Copenhagen is the ~ of the Danish Queen), (country ~)* landsted; **6.** (måde at sidde på hest:) sæde;
by *the ~* **of one's pants** pr instinkt; pr intuition; pr fornemmelse; **have** *a good (, bad) ~ (on a horse)* sidde godt (, dårligt) på en hest, være en god (, dårlig) rytter; *have a ~ on a board* have sæde i en bestyrelse, sidde i en bestyrelse, være medlem af en bestyrelse; **keep** *one's ~* blive siddende; **take** *a ~!* vær så god at tage plads! *the ~* **of** *the trouble* det sted sygdommen sidder, *(glds)* sygdommens sæde; *the ~ of war* krigsskuepladsen.

II. seat [si:t] *vb* (se også *seated)* sætte, anvise plads, *(ogs tekn)* anbringe; (om stol) sætte nyt sæde i, (om bukser) sætte ny bag i; (om sal *etc)* have (sidde)plads til, kunne rumme *(fx the theatre -s 300 people).*

sea tangle *(bot)* bladtang.

seated ['si:tid] *adj* anbragt, siddende *(fx remain ~); be ~* sidde, være (, blive) anbragt, få plads *(fx we were ~ behind a pillar); please be ~* vær så god at tage plads.

seating ['si:tiŋ] *sb* siddeplads(er); bordplan; (til stol *etc)* betræk *(fx horsehair ~);* anbringelse, *(tekn ogs)* lejring; sæde *(fx valve ~); ~ accommodation* siddeplads(er); *the ~ of the guests* bordplanen.

SEATO *fk South East Asia Treaty Organization.*

seat-of-the pants *adj* intuitiv, instinktiv.

sea training school sømandsskole.

seat reservation ticket *(jernb)* pladsbillet.

sea trout *zo* havørred.

Seattle [si'ætl].

sea| urchin *zo* søpindsvin. **-wall** havdige.

seaward ['si:wəd] *adj, adv* mod havet, søværts.

seawater ['si:wɔ:tə] *sb* havvand, søvand.

seaway ['si:wei] *sb* (den) fart (et skib skyder); søgang; vandvej; *in a ~* i søgang, i høj sø.

sea|weed tang, alge. **-worthy** *adj* sødygtig.

sebaceous [si'beiʃəs] *adj* fedt-, talg- *(fx gland).*

sec [sek] *adj* tør (om vin).

sec. *fk secretary; second.*

secant ['si:k(ə)nt] *sb* sekant; *adj* skærende, skærings-.

secateurs [sekə'tə:z] *sb pl* beskæresaks, rosensaks, grensaks.

secede [si'si:d] *vb* udtræde *(from* af), løsrive sig *(from* fra).

secession [si'seʃn] *sb (cf secede)* udtræden; løsrivelse; *the War of Secession* den amerikanske borgerkrig 1861-65.

secessionist [si'seʃ(ə)nist] *sb* separatist; *(am hist.)* sydstatsmand (der var tilhænger af løsrivelse).

seclude [si'klu:d] *vb* udelukke; isolere.

secluded [si'klu:did] *adj* ensom; afsides; afsondret.

seclusion [si'klu:ʒn] *sb* ensomhed, afsondrethed.

I. second ['sek(ə)nd] *sb* sekund; *in a split ~* i en brøkdel af et sekund.

II. second ['sek(ə)nd] *sb* nummer to; (i boksning, duel) sekundant; (i bil) andet gear; *(mus.)* sekund; **-s** *(merk)* sekundavarer; *he was a good ~* han kom ind som en pæn nummer to; *get a ~* (ved eksamen, *omtr)* få andenkarakter.

III. second ['sek(ə)nd] *adj* anden; *~ largest* næststørst; *~ last* næstsidst; *~ in command* næstkommanderende; *come in ~* komme ind som nr. 2; *~ to none* uovertruffen, blandt de bedste; (se også *II. thought).*

IV. second ['sek(ə)nd] *vb* støtte; bakke op; (i duel) være sekundant for.

V. second [si'kɔnd] *vb (mil.)* overflytte; forflytte; afgive.

second advent genkomst.

secondary ['sekəndri] *adj* senere, efterfølgende; sekundær, underordnet; bi- *(fx effect, road); ~ agricultural produce* forædlede landbrugsprodukter; *~ education* (undervisning efter *primary school); ~ modern school* (i *Engl:* skoletype der omtr. svarede til den danske 'almene linje'); *~ picketing* andenhåndsblokade (ɔ: af firma(er) der ikke er direkte involveret i konflikt); *~ school* (skole for aldersklasserne 11-16 *el.* 18).

second| ballot omvalg. **~-best** *adj* næstbedst; *come off ~-best* lide nederlag. **~ birth** genfødelse. **~ chamber** *(parl)* andetkammer. **~ class** anden klasse; (ved eksamen *omtr)* andenkarakter. **~ -class** *adj* andenklasses.

Second Coming: *the ~ (rel)* Kristi genkomst.

second cousin halvfætter, halvkusine.

second hand (på ur) sekundviser; *at ~* på anden hånd.

second-hand ['sek(ə)nd'hænd] *adj* andenhånds- *(fx knowledge);* brugt *(fx clothes);* (om bog) antikvarisk; *adv* på anden hånd; brugt *(fx buy it ~),* antikvarisk; *~ bookseller* antikvarboghandler; *~ bookshop* antikvarboghandel.

second| home fritidshus. **~ officer** *(mar)* andenstyrmand. **~ papers** *pl (am)* endelig ansøgning om statsborgerskab. **~ -rate** *adj* andenrangs. **~ self** (om hjælper) 'højre hånd'. **~ sight** synskhed, clairvoyance. **~ son** næstældste søn. **~ string** reserve, alternativ, suppleant. **~-string** *adj* reserve-. **~ thoughts**, se *thought.*

secrecy ['si:krəsi] *sb* hemmeligholdelse; diskretion, evne til hemmeligholdelse; hemmelighedsfuldhed; hemmelighed *(fx in all ~).*

secret ['si:krət] *adj* hemmelig; *sb* hemmelighed; *be in the ~* være indviet (i hemmeligheden).

secretariat(e) [sekrə'tɛəriət] *sb* sekretariat.

secretary ['sekrətri] *sb* sekretær; *Secretary* minister; *Foreign Secretary* udenrigsminister; *Permanent (Under-)Secretary* departementschef; *Secretary of Commerce (am)* handelsminister; *~ of legation* legationssekretær; *Secretary of State* minister; *(am)* udenrigsminister.

secrete [si'kri:t] *vb* skjule; *(fysiol)* udskille, afsondre.

secretion [si'kri:ʃn] *sb* sekret, afsondring.

secretive ['si:krətiv, si'kri:tiv] *adj* tavs; hemmelighedsfuld.

secretly ['si:krətli] *adv* hemmeligt, i smug.

secretory [si'kri:tri] *adj (fysiol)* afsondrings-, sekretions-, sekretorisk.

Secret Service spionage- og kontraspionagetjenesten.

sect [sekt] *sb* sekt. **sectarian** [sek'tɛəriən] *sb* sekterer; *adj* sekterisk. **sectarianism** [sek'tɛəriənizm] *sb* sektvæsen.

sectary ['sektəri] *sb* sekterer.

sectile ['sektail] *adj* (om mineral) som kan skæres.

section [sekʃn] *sb* stykke *(fx of an orange),* del *(fx of a fishing rod),* sektion *(fx of a newspaper, of a bookcase),* afdeling *(fx (jernb:) the express will run in three -s);* (af reol *ogs)* reolfag; (af by) kvarter, bydel; (af vej, jernbane) strækning; (af artikel, bog) afsnit, (af lov) paragraf; (om personer) gruppe *(fx of the population, of an orchestra), (fx* af parti, *el.* ved kongres) fraktion, *(mil.)* sektion; *(geom, med.,* ved mikroskopi) snit, (på tegning) snit, profil; *(bogb)* ark; læg.

sectional ['sekʃn(ə)l] *adj* som vedrører en særlig del af befolkningen; (på tegning *etc)* tværsnits- *(fx detail),* snit-; *(tekn)* profil- *(fx iron, steel);* bestående af selvstændige dele; *~ bookcase* byggereol.

section mark *(typ)* paragraftegn.

sector ['sektə] *sb* sektor; udsnit; *(mil.)* sektor, (front)afsnit.

secular ['sekjulə] *adj* timelig, verdslig; profan *(fx music);* (om alder) århundredgammel; *the ~ arm* den verdslige magt; *the ~ clergy* verdenspræsterne, verdensgejstligheden.

secularization ['sekjulərai'zeiʃn] *sb* verdsliggørelse, sekularisering. **secularize** ['sekjuləraiz] *vb* verdsliggøre, sekularisere.
secure [si'kjuə] *adj* sikker, tryg; *vb* sikre, betrygge; fastgøre, surre; (få fat i:) sikre sig *(fx a good seat)*.
security [si'kjuəriti] *sb* sikkerhed, betryggelse; (for lån) kaution; *securities pl (ogs)* værdipapirer, fonds, aktier, obligationer; ~ *blanket* sutteklud; *(mil. etc)* mørklægning af nyheder af sikkerhedsgrunde, nyhedsspærre; *the Security Council* Sikkerhedsrådet; ~ *police* sikkerhedspoliti; ~ *risk* person hvis loyalitet mod staten betvivles; ~ *service* vagtselskab, vagtbureau; sikkerhedstjeneste.
sedan [si'dæn] *sb* (biltype:) sedan; *(glds)* bærestol.
sedate [si'deit] *adj* rolig, sindig, sat, adstadig; *vb* berolige, virke beroligende; give beroligende midler.
sedative ['sedətiv] *sb, adj* beroligende (middel).
sedentary ['sedntri] *adj* stillesiddende *(fx life, occupation)*; fastboende; ~ *bird* standfugl.
sedge [sedʒ] *sb (bot)* siv, stargræs.
sedge warbler *zo* sivsanger.
sedgy ['sedʒi] *adj* sivbevokset; sivlignende.
sediment ['sedimənt] *sb* bundfald; aflejring; *(geol)* sediment.
sedimentary [sedi'mentri] *adj (geol)* sedimentær; ~ *rocks* sedimentbjergarter.
sedimentation [sedimən'teiʃn] *sb* aflejring; ~ *rate (med.)* blodsænkning.
sedition [si'diʃn] *sb* tilskyndelse til oprør; optøjer, uro.
seditious [si'diʃəs] *adj* oprørsk.
seduce [si'dju:s] *vb* forføre; forlede, forlokke; *I was -d by the fine weather into staying* jeg lod mig friste af det gode vejr til at blive.
seduction [si'dʌkʃn] *sb* forførelse, forlokkelse; tillokkelse *(fx the -s of the country)*. **seductive** [si'dʌktiv] *adj* forførerisk, forførende; fristende *(fx offer)*; tillokkende.
sedulous ['sedjuləs] *adj* flittig, ihærdig.
I. see [si:] *sb* bispesæde; *the Holy (, Apostolic, Papal)* ~ den hellige stol, pavestolen.
II. see [si:] *vb (saw, seen)* **1.** se; **2.** forestille sig, tænke sig *(fx I can't ~ him as a teacher)*; **3.** indse, forstå *(fx I ~ what you mean; see?* forstår du? er du med?); **4.** besøge *(fx come and ~ me)*, gå til *(fx a doctor, one's dentist)*, tale med *(fx you ought to ~ a doctor)*; **5.** undersøge *(fx the doctor ought to ~ him)*; **6.** sørge for *(fx ~ that it is done)*; **7.** se, opleve; *he has seen better days* han har kendt bedre dage; ~ *need* lide nød; ~ *service* gøre tjeneste;

May of that year saw him here i maj det år var han her; ~ *here! (am)* hør engang! *I* ~ ja vel; ja så; jeg er med; *I'll be seeing you* T på gensyn! farvel! *we shall* ~ vi får se; *you* ~ ser du *(fx you ~, it's like this)*; nemlig; ~ *you!* T på gensyn! farvel så længe! vi ses!

(forb med præp, adv) ~ **about** sørge for, tage sig af; ~ *him about his business* smide ham ud; ~ **after** sørge for; tage sig af; passe; *he will never* ~ *40* **again** han er over de 40; ~ *her* **home** følge hende hjem; ~ **into** undersøge; ~ *sby* **off** følge en (til skib, tog *osv)*; ~ *sth* **out** se noget til ende; ~ *sby out* følge en ud; ~ **over** efterse, inspicere *(fx ~ over a house)*; ~ **through** *sby* gennemskue en; ~ *sby through his difficulties* hjælpe en igennem hans vanskeligheder; ~ *sth through* være med i *(el.* følge) noget lige til det sidste *(fx he saw the operation through)*; *we must* ~ *it through* vi må se at få det overstået; vi må se at komme igennem det; ~ **to** tage sig af, sørge for, ordne; T ordne *(fx I'll ~ to him!)*; ~ *to it that* sørge for at; ~ *him to the station* følge ham til banegården; (se også *seeing)*.
seed [si:d] *sb* frø; kerne *(fx* i rosin); *(agr)* sæd, såsæd; *(glds)* sæd, afkom, slægt; (i tennis *etc)* seedet spiller; *vb* sætte frø, kaste frø; tilså; tage kernerne ud af; (i tennis) seede, (se også *seeded)*; *run to* ~ gå i frø; *(fig)* blive forhutlet *(el.* derangeret), forsumpe.
seed|bed frøbed, såbed; *(fig)* arnested. **-cake** kommenskage. ~ **coat** *(bot)* frøskal. ~ **corn** sædekorn, såkorn. ~ **drill** radsåmaskine.
seeded ['si:did] *adj* i frø, som har sat frø; tilsået; som kernerne er taget ud af *(fx raisins)*; (om favoritter i tennisturnering) seeded (ɔ: ikke opstillet mod jævnbyrdige spillere i de indledende kampe).
seeder ['si:də] *sb* såmaskine; frøudtagningsapparat.
seed leaf kimblad.
seedling ['si:dliŋ] *sb* frøplante; ~ *stock* frøunderlag (ved podning).
seed| pearl sandperle. ~ **potato** læggekartoffel.
seedsman ['si:dzmən] *sb* frøhandler.
seed| time såtid. ~ **vessel** *(bot)* frøhus.
seedy ['si:di] *adj* fuld af frø, gået i frø; T (om hus *etc)* snusket, forfalden; (om tøj) luvslidt, lurvet; (om person) lurvet, forhutlet, derangeret, reduceret; (ikke rask:) sløj, utilpas, dårlig.
seeing ['si:iŋ] *konj:* ~ *(that)* i betragtning af (at); på grund af (at), siden, eftersom.
seek [si:k] *vb (sought, sought)* søge; forsøge; ~ *out* opsøge, finde, (se også *sought)*.
seem [si:m] *vb* lade til at være, se ud (til at være) *(fx he -s quite happy)*; synes (at være); forekomme *(fx it -s quite easy to me)*; *it -s* **that** det lader til at, det ser ud til at; *I must not* ~ **to** det må ikke se ud som om jeg; *I still* ~ *to hear* jeg synes endnu at jeg hører.
seeming ['si:miŋ] *adj* tilsyneladende.
seemly ['si:mli] *adj* sømmelig, anstændig.
seen [si:n] *pp* af *see*.
seep [si:p] *vb* sive *(fx water -s through the sand)*.
seepage ['si:pidʒ] *sb* gennem- (, ind-, ud-) sivning; ud- *(etc)* sivende væske; lækage.
seer ['si:ə] *sb* seer, profet.
seersucker ['siəsʌkə] *sb* bæk og bølge (bomuldsstof).
seesaw ['si:sɔ:] *sb, vb* vippe; *adj* vippende; *(fig)* svingende, vaklende.
seethe [si:ð] *vb* koge, syde; *sb* kogen, syden.
see-through ['si:θru:] *adj* gennemsigtig.
segment ['segmənt] *sb* stykke *(fx of a grapefruit)*, del; *(fig)* udsnit *(fx of the population)*; afsnit, del; *(geom)* segment, cirkelafsnit, kugleafsnit; *zo* segment, led af dyrs krop.
segregate ['segrigeit] *vb* udskille (sig); afsondre; isolere; *-d (ogs)* hvor der praktiseres raceadskillelse *(fx a -d school)*.
segregation [segri'geiʃn] *sb* udskillelse; afsondring, isolering; *(biol)* udspaltning; *(racial ~)* raceadskillelse.
segregationist *sb* tilhænger af raceadskillelse.
segue ['se(i)gwei] *(mus.) imper* gå videre; *vb* følge; gå videre (uden pause); ~ *into (ogs fig* S) gå over i uden pause; glide over; *(fx one day -d into the next)*.
seine [sein] *sb* (til fiskeri) vod.
seismic ['saizmik] *adj* seismisk, vedrørende jordskælv; ~ *focus* jordskælvs fokus (under overfladen).
seismograph ['saizməgra:f] *sb* seismograf, selvregistrerende jordskælvsmåler.
seize [si:z] *vb* gribe *(fx a stick, the opportunity)*; *(fig)* fatte *(fx sby's meaning)*; (om ejendom *etc)* bemægtige sig, sætte sig i besiddelse af, *(jur)* konfiskere, beslaglægge; anholde; *(mar)* bændsle, surre; ~ **on** gribe, bemægtige sig; ~ **up** (om maskindele) sætte sig fast, blive blokeret, (om motor) brænde sammen; *be -d* **with** få (et anfald af).
seizing ['si:ziŋ] *sb (mar)* bændsel.
seizure ['si:ʒə] *sb (jur)* konfiskation, beslaglæggelse; beslaglagte varer; ran; *(med.)* anfald; slagtilfælde.
sejant ['si:dʒənt] *adj (her.)* siddende *(fx lion ~)*.

sel. *fk selected, selection.*
seldom ['seldəm] *adv* sjælden; ~ *if ever* yderst sjælden t.
select [si'lekt] *vb* udvælge, vælge; *adj* eksklusiv, udsøgt, udvalgt. **select committee** *(parl)* (særligt nedsat undersøgelsesudvalg).
selectee [səlek'ti:] *sb (am)* indkaldt (soldat *etc).*
selection [si'lekʃn] *sb* udvælgelse, valg; udvalg; ~ *committee* bedømmelsesudvalg; udtagelseskomité.
selective [si'lektiv] *adj* selektiv; som udvælger omhyggeligt; kræsen; udvælgelses-; som sorterer ansøgere *etc (fx a ~ school system, a ~ course),* med adgangsbegrænsning; ~ *school (ogs)* eliteskole; ~ *strikes* punktstrejker; ~ *service act (am* svarer til) lov om almindelig værnepligt.
selectivity [silek'tiviti] *sb* (om radio) selektivitet, afstemningsskarphed.
selenium [si'li:njəm] *sb (kem.)* selen.
self [self] *sb (pl selves)* selv; jeg; *adj* ensfarvet; af samme stof (, farve) *(fx a coat with a ~ belt).*
self|-abandonment selvforglemmelse, mangel på selvbeherskelse. ~ **-abasement** selvfornedrelse. ~ **-abuse** selvbesmittelse. ~ **-acting** *adj* automatisk *(fx brake* bremse; *lubrication* smøring). ~ **actualize** *vb* realisere sine muligheder. ~ **aligning** *adj* selvindstillelig. ~ **-appointed** *adj* selvbestaltet. ~ **-assertion** selvhævdelse. ~ **-assertive** *adj* selvhævdende. ~ **-assurance** selvsikkerhed. ~ **-binder** selvbinder. ~**-catering** *adj* på egen kost. ~ **-centred** *adj* egocentrisk, selvoptaget. ~ **-coloured** *adj* ensfarvet. ~ **-command** selvbeherskelse. ~ **-communing** *sb* selvbetragtninger, selvfordybelse, ~ **-compatible** *adj (bot)* selvbestøvende. **-complacent** *adj* selvglad, selvtilfreds. ~ **-conceited** *adj* indbildsk. ~ **-concept** *sb* selvopfattelse. ~ **-confident** *adj* selvsikker. ~ **-conscious** *adj* genert, forlegen; (om kunst *etc)* bevidst; *(psyk)* jegbevidst.
self-contained *adj* indesluttet, som er sig selv nok; selvstændig, lukket, uafhængig; ~ *flat* selvstændig lejlighed (med egen indgang *etc).*
self| -control selvbeherskelse. ~ **-defence** selvforsvar; nødværge. ~ **-denial** selvfornægtelse. ~ **-destruct** *vb* ødelægge sig selv. ~ **-determination** selvbestemmelse, selvbestemmelsesret. ~ **-educated** *adj* selvlærd. ~ **-effacing** *adj* selvudslettende. ~ **-employed** *adj* selvstændig (næringsdrivende). ~ **-evident** *adj* selvindlysende. ~ **-examination** selvransagelse. ~ **-expression** selvudfoldelse. ~ **-government** selvstyre. ~ **-heal** *(bot)* brunelle. ~ **-important** *adj* dumstolt, indbildsk, opblæst. ~ **-induction** *(elekt)* selvinduktion. ~ **-indulgence** vellevned. ~ **-inflicted** *adj* selvforskyldt. ~ **-instructional** *adj* selvinstruerende *(fx material).* ~ **-interest** egennytte.
selfish ['selfiʃ] *adj* egenkærlig, egoistisk, selvisk.
self|-knowledge selverkendelse. **-less** [-ləs] *adj* uselvisk. ~ **-lubricating** *adj* selvsmørende. ~ **-made** *adj* selvhjulpen, som er kommet frem ved egen hjælp. ~ **-mastery** selvbeherskelse. ~ **-opinionated** *adj* rethaverisk, selvklog. ~ **-perception** selvopfattelse. ~ **-possessed** *adj* fattet, behersket. ~ **-possession** selvbeherskelse, fatning. ~ **-praise** selvros; ~ *-praise is no recommendation* selvros stinker. ~ **preservation** selvopholdelse. ~ **-propelled** *adj* selvkørende *(fx gun).* ~ **-recording** *adj* selvregistrerende. ~ **-reliance** selvtillid; selvstændighed; selvhjulpenhed. ~ **-reliant** *adj* som har selvtillid, selvstændig; selvhjulpen. ~ **-respecting** *adj* med respekt for sig selv. ~ **-restraint** selvbeherskelse. ~ **-righteous** *adj* selvgod, selvretfærdig. ~ **-righting** *adj* selvrejsende *(fx lifeboat).*
self|-same ['selfseim] *adj selvsamme.* ~ **-satisfied** *adj* selvtilfreds. ~ **-sealing** *adj* selvtætnende; (om konvolut) selvklæbende. ~ **service store** selvbetjeningsbutik. ~ **-styled** *adj* som kalder sig selv ... *(fx ~ -styled Christians* folk som kalder sig selv kristne). ~ **-sufficiency** indbildskhed; *(økon)* selvforsyning. ~ **-sufficient** *adj* suffisant, indbildsk; *(økon)* selvforsynende. ~ **-supporting** *adj* selverhvervende; som hviler i sig selv, uden støtte udefra. ~ **-taught** *adj* selvlært, autodidaktisk; *-taught person* autodidakt. ~ **-will** egenrådighed. ~ **-willed** *adj* egenrådighed. ~ **-winding** *adj* selvoptrækkende. ~ **-worked** *adj* selvbetjent *(fx lift).*
I. sell [sel] *vb (sold, sold)* **1.** sælge, *(merk ogs)* omsætte; **2.** T sælge (ɔ: skabe interesse for) *(fx an idea);* **3.** T fuppe, snyde; **4.** (uden objekt, om vare) sælge(s) *(fx the book -s well),* finde afsætning; *it has sold 30,000 copies* den er blevet solgt i 30.000 eksemplarer;
~ **at** sælges for *(fx 5p a piece);* ~ *at a loss* sælge med tab; ~ *sby* **down** *the river* S forråde en, lade en i stikken; ~ **off** udsælge (ɔ: sælge billigt); ~ **out** udsælge; T svigte, forråde (sin sag), sælge sine egne interesser, kapitulere; ~ *the* **pass** *(fig)* begå forræderi, forråde sin sag; ~ *a pup,* se *pup;* ~ **short** *(merk)* fikse; *(fig,* T) forråde, svigte snyde; *(am)* undervurdere; ~ *the idea* **to** *them (ogs)* få dem til at gå ind for tanken; ~ **up** sælge; ~ *him up* lade hans ejendele sælge ved tvangsauktion; (se også *sold).*
II. sell [sel] *sb* svindel, snyderi; afbrænder; *it was an awful ~ (ogs)* det var en flad en.
seller ['selə] *sb* sælger; *-'s market* sælgers marked.
selling| point salgsargument; salgsegenskab; *reliability and accuracy are the ~ points of this clock ...* er det, uret skal sælges på. ~ **price** salgspris; (om bog) bogladepris.
sellout ['selaut] *sb* T svigten, forræderi; kapitulation; *(merk etc)* salgssucces; *(teat)* teaterstykke der giver udsolgt hus; *the novel was a ~* bogen blev revet væk.
seltzer ['seltsə] *sb* selters(vand).
selvage, selvedge ['selvidʒ] *sb* (af tøj) ægkant; *(tekn)* kantstrimmel.
selves [selvz] *pl* af *self.*
semantic [si'mæntik] *sb* semantisk, betydningsmæssig; *sb: -s* semantik, betydningslære.
semaphore ['seməfɔ:] *sb* semafor; signalering med håndflag.
semasiology [simeisi'ɔlədʒi] *sb* semasiologi, betydningslære.
semblance ['sembləns] *sb* udseende, skikkelse; lighed; (falsk:) skin; *under a ~ of friendship* under venskabs maske.
semé ['semei] *adj (her.)* besået.
semen ['si:men] *sb* sæd, sædvæske.
semester [si'mestə] *sb* semester.
semi ['semi] *sb* T = *semidetached house; semitrailer.*
semi- ['semi] halv; *(fx ~ -annual* halvårlig; ~ *-automatic* halvautomatisk).
semi|breve ['semibri:v] helnode. **-circle** halvkreds. **-colon** [-'kəulən] semikolon. **-conductor** halvleder. ~ **-conscious** *adj* halvt bevidstløs. **-detached** [-di'tætʃt] *adj: a -detached house* et halvt dobbelthus. **-final** [-'fainl] semifinale (i sport). **-lunar** [-'lu:nə] *adj* halvmåneformet. ~ **-manufactures** *pl* halvfabrikata.
seminal ['seminl] *adj* frø-; sæd-; *(fig)* som rummer kimen til en senere udvikling; grundlæggende *(fx experiment);* igangsættende, skabende *(fx one of the great ~ minds of the last century);* ~ *leaf* kimblad; *in the ~ state* på frøstadiet.
seminar ['semina:] *sb* seminar; laboratorieøvelse; (rum:) laboratorium, studiesal; *(bibl)* grupperum, studiekredsrum.
seminarist ['seminərist] *sb* elev på præsteseminarium.
seminary ['seminəri] *sb* præsteseminarium, katolsk præsteskole.
semination [semi'neiʃn] *sb (bot)* frøspredning.
semiofficial *adj* halvofficiel, officiøs.

semiquaver ['semikweivə] *sb (mus.)* sekstendedelsnode.
semi-skimmed milk *(omtr =)* letmælk.
Semite ['si:mait, 'semait] *sb* semit; *adj* semitisk.
Semitic [si'mitik] *sb, adj* semitisk.
semi|tone halvtone. **-trailer** sættevogn.
semolina [semə'li:nə] *sb* semulje.
sempiternal [sempi'tə:nl] *adj* evig.
sempstress ['sem(p)strəs] *sb* syerske.
sen. *fk senate; senator; senior.*
senate ['senət] *sb* senat; *the* ~ (ved universitet) konsistorium; den akademiske lærerforsamling. ~ *house* senat, senatsbygning.
senator ['senətə] *sb* senator.
senatorial [senə'tɔ:riəl] *adj* senator-.
send [send] *vb (sent, sent)* sende, sende bud; gøre *(fx ~ sby mad); (glds)* give, skænke *(fx God ~ you better health);* ~ *flying* jage væk, smide ud; sprede for alle vinde; slå ned *(el.* i gulvet) ~ *packing* sætte på porten; ~ *word* lade vide; sende besked;
(forb med *præp, adv)* ~ **away** afskedige; ~ *away for* sende bud efter langvejs fra; ~ **down** *(ogs)* bortvise (fra universitet), relegere; sænke, få til at falde *(fx ~ down temperature, prices);* ~ **for** sende bud efter; ~ **forth,** ~ **out** udsende; ~ **in** *one's name* lade sig melde; ~ **off** sende bort, *(fx* i sportskamp) udvise; afsende; følge til toget (, skibet *etc);* ~ **on** *a letter* eftersende et brev; ~ **to** *sleep* få til at falde i søvn; ~ **up** *(ogs)* drive i vejret *(fx prices);* istemme; S sende i fængsel; gøre grin med, parodiere, karikere.
sender ['sendə] *sb* afsender; radiosender.
send-off ['sendɔf] *sb* afsked(sfest); gode ønsker med på vejen; *(fig)* heldig start, god begyndelse.
send-up ['sendʌp] *sb* S parodi.
senescence [si'nesns] *sb* begyndende alderdom.
senescent [si'nesnt] *adj* aldrende.
senile ['si:nail] *adj* senil.
senility [si'niləti] *sb* senilitet.
senior ['si:njə] *sb, adj* senior, ældre, overordnet; *(am)* studerende på sidste år; *my ~ by a year* et år ældre end jeg; ~ *citizens* ældre mennesker, ældre medborgere; *the ~ class (am)* ældste klasse; ~ *high school (am)* (skole omfattende 10., 11. og 12. skoleår, *omtr)* gymnasium. ~ *registrar* første reservelæge; *the ~ service* ɔ: flåden.
seniority [si:ni'ɔriti] *sb* anciennitet.
senna ['senə] *sb* sennesblade; *syrup of* ~ sennessirup (afføringsmiddel).
sennit ['senit] *sb (mar)* platting (flettet tovværk).
sensation [sen'seiʃn] *sb* fornemmelse, følelse; sensation; *cause (, make, create) a* ~ vække opsigt *(el.* sensation).
sensational [sen'seiʃn(ə)l] *adj* sensationel, opsigtsvækkende, spændende.
sensationalism [sen'seiʃn(ə)lizm] *sb* sensationsjageri; effektjageri; *(filos)* sensualisme.
I. sense [sens] *sb* **1.** sans *(fx the five -s);* **2.** sans *(of* for, *fx rhythm),* følelse *(of* for; af, *fx a ~ of one's own importance; a ~ of danger),* fornemmelse *(of* for; af); **3.** *(common ~)* sund fornuft; **4.** (fornuftig) mening *(fx there was no ~ in what he said),* (ords, udtryks) betydning *(fx in the best ~ of the word; I was using the word in a different ~);* **5.** (på møde) (almindelig) mening, stemning; *the general ~ of the assembly* stemningen i forsamlingen;
have *the ~ to say no!* vær så fornuftig at sige nej! *he had more ~ than to* han var for klog til at, han var ikke så dum at; **in** *a* ~ i en vis forstand; *in one's -s* ved sine fulde fem; *he* **lost** *his -s* han gik fra forstanden; **make** ~ give mening; *make ~ of* finde mening i; *a man* **of** ~ en fornuftig mand; *what is the ~ of doing that?* hvad mening er der i at gøre det? *a ~ of beauty* skønhedssans; *a ~ of duty* pligtfølelse; *a ~ of humour* humoristisk sans; *a ~ of occasion* en følelse af øjeblikkets betydning; (ofte =) situationssans; **out of** *one's -s* fra forstanden, fra sans og samling; *scared out of one's -s* skræmt fra vid og sans; *bring sby* **to** *his -s* bringe en til fornuft.
II. sense [sens] *vb* fornemme, føle *(fx I -d a certain hostility in his manner);* have på fornemmelsen; (om hulkortmaskine) afføle.
senseless ['sensləs] *adj* følelsesløs, sanseløs, bevidstløs; urimelig, meningsløs.
sensibility [sensi'biləti] *sb* følsomhed.
sensible ['sensəbl] *adj* fornuftig *(fx suggestion);* mærkbar *(fx improvement);* som kan opfattes med sanserne *(fx phenomena); be ~ of (glds)* have en følelse af, indse, være klar over.
sensitive ['sensitiv] *adj* følsom; *(fig* om person) følsom, ømskindet, sart, sensibel, overfølsom; *(fig,* om emne *etc)* ømtålelig; (om instrument) fintmærkende; ~ *to* følsom (, sensibel) over for; påvirkelig af, modtagelig for; ~ *paper* lysfølsomt papir; ~ *plant* mimose.
sensitivity [sensi'tiviti] *sb* følsomhed; overfølsomhed; ~ *training* sensitivitetstræning.
sensitize ['sensitaiz] *vb* (om papir *etc)* gøre lysfølsom; *-d paper* lystrykspapir.
sensitometer [sensi'tɔmitə] *sb* lysfølsomhedsmåler.
sensory ['sensəri] *adj* sanse- *(fx organs).*
sensual ['senʃuəl] *adj* sanselig, vellystig.
sensualism *sb* sanselighed, sensualisme.
sensualist *sb* vellystning, sensualist.
sensuality [senʃu'æliti] *sb* sanselighed.
sensuous ['senʃuəs] *adj* sensuel, sanselig; som hører til sanserne, som henvender sig til sanserne.
sent [sent] *præt* og *pp* af *send.*
I. sentence ['sentəns] *sb (gram)* sætning; *(jur)* dom; straf *(fx he got a severe ~);* fængselsstraf *(fx a long ~); the ~ of this court is* thi kendes for ret; ~ *of death* dødsdom; *pass ~ on* domfælde; *under ~ of death* dødsdømt.
II. sentence ['sentəns] *vb* dømme, afsige dom over, domfælde; ~ *to* idømme.
sententious [sen'tenʃəs] *adj* docerende, bombastisk, banal; *(glds)* fyndig.
sentient [senʃnt] *adj* følsom, modtagelig (for sanseindtryk).
sentiment ['sentimənt] *sb* følelse *(fx lofty (, friendly) -s);* (følelsesbestemt) indstilling *(fx my ~ towards him; these people are strongly Islamic in ~),* (følelsesbestemt) overbevisning; anskuelse, synspunkt *(fx these are my -s on the question);* følelser, følsomhed, *(neds)* sentimentalitet *(fx there is no place for ~ in business);* (udtryk:) (banal) sentens *(fx -s on greeting cards); (psyk)* sentiment; *the general ~* stemningen.
sentimental [senti'mentl] *adj* følsom, sentimental; følelsesmæssig; ~ *value* affektionsværdi.
sentimentalism [senti'mentəlizm] *sb* sentimentalisme.
sentimentalist [senti'mentəlist] *sb* følelsesmenneske, romantisk indstillet person.
sentimentality [sentimen'tæliti] *sb (neds)* sentimentalitet, føleri.
sentinel ['sentinl] *sb* skildvagt.
sentry ['sentri] *sb* skildvagt; vagtpost.
sentry| box skilderhus. ~ **go** patruljering, (skild)vagttjeneste.
sepal [sepl] *sb (bot)* bægerblad.
separable ['sep(ə)rəbl] *adj* som kan adskilles.
I. separate ['sepəreit] *vb* skille, adskille, udskille; fjerne; (uden objekt) skilles, gå fra hinanden; *judicially -d* separeret; *-d into* opdelt i.
II. separate ['seprət] *adj* adskilt; særskilt, særlig *(fx a ~ chapter);* enkelt *(fx in each ~ case);* egen, eget *(fx he has a ~ room); sb* særtryk; *-s pl* (om tøj) enkelte dele

af et sæt; *they sleep in ~ rooms* de sover i hver sit værelse.

separately ['seprətli] *adv* adskilt, særskilt, hver for sig.

separation [sepə'reiʃn] *sb* adskillelse, udskilning; *(jur)* separation.

separatist ['seprətist] *sb* separatist, forkæmper for adskillelse *(fx* af stat og kirke).

separator ['sepəreitə] *sb* separator, centrifuge.

sepia ['si:pjə] *sb* blæksprutte; sepia, blækspruttes 'blæk'; sepia (et farvestof).

sepoy ['si:pɔi] *sb (hist.)* sepoy (indisk soldat der stod i en europæisk magts tjeneste).

sepsis ['sepsis] *sb* sårbetændelse, blodforgiftning.

sept [sept] *sb* æt, klan (i Irland).

Sept. *fk September.*

September [sep'tembə] september.

septennial [sep'tenjəl] *adj* syvårig.

septet(te) [sep'tet] *sb (mus.)* septet.

septic ['septik] *adj* som bevirker forrådnelse; inficeret, bullen, betændt; *(fig)* S modbydelig; rådden; *it has gone ~* der er gået betændelse i det.

septicaemia [septi'si:miə] *sb (med.)* blodforgiftning.

septic tank septiktank.

septuagenarian [septjuədʒi'nεəriən] *sb, adj* (person som er) i halvfjerdserne.

septum ['septəm] *sb (anat, bot)* skillevæg.

septuple ['septjupl] *adj* syvfoldig.

sepulchral [si'pʌlkr(ə)l] *adj* grav-; begravelses-; *(fig)* trist, dyster; *~ voice* hul røst, gravrøst.

sepulchre ['seplkə] *sb* grav; *vb (glds)* gravlægge.

sepulture ['sepltʃə] *sb* begravelse, gravlægning.

sequel ['si:kw(ə)l] *sb* fortsættelse; resultat, konsekvens, følge; efterspil; *(med.)* følgesygdom.

sequela [si'kwi:lə] *sb (pl -e* [-li:]) *(med.)* følgesygdom.

sequence ['si:kwəns] *sb* rækkefølge, orden; række; *(mat.)* (tal)følge; *(mus.)* tonerække; (i film, kortspil, katolsk messe) sekvens; *vb* (i edb) ordne i rækkefølge; *~ of operations (tekn)* arbejdsgang.

sequent ['si:kwənt] *adj* (deraf) følgende.

sequential [si'kwenʃl] *adj* følge-; (på hinanden) følgende; *~ analysis* (ved forsøg *etc)* løbende analyse; *~ colour system (TV)* farvefølgesystem.

sequester [si'kwestə] *vb* afsondre, isolere *(fx the jury is -ed in a hotel); (jur) = sequestrate.*

sequestrate [si'kwestreit] *vb (jur)* beslaglægge, konfiskere.

sequestration [si:kwe'streiʃn] *sb (jur)* beslaglæggelse, konfiskation.

sequin ['si:kwin] *sb* (på tøj) paillet; *(hist.* mønt) sekin.

sequoia [si'kwɔiə] *sb (bot)* kæmpefyr.

ser. *fk series.*

seraglio [se'ra:liəu] *sb* serail, harem.

seraph ['serəf] *sb (pl -s el. -im)* seraf, engel.

seraphic [se'ræfik] *adj* serafisk.

Serb [se:b] *sb* serber; serbisk; *adj* serbisk.

Serbia ['sə:bjə] Serbien.

sere *adj = sear; sb* (i økoligi) række af samfund som afløser hinanden.

serenade [seri'neid] *sb* serenade; *vb* synge en serenade.

serendipity [serən'dipiti] *sb* evne til at gøre fund.

serene [si'ri:n] *sb* klar, skyfri; (om person *etc)* stille, rolig, fredfyldt, afklaret; (i titel) durchlauchtig; *all ~* T alt i orden; *Your Serene Highness* Deres Durchlauchtighed.

serenity [si'reniti] *sb* klarhed, stilhed, afklaret *(el.* ophøjet) ro, sindsro.

serf [sə:f] *sb* livegen.

serfage ['sə:fidʒ], **serfdom** ['sə:fdəm] *sb* livegenskab.

serge [sə:dʒ] *sb* serges (et uldstof).

sergeant [sa:dʒnt] *sb (mil.)* sergent; (i politiet *omtr)* overbetjent; *~ major (omtr)* stabssergent; (se også *serjeant).*

serial ['siəriəl] *sb* fortsat roman (, fortælling, hørespil, tv-spil, film *etc);* (i tv) fjernsynsserie, (i avis) føljeton; *(am ogs)* tidsskrift; *adj* serie- *(fx production),* række-, løbende; (om bog) som udkommer i hæfter; *-s pl (bibl)* fortsættelsesværker, fortsættelser; *~ number* løbenummer; *~ story* fortsat roman (, fortælling), føljeton.

serialize ['siəriəlaiz] *vb* bringe som føljeton (, fjernsynsserie).

I. seriate ['siəriət] *adj* (ordnet) i rækkefølge.

II. seriate [siərieit] *vb* ordne i rækkefølge.

seriatim [siəri'eitim] *adv* i rækkefølge.

sericulture [seri'kʌltʃə] *sb* silkeavl.

series ['siəri:z] *sb (pl ds)* række *(fx of lectures);* serie; tv-serie (med selvstændige afsnit).

serif ['serif] *sb (typ)* skraffering.

serigraph ['serigræf] *sb* serigrafi, silketryk (billede).

serigraphy [sə'rigrəfi] *sb* serigrafi, silketryk (processen).

serin ['serin] *sb zo* gulirisk.

seringa [si'riŋgə] *sb (bot)* kautsjuktræ.

serio-comic ['siəriə'kɔmik] *adj* sørgmunter; halvt alvorlig, halvt komisk; tragikomisk.

serious ['siəriəs] *adj* alvorlig; *I am (quite) ~* det er mit (ramme) alvor; *a ~ matter* en alvorlig *(el.* betænkelig) sag.

seriously ['siəriəsli] *adv* alvorligt; for alvor; *~ damaged* stærkt beskadiget; *~ (speaking)* alvorlig talt.

seriousness ['siəriəsnəs] *sb* alvor, betænkelighed.

serjeant [sa:dʒnt] *sb: serjeant-at-law (glds)* højesteretsadvokat; *serjeant-at-arms* ordensmarskal.

sermon ['sə:mən] *sb* prædiken; *preach (el. deliver) a ~* holde en prædiken.

sermonize ['sə:mənaiz] *vb* prædike (for).

serous ['siərəs] *adj* serøs, serumagtig.

serpent [sə:pnt] *sb* slange.

serpentine ['sə:pntain, *(am* især:) -ti:n] *adj* slangeagtig; bugtet; forræderisk; *the Serpentine* (sø i Hyde Park, London).

serrate ['serət], **serrated** [se'reitid] *adj* savtakket.

serration [se'reiʃn] *sb* savtakker.

serried ['serid] *adj* tætsluttet; *in ~ ranks* i række og geled.

serum ['siərəm] *sb* serum.

serval [sə:vl] *sb zo* serval (afrikansk vildkat).

servant [sə:vnt] *sb* tjener; husassistent, tjenestepige; *the -s* tjenestepersonalet; *public ~* (stats)tjenestemand.

servant girl husassistent, tjenestepige.

serve [sə:v] *vb* **1.** tjene; **2.** varte op, opvarte, servere for *(fx the guests);* (i forretning *etc)* ekspedere, betjene; (om institution, præst) betjene *(fx one library (, hospital) -s the whole town; he -s two parishes);* (om kanon) betjene; **3.** behandle *(fx they -d me shamefully);* **4.** (om mad) rette an, servere; **5.** *(agr)* bedække; **6.** *(mar)* klæde (rig);

(uden objekt) **7.** tjene, gøre tjeneste; **8.** varte op, ekspedere; **9.** (om ting *etc)* tjene *(as* som, til, *fx an old blanket -d as a curtain),* gøre tjeneste *(as* som); passe, kunne bruges *(fx this chair will ~);* være nok, gøre fyldest; **10.** (i tennis) serve;

~ one's apprenticeship stå i lære, udstå sin læretid; *~* **as** *(ogs)* gøre det ud for; *~* **notice** *(on)* meddele officielt; *as* **occasion** *-s* når lejlighed byder sig; *~* **on** *a committee* sidde i *(el.* være medlem af) et udvalg; *~ him* **right,** *it -s him right* det har han (rigtig) godt af; nu kan han have det så godt; *~* **out** udlevere *(fx rifles);* gøre gengæld mod, give igen, hævne sig på; *~* **round** byde om, byde rundt (ved bordet); *~ a* **summons** *on sby (jur)* forkynde en stævning for en; *~* **time** sidde inde, udstå sin straf; *~ one's time* stå i lære, udstå sin

læretid; ~ **up** rette an; ~ *a* **warrant** udføre en arrestordre; *it has -d me* **well** det har været mig til god nytte; ~ **with** forsyne med *(fx ~ the town with electricity);* ~ *them with their gasmasks* udlevere dem deres gasmasker.

server ['sə:və] *sb* opvarter; (i tennis) server; *(rel)* messetjener, ministrant; (ting:) serveringsbakke; serveringsbord; *(coffee ~, tea ~)* sæt bestående af kande, sukkerskål og flødekande på en bakke; *salad -s* salatsæt.

servery ['sə:vəri] *sb* serveringsluge; serveringsdisk; anretterværelse.

I. service ['sə:vis] *sb* **1.** tjeneste *(fx the diplomatic ~; at your ~! you could do him a ~);* **2.** (ved bordet) opvartning, servering; (i forretning *etc)* ekspedition, betjening; (af kanon) betjening; **3.** *(merk)* service; **4.** *(mht* trafik) rute; forbindelse (fx *air ~* flyveforbindelse; *train ~; a daily ~ in both directions),* drift, *(mar)* fart; **5.** *(public ~)* væsen *(fx health ~* sundhedsvæsen; *fire ~; telegraphic ~);* etat; *-s* (på skilt ved motorvej; *omtr)* faciliteter (ɔ: hotel, restaurant, tankstation, toilet); **6.** *(mil.)* værn *(fx the three -s),* tjenestegren; tjeneste, tjenestetid; **7.** *(rel)* gudstjeneste *(fx evening ~);* ritual *(fx the marriage ~);* **8.** *(jur)* forkyndelse (af stævning); **9.** (i tennis) serve; **10.** *(agr)* bedækning; **11.** stel *(fx a tea ~),* service *(fx silver ~);* **12. -s** *pl (økon)* tjenesteydelser *(fx profits on goods and -s);* **in** ~ i tjeneste; (om ting) i brug, i funktion, (om maskine *etc)* i drift, *(mar)* i fart; *be* **of** ~ være til nytte.

II. service ['sə:vis] *sb (bot) = service tree.*

III. service ['sə:vis] *vb* yde service til; foretage eftersyn af *(fx a car),* reparere; *(agr,* om handyr) bedække; *the garage where my car is -d (ogs)* det værksted hvor jeg sender min bil til service.

serviceable ['sə:visəbl] *adj* nyttig, brugbar; holdbar, solid, slidstærk.

service| area (radiostations) dækningsområde. ~ **ball** servebold. ~ **book** alterbog. ~ **brake** (i bil) fodbremse. ~ **dress** tjenesteuniform. ~ **flat** lejlighed i kollektivhus, kollektivlejlighed. ~ **hatch** serveringslem. ~ **-man** soldat; *(am) reparatør.* ~ **pipe** stikledning. ~ **stairs** køkkentrappe. ~ **station** benzintank, servicestation. ~ **table** anretterbord. ~ **tree** *(bot)* røn; *wild ~ tree* tarmvridrøn.

serviette [sə:vi'et] *sb* serviet.

servile ['sə:vail] *adj* krybende; servil; slave-; ~ *imitation* slavisk efterligning.

servility [sə:'viliti] *sb* kryberi; servilitet.

servitor ['sə:vitə] *sb (hist.)* tjener.

servitude ['sə:vitju:d] *sb* slaveri, trældom; *penal ~* strafarbejde.

servo|control ['sə:vəu-] servostyring. **-mechanism** servosystem. **-motor** servomotor. ~ **operated** *adj* servostyret.

sesame ['sesəmi] *sb (bot)* sesam.

sesquipedalian ['seskwipi'deiljən] *adj* langt og knudret (om ord).

sessile ['sesail] *adj (bot)* uden stilk, siddende (umiddelbart på stængelen); *zo* fastsiddende.

session [seʃn] *sb (parl)* samling; møde; *(jur)* retssession; T (besværligt) møde *(fx he had a long ~ with his solicitor);* (ved universitet) semester; (i Skotland) menighedsråd; *be in ~* være samlet, holde møde; *remain in ~* forblive samlet; *Court of Session* Skotlands højesteret (i civile sager).

SET *fk selective employment tax.*

I. set [set] *vb (set, set)* (se også *II. set)* **1.** sætte, stille, anbringe *(fx ~ the bowl in the centre),* lægge; **2.** vende *(fx one's face towards the sun);* **3.** (ind)stille *(fx a clock, a trap);* **4.** indfatte, indsætte *(fx ~ a precious stone in gold; ~ glass in a sash);* **5.** størkne, (bringe til at) stivne *(fx the wind will soon ~ the mortar; the mortar has ~);* **6.** få til at *(fx ~ one's heart beating);* **7.** *(mus.)* udsætte *(fx ~ a piece of music for the violin);* **8.** stille, give *(fx ~ an examination paper; you have ~ me a difficult task);* **9.** anslå, ansætte *(fx I ~ the value at £100),* fastsætte *(fx a date, a time);*

(uden objekt) **10.** (om solen *etc)* gå ned; **11.** (om frugttræ *etc)* sætte frugt *(fx the apples won't ~ this year);* **12.** (om tøj) sidde; **13.** (om tidevand) bevæge sig, strømme (i en vis retning) *(fx the tides ~ off the shore);* **14.** *(mar)* pejle.

(forskellige forb; se også hovedordet, *fx free, example, heart) ~ going* sætte i gang, få på gled; ~ *a hen* lægge en høne på æg; ~ *sby a lesson* give en en lektie for; *be ~ a lesson* få en lektie for; ~ *a palette* sætte en palet op; ~ *a question* stille et spørgsmål (i eksamensopgave); ~ *a razor* stryge en barberkniv; ~ *a saw* udlægge en sav; ~ *a table* dække bord; ~ *one's teeth* bide tænderne sammen; *that ~ me thinking* det fik mig til at tænke dybere over sagen; *they were ~ three tricks* de fik tre undertræk;

(forb med *præp el. adv)* ~ **about** tage fat på, gå i gang med *(fx I must ~ about my writing);* gribe an *(fx I don't know how to ~ about it);* T (begynde at) angribe, klø løs på; udbrede, udsprede *(fx gossip, a rumour);* ~ **apart** reservere, gemme, hensætte, lægge til side; adskille *(from* fra); give en særstilling; ~ **aside** til side; se bort fra; *(jur)* annullere, kende ugyldig, omstøde *(fx a will* et testamente); ~ **back** sætte tilbage *(fx the clock);* sinke; trække tilbage *(fx ~ back the ground floor to give a wider road); it ~ me back £10* S det kostede mig £10; ~ **down** lægge (, stille) fra sig; sætte (en passager) af; nedskrive, optegne; foreskrive, fastsætte *(fx rules);* (om fly) lande; ~ *sby down (ogs)* skære *(el.* pille) en ned; ~ *down as* regne for *(fx ~ sby down as a fool); you can ~ me down as a member* De kan tegne mig som medlem; ~ *down to* tilskrive; ~ **forth** stille frem; fremsætte, fremstille, redegøre for; drage ud, tage af sted; ~ **forward** fremsætte *(fx a proposal);* fremme *(fx the cause of underdeveloped peoples);* tage af sted; (om ur) stille frem;

~ **in** begynde; ~ *in rainy (el. raining)* falde i med regn; *winter has ~ in very early this year* vinteren er kommet meget tidligt i år; *it ~ in to freeze* det blev frostvejr; ~ **off** tage af sted, starte; sende af sted; fremhæve, sætte i relief; udløse, bringe til at eksplodere *(fx a mine); (merk)* modregne, modpostere; ~ *off against* lade gå op mod; ~ *sby off laughing* få en til at le; ~ **on** ægge, tilskynde; angribe *(fx the dog ~ on me),* overfalde; ~ *a dog on sby* pudse en hund på en; ~ *sby on his feet* hjælpe en på benene; ~ *one's thoughts on* rette sine tanker mod, samle sine tanker om; ~ **out** sætte (, lægge) frem; fremsætte, redegøre for; sætte sig for *(fx to write a book);* drage af sted; *(tekn)* afstikke, opmærke; (om planter) plante; ~ **to** tage fat (på arbejdet) *(fx it is time we ~ to);* gå i gang; tage fat på maden; begynde at slås; ~ *sth to music* sætte musik til noget;

~ **up** rejse, sætte op *(fx a monument, a fence);* grundlægge, stifte, oprette *(fx a school),* etablere *(fx a business);* nedsætte *(fx a committee; a tribunal);* fremføre *(fx a theory);* opløfte *(fx a howl);* kvikke op, bringe til hægterne *(fx a holiday ~ him up again);* nedsætte sig *(fx ~ up as a grocer);* hjælpe i vej, hjælpe i gang; S rette mistanken mod, skyde skylden på; *(tekn)* indspænde, opspænde; *(typ)* sætte; *be ~ up* T være opblæst; ~ *up an establishment, ~ up house* sætte bo, sætte foden under eget bord;

~ **up as** nedsætte sig som *(fx a grocer);* **up for** *(el.* **as**) give sig ud for, have prætentioner i retning af at være *(fx he -s up for a pillar of society); ~ up for oneself, ~ up on one's own* begynde for sig selv; *he ~* **up** *his son* **in** *business* han hjalp sin søn i gang med en forretning; ~ *up in type (typ)* sætte; ~ **up with** udstyre med, forsyne med *(fx clothes).*

II. set [set] *adj* sat, anbragt; beliggende *(fx a house ~ on a hill);* stiv *(fx smile);* stivnet; fast, bestemt *(fx opinions);* fastsat *(fx at a ~ time);* regelmæssig; fast, stående *(fx phrase* udtryk); foreskreven;

all ~ T parat, fiks og færdig; ~ *deeply* (om øjne) dybtliggende; *his eyes were ~* han stirrede stift; ~ *for* forberedt på, parat til; ~ *on* fast besluttet på; *well ~ up,* se *II. set-up; well ~ up with* velforsynet med.

III. set [set] *sb* **1.** sæt *(fx of tools; ~ of teeth* tandsæt, gebis), stel *(fx tea ~),* service *(fx dinner ~),* garniture *(fx toilet ~),* (radio, TV) apparat, modtager, *(tekn)* aggregat; **2.** (om personer) gruppe, omgangskreds, *(neds)* klike, bande; **3.** måde hvorpå noget sidder *(fx the ~ of one's hat);* (om tøj) snit, facon; **4.** (om strøm) strømretning, *(fig)* tendens *(fx the ~ of public opinion);* **5.** *(bot)* aflægger; **6.** (om beton) størkning, afbinding; **7.** (på mur etc) finpuds; **8.** (om fundament) sætning (ɔ: nedsynken); **9.** *(mat.)* mængde *(fx ~ of points* punktmængde; *theory of -s* mængdelære); **10.** *(teat)* sætstykke, dekoration; **11.** (i tennis) sæt; **12.** *(typ)* sæt, skriftbredde;

make a **dead** ~ *at* gå løs på (ɔ: angribe); lægge kraftigt an på; *at ~* **of sun** *(poet)* ved solnedgang.

seta ['si:tə] *sb (bot, zo)* børste.

setaceous [si'teiʃəs] *adj* besat med børster.

set|back ['setbæk] *sb* tilbageslag; modgang, (mindre) nederlag, afbræk; *(arkit)* tilbagetrukken del af bygning. ~ **book** bog som kræves opgivet til eksamen. **-down** ['setdaun] *sb* knusende svar; 'næse'. ~ **gun** selvskud. **-off** ['setɔf] *sb* middel til at fremhæve noget, god baggrund for noget, prydelse; *(typ)* afsmitning; *(merk)* modregning, modregningskrav; *as a -off* til gengæld. ~ **piece** (i kunst) værk opbygget efter givet mønster, (undertiden:) bravurnummer; (i skole:) foreskreven tekst; (fyrværkeri:) stort fyrværkeri; stativ til fyrværkeri der skal danne et billede. **-screw** sætskrue; stilleskrue. ~ **square** trekant (tegneredskab).

sett [set] *sb* brosten.

settee [se'ti:] *sb* sofa, kanapé.

setter ['setə] *sb* sætter, hønsehund.

setting ['setiŋ] *sb* nedgang *(fx of the sun);* jagt med hønsehund; (omkring noget:) ramme, indfatning *(fx of a jewel); (fig)* milieu, omgivelser, baggrund, sceneri, *(teat,* film) dekoration; (om gélé, gips) stivnen; *(typ)* (op)sætning; (radio *etc)* indstilling; *(mar)* strømretning, vindretning; (i skole) niveaudeling; *his ~ of* hans musik til.

setting stick *(typ)* vinkelhage.

I. settle [setl] *vb* **1.** ordne, bringe orden i *(fx one's affairs),* klare, (regnskab *etc)* betale *(fx a bill),* afregne, afvikle, gøre op; **2.** fastsætte, afgøre *(fx that -s the matter),* (strid *etc)* bilægge, afgøre (fx *a difference* et mellemværende; *a dispute);* **3.** ordne (ɔ: dræbe), gøre det af med; **4.** anbringe, sætte til rette *(fx one's feet in the stirrups),* få til at lægge sig *(fx rain -s the dust),* (nerver *etc)* berolige; **5.** (om land *etc)* kolonisere, slå sig ned i;

6. (uden objekt) bosætte sig *(fx in England),* nedsætte sig, *(ogs* om fugl) slå sig ned, sætte sig, (i stol *etc ogs)* sætte sig til rette, (om sygdom) sætte sig (fast), (om tåge, stilhed *etc)* sænke sig, lægge sig *(fx dust -s on everything),* (om indtryk) fæstne sig, (om jord *el.* i jord) sætte sig, synke, (om indtryk) fæstne sig, bundfælde sig, (i væske) bundfælde sig, (om væske) klare;

~ *an* **account** afgøre et mellemværende; ~ *accounts with* gøre op med; *have an account to ~ with* have et mellemværende med;

(forb med *præp, adv)* ~ **down** sætte sig til rette *(fx in a chair);* slå sig ned; gifte sig; slå sig til ro, falde til ro; falde 'til, finde sig til rette; ~ *down to* gå i gang med, tage fat på; *I can't ~ down to anything* jeg har ingen ro på mig; ~ **for** stille sig tilfreds med, nøjes med; ~ **in** komme i orden (efter flytning); finde sig til rette; nedsætte sig som forretningsmand; ~ *him in business* sætte ham i gang med en forretning; ~ *in one's mind* nedfælde sig (i bevidstheden); ~ **on** *(ogs)* bestemme sig for; *(jur,* ofte) testamentere; ~ *an annuity on her* sætte penge hen til en livrente til hende; *the house was -d on her* hun beholdt huset som særeje; ~ **up** afregne, gøre op; ~ **with** gøre op med; betale; ~ *with one's creditors (ogs)* affinde sig med (ɔ: få en ordning med) sine kreditorer.

II. settle [setl] *sb* bænk (med høj ryg).

settled [setld] *adj* fast *(fx opinion);* bestemt; afgjort; stabil *(fx weather);* indgroet *(fx habit);* koloniseret; (om regning) betalt; *married and ~* gift og hjemfaren; ~ *property* båndlagt kapital; *well, that's ~ then* så er det en aftale.

settlement ['setlmənt] *sb (cf settle)* ordning, betaling, afregning, opgørelse, afgørelse, bilæggelse, forlig; anbringelse; kolonisation; (af fundament) sætning; (i væske) bundfældning; (sted:) bosættelse, koloni, boplads, nybygd; settlement; *(jur)* ægtepagt, forsørgelse, livrente; *(hist.)* fastsættelse af arvefølge; *the Act of Settlement* tronfølgeloven (af 1701).

settler ['setlə] *sb* kolonist; nybygger.

settling day betalingsdag, forfaldsdag.

settlings ['setliŋz] *sb pl* bundfald.

set-to ['settu:] *sb* sammenstød, slagsmål.

I. setup ['setʌp] *sb* opstilling *(fx* af apparater), arrangement, måde hvorpå noget fremtræder, opbygning, struktur; indretning, *(neds)* menage; (om person) (rank) holdning; *(tekn)* indspænding, opspænding.

II. set-up *adj: well ~* velbeslået; velforsynet; veludstyret; (om skikkelse) rank (og kraftig), velbygget.

seven [sevn] syv. **seven|fold** ['sevnfəuld] syvfoldig. **-teen** ['sevn'ti:n] sytten. **-teenth** [-'ti:nθ] syttende.

seventh [sevnθ] *adj* syvende; *sb* syvendedel.

seventieth ['sevntiəθ] *adj, sb* halvfjerdsindstyvende(del).

seventy ['sevnti] halvfjerds(indstyve), syvti; *in the seventies* i halvfjerdserne.

sever ['sevə] *vb* skille *(fx the head from the body),* kløve, splitte; skære over; afbryde *(fx a friendship, diplomatic relations),* løsrive; (uden objekt) skilles, løsrive sig, briste.

several ['sevr(ə)l] *adj* en del *(fx ~ times),* flere; forskellige *(fx the ~ members of the committee);* respektive; ~ *more* adskillig flere; *they went their ~ ways* de gik hver sin vej.

severally ['sevrəli] *adv* hver for sig, særskilt, en for en.

severance ['sevrəns] *sb* adskillelse, afbrydelse, løsrivelse *(fx from the Commonwealth).*

severe [si'viə] *adj* streng, hård *(on, with* mod); heftig, stærk, voldsom *(fx criticism; pain);* alvorlig *(fx illness); the weather is ~* det er meget koldt; *-ly* strengt *(etc); leave sby -ly alone* gå langt *(el.* i en stor bue) uden om en.

severity [si'veriti] *sb* strenghed, hårdhed, voldsomhed, heftighed.

Seville [sə'vil, 'sevil] Sevilla; ~ *orange* pomerans.

sew [səu] *vb (sewed, sewn el. sewed)* sy; *(bogb)* hæfte; ~ *on a button* sy en knap i; ~ *up* tilsy, sy sammen; *(fig)* sikre sig; S *(fx* om aftale) få ordnet, få afsluttet, få i hus; (se også *sewn-up).*

sewage ['s(j)uidʒ] *sb* kloakindhold, spildevand.

I. sewer ['səuə] *sb* syer(ske).

II. sewer ['s(j)uə] *sb* kloak; *vb* forsyne med kloak, kloakere.

sewerage ['s(j)uəridʒ] *sb* kloakanlæg; kloakering.

sewing ['səuiŋ] *sb* syning, sytøj.

sewing| circle syklub. ~ **machine** symaskine.

sewn [səun] *pp af sew.*

sewn-up ['səunʌp] *adj* S udmattet, medtaget; *(fx* om aftale) ordnet, i orden, afsluttet, „klappet og klar", sikret, „hjemme".

sex [seks] *sb* køn; kønslivet; erotik, sex; *adj* seksual- *(fx instruction* undervisning); køns- *(fx hormone); the (fair)* ~ det smukke køn; *have* ~ have seksuelt samkvem, elske; *have* ~ *with* stå i forhold til, have seksuelt samkvem med.

sexagenarian [seksədʒi'nɛəriən] *sb, adj* (en der er) i tresserne, tresårig.

sexangular [sek'sæŋgjulə] *adj* sekskantet.

sex appeal sex-appeal, seksuel tiltrækning.

sexennial [sek'senjəl] *adj* seksårig.

sexism ['seksizm] *sb* sexisme, kønsdiskrimination.

sexist ['seksist] *sb* sexist; *adj* sexistisk, kønsdiskriminerende.

sexless ['seksləs] *adj (ogs fig)* kønsløs.

sex role kønsrolle.

sextant ['sekst(ə)nt] *sb* sekstant.

sextet(te) [seks'tet] *sb* sekstet.

sexton [sekstn] *sb* graver, kirkebetjent.

sextuple ['sekstjupl] *adj* seksdobbelt; *vb* seksdoble.

sexual ['sekʃuəl] *adj* kønslig, seksuel ; seksual-; køns- *(fx organs; desire* drift; *role);* ~ *intercourse* kønslig omgang.

sexy ['seksi] *adj* S erotisk, sexet.

sez [sez] (T = *says):* ~ *I!* det siger 'jeg! det er en ordre! ~ *you* det siger 'du! årh la' vær'.

S.G. *fk Solicitor General.*

s.g. *fk specific gravity.*

shabby ['ʃæbi] *adj* lurvet, luvslidt *(fx clothes),* forhutlet *(fx beggar);* tarvelig, sjofel, lurvet *(fx trick).*

shabby-genteel ['ʃæbidʒen'ti:l] *adj* fattigfin.

shabrack ['ʃæbræk] *sb* sadeldækken, skaberak.

shack [ʃæk] *sb* hytte, skur; *vb:* ~ *up with* bo sammen med; leve sammen med; sove hos.

shackle [ʃækl] *sb* lænke, *-s pl (fig ogs)* snærende bånd; *(tekn)* sjækkel, *(mar ogs)* heks, ankerbøjle; *vb* lænke; *(fig)* hæmme; *(tekn)* sjækle, *(mar)* ihekse; ~ *together (mar)* sammenhekse.

shad [ʃæd] *zo* majfisk, stamsild.

shadbush ['ʃædbuʃ] *sb (bot)* bærmispel.

shaddock ['ʃædək] *sb (bot)* pomelo, pompelmus (art stor grapefrugt).

I. shade [ʃeid] *sb* **1.** skygge; **2.** afskygning, farvetone, schattering, *(ogs fig)* nuance *(fx -s of meaning);* **3.** *(fig)* anelse, smule, bagatel *(fx a* ~ *better);* **4.** skærm *(fx eye* ~, *lamp* ~), *(am)* rullegardin; **5.** *(litt)* genfærd; **6.** *-s pl* (især *am* T) solbriller; *put sby into the* ~ stille en i skygge.

II. shade [ʃeid] *vb* skygge, skygge for *(fx* ~ *one's eyes with one's hand);* kaste skygge over; afskærme; (om tegning) skyggelægge, skravere; ~ *(off) into* glide over i, gå gradvis over i *(fx blue that -s into green); -d rule (typ)* fedfin streg.

I. shadow ['ʃædəu] *sb* skygge, slagskygge; *(fig ogs)* uadskillelig ledsager; skyggebillede; genfærd, fantom; *not a* ~ *of* ikke en smule, ikke antydning af.

II. shadow ['ʃædəu] *vb* skygge for, kaste (en) skygge over; skygge *(fx he was -ed by the police);* ~ *forth* lade ane, give varsel om.

shadow|boxing skyggeboksning. ~ **cabinet** skyggekabinet.

shadow|graph skyggebillede. ~ **play** skyggespil.

shadowy ['ʃædəui] *adj* mørk, dunkel, utydelig *(fx figure);* uvirkelig; skyggefuld, skygge-.

shady ['ʃeidi] *adj* skyggefuld; T lyssky, tvivlsom *(fx transactions),* fordægtig, (moralsk) anløben, mindre fin; *he is a* ~ *customer (ogs)* han er ikke fint papir; *on the* ~ *side of forty* på den gale side af de fyrre.

SHAEF [ʃeif] *fk Supreme Headquarters Allied Expeditionary Forces.*

shaft [ʃa:ft] *sb* skaft *(fx of an axe, a club),* søjleskaft; (lys-, lyn-) stråle; *(litt)* pil (fra bue); spyd; (ved mine, i hus *etc)* skakt; *(anat)* benpibe; (på fjer) ribbe; *(tekn)* aksel; **-s** *pl* (til enspændervogn) vognstænger; *vb:* ~ *sby* = *give sby the* ~ *(am* S) hænge en op, lade en være syndebuk; udnytte en, røvrende en.

shafting ['ʃa:ftiŋ] *sb* akselledning.

shag [ʃæg] *sb* stridt hår; grov luv; (om tobak) shag (stærk finskåren røgtobak); *zo* topskarv; S jagt, forfølgelse; bandit, slyngel; *vb* S løbe efter, forfølge; *(vulg)* knalde, bolle; ~ *away* jage væk; *-ged (out)* udmattet.

shaggy ['ʃægi] *adj* stridhåret, lådden; uredt; ~ *eyebrows* buskede øjenbryn.

shaggy-dog story (humoristisk fortælling *el.* anekdote, ofte om talende dyr, med absurd pointe).

shaggymane ['ʃægimein] *sb (bot)* parykblækhat.

shagreen [ʃæ'gri:n] *sb* chagrin (læder, skind).

shah [ʃa:] *sb* shah (konge i Iran).

I. shake [ʃeik] *vb (shook, shaken)* ryste *(fx a cocktail),* få til at ryste *(fx his step shook the room); (fig)* ryste, chokere; få til at vakle, rokke (ved) *(fx his faith); (am)* S ryste af sig; (uden objekt) ryste, skælve *(with* af, *fx fear, cold); (mus.)* slå triller; ~! *(am* S) giv pote! *that shook him (ogs)* det havde han ikke ventet; *shaking his finger at me* med løftet pegefinger (ɔ: formanende); ~ *one's fist at* true ad (med knyttet næve); ~ **hands** give hinanden hånden; ~ *hands with him,* ~ *him by the hand* give ham hånden, trykke hans hånd, give ham et håndtryk; ~ *one's head (at)* ryste på hovedet (over); ~ *a leg* S danse; skynde sig; ~ *in one's shoes* ryste i bukserne; ~ *one's sides with laughter* ryste af latter;

(forb med *præp, adv)* ~ **down** ryste ned *(fx pears from a tree);* ryste sammen; ryste på plads; skære ned, reducere; kropsvisitere; (om skib) prøvesejle; (om person) falde til ro; falde 'til, vænne sig til forholdene *(fx in one's new home);* bo midlertidigt; sove på gulvet; S presse penge ud af; ~ **off** ryste af sig; komme over; frigøre sig for; ~ **out** ryste ud; ryste (grundigt) *(fx a carpet);* folde; ~ **up** ryste (grundigt) *(fx a cushion);* omryste; blande; *(fig)* omorganisere drastisk, vende op og ned på, omkalfatre; (om person) ruske op i; chokere.

II. shake [ʃeik] *sb* rysten, ryk, rusk; jordskælv; (i træ) skøre, revne; *(mus.)* trille; ~ *of the hand* håndtryk; ~ *of the head* hovedrysten; *give sby a good* ~ ruske en ordentligt; *no great -s* S ikke meget bevendt; *have the -s* ryste (på grund af feber, drikkeri); *in two -s, in half a* ~ i løbet af 0,5.

shakedown ['ʃeikdaun] *sb* **1.** improviseret natteleje, opredning på gulvet; **2.** nedskæring; **3.** kropsvisitation; **4.** prøvesejlads; **5.** *(am* S) pengeafpresning; *give sby a* ~ rede op til en på gulvet.

shakedown cruise prøvesejlads.

shaken [ʃeikn] *pp* af *I. shake.*

shakeout ['ʃeikaut] *sb* grundig rysten *(fx of a carpet); (fig)* omrokering, omkalfatring, ommøblering; udrensning af mindre levedygtige firmaer; afskedigelser forårsaget af automatisering *etc; (økon)* afmatning; brat kursfald, dyk.

shaker ['ʃeikə] *sb* bøsse *(fx pepper* ~); strødåse; cocktailshaker; *(tekn)* rysteværk; ~ *conveyor* rysterende; ~ *screen* rystesigte.

Shakespeare ['ʃeikspiə].

Shakespearean [ʃeik'spiəriən] *adj* shakespearesk; *sb* shakespeare-ekspert, shakespeare-interesseret.

shakeup ['ʃeikʌp] *sb* omfattende ændring; drastisk omorganisering, omkalfatring.

shako ['ʃækəu] *sb (mil.)* chakot (ɔ: høj kasket).

shaky ['ʃeiki] *adj* rystende, skrøbelig, vaklende; *(fig)*

usikker; upålidelig; *be ~ (ogs)* stå på svage fødder.
shale [ʃeil] *sb* lerskifer.
shall [ʃəl, ʃl, (betonet:) ʃæl] *(præt should)* skal *(fx ~ I open the window? what ~ I do? he does not want to go, but I tell you he ~; you ~ have the money; you ~ regret it* du skal komme til at fortryde det); vil; *it is strange that he should be there* det er mærkeligt at han er der; *we decided to stay till the rain should cease* vi besluttede at blive til regnen hørte op.
shallop ['ʃæləp] *sb (mar)* chalup.
shallot [ʃə'lɔt] *sb* skalotteløg.
shallow ['ʃæləu] *adj* lavvandet *(fx river)*, grundet *(fx a ~ place near the shore);* lav; flad; *(fig)* overfladisk, fladbundet, åndsforladt; (om åndedræt) svag; *sb* grundt sted; *-s pl* grundt vand, grunde, lavvandede steder; *he is pretty ~* (også) han stikker ikke dybt.
shallow-brained *adj* lavpandet, indskrænket.
shalt [ʃælt]: *thou ~ (glds)* du skal.
sham [ʃæm] *sb* humbug, imitation, efterligning; (person:) humbugsmager, charlatan, *(mht* sygdom) simulant; *vb* forstille sig, hykle; simulere *(fx ill)*, spille *(fx stupid); adj* skin-, fingeret; uægte, imiteret *(fx ~ -Tudor);* hyklet, forstilt; *~ diamond* uægte diamant; *~ fight* skinfægtning.
shaman ['ʃæmən] *sb* åndemaner.
shamble [ʃæmbl] *vb* sjokke, slæbe på fødderne; *sb* sjokken.
shambles [ʃæmblz] *sb* slagtehus, slagteri; *(fig)* slagmark; ruinhob; virvar, vild forvirring, kaos; rodebutik.
shame [ʃeim] *sb* skam; *vb* gøre skamfuld, beskæmme, gøre til skamme; bringe skam over, vanære; *shame!* fy! *bring ~ on sby, bring sby to ~* bringe skam over en, vanære en; *put sby to ~* få en til at skamme sig; *for ~!* fy! *for (very) ~* for skams skyld; *be past ~, be lost to ~, be dead to ~* have bidt hovedet af al skam; *~ on you* du skulle skamme dig; *~ sby into (, out of) sth* få en til (, fra) noget ved at skamme ham ud.
shamefaced ['ʃeimfeist] *adj* skamfuld, flov; genert, undselig.
shamefacedly ['ʃeimfeistli, -feisidli] *adv* skamfuldt; genert.
shameful ['ʃeimf(u)l] *adj* skændig, skammelig.
shameless ['ʃeimləs] *adj* skamløs.
shammer ['ʃæmə] *sb* simulant.
shammy ['ʃæmi] *sb* vaskeskind.
shampoo [ʃæm'pu:] *sb* hårvask; shampoo (ɔ: hårvaskemiddel); *vb* vaske med shampoo.
shamrock ['ʃæmrɔk] *sb (bot,* irsk nationalsymbol) trebladet hvidkløver.
shandrydan ['ʃændridæn] *sb* tohjulet kalechevogn; *(fig)* faldefærdigt køretøj, gammel kasse.
shandy ['ʃændi], **shandygaff** ['ʃændigæf] *sb* (blanding af øl og sodavand med ingefærsmag).
I. Shanghai [ʃæŋ'hai].
II. shanghai [ʃæŋ'hai] *vb* shanghaje (ɔ: drikke fuld og narre *el.* tvinge til at tage hyre).
shank [ʃæŋk] *sb* skank, ben, skinneben; (af nøgle, ske *etc)* skaft; (på anker) læg; (på bor, bolt) hals; *(bot)* stilk, stængel; (af sko) gelenk; (af type) typelegeme; *go on Shanks's mare (el. pony)* benytte apostlenes heste.
shan't [ʃa:nt] sammentrækning af *shall not.*
shanty ['ʃænti] *sb* hytte, skur; *(mar)* opsang, shanty.
shanty town fattigkvarter hvor folk bor i skure; 'klondyke', blikby.
SHAPE, Shape [ʃeip] *fk Supreme Headquarters Allied Powers Europe.*
I. shape [ʃeip] *vb* skabe, danne, forme, tilhugge; *(fig)* tilpasse, indrette; (uden objekt) arte sig; *~ (a) course for* sætte kurs efter; *~ up to* stille sig i boksestilling over for; *(fig)* trodse, udfordre; *~ up to be* tegne til at blive; *~ well* arte sig godt, love godt, tegne godt.
II. shape [ʃeip] *sb* form, facon; (om person) skikkelse; *in good (, poor) ~* T i god (, dårlig) stand; *he is in a bad ~* det går skidt med ham, det står skidt til med ham; *in the ~ of* i form af, (om person) i skikkelse af; *get (el. put) into ~* få skik på, få form på; *take ~* tage form.
shapeless ['ʃeipləs] *adj* uformelig.
shapely ['ʃeipli] *adj* velformet; velskabt.
shaper ['ʃeipə] *sb (tekn)* shapingmaskine.
shard [ʃa:d] *sb* potteskår; *zo* dækvinge.
I. share [ʃɛə] *sb* plovskær, plovjern.
II. share [ʃɛə] *sb* del, andel, lod, part; *(merk)* aktie; *fall to my ~* falde i min lod; *go -s* T splejse *(in* til).
III. share [ʃɛə] *vb* dele; deltage *(in* i), være med *(in* i), (med objekt) dele; være fælles om, have (, holde) *(fx a car)* sammen; (i Oxfordbevægelsen) samdele; *~ alike* dele som brødre; *~ out* uddele.
share| capital aktiekapital. *~* **certificate** aktiebrev (udstedt på navn). **-cropper** *(am)* (forpagter der svarer en del af afgrøden i forpagtningsafgift). **-holder** aktionær, andelshaver. **-holding** aktiebeholdning. **-pusher** aktiesvindler. *~* **warrant** tegningsretsbevis.
shark [ʃa:k] *sb* haj; svindler; *vb* svindle, snyde; *he is a ~ at mathematics (am* S*)* han er mægtig god til matematik.
Sharon ['ʃɛərən] Saron; *rose of ~* Sarons rose.
sharp [ʃa:p] *adj* skarp; spids *(fx needle);* brat, stejl *(fx rise);* rask *(fx run);* skarpskåren *(fx features);* tydelig; præcis; hvas, bidende *(fx frost)*, skærende *(fx twinge* smerte); skarp *(fx rebuke);* (intelligent *etc)* kvik, hurtig, skarpsindig, intelligent, vågen, dreven, fiffig, snu; *(neds)* (lidt for) smart *(fx tricks);* (om lyd) skingrende, gennemtrængende; *(mus.)* falsk (ɔ: for høj), (om node) med kryds for; *sb* kryds (foran node), node med kryds for; sort tangent; T snyder, svindler; *vb* snyde; *A sharp* ais, *C sharp* cis, *D sharp* dis; *sharp's the word!* rub dig! *look ~* skynde sig; *at five o'clock ~* klokken fem præcis.
sharpen [ʃa:pn] *vb* hvæsse, spidse; skærpe; blive skarp.
sharper ['ʃa:pə] *sb* S bedrager, falskspiller.
sharp-set ['ʃa:pset] *adj* grådig; glubende sulten; med en skarp kant.
sharp practice tvivlsomme (, lidt for smarte) metoder.
sharpshooter ['ʃa:pʃu:tə] *sb* skarpskytte.
shat [ʃæt] *præt* og *perf part* af *shit.*
shatter ['ʃætə] *vb* slå i stykker, splintre, knuse; *(fig)* nedbryde *(fx his health)*, ødelægge *(fx his peace of mind);* knuse *(fx their power)*, tilintetgøre; T udmatte, gøre det af med *(fx the climb -ed me);* ryste; (uden objekt) gå i stykker, splintres, knuses, ødelægges; *~ a dream (, an illusion, his hopes)* få en drøm (, en illusion, hans håb) til at briste.
shattered ['ʃætəd] *perf part, adj* knust, splintret *(etc,* se *shatter); (fig)* nedbrudt, ødelagt *(fx nerves);* rystet, knust *(fx by the news);* T (træt) færdig; (overrasket:) målløs *(fx I'm ~!).*
shave [ʃeiv] *vb* **1.** barbere (sig); **2.** *(fx* om huder) skrabe, (om træ) høvle, snitte; **3.** strejfe, stryge forbi; **4.** *sb* barbering; *he had a close ~* der var bud efter ham (ɔ: han var i fare); *it was a narrow (el. close) ~* det var på et hængende hår, det var nær gået galt, det var tæt på.
shaven [ʃeivn] *adj* barberet.
shaver ['ʃeivə] *sb* elektrisk barbermaskine, shaver; *(spøg)* lille knægt; ung fyr.
shavetail ['ʃeivteil] *sb (am mil.* S*)* nyudnævnt sekondløjtnant.
Shavian ['ʃeivjən] *adj* som hos G. B. Shaw; *sb* beundrer af G. B. Shaw.
shaving ['ʃeiviŋ] *sb* barbering; **-s** *pl* spåner.
shaving| brush barberkost. *~* **case** barberetui. *~* **cup** sæbekop. *~* **die** *(tekn)* skrabestempel. *~* **mug,** *~* **pot**

sæbekop. ~ **stick** stykke barbersæbe.
shaw [ʃɔ:] *sb* (skotsk) (kartoffel-, roe-) top.
shawl [ʃɔ:l] *sb* sjal; (til baby) svøb. **shawl collar** sjalskrave.
shawm [ʃɔ:m] *sb* skalmeje.
shay [ʃei] *sb (spøg)* køretøj.
she [ʃi:] *pron* hun, den, det; *sb* hun(dyr); *adj* hun- *(fx ~ -bear* hunbjørn).
s/he hun/han.
sheaf [ʃi:f] *sb (pl sheaves)* neg; knippe; bundt *(fx of papers); vb,* se *sheave vb.*
shear [ʃiə] *vb (-ed, pp -ed el. shorn)* klippe (især får); *sb* klipning; *(tekn)* forskydning; *shorn of one's strength* berøvet sin styrke; *a two-shear ram* en toårs vædder; *pair of -s* (stor) saks, skræddersaks, fåresaks, havesaks.
shearlegs [ˈʃiəlegz] *sb* trebenet kran; mastekran.
shearwater [ˈʃiəwɔ:tə] *sb zo* skråpe.
sheath [ʃi:θ] *sb (pl -s* [ʃi:ðz]) skede; forhud.
sheathe [ʃi:ð] *vb* stikke i skeden; forhude.
sheathing [ˈʃi:ðiŋ] *sb* beklædning; forhudning.
sheave [ʃi:v] *sb* blokskive, remskive; *vb* binde i neg *(el.* bundter, knipper); ~ *hole (mar)* skivgat.
sheaves [ʃi:vz] *pl* af *sheaf.*
Sheba [ˈʃi:bə] Saba.
shebang [ʃiˈbæŋ] *sb* S: *the whole* ~ hele molevitten (, redeligheden).
shebeen [ʃiˈbi:n] *sb* smugkro.
I. shed [ʃed] *vb (shed, shed)* udbrede, sprede *(fx light, warmth),* udsende; (om løv, horn *etc)* fælde, afkaste, miste, tabe; (om tøj) tage af, lægge; *(tekn etc)* udkaste, afkaste; *(fig)* skille sig af med; ~ *blood (, tears)* udgyde blod (, tårer); ~ *light on* kaste lys over; ~ *a tear* fælde en tåre; ~ *water* ikke tage imod vand; *it -s water* vandet løber af det.
II. shed [ʃəd] *sb* skur; hangar.
she'd [ʃi:d] *fk she had, she would.*
sheen [ʃi:n] *sb* skin, glans.
sheeny [ˈʃi:ni] *adj* skinnende, glansfuld; *sb* S jøde.
sheep [ʃi:p] *(pl d s)* får; fåreskind; (om person) får; tossehoved; *there is a black ~ in every flock* (svarer til:) der er brodne kar i alle lande; *a wolf in -'s clothing* en ulv i fåreklæder; *I followed him (about) like a* ~ jeg fulgte ham som en hund, jeg fulgte ham blindt; *make (el. cast) -'s eyes at* sende forelskede øjekast (til); *separate the ~ and the goats* skille fårene fra bukkene; *as well be hanged for a ~ as for a lamb* jeg (, du *etc)* kan lige så godt løbe linen ud.
sheep|cot fårefold. ~ **-dip** fårevaskemiddel. ~ **hook** hyrdestav.
sheepish [ˈʃi:piʃ] *adj* undselig, genert, flov; fjoget.
sheep| ked *zo* fåretæge. ~ **run** (især *austr)* = *-walk.* **-'s bit** *(bot)* blåmunke. **-'s fescue** *(bot)* fåresvingel. **-shank** (knob:) trompetstik. **-skin** fåreskind; pergamentsdokument; T diplom. **-'s sorrel** *(bot)* rødknæ. ~ **tick** *zo* fåretæge. **-walk** græsgang for får.
I. sheer [ʃiə] *adj* **1.** ren; **2.** tynd, fin, gennemsigtig; **3.** (meget) stejl, (næsten) lodret *(fx cliff);* **4.** lutter; ren og skær *(fx stupidity);* **5.** *(glds)* skær; **6.** *adv* lodret, stejlt; komplet; *it is a ~ impossibility* det er komplet umuligt; ~ *nonsense* det rene sludder; *out of ~ weariness* af lutter *(el.* bare) træthed.
II. sheer [ʃiə] *sb (mar)* spring (i dæk); pludselig drejning; *vb (mar)* gire, dreje; ~ *off (mar)* gire, skære ud; *(fig)* gå af vejen, vige til siden; stikke af.
sheer|legs trebenet kran, mastekran. ~ **plan** *(mar)* opstalt.
sheers [ʃiəz] *sb pl (mar)* krydsbuk.
sheet [ʃi:t] *sb* **1.** flade *(fx of water, of ice);* **2.** plade *(fx of tin, of glass, of cottonwool);* **3.** ark *(fx of paper, of postage stamps);* **4.** lagen; **5.** *(poet)* sejl; **6.** *(mar.)* skøde, *-s pl (ogs)* for- *(el.* agter-)ende i robåd; *vb* lægge lagen på, dække med lagen; *between the -s* i seng(en); *three -s in the wind* S plakatfuld.
sheet| anchor pligtanker; *(fig)* redningsplanke. ~ **bend** væverknude, *(mar)* flagknob. ~ **glass** vinduesglas. **-ing** lagenlærred. ~ **lightning** fladelyn. ~ **metal** tynd metalplade; blik. ~ **music** (musik udgivet på) løse nodeark; (ofte: klaverudgaver af populære melodier). ~ **pile** spunspæl. ~ **piling** spunsvæg.
Sheffield [ˈʃefi:ld].
sheik(h) [ʃeik; *(am)* ʃi:k] *sb* sheik.
Sheila [ˈʃi:lə].
sheila *(austr)* S pige, kvindfolk.
shekel [ʃekl] *sb* sekel (jødisk mønt og vægtenhed); *-s pl* S penge, 'gysser'.
sheldrake [ˈʃeldreik] *sb* gravand, gravandrik.
shelduck [ˈʃeldʌk] *sb* gravand.
shelf [ʃelf] *sb (pl shelves)* hylde; sandbanke, revle; klippefremspring; *(geol)* shelf, fastlandssokkel; (i minedrift) grundfjeld; *(laid)* **on** *the ~ (fig)* lagt på hylden, afdanket, forsømt; (om pige) ugift, ikke afsat; *she has been left on the ~ (ogs)* der er ingen der er interesseret i hende.
I. shell [ʃel] *sb* skal; *(bot)* skal; bælg; *zo* muslingeskal, sneglehus, konkylie, (af skildpadde, krabbe) skjold; (til mad : *patty* ~) tartelet, (til pie) låg; (i byggeri) ydermure, (~ *roof)* skaltag; *(mil.)* granat, (til håndvåben) patron; patronhylster; *(fys)* elektronskal; *(mar)* blokhus; (af skib) yderklædning; *(glds)* lyre; *(am)* let kaproningsbåd; ærmeløs bluse; *retire into one's ~* trække sig ind i sin skal.
II. shell [ʃel] *vb* afskalle(s); beskyde (med granater), bombardere; ~ *off* skalle af; ~ *out* S punge ud (med); ~ *peas* bælge ærter.
shellac [ʃəˈlæk, ˈʃelæk] *sb* schellak; *vb* lakere med schellak, schellakere; *(am* T) tæske.
shell|back S søulk. ~ **egg** rigtigt æg *(mods* æggepulver).
Shelley [ˈʃeli].
shell|fish skaldyr. ~ **heap** køkkenmødding. ~ **pink** muslingefarvet. ~ **plating** *(mar)* yderklædning. **-proof** *adj* sprængstyksikker. **-shock** granatchok.
shelly [ˈʃeli] *adj* dækket af skaller; skalbærende; rig på muslinger; skalagtig.
I. shelter [ˈʃeltə] *sb* beskyttelse, ly, læ; læskærm, læskur; *(air raid ~)* beskyttelsesrum (mod luftangreb), tilflugtsrum; *take ~* søge ly.
II. shelter [ˈʃeltə] *vb* give læ (, ly, beskyttelse), skærme; huse; *(fig)* beskytte *(from* mod), værne; (uden objekt) søge ly, søge læ.
shelter deck *(mar)* shelterdæk (øverste dæk).
sheltered [ˈʃeltəd] *adj* beskyttet *(fx industry); ~ housing* beskyttede boliger; ~ *workshop* beskyttet værksted (ɔ: for handicappede).
shelter trench *(mil.)* dækningsgrav.
I. shelve [ʃelv] *vb* sætte hylder (op) i; sætte (, stille, lægge) (op) på en hylde (, hylder); *(fig)* lægge på hylden, henlægge, 'sylte'; (om person) afskedige.
II. shelve [ʃelv] *vb* skråne.
shelves [ʃelvz] *pl* af *shelf.*
shelving [ˈʃelviŋ] *sb (cf I. shelve)* hyldemateriale; opstilling (på hylder); *(cf II. shelve)* skrånen, hældning; skrå flade, skråning; *adj* skrånende.
Shem [ʃem] Sem.
shemozzle [ʃiˈmɔzl] *sb* S ballade.
shenanigan [ʃiˈnænigən] T narrestreger; fup, hummelejstreger, humbug; nonsens, pjank.
shepherd [ˈʃepəd] *sb* hyrde; *vb* vogte; føre, genne.
shepherdess [ˈʃepədəs] *sb* hyrdinde.
shepherd's pie (ret af hakket kød og kartoffelmos).
shepherd's purse *(bot)* hyrdetaske.
sherbet [ˈʃə:bət] *sb* limonadepulver; (slags) limonade; (især *am)* = *sorbet.*

sherbet glass portionsglas.
sheriff [ˈʃerif] *sb* sheriff (i England: en ulønnet, af kongen udnævnt embedsmand som repræsenterer sit *county* ved større anledninger; i Skotland: administrativ embedsmand og dommer i et *county;* i USA: valgt embedsmand med visse politimæssige og juridiske funktioner).
sherry [ˈʃeri] *sb* sherry.
she's [ʃi:z] *fk she is el. she has.*
Shetland [ˈʃetlənd] Shetlandsøerne; *adj* shetlandsk.
shew [ʃəu] = *show.*
shibboleth [ˈʃibəleθ] *sb* kendingsord, løsen, kendetegn; (forslidt) slagord.
shield [ʃi:ld] *sb* skjold; skærm; *(fig)* forsvar, beskytter; *vb* beskytte, værge, skærme; dække (over).
shield| bearer skjolddrager. ~ **law** *(am)* lov om journalisters ret til kildebeskyttelse.
shieling [ˈʃi:liŋ] *sb (dial.)* sæterhytte; sæter.
I. shift [ʃift] *vb* skifte; flytte *(to* til, over på, *fx ~ the accent to another syllable);* fjerne, omlægge; (uden objekt) forandre sig; forskyde sig *(fx the ballast has -ed);* (om vind) slå om; T skynde sig; fjerne sig; *(am)* skifte gear;
~ **for** *oneself* klare sig selv, sejle sin egen sø; ~ **off** søge at unddrage sig; ~ **on to** lægge (, flytte) over på *(fx ~ the load on to the other shoulder); (fig ogs)* vælte over på *(fx ~ the burden of taxes on to the poor); ~ the blame on to sby* skyde skylden på en.
II. shift [ʃift] *sb* forandring, omslag; forskydning *(fx a ~ of accent); (mht* arbejde) arbejdshold, skift; arbejdstid; T kneb, udvej, nødhjælp, list; (om tøj) enkel kjole uden talje; *(glds)* særk; *~ of clothes* skiftetøj; *get a ~ on* få skub på; *make ~ with sth* (let *glds)* klare sig med noget så godt man kan; *I must make ~ without it* jeg må klare mig uden det.
shifter [ˈʃiftə] *sb (teat)* maskinmand; T lurendrejer.
shifting sands *pl* flyvesand.
shift key (på skrivemaskine) skiftenøgle.
shiftless [ˈʃiftləs] *adj* doven, lad, uenergisk; ubehjælpsom.
shifty [ˈʃifti] *adj* upålidelig, uærlig, lusket.
shikaree [ʃiˈkæri] *sb* (indisk:) (indfødt) jæger, fører.
shillelagh [ʃiˈleilə] *sb* knortekæp.
shilling [ˈʃiliŋ] *sb* (før 1971: 1/20 af et pund, inddelt i 12 *pence;* svarer i værdi til *5 newpence); take the Queen's ~ (glds)* lade sig hverve, modtage håndpenge.
shilling shocker knaldroman.
shilly-shally [ˈʃiliˈʃæli] *vb* ikke kunne bestemme sig, vakle; *sb* ubeslutsomhed.
shim [ʃim] *sb (tekn)* mellemlæg, udfyldningsplade, underlagsplade.
shimmer [ˈʃimə] *vb* flimre, skinne (svagt); *sb* flimren.
shimmy [ˈʃimi] *sb* T chemise, undertrøje; (dans:) shimmy; (om bil) forhjulsvibrationer; *vb* vibrere.
shinannagin = *shenanigan.*
shindig [ˈʃindig] *sb* T fest, gilde; ballade.
shindy [ˈʃindi] *sb* T spektakel; *kick up a ~* lave ballade.
shin [ʃin] *sb* skinneben; *vb* sparke over skinnebenet; *~ up* klatre op ad (, i), entre op ad (, i); *~ of beef* okseskank. **shinbone** *sb* skinneben.
I. shine [ʃain] *vb (shone, shone)* skinne, lyse, stråle *(with* af); brillere; T *(-d, -d)* pudse *(fx he -d his shoes),* polere, blanke; *~ at* være fremragende til; *~ up to (am* T*)* gøre kur til.
II. shine [ʃain] *sb* skin, glans; solskin; S neger; *the coat had a ~ at one elbow* frakken var blank på den ene albue; *get a ~ put on one's shoes* T få sine sko pudset; *kick up a ~* S lave ballade; *take the ~ out of (el. off) it* (let *glds)* tage glansen af det; *take a ~ to (am* T) komme til at synes om, få sympati for.
shiner [ˈʃainə] *sb* S øje; blåt øje; *-s pl* S penge.
shingle [ʃiŋgl] *sb* tækkespån; småsten, rullesten; shinglet hår; det at shingle; *(am:* advokats, læges) skilt; *vb* tække med spån; (om hår) shingle; *hang out one's ~ (am)* åbne en praksis, nedsætte sig.
shingles [ʃiŋglz] *sb pl (med.)* helvedesild.
shiny [ˈʃaini] *adj* skinnende, blank; blankslidt.
ship [ʃip] *sb (mar)* skib, fartøj, *(am* T*)* luftfartøj, flyvemaskine, luftskib; *vb* (om varer) sende, forsende *(fx ~ the goods by train);* (med skib) afskibe, tage (, bringe) ombord, (om vand, årer) tage ind, (om mandskab) påmønstre, hyre, (uden objekt) tage hyre;
when my ~ comes home (svarer til) når jeg engang vinder i lotteriet; når jeg bliver rig; *~ the oars (mar ogs)* lade falde årerne, lægge årerne ud; *take ~* gå ombord; *~ a sea, ~ water (ogs)* tage vand over.
-ship *(sb-*endelse; især:) -skab *(fx friendship);* embede, stilling, rang som *(fx judgeship, vicarship);* dygtighed som *(fx salesmanship).*
ship| biscuit beskøjt, skonrog. **-board:** *on -board* om bord (på et skib). **-boy** skibsdreng. ~ **-breaker** skibsophugger. ~ **broker** skibsmægler. **-builder** skibsbygger. **-building** skibsbyggeri. ~ **chandler** skibsprovianteringshandler. **-lap** (beklædning af) profilerede brædder. **-master** skibsfører.
shipment [ˈʃipmənt] *sb* indskibning, afskibning; forsendelse; (varerne:) ladning; parti, sending.
shipowner [ˈʃipəunə] *sb* reder.
shipper [ˈʃipə] *sb* befragter, afskiber, speditør.
shipping [ˈʃipiŋ] *sb* shipping, søfart, skibsfart; skibe; afskibning; forsendelse.
shipping| articles *pl* forhyringskontrakt. ~ **documents** *pl* afskibningsdokumenter, afladedokumenter. ~ **master** forhyringsagent. ~ **office** forhyringskontor; rederikontor. ~ **room** (især *am)* pakrum. ~ **trade** (fællesbetegnelse for) rederi-, skibsmægler- og speditionsvirksomhed.
ship|'s articles forhyringskontrakt. **-'s biscuit** beskøjt, skonrog. **-'s boy** skibsdreng. **-shape** [ˈʃipʃeip] *adj (mar)* klart skib; *(fig)* i fin orden. **-'s husband** skibsinspektør. **-s' stores** *pl* skibsproviant. **-way** bedding. **-worm** *zo* pæleorm. **-wreck** [ˈʃiprek] *sb* skibbrud, forlis; *vb: be -wrecked* lide skibbrud, forlise. **-wright** skibsbygger. **-yard** værft.
shire [ˈʃaiə, (i *sms)* -ʃiə, -ʃə] *sb* grevskab, amt.
shirk [ʃə:k] *vb* skulke, skulke fra.
shirker [ˈʃə:kə] *sb* skulker.
shirr [ʃə:] *vb* (om tøj) rynke; (om æg) ovnstege (udslået, i en skål); *sb* rynkning.
shirred [ʃə:d] *adj* rynket; med indvævet elastik; (om æg) ovnstegt (se *shirr).*
shirt [ʃə:t] *sb* skjorte; (især *am)* (dame)bluse; *in his ~* i sin bare skjorte; *he would give you the ~ off his back (fig)* han ville forære dig sin sidste skjorte (ɔ: alt hvad han ejer og har); **keep** *your ~ on!* S tag den med ro! hids dig nu ikke op! **lose** *one's ~ (fig)* miste alt hvad man ejer og har; **put** *one's ~ on a horse (fig)* holde alle sine penge på en hest; **without** *a ~ to one's back (fig)* uden en øre på lommen.
shirt|dress skjorteblusekjole. **-front** skjortebryst. **-ing** *sb* skjortestof. **-sleeve** skjorteærme. **-tail** *sb* skjorteflig; *adj (fig)* ganske lille *(fx operation),* lillebitte *(fx boy),* ganske kort. **-waist** *(am)* (skjorte)bluse. **-waist dress, -waister** skjorteblusekjole.
shirty [ˈʃə:ti] *adj* S vred, hidsig, arrig; prikken, sårbar.
shit [ʃit] *(vulg) vb (-ted, -ted el. shit, shit el. shat, shat)* skide; *sb (ogs* om person) skid, lort; (sludder:) pis; S heroin; hash i blokform; *~!* satans osse! *I don't care (el. give) a ~* jeg er skideligeglad; *get one's ~ together* få styr på lortet; *the ~ hits the fan* fanden er løs; *be in the ~* være ude at skide, sidde i lort til halsen; *~ oneself, ~ one's pants* skide i bukserne; *scare (el. frighten) the ~ out of him* gøre ham skide-

angst.

shithead ['ʃithed] *sb (am* S) hashryger; *(neds)* dum skid.

shitless ['ʃitləs] *adj: be scared* ~ være skidebange.

I. shiver ['ʃivə] (let *glds) sb* stump, splint; *vb* splintre; *smash to -s* slå til pindebrænde.

II. shiver ['ʃivə] *vb* ryste, skælve; *(mar:* om sejl) leve; *sb* gys, gysen, kuldegysning; *it sent -s down my back (el. spine)* det fik det til at løbe koldt ned ad ryggen på mig.

shivery ['ʃivəri] *adj* skælvende, kold; forfrossen; rædselslagen, uhyggelig.

shlock, shmuck, se *schlock, schmuck.*

I. shoal [ʃəul] *sb* sværm, stime; *vb* svømme i stimer; *-s pl (ogs)* masser.

II. shoal [ʃəul] *adj* grundt (om vand); *sb* grund (i vand), grundt sted, pulle; *vb* blive mere og mere grundt (om vand). **shoaly** ['ʃəuli] *adj* fuld af grunde.

shoat [ʃəut] *sb (am)* gris.

I. shock [ʃɔk] *sb* stød, rystelse, forargelse, chok; *(tekn)* støddæmper; *vb* støde, ryste, chokere, forarge.

II. shock [ʃɔk] *sb* (af neg) hob, trave; (om hår) tæt, filtret, uredt hår, manke; *vb* sætte neg sammen.

shock absorber støddæmper.

shocker ['ʃɔkə] *sb* gyser, knaldroman; *he is a* ~ han er rædselsfuld.

shock-headed *adj* med uredt, filtret hår.

shocking ['ʃɔkiŋ] *adj* chokerende, rystende, forfærdelig; rædselsfuld dårlig, elendig.

shock| treatment chokbehandling. ~ **troops** *pl* stødtropper. ~ **wave** lufttrykbølge (fra sprængning).

shod [ʃɔd] *præt* og *pp* af *shoe.*

shoddy ['ʃɔdi] *sb* kradsuld; *adj* billig, tarvelig; uægte, prangende.

I. shoe [ʃu:] *sb* sko; dupsko; bremsesko; *(elekt)* slæbesko; *shake in one's -s* ryste i bukserne; *I should not like to be in your -s* jeg ville nødig være i dit sted; *another pair of -s (fig)* en ganske anden sag; noget helt andet; *know where the* ~ *pinches* vide hvor skoen trykker; *wait to step into dead men's -s* vente på at en anden skal dø for at overtage hans stilling *el.* formue.

II. shoe [ʃu:] *vb (shod, shod)* sko, beslå.

shoe|black skopudser. **-horn** skohorn. **-lace** skobånd, snørebånd. **-maker** skomager. **-shine** skopudsning. **-string** skobånd; *adj* drevet med meget små midler; meget lille *(fx budget); (am)* lang og tynd; *on a -string* med meget små midler. ~ **tree** læst, skostiver.

shog [ʃɔg] *vb* S traske.

shone [ʃɔn] *præt* og *pp* af *shine.*

shoo [ʃu:] (ʃ-lyd, hvormed høns *etc* kyses bort); *vb* kyse (bort), genne.

shook [ʃuk] *præt* af *shake.*

I. shoot [ʃu:t] *vb (shot, shot)* skyde, afskyde, affyre; kaste, slynge *(fx be shot out of a car);* (ud)sende *(fx the sun -s its rays;* ~ *a glance at sby);* (af vogn) tippe, aflæsse *(fx rubbish); (fot)* fotografere, filme, optage; S indsprøjte;

(uden objekt) skyde, fotografere *(etc);* fare (af sted), jage, pile; (om jæger) jage, gå på jagt; *(bot)* skyde, spire frem; S (om narkoman) tage et skud; være på sprøjten; *(am)* slå (med terninger);

have shot one's bolt, se bolt; ~ *the breeze* S snakke, sludre; ~ *craps (am)* spille terninger; ~ *the cat* kaste op; brække sig; *I'll be shot if it isn't true* jeg vil lade mig hænge hvis det ikke er sandt; ~ *the moon* S flytte uden at betale husleje; ~ *the rapids* fare ned over strømfaldene; *(fig)* kaste sig ud i noget farligt; ~ *no rubbish* (på skilt:) aflæsning af affald forbudt; ~ *the sun* tage solhøjden; ~ *the works* S vove den højeste indsats (i spil), sætte alt på ét bræt;

(forb med *præp, adv)* ~ **at** skyde på; T sigte mod, stræbe efter; ~ **away** skyde løs; skyde (ammunitionen) op, bortskyde; ~ **down** skyde ned; *(fig)* bremse; tage gassen af; nedgøre; ~ **from** *the hip* skyde fra hoften; ~ **off** *one's mouth (el. face)* S bruge mund; ~ **out** rage frem; stikke ud, stikke frem; føre ud; skyde ud; T smide ud; affyre *(fx a stream of curses);* ~ *it out* adgøre det ved en ildkamp; ~ **up** skyde op *(fx a flame -s up),* skyde i vejret *(fx the child -s up);* skyde løs på; terrorisere (ved skyderi) *(fx a village);* S tage (stof) intravenøst.

II. shoot [ʃu:t] *sb* jagtselskab, jagtdistrikt; *(bot)* skud; (se også *chute).*

shooter ['ʃu:tə] *sb* jæger; skydevåben, 'skyder'.

shooting ['ʃu:tiŋ] *sb* jagt, jagtret; *adj* jagende *(fx pain).*

shooting| affray skyderi; ildkamp. ~ **boots** *pl* jagtstøvler. ~ **box** jagthytte. ~ **brake** stationcar. ~ **distance** skudhold. ~ **gallery** skydebane. ~ **iron** S skydevåben, 'skyder'. ~ **range** skydebane. ~ **script** (film) drejebog; optagelsesplan. ~ **star** stjerneskud. ~ **stick** jagtstol. ~ **war** „varm" krig, rigtig krig *(mods* kold krig).

shoot-out ['ʃu:taut] *sb* afgørende ildkamp.

shoot-up ['ʃu:tʌp] *sb* skyderi.

shop [ʃɔp] *sb* butik, forretning; værksted; *vb* gå i butikker; S forråde, stikke; *all over the* ~ over det hele; ~ *around* forhøre sig om priser og kvaliteter i forskellige butikker; indhente tilbud; *come to the wrong* ~ gå galt i byen; *keep a* ~ have en butik; *keep* ~ *for sby* T passe butikken for en; *talk* ~ drøfte snævert faglige spørgsmål, 'snakke fag'; (se *ogs shut (up).*

shop| assistant ekspedient, ekspeditrice, kommis. **-fitter** butiksmontør. ~ **floor** værkstedsgulv; *the* ~ *floor* 'gulvet'. **-girl** ekspeditrice. **-keeper** detailhandler, handlende; *(neds)* kræmmer *(fx a nation of -keepers).* **-lifter** butikstyv. **-lifting** butikstyveri. **-man** detailhandler, handlende; ekspedient.

shopper ['ʃɔpə] *sb* kunde; indkøbstaske; *(am)* bærepose; *-s pl (ogs)* folk på indkøb; ~ *trolley* indkøbsvogn.

shopping ['ʃɔpiŋ] *sb* indkøb (også om det indkøbte); *go* ~ gå på indkøb, gå i butikker.

shopping| bag indkøbstaske; (især *am)* bærepose; *wheeled* ~ *bag* indkøbsvogn. ~ **bag lady** posedame. ~ **book** kontrabog. ~ **cart** *(am)* indkøbsvogn. ~ **centre** butikstorv, forretningscenter. ~ **list** indkøbsliste, huskeseddel; *(fig)* ønskeseddel.

shoppy ['ʃɔpi] *adj* butiks-; faglig, som drejer sig om faglige emner.

shop|soiled *adj* falmet, smusket, let beskadiget (ved at have været udstillet); *(fig)* forslidt *(fx cliché).* ~ **steward** (fagforenings) tillidsmand (på arbejdsplads). ~ **talk** faglig snak, fagsnak. **-walker** inspektør (i stormagasin). **-window** udstillingsvindue. **-worn** = *-soiled.*

I. shore [ʃɔ:] *sb* støtte, skråstøtte; *vb:* ~ *(up)* støtte, afstive.

II. shore [ʃɔ:] *sb* kyst; strand; bred; *on* ~ i land, til lands; på grund.

shore| bird strandfugl. ~ **fast** fortøjningstrosse. ~ **lark** *zo* bjerglærke. ~ **leave** landlov. **-line** kystlinie. ~ **patrol** *(am)* kystpoliti. **-ward** ['ʃɔ:wəd] mod kysten. ~ **weed** *(bot)* strandbo.

shorn [ʃɔ:n] *pp* af *shear.*

I. short [ʃɔ:t] *sb* (film:) kortfilm, forfilm; *(elekt)* kortslutning; *(fon etc)* kort vokal, kort stavelse; (ved fiskeri) undermålsfisk; *(merk)* baissist.

II. short [ʃɔ:t] *adj* kort, kortfattet, kortvarig; lille (af vækst); kort for hovedet, brysk; for kort *(fx I can't tie the knot, the string is* ~*);* kneben, (for) knap *(fx measure, weight);* utilstrækkelig forsynet; (om metal) skør, sprød; (om kage) sprød; (om drik) stærk, ikke opspædt;

adv brat, pludselig *(fx stop* ~*);* (se også *vb : I. cut, I. fall, I. run, I. sell, I. stop & ndf: come (, go)* ~ *of);*

(forskellige *forb,* se også *vb, fx cut, sell,* og på *alf* plads) *many goods are* ~ der er knaphed på mange varer; ~ *memory* dårlig hukommelse; *it is in* ~ *supply* der er knaphed på det; *be taken (el. caught)* ~ T (være ved at) gøre (, tisse) i bukserne; ~ *time* indskrænket arbejdstid; *make* ~ *work of* få fra hånden i en fart; gøre kort proces med; (om mad) spise i en fart, hugge i sig;

(forb med *præp, adv) Bill is* ~ **for** *William* Bill er en forkortet form af William; *he was called Bill for* ~ han blev kaldt Bill for nemheds skyld; **in** ~ kort sagt; *be* ~ **of** mangle, være utilstrækkeligt forsynet med; *I am rather* ~ *(of funds)* der er ebbe i kassen; ~ *of murder I will do anything to help her* når vi lige undtager mord vil jeg gøre hvad det skal være for at hjælpe hende; *nothing* ~ *of* intet mindre end; *nothing* ~ *of marvellous* ligefrem vidunderlig; **come** ~ **of** ikke nå (op til); **go** ~ **of** mangle; (se også *I. run); be* ~ **on** *be* ~ *of.*

III. short [ʃɔ:t] *vb* kortslutte.

shortage ['ʃɔ:tidʒ] *sb* mangel, knaphed *(of* på).

short|bread (slags småkage, *omtr* = finsk brød). ~ *change,* se *I. change.* **-change** *vb (am* T) give for lidt penge tilbage, snyde. ~ **circuit** kortslutning. ~ **-circuit** *vb* kortslutte; *(fig)* T omgå, smutte udenom; *(am)* spænde ben for, hindre, bremse *(fx his plans).* **-coming** *sb* ufuldkommenhed, fejl, mangel. ~ **cut** genvej. ~ **-dated** *adj* kortfristet. ~ **drink** stærk drik, ufortyndet drik.

shorten [ʃɔ:tn] *vb* forkorte, indskrænke; (uden objekt) blive kortere, aftage, trække sig sammen; ~ *sail* mindske sejl.

shortening ['ʃɔ:tniŋ] *sb* (fedtstof der bruges til bagværk for at gøre det sprødt).

shortfall ['ʃɔ:tfɔ:l] *sb* underskud, det manglende.

shorthand ['ʃɔ:thænd] *sb* stenografi; *take down in* ~ stenografere ned. **shorthanded** *adj: be* ~ have for lidt mandskab, være underbemandet.

shorthand| report stenografisk referat. ~ **typist** stenograf og maskinskriver(ske), stenotypist. ~ **writer** stenograf.

shorthorn korthornskvæg.

shortie ['ʃɔ:ti] = *shorty.*

short|list liste over de bedst egnede til en stilling, slutliste; *be on the* ~ *list* være blandt favoritterne. ~ **-list** *vb* opføre blandt favoritterne, sætte på slutlisten.

short-lived ['ʃɔ:t'livd] *adj* kortvarig.

shortly ['ʃɔ:tli] *adv* kort; om kort tid, snart.

short|-range *adj* kortdistance-. ~ **run:** *in the* ~ *run* på kort sigt.

shorts [ʃɔ:ts] *sb pl* shorts; (korte) underbukser.

short| sale *(merk)* fiksforretning, blankosalg. ~ **sea** krap sø. ~ **shrift,** se *shrift.* ~ **sight** nærsynethed; *(fig)* kortsynethed. ~ **-sighted** *adj* nærsynet; *(fig)* kortsynet. ~ **story** novelle. ~ **temper** iltert temperament. ~ **-tempered** *adj* opfarende, ilter. ~ **-term** kortfristet; *-term memory* korttidshukommelse. ~ **-toed eagle** slangeørn. ~ **-waisted** *adj* kortlivet. ~ **wave** kortbølge. ~ **-wave therapy** *(med.)* kortbølgebehandling. ~ **-winded** ['ʃɔ:t'windid] *adj* stakåndet; *(fig)* kortfattet.

shortie ['ʃɔ:ti] *sb* ole-lukøje natkjole; (om person) lille prop, pygmæ.

I. shot [ʃɔt] *sb* **1.** skud; projektil(er), hagl; **2.** skytte *(fx he is a good* ~*);* **3.** fiskedræt; **4.** *(fot)* lynskud; **5.** indstilling; filmsscene, filmsoptagelse; **6.** T forsøg; gætning; **7.** T indsprøjtning; **8.** T andel *(fx pay one's* ~*);*

call the -s være den der bestemmer; bestemme farten; *have a* ~ *at sth* S gøre et forsøg på noget; *make -s at the questions* (forsøge at) gætte sig til svarene, 'skyde'; *a big* ~ (S om person) en af de store kanoner; *I'll have a* ~ *for the train* jeg vil prøve på at nå toget; ~ *in the arm* indsprøjtning; *(fig)* saltvandsindsprøjtning *(fx the firm needs a* ~ *in the arm); a* ~ *in the dark (fig)* et skud i tågen; *a* ~ *in the locker* reservekapital; *not a* ~ *in the locker* ikke en øre i kassen; *like a* ~ som et lyn; som skudt ud af en kanon; meget villigt; *not by a long* ~ ikke på langt nær, langt fra.

II. shot [ʃɔt] *præt* og *pp* af *I. shoot; adj* changerende *(fx silk); (am* T) ødelagt, nedslidt; *get* ~ *of* blive af med; ~ *with gold* guldindvirket; ~ *through with (fig)* gennemvævet (, fuld) af.

shot effect (radio) hagleffekt.

shotgun ['ʃɔtgʌn] *sb* haglbøsse, haglgevær; *adj* tvungen; hastværks-, haste- *(fx legislation);* tilfældig, usystematisk *(fx propaganda); ride* ~ *(am)* tage (, rejse) med som væbnet vagt; *(fig)* beskytte, værne; (i bil) sidde på forsædet; ~ *wedding* hastebryllup.

shot|proof *adj* skudfast, skudsikker. ~ **put** kuglestød. **-tower** hagltårn.

should [ʃud, trykløst ʃəd, ʃd] *præt* af *shall.*

shoulder ['ʃouldə] *sb* skulder, (af dyr) bovstykke, (i jægersprog) blad; (langs vej) (yder)rabat; *(tekn:* fremspring) ansats, *(fx* på kniv, bolt) bryst, *(typ)* skulder; (af bjerg) skråning; *vb* skubbe (med skulderen); tage på skulderen (, skuldrene), bære; *(fig)* påtage sig *(fx a task);*

~ **arms** *(mil.)* gevær i hvil! *stand head and -s above* være et hoved højere end; *straight from the* ~ rent ud, lige ud; T lige på og hårdt; *broad in the -s* skulderbred; ~ *to* ~ skulder ved skulder, med forenede kræfter; *stand* ~ *to* ~ stå last og brast; *give sby the cold* ~, se *cold; put one's* ~ *to the wheel* tage energisk fat, lægge kræfterne i, lægge sig i selen; ~ *out* skubbe ud, trænge ud.

shoulder| bag skuldertaske, svingtaske. ~ **blade,** ~ **bone** skulderblad. ~ **knot** skuldersløjfe. ~ **strap** skulderstrop.

shouldn't [ʃudnt] *fk should not.*

shout [ʃaut] *vb* råbe, bruge mund; *sb* råb; ~ *at* råbe efter, råbe ind i hovedet på; *don't* ~ *at me!* du behøver ikke at råbe! jeg er ikke døv! ~ *down* overdøve, bringe til tavshed; ~ *for* råbe på, råbe efter; ~ *of laughter* latterbrøl; ~ *with laughter* brøle af latter; *my* ~ T det er min omgang.

shouting ['ʃautiŋ] *sb* råben; *it's all over but (el. bar) the* ~ det er så godt som afgjort; *within* ~ *distance of (am)* så nær man kan råbe til.

shove [ʃʌv] *vb* skubbe, puffe; *sb* skub, puf; ~ *off* støde fra land; ~ *off!* skrub af! *let us* ~ *off* T lad os se at komme af sted.

shovel [ʃʌvl] *sb* skovl; *vb* skovle; ~ *hat* (engelsk) præstehat (med bred, på siderne opadbøjet skygge).

shovel(l)er ['ʃʌv(ə)lə] *sb zo* skeand.

I. show [ʃəu] *sb* udstilling *(fx flower* ~*); (teat etc)* (varieté)forestilling, revy, teater, forlystelse; *(wild beast* ~*)* menageri; (det man ser:) syn, skue *(fx it was a beautiful* ~*),* tegn *(of* på, *fx no* ~ *of fatigue;* (stillen til skue) demonstration *(fx a* ~ *of strength),* opvisning *(fx gym* ~*);* (pralende:) ydre pragt, brilleren; (falsk:) (ydre) skin; *(med.)* tegnblødning; S foretagende; chance *(fx he had no* ~ *at all);*

boss (el. run) the ~ stå for det hele; *do a* ~ T gå til en (teater-, biograf- *etc)* forestilling; *do sth* **for** ~ gøre noget for et syns skyld *(el.* for at brillere, for at det skal tage sig ud); *good* ~*!* bravo! *there is a* ~ **of** *reason in it* der er tilsyneladende noget fornuft i det; ~ *of hands* håndsoprækning *(fx vote by a* ~ *of hands); make a* ~ *of doing sth* lade som om man gør noget *(fx he made a* ~ *of not hearing me); be* **on** ~ være udstillet; **put up** *a good (, poor)* ~ klare sig godt (, skidt).

II. show [ʃəu] *vb (showed, shown)* vise, forevise, fremvise; (på udstilling) udstille; (om plads, værelse) anvise; *(fig)* vise; opvise; lægge for dagen *(fx a noble spirit);* (bevise *etc)* påvise, godtgøre *(fx they have -n* *the presence of arsenic in the body);* (uden objekt) vise sig; kunne ses *(fx the scar does not ~);* (om film) blive vist, gå;

~ *one's* **face** *(el. head)* vise sig, lade sig se; *what have I got to ~* **for** *it?* hvad har jeg (fået) ud af det? ~ *one's* **hand** *(fig)* bekende kulør; røbe sine planer; ~ *one's* **heels,** ~ *a clean pair of heels* stikke af, flygte; *that* **just** *(el. only) -s (what the real situation is)* der kan man se (hvordan det virkelig forholder sig); ~ **off** vise frem, gøre sig vigtig med; brillere, vise sig, vigte sig; ~ **out** føre ud; vise ud; ~ **round** vise om i *(fx* museum); ~ **up** afsløre, udlevere; træde tydeligt frem; T vise sig, møde op; gøre flov.

show|bill reklameplakat. ~ **biz** S = ~ *business.* **-boat** teaterbåd. ~ **box** perspektivkasse. **-bread** skuebrød. ~ **business** *(omtr)* forlystelsesbranchen. ~ **card** reklameplakat. **-case** montre, glasskab, udstillingsskab; (foran butik) udhængsskab; *it was a ~ for (fig)* det gav *anledning til at fremvise (el.* demonstrere *(fx his talents).* ~ **copy** (film) færdig kopi.

showdown ['ʃəudaun] *sb* det at lægge kortene på bordet; *(fig)* opgør; styrkeprøve; *force a ~ (ogs)* tvinge modparten til at bekende kulør.

shower ['ʃauə] *sb (ogs fig)* byge, regn *(fx of blows);* (bad:) brusebad, styrtebad, douche; S (om personer) samling, bande, slæng; *vb* regne, lade regne; *(fig)* overøse *(fx the audience -ed him with flowers);* overvælde.

shower bath brusebad, styrtebad, douche.

showery ['ʃauəri] *adj* byget, regnfuld.

showgirl ['ʃəugə:l] *sb* korpige, kvindelig statist.

showing ['ʃəuiŋ] *sb* fremvisning, forevisning; udstilling; *make a good ~* gøre et godt indtryk; *a poor financial ~* en dårlig økonomi (efter regnskaberne at dømme); *on their own ~* efter deres eget udsagn; *on present ~* så vidt man kan se nu.

showman ['ʃəumən] *sb* foreviser; teltholder; teaterdirektør; reklamemager.

shown [ʃəun] *pp* af *show.*

show|-off ['ʃəuɔf] *sb* brilleren, vigten sig; T vigtigpeter, blære, *(vulg)* blærerøv. **-piece** udstillingsgenstand; *(fig)* mønster. **-place** seværdighed. **-room** udstillingslokale; demonstrationslokale.

showy ['ʃəui] *adj* pralende, som gerne vil vise sig; som tager sig ud.

shrank [ʃræŋk] *præt* af *shrink.*

shrapnel [ʃræpnl] *sb* shrapnel, granatkardæsk(er); sprængstykker, granatsplinter.

shred [ʃred] *vb* skære i strimler; *sb* stump, trævl, strimmel; *not a ~ of evidence* ikke antydning af bevis; *-ded wheat* (hvede behandlet som cornflakes).

shredder ['ʃredə] *sb* råkostjern; (til papir) makuleringsmaskine.

I. shrew [ʃru:] *sb zo* spidsmus.

II. shrew [ʃru:] *sb* arrig kvinde, rappenskralle, xanthippe; *The Taming of the Shrew* 'Trold kan tæmmes'.

shrewd [ʃru:d] *adj* skarpsindig, kløgtig, dreven *(fx he was ~ but not wise);* skarp *(fx wind, tongue, observer),* hvas; *a ~ idea, a ~ suspicion* en lumsk mistanke; *he -ly suspects that* han har en lumsk mistanke om at.

shrewish ['ʃru:iʃ] *adj* arrig.

Shrewsbury ['ʃru:zbri, 'ʃrəuzbri].

shriek [ʃri:k] *sb* skrig, hyl, hvin; *vb* skrige, hyle, hvine; ~ *with laughter* hyle af latter.

shrievalty ['ʃri:vlti] *sb* (sheriffs embede).

shrift [ʃrift] *sb (glds)* skriftemål; *give them short ~ (fig)* gøre kort proces med dem.

shrike [ʃraik] *sb zo* tornskade.

shrill [ʃril] *adj* skingrende, gennemtrængende, skarp; *vb* hvine.

shrimp [ʃrimp] *sb zo* reje; *(fig)* splejs; *vb* fange *(el.* stryge) rejer.

shrine [ʃrain] *sb* helgenskrin, helgengrav, helligdom, alter.

I. shrink [ʃriŋk] *vb (shrank, shrunk)* skrumpe ind, svinde ind, (få til at) trække sig sammen; (om tøj) (få til at) krybe, krympe, dekatere; (af frygt *etc)* vige tilbage, gyse tilbage *(from* for); ~ *from* (af modvilje) kvie sig ved, søge at unddrage sig; ~ *on (tekn)* krympe på.

II. shrink [ʃriŋk] *sb* = *shrinkage;* (især *am, spøg.)* psykiater, psykoanalytiker; (tøj:) ærmeløs bluse, vest.

shrinkage ['ʃriŋkidʒ] *sb* svind; sammenskrumpning; krympning; ~ *crack* svindrevne.

shrink fitting *(tekn)* krympepasning.

shrinkproof ['ʃriŋkpru:f] *adj* krympefri.

shrive [ʃraiv] *vb (shrove, shriven) (glds)* tage i skrifte.

shrivel [ʃrivl] *vb* skrumpe ind, blive rynket; visne; (med objekt) gøre rynket, få til at visne (, skrumpe ind); *-led (ogs)* rynket, runken.

shriven [ʃrivn] *pp* af *shrive.*

shroff [ʃrɔf] *sb* (i Østen) indfødt møntekspert, bankier, vekselerer; *vb* undersøge (mønter for ægthed).

shroud [ʃraud] *sb* ligklæder, liglagen; *(fig)* dække, slør *(fx of mist, of mystery); (mar.)* vant; *vb* iføre ligklæder; *(fig)* tilhylle, dække, indhylle.

I. shrove [ʃrəuv] *præt* af *shrive.*

II. Shrove [ʃrəuv]: *Shrove Monday* fastelavnsmandag; *Shrove Tuesday* hvidetirsdag.

Shrovetide ['ʃrəuvtaid] fastelavn.

shrub [ʃrʌb] *sb* busk, krat; *vb* rydde for krat.

shrubbery ['ʃrʌbəri] *sb* buskads.

shrubby ['ʃrʌbi] *adj* busket.

shrug [ʃrʌg] *sb* skuldertræk; *vb: he -ged his shoulders* han trak på skuldrene; ~ *off* afvise med et skuldertræk; trække på skulderen ad *(fx an insult);* ryste af.

shrunk [ʃrʌŋk] *pp* af *shrink.*

shrunken ['ʃrʌŋkən] *adj* indskrumpet.

shuck [ʃʌk] (især *am) sb* skal, bælg, has; *vb* afskalle, bælge; ~ *(off) one's clothes* trække tøjet af.

shucks [ʃʌks] *interj* (især *am)* vrøvl; skidt med det; uha; *not worth ~* ikke en disse værd.

shudder ['ʃʌdə] *vb* gyse; skælve; *sb* gysen, skælven.

shuffle [ʃʌfl] *vb* blande, vaske (kort); rode; komme med udflugter; sno sig *(fx out of a difficulty);* (om gang) sjokke, slæbe på benene, slæbe benene efter sig; *sb* kortblanding; kneb, udflugter; (om gang) sjokken, slæben på benene; ~ *one's feet* flytte benene frem og tilbage, sidde uroligt med *(el.* stå uroligt på) benene; slæbe på benene; ~ *off* frigøre sig for; skubbe fra sig *(fx the responsibility);* trække af *(fx one's clothes);* (om gang) sjokke af (sted); ~ *through one's work* jaske sit arbejde af.

shuffler ['ʃʌflə] *sb* kortblander; lurendrejer.

shun [ʃʌn] *vb* sky, undgå; ~ *sby like poison* sky en som pesten.

'shun [ʃʌn] *fk attention (mil.)* ret!

shunt [ʃʌnt] *vb (jernb)* skifte (ind på et sidespor), rangere; *(fig)* skubbe fra sig; lægge til side; *sb (jernb)* rangering; *(elekt)* shunt (gren af strømledning).

shunter ['ʃʌntə] *sb (jernb)* rangerlokomotiv.

shunting yard *(jernb)* rangerbanegård, rangerterræn.

shush [ʃʌʃ] *interj* ssch, tys; *vb* tysse (på).

shut [ʃʌt] *vb (shut, shut)* lukke, lukkes; *adj* lukket; ~ *one's face (el. head)* S holde kæft; ~ **down** lukke, standse arbejdet; ~ **in** lukke inde; ~ *one's finger in the door* få fingeren i klemme i døren; ~ **off** lukke for *(fx the water, the gas);* lukke ude *(from* fra); ~ **out** lukke ude; ~ **up** holde kæft, tie stille; få til at tie stille, lukke munden på; lukke fast i; lukke *(el.* spærre) inde; ~ *up a house* aflåse og forlade et hus; ~ *up shop* lukke forretningen, ophøre at drive forretning, lukke butikken; holde op; holde fyraften; ~ *up sth in a safe* låse noget inde i et pengeskab.

shutdown ['ʃʌtdaun] *sb* lukning.

shut-eye ['ʃʌtai] *sb* S lur, 'en lille en på øjet'.

shutter ['ʃʌtə] *sb* skodde; *(fot)* lukker; *vb* lukke med vinduesskodder; *put up the -s (fig)* holde fyraften, lukke forretningen.

shuttle [ʃʌtl] *sb* (i væv) skyttel; (i symaskine) skytte, spole; regelmæssig fly-, tog- *etc* forbindelse; se også *shuttlecock; vb* bevæge sig (, fare) frem og tilbage; transportere (, blive transporteret) frem og tilbage.

shuttle|cock *sb* fjerbold, badmintonbold. ~ **diplomacy** penduldiplomati. ~ **service** pendultrafik.

I. shy [ʃai] *adj* sky, forlegen, genert, undselig, frygtsom; *be* ~ *(am)* mangle *(fx he was $ 20 ~), be ~ of* genere sig for; *fight ~ of,* se *I. fight; once bitten twice* ~ af skade bliver man klog; brændt barn skyr ilden.

II. shy [ʃai] *vb* blive sky; *sb* spring til siden; galskab; ~ *at* blive sky for; *(fig)* vige tilbage for, vægre sig ved.

III. shy [ʃai] *vb* kaste, smide *(fx a stone at sby); sb* kast (med en bold eller en sten); T forsøg.

Shylock ['ʃailɔk] (person hos Shakespeare; ågerkarl).

shyster ['ʃaistə] *sb (am* T) vinkelskriver, lommeprokurator.

Siam ['saiæm] Siam.

Siamese [saiə'mi:z] *sb* siameser; siamesisk; *adj* siamesisk.

Siberia [sai'biəriə] Sibirien.

Siberian [sai'biəriən] *adj* sibirisk; ~ *crab (bot)* paradisæble.

sibilant ['sibilənt] *adj* hvislende; *sb* hvislelyd.

sibilation [sibi'leiʃn] *sb* hvislen.

siblings ['sibliŋz] *sb pl* søskende.

sibyl ['sib(i)l] *sb* sibylle, spåkvinde.

Sibylline [si'bilain] *adj* sibyllinsk.

sic [sik] sic! (ɔ: således står der virkelig).

siccative ['sikətiv] *sb* sikkativ, tørremiddel.

Sicilian [si'siljən] *adj, sb* siciliansk; *sb* sicilianer.

Sicily ['sisili] Sicilien.

I. sick [sik] *adj* (foran *sb)* syg; sygelig *(fx look);* (om vittighed) syg, makaber; **be** ~ være dårlig, have kvalme; kaste op; *(am)* være syg; **be** ~ **for** *(fig)* være syg efter; **be** ~ **of** *(fig)* være led og ked af; **go** *(el. report)* ~ *(mil.)* melde sig syg; *it* **makes** *me* ~ jeg får kvalme af det; **turn** ~ blive dårlig, få kvalme.

II. sick [sik] *sb* opkast, bræk.

III. sick [sik] *vb* T kaste op; ~ *a dog on sby* pudse en hund på en; ~ *him!* puds ham! ~ *up* T kaste op.

sick| bay infirmeri; (på kostskole *etc)* sygeafdeling; *(mar)* sygelukaf. **-bed** *(litt)* sygeseng, sygeleje. ~ **club** sygekasse.

sicken ['sik(ə)n] *vb* blive syg, få kvalme, føle lede *(at* ved); (med objekt) give kvalme, gøre syg; *be -ing for* være ved at blive syg af.

sickening *adj* kvalmende, til at blive syg af; modbydelig.

sick headache *(am)* hovedpine og kvalme, migræne.

sickle [sikl] *sb* segl, krumkniv.

sick leave sygeorlov.

sick list sygeliste; *on the* ~ sygemeldt, syg.

sickly ['sikli] *adj* sygelig, svagelig; usund *(fx complexion),* mat, bleg, syg *(fx smile);* (som giver kvalme:) vammel, kvalmende *(fx smell);* modbydelig; *adv* sygt *(etc,* se *sick).*

sickness ['siknəs] *sb* sygdom; ildebefindende; kvalme.

sickroom ['sikru(:)m] *sb* sygeværelse.

sick-out ['sikaut] *sb* organiseret sygefravær som pressionsmiddel.

I. side [said] *sb* side *(fx left ~; right ~; the ~ of the road); (pol etc)* parti *(fx vote for a ~);* (i sport) hold *(fx a soccer ~);* ~ *of bacon* flæskeside; **on** *the* ~ *(ogs)* ekstra, ved siden af; *on the large (, small)* ~ ret stor (, lille); i overkanten (, underkanten); *on the other* ~ på den anden side; (på papir *ogs)* omstående; **pick** *-s* (i leg) vælge hold; **put on** ~ T vigte sig, spille vigtig; **take** *-s* tage parti *(with* for).

II. side [said] *vb:* ~ *with sby* tage éns parti, holde med én.

side| arms *pl* sidevåben. **-board** skænk, anretterbord, buffet; *-boards pl* (små) bakkenbarter. ~ **box** sideloge. **-burns** *pl (am)* små bakkenbarter. **-car** sidevogn (til motorcykel). ~ **dish** mellemret. ~ **effect** bivirkning. ~ **-face** i profil. **-head** *(typ)* marginalrubrik. ~ **issue** underordnet spørgsmål. **-kick** *(am* S) hjælper, partner, kammerat. **-light** sidelys; *(fig)* strejflys *(fx throw a -light on sth);* (på bil) sidelygte; *(mar)* sidelanterne.

sideline ['saidlain] *sb* bierhverv, ekstrajob, ben; (i sport) sidelinie; *from the -s it looked as if (fig)* for en tilskuer *(el.* udefra) så det ud som om; *stay on the -s* ikke deltage, nøjes med at være tilskuer.

side| long *adv* sidelæns, side-, skrå-, til siden. ~ **meat** *(am* T) salt flæsk. **-note** randbemærkning.

sidereal [sai'diəriəl] *adj* stjerne- *(fx day, year).*

side|saddle damesadel. **-show** ekstraudstilling, (mindre) del af udstilling; (på marked) forlystelse; *(fig)* biting, underordnet foretagende.

sideslip *vb* glide sidelæns, skride (ud); *sb* udskriden; *(flyv)* sideglidning; vingeglidning; *(fig)* fejltrin, uægte barn.

sidesman ['saidzmən] *sb* kirkebetjents hjælper.

side| -splitting *adj* til at revne af latter over. **-step** *sb* (i boksning) skridt (, spring) til siden, sidelæns skridt; *vb* foretage et skridt (, spring) til siden; vige til side; *(fig)* undgå, gå uden om *(fx a problem).* **-stroke** (armtag i) sidesvømning. **-swipe** *vb* (om bil) strejfe, skrabe hen ad *(fx a parked car),* ramme i siden; *sb* strejfen; sideværts sammenstød; strejfende slag; *(fig)* hib; *take a* ~ *at (fig)* lange ud efter. **-track** *sb (jernb)* sidespor, vigespor; *vb* rangere ind på sidespor, *(fig)* skubbe til side; bringe på afveje, aflede. **-walk** sidegang (i teater); (især *am)* fortov. **-walk artist** *(am)* fortovsmaler. **-wards** ['saidwədz], **-ways** ['saidweiz] *adv* sidelæns, skævt, skråt, til siden. ~ **whiskers** *pl* bakkenbarter. ~ **-wind** sidevind; *(fig)* indirekte indflydelse; *by a* ~ *-wind* ad indirekte vej.

siding ['saidiŋ] *sb (jernb)* sidespor, vigespor; (på hus) (udvendig) beklædning.

sidle [saidl] *vb* gå sidelæns, gå i skrå retning; nærme sig *(el.* gå) beskedent og genert, kante sig.

siege [si:dʒ] *sb* belejring; (især *am, fig)* vedholdende angreb (af sygdom); anstrengende tid, streng periode; *lay* ~ *to* belejre; *raise the* ~ hæve belejringen.

siege| economy økonomisk system der tilstræber selvforsyning (ved importbegrænsning *etc).* ~ **train** belejringstræn, belejringsudstyr.

siesta [si'estə] *sb* siesta, middagssøvn.

sieve [siv] *sb, vb* si, sigte.

sift [sift] *vb* sigte; strø, drysse; *(fig)* undersøge nøje, efterprøve grundigt; ~ *out* sigte fra.

sifter ['siftə] *sb* sigte; strødåse.

sifting ['siftiŋ] *sb* sigtning; *-s* frasigtede dele.

sigh [sai] *vb* sukke; *sb* suk; *fetch (el. heave, draw) a deep* ~ udstøde et dybt suk; ~ *for* sukke efter; sukke over; *heave a* ~ *of relief* drage et lettelsens suk.

I. sight [sait] *sb* syn, synsevne, synskreds; (på skydevåben) sigte, sigtemiddel; *(mar)* observation; *(merk,* om veksel) sigt; (det man ser:) syn, skue, seværdighed, syn for guder; T en hel masse *(fx a ~ of money); a (damn) ~ too clever* T alt for smart;

catch ~ *of* se et glimt af; få øje på; *get (el. gain)* ~ *of* få øje på, få i sigte *(fx land); have one's -s on (fig)* have i kikkerten; *keep* ~ *of* holde øje med; *look a* ~ se forfærdelig ud; *lose one's* ~ miste synet; *lose* ~ *of* tabe af syne; *lower one's -s (fig)* slå af på fordringerne; *raise one's -s (fig)* sætte fordringerne op; stile højere; *set one's -s on (fig)* sigte efter, stile efter; *take*

~ tage sigte, sigte; *take a* ~ foretage en observation; *(forb* med *præp)* **after** ~ *(merk,* om veksel) efter sigt; **at** ~ straks; *(merk,* om veksel) ved sigt, a vista; *(mus.)* fra bladet *(fx play at* ~*); love at first* ~ kærlighed ved første blik; *at the* ~ *of* ved synet af; *know* **by** ~ kende af udseende; *a* ~ **for** *sore eyes* et herligt syn; **from** ~ *(mus.)* fra bladet; **in** ~ i sigte; for øje; *be in* ~ *of* have i sigte; *come in* ~ *of* få i sigte; *come* **into** ~ komme til syne, blive synlig; *shoot* **on** ~ skyde uden varsel; **out of** ~ ude af syne; *out of* ~, *out of mind* ude af øje, ude af sind; **within** ~ inden for synsvidde.

II. sight [sait] *vb* få øje på, få i sigte *(fx land);* observere *(fx a star);* sigte på; (om kanon *etc)* indstille, rette.

sight draft sigtveksel.

sighted ['saitid] *adj* seende *(mods* blind); *-sighted* -seende, -synet *(fx keen-sighted, short-sighted).*

sighting shot prøveskud.

sightless ['saitləs] *adj* blind.

sightly ['saitli] *adj* køn, net, tækkelig.

sight|-reader: *be an excellent* ~ *-reader* spille *(el.* synge) udmærket fra bladet. **-reading** det at spille *(el.* synge) fra bladet. **-seeing** *adj* på jagt efter seværdigheder; *sb* rundtur til seværdigheder; *go -seeing* se på seværdigheder. **-seer** turist. ~ **unseen** *(merk)* ubeset.

I. sign [sain] *sb* tegn; mærke; (symbol:) sindbillede, symbol; (på kort) signatur, tegn; (vej-, kro- *etc)* skilt; færdselstavle; *(mat.)* fortegn; *(astr)* tegn (i dyrekredsen), himmeltegn; *illuminated (el. electric)* ~ lysreklame.

II. sign [sain] *vb* gøre tegn *(to* til); slå kors for; underskrive, signere; skrive kontrakt *(to* om at); engagere; ~ *articles* tage hyre;

(forb med *præp, adv)* ~ **away** fraskrive sig; ~ **for** skrive kontrakt om; ~ **off** (i kortspil) melde af, vise af; *(fig)* T slutte, gå hjem; (i radio) afmelde en udsendelse; (ved sendetidens afslutning, svarer til) sige godnat; ~ *off on (am)* godkende; ~ **on** engagere, ansætte, forhyre, påmønstre; tage ansættelse, blive forhyret, tage hyre *(fx* ~ *on as cook);* melde sig arbejdsløs, (i radio) annoncere udsendelsernes begyndelse, sige godmorgen; ~ *on for a job* påtage sig et arbejde; ~ **up** påtage sig et arbejde; lade sig hverve; engagere; *(mil.)* melde sig til militærtjeneste; (se også ~ *on).*

signal [signl] *sb* signal; *vb* signalere; give tegn; *adj* udmærket; eklatant *(fx victory).*

signal box *(jernb)* signalpost, signalhus.

signalize ['signəlaiz] *vb* fremhæve, udmærke.

signaller ['signələ] *sb (mil.)* forbindelsesmand; se også *signalman.*

signalman ['signlmən] *sb (jernb)* signalmand, signalpasser; *(mar)* signalgast.

signatory ['signətri] *sb* underskriver; *adj* underskrivende; *the* ~ *powers* signatarmagterne.

signature ['signətʃə] *sb* underskrift; *(mus.)* fortegn; *(typ)* signatur (på ark); *(am:* på recept) signatur, brugsanvisning.

signature tune kendingsmelodi.

signboard ['sainbɔ:d] *sb* skilt; *(mar)* navneskilt.

sign digit (i edb) fortegnsciffer.

signet ['signət] *sb* signet; segl.

significance [sig'nifikəns] *sb* vigtighed, betydning; (i statistik) signifikans; (i edb) vægt.

significant [sig'nifikənt] *adj* betydningsfuld, betegnende; (meget) sigende; (i statistik) signifikant; ~ *digits* (i edb) betydende cifre.

signification [signifi'keiʃn] *sb* betydning.

significative [sig'nifikətiv] *adj* betegnende.

signify ['signifai] *vb* betyde, betegne, tilkendegive; have betydning.

sign manual stadfæstende underskrift på dokument.

sign|post ['sainpəust] *sb* vejviser (skilt), vejskilt; *vb* opsætte vejskilte på (, ved); markere med skilte, *(fig)* gøre tydeligt opmærksom på, markere. **-writer** *sb* skiltemaler.

Sikh [si:k] *sb* sikh (medlem af indisk folkegruppe).

silage ['sailidʒ] *sb (agr)* ensilage.

Silas ['sailəs].

sild [sild] *sb* småsild på dåse.

silence ['sailəns] *sb* stilhed, tavshed; stille! *vb* bringe til tavshed, bringe til at tie, gøre tavs; *(tekn)* støjdæmpe; *keep (el. observe)* ~ tie; ~ *gives consent* den der tier samtykker.

silencer ['sailənsə] *sb* støjdæmper, lyddæmper; (på motorkøretøj *ogs)* lydpotte.

silent ['sailənt] *adj* tavs; stille, lydløs; stum; *sb* stumfilm; *be* ~ tie; ~ *as death* tavs som graven; ~ *butler* smulebakke; ~ *film* stumfilm.

Silesia [sai'li:ziə, si'li:ziə] Schlesien.

silhouette [silu'et] *sb* silhouet, omrids; *vb* tegne i silhouet; silhouettere; *be -d against the sky* tegne sig i silhouet mod himlen.

silhouette target figurskive.

silica ['silikə] *sb* kiselsyreanhydrid, kiseljord.

silicate ['silikət] *sb* silikat, kiselsurt salt.

siliceous [si'liʃəs] *adj* kiselholdig, kisel-.

silicic [si'lisik] *adj (kem):* ~ *acid* kiselsyre.

silicon ['silikən] *sb (kem)* silicium.

silicosis [sili'kəusis] *sb (med.)* silikose.

silk [silk] *sb* silke, silkestof, silkegarn; *(jur)* silkekappe; *take* ~ anlægge silkekappen (blive *King's (, Queen's) Counsel).*

silk cotton silkebomuld, kapok.

silken ['silk(ə)n] *adj* silkeagtig, silkeblød; (om stemme) (silke)blød, indsmigrende; *(litt)* af silke, silke-.

silk| moth *zo* silkesommerfugl. ~ **-screen printing** silketryk, serigrafi. **-worm** *zo* silkeorm.

silky ['silki] *adj* silkeagtig, silkeblød, silkeglinsende; (om stemme) (silke)blød, indsmigrende.

sill [sil] *sb (doorsill)* tærskel, dørtrin; *(windowsill)* (under)karm, (udvendig:) sålbænk; (under væg) fodrem

silly ['sili] *adj* tosset, tåbelig, dum; *sb* tossehoved, fæ; *knock sby* ~ slå en bevidstløs; *the* ~ *season (glds)* agurketiden (den for pressen døde tid).

silo ['sailəu] *sb* silo; raketsilo.

silt [silt] *sb* silt, slam, mudder, dynd, slik; *vb* mudre til; ~ *up* fyldes med slam; mudre til; ~ *through* sive igennem.

silvan ['silvən] *adj* skovrig, skov-.

silver ['silvə] *sb* sølv *(ogs* om penge); sølvtøj; *adj* af sølv, sølvfarvet; *vb* forsølve; belægge med folie, foliere.

silver| birch *(bot)* vortebirk. ~ **eel** *zo* blankål. ~ **fir** ædelgran. **-fish** *zo* sølvkræ. ~ **fox** sølvræv. ~ **gilt** sølvforgyldning. ~ **-grey** *adj* sølvgrå. ~ **-haired** *adj* med sølvgråt hår. **-ing** forsølvning. ~ **jubilee** 25 års jubilæum. ~ **leaf** bladsølv. **-lining** se *cloud.* ~ **plate** sølvplet; sølvtøj. ~ **-plate** *vb* forsølve. ~ **screen:** *the* ~ *screen* det hvide lærred. **-side** (af kød) lårtunge. ~ **spoon** sølvske; *be born with a* ~ *spoon in one's mouth* fødes med en sølvske i munden (ɔ: i en rig familie). ~ **standard** sølvmøntfod. **-tongued** *adj* veltalende. **-ware** sølvtøj. ~ **wedding** sølvbryllup. **-weed** *(bot)* gåsepotentil.

silvery ['silvri] *adj* sølvklar, sølvagtig.

silver-Y moth *zo* gammaugle (natsværmer).

simian ['simiən] *adj* abelignende.

similar ['similə] *adj* lignende, ligedannet; *be* ~ *to* ligne; ~ *angled* ensvinklet.

similarity [simi'læriti] *sb* lighed.

simile ['simili] *sb* lignelse, sammenligning.

similitude [si'militju:d] *sb* lighed, ligedannethed; sammenligning.

simmer ['simə] *vb* koge ved en sagte ild, småkoge, snurre; *sb (am)* kogning ved sagte ild; ~ *down* kog

ind; *(fig)* T falde til ro.
simoleon [si'məuliən] *sb (am* S*)* dollar.
Simon ['saimən].
simony ['saiməni] *sb* simoni (handel med gejstlige embeder).
simoom [si'mu:m] *sb* samum (tør hed ørkenvind).
simp [simp] *sb* S fjols.
simper ['simpə] *vb* smile affekteret, smiske, grine; *sb* dumt smil.
simple [simpl] *adj* enkel, simpel, klar, ukompliceret, usammensat; (om person) jævn og ligefrem, ukunstlet; troskyldig, naiv; enfoldig *(fx ~ as doves); sb (glds)* lægeplante; *it is a ~ fact* det er ganske enkelt en kendsgerning; *live the ~ life* leve primitivt.
simple| addition addition af ubenævnte tal. ~ **equation** *(mat.)* ligning af første grad. ~ **-hearted** *adj* åben, oprigtig, ærlig, ukunstlet. ~ **interest** simpel rente. ~ **-minded** *adj* troskyldig, enfoldig, naiv.
Simple Simon dummepeter.
simpleton ['simpltən] *sb* tåbe, dumrian.
simplicity [sim'plisiti] *sb* simpelhed, jævnhed, ligefremhed; enfoldighed.
simplification [simplifi'keiʃn] *sb* forenkling.
simplify ['simplifai] *vb* forenkle, simplificere.
simplism ['simplizm] *sb* overforenkling; naivitet.
simplistic [sim'plistik] *adj* overforenklet, naiv.
simply ['simpli] *adv* kun, bare, udelukkende *(fx he does it ~ for the money);* simpelt hen *(fx ~ wonderful);* enkelt, jævnt (etc, se *simple).*
simulacrum [simju'leikrəm] *adv* humbugsagtig efterligning, skin *(fx the ~ of a democracy).*
simulate ['simjuleit] *vb* give det udseende af at man har *(fx knowledge),* foregive *(fx an interest),* simulere, hykle *(fx enthusiasm);* fingere; efterligne, (fremstille til at) ligne; *~ illness (, innocence, virtue)* stille sig syg (, uskyldig, dydig) an; *-d (ogs)* imiteret; *~ weapon* attrap.
simulation [simju'leiʃn] *sb* forstillelse.
simulcast ['siməlka:st] *vb* sende samtidig i radio og TV; *sb* fællesudsendelse.
simultaneity [siməltə'niəti] *sb* samtidighed.
simultaneous [siməl'teinjəs] *adj* samtidig; simultan- *(fx translation).*
sin [sin] *sb* synd, forsyndelse; *vb* synde, forsynde sig *(against* imod); *for my -s* for mine synders skyld; *it is a ~ and a shame* det er synd og skam; *hate sby like ~* hade en som pesten; *it was raining like ~* det plaskregnede; *live in ~* leve sammen uden at være gift; *as ugly as ~* grim som arvesynden.
Sinai ['sainiai].
sin bin (i skole) periodeklasse, obsklinik; (i ishockey) straffeboks.
since [sins] *adv, præp, conj* siden; eftersom; *ever ~* lige siden; *long ~* for længst; *many years ~* for mange år siden.
sincere [sin'siə] *adj* oprigtig; *yours -ly* med venlig hilsen (ɔ: brevunderskrift).
sincerity [sin'seriti] *sb* oprigtighed.
sine [sain] *sb (mat.)* sinus.
sinecure ['sainikjuə, 'sinikjuə] *sb* sinecure, embede uden embedspligter.
sine die ['saini'daii(:)] på ubestemt tid.
sine qua non ['sainikwei'nɔn] betingelse, forudsætning.
sinew ['sinju:] *sb* sene; *-s pl (fig)* kraft *(fx moral -s);* vigtig(ste) støtte, nødvendig forudsætning, livsnerve; *the -s of war* (penge og krigsfornødenheder).
sinewy ['sinjui] *adj* senestærk, kraftig.
sinful ['sinf(u)l] *adj* syndig.
sing [siŋ] *vb (sang, sung)* synge; lade sig synge; *my ears are -ing* det ringer for mine ører; *the kettle is -ing* kedlen snurrer; *~ another song (el. tune) (fig)* anslå en mere beskeden tone; *~ out* T råbe højt; *~ small* T stemme tonen ned, stikke piben ind.
sing along ['siŋəlɔŋ] *sb* komsammen med fællessang; *have a ~* sidde og synge sammen.
singe ['sin(d)ʒ] *vb* svide; *sb* lettere brandsår; *~ brown* branke.
singer ['siŋə] *sb* sanger, sangerinde.
Singhalese [siŋə'li:z] *sb* singaleser; singalesisk; *adj* singalesisk.
singing| bird sangfugl. ~ **girl** syngepige. ~ **master** sanglærer. ~ **voice** sangstemme.
single [siŋgl] *adj* enkelt, eneste; enkelt- *(fx room); (bot)* enkelt *(fx tulip);* (om person) enlig, ugift; oprigtig, ærlig; *sb* enkeltbillet; enkeltværelse; ugift person; enlig; (grammofonplade:) single; (i tennis) single; *vb* (om planter) udtynde;
~ out udvælge, udpege, udskille; udmærke; *live in ~ blessedness* leve ugift.
single|breasted enradet. ~ **combat** tvekamp. ~ **decker** enetages bus (, sporvogn). ~ **file,** se *I. file.* ~ **-handed** *adj* på egen hånd, alene, ene mand. ~ **-member constituency** enkeltmands(valg)kreds. ~ **-minded** *adj* målbevidst, som kun har et for øje; ærlig, trofast. **-ness** ugift stand; ærlighed, oprigtighed; *-ness of purpose* målbevidsthed. ~ **-phase** *adj (elekt)* enfaset. ~ **-rail track** enskinnebane. ~ **-seater** ensædet flyvemaskine. **-stick** stok (til fægtning).
singlet ['siŋglət] *sb* undertrøje; sportstrøje (uden ærmer, til løber).
singleton ['siŋglt(ə)n] *sb* (i kortspil) enkelt kort (i farven), 'singleton'.
singletree ['siŋgltri:] *sb (am)* svingel (på enspændervogn).
singly ['siŋgli] *adv* enkeltvis; *misfortunes never come ~* en ulykke kommer sjældent alene.
singsong ['siŋsɔŋ] *adj* monoton, drævende; messende; *sb* ensformig tone; monotont stigende og faldende tone, syngende tonefald, messen; komsammen med fællessang; *have a ~* sidde og synge sammen.
singular ['siŋgjulə] *adj* enestående *(fx courage),* overordentlig; særlig, særegen; ualmindelig; besynderlig *(fx clothes); sb* ental, singularis.
singularity [siŋgju'læriti] *sb* særegenhed, besynderlighed.
Sinhalese se *Singhalese.*
sinister ['sinistə] *adj* ildevarslende, uheldsvanger; uhyggelig, dyster, skummel; ond; *(her.)* sinister, heraldisk venstre, i venstre side af våbenskjold (for beskueren til højre); *bend (el. bar) ~ (her.)* skråbjælke (ɔ: tegn på uægte fødsel).
I. sink [siŋk] *vb (sank, sunk)* **1.** synke; **2.** skråne, falde af (om terræn); **3.** synke, blive mindre, tage af; **4.** (om person) synke om, segne (af træthed);
(med objekt) **5.** sænke, lade synke ned *(fx ~ one's head on one's arms),* få til at synke, (om skib) sænke, bore i sænk; **6.** bore (ind) *(fx the cat sank her claws in his arm);* **7.** grave *(fx a well* en brønd), grave ned *(fx a pipe* et rør); **8.** *(fig)* skjule; holde udenfor; glemme *(fx let us ~ our differences),* begrave *(fx let us ~ our enmities);* **9.** (om penge) sætte (fast), anbringe, (så de går tabt:) begrave *(fx he sank his whole capital in that firm);* **10.** formindske, (om gæld) betale af på;
~ **in** *(fig)* T trænge ind (ɔ: i ens bevidsthed) *(fx he waited for his words to ~ in); ~ in his estimation* falde (el. dale) i hans agtelse; ~ **into** trænge ind i *(fx dye -s into the fabric),* bore sig ind i *(fx the knife sank into his arm);* (om person) synke ned i *(fx a chair),* synke hen i *(fx sleep, despair);* ~ **or swim** lad det så briste eller bære; *leave him to ~ or swim* lade ham klare sig som han bedst kan.
II. sink [siŋk] *sb* afløbsrende; (køkken)vask; *(fig)* sump; *a ~ of iniquity* lastens hule.

sinker ['siŋkə] *sb* sænk, lod (i fiskesnøre); *swallow it hook, line, and ~ (fig)* sluge det med hud og hår.
sinking ['siŋkiŋ] *adj* synkende; *he is ~* (om patient) han bliver stadig svagere, han har ikke langt igen; *a ~ feeling* T en sugende fornemmelse i maven (af sult, frygt); *~ fund* amortisationsfond.
sinless ['sinləs] *adj* syndefri.
sinner ['sinə] *sb* synder, synderinde.
Sinn Fein ['ʃin'fein] (et irsk nationalistparti).
Sino- ['sainəu] kinesisk *(fx Sino-American, Sino-Japanese).*
sin-offering ['sinɔfriŋ] *sb* sonoffer.
sino|logist [si'nɔlədʒist] *sb* sinolog (kender af kinesisk sprog og kultur). **-logy** [si'nɔlədʒi] *sb* sinologi (studiet af kinesisk sprog og kultur).
sin taxes *pl (omtr)* giftskatter (ɔ: på tobak, spiritus, spil).
sinter ['sintə] *sb* sinter; *vb* sintre.
sinuosity [sinju'ɔsiti] *sb* bugtethed, bugtning.
sinuous ['sinjuəs] *adj* bugtet *(fx road);* smidig, slangeagtig.
sinus ['sainəs] *sb (anat)* sinus; bihule.
sinusitis [sainə'saitis] *sb* bihulebetændelse.
Sioux [su:, *pl* su:z] *sb* siouxindianer.
sip [sip] *vb* nippe (til); indsuge; *sb* nip.
siphon [saifn] *sb* sifon; hævert; *vb* tappe ved hjælp af en hævert; *(fig)* bortlede, dræne.
sippet ['sipət] *sb* brødterning.
I. sir, Sir [sə:, sə] (høflig tiltaleform, især til overordnede:) min herre, hr. lærer, hr. kaptajn *osv* (ofte oversættes det ikke); bruges også som overskrift i forretningsbreve *(fx (dear) Sir);* som ridder- og baronettitel *(fx Sir John).*
II. sir [sə:] *vb* sige *sir* til *(fx don't sir me).*
sire [saiə] *sb* fader (om dyr, især heste); *(glds)* fader *(fx land of my -s);* ophav; (i tiltale) herre konge; *vb: -d by* (om hest:) faldet efter.
siren ['saiərən] *sb* sirene; *adj* sirene- *(fx song);* lokkende; *the -s are going* sirenerne lyder; der er flyvervarsling.
siren suit flyverdragt.
sirloin ['sə:lɔin] *sb (omtr =)* filet.
sirocco [si'rɔkəu] *sb* scirocco (hed fugtig vind).
sirup ['sirəp] se *syrup.*
sisal [saisl] *sb* sisal; *adj* sisal- *(fx hemp).*
siskin ['siskin] *sb zo* grønsisken.
sissy ['sisi] *sb* T tøsedreng.
sister ['sistə] *sb* søster; nonne; afdelingssygeplejerske; *~ of Charity, ~ of Mercy* barmhjertig søster.
sister| country broderland. **-hood** søsterskab; nonneorden. **~ hooks** *pl (mar)* dyvelskløer. **~ -in-law** svigerinde. **~ -like, -ly** *adj* søsterlig.
Sistine ['sisti:n]: *the ~ Chapel* det Sixtinske Kapel.
Sisyphean [sisi'fi:ən] *adj* sisyfos- *(fx ~ labour).*
Sisyphus ['sisifəs] *(myt)* Sisyfos.
sit [sit] *vb (sat, sat)* sidde; *(parl)* holde møde, være forsamlet *(fx the House will ~ in the autumn);* (på æg) ruge *(fx the hens are -ting);* (om tøj) sidde, passe *(fx the coat doesn't ~ properly);* (med objekt) (om hest) sidde på, (om eksamen) være oppe til, gå op til; *(forb* med *præp, adv) ~* **back** læne sig tilbage i stolen; hvile ud; *(fig)* forholde sig passiv, lægge hænderne i skødet; *~* **down** sætte sig; sætte sig til forhandlingsbordet, forhandle *(with* med); *~ down before a town* belejre en by; *~ down to one's work* koncentrere sig om sit arbejde; *~ down under* finde sig i; *~* **for** *(parl)* repræsentere (en valgkreds) i Parlamentet; *~ for an examination* være oppe (, gå op) til en eksamen; *~ for one's portrait* lade sig male; *~* **in** T være med; være babysitter; *~ in at* besætte *(fx a factory); ~ in for* vikariere for; *~ in on* (især *am)* overvære; *~ in judgement on* sætte sig til doms over; *~* **on** være medlem af *(fx a committee);* undersøge, behandle, holde retsmøde om; S sidde på, holde nede; skære ned, dukke; lade ligge, 'sylte'; *~ on one's hands (am* S*)* forholde sig passiv; *(teat)* ikke klappe; *his losses (, his years) ~* **lightly** *on him* hans tab (, hans alder) synes ikke at tynge ham; *~* **out** blive længere end *(fx another visitor);* (om dans) sidde over, *(fig)* ikke deltage i, holde sig uden for *(fx a war); ~ it out* blive til det er forbi; holde ud; *~ out the concert* blive til koncerten er forbi; *~* **to** *an artist* sidde (model) for en maler; *~* **under** *a minister* høre en præsts prædikener; *~* **up** sætte sig op, sidde op(rejst); sidde oppe; *(fig)* spidse ører; *make sby ~ up* overraske (, forskrække) en, få en til at holde ørerne stive, holde en i ørerne.
sitcom ['sitkɔm] *sb = situation comedy.*
sit-down demonstration sitdownstrejke (demonstration hvorunder demonstranter spærrer vej *etc* ved at sætte sig på den).
sit-down strike sitdownstrejke (strejke hvorunder de strejkende nægter at forlade arbejdspladsen).
site [sait] *sb* beliggenhed; (hvor noget foregår:) sted *(fx the ~ of the accident* ulykkesstedet, *the ~ of the murder* mordstedet), plads; (for byggeri) byggeplads; grund; (hvor hus har været:) tomt *(fx bomb ~; the ~ of the fire); (forst)* voksested; *vb* anbringe, lægge; *(mil.)* bringe i stilling.
sit-in ['sitin] *sb* overtrædelse af adgangsforbud som protest mod raceskel; besættelse (af universitet *etc).*
sitter ['sitə] *sb* (levende) model; babysitter; liggehøne; *(fig)* let mål, let bytte. **sitter-in** *sb* babysitter.
I. sitting ['sitiŋ] *sb* sidden; *(parl)* samling, møde; *(jur)* retssession; *(mht* spisning) servering; (om høne *etc)* rugning, redefuld æg; (models for maler) *have three -s* sidde tre gange; *at one (el. a single) ~ i ét stræk (fx read a book, finish a job) at one ~).*
II. sitting ['sitiŋ] *adj adj* siddende; (om høne *etc)* rugende; ruge- *(fx box, hen); (fig)* let *(fx target).*
sitting| duck *(fig)* let mål, let bytte. **~ room** opholdsstue, dagligstue; siddeplads(er).
situate ['sitʃueit] *vb* anbringe, placere.
situated ['sitʃueitid] *adj* beliggende; *(fig): badly ~* dårlig stillet, ilde stedt; *well ~* velsitueret.
situation [sitʃu'eiʃn] *sb* **1.** situation, forhold, stilling *(fx a difficult ~);* beliggenhed; **2.** plads, stilling *(fx she cannot find a ~); in a fine ~* smukt beliggende; *-s vacant* plads tilbydes; *-s wanted* plads søges.
situation comedy *(radio, TV)* underholdningsserie med gennemgående personer i skiftende humoristiske situationer.
sitz bath sædebad; siddebadekar.
six [siks] (talord) seks; *sb* sekstal; sekser; (i kricket) slag der giver seks points; *it is ~ of one and half a dozen of the other* det er hip som hap; det er ét fedt, det kommer ud på ét; *at -es and sevens* hulter til bulter, i vild forvirring, vildt uenige; *hit them for ~* S banke dem eftertrykkeligt. **six -day bicycle race** seksdagesløb.
sixfold ['siksfəuld] *adj* seksdobbelt.
sixfooter ['siks'futə] *sb* (person der er seks (engelske) fod høj), kæmpekarl.
six|pence ['sikspəns] seks pence; (nu afskaffet mønt) **-penny** [-pəni] *sb* (nu afskaffet mønt); *adj* til seks pence, som koster seks pence. **-pennyworth** *sb* så meget som kan fås for seks pence. **-shooter** seksløber.
sixteen ['siks'ti:n] seksten.
sixteenth ['siks'ti:nθ] *adj* sekstende; *sb* sekstendedel.
sixth [siksθ] *adj* sjette; *sb* sjettedel; *(mus.)* sekst.
sixthly ['siksθli] *adv* for det sjette.
sixtieth ['sikstiəθ] *adj, sb* tresindstyvende(del).
sixty ['siksti] *(num)* tres(indstyve), seksti; *in the sixties* i tresserne.

sixty-four (-thousand) dollar question *(fig)* afgørende spørgsmål; *that's the ~ (ogs)* det er det store spørgsmål.
sizable ['saizəbl] *adj* svær, stor, af anselig størrelse, betydelig, betragtelig.
I. size [saiz] *sb* størrelse; størrelsesorden, omfang *(fx the ~ of his debt);* (om tøj, sko *etc)* nummer *(fx two -s too big);* (om bog, film og *fig)* format; *vb* give en bestemt størrelse; ordne (, sortere) efter størrelse; *try it for ~* T se om det passer en; *that's the ~ of it* T der traf du det; *~ up* danne sig et skøn over, tage bestik af *(fx the situation);* tage mål af *(fig).*
II. size [saiz] *sb* lim, limvand; *vb* lime *(fx* om papir).
sizeable se *sizable.*
-sized [-saizd] af -størrelse *(fx middle-sized* af middelstørrelse).
sized paper limet *(el.* skrivefast) papir.
sizing ['saiziŋ] *sb (cf I. size)* bearbejdning til mål, målslibning, målbearbejdning; sortering (, ordning) efter størrelse; *(cf II. size)* limning; (om tøj) appretering; (i vævning) sletning.
sizzle [sizl] *vb* syde; stege; *sb* syden.
sizzling *adj* stegende (varm).
S. J. *fk Society of Jesus* Jesuiterordenen.
sjambok ['ʃæmbɔk] *sb* flodhestepisk.
Skagerrak ['skægəræk] Skagerrak.
I. skate [skeit] *sb* skøjte; *(am* S*)* slyngel; *zo* skade (art rokke); *get your -s on* S skynd dig.
II. skate [skeit] *vb* løbe på skøjter; *~ on thin ice, se ice; ~ over* gå let hen over.
skateboard ['skeit'bɔ:d] *sb* rullebræt.
skater ['skeitə] *sb* skøjteløber.
skating rink (rulle)skøjtebane.
Skaw [skɔ:]: *the ~* Skagen.
skedaddle [ski'dædl] *vb* T stikke af, fordufte.
skeet shooting skeetskydning (en form for lerdueskydning).
skeg [skeg] *sb (mar)* skeg; *~ rudder* finneror.
skein [skein] *sb* fed, dukke (garn).
skeletal ['skelətl] *adj* skelet-, ben-; *~ structure* benbygning.
skeleton ['skelətn] *sb* skelet, benbygning; *(fig)* kort udkast; *adj* stærkt nedskåret, reduceret til det nødvendigste *(fx ~ staff); ~ in the cupboard (, am: closet)* ubehagelig familiehemmelighed; *worn to a ~* afpillet som et skelet.
skeleton crew *(mar)* stambesætning.
skeletonize ['skelətənaiz] *vb* skelettere; *(fig)* nedskære drastisk; gengive i hovedtræk.
skeleton key hovednøgle, dirk.
skelp [skelp] *vb* T smække, daske.
skep [skep] *sb* stor (vidje)kurv; (halmflettet) bikube.
skeptic *etc,* se *sceptic.*
skerry ['skeri] *sb* skær, klippe.
sketch [sketʃ] *sb* skitse, rids, udkast, grundrids; *(teat)* sketch; *vb* skitsere, tage (, tegne, male) en skitse af.
sketchy ['sketʃi] *adj* skitseret, løst henkastet; *(neds)* overfladisk, mangelfuld, ufyldestgørende; mager.
skew [skju:] *adj* skæv, skrå, vredet; *vb* gøre skæv (, skrå), T vride, dreje, *(fig)* give en (bestemt) drejning *(fx ~ an account); sb* skævhed; *on the ~* på skrå.
skewbald ['skju:bɔ:ld] *adj* broget (om hest).
skewer [skjuə] *sb* pind (til at holde kød sammen under stegning), spilepind; *(spøg)* sabel, „stegespid"; *vb* sætte (kød) sammen med pind; sætte (kød) på pind (ved stegning over bål); spidde *(fx on a bayonet),* gennembore.
skewwhiff ['skju:wif] *adj* T på skrå, forskubbet.
ski [ski:] *sb* ski; *vb* stå (, løbe) på ski.
I. skid [skid] *vb* glide, skride (ud).
II. skid [skid] *sb (cf I. skid)* gliden, skriden, udskridning; (bremse til hjul:) hæmsko; **-s** *pl* slisk; *(mar)* ladebro, (til beskyttelse) skamfilingskasse, (til båd) fartøjsskinner, fartøjsgalger; *(flyv)* ski *(fx mounted on -s); on -s* S på vej ned ad bakke; ved at gå nedenom og hjem; *put the -s under* sætte skub i; få ekspederet *(el.* hældt) ud i en fart; (om foretagende) få forpurret, få til at mislykkes.
skid chain snekæde (til bil).
skid|lid S styrthjelm. ~ **mark** bremsespor, skridspor.
skidoo [ski'du:] *(am) vb* T stikke af; *sb* motorslæde.
skid|pan øvelsesbane for glatførekørsel. ~ **row** *(am* S*)* slumkvarter; tilholdssted for subsistensløse.
skier ['ski:ə] *sb* skiløber.
skiff [skif] *sb (mar)* sjægte (let sejlbåd); lille åben båd; jolle.
skiffle [skifl] *sb* skiffle (form for jazz).
skiing ['ski:iŋ] *sb* skiløb, skisport.
ski jump skihop; hopbakke.
skilful ['skilf(u)l] *adj* dygtig, øvet, behændig.
ski lift skilift.
skill [skil] *sb* dygtighed, færdighed.
skilled [skild] *adj* faglært *(fx worker);* udlært; øvet, dygtig *(in* til); *~ work* arbejde som kræver faglært arbejdskraft.
skillet ['skilit] *sb* kasserolle; *(am)* (stege)pande.
skilly ['skili] *sb* tynd vælling *el.* suppe.
skim [skim] *vb* **1.** stryge *(el.* glide) hen over *(fx a sailing boat -med the lake);* **2.** slå smut med (sten); **3.** skumme *(fx ~ (the cream off) the milk);* **4.** *(ogs: ~ through)* kigge *(el.* løbe) igennem, diagonallæse, lynlæse, skumme, skimme *(fx a page);* **5.** *(am)* dække med et tyndt lag *(fx ice -med the lake);*
(uden objekt) **6.** stryge af sted *(fx the boat -med before the breeze);* **7.** *(am)* dækkes med et tyndt lag.
skimmed milk skummetmælk.
skimmer ['skimə] *sb* skummeske, *(tekn ogs)* skummeskovl; *zo* saksnæb; *(am)* flad stråhat; tætsiddende ærmeløs kjole.
skim milk skummetmælk.
skimming ['skimiŋ] *sb (cf skim)* strygen, gliden; skumning; (om læsning) diagonallæsning, lynlæsning, skumning, skimming; *-s pl* (af)skum.
skimp [skimp] *vb* spinke og spare; være nærig (med), fedte med; *~ sby with (el. in) sth* holde en knapt med noget.
skimpy ['skimpi] *adj* kneben, knap, utilstrækkelig; (om tøj) for lille, stumpet.
I. skin [skin] *vb* **1.** flå *(fx a beaver);* **2.** skrabe (huden af), få hudafskrabninger på *(fx one's knee);* **3.** T tage (tøj) af; **4.** T blanke af, plyndre, flå; **5.** *(mil.* S*)* indberette, knalde; **6.** (uden objekt: om sår) blive dækket med hud, hele, (om mælk) trække skind; *~ a flint* være yderst nærig; *keep one's eyes eyes -ned* have et øje på hver finger, holde skarpt udkig.
II. skin [skin] *sb* **1.** skind, hud; **2.** (på frugt) skræl *(fx of an orange),* skind *(fx of a peach),* (af drue *ogs)* skal; **3.** (på væske) skind *(fx on milk),* hinde; **4.** *(flyv, mar)* klædning; **5.** S gnier; S = *skinhead.*
by *the ~ of one's teeth* med nød og næppe, på et hængende hår; **next to** *the ~* på den bare krop; *it's* **no** *~ off your nose* S det rager ikke dig; *he nearly jumped* **out of** *his ~* T det gav et ordentligt sæt i ham; han fik sit livs forskrækkelse; **risk** *one's ~* vove pelsen; **save** *one's ~* hytte sit skind; *have a* **thick** *~ (fig)* være tykhudet; *have a* **thin** *~ (fig)* være tyndhudet, være sårbar; *get* **under** *sby's ~* ramme ens sårbare punkter; gå en på nerverne, pirre en; gøre et dybt indtryk på en; **with** *a whole ~* helskindet, uskadt.
skin|-deep *adj* overfladisk; som ikke går (så) dybt. ~ **diving** dykning med svømmefødder og maske (men uden iltapparat). ~ **effect** *(elekt)* strømfortrængning. ~ **flick** nøgenfilm, film med nøgenscener; pornofilm. **-flint** gniepind, fedthas. ~ **food** hudcreme. **-ful** sæk-

fuld vin; *he's had a -ful* T han er stangdrukken. ~ **game** svindel; *the ~ game (ogs)* pornobranchen. ~ **grafting** hudtransplantation. **-head** S pilskaldet ung bølle (der bekæmper langhårede).

skink [skiŋk] *sb zo* glansøgle.

skin magazine pornoblad.

skinned [skind] *adj = skint.*

skinner ['skinə] *sb* buntmager; *(am)* T svindler.

skinny ['skini] *adj* radmager; hudagtig; T nærig.

skinny|-dip *vb* bade nøgen. **-dipper** *sb* nøgenbader. **-dipping** *sb* nøgenbadning.

skint [skint] *adj* S blanket af, „flad".

skin|tight *adj* stramtsiddende. ~ **-track** *vb* spore ved hjælp af radar.

skip [skip] *sb* hop, spring; overspringelse (i bøger); container (til affald, til transport af byggematerialer *etc); vb* hoppe, springe, sjippe; springe over, læse med overspringelser, T stikke af (fra); ~ *it!* T skidt med det! ~ *out,* ~ *up* stikke af.

skip| bombing bombning fra lav højde (hvor bomberne rikochetterer). ~ **distance** (radio) springafstand.

skipjack ['skipdʒæk] *sb zo* smælder (insekt).

ski pole *(am)* skistav.

skipper ['skipə] *sb* skipper; *(flyv)* chefpilot; (i sport) holdkaptajn, anfører; en der sjipper; *zo* bredpande; *vb* være skipper *(etc)* (for).

skipping rope sjippetov.

skirl [skə:l] *sb* sækkepibetone; *vb* hvine, skingre.

skirmish ['skə:miʃ] *sb* skærmydsel, forpostfægtning; *(mil.)* patruljekamp, småfægtning, træfning; *vb* kæmpe i spredt orden.

skirmisher ['skə:miʃə] *sb (mil.): -s* soldater i spredt orden, *(glds)* blænkere; *as -s* i spredt orden; *line of -s* skyttekæde.

skirt [skə:t] *sb* nederdel; (frakke)skøde; S skørt, fruentimmer; *-s pl* (også) udkant; *vb* gå *(el.* ligge) langs kanten af; *divided* ~ buksenederdel, skørtebenklæder.

skirting board fodpanel, gulvliste.

ski run løjpe.

skit [skit] *sb* parodi, satirisk *el.* humoristisk sketch.

skitter ['skitə] *vb* glide hen ad overfladen; smutte; *-s sb pl* S diarré, sifonskid.

skittish ['skitiʃ] *adj* kåd, overgiven, overstadig; ustadig, flagrende, koket; (om hest) sky, urolig, nervøs.

skittle [skitl] *sb* kegle; *-s pl* keglespil; S vrøvl; *vb* vælte; ~ *out* (i kricket) besejre let, tromle ned; *life is not all beer and -s* livet er ikke lutter lagkage.

skittle| alley, ~ **ground** keglebane.

skive [skaiv] *vb* S skulke, pjække (fra); (om læder) skærfe.

skiver ['skaivə] *sb* S pjækker, skulker; (om læder) spalt; spaltemaskine.

skivvies ['skiviz] *sb pl* S undertøj.

skivvy ['skivi] *sb* S *(neds)* tjenestepige.

skivy ['skaivi] *adj* S lusket.

skua ['skju:ə] *sb zo* kjove.

skulduggery [skʌl'dʌgəri] *sb* T fup, svindel(nummer).

skulk [skʌlk] *vb* lure; snige sig, luske.

skull [skʌl] *sb* hovedskal, kranium; pandeskal; hjerneskal; dødningehoved; ~ *and crossbones* dødningehoved med to korslagte knogler under (som på piratflag).

skull|cap hue, kalot; *(bot)* skjolddrager. **-guard** beskyttelseshjelm.

skunk [skʌŋk] *sb zo* skunk, stinkdyr; T (gemen) sjover.

sky [skai] *sb* himmel, luft; himmelstrøg *(fx under warmer skies);* vejrlig, klima; *vb* slå (bold) højt op; hænge (billede) højt på væggen; *in the* ~ på himmelen; *praise to the skies* hæve til skyerne.

sky|blue, ~ **-coloured** *adj* himmelblå. **-diving** *sb* faldskærmsudspring med luftakrobatik inden udløsning af faldskærmen.

Skye [skai]: ~ *(terrier)* skyeterrier.

sky-high ['skai'hai] *adj, adv* himmelhøj(t), højt op i luften, helt op i skyerne; *blow* ~ sprænge i luften; *(fig,* om argument *etc)* pille fuldstændig fra hinanden, gendrive totalt, tromle flad.

skyjack ['skaidʒæk] *vb* bortføre, kapre (fly).

skyjacker ['skaidʒækə] *sb* flypirat, flybortfører, flykaprer.

skylark ['skaila:k] *sb zo* sanglærke; *vb* lave sjov.

skylight ['skailait] *sb* skylight, (liggende) tagvindue, ovenlysvindue.

skyline ['skailain] *sb* synskreds, horisont; silhouet (mod himlen).

skypilot ['skaipailət] *sb* S præst, (især) skibspræst.

skyrocket ['skairɔkit] *sb* (signal)raket; *vb* stige, ryge i vejret (om priser); få til at stige.

skyscape ['skaiskeip] *sb* billede i hvilket himmelen er det dominerende motiv; billede med lav horisont.

sky|scraper skyskraber. ~ **sign** tagreklame, lysreklame. **-wards** ['skaiwədz] *adv* til vejrs, op mod himmelen. **-way** luftrute. **-writing** (aeroplans) røgskrift (på himmelen).

slab [slæb] *sb* plade; (sten)flise, stenplade; (af brød, kage) tyk skive, humpel; S operationsbord; stenbord i lighus.

I. slack [slæk] *adj* slap, løs, (om tov *ogs)* slæk; *(mht* kvalitet) sløj, (om person) forsømmelig, efterladende; *(mht* tempo, aktivitet) langsom *(fx pace),* treven, træg, (om periode) stille, død *(fx season), (merk* og om vind) flov; ~ *in stays (mar)* sen i vendingen.

II. slack [slæk] *sb* hviletid, stilstand; (af tov *etc)* løsthængende del, *(mar)* slæk; *(tekn)* slør; (af kul) smuld, kulstøv; *take up the* ~ stramme (reb *etc)* ud; *(mar)* tage ind det løse; *(fig)* få gang i sagerne; udnytte ubrugte ressourcer; (se også *slacks).*

III. slack [slæk] *vb* fire på, slappe; slække på *(fx a rope);* (uden objekt) slappes; (se også *slacken);* ~ *off (mar)* slække; *(fig)* sløje af; ~ *up* sagtne farten, sætte tempoet ned.

slacken ['slæk(ə)n] *vb* slappe, slække; (om tempo) sagtne; (om kalk) læske; (uden objekt) slappes; aftage; (om vind) flove af; *(fig)* sløje af.

slacker ['slækə] *sb* drivert, skulker.

slack rope (til linedanser) slap line.

slacks [slæks] *sb pl* slacks, lange bukser (til dame).

slack tide, slack water stille vande (mellem ebbe og flod).

slag [slæg] *sb* slagge; S dulle, sæk; *vb* blive til slagger; S rakke ned på, nedgøre.

slain [slein] *pp* af *slay.*

slake [sleik] *vb* læske; stille, slukke (tørst); *-d lime* læsket kalk.

slalom ['sla:ləm] *sb* slalom.

slam [slæm] *sb* slag, smæld; (i bridge) slem; *vb* smække; (med objekt) smække med, smække (døren *osv)* i; slå hårdt til *(fx a ball),* (i tennis) smashe; S rakke ned; ~ *the brakes on* hugge bremserne i; ~ *the door on sby* smække døren i for en; ~ *through (am)* jage igennem.

slam-bang [slæm'bæŋ] T *adj* bragende; *(am)* med drøn på, ihærdig, hidsig; *adv* med bulder og brag, tjubang; *(am)* med drøn på, hu-hej.

slammer ['slæmə] *sb* S : *the* ~ spjældet, brummen.

slander ['sla:ndə] *sb* bagtalelse, bagvaskelse, ærekrænkelse (i ord *el.* handling); verbalinjurie; *vb* bagtale, bagvaske.

slanderer ['sla:nd(ə)rə] *sb* bagvasker.

slanderous ['sla:nd(ə)rəs] *adj* bagtalende, ærerørig.

slang [slæŋ] *sb* slang; *vb* T skælde ud.

slanging match skænderi, gensidig udskældning.

slangy ['slæŋi] *adj* slangagtig, slangpræget.

slant [sla:nt] *adj* skrå; *sb* skråning; hældning; T synsvinkel, synspunkt; tendens, drejning; *vb* skråne; give (, have) skrå retning; give en bestemt tendens *(el.* drejning) *(fx ~ the news); on the (el. a) ~* på skrå. **slanted** ['sla:ntid] *adj* skrå; T tendentiøs. **slanting** *adj* skrå *(fx roof)*, hældende.
slantwise ['sla:ntwaiz] *adv* på skrå.
slap [slæp] *vb* slå, klaske; *sb* slag, rap, klaps; *(fig)* tilrettevisning; *adv* pludselig; lige, nøjagtig; *~ down* smække ned; *(fig)* give en skarp tilrettevisning, sætte en stopper for; tage humøret fra; *a ~ in the eye (fig)* en værre afbrænder; *a ~ on the cheek* en lussing.
slap-bang ['slæp'bæŋ] *adv* T med et brag, voldsomt, hovedkulds.
slapdash ['slæpdæʃ] *adj* skødesløs, jasket, sjusket.
slaphappy ['slæphæpi] *adj* T groggy, uklar, sejlende; oprømt, halvfjollet.
slapstick ['slæpstik] *sb* Harlekins stok; *adj* lavkomisk; *~ (comedy)* lavkomisk stykke, falde på halen-komedie.
slap-up ['slæpʌp] *adj* S førsteklasses, flot, prima; *a ~ dinner* en knippel middag.
slash [slæʃ] *vb* (med kniv *etc)* flænge, (om tøj) opskære, opslidse *(fx a -ed sleeve);* (med pisk) piske, give af pisken; *(forst)* rydde; *(fig)* nedskære (drastisk); kritisere skarpt; rakke ned; *sb* piskeslag, hug; flænge; (i tøj) split, slidse; *(fig)* nedskæring; *~ at* hugge efter; *have a ~* S tisse.
slashing ['slæʃiŋ] *adj* (om kritik) sønderlemmende.
slat [slæt] *sb* tremme, liste; (smal:) lamel *(fx* i persienne); *vb* slå, klapre, smække *(fx* om sejl mod mast).
S. lat. *fk South latitude.*
I. slate [sleit] *vb* give en overhaling, kritisere sønder og sammen, hudflette, gennemhegle.
II. slate [sleit] *sb* skifer; tavle; *(am)* kandidatliste; *(fig): a clean ~* et uplettet rygte; *have a ~ loose* T have en skrue løs; *put it on the ~* skrive det (ɔ: på regningen).
III. slate [sleit] *vb* lægge skifertag på; *(am)* opføre på kandidatliste; sætte på programmet, fastsætte, bestemme.
slate| club spareforening. *~* **pencil** griffel. *~* **quarry** skiferbrud.
slater ['sleitə] *sb* skifertækker; T skarp kritiker; *zo* bænkebider.
slather ['sla:ðə] *vb (am)* ødsle med; smøre et tykt lag på; *sb : -s of (am)* masse af; *open ~ (austr)* fritslag.
slattern ['slætən] *sb* sjusket kvinde, sjuskedorte.
slatternly ['slætənli] *adj* sjusket.
slaty ['sleiti] *adj* skiferagtig, skifret, skifergrå.
slaughter ['slɔ:tə] *sb* slagtning; *(fig)* blodbad, myrderi, nedslagtning, mandefald; *vb* slagte; *(fig)* slagte, myrde, nedsable.
slaughterhouse *sb* slagteri; slagtehus.
slaughterous ['slɔ:tərəs] *adj* blodtørstig.
Slav [sla:v] *sb* slaver; *adj* slavisk.
slave [sleiv] *sb* slave, træl; *vb* trælle; *be a ~ to (el. of)* være en slave af; *work like a ~* slide som et bæst.
slave|driver slavefoged, slavepisker. **-holder** slaveejer.
I. slaver ['sleivə] *sb* slavehandler; slaveskib.
II. slaver ['slævə] *sb* savl; smisken; *vb* savle; smiske for.
slavery ['sleivəri] *sb* slaveri.
slave trade, slave traffic slavehandel.
slavey ['slævi, 'sleivi] *sb* S tjenestepige.
Slavic ['slævik, 'sla:vik] *sb, adj* slavisk.
slavish ['sleiviʃ] *adj* slavisk *(fx imitation).*
Slavonia [slə'vəuniə] Slavonien.
Slavonian [slə'vəuniən] *sb* slavonier; *sb, adj* slavonisk.
Slavonic [slə'vɔnik] *sb, adj* slavisk; slavonisk.
slay [slei] *vb (slew, slain)* ihjelslå, dræbe.
slayer ['sleiə] *sb* drabsmand, morder.
sleazy ['sli:zi] *adj* billig, tarvelig; snusket; (om tøj) slatten, løs, tynd.
sled [sled] = *sledge.*
sledge [sledʒ] *sb* slæde, (mindre:) kælk; (med hest for) kane, slæde; (se også *sledge hammer); vb* køre i slæde (, kane); kælke; transportere på slæde.
sledge hammer stor smedehammer, forhammer; *a sledge-hammer blow* et knusende *(el.* tilintetgørende) slag.
sleek [sli:k] *adj* glat, glinsende; velplejet; slesk; slikket; *vb* glatte, stryge.
I. sleep [sli:p] *vb (slept, slept)* sove; *the hotel can ~ a hundred people* hotellet har 100 sengepladser; *~ like a log (el. top)* sove som en sten; *~ the sleep of the just* sove de retfærdiges søvn;
(med *præp, adv) ~* **around** T gå i seng med hvem som helst; bolle til højre og venstre; *~ a headache* **away** sove en hovedpine væk; *~* **in** sove længe, sove over sig; (om tjenestefolk) bo på arbejdsstedet; *~* **off** *one's fatigue (, the headache)* sove trætheden (, hovedpinen) væk; *~ it off* sove rusen ud; *~* **on** *it* sove på det.
II. sleep [sli:p] *sb* søvn; *in one's ~* i søvne; *go to ~* falde i søvn.
sleeper ['sli:pə] *sb* sovende (person); *(jernb)* sovevogn; sovekupé; (under skinne) svelle; (i øre) ørestik; (om spion) spion i venteposition, (se også *mole);* (til barn, *am; ogs -s)* natdragt; *be a good (el. sound) ~* have et godt sovehjerte; *be a heavy ~* sove tungt; *be a light ~* sove let; *a great ~* en syvsover; *the seven -s (of Ephesus)* syvsoverne.
sleeping| accommodation soveplads. *~* **bag** sovepose.
Sleeping Beauty: *~* Tornerose.
sleeping| car sovevogn. *~* **draught** sovedrik. *~* **partner** passiv kompagnon. *~* **policeman** (i vej) bump (som får biler til at sætte farten ned). *~* **sickness** afrikansk sovesyge.
sleepless ['sli:pləs] *adj* søvnløs; aldrig hvilende, uophørlig.
sleepwalker ['sli:pwɔ:kə] *sb* søvngænger.
sleepy ['sli:pi] *adj* søvnig, (om frugt) overmoden; *~ sickness* australsk sovesyge.
sleepyhead ['sli:pihed] *sb* sovetryne, syvsover.
sleet [sli:t] *sb* slud, tøsne; *vb* sne og regne.
sleeve [sli:v] *sb* **1.** ærme; **2.** grammofonpladehylster, pladeomslag; **3.** *(flyv)* vindpose; **4.** *(tekn)* muffe; *laugh in one's ~* le i skægget; *wear one's heart on one's ~* bære sine følelser til skue; *roll (el. turn) up one's -s* smøge ærmerne op; *have sth up one's ~* have noget i baghånden, have noget for.
sleeve| link manchetknap. *~* **valve** *(tekn)* glider.
sleigh [slei] *sb* slæde, kane; *vb* køre i slæde (, kane).
sleigh bell kanebjælde.
sleight [slait] *sb* taskenspillerkunst, kneb, list; kunstgreb; behændighed.
sleight-of-hand (trick) behændighedskunst, taskenspillerkunst; kunstgreb.
slender ['slendə] *adj* slank, smækker, spinkel; tynd *(fx book); (fig)* spinkel, svag *(fx hope, chance)*, ringe *(fx with ~ success* (held)); knap *(fx income); a ~ waist* en slank talje, en smækker midje; *~ means* sparsomme midler; *of ~ parts* småt begavet.
slenderize ['slendəraiz] *vb (am)* slanke (sig).
slept [slept] *præt og pp* af *sleep.*
sleuth [slu:θ] *sb* T detektiv, opdager; *vb* efterspore.
sleuthhound ['slu:θ'haund] *sb* sporhund, blodhund.
I. slew [slu:] *præt* af *slay.*
II. slew [slu:] *vb* svinge, dreje.
III. slew [slu:] *sb (am T)* mængde, masse *(fx -s of work).*
slewed [slu:d] *adj* S fuld, pløret.
I. slice [slais] *vb* skære (i tynde skiver), snitte *(fx a ham);* (om golfbold) snitte, strejfe (så den skruer til højre); *~ off* skære af, snitte af; *~ up* skære i skiver.

II. slice [slais] *sb* **1.** skive *(fx of bread)*, (af tobak) plade; **2.** *(fig)* stykke *(fx of land)*, del, portion; **3.** paletkniv, spatel, fiskespade; **4.** (i golf) slice; *a ~ of life* et stykke virkelighed, en scene *(etc)* der er taget lige ud af livet.
slicer ['slaisə], **slicing machine** brød- og pålægsmaskine; *(agr)* roesnitter.
slick [slik] *adj* T behændig, fiks; *(neds)* lovlig smart, lovlig flot, (om stil *ogs)* slikket; (om flade) glat *(fx 'danger; ~ floor!')*, glinsende; (om person) facil, glat, fidel, slesk; S (om pige) flot; *sb* glat overflade; *(oil ~)* olieplet; (om blad) magasin (, ugeblad) trykt på glittet papir; *adv* lige *(fx I hit him ~ in the eye (, on the jaw))*.
slicker ['slikə] *sb (am)* regnfrakke; S fidusmager; smart fyr.
slid [slid] *præt* og *pp* af *slide*.
I. slide [slaid] *vb (slid, slid)* **1.** glide, skride (ned), glide (på glidebane); (med objekt) få til at glide, lade glide, skubbe, skyde; **2.** *(fig)* liste, smutte; (med objekt) liste, smugle *(in* ind, *into* ind i); *let things ~* lade det gå som det bedst kan; *~ into (ogs)* glide over i; *~ over (fig)* gå let hen over *(fx delicate questions)*.
II. slide [slaid] *sb* **1.** gliden, skred, glidning, *(fig ogs)* gradvis overgang; **2.** glidebane; **3.** lille rutschebane; **4.** slidsk, skråplan; **5.** (glidende del:) (på paraply, regnestok) skyder, (på trækbasun) træk, (i møbel) udtræk, (i robåd) glidesæde, rullesæde, *(tekn)* slæde, skydespjæld, (i dampmaskine) glider (se også *slideway)*; **6.** *(fot)* lysbillede, diapositiv; **7.** (til mikroskop) objektglas; **8.** (til hår) skydespænde.
slide| fastener *(am)* lynlås. **~ gauge** skydelære (kalibermål). **~ lathe** drejebænk.
slider ['slaidə] *sb* skyder (glidende del).
slide| rule regnestok. **~ trombone** trækbasun. **~ valve** glider (på dampmaskine). **~ -valve box** gliderkasse. **-way** *(tekn)* kulisse, kulissestyr. **~ window** skydevindue.
sliding ['slaidiŋ] *adj* glidende; glide-, skyde-.
sliding| door skydedør. **~ scale** glidende (løn- *etc)* skala. **~ seat** rullesæde, glidesæde (i robåd).
slight [slait] *adj* tynd, spinkel, klejn; ubetydelig, ringe, let; *vb* ringeagte, se over hovedet, negligere; *(am* om arbejde) sjuske med, forsømme; *sb* tilsidesættelse, ringeagt;
a ~ cold en let forkølelse; *feel -ed* føle sig tilsidesat; *not the -est idea of it* ikke den fjerneste idé om det; *some ~ errors* nogle småfejl; *~ his offered advances* forsmå hans tilnærmelser; *-ly built* spinkel; *-ly damaged* let beskadiget.
slighting ['slaitiŋ] *adj* krænkende, nedsættende, ringeagtende.
slim [slim] *adj* smækker, slank; tynd, spinkel; *vb* slanke; slanke sig; gennemgå en afmagringskur; *-ming treatment* afmagringskur.
slime [slaim] *sb* slim *(fx of a snail)*; dynd, slam; *vb* tilslime.
slimmer ['slimə] *sb* en der er på slankekur.
slimy ['slaimi] *adj* slimet; *(fig)* slesk; modbydelig.
I. sling [sliŋ] *vb (slung, slung)* slynge, kaste; hænge op (i strop *etc)*; hejse (ved hjælp af strop *etc)*; *~ arms!* gevær over højre skulder! *~ your hook!* T stik af med dig! *~ ink* ødsle med blækket; ustandselig fare i blækhuset, skrive meget og ofte; *~ sby out* smide en ud.
II. sling [sliŋ] *sb* (til sten) slynge; (til at hænge noget op i) strop, rem, (til gevær) geværrem, (til dårlig arm) bind; (til at løfte med) sele, *(mar)* slæng, længe; *carry one's arm in a ~* gå med armen i bind.
III. sling [sliŋ] *sb (am)* (drik bestående af vand, sukker og spiritus, især gin).
sling| chair liggestol. **-shot** slangebøsse.
slink [sliŋk] *vb (slunk, slunk)* snige sig, luske, liste sig *(away* bort); (om dyr) kaste, føde for tidligt.
slinky ['sliŋki] *adj* T (om kvinde) slank; som glider af sted; (om tøj) ålestram; (om bevægelse) glidende, snigende, listig.
I. slip [slip] *vb* **1.** glide, smutte, (om knude *etc)* løsne sig, gå op; **2.** (om person) liste sig, smutte *(fx he -ped out of the room)*, (være ved at falde:) glide, miste fodfæstet, snuble, træde fejl, *(fig)* fejle, begå fejl *(fx he has not -ped once)*; **3.** T blive ringere *(fx his work has -ped)*, falde af på den *(fx he has been -ping lately)*;
(med objekt) **4.** lade glide, liste *(fx one's hand into one's pocket)*, skyde, T stikke (ɔ: give); slippe, slippe løs *(fx a hound)*; **5.** slippe bort fra *(fx one's pursuers)*; skubbe af sig *(fx the cow -ped its halter)*; **6.** (om hundyr) kaste, føde for tidligt; **7.** *(mar)* stikke fra sig; *~ the anchor* stikke ankeret ud;
(forb med sb) ~ a disk få diskusprolaps; *it has -ped my memory* jeg har glemt det; *he let ~ an oath* der undslap ham en ed; *let an opportunity ~* lade en gunstig lejlighed slippe sig af hænde;
(forb med præp, adv) ~ **by** smutte forbi, passere forbi; gå hen (om tid); *~* **from** glide ud af *(fx the knife -ped from his hand)*; *an error has -ped* **in** der har indsneget sig en fejl; *~* **into** (om tøj) smutte i; *~* **off** glide ned fra *(fx a napkin -s off one's knee)*; hurtigt tage af; smøge af sig; *~* **on** glide på, glide i *(fx a banana skin)*; trække (tøj) hurtigt på; *~* **over** gå let hen over; *~ it over on sby* snyde en; *~* **through** *sby's fingers* forsvinde mellem fingrene på en; glide en af hænde; *~* **up** glide, miste fodfæstet, snuble; T begå *(el.* gøre) en fejl, træde ved siden af.
II. slip [slip] *sb* **1.** gliden, glidning; *(fig)* fejltrin, lapsus, fejl; **2.** strimmel, (af metal *ogs)* liste, (af papir) lap, seddel, (ved billede i bog) beskyttelsesblad, *(typ)* spaltekorrektur; **3.** smal bænk (i kirke); **4.** underkjole, *-s pl* badebukser; **5.** (pude)betræk, (pude)vår; **6.** (hunde)snor; **7.** *(bogb)* ende af hæftesnor; **8.** (af plante) stikling; **9.** *(mar)* havne(bassin), *-s pl* bedding; **10.** *(tekn)* slip *(fx of the propeller)*; **11.** *(elekt)* slip; **12.** (i porcelænsfabrikation) lervælling, massevælling; slikker;
give sby the ~ løbe *(el.* smutte) bort fra en ; *~ of the pen* skrivefejl, fejlskrivning; *a ~ of the tongue* en fortalelse; *a ~ of a boy* en lille spinkel fyr; *a ~ of a girl* en stump pigebarn; *there is many a ~ twixt the cup and the lip* (ɔ: man skal ikke glæde sig for tidligt).
slip|case (til bog) kartonnage, kassette; (til plade) omslag. **-cover** møbelovertræk; (til bog) smudsomslag. **~ hook** sliphage, slipkrog. **-knot** slipstik.
slip-on ['slipɔn] *adj* lige til at tage på, let at tage på.
slipover ['slipəuvə] *adj* til at trække over hovedet; *sb* slipover; overtræk.
slippage ['slipidʒ] *sb* glidning; gradvis tilbagegang; *(tekn)* krafttab, slip; *(fig)* slip.
slipped disk *(med.)* diskusprolaps.
slipper ['slipə] *sb* tøffel, slipper, morgensko; (let) sko, balsko; *(tekn)* glideklods; *vb* T smække med en tøffel.
slipper-slopper ['slipəslɔpə] *adj* sentimental.
slipperwort ['slipəwə:t] *sb (bot)* tøffelblomst.
slippery ['slipəri] *adj* glat, fedtet; ikke til at få hold på; *(fig)* glat, falsk, upålidelig; *on ~ ground (fig)* på usikker grund; *~ roads* glat føre; *on the ~ slope (fig)* på vej ned ad skråplanet.
slippy ['slipi] *adj* T rask; *look ~, be ~ about it* være rask i vendingen, skynde sig.
slip road (ved motorvej) tilkørselsvej, frakørselsvej.
slipshod ['slipʃɔd] *adj* sjusket, forjasket; *(glds)* med nedtrådte sko.
slipslop ['slipslɔp] *sb* pladder, pjat; (om drik) pøjt; *adj* pjattet, sentimental.
slip|stream slipstrøm. **~ -up** *sb* T fejl.
slipway ['slipwei] *sb (mar)* (ophalings)bedding, slæbe-

sted.
I. slit [slit] *vb (slit, slit)* flænge; sprætte (, skære, klippe) op; opslidse; flække, spalte; (uden objekt) revne.
II. slit [slit] *sb* flænge, spalte, revne, slids.
slither ['sliðə] *vb* glide, skride, slingre.
slithery ['sliðəri] *adj* glat.
slit trench *(mil.)* skyttehul.
sliver ['slivə] *vb* splintre; *sb* (lang tynd) splint; strimmel, trævl, streng; (i spinding) væge.
slob [slɔb] *sb* (irsk:) mudret sted; pløre; T sjuske; fjog.
slobber ['slɔbə] *vb* savle (til); strømme over af rørelse; *sb* savl; rørelse.
sloe [sləu] *sb (bot)* slåen(bær), slåentorn.
sloe|-eyed *adj* mørkøjet. ~ **gin** slåenlikør.
slog [slɔg] *vb* slå hårdt; slide, pukle; *sb* hårdt slag; slid, pukleri; puklearbejde; ~ *along* ase *(el.* okse, traske) af sted; ~ *at sth* pukle *(el.* slide) med noget.
slogan ['sləugən] *sb* slagord, (reklame)slogan; *(opr* skotsk) krigsråb.
sloid [slɔid] *sb* sløjd.
sloop [slu:p] *sb (mar)* slup, kanonbåd.
slop [slɔp] *vb* spilde, løbe over; sjaske, pjaske; *sb* pøl, våd plet; *(am)* sentimentalt bavl; (se også *slops).*
slop basin lille skål på tebord til at slå teblade *etc* fra kopperne over i.
slope [sləup] *sb* skråning, bjergskråning; skibakke; hældning, fald; *vb* skråne, stige skråt op; (med objekt) holde skråt, sænke; skære skråt til; ~ arms! *(mil.)* gevær i hvil! ~ *off* T stikke af; luske væk; 'sive' (ɔ: gå hjem før arbejdstiden er forbi); *the road -s sharply* vejen skråner *(el.* stiger) stærkt.
sloping ['sləupiŋ] *adj* skrå, skrånende.
slop pail toiletspand.
sloppy ['slɔpi] *adj* tilsølet, sjasket; pløret; (om mad) tynd, vandet; *(fig,* T) blødsøden, sentimental; (om arbejde) sjusket; (om tøj) løsthængende; slasket; *a ~ kiss* et vådt kys.
slop room *(mar)* beklædningsmagasin.
slops [slɔps] *sb pl* spildevand, (op)vaskevand (efter brugen); flydende føde, søbemad; pøjt; (om tøj) arbejdstøj; billigt tøj; sømandstøj (og køjeklæder *(etc).*
slosh [slɔʃ] *vb* plaske, vade om i pløre; sjaske; S slå, lange én ud.
sloshed [slɔʃt] *adj* S fuld, pløret.
I. slot [slɔt] *sb* sprække, smal åbning; rille; (i skrue) kærv; *(tekn ogs)* udfræsning, not(gang); *(fig)* T (passende) plads (i organisation, rangfølge, række *etc); vb* lave en sprække (, en rille) i; *place a penny in the ~* læg en penny i automaten.
II. slot [slɔt] *sb* dyrespor.
sloth [sləuθ, *am:* slɔθ] *sb* dorskhed, ladhed; *zo* dovendyr.
sloth bear *zo* læbebjørn.
slothful ['sləuθf(u)l, *(am)* 'slɔθ-] *adj* doven, lad.
slot| machine (salgs)automat; *(am)* spilleautomat. ~ **meter** automatmåler, gasautomat. ~ **telephone** telefonautomat.
slouch [slautʃ] *vb* hænge slapt, lude; slentre, daske; (om hatteskygge) slå ned; *sb* klodset gang, slentren; luden; *(am)* klodrian, sjuskemikkel; *he is no ~ at* han er ikke så dårlig til *(fx tennis).*
slouch hat blød hat, bulehat.
I. slough [slau] *sb* mudderpøl, sump.
II. slough [slʌf] *sb* (slanges) ham; (i sår) dødt væv; *vb* afkaste, skyde (ham); ~ *off* aflægge *(fx old habits);* skalle af, afkastes.
sloven [slʌvn] *sb* sjuskemikkel; sjuskedorte.
Slovene ['sləuvi:n] *sb* slovener(inde).
slovenly ['slʌvnli] *adj* sjusket.
slow [sləu] *adj* langsom; langsomt virkende *(fx poison);* sen, sendrægtig, langsommelig *(fx journey);* kedelig, triviel; *(mht* opfattelse) tungnem, træg, tung; *vb: ~ down, ~ up* køre langsommere, sætte farten *(el.* tempoet) ned;
~ *fire* sagte ild; *go ~* bevæge sig (, køre *etc)* langsomt; tage den med ro; (om arbejdere) nedsætte arbejdstempoet (som en form for strejke); *the clock is ten minutes ~* uret går ti minutter for langsomt; *a ~ season* en død tid.
slow|coach drys, smøl. **-down** *sb (am)* nedsat arbejdstempo. ~ **handclap,** se *handclap.* ~ **match** *sb* lunte; (langsomtbrændende) tændsnor. ~ **motion** slow motion (om film, der viser en bevægelse i langsommere tempo end i virkeligheden); overdrejning; ~ *-motion replay* langsom gengivelse. **-poke** *(am) = -coach.* ~ **train** bumletog. **-worm** stålorm.
sloyd [slɔid] *sb* sløjd.
slub [slʌb] *sb* fortykkelse i garn; *vb* forspinde; ~ *yarn* flammégarn.
sludge [slʌdʒ] *sb* søle, mudder; slam; snesjap.
slue [slu:] *vb* svinge, dreje.
slug [slʌg] *sb zo* (nøgen) snegl, alm agersnegl; (til bøsse *etc)* projektil, kugle; *(typ)* steg (til spatiering); maskinstøbt linje; *(am)* spillemønt; falsk mønt brugt i automat; hårdt slag; *(glds)* smøl, drog; *vb* samle og tilintetgøre snegle; dovne; slå hårdt.
slug-a-bed ['slʌgəbed] *sb* syvsover.
sluggard ['slʌgəd] *sb* dovenkrop, drønnert.
sluggish ['slʌgiʃ] *adj* doven, træg, treven, langsom.
sluice [slu:s] *sb* sluse; *vb* passere gennem en sluse; forsyne med sluser; vaske, overskylle, skylle.
sluice|gate sluseport; stigbord. ~ **valve** sluseventil.
slum [slʌm] *sb* slum; baggade, baggård, fattigkvarter; *vb: go -ming* missionere i fattigkvartererne; bese fattigkvarterer (som turist *etc).*
slumber ['slʌmbə] *sb* slummer; *vb* slumre.
slumberous ['slʌmb(ə)rəs] *adj* søvndyssende; søvnig.
slum clearance sanering (af fattigkvarterer).
slumgullion [slʌm'gʌljən] *sb* T sprøjt, tyndt pjask.
slumlord ['slʌmlɔ:d] *sb (am)* bolighaj.
slump [slʌmp] *sb* pludseligt prisfald, dårlige tider, lavkonjunktur, baisse, erhvervskrise; *vb* falde (sammen), dumpe; (om priser) falde brat.
slung [slʌŋ] *præt* og *pp* af *sling.*
slunk [slʌŋk] *præt* og *pp* af *slink.*
slur [slə:] *vb* sjuske med, udtale utydeligt, lade gå i et; *(fig)* gå let hen over, tilsløre; *(mus.)* synge (, spille) legato; *sb* plet, skamplet; sløret tale; *(mus.)* legatospil, bindebue; *(typ)* udtværing; *cast a ~ upon* sætte en plet på.
slurp [slə:p] *vb* slubre (i sig); *sb* slubren; slurk ledsaget af slubren.
slurry ['slʌri] *sb* (cement)slam.
slush [slʌʃ] *sb* (sne)sjap, søle; *(fig)* T sentimentalt sludder; ~ *fund* 'fedtekasse'; penge til brug for bestikkelse.
slushy ['slʌʃi] *adj* sjappet, sølet; T sentimental.
slut [slʌt] *sb* sjuske, tøs. **sluttish** ['slʌtiʃ] *adj* sjusket.
sly [slai] *adj* snu, snedig, udspekuleret; ~ *dog, ~ fox* snu rad, lurendrejer; *on the ~* i smug.
slyboots ['slaibu:ts] *sb* T strik, lurifaks.
slype [slaip] *sb* forbindelsesgang (mellem kirke og andre bygninger).
S.M. *fk sergeant-major.*
I. smack [smæk] *vb* smage *(of* af); *sb* antydning, (bi)smag.
II. smack [smæk] *sb* smask, smækkys; smæld, knald *(fx of a whip);* klask; *vb* smælde, knalde, klaske, smække *(fx ~ a child); adv* lige *(fx it went ~ through the window); a ~ in the eye (fig)* T en værre afbrænder, en slem lussing; *have a ~ at* T prøve; *~ one's lips* smaske med læberne, (svarer til) smække med tungen; *(fig)* gotte sig.
III. smack [smæk] *sb (mar)* smakke; fiskekvase.

IV. smack [smæk] *sb* S heroin.
smacker ['smækə] *sb* T smækkys, smask; pragteksemplar; *(am* S*)* hårdt slag; dollar.
smackhead ['smækhed] *sb (am* S) heroinmisbruger.
small [smɔ:l] *adj* lille, tynd, ringe, ubetydelig; liden, ikke meget, kun lidt *(fx have ~ cause for gratitude);* (om egenskab) smålig, småtskåren, snæversynet; *sb* (se også *smalls)* smal del; *the ~ of the back* lænden; *the ~ of the leg* smalbenet;
~ blame to him det kan man ikke bebrejde ham; *that's ~ consolation* det er en ringe trøst; *feel ~* føle sig lille; *the ~ hours* de små timer; *look ~* være flov (, forlegen); *a ~ matter* en ringe sag, en bagatel; *sing ~* stikke piben ind; *on the ~ side* lovlig lille; *~ print,* se *II. print. ~ tradesman* småhandlende; *in a ~ way* i beskeden målestok; *~ wonder* intet under.
small ads *pl* rubrikannoncer.
smallage ['smɔ:lidʒ] *sb (bot)* vild selleri.
small| arms *pl (mil.)* håndskydevåben. ~ **beer** tyndt øl; *(fig)* småting, ubetydeligheder; *think no ~ beer of oneself* have store tanker om sig selv. ~ **capitals** *pl (typ)* kapitæler. ~ **change** småpenge, skillemønt; byttepenge. ~ **-clothes** *pl (glds)* knæbenklæder. ~ **fruit** bærfrugt. ~ **fry** se *II. fry.* **-holder** husmand. **-holding** husmandsbrug. ~ **intestine** *(anat)* tyndtarm.
smallish ['smɔ:liʃ] *adj* noget lille.
small|minded *adj* snæversynet, smålig. **-ness** [-nəs] *sb* lidenhed. **-pox** *sb (med.)* kopper. ~ **print,** se *II. print.*
smalls ['smɔ:lz] *sb pl* småkul; (i Oxford:) første del af eksamen til opnåelse af B.A. graden; T småtøj (ɔ: vasketøj); (dame)undertøj; *do the ~ (ogs)* vaske klatvask.
small| sword kårde. ~ **talk** passiar, småsnak. ~ **-time** *adj* T ubetydelig; i lille format; små-. **-wares** *pl* kortevarer (ɔ: bånd, syartikler *etc).*
smalt [smɔ(:)lt] *sb* koboltblå, smalt.
smarmy ['sma:mi] *adj* T fedtet, indsmigrende, slesk.
I. smart [sma:t] *sb* (svidende) smerte (både legemlig og åndelig), svie, lidelse; (se også *smarts).*
II. smart [sma:t] *adj* smart, elegant, fiks *(fx hat, dress);* flot *(fx soldier);* pæn *(fx garden); (mht* tempo) rask, livlig, hurtig *(fx walk; attack); (mht* intelligens) opvakt, kvik; vaks, dygtig *(fx businessman),* vittig *(fx say ~ things),* (især *neds)* smart, snu, durkdreven *(fx he is too ~ for me);* (om værktøj *etc)* automatiseret; udstyret med kunstig intelligens; (om slag *etc)* skarp *(fx rebuke),* hård *(fx blow),* sviende *(fx a ~ box on the ear);* T temmelig stor (, voldsom *etc); be ~ answering* have svar på rede hånd; *look ~ about it!* lad det gå lidt villigt! skynd dig! *~ practice* smarte tricks, kneb, numre.
III. smart [sma:t] *vb* smerte, gøre ondt, svie *(fx a -ing wound); (fig)* lide, føle sig såret *(el.* krænket); *you shall ~ for this* dette skal komme dig dyrt at stå; *I'll make him ~ for it* det skal han få betalt.
smart aleck ['sma:tælik] vigtigper, indbildsk fyr; *he is a ~ (ogs)* han er pokkers klog.
smarten [sma:tn] *vb* pynte, fikse op; *~ oneself up* pynte sig.
smart money *(glds)* erstatning (for smerte og svie).
smarts [sma:ts] *sb pl (am* S) klogskab, kløgt, hjerne.
smart set: *the ~* den elegante verden.
I. smash [smæʃ] *vb* slå i stykker, knuse; (i tennis *etc)* smashe; T slå (hårdt); *(fig)* tilintetgøre, knuse, (økonomisk:) ruinere; S drive falskmønteri; (uden objekt) gå i stykker, knuses; gå fallit, krakke; *~ a window* knalde en rude; *~ in* sprænge *(fx a door); ~ into* kollidere med, køre (, brase) ind i; *~ up* slå i stykker; blive ruineret.
II. smash [smæʃ] *sb* ødelæggelse; brag; kollision, (voldsomt) sammenstød; katastrofe; (økonomisk:) fallit, krak; (i tennis *etc)* smash; *(am* T) (blandet frugtdrik med spiritus); *come (el. go) to ~* blive ruineret.
III. smash [smæʃ] *adv* bang! med et brag *(fx go ~ into a wall).*
smash-and-grab (raid) tyveri med rudeknusning.
smashed [smæʃt] *adj* T døddrukken.
smasher ['smæʃə] *sb* S knusende slag; overbevisende argument; pragteksemplar.
smash hit T knaldsucces.
smashing ['smæʃiŋ] *adj* knusende; S pragtfuld, fantastisk.
smash-up ['smæʃʌp] *sb* (voldsomt) sammenstød, kollision; *(fig)* katastrofe, sammenbrud; (økonomisk:) fallit, krak.
smatterer ['smætərə] *sb* fusker; halvstuderet røver.
smattering ['smæt(ə)riŋ] *sb* overfladiske kundskaber; overfladisk kendskab *(of* til).
smear [smiə] *vb* smøre; oversmøre, tilsøle; tvære ud; *(fig)* rakke ned på; udsprede ondsindede rygter om; *sb* plet; *(med.)* udstrygningspræparat; *~ campaign* hetz, systematisk nedrakning (af offentlig person *etc).*
smear| dab *zo* rødtunge. ~ **word** skældsord.
I. smell [smel] *vb (smelt, smelt)* lugte, lugte til; *(fig)* spore, mærke; (uden objekt) lugte, dufte; stinke; *~ at* lugte til, snuse til; *~ out* opsnuse, vejre; *~ round* snuse rundt; (se også *lamp, rat).*
II. smell [smel] *sb* lugt, duft; lugtesans; *take a ~ at* lugte til.
smelling| bottle lugteflaske. ~ **salts** *pl* lugtesalt.
smelly ['smeli] *adj* lugtende, stinkende.
I. smelt [smelt] *sb zo* smelt.
II. smelt [smelt] *præt* og *pp* af *smell.*
III. smelt [smelt] *vb* smelte.
smeltery ['smeltəri] *sb* smeltehytte.
smew [smju:] *sb zo* lille skallesluger.
smidgen ['smidʒin] *sb (am)* lille smule, antydning.
smilax ['smailæks] *sb (bot)* smilaks.
smile [smail] *vb* smile; *sb* smil; *-s pl (ogs)* gunst *(fx the -s of fortune); ~ at* smile ad, lade hånt om *(fx his threats); ~ on* smile til, tilsmile; *(fig ogs)* se mildt til; *keep smiling!* hold dig munter!
smirch [smə:tʃ] *vb* plette, tilsmudse, besudle; *sb* plet.
smirk [smə:k] *vb* smiske, smile fjoget (, selvtilfredst, affekteret); *sb* affekteret *(el.* selvtilfredst, fjoget) smil.
smite [smait] *vb (smote, smitten) (litt)* slå, ramme; tilføje et nederlag, slå på flugt; *sb* slag; *his conscience smote him* han fik samvittighedsnag; *be smitten* **with** *sby* være (, blive) bedåret af en; *be smitten with a desire for sth* blive grebet af trang til noget; *smitten with fear* grebet af frygt.
smith [smiθ] *sb* smed; *vb* smede.
smithereens ['smiðə'ri:nz] *sb pl* stumper og stykker.
smithery ['smiθəri] *sb* smedearbejde; smedje.
smithy ['smiði] *sb* smedje.
smitten ['smit(ə)n] *pp* af *smite.*
smock [smɔk] *sb* kittel; busseronne; *(glds)* særk; *vb* brodere med smocksyning.
smock| frock kittel, arbejdsbluse. **-ing** smocksyning. ~ **mill** hollandsk mølle.
smog [smɔg] *sb* røgblandet tåge (af *smoke* og *fog).*
I. smoke [sməuk] *sb* røg; noget rygeligt, cigaret, cigar; *end in ~ (fig)* gå op i røg; *have a ~* T tage sig en smøg; *like ~* S straks, hurtigt, som en mis.
II. smoke *vb* ryge, dampe; røge; desinficere ved røg; *-d spectacles* røgfarvede briller; *~ out* ryge ud; *(fig am)* tvinge frem, drive ud; bringe for dagen.
smoke|black kønrøg. ~ **bomb** røgbombe. ~ **box** *(tekn)* røgkammer. ~ **detector** røgdetektor. ~ **-dried** *adj* røget. **-house** røgeri. **-less** [-ləs] *adj* røgsvag, røgfri *(fx powder).*
smoker ['sməukə] *sb* ryger; *(jernb)* rygekupé.
smoke|screen *(ogs fig)* røgslør. **-stack** skorstensrør

skibsskorsten, fabriksskorsten.
smokey = *smoky.*
smoking ['smәukiŋ] *sb* rygning, tobaksrygning; *adj* rygende, osende; *no* ~ *allowed* tobaksrygning ikke tilladt.
smoking| compartment rygekupé. ~ **gun** rygende pistol; *(fig)* uomstødeligt bevis. ~ **jacket** hjemmejakke. ~ **stand** standeraskebæger.
smoky ['smәuki] *adj* rygende, osende, tilbøjelig til at ryge; røglignende, røgfarvet; røgfyldt, tilrøget; ~ **bear** (*am* S) færdelsbetjent, „æggeskal".
smolder ['smoulder] *vb (am)* ulme.
smolt [smәult] *sb* laks (i dens andet år).
smooch [smu:tʃ] *vb (am)* T kysse (, kæle for) hinanden.
I. smooth [smu:ð] *adj* glat *(fx paper),* jævn *(fx road);* (om bevægelse *etc)* jævn; rolig *(fx crossing* overfart); (om havet) smult; (om tale) behagelig; *(neds)* smigrende, slesk; (om smag) rund, let, behagelig; *make things* ~ *for sby* jævne vejen for en ; ~ *tongue* glat tunge; *take the rough with the* ~ tage det onde med det gode.
II. smooth [smu:ð] *vb* glatte *(fx one's hair);* ~ *away* udglatte, udjævne; ~ *down* berolige *(fx I -ed him down);* blive rolig *(fx the sea -ed down);* ~ *over* glatte ud; besmykke *(fx sby's faults).*
III. smooth [smu:ð] *sb* jævnt stykke; *give one's hair a* ~ glatte sit hår.
smooth|bore *adj* glatløbet *(fx gun).* ~ **-chinned** *adj* skægløs. ~ **-faced** *adj* skægløs; *(fig)* slesk, glat. ~ **hound** *zo* glathaj.
smoothing plane pudshøvl, glathøvl.
smooth| newt *zo* lille vandsalamander. ~ **-spoken,** ~ **-tongued** *adj* glat, indsmigrende.
smorbrod ['smә:brәu] *sb* smørrebrød.
smote [smәut] *præt* af *smite.*
smother ['smʌðә] *vb* **1.** (være nær ved at) kvæles; **2.** kvæle, *(fig ogs)* undertrykke *(fx a laugh, a yawn);* dæmpe; **3.** dække, tildække, begrave *(in* med, *fx -ed in flowers);* **4.** dække over, neddysse *(fx a scandal);* **5.** overvælde *(fx* ~ *sby with kisses);* **6.** *sb* røgsky, støvsky.
smoulder ['smәuldә] *vb* ulme.
smudge [smʌdʒ] *sb* (udtværet) plet; *(am)* rygende bål (for at holde insekter borte); *vb* plette, smudse; tvære ud; *(am)* tænde et rygende bål i *(fx an orchard);* (uden objekt) blive tilsmudset.
smug [smʌg] *adj* selvtilfreds, selvgod; selvbehagelig.
smuggle [smʌgl] *vb* smugle.
smuggler ['smʌglә] *sb* smugler. **smuggling** *sb* smugleri.
smut [smʌt] *sb* sodflage; sodplet; plet; *(fig)* sjofelheder; porno; *(bot)* brand (på korn); *vb* plette, tilsmudse (med sod); *talk* ~ være sjofel, fortælle sjofle historier.
smut fungus *(bot)* brandsvamp.
smutty ['smʌti] *adj* sodet, smudsig; *(fig)* sjofel, slibrig, uanstændig.
snack [snæk] *sb* bid mad, lille let måltid; mellemmåltid.
snack bar snackbar; frokostrestaurant.
snaffle [snæfl] *sb* trense, bridonbid; *vb* styre ved trense, styre; S stjæle, negle.
snafu [snæ'fu:] *(mil.* S) *sb* rod, komplet forvirring, kludder; *vb* rode, kludre; (begyndelsesbogstaverne i *situation normal–all fouled (el. fucked) up).*
snag [snæg] *sb* takket stump af gren, tand *etc;* skjult skær, grenstump *el.* træstub (i flods *etc* sejlløb); rift i strømpe; *(fig)* uventet vanskelighed (, hindring); *vb* hænge fast (, støde) på en (sådan) hindring; rive, få en rift i (en strømpe); fjerne hindringer fra; *(tekn)* skrubslibe; *that's the* ~ det er der, vanskeligheden ligger; *there is a* ~ *in it* der er en hage ved det.
snaggle-teeth ['snæglti:θ] *sb pl* skæve (, udstående) tænder; tandstumper.
snail [sneil] *sb zo* snegl (med hus, *mods slug); move at a -'s pace* snegle sig frem.
snake [sneik] *sb zo* slange; *(grass* ~*)* snog; *(fig)* slange, snog; *nourish (el. cherish) a* ~ *in one's bosom* nære en slange ved sin barm; *a* ~ *in the grass* en lurende fare.
snake|bird *zo* slangehalsfugl. ~ **charmer** slangetæmmer. **-'s head** *(bot)* vibeæg.
snaky ['sneiki] *adj* fuld af slanger; slange-; slangeagtig; bugtet; *(fig)* slangeagtig, lumsk.
I. snap [snæp] *vb* **1.** snappe, bide; **2.** brække *(fx* ~ *a twig in two);* **3.** smække *(fx* ~ *down the lid);* smække med; **4.** (om lyd) knalde med, smælde med *(fx* ~ *a whip),* trykke af *(fx a pistol),* knipse med *(fx one's fingers);* **5.** *(fot)* knipse, tage øjebliksbillede af *(fx he was -ped falling off his horse);*
(uden objekt) **6.** knække *(fx a twig -ped),* briste, bryde sammen *(fx the alliance -ped);* **7.** (om lyd) knalde, smælde; knipse; klikke; **8.** (T: tale arrigt) snærre, bide;
(forb med præp, adv) ~ **at** snappe efter, gribe ivrigt efter; bide ad, snærre ad; ~ *one's fingers at* være revnende ligeglad med, blæse på; ~ **into** *sth* S gå energisk løs på noget; ~ **off** brække af; ~ *sby's head (el. nose) off* bide en af, bide ad en; ~ **out of** *it* S tage sig sammen (og forbedre sig, beherske sig); ~ **to** knalde i, smække i *(fx the door -s to);* ~ **up** snappe, rive til sig, rive bort, sikre sig *(fx all the best houses have been -ped up by this time);* ~ *sby up* bide en af.
II. snap [snæp] *sb* **1.** snappen, (et) bid; **2.** knæk, smæld, smæk; knips *(fx a* ~ *of the fingers);* **3.** tryklås, *(fx* på armbånd) fjederlås; **4.** T fut, fart, liv *(fx a style without much* ~*);* **5.** *(fot)* snapshot, øjebliksbillede; **6.** (børnespil hvor det gælder om at sige *snap* først, når to ens kort vendes op); **7.** kiks, (små)kage; **8.** *(dial.)* madpakke, mad; **9.** kort frostperiode; **10.** *(am* S) let sag; **11.** *(tekn)* = ~ *tool.*
III. snap [snæp] *adj* lynhurtig, pludselig *(fx division, vote* afstemning), uventet.
snap| album amatøralbum. ~ **bean** brydbønne. **-dragon** *(bot)* løvemund; (leg:) juleleg med rosiner som snappes ud af brændende cognac. ~ **fastener** tryklås. ~ **gauge** tolerancegaffel. ~ **lock** smæklås.
snapping turtle *zo* snapskildpadde; alligatorskildpadde.
snappish ['snæpiʃ] *adj* bidsk, arrig.
snappy ['snæpi] *adj* bidsk, arrig; T fiks; rask, kvik; *look* ~, *make it* ~ få fart på.
snap roll *(flyv)* hurtig rulning.
snapshot ['snæpʃɔt] *sb (fot)* snapshot, øjebliksbillede; (med bøsse:) slængskud.
snap tool *(tekn)* knapmager (ved nitning).
snare [snɛә] *sb* snare; *(med.)* slynge; *vb* fange i snare; *(fig)* besnære, forlokke.
I. snarl [sna:l] *sb* knude, urede, virvar, forvikling, (se *ogs* ~ *up); vb:* ~ *up* bringe i urede, bringe kludder *(el.* forstyrrelse) i; komme i urede; ~ *up traffic* få trafikken til at bryde sammen; *-ed up* T (om trafik) blokeret, brudt sammen.
II. snarl [sna:l] *vb* snerre, knurre; *sb* snerren, knurren.
snarl-up *sb* kaos, virvar; trafikprop, trafikknude.
snatch [snætʃ] *vb* snappe, gribe *(at* efter); rive; *sb* snappen; stump, brudstykke; (i vægtløftning) træk; S røveri, kup; *(am* S, *vulg)* kusse; *make a* ~ **at** snappe efter; ~ **away** rive til sig, rive væk; (om døden) bortrive; **by** *(el. in) -es* stødvis, rykvis; ~ *sth* **from** *sby's hand* snappe noget ud af hånden på en; *a* ~ **of** *food* en bid mad; *a* ~ *of sleep* et blund, en lur; ~ *a few hours of sleep* redde sig nogle få timers søvn.
snatch block *(mar)* kasteblok.
snatchy ['snætʃi] *adj* stødvis, rykvis, ujævn.

snazzy ['snazi] *adj* T smart, lapset, checket.
sneak [sni:k] *vb* luske, snige sig; liste *(el.* luske) sig til; smugle; S sleske, sladre; hugge, stjæle; *sb* luskepeter, sladrehank; slesk fyr, fedteprins; (i kricket) jordstryger (om bold); ~ *out of (fig)* luske sig fra.
sneakers ['sni:kəz] *sb pl (am* T) (sko med blød sål *el.* gummisål), gymnastiksko; listesko.
sneaking ['sni:kiŋ] *adj* hemmelig; skjult; lusket; tarvelig; *a* ~ *suspicion* en lumsk mistanke.
sneak| raid overraskelsesangreb. ~ **thief** listetyv.
sneer [sniə] *vb* rynke på næsen, spotte; *sb* spotsk smil, stikleri; ~ *at* håne, spotte.
sneeze [sni:z] *vb* nyse; *sb* nysen; *not to be -d at* ikke til at kimse ad.
snell [snel] *sb* (i fiskeri) forfang.
snick [snik] *sb* hak; (i kricket) let slag med bat; *vb* skære hak i; give let slag med boldtræ.
snicker ['snikə] *vb* fnise; vrinske; *sb* fnisen; vrinsken.
snicket ['snikit] *sb (dial.)* smøge, smal passage.
snide [snaid] S *adj* ondskabsfuld, spydig, giftig; falsk; forloren; ~ *remark* giftighed, spydighed, stikpille.
sniff [snif] *vb* snøfte, snuse; vejre, lugte; rynke på næsen *(at* ad); indsnuse; S sniffe *(fx glue); sb* snøft, snusen.
sniffle [snifl] *vb* snøfte; *sb* snøften; *the -s* snue, snøften.
sniffy ['snifi] *adj* T let storsnudet.
snifter ['sniftə] *sb* svingpokal, cognacglas; *(am* S) lille dram, gibbernakker.
snifting valve snøfteventil.
snigger ['snigə] *vb* grine, fnise.
I. snip [snip] *vb* klippe (med en rask bevægelse).
II. snip [snip] *sb* **1.** klip, afklippet stykke, stump; **2.** T skrædder; **3.** *(am* T) fræk lille tingest; **4.** T let sag; billigt køb, fin forretning, fund; *that's a* ~ *(ogs)* det er fundet for de penge; det er helt sikkert.
I. snipe [snaip] *vb (mil.)* være snigskytte; skyde fra skjult stilling, snigskyde; (om jagt) skyde snepper.
II. snipe [snaip] *sb zo* bekkasin, sneppe; *common* ~ dobbeltbekkasin.
sniper ['snaipə] *sb (mil.)* snigskytte.
snippet ['snipit] *sb* bid, stump.
snippety ['snipiti], *adj* som består af småstumper; (se *ogs snippy).*
snippy ['snipi] *adj* stumpet; kort for hovedet; overlegen, hovskisnovski.
snips [snips], **snip shears** *pl* bliksaks.
snitch [snitʃ] *vb* hugge, stjæle; S sladre, angive.
snivel [snivl] *sb* snot; flæberi; hykleri; *vb* være snottet, snøfte; flæbe, klynke.
sniveller ['sniv(ə)lə] *sb* klynkehoved.
snob [snɔb] *sb* snob; *be a* ~ *(ogs)* have fine fornemmelser; *it has* ~ *appeal (el. value)* det appellerer til folks snobberi.
snobbery ['snɔb(ə)ri] *sb* snobberi.
snobbish ['snɔbiʃ] *adj* snobbet.
snog [snɔg] *vb* T kæle; kysse og kramme.
snood [snu:d] *sb* hårnet; (skotsk:) hårdbånd; (i fiskeri) forfang.
snook [snu:k] *sb: cock a* ~ S række næse.
snooker ['snu:kə] *sb* (form for) billard.
snookered ['snu:kəd] *adj* (om billardbal) maskeret; T *(fig)* i klemme; afskåret fra at handle.
snoop [snu:p] *vb* T stikke næsen i ting der ikke vedkommer en; snuse, spionere; *sb* = *snooper.*
snooper ['snu:pə] *sb* T snushane, nysgerrigper; 'dyneløfter'.
snoopy ['snu:pi] *adj* som snuser i andres sager.
Snoopy ['snu:pi] Nuser.
snooty ['snu:ti] *adj* T storsnudet, højrumpet.
snooze [snu:z] *vb* tage sig en lur; *sb* lur (ɔ: kort søvn); ~ **button** slumreknap på vækkeur.
snore [snɔ:] *vb* snorke; *sb* snorken.
snorkel [snɔ:kl] *sb* snorkel.
snort [snɔ:t] *sb* pruste, fnyse; *(am* S) sniffe *(fx cocaine); sb* fnysen; *(am* S*)* drink, gibbernakker; (til u-båd) snorkel.
snorter ['snɔ:tə] *sb* snorkepeter; S pralhals; næsestyver; kraftpræstation; brandstorm; drink, gibbernakker.
snot [snɔt] *sb* snot; S dum skid.
snot-rag S snotklud, lommetørklæde.
snotty ['snɔti] *adj* snottet; storsnudet; *sb* S kadet.
snout [snaut] *sb* snude, tryne, snabel; *(tekn)* mundstykke, dyse, tragt; S tobak, 'smøg'er'.
snow [snəu] *sb* sne; snevejr; S kokain; heroin; *vb* sne; *(fig)* komme væltende, strømme *(fx letters came -ing in);* regne med, strømme ind med *(fx it -ed letters); be -ed in (el. up)* være indesneet; *be -ed under by (fig)* være overvældet af, være begravet i *(fx letters).*
snow|ball snebold; *(bot)* snebolle, kvalkved; *vb* kaste med snebolde (på); *(fig)* vokse som en snebold, vokse med stigende hast. **-berry** *(bot)* snebær. **-bound** *adj* indesneet; (om vej *etc)* spærret *(el.* blokeret) af sne. **-broth** sneælte, snesjap. ~ **bunting** snespurv. ~ **-capped** *adj* sneklædt. **-cat** motorslæde. ~ **-clad,** ~ **-crowned** *adj* sneklædt. **-drift** snedrive.
snow|drop *(bot)* vintergæk. **-drop tree** *(bot)* sneklokketræ. **-field** snemark. ~ **finch** *zo* snefinke. **-flake** snefnug; *(bot)* dorothealilje. ~ **goggles** *pl* snebriller. ~ **goose** snegås. ~ **line** snegrænse. **-man** snemand; *the abominable -man* den afskyelige snemand. **-mobile** motorslæde. ~ **owl** sneugle. **-plough** sneplov. **-scape** snelandskab. **-shoe** snesko. **-slide, -slip** sneskred, lavine. **-storm** snefog, snestorm.
snowy ['snəui] *adj* snedækt, snehvid, ren; ~ *owl* sneugle.
snub [snʌb] *sb* afvisning, irettesættelse, næse *(fig); vb* afvise, affærdige, bide af, sætte på plads, give over næsen.
snub| nose opstoppernæse, braknæse. ~ **-nosed** *adj* braknæset.
snuck [snʌk] *(am,* T*) præt* af *sneak.*
I. snuff [snʌf] *sb* tande, udbrændt væge; *vb* pudse (et lys); ~ *it* T stille træskoene (ɔ: dø); ~ *out* slukke; *(fig)* undertrykke, kvæle; T dræbe; dø.
II. snuff [snʌf] *sb* snus(tobak); *vb* snuse; *take a pinch of* ~ tage en pris; *up to* ~ T ikke tabt bag en vogn; god nok, tilfredsstillende, i orden.
snuffbox ['snʌfbɔks] *sb* snustobaksdåse.
snuffer ['snʌfə] *sb* en som bruger snus; lyseslukker; *-s pl* lysesaks.
snuffle [snʌfl] *vb* snøfte; snøvle; *sb* snøften; snøvlen; *-s pl* tilstopning af næsen, snue.
snug [snʌg] **1.** *adj* lun, net, hyggelig, bekvem; beskyttet, skjult; (om tøj) tætsluttende; *(mar)* i orden. **2.** *sb* baglokale i *pub;* **3.** *vb* ordne, gøre klar; lægge *(el.* putte) sig; *be as* ~ *as a bug in a rug* have det som blommen i et æg; *sit* ~ *by the fire* sidde lunt ved ilden; *a* ~ *berth* en sikker stilling; *a* ~ *income* en god, fast indtægt; *a* ~ *little party* en lille fortrolig kreds.
snuggery ['snʌgəri] *sb* hyggeligt værelse, hyggelig krog; baglokale i *pub.*
snuggle [snʌgl] *vb* lægge (, sætte) sig tilrette; ligge lunt og godt; trykke ind til sig; ~ *down* lægge *(el.* sætte) sig til rette; putte sig; ~ *up to sby* smyge sig ind til en.
so [səu] *adv, conj* så; således, sådan; så meget, så højt *(etc) (fx I love you so; she so wanted to go* hun ville så gerne af sted); (som objekt, prædikativ) det *(fx I don't think so; I hope so; he promised to post the letter but has not yet done so; why so?);* det ... også *(fx he is old, and so am I* han er gammel og det er jeg også; *we thought he would come and so he did* ... og det gjorde han også); (indledende en sætning) så; så

derfor *(fx he was not at home, so I went away again);* nå så *(fx so you want to go to America?); (am ogs)* så at *(fx I told him so he could do sth about it);*

(forsk forb, se også *even, far, just, long, many, more, quite) so* **and** *so* det og det, sådan og sådan; (se også *so-and-so); and so on* og så videre; *so* **as** *to* således at, for at; *so fortunate as to* så lykkelig at; *not so (fx big) as* ikke så *(fx* stor) som; *'You didn't do it,'–'I did so'* jo jeg gjorde; det gjorde jeg vel nok; *'It is your birthday today,'–'So it is'* ja, det er det; det er det jo også; *it was so kind of you* det var meget elskværdigt af Dem; **or** *so* eller deromkring *(fx he must be forty or so); (only) so so* kun så som så; ~ *to* **speak** *(el. say)* så at sige; *so* **that** så at, for at; *(glds)* forudsat at, når blot; *is that so?* er det rigtigt? nej, virkelig? *I* **told** *you so* det sagde jeg jo; hvad sagde jeg! *so* **what?** ja, hvad så? og hvorfor ikke?

I. soak [səuk] *vb* **1.** ligge *(el.* stå) i blød *(fx let the clothes ~);* **2.** trække; **3.** T fylde sig, pimpe, svire; **4.** lægge i blød *(fx clothes);* udbløde *(fx leather),* bløde op *(fx ~ bread in milk);* **5.** gennemvæde, gennemtrænge, gennembløde *(fx the rain -ed our clothes; we were -ed to the skin);* **6.** T slå, banke *(fx you'll get -ed* (få bank) *for this);* **7.** S tage overpris af, trække op; beskatte hårdt, lade punge ud *(fx the principle of '~ the rich'); how much did they ~ you?* hvor meget måtte du bløde?

~ **in** sive ind, trænge ind *(ogs fig, fx his words did not ~ in); ~ oneself in (fig)* fordybe sig i *(fx ancient history);* ~ **into** sive ind i, trænge ind i *(ogs fig);* sive ned i *(fx water -s into earth); put washing* **to** ~ lægge vasketøj i blød; ~ **up** opsuge, suge op.

II. soak [səuk] *sb* **1.** gennembløodning; **2.** udblødning; **3.** T drukkenbolt, dranker; **4.** T druktur; *put in ~* udbløde *(fx meat, fish);* S pantsætte.

soakage ['səukidʒ] *sb* udblødning.

soaker ['səukə] *sb* dranker; (stærkt regnskyl:) bløder; *-s pl (am)* blebukser.

so-and-so ['səuən(d)səu] *sb* den og den; (skældsord:) noksagt *(fx you old ~); Mr ~* Hr. N.N.

soap [səup] *sb* sæbe; S smiger; *(am* T) sentimentalitet; (se også *soap opera); (am* S) bestikkelse; *vb* sæbe af, sæbevaske; ~ *(down)* S smigre; *no ~! (am* S) der er vinket af! der er ikke noget at gøre!

soap|bark kvilajabark. **-berry** *(bot)* sæbebær. ~ **boiler** sæbefabrikant. **-box** sæbekasse; kasse som folketaler bruger til at stå på. **-box orator** folketaler på gaden, gadeagitator. ~ **bubble** sæbeboble. ~ **dish** sæbeskål. ~ **flakes** *pl* sæbespåner. **-making** sæbefabrikation. ~ **opera** T sentimental fjernsynsserie (, hørespilserie). ~ **powder** sæbepulver. **-stone** fedtsten. **-suds** *pl* sæbevand, sæbeskum. **-wort** *(bot)* sæbeurt.

soapy ['səupi] *adj* sæbeagtig; fuld af sæbe; *(fig)* slesk; ~ *water* sæbevand.

soar [sɔ:] *vb* flyve højt, hæve sig, stige; svæve; *(fig:* om priser) gå helt op i skyerne; *sb* høj flugt.

soaring ['sɔ:riŋ] *adj* højtflyvende, svævende; stigende; *(fig)* højtflyvende, himmelstræbende; stadig stigende *(fx prices); ~ flight (flyv)* glideflugt; *(fig)* himmelflugt.

S.O.B. *fk son of a bitch.*

sob [sɔb] *vb* hulke; *sb* hulk.

sobeit [səu'bi:it] *(glds)* når blot.

sober ['səubə] *adj* ædru, ædruelig; rolig, besindig, nøgtern *(fx judgment);* alvorlig, adstadig, sat; dæmpet, diskret *(fx colours); vb : ~ up* T gøre (, blive) ædru; *he is as ~ as a judge* han er fuldstændig *(el.* T pinlig) ædru; han er meget ædruelig.

sobering ['səubəriŋ] *adj* som gør én mere nøgtern, som bringer én ned på jorden; (ofte =) tankevækkende; *it is a ~ thought* det er tankevækkende; det vækker til eftertanke.

sober|-minded besindig, nøgtern. **-sides** *sb* T sat person, alvorsmand.

sobriety [sə'braiəti] *sb* nøgternhed, ædruelighed.

sobriquet ['səubrikei] *sb* øgenavn; påtaget navn.

sob| sister *(am* S) redaktør af damebrevkasse; kvindelig journalist der skriver sentimentale artikler, 'hulkesøster'. ~ **story** *(am* S) rørstrømsk historie, jeremiade. ~ **stuff** *(am* S) sentimentalt pladder.

soccer ['sɔkə] *fk association football.*

sociability [səuʃə'biləti] *sb* selskabelighed, omgængelighed; *(psyk)* sociabilitet.

sociable ['səuʃəbl] *adj* selskabelig, omgængelig; *sb* T komsammen; *(glds)* holstensk vogn; to-personers trehjulet cykel.

social [səuʃl] *adj* social; social- *(fx legislation),* samfunds- *(fx conditions* forhold; *evil* onde); selskabelig *(fx intercourse* omgang); *zo* social *(fx insects); sb* T selskabelig sammenkomst, komsammen.

social| anthropology socialantropologi. ~ **climber** stræber. ~ **democracy** socialt demokrati. ~ **democrat** socialdemokrat. ~ **disease** *(am)* kønssygdom; sygdom der er betinget af sociale forhold. ~ **graces** *pl (omtr)* levemåde. ~ **insurance** folkeforsikring.

socialism ['səuʃəlizm] *sb* socialisme.

socialist ['səuʃəlist] *sb* socialist; *adj* socialistisk; ~ *realism* socialrealisme.

socialistic [səuʃə'listik] *adj* socialistisk.

socialite ['səuʃəlait] *sb* prominent person; en der bevæger sig meget i selskabslivet.

sociality [səuʃi'æliti] *sb* selskabelighed; *(psyk)* socialitet.

socialize ['səuʃəlaiz] *vb* socialisere; indrette efter socialistiske principper; deltage i selskabslivet; *(psyk)* socialisere.

social| science samfundsvidenskab. ~ **security** *(omtr)* socialforsikring; *be on ~ security* modtage offentlig hjælp. ~ **service** socialt arbejde; ~ *services* foranstaltninger betalt af samfundet. ~ **worker** socialrådgiver.

society [sə'saiəti] *sb* **1.** samfund *(fx a primitive ~);* samfundet *(fx the pillars of ~* samfundets støtter); **2.** selskab *(fx a learned ~),* forening, samfund; **3.** selskab *(fx I enjoyed his ~); Society* society, det gode selskab, den fine verden; *mix in ~* deltage i selskabslivet.

Society Islands *pl (geogr)* Selskabsøerne.

socioeconomic [səuʃiəui:kə'nɔmik] *adj* socioøkonomisk.

socio|logical [səuʃə'lɔdʒikl] *adj* sociologisk. **-logist** [səsi'ɔlədʒist] *sb* sociolog. **-logy** [səusi'ɔlədʒi] *sb* sociologi.

sock [sɔk] *sb* sok; indlægssål; *(glds)* en let, lavhælet sko som de komiske skuespillere brugte; komedie; S slag, 'gok' *(fx a ~ in the eye);* slik, slikkerier; *vb* slå, slå til *(fx the ball); be -ed in (am* T) (om fly) få startforbud; (om lufthavn) blive lukket (på grund af tåge *etc); pull up one's -s* T *(omtr)* spytte i næverne og tage fat; *put a ~ in it!* S klap i! ~ *him on the jaw* S lange ham en ud, give ham en kajeryster; ~ *it to him (am* S) give ham en ordentlig én på frakken; *(fig)* give den hele armen.

sockdolager [sɔk'dɔlədʒə] *sb (am)* kraftigt slag, afgørende argument; ordentlig tamp.

socket ['sɔkit] *sb* fordybning, hulhed; *(anat)* øjenhule; ledskål; (til at sætte noget fast i:) holder, sokkel; (del af lysestage) lysepibe; *(elekt:* til stikprop) stikdåse, stikkontakt, (til pære) fatning; (på rør) muffe; *(tekn:* til bor *etc)* indsatspatron.

socket| outlet *(elekt)* stikkontakt. ~ **pipe** mufferør. ~ **wrench** topnøgle.

socle [sɔkl, səukl] *sb* sokkel, fodstykke.

Socrates ['sɔkrəti:z] Sokrates.

Socratic(al) [sɔ'krætik(l)] *adj* sokratisk.

I. sod [sɔd] *sb* græstørv; *under the ~* under mulde.

II. sod [sɔd] *sb (vulg* skældsord:) sodomit, perverst individ; skiderik; *vb: ~ him!* til helvede med ham! ~

it! satans osse! ~ *off!* skrub af! gå ad helvede til!
soda ['səudə] *sb* soda, natron; T sodavand; *bicarbonate of* ~ tvekulsurt natron; *carbonate of* ~ soda.
soda| ash soda. ~ **fountain** sodavandsapparat; isbar.
sodality [sə'dæliti] *sb* broderskab.
soda| pop *(am)* sodavand. ~ **water** dansk vand, mineralvand med kulsyre.
sodden [sɔdn] *adj* gennemtrukken, gennemblødt; (om brød *etc)* blød, klæg, svampet; (om person) sløv; svampet, oppustet (i ansigtet); drukken, fuld.
sodding ['sɔdiŋ] *adj (vulg)* satans, skide-.
sod hut jordhytte (bygget af græstørv).
sodium ['səudjəm] *sb* natrium.
Sodom ['sɔdəm] Sodoma.
sodomite ['sɔdəmait] *sb* sodomit, homoseksuel.
sodomy ['sɔdəmi] *sb* sodomi, homoseksualitet.
soever [səu'evə] *adv* som helst, end; *how great* ~ hvor stor end.
sofa ['səufə] *sb* sofa; *sit on (el. in) the* ~ sidde i sofaen.
sofa bed(stead) sovesofa.
soffit ['sɔfit] *sb* underside af bjælkeloft, bue, hvælving.
Sofia ['səufjə].
soft [sɔft] *adj* blød; mild, let, blid; (om lyd) dæmpet, sagte, blid; T godtroende; blødsøden, slap; S skør, blød; nem *(fx job);* (om vaskemiddel *etc)* biologisk nedbrydelig;
be ~ *on* T være skudt (ɔ: forelsket) i; *go* ~ T *(fig)* blive blød; *go* ~ *on* T *(fig)* blive blødsøden (, eftergivende) over for *(fx the Pope is not going* ~ *on Communism); a* ~ *job* en let bestilling, en loppetjans; ~ *landing* blød landing; ~ *money* papirspenge; ~ *nothings* 'søde ord'; ~ *option* nem udvej; *the* ~ *palate* den bløde gane; *a* ~ *place* et blødt sted, et svagt punkt; *a* ~ *side* en svag side, et svagt punkt; *have a* ~ *spot for* have en klat til overs for; have en faible *(el.* svaghed) for; *a* ~ *thing (fig)* en let og indbringende forretning *(etc);* ~ *water* blødt vand; ~ *words* blide ord.
soft|ball (variant af baseball). ~ **-boiled** *adj* blødkogt *(fx egg).* **-bound** *adj* = ~ *-cover.* ~**-centred** *adj* fyldt (om chokolade). ~ **coal** fede kul. ~ **-core** *adj* : ~ *porn* blød porno. ~ **-cover** *adj* ikke i stift bind; uindbunden. ~ **drink** alkoholfri drik, læskedrik.
soften [sɔfn] *vb* blødgøre *(fx skins, water);* (om vand *ogs)* afhærde; *(fig)* blødgøre, formilde *(fx sby's heart),* mildne *(fx a contrast, sby's pain);* (uden objekt) blive mildere *(fx the weather is -ing);* ~ *up (mil.* og *fig)* gøre 'mør' (ved beskydning *etc).*
softening ['sɔfniŋ] *sb* blødgøring *(etc, se soften);* ~ *of the brain* hjerneblødhed.
soft| furnishings *pl* boligtekstiler. ~ **goods** *pl* manufakturvarer. ~ **grass** *(bot)* hestegræs. ~ **-headed** *adj* skør, fjollet, 'blød'. ~ **landing** blød landing. ~ **pedal** pianopedal, dæmperpedal. ~ **-pedal** *vb* spille (et stykke) med dæmperpedal; T *(fig)* dæmpe, neddæmpe *(fx criticism);* gå let hen over, bagatellisere, ikke tale for højt om. ~ **roe** (i fisk) mælke, krølle.
soft| sawder ['sɔft'sɔ:də] smiger, fedteri. ~ **-sawder** *vb* smigre, fedte for, smøre om munden. ~ **-shell almond** krakmandel. ~ **soap** blød sæbe; (især:) brun sæbe; *(fig),* se *soft sawder.* ~ **-soap** *vb,* se *softsawder.* ~ **solder** loddetin, snellod. ~ **-spoken** *adj* blid, med mild røst. ~ **tack** *(mar)* brød.
software ['sɔftwɛə] *sb* materiale (bortset fra maskiner) *(mods hardware) (fx the* ~ *which the slide projector uses can be varied to cover any subject);* tilbehør; (i edb) programmel, programmer.
softwood ['sɔftwud] *sb* nåletræsved; ~ *forest* nåleskov.
softy ['sɔfti] *sb* blødsøden person, pjok, skvat, fjols.
soggy ['sɔgi] *adj* gennemblødt; vandet *(fx vegetables);* (om jord *etc)* opblødt, blød, klæg; *(fig)* træg, tung.
Soho ['səuhəu] (kvarter i London).
soigné [swæn'jei] *adj* (især om påklædning) elegant, gennemført.
I. soil [sɔil] *sb* jord *(fx good* ~*; poor* ~*);* jordbund, jordsmon, muldjord; (område:) jord, grund *(fx on English* ~*); (fig)* grobund *(for* for).
II. soil [sɔil] *vb* tilsøle, svine til, snavse til; (let *glds)* besudle; (uden objekt) blive tilsølet (, tilsvinet, snavset); *sb* snavs, søle; kloakvand; gødning, (fra mennesker:) latrin; *-ed* snavset, brugt *(fx towels);* (om papir) makuleret.
III. soil [sɔil] *vb (agr)* grønfodre.
soil| analysis jordbundsanalyse, jordbundsundersøgelse. ~ **creep** jordflydning. ~ **pipe** faldrør, faldstamme. ~ **science** jordbundslære.
soirée ['swa:rei] *sb* soiré.
sojourn ['sɔdʒə:n, 'sʌ-] *(litt) sb* (midlertidigt *el.* kortvarigt) ophold; *vb* opholde sig (for en tid); ~ *at (, in) (ogs)* gæste.
solace ['sɔləs] *vb* trøste, lindre; *sb* trøst.
solan (goose) ['səulən (gu:s)] *zo* havsule.
solar ['səulə] sol- *(fx system, battery, cell);* ~ *eclipse* solformørkelse; ~ *flowers* blomster som kun åbner sig nogle få timer om dagen; ~ *plexus* solar plexus (nervebundt under mellemgulvet).
solarium [sə'lɛəriəm] *sb* solveranda; solarium; lokale til lysbehandling.
solatium [sə'leiʃəm] *sb* erstatning.
sold [səuld] *præt* og *pp* af *sell;* ~ *on* begejstret for, vild med.
soldanella [sɔldə'nelə] *sb (bot)*: *alpine* ~ alpeklokke.
solder ['sɔldə, 'sɔ:də, 'sɔdə] *vb* lodde, sammenføje; *sb* loddemiddel; (se *hard* ~, *soft* ~). **soldering** ['sɔld(ə)riŋ] *sb* lodning; ~ *iron* loddebolt, loddekolbe.
soldier ['səuldʒə] *sb* soldat; S doven fyr; røget sild; *vb* være soldat; S drive den af; *go (el. enlist) for a* ~ lade sig hverve; *die a -'s death* falde på ærens mark; ~ *of fortune* lykkeridder; ~ *on* T stædigt blive ved, tappert holde ud, fortsætte ufortrødent, holde den gående; (se også: *old* ~).
soldiering ['səuldʒəriŋ] *sb* soldaterhåndtering, soldaterliv.
soldierly ['səuldʒəli] *adj* soldatermæssig; militærisk *(fx appearance).*
soldiery ['səuldʒəri] *sb* krigsfolk, soldater.
I. sole [səul] *sb zo* tunge (fladfisk).
II. sole [səul] *sb* fodsål, støvlesål; *vb* forsåle.
III. sole [səul] *adj* alene, eneste, udelukkende; *(jur)* ugift; ~ *agency* eneagentur, eneforhandling; ~ *agent* eneforhandler.
solecism ['sɔlisizm] *sb* sprogfejl, bommert; fejltrin, uheldig opførsel, brud på god tone.
solemn ['sɔləm] *adj* højtidelig; *(fig)* opblæst.
solemnity [sə'lemniti] *sb* højtidelighed.
solemnize ['sɔləmnaiz] *vb* højtideligholde, fejre.
solenoid ['səulənɔid] *sb* solenoide; momentspole, bremsespole; ~ *brake* magnetbremse.
Solent ['səulənt].
soleprint ['səulprint] *sb* fodaftryk.
solicit [sə'lisit] *vb* bede, anmode (indtrængende); ansøge om, udbede sig; *(fig,* om ting) kalde på, kræve *(fx the closest attention); (jur)* opfordre til utugt.
solicitation [səlisi'teiʃn] *sb* anmodning *etc (cf solicit).*
solicitor [sə'lisitə] *sb* advokat (som foruden at han er sine klienters rådgiver, forbereder sager for *the barrister); (am)* = *canvasser.*
Solicitor General (juridisk medlem af regeringen i *Engl).*
solicitous [sə'lisitəs] *adj* bekymret; ivrig.
solicitude [sə'lisitju:d] *sb* bekymring, omsorg.
solid ['sɔlid] *adj* fast *(fx food);* solid *(fx foundation, wall,*

pudding); ubrudt *(fx row),* kompakt, tæt; *(mods* hul:) massiv *(fx wall; gold); (fig)* grundig; pålidelig *(fx friend);* solid *(fx business);* grundfæstet, fast *(fx conviction);* (ved afstemning) enstemmig; (ved mål) kubik- *(fx foot); (typ)* kompres *(fx matter* sats); *sb* fast legeme, fast stof; *-s pl (ogs)* tørstof;
be ~ for enstemmigt holde på; *for a ~ hour* i en fuld time, i en stiv klokketime; *be 'in ~ with (am* T) stå på en god fod med, være i kridthuset hos; *~ ivory! (am* S) han (, du) er dum som en dør! *~ of revolution* omdrejningslegeme; *a ~ suit* en solid farve (i bridge).
solidarity [sɔli'dæriti] *sb* solidaritet; *(spirit of ~)* sammenhold.
solid| fuel fast brændstof (, brændsel). **~ geometry** rumgeometri. **~ -hoofed** *adj zo* enhovet.
solidification [səlidifi'keiʃn] *sb* størknen, overgang til fast form.
solidify [sə'lidifai] *vb* blive fast, størkne; få til at størkne; *-ing point* størkningspunkt.
solidity [sə'liditi] *sb* fasthed, soliditet; pålidelighed.
solid-state *adj* faststof- *(fx component; physics).*
soli|dus ['sɔlidəs] *sb (pl -di* [-dai]) *(typ)* skråstreg.
soliloquize [sə'liləkwaiz] *vb* tale med sig selv; holde enetale.
soliloquy [sə'liləkwi] *sb* monolog, enetale.
solitaire [sɔli'tɛə] *sb* solitær (ædelsten som indfattes alene); solitaire (spil for en enkelt person), *(am)* kortkabale.
solitary ['sɔlitri] *adj* enlig, ensom, afsides, isoleret; eneste; *sb* eneboer; T = *~ confinement* ensom arrest; enecelle *(fx ten days ~ confinement); ~ wasps zo* enlige hvepse.
solitude ['sɔlitju:d] *sb* ensomhed.
solo ['səuləu] *sb, adj, adv* solo; *~ part* soloparti.
soloist ['səuləuist] *sb* solist.
Solomon ['sɔləmən] Salomon; *the Song of ~* Salomos Højsang; *-'s seal (bot)* stor konval.
so long T farvel (så længe).
solstice ['sɔlstis] *sb* solhverv.
solstitial [sɔl'stiʃl] *adj* solhvervs- *(fx point).*
solubility [sɔlju'biləti] *sb* opløselighed.
soluble ['sɔljubl] *adj* opløselig; som kan løses.
solution [sə'l(j)u:ʃn] *sb* opløsning; løsning; *~ set (mat.)* sandhedsmængde.
solvable ['sɔlvəbl] *adj* som kan løses.
solve [sɔlv] *vb* løse, klare.
solvency ['sɔlv(ə)nsi] *sb* solvens, betalingsevne.
solvent ['sɔlv(ə)nt] *adj* solvent, betalingsdygtig; *(kem)* opløsende; *(fig)* befriende, forløsende; *sb* opløsningsmiddel.
somatic [sə'mætik] *adj* somatisk, legemlig.
sombre ['sɔmbə] *adj* mørk, melankolsk, trist, dyster.
sombrero [sɔm'brɛərəu] *sb* sombrero (bredskygget hat).
some [səm, sm, (betonet:) sʌm] *adj* en eller anden, et eller andet, nogen, noget; nogle, visse, somme; (foran talord) omtrent, cirka *(fx ~ twenty miles off);* en *(fx ~ four or five* en fire-fem stykker); *sb* nogle (personer), en del mennesker; *adv* S noget, i nogen grad; *he was annoyed ~ (am)* ih hvor han ærgrede sig;
lend me ~ book or other lån mig en eller anden bog; *~ books* nogle bøger; *this is ~ book* det kan man kalde en bog; det er velnok en bog; det kalder jeg en bog; *and then ~ (am)* og en hel masse til; *~ time* i nogen tid *(fx I have been waiting ~ time);* engang *(fx come and see me ~ time); ~ twenty years* en snes år.
somebody ['sʌmbədi] *pron* nogen, en eller anden; en person af betydning; *~ has been here before* her har været nogen i forvejen; *he thinks he is ~* han bilder sig ind han er noget (stort).
somehow ['sʌmhau] *adv* på en eller anden måde; hvordan det så end er gået til (, går til); *it scares me ~* det gør mig nu alligevel bange.
someone ['sʌmwʌn] *pron* nogen, en eller anden.
somersault ['sʌməsɔ(:)lt] *sb* luftspring, saltomortale; kolbøtte; *cast (el. throw, turn) a ~* slå en saltomortale (, kolbøtte).
something ['sʌmθiŋ] *pron* noget; *adv* noget; T noget så *(fx it looked ~ awful); that is ~* det er (dog altid) noget; *little, yet ~* lidt, men dog altid noget; *there is ~* **in** *it* der er noget om det; *he is ~ in the Customs (, in an office)* han er noget ved toldvæsenet (, på et kontor); *~* **like** sådan noget som, omtrent *(fx it amounts to ~ like five pounds); that's ~ like rain!* sikken et regnvejr! *that's ~ like!* det er noget af det helt rigtige; det er vel nok storartet; *~* **of** noget af (ɔ: i nogen grad) *(fx he is ~ of a liar; he was ~ of a poet); if you see ~ of them* hvis du ser noget til dem; *he was made a captain* **or** *~* han blev udnævnt til kaptajn eller sådan noget lignende.
sometime ['sʌmtaim] *adv* engang, på et eller andet tidspunkt; *adj* forhenværende, tidligere *(fx ~ professor of French at the university).*
sometimes ['sʌmtaimz] *adv* undertiden, somme tider; *sometimes ... sometimes* snart ... snart.
somewhat ['sʌmwɔt] *adv* noget *(fx he is ~ deaf),* i nogen grad; *sb* noget *(fx it loses ~ of its force).*
somewhere ['sʌmwɛə] *adv* et eller andet sted; *he may be ~ near* han er måske et sted i nærheden; *~ else* andetsteds; *go ~* T gå et vist sted hen, gå på wc.
somnam|bulism [sɔm'næmbjulizm] *sb* søvngængeri. **-bulist** [sɔm'næmbjulist] *sb* søvngænger.
somnolence ['sɔmnələns] *sb* søvnighed, døsighed, dvaskhed. **somnolent** ['sɔmnələnt] *adj* søvnig, døsig, dvask.
son [sʌn] *sb* søn; *~ of a bitch (am)* dumt svin, skiderik; *you ~ of a gun! (am* S, jovialt) din skurk! *the Son of Man* Menneskesønnen; *every mother's ~* hver eneste mors sjæl.
sonar ['səuna:] *sb (fk sound navigation ranging)* sonar (ekkolod).
sonata [sə'na:tə] *sb* sonate.
sonatina [sɔnə'ti:nə] *sb* sonatine.
sonde [sɔnd] *sb (meteorol)* sonde.
song [sɔŋ] *sb* sang, vise; *it is nothing to make a ~ (and dance) about* det er ikke noget at råbe hurra for; *the usual ~* den gamle vise; *for a ~, for an old ~* til spotpris, for en slik.
songbird ['sɔŋbə:d] *sb* sangfugl.
songster ['sɔŋstə] *sb* sanger; sangfugl.
song thrush *zo* sangdrossel.
songwriter ['sɔŋraitə] *sb* viseforfatter; sangkomponist.
sonic ['sɔnik] *adj* lyd-; *~ bang (el. boom)* overlydsbrag, lydmursbrag; *~ barrier (flyv)* lydmur; *~ depth finder* ekkolod; *~ mine* akustisk mine; *~ speeds* hastigheder så store som lydens.
son-in-law ['sʌninlɔ:] *sb* svigersøn.
sonnet ['sɔnit] *sb* sonet. **sonneteer** [sɔni'tiə] *sb* sonetdigter; versemager, rimsmed; *vb* skrive sonetter (til).
sonnet sequence sonetkrans.
sonny ['sʌni] *sb* (især i tiltale:) min lille ven, brormand.
sonority [sə'nɔriti] *sb* klang, klangfylde.
sonorous [sə'nɔ:rəs] *adj* klangfuld, fuldttonende, sonor; *~ figures* klangfigurer.
sonsy ['sɔnzi] *adj* (skotsk) trivelig, køn, rar.
soon [su:n] *adv* snart, tidligt; hurtigt; *as ~ as* så snart som; *I would as ~* jeg ville lige så gerne; *-er or later* før eller senere; *I would -er die than* jeg ville hellere dø end; *no -er ... than* aldrig så snart ... førend; *no -er said than done* som sagt så gjort.
soot [sut] *sb* sod; *vb* sode; *-ed* sodet.
sooth [su:θ] *sb (glds): in (good) ~* i sandhed; *~ to say* sandt at sige.
soothe [su:ð] *vb* formilde, mildne, berolige; lindre,

dulme.
soothsayer ['su:θseiə] *sb* sandsiger(ske).
sooty ['suti] *adj* sodet; sodfarvet; ~ *shearwater (zo)* sodfarvet skråpe; ~ *tern (zo)* sodfarvet terne.
I. sop [sɔp] *sb* opblødt stykke (brød *etc*); *(fig)* noget der gives en for at formilde *el.* berolige; 'sutteklud'; bestikkelse; (om person) T skvat, svækling, fjols; *a ~ to the electors* valgflæsk.
II. sop [sɔp] *vb* dyppe, udbløde, gennembløde; ~ *up* opsuge, tørre op.
soph [sɔf] *fk sophomore.*
Sophia [sə'faiə] Sofie; Sofia.
sophism ['sɔfizm] *sb* sofisme, spidsfindighed.
sophist ['sɔfist] *sb* sofist.
sophistic(al) [sə'fistik(l)] *adj* sofistisk.
sophisticate [sə'fistikeit] *vb* fordreje, forfalske; gøre raffineret *el.* kunstlet (se *sophisticated).*
sophisticated [sə'fistikeitid] *adj* raffineret, sofistikeret, forfinet; kræsen; (om ting) kompliceret, avanceret *(fx equipment).*
sophistication [səfisti'keiʃn] *sb* raffinement, blaserethed, kunstlethed; sofisteri; forfalskning, fordrejning.
sophistry ['sɔfistri] *sb* sofisteri.
Sophocles ['sɔfəkli:z] Sofokles.
sophomore ['sɔfəmɔ:] *sb (am)* ex-rus, andet års student.
Sophy ['səufi] Sofie.
soporific [sɔpə'rifik] *adj* søvndyssende; *sb* sovemiddel.
sopping ['sɔpiŋ] *adj* gennemblødt, drivvåd; ~ *wet* gennemblødt.
soppy ['sɔpi] *adj* gennemblødt, drivvåd; opblødt; *(fig)* drivende sentimental, rørstrømsk; letbevægelig, blød; fjollet, fjoget.
soprano [sə'pra:nəu] *sb* sopran.
sorb [sɔ:b] *sb (bot)* røn; rønnebær.
sorbet ['sɔ:bət] *sb* sorbet; sorbetis.
sorcerer ['sɔ:s(ə)rə] *sb* troldmand. **sorceress** ['sɔ:s(ə)rəs] *sb* troldkvinde. **sorcery** ['sɔ:s(ə)ri] *sb* trolddom.
sordid ['sɔ:did] *adj* smudsig, snavset, beskidt; uhumsk, frastødende; ussel, lav; gerrig.
sordine ['sɔ:di:n] *sb* sordin.
sore [sɔ:] *sb* ømt sted, sår, byld; *(fig)* ømt punkt; *adj* øm *(fx feet); (fig)* smertelig *(fx memory),* ømtålelig, pinlig *(fx subject); (litt)* hård *(fx trial),* svær, dyb *(fx disappointment),* svar; (om person) pirrelig, T fornærmet, irriteret *(about* over);
~ *eyes* dårlige øjne; *a sight for ~ eyes* et vidunderligt syn; *like a bear with a ~ head* sur og gnaven; *it makes me ~* det ærgrer *(el.* kreperer) mig; *touch on a ~ place* sætte fingeren på et ømt punkt; *have a ~ throat* have ondt i halsen; *a ~ trial* en hård prøvelse.
sorehead ['sɔ:hed] *sb* S sur stodder.
sorely ['sɔ:li] *adv* smerteligt; stærkt *(fx tempted),* hårdt *(fx tried).*
sorghum ['sɔ:gəm] *sb (bot)* durra.
sorites [sə'raiti:z] *sb* (i logik:) sorites, kædeslutning.
sorn [sɔ:n] *vb* (skotsk) snylte.
soroptimist [sɔ:'rɔptimist] *sb* soroptimist (medlem af kvindelig Rotary-klub).
sorority [sə'rɔriti] *sb (am)* forening af kvindelige studenter.
I. sorrel ['sɔr(ə)l] *sb (bot)* syre; skovsyre.
II. sorrel ['sɔr(ə)l] *adj* fuksrød; *sb* fuks.
sorrow ['sɔrəu] *sb* sorg; *vb* sørge.
sorrowful ['sɔrəuf(u)l] *adj* sorgfuld, sørgmodig; sørgelig.
sorry ['sɔri] *adj* **1.** sørgelig; trist *(fx customer* fyr), kedelig *(fx affair);* **2.** ynkelig *(fx horse* krikke), sørgelig *(fx in a ~ plight (el. state)* (forfatning); *a ~ sight),* jammerlig, ussel, sølle; **3.** ked af det, bedrøvet, sørgmodig; *(so) ~!* undskyld!
I **am** *~!* undskyld! *I am ~ you can't stay longer* jeg er ked af *(el.* det gør mig ondt *el.* jeg beklager) at du ikke kan blive længere; *I am very ~* det må du meget undskylde; jeg er meget ked af det *(etc); I am ~ to say* desværre; *I am ~ for him* det gør mig ondt for ham; *if you think so, you are making a ~* **mistake** hvis du tror det tager du sørgelig fejl.
I. sort [sɔ:t] *sb* slags, sort, art; måde; *(glds)* samling; flok; *(typ)* skriftart; *after a ~* på en måde; til en vis grad; *he is a good ~* T han er et rart menneske, han er en flink fyr; *he is not my ~* han er ikke min type; jeg bryder mig ikke om ham; ~ **of** T ligesom *(fx he ~ of hinted that he'd like a tip); this ~ of dog,* T *these ~ of dogs* denne slags hunde; *what ~ of a man is he?* hvordan er han? *you will do nothing of the ~* det vil du aldeles ikke; vist vil du ej; *of a ~, of -s* en slags *(fx a lawyer, at least of a ~); be* **out of** *-s* være forstemt *(el.* gnaven); være sløj, ikke være rask.
II. sort [sɔ:t] *vb* sortere, ordne; ~ *out* sortere; sortere fra; *(fig)* rede ud *(fx the tangle),* ordne, bringe i orden; T banke, 'ordne'; ~ *it out (ogs)* få orden (, rede) på det; ~ *with* omgås; ~ *well with* være i overensstemmelse med, harmonere med.
sorter ['sɔ:tə] *sb* sorterer; (i edb) sorteremaskine.
sortie ['sɔ:ti] *sb* udfald; *(flyv)* mission, togt.
SOS ['esəu'es] SOS-signal; efterlysning (i radio).
so-so ['səusəu] *adj, adv* så som så, ikke videre godt, så lala.
sot [sɔt] *sb* drukkenbolt. **sottish** ['sɔtiʃ] *adj* fordrukken.
sotto voce ['sɔtəu'vəutʃi] *adv* dæmpet.
soufflé ['su:flei] *sb* soufflé (slags omelet).
sough [sau] *vb* sukke, suse (om vinden); *sb* susen.
sought [sɔ:t] *præt* og *pp* af *seek.*
sought-after *adj* ombejlet, efterspurgt.
soul [səul] *sb* sjæl; (om person) sjæl *(fx there was not a ~ in sight); he is a cheery ~* han er en glad sjæl; *poor ~* sølle stakkel; *I cannot call my ~ my own* jeg er meget bundet; jeg er frygtelig ophængt (ɔ: har travlt); *he is the ~ of honour* han er hæderligheden selv; *keep body and ~ together (fig)* opretholde livet.
soul|-destroying *adj* åndsfortærende. ~ **food** *(am)* (form for mad der spises af sorte i Sydstaterne). **-ful** *adj* sjælfuld, smægtende, krukket. ~ **-stirring** *adj* gribende.
I. sound [saund] *adj* **1.** sund, rask; som ikke fejler noget, som der ikke er noget i vejen med; ubeskadiget *(fx the ~ part of the cargo),* i god stand *(fx the building is ~);* **2.** solid *(fx workmanship* udførelse), forsvarlig; pålidelig *(fx friend),* sikker *(fx proof),* gyldig *(fx argument),* **3.** klog, fornuftig *(fx policy),* logisk *(fx reasoning);* **4.** *(økon)* solid *(fx financial position),* sund, velfunderet; **5.** ordentlig *(fx beating),* dygtig, forsvarlig;
as ~ as a bell fuldstændig sund og rask; *a ~ judgment* et sundt omdømme, en sund dømmekraft; ~ *of mind* åndsfrisk; *the proposal is not ~* der er ikke hold i forslaget; ~ *sleep* dyb søvn.
II. sound [saund] *sb* lyd, klang; *(med.)* sonde; *zo* svømmeblære; (farvand:) sund; *the Sound* Øresund.
III. sound [saund] *vb* lyde, klinge; (med objekt) lade lyde; (om sproglyd) udtale *(fx don't ~ the h in heir);* (om blæseinstrument) blæse på *(fx a trumpet);* (om klokke) ringe med, (om gongong *etc)* slå på; *(mil. etc)* give signal til (på horn), blæse til *(fx ~ the charge* blæse til angreb); *(med.)* undersøge ved bankning, lytte til; ~ **off** *(am* S) kæfte op, protestere højlydt; *(mil.)* tælle takten (under marsch).
IV. sound [saund] *vb* (om vanddybde) lodde, pejle; *(med.)* sondere; *(fig)* prøve; sondere stemningen hos; (uden objekt, om hval) dykke ned; ~ *him out (fig, ogs)* føle ham på tænderne.

sound| barrier *(flyv)* lydmur. **-board** sangbund. ~ **-boarding** indskudsbrædder. ~ **box** lyddåse. ~ **broadcasting** lydradio. ~ **camera** tonekamera. ~ **channel** lydkanal (i film). ~ **film** tonefilm. ~ **hole** lydhul (i violin).

I. sounding ['saundiŋ] *adj* lydende, velklingende; højtklingende; *sb* lyd, klang.

II. sounding ['saundiŋ] *sb (mar)* lodning, pejling (af vanddybden); *-s pl* lodskud, (loddede) dybder, dybdeforhold; kendt grund.

sounding| balloon ballonsonde. ~ **board** (over prædikestol) lydhimmel; *(mus.)* resonansbund, klangbund. ~ **lead** [led] *(mar)* lod. ~ **line** *(mar)* lodline. ~ **rocket** raketsonde.

sound|less [-ləs] *adj* lydløs. **-post** stemmepind (i violin *etc*). **-proof** *adj* lydtæt, lydisoleret. **-track** tonebånd (i film), tonespor. ~ **truck** *(am)* højttalervogn. **-wave** lydbølge.

soup [su:p] *sb* kødsuppe; S hestekræfter; *vb:* ~ *up* S give (bilmotor *etc*) øget effekt, tune; *(fig)* peppe op; *be in the* ~ T sidde kønt i det, hænge på den; *from* ~ *to nuts* fra ende til anden; alt til faget henhørende.

soupçon ['su:psɔŋ, *fr] sb* antydning, lille smule.

soup| kitchen suppekøkken (institution til gratis bespisning af fattige); *(mil.)* feltkøkken. ~ **ladle** potageske. ~ **plate** dyb tallerken.

sour [sauə] *adj* sur, gnaven, bitter; *sb* noget surt, syre; *vb* gøre sur, forbitre; blive sur, blive bitter; *go (el. turn)* ~ blive sur (, bitter); gå skævt; miste sin tiltrækning; blive upopulær; *it went* ~ *on them* de mistede tiltroen til det.

source [sɔ:s] *sb* kilde, udspring.

source| book kildeskrift; samling af kildesteder. ~ **language** udgangssprog; *(edb)* kildesprog.

sourish ['sauəriʃ] *adj* syrlig.

sour orange *(bot)* pomerans.

sourpuss ['sauəpus] *sb* T gnavpotte.

souse [saus] *sb* lage; noget der er nedlagt i lage; dukkert; *(am* S*)* drukkenbolt; *vb* sylte, nedlægge; give en dukkert, dukke; gennembløde; *interj* pladask!

soused [saust] *adj* syltet; S hønefuld, pløret.

souteneur [su:tə'nə:] *sb* alfons, soutenør.

south, South [sauθ] *sb* syd; sydlig del; *the South* Syden; *(am)* sydstaterne; *adj* sydlig, syd-; søndre; *adv* mod syd, sydpå; *(to the)* ~ *of* syd for.

south|bound *adj* sydgående, mod syd. **-east** sydøst; sydøstlig. **-easter** sydøstvind. **-easterly, -eastern** *adj* sydøstlig. **-eastward** *adj, adv* mod sydøst, sydøstlig.

southerly ['sʌðəli] *adj, adv* sydlig.

southern ['sʌðən] *adj* sydlig; sydlandsk; *(am)* sydstats-; *the Southern Cross* Sydkorset.

southerner ['sʌðənə] *sb* sydenglænder; sydlænding; *(am)* sydstatsmand.

southernmost ['sʌðənməust] *adj* sydligst.

southernwood ['sʌðənwud] *sb (bot)* ambra.

southing ['sauðiŋ] *sb (mar)* sejlads sydpå; forandret sydlig bredde.

southpaw ['sauθpɔ:] T *adj* kejthåndet; *sb* kejthåndet person (, spiller); højrefodsbokser.

South Pole: *the* ~ Sydpolen.

south-southeast sydsydøst.

south-southwest sydsydvest.

southward ['sauθwəd] *adj, adv* mod syd, sydpå.

Southwark ['sʌðək].

south|west sydvest; sydvestlig. **-wester** sydvestlig vind. **-westerly, -western** *adj* sydvestlig. **-westward** *adj, adv* mod sydvest, sydvestlig.

souvenir ['su:vniə] *sb* souvenir, erindring.

sou'wester [sau'westə] *sb* sydveststorm; sydvest (hovedbeklædning).

sov. *fk sovereign.*

sovereign ['sɔvrin] *adj* højest, suveræn; kraftig *(fx remedy);* ophøjet *(fx contempt* foragt); *sb* regent, suveræn; *(glds)* sovereign (en engelsk guldmønt af værdi 1 pund).

sovereignty ['sɔvrinti] *sb* suverænitet, herredømme.

Soviet ['səuviet, 'sɔvjet] Sovjet; *adj* sovjetisk, sovjetrussisk.

I. sow [səu] *vb (sowed, sowed el. sown)* så, tilså, udså.

II. sow [sau] *sb* so; (ved støbning) so; *you cannot make a silk purse out of a -'s ear* (svarer til) man kan ikke vente andet af en stud end et brøl; *you have got the wrong* ~ *by the ear* du er galt afmarcheret.

sowbread ['saubred] *sb (bot)* (vildtvoksende) alpeviol.

sown [səun] *pp* af *sow.*

sowthistle ['sauθisl] *sb (bot)* svinemælk.

sox = *socks, pl* af *sock.*

soy [sɔi] *sb* soja.

soy(a) bean ['sɔi(ə)bi:n] sojabønne.

sozzled [sɔzld] *adj* S plakatfuld.

spa [spa:] *sb* mineralsk kilde; kursted.

space [speis] *sb* rum, plads; afstand, mellemrum; (om tid) tidsrum, stund *(fx let us rest (for) a* ~*); (typ)* spatium, bogstavenhed; *(astr)* rummet; *vb* anbringe med mellemrum; ~ *out* sprede; *(typ)* spærre, spatiere; *in the* ~ *of* over en strækning af; i løbet af.

space| bar mellemrumstangent (på skrivemaskine). ~ **charge** *(fys)* rumladning. **-craft** rumfartøj, rumskib.

spaced(-out) *adj* spatieret, (anbragt) med mellemrum; T halvt bedøvet, sløv (af narkotika); høj. **-man** rummand, astronaut. ~ **flight** rumrejse. **-lab** rumlaboratorium. ~ **probe** rumsonde.

spacer ['speisə] *sb* mellemrumstangent (på skrivemaskine); *(tekn)* afstandsstykke, afstandsskive.

space| rocket rumraket. ~ **-saving** *adj* pladsbesparende. **-ship** rumskib. ~ **shuttle** rumfærge. **-suit** rumdragt. ~ **-time** rum-tid. ~ **travel** rumfart; rumrejse. ~ **walk** rumvandring.

spacey ['speisi] = *spacy.*

spacing ['speisiŋ] *sb* mellemrum, indbyrdes afstand; *(typ)* spatiering.

spacious ['speiʃəs] *adj* vid, rummelig.

spacy ['speisi] *adj* T skør, excentrisk, særpræget.

I. spade [speid] *sb* gilding; gildet dyr.

II. spade [speid] *sb* spade; (i kortspil) spar; S neger, vestinder; *-s pl* (kortfarven) spar; *vb* grave med en spade; *call a* ~ *a* ~ kalde tingen ved dens rette navn; kalde en spade for en spade; *in -s* T og mere til; i højeste potens; så det forslår.

spade|bone *(dial)* skulderblad. **-foot (toad)** *zo* løgfrø. **-work** (brydsomt) forarbejde, forberedende arbejde.

spadiceous [spə'diʃəs] *adj (bot)* kolbeblomstret.

spad|ix ['speidiks] *sb (pl -ices* [spə'daisi:z]*) (bot)* kolbe (ɔ: en blomsterstand).

spaghetti [spə'geti] *sb* spaghetti; ~ *western* spaghettiwestern (ɔ: lavet i Italien).

Spain [spein] Spanien.

spake [speik] *(poet) præt* af *speak.*

spall [spɔ:l] *sb* splint, flis (især af sten); *vb* splintre(s).

spalpeen [spæl'pi:n] *sb* (irsk:) knægt, knøs; slambert, slubbert, drivert.

spam ® [spæm] *sb* (slags) dåsekød.

I. span [spæn] *sb* spændvidde, åbning; (om bro) spændvidde; brofag; (om fly, fugl) vingefang; (om tid) spand (af tid), tidsrum, tid; (om mål) spand, ni engelske tommer; (om heste *etc)* spand; *vb* måle (med fingrene); spænde om; spænde over, (om bro *ogs)* føre over; (om tid) spænde over, strække sig over; *(fig)* omspænde.

II. span [spæn] *(glds) præt* af *spin.*

spandrel ['spændr(ə)l] *sb* (mellem bue og hjørne) spandril; *(~ wall)* brystning; (på frimærke) hjørnefelt (mellem ovalt billede og hjørne).

spandrel beam kantbjælke, brystningsbjælke.

spangle [spæŋgl] *sb* paillet; *vb* besætte med pailletter, glitre, spille.
Spaniard ['spænjəd] *sb* spanier.
spaniel ['spænjəl] *sb zo* spaniel; *(fig)* krybende person.
Spanish ['spæniʃ] *sb, adj* spansk; ~ *chestnut (bot)* ægte kastanje; ~ *fly* spansk flue; *the* ~ *Main* (nordkysten af Sydamerika fra Panama til Orinoco; havet ud for disse landstrækninger) *(omtr)* Det karaibiske Hav.
spank [spæŋk] *vb* klapse, smække; ~ *along* skyde en god fart, stryge af sted.
spanker ['spæŋkə] *sb* hurtig hest; *(mar)* mesan; T stor og flot person (, dyr, ting).
spanking ['spæŋkiŋ] *sb* endefuld, afklapsning; spanking; *adj* strygende, rask *(fx breeze);* T herlig, pragtfuld.
spanner ['spænə] *sb* skruenøgle; *throw a* ~ *into the works* stikke en kæp i hjulet.
span roof heltag.
I. spar [spa:] *sb* stang, lægte; *(mar)* rundholt; *(flyv)* bjælke; (mineral:) spat.
II. spar [spa:] *vb* bokse (især som træning *el.* opvisning); *(fig)* småskændes; (om haner) slås; *sb* boksekamp (især trænings- *el.* opvisningskamp); skænderi; hanekamp; ~ *at* lange ud efter.
spar deck *(mar)* spardæk.
I. spare [spɛə] *vb* **1.** spare *(fx* ~ *the details! they -d no pains to help me),* spare på *(fx don't* ~ *the sugar!);* **2.** skåne *(fx* ~ *my life! he does not* ~ *himself);* **3.** spare for *(fx* ~ *him the trouble),* (for)skåne for *(fx* ~ *me the details!);* **4.** undvære *(fx can you* ~ *£10? we cannot* ~ *him just now),* afse *(fx all the time he could* ~*);* **5.** undvære til *(fx can you* ~ *me a cigarette?);* skænke; *have sth to* ~ have noget tilovers; *enough and to* ~ mere end nok; ~ *the rod and spoil the child* den der elsker sin søn tugter ham i tide.
II. spare [spɛə] *adj* **1.** sparsom *(fx vegetation),* tarvelig, mager *(fx diet* kost); (om person) mager; **2.** som man har tilovers; ledig; ekstra; reserve- *(fx wheel);* **3.** T : *go* ~ blive rasende; blive helt ude af det.
III. spare [spɛə] *sb* reservedel.
spare| bedroom gæsteværelse. ~ **-built** spinkel. ~ **parts** *pl* reservedele. ~ **-part surgery** transplantationskirurgi. **-rib** *(omtr* =) revelsben. ~ **time** fritid. ~ **tyre** reservedæk; *(fig)* bildæk om maven.
sparge [spa:dʒ] *vb* stænke, strø, sprede; (i bryggeri) eftergyde.
sparing ['spɛəriŋ] *adj* sparsom; *be* ~ *of* spare på; ~ *of speech* fåmælt; *the book is* ~ *of information about* bogen giver ikke mange oplysninger om.
spark [spa:k] *sb* gnist, udladning; *(fig)* gnist; glimt *(fx of humour);* (om person) (munter ung) fyr, laps, spradebasse; (i bil) tænding; (se også *sparks); vb* gnistre, give gnister; *(fig)* anspore, opildne; ~ *off* give stødet til, sætte i gang, udløse; *the* ~ *has gone out of him* gassen er gået af ham.
spark| arrester gnistfanger. ~ **gap** (radio) gnistgab.
sparking plug tændrør.
sparkle [spa:kl] *sb* gnistren, funklen; glans; (om vin) skummen, perlen; *vb* gnistre, funkle, glimre; (om vin) perle, moussere.
sparkler ['spa:klə] *sb* stjernekaster; mousserende vin; vittigt hoved; S diamant.
sparkling ['spa:kliŋ] *adj* gnistrende, funklende, livlig; *sb* gnistren; ~ *wine* mousserende vin.
spark plug tændrør; *(fig)* en der kan sætte fart i et foretagende, igangsætter.
sparks [spa:ks] *sb pl (mar, flyv* S*)* radiotelegrafist.
sparring partner (boksers) træningspartner, sparringpartner.
sparrow ['spærəu] *sb zo* spurv.
sparrow|grass *(vulg)* asparges. ~ **hawk** spurvehøg.
sparse [spa:s] *adj* spredt; tynd *(fx beard),* sparsom *(fx vegetation),* sparsom; *-ly filled* (om teater *etc)* tyndt besat.
Spartacist ['spa:təsist] *sb* spartakist.
Spartan ['spa:t(ə)n] *sb* spartaner; *adj* spartansk.
spasm [spæzm] *sb* krampetrækning, krampeanfald; spasme; *(fig)* pludseligt anfald; pludselig udladning *(fx of energy); in -s* rykvis, stødvis.
spasmodic [spæz'mɔdik] *adj* krampagtig, spasmodisk; *(fig)* rykvis, stødvis; spredt *(fx fighting).*
spastic ['spæstik]; *adj (med.)* spastisk; *sb* spastiker.
I. spat [spæt] *præt* og *pp* af *spit.*
II. spat [spæt] *sb* østerslarve(r), østersyngel; *vb* yngle.
III. spat [spæt] T *(am) sb* lille skænderi; stænk *(fx of rain); (dial.)* dask; *vb* mundhugges; daske; stænke.
spatchcock ['spætʃkɔk] *sb* (fugl som er tilberedt straks efter slagtningen); *vb* T senere indføje *(fx* ~ *a passage into a speech).*
spate [speit] *sb* oversvømmelse (især en flods efter regnskyl); regnskyl; *(fig)* (rivende) strøm *(fx of words); in* ~ (om flod) ved at gå over sine bredder; *in full* ~ (om taler) godt i gang.
spatfall ['spætfɔ:l] *sb* yngelafsætning (om østers *etc).*
spathe [speið] *sb (bot)* skede (omkring en kolbe).
spatial [speiʃl] *adj* rumlig.
spats [spæts] *sb pl* (korte) gamacher.
spattees ['spæti:z] *sb pl* lange gamacher (til damer og børn).
spatter ['spætə] *vb* (over)stænke, sprøjte (over); plaske; *sb* overstænkning; plasken; *a* ~ *of rain (, applause)* spredt regn (, bifald).
spatula ['spætjulə] *sb* spatel.
spatulate ['spætjulət] *adj* spatelformet.
spavin ['spævin] *sb* spat (en hestesygdom).
I. spawn [spɔ:n] *sb* rogn, fiskeleg; fiskeyngel; *(neds)* yngel; *(bot)* mycelium.
II. spawn [spɔ:n] *vb* gyde, lægge æg; yngle; *(fig)* T producere massevis af *(fx books);* afføde, give anledning til *(fx rumours).*
spawning| ground, ~ **place** gydested, yngleplads. ~ **time** *zo* legetid.
spay [spei] *vb* udbøde (fjerne æggestokkene på hundyr).
speak [spi:k] *vb (spoke, spoken)* tale; sige *(fx the truth); (fig)* røbe, vise, udtrykke; *(mar)* have signalforbindelse med, praje; ~ **for** tale for, være fortaler for; (især *am)* bestille, reservere; ~ *volumes for,* se *volume;* ~ *for yourself!* du kan kun tale for dig selv (ɔ: jeg er af en anden mening); ~ **of** tale om; nævne; *(fig)* vidne om, være vidnesbyrd om; *nothing to* ~ *of* ikke noget der er værd at nævne; ~ **out** tale åbent *(el.* lige ud af posen); ~ **to** tale til; bevidne; *so to* ~ så at sige; ~ **up** tale højt; tale åbent *(el.* lige ud af posen); ~ *up!* (til taler) højere! ~ **well** *for (el. of)* tale til fordel for; *it -s well for (el. of) his taste (ogs)* det gør hans smag ære; (se også *speaking).*
speakeasy ['spi:ki:zi] *sb (am)* smugkro.
speaker ['spi:kə] *sb* taler; højttaler; -talende *(fx German -s in Denmark); the Speaker* formanden i Underhuset.
speaking ['spi:kiŋ] *præs p, adj* talende; *(fig)* udtryksfuld; *(tlf): Brown* ~ De taler med Brown; Brown her; *who is it* ~? hvem taler jeg med? *the portrait is a* ~ *likeness* portrættet ligner slående *(el.* er meget livagtigt); *seriously* ~ alvorlig talt; *strictly* ~ strengt taget; *be on* ~ *terms with* være på talefod med.
speaking| trumpet råber; hørerør. ~ **tube** talerør.
spear [spiə] *sb* spyd, lanse; (til fiskeri) lyster, ålejern; *vb* dræbe med et spyd, spidde.
spearhead ['spiəhed] *sb* spydsod; *(mil.)* de forreste tropper i et angreb; angrebsspids; *(fig)* fortrop, stødtrop; *vb* danne spidsen (i et angreb); *(fig)* gå i spidsen for, anføre.

spearmint ['spiəmint] *sb (bot)* grøn mynte, krusemynte.

spear side sværdside, mandsside.

spearwort ['spiəwə:t] *sb (bot)* nedbøjet ranunkel; *great* ~ langbladet ranunkel.

spec [spek] T *(fk speculation): on* ~ *(merk)* på spekulation *(fx buy (, sell) sth on* ~*); do it on* ~ tage chancen og gøre det; vove forsøget *(fx I don't know whether he is there, but I'll go there on* ~*).*

spec. *fk special(ly).*

special [speʃl] *adj* særlig *(fx importance, occasion, permission),* speciel; sær- *(fx* (af bog) *edition; legislation; announcement* melding), special- *(fx equipment, knowledge, tools),* ekstra- *(fx* (af avis) *edition; flight); sb* (af avis) ekstraudgave; *(jernb)* ekstratog, særtog; *(merk)* (særligt) tilbud *(fx this week's* ~ ugens tilbud); (på restaurant): *today's* ~ dagens ret; **-s** *pl (tekn)* rørarmatur; *does he want to come on any* ~ *day* ønsker han at komme nogen bestemt dag?

special| constable *(omtr)* reservebetjent (der kun skal fungere i særlige tilfælde); frivillig. ~**-delivery letter** ekspresbrev. ~ **drawing rights** *pl (økon)* særlige trækningsrettigheder, papirguld.

specialist ['speʃ(ə)list] *sb* specialist; *adj* specialist-, special-; ~ *room* (i skole) faglokale.

speciality [speʃi'æliti] *sb* særegenhed; speciale; specialitet.

specialization [speʃ(ə)lai'zeiʃən] *sb* specialisering.

specialize ['speʃ(ə)laiz] *vb* specialisere (sig).

special| library specialbibliotek, fagbibliotek. ~ **licence** kongebrev. ~ **pleading** ensidig argumentation (, fremstilling). ~ **price** særpris, favørpris. ~ **school** specialskole (for svagtbegavede *etc).* ~ **session** ekstraordinær samling. ~ **subject** speciale.

specialty ['speʃlti] *sb* særegenhed, speciale, specialitet; *(jur)* dokument under segl.

specie ['spi:ʃi(:)] *sb* mønt, møntet metal.

species ['spi:ʃi(:)z; 'spi:si:z] *sb (pl ds) (biol etc)* art; *(fig)* art, slags; sort; *the* ~, *our* ~ menneskeslægten; ~ *character* artspræg.

specific [spə'sifik] *adj* **1.** speciel, specifik; særlig *(fx properties* egenskaber); særegen *(to* for); **2.** bestemt, udtrykkelig *(fx orders);* **3.** *(biol)* artfast; **4.** *sb* særligt middel.

specification [spesifi'keiʃn] *sb* specificering; specifikation; (ved byggeri) forskrift, arbejdsbeskrivelse.

specific| character artspræg. ~ **gravity** *(fys)* massefylde, vægtfylde, specifik vægt. ~ **heat** *(fys)* specifik varme, varmefylde. ~ **performance** *(jur)* naturalopfyldelse (erlæggelse af en aftalt ydelse til en fordringshaver i modsætning til erstatning). ~ **volume** *(fys)* specifikt rumfang *(el.* volumen).

specify ['spesifai] *vb* specificere; bestemme (, beskrive, angive) nærmere.

specimen ['spesimən] *sb* prøve; eksemplar; (i naturhistoriesamling) præparat; *-s pl* naturalier; (om person) T størrelse *(fx he is a queer* ~*);* ~ *copy* prøveeksemplar; lærereksemplar; ~ *number* prøvenummer, prøvehæfte; ~ *page* prøveside.

specious ['spi:ʃəs] *adj* plausibel, bestikkende, besnærende.

I. speck [spek] *sb* spæk.

II. speck [spek] *sb* stænk, plet; *vb* plette; ~ *of dust* støvgran.

speckle [spekl] *sb* lille plet; *vb* plette.

speckled [spekld] *adj* spættet; broget.

speckled alder *(bot)* rynket el.

specs T *fk spectacles* briller.

spectacle ['spektəkl] *sb* skue, syn, skuespil; *-s pl* briller; *a pair of -s* et par briller; *make a* ~ *of oneself* gøre sig uheldigt bemærket, gøre sig til grin.

spectacled ['spektəkld] *adj* med briller.

spectacular [spek'tækjulə] *adj* iøjnefaldende, bemærkelsesværdig, flot, imponerende; *sb* stort opsat fjernsynsshow (, film *etc); a* ~ *play* et udstyrsstykke.

spectator [spek'teitə] *sb* tilskuer.

spectral ['spektr(ə)l] *adj (cf spectrum)* spektral-; *(cf spectre)* spøgelsesagtig; ~ *voice* hul røst.

spectre ['spektə] *sb* spøgelse, genfærd.

spectrometer [spek'trɔmitə] *sb* spektrometer.

spectroscope ['spektrəskəup] *sb* spektroskop.

spectrum ['spektrəm] *sb (pl spectra* [-trə]) spektrum.

spectrum analysis spektralanalyse.

specular ['spekjulə] *adj* spejl-; genspejlende.

speculate ['spekjuleit] *vb* spekulere *(about, on* over); ~ *for a fall (, rise) (merk)* spekulere i baissen (, haussen).

speculation [spekju'leiʃn] *sb* spekulation.

speculative ['spekjulətiv] *adj* spekulativ, teoretisk; *(merk etc)* spekulations-; usikker.

speculator ['spekjuleitə] *sb (merk)* spekulant; ~ *for a fall* baissespekulant.

speculum ['spekjuləm] *sb* spejl (især af metal); *zo* spejl (på fuglevinge).

sped [sped] *præt* og *pp* af *speed.*

speech [spi:tʃ] *sb* tale *(fx in* ~ *and in writing; make* (holde) *a* ~*);* taleevne; *(spr)* talesprog *(fx that word is not used in English* ~*), (mods language)* tale; *(teat etc)* replik; *be bereft of* ~ have mistet mælet.

speech| area sprogområde. ~ **centre** talecentrum (i hjernen). ~ **community** sprogsamfund. ~ **day** skoles afslutningsfest. ~ **disorder** talelidelse, taleforstyrrelse.

speechify ['spi:tʃifai] *vb* holde (dårlige) taler.

speech| island sprogø. **-less** [-ləs] *adj* målløs, stum. ~ **reading** mundaflæsning. ~ **sound** sproglyd.

I. speed [spi:d] *sb* hastighed, fart; (om bil *etc)* gear *(fx shift to low* ~*);* S amfetamin; heroin blandet med kokain; *at a* ~ *of* med en hastighed af; *at (full)* ~ i fuld fart.

II. speed [spi:d] *vb (sped, sped)* ile, fare; *(glds)* hjælpe (fremad), give held *(fx God* ~ *you!),* ønske lykke på vejen, byde farvel; *(speeded, speeded)* forøge hastigheden af, sætte fart i; speede; køre for hurtigt, overtræde hastighedsbegrænsning *(fx he was fined £10 for speeding);* ~ *up* sætte farten op; speede op; fremskynde.

speed|ball S heroin blandet med kokain. **-boat** speedbåd. ~ **cop** færdselsbetjent (på motorcykel).

speeder ['spi:də] *sb* en der kører for hurtigt; *(tekn)* hastighedsregulator; *(jernb)* motortrolje.

speed limit hastighedsbegrænsning.

speedo ['spi:dəu] T = **speedometer** [spi'dɔmitə] *sb* speedometer.

speed| reading hurtiglæsning. **-up** hastighedsforøgelse; produktionsforøgelse. **-way** racerbane til motorcykelløb; (sport:) speedway; *(am)* motorvej. **-well** *(bot)* ærenpris.

speedy ['spi:di] *adj* rask, hurtig; prompte, omgående *(fx answer).*

speleologist [spi:li'ɔlədʒist] *sb* huleforsker.

speleology [spi:li'ɔlədʒi] *sb* huleforskning.

I. spell [spel] *sb* trylleformular; fortryllelse, uimodståelig tiltrækning; forhekselse; *break the* ~ hæve fortryllelsen; *cast a* ~ *over* fortrylle, forhekse; *under a* ~ fortryllet, bjergtaget, forhekset.

II. spell [spel] *vb (spelt, spelt el. spelled, spelled)* stave(s); betyde *(fx that -s disaster for us);* være ensbetydende med; medføre; *h a t -s hat* h a t siger hat; ~ *out* stave sig igennem; forstå, få fat i *(fx the meaning);* forklare detaljeret (, meget forenklet *el.* tydeligt), T skære ud i pap.

III. spell [spel] *sb* tørn, tur (til at arbejde) *(fx take a* ~ *at the oars);* kort tid, stund *(fx wait for a* ~*);* periode *(fx a*

dry ~); anfald *(fx a ~ of coughing* et hosteanfald); *(austr)* hvil, pause; *vb (am)* afløse; *(austr)* tage sig et hvil; *by -s* skiftevis, efter tur.
spellbind ['spelbaind] *vb* fortrylle, holde fangen.
spellbinder ['spelbaində] *sb* taler som holder tilhørernes interesse fangen; demagog.
spellbound ['spelbaund] *adj* fortryllet, bjergtagen.
spelling ['speliŋ] *sb* stavning; stavemåde, retskrivning.
spelling| bee stavekonkurrence. ~ **book** abc. ~ **pronunciation** udtale der er påvirket af stavemåden, skriftnær udtale.
I. spelt [spelt] *præt* og *pp* af *II. spell*.
II. spelt [spelt] *sb (bot)* spelt.
spelter ['speltə] *sb (merk)* zink (i blokke); messingslaglod.
spelunker [spi'lʌŋkə] *sb (am T)* amatør-huleforsker.
spencer ['spensə] *sb* spencer (kort trøje).
spend [spend] *vb (spent, spent)* (se også *spent)* bruge, anvende; ofre *(fx don't ~ more money (, time) on that car)*; (om tid *ogs)* tilbringe *(fx a week in Paris)*, (om penge *ogs)* give ud *(fx she -s a lot* hun giver mange penge ud), spendere *(on* på); (helt op:) forbruge, bruge op *(fx the capital is spent); (neds)* øde bort *(fx ~ a fortune on amusements); ~ a penny* T gå på wc.
spender ['spendə] *sb* ødeland; *he is a big ~* han bruger mange penge.
spending| money T lommepenge. ~ **power** købekraft.
spendthrift ['spen(d)θrift] *sb* ødeland; *adj* ødsel.
Spenserian [spen'siəriən] *adj: ~ stanza* spenserstrofe.
spent [spent] *præt* og *pp* af *spend;* brugt, opbrugt; udmattet; (om fisk) som er færdig med at gyde; ~ *bullet* mat kugle; ~ *match* afbrændt tændstik; ~ *tool* (brugt og) kasseret redskab; *the gale has ~ itself (el. its fury)* stormen har raset ud.
sperm [spə:m] *sb* sædvæske.
spermaceti [spə:mə'seti] *sb* spermacet.
spermary ['spə:m(ə)ri] *sb* sædkirtel.
spermatic [spə:'mætik] *adj* sæd-; ~ *cord* sædstreng.
spermatozo|on [spə:mətə'zəuən] *sb (pl -a* [-ə]) sædlegeme, spermatozo.
sperm| bank sædbank. ~ **cell** sædcelle. ~ **whale** spermacethval.
spew ['spju:] *vb* spy, brække sig; udspy; *sb* bræk.
sphagnum ['sfægnəm] *sb (bot)* sphagnum, tørvemos.
sphenoid ['sfi:nɔid] *adj* kileformet.
sphere [sfiə] *sb* kugle, klode; *(hist. astr)* sfære; *(fig)* sfære, (virke)felt, kreds, område; *the celestial ~* himmelhvælvingen; ~ *of activity* virkefelt; ~ *of interest* interessesfære.
spheric(al) ['sferik(l)] *adj* sfærisk, kugle-.
spheroid ['sfiərɔid] *sb* sfæroide, omdrejningslegeme.
sphincter ['sfiŋ(k)tə] *sb (anat)* lukkemuskel.
sphinx [sfiŋks] *sb* sfinks; *zo* aftensværmer.
spic [spik] *sb (am S, neds)* spanskamerikaner.
spicate ['spaikeit] *adj (bot)* aksdannet.
spice [spais] *sb* krydderi, *(fig ogs)* smag, anstrøg; *vb* krydre; *variety is the ~ of life* forandring fryder.
spick-and-span *adj* splinterny; i fineste orden, ren og pæn.
spicule ['spaikju:l, 'spikju:l] *sb (zo:* hos svampe) skeletspikel; *(bot)* småaks.
spicy ['spaisi] *adj* krydret, aromatisk; *(fig)* pikant, vovet.
spider ['spaidə] *sb* edderkop.
spiderman ['spaidəmæn] *sb* bygningsarbejder der arbejder i stor højde, montør ved stålkonstruktioner; fluemenneske.
spider monkey *zo* klamreabe.
spiderwort ['spaidəwə:t] *sb (bot)* edderkopurt.
spidery ['spaidəri] *adj* edderkoppeagtig, meget tynd; ~ *writing (fig* om skrift) flueben.
spiel [spi:l] *sb (am S)* snak; *vb* snakke, lade munden løbe; ~ *off* rable af sig. **spieler** ['spi:lə] *sb (am S)* fidusmager, falskspiller; markedsudråber.
spiffy ['spifi] *adj (am)* smart.
spiflicate ['spliflikeit] *vb* S mase, knuse, gøre det af med; *-d adj* fuld.
spigot ['spigət] *sb* tap (i tønde); *(am)* hane.
spik = *spic*.
I. spike [spaik] *sb* **1.** pig, spids; **2.** spyd (til at sætte regninger på); **3.** spiger, nagle; **4.** S kanyle; **5.** *(bot)* aks; **6.** *-s pl* pigsko.
II. spike [spaik] *vb* spigre, fornagle; (sko *etc)* beslå med pigge; (gennembore:) spidde; *(fig)* spolere *(fx his chances)*, forpurre *(fx his plans)*, ramme en pæl gennem *(fx a rumour); (am S)* tilsætte alkohol; ~ *sby's guns (hist.)* fornagle ens kanoner; *(fig)* forpurre ens forehavende; lukke munden på en.
spike heel stilethæl.
spikelet ['spaiklət] *sb (bot)* småaks.
spikenard ['spaikna:d] *sb (bot)* nardus; nardussalve.
spiky ['spaiki] *adj* spids, med spidser (, pigge); *(fig)* prikken, pirrelig, sårbar; hvas, bidende; *(red)* stiv, højkirkelig..
spile [spail] *sb* pæl, pløk, tap; *vb* bore hul til tap.
I. spill [spil] *sb* pind; (til at tænde med:) fidibus.
II. spill [spil] *vb (spilled, spilled el. spilt, spilt)* spilde, ødelægge; ødsle; vælte, kaste af; S røbe; (uden objekt) blive spildt, løbe ud, løbe over; vælte; ~ *the beans* S sladre, snakke over sig, plapre ud med hemmeligheden; ~ *blood* udgyde blod; *it is no use crying over spilt milk* det kan ikke nytte at græde over spildt mælk; ~ *a sail* dæmpe et sejl.
III. spill [spil] *sb* fald *(fx* fra hest); *have a ~* vælte.
spillikin ['spilikin] *sb* pind (i skrabnæsespil); *-s pl (ogs)* skrabnæsespil.
spillway ['spilwei] *sb* afløb; overfaldsåbning.
spilt [spilt] *præt* og *pp* af *spill*.
I. spin [spin] *vb (spun, spun)* spinde; hvirvle, dreje (sig), snurre rundt, (om bilhjul *ogs)* spinne, (om bold) skrue; *(flyv)* gå i spin; (i fiskeri) fiske med spinner; (med objekt) spinde *(fx wool);* (om bold) skrue; *(tekn)* trykke (tynde metalplader); ~ *a coin* kaste en mønt i vejret, slå plat og krone; ~ *a yarn* spinde en ende; ~ *out* trække ud *(fx the time);* få til at vare længere; *send him -ning* slå ham så han trimler; (se også *spun)*.
II. spin [spin] *sb* hvirvlen, snurren (rundt); *(flyv)* spin; (i vogn, på cykel *etc)* rask tur.
spinach ['spinidʒ] *sb* spinat.
spinal [spainl] *adj* rygrads-, rygmarvs-; ~ *canal* rygmarvskanal; ~ *column* rygrad; ~ *cord* rygmarv; ~ *fluid* spinalvæske.
spindle [spindl] *sb* (til spinding) ten; *(tekn)* spindel; *(mar)* spilstamme; (på grammofon, til plade) tap; *(biol:* ved celledeling) kerneten; *(am) = spindle file*.
spindle| file *(am)* spyd (til at sætte regninger på). **~-shanked** *adj* med lange tynde ben, tyndbenet. **-shanks** *pl* lange tynde ben, pibestilke; person med lange tynde ben. ~ **-shaped** *adj* tenformet. ~ **tree** *(bot)* benved.
spindly ['spindli] *adj* lang og tynd; ranglet.
spin-drier ['spindraiə] *sb* (tørre)centrifuge.
spindrift ['spindrift] *sb* skumsprøjt, stænk.
spin-dry ['spindrai] *vb* centrifugere (tøj).
spine [spain] *sb* rygrad; *zo* pig, pigstråle; *(bot)* torn; (på bog) ryg.
spineless ['spainləs] *adj* hvirvelløs; *(fig)* slap, holdningsløs.
spinet [spi'net, (især *am)* 'spinit] *sb* spinet.
spinnaker ['spinəkə] *sb (mar)* spiler.
spinner ['spinə] *sb* spinder, spinderske; spindemaskine; *(flyv,* fiskeri) spinner.
spinneret ['spinəret] *sb zo* spindevorte.

spinney ['spini] *sb* krat.

spinning| jenny spindemaskine. ~ **lathe** *(tekn)* trykbænk. ~ **mill** spinderi. ~ **wheel** rokkehjul, rok.

spinoff ['spinɔf] *sb* biprodukt; (nyttig) bivirkning; varer som fremstilles i tilknytning til tegneserie *el.* andet kendt produkt.

spinous ['spainəs] *adj* tornet, besat med pigge; formet som en torn.

spinster ['spinstə] *sb (jur)* ugift kvinde; T pebermø, gammeljomfru.

spiny ['spaini] *adj* tornet, med pigstråler; *(fig)* vanskelig.

spiny | anteater *zo* myrepindsvind. ~ **lobster** *zo* languster.

spiracle ['spaiərəkl] *sb* lufthul, åndehul.

spiraea [spai'riə] *sb (bot)* spiræa, mjødurt.

spiral ['spairəl] *adj* spiralformet; *sb* spiral; *vb* (få til at) bevæge sig i en spiral; *(fig* om priser *etc)* skrue (sig) i vejret, (få til at) stige hastigt; ~ *binding* spiralhæftning; ~ *nebula* spiraltåge; ~ *spring* spiralfjeder; ~ *staircase* vindeltrappe; *the vicious ~ (of rising wages and prices)* 'skruen uden ende' (om det forhold at stigende lønninger og priser driver hinanden i vejret).

spirant ['spairənt] *sb (fon)* spirant, hæmmelyd.

spire ['spaiə] *sb* spir; top, spids; snoning, spiral; *-d* med spir.

Spires ['spaiəz] Speyer (tysk by).

I. spirit ['spirit] *sb* ånd; sjæl; (livlighed *etc:)* liv, kraft, mod; fart, appel;

-s *pl* humør; (væske:) sprit, spiritus, alkohol; *in high (el. good) -s* i godt humør, oprømt, munter; *in low (el. bad) -s* i dårligt humør, nedslået, forstemt;

the (Holy) Spirit den Helligånd; *the ~ of the age* tidsånden; ~ *of wine* vinånd; *with ~* energisk, dristigt, livligt, begejstret.

II. spirit ['spirit] *vb: ~ away (el. off)* få til at forsvinde, trylle bort; skaffe af vejen; bortføre; smugle væk; ~ *up* begejstre, opmuntre.

spirited ['spiritid] *adj* livlig *(fx debate, lecture),* (spil)levende; energisk, dristig; (om hest) fyrig.

spirit| lamp spritlampe. **-less** forsagt, modløs. ~ **rapping** meddelelser fra bankeånder. ~ **stove** spritapparat.

spiritual ['spiritʃuəl] *adj* åndelig, sjælelig; gejstlig *(fx court* domstol); *sb (negro ~)* religiøs negersang.

spiritual|ism ['spiritʃuəlizm] spiritisme. **-ist** spiritist. **-ity** [spiritju'æliti] åndelighed. **-ize** ['spiritʃuəlaiz] *vb* åndeliggøre, give en åndelig betydning.

spirituel(le) [spiritʃu'el, *fr] adj* fin, yndefuld; vittig, spirituel.

spirituous ['spiritʃuəs] *adj* spirituøs, spiritusholdig.

spirit varnish spirituslak.

spirometer [spai(ə)'rɔmitə] *sb* spirometer.

spirt [spə:t] *vb* sprøjte, stråle; *sb* sprøjt, stråle.

I. spit [spit] *sb* (til stegning) spid; *(geogr)* odde, (land)tange; (ved gravning) spadestik *(fx two ~ (el. -s) deep); vb* sætte på spid, spidde.

II. spit [spit] *vb (spat, spit el. spat)* spytte; (af raseri) hvæse, sprutte, udstøde (eder, forbandelser); (om regn) falde spredt, stænke; ~ *it out!* spyt ud! ud med sproget!

III. spit [spit] *sb* spyt; let *(el.* spredt) regn (, snefald); *he is the very (el. dead) ~ (el. the ~ and image) of his father* han er som snydt ud af næsen på sin far, han er sin far op ad dage.

spit-and-polish *(mil.)* pudsning.

spitball ['spitbɔ:l] *sb* tygget papirskugle (brugt som kasteskyts); (i baseball) det at kasteren gør bolden fugtig for at få den til at ændre bane.

spitchcock ['spitʃkɔk] *sb* (flækket og) stegt ål.

spite [spait] *sb* ondskab(sfuldhed), had; småligt (nid og) nag; chikaneri; *vb* ægre, trodse; chikanere; *in ~ of* til trods for, uagtet; *out of ~* i trods.

spiteful ['spaitf(u)l] *adj* ondskabsfuld, hadefuld, ondsindet, hadsk.

spitfire ['spitfaiə] *sb* arrigtrold; *(flyv:* jager) spitfire.

spitting| image, se *III. spit: spit and image.* ~ **mug** spyttekrus.

spittle [spitl] *sb* spyt.

spittoon [spi'tu:n] *sb* spyttebakke.

spitz [spits] *sb* dværgspids (hunderace).

spiv [spiv] *sb (omtr)* fidusmager; sortbørshandler.

splash [splæʃ] *vb* overstænke, stænke, sprøjte, plaske, sjaske; (om nyhed) slå stort op; (om penge) øse ud; *sb* plask; stænk; farvet plet; stor opsætning (af nyhed); ~ *money about* S strø om sig med penge; ~ *down* (om rumskib) lande på havet; *make a ~* T vække opmærksomhed, vække sensation.

splashboard ['splæʃbɔ:d] *sb* stænkskærm.

splashdown ['splæʃdaun] *sb* landing (af rumskib) på havet.

splash lubrication sprøjtesmøring.

splashy ['splæʃi] *adj* overstænket, sølet, sjappet.

splatter ['splætə] *vb* plaske, skvulpe.

splay [splei] *vb (med.)* forvride, bringe af led; *(arkit)* gøre skrå; *adj* skrå; *sb* skråkant, smig, skråning; *-ed window* smiget vindue.

splayfooted ['spleifutid] *adj* udtilbens, med flade udadvendte fødder.

spleen [spli:n] *sb (anat)* milt; *(fig)* dårligt humør, spleen, tungsind, livslede; *vent one's ~ upon* lade sit onde lune gå ud over, udøse sin vrede (, galde) over.

spleenwort ['spli:nwə:t] *sb (bot)* radeløv.

splendid ['splendid] *adj* strålende, prægtig, pragtfuld; T glimrende, storartet.

splendiferous [splen'difərəs] *adj* S storartet, gevaldig.

splendour ['splendə] *sb* glans, pragt.

splenetic [spli'netik] *adj* hypokonder, vranten, irritabel; *(med.)* milt-; *sb* hypokondrist.

splice [splais] *vb* (om tov, film, gener) splejse; (om tømmer) laske; T (vie:) splejse sammen; *sb* splejsning; laske; stød.

splice bar *(jernb)* fladlaske.

spline [splain] *sb* stjernenot; (i snedkeri) fjeder; *vb* note.

splint [splint] *sb* splint, pind; *(med.:* til at støtte brud) skinne.

splint| basket spånkurv. ~ **bone** lægben.

splinter ['splintə] *sb* splint, flis, spån; (af bombe *etc)* sprængstykke; *vb* splintre, kløve; (uden objekt) splintres.

splinter| group udbrydergruppe. **-less** [-ləs] *adj* (om glas) splintfri, splintsikker. ~ **party** splittelsesparti. **-proof** *adj* sprængstyksikker.

splintery ['splintəri] *adj* fuld af splinter; som let splintrer.

I. split [split] *vb (split, split)* **1.** spalte *(fx an atom),* kløve, flække *(fx wood, stone);* flænge *(fx the wind ~ the sail);* **2.** fremkalde splittelse i, splitte *(fx a party);* **3.** dele (lige) *(fx a bottle of wine, the profits);* dele op *(fx the rations, a cake);* **4.** (sønder)flænge *(fx a cry ~ the air);* **5.** revne, flække, spalte sig, dele sig; blive slået i stykker; **6.** S tale over sig; **7.** S skilles; **8.** S stikke af;

~ *the difference* mødes på halvvejen; indgå kompromis; ~ *hairs* være hårkløver, være ordkløver; ~ **off** afspalte; ~ **on** *sby* S sladre om en, røbe en, stikke en; ~ **open** flække; ~ **up** dele; opdele *(into* i); dele sig, spalte sig *(into* i); T skilles, gå fra hinanden; ~ *up the cost* slå *(el.* stå) halv skade; ~ **with** blive uenig med; ~ *one's sides with laughter* være ved at revne af latter.

II. split [split] *sb* revne, spalte; *(fig)* splittelse, brud; (spaltet læder:) spalt; S lille glas whisky; lille flaske sodavand; andel (i bytte); sladderhank; *the -s* spagat.

split| fruit delfrugt. ~ **infinitive** infinitiv skilt fra *to* ved *adv (fx to carefully perform).* ~**-level** *adj (arkit)* med forskudt etage; i forskudt plan. ~ **peas(e)** flækkede ærter, gule ærter. ~ **personality** skizofreni; personlighedsspaltning. ~ **pin** split. ~ **ring** nøglering. ~ **second** brøkdelen af et sekund. ~ **second timing:** *with ~ -second timing* med fantastisk præcision.

splitting ['splitiŋ] *adj: a ~ headache* en dundrende hovedpine.

split wood kløvebrænde, klov.

splotch [splɔtʃ] *sb* plet, klat; *vb* plette, klatte.

splurge [splə:dʒ] T *sb* pralende optræden, brilleren; *vb* 'optræde', vise sig, rulle sig ud; flotte sig, slå om sig med penge; ~ *on* flotte sig med.

splutter ['splʌtə] *vb* tale hurtigt, snuble over ordene; (også *fig)* sprutte; *sb* larm, postyr; sprutten.

Spode ware (porcelæn fra Josias Spodes fabrik).

spoil [spɔil] *vb (spoilt, spoilt el. spoiled, spoiled)* ødelægge, spolere; beskadige; *(fx* om mad) fordærve; (om papir) makulere; (om barn, dyr) forkæle; (uden objekt) fordærves; *(glds)* plyndre; *-ing* **for** *a fight* kampivrig, i krigshumør; *they were -ing for a fight (ogs)* det trak op til slagsmål mellem dem; (se også *spoiled).*

spoilage ['spɔilidʒ] *sb* spild; det at blive fordærvet; (om papir) makulatur, udskudsark.

spoiled [spɔild] *adj* ødelagt, spoleret; *(fx* om mad) fordærvet; (om barn, dyr) forkælet; *(typ:) ~ copy* fejltryk; ~ *letter* læderet bogstav; ~ *sheet* makulaturark.

spoiler ['pɔilə] *sb (flyv* & på bil) spoiler.

spoils [spɔilz] *sb pl* bytte, rov; *(merk)* varer med fabrikationsfejl; *(typ)* udskudsark, makulatur.

spoilsman ['spɔilzmən] *sb* levebrødspolitiker.

spoilsport ['spɔilspɔ:t] *sb* lyseslukker (en der søger at ødelægge andres fornøjelse).

spoils system *(am)* (det at det sejrende partis tilhængere belønnes med embeder).

spoilt [spɔilt] *præt* og *pp* af *spoil;* se *spoiled.*

I. spoke [spəuk] *sb* (i hjul) ege; (i stige) trin; *(mar:* i rat) knage; (bremse på hjul) hæmsko; *put a ~ in his wheel* krydse hans planer, stikke en kæp i hjulet for ham.

II. spoke [spəuk] *præt* af *speak.*

spoken [spəukn] *pp* af *speak; adj* mundtlig *(fx message);* talt, tale- *(fx language);* med ... stemme *(fx kind-spoken* med venlig stemme).

spokeshave ['spəukʃeiv] *sb* bugthøvl.

spokesman ['spəuksmən] *sb* talsmand; ordfører.

spoliation [spəuli'eiʃn] *sb* plyndring.

spondaic [spɔn'deiik] *adj* spondæisk.

spondee ['spɔndi:] *sb* spondæ (versefod).

spondulicks [spɔn'dju:liks] *sb pl* S moneter, stakater.

sponge [spʌn(d)ʒ] *sb* svamp; *(med. ogs)* serviet; (til kage *etc)* dej; sukkerbrødsdej; (om person) T nasser, snyltegæst; *vb* vaske, viske, tørre, suge op (med en svamp); T tilsnige sig, tilnasse sig *(fx a dinner);* snylte, nasse *(on* på); leve på nas;

pass the ~ over (fig) slå en streg over; *throw (el. chuck) up the ~* erkende sig overvundet, opgive kampen, give blankt op, opgive ævred; ~ **out** viske ud; ~ **up** tørre op, suge op (med en svamp); *(fig)* opsuge; indsuge.

sponge| bag toilettaske, toiletpose. ~ **cake** sukkerbrødskage.

sponger ['spʌn(d)ʒə] *sb* svampefisker; T nasser, snyltegæst.

sponge rubber svampegummi.

sponging house *(glds)* (midlertidigt gældsfængsel).

spongy ['spʌn(d)ʒi] *adj* svampeagtig, svampet, porøs, blød, sugende; ~ *parenchyma* svampevæv.

sponsion [spɔnʃn] *sb* kaution; tilsagn.

sponson [spɔnsn] *sb (mar)* udbygning; (på hjuldamper) (hjul)vinge; *(flyv)* støtteponton.

sponsor ['spɔnsə] *sb* kautionist, garant; *(rel)* fadder; gudfader; *(parl etc)* forslagsstiller; (i radio, tv) sponsor (ɔ: firma (, forretningsmand) der betaler for en reklameudsendelse); (i sport) sponsor; *vb* stå fadder til, støtte; være sponsor for, betale for (reklameudsendelse).

sponsorship *sb* fadderskab; kaution; støtte.

spontaneity [spɔntə'neiəti, spɔntə'niəti] *sb* spontaneitet, uvilkårlighed, frivillighed.

spontaneous [spɔn'teinjəs] *adj* spontan, umiddelbar, uvilkårlig; frivillig, af egen indskydelse; selv-; ~ *combustion* selvantændelse.

spoof [spu:f] *sb* svindel, snyderi; parodi; *vb* narre, lave grin med.

spook [spu:k] *sb* T spøgelse; *(am* S*)* spion, agent.

spooky ['spu:ki] *adj* uhyggelig, mystisk, spøgelsesagtig; *(am,* om dyr) forskræmt, nervøs.

spool [spu:l] *sb* spole, rulle; (garn)trisse; *vb* vikle, spole; ~ *chamber* filmkammer (i kamera).

I. spoon [spu:n] *sb* ske; (til fiskeri) blink; (i golf) trækølle nr. 3; *vb* spise med ske; øse (med ske); (i sport) slå (bold) højt; (i fiskeri) fiske med blink; ~ *out,* ~ *up* øse op.

II. spoon [spu:n] *vb* S kissemisse, kæle, kæresterere, være kælent forelsket; sværme.

spoon| bait blink (til fiskeri). **-bill** *zo* skestork.

spoonerism ['spu:nərizm] *sb* (ombytning af lyd i sammenstillede ord, *fx blushing crow* for *crushing blow); talk in -s* snakke bagvendt, 'bakke snagvendt'.

spoon-feed ['spu:nfi:d] *vb* made med ske; *(fig)* give ind med skeer.

spoony ['spu:ni] *sb* (forelsket) tosse; *adj* tosset, kælent forelsket.

spoor [spuə] *sb* spor; *vb* spore, forfølge spor (af).

sporadic [spə'rædik] *adj* sporadisk, spredt.

sporangium [spə'rændʒəm] *sb (bot)* sporangium, sporehus.

spore [spɔ:] *sb (bot)* spore.

sporran ['spɔrən] *sb* bæltetaske (som hører til højskotternes dragt).

I. sport [spɔ:t] *sb* sport, idræt, atletik; jagt, fiskeri; sjov, løjer, morskab, spøg; (offer *etc)* legetøj, kastebold *(fx of* (for) *the waves),* offer; (om person) (god) sportsmand, en der er fair, modig og forstår at tage et nederlag *(fx he is a good ~);* T flink fyr; *(biol)* sport (en pludselig opstået afvigelse fra den normale type); *-s pl* sport, sportsgrene; sportskamp, idrætsstævne;

be a ~! (ogs) lad nu være med at være kedelig! *it becomes a ~* der går sport i det; *in ~* for spøg; *it is great ~* det er vældig sjovt; *make ~ of* lave sjov med.

II. sport [spɔ:t] *vb* more sig, spøge; tumle sig; (om tøj) optræde med, have anlagt, 'give den med *(el.* i)' *(fx a silk hat).*

sporting ['spɔ:tiŋ] *adj* sportsinteresseret; sportsmæssig, sportslig; sports- *(fx event* begivenhed), idræts-; jagt- *(fx gun* gevær, bøsse); T fair, som viser sportsånd, som er en god sportsmand; *be ~ (ogs)* tage det med godt humør; *a ~ chance* en fair chance.

sportive ['spɔ:tiv] *adj* munter, lystig.

sports| car sportsvogn. ~ **day** idrætsdag.

sportsman ['spɔ:tsmən] *sb* en der er fair, modig og forstår at tage et nederlag; sportsmand; jæger, lystfisker.

sportsman|like *adj* passende for en *sportsman;* sportslig, sportsmæssig; loyal. **-ship** dygtighed; sportsånd, sportsmæssig optræden.

sports| master idrætslærer. **-wear** sportstøj. **-writer** sportsjournalist.

I. spot [spɔt] *sb* **1.** sted *(fx show me the exact ~ where it was),* plet; **2.** plet *(fx on the sun; on a dress; the leopard's -s);* (i mønster) prik *(fx a blue tie with white -s);* **3.** bid, smule *(fx a ~ of lunch);* stænk, dråbe *(fx of* *whisky)*, skvæt, sjat *(fx of tea)*; **4.** bums, filipens, knop; **5.** stilling; placering (på program); **6.** (i radio) = *spot announcement*; **7.** (i film *etc*) = *spotlight*; **8.** *(merk)* loco, *-s pl* locovarer;

in *-s* pletvis, med mellemrum; *be in a* ~ S være i knibe *(el.* i klemme); *come out in -s* få udslæt; **on** *the* ~ T straks; på stedet; på pletten; i knibe; *(merk)* loco; *put sby on the* ~ kræve en til regnskab; sætte en i knibe; få skovlen under en; *a* **tender** ~ et ømt punkt; (se også *soft*).

II. spot [spɔt] *vb* **1.** plette, sætte en plet på; **2.** T lægge mærke til, få øje på, opdage, genkende *(fx I -ted him in the crowd)*; lokalisere; **3.** *(mil. etc)* observere; placere mest hensigtsmæssigt; **4.** pletrense; **5.** (uden objekt) blive plettet, tage imod pletter *(fx this material -s easily)*; plette, lave pletter; *keep sby -ted* holde en under observation; ~ *the winner* udpege vinderen (på forhånd); *it was -ting with rain* det stænkede, det småregnede.

spot| announcement (i radio) kort (reklame)meddelelse som bringes mellem de regulære udsendelser. ~ **cash** kontant betaling. ~ **check** stikprøve. ~ **drill** forbor. **-face** *vb (tekn)* anslå. ~ **goods** *pl (merk)* locovarer. ~ **kick** straffespark.

spotlight ['spɔtlait] *sb* spotlight; søgelys, projektør (der koncentrerer det belyste område til et minimum); *vb* sætte spotlight (, søgelys) på.

spot-on ['spɔtɔn] *adj (tekn)* uden tolerance; T lige i øjet, helt rigtig..

spot price *(merk)* pris ved kontant betaling, locopris.

spotted ['spɔtid] *adj* plettet.

spotted| eagle *zo* stor skrigeørn. ~ **fever** (især:) plettyfus. ~ **redshank** *zo* sortklire. ~ **sandpiper** *zo (am)* plettet mudderklire. ~ **woodpecker** *zo* flagspætte.

spotter ['spɔtə] *sb* observatør; *(am* T) detektiv; (i renseri) pletrenser, detachør.

spot test stikprøve.

spotty ['spɔti] *adj* plettet, spættet; fuld af filipenser, bumset; uregelmæssig; *(mht* kvalitet) ujævn.

spot welding *(tekn)* punktsvejsning.

spousal [spauzl] *sb (glds)* (ofte i *pl)* bryllup.

spouse [spauz] *sb (glds el. jur)* ægtefælle.

I. spout [spaut] *sb (fx* på kande) tud; (til regnvand) nedløbsrør, (vandret:) vandspyer; *(tekn)* studs, mundstykke; *(fx* til korn) slisk; (af væske) stråle, sprøjt, (fra hval) blæst; *(meteorol)* skypumpe; *down the* ~ S ødelagt, fortabt, ruineret; *up the* ~ T tabt, spildt; ødelagt, spoleret; S gravid; *(glds)* pantsat.

II. spout [spaut] *vb* sprøjte, udspy; *(neds)* deklamere, fyre af; ~ *about* ævle om.

sprag [spræg] *sb* stopklods; *vb* standse.

sprain [sprein] *vb* forstrække, forstuve; *sb* forstuvning, distorsion.

sprang [spræŋ] *præt* af *spring*.

sprat [spræt] *sb zo* brisling.

sprawl [sprɔ:l] *vb* ligge henslængt, ligge og slange sig, brede sig, (ligge og) flyde; sprede sig, brede sig (uregelmæssigt); (med objekt) stritte med; *sb* henslængt stilling; uregelmæssig *(el.* tilfældig) udbredelse (, bebyggelse); *urban* ~ tilfældig udbredelse af bymæssig bebyggelse.

sprawling ['sprɔ:liŋ] *adj* som ligger henslængt *(etc, cf sprawl)*; som breder sig uregelmæssigt, spredt.

spray [sprei] *sb* (af plante) kvist, (blomster)gren; dusk, buket; (af vand) skumsprøjt, søstænk, søskvæt; *(fig)* byge *(fx of bullets)*; (til skadedyr *etc)* sprøjtevæske; (anordning, apparat) sprøjte, spray; bruser; *vb* sprøjte *(fx an apple tree)*; oversprøjte; overdænge.

spray can spraydåse.

sprayer ['spreiə] *sb* sprøjte, rafraichisseur.

spray| gun sprøjtepistol, malepistol. ~ **paint** *vb* sprøjtemale; male (, skrive) med spraydåse.

I. spread [spred] *vb (spread, spread)* brede (ud) *(fx a cloth on a table)*; sprede *(fx manure over a field; hay to dry)*; dække *(fx a table with a cloth)*; smøre *(fx butter on bread; bread with butter)*; folde ud *(fx a map)*, brede ud, spile ud *(fx the bird* ~ *its wings)*; *(fig)* sprede *(fx terror; one's interests)*, udbrede, udsprede *(fx rumours)*; fordele *(fx the work over the summer months)*; (uden objekt) brede sig *(fx the water* ~ *over the floor; the rumour (, the panic)* ~*)*; gribe om sig; strække sig *(fx a desert -ing for miles; a course -ing over 3 months)*;

~ **oneself** sprede sig, have mange ting for; S udbrede sig, tale docerende; være overstrømmende gæstfri; rulle sig ud, flotte sig; ~ **out** sprede, sprede sig; brede ud, folde ud; ~ *the* **table** dække bord.

II. spread [spred] *sb* udbredelse *(fx the* ~ *of disease)*; omfang, spændvidde; (om fugl) vingefang; (i bog) opslag; T festmåltid, opdækning, traktement, foder; smørepålæg; *middle-age(d)* ~ embonpoint.

I. spread eagle *sb* flakt ørn (som i USA's våben).

II. spread-eagle ['spred'i:gl] *adj (fig, am)* chauvinistisk, højtravende, bombastisk, overdrevent national *(fx speech)*; *vb* lægge sig (, ligge) på ryggen med armene bredt ud.

spread-eagleism *sb* chauvinisme.

spreader ['spredə] *sb* spreder; smørekniv.

spreadsheet ['spredʃi:t] *sb (edb)* elektronisk regneark.

spree [spri:] *sb* sold; soldetur; løjer, sjov; *go on the* ~ bumle, gå ud og more sig; *be on the* ~ være ude og more sig.

sprig [sprig] *sb (bot)* kvist, *(fig, spøg)* fyr, ætling; (søm:) (tråd)dykker.

sprigged [sprigd] *adj* (små)blomstret.

sprightly ['spraitli] *adj* munter, livlig.

I. spring [spriŋ] *vb (sprang, sprung)* **1.** springe; springe frem, fare; **2.** springe i stykker, revne, knække; **3.** (om træ) slå sig; **4.** spire, vokse frem, skyde op, *(fig ogs)* dukke op; opstå;

(med objekt) **5.** få til at springe (, revne, slå sig); sprænge; **6.** pludselig komme med (, fremsætte *etc) (fx a joke; a proposal)*; **7.** affjedre *(fx the car is well sprung)*; ~ *a leak* springe læk; ~ *a mine* lade en mine springe; ~ *a trap* lade en fælde slå i;

~ **from** *(fig)* komme af, udspringe af *(fx it all -s from a misunderstanding)*; *(litt)* stamme fra *(fx a noble family)*; ~ *a new proposal* **on** *sby* overraske en med et nyt forslag; ~ *a surprise on sby* overrumple en, komme bag på en; *the door sprang* **open** døren sprang op; *the door sprang* **to** døren smækkede i; ~ *to one's feet* springe op; ~ **up** spire frem, skyde op, *(fig* også) opstå *(fx new industries sprang up)*.

II. spring [spriŋ] *sb* **1.** spring; **2.** fjeder, *(fig)* elasticitet, initiativ; **3.** kilde, bæk, *(fig)* kilde, oprindelse; **4.** forår, *(poet)* vår; **5.** (i tømmer) revne; **6.** *(arkit)* = *springing line*.

spring| balance fjedervægt. ~ **bed** springmadras. ~ **binder** springbind. **-board** springbræt; vippe (til udspring). **-bok** springbuk (sydafrikansk gazelle). ~ **chicken** ung høne; *she is no* ~ *chicken* hun er ingen årsunge. ~ **-cleaning** forårsrengøring, hovedrengøring.

springe [sprin(d)ʒ] *sb* snare, done.

springer ['spriŋə] *sb zo* springbuk; (hund:) spaniel; *(arkit)* vederlag; trykleje.

spring| fever forårsfornemmelser. **-gun** (ved jagt) selvskud. **-halt** [hɔ:lt] hanetrit (en hestesygdom). **-house** *(am)* kølehus bygget over en kilde, til opbevaring af madvarer.

springing line fødselslinie (i hvælving).

spring| lock smæklås; springlås. ~ **mattress** springmadras. ~ **roll** forårsrulle. **-tail** *zo* springhale. ~ **tide** springflod. **-tide, -time** forår. ~ **washer** fjederskive.

springy ['spriŋi] *adj* elastisk, spændstig.
sprinkle [spriŋkl] *vb* stænke, strø, drysse, bestrø; småregne; *sb* stænk, drys; *-d edge (bogb)* sprængt snit.
sprinkler ['spriŋklə] *sb* vandvogn; sprøjte; (til vanding) spreder; (til brandslukning) sprinkler; (til flaske) stænkeprop.
sprinkling ['spriŋkliŋ] *sb* stænk; lille antal, lille smule, kende, islæt.
sprint [sprint] *vb* sprinte, løbe i fuld fart, løbe hurtigløb over kort distance.
sprinter ['sprintə] *sb* sprinter, deltager i sprint, hurtigløber.
sprit [sprit] *sb (mar)* sprydstage.
sprite [sprait] *sb* alf, fe, nisse.
spritsail ['spritseil; *(mar:)* spritsl] *sb* sprydsejl.
sprocket ['sprɔkit] *sb* tand, kædehjul; (i filmforeviser) tandtromle; ~ *holes* (i film) perforering; ~ *wheel* kædehjul.
sprog [sprɔg] *sb* S unge; rekrut; ny dreng i skole, nybegynder.
sprout [spraut] *vb* spire, vokse; *sb* spire; skud; *(Brussels sprouts)* rosenkål.
I. spruce [spru:s] *adj* net, pyntelig, flot, pyntet; *vb:* ~ *up* pynte (sig), nette (sig).
II. spruce [spru:s] *sb (bot)* gran; *common* ~ rødgran.
spruce| beer øl med gran-essens. ~ **fir** (rød)gran.
sprue [spru:] *sb* (ved støbning) indløb; støbetap; *(med.)* sprue.
spruik [spru:ik] *vb (austr* S) snakke for sine varer; fyre en masse gas af.
sprung [sprʌŋ] *pp* af *I. spring; adj* affjedret; ~ *bed* spiralseng.
spry [sprai] *adj* rask, livlig.
spud [spʌd] *sb* lugejern; barkjern; S kartoffel; *vb* luge, grave op.
spume [spju:m] *sb* skum; *vb* skumme.
spumous ['spju:məs], **spumy** ['spju:mi] *adj* skummende.
spun [spʌn] *præt* og *pp* af *spin; adj* spundet; ~ *gold* guldtråd, guldspind.
spunk [spʌŋk] *sb* fyrsvamp, tønder; T mod, mandsmod; fut; vrede, arrigskab; S sæd.
spunky ['spʌŋki] *adj* livlig, rask, modig; vred, arrig.
spun| silk schappe (ɔ: affaldssilke). ~ **sugar** sukkervat. ~ **yarn** skibmandsgarn.
spur [spə:] *sb* (til hest, på hane, *fig)* spore; (af bjergkæde) udløber; *(bot)* spore; *(am jernb)* sidespor, stikbane; (fra motorvej) afkørsel; *vb* spore, anspore, fremskynde; ile; *on the* ~ *of the moment* på stående fod; ~ *on* anspore; ride hurtigt.
spurge [spə:dʒ] *sb (bot)* vortemælk.
spur gear *(tekn)* cylindrisk tandhjul.
spurious ['spjuəriəs] *adj* uægte, falsk, forfalsket.
spurn [spə:n] *vb* afvise med foragt *(fx an offer);* forsmå, vrage; *(glds)* sparke; *sb* hånlig afvisning.
spurrey ['spʌri] *sb (bot)* spergel.
I. spurt [spə:t] = *spirt.*
II. spurt [spə:t] *vb* gøre en kraftanstrengelse, spurte; *sb* kraftanstrengelse, spurt, slutspurt.
spur wheel cylindrisk tandhjul.
sputnik ['sputnik] *sb* sputnik.
sputter ['spʌtə] *vb* sprutte; spytte; tale hastigt; snuble over ordene; *sb* sprutten; hastig tale.
sputum ['spju:təm] *sb* spyt, opspyt.
spy [spai] *sb* spion, spejder; *vb* spejde, udspionere, opdage; ~ *into* snuse i, udspionere; ~ *out,* ~ *upon* udspionere, belure.
spy|glass lille kikkert. ~ **hole** kighul. ~ **satellite** spionsatellit.
sq. *fk square.*
squab [skwɔb] *adj* kvabset, tyk og fed; *sb* tyksak; dueunge, rågeunge; tyk pude, gulvpude; ottoman.
squabble [skwɔbl] *vb* kævles, skændes; mundhugges; *(typ)* bringe (sats) i uorden; *sb* kævl, kævleri, skænderi.
squab pie (postej af due *el.* rågekød *el.* af fårekød, løg og æbler).
squad [skwɔd] *sb* gruppe, hold; (politi)patrulje, afdeling; (i sport: til turnering) trup; *(mil.)* korporalskab, gruppe, sektion; trop (ved eksercits); *awkward* ~ (uøvet) rekrutafdeling; ~ *car* (politi)patruljevogn (med radio).
squaddy ['skwɔdi] *sb* S soldat.
squadron ['skwɔdrən] *sb (mil.)* eskadron, *(mar)* eskadre; *(flyv)* eskadrille; ~ *leader (flyv* svarer til) kaptajn.
squalid ['skwɔlid] *adj* beskidt; ussel, elendig, tarvelig; uhumsk, frastødende, nedværdigende.
squall [skwɔ:l] *vb* skrige, skråle; *sb* skrål; kastevind, vindstød, byge; *(fig)* opstandelse, røre, ballade; *be struck by a* ~ overfaldes af en byge; *look out for -s (fig)* være på sin post.
squalor ['skwɔlə] *sb* snavs, elendighed.
squa|ma ['skweimə] *sb (pl -mae* [-mi:]) skæl.
squamous ['skweiməs] *adj* skællet, skældækket.
squander ['skwɔndə] *vb* forøde, formøble.
squanderer ['skwɔnd(ə)rə] *sb* ødeland.
I. square ['skwɛə] *adj* **1.** kvadratisk, firkantet, retvinklet; **2.** kvadrat- *(fx foot, root);* **3.** firskåren (om legemsbygning); **4.** redelig, ærlig; regulær; **5.** direkte *(fx refusal);* **6.** kvit, ordnet (om mellemværende) **7.** S gammeldags, borgerlig, konventionel; *five feet* ~ fem fod i kvadrat (ɔ: 5×5 fod);
be **all** ~ være gældfri; (i kortspil) være janfri; (i konkurrence) stå lige; **on** *the* ~ vinkelret *(to* på); T *(fig)* ærlig; *act on the* ~ gå ærligt til værks; *hit him* ~ *on the jaw* ramme ham lige på kæben; **out of** ~ ikke vinkelret *(to* på); *(fig)* i uorden; som ikke passer; ~ **to** vinkelret på; *get* ~ **with** gøre op med, få hævnet sig på.
II. square [skwɛə] *sb* firkant, kvadrat, rude; (firkantet) tørklæde; (i by) torv, plads; (af huse) karré; (til tegning *etc)* vinkel(mål); *(mat.)* kvadrat *(of* på); *(glds mil.)* karré; *-s (bogb)* formering; *the -s pl* S de uindviede, de der ikke er med på noderne; ~ *one,* se *alf.*
III. square [skwɛə] *vb* **1.** gøre firkantet, tilhugge (, tilskære) firkantet, gøre retvinklet, kanthugge *(fx a board);* **2.** *(mat.)* opløfte til anden potens; **3.** (om regnskab *etc)* ordne, afgøre, gøre op; udligne; betale *(fx a bill),* tilfredsstille *(fx one's creditors);* **4.** T bestikke *(fx they said he had been -d);*
~ *accounts with* gøre op med; *try to* ~ *the circle* prøve at løse cirklens kvadratur; ~ *one's elbows (, shoulders)* stille sig i kampstilling; *4 -d is 16* 4 i anden er 16;
~ **away** *(am)* rydde, bringe i orden, gøre klar; stille sig i kampstilling; ~ **off** kvadrere; ~ **up to** stille sig i boksestilling over for, *(fig)* se i øjnene *(fx problems, difficulties)* ~ *up with* gøre op med; ~ **with** stemme med *(fx his theories do not* ~ *with his practice);* bringe i overensstemmelse med.
square|-bashing *(mil.* S) eksercits. ~ **-built** *adj* firskåren, firkantet. ~ **dance** *(am* folkedans, *omtr)* kvadrille. ~ **deal** fair behandling, ærlig handel. **-head** *(neds, am* S) tysker, hollænder; skandinav.
squarely ['skwɛəli] *adv* kvadratisk *etc (se I. square);* direkte, lige *(fx look sby* ~ *in the face);* utvetydigt, rent ud.
square| meal solidt måltid. ~ **number** kvadrattal. ~ **one:** *go back to* ~ *one* S begynde forfra; *then we are back at* ~ *one* så er vi lige vidt; så er vi tilbage hvor vi begyndte. ~ **-rigged** *adj (mar)* med råsejl. ~ **root** kvadratrod. **-sail** *(mar)* råsejl. ~ **-shaped** *adj* firkantet. ~ **shooter** *(am* T) regulær fyr. ~ **-shouldered** *adj* bredskuldret. ~ **-threaded** *adj (tekn)* fladgænget *(fx*

screw). ~ **-toed** *adj* brednæset (om støvler); *(fig)* stiv; gammeldags.

squash [skwɔʃ] *vb* kvase, presse, mase flad, sammenstuve; *(fig)* slå ned, undertrykke *(fx a rebellion);* skære ned; (uden objekt) mase sig *(fx into a crowd); sb* tætpakket menneskemængde; blød masse; sjaskende lyd; *(bot)* melongræskar; (boldspil:) squash.

squash| hat blød hat. ~ **rackets** *pl* 'squash' (et boldspil).

squat [skwɔt] *vb* sidde på hug; slå sig ned på jord *el.* ejendom uden hjemmel, besætte; *adj* siddende på hug; kort og tyk, undersætsig; *sb* sammenkrøben stilling; T besat hus.

squatter ['skwɔtə] *sb* **1.** australsk fåreavler; **2.** nybygger (især: som tager land uden ret); **3.** (person der uden hjemmel tager ophold på anden mands ejendom), besætter, boligaktivist.

squaw [skwɔ:] *sb* indianerkone; ~ *man* hvid mand gift med indianerkvinde.

squawk [skwɔ:k] *vb* (om skræmt fugl) give et kort, hæst, gennemtrængende skrig (fra sig); T skrige op; *sb* kort hæst gennemtrængende skrig; T klageskrig.

squawk box T højttaler.

squeak [skwi:k] *vb* skrige, pibe, hvine; S optræde som stikker; *sb* skrig, hvin; *he had a narrow* ~ han undslap med nød og næppe; det var på et hængende hår; der var bud efter ham.

squeaker ['skwi:kə] *sb* skrighals; S stikker.

squeal [skwi:l] *vb* hvine; skrige, skrige op (i protest); S: ~ *(on)* forråde, angive, 'stikke'; *sb* hvin, skrig.

squealer ['skwi:lə] *sb* fugleunge, (især) dueunge; hylehoved; S stikker, angiver.

squeamish ['skwi:miʃ] *adj* som let får kvalme; utilpas *(fx feel* ~); *(fig)* sart, *(fx he is not* ~).

squeegee ['skwi:'dʒi:] *sb* gummisvaber, gummiskraber; vinduesskraber; *(fot)* gummirulle.

I. squeeze [skwi:z] *vb* **1.** presse *(fx a lemon, juice from a lemon);* klemme; knuge *(fx he -d my hand);* **2.** 'knuse' (ɔ: omfavne); **3.** tage aftryk af *(fx* i voks); **4.** *(fig* om person) presse, lægge pres på, sætte en klemme på; ~ *sth into a box* presse noget ned i en æske; ~ *through the crowd* mase sig igennem mængden.

II. squeeze [skwi:z] *sb* **1.** pres, tryk, håndtryk; **2.** tæt omfavnelse, 'knus'; **3.** trængsel; **4.** aftryk *(fx* i voks); **5.** pres; klemme *(fx we are in a tight* ~*);* **6.** pengeafpresning; **7.** *(økon)* (kredit)stramning; *it was a tight* ~ det var på et hængende hår, det var tæt på.

squeeze bottle blød plastikflaske.

squelch [skwel(t)ʃ] *vb* svuppe, frembringe slubrende, gurglende lyd; kvase, knuse; *(fig* T*)* undertrykke; skære ned, lukke munden på (med et knusende svar); *sb* svuppen; slubrende, gurglende lyd.

squib [skwib] *sb* sværmer (ɔ: fyrværkeri); (politisk) satire, udfald; *vb* satirisere, spotte; *damp* ~ fuser, våd kineser.

squid [skwid] *sb* tiarmet blæksprutte; kunstig agn.

squidgy ['skwidʒi] *adj* T smattet.

squiffer ['skwifə] *sb* S trækharmonika.

squiffy ['skwifi] *adj* S med en lille en på, bedugget.

squiggle [skwigl] *sb* bølgelinje, krusedulle *(fx he signed his letter with a* ~*);* skriveri, kradseri; *-s pl (ogs)* snirkler.

squill [skwil] *sb (bot)* strandløg.

squinch [skwin(t)ʃ] *sb (arkit)* trompe.

squint [skwint] *vb* skele; *sb* skelen, skelende blik; sideblik; ~ *at* skele til, skæve til; se på med sammenknebne øjne; T kikke på; *let me have a* ~ *at it* T lad mig kikke på det.

squint-eyed *adj* skeløjet; *(fig)* mistænksom; misundelig.

squire [skwaiə] *sb* godsejer; *(glds)* væbner; *(am)* fredsdommer; *vb* ledsage, følge; være opmærksom over for.

squirearchy ['skwaiəra:ki] *sb* godsejer-aristokrati; godsejervælde.

squirm [skwə:m] *vb* vride sig, sno sig, sprælle; krympe sig, vise tegn på at være ilde berørt *el.* forlegen; *sb* vridning.

squirrel ['skwir(ə)l] *sb zo* egern; *vb* gemme væk.

squirrel-cage engine kortslutningsmotor.

squirt [skwə:t] *sb* sprøjte; stråle, sprøjt; (fra maskinpistol) salve, byge, T lille vigtigprås, lus; *vb* sprøjte.

squirt gun vandpistol.

squirting cucumber *(bot)* æselsagurk.

squish [skwiʃ] T *vb* mase, kvase (noget vådt); *sb* plasken, splat; smattet masse.

squishy ['skwiʃi] *adj* blød, smattet, splattet.

squit [skwit] *sb* S dum skid, lille lus; *(vulg)* bras, lort; idioti.

Sr. *fk senior.*

Sri Lanka [sri'læŋkə] Sri Lanka. **Sri Lankan** [sri'læŋkən] *sb* srilankaner; *adj* srilankansk.

S.R.O. *fk standing room only* kun ståpladser ledige.

SS *fk steamship; screw steamer.*

SSE *fk south-southeast.*

SSW *fk south-southwest.*

St. *fk Saint; Street; Strait.*

st. *fk stone* (om vægt).

stab [stæb] *vb* stikke, gennembore; såre; *(bogb)* blokhæfte; *sb* knivstik; stød; ~ *at* stikke efter; ~ *in the back (fig)* bagholdsangreb; ~ *sby in the back* falde en i ryggen; *have (el. make) a* ~ *at sth* forsøge noget; ~ *to death* stikke ihjel, dræbe med knivstik.

stability [stə'biləti] *sb* fasthed, stabilitet, stadighed, standhaftighed.

stabilization [steibilai'zeiʃn] *sb* stabilisering, fiksering.

stabilize ['steibilaiz] *vb* stabilisere, fiksere.

stabilizer ['steibilaizə] *sb* stabilisator; *(flyv)* haleplan.

I. stable [steibl] *adj* stabil, fast, stadig; standhaftig; urokkelig.

II. stable [steibl] *sb* stald; *vb* opstalde.

stable|boy stalddreng. ~ **door** stalddør; *it is too late to lock the* ~ *door when the horse has bolted (el. is stolen)* (svarer til) det er for sent at kaste brønden til når barnet er druknet. ~ **fly** stikflue. **-man** staldkarl.

stabling ['steibliŋ] *sb* opstaldning; staldrum.

stab wound stiksår.

staccato [stə'ka:təu] *adj, adv* stakkato.

stack [stæk] *sb* stabel, stak; *(agr)* hæs, stak; *(mil.)* geværpyramide; (på hus) skorsten (med flere piber); *(bibl)* reol, *-s pl* bogmagasin; T mængde, masse *(fx a* ~ *of work); (edb)* stak, staklager; *vb* sætte i hæs *el.* i stak; stable; *(flyv)* lade (fly) kredse i bestemt højde før landing;

~ *arms!* sæt geværer sammen! ~ *the cards* pakke kortene (ɔ: for at snyde); ~ *the cards against them (fig)* rotte sig sammen mod dem; lægge dem alle mulige hindringer i vejen; ~ *up* stable op; hobe sig op; *(am)* udgøre, blive; ~ *up against (am)* være i sammenligning med.

stacked [stækt] *adj (am* S*): she is well* ~ hun er velskabt, hun er veludstyret; ~ *heel* mahognihæl.

stack| funnel luftkanal (i stak). **-room** *(bibl)* magasin. **-yard** stakhave.

stadium ['steidjəm] *sb* stadion, idrætsplads; *zo (pl stadia* ['steidjə]) udviklingsstadium.

staff [sta:f] *sb (pl staves* [steivz]) stav, stang; (embedsmands) kommandostav; *(fig)* støtte(stav); *(mus.)* node-system; *(pl staffs)* stab, personale; *it is my* ~ *of life (fig)* det er det jeg lever af, det er det der holder mig oppe; *the school is well -ed* skolen har gode lærerkræfter.

staff| bureau engageringskontor; (for midlertidig hjælp:) vikarbureau. ~ **college** generalstabsskole.

-nurse (sygepleje)assistent. ~ **officer** *(mil.)* stabsofficer. ~ **room** lærerværelse. ~ **work** administrativt arbejde. ~ **writer** fast medarbejder (ved et blad).

stag [stæg] *sb* hjort, kronhjort; *(merk)* børsspekulant (der opkøber nyemitterede aktier for straks at sælge dem igen); S stikker; mandfolkegilde; herre der er uden kvindelig ledsager (ved et selskab); *vb* jobbe; S belure; optræde som stikker; møde uden kvindelig ledsager.

stag beetle *zo* eghjort.

I. stage [steidʒ] *sb* **1.** stadium, trin, fase, (af rejse) etape; **2.** (for bus) del af rute (mellem to stoppesteder), holdeplads, stoppested; **3.** *(glds)* poststation; **4.** (raket)trin; **5.** platform; stillads; **6.** *(teat)* scene, *(glds* og *fig ogs)* skueplads; **7.** (på mikroskop) bord; **by** *easy -s (fig)* i ro og mag; *by short -s* med korte dagsrejser; *a* ~ **on** *the way (fig)* en station på vejen; *go on the* ~ gå til scenen.

II. stage [steidʒ] *vb* opføre; iscenesætte *(fx a play); (fig)* iværksætte, arrangere *(fx a demonstration).*

stage|coach diligence, dagvogn, postvogn. **-craft** sceneteknik, erfaring i at skrive for scenen. ~ **direction** sceneanvisning, regiebemærkning. ~ **director** overregissør. ~ **door** *(teat)* personaleindgang. ~ **electrician** belysningsmester. ~ **fever** voldsom lyst til scenen, teatergalskab. ~ **fright** lampefeber. **-hand** scenefunktionær. ~ **-manage** *vb (teat)* være scenemester for; *(fig)* iscenesætte, arrangere, organisere. ~ **manager** scenemester.

stager ['steidʒə] *sb: an old* ~ 'en gammel rotte'.

stage| right opførelsesret. ~ **screw** kulisseskrue. ~ **setting** scenearrangement. **-struck** *adj* teatergal, bidt af en gal skuespiller. ~ **whisper** teaterhvisken.

stagflation [stæg'fleiʃn] *sb* (kombination af *stagnation* og *inflation).*

I. stagger ['stægə] *vb* vakle, rave; blive betænkelig; (med objekt) få til at vakle, forbløffe, chokere, ryste *(fx he was -ed by the news);* (om placering) opstille (, plante) skiftevis på højre og venstre side af en midterlinje; opstille *(el.* placere) i siksak *(el.* skråt, forskudt for hinanden); fordele arbejdstid (og ferier) over en længere periode, således at grupper af arbejdere skiftes; (se også *staggered).*

II. stagger ['stægə] *sb* vaklen, raven; *(flyv): the* ~ *of the wings* bæreplanernes fremfald.

staggered ['stægəd] *adj* forbløffet; chokeret; rystet; forskudt; *with* ~ *teeth (tekn)* krydsfortandet.

staggering ['stægəriŋ] *adj* vaklende; forbløffende, chokerende, rystende, forfærdende; svimlende *(fx amount).*

staggers ['stægəz] *sb* drejesyge (hos får); kuller.

staging ['steidʒiŋ] *sb* stillads; *(teat)* iscenesættelse, opsætning; (om raket) afkastning af rakettrin.

staging area *(mil.)* samlerum; transitlejr.

stagnancy ['stægnənsi] *sb* stilleståen, stagneren.

stagnant ['stægnənt] *adj* stillestående, stagnerende.

stagnate [stæg'neit, 'stægneit] *vb* stagnere; forsumpe.

stagnation [stæg'neiʃn] *sb* stagnation, stilstand.

stag party S mandfolkegilde, herreselskab.

stagy ['steidʒi] *adj* teatralsk, opstyltet, beregnet på at gøre indtryk.

staid [steid] *adj* adstadig, sat, rolig.

stain [stein] *vb* farve, (om træ) bejdse; plette, *(fig ogs)* vanære; (uden objekt) blive plettet *(el.* snavset); *sb* farvestof, (til træ) bejdse; plet, *(fig)* (skam)plet; *-ed glass* glasmaleri; *-ed paper* kulørt papir.

stainless ['steinləs] *adj* pletfri; ~ *steel* rustfrit stål.

stair [stɛə] *sb* trappetrin; *stair(s)* trappe; *below -s* ned(e), i kælderen, blandt tjenerpersonalet; (se også *flight, I. pair).*

stair| carpet trappeløber. **-case, -way** trappe. **-well** trappeskakt.

stake [steik] *sb* pæl, stage, (til blomst) blomsterpind; (ved væddemål) indsats, *(fig)* interesse *(fx we have a big* ~ *in the decisions made by the management),* andel; *-s pl* præmie, udsat pris (ved væddeløb *etc); vb* opbinde *(fx* blomster); sætte som indsats, vove, sætte på spil; *perish at the* ~ dø på bålet; *at* ~ på spil; *your honour is at* ~ det gælder din ære; ~ *off,* ~ *out* udstikke, afmærke; ~ **out** S overvåge, holde under opsyn, holde øje med; ~ *a claim,* se *claim.*

stake boat *(mar)* mærkebåd (ved kapsejlads).

stake out ['steikaut] *sb* (især *am)* (politi)overvågning.

stakhanovite [stə'ka:nəvait] *sb* stakhanovarbejder.

stalactite ['stæləktait] *sb* stalaktit, drypsten.

stalag ['sta:la:g] *sb* tysk krigsfangelejr for underofficerer og menige.

stalagmite ['stæləgmait] *sb* stalagmit, drypsten.

St. Albans [sənt'ɔ:lbənz].

I. stale [steil] *adj* gammel *(fx bread),* hengemt, muggen; (om øl *etc) doven; (fig)* gammel *(fx news),* fortærsket, forslidt *(fx joke); (jur)* forældet; (om sportsmand) sur, overtrænet; *vb* blive gammel, hengemt *(etc);* ~ *air* tung luft; *a* ~ *joke (ogs)* en flovse.

II. stale [steil] (om heste, kvæg) *vb* stalle (ɔ: lade vandet); *sb* urin.

stalemate ['steilmeit] *sb* pat (i skak); *(fig)* dødt punkt; dødvande; *vb* sætte pat.

Stalinism ['sta:linizm] *sb* stalinisme.

Stalinist ['sta:linist] *sb* stalinist; *adj* stalinistisk.

I. stalk [stɔ:k] *sb* stilk; stængel.

II. stalk [stɔ:k] *vb* liste sig; spanke, spankulere, skride; (om jagt) drive pyrschjagt; *sb* pyrschjagt.

stalked ['stɔ:kt] *adj* stilket.

stalker ['stɔ:kə] *sb* pyrschjæger.

stalking horse hest der bruges til skjul for jæger; *(fig)* påskud, skalkeskjul.

stalky ['stɔ:ki] *adj* stilket, stilkeagtig; lang og tynd, ranglet.

I. stall [stɔ:l] *sb* **1.** (i stald) bås, spiltov; **2.** (på marked *etc)* bod, stade, stand; **3.** (i kirke) korstol; **4.** (i teater) parketplads, fauteuil; **5.** *(flyv)* stalling, farttab; **6.** fingertut; **7.** (tyvs) medhjælper der skal bortlede opmærksomheden; **8.** T afledningsmanøvre.

II. stall [stɔ:l] *vb* opstalde *(fx cattle);* (om motor *etc)* få til at gå i stå; (uden objekt) tabe fart, stoppe op, køre fast; gå i stå; *(flyv)* stalle; T søge at vinde tid; vige uden om; *(am,* i sport) ikke yde sit bedste, holde igen (af faktiske grunde); ~ *for time* søge at vinde tid; ~ *him off* holde ham hen med snak.

stall-feed ['stɔ:lfi:d] *vb* staldfodre.

stallholder ['stɔ:lhəuldə] *sb* indehaver af (, sælger i) en bod; markedssælger.

stallion ['stæljən] *sb* hingst.

stalls [stɔ:lz] *sb pl (teat)* parket.

stalwart ['stɔ:lwət] *adj* kraftig, drabelig, gæv; solid, modig, støt; *sb* kraftkarl; *the -s* (partiets) faste støtter.

stamen ['steimen] *sb (bot)* støvdrager.

stamina ['stæminə] *sb* modstandskraft, udholdenhed.

staminate ['stæmineit] *adj:* ~ *flower* hanblomst.

stammer ['stæmə] *vb* stamme, fremstamme.

I. stamp [stæmp] *vb* **1.** stampe *(fx he -ed with* (af) *rage),* trampe; **2.** knuse (i morter *etc);* **3.** stemple, præge, indpræge, påtrykke; **4.** *(tekn)* (ud)stanse, (ud)presse; **5.** *(fig)* præge *(fx -ed by* (af) *one's experiences in the war),* kendetegne *(as* som), *(neds)* stemple *(as* som, *fx his actions* ~ *him as a coward);* **6.** sætte frimærke på, frankere *(fx a -ed and addressed envelope),* (om dokument, svarer til) sætte stempelmærke på;

~ *the floor* stampe i gulvet; ~ *one's foot* stampe med foden; ~ **out** (om ild) træde ud, trampe ud, slukke (ved at trampe på); *(fig)* undertrykke, slå ned, knuse *(fx a rebellion),* udrydde *(fx malaria).*

II. stamp [stæmp] *sb* (med foden) stampen, trampen;

(redskab:) stempel; (mærke:) stempel, præg, aftryk, *(fig ogs)* karakter, slags *(fx a man of that ~)*; (til brev) frimærke, (til dokument) stempelmærke; *bear (el. carry) the ~ of (fig)* være præget af, bære præg af.

stamp| act stempellov. ~ **album** frimærkealbum. ~ **collector** frimærkesamler. ~ **duty** stempelafgift.

stampede [stæm'pi:d] *sb* panik, vild flugt; *vb* skræmme på flugt; styrte af sted, (om kvæg) bisse.

stamper ['stæmpə] *sb* brevstempler; stempel; stampeværk.

stamp hammer faldhammer.

stamping ground T tilholdssted; yndlingsområde.

stamp| mill stampemølle. ~ **mount** frimærkehængsel. ~ **pad** stempelpude.

stance [stæns] *sb* stilling, fodstilling; *(fig)* holdning.

stanch [sta:n(t)ʃ] *vb* standse (blødning); *adj,* se *staunch.*

stanchion [sta:n(t)ʃn] *sb* støtte, stiver, stolpe; *(mar)* scepter.

I. stand [stænd] *vb (stood, stood)* **1.** stå, henstå, stå stille, (om køretøj) holde (stille); **2.** være *(fx ~ ready; he -s six feet; ~ accused of murder)*; **3.** ligge *(fx the house -s on a hill)*; **4.** gælde, stå ved magt *(fx the contract -s)*; **5.** stille op, lade sig opstille (ved valg); **6.** gøre stand (om jagthund); **7.** stå, lyde, være affattet (om tekst); **8.** gå, træde *(fx ~ aside)*; **9.** *(mar)* stå *(fx out of the harbour)*, holde;

(med objekt) **10.** stille *(fx ~ the lamp on the table; ~ a ladder against the wall)*; **11.** udholde, udstå *(fx I can ~ him but I cannot ~ his wife)*; finde sig i *(fx I won't ~ his conduct)*; **12.** (kunne) tåle *(fx your clothes will not ~ the rain; can you ~ cold?)*; **13.** T give, traktere med *(fx ~ sby a drink)*;

~ **again** stille sig til genvalg; ~ **alone** stå alene (uden venner); være enestående; ~ **apart** stå udenfor, forholde sig reserveret; ~ **aside** holde sig tilbage; træde lidt tilbage; trække sig tilbage; ~ **away** gå (lidt) væk, fjerne sig (lidt); ~ **back** træde (, være, ligge) lidt tilbage; ~ **by** stå bi, hjælpe; stå ved, holde *(fx a promise)*; holde sig parat (*el.* klar), være i beredskab, *(mil. ogs)* være rede til indsats; forholde sig passiv; (om skib) holde sig i nærheden; ~ *loyally by him* stå trofast ved hans side; ~ **down** trække sig tilbage, træde tilbage; *(jur)* forlade vidneskranken; *(mil.)* afblæse beredskab; give (, få) fri; *(austr)* suspendere (en ansat); ~ **for** støtte, holde på, gå ind for *(fx free trade)*; betyde, symbolisere, repræsentere *(fx Nazism and all that it -s for)*; stille sig som kandidat til, søge valg til *(fx ~ for Parliament)*; T finde sig i, tolerere, tåle, tillade; ~ **in** stå i, koste *(fx it -s me in a lot of money)*; hjælpe; være stedfortræder; ~ *in with* have en høj stjerne hos; være i ledtog med; ~ *in with sby in an expense* dele en udgift med en;

~ **off** holde sig på afstand; holde sig for sig selv; holde på afstand; holde stangen; holde hen; T afskedige midlertidigt; *(mar)* holde sig på afstand af kysten; ~ **on** hævde; holde fast ved; henholde sig til; ~ *on ceremony* holde på formerne; ~ *on one's dignity* holde på værdigheden; ~ *on the same course (mar)* holde samme kurs; ~ **out** rage ud (*el.* frem); springe frem; være iøjnefaldende, ses tydeligt; stå fast, holde stand; ~ *out for* forsvare; stå fast på, holde på *(fx one's rights)*; ~ **over** stå hen; overvåge; ~ **to** stå ved *(fx ~ to one's word)*; *(mil.)* holde (sig) i beredskab; ~ *to one's guns (fig)* ikke svigte sine principper; ~ *to lose (, win)* have udsigt til at tabe (, vinde); ~ **up** stå op, rejse sig; stille op, rejse; kunne holde; ~ *sby up* S brænde en af; ~ *up for* gå i brechen for, forsvare; *the clothes I ~ up in* det tøj jeg går og står i; ~ *up to* tage kampen op med, gøre front mod, trodse; kunne tåle, kunne stå for; ~ *high (, ill)* **with** være vel (, ilde) anskreven hos.

II. stand [stænd] *sb* **1.** standsning, holdt; **2.** *(mil.)* (forsvars)kamp, modstand; **3.** stand, stade (på marked, udstilling); **4.** holdeplads (for taxier); **5.** *(teat, etc,* ved turné) T sted hvor der gives forestilling; ophold; **6.** tribune, estrade; **7.** stativ; **8.** *(forst)* bevoksning; **9.** (ved jagt) post, (hunds) stand; **10.** *(am jur)* vidneskranke; **11.** *(fig)* standpunkt;

make a ~ gøre modstand, tage kampen op, *(fig)* hævde sin stilling; *one-night ~ (teat etc)* engagement for en aften; **take** *one's ~* stille sig op; *take one's ~ on (fig)* støtte sig til, henholde sig til; *come* **to** *a ~* gå i stå, gøre holdt.

stand-alone *adj (edb)* fritstående.

standard ['stændəd] *sb* **1.** standard, norm, målestok, mønster, *(økon)* møntfod; **2.** stander, (lygte)pæl, mast, søjle; stativ, stel; **3.** fane, banner, standart; **4.** klasse (i underskole); **5.** *adj* standard; normal- *(fx time)*; mønstergyldig; fast, sædvanlig, stående; ~ *English* engelsk standardsprog, normalengelsk, engelsk rigssprog; ~ **of** *comparison* sammenligningsgrundlag; ~ *of health* (et lands) sundhedstilstand; *the ~ of living* levefoden; ~ *of reference* sammenligningsgrundlag, norm.

standard|-bearer fanebærer; *(fig)* bannerfører. ~ **gauge** *(jernb)* normalsporvidde.

standardization [stændədai'zeiʃn] *sb* standardisering.

standardize ['stændədaiz] *vb* standardisere.

standard| lamp standerlampe. ~ **price** enhedspris. ~ **rose** højstammet rose.

standby ['stændbai] *sb* hjælper; hjælp, støtte, hjælpemiddel; *adj* reserve- *(fx engine)*; indsatsklar *(fx personnel)*; *be on ~* være i beredskab; (om læge) have tilkaldevagt; ~ *ticket* chancebillet.

stand-in ['stændin] *sb* stand-in (ɔ: stedfortræder for filmskuespiller under belysningsprøver *etc)*; *have a ~ with sby* have en høj stjerne hos en.

I. standing ['stændiŋ] *sb* stilling, rang, anseelse *(fx men of high ~)*, status, position; varighed; *a quarrel of long ~* en gammel strid.

II. standing ['stændiŋ] *adj* stående, stillestående *(fx water)*; blivende; stadig *(fx menace)*; fast *(fx rule)*; *leave sby ~* være langt bedre (, hurtigere) end én;

~ army stående hær; ~ *committee* stående udvalg; ~ *corn (, timber)* korn (, træ) på roden; ~ *joke* stående vittighed; ~ *jump* spring uden tilløb; ~ *order* stående (*el.* fast) ordre; ~ *orders* forretningsorden; reglement; *he received a ~ ovation* forsamlingen hyldede ham stående; ~ *room* ståplads; ~ *wave* stående bølge.

standoff ['stændɔf] *sb (am)* uafgjort kamp; *(fig)* fastslåst stilling; *end in a ~ (fig)* køre fast.

stand-offish ['stænd'ɔfiʃ] *adj* køligt afvisende; reserveret.

stand|patter *(am)* reaktionær, konservativ. **-pipe** standrør; brandhane. **-point** standpunkt, synspunkt.

standstill ['stændstil] *sb* stilstand; *be at a ~* stå i stampe; holde (, ligge, stå) stille; *come to a ~* stå fast, gå i stå.

stand-to ['stændtu:] *sb (mil.)* T alarmberedskab.

stand-up ['stændʌp] *adj* opstående *(fx collar)*; stående *(fx supper)*; ~ *comic* entertainer der, alene på scenen, underholder publikum med vittigheder; ~ *fight* regulært slagsmål.

stanhope ['stænəp] *sb* (let åben vogn).

stank [stæŋk] *præt* af *stink.*

stannary ['stænəri] *sb* tingrube, tinmine.

stannic ['stænik] *adj (kem)* stanni-, tin-.

stannous ['stænəs] *adj (kem)* stanno-, tin-.

stanza ['stænzə] *sb* vers, strofe.

stanzaic [stæn'zeiik] *adj* strofisk.

stapes ['steipi:z] *sb* stigbøjlen (ɔ: knogle i øret).

I. staple [steipl] *sb (merk)* stabelvare, hovedartikel;

råstof; *(fig)* fast bestanddel, hovedbestanddel; (om uld, bomuld) stabel; *(hist., merk)* stabelplads; *adj* stabel-; vigtigst, fast; ~ *commodity* hovedartikel, stabelvare; ~ *diet* hovednæringsmiddel; *the* ~ *topic of conversation* det stående samtaleemne.

II. staple [steipl] *sb* (u-formet stift:) krampe; (til papir) hæfteklamme; *vb* (om papir) hæfte sammen.

stapler ['steiplə] *sb* hæftemaskine.

star [sta:] *sb* stjerne; (på hest) blis; *vb* sætte mærke ved; *(film, teat)* optræde som stjerne, spille hovedrolle; præsentere som stjerne, præsentere i en hovedrolle; *the Stars and Stripes* stjernebanneret (USA's nationalflag); *thank one's -s that* takke forsynet *(el.* skæbnen) for at.

starboard ['sta:bəd] *sb* styrbord; *adj* styrbords; *vb* lægge styrbord; *the* ~ *watch (mar)* kongens kvarter.

starch [sta:tʃ] *sb* stivelse, stivhed; *vb* stive.

Star Chamber *(hist.)* (en hemmelig domstol).

starchy ['sta:tʃi] *adj* stivelsesagtig, stiv; *(fig)* stiv, stramtandet.

stare ['stɛə] *vb* stirre, glo *(at* på), glane; *sb* stirren; ~ *hard* stirre stift; ~ *sby in the face* nidstirre en; *it -s you in the face (fig)* man kan ikke undgå at se det; det er ikke til at komme uden om; det ligger snublende nær; *starvation -d them in the face* de stod ansigt til ansigt med sultedøden; *make people* ~ få folk til at gøre store øjne.

starfish ['sta:fiʃ] *sb zo* søstjerne.

star|gaze *vb* dagdrømme; *(glds)* kigge stjerner. **-gazer** *sb (glds)* stjernekigger. **-gazing** *sb* stjernekiggeri; *(fig)* fantasteri, drømmeri.

staring ['stɛəriŋ] *adj* stirrende; skærende, stærkt iøjnefaldende, grel; *he is stark* ~ *mad* han er splittergal.

stark [sta:k] *adj* ubetinget; ren og skær *(fx brutality);* utilsløret; nøgen, bar *(fx landscape);* grel, skarp *(fx contrast);* barsk, kras *(fx realism); (poet* og *fig)* stærk, stor; *adv* aldeles; ~ *blind* helt blind; ~ *lunacy* det rene vanvid; ~ *mad* splittergal.

starkers ['sta:kəz] *adj* S splitternøgen.

stark-naked ['sta:k'neikid] *adj* splitternøgen.

star|less ['sta:ləs] *adj* uden stjerner. **-let** [-lət] lille stjerne; T mindre kendt filmsstjerne. **-light** *sb* stjerneskin, stjerneskær; *adj* stjerneklar. **-like** *adj* stjernelignende; lysende som en stjerne. **-ling** *zo* stær. **-lit** *adj* stjerneklar.

starred [sta:d] *adj* stjernebesået.

starry ['sta:ri] *adj* stjerneklar; lysende som en stjerne.

starry-eyed *adj* blåøjet, naiv *(fx idealist).*

starry ray *zo* tærbe (art rokke).

star shell lysgranat.

star-spangled ['sta:'spæŋgld] *adj* stjernebesat; *the* ~ *banner* stjernebanneret (USA's nationalflag).

I. start [sta:t] *vb* **1.** begynde *(fx he -ed life in a slum);* begynde på, gå i gang med *(fx* ~ *reading);* **2.** starte *(fx a car),* sætte i gang *(fx* ~ *the engine;* ~ *him reading Dickens),* hjælpe i gang (, i vej) *(fx* ~ *him in business);* give startsignal til *(fx a race);* **3.** *(fig)* foranledige, give stødet til; komme frem med *(fx an idea);* få til at *(fx it -ed me coughing);* **4.** (ved jagt: om vildt) jage op; **5.** (om maskindel *etc)* bringe ud af stilling, forrykke, (om søm) løsne;

(uden objekt) **6.** begynde, opstå; **7.** gå i gang, sætte sig i gang *(fx the train -ed),* starte, (på tur) tage af sted, begive sig på vej *(for* til); **8.** (om maskindel *etc)* komme ud af stilling, forrykke sig, (om søm) løsne sig, gå løs; **9.** (om bog) blive løs i hæftningen; **10.** (ved forskrækkelse:) fare sammen (, op, til side); fare *(fx back, forward); he -ed (ogs)* det gav et sæt i ham;

~ *a family* stifte familie; ~ *a hare,* se *I. hare; his eyes seemed to* ~ **from** *their sockets* øjnene var ved at trille ud af hovedet på ham (af forbavselse); ~ **in** T tage fat, gå i gang; ~ **off** begynde; ~ **on** tage fat på; ~ *on one's own* begynde for sig selv; ~ **out** tage af sted; gå i gang; begynde (sin løbebane); ~ *out to* sætte sig for at; ~ **up** fare op; pludselig opstå; sætte i gang, starte *(fx an engine); to* ~ **with** til at begynde med; fra først af; for det første.

II. start [sta:t] *sb* afgang, afrejse, start; begyndelse; påbegyndelse; forspring; (ved væddeløb) startsted; (ved forskrækkelse) sæt, ryk;

from ~ *to finish* fra først til sidst; *he gave a* ~ det gav et sæt *(el.* ryk) i ham, han for sammen; *give sby a* ~ få en til at fare sammen; give en et forspring; *give sby a* ~ *in life* hjælpe en i vej; *get the* ~ *of sby* få forspring for en, komme en i forkøbet; *make a* ~ *on* tage fat på.

starter ['sta:tə] *vb* starter; (i bil) selvstarter; T *(ogs -s)* forret; *for -s* S til en begyndelse, som indledning. **starter motor** startmotor.

starting| gate startmaskine (ved væddeløb). ~ **point** udgangspunkt. ~ **post** startpæl, startsted.

startle [sta:tl] *vb* jage op; overraske, forskrække, vække op.

star turn bravurnummer, glansnummer.

starvation [sta:'veiʃn] *sb* sult; ~ *wages* sulteløn.

starve [sta:v] *sb* sulte (ihjel), lide nød; *(glds el. dial.)* fryse; (med objekt) lade sulte, udhungre, svække; *be starving for (fig)* hungre *(el.* tørste) efter. **starved** *adj* forsulten.

starveling ['sta:vliŋ] *sb* vantrivning; forsulten (, forkommen) stakkel; *adj* forsulten, vantreven.

stash [stæʃ] *vb* S gemme; standse.

I. state [steit] *sb* **1.** tilstand, stand *(fx in an unfinished* ~*);* **2.** stilling, rang, stand *(fx he was received in a style befitting his* ~*);* **3.** pragt, ceremoniel; **4.** *(pol)* stat; **5.** *adj* stats- *(fx control);* stads-, galla- *(fx dress);*

the State staten, det offentlige, statsmagten; *the States* De forenede Stater;

(med *præp)* **in** *a terrible* ~ i en frygtelig forfatning; T ude af sig selv; *lie in* ~ ligge på lit de parade; *receive him in* ~ give ham en højtidelig *(el.* festlig) modtagelse; *get* **into** *a* ~ T blive ophidset *(el.* nervøs); *the* ~ **of** *affairs* tingenes tilstand; forholdene; T *that was the* ~ *of affairs (ogs)* sådan stod det til; *the* ~ *of the art* den nyeste udvikling; hvor langt man er nået; ~ *of grace (rel)* nådestand; ~ *of nature* naturtilstand; *the* ~ *of play* hvad det står (i kricketkamp); (mål-, points)scoren; *(fig)* hvor langt man er kommet.

II. state [steit] *vb* **1.** meddele, oplyse *(fx he -d that he was a British subject),* opgive *(fx one's reasons, one's terms),* angive *(fx the hours -d in the timetable),* fremføre *(fx one's errand);* **2.** forklare *(fx the witness -d that ...);* **3.** konstatere, fastslå *(fx I'm merely stating a simple fact);* **4.** erklære, udtale *(fx the Minister -d that ...);* **5.** fremstille *(fx the facts of the case),* gøre rede for *(fx the problem, a hypothesis).*

state| affair statssag, statsanliggende. **-craft** statsmandskunst.

stated ['steitid] *adj* angiven, fastsat, bestemt *(fx at a* ~ *time).*

State Department *(am)* udenrigsministeriet.

Statehouse *(am)* parlamentsbygning.

stateless ['steitləs] *adj* statsløs.

state line *(am)* grænse (mellem de enkelte stater).

stately ['steitli] *adj* statelig, anselig, prægtig.

statement ['steitmənt] *sb* **1.** meddelelse; opgivelse, angivelse; **2.** (vidne)forklaring; rapport; **3.** konstatering; **4.** erklæring, udtalelse; udsagn; **5.** fremstilling, redegørelse, beretning; **6.** *(mus.)* (fremførelse af et) tema; **7.** *(merk)* opgørelse; ~ *of account* regnskabsopgørelse, status; **make** *a* ~ fremkomme med en erklæring, fremsætte en udtalelse; (ved afhøring) afgive forklaring; **take** *a* ~ (om politiet) optage forklaring *(el.* rapport); *take -s from* (om politiet) afhøre.

state-of-the-art *adj* nyeste nye, mest avanceret, hypermoderne.

state|-registered nurse autoriseret sygeplejerske. **-room** repræsentationslokale; *(mar)* kahyt, kammer; *(jernb)* sove(vogns)kupé. **-side** *adj* amerikansk; i Amerika (ɔ: USA).

statesman ['steitsmən] *sb* statsmand.

statesmanlike *adj* passende for en statsmand.

statesmanship *sb* statsmandskunst.

state visit officielt besøg, statsbesøg.

static ['stætik] *adj* statisk; stillestående; *sb* (i radio) atmosfæriske forstyrrelser; *(am* S) voldsom kritik, modstand.

statics ['stætiks] *sb* ligevægtslære, statik.

station [steiʃn] *sb* station; standplads, stade, sted; *(jernb)* station, banegård; (for bus) holdeplads; (om person) plads, stilling, (socialt:) stand *(fx marry above one's* ~*)*, rang; *(mar etc)* post; *(austr)* fårefarm; *vb* stationere, stille, postere.

stationary ['steiʃn(ə)ri] *adj* stillestående, stationær, fast, faststående *(fx engine);* blivende; *a* ~ *car* en holdende bil; ~ *wave* stående bølge, standbølge.

stationer ['steiʃnə] *sb* papirhandler; forhandler af kontorartikler.

stationery ['steiʃn(ə)ri] *sb* skrivematerialer, brevpapir (og konvolutter); *(merk* også) papirvarer; kontorartikler, kontormateriel.

Stationery Office: *Her (, His) Majesty's* ~ (kontor der udgiver officielle publikationer og leverer kontormateriel *etc* til statskontorer; svarer delvis til:) statens trykningskontor.

station|master stationsforstander. ~ **wagon** stationcar.

statism ['steitizm] *sb* koncentration af al magt hos staten.

statistic [stə'tistik] *sb* tal i en statistik.

statistical [stə'tistikl] *adj* statistisk.

statistician [stæti'stiʃn] *sb* statistiker.

statistics [stə'tistiks] *sb* statistik.

statuary ['stætʃuəri] *sb* billedhugger; statuer, billedstøtter, skulptur; billedhuggerkunst; *adj* billedhugger- *(fx art, marble).*

statue ['stætʃu:] *sb* statue.

statuesque [stætʃu'esk] *adj* som en statue, statuarisk.

statuette [stætʃu'et] *sb* statuette.

stature ['stætʃə] *sb* statur, højde, vækst.

status ['steitəs; *(am ogs)* 'stætəs] *sb* stilling, position, rang, status; ~ *symbol* statussymbol.

statute ['stætʃu:t] *sb* lov; statut.

statute-barred *adj (jur)* forældet *(fx the claim is* ~ *-barred).*

statute book lovbog; lovsamling; *the Bill was placed (el. put) on the* ~ forslaget blev ophøjet til lov.

statute law (skreven, af parlamentet vedtagen) lov *(mods: common law).*

statutory ['stætʃutəri] *adj* lovbefalet, lovmæssig, lovformelig; ~ *instrument (omtr =)* forordning (som en lov bemyndiger en minister til at udstede).

staunch [stɔ:n(t)ʃ] *adj* pålidelig, standhaftig, trofast; (om skib) tæt.

stave [steiv] *sb* (tønde)stave; stav, stok; (på stige) trin; *(mus.)* nodesystem; (i digt) strofe; *vb* forsyne med staver; ~ **in** slå hul i, slå i stykker, slå ind; ~ **off** bortjage; holde på afstand; forhale, afværge.

staves [steivz] *pl* af *staff* og *stave.*

I. stay [stei] *vb* **1.** blive *(fx in bed);* **2.** opholde sig, bo (især midlertidigt, som gæst) *(fx I don't live here, I'm only -ing);* **3.** holde ud; **4.** støtte, stive af, forankre; **5.** *(litt)* standse, hindre, holde tilbage; *(jur)* opsætte, udsætte; **6.** *(mar)* stagvende (med);

(med *sb)* ~ *the course* føre løbet til ende, fuldføre løbet, stå distancen; ~ *one's hand* forholde sig afventende; ~ *the night* blive natten over; ~ *one's stomach* (foreløbig) stille sulten;

(med *præp, adv, vb)* ~ *after (am)* sidde efter (i skole); ~ **away** udeblive, blive borte, ikke komme (til selskab, møde *etc);* ~ **for** vente på; ~ **in** blive inde, holde sig inden døre; (i skole) sidde efter; ~ **out** blive ude, ikke komme hjem; blive længere end; ~ **put** blive på sin plads, blive hvor man er; ~ **up** blive oppe, afstive.

II. stay [stei] *sb* ophold *(fx make a long* ~*);* T udholdenhed; *(jur)* opsættelse, udsættelse *(fx of execution* af (straf)fuldbyrdelse); *(mar)* stag, bardun; (i korset) stiver; *(fig)* støtte; *-s pl* korset; *miss -s (mar)* nægte at vende; *put a* ~ *on* lægge bånd på.

stay-at-home ['steiəthəum] *sb* hjemmefødning; hjemmemenneske.

stayer ['steiə] *sb* udholdende person *el.* dyr.

stay-in ['stei'in] *adj: a* ~ *strike* strejke hvor arbejderne nægter at forlade arbejdspladsen.

staying power udholdenhed.

staysail ['steiseil; *(mar)* steisl] *sb* stagsejl.

STD *fk (tlf) subscriber trunk dialling* selvvalg af udenbyssamtaler; *(med.) sexually transmitted disease.*

stead [sted] *sb* sted; *stand in good* ~ være til god hjælp, komme til god nytte; *in his* ~ i hans sted.

steadfast ['stedfəst, -fa:st] *adj* fast, trofast, støt; standhaftig; urokkelig *(fx faith, resolution); look -ly at* se ufravendt på.

steading ['stediŋ] *sb* bondegård.

steady ['stedi] *adj* stadig *(fx progress);* støt, regelmæssig, jævn *(fx speed);* vedholdende; uafbrudt *(fx a* ~ *flow of talk);* fast *(fx foundation);* (om person) stabil *(fx a* ~ *young man),* rolig, adstadig; besindig; *vb* afstive; berolige; holde stille, holde i ro; (uden objekt) blive rolig, falde til ro; blive stabil *(fx prices steadied); sb* S kæreste; ~! forsigtig; *(mar)* støt så! **go** ~ T gå sammen fast; komme fast sammen; være forlovede; ~ **on** *one's legs* sikker på benene.

steak [steik] *sb* (skive kød som er stegt *el.* til at stege); *(omtr)* bøf; ~ *au poivre* peberbøf.

steal [sti:l] *vb (stole, stolen)* stjæle; liste, stjæle sig; ~ *away* liste sig bort; ~ *a glance at* kaste et stjålent blik på; ~ *on* liste sig ind på; ~ *a march on,* se *IV. march.*

stealth [stelθ] *sb: by* ~ hemmeligt, i al stilhed, i smug.

stealthy ['stelθi] *adj* listende, snigende, hemmelig.

steam [sti:m] *sb* damp, em; dunst; dug *(fx windows covered with* ~*); vb* dampe, emme; dunste; dampkoge;

get *up* ~ få dampen op, få fart på; blive gal i hovedet; **let** *(el. blow) off* ~ slippe dampen ud; *(fig)* få afløb for sine følelser, afreagere, give sine følelser luft; *the windows were -ed* **over** vinduerne var duggede; **under** *her (, his etc) own* ~ for egen kraft; ~ **up** tildugge(s); sætte gang i; (se også *steamed-up).*

steam| bath dampbad. **-boat** dampbåd. ~ **boiler** dampkedel.

steamed-up *adj* T gal i hovedet; ude af flippen, ude a' det.

steam engine dampmaskine.

steamer ['sti:mə] *sb* damper, dampskib; dampkogeapparat.

steamer chair *(am)* liggestol, dækstol.

steam| gauge (damp)trykmåler, manometer. ~ **hammer** damphammer. ~ **navigation** dampskibsfart. ~ **navvy** dampgravemaskine. **-roller** *sb* damptromle; *vb (fig)* tromle ned. **-ship** dampskib. ~ **shovel** *(am)* = ~ *navvy.* ~ **table** varmebord. ~ **-whistle** dampfløjte.

steamy ['sti:mi] *adj* dampende, dampfyldt; dugget; T stærkt erotisk.

stearic acid [sti'ærik 'æsid] stearinsyre.

stearin ['stiərin] *sb* stearin.

steatite ['stiətait] *sb* steatit, fedtsten.

steatosis [stiə'təusis] *sb* fedtdegeneration.

steed [sti:d] *sb (poet)* ganger.

steel [sti:l] *sb* stål; (til at slibe med) hvæssestål; (i korset) stålstiver; *(poet)* våben, sværd; *adj* stål-; *vb* belægge med stål, forståle; *(fig)* gøre hård, stålsætte, forhærde.
steel| band (orkester der benytter afstemte olietønder som instrumenter). ~ **-clad** *adj* pansret, stålklædt. ~ **engraving** stålstik. ~ **pen** stålpen. ~ **tape** stålbånd. ~ **-tape recorder** stålbåndsoptager, telegrafon. ~ **wire** ståltråd. ~ **wool** ståluld.
steely ['sti:li] *adj* stållignende, stålhård.
steelyard ['sti(:)lja:d] *sb* bismer (ɔ: slags vægt).
I. steep [sti:p] *adj* stejl, brat; T urimelig, skrap *(fx price); sb (poet)* stejl skrænt.
II. steep [sti:p] *vb* lægge i blød, udbløde; neddyppe, nedsænke, bade; (i bryggeri) sætte i støb, støbe; *sb* bad, udblødning; (i bryggeri) støbekar, *-ed in (fig)* gennemtrængt af; fordybet i; *the tea is -ing* teen står og trækker.
steepen [sti:pn] *vb* blive brat(tere); gøre brat.
steeple [sti:pl] *sb* kirketårn, tårn (med spir).
steeple|chase steeplechase, terrænridt, forhindringsløb. **-jack** (arbejder der går til vejrs på tårn *el.* høj skorsten), fluemenneske.
I. steer [stiə] *sb* ung stud; *(am* S) råd, vink.
II. steer [stiə] *vb* styre; ~ *clear of* styre klar af, *(fig ogs)* undgå.
steerage ['stiəridʒ] *sb (mar)* tredje klasse, dæksplads.
steerage passengers *pl* dækspassagerer.
steerageway ['stiəridʒwei] *sb (mar)* styrefart.
steering| committee (udvalg der tilrettelægger arbejdet i parlament *el.* ved konference), *(omtr)* forretningsudvalg, styringsgruppe. ~ **gear** styregrejer, styreapparat, styremaskine; (i bil) styretøj; styrehus. ~ **shaft** styreaksel. ~ **wheel** rat.
steersman ['stiəzmən] *sb (mar)* rorgænger.
I. steeve [sti:v] *sb: the ~ of the bowsprit* bovsprydets rejsning.
II. steeve [sti:v] *vb (mar)* stuve.
stein [stain] *sb (am)* ølkrus, lågkrus.
stele ['sti:li] *sb* stele, flad opretstående gravsten.
stellar ['stelə] *adj* stjerne-; stjernebesat; ~ *role (am)* stjernerolle, hovedrolle.
I. stem [stem] *sb* stilk *(fx of a glass); (bot)* stilk; stængel *(fx of a flower);* stamme *(fx of a tree); (gram)* stamme *(fx of a word);* (af pibe) pibestilk, mundstykke; *(mus.)* nodehals; *(mar)* forstavn, stævn; *from ~ to stern* fra for til agter.
II. stem [stem] *vb* stemme, opdæmme *(fx the water in a river);* standse *(fx the attack, the blood);* vinde frem mod, arbejde sig op mod *(fx the current); (cf I. stem)* afstilke; ~ *the current (mar)* stævne strømmen; ~ *from* stamme fra.
stem cell *(biol)* stamcelle.
stench [sten(t)ʃ] *sb* stank; *it is ~ in his nostrils* det er ham en vederstyggelighed.
stencil [stensl] *sb* stencil; skabelon; *vb* stencilere.
stenographer [ste'nɔgrəfə] *sb* stenograf.
stenographic(al) [stenə'græfik(l)] *adj* stenografisk.
stenography [ste'nɔgrəfi] *sb* stenografi.
stentorian [sten'tɔ:riən] *adj: ~ voice* stentorrøst.
I. step [step] *sb* **1.** skridt *(ogs fig),* (fod-, danse-)trin; **2.** gang *(fx a light ~, a heavy ~);* **3.** trit, takt *(fx in ~ with the others);* **4.** fodspor; **5.** trin, trappetrin, vogntrin; **6.** *(mus.* og *fig:* på skala) trin; **7.** *(mar)* spor (hvori en mast hviler); **8. -s** *pl* trappe; trappestige; *a flight of -s* en trappe; et trappeløb; *a pair (el. set) of -s* en trappestige;
break ~ komme ud af trit; (begynde at) marchere uden trit; *~ by ~* skridt for skridt, gradvis; *change ~* træde om; *a false ~* et fejltrin; *get one's ~ (mil.* T) blive forfremmet; *a good ~* et godt stykke vej; *keep (in) ~* holde trit; *mind the ~* pas på trinet; *out of ~ with (ogs fig)* ude af trit med; *take -s against* tage forholdsregler imod; *take the first ~* gøre det første skridt; *take -s to* gøre skridt til at; *tread in his -s* træde i hans fodspor; *watch one's ~* gå forsigtigt til værks; være forsigtig, passe på.
II. step [step] *vb* træde, gå; (med objekt) gå *(fx ~ three paces);* skridte af *(fx the length of a room);* udføre (dansetrin); *(mar): ~ a mast* sætte en mast i sporet;
~ **aside** træde til side; træde tilbage; ~ **down** træde tilbage (fra embede); (med objekt) nedtrappe, gradvis formindske *(fx the production); (elekt)* nedtransformere; ~ **high** løfte fødderne højt når man går; ~ **in** træde ind; gå (, komme) ind(enfor); *(fig)* skride ind, tage affære; ~ **into** træde ind i; *(fig)* pludselig tiltræde (, opnå); ~ *it* gå; ~ **off** skridte af; ~ **on** *it* S gi' den gas, skynde sig; ~ **out** træde ud, gå lidt væk; skridte ud, tage længere skridt; *(am)* gå ud og more sig; ~ *out on sby* være én utro; ~ **short** tage et for kort skridt; ~ **up** træde op, træde frem; *(fig)* fremskynde, sætte fart i, intensivere *(fx a campaign),* forcere, forøge *(fx production); (elekt)* optransformere; ~ *up a mast* sætte en mast i sporet.
step|brother stedbroder. **-child** stedbarn. **-dance** *sb* step; *vb* steppe. **-daughter** steddatter. **-father** stedfader.
step|-ins ['stepinz] *pl* damebenklæder; sko der er lige til at stikke i. **-ladder** trappestige. **-mother** stedmoder. ~ **-on can** pedalspand. **-parent** stedfader *el.* stedmoder.
steppe [step] *sb* steppe.
stepping-stone ['stepiŋstəun] *sb* trædesten, vadesten, overgangssten; *(fig)* springbræt; *a ~ to (fame)* et skridt fremad på vejen til (berømmelse).
step|sister stedsøster. **-son** stedsøn.
stere [stiə] *sb* kubikmeter.
stereo ['steriəu, 'stiəriəu] stereo; stereoanlæg; *fk stereotype; stereophonic, stereophony.*
stereo|chemistry [-'kemistri] stereokemi. **-graphic(al)** [-'græfik(l)] *adj* stereografisk. **-graphy** [-'ɔgrəfi] stereografi. **-metric** [-'metrik] *adj* stereometrisk. **-metry** [-'ɔmitri] stereometri. **-phonic** [-'fɔnik] *adj* stereofonisk *(fx reproduction* gengivelse). **-scope** ['stiəriəskəup] stereoskop. **-scopic** [-'skɔpik] stereoskopisk.
stereo|type ['stiəriətaip] *vb (typ)* stereotypere; *sb (typ)* stereotypiplade; (især *sociol)* stereotyp, stereotyp opfattelse, stereotypt billede; kliché. **-typed** *adj* stereotyp, uforanderlig. **-typy** ['stiəriətaipi] *(typ)* stereotypi.
sterile ['sterail] *adj* steril, gold, ufrugtbar; *(fig)* ufrugtbar *(fx controversies),* uproduktiv; åndløs.
sterility [stə'riləti] *sb* sterilitet, goldhed, ufrugtbarhed.
sterlet ['stə:lət] *sb zo* sterlet (art stør).
sterilize ['sterilaiz] *vb* sterilisere.
sterling ['stə:liŋ] *adj* efter britisk møntfod; *(fig)* fuldgod, ægte; helstøbt *(fx character); sb* sterling, britisk mønt; *the ~ area* sterlingområdet; *~ worth (fig)* helstøbthed; *a man of ~ worth* et helstøbt (, prægtigt) menneske.
I. stern [stə:n] *adj* streng; barsk; *the -er sex* det stærke køn.
II. stern [stə:n] *sb (mar)* hæk, agterende, bagstavn; hale.
stern|fast ['stə:nfa:st] *(mar)* agterfortøjning. ~ **light** agterlanterne. **-most** *adj* agterst. **-post** agterstævn. ~ **sheets** *pl* agterpligt, agterste tofter.
sternson [stə:nsn] *sb (mar)* agterstævnsknæ.
sternum ['stə:nəm] *sb (anat)* brystben.
sternutation [stə:nju'teiʃn] *sb* nysen, nys.
sternutator ['stə:njuteitə] *sb* nysegas.
stertorous ['stə:tərəs] *adj* snorkende.
stethoscope ['steθəskəup] *sb* stetoskop.
stethoscopy [ste'θɔskəpi] *sb* stetoskopi.

stevedore ['sti:vidɔ:] *sb (mar)* stevedore.

I. stew [stju:] *sb* fiskedam, fiskepark; østersbassin.

II. stew [stju:] *sb* (kød der er kogt over en sagte ild med løg, krydderier *etc, fx Irish ~); (omtr)* sammenkogt ret, gryderet; (se *ogs stews); be in a ~* T være helt fra den, være helt ude af flippen; være på den, være godt oppe at køre.

III. stew [stju:] *vb* småkoge, snurre (over en sagte ild); T svede; være nervøs, være ophidset; *let him ~ in his own juice* lade ham ligge som han har redet; lade ham tage følgerne af sine dumheder; (se også *stewed).*

steward ['stjuəd] **1.** hushovmester, (i klub *etc)* hovmester, (i institution) intendant, økonom, (på gods) godsforvalter; **2.** *(mar)* hovmester, steward; **3.** kontrollør, opsyn, (ved møde *etc)* ordensmarskal.

stewardess ['stjuədəs] *sb (mar)* kahytsjomfru; *(flyv)* stewardesse.

stewardship ['stjuədʃip] *sb* forvaltning; stilling som forvalter *etc* (se *steward).*

stewed [stju:d] *adj: ~ (up)* S ophidset, nervøs, ude af flippen; *~ to the gills* S hønefuld; *~ beef (omtr)* bankekød; *~ fruit* kompot; *~ prunes* sveskekompot.

stewpan ['stju:pæn] *sb* kasserolle, stegegryde.

stews [stju:z] *sb pl (glds)* bordel, bordelkvarter.

I. stick [stik] *vb (stuck, stuck)* **1.** opklæbe *(fx ~ no bills* opklæbning forbudt), klæbe, klistre *(fx a stamp on a letter);* **2.** stikke *(fx a fork into a potato; one's nose into his affairs; a letter into one's pocket);* **3.** T lægge, sætte *(fx ~ it on the shelf);* **4.** holde ud *(fx I can't ~ that fellow)*

(uden objekt) **5.** klæbe (sammen, fast), klistre; **6.** *(fig)* hænge ved; blive hængende *(fx the nickname stuck),* sidde fast *(fx the car stuck in the mud);* hænge fast; **7.** T forblive, holde sig *(fx ~ indoors); the door -s* døren binder; *get stuck* komme i klemme, blive hængende; sidde fast, gå i stå;

(med *præp, adv) ~* **around** T holde sig i nærheden; *~* **at** *a job* blive ved et stykke arbejde; *~ at trifles* hænge sig i bagateller; *he -s at nothing* han viger ikke tilbage for noget; *~* **by** holde fast ved; *~* **down** klistre til; T skrive ned; *~ sby* **for** *sth* snyde (, slå) en for noget *(fx ~ him for £5); it stuck* **in** *my throat* det sad fast i halsen; jeg kunne ikke få det ned; (om ytring) jeg kunne ikke få det frem; *(fig)* det var mere end jeg kunne tage, den var mig for stram; *~ it* **on** T *(fx* i en regning) forlange høje priser; vigte sig, spille stor; (se *ogs stuck); ~* **out** rage ud *(el.* frem); være iøjnefaldende; være fremstående *(fx his ears ~ out); ~ it out* T holde (pinen) ud; *~ one's neck out,* se *I. neck; it -s out a mile* det kan ses på lang afstand; *~ out one's tongue* række tunge; *~* **out for** bestemt forlange, stå fast på sit krav om *(fx they stuck out for higher wages); ~* **to** klæbe ved; *(fig)* holde fast ved *(fx one's purpose);* holde sig til *(fx facts);* ikke svigte *(fx he stuck to his friend); ~ to it!* hold ud! bliv ved! *~ it to them (am* S) være grov ved dem; *~ to one's guns, ~ to one's opinions* ikke lade sig rokke fra sin overbevisning; *~ to the point* holde sig til sagen; *~* **together** holde sammen *(fx we must ~ together); ~* **up** stikke op, stritte i vejret; S lave et holdop i; *~ up a bank* begå bankrøveri (ved at holde personalet op); *~ 'em up!* hænderne op! *~ sby up* holde en op; *~ up for* forsvare, gå i brechen for; *~ up to* T trodse, hævde sig over for; *~* **with** T ikke svigte; *~ him with (am)* lade ham hænge på *(fx the washing up).*

II. stick [stik] *sb* pind, stok *(fx walk with a ~),* kæp; stang *(fx a ~ of sealing wax),* stykke; *(mus.)* taktstok; *(flyv)* styrepind; T stivstikker, dødbider, tørvetriller; fyr *(fx an odd ~); the -s* T bøhlandet;

~ and carrot stok og gulerod; trussel om straf og løfte om belønning; *use it as a ~ with which to beat them (fig)* bruge det til at slå dem i hovedet med; *he is a regular (el. dry old) ~* han er en rigtig dødbider; *have got hold of the wrong end of the ~ (fig)* være galt afmarcheret; *get the thick (el. rough) end of the ~* være den det går ud over; trække det korteste strå; *in a cleft ~* i knibe; *a ~ of bombs (flyv)* en stribe bomber.

stickability [stikə'biləti] *sb* T udholdenhed, ihærdighed.

stickball ['stikbɔ:l] *sb (am)* primitiv form for baseball (som spilles på gaden).

sticker ['stikə] *sb* slagterkniv; etiket, klistermærke; ihærdigt udholdende menneske; *(am)* vanskeligt problem.

stick figure tændstikfigur (ɔ: tegning).

sticking plaster hæfteplaster.

sticking point punkt hvorpå man står fast; punkt hvorfra man ikke kan komme længere; (i forhandlinger) knast.

stick insect *zo* vandrende pind.

stick-in-the-mud ['stikinðəmʌd] *adj* kedelig, langsommelig, stokkonservativ; *sb* dødbider, tørvetriller, hængehoved.

stickleback ['stiklbæk] *sb zo* hundestejle.

stickler ['stiklə] *sb (am)* vanskeligt problem; *be a ~ for* lægge umådelig (, overdreven) vægt på, hænge sig i *(fx detail); be a ~ for accuracy* være pinlig nøjagtig, kræve pinlig nøjagtighed; *be a ~ for etiquette* holde strengt på formerne; *he was a ~ for work* han krævede meget arbejde af dem, han lod dem slide i det.

stick| liquorice stanglakrids, engelsk lakrids. *~* **pin** *(am)* slipsnål. **-shift** gulvgear.

stick-up ['stikʌp] *adj* opstående; *sb* holdop (ɔ: røveri); *~ man* revolverrøver.

sticky ['stiki] *adj* klæbrig, klistret; *(fig)* T kedelig, ubehagelig, besværlig, vanskelig, (om person *ogs)* kontrær, kværulantisk; *be ~ about it* gøre mange ophævelser; *come to a ~ end* S dø en voldsom død; *~ weather* fugtigvarmt vejr; *~ wicket (fig,* T) vanskeligt problem; *be (el. bat) on a ~ wicket* T være i vanskeligheder, være på den, få sin sag for.

I. stiff [stif] *adj* **1.** stiv *(fx leg, paste, wind),* (om strøm) strid; **2.** hårdnakket *(fx resistance),* bestemt *(fx denial);* **3.** tvungen, stiv *(fx bow),* stram; **4.** anstrengende *(fx climb, walk),* vanskelig *(fx task),* hård *(fx test),* T skrap *(fx examination);* **5.** (om pris) ublu, skrap; *be bored ~* være ved at kede sig ihjel; *scared ~* hundeangst; *keep a ~ upper lip* ikke lade sig gå på, holde sig tapper, bide tænderne sammen.

II. stiff [stif] *sb* S lig, kadaver; *carve a ~* dissekere et lig; *you big ~* dit store fjols *(el.* skvadderhoved).

III. stiff [stif] *vb (am* S) snyde for drikkepenge.

stiff-arm ['stifa:m] *vb (am)* holde (modstander) fra livet ved at holde armen udstrakt.

stiffen [stifn] *vb* gøre stiv, stive; afstive; *(fig)* stramme; (uden objekt) stivne, blive stiv; *(fig)* blive fastere; tiltage i styrke.

stiffener ['stif(ə)nə] *sb* stiver; *(fig)* opstrammer.

stiff-necked ['stifnekt] *adj (fig)* stivnakket, halsstarrig.

stifle [staifl] *vb* kvæle; *(fig)* kvæle, undertrykke *(fx a yawn, a revolt),* (om lyd) overdøve *(fx the noise -d his screams);* (uden objekt) kvæles; *sb* knæled (på hest *etc).*

stifled [staifld] *adj* halvkvalt, undertrykt *(fx sob).*

stigma ['stigmə] *sb* stigma; *(fig ogs)* skamplet, stempel; *(bot)* støvfang; *(zo)* (insekters) åndehul.

stigmatize ['stigmətaiz] *vb* stigmatisere; *(fig)* brændemærke; *-d as a liar* stemplet som løgner.

stile [stail] *sb* (ved hegn) stente; (i snedkeri) lodret ramtræ *(el.* ramstykke).

stiletto [sti'letəu] *sb* stilet, lille dolk; (redskab:) pren; *~ heel* stilethæl.

I. still [stil] *adv* endnu; dog; stadig; *(glds)* altid.

II. still [stil] *adj* stille; rolig; tavs; (om drik) uden brus;

ikke mousserende; *the ~ small voice* samvittighedens røst; *~ waters run deep* det stille vand har den dybe grund.

III. still [stil] *vb* berolige *(fx a child);* bringe til tavshed; få til at falde til ro; lindre; stille *(fx hunger).*

IV. still [stil] *vb* destillere; *sb* destillationsapparat, destillérkar; brændevinsbrænderi; hjemmebrænderi.

V. still [stil] *sb* (af film) still, enkeltbillede, udstillingsbillede.

stillage ['stilidʒ] *sb* (tønde)lad, buk; (batteri)stativ; platform.

still|born *adj* dødfødt. ~ **life** stillleben (maleri).

stillroom ['stilrum] *sb* **1.** brændevinsbrænderi; **2.** viktualierum, *(glds)* fadebur; **3.** *(omtr)* tekøkken.

stilt [stilt] *sb* stylte; *zo* stylteløber; (ved brænding af keramik) trefod.

stilted ['stiltid] *adj* opstyltet.

Stilton [stiltn]: *~ cheese* stiltonost.

stimulant ['stimjulənt] *adj* stimulerende, pirrende; *sb* pirringsmiddel, stimulans, opstrammer.

stimulate ['stimjuleit] *vb* stimulere, pirre.

stimulation [stimju'leiʃn] *sb* stimulering, tilskyndelse.

stimulative ['stimjulətiv] *adj* stimulerende.

stimulus ['stimjuləs] *sb (pl stimuli* [-lai]) spore, drivfjeder, stimulans.

I. sting [stiŋ] *vb (stung, stung)* (om insekt *etc)* stikke; (om nælde, gople) brænde; *(fx* om røg) svie i *(fx the smoke stung his eyes); (fig)* såre; provokere, ophidse; S snyde; *stung* **by** *(ogs)* ramt af *(fx I felt stung by his remark);* pinligt berørt af; pint af, naget af *(fx remorse); ~* **for** (om penge) snyde for, tage for, slå for; *~ him* **into** *action* vække ham til dåd.

II. sting [stiŋ] *sb* **1.** (insekt)stik; **2.** brod, (på nælde) brændehår; **3.** stik, svie, smerte (som af stik); **4.** *(fig)* brod *(fx it took the ~ out of his remarks);* skarphed; *the air has a ~ in it* luften er skarp; **5.** *(am* S) stort svindelnummer; kompliceret fælde for forbrydere.

stinger ['stiŋə] *sb* brod; T bidende replik; svidende slag; (drik:) whiskysjus; cocktail af myntelikør og brandy.

stinging| hair *(bot)* brændehår. ~ **nettle** *(bot)* brændenælde.

stingray ['stiŋrei] *sb zo* pilrokke.

I. stingy ['stiŋi] *adj* stikkende, skarp.

II. stingy ['stin(d)ʒi] *adj* nærig, gerrig; karrig, kneben.

I. stink [stiŋk] *vb (stank, stunk)* stinke; *it -s* T det er noget elendigt møg; *~ out* fylde med stank; fordrive med stank; *cry -ing fish* tale nedsættende om sit eget.

II. stink [stiŋk] *sb* stank; *raise (el. make el. create) a ~* lave et farligt vrøvl.

stinker ['stiŋkə] *sb* stinkpotte; (S *fig)* stinkdyr, skiderik; skarpt brev; hundesvær opgave.

stink|horn *(bot)* stinksvamp. **-pot** stinkpotte.

stinks [stiŋks] *sb pl* S kemi.

stint [stint] *vb* holde knapt med, være karrig med; *sb* (tildelt) arbejde (især i mine); *zo* (dværg)ryle; *one's daily (el. day's) ~* dagens arbejde; *without ~* rigeligt, med rund hånd.

stipe [staip] *sb (bot)* stængel, stilk.

stipend ['staipend] *sb* gage.

stipendiary [stai'pendjəri] *adj* lønnet; *~ magistrate* (dommer i politiret).

stipple [stipl] *vb* stiple, prikke, punktere; (ved maling) duppe; *sb* (om kobberstik) punktérmanér.

stipulate ['stipjuleit] *vb* stille som betingelse, gøre til en betingelse, betinge sig; fastsætte, komme overens om, aftale; *~ for* betinge sig.

stipulation [stipju'leiʃn] *sb* betingelse, klausul; aftale, bestemmelse, overenskomst.

stipule ['stipju:l] *sb (bot)* akselblad.

I. stir [stə:] *vb* **1.** røre *(fx he would not ~ a finger to help me),* bevæge, sætte i bevægelse *(fx the wind -red the leaves);* **2.** røre i *(fx one's coffee),* røre om, røre op i; udrøre; røre rundt; **3.** gribe, betage; ophidse; **4.** røre (på) sig *(fx he -red in his sleep),* bevæge sig *(fx not a leaf was -ring),* være i bevægelse; (om morgenen:) stå op;

~ his blood begejstre ham, ophidse ham; *~ in(to)* røre ud i *(fx ~ flour into milk); ~ him (in)to action* vække ham til dåd; *~ one's stumps* T få fart på, få gang i støvlerne; *~ up* røre op, røre sammen; *(fig)* ophidse; vække; fremkalde *(fx a crisis); ~ it with water* udrøre det med vand.

II. stir [stə:] *sb* omrøring; bevægelse; støj, spektakel; *(fig)* røre; ophidselse, oprør; S fængsel; *it created a ~* det vakte røre.

stirabout ['stə:rəbaut] *sb* havregrød.

stirps [stə:ps] *sb (pl stirpes* ['stə:pi:z] *(jur)* stamfader.

stirrer ['stə:rə] *sb* rørepind, røreske; *(tekn)* røreapparat, røreværk.

stirring ['stə:riŋ] *adj (fig)* gribende, betagende.

stirrup ['stirəp] *sb* stigbøjle; *(mar)* hest (til trædetov på rå); (ved byggeri) (bjælke)bøjle.

stirrup| cup glas på falderebet, afskedsbæger. ~ **leather** stigrem. ~ **pump** fodpumpe (med bøjle).

I. stitch [stitʃ] *vb* sy; *(bogb)* hæfte; brochere; *~ up* sy (, ri) sammen; *-ed edges* stukne kanter.

II. stitch [stitʃ] *sb* (i syning) sting; (i strikning) maske; (smerte:) sting (i siden); *he has not done a ~ of work* han har ikke bestilt et slag; *drop a ~* tabe en maske; *he has not a (dry) ~ on* han har ikke en (tør) trævl på kroppen; *in -es* ved at dø af latter; *a ~ in time saves nine* et sting i tide sparer megen kvide; *put a few -es into* sy nogle sting på *(fx a dress); put -es into a wound* sy et sår sammen.

stitchery ['stitʃəri] *sb* syning.

stitchwort ['stitʃwə:t] *sb (bot)* fladstjerne.

stithy ['stiði] *sb (glds.)* ambolt, smedje.

stiver ['staivə] *sb* skilling; smule.

St. John 1. ['sindʒən] (efternavn); **2.** [sn(t) 'dʒɔn] evangelisten Johannes; *~ the Baptist* Johannes Døberen; *-'s wort (bot)* perikon.

St. Luke's summer mild oktober.

stoat [stəut] *sb zo* hermelin, lækat.

I. stock [stɔk] *sb* **1.** forråd *(fx ~ of knowledge* kundskabsforråd), lager; *(merk)* (vare)lager, oplag; **2.** aktier, obligationer, fonds; **3.** materiel *(fx (jernb:) rolling ~), (agr)* (kreatur)besætning, *(bibl)* bogbestand, (af film) arkiv; **4.** (rå)materiale, (til papirfabrikation) heltøj, (til bogfremstilling *etc)* papir, (til filmoptagelse) råfilm, (til suppe) kraft, kraftsuppe, afkog, fond; **5.** skaft *(fx of a whip),* skæfte *(fx of a gun),* (af anker) stok, (af ror) stamme, (ved gevindskæring) bakkeholder; klup; **6.** (af træ) stamme, (ved podning) grundstamme, underlag; **7.** (om familie) stamme, slægt, æt; race; **8.** *(am)* teaterselskab; **9.** *(bot)* levkøj; **10.** *(glds)* halsbind; **11. -s** *pl (mar)* bedding; *(glds)* gabestok;

in *~* på lager; *keep in ~* føre (på lager); *come* **of** *farming ~* stamme fra en bondeslægt; *be* **on** *the -s (fig)* være på stabelen; være under udarbejdelse; **out of** *~* ikke på lager, udgået; **take** *~* gøre lageret op, foretage en vareoptælling, *(ogs fig)* gøre status; *take ~ of sby* tage mål af en; *take ~ of the situation* gøre stillingen op; *take ~ in* købe aktier i; *(fig)* interessere sig for, stole på, lægge vægt på.

II. stock [stɔk] *adj* som haves på lager *(fx articles); (fig)* stående *(fx remark, argument).*

III. stock [stɔk] *vb (merk)* føre *(fx we don't ~ that brand),* have (på lager); føre på lager; (om redskab *etc)* skæfte *(fx a gun); (agr)* skaffe besætning til *(fx a farm); ~ land with grass* lægge et areal ud til græs; (se også *well-stocked).*

stockade [stɔ'keid] *sb* palisade, pæleværk; plankeværk; *(am mil.)* fængsel; *vb* befæste med palisader.

stock|book lagerbog. **-breeder** kvægopdrætter. **-broker** børsmægler; vekselerer. *the -broker belt* de rige forstadskvarterer. **-car** *(jernb)* kreaturvogn. ~ **car** skrammelbil; personbil med kraftig motor til væddeløb. ~ **cube** suppeterning. **-dove** huldue. ~ **exchange** fondsbørs. **-fish** stokfisk. **-holder** aktionær.

stockinet ['stɔkinet] *sb* trikot.

stocking ['stɔkiŋ] *sb* strømpe; (på hest) sok; *in one's -s, in one's ~ (el. -ed) feet* på strømpefødder.

stock-in-trade ['stɔkin'treid] *sb* **1.** lagerbeholdning, varebeholdning, varelager; **2.** (nødvendigt) værktøj; fast inventar; (standard)udstyr; **3.** stående virkemiddel (, virkemidler) *(fx it belongs to the actor's ~), (teat)* teaterklicheer.

stockish ['stɔkiʃ] *adj* afstumpet, stupid.

stockist ['stɔkist] *sb* forhandler.

stock|jobber børsmægler. ~ **list** kursliste. **-man** *(agr)* kvægopdrætter; *(austr)* fodermester. ~ **market** fondsmarked.

stockpile ['stɔkpail] *sb* oplagring, forråd, lager; beredskabslager; hamstringslager; *vb* samle forråd (, beredskabslager *etc)*; oplagre; hamstre.

stock plant moderplante.

stock|raising kvægopdræt. ~ **-still** *adj* bomstille. **-taking** vareoptælling, lageropgørelse, status. **-whip** kortskaftet pisk (til kvæg).

stocky ['stɔki] *adj* tyk, undersætsig, firskåren, tæt; lavstammet.

stockyard ['stɔkja:d] *sb* kreaturindelukke.

stodge [stɔdʒ] *sb* tung mad; *vb* proppe sig.

stodgy ['stɔdʒi] *adj* tung, ufordøjelig; *(fig)* uinteressant, kedelig.

stoep [stu:p] *sb* (sydafrikansk:) veranda.

stogie, stogy ['stəugi] *sb (am)* billig cigar; kraftig sko *(el.* støvle).

stoic ['stəuik] *sb* stoiker, stoisk filosof; *adj* stoisk.

stoical ['stəuikl] *adj* stoisk.

stoicism ['stəuisizm] *sb* stoicisme.

stoke [stəuk] *vb* fyre; ~ *up* komme brænde (, kul *etc)* på; T spise rigeligt, putte i hovedet; vække, fremkalde *(fx discontent, opposition).*

stoked [stəukt] *adj (am* S) begejstret, højt oppe.

stoke|hold, fyrrum. **-hole** fyrhul; fyrrum.

stoker ['stəukə] *sb* fyrbøder; (apparat:) stoker.

STOL *fk (flyv) short take-off and landing.*

I. stole [stəul] *sb (rel; hist.)* stola; langsjal.

II. stole [stəul] *præt* af *steal.*

stolen [stəuln] *pp* af *steal.*

stolid ['stɔlid] *adj* upåvirket, upåvirkelig, sløv.

stolidity [stɔ'liditi] *sb* træghed, sløvhed.

stolon ['stəulɔn] *sb (bot)* udløber.

stoma ['stəumə] *sb (bot)* spalteåbning.

I. stomach ['stʌmək] *sb* mave; *(fig)* appetit; *have no ~ for* ikke bryde sig om; ikke have lyst til; *on an empty ~* på tom mave, på fastende hjerte; *on a full ~* lige efter et måltid.

II. stomach ['stʌmək] *vb* tåle, fordøje; *(fig)* tåle, finde sig i *(fx he cannot ~ criticism);* tolerere.

stomach ache mavepine.

stomacher ['stʌməkə] *sb (glds)* brystsmæk.

stomachic [stə'mækik] *adj* mave-; mavestyrkende.

stomachy ['stʌməki] *adj* mavesvær.

stomp [stɔmp] **1.** *vb* T trampe, stampe; **2.** *sb* (en dans).

stone [stəun] *sb* sten *(ogs* i frugt); ædelsten; *(pl d.s.)* (vægtenhed, især = 14 *lbs); adj* sten-, af sten; *vb* stene; udstene, tage stenene ud af *(fx fruit);* skure (med en skuresten); *break -s* slå skærver; *(fig)* måtte slide for føden; *leave no ~ unturned* sætte himmel og jord i bevægelse; *leave no ~ standing* ikke lade sten på sten tilbage.

stone|-blind *adj* helt blind. ~ **bottle** stendunk. ~ **breaker** stenknuser; skærveslager. ~ **-broke** *adj (am)* på spanden, flad, uden penge. **-chat** *zo* sortstrubet bynkefugl. ~ **-cold** *adj* iskold, helt kold. **-crop** *(bot)* stenurt. ~ **curlew** *zo* triel. **-cutter** stenhugger.

stoned [stəund] *adj* S døddrukken; (af hash) skæv.

stone|-dead *adj* stendød. ~ **-deaf** *adj* stokdøv. ~ **fly** *zo* slørvinge. ~ **fruit** stenfrugt. **-less** [-ləs] *adj* stenfri. ~ **marten** *zo* husmår. **-mason** murer, stenhugger. ~ **pine** *(bot)* pinje. **-'s cast, -'s throw** stenkast (ɔ: afstand). ~ **wall** stenmur; *(fig)* uigennemtrængelig mur; *he can see through a ~ wall* han kan mere end sit fadervor. **-wall** *vb* (i kricket: om gærdespiller) spille forsigtigt, spille defensivt; *(fig)* lave obstruktion; (prøve at) trække tiden ud; snakke udenom; holde folk hen (med snak); *(parl)* forhale (debat). **-ware** stentøj. **-work** murværk (af natursten).

stonk [stɔŋk] *sb (mil.)* S voldsomt bombardement; *vb* beskyde kraftigt.

stony ['stəuni] *adj* stenet *(fx beach, soil),* sten-; *(fig)* (sten)hård *(fx his face was ~),* iskold, ufølsom; T = ~ *broke* på spanden, uden penge; ~ *stare* stift blik.

stood [stud] *præt* og *pp* af *stand.*

stooge [stu:dʒ] *sb* en komikers medspiller som 'lægger op' til ham; skive for morsomheder (, latter); *(fig)* T prygelknabe; underordnet medhjælper, håndlanger, kreatur; *(am)* stikker; *vb: ~ for* være medhjælper *(etc)* for; ~ *about* S daske rundt; *(flyv)* flyve frem og tilbage over et lille område.

stook [stuk] *sb* trave (af neg).

I. stool [stu:l] *sb* taburet, skammel; (især *glds)* natstol; *(bot)* træstub; rodknold; rodskud; S lokkedue, stikker; ~ *of humiliation, ~ of repentance* bodsskammel; *fall between two -s (fig)* sætte sig mellem to stole.

II. stool [stu:l] *vb (bot)* skyde rodskud.

stool pigeon lokkedue; *(fig ogs)* stikker.

stools [stu:lz] *sb pl (med.)* afføring.

stoop [stu:p] *vb* bøje sig, lude; (om fugl) slå ned, flyve ned; *(fig)* give efter; nedværdige sig, nedlade sig; ydmyge sig; *sb* bøjning, foroverbøjet stilling, luden; (fugls) nedslag; *(am)* lille veranda (ved indgangsdør).

stooping ['stu:piŋ] *adj* foroverbøjet, ludende, rundrygget, duknakket.

I. stop [stɔp] *vb* stoppe (op); standse *(fx the car -ped),* holde *(fx the train -s for five minutes),* holde stille; gå i stå; holde op, høre op *(fx the noise -ped);* T gøre ophold; opholde sig, blive *(fx ~ out all night); he never -s to think* han giver sig aldrig tid til at tænke sig om;

(med objekt) stoppe, standse *(fx a taxi, the noise);* lukke for *(fx the water),* afbryde, afskære *(fx supplies);* holde op med *(fx ~ that nonsense);* (i løn:) tilbageholde, afkorte, (om check) spærre; (om hul) stoppe *(fx a leak),* tilstoppe, (om tand) plombere; *(mus.)* udføre greb på;

(med *sb) ~ a bullet, ~ a packet (mil.* S*)* komme i vejen for en kugle (ɔ: blive ramt); ~ *a blow* (i boksning) stoppe et stød; T blive ramt af et slag; ~ *a gap* udfylde et hul; ~ *sby's mouth* lukke munden på en; ~ *the way* spærre vejen;

(med *præp, adv)* ~ **at** *a hotel* tage ind (, bo) på et hotel; ~ *at nothing* ikke vige tilbage for noget; *he did not ~ at that* han nøjedes ikke med det; ~ **by** *(am)* kigge indenfor, se ind (ɔ: besøge); ~ **down** *the lens (fot)* afblænde; ~ *her* **from** *doing it* hindre hende i at gøre det; ~ **in** = ~ *by;* (i skole) sidde efter; ~ **off,** ~ **over** afbryde rejsen; gøre ophold; *£50 was -ped* **out of** *his wages* 50 pund blev indeholdt (ɔ: tilbageholdt) i hans løn; ~ **short** standse brat; standse op; ~ *short at (el. of)* begrænse sig til, holde sig til; vige tilbage for; ~ **up** tilstoppe; blive oppe (ɔ: ikke gå i seng).

II. stop [stɔp] *sb* standsning, ophør, afbrydelse, pause *(fx ten minutes' ~);* ophold; (for bus *etc)* stoppested;

(fot) blænder; *(mus.)* greb; (orgel)register; *(fon)* lukkelyd; *(gram)* skilletegn, interpunktionstegn; *full ~* punktum; *make a ~* gå i stå, holde stille; *put a ~ to sth* standse noget, sætte en stopper for noget; *come to a ~* standse, gå i stå; (se også *I. pull (out)).*

stop-and-go *adj* (om trafik) som bevæger sig frem i ryk; *(fig* om *økon* politik) som skiftevis bremser og stimulerer den økonomiske aktivitet.

stop|cock stophane. **-gap** stedfortræder, surrogat, nødhjælp; *be invited as a -gap* blive inviteret på afbud. **-over** ['stɔpəuvə] *sb* afbrydelse (af rejse); ophold.

stoppage ['stɔpidʒ] *sb* standsning, ophør, afbrydelse; (i løn) afkortning; *~ of work* arbejdsstandsning.

stopper ['stɔpə] *sb* stopper, prop; *vb* stoppe, tilproppe; *put a ~ on* sætte en stopper for.

stopple [stɔpl] *sb* prop; *vb* tilproppe.

stop|-press (news) sidste nyt. **-watch** stopur.

storage ['stɔ:ridʒ] *sb* **1.** oplagring, opbevaring, opmagasinering; **2.** lagerrum; **3.** pakhusleje; (se også *cold storage).*

storage| battery akkumulator. ~ **heater** akkumulerende radiator. ~ **organ** *(bot)* ammeorgan. ~ **radiator** = *~ heater.* ~ **root** *(bot)* ammerod.

store [stɔ:] *sb* forråd, lager; (sted:) magasin, lager, depot; lagerbygning, pakhus, *(am)* butik; *-s pl* stormagasin, varehus; forråd;

vb opdynge, opbevare, oplagre; opmagasinere; proviantere, forsyne, fylde; *~ up* opdynge; opbevare;

set (el. put) great ~ **by** værdsætte, sætte højt, sætte stor pris på; lægge megen vægt på; *set (el. put) little ~ by* betragte som mindre væsentlig; **in** ~ på lager; *(fig): be in ~ for* forestå, vente; *what the future has in ~* hvad fremtiden bærer i sit skød; *have a surprise in ~* have en overraskelse i baghånden.

storefront ['stɔ:frʌnt] *sb (am)* butiksfacade; *~ church* (sekt)kirke indrettet i tidligere butik.

storehouse ['stɔ:haus] *sb* magasin, pakhus; *a ~ of information* (om bog) en guldgrube, et skatkammer; (om person) et levende leksikon.

store|keeper pakhusforvalter, lagerforvalter; *(am)* detailhandler, handlende. **-man** lagerarbejder. **-room** lagerrum, forrådskammer. **-ship** depotskib.

storey ['stɔ:ri] *sb* etage; *one-storeyed* énetages.

storied ['stɔ:rid] *adj* historisk bekendt; sagnomspunden; udsmykket med historiske billeder. **-storied** -etages.

stork [stɔ:k] *sb zo* stork.

stork's bill *(bot)* tranehals; hejrenæb.

storm [stɔ:m] *sb* uvejr, (orkanagtig) storm; *(fig)* voldsomt anfald *(fx of weeping),* voldsomt udbrud *(fx of anger);* storm *(fx of protests);* larm; *(mil.)* storm, stormangreb; *vb* storme, angribe, tage med storm; *(fig)* rase, larme; *it brought a ~ about his ears* det rejste en storm af harme (mod ham); *take by ~* tage med storm; *a ~ in a teacup* en storm i et glas vand; *a ~ of arrows* en regn af pile.

storm|-beaten *adj* stormpisket. **-bound** *adj* opholdt af storm. ~ **centre** stormcentrum; *(fig)* urocentrum. ~ **cloud** uvejrssky. ~ **cone** stormsignal. **-ing party** *(mil.)* stormkolonne. ~ **lantern** flagermuslygte. ~ **petrel** *zo* lille stormsvale. ~ **-tossed** stormomtumlet. ~ **trooper** *(hist.)* S.A.-mand.

stormy ['stɔ:mi] *adj* urolig *(fx weather), (ogs fig)* stormfuld *(fx meeting).*

stormy petrel *zo* lille stormsvale; *(fig)* stridens *(el.* splittelsens *el.* ufredens) tegn *(fx he became a ~).*

I. story ['stɔ:ri] *sb,* se *storey.*

II. story ['stɔ:ri] *sb* historie; fortælling, beretning; anekdote; (i bog, film) handling, intrige; (i avis) historie, artikel; T (løgne)historie; *to make a long ~ short* kort sagt; *the ~ goes that* der går der rygte at, det fortælles at.

story| book historiebog, samling af fortællinger, eventyrbog. **-teller** historiefortæller; T løgnhals.

stoup [stu:p] *sb (glds)* drikkekar, stob; vievandskar.

stout [staut] *adj* **1.** kraftig, korpulent, svær, tyk; **2.** tapper, standhaftig; **3.** *(litt)* hårdnakket *(fx resistance);* **4.** *sb* porter (stærkt øl).

stove [stəuv] *sb* kakkelovn; komfur; tørreovn; *vb* ovntørre; S desinficere.

stovepipe ['stəuvpaip] *sb* kakkelovnsrør, skorstensrør; *~ hat* høj hat, 'skorstensrør'.

stow [stəu] *vb* pakke (, lægge) ned, (tæt:) stuve ned (, sammen); (om sted) kunne rumme; *(mar)* (om last *etc)* stuve, (om sejl) gøre fast, beslå; *~ the anchor* surre ankeret; ~ **away** *(mar)* stuve *(fx the hammocks);* (om person) rejse som blind passager *(fx he had -ed away to USA);* ~ **it!** S klap i!

stowage ['stəuidʒ] *sb* stuvning, pakning; lasterum; stuvningsomkostninger.

stowaway ['stəuəwei] *sb* blind passager.

strabismus [strə'bizməs] *sb* skelen.

straddle ['strædl] *vb* skræve; stritte med *(el.* skræve på) benene; *(fig)* være ubeslutsom, støtte begge parter (, synspunkter), bære kappen på begge skuldre; (i poker) fordoble indsatsen; (med objekt) skræve over, sidde overskrævs på; *~ a target (mil.)* bringe et mål i gaffel, skyde sig ind på et mål.

strafe [stra:f, *(am)* streif] *sb* bombardement, beskydning (fra luften); T straf; *vb* bombardere, beskyde (fra luften); T straffe, skælde ud.

straggle [strægl] *vb* strejfe om, gå enkeltvis (, i spredte grupper); vandre sin egen vej; (om planter) brede sig, vokse vildt, forekomme hist og her.

straggler ['stræglə] *sb* efternøler; soldat der er kommet væk *(el.* rømmet) fra sin afdeling; marodør, omstrejfer; *(bot)* vildt skud, forvildet eksemplar; *(glds)* landstryger.

straggling ['strægliŋ] *adj* uregelmæssig, spredt, vidtløftig; strittende.

straight [streit] *adj, adv* lige, ret *(fx stand ~),* rank; *(fig)* retlinet, ærlig, hæderlig; lige ud, ligefrem; uden omsvøb; S konventionel, borgerlig; heteroseksuel; *(am)* ortodoks, partitro; (om spiritus) ublandet, tør *(fx whisky);*

are the pictures ~? hænger billederne lige? *go (el. keep) ~* (om straffet person) holde sig på den rette vej; *keep a ~ face* bevare alvoren, holde masken; *put ~* bringe i orden; *~ tip* pålidelig oplysning; **the** ~ sidste lige strækning af bane; opløbet; *the ~ and narrow (path)* den snævre vej, dydens vej; *be on the ~ = go ~; out of the ~* skæv.

straight|-ahead *adj* enkel, ren, lige ud ad landevejen. **-arm,** se *stiffarm.* **-away,** ~ **away** *adv* straks, på stående fod. **-edge** *(am)* lineal.

straighten ['streit(ə)n] *vb* rette ud, rette op; *(fig)* rette på, bringe i orden; *~ things out* bringe tingene i orden.

straight fight valgkamp mellem to kandidater.

straightforward [streit'fɔ:wəd] *adj* redelig, ærlig; ligefrem; klar, ligetil.

straight|off = *~ away.* ~ **part** *(teat)* karakterrolle. ~ **tip** staldtip.

straightway ['streitwei] *adv (glds)* straks, fluks.

I. strain [strein] *vb* (om reb *etc)* spænde, stramme *(med.:* om led *etc)* forstrække *(fx a tendon),* forvride *(fx one's ankle); (litt)* trykke, knuge; *(fig)* anspænde *(fx every nerve* alle sine kræfter), anstrenge; belaste *(fx it -ed his relations with the Prime Minister);* (for meget:) overanstrenge *(fx one's eyes),* misbruge, trække for store veksler på *(fx his generosity, h. patience), (mht* fortolkning) gå meget vidt i sin fo tolkning af, gøre vold på *(fx the meaning of a word);* (om væske) si, filtrere; (uden objekt) anstrenge sig; ~ **after** stræbe efter, jage efter; ~ **against** kæmpe imod, stritte imod; ~ **at** hale i; *(fig)* have betænkeligheder ved; ~ *at a (el. every) gnat* hænge sig i småting; ~ *at a gnat and swallow a camel* (bibelsk:) si myggen fra og sluge kamelen; ~ *at the leash (fig)* slå i tøjret; ~ *one's* **ears** lytte anspændt; ~ **oneself** anstrenge sig voldsomt, gøre en kraftanstrengelse; ~ **out** si fra; ~ *a* **point** ikke tage det så strengt, fravige de strenge principper, gøre en undtagelse.

II. strain [strein] *sb (cf I. strain)* spænding, belastning *(fx the rope broke under the ~); (med.)* forstrækning, forvridning; *(fig)* anspændelse, anstrengelse, belastning *(fx physical and mental ~),* pres; *(tekn)* kraftpåvirkning; (i statik) specifik formforandring.

III. strain [strein] *sb (litt)* herkomst; *(biol:* ved avl) stamme *(fx of bacteria),* sort *(fx of wheat),* race; *(mht* karakter) træk; anlæg; anstrøg *(fx of cruelty, of selfishness),* hang; *(poet)* tone *(fx the -s of the harp);* melodi; *in another ~ (fig)* i en anden tone; *in the same ~ (fig)* i samme dur, af samme skuffe.

strained [streind] *adj* spændt, i spænd; *(fig)* anspændt, anstrengt; forceret; ~ *relations* spændt forhold.

strainer ['streinə] *sb* si, sigte; filter; *(wire ~)* bardunstrammer.

strait [streit] *sb* (oftest *-s pl)* (snævert farvand:) stræde; *adj (glds)* stram, snæver; streng, vanskelig; knap; *the ~ and narrows path* (bibelsk) den snævre vej; (se *ogs straits).*

straiten ['streit(ə)n] *vb* indsnævre, gøre trangere; *-ed circumstances* trange kår.

strait|jacket spændetrøje. ~ **-laced** ['streit'leist] *adj* snæversynet, bornert; snerpet. **straits** [streits] *sb pl* forlegenhed, vanskeligheder *(fx financial ~); in desperate ~* i en fortvivlet situation; *in dire (el. sad, serious) ~* i en slem knibe.

straight waistcoat spændetrøje.

strake [streik] *sb (mar)* range.

stramonium [strə'məuniəm] *sb (bot)* pigæble; (medicin:) stramoniumblade (middel mod astma).

I. strand [strænd] *sb* strand; *vb* strande; bringe til at strande; *-ed* strandet; *(fig ogs)* kørt fast *(fx in the snow);* i en håbløs situation, hjælpeløs.

II. strand [strænd] *sb* (i snor) streng, (i tov) dugt, kordel; (af væv) tråde, fiber; (af hår) lok, tjavs; *-ed wire* ståltov.

strange [strein(d)ʒ] *adj* underlig, besynderlig, mærkelig; ukendt, fremmed; ~ *to say* underligt nok; *he is ~ to the work* han er ikke fortrolig med arbejdet.

stranger ['strein(d)ʒə] *sb* fremmed; *be a ~ to* være fremmed for, ikke kende noget til; *the little ~* den lille nyfødte; *-s' gallery* (i Parlamentet) tilhørerloge.

strangle [stræŋgl] *vb* kvæle, kværke; strangulere; *(fig)* undertrykke; tilbageholde *(fx a sob, a sigh).*

stranglehold ['stræŋglhəuld] *sb (ogs fig)* kvælertag.

strangles [stræŋglz] *sb pl* kværke (sygdom hos heste).

strangulated ['stræŋgjuleitid] *adj: ~ hernia* indeklemt brok.

strangulation [stræŋgju'leiʃn] *sb* kvælning, sammensnøring, strangulering.

strap [stræp] *sb* strop; rem, (til barberkniv) strygerem; *(tekn)* spændebøjle; (i snedkeri) laske; *vb* prygle med en rem; fastspænde; (om barberkniv) stryge.

straphang ['stræphæŋ] *vb* måtte 'stå op i tog (, sporvogn), 'hænge i stroppen'. **straphanger** *sb* passager der står op.

strap hinge kistehængsel; stabelhængsel.

strapless ['stræpləs] *adj* stropløs (om kjole *etc).*

strapped [stræpt] *adj* fastspændt (med en rem); flad, i pengetrang.

strapper ['stræpə] *sb* T stor tamp.

strapping ['stræpiŋ] *adj* stor og stærk, stout.

strapwork ['stræpwə:k] *sb (arkit)* entrelacs, båndslyng.

strapwort ['stræpwə:t] *sb (bot)* skorem.

strata ['stra:tə] *pl* af *stratum.*

stratagem ['strætədʒəm] *sb* krigslist; puds, kneb.

strategic [strə'ti:dʒik] *adj* strategisk.

strategist ['strætidʒist] *sb* strateg.

strategy ['strætidʒi] *sb* strategi.

strath [stræθ] *sb* (på skotsk) floddal.

strathspey [stræθ'spei] *sb* (en skotsk dans).

stratification [strætifi'keiʃən] *sb* lagdannelse, lagdeling.

stratified ['strætifaid] *adj* lagdelt.

stratify ['strætifai] *vb* lagdele; blive lagdelt.

strato- ['strætəu] (forstavelse) stratosfære-, som befinder sig (, flyver) i stratosfæren.

stratosphere ['strætəsfiə] *sb* stratosfære.

stratum ['stra:təm] *sb (pl strata)* lag.

strat|us ['streitəs] *sb (pl -i* [-ai]*)* stratus, lagsky.

straw [strɔ:] *sb* strå, halmstrå, halm; (til drik) sugerør; (hat:) stråhat; *(fig): he doesn't care a ~ (el. two -s)* han bryder sig ikke et hak om det; *a ~ in the wind (fig)* en strømpil; *it was the last ~* det bragte bægeret til at flyde over; *catch (el. snatch) at a ~ (el. at -s)* gribe efter et halmstrå; *man of ~* stråmand; (se også *brick).*

straw| ballot prøvevalg. ~ **bed** stråmadras, halmmadras. **-berry** ['strɔ:b(ə)ri] jordbær; *wild -berry* skovjordbær. **-berry mark** (rødligt) modermærke. **-board** halmpap. ~ **-coloured** *adj* strågul. ~ **cutter** hakkelsesmaskine, skærekiste. **-hat** stråhat; sommerteater. ~ **vote** prøvevalg.

stray [strei] *vb* komme bort; forvilde sig; strejfe om; *(fig)* komme på afveje, skeje ud; (om tanker) vandre;
sb hjemløst *el.* omstrejfende barn; kreatur der er kommet væk fra flokken; *strays* (i radio) atmosfæriske forstyrrelser, støj;
adj omstrejfende, vagabonderende, herreløs *(fx dog);* spredt, tilfældig *(fx a few ~ instances);* vildfarende *(fx bullets); ~ currents (elekt)* vagabonderende strømme.

streak [stri:k] *sb* streg, stribe; *(fig)* træk, glimt, antydning, anstrøg *(fx a ~ of cruelty in her character); vb* fare (som et lyn); stribe, gøre stribet; løbe nøgenløb; ~ *of lightning* lynglimt; *like a ~ (of lightning)* med lynets fart; *have a ~ of luck* have en periode med held, sidde i held.

streaked [stri:kt] *adj* stribet.

streaking ['stri:kiŋ] *sb* S nøgenløb.

streaky ['stri:ki] *adj* stribet.

stream [stri:m] *sb* å, vandløb; *(ogs fig)* strøm; (i underskole *omtr)* 'linie' (ɔ: inddeling efter dygtighed); *vb* strømme; (i vinden) flagre, vifte; (med objekt) lade strømme; (i skole) fordele (elever) i 'linier' efter dygtighed; ~ *of consciousness* bevidsthedsstrøm; *be on ~* (om fabrik *etc)* have påbegyndt produktionen, være i gang.

streamer ['stri:mə] *sb* vimpel; (af papir) serpentine; *(am)* avisoverskrift i hele sidens bredde.

streaming ['stri:miŋ] *sb* fordeling af elever i 'linier' efter dygtighed.

stream|let [-lət] bæk. **-line** *vb* gøre strømlinet; *(fig)* modernisere, rationalisere. **-lined** *adj* strømlinet.

street [stri:t] *sb* gade; *be -s ahead of, be -s better than* T stå himmelhøjt over; *in the ~* på gaden; *the man in the ~ (fig)* manden på gaden, menigmand; *not in the same ~ with (el. as)* T slet ikke på højde med; *into the ~* ud på gaden; *on the ~* på gaden; *be on (el. go on el. walk) the -s* 'trække' (på gaden); *it is not up my ~* T det er ikke noget for mig; det er ikke noget jeg forstår mig på.

street| arab gadeunge. **-car** *(am)* sporvogn. ~ **cleaner** gadefejer. ~ **dealings** *pl (merk)* efterbørs. **-light** gadelygte. ~ **orderly** gadefejer. ~ **organ** lirekasse. ~ **prices** *pl* noteringer på efterbørsen. ~ **theatre** gadeteater. ~ **sweeper** gadefejer; (gade)fejemaskine. ~ **trading** *(merk)* efterbørs. ~ **value** (om narkotika) værdi ved salg på gaden. **-walker** luder.

strength [streŋθ] *sb* styrke; kræfter; *in* ~ i stort tal, mandstærk; *in full* ~ fuldtalligt; *on the* ~ *of* i kraft af, i tillid til, tilskyndet af; ~ *of mind* karakterstyrke.

strengthen [streŋθn] *vb* styrke, befæste; blive stærk(ere).

strenuous ['strenjuəs] *adj* ivrig, ihærdig; anstrengende, vanskelig.

stress [stres] *sb* tryk, pres; *(fon)* tryk, betoning, accent *(fx the* ~ *is* (ligger) *on the first syllable); (fig)* eftertryk; betoning; vigtighed; *(tekn)* belastning; spænding; (materiale)påvirkning; *(med.)* stress; *vb* lægge eftertryk på, betone; lægge vægt på, fremhæve; *lay* ~ *on* betone, understrege; lægge vægt på; *under* ~ *of weather* på grund af ugunstigt vejr.

I. stretch [stretʃ] *vb* strække *(fx one's arms);* spænde (ud) *(fx a rope between two posts);* (om sko, handsker) udvide, blokke; *(fig)* stille store krav til; udnytte til det yderste; (om regel *etc)* ikke tage det så nøje med; fortolke meget liberalt; (uden objekt) strække sig; række;

be -ed (fig) blive udnyttet fuldt ud; være anspændt til det yderste; ~ *a point* ikke tage det så strengt, fravige de strenge principper, gøre en undtagelse; ~ *the truth* gøre vold på sandheden.

II. stretch [stretʃ] *sb* udstrækning, udspænding; (afsnit *etc)* stykke *(fx a* ~ *of rope);* (af vej) strækning; (af væddeløbsbane) lige strækning, opløb; (om tid) tidsrum *(fx a* ~ *of ten years);* T fængselsstraf; *get a seven* ~ få syv år;

(med *præp) six hours* **at** *a* ~ seks timer i træk; *be at full* ~ arbejde for fuld kraft; **by** *a* ~ *of imagination* hvis man tager fantasien til hjælp; (ofte =) med lidt god vilje; *this is by no (el. not by any)* ~ *of imagination wise* dette kan ikke med den bedste vilje kaldes klogt; *nerves* **on** *the* ~ nerver der er anspændt til det yderste.

stretcher ['stretʃə] *sb* båre; (til billede) blændramme; *(mar)* spændholt; *(arkit)* løber (mursten); S løgn(ehistorie).

stretcher|-bearer portør, sygebærer. ~ **course** *(arkit)* løberskifte. ~ **party** bårehold.

stretch nylon stræknylon.

stretchy ['stretʃi] *adj* (lidt for) elastisk.

stretta ['stretə] *sb (mus.)* tætføring.

strew [stru:] *vb (strewed, strewed el. strewn)* strø, bestrø, udstrø. **strewn** [stru:n] *pp* af *strew.*

stria ['straiə] *sb (pl. striae* ['straii:]) stribe, fure.

striate ['straiət], **striated** [strai'eitid] *adj* stribet, furet.

stricken ['strik(ə)n] *adj* slagen *(fx terror* ~ rædselsslagen); ramt *(fx* ~ *with paralysis);* hjemsøgt; ~ *in years* alderstegen.

strict [strikt] *adj* streng; striks; stram, nøje; udtrykkelig; *-ly* strengt *(etc);* absolut; *-ly confidential* strengt fortrolig; *-ly speaking* strengt taget.

stricture ['striktʃə] *sb* (især *pl -s)* skarp kritik *(on* af), udfald *(on* mod); *(med.)* sammensnøring, (sygelig) forsnævring; *-s (ogs)* nedsættende bemærkninger *(on* om); *pass -s on (ogs)* kritisere skarpt.

stridden [stridn] *pp* af *stride.*

I. stride [straid] *vb (strode, stridden)* skride, gå med lange skridt, skridte ud; (med objekt) skræve over; ~ *the deck* marchere frem og tilbage på dækket med lange skridt.

II. stride [straid] *sb* (langt) skridt; *make -s* gøre fremskridt; *take sth in one's* ~ klare noget med lethed; *get into one's* ~ komme i sving.

strident [straidnt] *adj* hvinende, skingrende, skinger, skærende.

stridor ['straidɔ:] *sb (litt)* hvinen, knagen; *(med.)* hivende vejrtrækning.

strife [straif] *sb* strid.

I. strike [straik] *vb (struck, struck)* **1.** slå; 'slå i *(fx the table),* 'slå til; **2.** ramme *(fx the ball; he was struck by a stone; the light struck the mountain);* støde mod, *(mar)* løbe 'på *(fx the ship struck a rock),* støde på; **3.** støde på *(fx difficulties),* finde *(fx the right road; oil);* **4.** falde ind *(fx it never struck me before);* slå, forekomme *(fx it -s me that ...);* **5.** *(mus.* og *fig)* anslå *(fx a note* en tone); **6.** slå, præge (medalje, mønt); **7.** tage ned, stryge *(fx one's flag);*

(uden objekt) **8.** slå, ramme; slå 'til, gå til angreb, (om slange) hugge; (om lyn) slå ned; **9.** (om plante) slå rod; **10.** *(~ work)* strejke, gå i strejke; **11.** gå (i en anden retning) *(fx they struck toward the town);* **12.** (med *adj)* virke *(fx the room struck cold);*

(forskellige *forb) it -s me* **as** *impossible* det forekommer mig umuligt; *the idea -s me as good (ogs)* jeg synes ideen er god; ~ *an attitude,* se *attitude;* ~ *a balance,* se *balance;* ~ *a* **bargain** slå en handel af, afslutte en handel (, overenskomst); *you could not have struck it* **better** du kunne ikke have truffet det bedre; ~ *a* **blow** *for* slå et slag for; ~ **bottom** *(mar)* gå på grund; ~ **camp** bryde op; *the* **clock** *struck* uret slog; *it struck me* **dumb** det gjorde mig målløs; *I was struck all of a* **heap** jeg var himmelfalden; jeg var som forstenet; *the hour has struck* timen er kommen; **how** *does it* ~ *you?* hvad mener du om det? ~ *me dead (el. blind el. pink)* **if** jeg vil lade mig hænge hvis; ~ *a match* stryge en tændstik; ~ *sail* stryge sejl; *(fig)* give fortabt; ~ *tents* tage teltene ned; ~ **while** *the iron is hot* smede mens jernet er varmt;

(forb med *præp* og *adv)* ~ **at,** ~ *a blow at* rette et slag imod; 'slå efter; ~ *at the root of the evil* angribe ondets rod, søge at komme ondet til livs; ~ **back** slå igen; ~ **down** slå ned; *struck down with* ramt (og gjort hjælpeløs) af *(fx he was struck down with insanity);* ~ **in** (om sygdom) slå ind; (om musik og sang) falde ind; *he struck in with a remark* han afbrød med *(el.* indskød) en bemærkning; ~ *a knife* **into** *sby's heart* støde en kniv i ens hjerte; ~ *terror into sby* indjage én skræk; ~ *into the field* dreje ind på marken; ~ *into a gallop* slå over i galop; ~ **off** hugge af; stryge *(fx* ~ *a name off a list); (typ)* trykke *(fx a hundred copies);* ~ **out** lange ud; slå ud; begynde; stryge *(fx a word);* udkaste, skabe; ~ *out for* sætte kursen mod; ~ **up** istemme, begynde, sætte 'i med, spille op; ~ *up a conversation with* indlede en samtale med; ~ *up a friendship with* slutte venskab med.

II. strike [straik] *sb* slag; (om arbejdere) strejke, arbejdsnedlæggelse; *(mil.)* angreb; *(flyv)* luftangreb; (af mønter) prægning; *(am)* (olie)fund; *(geol)* strygning; *lucky* ~ *(am)* rigt olie-*(el.* malm-)fund; lykketræf.

strike|bound *adj* strejkeramt. **-breaker** strejkebryder. ~ **pay** strejkeunderstøttelse.

striker ['straikə] *sb* (i fodbold) angrebsspiller; *a* ~ en strejkende.

striking ['straikiŋ] *adj* slående, påfaldende, bemærkelsesværdig; ~ *force* slagstyrke; ~ *power* slagkraft; ~ *surface* strygeflade.

Strine [strain] *sb (spøg.)* australsk engelsk.

I. string [striŋ] *sb* sejlgarn, snor, streng, bånd; *(fig)* (lang) række; (på trappe) vange; (lille bikini) tanga; *(mus.)* streng; *the -s* (i orkester) strygerne;

~ **of** *pearls* perlekæde, perlekrans, perlerække; *have him* **on** *a* ~ have krammet på ham, have ham i sin hule hånd; **pull** *the -s* trække i trådene; *have two -s* **to** *one's bow (fig)* have flere strenge på sin bue, have mere end én udvej; *there are no -s attached* T der er

ikke knyttet nogen betingelser til.
II. string [striŋ] *vb (strung, strung)* sætte streng(e) på, spænde, stemme; strenge op *(fx a tennis racket); trække på snor (fx beads);* ribbe *(fx beans);* ~ **along** snyde, holde for nar; ~ *along with* følge trofast; samarbejde med; ~ **out** spænde ud; trække ud; danne en lang række; ~ **up** klynge op; spænde, stemme, anspænde; (se også *strung).*
string|bag indkøbsnet. ~ **band** strygeorkester. ~ **bean** snittebønne. ~ **bikini** tanga. **-board** (trappe)vange. **-course** *(arkit)* frise (på bygning).
stringency ['strin(d)ʒnsi] *sb* strenghed, stramhed.
stringent [strin(d)ʒnt] *adj* streng *(fx instructions),* stram *(fx money market);* (om tænkning) stringent.
stringer ['striŋə] *sb* (i tømmerkonstruktion) langstrø; (i trappe) vange; *(mar, flyv)* stringer; (ved avis) journalist på linebetaling.
string quartet strygekvartet.
stringy ['striŋi] *adj* trævlet; senet; sej.
I. strip [strip] *vb* trække af, rive af, skrælle (af), flå (af); fjerne; *(mht* tøj) trække af; klæde af; *(mil.* om kanon) demontere; *(tekn* om skrue) skrue over gevind; (uden objekt) klæde sig af, (om striptease) strippe; ~ **away** skrælle af; fjerne *(fx paint);* ~ *a cow* eftermalke en ko, malke en ko ren; ~ **down** (om maskine) skille ad; ~ *down a wall* fjerne gammel maling *etc* fra en væg; ~ **of** tømme for; (om person) fratage, berøve; *-ped of (ogs)* ribbet for; ~ **off** skrælle af *(fx bark),* fjerne *(fx paint);* (om tøj) tage af, afføre sig; (uden objekt) tage alt tøjet af, klæde sig helt af; *-ped* **to** *the waist* med nøgen overkrop.
II. strip [strip] *sb* strimmel; *(comic ~)* tegneserie; T (fodboldholds) farver, spilledragt; *tear a ~ off sby, tear sby off a ~* S skælde en læsterligt ud, give en et møgfald; *tear to -s* rive i stykker.
strip cartoon tegneserie.
stripe [straip] *sb* stribe; strime; *(mil.)* (distinktions)snor; vinkel; *(am, fig)* type, slags, kategori, gruppe; *(glds)* rap, slag; *vb* gøre stribet; *get one's -s* blive forfremmet fra menig til underofficer; *lose one's -s* blive degraderet.
striped [straipt] *adj* stribet.
strip|light *(teat)* rampe, (i sceneloft) herse, herde. **-lighting** oplysning med lysstofrør.
stripling ['stripliŋ] *sb* ungt menneske, grønskolling.
strip mining *(am),* se *opencast (mining).*
stripper ['stripə] *sb* striptease-artist.
striptease ['stripti:z] *sb* striptease.
strive [straiv] *vb (strove, striven)* stræbe, tragte *(for, after (, to)* efter (, efter at)); anstrenge sig *(to* for at); *(glds)* strides, kæmpe.
striven [strivn] *pp* af *strive.*
strode [strəud] *præt* (og *glds pp)* af *stride.*
I. stroke [strəuk] *sb* slag; (med økse, sværd) hug; (i billard) stød; (åre-, svømme-) tag; (med bue, pensel) strøg; (i skrift) pennestrøg, skrift skrifttræk; *(typ)* skråstreg; *(med.)* slagtilfælde; (se også *stroke oar); give the finishing ~ to* lægge sidste hånd på; ~ **of** *genius* genialt træk, genialt indfald; ~ *of grace* nådestød; ~ *of luck* held; slumpetræf; ~ *of wit* åndrighed; *he has not done a ~ of work* han har ikke rørt en finger; *length of ~ (tekn)* slaglængde; *put him* **off** *his ~* bringe ham ud af det; **on** *the ~ of ten* på slaget ti, præcis klokken ti.
II. stroke [strəuk] *vb* klappe, glatte, stryge; *(fig)* snakke godt for; stryge med hårene; (i roning) ro tagåren; ~ *down* formilde; ~ *out* slette; ~ *one's t's* sætte streg gennem t'erne; ~ *the wrong way* stryge mod hårene; irritere.
stroke oar tagåre (den agterste åre i kaproningsbåd); agterste roer.
stroll [strəul] *vb* slentre, spadsere; rejse om; *sb* tur.
stroller ['strəulə] *sb* landstryger; omrejsende skuespiller; *(am)* klapvogn.
strolling ['strəuliŋ] *adj* omvandrende, omrejsende; ~ *company* omrejsende skuespillerselskab.
strong [strɔŋ] *adj* stærk, kraftig, mægtig; ivrig; skarp; befæstet; *an 18-strong orchestra* et 18-mands orkester; *an army 10,000 ~* en hær på 10.000 mand; *a ~ candidate* en sikker kandidat; ~ *language* banden, eder, voldsomme udtryk; ~ *meat (fig)* kraftig kost, hård kost; *one's ~ point (el. suit)* ens stærke side; *still going ~* stadig i fuld vigør; ~ *suit* (i kortspil) stærk farve.
strong-arm *(am* T*) adj* som bruger vold, voldelig, volds-; *vb* bruge voldsmetoder over for; ~ *man* S muskelmand, gorilla; ~ *method* voldsmetode, stokkemetode.
strong|box pengeskab; pengekasse. ~ **gale** *(meteorol)* storm. **-hold** fæstning; *(fig)* højborg, fast borg. ~ **-minded** viljestærk, resolut, energisk. **-point** *(mil)* støttepunkt, befæstet stilling. ~ **point** se *strong.* **-room** boks. ~ **suit** se *strong.*
strontium ['strɔnʃiəm] *sb* strontium.
strop [strɔp] *vb* stryge (en kniv); *sb* strygerem.
strophe ['strəufi] *sb* strofe. **strophic** ['strɔfik] *adj* strofisk.
stroppy ['strɔpi] *adj* S genstridig, besværlig.
strove [strəuv] *præt* af *strive.*
strow [strəu] *vb (strowed, strowed el. strown) (glds)* strø, sprede.
struck [strʌk] *præp* og *pp* af *strike; adj (am)* strejkeramt; ~ *on* T varm på, betaget af.
structural ['strʌktʃrəl] *adj* bygnings- *(fx steel);* strukturel *(fx linguistics).*
structure ['strʌktʃə] *sb* bygningsmåde; bygning; opbygning, struktur.
struggle [strʌgl] *vb* kæmpe; slide; kæmpe sig *(fx through); sb* anstrengelse, kamp; ~ *to one's feet* rejse sig tungt og besværligt; ~ *with* ase med, bakse med; *the ~ for existence* kampen for tilværelsen.
strum [strʌm] *vb* klimpre; *sb* klimpren; (i guitarspil) spillemåde (anslag).
struma ['stru:mə] *sb (med.)* struma.
strumpet ['strʌmpit] *sb (glds)* tøjte, skøge.
strung [strʌŋ] *præt* og *pp* af *string;* ~ *out (am* S) på stoffer; høj; ødelagt af stofmisbrug; ~ *-up* overnervøs; overspændt; *highly ~,* se *highstrung.*
I. strut [strʌt] *vb* spankulere, stoltsere; (med objekt) skilte med; *sb* spanken, knejsen.
II. strut [strʌt] *vb* afstive; *sb* stiver, stræber.
struthious ['stru:θiəs] *adj* strudseagtig.
strychnine ['strikni:n] *sb* stryknin.
Stuart ['stjuət].
stub [stʌb] *sb* (af træ) stub; *(am)* stump; T skod; (i checkhæfte *etc)* talon; *(bogb)* fals; *vb* rydde, opgrave, optage; ~ *one's toe* støde sin tå; ~ *out a cigarette* slukke *(el.* skodde) en cigaret.
stubber ['stʌbə] *sb* cigaretslukker.
stubble [stʌbl] *sb* stubbe, skægstubbe, kornstubbe.
stubborn ['stʌbən] *adj* hårdnakket, stædig, genstridig; hård, vanskelig at bearbejde.
stubby ['stʌbi] *adj* kort og stiv; lille og tyk.
stucco ['stʌkəu] *sb* stuk, stukkatur; *vb* gipse, dekorere med stukkatur.
stuck [stʌk] *præt* og *pp* af *stick; be ~* sidde (, hænge) fast *(in* i); *be in ~* T være i knibe; *get ~ in(to)* S tage fat (på); *be ~ on* S være forelsket i, være varm på; *be ~ with* hænge på.
stuck-up ['stʌk'ʌp] *adj* hoven, vigtig, storsnudet.
I. stud [stʌd] *sb* bredhovedet søm; færdselssøm; *(ear-stud)* ørestikke; (beslag, *fx* på støvle) søm, knop, dup; *(tekn)* tap, tapskrue, pindbolt, stiftskrue; (i byggeri) oplæner, leder; (til skjorte) kraveknap, dobbelt-

knap; *vb* beslå med søm.

II. stud [stʌd] *sb* stutteri, heste.

stud|bolt tapskrue. ~ **book** stambog (for dyr). ~ **bull** avlstyr.

studded ['stʌdid] *adj:* ~ *with* oversået *(el.* overstrøet *el.* besat) med.

studding sail ['stʌdiŋseil, *(mar)* stʌnsl] læsejl.

student [stju:dnt] *sb* studerende, student; elev; forsker, gransker.

student| nurse sygeplejeelev. **-ship** stipendium. ~ **teacher** lærerstuderende.

stud farm stutteri.

studied ['stʌdid] *adj* lærd, belæst; omhyggeligt forberedt, velovervejet *(fx plot);* tilstræbt, tilsigtet, bevidst *(fx insolence).*

studio ['stju:diəu] *sb* atelier; (radio- *etc)* studie.

studious ['stju:djəs] *adj* flittig, opmærksom, omhyggelig; (se også *studied).*

I. study ['stʌdi] *sb* **1.** studium; studier *(fx a life devoted to ~);* **2.** (i kunst) studie *(of, for* til), udkast *(of* til), *(litt)* studie *(of* i, over), *(mus.)* étude; **3.** (videnskabelig) undersøgelse *(of* af); **4.** arbejdsværelse, studereværelse; **5.** *(glds)* bestræbelse; **6.** *(teat): be a quick (, slow)* ~ være hurtig (, langsom) til at lære en rolle;
his face was a ~ hans ansigt var et studium værd; *in a (brown)* ~ i dybe tanker, i sine egne tanker; *make a* ~ *of* foretage en undersøgelse af, undersøge, studere; *he made a* ~ *of, his* ~ *was to (glds)* han bestræbte sig på (at).

II. study ['stʌdi] *vb* **1.** studere, læse *(fx law);* **2.** studere, undersøge; **3.** *(teat)* indstudere; **4.** tage hensyn til, tænke på *(fx their needs);* ~ *one's own comfort* pleje sin magelighed; ~ *one's own interests* pleje sine egne interesser; ~ **to** bestræbe sig på at.

I. stuff [stʌf] *sb* stof, materiale; (tekstil:) stof, tøj; (i papirfabr) papirmasse; *(fig)* sager, ting, ejendele; *(neds)* skrammel, ragelse; sludder; S stof (ɔ: narko); heroin;
that's the ~ *!* T sådan skal det være! *that's the* ~ *to give them* T det er sådan de skal have det; ~ *and nonsense* sludder og vrøvl; *do your* ~ S lad det så blive til noget; lad os så se hvad du kan; *know one's* ~ kunne sit kram.

II. stuff [stʌf] *vb* stoppe, proppe *(fx ~ oneself with food);* (om dyr) udstoppe; (madlavning: om fjerkræ) fylde, farsere; S *(vulg)* 'knalde', kneppe; (uden objekt) fylde sig, guffe i sig *(fx he is always -ing); get -ed! (vulg)* rend mig i røven! ~ *it (vulg)* stik det skråt op! ~ *oneself* overfylde sig med mad; ~ *up* tilstoppe.

stuffed shirt T opblæst nar.

stuffing ['stʌfiŋ] *sb* polstring(smateriale), fyld; (til fjerkræ) fars; *(fig)* fyldekalk; *knock the* ~ *out of* T tæve; tage pippet fra, pille ned.

stuffing box *(tekn)* pakdåse.

stuffy ['stʌfi] *adj* indelukket, beklumret, trykkende; (om person) T stiv, kedelig; snerpet, bornert.

stultify ['stʌltifai] *vb* latterliggøre; gøre meningsløs (, virkningsløs), modvirke, undergrave *(fx their plans);* sløve; *-ing (ogs)* fordummende; avouere; ~ *oneself* (være inkonsekvent i tale *el.* handling), *(omtr)* gøre sig latterlig, slå sig selv på munden.

stum [stʌm] *sb* ugæret *el.* letgæret druesaft.

stumble [stʌmbl] *vb* snuble, træde fejl; *(fig)* begå en fejl, fejle; *sb* snublen; *(fig)* fejltrin, fejl; ~ *across (el. upon)* falde over, tilfældigt opdage; ~ *along* stolpre af sted; ~ *at* snuble over; *(fig)* studse ved; gøre sig skrupler over.

stumbling block anstødssten, vanskelighed.

I. stump [stʌmp] *sb* stump; (af træ) stub, stød; (til tegning) tegnestup; (i kricket) gærdepind; *take the ~, go on the* ~ (især *am)* holde valgtaler, deltage i valgagitation; *stir your -s!* T få fart på! flyt skankerne!

II. stump [stʌmp] *vb* humpe; (i kricket) stokke ud; *(fig)* T gøre perpleks, forvirre, sætte til vægs; ~ *the country* (især *am* T) rejse landet rundt og holde valgtaler; ~ *up* T rykke ud med, betale; punge ud.

stumped [stʌmpt] *adj* ude af spillet, slået ud; *(fig)* T paf, sat til vægs; *he was* ~ *by that* det kunne han ikke klare; *be* ~ *for* være i bekneb for *(fx an answer).*

stumper ['stʌmpə] *sb* (i kricket) stokker, gærdespiller; *(fig)* hård nød (ɔ: vanskeligt spørgsmål *etc).*

stump speeches *pl* valgtaler.

stumpy ['stʌmpi] *adj* stumpet, stubbet; kort og tyk *(fx fingers);* (om person *ogs)* undersætsig.

stun [stʌn] *vb* bedøve, lamme; *(fig)* T gøre fortumlet, overvælde, tage pippet fra; *sb* bedøvelse, fortumlet tilstand.

stung [stʌŋ] *præt* og *pp* af *sting.*

stunk [stʌŋ] *pp* af *stink.*

stunner ['stʌnə] *sb* T pragteksemplar; bedøvende slag.

stunning ['stʌniŋ] *adj* bedøvende; *(fig)* T overvældende, fantastisk, pragtfuld.

I. stunt [stʌnt] *vb* forkrøble, hæmme i væksten *(el.* i udviklingen).

II. stunt [stʌnt] *sb* kunst(stykke), trick, (glans)nummer; særlig anstrengelse, kraftpræstation; *vb* foretage kunstflyvninger; gøre kunster.

stunt man stuntman, akrobat der udfører særlig farlige tricks i film (i stedet for skuespiller).

stupe [stju:p] *sb* varmt omslag.

stupefaction [stju:pi'fækʃn] *sb* bedøvelse; bestyrtelse.

stupefy ['stju:pifai] *vb* bedøve; forbløffe.

stupendous [stju'pendəs] *adj* vældig, formidabel, forbløffende.

stupid ['stju:pid] *adj* dum, dorsk, sløv, kedelig.

stupidity [stju'piditi] *sb* dumhed; sløvhed.

stupor ['stju:pə] *sb* bedøvelsestilstand; sløvhed.

sturdy ['stə:di] *adj* robust, stærk, kraftig, fast; (om egenskab) djærv, beslutsom; *(bot)* hårdfør; *sb* drejesyge (hos får).

sturgeon [stə:dʒn] *sb zo* stør.

stutter ['stʌtə] *vb* hakke, stamme; *sb* stammen.

St. Vitus's [sənt'vaitəsiz]: ~ *dance* Sankt Veitsdans.

I. sty [stai] *sb (ogs fig)* svinesti.

II. sty, stye [stai] *sb (med.)* bygkorn (på øjet).

Stygian ['stidʒiən] *adj* stygisk.

I. style [stail] *sb* stil, (i kunst *ogs)* stilart, *(litt ogs)* skrivemåde, manér; *(mht* tøj) mode; (slags *etc)* type *(fx a new ~ of lampshade),* slags; måde, form *(fx ~ of life* livsform, ~ *of address* tiltaleform); (ved henvendelse *ogs)* titel, titulatur, *(merk* om firma) firmanavn; *(mht* kalender) stil, tidsregning; *(hist.,* skriveredskab) stylus, stift; *(bot)* griffel; (på solur) viser; **in** ~ flot; med manér; *do things in* ~ flotte sig; *live in* ~ føre et stort hus.

II. style [stail] *vb* titulere, tiltale; benævne, betegne; tegne, formgive.

stylet ['stailit] *sb* lille dolk, stilet.

stylish ['stailiʃ] *adj* moderne, flot, chik, elegant; stilfuld.

stylist ['stailist] *sb* stilist; formgiver, modetegner.

stylite ['stailait] *sb* søjlehelgen.

stylize ['stailaiz] *vb* stilisere.

stylus ['stailəs] *sb* safir(stift), diamant(stift) (til pickup); *(hist.)* stylus.

stymie ['staimi] *sb* (i golf: det at en modspillers bold ligger i vejen); *vb (fig)* lægge hindring i vejen for, hindre, standse, komme på tværs af.

styptic ['stiptik] *sb* blodstillende middel.

Styria ['stiriə] Steiermark.

suable ['s(j)u:əbl] *adj* som kan sagsøges.

suasion [sweiʒn] *sb (litt)* overtalelse.

suasive ['sweisiv] *adj (litt)* overtalende.

suave [swa:v] *adj* sød, blid; (om person) (facilt) elsk-

værdig, forekommende, forbindtlig; (om vinsmag) rund.
suavity ['swa:viti] *sb* blidhed, forekommenhed.
I. sub [sʌb] *vb* T give (, få) forskud; være redaktionssekretær på; ~ *for* vikariere for, træde i stedet for.
II. sub [sʌb] T = *submarine; subscription* (kontingent); *subeditor; substitute* (reserve, vikar); T forskud; *(am* T) = *hoagie.*
sub- [sʌb] (forstavelse) under- *(fx committee);* sub-; næsten.
subacid ['sʌb'æsid] *adj* syrlig.
subaltern ['sʌblt(ə)n] *sb* officer under kaptajnsrang; *adj* lavere; underordnet.
subaqua [sʌb'ækwə] *adj* undervands-; ~ *team* svømmedykkerhold.
subaquatic [sʌbə'kwætik], **subaqueous** [sʌb'eikwiəs] *adj* undersøisk, undervands-.
subatomic ['sʌbə'tɔmik] *adj* subatomar *(fx particles).*
subaudition [sʌbɔ:'diʃn] *sb* underforståelse.
subbranch ['sʌb'bra:n(t)ʃ] *sb* (mindre) filial.
subconscious ['sʌb'kɔnʃəs] *adj* underbevidst.
subcontinent [sʌb'kɔntinənt] *sb* subkontinent (større landmasse; del af kontinent).
I. subcontract ['sʌb'kɔntrækt] *sb* underentreprise.
II. subcontract ['sʌbkən'trækt] *vb* give (, tage) i underentreprise.
subculture ['sʌb'kʌltʃə] *sb* subkultur; (i bakteriologi) opformering, overpodning.
subcutaneous ['sʌbkju'teinjəs] *adj* subkutan, under huden.
sub deb ['sʌb'deb], **subdebutante** ['sʌbdəbju'ta:nt] *sb (am)* ung pige der snart skal debutere i selskabslivet.
subdivide ['sʌbdi'vaid] *vb* underinddele, dele igen (i mindre dele). **subdivision** ['sʌbdiviʒn] *sb* underinddeling; underafdeling.
subdue [səb'dju:] *vb* betvinge, kue, undertrykke; (om farve, lyd) dæmpe.
subdued [səb'dju:d] *adj* kuet; dæmpet, stilfærdig.
subedit ['sʌb'edit] *vb* være redaktionssekretær ved; (om manuskript) gøre trykfærdigt.
subeditor ['sʌb'editə] *sb* redaktionssekretær.
subereous [s(j)u'biəriəs] *adj* korkagtig.
suberize ['s(j)u:bəraiz] *vb* forkorke.
subfusc ['sʌbfʌsk] *sb* mørkt tøj; *adj* mørk (af farve), afdæmpet, diskret; S ubetydelig, trist.
subgrade ['sʌb'greid] *sb* undergrund, fundament.
subheading ['sʌb'hediŋ] *sb* (i avis) underrubrik; *(typ.)* undertitel; (i register) underordnet indførsel (, emneord).
subhuman ['sʌb'hju:mən] *adj* laverestående, næppe menneskelig, næsten dyrisk; næsten menneskelig.
subj. *fk subject, subjunctive.*
subjacent [sʌb'dʒeisnt] *adj* underliggende, lavere liggende.
I. subject ['sʌbdʒikt] *sb* genstand *(fx for pity);* (for diskussion, bog *etc)* emne, tema, (i kunst, *fot)* motiv, *(mus.* i sonateform) tema; (i undervisning) fag; *(gram, filos)* subjekt; (om person: ved forsøg) forsøgsperson, (ved dissektion) lig, *(mht* sygdom) patient *(fx a gouty ~* en podagrapatient); *(pol)* statsborger *(fx a Danish ~),* undersåt; *on the ~ of* angående, vedrørende; *while we are on the ~ of* mens vi taler om.
II. subject [səb'dʒekt] *vb* underkaste, undertvinge; ~ **to** underkaste *(fx cross-examination),* gøre til genstand for, udsætte for *(fx criticism).*
III. subject ['sʌbdʒikt] *adj* undergiven, undertvungen *(fx a ~ race);* ~ **to** underlagt; underkastet, undergivet *(fx the law);* tilbøjelig til *(fx headaches);* udsat for *(fx ridicule);* på betingelse af, under forudsætning af *(fx your approval); ~ unsold (merk)* så længe lager haves; mellemsalg forbeholdt.
subject| heading ['sʌbdʒikt-] emneord. ~ **index** emneregister, sagregister.
subjection [səb'dʒekʃn] *sb* underkastelse, undertvingelse.
subjective [səb'dʒektiv] *adj* subjektiv; *(gram)* subjekts-.
subjectivity [sʌbdʒik'tiviti] *sb* subjektivitet.
subject matter ['sʌbdʒikt-] emne, stof, motiv, indhold; *the ~ of the action (jur)* sagens genstand.
subjoin ['sʌb'dʒɔin] *vb* tilføje, vedføje.
subjugate ['sʌbdʒugeit] *vb* undertvinge, kue.
subjugation [sʌbdʒu'geiʃn] *sb* undertvingelse.
subjunctive [səb'dʒʌŋ(k)tiv] *sb (gram)* konjunktiv.
sublate [sə'bleit] *vb (filos)* negere; eliminere.
sublease ['sʌb'li:s] *sb, vb* fremleje.
sublet ['sʌb'let] *vb* fremleje; (om arbejde) give i underentreprise.
sublieutenant ['sʌble'tenənt] *sb* søløjtnant af 2. grad.
I. sublimate ['sʌblimət] *sb* sublimat.
II. sublimate ['sʌblimeit] *vb* sublimere.
sublimation [sʌbli'meiʃn] *sb* sublimering.
sublime [sə'blaim] *adj* ophøjet, ædel, sublim; T mageløs; *vb* ophøje, forædle; blive ophøjet, blive forædlet; *The Sublime Porte (hist)* Den høje Port (i Tyrkiet).
subliminal [sʌb'liminl] *adj* underbevidst; under bevidsthedstærskelen; ~ *advertising* (reklame der prøver at påvirke publikums underbevidsthed, *fx* ved at vise navne i korte glimt på TV-skærm *etc).*
sublimity [sə'blimiti] *sb* ophøjethed, ædelhed.
subliterary ['sʌb'litrəri] *adj* underlødig.
sublunary [sʌb'lu:nəri] *adj* jordisk.
submachine gun *(mil.)* maskinpistol.
submarine [sʌbmə'ri:n] *adj* undersøisk, undervands-; *sb* undervandsbåd; *(am)* = *hoagie.*
submarine chaser ubådsjager.
submerge [səb'mə:dʒ] *vb* sænke ned under vandet, dyppe ned i vandet; oversvømme; (om undervandsbåd) dykke; *(fig)* forsvinde, drukne; *the -d tenth* de dårligst stillede i samfundet, samfundets stedbørn.
submergence [səb'mə:dʒns] *sb* nedsænkning; oversvømmelse.
submersible [səb'mə:səbl] *adj* som kan fungere under vand; undervands-.
submersion [səb'mə:ʃn] *sb* det at sætte under vand, oversvømmelse; neddykning.
submicroscopic ['sʌbmaikrə'skɔpik] *adj* submikrokopisk, som ikke kan iagttages i et almindeligt mikroskop.
submission [səb'miʃn] *sb (cf submit)* underkastelse, underdanighed, lydighed; forelæggelse; teori, forslag; påstand.
submissive [səb'misiv] *adj* underdanig, ydmyg, lydig.
submit [səb'mit] *vb* underkaste sig; (med objekt) forelægge, fremsende, indsende; hævde, henstille; *I ~ that (ogs)* jeg vil tillade mig at hævde at; ~ *one's case for judgment* indlade sin sag til doms; ~ *to* underkaste sig, bøje sig for, finde sig i; ~ *oneself to* underkaste sig.
subnormal ['sʌb'nɔ:ml] *adj* som er under normalen *(fx temperature); (educationally ~)* svagt begavet, psykisk udviklingshæmmet.
suborder ['sʌb'ɔ:də] *sb* (i klassifikation) underorden.
I. subordinate [sə'bɔ:dinət] *adj* underordnet; undergiven; ~ *clause* bisætning.
II. subordinate [sə'bɔ:dineit] *vb* underordne.
subordination [səbɔ:di'neiʃn] *sb* underordning, subordination, underordnet forhold.
suborn [sʌ'bɔ:n] *vb* bestikke; forlede (især til at afgive falsk forklaring for retten), underkøbe.
subornation [sʌbɔ:'neiʃn] *sb* bestikkelse, forledelse, underkøb.
subplot ['sʌb'plɔt] *sb* bihandling, sidehandling.
subpoena [səb'pi:nə] *(jur) sb* stævning; *vb* indstævne.

subrogation ['sʌbrə'geiʃn] *sb* subrogation (ɔ: det at en person indtræder som kreditor i en andens sted, *fx* i forsikringsforhold).
subscribe [səb'skraib] *vb* **1.** (ved indsamling) bidrage *(to* til), tegne sig for *(fx he -d £10);* **2.** underskrive, undertegne;
~ **for** (om bogværk) subskribere på; (om aktier) tegne; ~ *for a fund* tegne sig som bidragyder til et fond; bidrage til et fond; ~ *for shares* tegne aktier; ~ **to** abonnere på, holde *(fx a newspaper); (fig)* skrive under på, bifalde, tilslutte sig *(fx an opinion);* ~ *one's name to* sætte sit navn under.
subscriber [səb'skraibə] *sb (cf subscribe)* (med)underskriver; abonnent *(ogs tlf);* subskribent; bidragyder.
subscriber trunk dialling *(tlf)* selvvalg af udenbyssamtaler.
subscript ['sʌbskript] *sb (mat.)* indeks.
subscription [səb'skripʃn] *sb* **1.** abonnement, subskription; **2.** indsamling; **3.** tegning (af aktier); **4.** abonnementspris, subskriptionspris; **5.** (ved indsamling) indsamlet beløb, (fra enkelt person) bidrag; **6.** (i forening) kontingent; **7.** underskrivelse, undertegnelse; underskrift, signatur; *open a* ~ sætte en indsamling i gang.
subsection ['sʌbsekʃn] *sb* underafdeling; stykke (underafdeling af paragraf, *fx* ~ *(1) of section six).*
subsequent ['sʌbsikwənt] *adj* følgende, senere; ~ *to* efter; *-ly adv* siden, senere, derefter.
subserve [səb'sə:v] *sb* tjene *(fx a purpose),* gavne.
subservience [səb'sə:vjəns] *sb* medvirkning; underordning; underdanighed, servilitet.
subservient [səb'sə:vjənt] *adj* tjenlig, gavnlig; (om person) underordnet; underdanig, krybende.
subside [səb'said] *vb* synke til bunds, bundfælde sig; synke *(fx the water began to* ~*);* sænke sig; (om jord) skride sammen, sætte sig *(fx the ground -d);* synke sammen; (blive mindre voldsom:) stilne af; aftage *(fx the fever -d);* falde til ro; lægge sig *(fx the gale -d);* ~ *into an armchair (* T, *spøg.)* synke ned i en lænestol.
subsidence ['sʌbsidns, səb'saidns] *sb (cf subside)* synken; skred, sammensynkning, sammenstyrtning; aftagen.
subsidiary [səb'sidjəri] *adj* hjælpende, hjælpe- *(fx materials* stoffer); underordnet; *sb* hjælper, forbundsfælle; *(merk)* datterselskab; ~ *character* baggrundsfigur; ~ *company* datterselskab; ~ *motive* bihensigt; ~ *subject* bifag.
subsidize ['sʌbsidaiz] *vb* understøtte med pengemidler; give tilskud til; *-d (ogs)* statsunderstøttet.
subsidy ['sʌbsidi] *sb* pengehjælp; statstilskud.
subsist [səb'sist] *vb* bestå, findes, eksistere; ernære sig; ~ *on* leve af.
subsistence [səb'sistns] *sb* udkomme; eksistens, tilværelse.
subsistence allowance forskud (på løn); (ved tjenesterejse) dagpenge, diæter; *(mil.)* kostpenge, kostgodtgørelse.
subsoil ['sʌbsɔil] *sb* undergrund; grund; ~ *plough* undergrundsplov; ~ *ploughing* dybpløjning.
subsonic [sʌb'sɔnik] *adj* underlyds-, under lydens hastighed.
subspecies ['sʌbspi:ʃi:z] *sb* underart.
subst. *fk substantive; substitute.*
substance ['sʌbst(ə)ns] *sb* **1.** substans, masse *(fx a sticky* ~*),* stof; **2.** indhold *(fx form and* ~*);* **3.** hovedindhold *(fx the* ~ *of his reply);* **4.** virkeligt indhold, gehalt *(fx the book is without* ~*),* hold, realitet *(fx there was no* ~ *in the rumours),* soliditet; **5.** *(filos, spr)* substans; **6.** *(litt)* formue; *a man of* ~ en velstående mand; *in* ~ i hovedsagen, i det væsentlige; *amendment on a point of* ~ saglig *(mods* redaktionel) ændring.
substandard ['sʌb'stændəd] *adj* ikke på højde med standarden, ikke efter normen, af ringere kvalitet underlødig *(fx literature); (spr)* ikke i overensstemmelse med anerkendt sprogbrug.
substantial [səb'stænʃl] *adj* betydelig, større *(fx sum order);* væsentlig, vægtig *(fx reasons),* kraftig, solid *(fx meal);* svær; *(økon)* velstående; *(mods* tænkt) virkelig, legemlig, materiel; *(filos)* substantiel.
substantiality [səbstænʃi'æliti] *sb* virkelighed, legemlighed, styrke.
substantiate [səb'stænʃieit] *vb* bevise, dokumentere godtgøre.
substantiation [səbstænʃi'eiʃn] *sb* dokumentering bevis.
substantival [sʌbstən'taivl] *adj* substantivisk.
substantive ['sʌbstəntiv] *adj* selvstændig; *(mi* [səb'stæntiv] fast *(fx appointment); (gram)* substantivisk; *sb* substantiv, navneord.
substitute ['sʌbstitju:t] *sb* stedfortræder, vikar; (i sport) udskiftningsspiller, reserve; (stof:) surrogat erstatning, erstatningsmiddel; *vb* vikariere; (med objekt) sætte i stedet; ~ *A for B* (ind)sætte A i stedet for B, erstatte B med A.
substitution [sʌbsti'tju:ʃn] *sb* indsættelse i en anden sted, anvendelse som surrogat *el.* erstatning.
substratum ['sʌb'stra:təm] *sb* dybere lag; *(geol)* underlag, underliggende lag; *(spr)* substrat.
substructure ['sʌbstrʌktʃə] *sb* grundlag, underbygning.
subsume [səb'sju:m] *vb* indordne; indbefatte.
subtenancy ['sʌb'tenənsi] *sb* fremlejemål.
subtenant ['sʌb'tenənt] *sb* en til hvem der er fremlejet
subterfuge ['sʌbtəfju:dʒ] *sb* udflugt, påskud.
subterranean [sʌbtə'reinjən] *adj* underjordisk.
subtitle ['sʌbtaitl] *sb* (til film) undertekst; (i bog) undertitel; *vb* (om film) tekste.
subtle [sʌtl] *adj* fin *(fx distinction),* hårfin *(fx difference);* diskret *(fx hint; perfume);* spidsfindig, subtil; skarpsindig; listig, snedig, udspekuleret; underfundig.
subtlety ['sʌtlti] *sb* finhed; spidsfindighed; skarpsindighed; listighed, underfundighed.
subtly ['sʌtli] *adv* fint, listigt, *etc (cf subtle).*
subtopia [sʌb'təupiə] *sb (neds)* planløs og hæslig forstadsbebyggelse; landligt område med snigende forstadspræg.
subtract [səb'trækt] *vb* fradrage, subtrahere, formindske.
subtraction [səb'trækʃn] *sb* fradrag, subtraktion.
subtropical ['sʌb'trɔpikl] *adj* subtropisk.
suburb ['sʌbə(:)b] *sb* forstad.
suburban [sə'bə:bn] *adj* forstads-; *(fig, neds)* småborgerlig; ~ *traffic* nærtrafik.
suburbia [sə'bə:biə] *sb* (især *neds)* forstadskvarter(er) forstæder; (småborgelig) forstadsmentalitet.
subvention [səb'venʃn] *sb* understøttelse, statsunderstøttelse.
subversion [səb'və:ʃn, *(am:)* -ʒn] *sb* omstyrtning, ødelæggelse.
subversive [səb'və:siv] *adj* nedbrydende, ødelæggende, undergravende; *sb* en der driver statsfjendtlig virksomhed; ~ *activities* muldvarpearbejde *(fig),* statsfjendtlig *(el.* samfundsfjendtlig) virksomhed.
subvert [səb'və:t] *vb* omstyrte, ødelægge; undergrave
subway ['sʌbwei] *sb* fodgængertunnel; underføring, *(am)* undergrundsbane.
succades [sʌ'keidz] *sb pl* kandiseret frugt, sukat.
succeed [sək'si:d] *vb* lykkes *(fx the plan -ed);* (om person) være heldig, have held med sig; få success; (om kunstner) slå igennem; (i tid, række) følge (efter); (med objekt) efterfølge, afløse; *he -ed* **in** *coming* det lykkedes ham at komme; ~ **to** arve *(fx an estate);* ~ *to the throne* arve tronen.

success [sək'ses] *sb* succes, godt resultat, medgang, lykke; *make a personal* ~ vinde en personlig sejr; *nothing succeeds like* ~ den ene success fører den anden med sig.
successful [sək'sesf(u)l] *adj* heldig, vellykket, resultatrig; (om person) som har succes.
succession [sək'seʃn] *sb* række *(fx a ~ af disasters); (jur)* arvefølge, tronfølge; slægtslinie, efterfølgere; ~ *duty* (form for) arveafgift; *war of* ~ arvefølgekrig; *in* ~ i rækkefølge, efter hinanden; i træk.
successive [sək'sesiv] *adj* successiv, i træk, efter hinanden *(fx three ~ days); -ly* efter hinanden, efterhånden, successive; ~ *governments* skiftende regeringer.
successor [sək'sesə] *sb* efterfølger.
succinct [sək'siŋ(k)t] *adj* kortfattet, koncis, fyndig.
succory ['sʌkəri] *sb (bot)* cikorie, julesalat.
succour ['sʌkə] *(litt) vb* bistå, komme (, ile) til hjælp, undsætte; *sb* hjælp, undsætning.
succulence ['sʌkjuləns] *sb* saftighed.
succulent ['sʌkjulənt] *adj* saftig; ~ *plant* saftplante, sukkulent.
succumb [sə'kʌm] *vb* bukke under, ligge under *(to, under* for); *(litt)* dø.
such [sʌtʃ] *adj, pron* sådan, slig, den slags, den, det, de; *and* ~ og den slags; (se også *such-and-such);* ~... **as** sådanne ... som, de ... som; ~ *as (ogs)* som for eksempel; ~ *as it is (omtr)* skønt den ikke er meget bevendt.
such-and-such: ~ *a* den og den, det og det; ~ *results will follow from* ~ *causes* de og de resultater følger af de og de årsager.
suchlike ['sʌtʃlaik] *adj, pron* deslige, den slags.
I. suck [sʌk] *vb* suge, suge ud (, op); drikke *(fx lemonade through a straw);* sutte på *(fx a sweet; one's thumb);* (om barn) die; (uden objekt) suge; sutte; patte, die; ~ *sby's brains* stjæle ens ideer; ~ *dry (fig)* udsuge; *you can't teach your grandmother to* ~ *eggs* (svarer til) nå så ægget vil lære hønen; ~ *in* suge ind, indsuge; S narre; ~ *off* S *(vulg)* slikke af; ~ *up* opsuge; ~ *up to* S fedte sig ind hos, fedte for.
II. suck [sʌk] *sb* sugen; T slurk, lille tår; *-s pl* S slik; *give* ~ give die; *-s to you!* S æ bæh! brændt af! *-s to him!* blæse være med ham!
sucker ['sʌkə] *sb* pattegris; *zo* sugerør, sugeskive; *(bot)* sugetråd; rodskud; T naiv fyr, godtroende fjols; *(am* T*)* slikkepind.
sucking| disk sugeskive. ~ **pig** pattegris.
suckle [sʌkl] *vb* give die, amme, give bryst.
suckling ['sʌkliŋ] *sb* pattebarn; *out of the mouth of babes and -s* (svarer til) hør de umyndiges røst.
suction [sʌkʃn] *sb* sugning; sugevirkning; (i *sms)* suge- *(fx pump).*
suctorial [sʌk'tɔ:riəl] *adj* suge- *(fx fish).*
Sudan [su(:)'da:n, -'dæn]: *the* ~ Sudan.
Sudanese [su:də'ni:z] *adj* sudanesisk; *sb* sudaneser.
sudatory ['s(j)u:dətri] *adj* svede-, svedfremkaldende; *sb* svedemiddel; svedebad, badstue.
sudden [sʌdn] *adj* pludselig, brat, uformodet; *all of a* ~ pludselig, med et.
sudden death pludselig død; (i sport, efter uafgjort kamp) omkamp indtil en af parterne scorer.
sudden infant death syndrome vuggedød.
suddenly ['sʌdnli] *adv* pludselig, med et.
sudorific [s(j)u:də'rifik] *adj* svedfremkaldende; *sb* svedemiddel.
suds [sʌdz] *sb pl* sæbeskum, sæbevand.
sue [s(j)u:] *vb* sagsøge, stævne; anlægge sag (mod); ansøge; bede *(for* om).
suède [sweid] *sb* ruskind.
suet ['s(j)u:it] *sb* nyrefedt, tælle.
Suez ['su:iz].
suffer ['sʌfə] *vb* lide *(fx punishment, loss; damage);* finde sig i, tåle; *(glds)* tillade, lade; (uden objekt) lide; lide straf, lide skade, lide døden; *you will* ~ *for this* det vil du komme til at undgælde for; ~ *from* lide af.
sufferance ['sʌfr(ə)ns] *sb: he is here on* ~ han er kun tålt her.
suffering ['sʌfriŋ] *sb* lidelse; *adj* lidende.
suffice [sə'fais] *vb* være tilstrækkelig, slå til, tilfredsstille; ~ *it to say* lade det være nok at sige.
sufficiency [sə'fiʃnsi] *sb* tilstrækkelig mængde; tilstrækkeligt udkomme.
sufficient [sə'fiʃənt] *adj* tilstrækkelig, tilfredsstillende, fyldestgørende; *be* ~ *(un)to oneself* være sig selv nok.
suffix ['sʌfiks] *sb* endetillæg, suffiks; *vb* tilføje (endelse til et ord).
suffocate ['sʌfəkeit] *vb* kvæle; (uden objekt) kvæles; være ved at kvæles; *suffocating with rage* halvkvalt af raseri.
suffocation [sʌfə'keiʃn] *sb* kvælning.
Suffolk ['sʌfək].
suffragan ['sʌfrəgən] *sb* vicebiskop, hjælpebiskop.
suffrage ['sʌfridʒ] *sb* valgret, stemmeret; *(rel)* forbøn.
suffragette [sʌfrə'dʒet] *sb* stemmeretskvinde.
suffuse [sə'fju:z] *vb* overgyde; brede sig over *(fx a blush -d her cheeks); her eyes were -d with tears* hendes øjne var fyldt med tårer.
suffusion [sə'fju:ʒn] *sb* overgydning; rødmen.
sugar ['ʃugə] *sb* sukker; S penge; LSD; *vb* komme sukker i (, på), indsukre; ~ *the pill (fig)* indsukre den bitre pille, få det ubehagelige til at glide ned.
sugar| almonds *pl* franske mandler. ~ **basin** sukkerskål. ~ **beet** sukkerroe. **-bird** *zo* sukkerfugl. ~ **candy** kandis. **-cane** sukkerrør. **-coat** *vb* overtrække med sukker; *(fig)* indsukre, camouflere, dække over. ~ **daddy** S (ældre mand som spenderer på en ung pige). **-ed** ['ʃugəd] *adj* sukkersød. **-house** *(am)* hus (, skur) hvor der koges ahornsukker. ~ **loaf** sukkertop. ~ **maple** *(bot)* sukkerløn. **-plum** sukkerkugle, bolsje.
sugary ['ʃugəri] *adj* sød, sødladen, altfor sød, sukkersød.
suggest [sə'dʒest] *vb* **1.** foreslå *(fx a plan);* **2.** henstille *(fx may I* ~ *that ...),* antyde *(fx a way out of the difficulty);* **3.** lade formode *(fx his looks -ed that all was not well),* lade ane, tyde på; lede tanken hen på, få en til at tænke på *(fx the music -s a spring morning),* minde om; **4.** fremkalde; inspirere (til) *(fx a drama -ed by these events);*
~ *itself* melde sig *(fx a new problem -ed itself); I* ~ *that (jur)* jeg tillader mig at påstå at *(fx I* ~ *that you were in the house at 9 o'clock); does the name* ~ *anything to you?* siger navnet Dem noget?
suggestion [sə'dʒestʃn] *sb (cf suggest)* forslag, henstilling; antydning, vink, fingerpeg; fremkaldelse af en forestilling; mindelse; (lille smule:) antydning; *(psyk)* suggestion, *at his* ~ på hans tilskyndelse.
suggestive [sə'dʒestiv] *adj* suggestiv; indeholdende et vink, tankevækkende; betegnende; *(neds)* antydende noget uanstændigt; lummer; *be* ~ *of* fremkalde forestillinger om.
suicidal [s(j)u:i'saidl] *adj* selvmorderisk, selvmords-.
suicide ['s(j)u:isaid] *sb* selvmord; selvmorder.
I. suit [su:t] (om tøj) sæt; dragt *(fx space* ~*);* (i kortspil) farve; (bønskrift *etc)* ansøgning, bøn; *(glds)* frieri; *(jur)* sag, retssag; *file one's* ~ *for divorce* indgive skilsmissebegæring; **follow** ~ bekende kulør (i kortspil); gøre ligeså, følge eksemplet, følge trop; ~ **of** *sails (mar)* stel *(el.* sæt) sejl; (se også *long* ~*).*
II. suit [su:t] *vb* passe *(fx that -s me);* være passende for *(fx this hat does not* ~ *an old man);* klæde *(fx the hat -s you);* ~ *oneself* gøre som det passer en; ~ *sth* **to** tilpasse *(el.* afpasse) noget efter *(fx* ~ *one's con-*

versation to the company); ~ the action to the word lade handling følge på ord.

suitable ['su:təbl] *adj* passende *(fx words); ~ for* passende for *(fx a book ~ for a little boy);* som passer til; egnet til; som sømmer sig for; ~ **to** som passer til; som svarer til *(fx behaviour ~ to his age);* som sømmer sig for.

suitably ['su:təbli] *adv* passende; tilpas *(fx ~ warm); ~ to your wishes* i overensstemmelse med dine ønsker.

suitcase ['su:tkeis] *sb* suitcase, håndkuffert.

suite [swi:t] *sb* møblement *(fx a bedroom ~);* (om værelser & *mus.)* suite; (om personer) følge.

suited ['su:tid]: *adj: ~ for (el. to)* egnet til.

suitor ['su:tə] *sb* ansøger, supplikant; bejler, frier; *(jur)* sagsøger.

sulf- *(am),* se *sulph-.*

sulk [sʌlk] *vb* surmule; *sb: -s pl* surmuleri; *be in the -s* være i dårligt humør, være tvær, være gnaven, surmule.

sulky ['sʌlki] *adj* vranten, fortrædelig, tvær, surmulende, gnaven; treven; *sb* sulky (en let tohjulet vogn).

sullen ['sʌlən] *adj* mørk, trist, dyster; (om person) vrangvillig, treven, tvær, mut.

Sullivan ['sʌlivən].

sully ['sʌli] *vb* tilsøle, besudle, plette.

sulpha ['sʌlfə]: *~ drug (med.)* sulfapræparat.

sulphate ['sʌlfeit] *sb (kem)* sulfat.

sulphide ['sʌlfaid] *sb (kem)* sulfid.

sulphite ['sʌlfait] *sb (kem)* sulfit.

sulphonamide [sʌlfə'næmid] *sb* sulfonamid.

sulphonation [sʌlfə'neiʃn] *sb* sulfonering.

sulphur ['sʌlfə] *sb* svovl; *vb* svovle.

sulphurate ['sʌlfəreit] *vb* svovle, behandle (, forbinde) med svovl.

sulphureous [sʌl'fjuəriəs] *adj* svovlet, svovlagtig; svovlgul.

sulphuretted ['sʌlfjuretid] *adj (kem): ~ hydrogen* svovlbrinte.

sulphuric [sʌl'fjuərik] *adj: ~ acid* svovlsyre.

sulphurous ['sʌlfərəs] *adj* svovlholdig, svovl-; *~ acid* svovlsyrling.

sultan [sʌltn] *sb* sultan.

sultana [sʌl'ta:nə] *sb* sultans hustru, datter *el.* søster; [səl'ta:nə] sultana (lille stenfri rosin).

sultanate ['sʌltənət] *sb* sultanat, en sultans rige.

sultan's balsam *(bot)* flittiglise.

sultriness ['sʌltrinəs] *sb* lummerhede.

sultry ['sʌltri] *adj* lummer, trykkende, hed.

I. sum [sʌm] *sb* sum, pengesum; (i skolen) T regnestykke; *(fig)* hovedindhold, essens; *the ~ and substance* det væsentlige, kernen; *do a ~* regne et stykke; *set a ~* give et stykke for; *he is good* **at** *-s* han er dygtig til regning; **in** ~ i korthed.

II. sum [sʌm] *vb: ~* **up** opsummere, sammenfatte, resumere, fremstille kortfattet; vurdere; (om dommer) give retsbelæring.

sumach ['su:mæk] *sb (bot)* sumak.

Sumatra [su'ma:trə].

Sumerian [sju'miəriən] *(hist.) sb* sumerer; *adj, sb* sumerisk.

summarily ['sʌmərili] *adv* kort og godt, uden omsvøb, uden videre; summarisk *(fx deal with a case ~).*

summarize ['sʌməraiz] *vb* opsummere, sammenfatte, resumere; (artikel *etc ogs)* referere.

summary ['sʌməri] *adj* kortfattet, summarisk *(fx account* redegørelse); *(jur)* summarisk *(fx procedure; proceedings* rettergang); *sb* kort udtog, resumé, sammendrag, sammenfatning; referat; oversigt.

summation [sʌ'meiʃn] *sb* summering; sammenlægning.

summer ['sʌmə] *sb* sommer; *vb* tilbringe sommeren.

summer|house lysthus. ~ **house** sommerhus. ~ **lightning** kornmod. ~ **rash** soleksem. ~ **school** sommerkursus. ~ **time** sommertid, sommersæson; *double ~ time* 2 timers sommertid.

summery ['sʌməri] *adj* sommerlig, sommer-.

summing-up *(jur)* retsbelæring.

summit ['sʌmit] *sb* top, højdepunkt; topmøde, topkonference.

summit| conference, ~ **meeting** topkonference, topmøde.

summitry ['sʌmitri] *sb* (afholdelse af) topmøder.

summon ['sʌmən] *vb* indkalde; stævne; samle; (til møde *ogs)* sammenkalde; *(jur)* se *summons;* (bede:) opfordre; *(fig)* opbyde *(fx all one's courage (,strength)).*

summons ['sʌmənz] *sb* indkaldelse, befaling (til at møde); *(jur)* stævning; *vb* (ind)stævne; indkalde *(fx ~ him as a witness).*

sump [sʌmp] *sb* samlebrønd; (i bil) bundkar, sump.

sumpter ['sʌm(p)tə] *sb: ~ horse* pakhest.

sumptuary ['sʌm(p)tʃuəri] *adj: ~ laws* luksuslove (som skal begrænse luksusforbrug); *~ tax* skat på luksusforbrug.

sumptuous ['sʌm(p)tjuəs] *adj* kostbar, prægtig; overdådig; luksuriøs, luksuøs.

sun [sʌn] *sb* sol; *vb* sole; *the ~ was in her eyes* hun havde solen i øjnene; *from ~ to ~ (glds)* fra solopgang til solnedgang.

sun|bath solbad. **-bathe** *vb* tage solbad. **-beam** solstråle. **-bed** drømmeseng. **-belt**: *the ~ (am)* de sydlige stater. **-bird** *zo* solfugl. **-bittern** *zo* solrikse. **-blind** markise. **-bonnet** solhat. **-burn** solbrændthed; solskoldethed. **-burned** *adj* solbrændt; solskoldet. **-burst** pludseligt væld af sollys, solbrud.

sundae ['sʌndei] *sb* flødeis med frugt(saft).

Sunday ['sʌndi, -dei] *sb* søndag; *~ out (el. off)* frisøndag; *a month of -s* en evighed.

Sunday| best søndagstøj, fine *(el.* bedste) tøj. ~ **school** søndagsskole.

sunder ['sʌndə] *vb (litt)* dele, adskille; skilles.

sun|dew *(bot)* soldug. **-dial** solur. ~ **dog** *(astr)* parhelion, bisol. **-down** solnedgang. **-downer** aftendrink; *(austr)* vagabond. **-dried** *adj* soltørret.

sundries ['sʌndriz] *sb pl* diverse småting.

sundry ['sʌndri] *adj* diverse; forskellige; *all and ~* alle og enhver.

sun|fast *adj* solægte. **-fish** *zo* klumpfisk. **-flower** *(bot)* solsikke.

sung [sʌŋ] *pp* af *sing.*

sun|glasses *pl* solbriller. ~ **grebe** *zo* amerikansk svømmerikse. ~ **helmet** tropehjelm.

sunk [sʌŋk] *pp* af *sink.*

sunken ['sʌŋkən] *adj* sunket *(fx ship);* sænket, forsænket; undervands-; indsunken, indfalden *(fx cheeks); ~ road* hulvej; *~ rock* blindt skær.

sun|lamp højfjeldssol (lampe). **-light** sollys. **-lit** *adj* solbeskinnet.

sun|lounge *(omtr)* glasveranda. ~ **lounger** drømmeseng.

sunn (hemp) sunhamp.

sunny ['sʌni] *adj* solbeskinnet, sollys, strålende; *(fig)* munter, lys, glad; *the ~ side* solsiden; *(fig)* den lyse side.

sun| parlour *(omtr)* glasveranda. **-power** solenergi. **-proof** *adj* uigennemtrængelig for solens stråler, solægte. **-rise** solopgang. **-roof** soltag. **-scald** barkslag. **-set** solnedgang. **-shade** parasol; solskærm, markise. **-shine** solskin; *(fig)* medgang, lykke; *adj* solskins- *(fx roof); (fig)* optimistisk. **-shiny** *adj* sollys. **-spot** solplet. **-stroke** solstik; hedeslag. **-tan** solbrændthed. **-tan lotion** solcreme. **-tan oil** sololie. ~ **trap** solkrog; (i gartneri) solfælde. **-up** *(am)* solopgang. ~ **visor** solskærm (på bil). **-ward** [-wəd] *adj, adv* (op) mod solen. **-wise**

[-waiz] *adv* med solen, solret.
sup [sʌp] *vb* spise til aften; *(glds)* søbe; *sb* slurk, mundfuld; *neither bite nor* ~ hverken vådt eller tørt; ~ *on porridge* spise grød til aften.
super [su:pə] *sb* T *(teat etc)* statist; *(merk)* vare af ekstrafin kvalitet; supermarked; *(bogb, am)* gaze; *fk: superintendent; supervisor; adj* T storartet, glimrende; flot.
super- *(forstavelse)* over-, super-, hyper-; særlig; ovenpå.
superabound [su:p(ə)rə'baund] *vb* findes i overflod; ~ *with* have overflod af.
super|abundance [su:p(ə)rə'bʌndəns] *sb* overflod; overflødighed. **-abundant** [su:p(ə)rə'bʌndənt] *adj* som findes i overflod. **-add** ['su:pər'æd] *vb* endnu tilføje. **-addition** ['su:p(ə)rə'diʃn] *sb* ny *(el.* yderligere) tilføjelse.
superannuate [su:pər'ænjueit] *vb* lade gå af med *(el.* sætte på) pension, pensionere; *-d* aflægs, udtjent, afdanket; forældet.
superannuation [su:pərænju'eiʃn] pensioneret; *sb* pensionering; afgang; *(national)* ~ *scheme* (folke)pensionsordning.
superb [su'pə:b] *adj* prægtig, herlig, fortrinlig, superb.
super|cargo ['su:pəka:gəu] *sb (mar)* superkargo. **-charge** *vb* forkomprimere. **-charger** ['su:pətʃa:dʒə] *sb* kompressor (i bilmotor). **-cilious** [su:pə'siliəs] *adj* hoven, vigtig, overlegen. **-cooled** ['su:pəku:ld] *adj* underafkølet. **-duper** [su:pə'du:pə] *adj* S mægtig fin. **-ego** ['su:pər'egəu] *sb (psyk)* overjeg. **-eminent** [su:pər'eminənt] *adj* særlig fremragende.
supererogation ['su:pərerə'geiʃn] *sb: works of* ~ overskydende gode gerninger (som *fx* helgenerne har øvet, og som kommer andre til gode).
supererogatory ['su:pəre'rɔgətri] *adj* som går ud over man er pligtig til; overflødig.
superfatted [su:pə'fætid] *adj* overfed *(fx soap).*
superficial [su:pə'fiʃl] *adj* overfladisk *(fx wound, knowledge);* flade-; ~ *measure* flademål.
superficiality [su:pəfiʃi'æliti] *sb* overfladiskhed.
superficies [su:pə'fiʃi:z] *sb* overflade, øvre flade.
superfine ['su:pə'fain] *sb* superfin, ekstra fin; alt for subtil.
superfluity [su:pə'fluəti] *sb* overflod; noget overflødigt; overflødighed.
superfluous [su'pə:fluəs] *adj* overflødig.
supergrass ['su:pəgra:s] *sb* stikker som får nedsat straf mod at angive medskyldige.
superheat [su:pə'hi:t] *vb* overhede; *-ed* overophedet *(fx steam).*
superhet(erodyne) ['su:pə'het(ərədain)] *sb* superheterodynmodtager.
superhighway [su:pə'haiwei] *sb (am)* motorvej.
superhuman [su:pə'hju:mən] *adj* overmenneskelig.
superimpose ['su:p(ə)rim'pəuz] *vb :* ~ *on* anbringe (, lægge, klistre, stemple) ovenpå; *(fot)* indkopiere på, sammenkopiere med; *(fig)* presse ned oven på; *-d (geol)* overlejret; *(fig ogs)* påklistret.
superimposition [su:p(ə)rimpə'ziʃn] *sb* placering ovenpå; *(fot)* indkopiering; sammenkopiering.
superincumbent [su:pərin'kʌmbənt] *adj* overliggende.
superintend [su:p(ə)rin'tend] *vb* tilse, lede, forestå.
superintendence [su:p(ə)rin'tendəns] *sb* tilsyn, ledelse.
superintendent [su:p(ə)rin'tendənt] *sb* tilsynshavende, inspektør; forstander(inde); *(med.)* overlæge; *(~ of police) (omtr)* politikommissær.
superior [su'piəriə] *adj* bedre *(to* end); overlegen *(fx opponent); (mht* rang etc) over-; overordnet; højere *(fx court* domstol), højere(stående) *(fx officer);* (om kvalitet) (meget) fin; ekstra god; udmærket, fremragende *(fx a very* ~ *man); (neds)* overlegen *(fx air* mine), vigtig; *(typ)* opadgående (ɔ: trykt over linien) *(fx letter, figure);*
sb overordnet, foresat; overmand; *(rel)* prior(inde); *be* ~ **to** stå over, være overordnet *(fx a genus is* ~ *to a species); (fig)* være hævet over; *(mht* kvalitet) være bedre end, overgå, stå over; *be* ~ *to sby (ogs)* være én overlegen.
superiority [supiəri'ɔriti] *sb* overlegenhed, fortrin.
superjacent [su:pə'dʒeisnt] *adj* højereliggende, overliggende.
superjet ['su:pədʒet] *sb* overlyds(jet)fly.
superlative [su'pə:lətiv] *adj* højest; ypperlig(st); *sb* superlativ; *the* ~ *degree* superlativ.
superloo ['su:pəlu:] *sb* toilet på jernbanestation, med vaskefaciliteter.
superman ['su:pəmæn] *sb* overmenneske.
supermarket ['su:pəma:kit] *sb (merk)* supermarked.
supermundane [su:pə'mʌndein] *adj* overjordisk.
supernal [su'pə:nl] *adj (litt)* højere, overjordisk, himmelsk.
supernatant [su:pə'neitənt] *adj* som svømmer ovenpå, som flyder ovenpå.
supernatural [su:pə'nætʃrəl] *adj* overnaturlig.
supernumerary [su:pə'nju:mrəri] *adj* overkomplet, overtallig, reserve-, ekstra-; *sb (teat etc)* statist.
superphosphate [su:pə'fɔsfeit] *sb* superfosfat.
super|pose ['su:pə'pəuz] *vb* lægge ovenpå. **-posed** *adj (geol)* overlejret. **-position** ['su:pəpə'ziʃn] *sb* placering ovenpå; overlejring.
supersaturate [su:pə'sætʃəreit] *vb* overmætte.
superscribe ['su:pə'skraib] *vb* skrive overskrift over, forsyne med påskrift.
superscription [su:pə'skripʃn] *sb* overskrift, påskrift.
supersede [su:pə'si:d] *vb* afløse *(fx buses have -d trams),* erstatte; overflødiggøre, fortrænge.
supersedeas [su:pə'si:diæs] *sb (jur)* suspensionsbefaling, ordre til at standse retssagen.
super|sensible *adj* oversanselig. **-sensitive** *adj* overfølsom. **-sensual** *adj* oversanselig.
supersession [su:pə'seʃn] *sb (cf supersede)* afløsning, erstatning, fortrængen.
supersonic ['su:pə'sɔnik] *adj* overlyds- *(fx fighter* jager); *sb* overlydsfly; ~ *bang* overlydsbrag, lydmursbrag; ~ *speeds* hastigheder der er større end lydens.
superstition [su:pə'stiʃn] *sb* overtro.
superstitious [su:pə'stiʃəs] *adj* overtroisk.
superstratum [su:pə'streitəm] *sb* overliggende lag, dækkende lag.
superstructure ['su:pəstrʌktʃə] *sb* overbygning.
supertanker ['su:pətæŋkə] *sb (mar)* supertankskib, supertanker.
supertax ['su:pətæks] *sb (glds)* ekstraskat.
supervene [su:pə'vi:n] *vb* komme til, støde til, opstå *(fx complications -d);* indtræffe; følge.
supervise ['su:pəvaiz, su:pə'vaiz] *vb* have opsyn med, kontrollere, tilse, overvåge.
supervision [su:pə'viʒn] *sb* opsyn, kontrol, tilsyn.
supervisor ['su:pəvaizə] *sb* tilsynsførende, inspektør, forstander(inde).
I. supine ['s(j)u:pain] *sb (gram)* supinum.
II. supine [s(j)u:'pain] *adj* liggende på ryggen; *(fig)* dvask; ~ *position (med.)* rygleje.
supper ['sʌpə] *sb* aftensmad; *the Last Supper* den sidste nadver; *the Lord's Supper* den hellige nadver.
supplant [sə'pla:nt] *vb* fortrænge; (om rival) stikke ud.
supple [sʌpl] *adj* bøjelig, smidig; *(fig, neds)* eftergivende, krybende; *vb* gøre smidig, bøje; *(fig)* tæmme.
I. supplement ['sʌplimənt] *sb* supplement, tillæg, bilag.
II. supplement ['sʌpliment] *vb* udfylde, supplere.
supplementary [sʌpli'mentri] *adj* supplerende, tillægs-, udfyldende; *sb (parl)* tillægsspørgsmål; ~ *an-*

gles supplementvinkler; ~ *benefit* (form for bistandshjælp).

suppliant ['sʌpliənt] *adj (litt)* ydmyg, bønlig, ydmygt bedende.

supplicant ['sʌplikənt] *sb* supplikant, (ydmyg) ansøger.

supplicate ['sʌplikeit] *vb* bønfalde, bede om.

supplication [sʌpli'keiʃn] *sb* bøn, ydmyg anmodning; *(glds)* ansøgning.

I. supply [sə'plai] *vb* levere *(fx the necessary tools)*, skaffe *(fx proof)*, yde, give *(fx the cow supplies milk)*; tilfredsstille *(fx a demand, a need* et behov), afhjælpe *(fx a want, a deficiency)*, erstatte *(fx a loss)*; (om præst) vikariere (for); ~ *the place of* erstatte, træde i stedet for; ~ *sby with sth* forsyne en med noget, levere noget til en.

II. supply [sə'plai] *sb* forsyning, tilførsel, levering, leverance; beholdning, lager; *(økon)* udbud, tilbud *(fx ~ and demand* tilbud og efterspørgsel); (for præst) vikar; *supplies pl* forråd, beholdning(er); *(mil.)* forsyninger; (penge:) bevillinger; *(merk): dentists' supplies* artikler for tandlæger; *it is in short* ~ der er mangel på det, det er en mangelvare.

supply|-side economics udbudsøkonomi. ~ **teacher** (fast) vikar.

I. support [sə'pɔ:t] *vb* **1.** understøtte, bære *(fx pillars ~ the roof)*; holde (oppe); **2.** støtte *(fx a party; a theory)*; forsvare; underbygge *(fx -ed by facts)*; bistå; (i sport) være tilhænger af, holde med; **3.** ernære, forsørge *(fx one's family)*; opretholde *(fx life)*; **4.** holde ud *(fx he could ~ it no longer)*, tåle *(fx the hot climate)*, finde sig i; **5.** *(teat)* spille, udføre *(fx a role)*; ~ *with quotations* belægge *(el.* underbygge) med citater.

II. support [sə'pɔ:t] *sb* støtte, fod; stativ, buk; *(fig)* understøttelse, støtte, bistand; (i kortspil) hjælpekort; *in ~ of* til støtte for.

supportable [sə'pɔ:təbl] *adj* udholdelig.

supporter [sə'pɔ:tə] *sb* tilhænger; forsørger; *(her.)* skjoldholder.

supporting [sə'pɔ:tiŋ] *adj* bærende; støttende; støtte- *(fx party)*; ~ *pillar* bærepille; ~ *programme* forfilm, ekstrafilm.

suppose [sə'pəuz] *vb* antage, formode, tro, regne med; forudsætte; *imper* sæt at, hvad om *(fx ~ we change the subject)*; *I ~ (ogs)* formodentlig, velsagtens; *you are -d* **to** *do it* man regner med *(el.* går ud fra *el.* venter) at du gør det; det er meningen du skal gøre det; *you are not -d to (ogs* T*)* du må ikke *(fx smoke here)*.

supposed [sə'pəuzd] *adj* formodet; *be ~ to*, se *suppose*.

supposedly [sə'pəuzidli] *adv* formodentlig, antagelig.

supposing [sə'pəuziŋ] *conj* forudsat (at); hvis.

supposition [sʌpə'ziʃn] *sb* forudsætning, antagelse, formodning.

supposititious [səpɔzi'tiʃəs] *adj* uægte, falsk.

suppositive [sə'pɔzitiv] *adj* antaget, tænkt.

suppository [sə'pɔzitri] *sb (med.)* stikpille.

suppress [sə'pres] *vb* undertrykke *(fx a rising, a smile)*; afskaffe, sætte en stopper for *(fx piracy)*; inddrage, standse *(fx a newspaper)*; udelade, tilbageholde, fortie *(fx the truth)*; *(psyk)* bevidst fortrænge.

suppressant [sə'presənt] *sb* dæmpende middel.

suppression [sə'preʃn] *sb (cf suppress)* undertrykkelse, afskaffelse; inddragelse, standsning; udeladelse, fortielse; *(psyk)* repression, bevidst fortrængning.

suppressor [sə'presə] *sb* undertrykker; *(elekt)* støjspærre.

suppurate ['sʌpjureit] *vb* væske, afsondre materie.

suppurating *adj* væskende, betændt.

suppuration [sʌpju'reiʃn] *sb* væsken.

supra- ['s(j)u:prə] (forstavelse) over-.

supranational ['s(j)u:prə'næʃn(ə)l] *adj* overnational *(fx authority)*; overstatlig.

suprarenal [s(j)u:prə'ri:nl] *adj, sb:* ~ *(gland)* binyre.

supremacy [s(j)u'preməsi] *sb* overhøjhed; overlegenhed; *oath of ~* supremated (hvormed kongens kirkelige overhøjhed anerkendes).

supreme [s(j)u'pri:m] *adj* højest; yderst, størst; *the Supreme (Being)* den Højeste (det højeste væsen); ~ *command* overkommando; *the Supreme Court (of Judicature)* (de højere og øverste retsinstanser); *the ~ good* det højeste gode; *at the ~ moment* i yderste øjeblik, i det afgørende øjeblik; *reign* ~ være enerådende; *the ~ sacrifice* (det at ofre sit liv (for fædrelandet)).

supremely [s(j)u'pri:mli] *adv* i højeste grad.

Supt. *fk superintendent.*

surbased arch ['sə:beist'a:tʃ] fladbue.

surcease [sə:'si:s] *sb* ophør; *vb* ophøre.

surcharge [sə:'tʃa:dʒ] *vb* overlæsse, overbelaste; overstemple (et frimærke); forlange strafporto af; ['sə:tʃa:dʒ] *sb* overlæs; (på frimærke) overstempling, overtryk (der ændrer værdien); strafporto; ekstraafgift.

surcingle ['sə:siŋgl] *sb* sadelgjord, pakgjord.

surcoat ['sə:kəut] *sb (glds)* kort frakke; kort damekåbe; våbenkappe.

surd [sə:d] *adj* irrational; *(fon)* ustemt; *sb* irrational størrelse; *(fon)* ustemt lyd.

sure [ʃuə] *adj* sikker *(fx sign)*, vis; tilforladelig, pålidelig *(fx friend)*; ~*! (am)* ja! ja vist; ja absolut;

as ~ *as eggs is eggs* T stensikkert; så sikkert som to og to er fire; **be** ~ *and tell him* sørg endelig for at sige det til ham; *to be* ~ uden tvivl, ganske vist; *well, to be ~!* det må jeg sige; ih du store! ~ **enough** ganske sikkert; virkelig, ganske rigtigt *(fx I said he'd come and ~ enough he did)*; **feel** ~ *of* være sikker på; **I'm** ~ *(ogs)* vist *(fx I'm ~ we've met somewhere)*; *I don't know, I'm ~* det ved jeg såmænd ikke; **make** ~ skaffe sig vished, forvisse sig *(of* om); være sikker *(that* på at); *make* ~ **of** *(ogs)* sikre sig; *he is ~ of winning* han er sikker på at han vinder; *he is* ~ **to** *win* det bliver bestemt ham der vinder.

sure|-fire *adj* T bombesikker *(fx investment)*, som ikke kan slå fejl. **~-footed** *adj* sikker på benene.

surely ['ʃuəli] *adv* sikkert *(fx he works slowly but ~)*; uden tvivl *(fx he will ~ come)*; (appellerende:) da vel *(fx but ~ he is coming?* men han kommer da vel?); da vist; *(am)* ja vist, ja absolut.

surety ['ʃuəti] *sb (jur)* kaution; kautionist; selvskyldner; *stand ~ for* kautionere for. **suretyship** *sb* kaution.

surf [sə:f] *sb* brænding, bølgeslag; *vb* surfe.

I. surface ['sə:fis] *sb* overflade, flade; *on the ~ (fig ogs)* udvendig *(fx his kindness is only on the ~)*, tilsyneladende.

II. surface ['sə:fis] *vb* overfladebehandle, pudse, polere; (om u-båd) gå op til overfladen, dykke ud.

III. surface ['sə:fis] *adj* overflade- *(fx temperature)*; på overfladen; *(fig)* overfladisk *(fx likeness; impression)*.

surface| mail almindelig post(befordring) *(mods* luftpost). **-man** banearbejder. ~ **noise** nålestøj, pladestøj. ~ **plate** *(tekn)* (op)mærkeplade, retteplan. ~ **tension** overfladespænding..

surface-to-air (om raket) jord-til-luft.

surface-to-surface (om rakat) jord-til-jord.

surf|board bræt til surfriding. **-boat** båd særlig konstrueret til anvendelse i brænding.

surfeit ['sə:fit] *vb* overfylde, overmætte, frådse; *sb* overmættelse.

surfing ['sə:fiŋ] *sb*, **surfriding** ['sə:fraidiŋ] *sb* surfriding.

surf scoter *zo* brilleand.

surge [sə:dʒ] *sb* brådsø, stor bølge; *(elekt)* strømstød; *(fig)* bølge, brus; *vb* bølge, bruse, stige, hæve sig;

(fig) bølge, bruse, strømme; *(mar)* skrænse.
surgeon [sə:dʒn] *sb* kirurg, militærlæge, skibslæge.
surgeon|fish *zo* doktorfisk. ~ **general** *(mil.)* generallæge.
surgeon's knot kirurgisk knude.
surgery ['sə:dʒ(ə)ri] *sb* kirurgi; operationsstue; operation, operativ behandling; (læges) konsultationsstue; konsultation *(fx the doctor has ~ in the morning);* (parlamentsmedlems) modtagelsestid i valgdistrikt; *have (el. undergo)* ~ blive opereret; *hold* ~ (om parlamentsmedlem) tage imod (hjemme i valgdistriktet).
surgery hours *pl* konsulationstid.
surgical ['sə:dʒikl] *adj* kirurgisk; ~ *boots (el. shoes)* ortopædisk fodtøj; ~ *spirits* hospitalssprit.
surly ['sə:li] *adj* sur, tvær.
I. surmise [sə:'maiz] *vb* formode, gætte, tænke sig.
II. surmise ['sə:maiz] *sb* formodning, anelse, mistanke.
surmount [sə'maunt] *vb* overvinde *(fx a difficulty);* stige op over; rage op over; være anbragt oven over *(fx a cross -s the steeple); -ed by (ogs)* under.
surname ['sə:neim] *sb* efternavn, familienavn; *(glds)* tilnavn; *vb (glds)* give et tilnavn.
surpass [sə'pa:s] *vb* overgå; *-ing* overordentlig.
surplice ['sə:plis, -pləs] *sb* messesærk; messeskjorte.
surplus ['sə:pləs] *sb* overskud; *adj* overskydende; *a ~ card* et kort for meget; ~ *stock* overskudslager.
surplusage ['sə:pləsidʒ] *sb* overskud, overflødighed.
surplus| assets *pl* netto-aktiver. ~ **population** befolkningsoverskud. ~ **value** merværdi.
surprise *vb* [sə'praiz] *vb* overraske, forbavse, undre *(fx his behaviour -d me);* (komme bag på:) overraske, overrumple *(fx the enemy); sb* overraskelse, forbavselse, undren; overrumpling; *take sby by* ~ komme bag på en, overrumple en; *in* ~ overrasket; ~ *into* (ved overrumpling) narre til; *I shouldn't be -d* det skulle ikke undre mig.
surprise| party (selskab arrangeret til ære for en uden hans vidende); *(fig)* overraskelse; *(mil.)* overrumplingsstyrke. ~ **visit** uventet besøg.
surrealism [sə'riəlizm] *sb* surrealisme.
surrealist [sə'riəlist] *sb* surrealist; *adj* surrealistisk.
surrender [sə'rendə] *vb* overgive *(fx the town to the enemy);* udlevere, aflevere *(fx one's watch to a robber);* afstå *(fx territory);* opgive, give afkald på *(fx a privilege);* (uden objekt) overgive sig;
sb overgivelse udlevering, aflevering, afståelse; *(assur)* tilbagekøb; ~ **oneself** *to (fig)* hengive sig til, kaste sig ud i *(fx a life of dissipation).*
surrender value *(assur)* tilbagekøbsværdi.
surreptitious [sʌrəp'tiʃəs] *adj* hemmelig, stjålen.
Surrey ['sʌri].
surrogate ['sʌrəgət] *sb* stedfortræder (især for en biskop); *adj* stedfortrædende, erstatnings-, reserve- *(fx wife).*
surrogate mother **1.** reservemor, erstatningsmor *(fx the old-fashioned nanny welcomed the role of ~);* **2.** rugemor.
surround [sə'raund] *vb* omringe, omgive; *sb* kantning, bort.
surroundings [sə'raundiŋz] *sb pl* omgivelser, miljø.
surtax ['sə:tæks] *sb* ekstraskat; *vb* pålægge ekstraskat.
surveillance [sə'veiləns] *sb* opsyn, opsigt; *under close* ~ under streng bevogtning.
I. survey [sə'vei] *vb* **1.** se ud over *(fx the scene);* **2.** bese, besigtige, inspicere; syne; **3.** vurdere (til forsikring); **4.** (om jord) opmåle, kortlægge; **5.** *(fig)* tage et overblik over *(fx the situation),* overskue *(fx it is difficult to ~ such a wide field),* **6.** give et overblik over.
II. survey ['sə:vei] *sb* **1.** overblik, oversigt; **2.** besigtigelse, synsforretning, inspektion; **3.** forudvurdering (til forsikring); **4.** opmåling, kortlægning.
surveying ship opmålingsfartøj.
surveyor [sə'veiə] *sb* (ved syn) besigtigelsesmand; *(mar)* skibsinspektør; (ved byggeri) bygningsinspektør (se også *quantity ~); (chartered ~)* landinspektør; *(assur)* vurderingsmand; ~ *of customs* toldkontrollør.
surveyor's| chain målekæde. ~ **level** nivellerinstrument. ~ **rod** landmålerstok.
survival [sə'vaivl] *sb* overleven; (rest *etc)* levn, rudiment; *the ~ of the fittest* de bedst egnedes fortsatte beståen.
survive [sə'vaiv] *vb* overleve, komme levende fra *(fx an accident);* (uden objekt) overleve, leve videre; *(fig ogs)* holde sig *(fx the custom still -s);* være bevaret *(fx the house does not ~); he is -d by his wife and two children* han efterlader sig kone og to børn.
surviving [sə'vaiviŋ] *adj* overlevende; (ved dødsfald) efterladt; *(fig)* bevaret *(fx the only ~ house from that period).*
survivor [sə'vaivə] *sb* længstlevende; *the -s* de overlevende.
sus *fk (mus.) suspension* forudhold; S *suspicion;* (se også *suss).*
Susan [su:zn].
susceptibility [səsepti'biləti] *sb* modtagelighed, påvirkelighed; følsomhed, sårbarhed; *offend his susceptibilities* krænke hans følelser.
susceptible [sə'septəbl] *adj* modtagelig *(to* for, *fx disease, flattery),* påvirkelig *(to* af, *fx her wishes);* (let at fornærme:) følsom, sårbar; (som let forelsker sig:) let fængelig; *be ~ of proof* kunne bevises; *be ~ of several interpretations* kunne fortolkes på flere måder; *I am ~ to colds* jeg bliver let forkølet.
I. suspect ['sʌspekt] *adj* mistænkelig; suspekt, tvivlsom; *sb* mistænkt.
II. suspect [sə'spekt] *vb* mistænke *(of* for); (ikke tro på:) mistro, nære mistillid til *(fx generalizations),* betvivle *(fx the authenticity of the document);* (tro:) nære mistanke om, have en mistanke om, formode *(fx I ~ that he has lost the address);* ane.
suspend [sə'spend] *vb* ophænge; *(fig)* afbryde, standse, stille i bero, indstille (, ophæve) midlertidigt, udsætte; (om person) suspendere; ~ *judgment (jur)* udsætte domsafsigelsen; ~ *one's judgment* forbeholde sig sin stilling, vente med at udtale sig; ~ *payments* indstille sine betalinger.
suspended [sə'spendid] *adj* afbrudt *(etc, cf suspend); (kem)* opslæmmet; *be ~ (ogs)* svæve; ~ *animation* skindød; ~ *sentence (jur)* betinget dom.
suspender [sə'spendə] *sb* sokkeholder, strømpeholder; *-s pl (am)* seler; ~ *belt* hofteholder.
suspense [sə'spens] *sb* uvished, spænding; *(jur)* opsættelse, henstand; *novel of ~* spændingsroman.
suspension [sə'spenʃn] *sb (cf suspend)* ophængning; (i bil) affjedring; *(fig)* afbrydelse, standsning *(fx ~ of payments* betalingsstandsning), indstilling *(fx of hostilities),* ophævelse, udsættelse; (af person) suspension; *(kem)* opslæmning; *(mus.)* forudhold.
suspension bridge hængebro.
suspensive [sə'spensiv] *adj* suspensiv, udsættende *(fx veto).*
suspensory [sə'spensri] *adj: ~ bandage* suspensorium.
sus. per coll. *fk suspensio per collum (= hanging by the neck)* hængning.
suspicion [sə'spiʃn] *sb* mistanke; anelse *(fx I hadn't the least ~ of it);* (lille smule:) anelse, antydning *(fx a ~ of pepper); above ~* hævet over enhver mistanke.
suspicious [sə'spiʃəs] *adj* mistænksom; mistænkelig, fordægtig.
suspire [sə'spaiə] *vb (poet)* sukke.
suss [sʌs] S *sb* mistanke; ~ *that* have en mistanke om

at; *vb* mistænke; ~ *out* undersøge grundigt, udforske; finde ud af.

sustain [sə'stein] *vb* **1.** støtte, bære; **2.** holde oppe *(fx -ed by hope);* **3.** støtte, hjælpe; **4.** ernære; opretholde livet for, holde liv i; **5.** opretholde *(fx life, the attack),* holde i gang, holde gående *(fx a conversation),* (om tone) holde; **6.** *(jur)* anerkende (som gyldig), godkende *(fx a claim, an objection),* give medhold i; **7.** tåle, udholde, modstå; **8.** lide *(fx a defeat, a loss);* blive udsat for; få *(fx severe injuries);* **9.** *(teat):* ~ *a part* udføre *(el.* bære) en rolle.

sustained [sə'steind] *adj* vedvarende *(fx effort),* vedholdende, langvarig *(fx applause).*

sustaining [sə'steiniŋ] *adj* nærende *(fx food);* ~ *pedal (mus.)* dæmperpedal; ~ *program* (radio, TV; *am)* (program som ikke er betalt af annoncører).

sustenance ['sʌstinəns] *sb* underhold, livsophold; næring; *means of* ~ næringsmidler.

susurration [sju:sə'reiʃn] *sb* susen, hvisken.

sutler ['sʌtlə] *sb (glds)* marketender.

suttee ['sʌti(:)] *sb (glds)* sutti, indisk enkebrænding; enke som brændes.

suture ['su:tʃə] *sb (med.)* sutur, (sammen)syning (af sår); *(anat)* sutur (i kraniet *etc); (bot)* søm; *vb* sy (sår) sammen.

suzerain ['su:zərein] *sb* overherre.

suzerainty ['su:zəreinti] *sb* overhøjhed.

svelte [svelt] *adj* slank, smidig.

SW *fk south-west.*

I. swab [swɔb] *sb (mar)* svaber; S (søofficers) epaulet; klodsmajor; *(med.)* vatpind; *(mil.)* klud til at trække geværløb gennem med.

II. swab [swɔb] *vb* tørre (op); svabre; *(med.)* pensle *(fx the throat).*

swabber ['swɔbə] *sb* svabergast.

Swabia ['sweibjə] Schwaben.

Swabian ['sweibjən] *sb* schwaber; *adj, sb* schwabisk.

swaddle [swɔdl] *sb* svøb; *vb* svøbe.

swaddling| bands, ~ **clothes** *pl* svøb, liste (til spædbørn).

swaddy ['swɔdi] *sb* S soldat.

swag [swæg] *sb (austr)* bylt (med ejendele); S bytte, tyvekoster.

swag-bellied *adj* med hængevom.

swage [sweidʒ] *sb* (værktøj:) sænke; *vb* sænksmede.

swage block sænkambolt.

I. swagger ['swægə] *sb* vigtig mine, storsnudet optræden; brovten, pral; *adj* S fin, elegant, overklasse-; *walk with a* ~ gå og vigte sig.

II. swagger ['swægə] *vb* vigte sig, være storsnudet; prale; ~ *about* spankulere omkring med en vigtig mine *(el.* med næsen i sky); ~ *about sth* prale af noget.

swagger coat swagger (løsthængende damefrakke).

swagman *(austr)* vagabond; bissekræmmer.

swain [swein] *sb (poet)* bondeknøs; ungersvend; *(spøg)* tilbeder, beundrer.

I. swallow ['swɔləu] *sb zo* svale; *one* ~ *does not make a summer* én svale gør ingen sommer.

II. swallow ['swɔləu] *vb* svælge, synke; sluge; *(fig)* sluge; bide i sig *(fx an insult); sb* svælg; synken, slurk; *(mar)* skivgat; ~ *sth the wrong way* få noget i den gale hals; ~ *one's words* tage sine ord i sig igen.

swallow| dive svanhop. **-tail** (i snedkeri; *zo:* sommerfugl) svalehale; *-tails pl* (herre)kjole. **-wort** *(bot)* svalerod.

swam [swæm] *præt* af *swim.*

swamp [swɔmp] *sb* mose, sump; *vb* fylde(s) med vand, overskylle, synke; *(fig)* oversvømme, overfylde *(fx the labour market was -ed by foreign workers);* overvælde.

swamp fever sumpfeber.

swampy ['swɔmpi] *adj* sumpet.

swan [swɔn] *sb zo* svane; *vb* T daske, drysse, slentre, ture, rejse i ro og mag; *the* ~ *of Avon* ɔ: Shakespeare; *the* ~ *of Ayr* ɔ: Robert Burns.

swank [swæŋk] *sb* S vigtighed, pral; *vb* = *II. swagger.*

swanky ['swæŋki] *adj* S pralende, vigtig; flot, dyr *(fx dinner),* smart.

swan| neck (rør:) svanehals. **-nery** svanegård. **-'s-down** svanedun; (tøj:) svanebaj. **-skin** (tøj:) multum. ~ **song** svanesang.

swap [swɔp] *se swop.*

sward [swɔ:d] *sb* grønsvær, græstørv.

swarded ['swɔ:did] *adj* græsklædt.

swarf [swɔ:f] *sb* spåner, jernfilspåner.

I. swarm [swɔ:m] *sb* (af bier) sværm; *(fig)* sværm, mylder, masse; *vb* sværme, myldre; *be -ing with* myldre *(el.* vrimle) med, være vrimlende fuld af.

II. swarm [swɔ:m] *vb (let glds) :* ~ *up* klatre op ad *(fx a ladder);* entre op ad.

swart [swɔ:t] *adj (litt)* mørklødet, mørkladen.

swarthy ['swɔ:ði, 'swɔ:θi] *adj* mørk, mørkhudet.

swash [swɔʃ] *sb* plasken; støj; skvalder; *vb* plaske; støje; skvaldre.

swash|buckler ['swɔʃbʌklə] *sb* storskryder, pralhals. **-buckling** ['swɔʃbʌkliŋ] *sb* pral, bravade; *adj* skrydende, pralende. ~ **letter** *(typ)* kursivbogstav med sving, pyntebogstav.

swastika ['swɔstikə] *sb* hagekors, svastika.

swat [swɔt] *vb* smække, klaske; *sb* smæk.

swatch [swɔtʃ] *sb* (stof)prøve.

swath [swɔ:θ] *sb* skår (af græs eller korn).

swathe [sweið] *sb* svøb; *vb* svøbe.

swatter ['swɔtə] *sb* fluesmækker.

I. sway [swei] *vb* svinge, svaje, gynge; vakle; *(fig)* vakle; have overvægt, herske; (med objekt) få til at svaje (, vakle *etc); (fig)* påvirke, øve indflydelse på; omstemme *(fx* ~ *them in his favour);* styre, beherske *(fx -ed by their lower instincts).*

II. sway [swei] *sb* svingen (hid og did), svajen, gyngen; indflydelse; herredømme, magt; *hold* ~ *of (el. over)* have magten over; *under the* ~ *of* behersket af; styret af.

swaybacked ['sweibækt] *adj* svajrygget.

swear [swεə] *vb (swore, sworn)* sværge, bande; (med objekt) sværge på, bekræfte ved ed; (om person) tage i ed, forpligte ved ed; ~ **at** bande ad; ~ **by** sværge ved *(fx* ~ *by all that is sacred);* T sværge til *(fx he -s by castor oil);* ~ **in** tage i ed, edfæste; lade aflægge embedsed; ~ **off** *drinking* forsværge drik; ~ **to** *having done it* sværge på at man har gjort det; ~ *sby to secrecy* lade en sværge på at han ikke vil røbe noget.

swearword ['swεəwə:d] *sb* ed, kraftudtryk.

I. sweat [swet] *sb* sved; svedetur; T slid; *by the* ~ *of one's brow* i sit ansigts sved; *in a* ~, *all of a* ~ badet i sved; *(fig)* rystende af spænding (, angst).

II. sweat [swet] *vb* svede; T *(fig)* slide, slæbe; (med objekt) få til at svede; *(fig)* udbytte *(fx one's workers);* tage i skarpt forhør; ~ *for* slide sig til; *he shall* ~ *for it* det skal han komme til at fortryde; ~ *out* udsvede *(fx moisture);* (komme af med:) svede ud *(fx a cold* en forkølelse); S frembringe (, nå) ved hårdt slid; ~ *it out* holde ud til det er overstået; holde pinen ud.

sweat|band svederem. **-box** svedekasse.

sweated ['swetid] *adj* underbetalt; (om vare) fremstillet af underbetalte arbejdere.

sweater ['swetə] *sb* (tøj:) sweater; (person:) udbytter.

sweater shirt skjortepullover, T-shirt.

sweat gland svedkirtel.

sweat|shirt sweatshirt. **-shop** fabrik der udbytter sine arbejdere. **-suit** træningsdragt.

sweaty ['sweti] *adj* svedt; som man bliver svedt af, møjsommelig *(fx climb).*

I. Swede [swi:d] *sb* svensker.
II. swede [swi:d] *sb* kålroe.
Sweden [swi:dn] Sverige.
Swedish ['swi:diʃ] *sb, adj* svensk; ~ *box (gym)* plint.
sweeny ['swi:ni] *sb* muskelsvind (hos heste).
I. sweep [swi:p] *vb (swept, swept)* **1.** feje *(fx a new broom -s clean);* **2.** fare, jage *(fx the wind -s across the lake);* **3.** sejle, skride *(fx she swept out of the room);* **4.** (om vej, kystlinie *etc)* strække sig, krumme sig;
(med objekt) **5.** feje *(fx the floor);* **6.** feje (, fare, jage, stryge, skylle) hen over; **7.** gennemstrejfe, gennemsøge, afsøge; **8.** rense *(fx the sea of mines);* **9.** rive *(fx the wind swept his hat off his head);* **10.** *(mil.)* bestryge; ~ *the board* stryge hele gevinsten; ~ *the faces of the audience with a hasty glance* lade blikket løbe hastigt hen over tilhørernes ansigter; ~ *the polls* sejre stort (ved valg);
(med *præp, adv)* ~ **away** feje bort; rive bort, skylle bort *(fx the house was swept away by the flood);* afskaffe, fjerne, bortrydde; *be swept* **off** *one's feet* blive revet omkuld; *(fig)* blive revet med; ~ *one's hand* **over** *one's face* stryge sig med hånden over ansigtet; ~ **past** stryge forbi; ~ **up** *mines* stryge miner.
II. sweep [swi:p] *sb* **1.** fejning, fejen; **2.** sving(en), svingende bevægelse, tag, (med pensel) strøg; **3.** hurtig bevægelse, fremrykning; **4.** strejftog; **5.** strækning *(fx of sand);* **6.** bue, kurve; **7.** (kanons *etc)* rækkevidde; **8.** gadefejer; skorstensfejer; **9.** *(mar)* bunkeåre; (af sejl) gilling; **10.** *(glds)* brøndvippe; **11.** S sjover; **12.** *fk sweepstake; make a clean* ~ gøre rent bord, fjerne alt rub og stub.
sweepback ['swi:pbæk] *sb (flyv)* pilform.
sweeper ['swi:pə] *sb* gadefejer; fejemaskine; (i fodbold) sweeper.
sweeping [swi:piŋ] *adj* fejende *etc* (se *I. sweep); (fig)* gennemgribende, radikal *(fx reform);* omfattende; overvældende *(fx victory);* lovlig flot *(fx a ~ statement); sb* fejning; *-s pl* opfejning, fejeskarn; *(fig)* bærme.
sweepstake(s) ['swi:psteik(s)] *sb* sweepstake (form for lotteri i forbindelse med væddeløb).
sweet [swi:t] *adj* sød; liflig, duftende; melodisk *(fx voice);* (om person) sød, yndig; blid *(fx temper); (mods* salt) fersk *(fx water);* usaltet *(fx butter); (mods* fordærvet) frisk *(fx keep the milk ~); adv* sødt *(etc);* let *(fx a ~ -going car);*
sb skat, elskede; (mad:) dessert; stykke konfekt, bolsje; **-s** *pl* slik(keri), konfekt, bolsjer; *(litt)* sødme *(fx the -s of victory, of revenge);* behageligheder;
forbidden fruit is ~ forbuden frugt smager bedst; *keep him* ~ holde ham i godt humør; *be* ~ *on (glds* T*)* være forelsket i, være varm på; *at one's own* ~ *will* efter forgodtbefindende.
sweetbread ['swi:tbred] *sb: throat (el. neck)* ~ brissel; *stomach (el. belly)* ~ bugspytkirtel.
sweet brier ['swi:t'braiə] *sb (bot)* æblerose, vinrose.
sweet | chestnut *(bot)* ægte kastanje. ~ **cicely** *(bot)* sødskærm, spansk kørvel. ~ **cider** *(am)* æblemost.
sweeten ['swi:t(ə)n] *vb* søde, gøre sød, forsøde, formilde, mildne; gøre frisk; S bestikke; (uden objekt) blive sød.
sweetening ['swi:tniŋ] *sb* sødemiddel, sødestof.
sweetheart ['swi:tha:t] *sb* kæreste, skat.
sweetie ['swi:ti] *sb* T kæreste, skat; *-s* slikkeri, konfekt.
sweeting ['swi:tiŋ] *sb* (slags sødt æble); *(glds)* elskede, skat.
sweetish ['swi:tiʃ] *adj* sødlig.
sweetmeat ['swi:tmi:t] *sb* stykke konfekt; *-s pl* slikkeri, konfekt.
sweetness ['swi:tnəs] *sb* sødme; liflighed; blidhed, ~ *and light (litt)* harmoni og fornuft; *(spøg.): he was all ~ and light* han var hyggelig og rar *(el.* rar og medgørlig).
sweet| oil spiseolie, (især:) olivenolie. ~ **omelet** (omelet med syltetøj *el.* sukker). ~ **pea** *(bot)* lathyrus. ~ **potato** *(bot)* batat. ~ **-scented** *adj* vellugtende. **-shop** chokoladeforretning. ~ **-tempered** *adj* elskværdig, blid, godmodig. ~ **tooth** slikmund; *he has (el. is) a ~ tooth* han er slikken, han er en slikmund. ~ **william** *(bot)* busknellike, studenternellike.
I. swell [swel] *vb (swelled, swollen el. swelled)* **1.** svulme *(fx the sails -ed);* svulme op, bulne (ud) *(fx his cheek -ed);* hovne op; hæve sig *(fx the ground -ed);* bule ud; **2.** *(fig)* svulme *(fx his heart -ed with* (af) *pride);* stige, vokse *(fx the murmur -ed into a roar);* **3.** (om person) bryste sig, være svulstig, blive opblæst; **4.** (med objekt) få til at svulme *(etc);* øge *(fx their numbers);* forstærke *(fx the sound); the wind -ed the sails* vinden fyldte sejlene.
II. swell [swel] *adj* smart, flot; *(am)* mægtig god.
III. swell [swel] *sb* **1.** svulmen, bugnen, stigen, stigning, intensitet, kraft; **2.** hævning, stigning (i terrænet); **3.** *(mar)* dønning; **4.** *(mus.)* crescendo fulgt af diminuendo; (i orgel) svelle; crescendoværk; **5.** T matador, stormand; modeherre; *the -s (ogs)* de fine.
swelled head indbildskhed, storhedsvanvid.
swelling ['sweliŋ] *adj* svulmende; *sb* svulmen; udbuling; forhøjning; *(med.)* bule, hævelse; svulst.
swell mob T velklædte forbrydere; gentlemantyve.
swell organ crescendoværk (i orgel).
swelter ['sweltə] *vb* være ved at forgå af varme; *sb* (overvældende) varme.
swept *præt* og *pp* af *sweep.*
sweptback ['sweptbæk] *adj (flyv)* pilformet.
swerve [swə:v] *vb* dreje (brat) til siden, vige ud; svinge; *(fig)* afvige *(fx from one's duty); sb* drejning, sidebevægelse, sving.
I. swift [swift] *sb zo* mursejler.
II. swift [swift] *adj* rap, hurtig, rask.
swifter ['swiftə] *sb (mar)* hestetov (på gangspil).
swift-footed ['swiftfutid] *adj* rapfodet.
swig [swig] *vb* tage (store) slurke af; tylle i sig; *sb* (stor) slurk.
I. swill [swil] *vb* bælge *(el.* tylle) i sig; skylle.
II. swill [swil] *sb* svineføde, spild, affald; slurk.
swill tub svinetønde.
I. swim [swim] *vb (swam, swum)* svømme, flyde; (i luften) svæve; (med objekt) svømme over; *my eyes are -ming* det flimrer for mine øjne; *my head is -ming* det svimler for mig, det kører rundt for mig; ~ *a race with him* svømme om kap med ham; ~ *with the tide (fig)* følge med strømmen.
II. swim [swim] *sb* svømmen, svømmetur; *be in the ~* være med hvor det foregår.
swimmeret ['swimərət] *sb (zo:* hos krebsdyr) halefod.
swimming ['swimiŋ] *sb* svømning; svimmelhed.
swimming| bath svømmebassin; svømmehal, badeanstalt. ~ **gala** svømmestævne. **-ly** *adv (fig)* strygende; glat, fint *(fx it went -ly).* ~ **pool** svømmebassin.
swindle [swindl] *vb* svindle, bedrage; *sb* svindel, bedrageri.
swine [swain] *sb (pl swine)* svin; (skældsord:) sjover, sjuft.
swine|herd svinehyrde. ~ **pox** (en art skoldkopper).
I. swing [swiŋ] *vb (swung, swung)* **1.** svinge; dingle; hænge; **2.** gynge (i en gynge); **3.** svinge sig *(fx from branch to branch);* **4.** svinge om, slå om *(fx opinion swung in his favour);* **5.** T blive hængt *(fx he shall ~ for this),* dingle; **6.** S swinge, være med på noderne; være seksuelt frigjort; **7.** S komme godt ud af det; **8.** *(mar)* svaje;
(med objekt) **9.** svinge (med) *(fx a club);* få til at svinge; hænge op *(fx a hammock);* **10.** fremkalde et

omsving i *(fx ~ the elections in his favour);* **11.** *(am* T) påvirke; **12.** S klare *(fx a new job);* **13.** S forstå; nyde; *~ the lead,* se *I. lead.*

II. swing [swiŋ] *sb* sving, svingning, (af pendul *etc)* udsving, *(fig)* omsving; (legeapparat:) gynge; gyngetur; *(am)* (handle)frihed *(fx give him full ~); (mus.)* swingmusik; *in full ~* i fuld gang, i fuld sving; *it goes with a ~* der er rytme i det; *(fig)* det går glat, det går strygende.

swing| boat luftgynge. ~ **bridge** svingbro, drejebro.

swingeing ['swindʒiŋ] *adj* vældig *(fx blow),* overvældende *(fx majority),* dundrende *(fx lie).*

swinger ['swiŋə] *sb* S en der er fut i, en der er med på noderne; en der er seksuelt frigjort.

swinging ['swiŋiŋ] *adj* svingende; svingbar; S swingende, som er med på noderne. **swinging post** dørstolpe.

swingle [swiŋgl] *sb* (til hør) skættekniv; (del af plejl) slagel; *vb* skætte (hør).

swingletree ['swiŋgltri:] *sb* svingel, hammel (på vogn).

swing| plough svingplov. ~ **shift** *(am)* aftenskift (især fra 16-24).

swinish ['swainiʃ] *adj* svinsk, dyrisk, rå.

swipe [swaip] *vb* slå kraftigt; S hugge; *sb* slag; *(fig)* udfald, hib; *take a ~ at* lange ud efter.

swipes [swaips] *sb pl* S tyndt øl, sprøjt.

swirl [swə:l] *vb* hvirvle af sted; svinge rundt; *sb* hvirvlen; hvirvel.

I. swish [swiʃ] *vb* suse, hvisle; (med objekt) slå med *(fx the horse -ed its tail);* svippe (med) *(fx a cane);* piske.

II. swish [swiʃ] *sb* susen, hvislen; slag, pisken; *(am* S, *neds)* feminin (ɔ : kvindagtig) bøsse.

III. swish [swiʃ] *adj* S flot, smart.

swishy ['swiʃi] *adj* susende, hvislende; *(am* S *neds,* om bøsse) feminin, kvindagtig.

Swiss [swis] *adj* schweizisk, svejtsisk; *sb* schweizer, svejtser; dørvogter; *the ~ (ogs)* schweizerne, svejtserne.

swiss| chard ['swis'tʃa:d] *(bot)* sølvbede. ~ **roll** roulade.

I. switch [switʃ] *sb* tynd kæp, pisk; (af hår) (løs) fletning; (på dyr) haledusk; *(cf II. switch)* omslag, (pludselig) forandring; skiften; omstilling *(fx to peace production); (jernb etc)* sporskifte; *(elekt)* afbryder, omskifter, kontakt.

II. switch [switʃ] *vb* svinge; dreje, skifte; bytte *(fx places);* give af kæppen, piske; slå med *(fx a cane; the tail); (jernb etc)* rangere; *~ the conversation* dreje samtalen ind på et andet spor; skifte emne;
(med *præp, adv)* ~ **in** koble ind; ~ **off** afbryde (strøm), bryde telefonsamtale; lukke for *(fx the radio),* slukke (lys); ~ **on** lukke op (for), tænde (for); slutte (strøm); give telefonforbindelse; ~ **on to** dreje op for; stille om til; ~ **over to** skifte over til; stille om til.

switch|back rutschebane. **-blade knife** springkniv. **-board** *(elekt)* strømtavle, strømfordelingstavle; *(tlf)* centralbord, omstillingsbord.

switched-on [switʃt'ɔn] *adj* T vågen, avanceret, med på noderne. **-gear** *(elekt)* afbryderanlæg, fordelingsanlæg. ~ **lever** sporskiftestang. **-man** sporskifter. ~ **-over** omstilling.

swither ['swiðə] *vb (dial)* vakle, tøve; være i tvivl.

Swithin ['swiðin] (som vejret er på *St. Swithin's day* (den 15. juli), siges det at blive i de følgende 40 dage).

Switzerland ['switsələnd] Schweiz, Svejts.

swivel [swivl] *sb* hvirvel, bevægelig tap, omdrejningstap; lægne; *(tekn)* svingslæde; *vb* svinge, dreje (sig).

swivel| bridge drejebro. ~ **chair** drejestol. ~ **-eyed** *adj* skeløjet. ~ **gun** drejekanon.

swivet ['swivət] *sb: in a ~* helt ude a' det.

swiz [swiz] *sb* T skuffelse, afbrænder; fup, svindel.

swizzle [swizl] *vb* cocktail omrørt med is; (se også *swiz); vb* drikke, svire. **swizzle stick** rørepind (til drink).

swollen [swəuln] *pp* af *swell; adj* opsvulmet, svullen, ophovnet; bullen; *(fig)* oppustet, opblæst; *~ root* rodknold.

I. swoon [swu:n] *vb* besvime, falde i afmagt; (om musik) gradvis dø hen.

II. swoon [swu:n] *sb* afmagt, besvimelse; *fall into a ~* falde i afmagt.

swoop [swu:p] *vb* slå ned på, gribe; (om fly) styrtdykke; *sb* (rovfugls) nedslag; pludseligt angreb, razzia; (om fly) styrtdykning; *fell at (el. in) one ~* med ét slag; på én gang.

swop [swɔp] T *vb* bytte, tilbytte sig, bortbytte; udveksle; skifte; *sb* bytten, bytning; dublet (til bytning); *~ horses in midstream (fig)* skifte heste midt i vadestedet.

sword [sɔ:d] *sb* sværd, sabel; *cross (el. measure) -s with* krydse klinge med; *put to the ~* hugge ned.

sword| arm højre arm. ~ **bayonet** sabelbajonet. ~ **-bearer** sværddrager. ~ **belt** gehæng. ~ **cane** kårdestok. **-fish** sværdfisk. ~ **knot** portépée, sabelkvast. **-play** fægtning; *(fig)* ordduel.

swordsman ['sɔ:dzmən] *sb* fægtemester.

swordsmanship *sb* fægtekunst.

sword|stick kårdestok. **-tail** *zo* sværddrager.

swore [swɔ:] *præt* af *swear.*

sworn [swɔ:n] *pp* af *swear; adj* edsvoren; svoren *(fx friend, enemy);* inkarneret *(fx bachelor).*

swot [swɔt] *vb* S arbejde hårdt, terpe, herse, pukle, slide og slæbe; *sb* hårdt åndeligt arbejde, slid og slæb; (person:) slider; *(am ogs) = swat.*

swum [swʌm] *pp* af *swim.*

swung [swʌŋ] *præt* og *pp* af *swing.*

Sybarite ['sibərait] *sb* sybarit.

sybaritic [sibə'ritik] *adj* sybaritisk, overdådig.

sycamore ['sikəmɔ:] *sb (bot): (~ fig)* morbærfigentræ; *(~ maple)* ær, valbirk; *(am)* (art platan).

syce [sais] *sb* (indisk:) staldkarl.

sycophancy ['sikəfənsi] *sb* lav smiger, spytslikkeri.

sycophant ['sikəfənt] *sb* smigrer, spytslikker.

sycophantic [sikə'fæntik] *adj* slesk.

syllabic [si'læbik] *adj* stavelse-, syllabisk, stavelsedannende.

syllabi(fi)cation [silæbi(fi)'keiʃn] *sb* stavelsedeling.

syllable ['siləbl] *sb* stavelse; *vb* udtale stavelse for stavelse; *a three-syllabled word* et trestavelsesord.

syllabus ['siləbəs] *sb* program, læseplan; pensum, eksamensfordringer.

syllogism ['silədʒizm] *sb* (i logik) syllogisme.

syllogize ['silədʒaiz] *vb* ræsonnere i syllogismer.

sylph [silf] *vb* sylfide, sylfe, luftånd.

sylvan ['silvən] *adj* skov-; skovrig.

symbiosis [simbi'əusis] *sb (biol)* symbiose.

symbol [simbl] *sb* symbol, sindbillede; tegn.

symbolic(al) [sim'bɔlik(l)] *adj* symbolsk.

symbolic logic symbolsk logik, logistik.

symbolism ['simbəlizm] *sb* symbolik; *(litt)* symbolisme.

symbolize ['simbəlaiz] *vb* symbolisere.

symmetric(al) [si'metrik(l)] *vb* symmetrisk.

symmetry ['simətri] *sb* symmetri.

sympathetic [simpə'θetik] *adj* forstående, medfølende, deltagende; *~ to(wards)* velvilligt *(el.* sympatisk) stemt over for, lydhør over for; *~ ink* sympatetisk blæk; *the ~ nervous system* det sympatiske nervesystem; *~ strike* sympatistrejke.

sympathize ['simpəθaiz] *vb* sympatisere; *~ with (ogs)* føle (, vise) deltagelse for.

sympathizer ['simpəθaizə] *sb* sympatisør.

sympathy ['simpəθi] *sb* sympati, deltagelse, medfølelse; forståelse; harmoni.

sympetalous [sim'petələs] *adj (bot)* sambladet.
symphony ['simfəni] *sb* symfoni.
symphonic [sim'fɔnik] *adj* symfonisk.
sympodial [sim'pəudiəl] *adj (bot)* flerakset.
sympodium [sim'pəudiəm] *sb (bot)* kædeakse, skudkæde, sympodium.
symposium [sim'pəuzjəm] *sb* **1.** videnskabelig *(etc)* konference; **2.** samling afhandlinger af forskellige videnskabsmænd om et enkelt emne; **3.** (i avis) enquete; **4.** *(hist.)* symposion, gæstebud.
symptom ['sim(p)təm] *sb* symptom, tegn.
symptomatic [sim(p)tə'mætik] *adj* symptomatisk *(of* for).
syn. *fk synonym.*
synagogue ['sinəgɔg] *sb* synagoge.
sync [siŋk] *vb* synkronisere; *adj* synkron; *in ~* synkront; *out of ~ with* ikke synkroniseret med.
synchroflash ['siŋkrəflæʃ] *sb (fot)* synkronblitz.
synchromesh ['siŋkrəmeʃ] *sb* synkroniseret udveksling, synkrongear.
synchronism ['siŋkrənizm] *sb* samtidighed, synkronisme.
synchronization [siŋkrənai'zeiʃn] *sb* synkronisering; samtidighed. **synchronize** ['siŋkrənaiz] *vb* synkronisere *(fx clocks);* (uden objekt) falde sammen i tid.
synchronized swimming synkronsvømning.
synchronous ['siŋkrənəs] *adj* samtidig; synkron(-) *(fx motor);* synkronisk; synkronistisk *(fx account of the war).*
synchrotron ['siŋkrətrɔn] *sb (fys)* synkrotron.
syncline ['siŋklain] *sb (geol)* synklinal.
syncopate ['siŋkəpeit] *vb* synkopere.
syncopation [siŋkə'peiʃn] *sb* synkope, forskydning af rytme.
syncope ['siŋkəpi] *sb (med.)* afmagt, besvimelse; *(spr)* synkope (ɔ: udfald af lyd inde i ord).
syncretism ['siŋkritizm] *sb* synkretisme.
syndetic [sin'detik] *adj (gram)* forbindende.
syndicalism ['sindikəlizm] *sb* syndikalisme, fagforeningsstyre. **syndicalist** ['sindikəlist] *sb* syndikalist.
I. syndicate ['sindikət] *sb* **1.** syndikat, konsortium; **2.** bureau som opkøber og videresælger stof til samtidig offentliggørelse i flere blade.
II. syndicate ['sindikeit] *vb* sammenslutte i et syndikat; danne et konsortium; (om avisstof) offentliggøre samtidig i flere aviser; levere til samtidig offentliggørelse.
syne [sain] *adv* (på skotsk) siden.
synod ['sinəd] *sb* synode, kirkeforsamling.
synodal ['sinədl], **synodic** [si'nɔdik] *adj* synodisk, forhandlet i kirkemøde.
synoecious [si'ni:ʃəs] *adj (bot)* sambo.
synonym ['sinənim] *sb* enstydigt ord, synonym.
synonymous [si'nɔniməs] *adj* enstydig, synonym.
synonymy [si'nɔnimi] *sb* enstydighed.
synops|is [si'nɔpsis] *sb (pl -es* [-i:z]) indholdsoversigt, resumé, sammenfatning; (til film) synopsis.
synoptic [si'nɔptik] *adj* synoptisk; *sb* synoptiker.
synovial [si'nəuviəl] *adj (anat): ~ bursa* slimhindesæk; *~ fluid* ledvæske; *~ membrane* senehinde; *~ sheath* seneskede.
synovitis [sinə'vaitis] *sb (med.)* senehindebetændelse.
syntactical [sin'tæktikl] *adj* syntaktisk.
syntax ['sintæks] *sb (gram)* syntaks, ordføjningslære.
synthes|is ['sinθəsis] *sb (pl -es* [-i:z]) syntese, sammenfatning; *form a -is* gå op i en højere enhed.
synthesize ['sinθəsaiz] *vb* syntetisere.
synthesizer ['sinθəsaizə] *sb* synthesizer (elektronisk musikinstrument).
synthetic [sin'θetik] *adj* syntetisk, kunstig *(fx rubber);* kunst- *(fx fibres); (spr)* syntetisk.
syntonize ['sintənaiz] *vb (radio)* afstemme.
syphilis ['sifilis] *sb (med.)* syfilis.
syphon = *siphon.*
Syracuse (på Sicilien) ['saiərəkju:z]; (i USA) ['sirəkju:s].
syrette [si'ret] *sb* endosissprøjte.
Syria ['siriə] Syrien.
Syrian ['siriən] *adj* syrisk; *sb* syrer.
syringa [si'riŋgə] *sb (bot)* uægte jasmin.
syringe ['sirin(d)ʒ, si'rindʒ] *sb* sprøjte; *vb* sprøjte, indsprøjte.
syrinx ['siriŋks] *sb* panfløjte.
syrup ['sirəp] *sb* sukkerholdigt udtræk, saft; sukkeropløsning; (lys) sirup.
syrupy ['sirəpi] *adj* sirupsagtig, klæbrig; *(fig)* oversød, sukkersød, vammel.
system ['sistəm] *sb* system, ordning; metode *(fx ~ of teaching);* net *(fx railway ~);* organisme *(fx it is good for the ~); get it out of one's ~* komme fri af det, befri sig for det, glemme det, (om forfatter) skrive sig fri af det.
systematic [sistə'mætik] *adj* systematisk.
systematism ['sistəmətizm] *sb* systematisk.
systematize ['sistəmətaiz] *vb* systematisere, sætte i system.
system building elementbyggeri.
systems analysis *(edb)* systemanalyse.
systems analyst *(edb) systemanalytiker.*
systole ['sistəli] *sb (anat)* systole (sammentrækning af hjertet).

T

T [ta:] *interj* T *a T* på en prik *(fx it suits me to a T).*
't *fk it.*
ta [ta:] *interj* T tak!
Taal [ta:l] *sb: the* ~ afrikaans (hollandsk dialekt i Kaplandet).
tab [tæb] *sb* strop, klap, flig; mærkeseddel; *(flyv)* trimklap; (på kartotekskort) fane; (på snørebånd) dup; *(mil.)* kravedistinktion (for generalstabsofficer); *(am)* regning; *-s (teat)* mellemtæppe; *keep* ~*(s) on* holde øje med, holde rede på; *pick up the* ~ betale regningen.
tabard ['tæbəd] *sb* våbenkappe, heroldkappe.
tabby ['tæbi] *adj* stribet, spættet; *(glds)* vatret; moiré; *sb* stribet kat, hunkat; *(glds)* sladresøster; (om stof) moiré; ~ *cat* stribet kat; hunkat.
tabernacle ['tæbənækl] *sb* tabernakel (ɔ: skrin til opbevaring af hellige ting); *(arkit)* niche; *(mar)* tabernakel, mastekogger.
tabes ['teibi:z] *sb (med.)* tæring; rygmarvstæring.
tabescent [tə'besnt] *adj* som hentæres.
tabetic [tə'betik] *adj* som lider af rygmarvstæring.
I. table [teibl] *sb* bord; (især til indskrift) tavle; plade; (liste *etc)* fortegnelse, register, (især *mat.)* tabel; *(geogr)* plateau; **at** ~ til bords, under måltidet; ~ **of** *contents* indholdsfortegnelse; *lay* **on** *the* ~ fremsætte *(fx a motion* et forslag); *(am)* henlægge, 'sylte'; **turn** *the -s on sby* få overtaget over en, komme ovenpå; *the -s are turned* bladet har vendt sig, rollerne er byttet om.
II. table [teibl] *vb* lægge på bordet, fremsætte *(fx* et lovforslag); opføre (på en liste); *(am)* henlægge *(fx* et lovforslag), opsætte, sylte.
tableau ['tæbləu] *sb* tableau; ~ *curtain (teat)* mellemtæppe.
table|-board *(am): have* ~ *-board with* være på kost hos. ~ **book** notesbog, notesblok; bog med tabeller. **-cloth** borddug. ~ **cover** bordtæppe. ~ **d'hôte** ['ta:bl'dəut] table d'hôte. **-land** højslette. ~ **lifting** ~ *turning.* ~ **linen** dækketøj. ~ **manners** *pl* bordskik. **-mat** bordskåner. ~ **money** *(mar)* bordpenge. **-spoon** spiseske.
tablet ['tæblət] *sb* **1.** lille tavle; skriveblok; **2.** stykke *(fx of soap),* plade *(fx of chocolate);* **3.** tablet.
table talk bordkonversation.
tablet(-arm) chair auditoriestol (med skriveklap på armlænet).
table| tennis bordtennis. ~ **top** bordplade. ~ **turning** borddans (spiritistisk fænomen). **-ware** sølvtøj og service.
tablet weaving brikvævning.
tabloid ['tæblɔid] *sb* avis i „frokostformat" *(el.* magasinformat); sensationsblad; *in* ~ *form* i tabletform; *(fig)* i koncentreret form; ~ *format (el. size)* „frokostformat", magasinformat.
taboo [tə'bu:] *sb* tabu, forbud mod berøring; *adj* tabu, *(fig, ogs)* forbudt, bandlyst; *vb* erklære for tabu; undgå som tabu.
tabor ['teibə] *sb* lille tromme.
tabouret ['tæbərit] *sb* taburet; brodérramme; lille tromme.
tabular ['tæbjulə] *adj* tavleformet, tavlet; tabellarisk.
tabulate ['tæbjuleit] *vb* planere; ordne i tabelform, tabulere; slå op (på tabulator). **tabulation** [tæbju'leiʃn] *sb* opstilling i tabelform, systematisk opstilling.
tabulator ['tæbjuleitə] *sb* tabulator.
tach [tæk] *sb* = *tachometer.*
tachograph ['tækəgra:f] *sb* fartskriver.
tachometer [tæ'kɔmitə] *sb* tachometer, omdrejningsviser.
tachymeter [tæ'kimitə] *sb* tachymeter, afstands- og højdemåler.
tacit ['tæsit] *adj* stiltiende *(fx agreement, consent).*
taciturn ['tæsitə:n] *adj* ordknap, fåmælt, tavs (af sig).
taciturnity [tæsi'tə:niti] *sb* fåmælthed.
I. tack [tæk] *sb* tegnestift; tæppesøm; (i syning) risting, næst; *(mar)* (tov:) hals; (del af sejl:) halsbarm; (retning:) bov; (ved krydsning) kryds, slag; *on the same* ~ på samme bov; *on the starboard* ~ for styrbords halse; *get on a new* ~ *(fig)* slå ind på en ny kurs, lægge om på en anden bov; *on a wrong* ~ *(fig)* på falsk spor; (se også *brass tacks, hardtack).*
II. tack [tæk] *vb* fæste, hæfte med stifter, sømme fast; sammenhæfte; (i syning) ri, næste; *(fig)* hæfte *(on (to)* på); *(mar)* skifte kurs; krydse, gå over stag, stagvende; ~ *together* hæfte *(etc)* sammen; rimpe sammen.
tackle [tækl] *sb* grejer *(fx fishing* ~*);* (til tov) talje; *(mar)* takkel; talje; rigning; (i fodbold *etc)* tackling; *vb* (om skib) takle, tiltakle; (i fodbold) tackle; *(fig)* gå løs på, tage fat på, give sig i kast med, gribe an; begynde at diskutere med.
tackling ['tækliŋ] *sb* takkelage, tovværk; (i fodbold) tackling.
tacky ['tæki] *adj* tyk, klæbrig, tykflydende; T *(am)* billig, tarvelig, lurvet; prangende, udmajet, vulgær; *sb (am)* krikke; derangeret person.
tact [tækt] *sb* takt(følelse). **tactful** *adj* taktfuld.
tactic ['tæktik] *sb* taktisk manøvre, fremgangsmåde; *adj* taktisk.
tactical ['tæktikl] *adj* taktisk.
tactician [tæk'tiʃn] *sb* taktiker.
tactics ['tæktiks] *sb* taktik.
tactile ['tæktail] *adj* føle-; berørings-; som kan berøres, som man kan tage og føle på.
tactility [tæk'tiləti] *sb* følelighed; håndgribelighed.
tactless ['tæktləs] *adj* taktløs.
tactual ['tæktʃuəl] *adj* følelses-, føle, berørings-.
tad [tæd] *sb (am* T*)* lille fyr; *(fig)* lille smule.
tadpole ['tædpəul] *adj (zo)* haletudse.
tael [teil] *sb* tael (kinesisk vægt- og møntenhed).
taenia ['ti:niə] *sb* hårbånd; bånd; *(zo)* bændelorm.
taffeta ['tæfitə] *sb* taft.
taffrail ['tæfreil] *sb (mar)* hakkebræt.
I. Taffy ['tæfi] *sb* T waliser.
II. taffy ['tæfi] *sb (am)* slags bolsje; karamel.
tafia ['tæfiə] *sb* rørsukkerbrændevin.
tag [tæg] *sb* **1.** mærkeseddel, etiket, *(ogs* edb) ® mærkat; **2.** løs ende, flig; **3.** dup (på skobånd); **4.** halespids; **5.** strop *(fx* på støvle); **6.** filtret uldtot (på får); **7.** tilføjelse; **8.** *(teat)* slutningsord; **9.** omkvæd; **10.** talemåde, floskel; **11.** tagfat (børneleg); **12.** *vb* forsyne med dup (, mærkeseddel *etc);* mærke; tilføje; *(fig)* hænge efter, følge i hælene på; ~ **along** *with* følge i hælene på; **get** *-ged* (i tagfat) blive den; *(am)* blive noteret (af politiet); ~ **on** tilføje; hæfte på.

tag| day *(am)* mærkedag (hvor der sælges mærker på gaden til velgørenhed). ~ **end** løs ende, sidste ende. ~ **question** „påhængsspørgsmål" (som: *don't you? hasn't he? etc*).

tagrag ['tægræg] *sb:* ~ *(and bobtail)* pøbel, rak, ros; den gemene hob.

tag sale garagesalg; privat salg af brugte ting (med prismærke på).

Tagus ['teigəs] *(geogr): the* ~ Tajo.

Tahiti [ta:'hi:ti].

I. tail [teil] *sb* **1.** hale, ende; bageste del, bagende; **2.** bagtrop; følge; **3.** (frakke)skøde; **4.** (nakke)pisk; **5.** (ved støbning) indløbstap; **6.** *(bogb)* endesnit, fod; **7.** *(typ)* undermargin; **8.** *(jur)* begrænsning (i arvegang); **9.** *(fig)* affald, bærme; **10.** *(vulg)* kusse;

estate ~ *(jur)* fideikommis; ~ *of one's eye* den ydre øjekrog; ~ *of a plough* plovstjært; *white tie and -s* kjole og hvidt; *heads or -s* plat eller krone; *keep your* ~ *up* T op med humøret.

II. tail [teil] *vb* sætte hale på *(fx a kite);* tage stilken af, nippe *(fx gooseberries);* gå i en lang række; danne bagtrop i *(fx a procession);* T følge efter, skygge; ~ **along** følge efter; ~ **away** (om lyd) dø hen; (om personer) sprede sig ud i en lang række; ~ **off** (om lyd) dø hen; *(mht* kvalitet) blive ringere og ringere; ~ *out,* se ~ *away.*

tail|back *sb* bilkø. **-board** bagsmæk(ke); (se også *-gate*). **-coat** herrekjole. ~ **end** sidste ende; *(bogb)* undersnit. **-gate** *(am) sb* bagsmæk(ke); (på bil *ogs)* bagagerumsklap, varerumsklap; *vb* køre lige op i bagsmækken på; køre tæt bag efter; *adj (am)* serveret fra bagklappen af en stationcar.

tailing ['teiliŋ] *sb* indmuret del af en sten; *-s* avner, affald.

tail| lamp = ~ *light.* ~ **light** baglanterne, baglygte.

tailor ['teilə] *sb* skrædder; *vb* (skrædder)sy; drive skrædderi; *(fig)* tilpasse, skære til *(to* efter).

tailor|bird *zo* skrædderfugl. **-ed** *adj* skræddersyet. **-ing** *sb* skrædderarbejde. ~ **-made** *adj* skræddersyet; *(fig)* specialfremstillet, „skræddersyet"; *sb* skræddersyet dragt; tailor-made; S fabriksrullet cigaret.

tail|piece bageste del, sidste ende; *(typ)* slutningsvignet; (på violin *etc)* strengeholder. ~ **plane** *(flyv)* haleplan. **-race** afløb. ~ **spin:** *go into a* ~ *spin (flyv)* gå i spin; *(fig)* blive helt konfus, bryde sammen. ~ **wind** medvind.

taint [teint] *vb* smitte, befænge, gøre uren, inficere, fordærve; *sb* plet, smitte, besmittelse, inficering, fordærvelse; uheldigt arveanlæg; *hereditary* ~ arvelig belastning.

tainted *pp, adj* inficeret, besmittet, befængt *(with* med); fordærvet; arveligt belastet; ~ *goods* varer som ikke må behandles af fagforeningsmedlemmer; ~ *money* penge tjent på uhæderlig vis.

taintless *adj* ubesmittet, pletfri, ren.

I. take [teik] *vb (took, taken)* **1.** tage; modtage *(fx an offer),* gribe *(fx the chance, the opportunity),* overtage *(fx* ~ *command,* ~ *control),* antage *(fx a name),* indtage, erobre *(fx a fort),* vinde *(fx a prize),* (i skak) tage, slå; **2.** *(merk etc)* aftage, købe *(fx goods, tickets),* optage *(fx orders);* leje *(fx a house),* (om tidsskrift *etc)* abonnere på, holde; **3.** bringe *(fx a letter to the post),* tage med (sig) *(fx* ~ *one's wife to the theatre),* ledsage, følge *(fx* ~ *her home),* føre *(fx* ~ *him to the manager; his ability will* ~ *him to the top);* **4.** ramme *(fx the blow took him on the nose; he was -n with a fever);* **5.** virke på *(fx it -s different people different ways),* tiltrække, betage *(fx he was much -n by her);* **6.** spise, drikke, nyde *(fx I often* ~ *a glass of wine with him),* have *(fx will you* ~ *a cup of tea?),* indtage *(fx a strong dose of medicine);* **7.** bruge *(fx* ~ *size 10 shoes; do you* ~ *sugar in your tea?);* kræve *(fx it -s courage to do that),* skulle til *(fx it took two men to move the stone);* **8.** tage, sætte over *(fx the horse took the brook);* **9.** forstå *(fx do you* ~ *me?);* **10.** *(gram.)* forbindes med *(fx a transitive verb -s an object in the accusative);* styre; (om endelse) få; **11.** T snyde, fuppe, 'tage';

(uden objekt) **12.** virke, slå an *(fx the vaccine did not* ~*);* **13.** gøre lykke, slå an *(fx the play did not* ~*);* **14.** (om plante) slå rod; **15.** (om fisk) bide;

(forskellige *forb) I am not taking any* T *(fig)* tak jeg skal ikke nyde noget; ~ *breath,* se *breath;* ~ *care,* se *I. care;* ~ *courage* fatte mod; ~ *him to be rich* antage ham for at være rig; *I* ~ *it that you will be there* jeg går ud fra at du vil være til stede; *you may* ~ *it (from me) that* du kan trygt stole på at, du kan roligt regne med at; *he has got what it -s (ogs)* han har gode evner; *it -s two to make a quarrel* der skal to til at skændes; ~ *an oath (, a vow)* aflægge ed (, et løfte); ~ *your time!* tag den med ro, jag ikke livet af dig, giv dig bare god tid; ~ *a walk* gå en tur;

(forb med *præp* og *adv) -n* **aback** forbløffet; ~ **after** efterligne, slægte på *(fx she -s after her father);* ~ **against** fatte uvilje mod; ~ **apart** skille ad; pille fra hinanden; dissekere *(fig);* ~ **away** tage med sig; tage væk, fjerne; fradrage; rive bort *(fx he was -n away from us);* tage ud af bordet; ~ **back** tage tilbage; tage i sig igen *(fx one's words);* føre tilbage; ~ **down** tage ned; rive ned *(fx a wall);* fjerne, demontere; skille ad *(fx a rifle);* nedsvælge *(fx medicine);* skære *(el.* pille) ned *(fx he needs to be -n down);* skrive ned; ~ **for** anse for *(fx what do you* ~ *me for?);* opfatte som; *the master who took us for history* den lærer der havde os i historie; ~ **from** trække fra *(fx* ~ *three from ten); (fig)* formindske, nedsætte, svække;

~ **in** formindske; tage ind; sy (kjole) ind; modtage *(fx guests);* holde, abonnere på *(fx a newspaper);* opfatte *(fx he read the letter without taking it in);* begribe, forstå; lytte ivrigt til, 'sluge' *(fx the children took in all that he told);* hoppe på; narre, bedrage, snyde; omfatte, omspænde, inkludere; (om jord) indvinde, tørlægge; *(mar)* mindske, bjærge *(fx sail);* ~ *her in to dinner* føre hende til bords; ~ *in sewing* sy for folk; ~ *in washing* modtage tøj til vask; ~ **into** *one's head* sætte sig i hovedet; ~ **off** fjerne, tage af; sætte af, *(flyv)* starte, lette, gå på vingerne; *(fig)* komme i gang; få succes; T parodiere, karikere; (om sygdom) bortrive; ~ *oneself off* fjerne sig, stikke af; ~ *a penny off the price* slå en penny af (på prisen);

~ **on** tage 'på; påtage sig; engagere, antage; tage det op med, kæmpe mod, gå i lag med; slå an *(fx the tune took on);* T tage på veje, blive ophidset; ~ *it on the chin (fig)* tage det som en mand; ~ **out** tage ud, borttage; fjerne *(fx a stain);* invitere ud; løse, tegne *(fx an insurance policy),* skaffe sig, erhverve *(fx Danish citizenship);* ~ *part of the amount out in goods* tage varer i stedet for en del af beløbet; ~ *the nonsense out of sby* pille narrestregerne ud af en, få en til at makke ret; *it -s it out of me* jeg bliver så træt af det; det ta'r på mig; *when he has had trouble at the office he -s it out on his wife* når han har haft vrøvl på kontoret lader han det gå ud over sin kone;

~ **over** overtage, tiltræde; overtage styret *(el.* ledelsen); *we now* ~ *you over to* (i radio) vi stiller nu om til; ~ **to** give sig til, lægge sig efter, slå sig på; fatte sympati for, komme til at holde af; søge hen til (, ud i *etc);* søge tilflugt i; ~ *to heart* tage sig nær; lægge sig på sinde; ~ *to one's heels* stikke af, flygte; ~ **up** tage op; optage; absorbere; lægge sig efter, slå sig på, begynde på *(fx gardening);* genoptage *(fx one's story);* irettesætte, afbryde (for at protestere); (om rem *etc)* afkorte; stramme; ~ *up arms* gribe til våben; ~ *sby up (ogs)* tage sig af én (ɔ: protegere én); T arrestere én;

~ *him up on it (ogs)* tage ham på ordet; *I ~ you up on that (ogs)* det punkt vil jeg gerne anholde (ɔ: protestere imod); ~ *him up on the invitation* benytte sig af hans indbydelse, tage ham på ordet; ~ *up with* slå sig på, stifte bekendtskab med; *she -s* **well** hun er let at fotografere.

II. take [teik] *sb* (ved fiskeri) fangst, dræt; (især *teat)* indtægt, kasse; (af film) optagelse; *(typ)* del af længere manuskript; T andel; *on the ~* korrupt.

takeaway ['teikəwei] *sb* forretning (, restaurant) der sælger færdigretter ud af huset; grillbar; færdigret; *adj* som sælges ud af huset, ud-af-huset *(fx food, meal);* som sælges ud af huset.

take|-home pay nettoløn. ~ **-in** ['teikin] *sb* svindel.

taken ['teik(ə)n] *pp* af *I. take.*

take-off ['teikɔf] *sb* start, startsted; T karikatur, karikeren, parodi.

takeout ['teikaut] *sb (am) = takeaway.*

take-over ['teikəuvə] *sb* overtagelse; magtovertagelse; *(merk)* overtagelse af kontrollen med et selskab ved opkøb af aktiemajoriteten.

take-up ['teikʌp] *sb* stramning; ~ *spool* tomspole.

taking ['teikiŋ] *adj* indtagende; (om sygdom) smitsom; *sb* T ophidselse, forvirring; *-s pl* indtægt(er).

talc [tælk] *sb* talk; talkum.

talcum ['tælkəm] *sb* talkum.

tale [teil] *sb* fortælling, beretning, historie, eventyr; løgnehistorie; *(glds)* tal, antal; *thereby hangs a ~ (omtr =)* det kunne der siges noget mere om; **tell** *-s (out of school)* sladre (af skole); *it tells its own ~ (fig)* det taler sit tydelige sprog.

tale|bearer sladderhank. **-bearing** *sb* sladren; *adj* sladderagtig.

talent ['tælənt] *sb* talent, anlæg, begavelse.

talented ['tæləntid] *adj* talentfuld, begavet.

talent scout talentspejder.

tales ['teili:z] *sb* stævning til at møde som nævningesuppleant; nævningesuppleantliste.

talesman ['teili:zmən] *sb* nævningesuppleant.

taleteller ['teiltelə] *sb* sladderhank; fortæller.

talion ['tæliən] *sb* gengældelsesret.

taliped ['tæliped] *adj* klumpfodet; *sb* klumpfod.

talisman ['tælizmən] *sb* talisman, tryllemiddel.

I. talk [tɔ:k] *vb* tale, snakke, fortælle; *now you are -ing* det lader sig høre; nu er du inde på noget af det rigtige; ~ *about* tale om, snakke om; ~ *about rudeness!* T det kan man velnok kalde uforskammethed! ~ *at him* sige noget der har adresse til ham; ~ *back* svare igen; ~ *big* prale; ~ *down* overdøve (med snak); *(flyv)* tale ned; ~ *down to one's audience* gøre sig for meget umage for at tale 'populært'; ~ *sby into sth* overtale én til noget; *-ing of* apropos, mens vi taler om; ~ *his head off* snakke ham halvt ihjel; ~ *out* forhandle sig til rette om; *(parl)* snakke (lovforslag) ihjel; ~ *sby out of sth* snakke én fra noget; ~ *over* drøfte, tale om; ~ *sby over (el. round)* overtale én; ~ *round the subject* ikke komme til sagens kerne; ~ *to* tale til, tale med, irettesætte.

II. talk [tɔ:k] *sb* samtale, drøftelse, forhandling; foredrag; snak(ken); *it is the ~ of the town* hele byen taler om det.

talkative ['tɔ:kətiv] *adj* snaksom.

talkback ['tɔ:kbæk] *sb (TV etc)* (internt samtaleanlæg mellem kontrolrum og teknikere); ~ *microphone* kommandomikrofon.

talkdown ['tɔ:kdaun] *sb (flyv)* nedtaling, landingsanvisning fra jorden.

talkee-talkee ['tɔ:ki'tɔ:ki] *sb* kaudervælsk; snak, pjat.

talker ['tɔ:kə] *sb* vrøvlehoved; konversationstalent.

talkie ['tɔ:ki] *sb (glds* T*)* talefilm.

talk-in ['tɔ:kin] *sb* T diskussionsmøde.

talking| book lydbog (for blinde). ~ **book library** lydbibliotek. ~ **head** (i tv, svarer til) talende jakkesæt. ~ **point** diskussionsemne.

talking-to ['tɔ:kiŋtu:] *sb* irettesættelse, opsang.

talk show *(TV)* diskussionsprogram, interview.

tall [tɔ:l] *adj* høj, stor; T overdreven, utrolig; *a ~ order* et skrapt forlangende; *that's a bit ~* det lyder utroligt; den er for tyk; *walk ~* ikke stikke op for nogen, gå med hovedet højt hævet.

tallboy ['tɔ:lbɔi] *sb* chiffoniere, klædeskab.

tallow ['tæləu] *sb* talg, tælle; *vb* smøre (med tælle).

tallow-faced *adj* bleg, usund.

tallowy ['tæləui] *adj* talgagtig, fedtet; (om teint) bleg, usund.

tally ['tæli] *sb (glds)* karvestok; *(fig)* regnskab; mærke; mærkeseddel; tilsvarende del, mage, sidestykke; *vb* karve, skære mærker i; tilpasse; passe sammen, stemme overens; ~ *with* stemme med.

tally clerk ladningskontrollør, tallymand.

tallyho ['tæli'həu] (en jægers råb til hundene).

tallyman ['tælimən] *sb* indehaver af en afbetalingsforretning; *(mar)* ladningskontrollør, tallymand.

tallyshop ['tæliʃɔp] *sb* afbetalingsforretning.

Talmud ['tælmud] Talmud.

talon ['tælən] *sb* (rovfugls) klo; (i kortspil; del af kuponark; *(arkit)* talon.

talook, taluk [tə'lu:k] *sb* jordegods, skattedistrikt (i Indien).

talukdar [tə'lu:kda:] *sb* foged, godsejer (i Indien).

talus ['teiləs] *sb (anat)* talus, springben, rulleben; *(geol)* talus, ur, løse blokke ved foden af en klippe; (af brystværn) skråning.

tam [tæm] *sb = tam-o'-shanter.*

TAM *fk television audience measurement.*

tamable ['teiməbl] *adj* som kan tæmmes.

tamarind ['tæmərind] *sb (bot)* tamarinde.

tamarisk ['tæmərisk] *sb (bot)* tamarisk.

tamber ['tæmbə] *sb = timbre.*

tambour ['tæmbuə] *sb* (stor)tromme; (til broderi) broderramme; (broderi:) tamburering; *vb* tamburere.

tambourine [tæmbə'ri:n] *sb* tamburin.

tame [teim] *adj* tam; *(fig)* tam, spagfærdig, modfalden, mat; *vb* tæmme, kue.

tameless ['teimləs] *adj* utæmmelig, ukuelig.

tamis ['tæmis] *sb* siklæde, geléklæde.

Tammany ['tæməni]: ~ *Hall* (navn på en organisation af demokrater i New York City, kendt for at anvende korrupte politiske metoder).

tam-o'-shanter [tæmə'ʃæntə] *sb* skotsk hue *(omtr* i baskerhuefacon).

tamp [tæmp] *vb* stampe ned, stoppe (til); fordæmme (et borehul).

tamper ['tæmpə] *vb: ~ with* pille ved *(fx a lock);* rette i, forfalske, forvanske *(fx a report);* forsøge at bestikke (, påvirke) *(fx a witness).*

tamping ['tæmpiŋ] *sb* stampning; fyldemateriale, prop; (i borehul) fordæmning.

tampion ['tæmpiən] *sb* træprop (til kanon); mundingshætte.

tampon ['tæmpən] *sb* tampon (til sår); *vb* tamponere.

I. tan [tæn] *sb* garverbark; (farve:) gyldenbrunt, gulbrunt; *(suntan)* solbrændthed; *adj* gyldenbrun, gulbrun; *vb* garve, gøre brun, gøre solbrændt; ~ *his hide* garve hans rygstykker, give ham en dragt prygl.

II. tan *fk tangent.*

tanager ['tænidʒə] *sb zo* tangar (fugleart).

tandem ['tændəm] *sb* tandemforspand (ɔ: af to heste den ene foran den anden); vogn trukket af et sådant forspand; tandem(cykel); *in ~* den ene bag *(el.* efter) den anden; *(fig)* i forening; side om side.

I. tang [tæŋ] *sb (bot)* tang, søtang.

II. tang [tæŋ] *sb* (stærk, gennemtrængende) smag *el.* lugt, bismag, afsmag; *(fig)* særpræg; (lyd:) klirren,

skramlen; (på kniv *etc)* angel.
tanga ['tæŋgə] *sb* tanga.
Tanganyika [tæŋgə'nji:kə].
tangent ['tæn(d)ʒənt] *sb (geom)* tangent; *(mht* vinkel) tangens; *adj* tangerende; berørende; *go (el. fly) off at a ~ (fig)* fare af sted langs tangenten (ɔ: pludselig følge en anden (tanke)bane).
tangential [tæn'dʒenʃl] *adj* tangential- *(fx force);* tangerende; *(fig)* tilfældig; som leder bort fra emnet.
tangerine [tæn(d)ʒə'ri:n] *sb (bot)* mandarin.
tangibility [tæn(d)ʒi'biləti] *sb* håndgribelighed.
tangible ['tæn(d)ʒəbl] *adj* følelig, håndgribelig, rørlig.
Tangier [tæn'dʒiə] *(geogr)* Tanger.
tangle [tæŋgl] *vb* sammenfiltre, indvikle, være (, blive) indviklet; *sb* sammenfiltret masse; forvirring, urede; T uenighed, strid; *~ with* komme i klammeri med.
tango ['tæŋgəu] *sb* tango; *vb* danse tango.
tank [tæŋk] *sb* beholder, bassin, akvarium; tank; benzintank (i bil); *(mil.)* tank, kampvogn; (anglo-indisk:) dam, reservoir; *vb* tanke, påfylde benzin *etc; ~ up* tanke op; *-ed up* T fuld, beruset (af øl).
tankard ['tæŋkəd] *sb* krus med låg, sejdel.
tanker ['tæŋkə] *sb* tankskib, tanker; tankvogn.
tank|suit (hel) badedragt. **~ top** overdel i facon som en herreundertrøje, soltop; (strikket) slipover; (til wc) cisternelåg.
tannage ['tænidʒ] *sb* garvning.
tanner ['tænə] *sb* garver; *(glds* S) (mønt til værdi af) seks pence. **tannery** ['tænəri] *sb* garveri.
tannic acid, tannin ['tænin] *sb* garvesyre.
Tannoy ® ['tænɔi] højttaleranlæg.
tanrec ['tænrek] *zo* børstesvin, tanrek.
tansy ['tænzi] *sb (bot)* rejnfan.
tantalization [tæntəlai'zeiʃn] *sb* udsættelse for tantaluskvaler; ærgrelse, plageri.
tantalize ['tæntəlaiz] *vb* udsætte for tantaluskvaler, spænde på pinebænken, ærgre, pine.
tantalizing ['tæntəlaiziŋ] *adj* pinefuld; forjættende men uopnåelig.
tantalum ['tæntələm] *sb (kem)* tantal.
tantalus ['tæntələs] *sb* (aflåselig opsats med vinkarafler).
tantamount ['tæntəmaunt] *adj* ensbetydende *(to* med).
tantivy [tæn'tivi] *(glds) sb* strygende fart; *adj* hurtig; *vb* fare.
tantrum ['tæntrəm] *sb* T anfald af arrigskab; surmuleri.
tanyard ['tænja:d] *sb* garveri.
Tanzania [tænzə'niə]. **Tanzanian** [tænzə'niən] *sb* tanzanier; *adj* tanzanisk.
I. tap [tæp] *vb* banke (let) på, berøre; skrive på maskine, 'slå'; (om dans) steppe; (om sko) forsyne med halvsål, flikke; *sb* dask, let slag, banken; (på sko) halvsål, flik; *there was a ~ at the door* det bankede på døren.
II. tap [tæp] *sb* (vand)hane; tap, tøndetap; aftapning; skænkestue; *(tekn)* snittap (til gevindskæring); *(radio:)* afgrening; *(elekt)* stikledning; *vb* tappe, aftappe; (om fad) anstikke; *(fig)* udnytte, drage nytte af *(fx resources; their skills);* S slå for penge; *(tekn)* skære gevind i; *~ sby's line* aflytte ens telefon; *beer on ~* øl fra fad; *be on ~ (fig)* være til rådighed når som helst, være ved hånden.
tap dance *sb* stepdans. **tap-dance** *vb* steppe.
tape [teip] *sb* bændel; bånd, strimmel; (til båndoptager) lydbånd; (i edb) bånd; (til måling) målebånd; (til telegraf) telegrafstrimmel; (klæbende:) klæbestrimmel, tape; isolerbånd; (ved væddeløb) målsnor; *vb* måle (med målebånd); optage på bånd;
breast the ~ sprænge målsnoren, vinde løbet; *I have got him -d* ham har jeg taget mål af; jeg ved hvad han er værd; *he has got it all -d out* han har det hele parat; han har magt over det.
tape|deck båndoptager uden forstærker. **-line, ~ measure** målebånd, båndmål. **~ machine** selvregistrerende telegrafapparat. **~ player** båndafspiller. **~ punch** (i edb) strimmelhuller.
taper ['teipə] *sb* vokslys, kerte; (form:) konicitet, afsmalning, tilspidsning; konus; *adj* konisk; kegleformet, tilspidset; fintformet, tynd; *vb* gradvis aftage i tykkelse, løbe ud i en spids, tilspidse; *~* **off** aftage gradvist, svinde ind, blive mindre og mindre; *~ off to a point* løbe ud i en spids.
tape|-reader (i edb) strimmellæser. **~-record** *vb* optage på bånd. **~ recorder** båndoptager. **~ recording** båndoptagelse.
tapestried ['tæpistrid] *adj* behængt med gobeliner.
tapestry ['tæpistri] *sb* gobelin, (vævet) tapet; vægtæppe, billedtæppe.
tapeworm ['teipwə:m] *sb zo* bændelorm.
tapioca [tæpi'əukə] *sb* tapioka (en slags sago).
tapir ['teipə] *sb zo* tapir.
tapis ['tæpi] *sb: be on the ~* være under drøftelse, stå på dagsordenen, være på tapetet.
tappet ['tæpit] *sb (tekn)* medbringerknast, styreknast; *valve ~* ventilløfter.
tap|room skænkestue. **-root** *(bot)* pælerod.
taps [tæps] *sb pl (am mil.)* tappenstreg, retræte.
tapster ['tæpstə] *sb* vintapper, øltapper.
tar [ta:] *sb, vb* tjære; T *sb* matros; *an old ~* en søulk; *he is -red with the same brush* han har en rem af huden; *they are -red with the same brush* de er to alen af et stykke; *~ and feather* dyppe i tjære og rulle i fjer.
taradiddle ['tærədidl] *sb* T (lille) løgn.
tarantella [tærən'telə] *sb* tarantel (en dans).
tarantula [tə'ræntjulə] *sb zo* tarantel (edderkop).
tarbrush ['ta:brʌʃ] *sb* tjærekost; *have a touch of the ~ (fig)* have negerblod i årerne.
tardy ['ta:di] *adj* langsom, sendrægtig, træg; forsinket *(fx apology); (am): sb* gang man kommer for sent; *be ~ (ogs)* komme for sent.
I. tare [tɛə] *sb (bot)* vikke; (i biblen) klinte.
II. tare [tɛə] *sb (merk)* tara (vægt af emballage).
target ['ta:git] *sb* (skyde)skive; *(ogs fig)* mål; *be the ~ of (fig)* være skive for, blive udsat for *(fx ridicule); be on ~ (fig)* være på rette vej.
targetable ['ta:gitəbl] *adj* som kan styres mod et mål.
target| language det sprog der oversættes til, ankomstsprog; (i edb) objektsprog. **~ practice** *(mil.)* skydeøvelse, målskydning.
tariff ['tærif] *sb* tarif, toldtarif, told; prisliste; *~ reform* toldreform; *~ wall* toldmur.
tarlatan ['ta:lətən] *sb* tarlatan (et bomuldsstof).
tarmac ['ta:mæk] *sb* (grov) asfaltbelægning; asfalteret vej; landingsbane, rullebane.
tarn [ta:n] *sb* lille bjergsø.
tarnish ['ta:niʃ] *vb* mattere, gøre anløben, *(fig)* plette, besmudse; (uden objekt) anløbe, *(fig)* falme; miste sin glans; *sb* glansløshed, anløbethed; plet.
taroc ['tærɔk], **tarot** ['tærəu] *sb* tarok (et kortspil).
tar paper tjærepap, tagpap.
tarpaulin [ta:'pɔ:lin] *sb* presenning; presenningsdug; sydvest; *(glds)* sømand.
tarradiddle = *taradiddle.*
tarragon ['tærəgən] *sb* estragon; *~ vinegar* estragoneddike.
I. tarry ['ta:ri] *adj* tjære-, tjæret.
II. tarry ['tæri] *vb (glds)* tøve, dvæle, blive, bie, vente.
tarsal [ta:sl] *adj: ~ bone* fodrodsknogle.
I. tart [ta:t] *sb* tærte; S gadetøs, luder; *vb: ~ up (neds)* stadse op, piffe op; maje ud.
II. tart [ta:t] *adj* sur; *(fig)* skarp, bidende, spids, hvas.
tartan ['ta:t(ə)n] *sb* skotskternet mønster, klanmønster; skotskternet stof; *adj* lavet af skotskternet stof.
I. Tartar ['ta:tə] *sb* tartar; (især *tartar)* ren satan; skrap

kælling; *catch a* ~ få kam til sit hår; møde sin overmand.
II. tartar ['ta:tə] *sb* vinsten; tandsten.
tartaric [ta:'tærik] *adj* vinstens-.
tartarise ['ta:təraiz] *vb* behandle med vinsten.
Tartary ['ta:təri] *(hist)* Tatariet.
tartlet ['ta:tlət] *sb* lille tærte.
tash [tæʃ] *sb* S overskæg.
task [ta:sk] *sb* (pålagt) arbejde, hverv, opgave, gerning; (i skole) lektie; *vb* sætte i arbejde; lægge beslag på; anstrenge *(fx one's brain);* plage; *take to* ~ tage i skole, gå i rette med.
task force *(mil.)* afdeling med særlig opgave.
taskmaster ['ta:skma:stə] *sb: hard* ~ en der kræver meget; hård arbejdsgiver; krævende lærer.
Tasmania [tæz'meinjə] Tasmanien.
tassel [tæsl] *sb* dusk, kvast; mærkebånd (i en bog); *vb* besætte med kvaster.
tassel pondweed *(bot)* havgræs.
taste [teist] *vb* smage; have smag; (med objekt) prøve, smage på; nyde; *sb* smag; mundsmag; *there is no accounting for -s* om smagen kan man ikke diskutere; *in bad* ~ smagløs; *in good* ~ smagfuld; *give him a* ~ *of the whip* lade ham smage pisken; *to his* ~ efter hans smag; *everyone to his* ~ hver sin lyst.
taste|bud smagsløg. **-ful** [-f(u)l] *adj* smagfuld. **-less** [-ləs] *adj* uden smag, smagløs.
taster ['teistə] *sb* (te-, vin-)smager; ostesøger; *(hist.)* mundskænk; T (forlags)konsulent.
tasty ['teisti] *adj* velsmagende; som har en udpræget smag, som 'smager af noget'; T smagfuld.
I. tat [tæt]: *tit for* ~ lige for lige.
II. tat [tæt] *vb* slå orkis (ɔ: slags filering), orkere.
tata [tæ'ta:] (i børnesprog og T) farvel.
Tatar ['ta:tə] = *Tartar.*
tater ['teitə] *sb* S kartoffel.
tatter ['tætə] *vb* rive i laser, rive itu; blive revet i laser, blive revet itu; *sb* las, pjalt; S klunser, kludesamler.
tatterdemalion [tætədə'meiljən] *sb* lazaron.
Tattersall ['tætəsɔ:l] *sb* (et ternet mønster); *-'s* (etablissement for hesteauktioner i London).
tatting ['tætiŋ] *sb* orkis (slags filering).
tattle [tætl] *vb* sludre, passiare; sladre, løbe med sladder; *sb* sludder, passiar; sladder.
tattler ['tætlə] *sb* vrøvlehoved; sladresøster.
I. tattoo [tə'tu:] *sb* tappenstreg; militær opvisning; *vb* slå tappenstreg; tromme med fingrene.
II. tattoo [tə'tu:] *vb* tatovere; *sb* tatovering.
tatty ['tæti] *adj* billig, tarvelig, snusket, nusset.
taught [tɔ:t] *præt* og *pp* af *teach.*
taunt [tɔ:nt] *vb* håne, spotte, skose; *sb* spydighed, skose; hån, spot; *-ingly* hånende, spottende.
taupe [təup] *sb* muldvarpegråt.
taurine ['tɔ:rain] *adj* tyre-, tyrelignende; *(astr)* hørende til stjernebilledet Tyren.
Taurus ['tɔ:rəs] Taurus; *(astr)* Tyren.
taut [tɔ:t] *adj* stram, spændt, tot; *(fig)* anspændt; *haul* ~ hale tot.
tauten ['tɔ:t(ə)n] *vb* stramme; strammes.
tautological [tɔ:tə'lɔdʒikl] *adj* tautologisk, unødig gentagende. **tautology** [tɔ:'tɔlədʒi] *sb* tautologi.
tavern ['tævən] *sb* værtshus, kro.
I. taw [tɔ:] *vb* hvidgarve.
II. taw [tɔ:] *sb* stenkugle; kuglespil.
tawdriness ['tɔ:drinəs] *sb* forloren elegance.
tawdry ['tɔ:dri] *adj* godtkøbs, billig, spraglet.
tawny ['tɔ:ni] *adj* brunlig, solbrændt, gulbrun.
tawny| eagle *zo* rovørn. ~ **owl** *zo* natugle. ~ **pipit** *zo* markpiber.
tawse [tɔ:z] *sb* (skotsk:) læderrem (til afstraffelse ved slag på håndfladen).
tax [tæks] *sb* skat, afgift; byrde, belastning; krav; *vb* pålægge skat (, afgift), beskatte; *(jur)* beregne (sagsomkostninger); *(fig)* bebyrde; stille store krav til; ~ *sby with sth* bebrejde en noget, beskylde en for noget; konfrontere en med noget *(fx the proof)*, foreholde en noget *(fx his conflicting statements).*
taxable ['tæksəbl] *adj* skattepligtig, som kan beskattes.
taxation [tæk'seiʃn] *sb* beskatning; skat.
tax| base beskatningsgrundlag. ~ **collector** skatteopkræver. ~ **dodger** skattesnyder. ~ **evasion** skatteunddragelse, T skattesnyderi. ~ **farmer** skatteforpagter. ~ **-free** *adj* skattefri ~ **haven** skattely..
taxi ['tæksi] *sb* taxi; taxa; *vb* køre i taxa; (om flyvemaskine) rulle, køre (på jorden).
taxicab = *taxi.*
taxidermist ['tæksidə:mist] *sb* en som udstopper dyr, konservator. **taxidermy** ['tæksidə:mi] *sb* udstopning, præparering, konservering.
taxi|driver, -man taxachauffør. **-meter** ['tæksimi:tə] taksameter.
taxing-master embedsmand der beregner sagsomkostninger.
taxi|plane lufttaxa. ~ **rank** holdeplads for taxaer *etc,* kaperrække.
taxonomy [tæk'sɔnəmi] *sb* taksonomi, klassifikationssystem.
taxpayer ['tækspeiə] *sb* skatteyder.
tax| return selvangivelse. ~ **shelter** skattefidus; skattebegunstiget ordning. ~ **-sheltered** *adj* skattebegunstiget.
T.B. *fk torpedo boat; tuberculosis.*
T.B.D. *fk torpedo-boat destroyer.*
tbsp. *fk tablespoon(ful).*
TCP ® (et desinfektionsmiddel).
tea [ti:] *sb* te; tebusk; eftermiddagste (ofte =) aftensmad; (se også *high tea); vb* drikke te; *that's not my cup of* ~ det er ikke noget for mig, det er ikke mit nummer; *she is not my cup of* ~ hun er ikke min type.
tea|bag tebrev. ~ **ball** teæg. ~ **caddy** tedåse. **-cart** *(am)* tevogn, rullebord.
teach [ti:tʃ] *vb (taught, taught)* lære, undervise (i); ~ *school (am)* være lærer(inde).
teachable ['ti:tʃəbl] *adj* lærvillig, lærenem.
teacher ['ti:tʃə] *sb* lærer, lærerinde.
teacher aide uudannet medhjælper for lærer.
teachers college *(am)* seminarium.
teacher's pet kæledægge; mønsterelev; fedteprins.
teach-in ['ti:tʃin] *sb* (længere møde på universitet *etc* med foredrag om og drøftelse af aktuelt politisk problem), *(omtr)* debatuge; diskussionsmøde; høring.
teaching ['ti:tʃiŋ] *sb* lærervirksomhed; undervisning; *(ogs -s)* lære *(fx the -s of Christ).*
teaching | aid undervisningsmateriale. ~ **auxiliary** = *teacher aide.* ~ **machine** indlæringsmaskine, undervisningsmaskine.
tea|cloth tedug; viskestykke. ~ **cosy** tevarmer, tehætte. **-cup** tekop. ~ **fight** S teslabberads. ~ **garden** restaurationshave; teplantage.
teak [ti:k] *sb* teaktræ.
teal [ti:l] *sb zo* krikand.
tea leaf teblad.
team [ti:m] *sb* hold, parti, flok; team; (af trækdyr) forspand *(fx a* ~ *of oxen);* spand (heste); *vb* spænde sammen; ~ *up* slutte sig sammen, samarbejde *(with* med).
team handball håndbold.
teamster ['ti:mstə] *sb* kusk; *(am)* lastbilchauffør.
teamwork ['ti:mwə:k] *sb* samarbejde.
tea| party teselskab. **-pot** tepotte.
teapoy ['ti:pɔi] *sb* lille tebord.
I. tear [tiə] *sb* tåre; *in -s* grædende; opløst i gråd; *shed -s* fælde *(el.* udgyde) tårer; *burst into -s* briste i gråd.
II. tear [tεə] *vb (tore, torn)* rive *(at* i), flå, sønderrive;

splitte *(fx a country torn by civil war);* (uden objekt) revne, rives; (om bevægelse) T jage, fare; ~ *one's hair* rive sig i håret;

~ **along** fare af sted; ~ *oneself* **away** rive sig løs, løsrive sig; ~ **down** *(am)* rive ned *(fx a house);* skille ad *(fx a machine); (fig)* pille fra hinanden *(fx his argument);* ~ **into** overfalde, overfuse; *that's torn* **it** nu er det hele spoleret; ~ **off** rive *(el.* flå) af; T lave (, skrive) i en fart, jaske af; ~ **up** rive i stykker.

III. tear [tɛə] *sb* rift, revne.

tearaway ['tɛərəwei] *sb* T ung bølle, vild knægt.

tear| duct ['tiədʌkt] tårekanal. **-ful** [-f(u)l] *adj* grådkvalt; grædende, med tårer. ~ **gas** tåregas. **-gas** *vb* bruge tåregas mod.

tearing ['tɛəriŋ] *adj* T heftig, voldsom.

tear-jerking ['tiə'dʒə:kiŋ] *adj (am)* rørstrømsk.

tea|room terestaurant, tesalon. ~ **rose** *(bot)* terose.

tear shell tåregasgranat.

tear-stained ['tiəsteind] *adj* forgrædt; tårevædet.

tease [ti:z] *vb* drille *(about* med), plage; *(fig)* pirre; *(am,* især om børn) plage *(for* om); (om uld) karte; (om stof) kradse luven op på; (om hår) toupere; *sb* drillepind, plageånd; drilleri; pikanteri; S = *cockteaser.*

teasel [ti:zl] *sb* kartebolle; kartemaskine; *vb* karte; opkradse luv på.

teaser ['ti:zə] *sb* drillepind, plageånd; vanskeligt (, drilagtigt) spørgsmål (, arbejde); S = *cockteaser.*

teaspoon ['ti:spu:n] *sb* teske; *-ful* teskefuld.

tea strainer tesi.

teat [ti:t] *sb* brystvorte, patte; sut.

tea| things *pl* testel, teservice. ~ **trolley** rullebord, tevogn. ~ **urn** temaskine. ~ **wagon** *(am)* rullebord, tevogn.

tec [tek] S *fk detective.*

technic ['teknik] *sb* teknik; *adj,* se *technical.*

technical ['teknikl] *adj* teknisk, fag-, faglig, fagmæssig; *(jur ogs)* formel *(fx error);* ~ *college* skole der giver videre uddannelse af fagmæssig art til elever over den skolepligtige alder; fagskole.

technicality [tekni'kæliti] *sb* teknik; teknisk udtryk; *technicalities pl (ogs)* tekniske enkeltheder; tekniske finesser; *legal technicalities (ogs)* juridiske spidsfindigheder.

technically ['teknikli] *adv* teknisk, i teknisk forstand; ad teknisk vej.

technician [tek'niʃn] *sb* tekniker, teknisk ekspert.

technics ['tekniks] *sb* teknik.

technique [tek'ni:k] *sb* teknik, fremgangsmåde.

technocracy [tek'nɔkrəsi] *sb* teknokrati.

technocrat ['teknəkræt] *sb* teknokrat.

technological [teknə'lɔdʒikl] *adj* teknologisk.

technology [tek'nɔlədʒi] *sb* teknologi, teknik; *college of advanced* ~ *(omtr)* polyteknisk læreanstalt.

technostructure ['teknəstrʌktʃə] *sb* teknostruktur; *the* ~ *(ogs)* de tekniske eksperter.

techy ['tetʃi] *adj* pirrelig, gnaven.

Ted [ted] *fk Edward el. Theodore; sb = teddy boy.*

ted [ted] *adj* sprede, vejre (hø). **tedder** *sb* høvender.

Teddy ['tedi] se *Ted.*

teddy | bear ['tedi 'bɛə] teddybjørn, bamse. ~ **boys** *pl* unge mænd der klæder sig ud i 50er-tøj og anlægger anderumpefrisure.

Te Deum ['ti:'di:əm] *sb* Te-Deum, takkegudstjeneste.

tedious ['ti:diəs] *adj* kedelig, kedsommelig, trættende; vidtløftig.

tedium ['ti:diəm] *sb* kedsom(melig)hed, lede.

I. tee [ti:] *sb* (i golf) (underlag for kuglen, hvorfra første slag gøres); (i visse spil, *fx curling)* mål; *vb* anbringe kuglen på underlaget; ~ *off* gøre det første slag i golf; *(fig)* starte; ~ *up* anbringe kuglen på tee'en; *(fig)* lægge til rette, gøre parat.

II. tee [ti:] *sb* bogstavet T; T-formet genstand, T-rør, T-jern.

teed-off [ti:d'ɔf] *adj (am* T*)* ærgerlig, irriteret, gal i hovedet.

teem [ti:m] *vb* myldre, vrimle, udfolde sig rigt; *(glds)* føde, frembringe.

teen-age ['ti:neidʒ] *sb, adj* (i) alderen fra 13 til 19, halvvoksen.

teen-ager ['ti:neidʒə] *sb* teenager, en der er mellem 13 og 19 år gammel.

teens [ti:nz] *sb pl: in one's* ~ mellem 13 og 19 år gammel, halvvoksen.

teeny ['ti:ni] *adj* T lillebitte; *sb* teenager.

teeny-bopper ['ti:nibɔpə] *sb* S teenager der følger moden.

teeny-weeny ['ti:ni'wi:ni] *adj* lillebitte.

teeter ['ti:tə] *vb (am)* vippe; vakle; ~ *on the brink (el. edge)* of ... balancere på randen af ...

teeterboard ['ti:təbɔ:d] *sb,* **teetering board** vippe; (i cirkus) schleuderbrett.

teeth [ti:θ] *pl* af *tooth.*

teethe [ti:ð] *vb* få tænder. **teether** ['ti:ðə] *sb* bidering. **teething** ['ti:ðiŋ] *sb* tandgennembrud; ~ *ring* bidering; ~ *troubles* ondt for tænder; *(fig)* begyndervanskeligheder.

teetotal [ti:'təutl] *adj* afholds-; *(am* T*)* komplet, total.

teetotalism [ti:'təut(ə)lizm] *sb* totalafholdenhed.

teetotaller [ti:'təut(ə)lə] *sb* totalafholdsmand.

teetotum [ti:'təutəm] *sb* gi-ta (snurretop brugt til lykkespil).

tee-vee ['ti:'vi:] *sb* fjernsyn.

TEFL *fk teaching English as a foreign language.*

teg [teg] *sb* (får i sit andet år *el.* dets uld).

t.e.g. *fk top edges gilt.*

tegular ['tegjulə] *adj* teglstens-, lagt som teglsten.

tegument ['tegjumənt] *sb* dække, hud.

tehee [ti:'hi:] *sb* fnisen; *vb* fnise.

Teheran [tiə'ra:n].

teil [ti:l], **teil-tree** *sb (bot)* lind, lindetræ.

telecast ['teləka:st] *sb* fjernsynsudsendelse, fjernsynsprogram; *vb* udsende i fjernsyn.

telecommunication ['telikəmju:ni'keiʃn] *sb* telekommunikation (overføring af meddelelser pr. telefon, telegraf, radio, tv *etc*).

telefacsimile [teləfæk'simili] *sb* telefax.

telefax ['teləfæks] *sb* telefax; *vb* telefaxe.

telegenic [telə'dʒenik] *adj* som har fjernsynstække, som gør sig i tv.

telegram ['teləgræm] *sb* telegram.

telegraph ['teləgra:f] *sb* telegraf; *vb* telegrafere.

telegrapher [ti'legrəfə] *sb* telegrafist.

telegraphese ['teləgrə'fi:z] *sb* telegramstil.

telegraphic [telə'græfik] *adj* telegrafisk; ~ *address* telegramadresse; *-ally* telegrafisk.

telegraph| key telegrafnøgle. ~ **operator** telegrafist. ~ **pole,** ~ **post** telegrafpæl. ~ **wire** telegrafledning.

telegraphy [ti'legrəfi] *sb* telegrafi.

Telemachus [ti'leməkəs] Telemachos.

telemechanics [teləmi'kæniks] *sb* telemekanik, radiofjernstyring (af mekaniske apparater).

telemeter ['teləmi:tə] *sb* telemeter (afstandsmåler).

telemetry [ti'lemitri] *sb* afstandsmåling.

teleologic(al) ['teliə'lɔdʒik(l)] *adj* teleologisk.

teleology [telə'ɔlədʒi] *sb* teleologi (læren om verdensordenens hensigtsmæssighed).

telepathic [telə'pæθik] *adj* telepatisk.

telepathy [ti'lepəθi] *sb* telepati, tankeoverføring.

telephone ['teləfəun] *sb* telefon; *vb* telefonere, meddele pr. telefon, ringe op; *on the* ~, *over the* ~ pr. telefon, i telefonen, telefonisk; *are you on the* ~*?* har du telefon? *you are wanted on the* ~ der er telefon til dig; *ring up on the* ~ ringe op.

telephone| book telefonbog. ~ **booth** telefonboks. ~ **call** telefonopringning, telefonsamtale. ~ **directory** telefonbog; *classified* ~ *directory* fagbog. ~ **girl** telefondame; telefonistinde. ~ **operator** telefonist(inde). ~ **receiver** *(tlf)* mikrotelefon, T (høre)rør.
telephonic [telə'fɔnik] *adj* telefonisk.
telephonist [ti'lefənist] *sb* telefonist(inde).
telephony [ti'lefəni] *sb* telefoni, telefonering.
telephotography ['teləfə'tɔgrəfi] *sb* fjernfotografering.
tele|play ['telə-] tv-spil, tv-stykke. **-printer** ['teləprintə] *sb* fjernskriver. **-prompter** skærm med tekst foran taler.
telescope ['teləskəup] *sb* kikkert, teleskop; *vb* skyde sammen, klemme sammen, *(fig)* forkorte; (uden objekt) skydes sammen, blive trykket ind i hinanden.
telescopic [telə'skɔpik] *adj* teleskopisk; sammenskydelig.
telescreen ['teləskri:n] *sb* fjernsynsskærm.
teletext ['telətekst] *sb* tekst-tv.
telethon ['teləθɔn] *sb (TV)* maratonudsendelse til fordel for indsamling.
teletypewriter [telə'taipraitə] *(am)* fjernskriver.
tele|view ['teləvju:] *vb* se fjernsyn. **-viewer** (fjernsyns)seer.
televise ['teləvaiz] *vb* udsende i fjernsyn.
television ['teləviʒn, telə'viʒn] *sb* fjernsyn; *appear on* ~ optræde i fjernsyn.
telex ['teleks] *sb* telex; *vb* telexe.
telfer = *telpher.*
tell [tel] *vb (told, told)* **1.** fortælle; sige til *(fx who told you so?)*, meddele; **2.** sige til, bede, give besked om *(fx he told me to do it)*; **3.** røbe, sladre om; **4.** vise *(fx her face told her joy)*, vidne om; **5.** afgøre *(fx it is difficult to ~ how it is done)*, vide *(fx how can you ~ what to do?)*; **6.** kende *(fx I can ~ him by* (på) *his voice)*, skelne *(fx I can't ~ one from the other)*; **7.** *(glds)* tælle;
(uden objekt) **8.** fortælle *(of* om); **9.** vidne *(of* om), tale *(fx this -s against (, in favour of) choosing him)*; **10.** T sladre; **11.** gøre sin virkning, kunne mærkes *(fx his influence began to ~)*; være af betydning, tælle;
all *told* alt iberegnet; **be** *told* få at vide, høre, erfare; *be told to* få besked om at, blive bedt om at; ~ *fortunes* spå; ~ *sby goodby (am)* sige farvel til en; ~ **me** *another* den må du længere ud på landet med; *you're -ing me!* (ironisk:) det siger du ikke! *there is* **no** *-ing if* det er ikke til at sige om, man kan ikke vide om; ~ **on** sladre om; virke på, tage på, kunne mærkes på *(fx his age is beginning to ~ on him)*; *I* ~ **you** jeg forsikrer dig; *I'm -ing you!* ingen modsigelser her! *I told you so! what did I ~ you!* hvad sagde jeg!
teller ['telə] *sb* fortæller; tæller, (ved valg) stemmeoptæller; *(am)* kasserer (i bank).
telling ['teliŋ] *adj* virkningsfuld *(fx argument)*; sigende *(fx look)*; afslørende; kraftig, følelig *(fx blow)*; *sb* fortællen; *the story lost nothing in the* ~ historien blev ikke kedeligere ved at blive genfortalt.
telltale ['telteil] *sb* sladderhank; *(fig)* vidnesbyrd, bevis; *(tekn)* kontrolapparat, registreringsapparat; *(mar)* sladrekompas; *adj* sladderagtig, forræderisk, afslørende, som røber hvad der er sket; ~ *clock* kontrolur.
tellurian [tel'juəriən] *adj* jordisk; *sb* jordboer.
tellurium [tel'juəriəm] *sb* tellur (et grundstof).
telly ['teli] *sb* T fjerner, fjernsyn.
telpher ['telfə] *sb* (transportvogn i) elektrisk tovbane.
telpherage ['telfəridʒ] *sb* varetransport, især pr. tovbane.
temerarious [temi'rɛəriəs] *adj* forvoven, dumdristig, ubesindig. **termerity** [ti'meriti] *sb* forvovenhed, dumdristighed, ubesindighed.
temp [temp] *sb* T kontorvikar; *vb* arbejde som kontorvikar.
temp. *fk temporary; temperate.*
temp agency vikarbureau.
I. temper ['tempə] *vb* mildne, dæmpe, temperere; sammensætte, afpasse, stemme; *(mus.)* temperere; (om glas og metal) hærde; (om stål) anløbe.
II. temper ['tempə] *sb* (passende) blanding; (om glas *etc)* hærdning; (om stål) anløbning; (om person) vrede, irritation, hidsighed; temperament; natur, sind *(fx a difficult ~)*; gemyt; stemning, humør; *have -s* lide af humørsyge; *he has quite a* ~ han har temperament; *in a (fit of)* ~ i hidsighed; *in a good (, bad)* ~ i godt (, dårligt) humør; *get into a* ~ miste selvbeherskelsen, blive hidsig; *keep one's* ~ beherske sig, lægge bånd på sig; *lose one's* ~, = *get into a* ~; *when the ~ is on him* når hidsigheden løber af med ham; *out of* ~ vred, gal i ho'det; *recover one's* ~ genvinde sindsligevægten.
tempera ['tempərə] *sb* temperafarve.
temperament ['temprəmənt] *sb* temperament; gemyt; *(mus.)* temperatur.
temperamental [temprə'mentl] *adj* temperamentsbestemt; temperamentsfuld; lunefuld.
temperance ['temprəns] *sb* afholdenhed, mådehold; afholds-. **temperate** ['temprət] *sb* tempereret *(fx climate)*; behersket; mådeholden.
temperature ['temprətʃə] *sb* temperatur; *develop a* ~ få feber; *run a* ~ have feber.
tempest ['tempist] *sb* storm, uvejr; *(fig)* storm, oprør.
tempestuous [tem'pestʃuəs] *adj* stormfuld, stormende.
templar ['templə] *sb (hist.)* tempelherre; *(jur)* jurist *el.* student fra *the (Inner el. Middle) Temple;* (frimurer:) goodtemplar.
template ['templət] *sb* skabelon.
I. temple [templ] *sb* tempel; *the Temple* Jerusalems tempel; *the Inner Temple, the Middle Temple* (navnet på to juristkollegier i London).
II. temple [templ] *sb (anat)* tinding.
temple bone tindingeben.
templet ['templət] *sb* skabelon.
tempo ['tempəu] *sb (pl -s el. tempi* [-pi:]) tempo.
I. temporal ['temprəl] *adj* hørende til tindingen; ~ *bone* tindingeben.
II. temporal ['temprəl] *adj* tids-, tidsmæssig; *(rel)* timelig, verdslig.
temporality [tempə'ræliti] *sb* verdslig indtægt (, besiddelse); *(jur)* midlertidighed.
temporary ['temprəri] *adj* midlertidig, foreløbig, interimistisk.
temporize ['tempəraiz] *vb* søge at vinde tid; nøle, tøve; rette sig efter tid og omstændigheder.
temporizer ['tempəraizə] *sb* opportunist.
tempt [temt] *adj* friste; lokke.
temptation [tem'teiʃn] *sb* fristelse.
temptress [temtrəs] fristerinde.
ten [ten] *num* ti; *sb* tier; *the upper ~ (thousand)* ɔ: aristokratiet.
tenable ['tenəbl] *adj* holdbar, logisk; *(ogs mil.)* som kan forsvares; (om embede *etc)* som kan indehaves *(fx ~ for 5 years)*.
tenace ['teneis] *sb* (i bridge: es og dame *(major ~)* eller konge og knægt *(minor ~)* af den udspillede farve på samme hånd); saks, gaffel.
tenacious [ti'neiʃəs] *adj* klæbrig, sej, sammenhængende; (om person) hårdnakket, stædig; *be ~ of* holde stædigt fast ved.
tenacity [ti'næsiti] *sb* hårdnakkethed; klæbrighed, sejhed; ~ *of life* sejlivethed; ~ *of purpose* målbevidsthed.
tenancy ['tenənsi] *sb* leje, lejemål; forpagtning.
tenant ['tenənt] *sb* lejer, beboer; forpagter, fæster, *vb*

leje, bebo; forpagte; ~ *at will* lejer der kan opsiges uden bestemt varsel.
tenant| farmer forpagter. ~ **rights** *pl* forpagters rettigheder (herunder forpagtningsret og erstatningsret).
tenantry ['tenəntri] *sb* forpagtere, fæstere.
tench [tenʃ] *zo* suder.
I. tend [tend] *sb* have en vis retning, gå i en vis retning, stræbe *(to* mod); ~ *to (el. towards) (ogs)* sigte til, tjene til; tendere mod; have tilbøjelighed til, være tilbøjelig til *(fx he -s to exaggerate)*.
II. tend [tend] *vb* betjene, opvarte, passe, pleje, ledsage.
tendance ['tendəns] *sb* betjening, pleje.
tendency ['tendənsi] *sb* tendens, retning, tilbøjelighed.
tendentious [ten'denʃəs] *adj* tendentiøs.
I. tender ['tendə] *vb* fremføre *(fx one's thanks)*, indgive *(fx one's resignation)*; tilbyde; *(merk)* give tilbud *(for* på).
II. tender ['tendə] *sb (merk)* (licitations)tilbud, overslag; *(jernb, mar)* tender (kulvogn; proviantbåd); *invite -s for* udbyde i licitation; *legal* ~ lovligt betalingsmiddel.
III. tender ['tendə] *adj* **1.** øm *(fx feelings, glances, smile)*, følsom *(fx heart)*; **2.** blid, nænsom *(fx touch)*, varsom, omsorgsfuld; **3.** sart *(fx plant)*, spæd *(fx buds, leaves)*; **4.** *(mht* smerte) øm *(fx gums; spot* punkt), *(fig ogs)* ømtålelig *(fx subject)*; **5.** (om kød) mør; **6.** *(mar)* rank; *of* ~ *age* (let *glds)* purung; *a* ~ *conscience* en fintmærkende samvittighed; *their* ~ *years* deres spæde alder.
tender|foot ['tendəfut] S nyankommen, grønskolling, begynder, novice; (om ulveunge:) ømfod. ~ **-footed** *adj* forsigtig, frygtsom, ny (i bestillingen), grøn. ~ **-hearted** *adj* blødhjertet, god, kærlig.
tenderize ['tendəraiz] *vb* gøre mørt (om kød).
tenderloin ['tendəlɔin] *sb* filet, mørbrad.
tendon ['tendən] *sb* sene.
tendril ['tendril] *sb (bot)* slyngtråd.
tenebrous ['tenibrəs] *adj (litt)* mørk, skummel; dunkel.
tenement ['tenəmənt] *sb* beboelseshus; lejlighed; lejekaserne; *(jur)* besiddelse, ejendom; jord man har i forpagtning. **tenement house** beboelsesejendom, lejekaserne.
tenet ['ti:net, 'tenet] *sb* grundsætning, princip; læresætning, trossætning, dogme.
tenfold ['tenfəuld] *adj* tifold.
ten-gallon hat *(am)* stor bredskygget cowboyhat.
Tenn. *fk Tennessee.*
tenner ['tenə] *sb* tipundsseddel; *(am)* tidollarseddel.
Tennessee [tenə'si:].
tennis ['tenis] *sb* tennis.
tennis| court tennisbane. ~ **elbow** *(med.)* tennisalbue.
Tennyson ['tenisən].
tenon ['tenən] *sb* (sinke)tap; *vb* sinke; tapsamle; forme som en tap. **tenon saw** listesav.
tenor ['tenə] *sb* forløb, retning, bane; (af tale *etc)* hovedindhold, det centrale; ånd, tone; *(mus.)* tenor.
tenpins ['tenpinz] *sb* (form for) keglespil.
tenrec ['tenrek] *sb zo* tanrek, børstesvin.
I. tense [tens] *sb (gram)* tid, tempus.
II. tense [tens] *adj* spændt, stram; *(fig)* anspændt, sammenbidt; anspændende; *(fon)* spændt; *vb* spænde; *-d up* anspændt, nervøs.
tensile ['tensail] *adj* strækbar; ~ *strength* brudstyrke; ~ *stress* trækspænding; ~ *test* (s)trækprøve.
tension [tenʃn] *sb* spænding, strækning; spændkraft *(fx of a spring* (fjeder)); *(fig)* anspændthed; spændt forhold *(fx between two nations)*; *vb* spænde, stramme, strække.
tensor ['tensə] *sb (anat)* strækkemuskel.
ten-speed *sb* tigearscykel.
tent [tent] *sb* telt, bolig; *(med.)* tampon; *vb* (lade) ligge i telt; *(med.)* tamponere.
tentacle ['tentəkl] *sb* føletråd, følehorn, fangarm.
tentative ['tentətiv] *adj* prøvende, forsøgsvis; *sb* (forsigtigt) forsøg; føler.
I. tenter ['tentə] *sb* maskinpasser.
II. tenter ['tentə] *sb* klæderamme; strækramme; tørrestativ; *vb* udspænde på en ramme.
tenterhook ['tentəhuk] *sb* krog på strækramme; *on -s (fig)* i pinagtig spænding, utålmodig, som på nåle.
tenth [tenθ] *adj* tiende; *sb* tiendedel.
tent peg teltpløk.
tent pegging (militæridræt, der går ud på, at rytteren med spidsen af sin lanse skal rykke en nedrammet teltpløk op af jorden).
tenuity [te'njuiti] *sb* tyndhed, finhed.
tenuous ['tenjuəs] *adj* tynd, fin; svag, spinkel.
tenure ['tenj(u)ə] *sb* besiddelse, besiddelsesform *(fx feudal* ~ lensbesiddelse); (af embede) indehavelse; embedstid; embedsperiode; *give sby* ~ fastansætte en; *security of* ~ (i embede) ansættelsestryghed; (om lejer) uopsigelighed; *there were doubts about his security of* ~ der var tvivl om hvor sikkert han sad; *permanency of* ~ fast ansættelse. **tenured** ['tenjuəd] *adj* fastansat.
tepee ['ti:pi:] *sb* (spidst) indianertelt.
tepefy ['tepifai] *vb* gøre (, blive) lunken.
tepid ['tepid] *adj (ogs fig)* lunken.
tepidity [te'piditi] *sb* lunkenhed, lunken tilstand.
terato|gen [tə'rætədʒen] *sb* stof som fremkalder fosterskader. **-genic** [tərætə'dʒenik] *adj* som fremkalder fosterskader.
teratoid ['terətɔid] *adj* misdannet, abnorm.
teratology [terə'tɔlədʒi] *sb* studium af misdannelser.
tercentenary [tə:sen'ti:nəri, *(am:)* tər'sentəneri] *sb* trehundredårig; trehundredårsdag.
terebinth ['terəbinθ] *sb (bot)* terpentintræ.
teredo [te'ri:dəu] *zo* pæleorm.
terek ['terek] *sb zo* terekklire.
tergiversate ['tə:dʒivə:seit] *vb* vise vankelmodighed, skifte standpunkt; komme med udflugter; falde fra.
tergiversation [tə:dʒivə:'seiʃn] *sb* vaklen, vægelsindethed; frafald; *-s pl (ogs)* skiftende standpunkter; udflugter.
I. term [tə:m] *sb* **1.** periode, tid *(fx* ~ *of office* embedstid), åremål; **2.** (især *merk)* frist, termin, løbetid; *in the long (, short)* ~ på langt (, kort) sigt; **3.** (på skole *etc)* termin, semester; **4.** udtryk, vending *(fx in flattering -s)*; **5.** *(mat.)* led; **6.** *(glds)* grænse;
7. -s *pl* vilkår, betingelser *(fx on easy* (lempelige) *-s)*, *(merk ogs)* pris *(fx the -s are £8 a day)*; **in** *real -s* målt i faste priser; **in** *-s* **of** udtrykt i *(fx in -s of money)*; med hensyn til, med henblik på; *in -s of high praise* i meget rosende vendinger; *-s* **of** *reference* kommissorium, kompetenceområde; *-s of trade* bytteforhold; **on** *good (, familiar) -s* på god (, fortrolig) fod; *on his -s* på hans betingelser *(el.* præmisser); *bring sby* **to** *-s* få en til at gå ind på betingelserne *(el.* falde til føje); *come to -s with* komme til enighed med, affinde sig med.
II. term [tə:m] *vb* benævne, kalde *(fx he -s himself a doctor)*.
termagant ['tə:məgənt] *sb* arrig kvinde, 'drage', furie.
terminable ['tə:minəbl] *adj* opsigelig, som kan begrænses (, ophæves), som kan bringes til ophør.
terminal ['tə:minl] *adj* slut-, ende; yder-; afsluttende, endelig, yderst; grænse-; termins- *(fx payments)*; *(med.)* letalt *(el.* dødeligt) forløbende (om sygdom); *sb* endestation; endepunkt, *(flyv, mar.,* i edb) terminal; *(elekt)* pol; klemskrue; ~ *moraine* endemoræne; ~ *report* terminsvidnesbyrd; ~ *velocity* sluthastighed.
terminate ['tə:mineit] *vb* begrænse, ende, afslutte;

slutte, bringe til ophør; ophæve, opsige; (uden objekt) ophøre; ~ *a pregnancy* afbryde et svangerskab.
termination [tə:mi'neiʃn] *sb* begrænsning, ende, slutning, ophør, udløb; ophævelse, opsigelse.
terminative ['tə:minətiv] *adj* afsluttende, afgørende.
terminology [tə:mi'nɔlədʒi] *sb* terminologi.
termin|us ['tə:minəs] *sb (pl -i* [-ai]) endestation.
termitary ['tə:mitri] *sb* termitbo.
termite ['tə:mait] *sb zo* termit.
tern [tə:n] *sb zo* terne.
ternary ['tə:nəri] *adj* tre-; trefoldig; *(mat.,* i edb) ternær.
ternery ['tə:nəri] *sb* ternekoloni.
Terpsichore [tə:p'sikəri] (dansens muse).
terrace ['terəs] *sb* terrasse; gade hvis huse er trukket tilbage fra gadelinjen; række af rækkehuse; *vb* anlægge terrassevis.
terrace(d) houses rækkehuse.
terra-cotta ['terə'kɔtə] *sb* terrakotta.
terrain ['terein] *sb* terræn.
terrapin ['terəpin] *(zo): diamondback ~* knopskildpadde.
terraqueous [te'reikwiəs] *adj* bestående af (, omfattende) land og vand.
terrazzo [te'rætsəu] *adj* terrazzo.
terrestrial [tə'restriəl] *adj* terrestrisk, jordisk; jord-, land-; *sb* jordboer; ~ *globe* globus.
terrible ['terəbl] *adj* forfærdelig, frygtelig.
terrier ['teriə] *sb zo* terrier.
terrific [tə'rifik] *adj* frygtelig, skrækindjagende; T enorm, vældig, gevaldig; *it was -ally good of you* det var forfærdelig pænt af dig.
terrify ['terifai] *vb* forfærde.
territorial [teri'tɔ:riəl] *adj* territorial; *sb* soldat i *the Territorial Army (el. Force)* territorialhæren, landeværnet; ~ *waters* territorialfarvand.
territory ['teritri] *sb* territorium, område.
terror ['terə] *sb* skræk, rædsel, terror; *(fig)* rædsel, plage; (se også *holy terror).*
terrorism ['terərizm] *sb* terrorisme, voldsherredømme.
terrorist ['terərist] *sb* terrorist.
terrorize ['terəraiz] *vb* terrorisere; skræmme.
terror-stricken *adj* rædselsslagen.
terry ['teri] *sb* frotté; *adj* frotté *(fx towel).*
terse [tə:s] *adj* fyndig, kort og klar, rammende.
tertian [tə:ʃn] *sb, adj: ~ (fever)* andendagsfeber.
tertiary ['tə:ʃəri] *adj* tertiær; tredje; (om uddannelse) højere.
TESL *fk teaching English as a secondary language.*
TESOL *fk teaching (, teachers) of English to Speakers of other languages.*
tessellate ['tesileit] *vb* gøre ternet (, rudet); indlægge med mosaik (som består af *tesserae).*
tesser|a ['tesərə] *sb (pl -ae* [-ri:]) mosaiksten.
test [test] *sb* prøve; analyse, undersøgelse; prøvesten, kriterium; *(kem)* prøvedigel, prøvemiddel; *(psyk)* test; *vb* probere, prøve; efterprøve, afprøve; teste; *stand the ~* bestå prøven; *put to the ~* sætte på prøve; *the Test Act* (en 1828 ophævet, mod katolikkerne rettet, engelsk lov).
testament ['testəmənt] *sb* testamente.
testamentary [testə'mentri] *adj* testamentarisk.
testamur [te'steimə] *sb* eksamensbevis.
testator [te'steitə] *sb* testator, arvelader.
test | ban atomprøvestop ~ **case** *(jur)* principiel sag, prøvesag. ~ **drive** *vb* prøvekøre.
tester ['testə] *sb* prøveapparat; (person:) undersøger; kontrollant; (over seng *etc)* baldakin, sengehimmel.
testicle ['testikl] *sb* testikel.
testify ['testifai] *vb* bevidne; bekræfte; vidne *(to* om).
testimonial [testi'məunjəl] *sb* vidnesbyrd, attest; hædersgave; (i fodbold *etc)* afskedskamp hvor entreindtægten går til den afgående spiller; ~ *dinner* æresbanket.
testimony ['testiməni] *sb* erklæring; vidnesbyrd, vidneudsagn, vidneforklaring; bevis; *give ~ to* aflægge bevis på, bevidne.
test| match kricketlandskamp mellem visse Commonwealth-lande. ~ **pattern** *(TV)* prøvebillede. ~ **pilot** testpilot, indflyver. ~ **tube** reagensglas. ~ **tube baby** reagensglasbarn.
testudo [te'stju:dəu] *sb* skjoldtag, skjoldborg; *zo* landskildpadde.
testy ['testi] *adj* irritabel, opfarende.
tetanus ['tetənəs] *sb* stivkrampe.
tetchy ['tetʃi] *adj* pirrelig, gnaven.
tête-à-tête ['teit a: 'teit] *sb* tête-a-tête; samtale under fire øjne; *adj* fortrolig; under fire øjne.
tether ['teðə] *sb* tøjr; *vb* tøjre, binde; *be at the end of one's ~* ikke kunne (holde til) mere, have udtømt sine kræfter.
tetrachloride ['tetrə'klɔ:raid] *sb (kem): carbon ~* tetraklorkulstof.
tetrarch ['tetra:k] *sb* tetrark, fjerdingsfyrste.
tetter ['tetə] *sb* udslæt, eksem.
Teuton ['tju:tən] *sb* teutoner.
Teutonic [tju'tɔnik] *adj* teutonsk, germansk; *sb* germansk.
TEWT *fk tactical exercise without troops* krigsspil; T papirøvelse.
Tex. *fk Texas.* **Texas** ['teksəs].
text [tekst] *sb* tekst; *(rel)* skriftsted; *(fig)* emne; *(am)* lærebog.
textbook ['tekstbuk] *sb* lærebog; ~ *example* skoleeksempel.
textile ['tekstail] *adj* vævet; tekstil-; *sb* vævet stof, tekstil.
textual ['tekstʃuəl] *adj* tekst-; ordret.
texture ['tekstʃə] *sb* vævning, væv; sammensætning, struktur; (i kunst) stofvirkning.
T.F. *fk Territorial Force.*
TGWU *fk Transport and General Workers' Union.*
Thackeray ['θækəri].
Thailand ['tailænd] Thailand, Siam.
Thalia [θə'laiə] *(myt)* (komediens muse).
thalidomide [θə'lidəmaid] *sb* thalidomid.
Thames [temz]: *the ~* Themsen; *he will never set the ~ on fire* han er ikke nogen ørn, han har ikke opfundet krudtet, han kommer aldrig til at udrette noget særligt.
than [ðən, (betonet:) ðæn] *conj, præp* end; *we need go no farther ~* (end til) *France; he showed more courage ~* (end der) *was to be expected.*
thane [θein] *sb (hist.)* than, lensmand.
thank [θæŋk] *vb* takke; ~ *God* Gud være lovet; Gud ske lov; ~ *you* tak; *no, ~ you* nej tak; ~ *you very much* mange tak; ~ *you for nothing* (ironisk til en der ikke har villet hjælpe *etc)* tak for din venlighed; *I will ~ you to leave my affairs alone* vær så venlig at holde dig fra mine sager; *you have only yourself to ~* det er din egen skyld.
thankful ['θæŋkf(u)l] *adj* taknemlig.
thankless ['θæŋkləs] *adj* utaknemlig.
thanks [θæŋks] *sb* tak, taksigelser; *many ~, ~ very much* mange tak; *no ~!* nej tak! ~ *to* takket være *(fx ~ to his help I succeeded); we succeeded, small (, no) ~ to him* det var ikke hans skyld at det lykkedes os; ~ *be to God* Gud være lovet, Gud ske lov.
thanksgiving ['θæŋksgiviŋ] *sb* taksigelse, takkefest; *Thanksgiving Day* helligdag i USA, fjerde torsdag i november.
that 1. [ðæt] (påpegende *pron)* den, det; denne, dette

(pl those de, dem, disse, hine);

2. [ðət] (relativt *pron)* der, som (næsten kun brugt i bestemmende relativsætninger) *(fx those ~ love us; the books ~ you lent me);* da *(fx the year that his brother died);* hvorpå;

3. [ðət] *conj* at *(fx I know ~ it is so);* så at, for at *(fx he died ~ we may live);* fordi; gid;

4. [ðæt] *adv* T så *(fx ~ far, ~ much);*

eksempler: 1. *at that* oven i købet; *that which* det som, hvad der; *there are those who* (dem der) *say; (well,) that's that* så er den ikke længere; *hand me the scissors, that's a dear!* ræk mig lige saksen, så er du rar; *that awful wife of his* den rædsomme kone han har; 2. *fool that he was* nar som han var; *in the manner that* på den måde hvorpå; 3. *in that* idet, forsåvidt, fordi, derved at; *oh, that I could see him again* gid *(el.* blot) jeg kunne se ham igen.

thatch [θætʃ] *sb* tækkehalm, stråtag; T (om hår) paryk; *vb* tække; *-ed* stråtækt; *-ing* tækkemateriale.

thaw [θɔ:] *vb* tø; tø op; *sb* tø, tøvejr, tøbrud; optøning; *~ out* tø op.

the [ðə, (foran vokal) ði; (betonet) ði:] den, det, de; -(e)n, -(e)t, -(e)ne; (foran *komp)* des, desto, jo; *~ boy* drengen; *~ big boy* den store dreng; *~ boy who saw him* den dreng der så ham; *is he the* [ði:] (den bekendte) *Dr. Jones? he gave a* [ei] *reason but not the* [ði:] *reason* han angav en grund, men ikke den virkelige grund; *~ less so as* så meget mindre som; *~ sooner ~ better* jo før jo hellere; *so much ~ worse* så meget des værre.

theatre ['θiətə] *sb* **1.** teater; *(fig)* skueplads *(fx the ~ of his early triumphs);* **2.** forelæsningssal, auditorium (med tilhørerpladser hævet trinvis over hinanden); **3.** *(litt)* dramatisk litteratur, dramatiske værker *(fx Goethe's ~);* **4.:** *~ of war* krigsskueplads. **5.** *adj (mil.)* taktisk *(fx ~ nuclear weapons).* **theatre-in-the-round** arenateater.

theatre sister operationssygeplejerske.

theatrical [θi'ætrikl] *adj* teater- *(fx performance); (fig, neds)* teatralsk; *private -s* amatørteater; dilettantkomedie.

Thebes [θi:bz] Theben.

thee [ði:] *pron (glds)* dig.

theft [θeft] *sb* tyveri.

thegn [θein] *sb (hist.)* than, lensmand.

their [ðɛə] *pron* deres.

theirs [ðɛəz] *pron* deres *(fx the money is ~).*

theism ['θi:izm] *sb* teisme.

theist ['θi:ist] *sb* teist (tilhænger af teisme).

them [ðem, (ubetonet:) ðəm] *pron* dem; *(dial.)* de *(fx take ~ books).*

thematic [θi'mætik] *adj* tematisk; *(gram)* stamme- *(fx ~ vowel).*

theme [θi:m] *sb* tema, emne; (i skole) stil, opgave; *(mus.)* tema; (i radio) kendingsmelodi; *(gram)* stamme.

themselves [ðəm'selvz] *pron* sig; sig selv; dem selv; selv; *they defend ~* de forsvarer sig.

then [ðen] *adv* da, dengang, på den tid; derefter, derpå, så; (begrundende:) derfor, altså, i det tilfælde; *adj* daværende *(fx the ~ governor);*

there and ~ på stående fod, på stedet, straks; *by ~* da, på det tidspunkt; *I shall be back by ~* jeg kommer tilbage inden den tid; *from ~ onwards* fra den tid af; *till ~* indtil da; *he had very strange visitors sometimes, but ~, of course, he had travelled a lot ...* men han havde jo også rejst meget.

thence [ðens] *adv* derfra, fra den tid, derfor; *from ~* derfra.

thence|forth ['ðens'fɔ:θ], **-forward** ['ðens'fɔ:wəd] *adv* fra den tid af.

theodolite [θi'ɔdəlait] *sb* teodolit (landmålerinstrument).

theol. *fk theology.*

theo|logian [θiə'ləudʒn] *sb* teolog. **-logic(al)** [-'lɔdʒik(l)] *adj* teologisk. **-logy** [-'ɔlədʒi] *sb* teologi.

theorem ['θiərem] *sb* læresætning, sætning.

theoretic(al) [θiə'retik(l)] *adj* teoretisk.

theoretician [θiərə'tiʃn], **theorist** ['θiərist] *sb* teoretiker.

theorize ['θiəraiz] *vb* teoretisere.

theory ['θiəri] *sb* teori.

theoso|phic(al) [θiə'sɔfik(l)] *adj* teosofisk. **-phist** [θi'ɔsəfist] *sb* teosof. **-phy** [θi'ɔsəfi] *sb* teosofi.

therapeutic [θerə'pju:tik] *adj* terapeutisk, lægende; *-s,* se *therapy.*

therapist ['θerəpist] *sb* terapeut, (ofte =) psykoterapeut. **therapy** ['θerəpi] *sb* terapi.

there [ðɛə] *adv* der, derhen, dertil; deri, i det *(fx ~ I disagree with you); ~!* se så (nu er det overstået)! der kan du selv se! ~, *~!* så så! *he is (not) all ~,* se *all; get ~,* se *get;* **~ is** *cheese and cheese* ost og ost er to ting; *hand me the scissors, -'s a dear!* ræk mig lige saksen, så er du rar; *~ is friendship for you!* det kan man kalde venskab! *~ is a knock* det banker; *~ is no knowing* man kan aldrig vide; *~ is money in it* der er penge at tjene; *he* **left** *~ last night* han tog derfra i går aftes; **put** *(el. stick) it ~!* T lad mig trykke din hånd! **so ~!** så er den ikke længere! (triumferende) øv bøv! **~ you are** værsgo'! se så! så er den klaret; der kan du se hvad jeg sagde.

there|about(s) der omkring. **-after** derefter. **-at** derved. **-by** derved. **-fore** derfor, følgelig. **-from** derfra. **-in** deri. **-in-after** i det følgende. **-of** deraf. **-to** dertil. **-upon** derpå, på grundlag deraf, derfor, straks derefter. **-with** dermed. **-withal** desuden.

therm [θə:m] *sb* (varmeenhed).

thermal [θə:ml] *adj* varme- *(fx barrier* mur); termisk; varm *(fx spring* kilde); (om tøj) termo-; *sb (flyv)* termisk opvind; *-s pl (ogs)* termik; *~ underwear* termoundertøj.

thermionic [θə:mi'ɔnik] *adj: ~ valve, (am) ~ tube* glødekatoderør.

thermo- ['θə:məu] (forstavelse) varme-, termo-.

thermo|chemistry termokemi. **-couple** termoelement. **-electricity** termoelektricitet. **-genesis** varmefrembringelse. **-gram** termogram. **-graph** termograf, selvregistrerende termometer. **-logy** [θə'mɔlədʒi] varmelære.

thermometer [θə'mɔmitə] *sb* termometer; *clinical ~* lægetermometer.

thermo|metry [θə'mɔmitri] *sb* varmemåling. **-nuclear** ['θə:mə'nju:kliə] *adj* termonuklear; *-nuclear bomb* brintbombe. **-phore** ['θə:məfɔ:] varmeapparat. **-plastic** ['θə:mə'plæstik] termoplastisk.

thermos ® ['θə:mɔs]: *~ (flask)* termoflaske.

thermo|setting ['θə:mə'setiŋ] *adj* termohærdnende. **-stat** ['θə:məstæt] termostat. **-static** [θə:mə'stætik] *adj* termostatisk; *-static control* termostatstyring. **-therapy** ['θə:mə'θerəpi] *(med.)* varmebehandling.

thesaur|us [θi'sɔ:rəs] *sb (pl -i* [-ai]) thesaurus, begrebsordbog.

these [ði:z] *pron* disse *(pl* af *this).*

thesis ['θi:sis] *sb (pl theses* ['θi:si:z]) tesis, tese; afhandling, disputats.

Thespian ['θespiən] *adj* thespisk, vedrørende skuespilkunst.

theurgy ['θi:ə:dʒi] *sb* guddomsværk, mirakel; magi, trolddomskunst.

thews [θju:z] *sb pl* muskler; (muskel)kraft.

they [ðei] *pron* de; man, folk *(fx they say that he is dead).*

thick [θik] *adj* tyk, tæt; (om vand) uklar, (om vejr) usigtbar; (om person) sløv, dum; (om stemme) tyk, grødet;

sb tætteste (, tykkeste) del; T fjog; *in the ~ of the fight* der hvor kampen er (, var) hedest; *in the ~ of it* der hvor det foregår (, foregik);
that's a bit ~ det er lige hårdt nok; det er et stift stykke; *they are rather ~* de er fine venner; *they are as ~ as thieves* de er meget fine venner, de hænger sammen som ærtehalm; *give him a ~ ear* T give ham en på skrinet; *he always gets the ~ end of the stick* det er altid ham det går ud over; *lay it on ~* smøre tykt på; *go with him through ~ and thin* følge ham i tykt og tyndt.

thick-ear ['θikiə] *adj: ~ fiction* underholdningsromaner med mange slagsmål.

thicken ['θik(ə)n] *vb* gøre (, blive) tyk (*el.* tæt); tiltage; (i madlavning) jævne *(fx gravy* sovs); *the plot -s* knuden strammes *(fx* i roman); situationen bliver mere og mere indviklet.

thickening ['θik(ə)niŋ] *sb* fortykkelse; jævning.

thicket ['θikit] *sb* krat, skovtykning.

thick|-headed ['θik'hedid] *adj* tykhovedet. **-knee** *zo* triel (en fugl). **-ness** [-nəs] tykkelse; tæthed; lag. **-set** *adj* tæt, tætplantet, tætvoksende; (om person) undersætsig ~ **-skinned** *adj* tykhudet, ufølsom. ~ **-skulled** *adj* tykhovedet, sløv. ~ **-witted** *adj* tungnem.

thief [θi:f] *sb (pl thieves* [θi:vz]) tyv; (i biblen) røver *(fx the thieves upon the Cross).* **thieve** [θi:v] *vb* stjæle.

thieves'| kitchen tyverede. ~ **Latin** tyvesprog.

thievish ['θi:viʃ] *adj* tyvagtig.

thigh [θai] *sb* lår.

thill [θil] *sb* enspændervognstang.

thimble [θimbl] *sb* fingerbøl; *(mar)* kovs.

thimble|rig ['θimblrig] *vb* narre, fuppe. **-rigger** *sb* taskenspiller.

thin [θin] *adj* tynd, smal, mager, fin, spæd, spinkel; tyndt besat, fåtallig *(fx audience); (fig ogs)* dårlig *(fx excuse),* let gennemskuelig *(fx disguise); vb* fortynde, formindske, tynde ud; *~ down* fortynde, spæde op; *~ out* tynde ud, udtynde.

thine [ðain] *pron (glds)* din, dit, dine.

thing [θiŋ] *sb* ting, sag; tingest;
-s *pl (ogs)* tøj, kluns; sager, grejer; *be* **all** *-s to all men* prøve at være alle tilpas; *of all -s!* nu har jeg aldrig! **and** *-s* og den slags; *-s* **are** *getting worse and worse* forholdene *(el.* situationen) bliver værre og værre;
that's the **chief** *~* det er hovedsagen; *it's not the* **done** *~* det kan man ikke; *we'll do it* **first** *~ (in the morning)* vi gør det straks i morgen tidlig; *good ~,* se *l. good;* **have** *a ~ about* være skør med; **know** *a ~ or two* være med på den, være vaks; **make** *a ~ of* gøre et stort nummer ud af; **old** *~* gamle ven; *for* **one** *~* for det første, først og fremmest; for eksempel; *taking one ~ with another* alt taget i betragtning, alt i alt; *that's just one of those -s* det er hvad der kan ske; det er en af livets fortrædeligheder; *do one's* **own** *~* S gøre det man selv har lyst til; *-s personal (jur)* personlige ejendele, løsøre; *poor little ~* den lille stakkel; *she is a proud little ~* hun er en stolt lille en; *it's a strange ~ that* det er mærkeligt at;
the *~ (ogs)* det helt rigtige, det tiltrængte; *I don't feel quite the ~* jeg føler mig ikke helt vel; *the ~ is* det gælder om *(fx the ~ is to say nothing);* sagen er den; *that is just the ~* det er lige sagen, det er det helt rigtige; *that's just the ~ for you* det er lige noget for dig.

thingamajig ['θiŋəmədʒig], **thingamy** ['θiŋəmi], **thingumbob** ['θiŋəmbɔb], **thingummy** ['θiŋəmi] *sb* tingest, dims, dippedut.

think [θiŋk] *vb (thought, thought)* tænke, tro, mene; anse for; synes, bilde sig ind; forestille sig, tænke sig, begribe *(fx I can't ~ what he means); that's what 'you ~* det er da noget du tror; *little did he ~ that* lidet anede han at;
(med *præp, adv)* ~ **about** tænke på *(fx ~ about one's home);* tænke over *(fx I must ~ about it);* ~ **of** tænke på, tænke over; tænke om *(fx I should not have thought it of him);* finde på, hitte på; drømme om *(fx I shouldn't ~ of doing it);* komme i tanke om, huske *(fx I can't ~ of her name); ~ highly of, ~ much of* have store tanker om; *~ nothing (el. little) of* ikke regne for noget; ikke betænke sig på at; ~ **out** udtænke; gennemtænke; ~ **over** tænke over, overveje; ~ **up** *(am)* hitte på, udtænke.

thinkable ['θiŋkəbl] *adj* tænkelig.

thinking ['θiŋkiŋ] *sb* tænkning, tanker, mening; *adj* tænkende. **thinking cap:** *put on one's ~* lægge hovedet i blød.

think tank ekspertgruppe; forskningscenter, forskningskollektiv; *(am* S) hjerne.

thinner ['θinə] *sb* fortynder, fortyndingsmiddel.

thin-skinned ['θin'skind] *adj* tyndhudet, tyndskallet, ømfindtlig.

third [θə:d] *adj* tredje; *sb* tredjedel; (i bil) tredje gear; *(mus.)* terts.

third| degree trejdegradsforhør; tortur. **-ly** *adv* for det tredje. ~ **party** tredjemand, tredjepart. ~ **party liability insurance** ansvarsforsikring. ~ **-rate** *adj* tredjeklasses.

thirst [θə:st] *sb* tørst *(for* efter); *vb* tørste *(for* efter).

thirsty ['θə:sti] *adj* tørstig; som man bliver tørstig af *(fx it is ~ work); a ~ car* en benzinsluger.

thirteen ['θə:'ti:n] tretten. **thirteenth** *adj, sb* trettende(del).

thirtieth ['θə:tiəθ] *adj, sb* tredivte(del).

thirty ['θə:ti] *num* tredive, treti; *in the thirties* i trediverne.

this [ðis] *pron* denne, dette, det her *(pl these* disse); T så *(fx ~ far; ~ much); by ~* herved; nu, allerede; *by ~ time* nu, allerede; *~ morning* i morges, nu til morgen, i formiddag; *~ day week* i dag otte dage; *~ (last) half-hour* i den sidste halve time; *like ~* på denne måde; af denne slags; *~ and that, ~ that and the other* dit og dat, dette og hint, både det ene og det andet, alt muligt; *these days* i disse dage, for tiden; *one of these days* en skønne dag; *these forty years* de sidste *(el.* de første) fyrre(tyve) år.

thistle [θisl] *sb* tidsel; (Skotlands nationalsymbol).

thistledown *sb* tidselfnug.

thither ['ðiðə] *adv* derhen.

tho' *fk though.*

thole [θəul], **tholepin** ['θəulpin] *sb* åretold.

Thomas ['tɔməs]. **Thom(p)son** [tɔmsn].

thong [θɔŋ] *sb* rem; *-s pl (am, austr)* klip-klapper, japansandaler.

thoracic [θɔ:'ræsik] *adj (anat)* bryst-; *~ vertebra* brysthvirvel.

thorax ['θɔ:ræks] *sb (anat)* brystkasse, bryst.

Thoreau ['θɔ:rəu, θə'rəu].

thorium ['θɔ:riəm] *sb (kem)* thorium.

thorn [θɔ:n] *sb* torn, vedtorn; tjørn, hvidtjørn; *a ~ in the flesh* en pæl i kødet; en stadig kilde til ærgrelse; *be (el. sit) on -s* sidde som på nåle.

thorn apple *(bot)* pigæble; tjørnebær.

thorny ['θɔ:ni] *adj* tornefuld, tornet; *a ~ question* et meget vanskeligt spørgsmål.

thorough ['θʌrə] *adj* fuldstændig, grundig, indgående, gennemgribende; *præp, adv (glds)* gennem.

thorough| bass generalbas, basso continuo. **-bred** *adj* fuldblods; (om person) kultiveret, racepræget; *sb* fuldblodshest; racedyr; kulturmenneske. **-fare** gennemgang, passage, færdselsåre, (hoved)gade; *no -fare* gennemkørsel forbudt. **-going** *adj* fuldstændig, grundig, gennemført. **-ly** *adv* fuldstændigt, grundigt, indgående, gennemgribende, ganske, fuldkommen. ~ **-paced** *adj* gennemtrænet; gennemført; ærke- *(fx*

villain).
Thos. *fk Thomas.*
those [ðəuz] *pron* de, dem, disse, hine *(pl* af *that).*
I. thou [ðau] *pron (glds)* du; *vb* dutte, sig du til.
II. thou [θau] *sb* S tusind.
though [ðəu] *conj* skønt, endskønt, selv om; *adv* (sidst i sætningen) alligevel *(fx it is dangerous, ~* det er nu alligevel farligt); *did she ~?* gjorde hun virkelig? **as ~** som om; *it is not as ~* det er ikke fordi; **even ~** selv om; **what ~** *(glds)* hvad (gør det) om.
I. thought [θɔ:t] *præt* og *pp* af *think.*
II. thought [θɔ:t] *sb* tanke; omtanke *(fx full of ~ for him);* tankegang, tænkemåde, tænkning *(fx Greek ~);* overvejelse *(fx after serious ~);* lille smule, lidt *(fx a ~ too sweet); food* **for ~** stof til eftertanke; *absorbed (el. lost)* **in ~** i dybe tanker; *school* **of ~** åndsretning; *he had no ~ of doing it* det var ikke hans mening *(el.* hensigt) at gøre det; *on* **second** *-s* ved nærmere eftertanke; *he never gave it a second ~* han tænkte overhovedet ikke på det mere; *have second -s about it* ombestemme sig; **take ~** *for* bekymre sig om.
thought|ful [-f(u)l] *adj* tankefuld; betænksom, hensynsfuld, opmærksom; bekymret, alvorlig. **-less** [-ləs] *adj* tankeløs, ubetænksom, hensynsløs; ubekymret, ligegyldig. **~ -reading** tankelæsning. **~ transference** tankeoverføring.
thousand [θauznd] tusind.
thousandth *sb* tusindedel; *adj* (den) tusinde.
thraldom ['θrɔ:ldəm] *sb* trældom.
thrall [θrɔ:l] *sb* træl, slave; trældom.
thrash [θræʃ] *vb* tærske; piske; slå, prygle; *~ about* slå om sig; *~ out (fig)* drøfte til bunds.
thrasher, ['θræʃə] *sb,* se *thresher; (am, zo)* spottedrossel; røddrossel.
thrashing ['θræʃiŋ] *sb* dragt prygl; omgang klø.
I. thread [θred] *sb* tråd; *(tekn)* gevind, skruegang; *-s pl (am* S) tøj, klude; *hang by a ~ (fig)* hænge i en tråd; *loose -s (fig)* løse ender; *gather (el. pick, take) up the -s (fig)* T knytte tråden igen; finde ud af tingene.
II. thread [θred] *vb* træde (en nål); trække på tråd (, snor) *(fx pearls);* skære gevind i; *~ the film* lægge *(el.* sætte) filmen i (forevisnings)apparatet; *~ one's* **way** bevæge sig med forsigtighed, sno sig frem *(fx ~ one's way between the carriages); -ed* **with** *(fig)* gennemtrukket af; *his hair was -ed with silver* han havde sølvstænk i håret.
thread|bare *adj* luvslidt; *(fig)* forslidt. **~ paper** vindsel. **-worm** trådorm.
thready ['θredi] *adj* trådagtig; svag, tynd.
threat [θret] *sb* trussel.
threaten [θretn] *vb* true; true med; *-ing* truende.
three [θri:] tre; *sb* tretal, treer.
three|-cornered *adj* trekantet, med tre deltagere. **~-D** *adj* tredimensional. **~ -decker** *(mar.)* tredækker; *(fig)* trebindsroman; sandwich med tre lag brød. **~-figure** *adj* trecifret. **-fold** *adv* trefold; *adj* trefoldig. **~ -legged** *adj* trebenet. **~ -legged race** kapløb mellem par som har to ben bundet sammen. **~ -master** tremaster. **-pence** ['θrepəns, 'θripəns] tre pence. **-penny bit** ['θrepənibit, 'θri-] trepennystykke (nu afskaffet mønt). **~ -piece** *adj* som består af tre dele; *sb* sæt som består af tre dele; (om møbler) sofagruppe (sofa og to lænestole). **~ -ply** *adj* tredobbelt (om finér); treslået (om garn). **~ -point landing** *(flyv)* tre-punkts landing (alle tre hjul rører jorden samtidig). **~ -quarter** *adj* trekvart; *sb* (i rugby) trekvartback. **~ R's** se *r.* **-score** tres. **-some** gruppe på tre; spil med tre deltagere. **~ -stage rocket** tretrinsraket.
threnode ['θri:nəud], **threnody** ['θrenədi] *sb* klagesang.
thresh [θreʃ] *vb* tærske.
thresher ['θreʃə] *sb* tærsker; tærskeværk; *zo* rævehaj.
threshing| floor logulv. **~ machine** tærskeværk.
threshold ['θreʃəuld] *sb* **1.** *(ogs fig, psyk)* tærskel; **2.** = *~ payment.* **threshold| lights** *pl (flyv)* tærskellys, begrænsningslys. **~ payment** dyrtidstillæg.
threw [θru:] *præt* af *throw.*
thrice [θrais] *adv (glds)* tre gange, trefold.
thrift [θrift] *sb* sparsommelighed, økonomi; *(bot)* engelskgræs. **thriftless** ['θriftləs] *adj* ødsel.
thrift shop genbrugsforretning (ofte drevet af socialt foretagende).
thrifty ['θrifti] *adj* sparsommelig; *(am ogs) = thriving.*
thrill [θril] *sb* gys, gysen; *vb* få til at gyse; begejstre, betage; (uden objekt) gyse; bæve, skælve, dirre; *-s and spills* T op- og nedture; glæder og sorger; *~ to the bone* gå igennem marv og ben; *-ing (ogs)* spændende, gribende.
thriller ['θrilə] *sb* gyser (roman, film *etc).*
thrive [θraiv] *vb (throve, -d el. -d -d)* trives, blomstre; være heldig, have fremgang.
thriven [θrivn] *(glds) pp* af *thrive.*
thriving ['θraiviŋ] *adj* blomstrende; heldig, fulgt af held.
thro' *fk through.*
throat [θrəut] *sb* svælg, strube, hals; *(fig)* snævring, (snæver) indgang; munding; *(mar)* kværk (på sejl); *cut sby's ~* skære halsen over på en; *cut each other's -s (fig)* konkurrere hinanden sønder og sammen; *have a sore ~* have ondt i halsen; (se også *I. cut, I. jump, ram, I. thrust).*
throat latch kæberem.
throaty ['θrəuti] *adj* guttural, strube-; grødet *(fx voice).*
throb [θrɔb] *vb* banke (om puls, hjerte), banke hurtigt; pulsere; *sb* pulseren, banken, slag.
throe [θrəu] *sb* kval, vånde; *-s pl (ogs)* fødselsveer; *-s of death* dødskamp; *be in the -s of (fig)* kæmpe med.
thrombosis [θrɔm'bəusis] *sb* dannelse af blodprop.
thrombus ['θrɔmbəs] *sb* blodprop.
throne [θrəun] *sb* trone; *vb* sætte på tronen.
throne room tronsal.
throng [θrɔŋ] *sb* trængsel, skare; *vb* stimle sammen, flokkes.
thronged [θrɔŋd] *adj* fyldt til trængsel.
throstle [θrɔsl] *sb* sangdrossel; *(tekn)* drosselstol.
throttle [θrɔtl] *vb* kvæle, kværke; *(fig)* kvæle, undertrykke; *(tekn)* drosle; *sb* kværk, strube; *(tekn)* reguleringsspjæld, gasspjæld; (på motorcykel) gashåndtag; *~ back, ~ down* tage farten af; *at full ~* for fuld gas; *~ lever* gashåndtag.
through [θru:] *præp* igennem, i løbet af; ved, på grund af; *(am)* til og med *(fx from Monday ~ Saturday); adv* igennem; færdig, til ende; *adj* gennemgående *(fx carriage, train);* færdig;

all ~ hele tiden; **~ and ~** fra ende til anden; helt igennem; **go ~, see ~** *etc,* se hovedordet; **~ traffic** gennemgående trafik; *no ~ road* lukket vej; *no ~ traffic,* gennemkørsel forbudt; **wet ~** gennemblødt; *be ~* **with** være færdig med *(fx I am ~ with you);* **you are ~**! *(tlf)* klar! *(am* S) så er det slut!
throughout [θru:'aut] *præp, adv* helt igennem; *~ the country* over hele landet; *~ his life* hele livet (igennem).
throughput ['θru:put] *sb* produktion; *(edb)* gennemløb.
throve [θrəuv] *præt* af *thrive.*
I. throw [θrəu] *vb (threw, thrown)* kaste; smide; styrte; kaste af *(fx a horse that -s its rider);* (om dyr) føde *(fx the mare threw its foal);* (om garn) sno, tvinde;

~ dust in the eyes of sby stikke en blår i øjnene; *~ a party* T holde en fest; *~ stones* kaste med sten; (se også *glasshouse);*

(forb med *præp, adv) ~ one's arms* **about** fægte med armene; *~ money about* slå om sig med penge; (se

også *weight);* ~ *the book* **at** *him* T idømme ham lovens strengeste straf; *(fig)* skælde ham huden fuld; ~ *oneself at* lægge kraftigt an på; ~ **away** smide væk; (om penge) rutte med, bortødsle; (om chance) forspilde; (om ytring) henkaste; *she'll* ~ *herself away on him* hun er da for god til ham; ~ **back** kaste tilbage, sætte tilbage; *(biol)* være atavistisk præget, opvise atavistiske træk; ~ **down** rive omkuld, styrte; nedrive; ~ *down one's tools* nedlægge arbejdet;

~ **in** give i tilgift *(el.* oven i købet); (om bemærkning) indskyde; (om kobling) indrykke; ~ *in one's hand* opgive ævred; ~ **into** *relief* stille i relief; ~ *into the shade* sætte *(el.* stille) i skygge; ~ *oneself into the work* kaste sig over *(el.* ud i) arbejdet; ~ **off** kaste af, fordrive; opgive; blive af med; henkaste, ryste ud af ærmet *(fx poems);* forstyrre; ~ **on** vælte over på, henvise til; ~ *oneself on their mercy* sætte sin lid til deres barmhjertighed; overgive sig til dem på nåde og unåde; ~ *on one's clothes* stikke i tøjet;

~ *(wide)* **open** åbne (på vid gab) *(fx a door);* åbne for publikum *(fx* ~ *open a park);* ~ **out** smide ud; forkaste, afvise; bygge til *(fx* ~ *out a new wing* fløj); udsende, udstråle *(fx heat);* forstyrre, bringe ud af det; spolere; (ytre:) fremsætte, fremkomme med *(fx a suggestion);* lade falde *(fx a remark; a hint* et vink); henkaste; udslynge *(fx an assertion);* (om kobling) udrykke; ~ *out one's chest* skyde brystet frem; ~ **over** opgive; kassere, afskedige, give løbepas, droppe, slå hånden af; ~ **together** smække sammen i en fart; bringe sammen (tilfældigt) *(fx fate threw us together);* ~ **up** opgive; smække op (ɔ: bygge); kaste op, brække sig; ~ *up his heels* overvinde ham; ~ *up the sponge,* se *sponge;* ~ *up a window* smække et vindue op.

II. throw ['θrəu] *sb* kast; *(tekn)* slaglængde, slag; *a stone's* ~ et stenkast (ɔ: om afstand).

throwaway ['θrəuəwei] *sb* reklametryksag; *adj* sagt henkastet; nonchalant; (om ting) til at kassere efter brugen, engangs- *(fx bottle, plate).*

throwback ['θrəubæk] *sb* (individ hos hvem træk arvet fra en fjern forfader træder stærkt frem), atavistisk individ.

thrown [θrəun] *pp* af *throw.*

thru [θru:] *(am)* = *through.*

thrum [θrʌm] *sb* trådende, garnende; (lyd:) klimpren; *vb* klimpre (på); tromme (med fingrene) *(fx* ~ *on the table); -s pl* garnrester.

thrush [θrʌʃ] *sb zo* (sang)drossel; *(med.)* trøske.

I. thrust [θrʌst] *vb (thrust, thrust)* støde, bore, stikke, jage *(fx a knife into him);* skubbe, puffe, mase; *(fig)* skubbe, tvinge; (uden objekt) trænge, trænge sig, mase sig; ~ *it down his throat (fig)* trække det ned over hovedet på ham (ɔ: pånøde ham det); stopfodre ham med det; ~ *it on him* påtvinge ham det; skubbe det over på ham.

II. thrust [θrʌst] *sb* stød, puf, stik; *(tekn)* tryk; *(mil.)* fremstød, angreb; *(fig)* udfald.

thrust| bearing, ~ **block** trykleje. ~ **stage** fremskudt scene.

Thucydides [θju:'sididi:z] Thukydid.

thud [θʌd] *sb* bump, dump lyd, tungt (dumpt) slag; *vb* dunke, daske, lyde dumpt, bumpe.

thug [θʌg] *sb* bandit, røver, bølle; S muskelmand.

thuggee ['θʌgi:], **thuggery** ['θʌgəri] *sb* (i Indien) bandituvæsen, bølleuvæsen.

thuja ['θu:dʒə] *sb (bot)* tuja.

thumb [θʌm] *sb* tommelfinger; *vb* fingerere ved, lave fingermærker i, tilsmudse; *rule of* ~, se *I. rule; his fingers are all -s* han har for mange tommelfingre; ~ *a lift* køre på tommelfingeren, tomle, blaffe; ~ *one's nose at* række næse ad; *he is under my* ~ han er (fuldstændig) i min magt, jeg har krammet på ham; *-s up!* bravo! held og lykke! *well-thumbed* som bærer præg af flittig brug.

thumb| index registerudskæring. ~ **mark** fingermærke (i bog). **-nail sketch** miniatureportræt; kort beskrivelse. ~ **nut** fløjmøtrik. **-screw** tommelskrue. **-stall** fingertut til tommelfinger. **-tack** *(am)* tegnestift.

thump [θʌmp] *sb* dumpt og tungt slag, dunk; *vb* dunke, støde, slå, banke, dundre, (i klaver) hamre; T banke, tæske; ~ *one's chest (fig)* slå sig for brystet; *-ing* gevaldig, kraftig, dundrende.

thunder ['θʌndə] *sb* torden, bulder; *vb* tordne, dundre; *steal his* ~ *(fig)* tage brødet ud af munden på ham.

thunder|bolt tordenkile; *(fig)* tordenslag. **-clap** tordenskrald. **-ing** *adj* = *thunderous.*

thunderous ['θʌndrəs] *adj* tordnende; dundrende, vældig, kæmpe-.

thunder| storm tordenvejr. **-struck** *adj* (som) ramt af lynet, himmelfalden.

thundery ['θʌndəri] *adj* tordenlummer; torden-; *(fig)* som ligner en tordensky.

thurible ['θjuəribl] *sb* røgelseskar.

Thuringia [θjuə'rindʒiə] Thüringen.

Thursday ['θə:zdi, 'θə:zdei] *sb* torsdag.

thus [ðʌs] *adv* således, på denne måde; derfor; så *(fx* ~ *much);* ~ *far* indtil nu.

thwack [θwæk] *vb* slå, prygle; *sb* slag.

thwart [θwɔ:t] *sb (mar)* tofte; *vb* modarbejde, lægge sig i vejen for, hindre, krydse, forpurre.

thy [ðai] *pron (glds)* din, dit, dine.

thyme [taim] *sb (bot)* timian.

thyroid ['θairɔid] *adj* skjoldbrusk- *(fx gland* kirtel).

thyself [ðai'self] *pron (glds)* du selv, dig selv; dig.

tiara [ti'a:rə] *sb* tiara.

Tibet [ti'bet] Tibet.

Tibetan ['tibət(ə)n] *adj, sb* tibetansk; *sb* tibetaner.

tibi|a ['tibiə] *sb (pl ogs -ae* [-i:]*)* skinneben.

tic [tik] *sb* tic (ɔ: nervøs trækning i ansigtsmusklerne).

I. tick [tik] *sb* bolster; *(zo)* blodmide.

II. tick [tik] *vb* dikke, tikke; mærke, krydse af; *what makes him* ~? T hvordan er han indrettet? hvad får ham til at handle som han gør? ~ *off* krydse af; T give en 'balle'; *(am* T) gøre rasende, få til at flyve i flint; ~ *over* (om motor) gå i tomgang; *(fig)* lige holde den gående.

III. tick [tik] *sb* dikken, tikken; (ved kontrol) hak, mærke; T øjeblik, sekund; *half a* ~*!* et øjeblik! vent lige et sekund! *I am coming in a* ~ *(el. in two -s el. in half a* ~*)* jeg kommer om et øjeblik; *on* ~ T på klods, på kredit; *on the* ~ præcis, på slaget.

ticker ['tikə] *sb* børstelegraf; S lommeur; hjerte.

ticker tape telegrafstrimmel; *give sby a* ~ *reception* (i New York: hylde en ved at lade telegrafstrimler *etc* flagre ud af vinduerne).

ticket ['tikit] *sb* billet; (mærke)seddel; låneseddel; lotteriseddel; *(am)* liste over et partis kandidater; partiprogram; *vb* sætte mærkeseddel på; *that's the* ~ T det er noget af det rigtige, sådan skal det være; *get one's* ~ S *(mil.)* blive hjemsendt, få sin afsked; *get a* ~ *(am)* få sat en seddel på vognen, blive noteret (af politiet), se *ogs parking ticket.*

ticket| collector billetkontrollør. ~ **office** billetkontor.

ticket-of-leave ['tikitəv'li:v] *sb (glds)* løsladelsesbevis; betinget løsladelse.

ticking ['tikiŋ] *sb* bolster, drejl.

tickle [tikl] *vb* kilde, kildre; *(fig)* more; kildre, smigre *(fx his vanity);* pirre; *sb* kildren; S indbrud, bræk; udbytte; *my foot -s* det kildrer i min fod; *I was -d by his stories* hans historier morede mig; *it -d me to death* T det morede mig gevaldigt; det frydede mig; *I shall be -d to death (el. -d pink)* T det skal være mig en sand fryd; ~ *the palate* kildre ganen.

tickler ['tiklə] *sb* problem, gåde.

ticklish ['tikliʃ] *adj* kilden *(fx he is ~); (fig)* kilden, penibel *(fx question); (mar.)* kilden.
ticktack ['tik'tæk] *sb* (signaleringssystem brugt af bookmakere); ~ *man* S bookmakers medhjælper.
tick-tack-toe [tiktæk'təu] *sb (am)* 'kryds og bolle' (et spil).
ticktock *sb* tik-tak.
ticky-tack(y) ['tikitæk(i)] *(am) sb* billigt (, tarveligt) materiale; *adj* billig, tarvelig.
tidal [taidl] *adj* tidevands- *(fx basin* bassin; *port* havn); ~ *flat* vade; ~ *meadow* strandeng. ~ *wave* flodbølge.
tidbit ['tidbit] *sb* lækkerbisken.
tiddler ['tidlə] *sb* lillebitte fisk; hundestejle; lille unge; S ½ p.
tiddly ['tidli] *adj* T let bedugget; i orden, fin, flot.
tiddlywinks ['tidliwiŋks] *sb pl* loppespil.
tide [taid] *sb* tidevand, flodbølge; strøm; *(fig)* strøm, retning, tendens, bevægelse; *vb* drive med strømmen, stige med tidevandet; *high* ~ flod; *low* ~ ebbe; *the ~ is out* det er ebbe *(el.* lavvande); ~ **over** klare sig igennem; holde den gående; ~ *over a difficulty* komme over en vanskelighed; ~ *sby over a difficulty* hjælpe en over en vanskelighed.
tide| gate sluse. ~ **race** stærk tidevandsstrøm, strømrase. ~ **-rode** *adj (mar)* strømret. ~ **staff** vandstandsbræt. **-waiter** toldopsynsmand. **-way** tidevandskanal, strømløb.
tidings ['taidiŋz] *sb pl* tidende, efterretninger.
tidy ['taidi] *adj* net, pæn, ordentlig; *vb* ordne, nette, rydde op (i); *sb* (til toiletsager *etc)* æske; (i vask: til skræller *etc)* vaskehjørne; *(am:* på stol *etc)* antimakassar; ~ *oneself* nette sig.
I. tie [tai] *sb* **1.** *(ogs fig)* bånd; **2.** slips; **3.** bindebue (i nodeskrift); **4.** lige antal stemmer *el.* points; uafgjort afstemning *el.* sportskamp; **5.** kamp i runde af pokalturnering; **6.** hanebjælke, tagbjælke; **7.** *(am)* svelle; *black* ~ sort slips; (på indbydelse *etc)* smoking; *white* ~ kjole og hvidt.
II. tie [tai] *vb* binde; stå lige (med); spille uafgjort; ~ *down* binde 'til; *(fig)* binde, forpligte; ~ *in with* knytte til; samordne med; ~ *one on (am* T) drikke sig fuld, få en kæp i øret; ~ *up* binde sammen; forbinde; ordne; binde, båndlægge *(fx capital);* T afslutte, gøre færdig; optage; *(typ)* udbinde; ~ *up with (fig)* være nært *(el.* nøje) forbundet med; være knyttet til; stå (, sætte) i forbindelse med; (se også *tied).* **tie-and-dye** = *tie-dye.*
tie beam hanebjælke.
tie break(er) (i tennis) tie breaker (konkurrence til at afgøre uafgjort sæt).
tied [taid] *adj* bundet; *get ~ up (fig)* T blive gift; gå i stå, blive strejkeramt; gå i hårdknude; *be ~ up with* være nært *(el.* nøje) forbundet med, stå i nær forbindelse med, være knyttet til; være i kompagniskab med.
tied| cottage tjenestehus (overladt en landarbejder af ejeren som en del af lønnen). ~ **house** (pub hvor der kun sælges øl fra et bestemt bryggeri). ~ **up** optaget; forbundet *(with* med); afsluttet.
tie|-dye knyttebatik, viklebatik. ~ **-in** bog (, plade *etc)* der udsendes i tilknytning til film *el.* tv-udsendelse. ~ **-on** *adj* til at binde på. **-pin** slipsnål.
tier [tiə] *sb* (trinvis opstigende) række; etage, lag *(fx the wedding cake had three -s); (bibl)* reolfag.
tierce [tiəs] *sb* (i fægtning, i kortspil, tidebøn) terts.
tie| rod styrestang. ~ **shoe** snøresko. ~ **slide** slipsholder, slipsnål. **-up** forbindelse, sammenslutning; kompagniskab; *(am)* arbejdsstandsning, trafikstandsning.
tiff [tif] *sb* kurre på tråden, lille strid.
tiffany ['tifəni] *sb* silkeflor.
tiffin ['tifin] *sb* (anglo-indisk:) lunch, snack.
tig [tig] *sb* tagfat.
tiger ['taigə] *sb* tiger; *(am* S) sluthyl efter hurraråb.
tiger| beetle *zo* sandspringer. **-ish** ['taigəriʃ] *adj* tigeragtig. ~ **lily** *(bot)* tigerlilje. ~ **moth** *zo* bjørnespinder.
tight [tait] *adj* tæt, fast, stram, snæver; (om person) T nærig, påholdende; fuld, drukken; (i sport) tæt *(fx race),* jævnbyrdig; *(mar,* om reb) stram, tot; *(typ,* om sats) kompres;
my coat is ~ across the chest min frakke strammer over brystet; ~ *line (typ)* kneben linie; *money is ~* pengemarkedet er stramt; *in a ~ place, in a ~ corner* i knibe; *sit ~* forholde sig afventende, blive hvor man er; holde fast; ikke give sig; *sleep ~!* sov godt!
tighten [taitn] *vb* stramme, strammes; ~ *one's belt* spænde livremmen ind; ~ *up precautions* skærpe sikkerhedsforanstaltningerne.
tight|-fisted *adj* påholdende, nærig. ~ **-lipped** sammenbidt; fåmælt, umeddelsom. **-rope dancer** linedanser.
tights [taits] *sb pl* strømpebukser; (artists *etc)* trikot.
tightwad ['taitwɔd] *sb* S fedtsyl.
tigress ['taigrəs] *sb* huntiger.
tike [taik] *sb* køter; bondeknold.
tilbury ['tilbri] *sb* tilbury (tohjulet vogn).
tile [tail] *sb* tegl, teglsten; kakkel; flise, gulvflise; T (høj) hat; *vb* tegltække; *have a ~ loose* S have en skrue løs; *be on the -s* S være ude og bumle.
tiler ['tailə] *sb* tegltækker; dørvogter (ved en frimurerloge).
I. till [til] *præp* til, indtil; *conj* til, indtil; *not ... ~* ikke ... før, først; ~ *now* indtil nu, hidtil; ~ *then* til den tid, indtil da; ~ *then!* farvel så længe, på gensyn.
II. till [til] *sb* pengeskuffe, kasseapparat; *rob the ~* tage af kassen.
III. till [til] *vb* dyrke, pløje.
till|able *adj* dyrkelig. **-age** *sb* dyrkning; dyrket land.
I. tiller ['tilə] *sb* landmand, dyrker; haveredskab, landbrugsredskab; *(bot)* rodskud, udløber; vanris; *(mar)* rorpind.
II. tiller ['tilə] *vb (bot)* skyde rodskud *(etc,* se *I. ~).*
Tilley lamp ® (type petroleumslygte).
I. tilt [tilt] *vb* hælde, vippe, tippe; *(glds* og *fig)* turnere, dyste, fægte, kæmpe *(at* mod); T styrte frem, komme styrtende; ~ *at (fig)* drage til felts mod; ~ *at windmills* kæmpe med vejrmøller; *(at) full ~* i fuld fart, for fuld kraft *(fx work full ~).*
II. tilt [tilt] *sb* hældning; *(glds)* turnering, dystløb, dyst; *(fig* T) skænderi *(with* med); skærmydsel; angreb *(at* på), udfald *(at* mod).
III. tilt [tilt] *sb* sejldugstag, presenning; *vb* lægge presenning over.
tilth [tilθ] *sb* opdyrkning; dyrket land; madjord.
tiltyard ['tiltja:d] *sb* turneringsplads.
timbal [timbl] *sb* pauke.
timber ['timbə] *sb* tømmer, træ, gavntræ; (især *am)* skovland; *(fig)* stof; (ved rævejagt) forhindring; *(mar)* spant; *vb* tømre, forsyne med tømmer; *shiver my -s* splitte mine bramsejl (litterær sømandsed).
timber|line trægrænse. **-ed** bygget (helt *el.* delvis) af tømmer; bindingsværks-; skovbevokset. ~ **yard** tømmerplads.
timbre *[fr.,* 'tæmbə] *sb* klangfarve.
timbrel ['timbr(ə)l] *sb* tamburin.
I. time [taim] *sb* tid; periode; tidspunkt *(fx at the ~);* gang *(fx many -s; some ~* en gang (i fremtiden)); timeløn; *(mus.)* takt *(fx beat ~); time!* stop! slut! *time, gentlemen, time!* så er det lukketid!
(forb med *vb) your ~ has* **come** *(ogs)* din time er slået; **do** ~ sidde (i fængsel); **have** *a bad ~ of it* have det drøjt; få en ilde medfart; *have a good ~* more sig, have det rart; *have the ~ of one's life* more sig glimrende, have det dejligt; *it* **is** ~ *we went* det er (snart) på tide vi kommer af sted; *what ~ is it? what's the ~?* hvad er klokken? **make** *the big ~* få succes; **mark** ~,

se *IV. mark;* **pass** *the* ~ *of day* se *I. pass;* **serve** *one's* ~ udstå sin læretid; afsone en straf; **tell** *the* ~ sige hvad klokken er; (om barn) kunne klokken;

(forb med *præp, adv)* ~ **after** ~ gang på gang; **against** ~ i stor hast; *ahead of (one's)* ~, se *ahead;* **at** *a* ~ ad gangen; *at one* ~ samtidig; engang (i fortiden); i sin tid; *at the best of -s* i bedste fald; *at the same* ~ samtidig; på den anden side, alligevel; *at this* ~ *of day* på dette tidspunkt, efter alt hvad der er sket; *at my* ~ *of life* i min alder; *behind* ~, se *behind;* **for** *the* ~ *being* foreløbig; for nærværende; **from** ~ *immemorial* fra arilds tid, i umindelige tider; **in** ~ i tide; med tiden; i takt; *be in the big* ~ have succes; *in good* ~ i god tid; til rette tid; til slut; da den tid kom *(fx and in good* ~ *they were married); do it in your own good* ~ gør det når det passer dig; *all in good* ~ hver ting til sin tid; *in no* ~ i løbet af 0,5; meget snart; **on** ~ præcis; ~ **out of** *mind* i umindelige tider; *nine -s out of ten* i ni af ti tilfælde.

II. time [taim] *vb* tage tid (i sport *etc);* time; afpasse tiden for, beregne; ~ *it well* vælge det rette tidspunkt for det.

time| bargain *(merk)* terminsforretning. ~ **-barred** *adj (jur)* forældet. ~ **bomb** tidsindstillet bombe, helvedesmaskine. ~ **card** arbejdsseddel. ~ **charter** *(mar)* tidsbefragtning, tidscerteparti. ~ **clock** kontrolur. ~ **-consuming** *adj* tidkrævende, tidrøvende. ~ **exposure** *(fot)* eksponering (af billede) på tid. ~ **-honoured** ærværdig, hævdvunden. **-keeper** ur; kontrollør; tidtager. ~ **lag** interval, tidsafstand; forsinkelse. ~ **limit** tidsbegrænsning. **-ly** *adj* betimelig, i rette tid; belejlig. ~ **-out** *(am)* pause; (i sport) tid til taktisk rådslagning. **-piece** ur.

timer ['taimə] *sb* tidtager; kontrolur, stopur; køkkenur; *(eggtimer)* æggekoger, ægur.

time|server opportunist. ~ **-sharing** time-sharing (sameje af feriebolig hvor hver ejer har rådighed over et bestemt tidsrum); (i edb) tidsdeling, tidsdelt drift. ~ **sheet** arbejdsseddel. ~ **signal** tidssignal. ~ **switch** tidsafbryder (som fx til trappeautomat). **-table** tidsplan, skema, fartplan, togplan, køreplan. **-tabling** skemalægning. ~ **trouble** (i skak) tidnød. ~ **wages** *pl* timeløn. ~ **warp** *(omtr)* (tænkt) forskydning i tidsforløb; ophævelse af tiden. **-work** arbejde betalt efter tid; timebetalt arbejde. **-worn** *adj* medtaget (af tidens tand); umoderne, gammeldags.

timid ['timid] *adj* frygtsom, forskræmt, bange; sky, genert.

timidity [ti'miditi] *sb* frygtsomhed, generthed.

timing ['taimiŋ] *sb (cf II. time)* tidtagning, tidsberegning, tidskontrol; afpasning af tiden (, tidspunktet), timing; *the* ~ *was excellent* tidspunktet var udmærket valgt.

timorous ['timərəs] *adj* frygtsom, forsagt, bange.

timothy ['timəθi] *sb (bot)* engrottehale, timothé.

timpani ['timpəni(:)] *sb pl (mus.)* pauker.

timpanist ['timpənist] *sb* paukeslager, paukist.

tin [tin] *sb* tin; *(tinplate)* blik; (beholder:) dåse; *(baking* ~*)* bageform; S penge; *vb* fortinne; præservere, henkoge, komme på *(el.* nedlægge i) dåser.

tinamou ['tinəmu:] *sb zo* tinamu (en fugl); *rufous* ~ pampashøne.

tincal [tiŋkl] *sb* boraks.

tincan ['tinkæn] *sb* blikdåse.

tinct [tiŋkt] *sb (glds)* farve, nuance.

tinctorial [tiŋk'tɔ:riəl] *adj* farve-, farvende.

tincture ['tiŋktʃə] *sb* farvenuance; skær, anstrøg; *(med.)* tinktur, *(glds)* ekstrakt; *vb* give et skær *(el.* anstrøg) *(with* af), farve.

tinder ['tində] *sb* tønder, fyrsvamp. **tinderbox** fyrtøj.

tindery ['tindəri] *adj* fyrsvampagtig, letfængelig.

tine [tain] *sb* gren (på gaffel), tand (på harve); hjortetak.

tinea ['tiniə] *sb (med.)* ringorm.

tinfoil ['tinfɔil] *sb* stanniol, tinfolie.

ting [tiŋ] *vb* ringe, klinge; *sb* klang, ringen.

ting-a-ling [tiŋə'liŋ] dingeling.

tinge [tin(d)ʒ] *vb* farve, tone; give et anstrøg *(with* af); *sb* farveskær, tone, anstrøg; *(fig)* anstrøg, bismag.

tingle [tiŋgl] *vb* prikke, brænde; *my fingers are tingling* det prikker *(el.* snurrer) i mine fingre; ~ *with (ogs)* dirre af *(fx excitement).*

tin god: *he is a little* ~ han er en hel lille vorherre.

tin hat T stålhjelm; *put the* ~ *on it* sætte punktum for det.

tinhorn ['tinhɔ:n] *sb (am* S*)* skryder.

tinker ['tiŋkə] *sb* kedelflikker; fusker; altmuligmand; (irsk:) vagabond, sigøjner; *vb* være kedelflikker; fuske; ~ *with* fuske med; pille ved; rode med; *I don't care a -'s cuss (el. damn)* jeg bryder mig ikke et hak om det, der rager mig en fjer.

tinkle [tiŋkl] *vb* klirre, klinge, ringe; ringe med, klimpre på; *sb* klang, klirren; *give him a* ~ T ringe ham op.

tin| lid = ~ *hat.* ~ **Lizzie** S gammel Ford. ~ **loaf** formbrød. **-man** se *tinsmith.*

tinny ['tini] *adj* tinagtig, blikagtig; *(fig)* tynd, metallisk, skinger; (om mad) som smager af dåse; *(austr* T*)* heldig.

tin opener dåseoplukker.

Tin Pan Alley (popkomponisternes kvarter i New York).

tin|plate *sb* (hvid)blik; *vb* fortinne. ~ **-pot** *adj* T elendig, luset, snoldet.

tinsel [tinsl] *sb* flitter, flitterstads; englehår (til juletræ); *adj* flitter-; prangende, billig, falsk; *vb* pynte med flitter, udmaje.

tinsmith ['tinsmiθ] *sb* blikkenslager; blikvarefabrikant.

tin solder loddetin.

tint [tint] *sb* farveskær, nuance, tone; (til hår) hårfarvningsmiddel; *(typ)* tontryk; *vb* farve; *(fot)* farvelægge; *-ed* farvet *(fx paper),* tonet; ~ *with (fig)* med et anstrøg af.

tintinnabulation [tintinæbju'leiʃn] *sb* klingen, ringen, ringlen.

tiny ['taini] *adj* lille, bitte, lillebitte; ~ *tot* rolling, buksetrold, stump.

I. tip [tip] *sb* **1.** spids, top, ende; (på cigaret) mundstykke; (på stok) dupsko; (på sko) tånæse; **2.** losseplads; **3.** let slag, berøring; **4.** drikkepenge; **5.** vink, hemmelig underretning, fidus, tip; *take my* ~ følg mit råd;

the ~ *of the iceberg (fig)* toppen af isbjerget, *I had it on the* ~ *of my tongue (fig)* jeg havde det lige på tungen.

II. tip [tip *vb* **1.** beslå (i spidsen); **2.** berøre, strejfe, slå let på; **3.** tippe, vippe, hælde; **4.** give en fidus; **5.** give drikkepenge; ~ *no rubbish* aflæsning af fyld forbydes; ~ *the wink* give et vink; ~ *off* advare; give et vink; ~ *over* vælte; ~ *up* vippe op; vælte; falde bagover.

tip|cart tipvogn. **-cat** pind(spil). ~ **-off** vink, advarsel.

Tipperary [tipə'rεəri].

tippet ['tipit] *sb* skulderslag, skindkrave; pelscape.

tipple [tipl] *vb* drikke, pimpe; *sb* spiritus; drink; *(am)* tippeapparat. **tippler** ['tiplə] *sb* dranker.

tipstaff ['tipsta:f] *sb* retsbetjent.

tipster ['tipstə] *sb* en som giver (, sælger) tips.

tipsy ['tipsi] *adj* påvirket, (lettere) beruset, bedugget; *be* ~ *(ogs)* have en lille en på.

tiptoe ['tiptəu] *sb* tåspids; *adj* på tåspidserne; *vb* gå på tåspidserne, liste; *on* ~ på tå; *(fig)* ivrig; spændt.

tiptoe dancing tåspidsdans.

tiptop ['tip'tɔp] *adj* udmærket, tiptop.

tip-up seat klapsæde.

tirade [tai'reid; ti'ra:d] *sb* tirade, ordstrøm.

I. tire [taiə] *sb* (især *am) = tyre.*
II. tire [taiə] *vb* trætte; blive træt. **tired** ['taiəd] *adj* træt; ~ *of (ogs)* ked af. **tired-out** *adj* udmattet.
tire|less ['taiələs] *adj* utrættelig. **-some** *adj* trættende, kedelig, irriterende.
tirewoman ['taiəwumən] *sb (glds)* kammerjomfru; påklæderske.
tiring room *(glds)* skuespillergarderobe.
tiro ['taiərəu] *sb* begynder, novice.
'tis [tiz] *(poet) fk it is.*
tisane [ti'zæn] *sb* tyndt afkog *(fx* kamillete).
tissue ['tiʃu:] *sb* stof; *(ogs fig)* væv *(fx fatty* ~ fedtvæv; *a* ~ *of lies);* (~ *paper)* silkepapir; renseserviet; papirlommetørklæde; *face -s* ansigtsservietter; *gold* ~ guldmor; *silver* ~ sølvmor.
tissue culture vævskultur.
tit [tit] *sb* **1.** *zo = titmouse;* **2.** *(vulg)* brystvorte; *-s pl* bryster, patter; **3.** S dum skid; ~ *for tat* lige for lige; *give sby* ~ *for tat* give én svar på tiltale.
Titan [taitn] *sb* Titan.
titanic [tai'tænik] *adj* titanisk.
titbit ['titbit] *sb* lækkerbisken.
titfer ['titfə] *sb* S hat.
tit-for-tat *adj* gengældelses- *(fx murder).*
tithe [taið] *sb* tiendedel, tiende; *vb* kræve (, svare) tiende af; ~ *barn* kirkelade.
titillate ['titileit] *vb* kildre, stimulere, pirre.
titillation [titi'leiʃn] *sb* kildren, stimulering.
titivate ['titiveit] *vb* T pynte; ~ *oneself* 'smukkesere sig'.
titlark ['titla:k] *zo* engpiber.
title [taitl] *sb* titel, navn, benævnelse; *(jur etc)* ret, fordring, adkomst, ejendomsret; *vb* give titel; titulere, betitle, benævne.
titled [taitld] *adj* betitlet; adelig *(fx a* ~ *officer).*
title| deed adkomstdokument, skøde. ~ **leaf,** ~ **page** titelblad. ~ **role** titelrolle.
titling ['taitliŋ] *sb* trykning af titel på bogryg.
titmouse ['titmaus] *(pl titmice* ['titmais]) mejse; *great* ~ musvit.
titrate ['taitreit] *vb (kem)* titrere.
titration [tai'treiʃn] *sb* titrering, titreranalyse.
titter ['titə] *vb* fnise; *sb* fnisen.
tittle [titl] *sb* tøddel.
tittle-tattle ['titltætl] *sb* pjat, snak, sladder; *vb* pjatte, sladre, pjadre.
tittup ['titəp] *vb* svanse; (om hest) danse, galoppere.
tittuppy ['titəpi] *adj* svansende; (om hest) springsk.
titty ['titi] *sb = tit 2.*
titular ['titjulə] *adj* titel-, titulær, nominel; *sb* titulær indehaver.
tizzy [tizi] *sb:* S *in a* ~ helt ude af flippen; *vb:* ~ *up* pynte, udmaje.
TLS *fk Times Literary Supplement.*
TNT *fk trinitrotoluene* trotyl.
T.O. *fk Telegraph Office; Telephone Office; turn over.*
I. to [tə, (foran vokal) tu; (betonet:) tu:] *præp* til *(fx go to London; from A to Z);* mod *(fx there were clouds to the east; he was kind to me);* i forhold til, i sammenligning med, mod *(fx nothing to what it might have been);* efter, i overensstemmelse med *(fx to my taste; made to measure);* i *(fx a quarter to six; a party to the case* part i sagen); på *(fx the answer to it); ten to one* ti mod en; *two to the king* (i kortspil) kongen anden; *that is all there is to it* det er alt hvad der er at sige om den ting; (oversættes ikke i udtryk som:) *it seems to me* det forekommer mig; *it occurred to me* det faldt mig ind;
(ved infinitiv) at *(fx to err is human);* for at *(fx I have come to see you); he did not come though he had promised to* han kom ikke skønt han havde lovet det.
II. to [tu:] *adv* i *(fx the door snapped to; pull the door to),* til; til sig selv, til bevidsthed *(fx she came to; bring her to); (mar)* bi *(fx heave to* dreje bi; *lie to); to and fro* frem og tilbage; *the horses are to* hestene er spændt for; *close to* nær ved.
toad [təud] *sb* tudse, skrubtudse.
toad|eater spytslikker. **-fish** paddefisk. **-flax** *(bot)* (hørbladet) torskemund. ~ **-in-the-hole** indbagt kød. **-stool** *(bot)* paddehat.
toady ['təudi] *sb* spytslikker; *vb* sleske, logre, smigre.
toadyism ['təudiizm] *sb* spytslikkeri.
toast [təust] *vb* riste *(fx bread);* drikke skåler; udbringe en skål for; *sb* ristet brød; skål; person som fejres i en skåltale; *propose a* ~ udbringe en skål; *have sby on* ~ S have krammet på én.
toaster ['təustə] *sb* brødrister.
toasting fork ristegaffel (til at riste brød på).
toast|master toastmaster, den som dirigerer skåltalerne; magister bibendi. ~ **rack** brødholder (til ristet brød).
tobacco [tə'bækəu] *sb* tobak; tobaksplante.
tobacco|nist [tə'bækənist] *sb* cigarhandler, tobakshandler. ~ **pipe** tobakspibe. ~ **pouch** tobakspung. ~ **stopper** pibestopper.
to-be [tə'bi:] *adj* vordende; *father* ~ vordende fader.
toboggan [tə'bɔg(ə)n] *sb* kælk; kælketur; *vb* kælke; *(am, fig)* falde hurtigt, rasle ned.
Toby ['təubi] Tobias; hunden i mester-jakel teater; ~ *jug* Toby jug (ɔ: gammeldags ølkande *el.* ølkrus formet som en mand med trekantet hat).
Toc H [tɔk'eitʃ] *sb* (veteranforening dannet efter første verdenskrig).
tocsin ['tɔksin] *sb* stormklokke; alarmsignal; *sound the* ~ lade stormklokken lyde.
tod [tɔd] *sb: on one's* ~ S alene.
today [tə'dei] *adv* i dag, i vore dage; den dag i dag; *sb* vore dage, nutiden; ~ *is his birthday* det er hans fødselsdag i dag; *today's* dagens.
toddle [tɔdl] *vb* stolpre, gå usikkert (som et barn); T gå; *sb* (usikker) gang; ~ *along* tulle af sted.
toddler ['tɔdlə] *sb* buksetrold, lille barn, stump, rolling.
toddy ['tɔdi] *sb* toddy.
to-do [tə'du:] *sb* ståhej, opstandelse.
toe [təu] *sb* tå; *vb* berøre med tæerne; (om strømpe *etc)* strikke tå i; ~ *in (, out) (am)* gå indad (, udad) på fødderne; *be on one's -s* være på stikkerne; *tread on sby's -s* træde en over tæerne; ~ *the line (fig)* makke ret, indordne sig; lystre parolen; (se *ogs I. turn (up).*
toe|cap skonæse. ~ **dance** tåspidsdans. **-hold** (spinkelt) fodfæste; *get a -hold (fig)* få foden inden for. ~ **-in** (forhjuls) spidsning. ~ **rag** vagabond.
toff [tɔf] *sb* S (fin) herre, burgøjser.
toffee ['tɔfi] *sb* toffee (flødekaramel); *I wouldn't do it for* ~ S jeg gjorde det ikke, om jeg så blev betalt for det.
toffee-nosed ['tɔfinəuzd] *adj* S hoven, storsnudet, blæret.
toft [tɔft] *sb* tue, lille høj; lille landejendom.
tog [tɔg] *vb:* ~ *(out)* S rigge ud, klæde på.
toga ['təugə] *sb* toga.
together [tə'geðə] *adv* sammen, tilsammen, i forening; samtidig, i træk *(fx for ten days* ~); *adj (am)* velafbalanceret, harmonisk; *get it all* ~ få styr på tingene.
toggery ['tɔgəri] *sb* T kluns, tøj.
toggle [tɔgl] *sb (mar)* ters; (i frakke *etc)* pind (til pindelukke).
toggle| joint *(tekn)* knæled. ~ **switch** vippekontakt.
togs [tɔgz] *sb pl* S kluns, tøj.
toil [tɔil] *vb* slide i det, arbejde hårdt; *sb* strengt arbejde, slid, besvær; (se også *toils).*
toilet ['tɔilət] *sb* toilette, påklædning; toilet, wc; *(am ogs)* badeværelse.
toilet paper toiletpapir, wc-papir.

toiletries ['tɔilətriz] *sb pl* toiletartikler.
toilet| **roll** rulle toiletpapir. ~ **set** toiletgarniture. ~ **table** toiletbord.
toils [tɔilz] *sb pl* garn, snare.
toilsome ['tɔilsəm] *adj* besværlig, slidsom.
Tokay [təu'kei] *sb* tokayer(vin).
toke [təuk] S *sb* hiv af en marihuana cigaret; *vb* ryge marihuana.
token ['təuk(ə)n] *sb* **1.** tegn, mærke; **2.** souvenir, minde, erindring; **3.** spillemønt, polet, mærke; **4.** gavekort *(fx book ~)*; **5.** *adj* symbolsk *(fx payment, force)*; som kun er med (, gøres) for et syns skyld; *by the same ~* af samme grund; ligeledes; *in ~ of* til tegn på.
tokenism ['təukenizm] *sb* det kun at gøre en symbolsk anstrengelse for at efterkomme et påbud (især om ligestilling).
token money skillemønt; nødpenge.
tolbooth = *tollbooth.*
told [təuld] *præt* og *pp* af *tell.*
Toledo [tɔ'leidəu] Toledo; *sb* toledoklinge.
tolerable ['tɔlərəbl] *adj* udholdelig; tålelig, jævnt god, passabel. **tolerably** *adv* nogenlunde, jævnt.
tolerance ['tɔlər(ə)ns] *sb* tolerance, frisindethed; *(tekn)* tolerance; *(med.)* tolerans; *~ dose (med.)* toleransdosis, maksimal tilladelig dosis; *~ test* belastningsprøve.
tolerant ['tɔlər(ə)nt] *adj* fordragelig, tolerant; *be ~ of (ogs)* kunne tåle.
tolerate ['tɔləreit] *vb* tolerere, tåle, finde sig i, holde ud.
toleration [tɔlə'reiʃn] *sb* fordragelighed, tolerance.
I. toll [təul] *vb* lyde, ringe med langsomme slag (især ved dødsfald); ringe med; klemte med; *sb* langsom ringning; klemten.
II. toll [təul] *sb* afgift, bompenge; (ved bro) broafgift, bropenge; *(fig)* ofre, tab; *(tlf)* gebyr for udenbyssamtale; *take heavy ~ of the enemy* tilføje fjenden svære tab; *T.B. took a heavy ~* tuberkulosen krævede mange ofre; *the ~ of the roads* trafikkens ofre.
toll|**bar** bom. **-booth** bod hvor afgift opkræves; (på skotsk) byfængsel. ~ **call** *(tlf)* udenbyssamtale. **-gate** bom. **-keeper** bommand.
I. Tom [tɔm]: *~, Dick, and Harry* hvem som helst, alle og enhver, Per og Povl; (se *ogs Uncle Tom).*
II. tom [tɔm] *sb* han, (især) hankat.
tomahawk ['tɔməhɔ:k] *sb* tomahawk.
tomato [tə'ma:təu; *(am:)* tə'meitəu] *sb (pl -es)* tomat.
tomb [tu:m] *sb* grav, gravmæle.
tombac ['tɔmbæk] *sb* tombak (legering af kobber, zink m.m.).
tombola ['tɔmbələ] *sb* tombola.
tomboy ['tɔmbɔi] *sb* vildkat, viltert pigebarn.
tombstone ['tu:mstəun] *sb* gravsten.
tomcat ['tɔmkæt] *sb* hankat.
tome [təum] *sb* bind (af større værk); digert bind, stor tung bog.
tomfool ['tɔm'fu:l] *sb* nar, dummepeter; *adj* tåbelig; *vb* tosse rundt.
tomfoolery [tɔm'fu:ləri] *sb* narrestreger, dumme streger.
I. Tommy ['tɔmi], *~ Atkins* (navn for den britiske soldat).
II. tommy ['tɔmi] *sb* S mad; *(glds)* (del af) løn udbetalt i naturalier; *(tekn)* ters.
tommy|**gun** maskinpistol. **-rot** T sludder, ævl.
tomorrow [tə'mɔrəu] *sb, adv* i morgen; *~ morning* i morgen tidlig, i morgen formiddag; *(on) the day after ~* i overmorgen.
Tom Thumb Tommeliden.
Tom Tiddler's Ground slaraffenland; ingenmandsland.
tomtit ['tɔmtit] *sb zo* mejse.
tom-tom ['tɔmtɔm] *sb* (primitiv) tromme, tamtam.

I. ton [tʌn] *sb* ton; S 100 points; 100 miles i timen (især på motorcykel); *-s of* tonsvis af.
II. ton [*fr,* tɔ:n] *sb* (herskende) mode.
tonal [təunl] *adj* tone-.
tonality [tə'næliti] *sb* tonalitet; (i maleri) farver, kolorit.
I. tone [təun] *sb* tone, klang, (om stemme *ogs)* tonefald; *(fon)* tone; musikalsk accent; (om farve) farvetone, nuance; *(fysiol)* tonus, normal spændingstilstand; *(fig)* spændstighed, sundhed; harmoni.
II. tone [təun] *vb* tone, give en farvenuance, lægge i tonbad; *~ down* dæmpe, mildne, afsvække *(fx an expression)*; dæmpes, mildnes; *~ up* forstærke(s), styrke(s) *(fx ~ up the muscles)*, gøre (, blive) kraftigere; *~ with* harmonere med, stå til.
tone| **arm** pickup arm. **-less** ['təunləs] *adj* tonløs.
tong [tɔŋ] *sb* (blandt kinesere i USA) hemmeligt selskab.
tongs [tɔŋz] *sb pl* tang, ildtang; *a pair of ~* en tang.
I. tongue [tʌŋ] *sb* tunge, *(fig)* tungemål, sprog; *(geogr)* landtunge, landtange, odde; (på fodtøj) pløs; *(mus.)* tunge; (i klokke) knebel; (i spænde) spændetorn; (i bræt) fjer; *~ and groove* fjer og not;
find one's ~ få mælet igen; få tungen på gled; *give ~* give hals; bruge mund; *hold one's ~* holde mund; *keep a civil ~ in your head!* ingen grovheder! *have lost one's ~* have tabt mælet; *put one's ~ out at sby* række tunge ad en; *with one's ~ in one's cheek* underfundig, ironisk, uden at mene det alvorligt.
II. tongue [tʌŋ] *vb* (om brædder) sammenpløje; *(mus.)* spille med tungestød; *-d and grooved* høvlet og pløjet.
tongue|**-tied** *adj* tavs, stum (af frygt, generthed); *be ~ -tied (ogs)* have mistet mælet. ~ **twister** ord (, sætning) der er svær(t) at udtale; *the phrase sounded like a ~ twister* sætningen lød som en spiritusprøve.
tonic ['tɔnik] *adj* stimulerende, styrkende, opstrammende; tone-; *(fon)* betonet; *(spr)* tonetisk; *sb* styrkende middel, opstrammer, stimulans; *(mus.)* grundtone, tonika.
tonight [tə'nait] *sb, adv* i aften; i nat.
I. tonite [tə'nait] *(am)* = *tonight.*
II. tonite ['təunait] *sb* (et sprængstof).
tonnage ['tʌnidʒ] *sb (mar)* tonnage, drægtighed; tonnageafgift.
tonsil [tɔnsl] *sb (anat)* tonsil, mandel.
tonsillitis [tɔnsi'laitis] *sb (med.)* betændelse i mandlerne.
tonsure ['tɔnʃə] *sb* kronragning, tonsur; *vb* kronrage.
tontine [tɔn'ti:n] *sb* tontine (art forsikring).
ton-up ['tʌnʌp] *adj* S (især om motorcykel) som kan køre (over) 100 miles i timen; (om person) som elsker at køre stærkt, fartgal.
tony ['təuni] *adj* fornem, eksklusiv.
too [tu:] *adv* også *(fx he ~* han også, også han), med *(fx he ~)*, tillige; (understregende, forarget:) tilmed, ovenikøbet *(fx such a skirt chaser, and a married man ~!)*; (om grad) (alt) for *(fx big, small, much)*; T meget; (se også: *only (too) & bad); (you are not going!) I am ~!* vel gør jeg så! det kan du tro jeg gør! **not** ~ ikke alt for *(el.* særlig, synderlig) *(fx good); not ~ bad (ogs)* ikke så dårlig endda, ikke værst; *he is not ~ well* han har det ikke særlig godt, han har det temmelig skidt.
took [tuk] *præt* af *take.*
I. tool [tu:l] *sb* værktøj, redskab; *(tekn)* værktøjsmaskine; stål (til værktøjsmaskine); *(bogb)* stempel (til at dekorere bogbind med); *(fig)* kreatur; lydigt redskab; S pik; *a passive ~ in the hands of (fig)* et viljeløst redskab for; *a poor ~* (om person) en dårlig arbejdskraft.
II. tool [tu:l] *vb* bearbejde; *(bogb)* ciselere (bogbind); S køre, trille; *~ up* udstyre med nye maskiner.
toolbox ['tu:lbɔks] *sb* værktøjskasse.

tooler ['tu:lə] *sb* stenhuggermejsel.
tool|holder *(tekn)* stålholder. ~ **kit** sæt værktøj; værktøjskasse. ~ **post** *(tekn)* stålholder.
toot [tu:t] *vb* tude, blæse, trutte; *sb* trut; *(am* S) druktur.
tooth [tu:θ] *sb (pl teeth)* tand; tak; *vb* forsyne med tænder; (om tandhjul) gribe ind i hinanden; ~ *and nail* med hænder og fødder, med næb og kløer; *draw his teeth (fig)* gøre ham uskadelig, afvæbne ham; *get one's teeth into (fig)* tage fat på, kaste sig over; *she's a bit long* **in** *the* ~ hun er ude over sin første ungdom, hun har trådt sine børnesko; *in the teeth of* på trods af, stik imod; *in the teeth of the wind* lige op mod vinden.
tooth|ache tandpine. **-brush** tandbørste. **-comb** tættekam. **-paste** tandpasta. **-pick** tandstikker. ~ **powder** tandpulver. ~ **rash** ernæringsknopper. **-some** *adj (glds)* velsmagende. **-wort** *(bot)* skælrod.
tootle [tu:tl] *vb* tude, trutte; trille, trisse.
tootsies ['tutsiz] *sb pl* (barnesprog:) fødder, fusser, pusselanker.
I. top [tɔp] *sb* top *(fx of a mountain, of a tree; from* ~ *to toe)*; øverste ende; øverste del *(fx the* ~ *of the page)*; overkant; *(fx* på bord) plade *(fx marble* ~*)*; (på beholder) låg, *(fx* af sæbepakke) topstykke; (af tøj) overdel, top, (af pyjamas) jakke; (på hovedet) isse; *(bogb,* af bog) oversnit; (i bil) højeste gear, *(am)* kaleche; tag *(fx hard* ~*)*; (legetøj:) snurretop; *(mar)* mærs; **-s** *pl* kæmmet uld; T første klasses, i toppen *(fx that book is really (the) -s)*;
at *the* ~ *of* øverst på (, i) *(fx the page, the ladder, the tree)*; *at the* ~ *of the ladder (, tree) (fig)* i toppen, i en topstilling; *at the* ~ *of one's speed* så hurtigt man kan; *at the* ~ *of one's voice* så højt man kan, af sine lungers fulde kraft; **be** ~ *of the form (el. class)* være nr. et i klassen; **blow** *one's* ~ eksplodere af raseri; blive skør; **in** ~ i højeste gear; *go* **off** *one's* ~ = *blow one's* ~; **on** ~ ovenpå; *on* ~ *of everything else* oven i købet; *come out on* ~ sejre, bestå som nr. et; *be on the* ~ *of (fig)* have magten over; være inde i; *get on* ~ *of* få overtaget over *(fx one's adversary)*; blive for meget for *(fx things were getting on* ~ *of me)*; *don't let it get on* ~ *of you* tag det ikke så tungt; tab ikke modet af den grund; *go* **over** *the* ~ gå til angreb (egentlig: fra skyttegravsstilling); *(fig)* gå over gevind, gå for vidt; være dumdristig; **sleep** *like a* ~ sove som en sten.
II. top [tɔp] *adj* øverst *(fx shelf; floor* etage); højest *(fx gear)*, top- *(fx price; performance* præstation); *it is a* ~ *priority* det står øverst på listen; ~ *rung* øverste trin; *(fig)* topstilling; *at* ~ *speed* for fuld fart, på højeste gear.
III. top [tɔp] *vb* **1.** aftoppe *(fx beets)*, kappe toppen af *(fx a tree)*, *slå toppen af (fx an egg)*; **2.** (om cigaret) skodde (for at gemme resten); **3.** sætte top *(etc)* på, dække (foroven) *(fx mountains -ped with snow)*; **4.** nå toppen af *(fx the hill)*; **5.** stå øverst på *(fx the list)*; **6.** overgå *(fx one's previous performance)*; **7.** rage op over; *he -s his brother by a head* han er et hoved højere end sin broder; ~ *the bill* være hovedattraktion; ~ **off** lægge sidste hånd på, fuldende, krone; ~ **out** holde rejsegilde; (især *am)* nå sit højdepunkt; ~ **up** fylde op *(fx a glass)*; *(ogs* = ~ *off)*; ~ *him up* fylde hans glas op.
topaz ['təupæz] *sb* topas (gul halvædelsten).
top|boot kravestøvle, ridestøvle. ~ **brass** S spidser, øverste ledere *(el.* chefer). **-coat** overfrakke. ~ **dog**: *be* ~ *dog* være ovenpå, have overtaget, sejre. ~ **drawer** øverste skuffe; *come out of the* ~ *drawer* høre til de fornemste kredse; *they are not out of the* ~ *drawer (ogs)* de er meget jævne. **-dressing** overfladegødskning.
tope [təup] *vb* drikke, svire; *sb zo* gråhaj.
topee ['təupi:] *sb* tropehjelm.
toper ['təupə] *sb* svirebroder, drukkenbolt.
topflight ['tɔpflait] *adj* T prima, førsteklasses.
topgallant [tɔp'gælənt; *(mar)* tə'gælənt] *sb, adj (mar)* bak; ~ *sail* bramsejl.
top| hat høj hat. ~ **-heavy** *adj* for tung oventil; for lidt underbygget; ustabil; *(merk)* overkapitaliseret. ~ **-hole** *adj* T prima, førsteklasses.
topiary ['təupjəri] *sb* planteskulptur (ɔ: kunstfærdig klipning af hække *el.* buske).
topic ['tɔpik] *sb* emne, genstand.
topical ['tɔpikl] *adj* lokal; aktuel; *of* ~ *interest* aktuel.
topicality [tɔpi'kæliti] *sb* aktualitet.
top| knot hårsløjfe, hårtop; øverste etage, hovedet. **-less** [-ləs] *adj* topløs; *(litt)* skyhøj. ~**-level** *adj* på højeste niveau *(fx conference)*. **-mast** *(mar)* mærsestang. **-most** *adj* øverst. **-notch** *adj* T prima, førsteklasses.
topographer [tə'pɔgrəfə] *sb* topograf.
topographical [tɔpə'græfikl] topografisk, stedbeskrivende.
topography [tə'pɔgrəfi] *sb* topografi, stedbeskrivelse.
topper ['tɔpə] *sb* T høj hat; flink fyr; noget vældig godt.
topping ['tɔpiŋ] *adj (glds* S*)* storartet; *sb* pynt (på mad); „fyld" på pizza.
topping|lift *(mar)* toplent; bomdirk. ~**-out ceremony** rejsegilde.
topple [tɔpl] *vb* vakle, rokke, være lige ved at falde; få overbalance, vælte, styrte ned.
top-ranking *adj* øverst, højeststående.
topsail ['tɔpseil, *(mar)* tɔpsl] *sb* topsejl.
top| sawyer den øverste af to der arbejder med en langsav; førstemand. ~ **secret** strengt fortrolig; *(mil.)* yderst hemmelig. ~ **sheet** overlagen. **-sides** *(mar)* del af skibssiden over vandlinien, fribord. **-soil** muldlag. ~ **storey** *(fig)* øverste etage (ɔ: hovedet).
topsyturvy ['tɔpsi'tə:vi] *adj* op og ned, på hovedet; *turn* ~ vende op og ned på, endevende.
topspyturvydom *sb* den omvendte verden.
toque [təuk] *sb* toque (slags damebaret).
tor [tɔ:] *sb* høj klippe. **torc,** se *torque.*
torch [tɔ:tʃ] *sb* fakkel; *(electric* ~*)* lommelygte, stavlygte; (til afbrænding af gammel maling) blæselampe; *(am: welding* ~*)* svejsebrænder; *carry a* ~ *for (am)* være ulykkeligt forelsket i.
torch|bearer fakkelbærer. **-light** fakkelskær. **-light procession** fakkeltog. ~ **song** *(am)* sentimental kærlighedssang.
tore [tɔ:] *præt* af *tear.*
toreador ['tɔriədɔ:] *sb* toreador.
I. torment [tɔ:'ment] *vb* pine, plage, drille, martre.
II. torment ['tɔ:ment] *sb* kval, pinsel, plage.
tormentingly [tɔ:'mentiŋli] *adv* kvalfuldt, pinefuldt.
tormentor [tɔ:'mentə] *sb* plageånd, bøddel; lang kødgaffel; *(teat)* prosceniumssætstykke.
torn [tɔ:n] *pp* af *tear; adj* sønderrevet, flået; laset, hullet *(fx clothes)*; revnet; *(fig)* splittet; ~ *between* vaklende mellem.
tornado [tɔ:'neidəu] *sb* hvirvelstorm, tornado.
torpedo [tɔ:'pi:dəu] *sb (pl -es) (mil.)* torpedo; *zo* elektrisk rokke; *(am)*, se *hoagie; vb* torpedere.
torpedo| boat torpedobåd. ~ **(-boat) destroyer** torpedobådsjager, jager, destroyer. ~ **tube** torpedoudskydningsrør.
torpid ['tɔ:pid] *adj* følelsesløs, dvask, sløv, træg; (om dyr) i dvale(tilstand); *sb* båd som ros i *Torpids:* kaproning mellem nr. to-holdene ved Oxfords universitet.
torpidity [tɔ:'piditi], **torpor** ['tɔ:pə] *sb* dvale(tilstand); sløvhed.
torquate ['tɔ:kweit] *adj* med halsbånd.
torque [tɔ:k] *sb (arkæol)* (snoet) halsring; *(tekn)* drejningsmoment, vridningsmoment.
torque | converter væskekobling. ~ **tube** kardanrør.

torrefaction [tɔri'fækʃn] *sb* tørring, ristning.
torrefy ['tɔrifai] *vb* tørre, indtørre, riste.
torrent ['tɔr(ə)nt] *sb* (rivende) strøm, regnskyl; *(fig)* strøm, flom.
torrential [tɔ'renʃl] *adj* rivende, strømmende, skyllende; ~ *rain* styrtregn.
torrid ['tɔrid] *adj* brændende hed; *(fig)* intens, brændende, lidenskabelig; *the* ~ *zone* den varme zone, det tropiske bælte.
torsion [tɔ:ʃn] *sb* snoning, vridning, torsion.
torsk [tɔ:sk] *zo* brosme.
torso ['tɔ:səu] *sb* torso.
tort [tɔ:t] *sb (jur)* erstatningsforpligtende retsbrud (bortset fra kontraktbrud); skadevoldende handling; *law of -s* erstatningsret.
tortoise ['tɔ:təs] *sb* (især land-, ferskvands-) skildpadde.
tortoise beetle *zo* skjoldbille.
tortoiseshell ['tɔ:təʃel] *sb* skildpaddeskal; *large* ~ *(butterfly)* stor ræv; *small* ~ *(butterfly)* nældens takvinge; ~ *cat* sort og gul (hun)kat.
tortuosity [tɔ:tju'ɔsiti] *sb* snoning, krogethed; slyngning; *(fig)* uoprigtighed, tilbøjelighed til at gå krogveje.
tortuous ['tɔ:tjuəs] *adj* snoet, bugtet, kroget; *(fig)* uoprigtig, tilbøjelig til at gå krogveje; besværlig *(fx negotiations)*.
torture ['tɔ:tʃə] *sb* tortur, pine, kval, pinsel; *vb* lægge på pinebænken, tortere, pine, plage; *put sby to* ~ underkaste en tortur. **torturer** ['tɔ:tʃərə] *sb* bøddel, plageånd. **torturing** *adj* kvalfuld, pinefuld.
Tory ['tɔ:ri] *sb* tory, konservativ.
Toryism ['tɔ:riizm] *sb* konservatisme.
tosh [tɔʃ] *sb* T sludder, ævl, bavl.
I. toss [tɔs] *vb* kaste, smide, slænge *(fx a coin to him)*; (fartøj:) kaste hid og did, omtumle *(fx the boat was -ed by the waves)*; (om tyr) stange og kaste op i luften; (om hest) kaste (rytter) af; (i madlavning) vende *(fx carrots in butter)*, (pandekage:) vende i luften, (salat:) vende i marinade;
(uden objekt) blive kastet hid og did, tumle om *(fx the boat -ed on the waves)*, svinge, blafre *(fx the clothes on the line -ed in the wind)*; (om sovende) ligge uroligt, kaste sig frem og tilbage;
(forb med sb) ~ *a coin* = ~ *up a coin;* ~ *hay* vende hø; ~ *one's head* gøre et kast med hovedet, slå *(el.* knejse) med nakken; ~ *the oars* rejse årerne;
(forb med præp, adv) ~ **back,** ~ **down** hælde i sig, stikke ud *(fx a glass of beer); I'll* ~ *you* **for** *it* lad os slå plat og krone om det; ~ **off** kaste af; (om drik) = ~ *back; (fig)* udslynge *(fx generalizations)*, henkaste; ryste ud af ærmet *(fx a poem); (vulg)* onanere, spille den af; ~ **on** *a coat* trække en frakke på i en fart; ~ **out** *of the room* marchere (fortørnet) ud af værelset; ~ **up** *a coin* kaste en mønt op, slå plat og krone; *let us* ~ *up for first choice* lad os slå plat og krone om hvem der skal vælge først.
II. toss [tɔs] *sb* kast; fald; lodtrækning; kast med hovedet; *argue the* ~ blive ved med at kværulere (efter at afgørelsen er truffet); *take a* ~ (om rytter) blive kastet af.
toss-up ['tɔsʌp] *sb* det at slå plat og krone; *it is a* ~ *(fig)* det beror på en tilfældighed; det er det rene lotteri; det er umuligt at vide.
tot [tɔt] *sb* sum; dram, drink; *(tiny* ~*)* rolling, buksetrold, stump; *vb:* ~ *up* tælle *(el.* regne) sammen.
total [təutl] *adj* total, komplet, fuldstændig *(fx failure)*; samlet *(fx the* ~ *amount)*; sammenlagt; *sb* samlet sum; *vb* opsummere, sammentælle; udgøre, beløbe sig til; (om bil) totalskade.
totalitarian [təutæli'tɛəriən] *adj* totalitær.
totality [təu'tæliti] *sb* helhed; totalsum.
totalizator ['təut(ə)laizeitə] *sb* totalisator.
totalize ['təut(ə)laiz] *vb* sammentælle; opsummere.
total| loss *(assur)* totalskade. ~ **recall** evne til fuldstændig genkaldelse, evne til at huske alt.
I. tote [təut] *fk totalizator* totalisator; *sb* byrde, læs; (se *ogs tote bag)*.
II. tote [təut] *vb* T bære, transportere; ~ *around (ogs)* slæbe (, trække) rundt med; ~ *up* = *tot (up)*.
tote bag (stor) indkøbstaske.
totem ['təutəm] *sb* totem. **totemism** ['təutəmizm] totemisme. **totem pole** totempæl.
totter ['tɔtə] *vb* vakle, stavre; *sb* vaklen, stavren; S klunser.
tottery *adj* vaklende.
toucan ['tu:kən] *sb* tukan, peberfugl.
I. touch [tʌtʃ] *vb* røre *(fx don't* ~ *my papers; he did not* ~ *his lunch)*, berøre; røre ved *(fx don't* ~ *the cactus)*, føle på, (let:) berøre, strejfe *(fx the wheel just -ed the kerb); (mus.)* anslå; *(geom)* tangere; *(mar)* anløbe, løbe ind til; *(fig,* om emne) omtale, berøre, komme ind på; (ved tal) komme op (, ned) på *(fx the temperature -ed 40°)*, tangere; nå, få *(fx £10,000 a year)*, (om kvalitet) komme op på siden af, komme på højde med *(fx I can think of few plays to* (der kan) ~ *this one)*; *(mht* følelser) røre; berøre; såre, krænke; (uden objekt) berøre hinanden;
(forb med sb) ~ *the bell* ringe; ~ *bottom* bunde; *(mar)* røre *(el.* tage) grunden *(el.* bunden); *(fig)* nå bunden; ~ ~ *glasses* klinke; ~ *one's hat (to)* hilse (på) (ved at berøre hatteskyggen med to fingre); *there is nothing to* ~ *a hot bath* der er ikke noget så godt som et varmt bad; *it -es the spot* T det er lige det der skal til; ~ *wood (omtr)* banke under bordet; syv-ni-tretten;
(forb med præp, adv) ~ **at** *a port* anløbe en havn; ~ **down** lande; foretage mellemlanding; (i rugby) score ved at røre jorden med bolden bag det andet holds mållinie; ~ *him* **for** *£5* slå ham for £5; ~ **off** beskrive på rammende måde; (om sprængladning) bringe til at eksplodere; udløse; *(fig)* udløse, sætte i gang *(fx riots, a revolution)*; ~ **on** omtale, berøre; ~ **up** muntre *(fx a horse)*; fikse op; pynte på *(fx a story); (fot)* retouchere; S 'tage på, gramse på.
II. touch [tʌtʃ] *sb* berøring; kontakt *(fx we are in* ~ *with them)*; (lille smule:) anelse, anstrøg, stænk; antydning *(fx a* ~ *of bitterness in the voice)*, snert *(fx of frost)*; (af sygdom) let anfald *(fx of fever, of rheumatism)*; (i musik *etc)* anslag; S en man slår for penge, (let) offer;
have the common ~ have evne til at omgås almindelige mennesker, være folkelig; *give it the finishing -es* lægge sidste hånd på værket; give det en sidste afpudsning; *lose* ~ miste forbindelsen; *lose one's* ~ T miste sit håndlag; *he is losing his* ~ det går tilbage for ham; *it was a near* ~ det var på et hængende hår; det var tæt på; *the* ~ *of a master* en mesters hånd; *put the* ~ *on sby* slå en for penge; *soft to the* ~ blød at føle på *(el.* røre ved).
touch-and-go ['tʌtʃən'gəu] *adj* risikabel, usikker; risikabel situation; *it was* ~ det var lige på vippen, det var på et hængende hår.
touchdown ['tʌtʃdaun] *sb (flyv* og om rumskib) landing; (i rugby) scoring ved at berøre jorden med bolden bag det andet holds mållinie.
touched [tʌtʃt] *adj* bevæget, rørt; småtosset; ~ *with blue (, grey)* med blå (, grå) stænk.
touchhole ['tʌtʃhəul] *sb* fænghul.
touching ['tʌtʃiŋ] *adj* rørende, betagende; *præp* angående.
touch|line (i fodbold) sidelinie. ~ **-me-not** *(bot)* springbalsamin. ~ **paper** salpeterpapir. **-stone** probersten, prøvesten. ~ **-type** *vb* skrive blindskrift. ~ **typewrit-**

ing blindskrift. **-wood** tønder (ɔ: tændmateriale).
touchy ['tʌtʃi] *adj* pirrelig, ømfindtlig, sårbar, sart, let at støde, nærtagende.
tough [tʌf] *adj* sej; *(fig)* sej, drøj, vanskelig; skrap, hård, (om person også) stædig; ~ *customer* skrap fyr, bisse; *that's* ~ *luck* det er vel nok ærgerligt; *a* ~ *nut to crack* en hård nød at knække.
toughen [tʌfn] *vb* gøre sej, blive sej.
toupée, toupet ['tu:pei] *sb* toupé, top (ɔ: lille paryk).
tour [tuə] *sb* rundrejse, rejse, tur; *(teat etc)* turné; *vb* rejse, ture rundt (i); *(teat etc)* drage på turné med (, i).
tour de force ['tuədə'fɔ:s] *sb* kraftpræstation.
touring ['tuəriŋ] *adj* omrejsende; ~ *car* turistvogn (ɔ: åben biltype med kaleche).
tourism ['tuərizm] *sb* turisme.
tourist ['tuərist] *sb* turist; ~ *agency* rejsebureau; *authority* turistråd.
tournament ['tuənəmənt] *sb* turnering.
tourney ['tuəni] *sb* turnering; *sb* turnere.
tourniquet ['tuənikei] *sb* tourniquet, årepresse.
tour operator rejsearrangør.
tousle [tauzl] *vb* bringe i uorden, forpjuske.
tout [taut] *vb* kapre kunder; reklamere for (, prøve at sælge) ved pågående metoder; udråbe vidt og bredt; *sb* påtrængende agent (, sælger), haj; ~ *round* skaffe (væddeløbs)tips (underhånden).
I. tow [təu] *sb* blår.
II. tow [təu] *sb* bugsering, fartøj som bugseres; bugserline, slæbetov; *vb* bugsere, slæbe; ~ *away* slæbe (en ulovligt parkeret bil) væk; *take in* ~ tage på slæb(etov).
towage ['təuidʒ] *sb* bugsering; bugserpenge.
toward ['təuəd] *adj (glds)* forestående, i anmarch; lærvillig, medgørlig, føjelig; *adv* (især *am*) = *towards.*
towards [tə'wɔ:dz] *præp* hen imod, i retning af *(fx the sea);* over for, imod *(fx his behaviour* ~ *me);* nær ved; med henblik på; som bidrag *(el.* hjælp) til.
tow-away zone område uden parkering og hvor ulovligt parkerede biler bliver slæbt væk.
tow|boat *(mar)* bugserbåd. ~ **car** kranvogn.
towed target *(flyv etc)* slæbemål.
towel ['tau(ə)l] *sb* håndklæde; *vb* aftørre, afviske; S klø, tæske; *sanitary* ~ hygiejnebind.
towelette [tauə'let] *sb* vådserviet.
towel| horse håndklædestativ. **-ling** håndklædestof; S omgang klø. ~ **rack,** ~ **rail** håndklædestativ.
tower ['tauə] *sb* tårn; *vb* hæve sig højt, rage op *(above, over* over), knejse; *a* ~ *of strength* en fast borg, et trygt værn; *the Tower (of London)* Tower (Londons gamle borg). **tower block** højhus.
towering ['tauəriŋ] *adj* tårnhøj, knejsende; voldsom *(fx rage).* **towery** ['tauəri] *adj* med tårne; tårnhøj.
towheaded ['təuhedid] *adj* med hørhår, lyshåret.
towing ['təuiŋ] *sb* bugsering.
towing| path trækvej (ved flod *el.* kanal). ~ **rope** bugserline, slæbetov. ~ **tank** modeltank (til afprøvning af skibsmodeller).
towline ['təulain] *sb* bugserline, slæbetov.
town [taun] *sb* by, købstad, stad; *man about* ~ levemand; *in this* ~ her i byen; *it is the talk of the* ~ hele byen snakker om det; **go to** ~ tage til byen; *(fig)* kaste sig ud i det helt vilde, tage den store tur, give den hele armen.
town| clerk *(omtr)* kommunaldirektør. ~ **council** byråd. ~ **councillor** byrådsmedlem. ~ **crier** udråber. ~ **hall** rådhus. ~ **house 1.** hus i byen, byresidens *(mods* landsted); **2.** (to- *el.* treetages) rækkehus. **-ified** ['taunifaid] *adj* by-, bypræget. ~ **manager** *(omtr)* kommunaldirektør. ~ **planning** byplanlægning. **-ship** bydistrikt; kommune, (i Sydafrika) byområde for ikkehvide.
townsman ['taunzmən] *sb* borger i en by, bybo; bysbarn; bymenneske.
town talk bysnak; genstand for almindelig omtale.
towpath ['təupa:θ] *sb* trækvej (ved flod *el.* kanal).
towrope ['təurəup] *sb* bugserline, slæbeline.
toxaemia [tɔk'si:miə] *sb* blodforgiftning.
toxic ['tɔksik] *adj* giftig.
toxicology [tɔksi'kɔlədʒi] *sb* toxikologi, læren om giftstoffer. **toxin** ['tɔksin] *sb* toksin.
toy [tɔi] *sb* stykke legetøj; bagatel; *vb* lege, sysle, pille *(with* med); *adj* legetøjs- *(fx gun).*
toy| dog lille skødehund. **-shop** legetøjsbutik.
I. trace [treis] *vb* **1.** spore, efterspore, opspore, følge; **2.** skrive, prente; **3.** kalkere; **4.** tegne, udkaste; ~ **back** *to* føre tilbage til; kunne føres tilbage til.
II. trace [treis] *sb* **1.** spor; **2.** antydning; **3.** (til hestevogn) skagle; *kick over the -s (fig)* slå til skaglerne.
traceable ['treisəbl] *adj* som kan efterspores, påviselig, som kan føres tilbage *(to* til).
tracer ['treisə] *sb (mil.)* sporprojektil; *(med. etc)* tracer, mærket stof.
tracer bullet sporprojektil.
tracery ['treis(ə)ri] *sb* stavværk (i gotik).
trache|a [trə'ki:ə] *sb (pl ogs -ae* [-i:]) luftrør, ånderør.
tracheal [trə'kiəl] *adj* luftrørs-.
trachoma [trə'kəumə] *sb (med.)* ægyptisk øjensyge.
tracing ['treisiŋ] *sb* kalkering; kalke; ~ *paper* kalkerpapir.
I. track [træk] *sb* spor; vej; sti; bane *(fx of a comet);* kurs; (til væddeløb, i sport) bane; *(jernb)* jernbanelinie, spor, bane; (om bil) hjulafstand; *(am)* atletik; (i skole *omtr)* linie; (på lp-plade) skæring; (på lydbånd) spor; **-s** *pl* spor, fodspor, hjulspor; (til tank *etc)* larvefødder, bælter;
the **beaten** ~ den slagne (lande)vej; *off the beaten* ~ uden for alfarvej; *a* **clear** ~ fri bane; *fall dead in one's -s* falde død om på stedet; *stop in one's -s* standse brat; **keep** ~ *of* holde sig ajour med; **leave** *the -s* løbe af sporet, blive afsporet; **lose** ~ *of* miste følingen med; **make** *-s* T stikke af; styrte af sted; *make -s for* (give sig til at) løbe hen imod; **off** *the* ~, **on** *the wrong* ~ *(fig)* på afveje, på vildspor; *on sby's* ~ på sporet af en; *on the wrong* **side** *of the -s (am, fig)* i et slumkvarter.
II. track [træk] *vb* efterspore; spore; trække (båd *el.* pram); *(am)* gå, vandre; lave fodspor på; lave mærker af; *(film)* køre (med kameraet); ~ *down* opspore.
tracker dog sporhund.
track events *pl* (i sport) løbkonkurrencer.
tracking *(am)* inddeling af elever i linier efter dygtighed og interesser.
tracking station sporestation (der følger rumfartøj).
track|less ['trækləs] *adj* vejløs, ubetrådt. **-man** *(am, jernb)* banearbejder. ~ **record:** *his* ~ *record (fig)* hans (tidligere) præsentationer; hans papirer. ~ **suit** træningsdragt. ~ **system** *(am),* se *tracking.*
tract [trækt] *sb* **1.** egn, strækning, **2.** pjece, brochure; **3.** *(rel)* traktat; **4.** *(anat)* nervestreng; *the digestive* ~ fordøjelseskanalen; *the respiratory* ~ luftvejene.
tractability [træktə'biləti] *sb* medgørlighed, føjelighed, villighed, lydighed.
tractable ['træktəbl] *adj* medgørlig, føjelig, villig, lydig.
Tractarianism [træk'tɛəriənizm] *sb* traktarianisme (ɔ: højkirkelig anglokatolsk retning).
tractate ['trækteit] *sb* afhandling.
traction [trækʃn] *sb* træk; trækkraft; *(med.)* stræk (til brækket ben). **traction engine** lokomobil.
tractive ['træktiv] *adj* trækkende, træk- *(fx force).*
tractor ['træktə] *sb* traktor.
I. trade [treid] *sb* levevej, erhverv, næring; branche; håndtering, bestilling, profession; fag *(fx he is a carpenter by* (af) ~); håndværk; *(merk)* handel *(in* med, *fx coal);* butikshandel; kunder; *(mar)* (-)fart *(fx coast-*

ing ~ kystfart); **the** ~ T spiritushandelen; bryggerierne; *the -s (mar)* passatvindene; *the -s and industries* erhvervene; *everyone* **to** *his* ~ enhver sin bestilling.

II. trade [treid] *vb* handle; bytte *(fx I -d seats with him);* udveksle; ~ **in** *cotton* handle med bomuld; ~ *'in one's car for a new one* udskifte sin vogn med en ny (og give den gamle som udbetaling); ~ **off** bortsælge, bytte væk; bytte plads med mellemrum; ~ **on** *sby's ignorance* benytte sig af *(el.* udnytte) ens uvidenhed.

trade| binding forlagsbind. ~ **cycle** *(merk)* periodisk op- og nedgang i konjunkturerne. ~ **deficit** underskud på handelsbalancen. ~ **description** varebetegnelse. ~ **directory** handelskalender. ~ **discount** forhandlerrabat. ~ **disputes** *pl* arbejdsstridigheder. ~ **gap** underskud på handelsbalancen. ~ **-in** vare der tages som delvis betaling (især ved køb af en ny af samme slags). ~ **licence** næringsbevis. **-mark** varemærke; firmamærke. ~ **name** varemærke; firmanavn. ~ **off** afvejning (af modstridende hensyn), byttehandel. ~ **paper** fagblad. ~ **price** engrospris.

trader ['treidə] *sb* næringsdrivende, købmand; handelsskib.

trades|folk *sb pl* næringsdrivende, handlende. **-man** næringsdrivende, handlende; håndværker. **-people** = *-folk.*

Trades Union Congress (den faglige landsorganisation i England).

trade| surplus overskud på handelsbalancen. ~ **union** fagforening. ~ **unionist** fagforeningsmedlem; tilhænger af fagforeningsbevægelsen. ~ **wind** passatvind.

trading ['treidiŋ] *adj* handels-, drifts-, industri-; ~ *company* handelsselskab; ~ *estate* område udlagt til industrikvarter; industricenter; ~ *post* handelsstation; ~ *stamp* værdikupon.

tradition [trə'diʃn] *sb* overlevering, tradition, sagn.

traditional [trə'diʃn(ə)l] *adj* mundtlig overleveret, traditionel, traditionsmæssig.

traditor ['træditə] *sb (rel, hist.)* forræder.

traduce [trə'dju:s] *vb* bagtale.

traducement [trə'dju:smənt] *sb* bagtalelse.

Trafalgar [trə'fælgə].

I. traffic ['træfik] *sb* trafik, færdsel; handel; omsætning; (mellem mennesker) omgang, samkvem; *no through* ~ gennemkørsel forbudt.

II. traffic ['træfik] *(vb, præt* og *pp trafficked)* handle *(in, with* med); afsætte, omsætte.

trafficator ['træfikeitə] *sb* retningsviser (på bil).

traffic| circle *(am)* rundkørsel. ~ **indicator** retningsviser (på bil). ~ **island** helle. ~ **light** = ~ *signal.* ~ **line** færdselsstreg. ~ **marking** færdselsafmærkning. ~ **offender** færdselssynder, en der begår en færdselsforseelse. ~ **officer** færdselsbetjent. ~ **signal** færdselssignal, lyskurv. ~ **stud** færdselssøm. ~ **warden** *(omtr)* parkeringskontrollør.

tragedian [trə'dʒi:djən] *sb* tragedieforfatter; tragisk skuespiller.

tragedy ['trædʒədi] *sb* tragedie, sørgespil; tragik; *the* ~ *of it* det tragiske ved det.

tragic(al) ['trædʒik(l)] *adj* tragisk.

tragicomedy ['trædʒi'kɔmədi] *sb* tragikomedie.

tragicomic ['trædʒi'kɔmik] *adj* tragikomisk.

I. trail [treil] *vb* slæbe, trække (efter sig); (om vildt *etc)* spore, følge sporet af, være på sporet af; efterspore; (om person *ogs)* følge i hælene på; (uden objekt) traske, slæbe sig af sted; slæbe, komme (, hænge) bagefter; (om plante) slynge sig, vokse *(fx creepers -ing over the walls);* ~ *arms!* gevær i højre hånd! ~ *one's coat* være udæskende; ~ *off* (om lyd) dø hen.

II. trail [treil] *sb* spor; sti, vej; (som hænger bagefter) hale; stribe, strime; slæb.

trailer ['treilə] *sb* påhængsvogn, trailer; (til sporvogn) bivogn; *(am)* campingvogn; *(film)* trailer, forfilm med uddrag af kommende film; *(bot)* udløber, slyngplante.

trailing edge *(flyv:* af bæreplan) bagkant.

I. train [trein] *vb* uddanne, oplære, optræne; (om dyr) dressere, afrette, tilride; (om træ) espaliere, få til at vokse i en bestemt retning; (om kikkert, skydevåben) indstille, rette *(on* mod, *fx* ~ *guns on a fort);* ~ *(it)* T køre med toget.

II. train [trein] *sb* **1.** *(jernb)* tog; **2.** optog; **3.** følge *(fx the king's* ~*);* **4.** række *(fx of events;* ~ *of thought* tankerække); **5.** (på kjole *etc)* slæb; **6.** *(mil.)* træn; *bring* **in** *its* ~ *(fig)* føre med sig; *put (el. set) in* ~ sætte i gang, bringe ind i den rigtige gænge.

train|band *(hist.)* borgervæbning. **-bearer** slæbbærer. ~ **case** beauty box.

trained [treind] *(pp* af *I. train) adj* uddannet; faguddannet, faglært; dresseret *(fx animal).*

trainee [trei'ni:] *sb* elev, volontør, praktikant; *(am)* rekrut.

trainer ['treinə] *sb* træner, dressør; *(flyv)* øvelsesflyvemaskine.

train indicator togtidstavle.

training ['treiniŋ] *sb* uddannelse, oplæring; træning.

training| college seminarium. ~ **ground** ekserceplads. ~ **ship** skoleskib.

train oil tran.

traipse [treips] *vb* traske om, drive om, føjte om, rakke rundt.

trait [trei(t)] *sb* træk, ansigtstræk, karaktertræk.

traitor ['treitə] *sb* forræder.

traitorous ['treit(ə)rəs] *adj* forræderisk, troløs.

traitress ['treitrəs] *sb* forræderske.

trajectory ['trædʒiktri; trə'dʒektri] *sb* (projektils *el.* planets) bane; (rumskibs) kurs; *(fig)* livsbane.

I. tram [træm] *sb* sporvogn; (i mine:) kulvogn; *vb* køre i sporvogn; ~ *it* T køre i sporvogn.

II. tram [træm] *sb* tramsilke, islætsilke.

tram|car sporvogn. ~ **depot** sporvognsremise. **-line** sporvognslinie, skinnestreng.

trammel [træml] *sb* hindring; (til fangst) net, (i fiskeri) posegarn, grimegarn; (over ildsted) kedelkrog; *vb* hæmme, hindre, indvikle (som i et net); **-s** *pl (fig)* lænker, snærende bånd. **trammel net** (i fiskeri), se *trammel.*

tramontane [træ'mɔntein] *adj* (fra) hinsides bjergene; udenlandsk, barbarisk; *sb* fremmed, udlænding, barbar.

tramp [træmp] *vb* trampe; berejse til fods, gennemvandre; traske rundt i; (uden objekt) rejse til fods, vandre, traske; *sb* trampen; fodtur, rejse; (person:) landstryger, vagabond, rejsende svend; *(am* S*)* luder; *(mar)* trampdamper, fragtdamper (uden fast rute); ~ *it* gå, vandre til fods; *be on the* ~ være på vandring, vagabondere, være på valsen.

trample [træmpl] *vb* trampe, træde ned; *sb* trampen.

trampoline [træmpə'li:n] *sb* trampolin.

trampolining [træmpə'li:niŋ] *sb* trampolinspring.

tram|rail sporvognsskinne. **-way** sporvej.

trance [tra:ns] *sb* trance, dvaletilstand.

trank [træŋk] *sb (am* T) = *tranquillizer.*

trannie ['træni] *sb* S transistorradio.

tranquil ['træŋkwil] *adj* rolig.

tranquil|lity [træŋ'kwiləti] *sb* ro, stilhed. **-lization** [træŋkwilai'zeiʃn] *sb* beroligelse. **-lize** ['træŋkwilaiz] *vb* berolige. **-lizer** beroligende middel.

trans- [træns-, trænz-, tra:ns-, tra:nz-] (forstavelse) over, hinsides, på den anden side af, trans-.

transact [træn'zækt] *vb* udføre; gøre *(fx business).*

transaction [træn'zækʃn] *sb* forretning, transaktion; overenskomst; *-s pl (ogs)* meddelelser, forhandlingsreferat.

transactional [træn'zækʃənl] *adj:* ~ *analysis (psyk)* transaktionsanalyse.

transalpine ['trænz'ælpain] *adj* transalpinsk, nord for Alperne.

transatlantic ['trænzət'læntik] *adj* transatlantisk, fra den anden side af Atlanterhavet; gående over Atlanterhavet; amerikansk (fra USA); ~ *steamer* atlanterhavsdamper.

transceiver [træn'si:və] *sb* kombineret radiomodtager og -sender.

transcend [træn'send] *vb* overskride, overgå.

transcendence [træn'sendəns] *sb* transcendens; ophøjethed. **transcendent** [træn'sendənt] *adj* transcendent (ɔ: som ligger uden for erfaringens grænser); som overgår andre; ophøjet. **transcendental** [trænsen'dentl] *adj* transcendental; mystisk, æterisk. **transcendentalism** [trænsen'dent(ə)lizm] *sb* transcendental filosofi.

transcribe [træn'skraib] *vb* afskrive, kopiere; omskrive, transskribere; (om stenogram) renskrive; (om radioudsendelse) optage på bånd *el.* plade.

transcriber *sb* afskriver, kopist.

transcript ['trænskript] *sb* afskrift, genpart, kopi.

transcription [træn'skripʃn] *sb* afskrivning, afskrift; omskrivning, transskription, (af stenogram) renskrift; bånd- *el.* pladeoptagelse af radioprogram.

transducer [trænz'dju:sə] *sb* transducer.

transept ['trænsept] *sb* tværskib, korsarm (i kirke).

I. transfer [træns'fə:] *vb* **1.** overføre *(to* på, *fx I hope you will* ~ *your confidence to me; artisans* ~ *the artist's design to the wall);* **2.** (om person) forflytte, forsætte, overflytte; **3.** *(jur etc)* overdrage *(fx one's rights to sby else);* transportere; **4.** (i regnskab) overføre (til en anden konto), ompostere; henlægge *(fx to the reserve fund);*

(uden objekt) **5.** blive forflyttet; **6.** (om fodboldspiller) gå over (til en anden klub); **7.** stige om.

II. transfer ['trænsfə] *sb (cf I. transfer)* **1.** overføring; **2.** forflyttelse, forsættelse, overflytning; **3.** *(jur etc)* overdragelse; transport; **4.** overførsel, ompostering, henlæggelse; **5.** forflyttelse; **6.** overflytning til en anden klub; **7.** omstigningsbillet; **8.** aftryk; overføringsbillede; **9.** påstrygningsmønster; **10.** *(typ)* overtryk; ~ *of training (psyk)* formal opdragelse.

transferable [træns'fə:rəbl] *adj* som kan overføres (, overdrages).

transferee [trænsfə'ri:] *sb* en til hvem overdragelse sker.

transfer fee overgangssum (for fodboldspiller).

transference ['trænsfrəns] *sb* overdragelse; overføring; forflyttelse, forsættelse; overflytning.

transfiguration [trænsfigju'reiʃn] *sb* forklarelse (især om Kristus); forklaret skikkelse.

transfigure [træns'figə] *vb* forvandle, forklare.

transfix [træns'fiks] *vb* gennembore stikke, spidde; *(fig): I was -ed* jeg var lamslået; jeg var stiv af skræk. **transfixion** [træns'fikʃn] *sb* gennemboring; stivnen.

transform [træns'fɔ:m] *vb* forvandle, omdanne *(into* til).

transformation [trænsfə'meiʃn] *sb* forvandling, omskabelse, omdannelse; *(mat.)* transformation.

transformational [trænsfə'meiʃn(ə)l] *adj* forvandlende, forvandlings-; ~ *grammar* transformationsgrammatik.

transformer [træns'fɔ:mə] *sb (elekt)* transformator; omformer.

transfuse [træns'fju:z] *vb* overføre, tilføre (blod, væske); ~ *into* bibringe, indgyde.

transfusion [træns'fju:ʒn] *sb* overførelse, transfusion.

transgress [trænz'gres] *vb* overtræde, bryde, overskride; (uden objekt) synde, forse sig. **transgression** *sb* overtrædelse; forseelse, synd; *(geol)* oversvømmelse; transgression. **transgressor** *sb* overtræder, synder.

tranship [træn'ʃip] *vb,* se *transship.*

transience ['trænziəns] *sb* flygtighed.

transient ['trænziənt] *adj* forbigående, flygtig, kortvarig; *(am)* på gennemrejse. **transiently** *adv* i forbigående.

transistor [træn'zistə] *sb* transistor; transistorradio.

transistorized [træn'zistəraizd] *adj* transistoriseret.

transit ['trænsit] *sb* gennemrejse; overgang; passage; befordring, transport; *(am ogs)* (offentlige) transportmidler; *(astr)* gennemgang, passage; *vb* passere; *in* ~ under transporten, undervejs.

transit camp transitlejr, gennemgangslejr. ~ **duty** transittold.

transition [træn'ziʃn] *sb* overgang.

transitional [træn'ziʃn(ə)l] *adj* overgangs-.

transitive ['trænsitiv] *adj* transitiv.

transitory ['trænsitri] *adj,* se *transient.*

translate [træns'leit] *vb* oversætte; tyde, fortolke; (ændre:) omsætte *(into* til, *fx words into deeds);* forvandle; overføre, forflytte; (i telegrafi) retransmittere, omsætte; (uden objekt) oversætte; kunne oversættes; *be -d (rel)* blive optaget i himlen.

translation [træns'leiʃn] *sb (cf translate)* oversættelse; tydning, fortolkning; forvandling; overførelse, forflyttelse; optagelse (i himlen); (i telegrafi) omsætning, gengivelse.

translator [træns'leitə] *sb* oversætter, translatør.

transliterate [trænz'litəreit] *vb* omskrive (i et andet alfabet), translitterere.

translocation [trænzlə'keiʃn] *sb (bot)* transport.

translucency [trænz'lu:snsi] *sb* gennemskinnelighed; (halv)gennemsigtighed.

translucent [trænz'lu:snt] *adj* gennemskinnelig; (halv)gennemsigtig.

transmigrant [trænz'maigrənt] *sb* udvandrer på gennemrejse til det land der er hans mål.

transmigrate ['trænzmai'greit] *vb* overføre; overgå; udvandre; vandre over (om sjælevandring).

transmigration [trænzmai'greiʃn] *sb* udvandring; sjælevandring.

transmissible [trænz'misəbl] *adj* som kan oversendes.

transmission [trænz'miʃn] *sb (cf transmit)* forsendelse, videregivelse; overlevering; overføring; ledning; (radio) transmission, udsendelse; (i bil) transmission, gearkasse.

transmit [trænz'mit] *vb* forsende, oversende; videregive, overføre *(fx a disease; sound* lyd); overlevere, lade gå i arv *(fx character traits); (radio)* transmittere, udsende; *(elekt,* varme) lede; *be -ted (ogs)* gå i arv.

transmittable [trænz'mitəbl] *adj* som kan oversendes *(etc).*

transmittal [trænz'mitl] *sb,* se *transmission.*

transmitter [trænz'mitə] *sb* oversender; afsenderapparat, sender (telegraf, telefon, radio).

transmogrification [trænzmɔgrifi'keiʃn] *sb (spøg)* fuldstændig forvandling, metamorfose.

transmogrify [trænz'mɔgrifai] *vb (spøg)* fuldstændig forvandle.

transmutable [trænz'mju:təbl] *adj* foranderlig. **transmutation** [trænzmju'teiʃn] *sb* forvandling, omdannelse; omskiftelse. **transmute** [trænz'mju:t] *vb* forvandle, omdanne.

transoceanic [trænzəusi'ænik] *adj* på den anden side oceanet, oversøisk; ocean-.

transom ['trænsəm] *sb* tværpost, tværbjælke (over dør *el.* vindue); tværsprosse, tværpost (i vindue); *(am)* halvrundt vindue (over dør); *(mar)* agterspejl; hækbjælke.

transonic [træn'sɔnik] *adj* omkring lydens hastighed *(fx* ~ *speed).*

transparency [træn'spɛər(ə)nsi] *sb* gennemsigtighed, transparens; tydelighed; *(fot)* lysbillede, diapositiv; (til overhead projector) transparent.
transparent [træn'spɛər(ə)nt] *adj* gennemsigtig, transparent; *(fig)* oplagt, åbenlys, klar; gennemskuelig; *I hoped the irony was not too ~* ... skinnede for meget igennem.
transpierce [træns'piəs] *vb* gennembore, gennemtrænge.
transpiration [trænspi'reiʃn] *sb* svedafsondring; *(ogs bot)* transpiration.
transpire [træn'spaiə] *vb* svede; transpirere; fordampe; komme for dagen, sive ud, forlyde; T hænde.
transplant *vb* [træns'pla:nt] omplante, udplante; overflytte, overføre; *(med.)* transplantere; *sb* ['trænspla:nt] *(med.)* transplantation; transplantat.
transplantation [trænspla:n'teiʃn] *sb* omplantning; overflytning, overførelse; *(med.)* transplantation.
transpontine ['trænz'pɔntain] *adj* hinsides broen (i London: syd for Themsen).
I. transport [træn'spɔ:t] *vb* **1.** transportere, forsende, føre, bringe, flytte; **2.** deportere; **3.** betage, henrykke; *-ed with (ogs)* ude af sig selv af *(fx delight, grief)*.
II. transport ['trænspɔ:t] *sb* **1.** forsendelse, transport; **2.** henrykkelse, betagethed; **3.** transportmidler *(fx use public ~)*; **4.** *(mar)* transportskib; **5.** *(flyv)* transportfly; **6.** (i båndoptager) drev; **7.** : *in a ~ of, in -s of* ude af sig selv af *(fx rage)*.
transportable [træn'spɔ:təbl] *adj* transportabel, som kan forsendes.
transportation [trænspɔ:'teiʃn] *sb* forsendelse, transport; (straf:) deportation.
Transport House (Labourpartiets hovedkvarter i London).
transpose [træn'spəuz] *vb* omsætte, omflytte; *(mat.)* flytte fra en side af lighedstegn til den anden; *(mus.)* transponere.
transposition [trænspə'ziʃn] *sb* omflytning, forandring; *(mus.)* transponering.
transship [træn(s)'ʃip] *vb* omlade, omskibe.
transshipment [træn(s)'ʃipmənt] *sb* omladning, omskibning.
transubstantiate [trænsəb'stænʃieit] *vb* forvandle.
transubstantiation [trænsəbstænʃi'eiʃn] *sb* forvandling (af nadverelementerne).
transuranic [trænsju'reinik] *adj: ~ elements* transuraner.
Transvaal ['trænzva:l]: *the ~* Transvaal.
transversal [trænz'və:sl] *adj = transverse; sb (mat.)* transversal.
transverse ['trænzvə:s] *adj* tvær-, tværgående; *(mar)* tværskibs; *-ly adv* på tværs, på skrå; *~ flute (mus.)* tværfløjte.
transvestite [trænz'vestait] *sb* transvestit.
I. trap [træp] *sb* fælde, snare; (til fiskeri) ruse; *(trapdoor)* lem, faldlem; *(tekn)* vandlås; (hestevogn:) tohjulet vogn, gig; (ved flugtskydning) kastemaskine; *(am,* i golf) bunker; S flab, mund; (se også *traps)*.
II. trap [træp] *vb* fange (i en fælde); *(fig)* stille fælder for, lokke, narre; *(tekn)* forsyne med vandlås; *be -ped (ogs)* sidde fast.
III. trap [træp] *sb* trap (ɔ: en bjergart).
IV. trap [træp] *vb* pynte, udstaffere.
trapdoor ['træp'dɔ:] *sb* lem, luge; falddør, faldlem, faldluge.
trapes [treips] *vb* farte om, drive om, føjte om, rakke rundt.
trapeze [trə'pi:z] *sb* trapez (til gymnastik).
trapezium [trə'pi:zjəm] *sb* trapez (i geometri); *(am)* trapezoide.
trapezoid ['træpəzɔid] *sb* trapezoide; *(am)* trapez (i geometri).
trapper ['træpə] *sb* pelsjæger.
trappings ['træpiŋz] *sb pl* pynt, stads, ydre pragt; (til hest) pynteligt ridetøj (, dækken); skaberak.
Trappist ['træpist] *sb* trappist (munk).
traps [træps] *sb pl* S sager, pakkenelliker, bagage, grejer, kluns.
trapshooting ['træpʃu:tiŋ] *sb* flugtskydning (efter lerduer).
I.trash [træʃ] *sb* bras, hø, møg *(ogs* om litteratur); sludder; *(am)* affald; udskud, rak; *white ~* de fattige i sydstaterne.
II. trash [træʃ] *vb (am)* kassere; øve hærværk (mod); ødelægge; rakke ned, skælde ud.
trashy ['træʃi] *adj* værdiløs, unyttig.
trass [træs] *sb* trass (en jordart).
trauma ['trɔ:mə] *sb* traume *(ogs psyk);* læsion.
traumatic [trɔ:'mætik] *adj* traumatisk.
travail ['træveil] *(litt) vb* ligge i fødselsveer; slide og slæbe; *sb* slid og slæb, møje; fødselsveer.
travel [trævl] *vb* rejse, være på rejse; gå, vandre; (om lyd, ild *etc)* bevæge sig; forplante sig; *(fig)* strejfe, vandre; (med objekt) berejse; tilbagelægge; *sb* rejse; rejsebeskrivelse; *(tekn)* vandring, bevægelse (af maskindel); *~ second* rejse på anden klasse; *sounds ~ in this house* der er lydt her i huset.
travel| agency rejsebureau. *~* **association** turistforening.
travelator ['trævəleitə] *sb* rullende fortov.
travelled [trævld] *adj* vidt berejst, rejsevant; besøgt *(fx a much ~ place)*.
traveller ['trævlə] *sb* rejsende, berejst mand; *(commercial ~)* (handels)rejsende; *(mar)* udhalerring; *-'s cheque* rejsecheck; *-'s joy (bot)* klematis; *-'s tale* løgnehistorie, skipperløgn.
travelling ['trævliŋ] *adj* (om)rejsende, rejse-.
travelling| crane løbekran. *~* **library** vandrebibliotek; bogbus. *~* **rug** rejseplaid. *~* **scholarship** rejsestipendium. *~* **sickness** transportsyge. *~* **stairs** *pl* rullende trappe.
travelogue ['trævəlɔg] *sb* rejsefilm, rejseforedrag, rejsebeskrivelse.
traverse ['trævə(:)s] *adj* på tværs, over kors; korslagt; tvær-; *sb* (noget som lægges på tværs); *(fig)* uventet hindring, streg i regningen; (bjælke:) tværbjælke, loftsbjælke; *(jur)* benægtelse af påstand; *(mil.)* tværskanse, travers, dækningsvold; *vb* gennemkrydse, gennemrejse, berejse, krydse; strejfe hen over; *(jur etc)* benægte, gøre indsigelse mod, bestride, gendrive; (uden objekt) bevæge sig, (, gå, køre) på tværs; (i skoleridning) traversere.
travesty ['trævəsti] *vb* travestere, karikere, parodiere; *sb* travesti, parodi; *(fig)* parodi, karikatur, vrængbillede *(fx a ~ of justice)*.
Travolator ® ['trævəleitə] *sb* rullende fortov.
trawl [trɔ:l] *sb* trawl; *vb* trawle. **trawler** *sb* trawler.
tray [trei] *sb* bakke; brevkurv; kartoteksskuffe.
tray cloth bakkeserviet.
treacherous ['tretʃ(ə)rəs] *adj* forræderisk, troløs, svigefuld, upålidelig, lumsk.
treachery ['tretʃ(ə)ri] *sb* forræderi.
treacle [tri:kl] *sb* mørk sirup, melasse; *(fig)* T smiger, søde ord.
treacly ['tri:kli] *adj* sirupsagtig; sukkersød *(fx a ~ smile)*.
I. tread [tred] *vb (trod, trodden)* træde på, betræde; trampe *(fx a path);* stampe på; (om jord) stampe 'til; (om fuglehan) parre sig med; (uden objekt) træde; trampe; *~ on air (fig)* være helt oppe i skyerne *(el.* i den syvende himmel); *~ on sby's heels (ogs fig)* traske i hælene på en; *~ on sby's toes (ogs fig)* træde en over tæerne; *~ water* træde vande.
II. tread [tred] *sb* trin, skridt, gang; (i trappe) trappe-

trin; (på bildæk) slidbane; (om fugle) parring.
treadle [tredl] *sb* pedal, (et) tråd, fodtråd, trædebræt; (på håndvæv) trampe, skammel.
treadmill ['tredmil] *sb* trædemølle.
treason [tri:zn] *sb* forræderi, loyalitetsbrud, troskabsbrud; *high* ~ højforræderi.
treasonable ['tri:znəbl] *adj* forræderisk.
treasure ['treʒə] *sb* skat; rigdomme; (om ting) klenodie; *vb* samle, opdynge; *(fig)* gemme, bevare *(fx in one's memory);* (være glad for:) skatte (højt), sætte pris på.
treasure-house skatkammer.
treasurer ['treʒ(ə)rə] *sb* kasserer.
treasure trove ['treʒə'trəuv] skattefund, funden skat.
treasury ['treʒ(ə)ri] *sb* skatkammer; (stats) finanshovedkasse, finansministerium; (firmas *etc)* kasse; *(fig)* guldgrube; *First Lord of the Treasury* første skatkammerlord (nominel overfinansminister; titlen indehaves oftest af statsministeren); *Secretary of the Treasury (am)* finansminister.
Treasury| bench ministerbænk (i Underhuset). ~ **bill** skatkammerveksel.
I. treat [tri:t] *vb* behandle; betragte *(fx ~ it as unimportant);* (med mad *etc)* traktere; (uden objekt) traktere, give; forhandle, underhandle *(for* om);
~ **of** handle om, dreje sig om; ~ *sby* **to** *sth* traktere en med noget, forære en noget; ~ *oneself to sth* spendere noget på sig selv; *have to* ~ **with** have at gøre med.
II. treat [tri:t] *sb* (særligt) traktement; udflugt, skovtur; *(fig)* nydelse *(fx it was a ~ to hear her);* fryd; svir; *a ~ (adv)* T pragtfuldt, herligt; *it went down a* ~ det blev mægtig godt modtaget; *Sunday school* ~ søndagsskoleudflugt; *this is my* ~ jeg gi'r; det er min omgang; *stand* ~ gi' (ɔ: betale).
treatise ['tri:tiz, -tis] *sb* afhandling.
treatment ['tri:tmənt] *sb* behandling, kur; (om spildevand) rensning; *(neds)* medfart.
treaty ['tri:ti] *sb* overenskomst, traktat; *adj* traktatmæssig *(fx ~ rights); be in ~ with* ligge i underhandling med; ~ *port* traktathavn.
I. treble [trebl] *adj* tredobbelt; *vb* tredoble(s); ~ *the price* den tredobbelte pris, det tredobbelte af prisen.
II. treble [trebl] *sb, adj (mus.)* diskant(-); høj, skingrende; *sb* (drenge)sopran; ~ *clef* diskantnøgle; *the Treble* (i *eng* fodbold) det at vinde mesterskabet og begge pokalturneringer i samme sæson.
tree [tri:] *sb* træ; *(family ~)* stamtræ; *(shoetree)* stiver, blok (til fodtøj); *vb* jage op i et træ; T *(fig)* bringe i knibe; *up a ~ (fig)* i knibe, i forlegenhed; *at the top of the ~ (fig)* i toppen.
tree| creeper *zo* træløber. ~ **frog** *zo* løvfrø ~ **pipit** *zo* skovpiber. ~ **sparrow** *zo* skovspurv.
trefoil ['trefɔil, 'tri:fɔil] *sb* kløver; (ornament:) kløverblad, trifolium, trepas.
trek [trek] *vb* rejse (langsomt og besværligt), drage til fods; T gå med besvær, slæbe sig; *(hist.)* rejse med okseforspand (i Sydafrika); *sb* (langsom og besværlig) rejse; *(hist.)* rejse med okseforspand; dagsrejse; udvandring.
trellis ['trelis] *sb* gitter, tremmeværk, sprinkelværk; (til plante) espalier; *-ed* med gitter, tremme-.
tremble [trembl] *vb* skælve, bæve, ryste, dirre; *sb* skælven, bæven, rysten, dirren; *be all of a* ~ T ryste over hele kroppen. **trembling** ['trembliŋ] *adj* skælvende, bævende, rystende, dirrende; *sb* skælven, bæven, rysten, dirren.
tremendous [tri'mendəs] *adj* T mægtig, vældig stor, kolossal, enorm, voldsom, drabelig, gevaldig.
tremor ['tremə] *sb* skælven, rystelse, gys; jordrystelse.
tremulous ['tremjuləs] *adj* skælvende, dirrende, sitrende; ængstelig.
trench [tren(t)ʃ] *sb* grøft; rende *(fx cooking ~); (mil.)* skyttegrav; løbegrav; *vb* grave skyttegrav (, grøft, rende); *(agr etc)* reolgrave, kulegrave; ~ *upon* gøre indgreb i; tangere, være på grænsen af.
trenchant ['tren(t)ʃənt] *adj* skarp; indtrængende; slagkraftig.
trencher ['tren(t)ʃə] *sb* smørebræt; skærebræt.
trencherman ['tren(t)ʃəmən] *sb: be a good* ~ have en god appetit.
trench| mortar fodfolksmortér. ~ **plough** *(agr)* reolplov.
trend [trend] *sb* retning, udvikling, tendens; mode; *vb,* se *I. tend.*
trend| setter en der er toneangivende. ~ **-setting** *adj* toneangivende.
trendy ['trendi] *adj* T hypermoderne, smart; checket; som er med på det nyeste; som gerne vil være med på moden; *sb (neds)* en der gerne vil være med på det sidste nye.
trepan [tri'pæn], **trephine** [tri'fi:n] *vb* trepanere; *sb* trepan.
trepidation [trepi'deiʃn] *sb* skælven; angst, bestyrtelse.
trespass ['trespəs] *sb* overtrædelse; *(jur)* ejendomskrænkelse; *(rel)* synd, skyld; *vb* forse sig; ~ *(up)on* trænge ind på (en andens enemærker); *(fig.)* gøre indgreb i; lægge beslag på *(fx sby's time, hospitality); no -ing!* (svarer til) adgang forbudt for uvedkommende! privat! *forgive us our -es as we forgive them that ~ against us* forlad os vor skyld som vi forlader vore skyldnere.
trespasser ['trespəsə] *sb* overtræder (af adgangsforbud); *-s will be prosecuted* (svarer til) adgang forbudt for uvedkommende.
tress [tres] *sb (poet)* krølle, lok; *(glds)* fletning.
trestle [tresl] *sb* buk, understel.
trestle| table bord på bukke. **-trees** *pl (mar)* saling.
tret [tret] *sb (glds merk)* refaktie, godvægt; godtgørelse for svind.
trews [tru:z] *sb pl* skotskternede bukser.
trey [trei] *sb* treer (i kortspil *el.* på terning).
triad ['traiəd] *sb* trehed, samling af tre; treklang.
trial ['traiəl] *sb* prøve, forsøg, undersøgelse; *(fig, neds)* prøvelse *(fx that boy is a ~; comfort in the hour of ~); (jur)* retslig behandling, domsforhandling, rettergang; sag, proces; *adj* prøve- *(fx ~ trip); ~ by fire* ildprøve, jernbyrd; *give him a* ~ lade ham blive prøvet, gøre et forsøg med ham; *on* ~ på prøve; *he is on ~ for murder* han er anklaget for mord; *put on ~, bring to (el. up for)* ~ stille for retten; *put to* ~ prøve.
trial balance *(merk)* råbalance.
trial jury *(am jur)* almindelig jury på 12 medlemmer.
trial run prøvekørsel.
triangle ['traiæŋgl] *sb* trekant; *(mus.)* triangel.
triangular [trai'æŋgjulə] *adj* trekantet.
triangulate [trai'æŋgjuleit] *vb* triangulere; [trai'æŋgjulət] *adj* trekantet, bestående af trekanter.
triangulation [traiæŋgju'leiʃn] *sb* triangulering.
tribal [traibl] *adj* stamme- *(fx war).*
tribe [traib] *sb* stamme; slægt, folkefærd.
tribesman ['traibzmən] *sb* medlem af stamme.
tribometer [trai'bɔmitə] *sb* friktionsmåler.
tribulation [tribju'leiʃn] *sb* trængsel, modgang, prøvelse.
tribunal [trai'bju:nl] *sb* domstol, ret; nævn *(fx rent ~* huslejenævn).
tribunate ['tribjunət] *sb* tribunat.
tribune ['tribju:n] *sb* tribune, talerstol; *(hist.)* tribun.
tributary ['tribjutri] *adj* skatskyldig; underordnet, bi-; *sb* biflod.
tribute ['tribju:t] *sb* skat, tribut; tribut, anerkendelse, hyldest.

tricar ['traika:] *sb* trehjulet automobil.

trice [trais] *vb (mar)* hale op; *sb: in a* ~ i en håndevending, i en fart.

trichin|a [tri'kainə] *sb (pl -ae* [-i:]) trikin.

trichinosis [triki'nəusis] *sb (med.)* trikinose.

trichologist [tri'kɔlədʒist] *sb* specialist i hårpleje.

I. trick [trik] *sb* **1.** trick, fidus *(fx he knows all the -s),* kunstgreb; **2.** *(neds)* fif, kneb, list; nummer; streg *(fx a dirty* ~*);* **3.** (mod én) puds, nummer; **4.** (i optræden) kunst *(fx card* ~*),* kunststykke, behændighedskunst; **5.** (vane *etc)* manér, særegenhed, vane, uvane *(fx he has a* ~ *of repeating himself);* **6.** (i kortspil) stik; **7.** *(mar)* (ror)tørn; **8.** *(am* S) (prostituerets) kunde; knald;

that will **do** *the* ~ det er lige det der skal til; det skal nok klare sagen; *a* ~ **of** *the senses* et sansebedrag; *he never misses a* ~ han kender alle fiduserne; han får det hele med; han lader aldrig en chance gå fra sig; *play a* ~ **on** lave et nummer med; **turn** *a* ~ *(am* S, om prostitueret) have en kunde; **up to** *-s* ude på at lave numre; *I know a* ~ **worth** *two of that* jeg ved noget der er meget bedre.

II. trick [trik] *vb* narre, snyde, bedrage; ~ *sby into doing sth* narre en til at gøre noget; ~ *out* pynte, udstaffere; ~ *sby out of his money* franarre en hans penge.

trickery ['trikəri] *sb* lurendrejeri, svindel.

trickish ['trikiʃ] *adj* snu, listig, upålidelig.

trickle [trikl] *vb* pible, sive, dryppe, (om tårer *ogs)* trille; *(fig)* sive; (om personer) komme (, gå) en efter en; *sb* tynd strøm; ringe tilførsel (, mængde).

trick shooter kunstskytte.

trickster ['trikstə] *sb* lurendrejer, svindler.

tricksy ['triksi] *adj* løssluppen, kåd, skælmsk; *(glds)* upålidelig; fin, pyntet; (se også *tricky).*

tricky ['triki] *adj* (om person) upålidelig, listig; (om ting) drilagtig *(fx a* ~ *lock);* indviklet, vanskelig *(fx a* ~ *problem).*

tricolour ['trikələ, (især *am)* 'trai-] *sb* trefarvet flag, trikolore.

tricycle ['traisikl] *sb* trehjulet cykel.

trident [traidnt] *sb* trefork.

tried [traid] *præt* og *pp* af *try; a* ~ *friend* en prøvet ven.

triennial [trai'enjəl] *adj* treårig; som sker hvert tredje år.

trifle [traifl] *sb* bagatel, ubetydelighed; (ret:) trifli; *vb* lege *(with* med); fjase; *a* ~ *annoyed* en lille smule *(el.* en kende) irriteret; *stick at -s* hænge sig i småting; ~ *away* spilde, øde bort; *not to* ~ *(el. be -d) with* ikke til at spøge med.

trifler ['traiflə] *sb* pjankehoved, overfladisk person.

trifling ['traifliŋ] *adj* ubetydelig.

trifoliate [trai'fəuliət] *adj* trebladet.

trifolium [trai'fəuljəm] *sb* kløver.

trifurcate [trai'fə:keit] *vb* dele sig i tre grene; [trai'fə:kət] *adj* tregrenet.

I. trig [trig] *sb* bremseklods; *adj (glds)* net, pæn, flot; *vb:* ~ *out* rigge ud, gøre fin.

II. trig *fk trigonometry.*

trigger ['trigə] *sb* aftrækker; udløser; *vb:* ~ *off* udløse, sætte i gang *(fx a chain reaction); quick on the* ~ rask til at skyde; *(fig)* vaks; *pull the* ~ trykke af.

trigger|fish *zo* plettet filfisk. ~ **guard** aftrækkerbøjle. ~ **-happy** *adj* skydeglad; krigsgal.

trigonometric(al) [trigənə'metrik(l)] *adj* trigonometrisk.

trigonometry [trigə'nɔmətri] *sb* trigonometri.

trike [traik] *sb* trehjulet (barne)cykel.

trilateral ['trai'lætrəl] *adj* tresidet.

trilby ['trilbi] *sb,* **trilby hat** blød filthat.

trilingual ['trai'lingw(ə)l] *adj* tresproget.

trill [tril] *sb* trille; *vb* slå triller, trille; ~ *the r's* snurre på r'erne.

trillion ['triljən] *sb* trillion; *(am)* billion.

trilogy ['trilədʒi] *sb* trilogi.

I. trim [trim] *vb* **1.** bringe i orden; **2.** beskære *(fx the edges of a book),* studse, klippe *(fx one's moustache, a hedge),* (hund:) trimme, (træ *etc)* afrette, renskære, (kød, væge *etc)* pudse; **3.** pynte *(fx a hat),* besætte *(fx with fur);* garnere; **4.** *(flyv)* trimme, *(mar)* trimme, bringe til at ligge på ret køl; **5.** (kul *etc)* lempe; **6.** *(fig)* være opportunist, lempe sine anskuelser efter omstændighederne; **7.** T irettesætte; ~ *oneself up* gøre sig i stand.

II. trim [trim] *sb* **1.** orden, form *(fx in good* ~*);* **2.** beklædning; **3.** helbredstilstand, sindstilstand; **4.** pynt, besætning; **5.** klipning; **6.** *(flyv)* trim, trimning; *(mar)* amning; trim, styrlastighed; *in fighting* ~ klar til kamp.

III. trim [trim] *adj* pæn, i god orden; velbygget, velformet.

trimaran ['traimərən] *sb* trimaran (bådtype).

trimmer ['trimə] *sb* **1.** en som pudser, klipper, trimmer *(etc, cf I. trim);* **2.** redskab hertil, *(bogb)* skæremaskine; **3.** opportunist.

trimming ['trimiŋ] *sb* pudsning, klipning, trimning *(etc, cf I. trim);* **-s** *pl* afklippede (, afskårne) stykker; (på kjole *etc)* pynt, besætning; bort; (til mad) garnering; tilbehør.

trinal [trainl], **trine** [train] *adj* tredobbelt.

trinitarian [trini'tɛəriən] *adj* treenigheds-.

Trinity ['triniti] *sb* treenighed; ~ *House* (institution i London som administrerer fyr-, lods- og vagervæsenet i Storbritannien); ~ *Sunday* trinitatis, søndag efter pinse.

trinket ['triŋkit] *sb* smykke, nipsgenstand; bagatel.

trio ['triəu] *sb* trio, terzet; *(fig)* trekløver.

I. trip [trip] *vb* snuble; *(fig)* begå en fejl, fortale sig; *(poet)* trippe; S tage et trip; (med objekt) spænde ben for; vippe; vælte; *(tekn)* udløse; ~ *sby* **up** spænde ben for en; få en til at snuble; *(fig)* få en til at fortale sig *(fx a witness);* gribe en i en fejl (, fortalelse); ~ *up the anchor (mar)* lette ankeret af grunden, brække ankeret løs (fra havbunden).

II. trip [trip] *sb* tur, udflugt, rejse; sviptur, smut; snublen; fejltrin; fortalelse; S (om narkotika *etc)* trip; *(tekn)* udløser.

tripartite ['trai'pa:tait] *adj* tredelt; tresidig, afsluttet mellem tre. **tripartition** [traipa:'tiʃn] *sb* tredeling.

tripe [traip] *sb* kallun; S bras, hø, møg (især om litteratur); sludder, bavl; *-s pl* indvolde.

tripedal [trai'pi:dl] *adj* trefodet.

triphthong ['trifθɔŋ] *sb* triftong, trelyd.

triplane ['traiplein] *sb* flyvemaskine med tre bæreplaner.

triple [tripl] *adj* tredobbelt, trefoldig; *vb* tredoble(s).

triple jump (i atletik) trespring.

triplet ['triplət] *sb* samling af tre, tre rimlinier; (barn:) trilling.

I. triplicate ['triplikət] *adj* tredobbelt, trefoldig; *sb* triplikat; *in* ~ i tre eksemplarer.

II. triplicate ['triplikeit] *vb* tredoble; udfærdige i tre eksemplarer, skrive med to gennemslag.

tripod ['traipɔd] *sb* trefod; fotostativ.

I. Tripoli ['tripəli] Tripolis.

II. tripoli ['tripəli] *sb* trippelse (pudsemiddel).

Tripolitan [tri'pɔlit(ə)n] *adj* tripolitansk; *sb* tripolitaner.

tripos ['traipɔs] *sb* (en eksamen ved universitetet i Cambridge).

tripper ['tripə] *sb* udflugtsrejsende, turist på kortvarigt besøg.

tripping ['tripiŋ] *adj* let på foden, trippende; *sb* trippen, dansen; (i sport) benspænd, tripping.

triptych ['triptik] *sb* triptykon (ɔ: tredelt billede, især

altertavle); fløjalter.
triptyque [trip'ti:k] *sb* carnet, toldpas for bil.
trip wire *(mil.)* snubletråd.
trireme ['trairi:m] *sb (hist.)* treradåret skib, triere.
trisect [trai'sekt] *vb* tredele.
trisection [trai'sekʃn] *sb* tredeling.
trisyllabic ['traisi'læbik] *adj* trestavelses-.
trisyllable ['trai'siləbl] *sb* trestavelsesord.
trite [trait] *adj* forslidt, fortærsket, banal.
Triton ['traitn] *sb* Triton.
triturate ['tritjureit] *vb* knuse, pulverisere, male.
triumph ['traiəmf] *sb* triumf, sejr; *vb* triumfere, sejre.
triumphal [trai'ʌmfl] *adj* triumf- *(fx arch* bue); triumferende.
triumphant [trai'ʌmfənt] *adj* triumferende, sejrende; triumf-, sejrs-.
triumvir [trai'ʌmvə] *sb* triumvir.
triumvirate [trai'ʌmvirət] triumvirat.
triune ['traiju:n] *adj* treenig.
trivet ['trivit] *sb* trefod; *right as a* ~ fuldstændig i orden, frisk som en fisk.
trivial ['triviəl] *adj* ubetydelig, ligegyldig; triviel; overfladisk; *the* ~ *round* den daglige trummerum.
triviality [trivi'æliti] *sb* ubetydelighed, banalitet, bagatel; overfladiskhed.
trivialize ['triviəlaiz] *vb* bagatellisere.
trivium ['triviəm] *sb (hist.)* trivium (ɔ: de tre videnskaber: grammatik, logik, retorik).
trocar ['trəuka:] *sb (med.)* trocart (ɔ: et instrument til punktur).
trochaic [trə'keiik] *adj* trokæisk; *sb* trokæisk vers.
trochee ['trəuki:] *sb* trokæ.
trod [trɔd] *præt* af *tread.* **trodden** [trɔdn] *pp* af *tread.*
trog [trɔg] *vb* T traske.
troglodyte ['trɔglədait] *sb* huleboer; *(fig)* eneboer.
troika ['trɔikə] *sb* trojka (russisk vogn med trespand; gruppe på tre).
Trojan [trəudʒn] *adj* trojansk; *sb* trojaner.
I. troll [trəul] *vb* tralle, synge; fiske med blink *el.* spinder, dørge; T gå, drysse, traske; *sb* (sang:) kanon; (fiskeri:) dørgning, dørg.
II. troll [trəul] *sb (myt)* trold.
trolley ['trɔli] *sb* (træk)vogn; *(tea* ~*)* rullebord; *(jernb)* trolje, dræsine.
trolley|bus trolleyvogn. ~ **car** *(am)* sporvogn.
trollop ['trɔləp] *sb* sjuske, dulle, tøjte.
trombone [trɔm'bəun] *sb* basun.
troop [tru:p] *sb* skare, flok, trop; (af spejdere) trop; *(mil.)* eskadron, *-s pl* tropper; *vb* samle sig i flokke, flokkes; gå flokkevis, myldre, marchere; ~ *the colours (mil.)* føre fanen til fløjen.
troop carrier *(mil.)* mandskabsvogn; *(flyv)* troppetransportmaskine.
trooper ['tru:pə] *sb* kavallerist; kavallerihest; troppetransportskib; *(am* og *austr)* bereden politibetjent; *swear like a* ~ bande som en tyrk.
troopship ['tru:pʃip] *sb* troppetransportskib.
trope [trəup] *sb* trope, billedligt udtryk.
trophic ['trɔfik] *adj* trofisk, ernærings-.
trophy ['trəufi] *sb* trofæ, sejrstegn; (sports)præmie.
tropic ['trɔpik] *sb* vendekreds; *the -s pl* troperne.
tropical ['trɔpikl] *adj* tropisk; trope- *(fx medicine).*
tropic bird *zo* tropikfugl.
tropism ['trəupizm] *sb (biol)* tropisme, orienteringsbevægelse.
I. trot [trɔt] *vb* trave, traske; lade trave; *(am)* snydeoversættelse; ~ *along* stikke af; ~ *out* køre frem med *(fx all the old excuses);* diske op med; fremføre; skilte med *(fx one's knowledge);* ~ *round* T føre *(el.* trække, slæbe) rundt i *(fx he -ted me round Oxford).*
II. trot [trɔt] *sb* trav; luntetrav; *-s* S tynd mave, tyndskid; *on the* ~ i aktivitet; på stikkerne; lige efter hinanden, i rap; *be on the* ~ *(ogs,* S) have tynd mave, have tyndskid; *keep sby on the* ~ holde en stadig beskæftiget, give en fuldt op at bestille.
troth [trəuθ] *sb (glds)* sandhed; tro, ord; *plight one's* ~ skænke sin tro.
trotline *sb* (i fiskeri) langline.
trotter ['trɔtə] *sb* traver (om hest); *pig's -s* grisetæer.
troubadour ['tru:bəduə] *sb* troubadour.
I. trouble [trʌbl] *vb* **1.** forstyrre, volde ulejlighed *(fx I am sorry to* ~ *you);* besvære, plage; **2.** volde bekymring, bekymre, gøre urolig; **3.** (om sygdom *etc)* plage, pine; **4.** (uden objekt) være ked af det; bekymre sig *(about* om);
be -d about være bekymret over; *may I* ~ *you for the bread* må jeg bede Dem række mig brødet; ~ *to* gøre sig den ulejlighed at *(fx answer); don't* ~ *to* du behøver ikke at, du skal endelig ikke *(fx see me out); I'll* ~ *you to* ... (vredt:) må jeg 'så bede dig ...; *-d waters* rørt vande.
II. trouble [trʌbl] *sb* **1.** forstyrrelse, uro *(fx political* ~*);* ulejlighed *(fx no* ~ *at all, I assure you);* besvær, mas *(fx I had a good deal of* ~ *finding it),* vrøvl *(fx* ~ *with the police),* vanskelighed(er), bryderi(er); bekymring(er); **2.** gene, ulempe; **3.** sygdom, skavank; *-s pl* bekymringer, sorger; trængsler *(fx his -s are over);* genvordigheder; uroligheder *(fx labour -s);*
ask (el. look) for ~ være ude efter ballade; selv være ude om det; udfordre skæbnen; *be in* ~ have rodet sig ind i noget; *get into* ~ rode sig ind i noget, komme i fedtefadet; (om pige) komme galt af sted (ɔ: blive gravid); *get sby into* ~ bringe en i forlegenhed; *get a girl into* ~ T gøre en pige ulykkelig (ɔ: gravid); *make* ~ yppe kiv; volde vanskeligheder; *take* ~ gøre sig umage *(with* med; *to* med at, for at); *take the* ~ *to answer* gøre sig den ulejlighed at svare.
troublemaker ['trʌblmeikə] *sb* urostifter, ballademager.
troubleshooter ['trʌblʃu:tə] *sb* fejlfinder (ɔ: reparatør); *(fig)* mægler, forligsmand; en der kan bringe forholdene i lave (, få tingene til at glide).
troublesome ['trʌblsəm] *adj* besværlig *(fx a* ~ *cough),* vanskelig *(fx a* ~ *job, a* ~ *child),* plagsom.
trough [trɔf] *sb* trug, kar; rende; bølgedal; *(meteorol)* lavtryksudløber, trug.
trough fault *(geol)* gravsænkning.
trounce [trauns] *vb* banke, prygle, gennemhegle.
troupe [tru:p] *sb* trup (af skuespillere), teaterselskab.
trouper ['tru:pə] *sb* medlem af trup; *good* ~ *(fig)* god kollega.
trousering ['trauzriŋ] *sb* benklædestof.
trousers ['trauzəz] *sb pl* bukser, *(merk)* benklæder; *catch sby with his* ~ *down* overraske en, komme bag på en.
trouser suit buksedragt.
trousseau ['tru:səu] *sb* brudeudstyr.
trout [traut] *sb zo* forel, ørred.
trow [trəu] *vb (glds el. spøg)* tro, mene, tykkes.
trowel ['trau(ə)l] *sb* murske; planteske; *vb* afpudse; *lay it on with a* ~ *(fig)* smøre tykt på.
I. troy [trɔi]: ~ *weight* guld- *el.* sølvvægt, apotekervægt.
II. Troy [trɔi] Troja.
truancy ['tru:ənsi] *sb* driveri, skulkeri.
truant ['tru:ənt] *adj* skulkende; *sb* skulker; *vb* = *play* ~ skulke.
truce [tru:s] *sb* våbenstilstand; *(fig)* hvile, kort frist; *flag of* ~ parlamentærflag.
I. truck [trʌk] *vb* drive tuskhandel, tuske, bortbytte; *sb* bytte, tuskhandel; *(neds)* småting, ragelse; *(hist.)* betaling i varer; *(am)* grønsager; *I will have no* ~ *with him* jeg vil ikke have noget med ham at gøre.
II. truck [trʌk] *sb* lastbil; *(jernb)* blokvogn, åben gods-

vogn; trækvogn til bagage; *(bibl)* bogvogn; *vb* transportere med lastbil; *(am)* køre lastbil, være lastbilchauffør; S traske; *keep on -ing!* kør bare på!

III. truck [trʌk] *sb* flagknap; *(mar)* klåde.

truckage ['trʌkidʒ] *sb* transport; fragt.

truck | farm, ~ garden *(am)* handelsgartneri, grøntgartneri.

truckle [trʌkl] *vb* krybe, bøje sig ydmygt, logre *(to* for).

truckle bed lav seng på ruller (til at skyde ind under en større).

truckler ['trʌklə] *sb* servil person, spytslikker.

truck system *(hist.:* betaling af arbejdsløn i form af varer).

truculence ['trʌkjuləns] *sb* stridbarhed; trodsighed; skarphed.

truculent ['trʌklə] *adj* stridbar, aggressiv; trodsig; bidende, skarp.

trudge [trʌdʒ] *vb* traske; *sb* trasken; travetur.

I. true [tru:] *adj* sand *(fx a ~ story),* nøjagtig *(fx a ~ copy);* ægte, egentlig *(fx the ~ cocoa tree);* rigtig; tro *(to* mod); *come ~* slå til, gå i opfyldelse; *it is ~ (ogs)* ganske vist, rigtignok; *be out of ~* være forkert indstillet *(el.* anbragt), være ude af lod (, vage), være unøjagtig; (om hjul) slå; *he ran ~ to form* han fornægtede sig ikke (ɔ: opførte sig som man kunne vente); *~ to type* (om plante) sortsægte.

II. true [tru:] *vb: ~ up* afrette, tilpasse; oprette; indstille.

true|-blue *adj* ægte blå; *(fig)* vaskeægte, urokkelig; stokkonservativ. ~ **-bred** *adj* af ægte race; gennemdannet. ~ **course** *(mar)* retvisende kurs. ~ **-hearted** *adj* tro(fast); oprigtig. ~ **-love** hjertenskær. ~ **rate (of interest)** effektiv rente (af lån). ~ **yield** effektiv rente (af investering).

truffle [trʌfl] *sb (bot)* trøffel.

trug [trʌg] *sb* kurv.

truism ['tru:izm] *sb* selvindlysende sandhed, selvfølgelighed, banalitet.

trull [trʌl] *sb (glds)* skøge, tøjte.

truly ['tru:li] *adv* med sandhed; oprigtigt *(fx ~ grateful);* trofast; nøjagtigt; virkelig *(fx ~ beautiful); I can ~ say* jeg kan med sandhed sige; *Yours ~* ærbødigst (foran underskriften i et brev); *(spøg)* undertegnede (ɔ: jeg).

I. trump [trʌmp] *sb* trumf; T knop; knag, kernekarl; *vb* stikke med trumf, spille trumf; *no -s* sans (i bridge); *turn up -s (fig)* falde heldigt ud; være bedre end ventet; have held med sig; redde situationen.

II. trump [trʌmp] *vb: ~ up* opdigte, finde på.

III. trump [trʌmp] *sb (glds)* trompet; trompetskrald; *the ~ of doom, the last ~* dommedagsbasunen.

trump card trumf(kort); *play one's ~ (fig)* spille sin trumf ud.

trumped-up ['trʌmtʌp] *adj* opdigtet, falsk *(fx accusation).*

trumpery ['trʌmpəri] *sb* bras; sludder; *adj* forloren, intetsigende, tarvelig.

trumpet ['trʌmpit] *sb* trompet; tragt *(fx gramophone ~); (eartrumpet)* hørerør; (lyd:) trompetstød; *vb* forkynde, udbasunere; (om elefant) trompete; *blow one's own ~* rose sig selv, prale.

trumpet| call trompetfanfare, trompetsignal; signal til handling. ~ **creeper** *(bot)* trompetblomst.

trumpeter ['trʌmpitə] *sb* trompeter, trompetist; *zo* trompeterfugl; *(am)* trompetersvane.

truncate ['trʌŋkeit] *vb* afskære, afkorte; (om tekst) forkorte drastisk, lemlæste; *~ leaf* lige afskåret blad; *-d cone* keglestub.

truncheon [trʌnʃn] *sb* kommandostav; knippel, politistav.

trundle [trʌndl] *vb* rulle, trille; *sb* rulle, valse; *~ bed = truckle bed.*

trunk [trʌŋk] *sb* (træ)stamme, bul; krop; (til tøj:) kuffert; *(am:* i bil) bagagerum; *(am, tlf)* hovedledning, hovedlinje; (elefants) snabel; *(mar)* trunk; (se også *trunks).*

trunk| call udenbys opkald. ~ **engine** trunkmotor. **-fish** kuffertfisk. ~ **hose** *(glds)* pludderhoser. ~ **line** *(jernb)* hovedbane, hovedlinje; *(tlf)* hovedlinje, hovedledning. ~ **road** hovedvej.

trunks [trʌŋks] *sb pl* korte underbukser; gymnastikbukser; *(swimming ~)* badebukser; *(hist.) = trunk hose; (am, tlf,* svarer til) rigstelefonen.

trunnion ['trʌnjən] *sb (mil.* i lavet:) tap.

truss [trʌs] *sb* knippe (hø *el.* halm), bundt; *(bot)* klase; *(med.)* brokbind; *(arkit)* spærfag; *vb* støtte, afstive; binde sammen; *~ up* binde (armene ind til kroppen); binde sammen; (om fjerkræ) opsætte; *(glds)* klynge op.

truss and belt maker bandagist.

I. trust [trʌst] *sb* tillid; tiltro; betroet hverv, tillidspost; forvaring; *(jur)* forvaltning; betroet formue *(el.* bo); *(merk)* trust, ring, sammenslutning; kredit; *hold* **in** ~ have i forvaring; *(jur)* forvalte; *position* **of** ~ betroet stilling; **on** ~ på kredit; *take sth on ~* tro på noget uden at forlange *el.* skaffe sig bevis, tage noget for gode varer.

II. trust [trʌst] *vb* stole på, have tillid til *(fx I ~ him);* betro *(sby with sth el. sth to sby* en noget); tro, håbe oprigtigt *(fx I ~ you are keeping well);* ~ **in** stole på, have tillid til; ~ **to** stole på; *we must ~ to meeting someone* vi må løbe an på at møde nogen; *~ him to* (ironisk:) hvor det ligner ham at; han skal nok sørge for at; *do you ~ him to do it?* stoler du på at han gør det? tør du lade ham gøre det? *is he to be -ed* **with** *it? (ogs)* kan man risikere at overlade ham det?

trust| corporation forvaltningsinstitut. ~ **deed** fundats.

trustee [trʌ'sti:] *sb* kurator, værge; (af fallitbo) bestyrer; (i institution) bestyrelsesmedlem, *(board of) -s* bestyrelse; *~ investment* pengeanbringelse med sikkerhed som for umyndiges midler; *The Public Trustee* (svarer *omtr* til) overformynder, overformynderiet.

trusteeship *sb* stilling som kurator; værgemål; (under FN) formynderskab; formynderskabsområde.

trust|ful [-f(u)l] *adj* tillidsfuld. ~ **funds** *pl* båndlagte midler; betroede midler. **-less** [-ləs] *adj* upålidelig, utroværdig. ~ **territory** formynderskabsområde. **-worthy** *adj* pålidelig, tilforladelig.

trusty ['trʌsti] *adj* pålidelig, trofast, tro.

truth [tru:θ] *sb (pl -s* [tru:ðz]) sandhed; sanddruhed, sandfærdighed; nøjagtighed, rigtighed; trofasthed, troskab; *in ~* i sandhed; *to tell the ~ (ogs)* sandt at sige; *~ in advertising* ærlig reklame.

truth|ful [-f(u)l] *adj* sandfærdig, sanddru. **-less** [-ləs] *adj* usand; troløs.

I. try [trai] *vb (tried, tried)* prøve, forsøge; sætte på prøve *(fx his patience was tried);* anstrenge, tage på *(fx it tries the eyes);* plage *(fx illness tries me); (jur)* behandle *(fx a case* en retssag), (om person) stille for retten;

~ one's best gøre sit bedste; *~ by court-martial* stille for en krigsret; *~ the door* tage i døren; ~ **for** prøve at få *(el.* opnå); *he was tried for murder* han var anklaget i en mordsag; ~ **hard** prøve ihærdigt, gøre sig umage, gøre sig store anstrengelser; ~ **on** prøve *(fx ~ a coat on); ~ it on* T 'se om den går'; *don't ~ anything on with me* prøv ikke at lave numre med mig; ~ **out** rense, raffinere, omsmelte; gennemprøve, prøve i praksis.

II. try [trai] *sb* T forsøg; (i rugby) (scoring (3 points) ved at placere bolden med hænderne i modspillernes målområde); *come and have a ~* kom og prøv; *have another ~* prøv igen.

trying ['traiiŋ] *adj* trættende, anstrengende, vanskelig;

ubehagelig, pinlig.

try-on ['traiɔn] *sb* T forsøg på at lave et nummer med en.

try-out ['traiaut] *sb* T prøve, afprøvning.

trysail ['traiseil, *(mar)* traisl] *sb* gaffelsejl.

try square (tømmer)vinkel.

tryst [traist, trist] *(glds) sb* stævnemøde, mødested; *vb* sætte stævne; *break* ~ ikke komme til stævnemøde.

tsar [za:] se *czar.*

tsetse ['tsetsi] *sb zo* tsetseflue.

tsotsi ['tsɔtsi] *sb* (i Sydafrika) ung sort bølle.

T square hovedlineal.

T.T. *fk teetotal(ler); tuberculin-tested.*

T.U. *fk Trade Union.*

tub [tʌb] *sb* balje, bøtte; (til is) bæger; T (til bad) badekar; (kar)bad; (*neds* om båd) kasse, pæreskude; S (om person) tyksak; *vb* sætte i balje, bade, vaske.

tuba ['tju:bə] *sb (mus.)* tuba.

tubby ['tʌbi] *adj* tyk og rund; med en dump klang.

tube [tju:b] *sb* **1.** rør; **2.** tube *(fx toothpaste ~);* **3.** slange (til cykel- *el.* bilhjul); **4.** *(jernb)* T undergrundsbane; **5.** *(anat, bot)* rør *(fx the Eustachian ~; pollen ~),* kanal, kar; **6.** *(med.)* kanyle; **7.** *(am)* elektronrør; radiorør; *(TV)* billedrør; **8.** *the ~ (am* S*)* fjernsyn(et); *go down the ~* (*am* S) blive ødelagt; gå i vasken; være „færdig".

tube| card reklame i undergrundstog. **-less tyre** slangeløst dæk.

tuber ['tju:bə] *sb (bot)* knold, rodknold, udvækst.

tubercle ['tju:bə:kl] *sb* knude; tuberkel.

tubercular [tju:'bə:kjulə] *adj* tuberkuløs; knudret.

tuberculin [tju:'bə:kjulin] *sb* tuberkulin.

tuberculosis [tjubə:kju'ləusis] *sb (med.)* tuberkulose.

tuberculous [tju:'bə:kjuləs] *adj* tuberkuløs.

tuberose ['tju:bərəuz] *sb (bot)* tuberose.

tuberous ['tju:bərəs] *adj* knoldet, knoldbærende.

tubing ['tju:biŋ] *sb* rør, slange, rørsystem; ventilgummi.

tub-thumper ['tʌbθʌmpə] *sb* en der holder brandtaler, svovlprædikant. **tub-thumping** *adj: a ~ speech* en brandtale.

tubular ['tju:bjulə] *adj* rørformet; *~ boiler* rørkedel; *~ bone* rørknogle; *~ furniture* stålmøbler.

TUC *fk Trades Union Congress.*

tuck [tʌk] *vb* **1.** putte, stikke, stoppe (ind); proppe (ind); **2.** sy læg i; **3.** *sb* læg; **4.** S slik, guf, lækkerier; *~ away* gemme bort; T guffe (, tylle) i sig; *~ in* stikke (*el.* stoppe) ind; 'putte' (i seng); T guffe i sig, få et kraftigt foder; *~ into* T tage for sig af, klø løs på *(fx one's food); with his legs -ed under him* med benene trukket op under sig; *~ up* hæfte op, kilte op, smøge op.

tucker ['tʌkə] *sb* chemisette; *(austr* T*)* mad; *vb (am)* udmatte; *in one's best bib and ~* i stiveste puds.

tucket ['tʌkit] *sb* trompetstød, fanfare.

tuck|-in ['tʌkin], *~* **-out** rigeligt måltid, ordentligt foder.

tuckshop ['tʌkʃɔp] *sb* slikbutik.

Tudor ['tju:də].

Tuesday ['tju:zdi, 'tju:zdei] *sb* tirsdag.

tufa ['tju:fə] *sb (geol)* (kalk)tuf, kildekalk, frådsten.

tuff [tʌf] *sb (geol)* (vulkansk) tuf.

tuffet ['tʌfit] *sb* siddepude; *(glds)* tue.

tuft [tʌft] *sb* dusk, kvast, tot; fipskæg; *vb* adskille i kvaster, ordne i duske; sy kvast(er) i; (om madras) tufte, knaphæfte.

tufted ['tʌftid] *adj* dusket, som sidder i en dusk *el.* tot; *~ carpets* tuftede tæpper; *~ duck zo* troldand.

tufthunter ['tʌfthʌntə] *sb (glds)* spytslikker, snob.

tufty ['tʌfti] *adj* dusket.

tug [tʌg] *vb* hale, trække, rykke; slæbe; *(mar)* slæbe, bugsere; *sb* træk, ryk; *(mar)* bugserbåd, slæbebåd; *~ at* hale i, rykke i; *~ of war* tovtrækning; *(fig)* styrkeprøve.

tuition [tju'iʃn] *sb* undervisning, vejledning; undervisningsgebyr.

tuitional [tju'iʃn(ə)l] *adj* undervisnings-.

tularemia [tjulə'ri:miə] *sb (med.)* haresyge.

tulip ['tju:lip] *sb* tulipan; *~ tree* tulipantræ.

tulle [tju:l] *sb* tyl.

I. tumble [tʌmbl] *sb* **1.** tumle, vælte *(fx people -d out of the building);* **2.** vælte, falde omkuld, trimle om; falde, trimle *(fx down the stairs);* (om priser) rasle ned; (om bygning) styrte sammen; **3.** (om sovende) kaste sig frem og tilbage; **4.** tumle sig, boltre sig, slå kolbøtter; **5.** (med objekt) kaste, vælte; bringe i uorden, rode i, forkrølle; **6.** (i støberi) tromle; *~ to* T forstå, fatte, begribe, få fat i.

II. tumble [tʌmbl] *sb* fald, styrt; kolbøtte; uorden, roderi; rodet *(el.* forvirret) bunke; (i støberi) rensetromle.

tumble| bug *(am, zo)* skarnbasse. **-down** *adj* faldefærdig, forfalden. *~* **-home** *(mar)* indfaldende (om skibsside).

tumbler ['tʌmblə] *sb* ølglas, vandglas; akrobat, gøgler; (legetøj:) tumling; (i lås) tilholder; gæk; (til tøj) tørretumbler; *(zo)* tumler (en duerace).

tumbling| barrel, *~* **box** (i støberi) rensetromle.

tumbrel ['tʌmbr(ə)l], **tumbril** ['tʌmbril] *sb* kærre, bøddelkarre; *(glds, mil.)* ammunitionsvogn.

tumefaction [tju:mi'fækʃn] *sb* opsvulmen, hævelse.

tumefy ['tju:mifai] *vb* (få til at) hovne *el.* hæve.

tumescence [tju:'mesns] *sb* opsvulmen, hævelse.

tumid ['tju:mid] *adj* ophovnet, hævet; (om stil) svulstig.

tumidity [tju:'miditi] *sb* ophovnen, hævelse; (om stil) svulstighed.

tummy ['tʌmi] *sb* mavse (i børnesprog).

tumour ['tju:mə] *sb (med.)* svulst.

tumult ['tju:mʌlt] *sb* tummel, forvirring, tumult, oprør, stærk ophidselse.

tumultuary [tju'mʌltʃuəri] *adj* forvirret, stormende, oprørsk.

tumultuous [tju'mʌltʃuəs] *adj* stormende, oprørt, heftig, vild.

tumul|us ['tju:mjuləs] *sb (pl -i* [-ai]) gravhøj.

tun [tʌn] *sb* tønde, fad; (mål for vin: 252 gallons); *vb* fylde på tønder.

tuna ['tju:nə] *sb zo (am)* tunfisk; *(bot)* figenkaktus.

tunable ['tju:nəbl] *adj* som kan stemmes; *(glds)* velklingende, harmonisk.

tundra ['tʌndrə] *sb* tundra.

I. tune [tju:n] *sb* melodi; harmoni; *call the ~ (fig)* bestemme farten; (se også *piper); change one's ~* anslå en anden tone; stikke piben ind; *be in ~* være stemt, spille (, synge) rent; *be in ~ with (fig)* harmonere med, stemme med *(fx our traditions),* være på bølgelængde med; *out of ~* falsk, forstemt; *be out of ~ with (fig)* ikke harmonere med, ikke være på bølgelængde med; *to the ~ of £8,000* til (, for, med) et beløb af ikke mindre end £8.000.

II. tune [tju:n] *vb* stemme; afstemme; (om motor) tune; (om radio) = *~ in* afstemme, stille ind; *~ in on (el. to)* stille ind på; dreje hen på; *~ out* udskille; *(fig)* lukke af (for); *~ up* stemme; stemme i, spille op; (om motor) tune op.

tune|ful [-f(u)l] *adj* velklingende, musikalsk. **-less** [-ləs] *adj* uharmonisk, umusikalsk.

tuner ['tju:nə] *sb* klaverstemmer; (til stereoanlæg) radioforsats, radio uden forstærker; (i modtager) afstemningsenhed.

tungsten ['tʌŋstən] *sb* tungsten, wolfram.

tungstic ['tʌŋstik] *adj* wolfram- *(fx acid).*

tunic ['tju:nik] *sb* bluse; gymnastikdragt (for piger);

(mil.) uniformsfrakke, våbenfrakke; *(hist.)* tunika; *(biol)* hinde.

tuning| coil afstemningsspole. ~ **fork** stemmegaffel. ~ **hammer** stemmenøgle.

Tunis ['tju:nis] Tunis (byen).

Tunisia [tju'niziə] Tunesien, Tunis (landet).

tunnel [tʌnl] *sb* tunnel; *(tekn)* akselgang; *vb* bygge en tunnel (under *el.* igennem).

tunnel vision *(med.)* kikkertsyn; *(fig)* snæversyn.

tunny ['tʌni] *sb zo* tunfisk.

tup [tʌp] *sb zo* vædder; *(tekn)* ramklods.

tuppence, tuppenny = *twopence etc.*

tu quoque ['tju:'kwəukwi] *(lat.*: du også) tak i lige måde; det kan du selv være.

turban ['tə:bən] *sb* turban; *-ed* turbanklædt, med turban.

turbary ['tə:bəri] *sb* tørvemose; ret til tørveskær.

turbid ['tə:bid] *adj* grumset, uklar; *(fig)* forvirret.

turbine ['tə:bin] *sb* turbine.

turbo|jet ['tə:bəu'dʒet] *sb* turbojet *(fx engine)*. **-prop** [-prɔp] turboprop-; propelturbine-.

turbot ['tə:bət] *sb zo* pighvar.

turbulence ['tə:bjuləns] *sb* forvirring, uro; uregerlighed, voldsomhed, heftighed.

turbulent ['tə:bjulənt] *adj* oprørt, urolig; uregerlig, voldsom, heftig.

Turcoman ['tə:kəmən] *sb* turkoman, turkmen.

turd [tə:d] *sb (vulg)* lort.

tureen [tə'ri:n] *sb* terrin.

I. turf [tə:f] *sb* grønsvær; græstørv; (irsk:) tørv; (*am* T) område, territorium; *the* ~ væddeløbsbanen; hestevæddeløb.

II. turf [tə:f] *vb* dække med græstørv; ~ *sby out* S smide en ud.

turf accountant bookmaker.

turfy ['tə:fi] *adj* græsrig; tørveagtig; væddeløbs-.

turgid ['tə:dʒid] *adj* hævet, opsvulmet; *(fig)* svulstig.

turgidity [tə:'dʒiditi] *sb* hævelse, opsvulmethed; *(fig)* svulstighed.

Turk [tə:k] *sb* tyrk; *a regular young* ~ en ustyrlig krabat.

Turkestan [tə:ki'sta:n].

Turkey ['tə:ki] Tyrkiet; *adj* tyrkisk.

turkey ['tə:ki] *sb* kalkun; (*am* S) skvadderhoved; fiasko; *talk* ~ *(am)* komme til sagen, tale rent ud af posen. **turkey-cock** kalkunsk hane.

Turkish ['tə:kiʃ] *sb, adj* tyrkisk.

Turkish| bath romersk bad. ~ **delight** Turkish delight (slags konfekt). ~ **towel** frottéhåndklæde.

Turkoman ['tə:kəmən] *sb* turkoman, turkmen.

turmoil ['tə:mɔil] *sb* oprør (*fx the town was in (a)* ~); tummel, virvar.

I. turn [tə:n] *vb* **1.** vende; dreje; rette *(fx the hose on the fire)*; sende, vise *(fx sby from one's door)*; **2.** runde, passere *(fx he has -ed fifty*; se også *ndf)*; **3.** gøre *(fx thunder -s milk sour)*; **4.** forvandle *(fx water into wine)*; (om tekst) oversætte *(into* til); **5.** turnere *(fx a compliment)*; **6.** *(mil.)* omgå *(fx* ~ *the enemy's flank)*;

(uden objekt) **7.** vende sig, dreje; vende om *(fx it is time to* ~ *now)*; **8.** blive *(fx sour)*; gå over til at være, (gå hen og) blive *(fx traitor)*; forvandle sig *(into* til); **9.** blive sur *(fx the milk has -ed)*; **10.** skifte farve *(fx the leaves are -ing)*;

(forskellige forbindelser; se også hovedordet, *fx I. brain, corner, penny, I. scale, I. table)* ~ *the other cheek* vende den anden kind til; ~ *the edge of the knife* gøre knivsæggen sløv; *he did not* ~ *a hair* han fortrak ikke en mine; ~ *one's hand to* give sig i lag (*el.* kast) med; *my head is -ing* det svimler for mig; ~ *his head* fordreje hovedet på ham, gøre ham indbildsk; ~ *the leaves* få bladene til at skifte farve; ~ *the milk* gøre mælken sur; *it -s my stomach, my stomach -s at it* det får det til at vende sig i mig, jeg får kvalme af (*el.* ved) det, det giver mig kvalme; ~ *tail* stikke af, løbe sin vej; *not know which way to* ~ ikke vide sine levende råd; *once he has made up his mind, nothing will* ~ *him* når først han har taget en beslutning, kan intet få ham fra den;

(forb med *præp el. adv)* ~ **about** vende om (*el.* rundt); *(fig)* skifte standpunkt; *about* ~*!* omkring! ~ **against** vende imod, ophidse (*el.* sætte op) imod; vende sig fjendtligt imod; ~ **around** = ~ *about;* ~ *round;* ~ **away** jage bort, afskedige; afvise; vende sig bort; *hundreds were -ed away* hundreder gik forgæves (ɔ: fordi der var udsolgt); ~ **down** folde (*el.* slå) ned; ombøje; skrue ned; dæmpe *(fx the light)*; afvise *(fx* ~ *down a proposal)*; lægge (et kort) med bagsiden opad; ~ **in** vende indad *(fx* ~ *in one's toes)*; lade indgå i handelen (som delvis betaling); indsende *(fx a report)*, indlevere, tilbagelevere; T melde (til politiet); gå i seng; *it has* **just** *-ed 7* klokken er lidt over 7; ~ **off** afskedige; dreje af for, lukke for *(fx the water)*, slukke *(fx the light)*; dreje fra; *(fig,* T) miste interessen (, lysten), stå af; få til at miste interessen (, lysten); virke frastødende på;

~ **on** dreje (*el.* lukke) op for, åbne for *(fx the gas)*, tænde *(fx the light)*; vende sig fjendtligt imod, angribe; dreje sig om, stå og falde med; S begejstre; gøre 'høj', tørne på; blive „høj"; blive begejstret; ~ *on the charm* (pludselig) vise sig fra sin charmerende side; *the play (, question) -s on this* dette er hovedpunktet i stykket (, sagen); ~ *on one's heels* (pludselig) gøre omkring;

~ **out** vise ud, jage bort (*el.* væk), sende på græs; producere, levere; slukke *(fx the light)*; vende udad *(fx one's toes)*; tørne ud, rykke ud, gå ud; møde op; vise sig at være; tømme, vende *(fx one's pockets)*; ~ *out a room* (flytte møblerne ud for at) gøre hovedrent i et værelse; ~ *out well* falde godt ud; *well -ed out* velklædt;

~ **over** vende *(fx he -ed over the pages of a book)*; overdrage, overgive; have en omsætning på; vende sig *(fx in bed)*; ~ *it over in one's mind* overveje det, gruble over det; ~ *over a new leaf* tage skeen i den anden hånd; ~ **round** dreje rundt; vende (sig) om; *(fig)* skifte standpunkt; T tage sig sammen; (om udvikling) vende (sig til det bedre); rette sig, (om fly, skib) blive ekspederet; (med objekt) vende (*fx a car*), vende om; ~ *round a company* vende udviklingen i et firma, rette et firma op; ~ *sby round one's little finger* vikle en om sin lillefinger; ~ *round a ship* ekspedere (ɔ: losse og/*el.* lade) et skib;

~ **to** tage fat; henvende sig til, ty til *(fx* ~ *to sby for help)*; forvandle til; *as if -ed to stone* som forstenet; ~ *to account* udnytte; drage fordel af; ~ *to good use* gøre god brug af; ~ *the conversation to* føre samtalen hen på; ~ *one's attention to* vende sin opmærksomhed mod;

~ **up** dukke op, arrivere, vise sig, ankomme; skrue op (for); slå op *(fx a word in the dictionary)*; smøge op *(fx one's sleeves)*; vende op; lægge op *(fx a skirt)*; S vække væmmelse hos, give kvalme; ~ *it up!* S hold så op! ~ *up one's nose at* rynke på næsen ad; *the sight -ed me up* jeg var ved at brække mig over synet, synet fik det til at vende sig i mig; ~ *up one's toes* T krepere, kradse af; *wait for something to* ~ *up* vente på at der skal vise sig noget; ~ *a child up* vende enden i vejret på et barn; ~ *upon* = ~ *on.*

II. turn [tə:n] *sb* **1.** omdrejning, drejning; **2.** bøjning, runding, (af reb *etc*) tørn; **3.** vending *(fx a* ~ *for the better)*; omslag; skifte *(fx the* ~ *of the century, of the year)*; **4.** forskrækkelse *(fx you gave me such a* ~*)*; **5.** tur (til at gøre noget) *(fx it is your* ~ *now)*; **6.** anfald (af

sygdom); ildebefindende; **7.** *(teat etc)* artistnummer, nummer *(fx an entertainment with several good -s);* varietéskuespiller(inde); **8.** *(mus.)* dobbeltslag; **9.** særligt anlæg, tilbøjelighed;
at every ~ (fig) hele tiden; hvert andet øjeblik; *by -s, ~ and ~ about* skiftevis, efter tur; *one good ~ deserves another* den ene tjeneste er den anden værd; **do** *sby a bad (el. ill) ~* gøre én en bjørnetjeneste, skade en; *done to a ~* tilpas stegt (, kogt); **in** ~ efter tur; på den anden side, til gengæld, igen; *and this in ~ will mean* og det betyder så igen *(el.* endvidere); **of** *an optimistic ~ (of mind)* optimistisk anlagt; *~ of the tide* strømkæntring; *(fig)* omsving, omslag; *the milk is* **on** *the ~* mælken er ved at blive sur; *the tide is on the ~* strømmen er ved at vende; **out of** ~ i utide; *it will* **serve** *my ~* det vil passe til mit formål (, i mit kram); *serve one's ~ (ogs)* gøre sin nytte; **take** *-s at rowing* skiftes til at ro.

turn|about vending; *(am)* omslag. **-around** = *turnround.* **-buckle** *(am)* bardunstrammer, trådstrammer; *(mar)* vantskrue. **-coat** vendekåbe. **-down collar** nedfaldsflip.

turner ['tə:nə] *sb* drejer.

turnery ['tə:nəri] *sb* drejerarbejde; drejerværksted.

turning ['tə:niŋ] *sb* drejning; omdrejning; gadehjørne, sving; omgående bevægelse; (på tøj) sømmerum; *it is a long road (el. lane) that has no ~ (omtr)* alting får en ende; *take the wrong ~* gå forkert; *(fig)* komme på afveje.

turning| lathe drejebænk. ~ **point** vendepunkt. ~ **tool** drejestål.

turnip ['tə:nip] *sb* turnips; majroe; kålroe; T krydder (ɔ: lommeur).

turnkey ['tə:nki:] *sb* slutter, fangevogter; *adj* nøglefærdig.

turnoff ['tər:nɔf] *sb* frakørsel; sidevej; *it was a ~ for me* det fik mig til at miste interessen (, lysten).

turnout ['tə:naut] *sb* **1.** fremmøde; antal tilskuere *(el.* tilhørere), mødeprocent; (ved valg) valgdeltagelse, stemmeprocent; **2.** *(fx* af brandvæsen) udrykning; **3.** oprydning, rengøring; **4.** produktion; **5.** udstyr; **6.** køretøj med forspand.

turnover ['tə:nəuvə] *sb (merk)* omsætning; *(mht* personale) udskiftning; (i madlavning) (slags pie).

turnpike ['tə:npaik] *sb* vejbom; *(am)* (motorvej hvor der må erlægges afgift for kørsel).

turn|round omslag, vending; *(flyv, jernb, mar)* ekspeditionstid. **-screw** skruetrækker. **-spit** stegevender. **-stile** korsbom, tælleapparat. **-stone** *zo* stenvender. **-table** pladetallerken; pladespiller; *(jernb)* drejeskive. **-up:** *-s* opslag (på bukser); bukser med opslag; *a ~ for the book* T en stor overraskelse.

turpentine ['tə:p(ə)ntain] *sb* fransk terpentin.

turpitude ['tə:pitju:d] *sb* fordærvelse; nedrighed, lavhed.

turps [tə:ps] *sb* T (fransk) terpentin.

turquoise ['tə:kwa:z] *sb* turkis; *adj* turkisfarvet.

turret ['tʌrət] *sb* lille tårn, kanontårn, pansertårn; *(tekn)* revolverhoved; *-ed* tårnformet, med tårne; *~ lathe* revolverdrejebænk.

turtle [tə:tl] *sb zo* havskildpadde; *turn ~* kæntre; *green ~* spiselig skildpadde, suppeskildpadde.

turtle|dove turteldue; *collared -dove* tyrkerdue. **-neck** (sweater med) turtleneck (høj dobbelt halsrib); *(am)* (sweater med) rullekrave. ~ **shell** skildpaddeskal. **~-shell** *adj* skildpadde-. ~ **soup** skildpaddesuppe.

Tuscan ['tʌskən] *adj* toskansk; *sb* toskansk; toskaner.

I. tush [tʌʃ] *interj (glds)* pyt! snak!

II. tush [tʌʃ] *sb* hjørnetand (hos hest).

tushery ['tʌʃəri] *sb (litt)* kunstigt gammeldags stil.

tusk [tʌsk] *sb* stødtand; *vb* støde, stange, spidde.

tusker ['tʌskə] *sb* voksen elefant (, vildorne).

tussah ['tʌsə] *sb* tussahsilke.

Tussaud's [tə'sɔ:dz, tə'səuz] (vokskabinet i London).

tussive ['tʌsiv] *adj* hoste-.

tussle [tʌsl] *sb* kamp, slagsmål; *vb* slås.

tussock ['tʌsək] *sb* tot, dusk, tue, græspude; *pale ~ moth zo* bøgenonne.

tussore ['tʌsə, 'tʌsɔ:] *sb* tussahsilke.

tut [t, tʌt] *interj* (lyd, som udtrykker utålmodighed, foragt, bebrejdelse) nå nå; åhr hva'; så så.

tutelage ['tju:tilidʒ] *sb* formynderskab.

tutelar, tutelary ['tju:tilə(ri)] *adj* formynder-; beskyttende; skyts- *(fx saint).*

tutor ['tju:tə] *sb* lærer, huslærer, hovmester; universitetslærer der vejleder i studierne; *(jur)* formynder; *vb* undervise, oplære, hovmesterere; beherske, øve.

tutorial [tju'tɔ:riəl] *adj* lærer-; *sb* time hos ens *tutor.*

tutorship ['tju:təʃip] *sb* stilling som *tutor;* vejledning; *(jur)* formynderskab.

tutti-frutti ['tuti 'fruti] *sb* tutti frutti (dessert af blandede frugter).

tu-whit [tu'wit], **tu-whoo** [tu'wu:] uhu! (uglens tuden).

tuxedo [tʌk'si:dəu] *sb (am)* smoking.

TV *fk television.*

TVA *fk Tennessee Valley Authority.*

twaddle [twɔdl] *vb* vrøvle, ævle; *sb* vrøvl, ævl.

twaddler ['twɔdlə] *sb* vrøvlehoved.

twain [twein] *(poet)* tvende; *in twain* itu.

twang [twæŋ] *vb* knipse (på spændt streng *el.* strengeinstrument), klimpre; (om streng) lyde, synge; (om person) snøvle, tale med næselyd; *sb* knips, skarp lyd, klang, syngen (af en spændt streng); *(nasal ~)* næselyd, snøvlen.

'twas [twɔz, twəz] = *it was.*

twat [twɔt] *sb (vulg)* kusse; (skældsord:) skvat, fjols.

twayblade ['tweibleid] *sb (bot)* fliglæbe.

tweak [twi:k] *vb* klemme, knibe, rykke i og vride om *(fx his ear, his nose); sb* kniben, ryk.

twee [twi:] *adj* S puttenuttet.

tweed [twi:d] *sb* tweed.

tweedledum and tweedledee ['twi:dl'dʌm ən 'twi:dl'di:] hip som hap; *(opr* personer i *Alice in Wonderland).*

tweedy ['twi:di] *adj* tweedlignende, tweedagtig; klædt i tweed; *(fig)* formløs, tvangfri, sporty.

'tween [twi:n] *fk between* mellem.

'tween decks mellemdæk.

tweeny ['twi:ni] *sb (glds* T) hjælpepige.

tweet [twi:t] *vb* kvidre; *sb* kvidder.

tweeter ['twi:tə] *sb* diskanthøjttaler.

tweezers ['twi:zəz] *sb pl* pincet; *a pair of ~* en pincet.

twelfth [twelfθ] *adj* tolvte; *sb* tolvtedel. **Twelfth| day** helligtrekongersdag. ~ **night** helligtrekongersaften.

twelve [twelv] tolv. **twelve|mo** ['twelvməu] *(el. 12mo)* duodez. **-month** år. **~-note,** ~ **-tone** *adj* tolvtone-.

twentieth ['twentiəθ] *adj* tyvende; *sb* tyvendedel.

twenty ['twenti] *num* tyve; *in the twenties* i tyverne.

twerp [twə:p] *sb* S skvat, skrog, dum skid.

twice [twais] *adv* to gange, dobbelt; *~ two is (el. are) four* to gange to er fire; *~ as much* dobbelt så meget; *he has ~ the strength* han er dobbelt så stærk; *think ~* betænke sig; *not think ~ about* glemme, ikke tænke mere på; ikke betænke sig på *(fx I shouldn't think ~ about refusing his offer); I did not wait (el. have) to be told ~* det lod jeg mig ikke sige to gange.

twice-told *adj* gentaget, forslidt, gammel.

twiddle [twidl] *vb* dreje (på) *(fx ~ the knobs);* trille; *~ one's thumbs (el. fingers)* trille tommelfingre, ikke have noget at bestille; *~ with* lege med, pille *(el.* fingerere) ved; *give sth a ~* dreje på noget.

twig [twig] *sb* kvist, lille gren; *vb* T kigge på; opdage; fatte, begribe; *hop the ~* S kradse af, dø.

twiggy ['twigi] *adj* fuld af kviste, kvistlignende.

twilight ['twailait] *sb* tusmørke, skumring; *adj* skumrings- *(fx hour);* dunkel, halvmørk; ~ *of the gods* ragnarok; ~ *sleep (med.)* tågesøvn (let bedøvelse); ~ *state* tågetilstand.
'twill [twil] *fk it will.*
twill [twil] (om stof) *vb* kipre; *sb* kiper; *-ed* kipret.
twin [twin] *sb* tvilling; mage; *vb* knytte (, parre, passe) sammen; *be -ned with* (om by) være venskabsby med.
twin beds *pl* to enkeltsenge *(mods* dobbeltseng).
twine [twain] *vb* sno, tvinde, flette; (uden objekt) slynge sig, bugte sig; *sb* tvinding, snoning; hyssing, sejlgarn, bindegarn.
twiner ['twainə] *sb (bot)* slyngplante.
twinge [twin(d)ʒ] *vb* knibe, stikke; føle en stikkende smerte; *sb* stik, stikkende smerte; *a* ~ *of conscience* et anfald af samvittighedsnag.
twinkle [twiŋkl] *vb* blinke, stråle, tindre; *sb* glimt, tindren, blinken; *in a* ~ på et øjeblik.
twinkling ['twiŋkliŋ] *sb* blinken; *in the* ~ *of an eye* på et øjeblik, i en håndevending.
twin|-screw *adj (mar)* tvillingskrue-. ~ **set** cardigansæt. ~ **town** venskabsby. ~ **tub** vaskemaskine og centrifuge bygget sammen.
twirl [twə:l] *vb* svinge (med); hvirvle (rundt), snurre; *sb* omdrejning, hvirvel; krusedulle, snirkel, sving; ~ *one's moustache* sno sit overskæg.
twirp = *twerp.*
I. twist [twist] *vb* **1.** sno, vikle; tvinde; **2.** dreje, vride; **3.** fordreje *(fx one's face);* **4.** forvride *(fx one's ankle);* **5.** skrue *(fx a ball);* **6.** fordreje, forvrænge *(fx sby's words);* **7.** (uden objekt) vride sig, sno sig; T danse twist; S snyde, bedrage;
~ *about,* ~ *and turn* vende og dreje sig; ~ *off* vride af; skrue af; ~ *his arm* vride armen om på ham; *(fig)* lægge pres på ham; *she can* ~ *him round her little finger (fig)* hun kan vikle *(el.* sno) ham om sin lillefinger.
II. twist [twist] *sb (cf I. twist)* **1.** snoning, vikling, tvinding; **2.** drejning, drej; vridning, vrid; **3.** fordrejning; **4.** forvridning (af led); **5.** skruning (af bold); **6.** drejning; forvrængning; **7.** twist (en dans); **8.** tvistgarn; **9.** (lille) rulle (tobak); **10.** kræmmerhus (snoet sammen af et stykke papir); **11.** særhed, karakterskavank; *give a* ~ *(to)* vride; sno; skrue (en bold); *(fig)* give en drejning *(fx give a story a* ~*); a* ~ *of lemon peel* en citronrytter.
twist drill spiralbor, sneglebor.
twisted [twistid] *adj* snoet (*fx rope*); vreden; kroget (*fx branch*), vindskæv; fordrejet; forvreden (*fx ankle*); skruet (*fx ball*); (*fig*) fordrejet, forvrænget (*fx report*); (om tankegang) forskruet, forvreden, skæv; (om person, T) lusket.
twister ['twistə] *sb* **1.** T svindler, snyder; **2.** skruebold; **3.** *(fig)* vanskelig opgave; **4.** *(am)* tornado, hvirvelstorm, skypumpe; **5.** se *tongue twister.*
twisty ['twisti] *adj* snoet, bugtet; *(fig)* uærlig, upålidelig.
twit [twit] *vb* drille, ærte, håne; bebrejde; *sb* = *twerp.*
twitch [twitʃ] *vb* nappe, rykke, rive *(at* i); fortrække sig *(fx his face -ed with pain);* give et ryk; *sb* nap, ryk; trækning; *his leg -ed* det rykkede i hans ben.
twitch grass *(bot)* kvikgræs.
twite [twait] *sb zo* bjergirisk.
I. twitter ['twitə] *sb* kvidren; munter pludren, fnisen; skælven; *be all of a* ~, *be in a* ~ dirre af nervøsitet.
II. twitter ['twitə] *vb* kvidre; fnise; være lidt nervøs, være forfjamsket; dirre, skælve.
twittery ['twitəri] *adj* kvidrende; fnisende; dirrende, skælvende; nervøs, forfjamsket.
'twixt *fk betwixt* imellem.
twizzle [twizl] *vb,* se *twirl.*

two [tu:] *num* to; *sb* to-tal; toer; *one or two* en eller to, et par (stykker), to-tre; *in two* itu, i to stykker; *by twos* to og to, parvis; *I can put two and two together (fig)* jeg kan godt lægge to og to sammen; jeg kan både stave og lægge sammen.
two|-bit ['tu:bit] *adj* som koster en kvart dollar; *(fig)* ussel, snoldet. ~**-digit** *adj (am)* tocifret.
two-edged ['tu:edʒd] *adj* tveægget.
two-faced ['tu:feist] *adj (fig)* falsk.
two-figure *adj* tocifret.
twofold ['tu:fəuld] *adj, adv* dobbelt.
two-handed ['tu:hændid] *adj* tohånds-; tomands-.
twopence ['tʌpəns] *sb* to pence.
twopenny ['tʌpəni] *adj* til to pence; *(fig)* tarvelig.
twopenny-halfpenny *adj* til to og en halv penny; *(fig)* tarvelig, ubetydelig.
two|-piece i to dele; todelt *(fx swimming suit).* ~ **-ply** toslået; dobbeltvævet. ~**-seater** to-personers bil.
twosome ['tu:səm] *adj* udført af to; *sb* spil hvori kun to personer deltager; T par.
two|-speed *adj* to-gearet. **-step** twostep (en dans). ~**-stroke** *adj* totakts-; *sb* totaktsmotor, totakter. ~ **-time** *vb* snyde; bedrage, være utro; spille dobbeltspil. ~**-timer** falsk elsker(inde). ~**-timing** *adj* falsk.
two-way ['tu:wei] *adj* i begge retninger *(fx traffic);* gensidig *(fx guarantee);* (i radio) tovejs-; ~ *cock* togangshane; ~ *switch* korrespondanceafbryder.
tycoon [tai'ku:n] *sb* (især *am)* magnat, matador; *industrial* ~ industribaron.
tying ['taiiŋ] *præs p* af *tie.*
tyke [taik] *sb* køter; bondeknold.
tympanum ['timpənəm] *sb (anat)* trommehule, mellemøre; trommehinde.
Tyne [tain]: *the* ~ Tynefloden.
Tyneside ['tainsaid] Tynedistriktet.
type [taip] *sb* type; art; forbillede, mønster; *(typ)* type; skrift, typer *(fx in large* ~ med store typer); *vb* skrive på maskine, maskinskrive; *in* ~ *(typ)* sat op.
type|cast *(teat)* tildele roller efter typer; *(fig)* kategorisere, sætte i bås; ~ *him (teat)* give ham en rolle der passer til hans type. **-face** skriftbillede, skriftsnit. **-script** maskinskrevet manuskript. **-setter** sætter; sættemaskine. ~ **size** skriftgrad. **-write** *vb* skrive på maskine. **-writer** skrivemaskine. **-writer ribbon** farvebånd.
typhoid ['taifɔid] *sb,* ~ *fever (med.)* tyfus, tyfoid feber.
typhoon [tai'fu:n] *sb* tyfon.
typhus ['taifəs] *sb* plettyfus.
typical ['tipikl] *adj* typisk, karakteristisk *(of* for).
typify ['tipifai] *vb* være et typisk eksempel på; symbolisere *(fx the dove typifies peace);* være karakteristisk for, karakterisere.
typist ['taipist] *sb* maskinskriver(ske), kontordame.
typo ['taipəu] *sb* T typograf; *(am)* trykfejl, slåfejl, slagfejl.
typographer [tai'pɔgrəfə] *sb* typograf.
typographical [taipə'græfikl] *adj* typografisk.
typography [tai'pɔgrəfi] *sb* typografi.
tyrannical [ti'rænikl] *adj* tyrannisk.
tyrannicide [ti'rænisaid] *sb* tyranmord; tyranmorder.
tyrannize ['tirənaiz] *vb:* ~ *(over)* tyrannisere.
tyranny ['tirəni] *sb* tyranni.
tyrant ['taiərənt] *sb* tyran.
tyre ['taiə] *sb* dæk, bildæk, cykeldæk; (luft)ring; *(tekn)* hjulbandage, hjulring.
Tyre ['taiə] Tyrus.
tyre| chain snekæde. ~ **lever** dækjern.
tyro ['taiərəu] *sb* begynder.
Tyrol ['tirəl].
Tyrolese [tirə'li:z] *adj* tyrolsk; *sb* tyroler(inde).
tzar *etc,* se *czar etc.*

U

U [ju:] U; *fk Upper Class;* (i biografannonce) tilladt for børn (over 5 år).
ubiquitous [ju'bikwitəs] *adj* allestedsnærværende.
ubiquity [ju'bikwiti] *sb* allestedsnærværelse.
U-boat ['ju:bəut] *sb* ubåd, tysk undervandsbåd.
UCLA *fk University of California Los Angeles.*
U.D. *fk urban district.*
udder ['ʌdə] *sb* yver.
UDI *fk unilateral declaration of independence.*
udometer [ju'dɔmitə] *sb* regnmåler.
UDR *fk Ulster Defence Regiment.*
UEFA *fk Union of European Football Associations.*
UFO *(fk unidentified flying object)* ufo.
ufology [ju:'fɔlədʒi] *sb* studiet af ufoer.
Uganda [ju:'gændə].
Ugandan [ju:'gændən] *sb* ugander; *adj* ugandisk.
ugh [u, uh] *interj* uf, fy; aha.
ugly ['ʌgli] *adj* grim *(fx an ~ house; an ~ duckling),* hæslig; styg, modbydelig *(fx wound);* T ubehagelig, modbydelig; *~ customer* modbydelig ka'l; skummel fyr.
UHF *fk ultra-high frequency.*
uh-huh [mhm] *interj* (mumlelyd der udtrykker bifald).
U.K. *fk United Kingdom.*
ukase [ju:'keiz] *sb* ukas (kategorisk ordre).
Ukraine [ju:'krein]: *the ~* Ukraine.
ukulele [ju:kə'leili] *sb* ukulele.
ulcer ['ʌlsə] *sb* åbent sår, kronisk sår, *(med.)* ulcus; *(gastric ~)* mavesår.
ulcerate ['ʌlsəreit] *vb* danne sår, være fuld af sår.
ulceration [ʌlsə'reiʃn] *sb* sårdannelse.
ulcerous ['ʌlsərəs] *adj* ulcerøs, med sår.
ullage ['ʌlidʒ] *sb* svind, manko.
ulna ['ʌlnə] *sb (pl ulnae* ['ʌlni:]) albueben, ulna.
ulster ['ʌlstə] *sb* ulster (overfrakke).
ult. *fk ultimo* forrige måned.
ulterior [ʌl'tiəriə] *adj* yderligere, videre; senere, fjernere; *~ motive* skjult motiv, bagtanke; *do sth from ~ motives* gøre noget af beregning.
ultima ['ʌltimə] *adj* yderst, sidst; *~ ratio* sidste argument, sidste udvej; *~ Thule* ['θju:li] det yderste Thule.
ultimate ['ʌltimət] *adj* endelig *(fx result);* sidst, yderst; oprindelig, først, grund- *(fx principles, truths);* (især *tekn)* højest, maksimal; *-ly* til slut, til syvende og sidst, i sidste instans; *~ load* brudbelastning.
ultimatum [ʌlti'meitəm] *sb* ultimatum.
ultimo ['ʌltiməu] *adv (merk,* især *glds)* forrige måned.
ultra ['ʌltrə] *sb* yderliggående; ekstremist; *adj* yderliggående; superfin *(fx dinner).*
ultra- (forstavelse) ultra- *(fx short; violet); (fig)* hyper- *(fx smart),* super-, yderst.
ultra|ism ['ʌltrəizm] *sb* ekstremisme. **-ist** ekstremist. **-marine** [ʌltrəmə'ri:n] *sb* ultramarin(blåt); *adj* ultramarin(blå). **-montanist** [ʌltrə'mɔntənist] ultramontanist (ɔ: tilhænger af pavemagtens absolutte autoritet). **-red** *adj* infrarød. **-sonic** ['ʌltrə'sɔnik] *adj* supersonisk, overlyds-.
ultra vires ['ʌltrə'vaiəri:z]: *act ~* overskride sine beføjelser *(el.* sin kompetence).
ululate ['ju:ljuleit] *vb* hyle; tude.
ululation [ju:lju'leiʃn] *sb* hylen; tuden.
Ulysses [ju'lisi:z] Ulysses, Odysseus.
umbel ['ʌmbəl] *sb (bot)* skærm. **umbel|late** ['ʌmbəleit] skærmformet. **-liferous** [ʌmbə'lifərəs] *adj* skærm-.
umber ['ʌmbə] *sb, adj* umbra; mørkebrun(t).
umbilical [ʌm'bilikl] *adj* navle-; *~ cord* navlestreng; *~ hernia* navlebrok.
umbilicus [ʌm'bilikəs] *sb* navle.
umbrage ['ʌmbridʒ] *sb* vrede, krænkelse, mishag; *give ~* fornærme, krænke, støde; *take ~* blive fornærmet, blive krænket, blive stødt *(at* over).
umbrageous [ʌm'breidʒəs] *adj (litt)* skyggefuld; som let bliver krænket; mistroisk.
umbrella [ʌm'brelə] *sb* paraply; *(fig)* beskyttelse; *adj* fælles- *(fx term* benævnelse); generel; *put up one's ~* slå sin paraply op.
umbrella| bird *zo* parasolfugl. *~* **frame** paraplystel. *~* **stand** paraplystativ. *~* **tree** *(bot)* parasoltræ.
umpire ['ʌmpaiə] *sb* opmand, voldgiftsmand, (i sport) dommer; *vb* være opmand *(etc);* mægle.
umpteen ['ʌmpti:n] S adskillige, mange, 'hundrede og sytten'.
U. N., UN *fk United Nations.*
'un [ʌn] *(vulg) = one (fx he's a good 'un).*
un- [ʌn-] (forstavelse) u-, ikke *(fx unfavourable* ugunstig; *unmailable* som ikke kan *(el.* må) sendes med posten).
unabashed [ʌnə'bæʃt] *adj* uforknyt; skamløs.
unabated [ʌnə'beitid] *adj* usvækket, uformindsket, med uformindsket styrke; (om løn) uafkortet, fuld.
unable [ʌn'eibl] *adj: ~ to* ude af stand til (at).
unabridged [ʌnə'bridʒd] *adj* uforkortet.
unaccented ['ʌnæk'sentid] *adj* ubetonet.
unacceptable ['ʌnək'septəbl] *adj* uacceptabel, uantagelig, uvelkommen.
unaccomplished [ʌnə'kɔmpliʃt] *adj* ufuldendt, ufærdig; uden særlige talenter.
unaccountable [ʌnə'kauntəbl] *adj* uforklarlig; uansvarlig.
unaccustomed [ʌnə'kʌstəmd] *adj* usædvanlig, påfaldende; *~ to* ikke vant til (at), uvant med (at).
unadopted [ʌnə'dɔptid] *adj* (om vej) privat.
unadulterated [ʌnə'dʌltəreitid] *adj* ægte, uforfalsket.
unadvised ['ʌnəd'vaizd] *adj* ubetænksom, uklog.
unaffected [ʌnə'fektid] *adj* ægte, oprigtig; upåvirket *(by* af).
unaided [ʌn'eidid] *adj* uden hjælp; *the ~ eye* det blotte øje.
unaligned [ʌnə'laind] *adj* (om land) ikke tilknyttet nogen blok, neutral, alliancefri.
unalloyed [ʌnə'lɔid] *adj* ublandet; (om metal) ulegeret.
un-American [ʌnə'merikən] *adj* uamerikansk *(fx activities* virksomhed).
unanimity [ju:nə'nimiti] *sb* enstemmighed.
unanimous [ju'næniməs] *adj* enig, enstemmig.
unannounced [ʌnə'naunst] *adj* som ikke er meddelt, uanmeldt.
unanswerable [ʌn'a:nsrəbl] *adj* som ikke er til at svare på, uigendrivelig *(fx argument).*
unappealable [ʌnə'pi:ləbl] *adj* inappellabel.
unapproachable [ʌnə'prəutʃəbl] *adj* utilnærmelig, utilgængelig.
unargued [ʌn'a:gju:d] *adj* ubestridt.

unarmed [ʌn'a:md] *adj* ubevæbnet; *(mil.)* uarmeret; ~ *combat* selvforsvarsteknik, *(mil.)* håndgemæng.
unashamed [ʌnə'ʃeimd] *adj* uden skam, som ikke skammer sig; skamløs.
unasked [ʌn'a:skt] *adj* uindbudt, uopfordret.
unassailable [ʌnə'seiləbl] *adj* uangribelig.
unassisted [ʌnə'sistid] *adj* uden hjælp.
unassorted [ʌnə'sɔ:tid] *adj* usorteret.
unassuming [ʌnə'sju:miŋ] *adj* beskeden, fordringsløs.
unattached [ʌnə'tætʃt] *adj* ikke tilknyttet nogen organisation (, gruppe *etc)*; uafhængig; ledig, ugift og uforlovet.
unattainable [ʌnə'teinəbl] *adj* uopnåelig.
unattended [ʌnə'tendid] *adj* uden ledsager; uden opsyn; uden tilsyn; forsømt.
unavailable [ʌnə'veiləbl] *adj* ikke til rådighed, ikke tilgængelig, ikke til stede; ugyldig.
unavailing [ʌnə'veiliŋ] *adj* unyttig, frugtesløs, forgæves.
unavoidable [ʌnə'vɔidəbl] *adj* uundgåelig; uomstødelig.
unavoidably [ʌnə'vɔidəbli] *adv* uundgåeligt; *be* ~ *absent* have lovligt forfald.
unawares [ʌnə'wɛəz] *adv* uforvarende; *take* ~ overraske, overrumple, komme bag på.
unbacked [ʌn'bækt] *adj* uden støtte; (om hest) utilreden; som ingen holder på (ved væddeløb).
unbalanced [ʌn'bælənst] *adj* (om person) uligevægtig, eksalteret; sindsforvirret; (om ting) ikke i ligevægt; (om regnskab) ikke gjort op; som viser underskud.
unbar [ʌn'ba:] *vb* lukke op, åbne.
unbearable [ʌn'bɛərəbl] *adj* utålelig, uudholdelig.
unbecoming [ʌnbi'kʌmiŋ] *adj* upassende, usømmelig, som ikke sømmer sig *(to, for* for); (om tøj) uklædelig.
unbeknown(st) [ʌnbi'nəun(st)] *adj:* ~ *to me* T uden mit vidende.
unbelief [ʌnbi'li:f] *sb* mangel på tro, vantro.
unbeliever [ʌnbi'li:və] *sb* vantro, ikke-troende.
unbelieving [ʌnbi'li:viŋ] *adj* vantro, ikke-troende.
unbend [ʌn'bend] *vb* rette ud; slappe, løsne; *(mar)* løse, (om sejl) slå fra; (uden objekt, om person) slappe af, blive gemytlig, slå sig lidt løs, frigøre sig for sin stivhed.
unbending [ʌn'bendiŋ] *adj* ubøjelig, stiv, rank; afslappende, hvilende.
unbiassed [ʌn'baiəst] *adj* uhildet, fordomsfri.
unbidden [ʌn'bidn] *adj* ubuden, ikke indbudt; spontan, frivillig, af egen drift.
unbind [ʌn'baind] *vb* løse op, binde op; løse; frigøre.
unblemished [ʌn'blemiʃt] *adj* pletfri.
unblown [ʌn'bləun] *adj* uudsprungen; ikke forpustet.
unblushing [ʌn'blʌʃiŋ] *adj* uden at rødme; skamløs, fræk.
unbolt [ʌn'bəult] *vb* åbne, skyde slåen fra; *-ed* (om mel) usigtet.
unborn [ʌn'bɔ:n, 'ʌnbɔ:n] *adj* ufødt; *as innocent as a babe* ~ så uskyldig som barnet i moders liv.
unbosom [ʌn'buzəm] *vb* åbenbare; ~ *oneself* åbne sit hjerte.
unbound [ʌn'baund] *præt* og *pp* af *unbind; adj* ubunden; befriet, løst (af bånd *el.* lænker); (om bog) uindbunden.
unbounded [ʌn'baundid] *adj* ubegrænset, grænseløs.
unbowed [ʌn'baud] *adj* ukuet, ubesejret; ret, lige.
unbrace [ʌn'breis] *vb* slappe, afslappe; slække, løsne.
unbridle [ʌn'braidl] *vb* tage bidslet af; *-d* uden bidsel, utøjlet, *(fig)* tøjlesløs.
unbroken [ʌn'brəuk(ə)n] *adj* uafbrudt; ubrudt, hel; (om person) ikke kuet; (om hest) utilreden, utilkørt; (om jord) uopdyrket; *an* ~ *record* en rekord som ikke er slået.
unbuckle [ʌn'bʌkl] *vb* spænde op.
unburden [ʌn'bə:dn] *vb* lette *(fx* ~ *one's mind),* befri, aflaste; ~ *oneself to* betro sig til.
unbutton [ʌn'bʌt(ə)n] *vb* knappe op; *-ed (ogs fig)* formløs, tvangfri.
uncalled [ʌn'kɔ:ld] *adj* ukaldet.
uncalled-for *adj* uønsket, upåkrævet, unødig, ubetimelig.
uncanny [ʌn'kæni] *adj* overnaturlig, uhyggelig; utrolig (god), fantastisk.
uncap [ʌn'kæp] *vb* tage hatten (, låget *etc)* af; (om flaske) lukke op, trække op.
uncared-for [ʌn'kɛədfɔ:] *adj* uplejet, forsømt.
uncase [ʌn'keis] *vb* pakke ud, afdække; *(glds)* blotte.
unceasing [ʌn'si:siŋ] *adj* uophørlig.
unceremonious ['ʌnseri'məunjəs] *adj* ligefrem, utvungen, bramfri; formløs.
uncertain [ʌn'sə:t(ə)n] *adj* usikker, uvis, ubestemt; ubestemmelig *(fx age);* upålidelig *(fx weather).*
unchain [ʌn'tʃein] *vb* løse (fra en lænke), slippe løs.
uncharitable [ʌn'tʃæritəbl] *adj* ubarmhjertig; hård; fordømmende; *put an* ~ *interpretation on* udlægge i den værste mening.
uncharted [ʌn'tʃa:tid] *adj* ikke kortlagt; ukendt, uudforsket.
unchecked [ʌn'tʃekt] *adj* uhindret; utøjlet, tøjlesløs; ikke kontrolleret efter.
unciform ['ʌnsifɔ:m] *adj* hageformet.
unclaimed [ʌn'kleimd] *adj* uafhentet.
unclasp [ʌn'kla:sp] *vb* hægte op; spænde op; åbne.
unclassified [ʌn'klæsifaid] *adj* uklassificeret *(ogs* = ikke hemmeligstemplet).
uncle [ʌŋkl] *sb* onkel *(ogs* om pantelåner); *cry (el. say)* ~ give fortabt.
Uncle Sam USA.
Uncle Tom *(am, neds)* sort der vil tækkes de hvide.
uncloak [ʌn'kləuk] *vb* tage kåben af; *(fig)* afdække, afsløre.
unclose [ʌn'kləuz] *vb* åbne; *-d* åben, fri; uafgjort, stående.
unclothe [ʌn'kləuð] *vb* afklæde; *-d* upåklædt, nøgen.
unclouded [ʌn'klaudid] *adj* skyfri, klar, lys.
unco ['ʌŋkəu] *adj* (på skotsk) besynderlig, underlig; overordentlig, ovenud; *sb* besynderlig skabning (, ting); *the* ~ *guid (neds)* 'de hellige'.
uncoil [ʌn'kɔil] *vb* vikle op, rulle ud.
uncoloured [ʌn'kʌləd] *adj* ikke farvet; *(fig ogs)* uden overdrivelser, usminket.
un-come-at-able [ʌnkʌm'ætəbl] *adj* T utilgængelig, utilnærmelig.
uncomfortable [ʌn'kʌmf(ə)təbl] *adj* ubehagelig; (om stol) umagelig, ubekvem; (om værelse *etc)* uhyggelig; (om person) ilde tilmode; forlegen.
uncommitted [ʌnkə'mitid] *adj* uforpligtet; (om stat) alliancefri, neutral.
uncommon [ʌn'kɔmən] *adj* ualmindelig, usædvanlig.
uncommunicative [ʌnkə'mju:nikətiv] *adj* umeddelsom, reserveret, tilknappet.
uncomplaining [ʌnkəm'pleiniŋ] *adj* uden (at) klage, tålmodig.
uncompromising [ʌn'kɔmprəmaiziŋ] *adj* som ikke går på akkord, som ikke slår af på sine fordringer, kompromisløs, ubøjelig, bestemt, hård.
unconcern ['ʌnkənsə:n] *sb* ubekymrethed, ligegyldighed.
unconcerned [ʌnkən'sə:nd] *adj:* ~ *about* ligeglad med, ubekymret for; ~ *in* ikke delagtig *el.* indblandet i; ~ *with* uinteresseret i.
unconditional [ʌnkən'diʃn(ə)l] *adj* betingelsesløs, uden betingelser.
uncongenial [ʌnkən'dʒi:njəl] *adj* usympatisk; utiltalende, ubehagelig *(fx an* ~ *task).*
unconscientious [ʌnkɔnʃi'enʃəs] *adj* samvittighedsløs.

unconscionable [ʌn'kɔnʃnəbl] *adj* urimelig *(fx it took an ~ time);* samvittighedsløs.
unconscious [ʌn'kɔnʃəs] *adj* bevidstløs; ubevidst, intetanende; *be ~ of* ikke være sig bevidst, ikke mærke; *the ~ (psyk)* det ubevidste.
unconsidered [ʌnkən'sidəd] *adj* uoverlagt; uænset.
unconstitutional ['ʌnkɔnsti'tju:ʃn(ə)l] *adj* forfatningsstridig.
uncontested [ʌnkən'testid] *adj* uomtvistet; *~ election* fredsvalg.
uncontrollable [ʌnkən'trəuləbl] *adj* ustyrlig, ubændig.
uncooked [ʌn'kukt] *adj: ~ food* råkost.
uncork [ʌn'kɔ:k] *vb* trække (en flaske) op.
uncounted [ʌn'kauntid] *adj* talløs, utallig.
uncouple [ʌn'kʌpl] *vb* løse; (om hunde) slippe løs; *(tekn)* frakoble, udkoble.
uncouth [ʌn'ku:θ] *adj* kejtet, klodset, grov; besynderlig, sær.
uncover [ʌn'kʌvə] *vb* afdække, tage låget af; blotte; *(fig)* afsløre; *(glds)* tage hatten af; *-ed* ubeskyttet, nøgen, udækket; *stand -ed* stå med blottet hoved.
uncrushable [ʌn'krʌʃəbl] *adj* (om stof) krølfri.
UNCTAD *fk United Nations Commission for Trade and Development.*
unction [ʌŋ(k)ʃn] *sb* salvning; *(fig)* salvelse; *extreme ~ (rel)* den sidste olie.
unctuous ['ʌŋ(k)tʃuəs] *adj* fedtet; *(fig)* salvelsesfuld.
uncut [ʌn'kʌt] *adj* ubeskåret; (om bog) uopskåret, ubeskåret; (om smykkesten) usleben.
undaunted [ʌn'dɔ:ntid] *adj* uforfærdet, uforknyt, ufortrøden.
undeceive [ʌndi'si:v] *vb* rive ud af vildfarelsen.
undecided [ʌndi'saidid] *adj* uafgjort, ubestemt; (om person) ubeslutsom.
undecked [ʌn'dekt] *adj* uden prydelse(r); (om båd) åben.
undeclared ['ʌndi'klεəd] *adj: ~ income* indtægt(er) der ikke opgives til skattevæsenet.
undefiled [ʌndi'faild] *adj* ren, ubesudlet.
undemonstrative [ʌndi'mɔnstrətiv] *adj* rolig, reserveret, tilbageholdende, behersket.
undeniable [ʌndi'naiəbl] *adj* unægtelig, ubestridelig.
undenominational ['ʌndinɔmi'neiʃn(ə)l] *adj* (som ikke tilhører nogen bestemt kristelig sekt *el.* kirkelig retning), konfessionsløs.
undependable [ʌndi'pendəbl] *adj* upålidelig, ikke til at stole på.
under ['ʌndə] *præp, adv* under; ved foden af, neden for *(fx ~ a mountain, ~ a wall);* i henhold til *(fx ~ the provisions of the law);* (om tid) på mindre end *(fx you cannot get there ~ two hours); (agr)* tilsået med *(fx ~ barley, ~ wheat),* beplantet (med);
~ age umyndig; *~ arms* under våben; *~ existing conditions* således som forholdene er (, var); *~ construction* under opførelse; *~ one's nose* lige for næsen af en; *~ wheat (ogs)* udlagt som hvedemark.
under|achievement [ʌndərə'tʃi:vmənt] *sb* underpræstation. **-achiever** [ʌndərə'tʃi:və] *sb* underpræsterende elev. **-act** [ʌndə'rækt] *vb* underspille *(fx a role).* **-age** [ʌndə'reidʒ] *adj (jur)* mindreårig, umyndig. **-arm** ['ʌndə'ra:m] under armen(e); (om kast) underarms-. **-belly** ['ʌndə-] underliv. **-bid** [-'bid] *vb* underbyde. **-body** ['ʌndə-] understel. **-bred** [-'bred] *adj* halvdannet, uopdragen. **-brush** ['ʌndə-] underskov. **-carriage** ['ʌndə-] understel. **-clothes** ['ʌndə-] *pl* undertøj. **-coat** ['ʌndə-] (maling:) mellemstrygning; (hos dyr) underuld. **-coating** (maling:) mellemstrygning; *(am)* (asfalt *etc* til) undervognsbehandling. **-cover** ['ʌndə-] *adj* hemmelig; *-cover agent* (politi)spion; *-cover pay* bestikkelse. **-current** ['ʌndə-] understrøm. **-cut** [-'kʌt] *vb* underhugge, underskære; *(fig)* tage grunden væk under; *(merk)* underbyde; (i tennis) ramme med underskruet slag; *sb* ['ʌndəkʌt] underhugning; (i tennis) underskruet slag; (om oksekød, *omtr* =) mørbrad. **-developed** [-di'veləpt] *adj* tilbagestående, underudviklet.
under|do ['ʌndə'du:] *vb* stege (, koge) for lidt. **-dog** ['ʌndə-] den svageste, den underlegne, den der får kløene. **-done** ['ʌndə-] *adj* kogt *(el.* stegt) for lidt; rødstegt, let stegt. **-estimate** [ʌndə'restimeit] *vb* undervurdere. **-expose** [ʌndriks'pəuz] *vb (fot)* underbelyse. **-fed** [-'fed] *adj* underernæret. *~* **-floor** ['ʌndə-]: *~ floor heating* gulvopvarmning. **-foot** [-'fut] *adv* under fødderne; i vejen, til besvær; *it is dry -foot* det er tørt føre. **-garments** ['ʌndə-] *pl* undertøj. **-go** [-'gəu] *vb* gennemgå, udstå, underkaste sig. **-graduate** [-'grædjuət] student (ved et universitet).
underground ['ʌndəgraund] *adj* underjordisk; *(fig)* undergrunds-; illegal; *sb (jernb)* undergrundsbane; *(fig)* undergrundsbevægelse; *adv* [ʌndə'graund] under jorden(s overflade); *the ~ railroad (am hist.)* (før negerslaveriets afskaffelse en organisation i USA, som hjalp negerslaver til flugt).
under|growth ['ʌndə-] underskov. **-hand** ['ʌndə-] *(fig)* under hånden; underhånds-; hemmelig, snigende, lumsk; *-hand bowling* underarmskastning. **-handed** se *-hand, -manned.* **-hung** ['ʌndə'hʌŋ] *adj* med underbid; *-hung jaw* underbid.
under|lay ['ʌndəlei] *sb* underlag; [ʌndə'lei] *vb* lægge neden under. **-let** [-'let] *vb* udleje under værdien; fremleje. **-lie** [-'lai] *vb* ligge under, ligge til grund (for). **-line** [-'lain] *vb* understrege, udhæve; ['ʌndəlain] *sb* billedtekst; (i teaterprogram) (tekst der meddeler kommende program). **-linen** ['ʌndəlinin] undertøj, linned. **-ling** ['ʌndəliŋ] *sb* underordnet. **-manned** [ʌndə'mænd] *adj* underbemandet. **-mentioned** ['ʌndə'menʃnd] *adj* nedennævnt. **-mine** [ʌndə'main] *vb* underminere, undergrave; *(fig ogs)* nedbryde *(fx the morale).* **-most** ['ʌndəməust] *adj* underst, nederst.
underneath [ʌndə'ni:θ] *præp, adv* (neden)under; *(fig)* på bunden, inderst inde *(fx she is a darling ~).*
under|pants ['ʌndəpænts] *pl (am)* underbukser. **-pass** ['ʌndə-] underføring, viadukt; fodgængertunnel. **-pay** [-'pei] *vb* betale for lidt, underbetale. **-peopled** [-'pi:pld] *adj* underbefolket. **-pin** [-'pin] *vb* undermure, stive af, understøtte. **-plot** ['ʌndə-] bihandling. **-price** [-'prais] *vb* prissætte for lavt. **-print** ['ʌndə-] (i filateli) bundtryk; påtryk på bagsiden. **-privileged** [-'privilidʒd] *adj* underpriviligeret, som ikke har samme andel i sociale goder som andre; som hører til samfundets stedbørn. **-proof** [-'pru:f] *adj* under normalstyrke (om alkohol). **-rate** [ʌndə'reit] *vb* undervurdere.
under|score [ʌndə'skɔ:] *vb* understrege. **-seal** ['ʌndə-] *sb* asfaltlak til undervognsbehandling; *vb* give undervognsbehandling. **-secretary** [-'sekrətri]: *Parliamentary Undersecretary (omtr)* viceminister; *Permanent Undersecretary (omtr)* departementschef. **-sell** [-'sel] *vb* sælge billigere end; sælge under værdien. **-set** ['ʌndə-] *vb* understøtte *(fx a wall); sb* understrøm. **-sexed** [-'sekst] *adj* ikke særlig interesseret i sex. **-shirt** ['ʌndə-] *(am)* undertrøje, uldtrøje. **-shoot** [-'ʃu:t] *vb* skyde for lavt; *-shoot (the runway) (flyv)* skyde under (ɔ: gå ned foran) landingsbanen.
under|sign [ʌndə'sain] *vb* undertegne. **-sized** [-'saizd] *adj* under normal størrelse; undermåls- *(fx fish).* **-slung** [-'slʌŋ] *adj* underhængende *(fx crane);* med lavt tyngdepunkt. **-soil** ['ʌndə-] undergrund. **-song** ['ʌndə-] omkvæd. **staffed** [-'sta:ft] *adj* med for lidt personale.
understand [ʌndə'stænd] *vb (understood, understood)* forstå; fatte, begribe *(fx I don't ~ how he could do it);* indse, kunne forstå *(fx I ~ that I am not wanted here);* have forstand på, forstå sig på *(fx machinery);* mene

(fx what do you ~ will happen?); forstå, opfatte *(fx I ~ it to mean that* ... jeg forstår *(el.* opfatter) det sådan at ...); få at vide, høre; *we ~ that he will (ogs)* vi har bragt i erfaring at han vil, vi er klare over at han vil, efter hvad der er oplyst vil han;

~ **about** have forstand på, forstå sig på; **be** *understood* være underforstået *(fx a condition which was either expressed or understood); it was understood that (ogs)* det var meningen at; *he gave it to be understood that* han lod sig forlyde med at; *he -s his business* han kan sine ting; *I was given to ~ that* man lod mig forstå at; *he can* **make** *himself understood in English* han kan gøre sig forståelig på engelsk.

understanding [ʌndə'stændiŋ] *sb* forstand; forståelse; *adj* forstandig; forstående; *it passes all ~* det overgår al forstand; *on the ~ that* under forudsætning af at; *to my poor ~* efter mit ringe skøn.

under|state [ʌndə'steit] *vb* angive for lavt; udtrykke for svagt. **-statement** ['ʌndə-] for lav angivelse, for svagt udtryk; T 'underdrivelse'. **-steer** ['ʌndə-] *sb* understyring. **-steered** [-'stiəd] *adj* understyret. **-stocked** [-'stɔkt] *adj* (om gård) med for lille besætning. **-strapper** ['ʌndə-] underordnet funktionær; inferiør person. **-study** ['ʌndə-] *(teat) sb* dublant; *vb* dublere.

undertake [ʌndə'teik] *vb* foretage *(fx a journey);* påtage sig *(fx a duty; a case);* stå inde for, garantere; ~ *to* påtage sig at, forpligte sig til at.

undertaker ['ʌndəteikə] bedemand, indehaver af begravelsesforretning.

undertaking [ʌndə'teikiŋ] *sb* foretagende; forpligtelse, løfte, tilsagn; ['ʌndəteikiŋ] *sb* begravelsesfaget.

under|-the-counter *adj* (som er) under disken; skjult. **-things** ['ʌndə-] *sb pl* undertøj. **-tip** [-'tip] *vb* give for få drikkepenge. **-tone** ['ʌndə-] *sb* dæmpet stemme; undertone; *in an -tone (ogs)* halvhøjt. **-tow** ['ʌndətəu] *sb* understrøm. **-trick** ['ʌndə-] *sb* undertræk (i bridge). **-value** [-'vælju:] *vb* undervurdere. ~ **way** se *I. way.* **-wear** ['ʌndəwɛə] *sb* undertøj. **-whelm** [-'welm] *vb: be -whelmed by* ikke være imponeret af. **-wood** ['ʌndə-] underskov. **-work** [-'wə:k] *vb* ikke arbejde (, udnytte) tilfredsstillende; *-work sby* arbejde billigere end en.

under|write ['ʌndərait] skrive under; tegne (police, om assurandør); være tegningsgarant for (aktiemission). **-writer** ['ʌndəraitə] assurandør, søassuarandør; (for aktieemission) tegningsgarant.

undesigned [ʌndi'zaind] *adj* uforsætlig, utilsigtet.

undesirable [ʌndi'zaiərəbl] *adj* uønsket; mindre ønskelig *(el.* heldig), uheldig; *sb* uønsket person.

undeveloped [ʌndi'veləpt] *adj* uudviklet; uudnyttet; (om jord) uopdyrket, ubebygget.

undies ['ʌndiz] *sb pl* T (dame)undertøj.

undine ['ʌndi:n] *sb (myt)* undine (vandnymfe).

undirected [ʌndi'rektid] *adj* ikke ledet, planløs; (om brev) uden adresse.

undisciplined [ʌn'disiplind] *adj* udisciplineret.

undisguised [ʌndis'gaizd] *adj* utilsløret.

undismayed [ʌndis'meid] *adj* uforfærdet, ufortrøden.

undistinguished [ʌndi'stiŋgwiʃt] *adj* almindelig, som ikke udmærker sig frem for andre.

undo [ʌn'du:] *vb* **1.** løse, binde op *(fx a knot);* **2.** åbne, lukke op *(fx a parcel);* **3.** løsne, aftage; **4.** knappe op; **5.** gøre om; **6.** ødelægge, spolere, ophæve (virkningen af); **7.** (om strikketøj) pille op; **8.** *(litt)* bringe til fald; *what's done cannot be undone* gjort gerning står ikke til at ændre.

undock [ʌn'dɔk] *vb* hale ud af (tør)dok; (om rumskibe) koble fra hinanden, adskille.

undoing [ʌn'du:iŋ] *sb* undergang, skæbne, ruin *(fx that was my ~).*

undoubted [ʌn'dautid] *adj* utvivlsom, ubestridelig.

undreamed-of, undreamt-of [ʌn'dremtɔv] *adj* som man ikke har drømt om, uanet.

I. undress [ʌn'dres] *vb* klæde af; (om sår) tage forbinding af; (uden objekt) klæde sig af.

II. undress [ʌn'dres] *sb* negligé; almindeligt tøj, hverdagstøj; *(mil.)* daglig uniform; *in various stages of ~* mere eller mindre påklædt.

undue ['ʌn'dju:] *adj* utilbørlig, overdreven, for stor *(fx ~ haste);* (om penge) endnu ikke forfalden (til betaling; ~ *influence (jur:* ved valg) valgtryk; ~ *preference (jur)* begunstigelse af en enkelt kreditor umiddelbart før konkurs.

undulant ['ʌndjulənt] *adj: ~ fever (med.)* kalvekastningsfeber.

undulate ['ʌndjuleit] *vb* bølge, sætte i bølgebevægelse.

undulating ['ʌndjuleitiŋ] *adj* bølgende, bølget, bakket; ~ *ground (ogs)* kuperet terræn.

undulation [ʌndju'leiʃn] *sb* bølgebevægelse, bølgen.

unduly [ʌn'dju:li] *adv* urimelig *(fx ~ high).*

undying [ʌn'daiiŋ] *adj* udødelig, evig.

unearned ['ʌn'ə:nd] *adj* ikke tjent; ufortjent; ~ *income* indtægt der ikke er erhvervet ved arbejde, arbejdsfri indtægt; ~ *increment* grundværdistigning der ikke skyldes ejerens virksomhed.

unearth [ʌn'ə:θ] *vb* grave op; grave frem; *(fig ogs)* bringe for dagen; (om dyr) drive ud af hulen.

unearthly [ʌn'ə:θli] *adj* overnaturlig, spøgelsesagtig, uhyggelig, sælsom; T ukristelig, skrækkelig; *get up at an ~ hour* stå op før fanden får sko på.

uneasy [ʌn'i:zi] *adj* urolig, bange; utilpas, usikker, genert, forlegen.

unemployed [ʌnim'plɔid] *adj* arbejdsløs, ledig.

unemployment [ʌnim'plɔimənt] *sb* arbejdsløshed, ledighed; ~ *benefit* arbejdsløshedsunderstøttelse.

unencumbered [ʌnin'kʌmbəd] *adj* ubehæftet, gældfri.

unending [ʌn'endiŋ] *adj* endeløs, evig, evindelig.

unenviable [ʌn'enviəbl] *adj* lidet misundelsesværdig.

unequal [ʌn'i:kw(ə)l] *adj* ikke lige; ulige; *(mht* kvalitet) ujævn; *be ~ to* ikke kunne klare *(fx hard work); ~ to the task* ikke opgaven voksen.

unequalled [ʌn'i:kw(ə)ld] *adj* uforlignelig, uden sidestykke.

unerring [ʌn'ə:riŋ] *adj* ufejlbarlig, sikker, usvigelig *(fx instinct);* aldrig svigtende.

UNESCO [ju:'neskəu] *fk United Nations Educational Scientific and Cultural Organization.*

unethical [ʌn'eθikl] *adj* uetisk, umoralsk.

uneven [ʌn'i:vn] *adj* ujævn, uensartet; (om tal) ulige.

uneventful [ʌni'ventf(u)l] *adj* begivenhedsløs.

unexampled [ʌnig'za:mpld] *adj* enestående, uden lige, eksempelløs.

unexceptionable [ʌnik'sepʃnəbl] *adj* udadlelig, uangribelig.

unfailing [ʌn'feiliŋ] *adj* ufejlbarlig, usvigelig, aldrig svigtende; uudtømmelig *(fx supply* forråd).

unfair [ʌn'fɛə] *adj* unfair, urimelig; ufin, uhæderlig, uærlig.

unfaithful [ʌn'feiθf(u)l] *adj* utro, upålidelig.

unfaltering [ʌn'fɔ:ltriŋ] *adj* fast, sikker, uden vaklen.

unfamiliar [ʌnfə'miljə] *adj* ukendt, uvant.

unfasten [ʌn'fa:sn] *vb* løse op, åbne.

unfathomable [ʌn'fæðəməbl] *adj* uudgrundelig, bundløs.

unfeeling [ʌn'fi:liŋ] *adj* ufølsom, hårdhjertet.

unfeigned [ʌn'feind] *adj* uskrømtet, uforstilt.

unfettered [ʌn'fetəd] *adj* fri, uhindret, uhæmmet.

unfinished [ʌn'finiʃt] *adj* ufuldendt.

I. unfit [ʌn'fit] *adj* uegnet; uarbejdsdygtig på grund af sygdom; ikke i form.

II. unfit [ʌn'fit] *vb* gøre uegnet (, uarbejdsdygtig).

unflagging [ʌn'flægiŋ] *adj* utrættelig, aldrig svigtende.

unflappable [ʌn'flæpəbl] *adj* T uforstyrrelig, ligevægtig.

unfledged [ʌn'fledʒd] *adj* ikke flyvefærdig; *(fig)* umoden, uerfaren.
unflinching [ʌn'flintʃiŋ] *adj* uforfærdet, ubøjelig.
unfold [ʌn'fəuld] *vb* folde ud; brede ud; *(fig)* åbenbare, forklare, udvikle *(fx one's plans);* oprulle; (uden objekt) folde sig ud; brede sig ud; blive åbenbaret, udvikles, oprulles.
unfortunate [ʌn'fɔ:tʃnət] *adj* uheldig, ulykkelig.
unfortunately *adv* uheldigvis, desværre.
unfounded [ʌn'faundid] *adj* ugrundet, grundløs.
unfreeze [ʌn'fri:z] *vb* tø op; *(fig)* frigive.
unfrock [ʌn'frɔk] *vb* fradømme (præst) kjole og krave, afskedige.
unfurl [ʌn'fə:l] *vb* udfolde; folde sig ud.
unfurnished [ʌn'fə:niʃt] *adj* umøbleret.
ungainly [ʌn'geinli] *adj* klodset, kejtet; uskøn.
ungated [ʌn'geitid] *adj:* ~ *level crossing* ubevogtet jernbaneoverskæring.
un-get-at-able [ʌnget'ætəbl] *adj* utilgængelig, vanskelig at komme til, utilnærmelig.
unglued [ʌn'glu:d] *adj (am* S) ude af flippen, vild, vanvittig.
ungodly [ʌn'gɔdli] *vb* ugudelig; T ukristelig.
ungovernable [ʌn'gʌvnəbl] *adj* uregerlig, ustyrlig, ubændig.
ungraceful [ʌn'greisf(u)l] *adj* uskøn, klodset.
ungracious [ʌn'greiʃəs] *adj* unådig, vrangvillig.
ungrudging [ʌn'grʌdʒiŋ] *adj* villig, uforbeholden; storsindet.
unguarded [ʌn'ga:did] *adj* ubevogtet; uforsigtig, overilet.
unguent ['ʌŋgwənt] *sb, vb* salve.
ungulate ['ʌŋgjuleit] *sb* hovdyr, tåspidsgænger.
unhallowed [ʌn'hæləud] *adj* uindviet; profan; syndig.
unhampered [ʌn'hæmpəd] *adj* uhæmmet; uhindret.
unhand [ʌn'hænd] *vb* slippe.
unhandy [ʌn'hændi] *adj* uhåndterlig, uhandelig, klodset.
unhappy [ʌn'hæpi] *adj* ulykkelig; elendig; uheldig.
unharness [ʌn'ha:nis] *vb* tage seletøjet af.
unhasp [ʌn'ha:sp] *vb (glds)* løsne, åbne.
unheard [ʌn'hə:d] *adj* uden at blive hørt.
unheard-of [ʌn'hə:dɔv] *adj* uhørt, eksempelløs.
unheeded [ʌn'hi:did] *adj* upåagtet.
unheeding [ʌn'hi:diŋ] *adj* uagtsom, uopmærksom.
unhesitating [ʌn'heziteitiŋ] *adj* uden betænkning, uden tøven.
unhinge [ʌn'hin(d)ʒ] *vb* løfte af hængslerne; *(fig)* bringe forstyrrelse i; (om person) bringe ud af balance, gøre sindsforvirret; *his mind became -d* han mistede forstanden.
unholy [ʌn'həuli] *adj* ugudelig; T ukristelig; urimelig; rædselsfuld; *in an* ~ *alliance* i uskøn forening; *an* ~ *row* et infernalsk spektakel.
unhook [ʌn'huk] *vb* tage af krogen; hægte op; *(mar)* hugge ud.
unhoped-for [ʌn'həuptfɔ:] *adj* uventet; over (al) forventning.
unhorse [ʌn'hɔ:s] *vb* kaste af hesten.
uni- ['ju:ni] (forstavelse) en-, enkelt-, uni-.
unicameral [ju:ni'kæmr(ə)l] *adj* étkammer- *(fx system).*
UNICEF ['ju:nisef] *fk United Nations International Children's Emergency Fund.*
unicorn ['ju:nikɔ:n] *sb* enhjørning.
unidiomatic [ʌnidiə'mætik] *adj* sprogstridig, ikke mundret, uidiomatisk.
unification [ju:nifi'keiʃn] *sb* forening, samling, sammensmeltning; *(hist.)* ensretning.
uniform ['ju:nifɔ:m] *adj* ensartet, ens; jævn *(fx speed); sb* uniform, tjenestedragt; *vb* uniformere *(fx soldiers);* gøre ensartet; ~ *price* enhedspris.
uniformity [ju:ni'fɔ:miti] *sb* overensstemmelse; ensartethed; ensretning.
unify ['ju:nifai] *vb* forene, samle (til ét), sammensmelte; tilvejebringe ensartethed i; *(hist.)* ensrette.
unilateral [ju:ni'lætr(ə)l] *adj* ensidig.
unimaginative [ʌni'mædʒinətiv] *adj* fantasiløs.
unimpaired [ʌnim'pɛəd] *adj* usvækket, uformindsket, uskadt.
unimpeachable [ʌnim'pi:tʃəbl] *adj* uangribelig.
unimproved [ʌnim'pru:vd] *adj* ikke forbedret; uopdyrket, ubebygget, ikke udnyttet.
uninformed [ʌnin'fɔ:md] *adj* ikke underrettet; uvidende.
uninhibited [ʌnin'hibitid] *adj* uhæmmet; tvangfri.
uninitiated [ʌni'niʃieitid] *adj* uindviet, uerfaren.
uninjured [ʌn'indʒəd] *adj* uskadt.
uninviting [ʌnin'vaitiŋ] *adj* lidet indbydende, frastødende.
union ['ju:njən] *sb* forening, sammenslutning, union; (giftermål:) forbindelse, ægteskab *(fx a happy* ~*); (fig)* harmoni, enighed; *(trade* ~*)* fagforening; *(tekn)* rørforskruning; (tekstil især:) halvlærred, halvlinned; *(glds)* fattigdistrikt; fattighus *(fx go* (komme) *on the* ~*);*
adj fælles- *(fx catalogue);* (om arbejdskraft) organiseret *(fx* ~ *labour;* ~ *man* (arbejder)); (om stof) sammensat af to tekstiler, *fx* uld og bomuld *(fx* ~ *cloth,* ~ *material);* ~ *linen* halvlærred, halvlinned;
the *Union* (en studenterforening ved visse universiteter; Englands og Skotlands forening til ét rige; Irlands forening med Storbritannien); *(am)* unionen (ɔ: De forenede Stater) *(fx the President's message on the state of the Union).*
unionist ['ju:njənist] *sb* unionist (modstander af irsk selvstyre, *(am hist.)* tilhænger af unionens bevarelse); konservativ; fagforeningsmedlem, organiseret arbejder.
unionize ['ju:njənaiz] *vb* organisere (i fagforening).
Union Jack (det britiske nationalflag).
union suit *(am)* combination (undertøj).
uniparous [ju:'nipərəs] *adj zo* som føder én unge ad gangen; *(bot)* med enkelt stængel.
unipolar [ju:ni'pəulə] *adj* enpolet.
unique [ju:'ni:k] *adj* enestående.
unisex ['ju:niseks] *adj* unisex, for begge køn.
unisexual [ju:ni'sekʃuəl] *adj* enkønnet.
unison ['ju:nizn] *sb* harmoni; *in* ~ *(mus.)* unisont; *(fig)* i enighed, enstemmigt.
unit ['ju:nit] *sb* enhed; (af firma *etc, mil.)* enhed, afdeling; *(tekn)* aggregat; *(arkit)* element *(fx kitchen* ~*); (mat.)* tallet 1; (i investeringsforening) andelsbevis.
Unitarian [ju:ni'tɛəriən] *sb (rel)* unitar; *adj* unitar-.
unite [ju:'nait] *vb* forene (sig), samle (sig).
united [ju:'naitid] *adj* forenet; enig; fælles, samlet; *the United Nations* De forenede Nationer; *the United Kingdom* Det forenede Kongerige (ɔ: Storbritannien og Nordirland); *the United States (of America)* De forenede Stater.
unitize ['ju:nitaiz] *vb* omdanne til en enhed; opdele i enheder.
unit|furniture byggemøbler. ~**load** standardladning. ~ **pricing** mærkning med pris pr enhed. ~ **trust** investeringsforening.
unity ['ju:niti] *sb* enhed; harmoni, enighed; *(mat.)* tallet 1.
universal [ju:ni'və:sl] *adj* almindelig *(fx suffrage* stemmeret), almen, almengyldig, universel; universal-; *sb (filos)* universalbegreb; (i logik) universel sætning.
universality [ju:nivə:'sæliti] *sb* almindelighed, almengyldighed; alsidighed.
universal| joint universalled. ~ **language** verdenssprog.
universe ['ju:nivə:s] *sb* univers, verden.

university [ju:ni'və:siti] *sb* universitet; ~ *extension* (svarer til) folkeuniversitet; ~ *man* akademiker.
unkempt [ʌn'kempt] *adj* usoigneret; uredt.
unknit [ʌn'nit] *vb* løse *(fx a knot)*, adskille; (om strikketøj) pille op, trævle op; (om pande) glatte ud.
unknowing [ʌn'nəuiŋ] *adj* uvidende, uafvidende.
unlace [ʌn'leis] *vb* snøre op, løse.
unlade [ʌn'leid] *vb* losse, aflæsse.
unleaded [ʌn'ledid] *adj* blyfri, ikke tilsat bly.
unlearn [ʌn'lə:n] *vb* få ud af hovedet igen, glemme, befri sig for.
unlearned [ʌn'lə:nid] *adj* ulærd, uvidende; *the* ~ den uvidende hob.
unleash [ʌn'li:ʃ] *vb* slippe løs (af koblet).
unleavened [ʌn'levnd] *adj* usyret.
unless [ən'les] *conj* medmindre, hvis ikke.
unlettered [ʌn'letəd] *adj* ulærd, uoplyst; analfabetisk, som ikke kan læse og skrive.
unlicked ['ʌn'likt] *adj: an* ~ *cub (fig)* en ubehøvlet fyr, en uopdragen hvalp.
unlike [ʌn'laik] *adj* ulig, forskellig; *præp* i modsætning til; *be* ~ ikke ligne.
unlikely [ʌn'laikli] *adj* usandsynlig.
unlimited [ʌn'limitid] *adj* ubegrænset, grænseløs, ubetinget.
unlink [ʌn'liŋk] *vb* løse, skille.
unlisted [ʌn'listid] *adj* ikke opført på listen (, i kataloget); *(merk)* unoteret; ~ *number (am, tlf)* udeladt nummer; hemmeligt nummer.
unlit ['ʌn'lit] *adj* mørk, uoplyst; ikke tændt.
unload [ʌn'ləud] *vb* losse, aflæsse; *(merk)* T sælge ud (af); kaste på markedet; ~ *on to* læsse (*el.* vælte) over på; ~ *a gun* aflade et gevær.
unlock [ʌn'lɔk] *vb* lukke op, åbne.
unlooked-for [ʌn'luktfɔ:] *adj* uventet.
unloose [ʌn'lu:s] *vb* løse, frigøre, slippe løs.
unlovely [ʌn'lʌvli] *adj* grim, utiltalende.
unlucky [ʌn'lʌki] *adj* uheldig.
unman [ʌn'mæn] *vb* gøre modløs (, svag); gøre umandig; (se også *unmanned)*.
unmanageable [ʌn'mænidʒəbl] *adj* uhåndterlig; uregerlig, ustyrlig; *(mar)* manøvreudygtig, ikke manøvredygtig.
unmanly [ʌn'mænli] *adj* umandig; kvindagtig; fej.
unmanned ['ʌn'mænd] *adj* ubemandet *(fx space ship)*.
unmannerly [ʌn'mænəli] *adj* uopdragen, ubehøvlet.
unmarked [ʌn'ma:kt] *adj* umærket; ubemærket.
unmask [ʌn'ma:sk] *vb* lade masken (, maskerne) falde; *(fig)* afsløre, rive masken af.
unmatched [ʌn'mætʃt] *adj* uforlignelig.
unmeaning [ʌn'mi:niŋ] *adj* meningsløs, tom, indholdsløs.
unmeant [ʌn'ment] *adj* utilsigtet.
unmeasured [ʌn'meʒəd] *adj* ikke målt; rigelig, overdreven, grænseløs.
unmentionable [ʌn'menʃnəbl] *adj* unævnelig.
unmindful [ʌn'maindf(u)l] *adj* glemsom; uden tanke *(of* på), ligegyldig *(of* med).
unmistakable [ʌnmis'teikəbl] *adj* umiskendelig.
unmitigated [ʌn'mitigeitid] *adj* ubetinget; fuldstændig, ren og skær *(fx life there was* ~ *hell)*, uforfalsket; *an* ~ *rascal* en ærkeslyngel.
unmoor [ʌn'muə] *vb* kaste los, løsgøre fortøjningerne.
unmoved [ʌn'mu:vd] *adj* ubevægelig, kold, uberørt.
unmuzzle [ʌn'mʌzl] *vb* tage mundkurven af; *-d (fig, fx* om pressen) uden mundkurv, fri.
unnamed [ʌn'neimd] *adj* unævnt, uomtalt, navnløs.
unnatural [ʌn'nætʃr(ə)l] *adj* unaturlig.
unnecessary [ʌn'nesəsri] *adj* unødvendig.
unneeded [ʌn'ni:did] *adj* unødig.
unnerve [ʌn'nə:v] *vb* gøre modløs, tage modet fra.
unnoticed [ʌn'nəutist] *adj* ubemærket, uomtalt.
unnumbered [ʌn'nʌmbəd] *adj* utallig, talløs.
UNO ['ju:nəu] *fk United Nations Organization.*
unobjectionable [ʌnəb'dʒekʃnəbl] *adj* som der ikke kan indvendes noget imod, uangribelig.
unobtrusive [ʌnəb'tru:siv] *adj* beskeden, stilfærdig, tilbageholdende.
unoffending [ʌnə'fendiŋ] *adj* uskyldig, uskadelig, skikkelig, harmløs.
unopened [ʌn'əupənd] *adj* uåbnet; (om bog) uopskåret.
unopposed [ʌnə'pəuzd] *adj* (ved valg) uden modkandidat.
unostentatious ['ʌnɔsten'teiʃəs] *adj* diskret *(fx elegance)*; tilbageholdende, stilfærdig, fordringsløs.
unowned [ʌn'əund] *adj* herreløs; ikke vedgået.
unpack [ʌn'pæk] *vb* pakke ud.
unpaged [ʌn'peidʒd] *adj* upagineret.
unpaid [ʌn'peid] *adj* ubetalt; ulønnet.
unpalatable [ʌn'pælətəbl] *adj* ildesmagende; usmagelig; ubehagelig *(fx fact, truth)*.
unparalleled [ʌn'pærəleld] *adj* uden sidestykke.
unparliamentary ['ʌnpa:lə'mentri] *adj* uparlamentarisk.
unpeopled [ʌn'pi:pld] *adj* affolket, ubefolket.
unperceived [ʌnpə'si:vd] *adj* ubemærket.
unperson ['ʌnpə:sn] *sb (pol)* (tidligere offentlig person der er stødt ud i mørket).
unperturbed [ʌnpə'tə:bd] *adj* uforstyrret, rolig.
unpick [ʌn'pik] *vb* (om noget syet) sprætte op, pille op.
unpickable [ʌn'pikəbl] *adj* dirkefri.
unpitying [ʌn'pitiiŋ] *adj* ubarmhjertig.
unplaced [ʌn'pleist] *adj* uplaceret (i væddeløb).
unpleasant [ʌn'pleznt] *adj* ubehagelig. **unpleasantness** *sb* ubehagelighed; kedelig affære; misstemning.
unprecedented [ʌn'presidentid] *adj* uden fortilfælde, uhørt, enestående, eksempelløs.
unpredictable [ʌnpri'diktəbl] *adj* uforudsigelig, uberegnelig.
unprejudiced [ʌn'predʒudist] *adj* fordomsfri, upartisk, uhildet.
unprepossessing ['ʌnpri:pə'zesiŋ] *adj* utiltalende.
unpretending ['ʌnpri'tendiŋ], **unpretentious** ['ʌnpri'tenʃəs] *adj* beskeden, fordringsløs; uhøjtidelig.
unprincipled [ʌn'prinsəpld] *adj* principløs, samvittighedsløs, umoralsk.
unprintable [ʌn'printəbl] *adj* som ikke lader sig gengive på tryk.
unprivileged [ʌn'privilidʒd] *adj (am)* som hører til de dårligst stillede i samfundet.
unprofessional [ʌnprə'feʃn(ə)l] *adj* ikke fagmæssig, ikke professionel; ~ *conduct* en optræden som strider mod standens etikette.
unprofitable [ʌn'prɔfitəbl] *adj* urentabel; nytteløs, formålsløs.
unprop [ʌn'prɔp] *vb* borttage støtten fra, fjerne afstivningen fra.
unprovided [ʌnprə'vaidid] *adj* ikke forsynet; uforberedt; uventet; ~ *for* uforsørget.
unprovoked [ʌnprə'vəukt] *adj* uprovokeret; umotiveret.
unqualified [ʌn'kwɔlifaid] *adj* ukvalificeret; [ʌn'kwɔlifaid] absolut, ubetinget *(fx praise)*.
unquenchable [ʌn'kwen(t)ʃəbl] *adj* uslukkelig.
unquestionable [ʌn'kwestʃnəbl] *adj* ubestridelig.
unquestioned [ʌn'kwestʃnd] *adj* ubestridt.
unquestioning [ʌn'kwestʃniŋ] *adj* ubetinget, blind *(fx* ~ *obedience)*.
unquiet [ʌn'kwaiət] *adj* urolig; *sb* uro.
unquote [ʌn'kwəut] *(imper)* (i diktat) anførelsestegn slut; (i tale *etc)* citat slut.
unravel [ʌn'rævl] *vb* rede ud; trævle op, (om strikketøj *ogs)* pille op; *(fig)* rede ud; opklare, løse *(fx a myste-*

ry).
unread [ʌn'red] *adj* ulæst; ubelæst.
unready [ʌn'redi] *adj* ikke parat; uforberedt; rådvild.
unreason [ʌn'ri:zn] *sb* ufornuft.
unreasonable [ʌn'ri:znəbl] *adj* urimelig, overdreven.
unreasoning [ʌn'ri:zniŋ] *adj* tankeløs, kritikløs.
unreel [ʌn'ri:l] *vb* afhaspe, rulle af, vikle af.
unreflecting [ʌnri'flektiŋ] *adj* tankeløs, kritikløs.
unregenerate [ʌnri'dʒenərət] *adj* fordærvet, uforbederlig; *(rel)* ikke genfødt.
unrelenting [ʌnri'lentiŋ] *adj* ubøjelig, ubønhørlig.
unreliable [ʌnri'laiəbl] *adj* upålidelig.
unremitting [ʌnri'mitiŋ] *adj* uophørlig, utrættelig.
unrepenting [ʌnri'pentiŋ] *adj* uden anger, forstokket.
unrequited [ʌnri'kwaitid] *adj* ugengældt *(fx love)*.
unreserved [ʌnri'zə:vd] *adj* uforbeholden; ikke reserveret, frimodig, åbenhjertig. **unreservedly** [ʌnri'zə:vidli] *adv* uforbeholdent *(etc)*.
unresisting [ʌnri'zistiŋ] *adj* uden modstand; modstandsløs, viljeløs.
unresolved [ʌnri'zɔlvd] *adj* uopløst; (om problem) uløst; (om person) ubeslutsom.
unrest [ʌn'rest] *sb* uro.
unrestrained [ʌnri'streind] *adj* uindskrænket; tøjlesløs.
unrestricted [ʌnri'striktid] *adj* uindskrænket, ubegrænset; ~ *road* vej uden fartbegrænsning.
unrhymed [ʌn'raimd] *adj* urimet, rimfri.
unriddle [ʌn'ridl] *vb* forklare, løse.
unrig [ʌn'rig] *vb* aftakle, afrigge.
unrighteous [ʌn'raitʃəs] *adj* uretfærdig, ond, syndig.
unrip [ʌn'rip] *vb* sprætte op.
unrivalled [ʌn'raivld] *adj* uden lige, uforlignelig.
unrobe [ʌn'rəub] *vb* afklæde, afføre (sig) embedsdragten.
unroll [ʌn'rəul] *vb* rulle (sig) ud; åbne (sig).
UNRRA *fk United Nations Relief and Rehabilitation Administration* De forenede Nationers Nødhjælps- og Genrejsningsadministration.
unruffled [ʌn'rʌfld] *adj* uforstyrret, rolig, uanfægtet; (om hav) stille, glat.
unruly [ʌn'ru:li] *adj* uregerlig.
unsaddle [ʌn'sædl] *vb* (om hest) afsadle; (om rytter) kaste af sadelen.
unsafe [ʌn'seif] *adj* usikker, farlig; upålidelig.
unsalaried [ʌn'sælərid] *adj* ulønnet.
unsatisfied [ʌn'sætisfaid] *adj* utilfreds; utilfredsstillet, umættet; (om fordring) ikke opfyldt; ikke fyldestgjort; *an ~ need* et uopfyldt (, udækket) behov.
unsaturated [ʌn'sætʃəreitid] *adj (kem)* umættet.
unsavoury [ʌn'seivəri] *adj* uappetitlig; flov, uden smag; *(fig)* usmagelig, uappetitlig, modbydelig *(fx affair)*; mislibig *(fx reputation)*.
unsay [ʌn'sei] *vb* tage (sine ord) tilbage; *leave it unsaid* lade være med *(el.* undlade) at sige det; lade det være usagt.
unscalable [ʌn'skeiləbl] *adj* ubestigelig.
unscale [ʌn'skeil] *vb* fjerne kedelsten fra.
unscathed [ʌn'skeiðd] *adj* uskadt; *escape ~ (ogs)* gå ram forbi.
unschooled [ʌn'sku:ld] *adj* ustuderet, ulærd; uskolet, uøvet, uerfaren.
unscramble [ʌn'skræmbl] *vb* T bringe orden i; (om meddelelse) udkode, bringe på forståelig form.
unscrew [ʌn'skru:] *vb* skrue af, skrue op.
unscrupulous [ʌn'skru:pjuləs] *adj* hensynsløs, samvittighedsløs.
unseal [ʌn'si:l] *vb* tage seglet af, bryde, brække, åbne.
unseam [ʌn'si:m] *vb* sprætte (en søm) op.
unsearchable [ʌn'sə:tʃəbl] *adj* uransagelig, uudgrundelig.
unseasonable [ʌn'si:znəbl] *adj* som ikke stemmer med årstiden; ubetimelig, utidig, uheldig, upassende.
unseat [ʌn'si:t] *vb* berøve mandatet *(el.* embedet), afsætte, vælte *(fx a Government)*, styrte *(fx a tyrant)*; *be -ed* (om rytter) blive kastet af.
unsecured [ʌnsi'kjuəd] *adj* ikke sikret; *(merk)* dækningsløs, udækket; ~ *credit* blankokredit; ~ *creditor* simpel kreditor.
unseeing [ʌn'si:iŋ] *adj* blind, intet seende, åndsfraværende.
unseemly [ʌn'si:mli] *adj* usømmelig; upassende.
unseen [ʌn'si:n] *adj* uset, usynlig; extempore; *sb* ekstemporaltekst.
unselfish [ʌn'selfiʃ] *adj* uegennyttig, uselvisk.
unsent [ʌn'sent] *adj* ikke (af)sendt; ~ *for* ukaldet.
unserviceable [ʌn'sə:visəbl] *adj* uanvendelig, ubrugelig.
I. unset [ʌn'set] *vb* fjerne fra indfatningen.
II. unset [ʌn'set] *adj* uindfattet.
unsettle [ʌn'setl] *vb* rokke ved, forrykke; gøre usikker, forurolige, gøre nervøs.
unsettled [ʌn'setld] *adj* urolig, usikker, ustabil; (om vejr) ustabil, ustadig, foranderlig; (om gæld) ubetalt, ikke afviklet; (om problem) ikke afgjort; (om person) urolig, usikker, nervøs.
unsettling [ʌn'setliŋ] *adj* foruroligende.
unsewn [ʌn'səun] *pp: come ~* gå op i syningen.
unsex [ʌn'seks] *vb* gøre kønsløs, gøre ukvindelig; ~ *oneself* blive ukvindelig, optræde på ukvindelig måde.
unsexed [ʌn'sekst] *adj* ukvindelig.
unshackle [ʌn'ʃækl] *vb* løse (af lænke), frigøre; *(mar)* hugge ud.
unshaken [ʌn'ʃeik(ə)n] *adj* urokket, urokkelig.
unsheathe [ʌn'ʃi:ð] *vb* drage af skeden.
unsheltered [ʌn'ʃeltəd] *adj* uden ly, udækket, ubeskyttet, udsat.
unship [ʌn'ʃip] *vb* losse, landsætte; lægge (årene) ind; ~ *the tiller* tage rorpinden af.
unshod [ʌn'ʃɔd] *adj* uden sko, uskoet.
unshrinkable [ʌn'ʃriŋkəbl] *adj* krympefri.
unshrinking [ʌn'ʃriŋkiŋ] *adj* uforsagt, uforfærdet.
unsightly [ʌn'saitli] *adj* uskøn, grim.
unsinkable [ʌn'siŋkəbl] *adj* synkefri.
unskilled [ʌn'skild] *adj* ufaglært; ~ *labourer* arbejdsmand.
unslaked [ʌn'sleikt] *adj* uslukket *(fx thirst)*; ~ *lime* ulæsket kalk.
unsmiling [ʌn'smailiŋ] *adj* uden at smile, gravalvorlig, uden (antydning af) smil.
unsocial [ʌn'səuʃl] *adj* uselskabelig; ~ *hours* ubekvem (, forskudt) arbejdstid.
unsolicited [ʌnsə'lisitid] *adj* uopfordret; som man ikke har anmodet om.
unsolved [ʌn'sɔlvd] *adj* uløst, uopklaret.
unsophisticated [ʌnsə'fistikeitid] *adj* ukunstlet, naturlig, umiddelbar; enkel, simpel; ublandet, ren.
unsound [ʌn'saund] *adj* usund, sygelig; (om varer) beskadiget; (om frugt, træ) dårlig, rådden; (ikke stabil) usolid; (økonomisk:) usolid; (om påstand *etc)* løs, uholdbar; upålidelig; (om søvn) urolig; *of ~ mind* sindsforvirret; *while of ~ mind* i sindsforvirring.
unsounded [ʌn'saundid] *adj* ikke pejlet, ikke loddet; ikke udtalt, stum *(fx letter)*.
unsparing [ʌn'spɛəriŋ] *adj* rundhåndet, gavmild; skånselsløs, streng.
unspeakable [ʌn'spi:kəbl] *adj* usigelig *(fx horror)*; ubeskrivelig; under al kritik *(fx the hotels there are ~)*.
unspecified [ʌn'spesifaid] *adj* uspecificeret; ikke nærmere angivet.
unspoken [ʌn'spəuk(ə)n] *adj* uudtalt, usagt; stiltiende.
unspotted [ʌn'spɔtid] *adj* uplettet, pletfri.
unstable [ʌn'steibl] *adj* ustabil; vaklende, usikker; skif-

tende, uregelmæssig, ujævn; (om karakter) ustadig, upålidelig, uligevægtig; *(kem)* ustabil; ~ *equilibrium* ustadig ligevægt.

unstamped [ʌn'stæmpt] *adj* ustemplet; ufrankeret.

unsteady [ʌn'stedi] *adj* ikke fast; vaklevorn, vaklende *(fx ladder);* usikker *(fx ~ on his legs),* rystende *(fx with an ~ hand);* (skiftende:) uregelmæssig *(fx pulse),* ujævn; (om person) ustadig, upålidelig, uligevægtig; (om livsførelse) uordentlig.

unstinted [ʌn'stintid] *adj* givet med rund hånd; uforbeholden *(fx praise).*

unstitch [ʌn'stitʃ] *vb* sprætte op, pille op.

unstop [ʌn'stɔp] *vb* åbne, tage proppen op af; klare, rydde; *-ped* åben, uhindret.

unstrained [ʌn'streind] *adj* usigtet, ufiltreret; utvungen, naturlig.

unstrap [ʌn'stræp] *vb* spænde remmene (, remmen) op på *(fx ~ a trunk),* åbne.

unstressed ['ʌn'strest] *adj* ubetonet, trykløs.

unstring [ʌn'striŋ] *vb* (om instrument) tage strengene af; (om perler) tage af en snor *(fx ~ some beads).*

unstrung [ʌn'strʌŋ] *adj* (om person) opreven, nervøs; (om instrument) med løse strenge; uden strenge.

unstuck [ʌn'stʌk] *adj* ikke sammenlimet (, sammenklæbet); *come ~* gå op (i limningen); *(fig)* mislykkes, slå fejl, bryde sammen.

unstudied [ʌn'stʌdid] *adj* ukunstlet, naturlig, spontan.

unsubstantial [ʌnsəb'stænʃl] *adj* utilstrækkelig *(fx meal);* usolid; uvirkelig, uholdbar.

unsubstantiated [ʌnsəb'stænʃieitid] *adj* uunderbygget *(fx assertion);* ubekræftet, løs *(fx rumour).*

unsung [ʌn'sʌŋ] *adj* ubesunget.

unsurpassed [ʌnsə'pa:st] *adj* uovertruffet, uovertræffelig.

unsuspected [ʌnsə'spektid] *adj* ikke mistænkt; uanet.

unsuspecting [ʌnsə'spektiŋ] *adj* umistænksom, intetanende, troskyldig.

unswear [ʌn'swɛə] *vb* tilbagekalde (om en ed); afsværge.

unswerving [ʌn'swə:viŋ] *adj* usvigelig, aldrig svigtende, fast, urokkelig.

unsympathetic ['ʌnsimpə'θetik] *adj* afvisende, udeltagende, hårdhjertet; usympatisk.

untangle [ʌn'tæŋgl] *vb* udrede.

untarnished [ʌn'ta:niʃt] *adj (ogs fig)* ikke anløbet, ikke falmet; med uformindsket glans; pletfri.

untaught [ʌn'tɔ:t] *adj* ulært, medfødt, instinktmæssig; uvidende.

unteach [ʌn'ti:tʃ] *vb* få til at glemme.

unthinkable [ʌn'θiŋkəbl] *adj* utænkelig, højst usandsynlig, utrolig.

unthinking [ʌn'θiŋkiŋ] *adj* tankeløs, ubetænksom, kritikløs.

unthought-of [ʌn'θɔ:tɔv] *adj* uanet, usandsynlig, uventet.

unthread [ʌn'θred] *vb* tage tråden(e) ud af; *(fig)* løse, udrede; finde vej igennem.

untidy [ʌn'taidi] *adj* uordentlig, usoigneret.

untie [ʌn'tai] *vb* løse (op), binde op, snøre op.

until [ən'til] *præp, conj* indtil, til; *not ~* ikke før, først da, først.

untilled [ʌn'tild] *adj* udyrket, uopdyrket.

untimbered [ʌn'timbəd] *adj* skovløs.

untimely [ʌn'taimli] *adj* altfor tidlig *(fx his ~ death);* ubetimelig; malplaceret *(fx joke);* uheldig *(fx at an ~ hour).*

untiring [ʌn'taiəriŋ] *adj* utrættelig.

untitled [ʌn'taitld] *adj* ubetitlet, (ofte =) ikke-adelig.

unto ['ʌntu, 'ʌntə] *præp* (især bibelsk:) til.

untold [ʌn'təuld] *adj* ikke fortalt *(fx tales);* utallig *(fx during ~ centuries)* talløs; usigelig *(fx suffering); ~ wealth* umådelige rigdomme.

untouchable [ʌn'tʌtʃəbl] *adj* urørlig; (i Indien) kasteløs; *sb* paria.

untoward [ʌntə'wɔ:d, ʌn'təuəd] *adj* uheldig, ubelejlig; *(glds)* egensindig, genstridig.

untraceable [ʌn'treisəbl] *adj* der ikke lader sig (efter)spore, uransagelig.

untrammelled [ʌn'træmld] *adj* uhindret, ubesværet, uhæmmet.

untranslatable [ʌntræns'leitəbl] *adj* uoversættelig.

untried [ʌn'traid] *adj* uforsøgt, uprøvet, uafgjort.

untrodden [ʌn'trɔdn] *adj* ubetrådt, ubanet.

untrue ['ʌn'tru:] *adj* usand, falsk, urigtig; (om person) utro, falsk.

untuck [ʌn'tʌk] *adj* smøge ned.

untuned [ʌn'tju:nd] *adj* ikke stemt, forstemt.

unturned [ʌn'tə:nd] *adj* ikke vendt; (se også *stone).*

untutored [ʌn'tju:təd] *adj* uskolet, uuddannet; uoplyst.

untwine [ʌn'twain] *adj* løse op, flette op, rede ud.

untwist [ʌn'twist] *vb* vikle op, løse.

I. unused [ʌn'ju:zd] *adj* ubenyttet *(fx room);* ubrugt.

II. unused [ʌn'ju:st] *adj* ikke vant *(to* til).

unusual [ʌn'ju:ʒuəl] *adj* ualmindelig, usædvanlig.

unutterable [ʌn'ʌtrəbl] *adj* usigelig, ubeskrivelig; *sb: -s (glds)* unævnelige (ɔ: benklæder).

unvaried [ʌn'vɛərid] *adj* uforanderlig, stadig; ensformig.

unvarnished [ʌn'va:niʃt] *adj* uferniseret; usminket, usmykket *(fx truth).*

unveil [ʌn'veil] *vb* afdække, afsløre; (uden objekt, *fig)* afsløre sig, vise sin sande karakter.

unvoiced [ʌn'vɔist] *adj* uudtalt; *(fon)* ustemt.

unwarrantable [ʌn'wɔr(ə)ntəbl] *adj* uberettiget, uforsvarlig.

unwarranted [ʌn'wɔr(ə)ntid] *adj* uberettiget *(fx supposition),* ubeføjet *(fx interference);* ['ʌn'wɔr(ə)ntid] uden garanti.

unwary [ʌn'wɛəri] *adj* uforsigtig, ubesindig.

unwashed [ʌn'wɔʃt] *adj* uvasket, ikke beskyllet; *the great ~ (glds* T*)* den store hob.

unwatered [ʌn'wɔ:təd] *adj* uden vand; ikke fortyndet; ikke vandet.

unwavering [ʌn'weivriŋ] *adj* uden vaklen, bestemt, fast.

unwearied [ʌn'wiərid], **unwearying** [ʌn'wiəriiŋ] *adj* ihærdig, utrættet, utrættelig, ufortrøden.

unwell [ʌn'wel] *adj* ikke rask, utilpas.

unwept [ʌn'wept] *adj* ubegrædt.

unwieldy [ʌn'wi:ldi] *adj* besværlig, tung, uhåndterlig, klodset.

unwilling [ʌn'wiliŋ] *adj* uvillig, modstræbende; *-ly adv* ugerne, nødig.

unwind [ʌn'waind] *vb* vikle af, afhaspe; rulle ud; (uden objekt) vikle sig af, rulle sig ud; (om person) slappe af.

unwise [ʌn'waiz] *adj* uklog, uforstandig.

unwitting [ʌn'witiŋ] *adj,* **unwittingly** [ʌn'witiŋli] *adv* uafvidende, uforvarende, ubevidst.

unwonted [ʌn'wəuntid] *adj (glds)* uvant, ualmindelig.

unworkable [ʌn'wə:kəbl] *adj* uigennemførlig *(fx plan),* uanvendelig *(fx method);* uhåndterlig.

unworkmanlike [ʌn'wə:kmənlaik] *adj* ufagmæssig; fuskeragtig, dilettantisk.

unworldly [ʌn'wə:ldli] *adj* overjordisk; (om person) naiv, verdensfjern; idealistisk.

unwrap [ʌn'ræp] *vb* pakke op, pakke ud.

unwritten [ʌn'rit(ə)n] *adj* uskrevet *(fx law);* ubeskrevet *(fx postcard).*

unyielding [ʌn'ji:ldiŋ] *adj* ubøjelig, stejl, urokkelig, som ikke viger en tomme.

unyoke [ʌn'jəuk] *vb* spænde fra, løse.

unzip [ʌn'zip] *vb* åbne lynlåsen på, lyne op (, ned); *-ped (am ogs)* uden postnummer.

U. of S. Afr. *fk Union of South Africa.*

I. up [ʌp] *adv* **1.** op *(fx ~ to the top, ~ to Scotland);* hen *(fx I stepped ~ to a policeman to ask him the way);* frem *(fx move ~ into the lead);* **2.** oppe *(fx stay ~ all night);* henne; fremme; **3.** i gære, på færde, i vejen *(fx what's ~?);* **4.** forbi, til ende, udløbet *(fx time is ~);* **5.** i *(fx button ~, shut ~),* til *(fx freeze ~),* sammen *(fx fold ~; shrivel ~* skrumpe sammen), ind *(fx dry ~),* op *(fx burn ~, eat ~),* helt *(fx finish ~* gøre helt færdig); i stykker, itu *(fx smash ~; tear ~ a letter);* **6.** (om scoring) foran *(fx be one ~);*

~ and down frem og tilbage; op og ned; *(mar)* ret op; **be ~** være oppe *(etc),* være i gære *(etc),* være forbi *(etc),* se *ovf;* (i sport) være foran *(mht* point); (om priser) være steget; *be ~ and about* være i gang igen (efter sygdom); *be ~ and doing* være i fuld aktivitet; *his blood (el. temper) is ~* hans blod er kommet i kog; han er gal i hovedet;

(forb med *præp) be ~* **against** stå over for, have at gøre med *(fx a formidable enemy); be ~ against it* T hænge på den; *the case is ~* **before** *the court* sagen er for *(el.* til behandling) i retten; *prices are ~* **by** *40%* priserne er steget 40 %; *be ~* **for** *auction* være på auktion; *be ~ for election* være på valg; være opstillet; *be ~ for sale* være til salg; *he is ~ for (jur)* han kan vente en dom (, bøde) for *(fx he is ~ for speeding again); be ~* **in** *arms* være i harnisk; *be well ~ in (el. on) (fig)* være inde i; være dygtig til (, i) *(fx mathematics); be ~* **on** være foran *(fx the others);* have tjent *(fx be £10 ~ on the transaction);* være inde i, være velunderrettet om; (om priser) være steget i forhold til; *be ~* **to** påhvile, T være op til *(fx it is ~ to me to do it);* kunne stå mål med, være på højde med *(fx he is not ~ to you as a man of science);* magte, kunne bestride *(fx he is not ~ to his job);* pønse på, have for *(fx what is he ~ to now?);* tage sig for, bedrive *(fx what have you been ~ to?); not ~ to much* ikke meget bevendt; *he is ~ to no good* han har ondt i sinde; *~ to now* indtil nu, hidtil; *it is ~ to him to (ogs)* det er ham der skal *(fx make the next move); it is all ~* **with** *him* det er ude med ham; *what is ~ with you?* hvad er der i vejen med dig?

II. up [ʌp] *præp* op ad *(fx walk ~ a mountain, ~ the street);* op i *(fx climb ~ a tree);* ind i *(fx travel ~ (the) country);* imod, op mod, op ad *(fx row ~ the stream); ~ yours! (vulg)* skråt op! *(spøg)* hej, dit dumme svin.

III. up [ʌp] *sb* opgangsperiode; skråning opad; *(am* S) opstemthed; (se *ogs upper sb); on the ~* for opadgående; *on the ~ and ~,* se *up-and-up; ups and downs* omskiftelser.

IV. up [ʌp] *vb* T løfte; hæve *(fx the price);* forøge; S fare op (og), pludselig give sig til at; *he ups and says (omtr)* så var han der jo straks og sagde.

U. P. ['ju: 'pi]: *it's all ~* S det er slut; så er det bal forbi.

up-and-coming *adj* lovende; på vej op.

up-and-downer *sb* T skænderi.

up-and-up *sb: on the ~ (am)* regulært, ærligt; opadgående, i stadig fremgang; *be on the ~ (ogs)* blive bedre og bedre.

upas ['ju:pəs] *sb (bot)* upastræ; upas (en gift).

upbeat ['ʌpbi:t] *sb (mus.)* opslag, optakt; *adj* T munter, optimistisk.

up-bow ['ʌpbəu] *sb (mus.)* opstrøg.

upbraid [ʌp'breid] *vb* bebrejde; *~ sby with (el. for) sth* bebrejde en noget.

upbringing ['ʌpbriŋiŋ] *sb* opdragelse.

upcast ['ʌpka:st] *adj* opadvendt; *sb* luftkanal i kulmine.

up-country ['ʌp'kʌntri; *(adv)* ʌp'kʌntri] *sb* det indre af landet; *adj, adv* inde i landet, ind i landet.

update [ʌp'deit] *vb* T ajourføre; modernisere *sb* ajourføring, modernisering; ajourført udgave.

upend [ʌp'end] *vb* stille (, sætte) på højkant; rejse op; vende bunden i vejret (på); *(fig)* chokere; T slå ned; slå, besejre.

up-front ['ʌp'frʌnt] *adj* (især *am)* ligefrem, ærlig, vigtig, førende; (om penge) på forskud.

upgrade [ʌp'greid] *vb* forbedre, højne; hæve; opprioritere; (om person) forfremme; (om stilling) flytte op i en højere lønklasse, opnormere; (om vare) forbedre kvaliteten af; *sb* ['ʌpgreid]: *on the ~* i stigning; for opadgående; ved at blive bedre.

upheaval [ʌp'hi:vl] *sb* omvæltning; postyr, opstandelse; *(geol)* landhævning.

uphill ['ʌp'hil] *adv* op ad bakke, opad; *adj* som går op ad bakke, opadgående; *(fig)* (langsom og) besværlig, tung.

uphold [ʌp'həuld] *vb (upheld, upheld)* holde oppe *(fx their morale; her faith (, pride) upheld her);* holde fast ved *(fx a tradition),* hævde *(fx the honour of one's country),* opretholde *(fx discipline); (jur)* lade stå ved magt, stadfæste *(fx a decision);* give medhold; *his claim was upheld by the court* retten tog hans påstand til følge.

upholster [ʌp'həulstə] *vb* polstre, betrække; arbejde som møbelpolstrer.

upholsterer [ʌp'həulstrə] *sb* møbelpolstrer, tapetserer.

upholstery [ʌp'həulstri] *sb* møbelpolstring; polstrede varer; (stof:) betræk, møbelstof, (i bil) indtræk.

upkeep ['ʌpki:p] *sb* vedligeholdelse; vedligeholdelsesomkostninger.

upland ['ʌplənd] *sb* højland; *adj* højlands-.

I. uplift [ʌp'lift] *vb* hæve, løfte; *(fig)* højne (moralsk, kulturelt); opbygge; virke opløftende på.

II. uplift ['ʌplift] *sb* højnelse (kulturelt, moralsk); løftelse, begejstring; T opbyggelse, moralisering; *(geol)* hævning; *adj* moraliserende; *~ pressure (tekn)* opdrift.

upmarket [ʌp'ma:kit] *adj* som appellerer til de mere velhavende; fin, eksklusiv.

upon [ə'pɔn], se *on.*

upper ['ʌpə] *adj* over-, højere, øverst; *(geogr)* øvre; *sb* overlæder; *(am* T) overkøje; *(am* S, om narko:) stimulerende middel; opkvikker; *be (down) on one's -s (fig* S) være på knæene, være ludfattig; *have the ~ hand of* have magt over; *get the ~ hand of* få overtaget over.

upper|-case(letters) *(typ)* store bogstaver. **~ circle** *(teat,* svarer til) første etage. **~ class (, T: crust)** overklasse. **-cut** uppercut (boksestød). **~ hand** se *upper.* **~ house** *(parl)* førstekammer; *the Upper House* overhuset. **~ jaw** overkæbe. **~ lip** overlæbe; (se også *I. stiff).*

uppermost ['ʌpəməust] *adj, adv* øverst; *whatever comes ~ in one's mind* hvad der først falder en ind.

upper| storey T øverste etage (ɔ: hovedet). **~ ten (thousand)** upper ten, aristokrati. **~ works** *(mar)* overskib.

uppish ['ʌpiʃ], **uppity** ['ʌpiti] *adj* T kæphøj, storsnudet; fræk.

up platform *(jernb)* perron hvorfra tog til London *(el.* nærmeste storby) afgår.

upright ['ʌp'rait] *adj* opretstående, oprejst, rank; ['ʌprait] retskaffen, redelig; *sb* stander; stolpe; *-s pl (mar)* dæklaststøtter; *~ piano* opretstående klaver; *~ size (typ)* højformat.

uprising ['ʌp'raiziŋ] *sb* rejsning, opstand.

uproar ['ʌprɔ:] *sb* larm, spektakel, tumult.

uproarious [ʌp'rɔ:riəs] *adj* larmende, stormende.

uproot [ʌp'ru:t] *vb* rykke op med rode; løsrive, udrydde; *-ing of trees* trærydning.

upsadaisy ['ʌpsə'deizi] *interj: ~ !* (til barn) opsedasse.

upscale [ʌp'skeil] *adj = upmarket.*

I. upset [ʌp'set] *vb (upset, upset)* vælte, kæntre *(fx the boat); (fig)* bringe uorden i, vælte, forstyrre, kuldka-

ste *(fx their plans);* (om person) bringe ud af ligevægt *(fx she is easily ~);* chokere, ryste, gøre bestyrtet; gøre syg; (i sport) slå; *(tekn)* opstukke; *it -s my stomach* jeg kan ikke tåle det.
II. upset ['ʌpset] *sb* fald; forstyrrelse; strid; uventet nederlag; *stomach ~* mavetilfælde.
III. upset [ʌp'set] *adj* ked af det, nedtrykt; ude af balance, bestyrtet, chokeret, rystet.
IV. upset ['ʌpset] *adj: ~ price (am)* minimumspris.
upshot ['ʌpʃɔt] *sb* resultat, udfald.
upside ['ʌpsaid] *sb* overside, øvre side; afgangsside for tog til London *(el.* nærmeste storby).
upside-down ['ʌpsaid'daun] *adj* omvendt, på hovedet *(fx he held the book ~);* bagvendt *(fx logic); turn ~* vende op og ned på, vende på hovedet; endevende; sætte på den anden ende.
upstage [ʌp'steidʒ] *adj, adv* (på scene) i baggrunden; *(fig)* snobbet, indbildsk, vigtig, hoven; *vb* stjæle billedet fra, stille i skygge.
upstairs [ʌp'stεəz] *adj, adv* ovenpå; op ad trappen.
upstanding [ʌp'stændiŋ] *adj* velbygget, rank; *(fig)* retskaffen, redelig.
upstart ['ʌpsta:t] *sb* opkomling, parvenu.
upstate [ʌp'steit] *adj (am)* (vedrørende den del af en stat der ligger længst væk fra en storby *el.* længst mod nord); *sb* (især: den nordlige del af staten New York).
upstream [ʌp'stri:m] *adj* mod strømmen.
upstroke ['ʌpstrəuk] *sb* opstreg; (om stempel) opgang.
upsurge ['ʌpsə:dʒ] *sb* voldsom (, pludselig) stigning.
upsydaisy = *upsadaisy.*
uptake ['ʌpteik] *sb* optræk (til skorsten); *quick (, slow) on the ~* hurtig (, langsom) i opfattelsen *(el.* i vendingen), vaks (, sløv)
uptight [ʌp'tait] *adj* T nervøs, anspændt; irriteret, gal i hovedet *(about* over); hæmmet; konventionel, stiv, stram; i (økonomiske) vanskeligheder, på spanden.
uptime ['ʌptaim] *sb (edb)* nyttetid.
up-to-date ['ʌptə'deit] *adj* moderne, up to date, ajour.
up-to-the-minute ['ʌptəðə'minit] *adj* ultramoderne; nyeste.
uptown ['ʌptaun] *adj, adv (am)* i (, imod) udkanten af en by, i (, imod) beboelseskvartererne.
up-train ['ʌp'trein] *sb* tog til London *(el.* nærmeste storby).
upturn [ʌp'tə:n] *vb* vende op(ad); vende op og ned på; ['ʌptə:n] *sb* omvæltning; opsving, bedring *(fx in the economy).*
upward ['ʌpwəd] *adv* opad, opadvendt, opadrettet, opadgående.
upward mobility mulighed for (, stræben efter) social opstigning.
upwardly mobile *adj* opadstræbende, på vej op i samfundet.
upwards ['ʌpwədz] *adv* opad, oventil; mere, derover; *~ of* mere end, over *(fx ~ of three years); three years and ~* tre år og mere *(el.* og derover).
Ural ['juər(ə)l]: *the Urals* Uralbjergene.
Urania [juə'reiniə] *(myt)* (astronomiens muse).
uranium [juə'reiniəm] *sb* uran.
Uranus [juə'reinəs].
urban ['ə:bən] *adj* by-; bymæssig; *~ clearway* (gade med stopforbud i myldretiderne); *~ district* (underinddeling af et *county); ~ guerilla* byguerilla; *~ renewal* byfornyelse; *~* sprawl, se *sprawl.*
urbane [ə:'bein] *adj* urban, beleven, dannet, høflig.
urbanity [ə:'bæniti] *sb* belevenhed, høflighed, dannet væsen.
urbanize ['ə:bənaiz] *vb* give bypræg.
urchin ['ə:tʃin] *sb* unge, knægt; *zo* søpindsvin; *(glds)* pindsvin; *(glds:* i overtro) nisse.
Urdu ['uədu:] *sb* urdu (sprog i Indien).
urea ['juəriə] *sb (kem)* urinstof.
urethra [juə'ri:θrə] *sb (anat)* urinrør.
uretic [juə'retik] *adj* urin-; urindrivende; *sb* urindrivende middel.
I. urge [ə:dʒ] *vb* **1.** drive (frem); **2.** *(fig)* tilskynde, drive *(fx my conscience -d me to do it),* anspore *(fx ~ him to do his best);* **3.** bede indstændigt, anmode indtrængende *(fx ~ him to take more care);* **4.** fremhæve *(fx the need for reform),* hævde, gøre kraftigt gældende; *~* **on** drive frem; *~ it on them (ogs)* lægge dem det alvorligt på sinde; foreholde dem det indtrængende.
II. urge [ə:dʒ] *sb* tilskyndelse, indre trang, drift.
urgency ['ə:dʒnsi] *sb* tryk; påtrængende nødvendighed, presserende karakter; pågåenhed; *a matter of great ~* en meget presserende sag, en hastesag.
urgent [ə:dʒnt] *adj* presserende, bydende; (om person) pågående, påtrængende; (om bøn) indtrængende, indstændig *(fx request); ~!* (på brev *etc)* haster! *~ call* ekspressamtale; *~ matter* hastesag; *~ telegram* eksprestelegram.
Uriah [juə'raiə] Urias.
uric ['juərik] *adj (kem): ~ acid* urinsyre.
urinal ['juərinl] *sb* uringlas; urinal, pissoir.
urinary ['juərinəri] *adj* urin- *(fx bladder).*
urinate ['juərineit] *sb* lade vandet.
urine ['juərin] *sb* urin.
urn [ə:n] *sb* urne; temaskine, kaffemaskine.
Ursa ['ə:sə] *(astr): ~ Major* Store Bjørn; *~ Minor* Lille Bjørn.
Ursine ['ə:sain] *adj* bjørne-, bjørneagtig.
urticaria [ə:ti'kεəriə] *sb (med.)* nældefeber.
urticate ['ə:tikeit] *vb* brænde som en nælde; piske med nælder.
Uruguay ['juərugwai; 'urugwai].
urus ['juərəs] *sb zo* urokse.
us [ʌs] *pron* os; T mig *(fx gi'e us a kiss, duckie!).*
u/s *fk unserviceable.*
U.S.(A.) *fk United States (of America).*
usable ['ju:zəbl] *adj* brugelig, brugbar.
usage ['ju:zidʒ] *sb* **1.** brug; **2.** behandling, medfart; **3.** sædvane, skik og brug, kutyme; **4.** sprogbrug.
usance ['ju:zəns] *(merk)* uso, usance.
I. use [ju:s] *sb* **1.** brug, anvendelse, benyttelse; **2.** nytte; **3.** skik (og brug);
have *no ~ for* ikke have brug for; foragte; ikke bryde sig om, ikke ville have noget at gøre med; **in** ~ i brug; *is there any ~ in discussing it?* er det nogen nytte til at drøfte det? *come* **into** ~ komme i brug; (om ord *ogs)* blive almindelig; *it is* **no** ~ det nytter ikke; *it's no ~ to me* jeg har ikke brug for det; **of** ~ til nytte; *what is the ~ of that?* hvad nytte er det til? *have the ~ of the kitchen* have adgang til køkkenet; *make ~ of, put to ~* udnytte, gøre brug af; *fall* **out of** ~ gå af brug; *a tool* **with** *many -s* et redskab med mange anvendelsesmuligheder.
II. use [ju:z] *vb* **1.** bruge *(fx one's eyes),* anvende, benytte, gøre brug af; **2.** behandle *(fx ~ him well (, ill));* **3.** benytte sig af, udnytte; *how has the world been using you since we last met?* hvordan har du haft det siden vi sås sidst? *~ up* bruge op; *-d up (ogs)* udmattet.
I. used [ju:st] *vb: ~ to: he ~ to be a captain in the navy* han var i sin tid kaptajn i flåden; *there ~ to be a house here* der har tidligere *(el.* engang) ligget et hus her.
II. used [ju:st] *adj: ~ to* vant til, vænnet til; *we are not ~ to that* det er vi ikke vant til.
III. used ['ju:zd] *adj* brugt *(fx car).*
useful ['ju:sf(u)l] *adj* nyttig; S flink, dygtig *(at* til); *come 'in ~* komme til god nytte.
usefulness ['ju:sf(u)lnəs] *sb* nytte.
useless ['ju:sləs] *adj* unyttig, ubrugelig; forgæves.
user ['ju:zə] *sb* bruger, konsument; *(jur)* brugsret, brugsrettighed.

usher ['ʌʃə] *sb* dørvogter; (i retten) retstjener; (i kirke) kirketjener; (i biograf *etc)* kontrollør (der anviser folk deres pladser); *(glds)* hjælpelærer; *vb* være dørvogter *(etc);* vise, føre *(fx in, out);* ~ *in (fig)* bebude, være en forløber for; indvarsle, indlede; ~ *sby to a seat* anvise en en plads.
usherette [ʌʃə'ret] *sb* kvindelig kontrollør (i biograf *etc);* placøse.
U.S.O. *(am) fk United Service Organisation* (organisation der driver soldaterhjem *etc).*
usquebaugh ['ʌskwibɔ:] *sb* whisky.
U.S.S.R. *fk Union of Soviet Socialist Republics.*
usual ['ju:ʒuəl] *adj* sædvanlig, almindelig.
usually ['ju:ʒuəli] *adv* sædvanligvis.
usucapion [ju:ʒu'keipiən], **usucaption** [ju:ʒu'kæpʃn] *sb (jur)* hævd.
usufruct ['ju:sjufrʌkt] *sb* brugsret.
usufructuary [ju:sju'frʌktʃuəri] *sb* brugshaver.
usurer ['ju:ʒ(ə)rə] *sb* ågerkarl.
usurious [ju'ʒuəriəs] *adj* åger-.
usurp [ju'zə:p] *vb* tilrane sig, tilrive sig, usurpere.
usurpation [ju:zə:'peiʃn] *sb* bemægtigelse, egenmægtig tilegnelse, usurpation.
usurper [ju'zə:pə] *sb* usurpator, tronraner.
usury ['ju:ʒ(ə)ri] *sb* åger.
Ut. *fk* **Utah** ['ju:ta:].
utensil [ju'tensl] *sb* redskab; kar; *domestic -s* husgeråd; *kitchen -s* køkkentøj.
uterine ['ju:tərain] *adj* livmoder-; som har samme moder (men ikke samme fader) *(fx* ~ *sister).*
uterus ['ju:tərəs] *sb (pl uteri* ['ju:tərai]) livmoder.
utilitarian [ju:tili'tɛəriən] *adj* nytte-, brugs-; nyttemæssig; *(filos)* utilitaristisk; *sb* tilhænger af nyttemoralen.
utilitarianism [ju:tili'tɛəriənizm] *sb (filos)* utilitarisme, nyttemoral.
utility [ju'tiləti] *sb* nytte, anvendelighed; *adj* anvendelig til praktiske formål; *public* ~ almennytte; *public utilities* offentlige værker; offentlige foretagender (gas-, elektricitetsværker, bus- og sporvejslinier *etc).*
utility | man skuespiller der kan spille alle mulige småroller, altmuligmand. ~ **room** bryggers (ɔ: fyrrum, vaskerum *etc* i ét).
utilizable ['ju:tilaizəbl] *adj* som kan udnyttes, anvendelig.
utilization [ju:tilai'zeiʃn] *sb* udnyttelse.
utilize ['ju:tilaiz] *vb* udnytte, benytte.
utmost ['ʌtməust] *adj* yderst; *do one's* ~ gøre sit bedste; *to the* ~ *of one's power* af yderste evne.
Utopia [ju'təupjə] *sb* utopi. **Utopian** [-pjən] *adj* utopisk. **Utopianism** [-pjenizm] *sb* utopisme.
I. utter ['ʌtə] *adj* fuldkommen *(fx fool),* fuldstændig, absolut, ubetinget.
II. utter ['ʌtə] *vb* ytre, udtale, udtrykke; udstøde; ~ *false coin* sætte falske penge i omløb.
utterance ['ʌtrəns] *sb* ytring, udtalelse; udtale, foredrag; *give* ~ *to* give udtryk for.
utterly ['ʌtəli] *adv* aldeles, fuldstændig *(fx hopeless);* i bund og grund.
uttermost ['ʌtəməust] *adj* yderst, fjernest; *to the* ~ *of one's power* efter yderste evne.
U-turn ['ju:'tə:n] *sb* svingning på 180 grader; *(fig)* fuldstændig omvending.
uvula ['ju:vjulə] *sb (anat)* drøbel.
uvular ['ju:vjulə] *adj* drøbel-.
uxorious [ʌk'sɔ:riəs] *adj* stærkt indtaget i sin kone; svag over for sin kone.

V

V [vi:].
V., v. *fk verb; verse; versus; victory; vide; viscount; volume.*
Va. *fk Virginia.*
V. A. *fk (Royal Order of) Victoria and Albert; vice-admiral.*
vac [væk] *sb* T *(fk vacation)* ferie; *(fk vacuum cleaner)* støvsuger.
vacancy ['veiknsi] *sb* tomhed; tomt rum, tomrum; *(mht* stilling) ledighed, vakance; ledig stilling; (i hotel *etc)* ledigt værelse; *(fig)* åndsfraværelse, tomhjernethed, tanketomhed; *stare into* ~ stirre ud i luften.
vacant [veiknt] *adj* **1.** tom *(fx space);* **2.** ledig *(fx position, room);* ubesat, ikke optaget; **3.** *(fig)* tom *(fx expression),* tanketom, fraværende; **4.** *(neds)* intetsigende, indholdsløs; ~ *possession* ledig til øjeblikkelig overtagelse; ledig til indflytning.
vacate [və'keit, *(am)* 'veikeit] *vb* rømme, fraflytte *(fx a flat);* (om stilling) fratræde; *(jur.)* ophæve, annullere.
vacation [və'keiʃn; *(am)* vei-] *sb* ferie; *(cf vacate)* fraflytning; fratrædelse (af stilling *etc); vb (am)* feriere, holde ferie.
vacationer [vei'keiʃnər], **vacationist** [vei'keiʃnist] *sb (am)* feriegæst, ferierende.
vaccinate ['væksineit] *vb* (koppe)vaccinere.
vaccination [væksi'neiʃn] *sb* (koppe)vaccination.
vaccinator ['væksineitə] *sb* vaccinator.
vaccine ['væksi:n] *sb* vaccine.
vacillate ['væsileit] *vb* vakle, svinge.
vacillation [væsi'leiʃn] *sb* svingen, vaklen, holdningsløshed.
vacuity [væ'kju:iti] *sb* tomhed; tomt rum; *(fig)* tomhed; tomhjernethed, tanketomhed; *vacuities pl* intetsigende (, åndløse) bemærkninger.
vacuole ['vækjuəul] *(biol.)* vakuole, celleblære; *(bot ogs)* saftrum.
vacuous ['vækjuəs] *adj* tom, intetsigende.
vacuum ['vækjuəm] *sb* vakuum, tomt rum, lufttomt rum; T støvsuger; *adj* vakuum-; *vb* støvsuge.
vacuum| brake vakuumbremse. ~ **cleaner** støvsuger. ~ **flask** termoflaske ®. ~ **gauge** vakuummeter. ~ **jug** termokande. ~ **pump** vakuumpumpe. ~ **tube** vakuumrør.
vade mecum ['veidi'mi:kəm] *sb* lommebog, håndbog.
vagabond ['vægəbɔnd] *adj* omstrejfende; *sb* landstryger, vagabond. **vagabondage** ['vægəbɔndidʒ] vagabonderen, løsgængeri.
vagary ['veigəri, və'gɛəri] *sb* grille, indfald, lune *(fx the vagaries of nature).*
vagina [və'dʒainə] *sb (anat)* skede, moderskede.
vagrancy ['veigr(ə)nsi] *sb* vagabonderen, omstrejfen; *(jur)* løsgængeri.
vagrant ['veigr(ə)nt] *adj* omstrejfende, omflakkende, vandrende; *sb* omstrejfer, landstryger; *(jur)* løsgænger.
vague [veig] *adj* vag, ubestemt *(fx longing, promise),* uklar, svævende *(fx explanation);* utydelig *(fx outlines),* svag *(fx I have a ~ memory of it).*
vain [vein] *adj* **1.** tom, *(glds)* forfængelig; **2.** forgæves, frugtesløs; **3.** forfængelig, pralende; *in* ~ forgæves; *take his name in* ~ tage hans navn forfængeligt; ~ *of* stolt af, vigtig af.
vain|glorious [vein'glɔ:riəs] *adj* pralende, forfængelig, opblæst. **-glory** [vein'glɔ:ri] *sb* praleri, forfængelighed.
valance ['væləns] *sb* (gardin-, portiere-) kappe; flæse; hyldebort; omhæng; (af træ) korniche, stilkappe.
I. vale [veil] *sb (poet)* dal; ~ *of woe* jammerdal.
II. vale ['veili] *interj (lat.)* farvel.
valediction [vælə'dikʃn] *sb* afskedstagen, farvel, afskedshilsen.
valedictorian [vælədik'tɔ:riən] *sb (am)* (elev *el.* student der holder tale på afgangsholdets vegne ved afslutningsceremoni).
valedictory [vælə'diktri] *adj* afskeds-; *sb* afskedstale; *(am)* (tale ved afslutningsceremoni på *college).*
I. valence ['væləns] = *valance.*
II. valence ['veiləns], **valency** ['veilənsi] *sb (kem)* valens; ~ *bond* valensbinding.
valentine ['væləntain] *sb* kæreste (valgt på st. Valentins dag, den 14. februar); elskovshilsen (der sendtes st. Valentins dag).
valerian [və'liəriən] *sb (bot)* baldrian, valeriana.
valet ['vælit, 'vælei] *sb* kammertjener; *vb* varte op, betjene.
valetudinarian ['vælətju:di'nɛəriən] *adj* svagelig; hypokonder; *sb* svagelig person; hypokondrist.
Valhalla [væl'hælə] *(myt)* Valhal.
valiance ['væljəns], **valiancy** ['væljənsi] *sb (litt)* tapperhed.
valiant ['væljənt] *adj (litt)* tapper.
valid ['vælid] *adj* gyldig *(fx argument, reason);* velbegrundet *(fx objection); (jur)* retsgyldig.
validate ['vælideit] *vb* give gyldighed, efterprøve (, bevise) gyldigheden af; *(jur)* erklære retsgyldig.
validity [və'liditi] *sb* gyldighed; validitet; *(jur)* retsgyldighed.
valise [və'li:z, *(am)* -'li:s] *sb* lædertaske, vadsæk.
valley ['væli] *sb* dal; (på hus) skotrende; kel.
valorem: *ad* ~ ['ædvə'lɔ:rem] *duty* værditold.
valorous ['vælərəs] *adj (litt)* tapper, modig.
valour ['vælə] *sb (litt)* tapperhed, mod.
valuable ['væljuəbl] *adj* værdifuld; *sb pl: -s* værdigenstande.
valuation [vælju'eiʃn] *sb* vurdering, taksation; vurderingssum.
value ['vælju(:)] *sb* værdi, værd; (om farve og ord) valør; *vb* vurdere; *(fig)* værdsætte, skatte, sætte pris på; *get good ~ for one's money* få noget *(el.* få valuta) for pengene; ~ *received (merk)* valuta modtaget.
value-added tax merværdiafgift, moms.
valuer ['væljuə] *sb* taksator.
valuta [vəl'u:tə] *sb* valuta.
valve [vælv] *sb* klap, ventil; (radio)rør; *(zo)* skal; *(anat, bot)* klap; (på blæseinstrument) ventil; *-d* med klap, med ventil. **valve seat** *(tekn)* ventilsæde.
valvular ['vælvjulə] *adj* ventil-, klap-; ~ *defect (med.)* klapfejl.
vamoose [və'mu:s], **vamose** [və'məus] *vb* S stikke af, fordufte.
vamp [væmp] *sb* (på fodtøj) overlæder; lap; *(mus.)* improviseret akkompagnement, 'skomagerbas'; S (om pige) vamp; *vb* reparere (fodtøj); lave, bringe i stand; *(mus.)* improvisere et akkompagnement, lave 'sko-

magerbas'; S (om pige) optræde som vamp, lægge an på og blokke for penge; ~ *up* pudse op, få til at se ud som ny; flikke sammen.
vampire ['væmpaiə] *sb* vampyr.
vampirism ['væmpaiərizm] *sb* tro på vampyrer; *(fig)* hensynsløs udnyttelse, blodsugeri.
I. van [væn] *sb* avantgarde, fortrop.
II. van [væn] *sb* (betegnelse for forskellige vogntyper, *fx:)* bagagevogn, pakvogn, (lukket) godsvogn; lukket lastvogn *el.* varevogn, flyttevogn; vogn til fangetransport; sigøjnervogn, gøglervogn.
Vancouver [væn'ku:və].
Vandal, vandal [vændl] *sb* vandal.
vandalism ['vændəlizm] *sb* vandalisme; hærværk.
vane [vein] *sb* vindfløj; (på vejrmølle) vinge; (på fjer) fane; *(tekn)* blad (på skrue, propel), vinge (på ventilator), skovl (på turbine).
vanguard ['vænga:d] *sb* avantgarde, fortrop.
vanilla [və'nilə] *sb* vanille.
vanish ['væniʃ] *vb* forsvinde; ~ *into thin air* forsvinde sporløst *(el.* ud i den blå luft); fordufte; svinde ind til ingenting.
vanishing| cream let rense- og fugtighedscreme. ~ **point** forsvindingspunkt (i perspektiv); *(fig): cut down to the ~ point* reducere til det rene ingenting.
vanishing trick forsvindingsnummer.
vanitory ['vænitri] ® *sb* vaskekumme indbygget i toiletbord.
vanity ['væniti] *sb* forfængelighed, tomhed, intethed, tant; *(am)* toiletbord; *(ogs = vanity bag).*
vanity| bag, ~ **case** pudderpung; visittaske; toilettaske; beauty box.
Vanity Fair Forfængelighedens Marked.
vanity| plate *(am)* nummer, plade med personlig valgte numre *el.* bogstaver. ~ **press,** ~ **publisher** forlag der udgiver bøger på forfatterens egen regning og risiko.
vanquish ['væŋkwiʃ] *vb (litt)* besejre, overvinde.
vantage ['va:ntidʒ] *sb* fordel (i tennis); ~ *ground,* ~ *point* fordelagtigt terræn, fordelagtig stilling; sted hvorfra man har godt overblik, godt udsigtspunkt.
vapid ['væpid] *adj* flov, fad *(fx remark);* tom; (om øl) doven. **vapidity** [væ'piditi] *sb* flovhed, fadhed.
vaporization [veipərai'zeiʃn] *sb* fordampning; forstøvning.
vaporize ['veipəraiz] *vb* fordampe; få til at fordampe; forstøve. **vaporizer** *sb* fordamper; forstøver.
vaporous ['veipərəs] *adj* fuld af damp, dampformig, tåget; *(fig)* tåget, luftig, vag.
vapour ['veipə] *sb* damp, dunst; *(fig)* tom snak, fantasifoster; praleri; *vb* fordampe; *(fig)* komme med tom snak; prale; *the -s pl (glds)* hysteri, hypokondri.
vapour| pressure *(fys)* damptryk. ~ **trails** *pl (flyv)* kondensstriber.
Varangian [və'rændʒiən] *sb (hist.)* væring.
variability [vɛəriə'biləti] *sb* foranderlighed, omskiftelighed.
variable ['vɛəriəbl] *adj* foranderlig, ustadig, omskiftelig; *sb* variabel.
variance ['vɛəriəns] *sb* forandring; strid, uoverensstemmelse; *at ~ with* i strid med.
variant ['vɛəriənt] *sb* variant; *adj* afvigende *(fx spelling).*
variation [vɛəri'eiʃn] *sb* variation; afvigelse, forandring, forskel; *(mar)* misvisning; *by way of ~* til en forandring.
varicella [væri'selə] *sb (med.)* skoldkopper.
varicoloured ['vɛərikʌləd] *adj* broget.
varicose ['værikəus] *adj: ~ veins (med.)* åreknuder.
varied ['vɛərid] *adj* varieret, afvekslende, forskelligartet; *(mht* farve) broget.
variegated ['vɛərigeitid] *adj* broget, spraglet.
variegation [vɛəri'geiʃn] *sb* brogethed, spraglethed.
variety [və'raiəti] *sb* **1.** forskellighed, afveksling; **2.** mangfoldighed; **3.** slags, sort; **4.** *(biol)* afart, varietet; **5.** *(teat: ~ show)* varietéforestilling; ~ *is the spice of life* forandring fryder; *a large ~ (ogs)* et stort udvalg; *lend ~ to* bringe afveksling i; *owing to a ~ of causes* af mange forskellige årsager. **variety theatre** varieté.
variola [və'raiələ] *sb (med.)* kopper, børnekopper.
variorum [vɛəri'ɔ:rəm]: ~ *edition* udgave med variantapparat.
various ['vɛəriəs] *adj* **1.** forskellige; **2.** mange forskellige, adskillige *(fx at ~ places);* **3.** forskelligartet, afvekslende.
varix ['vɛəriks] *sb (pl varices* ['værisi:z]) *(med.)* åreknude.
varmint ['va:mint] *sb* (især *am* T*)* lille slubbert, laban; skadedyr.
varnish ['va:niʃ] *sb* fernis; lak; *(nail ~)* neglelak; *(fig)* fernis, glans; *vb* fernisere; lakere *(fx nails); (fig)* besmykke.
varnishing day fernissage (på maleriudstilling).
varsity ['va:siti] *sb* S = *university; (am)* førstehold.
vary ['vɛəri] *vb* forandre, variere, bringe afveksling i; (uden objekt) forandre sig, veksle, skifte *(fx with -ing success); ~ as* variere med; ~ *from* afvige fra *(fx this varies from the normal practice).*
vascular ['væskjulə] *adj (anat, bot)* kar- *(fx bundle* streng).
vascul|um ['væskjuləm] *sb (pl -a* [-ə]) botaniserkasse.
vase [va:z; *(am)* veis, veiz] *sb* vase.
vasectomy [və'sektəmi] *sb (med.)* vasektomi (ɔ: overskæring af sædstreng(ene)).
vaseline ['væsili:n] ® *sb* vaseline.
vasomotor [væsə'məutə] *adj (anat)* vasomotorisk.
vassal [væsl] *sb (hist.)* vasal, lensmand; tjener, træl.
vassalage ['væsəlidʒ] *sb* vasalforhold, underdanighed.
vassal state vassalstat.
vast [va:st] *adj* uhyre, umådelig; langt overvejende *(fx a ~ majority); -ly superior to* langt overlegen, langt bedre end.
vat [væt] *sb* stort kar, bryggerkar, beholder; (til farvning) kype, farvebad. **vat dye** kypefarve.
VAT *fk value-added tax.*
Vatican ['vætikən] *sb: the ~* Vatikanet.
vaticinate [væ'tisineit] *sb* spå, forudsige.
vaticination [vætisi'neiʃn] *sb* spådom.
vaudeville ['vəudəvil] *sb* vaudeville; (især *am)* varietéforestilling.
I. vault [vɔ(:)lt] *sb* hvælving, kælderhvælving, gravhvælving; (i bank *etc)* boks; boksafdeling; *vb* bygge hvælving over; *the ~ of heaven* himmelhvælvet.
II. vault [vɔ(:)lt] *vb* springe; springe over; *sb* spring (der støttes af hænderne).
vaulting horse hest (i gymnastik).
vaunt [vɔ:nt] *vb* prale med, prale af *(fx ~ one's skill); sb* pral(eri); ~ *of* prale af; ~ *over* hovere over.
Vauxhall ['vɔks'hɔ:l].
VC *fk Vietcong.*
V.C. *fk vice-chancellor; vice-consul; Victoria Cross (ogs* om indehaver af *Victoria Cross, fx he is a V.C.).*
VCR *fk videocasette recorder.*
V.D. *fk Volunteer Decoration; venereal disease.*
V day sejrsdagen.
VDT *fk visual display terminal* skærmterminal.
VDU *fk visual display unit* dataskærm.
've *fk have (fx we've* [wi:v]).
veal [vi:l] *sb* kalvekød; *adj* kalve-; *roast ~* kalvesteg.
vector ['vektə] *sb (mat., fys)* vektor.
Veda ['veidə, 'vi:də] *(rel)* veda.
vedette [vi'det] *sb (glds mil.)* vedet (bereden forpost); *(mar)* vedetbåd.
vee [vi:] *adj* v-formet; *sb* v; *(am* S*)* femdollarseddel.
veep [vi:p] *sb (am)* vicepræsident.
veer [viə] *vb* dreje skarpt, (om vej) svinge; (om vind)

dreje (med solen); *(fig)* svinge, skifte kurs (, standpunkt); ~ *off course* komme ud af kurs; ~ *out* stikke ud *(fx a rope);* ~ *round* vende sig; svinge; svinge over *(fx to his point of view).*
veg [vedʒ] S *fk vegetable(s).*
vegan ['vi:gən, 'vei-] *sb* veganer (ɔ: der kun spise planteføde).
vegetable ['vedʒ(i)təbl] *sb* grønsag, køkkenurt; plante; T person der er reduceret til at føre en rent vegeterende tilværelse; hjælpeløst vrag; *adj* grønsags-; plante-; vegetarisk *(fx diet* kost); vegetabilsk *(fx oil); the* ~ *kingdom (el. world)* planteriget; ~ *ivory* vegetabilsk elfenben; ~ *marrow* mandelgræskar.
vegetarian [vedʒi'tɛəriən] *sb* vegetar.
vegetate ['vedʒiteit] *vb* vegetere.
vegetation [vedʒi'teiʃn] *sb* vegetation, planteliv, plantevækst, planter; *(fig)* vegeteren.
vegetative ['vedʒitətiv] *adj* vegetativ; vækst-; vækstfremmende; *(fig)* vegeterende, vegetativ, uvirksom.
veggies ['vedʒiz] *sb pl* T grønsager.
vehemence ['vi:əməns] *sb* heftighed, voldsomhed.
vehement ['vi:əmənt] *adj* heftig, voldsom, lidenskabelig.
vehicle ['vi:ikl] *sb* befordringsmiddel; køretøj, vogn; (i rumfart) rumfartøj, *(spec)* fremføringsmiddel; (til maling) bindemiddel; *(med.,* i lægemiddel) hjælpestof, vehikel; (i salve) salvegrundlag; *(fig)* udtryksmiddel; middel *(fx propaganda* ~*).*
vehicular [vi'hikjulə] *adj* vogn-; kørende *(fx traffic).*
veil [veil] *sb* slør; *vb* tilsløre; *-ed (fig)* tilsløret, skjult *(fx threat);* sløret, utydelig; *take the* ~ tage sløret, blive nonne; *draw a* ~ *over* kaste et slør over; *beyond the* ~ bag dødens forhæng; *under the* ~ *of* under foregivende af.
veiltail ['veilteil] *sb zo* slørhale.
vein [vein] *sb (anat)* blodåre, vene; *(bot, zo etc)* åre (i træ, blad, insektvinge *osv); (geol)* åre; vandåre; (aftegning:) åre, stribe; *(fig)* anlæg, retning; stemning, lune; *a* ~ *of poetry* en poetisk åre; *in the* ~ i stemning, oplagt *(for* til); *other remarks in the same* ~ andre bemærkninger i samme dur.
veined [veind] *adj* året.
velar ['vi:lə] *adj (fon)* velar, gane-.
veld(t) [velt, felt] *sb* veldt, (sydafrikansk) græsslette.
vellum ['veləm] *sb* (fint) pergament.
velocipede [vi'lɔsipi:d] *sb (glds)* velocipede; *(am ogs)* trehjulet barnecykel; *(jernb)* dræsine.
velocity [vi'lɔs(i)ti] *sb* hastighed.
velours [və'luə] *sb* velour; velourhat.
velum ['vi:ləm] *sb* hinde; *(anat)* ganesejl.
velvet ['velvit] *sb* fløjl; *(am)* gevinst; profit; *adj* fløjls-, fløjlsblød; *be on* ~ være i salveten, have det som blommen i et æg.
velveteen ['velvi'ti:n] *sb* bomuldsfløjl.
velvet grass *(bot)* fløjlsgræs.
velveting ['velvitiŋ] *sb* fløjlsstoffer; luv (på fløjl).
velvet scoter *zo* fløjlsand.
velvety ['velviti] *adj* fløjls-, fløjlsblød.
venal [vi:nl] *adj* korrupt, bestikkelig.
venality [vi'næliti] *sb* korruption, bestikkelighed.
vend [vend] *vb* falbyde, sælge, afsætte.
vendace ['vendeis] *zo* heltling.
vendee [ven'di:] *sb* køber.
vender ['vendə] *sb* sælger.
vending machine (salgs)automat.
vendor ['vendɔ:] *sb* sælger.
veneer [və'niə] *vb* finere; dække, pynte på; *sb* finer; *(fig)* fernis, politur, tynd (ydre) skal, skin.
veneering [və'niəriŋ] *sb* finér, finering.
venerable ['venrəbl] *adj* ærværdig.
venerate ['venəreit] *vb* ære, holde i ære.
veneration [venə'reiʃn] *sb* ærbødighed, ærefrygt.
venereal [vi'niəriəl] *adj* venerisk, køns- *(fx disease).*
Venetian [vi'ni:ʃn] *adj* venetiansk; *sb* venetianer; ~ *blind* persienne, jalousi.
Venezuela [vene'zweilə].
vengeance ['vendʒəns] *sb* hævn; *take* ~ *on sby for sth* hævne sig på en for noget; *with a* ~ T så det forslår.
vengeful ['ven(d)ʒf(u)l] *adj* hævngerrig.
venial ['vi:njəl] *adj* tilgivelig, ubetydelig.
veniality [vi:ni'æliti] *sb* tilgivelighed, ubetydelighed.
Venice ['venis] Venezia, Venedig.
venison [venzn] *sb* vildt, dyrekød.
venom ['venəm] *sb* gift; ondskab.
venomous ['venəməs] *adj* giftig.
venous ['vi:nəs] *adj (anat)* venøs, vene-.
vent [vent] *sb* lufthul, trækhul; aftræk; *(mil.)* fænghul; *(fig)* frit løb, luft, afløb; *(merk)* slids *(fx* i frakke); *vb* slippe ud; (med objekt) *(fig)* give afløb for, give luft; *(tekn)* ventilere, udlufte; *find a* ~ få afløb; *(fig)* afreagere; få afløb, få udløsning *(for* for); *give* ~ *to (fig)* give luft (for).
ventage ['ventidʒ] *sb* hul *(fx* i fløjte).
venter ['ventə] *sb (anat, zo)* underliv; *(jur)* moders liv; moder.
vent-hole ['venthəul] *sb* lufthul, åbning.
ventiduct ['ventidʌkt] *sb* ventilationskanal.
ventilate ['ventileit] *vb* ventilere, udlufte; *(fig)* ventilere, bringe på bane; drøfte, undersøge.
ventilation [venti'leiʃn] *sb* ventilation; diskussion.
ventilator ['ventileitə] *sb* ventilator.
ventral ['ventrəl] *adj* underlivs-, bug-, mave-; ~ *fin* bugfinne.
ventricle ['ventrikl] *sb (anat)* ventrikel; ~ *of the heart* hjertekammer.
ventriloquism [ven'triləkwizm] *sb* bugtaleri, bugtalerkunst.
ventriloquist [ven'triləkwist] *sb* bugtaler.
ventriloquize [ven'triləkwaiz] *vb* optræde som bugtaler.
I. venture ['ventʃə] *vb* vove; sætte på spil *(fx one's life, all one's capital);* (driste sig til at) komme med, fremsætte *(fx a remark);* (uden objekt) vove sig *(fx out; too near the edge); nothing* ~ *nothing gain* hvo intet vover intet vinder; ~ **on** vove sig ud på *(fx a stormy sea);* vove sig i lag med; ~ **to** driste sig til at, være så dristig at *(fx make a remark).*
II. venture ['ventʃə] *sb* vovestykke, dristigt foretagende; spekulation; *at a* ~ på lykke og fromme.
venture| capital risikovillig kapital. ~ **scout** rover, seniorspejder.
venturesome ['ventʃəsəm] *adj* dristig; dumdristig, risikabel.
venue ['venju:] *sb (jur)* (den) jurisdiktion (hvor retsforhandlingen foregår), værneting; *(fig)* sted (hvor noget foregår), hjemsted, lokalitet; mødested.
Venus ['vi:nəs].
veracious [və'reiʃəs] *adj* sandfærdig, sanddru.
veracity [və'ræsiti] *sb* sandfærdighed, sandhed; sanddruhed.
veranda(h) [və'rændə] *sb* veranda.
verb [və:b] *sb* udsagnsord, verbum.
I. verbal [və:bl] *adj* ord-; verbal-; mundtlig *(fx tradition);* sproglig *(fx a purely* ~ *distinction);* ordret *(fx translation);* (om person) velartikuleret; *(gram.)* verbal(-); ~ *aptitude* sproglig evne.
II. verbal [və:bl] *sb* S belastende udsagn *el.* mundtlig tilståelse (angiveligt) fremsat over for politiet efter arrestation; *vb:* ~ *sby* tillægge én et belastende udsagn.
verbalism ['və:bəlizm] *sb* udtryk, talemåde; ukritisk tro på (, hængen sig i) ord; ordgyderi; *-s pl* floskler.
verbalize ['və:bəlaiz] *vb* udtrykke i ord, formulere; *(gram.)* omdanne til verbum.

verbal noun verbalsubstantiv.
verbatim [və:'beitim] *adv* ordret.
verbena [və'bi:nə] *sb (bot)* verbena, jernurt.
verbiage ['və:biidʒ] *sb* ordflom, vidtløftighed, ordskvalder, tomme ord, fraser, floskler.
verbose [və:'bəus] *adj* ordrig, vidtløftig.
verbosity [və:'bɔsiti] *adj* ordstrøm, ordrigdom, vidtløftighed.
verdancy ['və:dnsi] *sb* grønhed; *(fig, litt)* uerfarenhed, umodenhed.
verdant [və:dnt] *adj* grøn, grønklædt; *(fig)* uerfaren.
verderer ['və:dərə] *sb (glds)* skovrider.
verdict ['və:dikt] *sb (jur)* (nævningers) kendelse; *(fig)* dom, afgørelse *(fx the ~ of the electors); bring in (el. deliver, give, return) a ~* afgive en kendelse; *the jury brought in a ~ of 'not guilty'* nævningene afgav kendelsen „ikke skyldig"; *consider their ~* (om nævninger) votere.
verdigris ['və:digris] *sb* spanskgrønt, ir.
verdure ['və:dʒə] *sb* grønt, vegetation; grønhed, friskhed.
verdurous ['və:dʒərəs] *adj* grønklædt, grøn; frisk.
I. verge [və:dʒ] *sb* rand, kant, grænselinie; (ved vej) rabat *(fx soft ~); (fx* biskops) stav, embedsstav; *(arkit)* tagudhæng ved gavl; *(tekn)* spindel; *on the ~ of* på randen af, på nippet til; *on the ~ of tears* grædefærdig, på grådens rand; *on the ~ of forty* lige ved de fyrre.
II. verge [və:dʒ] *vb* skråne, hælde, nærme sig; *~ on* grænse til, nærme sig.
verge board *(arkit)* vindskede.
verger ['və:dʒə] *sb* kirkebetjent.
veridical [və'ridikl] *adj* i overensstemmelse med de faktiske forhold, sandfærdig; ægte, ikke illusorisk. **veridicality** [vəridi'kæliti] *sb* sandfærdighed; ægthed.
verifiable ['verifaiəbl] *adj* verificerbar, som kan efterprøves, kontrollabel.
verification [verifi'keiʃn] *sb* efterprøvning, verifikation; bevis, bekræftelse.
verify ['verifai] *vb* efterprøve, efterkontrollere, verificere; bevise, bekræfte.
verily ['verili] *adv (glds)* sandelig.
verisimilitude [verisi'militju:d] *sb* sandsynlighed.
veritable ['veritəbl] *adj* veritabel, formelig *(fx a ~ mountain of books),* sand.
verity ['veriti] *sb* sandhed; *(glds)* sanddruhed *(fx a man of unquestioned ~); of a ~ (glds)* i sandhed.
vermicelli [və:mi'tʃeli] *sb* vermicelli (ɔ: en type pasta).
vermicide ['və:misaid] *sb* ormemiddel.
vermicular [və:'mikjulə] *adj* ormeformet; dekoreret med ormeslyng. **vermiculation** [və:mikju'leiʃn] *sb* bugtet bevægelse; (ornament:) ormeslyng.
vermiform ['və:mifɔ:m] *adj* ormeformet; *the ~ appendix* blindtarmens ormeformede vedhæng.
vermifuge ['və:mifju:dʒ] *sb* ormemiddel.
vermilion [və:'miljən] *sb, adj* cinnober; cinnoberrød.
vermin ['və:min] *sb* skadedyr; utøj.
verminous ['və:minəs] *adj* fuld af utøj; fremkaldt af utøj.
vermouth ['və:məθ] *sb* vermut.
vernacular [və'nækjulə] *sb* modersmål; (lands, egns) eget sprog; dialekt, folkesprog; fagsprog; (om plante- *etc* navn) trivialnavn; *adj* som benytter (, skriver på) dialekt *(etc) (fx a ~ poet);* som er skrevet på dialekt *(etc) (fx ~ poetry);* dialekt-; folkelig *(fx expression; style);* lokal; *address sby in the ~ (spøg)* skælde en ud (med brug af diverse kraftudtryk); tale til en med store bogstaver.
vernacularism [və:'nækjulərizm] *sb* dialektalt (, folkeligt, lokalt) ord (, udtryk).
vernal [və:nl] *adj* forårs-, vår-, forårsagtig; *~ equinox* forårsjævndøgn.

vernier ['və:njə] *sb* nonius (måleapparat); *~ gauge* skydelære; *~ scale* nonieskala.
veronal ['verənl] ® *sb* veronal (sovemiddel).
veronica [vi'rɔnikə] *sb* Veronikas svededug, veronikabillede; *(bot)* ærenpris.
verruca [və'ru:kə] *sb* vorte.
versatile ['və:sətail] *adj* alsidig; *(zo, bot)* drejelig; *~ toe (zo)* vendetå.
versatility [və:sə'tiləti] *sb* alsidighed; *(zo, bot)* drejelighed.
verse [və:s] *sb* vers, verslinje; poesi; *in ~* på vers; *a volume of ~* et bind digte.
versed [və:st] *adj: well ~ in* velbevandret i, kyndig i.
versicoloured ['və:sikʌləd] *adj* flerfarvet, broget; changerende, regnbuefarvet.
versification [və:sifi'keiʃn] *sb* verskunst, versbygning, versifikation.
versifier ['və:sifaiə] *sb* versemager, digter, versifikator.
versify ['və:sifai] *vb* skrive vers; sætte på vers, versificere.
version [və:ʃn, *(am)* vərʒn] *sb* **1.** oversættelse; **2.** fremstilling, gengivelse *(fx two different -s of the accident),* version; **3.** (om ting) udgave, udformning, udførelsesform, version.
verst [və:st] *sb* verst (russisk mål: 1,066 km).
versus ['və:səs] *præp* mod, contra.
vert [və:t] *sb (her.)* grønt; *(hist.)* skovvegetation; T omvendt; *vb* T omvende sig.
vertebra ['və:tibrə] *sb (pl vetebrae* ['və:tibri:]) ryghvirvel; *the vertebrae (ogs)* rygsøjlen. **vertebral** *adj* hvirvel-; ryghvirvel-. **vertebrate** ['və:tibrət] *sb* hvirveldyr; *adj* hvirvel-.
vertex ['və:teks] *sb (pl vertices* ['və:tisi:z]) spids, top; *(anat)* isse; *(astr)* zenit; (i trekant) toppunkt.
vertical ['və:tikl] *adj* lodret, vertikal; *~ take-off and landing aircraft* fly med lodret start og landing; *~ trust* vertikal trust; *~ (trade) union* industriforbund.
verticil ['və:tisil] *sb: ~ of leaves* bladkrans.
vertiginous [və'tidʒinəs] *adj* hvirvlende; ør; svimmel; svimlende.
vertigo ['və:tigəu] *sb* svimmelhed.
vervain ['və:vein] *sb (bot)* verbena, jernurt.
verve [və:v] *sb* liv, kraft, begejstring, verve.
very ['veri] *adv* (foran *adj)* meget *(fx ~ hot),* (foran *sup)* aller- *(fx the ~ best); adj (glds)* lutter, ren og skær *(fx for ~ joy* af lutter glæde); sand *(fx a ~ rogue);*
(efter *pron el.* artikel) **his** *~ enemies* selv hans fjender; *under his ~ nose* lige for næsen af ham; **that** *~ day* netop den dag; **the** *~* selve den (, det) *(fx the ~ air we breathe is polluted);* netop den (, det) *(fx (fx the ~ question I wanted to ask); in the ~ act* på fersk gerning; *the ~ idea of it* bare tanken om det; (udbrud:) sikken en idé; *the ~ next day* allerede dagen efter; *the ~ opposite* lige det modsatte, det stik modsatte; *from the ~ outset* lige fra begyndelsen; *the ~ same words* de selv samme ord; *it is the ~ thing we want* det er netop hvad vi ønsker; **this** *~ day* netop på denne dag; allerede i dag;
(andre *forb) ~ good* særdeles god, udmærket; *~ much* (særdeles) meget; **not** *~* ikke særlig *(el.* videre) *(fx good); it is my ~* **own** den tilhører mig helt alene; *~* **well** meget vel, ja vel, all right, udmærket *(fx ~ well, then I'll do it); it is all ~ well but* det kan altsammen være meget godt men; *it is all ~ well for you to laugh* du kan sagtens le.
Very ['vieri, 'veri]: *~ light* lyskugle; *~ pistol* signalpistol.
vesica ['vesikə] *sb* blære.
vesicant ['vesik(ə)nt] *sb (med.)* blæretrækkende middel; *(mil.)* blistergas. **vesicate** ['vesikeit] *vb* fremkalde blæredannelse på; danne blærer.
vesicle ['vesikl] *sb* lille blære, hulhed.

Vesper ['vespə] *(astr)* aftenstjernen, Venus.
vespers ['vespəz] *sb pl* aftensang.
vespertine ['vespətain] *adj* aften-.
vespiary ['vespiəri] *sb* hvepserede.
vessel [vesl] *sb* kar, beholder; *(anat)* blodkar; *(mar)* skib, fartøj; (i biblen) kar *(fx weak* (skrøbeligt) ~); *the weaker* ~ det svagere kar (ɔ: kvinden).
I. vest [vest] *sb* undertrøje, uldtrøje; snydebluse; *(merk* og *am)* vest.
II. vest [vest] *vb* klæde (sig) på; ~ *in* overdrage (til) *(fx* ~ *a right in sby);* tilfalde, overgå til; ~ *with* klæde i, iføre; overdrage, udstyre med *(fx authority);* sætte i besiddelse af, give rådighed over; (se også *vested).*
vesta ['vestə] *sb* (voks)tændstik.
vestal [vestl] *adj* kysk; *sb* vestalinde.
vested ['vestid] *adj* sikker, lovmæssigt bestående; *be -ed in* tilhøre *(fx authority is -ed in the people); be -ed with* være udstyret med, indehave; ~ *interests* tilsikrede rettigheder, kapitalinteresser, grundejerinteresser; grundejerne, kapitalen; *have a* ~ *interest in a concern* have kapital i et foretagende.
vestee [ve'sti:] *sb* snydebluse.
vestibule ['vestibju:l] *sb* forsal, forhal, vestibule; (i øret) forgård; ~ *train (am)* gennemgangstog.
vestige ['vestidʒ] *sb* spor, levning, levn; *(anat)* rudiment; *not a* ~ *of (fig)* ikke den mindste smule.
vestigial [və'stidʒiəl] *adj* som (kun) er et levn; *(anat)* rudimentær.
vestment ['vestmənt] *sb* dragt, klædning; (kirkelig:) ornat, messedragt.
vestry ['vestri] *sb* sakristi; *(omtr)* menighedsråd, *(glds)* sogneråd.
vestry| clerk sekretær i menighedsråd, *(glds)* sogne-rådssekretær. **-man** menighedsrådsmedlem; *(glds)* sognerådsmedlem.
vesture ['vestʃə] *sb (glds)* klædning.
Vesuvian [vi'su:vjən] *adj* vesuviansk.
Vesuvius [vi'su:vjəs] Vesuv.
I. vet [vet] *fk veterinary surgeon; veteran.*
II. vet [vet] *vb* T undersøge, behandle (for sygdom); *(fig)* undersøge, gennemgå kritisk, kontrollere efter; underkaste sikkerhedskontrol; (uden objekt) være dyrlæge.
vetch [vetʃ] *sb (bot)* vikke.
veteran ['vetrən] *adj* erfaren, prøvet; *sb* veteran.
veterinarian [vetri'nɛəriən] *sb (am)* dyrlæge.
veterinary ['vetrin(ə)ri] *adj* dyrlæge-, veterinær-; ~ *science* veterinærvidenskab; ~ *surgeon* dyrlæge.
veto ['vi:təu] *sb (pl -es)* veto, forbud; *vb* forbyde, nedlægge veto imod; *put (el. set) a* ~ *on a proposal* nedlægge veto mod et forslag.
vetting ['vetiŋ] *sb* undersøgelse, behandling; kritisk gennemgang, efterkontrol; sikkerhedskontrol; *positive* ~ *sikkerhedsgodkendelse.*
vex [veks] *vb* ærgre, irritere, plage; (se også *vexed).*
vexation [vek'seiʃn] *sb* ærgrelse, fortrædelighed, plageri, plage.
vexatious [vek'seiʃəs] *adj* ærgerlig, irriterende, besværlig; ~ *suit (jur)* unødig trætte.
vexed [vekst] *adj* foruroliget, ærgerlig; omstridt *(fx a* ~ *question);* ~ *with* irriteret *(el.* ærgerlig) på.
vexillum [vek'siləm] *sb (pl vexilla* [vek'silə]) *(zo, anat)* fane; *(hist.)* fane, standart.
v.f. *fk very fair.* **v.g.** *fk very good.*
VHF *fk very high frequency.*
V.I. *fk Virgin Islands.*
via ['vaiə] *præp* via, over.
viability [vaiə'biləti] *sb* levedygtighed; gennemførlighed, anvendelighed.
viable ['vaiəbl] *adj* levedygtig; *(fig ogs)* gennemførlig, anvendelig.
viaduct ['vaiədʌkt] *sb* viadukt.
vial ['vaiəl] *sb* lille medicinflaske; *pour out the -s of one's wrath* udgyde sin vredes skåler.
viands ['vaiəndz] *sb* levnedsmidler.
viatic [vai'ætik] *adj* rejse-. **viaticum** [vai'ætikəm] *sb (rel)* viatikum, alterens sakramente til døende.
vibes [vaibz] *sb pl* T vibrationer.
vibrant ['vaibr(ə)nt] *adj* vibrerende; dirrende *(fx with excitement);* (om stemme) klangfuld; (om person) aktiv, spillevende.
vibraphone ['vaibrəfəun] *sb (mus.)* vibrafon.
vibrate [vai'breit] *vb* vibrere, svinge, ryste, dirre.
vibration [vai'breiʃn] *sb* vibration, dirren, svingning.
vibrative [vai'breitiv], **vibratory** ['vaibrətri] *adj* vibrations-; dirrende, svingende.
viburnum [vai'bə:nəm] *sb (bot)* snebolle (busk).
Vic. [vik] *fk Victoria.*
vicar ['vikə] *sb* sognepræst; *the Vicar of Christ* Kristi stedfortræder (ɔ: paven).
vicarage ['vikəridʒ] *sb* præstebolig, præstegård; præstekald.
vicar apostolic *(rel)* apostolisk vikar (ɔ: ærkebiskop *el.* biskop til hvem paven overdrager sin myndighed, titulær biskop; konstitueret biskop).
vicar-general *(rel)* generalvikar (ɔ: biskops hjælper *el.* stedfortræder).
vicarial [vai'kɛəriəl] *adj* præste-.
vicariate [vai'kɛəriət] *sb* præsteembede, præstetid.
vicarious [vai'kɛəriəs] *adj* stedfortrædende; udført gennem andre, udholdt *el.* nydt på andres vegne; *the* ~ *sacrifice of Christ* Kristi død for menneskenes skyld.
I. vice [vais] *sb* **1.** last; fejl; **2.** (hos hest) unode, uvane; **3.** *(mht* livsførelse) umoralitet, moralsk fordærv; prostitution, usædelighed.
II. vice [vais] *sb (tekn)* skruestik; *he had a grip like a* ~ han holdt fast som en skruestik; han havde et jerngreb.
III. vice [vaisi] *præp:* ~ *Mr B.* i hr B's sted.
vice- [vais] (forstavelse) vice- *(fx* ~*-admiral* ['vais'ædmərəl], ~*-consul* ['vais'kɔnsl]).
vice-chancellor vicekansler; (ved universitet, svarer til) rektor.
vicegerent ['vais'dʒerənt] *adj* konstitueret; *sb* stedfortræder.
vicelike ['vaislaik] *adj: a* ~ *grip* et greb som en skruestik, et jerngreb.
vicennial [vai'seniəl] *adj* tyveårig, hvert tyvende år.
vice|regal ['vais'ri:gl] *adj* vicekongelig, hørende til vicekongen. **-reine** ['veisrein] vicekongens hustru. **-roy** ['vaisrɔi] vicekonge, statholder. **-royalty** [vais'rɔiəlti] *sb* værdighed som vicekonge, statholderskab.
vice squad (politiafdeling der beskæftiger sig med sager vedrørende hasardspil, prostitution *etc), (omtr)* sædelighedspoliti.
vice versa ['vaisi'və:sə] vice versa, omvendt *(fx he dislikes me, and* ~*).*
Vichy ['vi:ʃi]: ~ *water* vichyvand.
vicinity [vi'siniti] *sb* nærhed, nabolag, omegn.
vicious ['viʃəs] *adj* **1.** umoralsk, lastefuld, ryggesløs *(fx life);* **2.** ondartet *(fx criminal);* **3.** skadelig *(fx principles);* **4.** ondskabsfuld *(fx attack),* arrig *(fx kick);* **5.** mangelfuld, fuld af fejl; T elendig *(fx pronunciation); a* ~ *headache* T en modbydelig hovedpine; ~ *circle* ond cirkel, circulus vitiosus; (i logik) cirkelslutning, cirkelbevis (i hvilket man forudsætter det der skulle bevises); *the* ~ *spiral (fig)* skruen uden ende, den onde cirkel.
vicissitude [vi'sisitju:d] *sb* omskiftelse *(fx the -s of life).*
victim ['viktim] *sb* offer; *a polio* ~ en polioramt.
victimize ['viktimaiz] *vb* gøre til sit offer; bedrage, narre; plage, forfølge; gøre til syndebuk, lade det gå ud over.
victor ['viktə] *sb* sejrherre, sejrende; vinder.

victoria [vik'tɔ:riə] *sb* viktoria (tosædet firhjulet vogn).
Victoria Cross viktoriakors (medalje for fremragende tapperhed).
Victorian [vik'tɔ:riən] *adj* viktoriansk; *sb* viktorianer (ɔ: fra dronning Victorias regeringstid 1837-1901).
victorious [vik'tɔ:riəs] *adj* sejrrig, sejrende, sejrs-.
victory ['viktri] *sb* sejr.
victrola [vik'troulə] ® *(am)* grammofon.
victual [vitl] *vb* forsyne med proviant; proviantere.
victualler ['vitlə] *sb* værtshusholder, beværter; proviantleverandør; proviantskib.
victuals [vitlz] *sb pl* levnedsmidler, proviant, fødevarer.
vide ['vaidi] *(lat imper)* se. **videlicet** [vi'di:liset] *(lat)* nemlig.
video ['vidiəu] *sb* video; *(am ogs)* fjernsyn.
video | **cassette** video(bånd)kassette. ~ **cassette recorder** videokassettebåndoptager. ~ **disc** videoplade. ~ **game** tv-spil. ~ **nasty** videorædsels- *el.* pornofilm. **-phone** videotelefon. ~ **recorder** = *cassette recorder.* **-tape** *sb* videobånd; *vb* optage på videobånd; *-tape recorder* video(båndoptager). **-text** teledata.
vie [vai] *vb* kappes *(with* med).
Vienna [vi'enə] Wien; ~ *steak (omtr)* hakkebøf.
Viennese [viə'ni:z] *adj* Wiener-, wiensk; *sb* wiener(inde).
Vietnam ['vjet'næm, 'vjet'na:m] Vietnam. **Vietnamese** [vjetnə'mi:z] *sb* vietnameser; *adj, sb* vietnamesisk.
I. view [vju:] *sb* **1.** eftersyn, syn; besigtigelse; **2.** udsigt *(fx a house with a ~);* **3.** parti *(of* fra, *fx ~ of Dartmoor);* **4.** (maleri, *fot)* billede *(fx take some -s of the castle);* **5.** *(mar)* (land)toning; **6.** overblik; indtryk; opfattelse, syn; hensigt; **-s** *pl (ogs)* planer *(fx I have other -s for my daughter);* anskuelser, synspunkter *(fx hold extreme -s);* meninger *(fx air* (lufte) *one's -s);*
in ~ inden for synsvidde; *have in* ~ have for øje; huske på, tage i betragtning; *in my* ~ efter min mening; **in** ~ **of** i betragtning af, under hensyn til; med henblik på; *we came in ~ of the castle* vi kom til et sted hvorfra vi kunne se slottet (, hvor man kunne se os fra slottet); *in full ~ of everybody* for alles øjne; **on** ~ udstillet, til eftersyn; *be on ~ (ogs)* kunne beses; **take** *long -s* arbejde på langt sigt, være fremsynet; **take** *a cheerful* ~ **of** se lyst på; *take a different ~ of* anlægge et andet syn på; *take a dim ~ of* T se mørkt på; ikke have høje *(el.* store) tanker om; misbillige, ikke synes om; **with** *a ~ to sth* med noget for øje, med henblik på noget.
II. view [vju:] *vb* bese, tage i øjesyn; imødese; se på, betragte; se (i fjernsyn); (uden objekt) se fjernsyn.
viewdata ['vju:deitə] *sb* teledata.
viewer ['vju(:)ə] *sb* fjernseer; *(fot)* betragter (til farvelysbilleder). **viewership** *sb* seerantal, seerskare.
view|**finder** *(fot etc)* søger. ~ **halloo** ['vju:hə'lu:] (udråb på parforcejagt, når ræven er set). **-ing screen** billedskærm, fjernsynsskærm. **-less** [-ləs] *adj (poet)* usynlig; *(am)* som ikke har nogen meninger. **-point** synspunkt.
viewy ['vju:i] *adj* T forskruet, sværmerisk.
vigil ['vidʒil] *sb* nattevågen, nattevagt; *(rel): -s pl* vigilie; nattegudstjeneste.
vigilance ['vidʒiləns] *sb* vagtsomhed, årvågenhed; søvnløshed; ~ *committee (am)* velfærdskomité (til opretholdelse af lov og orden under ekstraordinære forhold.
vigilant ['vidʒilənt] *adj* vagtsom, årvågen.
vigilante [vidʒi'lænti] *sb (am)* medlem af *vigilance committee.*
vignette [vin'jet] *sb* vignet.
vignettist [vin'jetist] *sb* vignettegner.
vigorous ['vigərəs] *adj* kraftig, energisk; livskraftig.
vigour ['vigə] *sb* kraft, energi.
viking ['vaikiŋ] *sb* viking.
vile [vail] *adj* **1.** slet, nedrig, lav, skammelig *(fx suspicions);* **2.** ussel, elendig *(fx verses);* **3.** nederdrægtig, modbydelig *(fx habit; climate).*
vilification [vilifi'keiʃn] *sb* bagvaskelse.
vilify ['vilifai] *vb* bagvaske.
vilipend ['vilipend] *vb* foragte, tale nedsættende om.
villa ['vilə] *vb* (større) villa. **villadom** ['vilədəm] *sb* villabeboere, *(omtr =)* spidsborgere, filistre.
village ['vilidʒ] *sb* landsby; *adj* landsby-; land- *(fx postman).*
village | **green** *(omtr)* fælled (ɔ: grønt område i landsby til fællesaktiviteter). ~ **hall** forsamlingshus. ~ **pond** gadekær.
villager ['vilidʒə] *sb* landsbyboer.
villain ['vilən] *sb* skurk; (se også *villein).*
villainous ['vilənəs] *adj* slyngelagtig, skurkagtig; T rædselsfuld, elendig.
villainy ['viləni] *sb* slyngelstreg; skurkagtighed, ondskab.
villein ['vilin] *sb (hist.)* livegen, vorned; hovbonde.
villeinage ['vilinidʒ] *sb* livegenskab, vornedskab; hoveri.
villous ['viləs] *adj (bot)* uldhåret.
vim [vim] *sb* energi, kraft.
vinaceous [vai'neiʃəs] *adj* vin-, drue-; vinrød.
vinaigrette [vinei'gret] *sb* lugteflaske, lugtedåse; olie-eddikedressing.
vindicate ['vindikeit] *vb* forsvare *(fx a cause),* forfægte *(fx a view* et synspunkt), hævde; godtgøre, bekræfte *(fx his honesty was -d),* retfærdiggøre *(fx these events -d his policy); (jur)* vindicere. **vindication** [vindi'keiʃn] *sb (cf vindicate)* forsvar, forfægtelse *(etc).*
vindictive [vin'diktiv] *adj* hævngerrig.
vine [vain] *sb* ranke; vinranke, vinstok.
vinedresser ['vaindresə] *sb* vingårdsgartner.
vinegar ['vinigə] *sb* eddike.
vinegary ['vinigəri] *adj* eddikesur.
vinery ['vainəri] *sb* drivhus for vinstokke, vinhus.
vineyard ['vinjəd] *sb* vingård, vinhave.
vinous ['vainəs] *adj* vin- *(fx taste).*
vintage ['vintidʒ] *sb* vinhøst; årgang; vin; *(fig)* T årgang; *adj* af en fin årgang; *(fig)* fremragende *(fx a ~ performance);* ~ *car* veteranbil; ~ *wine* årgangsvin; ~ *year (fig)* særlig godt år.
vintner ['vintnə] *sb* vinhandler.
viny ['vaini] *adj* (vin)rankeagtig, med mange (vin)ranker.
viola [vi'əulə] *sb (mus.)* bratsch; *(bot)* plante af violfamilien; stedmoderblomst.
violaceous [vaiə'leiʃəs] *adj* violblå.
violate ['vaiəleit] *vb* overtræde, bryde *(fx an agreement, a law, an oath);* misligholde *(fx an agreement; a contract);* krænke *(fx a frontier; their neutrality);* skænde *(fx a temple, a tomb),* (om kvinde *ogs)* voldtage.
violation [vaiə'leiʃn] *sb* overtrædelse, brud *(fx of a treaty);* misligholdelse; krænkelse *(fx of a right);* voldtægt.
violence ['vaiələns] *sb* voldsomhed, vold, voldshandling; *crimes of* ~ voldsforbrydelser; *do ~ to* krænke.
violent ['vaiələnt] *adj* voldsom, kraftig *(fx wind, noise);* voldelig, volds- *(fx methods).*
violet ['vaiələt] *sb* violet; *(bot)* viol.
violin [vaiə'lin] *sb* violin.
violinist ['vaiəlinist] *sb* violinist.
violoncello [vaiələn'tʃeləu] *sb* violoncel, cello.
V.I.P., VIP ['vi:ai'pi:] *fk* T *Very Important Person* prominent person *(fx* regeringsmedlem).
viper ['vaipə] *sb* hugorm, slange; *cherish a ~ in one's bosom* nære en slange ved sin barm.
viper|**ine** ['vaipərin] *adj* slange-, hugorme-, slangeag-

tig. **-ish, -ous** *adj* slangeagtig; *(fig)* ond, lumsk, giftig.
viper's bugloss *(bot)* slangehoved.
virago [vi'ra:gəu] *sb* rappenskralde, havgasse.
virgin ['və:dʒin] *sb* jomfru, mø; *adj* jomfruelig, uberørt, ren, uskyldig, ubesmittet; ny; jomfru-; (om metal) rent, ulegeret; *the (blessed) Virgin* jomfru Maria; *the Virgin* Jomfruen (stjernebillede).
virginal ['və:dʒinl] *adj* jomfruelig, jomfru-; *sb* virginal (slags spinet).
virgin forest naturskov; urskov.
Virginia [və'dʒinjə]; ~ *creeper* vildvin; ~ *(tobacco)* virginiatobak.
virginity [və'dʒiniti] *sb* jomfruelighed; mødom.
Virgin Queen: *the* ~ (ɔ: dronning Elisabeth den Første).
virgin soil uopdyrket jord.
Virgo ['və:gəu] Jomfruen (stjernebillede).
viridine ['viridin] *adj:* ~ *green* viridingrønt.
viridity [vi'riditi] *sb* grønhed, grøn farve.
virile ['virail; *(am:)* 'viril] *adj* mands-, mandlig; mandig, viril; *(fig)* energisk, kraftig.
virility [vi'riləti] *sb* manddom, manddomskraft; mandighed, virilitet; *(fig)* energi, kraft.
virology [vaiə'rɔlədʒi] *sb (med.)* virologi (læren om virus).
virtu [və:'tu:] *sb* kunstsans, kunstforstand, kunstinteresse; *articles of* ~ genstande af kunstnerisk værdi, sjældenheder, rariteter.
virtual ['və:tʃuəl] *adj* **1.** virkelig, faktisk *(fx he was the ~ ruler);* **2.** *(fys)* virtuel *(mods* virkelig) *(fx image, source).*
virtually ['və:tʃuəli] *adv* faktisk, i realiteten; så godt som, praktisk talt *(fx ~ impossible).*
virtue ['və:tʃu:] *sb* dyd; fortrin; kraft, evne; *by (el. in)* ~ *of* i kraft af; *make a ~ of necessity* gøre en dyd af nødvendigheden; *a lady of easy* ~ en letlevende dame.
virtuosity [və:tʃu'ɔsiti] *sb* virtuositet; kunstinteresse, kunstsans.
virtuoso [və:tʃu'əuzəu] *sb* virtuos; kunstkender.
virtuous ['və:tʃuəs] *adj* dydig; kysk.
virulence ['viruləns] *sb (med.)* ondartethed, (i bakteriologi) virulens; *(fig)* ondskab, bitterhed.
virulent ['virulənt] *sb (med.)* ondartet, (i bakteriologi) virulent; *(fig)* ondskabsfuld, bitter.
virus ['vaiərəs] *sb* virus; *(fig)* gift, smitstof.
visa ['vi:zə] *sb* visum, påtegning på pas; *vb* visere, påtegne (pas).
visage ['vizidʒ] *sb* ansigt; ansigtsudtryk, udseende.
vis-à-vis ['vi:za:vi:] *præp, adv* lige overfor, vis-a-vis; *sb* vis-a-vis, person der sidder lige over for en.
viscera ['visərə] *sb* indvolde.
visceral ['visər(ə)l] *adj* indvolds-; *(fig)* legemlig, fysisk.
viscid ['visid] *adj* klæbrig, sej, tykflydende.
viscidity [vi'siditi] *sb* klæbrighed.
viscose ['viskəus] *sb* viscose.
viscosity [vis'kɔsiti] *sb* viskositet, væsketykkelse.
viscount ['vaikaunt] *sb* (adelsmand i rang efter *earl).*
viscountcy ['vaikauntsi] *sb* rang (, titel) af *viscount.*
viscountess ['vaikauntəs] *sb viscount's* hustru.
viscous ['viskəs] *adj* sej, tyktflydende, klæbrig.
vise [vais] *sb (am)* skruestik.
visé ['vi:zei] se *visa.*
visibility [vizi'biləti] *sb* synlighed; sigtbarhed.
visible ['vizəbl] *adj* synlig; sigtbar; ~ *horizon* kiming; ~ *index (bibl)* plankartotek.
vision [viʒn] *sb* **1.** syn, synsevne; **2.** syn, vision, drømmebillede; **3.** (om noget smukt) åbenbaring, drømmesyn; **4.** klarsyn, vidsyn, fremsyn; *field of* ~ synsfelt; *shortness of* ~ kortsynethed.
visional ['viʒn(ə)l] *adj* drømmeagtig.
visionary ['viʒn(ə)ri] *adj* **1.** (om person) visionær, synsk, *(fig)* sværmerisk; **2.** (om plan *etc)* fantastisk, uigennemførlig; **3.** (om syn) uvirkelig; drømmeagtig; **4.** *sb* sværmer, fantast, drømmer, idealist.
visit ['vizit] *vb* besøge, aflægge besøg (hos, i), gå på visit (hos); (som kontrol) visitere, inspicere; (om læge) besøge, tilse; (især i biblen) hjemsøge; *(am* T) snakke, sludre; *sb* besøg, visit; rejse, tur; ~ *with (am)* besøge; snakke med.
visitable ['vizitəbl] *adj* som kan inspiceres; seværdig, et besøg værd.
visitant ['vizit(ə)nt] *adj* besøgende; *sb* gæst; *zo* trækfugl.
visitation [vizi'teiʃn] *sb (cf visit)* besøg; visitats; hjemsøgelse; prøvelse; *zo* invasion (ɔ: stort fugletræk).
visitatorial [vizitə'tɔ:riəl] *adj* inspektions-, kontrollerende.
visiting card visitkort.
visitor ['vizitə] *sb* besøgende, gæst, fremmed; inspektør, tilsynsmand; *visitors' book* fremmedbog, gæstebog.
visor ['vaizə] *sb* (på kasket) skygge; (i bil) solskærm; *(glds)* maske; (på hjelm) visir, hjelmgitter.
vista ['vistə] *sb* udsigt (især gennem rækker af træer *el.* lang smal åbning); perspektiv.
Vistula ['vistjulə]: *the* ~ Weichsel, Visla.
visual ['viʒuəl] *adj* syns-, synlig; *(ogs psyk)* visuel; (i optik) optisk; *sb: -s* billedside.
visuel | aids *pl* visuelle hjælpemidler. ~ **display unit** dataskærm.
visualize ['viʒuəlaiz] *vb* danne sig et klart billede af, forestille sig; gøre synlig.
Vita ['vaitə]: ~ *glass* ® vitaglas.
vital [vaitl] *adj* **1.** livs-; livsvigtig; *(fig)* nødvendig, væsentlig, afgørende, livsvigtig; **2.** dødbringende *(fx wound); (fig)* skæbnesvanger *(fx error);* **3.** vital, livskraftig; *of ~ importance* af vital betydning.
vitality [vai'tæliti] *sb* vitalitet, livskraft, modstandskraft, levedygtighed.
vitalize ['vait(ə)laiz] *vb* levendegøre; sætte liv i.
vitals [vaitlz] *sb pl* vitale organer, ædlere dele; *(fig)* inderste kerne.
vital signs *pl* (puls, åndedræt, temperatur, blodtryk).
vital statistics befolkningsstatistik (over fødsler, dødsfald *etc); (fig)* T (buste-, talje- og hofte-)mål.
vitamin ['vitəmin, 'vai-] *sb* vitamin; ~ *A* A-vitamin.
vitaminize ['vitəminaiz, 'vai-] *vb* vitaminisere. **vitaminization** [vitəminai'zeiʃu] *sb* vitaminisering.
vitelline [vi'telin] *adj* æggeblomme- *(fx membrane).*
vitellus [vi'teləs] *sb* æggeblomme.
vitiate ['viʃieit] *vb* ødelægge; fordærve; *(jur)* gøre ugyldig.
vitiation [viʃi'eiʃn] *sb* ødelæggelse; *(jur)* ugyldiggørelse.
viticulture ['vitikʌltʃə] *sb* vinavl.
vitreous ['vitriəs] *adj* glas-, glasagtig; ~ *body* glaslegeme (i øjet).
vitrifaction [vitri'fækʃn] *sb,* **vitrification** [vitrifi'keiʃn] *sb* forglasning, omdannelse til glas; (om porcelæn) sintring.
vitrify ['vitrifai] *vb* forglasse(s), omdanne(s) til glas; (om porcelæn) sintre.
vitriol ['vitriəl] *sb* vitriol.
vitriolic [vitri'ɔlik] *adv* vitriol-; *(fig)* ætsende, bidende *(fx criticism);* meget skarp *(fx debate).*
vitriolize ['vitriəlaiz] *vb* skamfere med vitriol; omdanne til vitriol.
vituperate [vi'tju:pəreit] *vb* smæde, skælde ud.
vituperation [vitju:pə'reiʃn] *sb* smæden, udskældning.
vituperative [vi'tju:prətiv] *sb* skældende, smædende.
I. viva ['vaivə] *sb* mundtlig eksamen.
II. viva ['vi:və] *sb* vivat; leve, bifaldsråb.
vivacious [v(a)i'veiʃəs] *adj* levende, livlig.

vivacity [v(a)i'væsiti] *sb* liv, livlighed.
vivandière *[fr] sb (glds)* marketenderske.
vivarium [vai'vɛəriəm] *sb* terrarium.
viva voce ['vaivə'vəusi] *adj* mundtlig; *sb* mundtlig eksamen.
vivid ['vivid] *adj* levende, livlig; (om skildring *etc)* levende, livagtig; (om farve) knald- *(fx blue, green, red)*.
vivify ['vivifai] *adj* levendegøre.
viviparous [vi'vipərəs] *adj* som føder levende unger.
vivisect [vivi'sekt] *vb* vivisekere.
vivisection [vivi'sekʃn] *sb* vivisektion (eksperimenter med forsøgsdyr).
vixen [viksn] *zo* hunræv; *(fig* om kvinde) harpe, rappenskralde, ondskabsfuld kælling.
vixenish ['viks(ə)niʃ] *adj* galhovedet, skrap.
viz. (læses som *namely* ['neimli]), se *videlicet*.
vizier [vi'ziə] *sb* vesir; *Grand Vizier* storvesir.
V. O. *fk (Royal) Victorian Order.*
vocable ['vəukəbl] *sb* ord, glose.
vocabulary [və'kæbjuləri] *sb* ordforråd, gloseforråd; (i bog) glossar, ordliste; *(fig,* i kunst) formsprog.
vocal [vəukl] *adj* stemme-; sang-, vokal- *(fx music);* som har stemme; som (ofte) lader høre fra sig, højrøstet; *become* ~ *(ogs)* komme til udtryk, få mæle; tage til orde; ~ *cords* stemmebånd; ~ *pitch* stemmeleje.
vocalic [və'kælik] *adj* vokal-, vokalisk.
vocalist ['vəuk(ə)list] *sb* sanger(inde).
vocalization [vəuk(ə)lai'zeiʃn] *sb* brug af stemmen; vokalisering; udtale med stemt lyd.
vocalize ['vəuk(ə)laiz] *vb* udtale; *(fon)* vokalisere; udtale stemt; *(mus.)* synge på vokaler alene (uden ord).
vocation [və'keiʃn] *sb* kald; profession, erhverv.
vocational [və'keiʃn(ə)l] *adj* erhvervs-, faglig, fag-; ~ *guidance* erhvervsvejledning; ~ *school* fagskole.
vocative ['vɔkətiv] *sb* vokativ; *adj* vokativisk.
vociferate [və'sifəreit] *vb* skråle, råbe.
vociferation [vəsifə'reiʃn] *sb* skrålen, råben.
vociferous [və'sif(ə)rəs] *adj* skrålende, højrøstet, støjende.
vodka ['vɔdkə] *sb* vodka.
vogue [vəug] *sb* mode; popularitet; *in* ~ på mode, moderne; populær, yndet; *all the* ~ det sidste skrig, højeste mode.
I. voice [vɔis] *sb* stemme *(fx his master's* ~ *; the* ~ *of conscience),* røst; *(gram,* om verber) genus, form, diatese; *the active* ~ aktiv, handleform; *the passive* ~ passiv, lideform; **give** ~ *to* give udtryk for, udtrykke; **have** *a* ~ *in* have (med)indflydelse på, have noget at sige i; **in** ~ ved stemme; *in a low* ~ sagte; **with** *one* ~ enstemmigt.
II. voice [vɔis] *vb* give udtryk for; *(fon)* stemme, udtale stemt; *-d* stemt.
voiceless ['vɔisləs] *adj* uden stemme, stum; *(fon)* ustemt.
voice|-over ['vɔisəuvə] *sb* (på film, TV) kommentar. ~ **production** stemmedannelse. ~ **vote** *(am parl)* mundtlig afstemning (ved at lade medlemmerne råbe *aye el. nay)*.
void [vɔid] *adj* tom; (i kortspil) renonce *(of* i, *fx* ~ *of hearts); (jur)* ugyldig *(fx declare the contract* ~*);* (om embede) ledig; *sb* tomrum; savn; *vb* (ud)tømme *(fx excrement); (jur)* gøre ugyldig, annullere; ~ *of* blottet for, uden *(fx a life* ~ *of meaning); the* ~ det tomme rum.
voidable ['vɔidəbl] *adj (jur)* omstødelig.
voidance [vɔidns] *sb* tømning, udtømning; afsættelse fra præstekald; ledighed.
vol. *fk volume.*
volant ['vəulənt] *adj* som kan flyve, flyvende; let, rap.
volatile ['vɔlətail] *adj* flygtig *(fx liquid; oil); (fig)* flygtig, letbevægelig *(fx temperament),* omskiftelig.
volatility [vɔlə'tiləti] *sb* flygtighed; letbevægelighed.
volatilize [vɔ'lætilaiz] *vb* forflygtige.
volcanic [vɔl'kænik] *adj* vulkansk.
volcano [vɔl'keinəu] *sb* vulkan.
I. vole [vəul] *sb zo* markmus, studsmus.
II. vole [vəul] *sb* (i kortspil) alle stik; *vb* vinde alle stik; *make a* ~ vinde alle stik; *go the* ~ *(fig)* sætte alt på ét bræt.
volitation [vɔli'teiʃn] *sb (litt)* flyven, flagren.
volition [və'liʃn] *sb* villen, vilje.
volitional [və'liʃn(ə)l] *adj* viljes-, viljesbestemt *(fx actions)*.
volley ['vɔli] *sb (mil.)* salve, geværsalve; *(fig)* vredesudbrud, strøm (af skældsord); (i boldspil) flugtning; *vb* affyre (salver); udslynge; flugte (bold).
volleyball ['vɔlibɔ:l] *sb* volleyball (et boldspil).
volplane ['vɔl'plein] *sb* glideflugt; *vb* svæve, flyve (, gå ned) i glideflugt.
vols. *fk volumes* bind.
volt [vəult] *sb* volt. **voltage** ['vəultidʒ] *sb (elekt)* spænding.
voltaic [vɔl'teiik] *adj (elekt)* voltaisk; galvanisk *(fx battery, element)*.
volte-face ['vɔlt'fa:s] *sb* omslag, kovending.
voltmeter ['vəultmi:tə] *sb* voltmeter.
volubility [vɔlju'biləti] *sb* tungefærdighed.
voluble ['vɔljubl] *adj* meget talende, veltalende, i besiddelse af stor tungefærdighed.
volume ['vɔljum] *sb* bind *(fx a work in six -s);* (af tidsskrift: *annual* ~*)* årgang; *(fys)* rumfang; volumen; *(fig)* mængde *(fx the* ~ *of foreign trade);* omfang; masse *(fx* ~ *of water); (mus., radio)* volumen, fylde, styrke; *speak -s for* tale stærkt (til fordel) for; være et tydeligt vidnesbyrd om; ~ *of traffic* trafiktæthed; ~ *of wood* vedmasse.
volume control lydstyrkeregulator.
voluminous [və'l(j)u:minəs] *adj* omfangsrig, voluminøs; (om værk *ogs)* bindstærk.
voluntary ['vɔləntri] *adj* frivillig; opretholdt ved frivillige bidrag *(fx* ~ *hospital);* underkastet viljens herredømme, vilkårlig *(fx a* ~ *movement); (jur)* forsætlig; *sb* orgelsolo ved gudstjeneste.
volunteer [vɔlən'tiə] *sb* frivillig; *vb* tilbyde sig, byde sig til, melde sig (frivilligt) *(for* til); (med objekt) tilbyde (uopfordret) *(fx one's services);* påtage sig frivilligt *(fx a dangerous duty);* fremsætte (uopfordret), fremkomme (uopfordret) med *(fx a remark)*.
voluptuary [və'lʌptʃuəri] *sb* vellystning.
voluptuous [və'lʌptʃuəs] *adj* vellystig; yppig.
volute [və'lju:t] *sb zo* foldesnegl; *(arkit)* volut (på søjlehoved).
volution [və'lju:ʃn] *sb* spiral, snoning.
volvulus ['vɔlvjuləs] *sb (med.)* tarmslyng.
vomit ['vɔmit] *vb* kaste op, brække sig; *(fig)* udspy, spy; *sb* opkastning; bræk; brækmiddel.
vomitive ['vɔmitiv] *sb* brækmiddel; *adj* breknings-; som fremkalder opkastning.
vomitory ['vɔmitəri] = *vomitive; sb (arkit)* adgangs- *el.* udgangstrappe *(el.* -rampe) i (amfi)teater.
voodoo ['vu:du:] *sb* voodoo (magisk religion blandt sorte på Haiti).
voracious [və'reiʃəs] *adj* grådig, glubende.
voracity [və'ræsiti] *sb* grådighed.
vortex ['vɔ:teks] *sb (pl -es el. vortices* ['vɔ:tisi:z]) hvirvel, malstrøm.
vortical ['vɔ:tikl] *adj* hvirvel-, hvirvlende.
Vosges [vəuʒ]: *the* ~ Vogeserne.
votaress ['vəutərəs] *sb* kvindelig tilbeder *(el.* tilhænger).
votary ['vəutəri] *sb* tilbeder, dyrker, tilhænger.
I. vote [vəut] *sb* (ved valg *etc)* stemme; afstemning; stemmeret; stemmetal; (penge:) bevilling; ~ *by bal-*

lot skriftlig (og hemmelig) afstemning; ~ *by show of hands* afstemning ved håndsoprækning; *cast one's* ~ afgive sin stemme, stemme *(for* på); *give one's* ~ *to* stemme for; ~ *of censure,* ~ *of no confidence* mistillidsvotum; ~ *of confidence* tillidsvotum; *put it to the* ~, *take a* ~ *on it* stemme om det, sætte det under afstemning.

II. vote [vəut] *vb* stemme; (om penge) bevilge; *(fig)* erklære for *(fx they -d it a failure);* T foreslå; ~ *down a proposal* nedstemme et forslag; ~ *in* indvælge; *he was -d out* han blev ikke genvalgt.

voter ['vəutə] *sb* stemmeberettiget, vælger.

voting paper stemmeseddel.

votive ['vəutiv] *adj* votiv-, givet ifølge et løfte.

vouch [vautʃ] *vb:* ~ *for* garantere (for), indestå for.

voucher ['vautʃə] *sb* kvittering; regnskabsbilag; bon, kupon; spisebillet; (om person) garant.

vouchsafe [vautʃ'seif] *vb* forunde, tilstå, værdige *(fx he -d me no answer);* ~ *to* nedlade sig til at.

voussoir ['vu:swa:] *sb (arkit)* hvælvingssten.

vow [vau] *sb* (højtideligt) løfte; ægteskabsløfte; *vb* aflægge løfte om; (højtideligt) love; (især *glds)* forsikre, sværge på, erklære; *take -s (rel)* aflægge klosterløfte.

vowel ['vauəl] *sb* vokal, selvlyd; *adj* vokal-.

vox pop [vɔks'pɔp] *sb fk vox populi* (folkets røst); *(TV)* gadeinterviews.

voyage ['vɔiidʒ] *sb* rejse, (længere) sørejse; *vb* rejse; berejse.

V.S. *fk veterinary surgeon.*

VSO *fk voluntary service overseas (omtr)* frivilligt u-landsarbejde.

Vt. *fk Vermont.*

VTOL *fk vertical take-off and landing (aircraft);* se *vertical.*

Vulcan ['vʌlkən] Vulkan (romersk gud).

vulcanite ['vʌlkənait] *sb* ebonit, hærdet gummi.

vulcanize ['vʌlkənaiz] *vb* vulkanisere.

vulgar ['vʌlgə] *adj* vulgær, tarvelig, simpel; plat, grov *(fx joke);* (især *glds)* almindelig, udbredt *(fx superstition);* ~ *fraction* almindelig brøk; *the* ~ menigmand, almuen; *the* ~ *tongue* folkesproget.

vulgarism ['vʌlgərizm] *sb* vulgarisme, vulgært udtryk.

vulgarity [vʌl'gæriti] *sb* tarvelighed, simpelhed, plathed, grovhed, vulgaritet.

vulgarize ['vʌlgəraiz] *sb* forsimple.

Vulgate ['vʌlg(e)it]: *the* ~ Vulgata (latinsk bibeludgave).

vulnerability [vʌln(ə)rə'biləti] *sb* sårbarhed, angribelighed.

vulnerable ['vʌln(ə)rəbl] *adj* sårbar, *(fig* også) angribelig; udsat *(to* for); (i bridge) i farezonen.

vulnerary ['vʌln(ə)rəri] *adj* lægende; *sb* sårmiddel.

vulpine ['vʌlpain] *adj* ræve-, ræveagtig.

vulture ['vʌltʃə] *sb (zo* og *fig)* grib.

vulturine ['vʌltʃərain], **vulturous** ['vʌltʃərəs] *adj* gribbe-, gribbeagtig; *(fig)* rovbegærlig, grådig, grisk.

vying ['vaiiŋ] *præs part* af *vie.*

W

W ['dʌblju:]; *fk watt.*
W. *fk Wales; Wednesday; West(ern); Welsh.*
w. *fk watt; wide; with.*
WAAC *fk Women's Army Auxiliary Corps;* (nu: *WRAC); a Waac* [wæk] et medlem af *WAAC.*
WAAF *fk Women's Auxiliary Air Force* (nu: *WRAF).*
WAC ['dʌblju: 'ei 'si:] *(am) fk Women's Army Corps; a Wac* [wæk] et medlem af *WAC.*
wacco = *wacko.*
wack [wæk] *sb* S original, skør rad; *(dial.)* kammerat, makker.
wacko ['wækəu] *interj* S den er fin *(el.* mægtig)! *sb* = *wack; adj* = *wacky.*
wacky ['wæki] *adj* S skør, sær, tosset.
wad [wɔd] *sb* **1.** tot; **2.** plade (af stoppemateriale *fx* vat); **3.** (tæt) rulle (af papirer), seddelbundt; **4.** (i patron) skive; *(glds mil.)* forladning; **5.** *vb* sammenpresse, sammenrulle; tilstoppe; vattere, fore (med vat).
wadable ['weidəbl] *adj* som man kan vade over.
wadding ['wɔdiŋ] *sb* vattering; (plade)vat; cellstof; *(glds mil.)* forladning.
waddle [wɔdl] *vb* vralte, stolpre; *sb* vralten, stolpren.
wade [weid] *vb* vade; vade over; *(fig)* arbejde sig igennem (møjsommeligt); *sb* vaden; ~ *into* falde 'over, kaste sig over.
wader ['weidə] *sb* vadefugl; *-s pl* vadestøvler; vadebukser (ɔ: støvler og bukser i ét).
wadi, wady ['wɔdi] *sb* wadi (flodleje som uden for regntiden er udtørret).
wafer ['weifə] *sb* (segl)oblat; (biscuit:) vaffel; *(rel)* oblat, hostie (alterbrød); *vb* lukke med oblat.
wafer-thin *adj* papirtynd.
waffle [wɔfl] *sb* vaffel; T (højtravende) sludder, ævl; væv, tågesnak; *vb* vrøvle, ævle; væve.
waffle iron vaffeljern.
waffling ['wɔfliŋ] *adj* T tåget, vag, udflydende.
waft [wa:ft, wɔft] *vb* føre (gennem luften), vifte; svæve; *sb* vift, pust; duft.
wag [wæg] *vb* bevæge let, vippe med, (om hoved) virre med, ryste på, (om hunds hale) logre med; (uden objekt) dingle, bevæge sig; (om hunds hale) logre; *sb* spilopmager, spøgefugl; logren; *his tongue -s incessantly* munden står ikke på ham; *tongues are -ing* sladderen går; *he -ged his finger at me* han truede ad mig med fingeren.
I. wage [weidʒ] *sb:* ~, *-s pl* løn, arbejdsløn; *the -s of sin is death* syndens sold er døden.
II. wage [weidʒ] *vb:* ~ *war* føre krig.
wage| drift lønglidning. ~ **-earner** lønarbejder, lønmodtager. ~ **freeze** lønstop. ~ **packet** lønningspose.
wager ['weidʒə] *sb* indsats, væddemål; *vb* vædde, vædde om, sætte på spil.
wage| restraint løntilbageholdenhed. ~ **stop** (bestemmelse der skal forhindre at sociale ydelser overstiger det almindelige lønniveau).
waggery ['wægəri] *sb* pjank, narrestreger, spøg.
waggish ['wægiʃ] *adj* spøgefuld; kåd, munter.
waggle [wægl] *vb* svinge, bevæge sig frem og tilbage, vrikke, vugge, ryste; (med objekt) vrikke *(etc)* med; (om hunds hale) logre med; *sb* vuggen, vrikken; logren.
waggly ['wægli] *adj* ustadig, slingrende; vrikkende; logrende.
wag(g)on ['wægən] *sb* vogn, arbejdsvogn; *(jernb)* godsvogn; *be (, go) on the (water)* ~ S være (, gå) på vandvognen.
wag(g)oner ['wægənə] *sb* fragtkusk.
wagonette [wægə'net] *sb* charabanc.
wagon-lit ['wægɔ:n'li:,*fr*] *sb sb* sovevogn.
wagtail ['wægteil] *zo* vipstjert.
waif [weif] *sb* hjemløs (person); herreløst gods, drivgods; herreløs hund (, kat); *-s and stays* hjemløse og omflakkende børn.
wail [weil] *vb* jamre sig, klage; hyle; (med objekt) jamre over, begræde; *sb* jammer, klage; *the Wailing Wall* grædemuren (i Jerusalem).
wain [wein] *sb (poet)* vogn.
wainscot ['weinskət] *sb* panel; *vb* beklæde med panel.
wainscoted ['weinskətid] *adj* panelklædt.
wainscoting ['weinskətiŋ] *sb* panel; materiale til panel.
waist [weist] *sb* liv, midje, talje, bæltested; midterparti, midterste del; *(am ogs)* bluse; kjoleliv.
waist|band ['weis(t)bænd] *sb* linning; bæltebånd. **-coat** ['weiskəut] *sb* vest, trøje. ~ **-deep,** ~ **-high** *adj* (som når) op til livet. **-line** talje, livvidde. **-liner**: *it is a -liner* det sætter sig på sidebenene.
I. wait [weit] *sb* venten, ventetid *(fx a long* ~*); (teat)* pause, mellemakt; *lie in* ~ *for* ligge på lur efter; (se også *waits).*
II. wait [weit] *vb* vente, se tiden an; (ved bordet) varte op; (med objekt) vente på; afvente; ~ *one's chance* afvente det gunstige øjeblik; ~ *one's turn* vente til det bliver ens tur;
~ **for** vente på; ~ *dinner for sby* vente på en med middagsmaden; ~ *for it!* T tag det roligt! (som indledning til noget overraskende:) hold dig nu fast! ~ **on** opvarte; servere for, betjene; *(am)* vente på; *(glds)* gøre sin opvartning (hos); ~ *on sby hand and foot* opvarte en i alle ender og kanter; *may good luck* ~ *upon you* gid heldet må følge dig; ~ **up for** sidde oppe og vente på.
waiter ['weitə] *sb* tjener, opvarter; præsenterbakke.
waiting ['weitiŋ] *adj* ventende, opvartende; *sb* opvartning, tjeneste.
waiting| game: *play a* ~ *game* stille sig afventende; føre en henholdende politik. ~ **list** ekspektanceliste. ~ **maid** kammerpige. ~ **man** tjener. ~ **period** *(assur)* karenstid. ~ **room** venteværelse; *(jernb)* ventesal. ~ **woman** kammerpige.
waitress ['weitrəs] *sb* serveringsdame, servitrice.
waits [weits] *sb pl* bymusikanter; julemusikanter, julesangere.
waive [weiv] *vb* opgive, frafalde, give afkald på *(fx a right);* (foreløbig) se bort fra *(fx formalities);* affærdige, affeje, afvise.
waiver ['weivə] *(jur)* opgivelse, frafaldelse.
I. wake [weik] *vb (woke, woken el. -d, -d)* vågne, vågne op; være vågen;*(glds)* våge; (med objekt) vække; *(glds)* våge ved; ~ *up* = *wake;* ~ *to sth* blive klar over noget, få øjnene op for noget.
II. wake [weik] *sb* (irsk:) vågenat (ved en død), gravøl; (især *-s pl)* (i Nordengland) industriferie; (årligt) forlystelsesmarked.
III. wake [weik] *sb (mar)* kølvand; *in the* ~ *of (ogs fig)* i

kølvandet på, lige efter.
wakeful ['weikf(u)l] *adj* vågen, årvågen; søvnløs *(fx night).*
waken ['weik(ə)n] *vb* vågne; vække.
wake-robin ['weik'rɔbin] *sb (bot)* dansk ingefær.
wakey wakey [weiki 'weiki] *interj* T vågn op.
wale [weil] (især *am) = I. weal.*
Waler ['weilə] *sb* hest fra New South Wales, australsk hest.
Wales [weilz].
I. walk [wɔ:k] *vb* gå, spadsere *(fx go by car or ~), (spec* bibelsk) vandre; (om hest) gå i skridtgang; (om spøgelse) gå igen *(fx the ghost -s);*
(med objekt) gå på; gå (omkring) i *(fx the streets),* gennemvandre *(fx the country);* (om hest) lade gå i skridtgang; (om hund) gå tur med; (om cykel) trække; (om person) gå (sammen) med *(fx ~ him to the bus stop),* slæbe, trække *(fx they -ed him out of the room),* trække rundt (med) *(fx ~ sby all over the town); ~ sby home* følge en hjem;
(med *sb) ~ the boards* optræde på scenen; *~ the chalk* bevise at man er ædru ved at gå langs en kridtstreg; *(fig)* opføre sig pænt, holde sig på måtten; *~ the plank* (om sørøvers offer) gå planken ud; *(fig)* blive fyret; *~ the streets* (om prostitueret) trække på gaden;
(med *præp, adv) ~* **away** *from (fig)* besejre med lethed; *~ away with* (vinde:) løbe af med *(fx the first prize);* (stjæle:) stikke af med; *~* **into** gå (lige) ind i; løbe mod *(fx a lamppost);* spadsere lige ind i *(fx a job); (fig)* gå løs på, sætte til livs, gå ombord i *(fx a cutlet);* skælde ud; *~ into the trap* gå lige i fælden; *~* **off** *a headache* gå en hovedpine væk; *he -ed me off* han trak af med mig; *~ sby off his legs* gå en træt; *~ off with* stikke af med *(fx sby's wife);* løbe af med *(fx the first prize); he -ed off with the show (teat)* han stjal billedet; *~* **on** *(teat)* være statist; *~ on air* føle sig fri og let, 'svæve'; *~* **out** T gå i strejke; udvandre (som demonstration); *~ out on* lade i stikken, stikke af fra; *the students -ed out on the professor* studenterne udvandrede fra forelæsningen; *the young man she -s out with* den unge mand hun går med; *~ all* **over** *sby* T besejre en med lethed; trampe på en, kule en ned.
II. walk [wɔ:k] *sb* **1.** gang, (om hest) skridtgang; **2.** spadseretur, tur; **3.** *(glds)* rute, runde *(fx* mælkemandens); **4.** spadseresti, vej, promenade, (i have) gang, sti; *~ of life* social position, stand, samfundslag; (livs)stilling; (se også *ropewalk, sheepwalk).*
walkabout ['wɔ:kəbaut] *sb* vandren omkring; uformel spadseretur.
walkaway ['wɔ:kəwei] *sb* let sejr; let vundet kamp.
walker ['wɔ:kə] *sb* fodgænger; gangstol; *I am not much of a ~* jeg går ikke meget; jeg er ikke videre god til at gå.
walker-on ['wɔ:kə'rɔn] *sb (teat)* statist.
walkies ['wɔ:kiz] *sb pl* (barnesprog:): *go ~* gå tur.
walkie-talkie [wɔ:ki'tɔ:ki] *sb* transportabel radiotelefon.
walk -in ['wɔ:kin] *adj* så stor at man kan gå ind i den *(fx a cupboard); (am)* som man kan gå lige ind i fra gaden *(fx a ~ apartment).*
walking| papers *pl* T løbepas, afskedigelse. *~* **part** statistrolle. *~* **race** kapgang. *~* **stick** spadserestok. *~* **tour** fodtur, fodrejse.
walk-on part statistrolle.
walkout ['wɔ:kaut] *sb* proteststrejke (ved at man forlader arbejdspladsen); udvandring (som demonstration).
walkover ['wɔ:kəuvə] *sb* let sejr; let vundet kamp, *(parl)* valg uden modkandidat.
walk-up ['wɔ:kʌp] *sb (am* T*)* beboelsesejendom uden elevator.

wall [wɔ:l] *sb* mur, væg; (i befæstning) vold; (mod oversvømmelse) (hav)dige, dæmning; *(fig)* mur; *vb* omgive med mur, befæste; *~ off* adskille med en mur *(el.* væg); skilre fra; *~ up* tilmure, indemure;
~ **of** *death* dødsdrom; **take** *the ~* gå nærmest ved husene; *have one's back* **to** *the ~ (fig)* stå med ryggen mod muren; *drive sby to the ~ (fig)* bringe en i klemme; *go to the ~ (fig)* blive skubbet til side, vige; tabe; bukke under, gå bag af dansen; *push sby to the ~* skubbe en til side; *drive sby* **up** *the ~* T gøre en tosset (, rasende); *drive sby up against the ~ = drive sby to the ~.*
wallaby ['wɔləbi] *sb zo* wallaby (art lille kænguru).
walla(h) ['wɔlə] *sb* T (i *sms)* -mand *(fx the laundry ~).*
wall| bar ribbe (til gymnastik). **-board** vægplade. *~* **bracket** vægkonsol. *~* **creeper** *zo* murløber.
wallet ['wɔlit] *sb* tegnebog, seddelmappe; *(glds)* tiggerpose.
walleye ['wɔ:lai] *sb (vet)* glasøje, porcelænsøje (øje med ugennemsigtig og hvid hornhinde); udadskelende øje.
wall|flower *sb (bot)* gyldenlak; *(fig)* bænkevarmer (dame som sidder over). *~* **fruit** espalierfrugt. *~* **knot** *(mar)* sjoverknob.
Walloon [wɔ'lu:n] *sb* vallon; *adj, sb* vallonsk.
wallop ['wɔləp] T *vb* tæve, klø, prygle, banke; *sb* hårdt slag; kraft; S øl; *adv = with a ~* med et brag, bums, pladask.
walloping ['wɔləpiŋ] T *sb* nederlag, bank, klø; *adj* gevaldig, vældig, drabelig.
wallow ['wɔləu] *vb* rulle sig, vælte sig, *(fig ogs)* svælge *(in* i); *sb* sted, hvor dyr roder og vælter sig; *be -ing in money* svømme i penge.
wall|painting vægmaleri. **-paper** tapet. *~* **plate** murrem, murlægte. *~* **plug** stikkontakt. **-sheet** vægplanche. *~* **sign** gavlreklame.
Wall Street (gade i New York; det amerikanske finanscentrum).
wall tie muranker.
wall-to-wall *adj* fra væg til væg, heldækkende; *sb* gulvtæppe fra væg til væg.
walnut ['wɔ:lnʌt] *sb* valnød; valnøddetræ, nøddetræ.
walrus ['wɔ:lrəs] *sb* hvalros.
waltz [wɔ(:)ls] *sb* vals; T let sag; *vb* valse, danse vals (med); T: *~ off with* løbe af med; *~ through* klare med lethed.
wan [wɔn] *adj* bleg, gusten; mat, svag.
wand [wɔnd] *sb* stav; tryllestav; embedsstav; *(mus.)* taktstok; *(poet)* vånd.
wander ['wɔndə] *vb* vandre, strejfe om, flakke om; fare vild; *(fig)* gøre et sidespring fra emnet; (om syg) tale i vildelse, fantasere, være uklar; *he is -ing in his mind, his mind is -ing* han taler i vildelse *(el.* fantaserer, er uklar); *my attention -ed* jeg var lidt uopmærksom.
wanderer ['wɔndərə] *sb* vandringsmand.
wandering ['wɔndəriŋ] *adj* (om)vandrende, omstrejfende, omflakkende; flakkende *(fx eyes); (fig)* ustadig; (om tale) usammenhængende; *sb* omvandren; ustadighed; fantaseren; *the ~ Jew* den evige jøde; *~ kidney* vandrenyre.
wane [wein] *vb* aftage, hælde, svinde, dale; *sb* aftagen, nedgang, forfald; (om månen) aftagen(de); (på tømmer) vankant; *on the ~* i aftagen, dalende; på skråplanet.
waney ['weini] vankantet.
I. wangle [wæŋgl] *vb* S opnå, skaffe sig (især ved fiffighed); 'redde'; *he managed to ~ his leave* han 'lavede den' sådan at han fik orlov.
II. wangle [wæŋgl] *sb* S *(fig)* kneb.
wank [wæŋk] *vb (vulg)* onanere, spille den af.
wanker ['wæŋkə] *sb (vulg)* onanist; skvat, vatpik.
wanky ['wæŋki] *adj* S idiotisk.

I. want [wɔnt] *vb* **1.** mangle *(fx he does not ~ intelligence)*; **2.** behøve, have brug for, trænge til *(fx he -s someone to look after him)*; skulle have *(fx children ~ plenty of sleep)*; **3.** ønske; (gerne) ville have *(fx I ~ some socks, please; he -s everything he sees)*; **4.** ville tale med *(fx tell Jones I ~ him)*; (om politiet) eftersøge *(fx he is -ed by the police)*; **5.** (med *inf*) ville, ønske at *(fx the boss -s to see you)*; måtte *(fx one -s to be careful in handling a gun)*; skulle *(fx you don't ~ to be rude)*; skulle tage og *(fx you ~ to be careful)*;
(uden objekt) **6.** ville *(fx you may go now if you ~)*; **7.** lide nød *(fx we must not let them ~)*;
~ for mangle, savne; *you are -ed on the telephone* der er telefon til dig; *it -s two minutes to the hour* klokken mangler *(el.* er) to minutter i (hel); *what does he ~ with a new car?* T hvad skal han med en ny vogn?

II. want [wɔnt] *sb* **1.** mangel *(of* på); savn *(fx he felt a vague ~; a long-felt ~)*; **2.** trange kår *(fx live in ~)*, trang; nød *(fx freedom from ~)*; **3.** *-s pl* fornødenheder *(fx my -s are few)*; *be in ~ of* trænge til *(fx a haircut)*; mangle.

want ad *(am)* rubrikannonce.

I. wanting ['wɔntiŋ] *adj* mangelfuld, manglende; *be ~* mangle *(fx there is a book ~)*; *he is a little ~* T han er lidt tilbage (ɔ: i intelligens); *be ~ in* være uden, mangle *(fx be ~ in initiative)*; *weighed and found ~* vejet og fundet for let.

II. wanting ['wɔntiŋ] *præp* uden *(fx ~ common honesty nothing could be done)*; minus; da man ikke havde.

wanton ['wɔntən] *adj* **1.** formålsløs, umotiveret *(fx attack)*; **2.** hensynsløs *(fx cruelty)*, tankeløs, uansvarlig; **3.** letsindig, letfærdig; **4.** *(poet)* lystig, kåd, overgiven; **5.** (om vegetation) frodig; **6.** *sb* tøjte, letfærdig kvinde, tøs; **7.** *vb* flagre, sværme, boltre sig.

wapiti [wɔ'piti] *sb zo* wapiti (art hjort).

war [wɔ:] *sb* krig, ufred; *(fig)* kamp, strid; *vb* føre krig; kæmpe; *at ~* i krig; *(fig)* i strid *(with* med); *have been in the -s (ogs)* være slemt medtaget; *council of ~* krigsråd; *the fortune of ~* krigslykken; *~ of words* ordkrig, erklæringskrig; *on a ~ footing* på krigsfod; *make (el. wage) ~ on* føre krig imod; *go to the -s* drage i krig; *~ to the knife* krig på kniven.

I. warble [wɔ:bl] *sb* knude, vable, bremsebyld; *(zo)* bremselarve; oksebremse.

II. warble [wɔ:bl] *vb* slå triller, synge; *sb* trille, sang.

warble fly *zo* bremse.

warbler ['wɔ:blə] *sb* sanger, sangfugl.

warbling ['wɔ:bliŋ] *sb* triller, sang.

war| bond krigslånsobligation. **~ chest** krigskasse. **~ crime** krigsforbrydelse. **~ criminal** krigsforbryder. **~ cry** krigsråb, kampskrig.

ward [wɔ:d] *sb* bevogtning, vagt, opsyn; beskyttelse; *(jur)* formynderskab; myndling; bydistrikt; valgkreds (for kommunevalg); (af skov) skovdistrikt; (i hospital) afdeling; stue; (i fængsel) afdeling; (i lås) låsegang; *vb (glds)* forsvare, beskytte; *a ~ in Chancery, a ~ of court* en umyndig under kanslerrettens værgemål; *~ off* afparere, værge sig imod, afværge.

-ward(s) *(adv*-endelse) vendt imod, hen imod *(fx seaward(s))*.

war dance krigsdans.

warden [wɔ:dn] *sb* **1.** opsynsmand, vagt; **2.** forstander, bestyrer, (på *college ogs)* efor; (på vandrehjem) herbergsleder; **3.** *(churchwarden)* kirkeværge; **4.** *(traffic ~)* parkeringskontrollør; **5.** *(air-raid ~)* husvagt; **6.** *(am)* fængselsinspektør; **7.** *(glds)* vogter, opsynsmand.

warder ['wɔ:də] *sb* fængselsbetjent; *(glds)* kommandostav; vægter, vagt.

wardrobe ['wɔ:drəub] *sb* klædeskab; garderobe, tøj; *~ trunk* skabskuffert.

wardroom ['wɔ:drum] *sb* officersmesse (på krigsskib).

wardship ['wɔ:dʃip] *sb* formynderskab.

ward sister *(omtr)* afdelingssygeplejerske.

ware [wεə] *sb* vare, varer; (især:) fajance, lertøj; *-s pl* varer (der falbydes) *(fx a pedlar selling his -s)*.

war effort krigsindsats.

I. warehouse ['wεəhaus] *sb* magasin, pakhus, lager; *(fig neds)* opbevaringssted; *~ to ~* (i forsikring) 'hus til hus'.

II. warehouse ['wεəhauz] *vb* opmagasinere.

warehouse| book lagerbog. **~ charges** *pl* pakhusleje. **~ keeper** lagerchef. **-man** ejer af pakhus, lagerchef, grossist, grosserer; lagerarbejder, lagerist.

warfare ['wɔ:fεə] *sb* krigsførelse, krig.

war game *(mil.)* krigsspil, T papirkrig.

warhead ['wɔ:hed] *sb (mil.)* sprænghoved; (i torpedo) krigsladningsrum; *atomic ~* atomsprængladning.

warlike ['wɔ:laik] *adj* krigerisk, krigs-.

warlock ['wɔ:lɔk] *sb (glds)* troldmand.

warlord ['wɔ:lɔ:d] *sb* krigsherre, general.

I. warm [wɔ:m] *adj* varm *(fx blood, weather, room)*; *(fig)* varm *(fx welcome, admirer, heart)*; (ophidset:) heftig; (om spor) frisk; T *(fig:* ubehagelig) hed *(fx the place was getting too ~ for me)*; *you are (getting) ~ (ogs)* tampen brænder; *make things ~ for sby* gøre helvede hedt for en; *~ work* arbejde man bliver svedt af.

II. warm [wɔ:m] *vb* varme, opvarme; (uden objekt) blive opvarmet; *~ (up) to one's work* komme på gled, blive stærkt interesseret i sit arbejde; *~ up* opvarme; blive opvarmet; (i sport) varme op.

warm|-blooded *adj* varmblodig, temperamentsfuld. **~ corner** *(fig)* udsat sted. **-ed-over** *adj (am:* om mad) opvarmet. **~ -hearted** *adj* varmhjertet, hjertelig.

warming pan varmebækken, sengevarmer; S vikar; en der foreløbig har en stilling som er tiltænkt en anden.

warmonger ['wɔ:mʌŋgə] *sb* krigsophidser, krigsmager.

warmth [wɔ:mθ] *sb* varme; *(fig)* varme, begejstring; heftighed.

warm-up ['wɔ:mʌp] *sb* opvarmning.

warn [wɔ:n] *vb* advare, formane; gøre opmærksom på, underrette om; indkalde; *~ against* advare imod; *~ of* advare mod, gøre opmærksom på; underrette om, advare om; *~ sby off* formene én adgang til, udvise (, udelukke) en fra; *~ not to* advare mod at.

warning ['wɔ:niŋ] *sb* advarsel; varsel *(fx shoot without ~)*; forudgående meddelelse; (om ophør) opsigelse; *take ~ from* tage ved lære af.

War Office; *the ~* det britiske krigsministerium.

I. warp [wɔ:p] *vb* (om træ) slå sig; kaste sig, blive vindskæv; få til at slå sig *(etc)*; *(fig:* om karakter) forkvakle, (om beretning *etc)* fordreje; *(mar)* varpe; blive varpet; *(agr:* om jord) klæge, gøde med klæg.

II. warp [wɔ:p] *sb* (om træ) kastning; (om karakter) skævhed; *(mar)* varp, trosse; *(geol)* klæg; (i vævning) rendegarn, kæde.

war| paint krigsmaling. **-path** krigssti. **-plane** *(am)* krigsfly, militærfly.

warp knitting kædestrikning.

war profiteer krigsspekulant.

I. warrant ['wɔr(ə)nt] *vb* forsikre, indestå for, garantere (for) *(fx I ~ that he will come)*; berettige, retfærdiggøre *(fx nothing can ~ this interference)*.

II. warrant ['wɔr(ə)nt] *sb (cf I. warrant)* garanti, sikkerhed; berettigelse *(fx without ~)*; bemyndigelse, hjemmel; (skriftlig:) fuldmagt; *(mht* betaling) anvisning; *(mht* varer) lagerbevis, oplagsbevis; (til politi: *~ for an arrest)* arrestordre; *~ of attorney* fuldmagt til en advokat.

warrantable ['wɔr(ə)ntəbl] *adj* forsvarlig, tilladelig; retmæssig.

warrant officer (befalingsmandsklasse som har rang mellem *commissioned officers* og *non-commis-*

sioned officers).

warrantor ['wɔr(ə)ntə] *sb* garant.

warranty ['wɔr(ə)nti] *sb* garanti; hjemmel, grundlag, bemyndigelse.

warren ['wɔr(ə)n] *sb* kaningård; *(fig)* lejekaserne, rotterede; labyrint (, virvar) af korridorer og smårum; *pheasant* ~ fasangård.

warring ['wɔ:riŋ] *adj* krigsførende, stridende; *(fig)* modstridende, uforenelig.

warrior ['wɔriə] *sb* kriger; *the Unknown Warrior* den ukendte soldat.

Warsaw ['wɔ:sɔ:] Warszawa.

warship ['wɔ:ʃip] *sb* krigsskib.

wart [wɔ:t] *sb* vorte; *paint him -s and all* give et billede af ham som han er, give et uretoucheret billede af ham.

warthog ['wɔ:thɔg] *sb zo* vortesvin.

warty ['wɔ:ti] *adj* vortet, fuld af vorter.

Warwick ['wɔrik].

wary ['wɛəri] *adj* forsigtig, varsom, på vagt.

was [wəz, (betonet:) wɔz] 1. og 3. *pers sg præt* af *be*.

I. wash [wɔʃ] *vb* vaske *(fx ~ one's hands);* skylle; (med slange) spule; *(fig)* beskylle *(fx the sea -ed the cliffs);* (uden objekt) vaske *(fx we ~ once a week);* vaske sig; holde sig i vask, *(fig)* T holde stik, stå for en nøjere undersøgelse *(fx that theory won't ~);*

~ **away** afvaske, skylle bort; ~ *sth* **down** spule noget rent, give noget en afvaskning; ~ *it down with a glass of water* skylle det ned med et glas vand; ~ *one's* **hands** *of* fralægge sig alt ansvar for; ~ **off,** ~ **out** afvaske, vaske af; skylle; (om plet *ogs)* gå af i vask; *(am)* dumpe; *be -ed out (ogs)* drukne i regn; (se også *washed-out);* ~ **up** vaske op; skylle op; *(am ogs)* vaske hænder (og ansigt), vaske sig; tørre op.

II. wash [wɔʃ] *sb* vask(ning); (tøj:) vasketøj *(fx hang out the ~);* (i hav *etc)* bølgeslag, (efter skib) kølvandsstribe, dønning, (efter fly) afløb af luftstrømning; (lyd:) brusen; (våd masse:) dynd; (i bryggeri) mask; (til toiletbrug) vand *(fx hair ~);* (drik:) tyndt pøjt; *give sth a* ~ vaske noget; *have a* ~ vaske sig; *be at the* ~ være i vask; *it will come out in the* ~ S det skal nok ordne sig; det skal nok komme for en dag; *send clothes to the* ~ sende tøj til vask.

Wash. *fk Washington.*

washable ['wɔʃəbl] *adj* vaskeægte; vaskbar, afvaskelig.

wash|basin vandfad, vaskefad; vaskekumme. **-board** vaskebræt; *(am)* fodpanel; *(mar)* skvætbord. **-bowl** vandfad. **~-deck pump** *(mar)* spulepumpe.

washed-out ['wɔʃtaut] *adj* forvasket; farveløs; T udaset, udkørt; bleg.

washed-up ['wɔʃtʌp] *adj* T færdig, ødelagt.

washer ['wɔʃə] *sb* (en der) vasker; vaskemaskine; *(tekn)* spændeskive, underlagsskive, pakskive; *(austr)* vaskeklud.

washerette *sb* [wɔʃə'ret] ® møntvask.

washerwoman ['wɔʃəwumən] *sb* vaskekone.

washeteria [wɔʃə'tiəriə] *sb* møntvask.

wash|hand-basin vandfad. **-hand-stand** servante. **-house** vaskeri, vaskehus.

washing ['wɔʃiŋ] *sb* vask, vaskning; vasketøj; vaskevand; skyllevand *(fx tank ~);* slam. **washing| line** tøjsnor. ~ **machine** vaskemaskine. ~ **stand** servante.

Washington ['wɔʃiŋtən].

wash|leather vaskeskind. **-out** bortskylning (af jord); S fiasko. **-room** *(am)* toilet. **-stand** servante. **-tub** vaskebalje.

washy ['wɔʃi] *adj* vandet, udvandet, tynd, svag, bleg.

wasp [wɔsp] *sb* hveps; (se også *WASP).*

WASP *fk (am) White Anglo-Saxon Protestant.*

waspish ['wɔspiʃ] *adj* pirrelig, arrig; hvas, giftig.

wasp-waisted *adj* med hvepsetalje.

wassail [wɔsl] *(glds) sb* drikkelag; krydret øl (, vin); *vb* skåle, drikke, svire.

wast [wɔst] var *(glds 2. pers sg præt* af *be).*

wastage ['weistidʒ] *sb* svind, spild; (om personale) afgang.

I. waste [weist] *vb* spilde, bortødsle *(fx ~ one's money);* lade gå til spilde; forspilde *(fx an opportunity; a life);* hentære, udmarve *(fx -d by disease);* bringe til at visne *(fx a sorcerer -d his arm); (am)* gøre det af med, dræbe, myrde, *(jur)* lade forfalde, forringe; *(litt)* hærge *(fx a country -d with fire and sword),* lægge øde; (uden objekt) hentæres; (om tid) svinde; ~ *away* hentæres; ~ *not, want not (omtr)* den der spa'r, har.

II. waste [weist] *sb* **1.** spild; svind; **2.** *(jur)* forfald, forringelse; **3.** affald, (papir:) makulatur; *(cotton ~)* tvist; **4.** afløb(srør); **5.** øde strækning, ørken; *go (el. run) to* ~ gå til spilde.

III. waste [weist] *adj* øde, uopdyrket, ubeboet *(fx ~ land);* kasseret; affalds-, spild-; *lay* ~ ødelægge, hærge; *lie* ~ henligge uopdyrket.

waste|basket *(am)* papirkurv. ~ **book** kladdebog. **-ful** [-f(u)l] *adj* ødsel, uøkonomisk. **-paper** papiraffald; makulatur. **-paper basket** papirkurv. **-pipe** afløbsrør. ~ **product** affaldsprodukt, spildprodukt.

waster ['weistə] *sb* ødeland, døgenigt; *(merk)* udskudsvare.

wastewater ['weistwɔ:tə] *sb* spildevand; ~ *treatment* spildevandsrensning.

wastrel ['weistr(ə)l] *sb* døgenigt, ødeland.

I. watch [wɔtʃ] *sb* vagt; ur (lomme- *el.* armbåndsur); *keep* ~ holde vagt; *be on the* ~ *(fig)* være på vagt, holde udkig; *be on the* ~ *for* spejde efter, være på udkig efter; ~ *below (mar)* frivagt.

II. watch [wɔtʃ] *vb* iagttage *(fx sby's face);* se (nøje) på; vogte på, holde øje med, være på udkig efter *(fx ~ a favourable opportunity);* (om kvæg) vogte; (uden objekt) se 'til; våge *(fx ~ and pray);*

~ *for* spejde efter; ~ *it!* pas nu hellere lidt på! ~ *out* være på vagt, passe på; ~ *over* bevogte, vogte, passe på; ~ *the telly* T se fjernsyn; ~ *one's time* afvente det rette tidspunkt; *a -ed pot never boils (omtr)* ventetiden falder altid lang.

watch|dog vagthund. ~ **fire** vagtild, vagtblus. **-ful** årvågen, påpasselig. ~ **glass** urglas. ~ **guard** urkæde. ~ **gun** *(mar)* vagtskud. **-house** vagthus. **-maker** urmager. **-man** vagt, banevogter. **-tower** vagttårn. **-word** feltråb, parole, løsen; slagord.

I. water ['wɔ:tə] *sb* vand; tidevand; *-s pl (mar)* farvand; *back* ~ skodde (ɔ: ro baglæns); *by* ~ ad søvejen; *drink the -s* gennemgå brøndkur; *a lot of* ~ *has flown under the bridges since then (fig)* der er løbet meget vand i stranden siden da; *that's* ~ *under the bridge* det er en gammel historie; lad det nu være glemt; *hold* ~, se *II. hold; in deep* ~ *(el. -s) (fig)* i vanskeligheder; *in hot* ~, se *hot water; in low* ~, se *low water; in smooth -s* i smult vande; *fish in troubled -s* fiske i rørt vande; *make* ~ lade vandet; *(mar)* lække; *of the first* ~ af reneste vand; *spend money like* ~ øse penge ud; slå om sig med penge; *throw cold* ~ *on a plan (fig)* dæmpe begejstringen for en plan.

II. water ['wɔ:tə] *vb* vande *(fx a garden, cattle);* væde; (uden objekt) drikke vand, forsyne sig med vand; tage vand ind; ~ *(down)* fortynde *(fx milk); (fig)* udvande, afsvække; ~ *(down) the stock (merk)* udvande aktiekapitalen; *it makes my mouth* ~ det får mine tænder til at løbe i vand.

water| bed vandseng. ~ **beetle** *zo* vandkalv. ~ **blister** vable. ~ **boatman** *zo* rygsvømmer; (undertiden:) bugsvømmer. **-borne** *adj* sendt ad søvejen; (om sygdom) vandbåren. ~ **bottle** vandkaraffel; *(mil.)* feltflaske.

water|brash *(med.)* halsbrand. **-buck** *zo* vandbuk. **-buf-**

falo *zo* vandbøffel. ~ **butt** vandtønde, regnvandsbeholder. ~ **carrier** vandbærer. ~ **chestnut** *(bot)* hornnød. ~ **chute** vandrutschebane. ~ **closet** vandkloset, wc. ~ **cock** vandhane. **-colour** vandfarve; akvarel. **-course** vandløb, flod; *(mar)* lemmergat. **-cress** *(bot)* brøndkarse. ~ **cure** vandkur. ~ **diviner** vandviser.

watered ['wɔ:ted] *adj* vatret; ~ *fabric (ogs)* moiré.

water|fall vandfald. ~ **flag** *(bot)* (gul) sværdlilje. ~ **flea** *zo* dafnie. **-front** område langs vand (, ved havet); (i by) strandpromenade; havnefront. ~ **gas** vandgas. ~ **gauge** vandstandsviser, vandstandsglas. ~ **glass** vandglas (et stof). ~ **gruel** havresuppe. ~ **hammer** vandslag, stød (i rør). ~ **hemlock** *(bot)* gifttyde. ~ **hen** *zo* rørhøne.

watering| can vandkande (til havebrug). ~ **place** vandingssted; *(glds)* badested; brøndkuranstalt; (især *mar)* vandfyldningssted, sted hvor vand indtages. ~ **pot** vandkande. ~ **trough** vandingstrug.

waterish ['wɔ:təriʃ] *adj* vandet; fugtig.

water| jacket vandkappe, kølevandskappe. ~ **jump** vandgrav. ~ **level** vaterpas; vandstand, vandspejl; *(mar)* vandlinje. ~ **lily** *(bot)* åkande. **-line** vandlinie. **-logged** [-lɔgd] *adj* fuld af vand, vandfyldt, vandtrukken, vandmættet; som står under vand; *(mar)* bordfyldt; (om jord) vandlidende. ~ **main** hovedvandledning. **-man** færgemand; roer. **-mark** vandmærke; vandstandsmærke. **-melon** vandmelon. ~ **meter** vandmåler. ~ **milfoil** *(bot)* tusindblad. ~ **nymph** najade. ~ **ouzel** *zo* vandstær.

water|pipe vandrør. ~ **pipit** *zo* bjergpiber. ~ **polo** vandpolo. **-power** vandkraft. **-proof** *vb* gøre vandtæt, imprægnere; *adj* vandtæt, imprægneret; *sb* imprægneret frakke, regnfrakke. ~ **rail** *zo* vandrikse. ~ **rate** vandafgift. ~ **scorpion** *zo* skorpiontæge. ~ **seal** vandlås. **-shed** vandskel; *(fig)* vendepunkt; *(am)* afvandingsområde. **-shoot** nedløbsrende. ~ **shrew** *zo* vandspidsmus. **-side** *sb* bred. ~ **-ski** *vb* løbe på vandski. ~ **-skier** vandskiløber. **-skin** vandsæk. ~ **softener** blødgøringsmiddel, afhærdningsmiddel. ~ **spider** vandedderkop. **-spout** skypumpe; (på hus) nedløbsrør, udspyer. ~ **strider** *zo* damtæge. ~ **supply** vandforsyning. ~ **table** grundvandsspejl. ~ **tank** vandbeholder. ~ **tiger** *zo* vandkalvelarve. **-tight** *adj* vandtæt; *(fig ogs)* som kan stå for en nærmere prøvelse, uangribelig. ~ **tower** vandtårn. ~ **trap** vandlås. ~ **violet** *(bot)* vandrøllike. ~ **vole** *zo* vandrotte. ~ **wagon** vandvogn; *be on the ~ wagon* S *(fig)* være på vandvognen, være afholdsmand. **-way** sejlbar kanal, sejlløb; vaterbord. **-wheel** vandhjul, møllehjul. ~ **wings** *pl* (oppustelige) svømmevinger. **-works** vandværk; *turn on the -works* S vande høns (ɔ: græde).

watery ['wɔ:təri] *adj* vand-, vandet; våd, fugtig; *(fig)* udvandet; ~ *eyes* rindende øjne.

watt [wɔt] *sb* watt (enhed for elektrisk effekt).

wattle [wɔtl] *sb* kvist; risfletning; *(austr bot)* (art akacie); *zo* halslap, hagevedhæng (på hane); skæg (på fisk); *vb* forbinde med kviste, flette; ~ *and daub* lerklining; ~ *and daub house* lerklinet hus.

wattmeter ['wɔtmi:tə] *sb* wattmeter.

Waugh [wɔ:].

waul [wɔ:l] *vb* mjave; vræle, skrige.

I. wave [weiv] *sb* bølge, sø; *(fig)* bølge; *(fx* med flag) svingen; (med hånden) vinken; *make -s (am* T) gøre sig bemærket; skabe uro.

II. wave [weiv] *vb* bølge *(fx cornfields waving in the wind);* (om flag *etc)* vifte, vaje; (med hånden:) vifte, vinke; (med objekt) vifte med, vinke med; gøre bølget; (om hår) ondulere; *permanently -d* permanentbølget; ~ *aside (fig)* afvise, vifte af; ~ *one's hand* vinke (med hånden); ~ *her a kiss* sende hende et fingerkys.

wave|length bølgelængde. **-less** [-ləs] *adj* uden en bølge, glat. **-let** [-lət] lille bølge. ~ **mechanics** bølgemekanik. **-meter** bølgemåler.

waver ['weivə] *vb* dirre, skælve; (om flamme) flakke, blafre; (om person) være usikker, vakle.

waverer ['weivərə] *sb* en der vakler, vankelmodig person.

wavering ['weivriŋ] *adj* vaklende, vankelmodig.

wave| set vandondulationsvæske. ~ **train** *(fys)* bølgetog. ~ **trap** (i radio) bølgefælde.

wavy ['weivi] *adj* bølgende, bølget; ~ *edge* (på kniv) bølgeskær.

I. wax [wæks] *vb* vokse, stige; *(glds)* blive; *-ing moon* tiltagende måne.

II. wax [wæks] *sb* voks; *(sealing ~)* (segl)lak; *(cobbler's ~)* (skomager)beg; *in a ~* S rasende, gal i skralden.

III. wax [wæks] *vb* bestryge (, behandle) med voks, bone.

wax| bean *(bot)* voksbønne. **-bill** *zo* pragtfinke, astrild.

waxen [wæksn] *adj* voksagtig, voksblød.

wax| end begtråd. ~ **paper** vokspapir. ~ **polish** bonevoks. ~ **record** voksplade. ~ **vesta** vokstændstik. **-wing** *zo* silkehale. **-work** voksarbejde, voksfigur. **-works** vokskabinet.

waxy ['wæksi] *adj* voksagtig, blød, bleg; S hidsig, rasende, gal i skralden.

I. way [wei] *sb* **1.** vej *(fx he went that ~);* T kanter *(fx down our ~* på vores kanter); **2.** stykke (vej) *(fx we still have some ~ to go);* **3.** måde *(fx in* (på) *that ~),* henseende *(fx good in every ~);* **4.** (om person) facon, væsen; vane, skik; **5.** *(merk)* fag, branche *(fx he is in the drapery ~);* **6.** *(mar)* fart;

-s *pl* (om person) optræden, manerer; *(mar)* bedding; *(tekn)* vanger;

(forskellige *forb)* **all** *the ~* hele vejen, helt *(fx all the way to Hull); go all the ~ with (fig)* være helt enig med; gå i seng med; *trust him all the ~* stole fuldt og helt på ham; *~ enough! (mar)* vel roet; *it is only* **his** ~ det er bare hans facon; *it is not his ~ to* det ligger ikke til ham at, det ligner ham ikke at *(fx be generous); it is a* **long** ~ der er langt *(to* til); *the longest ~ round is the shortest ~ home* det betaler sig ofte at gå en omvej; *-s and* **means** (veje og) midler; udvej; *we have -s and means* vi har vore metoder; **no** *~!* T absolut ikke! ikke tale om! *it is no ~* der er ikke ret langt; *there are no two -s about it* det er ikke til at komme udenom;

(forb med *vb)* **bet** *on a horse each ~ (el. both -s)* holde på en hest på plads og som vinder; *if you* **come** *down our ~* hvis du kommer på vores kanter; *it has never come my ~ (fig)* det er aldrig hændt mig, det har jeg aldrig været ude for; det har jeg aldrig fået; **do** *it that ~* gøre det på den måde; *that's the ~ to do it!* sådan skal det være! *do it your own ~* gør som du vil; **find** *one's ~ home* finde hjem; *gather ~,* se *gather;* **give** ~ give efter; vige *(to* for); bryde sammen; *(mar)* ro til; *give ~ to (ogs)* blive afløst af; give sig hen i; *give ~ to tears* lade tårerne få frit løb; **go** *one's ~* drage bort, drage af sted; *go (el. take) one's own ~* gå sine egne veje, følge sit eget hoved; *are you going my ~?* skal du samme vej som jeg? *go a long (etc) ~,* se *I. go; go all the ~,* se *ovf; go the ~ of all flesh* gå al kødets gang; **have** *(el. get) one's own ~* få sin vilje; *have it your own ~!* gør som du vil! ja ja da! *you can't have it both -s* du kan ikke få både i pose og sæk; du kan ikke både blæse og have mel i munden; *lead the ~,* se *II. lead;* **lose** *one's ~* fare vild; **make** ~ få farten op; *make one's ~* arbejde sig frem, bane sig vej; *make ~ for* give plads for; *make the best of one's ~* skynde sig så meget man kan; **pay** *its ~,* se *I. pay;* **see** *one's ~ to* se sig i stand til (at);

(forb med *præp* og *adv)* **by** *the ~* undervejs; *(fig)* for resten, i forbigående (sagt); *by ~ of* som *(fx by ~ of apology, by ~ of illustration);* for at *(fx by ~ of finding*

it out); (om rejserute) via, over *(fx by ~ of Harwich); he is by ~ of being an expert on that* han er ved at være *(el.* er noget af en) ekspert på det område; *better by a long ~* langt bedre; **in** *a ~ (of speaking)* på en måde; *once in a ~* af og til, en gang imellem; for en gangs skyld; *he is in a bad ~* det går dårligt *(el.* står sløjt til *el.* er galt fat) med ham; *in a big ~* i stor målestok; flot *(fx live in a big ~);* grundigt, så det forslår; *in a fair ~*, se *I. fair; in the ordinary ~* under normale omstændigheder, normalt; *in a small ~* i lille målestok, beskedent *(fx live in a small ~); a businessman in a small ~* en lille forretningsmand; *in my own small ~* så vidt som jeg nu kan; *she is in a terrible ~* T hun er helt ude af det; *in his ~* på hans måde; i vejen for ham; *be in the ~* være i vejen; *in the family ~* se *family; what have we got* **in the ~ of** *food?* hvad har vi i retning af mad? *put him in the ~ of* hjælpe ham til, give ham lejlighed til at få *(el.* opnå); **out of** *the ~* afsides; af vejen; *nothing out of the ~* ikke noget særligt; *go out of one's ~ to* gøre sig ganske særlige anstrengelser *(el.* særlig umage) for at; *keep out of the ~* gå af vejen, vige; *put sby out of the ~* rydde en af vejen; *put oneself out of the ~ to = go out of one's ~ to;* ~ **out** udgang; udvej; *on our ~ out* på udvejen, på vejen ud; *it is on the ~ out (fig)* det er ved at gå af brug *(el.* mode); **under** ~ i gang; undervejs; i fart; *(mar)* let; *get under ~* komme i gang; lette; *he has a ~* **with** *children* han forstår at tage børn (på den rigtige måde); han har børnetække; *he has a ~ with him* han har et vindende væsen.

II. way [wei] *interj* (til en hest) prr!

'way *fk away (fx 'way out in Canada).*

way|bill ['weibil] *sb* passagerfortegnelse, fragtbrev. **-farer** ['weifɛərə] *sb* vejfarende. **-faring** *adj* vejfarende, rejsende; *-faring tree (bot)* pibekvalkved. **-lay** *vb* ligge på lur efter, passe op; overfalde (fra baghold); lokke i et baghold. ~ **-out** *adj* T fabelagtig, fantastisk. **-side** vejkant; *-side inn* landevejskro. ~ **station** *(am)* mellemstation. ~ **train** *(am)* bumletog. **-ward** *adj* egensindig, lunefuld. **-worn** *adj* medtaget af rejsen.

WC *fk West Central* (postdistrikt i London).

w.c. *fk water closet; (merk) without charge* uden beregning.

we [wi:] *pron* vi.

W.E.A. *fk Worker's Educational Association.*

weak [wi:k] *adj* svag; kraftløs; (om person *ogs)* svagelig, skrøbelig *(fx a ~ old man); (fig ogs)* mat, tam; (om drik) tynd *(fx tea); (gram)* svag.

weaken ['wi:k(ə)n] *vb* svække, afkræfte; blive svag(ere).

weak|-kneed *adj* slap i knæene; *(fig)* svag, slap. **-ling** svækling, stakkel.

weakly ['wi:kli] *adv* svagt; *adj* svagelig.

weak-minded ['wi:kmaindid] *adj* svaghovedet.

I. weal [wi:l] *sb* (ophøjet) stribe, strime (efter slag); *vb* mærke med striber (, strimer).

II. weal [wi:l] *sb (litt)* vel, velfærd; *~ and woe* medgang og modgang; *the public ~* det almene bedste.

weald [wi:ld] *sb* åbent land; *the Weald* (en strækning i Kent, Surrey og Sussex).

wealth [welθ] *sb* rigdom *(of* på); *(fig)* væld *(of* af).

wealthy ['welθi] *adj* rig, velhavende.

I. wean [wi:n] *vb* vænne fra; ~ *from* vænne af med, fjerne fra.

II. wean [wi:n] *sb* (på skotsk) barn, rolling.

weanling ['wi:nliŋ] *sb* barn der lige er vænnet fra.

weapon ['wepən] *sb* våben.

weaponry ['wepənri] *sb* våben (kollektivt) *(fx sale of new ~ to Haiti; nuclear offensive ~); (fig)* arsenal *(fx a ~ of psychoanalytic jargon).*

I. wear ['wɛə] *vb (wore, worn)* **1.** bære, have på, gå med *(fx a white waistcoat);* have *(fx a troubled look; a beard);* bruge *(fx spectacles; a style which is much worn now);* **2.** slide *(fx worn clothes; ~ holes in one's socks);* slide på; **3.** T finde sig i *(fx I won't ~ it);* **4.** (uden objekt) holde *(fx this material won't ~); ~ well* holde, være holdbar *(el.* solid); (om person) holde sig godt;

~ **away** slide af *(el.* op); fortage sig; (om tid) slæbe sig hen *(fx the long day wore away);* ~ **down** slide ned; *(fig)* udmatte, gøre mør; ~ **off** slides af *(fx the nap will ~ off);* fortage sig *(fx the feeling wore off in time); the summer wore* **on** det blev længere hen på sommeren; ~ *one's heart on one's sleeve* bære sine følelser til skue; ~ **out** slide op *(fx the shoes are worn out);* udmatte *(fx I'm quite worn out);* blive slidt op; *(fig)* slippe op *(fx his patience wore out); ~ out one's welcome* trække for store veksler på nogens gæstfrihed.

II. wear ['wɛə] *sb* slid *(fx show signs of ~),* brug *(fx for Sunday ~, for working ~);* dragt, beklædning *(fx beach ~); men's ~* herreekvipering; *~ and tear* normalt slid, slitage; (se også *worse).*

III. wear ['wɛə] *vb (mar)* vende, kovende.

wearing ['wɛəriŋ] *adj* trættende, opslidende *(fx a ~ task); ~ qualities* holdbarhed, slidstyrke; *~ surface* slidflade, slidlag.

wearing apparel gangklæder, tøj.

wearisome ['wiərisəm] *adj* trættende, brydsom, besværlig.

wear resistance holdbarhed.

weary ['wiəri] *adj* træt; trættende, kedsommelig; *vb* trætte, kede; (uden objekt) blive træt; ~ *of* træt af, ked af; ~ *of life* livstræt.

weasand [wi:znd] *sb (glds)* luftrør, strube.

weasel [wi:zl] *zo* væsel, brud.

weasel word (især *am)* tomt ord, tom frase.

I. weather ['weðə] *sb* vejr *(fx bad, good, fine, wet ~); make bad ~ (mar)* komme ud for dårligt vejr; *make heavy ~ of sth* finde noget anstrengende *(el.* besværligt); gøre et stort nummer ud af noget; *under the ~* sløj, dårlig tilpas, uoplagt; beruset; *under stress of ~* på grund af dårligt vejr.

II. weather ['weðə] *vb* bringe til at forvitre; udsætte for vejr og vind; stille skråt (for at regnen kan løbe af); komme godt igennem, klare, overstå; *(mar)* gå til luvart af; ~ *(out) a storm* ride en storm af; ~ *a ship* passere et skib til luvart.

weather| beam *(mar): on the ~ beam* tværs til luvart. ~ **-beaten** *adj* vejrbidt; medtaget af vejr og vind; forvitret. **-boarding** klinkbeklædning. **-boards** *pl* brædder til klinkbeklædning. **-bound** *adj* opholdt af vejret, vejrfast. ~ **bow** *(mar)* luv bov. ~ **bureau** meteorologisk institut.

weather| chart vejrkort. **-cock** vejrhane. ~ **deck** øverste dæk. ~ **eye:** *keep one's ~ eye open* være på vagt, passe på. ~ **forecast** vejrudsigt. **-glass** barometer. **-man** [-man] T meteorolog, „vejrmagister". **-proof** *adj* regn- og vindtæt. ~ **report** vejrberetning. ~ **side** luvside. ~ **stripping** tætningsliste(r). ~ **vane** vejrhane, vindfløj. ~ **-wise** *adj* vejrkyndig.

I. weave [wi:v] *vb* **1.** *(wove, woven)* væve; flette; *(fig)* indflette; konstruere, sammensætte; **2.** *(-d -d) (~ one's way)* sno sig; *let us get weaving* T lad os se at komme af sted.

II. weave [wi:v] *sb* vævning; binding.

weaver ['wi:və] *sb* væver; *zo* væverfugl.

weaverbird ['wi:vəbə:d] *sb zo* væverfugl.

web [web] *sb* væv, spind; *zo* svømmehud; (på fjer) fane; *(jernb)* (skinne)krop; *(typ)* papirrulle; *a ~ of lies* et væv af løgne.

webbed [webd] *adj* med svømmehud, svømme- *(fx feet).*

webbing ['webiŋ] *sb* gjord (i polstret møbel); *zo* svømmehud; *(mil.)* remtøj; ~ *belt (mil.)* livrem.

webfoot ['webfut] *sb zo* svømmefod.
web-offset press *(typ)* offsetrotationspresse.
web press *(typ)* rotationspresse.
wed [wed] *vb* ægte, tage til ægte, gifte sig (med); ægtevie; bortgifte; *(fig)* forene, forbinde *(to* med), knytte *(to* til).
wedded ['wedid] *adj* gift; ægteskabelig; ~ *bliss* ægteskabelig lykke; *her* ~ *life* hendes ægteskab; ~ *pair* ægtepar; *be* ~ *to (fig)* være opslugt af, gå helt op i, ikke have tanke for andet end *(fx one's profession, a plan)*.
wedding ['wediŋ] *sb* bryllup.
wedding| breakfast (svarer til:) bryllupsmiddag. ~ **cake** bryllupskage. ~ **ceremony** vielse. ~ **day** bryllupsdag. ~ **dress** brudedragt, brudekjole. ~ **ring** vielsesring.
wedge [wedʒ] *sb* kile; (kileformet) stykke *(fx a* ~ *of cake); vb* kløve; fastkile; kile *(el.* klemme) (sig ind); *it is the thin end of the* ~ *(fig)* det er kun begyndelsen (ɔ: der kommer mere, værre ting, efter); det er et skråplan at komme ind på.
Wedgwood ['wedʒwud]: ~ *ware* Wedgwoodvarer (fin fajance).
wedlock ['wedlɔk] *sb* ægtestand(en); ægteskab; *born in (, out of)* ~ født i (, uden for) ægteskab.
Wednesday ['wenzdi, 'wenzdei] *sb* onsdag.
wee [wi:] **1.** (T *el.* skotsk) *adj* lille bitte; *a* ~ *bit* en lille smule; **2.** *vb* T tisse; **3.** *sb* T tis; *do a* ~ tisse.
I. weed [wi:d] *sb* ukrudt, urt; mager krikke; splejs, spinkel fyr; T marihuanacigaret; (især *glds)* cigar, cigaret, stinkepind; *ill -s grow apace (omtr)* ukrudt forgår ikke så let; *the* ~ T tobak; marihuana.
II. weed [wi:d] *vb* luge, bortluge; *(forst)* udrense; *(fig)* udrense, fjerne.
weeder ['wi:də] *sb* luger, lugekone; kultivator.
weedkiller ['wi:dkilə] *sb* ukrudtsmiddel.
weeds [wi:dz] *sb pl: widow's* ~ (enkes) sørgedragt.
weedy ['wi:di] *adj* fuld af ukrudt; (om person) høj og tynd, splejset.
week [wi:k] *sb* uge; *(ogs)* hverdagene *(mods* søndag); *today* ~ i dag (om) otte dage; *a* ~ *ago today* i dag for otte dage siden.
week|day hverdag, søgnedag. **-end** *sb* weekend; *vb* holde weekend. **-ender** weekendgæst. **-ly** *adj* uge-, ugentlig; *sb* ugeblad; *adv* en gang om ugen; ugentlig; ~ *paid workers* ugelønnede arbejdere.
weep [wi:p] *vb (wept, wept)* græde *(for* over); *(litt)* begræde; *(fx* om sten) svede; (om beholder) dryppe; (om pilegren) hænge ned.
weeper ['wi:pə] *sb* grædende; grædekone; sørgebånd, sørgeflor.
weeping ['wi:piŋ] *sb* gråd; *adj* grædende; ~ *ash* hængeask; ~ *willow* sørgepil.
weever ['wi:və] *sb zo* fjæsing.
weevil ['wi:v(i)l] *sb* snudebille; *-led* angrebet af snudebiller.
wee-wee ['wi:'wi:] T *vb* tisse; *sb* tis; *do a* ~ tisse.
weft [weft] *sb* islæt, skudgarn; vævning, (et) væv.
I. weigh [wei] *vb* veje; afveje; *(mar)* lette; ~ *anchor* lette anker; ~ *one's words* veje sine ord;
~ **down** tynge ned; *(fig)* trykke, nedtynge *(fx -ed down with grief);* ~ **in** blive vejet (om bokser: før en kamp, om jockey: før et væddeløb); ~ *in with* komme med; bidrage med; ~ *(heavy)* **on** *(fig)* hvile tungt på, tynge, trykke; ~ **out** veje af; (om jockey) blive vejet (efter et væddeløb); ~ **with** *(fig)* betyde noget for, gøre indtryk på *(fx that doesn't* ~ *with him)*.
II. weigh [wei] *sb: under* ~, se *I. way: under way.*
weigh|able *adj* som lader sig veje. **-bridge** vognvægt, brovægt. **-house** vejerbod.
weighing machine vægt.
weight [weit] *sb* vægt; lod; *(fig)* vægt, byrde, tyngde; *vb* belaste; (om tekstil) betynge *(fx -ed silk); (fig)* tynge; (i statistik) vægte; *carry (el. have)* ~ *(fig)* veje tungt; *gain* ~ tage på (i vægt); *lose* ~ tabe sig; *pull one's* ~ gøre sin del af arbejdet, tage sin tørn; *put on* ~ tage på; *sell by* ~ sælge efter vægt; *throw one's* ~ *about (fig)* 'optræde', spille stærk mand, blære sig; *-ed dice* forfalskede terninger; ~ *empty (flyv)* tomvægt.
weightiness ['weitinəs] *sb* vægt, tyngde, vigtighed.
weighting ['weitiŋ] *sb* vægtning; *(mht* løn) stedtillæg.
weight|less [-ləs] *adj* vægtløs. **-lifting** vægtløftning.
weighty ['weiti] *adj* tung, vægtig, tungtvejende, betydningsfuld.
weir [wiə] *sb* dæmning, stemmeværk; fiskegård.
weird [wiəd] *sb* skæbne; *adj* spøgelseagtig, uhyggelig, sælsom; T sælsom, sær, underlig, spøjs; *the* ~ *sisters* (de tre hekse i Macbeth); skæbnegudinderne.
weirdie ['wiədi], **weirdo** ['wiədəu] *sb* S original.
Welch, welch [welʃ] se *Welsh, welsh.*
welcome ['welkəm] *adj* velkommen; *sb* velkomst, velkomsthilsen, modtagelse; *vb* byde velkommen, modtage (venligt); *I* ~ *your help* jeg er glad for din hjælp; *bid sby* ~ byde en velkommen; *you are (quite)* ~ å, jeg be'r; *you are* ~ **to** *it* det står til din rådighed; du må gerne have det; (ironisk:) værsgo'! velbekomme! *you are* ~ *to your own opinion* for mig kan du mene hvad du vil.
weld [weld] *vb* svejse; *(fig)* sammenføje, samle til et hele; (uden objekt) lade sig svejse; *sb* svejsning; søm; ~ *together* svejse sammen; *-ed joint* svejsesamling, svejsesøm. **welding torch** svejsebrænder.
weldless ['weldləs] *adj* sømløs, heltrukken.
welfare ['welfɛə] *sb* velfærd, lykke; forsorg *(fx social* ~*); public* ~ offentlighedens tarv.
welfare| chiseller T socialbedrager. ~ **service** velfærdstjeneste. ~ **State** velfærdsstat. ~ **work** forsorgsarbejde; velfærdsarbejde; *the* ~ *department (fx* i handelshus) afdelingen for personalegoder; personalekontoret.
welkin ['welkin] *sb (glds)* himmel, himmelhvælv.
I. well [wel] *sb* brønd; kilde; beholder; fordybning; (i hus) elevatorskakt, trappeskakt; (ved mine) skakt; oliebrønd, oliekilde; (i fiskerbåd) dam; (i højovn) smelterum; (i pumpe) sump; *(flyv)* hjulbrønd; *(jur)* advokatloge.
II. well [wel] *vb* vælde frem, strømme.
III. well [wel] *adv* godt *(fx sleep* ~*, treat sby* ~*, shake the bottle* ~*);* vel- *(fx a* ~ *-situated house);* (om afstand *etc)* langt *(fx back)*, et godt stykke *(fx below the Equator)*, godt *(fx on in life* oppe i årene); (indledende:) ja, jo ser du, altså *(fx* ~*, it was like this);* (udtrykkende forventning) nå *(fx* ~*, what next?); well, well* ja ja; nå da!
as ~ også, desuden; lige så godt *(fx you may as* ~ *go and hang yourself); just as* ~ lige så godt; *it was just as* ~ *that* det var godt (, et held) at; *it would be just as* ~ *for you to* du må nok hellere; **do** ~ klare sig godt; *do sby* ~ beværte en godt; *do oneself* ~ leve godt *(el.* flot); *it would do me very* ~ det ville passe mig udmærket; *do* ~ *by sby* være storsindet over for én; *do* ~ *to* gøre vel i at; ~ *done!* bravo! ~ (-)**off,** se *alf; be* ~ **out of** *it* være sluppet godt fra det; *you are* ~ *out of it* du kan være glad for at du er ude af den historie; ~ **up in** dygtig til, velorienteret i *(fx history);* ~ *up in the list* højt oppe på listen; *very* ~, se *very.*
IV. well [wel] *(adj,* kun prædikativt) rask *(fx be* ~*, feel* ~*, look* ~*); we are very* ~ *where we are* vi har det meget godt hvor vi er.
welladay ['welə'dei] *interj (glds)* ak! o ve!
well|-advised ['weləd'vaizd] klog, velbetænkt. ~ **-appointed** veludstyret, veludrustet, velindrettet. ~ **-balanced** velafbalanceret; (om person) ligevægtig, for-

nuftig; (om kost *omtr)* alsidig. ~ **-behaved** velopdragen, med pæne manerer. ~ **-being** velvære; trivsel. ~ **-beloved** højtelsket. ~ **-born** af god herkomst. ~ **box** hyttefad. ~ **-bred** velopdragen; (om dyr) af god race. ~ **casing** borerør. ~ **-conditioned** sund og rask; elskværdig, velopdragen. ~ **-conducted** som opfører sig godt. ~ **-connected** af god familie. ~ **-cut** velsiddende *(fx clothes).* ~ **deck** *(mar)* welldæk, brønddæk. ~ **-defined** tydeligt adskilt, skarpt afgrænset *(el.* tegnet). ~ **-disposed** velvilligt indstillet. **-doer** retskaffent menneske, velgører. ~ **-done** gennemstegt, gennemkogt. ~ **-earned** velfortjent. ~ **-favoured** *(litt)* køn. ~ **-found** = ~ *-appointed.* ~ **-founded** velbegrundet, velfunderet. ~ **-groomed** soigneret, velplejet.

wellhead ['welhed] *sb* kilde; overbygning over en brønd.

well-heeled *adj* T rig; velbeslået; pengestærk.

wellies ['weliz] *sb pl* T = *wellingtons.*

well-informed *adj* velunderrettet, kundskabsrig.

wellingtons ['weliŋtənz] *sb pl* skaftestøvler; gummistøvler, røjsere.

well|-intentioned ['welin'tenʃənd] velmenende, velment. ~ **-judged** velbetænkt, velberegnet. ~ **-kept** velholdt *(fx garden).* ~ **-knit** tæt bygget, kraftigt bygget; *(fig)* fast sammentømret, fast. ~ **-known** kendt.

well| logging brønd-logging (registrering af) *geol* målinger i borehuller. ~ **-made** velskabt; dygtigt lavet. ~ **-marked** klar, tydelig. ~ **-meaning** velmenende, velment. **-nigh** ['welnai] næsten. ~ **-off** velhavende, heldigt stillet; *he does not know when he is ~ off* han ved ikke hvor godt han har det; *~ off for* velforsynet med; *talk ~ off* T tale dannet, tale 'fint'. ~ **-oiled** S fuld, pløret. ~ **-ordered** velordnet; velorganiseret. ~ **-padded** overpolstret; vel ved magt; med meget fyldekalk i (om litterært arbejde). ~ **-preserved** velkonserveret. ~ **-read** belæst. ~ **-reputed** vel anskreven.

well room kursal.

well|-rounded (om person) 'i rundbuestil'; (om stil) vel afrundet, fuldendt. ~ **-set** tæt *el.* kraftigt bygget, velbygget.

well sinker brøndgraver.

well|-spent ['wel'spent] velanvendt. ~ **-spoken** som taler et kultiveret sprog; som forstår at belægge sine ord, beleven. **-spring** kilde. ~**-stocked** velassorteret, velforsynet; righoldig *(fx library).* ~ **-thought-of** velanskreven. ~ **-timed** som sker i rette tid, betimelig. ~ **-to-do** velstående. ~ **-trodden** gennemtravet, nedtrådt; *(fig)* fortærsket, fladtrådt. ~ **-turned** veldrejet; velturneret. ~ **-wisher** velynder, ven. ~ **-worn** slidt, veltjent; *(fig)* fortærsket, fladtrampet, udtrådt.

I. Welsh [welʃ] *sb & adj* walisisk; *the ~* waliserne.

II. welsh [welʃ] *vb* snyde vinderen af et væddemål ved at stikke af med indsatserne; *~ on* snyde *(fx one's employer);* snyde for *(fx payments),* løbe fra *(fx a debt, a promise),* give pokker i løfte. **welsher** ['welʃə] *sb* bedrager.

Welshman ['welʃmən] *sb* waliser.

Welsh| rabbit, ~ **rarebit** (ret af ristet brød og ost).

welt [welt] *sb* (på fodtøj) rand; (på tøj) snorkantning; (på polstring) kantebånd; (på huden: efter slag) stribe, strime; *vb* randsy; T gennemprygle (med pisk *etc).*

welter ['weltə] *vb* vælte, vælte sig; svømme *(fig) (fx in one's blood); sb* (broget) forvirring, roderi.

welterweight ['weltəweit] *sb* weltervægt.

wen [wen] *sb* svulst, udvækst; *(ogs fig* om stor by); *the great ~* ɔ: London.

wench [wen(t)ʃ] *sb* pige; tøs.

I. wend [wend] *(glds) vb: ~ one's way* rette sine fjed, vandre.

II. Wend [wend] *sb* vender.

Wendish ['wendiʃ] *sb & adj* vendisk.

went [went] *præt* af *go.*

wept [wept] *præt* og *pp* af *weep.*

were [wə:] *præt* af *be.*

we're [wiə] *fk we are.*

werewolf, werwolf ['wə:wulf, *(am)* 'wiər-] *sb* varulv.

wert [wə:t] var *(glds præt* af *be).*

Wesley ['wezli, 'wesli]. **Wesley|an** *adj* wesleyansk; *sb* wesleyaner. **-anism** *sb* wesleyansk metodisme.

west, West [west] *sb* vest; *adj* vestlig, vestre, vest-, vesten-; *adv* imod vest, vestpå; *the West* Vesten; Vesterland; den vestlige halvkugle; *(am)* den vestlige del af USA; *the Far West* det fjerne Vesten (ɔ: det vestligste af USA); *go ~* tage vestpå; T *(fig)* falde, blive dræbt, dø; (om ting) forsvinde; gå i stykker; *in the ~* i vest; *on the ~* på vestsiden, i vest; *to the ~* mod vest; *to the ~ of* vest for; *the ~ wind* vestenvinden.

west bound som går vestpå; vestgående.

West Country: *the ~* Sydvestengland.

West End: *the ~* (den vestlige (rigere) del af London).

westering ['westəriŋ] *adj* bevægende sig mod vest, (om solen:) dalende. **westerly** ['westəli] *adj* vestlig.

western ['westən] *adj* vestlig, vestre, vest-, vesterlandsk; *sb* western, cowboyfilm, wild-west film; *the Western Church* den romersk-katolske kirke; *the Western Empire* det vestromerske rige.

westerner ['westənə] *sb* vestamerikaner; vesterlænding.

westernize ['westənaiz] *vb* indføre Vestens kultur i, europæisere.

westernmost ['westənməust] *adj* vestligst.

West India, *the* **West Indies** *pl* Vestindien.

westing ['westiŋ] *sb (mar)* sejlads vestpå; forandret vestlig længde.

Westminster ['wes(t)minstə] (del af London hvor Parlamentet ligger; Parlamentet).

westmost ['westməust] *adj* vestligst.

Westphalia [west'feiliə] Westfalen.

westward ['westwəd] *adv, adj* mod vest, vestpå; *sb* vest.

westwards ['westwədz] *adv* mod vest, vestpå.

I. wet [wet] *adj* våd, fugtig, regnfuld; T (om person) skvattet, fej; kedelig; (om politiker) moderat; (om sted) ikke tørlagt, hvor der ikke er spiritusforbud; *sb* væde, nedbør, regnvejr; *(am)* forbudsmodstander; T skvat, tøsedreng; kedeligt drys; (om politiker) slapper; *~ behind the ears (fig)* ikke tør bag ørerne endnu.

II. wet [wet] *vb (wet, wet el. -ted, -ted)* væde, bløde, fugte; gøre våd, tisse i *(fx one's bed, one's trousers); ~ oneself* gøre sig våd; *~ one's whistle (glds* T*)* fugte ganen, drikke.

wet|back *(am)* grænseoverløber fra Mexico. ~ **blanket** *(fig)* lyseslukker. ~ **dock** våd dok, dokbassin, dokhavn. ~ **fish** frisk fisk *(mods fx* røget). ~ **goods** *pl* flydende varer, 'våde varer'. **-lands** *pl* vådområder.

wether ['weðə] *sb* bede (gildet vædder).

wet nurse amme. **wet-nurse** *vb* amme, give bryst.

Wet Paint (på skilt) 'malet'.

wet process (i kunst) vådmetode.

wetting agent fugtemiddel.

W.F.T.U. *fk the World Federation of Trade Unions.*

whack [wæk] *vb* banke, klaske; T uddele; *sb* (kraftigt) slag, bank, klask; T del, andel; *have a ~ at* forsøge, gøre et forsøg på; *~ off (am vulg)* onanere; *out of ~* S i uorden; *be out of ~* S *(ogs)* ikke stemme, ikke passe sammen *(with* med). **whacked** [wækt] *adj* T udkørt, udmattet, flad.

whacker ['wækə] *sb* S pragteksemplar; dundrende løgn.

whacking ['wækiŋ] *sb* dragt prygl; omgang kløe; *adj* S gevaldig, vældig; *a ~ lie* en dundrende løgn.

whacko ['wækəu] *interj* S den er fin *(el.* mægtig)! jubi!

whale [weil] *sb zo* hval; *vb* fange hvaler; T: *a ~ at* mægtig skrap til; *a ~ for* en hund efter; *a ~ of a* en mægtig god (, stor *etc); be having a ~ of a time* have det mægtig sjovt.

whale|boat hvalfangerbåd. **-bone** hvalbarde; (i korset) fiskeben. ~ **calf** hvalunge. ~ **factory ship** hvalkogeri. ~ **fin** = *-bone.* ~ **oil** hvalolie.

whaler ['weilə] *sb* hvalfanger; hvalfangerskib.

whaling ['weiliŋ] *sb* hvalfangst; *adj* hvalfanger-.

whang [wæŋ] *vb* klaske, dunke; *sb* klask, bang.

wharf [wɔ:f] *sb* bolværk, kaj; *vb* fortøje (ved bolværk); losse; oplægge.

wharfage ['wɔ:fidʒ] bolværksafgift.

wharf crane havnekran.

wharfinger ['wɔ:fin(d)ʒə] *sb* ejer af havneoplagsplads, bolværksejer.

I. what [wɔt] *pron* (adjektivisk) hvilken, hvilket, hvad for en (, et); *pl* hvad for; hvad, hvilke *(fx visit ~ places you like);* (i udbrud) sikke noget *(fx ~ nonsense!);* sikken *(fx ~ a fine day!); I gave him ~ money I had* jeg gav ham de penge jeg havde; *~ little he said was correct* den smule *(el.* det lidet) han sagde var rigtigt.

II. what [wɔt] *pron* (substantivisk) hvad *(fx ~ is he? ~ did he say? I mean ~ I say);* hvad der, det der *(fx he took ~ was mine; ~ happened was quite an accident);* noget *(fx I'll tell you ~);* noget, der ... *(fx he took ~ looked like a silver coin out of his pocket);* hvordan *(fx you know ~ he is); you know ~ artists are* du ved hvordan det er med kunstnere;

~ about, se *about; ~ for?* af hvad grund? *~ are you going to have? (ogs)* hvad vil du drikke? *~ if* hvad om; *~ is he like?* hvordan er han? hvordan ser han ud? *~ 's his name?* hvad var det nu han hed? *... and ~ not* og meget andet af samme slags; og jeg ved ikke hvad; *~ of it?, so ~?* ja, hvad så? *I'll tell you ~ (ogs)* nu skal du høre; *~ though* hvad gør det om; *know what's ~* være med, vide besked; *tell him what's ~* give ham ren besked; *~ with one thing and (~ with) another* dels på grund af det ene, dels på grund af det andet; det ene med det andet; *~ 's yours?* hvad vil du drikke?

whatever [wɔt'evə] *pron* hvad end, alt hvad *(fx ~ he did was for the best);* ligemeget hvad; hvilke(n) end, ligemeget hvilke(n) *(fx ~ orders he gives are obeyed);* T (i spørgsmål) hvad (i al verden), hvad ... dog *(fx ~ did he say?); adv* under alle omstændigheder, i hvert fald; *nothing ~* intet som helst; *or ~* eller sådan noget; eller hvad det nu kan være.

what-for ['wɔt'fɔ:] T: *give him ~* give ham klø, give ham hvad han har godt af.

whatnot ['wɔtnɔt] *sb* etageåre; T dims, tingest; (om person) noksagt.

whatsoever [wɔtsəu'evə] se *whatever.*

wheat [wi:t] *sb* hvede.

wheatear ['wi:tiə] *sb zo* stenpikker.

wheaten ['wi:t(ə)n] *adj* hvede-, af hvede.

wheedle [wi:dl] *vb* lokke, smigre, sleske for, snakke godt for; *~ sby into doing sth* besnakke en til at gøre noget; *~ out of* fralokke, lokke ud af.

I. wheel [wi:l] *sb* hjul; spinderok; pottemagerhjul; drejning; svingning; (i bil og *mar)* rat; *(glds* torturinstrument) hjul; *-s* S bil, øse; *break upon the ~* radbrække; *big ~ (am* om person) stor kanon; *there are -s within -s (fig)* det foregår med lodder og trisser (ɔ: der er hemmelig indflydelse bagved); det er en meget kompliceret affære.

II. wheel [wi:l] *vb* køre, trille, (om cykel) trække; lade svinge; (uden objekt) rulle, dreje sig, kredse; svinge; *~ and deal (am* S*)* være om sig; bruge smarte metoder; handle på egen hånd *(el.* egenmægtigt); optræde hensynsløst.

wheel|barrow trillebør, hjulbør. ~ **base** akselafstand. **-chair** rullestol, kørestol. ~ **clamp** *(omtr)* hjullås (som sættes på ulovligt parkerede biler).

wheeled [wi:ld] *adj* forsynet med hjul, hjul-; kørende *(fx ~ traffic).*

wheeler ['wi:lə] *sb* stanghest.

wheeler-dealer ['wi:lə'di:lə] *sb (am)* en der er om sig; dreven forretningsmand; dreven taktiker (især i politik); en der forstår at sno sig.

wheel| fairing *(flyv)* strømlinjet hjulskærm. ~ **-horse** stanghest. **-house** *(mar)* styrehus. ~ **indicator** *(mar)* rorviser. ~ **tread** slidbane (på hjul). ~ **well** *(flyv)* hjulbrønd. ~ **window** rundt vindue. **-wright** ['wi:lrait] hjulmager.

wheeze [wi:z] *vb* hive efter vejret, puste, hvæse; *sb* hiven efter vejret, pusten, hvæsen; S gammel traver (om vittighed); *a good ~* S et godt trick; en god idé (, plan).

wheezer ['wi:zə] *sb* (om hest) lungepiber.

wheezy ['wi:zi] *adj* forpustet, 'astmatisk'.

whelk [welk] *sb zo* trompetsnegl; konk; (i ansigtet) filipens, knop.

whelm [welm] *vb* overskylle, *(fig)* overvælde.

whelp [welp] *sb* hvalp, unge; *vb* kaste hvalpe.

when [wen] *adv* hvornår, når *(fx ~ did you see him last?); conj* da *(fx it was raining ~ we started);* når *(fx I will see you ~ I return);* skønt *(fx he walks ~ he might take a taxi);* hvor *(fx there are times ~ ...);* på hvilket tidspunkt, ved hvilken lejlighed, og så *(fx they will come in June ~, we will all be gathered); say ~!* sig stop! (underforstået: når jeg har hældt tilstrækkeligt i glasset); *since ~* og siden da *(fx he left on Monday, since ~ we have heard nothing from him).*

whence [wens] *adv, conj (glds)* hvorfra, hvoraf; derfra hvor; *from ~* hvorfra.

whencesoever [wenssəu'evə] *adv, conj (glds)* hvorfra end.

whenever [we'nevə] *adv, conj* når som helst (end), altid når; hver gang *(fx ~ he saw some old china, he wanted to buy it);* (spørgende:) hvornår i alverden?

whensoever [wensəu'evə] *adv, conj (glds)* når som helst (end), altid når.

where [wɛə] *adv, conj* hvor; *~ it's at* S hvor det foregår; hvad det drejer sig om; *~ are you going?* hvor skal du hen? *before you knew ~ you were* før man vidste et ord af det; *near ~* nær det sted hvor.

whereabouts ['wɛərə'bauts] *adv* hvor, hvor omtrent; *sb* ['wɛərəbauts] opholdssted *(fx we don't know his ~);* tilholdssted; beliggenhed.

where|as [wɛə'ræz] hvorimod, medens derimod; såsom, eftersom. **-at** [wɛə'ræt] hvorover, hvorved. **-by** [wɛə'bai] hvorved. **-fore** [wɛə'fɔ:] hvorfor; *the why and the -fore* grunden. **-in** [wɛə'rin] hvori. **-of** [wɛə'rɔv] hvoraf, hvorom, hvorfor. **-on** [wɛə'rɔn] hvorpå. **-soever** [wɛəsəu'evə] hvor end, hvorhen end. **-through** [wɛə'θru:] hvorigennem. **-to** [wɛə'tu:] hvortil. **-unto** [wɛərʌn'tu:] hvortil. **-upon** [wɛərə'pɔn] hvorpå, hvorefter.

wherever [wɛə'revə] *adv* hvor end, hvorhen end, hvor som helst, overalt hvor; (spørgende:) hvor (i alverden)?

wherewithal ['wɛəwiðɔ:l] *sb* (penge)midler; [wɛəwi'ðɔ:l] *pron (glds)* hvormed.

wherry ['weri] *sb* let robåd; bred pram.

whet [wet] *vb* hvæsse, slibe *(fx a knife),* skærpe; *(fig)* skærpe *(fx the appetite); sb* hvæssen, slibning; stimulering (af appetit *etc);* appetitvækker, aperitif, snaps.

whether ['weðə] *conj* enten, hvad enten; om *(fx I don't know ~ it is true);* hvorvidt; *pron (glds)* hvilken (af to); *I'll go ~ or no* jeg går i alle tilfælde *(el.* under alle omstændigheder); *~ or no you like it* (hvad)enten du synes om det eller ej; *tell me ~ or no* sig mig om du vil (, om det forholder sig således) eller ej.

whetstone ['wetstəun] *sb* slibesten; *(fig)* stimulans;

appetitvækker.
whew [hwu:] *interj* puh! pyh (ha)! nå da!
whey [wei] *sb* valle. **whey-faced** *adj* blegnæbbet.
which [witʃ] **1.** spørgende *pron* hvem, hvad, hvilken (, hvilket, hvilke) (af et bestemt antal); ~ *of you?* hvem af jer? **2.** *rel pron* som, der; hvad der; *he gave me nothing,* ~ *was bad* han gav mig intet, hvad der var slemt; *of* ~ hvis *(fx an aeroplane the pilot of* ~ *was killed).*
which|ever [witʃ'evə] *pron* hvilken end, hvilken som helst der. **-soever** [witʃsəu'evə] hvilken end.
whiff [wif] *sb* pust, duft, lugt; (ved rygning) drag; T lille cerut; *vb* dufte, lugte.
whiffle [wifl] *vb* sprede (med et pust); (om vind) komme stødvis; *(fig)* svinge, være ustadig.
Whig [wig] *sb* whig (medlem af det parti, der i 19. årh. udviklede sig til det liberale parti.
Whiggish ['wigiʃ] *adj* whig-.
I. while [wail] *sb* tid, stund; *conj* medens, så længe (som); selvom, skønt *(fx* ~ *he was not poor, he had not got much money); the* ~ imedens; *once in a* ~ en gang imellem; af og til; *in a little* ~ om kort tid; *a short* ~ *ago* for lidt siden; *make it worth his* ~ betale ham for det; bestikke ham; *was this worth* ~? var det umagen værd? ~ *there is life there is hope* så længe der er liv er der håb.
II. while [wail] *vb:* ~ *away the time* fordrive tiden, få tiden til at gå; drive tiden hen.
whilom ['wailəm] *adj (glds)* tidligere, fordum.
whilst [wailst] *conj* medens, så længe som.
whim [wim] *sb* grille, lune, indfald; *(glds:* i mineskakt) (hestetrukket) hejseapparat; *at* ~ når det faldt ham ind.
whimbrel ['wimbrəl] *sb zo* lille regnspove.
whimper ['wimpə] *vb* klynke; *sb* klynken.
whimsical ['wimzikl] *adj* lunefuld; snurrig, kuriøs.
whimsicality [wimzi'kæliti] *sb* lunefuldhed, snurrighed.
whimsy ['wimzi] *sb* lune, indfald; snurrighed, særhed; affekteret, let sentimental humor.
whin [win] *sb (bot)* tornblad.
whinchat ['wintʃæt] *sb zo* bynkefugl.
whine [wain] *vb* flæbe, klynke, jamre; (om hund) pibe; *sb* klynken, jamren, piben.
whinny ['wini] *vb* vrinske; *sb* vrinsken.
I. whip [wip] *vb* **1.** piske *(fx a horse, eggs);* prygle; **2.** T banke, klø (ɔ: besejre); **3.** snappe, rive; **4.** *(mar)* takle; **5.** (i syning) kaste over *(fx a seam);* **6.** fare, 'stikke' *(fx he -ped upstairs);* **7.** (om flag *etc)* piske, smælde; **8.** (i fiskeri) kaste;
~ **off** drive bort med pisken; ~ *the lid off a box* rive låget af en æske; *he -ped* **on** *her* han vendte sig lynsnart om mod hende; ~ **out** *an oath* udslynge en ed; ~ *out a revolver* lynhurtigt trække en revolver; ~ **up** *(fig)* piske op, opflamme; T få lavet (, stablet på benene, samlet) i en fart; ~ *up one's horse* få hesten i gang (ved at piske løs på den).
II. whip [wip] *sb* pisk; kusk; (ved jagt) pikør; *(parl)* indpisker (som samler partifæller til afstemning); skriftlig meddelelse fra indpiskeren om at møde til afstemning.
whipcord *sb* piskesnor; (stof:) whipcord; *adj* spændstig.
whiphand: *have the* ~ *of* have overtaget over.
whiplash ['wiplæʃ] *sb* piskesnert.
whipped cream flødeskum.
whipper-in ['wipə'rin] *sb* (ved jagt) pikør; *(parl)* indpisker (se *II. whip).*
whippersnapper ['wipəsnæpə] *sb* spirrevip, lille vigtigper.
whippet ['wipit] *sb* whippet (lille engelsk mynde).
whipping ['wipiŋ] *sb* pisk, prygl; *(fig)* nederlag; *(mar)* takling.
whipping| boy syndebuk, prygelknabe. ~ **cream** piskefløde. ~ **top** top.
whippoorwill ['wipuə'wil] *sb (am, zo)* whippoorwill-natravn.
whippy ['wipi] *adj* slank og bøjelig; spændstig.
whipround ['wipraund] *sb* T indsamling; *have a* ~ lade hatten gå rundt.
whipster ['wipstə] *sb* spirrevip, lille vigtigper.
whipstitch ['wipstitʃ] (især *am) vb* kaste over *(fx a seam); (bogb)* sidehæfte; *sb* kastesting; sidehæftning; T øjeblik.
whir [wə:] *vb* snurre, svirre; *sb* snurren, svirren.
whirl [wə:l] *vb* hvirvle, svinge, snurre, svirre; *sb* hvirvlen, (hurtigt) omløb; T hurtig tur; *give it a* ~ T gøre et forsøg; give det en chance; *live in a* ~ *of pleasures* leve i sus og dus; *in -s of snow* i fygende snevejr; *it set my head in a* ~ det fik det til at svimle *(el.* løbe rundt) for mig.
whirlabout ['wə:ləbaut] *sb* hvirvel.
whirligig ['wə:ligig] *sb* snurretop; karussel; *(fig)* hvirvel; *(zo)* hvirvler (et insekt).
whirlpool ['wə:lpu:l] *sb* strømhvirvel, malstrøm.
whirlwind ['wə:lwind] *sb* hvirvelvind; *sow the wind and reap the* ~ så vind og høste storm.
whirr = *whir.*
whish [wiʃ] *vb* suse, pibe, fløjte; *sb* susen, piben, fløjten.
whisk [wisk] *sb* visk, dusk; piskeris, pisker; strøg, strejf; *vb* viske, feje; piske *(fx eggs);* slå med (halen); (uden objekt) fare af sted; ~ *away* forsvinde i en fart; fjerne med et snuptag; snuppe; ~ *off* vifte *(el.* viske) væk; forsvinde *(el.* fare af sted) med, føre væk i en fart; snuppe.
whisker ['wiskə] *sb* knurhår; skæghår; (se *ogs whiskers); (fig)* hårsbred; *by a* ~ *(ogs)* kun lige akkurat.
whiskered ['wiskəd] *adj* med bakkenbarter, med kindskæg.
whiskers ['wiskəz] *sb pl* **1.** knurhår; **2.** bakkenbarter.
whiskey ['wiski] *sb* (især *am el.* irsk) whisky.
whiskified ['wiskifaid] *adj* T påvirket af whisky.
whisky ['wiski] *sb* whisky; ~ *and soda* sjus.
whisper ['wispə] *vb* hviske; ymte om; *sb* hvisken; hemmeligt vink. **whisperer** ['wispərə] *sb* sladderhank.
whist [wist] *interj* stille! hys! *sb* whist (kortspil).
whist drive whistturnering, (ofte =) præmiewhist.
whistle [wisl] *vb* fløjte, pibe, pifte, hvisle; *sb* fløjten, fløjt, pift, piben, hvislen; (instrument:) fløjte; *blow the* ~ *on* afsløre; sladre om; sætte en stopper for; *as clean as a* ~ fuldstændig ren, som blæst; *he may* ~ *for it* det kan han kigge i vejviseren efter; *blow the starting* ~ fløjte til afgang; (se også *II. wet).*
whistle blower embedsmand *etc* der afslører uheldige forhold.
whistle buoy *(mar)* fløjtetønde.
whistler ['wislə] *sb (zo, am)* murmeldyr; (om hest) lungepiber.
whistle-stop ['wisl'stɔp] *sb (am) (jernb)* trinbræt (ɔ: lille station); *(fig)* kort ophold under valgkampagne; ~ *tour* rundrejse til småbyer under valgkamp.
whistling swan *zo* pibesvane.
whit [wit] *sb: not a* ~ ikke en smule, ikke et gran, ikke det ringeste; *every* ~ aldeles, fuldkommen, i enhver henseende; *every* ~ *as great* i enhver henseende lige så stor.
Whit [wit] *adj* pinse-.
Whitaker ['witəkə].
white [wait] *adj* hvid, bleg; *(fig)* ren, pletfri, uskyldig; T reel, hæderlig, regulær; *vb (glds)* gøre hvid, hvidte; *sb* hvidt; hvidhed; (person:) hvid; (vin:) hvidvin; ~ *of egg* æggehvide; *the* ~ *of the eye* det hvide i øjet; ~ *out (typ)* udligne; spatiere, spærre; *a -d sepulchre* en

kalket grav (ɔ: en hykler).

white| alloy hvidmetal (imitation af sølv). ~ **ant** *zo* termit. ~ **ash** *(bot)* amerikansk ask. **-bait** småfisk (især sild); ret af småfisk. **-beam** *(bot)* akselbærrøn. ~ **bear** *zo* isbjørn. ~ **campion** *(bot)* aftenpragtstjerne. **-caps** *pl* skumklædte bølger.

Whitechapel ['waittʃæpl]: ~ *cart* tohjulet trækvogn.

white| coffee kaffe med fløde *el.* mælk. ~ **-collar workers** *pl* funktionærstanden. ~ **crow** *(fig)* sjældenhed. ~ **elder** *(bot)* hvidel. ~ **elephant** hvid elefant; *(fig)* besværlig (og bekostelig) ting at eje; kostbar men unyttig ting. ~ **-faced** *adj* bleg; med hvid blis. ~ **feather** se *l. feather.* ~ **fly** *zo* mellus. ~ **friar** karmelitermunk. ~ **frost** rimfrost. ~ **game** fjeldryper. ~ **goods** *pl* hårde hvidevarer. ~ **grouse** fjeldryper. ~ **-haired** *adj* hvidhåret; lyshåret; ~ *-haired boy (fig)* yndling, kæledægge.

Whitehall ['wait'hɔ:l] (gade i London med ministerierne); *(fig)* den engelske regering.

white|-handed *adj* med hvide hænder; uskyldig. ~ **heat** hvidglødhede. ~ **hope:** *their ~ hope* deres store håb, den de ser hen til. ~ **horses** *pl* skumklædte bølger, skumtoppe. ~ **-hot** *adj* hvidglødende.

White House: *the* ~ (USA's præsidentbolig); *(fig)* USA's præsident.

white| knight redningsmand; forsvarer. ~ **lead** [-'led] blyhvidt. ~ **lie** nødløgn. ~ **-lipped** *adj* med blege læber. ~ **-livered** ['waitlivəd] *adj* fej.

white| man hvid mand; T hæderligt menneske; *the ~ man's burden* den hvide races (kultur)mission. ~ **meat** hvidt kød (især af kylling, svin, kalv). ~ **metal** = ~ *alloy.*

whiten ['wait(ə)n] *vb* gøre hvid, blege; blive hvid, blegne.

white night søvnløs nat.

whitening ['wait(ə)niŋ] *sb* slæmmet kridt.

White Paper (mindre) hvidbog (med konkrete planer til regeringsforanstaltninger).

white| pine *(bot)* weymouthsfyr. ~ **poplar** *(bot)* sølvpoppel. ~ **slave** offer for hvid slavehandel. ~ **slaver** hvid slavehandler. ~ **spirit** mineralsk terpentin. ~ **spruce** *(bot)* hvidgran. ~ **-tailed (sea) eagle** *zo* havørn. **-thorn** *(bot)* hvidtjørn. **-throat** *zo* tornsanger; *lesser -throat* gærdesanger. ~ **trash** *(am)* (fattige hvide i Sydstaterne). **-wall** dæk med hvid ring.

whitewash ['waitwɔʃ] *sb* hvidtekalk; *(fig)* renvaskning; *(am* T*)* nederlag hvor taberen ikke scorer; *vb* hvidte; *(fig)* renvaske (ɔ: forsøge at rense en persons rygte); *(am* T*)* vinde over (en modstander) uden at han når at score; *be -ed (ogs)* slippe ud af sin gæld ved at erklære sig konkurs.

whitey ['waiti] *sb (am* S, *neds)* hvid; det hvide samfund.

whither ['wiðə] *adv, conj (glds)* hvorhen.

whithersoever [wiðəsəu'evə] *adv (glds)* hvorhen end.

whiting ['waitiŋ] *sb* slæmmet kridt; hvidtekalk; *zo* hvilling.

whitish ['waitiʃ] *adj* hvidlig.

whitleather ['witleðə] *sb* hvidgarvet læder.

whitlow ['witləu] *sb* bullen finger, bullenskab (i en finger), betændt neglerod.

Whit Monday 2. pinsedag.

Whitsun [witsn] *sb* pinse. **Whitsun|day** ['wit'sʌndi, 'witsn'dei] pinsedag. **-tide** pinse.

whittle [witl] *vb* snitte, skære; skrælle bark af; *(fig)* nedskære, beskære; ~ *down* skære ned, reducere.

whiz(z) [wiz] *vb* suse, pibe; *sb* susen, piben.

whizzbang ['wizbæŋ] *sb (mil.* S*)* granat (hvis passage gennem luften høres (omtrent) samtidig med at den eksploderer); kineser (fyrværkeri).

whiz(z) kid S vidunderbarn; (om forretningsmand) gulddreng; en der gør lynkarriere.

who [hu:] *pron* (spørgende:) hvem; (henførende:) som, der, hvem.

WHO *fk World Health Organization.*

whoa [wəu] *interj* prr! (til hest).

whodun(n)it [hu(:)'dʌnit] *sb* S kriminalroman.

whoever [hu(:)'evə] *pron* hvem der end, enhver som; (spørgende:) hvem i alverden?

whole [həul] *adj* hel *(fx a ~ glass); (glds,* bibelsk) rask; *sb* helhed, hele; *the ~ amount* hele beløbet; *the ~ of* hele, alle *(fx the ~ of the five years I was there); a ~ lot* en hel masse; *(up)on the ~* i det hele taget, i det store og hele.

whole|-coloured *adj* ensfarvet. **-food** biologisk dyrkede, ubehandlede fødevarer. ~ **gale** stærk storm. ~ **-hearted** *adj* hjertelig, uforbeholden, helhjertet. ~**-hogger** en som gør noget til bunds og uden forbehold. ~ **-length** (billede) i hel figur. **-meal** usigtet mel. **-meal bread** brød af usigtet mel. ~ **milk** sødmælk. ~ **number** helt tal.

wholesale ['həulseil] *adj, adv* en gros; i stor stil, masse- *(fx ~ murder); sell (by) ~* sælge en gros.

wholesale dealer, wholesaler ['həulseilə] *sb* grosserer.

wholesome [həulsm] *adj* sund, gavnlig.

wholly ['həulli] *adv* helt, aldeles, ganske.

whom [hu:m] *pron* hvem; som (afhængighedsform af *who).*

whoop [hu:p] *sb* råb(en), hujen; hiven (efter vejret); (ugles) tuden; *vb* huje, råbe; hive efter vejret; tude; *(am* T*)* sætte i vejret *(fx prices); ~ it up* S lave ballade; lave skæg, slå sig løs; bumle.

whoopee ['wu'pi:] *interj* hurra! juhu! *make ~* lave fest og ballade.

whoopee cushion *sb* pruttepude.

whooper swan *zo* sangsvane.

whooping cough ['hu:piŋkɔf] kighoste.

whoosh [wuʃ] *sb* susen; *vb* suse.

whop [wɔp] *vb* S give klø, tæske; *(fig)* banke (ɔ: besejre).

whopper ['wɔpə] *sb* S pragteksemplar, stor tamp *(fx that fish was a ~);* dundrende løgn.

whopping ['wɔpiŋ] *adv* S: *~ big* vældig stor, enorm.

whore [hɔ:] *sb (vulg)* hore, luder; *(glds)* skøge; *vb* hore; *go whoring after* (bibelsk:) bole med; *(fig)* jage efter *(fx wealth).*

whorl [wə:l] *sb* krans; vinding *(fx* af sneglehus).

whortleberry ['wə:tlberi] *sb (bot)* blåbær; *red ~* tyttebær.

whose [hu:z] *pron* hvis (ejefald af *who el. which).*

whosoever [hu:səu'evə] *pron* hvem der end, enhver som.

why [wai] *adv* hvorfor; *interj* ih! å! jamen; jo for; ved du hvad? *that was ~ he did it* det var derfor han gjorde det; *~ is it that* hvor(dan) kan det være at.

W.I. *fk West Indies; Women's Institute.*

wick [wik] *sb* væge, tande; (i curling) smalt mellemrum mellem modstandernes sten; *it gets on my ~* S det går mig på nerverne.

wicked ['wikid] *adj* ond, slet, syndig, ugudelig *(fx deed),* ondskabsfuld *(fx look, tongue, horse);* T uartig, slem *(fx a ~ little girl);* elendig *(fx weather);* S fantastisk.

wicker ['wikə] *sb* vidje; *adj* kurve- *(fx chair).*

wickerwork ['wikəwə:k] *sb* kurvefletning, kurvemagerarbejde.

wicket ['wikit] *sb* låge, halvdør; *(fx* ved billetkontor) luge; (i sluse) sluseklap; (i kricket) gærde; *(am)* kroketbue; (se *ogs sticky).*

wicketkeeper ['wikitki:pə] *sb* stokker, keeper (i kricket).

widdershins se *withershins.*

wide [waid] *adj* bred *(fx margin, river, road);* stor; vid *(fx the ~ world; ~ sleeves);* udstrakt; omfattende *(fx knowledge, reading);* S snedig, snu; *sb* (i kricket) forbier; *adv* bredt, vidt, langt; forbi, ved siden af *(fx the shot went ~);*

~ apart langt fra hinanden; *~ eyes* opspilede øjne; *far and ~* vidt og bredt; *open one's mouth ~* åbne munden højt; *be ~ of the mark* ramme helt ved siden af; (se ogs *berth*).

wide-awake ['waidə'weik] *adj* lysvågen; årvågen, vaks, på sin post; ['waidəweik] *sb* spejderhat.

wide ball (i kricket) forbier.

widely ['waidli] *adv* vidt *(fx different);* vidt og bredt; i vid udstrækning; i vide kredse, almindeligt *(fx it is ~ supposed that ...).*

widen [waidn] *vb* gøre bredere; blive bredere; udvide(s).

wide|-ranging *adj* vidtspændende; som når langt omkring *(fx discussion).* **-spread** ['waidspred] *adj* udbredt *(fx belief).*

widgeon ['widʒən] *sb zo* pibeand, blisand.

widget ['widʒət] *sb* dims, dingenot; indretning.

widow ['widəu] *sb* enke; *vb* gøre til enke (, enkemand).

widower ['widəuə] *sb* enkemand.

widowhood ['widəuhud] *sb* enkestand.

width [widθ] *sb* vidde, bredde; *(fig)* spændvidde.

wield [wi:ld] *vb* føre, håndtere, bruge *(fx an axe); (fig)* udøve *(fx power).*

wife [waif] *sb (pl wives)* hustru, kone.

wig [wig] *sb* paryk; *vb* S skælde ud.

wig| block parykblok. **-ged** [wigd] med paryk.

wigging ['wigiŋ] *sb* overhaling, irettesættelse.

wiggle [wigl] *vb* sno sig, sprælle, vrikke.

wiggy ['wigi] *adj (am* T) skør, sær, tosset.

wight [wait] *sb (glds)* menneske, person.

wigwam ['wigwæm] *sb* wigwam, indianerhytte.

wilco ['wilkəu] *interj* (i radio) indforstået.

I. wild [waild] *adj* vild *(fx animals, roses); (fig)* vild; afsindig *(fx laughter),* forrykt *(fx schemes);* hysterisk *(fx scenes);* larmende *(fx cheers);* rasende *(fx it made me ~ to listen to such nonsense);* letsindig *(fx young man);* (om område) uopdyrket, ubeboet *(fx country);* (om dyr) sky *(fx the deer are very ~); be ~ about* være vild efter; *run ~* vokse vildt, forvildes; *(fig)* løbe løbsk; (om barn) være uden røgt og pleje.

II. wild [waild] *sb* ødemark.

wild| arum *(bot)* dansk ingefær. **~ boar** *zo* vildsvin. **~ camomile** *(bot)* vellugtende kamille.

wildcat *sb* vildkat; *(am)* hasarderet *(el.* voveligt) foretagende; usikker prøveboring (efter olie), forsøgsboring; *adj* vovelig, hasarderet; forrykt, fantastisk; vild; *~ strike* vild strejke (ɔ: som ikke er godkendt af fagforeningen).

wild duck *zo* vildand.

wildebeest ['wildibi:st] *sb zo* gnu.

wilderness ['wildənəs] *sb* ødemark, vildmark, ørken; *(fig)* vildnis, jungle, virvar; *in the ~* T *(fig)* ude i den kolde sne; (om politisk parti) i opposition.

wild-eyed ['waildaid] *adj* med et vildt blik; fanatisk; fantastisk.

wildfire ['waildfaiə] *sb* st. elmsild; *like ~* lynsnart, som en løbeild; *sell like ~* gå af som varmt brød.

wild-goose chase meningsløst (, håbløst) foretagende; *go on a ~* løbe med limstangen.

wilding ['waildiŋ] *sb* vild vækst, vild frugt.

wild|life dyreliv. **~ oat** *(bot)* flyvehavre; *sow one's ~ oats (fig)* rase ud, løbe hornene af sig.

wile [wail] *sb* list, kneb, bedrag; *vb* lokke.

wilful ['wilf(u)l] *adj* egensindig, stivsindet, egenrådig; (om handling) forsætlig, overlagt.

I. will [wil] *vb (præt would)* vil; (om det sædvanemæssige) plejer at; kan *(fx thus he ~ sit for hours); you would!* det kunne ligne dig! det tænkte jeg nok! *you would, would you?* nå så det tror du? det ku' du li', hva'? *I would not know* det skal jeg ikke kunne sige; *I would point out* jeg tillader mig at gøre opmærksom på; *I would to God* Gud give; *that ~ be my father* det er vist *(el.* nok) min fader.

II. will [wil] *vb* testamentere *(fx ~ one's money to sby);* gennemføre ved en viljeanstrengelse *(fx I -ed it);* ville *(fx God -ed it).*

III. will [wil] *sb* vilje; testamente; *at ~* efter behag; efter forgodtbefindende, efter ønske, som det passer en; *at one's own sweet ~ = at ~; tenant at ~* (lejer *el.* forpagter med hvem der ikke foreligger aftale om lejemålets (, forpagtningens) varighed); *with a ~* af hjertens lyst, med fynd og klem; (se også *deed).*

Will [wil] *fk* **William** ['wiljəm].

willie ['wili] *sb* T tissemand.

willies ['wiliz] *sb pl* S: *it gives me the ~* det går mig på nerverne; det giver mig myrekryb.

willing ['wiliŋ] *adj* villig; *be ~ to* ville, være villig til (at); *God ~* om Gud vil.

will-o'-the-wisp ['wiləðəwisp] *sb* lygtemand.

willow ['wiləu] *sb (bot)* pil, piletræ; T (kricket)bat; *(tekn)* rivevolfe.

willow| grouse *zo* dalrype. **~ herb** *(bot)* gederams; dueurt. **~ tit** *zo* fyrremejse. **~ warbler** *zo* løvsanger.

willowy ['wiləui] *adj* pilebevokset; pileagtig, smidig og slank, smækker.

willpower ['wilpauə] *sb* viljestyrke.

willy-nilly ['wili'nili] *adj, adv* enten man vil eller ej.

I. wilt [wilt] *vb (glds): thou ~* du vil.

II. wilt [wilt] *vb* visne, tørre ind, (begynde at) hænge; (om tøj) blive slasket; *(fig)* sygne hen; miste modet; (med objekt) tørre, få til at visne *(etc).*

wily ['waili] *adj* listig, snu, forslagen.

wimp [wimp] *sb* S skvat, karklud, vatnisse.

wimple [wimpl] *sb* nonnes hovedlin.

I. win [win] *vb (won, won)* vinde, sejre; nå, komme *(fx across, free, loose);* (med objekt) vinde; vinde (sig) *(fx friends);* nå (frem til) *(fx the shore);* (i minedrift) udvinde; *~ out (am)* sejre; *~ over* få over på sin side, overtale; *~ through* kæmpe sig igennem (vanskelighed *etc); ~ to* nå til; *you ~! (ogs)* jeg giver fortabt *(el.* op).

II. win [win] *sb* sejr; gevinst.

wince [wins] *vb* fare sammen, krympe sig; *sb* nervøst ryk, smertelig trækning.

winch [win(t)ʃ] *sb* spil, lossespil; håndsving.

Winchester ['win(t)ʃistə].

I. wind [wind, *(poet* undertiden) waind] *sb* vind, blæst; åndedræt; *(fig)* tomme ord, mundsvejr, snak; *(med.)* vind (ɔ: tarmluft); *(mus.)* blæsere; *the four -s* de fire verdenshjørner;

break ~ slippe en vind, fjærte, fise; *get ~ of* få nys om; *get the ~ up* S blive bange; *get one's ~ back, get one's second ~* få vejret igen, få sin anden luft; *like the ~* som et lyn; *lose one's ~* tabe vejret; *put the ~ up sby* S skræmme en, jage en en skræk i livet; *raise the ~,* se *I. raise; the ~ rises* det begynder at blæse, vinden tager til; *take the ~ out of sby's sails* tage vinden ud af éns sejl, tage luven fra en; *(fig ogs)* tage brødet ud af munden på en, komme en i forkøbet;

(forb med præp) there is something **in** *the ~* der er noget i gære *(el.* under opsejling); *in the -'s eye, in the teeth of the ~* lige imod vinden; *hit sby in the ~* ramme en i hjertekulen; *sound in ~ and limb* fuldstændig sund og rask; *the ~* **of** *change (fig)* forandringens vind; *sail close* **to** *the ~* sejle tæt til vinden; *(fig)* være lige på grænsen; *cast (el. fling el. throw) to the -(s)* være ligeglad med, lade hånt om; *throw caution to the -s* sætte sig ud over alle forsigtighedshensyn.

II. wind [wind] *vb* få færten af *(fx the hounds -ed the fox);* vejre; få til at tabe vejret *(el.* pusten), tage pusten fra; lade puste ud *(fx ~ the horses); get -ed* tabe vejret *(el.* pusten), blive forpustet.

III. wind [waind] *vb (wound, wound)* vinde, sno; vikle; spole; (med tråd *etc)* omvikle, bevikle; (om håndtag) dreje; (om ur *etc)* trække op; (uden objekt) sno sig, bugte sig;

~ *down* nedtrappe; (uden objekt) løbe ud; slappe af; ~ *off* vikle af; vinde af; ~ *up* vinde op; *(fx* om ur) trække op; *(fx* om fjeder) spænde; *(fig)* slutte; afvikle, opgøre, afslutte, likvidere *(fx a business).*

IV. wind [waind] *sb* snoning, bugt, drejning.

windage ['windidʒ] *sb* (projektils) afdrift (på grund af vinden).

wind|bag ['win(d)bæg] *sb* ordgyder, vindbøjtel; (til sækkepibe) (blæse)sæk. **-bound** *adj* opholdt af modvind. **-break** læskærm, læsejl; (af træer *etc)* læbælte. **-breaker** *(am)* = *-cheater.* **-burn** (rød og øm hud fremkaldt af skarp vind). **-cheater** vindjakke. ~ **cone** vindpose. ~ **egg** vindæg.

Windermere ['windəmiə].

wind|fall ['win(d)fɔ:l] *sb* nedblæst frugt, nedfaldsfrugt; *(fig)* uventet held, uventet fordel (, indtægt); *(am)* vindfælde. ~ **farm** vindmøllepark. **-flower** *(bot)* anemone. ~ **gauge** vindmåler. **-hover** ['windhɔvə] *zo* tårnfalk.

winding ['waindiŋ] *sb* omdrejning, bøjning; (be)vikling, spoling; snoning; bugt; *adj* snoet, bugtet; snørklet.

winding| sheet liglagen. ~ **staircase** vindeltrappe.

winding-up *sb* afslutning, afvikling, likvidation.

wind| instrument ['wind-] blæseinstrument. **-jammer** ['winddʒæmə] stort hurtigsejlende sejlskib. **-lass** ['windləs] spil (med vandret aksel), brøndvinde; *(mar)* ankerspil. **-less** [-ləs] *adj* uden vind, stille. ~ **lever** ['waind-] *(fot)* optræk. **-mill** ['win(d)mil] vejrmølle, mølle.

window ['windəu] *sb* vindue.

window| box altankasse. ~ **dressing** vinduespyntning; *(fig)* (vindues)pynt, staffage, camouflage; det at pynte på et regnskab *etc.* ~ **envelope** rudekuvert. ~ **ladder** *(gymn)* rudestige. **-pane** rude. ~ **-shopping:** *go ~ -shopping* se på butiksvinduer. **-sill** vindueskarm.

wind|pipe ['win(d)paip] *sb (anat)* luftrør. ~ **-rode** *adj (mar)* vindret. **-screen** (i bil) forrude, frontrude, vindspejl; (i ærme) vindfang; *-screen washer* sprinkler, vindspejlsvasker; *-screen wiper* vinduesvisker. **-shield** *(am)* = *-screen.* ~ **sock** vindpose.

Windsor ['winzə]. **Windsor knot** (bred slipsknude).

wind|swept ['windswept] *adj* forblæst, stormomsust, stormpisket. **-tight** *adj* vindtæt. ~ **tunnel** vindkanal.

windup ['waindʌp] *sb (am)* afslutning; afvikling.

windward ['windwəd] *adj (mar)* på vindsiden, i luvart; *sb* luvart, vindside; *get to ~ of* tage luven fra, *(fig ogs)* vinde fordel over; *the Windward Islands* (en gruppe af de små Antiller).

windy ['windi] *adj* blæsende; *(fig)* ordrig, skvaldrende, opblæst, tom; S nervøs, bange.

wine [wain] *sb* vin; *vb* drikke vin; beværte med vin; *take ~ with* skåle med.

wine|bag vinsæk; S drukkenbolt. **-bibber** vindranker. ~ **cask** vinfad. ~ **cooler** vinkøler. **-cup** vinpokal, vinbæger. **-grower** vinavler. ~ **gum** vingummi. ~ **list** vinkort. ~ **merchant** vinhandler.

winery ['waineri] *sb* vingård, vinfarm.

I. wing [wiŋ] *sb* vinge; (af hus, dør, hær, parti) fløj; (på stol) øreklap; (i fodbold) wing; (på teater) sidekulisse; (på bil) skærm; *(flyv)* bæreplan; *(mil.)* flyverafdeling; *(am)* flyveregiment; ~ *of the nostril* næsefløj;

clip the -s of stække; *get one's -s* få flyvercertifikat; *in the -s (fig)* i kulissen; *on the ~* i flugten; under opbrud, ved at tage af sted; *take ~* flyve op; flygte; *take under one's ~ (fig)* tage under sin beskyttelse.

II. wing [wiŋ] *vb* bevinge; give fart; flyve over; (om fugl) vingeskyde, (om person) såre i armen, *(flyv)* skyde ned; (uden objekt) flyve; ~ *it (am* T) ekstemporere, improvisere.

wing|beat vingeslag. ~ **case** *zo* dækvinge. ~ **chair** øreklapstol. ~ **collar** *(glds)* knækflip. ~ **commander** *(flyv)* oberstløjtnant.

winged armchair øreklapstol.

wing| mirror (på bil) sidespejl (på forskærm). ~ **nut** fløjmøtrik. **-span, -spread** vingefang.

I. wink [wiŋk] *vb* blinke (med ét øje); glimte, funkle; ~ *at* blinke til; se gennem fingre med.

II. wink [wiŋk] *sb* blink, tegn (med øjnene); blund; *forty -s* en lille lur; *I didn't sleep a ~* jeg lukkede ikke et øje.

winkers ['wiŋkəz] *sb pl* T blinklys (på bil).

winking ['wiŋkiŋ] *sb* blinken; glimten, funklen; *as easy as ~* T så let som ingenting; *like ~* T som et lyn, som en mis.

winkle [wiŋkl] *sb zo* strandsnegl; *vb: ~ out* pille ud, lirke ud, hale ud, tvinge til at komme frem.

winklepickers, winklepicker shoes *pl* meget spidse sko.

winner ['winə] *sb* vinder, sejrherre; vinderkort; *every shot a ~* gevinst hver gang.

Winnie (kort form af) *Winifred; Winston (Churchill); ~ the Pooh* Peter Plys.

winning ['winiŋ] *adj* vindende, indtagende. **winning post** (i sport) mål. **winnings** ['winiŋz] *sb pl* gevinst.

winnow ['winəu] *vb* rense (korn for avner); *(fig)* udskille, sigte.

winnower, winnowing machine *(agr)* renseblæser.

wino ['wainəu] *sb* S vindranker.

winsome ['winsəm] *adj* vindende, indtagende, tiltalende; yndig, vakker.

winter ['wintə] *sb* vinter; *vb* overvintre, tilbringe vinteren; vinterfodre; opbevare for vinteren.

winter| aconite *(bot)* erantis. ~ **apple** vinteræble. ~ **garden** vinterhave. **-green** *(bot)* gaultheria, vintergrøn; *oil of -green* vintergrøntolie. ~ **quarters** *pl* vinterkvarter. ~ **savory** *(bot)* vintersar.

wintry ['wintri] *adj* vinter-, vinterlig; *(fig)* kølig, kold.

winy ['waini] *adj* vinagtig, vin-; oprømt (af vin).

I. wipe [waip] *vb* tørre *(fx one's eyes),* tørre af, tørre over; ~ *his eye* S snyde ham, komme ham i forkøbet; *we -d the floor with them* S vi tværede dem ud; de fik ikke et ben til jorden; ~ *off* tørre af; viske ud; fjerne; ~ *out* tørre indvendig; viske ud *(fx a mark);* fjerne; slå en streg over; udslette, helt tilintetgøre *(fx the town was completely -d out); -d out* S fuld; skæv, ~ *up* tørre op.

II. wipe [waip] *sb* aftørring; (i film) wipe; maskeblænde; *I fetched him a ~ (glds* S) jeg langede ham en.

wipe-out ['waipaut] *sb* ødelæggelse, tilintetgørelse, udslettelse.

wiper ['waipə] *sb* visker.

wire ['waiə] *sb* (metal)tråd, ledningstråd, telegraftråd; wire, vire; T telegram; *vb* fæste, binde sammen (, op) med ståltråd; trække ledninger i; trække (perler) på tråd; fange (dyr) i snare; T telegrafere; ~ *a house for electric light* installere elektricitet i et hus; *pull (the) -s (fig)* trække i trådene.

wirecutter bidetang.

wired [waiəd] *adj* bundet med ståltråd; forsynet med ledninger; med ståltrådshegn; *(am* S) ophidset; nervøs; ~ *on* afhængig af, på *(fx he is ~ on heroin); ~ glass* trådglas; ~ *tyre* kanttrådsdæk.

wire| edge (på skæreredskab) råæg. ~ **entanglement** pigtrådsspærring. ~ **gauge** ['waiəgeidʒ] trådmål, trådlære. ~ **gauze** ['waiəgɔ:z] trådvæv. ~ **glass** trådglas. **-hair** *(am)* = ~ **-haired terrier** ruhåret terrier.

wireless ['waiələs] *adj* trådløs *(fx ~ telegraphy); sb* radio, radiomodtager; trådløs telegrafi, trådløs telefoni; *by ~* pr. radio; *(hear) on the ~* (høre) i radio.

wireless| operator radiotelegrafist. ~ **set** radioapparat. ~ **station** radiostation.
wire| netting trådnet, ståltrådshegn. ~ **-puller** en der trækker i trådene. ~ **-pulling** *sb* trækken i trådene. ~ **rope** ståltov. ~ **stripper** afisoleringstang. **-tapping** (telefon)aflytning. **-worm** *zo* trådorm; smælderlarve.
wiring ['waiəriŋ] *sb* ledningsnet, ledninger; installation, ledningsinstallation.
wiry ['waiəri] *adj* ståltråds-, som ståltråd; sej, senestærk.
Wis(c). *fk Wisconsin.*
wisdom ['wizd(ə)m] *sb* visdom, klogskab; *the conventional* ~ den traditionelle opfattelse, den herskende opfattelse på bjerget.
wisdom tooth visdomstand.
I. wise [waiz] *adj* vis, forstandig, klog; *vb:* ~ *up to* S give besked om, advare om; blive klar over; *be (, get)* ~ *to* S være (, blive) klar over; *put sby* ~ *to* sætte en ind i; advare en om.
II. wise [waiz] *sb (glds)* vis, måde; *(in) no* ~ på ingen måde; *on this* ~ på denne måde.
wiseacre ['waizeikə] *sb* selvklog dumrian; *he is a* ~ *(ogs)* han er så pokkers klog.
wisecrack ['waizkræk] *sb* T kvik *el.* morsom bemærkning, vittighed, vits; *vb* komme med kvikke bemærkninger *(etc).*
wise| guy S bedrevidende fyr, Karl Smart. ~ **woman** klog kone.
wish [wiʃ] *sb* ønske; *vb* ønske, ville gerne; ~ *for* ønske (sig), nære ønske om; *have one's* ~ få sit ønske opfyldt; *I* ~ *(that)* jeg ville ønske at, gid, bare; *I* ~ *to God (el. Heaven)* Gud give; ~ *on* prakke på, påtvinge; ~ *him well* ville ham det godt.
wishbone gaffelben, ønskeben (på fugl).
wishful ['wiʃf(u)l] *adj* ønskende, længselsfuld; ~ *to* ivrig efter at; ~ *thinking* ønsketænkning.
wish-wash ['wiʃwɔʃ] *sb* T tyndt sprøjt, pøjt.
wishy-washy ['wiʃiwɔʃi] *adj* T tynd *(fx tea); (fig)* tyndbenet, pjattet *(fx talk);* (om person) skvattet, pjokket, veg.
wisp [wisp] *sb* visk *(fx* halm), tot *(fx* græs); tjavs; dusk; (om person) splejs; ~ *of smoke* røgfane.
wispy ['wispi] *adj* tottet, tjavset; pjusket.
wistaria [wi'stɛəriə] *sb (bot)* blåregn.
wistful ['wistf(u)l] *adj* tankefuld; længselsfuld; vemodig.
I. wit [wit] *vb: to* ~ nemlig.
II. wit [wit] *sb* intelligens, forstand, kløgt; vid, åndfuldhed; (om person) vittigt hoved; *have a ready* ~ være slagfærdig;
-s *pl* intelligens, forstand, kløgt; *have quick (, slow) -s* være hurtig (, langsom) i opfattelsen; *have one's -s about one* være vågen; *be at one's -s' end* ikke vide sine levende råd; *live by one's -s* lave fiduser, leve af hvad der tilfældigt byder sig, fægte sig frem; *frighten sby out of his -s* skræmme en fra vid og sans.
witch [witʃ] *sb* heks; *zo* skærising; *vb* forhekse, fortrylle.
witch|craft ['witʃkra:ft] *sb* hekseri, trolddom, tryllekunster. ~ **doctor** heksedoktor, medicinmand.
witchery ['witʃəri] *sb* hekseri, fortryllelse.
witch|-hazel *(bot)* troldnød. ~ **-hazel bark** hamamelisbark. ~ **-hunt** heksejagt; hetzkampagne.
witenagemot ['witənəgi'məut] *sb* oldengelsk rigsforsamling.
with [wið] *præp* med *(fx walk* ~ *sby, strike sby* ~ *a stick);* sammen med; hos *(fx I am staying* ~ *friends);* af *(fx wet* ~ *dew; dying* ~ *hunger);* trods *(fx* ~ *all his wealth he is unhappy); angry (, cross, furious, offended)* ~ vred (, sur, rasende, fornærmet) på; *I am entirely* ~ *you in this* jeg holder ganske med dig i denne sag; *be* ~ *it* T være vaks, være smart, være med på noderne; *he is no longer* ~ *us* han er ikke længere blandt os *(el.* blandt de levendes tal); *fight* ~ slås med; kæmpe sammen med; *live* ~ bo hos; leve sammen med.
withal [wi'ðɔ:l] *adj, præp (glds)* med; desuden, også, tillige.
withdraw [wið'drɔ:] *vb* trække tilbage *(fx troops);* trække bort; trække *(el.* tage) til sig *(fx one's hand);* inddrage *(fx a sentry, a lightship, banknotes);* (i bank) hæve; *(fig)* inddrage *(fx a permission, a pension);* tilbagekalde *(fx a promise),* tage tilbage *(fx a remark),* trække tilbage *(fx an accusation),* frafalde;
(uden objekt) trække sig tilbage; udtræde *(from* af); tage sine ord tilbage *(fx he called the man a traitor and refused to* ~*); (parl)* trække sit forslag tilbage.
withdrawal [wið'drɔ:əl] *sb* tilbagekaldelse, inddragelse, udtræden; *(mil.)* tilbagetrækning, tilbagetog.
withdrawal symptoms *pl (med.)* abstinensymptomer; T abstinenser.
withdrawn [wið'drɔ:n] *adj (fig)* indadvendt, indesluttet.
withe [wiθ, wið, waið] *sb* vidje(bånd).
wither ['wiðə] *vb* visne; (med objekt) få til at visne; *(fig)* tilintetgøre, bringe til tavshed. **withering** ['wið(ə)riŋ] *adj* knusende, tilintetgørende.
withers ['wiðəz] *sb pl* rygkam *(fx* på en hest); *my* ~ *are unwrung* det rører mig ikke det bitterste.
withershins ['wiðəʃinz] *adv* imod solens retning, avet om.
withhold [wið'həuld] *vb* holde tilbage, nægte; ~ *from (ogs)* forholde *(fx* ~ *information from him);* ~ *tax* fradrage skat (fra løn).
withholding tax (især *am)* kildeskat.
within [wi'ðin] *præp* inden i *(fx the building);* inden for *(fx hearing* hørevidde); inden (udløbet af) *(fx two hours); adv (glds)* indenfor *(fx inquire* ~*);* indvendig *(fx* ~ *and without);* inden døre, hjemme;
~ *doors* inden døre; ~ *this half-hour* for mindre end en halv time siden; om mindre end en halv time; *live* ~ *one's income* sætte tæring efter næring; ~ *limits* inden for visse grænser; ~ *three miles of the hospital* mindre end tre *miles* fra hospitalet; *a task well* ~ *his powers* en opgave der på ingen måde overstiger hans evner; *from* ~ indefra.
with-it ['wiðit] *adj* T vaks, smart, med på noderne.
without [wi'ðaut] *præp* uden *(fx* ~ *doubt); adv (glds)* udenfor *(fx he stands* ~*); from* ~ udefra.
withstand [wið'stænd] *vb* modstå, modarbejde.
withy ['wiði] *sb* vidje(bånd); *(bot)* båndpil.
witless ['witləs] *adj* uforstandig, uintelligent, tåbelig.
witness ['witnəs] *sb* vidnesbyrd; (om person) vidne, *(mht* dokument) vitterlighedsvidne; *vb* være vidne til, se; *(fig)* bevidne, vidne om; (indledende et argument, *omtr)* jævnfør, se (blot) *(fx this is impossible,* ~ *the recent attempts);* (uden objekt) vidne; ~ *to* bevidne, bekræfte; ~ *Heaven! (glds)* Gud er mit vidne! *in* ~ *whereof* og til bekræftelse heraf.
witness| box vidneskranke. ~ **stand** *(am)* = ~ *box.*
witticism ['witisizm] *sb* vittighed, vits.
wittingly ['witiŋli] *adv* bevidst, med fuldt vidende.
witty ['witi] *adj* vittig, åndrig, åndfuld.
wizard ['wizəd] *sb* troldmand, heksemester; *adj* T storartet, mægtig fin.
wizardry ['wizədri] *sb* hekseri, trolddom.
wizened [wiznd] *adj* runken, indskrumpet, sammenskrumpet, mager, indtørret.
Wm. *fk William.*
WNW *fk west north west.*
wo [wəu] *interj* prr! (til heste), stop!
woad [wəud] *sb* vajd (plante, farvestof).
wobble [wɔbl] *vb* slingre, rokke, blævre, ryste, vakle; *sb* slingren, rokken, vaklen; usikkerhed, ustadighed;

(tekn) slør.

wobbler ['wɔblə] *sb* vaklevorn person; (til fiskeri) wobbler.

wobbly ['wɔbli] *adj* usikker, vaklevorn.

Wodehouse ['wudhaus].

Woden [wəudn] Odin.

wodge [wɔdʒ] *sb* T humpel, klump; (om person) stort brød.

woe [wəu] *sb* ve, smerte, sorg, ulykke, elendighed; *interj* ve! ~ *is me* ve mig, ak desværre; ~ *(be) to him*, ~ *betide him!* ve ham!

woebegone ['wəubigɔn] *adj* fortvivlet, ulykkelig; bedrøvelig. **woeful** ['wəuf(u)l] *adj* sørgmodig, ulykkelig, sørgelig, elendig.

wog [wɔg] *sb* S *(neds* betegnelse for mørkhudet udlænding; *omtr)* fejlfarve.

wok [wɔk] *sb* wok (kinesisk gryde).

woke [wəuk] *præt* og *pp* af *wake*.

wold [wəuld] *sb* udyrket, åben og højtliggende landstrækning.

wolf [wulf] *sb (pl wolves* [wulvz]) ulv; T buk (ɔ: skørtejæger); *vb* hugge i sig, sluge grådigt; *have a ~ by the ears (fig)* ɔ: være i en farlig stilling; *cry* ~ gøre falsk alarm; *keep the ~ from the door* holde sulten fra døren; *a ~ in sheep's clothing* en ulv i fåreklæder.

wolf| call piften efter en pige. ~ **cub** ulveunge. **-fish** *zo* havkat.

wolfish ['wulfiʃ] *adj* ulveagtig, ulve-; *(fig)* grådig, grisk, glubsk.

wolfsbane ['wulfsbein] *sb (bot)* stormhat.

wolf whistle = *wolf call*.

Wolsey ['wulzi].

wolverene, wolverine ['wulvəri:n] *sb zo* jærv.

wolves [wulvz] *sb pl af* wolf.

woman ['wumən] *sb (pl women* ['wimin]) kvinde, voksen kvinde *(fx my daughter will soon be a ~)*, dame; kone *(fx my good ~)*; *old* ~ (om mand) gammel kælling; *play the* ~ vise sig umandig; *born of* ~ dødelig; (se også *honest)*.

woman| doctor kvindelig læge. **-hood** kvindelighed, kvinder. **-ish** *adj (neds)* kvindagtig. **-ize** *vb* gøre kvindagtig; T være skørtejæger. **-kind** kvindekønnet, kvinderne. **-ly** *adj* kvindelig.

womb [wu:m] *sb* livmoder, moderskød; *in the ~ of time* i fremtidens skød.

wombat ['wɔmbət] *sb zo* vombat.

women ['wimin] *sb pl* af *woman; Women's Lib* (bevægelse der kæmper for kvindernes frigørelse).

womenfolk ['wiminfəuk] *sb* kvindfolk; *one's ~ (glds)* de kvindelige medlemmer af ens husstand (, familie).

won [wʌn] *præt* og *pp* af *win*.

I. wonder ['wʌndə] *sb* under, vidunder, underværk, mirakel; *(cf II. wonder)* undren; (se også *nine); how in the name of ~!* hvordan i alverden! *for a ~* underligt nok; *it's a ~ that he refused* det er underligt at han sagde nej; *signs and -s* tegn og undergerninger; *work (el. do) -s* gøre underværker.

II. wonder ['wʌndə] *vb* undre sig, undres, forundre sig; (foran bisætning) undre sig over *(fx I ~ that he refused)*; spekulere på *(el.* over) *(fx he -ed what had happened); I* ~ jeg gad vide; mon? *I ~ whether she will come* mon hun kommer; Gud ved om hun kommer.

wonderful ['wʌndəf(u)l] *adj* vidunderlig, forunderlig.

wonderland ['wʌndəlænd] *sb* eventyrland.

wonderment ['wʌndəmənt] *sb* undren; forundring.

wonder-worker ['wʌndəwə:kə] *sb* mirakelmager.

wondrous ['wʌndrəs] *adj* vidunderlig; *adv* vidunderlig(t); såre.

wonky ['wɔŋki] *adj* T vakkelvorn, skrøbelig, upålidelig; (om person) mat i sokkerne, sløj, slatten.

wont [wəunt] *adj* vant *(fx he is ~ to walk)*; *sb* sædvane, skik.

won't [wəunt] *fk will not*.

wonted ['wəuntid] *adj* sædvanlig, vant *(fx my ~ place)*.

woo [wu:] *vb* bejle til, fri til; fri.

wood [wud] *sb* skov; træ, ved; brænde; (til vin, øl) fad; *the ~ (mus.)* træblæserne; *he cannot see the ~ for the trees* han kan ikke se skoven for bare træer; *beer from the ~* øl fra fad; *be out of the ~ (fig)* have overstået vanskelighederne; *don't halloo till you are out of the ~* glæd dig ikke for tidligt.

wood| alcohol træsprit. ~ **anemone** *(bot)* hvid anemone. ~ **ant** *zo* skovmyre. **-bin** brændekasse. **-bine** ['wudbain] *(bot)* kaprifolium; *(am)* vildvin; *Woodbine* (billig cigaret). **-block** træklods, træblok. **-carver** billedskærer. **-chat (shrike)** *zo* rødhovedet tornskade. ~ **chisel** stemmejern. **-chuck** ['wudtʃʌk] *(am) zo* skovmurmeldyr. **-cock** *zo* skovsneppe. **-craft** skovkyndighed. **-cut** træsnit. **-cutter** brændehugger; træskærer.

wooded ['wudid] *adj* skovbevokset, skovrig.

wooden [wudn] *adj* træ-, af træ; *(fig)* stiv, klodset; knastør; udtryksløs; *a ~ stare* et stift blik.

wooden|head dumrian, kødhoved. ~ **-headed** tykhovedet.

wood| fibre vedtave. ~ **hyacinth** *(bot)* klokkehyacint. ~ **ibis** *zo (am)* skovibis. **-land** skovstrækning; skov-. **-lark** hedelærke. ~ **louse** *zo* bænkebider. **-man** skovarbejder. **-pecker** *zo* spætte; *green ~* grønspætte.

wood| pigeon ringdue. **-pile** brændestabel; (se *ogs nigger)*. ~ **pimpernel** *(bot)* lund-fredløs. ~ **pulp** træmasse. **-ruff** ['wudrʌf] *(bot)* skovmærke. ~ **sandpiper** *zo* tinksmed. **-shed** brændeskur. **-skin canoe** barkkano. ~ **sorrel** *(bot)* skovsyre. ~ **spirit** træsprit. ~ **spoon** = *booby prize*. ~ **tar** trætjære. ~ **thrush** *zo (am)* skovdrossel. ~ **tick** *zo* skovflåt. ~ **warbler** *zo* skovsanger. ~ **wasp** *zo* træhveps. **-wind** ['wudwind] træblæseinstrumenter, træblæsere. **-work** træværk; træarbejde, sløjd.

woody ['wudi] *adj* skovrig; skov-; træagtig; ~ *plant* vedplante.

woodyard ['wudja:d] *sb* tømmerplads.

wooer ['wu:ə] *sb* bejler, frier.

woof [wu:f] *sb* islæt (i vævning).

woofer ['wu:fə] *sb* bashøjttaler.

wool [wul] *sb* uld, uldgarn; uldhår; uldent tøj; S hår; *keep your ~ on!* bare rolig; ikke hidsig! *lose one's ~* blive gal i hovedet, ryge i flint; *pull the ~ over sby's eyes* stikke en blår i øjnene; (se også *II. cry* og *dye)*.

wool| clip årsproduktion af uld. ~ **fat** lanolin. **-gathering** *adj* drømmende, adspredt; *sb* adspredthed, åndsfraværelse, drømmerier; *go -gathering* gå i giftetanker. **-grower** uldproducent. **-growing** uldproduktion.

woollen ['wulən] *adj* uld-, ulden; *sb* uldent stof, uldtøj; *-s pl (ogs)* uldvarer, strikvarer; ~ *draper* uldvarehandler; ~ *yarn* kartegarn, strøggarn.

woolly ['wuli] *adj* ulden, uld-; uldagtig, uldhåret; *(fig)* forvirret, uklar, tåget; *sb woollies pl* strikket tøj, uldent tøj, *(am)* uldent undertøj.

woolly| bear *zo* larve af bjørnespinder. ~ **-headed** *adj* uldhåret; *(fig)* = **-minded** *adj* forvirret, uklar, tåget.

woolsack ['wulsæk] *sb* uldsæk; *the ~* lordkanslerens sæde i Overhuset.

Woolwich ['wulidʒ].

woozy ['wu:zi] *adj* S omtåget; tåget, forvirret.

Wop [wɔp] *sb (am, neds)* italiener, 'spaghetti'.

Worcester ['wustə].

I. word [wə:d] *sb* ord; løfte; besked *(fx send him ~ that* (om at); ~ *came that)*; (især *mil.)* kommando, ordre *(fx give ~ to attack)*; feltråb; *-s* (også) tekst; *the Word (rel)* Guds ord; ordet;

eat one's -s tage sine ord i sig igen; *fair -s* fagre ord; *be as good as one's ~* holde (sit) ord; *break (, keep) one's ~* bryde (, holde) sit ord; *have -s* skændes *(with* med); *the last* ~, se *II. last; put in (el. say) a good* ~ *for* lægge et godt ord ind for; *take him at his* ~ tage ham på ordet; *take his* ~ *for it* tro ham på ordet *(el.* hans ord);

(med *præp)* **by** ~ *of mouth* mundtlig; ~ **for** ~ ord for ord; ordret; ord til andet; *hungry is just the* ~ *for it* sulten er netop ordet; **in** *a* ~ kort sagt; *in other -s* med andre ord; *in so many -s* kort og godt; rent ud; **upon** *my* ~ på (min) ære, minsandten; nu har jeg aldrig kendt så galt; *a play upon -s* et ordspil; *a* ~ **with** *you!* åh, et øjeblik! *can I have a* ~ *with you?* må jeg tale et par ord med Dem? *have -s with* skændes med.

II. word [wəːd] *vb* affatte, formulere.

wordage ['wəːdidʒ] *sb* ord; antal ord.

wording ['wəːdiŋ] *sb* ordlyd, affattelse, udtryksmåde, formulering.

word|less [-ləs] *adj* tavs. ~ **order** *(gram.)* ordstilling. ~ **-painting** = ~ *picture.* ~ **-perfect** *adj: be* ~ *-perfect* kunne sin rolle *(etc)* på fingrene. ~ **picture** malende beskrivelse. **-play** leg med ord, ordspil. ~ **processing** tekstbehandling. ~ **processor** tekstbehandlingsanlæg. ~ **splitting** ordkløveri.

Wordsworth ['wəːdzwə(ː)θ].

wordy ['wəːdi] *adj* ordrig; snakkesalig.

wore [wɔː] *præt* af *wear.*

I. work [wəːk] *sb* arbejde; gerning *(fx good -s; -s of mercy* barmhjertighedsgerninger; *the devil and all his -s);* værk *(fx a new* ~ *by the famous master; the -s of Byron);* noget man arbejder med, sytøj *(etc);*

-s *pl (ogs)* -værk, fabrik *(fx ironworks);* værk *(fx* i et ur); *(mil.)* forsvarsværker, befæstning; *public -s* offentlige arbejder; **the** *-s* S alt hvad der hører sig til, hele molevitten; *get the -s* S blive mishandlet på alle mulige måder; blive myrdet; *give him the -s* S fortælle ham det hele; gøre det af med ham, skyde ham ned; gennemprygle ham, mishandle ham på det groveste;

(med *præp)* **at** ~ i (, på) arbejde, ved arbejdet; i gang; *(fig)* på færde; *that's all* **in** *the day's* ~ det må man tage med; det er vi så vant til; *be in the -s (am* S) være under forberedelse; være på trapperne; *Ministry* **of** *Works* ministerium for offentlige arbejder; *piece of* ~ stykke arbejde; *he is a nasty piece of* ~ han er en skidt fyr; **out of** ~ arbejdsløs; *get (el. set)* **to** ~ gå i gang; (se også *II. cut, I. short).*

II. work [wəːk] *vb (-ed, -ed; glds: wrought, wrought)* **1.** arbejde *(fx* ~ *hard);* have arbejde *(fx in a factory);* **2.** fungere, virke *(fx the bell is not -ing);* **3.** bane sig vej *(fx* ~ *through the forest);* arbejde sig *(fx* ~ *loose);* **4.** (om væske) gære;

(med objekt) **5.** drive *(fx a farm);* **6.** lade arbejde, få til at arbejde; 'tumle' *(fx* ~ *one's servants);* **7.** udnytte *(fx an invention);* **8.** bevirke *(fx* ~ *changes);* udrette, gøre *(fx* ~ *wonders);* anrette *(fx the destruction wrought by the fire);* **9.** brodere *(fx one's initials on sth);* **10.** (om arbejdsstykke *etc)* bearbejde, forarbejde; (om dej, ler) ælte;

it doesn't ~ T den går ikke; *I'll* ~ *it if I can* S jeg skal se om jeg kan klare den; ~ *one's men too hard* køre sine folk for hårdt; ~ *the tides* udnytte tidevandet; ~ *a tooth loose* vrikke en tand løs; ~ *a typewriter* skrive på maskine; ~ *one's way (forward)* arbejde sig frem;

(forb med *præp* og *adv)* ~ **against** modarbejde; *they -ed against time* de arbejdede forceret; det var et kapløb med tiden; ~ **at** arbejde med *(el.* på); ~ **in** få anbragt; få placeret, få indpasset; ~ **into** arbejde sig ind i; indarbejde i; få lirket (, maset) ind i (, ned i); ~ *oneself into a rage* arbejde sig op til raseri; ~ **off** afsætte, komme af med; få brugt *(fx superfluous energy);* få til side; ~ *off one's annoyance (, irritation etc) on sby* afregere på én; ~ **on** arbejde med *(el.* på); påvirke; ~ **out** arbejde på; udregne, beregne; finde ud af; udarbejde, udvikle, planlægge; udtømme *(fx a mine);* (uden objekt) lykkes, blive til noget; udvikle sig; (i sport) træne; *it -s out at £10* det bliver £10; *I have -ed it out at £10* jeg har fået *(el.* beregnet) det til £10; ~ **to** *rule* arbejde efter reglerne, arbejde under streng overholdelse af alle reglementer (ɔ: som en form for obstruktion); ~ **up** oparbejde *(fx a reputation);* hidse op lidt efter lidt; udarbejde, forme; udpensle; puste op *(fig).*

workable ['wəːkəbl] *adj* som kan udføres; bearbejdelig; til at arbejde i *(fx* ~ *ground);* som kan fungere; gennemførlig.

workaday ['wəːkədei] *adj* hverdags-; *(fig)* kedsommelig; *in this* ~ *world* i denne prosaiske verden.

workaholic [wəːkə'hɔlik] *sb* arbejdsnarkoman.

work|bag *sb* sypose. **-basket** sy- og stoppekurv. **-bench** (arbejds)bænk. **-book** instruktionsbog; studievejledning; arbejdsbog; arbejdsprotokol. **-box** syæske. **-day** hverdag; *adj* hverdags-.

worked up *adj: get* ~ blive ophidset, blive ude af sig selv.

worker ['wəːkə] *sb* arbejder. **worker| ant** *zo* arbejder (om myre). ~ **bee** *zo* arbejder (om bi).

work ethic moralopfattelse der lægger vægt på arbejdets betydning.

workhouse ['wəːkhaus] *sb* fattighus; *(am)* arbejdsanstalt.

working ['wəːkiŋ] *adj* arbejdende; arbejds-; drifts-; (se *sms ndf);* tilstrækkelig til at man kan klare sig *(fx have a* ~ *knowledge of English); sb* arbejde; drift, gang; gæring; bevægelse; bearbejdning, forarbejdning; **-s** *pl* udgravninger, minegange; *(mat.)* udregninger, mellemregninger; *(fig)* måde at arbejde på *(fx the -s of his mind).*

working| capital driftskapital. ~ **class** arbejderklasse. **-class** *adj* af arbejderklassen, arbejder-. ~ **day** arbejdsdag; hverdag. ~ **drawing** arbejdstegning. ~ **expenses** *pl* driftsudgifter. ~ **hours** *pl* arbejdstid. ~ **hypothesis** arbejdshypotese. ~ **instructions** *pl* betjeningsforskrift. ~ **load** *(tekn)* tilladelige belastning. ~ **majority** arbejdsdygtigt flertal *(fx* i parlament). **-man** arbejder. ~ **order:** *in* ~ *order* i (driftsmæssig *el.* brugbar) stand. ~ **-out** udførelse, udformning. ~ **party** arbejdshold; arbejdsudvalg, arbejdsgruppe. ~ **title** arbejdstitel (på film *etc).*

work|less ['wəːkləs] *adj* arbejdsledig, arbejdsløs. ~ **load** arbejdsbyrde; arbejdsydelse. **-man** arbejder. **-manlike** *adj* håndværksmæssig, fagmæssig; godt udført. **-manship** dygtighed; (håndværksmæssig *el.* fagmæssig) udførelse *(fx good (, bad)* ~*);* stykke arbejde. **-out** *(am)* træningsøvelse; afprøvning i praksis. **-people** *pl* arbejdere. **-piece** arbejdsstykke. **-room** arbejdsrum, systue.

works committee bedriftsråd.

work|shop værksted; *(fig)* seminar, gruppediskussion; *theatre* ~ værkstedsteater. **-shy** *adj* arbejdssky.

works manager driftsleder.

work| studies *pl* arbejdsstudier. **-table** sybord; arbejdsbord. **-top** køkkenbord. ~ **-to-rule** arbejd-efter-reglerne (form for strejke). **-woman** arbejderske.

world [wəːld] *sb* verden; folk *(fx what will the* ~ *say?);*

(med *præp) not* **for** *the* ~ ikke for alt i verden; *for all the* ~ fuldstændig *(fx he sounded for all the* ~ *as if ...); he looked for all the* ~ *like* (også) han lignede mest af alt ...; *all the riches* **in** *the* ~ alverdens rigdom; *bring* **into** *the* ~ sætte i verden; *make the best* **of** *both -s (fig)* forene to modstridende interesser; få det bedste ud af begge dele; *she thinks the* ~ *of them* hun sætter dem umådelig højt; *it did him a* ~ *of good* han havde umådelig godt af det; *he will never set the* ~ **on** *fire (am)* han kommer aldrig til at udrette noget særligt; han har ikke opfundet krudtet; *live* **out of** *the* ~ leve afsondret fra verden; *it was out of this* ~ S det var helt fantastisk; *dead* **to** *the* ~ T døddrukken; fuldstændig udmattet; *she is all the* ~ *to him* hun er hans et og alt; ~ *without end* fra evighed til evighed.

world|-famous *adj* verdensberømt. **-ling** verdensbarn.

worldly *adj* verdslig, verdsligsindet. **worldly|-minded** verdsligsindet. ~**-wise** verdensklog, klog på denne verdens ting.

world| power verdensmagt. ~ **-weary** *adj* træt af verden, livstræt. **-wide** *adj* verdensomspændende; verdens- *(fx fame).*

worm [wə:m] *sb* orm, kryb; *(tekn)* snekke, skruegænge; (på hund) tungebånd; *vb* lirke, liste *(fx* ~ *secrets out of sby);* rense (, kurere) for orm; *even a* ~ *will turn* (selv den sagtmodigste kan man plage så længe at han bider fra sig); ~ *one's way into* lirke *(el.* liste) sig ind i.

worm|cast regnorms ekskrementer. ~ **-eaten** *adj* ormstukken; *(fig)* mølædt. ~ **gear** snekkedrev, snekkehjul. **-seed** ormefrø. **-'s eye view** frøperspektiv. ~ **wheel** snekkehjul. **-wood** *(bot)* malurt; *gall and -wood (fig)* bitter ydmygelse.

wormy ['wə:mi] *adj* ormstukken.

worn [wɔ:n] *pp* af *wear; adj* slidt; træt. **worn|-down** *adj* slidt, træt, afslidt. ~ **-out** *adj* udslidt, udlevet, udtjent.

worried ['wʌrid] *adj* bekymret, besværet, plaget.

worriment ['wʌrimənt] *sb* T plage, bekymring, ærgrelse.

I. worry ['wʌri] *vb* plage *(fx* ~ *sby with questions);* pine, genere; volde bekymring, volde ængstelse, bekymre, forurolige; (om hund) rive og ruske i med tænderne; (uden objekt) gøre sig bekymringer, være urolig, spekulere; være ked af det; ~ **along** lige holde den gående (økonomisk); (lige) klare sig (trods vanskeligheder); ~ **out** *the solution to a problem* tumle med et problem til man får det løst; *I* **should** ~ T det rører mig ikke; ~ **through** kæmpe sig igennem.

II. worry ['wʌri] *sb* bekymring; ærgrelse; plage.

worrywart ['wʌriwɔ:t] *sb* T sortseer; en der altid er bekymret.

worse [wə:s] *adj, adv (komp* af *bad, ill)* værre; ringere; ~ *was to come* det skulle blive værre endnu; *the* ~ *for drink* beruset; *the* ~ *for wear* slidt, medtaget; *he is none the* ~ *for it* han har ikke taget skade af det; *go from bad to* ~ blive værre og værre.

worsen [wə:sn] *vb* forværre, forværres.

worship ['wə:ʃip] *sb (rel)* gudsdyrkelse; *(ogs fig)* dyrkelse *(fx hero* ~*),* tilbedelse; *vb* dyrke, tilbede; (uden objekt) gå i kirke, være til gudstjeneste; *Your (, His) Worship* (titel for visse øvrighedspersoner); *place of* ~ gudshus.

worshipful ['wə:ʃipf(u)l] *adj* ærværdig, æret.

worshipper ['wə:ʃipə] *sb* kirkegænger; -tilbeder *(fx sun* ~*),* -dyrker.

I. worst [wə:st] *adj, adv (sup* af *bad, ill)* værst, dårligst; *at (the)* ~ i værste fald; *if the* ~ *comes to the* ~ i værste fald, om galt skal være; *do one's* ~ gøre den skade man kan; *get the* ~ *of it* trække det korteste strå.

II. worst [wə:st] *vb* besejre, overvinde.

worst-case *adj* som vedrører det værst tænkelige tilfælde.

worsted ['wustid] *sb* kamgarn; *adj* kamgarns-.

wort [wə:t] *sb* urt, maltafkog.

I. worth [wə:θ] *adj* værd; *it was* ~ *the money* det var pengene værd; de penge var godt givet ud; *have one's money's* ~ få (fuld) valuta for pengene; *he is* ~ *a lot of money* han ejer en masse penge; *it is as much as my job is* ~ det kan koste mig min stilling; *I tell you this for what it is* ~ *(omtr)* jeg fortæller dig dette uden at indestå for rigtigheden af det; *he ran for all he was* ~ han løb af alle kræfter *(el.* det bedste han havde lært); ~ *while,* se *while.*

II. worth [wə:θ] *sb* værdi, værd; *a pound's* ~ [wəθ] *of sweets* bolsjer for ét pund; *£1000* ~ *of goods* varer for *(el.* til en værdi af) £1000.

worthless ['wə:θləs] *adj* værdiløs, ubrugelig; karakterløs; *a* ~ *fellow* en skidt fyr.

worthwhile ['wə:θ(')wail] *adj* som er umagen værd, som er værd at have med at gøre, som er værd at give sig af med; lødig, værdifuld.

I. worthy ['wə:ði] *adj* værdig *(fx opponent);* (ironisk:) brav, agtværdig, fortræffelig; ~ *of* værdig til; som fortjener *(fx* ~ *of praise); courage* ~ *of a better cause* et mod der var en bedre sag værdig.

II. worthy ['wə:ði] *sb* fremragende person, stormand; (nedladende:) hædersmand, brav mand.

would [wud] *præt* af *will.*

would-be ['wudbi:] *adj* som ønsker (, prøver på, giver sig ud for) at være; *a* ~ *poet* en der har digteriske aspirationer, en der bilder sig ind at være digter.

I. wound [waund] *præt* og *pp* af *III. wind;* ~ *up* rystende nervøs.

II. wound [wu:nd] *sb* sår; *(fig)* krænkelse; *vb* såre, krænke.

woundwort ['wu:ndwə:t] *sb (bot)* galtetand.

wove [wəuv] *præt* af *I. weave.*

woven [wəuvn] *pp* af *I. weave.*

wove paper velinpapir.

wow [wau] *sb (am)* S kæmpesucces, knaldsucces; (lydfejl:) wow; *vb* begejstre, 'lægge ned'; *interj* orv! nåda!

wowser ['wauzə] *sb (austr)* religiøs fanatiker; hellig rad.

W.P. *fk weather permitting.*

WRAC *fk Women's Royal Army Corps.*

wrack [ræk] *sb (bot)* tang; *(glds)* ødelæggelse.

WRAF *fk Women's Royal Air Force.*

wraith [reiθ] *sb* dobbeltgænger (som ses kort før eller efter en persons død), ånd, genfærd, syn.

wrangle [ræŋgl] *vb* skændes, mundhugges, kævles; *sb* skænderi, mundhuggeri, kævl.

wrangler ['ræŋglə] *sb* kværulant; cowboy; *(glds)* (kandidat der får første karakter ved *tripos* i matematik ved Cambridge Universitet).

I. wrap [ræp] *vb* pakke ind; hylle ind; svøbe ind; vikle ind; ~ *up* pakke (, hylle *etc)* ind; pakke sig ind; *(fig)* T afslutte; ~ *(it) up!* hold op! klap i! *be -ped up in* ikke have tanke for andet end, være helt opslugt af *(fx one's work); -ped up in dreams* helt fortabt i drømmerier; *be -ped up in sby* sværme for en, være helt væk i en; *-ped in mist (, mystery)* indhyllet i tåge (, mystik).

II. wrap [ræp] *sb* dække; stykke overtøj, sjal, rejsetæppe *(etc,* til at svøbe om sig); *-s pl (ogs)* overtøj; *in (el. under) -s (fig)* hemmeligholdt, 'mørklagt'.

wraparound ['ræpəraund] *sb* slå-om kjole (, nederdel).

wrapper ['ræpə] *sb* kimono; omslag, indpakning; (om cigar) omblad; (om bog) omslag; *in -s* (om bog) brocheret.

wrapping ['ræpiŋ] *sb* emballage.

wrap skirt slå-om nederdel.

wrasse [ræs] *sb zo* galt (en fisk).

wrath [rɔθ] *sb* vrede, forbitrelse.

wrathful ['rɔθf(u)l] *adj* vred, opbragt, rasende.

wreak [ri:k] *vb:* ~ *one's fury (el. rage) on* udøse sin vrede over; ~ *havoc on* hærge, rasere; ~ *vengeance on him* lade sin hævn ramme ham.

wreath [ri:θ] *sb (pl -s* [ri:ðz]) krans; spiral, hvirvel (af røg, tåge *etc).*

wreathe [ri:ð] *vb* binde, flette (en krans); omslutte, omkranse, bekranse; (uden objekt) *(fx* om røg) hvirvle, bevæge sig i spiraler; sno sig; ~ *one's arms about sby* lægge sine arme om en; *-d in smiles* lutter smil.

I. wreck [rek] *sb* vrag; ruinhob, rester; *(cf II. wreck)*

forlis, skibbrud; undergang, ødelæggelse.
II. wreck [rek] *vb* forlise, lide skibbrud; forulykke; (med objekt) få til at forlise (, forulykke), gøre til vrag; *(fig)* tilintetgøre *(fx his hopes);* ødelægge *(fx his plans).*
wreckage ['rekidʒ] *sb* vraggods, strandingsgods; vragrester; tilintetgørelse, ødelæggelse.
wreck amendment (forslag der fremsættes som afledningsmanøvre *el.* obstruktion).
wrecked [rekt] *adj* skibbruden, forlist; *(am* S) fuld; skæv.
wrecker ['rekə] *sb* strandrøver, vragplyndrer; bjærger; *(am)* nedrivningsentreprenør; autoophugger; kranvogn; *-'s ball* tung kugle brugt ved nedrivning af huse.
wrecking ['rekiŋ] *sb* vragplyndring; bjærgning; *adj* bjærgnings-, rednings- *(fx crew* mandskab); ~ *bar* brækjern; ~ *car* kranvogn.
I. wren [ren] *zo* gærdesmutte.
II. Wren [ren] *sb* medlem af *WRNS.*
wrench [ren(t)ʃ] *vb* vride, rykke, vriste *(fx sth loose);* forvride *(fx one's ankle); (fig)* forvanske, fordreje *(fx the facts); sb* ryk, skarp drejning, forvridning; smerte; *(tekn)* skruenøgle; *-ed with pain* fortrukket af smerte.
wrest [rest] *vb* rykke; vriste *(fx the knife out of his hands); (fig)* tvinge *(fx a confession from him);* fordreje, forvanske *(fx the facts); sb* ryk; *(mus.)* stemmenøgle; ~ *from* (også) fravriste.
wrestle [resl] *vb* brydes, kæmpe; brydes med; *sb* brydekamp, kamp. **wrestler** ['reslə] *sb* bryder.
wrestling ['resliŋ] *sb* brydning; ~ *match* brydekamp.
wretch [retʃ] *sb* ulykkeligt menneske, stakkel; *(neds)* usling, nidding; *(spøg)* skurk, skarn.
wretched ['retʃid] *adj* ulykkelig, stakkels; *(neds)* elendig, ussel, ynkelig; nederdrægtig *(fx a ~ toothache).*
wrick [rik] *sb* let forstrækning, let forvridning; *vb* forstrække, forvride.
wriggle [rigl] *vb* vrikke, vride sig; sno sig; (med objekt) vrikke med *(fx one's toes); sb* vriden, vrikken.
I. wring [riŋ] *vb (wrung, wrung)* vride; *(fig ogs)* presse *(fx ~ a confession out of sby);* ~ *one's hands* vride sine hænder; ~ *sby's hand* knuge ens hånd; *it -s my heart (litt)* det smerter mig dybt; ~ *the neck of* vride halsen om på; ~ *clothes out* vride tøj.
II. wring [riŋ] *sb* vriden, vridning.
wringer ['riŋə] *sb* vridemaskine.
wringing wet drivende våd; lige til at vride.
wrinkle [riŋkl] *sb* rynke; T kneb, fidus; fif; vink, „krølle"; *vb* rynke; slå rynker; *it resists -s* (om stof) det krøller ikke; ~ *(up) one's forehead* rynke panden; *with -d stockings* med ål i strømperne. **wrinkly** ['riŋkli] rynket.
wrist [rist] *sb* håndled.
wristband ['ris(t)bænd] *sb* håndlinning; manchet.
wristlet ['ristlət] *sb: woollen* ~ muffedise.
wristlet watch, wrist watch armbåndsur.
I. writ [rit] *sb* (skriftlig) ordre, arrestordre, stævning; *Holy Writ* den hellige skrift (ɔ: Biblen); *where their ~ runs* hvor de har magten; hvor de har indflydelse, hvor de har noget at sige.
II. writ [rit] *glds præt* og *pp* af *write;* ~ *large* i endnu større målestok; *be ~ large* ses tydeligt.
write [rait] *vb (wrote, written)* skrive; skrive til *(fx ~ me tomorrow);* ~ **down** skrive op *(el.* ned); rakke ned på (på tryk); *(merk)* nedskrive; *I should ~ him down a fool* jeg vil nærmest kalde ham et fæ; ~ *down to* gøre sig (for) meget umage for at skrive populært for; *nothing to ~* **home** *about* ikke noget at råbe hurra for; ~ **off** smøre ned, ryste ud af ærmet; *(merk)* afskrive *(fx debt); (fig)* afskrive; ~ **out** nedskrive; udfærdige; udarbejde; ~ *out fair* renskrive; ~ *oneself out* skrive sig tom; ~ **up** rose (på tryk); give fyldig *(el.* overdreven) beskrivelse af; udarbejde (på grundlag af notater); føre ajour *(fx one's diary); (merk)* opskrive.
write-off ['raitɔf] *sb* S totalt vrag.
writer ['raitə] *sb* skribent, forfatter; digter; skriver; *French ~ (ogs, am el. glds)* lærebog der giver vejledning i at skrive fransk; *-'s cramp* skrivekrampe.
write-up ['raitʌp] *sb (am* T*)* (især: rosende) anmeldelse *(el.* omtale); *(am merk)* opskrivning.
writhe [raið] *vb* vride sig; krympe sig.
writing ['raitiŋ] *sb* skrivning; håndskrift; skrivemåde, stil; skriveri; dokument; **-s** *pl* værker *(fx the -s of Plato); at this ~* mens dette skrives; i skrivende stund; *in ~* skriftlig; *commit to ~* skrive ned, sætte på prent.
writing| case skrivemappe. ~ **desk** skrivepult, skrivebord. ~ **ink** blæk. ~ **master** skrivelærer. ~ **paper** skrivepapir, brevpapir. ~ **table** skrivebord.
written ['rit(ə)n] *pp* af *write; ~-off* afskrevet; (om bil *etc)* totalskadet.
WRNS *fk Women's Royal Naval Service.*
I. wrong [rɔŋ] *adj* forkert, urigtig, gal; forkastelig; *be ~* være forkert *(etc);* have uret, tage fejl; *the ~ side* vrangen; *on the ~ side of 40* på den gale side af de 40, over 40; *get sth down the ~ way* få noget i den gale hals;
(med *præp)* ~ **in** *the head* T ikke rigtig klog; *there is sth ~* **with** der er noget i vejen *(el.* galt) med; *what's ~ with that? (ogs)* hvorfor ikke det?
II. wrong [rɔŋ] *adv* forkert, galt *(fx answer ~, guess ~); you get me ~* T du misforstår mig; **go** ~ komme i uorden *(fx the machine has gone ~);* (om mennesker) gå forkert, gå galt; *(fig)* komme på afveje, komme på gale veje, gå i hundene; (om foretagende) mislykkes; *be in ~* **with** *(am)* være uvenner med.
III. wrong [rɔŋ] *sb* uret, forurettelse; retsbrud; *do ~* gøre uret, forse sig; *be* **in the** ~ have uret; ikke have retten på sin side; *put sby in the ~* give det udseende af at en har uret, vælte skylden over på en.
IV. wrong [rɔŋ] *vb* forurette; ~ *sby (ogs)* gøre én uret; tænke for ringe om én.
wrong|doer en der forser sig, forbryder. **-doing** forseelse, forsyndelse, forbrydelse. **-ful** [-f(u)l] *adj* urigtig, uretfærdig, uretmæssig. **-headed** *adj* stædig, som stædig fremturer i noget forkert. ~ **side,** se *I. wrong.*
wrote [rəut] *præt* af *write.*
wroth [rəuθ] *adj (glds)* vred, gram i hu.
I. wrought [rɔ:t] *glds præt* og *pp* af *II. work.*
II. wrought [rɔ:t] *adj: ~ iron* smedejern; *~-up* eksalteret.
wrung [rʌŋ] *præt* og *pp* af *I. wring.*
wry [rai] *adj* skæv; *(fig)* ironisk; bitter; *make a ~ face* skære en grimasse; *a ~ smile* et skævt smil; *-ly* skævt; *(fig)* med et skævt smil, ironisk, bittert.
wryneck ['rainek] *sb zo* vendehals.
WSW *fk west-south-west.*
wt. *fk weight.*
W. Va. *fk West Virginia.*
W.V.S. *fk Women's Voluntary Service* (svarer til) Kvindernes Beredskabstjeneste.
Wyandotte ['waiəndɔt] *sb* wyandot (hønserace).
wych elm ['witʃ'elm] *sb (bot)* storbladet elm.
Wycherley ['witʃəli].
Wyclif(fe) ['wiklif].
wynd [waind] *sb* (på skotsk:) stræde, smøge.
Wyo. *fk* **Wyoming** [wai'əumiŋ].

X

X [eks]; (om film) uegnet for børn (under 18).
Xanadu ['zænədu:].
Xanthippe [zæn'θipi] *sb* xanthippe, arrig kælling.
xd, x-div *fk ex dividend* eksklusive dividende.
xebec ['zi:bek] *sb* chebec (slags sejlskib).
xenon ['zenɔn] *sb (kem)* xenon.
xenophobe ['zenəfəub] *sb* fremmedhader.
xenophobia [zenə'fəubiə] *sb* fremmedhad.
xerography [ziə'rɔgrəfi] *sb* xerografi.
xerophyte ['ziərəfait] *sb* tørkeplante.
xerox ['ziərɔks] ® *sb* (foto)kopimaskine; (foto)kopi; *vb* xeroxe, fotokopiere.
Xerxes ['zə:ksi:z].
xi [sai] *sb* ksi (græsk x).
Xmas ['krisməs] *fk Christmas.*
x-member krydsafstivning.
x-rated ['eksreitid] *adj* (om film) uegnet for børn (under 18); T pornografisk.
X-ray ['eks'rei] *adj* røntgen- *(fx treatment); vb* røntgenfotografere, røntgenbehandle; *sb* røntgenbillede; *-s pl* røntgenstråler.
xylograph ['zailəgra:f] *sb* xylografi, træsnit.
xylographer [zai'lɔgrəfə] *sb* xylograf, træskærer.
xylography [zai'lɔgrəfi] *sb* træskærerkunst, xylografi.
xylophone ['zailəfəun] *sb* xylofon.

Y [wai].
y. *fk year(s).*
yacht [jɔt] *sb* lystbåd, lystyacht; *vb* sejle i lystyacht.
yachting ['jɔtiŋ] *sb* sejlsport.
yachting match, yacht race kapsejlads.
yachtsman ['jɔtsmən] *sb* sejlsportsmand.
yack [jæk] S *vb* pladre, pjævre, skvadre; *sb* pladder, skvadder.
YAF *fk Young Americans for Freedom.*
yah [ja:] *interj* æv, hæ-æ, pyt; *(am)* ja.
Yahoo [jə'hu:] *sb* Yahoo (frastødende menneskelignende væsen i *Gulliver's Travels).*
yak [jæk] *sb zo* yakokse; *vb* bjæffe; T sladre; pjadre; jappe.
Yale [jeil] (kendt *am* universitet); yalelås.
yam [jæm] *sb (bot)* yamsrod; *(am ogs)* batat.
I. yank [jæŋk] *sb* ryk; *vb* rykke, trække med et ryk.
II. Yank [jæŋk] *sb* S *fk Yankee.*
Yankee ['jæŋki] *sb* amerikaner; (i USA) person fra *New England;* nordstatsmand.
Yankeefied ['jæŋkifaid] *adj* amerikaniseret; (i USA) nordstatspræget.
Yankeeism ['jæŋkiizm] *sb* amerikanisme, (i USA) nordstatspræg *(el.* -udtryk).
yap [jæp] *vb* gø, bjæffe, galpe; S snakke, kæfte op, skælde ud; *sb* bjæf.
yapp [jæp] *sb (bogb)* posebind.
I. yard [ja:d] *sb* gård, gårdsplads; oplagsplads; -plads *(fx coalyard, timberyard),* -gård; *(am ogs)* have; *(mar)* værft; *(jernb)* sporterræn; *the Yard = Scotland Yard.*
II. yard [ja:d] *sb (mar)* rå.
III. yard [ja:d] *sb* yard (længdemål = *3 feet,* 0,914 m).
yard|arm *(mer)* rånok. **-master** *(jernb)* rangerformand. ~ **sale** = *tag sale.*
yardstick ['ja:dstik] *sb* yardstok; *apply the same ~ to (fig)* anvende samme målestok over for, skære over én kam.
yare ['jɛə] *adj (glds)* rede, parat; hurtig.
Yarmouth ['ja:məθ].
yarn [ja:n] *sb* garn; T historie, fortælling; skipperløgn, røverhistorie; *vb* fortælle en historie, spinde en ende; snakke.
yarrow ['jærəu] *sb (bot)* røllike.
yashmak ['jæʃmæk] *sb* (muhamedanerkvindes) slør.
yataghan ['jætəgən] *sb* (tyrkisk sværd).
yatter ['jætə] *vb* pjadre, snakke; *sb* snakken.
yaw [jɔ:] *(mar, flyv) vb* gire, dreje, slingre; *sb* giring, gir; drejning, slingren.
yawl [jɔ:l] *sb* jolle; yawl.
yawn [jɔ:n] *vb* gabe; *sb* gaben, gab; vid åbning.
yawp [jɔ:p] *vb* skræppe; kæfte op; *sb* skræppen.
yaws [jɔ:z] *sp pl (med.)* guineaknopper, framboesia (tropesygdom).
yclept [i'klept] *adj (glds)* kaldet, ved navn.
yd. *fk yard, yards.*
I. ye [ji:] *pron (glds)* I, eder.
II. ye [ji(:); ði(:)] *(glds) = the (fx Ye Olde Tea Shoppe).*
yea [jei] *adv (glds)* ja; *sb: -s (am)* jastemmer.
yeah [jɛə] *interj* (T, især *am*) ja.
year [jə:, jiə] *sb* år; årgang; *once a ~* en gang om året; *this ~* i år; *last ~* i fjor; *for -s* i årevis; *put -s on (fig)* gøre flere år ældre.
year|book årbog. **-ling** årgammel (unge). **-ly** årlig; års-.
yearn [jə:n] *vb* længes inderligt *(for* efter).
yearning ['jə:niŋ] *adj* længselsfuld; *sb* (inderlig) længsel.
yeast [ji:st] *sb* gær.
yeasty ['ji:sti] *adj* gærende, gær-; skummende; *(fig)* overfladisk.
Yeats [jeits].
yegg [jeg] *sb (am* S*)* indbrudstyv, pengeskabstyv.
yell [jel] *vb* hyle; *sb* hyl.
yellow ['jeləu] *adj* gul; S fej; (om avis) sensationspræget, sensations-; *sb* gult; gul farve; *vb* gulne, blive (, farve) gul.
yellow| archangel *(bot)* guldnælde. ~ **bunting** *zo* gulspurv. ~ **camomile** *(bot)* farvegåseurt. ~ **fever** *(med.)* gul feber. **-hammer** *zo* gulspurv. ~ **jack** gul feber; *(mar)* karantæneflag. **-legs** *zo* gulbenet klire. ~ **ochre** (lys)okker. ~ **pages** *pl (tlf,* svarer til) fagbog. ~ **peril:** *the ~ peril* den gule fare. ~ **pimpernel** *(bot)* lundfredløs. ~ **poplar** *(bot)* tulipantræ. ~ **press** sensationspresse, boulevardpresse. ~ **rattle** *(bot)* skjaller. ~ **spot** gul plet (i øjet).
yelp [jelp] *vb* bjæffe; *sb* bjæf; hyl *(fx a ~ of pain).*
yen [jen] *sb (pl yen)* yen (japansk mønt); T voldsom trang *(el.* længsel); *vb* længes.
YEO *fk Youth Employment Officer.*
yeoman ['jəumən] *sb* selvejerbonde; bereden frivillig; *~ service* god hjælp.
yeomanry ['jəumənri] *sb* selvejerstand, bønder; frivilligt kavaleri.
yes [jes] *adv* ja, jo; såh, ja så; *yes?* nå? hvad? forstår du? De ønsker?
yesman ['jesmæn] *sb* T jasiger, nikkedukke, eftersnakker.
yesterday ['jestədei, -di] *adv* i går; *sb* dagen i går; *~ morning* i går morges; *the day before ~* i forgårs; *-'s paper* avisen for i går.
yesteryear ['jestə'jiə] *adv (glds)* i fjor.
yestreen [jes'tri:n] *adv* (på skotsk) i går aftes.
yet [jet] *adv* endnu *(fx he is not here ~; ~ more beautiful); adv, conj* dog, alligevel *(fx he is poor, ~ he is content); as ~* endnu; *nor ~* heller ikke; *~ others* atter andre, andre igen.
yew [ju:] *sb (bot)* taks, takstræ.
Yid [jid] *sb* S *(neds)* jøde.
Yiddish ['jidiʃ] *sb, adj* jiddisch.
I. yield [ji:ld] *vb* **1.** yde; give *(fx these trees will ~ good timber),* afkaste *(fx investments -ing 15 p.c.);* **2.** opgive, overgive *(fx a fort);* (uden objekt) **3.** give, (om frugttræ *etc)* bære *(fx the apple trees ~ well);* **4.** vige *(to* for, *fx to force),* give efter *(to* for, *fx the door -ed to their blows; he -ed to their prayers);* give sig;
~ the point give efter, give sig (i en diskussion); *~ right of way* give forkørselsret; *~ to no one in* ikke stå tilbage for nogen med hensyn til; *~ up the ghost* opgive ånden.
II. yield [ji:ld] *sb* udbytte; ydelse; renteafkast; *current (el. true) ~* direkte rente (af obligation); *~ to maturity* effektiv rente (ɔ: direkte rente + udtrækningsgevinst).
yielding ['ji:ldiŋ] *adj* bøjelig; *(fig)* eftergivende, føjelig.
yield point (i statik) flydegrænse.

Y.M.C.A. *fk Young Men's Christian Association* K.F.U.M.
yob [jɔb], **yobbo** ['jɔbəu] *sb* S drønnert; bisse.
yodel [jəudl] *vb* jodle; *sb* jodlen.
yoga ['jəugə] *sb* yoga (en indisk filosofi).
yogh [jəuk, jɔk] *sb* (det middelengelske bogstav) ȝ.
yoghourt ['jɔgə(:)t] *sb* yoghurt.
yogi ['jəugi] *sb* yogi (udøver af yoga).
yo-heave-ho ['jəuhi:v'həu], **yoho** [jəu'həu] *interj (mar)* hiv-ohøj.
yoicks [jɔiks] *interj* (tilråb til hundene ved rævejagt).
yoke [jəuk] *sb* åg; (på kjole) bærestykke; *(~ of oxen)* spand okser; *(mar)* juk; *vb* spænde i åg; *(fig)* forene; bringe under åget.
yokefellow ['jəukfeləu] *sb* fælle, kammerat; ægtefælle.
yokel [jəukl] *sb* bondeknold.
yoke lines *pl (mar)* jukliner, styreliner.
yokemate ['jəukmeit] *sb* = *yokefellow.*
Yokohama [jəukə'ha:mə].
yolk [jəuk] *sb* æggeblomme; (hos får) uldsved, uldfedt; *in the ~* (om uld) uvasket, uaffedtet.
yon [jɔn], **yonder** ['jɔndə] *(glds, poet) pron* den der (henne), hin; *adv* derhenne, hist.
yonks [jɔŋks] *sb pl* T uendelighed, evighed *(fx we waited for ~).*
yore [jɔ:] *sb (glds): of ~* fordums, tilforn; *in days of ~* i fordums dage.
york [jɔ:k] *vb* (i kricket) kaste en *yorker.*
yorker ['jɔ:kə] *sb* (i kricket) (kast hvor bolden rammer gærdet helt nede i bunden).
Yorkshire ['jɔ:kʃə]; *~ pudding* (slags bagværk der serveres sammen med oksesteg).
you [ju:] *pron* I, jer; De, Dem; du, dig; man, en; *~ fool!* dit fjols! *~ are another* T det kan du selv være; *~ never can tell* man kan aldrig vide; *sweaters are not quite ~* sweaters klæder dig ikke rigtig.
young [jʌŋ] *adj* ung, uerfaren, grøn, lille; (om dyr, *pl)* unger *(fx animals with their ~); with ~* drægtig, som skal have unger; *a ~ one* en unge; *~ people* unge mennesker, ungdom; *~ person (jur)* ung mellem 14 og 17.
youngish ['jʌŋiʃ] *adj* yngre, temmelig ung.
youngling ['jʌŋliŋ] *adj* ungdommelig; *sb* ungt menneske, yngling; unge.
youngster ['jʌŋstə] *sb* ungt menneske; knægt *(fx a pert answer from a snotty ~).*
younker ['jʌŋkə] *sb (glds)* ung fyr.
your [jɔ:, juə] *pron* din, dit, dine; jeres, eders; Deres; ens, sin, sit, sine (possessiv svarende til man); (ofte:) den velkendte (, typiske); denne (, dette, disse) hersens.
yours [jɔ:z, juəz] *pron* din, dit, dine; jeres, eders; Deres; *what's ~?* T hvad vil du have (at drikke); *Yours affectionately (, truly etc),* se *affectionate(ly) etc.*
yourself [jɔ:'self, juə'self] *pron* du (, dig, De, Dem) selv; dig, Dem; selv; sig (svarende til *you* i betydningen: man); *be ~! (am)* T tag dig sammen.
yourselves [jɔ:'selvz, juə'selvz] *pron pl* I (, jer, De, Dem) selv; jer, Dem; selv.
youth [ju:θ] *sb (pl -s* [ju:ðz]) ungdom; ungt menneske, unge mennesker; *adj* ungdoms- *(fx movement); a friend of my ~* en ungdomsven af mig.
youth|ful [-f(u)l] *adj* ungdoms-, ung, ungdommelig, kraftig. **~ hostel** vandrehjem.
yowl [jaul] *vb* hyle ynkeligt; *sb* ynkeligt hyl.
yo-yo ['jəujəu] *sb* yoyo (legetøj); *(am* T) fjols, idiot, *adj* som går op og ned, svingende; *vb* gå op og ned, svinge; fare frem og tilbage; vakle.
yucca ['jʌkə] *sb (bot)* yucca, palmelilje.
yuck(y) = *yuk(ky).*
Yugoslav ['ju:gəusla:v] *adj* jugoslavisk; *sb* jugoslav(er).
Yugoslavia ['ju:gəu'sla:viə] Jugoslavien.
yuk [jʌk] *interj* S æv, uf, bvadr. **yukky** ['jʌki] *adj* S ulækker, kvalmende.
yule [ju:l] *sb (glds)* jul.
yule| log (brændeknude som efter gammel skik lægges på ilden juleaften). **-tide** *sb* juletid; *adj* jule-.
yummy ['jʌmi] *adj* T lækker.
yum-yum ['jʌm'jʌm] *interj* nam-nam, uhm, ah.
Yuppie ['jʌpi] *sb* = *young urban professional* velhavende ung forstadsbeboer.
Y.W.C.A. *fk Young Women's Christian Association* K. F. U. K.

Z

Z [zed; *(am)* zi:].
Zaïre [za:'iə] Zaire. **Zaïrian, Zaïrean** [za:'iəriən] *sb* Zairer; *adj* Zairisk.
Zander ['zændə] *sb zo* sandart.
zany ['zeini] *sb* bajads, nar; tåbe; *adj* naragtig; skør; latterlig med et anstrøg af vanvid.
zap [zæp] S *vb* slå, 'pande' ramme; slå ned; sætte fut i; flintre, fare; *sb* fut, liv, pif; gok, slag, angreb; *interj* zap, huk.
zareba [zə'ri:bə] *sb* beskyttende hegn.
zeal [zi:l] *sb* iver, tjenstiver, nidkærhed.
Zealand ['zi:lənd] Sjælland.
zealot ['zelət] *sb* fanatiker.
zealotry ['zelətri] *sb* iver, fanatisme.
zealous ['zeləs] *adj* ivrig, nidkær.
zebra ['zi:brə] *sb* zebra.
zebra| crossing fodgængerovergang, fodgængerfelt. ~ **wood** zebratræ.
zebu ['zi:bu:] *sb* zebu (indisk pukkelokse).
zed [zed], *(am)* **zee** [zi:] bogstavet z.
zemindar ['zeminda:] *sb* (indisk) godsejer.
zenana [ze'na:nə] *sb* (i Indien) kvindernes opholdsrum.
Zen (Buddhism) ['zen ('budizm)] zen-buddhisme.
Zend [zend] *sb* zend (det gammelpersiske sprog).
zenith ['zeniθ] *sb (astr)* zenit; *(fig)* zenit, toppunkt, højdepunkt.
zephyr ['zefə] *sb* zefyr, vestenvind, mild vind; (tekstil:) (slags fint uldent stof); let sportstrøje.
Zeppelin ['zepəlin] *sb* zeppeliner.
zero ['ziərəu] *sb* nul, nulpunkt, frysepunkt; *vb: ~ (in)* indskyde, indstille (sigtet på et gevær); rette ind *(on* mod); *~ in on (fig)* koncentrere sig om.
zero| gravity vægtløshed. ~ **hour** *(mil.)* tidspunkt for et angrebs begyndelse. ~ **-rated** *adj: ~ -rated for VAT* momsfri.
zest [zest] *sb* krydderi, forhøjet smag; citron(etc)skal; *(fig)* lyst, iver, velbehag, oplagthed, appetit; *add (el. give) ~ to life* sætte krydderi på tilværelsen.
Zeus [zju:s].
zigzag ['zigzæg] *sb* siksaklinie; *adj* siksak-, som går i siksak; *vb* bevæge sig *(el.* gå) i siksak; *~ rule* tommestok.
zilch [ziltʃ] *sb (am)* nul.
zillion ['ziljən] *sb* uhyre mængde.
Zimbabwe [zim'ba:bwi].
Zimbabwean [zim'ba:bwiən] *sb* zimbabwer; *adj* zimbabwisk.
zinc [ziŋk] *sb* zink; *vb* overtrække med zink, forzinke.
zinciferous [ziŋ'kifərəs] *adj* zinkholdig.
zincify ['ziŋkifai] *vb* forzinke, galvanisere.
zincing ['ziŋkiŋ] *sb* forzinkning, galvanisering.
zincography [ziŋ'kɔgrəfi] *sb* zinkografi.
zincous ['ziŋkəs] *adj* zink-.
zing [ziŋ] *sb* syngende lyd; piben, T fut, liv, fart; *vb* synge, klinge; overfalde, angribe; suse (, fare) af sted; *~ with* sprudle af.
zingaro ['ziŋgərəu] *sb (pl zingari* ['ziŋgəri]) sigøjner.
zinger ['ziŋgə] *sb* vits; „knaldperle".
zingy ['ziŋgi] *adj* T spændende, „fed"; smart.
zinnia ['zinjə] *sb (bot)* zinnia.
Zion ['zaiən]. **Zionism** ['zaiənizm] *sb* zionisme.
Zionist ['zaiənist] *sb* zionist.
I. zip [zip] *sb* lynlås; (lyd:) hvislen; T fart, fut, liv; *(am)* postnummer; T nul, ingenting.
II. zip [zip] *vb* **1.** åbne (, lukke) med lynlås, lyne op (, i); **2.** *(fx* om geværkugle) hvisle, fløjte; **3.** fare.
zip code *(am)* postnummer.
zip-fastener ['zip fa:snə] *sb* lynlås.
zipped [zipt] *adj* med lynlås; *(am ogs)* med postnummer.
zipper ['zipə] *sb* lynlås.
zither ['ziðə] *sb* citer.
zodiac ['zəudiæk] *sb (astr): the ~* dyrekredsen; *sign of the ~* himmeltegn.
zodiacal [zəu'daiəkl] *adj* zodiakal-; *the ~ light* zodiakallyset.
zombie ['zɔmbi] *sb (opr.:* lig gjort levende ved trolddom); S robot; åndssvag; en der bevæger sig som i trance.
zonal [zəunl] *adj* zone-.
zonation [zəu'neiʃn] *sb* zone-inddeling.
zone [zəun] *sb* zone, bælte; område, areal, distrikt; *vb* inddele i zoner.
zone time lokal tid.
zoning ['zəuniŋ] *sb* zoneinddeling.
zonked [zɔŋkt] *adj* S smækbedøvet (af narkotika), høj, skæv; fuld; udmattet.
zoo [zu:] *sb* zoologisk have.
zoographer [zəu'ɔgrəfə] *sb* dyrebeskriver.
zoography [zəu'ɔgrəfi] *sb* dyrebeskrivelse.
zoological [zəuə'lɔdʒikl] *adj* zoologisk; *~ gardens* zoologisk have.
zoologist [zəu'ɔlədʒist] *sb* zoolog.
zoology [zəu'ɔlədʒi] *sb* zoologi.
zoom [zu:m] *sb* brummen, summen; *(flyv)* hurtigt kraftigt optræk, brat stigning; *(fig)* pludseligt opsving; (i film) (hurtig bevægelse mod *el.* bort fra motivet ved hjælp af zoom-linse); *vb* brumme, summe; stige brat; zoome (bevæge sig hen imod *el.* bort fra motivet).
zoom lens (film) zoom-linse, transfokallinse, gummilinse.
zoomorphic [zəuə'mɔ:fik] *adj: ~ ornaments* dyreornamentik.
zoospore ['zəuə'spɔ:] *sb* sværmespore.
zoot [zu:t]: *~ suit* (mandsdragt *omtr* som swingpjatters).
Zouave [zu'a:v] *sb* (fransk) zuav.
zounds [zaundz] *interj (glds)* død og pine!
Z.P.G. *fk zero population growth.*
Zulu ['zu:lu:] *sb* zulukaffer; zulusprog.
Zürich ['z(j)uərik].
zymos|is [zai'məusis] *sb (pl -es* [-i:z]) gæring; infektionssygdom. **zymotic** [zai'mɔtik] *adj* gærings-; *~ disease* infektionssygdom.

Most Danish verbs form the preterite in -(e)de, *and the past participle in* -(e)t, *e.g.* elske, elskede, elsket, *or the preterite in* -te, *and the past participle in* -t, *e.g.* bage, bagte, bagt. *But a number af verbs are inflected differently.*

Where the present tense is not given in the list, it is formed by adding r *to the infinitive, e.g.* bede – beder.

bede *(ask, pray)* **bad, bedt**
betyde *(mean)* **betød** *(meant)* **betydet**
betydede *(gave to understand)*
bide *(bite)* **bed, bidt**
binde *(tie, bind)* **bandt, bundet**
blive *(become, remain)* **blev, blevet**
bringe *(bring)* **bragte, bragt**
briste *(burst)* **brast** *el.* **bristede, bristet**
bryde *(break)* **brød, brudt**
burde, bør *(ought to)* **burde, burdet**
byde *(command, offer)* **bød, budt**
bære *(carry)* **bar, båret**
drage *(go; draw)* **drog, draget**
drikke *(drink)* **drak, drukket**
drive *(drive; idle)* **drev, drevet**
dø *(die)* **døde, død**
dølge *(conceal)* **dulgte, dulgt**
falde *(fall)* **faldt, faldet**
fare *(rush)* **for, faret**
finde *(find)* **fandt, fundet**
fise *(fart)* **fes, fiset** *el.* **feset**
flyde *(flow)* **flød, flydt**
flyve *(fly)* **fløj, fløjet**
fnyse *(snort)* **fnøs** *el.* **fnyste, fnyst**
fortryde *(regret)* **fortrød, fortrudt**
fryse *(freeze)* **frøs, frosset**
fyge *(drift)* **føg, føget**
følge *(follow)* **fulgte, fulgt**
få *(get)* **fik, fået**
gide *(take the trouble to)* **gad, gidet**
give *(give)* **gav, givet**
glide *(slide)* **gled, gledet**
gnide *(rub)* **gned, gnedet**
gribe *(catch)* **greb, grebet**
græde *(cry, weep)* **græd, grædt**
gyde *(pour)* **gød, gydt**
gyse *(shiver)* **gøs** *el.* **gyste, gyst.**
gælde *(be valid)* **gjaldt, (gældt)**
gøre *(do)* **gør, gjorde, gjort**
gå *(go, walk)* **gik, gået**
have *(have)* **har, havde, haft**
hedde *(be called)* **hed, heddet**
hive *(heave)* **hev, hevet**
hjælpe *(help)* **hjalp, hjulpet**
holde *(keep)* **holdt, holdt**
hænge *(hang)* **hang** *(intransitive)* **/hængte** *(transitive),* **hængt**
jage *(chase)* **jog** *el.* **jagede, jaget**
klinge *(sound)* **klang, klinget**
knibe *(pinch)* **kneb, knebet**
komme *(come, put)* **kom, kommet**
krybe *(creep)* **krøb, krøbet**
kunne *(be able to)* **kan, kunne, kunnet**
kvæde *(sing)* **kvad, kvædet**
kvæle *(choke)* **kvalte, kvalt**
lade *(let)* **lod, ladet** *el.* **ladt.**
le *(laugh)* **lo, let**
lide *(suffer)* **led, lidt**
ligge *(lie)* **lå, ligget**
lyde *(sound)* **lød, lydt**
lyve *(lie, tell a lie)* **løj, løjet**
lægge *(lay)* **lagde, lagt**
løbe *(run)* **løb, løbet**
måtte, må *(may, must)* **måtte, måttet**
nyde *(enjoy)* **nød, nydt**
nyse *(sneeze)* **nøs** *el.* **nyste, nyst**
pibe *(pipe, whistle)* **peb, pebet**
ride *(ride)* **red, redet**
rinde *(flow)* **randt, rundet**
rive *(tear)* **rev, revet**
ryge *(smoke)* **røg, røget**
række *(pass, reach)* **rakte, rakt**
se *(see)* **så, set**
sidde *(sit)* **sad, siddet**
sige *(say)* **sagde, sagt**
skide *(shit)* **sked, skidt** *el.* **skedet**
skride *(stalk)* **skred, skredet**
skrige *(scream)* **skreg, skreget**
skrive *(write)* **skrev, skrevet**
skulle, skal *(shall)* **skulle, skullet**
skyde *(shoot)* **skød, skudt**
skælve *(tremble)* **skælvede** *el.* **skjalv, skælvet**
skære *(cut)* **skar, skåret**
slibe *(grind)* **sleb, slebet**
slide *(wear out, work hard)* **sled, slidt**
slippe *(let go)* **slap, sluppet**
slå *(strike)* **slog, slået**
smide *(throw)* **smed, smidt**
smøre *(smear)* **smurte, smurt**
snige *(sneak)* **sneg, sneget**
snyde *(cheat)* **snød, snydt**
sove *(sleep)* **sov, sovet**
spinde *(spin)* **spandt, spundet**
springe *(jump)* **sprang, sprunget**
sprække *(crack)* **sprak, sprukket**
spørge *(ask)* **spurgte, spurgt**
stige *(rise)* **steg, steget**
stikke *(thrust, stick, sting)* **stak, stukket**
stinke *(stink)* **stank, stinket**
stjæle *(steal)* **stjal, stjålet**
stride *(fight)* **stred, stridt**
stryge *(stroke)* **strøg, strøget**
strække *(stretch)* **strakte, strakt**
stå *(stand)* **stod, stået**
svide *(scorch)* **sved, svedet**
svige *(betray)* **sveg, sveget**
svinde *(shrink)* **svandt, svundet**
svinge *(swing)* **svang** *el.* **svingede, svunget** *el.* **svinget**
sværge *(swear)* **svor, svoret**
synes *(seem)* **synes** *el.* **syntes, syntes**
synge *(sing)* **sang, sunget**
synke *(sink)* **sank, sunket**
sælge *(sell)* **solgte, solgt**
sætte *(set, put)* **satte, sat**
tage *(take)* **tog, taget**
tie *(be silent)* **tav, tiet**
træde *(step)* **trådte, trådt**
træffe *(hit)* **traf, truffet**
trække *(pull)* **trak, trukket**
turde *(dare)* **tør, turde, turdet**
tvinde *(twist)* **tvandt, tvundet**
tvinge *(compel)* **tvang, tvunget**
tælle *(count)* **talte, talt**
vide *(know)* **ved, vidste, vidst**
vige *(give way)* **veg, veget**
ville, vil *(will)* **ville, villet**
vinde *(win; wind)* **vandt, vundet**
vride *(twist, wring)* **vred, vredet**
vække *(awaken)* **vækkede** *el.* **vakte, vækket** *el.* **vakt**
vælge *(choose)* **valgte, valgt**
være *(be)* **er, var, været**
æde *(eat)* **åd, ædt**

USSR
BERING STRAIT
ARCTIC OCEAN
Ak.
Yukon
Anchorage
Parry Islands
Banks Island
Prince of Wales Island
Victoria Island
Yukon
Great Bear Lake
Mackenzie
Whitehorse
Northwest Territories
Keewa
Juneau
Yellowknife
Great Slave Lake
British Columbia
CANADA
ROCKY MOUNTAINS
Alberta
Saskat-chewan
Manitoba
Edmonton
PACIFIC OCEAN
Victoria
Vancouver
Calgary
Lake Winnipeg
Regina
Wash.
Olympia
Winnipeg
Missouri
Salem
Helena
Mont.
N.D.
Oreg.
Bismarck
Boise
Yellowstone Nat'l Park
Minn.
Id.
S.D.
St Paul
Wyo.
Pierre
Minneapolis
Sacramento
Great Salt Lake
Carson City
USA
Cheyenne
San Francisco
Salt Lake City
Ia.
Nev.
Nebr.
Des Moines
Calif.
Ut.
Lincoln
Yosemite Nat'l Park
Denver
Colo.
Kansas City
Mo.
Las Vegas
Kans.
Topeka
Jefferson
Los Angeles
Grand Canyon Nat'l Park
Ariz.
Santa Fe
Okla.
San Diego
Ar
N.Mex.
Oklahoma City
Phoenix
Lower California
Little Roc
Tuscon
El Paso
Tex.
Dallas
La.
Kauai
Oahu
Austin
Houston
Baton
Honolulu
Maui
Galveston
Hi.
MEXICO
Rio Grande
Corpus Christi
Hawaii